일한 국교정상화 교섭의 기록

일한 국교정상화 교섭의 기록

2015년 12월 30일 초판 1쇄 펴냄

펴낸곳 (주)도서출판 **삼인**

편역 이동준
펴낸이 신길순
부사장 홍승권
편집 김종진 김하얀
디자인 강미혜
총무 함윤경

등록 1996.9.16 제10-1338호
주소 120-828 서울시 서대문구 성산로 312 북산빌딩 1층
전화 (02) 322-1845
팩스 (02) 322-1846
전자우편 saminbooks@naver.com

표지디자인 디자인 지폴리
제판 문형사
인쇄 수이북스
제책 은정제책

ISBN 978-89-6436-107-8 93910

값 100,000원

日 韓

일한 국교정상화 교섭의 기록

이동준 편역

삼인

불편한 회고
일본이 말하는 '한일회담 14년사'

2015년 한국과 일본은 국교정상화 50주년을 맞았다. 2015년은 한국에는 '해방'(혹은 광복) 70주년, 일본에는 '종전'(혹은 패전) 70주년이다.[1] 그러나 '해방'과 '종전'이 갖는 의미의 간극만큼이나 한일 간에는 두꺼운 벽이 존재한다. 한일관계는 한일협정이 체결된 지 반세기가 지났지만 결코 정상화되지 못했다. 인적·물적 왕래는 거침이 없는데도 한국인도 일본인도 서로를 잘 모를 뿐 아니라 이해하려 하지 않는다. 특히 최근 일본에서 기승을 부리는 '혐한론(嫌韓論)'은 반한론(反韓論)과도 격을 달리하여 아무런 근거 없이 한국과 한국인을 멸시하고 매도한다. 한국인 또한 이런 일본을 불신하며 강하게 경계한다. 한일 모두 각기 다른 방향으로 과거를 되찾겠다고 나서면서, 50년 전 과거사를 냉전과 경제의 논리로 봉인(封印)함으로써 성립됐던 이른바 '1965년 체제'는 붕괴 직전에 이르렀다.

한일관계의 발목을 잡고 있는 것은 역사인식 차원만이 아니다. 해결은커녕 아예 과거사 청산의 논리조차 상실한 채 공전(空轉) 중인 북일관계, 한일관계에서 가장 예민한 화약고가 된 독도 영유권 문제 등 동북아시아 질서 재편과 직결되는 거시적인 과제부터, 2011년과 2012년 한국 사법부의 종군위안부 및 강제동원 피해자에 대한 판결을 계기로 다시 불거진 개인청구권 문제에 이르기까지 일제 식민지 지배와 관련해 청산해야 할 과제는 산더미처럼 쌓여 있다. 이 같은 의미에서 과거 식민지 지배관계를 청산하고 새로운 '정상적' 관계를 열고자 하는 탈식민지화(혹은 탈제국화)의 도정(道程)은 '미완(未完)'이며 현재 진행형이다. 한일 간에 경제적 상호 의존과 정치적 동질성이 확대되는 와중에도 우리는 아직도 '해방 후,' '해방 공간'에서 살아가고 있는 것이다. 도대체 한일관계는 왜 이렇게 역사의 질곡에서 헤어나지 못하는가.

---

1) 2015년은 중국이나 러시아, 미국에는 공히 대일 전쟁 '승전' 70주년에 해당한다.

일본판 '한일회담 백서'

이 의문에 대한 직접적인 실마리는 한일 양국이 지배 – 피지배(종주국 – 식민지)라는 비정상적 관계를 극복하고 주권국가 간의 정상적 관계로 옮아가기 위해 1951년부터 1965년까지 약 14년 동안 전개한 한일 국교정상화 교섭(한일회담)을 통해 찾아야 할 것이다. 역사적으로 유례를 찾기 어려울 정도로 지난했던 이 회담에서 한국과 일본은 식민지 조선이 일본과 강제적으로 일체화됨으로써 안게 되었던 다양한 문제의 해결을 둘러싸고 치열한 논쟁을 벌였다. 중단과 재개를 일곱 차례나 반복했고 1,500회 이상 만난 마라톤 회담이었다. 그러나 주지하듯이 이 논쟁은 식민지 지배의 과거사를 역사의 뒤안길에 묻는 정치적 타협(혹은 '담합')으로 귀결되고 말았다. 한일회담이 '해방 후' 한일관계의 '원점(原點)'이라고 불릴 정도로 현재의 한일관계마저 규정하고 있는 이유이다.

이 책(원제『日韓国交正常化交渉の記録』)은 일본 외무성이 1965년 한국과 수교한 후 국교정상화에 이르게 된 경위를 곰곰이 되짚어보면서 평가한 종합 보고서이다. 한국 정부가 1965년 한일 국교정상화 과정을 분명히 하고 그 정당성을 홍보하기 위해 발간한『한일회담 백서』에 상응하는 일본판 '일한회담 백서'에 해당한다고 말할 수 있다.

이 책은 일본이 '전후' 한일관계를 어떻게 구상하고 만들어갔는지 사료 실증적으로 기술하고 있다. 한일회담의 최대 쟁점이었던 청구권, 어업, 재일조선인의 법적지위, 문화재 반환 문제 등이 어떻게 논의되어 타결되었는지는 물론이고, 한국의 독립(일본제국으로부터의 '분리') 문제, 한국 및 일본에 대한 미국의 정책, 일본의 한반도 정책 등 국제 정치의 중대 현안이 관련 근거와 더불어 체

외교문서 원본 1 『日韓国交正常化交渉の記日』의 표지

계적으로, 시간순으로 기술되어 있다. 한일 양국 정부가 독도 영유권 문제를 둘러싸고 수차례에 걸쳐 구상서를 주고받으며 한 치 양보 없는 '역사 및 법리 논쟁'을 전개한 기록도 가감 없이 실려 있다(제15장).

일본 외무성이 기록한 '일한회담 14년사'라고 해서 일본 측의 주장과 논리만이 난무할 것으로 지레 짐작할지도 모르겠다. 하지만 이 책의 가장 큰 특징은 '백서'를 표방할 정도로 사실관계를 분명히 하기 위해 다양한 근거를 제시하고 있다는 점이다. 물론 일본 외무성 관료의 시각에서 작성된 만큼, 곳곳에서 일본 측의 정당성과 성과를 강조하고 있기도 하다. 그러나 동시에 이 책은 일본 측의 외교정책 결정 과정과 속내를 그대로 드러내고 그 문제점도 여과 없이 지적하고 있다.

특히 한일회담사를 일목요연하게 재구성하기 위해 일본 외무성은 보유 중인 관련 외교문서를 총동원한 것은 물론이고, 패전 이후 한일관계에 관여한 일본 측 정치인 및 외교관의 인터뷰를 광범하게 실시해 사료적 근거를 보강했다. 일본 측이 이처럼 사실관계의 확인에 진력한 것은 물론 이후에 이를 대한국 외교의 기초자료로서 활용하기 위해서였을 것이다. 한일회담의 전체 과정을 사실 확인을 거쳐 체계적으로 정리한 일본 측 자료로는 이 '백서'가 사실상 유일하다.

따라서 충분한 사료 조사와 사실 확인 과정을 거쳐 발간됐다는 점에서 이 책은 한국 정부의 『한일회담 백서』를 압도한다. 사실 1965년 박정희 정부가 한일협정의 가조인 직후 서둘러 발간한 『한일회담 백서』는 일부 정치세력이 주도한 '밀실외교', '정치 결탁'의 산물이기도 했던 한일협정의 여러 문제점을 사실상 은폐하면서, 특히 당시 들불처럼 번져 나갔던 한일협정 반대투쟁을 억누르기 위해 급조한 대국민 '홍보용 팸플릿'에 가까웠다. 여기서는 일본에서 들어올 예정이었던 정체불명의 유상·무상 자금이 "우리의 '청구권'에 의한 정당한 권리 행사"로 포장됐고, 과거사를 팔아버렸다는 씻을 수 없는 과오를 반성하기는커녕 산업화와 경제 성장이라는 '장밋빛' 희망만을 강조했다. 그러나 당시 월남한 개신교 지도층과 군부 원로까지 반대했을 정도로 한일 국교정상화 과정에 심각한 문제가 있었다는 것은 역사가 생생하게 말해주고 있다.

그렇다고 일본 외무성이 작성한 이 책이 한일회담의 전모를 말하고 있다고 단언할 수는 없다. 이는 어디까지나 일본 정부가 만든 '일한회담'의 기록에 불과하다. 여기에는 한국 측의 외교사료는 전혀 참조되지 않았을 뿐 아니라 고려될 수도 없었다. 다만, 보다 객관적인 한일회담사의 완성을 위해 일본의 '일한회담' 기록은 중요한 참고서가 될 수 있을 것이다. 이제부터는 이 책의 편찬 경위 및 집필자, 관련 외교사료의 입수 경위 등에 대해 언급하고자 한다.

편찬 경위 및 집필자

본문 머리말의 '편찬 경위'에서 자세히 설명하고 있듯이, 이 책은 1965년 한일 국교정상화로부터 2년 8개월이 경과한 1968년 8월 일본 외무성이 '한일 국교정상화 교섭사 편찬위원회'를 구성, 2년 6개월에 걸쳐 완성한 것이다. 외무성 아시아국장을 위원장으로 하는 편집위원회에는 한일회담에 직접 관여한 외무성 관료 19명이 편집위원으로 참가했다. 여기에 우시바 노부히코(牛場信彦), 이세키 유지로(伊関祐二郎), 우시로쿠 도라오(後宮虎郎), 나카가와 도루(中川融), 후지사키 마사토(藤崎万里), 사토 히후미(佐藤日史) 등 과거 아시아국장 혹은 조약국장으로서 한국과의 국교정상화 교섭을 실질적으로 설계하고 주도한 전현직 고위 외교관이 편집위원회의 고문으로 이름을 올렸다. 한일회담 14년사를 주름잡았던 일본 측 관계자가 거의 빠짐없이 편찬 작업에 참여한 셈이다.

편찬 업무 또한 치밀하게 진행되었다. 일본 외무성이 보유 중이던 한일회담과 관련된 공식 기록은 물론, 신문기사, 일본 국회 회의록 등 파일 270권이 1차 자료로써 이용됐다. 여기에 한일회담에 직접 참여한 일본 측 대표 30명의 수기(手記) 혹은 인터뷰 기록이 외교사료를 보완하기 위해 적재적소에 동원되었다. 따라서 이 책의 원문인 외교문서의 상당 부분은 타이핑된 것이 아니라 손으로 쓴 수기 형식을 취하고 있다.

수기 및 인터뷰에는 시나 에쓰사부로(椎名悦三郎) 전 외상을 비롯해 마쓰모토 슌이치(松本俊一), 구보타 간이치로(久保田貫一郎), 사와다 렌조(沢田廉三) 등 한일회담에서 일본 측 수석대표를 역임한 인사들이 대거 참여했다. 이들이 작성한 수기 및 인터뷰 기록이야말로 다른 어떤 한일관계 관련 사료에서도 볼 수 없는 이 책의 백미(白眉)라고 말할 수 있다. 여기에는 한일회담에 임한 일본 측의 속내와 회담의 이면(裏面)이 생생하게 그려져 있다.

편찬위원회는 이상의 자료를 토대로 제I편에 총설(總說)을 집필하고, 제II편에는 수기 및 인터뷰 기록을, 제III편에는 연표, 대표단 명단, 일본 및 한국 국회에서의 한일문제를 각각 담았다. 전문(全文)이 번역 출간된 이 책은 '총설'인 제I편 「일한 국교정상화 교섭 기록」에 해당한다.[2]

제I편 '총설'의 집필자는 모리타 요시오(森田芳夫)이다. 1910년 전라북도 군산에서 태어난 모리타(1992년 사망)는 경성제국대학교 법문학부에서 조선사를 배운 후 혜화전문학교(동국대 전신) 강사 등을 거쳐 1942년 이후 친일단체인 국민총력조선연맹[3] 전무참사로 근무하다 일본의 패전을 맞았다. 그는 일본의 패전과 한국의 해방 이후에도 경성(京城) 일본인 세화회(世和會)[4] 주사(회장

---

2) 일본 외무성은 2015년 현재 수기 및 인터뷰 속기록이 포함된 제II편을 일절 공개하지 않고 있다. 다만, 제I편 '총설'은 제II편의 내용을 적극적으로 인용하고 있다. 연표, 대표단 명단, 일본 및 한국 국회에서의 한일문제를 다룬 제III편의 경우, 일본 외무성이 공개한 한일회담 관련 외교문서에 포함되어 있다.

3) 일본이 1940년 10월 전쟁 시국에 대한 협력과 조선 민중에 대한 강력한 통제, 후방 활동의 여러 문제를 처리하기 위해 조직한 기구이다. 당시 일본은 정당을 모두 해산하고 이른바 대정익찬회(大政翼贊會) 체제를 구축했다. 조선은 정치적 권리 능력은 없고 국민적 협력만 요구되는 처지였기 때문에 '대정익찬회 조선지부'가 아니라 '국민총력조선연맹'이 발족, 조선총독부 총독이 총재를 맡았다. 주요 활동은 ①기관지 『국민총력』 발간, 라디오 프로그램 〈국민총력의 시간〉 운영, 출판물 『총력총서(總力叢書)』 발간과 강연회·좌담회를 통한 황민(皇民)사상 및 황민생활 고취, ②총력연맹 문화부를 통한 황민적 문화 동원, ③각 직장 총력연맹을 통한 황민운동과 황민 동원, ④지역·직역(職域) 연맹과 애국반을 통한 공출, 물자 절약, 징병·징용 독려, ⑤신궁(神宮)참배단·병영견학단·황군위문단 파견과 대전과(大戰果) 감사, 국민총진격대회 개최를 통한 전쟁의식 고취 등이다. 한편, 이 기구는 1945년 7월8일 본토 결전에 대비한 조선국민의용대가 조직됨으로써 같은 달 10일 여기에 통합, 흡수되면서 해체됐다.

4) 일본 패전 이후의 일본인 세화회 단체의 활동에 관해서는 최영호가 쓴 『일본인 세화회』(서울: 논형, 2013년)가 자세하다.

비서) 등을 역임하며 조선에 거주하던 일본인의 본국 귀환 및 원호 활동에 깊숙이 관여했다. 이후 일본으로 돌아간 모리타는 1950년 외무성 조사원, 1953년 법무성 입국관리국 사무관 등을 거쳐 1959년부터 외무성 아시아국 북동아시아과 사무관으로서 1975년까지 근무하며 일본의 대한국 정책 실무를 담당했다.

그는 특히 1972년부터 1975년에는 한국 주재 일본대사관 참사관으로 근무했고, 이어 일본국제교류기금(Japan Foundation)의 후원으로 1979년부터 1985년까지 성신여대 교수를 역임했다. 저서로는 종전 후 일본인의 귀환과 관련된 고전적 명저로 평가받고 있는『朝鮮終戰の記錄: 米ソ兩軍の進駐と日本人の引揚(조선 종전의 기록: 미소 양군의 진주와 일본인의 귀환)』〔도쿄: 간난도(嚴南堂), 1965)〕이 있다.[5] 이상 언급한 이력으로 볼 때 식민지 한국에서 태어난 모리타는 이후 평생을 한국을 연구한 역사학자이면서 일본의 권익을 추구해온 일본 정부 관료로서, 일본 외무성에서 한국 및 한일관계에 대해 가장 정통한 인물로 평가받아 '총설'에 해당하는 제I편「일한 국교정상화 교섭 기록」의 집필자로 발탁된 것으로 보인다.

자료의 입수 경위 및 출처

이 책은 일본 외무성이 2006년 8월 이후 공개한 약 6만 매의 한일회담 관련 외교문서의 일부(원문 총 4,636매)이다.[6] 그러나 외교문서 공개 후에도 상당 기간 이 '백서'의 존재는 세상에 알려지지 않았다. 왜냐하면 일본 외무성이 이 책의 전문(全文)을 한꺼번에 일괄 공개한 것이 아니라 각 장별로 분리해 시차를 두면서, 그것도 비밀 해제된 외교문서군 속에 뒤섞은 채 공개했기 때문이다. 일본 정부가 당초 단일한 책자로서 한 묶음이었을 이 '백서'를 장별로 분산 공개한 이유는 불투명하지만, 이 책의 실체 자체를 알리고 싶지 않으려 했다는 의혹을 살 여지는 다분해 보인다. 여하간 이처럼 흩어져 있던 자료를 아사노 도요미(浅野豊美) 와세다대(早稲田大) 교수와 편역자가 일본 측 공개 외교문서를 검토하는 과정에서 완벽하게 재구성할 수 있었다.[7]

---

5)   모리타는 또 1982년부터 7년간 규슈(九州)대학에서 조선사를 강의하고 1986년에 이 대학에서 문학박사 학위를 받았다. 모리타는 특히 오랫동안 자신이 수집해온 한일관계 관련 자료를 동 대학에 기증했다. 현재 '모리타 문고'로서 규슈대학이 관리하고 있는 이 자료는 일본인 귀환 및 한일회담 관련 사료 등을 다수 포함하고 있다. '모리타 문고'에 대해선『現代コリア』(1987년 6월)를 참조할 것.

6)   일본 측의 외교문서 공개는 앞서 이뤄진 한국 정부의 관련 문서 공개에 자극받은 측면이 있다. 2002년 10월 한국의 전시 강제동원 피해자 100명은 한일회담 문서 공개를 요구하며 서울행정법원에 소송을 제기했다. 그 결과, 재판부는 원고 측이 요구한 57건 가운데 5건에 대해 개인청구권 소멸 여부를 확인할 수 있는 자료로 판단, 공개를 명했다. 이에 대해 외교부는 항소했지만, 승소 가능성이 낮다고 판단, 2005년 1월 5건(약 1,000매)을 공개했다. 더욱이 노무현 정부는 '잘못된 역사 바로잡기' 사업의 일환으로 한일회담 관련 문서를 전면 공개한다는 방침을 결정, 2005년 8월 156건 약 3만 6,000매를 공개했다. 다만, 한국 정부가 공개한 외교문서는 한일회담의 이면을 파악하기에는 자료로서 충분치 못하다는 지적이 제기되어왔다.

7)   더불어 편역자와 아사노 교수는 2010년 6월부터 한국 및 일본 정부가 공개한 외교문서와 일한관계에 관한 기본 자료에 대한 자료해제집(일본어)을 발간해오고 있다. 浅野豊美·吉澤文寿·李東俊 編,『日韓国交正常化問題資料』(東京: 現代史料出版). 이 자료해제집은 2015년 5월 현재 총 48권이 출간됐다. 편역자는 또 이 책을 편역하는 과정에서 일본학술진흥회 과학

장별로 일본 외교문서의 공개 차수(次數) 및 문서 분량, 문서번호 등 구체적 출처를 살펴보면 다음과 같다.

제1장 평화조약 발효 이전의 일한관계와 일한회담 예비회담 (출처: 일본 외무성 2008년 11월 16일 제6차 공개, 문서공개 결정번호 909-문서번호 1124, 285매)

제2장 제1차 일한회담과 대일 평화조약의 발효 (제6차 공개, 909-1125, 230매)

제3장 제2~3차 일한회담 (제6차 공개, 1176-1915, 244매)

제4장 일한회담 재개 교섭과 억류자 상호 석방 (제6차 공개, 1176-1916, 316매)

제5장 제4차 일한회담 (2007년 11월16일 제3차 공개, 2428-125, 199매)

제6장 재일조선인의 북조선 귀환 문제와 귀환협정의 체결 (제3차 공개, 2428-126, 225매)

제7장 장면 정권의 성립과 제5차 일한회담 (제6차 공개, 1100-505, 220매)

제8장 군사정권의 성립과 제6차 일한회담 (제6차 공개, 1100-506, 345매)

제9장 일한회담 예비교섭: 청구권 처리 대강(大綱)의 결정과 어업문제 등의 진전 (제6차 공개, 1169-1882, 417매)

제10장 재개된 제6차 회담 (제6차 공개, 1168-1126, 110매)

제11장 제7차 회담의 시작과 기본관계조약안 가조인 (제6차 공개, 1168-1127, 213매)

제12장 청구권 · 법적지위 · 어업 문제 합의사항 가조인 (제6차 공개, 1168-1128, 354매)

제13장 조문 작성 교섭과 일한조약 제 협정의 조인 (제6차 공개, 1161-1316, 1161-1315; 2008년 8월 9일 제5차 공개, 805-391, 998매)

제14장 일한조약 제 협정의 비준과 국교정상화 (제5차 공개, 805-392, 155매)

제15장 다케시마 문제 (제6차 공개, 1159-910, 251매)

제16장 일한회담과 북조선 (제6차 공개, 1159-911, 74매)

자료 공개의 수준

물론 이상의 외교문서를 일본 정부가 자발적으로 공개한 것은 아니다. '판도라의 상자'가 열리기까지는 한일회담의 진실을 추구해온 양심적인 일본 시민단체의 부단한 노력이 있었다. 요시자와 후미토시(吉澤文寿, 니가타정보국제대 교수), 오타 오사무(太田修, 도시샤대 교수) 등 한일관계

연구(도전적 맹아 연구, 24653043) 〈戦後日本によるアジア経済協力の起源－世界平和維持費用としての賠償と日米特殊関係(전후 일본에 의한 아시아 경제협력의 기원: 세계평화 유지비용으로서의 배상과 미일 특수관계)〉(연구대표자: 浅野豊美, 2012년 4월 1일~2015년 3월 31일) 및 일본학술진흥회 과학연구(연구활동 스타트 지원, 15H06557) 〈国交正常化以後の日韓関係の変容、1966-1972年(국교정상화 이후의 한일관계의 변용, 1966-1972년)〉(연구대표자: 李東俊, 2015년 9월 1일~2017년 3월31일)의 연구 지원을 받았음을 밝혀둔다.

연구자와 일본의 전후 보상을 요구하는 시민단체를 중심으로 2005년 12월 결성된 '일한회담 문서 전면 공개를 요구하는 모임(日韓会談文書全面公開を求める会)'[8]이 정보공개법에 의거해 한일회담 관련 외교문서 공개 소송을 제기, 일본의 재판소로부터 공개 결정을 받아내 왔다. 그 결과, 일본 외무성은 2006년 8월부터 2008년 5월까지 7회에 걸쳐 총 1,369건 약 6만 매의 문서에 대한 비밀 해제조치를 단행했다. 다만, 일본 외무성의 조치는 전면 공개가 아니었다. 공개된 관련 문서의 20퍼센트 이상이 비공개되거나 혹은 일부 삭제(먹칠) 후 공개되었기 때문이다.

　일본 외무성이 비공개하거나 부분 삭제 후 일부만 공개한 외교사료에는 인명(人名) 등 개인정보와 관련된 내용도 포함됐지만, 그 대부분은 한일관계 및 북일관계, 일본 국내 정치에 미묘한 파장을 일으킬 여지가 있거나 결과적으로 일본 정부에 불리한 영향을 미칠 것으로 추정되는 내용이다. 가령, 한일회담의 쟁점이었던 청구권 금액, 특히 식민지 조선에 거주하던 일본인이 조선에 남긴 재산에 대한 청구권〔이른바 역(逆)청구권〕 산정액 등에 관한 내용은 먹칠된 채 여전히 공개되지 않고 있다. 행여나 일본 국내에서 보상 문제가 제기되어 일본 정부를 곤란하게 할 가능성을 우려했기 때문으로 보인다. 독도 영유권 문제에 대한 일본 외무성의 정책적 판단 및 조치 가운데 현재의 일본 측 입장과는 상이했던 것으로 추정되는 부분 또한 먹칠 상태로 남아 있다.

　또한 궁내청 서릉부(書陵部), 도쿄 국립박물관 소장 한국 관계 문화재 일람표, 데라우치(寺內) 문고 관련 기록 등 일본 정부가 한반도에서 반출한 문화재의 목록 및 유출 경위, 취득가격 등에 대한 기록도 대부분 비공개 상태이다. 일본 측이 이들 사료를 비공개한 것은 당연히 공개될 경우 '약탈' 논란이 일어 한국 측으로부터 일본 소재의 한국 문화재에 대한 실태 조사 및 반환 요구가 제기될 것을 우려하기 때문으로 관측된다. 문화재의 경우 한일 국교정상화 당시 부속 협정 중 하나로 체결된 '한일 문화재 및 문화협력에 관한 협정'을 통해 한국 측 반환 요구 품목의 32퍼센트 정도인 1,431점이 반환됐으나, 여기에는 짚신과 막도장까지 포함되는 등 일본이 귀중한 문화재는 따로 빼돌렸다는 의혹이 끊이지 않았다.[9]

일본 정부가 추가로 비밀 해제한 내용

　일본 정부의 외교문서 공개에 대한 소극적인 태도에도 불구하고 일본 시민단체인 '일한회담문서 전면 공개를 요구하는 모임'의 지속적인 자료 공개 요구 소송은 조금씩 성과를 축적해왔다. 그

---

8)　이 시민단체의 기본방침은 "1. 일본 정부에 대해 일한회담 관련 문서의 전면 공개를 요구, 한반도에 대한 일본의 식민지 지배 사실과 책임을 인정토록 하여, 아시아·태평양 전쟁에 의한 한국과 조선인 피해자 및 유족에 대한 사죄와 보상을 실현시킨다. 2. 외무성이 비공개하거나 일부 공개한 자료에 대해 계속해서 전면 공개를 요구하는 소송을 제기한다. 전면 공개를 요구하는 모임의 목적을 달성하기 위해 변호단과 밀접하게 연계하여 행동한다"이다. 이 책은 이 모임이 홈페이지(http://www.f8.wx301.smilestart.ne.jp/index.html)에 공개한 관련 자료와 정보공개 소송 결과의 도움을 받았음을 밝혀둔다.
9)　국외소재문화재재단이 일본에서 공개된 유물을 중심으로 조사한 결과 한국 문화재는 6만 6,824점이다. http://www.overseaschf.or.kr/site/homepage/menu/viewMenu?menuid=001002002

결과, 당초 상당 부분이 시커멓게 먹칠된 채, 그것도 분산 공개되었던 이 책의 경우도 일부분을 제외하곤 대부분이 제 모습을 찾아 사실상 거의 완결된 '백서'의 모습을 되찾기에 이르렀다. 이 책의 본문 가운데 일본 정부가 일본 재판부의 정보공개 결정에 따라 2008년 이후 추가적으로 비밀 해제한 내용의 일부를 적기하면 다음과 같다(밑줄 친 부분은 당초 비공개 조치를 취했던 일본 정부가 정보공개법에 의거해 추가적으로 공개한 내용이다).

- 일본 측은 1953년 6월 제2차 일한회담 당시 회담의 무기 휴회를 고려하면서도, 다른 한편으로 (1) 일한 양국이 재산청구권을 상호 포기하고, (2) 한국 측의 선박청구권에 대해 10억 엔의 예산을 들여 선박을 구매해 지불하고, (3) 군인, 피징용자 미지불금(약 2억 엔)을 지불할 것(다만, 이미 적립 완료되었거나 혹은 민간에서 지불하는 것이므로 예산조치는 필요치 않음)을 검토했다.
- 구보타 간이치로 일본 측 수석대표는 1953년 10월 26일 작성해 외무성에 보고한 보고서「일한회담의 결렬 선후 대책」에서 "조선인은 제2차 세계대전의 총아로서 마치 일본에 전승국으로서의 진사(陳謝)를 요구해야 한다고 지금도 착각하고 있다. 그들이 이렇게 구름 위에서 우쭐해하는 기분으로부터 국제사회의 통념과 외교회의의 상식을 적용하는 수준까지 내려오지 않는 한, 일한문제의 진정한 해결책은 있을 수 없다"고 적었다. 구보타는 또 같은 문건에서 "이승만은 대통령이 된 이후에도 종래의 반일사상을 그대로 갖고 있을 뿐만 아니라 지금은 공개적으로 성명을 발표해 자신의 독재정권 유지를 위해 이용하고 있다. 그가 있는 동안은 일한 간의 친선도 결국 구두선으로 끝나고, 남북조선의 통일도 있을 수 없다. 미국이 이승만과 같은 자를 비호하는 것은 민주주의의 딜레마이기도 하다. 미국은 너무나도 충분히 이를 의식하고 있지만, 그때를 기다리지 말고 우리 측으로서는 이승만 타도를 위한 노력을 개시해야 한다"고 '이승만 정부 타도'를 역설했다.
- 1961년 11월 12일 일본 총리관저에서 열린 박정희 국가재건최고회의 의장과 이케다 하야토(池田勇人) 총리 간의 회담록 가운데 청구권 및 경제협력과 관련된 내용은 다음과 같다.

(전략) 2. 이어 청구권 문제와 관련해 박 의장은 청구권의 대략적인 테두리를 정해달라고 말했다. 이에 대해 이케다 총리는 청구권 문제는 미군정령 33호의 효력 발생 시기(일본 측은 군정령 33호의 효력은 1945년 12월 6일 이후에 발생한다고 주장하고 있다)와 지역적 범위의 문제(일본 측은 속지주의에 준거하는 것이라고 주장하고 있다), 또 이른바 미국의 해석에 따른 일종의 상쇄 관념(일본 측은 "고려해야 한다"라는 미국 측 견해를 존중해야 한다고 주장하고 있다) 등 여러 가지 복잡한 문제가 있다는 사정을 설명했다(박 의장은 이러한 문제를 잘 알지 못하는 인상이었다). 박 의장은 "요컨대 법률상 근거가 있는 것은 인정해달라고 말하는 것이다"라고 말했다. 이에 대해 이케다 총리는 "개인의 청구권에 대해서는 일본인 수준으로 취급한다는 원칙을 갖고 지불할 용의가 있다"면서 "은급, 귀환자 위로금, 우편저

> 금, 간이보험금 등을 고려하려고 생각하고 있고, 또 소각한 일본은행권에 대해서도 고려하고 있다"고 말했다. 이에 대해 박 의장은 "군인·군속의 유가족에 대해서도 생각해달라"라고 말했다. 이케다 총리는 "고려하겠다"고 답했다.
>
> 　(중략)
>
> 　이케다 총리가 "청구권이라고 말하면 아무래도 상쇄(相殺) 사상이 나온다"고 말하자 박 의장은 "청구권이라고 말하지 않고 뭔가 적당한 명의라도 괜찮다"고 답했다.

- 1962년 1월 일본 대장성과 외무성은 이케다 총리의 지시에 따라 한국의 대일 청구금액을 자료에 근거해 시산한 결과, 각각 1,600만 달러와 7,077만 달러라는 결과를 내놨다. 그 차이는 주로 군인, 군속, 피징용자에 대한 위로금 및 은급에 관한 사정액의 차이에 의한 것이었다(일본 외무성 1962년 2월 15일자 조서 「한국 측의 대일 청구금액에 대한 대장성 및 외무성에 의한 사정의 차이점에 대해」).

- 일본 외무성 아시아국은 1962년 2월 7일 작성한 「일한 청구권 교섭의 향후 진행방식에 대해」라는 제목의 문건에서 "가령 우편저금에 대해서는 남북한의 현재의 인구비례를 기준으로 해서 70퍼센트를 곱하고, 징용노무자에 대해서는 대부분이 남한 출신이라는 사실에 착목해 95퍼센트를 곱하는 등 개괄적인 산출방식을 취하지 않을 수 없는데, 이로써 산출되는 것이 충분히 법적 근거가 있는 숫자인지 여부는 의문이다"라는 견해를 피력했다.

- 일본 외무성 아시아국은 1962년 7월 20일 작성한 보고서 「일한회담에서의 청구권 문제 교섭의 향후 진행방식에 대해」에서 "청구권의 중요 부분을 차지하는 군인·군속, 징용노무자의 총수, 사망자 수, 부상자 수의 정확한 파악은 거의 불가능하지만, 만약 법적 근거가 있는 청구권으로서 이들에 대한 은급(恩級) 등을 지불하기 위해서는 확실한 증거 서류를 갖추고 있는 것이 필요하다", "우리 일본의 은급법은 은급 수급자의 일본 국적 상실을 은급권의 소멸 사유로 하고 있으므로 한국인에 대한 은급 지불은 이들 한국인이 평화조약 발효로 인해 일본 국민의 지위를 상실한 시점에서 중단된다는 것이 실정법상 일단의 해석으로서 가능한데, 이러한 해석에 기초하면 지불액은 근소한 액수에 그친다. 한편, 이 은급법은 조선의 독립이라는 사실을 전혀 예상하지 못한 법률이므로 국제 선례를 감안해 한국인에게 일본인 수준의 은급을 지불한다는 사고방식에도 근거가 있다고 생각된다", "가령 우편저금에 대해서는 남북조선의 현재의 인구비례를 기준으로 하여 70퍼센트를 곱한 것과 같이 개괄적인 산출방식을 채택할 수밖에 없다", "'무상원조' 개념을 도입하지 않은 채 어디까지나 '청구권'으로 해결한다고 하면, 비록 최대한 조리와 국제 선례를 가미해 부풀린다 하더라도 1억 달러가 한도이다" 같은 견해를 제시했다.

- 1962년 9월 13일 이세키 유지로(伊関祐二郎) 일본 외무성 아시아국장은 배의환 한국 측 수석대표가 청구권 금액과 관련해 "한국 측이 공식적으로 5억 달러라고 한다면 일본 측은 얼마로 할 것인가"라고 묻자 "1.7억 달러라고 말씀드리겠다. 이는 외무장관회담에 당시의 0.7억 달러에 1억 달러를 더한 숫자이다"라고 답했다.

- 이케다 일본 총리는 1962년 10월 22일 김종필 중앙정보부장과의 회담에서 대한국 청구권 금액과 관련, "나로서는 원래 법적 근거가 있는 것에 한정한다는 생각이므로 아무리 후하게 계산해도 1억 5,000만 달러가 고작이다"라고 말했다. 이에 대해 김 부장은 "50억 달러 수출국인 일본이 1억 5,000만 달러라는 것은 금액이 너무 적다"고 말했다.

- 1964년 7월 22일 이케다 일본 총리는 북한과의 인적 왕래와 관련, "경제적으로 북조선이 우위에 있는 현재, 일본이 북조선에 그 정도로 도움을 줄 필요는 없다"는 의견을 제시하고, 북조선 무역 관계자의 일본 입국은 최소한 올림픽이 끝날 때까지는 인정하지 말라는 지시를 내렸다. 이케다 총리는 또한 똑같이 정경 분리라고 하더라도 북조선과 중공을 동렬에서 논의할 필요는 없으며, 북조선에는 중공보다 더 엄격한 조치를 취해야 한다는 방향을 제시했다.

- 일본 외무성 아시아국 북동아시아과는 1964년 12월 21일 기안한 「일한 정상 간 회담에서 분명히 해야 할 일본 측의 입장 (시안)」이라는 제목의 문건에서 독도 영유권 문제와 관련, "한국 측은 본건의 경우 일한회담의 의제가 아니라고 주장하면서 제3국에 의한 조정이라는 방법이 일본 측 사정을 최대한 고려한 타협안이라고 말하고 있지만, 제3국에 의한 조정만으로는 강제력이 없고 일방적인 다케시마 점거라는 사태가 무기한으로 계속될 우려가 매우 크다"는 입장을 피력했다.

- 일한 간에는 1964년 말부터 공식적인 외교협상과는 별도로 고노 이치로(河野一郎) 당시 국무대신 및 정일권 총리를 중심으로 한 물밑 정치교섭이 진행됐다. 고노 대신과 정 총리 라인의 의중을 전달하는 역할은 일본 측에서는 우노 소스케(宇野宗佑) 국회의원이, 한국 측에서는 김종필 씨의 형인 김종락(金鍾珞, 한일은행 상무) 씨가 각각 맡았다. 그러나 1965년 1월 고노 대신과 정 총리의 라인은 붕괴됐다. 그 이유와 관련, 일본 측은 고노 씨가 호시지마 니로(星島二郎) 국회의원을 특사로 한국에 파견하려 했으나 "한국 측이 호시지마 씨의 경우 고노 씨 정도의 실력자가 아니기 때문에 내키지 않아 했다"고 평가했다.

- 일본 외무성 아시아국 북동아시아과가 1965년 3월 16일 자로 작성한 「한국 외무장관 방일 시 내지 그 전에 해결할 필요가 있는 중요 문제 처리방침에 대해」는 이승만 라인 부근에서 나포된 일본어선에 대한 청구권(업계의 계산으로는 약 72억 엔)과 한국 측의 조선치적선 등에 대한 청구권을 상쇄하는 방안과 관련, "그러나 상기 안은 국내 보상을 동반하기 때문에 대장성 측이 강하게 반대하고 있다. 오히려 이 문제는 일한교섭 성립 후로 보류해두는 방안을 선택하고 싶다. 이 안은 국내 보상을 동반하지 않는다는 이점도 있지만, 나포된 자는 반영구적으로 아무런 구제를 받을 수 없는 결과가 된다. 또한 종래 국회 답변의 취지(현안 일괄 해결을 포함함)와도 다른 결과가 된다"고 평가했다.

- 일본 측은 1965년 6월 한국 측과의 문화재 반환 협상에서 인도되는 문화재의 보존 및 전시를 희망하는 합의의사록 등을 준비하고 그 취지를 한국 측에 설명했다. 그 이유는 궁내청 소장의 고서(소네 아라스케 본, 통감부 본)를 한국에 인도하는 것에 대해 궁내청이 "만약 인도하는 문화재를 한국 측이 약탈품의 반환이라고 한국민에게 선전하게 되면 황실에 죄송한 일이 되므로 한국 측에 인도한 후의 처리 방

법에 대한 보증이 없으면 인도할 수 없다"는 입장을 밝혔기 때문이었다.

• 마에다 도시카즈(前田利一) 일본 외무성 참사관은 수기 「일한조약 제 협정의 한국어 번역에 대해」에서 번역문 조회와 관련, "이제 와서 생각해보면, 협정을 한국어로 번역할 때 이렇게 해야만 했었다는 점이 몇 가지 있다. 당시 우시바 심의관이 '실질적인 의미에서 영향이 없으면 조금만 눈을 감고 상대측이 하는 말을 들어라. 자국어로 쓰여 있는 것이므로 지나치게 세세한 것을 전색(詮索)하지 마라'라고 말한 적도 있다. 우리 측은 '이상하다', '이상하다'고 생각하면서도 마감 시간에 맞추기 위해선 어쩔 수 없이 눈을 질끈 감고 저항하지 않은 부분이 몇 군데 생긴 것이다"라고 회고했다.

• 일본 측은 1962년 12월 중순 독도 영유권 문제와 관련해 양측 주장을 절충한 타협안으로서 "국교 정상화 후, 가령 1년간 일한 쌍방이 합의하는 조정기구에 의한 조정에 회부하고," 이로써 문제가 해결되지 않는 경우 이 문제를 국제사법재판소(ICJ)에 회부할 것을 제안한 데 대해 12월 21일 한국 측은 예비교섭 제20차 회의에서 "제3국에 의한 거중조정(mediation) 이외에는 적당한 방법을 생각할 수 없다"고 주장했다. 한편, 일본 측은 국제사법재판소(ICJ)에 의한 해결을 지속적으로 요구하면서도, 한국 측이 "유엔에도, ICJ에도 가입하지 않고 있다는 점, ICJ에는 공산권 대표도 있다는 점, 북조선이 재판상 이해관계인으로서 참가할 권리를 인정받을 가능성이 있다는 점 등 때문에 ICJ에는 응하지 않을 가능성 높"다고 평가했다(「일한 정상 간 회담에서 분명히 해야 할 일본 측의 입장 (시안)」, 1964년 12월 21일).

이상과 같이 일본 측이 당초 공개를 꺼리다 정보공개 소송에서 패해 마지못해 비밀 해제한 부분은 한결같이 한일 및 북일 관계, 일본 국내 정치에 민감한 파장을 미치는 내용이다. 가령, '구보타 망언'의 당사자인 구보타 일본 측 수석대표가 1953년 10월 회담이 결렬 위기에 몰리자 한국에 온갖 악담을 퍼부으며 일본이 직접 이승만 정권 '타도'를 유도해야 한다고 주장한 사실은 놀라울 정도이다.

이케다 일본 총리가 박정희 당시 국가재건최고회의 의장에게 개인청구권과 소각된 일본은행권[10] 등에 대해 지불 의사를 표명한 점은 일본 측이 최종적으로 한국 측에 '청구권' 명목으로 제공한 무상 3억 달러의 실질적인 내역이 무엇이었는지를 추론할 수 있는 부분이다. 이와 함께 박 의장이 청구권과 관련해 "법률상 근거가 있는 것은 인정해달라"고 밝혀 일본 측 주장에 사실상 동조한 점, 더욱이 "청구권이라고 말하지 않고 뭔가 적당한 명의라도 괜찮다," "한국 측도 위신(dignity)의 문제가 있기 때문에 무상원조는 생각하고 있지 않으며, 장기저리의 경제원조로 괜찮다"고 말한 점 등

---

10) 미군정청은 한국 점령 후 일본은행권의 사용을 금지하고 조선은행에 일본은행권의 회수를 명했다. 회수된 일본은행권 1,491,616,748엔은 1946년 4월(구권 1,151,710,769엔, 신권 50,000,000엔, 총 1,201,710,769엔) 및 1947년 11월(구권 287,247,645엔, 신권 267,000엔, 총 289,905,979엔)에 각각 일본은행 측 및 미군정청 관계자가 입회한 가운데 소각 처리됐다. 이와 관련, 소각된 일본은행권에 대한 한국 측의 청구권 행사, 즉 원 소유자에 대해 일본은행이 새로운 일본은행권을 교부할지 여부가 논란이 됐다. 일본 외무성 제5차 공개 외교문서 「燒却日銀券」(문서번호 1297).

은 과거사를 불문에 붙인 채 경제논리로 치달은 '1965년 체제'의 본질을 이해하는 데 중요한 참고 자료가 될 수 있다.

또한 일본 외무성이 우편저금 등 개인청구권을 산정할 때 남북한 인구비례 등을 고려했다는 사실은 향후 북일 국교정상화 교섭의 향방에도 시사하는 바가 있을 것이다. 일본 측이 한일회담 초기에 군인, 피징용자 미지불금 등 개인청구권으로 2억 엔의 지불을 상정하고 있었다는 점도 관심을 끈다. 더불어 일본 대장성과 외무성이 1961년 1월 한국의 대일 청구권 내용을 조사해 각각 1,600만 달러와 7,077만 달러라는 시산 결과를 내놓았다는 것은 일본 측이 한국 측의 개인청구권에 대한 구체적 근거 자료를 확보했을 가능성을 강하게 시사한다.

우리 정부는 극구 부인하겠지만, 독도 문제와 관련해 한국 측이 한일회담 막바지에 일본 측의 ICJ 회부안을 거부하는 대신 최소한 제3국 조정안을 수용했다는 점은 두고두고 논란을 낳을 소지가 있다. 이는 사실상 독도를 둘러싼 영유권 다툼이 한일 간에 실재한다는 것을 한국 측이 인정했음을 시사한다. 여기서 제3국은 미국을 의미하는 것으로 일본 측은 이해했다.

'분리'의 논리와 '미완의 해방'

이 책은 과거사 청산을 민족적 과제로 인식하고 있는 우리에겐 '불편한' 회고이다. 한일회담이 열린 지난했던 14년 동안 단 한 차례도 우리가 주창해온 '해방(liberation)'의 논리가 반영되지 않았다는 사실을 이 '백서'는 여실히 말하고 있기 때문이다. 오히려 이 책은 일본 측이 시종일관 견지해온 '분리(separation)'의 논리가 한일회담에서도 그대로 관철됐음을 재확인해준다. '분리'란 원래 한 몸이었던 한국이 종주국이었던 일본으로부터 떨어져 나온다는 의미로, 조선에 대한 일제의 식민지 지배를 당연시하는 개념이다.

'분리'의 논리는 당시 국제법에서는 통례였다. 1951년 샌프란시스코 대일 강화조약 제2조는 한반도의 독립과 관련, "일본은 조선의 독립을 승인하고(recognizing the independence of Korea), 제주도, 거문도 및 울릉도를 포함한 조선에 대한 모든 권리, 권원 및 청구권을 포기한다"고 규정했다. 이는 한국이 일제 식민지 지배로부터 '해방'된 것이 아니라 제국주의 국가들 간의 전쟁의 결과 '분리'됐음을 강하게 시사한다.[11] 식민지 종주국들이 여전히 국제 질서와 국제법을 지배하고 있었던 당시의 국제 정치적 제약 조건이 '전후' 한일관계에도 그대로 투영된 것이다.[12]

'분리'된 한반도에 대해 '전후' 일본이 배상하거나 사과할 이유는 없었다. 물론 일본 측이 주장

---

11) 대일 강화조약에서 한국은 연합국에 주어진 제14조의 추가 '배상(reparation)' 교섭권을 부여받지 못한 채 결국 이른바 '재산(property)' 및 '청구권(claims)' 교섭의 권리만을 규정한 제4조의 수혜국으로 전락했다.

12) '분리'와 '해방'의 길항이라는 관점에서 전후 한일관계사를 재해석한 연구로는 이동준·장박진 편저, 『미완의 해방: 전후 한일관계의 기원과 전개』(서울: 아연출판부, 2013년)를 참조할 것.

한 '분리'는 물론 당시의 지배적인 국제법적 논리에 기초해 있었다. 실제 한일 청구권 협상의 기초가 된 대일 강화조약 제4조 (a)항은 분리지역의 재산 처리에 관한 청구권(채권을 포함) 문제만을 논의 대상으로 규정했다. 전쟁이나 식민지 지배에 기인한 책임이나 배상은 제외된 것이다. 한국 측이 일본 측에 청구한 개인청구권도 미불금, 공탁금, 근무 중 부상이나 사망에 대한 보상금 등으로, 일본의 전쟁에 강제로 동원됨으로써 입게 된 피해에 대한 보상 요구를 의미한 것이지, 식민지 피해 배상 요구가 아니었다.

더군다나 일본 측은 한국 측의 지속적인 '청구권' 요구조차 곧이곧대로 받아들이지 않았다. 한국 정부는 '청구권' 명목으로 무상 3억 달러, 유상 2억 달러를 받았다고 주장했으나, 일본 정부는 이를 한국의 '분리'에 대한 '독립 축하금'의 명목이나 과거의 종주국이 신생 분리 독립국의 경제 자립을 위해 협력한다는 의미로 폄하했다.

주지하듯이 한국인이 주장하는 과거청산이란 문자 그대로 '일제 식민지 지배에 따른 일본의 책임과 피해 보상'을 말한다. 그러나 '전후' 한일관계는 사실상 미일전쟁이었던 태평양전쟁에 대한 전후 처리, 특히 이를 규정한 대일 강화조약의 문맥 속에서 전개되었고, 여기에는 식민지 지배에 대한 청산의 논리가 끼어들 틈이 없었다. 한일회담의 논점 또한 제국과 식민지의 '분리'에 따른 국민과 재산, 권리의 분리 문제에 모아졌고 '식민지 지배 책임'은 원천적으로 배제되었다. 당연한 귀결로서, 1965년의 한일 기본조약과 관련 협정은 '중일 공동성명'(1972년 9월 29일)이나 '북일 평양 선언'(2002년 9월 17일)에서 보이는 역사인식이 결여되어, 일본이 조선을 식민 지배한 데 대해 사죄하거나 반성하는 문장은 일절 포함되지 않았다. 게다가 한일 국교정상화 이후 일본 정부는 국회 답변이나 재판 등에서 식민지 지배 자체와 개인의 권리 소멸에 대해 지속적으로 애매한 태도를 취해왔다.

이것이야말로 '전후' 한일관계를 왜곡시킨 근본 원인이자 한일회담이 노정한 결정적 한계라고 말할 수 있다. 이 책은 이처럼 '분리'의 논리와 '해방'의 논리가 맞선 가운데 결국은 전자가 후자를 봉인하고 배제해온 '전후' 한일관계의 전개 과정과 그 귀결로서 성립된 '1965년 체제'의 본질을 일본 외무성이 세세히 기술한 것이다. 따라서 우리에게 이 책은 불편할 수밖에 없다.

붕괴 직전의 '1965년 체제'

국교정상화 50주년을 맞은 2015년, 한국과 일본은 1910년부터 1945년까지 35년간에 걸친 일제의 한반도 지배라는 과거사를 어떻게 청산할 것인지를 둘러싸고 다시 격렬한 논쟁을 전개하고 있다. 지난했던 한일회담 과정을 거쳐 1965년 6월 22일 '대한민국과 일본국 간의 기본관계에 관한 조약'(약칭 '기본조약'), '대한민국과 일본국 간의 재산 및 청구권에 관한 문제의 해결과 경제협력에 관한 협정'(약칭 '청구권 협정') 등 이른바 '1965년 체제'를 지탱해온 법적 구조는 출발 당시부터 매우 불안정한 것이었고, 이후 개인 피해자들의 끊임없는 과거청산 요구에 직면하지 않을 수 없었다. 결국 '1965년 체제'는 냉전 종식 이후인 1990년대에 그 법적 구조에 적지 않은 균열을 일으켰고, 2010년대에 들어와 사실상 그 수명이 다했음을 알렸다.

특히 2011년 8월 30일 헌법재판소 결정[13]과 2012년 5월 24일 대법원 판결[14]은 '1965년 체제'의 불안정성과 균열을 더 이상 돌이킬 수 없는 것으로 확정 지었다. 특히 대법원 판결은 한일회담을 통해서도 애매모호하게 처리됐던 일제강점의 불법성과 그것을 전제로 한 '식민지 지배 책임'을 전면적으로 재확인했으며, 그 연장선상에서 "불법적인 지배로 인한 법률관계 중 대한민국의 헌법정신과 양립할 수 없는 것은 그 효력이 배제된다"고 선언했다. 이것은 강점기 동안 일제가 만든 법령과 그 법령에 근거한 일체의 법률관계는 "대한민국의 헌법정신과 양립"할 수 없는 한 모두 무효라고 선언한 것과 다름 아니다. 일제가 그 법령에 따라 독립지사를 체포, 감금, 처벌한 것은 모두 무효이며, 한반도의 인민을 징용, 징병으로 끌고 간 것을 포함하여, 한반도 인민에게 피해를 가한 일체의 행위는 모두 불법행위인 것이다. 이는 한일회담의 귀결점인 '1965년 체제'에 기댄 일본 정부의 주장 및 그것을 수용한 일본 재판소의 판결[15]과 정면으로 충돌하는 것임은 말할 것도 없다. 더욱이 이는 이 문제에 소극적으로 대응해온 한국 정부에 대해 역사문제의 전면적인 재고를 요구한 것과 다름 아니다. 따라서 '1965년 체제'는 '법적'으로 붕괴 직전의 상태에 이르렀다고 하지 않을 수 없다.

과거 직시를 토대로 한 미래 지향

과거사 문제는 한일관계의 아킬레스건이다. 한일 양국은 '미래 지향'을 합창하지만, 한국 측은 이를 위한 전제조건으로 '과거 직시'(과거사를 잊지 않고 이를 미화하지 않는다는 취지)를 강조하는 반면, 일본 측은 한일회담에서 완결된 문제인 만큼 더 이상 과거사를 거론하지 말자고 목소리를

---

13) 헌법재판소 2011년 8월 30일 선고 2006헌마788 결정. 2006년 7월 일본군 '위안부' 피해자 109명이 외교통상부 장관을 피청구인으로 하여 제기한 헌법소원에 대해 헌재는 "청구인들이 일본국에 대하여 가지는 일본군 '위안부'로서의 배상청구권이 '대한민국과 일본국 간의 재산 및 청구권에 관한 문제의 해결과 경제협력에 관한 협정' 제2조 제1항에 의하여 소멸되었는지 여부에 관한 한일 양국 간 해석상 분쟁을 위 협정 제3조가 정한 절차에 따라 해결하지 아니하고 있는 피청구인의 부작위는 위헌임을 확인한다"고 선언했다. 헌재의 결정 가운데 한일 과거청산과 관련해 우선 주목되는 것은 헌재가 '청구권 협정'에 관해 "한일 양국 간 해석상 분쟁"이 존재한다는 것을 확인했다는 점이다. 이는 곧 1965년의 과제였던 한일 과거청산이 당시에 충분히 이뤄지지 않았으며, 현재도 여전히 미해결 상태에 있다는 사실을 확인한 것과 다름 아니다. 요컨대 헌재의 결정은 한일 과거청산이라는 과제의 존재와 그 해결의 필요성을 법적으로 확인한 것이라는 점에서 특별한 의미를 가진다고 할 수 있다. 김창록, 「한일 과거청산의 법적 구조」, 이동준·장박진 편저, 『미완의 해방: 전후 한일관계의 기원과 전개』(서울: 아연출판부, 2013년) 참조.

14) 대법원 2012년 5월 24일 선고 2009다22549 판결; 대법원 2012년 5월24일 선고 2009다68620 판결. 일제강점기에 미쓰비시(三菱) 중공업과 신일본제철에 의해 강제노동을 강요당한 피해자들이 이들 회사를 상대로 각각 제기한 소송의 상고심 판결에서 대법원은 1965년 '청구권 협정'에도 불구하고 강제징용 문제를 포함한 '식민지 지배 책임 일반'이 해결되지 않았다고 선언했다.

15) 이에 관해서는 김창록, 「일본에서의 대일과거 청산소송: 한국인들에 의한 소송을 중심으로」, 『법사학연구』 35호(2007년), pp. 362-365 참조.

높인다. 그러나 이러한 관점과 문제의식의 엇갈림은 상호 간의 경험적 자료를 비교 분석하고 사실 (史實)을 명확히 함으로써 논점을 공중전 차원에서 실제 상황으로 끌어내릴 때 비로소 해결의 실마리가 보일 것이다.

　한일 국교정상화 50주년을 맞은 오늘날, 이 책은 한일관계의 역사적 사실관계를 재규명하고 재평가하기 위한 중요한 단서가 될 것이다. 한일 간의 식민지 관계 청산 문제는 왜, 어떻게 봉인됐는지 그 실체를 일본 외무성 스스로 이 책에서 적나라하게 그려내고 있다. 우리가 요구해온 '과거 직시'를 토대로 한 미래 지향은 일본 측의 기록을 통해 상대화될 때 보다 강력한 대항 논리로서 자리 잡을 수 있을 것이다. 이 책이 전후 한일관계의 형성 및 전개 과정을 이해하는 데 일조할 수 있다면 편역자로서 그 이상의 보람은 없다.

　마지막으로 많은 분들의 도움으로 이 책이 세상에 나오게 됐음을 밝혀두고자 한다. 아사노 도요미 교수는 한일회담 관련 외교사료의 수집 및 해제 작업을 편역자와 함께 진행하면서 이 책의 존재를 확인하고 사료적 가치를 일깨워주었다. 당초 일본 정부의 소극적인 외교문서 공개로 인해 먹칠 투성이였던 이 자료가 미흡하나마 책으로서 번역 출간될 수 있었던 것은 앞서 언급한 '일한회담 문서 전면 공개를 요구하는 모임'의 지속적인 정보공개 소송 투쟁에 은혜 입은 바가 크다. 후카호리 스즈카(深堀すずか) 씨는 박사학위 논문(고려대 정외과) 집필이라는 중압감 속에서도 상당 분량의 초기 번역 작업을 도와주었다. 도서출판 삼인 식구들은 '돈 되지 않을' 이 책의 출간을 기꺼이 수락했고 세심하게 편집과 교정 작업을 해주었다. 모두에게 감사드린다.

2015년 12월
이동준

차례

머리말. 『일한 국교정상화 교섭의 기록』… 39
        1. 편찬 경위 … 39
        2. 편찬 업무 … 40
        3. 『일한 국교정상화 교섭의 기록』의 총설 총목차 … 41
        4. 교섭 담당자의 수기 및 인터뷰 … 41

『일한 국교정상화 교섭의 기록』의 총설 · · · · · · · · · · · · · · **45**

서론   · · · · · · · · · · · · · · · · · · ·47

I. 평화조약 발효 이전의 일한관계와 일한회담 예비회담 · · · · · ·49

    1. 일본 통치의 종말과 남북한 정부 수립 … 51

    2. 한국 정부 수립 이후 … 53
        (1) 한국 정부의 대일정책 … 53
        (2) 주일 한국대표부의 설치 … 55
        (3) 일한무역과 3개 협정의 체결 … 56
        (4) 맥아더 라인과 일본어선 나포 … 58
        (5) 한국으로의 선박 인도 … 61
        (6) 한국의 대일 청구 준비 … 64
        (7) 영토 문제 … 70
            ① 대마도 요구 … 70
            ② 다케시마 … 71
        (8) 재일조선인의 법적지위 … 72
        (9) 한국인의 일본 출입국 … 73

    3. 대일 평화조약의 한국 관련 사항 … 75
        (1) 대일 평화조약 초안과 일본 측의 요청 … 75

IV. 일한회담 재개 교섭과 억류자 상호 석방 · · · · · · · · · · · · · 227

XV. 다케시마 문제 · · · · · · · · · · · · · · · · 1023

XVI. 일한회담과 북조선 · · · · · · · · · · · · · · · · · · 1103

〈부록〉 일한조약 제 협정

표

그림

일러두기

1. 일본 정부의 외교문서 『일한 국교정상화 교섭의 기록』 가운데 비공개되거나 혹은 부분 삭제(먹칠)된 후 일부만 공개된 경우 [　]으로 표시했다. 또한 비공개 내용이 1행 이상인 경우에는 [　] 안에 비공개되거나 혹은 삭제된 원문의 분량 등을 적시했다.

2. 원문은 일관되게 일본을 우선시하는 '일한' 회담, '일한' 관계, '일한' 문제 등으로 표기하고 있는데, 이 글이 일본의 입장에서 쓰였다는 사실을 감안해 '한일' 회담, '한일' 관계, '한일' 문제 등으로 수정하지 않고 그대로 번역했다.
   단, 한국에서 한 말이나 한국에서 쓴 글을 인용할 때는 '일한' 대신 '한일'을 사용했다.

3. 원문이 '북조선', '다케시마', '일본해'라고 표기한 경우에도 관련 외교문서의 취지를 충실히 전한다는 의미에서 원문의 표기 방법을 그대로 따랐다. 북한, 독도, 동해로 표기된 경우에는 당연히 원문 표기를 우선했다.

4. 원문인 일본 외교문서가 독자적으로 특정 내용의 뜻을 보충하거나 풀이하기 위해 각주 등을 활용했더라도 본문의 일부로 간주해 별도로 각주로 처리하지 않았다. 본 편역서의 각주는 순전히 편역자가 보충 설명을 위해 첨언한 것이다.

5. 본문에 들어간 이미지 가운데 '그림'과 '표'는 원문인 일본 외교문서에 있던 것을 그대로 가져왔다. 단, '사진'과 '외교문서 원본'은 편역자가 이 책의 이해를 돕기 위해 추가한 것이다.

6. 한자로 표기된 일본 및 한국, 중국의 인명(人名)은 원칙적으로 초출(初出) 시에 현지 발음에 가까운 한글 성명(姓名)과 함께 괄호 안에 한자명을 넣었다. 영어 성명의 경우 초출 시에 괄호 안에 영문명을 추가했다.

7. 원문이 인용한 자료가 일본 외교문서인 경우에는 「　」에, 출간된 서적의 경우에는 『　』에 각각 한글 번역 제목을 넣었다.

8. 연대는 원칙적으로 서력(西曆)을 적용했으나 일본 외교문서 원문이 소화(昭和) 등 일본식 연호를 사용했을 경우 원문 표기를 병기했다.

『일한 국교정상화 교섭의 기록』

1. 편찬 경위

　본고는 1967년 6월 외무성 간부회의에서 우시바 노부히코(牛場信彦) 외무차관의 발표를 계기로 편찬하게 되었다. 그 발표에 의거해 아시아국 북동아시아과가 기안한 「일한회담 14년사 편찬 방법에 대해」가 같은 해 6월 15일 결재되어 편찬위원회[위원장 호시 분시치(星文七) 심의관, 아시아국장 외 4명이 위원으로 구성됨]가 출범했다. 그러나 북동아시아과의 사정으로 편찬 업무에 바로 착수하지는 못했다. 이듬해인 1968년 8월 21일 북동아시아과가 다시 「일한 국교정상화 교섭사 편찬에 대해」를 기안, 결재를 받았다. 이를 계기로 아시아국장을 위원장으로 하는 '일한 국교정상화 교섭사 편찬위원회'가 발족했다. 편찬위원회는 회담 직접 관여자 및 관련 과장 등 19명[아시아국 참사관(한국 담당), 관방총무참사관, 문서과장, 조사과장, 북동아시아과장, 조약과장, 주한 마에다 도시카즈(前田利一) 참사관, 주필리핀 구로다 미즈오(黑田瑞夫) 참사관, 주인도네시아 미카나기 기요나오(御巫淸尙) 참사관, 주프랑스 마쓰나가 노부오(松永信雄) 참사관, 주베트남 나카에 요스케(中江要介) 참사관, 야나기야 겐스케(柳谷謙介) 기술협력과장, 가와카미 겐조(川上健三) 조사관, 미타니 시즈오(三谷靜夫) 사무관, 구로코우치 야스시(黑河内靖) 사무관, 모리타 요시오(森田芳夫) 사무관, 구리하라 겐(栗原健) 사무관(외무성 백년사반 주임), 주한 쓰루타 다케시(鶴田剛) 서기관(문서과 기록주임)]을 위원으로 위촉하고(북동아시아과장은 상임위원), 우시바 사무차관, 이세키 유지로(伊関祐二郎) 전 대사, 우시로쿠 도라오(後宮虎郎) 대사, 나카가와 도루(中川融) 대사, 후지사키 마사토(藤崎万里) 대사, 사토 히후미(佐藤日史) 조약국장을 각각 고문으로 위촉했다.

　교섭사 편찬반을 북동아시아과 안에 두고 모리타 요시오, 아와하라 데쓰코(栗原哲子) 2명의 사무관을 편찬 업무에 전임토록 해 2년 6개월 내에 원고 작성을 완료토록 했다.

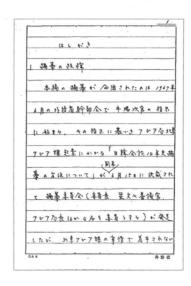

외교문서 원본 2 「日韓国交正常化交渉の記日」의 머리말

2. 편찬 업무

(1) 기록의 정리

문서과 기록반에 이관되어 있던 것과 북동아시아과 등에서 보관 중이던 일한교섭 관련 기록 및 복사물을 수집, 정리한 후 4개의 구멍이 뚫린 파일에 철했다. 이어 한 권에 한 개씩 내용을 담은 빨간색 칸막이 종이로 세목을 구분하고 목차를 달았다. 당시 신문기사를 절취하고 잡지를 발췌했고, 여기에 관련 국회 회의록 등을 포함하여 파일 약 270권을 만들었다. 또 일한회담의 마지막 단계에서 기록되지 않았던 회의 등에 대해서는 당시 담당자에게 의뢰하여 기록을 작성, 추가했다.

(2) 기본 자료 작성

본고 제III편에 수록. 전문(全文)을 타자로 치거나 등사판으로 인쇄했다.

(3) 수기, 담화 속기록 등의 수집

30편 중 21편은 담화 속기를 바탕으로 작성했다. 본고 제II편에 수록. 전문을 타자로 치거나 등사판으로 인쇄했다.

(4) 총설 집필

성내용(省內用)과 공간용(公刊用)을 집필. 성내용은 논문 제I편에 수록했다.

3.『일한 국교정상화 교섭의 기록』의 총설 총목차

서론

제1장 평화조약 발효 이전의 일한관계와 일한회담 예비회담

제2장 제1차 일한회담과 대일 평화조약의 발효

제3장 제2~3차 일한회담

제4장 일한회담 재개 교섭과 억류자 상호 석방

제5장 제4차 일한회담

제6장 재일조선인의 북조선 귀환 문제와 귀환협정의 체결

제7장 장면 정권의 성립과 제5차 일한회담

제8장 군사정권의 성립과 제6차 일한회담

제9장 일한회담 예비교섭: 청구권 처리 대강(大綱)의 결정과 어업 문제 등의 진전

제10장 재개된 제6차 회담

제11장 제7차 회담의 시작과 기본관계조약안 가조인

제12장 청구권·법적지위·어업 문제 합의사항 가조인

제13장 조문 작성 교섭과 일한조약 제 협정의 조인

제14장 일한조약 제 협정의 비준과 국교정상화

제15장 다케시마 문제

제16장 일한회담과 북조선

4. 교섭 담당자의 수기 및 인터뷰

(직함은 집필 혹은 인터뷰 당시의 것. 고딕체는 인터뷰 기록.)

① 협상 전반

　(1) 마쓰모토 슌이치(松本俊一), 「제1차 일한회담 당시의 회고」

(2) 구보타 간이치로(久保田貫一郎),「제2~3차 일한회담의 회고」〔듣는 사람, 니시야마(西山) 사무관〕

(3) 사와다 렌조(沢田廉三),「제4~5차 일한회담의 회고」〔듣는 사람, 니시야마 사무관〕

(4)「일한교섭의 회고: 오히라 전 외상에게 듣는다」〔듣는 사람, 야나기야 과장〕

(5)「일한교섭의 회고: 시나 전 외상, 우시로쿠 대사에게 듣는다」〔듣는 사람, 야나기야 과장〕

(6)「일한교섭의 회고: 이세키 전 아시아국장에게 듣는다」〔듣는 사람, 야나기야 과장〕

(7) 우시로쿠 대사,「일한교섭에 관한 약간의 회상」

(8) 후지사키 마사토(藤崎万里) 대사,「일한 제 조약에서 결착을 보지 못하고 있는 두 문제에 대해」

(9) 마에다 참사관,「일한문제와 나」

(10) 마에다 참사관·스기야마 지마키(杉山千万樹)·와타나베 고지(渡辺幸治) 사무관,「장면 정권과 군사정권 시절의 방한」

(11) 구로다 참사관「내가 관련된 일한교섭의 역사」

(12) 미카나기 참사관,「한국의 고 요시다 총리 초빙 요청과 관련한 요시다 씨와의 접촉」

(13) 마쓰나가 과장·야마구치(山口) 참사관·구마타니(熊谷) 참사관·다니구치(谷口) 참사관,「일한교섭의 회고: 조약과의 입장에서」

(14) 야나기야 과장,「일한조약 체결 직전의 교섭에 대해」

(15) 야나기야 과장,「일한교섭에서의 북조선 문제」

(16) 마에다 참사관·쓰루타(鶴田) 서기관·우치오(打尾) 서기관·호리(堀) 서기관·모리타 사무관,「일한조약 제 협정의 한국어 번역에 대해」

(17) 기우치 리사부로(木內利三郎),「일본적십자에 의한 한국·북조선 적십자와의 교섭」

(18) 이동원(李東元),「시나 일본 외상이 방한했을 때의 이야기」(번역)

② 어업

(1) 히로세 다쓰오(広瀬達夫) 대사·야스후쿠 가즈오(安福数夫) 수산청 어정과장·사토 국장·야나기야 과장,「일한 어업 문제의 최종 단계의 교섭에 대해」

(2) 가와카미 겐조(川上健三),「일한 어업교섭의 회고」

③ 청구권

(1) 사토 히후미(佐藤日史) 국장·구로고우치(黒河内) 참사관·후쿠다(福田) 참사관,「일한회담의 청구권, 경제협력 협정 제2조에 관한 교섭(추록)」

(2) 오와다 와타루(大和田渉) 서기관,「일한회담의 청구권, 경제협력 협정 제2조에 관한 교섭(추록)」

(3) 미카나기 참사관,「일한회담의 청구권 및 경제협력 협정에 대한 교섭: 경제협력 사항에 대해」

(4) 아쓰미 겐지(渥美謙二) 외채과장(대장성), 「일한회담의 청구권 문제에 대해」

④ 재일한국인의 법적지위

(1) 이케가미 쓰토무(池上努) 검사, 「일한회담에서의 법적지위 문제의 교섭」

(2) 다쓰미 노부오(辰巳信夫) 참사관(법무성), 「재일한국인의 법적지위 협정 및 출입국관리특별법에 대해」

(3) 쓰루타 다케시(鶴田剛) 서기관, 「법적지위 협상에 대한 소감」

(4) 히라가 겐타(平賀健太) 판사(전 법무성 민사국장), 「일한회담의 법적지위 협상의 회고」(듣는 사람, 쓰루타 사무관)

⑤ 문화재

(1) 하리야 마사유키(針谷正之) 대사, 「일한회담의 문화재 문제에 대한 한 가지 소감」

(2) 마쓰시타 다카아키(松下隆章) 감사관, 「힐튼호텔에서의 일한회담 문화재 문제에 관한 교섭 메모」

제III편 자료

① 일한관계 연표 (1945년 8월~1966년 12월)

② 일한회담 위원회별 횟수 목록

③ 일한회담 회의 일지 (예비 및 제1~7차)

④ 일한회담 대표단 명단 (예비 및 제1~7차)

⑤ 일본 국회에서의 일한문제

⑥ 한국 국회에서의 일한문제

⑦ 문헌자료 해설

『일한 국교정상화 교섭의 기록』의 총설

서론

1. 14년여에 걸친 일한 국교정상화 협상은 양국의 정치, 경제, 사상, 문화 등 민족사회의 모든 분야와 깊이 관련되면서 추진됐지만, 본고는 외교교섭만을 중점적으로 서술한 것이다. 내용적으로 외무성 보유 기록과 교섭 담당자의 수기 등을 다수 적기(摘記) 인용했는데, 협상에 관한 보다 자세한 내용은 외무성 문서기록실에 보관 중인 일한회담 관련 기록을 참조하기 바란다.

또 한국 측 자료는 가능한 한 많이 알아봤지만 현 단계에서는 한계가 있으므로 향후 한국 측 자료와 북한, 미국 등의 자료도 충분히 볼 수 있게 되면 본고에서 보정될 점이 상당히 있을 것으로 생각된다.

2. 총설 집필자인 모리타 사무관은 1959년 8월 이후 외무성 아시아국 북동아시아과에 근무했다. 저서로『재일조선인 처우에 관한 추이와 현황』(법무연구과, 1955년 7월),『조선 종전의 기록』(嚴南堂, 1964년 8월)이 있다. 또 가지마(鹿島)연구소『일본 외교사 제27권: 강화 후의 일본 외교』(1972년 9월)에서 '일한관계'를 집필했다.

본고는 야나기야 겐스케(柳谷謙介) 회계과장이 전문을 검토하고 마에다 도시카즈(前田利一) 아시아국 참사관이 부분적으로 교열했으며, 그 의견에 따라 수정, 가필됐다.

마에다 아시아국 참사관은 1946년 2월부터 1956년 8월까지 관리국, 조사국, 아시아국에 근무하면서 한국 문제를 담당한 이후 1960년 5월부터 1964년 12월까지 북동아시아과장, 1965년 9월부터 12월까지 서울 해외사무소장, 1965년 12월 이후 주한 일본대사관 참사관, 1970년 9월 이후 동 대사관 공사, 1972년 10월 이후 아시아국 참사관을 각각 역임했다.

야나기야 과장은 1959년 10월부터 1964년 12월까지 아시아국 북동아시아과 수석사무관으로 근무했고, 제4차 일한회담 이후에는 일본 대표보좌(제4차 회담은 기본관계, 어업, 법적지위 등 각 위원회, 제5~7차 회담은 기본관계, 일반 청구권, 선박, 문화재, 어업, 법적지위 등 모든 위원회에서 대표보좌)를 역임했다. 1962년 8월부터 1964년 3월에는 예비교섭 수석회담에 일본 측 기록 담당(일한 양국에서 1명씩)으로 참석했다. 그는 또 마에다 북동아시아과장의 빈번한 한국 출장 와중에는 과장대리 역할을 했다. 재 영국대사관 부임 후인 1965년 3월부터 6월에는 일시 귀국해 일한회담의 조약 체결 협상에 참여했다.

　　3. 본고 집필 과정에서 연호는 서기로 통일했다(그러나 인용자료 중 일본의 연호는 원문대로). 또 인물의 직함은 서술되어 있는 당시 것을 따랐다. 따라서 같은 사람이 '○○ 북동아시아과 사무관' 또는 '○○ 북동아시아과장', '×× 아시아국장' 또는 '×× 대사' 등 다르게 기록되었다.

I

평화조약 발효 이전의 일한관계와 일한회담 예비회담

1. 일본 통치의 종말과 남북한 정부 수립

사진 1 1945년 9월 2일 도쿄 만에 진주한 미주리 호에서 열린 항복 조인식 (출처: 미 국립문서기록청)

1943년 11월 27일 미국, 영국, 중국 3개국 정상(루스벨트 대통령, 처칠 수상, 장제스 총통)이 서명한 카이로 선언은 "세 대국은 조선 인민이 노예 상태에 있음을 유의하여 앞으로 적절한 과정을 통해 조선을 자유 독립시킬 것을 결의한다"고 밝혔다. 이어 1945년 7월 26일 앞서 언급한 3개국 정상이 서명한 포츠담 선언은 "카이로 선언의 조항은 이행되어야 하며……"라고 조선의 독립을 재확인했다. 소련은 대일 선전포고 중에 포츠담 선언에 동의했음을 밝혔다.

일본 정부가 미주리 호(號) 함상에서 항복문서에 서명한 1945년 9월 2일, 연합국 총사령부가 내린 일반명령 제1호(육해군)는 "38도선을 미소의 군사분계선으로 하고, 조선에 있는 일본군은 북위 38도 이북의 경우 소련군에, 북위 38도 이남은 미군에 각각 항복해야 할 것"이라고 밝혔다. 이에 따라 9월 7일 자 미 육군 태평양총사령부는 포고를 통해 남한 지역에 대한 미군정의 실시를 선언했다. 9월 8일 인천에 상륙한 미군은 9일 서울에 진주, 일본군사령관 및 조선총독과 38도선 이남

사진 2 1945년 8월 서울 시민들이 해방의 기쁨을 만끽하고 있다. (출처: 연합뉴스)

지역에 대한 항복문서 조인식을 가졌다. 9월 20일 남조선 미군정청이 서울에 설치됐다.

한편, 소련군은 8월 9일 자정 이후 한반도 동북 지역으로 진격해왔다. 종전 당시 소련군은 두만강 연안의 하류 지역과 나진, 유기, 청진 3개 항구를 점령했다. 소련군은 종전 후 9월 초까지 38도선 이북의 주요 요충지를 점령함과 동시에, 소련군의 지원하에 각 도마다 인민위원회를 결성토록 하고 일본 측 행정권을 인민

사진 3　1945년 9월 일본군의 안내를 받으며 서울에 입성하는 미군을 서울 시민들이 지켜보고 있다. (출처: 미 국립문서기록청)

위원회에 이양했다. 이렇게 각 도에 설치된 조선인 정권은 이듬해 2월 김일성(金日成)을 위원장으로 하는 북조선임시인민위원회로 통합됐고, 같은 해 11월 각 지역에서 공산주의 방식의 총선거를 통해 1947년 2월 북조선인민위원회가 성립됐다.

남한 지역에 있던 일본군 20만 명과 일본인 약 50만 명은 미군정에 의한 계획적 수송 계획에 따라 1946년 3월에 송환이 완료됐다. 북한 지역에 있던 일본군은 소련에 억류되었으나, 일본인 약 30만 명은 대부분 38도선을 탈출하고 남하, 1946년 12월 미소 간에 체결된 소련지구 일본인 귀환협정에 따라 같은 해 12월 이후 1948년 6월까지 남은 일본인 약 8,000명과 북조선 포로수용소에 있던 일본군 포로 약 1만 8,000명이 귀환했다.

한편, 종전 시 약 200만 명으로 추산되었던 재일조선인은 종전 후부터 1946년 말까지 약 150만 명이 한반도로 귀환했다. 재한일본인은 한반도 잔류가 인정되지 않았으나 재일조선인은 약 50만 명이 일본에 남았다.

한반도에 남아 있던 일본 재산에 대해 살펴보면, 미군정은 1945년 9월 25일 법령 제2호를 통해 8월 9일 이후 일본의 국유재산이나 공유재산의 이동 및 처분을 금지한 데 이어, 같은 해 12월 6일 법령 제33호에서는 일본의 국유재산, 공유재산뿐만 아니라 사유재산도 미군정청이 9월 25일 자로 취득한다고 밝혔다. 그러나 그 일본 재산은 한국 정부 수립 후인 1948년 9월 11일에 체결된 '한미 재산 및 재정에 관한 협정'에 의해 한국 정부에 이양됐다.

북한 지역에서는 북조선임시인민위원회가 1946년 3월 5일 자 '북조선 토지개혁에 관한 법령'에 의거해 일본 국가 및 일본인의 사유지를 몰수했고, 같은 해 8월 10일 '산업·교통·운수·은행 등의 국유화에 관한 법령'에 의해 일본 국가 및 일본인 소유의 기업체 등 시설 일체를 국유화했다. 이러한 법령은 이듬해 2월 도시군 인민위원회 대표자대회에서 승인됐다. 또 1948년 9월 8일에 공포된 조선민주주의인민공화국 헌법은 일본 국가 및 일본인 소유 일체를 국유화하고, 그 토지를 몰수한

다고 규정했다.

남북한 통일정부의 수립과 관련해 1945년 말 모스크바 3국 외상회담에서 조선에 대한 신탁통치 안이 결정되어 관련 협의를 위한 미소 공동위원회가 1946년과 1947년에 서울에서 열렸지만 성과를 낼 수 없었다. 통일 문제는 1947년 가을 유엔으로 이관됐다. 그 결과, 한반도에서 유엔 관련 위원회의 감시하에 총선거가 실시되었지만, 북조선이 이를 거부했기 때문에 남한 지역에서만 1948년 5월 15일 총선거를 실시, 같은 해 8월 15일 한국 정부가 수립됐다. 이후 북조선은 공산권 방식의 총선거를 실시, 같은 해 9월 9일 조선민주주의인민공화국을 수립했다. 한반도는 신탁통치 과정을 거치지 않고 카이로 선언대로 독립했지만 38도선에 의해 분단되어 2개의 분단국가를 형성했다.

2. 한국 정부 수립 이후

(1) 한국 정부의 대일정책

1948년 8월 15일 미군정이 종료되고 한국 정부가 성립됨에 따라 일한관계는 새로운 단계로 진입했다.

한국 정부의 초대 대통령으로 선출된 이승만(李承晩)은 33년간에 걸친 미국 망명생활을 한 데다 대통령 취임 당시 73세의 고령이기도 하여 완고하고 융통성이 없는 배일주의자가 되어 있었다. 게다가 해방 직후 고양된 민족적 내셔널리즘은 과거의 지배자인 일본에 대한 냉엄한 감정으로 분출, 이승만의 배일정책을 지지하고 있었다.

1948년 9월 30일 이승만 대통령이 국회에서 발표한 새 정부의 시정방침은 "일본의 제국주의적 침략주의의 완전한 포기와 향후 민주주의 국가 재건을 엄중하게 감시한다. 한국은 연합국의 일원으로서 대일 강화회의에 참가하는 것을 연합국에 요청한다"고 말했다. 이승만 대통령의 끊임없는 배일적 언사와 함께, 후기하는 바와 같이 대마도 반환 요구, 선박과 문화재 반환 요구, 일본어선의 나포 등은 재일조선인의 횡포를 목도하고 있던 일본인에게 한국에 대한 불쾌한 인상을 가중시켰다. 그러나 이승만 대통령은 처음 공식적으로 일본을 방문했을 때 — 한국 독립 행사에 맥아더(Douglas MacArthur) 원수가 방한한 데 대한 답례로서 1948년 10월 19일부터 20일 이 대통령 부부가 방일함 — 도착성명에서 "한국은 과거를 잊고 일본과 새로운 관계에 들어가도록 노력하겠다. 일본인이 군국주의적 요소를 제거하는 데 성공한다면 양국 간에 호혜적인 무역관계가 부활할 것이

사진 4 대한민국 건국 1주년을 맞은 1949년 9월, 한국 육군과 해안경비대가 일본 식민지 지배의 상징인 옛 조선총독부 건물로 통하는 대로를 행진하고 있다.
(출처: 미 국립문서기록청)

다"라고 말했다. 이승만 대통령은 1950년 2월 16일 제2차 방문 시의 도착성명에서는 "한일관계 개선의 가능성에 대해 맥아더 원수와 일본 정부 당국과 논의하기 위해 일본을 방문했다"고 말한 후 공산주의 세력에 대한 공동의 안보조치를 취할 것을 요청하면서 "이번 방일을 계기로 일한 협력의 단계를 진행시키고 싶다"고 밝혔다. 이어 17일 휴스턴(C. K. Houston) 총사령부 외교국 차장이 주최한 다과회에는 요시다 시게루(吉田茂) 총리, 시데하라 기주로(幣原喜重郎) 중의원 의장, 사토 나오타케(佐藤尚武) 참의원 의장, 이치마다 히사토(一万田尚登) 일본은행 총재도 초대되어 이승만 대통령과 함께했다. 이승만 대통령은 18일 일본을 떠나면서 발표한 성명에서도 "나는 한일 양국이 상호 이해와 공통의 이상 아래 과거를 청산하고, 양국 국민의 신변에 다가오고 있는 위험을 잘 인식하여 관용의 정신으로 양국 공통의 문제를 처리할 수 있는 날이 하루빨리 오기를 간절히 바라고 있다"고 말했다. 한국은 건국 1년 10개월 만에 동란을 맞아 수도를 부산으로 옮기고 공산주의 세력과 맞서고 있었지만, 그동안 유엔군 기지로서의 역할을 맡아온 일본에 대해 적극적으로 협력을 추구하거나 친화적인 태도를 취하지는 않았다.

평화조약의 발효까지 일본은 연합국군총사령부[16]의 통제하에 있었기 때문에 양국 정부 간의 직접 교섭은 없었다. 그러나 한국 정부는 총사령부를 통해 주일 한국대표부를 설치했다. 일한 간은 국민감정이나 정치의식과는 별개로 경제적 관련성이 매우 깊었기 때문에 총사령부와 한국은 무역·금융·해운 협정 등 세 개 협정을 체결했다. 인적 교류의 경우를 보면 공식적으로 한국에 입국한 일본인은 극히 소수에 그치고 한국인만 일본에 입국했는데, 불법 입국자가 공식 입국자 수를 크게 웃돌았다.

더욱이 일한 국교정상화에 앞서 나중에 회담의 주제가 될 사항은 이미 문제화되고 있었다. 어업 분야에서는 일본어선이 맥아더 라인을 넘었다는 이유로 한국 측에 나포되었다. 한국 정부는 선박 문제와 관련해 총사령부를 통해 반환 협상을 전개하고 있었다. 한국 정부는 청구권 문제와 관련해서도 그 준비를 진행 중이었다. 다케시마에 대해서도 한국 정부는 영토의식을 명확히 했다. 한편, 재일조선인에 대해 일본 정부는 그 법적지위를 결정해야 할 필요에 쫓기고 있었다.

(2) 주일 한국대표부의 설치

종전 직후인 1945년 10월 연합국군총사령부의 요청에 의해 남한 미군정청의 연락부가 도쿄에 설치됐다. '조선 미군정청 재일본 총공관'이라고 불린 이곳은 미국인 및 조선인 직원이 근무했고,

---

16) 정식 명칭은 '연합국군최고사령관사령부'. General Headquarters, the Supreme Commander for the Allied Powers (GHQ/SCAP).

주로 재일조선인의 귀환을 지도하는 업무를 수행했다. 1946년 2월에는 센자키(仙崎)와 하카타(博多)에도 연락부가 설치됐는데, 센자키 사무소는 1946년 여름 센자키가 귀환 항구 임무를 종료하면서 폐쇄되었고, 11월 오사카 공관이 개설되어 1947년 4월 하카타 사무소는 오사카로 흡수됐다. 1947년 말 이후 재일조선인 귀국 희망자는 도쿄, 오사카의 이들 공관을 통해 귀환을 신청했다.

사진 5　고국으로 귀환하는 한국인들이 선상에서 해방을 축하하고 있다. (출처: 미 국립문서기록청)

1948년 8월 한국 정부 수립 이후 남한 미군정청 재일본 총공관은 '미군 민사처 도쿄 공관'으로 개칭됐다. 이어 1949년 1월 29일 주일 한국대표부가 설치되어 정한경(鄭翰景) 박사가 초대 공사 자격으로 취임했다. 이는 여러 외국의 주일 대표와 마찬가지로 연합국군총사령부에 파견된 것으로, 일본 정부는 이 조직과 직접 협상하는 것이 금지되어 있었다. 정한경 공사는 바로 정환범(鄭桓範) 대사로 교체되었다. 이후 주일 한국대표부의 대표는 1950년 2월 신흥우(申興雨) 대사, 1950년 6월 김용주(金龍周) 공사, 1951년 6월 신성모(申性模) 공사, 같은 해 12월 김용식(金溶植) 공사로 각각 교체됐다.

주일 한국대표부는 후기하는 바와 같이 재일조선인의 귀환, 여권의 교부, 국민 등록 등을 실시했고, 1949년 6월에는 총사령부를 상대로 맥아더 라인 완화 반대를 위한 협상을 진행했다. 주일 한국대표부는 같은 해 10월 7일 재일조선인의 법적지위와 관련해 연합국인과 동등한 지위를 요청했고, 같은 해 11월 재일조선인 학교의 폐쇄 시에는 대표부의 책임하에 학교의 양도를 요구했다. 1950년 들어 주일 한국대표는 일본 정부가 체류 외국인에게 등록하게 했던 외국인 등록증명서 국적란에서 '조선'을 '한국'으로 수정할 것을 요구했다. 주일 대표부는 그해 6월 한국전쟁 발발 직후 재일한국인 청년 가운데 자원군 700여 명을 모집하고 이들을 전선으로 보냈다. 한국대표부는 또 대일평화조약 체결에 대한 한국 정부의 참여 협상 및 일한회담 준비자료 수집 같은 활동을 전개했다.

한국전쟁에 따른 특별수요(特需高)는 1950년 7월부터 1954년 2월까지 13억 2,300만 달러(당시 일본의 수출 총액은 1950년 8억 2,000만 달러, 1951년에 13억 5,400 달러, 1952년에 12억 7,300만 달러)에 이르렀는데, 이는 일본의 산업 재건에 커다란 영향을 미쳤다.

(3) 일한무역과 3개 협정의 체결

종전 후 일한 간에는 연합국군총사령부의 지령에 따라 정부 간 무역이 실시되었다.

1949년 3월 도쿄에서 연합국군총사령부와 한국 간의 통상회담이 개최됐다. 그 결과 같은 해 4월 1일부터 1년간 8,000만 달러(그중 5,000만 달러를 일본이 수출, 3,000만 달러를 한국이 수출)의 무역고를 달러 현금으로 결제하는 방식이 실시됐다. 이어 '점령하 일본과 한국과의 무역협정'(전문 11조)과 '점령하 일본과 한국의 금융협정'(전체 6조)이 3월 22일 합의됐다(4월 23일 체결).

그러나 이 무역협정은 양국 정부의 통제가 엄격한 데다 달러 부족 등으로 인해 순조롭게 이행되지 않았다. 같은 해 9월 당시 일본의 대한국 수출은 600만 달러, 한국의 대일 수출은 250만 달러 정도에 불과했다. 그렇기 때문에 10월 연합국군총사령부 대표는 서울에서 한국 측과 회담해〔일본 통상성 통상감 고다키 아키라(小滝彬)도 옵서버로서 참석〕 그 금액을 총 8,198만 달러로 정정했다. 양측은 정부 간 무역 이외에도 양국 개인 업체 간에 무역을 할 수 있는 분야를 늘렸다. 이 협정은 그 후 총사령부와 한국 정부의 인준을 거쳐 12월 25일부터 발효됐다.

1950년 4월 무역협정과 금융협정이 개정됐다(한국 정부는 6월 2일, 연합국군총사령부는 6월 6일 각각 서명했다). 그 결과 1950년 4월부터 1951년 3월까지 1년간 일본의 대한국 수출은 2,550만 달러(한국 쌀 수입과 ECA[17] 자금에 의한 일본의 수출은 포함되지 않음), 한국의 대일 수출은 953만 5,000달러로 각각 정하고, 지불 방법은 달러 표시 오픈계정 L/A 방식이 채용되었다.

1951년 3월 23일부터 4월 3일까지 연합국군총사령부와 김용주 주일공사가 협상해 기존의 무역협정과 금융협정을 그대로 존속시키는 한편, 새롭게 1951년 4월부터 1952년 3월까지를 기간으로 하여 대일 수출 1,600만 달러, 수입 3,200만 달러(스윙 200만 달러)를 골자로 하는 무역계획을 체결했다. 당시 일본에서는 섬유제품, 석탄, 기계 및 금속제품, 비철금속, 신문용지, 기타 화학제품이, 한국에서는 해산물(김, 멸치, 한천 등), 광산물(흑연, 형석, 고령토, 고철 등), 농산물이 주요 수출 품목이었다.

표 1   일한 간의 무역 1 (1948~1951년)

(단위: 백만 엔)

연도	일본에서 수출	일본으로 수입
1948	4,635	757
1949	4,847	1,265
1950	6,531	5,647
1951	5,340	2,538

주: 대장성의 「일본 외국무역 연표」에 따름. 1달러의 환산 비율은 1947년 3월 12일 50엔, 1948년 7월 6일 270엔, 1949년 4월 25일 360엔이 된다.

---

17)   Economic Cooperation Administration. 경제협력처. 1948년 설립된 미국의 대외 원조기구. 전후 유럽 부흥계획인 마셜 플랜(Marshall Plan)의 실시를 위한 경제협력법(Economic Cooperation Act)에 의거해 출범했다. 유럽이 주요 지원 대상이었으나 한국도 이 기구를 통해 상당 규모의 원조를 받았다. 1951년 상호안전보장본부(Mutual Security Agency)로 바뀌었다가 1953년 다시 대외활동본부(Foreign Operations Administration)로 변경되었다. 1955년 국제협조처(International Cooperation Administration)로 대체되었다.

1948~1951년의 대일무역은 〈표 1〉과 같이 매년 한국의 수입 초과(入超)가 지속된 데다 수출입 금액도 무역계획 금액에 크게 미치지 못했다. 이러한 경향은 한국전쟁을 겪으면서 한층 심해졌다. 1951년 한국의 대일무역 규모는 총 수출액 가운데 83.4퍼센트, 총 수입액 가운데 72.7퍼센트나 차지, 대일무역이 1위를 차지했다.

총사령부와 한국 정부는 1950년 3월 28일부터 5월 1일까지 일한 간의 무역활동에 종사하는 선박의 원활한 운항을 확보하기 위해 협상했다. 그 결과 잠정 해운협정이 체결됐다(연합국군총사령부는 같은 해 4월 15일에, 한국 정부는 같은 해 10월 4일에 각각 서명했다).

(4) 맥아더 라인과 일본어선 나포

종전 후 연합국군총사령부가 일본어선의 조업구역을 지정했는데, 그 구역을 나타내는 선을 '맥아더 라인'이라고 불렀다. 그러나 1947년 2월부터 일본어선이 맥아더 라인을 넘었다는 이유로 한국 측 선박에 의해 나포되어 승조원이 부산에서 미군정의 재판에 회부되는 사건이 발생했다. 수산청이 발표한 「종전 후 한국 측에 의한 일본어선 나포 사건의 경과」에 따르면, 1947년 2월 4일 시모노세키(下關) 항을 근거로 하는 저인망어선 고료마루(幸漁丸)(55.41톤)가 나포된 것이 첫 번째 사건이었다. 이 어선은 대마도 서쪽 약 5해리에서 조업하던 중에 한국과 미국 병사가 승선한 한국 경비선에 의해 나포되어 부산으로 회선하라는 명령을 받았다. 부산에서 군정재판을 받은 결과, 어선은 몰수되고 선원은 집행유예를 받아 송환되었다(주 1). 고료마루 사건 이후 일본 정부는 이러한 사건이 재발하지 않도록 연합국군총사령부 천연자원국 수산부장과 협상했지만, 1948년 들어 다시 나포가 이뤄졌다. 게다가 무장한 한국의 연안 경비대원이 발포, 위협하면서 일본어선을 나포하는 사례가 빈발했고, 한국 정부 수립 후에도 나포 사건이 이어졌다. 맥아더 라인의 제한선 밖에 출어했다는 이유로 일본어선이 한국 측에 나포된 횟수는 수산청 통계에 따르면 〈표 2〉와 같다.

이 중에는 트롤어선이 1948년 1척, 1949년 1척, 1950년 3척, 1951년 1척 포함되어 있다. 게다가 1949년 1월 23일 나포된 제12만에이마루(万栄丸), 2월 1일 나포된 제6유타카마루(ゆたか丸), 5월 4일 나포된 다이에이마루(大栄丸)의 경우에는 한국 측으로부터 총격을 받아 각각 승조원이 1명씩 사망했다. 이 나포는 한국 측이 단속을 위해서라기보다는 일본어선을 확보하기 위한 것으로 간주되었다.

일본 정부는 이들 나포 사건이 모두 맥아더 라인의 제한 밖에서 항해 또는 조업했다는 이유로 발생한 만큼, 일본 측이 어업감시선을 마련하는 등 사건의 재발을 막기 위해 총사령부와 교섭했다. 그 결과, 일본 정부는 1949년 8월 15일 정령 제306호 '어선의 조업구역 제한에 관한 정령'을 공포하고(8월 20일 시행), 트롤어선 4척을 용선하고 여기에 수산청 감시선 하츠타카마루(初鷹丸)를 더

표 2   한국에 나포된 일본어선, 승조원 (1947년~1952년 4월)

* 1952년은 평화조약 발효 시까지임

연도	선박 (척수)			승조원		
	나포	귀환	미귀환	나포	귀환	사망
1947	7	6	1	81	81	0
1948	15	10	5	202	202	0
1949	14	14	0	154	151	3
1950	13	13	0	165	165	0
1951	43	42	1	497	497	0
1952*	3	3	0	37	36	1

해 5척으로 이를 감시하게 되었다(이 정령은 이후 1949년 9월 21일 개정됨).

한편, 일본 정부는 총사령부를 통해 한국 측에 억류된 선박의 반환을 위한 교섭을 추진했다. 그 결과, 1949년 1월 3일 부산에 억류 중이던 어선 7척, 1950년 2월 27일 목포에서 억류 중이던 어선 9척, 또 같은 해 3월 11일 부산에 억류 중이던 어선 4척이 각각 일본 측에 인도됐다.

한국 독립 이전에 나포된 일본어선 승조원에 대한 재판은 미군정 법령에 의해 이뤄져 처벌됐다 (주 2). 정부 수립 후 한국 정부는 맥아더 라인을 넘은 일본어선의 경우 즉시 나포해도 된다는 생각 으로 나포를 계속했지만, 연합국군총사령부는 일본어선의 나포는 연합군최고사령관만이 할 수 있 다는 견해를 가지고 있었다. 따라서 1950년 2월 1일 총사령부와 한국 정부는 논의를 진행한 결과, "향후 한국 해군경비선이 맥아더 라인을 월경한 일본어선을 발견한 경우에는 즉시 정선을 명령하 고 1시간 이내에 선장의 성명 등 필요사항을 조사, 선장의 자인서를 받아내고 배는 그대로 반환시 킨다. 한국 경비선은 이를 한국 정부에 보고하고 한국 정부는 이를 총사령부에 통보하여 총사령부 는 이 어선에 대한 어업권의 취소, 기타 조치를 취한다"고 발표했다(『요미우리신문』, 2월 5일;『동 아일보』 2월 5일). 한국전쟁 이후에도 일본어선의 나포는 계속되었는데, 이에 대해 총사령부는 1951년 5월 5일 "어업 허가 수역의 바깥쪽에서 발견되고 그 수역에 있는 것으로서 한국 주둔 유엔 군의 군사행동에 위협을 줄 우려가 있는 일본어선은 조사를 위해 유엔 해군사령부에 나포를 허용 한다. 이 어선은 앞으로 허가된 어장 월경을 이유로 일본 정부에 의한 소추를 받아야 하므로 유엔 군 관리하에 일본으로 직접 반환되든지, 일본 항구로의 귀환을 명령받게 될 것이다. 한국 영해를 침범한 일본어선은 모두 한국의 법률에 따라 한국 정부에 의해 나포, 처리된다"(AG546CG 「일본 어선의 나포에 대해」)고 밝혔다. 한국 정부는 '영해의 범위'를 공지하지 않았지만, 실제 나포된 선 박은 '영해 침범'이 이유가 된 경우도 있었다.

한국전쟁 발발 후 유엔군의 명령에 의해 나포 또는 송환된 어선이 많았다. 특히 1951년 들어 나포가 급증, 3월 4일에서 4월 8일에는 33척(4월 5일 하루 만에 18척)의 어선이 나포되었는데, 이들 대부분은 작전 중인 유엔군 해군함정과 조우했기 때문이며, 유엔군을 거쳐 5월 26일 27척, 4월 10일 2척, 6월 3일 2척이 각각 일본에 반환되었다(1척은 현장에서 석방). 1952년에 들어서는 1월 5일 수산청 어업감시선 제13다이요마루(大洋丸)를 비롯해 분명히 맥아더 라인 안에 있었는데도 총격을 받고 어구 및 어획물을 탈취당하는 사건도 발생했다.

1952년 4월 평화조약 발효 시에 귀환되지 못한 나포 어선은 8척, 좌초나 침몰 등으로 귀환할 수 없는 선박이 5척이었다. 이 외에 종전 후 1951년까지 한국인에 의해 도난당한 어선(대부분이 재일 한국인이 귀국하기 위한 용도였다)이 21척(1945년 7척, 1946년 3척, 1947년 2척, 1948년 1척, 1949년 4척, 1950년 3척, 1951년 1척)으로 보고되었다.

한국의 조야는 맥아더 라인에 매우 높은 관심을 보였다. 1949년 5월 일본 정부가 연합국군총사령부에 맥아더 라인 확장 완화를 진정했다는 보도가 나오자 6월 9일 한국의 수산업 관계자들은 '맥아더 라인 확장 반대 수산업 총궐기대회'를 열었다. 이들은 결의문에서 "맥아더 라인 확장에 절대 반대한다. 맥아더 라인을 침범하는 일본의 밀렵 선박 나포 권한을 한국 정부에 부여하라. 일본의 침략주의를 절대 배격한다"고 말했다. 당시 한국 정부는 연합국군총사령부에 항의문을 보냈다. 한국 정부가 주일 한국대표부에 보낸 전문은 "일본어선의 월경 어획은 한국 어업에 방해가 될 뿐만 아니라 치명상이 된다. 국방상 일본의 재침 우려가 있다. 일본이 동쪽에 무한히 광대한 어장이 있는데도 불구하고 일부러 황해 어장까지 확대하려는 의도는 이면에 어떤 음모가 있다. 황해 어장까지 침범하려는 것은 한국의 사활 문제이기 때문에 재일 각국 대사와 협의하라"고 적혀 있었다고 보도되었다[이지신(李智新), 「맥아더 라인과 한국 수산」, 『새한민보』, 1949년 6월 30일].

6월 14일 한국 국회가 만장일치로 가결한 '맥아더 라인 확장 반대에 관한 동의안'에는 "이것은 일본이 해외에서 다시 침략하려고 하는 야망의 단적인 표현이며, 국제 신의를 위반한 증거이다. 만일 맥아더 사령부가 허용 의도가 있다면 삼면이 바다로 둘러싸여 있는 지리적 조건으로 볼 때 수산 입국을 지향하는 한국에는 민족적 생명선의 위협이다. 공해 어장 진출에 관해서는 강화조약 성립 후 관련 국가 간의 국제 협약에 의거하지 않으면 안 된다. 이상의 실정으로 볼 때 50만 어민의 생명선을 확보하고 우리 민족의 해양 개척의 비약적인 발전을 도모하기 위해 맥아더 라인 확장 반대를 결의한다"고 나와 있다. 1951년 4월 8일 아직 전쟁이 38도선을 사이에 두고 공방을 반복하는 와중인데도 부산에서는 맥아더 라인 철폐 반대 국민대회가 열렸다. 이튿날 『동아일보』 사설 「수산개발의 긴요성」은 1950년 12월 7일부터 1951년 4월 5일까지 맥아더 라인을 침범한 일본어선이 32척이라고 지적했다.

후기하는 바와 같이 한국은 맥아더 라인 밖으로 일본어선의 진출을 제한하는 조항을 평화조약에 추가하라고 요구하고 있었다. 1951년 4월 16일 한국 국회는 '맥아더 라인 확보에 관한 결의안'을 채택하고 8월 30일 변영태(卞榮泰) 외무부 장관은 "맥아더 라인은 국제적인 경계선이 되고 있다"고 말했다. 변 장관은 9월 3일에도 "한일 양국 간에 협정이 체결될 때까지 계속 효력을 갖는다. 평화조약 체결 후에도 맥아더 라인을 넘는 일본어선을 나포하는 권리와 의무를 갖는다"고 말했다.

총사령부는 평화조약 발효 3일 전인 1952년 4월 25일 자 각서에서 맥아더 라인 폐지를 일본 정부에 통보했다. 평화조약 발효 시 미귀환 나포 어선은 8

사진 6 한국전쟁 중에 열린 맥아더 라인 철폐 국민대회 (출처: 국가기록원)

척, 좌초나 침몰 등으로 귀환할 수 없는 선박은 5척으로 간주되었다.

이상은 주로 다음에 나온 자료에 의거했다.

- 수산청, 「한국에 나포, 억류된 어선 목록」, 1951년 12월 7일.
- 외무성 아시아국 제2과, 「한국 측에 나포된 또는 조선인이 훔친 어선에 대해」, 1951년 12월 13일.
- 수산청 생산부 해양 제2과, 「종전 후의 한국에 의한 일본어선 나포 사건의 경과」, 1952년 2월 18일.
- 해상보안청 경비구난부 공안과, 「나포 사건 그 대책」, 1954년 9월.
- 일한어업협의회, 『일한 어업대책 운동사』, 1968년 2월.

(주 1) 외무성에는 1946년 12월 시마네(島根) 현의 어선 가이코마루(海幸丸)가 부산에 억류되어 총사령부를 통해 그 귀국을 추진 중이라는 12월 18일 자 시마네 현 지사 앞으로 보낸 전신(電信)이 있지만, 그 나포 경위에 관한 기록은 없다.

(주 2) 미군정 법령 제27호 「어업」(1945년 11월 9일 시행)은 제2조 "본 법령 시행 이후에는 조선 수역의 어업권은 조선 정부(미군정청) 농상국이 공포한 규칙에 따라 행사된다", 제3조 "본 법령의 규정 위반자는 육군 군사재판에 회부된다"고 규정하고 있다.

(5) 한국으로의 선박 인도

한국 정부는 1945년 12월 6일 자 미군정 법령 제33호가 1945년 8월 9일 당시 일본의 국유 및 사유 재산 일체를 같은 해 9월 25일 자로 취득한다고 규정했다며 조선치적선(置籍船), 1945년 8월 9일 또는 그 이후 조선 수역에 있던 선박 및 조선총독 또는 그 하부 기관이 소유한 선박은 한국에 귀속해야 한다는 견해를 펼쳤다. 따라서 한국 정부는 연합국군총사령부에 일본에 있는 다음과 같은 상태에 해당하는 선박의 인도를 요구했다. 이에 따라 총사령부는 일본 정부에 그러한 선박의 조사 및 인도를 요구했다. 즉,

(가) 1946년 6월 29일 자 SCAPIN[18] 1597호 A는 [ ] 회사 소속 어선 137척("대부분 한국 수역

에 있었다")의 처분을 금지하고, 그 현황, 소유자, 소재지를 조사해 보고하도록 했다. 이에 대한 일본 측의 조사 결과가 보고되었고, 그중("대부분 일본 수역에 있었다") 16척을 지정해 1947년 5~6월에 부산에서 주한미군에 인도했다.

(나) 1947년 5월 7일 자 CPC[19] 메모는 조선치적선 100톤 이상 33척, 100톤 미만 41척, 1949년 11월 16일 자 CPC 메모는 조선치적선 52척을 일본 정부가 조사해 보고할 것을 각각 요구했다. 두 차례의 보고를 바탕으로 1949년 12월 29일 SCAPIN 7028호 A는 1945년 8월 9일 이후 조선 수역에 있지 않았다는 사실을 증명하지 못했기 때문에 선박 18척을 한국 측에 인도하라고 지시했다. 이에 따라 그중 9척(나머지 9척은 수몰)이 1950년 2~12월 한국 측에 인도됐다.

(다) 1949년 2월 15일 SCAPIN 6392호 A는 조선총독부 및 하부 관청기관이 소유하고 있던 선박 4척에 대해 사용 금지를 명령했다. 이 중 3척은 그해 5월에, 1척은 1950년 2월에 각각 한국 측에 인도됐다.

이상, 1947년 4월부터 1950년 12월 동안 총 38척 5,752톤(이 중 9척 2,470톤은 침몰 상태)이 한국에 인도되었다.

(라) 1945년 11월 초 총사령부는 또한 주한미군이 필요로 하는 석탄 수송선을 남한에 파견하여 미군의 지휘하에 둘 것을 선박운영회에 요구했다. 이에 따라 1945년 11월 27일부터 1947년 6월 14일까지 [ ] 회사 소속 선박 5척이 남한에 파견되었다(이들은 1945년 8월 9일 이전에 일본 수역에 있었던 것이기 때문에 일본 정부가 반환을 요구했지만, 한국 측이 이를 거부했다). 1947년 5월 24일 [ ]가 제2회사를 세워 일본 내의 재산을 관리하는 업무를 재개, 그 선박 5척의 반환을 다시 요청했다. 이에 대해 총사령부는 1949년 12월 16일 SCAPIN 7010호 A를 통해 일본 정부가 [ ]에 대여 중인 5척(1만 398톤)과 같은 톤수의 선박을 [ ] 회사에 인도하라고 지시했다. 이에 따라 1950년 2월 15일 자 CPC 메모에 기초해 일본 정부로부터 선박 4척(1만 3849톤)이 [ ]에 인도됐다(1950년 2월 18일, 정령 제25호 '국가의 선박과 [ ] 회사의 선박과의 교체에 관한 정령'). 그 결과 일본 정부는 한국에 대여 중인 5척의 선박에 대한 소유권을 갖는다는 사실이 분명해졌다.

(마) 게다가 1950년 5월 16일 총사령부는 일본치적선 221척(7,000톤급 1척, 6,000톤급 4척, 4,000톤급 1척, 3,000톤급 3척, 2,000톤급 11척, 1,000톤급 8척을 포함한 총톤수[20] 11만여 톤)이 1945년 8월 9일부터 9월 25일까지 급수를 위해 부산에 입항했다는 한국 정부의 주장을 반박할 자료를 제시하라고 일본에 명했다. 이에 대해 일본은 같은 해 6월 12일 "조사한 결과, 선박명이 중복

---

18)   Supreme Command for Allied Powers Instruction Note. 연합군최고사령관(SCAP)이 일본 정부에 내린 훈령 혹은 지령.

19)   GHQ/SCAP 내 민간재산관리국.

20)   용적톤(capacity tonnage). 선체의 총용적에서 상갑판 상부에 있는 추진, 항해, 안전, 위생에 관계되는 공간을 차감한 전체 용적을 톤수로 환산한 것.

된 것 6척, 지령 기재일에 부산에 입항하지 않았다는 증거가 있는 것 33척, 입항하지 않은 것으로 추정되는 것 5척, 지령 기재일에 이미 침몰한 것 8척, 총사령부의 허가를 얻어 부산에 입항한 것 3척, 현재 한국에 몰수되어 일본 수역에 없는 것 15척, 현재 한국 수역에 있다고 추정되는 것 137척, 기타 자료가 없는 것 14척"이라면서 "한국의 주장은 신빙성이 희박하다"고 보고했다. 이상과 같은 한국 측의 요구 직후 한국전쟁이 발발해 이 요구는 자연스럽게 흐지부지되었다.

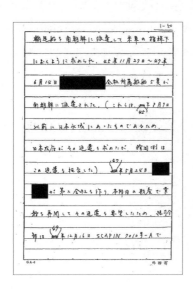

외교문서 원본 3　선박명이 먹칠된 채 공개된 일본 외교문서

(바) 총사령부는 1951년 5월 15일 SCAPIN 7430호 A를 통해 일본에 불법 입국하여 일본 정부에 몰수당한 선박 가운데 전쟁 이전에 조선에 선적을 등록했거나 선박의 소유주가 조선인인 선박 52척을 현재 있는 곳에서 6월 4일까지 한국 측으로 인도할 것을 지시했다. 이에 따라 1951년 6월 4일 일한 양국 정부 대표는 선박 인도 문서에 서명했다. (그 후 주일 한국대표부는 선박 가운데 심하게 노후화해 현재 가치가 거의 없는 23척의 소유권을 포기했다. 기타 부품만 남아 있는 선박은 그 처리를 검토하고 일부만을 가져가기로 했다.)

이상 총사령부가 일본 정부에 행한 선박 반환에 관한 일련의 조치는 한국이 평화조약 발효 전에 총사령부의 힘을 빌려 이를 해결하기 위해 로비를 한 결과라고 볼 수 있다. (외무성 아시아국 제2과 「조선 관련 선박의 인도 문제에 대해」(1950년 7월경), 일한회담 중요자료집(續) 「연합국 최고사령부 지령에 따라 한국에 반환된 조선 국적선 일람표」에 따름).

(6) 한국의 대일 청구 준비

한국 측은 미군정청 시대부터 평화조약 발효 후 일본에 대한 청구권을 준비하고 있었다. 조선은행 『조선조사월보』(1947년 7월 호)에 게재된 「대일 은행 환어음 청산 시론」은 "그해 가을 개최가 예정된 대일 배상회의에는 미국 측 사절단으로 남조선 과도정부 미국인 고문 1명을 파견한다"고 지적한 후, 조선에 대한 대일 배상과 관련해서는 1945년 9월 22일 자 미국의 대일 방침 성명[21]과 같은 해 12월 6일 폴리(Edwin Wendell Pauley)[22] 배상사절단의 중간 보고를 인용, 한반도 내 일본인 공사(公私) 재산은 모두 소실되어 그 소유권은 현재 과도적으로 군정청에 귀속되어 있지만 미래에는 당연히 한국에 귀속된다고 주장했다.

사진 7 대일 배상 문제를 조사하기 위해 일본을 방문한 폴리 배상사절단장(가운데)이 맥아더 사령관(왼쪽) 및 휠러 대령과 함께 도쿄의 GHQ를 나서고 있다. (출처: 미 국립문서기록청)

또 베르사유 강화조약 296조에 금전채무 조항의 규정이 있다면서 "과거 일본이 조선을 일방적으로 착취한 것을 고려하여 그 청산은 일방적이지 않다면(즉, 보상) 조건부 청산이어야 하며, 이러한 의미에서 대일 청산은 결국 대일 배상 요구의 원칙과 범주에 속하는 것이다"라고 말했다. 이 같은 관점에서 한국 금융계가 일본에 요구할 청산 조건은 (1) 조선은행권, 일본은행권, 일본 정부 소액 지폐, 외국 지폐[만주국 지폐, 화북 지역 연은권(聯銀券)[23] 등]의 통화 보상 요구, (2) 일본계 유가증권의 이자와 원금 상환 청구, (3) 일본계 구 채권의 회수와 정리 (4) 대 만지(滿支) 차관 등 대외 지역 특수계정의 정리 ─ 주로 조선은행과의 관계, (5) 대일 외환 거래의 청산을 포함하며, 조선은행의 일본에 대한 수취(受取) 계산은 "어림잡아 62억 엔, 그 외 1945년 8월 9일 이후 일본인에 의한 본국 송금의 취소와 원상 복귀에 따라 계산되는 조선 측의 수취금은 16억 엔으로 총 78억 엔에 달한다"고 계산하고 있다.

1947년 9월 말 과도정부의 재무부가 정리한 금전 배상 총액은 일부분 조사 중이라는 전제하에 엔화 198억 2,565만 9,638엔 40전, 상하이 달러 400만 엔, 현물배상 지금(地金) 249톤 남짓, 지은

21)   U.S. Initial Post-Surrender Policy for Japan.
22)   1903~1981. 미국의 실업가로서 1945년 미국의 배상위원단장 자격으로 방일, 1946년 엄격한 배상을 골자로 하는 최종 보고서를 제출했다. 그러나 이른바 '폴리 배상안'은 이후 하나씩 완화되어 유명무실해졌다.
23)   일본이 점령했던 중국 화북 지역의 발권은행인 중국연합준비은행(연은)이 발행한 지폐. 연은권은 엔(円)과 연계된 엔계 통화권으로 기존의 조선은행권, 대만은행권까지 포함해 대동아공영권의 거대한 통화 연쇄고리를 형성하였다.

(地銀) 약 89톤 등으로 계상하고 그 금액의 내역은 다음과 같다고 보도됐다.

- 일본인, 일본 단체에 대한 대출금액 약 61억 2,353만 엔
- 한반도 내에 있는 일본계 통화 약 15억 1,413만 엔
- 한반도 내 금융기관이 소유한 일본계 유가증권 약 71억 1,374만 엔
- 대일본 환끝 약 30억 3,486만 엔
- 일본 및 중국 소재 금융기관의 개인 동산과 부동산 약 810만 엔
- 일본 국고금 약 9억 174만 엔
- 조선은행 베이징 지점이 일본군에 대출한 약 424억 엔에 대한 이자 약 2억 3,341만 엔
- 조선식산은행이 일본권업은행 대리점으로서 취급한 채무 약 2,192만 엔
- 1945년 8월 9일 이후 일본인의 경비로 지출된 것 약 7,407만 엔
- 일본인에 대한 임시 가불 약 116만 엔
- 일본 측 은행 접수 계정 약 31억 3,150만 엔
- 조선신탁은행에서 일본 측 은행으로의 예환(預替) 약 110만 엔
- 생명보험회사의 조선인 계약자에 대한 책임 준비금 및 미경과 보험료 약 4억 5,000만 엔
- 손해보험 미불 보험료 약 1,733만 엔
- 일본에 반출한 지금 및 금화 약 5억 6,327만 엔
- 일본에 반출한 지은 약 287만 엔

조선은행 조사부 『조선경제연보』 1948년 판에 수록된 「대일 통화 보상요구의 관철」이라는 논문에는 아래와 같이 적혀 있다.

조선의 배상 청구는 전승국이 패전국에 요구하는 전비 배상의 관념이 아니라 기성(既成) 채권 내지 수탈물의 반환으로 형성되어 있다. 과도정부 내에 대일배상위원회가 설치되었고, 최근에는 대일 배상 미국인 고문실도 개설되었다. 통화금융 부문에 대해서는 재무부 내에 분과위원회가 구성되었다. 또 조선은행에도 위원회를 설치하여 1947년 말까지 실수계표(實數計表) 작성을 완료했고, 금융기관 분을 일괄해서 재무부를 통해 과도정부 당국에 제출했다.

대일 배상 요구의 범위는 (1) 약탈·학대 피해, (2) 교환가치 불균등에 의한 강제 거래의 실손, (3) 통화, 유가증권, 기타 채권의 보상 등으로 나눌 수 있는데, 상기 정부에 제출한 금융통화 관계 보상 요구 실수(實數) 중에서도 가장 긴요한 3개 항목만 설명하면 다음과 같다.

(1) 반출된 지금 249톤을 즉시 반환할 것을 요구한다. 그 일부분은 일본은행에 보관되어 있다. 잔액은 미화(美貨), 기타 경화(硬貨) 또는 그 자체로 표시된 일본의 채권을 양도받는 것이 가장 적합하다.

(2) 환끝

조선은행 도쿄지점 계정에 집중되어 있는 대일 환율 차변계정 잔액〔직접적 원인은 종전 전후 조선은행권의 증발(增發)에 있다〕은 62억 엔에 달했다. 이 환끝의 청산 방법은 환율 채권액에 해당하는 석탄, 섬유 제품 등 필수 물자(규격, 품질, 기타 한국의 주문에 따라 새롭게 생산한 것)를 일정 기간 내에 일본에서 수입하는 계획을 작성해 그 대금을 일본 항복 직전의 물가 수준으로 환산하여 일본 정부 계정으로 변경해 결제하는 것이다.

(3) 일본 공사채(公社債)

금융기관 및 민간의 일본 공사채 보유액은 105억 엔이다. 일본이 항복할 당시의 일본 화폐와 대외 가치에 따라 최단기간 내에 완료할 수 있는 구체적인 상환 계획을 일본에 요구하고 본 상환 잔액에 대해서는 물적 담보를 확보하는 규약이 필요하다.

이상 3개 항목의 대일 확정채권만을 담보로 하여 미국 달러 차관(원금 및 이자의 지불은 일본이 부담)을 획득하여 새로운 화폐제도 확립의 기반을 준비한다.

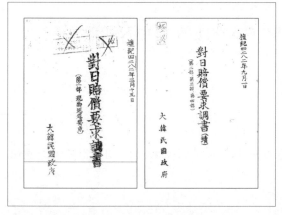

사진 8 대일 배상 문제 처리와 관련해 GHQ에 제출하기 위해 한국 정부가 1949년 3월 및 9월에 각각 작성한 『대일배상요구조서』 제1부 및 제2~4부.

한국 정부가 수립된 지 이틀 후인 1948년 8월 17일 이승만 대통령이 기자회견에서 "일본이 조선에서 발권해 남겨둔 통화에 대한 배상으로서 일본에 물자를 요구한다"고 말했다고 전해진 것은(서울 8월 18일, INS) 상기한 내용에 근거를 둔 것으로 관측된다. 그해 11월 27일 한국 국회는 '대일 강제노동자 미제(未濟) 임금 채무 이행 요구' 및 '대일 청장년 사망 배상금 요청' 두 건에 대한 청원안을 채택했다.

1949년 1월 주일 한국대표부 측은 SCAP[24] 배상 관련 책임자와의 회담에서 대일 배상 중에서 특히 일반 배상 이외에 주로 미술품, 금괴 등 특수품의 반환 청구를 1949년 4월 말일까지 총사령부에 제출하라는 통보를 받았다. 그 결과 기획처에 대일배상조사심의회가 설치되어 수집한 대일 요구 자료를 토대로 각 부처가 참여한 가운데 10여 차례 심의가 진행됐다. 같은 해 3월 초『대일배상요구조서』 제1권이 작성됐다. 한국 측은 이 조서를 그해 3월 주일 한국대표부를 통해 연합국 총사령부에 제출했다. 『대일배상요구조서』 제

---

24) Supreme Commander for the Allied Powers. 연합국군최고사령관. 제2차 세계대전 후 연합국에 의한 일본 점령 및 관리에 대한 최고책임자. 더글러스 맥아더 원수가 임명됐다.

2권은 그해 9월에 작성됐는데, 여기에는 채권채무 관계, 전쟁으로 인한 인적·물적 피해, 일본 정부의 저가 수탈에 의한 손해가 적혀 있었다.

『대일배상요구조서』 제1권과 관련해 조선은행이 발행한 『조선경제연감』 1949년 판 「전환기의 한국경제」에는 '대일 배상' 항목에 다음과 같이 기록하고 있다.

표3　　한국 정부의 대일 배상 요구(현물 반환 요구의 부) (1949년 3월)

항목	설명	수량	비고
1. 지금		249,633,198.61그램	(국채 등에 의한 저가 수매)
2. 지은		89,112,205.12그램	(국채 등에 의한 저가 수매)
3. 서적		212종	
	1. 호사분코(蓬左文庫) 소장 조선서 서목(書目)	142종	
	2. 즈쇼료(圖書寮) 소장 조선본 서목	70종	
4. 미술품 및 골동품		827종	
	1. 도쿄 제실(帝室)박물관 소장 금제 귀고리 등	140종	
	2. 도쿄 오쿠라(大倉) 집고관(集古館) 소장 5층 공양탑	1종	

1949년 1월 7일 이승만 대통령은 기자회견에서 "한국은 대일 강화회의 참가를 요구하고 있으며, 1945년 8월 15일까지 과거 40년간에 걸쳐 일본이 갖고 가버린 미술품, 기념물, 무기 등의 반환을 요구한다"고 말했다고 보도됐다. 그해 7월 22일 자 『동아일보』는 한국이 일본의 도쿄박물관에 있는 한국의 고미술품 등을 반환하라고 요구하고 있다고 보도했다.

이승만 대통령과 절친했고 그의 고문이었던 올리버(Robert T. Oliver)는 *Why War Came in Korea* (New York: Fordham University Press, 1950)에서 '일본에 대한 배상청구권'과 관련해 다음과 같이 적고 있다.

　　워싱턴의 관변 관계자는 한국 정부에 인도된 일본의 재산은 한국이 받을 수 있으리라 여겨지는 보상의 전부가 될 것이라는 비공식적인 견해를 피력했다. 한국인의 관점에서는 이러한 재산이 단지 일본인에 의해 점유되어 이용되어온 한국의 소유물에 불과하며, 더욱이 어떻게 보더라도 그것들은 일본인이 40년이라는 점령 기간 동안 한반도에서 가져간 많은 화폐와 재화를 보상하는 데 매우 불충분하다.

　　한국의 경우, 일부분은 한국 경제학자에 의해, 또 일부분은 미군정에 의해 구성된 이순탁(李順鐸)을 의장으로 한 특별경제위원회에 임명되어 일했던 미국인들이 작성한 대차대조표를 통해 이 점이 명확히 드러났다. 미국에서 교육을 받은 최순주(崔淳周) 박사는 이 위원회의 결정을 다음 표와 같이 정리했다.

표 4 한국 정부의 대일 요구액과 일본의 대한국 요구액

일본에 대한 조선의 청구권	
1. 실제로 일본의 국고 계정으로 이체한 금액	
A. 1937~1941년 사이에 조선의 예산으로부터 일본 육군 예산으로 현금으로 이체된 육군 경비	1,599,806,000엔
B. 조선의 우편저금 계정에서 일본 국고로 옮겨진 연금(1908~1941년)	1,465,579,000엔
C. 생명보험 부금 계정에서 일본 국고로 옮겨진 금액	70,000,000엔
D. 간이보험 부금 계정에서 일본 국고로 옮겨진 금액	12,973,000엔
2. 무역관계에 의한 차변 잔액	
A. 1945년 8월 15일 당시 일본은행에 대한 조선은행의 차변 잔액	8,500,000,000엔
B. 금괴와 은괴의 차변 잔액	1,500,000,000엔
C. 일본은행에 대한 조선은행 외 조선의 다른 은행들의 차변 잔액	3,000,000,000엔
D. 우편환(郵便爲替)의 차변 잔액	428,000,000엔
E. 우편저금 지로제도(Giro system) 차변 잔액	887,920,000엔
3. 일본에 대한 조선 거주 조선인의 투자	
A. 조선인이 소유한 담보부 채권과 일본 정부 공채	800,000,000엔
B. 조선은행이 소유한 일본은행권 (통화)	1,000,000,000엔
4. 조선은행이 소유한 기타 채권	
A. 일본 국채	5,800,000,000엔
B. 일본의 사채권	500,000,000엔
C. 상업증권	4,400,000,000엔
5. 기타 미해결 상태인 한국의 청구권	
A. 일본 통치하의 만주, 중국 남양 제도에 대한 조선인의 투자	10,000,000,000엔
B. 일본에 대한 재일조선인의 투자	10,000,000,000엔
6. 조사가 필요한 미평가 청구권	
A. 1910년 합병 당시 일본에 의해 몰수된 구 조선 정부의 해외 투자 및 재산	
B. 1910~1945년 반일활동을 이유로 일본 측에 몰수된 조선인의 개인 재산	
C. 1910~1945년 일본의 도서관 및 박물관으로 옮겨진 미술품, 골동품 및 역사적 문서	
총계	49,254,288,000엔

표 4   한국 정부의 대일 요구액과 일본의 대한국 요구액

조선에 대한 일본의 청구권	
1. 조선에 대한 일본의 투자	
A. 공장 및 기구(이러한 기구에 의한 조선에서의 불입자본 90.73%에 상당함)	2,207,720,276엔
B. 금융 및 은행 등(조선에 있는 총 은행자본 88.8%에 상당함)	441,691,467엔
C. 상업조직 등 (조선의 총 상업 투자 73.7%에 상당함)	603,157,115엔
D. 어업, 광업 및 기타 원시 산업(조선에 대한 이러한 투자의 93.5%에 상당함)	579,171,031엔
E. 토지(1944년 평가)	8,500,000,000엔
(1) 1에이커당 22.7엔으로 평가한 고지(高地) 318,997에이커	7,265,773엔
(2) 1에이커당 65.1엔으로 평가한 논 745,790에이커	48,674,199엔
(3) 1에이커당 41.2엔으로 평가한 시가지 12,899에이커	532,722엔
(4) 산림지 578,546에이커	1,178,665엔
2. 조선에 남겨진 일본인 소유의 주택과 선박	
A. 각 세대당 약 2만 엔으로 하여 조선에 있는 일본인 소유 주택 20만 세대	4,000,000,000엔
B. 각종 선박	1,000,000,000엔
총계	8,889,399,420엔

위의 표는 일본이 조선에 빚진 400억 엔 이상(1945년 화폐가치로)의 미지불 부채를 나타내고 있다. 가령, 1950년의 물가 상승분을 반영한 가치로 상환된다 하더라도 이 총액은 조선의 공업화 발전에 크게 기여하기에 충분한 액수이다. 대한민국은 이 총액을 심각한 것이 아니라고 하여 말소하려는 기도를 결코 수용하지 않을 것이다.

이범석(李範奭) 총리는 1949년 4월 1일 국회 시정연설에서 "정부의 대일 배상 기본 조사는 대략 완료됐다"고 말했다. 그해 7월 20일부터 9월 상순까지 고려대학교 총장 유진오(俞鎭午)와 조선식산은행 총재 임송본(林松本)은 각각 주일 대표부의 법률고문과 경제고문 자격으로 방일하여 일한교섭 관련 자료를 수집했다. 또한 이들은 총사령부 관계자와도 만나 대책을 가다듬었다. 『동아일보』 1949년 10월 26일 자는 대일 현물 배상 이외에 제2부 확정채권(금전상 채무에 관한 것과 유가증권 등에 기초한 채무관계), 제3부 전쟁 중 인적·물적 피해에 관한 것(징병, 징용, 고용 등에 의한 인명 손상 및 주택, 공장, 선박, 자동차, 기타 피해에 대한 배상 청구), 제4부 일본 식민지기 저가 수탈에 의한 손해(강제 공출에 의한 피해)에 대해서도 준비하고 있다고 보도했다.

외교문서 원본 4 「조선에 대한 일본의 청구권」

(7) 영토 문제

① 대마도(쓰시마, 對馬島) 요구

한국 정부가 수립된 지 이틀 후인 1948년 8월 17일 이승만 대통령이 기자회견에서 "일본에 대마도의 반환을 요구한다"고 말했다는 신문 보도는 일본 국민을 놀라게 했다. 이는 조선시대 지리서 『동국여지승람』(1480년)을 비롯한 책에 대마도가 원래 신라의 영토였다고 기록되어 있다는 점, 이승만이 미국에서 대한민국 임시정부 구미위원부를 조직해 활동했을 때인 1942년 11월 중화민국 정부의 후스쩌(胡世澤) 외무차관에게 보낸 편지에 임시정부의 대일정책을 말한 부분에 "대마도 반환"을 항목으로 언급했다고 들었다는 점〔임병직(林炳稷), 『임병직 회고록』, 여원사(女苑社), 1964년 9월〕, 또 1948년 2월 17일 남조선 입법의원의 의원 90명 중 60명이 대마도 반환 요구 청원서에 서명해 이를 본회의에 회부했던 점(『동아일보』, 1948년 2월 19일) 등을 근거로 하여 관련 주장을 계승한 발언으로 보인다.

같은 해 8월 27일 기자클럽 오찬모임에서 한 외국인 기자가 대마도 반환 요구와 관련한 질문을 던지자, 아시다 히토시(芦田均) 외상이 "쓰시마는 일찍이 한국 영토였던 적이 없으며, 한국의 요구는 포츠담 선언을 포함한 연합국의 제 원칙을 위반하는 것"이라고 답했다는 보도에 대해, 9월 10일 김동성(金東成) 홍보처장은 "대마도 영유는 확실한 역사적 문헌에 기재되어 있다. 대마도 문제를 대일 강화회의에 제기할 계획이다"라고 응수했다고 전해졌다. 그 후 한국 지도자들은 대마도 반환 요구론을 자주 거론했고, 특히 이승만 대통령은 1949년 1월 7일 연두 기자회견에서 이를 반복하기도 했지만, 한국의 역사학자들이 지지하지 않았기 때문에 이는 국민적 여론이 될 수 없었다. 결국, 한국의 제2회 국회(1948년 12월~1949년 5월)에서 이문원(李文源) 위원이 제출한 '대마도 반환 요구 건의안'은 폐기되었다. 대일 평화조약 초안이 발표되고 미국이 반대 의견을 갖고 있다는 점이 보도된 후인 1951년 8월 2일 변영태(卞榮泰) 외무부장관은 "한국은 대마도에 대한 영유권은 주장하지 않겠지만, 이 섬의 비무장화를 요구할 것이다"라고 말한 것으로 전해지면서 이 주장은 자취를 감췄다.

② 다케시마(竹島)

일본이 연합국에 의해 점령된 후 총사령부는 다케시마에 대한 일본 정부의 행정권 행사를 중지할 것을 지령했다. 또 맥아더 라인에 따라 다케시마 주변에 일본 선박과 국민이 접근하는 것이 금지됐다. 그렇기 때문에 일본 정부는 1946년 7월 26일 자 현령(県令) 제49호로써 시마네(島根) 현 어업 단속 규제 중에서 다케시마 강치 어업에 관한 항목을 삭제하는 조치를 취했다.

[이하, 원문 약 5행 미공개]

한편, 그해 7월 23일 자 『동아일보』는 한국인 어부가 이 섬에서 어로작업을 하고 있었는데, 경계선에 있는 일본인이 독도에 관심을 갖고 있더라는 기사에 대해 「판도(版圖)에 야욕의 마수: 버리지 않는 일본인의 침략성」이라는 제목으로 반박하면서, 신석호(申奭鎬) 국사관장이 "당연히 우리 것"이라고 말했다는 기사를 실었다. 같은 해 8월 4일 안재홍(安在鴻) 민정장관은 각계 권위자를 초청해 회의를 열었다. 이후 8월 16일부터 25일까지 신석호를 단장으로 한 한국산악회 주최의 학술조사단은 다케시마를 방문, "독도는 우리 판도"라는 내용의 조서(調書)를 총사령부에 보냈다고 보도했다[『독도』(대한공론사, 1965년 11월 15일)에 게재된 신석호의 「독도의 내력」 및 박대련(朴大錬)의 「독도는 한국의 영토」에 따름].

이듬해 1948년 6월 8일에는 미 공군 B-29가 다케시마 부근에서 폭격 연습을 하던 중에 실수로 출어 중인 한국어선 4척을 완전히 파괴하여 14명이 사망하고 16명이 중상을 입은 사건이 발생했다. 이때 한국의 신문 사설은 "태고부터 조상 대대로 사용해온 어장"(「독도 사건과 안전보장」, 『서울신문』, 1948년 6월 20일)이라고 말하는 등 "독도는 우리 섬"이라는 주장을 되풀이했다(『새한민보』 1948년 상중순 호).

그 후 1951년 6월 조재천(曺在千) 경상북도 도지사가 참석한 가운데 1948년 6월 사건의 사상자를 위한 위령제가 개최됨과 동시에 '독도 조난 어민 위령비'가 건립됐다. 1951년 11월 24일 자 『아사히신문』은 11월 13일 시마네 현립 사카이(境)고등학교 수산과의 연습선이 다케시마를 시찰했다는 기사를 「일본에 반환되는 무인(無人)의 '다케시마'」라는 제목으로 보도했는데, 11월 26일 자 『동아일보』는 이에 맞서 「독도를 다케시마라고 자칭, 일본 영유 주장, 재일한국인 분격(憤激)」이라는 제목의 기사를 보도했다.

(8) 재일조선인의 법적지위

재일조선인의 법적지위와 관련, 연합국군총사령부는 당초 세계 각국을 연합국, 중립국, 적국, 특수지위 국가, 지위 미정 국가로 나눈 후 조선을 특수지위 국가(Special Status Nations)로 분류했다. 1945년 11월 1일 자 최고사령관의 초기 기본 지령은 재일조선인은 대만인과 함께 "군사상의 안전이 허락되는 한 '해방된 인민(Liberated People)'으로 처우해야 한다. 그들은 이 문서에서 사용된 '일본인(Japanese)'이라는 용어에 포함되지 않는다. 그러나 '일본 국민(Japanese Subjects)'이었기 때문에 필요한 경우에는 '적국인(Enemy Nationals)'으로 대우해도 된다"고 말했다. 따라서 조선인은 '해방 인민'이고, '일본인'에 포함되지 않지만, '일본 국민'이었으므로, 필요한 경우 '적국인'이라는 뜻이 내포됐다. 이것은 1946년 6월 5일 자 극동위원회의 정책 결정에도 그대로 반영되었다. 또한 재일조선인을 중국인, 대만인, 조선인, 류큐인(琉球人)과 함께 '비일본인(Non-Japanese Nationals; Non-Japanese)'이라고 부르기도 했다. 그 후 연합국군총사령부는 1946년 11월 5일 "재일조선인임에도 되돌아가지 않고 남는 자는 정당하게 설립된 조선 정부가 그 국민으로 승인할 때까지 일본 국적을 유지한다"(총사령부 민간정보교육부가 발표한 「조선인의 귀국」)는 견해를 피력한 후, 이에 따라 재일조선인도 일본인과 같이 일본국의 법률에 따라야 함을 강조했다(1946년 7월 30일 SCAPIN 1094 「연합국인, 중립국인 및 무국적인에 대한 식량 배급」; 1947년 11월 29일 SCAPIN 4938 A 「비일본인에 대한 과세」; 1948년 4월 23일 도쿄 군정부가 발표한 「조선인 학교」; 1948년 6월 19일 SCAPIN 1211 「자작농 창설 특별 조치법에 따른 일본 국외 거주자의 재산 처분 허가 신청」 등).

그 후 "귀국하지 않은 채 남는" 시기와 관련해서는 "1945년 9월 2일 이후 계속해서 일본에 거주하는 조선인"이라고 기록해놓았다(1950년 6월 27일, 1949년 정령 제51호 「외국인의 재산 취득에 관한 정령」에서 '외국인의 명확화에 관한 각서' 부분). "재일조선인이 일본 국적을 갖는다"는 데에 대해서는 일본 정부도 같은 견해였다(1949년 1월 26일 법무청 민사국장의 답변 「조선인의 국적」). 일본 최고재판소는 "조선인의 국적은 강화회의에서 정식으로 결정된다"는 입장을 취했다(1949년 4월 28일 최고재판소 사무총장이 참의원 법제국장에게 회답 「재일조선인의 청원권과 국적」). 그러나 일본 정부는 1947년 5월 2일 외국인 등록령을 실시하는 과정에서 "조선호적령의 적용을 받아야 할 자"(조선인)는 "당분간 외국인으로 간주하다"면서 조만간 외국인이 될 조선인에게 외국인 등록령을 적용했다. 또한 중의원 의원선거법 중 개정법률(1945년 12월 17일 공포, 법률 제42호), 중의원 의원선거법(1947년 2월 24일 공포, 법률 제11호), 지방자치법(1947년 4월 17일 공포, 법률 제67호), 공직선거법(1950년 4월 15일 공포, 법률 제100호)은 모두 부칙으로 "호적법의 적용을 받지 않는 자의 선거권 및 피선거권은 당분간 정지한다"고 규정, "조선인은 참정권을 행사할 수 없다"는 것을 분명히 했다.

　한국 측은 1949년 1월 29일 도쿄에 설치된 주일 한국대표부를 통해 재일조선인에 대한 영사 업무를 수행하고 있었다. 재일조선인의 귀국 신청 또한 한국대표부가 담당했는데, '해외여권규칙'(한국 외무부령 제2호, 1949년 2월 17일)은 그곳에서도 여권을 발급할 수 있다고 규정했다. 또 한국의 '재외국민등록령'(1949년 8월 1일 한국 외무부령 제4호)은 재외 한국민이 관할 공관에 등록할 것을 요구하고 있었다(그해 11월 24일 '재외국민등록령'을 대신하여 '재외국민등록법'이 공포됐다). 동 법률에 기초한 등록 인원은 1953년 2월 말 당시 14만 710명인 것으로 보고되었다. 그러나 이들 등록자를 두고 총사령부는 "한국 정부 입장에서는 그들을 한국인으로 간주할 수 있지만 총사령부와 일본 정부로서는 등록자와 미등록자 간에 지위가 다르다고 생각할 수 없다"고 말했다[1950년 6월 27일, 총사령부 외자(外資)위원회 1949년 정령 제51호 '외국인의 재산 취득에 관한 정령' 가운데 '외국인의 명확화에 관한 각서' 부분].

　이와 같이 총사령부와 일본 정부는 재일조선인의 법적지위에 관해 일치된 견해를 갖고 있었다. 하지만 평화조약 발효 후 재일조선인의 처우를 두고 일본 정부가 그들을 외국인으로 대하겠다는 입장에서 출입국관리령을 전면 적용하겠다는 입장으로 선회하자 총사령부는 영미식 속지주의 입장에서 "1945년 9월 2일 이전부터 재류한 조선인과 대만인을 외국인으로 간주하는 것은 부당하다"는 견해를 피력, 일본이 주권을 회복하는 평화조약 발효일까지는 이 견해를 변경하지 않겠다는 자세를 취했다. 따라서 1951년 10월 1일에 시행될 예정이었던 출입국관리령 가운데 조선인에 적용되는 부분이 수정되어 11월 1일에 시행되었다는 점은 특기할 만하다[『법무연구보고서』제43집 제3호(법무연구소, 1955년 7월)에 실린 모리타 요시오(森田芳夫)의 「재일조선인 처우의 추이와 현황」에 따름].

(9) 한국인의 일본 출입국

　전후 한국인의 정규 일본 출입국자 통계를 보면 1949년 11월 이후 일본으로의 불법 입국(불법 입국자 통계는 1946년 이후의 것을 볼 수 있음)이 정식 출입국보다 압도적으로 많은 것이 특징이다. 이는 종전 직후 잠시 일본에서 본국으로 귀국한 한국인 중에 다시 일본으로 들어온 사람이 많았기 때문이다. 불법 입국자에 대한 법적 절차는 1950년 11월까지는 총사령부에 의해 행해졌다(불법 입국자는 1949년 9월 이후 일본 정부가 발부한 강제퇴거 고지서에 기초해 재일조선인의 귀환 항구[1947~1950년 5월에는 사세보(佐世保)에서, 1950년 12월부터는 출입국관리청 관하의 오무라(大村) 입국자수용소]에서 송환되었다).

표 5　한국인의 일본 출입국 1 (1948~1951년)

연도	정규 출입국		불법 입국			강제송환
	입국	출국	총인원	경찰청 검거	해상보안청 검거	
1948	–	–	7,979	6,620	1,359	(6,964)
1949	11~12월 79	11~12월 99	8,302	7,573	729	(7,709)
1950	825	508	2,445	2,116	329	(1,058) 12월 955
1951	1,035	734	3,495	2,774	721	2,170

주 1) 정규 출입국은 법무성 입국관리국의 『출입국관리월보』, 『법무통계연보』에 의거한다.
주 2) ( ) 안의 송환은 사세보 인양(引揚) 원호국 『국사(局史)』에 기초한 것이고, 대부분은 총사령부 명령에 의한 불법 입국자의 퇴거조치에 의한 것이다. 1950년 12월, 1951년은 법무성 입국관리국 통계로, 송환에는 불법 잔류, 형벌법령위반자를 포함한다.

한편, 종전 후 남한 지역에 남았던 일본인은 대부분 귀국했다. 한국 정부는 원칙적으로 일본인 잔류를 인정하지 않았고 일본으로부터의 입국은 주한미군의 요청에 의해서나 매우 특수한 용무를 갖는 자에 한해 이뤄졌다[1951년 7월 11일, 일본인 기자 18명이 총사령부, 유엔군사령부의 허가를 받아 정전협정과 전선(戰線) 보도를 위해 한국을 방문했다. 부산, 인천 등에서 유엔군의 항만 업무를 돕기 위해 일본인 기술자나 노무자가 근무한 경우도 있었다].

이와는 별도로 한반도에서 한국인과 결혼했다가 헤어진 일본인 부녀자의 귀국은 계속되었는데, 각지로부터 부산수용소에 모여들어 한 달에 약 한 차례 귀환선을 타고 사세보(佐世保)로 돌아왔다. 1950년 5월 이후에는 사세보가 귀환 항구로 사용되지 못하게 되어 한국의 정기 항로 선박에 의해 모지(門司), 고베(神戸), 오사카(大阪) 등에서 귀환 귀국이 처리되었다.

한국전쟁 후 재한 일본 부녀자는 일본의 가족에게 연락하여 신원인수증 및 본인이 기재되어 있는 호적등본을 입수하여 귀국을 신청했고, 일본 외무성이 총사령부를 통해 그 목록을 받아 조사한 다음 그것에 따라 총사령부가 입국을 허가했다. 한국에서 온 일본인 귀국자 수는 후생성 통계에 의하면 1948년 1,150명, 1949년 1,041명, 1950년 264명, 1951년 263명이었다. 그러나 이밖에도 종전 후 한국인 가족을 꾸려 일본에서 한국으로 건너간 자가 다시 돌아오거나, 한국에서 한국인과 일본인 사이에서 태어난 자식이 부모를 동반하여 입국하는 경우가 상당수 있었다.

3. 대일 평화조약의 한국 관련 사항

(1) 대일 평화조약 초안과 일본 측의 요청

1950년 11월 24일 미국은 대일 강화 7원칙을 발표하며, 덜레스(John Foster Dulles)[25] 고문이 대통령 특사 자격으로 적극적인 활동을 시작했다. 덜레스 특사는 1951년 1월 25일부터 2월 11일 일본을 방문, 요시다 총리와 세 차례에 걸쳐 회담하며 일본 측 의향을 물었다.

평화조약의 제1차 초안이 시볼드(William Joseph Sebald)[26] 주일 미국대사로부터 요시다 총리에게 전달된 것은 그해 3월 27일이었다. 그 초안과 함께 전달된 각서에는 "주로 1950년 9월부터 1951년 1월 사이에 미국 대표부와 호주, 버마[27], 캐나다, 실론[28], 중국, 프랑스, 인도, 인도네시아, 한국, 네덜란드, 뉴질랜드, 파키스탄, 필리핀, 연합왕국[29] 및 소련 정부 대표자들 간에 의견 교환이 이루어진 후에 작성한 것"이라고 적혀 있다.

이어 4월 16일부터 23일 덜레스 특사가 일본을 방문, 요시다 총리와 두 차례 회담했다. 이 단계에서 소련 등을 포함한 전면적인 강화가 부정된 채 강화협상이 진행된다는 사실이 드러났다. 6월 미국과 영국 간에 절충된 평화조약 제2차 안이 작성되어 6월 하순 일본 정부에 내시(內示)되었다(공식적으로는 7월 7일). 이 안은 7월 3일 다른 극동 위원회 구성 국가에도 송부되었다. 이어 7월 20일 일본에 선전포고를 한 49개국에도 이것이 전달되어 약간 수정된 후 최종 초안이 8월 15일 미영 양국에 의해 발표됐다.

사진 9 1951년 대일 강화 문제를 방문하기 위해 일본을 방문한 덜레스 미 국무장관 고문을 요시다 일본 총리(오른쪽)가 반갑게 맞이하고 있다. (출처: 미 국립문서기록청)

이에 앞서 미국의 대일 평화조약 체결 준비가 진행되고 있던 1950년 9월 외무성이 정리한 「대일 평화조약 상정 대강」은 다음과 같이 기록되어 있다.

---

25) 1950년 트루먼 정권의 애치슨(Dean Gooderham Acheson) 국무장관하에 국무장관 고문으로 취임해 일본과의 평화조약 및 미일안보조약의 체결을 주도했다. 1953년부터 1959년까지 아이젠하워 정권하에서 국무장관을 역임했다.

26) 1945년 도쿄 주재 연합군최고사령관의 정치고문단 특별보좌역을 역임한 후 1947년부터 1952년까지 주일 정치고문 및 연합군최고사령관 총사령부 외교국장을 지냈다. 그는 총사령부에서 미 국무부의 대표 역할을 담당, 전후 일한관계에도 지대한 영향을 미쳤다. 그는 특히 1949년 독도가 일본 영토라고 미 국무부에 권고했다.

27) 현재의 미얀마.

28) 스리랑카.

29) 그레이트브리튼 북아일랜드 연합왕국.

① '영토 조항' 부분에서 일본 영토 처분의 표시 방법과 관련해서는 "조선을 독립시킨다"고 하고,

② '국적' 부분 중에서 "재일조선인은 조선의 독립 회복에 따라 제3국에 체류하는 조선인과 함께 당연히 조선 국적을 회복하는 것으로 한다(알자스·로렌 형식)."

③ '경제 사항' 부분에서 재산 상속과 관련해서는 할양지의 국유 및 공유 재산은 무상으로 상속된다. 기타 사유재산은 배상 명목으로 처분될 것이다. 이 마지막 사항은 할양지역에 관한 이탈리아 평화조약 제14부속서(할양지역에 대한 경제적 및 재정적 규정)가 할양지역의 사유재산의 존중을 원칙으로 하고 있는 것과는 완전히 다르다. 처분된 사유재산의 소유자에게 일본 정부가 보상할 의무가 부과된다.

부채의 상속에 관해서는,

(가) 국가 또는 공공단체의 부채와 관련해 통화, 보험, 우편저금, 연금, 지방적 공채 등에 대한 일본 측의 부채는 영토 계승국의 부담이 된다(따라서 일본 측에 있는 준비금 등은 동시에 이전한다). 공채, 은급 등은 계속해서 일본의 부담이 되는(이탈리아 평화조약 제14부속서의 원칙) 것이 일반적이지만, 이렇게 된다고 단정하기는 어렵다.

(나) 개인의 부채와 관련해서는 사유재산의 처분 속에 포함되어 채권채무가 상쇄되고 남은 적극적 재산이 배상 명의로 처리될 것이라 예상되므로 문제를 일으키지 않을 것이다.

④ '정치 조항' 부분에서 "(2) 조선의 독립 승인: 조선의 주권과 독립 존중"이라는 규정이 마련될 것은 틀림없다. 이에 따른 정치적·경제적·재정적 규정의 경우, 원칙적인 것은 조약에 들어가고 다른 것은 부속서 형태가 될 것으로 예상된다. 또한 한국은 대일 평화조약의 원(原) 서명국이 되어야 한다고 주장할지도 모르지만, 이는 실현되지 않을 것이다.

외무성 사무 당국이 10월 4일 자로 정리한 「미국의 대일 평화조약안의 구상에 대한 우리의 요망 방침(안)」에는 '영토 조항' 가운데 '재외 재산' 부분에 대해 "일본 정부가 떠안아야 할 보상 의무와 관련해서는 일본 경제가 보상할 수 없을 정도로 부담을 강요하는 원칙적인 규정이라든지, 자산 소재국 정부의 협력 없이는 실시하지 못하는 원칙적인 규정은 마련하지 않았으면 좋겠다. 일본 정부가 국가의 재정 능력과 다른 전쟁 재해 피해자와의 형평 관계를 고려하여 적절한 조치를 취할 여지를 남기는 배려를 희망한다"고 적고 있다.

또한 '할양지에 관한 경제 재정 사항의 처리'에 대해서는 "이들 지역과 일본의 관계는 경제적으로 '반출'되어 있었다. 이번 전쟁의 결과로 이 지역에 있는 일본 자산은 국유 및 공유 재산뿐 아니라 귀국한 일본인의 사유재산까지 이미 사실상 몰수되었다. 이들 재산은 할양지에 대한 일체의 대일 청구권을 보상하더라도 많이 남을 것이다. 따라서 재산 몰수와는 별도로 각 공사(公私) 채무(채권, 연금, 통화, 채권, 보험, 개인 채무 등)가 일본에 공적·사적 부담이 되지 않도록 해주기를 희망한다"고 적고 있었다.

미국으로부터 조약안을 접수한 후 일본 측이 미국 측에 제시한 의견 가운데 한국과 관련된 사항을 살펴보면, 우선 「가조인된 문서에 대한 의견 및 요청」이라는 제하의 3월 16일자 문서는 재일조선인과 한반도 지역의 일본 재산에 대해 다음과 같이 기록하고 있다.

사진 10 1945년 9월 27일 맥아더 사령관의 집무실을 방문한 일본의 쇼와 천황. (출처: 연합뉴스)

(2) 영역(領域) 항목에 관해,

조선의 독립 승인 및 대만, 평후제도(澎湖諸島)[30]의 할양에 따라 재일조선인과 대만인의 국적 문제와 두 지역의 재산 상속 문제가 발생한다.

국적과 관련된 문제를 보면, 독립의 승인 또는 영토 할양의 필연적 결과로서 이 사람들은 ipso facto(사실상) 조선 또는 중국 국적을 갖게 된다. 이때 이 사람들의 일본 국적 선택을 인정해야 하는지에 대한 문제가 있지만, 이것은 일본의 국적법에 따른 귀화에 의해 해결될 것이다. 재산 상속과 관련된 문제를 보면, 기존의 재산이 자신들의 몫이라고 여기게 된 오늘날, 전통적인 국제 관행에 비추어 이를 다시 조정하는 것은 사실상 불가능할 것이다. 따라서 적어도 재산(적극적 재산 및 소극적 재산)의 상속은 현지에 한에서 종결되며 어떠한 경우에도 일본에 추궁하지 않을 것을 기대한다.

그 후 한국에 관한 사항과 관련해 일본 측은 시종 재한 일본 재산에 대해서만 의견을 피력했다. 제2차 평화조약 안에 관한 내보(內報)를 받은 후인 7월 2일 일본 측은 평화조약 안에 대해 몇 가지를 지적했는데, 그 내용 중에는 다음과 같은 사항이 포함됐다.

1. 제4조

(1) 본 조항 (a)는 전반적으로 "제2조 및 제3조에 언급된 지역에 있는 일본 및 일본인의 재산과 전기(前記) 지역을 현재 관리, 통치하고 있는 당국 및 주민(법인 포함)에 대한 일본 국가 및 일본인의 청구권(채권 포함)의 처리와, 전기한 당국 및 주민의 일본과 일본인에 대한 청구권(채권을 포함)의 처리는 일본과 전기한 당국 간의 특별협정의 주제로 한다"는 의미로 해석된다.

우리가 보는 바에 따르면, 이 조항의 실시는 사실상 불가능하다(종전 이후 한반도에서 발생한 사태를 생각하면, 우리의 견해가 이해될 것이다). 따라서 우리는 종전에 제시한 방식(적극적 재산 및 소극

---

30) 중국 푸젠성(福建省)과 대만 사이의 대만해협에 있는 여러 섬들.

적 재산의 승인은 각 해당 지역에서 종결하는 것)이 실행 가능한 유일한 방식이라고 생각한다. 초안의 규정을 유지할 수 있는 경우에는 그 실시에 관해 미국 정부의 절대적인 외교적 지원을 필요로 한다. 이 지원이 없으면 구체적인 결과에 도달하는 것은 불가능할 것이다. (후략)

이어 일본 측은 7월 24일 미국 측에 전달한 설명에서 다음과 같이 말했다.

　1. 우리의 취지는 다음과 같다.

　할양지역(특히 조선을 염두에 두고 생각하고자 한다)에는 거액의 일본의 공유 및 사유 재산이 있었다. 매우 많은 일본인이 거주하고 있었다. 종전 후 이들 일본인은 모두 본토로 귀환할 수밖에 없었다. 재산은 모두 현지에 남았다. 이 재산은 무책임하게 처리되었다. 거기에 점령군이 주둔했다. 남은 일본의 재산은 점령 당국에 의해 처분되었다. 할양지의 치안은 혼란했다. 점령군은 철수했다. 내란이 발생했다. 재산은 파괴되었다.

　이러한 상태에서 한편으로는 할양지에 있던 일본이나 일본인의 재산, 관치(管治) 당국 또는 주민에 대한 일본 및 일본인의 청구권, 일본 또는 일본인에 대한 관치 당국과 주민의 청구권과, 관치 당국 또는 주민이 일본에서 갖고 있는 재산(만약 있다고 하면)을 어떻게 처리할지 하는 문제는, 예를 들면 가령 조약에 이탈리아 평화조약 제14부속서에 나와 있는 것과 같은 처리의 근본 원칙을 정해 놓은 경우에도 해결이 불가능하다. 아마도 전제가 될 재산과 청구권의 관계가 너무나 복잡할 뿐만 아니라 그것이 종전 후 6년 동안 완전히 파괴되었기 때문이다. 원칙에 입각한 처리를 시작하려 하더라도 이를 위한 사실관계를 파악할 수가 없다. 게다가 일본 측의 재산과 청구권에 비해 관치 당국과 주민이 일본과 일본인에게 제기하는 청구권이 근소(僅少)하다는 것도 쉽게 짐작이 된다. 그러나 그들은 그것으로 만족하지 않고, 상호 간의 전쟁이 없었는데도 불구하고 반드시 여러 형태로 배상청구권을 제기할 것이다. 이치에 맞지 않는데도 배상을 청구하는 것이다. 따라서 할양지역의 재산 및 청구권 상속 문제는 일본 측의 경우 일도양단(一刀兩斷)으로 각 지역에서 종결하여 서로에게 일체 청구를 하지 않는다고 규정하는 것 외에는 실제적인 해결 방법이 없다. 이는 오로지 종전 후 일본인의 강제 본토 귀환 및 할양지역의 종전 후 치안 혼란에서 비롯된, 어쩔 수 없는 불행한 결론이다.

　하지만 이것을 수정하지 못한 채 최종안에는 한국 측이 희망한대로 제4조 (b)항이 삽입되었다 ("일본은 제2조 및 제3조에서 거론된 지역 가운데 어느 곳에서든 미국 정부에 의해 또는 그 지령에 따라 실시된 일본 및 그 국민의 재산 처리의 효력을 승인한다"). 이와 관련, 일본 정부에는 단지 이 항목을 삽입할 것이라는 일방적인 통보만 있었을 뿐이며, 일본 측은 어떤 의견을 말할 시간적 여유조차 갖지 못했다.

(2) 한국 측의 대책

대일 평화조약의 제1차 초안은 일본과 함께 한국에도 발송되었다. 그러나 당시 한국 정부는 한국전쟁 와중에 38도선 부근에서 치열한 공방전을 전개하고 있었기 때문에 정부가 대일정책을 충분히 준비하고 있었다고 말하기 어려웠다. 한국 잡지 『사상계』 1966년 2~3월 호에 게재된 유진오의 「한일회담이 열릴 때까지」에 따르면, 1951년 3월 말쯤 한국 정부에 전달된 대일 강화조약 초안은 대통령 비서관의 서랍에 담긴 채 방치되어 있었다. 우연히 유진오(당시 연합대학교 총장) 씨가 홍진기(洪璡基) 법무국장으로부터 조약 초안이 게재되어 있던 일본 신문을 받아 읽고 초안 가운데 한국 관련 사항에 관해 한국이 의견서를 제출할 필요가 있다고 역설했다. 이를 계기로 외무부 내에 외교위원회〔김준연(金俊淵) 법무부장관, 최두선(崔斗善), 배정현(裵廷鉉), 홍진기, 이건호(李建鎬), 박재린(朴在隣), 유진오〕가 구성되어 대일 평화조약안의 한국 관련 사항을 논의하기 시작했다.

이때 외교위원회는 한국이 대일 평화조약 서명국이 될지 여부에 대해서는 대통령에 일임했지만, 조약 초안 제2조 '영역'에 제주도, 거문도, 울릉도 외에 독도(다케시마)와 파랑도〔파랑은 '波浪島'의 한국어 발음. 나가사키·목포·상하이를 잇는 삼각형의 중심점에 위치하고 해면 위에 어른거리는 섬으로 알려져 있다. 그러나 나중에 한국산악회 홍종인(洪鍾仁) 씨가 한국 해군의 보호하에 이 섬을 찾아보았지만 발견할 수 없었다〕를 추가할 것과, 재한 일본 재산에 대해 미군정청이 취한 조치를 인정하고 이는 일본 측 청구권의 대상이 되지 않음을 명시할 것을 요구했다〔쓰시마를 한국 영토로 하는 것에 대해서는 한국의 역사학자 최남선(崔南善) 씨가 찬성하지 않았기 때문에 거론되지 않았다고 한다〕.

같은 해 7월 미국과 영국 간에 만들어진 제2차 강화조약안을 전달받자 한국 정부는 이를 국회에 제시하고 7월 16일과 17일에 비공개적으로 이 안의 검토를 실시, 19일에 「대일 강화조약 문제에 대처하는 외교사절단 파견에 관한 건의안」을 통과시켰다. 이것은 미국에 사절단을 파견하는 내용이었지만, 조약의 내용 가운데 특히 제4조의 재한 일본 재산에 대한 청구권은 일한 간에는 협의하지 않고 미군정 법령이나 한미 간의 협정에 따라 일본이 이를 포기한다는 것을 명기할 것을 요구하고 있었다.

『동아일보』 7월 29일 자는 한국 정부가 27일 주미 양유찬(梁裕燦) 대사에게 (1) 일본은 재한 일본

사진 11 1945년 9월 서울을 점령한 미군들이 한국 전통의 갓을 쓰고 웃고 있다. (출처: 미 국립문서기록청)

사진 12 1945년 9월 조선총독부로부터 통치권을 이양받고 서울을 점령한 미군(왼쪽에서 세 번째)이 일본군이 지켜보는 가운데 서울역 앞에서 무전 통화를 하고 있다. (출처: 미 국립문서기록청)

재산청구권을 포기한다. (2) 일본에 있는 한국 및 한국인의 재산은 연합국 재산과 같은 방법으로 처리해 한국에 반환한다. (3) 새로운 어업협정이 체결될 때까지는 맥아더 라인을 존속시킨다는 3개 항목의 수정 요구를 훈령했다고 보도했다. 30일에는 애국단체대표자협의회가 주최한 '대일 강화조약 초안 수정 국민궐기대회'가 부산에서 열렸다. 『동아일보』가 전시 중 협소한 지면에도 불구하고 7월 25일부터 8월 1일까지 「대일 강화조약안의 검토」라는 제목을 붙인 유진오 씨의 논설을 연재하는 등 당시 한국 국민의 관심은 상당히 높아지고 있었다.

앞서 국회가 의결한 외교사절단 파견 건은 실시되지 못했다. 이를 대신해 7월 28일 유진오, 임송본(식산은행장) 2명이 주일 한국대표부 소속 신분으로 일본을 방문, 일한회담을 앞두고 여러 자료를 수집하는 등 준비 작업을 했다.

전술한 바와 같이 한국 측의 제4조 수정 요구는 최종안에서 제4조 (b)항의 삽입이라는 형태로 반영됐다. 이에 대해 변영태 외무부장관은 8월 17일 국회에서 제4조를 수정했다고 밝혔다.

(3) 한국의 조약 참여 문제

대일 평화조약에 참여하겠다는 한국의 요구는 강했다. 1950년 1월 7일 이승만 대통령은 "일본인이 어떻게든 친일 미국인과 결탁해 대일 강화에 한국인을 제외하려 한다 하더라도 …… 반드시 참여하겠다"고 희망을 표명했다. 이 대통령은 같은 해 1월 14일 열린 기자회견에서도 "한국이 참여하지 못한 대일 강화는 인정할 수 없다"고 말했다. 1월 26일 임병직(林炳稷) 외무부장관은 "참여 준비를 진행하고 있다"고 말했다. 미국 정부도 한국의 대일 평화조약 참여 요청을 인정할 방침이었으며, 상기한 바와 같이 조약의 제1차 초안을 한국 측에도 보여줬다. 1951년 4월 23일 요시다 총리와 덜레스 특사 간의 회담에서는 이 문제가 거론됐는데, 당시 기록은 다음과 같다.

덜레스 특사는 "한국 정부는 유엔총회 결의에서 한국이 정통 정부로 인정되어 다수의 유엔 회원국에 의해 정식으로 승인되었다. 한국 정부는 극동위원회 가입을 요청하고 있지만, 극동위원회 구성국의 태도가 반반으로 의견 일치가 어렵기 때문에 결정에 이르지 못하고 있다. 미국으로서는 한국 정부의 입지를 강화해 나가고 싶다. 이점에 대해선 일본 정부도 같은 의견이라고 생각한다. 조약의 실시로 재일조선인이 연합국인으로서의 지위와 권리를 취득해 이를 주장하게 되면 일본 정부가 곤란한 입장에 선다는 것은 알고 있다. 그래서 일본 측의 이 같은 어려움을 어떻게 해결할지 미국이 고민할 터이니 한국의 서명에 동의해주기 바란다"고 말했다. 이에 대해 총리는 "재일조선인은 매우 성가신 문제이다. 그들을 본국으로 돌려보내고 싶다는 취지를 맥아더 원수에게 말했다. 맥아더 원수는 지금 돌려보내면 그들은 한국 정부에 의해 참형당한다, 인도적 입장에서 지금은 시기가 아니라고 전망했다. 그러나 조선인이 귀국하지 않으면 곤란하다. 그들은 전쟁 중에는 노동자로 끌려와 이곳 탄광에서 일했다. 종전 후에는 사회 혼란의 원인이 되기에 이르렀다. 일본공산당은 그들을 앞잡이로 부리는데 그들 대부분은 빨갱이다"라고 설명했다.

여기서 시볼드 대사도 재일조선인의 적화(赤化)에 관해 보충 설명을 했다.
당시 일본 측은 다음과 같은 서류를 미국 측에 제출했다.

　　한국 정부의 평화조약 서명에 대해
　　미국 정부는 조만간 체결될 평화조약에서 한국 정부를 서명국으로서 초청할 의향인 것으로 알고 있다. 일본 정부는 다음과 같은 이유로 미국 정부의 재고를 요청한다.
　　한국은 '해방 민족'(1948년 6월 21일자 SCAP 각서는 "Special Status Nations"라고 말했다)이고, 일본에 대해서는 평화조약에 의해 비로소 독립국가가 되는 것이다. 일본과 전쟁 상태도 교전 상태도 아니었기 때문에 한국을 연합국으로 인정할 수는 없다.
　　한국이 조약 서명국이 되면, 재일조선인은 연합국 사람이 되어 평화조약의 규정에 의해 그 재산의 회복, 보상 등과 관련해 권리를 취득하고 이를 주장하게 된다. 지금도 100만 명에 가깝고 종전 당시에는 150만 명에 달했던 조선인이 그러한 권리를 주장한다면 일본 정부는 거의 견딜 수 없는 부담을 지게 될 것이다. 게다가 이러한 조선인 대부분이 유감스럽게도 공산주의 계통이라는 사실 역시 고려돼야 한다.
　　일본 정부는 평화조약에는 조선에 대한 모든 권리, 권원 및 청구권을 포기하는 조항(미국 측 안 제3장 영역 제3) 외에 한국의 독립을 승인하는 문서를 삽입함으로써 조선이 일본과의 관계에서 법적으로 독립국가가 된 것을 규정해두되, 한국전쟁이 해결되고 반도의 사태가 안정된 후에 일한 간의 관계를 평화조약의 제 원칙에 따라 해결하기 위해 별도로 협정을 맺는 것이 가장 현실적이라고 생각한다.

　　그 후 일본 측이 미국에 전달한 「한국 정부의 평화조약 서명 문제에 대한 추가 진술」은 "한국 정부의 조약 서명 문제와 관련해 재일조선인이 평화조약에 의해 일본 국내에서 연합국인의 지위를 취득하지 않는다는 사실을 명백하게 한다면 한국 정부가 서명하는 데 이의(異議)를 고집하지 않겠다"고 적고 있다. 그러나 한국의 평화조약 서명 참여는 한국 정부의 강한 요구에도 불구하고 미국이 결국 취소함으로써 성사되지 못했다. 한국을 초청하지 않은 이유에 대해 덜레스 고문은 7월 18

일 다음과 같이 설명했다고 보도되었다.

(가) 한국은 제2차 세계대전 중에 일본과 공식적인 전쟁 상태가 아니었다. (나) 한국은 전쟁 중 일본의 일부였으며 일본의 군사력에 기여했다. (다) 미국은 대한민국의 독립과 기타 여러 이익을 주장할 때 한국의 이익을 적절히 대표해왔다. (UP 7월 18일 워싱턴발)

그날 한국 정부는 양유찬 미국대사를 통해 덜레스 고문에게 (가) 연합국과 동등한 지위를 갖는 한국을 강화 조인식에 참가시킬 것, (나) 한반도에 있는 일본 재산의 완전한 포기를 조약에 규정할 것, (다) 일본어선의 맥아더 라인 진출을 제한할 것, (라) 독도와 파랑도(한반도 남해안에서 약 90해리 앞바다에 있음)를 한국 영유로 인정할 것을 요청했다고 보도됐다(UP 7월 20일 워싱턴 발). 한국에서 발행된 『국제신보』 7월 20일 자에 따르면, 신익희(申翼熙) 국회의장은 "사실상 우리는 36년간 적의 통치하에서 억압을 받으면서도 항쟁을 계속했다. 이것은 임시정부의 선전포고와 8년에 걸친 중국의 항일전에 우리 광복군이 의용군과 함께 싸운 사실로 볼 때 명백하며, 우리는 회의에 참가할 권리가 있다"고 말했고, 장택상(張澤相) 국회부의장은 "우리 대한민국은 임시정부를 계승한 국가이다. 만일 연합국이 한국을 교전국의 일원이 아니었다고 한다면, 민주적 외교를 실천하고 있다고는 보기 어렵다"고 말했다.

샌프란시스코의 대일 평화조약 회의에서 1951년 9월 5일 오후 덜레스 미국 대표는 성명 가운데 한국과 관련해 다음과 같이 말했다.

제21조[31]는 조선을 위한 특별규정입니다. 대한민국은 조선이 일본과 전쟁 상태가 아니었다는 이유만으로 이 평화조약에 서명하지 않는 것입니다. …… 많은 한국인은 결연한 태도로 일본과 싸웠지만 이것은 개인이며 세계로부터 승인된 정부가 아니었습니다. …… 본 조약에 따라 연합국은 한국을 위해 일본으로부터의 독립을 공식적으로 승인하고 한반도에 있는 아주 막대한 일본 재산이 한반도로 귀속되는 것을 승낙합니다. 한국은 전후의 통상, 항해, 어업 및 기타 상업 협정에서 연합국과 동격의 지위에 서게 됩니다. 이와 같이 본 조약은 여러 면에서 한국을 연합국의 일원으로서 취급하고 있는 것입니다[번역문은 외무성의 「샌프란시스코 회의 의사록」(1951년 9월)에 따름].

---

31)   "이 조약의 제25조의 규정에도 불구하고, 중국은 제14조 및 제14조 (a)항 2의 이익을 누릴 권리를 갖고, 조선은 이 조약의 제2조, 제4조, 제9조 및 제12조의 이익을 누릴 권리를 갖는다."

(4) 국회 비준 과정에서의 정부 답변

　　종전 후 일본의 새로운 국제관계는 대일 평화조약(1951년 9월 8일 체결, 1952년 4월 28일 발효)을 통해 규정되었지만, 한국과의 새로운 관계의 기조도 이 조약을 통해 규정되었다. 이 조약이 비준된 제12회 임시국회에서 중의원의 평화조약 및 미일안전보장조약 특별위원회의 다나카 만이쓰(田中萬逸) 위원장은 1951년 10월 25일 동 위원회의 「평화조약 체결에 대한 승인을 요구하는 건에 관한 보고서」에서 조선에 대해 다음과 같이 말했다.

　　(2) 영역

　　　① 조선의 독립 승인 및 포기: 일본은 조선의 독립을 승인하고 제주도, 거문도, 울릉도를 포함한 조선에 대한 영유권을 포기한다.

　　(5) 청구권 및 재산

　　　⑧ 중국 및 조선의 특별 수익: 평화조약은 서명과 비준을 하지 않는 국가에는 이 조약상의 어떠한 권리, 권원, 이익도 주지 않으며, 또 일본의 권리, 권원, 이익은 서명과 비준을 하지 않은 국가에 의해 손상 또는 침해되는 일이 없음을 분명히 하고 있다. 이 원칙의 예외로서, 특히 중국 및 조선은 평화조약 중에서 약간의 조항의 혜택을 받게 되어 있다.

　　　즉, 중국은 …… 하고, 조선도 마찬가지로 '조선의 독립 승인과 영유권 포기', '영토 변경에 따른 재산 처리', '어업협정 체결을 위한 협상', '통상항해조약의 체결을 위한 협상 및 통상 관계의 특수 대우 허용'을 비롯한 조항의 혜택을 받는 것으로 한다.

　　또 1951년 11월 18일 참의원 본회의에서 오쿠마 노부유키(大隈信幸) 평화조약 및 미일안전보장조약 특별위원장은 다음과 같이 보고했다.

　　　제2조[32]와 관련, "한반도에는 현재 2개의 정부가 있는데 일본이 상대해야 하는 것은 남북 어느 쪽인가"라는 질문에 대해 "유엔의 노력으로 수립되어 30여 개국에 의해 승인된 남쪽 정부이다"라는 답변이 있었다. 또한 "유엔군은 실제로 북조선과 휴전협상을 하고 있지만 일본 내 다수의 사람이 체류하고 있기 때문에 사실상 북조선도 상대해야 되지 않는가"라는 견해에 대해서는 "남북 통일정부가 조속히 수

---

32)　샌프란시스코 강화조약 제2조는 다음과 같다. "(a) 일본국은 조선의 독립을 승인하고(recognizing), 제주도, 거문도 및 울릉도를 포함한 조선에 대한 모든 권리, 권원 및 청구권을 포기한다."

립되기를 희망하지만 대한민국만을 상대로 할 수밖에 없다"는 취지의 정부 측 답변이 있었다.

이어 "제4조 (b)항은 주로 한국에 있던 일본의 재산에 대해 이미 취해진 처분의 효력을 인정하는 취지라고 생각된다. 이 항목이 삽입된 것은 대한민국의 압력에 따른 것으로 보이는데, 그렇지 않은가"라는 질문에 대해 정부는 "이 항은 조약의 최종 초안에 삽입된 것으로 대한민국의 요구에 의한 것이라고 상상할 수 있다"고 대답했다. 게다가 "대한민국은 교전국도 전승국도 아닌데, (b)항에 의해 전승국의 대우를 부여받는 것이 아닌가"라는 추궁에 대해 정부는 "평화조약 제19조의 (a)항에 의거해 점령 기간 중에 점령 당국의 지침에 따라 행해진 작위(作爲)의 효력을 승인하고 있기 때문에 (b)항이 있든 없든 거의 차이가 없다. 또한 4조 (a)항[33]의 협정을 이행할 때는 대한민국에 우리 측이 빌려준 것(貸方)이 있다고 주장할 수도 있다"고 대답했다.

이상의 비준 국회에서 이뤄진 정부 답변 가운데 다음의 사항이 주목된다.

(가) 제2조와 관련,
〈중의원 특별위원회 10월 20일〉
다지마 고분(田嶋好文): 일본이 "조선의 독립을 승인한다"는 것은 어떤 형식의 승인인가?
니시무라 구마오(西村熊雄) 조약국장: 제2조의 규정은 연합국 사이에서 의견의 일치를 보지 못한 몇몇 문제를 포함한 사항을 결정해둔 조항이다. 따라서 조문은 매우 교묘하게 만들어져 일본과 관계가 있는 지역에서 일본의 주권을 포기한다, 혹은 어떤 지역의 독립을 승인한다, 이런 형식으로 되어 있다. 한반도에는 2개의 정부가 있고 하나는 29개국, 다른 하나는 상당히 적은 국가들에 의해 정통 정부로 승인받았다. 이 사태는 연합국 간의 다툼 때문에 벌어졌다. 따라서 어느 정부를 정통 정부로 인정할 것인가라는, 연합국 간에 해결할 수 없는 문제를 회피하는 의미에서 일본은 조선의 독립을 승인한다는 규정을 두었다. 그러므로 이 두 정부 중 어느 것을 정통 정부로 할지는 일본이 자주 독립국가로서 결정하면 되는 문제이다. 물론 일본국이 유엔총회를 비롯한 기타 해당 기관에 의해 정통 정부로 승인되어 있는 한국 정부를 정통 정부로 간주하는 방침을 취하리라는 것에는 의심의 여지가 없다.

---

33) 샌프란시스코 강화조약 제4조는 다음과 같다. "(a) 이 조 (b)항의 규정을 유보하고, 일본국 및 그 국민의 재산으로 제2조에 언급된 지역에 있는 것과 일본국 및 그 국민의 청구권(채권을 포함함)으로 실제로 이들 지역의 시정(施政)을 행사하고 있는 당국 및 그 주민(법인을 포함함)에 대한 것의 처리와, 일본국에 있는 이들 당국 및 주민의 재산과 일본국 및 그 국민에 대한 이들 당국 및 주민의 청구권(채권을 포함함)의 처리는, 일본국과 이들 당국 간의 특별협정의 주제로 한다. 제2조에 언급된 지역에 있는 연합국 또는 그 국민의 재산은, 아직 반환되지 않았으면 시정을 행사하고 있는 당국이 현 상태로 반환하지 않으면 안 된다. (이 조약에서 사용되는 국민이라는 말은 항상 법인을 포함함) (b) 일본국은 제2조 및 제3조에 언급된 지역에서 미합중국 군정부에 의해 혹은 그 지령에 따라 행해진 일본국 및 그 국민의 재산에 관한 처리의 효력을 승인한다."

(나) 제4조 (b)항과 관련,

〈참의원 특별위원회 11월 7일〉

소네 에키(曽禰益):　제4조 (b)항은 한국의 강력한 압력하에 삽입된 경향이 있지 않은가.

니시무라 조약국장:　그렇게 추측하고 있다. 동시에 제4조에 대해 일한 간에 논의를 하는 경우, 일본으로서는 논의의 범위와 효과가 제약되기 때문에 바람직하지 않다. 다만, 8월 13일 안에 들어갔기 때문에 일본 정부로서는 충분히 의견을 개진할 기회가 없었다.

소네 에키:　제4조 (b)항과 같이 한국에 전승국 대우를 해준 것은 국제법에서 이례적인 일이 아닌가?

니시무라 조약국장:　우리는 제4조와 관련해 오늘날 일본 정부와 미국 정부 간에 이뤄진 의견 교환에 대해 설명할 수 있는 자유를 갖고 있지 않다. 이 특수하고 어려운 문제가 일한 간의 직접 교섭에 맡겨진 것은 이해되지만, 이 협상에서 준거해야 할 원칙은 이탈리아 평화조약의 제14부속서에 있는 것과 같이 규정해놓는 게 장래에 당사국 간의 대화를 용이하게 할 거라고 제의해왔다. 한국은 연합국이 아니라 일본에서 분리 독립한 나라라는 입장을 취하고 있다. 향후 양국 간의 재산 처리는 이 근본 원칙하에서 이야기될 것이며, 양국 간에 선의와 호의가 있다면 원활하게 진행되고, 선의와 호의가 없다면 매우 어려운 일이 벌어지리라고 생각한다.

〈참의원 특별위원회 11월 7일〉

호리 마코토(堀真琴):　북조선에 있는 일본 및 그 국민의 재산을 처리하는 문제의 경우, 일본은 어디를 상대로 협상할 것인가?

니시무라 조약국장:　한국 정부를 상대로 한 교섭이 될 것으로 생각하고 있다.

(다) 재일조선인의 국적처우와 관련,

〈중의원 특별위원회 10월 20일〉

다지마 고분:　조선인의 국적 문제에 대해 듣고 싶다.

니시무라 조약국장:　재일조선인의 국적에 대해선 아무런 규정이 없다. 이 점과 관련해 이 조약의 초안에 대한 의견을 낼 때 일본 정부로서는 제2조 (a)항의 규정에 의해 조선의 독립을 승인한다, 즉 한때 존재했던 독립국가 조선의 독립을 회복시킨다는 취지였다. 한국이 조선의 정통 정부라고 생각되기 때문에 조선인은 당연히 한국 정부에 의해 대표되는 한국 국적을 취득, 회복한다고 생각한다. 만약에 재일조선인 가운데 일부가 한국 정부를 정통 정부로 인정하지 않는 입장을 취한다면, 그것은 한반도 내부의 문제이며, 그것 때문에 일본 정부는 매우 심각한 피해를 입을 것이다.

〈참의원 특별위원회 11월 5일〉

소네 에키:　국적 선택권을 주고 실질적으로 귀화 조건을 갖고 있는 자는 일반 국민과 동일한 대우를 하고 나머지는 평온하게 퇴거시켜야 한다.

니시무라 조약국장:　그 조항이 제기하고 있는 경우는 주로 할양지역에서의 패전국 국민의 국적을 규

정한 것이며, 독립 회복 후의 국민이 구 영유국의 영토 내에 있는 경우에 국적을 규정한 예는 없다. 한반도에 남은 일본인에게는 평화조약의 규정이 적용되는 것이 관례이다(예를 들면 에티오피아, 알바니아에 남은 이탈리아 국민에게 적용되는 이탈리아 평화조약). 일본에 있는 조선인은 독립의 결과 종전에 갖고 있던 조선의 국적이 회복됐다고 보는 것이 통념이다. 재일조선인 가운데 귀화 희망자는 국적법에 의해 귀화시키는 방식으로 충분히 원하는 걸 만족시킬 수 있다는 결론이며, 특별히 국적 선택의 조항을 마련해달라고 요청하지는 않기로 했다.

4. 일한회담 예비회담

(1) 예비회담 개시

1951년 9월 25일 총사령부 시볼드 외교국장은 일본 정부에게 보낸 각서에서 "재일조선인의 법적지위 문제에 대해 한국 외무부와 일본 외무성은 10월 8일부터 총사령부 외교국에서 총사령부가 옵서버로서 참석한 가운데 협의할 것"을 지시했다.

29일 일본 정부는 총사령부에 상기한 9월 25일 자 각서에 대해 양해한다는 취지를 통보했다. 그러나 28일 한국 정부는 ①회의 시작 시기를 10월 하순으로 연기할 것, ②의제에 어업권, 선박 문제도 포함시킬 것을 총사령부 측에 요구했다. 그 결과 10월 9일 총사령부는 일본 정부에 보낸 각서 「재일조선인의 법적지위에 대해」를 통해 한국 측이 "일한 간에 존재하는 일체의 현안에 대한 양국 간 협상을 위해 의제 작성 및 협상 방법의 연구"를 토의하자고 요구하고 있다는 점과 이를 위해 회담 개시에 앞서 결정한 10월 8일보다 뒤로 연기해달라는 요청을 전하면서, 총사령부도 그 뜻에 찬성하므로 10월 20일부터 회담을 열고 싶다고 말했다.

11일 일본 측은 상기 총사령부 각서에 대한 답변에서 "일본 정부는 10월 20일부터 '재일조선인의 법적지위'에 관한 논의에 한해 회담을 열 것을 요구한다. 다만, 이 문제의 토의가 끝난 후에 한국 측이 요청하는 다른 의제의 토의로 나아가는 데 동의한다"고 말했다.

15일 외무성 심의실의 지바 아키라(千葉晧) 사무관은 총사령부 외교국 설리번(William H, Sullivan) 씨로부터 "회담에 참석하는 총사령부 측 옵서버는 미국 측의 의향을 대변하는 것이 아니다", "애치슨 국무장관이 시볼드 대사 앞으로 시급히 일한관계를 정상화(normalize)하라는 훈령을 보냈다"라는 정보를 입수했다.

전기한 유진오의「일한회담이 열릴 때까지」에서 당시 한국대표단의 움직임을 살펴보면, 당시 한국 정부는 평화조약 발효를 기다리지 않고 일본이 아직 총사령부하에 있는 동안에 회담을 갖는 것이 유리하다고 생각했기 때문에 서둘러 예비회담을 열고자 했지만, 이 회담에 임하는 한국 측은 아무런 준비도 하고 있지 않은 상태였다고 한다. 10월 중순이 되어 한국 측은 수석대표 양유찬(주미한국대사), 교체 수석대표 신성모(申性模, 주일대사), 대표 임송본, 유진오, 홍진기(법무국장), 갈홍기(葛弘基, 주일 대표부 참사관)로 구성된 대표단 명단을 발표했지만, 대표들이 모여 회담 대책을 논의한 적은 한 번도 없었고, 그들은 정부로부터 아무런 훈령도 받지 못했다. 양유찬 씨가 귀국한 것은 대표단이 도쿄로 출발하기 2~3일 전이었고, 출발일(10월 19일) 전날에 대통령 관저에서 대표단이 모여 서로 인사를 나눴을 뿐이라고 한다. 당시 한국은 전쟁이 한창인 때였는데, 특히 한반도 중부 지역에서는 치열한 전투가 계속되었다. 그해 7월 10일부터 군사 휴전회담이 개성에서 열렸지만 휴전협상은 궤도에 오르지 않았고, 일한 예비회담이 시작된 지 5일 후에는 그 장소를 판문점으로 옮겼다. 국가의 모든 에너지를 북쪽과의 싸움에 투입했던 때였고, 외교 면에서도 건국된 지 3년밖에 되지 않았기 때문에 아직 전문 외교관을 육성하지 못했다. 외교정책이 이승만 대통령의 지휘 관장하에 있어 회담을 위한 사무적 준비도 순탄치 않았다〔더욱이 이승만 대통령이 행정적·사무적 준비 등에 관심이 매우 적었던 것도 한 요인이라고 할 수 있다〕.

10월 20일 일한 예비회담 제1차 본회의가 총사령부 외교국에서 열렸다. 당일 참석한 일한 양국의 대표 및 총사령부의 옵서버는 다음과 같다(예비회담이므로 일본 측 수석대표 및 기타 대표는 공식적으로 임명된 것은 아니었다).

〈일본 측〉

　　수석 대표: 　　이구치 사다오(井口貞夫, 외무차관)

　　대표: 　　　　지바 아키라(千葉晧, 외무사무관)

　　　　　　　　다나카 미쓰오(田中三男, 입국관리청 실시부장)

　　　　　　　　히라가 겐타(平賀健太, 법무성 민사국 주간)

　　　　　　　　우시로쿠 도라오(後宮虎郎, 외무성 관리국 총무과장)

　　　　　　　　사토 히후미(佐藤日史, 외무성 조약국 법규과장)

　　보조원: 　　이마이 미노루(今井実, 외무사무관)

　　　　　　　　사지 마코토(佐治誠, 외무사무관)

〈한국 측〉

　　수석대표: 　　양유찬

　　대표: 　　　　신성모

김용식

유진오

임송본

갈홍기

보조원: 김동조(金東祚)

김태동(金泰東)

법률고문: Dr. Oliver

〈총사령부 측〉

Mr. William J, Sebald

Mr. John P, Garginer

Mr. Edward Anderberg

Mr. William H, Sullivan

Mr. Stanley S, Carpenter

Mr. Richard B, Finn

우선 시볼드 미국대사, 일본 측 수석대표 이구치 사다오 외무차관, 한국 측 수석대표 양유찬 씨 간에 인사말이 오갔다.

시볼드 대사는 회담이 열리게 된 경위를 설명한 뒤 총사령부에서 참석한 옵서버의 역할을 언급하면서 회의를 적극적으로 진행했다. 그는 이 회담이 총사령부에 문제점을 제기하는 것이 아니라 회담의 범위 내에서 일한 양국의 협의가 순조롭게 진행되는 것을 목적으로 한다면서 이번 회담이 양국의 우호를 유지하는 기초로서 큰 성과를 거두길 바란다고 말했다.

이구치 외무차관은 인사말에서 "이 회담은 일본 정부 대표가 한국 정부 대표와 함께 상호 관계에 대해 이야기하는 첫 번째 기회로서 획기적인 것이다. 대일 평화조약이 내년 봄에 발효되는데 그 조약에서 말하는 사항을 이행하는 데 필요한 준비가 시작된 이 시기에 평화조약 발효와 관련된 재일조선인의 법적지위 문제에 대해 한국 측 대표와 토의할 기회가 주어진 것은 행복한 일이다"라고 말했다.

양유찬 대사는 인사말에서 지난 1905~1945년의 일본 통치에 의해 한국이 입은 피해, 고통에 대해 언급하면서도, "우리는 과거의 비전으로 사는 것은 원하지 않는다. 과거의 적대와 부정을 대신해 새로운 건설과 상호 이익을 희망하고 있다. 이 회담의 기회를 놓치지 말고 우리는 함께 노력하여 그들이 직면한 여러 문제를 해결하고 그 기초 위에 새로운 신뢰를 구축하고 싶다"고 말했다.

인사가 끝난 후 언어는 영어로 할 것과 회의록은 총사령부 옵서버가 작성한 회의록을 일한 양국이 검토해 공식 기록으로 할 것 등을 결정했다.

22일 제2차 본회의에서 한국 측은 '재일조선인의 법적지위 문제', '일한 간의 일체 현안에 대한 양국 간 협상을 위한 의제 작성 및 교섭 방법의 연구', 그리고 '선박 반환에 관한 1951년 9월 10일 자 총사령부 서한 실시의 건'을 의제로 채택하라고 요구했다.

25일 열린 제4차 본회의에서는 '재일조선인의 법적지위' 및 선박 문제 토의를 위한 소위원회를 설치하기로 결정했다. 30일 제5차 본회의와 관련, 제1회 국적처우 소위원회 회의와 제1회 선박 소위원회 회의가 개최되었는데, 그날 외무성 정보부장은 「11월 1일 실시될 출입국관리법령의 적용 및 국적처우 소위원회의 개설에 대해」에 관해 다음과 같은 담화를 발표했다.

목하 진행 중인 일한회담의 내용, 특히 11월 1일 실시될 출입국관리법령의 통용과 관련해 일부 오해가 있는 모양이지만, 이 관리법령은 일한회담에서 협의되는 국적, 거주 등과도 연관된 관계에 있으므로 즉시 재류 한국인 등에 적용되지 않을 뿐만 아니라, 일본 정부는 선량한 외국인의 평온한 거주를 부당하게 제한할 의도도 없다.

또한 일한회담은 우호적으로 진행 중이며, 종전부터 계속해서 본국에 거주하는 한국인의 거주, 기타 처우에 대해서는 소위원회를 설치하여 구체적인 검토를 시작하기로 했다.

이날 외무성이 작성한 「일한교섭 방침에 관해 정책상 결정을 필요로 하는 여러 사항들에 대해」는 다음과 같이 기록하고 있다.

1. 현재 진행 중인 일한교섭은 총사령부 외교국의 알선으로 총사령부가 옵서버로서 참가한 가운데 재일조선인의 국적 문제에 관한 협의 및 향후 양국 간에 협상해야 하는 의제에 대해 의견을 교환하는 명분을 갖고 있다.

우리 측은 이번 회담이 단순히 '협의(discussion)'를 명목으로 하는 것이고 어떠한 '결정'을 내리는 명분이 될 수 없다는 입장을 갖고 있다. 그러나 한국 측은 이를 기정 의제뿐만 아니라 크게 모양을 내서 양국 간의 현안 일반을 협의, 결정하는 회의로까지 끌고 가고 싶다는 희망을 갖고 있는 듯하다.

우리 측으로서는,

(가) 이번 회의가 총사령부의 옵서버를 참여시킨 특수한 회의라는 것

(나) 한국 대표가 개회 시에 내놓은 성명(statement)에 표현되어 있는 생각을 감안할 때, 이때 한국 측에 질질 끌려가 당초의 양해를 변경하는 것은 향후 더욱 기어오르게 하는 계기를 준다는 것

(다) 일반 문제에 대한 토의 협상에 관해서는 아직도 신중하게 준비해야 한다는 것

등의 여러 점을 감안하여, 이번 회담은 사전 양해한 바대로 의제에 대해 협의를 완료하면 이로써 회의를 중단한다는 방침을 견지하고 싶다.

2. 이번 회담에서 한국 측이 총사령부의 지령에 따른 선박의 인도를 실시하는 것에 관한 협의를 의제로 삼고 싶다고 제의했지만, 이러한 선박의 인도는 우리에게도 다른 지령과의 관계로 인해 청구권을 갖고 있는 것이기 때문에 그것을 포함하여 상대측과 우리의 관계를 일괄적으로 협의하는 것이 우리에게도 유리하다고 생각되므로 이번 회담에서 협의하여 별도로 일한 양국 사이에서만 선박 문제를 협의하는 회담을 마련한 것이다.

이 선박 문제는 원래 점령 관리를 위한 조치로서 실시된 지령과 관련된 미해결 현안에 관한 것이다. 이것은 일한 간의 다른 현안과 분리시켜 이번 회의에서 어떻게든 결론을 내리는 방침을 취하고 싶다.

3. 이번 회담의 결말은 국적 문제에 대해서는 평화조약에 대한 국내의 정치적 관계도 있어 법적인 최종 조치를 취할 수 없으므로 단지 협의하고 의견을 교환하는 데 그친다. 국적 결정의 결과 당연히 생각해야 하는 일본 내에서의 조선인의 대우에 대해서는 통상항해조약 등에 의한 외국인의 대우 일반에 관한 사항으로서 현안 일반을 논의, 협정을 맺을 때까지 그 결정을 연기한다는 방침을 취하고 싶다.

그 이유는 우리 측은 재류 조선인의 대우를 관대하게 처리하고 일본 및 일본 국민에 대한 한국 측의 청구권을 상쇄할 수 있도록 장래에 일괄해서 교섭하기 위해서이다.

이번 회담의 다른 의제인 장래의 교섭 안건 및 그 교섭의 시기, 방법 등에 관해서는 가능한 한 별지 제1의 제안 건의 범위 내에서 해결하고 싶고, 교섭 시기는 내년 초(일단 1월 하순을 계획하고 있지만 가급적 명시하는 것은 피해야 한다)로 하자고 상대측에 전하는 것으로 하고 싶다.

또 향후 협상의 의제와 관련해 일한 대표 간에 논의가 된다면 그 의제를 열거한 서면에 일한 쌍방의 수석대표가 가조인하는 것으로 하고 싶다.

11월 8일 제6차 본회의에서 일한 양측은 제2의제 '일한 간의 일체의 현안에 관한 양국 간 교섭을 위한 의제 작성 및 교섭 방법 연구'와 관련해 '외교관계 수립', '재일조선인의 국적 및 처우', '청구권', '어업', '해저전선', '통상항해조약' 등 각 문제를 의제로 삼기로 합의를 보았다. 이어 11월 28일에 열린 제9차 본회의에서는 청구권 및 어업 문제는 내년 2월 초부터 실질적으로 논의하기로 합의했다.

11월 12일 와지마 에이지(倭島英二) 아시아국장과 양유찬 대사와의 회담에서 양유찬 대사는 다음과 같이 말했다. "나는 미국 출발 전에 맥아더 총사령관을 만났는데, 그는 필리핀, 인도네시아를 포함한 동아시아 국가에서 방공(防共)협정을 만들어줬으면 좋겠고 일한 양국이 핵심이 되기를 바란다, 그리고 평화조약 발효 시에는 일한 간에 조약을 맺는 것이 좋겠다고 말했다. 요시다 총리와 이구치 외무차관도 이에 찬성했다. 시볼드 대사는 현재 진행 중인 일본, 미국, 캐나다 3개국 간의 어업교섭이 정리되면 일한 양국 간의 어업협정은 이 협정을 조금 수정하면 되고 2주면 충분하다, 통상항해조약은 전 세계에 모델이 얼마든지 있기 때문에 이것도 빨리 할 수 있다고 말했다." 이에 대해 와지마 아시아국장은 "청구권을 포함하여 그렇게 쉬운 일이 아니지만, 타결을 보지 못하는 경우에는 양자 간 조약 내에서 장차 연구, 교섭한다는 것을 규정해두면 된다"고 말했다. 이 단계에서 한국 측은 매우 낙관적인 견해를 피력하고 있었던 것이다.

11월 25일 외무성 관리국 총무과가 작성한 「일한 기본관계 조정 교섭과 관련해 유의해야 할 사항」은 당시 사무적인 입장에서 바라본 외무성의 입장을 잘 보여주고 있다.

외교문서 원본 5　　「일한 기본관계 조정 교섭과 관련해 유의해야 할 사항」

일한 기본관계 조정 교섭과 관련해 유의해야 할 사항

1. 우리 측 기본조약 초안 작성의 여부에 대해

이번 회담에서 한국 측은 일한 양국이 각각 조약안을 준비해 내년 2월 본교섭 개시에 앞서 일정한 시기에 쌍방의 안을 갖고 예비적 논의를 하자고 제안했다. 반면, 우리 측은 예비 단계에서 조약안을 논의할 용의가 없다는 취지로 응수하고 있다.

그러나 회의의 주동(主動)을 제압하는 견지에서 보면, 특히 이 조약안에 종전(終戰) 전에 기인된 일한 양국의 여러 청구권을 일괄적으로 상호 포기하는 것과 같은 대국적인 규정이 삽입될 것을 예상하면, 오히려 이에 앞서 우리 측이 조약안(요강도 가능)을 만들어 상대측에 제기하는 것이 상책은 아니지만, 한국 측은 국제 협상, 조약 체결 등에 불민(不敏)하기 때문에 우리 측에서 잘 준비된 초안을 제시하면 상당히 교섭을 이끌어 나갈 수 있을 것으로 생각된다.

2. 기본조약의 내용(별도의 협정 형식을 취한다고 하더라도 절충 시에 제기해야 하는 문제를 포함)의

결정에 대해

이번 회담에서 우리 측은 내년 봄에 열릴 일한 기본관계 조정에 관한 회의에서 거론해야 할 사항으로서 일단, (가) 일한 외교관계의 설정, (나) 국내 조선인의 국적 확정, (다) 일한 양국 간 청구권의 해결을 위한 교섭 방법(나중에 실질적인 논의에 들어가는 것에도 동의했다), (라) 어업협상의 방법, (마) 해저전선 이관 협상의 방법, (바) 통상항해조약(및 중간적 조치)의 협상 방법, 그리고 (사) 기타 합의된 사항을 제시했다. 한국 측도 사항 자체에는 이의가 없고 다만 각 사항에 대해 즉시 실질적인 토의에 들어가 해결에 도달하기를 희망하고 있다.

그러나 특수한 역사적 · 지리적 위치에 있는 일한 간의 관계를 새롭게 하는 데 기본조약이 기술적이고 평면적인 조약만으로 충분한지 의문이 들지 않을 수 없다. 일한 협력의 견지에서 이러한 사항들 이외에 포함시켜야 하는 것에 대해 연구하고, 한국 측에서 요구가 있더라도 즉시 수용할 수 없는 사항은 무엇인지(방공 협정 등), 혹은 수용한다면 어느 정도 수용할 수 있는지 등에 대해 우리 측이 마음의 준비를 해놓을 필요가 있다.

이와 관련하여 상대측이 희망하면〔한국은 일본에 대한 시의심(猜疑心)이 깊기 때문에 강요하는 듯한 인상을 주지 않도록 유의할 필요가 있음〕부흥을 위한 경제협력, 문화협력에 관해 대강(大綱)으로라도 규정함과 동시에, 별도의 서한을 비롯한 형식으로 「평화조약 체결 후의 외교정책 심의 요강」 가운데 적당한 사항을 포함시켜 한국에 대한 우리 측의 장기적이고 대국적인 태도를 철저하고 명확히 해둘 필요도 있다. 또한 일본과 조선이 갈라설 때 한국 국민에게 전하는 말을 적당한 형식으로 삽입하면 한국 지식인이 이전부터 품던 희망에 부합할 것이다.

3. 어업교섭에 대해

한국 측은 평화조약 실시 전에 어업협정이 성립되기를 열망한다. 우리 측으로서는 원래 공해(公海) 어업에 제한을 받는 협정은 없는 것이 바람직하기 때문에, 만약 교섭에 응한다고 하더라도 평화조약의 실시에 따라 일단 맥아더 라인이 철폐된 후 일한 양국이 평등한 입장에 섰을 때 교섭에 임하는 것이 유리하다는 것은 새삼 말할 필요도 없다. 그러나 다른 한편으로 일한 간의 어업협정 체결은 우리 일본에 평화조약에 의해 부과된 의무로 규정되어 있으므로 어업협정의 체결을 전면적으로 거부할 수는 없는 입장이다.

이러한 환경하에서 어업교섭이 장기화하여 맥아더 라인이 철폐되고 자유로운 출어가 가능해진 다음에 외교 당국이 국내 어업의 압력단체에 의해 교섭에 들어갔다가 괴로운 입장에 처해질 우려가 있다는 점도 고려할 필요가 있을 것이다. 게다가 이러한 경우 본격적인 교섭이 성립될 때까지 맥아더 라인을 준수하는 것과 같은 협정을 일단 잠정적으로 체결하거나 하면, 한국 측은 원하는 결과를 얻었기 때문에 사후 본격적인 교섭에 들어오지 않을 것이다.

이 같은 관점에서 보면 평화조약을 실시하기 전에 본격적으로 교섭에 들어간다는 결정을 내리는 것도 한 가지 방안인데, 위에서 언급했듯이 교섭에서 괴로운 입장에 서게 된다는 각오를 하고 맥아더 라인 철폐 시까지 본격적으로 협정을 맺지 않는 방법과 이러한 방안 가운데 어떤 것을 선택할지 신속하게 결정할 필요가 있다.

4. 교섭 준비(특히 청구권 관련)에 대해

(1) 한국 측이 교섭에 임하는 기본적인 태도로 일본에 의한 40년간의 한반도 지배가 착취적인 식민통치였다는 명분을 내세울 것이라는 것은 이번 교섭에서 양유찬 대표의 개막성명만 보더라도 예견할 수 있는 바이다. 우리 측은 원칙적으로 이러한 태도를 논파할 필요가 있다. 따라서 필요하면 언제든지 한국 및 세계의 곡해와 오해를 풀 수 있도록 일본이 한반도를 통치하는 동안 조선인의 경제생활과 문화생활이 얼마나 향상됐는지 그 실제 양상을 구체적으로 설명하는 등 일반적인 성명을 준비해둘 필요가 있다. 또한 어떤 사항들에 대해서는 다른 외국의 식민지주의와 비교한 것을 제시할 필요도 있다.

(2) 한국 측은 수많은 사항에 걸쳐 거액의 대일 청구를 제기하기 위해 준비 중인 것으로 알려져 있는데, 이 문제는 재일조선인의 처우 문제를 제외하고는 일한교섭에서 가장 복잡하고 어려운 항목이 될 것으로 보인다.

우리 측이 이를 우리가 갖고 있는 재한 재산에 대한 막대한 청구권과 대비하면서 일괄 상쇄하자는 의견을 제시하더라도(「심의 요강」의 '재조선 재산의 반환' 항목에서 교섭 수단 이상으로 너무 진지하게 주장하는 경우 실효성 여부에 대해 연구할 필요가 있음), 한국 측은 이에 쉽게 응하지 않을 가능성이 높다. 한국 측은 비록 궁극적으로 응하더라도 그때까지 여러 위원회 등을 통해 사례별로 논의를 상당히 진행한 후 비로소 양보할 것이다.

따라서 우리 측은 (1) 재한 자산에 대한 상세한 자료를 준비하고, (2) 적어도 우리에게 알려진 한국 측 청구권의 각 항목에 대한 주요 사항을 정리하여 관계자들과 협력해 우리 측 자료를 바탕으로 (가) 상대방의 청구 실태, (나) 그것과 관련해 제기할 수 있는 우리 측의 카운터 클레임[역(逆)청구], (다) 같은 종류의 청구권 처리에 관한 국제 선례, 조리(條理), (라) 우리 측이 주장해야 할 처리방침을 준비할 필요가 있다.

하지만 본건 청구권 처리 문제에서 법이론은 차치하고 사실상 한국 측이 새롭게 우리의 재한 재산을 반환할 가능성은 거의 없다. 따라서 우리 측도 상대방의 청구에 응하지 않은 채 지연해둠으로써, 사실상 일괄 상쇄로 귀결될 것으로 예견된다.

(2) 견한사절(遣韓使節) 파견 계획의 좌절

일한 예비회담이 정식 회담으로 나아가기 전에 일본 측은 두 가지 대책을 준비하고 있었다. 하나는 공식적으로 회담 대표로 마쓰모토 슌이치(松本俊一) 고문을 결정함과 동시에 그의 방한을 기도했다는 사실이고, 다른 하나는 우호조약의 체결이다. 견한사절의 파견은 요시다 총리의 발언에 기인한 것이었다. 마쓰모토 고문을 12월 중순에 한국으로 보내는 것은 동아시아 지역에서 처음으로 보내는 사절이라는 정치적 의미를 강조하면서, 특히 한국에 대한 일본인들의 의식 시정(是正)을 도모하기 위해서라고 한다. 이 파견에 대해 12월 4일의 일한회담 제10차 회의에서 양유찬 한국 대표는 "나 개인의 의견으로는 한국 측의 감정이 좋지 않기 때문에 성명문 발표 같은 방법으로 대일 감정을 완화시킨 다음에 견사가 내한하는 것이 좋지 않을까 한다"라고 말했다.

1951년 12월 5일 마쓰모토 고문을 중심으로 한 대표단 간부의 한국문제협의회에서는 견한사절 문제를 논의, 이하와 같은 「견한사절의 사명과 행동 기준(안)」을 결정했다.

1. 우리의 대한국 정책의 우선적인 목표는 먼저 양국 간에 과거에 있었던 사정을 일소하고 태평양 지역 국제 정세의 동향을 직시하며 앞으로 달성해야 할 양국의 공존공영 체제의 기초를 다지기 위해 한국의 독립과 기타 샌프란시스코 평화조약 등에 의해 발생한 사태와 관련된 여러 이슈를 가능한 한 원활하고 뒤끝 없이 조정하는 것이다.

2. 따라서 이번에 마쓰모토 고문을 한국에 특파하는 것은 궁극적으로 앞서 언급한 목표 달성을 위한 한 단계이지만, 동시에 최근 행해져 온 도쿄 협상의 경위 및 한국 정부의 입장을 충분히 참작하여 일본이 갖고 있는 일반적인 태도를 효과적으로 상대측에 인식시키는 것이 주된 목적이다.

3. 사절 파견 기간은 다음과 같은 요소들을 감안하여 연내에 출발, 연말까지 귀국하는 것이 좋을 것 같다. 즉, 12월 18일 비행기로 도쿄를 출발, 같은 달 23일 귀국하는 예정으로 한다.

(1) 아시아 국가에 대한 우리 일본의 선린우호 외교가 다른 데 앞서 먼저 한국에서 시작된다는 것에 대해 내외에 깊은 인상을 남길 필요가 있다는 것.

(2) 한국전쟁 종식이 나름 가까운 미래에 실현될 것으로 예상되기 때문에 지금 이 시기를 놓치지 않도록 해야 할 것.

(3) 최근 진행된 도쿄 회담의 경위를 감안해, 이번에 한국 정부가 안팎으로 입장을 개선하려는 것에 대해 호의적으로 고려하고 있는 우리 측의 의도를 반영하고, 동시에 내년 2월에 계속될 회담과의 연결을 의미 있게 하기 위해서라도 2월이 되기 전에 이를 실행할 필요가 있다는 것.

(4) 한국의 독립을 맞아 오랜 관계를 맺어온 일본은 이를 축복하고 격려하며, 전쟁 피해로 의기소침해진 한국 관민에게 연민을 표현하되, 시기를 놓치지 않고 우리 일본의 장래에 대한 입장을 각인하는 일은 서둘러 실행할 필요가 있다는 것.

4. 특파사절단은 대체로 다음 각 항목의 사명을 띠며, 가능한 한 이에 충실하게 구성한다.

(1) 한국 독립에 대한 축의를 표명(요시다 총리가 이승만 대통령 앞으로 보내는 메시지를 가지고 갈 것).

(2) 한국 관민에게 전쟁 피해에 대한 연민을 표현(가능하면 피해자에 대한 일상 생활물품 등을 주는 것으로 하여 그 목록을 증정할 것).

(3) 한국 요인(要人) 및 재한 미국 당국자와 담화.

(4) 한국에 대한 우리 측 관민의 입장을 천명[점령 시대의 군권적인 무단주의(武斷主義)에 대해서는 유감을 표하지만, 우리 산업정책에 의해 한반도의 민도(民度)가 상당히 올라간 사실 등에 대해서는 적절한 기회를 보아 응수하여 비굴한 태도는 취하지 않도록 할 것].

(5) 우리의 대한정책 방침을 설명(한국 정부로 하여금 한반도의 지정학적 배경을 감안해 진정으로 우리 일본과 협력하는 것이 한국이 생존하는 데 필수조건이라는 것, 그리고 양국의 공존공영을 위해 필요하다는 것을 충분히 설명할 것).

(6) 진행 중인 도쿄 회담에 대한 우리 측의 진의를 전달(우리 측이 지연 정책을 펴고 있다는 선전에 대해 오해를 풀고 충분히 우리의 진심을 전할 것).

(7) 예정되어 있는 일한교섭의 각 항목에 대해 상대측이 견해를 표명하면 이를 청취(상대측이 자신의 견해에 관한 자료 제출을 요청하면 이를 접수할 것).

(8) 한국의 일본 재외공관 설치 문제에 대한 우리 측 의사를 전달하고 가능하면 양해를 얻을 것(우선 재외사무소 설치 문제를 서둘러서 해결해야 하지만 가까운 미래에 대사관, 영사관 등을 설치하는 안건에 대해서도 협의할 것).

(9) 한국의 상황 시찰

(주) 재류 조선인의 처우와 선박 반환 문제에 대해서는 우리 측 방침의 대요(大要)를 상대측에 적절하게 설명하는 것으로 한다.

5. 특파사절단을 위해 준비해야 할 사항은 대체로 다음과 같다.

(1) 요시다 총리의 메시지

(2) 우리의 대 한반도 정책의 대강(大綱)

(3) 한국에 대한 일본 관민의 태도에 관한 메모

(4) 현재 진행 중이거나 혹은 향후 논의될 것으로 예상되는 다음 항목들에 대해 개별적으로 우리 측의 복안을 간결하게 메모한 것

　　(가) 한국의 독립을 승인하고 양국의 우호관계를 확인하는 기본조약적인 사항

　　(나) 재류 조선인의 처우에 관한 사항

　　(다) 조선 국적의 선박 반환 문제

　　(라) 어업협정 문제

　　(마) 통상조약 문제

　　(바) 청구권 처리 문제에 대한 우리 측 의견

　　(사) 일한 문화협정 문제

　　(아) 기타 필요한 자료

(5) 한국에 우리 재외공관을 설치하는 일에 관한 방침을 서류로 만든 것

6. 상술한 제 항목에 관해서는 우리가 한국 측으로 하여금 일한 우호관계의 필요성을 충분히 확인시

켰다고 인정되는 경우에만 그 인식의 도달 정도를 살펴보고 우리 쪽에서 물심양면으로 할 수 있는 만큼의 협력과 원조를 한다. 그리고 민주적인 한국 정부를 지속하는 데 기여하는 외교를 하기 위해서는 사전 단계에 있다는 사실을 함께 이야기하며 대응하는 것이 필수적이다.

마쓰모토 슌이치 씨는 12월 11일 요시다 총리와 만나 특사로서 한국을 방문하는 것을 수락했고 20일경 출발을 예정하고 있었지만, 13일 한국 정부는 "마쓰모토 사절단 방한은 필요없다"고 반대의 뜻을 성명했다. 그날 유태하(柳泰夏) 주일 참사관은 와지마 아시아국장에게 "어제 한국 정부에서 마쓰모토 고문의 방한을 연기하고 싶다는 통보가 있었다"고 전해왔다. 결국 견한사절단의 파견 기도는 좌절됐다.

(3) 예비회담의 추이

① 재일한국인의 국적처우 문제

국적처우 소위원회의 양국 대표는 다음과 같다.

〈일본 측〉
수석위원:　　　　　입국관리청 실시부장 다나카 미쓰오(田中三男)
위원:　　　　　　　법무성 민사국장 주간 히라가 겐타(平賀健太)
보조원:　　　　　　외무사무관 이마이 미노루(今井實)

〈한국 측〉
수석위원:　　　　　주미 대사 양유찬
위원:　　　　　　　주일공사 김용식
　　　　　　　　　　고려대학교 총장 유진오
　　　　　　　　　　식산은행장 임송본
　　　　　　　　　　주일 대표부 고문 갈홍기
법률고문:　　　　　Mr. Robert T. Oliver
보조원:　　　　　　외무부 정무국장 김동조
　　　　　　　　　　주일 대표부 일등서기관 김태동

10월 22일 제2차 본회의에서 일본 측은 "평화조약의 발효에 의해 그 제2조 (a)항에 따라 재일조선인은 일본 국적을 상실하여 조선 국적을 갖는다는 일반적인 해석이 성립한다고 생각하는데, 현실적인 문제는 한반도의 두 정부 가운데 어느 쪽이 재일조선인에 대해 책임을 지겠는가이다. 한국 정부는 모든 재일조선인에 대해 책임을 질 준비가 되어 있는가"라고 물었다. 한국 정부는 "비록 공산주의자라고 하더라도 모든 책임을 지겠다"고 답했다.

예비회담을 개최하면서 총사령부는 당초 '재일조선인의 법적지위' 문제를 일한 간에 협상할 것이라고 발표했지만, 그 후의 사정에 의해 예비회담의 본회담은 공식 회담의 준비 회담이라는 성격을 띠게 되었고 재일조선인의 법적지위 문제를 토의하는 임무는 '국적처우 소위원회'로 넘어가게 됐다.

이 소위원회는 10월 30일에 제1회 회의를 열었고 이후 1952년 4월 1일까지 위원회를 서른다섯 차례, 비공식 회담을 여섯 차례 열었다.

처음에는 주로 일본 측이 재일조선인의 현상(등록, 불법 입국, 법적지위, 범죄, 생활보호, 교육 등)과 조선인의 출입국관리령 적용 여부, 특히 거주권, 강제퇴거, 귀환 시 재산의 휴대, 조선인이 외국인이 된 경우 권리에 관한 법적 처우의 변화에 대해 설명하고 토의했다.

일본 측은 11월 12일의 제6회 회의에서 「재류 한국인의 법적지위에 관한 일본 측의 견해」를 제출했고, 12월 18일에는 「재일한인의 국적 및 처우에 관한 일한협정안」을 작성했다. 이후 이 문제는 제1차 일한회담으로 이어져 1952년 3월 20일까지 논의를 거듭해 8차에 걸쳐 수정안이 제출되었다.

이에 대해 한국 측도 12월 12일 「재일한인의 법적지위에 관한 일한 양국의 협정 기본요강」을 제시했고, 이어 1월 16일에는 이를 수정해 「재일한국인의 국적 및 처우에 관한 안」을 제시했다. 한국 측이 24일 다시 수정안을 제출함으로써 쌍방의 견해차는 좁혀졌다.

② 선박 문제

선박 인도 문제의 추이에 대해서는 앞서 언급했지만, 총사령부는 1951년 9월 11일 자 각서에서 1945년 8월 9일 현재 조선 국적의 선박을 현재 있는 곳에서 그대로 한국 정부의 대표자에게 인도할 것을 일본 정부에 지령했다. 한편, 총사령부는 9월 10일 자 서한에서 주일 한국대표부에 "1945년 8월 9일 현재 조선치적선은 미군정 법령 제33호 및 1948년 9월 11일 '한미 재정 및 재산에 관한 협정'에 의해 한국 정부에 이양된 재산에 포함되기 때문에 오늘부터 60일 이내에 일본 정부와 선박을 한국 측에 인도하는 것에 관해 협상을 시작하라"고 지시했다.

선박위원회는 9월 30일부터 운수성(運輸省)에서 열렸는데, 국적 소위원회와는 달리 총사령부는 옵서버로 참석하지 않았다.

〈일본 측〉

위원장:	가와사키 이치로(河崎一郞, 외무사무관 겸 배상차장)
위원:	구니야스 세이치(国安誠一, 운수성 해운조정부장)
	가메야마 노부로(亀山信郞, 운수성 해운국 총무과장)
	가와케 이치로(河毛一郞, 운수성 해운국 정기선과장)
	고야마 겐이치(小山健一, 운수성 고문)
	요코야마 마사오미(橫山正臣, 대장성 이재국 관리과장)
	마키노 세이치(牧野誠一, 대장성 이재국 국유재산 제2과장)

〈한국 측〉

위원장:	홍진기(법무부 법무국장)
위원:	황부길(黃富吉, 교통부 해운국장)
	지철근(池鐵根, 상공부 수산국 어무과장)
	문덕주(文德周, 교통부 해운국 관리과장)
	한규영(韓奎永, 주일 한국대표부 정무부 삼등서기관)

위원회 회의는 1952년 10월 30일부터 1952년 2월 중순까지 30회에 걸쳐 열렸고, 의제로 한국 측이 (a) 조선치적선의 반환, (b) 1945년 8월 9일 이후에 조선 수역에 있던 일본선박의 반환을, 일본 측이 (c) 한국에 대여한 일본선박 5척의 반환, (d) 한국에 억류된 일본어선의 반환을 각각 제출했다.

한국 측 주장 (a)는 1951년 9월 10일의 SCAPIN 2168호를, (b)는 미군정 법령 제33호를 각각 근거로 하였다.

회담 동향을 보면, 우선 일본 측이 조선치적선 가운데 1945년 8월 9일 현재 조선에 치적(置籍)하고 현재 일본 내에 소재한 선박 19척(5,810톤, 이 중 어선은 4척 206톤)의 목록을 제출하자, 한국 측은 이 19척의 인도를 요구했다. 그러나 이에 대해 일본 측은 이 회의가 SCAPIN의 실시를 위한 회의가 아니므로 그 반환 여부는 전체에 대한 심의, 특히 미군정 법령 제33호의 해석에 대한 검토를 필요로 한다고 주장하며 한국 측 요구를 거부했다. 2월 11일 한국 측은 조선치적선 22척, 2만 1,461톤(어선 제외)에 대한 추가 목록을 제출했다.

한편, 일본 측은 의제 (c)에 해당하는, 즉 한국에 대여 중인 전 조선우선(朝鮮郵船) 소유 선박 5척의 반환을 주장했다. 1951년 말부터 이듬해 2월에 걸친 회의에서 한국 측은 (a)에 해당하는 어선 총 59척, 2,167.22톤, (b)에 해당하는 상선 41척, 6만 7,586톤, 어선 7척의 목록을 제출했다. 이에 대해 일본 측은 (d)에 해당하는 어선 34척(억류된 선박 8척, 도둑맞은 선박 21척, 한국 수역에서 좌초한 선박 5척)의 목록을 제출했다. 일한 양측은 이상의 목록을 상호 조사하고 대상 선박을 확정하는 수순을 밟았다.

의제 (a)에 해당한다고 한국 측이 제출한 목록의 어선 59척에 대해 일본 측(수산청)은 조사 결과 대부분의 선박이 '침몰', '실종', '해당 선박 없음', '치적 사실을 인정할 수 없음' 가운데 하나에 해당하고 4척만 현재 일본에 있는 것으로 판명됐다고 보고했다.

의제 (a)에 해당한다고 한국 측이 제출한 목록의 조선치적선 22척에 대한 일본 측의 조사 결과는 치적선이 아닌 것 2척, 침몰 17척, 불상 2척, 선박이 다른 것 1척이었다.

의제 (b)에 해당하는 41척의 목록에 대해 한국 측은 조사 중이라고 회답했다. 의제 (d)에 해당하는 어선 목록 34척에 대해 한국 측은 조사 결과 억류 미귀환 5척의 경우 한국에서 억류된 것을 확인했으나, 도둑맞은 선박 21척은 불명, 한국 수역에서 좌초된 선박 5척 가운데 2척만이 인양 운반 중이라고 답변했다. 예비회담은 이들 선박의 조사를 둘러싼 응수 등으로 마무리됐다.

(주) 1945년 8월 9일 이후 일본 수역에 있었던 주요 선박의 소유자로 재외공사 격인 해운회사[조선우선, 서일본기선, 경인(京仁)상선, 조선유조선]의 재일지점은 1949년 1월 18일 자 SCAPIN 1965에 기초한 정령 제291호에 의해 GHQ, SCAP의 허가를 얻어 채권채무 관계를 정리한 후 독립적인 일본 법인으로서 새로운 회사를 설립했다. 따라서 구 조선적선은 일본 본토에 선적을 두고 일본적선으로 등록하는 것이 인정됐다. 이들 11개 회사는 조선치적선대책협의회를 결성, 정부에 진정서를 제출했다. 1951년 9월 17일 이들은 배상청 장관 앞으로 제출한 진정서에서 조선치적선은 "적법하게 취득한 사유재산으로 일본 헌법에 의해 보장되어야 함은 물론, 모두 GHQ, 일본 정부의 지령 승인을 얻어 정당하게 취득, 구입한 것이며……, GHQ 지시대로 조치하게 되면 회사의 기반이 즉각 위기에 직면하게 되고 어떤 사람은 파산 또는 해산할 수밖에 없는 상태가 되어 해산(海産) 종업원과 그 가족은 바로 길거리를 헤매는 비참한 일이 발생하게 된다. 더욱이 회사 주주를 비롯해 이들 선박의 구입 및 수리를 위해 상당수 회사가 본 선박을 담보로 융자를 받고 있는데, 금융기관 및 기타 거래처에 예상치 못한 손상을 주게 될 것"이라고 말했다.

5. 한국 정부, 인접 해양에 대한 주권 선언 발표: '이승만 라인'의 설정

(1) 이승만 라인의 설정

평화조약 발효 3개월 전으로 일한회담이 시작되기 일주일 전인 1952년 1월 18일, 이승만 대통령은 다음과 같이 '인접 해양에 대한 주권 선언'을 했다.

국무원 고시 제14호

국무회의 의결을 거쳐 인접 해양에 대한 주권에 관하여 다음과 같이 선언한다.

대통령 이승만

단기 4285년(서기 1952년) 1월 18일

국무위원: 국무총리 허정(許政)
국무위원: 외무부장관 변영태(卞榮泰)
국무위원: 국방부장관 이기붕(李起鵬)
국무위원: 상공부장관 김훈(金勳)

확정된 국제적 선례에 의거하고 국가의 복지와 방어를 영원히 보장하지 않으면 안 될 요구에 의하여 대한민국 대통령은 다음과 같이 선언한다.

1. 대한민국 정부는 국가의 영토인 한반도 및 도서의 해안에 인접한 해붕(海棚)의 상하에 기지(旣知)되고, 또는 장래에 발견될 모든 자연자원, 광물 및 수산물을 국가에 가장 이롭게 보호, 보존 및 이용하기 위하여 그 심도 여하를 불문하고 인접 해붕에 대한 국가의 주권을 보존하며 또 행사한다.

2. 대한민국 정부는 국가의 영토인 한반도 및 도서의 해안에 인접한 해양의 상하 및 내에 존재하는 모든 자연자원 및 재부(財富)를 보유, 보호, 보존 및 이용하는 데 필요한 아래와 여(如)히 한정한 연장 해안에 긍(亘)하여 그 심도 여하를 불구하고 인접 해양에 대한 국가의 주권을 보지(保持)하며 또 행사한다. 특히 어족 같은 감소될 우려가 있는 자원 및 재부가 한국 주민에게 손해가 되도록 개발되거나, 또는 국가의 손상이 되도록 감소 혹은 고갈되지 않게 하기 위하여 수산업과 어렵업(漁獵業)을 정부의 감독하에 둔다.

3. 대한민국 정부는 이로써 대한민국 정부의 관할권과 지배권에 있는 상술한 해양의 상하 및 내에 존재하는 자연자원 및 재부를 감독하며 또 보호할 수역을 한정할 아래에 명시된 경계선을 선언하며 또 유지한다. 이 경계선은 장래에 구명될 새로운 발견, 연구 또는 권익의 출현으로 인하여 발생하는 신(新)정세에 맞추어 수정할 수 있음을 겸하여 선언한다.

대한민국의 주권과 보호하에 있는 수역은 한반도 및 그 부속 도서의 해안과 아래의 제(諸) 선을 연결함으로써 조성되는 경계선 간의 해양이다.

(1) 함경북도 경흥군 우암영고(牛岩嶺高)정으로부터 북위 42도 15분 동경 130도 45분의 점에 이르는 선

(2) 북위 42도 15분 동경 130도 45분의 점으로부터 북위 38도 동경 132도 50분의 점에 이르는 선

(3) 북위 38도 동경 132도 50분의 점으로부터 북위 35도 동경 130도의 점에 이르는 선

(4) 북위 35도 동경 130도의 점으로부터 북위 34도 40분 동경 129도 10분의 점에 이르는 선

(5) 북위 34도 40분 동경 129도 10분의 점으로부터 북위 32도 동경 127도의 점에 이르는 선

(6) 북위 32도 동경 127도의 점으로부터 북위 32도 동경 124도의 점에 이르는 선

(7) 북위 32도 동경 124도의 점으로부터 북위 39도 45분 동경 124도의 점에 이르는 선

(8) 북위 39도 45분 동경 124도의 점으로부터(평안북도 용천군 신도열도) 마안도 서단까지 이르는 선

(9) 마안도 서단으로부터 북으로 한만 국경의 서단과 교차되는 직선

4. 인접 해양에 대한 본 주권의 선언은 공해상 자유항행권(自由航行權)을 방해하지 않는다.

(2) 이승만 라인의 설정에 대한 한국 측의 설명

이승만 라인의 선언과 관련, 『사상계』 1964년 4월 호에 게재된 「한일협상 10년, 회담 6회의 내막: 유진오·유창순(劉彰順) 대담」에서 유진오 씨는 다음과 같이 말했다.

어업 문제와 관련해 샌프란시스코 평화조약에 의해 한일 양국 간에 어업조약을 체결하게 되어 있으므로 한국 측이 그 조약을 체결하는 협상을 요구했다. 그것은 평화조약이 발효되면 맥아더 라인이 철폐되어 일본어선들이 대거 우리 근해로 몰려오기 때문에 그것을 막을 필요가 있었기 때문이었다. 일본 측은 "준비가 안 되어 있다"면서 협상 개시 시기를 연장했다. 그해 12월 말에 예비회담이 설날을 앞두고 휴회가 되어 부산에 돌아온 한국대표단 사이에서 일본선박을 막는 라인의 필요성에 대해 이야기가 나왔고, 대통령에게 이를 건의했다. 대통령은 처음에는 응하지 않았지만 다시 한 번 그 필요를 언급하여 마침내 이를 공포하게 된 것이다. 그 라인을 일본 측이 어업협정을 맺는 데 응하지 않았기 때문에 협정이 체결될 때까지 한국 측이 일방적으로 일본어선을 막기 위해 그은 것이다.

또한 이 선언은 "당초 'jurisdiction and control(관할 통제)'로 할 예정이었는데 강경파의 주장으로 'sovereignty(주권)'이 되었다"고 한다(1952년 2월 20일에 열린 국적처우에 관련된 비공식 회담에서 유진오 씨가 언급). 일본 측이 어업협정 교섭에 응하지 않았기 때문이라는 것은 한국 정부가 발행한 『한일회담백서』(1965년 3월), 원용석(元容奭)이 쓴 『한일회담 14년』(1965년 6월)과 이동원(李東元) 외무부장관이 1965년 8월 8일 한국 국회에서 행한 답변에서도 지적됐다.

(3) 예비회담에서의 어업회담에 관한 논의

"어업 문제를 논의하고 싶다"는 한국 측의 제의와 관련된 예비회담 당시의 기록에는 다음과 같이 적혀 있다.

11월 12일 제7회 회의에서 한국 측은 '일한 간의 일체의 현안에 관한 양국 간 교섭'을 조기에 열고 싶다는 희망을 표명했다.

11월 22일 제8차 회의에서 일본 측은 "어업 문제에 대해서는 인도네시아와 호주가 샌프란시스코 회의 이전부터 제의해왔기 때문에 이들 국가와의 교섭을 한국보다 앞서 해야 하는 입장이다. 또한 본 문제에 관한 전문가의 수도 한정되어 있기 때문에 한국과의 어업교섭을 2월에 실시할 수 있을지 불확실하지만 2월에 상기한 여러 협상이 종료되면 물론 한국과의 교섭도 가능하다"고 말했다. 이에 대해 한국 측은 "어업 문제와 관련해 평화조약 체결 시까지 협정이 체결되지 않으면 조약 발효 이후 한일 간에 합의가 성립될 때까지 공백 기간이 발생, 양국 간에 분쟁이 일어날 것이 우려된다" 면서 토의의 조속한 개시를 요구했다. 이에 대해 우리 측은 "이대로 평화조약이 발효되더라도 어업에 대해서는, 예를 들면 다른 나라의 영해에는 무단 출어할 수 없다는 국제관례가 있고, 또 이 경우 임시 조치를 2월 회의에서 토의하는 방법도 있다" 는 취지를 말했다.

11월 28일 제9차 회의에서 일본 측은 어업 문제에 대해 2월부터 논의할 수 있다는 어림이 잡혔기 때문에 그 취지를 전달, 본건에 관한 쌍방의 의견 일치를 보았다.

이상의 기록에 따르면 한국 정부가 제의한 어업교섭을 2월부터 시작하는 것으로 일한 간에 합의를 본 것이다.

예비회담 종료 후인 1952년 1월 18일 일한 양국 대표 간의 비공식 회담에서 김용식 공사는 "한국 어민의 보호를 위해 일본 어민이 침입할 수 없는 일정한 선을 유지하고 싶다"고 말했는데, 마침 그날 한국 정부는 '해양주권 선언'을 발표, 이른바 '이승만 라인'을 일방적으로 설정했다.

(4) 선언을 둘러싼 일한 간의 응수

이 선언은 곧바로 일본의 여러 신문에서 보도되었는데, 이와 관련해 1월 24일 일본 외무성은 다음과 같은 정보문화국장의 담론을 발표했다.

1952년 1월 18일 한국 대통령이 발표한 '해양주권'에 대한 선언은, 오랫동안 국제사회에서 확립되어 있는 해양 자유의 원칙을 근본적으로 파괴할 뿐만 아니라 평등한 입장에서 공해의 어업자원 개발 및 보호의 목적을 달성하려고 하는 현재의 국제 어업협력의 기본 관념과도 완전히 상반되는 장치이다. 따라서 그러한 조치가 일반 국제사회 통념상으로 볼 때 도저히 승인될 수 없다는 사실은 의심의 여지가 없으며, 이것을 진심으로 거론하는 것 또한 주저하지 않을 수 없다. 우리가 그러한 자의적인 조치를 무시하는 입장에 있다는 것은 말할 필요도 없으며, 특히 대일 평화조약의 우호적인 협력 정신에 입각해, 또 일한 양국의 공존공영을 목적으로 가까운 미래에 양국 간 어업교섭을 시작하려고 하기 직전에 한국 측이 이러한 행동을 취했다는 것은 우리에게 중요한 문제이다. 이 조치는 일한 어업회담 성공의 기초를 뒤집었으며, 또 한국 측이 이 회담을 선의를 갖고 수행하려는 성의가 있는지 의심하지 않을 수 없게 한다.

이에 대해 한국 정부는 1월 27일 성명을 발표, "해양주권 선언은 충분히 확립된 여러 국제 선례이다. 예를 들면, 연안어업과 대륙붕의 표면 및 지하의 천연자원에 대한 트루먼(Harry Shippe Truman) 대통령의 선언, 멕시코, 아르헨티나, 칠레, 페루 및 코스타리카 등 여러 정부에 의해 발표된 것과 같은 성격의 성명이다", "맥아더 라인은 일본어선의 어업이 허용되는 지역을 제한하는 것이지만, 한국의 보호수역은 그 수역에서 고갈되기 쉬운 천연자원이 초토화되는 것을 방지하려는 목적으로, 일본인뿐만 아니라 한국인도 제한하기 위해 설치된 것이다", "보호수역 선언은 영해의 공해 확장을 의미하지 않는다. 이는 이 선언에서 우리나라가 공해에서 자유 항해를 할 수 있는 여러 권리를 보장함으로써 완전히 뒷받침되고 있다"라는 의견을 말했다. 1월 28일 외무성은 주일 한국대표부에 24일 자 정보문화국장 담화의 취지를 설명함과 동시에, 다케시마에 대한 영토권도 인정하지 않는다고 항의하는 구상서를 보냈다. 이러한 일본의 구상서에 대해 2월 8일 이승만 대통령은 다시 성명을 발표했는데, 거기에서는 다음과 같이 말했다.

인접 해양의 주권을 선언한 최근 우리 정부의 발표는 각국의 동종 성명 또는 포고를 모방하여 한국 정부의 정책을 발표한 것으로, 현재 진행 중에 있는 한일회담에서 이를 제기할 예정이다. 해양의 획정선을 설립한 주요 목적은 한일 양국 간의 평화 유지에 있고, 일본도 물론 이에 응할 것으로 생각한다.

아직도 욕심을 버리지 못하는 일본인이 맥아더 라인을 넘어, 수많은 어선이 우리 인접 해양에 들어와 해중 자원을 불법적으로 빼앗고 있다. 우리는 이대로는 참을 수가 없다. 이것을 막지 않으면 양국 간의 충돌은 피할 수 없다는 우려가 있다. 양국 간의 불행한 사건을 방지하기 위해 양국은 합의에 의해 공평하게 그어진 획정선이 꼭 필요하다.

우리는 공해 자유의 원칙을 추호도 무시한 기억은 없지만 '인접 해양의 주권'이라는 단어의 부정확한 표현 때문에 일본의 오해가 생긴 모양이다. 우리의 목적은 다른 주권과 이익을 침해하지 않으면서도 어업자원을 보호하기 위해 공평한 획정선을 마련하여 한일 양국 간의 평화와 우의를 유지하려고 하는 데 있다.

또한 2월 12일 자 구상서에서 한국 정부는 1945년 9월 미국 트루먼 대통령 선언을 비롯해 대륙붕이나 인접한 일정 어장에 관한 중남미 국가와 사우디아라비아, 영국 등의 선언을 국제적인 선례로 인용, 맥아더 라인을 침범한 일본어선에 의해 보호수역을 빼앗길 우려를 언급하며 이 라인이 필요하다고 말했다. 게다가 일본식민지기에 조선총독부 지령으로 이번에 대통령이 선언한 수역과 거의 똑같은 곳에서 트롤선 어로를 금지했었던 점 등을 지적한 후 독도(다케시마)가 1946년 1월 29일 자 SCAPIN 677호에 의해 일본 영유에서 제외되었고 맥아더 라인 밖에 있었다는 점 등을 들어 한국 영토라고 말했다.

(5) 미국 등의 항의

해양주권 선언으로 한국은 일본만이 아니라 다른 나라로부터도 항의를 받았다. 상기한 원용석의 『일한회담 14년』은 "미국으로부터 1952년 2월 11일, 중화민국으로부터 6월 11일, 영국으로부터 1953년 1월 11일, 그 외 우방 해양 국가들로부터 한국 정부가 부당한 조치를 했다는 항의가 있었다"고 기록하고 있다. 한국 국회에서도 1965년 8월 8일 이동원 외무부장관이 이를 언급했다. 특히 미국 측의 항의에 대해 1965년 8월 8일 한국 국회에서 원용석 무임소장관은 "2월 11일 미국으로부터 6쪽에 달하는 항의 각서가 도착했다. 그 골자는 평화선은 공해이기 때문에 한국이 일방적으로 선포해도 효력이 없다는 내용이었다. 미국 측 각서는 특히 '공해이기 때문에 항해의 자유를 방해하지 않는다'는 평화선 선포의 제4항을 지적하면서, '모든 국가의 비행기가 운행할 수 있고, 모든 국가의 선박이 항해할 수 있으며, 또 해저전선을 설치할 수 있는 곳이 공해이다'라고 말했다. 미국은 특히 공해와 관련해 한국의 승낙을 필요로 한다는 점에 대해 강력하게 항의했다"고 설명했다. 그러나 이들 국가가 한국 정부에 항의했다는 사실에 대해 당시 일본 정부는 아무런 정보도 얻지 못했다.

이승만 라인 선언과 관련, 1월 24일 우시로쿠 아시아국 제2과장이 총사령부 외교국 설리번 이등서기관을 방문했을 때, 설리번은 "(1) 미국은 전통적으로 이러한 조치에 반대해왔고 때로는 각 국가에 항의해왔던 적도 있어 본국 정부도 어떠한 항의적인 조치를 취할 것이라고 생각한다, (2) 한국 측이 일한 어업교섭이 시작되기 직전에 조치를 취한 것은 공평하지 않다"고 말했다. 설리번은 1월 28일 지바 참사관에게도 "한국 측이 일한 어업교섭을 유리하게 이끌기 위해 이러한 행동을 취한 것으로 보이지만, 미국의 전통적인 입장에서 보면 이러한 일방적인 주권 확장 활동은 지원할 수 없다"고 동일한 취지로 말했다.

외무성은 2월 4일 일본 정부의 주워싱턴 재외사무소장에게 이승만 라인 선언에 대한 미 국무부의 반응과 본건에 대한 미국 정부의 조치를 알아보도록 지시했다. 이와 관련, 그곳 직원이 국무부 동북아시아국의 워너 일본과장을 방문, (가) 한국 측이 1945년의 트루먼 대통령의 선언을 선례로 인용하고 있다는 점, (나) 아르헨티나, 페루, 칠레 등이 이번 한국의 선언과 유사한 선언을 했을 때 미국이 항의했다는 점을 지적한 후 이번 한국의 선언에 대해서도 어떤 조치를 취할 의향이 있는지 여부를 타진했다. 이에 대해 워너 과장은 "현재 관련 국과(局課)에서 연구 중이며 아직 결론에 도달하지 않았다"면서 "결론을 내는 시기도 지금은 불명확하다"는 취지로 답했다는 보고가 있다.

또한 일본 정부의 주워싱턴 재외사무소장이 보내온 3월 19일 자 전보는 "미 국무부는 주미 한국 대사를 통해 한국 정부의 해양주권 선언에 대한 진의를 확인한바, 특별히 깊은 의미가 없다는 답변을 얻었다. 따라서 미국 측은 당분간은 어떠한 조치를 취하지 않을 방침이다. 다만, 우리 측이 이 선언에 대한 미국 정부의 의향을 서면으로 질문했을 때는 기존의 이러한 선언에 대해 미국 정부의 방침과 같은 선에서 답변해도 지장이 없다는 의견이었다"고 말했다. 하지만 3월 28일 자 외상이 보낸 공신(公信)은 "(가) 만일 질문서를 제출해 회답을 얻었다고 하더라도 그 답변이 귀하가 보낸 전보와 같은 수준이라면 우리 측에서 이용할 가치가 있다고 기대할 수 없다, (나) 한편, 불행하게도 본건에 대한 일본 측의 조치가 서부 연안 어민들에게 알려져 이를 불필요하게 자극하는 결과가 된 경우에는 오히려 우리에게 불이익을 초래할 우려가 있다"고 언급, 미국 정부에 질의서를 보내는 것을 자제시켰다.

Ⅱ

제1차 일한회담과 대일 평화조약의 발효

1. 대표 임명과 회담 대책

1952년 1월 9일 지바 아키라(千葉晧) 참사관은 김용식 공사에게 1951년 11월 8일 예비회담 제 6차 본회의의 합의에 따라 정식 회담을 2월 15일 열 것을 제안하면서, 총사령부 측이 옵서버로 참석하는 것을 원치 않는다는 취지도 전했다. 한국 측은 2월 1일 이를 양승(諒承)한다고 회답했다.

당시 제1차 회담은 '대한민국 정부와의 수호(修好) 및 현안 처리에 관한 회담'으로 불렸고, 외무성 고문 마쓰모토 슌이치(松本俊一) 씨가 2월 8일 자로 동 회담의 전권위원으로 임명됐다. 당시 회담 개최와 마쓰모토 고문을 회담의 전권위원으로 임명하는 건에 대한 결재문은 다음과 같다.

건명: 대한민국 정부와의 회담 개최 및 마쓰모토 고문을 동 회담의 전권위원으로 임명하는 건

평화조약에서 한국은 동 조약 제2조(독립), 제4조(청구권 처리 및 해저전선), 제9조(어업) 및 제12조(통상항해)에 따른 이익을 받을 권리를 갖고 있다. 평화조약은 조만간 효력이 발생하리라 예상되므로, 이에 앞서 대한민국 정부와의 수교 및 상기한 제 현안의 해결을 도모하기 위해 가능한 한 신속하게 일본과 대한민국 정부 간에 회담을 여는 것이 바람직하다. 이에 대해서는 대한민국 측도 이견이 없다. 따라서 2월 중순 시작을 목표로 대한민국 정부와의 회담을 개최하고자 한다. 이 회담은 일한 양국의 일반적인 국교 조정 및 제 현안의 해결을 목표로 한 회담이다. 따라서 이 회담에서 양국의 기본적 관계를 규정하는 우호조약과 기타 조약이 체결될 것으로 예상된다. 그러므로 외무성 고문 마쓰모토 슌이치를 이 회담의 대표로 하여, 그에게 전권 위임장을 부여하도록 준비하고 싶다.

또 대일 열등감이 강한 한국 측에 대해 일본 측이 만전의 체제를 갖고 교섭에 임한다는 자세를 보여주는 것이 유리하다고 생각되는 점을 고려하여 전기한 대리권 부여가 회담 시작에 앞서 이뤄지도록 준비하고 싶다.

이상, 결재를 바란다.

일한 양국의 대표단은 다음과 같았다(2월 15일 자).

〈일본 측〉

수석대표(전권):　　외무성 고문 마쓰모토 슌이치

대표:　　　　　　법무부 민사국장 무라카미 도모카즈(村上朝一)

　　　　　　　　외무성 사무차관 이구치 사다오(井口貞夫)

　　　　　　　　외무성 조약국장 니시무라 구마오(西村熊雄)

외무성 아시아국장 와지마 에이지(倭島英二)

외무성 참사관 오노 가쓰미(大野勝巳)

대장성 사무차관 후나야마 쇼키치(舟山正吉)

수산청 장관 시오미 도모노스케(塩見友之助)

운수성 사무차관 우시지마 다쓰야(牛島辰邇)

수행원:　법무부 민사국장 주간 히라가 겐타(平賀健太)

배상청 차장 가와사키 이치로(河崎一郎)

입국관리청 실시부장 다나카 미쓰오(田中三男)

외무성 참사관 지바 아키라(千葉皓)

대장성 이재국장 이시다 다다시(石田正)

수산청 차장 나가노 쇼지(永野正二)

운수성 해운조정부장 구니야스 세이치(国安誠一)

〈한국 측〉

수석대표:　　　주미 대사 양유찬(梁裕燦)

교체 수석대표:　주일 한국대표부 공사 김용식(金溶植)

대표:　　　　　외교위원회 변호사 임철호(任哲鎬)

고려대학교 총장 유진오(俞鎭午)

식산은행 은행장 임송본(林松本)

법무부 법무국장 홍진기(洪璡基)

전문위원:　　　주일 한국대표부 참사관 유태하(柳泰夏)

외무부 정무국장 김동조(金東祚)

주일 한국대표부 일등서기관 최규하(崔圭夏)

주일 한국대표부 일등서기관 김태동(金泰東)

한국은행 조사부장대리 이상덕(李相徳)

교통부 해운국장 황부길(黃富吉)

상공부 수산국 어무과장 지철근(池鐵根)

　　외무성은 회담 시작 3일 전인 1952년 2월 12일 다음과 같은 「일한회담 대처 근본 정책안」을 세우고 있었다.

　　첫째, 일한회담의 목표를 다음의 네 가지로 한다.

1. 평화조약의 의무를 충실히 수행하기 위해 한국의 독립을 승인하고 외교관계를 설정하며, 평화조약 중에서 한국에 적용되는 여러 조항에 따른 사태에 대응하고 이를 우호적으로 처리하는 기본 원칙 등을 내용으로 하는 우호조약을 체결한다.

2. 상기한 것 외에 구체적인 제목으로서는 우선,

(가) 양국 및 양국 국민의 재산 및 청구권

(나) 어업협정

(다) 선박에 관한 현안

이러한 세 가지 문제를 다루고 타결하도록 노력한다.

3. 회담은 양국 관계의 미래에 대한 기초 공작이 되도록 해야 하고, 회담 과정에서 한반도 지역의 지리적 특수성을 감안해 적어도 남한은 우리 일본과의 긴밀한 협력 없이는 생존의 기본 조건이 충족되지 않는다고 자연스럽게 한국 측에 인식시킬 것.

4. 한국 측의 이러한 인식 정도에 따라 우리 측은 태평양 지역의 공동 안보체제 형성 과정에서 양국의 협력 또는 합작 의사를 보일 것. 따라서 이 입장에서 볼 때도 앞으로 한국에 대해 경제협력을 아끼지 않을 것임을 깨닫게 하고, 이를 통해 우리 일본에 대한 신뢰감을 조성할 것.

둘째, 일한회담에서는 대체로 다음과 같은 방안에 의거한다.

1. 한국 정부가 대다수의 한국인이 거주하고 있는 지역에 효과적인 지배권과 관할권을 소유하고 합법적으로 설립된 정부이며 유일한 합법 정부임을 인정하고, 상당한 행정 능력을 갖춘 것으로 간주하지만, 북조선 지역에 대해서는 지배권이 미치지 못하는 현실의 사태를 경시하지 말 것.

2. 우리 측이 안을 제시할 수 있는 부분과 관련해서는, 가능한 한 회담의 벽두에 한 번에 이것을 전부 제기하여 선제 태세를 취할 것.

3. 우호조약은 그 내용이 외교관계의 설정, 국적 확인 및 통상상의 최혜국 대우 등 2~3개 문제 이외에는 대체로 추상적인 원칙의 규정이므로 우리에게 불리하지 않다는 점을 감안해 최대한 신속하게 타결짓도록 노력할 것.

4. 작년 가을 이후 별도로 진행되어온 한인의 국적 및 처우 문제에 관해서는 당장 해결할 필요가 있기 때문에 본격적인 교섭의 시작(2월 15일) 이전에 타결되지 못할 경우에는 최종적인 마무리를 본교섭으로 옮겨 가능한 한 서둘러 협정을 완성할 것.

5. 어업교섭은 최선을 다해 논의한 다음 협정을 타결하길 희망하지만, 상대측의 성의를 얻어낼 수 없는 경우에는 평화조약 발효 후에, 또 우리 측 해상 경비 태세 등이 정비가 갖춰지길 기다렸다가 해결한다는 마음가짐으로 대처할 것.

6. 재산권 및 청구권의 처리를 보면 궁극적으로 남한 지역에 존재하는 국유·공유 재산은 무상 양도를 할 수밖에 없다. 사유재산 및 개인의 청구권에 관해서는 사유재산 존중의 원칙을 명분으로 내세워 맞서지만, 주한미군정에 의해 처리된 것은 반대 요구를 할 수 없는 입장이라는 점도 각오해야 할 것. 그러

나 이 경우에도 한국 정부의 지배권이 영향을 미치지 않는 북조선에 있는 우리 자산의 몫을 주장하고 상대방 청구권의 주장과 대결하도록 노력하여, 문제의 전면적인 해결은 장래를 기약할 것.

7. 선박 현안 처리의 대상은 주로 종전에 연합국최고사령부가 내린 지령과 관련된 선박에 한정하고, 정부가 대선(代船)을 하여 이것을 한국 조선에 대한 우리 측 협력의 첫걸음이라는 명목으로 인도할 것. 다만, 본건의 타결은 가능한 한 다른 문제와 연관 지어 우리 측 입장을 유리하게 이끌도록 할 것.

8. 상대측이 협력하는 성의를 보이지 않는 경우에는 구체적인 문제에 대한 협정은 일단 필요한 최소한의 것으로 한정하고 서서히 객관적 정세의 추이를 기다리는 태도로 대처할 것. 또한 평화조약 발효 후 적당한 시기에 미국 정부와 기탄없는 협의를 한 다음에 한국에 대한 처리방침을 개정할 것.

마쓰모토 수석대표는 나중에 회담을 정리하기 위해 다음과 같은 전략을 생각하고 있었다고 말했다(교섭사 자료: 1969년 10월 18일「제1차 일한회담 당시의 회상」).

나는 교섭을 시작하기 전에 요시다 총리를 찾아가 이번 교섭은 매우 어렵고 한국의 배일 반일 감정도 강해 쉽지 않다, 그래서 "뭔가 한국에 선물을 줘야 한다. 한국이 가장 갖고 싶어 하는 것은 선박이다. 일본도 우수한 배를 가지고 있는 것은 아니기 때문에 중고 선박이라도 사서 이것을 기증함으로써 교섭의 단서를 마련할 수밖에 없다"고 했는데, 총리는 즉시 이케다 대장상을 불러 "마쓰모토 전권이 이렇게 얘기하니까 당신이 돈을 내라"라고 말씀해주셔서 배를 8척 살 돈을 받게 되었다. 그만큼 선물을 받았기 때문에, 나도 "열심히 하겠다"고 말하고, 진행했던 것이었다.

2. 제1차 회담의 추이

(1) 회담 개시

2월 15일 제1차 본회의가 외무성 419호실에서 열렸다. 마쓰모토 일본 측 수석대표에 이어 김용식 한국 측 대표가 인사말을 했다(한국의 양유찬 대표는 아직 일본에 오지 않았다). 마쓰모토 대표의 인사말은 다음과 같았다.

본 전권은 우선, 한국이 국제 공산주의 세력의 세계 전략에 희생되어 미증유의 재앙을 입은 것에 대해 일본 정부와 국민의 충심으로부터 나온 연민의 뜻을 표명하는 바입니다.

일본은 유엔헌장의 정신을 존중하고 그 목적과 원칙에 따라 자유행동을 규율하겠다는 굳은 결의를 갖고 있습니다. 또한 일본은 작년 가을 샌프란시스코에서 서명된 평화조약의 정신에 기초해 이를 준수하고자 하는 바입니다.

따라서 일본은 이 평화조약 제2조에 의해 한국의 독립을 인정한 것입니다. 한국은 연합국은 아니므로 이 평화조약에 서명하지 않았지만, 동 조약 제4조 재산권과 청구권 처리에 관한 특별협정 및 해저전선의 분할에 관한 사항, 제9조 어업협정 교섭 개시에 관한 사항 및 제12조 통상항해조약 협상 개시 및 조약 전의 잠정조치에 관한 사항에 관해서는 평화조약 규정의 혜택을 받게 되어 있습니다. 이러한 사항들에 대해 가능한 한 신속하게 양국 간의 관계를 조정하기 위해 여기에 회동하게 된 바입니다. 이번 기회야말로 양국이 서로 과거의 사정을 일소해 순치보거(唇齒輔車)의 영구적인 관계를 갖는다는 사실을 깊이 인식하고, 상호 존경과 신뢰를 기조로 하는 선린관계를 수립해야 하는 호기라고 생각합니다.

일본 정부는 한국과의 관계 정상화를 가장 중시하고 있으며, 아시아에서는 우선 귀국과의 관계 조정을 도모하고 싶습니다. 그래서 일본은 일한 양국의 관계가 앞으로 공통의 복지를 증진시키고 국제 평화와 안전을 유지하기 위해 주권을 갖는 대등한 것으로서 우호적인 제휴하에 협력하는 국가의 관계이어야 한다고 확신하고 있습니다.

저희 대표단은 지난가을 쌍방 간에 논의해 정한 바에 따라 귀 대표단과 양국의 국교 조정에 관한 기본적인 사항, 즉 외교관계의 수립, 어업협정 체결 및 청구권의 처리 등 제반 문제에 대해 협의할 준비가 되어 있습니다. 또한 작년 가을 이후 양국 대표자들의 다대한 노력의 결과로서 대강(大綱)에 관해서는 합의에 도달하고 있는 재류 한인의 국적 및 처우 문제 및 선박의 귀속 문제에 대해서도 필요에 따라 이 회의에서 협의하고 싶다고 생각하고 있습니다. 일본과 한국이 원하는 것은 함께 그 국민의 안녕과 복지를 도모한다는 것 이외에는 없으며, 서로 상대국을 희생시키면서 그 소망을 이루고자 하는 것이 아니라고, 저는 확신하고 있습니다. 이번 회담이 좋은 성과를 낼지 여부는 일한 양국 모두에게 지대한 영향을 미칠 것으로 생각합니다.

이에 대해 김용식 한국 측 수석대표대리는 인사말에서 다음과 같이 말했다.

원래 한인은 언제나 평화와 자유를 사랑하는 국민이었다는 것을 말씀드리고 싶습니다. 한국과 일본의 지리적 근접성은 이웃으로서 우호관계를 키우는 데 도움이 되는 것이었지만, 안타깝게도 이러한 관계가 악용된 결과 상기하는 것조차 불쾌한 시대가 초래되었습니다. 그러나 우리는 이제 분쟁의 화근 자체를 제거하고 양국의 평화적 관계를 확립하기 위한 길을 구축할 수 있도록 공평하고 적절한 방도와 방안을 찾아야 할 시기라고 생각합니다. 따라서 과거의 많은 유감스러운 것들을 운운할 의향은 갖고 있지 않습니다.

우리가 한국 경제의 파괴와 국민에게 강제된 희생에 대한 보상으로 배상을 요구하더라도 아무도 그 것을 불합리하다고 말하지 않을 것입니다. 그러나 우리는 그렇게 하려 하지 않습니다. 우리가 일본 정부에 요구하는 것은 단지 우리의 청구권 이행과 법적으로 우리에게 속한 재산의 반환이며, 또 우리 사이의 우호적인 관계를 일본이 적극적으로 수립하는 것 이외에는 없습니다.

지금 저는 우리나라의 사랑하는 아들과 남편이 다른 자유국가의 아들이나 남편과 함께 세계 평화의 영원한 기초를 마련하기 위해 한국 전선에서 싸우고 전사하고 있다는 사실을 상기합니다. 우리는 침략에 대한 이 영웅적 투쟁이 자유국가들 전체의 안보에 많은 공헌을 하고 있다는 것을 확신합니다. 우리 자유국가들 간의 진정한 협력은 평등, 신뢰 및 상호 존중이라는 불멸의 원칙에 기초할 때만이 실현 가능한 것임을 강조하고자 합니다.

이어 회의의 용어는 한국어, 일본어, 영어 등 3개국 언어를 사용할 수 있다는 것, 각 회의의 의사기록은 한국과 일본이 교대로 영문으로 작성하고 쌍방의 동의를 얻기로 했다. 의제로서 일본 측은,

① 외교관계를 포함한 양국 기본관계 수립
② 재일조선인의 국적 및 처우 문제 해결
③ 일한 양국 및 양국 국민의 재산 및 청구권 처리
④ 어업협정 체결
⑤ 해저전선의 분할에 대한 논의 개시
⑥ 통상항해조약에 대한 논의 시작
⑦ 선박에 관한 현안 문제의 해결

을 제안했다. 이에 대해 한국 측은, "②국적처우와 ⑦선박 문제 두 가지 의제는 현재 소위원회에서 심의를 계속하고 있기 때문에 본회의에서 다룰 필요가 없다"고 말했다.

양측은 2월 16일의 제2회 회의에서 국적처우와 선박 문제는 기존의 소위원회에서 논의가 진척되지 않는 경우나 또는 협정이 성립된 경우에는 그 마무리를 위해 본회의에서 다룬다는 양해하에 그 외의 5개 의제를 결정했다.

2월 20일 제3차 본회의에 양유찬 대표가 처음으로 모습을 보였고, 마쓰모토 대표가 양유찬 대표에게 환영의 인사말을 건넸다. 이어 양유찬 대표는 인사말에서 다음과 같이 말했다.

세계의 눈이 한일회담을 주목하고 있습니다. 저는 미국에서 강연 여행을 하던 중에 "일본인을 신뢰할 수 있는가" 라는 질문을 받았는데 이에 대해 "현 정부 요인들은 신뢰할 수 있다"고 대답했습니다. "일본인이 한국에 대한 우호의 마음을 어떻게 표현했는가" 라는 질문에 대해서는 "일본인은 평화조약 발효

전에 일한조약을 체결하는 데 적극적이다", "일본이 선박의 반환이나 청구권에 대해서는 타당하게 지불해야 하는 구체적인 증거에 따라 한국인에게 호의를 표명하고 일본인의 신용을 높이기를 요망한다" 고 말했습니다. 이어 한일 간의 우호에 의해 반공의 강한 장벽을 만들 필요가 있다는 것을 말했습니다.

(2) 기본관계조약 문제

〈일본 측〉 주사(主査): 외무성 참사관 오노 가쓰미
〈한국 측〉 대표위원:　고려대학교 총장 유진오

우호조약 체결과 관련, 아시아국 제2과가 당초에 갖고 있던 구상은 8조로 구성된 「일한 화친조약」(1951년 12월 23일) 안이었지만, 1952년 1월 5일 「일본국과 대한민국 간의 우호조약」 초안으로 고쳐 이후 이를 계속 보정해왔다. 1월 18일 한국 측의 김용식 공사, 유진오 대표가 마쓰모토 고문을 초대했을 때, 마쓰모토 고문은 "대만과의 사이에 조만간 어떠한 조약이 생길 것 같은 기운이 있다. 개인적인 생각으로는 한국과의 사이에 각각의 문제를 해결하기 위한 것 말고 대일 평화조약을 대체할 우호조약 체결이 필요하고, 이것이 성립되지 않으면 아시아 다른 국가들의 웃음거리가 될 것이다"라고 말하면서 우호조약 체결에 대한 열정을 피력했다.

2월 22일 기본관계위원회 제1차 회의에서 일본 측은 우호조약 초안을 제출하고 제안 이유를 다음과 같이 설명했다.

첫 번째 이유는 다음과 같다.

작년 가을 샌프란시스코에서 서명된 평화조약 제2조에 따라 일본은 한국의 독립을 인정했다. 우리 정부는 일한 양국의 관계는 유엔헌장의 목적과 원칙에 따르고, 또 선린우호관계에 기초를 두며, 공통의 복지를 증진시켜 국제 평화를 유지하기 위해 주권을 갖는 대등한 것으로 긴밀한 협조하에 협력하는 관계여야 한다고 확신하고 있다. 따라서 양국은 새롭게 시작하는 이 기회에 우호조약을 체결하고 서로 다른 당사국의 정치적 독립과 영토 보전을 존중하고 외교 및 영사 관계를 설정하며, 양국 간에 영구적인 평화와 견고하고 지속적인 우호관계 및 경제관계를 유지하는 부동의 기초 원칙을 약정하는 것이 가장 적당하다고 생각한다.

두 번째 이유는, 대한민국의 독립에 의해 발생된 한인의 국적 변경에 관한 협정을 체결할 필요가 있다는 데 있다. 한인이 일본 국민이 아님을 인정하는 일과 관련해 필요한 조치를 강구하는 것이 적당하다고 인정되는 사항, 즉 일방 당사국의 법령을 적용해 일본인과 한인의 상호 간에 걸친 신분관계에 생긴 효과를 승인하는 취지를 우호조약에서 규정하는 일이 중요해진 것이다.

세 번째 이유는 재산권 및 청구권 처리와 해저전선의 분할에 관한 사항, 어업협정 교섭 개시에 관한 사항, 통상항해조약 교섭 개시 및 조약 이전 잠정조치에 관한 사항 등 한국이 샌프란시스코 평화조약의 적용을 받는 여러 안건과 관련해 이에 대한 해결 방책 등을 우호조약에 규정하는 것이 양국 간의 조정을 요하는 여러 안건을 처리하는 데 도움이 될 뿐만 아니라 첫 번째 이유를 설명했을 때 언급한 근본적인 목적에 이바지하기 때문이라고 생각하는 바이다. (후략)

그 후 위원회에서 축조(逐條) 심의가 계속된 후 3월 5일(제4차 회의) 한국 측이 「대한민국과 일본과의 기본조약」 안을 제출, 토론이 진행됐다.

일한 양측 안의 검토 과정에서 밝혀진 양측 견해의 차이점은 다음과 같다.

(가) 조약의 기본 성격과 관련, 일본 측은 양국의 새로운 관계의 발족을 맞아 유엔헌장의 목적과 원칙에 따라 선린관계에 걸맞은 방법으로 우호관계를 수립하는 기본조약으로 하고, 이것을 조기에 타결해 양국 간 현안 해결의 지도 원리 내지 추진력으로 삼아야 한다고 주장했다. 이에 대해 한국 측은 과거의 불편한 일본과 조선의 관계를 청산하는 의미에서 평화조약적인 성격을 띠어야 한다면서, 양국 간 현안 문제에 대한 규정은 각 해당 분과위원회의 심의를 기다려 그 결론을 삽입해야 할 것이라고 주장했다.

(나) 한국 측이 제출한 기본조약안 제1조에는 한국이 일본을 독립된 주권국가로 승인한다는 취지의 규정이 들어가 있었는데, 일본 측은 이러한 규정을 문제로 간주하는 것조차 바람직하지 않다고 주장했다. 그 결과 나중에 한국 측은 그 주장을 자발적으로 철회했다.

(다) 한국 측이 제안한 것 가운데 일한병합조약 등 일본과 구 대한제국 간에 체결된 모든 조약 및 협정의 무효를 확인하는 조항과 관련해, 일본 측은 '무효'로 한다는 것은 법률 해석에서 취할 수 없을 뿐만 아니라 부질없이 과거의 불쾌한 기억을 상기시키므로 이 언급을 삭제할 것을 주장했다. 그러나 한국 측은 이들 조약 및 협정은 자신의 의사에 반하여 체결된 것이라는 명분하에 어쨌든 무효를 확인하고 싶다는 입장을 고집했다.

(라) 통상항해와 관련된 조항에 대해서, 일본 측은 대일 평화조약 제12조는 대등한 관계를 규정하는 것이 아니며, 또 그렇게 상호 제한적인 사상은 일한 간의 우호조약의 근본 이념에 어울리지 않을 뿐만 아니라 국제무역의 정상화라는 이상(理想)에도 반한다면서, 무조건적인 최혜국 대우, 내국민 대우 및 출입국 자유의 원칙에 따라야 한다고 주장했다. 하지만 한국 측은 이러한 새로운 원칙은 통상항해조약 협상 시에 심의되어야 하는 것이고 이 조약에서는 우선 평화조약 제12조의 규정을 전면적으로 채용할 것을 주장했다.

양측 안을 검토하면서 쌍방의 견해가 거의 밝혀졌기 때문에 3월 22일 제6회 회의에서 일본 측은 쌍방의 견해를 참고한 공동 연구 시안을 제출했고, 한국 측도 이를 공동 연구의 기초로 삼는 데 동의했다.

이리하여 4월 2일(제8회 회의)까지의 논의에서 조약의 명칭을 기본조약으로 하고 아래와 같이 문서화하기로 합의를 봤다. 제1조에 나온 "유엔헌장의 목적 및 원칙과 양국 간의 선린관계에 걸맞은 방법으로"라는 문장에 대해 보류 의견을 제시한 것 외에는 쌍방의 합의가 성립, 최종 결정은 본회의를 기다리기로 하고 기본관계위원회의 회의가 종료됐다.

그러나 4월 21일 열린 비공식 수석회담에서 "일본국과 대한민국의 관계에서 효력을 갖지 않는다"는 조약 전문(前文) 제3항의 구조약 처리 문제와 관련해 한국 측은 "null and void(무효이다)"로 수정할 것을 주장했다. 이에 따라 조약안은 최종적으로 결정되지 않았다(이 점은 1965년 2월의 기본조약안의 가조인 시에 다시 문제가 되었다).

일본국과 대한민국 간의 기본적인 관계를 설정하는 조약(안)

일본과 대한민국은,

주권을 갖는 대등한 관계로서 양국 간에 영구적인 평화와 견고하고 지속적인 우호관계를 유지하기로 결의하고,

양국 간에 존재하는 각종 문제를 화협(和協)의 정신, 또 정의와 형평의 원칙에 따라 신속하게 해결하는 것이 전술한 목표를 달성하는 데 기여한다는 것을 인정하고,

또한 일본과 구 대한제국 간에 체결된 모든 조약 및 협정이 일본과 대한민국과의 관계에서 효력을 갖지 않는다는 것을 확인하여,

양국은 이 조약을 체결키로 결정하여 이를 위해 다음과 같이 각각의 전권위원을 임명했다.

일본 정부

......

대한민국 정부

......

이들 전권위원은 그 전권 위임장을 제시하고 그것이 양호 타당하다고 인정된 후, 다음의 규정을 협정했다.

제1조

일본과 대한민국은 유엔헌장의 목적과 원칙, 그리고 양국 간의 선린관계에 걸맞은 방법에 따라 양국 공통의 복지를 증진시키기 위해, 또 동아시아 및 세계 평화 유지에 기여하기 위해 우호적으로 협력하기로 한다.

제2조

일본과 대한민국은 최대한 신속하게 양국 간에 외교관계와 영사관계를 설정키로 한다.

제3조

대한민국은 일본에 거주하는 한인이 대한민국 국민임을 확인한다.

제4조

일본은 대한민국이 1951년 9월 8일에 샌프란시스코에서 서명된 평화조약 제21조 규정에 기초해 동 조약 제2조, 제4조, 제9조 및 제12조의 이익을 받는다는 것을 확인한다.

제5조

이 조약은 양 체약국에 의해 각각의 헌법상의 절차에 따라 비준되어야 한다. 비준서는 도쿄에서 교환 하는 것으로 한다. 이 협약은 비준서가 교환된 날로부터 효력이 발생된다.

1952년 [ ]월 [ ]일에 도쿄에서 동등하게 정문(正文)인 일본어, 한국어 및 영어로 원본 두 통을 작성 했다.

(3) 재일한인의 국적처우 문제

〈일본 측〉주사: 입국관리청 실시부장 다나카 미쓰오(田中三男)

외무차관 특별보좌관 시마 시게노부(島重信)

〈한국 측〉대표위원: 고려대학교 총장 유진오

예비회담 기간인 1952년 2월 7일까지 위원회는 30회에 걸쳐「재일한인의 국적 및 처우에 관한 협정안」의 일한 양측 안을 놓고 논의를 계속했다. 이어 2월 11일부터 3월 18일까지 국적처우에 관 한 비공식 회의를 여섯 차례, 3월 18일부터 4월 1일까지 위원회를 다섯 차례에 걸쳐 열었다. 구체 적인 세부안으로서 2월 26일 일본 측은「영주 허가를 받은 재일한인에 대한 강제퇴거의 운용에 관 한 양해 사항(안)」(4월 1일 수정안 제출)을, 이어 3월 24일「강화조약의 발효에 따라 귀환하는 재 일한인의 귀환 화물 취급에 대해」를 각각 제시했다. 이에 대해 같은 날 한국 측은「재일한인의 귀 환 시 자산 본국 이전에 관한 구체적인 방법 시안」을, 3월 26일에「재일한인의 귀환에 따른 동산(動 産)의 휴대 및 송금에 관한 협정안」을 각각 제시, 세부 사항의 논의에 들어갔다.

국적 문제에 대한 논의는 다른 위원회에 비해 매우 순조로웠다. 이는 일한 모두 혈통주의의 국 적법을 취하고 있었으므로 근본적으로 대립하는 견해가 없었기 때문이었다. 당시 일본 측 위원이 었던 히라가 겐타(平賀健太) 민사국 주간은 다음과 같이 말했다(1970년 4월 4일「일한회담의 법 적지위 협상의 회고」).

일본 측은 국적 문제를 명확하게 하고 싶다는 취지에서 적극적이었다. 그래서 일본 측이 조약을 만들 어 제출했는데, 번거롭게 에둘러서 이해하기 어려운 표현이었지만 말하고자 하는 것은 재일조선인은 모두 한국 사람이다, 만약의 경우에는 한국 정부가 이들을 책임을 진다는 것을 확실히 해두고 싶다는 생각이 강했다.

평화조약의 문구에 의거해 말하면 재일조선인은 독립이 승인된 조선국의 국민이다. 그리고 조선국을 대표하는 것은 한국 정부라고도, 한국이라고도 말하고 있고, 일본도 한국 정부만을 승인한다면 한국 측이 재일조선인은 모두 자국민이라는 주장을 인정하는 데 지장이 없으며 우리도 그것을 원하고 있다. 재일조선인을 강제퇴거 조치할 경우, 국교가 없는 북조선이 받아줄 리가 없으므로 한국에 부탁할 수밖에 없다. 그러한 의미에서도 한결같이 재일조선인은 모두 한국민이라고 한국으로 하여금 명확하게 선언토록 하고 그것을 전제로 협상을 추진하자는 생각이 강했다.

구미의 조약에 등장하는 할양지역에서의 국적 선택이라는 방법을 일한 양국 모두 피했다. 그 이유로 니시무라 조약국장은 전술한 바와 같이 대일 평화조약 비준 국회에서 "재일조선인 가운데 귀화 희망자는 국적법에 의해 귀화시키는 방식으로 충분히 원하는 걸 만족시킬 수 있다는 결론이며, 특별히 국적 선택의 조항을 마련해달라고 요청하지는 않기로 했다"고 대답했지만, 히라가 민사국 주간은 그 이유를 다음과 같이 말했다.

민사국 입장에서는 국적 선택을 반대했다. 평화조약 발효 전에 일한협정이 체결되면 좋았겠지만 그러한 상황이 아니었다. 평화조약이 발효되면 즉각 국적이 어떻게 되는지가 문제가 되고, 국적 선택을 인정하면 그 협정이 성립될 때까지의 기간에는 어떻게 할 것인지가 문제가 된다. 종래의 일본 국내법상 조선인들의 신분이 아직 남아 있다는 것도 이상하니, 역시 이론적으로 일단 국적을 상실시켜야 하지 않겠는가. 그 후 일정 기간 내에 일본 국적을 선택하는 길을 열면 단지 일본 국적을 선택하겠다는 신청만으로 일본 국적이 부여되는 것이므로 국적 선택이라고 하더라도 실질적으로는 매우 간단한 귀화가 된다. 일단 일본 국적을 부여해버리면 과거에 어떤 범죄 경력이 있었고, 또 향후 어떤 범죄를 저지른다 해도 강제퇴거할 수 없게 되기 때문에 역시 귀화의 규칙에 따라 어느 정도 엄밀히 추릴 필요가 있지 않을까.

국적을 부여하면 선거권도 있고 피선거권도 생긴다. 오사카의 이쿠노구(生野區)처럼 조선인이 아주 많이 거주하는 지역도 있다. 그러한 곳에서는 당연히 조선인 국회의원이 나올 가능성도 있는데 내심 조선에 충성을 맹세한 사람까지 끌어안게 되면 곤란하게 되지 않을까. 역시 귀화 과정에서 심사해 이 정도라면 괜찮다는 사람에게 국적을 부여해야 한다. 그래서 처음부터 국적 선택은 인정하지 말아야 한다고 생각했다.

재일조선인이 국적 선택을 해야 한다는 논리는 한국 측에서도 상당히 강했던 것으로 알려졌는데, 유진오 대표는 회담 석상에서 다음과 같이 말했다.

> 한국 내부에는 노년의 이상주의자로서 혈통주의를 제기하는 사람과, 젊은 층의 실리주의자로서 국적 선택권을 설교하는 사람 두 세력이 있다. 1951년 가을 회담 시작 전에 부산에서 국무회의를 열었을 때도 7시간 토론 후에도 결정을 못 내린 끝에 이승만 대통령이 자신의 재결로 국적 선택권을 채용하지 않는다고 결정했다. 반대파는 이후에도 책동을 계속하여, 올해(1952년) 초 대통령도 결국 이들에 의해 움직이게 되어 일시적이지만 국적 선택권을 주장해야 한다고 말했다. (1952년 2월 15일, 법적지위 비공식 회담).

> 재일한인에 대한 보호가 너무 약하다는 말이 나올 때마다 이들 한인으로 하여금 일본 국적을 선택토록 해 일본인과 동일한 보호를 받게 하는 것이 한국 정부가 비난을 덜 받고 당사자들을 위해서도 좋다고 주장하는 반대파의 의견이 강하게 되는 것이다(그러나 이 정부의 정책 전환은 유진오 대표 등이 2주에 걸쳐 분주하게 움직인 결과 철회되었다고 한다). (1951년 1월 16일, 국적처우 소위원회)

일한 양국 모두 기본적으로 동일한 법적 입장에 서 있었기 때문에 법적지위위원회는 순조롭게 진행되었는데, 한국 측 대표 유진오 씨가 법학자로서의 견식과 시야를 갖고(유 씨는 한국 헌법의 집필자이다) 회의를 진행하기 위해 장시간에 걸쳐 일본 측 관할 관청의 담당관으로부터 현재의 처우 실태, 법의 집행 실제를 청취한 것이 그 후에 새로운 협정안이 논의되어 성과를 내는 데 도움이 되었다. 'Korean'에 대해서는 '재일조선인', '재일한국인'이라는 호칭을 피해 병합조약에서 사용되었던 '재일한인'라는 호칭이 사용되었다.

협정 전반과 관련, 일한 양자 간에 재일한인이 일률적으로 일본 국적을 상실한다는 것에 대해선 의견이 일치했지만, 국적 상실의 날짜에 대해선 의견이 일치하지 않았다. 결국, 기본조약(안)에서 "대한민국은 일본에 거주하는 한인이 대한민국 국민임을 확인한다"고 하고 같은 취지의 규정을 재일한인에 대한 국적처우 협정에도 삽입하는 것으로 결정되었다.

재일한인의 '처우' 문제와 관련, 한국 측은 재일한인에 대해 자자손손에 걸쳐 내국민 대우를 해줄 것, 강제퇴거시키지 말 것, 귀국 시 송금과 수하물 휴대를 무제한 인정할 것을 요구했다. 이에 대해 일본 측은 재일한인도 당연히 다른 일반 외국인과 마찬가지로 취급해야 하지만 외국인 지위로의 이행이 급속하게 실시되어 선량한 한인을 불안하게 하는 일이 없도록 과도적으로 적당한 특별조치를 강구하는 방침을 취하겠다고 주장, 한국 측도 이에 동의했다.

또한 본 협정 발효 후 출입국관계법령에 따라 일반 외국인과 같은 이유로 재일한인에게 퇴거를 강제할 경우에도 일한 양국은 일정한 기간 협의를 한다, 재일한인이 이미 소유하고 있는 재산과 이미 일하고 있는 직장은 외국인에게 금지된 것이라도 본인에 한정하여 이를 인정한다, 자유의사로 귀국하는 재일한인에게는 송금 및 수하물 휴대와 관련, 일정 기간의 특별 취급을 인정한다 등 세 가지 원칙적인 동의가 성립되었다. 단, ① 강제퇴거의 협의 기간과 관련해 일본 측이 기초 연한 3년을 주장하는 반면, 한국 측은 기초 연한 최소 5년을 주장했고, ② 귀환자의 동산 휴대 및 송금과 관련해 일본 측은 3년간 특별 취급을 인정할 것을 주장한 데 반해, 한국 측은 여기에 2년간 연장이 가능한 규정을 설치할 것을 주장, 대립했다.

(4) 선박 문제

〈일본 측〉 주사: 배상청 차장 가와사키 이치로(河﨑一郎)
〈한국 측〉 위원장: 법무부 법무국장 홍진기

예비회담에서는 30회에 걸쳐 열렸지만 본회담에 들어가서는 세 차례만 열렸다. 2월 19일 운수성(運輸省)이 작성한 「일한 선박 문제 해결의 기본방침」은 '본건 해결의 기본방침'으로서 다음과 같이 말했다.

(가) 지금까지의 SCAP의 정책과는 완전히 다르다는 것, 국내법으로 법적 조치가 곤란하다는 것 등을 이유로 지난해 9월 11일 자 SCAPIN을 그대로 이행하는 것은 취할 만한 정책이 아니다.

(나) 의제 (b)에 나온 조선 수역에 소재한 선박 문제에 관한 한국 측 요구의 근거에 대해 일본 측은 이론적으로 정반대의 해석을 취하고 있다. 또한 소재 사실 여부에 대해서도 한국 측이 제출한 물적 증거가 매우 불충분했기 때문에 본건에 관한 한 일본 측은 한국 측 요구를 전면적으로 거부해야 한다.

(다) 그러나 이번 한국 측의 요구를 모두 거부하는 것은 향후 일한 양국 간의 국교에 악영향을 미칠 것이므로 여기서 다음 항목에서 거론하는 요령에 따라 약간의 선박 및 금액을 한국 측에 제공하고 타결을 도모하는 것이 득책(得策)이다. 이때 의제(c)에 해당하는 일본 측의 5척 반환 요구는 한국 측의 요구를 감액시키는 근거로서 주장해야 한다. 다만, 이 경우 선박의 인도 및 금액의 교부는 SCAPIN의 이행 내지 Korean Vesting Decree(군정 법령 33호)를 적용하는 것이 아니라, 일한 경제협력의 일환으로 한국의 건설을 일본이 원조한다는 취지로 실시키로 한다.

(라) 이상의 조치에 따라 이번 일한 간의 선박 문제는 최종적으로 해결한 것으로 하고, 한국 측에 향후 선박에 관한 인도 청구를 하지 않을 것을 확약받는 것으로 한다.

이어 '해결을 위한 조치'로서 이상의 기본방침을 실시하기 위해 다음과 같은 조치를 취할 것을 밝히고 있다.

(가) 인도해야 할 선박의 양은 의제 (a)에 해당하는 조선치적선 17척 총 6,750톤을 한도로 해 적절한 선박[예를 들어 하형(下型) 화물선]을 소유자로부터 정부가 구매하여 이를 인도하기로 한다.

(나) 의제 (b)에서 거론되는 조선 수역에 소재한 선박에 대해서는 일본 측이 이를 문제시할 수는 없지만 향후 본건에 관한 요구를 봉쇄하기 위해 약간의 금액을 교부함으로써 타결을 도모한다.

(다) 앞의 (가)에서 선박 17척의 평가는 7억 4,000만 엔이므로 여기에 어선 약간 및 상기한 (나)의 금액을 추가하여 대략 10억 엔 정도를 1952년도 예산에서 지출하기로 한다.

선박위원회와 병행하여 열린 비공식 회담(일본 측 마쓰모토 고문, 오노 대표, 와지마 아시아국장, 한국 측 양 대사, 김 대사, 유 대표 등이 참석)에서 한국 측은 일본 측이 반환할 선박에 대해 7만 3,000톤 내지 7만 5,000톤이라는 숫자를 거론하며 우리 측에 의향을 타진해왔다. 이에 대해 일본 측은 4월 1일의 제33차 회의(선박위원회 최종 회의)에서 "의제 (a)에서 쌍방이 인정한 치적선은 15척 총 5,610톤, 어선의 경우 9척 총 336톤이다. 이를 대신해 총톤수가 6,000톤에 해당하는 선박을 일본 정부가 구매하여 한국에 전달한다. 그러나 선박의 인도는 의제 (d)와 관련해 현존하는 것으로 확인된 일본어선 8척을 일본에 반환하는 것과 동시에 이행하기로 한다. 인도 시기는 평화조약 발효 후 가능한 한 빨리 실시하며, 인도 형식은 SCAPIN의 이행 또는 군령 33호에 따른 것이 아니라 증여의 형식으로 한다. 의제 (c), 즉 한국에 대여한 5척의 선박에 대해서는 우리 측의 주장을 철회할 수 없지만 이 기회에 일본이 한국에 증여한다. 이상으로 일한 양국 간의 선박 문제는 모두 해결된 것으로 하고 싶다. 그러나 어선에 대해서는 이와 상관없이 별도로 외교교섭에 의해 해결을 도모하기로 한다. 이상을 양해한다면 교환공문으로써 우호조약과 동시에 이행하기를 희망한다"고 해결 방안을 제시했다.

일본 측의 해결안 제시에 대해 한국 측은 일단 태도를 유보했지만, 이튿날인 4월 2일 마쓰모토와 양유찬의 비공식 회담에서 이 수량이 한국 측이 생각하는 15분의 1에 불과하다고 불만의 뜻을 표명했다. 계속된 비공식 회담에서 한국 측은 7만 5,000톤이라는 숫자를 제기하며 일본 측의 재고를 요구했다. 이에 대해 일본 측은 다른 여러 문제에서 일본 측 안에 동조한다면 수량 증가에 관해서는 국내 관계 부처를 설득할 수 있다는 취지를 시사했다.

한편, 당시 한국 해무청(海務廳)이 파악하고 있던 한국의 선박 보유량은 다음과 같다.

표 6   한국의 선박 보유량 (1948년, 1951년)

항목		1948년		1951년	
		척수	톤	척수	톤
총수		6,600	209,738	8,568	183,911
여객선		40	1,845	133	9,493
화물선	기선	1,424	107,648	819	80,979
	범선	1,851	27,746	2,337	21,011
어선	기선	1,451	20,758	2,476	28,680
	범선	1,475	18,894	2,575	24,273
부선(艀船, 거룻배)		359	32,753	248	19,472

주: 한국산업은행, 『한국산업은행 10년사』

(5) 어업 문제

〈일본 측〉 주사: 외무성 참사관 지바 아키라

외무차관 특별보좌관 시마 시게노부

〈한국 측〉 대표위원: 외교위원회 변호사 임철호

일한교섭 개시 전인 2월 6일 일본 측은 다음과 같은 「일한 어업교섭의 기본방침(안)」을 세워놓고 있었다.

1. 공해 자유의 국제적인 원칙을 관철하고 어업자원의 보존을 위해 각국 평등의 입장에서 공동의 조치를 강구한다.

(가) 이승만 한국 대통령의 해양주권에 관한 선언 및 맥아더 라인의 존속을 인정하지 않으며, 이것을 전제로 하는 교섭에 응하지 않는다.

(나) 어업자원의 보다 효과적인 이용과 과학적 기초를 토대로 한 보존 조치를 위해 공동으로 조사 연구하기로 하고 그 기관에 일한 어업공동위원회를 설치한다.

(다) 일한 양국은 어업자원 보존을 위해 평등한 입장에서 각 어업활동에 필요한 제한 및 규제를 취하기로 하고, 당분간 동해³⁴⁾와 황해의 저어(底魚)에 대해 공동으로 보존조치를 강구한다.

2. 양국 간 어업분쟁을 방지하기 위한 조치를 강구한다. 즉,

　　(가) 영해 및 금지구역 침범에 대한 양국의 처치를 협정한다.

　　(나) 해난의 경우 어선의 대피 및 구조에 대해 규정한다.

　　3. 한국 어업기술 원조 등 경제협력에 대해서는 한국의 태도에 따라 고려하지만, 일본 측이 적극적으로 제기하지는 않는다.

어업위원회는 1952년 2월 20일부터 열렸다. 이날 일본 측은 어업협정안을 제출했는데, 3월 15일 제8회 회의까지 이 안을 둘러싼 논의가 계속되었다. 일본 측은 그 제안 이유로 다음과 같이 말했다.

　　일한 양국이 서로 접하고 있는 수역은 한류와 난류가 서로 만나는 곳에 위치하여 각종 어족이 풍부하게 회유(回遊)하고 있기 때문에 어업상 매우 높은 가치가 있습니다. 이 수역은 양국 어선이 서로 교착하여 조업하고 있는 상태이며 양국 국민경제에 중요한 이해관계가 있는 수역입니다. 따라서 이러한 어장의 어업자원의 이용에 대해서는 국제법 및 국제 관습의 원칙에 기초해 공해에서의 자유로운 기업활동을 보장함과 동시에, 자원 보존 및 개발과 관련해 관계국과 함께 필요한 조치를 강구하는 것에는 우리 일본으로서도 적극적인 관심을 갖고 있는 바입니다.

　　이 안은 이미 세계 각국이 도입하고 있는 공해 자유의 원칙을 기조로 하고, 또 그 위에 서서 양국이 공통의 이해관계를 갖고 있는 중요한 어종에 대해서는 과학적인 조사에 근거한 보존조치를 강구함과 동시에 공동위원회를 설치할 것을 제창하고 있습니다. 또한 지리적 근접, 조업의 교착에 의해 발생하는 분쟁의 원인을 제거하는 일이 양국의 우호관계를 유지하는 데에도 필요하다고 생각하여 이와 관련된 실제적인 규정을 포함하고 있습니다.

　　저는 이 제안의 내용이야말로 양국에 정말 필요한 어업자원의 보존과 개발을 촉진하며, 양국의 어업이 지속적인 발전을 유지할 수 있는 가장 적절한 방법이라고 생각합니다.

협정안은 11조로 구성되었는데, 제2조에서 "체약국은, 체약국의 국민 또는 어선이 다른 체약국의 연안에서 3해리 이내의 수역에 있는 경우를 제외하고는, 그 어업활동에 대해 해당 지역의 체약국에 의해 아무런 제한 또는 규제도 받지 않는다는 것을 상호 확인한다", 제3조에서 "체약국은 양 체약국이 공통의 이해관계를 갖는 어업자원의 지속적인 생산성을 최대한 확보하기 위해 평등한 입장에서 필요한 공동 조치를 취할 것에 동의한다"고 규정했다. 제4조에서도 "동해와 황해의 저어 자원 가운데 양 체약국의 어업에 중요한 어종에 대해 그 주요 산란 구역에서, 또 해당 어종의 주요 산

---

34)　일본어 원문도 동해로 기록하고 있음. 이하 동일.

란기에 트롤어업 및 기선저인망어업의 금지"를 규정하고, 제6조에서는 일한 어업공동위원회의 설치를 규정했다.

이에 대해 한국 측은 일본·미국·캐나다 3국 어업조약이 연안국의 어업관할권을 인정하고 있고, 또 일정 어종에 대해 일본 측 어획의 일방적인 억제를 규정하고 있는 데 비해, 이번 일본 측 협정안은 다른 것이라고 주장했다. 한국 측은 이어 공해의 수산자원은 원칙적으로 각국에 개방되어 있지만 특정 국가가 보호 육성에 공헌한 점이 인정되어야 하며, 한국은 국내법에 의해 자원 보존조치를 취해왔기 때문에 일본 측은 이를 존중할 의무가 있다고 강조했다. 한국 측은 3월 20일 13조로 구성된 한국 측 어업협정안을 제출했다.

한국 측은 상기 어업협정안의 제안 이유로서 "우리는 세 가지 원칙을 제안하고자 한다. 첫째는 상대국의 천여(天與)의 권익인 어업관할권을 존중할 것, 둘째는 상호 관심을 가지고 있는 어업자원의 보장 및 개발에 관한 공동 조치를 결정할 것, 셋째는 공동 조치를 위임할 만한 권위 있는 국제공동위원회의 사업을 유지할 것이다. 이 세 가지 공정한 규율을 확립하지 않으면 일본과 공통의 관심을 갖고 있는 해역에서 양국이 우려하고 요청하고 있는 어업자원의 지속적인 생산성을 최대한 수호하는 것이 곤란하게 된다는 생각으로 이렇게 제안하는 것이다"라고 말했다.

한국 측 어업협정안 제1조에서는 "다른 체약국의 영수(領水) 및 어업관할권이 미치는 수역에서 어업활동을 금지할 것을 서로 확인한다", 제2조에서는 "관할수역 밖의 동중국해, 황해, 일본해[35] 및 이와 연결되는 수역에서 어업자원의 지속적인 생산성을 최대한 확보하기 위해 동등한 입장에서 필요한 공동 조치를 취한다", 제4조에서는 어업자원 중에서 중요한 어종에 대한 트롤어업과 기선저인망어업 등의 제한, 제5조에서는 일한 어업공동위원회의 설치를 각각 규정하였다.

이 안은 4월 21일(제15차 회의)까지 검토되었다. 그러나 토론 과정에서 일본 측은 일본·미국·캐나다 3국 어업조약의 기본 정신에 근거해 공해 자유의 원칙을 존중함과 동시에, 그것을 바탕으로 과학적인 근거에 기초해 필요한 공동 보존조치의 채택을 주장했다. 이에 대해 한국 측은 자국이 원하는 해역에 미칠 수 있는 이른바 연안국의 어업관할권을 주장했다. 한국 측은 또 이것은 국제적으로 인정된 관념으로 북대서양 어업조약 및 일본·미국·캐나다 3국 조약도 이 주장을 용인하고 있다고 주장하는 등 시종일관 타협하기 어려운 논지를 전개했다. 마지막 회의에서 일본 측은 「일한 어업협정에 대한 한국 측 제안에 대한 질문 사항」(제4조까지)을 제시했는데, 회의는 그대로 막을 내렸다.

이에 앞서 3월 31일(제11차 회의)에서는 4월 2일 본회의에서 청구권 문제의 취급과 관련해 협의할 경우 어업위원회에 대한 보고의 필요성을 예상하여 어업위원회가 동 본회의에 제출할 공동

---

35) 원문 그대로임.

보고서 초안을 다음과 같이 합의했다.

일한회담 본회의에 대한 어업위원회의 공동 보고(안)

어업협정 체결을 위한 교섭과 관련해서는 이번 일한회담 본회의에서 그 분과위원회로서 어업위원회의 설치가 결정되었다. 동 위원회에서 일한 양측은 각각 어업협정안을 제출한 후 신중하게 열심히 검토해왔지만 아직 심의를 마무리 짓는 단계에 이르지 않았으며, 이번 일한회담에서는 쌍방이 만족할만한 성안(成案)에 도달하지 않을 수도 있다.

따라서 어업위원회는 일한회담 본회의 대해 다음과 같은 조치를 취할 것을 권고한다.

기(記)

일한 양국은 샌프란시스코 평화조약 제9조 및 제21조의 정신에 기초해 시작된 어업협정 체결을 위한 협상을 본 회담 종료 후 계속해서 행할 것.

(6) 재산청구권 문제

① 일본 측의 준비

청구권 문제는 제1차 일한회담에서 일본 측이 가장 심혈을 기울여 준비한 문제라고 할 수 있다.

외무성은 1949년 이후 (가) 일본의 조선에 대한 부채의 실제 금액, (나) 영토 분리 시 책임의 처리에 관한 조약의 전례, (다) 조선에서 일본 재산을 처분한 미군정 법령 33호 및 대일 평화조약 제4조, (라) 한국 측의 청구권 요구에 관한 주장 등에 대해 다음과 같이 많은 조사 보고서를 작성하였다.

- 1952년 2월, 조약국 제3과 오타(太田) 사무관, 「제2조에 따른 분리지역에 관한 청구권 처리 방법」
- 1952년 2월, 「미군정령 33호의 법적 성격에 대해」
- 1952년 2월, 「한국전쟁에 대한 한국의 국가 책임 유무에 대해」
- 1952년 2월, 아시아국 제2과, 「다카야나기(高柳) 교수의 '조선의 일본 자산에 대한 의견' 요지」
- 1952년 2월, 조약국 제3과, 「문화적인 세습 재산의 반환에 관한 선례」
- 1952년 2월, 「분리지역에 있는 양도국의 재산 취급 선례」
- 1952년 2월, 조약국 제3과, 「재한 일본 사유재산의 법적 성격」
- 1948년 5월, 조약국 조약과, 「할양지역에 있는 양도국의 재산·권리·이익의 취급에 대해서」
- 1949년 3월, 관리국 경제과, 「조선에서의 채무 처리에 대해」

- 1951년 9월, 야마시타 야스오(山下康雄), 「평화조약 제4조에 대해」(조약국 법규과)

- 1951년 9월, 조사국 제1과, 「한국 귀속 재산 관계 법령집」

- 1951년 12월, 아시아국 제2과, 「일한 특별협정의 대상이 되는 일본·자산 및 청구권에 관해: 주로 미군정령 33호에 대해」

- 1952년 2월, 아시아국 제2과, 「청구권 처리 문제 교섭에 관해 문제시된 여러 사항」

- 1952년 2월, 조약국 제3과, 「재한 일본 재산에 관한 미군정령 33호의 효력에 대해」

- 1952년 2월, 「적산 관리 및 사유재산 존중에 관해: 미군정령 33호는 몰수 규정이 아니라는 논거」

- 1952년 2월, 「할양지에서의 국유재산의 양」

- 1952년 2월, 아시아국 제2과, 「조선에 있는 일본인 재산에 관한 법령 및 조치」

- 1952년 2월, 「한국의 대일 배상 요구에 대해」

(주: 집필한 과의 이름이 없는 것은 당시의 자료에 기입되지 않았음을 의미함)

또한 대장성(大藏省)은 1952년 2월 「평화조약 제4조 (b)항과 남한에 있는 구 일본 재산의 관계」를 작성했다.

이상의 보고서 가운데 조약 법령의 법이론적 연구는 나고야대(名古屋大)의 야마시타 야스오[36] 교수에게 의지한 바가 크고, 한국 측의 여러 자료는 [ ]에게 협력을 요청한 것이다. 특히 야마시타 교수는 강화조약 연구자로 알려졌는데, 그는 재한 일본 자산에 대한 일본국, 일본 국민의 권리는 결정적으로 빼앗긴 것이 아니라는 견해를 피력하고 있었다. 이와 관련, 당시 일한회담에서 청구권 문제를 담당했던 오타(太田)와 구리노(栗野) 두 사무관이 다카야나기 겐조(高柳賢三)[37] 교수에 질의한바

사진 13 1951년 9월 8일 샌프란시스코에서 요시다 시게루 일본 총리가 대일 강화조약에 서명하고 있다. (출처: 일본 외교사료관)

---

36)　야마시타 야스오는 대만 타이베이제국대학에서 교편을 잡다가 일본에 귀환한 후 아이치(愛知)대학을 거쳐 나고야대학에서 국제법을 담당했다. 그에 따르면 '귀속'은 일종의 전시 중 강제 신탁 행위에 지나지 않으며, 사유재산의 처분 시에는 제3자에 대한 매득대금(賣得代金)에 대해 원(元) 소유자가 청구권을 갖게 된다. 야마시타는 이 같은 원 소유자의 청구권이 헤이그 육전협정의 사유재산 불가침 원칙에 의해 보호되는 권리라고 해석하면서, 이에 따라 미 점령군은 원칙 없이 명령을 발할 수 없으며 특히 국제법이 허용하지 않는 군정 명령은 수용할 수 없다고 주장했다. 이 같은 야마시타의 해석은 한국에 대한 일본의 이른바 '역(逆)청구권' 주장의 국제법적 논리로서 기능했다.

37)　1887-1967. 일본의 대표적인 영미법 학자. 도쿄제국대학 법학부 교수 역임. 도쿄 재판 시에 일본 측 변호단의 일원으로 참가했다.

야마시타 교수의 주장을 인정하는 견해를 제시했기 때문에 이 이론에 기초한 대한 청구권 대책이 작성되었다고 한다. 한국 측도 제1장에서 언급한 바와 같이, 재산청구권은 가장 심혈을 기울여 준비했던 문제였다.

② 재산청구권문제위원회

〈일본 측〉주사:　　　외무성 참사관 오노 가쓰미
〈한국 측〉대표위원:　식산은행 은행장 임송본

2월 20일 제1회 위원회가 열렸을 때 한국 측 임송본 대표는 인사말에서 다음과 같은 강한 주장을 솔직하게 피력했다.

한일 간의 재산 및 청구권 문제라는 것은 일견 심히 복잡한 것 같지만 실은 매우 명확한 문제입니다.
왜냐하면 이 문제를 해결하기 위한 기초 원칙이 지난해 가을 샌프란시스코에서 조인된 대일 평화조약 제4조에 의해 이미 천명되었기 때문입니다. 이 평화조약 제4조에 의하면 일본은 미군정청이 한국에서 일본과 일본인의 재산에 대해 취한 조치, 즉 법령 제33호를 승인했습니다. 그러나 이 법령 제33호는 평화조약 제14조의 연합국 조항에 나와 있는 일본이나 일본인의 재산 처리와 흡사합니다.
그렇다고 하면 한국, 즉 일본으로부터 해방된 국가와 연합국, 즉 일본과의 전쟁에서 승리를 거둔 국가는 왜 유사하게 일본이나 일본인의 재산을 취득하는가, 이 회담의 성공 여부는 무엇보다 이 점에 대한 인식에 달려 있습니다.
만약 여기에 참석하신 일본 측 대표가 이 역사적인 현실에 의심을 갖게 된다면, 이 회담은 향후 계속 난항할 것입니다. 이 점을 통찰하시는 경우 이 회담은 저절로 해결될 것입니다.
한국 측은 일본이 한국을 점령하고 있었던 36년간 한국에서 짓밟았던 과거의 추억으로부터 도출되는 요구보다는 한국이 앞으로 살아가는 데 꼭 필요한 것만을, 그것도 법적으로 한국에 귀속되어야 하는 것만을 청구하는 것입니다. 따라서 이러한 합리적이고 이성적인 요청에 대해 일본 측은 합리적인 그리고 이성적인 응답으로 대응해주시기를 진심으로 희망합니다. 한일 간의 재산 및 청구권 문제가 합리적이고 이성적인 기초 위에서 가결되지 않은 채 어떻게 한일 간 이성적인 국교의 개시를 희망할 수 있겠습니까.
우리는 본 회의에서 항상 상호 이해와 신뢰로써 이 회의를 진행한다면 소기의 목적을 달성할 것이라고 굳게 믿고 있습니다.

이어 같은 날(기록에 따라서는 그 제출 날짜가 21일로 되어 있기도 하다), 한국 측은 일본 측에 반환을 요구하는 사항을 적은 협정 요강을 제출했다. 이어 2월 27일에는 그 요강의 세부 항목을 제출한 후 다음과 같이 설명했다.

① "한국에서 가져간 고서적, 미술품, 골동품, 기타 국보, 지도 원판 및 지금과 지은을 반환할 것"

이것은 한국 측이 권리로서 주장하는 것이 아니라 양국의 친선에 기여할 재물을 일본 측이 자발적으로 반환할 것을 희망하는 것이다. 점령지로부터 가져간 재물을 연합국에 반환한 것에 준해 한국에도 반환하기를 바란다. 다만, 정당한 매매에 의해 취득된 재산은 대가를 지불해도 좋다. 또한 재물은 현상 그대로 인도하면 된다. 이미 멸실(滅失)된 것은 어쩔 수 없다.

② "1945년 8월 9일 현재 조선총독부에 대한 일본 정부의 부채 계정을 결제할 것"

한국 정부가 구 조선총독부의 재산, 권리를 상속했기 때문에 우편저금, 연금 등 1945년 8월 9일 현재 미결제 상태인 것의 반환을 주장한다.

③ "1945년 8월 9일 이후 한국에서 이체(付替) 혹은 송금한 금원(金員)을 반환할 것"

1945년 12월 6일 자 미군정부의 재산귀속명령 제33호의 효력에 의해 일체의 일본 재산이 군정부에 귀속되어 소유되고, 그것이 1948년 9월 11일 한미협정으로 한국 측에 인도되었다. 한국은 소유권을 미국 측으로부터 취득한 것이고, 1945년 8월 9일 이후 1945년 12월 6일까지 한국으로부터 이체 또는 송금된 금원은 불법으로 행해진 것이 된다. 또한 1945년 8월 9일부터 1945년 12월 6일까지의 기간 중에 일본으로 가져간 재산 가운데 확연히 드러난 금액만큼은 돌려주길 바란다.

④ "1945년 8월 9일 현재 한국에 본점 또는 주요 사무소가 있던 법인의 일본에 있는 재산을 반환할 것"

한국에 본점이 있는 회사 재산의 반환을 요구하는 근거는 미군정령 33호에 의한다. 조선우선(朝鮮郵船)을 예로 든다면, 주주의 70퍼센트는 일본인, 30퍼센트가 한국인인 경우에 70퍼센트가 미군정령 33호에 의해 한국 측의 것이 된 만큼, 100퍼센트 한국 것이다. 따라서 그 회사가 일본에서 갖고 있는 재산은 한국의 것이 된다.

⑤ "한국 국민(법인 포함)의 일본국 또는 일본 국민(법인을 포함)에 대한 (국)공채, 일본은행권, 피징용 한인 미수금 및 기타 청구권을 결제할 것"

⑥ "한국 국민(법인을 포함)이 갖고 있는 일본 법인의 주식 또는 기타 증권을 법적으로 인정할 것"

이상 2개 항목의 경우, 일본에서 주식을 재발행하고 있는 것 같지만, 미군정령 33호의 관점에서 봤을 때에는 불법이다. 평화조약 제4조 (b)항을 위반한 것이 된다. 또한 주식 이익배당금이 미불된 것은 당연히 지불받길 원한다. 회사가 해산되었다고 한다면 잔여 재산을 반환받길 원한다. (조선에 본점을 둔 회사 300여 개를 열거했다.)

또 기타 청구권 중에는,

1. 일본 국채, 지방채, 정부 보증 사채, 정부기관 사채

2. 일본은행권, 정부지폐

3. 일본은행에 대한 조선은행의 대월금과 입체금(立替金)

4. 전쟁 중 한인 전몰자 조위금 및 유가족 위자료

5. 전쟁 중 한인 상병자(傷病者) 위자료, 원호금

6. 전쟁 중 한인 피징용자 미수금

7. 전쟁 중 한인 피징용자 위자료

8. 공무원 은급

9. 귀환한 한인의 예탁금

10. 생명보험 계약자에 대한 책임준비금 및 미경과 보험료

11. 재한 금융기관의 대일 환끝(爲替) 미결제분 등

12. 조선식량영단(朝鮮食糧営団)의 수출 곡물 대금 미수금, 기타 청산금 등

⑦ "상기한 제(諸) 재산 또는 청구권에 의해 발생되는 또는 발생될 수 있는 여러 과실(果實)들을 반환할 것"

⑧ "상기한 반환 및 결제는 협정 성립 후 즉시 개시되어 늦어도 6개월 이내에 종료할 것"

이에 대해 일본 측은 3월 6일 제5회 회의에서 대안으로서 다음과 같이 제안했다.

일한 양국 사이에 결정되어야 할 재산 및 청구권 처리에 관한 협정 기본요강(일본 측 제안)

1. (1) 일본국 및 대한민국은 각각의 국민(법인을 포함함, 이하 동일)이 상대국의 영역에서 소유하는 재산에 관한 권리(이익 및 그 과실을 포함함, 이하 동일) 및 상대 국가와 그 국민에 대해 정당하게 취득한 기타 권리를 서로 확인하고, 그 권리의 행사가 방해되는 경우에는 이를 회복하는 조치를 강구하기로 한다.

(2) 전항의 권리가 국가 또는 국민의 책임하에 침해되어 있는 경우에 그 국가 또는 국민은 각각이 현상 회복 또는 손해배상의 책임을 지기로 한다.

(3) 제(1)항의 회복조치 및 제(2)항의 현상 회복 또는 손해배상 방법 등에 대해서는 해당 권리의 종류에 따라 별도로 협의키로 한다.

2. (1) 일본국 및 대한민국은 연합군최고사령관 또는 재한 미군정부에 의해, 또는 그 지령에 의거해 실시된 상대국 및 그 국민의 재산 처리의 효력을 승인한다.

(2) 전항에서 승인하는 효과의 범위에 대해서는 별도로 협의하기로 한다.

3. (1) 일본국은 일본국이 대한민국의 영역에서 공용(公用) 또는 공용으로 제공했던 국유재산을 별도로 정하는 바에 따라 대한민국에 양도한다.

　　(2) 일본국은 일본국이 대한민국의 영역에서 기업을 위해 제공했던 국유재산을, 조선사업공채법에 기초해 발행된 공채 등 해당 영역의 이익을 위해 발행된 것의 미상환 잔고 등에 상당하는 자금이 일본국에 인도된 경우에 한해 대한민국에 양도한다.

　　(3) 제(1)항에 나온 공용 또는 공용을 위해 제공했던 국유재산 및 제(2)항에 나온 기업에 제공했던 국유재산의 범위와 전기한 제2항의 양도 방법 등에 관해서는 별도로 협의키로 한다.

　　(4) 일본국이 대한민국의 영역에서 소유하는 재산으로 제(1)항 및 제(2)항에서 열거된 것을 제외한 일체의 재산 및 일본국의 공공단체가 대한민국의 영역에서 소유하는 일체의 재산에 대해서는 상기한 일본 국민의 재산 취급에 준하여 취급하기로 한다.

　　4. 일본국 및 대한민국은 이 협정의 체결에 즈음해 전기한 제1항 내지 제3항을 일체로서 취급하기로 하고, 또 전기한 별도 협의에 즈음해서는 구체적인 실시가 상호 공평하고 실효적으로 이뤄지도록 조치하기로 한다.

일본 측은 발표한 성명에서 이상에 대해 다음과 같이 설명했다.

　　미군령 33호는 일본 재산이 군정부에 "vested in and owned by(귀속되어 소유되었다)"라고 규정하고 있지만, 이것은 헤이그 육전법규 제46조에서 "사유재산은 이를 몰수할 수 없다"고 규정한 사유재산 몰수 금지 조항을 초월해 유효하다는 의미가 아니다.

　　한국과 일본 간의 재산 및 청구권 처리는 상호적인 것으로, 결코 일방적인 것이 아니다. 다만, 제4조 (b)항의 규정에 의해 주한 미군정부의 처리의 효력을 일본이 인정하는 것으로 되어 있기 때문에, 일본 측의 본래 주장이 어느 정도 한정되어 있다는 것에 불과하다.

　　또한 재한 일본 재산은 미군정부로부터 한국 정부에 실제적으로 이전되었지만, 이로써 해당 재산 전부에 대한 미군정부의 권한 전부가 한국에 이양된 것이 아니라, 한국 정부는 단순히 이들 재산을 관리하는 입장에 놓인 것에 불과하다. 일본은 대일 평화조약 제4조 (b)항에 따라 재한 미군정부에 의해 실시된 재산 처분의 효력을 승인했을 뿐이며, 재한 재산에 대한 본래의 권리 및 청구권을 포기한 것은 아니다.

　　일본 측 안의 제1항은 재한 일본 재산, 권리, 이익을 확인함과 동시에, 이것과 서로 대조하여 우리 측도 한국 측의 재일 재산, 권리, 이익을 확인한다는 취지이다. 즉, 미군정령 33호의 효력을 인정하지만, 그것은 어디까지나 정당한 소유자가 갖는 원소유권(原所有權)까지 포기한 것은 아니라는 취지에 입각한다. 또한 한국전쟁 등의 요인으로 현지 일본 재산의 훼손 멸실을 예상할 수 있는데, 그 책임에 대해서도 규정하려는 것이다. 이들 재산의 현상 회복, 손해배상, 권리의 행사를 가능하게 하도록 조치할 것을 요구한다. 그 자세한 내용은 별도 협의에 의한다.

　　제2항은 대일 평화조약 제4조 (b)항의 취지에 부응해 일본에 대해서는 SCAP의 지령으로 실시한 여러 조치(예: 재외회사령, 폐쇄기관령, 자작농창설특별조치법의 조치 등)의 효과를 승인하자는 것이다.

제3항은 한국의 독립에 따라 계승되어야 할 국유재산의 규정인데, 국유재산으로서 공용으로 제공된 것 등에 대해서는 별도 협정에 따라 한국 측에 양도한다는 취지이다. 국유재산으로 기업에 제공되었던 것에 대해서는 조선사업공채법, 곡물 생산 재원 확보에 관한 법률 등에 따라 발행된 채권의 미상환 잔고 등에 상당하는 자금을 일본에 인도할 경우에 한정해 양도하겠다는 취지이며, 기타 재산에 대해서는 사유재산과 같은 원칙에 따라 처리하겠다는 취지이다.

제4항은 이상의 제1항, 제2항, 제3항은 일체로서 함께 취급되어야 한다는 것을 확인하고, 또 제1항 및 제3항의 구체적인 실시가 서로 공평하고 실효적으로 실시되도록 보장하려는 취지이다.

이러한 일본 측 제안은 "재한 일본 재산은 당연히 한국의 소유"라고 생각했던 한국대표단의 의표를 찌르는 것이었다. 당시 기록에는 다음과 같이 적혀 있다.

우리 측이 제시한 대안의 내용은 한국 측에는 그야말로 청천벽력이었다. 한국대표단은 관련 서류를 본국 정부에 보내는 것조차 아직 수행할 수 없는 상태이다. 원래 이번 한국 측의 제안이 한국 대표들에게는 본국 강경파의 주장을 많은 노력으로 설득한 후 상기한 것과 같이 비교적 온화한 정도에 그친 것인데, 우리 측 대안이 상대방이 의거하는 이론 자체를 뒤흔드는 것이었기 때문에 한국 대표들도 매우 심각한 곤경에 빠졌다.

한국 측은 3월 10일(제6차 회의) 미군정 법령 33호와 한미협정에 기초해 재한 일본 재산이 한국 정부로 양도된 것의 합법성을 논했는데, 그중에서 다음 사항을 역설했다.

평화조약에서 일본의 재외 자산에 대한 연합국의 처리 방식을 보면, 먼저 연합국 내에 있는 일본인 재산의 처분에 대해서는 제14조에서 규정하고 있다. 즉, 연합국에 그 최종적 처분 권한을 부여하면서, 일본인 사적 소유권자에 대해서는 해당 연합국이 국내법으로 그 소유권을 보장해주는 권리를 겨우 인정할 수 있도록 했다. 다음으로 중립국 및 추축국(樞軸國)의 그것은 제16조에서 규정했는데, 사적 소유권자에게 아무런 권리도 부여하지 않은 채 이것을 모두 국제적십자위원회에 인도토록 했다. 더욱이 해방국가인 대한민국의 그것에 관하여는 제4조에 따라 일본으로 하여금 상기한 법령 제33호의 조치, 즉 한국에 있는 모든 일본 재산을 미군정청의 소유로 귀속시킨 조치 및 그 후 이것을 대한민국으로 이전한 조치를 승인토록 한 것이다. 즉, 연합국은 일본의 그 본래의 영토 밖의 모든 재산을 세계적으로 '비(非)일본화'하는 조치의 일환으로서 한국에서는 법령 제33호의 조치를 취한 것이다.

제4조 (b)항의 '승인'은 제14조, 제16조의 합의와 그 성질에서 아무런 차이도 없다. 미군정청에 의한 처분이 비록 국제법을 넘어선 것이었다고 하더라도, 그것을 일본이 무조건적으로 승인한 것은 연합국

에 있는 재산에 대해 연합국이 취한 처분이 국제법에 접촉되는 경우라고 하더라도 일본이 이에 동의한 것과 그 본질은 같은 것이 아닌가.

전쟁 종료 후 패전국의 재외 자산에 대해서는, 그것이 사적 소유인 경우에도 헤이그 육전법규 제46조 사(私)소유권 불몰수의 원칙, 적국 재산 불몰수의 원칙, 더욱이 인권선언 제17조에 내재된 이른바 사소 유권 존중의 사상과는 전혀 다른 관점에서, 이를 그 국가로부터 분리하는 조치를 취한다는 원칙이 국제 법상 이미 1차 세계대전 때부터 형성되기 시작해, 2차 세계대전 후에 이르러 확립되었다고 단적으로 봐 야 할 것이다. 재외 자산 처리는 사소유권 존중의 사상에도 불구하고, 보다 강하고 높은 이상에 기초하 며, 그 국가 본래의 영토 밖에 있는 재산에 대해서만 실시되는 것이다. 한국의 경우, 일본 혹은 일본인의 재산에 대해서만 그러한 조치가 이행되었으며, 한국 및 한국인의 재산이나 일본 본래의 영토에 있는 일 본 재산에 대해선 사소유권 존중의 사상이 충분히 유지되고 있다.

따라서 평화조약 제4조 (a)항에 의한 특별협정은 일본 또는 일본 국민에 대한 한국 및 그 국민의 청구 권의 처리가 그 대상이 된다. 이 항이 상호적인 협정과 같은 표현을 취하고 있는 것은, 이 항이 한일 간 의 청구권 문제뿐만 아니라 제2조, 제3조에 적힌 여러 지역과 일본 간의 문제를 포괄적으로 규정하고 있 기 때문이다.

한국이 귀속 재산에 대해 그 국책에 따라 처분한 것은 상술한 바와 같이 자기 자신에게 귀속되어야 하 는 소유권을 기초로 하여 취한 행위이다.

평화조약 제4조 (b)항은 같은 제2조 (a)항과 조응하여 한국의 정치적·경제적 독립을 고려하여 규정 된 것이다. 따라서 이 조문에 대해 이의를 제기하는 것은 한국의 정치적·경제적 독립에 대해 이의를 제 기하는 것이다.

3월 24일의 제4차 본회의에서는 청구권 문제에 논의를 집중했는데, 여기서 한국 측은 일본 측 주장의 철회를 요구하면서 "이번 한국전쟁에 의해 재한 일본 재산이 입은 손해에 대한 보상까지 일 본 측이 요구하고 있는 것은 놀라운 일이다"라고 말했다. 이에 대해 일본 측은, 그것은 한국 측의 오해에 불과하며 일본 측 안(제2항)의 진의는 오히려 불가항력에 의한 손해에 대해서는 면책을 고 려할 여지를 남긴 취지라고 설명했다. 일본 측은 또한 제안 및 설명을 하고 있는 본문 중에서 오해 를 피하기 위해 문장 방식을 바꾸어도 괜찮다는 취지를 전달했다.

청구권 문제는 다시 분과위원회로 반려되어 3월 28일 위원회에서 논의된 후 본회의에 공동 보 고를 하기로 했다. 그 보고서에서 일본 측은 일한회담 종료 후에도 기존의 공동위원회를 설치할 것 을 적시하길 희망하고, 이와 관련해 특히 아래와 같은 복안을 비공식적으로 한국 측에 제시했다.

(1) 가능한 한 한국의 경제 부흥에 기여하기 위해 양국 협력의 정신에 기초해 심의를 진행할 것. (2) 일본 측은 위원회에서 경제적인 센스를 추가할 용의가 있다는 것. (3) 클레임의 항목별로 몇 개의 소위원회를 병설하여 구체적인 숫자 조회 등을 실시할 것. (4) 가급적 4월 하순 또는 5월 초순부터 발족해 우선 1월에 회기를 예정할 것.

그러나 이 복안은 한국 측의 동의를 얻지 못했고, 4월 4일 다음과 같은 간단한 보고를 제5차 본회의에 제출하는 데 그쳤다.

본 위원회는 일한회담 제4차 본회의에서 양국의 재산 및 청구권 문제에 대해 더 논의하라는 지시를 받아 이후 공식, 비공식적으로 심의를 거듭해왔지만 현재 아무런 진전도 보지 못했다.

3. 회담 중단

일한 양측은 제1차 회담에서 4월 28일의 평화조약의 발효까지 타결을 목표로 하면서 각 문제별로 분과위원회를 매주 2~3회 열었고 비공식 회담도 개최, 양측 견해의 조정을 추진했다. 그 결과, 4월 초순까지 회담의 5개 문제 중 기본조약, 재일한인의 법적지위(국적처우) 문제는 약간의 사항을 제외하고 대강에 대해 쌍방의 의견이 일치했다. 또한 선박에 대해서도 일본 측의 반환 톤수 문제만 남았을 뿐이었다. 일본 측은 여기서 작년 가을부터 논의해온 재일한인의 국적과 처우 및 선박 문제를 타결함으로써 기본조약 체결로 한국 측을 유도하는 한편, 청구권 및 어업 문제의 경우에는 문제가 복잡하므로 시간을 두고 신중하게 해야 한다는 입장에서 상설 공동위원회를 설치하는 등의 방법으로 후일을 도모한다는, 회담의 종결 방식을 책정했다. 그러나 한국 측은 이번 회담의 중점을 청구권 문제의 타결에 두면서, 일본 측이 상설 공동위원회와 같은 방법을 고려하는 것은 이러한 안건을 미해결 상태로 방치한 채 도피하는 방법이라고 반박하고, 일본 측이 청구권에 관한 법률론 주장을 철회하지 않는 한 기본관계조약과 국적처우협정을 체결하는 것도 무의미하고, 선박을 제공받는 협정까지 포함하여 만사 파탄이라고 공식 회의에서 단정했다. 청구권위원회의 교착상태를 타파하기 위해 3월 하순부터 쌍방 대표 간에 비공식 회의를 열고 3월 24일, 4월 4일 본회의를 개최했지만, 논의는 일한 쌍방의 주장 차이를 줄이기보다는 타협할 수 없는 갈등을 심화시켰을 뿐이었다.

그 원인 중 하나는 한국대표단의 성격에 있었다. 당시 한국 정부는 건국 이후 겨우 3년 남짓밖에 지나지 않은 데다 한국전쟁이라는 힘든 전투를 한반도 중부에서 전개하고 있었다. 휴전협상이 시작되었지만 타결될 전망은 전혀 없었고, 수도를 부산으로 옮긴 상황이었다. 이 상황에서 앞서 언급한 대로 대표단은 외교협상을 추진하기 위한 기초적인 준비를 하지 못한 상태였다. 건국 후 한국인 외교관을 육성하지 못했기 때문에 대표단에 선정된 사람들은 외교 경험을 충분히 갖고 있지 않았다. 유진오 씨는 "한국의 정부기관 가운데 외교부만은 경험자가 전혀 없어 매우 약하고, 국회의 외교위원회가 외교를 하고 있다"고 말했다(1952년 2월 20일, 국적처우위원회 비공식 회의).

수석대표의 양유찬 씨를 평하면서 마쓰모토 수석대표는 다음과 같이 말했다(1969년 10월 18일 「제1차 일한회담 당시의 회고」).

들리는 바에 의하면 양 대사는 이승만의 망명 시절에 이승만을 잘 보필했기 때문에 이승만은 양 대사를 소중히 여겨 독립 후 첫 주미 대사로 임명했고, 그를 도쿄로 파견했다고 한다. 그런 관계로 당시 양 대사는 덜레스 특사와 사이가 매우 좋았다.

양 대사는 미국에서 자랐기 때문에 한국어도 일본어도 하지 못하고 영어밖에 할 수 없었지만, 나는 함께 가부키(歌舞伎)를 관람하거나 하며 사이좋게 지냈다. 회담에서는 한국어, 일본어, 영어 3개 국어를 사용할 수 있었지만, 양 대사는 영어밖에 모르고 한국 측의 다른 대표들은 모두 일본어를 할 줄 알았다. 그래서 일본 측이 말하는 것을 한국어로 번역하기 전에 한국 측 대표는 모두 논의의 내용을 알고 있었지만, 양 대사는 일본어도 한국어도 모르는 아주 묘한 교섭이었다. 그런 상태였기 때문에 회의는 처음부터 어색했다.

양 대사는 나쁜 사람은 아니지만, 아무래도 한국어도 할 수 없을 정도였기 때문에 한국의 실정을 몰랐다. 일본과 한국과의 관계라고 하면, 그의 머릿속에 있는 것은 일본이 36년간 불법으로 지배했다는 사실뿐이었다. 우리 측은 또 그런 말을 하느냐고 생각했기 때문에 이야기를 나누기가 처음부터 어려웠다.

회담 타결을 더욱 어렵게 한 것은 한국 측 대표가 교섭 내용을 대내외적인 PR에 사용했기 때문이었다. 양 대사는 3월 25일 자 *Japan Times* 에 청구권 문제에 관한 일본 측 제안 및 설명 요지의 일부분을 발표했다. 또한 4월 8일에는 본국 정부와 협의하기 위해 귀국하면서 성명을

사진 14　초대 한국 측 수석대표를 맡은 양유찬 주미 대사 (출처: 국가기록원)

발표, "일본 측이 부당한 청구권 주장을 하고 있다", "특히 한국전쟁 중에 피해를 입은 일본의 재한 재산에 대해 일본이 배상청구권을 가진다고 주장하고 있다"고 말한 후 4월 4일 제5차 본회의에서 사용한 자신의 성명문 사본을 외국인 기자에게 배포했다.

양 대사는 한국에 귀국한 후에도 "일본이 터무니없는 청구권 요구를 하고 있다"라는 발언을 반복했다고 보도되었다. 4월 11일 마쓰모토 대표는 양 대사에게 서한을 보내 "이 기회를 통해 결정된 사항을 정리해서 일본이 국제사회에 복귀하기 위해 한국과의 관계를 잘 풀고 있음을 세계에 보여주는 것은 일본을 위한 것이기도 하지만, 한국을 위한 것이기도 하다", "나는 30년간의 외교관 생활 경험으로 판단하건대 'all or nothing'이라는 태도는 외교에서는 금물이며, 현상에 따라 하나하나 해결해 나가는 것이 좋은 방법이다. 영국의 이든(Robert Anthony Eden)[38] 씨가 'small beginning'이라고 말했다. 곤란한 점은 많이 있지만, 이 같은 기분으로 어떤 성과를 얻기 위해 노력하는 것이 우리의 'small beginning'이다"라고 말했다.

일본 측은 청구권 문제의 해결을 일본 측이 지연 내지 회피하려 한다고 생각하는 한국 측의 시의심을 풀어주기 위해 앞으로 상설 공동위원회를 설치하는 방안에 대해 다음과 같이 구체적인 운영방침을 결정했다.

청구권 문제에 대한 대처 방식으로 현재의 상황에서 다음 세 가지 방식을 생각할 수 있다. 즉 (1) 이대로 모든 회담이 종료될 때까지 밀고 나간다(이렇게 하면 상설 공동위원회로 문제를 이관할지 여부도 결정하지 못한 채 회담이 결렬될 공산이 있다). (2) 상설 공동위원회를 운영하는 과정에서 취할 실질적인 태도로서는, 일본의 재한 재산 전부를 되찾는다는 결과가 될 수 없다는 점을 한국 측에 약간 구체적으로 [반(半) 공신(公信) 혹은 두 전권의 비공식 회담 때 구두로 언급] 표명해 우리 측 구상으로 유도한다. (3) 상호 청구권을 포기한다.

이상 세 가지 방식에 대해서는 어느 것을 선택할지 근본적인 자세를 결정하는 것이 긴요하지만, 여기서는 제2의 방식에 의한 것이 적당하다고 할 것.

그리하여 제2의 방식을 취할 경우, 구체적 방안으로서 다음과 같은 취지가 고구(考究)되어야 한다.

(1) 가. 유형재산(有體財産)으로 전쟁 등의 불가항력으로 인해 손상 멸실됐다고 인정되는 부분에 대해서는 책임을 묻지 않을 것.

나. 기업 재산에 대해서는 기초산업 국유화 등의 의미에서 볼 때 해당 권리를 한국민에게 양도하는 것이 요구되는 경우에는 교섭을 통해 이를 결정할 것.

다. 농지를 비롯해 농지개혁 등의 목적을 위해 법령에 의해 수용된 부분에 대해서는 수매금액

---

38)   영국 정치가. 1941-1945년 처칠 내각의 외상, 1955-1957년 총리를 역임했다.

만을 문제시하는 것으로 그칠 것.

  라. 광업권에 대해서는 국제 관행상 자국민에게 보유토록 한다는 명분하에 해당 권리를 한국민에게 양도하는 것이 요구되는 경우에는 교섭을 통해 이를 결정할 것.

  마. 기타 개인 주택, 점포 등의 잡건과 관련해서는 앞으로 당사자 간의 담합에 의한 해결에 맡길 것.

  바. 주한 미군정부가 처분한 것은 매득금(賣得金)을 문제로 하는 데 그칠 것.

(2) 상술한 바에 의해 취해진 매득금의 청산에 대해서는 그것이 무엇이든 한국 측의 재일 자산 및 대일 청구권에 상당하는 부분에 대해 그 이전(transfer)을 편의적으로 생략하는 것을 고려한다.

이 방안에 기초해 대장성과 협의한 결과, 대장성은 아래와 같은 안을 작성, 대장대신의 결재를 얻어 외무성에 회부해왔다.

  일한 양국 간에 결정되어야 할 재산 및 청구권 처리에 관한 협정의 기본요강(일본 측 안)에 대한 약간의 주해(註解)

(1952년 4월 15일)

1. 일본 측이 제안한 기본요강을 확인하는 것이 경제적으로는 일본의 식민 지배의 부활을 인정하는 것이라는 한국 측의 주장은 기본요강의 실시에 관한 일본 측의 견해에 대한 이해 부족에 따른 것으로 생각되므로 다음과 같이 약간의 주해를 추가하고자 한다.

2. (가) 일한 양국 간에 영원한 우호관계를 확립하기 위해서는 우선 그 발족이 합리적인 기본관계에서 출발해야 한다.

 (나) 사유재산권의 존중은 이러한 의미에서 매우 중요하며, 또한 이는 국제법의 원칙으로도 확립되어 있는 이념으로, 조약이나 협정 같은 일방적인 해석 또는 기정사실 등을 이유로 이를 무시하는 것은 허용할 수 없다.

 (다) 기본요강 1항의 (1)은 이러한 원칙의 확인을 요구한 것이며, 당연한 도리라고 말할 수 있을 정도로 절대로 양보할 수 없는 일본 국민의 요청이다.

3. 이러한 원칙이 확인된 경우에도 일본 정부는 사실 문제로서 사유재산권의 확인 또는 회복에 대해서 다음과 같은 제한 또는 양보의 여지가 존재한다고 생각한다.

 (가) 실질적인 제약으로 인해 북조선에 소재하는 재산에 대해서는 당분간 그 확인 또는 회복의 실제적인 효과를 기대할 수 없다.

 (나) 남한에 소재하는 재산에 대해서도 구체적인 실시 세목을 협의할 때 그 실시가 상호적이고 형평성 있게 이행되는 것을 조건으로 하여 다음과 같은 정도의 양보는 이행할 용의가 있다.

  (1) 부동산, 특히 주택이나 공장 등은 전쟁을 비롯해 한국 측의 책임이라고 할 수 없는 기타 사

유로 인해 상당 부분이 파괴된 것으로 보인다. 이 경우에 그 현상 회복 또는 손해배상을 요구하려는 생각은 하고 있지 않다.

(2) 한국에서 주한 미군정부에 의해 또는 그 지령에 따라 취해진 조치에 대해서는 종전(終戰)에 따른 특수 사정을 감안하여, 또한 한국의 경제질서를 유지할 필요가 있기 때문에 그 효과 자체를 뒤엎는 일은 가급적 피하겠다는 생각이다.

(3) 부동산 중에서 토지, 특히 농지와 관련해서는 한국 정부가 농지개혁 같은 농민 보호의 입장에서 취한 여러 정책을 인정하는 데 인색하지 않을 것이다. 따라서 이 경우 일본 측 지주 등의 권리 확인 또는 회복은 실질적인 부분에서는 해당 농지의 수용 대가를 요구하는 선에서 그치게 될 것이다.

또한 수용 대가는 저렴해도 괜찮다고 생각되고, 반드시 재취득가액을 요구하려는 것은 아니다.

(4) 광업권, 어업권 등에 대해서도 상기한 (3)항처럼 독립국가의 입장에서 국제관례에 따라 한국민의 이익 보호를 위해 실시한 입법을 인정할 용의가 있다.

(5) 재외 회사의 주식에 대해서는 이들 주식이 기초산업 회사 주식인 경우를 비롯해 각각의 경우에 따라 민족자본 육성 등의 관점에서 한국민에게 해당 회사의 주식을 과반수 양도하는 문제에 관한 교섭에 응할 용의가 있다. 또한 이 경우 해당 회사가 소유한 재일 재산의 처리는 요강 2조 (1)항 및 요강 4조의 취지를 철저히 도모하는 것으로 한다.

(6) 예금을 비롯한 다른 금전 채권에 관해서는 인플레이션의 결과 채무자에게는 그 부담이 매우 경미한 것으로 생각된다.

또한 전쟁을 비롯한 다른 이유로 인해 채무자를 확인할 수 없는 경우도 많을 것으로 생각되지만, 이것은 모두 사적인 청구로 이관된다.

4. 청구권의 결제에 대해서는 현실적으로 그 능력 등을 고려하여 그 시기, 방법 등에 대해 호의적으로 협의할 용의가 있다.

5. 이상과 같은 내용인데, 이렇게 기본요강 1조의 (1)항을 확인함으로써 한국에 대한 일본의 경제적 지배의 부활을 확인하는 것이라고 하는 한국 측의 우려는 해소될 것으로 믿는다.

양유찬 대사는 4월 15일 다시 일본을 방문, 16일부터 18일까지 3일간에 걸쳐 마쓰모토 전권과 비공식 회담을 가졌다. 그러나 한국 측은 여전히 일본 측에 청구권 주장을 철회할 것을 요구했다. 일본 측은 실제적인 해결을 도모하기 위해 청구권에 관한 상설 공동위원회의 운영 기준을 제시했지만 한국 측은 이에 응하지 않았다.

양 대사는 4월 19일 워싱턴으로 귀임했지만, 그 전후부터 각지에서 자꾸 정치적 선전을 하면서 미국 측의 간섭을 이끌어내려고 노력했다. 일본 측은 양 대사가 4월 18일 도쿄에서 가진 기자회견에서 청구권 문제에 대한 일본 측 제안을 일부러 곡해했을 뿐만 아니라, 4월 4일 열린 제5차 본회의 성명문을 일방적으로 발표한 점을 감안해, 21일 한국대표부에 구상서를 보내 정식 항의했다. 이와 동시에, 마쓰모토 전권은 양 대사 앞으로 지난번 서한의 취지를 반복해서 전하면서 아래 내용을 포함한 두 번째 서신(4월 18일 자)을 송부했다.

저는 귀하의 정치적 논쟁에는 관심을 갖고 있지 않습니다만, 청구권과 같은 복잡한 문제에 관해 자세히 모르는 외부인을 향해 과장되거나 왜곡된 이야기를 하여 그 결과 귀하가 무엇을 기대하고 있는지 전혀 이해할 수 없습니다. 청구권 문제에 관해서는 제가 몇 차례에 걸쳐 언급해 귀하도 일본 측의 의도를 죄다 알고 있을 겁니다. 따라서 귀하가 일본은 한국 전 지역을 다시 지배하려고 기도하고 있다고 의도적으로 선전하더라도 사실이 공표되면 귀하의 선전 의도는 완전히 깨질 것입니다.

또한 일본인이 원래 감수성이 예민한 국민이라는 것은 아마도 귀하도 알고 있겠지만, 어떤 압박을 가해 이것을 흔드는 듯한 방법을 기도하면, 결과는 오히려 반대가 되어 문제 해결을 더욱 어렵게 만들게 된다는 것을 만약을 위해 다시 말씀드립니다.

4월 21일과 24일에 열린 마쓰모토 전권과 김용식 공사 간의 비공식 회담에서 한국 측은 일본 측의 여러 제안에 응하지 않았다. 이 와중에 한국 정부가 22일 일한회담 중단을 각의 결정으로 정했다는 취지로 한국 정부 대변인이 성명했다는 사실이 23일 〈부산방송〉 및 외신을 통해 전해졌다. 더욱이 김 공사는 단지 구두만으로 "회담을 계속하기를 희망한다"고 말했을 뿐, 적극적이고 구체적인 태도는 전혀 보여주지 않았다. 일본 측은 어쩔 수 없이 회담을 일단 사실상 중단하고 잠시 냉각기간을 두기로 했으나, 다른 한편으로 이전부터 일본 측이 제안해온 공동 보고서 작성과 병행해 한국 측이 원하면 4월 28일 이후 한국대표부의 지위 상실 사태를 막기 위한 공문을 교환하는 일을 추진하지 않을 수도 있다는 뜻을 비공식 회담에서 시사하면서, 이에 대해 본국 정부와 협의하도록 촉구하고 4월 25일 저녁 5시까지 어떤 답변을 제시하라고 김 공사에게 요구했다. 그러나 김 공사가 여전히 성의가 없는 태도였기 때문에 마쓰모토 전권은 다음과 같은 서한을 송부했다.

(마쓰모토 전권이 김 공사 앞으로 보낸 서한 번역문)

배계(拜啓) 아뢰올 말씀은 지난 2월 15일 이후 2개월 이상 귀하 및 귀국 대표들과 공식, 비공식적으로 자주 뵙고 일한회담을 계속해왔지만 지금 직면하고 있는 상황을 감안해 여기서 제 생각을 진술하고자 합니다.

원래 이번 일한회담은 샌프란시스코 평화조약의 발효 이후에 열려야 하는 것이었는데, 일본은 평화조약의 정신을 준수하고 극동의 평화 유지에 기여하고자 하는 염원으로 미국 정부의 알선에 경의를 표하면서 귀국 정부의 회담 조기 개최에 대한 요망에 응하기로 하여 평화조약 발효 전에 개시된 것입니다. 그동안 양국 대표단은 진지하게 열심히 심의를 하여 일한 기본조약과 재일한국인의 국적 및 처우에 관한 협정안에 대해서는 합의에 도달했고, 선박 문제에 대해서도 일본 측이 선박 제공 방법을 제안하여 타결에 도달하는 단계에 이르렀습니다.

그런데 양국 간의 청구권 및 재산 처리 문제에 대해서는 양측의 법리적인 견해에 큰 차이가 있다는 사실을 알게 되었습니다. 또한 어업협정 문제와 관련해서는 쌍방의 제안에 대한 질의응답이 실시되었지만, 우리 측이 공해 자유의 원칙을 존중하고 그것에 의거하여 과학적인 조사에 근거한 공동 보존 조치의 채택을 주장한 데 대해 귀국 측은 그것이 이른바 연안국의 어업관할권이 국제적으로 인정된 주장이라는 견해를 고수했습니다.

상술한 사정을 감안해 우리 측은 이번에는 기본조약, 국적처우 협정안 및 선박 문제 해결 방식에 대해 조인함으로써 우선 양국의 우호관계의 기초를 구축하고, 청구권 및 어업 문제와 같은 복잡한 문제는 평화조약 발효 후 상설 공동위원회를 설치하여 심의를 계속할 것을 제안했습니다. 특히 청구권 문제와 관련해 우리 측은 이 난관을 타개하기 위한 새로운 구상과 기존의 경위에 구속되지 않는다는 입장에서 구체적인 세목의 심의를 진행해 공정하고 타당한 해결을 유도하고 싶다고 제안하고, 또 상설 공동위원회를 설치했을 경우의 운영 기준에 대해서도 건설적인 제안을 한 바 있습니다. 그런데 귀국 측은 이러한 제안에 귀를 기울이지 않은 채 청구권의 세목 교섭에 들어가기를 거부하고, 일본 측이 법리적인 견해를 철회하지 않으면 다른 조약, 협정에도 서명하지 않겠다는 태도를 고수했습니다. 이렇게 되면 회담을 계속하더라도 성과를 기대할 수 없을 것이 분명합니다.

양유찬 박사가 일한회담의 기밀 서류를 독단적으로 신문기자에게 전달하고 재삼 사실을 왜곡하는 성명을 낸 불신의 태도에 대해서는 4월 14일 자로 일본 정부가 항의를 했으며, 저 역시 양 박사에게 두 차례나 서신을 보내 그 맹성(猛省)을 촉구한 경위가 있다는 것은 아시는 바대로입니다. 그러함에도 양 대사 및 대사관원은 미국에서도 자꾸 프레스 캠페인을 펼치면서 사실에 반하는 선전을, 특히 저를 비난하는 데 집중하고 있는데, 이렇게 회담을 지속하는 기초를 한국 측이 하나하나 스스로의 손으로 무너뜨리고 있기 때문에 회담을 원만하게 추진할 방법이 없는 바입니다.

4월 23일 자 〈부산방송〉과 외신은 한국 정부가 일한회담을 속행하지 않겠다는 각의 결정을 했다는 취지로 한국 정부 대변인이 발표를 했다고 보도했습니다. 위에서 언급한 바와 같이 한국 정부 스스로 회담 속행을 위한 기초를 잇달아 무너뜨려 나갈 뿐만 아니라, 회담을 계속하지 않겠다는 각의 결정을 했다고 하면, 유감스럽지만 더더욱 이번 일한회담은 중단할 수밖에 없는 부득이한 상태가 되었음을 확인할 수 있습니다.

귀하의 건강과 행복을 기원합니다.

경구(敬具)

1952년 4월 15일

마쓰모토 슌이치

재일 한국대표부 김용식 공사 각하

1952년 5월 14일 중의원 외무위원회 및 같은 해 5월 16일 중의원 외무위원회에서 오카자키 가 쓰오(岡崎勝男) 외상은 제1차 일한회담의 추이와 중단 경위에 대해 다음과 같이 설명했다.

우리는 한국과 종래 매우 밀접한 관계에 있었으므로, 독립 후 양국 간의 관계를 가능한 빨리 조정하고 싶다는 생각에서 여러 준비를 진행하고 있었습니다. 마침 한국 정부 측에서도 비슷한 요청이 있었으므로 지난해 10월부터 논의를 시작했습니다. 주로 국내에 재류하는 조선인 60만 명의 국적과 대우 문제, 그리고 일한 간에 현안이 되고 있었던 선박 문제 등에 대해 먼저 협의를 진행했습니다.

국적과 처우 문제에 대해서 대한민국 측은 재류 조선인은 모두 대한민국 국적을 가진다는 것을 확인한다고 주장을 했습니다. 그래서 우리 측으로서도 이것은 일본 국적을 상실하는 것이라고 당연히 인정해왔던 것입니다.

이 국적 전환 등과 관련해서는 재산권 등 기타 여러 관계에서 기존 재류 조선인이 일본인으로서 각종 사업을 영위하여 권리를 부여받아 왔었기 때문에 그 사람들이 국적 전환에 따라 특히 곤란한 사태가 벌어지는 일이 없도록 정부로서는 이를 특별히 고려한다는 것에 대해 대략 양해가 성립되어왔습니다. 다만, 세목에서 아직 약간의 의견 차이도 있으므로 결국 선박 문제 등과 함께 올해 일한회담 때까지 이 논의는 넘어가게 되었고 토의를 계속해왔습니다.

그래서 올해 2월 15일부터 일한회담을 공식적으로 개시하여 재산 문제 또는 청구권의 처리 문제, 어업 문제, 그리고 국교의 기본을 확립하는 이른바 기본조약 문제 등을 의제의 중심으로 하여 논의를 진행해왔습니다. 그중에서 첫 번째 재산 및 청구권 문제라는 것은, 샌프란시스코 평화조약 제4조 (a)항에 따라 양국 간에 특별한 협정을 맺어 해결하는 것으로 되어 있습니다. 동시에, 이 역시 제4조의 (b)항에 의하면, 우리 일본은 조선에서 일본 및 일본 국민이 가지고 있었던 재산에 대해 미군정부가 취한 처분의 효력을 승인하게 되어 있습니다. 그래서 문제는 이 처분의 효력을 승인한다고 할 때 이 '승인'이 무슨 뜻인가라는 것인데, 이 문제에 관해서는 일한 쌍방의 의견이 엇갈리고 있어 이야기가 마무리되지 않고 있습니다.

한국 측은 일본의 한반도 영유가 불법이었다는 식으로 처음부터 전제하고, 그러한 불법 영유하에 축적된 일본의 재산은 모조리 비합법적 성격을 띤 것이다, 따라서 이 재산은 모두 미군정부의 명령 제33호, 이른바 'Vesting Order'라고 하는 것 및 한미협정에 의해 한국 소유가 되었다, 일본은 더 이상 아무런 권리도 갖고 있지 않고 오히려 한국 측은 연합국과 같이 일본에 대해 배상에 가까운 어떤 종류의 요구를 할 수 있다는 견해까지 표명해온 것입니다.

이에 대해 우리 측은 이러한 한국 측의 주장은 국제법상으로도, 역사적으로도 통하지 않는다는 점을 설명했습니다. 실제로 샌프란시스코 평화조약에서도 한반도에 있는 일본 재산의 처리에 대해서는 명문의 규정이 있어 양국 간에 협의를 한다는 것으로 되어 있습니다.

또한 문제가 되고 있는 평화조약 제4조 (b)항, 즉 일본이 재산 처분의 효력을 승인한다는 의미도 해당 조문 및 일반 국제법의 원칙, 통칙에 의해 해결되어야 하는 것이고, 한국의 미군정부가 점령군 자격으로 일본의 사유재산에 대해 적산관리적인 처분을 실시한 경우에도 그 재산에 대한 원래의 소유권은 소멸하지 않는다, 예를 들어 판매 행위의 경우, 그 매각 대금에 대해서는 일본 측의 소유자가 청구권을 가지고 있다, 즉 매각 처분을 했다는 그 처분은 승인하더라도 그 재산의 원(元) 권리는 남아 있기 때문에 매각으로 인한 대금은 우리 측이 청구할 수 있다는 주장을 제기했습니다.

둘째는 어업 문제로 샌프란시스코 조약에 따라 한국과의 관계에서도 공해의 어업을 규제 혹은 제한하거나 어업의 보호와 발전을 규정하는 협정을 체결하게 되어 있습니다. 그러나 올해 1월 일한회담 개시 직전에 한국 정부는 이른바 '이승만 라인'이라는 것을 갑자기 발표, 한국과 우리 일본 사이의 공해에서 한국 측이 원하는 바에 따라 국가 주권을 행사한다고 선언했습니다. 또한 회의에서도 공해의 일정한 수역에서 어업관할권을 갖는다는 주장을 하기 시작했습니다. 이에 대해 우리 측은 어족 보호를 위해 과학적으로 연구하고 필요한 공동 조치를 취하는 데는 노력을 아끼지 않겠지만, 국제적으로 인정되지 않은 어업관할권과 같은 주장을 승인하는 것은 도저히 할 수 없다고 강하게 표명했습니다. 이렇게 어업 문제에 대해서도 양측의 견해에 큰 차이가 있어 쉽게 타결에 이르지 못하고 있는 상황입니다.

셋째, 국교의 기본을 수립하는 조약의 문제는 한국의 독립에 따라 일한 양국이 대등한 주권국가로서 선린우호관계를 맺는 것이 핵심이었습니다. 그런데 이 문제에 대해서도 한국 측은 우리 일본과의 관계에서 마치 전승국과 같이 평화조약을 체결해야 한다는 태도를 가지고 있어서, 예를 들어 "한국이 일본의 독립을 승인해준다"라든가, "과거 일한병합조약 등은 무효이다" 같은 주장을 한 경위도 있었습니다. 한국 측이 이런 태도였기 때문에 이 교섭도 상당히 힘들었지만 겨우 상대측도 일본 측의 의향을 양해해 샌프란시스코 조약의 정신에 따라 양국 간의 기본관계를 규율하는 조약안을 만든다는 데 거의 합의가 성립되었습니다.

이상과 같이 각 문제에 관한 협상이 개시된 가운데 청구권 문제에 대해서는 3월 말에 교섭이 완전히 뒤틀려 버렸습니다. 한국 측은 청구권 문제에 대해 이야기가 정리되지 않는 이상 기본관계조약도 국적처우 협정도 체결하는 것이 의미가 없다면서 거의 타결되어 있었던 문제들까지 모두 백지화한다는 성명을 낸 것입니다.

이에 대해 우리 측은 타협할 수 있는 것부터 점차 대화를 하는 것이 쌍방의 이익이라고 설득했습니다. 이미 거의 타결되어 있었던 기본관계조약과 국적처우 협정안에 서명을 하고, 또 선박 문제와 관련해서도 선박의 귀속 문제라는 논의로부터 떨어져 나와 한국의 해운 발전을 지원하는 취지에서 약간의 선박을 일본 측이 제공하는 것으로 서로 양보하면 어떻겠냐고 제안을 했습니다. 그리고 토론이 도저히 신속하게 끝나지 않을 것 같은 두 가지 문제, 즉 청구권 문제와 어업 문제는 충분히 더 논의한다는 의미에서 상설 공동위원회와 같은 것을 설치해 심의를 계속하면 어떻겠냐고 제안한 것입니다.

그런데 한국 측은 우리가 이 제안을 하면서 뭔가 속셈이 있을 것 같다는 오해를 했는지 이에 응하지 않았습니다. 그래서 일본 측으로서는 할 수 있는 바는 모두 한다는 취지에서 청구권 문제와 관련해서는 새로운 구상을 하고, 종래의 경위에 구속되지 않는다는 입장에서 구체적인 세목의 심의를 진행할 것을 다시 제안했습니다. 또 상설 공동위원회를 설치하는 경우 운영 기준 등과 관련해서도 구체적으로 제안해보았습니다.

일한 양국의 교섭은 앞에서 언급한 바와 같은 경위를 거쳐 오늘에 이르렀습니다. 심히 유감스러운 것은 한국 측이 여러 사실과 다른 선전을 하여 교섭을 원만하게 진행하기 어려운 상황이 된 것입니다. 이런 식으로 교섭이 정리되지 않음에 따라 재류 조선인 여러분들에게도 불편과 불이익이 생긴다고 생각하기 때문에 우리로서는 하루빨리 한국 측이 종래의 태도를 재고하여 정리할 수 있는 것은 정리한다는 마음으로 서로 손을 잡고 교섭 타결에 기여하여 양국의 국교 조정에 협력하기를 희망하고 있습니다.

회담 중단에 대해 나중에 마쓰모토 대표는 다음과 같이 말했다.

그때는 총리도 화가 나서 "한국과의 교섭은 일본이 독립한 후에 해야겠다"고 말씀하셨다. 회담 중단을 결정했을 당시 기자회견에서 나는 "이 교섭은 10년 걸린다"고 말했는데, 정말 10년 이상 걸렸다.

한국 외무부의 『외무행정 10년』(1959년 5월)은 "제1차 회담은 4월 21일 결렬"이라고 적고 있다. 상기한 국무회의 결정 전날에 해당하지만, 일본 측에서는 마쓰모토 대표가 양유찬 대사 앞으로 회담 중단 서한을 보낸 4월 25일을 회담 중단일로 하고 있다(외무성 아시아국이 편찬한 『조선편람』(1964년 11월), 『현대 조선 인명사전』 1962년판에 게재된 연표).

양유찬 주미 대사는 미국으로 돌아간 후에도 일한회담에서의 일본의 태도를 계속해서 비난했다. 일례를 들면, 4월 28일 워싱턴의 『UP통신』은 다음과 같이 보도했다.

(워싱턴 28일발 헨슬레이 기자 UP) 일한회담의 한국 측 수석대표로서 일본에 2개월간 체재한 후 최근 워싱턴으로 귀임한 양유찬 주미 한국대사는 28일, "일본은 강화조약 체결의 대가로 미국이 한국 전체를 사실상 일본에 인도하도록 하기를 원하고 있다"고 비난하면서 "일본이 구 재한 재산의 배상을 요구하고 있는 것은 기괴한 일"이라며 다음과 같이 말했다.

"한국 대표단은 나를 제외하고는 여전히 일본에 머물면서 토의할 수 있는 태세에 있지만, 아무런 진전도 보이지 않고 있다. 한국에 대한 행동으로 일본은 필리핀과 인도네시아로부터 대일 강화조약을 비준받을 기회도 날릴 위험에 처했으며, 다른 아시아 국가는 이번 일이 일본 정부의 진정한 의향을 알 수 있는 열쇠라고 주목하고 있다. 일본 정부는 한국이 미군정부에 의해 몰수되어 한국에 인도된 모든 재한 일본 재산의 대가를 일본과 일본 국민에게 지불할 것을 요구하고 있을 뿐만 아니라 한국전쟁의 결과 이 재산이 입은 손해까지 변상할 것을 요구하고 있다. 일본은 구 일본 재산의 한국 이양을 규정한 1948년의 미국의 조치를 승인하고 있지만, 그렇게 말하면서도 '미국의 조치가 비합법적이기 때문에 기존의 청구권을 포기할 의사는 없다'고 단정한다. 일본이 한국에 대해 이러한 태도를 취하는 것을 허락한다면 다른 나라로 하여금 미국과 기타 자유국가들의 반공 전쟁을 지지하도록 하는 것이 곤란해진다. 일본은 즉시 수호조약을 체결하고 청구권 문제는 앞으로의 논의에 넘기는 것을 희망하고 있지만, 이러한 생각에는 반대한다. 나는 우호를 바라고 있지만, 일본이 우리의 옆구리에 칼을 들이대고 있을 때 세계를 향해 피상적인 발표를 하고 싶지는 않다. 진정한 친구가 되어야 하지 않겠는가. 사실상 일본은 미국 정부가 재산을 한국 정부에 이양하는 권한을 갖고 있는지 그 여부를 문제로 삼고 있는 것이다."

외무성은 다케다(武田) 워싱턴 사무국장에게 수차례에 걸쳐 회담 경위나 마쓰모토 서한 등을 보내 진상을 알리고 미국 국무부의 이해를 촉구할 것을 지시했다.

4. 평화조약 제4조에 관한 미국의 견해

3월 25일, 한국 정부는 대일 평화조약 제4조의 해석을 미국 정부에 요구했다. 미국 정부는 4월 29일 이에 대한 견해를 한국 정부에 제시했지만, 일본 정부에는 아무런 통보도 하지 않았다. 그러나 이 견해의 내용이 5월 9일 『AP통신』 등에 의해 보도되면서 일본 측은 이를 미국 정부에 문의했는데, 5월 15일 존슨 국무부 차관보 대리는 다케우치 류지(武內龍次) 임시 대리대사에게 보낸 메모에서 한국에 한 답변에 관해 다음과 같이 말했다.

　　일한 청구권 문제의 해결과 관련, 평화조약 제4조의 해석에 대한 미국의 견해 표명
　　1952년 4월 29일 자 한국대사 앞으로 보낸 노트에서 국무부는 대일 평화조약 제4조를 다음과 같이 해석했다.
　　"미국의 견해는, 한국 관할권 내에 있는 재산을 소유하는 일본 및 일본 국민의 모든 권리, 권원 및 이익은 대일 평화조약 제4조 및 주한 미군정부의 관련 지령 및 활동에 의해 박탈당했다는 것이다. 따라서 그러한 자산 및 이익에 대해 일본은 유효한 청구권을 주장할 수 없다.
　　미국 측의 의견에 따르면, 평화조약 제4조 (b)항에 의해 일본이 유효하다고 인정한 자산의 처리는 이와 병행해서 조약 제4조 (a)항에 의한 협정을 고려하는 경우와 관련되어 있다."
　　국무부는 이상의 견해를 현재도 유지하고 있다. 이 견해의 배경이 되는 이론과 평화조약의 관계 조문에 대해 설명하는 일은 유익할 것이다. 미군정부 관할 내의 재한 일본 재산은 일본이 포기했고 이를 미

군정부가 접수한 후 한국으로 이양된 것이다. 이는 한국으로 하여금 독립할 수 있는 조건을 갖추게 하려면 일본과의 관계를 완전히 깔끔하게 분리할 필요가 있다고 생각했기 때문이다. 한국 당국으로 하여금 이 재산을 완전히 통제하게 하는 것이 미군정령 33호와 한미 행정협정(transfer agreement)이 의도한 바였다. 포기된 권한과 보상 문제가 별개의 문제일 수 있다는 것은 법리적인 견지에서는 인정되지만, 일본이 보상을 청구하는 것은 이 경우 미군정령 33호, 행정협정 및 평화조약 제4조의 언급, 논리, 취지와 모순되는 것으로 미국 정부는 간주하고 있다. 일본 및 일본인에 대한 한국 측의 청구권이 문제가 되었을 때 평화조약의 기초자(起草者)들은 그러한 청구권은 재한 일본 재산의 포기에 의해 어느 정도 이미 충족된 것은 분명하지만, 평화조약 내에 해결 방안을 규정하기 위한 충분한 사실 자료도, 또 적용되는 법이론의 충분한 분석도 자신들은 갖고 있지 않다고 판단했다. 따라서 다른 일본의 구 영토와 마찬가지로 청구권 문제는 전적으로 관계 국가 간 협정에 맡겨졌다. 그들이 생각한 것은 제4조에서 말하는 특별협정에서 관계 당사국은 재한 일본 재산이 포기되었다는 사실을 고려하게 될 것이라는 점이었다. 그러한 관계로 특별협정을 고려할 때 관련된 전기 미국 측의 의견이 개진된 것이다. 따라서 일한 양국 간의 특별협정은 재한 일본 자산을 한국 정부가 인수한 것에 의해 한국의 대일 청구권이 어떤 한도까지 소멸되었고 혹은 어떤 한도까지 만족되었다고 간주해야 하는지에 관한 결정을 포함해야 한다.

1952년 4월 29일 자 국무부의 서한에 피력된 견해를 미국이 한국대사에게 제시한 것은 적정했다고 믿는다. 왜냐하면 미국은 평화조약의 규정에 대한 책임자이기 때문이다. 그러나 평화조약에 규정된 특별협정을 일한 양국이 실행할 때, 재한 일본 재산이 받은 처분이 양 당사자에 의해 어떻게 고려되어야 하는지에 대해 미국이 의견을 피력하는 것은 적절하지 않다고 생각한다. 특별협정은 일한 양국 정부의 문제이며, 협정을 체결할지 여부의 결정은 당사자 자신 혹은 그렇게 하는 것을 위임받은 자가, 당사자가 제출한 사실과 적용해야 할 법이론을 충분히 검토한 후에 비로소 이행해야 하는 것이다.

일본 정부는 이것이 발표될 경우 평화조약 제4조의 해석에 대해 미일 간에 격의(隔意)가 있다는 사실이 표면화되고, 미일 양국 간에 이에 대해 응수를 하는 것과 같은 불행한 사태가 예상되며, 또한 이것은 본건의 원만한 해결을 곤란하게 한다는 것, 본 해석의 차이점은 법률적이고 기술적이어서 일반인을 이해시키기 어려운 데다, 한국에 대한 미국의 답변은 일반적으로 한국 측에 유리하다고 해석된다는 점을 언급하면서, 일본 측으로서는 문서 전체를 발표하는 것은 바람직하지 않다는 취지를 미국 측에 전달했다. 그 결과, 5월 19일 미 국무부는 단지 청구권 문제는 일한 양국 정부 간의 우호적인 교섭으로 해결되길 희망한다는 취지를 언급하는 데 그쳤다.

5. 대일 평화조약의 발효

4월 28일 평화조약 발효와 함께 일본이 국교를 회복한 국가는 평화조약 발효일에 24개국이 되어, 1952년 말까지 국교 회복 국가는 총 44개국에 이르렀다. 중화민국과는 한국과 같은 시기인 1952년 2월 중순에 국교 회복을 위한 교섭을 시작해 4월 28일 일중 평화조약에 서명, 8월 5일 비준서를 교환하고 대사를 교환했다. 그러나 한국과는 국교를 회복하지 못한 데다, 더욱이 일한회담의 중단으로 회담 재개와 타결을 단기간에 기대하기는 어려운 상황이었다. 따라서 일한 간에 구상서를 교환해 주일 한국대표부를 존속시키고 기존의 총사령부와 한국 측이 맺은 협정을 연장하기로 결정함과 동시에, 다른 한편으로는 일본 정부가 재일조선인의 법적지위 및 처우에 대한 방침을 행정적으로 결정했다.

(1) 주일 한국대표부의 존속

평화조약 발효일인 4월 28일 일본 외무성과 주일 한국대표부 간에 다음과 같은 구상서가 교환되어 주일 한국대표부는 평화조약 발효 후에도 한국 정부기관으로서 존속하게 되고 대표부 및 그 구성원에 대해서는 영사관 및 그 구성원에게 허용되는 것과 동일한 권한이 부여되었다.

구상서

일본 외무성은 재일 한국대표부에 경의를 표함과 동시에 그 지위에 관해 동 대표부가 오늘 날짜로 보낸 구상서에 대해 다음과 같이 답변하는 영광을 누린다.

"일본 정부는, 재일 한국대표부가 1951년 9월 8일 샌프란시스코에서 서명된 평화조약의 효력이 발생하는 오늘부터 연합군최고사령관에 파견된 대표부로서의 지위를 상실하므로, 양국 간에 정상적인 외교 영사 관계가 설정될 때까지 임시로 동 대표부에 대해 정부기관으로서의 지위를 인정하고, 또 동 대표부 및 그 구성원에 대해 영사관 및 그 구성원에게 통례적으로 허여되는 것과 동일한 권한을 허여키로 한다.

일본 정부는 대한민국 정부가 주한 일본 정부 대표부에 대해 상호주의에 입각해 상기한 동 대표부에 부여된 것과 동일한 지위와 특권을 인정하는 것으로 양해한다."

1952년 4월 28일

구상서

재일 한국대표부는 일본 외무성에 경의를 표함과 동시에 동 대표부의 지위에 관해 일본 외무성이 배려하도록 다음과 같이 전달하는 영광을 누린다.

"재일 한국대표부는 1951년 9월 8일 샌프란시스코에서 서명된 평화조약의 효력이 발생하는 오늘부터 연합군최고사령관에 파견된 대표부로서의 지위를 상실하므로, 양국 간에 정상적인 외교 영사 관계가 설정될 때까지 임시로 일본 정부와 동 대표부에 대해 정부기관으로서의 지위를 인정하고, 또 동 대표부 및 그 구성원에 대해 영사관 및 그 구성원에 통례적으로 허여되는 것과 동일한 권한을 허여받는다면 매우 다행으로 생각한다.

대한민국 정부는 주한 일본 정부 대표부에 대해 상호주의에 입각해 전기한 동 대표부에 부여된 것과 동일한 지위와 특권을 인정하는 것을 양해한다."

1952년 4월 28일

앞서 아시아국 제2과는 일본 측의 주한 공관과 관련해 제1차 일한회담 시작 전인 1951년 12월 10일에 다음과 같은 방침을 세웠다.

재외공관 설치에 관한 건

1. 평화조약 발효 후 일본은 한국과 대사관급의 국교를 개시한다는 방침을 갖고 있으며, 이 취지는 장차 체결될 일한 기본조약에 명기될 것이다. 따라서 우선 경성(京城)에(수도가 경성으로 복귀했을 때) 대사관을, 부산에 영사관을 설치할 방침이다.

2. 현재 강화조약 발효 이전인데도 동남아 각지를 비롯해 대만에도 재외사무소가 설치되어 있지만, 우리 일본과 특히 밀접한 관계에 있는 한국에 오늘날까지 재외사무소를 설치하지 못한 것은, 한국 측에 "한국은 중요하지 않아 남겨졌다"는 인상을 줄 우려가 있으며, 다른 나라에 앞서 일한관계를 정상적인 기반 위에 올려놓으려는 우리 일본의 근본 방침에도 어울리지 않다는 느낌이 없지 않다.

현재까지 한국에서의 재외공관 설치는 일단 1952년도로 계획되어 있어 그 비용도 1952년도 예산에 짜여 있지만, 올해 재외사무소 설치비 총 20억 엔 중에는 여유도 있는 데다 정원 면에서도 12~13명의 여지가 있으므로 총사령부 및 한국 정부의 양해만 얻어내면 연도 내에(1952년 3월까지) 재외사무소를 설치하는 것도 가능하다. (설치법 개정은 정기 국회에 충분히 맞출 수 있을 것으로 예상된다.)

현재 일한 간의 무역량에 주목할 만한 것이 없다는 이유로 주로 무역 문제를 다루는 재외사무소를 즉시 설치할 필요가 없다는 의견도 있지만, 상술한 정치적 고려로 볼 때 한국 측이 반대하지 않으면 우리 측으로서는 조속히 재외사무소를 설치할 용의가 있다.

4월 15일 아시아국 제2과가 기안한 「일한회담의 추이에 따른 대한국 관계 행정조치에 관해」(안)

는 '주일 한국대표부의 지위'에 대해 다음과 같은 견해를 피력했다.

현재 총사령부를 상대로 파견되어 있는 각국 대표부에 부여된 이익에는 외교, 영사 등의 직무 수행 권능 외에 외교사절 등 보통 부여되는 특권과 단순히 의례적으로 부여되는 편익(식량 특별배급, 담배 및 휘발유 면세 등)이 있다. 그러나 평화조약의 발효에 의해 총사령부가 소멸되면, 새롭게 일본과 이들 국가 간에 어떤 방법으로 협정을 체결하지 않는 한 이론적으로 이들 대표부는 종래 향유했던 모든 이익을 잃게 된다.

그러나 이 같은 협정이 없는 경우에도 이러한 이익이 기존의 타성에 젖어 일종의 기득권적인 느낌을 주고 있다는 점을 생각하면, 일률적으로 이를 폐지하는 것은 비우의적인 느낌을 주어 적당하지 않기 때문에, 평화조약 발효 후 일본과 이들 각국과의 외교관계의 측면에 비추어 몇 가지 단계를 설정할 필요가 있다.

일한회담이 파국적인 상태인 채 평화조약 발효 후로 넘어가게 될 경우, 주일 한국대표부를 어떻게 다루어야 하는가라는 문제도 일한 외교관계에 어떤 것이 상정되는지 여부에 따라 그 양태가 결정되어야 할 것이다.

추상적으로 분류하면 그 양상은 다음과 같이 5단계로 나누어 생각할 수 있다.

(1) 모든 이익 특권을 거부하는 것: 이 같은 과격한 수단은, 특히 법률적으로 동일한 지위에 있는 다른 국가의 대표부에 제공되는 혜택도 거부하는 경우에는 소련 대표부의 사례에서 보았듯이 한국 정부를 부인하고 대표부의 공적 자격을 인정하지 않는다는 결정적인 태도에 기초하지 않는 한 고식적인 괴롭힘과 같은 인상을 줄 것이다.

(2) 외교사절적인 권능 및 이와 직접 관련된 특권(암호, 외교행낭의 사용 등)은 인정하지 않지만, 개인적인 편익(식량특별배급, 담배 및 휘발유 면세 등)은 암묵적인 의례로 당분간 사실상 부여하는 것: 이는 당분간 어떤 형태로든 외교관계의 재개를 생각할 수 없는 국가에 일반적으로 취할 수 있는 수단이다. 이는 의례적인 둔사(遁辭)의 성격을 갖는데 심리적으로는 편익을 제공하고 있는 것 자체가 외교 재개에 대한 무언의 압력으로 작용할 것이다. (이 경우 공문 등에 의해 명시적으로 허여하는 것은 권리적인 것으로 간주될 우려가 있기 때문에 단순히 사실상의 허여에 그치고 언제든지 철회할 수 있는 자유를 확보해둘 필요가 있다.)

(3) 재외사무소로서 통상(通商) 사무(일본 정부 재외사무소 설치법 제3조 1호 내지 7호의 사무)를 수행하는 권한은 인정하지만, 영사 업무는 인정하지 않는 경우: 이 경우는 공인된 한 국가의 국가기관에 대한 존경의 표시로서 개인적 편익 외에 사실상 영사관을 대하는 것과 같은 특권을 허여하는 것이 적당할 것이다. 그러나 암호, 외교행낭의 사용은 허여할 필요가 없다.

(4) 영사관 내지 영사 사무도 수행하는 재외사무소로서의 지위를 인정한다. 특권은 영사관에 준한다.

(5) 상기한 (4)의 재외사무소와 동일한 지위이지만, 사실상 외교사절에 대한 것과 동일한 대우를 부

여한다. (그러나 외교단 목록에는 등재하지 않는다.)

이것을 앞으로 예상되는 평화조약 발효 후의 일한 외교관계에 대응시키면 다음과 같이 될 것이다.

(가) 한국과 결정적으로 대립하여 한국의 현 정부와는 장래에도 아무런 외교관계도 맺지 않는다고 결심하게 된다면, 상기한 (1)의 방법이 채택되어야겠지만, 향후 한국 정부의 태도 여하에 따라서는 앞으로 정상적인 외교관계를 열겠다는 마음가짐이라면 (1)과 같은 방법은 오히려 유해무익하고 짓궂게 괴롭히는 수단이 되며, 또한 소련 대표부의 취급 등과도 관련하여 한국이 자유국가 집단의 일익으로서 유엔 제국들과 공동작전을 취하고 있는 현상에 비추어보면 이 방법은 절대로 택하면 안 될 것이다.

(나) 회담의 현상을 감안하면 당분간 한국과 외교관계를 개설할 전망은 없지만 약간의 냉각기간을 두고 한국 현 정부의 반성을 기다리기로 하고, 그동안 회담 재개에 대한 무언의 압력을 가하기 위해서는 (2)의 방법이 적당할 것이다.

(다) 취지는 상기한 (나)와 같지만, 주일 대표부에 대해 직접 압력을 가하지 않고 단순히 상대측이 불편을 느끼도록 하는 정도라면 (3)의 방법이 가능하다. 이 경우 일본의 재외사무소를 한국에 설치할지 여부 문제를 특별히 고려하지 않아도 좋다.

(라) 일본의 재외사무소를 한국에도 설치하고 싶다는 희망이 강한 경우와 회담 재개가 비교적 가까운 장래에 가능할 경우, 혹은 사실상 외교관계를 존속시켜두고 싶은 경우에는 그 정도에 따라 (4) 내지 (5)의 방법이 적당할 것이다.

이상 어느 하나를 선택할 경우 그 절차와 관련, (가) 및 (나)일 경우에는 단순히 평화조약의 발효로 주일 대표부의 지위가 상실된다는 것을 통보만 하면 족하다.

(3) 내지 (5)에 관해서는 상기한 통보와 함께 공식적으로 허용해야 할 권한의 범위에 대한 통지문 내지 공문교환을 보낼 필요가 있다. 또한 (3)의 경우에는 일방적인 허용으로도 충분하지만, (4) 및 (5)의 경우에는 한국에 설치되어야 할 일본의 재외사무소의 지위를 보아가면서 상호주의에 입각해 결정하는 것이 좋을 것이다.

4월 23일 수정된 안은 다음과 같이 적고 있다.

(1) 일한 간에는 무(無)조약 관계임에도 불구하고 통상관계의 진흥 및 재일한인의 보호, 단속 등 영사업무 처리를 위해 영사관을 도쿄(東京)에, 그 분관을 오사카(大阪), 후쿠오카(福岡) 2곳에 설치하는 것을 승인한다. 또한 여기서 한국에 동수의 일본 영사관을 설치하는 것에 대한 상호주의를 확인한다.

(2) 방식으로는 강화조약 발효 전에 현재의 주일 한국대표부와의 사이에 영사관 설치에 관한 각서를 교환한다.

(3) 보통의 영사관에 부여하는 정도의 영사 특권 및 직원에 대한 개인적인 편익은 사실상 허여하는 것이 적당할 것이다.

제13회 국회에서 결정된 '재외공관의 명칭 및 위치를 결정하는 법률'(중의원은 1952년 3월 31일, 참의원은 4월 4일에 각각 통과)은 1952년 4월 12일 법률 제85호로 공포되어 대사관 21곳, 공사관 18곳, 총영사관 11곳, 영사관 6곳의 위치가 결정되었다. 한국과 관련해서는 주한 일본국 총영사관을 경성에, 일본국 영사관을 부산에 각각 설치하는 것으로 정해졌다. 그러나 대표부 설치를 인정받은 4월 28일 히로타 시게루(広田禛) 아시아국 제2과장은 유태하 주일 대표부 참사관 앞으로 다음과 같은 서한을 보냈다.

> [원문 1행 가량 판독 불가] 하는 한, 머지않아 적당한 제 조건이 갖추어질 때까지 경성과 기타 한국 내에 일본대부를 설치하는 일은 없을 것입니다. 경구.
> 1952년 4월 28일
>
> 히로타 시게루

4월 30일 정보문화국은 다음과 같이 발표했다.

> 종래 연합군최고사령관을 상대로 파견되어 있던 대한민국 주일 대표부는 지난 28일 평화조약의 발효에 따라 그 지위를 상실했으므로 일한 간에 공식적인 외교관계가 수립될 때까지 잠정적으로 그 지위를 인정하기로 이 날짜에 합의가 성립됐다.

또한 한국에서 일본으로 입국을 희망하는 한국인의 입국 비자 절차에 관해서는, 한국 내에 일본 영사관이 설치되어 있지 않았기 때문에 한국의 주일 대표부가 외무성 앞으로 보내는 구상서로써 의뢰장(依賴狀)을 제출하고 외무성은 이를 입국관리청에 이첩하며, 이어 입국관리청은 승낙 여부를 외무성에 통보하고, 외무성은 주일 대표부에 답변하는 방식으로 처리키로 했다. 한국 이외의 지역에 있는 일본의 재외공관에 입국 비자를 신청하면, 다른 외국인과 마찬가지로 개별 심사 후 비자가 발급됐다.

(2) 총사령부와 한국 정부 간의 협정 연장

제1장에서 언급한대로 대일 평화조약 발효 전에 연합국군총사령부와 한국 정부 간에는 무역협정, 금융협정, 해운협정이 체결되었고, 무역계획이 세워져 있었다. 이 무역·금융·해운 3개의 협정은 대일 평화조약의 발효에 의해 실효되는 것으로 정해져 있었다. 따라서 대일 평화조약 발효일인 4월 28일 외상을 대신해 이구치 사다오(井口貞夫) 외무성 사무차관은 "일한 양국 간의 무역관계는

대일 평화조약 발효 후 새로운 협정이 효력을 발생하는 날까지 현행 무역·금융 협정, 기타 무역계획 등의 규정에 준해 실시된다"는 취지의 서한을 주일 한국대표부 김용식 공사에게 통보했다. 이에 대해 김용식 공사가 동문(同文)의 서한을 요시다 외상[39]에게 보냄으로써 관련 협정이 지속되게 되었다.

이와 함께 해운협정은 평화조약 발효일로부터 1년간(다만, 양국 간에 통상항해조약이 체결되는 경우는 그날까지로 한다) 현행 협정 조항에 필요한 수정을 가한 것에 사실상 준거해 시행된다는 취지의 서한을 상기한 무역·통상 협정에 대한 조치와 같은 방법으로 상호 교환함으로써 지속되게 되었다.

(3) 재일조선인의 법적지위와 처우

① 국적

평화조약에는 재일조선인에 관해 규정한 조문이 없었지만, 일본 정부는 "제2조 (a)항의 규정에 의한 조선의 독립 승인에 의해 재일조선인은 조선 국적을 회복한다"고 해석했다. 법무성 민사국장은 1952년 4월 19일 다음과 같은 통지를 지방 법무국장에게 보냈다.

평화조약에 따른 조선인, 대만인 등에 대한 국적 및 호적 사무의 처리에 대해

조만간 평화조약(이하 조약이라고 한다)이 발효됨에 따라 국적 및 호적 사무와 관련해선 다음과 같이 처리되게 되므로, 이를 양지하여 그 처리에 차질이 없도록 귀 관하 각 지국 및 시구정촌(市区町村)에 널리 알려주길 바란다.

기

제1 조선 및 대만 관계

(1) 조선 및 대만은 조약 발효일로부터 일본 영토에서 분리되므로, 조선인과 대만인은 내지(內地)에 거주하고 있는 자를 포함해 모두 일본 국적을 상실한다.

(2) 원래 조선인 또는 대만인이었던 사람이라고 하더라도 조약 발효 전에 내지인과의 혼인, 입양 등의 신분 행위에 의해 내지의 호적에 입적해야 하는 사유가 발생한 자는 내지인으로서 조약 발효 후에도 아무런 절차를 요구하지 않으며, 계속해서 일본 국적을 보유한다.

---

39) 당시 요시다 시게루 총리는 외상을 겸임했다.

(3) 원래 내지인이었던 사람이라고 하더라도 조약의 발효 전에 조선인 또는 대만인과 혼인, 입양 등의 신분 행위로 인해 내지의 호적에서 제적해야 할 사유가 발생한 자는 조선인 또는 대만인으로서 조약 발효와 함께 일본의 국적을 상실한다.

또한 이러한 사람들에 대해서는 그 자가 제외된 호적 또는 제적으로 국적 상실을 기재할 필요는 없다.

(4) 조약 발효 후에는 입양, 결혼, 이연(離緣), 이혼 등의 신분 행위에 의해 즉시 내지인이 내지 호적으로부터 조선이나 대만 호적에 들어가거나, 또는 조선인 및 대만인이 이러한 신고에 의해 즉시 출신국의 호적으로부터 내지 호적에 들어갈 수 있었던 종전의 취급은 인정되지 않는 것으로 한다.

(5) 조약 발효 후 조선인 및 대만인이 일본 국적을 취득하려면 일반 외국인과 마찬가지로 오로지 국적법의 규정에 의한 귀화 절차에 따라야 한다.

또한 이러한 귀화의 경우, 조선인 및 대만인〔(3)항에서 말한 원(元) 내지인은 제외함〕은 국적법 제5조 제2호의 "일본 국민이었던 자" 및 제6조 제4호의 "일본 국적을 상실한자"에 해당하지 않는다. (이하 생략)

② 법률 제126호와 외국인등록법

제13회 국회는 외국인 관리를 위한 기본법으로서 '포츠담 선언 수락에 동반해 발하는 명령에 관한 건에 기초한 외무성 관계 제 명령조치에 관한 법률'(법률 제126호)과 '외국인등록법'(법률 제125호)을 통과시켰다. 두 법률은 평화조약 발효일에 공포됐다. 법률 제126호에 의해 기존 포츠담 정령으로 정해졌던 출입국관리령이 법률로서의 효력을 갖게 되었고, 외국인이 된 조선인과 대만인은 출입국관리령의 적용 대상이 되었다.

그러나 이 법률 제126호은 1945년 9월 2일 이전부터 계속해서 재류하는 조선인과 대만인(1945년 9월 3일부터 평화조약이 발효된 1952년 4월 28일까지 일본에서 출생한 자를 포함함)을 다른 외국인과 구별, 전자에 대해서는 전쟁 이전부터의 특수 사정을 고려해 별도로 법률로 정할 때까지 당분간은 재류 자격을 갖지 않은 채 재류할 수 있도록 허용하는 한편, 이러한 자들을 제외한 일반 외국인(전후에 왕래한 조선인과 대만인을 포함함) 중에서 앞으로도 재류를 희망하는 자는 평화조약 발효 후 3개월 이내에 재류 자격 취득을 신청해야 한다고 규정했다. 당시 전자에 속하는 조선인은 약 52만 명으로 추정되었다. 또한 외국인등록법은 기존의 '외국인등록령'을 대체하는 것으로, 출입국관리령이 조선인과 대만인에게도 적용됨에 따라 외국인등록령 가운데 출입국 및 강제퇴거에 관한 규정을 제외하는 한편, 동 법령 중에서 외국인등록에 관한 부분을 합법화하는 등 총합해서 기존의 결함을 보완한 것이다. 같은 해 10월 외국인등록법에 따른 첫 번째 등록이 실시되었다.

③ 교육

조선인은 외국인이 되었기 때문에 의무교육을 받을 권리를 상실했지만, 평화조약 발효 후 첫 학기를 앞둔 1953년 2월 11일 문부성은 초등교육국장 통지로써 "조선인 자녀의 취학은 일반 외국인과 마찬가지로 취급되도록 되었지만, 일한 우호의 정신에 기초해 가능한 한 편의를 공여한다는 취지에 입각해, 교육위원회는 조선인 보호자로부터 그 자녀를 의무교육 학교에 취학시키고 싶다는 취지의 신청이 있는 경우에 일본의 법령을 준수하는 것을 조건으로 취학시켜야 할 학교 교장의 의견을 구한 다음에 사정이 허락되는 한 종전대로 입학을 허용할 것"이라고 밝혔다. 1952년 10월 문부성 조사 결과, 조선인의 경우 소학교 아동은 8만 824명, 중학교 학생은 2만 1,358명에 이르렀다.

④ 생활보호

생활보호법은 원칙적으로 외국인에게 통용되지 않았지만 재일조선인에 대해선 "일본에 오래 거주했던 사실을 존중하여 당분간 그 보조를 받게 한다"는 방침이 국회에서 확인되었다(1952년 4월 17일, 참의원 외무법무연합위원회). 또한 1954년 5월 8일 후생성 사회국장은 도도부현(都道府県) 지사 앞으로 보낸 「생활이 곤궁한 외국인에 대한 생활보호 조치」라는 통지에서 생활보호법을 조선인에게도 준용하는 것을 인정했다. 통지는 그 이유로서 "평화조약 발효 전에 일본 국민으로서 생활보호법의 적용을 받고 있었고, 조약 발효 후에도 일본에 체류하는 자도 많고 생활 곤궁자의 비율도 현저하게 높다. 더욱이 각종 외교 문제가 해결되지 않는 이상 외교기관에 의해 구제를 요구하는 것이 현재로선 전혀 불가능한 점 등으로 인해 일반 외국인과 마찬가지로 복잡한 절차를 거치는 것은 아무런 실익도 기대할 수 없다"고 말했다. 그 준용자 수는 1952년 말 7만 6,673명, 1953년 말 10만 7,634명이었다.

⑤ 광업권

광업법은 외국인의 경우 광업권자, 조광권자(租鑛權者)가 될 수 없다는 규정(제17조, 제87조)을 두고 있었지만, 1953년 7월 9일 그 일부가 개정되어 "평화조약 발효일에 일본 국적을 상실한 자가 그날 현재 광업권 또는 조광권을 가지고 있었을 때는 그 자 및 그 상속인은 광업법 제17조(동법 제87조에서 준용하는 경우를 포함)의 규정과 무관하게 1954년 4월 27일까지는 해당 광업권 또는 조광권을 소유할 수 있다"고 정했다. 조선인 광업권 소유자는 1952년 12월 1일 당시 단독 49건, 공동 16건, 조광권 1건, 총 66건이었는데, 이후 행정지도 결과, 1954년 4월 28일에 단독 4건, 공동 1건, 조광권 1건이 되었다. 단독인 것은 국고에 귀속되었고(민법 제239조 제2항) 공동인 것은 다른 일본인에게 귀속되었으며(민법 제255조), 조광권은 소멸되었다.

⑥ 일본선박의 소유

재일조선인이 소유한 선박은 일본선박이 아닌 것으로 되었기 때문에 일본 각 항구 간의 연안무역 및 일본의 불개항장(不開港場) 입항 권리를 상실하게 되었다. 1954년 8월 7일 운수성은 「평화조약 발효에 따른 재일조선인 등의 소유 선박에 대한 선박법 제3조의 적용에 대해」를 통해 "그 선박을 오로지 일본의 각 항구 사이에서만 운항시키고 있는 경우에는 해당 외국인 및 법인에 선박법 제3조에 따라 해당 외국 선박에 의한 불개항 기항 및 연안 운송은 향후 1년간에 한해 지역을 한정하여 포괄적으로 특허하기로 한다"고 처리 요령을 제시했다(1955년 8월 3일에 전기한 특허 기간을 1년 더 연장했다).

어선도 선박법의 규정에 따른다. 따라서 수산청은 1954년 3월 19일 재일조선인 어선 소유자에 대해 등록 말소 절차를 취하도록 지시하고, 이 어선들이 불개항장에 입항하려면 종류 및 크기에 상관없이 선박법에 따라 운수대신의 특별 허가를 필요로 한다고 밝혔다. 1953년 4월 수산청 조사에 의하면, 조선인 소유의 어선은 지바(千葉) 현 1척, 야마구치(山口) 현 19척, 후쿠오카(福岡) 현 5척, 나가사키(長崎) 현 79척으로 총 104척이었다.

⑦ 기타

평화조약 발효 당시 조선인 9명이 은급(恩級) 수급 해당자였지만, 평화조약 발효 후에는 은급 지급이 중지됐다.

재일조선인 한센병 환자의 경우 후생성 통계에 따르면 1952년 1월 말 523명(기타 미수용자 77명)이었다. "한센병 예방법의 적용을 받고 있는 한센병 환자"는 출입국관리령 24조에 의해 강제퇴거 해당자로서 열거되어 있기 때문에 1952년 2월 28일 젠쇼엔(全生園, 도쿄)에 수용된 조선인 한센병 환자 77명이 강제퇴거되지 않도록 해달라는 청원을 참의원에 제출했다. 이것이 채택되어 1953년 6월 13일 각의 결재를 거쳐 같은 해 12월 1일 이하와 같은 처리 요령이 국회에 보고되었다.

재일조선인은 모두 출입국관리령의 적용을 받지만 평온하게 요양 생활을 계속하는 자에 대해서는 법의 운용을 고려하고, 또 영주 허가에 대해서는 일한회담의 타결을 기다려야 하겠지만, 1950년 9월 2일 이전부터 계속 거주해온 자에 대해서는 가능한 한 희망에 부응하고자 한다.

6. 강제퇴거에 해당하는 형벌법령위반자에 대한 한국의 인수 거부

종래 조선인의 강제퇴거 실시와 관련, 외국인등록령의 규정에 의한 강제퇴거 해당자는 출입국 관리청이 출범된 이후 오무라(大村) 수용소에 수용되어 1950년 12월부터 1952년 3월까지 7회에 걸쳐 3,633명이 한국으로 송환되었지만, 여기에는 불법 입국자와 불법 체류자 3,188명 외에 외국 인등록령을 위반해 금고 이상의 형에 처해진 자(당시 법무성은 '형벌법령위반자'라고 했다) 등 피 강제퇴거자 445명을 포함하고 있었다. 점령하인 데다 총사령부가 개입하기도 하여 한국 측은 일본 측의 강제송환자를 모두 이의 없이 받아들였다. 그러나 평화조약 발효 후 최초(1950년 12월 이후 통산하면 제8차) 송환 이후 한국 측은 형벌법령위반자의 인수를 거부했다. 이 송환자 인수 거부의 경위에 대해 아시아국 제2과는 1952년 5월 22일 다음과 같이 정리하고 있다.

일본 측은 조선인의 제8차 강제송환을 실시하기 위해 선례에 따라 실시 예정일(5월 12일) 10일 전에 한국대표부에 외국인등록령 위반자 약 330명의 본국 수용을 요구하면서 송환자 명단을 수교하는 등 동 대표부의 동의를 얻었다. 이후 일본 측은 송환선이 변경되어 수용 능력이 늘었기 때문에 송환 전날(11 일) 한국대표부 교민부장 오진영(吳震泳)의 오무라 출장소 방문을 계기로 이러한 사정을 설명하면서 이 번 송환을 410명(종전 전부터 있던 체류자 가운데 외국인 등록 절차 위반자 125명, 종전 후 밀입국자 285명)으로 늘리고 싶다는 취지로 제의를 했다. 그런데 오 부장은 이러한 송환자 가운데 124명(125명 인데 잘못 기록했을 것으로 생각된다)은 종전 전부터 재류해왔다고 지적하면서, 재일한국인의 국적처 우 문제가 아직 해결되지 않은 데다 본국 정부가 인수를 거부할 수도 있으므로 124명(125명인데 잘못 기록했을 것으로 생각된다)의 송환을 유보해달라는 취지로 요청을 했다. 이 요청에 대해 입국관리청 오 무라 출장소는 "그러한 문제는 근본적인 문제이며, 본청에서 처리되어야 할 사항이다"라고 현지 교섭 을 거부, 일정대로 5월 12일에 송환을 실시했다.

송환선 산스이마루(山水丸)는 13일 부산항에 도착했다. 그러나 선상에서 인수를 시작하기에 앞서 한 국 외무부 부산출장소장은 우리 측 호송 보안관에게 단지 상사의 명령을 이유로 종전 전부터의 재류자

(이는 모두 외국인등록령 위반자이다) 125명의 인수를 거부했다. 그 이유는 판연하지 않지만, 우리 측 호송 보안관의 말에 따르면 부산출장소장은 125명에 대해 "송환 문제는 일한 간에 해결되지 않은 문제로 한국 측은 인수할 이유가 없다"는 취지를 내세웠다고 한다.

산스이마루는 인수가 거부된 125명을 태우고 14일 9시 사세보(佐世保)에 입항했다. 일본 측은 반송자를 오무라 수용소로 호송하기 위해 일단 50명을 상륙시키려 했는데, 모두들 수용될 근거가 없다면서 트럭 승차를 거부했다. 그러나 설득에 힘써 겨우 실력 행사를 하지 않은 채 전원을 수용했다.

수용 후 반송자들 사이에 어떤 음험한 분위기는 보이지 않았지만, 17일 오무라 거주 조선인 18명이 조선인석방구원회 본부라는 조직의 지시라면서 상기 수용소에 몰려와 반송자 및 심사관에 대한 면회를 요청하면서 집요하게 즉각 석방을 강요, 사태가 약간 험악해졌다. 20일에는 재일조선민주전선 규슈(九州)지구위원회 대표 등 조선인 남녀 약 40명이 동 수용소에 밀어닥쳐 면회를 강요했는데, 이들 대표 등이 동 수용소 총무부장과 면회하는 와중에 반송자 13명이 탈주를 꾀하여 체포되는 사건이 발생했다.

이러한 경위에 비추어 일본 측은 이번 문제의 원만한 해결을 도모하기 위해 5월 22일 입국관리청 심판부장이 동 대표부의 김 대표를 방문, 이번 송환이 어떤 새로운 문제가 아니라 지난 7회에 걸쳐 실시된 송환과 완전히 같은 것이었다는 점, 또한 과거의 송환에 대해서는 한국 측도 협력했다는 점을 강조하고 한국 측의 선처를 촉구했다. 그러나 김 대표가 시종 일한회담을 재개해 국적처우 문제를 해결하면 처리되는 문제라는 주장을 되풀이했기 때문에 아무런 성과도 얻지 못하게 됐다.

한국 측의 인수 거부로 5월 12일 산스이마루가 사세보를 떠난 날, 주일 대표부 신철선(辛徹善) 3등서기관은 입국관리청 실시부 도요시마(豊島) 제1과장에게 "이번 송환자 중에서 124명은 종전 전부터 일본에 거주해온 자이므로 국적의 귀속이 분명하지 않다. 따라서 한국은 인수할 수 없다"는 취지로 전화 연락을 해왔다. 이에 따라 그날 스즈키(鈴木) 입국관리청 심판부장은 한국대표부를 방문했다. 한국 측은 스즈키 부장에게 "재일한인의 국적은 한일회담이 타결되면 그 협정에 따라 처리되어야 하지만, 회담이 평화조약 발효까지 성립되지 않았기 때문에 일반 국제법의 관례에 따라 선택권이 부여되어야 한다"며 "인수할 수 없다"고 말했다. 이에 대해 스즈키 부장은 일본 측의 대응이 재일한인은 모두 한국 국민이라는 한국 측의 주장을 존중하는 조치이며, 과거 7회에 걸쳐 한국이 그 송환을 수용해왔다는 점, 더욱이 이번 송환자는 점령 중에 결정된 데다 평화조약 발효 시까지 선편을 확보할 수 없었던 사정을 설명하면서 그들을 인수할 것을 요청했지만, 한국 측은 납득하지 않았다.

한국 측의 125명 인수 거부는 일본 측이 한국에 대해 강한 불신감을 갖는 계기가 됐다. 그것은 제1차 일한회담의 국적처우위원회에서 아래와 같이 강제퇴거에 대해서는 추가적인 협의 사항을 포함하더라도 원칙적으로 합의한 사항에 들어 있었기 때문이다.

영주를 허가받은 재일한인에 대한 강제퇴거의 운용에 관한 양해 사항(안)

(1952년 4월 1일)

재일한인의 국적 및 처우 등에 관한 일한협정 제[ ]조의 규정에 의해 영주를 허가받은 자에 대한 강제퇴거의 운용에 관한 일한 양국 관계 당국 간의 협의 방법은 다음에 의거하는 것으로 한다.

기

I. 일본 측 당국은 다음의 강제퇴거 사유에 해당한다고 인정하는 재일한인을 강제퇴거시키는 경우에는 한국 당국과 협의한다.

　1. 출입국관리령 제24조 제1항 제4호 (다). (한센병 요양소의 수용 능력상 입소시키기가 사실상 불가능한 경우 및 그 자가 요양소 내 질서를 어지럽히는 경우를 제외하면 퇴거를 강제하지 않을 것)

　2. 동 호 (라). (특히 악질적이고 병원의 질서 유지에 지장을 초래하는 경우가 아니면 퇴거를 강제하지 않을 것)

　3. 동 호 (마). (범죄를 저지르고 유죄판결을 받은 경우 또는 치안을 어지럽히는 등 특히 악질적인 언동을 한 경우가 아니면 퇴거를 강제하지 않을 것)

II. 전항 제3호에 해당하는 자가 자발적으로 퇴거를 희망하는 경우에는 일본 측 당국은 한국 측 당국과 협의하여 적절한 절차에 따라 귀환을 원조하기로 한다.

III. 일본 측 당국은 출입국관리령 제24조 제1항 제4호 (바), (사), (아) 및 (자)의 강제퇴거 사유 중에서 어느 하나라도 해당하는 재일한인을 강제퇴거하는 경우에는 이를 한국 당국에 알린다.

IV. 일본 측 당국은 출입국관리령 제24조 제1항 제4호의 (차), (카), (타), (파) 및 (하)의 강제퇴거 사유 중에서 어느 하나라도 해당하고, 또 따라서 유죄판결을 받은 재일한인을 강제퇴거하는 경우에는 이를 한국 측 당국에 알린다.

V. 일본 측 당국은 출입국관리령 제24조 제1항 제4호의 (차), (카), (타), (파) 및 (하)의 강제퇴거 사유 중에서 어느 하나라도 해당한다고 인정하는 재일한인으로서 유죄판결을 받지 않은 자를 강제퇴거하는 경우에는 한국 측 당국과 협의하기로 한다.

VI. 일본 측 당국은 출입국관리령 제24조 제1항 제4호 (갸)의 강제퇴거 사유에 해당한다고 인정하는 재일한인을 강제퇴거하는 경우에는 이를 한국 측 당국과 협의하기로 한다.

한편, 한국 측의 인수 거부는 당시 신문에도 크게 보도되어 일본 사회에 큰 반향을 일으켰다. 점령하에 있던 재일조선인 좌익이 공산당과 합세, 여러 치안상 문제가 되는 사건을 일으키고 있었다. 특히 1952년 5월 1일 노동절 사건, 6월 25일 스이타(吹田) 사건[40]은 완전히 폭동 양상을 보였으며,

---

40) 1952년 6월 24일부터 25일까지 오사카 부(府) 스이타 및 도요나카(豊中) 시(市) 일대에서 재일조선인 등이 일으킨 반미·반전 시위 사건. 이 사건은 같은 해 5월에 일어난 '피의 노동절 사건'과 7월 나고야 시에서 발생한 오스지(大須) 사건과 함

여기에 당시 조선인의 범죄 비율이 이상하게 높다는 점이 지적되면서 '재일조선인은 불량분자'라는 인상을 강하게 심어주고 있었기 때문이었다.

6월 20일 외무성은 구상서를 통해 "7월 1일 제9차 송환을 실시할 예정인데, 여기에는 앞서 인수가 거부된 자와 이와 동일한 성격을 가진 자 약 150명을 포함하고 있으므로 인수를 부탁한다"는 취지를 한국 정부에 전했다. 이에 대해 한국대표부는 6월 24일 자 구상서에서 "1945년 8월 9일 이전부터 거주해온 재일한국인은 강제퇴거를 포함한 국적처우 문제가 해결되지 않았으므로 이 점에 대해 양국 간의 합의가 성립될 때까지 일방적으로 송환하는 것에는 동의할 수 없다"고 회답해왔다.

오카자키 외상은 7월 2일 머피(Robert Daniel Murphy) 주일 미국대사에게 재일한국인의 강제송환에 대한 협조를 요청하는 서한을 보냈는데, 그는 여기서 "60여만의 조선인 중에는 상당수 탐탁지 않은 분자들이 포함되어 있고, 그들은 일본의 법률을 지킬 의사가 없을 뿐만 아니라, 최근에는 일본 공산주의자들과 작당하여 집단적 폭력 행위를 일삼아 치안을 교란하는 사례가 빈발하고 있다. 특히 그들은 주일미군에 대해 적대적인 입장을 취하고 미군 군사시설 등을 습격하기에 이르렀다. 그 목적은 일미 양국 국민 간의 감정을 떼어놓고, 나아가 미군 주둔을 어렵게 하려는 것이다"라고 말했다.

5월 24일 외무성(와지마 아시아국장)은 입국관리청(스즈키 심판부장)과 송환자 인수 거부에 대한 대책을 협의했다. 또한 이날은 내각조사실이 중심이 되어 외무성, 입국관리국, 국가경찰, 법무부, 특심국(特審局), 문부성, 후생성, 해상보안청의 관계자들이 모여 이 문제를 포함한 재일조선인 문제에 대해 논의했다. 아시아국 제2과는 6월 12일 아래와 같은 「송환 조선인 인수 거부 문제에 대한 대항 조치」를 작성, 법무성 측과 6월 18일, 20일, 30일 협의했는데, 구체적인 대책을 결정하는 데까지는 이르지 못했다.

1. 정책

한국 측의 강제송환자 인수 거절 사건에 대해 적절한 보복조치를 강구해 한국 측의 포악한 태도에 대한 반성을 촉구한다. 또한 본건 내지 일한 간 절충해야 하는 협상 전반에서 하나의 계기를 마련하여 향후 협상을 우리에게 유리하게 전개하기 위한 포석으로 삼는 것을 목표로 한다.

(이유: 이번 인수 거부는 한국 측에 전혀 이론적 근거가 없다. 우리 측은 은인자중 조리를 다해 인수를 설득해왔는데, 한국 측은 이에 응하지 않는다. 이는 분명 한국 측이 본건을 정치적으로 이용해 일본에 대해 일한회담 재개를 강요하는 압력으로 채용한 수단이다.

이 같은 한국 측의 포악한 태도에 대해 우리는 신사적인 태도로 일관했다. 아무런 효과적인 대응책을

께 3대 공안 사건으로 불렸다. 당시 북한계의 재일조선인은 북한군을 지원하기 위해 일본 각지에서 반미·반전 운동을 전개했고, 여기에 무장투쟁 노선을 표방한 일본공산당이 동조했다.

내놓지 않는다면 한국 측은 자신은 아무런 불편이 없이 일방적으로 억지를 부리겠다는 인상을 주게 된다. 그렇게 우쭐해하는 태도를 조장하게 되면 향후 교섭, 나아가 양국 관계에 좋지 않은 영향을 남기게 된다.)

2. 대응책을 강구하는 데 고려해야 할 사항들

(1) 그 대책 자체에 의해 일본 측이 큰 불이익을 받지 않을 것.

(2) 제3국에 일본 측의 조치가 부당하다는 인상을 주지 않을 것.

(3) 한국 측의 인수 거부에 대응하는 정도의 수단일 것.

(4) 효과가 주로 한국 정부 내지 대표단을 향하게 되어 일반 한인을 너무 자극하지 않도록 할 것.

(5) 입법 절차를 필요로 하지 않을 것.

3. 대항조치(제1차) 안

이상의 관점에서 가능할 것으로 보이는 수단을 고려할 경우, 단계적으로 다양한 강도의 방안을 생각할 수도 있지만, 우선 첫 단계 조치로서 다음과 같은 것을 검토할 수 있다.

(1) 비정규 입국 단속 강화: 이것은 이미 입국관리청에서 실행하고 있다.

(2) 정규 입국의 사실상의 협착(狹窄): 허가 시 재량권을 행사해 신청을 묵살하는 등.

(3) 입국, 재입국 기간 연장, 자격 변경 등의 거부: 신청서에 대해 모조리 불허조치를 한다. 이 경우 불허하는 이유를 제시할 필요는 없다.

(4) 공식적으로 대표단에게 당분간 원칙적으로 한국인의 입국 허가를 중지한다는 취지를 전한다.

비고

또 당분간 상대측이 신청한 항공협정 협상은 거부하고, 한국이 접수해 현재 요코하마(橫浜)에서 수리 중인 일본선박의 인도를 거부하는 것을 고려한다.

8월 21일 법무성 입국관리국은 다음의 「조선인 강제송환에 관한 대책 요령(안)」을 내놨다.

조선인의 강제송환에 관한 대책 요령(안)

(1952년 8월 21일, 입국관리국)

I. 방침

조선인의 강제송환에 관해서는 일한회담의 향후 전망과 국내 치안 대책을 감안하고, 이때 장기적인 각오로 이에 대처하는 방안을 강구한다.

II. 조치 요령

1. 밀입국에 대한 송환조치

밀입국 현행범으로 체포된 자는 특별한 이유가 없는 한 가능한 한 절차를 간소해 신속하게 송환하는 조치를 취한다.

2. 외국인등록령에 의한 절차 위반에 대한 조치

오무라 수용소에 현재 수용 중이거나 향후 수용되어야 할 송환 인수 거부 해당자(반송된 125명 포함)는 송환 가능한 시기까지 계속 수용한다.

3. 출입국관리령 제24조 강제퇴거 사유에 해당하는 자가 송환이 가능하게 될 때까지의 조치

(1) 제24조 해당자(특히 파괴활동분자)에게는 당분간 사법절차를 선행하여 엄벌방침으로 임하고, 송환자 수용시설이 완비될 때까지 가능한 한 장기간 사법시설에 수용하는 조치를 강구한다.

(2) 송환자 수용시설이 완비되기 이전에 형기를 만료하는 자에게는 적당한 시설을 임시 송환자 수용시설로 충당해 여기에 수용하는 조치를 취한다.

(3) 제24조 제4항 (갸)호 공안(公安)을 해치는 행위를 했다는 인정 조항을 적용할 경우에는 원칙적으로 파괴활동방지법(형법을 포함)에 의해 체형 이상의 형에 처해지는 경우에 한정한다.

(4) 빈곤층 등 형벌의 대상이 되지 않는 자의 강제퇴거는 운영상 실시하지 않는다.

4. 수용시설의 확충과 강화

현재 오무라 수용소의 수용 능력은 밀입국자의 수용 및 송환만으로도 그 한계에 도달했다. 또한 조치 요령 2항 및 3항에 의해 향후 송환을 위해 강제 수용해야 하는 자의 급증이 예상되기 때문에 일단 오무라, 사세보, 시모노세키(下関) 3곳에 각 1,000명을 수용할 수 있는 시설을 증설하기로 한다.

5. 재일조선인 종합 대책의 실시

악질 조선인을 다수 강제송환시키는 체제를 실시하는 것은 일면에서는 선량한 조선인에게 무용한 불안감을 유발, 그들을 오히려 악질분자의 책동에 의한 희생물로 만들 우려가 있다. 치안 대책상에 의한 것이라고 하더라도 역시 선량한 조선인에게는 후생 안정 대책을 실시할 필요와 중요성이 있으므로 정부 차원에서 적극적인 원조방침을 확립한다. 따라서 국내 문제로서 재일조선인에 대한 대책 실시의 책임기관을 정하여 후생성, 노동성, 문부성 등 각 성에 걸친 종합 대책을 수립, 실행한다.

6. 예산조치

본 요령 실시에 따른 인적 · 물적 시설에 필요한 경비에 대해서는 신속하게 예산조치를 강구하기로 한다.

이 가운데 수용시설의 확충과 강화를 위해 9월 12일 각료 양해를 거쳐 오무라 입국자수용소를 강화하기로 하고, 1953년 2월에 기존 건물(500명 수용)에 인접한 부지 1만 4,542평에 공사비 1억 6,000여만 엔으로 1,000명을 수용할 수 있는 2층 건물 5동의 수용소 증설을 기공하여 같은 해 9월에 준공했다. 이 수용소에는 한때 중국인도 수용했지만, 수용자 대부분은 조선인이었다.

그 후 반송된 재수용자들은 장기 수용에 지쳐 "한국으로 송환해달라"고 탄원했기 때문에 제10차 송환 때(1952년 7월) 탄원자 7명의 탄원서를 주일 한국대표부에 보낸 후 사전 양해를 얻어 송환했는데, 한국 측도 이들은 받아들였다. 이 전례에 따라 피수용자들이 탄원서를 제출하는 일이 증가,

다음에는 54명이 되었는데 이 또한 전례대로 한국대표부에 탄원서를 전달했다.

8월 말 한국대표부의 오진영 교민부장이 오무라를 방문, 54명을 개별 면접하여 귀국 희망의 번의를 촉구했지만, 결국 41명의 귀국 희망자가 있다는 사실을 인정했다. 그러나 이들에 대해서도 스스로 희망한 것이 아니라는 이유로 주일 대표부는 귀국에 필요한 서류를 발급하지 않았다. 한국 측은 9월 17일 자 일본 정부 앞으로 보낸 구상서를 통해 인수 거부 입장을 밝히면서, "자발적인 한국 귀국 희망자를 수용소에서 석방하면 비로소 자유롭게 귀국 의사를 표명할 수 있다. 그렇게 하면 대표부는 귀국에 필요한 증명서를 발급할 용의가 있다"고 주장했다. 한국 측은 또한 오무라 수용소의 처우가 불량하다고 항의했다. 이에 대해 10월 31일 자 구상서에서 일본 측은 "이들은 법에 의한 강제퇴거자이므로 석방할 수 없다. 오무라 수용소는 식량 지급 등의 측면에서 이러한 시설로는 국제적 수준이다"라고 말했다. 그러나 이상과 같은 경위로 한국 송환자는 9월 5일 제11차 이후 단순 밀항자만으로 제한할 수밖에 없었다.

III

제2~3차 일한회담

1. 회담 재개를 위한 협상

일본 측이 회담 중단을 통보한 지 채 2주가 지나지 않은 1952년 5월 8일, 주일 대표부 김용식 공사가 회담을 계속하길 희망한다는 취지의 서한을 전달해왔다. 이어 5월 13일 유태하(柳泰夏) 참사관이 우시로쿠 아시아국 제2과장과 만나 회담 재개를 요청했다. 이에 대해 우시로쿠 과장은 "재개의 형식보다도 외무성과 주일 한국대표부 간에 사무적인 연락을 유지할 필요가 있다"고 말하면서, 동시에 한국 측에 강제송환자 인수를 거부하고 있는 태도를 수정할 것을 요구했다.

그 후 7월 2일 유 참사관은 와지마 아시아국장을 방문, "장택상(張澤相) 국무총리는 한일 간 여러 현안을 신속하게 해결하고 싶다는 의향이며, 필요하다면 장 총리 스스로 도쿄에 와서 일본 측과 대화해도 좋다고 생각하고 있다"는 취지를 전했다. 이에 대해 와지마 아시아국장은 "한국 측이 불량 조선인의 송환을 받아들이길 바란다. 우선 송환 인원 및 범위 등에 관해 합의하고 싶다. 일한회담은 논의 중에 끝난 느낌이 강하기 때문에 성과를 내기 위해 미리 사전 협의를 한 후에 개최하고 싶다"고 말했다. 유 참사관이 7월 15일부터 일주일 동안 귀국할 예정이어서 본국 정부와의 협의 자료로서 전기한 의향을 요약한 '각서'를 유 참사관에 수교했다. 이후 유 참사관은 7월 22일과 24일 와지마 아시아국장을 방문, 본국 정부와 협의한 결과라면서 "회담 재개에 관해서는 모든 일이 김 공사에게 일임돼 있다. 강제송환은 쌍방이 타협할 수 있는 범위 내에서 불법 입국자 이외에도 한국 측이 인수할 용의가 있다"고 말했다. 그러나 이튿날인 25일 와지마 아시아국장이 김 공사를 방문했는데, 김 공사는 "회담은 재개 형식이 아니면 곤란하다. 또 강제송환에 대해서는 불법 입국자는 받아들이지만, 그 외에는 국적 문제가 한일회담의 일환으로서 정리된 후에 인수하는 것으로 하고 싶다"고 말했다.

26일 오카자키 외상이 김 공사의 방문을 요청했을 때도 같은 견해가 언급됐기 때문에 오카자키 외상은 "재개할 회담에서 (가) 조속한 타결이 불가능한 청구권, 어업 2개 문제를 뒤로 미루고, 기본조약, 국적처우, 선박 3개 문제만을 거론하여 시급히 타결할 수 있도록 노력할 것, (나) 강제송환의 경우에는 한국 측의 적극적인 협력이 바람직하고 타협할 수 있는 범위 내에서 불량분자의 송환을 소수라도 인수할 것" 두 가지를 한국 측이 인정한다면 일본 측도 회담 재개에 이의가 없다고 말한 후 김 공사에게 이에 대한 한국 정부의 의향을 다시 확인할 것을 요구했다.

8월 14일 오카자키 외상과 김 공사의 회담, 9월 2일 와지마 아시아국장과 김 공사의 회담에서도 한국 측은 여전히 회담 재개를 위해 5개 현안을 일괄 토의하자는 주장을 고집하고, 계속해서 강제퇴거자의 인수를 거부하고 있었다.

8월 19일 아시아국 제2과는 「일한회담 문제의 검토」에서 다음과 같이 정리했다.

일한회담 문제의 검토

아시아국 2과 1952년 8월 19일

서론

지난번 일한회담 중단 이후 한국 측은 기회가 있을 때마다 일한회담의 재개를 희망하고 있으며, 최근 일본 측도 여러 경위로 회담 재개 의견을 듣게 됐다. 그렇기 때문에 관련된 국제 및 국내 정세를 널리 감안하고 그 배경에 입각해 일한회담 전반의 취급 방법, 특히 개최 시기 문제에 대해 검토하기로 했다.

I. 의제의 측면에서 본 검토

(1) 일한회담의 의제로는 기본관계, 국적처우 관계, 재산청구권 관계, 선박 관계, 어업 관계 5개 항목이 있다. 그러나 일단 기본관계는 차치하고, 다른 4개 항목과 관련해 협정의 결과에 대해 일반적으로 말하면, 일본 정부의 자유재량의 여지를 제한하는 결과가 되거나 부담이 더 큰 결과를 초래할 뿐이다. 국적처우에 대해서는 전쟁 전부터 재류한 조선인에게 영주 허가 권한을 인정하는 것, 재산권에 대해서는 내국민 대우를 부여하는 것, 강제송환에 대해서는 국내법 운용을 제한하는 것, 선박 문제에 대해서는 대리 선박을 제공하는 것, 청구권 문제에 대해서는 실질적으로는 재한 일본 재산이 대부분 회복되지 못하는데도 불구하고 약간의 대일 청구권을 인정해야 한다는 것 등 모두가 그렇다. 따라서 개요를 말하면 일한교섭의 성립에 의해 이득을 보는 것은 한국 측이며, 우리 일본으로서는 적어도 실질적인 측면, 유형적인 측면에서는 대체로 불리하다고 말할 수 있다.

(2) 특히 상기한 5개 현안 중에서 일한교섭의 성패를 결정하는 양대 문제는 강제송환과 청구권 문제이다. 강제송환은 이론적으로 어떠한 협정이 없더라도 관련 국가의 국내법을 일방적으로 적용하여 추방할 수 있는 것이다. 그러나 사실 문제에 들어가면, 이러한 송환자를 실력으로써 한국에 양륙시킬 수 없는 이상, 강제송환의 원활한 실시를 위해서는 사실상 한국 측의 동의를 필요로 한다. 이런 의미에서 한국 측과 협정에 도달할 필요가 있으며, 본건이 일한회담 성립과 관련해 유일한 우리 측의 이익이라고 생각된다. 한편, 한국 측으로서는 청구권·재산권 문제와 관련해 일본으로 하여금 재한 일본 자산에 대한 청구를 확정적으로 포기시키는 것이 이번 회담의 최대 관심사이며, 이 목적을 관철하기 위해 강제송환에 관한 합의를 대가로 이용하려고 하고 있다. 따라서 우리 측에 이익이 되는 강제송환 문제의 해결을 도모하기 위해 교섭을 재개하면, 한국 측은 반드시 청구권 문제를 제기하게 되기 때문에 이 양자는 불가분의 관계에 있다고 봐야 한다.

(3) 청구권 문제에 대한 최종적인 해결책으로서는,

(가) 서로 상대국의 사유재산권을 존중하여 사적 기초(private basis)하에서 각 청구권자들 간에 자기 청구권을 결제하도록 하는 방법, (나) 일한 상호 간에 자국 및 자국민의 청구권을 포기시키는 방법, 이렇게 두 가지 방안을 생각할 수 있다.

그런데 전자의 방식을 취하는 것은 미군정령 33호(vesting decree) 효력의 최종성(最終性)을 부인하는 것으로, 한국 측은 기존의 교섭 경과에 비추어보더라도 절대로 승낙하지 않을 것이며, 미국도 이 점에 대해서는 한국 측을 지지하고 있기 때문에 이 방식을 향후 회담에서 주장하는 것은 현명하지 않다. 한편, 상호 포기 방식은 헌법 29조와의 관계상 보상 문제를 야기한다. 이것은 재정적으로 막대한 부담을 발생시킬 뿐만 아니라 다른 연합국 영역의 배상 충당 재산에 대한 보상 문제도 유발하기 때문에 사실상 불가능하며, 특히 대장성 당국은 절대로 용인하지 않을 것이다. 따라서 전반적으로 우리 일본에 부담이 되는데, 유일한 장점은 강제송환을 원활하게 실시하는 것뿐이다. 일한회담을 마무리 짓기 위해 이러한 큰 양보, 희생을 할 필요가 있는가라는 의문이 필연적으로 제기된다. 실현 불가능한 강제송환에 대한 대안으로는 오히려 국내적으로 조치를 강화함으로써 대처하는 것이 적당하다는 논의가 이뤄지고 있는 것도 이 때문이다.

그리하여 회담 의제의 범위에만 시각을 국한하는 경우에는 청구권 문제에 대해 상기한 것과 같은 큰 희생을 감수할 만큼 여기서 일한회담 재개를 서두를 필요가 없다는 결론에 도달할 수밖에 없다.

따라서 일한회담을 둘러싼 국제 정세, 국내 정세 등을 검토하여, 일한회담 조기 재개의 배경적인 조건이 무르익었는지 여부, 또 이것이 일본에 유리한지 여부, 이것이 즉시 성립되지 못할 경우 일반 정치적인 유불리 여부 사항을 다음과 같이 검토한다.

II. 일한회담의 배경적 사정

1. 일본 국내 정세

일본의 국민감정은, 일의대수(一衣帶水)의 이웃나라로서 역사적으로 인연이 많은 조선과 시급하게 우호적인 관계를 맺을 필요성에 대해서는 평화조약에서 그 독립을 승인하고 있기도 하므로 원칙적으로 아무런 이견이 없다.

문제는 그 대가이다. 종전 이후 조선인의 횡포에 대한 반감은 불식하기 어렵고, 게다가 최근에 계속되는 공산주의 계열 조선인의 파괴활동은 조선인에 대한 일본인의 감정을 더욱 악화시키고 있다. 더욱이 한국 정부의 대일 태도에 전승국적인 거만함이 풍기는 데 대한 불만은, 독립 회복 후 민족의식의 고조 및 한국전쟁의 결과 한국이 처한 궁지에 대한 인식과 맞물려 일반 일본인으로 하여금 일한교섭은 어디까지나 한국이 일본에 양보하도록 한다는 생각을 갖게 하기에 이르렀다.

공산당을 제외한 여러 정당은 모두 조선인의 파괴활동을 비난한다는 점에서는 일치되며, 특히 한국 정부가 일부 강제송환자의 인수를 거부한 이후, 재류 조선인 대책에서 강경론이 힘을 얻어 회담 중단 때에 비해 현재는 여러 정당의 대한국 정책도 현저하게 경화(硬化)된 것으로 관측된다.

한편, 경제계에서는 서유럽 각국의 수입 제한조치로 인한 수출 침잠과 관련하여 중공(中共)과의 무역과 함께 한국을 대상으로 한 특수 및 일반 무역에 대해 관심을 갖고는 있지만, 한국전쟁에 대한 전망의 불투명성과 정치 불안으로 인해 당분간은 유보적 태도를 지속할 것으로 보인다.

더욱이 정치계에서 선거에 대비하는 분위기가 농후한 것을 고려한다면, 이때 가령 교섭을 재개한다 하더라도 상기와 같은 지배적인 국민감정 내지 정치계의 요망에 배치되어, 정부로서는 국민에게 불이익을 느끼게 할 것 같은 양보를 한국에 하기가 어려운 상황이다. 따라서 상술했듯이 일한회담을 조기에 타결하고자 한다면 청구권 문제 등에서 큰 양보를 하지 않을 수 없고, 그러한 양보가 현재 국내 정세상 불가능하다고 한다면 국내적인 사정만 보더라도 회담의 조기 타결은 어려운 실정이다.

2. 한국의 정세

이승만 대통령의 재선으로 올해 5월 말 이래 전개된 정쟁은 일단락되어 한국 정치계는 일단 표면적으로는 평온해졌다. 이승만 정권의 권세는 국내적으로는 지금이 절정일 것이다. 그러나 반대파가 이번 정쟁에서 이승만 정권의 탄압하에 일패도지(一敗塗地)하게 됐다 하더라도 이대로 물러설 것이라고는 생각할 수 없다. 따라서 정치적 불안은 앞으로도 몇 번이나 반복될 것으로 예상해야 할 것이다. 한편, 한국의 경제는 전란의 장기화에 따라 문자 그대로 황폐화됐고, 이와 더불어 공산 게릴라의 활동이 올해 봄 이후 갑자기 활발해졌다. 민생은 급격히 저하되고 국민의 불만은 점차 높아지고 있지만, 현재 이승만 대통령을 비롯한 망명 독립운동의 경력을 가진 당로자(當路者)의 대일 반감에는 변화가 보이지 않는다. 따라서 국시가 된 대일 강경론은 앞으로 더 치열하게 반복되는 일은 있어도 바로 협조 정책으로 전환되는 일은 현재로선 생각할 수 없다. 전해지는 바와 같이 비록 장택상 국무총리가 개인적으로 일본과의 관계 조정에 열의를 가지고 있다고 하더라도 이 정권의 일원으로서 대통령을 선도하기에는 상당히 곤란할 것으로 생각된다.

그러나 상술한 것과 같이 일반 국민의 대일 감정은 한국 경제의 궁지 및 민생의 악화에 따라 점차 완화되는 증후를 보이고 있고, 또 우연히 올해 덮친 심한 한발(旱魃)의 비운을 맞아 한국 국민 다수는 새삼스레 한국의 앞날을 상기하여 암담하게 생각하고 있으며, 의식 있는 사람들 사이에서는 한국의 구제 부흥을 위해 일본의 협력 지원을 기대하는 목소리가 앞으로 더욱 강해질 것으로 예상된다. 또한 이승만 반대파가 향후 정부에 대한 공격거리로써 대일정책의 부당함을 제기할 가능성도 배제할 수 없다. 그러므로 장기적인 전망으로 볼 때 일한교섭은 오히려 그 시효까지 연장하는 것이 좋을 것이다.

3. 한국을 둘러싼 국제 정세

한반도의 휴전협상은 현재 미묘한 단계에 있는데, 미국 측은 한편으로는 이를 정리하기 위해 노력하면서도, 다른 한편으로는 실력을 과시하면서 기존의 원칙적인 주장을 굽히면서까지 협상 타결을 서두르지 않겠다는 태도를 취하고 있다. 미국 측의 이 같은 태도에는 적어도 미국 대통령 선거가 일단락될 때까지는 적극적으로도 소극적으로도 급격한 변화가 없으리라는 것을 예상케 한다.

한편, 중공이나 소련 측에서도 불리한 조건으로 협상 타결에 응할 징후는 보이지 않고 있으므로 휴전협상의 타결에는 상당한 우여곡절이 있을 것으로 예상된다. 또한 만일 휴전이 성립된 경우에도 휴전 후 90일 이내에 열리게 되어 있는 고위 정치회의에서 미국과 소련이 의견 일치를 보는 것은 현 상황에서는 거의 불가능하리라 관측되기 때문에, 남북통일에 의해 한반도 문제가 근본적으로 해결될 전망은 사실상 없으며, 남북분단 현상은 당분간 계속될 것으로 보아야 한다. 이것은 당면한 미국의 대한반도 정책이라고 간주할 수도 있다.

남북으로 분단된 한반도의 남쪽 반(半)인 한국에 대한 미국의 정책은, 종전 후 정도의 차는 있었지만 대체로 한국을 해방국으로서 적어도 도덕적으로 지지하고 원조를 해왔는데, 한국전쟁 후에는 세계 정치 전략상 실력으로써 한국 지지를 강화할 수밖에 없는 입장이 되어버렸다. 그러나 한국의 실체에 대한 인식이 점차 철저해지면서 지난달 대통령 선거 문제와 관련된 폭정 등이 있었기 때문에 미국의 최근의 심경은 오히려 전략적 입장에 따른 필요악으로서 한국의 현 정권을 지지하고 있는 상황이며, 특히 감정적으로 친한국(pro-Korea)이라고는 생각할 수 없다.

미국은 자유주의 국가로서 같은 진영에 있어야 할 일한 양국이 상호 반발 상태에 있는 것은 세계 정책상 바람직하지 않고, 또 한국전쟁이라는 목적 수행을 원활하게 하지 않는 원인이 된다는 관점에서 이전부터 일한 양국 관계의 조정에 관심을 갖고 협상의 조기 재개를 희망하면서 이를 중개할 의사가 있음을 표명해왔다. 미국은 그러나 여기서 한쪽에 편중하여 마치 간섭하는 것과 같은 인상을 주는 것을 최대한 피하면서, 표면적으로는 어디까지나 당사자 간의 절충을 기다린다는 태도를 취하고 있다.

상술한 바와 같은 최근 한국에 대한 미국의 태도를 토대로 생각해보면, 특히 우리 측이 현저하게 불합리한 방안을 갖고 한국을 대하지 않는 한, 미국이 우리를 압박하는 일은 없을 것이다. 또한 한국이 우리 측의 합리적인 제안을 승인하지 않은 결과 우리 측이 회담 재개에 응하지 않는 사태에 대해 미국이 우리에게 간섭하거나 혹은 일한회담 재개 문제를 계기로 미일관계에 악영향을 미치는 등의 우려는 우선 없다고 예측해도 좋다. 이 점과 관련해, 필리핀이 대일 평화조약의 비준을 사보타주하고 있다는 이유로 미국이 필리핀의 전쟁 재해 보상을 보류하거나 이번 앤저스(ANZUS)[41] 회의 가입에 냉담하게 반응하는 것과 같은 상황은 일한관계에서는 재현되지 않을 것으로 예상된다.

III. 결론

한국에 대한 우리 일본의 기본적인 입장이 궁극적으로는 미국과 유엔의 여러 국가가 협력해 동아시아의 자유국가 진영의 교두보인 한국에 대해 물질적·정신적 지원을 제공한다는 데에 있다는 것은 말할 것도 없다.

그러나 이상 I장 및 II장에서 살펴본 바와 같이 회담 의제의 측면에서 보면 우리 일본으로서는 회담을

---

41) Security Treaty between Australia, New Zealand and the United States of America (ANZUS Treaty). 1952년 4월 발효한 호주, 뉴질랜드, 미국 3국의 안전보장조약. 당초 이 조약은 2차 세계대전 중에 일본의 침략을 받은 호주와 뉴질랜드가 일본의 재군비에 대한 경계감을 불식하기 위해 대일 평화조약의 서명에 앞서 미국에 대해 적극적인 안전 보장을 요구하면서 성립했다. 그러나 다른 한편으로, 미국에 이 조약은 동 시기에 서명된 미일 안전보장조약과 필리핀과의 상호방위조약 등과 함께 동아시아 지역의 반공 방위망이라는 의미를 가졌다.

서두를 필요가 없을 뿐만 아니라, 한국의 국내 정세, 우리 일본의 정세를 보더라도 회담을 연기하는 것이 유리한 형세이다. 대체로 정리하면, 향후 한국이 우리 일본에 의지하는 관계에 있는 것이지, 우리 일본이 한국에 의지하는 관계에 있는 것은 아니다. 따라서 시기는 우리에게 유리하게 작용할 것으로 보고 있다. 또 II장에서 살펴본 바와 같이 회담 재개가 지연됨으로써 미일관계 등 우리의 국제관계에 그다지 불리한 영향을 주지는 않을 것으로 판단된다.

따라서 우리 측은 비교적 타결하기 쉬운 기본관계, 국적처우 관계, 선박 관계에 대해서는 다른 조건과 분리해 종국적인 타결을 촉진하지만(추방 문제와 관련해 지난번의 법무성 수정안을 취할 경우에는 국적처우 문제에 대해서도 타결이 곤란하다), 청구권 관계와 관련해서는 고작 원칙론을 잠시 건드리지 말고 구체적으로 각 항목에 대해 사실 조사를 하는 방안을 제기해 'take it or leave it'의 태도를 취하고, 다른 한편에서는 국내적 조치를 강화함과 동시에 국제적으로 동아시아 각국과의 친교관계를 긴밀화하는 방책을 촉진함으로써 한국 측이 우리가 제기한 조건을 갖고 회담 재개를 간원(懇願)하지 않을 수 없는 초려(焦慮)를 느낄 시기까지 지구책(持久策)을 취하는 것이 적당하다고 생각된다.

특히 이번 강제송환을 실현하기 위해 청구권 문제에 대해 근본적으로 양보할 각오를 하지 않은 채 회담을 재개한다면 허송세월하며 타결에 도달하지 않는 사태가 반복될 것이다. 그러한 경우 밖에서는 한국에 역선전의 빌미를 제공할 뿐만 아니라 일본 정부의 체면을 손상시키고, 내부에서는 외무 당국의 위신(prestige)을 손상하는 결과가 될까 우려된다.

9월 24일 머피 주일 미국대사는 오카자키 외상과의 회담에서 "9월 18일 김용식 공사로부터 일한회담 재개를 위해 알선해줄 것을 요청받았는데, 국무부의 의향을 확인한바 회훈(回訓)을 통해 간섭하는 것은 피하고 지원해야 할 일은 지원하라는 지시를 받았다"고 전했다.

한편, 11월 1일 아시아국 제2과가 기안한 「국교 조정 처리방침」은 기존 방침을 수정, 총선거 결과 이승만 정권의 기반이 이미 공고해진 반면, 강제송환자의 인수 거부 문제와 어업 문제 해결에 대해 독촉을 받고 있는 점을 감안해 가까운 장래에 적절한 시기를 잡아 적극적으로 5개 현안을 처리하여 국교정상화를 도모해야 한다면서, 청구권 문제에 관해 상호 포기 방식을 취하는 것을 포함한 방침안을 마련했다.

2. 이승만 대통령의 방일

1953년 1월 5일에서 7일까지 이승만 대통령 부부가 클라크(Mark Wayne Clark) 유엔군사령관의 초청으로 방일했다. 그는 도착성명에서 "지난 방일 시의 신문기자회견에서 나는 한일 양국은 과거의 일은 없었던 것으로 하고 양국을 위협하고 있는 공산주의에 대한 방어를 위해 협력해야 한다는 소신을 밝혔다. 불행히도 한일회담은 결렬됐지만 우리는 일본 정부가 교섭 재개를 가능하게 할 것을 요망한다. 한국 정부가 먼저 선언한 어업보호선에 대해 사실을 알고 싶어 하는 사람은 누구든지 만나고 싶다. 공평한 마음을 가진 사람이라면 누구나 일본의 어업 업자가 다시 한국 수역으로 들어와 어업을 독점하는 것을 한국인이 왜 원하지 않는지를 이해할 것이다"라고 말했다(『아사히신문』, 1월 6일). 6일 머피 주일 미국대사가 주최한 오찬에는 오카자키 외상 부부, 오쿠무라 가쓰조(奧村勝藏) 외무차관이 참석했고, 이날 오후 4시부터 클라크 장군이 주최한 다과회에는 요시다 총리, 오카자키 외상도 초청되어 이 대통령과 회담했다. 이 대통령은 일본을 떠나면서 발표한 성명에서 "한일 양국 간의 우호관계에 중대한 의의를 갖는 중요한 여러 문제에 대해서는 한국뿐만 아니라 미국도 한일 양국에 우호적인 국가로서 중요한 의의를 인정하고 있다. 그러므로 이러한 여러 문제들에 대해 어떠한 양해에 이르지 않는 한, 우리는 동아시아의 평화 확보를 기대할 수 없다", "클라크 장군 관저에서 요시다 총리 및 오카자키 외상과 우호적인 회담을 가졌다. 요시다 총리가 한일 양국이 이웃관계에 있는 것의 중요성을 인정하고 있다는 사실을 알고 만족했다. 내가 원하는 대로 김용식 공사 등 한국대표로 하여금 건설적인 교섭의 기초를 놓을 수 있다면 일한회담의 재개를 회망한다는 취지를 요시다 총리에게 전달했다"고 말했다(『아사히신문』, 1월 7일).

1월 9일 오카자키 외상은 미국, 영국, 인도, 중국에 있는 각 대사들에게 이승만 한국 대통령의 방일에 관한 건으로 보낸 전신에서 다음과 같이 적었다.

　　이승만 한국 대통령은 완전히 개인적으로 클라크 유엔군사령관의 초청을 받아 5일 오후 도쿄에 와서 7일 아침에 귀국했다. 그의 방문은 한일 국교상 새로운 시기를 긋는 것으로 각 방면에서 매우 주목받았다. 이 대통령은 도쿄 도착 직후 및 귀국 시의 성명에서 "이번 여행의 목적은 개인적으로 클라크 사령관 부부를 방문하기 위한 것이지만, 한일회담에 관해서는 건설적인 기초가 세워진다면 재개를 희망한다"는 취지를 말했는데, 여행의 주요 목적 중 하나가 우리 요시다 총리와 회견하여 예전부터 존재하는 일한 양국 간의 응어리를 제거하는 것이라는 것을 암시했다. (이하 암호문) 클라크 사령관이 요시다 총리와 본 대신을 머피 대사와 김 한국사절단장과 함께 6일 다과회에 초대했을 때도 총리와 이승만 대통령과의 대화가 중심이 되었다. 이승만은 공산주의 진영을 앞에 두고 일한 양국은 보다 우호적이 되어야 하고,

양국 간에 존재하는 현안의 해결도 그다지 어렵지 않다는 일반적인 이야기를 하였고, 시종 우호적인 태도였다. 이번 일한 수뇌부의 접촉에서 구체적인 문제는 일절 제기되지 않았지만, 이로써 일한 양국 간의 현안을 해결하기 위한 우호적인 기운이 어느 정도 조성된 것은 사실이다.

이 회담 내용에 관해 요시다 총리는 나중에 국회에서 "이 대통령 스스로 '양국은 역사적·지리적 관계를 고려하더라도 가장 친밀한 관계에 들어가고 싶다'고 말했다. 물론 나는 이에 찬성의 뜻을 표현하고 '아무쪼록 그렇게 하고 싶다고 항상 생각하고 있다'고 말했다"(1954년 2월 2일, 중의원 예산위원회)라고 이야기했지만, 이 대통령은 나중에 "요시다 총리, 오카자키 외상은 아무 말도 없었고 자신만 이야기했다"고 말했다(『한국일보』, 1959년 8월 13일, 기자회견 기사).

이승만 대통령은 방일 시에 요시다 총리와의 대화에서 요시다 총리가 "한국에 호랑이가 있습니까"라고 물었는데, 이 대통령이 "가토 기요마사(加藤清正)[42]가 모두 잡아 가져가 버려 지금은 한 마리도 없다"거나 "지금 한 마리(그것이 자신이라고 말하는 듯이)만 남아 있다"고 말했다는 전설이 있다. 그러나 이것은 이런 전설을 좋아하는 한국인이 만들어낸 이야기라고 생각된다.

이와 관련해 1961년 8월 하순 마에다 도시카즈(前田利一) 북동아시아과장이 요시다 전 총리에게 한국 문제에 관한 브리핑을 한 후 잡담에 들어갔을 때 마에다 과장이 굳이 이 이야기를 꺼내 "호랑이 이야기를 한 것이 사실입니까"라고 물어보았는데, 요시다 씨는 "그때 내가 이 대통령과 좀 더 잘해두었으면, 너희 젊은 사람들이 지금 일한회담에서 이런 고생을 하지 않았을 것이다"라고 말한 후 바로 이어서 "그렇다 치더라도 그 늙은이는……"이라고 말끝을 흐렸다고 한다(마에다 도시카즈, 「요시다 씨와 한국」, 『신와(親和)』 제169호, 1967년 12월).

이승만 대통령의 방일과 관련해 한국 신문은 "아시아의 방위는 아시아인의 손으로"를 모토로 하는 아이젠하워(Dwight David Eisenhower) 차기 미국 대통령의 내한 1개월 후에 방일이 이뤄졌음을 지적하면서 미국의 적극적인 공작의 결과라고 보도했다(『동아일보』, 1월 3일). 일본 측『아사히신문』1월 7일 자는 "결국 이승만 대통령이 행동을 개시하는 기분으로 바뀐 것은 지난해 12월 아이젠하워 차기 미국 대통령이 방한한 이후에 클라크 장군에게 강하게 이것을 설득했기 때문인 것으로 알려졌다. 6일 국무회의에서 오카자키 외상은 그러한 경위를 인정했다고 한다", "클라크 장군이 중개한 사실로 볼 때, 일한 양국의 기분을 좋게 하는 것이 큰 목적이었던 것은 확실한 것 같다. 요시다 총리로서도 이 대통령이 일부러 와줬으니 회담 장소에는 본인이 찾아가는 형태로 해야 한다고 생각한 것처럼 보였고, 6일 각의에서 '백기를 든 생각으로 다녀오겠다'고 농담을 한 뒤 이 씨의 숙소인 클라크 장군 관저를 방문했다. 이 회담은 커피를 홀짝홀짝 마시면서 잡담을 꽃피우며

---

42)   일본의 무장(1962-1611). 임진왜란과 정유재란 때 선봉으로 종군했다.

'공동의 적을 앞에 두고 이간질하면 어쩔 수 없어요'라고 뱃심 좋게 '서로 양보하겠다'고 한 것으로 보인다. 구체적인 방위 문제에 대해서도 이야기가 없었다고 전해지지만, 이 회담이 미래의 일본, 한국, 대만, 필리핀 등을 잇는 반공동맹 결성을 위한 사전 공작적인 역할을 했을 것이라고 정부 내부에서도 보고 있다. 그렇기 때문에 미국도 진지하게 중개하는 수고를 아끼지 않았을 것이다" 등을 언급했다.

또한 이승만 대통령이 방일 시 성명에서 "누구든지 만나고 싶다"고 했기 때문에 1월 6일 일본 민간 어민 대표가 이 대통령과 회담을 희망했는데, 일정 관계상 시간이 없다고 거절됐지만 이 대통령의 귀국 후 주일 한국대표부 김용식 공사로부터 "대표가 한국에 온다면, 이 대통령은 회견에 응하겠다"는 취지가 전해졌다. 그 결과 2월 1일 미국 군용기 편으로 유엔군사령부 테이트 대령을 대동한 채 [ ]를 단장으로 [ ], [ ]3명이 방한, 이 대통령과 2시간여에 걸쳐 회담했다. 그때 이 대통령은 양국이 서로 믿는 사이가 되어야 한다고 강조했다. 일본 측이 한국 어업 관계자의 일본 파견을 희망하자 이 대통령은 찬성의 뜻을 표했다. 2월 1일 밤에는 한국 측 업계 대표와 회담했다. 그러나 이때의 친선적인 분위기는 그 직후에 다이호우마루 사건이 일어나고, 이어 발생한 이승만 라인 해역에서의 나포 사건으로 날아가 버렸다.

3. 이승만 라인 문제를 둘러싼 분규

(1) '나포 사건 대책'을 둘러싼 분규

일한회담 재개에 일본 측이 적극적일 수밖에 없었던 큰 이유는 어업 문제에 있었다. 평화조약 발효 후 어업의 조업구역(맥아더 라인)의 제한조치가 철폐되어 일본어선군은 한반도 주변 해역을 비롯해 전전에 일본 측이 개척한 세계의 각 어장에 과감하게 출어하기 시작했다. 한편, 전후 일본어선에 대한 나포(평화조약 발효 전 한국뿐만 아니라 소련이 141척, 중공이 27척, 중화민국이 43척을 각각 나포했다)에 대비하기 위해 일본 정부는 5월 23일 각의에서 '나포 사건 대책'을 결정했다. 소련 수역 및 한국 수역에 대한 대책으로서 "한국 방면의 공해에 출어하는 일본어선이 한국 영해에 입어(入漁)하지 않도록 감시, 지도함과 동시에, 이러한 어선을 보호하기 위해 제7해상보안관구 및 제8해상보안관구 배속인 270톤형 이상의 순시선(ARB 형식 제외)으로써, 상시 그 2척이 첨부한 지도의 초계선(AB선) 부근을 순찰토록 한다. 또 상황에 따라 한국 영해 부근까지 순찰하기로 한다. 순찰 경계 시에는 항상 국기 및 청기(廳旗, 해상보안청 깃발)를 게양할 것", "일본어선이 유엔군의 작전 행동을 저해하고 한국 영해에 출몰한 사실이 없는 한, 유엔군 지도하에 있는 한국 군선(軍船)이라고 하더라도 공해에서 일본어선을 임검, 포획하는 것은 불법행위로 해석되지만, 그럼에도 불구하고 한국 함선이 실력 행사적인 위법행위를 하려고 할 경우 순시선은 법이론은 차치하고 일단 어선의 대피를 권고 혹은 대피를 용의하게 하도록 적절한 조치를 강구하고 스스로도 신속하게 대피하도록 적절한 조치를 강구할 것" 등을 결정했다.

그림 1 일본 각의 결정에 기초해 일본어선 보호를 위해 설정된 순시선의 한국 해역 초계선(哨戒線) (1952년 5월)

또한 그날 각의에서 결정을 본 '어선의 보호 대책'은 "외무성, 해상보안청 및 수산청을 주체로 하는 어선 보호를 위한 협의회를 상설하고, 상시 서로 긴밀한 연락을 유지하면서 구체적인 사항을 협의해 필요에 따라 임기의 조치를 강구한다", "수산청은 …… 한국, 중공과 중국 방면에 연간 6척의 어업감시선을 가능한 한 빈번하게 출동시킨다" 등을 적시했다. 이 각의 결정에 따른 이승만 라인 해역에서의 초계는 고등어 성어기에 들어가는 9월 20일 이후에 실시키로 했다.

평화조약 발효 후 한국 측에 의한 일본어선의 나포가 시작된 시기는 그해 8월 14일이었다. 상기한 각의 결정 내용이 미국 극동해군을 통해 한국에 누설되었고, 또 이 내용이 신문 지면에 보도되자 한국 측은 일본 함정이 제주도 안쪽, 말하자면 한국의 내해까지 침범한다면서 상당한 반향을 보였다. 9월 18일 손원일(孫元一) 한국 해군참모장, 19일 변영태(卞榮泰) 외무부장관은 각각 일본어선의 진출을 비난하는 담화를 발표했다. 21일에는 국방부, 외무부, 법무부 관계관들이 모여 대책을 세웠다고 보도되었다. 22일 서상환(徐相懽) 법무부장관은 이승만 라인에 들어온 선박은 "법률에 따라 처벌한다"고 담화를 발표했으며, "한국 측은 해상의 각 요소에 해군 무장함을 배치하고, 이승만 라인에 들어가는 일본어선에 대해 침범 시 발포할 태세"라고 보도되었다(『동아일보』, 9월 23일).

9월 24일 한국 외무부는 성명서를 발표, 인접 해양 주권의 정당성과 이승만 라인 유지의 필요성을 언급했으며, 9월 26일 한국 정부는 구상서를 통해 일본 정부에 항의했다. 이에 앞서 9월 25일 부산에서는 한국민의 해양 침범 규탄 국민대회가 열렸다.

이 같은 시국을 우려한 머피 주일 미국대사는 9월 24일 오카자키 외상과의 회담에서 "해상보안청 순시선이 특히 한반도와 제주도 사이를 초계하는 것과 관련해 이승만 대통령은 '이것은 이 라인의 침범이다'라고 격앙하고 일본에 선전포고를 하겠다는 말조차 하고 있다"고 전한 후 일본 측에 동 초계선을 제주도 남쪽으로 그을 것을 권고하면서, "문제 해역에 출어하는 일본어선은 미국 해군이 보호한다"고 말했다. 이에 대해 일본 측은 "(가) 일한 양국 간 불상사가 발생하는 것을 피할 수 있길 희망하고, (나) 미국 해군이 일본어선의 보호를 맡는 것을 신뢰하며, (다) 이 같은 자발적 억제조치는 종래 일본 측의 공해 자유의 원칙 주장에 아무런 영향을 미치지 않는다"는 점을 양해

한다는 취지하에 이 권고를 따르기로 하고, 25일 자 관련 비망록(aide memoire)을 머피 대사에게 수교했다.

(2) 유엔군 방위수역의 설정

그러나 이듬해 9월 26일 주일 미국대사관 설리번 서기관은 와지마 아시아국장을 방문, 클라크 유엔군사령관이 한국에서 돌아온 후 공산군 포로를 수용하고 있는 거제도를 비롯한 섬에 북조선과의 연락을 차단하기 위해 한반도 주변에 제한구역 설정을 고려하고 있다면서 일본 정부의 소견을 요구했다.

와지마 아시아국장은 이튿날인 27일 수산청 관계자들과 대책을 협의해 그들의 요구를 정리하고 있었는데, 그날 유엔군사령부 홍보국은 한국 방위해역의 설정에 관해 발표했다. 발표는 "한국전쟁 이후 유엔군은 유엔 및 한국의 해군 부대로 하여금 한반도 인접 수역을 초계해왔다. 그러나 적성분자와 금지 물품을 실은 어선 등 소단정(小丹艇)이 침입, 특히 거제도와 제주도 주변 수역에서 소단정이 이들 섬에 수용되어 있는 공산 포로에게 북조선 공산군사령부의 지령을 전달하고 있었기 때문에 이러한 단속을 기도하기로 했다. 이 조치에 대해서는 9월 23일 대한민국 대통령과 자세히 토의했다. 방위해역에서의 제한조치 실시에 대한 책임은 극동해군사령관에게 있다"고 언급했다. (제주도, 거제도를 비롯한 섬에 유엔군 관하의 공산군 포로수용소가 있었는데, 그해 2월에 거제도 포로수용소에 폭동이 일어났고, 5월에는 포로들이 수용소 소장을 감금하는 사건이 발생했다).

이 발표 후 외무성은 일본어선이 방위해역에 출어할 수 있는지, 방위해역에서 한국 측의 불법행위를 방지할 수 있는지 여부 두 가지에 교섭의 중점을 두었다. 9월 29일 주일 미국대사관에 서면으로 조회하고, 일본 측의 견해 및 요망 사항을 전달한 결과, 미국대사관은 10월 14일 자 답변에서 유엔군사령부의 견해를 다음과 같이 밝혔다.

> 방위해역의 관리와 관련해 우방국 또는 중립국 선박의 무해(無害) 또는 통제하의 통과에 간섭하려는 의도는 없다. 그러나 인근에서 군사행동이 전개되는 경우 해당 선박으로 하여금 진로를 변경토록 한 적은 있다. 상기한 대로 그 외의 선박으로 방위해역에 출입하거나 혹은 그 존재가 유엔군의 군사행동의 수행을 저해하는 요소가 된다고 인정되는 경우에는 퇴거하도록 경고한다. 주위 상황상 혐의를 받거나 완강하게 반항하는 것과 같은 극단적인 경우를 제외하고는 어떠한 선박도 나포되는 일은 없다. 이 해역의 설정과 이승만 라인은 아무 관계도 없다.

일본 측은 10월 18일 미국대사관에 보낸 구상서에서 "정당한 목적으로 출어하는 일본어선에 인증서를 발급, 표지판을 붙이도록 하고, 수산청 어업감시선을 파견한다. 그리고 이 단속이 미국 함정이나 해군 지휘하의 함정에 의해 행해지기를 희망한다"고 말했다. 일본 측은 또한 유엔군사령부가 방위해역에서 한국 측의 불법행위를 단속하고 이승만 라인 부근의 분쟁을 피하기 위해 미국 정부와 유엔군사령부가 알선에 나설 것을 요청하는 비공식 각서를 전달했다. 그러나 와지마 아시아 국장이 10월 20일과 21일에 미국대사관 측과 이 문제에 대해 논의했을 때, 미국 측은 "일본 측의 해석은 지나치게 자유주의적이다. 이 해역은 실질적으로 출입금지구역이라는 것이 유엔군의 견해이다"라는 입장을 피력했다.

23일 오카자키 외상은 머피 주일 미국대사에게 일본어선이 이 해역에 출어할 수 있도록 해달라고 요청했다.

당시 수산청에 따르면, 유엔군 방위수역에서 조업하는 일본어선은 1,753척으로, 만약 이 수역에서의 조업이 금지된다면 약 3만 2,000명의 어선원이 생업을 빼앗겨 연간 75억 엔의 어획고를 잃게 될 것으로 추정되었다.

한편, 한국 측은 9월 26일 구상서를 통해 일본어선의 이승만 라인 침범, 해상보안청 순시선 파견에 대해 항의했다. 일본 측은 29일 자 구상서로써 이를 반박했다. 그러나 그 일주일 뒤인 10월 4일 한국 정부는 유엔군 수역 설정에 호응하는 듯이 긴급명령 제12호 '포획심판령'을 공포, 부산에 포획심판소를 설치함으로써 일본어선을 나포하고 법에 따라 처벌할 수 있는 조치를 추진했다.

일본어선에 대한 한국 함정의 정선 퇴거 요구 및 임검은 계속되어 10월 25일 해상보안청 순시선 '이키'가 국방해역 경계선 밖에서 한국 감시선으로부터 정선 명령을 받고 포격을 당한 사건도 있었다. 이러한 조치에 대해 어업단체는 잇따라 항의성명을 발표하고, 수산청, 외무성, 미국대사에 진정을 하고 국회에 자신들의 처지를 호소했다. 나가사키(長崎), 시모노세키(下関), 도쿄(東京) 등에서 어업관계자의 비상대회가 열리기도 했다.

국회는 11월 29일 중의원 수산위원회에서 「한반도 주변 공해(公海) 어업에 관한 사항」, 12월 5일 참의원 수산위원회에서 「이승만 라인 및 방위수역에 관한 사항」을 각각 결의하고, 정부에 해결을 강하게 요구했다. 수산청은 12월 6일 「한반도 근해 출어에 대한 일본어선의 표지 및 출어 인증 요령」을 결정했다. 이에 따라 일본어선은 일장기를 도장(塗裝)하고, 수산청장관이 발행한 일본어와 영어로 기재된 출어확인증을 소지하게 됐다. 하지만 그 후에도 미국 군함에 의한 퇴거 요청과 한국 함정에 의한 임검, 퇴거 명령이 이어졌다.

(3) 다이호마루(大邦丸) 사건

1953년 2월 4일 제주도 서쪽 해안으로부터 약 20해리 떨어진 해역에서 일본어선 제1다이호마루 및 제2다이호마루가 한국어선 2척으로부터 총격을 받은 후 나포됐다. 당시 제1다이호마루 승무원 1명은 머리에 맹관총창(盲貫銃創)을 입어 사망했다. 그 후 이들 선박은 제주도 한림(翰林)에 억류되었지만, 2월 16일 석방되어 같은 날 미국 군함의 호송을 받아 사세보(佐世保)에 기항했다. 18일 주일 유엔군 방위함대 당국은 사세보 미국 해군기지사령관을 통해 선체 및 승조원 모두를 일본 측에 인도했다. 이들 선박이 귀항함으로써 이는 유엔군 해군과 관련이 없는 한국 선박에 의해 공해상에서 가해진 분명한 불법행위였다는 점, 나포 시 총격으로 인해 승조원 1명이 사망했다는 점이 확인되었다.

　일본 측은 2월 13일 주일 한국대표부에 구상서로써 항의하고, 나포 선박 및 승조원의 즉각 반환을 요구했다. 특히 제1다이호마루 승조원의 사살 사실 여부를 조사, 회보할 것을 요구했다. 이와 함께 주일 미국대사관에도 2월 13일 자 구상서를 통해 본건을 통보하고, 유엔군이 그러한 사건의 재발을 방지하기 위해 단속을 엄격하게 하고, 또 한국 정부가 본 어선과 승무원을 즉시 석방해 귀환시키도록 알선을 부탁했다. 동시에 승조원 사살에 대해서도 현지 당국이 조사한 다음에 회보하도록 의뢰했다.

　그 후 다이호마루가 귀환함에 따라 사정이 더 밝혀졌지만, 일본 측의 조회에 대해 한국 측으로부터 아무 답변도 없었기 때문에, 일본 측은 주일 한국대표부 김 공사에게 2월 18일 자 서한을 보내 거듭 엄중하게 항의, 한국 정부가 사죄의 뜻을 표하고 책임자를 처벌하고 일체의 피해를 배상하고, 이러한 사건의 재발 방지를 위해 유효적절한 조치를 취할 것을 요구했다. 그리고 이러한 사건의 빈발은 양국의 친선관계 수립 노력에 불행한 영향을 미칠 것으로 우려된다고 말했다. 또한 미국대사관을 통해 유엔군에 대해서도 반복해서 이러한 불상사의 재발 방지에 대한 배려를 요청했다. 더욱이 2월 21일 오카자키 외상은 김 공사 앞으로 서한을 보내 동일한 취지를 말하면서, 특히 국내 여론이 경화하여 일한 우호관계에 악영향을 미칠 것이 우려된다고 강조했다.

　2월 21일 김 공사는 성명에서 일본어선은 한국 영해, 이승만 라인, 유엔군 방위수역을 3중으로 침범했고 한국 측의 정선 명령을 무시하고 도망을 꾀했기 때문에 부득이 취한 조치라고 말했다. 그러나 2월 24일 한국 정부 홍보처는 "여러 차례 정선을 명령했지만 응하지 않았기 때문에 공비 또는 밀수선으로 인정되어 뒤쫓았고 부득이 발포했다. 부상자는 응급치료 후 입원시켜 치료를 했다"고 발표했다. 또한 앞서 이승만 대통령의 초청으로 방한한 민간 어업단체가 이 대통령에게 "귀국 해상 감시기관에 자중하고 특별한 배려"를 요청한 전보를 보낸 것에 대해 진헌식(陳憲植) 내무부 장관은 2월 26일 자 회신에서 "우리의 경찰 및 군은 공산주의자들의 침략 기도에 대비해 끊임없이 감시하고 있습니다", "이 정당한 라인을 침범한 배가 발견되어 정선 명령을 따르지 않고 도망하거나 거부하는 경우, 우리는 그 선박의 국적 여하를 불문하고 모든 수단을 동원해 정선시킬 것입니다. 상기한 조처가 강구되는 과정에서 인명의 손실이 야기된 것과 관련해선 당국으로서는 국제 평화를 불근신(不謹愼)하게 무시하고 한일 양국 정부의 위신을 존중하지 않았던 귀국의 일부 어부 측의 경솔한 태도의 결과라고 믿을 수밖에 없습니다"라고 말했다.

2월 25일 이승만 대통령은 성명에서 "한국 수역으로의 출어는 적대적 행동으로 본다"고 말했다. 이어 26일 진헌식 내무부장관은 "전시하인 데다 군사경제상으로도 연안 경비를 엄중히 할 필요가 있다. 이승만 라인 침범자에 대해서는 엄중히 검거를 실시하고 이에 응하지 않는 자는 이적행위로 간주해 강제 수단을 취한다"고 말했다. 3월 16일 한국 정부는 다이호마루 사건에 대해 답변했지만, 그 내용은 2월 24일자 공식 발표와 동일했고 진사(陳謝)나 배상을 언급하지 않았다.

이 사건은 일본 신문에서 크게 다뤄졌다. 국회에서도 논의되어 정부에 대한 강경책을 요구했다.

2월 21일 전일본해원조합(全日本海員組合)은 정부가 이러한 사고가 발생하지 않도록 한국에 확약을 받을 것, 사살된 사람의 유족에 대한 생활 보장과 선박의 손해보상을 한국에 요구하고, 이 약속을 얻지 못한다면 한국으로의 수송을 담당하거나 유엔군에 관련된 선박에 승선하는 3,700명의 일본인 승무원들에게 취항 거부와 총귀환을 명령할 것을 요구했다.

4. 제2차 일한회담

(1) 회담 준비

이승만 대통령의 방일을 계기로 외무성은 회담 재개를 위한 태도를 적극적으로 표명했다. 1월 17일 아시아국 제2과가 기안한 「일한회담 재개의 기본 조건」은 첫머리에 "이 대통령의 방일에 따라 일한 간의 분위기를 완화시킬 기회를 잡아 …… 다음과 같은 방침하에 신속하게 협상을 개시하고 싶다"고 적고 있다.

1월 20일 김용식 공사는 "한국 정부는 교섭을 재개할 용의가 있고, 일본의 제안을 기다리고 있다"는 담화를 발표했다. 22일 다나카(田中) 정보문화국장은 담화에서 "외무성은 현안에 대해 새로운 각도에서 검토하고 있다"는 취지를 발표했다. 2월 7일 오쿠무라 차관은 김 공사의 방문을 요구하면서, 이 대통령 방일 이후에 감도는 양국 간 분위기 호전의 기회를 놓치지 말고 회담 재개의 전제가 되는 비공식 준비 회담을 열 것, 주한 일본대표부를 설치할 것 2개 사항을 요구했다.

그 후 다이호마루 사건 때문에 재개 준비 회담은 중단 상태에 빠졌지만, 2월 22일 오카자키 외상은 기자회견에서 "이 사건은 일한 간의 근본적인 관계에 장애를 주지 않도록 처리하겠다"고 말했다. 3월 7일 김 공사가 오카자키 외상을 방문해 회담 재개를 요청하자 오카자키 외상은 "① 다이호마루 사건에 대한 일본 측의 제의에 대해 답변을 줄 것, ② 호양(互讓)의 정신으로 회담에 임할 것, 특히 어업 문제에서는 이승만 라인에 찬성할 수 없지만 한국의 자원 보호, 한국 어업의 발전, 한국 어민의 생계는 충분히 고려하겠다"는 취지를 밝혔다. 3월 25일, 4월 3일, 4월 13일 열린 오쿠무라 차관과 김 공사 회담의 결과 4월 15일에 회담을 재개하기로 결정하고, 수석대표로는 일본 측 구보타 간이치로(久保田貫一郎) 씨와 한국 측 김용식 주일공사가 각각 임하기로 했다.

4월 8일 아시아국 제2과는 「일한회담 교섭방침(안)」을 다음과 같이 정하고 외무차관의 결재를 얻었다.

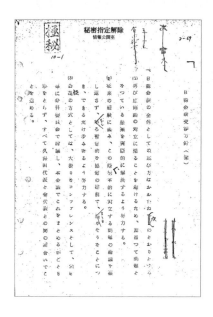

외교문서 원본 6　「일한회담 교섭방침(안)」

일한회담 교섭방침(안)

1953년 4월 8일 아시아국 제2과

1. 일한회담의 전반적인 진행 방법은 대략 다음과 같이 하도록 한다.

(1) 다시 원칙론의 대립에 빠지는 것을 피하기 위해 당분간 문제가 되고 있는 사안을 실제적으로 해결하도록 노력한다.

(2) 종래의 경험에 비추어, 이번에는 근본적으로 대립하는 문제의 논의를 다시 꺼내지 않고, 오히려 잠정적인 협정을 명분으로 정리할 수 있는 것에 대해선 가능한 한 서로 양보하도록 노력한다.

(3) 회담 방식은 대규모 컨퍼런스로 하여 각 문제를 분과위원회에서 토의하되, 본회의에서 이것을

결정하는 형태를 취하지 않고 모두 구보타 대표와 김 대표 사이의 논의로 진행한다.

(4) 회담의 최종 마무리는 선거의 결과 새 내각이 성립한 후로 한다.

2. 이러한 원칙하에 기존의 5개 현안에 대해 각각 다음과 같은 방침에 따라 협상키로 한다.

(1) 기본관계

종래 기본관계조약의 내용으로서 고려되어온 각 항목은 이미 샌프란시스코 조약에 있는 것을 다시 수록하는 형태였기 때문에 이 형식을 피하고, 오히려 그중에서 실질적인 항목이었던 외교·영사 관계의 설정만을 거론한다. 그 형식은 버마, 인도네시아, 필리핀 등과 이전에 처리한 것과 같이 교환공문에 의한 것으로 한다.

이에 따라 종래에 문제가 되었던 일한병합조약 등의 무효 논란은 피할 수 있게 된다.

(2) 재산 및 청구권

원칙적인 주장의 대립으로 쌍방 간 합의는 곤란할 것이기 때문에 당장은 문제에 대한 토의를 삼가고 나중의 의제로 돌리기로 한다.

(3) 어업

공해의 자유, 어업관할권 등의 논란을 피하고, 오히려 잠정적인 명분으로서 실제적인 협력 방안을 찾기 위해 쌍방의 업계 대표를 포함한 간담회를 마련한다. 양국 정부는 이 간담회에서 결정된 보고에 의거해 협정 체결을 위해 서로 양보하도록 노력한다.

(4) 국적처우

이전 회의에서 재일조선인을 모두 한국인으로 간주한다는 안이 일단 성립했지만, 협정으로서 명문의 규정을 마련하는 데는 여러 가지 어려운 상황이 예상된다. 따라서 오히려 일본-대만 조약의 경우와 같이 이에 대해 언급하지 않은 채 모두 실제적 처리의 문제로 돌리기로 하고 협정에는 오로지 재일조선인의 처우에 대해서만 규정하기로 한다.

(5) 선박

기존 정책과 같이 한국에 일정 수량의 선박을 제공하는 형식으로 선박 문제를 궁극적으로 해결한다는 취지로 공문을 교환한다. 그러나 다른 조건을 감안하여 그 수량은 약간 증가시키는 방안도 고려한다.

개회 전날인 4월 14일 구보타 외무성 참여(參與)를 중심으로 한 각 부처 연락회의가 열렸다. 여기서 외무성 측은 일단 거의 정리 단계에 다다른 기본관계, 국적처우, 선박 문제는 뒤로 미루고, 남아 있는 어업, 청구권 문제의 토의부터 시작한다는 방침을 밝혔다. 수산청은 "수산업체가 소란스럽기 때문에 어업 문제를 해결해달라"고 요구했다. 법무성 입국관리국은 "강제퇴거된 형벌 법령 위반자의 인수는 회담 이전의 문제이다. 국적처우 문제는 제1차 회담 이후의 정세 변화로 인해 마지막 조인만을(finishing touch) 남겨두고 있는 상태라고 평가할 수 없다"고 말했다[쓰루오카 센진

(鶴岡千仭) 차장〕.

운수성(運輸省)은 선박 문제에 대해 지난번에는 SCAPIN과의 관계도 있으므로 일본 측도 양보하여 한국 해운에 도움을 주기로 했지만, 그 후 한국의 해운정책이 일본 선박업계의 한국 진출에 방해가 됐기 때문에 이전 방침의 백지화를 요구한다고 말했다〔구니야스 세이치(国安誠一) 해운조정부장〕.

그 회의를 마치고 열린 성내 협의에서 시모다 다케소(下田武三) 조약국장은 "각 부처가 지난번 회담의 결과를 마음에 들지 않아 했던 사실을 알게 되어 의외였다. 대신은 세 가지 문제는 정리되었다고 생각하신다 했지만, 오늘 모습으로는 어떤 문제도 간단치 않다"고 말했다. 히로타 시게루(広田穣) 아시아국 2과장은 "이번 회담은 'talk'의 의미이고 이전의 'conference'와는 분리되어 있다. 하지만 오늘 이야기를 그대로 한국 측에 제시하면, 대화가 바로 결렬될 수 있다"고 말했다.

4월 17일, 법무성 사무차관이 외무성 사무차관에게 보낸 「재일한인의 지위 및 처우에 관한 요청에 대해」는 다음과 같이 적고 있었다.

지난 15일부터 시작된 이번 일한회담은 지금까지 회담이 열린 당시와는 현저하게 정세를 달리하고 있으므로 종래의 회담 성과에 집착하지 말고 새로운 각도에서 우리 측의 요구를 재검토한 결과, 재일한인의 지위 및 처우에 관해 다음과 같은 결론을 얻었다. 따라서 아래 사항의 실현을 고려해주기 바란다.

1. 재일한인의 지위에 관해

일한조약의 기본 조항 중에 재일한인이 대한민국 국민임을 확인토록 하거나, 혹은 이 관계를 당연한 것으로 하여 조항 중에 명시하지 않은 경우에는 별도로 어떤 형식으로(예를 들어 공식 의사록 중에) 재일한인의 지위를 확인하도록 한다.

2. 재일한인의 처우에 대하여

1) 일본 정부는 일정 기간(가령 2년)에 한하여 1952년 법률 제26호 제2조 제6항에 해당하는 재일한인 중에 귀국을 원하는 자에게는 그 귀환을 지원한다.

2) 이러한 귀환을 희망하지 않는 재일한인에게는 전항 기간(2년) 내에 출입국관리령이 정하는 일정한 재류 자격을 취득해 신청토록 하고, 또 이를 통해 취득한 자격에 의해서만 그 체류를 인정한다.

이 재류 자격을 신청할 때에는 대한민국 정부의 국적증명서가 없는 경우에도 일본 정부의 외국인 등록증명서에 재일한인이라는 신분이 명기되어 있는 자는 대한민국 국민으로 증명된 것으로 간주한다. 이 조치를 대한민국 정부에 확인한다.

3) 재일한인으로 출입국관리령 제24조에 해당하는 자는 제1항의 기간 이내라고 하더라도 모두 법령의 규정에 따라 대한민국에 송환된다.

3. 이른바 절차 위반자의 송환에 관해

소위 절차 위반자는 우리 측이 누차 요청했음에도 불구하고 한국 측이 일한회담과 연결 지어 인수를 거부해온 자들이다. 그러나 이들은 일한회담과 관계없이 인수되어야 하는 사람들이라고 생각되기 때문에 현재 오무라(大村) 수용소와 기타 다른 곳에 수용 중 또는 향후 수용되어야 되는 소위 절차 위반자〔4월 14일 현재 강제퇴거 영서(令書)의 발부가 완료된 자는 429명〕를 신속하게 인수하도록 한국 측 당국에 강하게 표명하기 바란다.

일본 측은 대표, 전권 등을 임명하지 않은 채 구보타 간이치로 씨를 외무성 참여로 발령, 교섭 주임(主任)으로 명했다. 이어 4월 10일 그를 보좌하는 성내 관계관으로 와지마 아시아국장, 시모다 조약국장, 스즈키 참사관, 히로타 아시아국 2과장, 다카하시(高橋) 조약국 제1과장, 시게미쓰(重光) 조약국 3과장, 니시야마(西山) 경제국 제5과장을 지명했다.

(2) 제2차 일한회담

4월 15일 구보타와 김용식 양측 대표가 인사한 후 김 대표는 기존대로 분과회의 설치를 제안했다. 이에 대해 구보타 대표는 주한 일본대표부의 설치, 나포 일본어선의 송환, 강제퇴거자의 인수 3개 항에 대해 한국 측의 선처를 요구했다. 한국 측은 5개 의안의 현안이 처리되면 해결될 것이라고 말했다. 22일 제2차 회의에서 5개 위원회의 설치가 인정되었지만, 회의는 비공식으로 열기로 했다. 양측 대표도 이들 위원회 회의에 수시로 참석할 수 있으며, 합의의사록은 작성하지 않기로 합의를 보았다.

그리하여 7월 휴회 전까지 본회의 3회, 기본관계 회의 2회, 어업 문제 회의 13회, 청구권 문제 회의 3회(이 외에 전문가 협의 1회, 비공식 3회), 선박 문제 회의 4회, 국적처우 문제 회의 6회(이 외에 송금과 재산 반출에 관한 전문적인 협의 3회)가 열렸다. 일본 측은 대표의 명부를 받지 않았지만, 한국 측의 대표 명단은 다음과 같다.

주일공사 김용식, 외교위원회 위원(식산은행 은행장) 임송본(林松本), 법무부 법무국장 홍진기(洪璡基), 외교위원회 위원 장기영(張基榮), 외교위원회 위원 장경근(張暻根), 상공부 수산국장 지철근(池鐵根), 주일 대표부 유태하, 주일 대표부 최규하(崔圭夏)

회담 시 각 위원회의 논의의 요점을 말하자면 다음과 같다.

① 기본관계

〈일본 측〉 외무성 참사관 스즈키 마사카쓰(鈴木政勝)
〈한국 측〉 외교위원회(식산은행 은행장) 임송본, 법무부 법무국장 홍진기

기본관계에 대해선 양측 모두 기본협정을 가능한 한 간단한 표현으로 서둘러 정리하자는 데 의견이 일치했고, 두세 가지 사항에 대해 토론하는 데 그쳤다.

② 재산청구권

〈일본 측〉 대장성 이재국장 이시다 다다시(石田正)
〈한국 측〉 외교위원회 장기영, 법무부 법무국장 홍진기, 한국은행 외환부장 이상덕

청구권에 대해선 일본 측이 기본적인 법이론을 보류하고 실제적인 대화를 요청하자, 한국 측은 청구권에 대한 법이론을 둘러싼 논의를 하지 않는 조건으로 1952년 4월 29일 미 국무부가 양유찬 대사에게 보낸 서한을 제시하면서 실제적인 해결책을 희망했다.

한국 측은 제1차 회담 때 제안한 청구 항목 가운데 ① 한국 문화재, 한국 지도 원판, ② 한국인 소유의 일본 유가증권, ③ 한국인 징용노무자에 대한 미불금 공탁 부분, ④ 재한 조선은행 등 재일 재산 및 재한 회사의 재일 재산, 조선총독부 도쿄출장소 재산 등, ⑤ 한국에서 회수되어 소각된 일본은행권, ⑥ 한국인이 귀국 시에 보관 기탁한 일본은행권, ⑦ 조선은행이 종전 후 이체한 일본 정부의 일반회계 세출 국고금, 일본은행에 대한 대월금(貸越金), 조선은행권 발권 준비 중에 일본에 남아 있는 것 등에 대해 구체적인 숫자와 여러 자료를 제시하고 일본 측에 조회를 의뢰했다. 일본 측은 재한 미군정청과 한국 정부가 일본인 재산에 대해 종전 후 실시한 조치 및 현황을 조회했지만, 한국 측은 답변하지 않았다.

외무성은 청구권을 해결하기 위해서는 상호 포기밖에 없다는 관점에서 상호 포기 방안의 추진을 대장성에 의뢰했다. 그러나 대장성은 이승만 정권을 상대로 조속히 회담을 마무리 짓는 데에 의문을 제기했고, 청구권 포기가 국내 보상 문제에 영향을 미칠 것을 우려해 적극적으로 찬성하지 않았다. 따라서 일본 측은 이 방안을 잠시 보류하는 방침을 취할 수밖에 없었다.

③ 어업

〈일본 측〉 수산청 차장 오카이 마사오(岡井正男)

〈한국 측〉 외교위원회 장경근, 상공부 수산국장 지철근

　　어업 분야에서는 제1차 회담이 시종 원칙론의 대립으로 일관됐던 것과 비교하면, 이번 회의에서
는 구체적인 문제에 대해 논의하기로 기본적인 합의를 봤다. 관련 어업의 실태, 보존조치에 대해
쌍방의 의견을 교환한 후 6월 29일 일본 측이 어업협정 요강을 제출한 데 이어 한국 측은 7월 17일
어업조약 요강을 제출했다. 한국 측은 여전히 자원 보존조치로서 다시 '관할수역'의 상호 승인을
주장하면서, 관할수역 내에서는 연안국의 어업관할권을 인정하고 공동 보존조치는 이 관할수역의
밖인 협정수역에서 실시한다는 생각을 내세웠다. 따라서 일본 측은 이에 대한 검토를 거부했다. 일
본 측은 한국 측 안과 같이 현행 국제법의 범위를 넘는 주장을 굳이 하지 않더라도 양국의 어업이
공존할 수 있는 길이 있다고 주장하면서, 공동위원회를 설치하여 과학적 근거에 기초한 어업자원
의 보존에 필요한 조치를 권고토록 할 것을 강조하는 한편, '특별히 고려해야 할 사항'으로서 일한
간에 존재하는 특수한 사정을 감안해 어업 조정 등 특별한 조치를 취할 용의가 있음을 밝혔다. 이
에 대해 한국 측은 관심을 보이면서 일본 측에 구체적인 설명을 요구했다. 회의는 한국 측의 어업
실태에 대해 설명하는 부분까지 진행됐다.

일한 어업협정 요강

(1953년 6월 29일 일본 측 제안)

　1. 기본적 입장

　　일본의 기본적 입장은 어떤 목적 또는 형식을 불문하고 공해에서 연안국의 어업관할권을 인정할 수
없지만 자원 보존을 위해 공해에서의 어업에 대해 필요한 규제를 그 내용으로 하는 협정에는 적극적으
로 성의를 갖고 협의할 용의가 있다.

　2. 협정의 목적

　　일본과 한국 양국 어민이 교착하여 어업을 하는 공해에서 어업자원의 지속적인 생산성을 최대한 확
보하기 위해 필요한 보존 및 개발 조치를 양국이 공동으로 실시한다.

　3. 협정의 골자

　　(1) 양국은 각 정부가 임명하는 동수의 위원으로 구성된 일한 어업공동위원회(이하 위원회로 약칭)
를 설립하고 유지하는 데 동의한다.

　　(2) 위원회는 양국 어민이 함께 이용하는 어업자원의 보존에 필요한 조치를 양국 정부에 권고한다.
이러한 조치는 과학적 근거에 기초한 것이며, 또 양국에 동일하게 적용되는 것이어야 한다.

위원회는 과학적 근거를 기반으로 개발의 여지가 있다고 인정되는 자원의 개발에 관해 양국이 공동으로 실시해야 하는 개발조치를 양국 정부에 권고할 수 있다.

(3) 위원회가 권고한 보존조치 또는 개발조치를 양국이 동의한 경우, 양국은 각각의 조치를 실행해야 한다.

(4) 협정에 가입되지 않은 제3국 국민 또는 어선이 협정의 목적 달성을 저해한다고 인정될 때는 양국이 서로 통보하고 취해야 할 조치에 대해 협의한다.

4. 특별히 고려해야 할 사항

일한 간에 존재하는 특수한 사정을 감안하여 상기한 협정 내용 외에 다음과 같은 점들을 고려한다.

(1) 일한 양국 어민이 교착하여 조업하는 해역의 어종 및 어법(漁法)은 다양하기 때문에, 이를 대상으로 하는 과학적인 조사는 아직 완전하지 않다. 따라서 위원회가 과학적 근거에 기초한 권고를 할 때까지 저어(底魚)에 대해 잠정적으로 양국의 합의에 의한 보존조치로서 저인망 어업의 금지구역을 설정하는 것을 고려한다.

(2) 양국 어선이 동일한 어장에서 교착하여 조업하기 때문에 발생하는 분쟁을 방지 또는 처리하는 조치를 고려한다.

(3) 영해 침범을 방지하기 위해 특별한 조치를 고려한다.

(4) 다른 어업 유형 간의 이해 조정 또는 동종 어업에서의 쓸모없는 경쟁을 방지하기 위하여 필요한 어업 조정조치를 고려한다.

일한 어업조약 요강(임시로 번역)

(1953년 7월 17일 한국 측 제출)

1. 기본 정신

한국 연안에 근접한 수역에서의 어업자원의 감소 추세가 현저함을 감안할 때 그 지속적인 생산성을 최대한 보장하기 위해서는 적절한 보존조치로서 어업 규제가 긴급하다. 일한 양국 간에 현존하는 어업 능력의 현격한 차이 등을 감안하면, 어업자원의 분배에서 실질적인 공평을 기하기 위해서는 보존조치 실적이 있는 연안국의 어업관할권을 인정하는 것이 양국 간 어업 조정에서 가장 합리적인 방도라고 생각한다.

이는 또한 양국 어로의 교착에 의해 발생할 수 있는 분쟁의 원인을 제거하는 결과를 가져올 수도 있다.

다른 수역에서는 어업자원의 감퇴를 방지하기 위해 양국 간 협력을 통해 필요한 어업의 규제를 실시해야 한다.

2. 조약 요강

(1) 체약국의 영수(領水)에 근접한 일정 수역에 대한 연안국으로서의 어업관할권을 상호 확인한다.

(2) 어업관할수역 밖에 양국 공통의 이해관계가 있는 수역에서는 다음의 방법에 의해 양국이 공동

보존조치를 취할 것.

　　　(가) 일한 어업공동위원회의 권고에 따라 어종, 어획량, 구역, 기간, 어법, 어선의 척수, 톤수, 마력 또는 장비 등에 대해 금지, 제한, 기타 규제를 실시할 것.

　　　(나) 일한 어업공동위원회의 권고에 따른 보존조치와 관련, 당사자가 동의하기 전까지는 과도적인 조치로서 양국이 실시하는 보존조치를 부속서로 규정할 것.

　　(3) 일한 어업공동위원회를 설치해 체약국에 공통의 이해관계가 있는 어업자원의 지속적인 생산성을 최대한 확보하기 위한 공동의 조치를 취하기로 하고, 이를 위해 필요한 과학적인 조사와 연구를 추진, 조정하고 체약국에 그 조치를 권고하도록 할 것.

　　또한 이 협약의 이행을 확보하기 위해 단속에 필요한 조치 및 이 조약의 위반자에 대한 처벌 규정을 체약국에 권고하도록 할 것.

　　3. 일본의 어업협정 요강 4는 지나치게 추상적이고 신축적으로 표현되어 있기 때문에 그 내용을 명확하게 파악할 수 없다. 따라서 한국의 이 요강과의 거리를 측정할 수 없으므로 보다 구체적인 구상의 내용을 제시해주길 희망한다.

④ 재일한인 국적처우

〈일본 측〉 법무성 입국관리국 차장 쓰루오카 센진(鶴岡千仞), 외무성 참사관 스즈키 마사카쓰(鈴木政勝)

〈한국 측〉 법무부 법무국장 홍진기, 한국은행 외환부장 이상덕

　　재일한인의 국적을 한국으로 하는 것과 관련, 한국 측은 일본 측이 재일한인의 특수성을 인정하여 처우한다면 한국 국적을 인정해도 된다, 한국의 국내법으로는 한국 국적이라고 하더라도 일한 간에는 협정 성립 전에는 확정되지 않은 상태라고 주장했다. 재일한인에게 부여하는 영주 허가와 관련해 일본 측은 범죄자에게는 기한부 권한을 부여하고, 미성년자에게는 일단 기한부 허가를 준 후 성인이 됐을 때 다시 심사해 자격을 결정하는 방안을 제시했다. 일본 측은 또 영주 허가 신청 시에는 한국 주민등록을 요건으로 하지 않고 외국인등록을 대신할 수 있다고 주장했으나, 한국 측은 이에 반대했다.

　　강제퇴거 사유에 해당하는 자의 퇴거와 관련, 일본 측은 제1차 회담에서 합의를 본 일한 간에 협의한 규정을 삭제할 것을 주장한 데 반해 한국 측은 재일한인은 노동자로서 반강제적으로 끌려간 사정이므로 '협의'의 필요성을 주장했다.

⑤ 선박

〈일본 측〉운수성 해운조정부장 구니야스 세이치(国安誠一)

〈한국 측〉법무부 법무국장 홍진기, 상공부 수산국장 지철근

　일본 측은 연합국군총사령부의 관리하에 있었을 때의 SCAPIN과 미군정령 33호로부터 벗어나 일한 양국이 독립국가로서 향후 우호를 도모할 것이라 생각하고 있으며, 이를 위해 한국의 대일 해운정책을 양해한 다음에 토의를 진행시키고 싶다, 또 다른 현안의 해결과 동시에 선박 문제를 해결하고 싶다는 희망을 피력했다. 이에 대해 한국 측은 의사(議事)는 반환 선박 수량과 방법에 한정하길 원한다고 말했다. 일본 측은 한국의 무역정책이 일본선박의 사용을 제한하려는 의도를 보이고 있다고 지적한 후, 구체적으로 한국의 대외 무역관리정책, 외환관리정책에 대한 설명을 요청하고, 일본 해운회사의 한국 내 지점 및 출장소 설치의 승인 여부 등에 대해 질문했다(이에 관해서는 비공식적으로 5월 29일 주일 한국대표부 최규하 총영사로부터 사정을 청취했다). 이에 대해 한국 측은 선적 문제를 새롭게 의제로 삼는 것은 이 회의의 임무를 벗어난 것이라는 견해를 제시했다. 5월 26일 제4차 회의에서는 다음과 같은 논쟁이 오갔다.

　구니야스 부장은 "지난해 회담 후 한국의 해운정책 및 무역정책으로 인해 우리 측에 곤란한 사태가 벌어졌기 때문에 새로운 문제라고 보고 있다"고 말했다. 이에 대해 홍 국장은 "교통부의 『해운백서』에 따르면 일본의 선박 총량은 283만 톤인데 비해 한국의 선박은 약소하다. 여기서 일본이 200~300만 톤의 선박을 한국에 인도한다면 위협이 될 수도 있겠지만, 그 10분의 1도 인도할지 여부를 알 수 없는데, 그것이 어떻게 위협이 될 것인가. 설령 일본의 해운이 한국에서 배척된다고 하더라도 다른 방면에서 도약할 수 있을 것이다. 경쟁자에게 '소금'을 보낼 생각으로 선박을 전달해 줬으면 좋겠다. 그럼으로써 경쟁심이 더욱 커질 것이다"라고 말했다. 임 외교위원도 "선박을 인도했기 때문에 해운에서 라이벌이 된다는 것은 있을 수 없다. 한국으로서는 다른 국가로부터 선박을 빌리는 방법도 있다"고 발언했다. 이에 대해 구니야스 부장은 "일한 간을 항해하는 일본선박은 소유 총량의 일정 부분을 차지하고, 이것들 중에 1척의 선박이 한국에 인도되더라도 위협을 받는다. '소금'을 보내는 것은 좋지만 양국의 해운이 공정한 입장에서 공평하게 활동할 수 있도록 하고 싶다. 해운에 관해 불공평한 정책을 취하는 한국에는 배를 인도하거나 팔 수 없다는 생각이다"라고 말했다.

(3) 회담 무기 휴회안

당시에는 한국전쟁이 마무리되어가고 있었다. 판문점에서 1951년 10월부터 열렸던 군사 휴전 회담은 제2차 일한회담 개시 4일 전인 4월 11일에 부상병 포로 교환협정을 체결했고, 이어 6월 8일에는 가장 어려운 문제였던 포로 교환협정을 체결, 군사 휴전협정의 조인을 앞두고 있었다(7월 27일 조인). 이승만 대통령은 휴전 반대를 주장하며 국민적 시위를 유도하는 한편, 반공 포로 석방을 실시했다(6월 18일). 이에 대해 로버트슨(Walter S. Robertson) 미 국무부 차관보가 대통령 특사 자격으로 한국을 방문(6월 25일), 한국 측의 요구를 절반 정도 받아들여 한국 측을 진정시키면서 휴전협정의 조인을 추진했다.

사진 15 변영태 한국 외무부장관과 덜레스 미 국무장관이 1953년 8월8일 이승만 대통령이 지켜보는 가운데 한미 상호방위조약에 가조인하고 있다. (출처: 한국일보)

휴전협정문에는 3개월 후에 한반도 통일을 위한 정치회담이 열린다는 내용이 규정되어 있었다. 구보타 대표를 중심으로 한 교섭 담당자 사이에서는 아래와 같은 회담 타결 방식을 연구하고 있었지만, 한반도 문제의 중요한 전환기에 회담을 휴회하고 정세를 가늠하는 방안도 생각하고 있었다. 당시 다듬어진 일한 간의 여러 협정의 형식은 다음과 같았다.

일한 간의 여러 협정의 형식에 대해

1953년 6월 11일

일한 간의 현안을 전체적으로 해결하기 위해 향후 회담의 결과로서 체결해야 할 여러 협정의 형식으로는 아래와 같은 조약 1개, 의정서 3개, 협정 2개, 교환공문 5개, 합의의사록 및 서한 각각 1개로 구성되는 것이 적당하다고 판단된다.

(1) 조약

「일본국과 대한민국과의 관계를 설정하는 조약」

 1. 전문

 2. 본문

　　① 외교·영사 관계의 설정에 관한 사항

　　② 유엔 원칙에 따른 우호적인 협력, 특히 경제협력에 관한 사항

　　③ 통상항해조약 체결에 관한 사항

　　④ 항공협정 체결 방법에 관한 사항

　　⑤ 조약 해석에 대한 분쟁 처리에 관한 사항

　　⑥ 비준 조항

(2) 의정서

 1. 통상항해조약 체결까지의 잠정조치에 관한 의정서

 2. 청구권 처리에 관한 의정서

 3. 재일한인의 처우에 관한 의정서

(3) 협정

 1. 어업에 관한 일반 협정

 2. 어업에 관한 잠정적 협정

(4) 교환공문

 1. 빈곤자 등에 대한 귀국(歸國) 조장

 2. 선박 문제

 3. 나포, 도난 어선의 반환

 4. 재일한인의 대한민국 국적 확인

 5. 재일한인 강제퇴거

(5) 합의의사록

 1. 재일한인 자발적 귀국자가 휴대하는 현금 및 수하물에 대한 제한 특례

 2. 재류자의 권리, 직업 등 사전에 서로 양해하고 있어야 할 사항

(6) 서한

1. 한국 관련 문화재의 증여

6월 21일 구보타 대표는 개인적 방안으로서 회담의 현황, 전망, 국제 정세 등을 언급하면서 무기 휴회안을 작성했다. 이에 대해 시모다 조약국장은 찬성의 태도를 취하면서 그 이유를 별기한 바와 같이 기록했다. 오쿠무라 차관은 찬성했지만, 오카자키 외상은 "신중한 고려가 필요하다"고 난외(欄外)에 주를 달았다.

일한회담 무기 휴회안(私案)

1953년 6월 21일, 구보타 참여

1. 이번 일한회담은 4월 15일 개막한 후 4월 중에 본회의를 세 차례 열었고, 5월 이후 5개 부회로 나누어 자유 토의를 계속하고 있다.

(가) 기본조약 부회(部會)

나머지 4개 안건이 마무리되면, 이 부회는 별다른 어려움 없이 마무리될 전망이므로 두 차례 더 개최된 후 자연스럽게 휴회가 되었다. 그러나 우리 측은 국적 조항을 조약에서 삭제하여 교환공문 또는 의사록으로 할 것을 제안하고 있다.

(나) 국적처우 부회

부회는 여섯 차례 열었는데, (1) 영주 허가, (2) 강제퇴거에 관한 협의에서 양측의 주장에 상당한 간극이 있다. 또 상대측은 작년과는 태도를 바꾸어 재일한인의 국적은 일한 양국의 관계에서 법적으로는 확정되지 않은 상태라고 주장하고, 처우가 만족스럽지 않으면 일본 국적을 선택하도록 하는 것이 낫다는 명분을 내세우고 있다.

(다) 선박 부회

부회는 네 차례 열었다. 운수성은 지난해부터 한국의 해운정책이 일본을 매우 배척하고 있으므로 우리 측이 증여하는 선박이 배일정책을 위해 사용되는 것을 극도로 경계하면서, 한국이 앞으로 배일적인 해운정책을 취하지 않을 것을 보장하지 않는 한 선박을 줄 수 없다고 주장했다. 이에 대해 한국 측은 선박 문제는 대금(貸金)을 재촉하는 것이라고 간주하고 있는데, 여기에 조건을 붙이면 곤란하다는 태도를 취하고 있다.

결국 지난해 정도의 톤수라면 운수성도 수용할 것으로 생각되지만, 한국이 기대하고 있는 것 같은 다량은 좀처럼 내줄 수 없다.

(라) 재산 및 청구권 부회

법이론에 서로 휘둘리지 않기로 하고 부회는 세 차례 개최된 후 휴회되었다. 효율적으로 논의를 진행하기 위해 당분간은 비공식 워킹그룹을 통해 논의를 진행하고 있다. 장기영 대표는 재산 및 청구권 문제는 간단한 문제라고 떠벌리고 있지만, 한국의 속마음은 (1) 국보, 고서적, (2) 군인, 징용자들의 미불금 이외에 적어도 조선은행 도쿄지점의 재산 [   ]는 노리고 있는 것 같다.

(마) 어업 부회

이것도 실제적으로 논의를 진행한다는 양해하에 부회를 일곱 차례 열었다. 대략 잘 진행되고 있다고 생각하던 때인 제6회 부회에서 상대측이 관할수역(이승만 라인)을 논의하려 했기 때문에 전도다난(前途多難)을 예견케 한다. 설혹 마무리된다고 하더라도 상당한 시일을 필요로 한다.

2. 이상과 같은 이유로, 가령 여기서 우리 측에서

(1) 재산, 청구권 상호 포기

(2) 선박과 관련해 10억 엔의 예산조치

(3) 군인, 피징용자 미지불금 지불(약 2억 엔, 다만 이미 적립이 완료되었거나 혹은 민간에서 지불해야 하는 것이므로 예산조치는 필요치 않음)

(4) 약간의 국보, 고서적 증여

이러한 방침을 결정하더라도 이번 회담은 타협에 이를지 불투명하다. 게다가 (1)의 청구권의 상호 포기는 재외 사유재산 보상 문제와 관련되어 있어 대장성이 특히 난색을 표명하고 있다. (4)의 국보 증여라는 것도 간단치 않다.

3. 이상, 일한회담 진행 개황 및 전망을 살펴보았는데, 이러한 정황을 앞에 두고 이승만 대통령의 휴전 반대, 북조선 포로 2만 5,000명의 독단적 석방 문제가 발생, 한국은 공공연히 유엔에 반역하는 태도를 취하게 됐다.

이 새로운 사태에도 불구하고 일한회담을 예정대로 진행하는 것은 대국적으로 볼 때 아래와 같이 바람직하지 않다.

(1) 유엔의 정책에 반할 뿐만 아니라, 실력으로써 이를 곤란하게 하고 있는 이승만 정부와 논의를 계속하는 것은 유엔 협력에 대한 우리의 기본방침에 반하게 된다.

(2) 이 대통령은 스스로 세계의 고아가 되려는 듯한 정책을 취하고 있다. 그 대담하고 경솔한 행동은 세계의 지탄을 초래하여 머지않아 어쩔 수 없이 퇴임하게 될 것도 예상할 수 있는데, 그럼에도 불구하고 조약을 맺으면 정부는 국회에서 격렬한 비난을 받게 될 것이다.

(3) 가까운 장래에 한반도에 남북 통일정부가 수립되거나, 반대로 남북 두 개의 정권이 사실상 대립하게 되는지 지금은 조금 더 정세를 파악해야 하며 서두를 필요는 없다.

(4) 이 대통령 이후에 누가 나오더라도 이 대통령보다 반일적일 가능성은 없다. 더욱이 지일파가 대두될 가능성도 없지 않다. 그러므로 몰락할지 모르는 이 대통령의 버팀목이 되는 것과 같은 회담의 진행은 생각해봐야 할 일이다.

4. 반대로 회담을 계속하지 않으면 다음과 같은 손실이 생긴다.

(1) 한국 부근 수역에서 우리 어선의 나포가 다시 발생한다.

(2) 재일한인의 강제송환을 상대측이 받아들이지 않는다.

(3) 우리 측 대사관을 한국에 둘 수 없다.

(4) 당분간 한국의 부흥에 따른 특수 이익을 받지 못할 가능성이 있다.

이들 가운데 (1), (2)는 참으로 곤란한 사안이지만, 통상적인 외교교섭에 의한 해결을 도모할 수밖에 없다. (3)의 경우에는 대사관은 두지 못하더라도 재외사무소는 둘 수 있다(한국대표부가 도쿄에 있는 이상, 이 점에 대해 우리 측은 강하게 주장할 수 있다). (4)의 재건 특수는 이번 회담, 특히 선박 문제 부회 등에서 상대방이 자꾸 우리 측을 유혹하는 미끼로서 암시해온 점이지만, 우리 측 상품이 싸면 결국 사게 될 것이기 때문에 이를 위해 회담을 잘 마무리해야 할 이유는 없다(경제국(經濟局)도 같은 견해를 갖고 있다). 또한 한국과의 무(無)협정 상태에서도 우리 측이 미국 측과 긴밀하게 연락함으로써 목적은 달성될 거라고 말할 수 있다.

이상 회담의 현황, 전망, 국제 정세, 최근 이 대통령의 태도 등을 감안하고, 또 이해득실을 검토한 결과, 이제 본회담은 (결렬됐다고 말하지 않은 채) 무기 휴회해야 할 것으로 생각된다.

무기 휴회안에 찬성하는 이유

1953년 6월 23일, 시모다 기록

1. 일한회담을 설령 마무리 짓는다고 하더라도 그 결과 작성되는 일한조약에 대해 국회의 승인을 요구할 때는, 아마 작년 일본과 대만의 평화조약 심의 때 이상의 분규를 초래할 것이다. 점점 지위가 저하되어가는 이승만 정부를 상대로, 게다가 우리 측에 유리한 면이 없는 조약을 적극적으로 체결하는 것에 대해서는 개진당(改進党)[43]의 동조를 구하는 것도 매우 어려울 수밖에 없다. 그렇다고 하면 국회를 통과할지 여부에 대한 전망조차 불투명한 조약을 마무리 짓기 위해 지금 청구권, 선박 문제 등에서 상당한 양보를 하는 각오를 무리하게 하면서까지 계속해서 교섭을 도모하는 것은 의미가 없으리라 사료된다.

2. 협상을 휴회하게 될 경우 문제가 되는 것은 어떤 이유를 붙여 휴회를 제의하느냐는 점이다. 이와 관련해선 조만간 휴전협정이 성립되는 새로운 사태가 좋은 구실이 될 수 있지 않을까 싶다. 즉, 이 새로운 사태를 앞두고 일본 정부로서 일한교섭의 모든 의제에 대해 새로운 각도에서 접근할 필요가 생겼다고 하고, 그것을 위해 일본 측은 각 의제에 대해 새롭게 제안할 생각이지만 그 안을 작성하는 데 다소 시일이 필요하므로 잠시 회의를 휴회하고 싶다는 취지로 휴회를 제의하는 것이 적당하지 않을까 생각된다.

3. 휴회 중 일본 측은 사실 새로운 제안을 준비하기로 하고(기존의 관점에 얽매이지 않고, 전쟁 전후 처리 중심의 사고방식으로부터 탈피해 미래로 눈을 돌려 많은 적극적인 면을 부가하는 방안으로 한다).

---

43) 1952년부터 1954년에 걸쳐 활동한 일본의 정당으로 요시다 시게루(吉田茂)의 자유당에 대항하기 위해 결성됐다. 총재는 시게미쓰 마모루(重光葵), 간사장은 미키 다케오(三木武夫). 개진당의 멤버들은 1954년 자유당을 이탈한 하토야마 이치로(鳩山一郞) 등과 일본민주당을 결성했다.

그러나

(가) 이승만 정부가 오래 지속되어 일한회담을 휴회한 채 방치할 경우에는 교섭을 재개해 상기한 새로운 제안을 한다(새로운 제안을 상대방이 받아들이지 않을 경우에는 교섭의 본격적인 결렬도 마다하지 않는다).

(나) 이승만 정부가 점차 몰락의 과정을 걸을 경우에는 교섭을 무기한 휴회 상태로 둔 채 한국 사태의 추세를 오로지 지켜보는 것이 적당하지 않을까 싶다.

4. 위와 같은 관점에서, 어쨌든 일한회담은 일단 휴회하고, 장래를 대비하여 우리 측 행동의 자유를 확보할 수 있는 시기가 도래했다고 생각된다.

한편, 7월 9일 「일한교섭 처리방침(안)」이 수립되었다. 이 안은 "회담에서 논의를 진행한 결과 여러 현안의 주요 문제에 대한 양측의 견해가 거의 밝혀졌다. 또한 한국전쟁 휴전회담의 결말도 임박한 것으로 관측되는 지금 정부의 최고 정책을 결정해주기를……"이라면서 다음과 같은 내용으로 채워졌다. 그러나 이 안은 와지마 아시아국장, 구보타 대표 선에서 멈췄다.

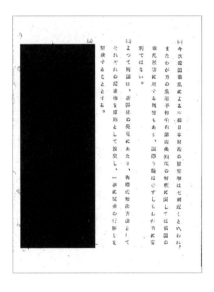

외교문서 원본 7　「일한교섭 처리방침(안)」 가운데 청구권 문제와 관련해 먹칠이 된 채 공개된 부분

일한교섭 처리방침(甲案)

1953년 7월 9일

일한 국교를 아래 방침에 따라 조정하기로 한다.

1. 일한 간의 관계를 설정하는 조약

(1) 양국 간에 정상적인 외교관계를 설정하는 것을 주안으로 했지만, 조만간 한국에 평화가 회복될 거라는 전망하에 유엔의 원칙에 기초한 우호적인 협력, 특히 경제협력을 해야 한다는 취지를 규정하고, 아울러 통상항해조약 및 항공협정의 조기 체결을 약속하는 간단한 조약으로 한다.

(2) 또한 한국은 샌프란시스코 평화조약 제21조에 의해 동 조약 제12조의 이익을 받게 되어 있기 때문에, 통상항해조약 체결 시까지는 이 샌프란시스코 평화조약의 규정이 적용된다는 취지를 의정서에서 확인하기로 한다.

2. 청구권

(1) 이번 한국 전란에 의한 재한 일본 재산의 피해 비율은 70퍼센트 가까이 되는 것으로 알려져 있고, 샌프란시스코 평화조약 제4조 (b)항의 해석에 관해서는 한국의 전란 피해에 대한 동정 여론도 있어 국제 여론이 반드시 우리 측에 유리하다고 할 수 없다.

(2) 따라서 양국은 새로운 관계의 출범에 있어 실제적인 해결 방법으로 각각의 청구권을 원칙적으로 포기하고 일거에 종래의 사정을 해결하는 것으로 한다.

(3) [원문 약 9행 미공개]

(4) 또한 이 청구권 문제와는 다른 문제이지만, 한국 측의 강한 희망도 있기 때문에 양국 국민감정의 융화에 기여한다는 견지에서 한국 고유의 문화와 관련된 고서적, 미술 공예품, 골동품 가운데 그에 적합한 것 약간을 증여하는 것도 함께 고려한다.

3. 어업

(1) 이승만 라인과 같은 어업관할권을 공해에 미치려고 하는 주장은 인정할 수 없지만, 일한 양국이 공통의 이해관계를 갖는 수역에서 어업자원의 지속적인 생산성을 최대한 유지하기 위해서는 평등한 입장에서 공동으로 보존 및 개발 조치를 취한다. 또한 어업분쟁의 원인을 제거하기 위해 양국의 이익에 부응하고, 어업자원의 보존과 개발 목적을 달성하는 데 가장 적합한 조치를 강구, 실시하기 위해 어업공동위원회를 설치하며, 분쟁 예방조치에 대해 규정하는 협정을 체결하기로 한다.

(2) 또한 이 위원회가 충분히 기능을 발휘하기 전까지는 일정 기간(3년) 동안 잠정적 협정에 의해 저어(底魚)에 대한 트롤 및 기선저인망 어업을 금지하는 일정한 보호구역을 설정하고, 부어(浮魚)에 대한 어업 조정상의 규칙을 정한다.

4. 재일조선인의 국적 및 처우

(1) 전쟁 전부터 계속해서 우리 일본에 재류하는 조선인의 국적에 대해서는 한국의 주장을 존중하기로 한다. 그 절차로서 그들이 모두 대한민국 국민이라는 것을 통지하는 한국 측 문서에 우리 측은 이를 양해한다는 취지를 통고하는 것으로 한다.

(2) 전쟁 전부터 계속해서 우리나라에 재류하는 조선인 중에서 일정 기간(1년) 내에 외국인등록증명서를 제시하고 영주 허가를 신청하는 자에 대하여는 원칙적으로 이를 인정한다.

(3) 영주 허가를 받은 자 중에서 한센병 예방법의 적용을 받는 한센병 환자, 정신위생법에 규정된 정신장애인 중에서 동법에 규정된 정신병원 또는 지정병원에 수용되어 있는 자, 빈곤자, 방랑자, 신체장애인 등으로 생활상 국가 또는 지방자치단체의 부담이 되어온 자에 대해서는 일정 기간(2년) 동안 한정하여 호의적으로 고려를 하고, 그들이 부담이 된다는 이유만으로는 원칙적으로 강제퇴거하지 않기로 한다.

(4) 상기한 (3)에 규정된 자일지라도 일본 측에서 강제퇴거가 필요하다고 인정하는 경우 및 법무대신이 일본의 이익 또는 공안을 해치는 행위를 했다고 인정한 자를 강제퇴거하려는 경우에는, 사전에 한국 측과 협의해 이를 실행한다. 다만, 이렇게 사전에 협의한다는 명분은 일정 기간(2년) 이후 폐기한다.

(5) 상기한 (3), (4) 이외의 사유에 해당하고 강제퇴거 영서를 발부받은 자, 또 앞으로 이것을 받을 자는 한국에 송환된다.

(6) 재일조선인의 재산상의 권리, 직업 및 자발적 귀국 시의 지참금, 수하물의 제한 등에 대해서는 되도록 관대한 조치를 강구하기로 한다. 특히 빈곤자 등이 자발적으로 귀국하는 경우에는 일본국의 일방적인 조치로서 일정 기간(3년)에 한하여 일정액의 생활 일시 자금을 급여하기로 한다.

5. 선박

양국 정부 간에 종래에 현안이 되었던 선박 문제를 최종적으로 해결하기 위해 한국에 증여하는 선박은 10억 엔의 범위 내로 한다. 다만, 본건 증여가 양국 해운업이 평등한 입장에서 운영되는 것을 저해하지 않도록 배려하기로 한다.

(주) 을안(乙案) 생략

때마침 7월 초 한국 측의 김용식 공사와 장기영 대표가 귀국, 이승만 대통령과 협의한 후 귀임했기 때문에 7월 22일 구보타 참여는 와지마 아시아국장과 함께 이들 2명과 비공식적으로 회담하고, 다음과 같은 시안(試案)을 제시했다.

(가) 기본조약 문제에 관해서는 서로 대사관을 개설하는 공문을 교환하고, 국교를 가능한 빨리 열 것.

(나) 기타 제 문제는 일반적인 외교교섭으로서 가능한 빨리 해결하자는 취지의 공문을 교환할 것.

(다) 국적처우, 청구권, 어업 문제에 대해서는 정부에 권고권을 갖는 위원회(요컨대 민관 합동)를 설치하여 현재 각 부회의 작업을 속행할 것.

(라) **[원문 약 7행 미공개]**

이 안에 대해 김 공사는 여전히 현안을 일괄 해결한 후 외교관계를 수립한다는 주장을 반복했고, 장 대표는 방법론으로서 과거의 문제인 청구권과 선박 문제를 먼저 해결한 다음에 기본조약과 처

외교문서 원본 8   일본측이 제시한 시안 가운데 먹칠이 된 채 공개된 부분.

우 문제에 들어가고 마지막에 어업 문제를 천천히 협상하는 것이 어떻겠냐고 말했다.

이리하여 일본 측의 제안은 동의를 얻지 못했으나, 여기서 회담을 여름 동안 휴회하고 쌍방이 문제를 갖고 돌아가 검토한 후 9월에 회담을 재개한다는 데 의견이 모아졌다.

따라서 일한회담은 구보타 대표의 희망대로 휴회를 맞이하게 됐다.

5. 격화하는 어업분쟁

회담이 휴회 중이던 1953년 7월 27일 한국전쟁 휴전협정이 타결됨에 따라 8월 27일 유엔군 방위수역은 해제되었다. 주일 미국대사관 담당관은 본건을 통보하기 위해 와지마 아시아국장을 방문, "한반도 사태가 확정되지 않았기 때문에 유엔군 수역은 철폐된 게 아니라 폐지됐다. 클라크 유엔군사령관의 명령은 한국 함대를 포함한 유엔군 지휘하의 전 함대에 내려져 이행되는 것이지만, 이승만 라인은 남기 때문에 일본어선은 신중히 행동하기 바란다"고 말했다.

유엔군 방위수역이 실시된 건 11개월간이었지만, 그동안 나포된 일본어선은 다이호마루를 포함해도 7척에 불과했다. 이는 "한국 함정에 의한 무차별 나포 억류라는 행위가 유엔군에 의해 어느 정도 제한됐기 때문이라고 볼 수 있다"는 견해가 있다(일한어업협의회, 『일한어업대책운동사』, 도쿄: 일본어업협의회, 1968).

유엔군 방위수역 해제에 대해 한국 정부는 8월 30일 자로 공보처장 담화를 발표, 공산주의 측 간첩이 많이 진입하고 있을 때 해제조치를 취한 것은 유감이라면서 재설정을 희망함과 동시에, 이승만 라인의 유지를 밝혔다. 9월 5일 한국 정부는 방위수역 해제에 대한 항의 서한을 클라크 유엔군사령관에게 보냈다고 발표했다.

그 무렵부터 한국 해군함정은 이승만 라인 수역에 출동하여 일본어선을 나포하기 시작했다. 때는 바야흐로 고등어 성어기였는데, 『아사히신문』 9월 7일 자에 실린 니헤이(仁平) 수산청 후쿠오카 어업조정사무소장의 말에 따르면, 제주도 부근의 수역에는 건착선(巾着船)이 약 200척, 고등어 낚시어선이 약 150척에 이르고 있었다고 한다. 7일 제주도 부근을 순회 중이던 수산청 감시선은 한국 군함 115호로부터 "한국 해군은 7일 24시를 기해 일본어선의 이승만 라인 출입을 금한다"는 취지의 통보를 받았다(그 후 10일 24시로 변경). 이어 일본어선은 6일에 1척, 7일에 2척이 나포되어, 이후 10월 6일까지 43척이 나포되었다〔그중에는 9월 27일에 나포된 수산청 감시선 제2교마루(京丸)도 포함됐다〕.

또한 이 수역에서는 일본 측의 순찰선과 감시선 7척이 출동해 한국 측 함정과 접촉, 나포 어선의 석방을 교섭했는데, 한국 측은 어선의 석방 요구에 응하지 않았을 뿐만 아니라 대포를 들이대고 이승만 라인 밖으로 퇴거할 것을 명령하기도 했다.

9월 9일 오쿠무라 외무차관은 김용식 공사에게 이승만 라인 밖으로의 퇴거 명령 및 어선 나포에 대한 항의문을 수교하고, 선처를 요청했다. 그날 오카자키 외상은 앨리슨(John Moore Allison) 주일 미국대사의 방문을 요청, 미국 정부가 한국이 일본어선을 향한 이승만 라인 퇴거 명령 등의 불법조치를 중지하고 본건의 평화적 해결을 도모하도록 알선에 나서줄 것을 요구함과 동시에, 일본은 한국과 협력하여 어족 보존을 위한 규제조치에 관해 논의하고 분쟁 방지를 위해 어떠한 결정을 할 용의가 있다는 취지의 비망록을 수교했다. 이때 오카자키 외상은 앞서 말한 논의에 제3국이 참여하는 것에도 반대하지 않으며, 출어 어선의 척수, 어획고 등을 자제하는 조치도 고려할 수 있다는 취지로 말했다.

그 후 18일 주미 아라키 에이키치(新木栄吉) 대사는 미국 정부의 의향과 관련, "미국 정부는 일한 양국에 휴회 중인 일한교섭을 재개할 것을, 또 일본에 대해서는 공해상의 어업의 자유라는 원칙을 포기하라고 제안하는 것은 아니지만 한국에 대한 청구권의 포기 등 가능한 한 양보하고 일한 간의 현안을 해결하도록 권고할 생각이다"라는 취지를 보고해왔다. 그 후 29일 주일 미국대사관도 오쿠무라 차관에게 같은 취지의 미국 측 의향을 구두로 전했다.

9월 15일 클라크 유엔군사령관과 이승만 대통령 간의 회담이 진해(鎭海)에서 손원일(孫元一) 국방부장관, 박옥규(朴沃圭) 해군총참모장이 동석한 가운데 열렸고, 22일에는 브리스코(Robert T.

Briscoe) 미 극동해군사령관과 손 국방부장관 간의 회담이 서울에서 개최됐다. 한국의 신문은 이 회담에서 일본어선의 평화선 침범 문제를 논의했다는 추측 기사를 실었다.

그동안 일본 측 어업 관계자들은 일본 정부에 지속적으로 진정서를 제출했고 관련 집회를 열었다. 대일본수산회(大日本水産會)를 비롯한 일본의 어업 관계 단체들의 지도기관으로서 '일한어업대책본부'가 9월 15일 발족했다.

따라서 9월 24일 오쿠무라 외무차관은 김 공사의 방문을 요구, 이승만 라인 내 수역의 일본어선에 대한 한국 측의 강제조치는 일본 관계자에게 막대한 피해를 주고 있다는 점을 감안해 시급히 휴회 중인 일한회담을 재개하고, 그 일환으로 만약 한국 측이 동의한다면 어업 문제에 대한 협상에 업체 대표도 참여시킬 것을 제안했다. 또 일본 측은 일한 양국 어민의 공존공영 및 어업자원 보존을 위해 필요한 규제조치에 관해 협정을 맺을 용의가 있다는 취지의 비망록을 수교하고, 동시에 어업 문제의 조속한 해결을 도모하기 위해 일한회담과 별도로 어업 문제에 대해서만 긴급히 회담할 용의가 있다고 구두로 전달했다. 이에 대해 김 공사는 여전히 어업 문제만을 분리하는 것에는 반대한다면서, 전반적인 회담이 아니라면 응하기 어렵다는 취지로 답했다. 비망록에 관해서는 본국 정부에 전달할 것을 약속했다. 이어 30일 오쿠무라 차관과 김 공사의 회담에서(구보타 대표 동석) 일한회담을 10월 6일 재개하기로 합의를 보았다. 김 공사는 어업 부회에 일본 측이 전문위원을 참여시키는 것에는 이의가 없다고 말했다.

6. 제3차 일한회담

제3차 회담은 당시 '재개(再開) 일한교섭'으로 불렸다. 제2차 회담이 연장된 것으로 간주됐기 때문에 대표를 새로 임명하지 않았다. 위원회의 주사에 해당하는 사람들은 다음과 같으며, 어업 문제와 관련해서는 수산업계를 대표해 대일본수산부회장 이토 조로쿠(伊東猪六), 일동어업주식회사 사장 시치다 스에키치(七田末吉), 서일본해 고등어선망협회장 아마노 구니하루(天野郡治) 3명이 참석했다.

- 기본관계: 외무성 참사관 스즈키 마사카쓰(鈴木政勝)
- 국적처우 관계: 법무성 입국관리국 차장 쓰루오카 센진(鶴岡千仞)
                     외무성 참사관 스즈키 마사카쓰

・ 재산청구권 관계:　　대장성 이재국장 사카타 다이지(坂田泰二)
・ 어업 관계:　　　　　수산청장관 기요이 다다시(淸井正), 수산청 생산부장 나가노 쇼지(永野正二)
・ 선박 관계:　　　　　운수성 해운조정부장 구니야스 세이치(国安誠一)

　한국 측 대표 명단은 일본 측에 별도로 전달되지 않았다. 한국 측의 『한일회담 백서』에는 수석대표 양유찬, 교체수석 김용식, 대표 유태하, 장경근, 홍진기, 최규하, 이상덕이라고 나와 있다.

　어업 관계에서는 일본 측에 민간 수산업체 대표 3명을 추가한 것이 주목할 만한 점이라고 할 수 있다.

　10월 6일 제1차 본회의에서 양국 대표들은 인사에서 공히 이승만 라인 문제를 언급했다. 구보타 대표는 회담 휴회 중에 한국 측이 이승만 라인의 강행조치를 취한 것에 대해 유감을 표명한 후 나포 어선의 즉각적인 석방과 나포를 중지하고 회담 재개에 어울리는 분위기를 만드는 것이 필요하다고 말했다. 이에 대해 김용식 대표는 이승만 라인은 어족과 천연자원의 보호 및 양국 간에 분쟁을 방지하자는 목표에서 설정된 것으로 일본 측의 이승만 라인 존중을 희망한다는 취지로 말했다.

　이어 미국으로 귀임하는 도중에 이 회의에 옵서버로서 참석하곤 했던 양유찬 주미 한국대사는 일한 양국은 호양의 정신으로 현안을 해결하고 서로 협력하여 공동의 적인 공산주의에 대항해야 한다고 강조한 뒤 일본은 평화조약 제4조 (b)항에 규정된 것과 같이, 또 평화조약의 입안자인 미국무부의 견해가 지적하는 것처럼 한국에 대한 청구권을 철회할 것을 주장했다. 그는 또 인사말에서 "한국의 머리 위에 들이댄 칼"이라고도 할 수 있는 청구권이 철회되면, 일한 통상항해조약도 체결되고 일본이 한국의 부흥을 원조할 수 있게 될 것이라고 말했다. 이어 회의의 운영 방법에 대해 일본 측이 초미의 문제인 어업 문제와 관련된 부회를 먼저 열어 논의하고 싶다고 제의했지만, 한국 측은 5개 현안 부회를 즉시 시작하고 연일 개최할 것, 본회의도 매주 개최할 것을 주장했다. 결국 일본 측도 이에 동의하게 되었다.

　이에 따라 10월 21일까지 본회의가 4회, 어업, 청구권 부회가 2회, 기본관계, 국적처우, 선박 부회가 각 1회 열렸다.

　국적처우 문제와 관련, 한국 측은 앞서 한국으로 강제송환됐으나 인수가 거부되어 현재 오무라 수용소에 있는 한국인 125명의 즉각 석방을 요구했다. 일본 측은 이 문제를 법무성과 한국 측의 사무적 절충으로 이관할 것을 제안했다.

　기본관계와 관련해서는 한국 측이 정치범이 아닌 보통 형사범에 대해 범죄인 인도 조약을 맺을 것을 주장한 데 대해 일본 측은 본건을 새로 추가하는 것은 단지 회담을 복잡하게 할 뿐이라며 필요 없다고 응수했다.

　선박 문제와 관련해 한국 측은 남은 문제는 일본 측으로부터 양도받는 선박의 수량뿐이며 이를 최우선적으로 해결하고 싶다는 의향을 강하게 내보였다. 이에 대해 일본 측은 다른 현안의 진행 상황도 감안하여 토의를 진행하고 싶다고 응수했다.

어업 문제에 대해 일본 측은 이승만 라인 수역에서 이뤄지고 있던 어선의 불법 나포와 억류를 추궁했지만, 한국 측은 여전히 이승만 라인의 합법성에 대한 원칙론을 반복하면서, 이승만 라인의 침범은 국제법 위반이자 국내법(어업 법규) 위반이다, 해군 함정의 출동은 어업 법규의 이행을 임무로 한다고 말했다.

청구권 문제에서는 또다시 원칙론의 대립 논란으로 일관됐다. 회담은 이제 막 뚜껑을 열었다는 점도 있어, 전반적으로 타결을 향한 밝은 조짐을 보이지 못했다.

10월 2일에는 회담과 관련하여 성간(省間) 협의회가 열렸다. 여기서 청구권 문제에 대해 대장성 이재국 요시다 총무과장은 "결국 정치적으로 판단해 어느 쪽으로 키를 잡을지를 정하자"고 말했다. 입국관리국 쓰루오카 차장은 "국적처우 문제와 관련해 일본 측은 마지막 선까지 내놨기 때문에 더 이상 부회를 열어도 실질적으로 제의할 것이 없다. 만약, 대국적인 견지에서 어쩔 수 없이 양보하는 것이 있다고 하더라도 부회에서는 양보할 수 없기 때문에 구보타 대표와 김 대표의 회담에서 한꺼번에 이야기하는 것이 좋겠다"고 말했다. 이에 대해 구보타 대표는 "청구권에 대해 미리 방침을 정하기보다는 한국 측의 의향을 더 타진할 필요가 있다. 한국 측이 호양(互讓)의 성의를 갖고 해결할 각오가 있는지……, 나는 그것이 의심스럽다. 회담 개최 중에도 한국 측이 어선 나포 압력을 가해온다면 현재의 일한관계를 더욱 악화시키는 결과가 되더라도 회담 중단을 고려하지 않을 수 없을 것"이라고 말했다.

아시아국 제2과가 기안해 10월 17일 차관까지 결재를 얻은 「일한교섭 처리방침」은 다음과 같다. 이 기안서는 그 취지에 대해 "본건 교섭을 타결시키기 위해 현재 가능한 한의 우리 측 양보를 포함함과 동시에, 비록 본 교섭이 결렬되어 교섭 경과를 발표하지 않을 수 없는 사태에 이르게 된 경우에도 공정한 우리 측 입장을 충분히 내외에 인식시키기 위해서, 여기서 별지 「일한교섭 처리방침」을 결정하고……"라고 적었다.

일한교섭 처리방침

일한 국교를 아래와 같은 방침에 의해 조정하기로 한다.

기(記)

1. 기본관계

외교관계 및 영사관계의 설정, 유엔의 원칙에 기초한 우호적 협력, 통상항해조약 및 항공협정 체결 등을 규정하는 간단한 조약으로 한다.

시의에 따라서는 외교관계와 영사관계를 설정하는 공문의 교환만으로 한다.

2. 청구권

샌프란시스코 평화조약 제4조 청구권의 처리에 관해서는 재한 일본 재산의 전쟁 재해 상황을 감안해

(약 7할로 추정) 실제적인 해결 방법으로서 원칙적으로 청구권을 상호 포기하는 것으로 한다.

또한 우리 일본이 보유한 한국 관련 문화재 일부를 한국에 증여한다.

3. 어업

(가) 이승만 라인과 같은 어업관할권을 공해에 미치려고 하는 주장은 인정할 수 없지만, 당면한 긴박한 사태를 해결하고 우리 일본어선의 출어를 위해 유효기간 3년의 '잠정적 협정'으로써 (1) 트롤어업 및 일정 톤수 이상의 어선에 의한 기선저인망어업에 대해 일정한 조업 금지구역을 설정할 것, (2) 고등어 선망어업 및 고등어 낚시어업에 대해 일정한 조업 금지구역 설정할 것 등 특별한 어업 조정상의 규제를 실시할 것, 그리고 (3) 분쟁 예방 및 처리, 영해 침범을 방지하기 위해 특별한 조치를 취할 것에 대해 규정하기로 한다.

(나) 이러한 잠정적 협정의 기간이 경과한 이후에는 양국의 이익에 부합하고 어업자원의 보존과 개발의 목적을 달성하는 데 가장 적합한 조치를 강구, 실시하기 위해 어업공동위원회를 설치한다. 또한 분쟁 예방 및 처리, 영해 침범 방지조치 등에 대해 규정하는 협정을 체결키로 한다.

(다) 한국의 어업 건설에 협력하는 것을 고려한다.

4. 재일조선인의 국적 및 대우

(가) 종전 전부터 계속해서 우리 일본에 재류하는 조선인의 국적은 대한민국 국적으로 한다.

(나) 이들 조선인에 대해서는 원칙적으로 영주 허가를 인정한다.

(다) 이러한 조선인에 대한 강제퇴거에 관해서는 약간의 잠정적 조치를 제외하고 다른 외국인과 동일하게 취급한다. 그러나 빈곤자 등 어떤 조건이 있는 자는 일정 기간에 한해 그 이유만으로는 퇴거를 강제하지 않기로 한다.

(라) 재일조선인의 재산상의 권리, 직업, 자발적 귀국 시의 취급 등에 대해서는 가능한 한 관대한 조치를 강구한다.

5. 선박

양국 정부 간에 종래 현안이었던 선박 문제를 궁극적으로 해결하기 위해 한국에 증여하는 선박은 10억 엔의 범위 내로 한다.

이하, 설명자료(생략)

본건과 관련해 10월 16일 오쿠무라 외무차관은 "대신 결재 전에 각 성의 사무 당국 간에 합의를 본 후 그 결과를 갖고 각의 양해를 구해 시급히 일한회담에서 한국 측에 제시한다. 그 제시 시기는 판문점에서 정치회의가 시작되기 전, 가능하면 다음 주에 실시할 것"을 지시했다.

그러나 청구권 문제와 관련해 10월 15일의 청구권 부회 및 10월 20일과 21일의 본회의에서 구보타 대표가 한 발언이 부당하다는 한국 측의 주장에 의해 제3차 회담은 결렬되었고, 상기한 안은 한국 측에 제시되지 못했다.

이 두 회의에서의 쌍방의 발언과 관련, 당시 일본 외무성 측의 기록을 문제화한 논의를 적기해 보자.

재개 일한교섭 의사요록

아시아국 제2과, 1953년 10월 15일

청구권 부회 제2회

1. 1951년 10월 15일 10시 45분~12시 25분 외무성에서 개최

2. 참석자

일본 측: 〈외무성〉 구보타 참여, 다케우치(竹內) 아시아국 2과장, 기모토(木本) 조약국

3과장대리

〈대장성〉 사카타(阪田) 이재국장, 우에다(上田) 외채과장

한국 측: 홍진기 법무부 법무국장, 임철호(任哲鎬) 외교위원회 위원

장경근 외교위원회 위원, 유태하 주일 대표부 참사관

이상덕 한국은행 외환부장

장사홍(張師弘), 한규영(韓奎永) 서기관

3. 의사 개요

(3) (한국 측은 청구권 문제 토의의 원칙론을 제기)

홍진기는 "한국 측은 원칙론을 결정하지 않는 한, 지난번 회담 때처럼 어떠한 진전도 보지 못한다"고 말했다. 따라서 구보타 대표는 "일본 측은 기존 주장을 견지하고 있으며, 이 문제의 해결 방식으로서는 양측이 서로 양보하는 것 외에 다른 길은 없다. 일본 측으로서는 한국 측의 일방적인 주장을 받아들여 우리 측만 양보하는 것은 곤란하다"고 답했다. 이에 대해 홍진기는 "일본 측에서 양보한다고 말하더라도 일본 측의 정치적인 대한국 청구권과 한국 측의 법률적인 청산 문제는 성격이 다르므로 양보할 수 없다. 일본 측에서 그런 권리를 주장한다면 한국 측도 별도로 다시 생각할 수밖에 없다"고 강조했다. 이에 대해 구보타 대표 및 우에다 과장은 "일본 측의 청구권도 법률적인 기초에 의한 것이며, 일한 양국 청구권은 같은 범주에 속한다"고 답했다. 이에 대해 홍진기는 다음과 같이 말했다.

"한국 국회에서는 수원의 학살 사건, 병합 직후 각지에서 벌어진 학살, 일본이 지배했던 36년간 치안유지법 등에 의한 독립운동가의 투옥과 사망, 혹은 세계 시장가격보다 분명히 부당하게 저렴한 가격으로 한국 쌀을 수매하여 그것을 일본으로 옮겨 들여온 일 등에 대해 일본에 보상토록 하라는 결의가 행해졌다. 우리는 처음부터 일본 측에 대한 전술(戰術)이 서툴렀다. 일본 측의 청구권에 대해서는 전혀 생각하지도 못했다. 일본의 국민소득도 참고로 하고, 일본의 재판소에서도 싸울 수 있는 법률적이고 청산적인 항목을 골랐고 정치적 색채가 있는 것은 피했다. 일본 측의 요구가 36년간의 축적을 갚으라고 말하는 것이라면, 우리는 36년간의 피해를 상환하라고 말해야 한다."

이에 대해 구보타 대표는 "일본의 청구권도 법률적인 것뿐이다. 국유재산까지 갚으라고 말하지 않았다. 한국 측이 국회 결의를 운운하면서 배상을 요구하지 않았던 것은 현명했다. 만일 그런 제안을 했다면, 일본 측으로서는 한국에서 민둥산을 녹색으로 만든 것, 철도를 깐 것, 항만을 건설한 것, 수전(水田)을 조성한 것, 대장성의 돈을 1년에 많게는 2천만 엔, 적어도 1천만 엔이나 갖고 나와 한국 경제를 배양한 것을 반대 이유로서 제출하고, 한국 측의 요구를 상쇄할 것이다"라고 말했다.

이러한 구보타 대표의 발언에 대해 홍진기는 먼저 "어째서 일본인이 오지 않았으면 한국인은 잠자고 있었을 것이라는 전제로 이야기를 하고 있는가. 일본인이 오지 않았으면 한국은 더 잘했을지도 모른다"고 (흥분한 모습으로) 말했다.

구보타 대표는 "대표라는 자격으로 말하는 것은 아니기 때문에 기록을 하면 곤란하지만, 일본인이 가지 않았더라면 한국은 더 잘되었을 수도 있지만 더 나빠졌을지도 모른다. 나의 외교사 연구의 결과를 보면, 일본이 가지 않았다면 중국 또는 러시아가 들어왔을 것이라고 생각하고 있다"고 말했다. 이에 대해 장경근과 유태하는 "구보타 대표는 일본에서 1천만 엔이나 2천만 엔의 보조금이 있었다고 하는데, 이것은 한국인의 이익을 위한 것이 아니라 일본인을 위한 것이었다. 그 돈으로 경찰이라든지 감옥이 만들어진 것은 아니지만, 그런 기분으로 말한다면 대화가 안 된다. (회담을) 그만두는 것이 낫다"고 발언했다. 이에 대해 구보타 대표는 "한국 측에서 배상을 요구하는 듯한 이야기를 했기 때문이다"라고 대답했다. 또 유태하가 "이전의 일은 문제시하지 않을 수 있다, 미안하다는 정도의 기분으로 회의를 진행해간다면 이야기는 달라진다"고 언급했으므로, 구보타 대표는 "서로 미래를 생각해서 회의를 진행시키고 싶다. 진정으로 근본적인 법률적 근거에 서서 청구권 문제에 대해 이야기하고 싶다"고 말했다. 이에 대해 홍진기는 "법률적인 부분에 한정해서 이야기한다면 한국에서 일본인이 축적한 부(富)가 한국인과 경제적으로 제휴한 결과로서 형성됐다고 생각하는가. 36년 전에 제로(zero)였던 것이 이렇게 커진 까닭은 권력관계에 의한 것으로, 한국인과 같은 기회 조건하에서 얻은 것이 아니다. 관의 면허, 허가가 필요한 사업에 한국인이 참여하지 못했던 일 등을 어떻게 설명하겠느냐"고 말했다.

구보타 대표는 "그런 세세한 것을 말씀하셨지만, 36년간은 자본주의 경제기구하에 있었기 때문에 기회 균등이 있었다고 하더라도 경영 능력이 있는 일본인의 기업이 커졌을 것으로 생각된다. 현재의 수정자본주의 시대 이전의 평등이라는 것을 생각해봐야 한다"고 답했다. 이상덕은 "거슬러 올라가면 쌍방의 의견은 근본적으로 다르다"고 말했다. 구보타 대표는 "그렇게 오래된 일을 거론하면 이야기가 달라진다"고 말했다.

홍진기가 "카이로 선언에서 연합국이 한국민을 노예 상태에 있다고 말했는데, 이것은 어떤 것을 의미하는가"라고 따지자, 구보타 대표는 사견을 전제로 "당시 연합국은 전시의 흥분 상태로 그와 같이 말했으므로 오히려 연합국 자신의 품위를 훼손했다고 생각한다. 지금이라면 연합국이 그렇게 말하지는 않았을 것이다"라고 말했다. 장경근이 "일본인의 손에 들어간 농지 대부분은 동양척식주식회사 등이 조선총독부의 정책하에서 얻을 수 있었던 것이고, 기회 균등의 조건하에서가 아니었다"고 말했다. 구보타 대표는 "옛날이야기를 해도 소용이 없겠지만 일본인의 이익만을 위한 것은 아니었다. 일본인의 경제원조가 없었다면 한국 경제는 배양(培養)될 수 없었다고 생각한다"고 답했다. 이에 대해 이상덕은 "그렇기 때문에 한국은 배상해달라고 말하고 있지 않으니 일본 측도 권력관계에 입각한 것은 주장해선 안 된다"고 말했다. 구보타 대표는 "한국 측이 36년에 걸친 배상을 요구하지 않았던 것은 현명했다. 그러나 권력관계를 운운하는 주장에는 승복할 수 없다"고 말했고, 이어 우에다 과장은 "한국은 한국에 있는 일본 재산이 일본의 권력기구하에서 이뤄진 것이기 때문에 배상에 해당한다고 말하고 있지만, 한국에 대한 배상의 유무에 관해 우리는 다른 생각을 하고 있으며, 우리는 그런 책임이 없다고 생각하고 있다. 한국 측이 우리에게 배상을 요구하지 않기 때문에 일본에 청구권이 없다는 생각에 대해서도 우리는 다른 생각을 하고 있다"라고 말했다.

(4) 홍진기는 "구보타 대표가 호양의 정신으로 타협을 주장하고 있지만, 한국 측에는 양보할 여지가 없다"고 말했다. 이어 재한 일본 재산 처분의 효력 문제에 관해 다음과 같은 논의가 이루어졌다.

· 구보타: 귀측은 일본이 4조 (b)항의 효력을 승인했기 때문에 일본은 한국에 대한 청구권이 없다고 말하지만, 베르사유 조약 제10편 4관의 부속서로 독일이나 연합국도 서로 상대국이 전시 중에 낸 적산의 이전(移轉) 명령의 효력을 인정하고 있다. 이것은 4조 (b)항과 같은 표현이지만, 쌍방은 배상청구권을 잃지 않았다. 그러나 독일은 다른 조항에 의해 이것을 포기했다. 또한 이 조약에서 체코는 독일 재산을 청산할 권리를 부여받았지만, 청산 대금은 독일에 반환하는 의무가 부과됐다. 이런 점에서 생각하더라도 4조 (b)항에 관한 일본 측의 법이론은 무리한 것이 아니다.

· 홍진기: 미군정령 제33호를 일본 측은 적산관리 조치였다고 말하지만, 이전(移轉)조치의 내용이 문제이다. 영국의 적대국거래법은 'vest'만을 규정해 제33호처럼 'own'이라는 단어가 없다. 베르사유 조약의 단순한 이전 명령과 제33호의 "귀속되는 …… 소유되는"(…… vested in …… and owned by ……)이라는 구절은 다르다. 효력의 승인이라는 말로 논하기보다 'own'이라는 단어가 갖는 의미를 논해야 한다. 일본의 재산을 처분한 당사자인 미국이 그 소유권을 취득하고 이것을 한국에 이전했다고 말하고 있다. 일본 측이 구상(求償) 청구하려는 대상은 미국으로 향해야 한다. 한국은 미국으로부터 재산을 받아 그 관리 권한을 얻었을 뿐이다. 이것은 앞서 제시된 미국 측 서한을 통해서도 알 수 있다. 베르사유 조약 당시와 이번 대일 전쟁 이후는 전쟁으로 인한 사유재산의 처리 방법이 달랐다. 베르사유 조약 당시에는 국제 선례에서 'own'이 사용된 적이 없었지만, 그때와 제2차 대전 시는 사정이 다르다. 사유재산뿐만 아니라 더 소중한 영토 문제에 대해서도 마찬가지이다. 평화조약 성립 전에 일본의 동의를 얻지 않은 채 피지배국을 독립시킨 경우도 전례가 없다. 이것은 사유재산 문제보다도, 일본의 동의를 거치지 않은 채 진행되었다는 점에서 더욱 큰 문제이다. 60만 명의 일본인이 벌거숭이로 강제퇴거를 강요당한 일도 커다란 문제이다. 일본은 이러한 큰 문제는 국제법 위반이라고 생각하지 않고, 사유재산과 같은 작은 문제만 국제법

위반이라고 하는가.

· 구보타: 사견이지만, 우리로서는(강화조약 성립 전에 피지배국 영토를 독립시켜) 우리의 사유재산을 몰수하는 것 또한 국제법 위반이라고 생각하고 있다. 나는 미국이 그러한 국제법을 위반했다고는 생각할 수 없고, 설혹 그랬다 하더라도 그렇지 않다고 해석하고 있다. 미국이 몰수했다고 하더라도 국제법상 인정할 수는 없다. 다만, 만약 이를 위반했다고 하더라도 일본은 연합국에는 청구권을 제기하길 포기했다.

· 홍진기: 행위자인 미국 스스로가 일본 재산을 몰수했다고 해석하고 있다.

· 구보타: 그러한 생각은 가장 권력이 있는 자가 국제법을 만든다고 말하는 꼴이 된다. 국제법은 약자의 목소리도 듣는 법이다.

· 이상덕: 평화조약 전에 일본의 영토가 처리된 일이나 일본인 60만 명이 퇴거당했던 일도 국제법 위반이라고 생각하는가.

· 구보타: 영토는 조약으로 정해졌기 때문에 문제는 없다. 국민이 퇴거당했다는 것은 점령군의 정책에 따른 것으로 다른 문제이다.

· 장경근: 참고로 말하는데, 철도 등은 국유로도 사유로도 할 수 있다. 그것이 어쩌다 사유라고 한다면 새 정부가 이를 계승할 수 없는 것은 이상하다. 지금에 와서 사유재산에 대해 무조건적으로 종래의 국제법을 주장할 순 없다.

· 홍진기: 참고로 구보타 대표의 의견에 대해 사견을 말하겠는데, 총력전이 되면 국민의 사유재산은 모두 전쟁 목적에 바쳐져 총동원된다. 전쟁 후 사유재산의 처리방침도 이 관점에서 실시된다. 연합국, 추축국, 중립국에 있는 사유재산도 처분되었다. 특히 중립국의 재산 처리는 문제가 있다. 이번 평화조약이 국제법 위반이라고 생각하는가.

· 구보타: 나는 평화조약을 시인하지 않는다. 당신은 이것을 지지하는가. 민주주의는 원래 개인을 존중한다. 평화조약은 국제법의 정신을 관철한 것이라고 생각하지 않는다.

· 홍진기: 일본의 재외 재산을 경시해서가 아니다. 일본의 권력기구에 의해 신장된 것을 권력으로부터 분리한다는 이념이 중요하다. 사유재산의 측면에서는 무시당하고 있을지도 모르지만, 일본 재산으로부터 분리하여 노예 상태에서 해방한다는, 보다 높은 목적을 위해 취해진 조치이다.

· 구보타: 중립국에 있었던 일본 재산에 대해 취해진 조치에는 홍진기 씨의 이론이 적용되지 않는다.

· 홍진기: 이탈리아 조약은 에티오피아에 있던 이탈리아 재산을 아예 무시했다. 병합된 약소국가를 존중하겠다는 뜻을 가장 강하게 반영한 것이다.

· 구보타: 개인주의를 존중하는 연합국이 중립국에 있는 개인의 사유재산을 처분하는 것은 국제법을 존중한 것이 아니다.

· 우에다: 일단 국제법적으로 보면 이탈리아 조약에서도 할양지에 있는 사유재산은 별도로 취

급되어 존중되고 있다. 이는 이탈리아에 의한 에티오피아 병합을 연합국이 승인하지 않았기 때문이며, 덜레스의 평화조약 초안에서도 처음에는 4조 (a)항만 있었다고 들었다.

· 홍진기: 4조의 (b)항은 우리가 노력한 결과 삽입된 것이다.

· 우에다: 참고로 물어보겠다. 당신은 미국이 주장하고 있기 때문에 그것이 옳다고 생각하는가, 아니면 근대전(近代戰)의 새로운 관념으로 미국이 저런 일을 했다고 말하는 것인가. 홍진기 씨가 말하는 의도가 미국이 한 일이니 옳다는 것이라면, 나는 미국이 종래의 국제법 관념에서 벗어난 이상한 짓을 했다고 생각하며, 비판을 받아야 한다고 생각한다. 한국은 전쟁에 참가하지 않았고, 홍진기 씨가 말하는 것과 같이 국제법이 변했다는 이유만으로는 이번 처리가 제대로 설명이 되지 않는다는 생각이 든다.

· 홍진기: 한국은 해방국이며, 이 해방은 새로운 이념으로, 영국의 자발적인 의사에 의한 인도, 버마의 독립과 한국의 경우는 사정이 다르다.

· 우에다: 사정은 여러 가지가 있지만, 미국이 했기 때문에 당연히 그렇다는 것이 당신의 주장이라면 말이 안 된다.

(5) 이어 구보타 대표는 "청구권 문제를 해결하기 위해 가능하면 서로 양보하여 나아가고 싶다. 지금과 같은 논의를 해서는 그다지 건설적이지 않다"고 말했다. 이에 대해 홍진기는 "일본 측은 이 분과위원회의 향후 진행방식에 대해 어떻게 생각하는가"라고 물었다. 구보타 대표는 "다른 부회가 진행되어 가결될 때까지 이 부회는 그다지 연구하지 않아도 좋을 것 같다고 생각하고 있다"고 답했다. 이에 대해 이상덕이 "어업 문제만을 말하는가"라고 질문하자 구보타 대표는 "어업도 있고, 국적처우 문제도 있다"고 대답했다. 유태하는 "그러면 이야기가 다르다. 전반적으로 모든 문제의 이야기를 진행하겠다고 했었기 때문에 이 청구권 분과위원회도 그렇게 진행하고 싶다"고 주장하면서 "이 문제와 어업은 관련성이 있는가. 어업에서 결말이 나지 않으면 다른 4개 문제 모두 마무리되지 않는다는 말인가"라고 질문했다. 이에 대해 구보타 대표는 "전체적으로 해결을 도모하는 것은 당연하지만, 한국 측 주장과 같이 이 문제만 진행시키면 일본만 양보하게 된다. 어업에 관해서는 다음 주 회의가 개최되기 때문에 그 결과를 예측해서 이 이 문제에 대한 이야기를 진행해보자. 회담은 전체적인 것이기 때문에 어업이 타결되지 않으면 회담 전체도 타결되지 않는다"고 답했다.

이어 홍진기는 "한국 측의 기록을 위해 확인해두고 싶다"고 전제한 후 제1회 부회 시의 요지, 다음과 같은 구보타 대표의 발언에 관한 한국 측 회의록을 낭독하면서 "일본 측에서는 '한국이 주장하는 것과 같은 일방적인 요청은 아니라고 말할 수밖에 없지만, 양유찬 대사가 말했다는 상호 포기라면 좋다. [원문 약 46자 미공개]라고 말했는데, 이것은 틀림이 없는가"라고 물었다. 구보타 대표는 "일본 측은 아직 상호 포기를 제안한 적은 없지만, [원문 약 26자 미공개] 이어 한국 측은 "일본 측에서 지불 의무가 있다고 하는 것의 내용을 좀 더 상세하게 언급해달라"고 희망하면서, "한국 측의 발표 항목에는 [원문 약 21자 미공개] 국채 등은 어떻게 할 것인가"라고 물었다. 구보타 대표도 "서로 조금씩 양보해 주장이 근접했을 때 분명히 밝히겠다. 상세한 것은 거래, 타협이 확고해지지 않으면 말할 수 없기 때문에 여기서는 확답을 피하겠다"고 답했다. 여기서 이상덕이 "한국 측이 제시한 항목에 대해 일본 측의 생각을 듣고 싶다"고 말했지만, 일본 측은 "오늘은 시간도 없으니 그만하자"고 말했다. 다음 회의는 일단 22일로 결정됐다.

(6) (임철호 위원의 발언)

마지막으로 본회의 중 내내 침묵했던 임철호 위원이 폐회 후 갑자기 발언을 요청, 다음과 같이 말했다.

"내가 알고 있는 한 일본이 참가한 국제회의에서 이 회담처럼 일본어가 사용되어 자유롭게 의견이 교환된 예는 없다고 생각한다. 이것은 한일 양국의 문제를 해결하는 중요한 열쇠를 시사하는 것이다. 일본은 어떤 점에서 보더라도 한국의 형(兄)이며, 지리적으로도 가깝고, 리드하는 국가가 아닐까 하고 생각한다. 오늘 구보타 대표의 이야기를 들으면서 왜 그러한 말씀을 하셨을까 생각했다. 과거의 불쾌한 일에 대해 말하고 싶지 않지만, 국제적으로 새롭게 일어나고 있는 사실, 이것이 현실인데, 일본의 지도자 여러분은 이런 적절한 사실을 인정할 수 없는가. 미국이 국제법을 위반했다고 하는데 이것은 낡은 사고방식이다. 일본은 아시아를 주도하는 국가로서 반공과 세계 평화를 위해 큰마음으로 모든 분야에서 낮은 수준인 한국과 하루빨리 양국 관계를 해결하여 서로 손을 잡아야 한다. 강한 단어를 사용했을지도 모르지만, 한일회담도 세 번째이다. 36년간 있었던 불쾌한 일을 말하기 시작하면 끝이 없다. 서로에게 있었던 일, 없었던 일을 제기하는 것보다는 현안을 빨리 해결하여 손잡고 가고 싶다."

이에 대해 구보타 대표는 다음과 같이 대답했다.

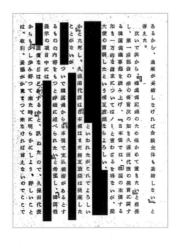

외교문서 원본 9   구보타 간이치로 일본 측 대표와 홍진기 한국 측 대표의 설전 가운데 먹칠이 된 채 공개되지 않은 부분

"오늘은 예상치 않은 것까지 언급하게 되었지만, 임 위원의 '큰마음'에는 찬성이다. 나는 일한 친선이 일본 외교의 기본이라고 생각하고 있기 때문에 어떻게든 이 회담을 마무리 지으려 노력하고 있다. 내가 오늘 했던 발언 중에 만약 일본이 잘난 체하고 있다는 느낌을 준 것이 있었다면 사과한다. 다만, 모든 면에서 일본만이 양보하는 해결 방식은 국민감정도 있으므로 일본 측 대표로서는 응하기 어렵다."

제3차 본회의

10월 20일 오전 10시 40분~12시, 외무성 제419호실

참석자 〈일본 측〉 (외무성) 구보타 참여, 시모다 조약국장, 스즈키 참사관, 고지마 아시아국 제1과장(국장대리), 다카하시 조약국 제1과장, 오하타(大畑) 경제국 제5과장, 다케우치 아시아국 제2과장, 기모토(木本) 조약국 제3과장(대리), (수산청) 나가노 생산부장

〈한국 측〉 김용식 주일공사, 장경근 외교위원회 위원, 홍진기 법무부 법무국장, 최규하 주일 대표부 총영사, 이상덕 한국은행 외환부장, 이임도(李壬道) 상공부 수산국 어로과장, 장사홍(張師弘) 이등서기관, 장윤걸(張潤傑) 삼등서기관, 한기봉(韓麒鳳) 삼등서기관, 김학완(金學完) 삼등서기관

〈의사 개요〉

김 대표는 "부회의 진전에 대해 언급하고 싶은 것이 있다. 일본 측도 말하고 싶은 이야기가 있을 것이다"라고 말했다. 이에 대해 구보타 대표는 "아니오(No)"라고 대답했는데, 김 대표는 준비한 성명을 다음과 같이 읽었다.

"나(김 대표)는 지난 10월 6일 회의에서 교섭의 조기 타결은 평등과 상호 신뢰만을 바탕으로 달성되는 것이고, 불필요한 적대적인 분위기는 유익한 것이 아니라고 강조했다. 진정한 협력은 해결의 열쇠이며 초석이다. 우리는 진지하게 논의해야 하며, 이런 태도만이 선린관계를 수립하는 데 도움이 된다. 그런데 지난주 벌어진 사태는 이 의도에 반하는 것이었다. 청구권 부회에서 일본 측 발언은 너무나 부당해서(unreasonable) 한국 측은 그 해명을 기다리기 위해 다른 부회를 연기할 수밖에 없었다. 일본 측의 이러한 발언은 중요하기 때문에 특히 주의를 기울이고 싶다. 즉, 일본 측은 다음 나온 다섯 가지를 언명했다.

(1) 한국이 평화조약 성립 전에 독립된 것은 국제법 위반이다.

(2) 연합국의 전후 처리 사항 중 하나로 일본인이 조선으로부터 귀환한 것은 국제법 위반이다.

(3) 주한 미군정부의 일본 재산 처리는 국제법 위반이며, 미 국무부의 견해 또한 국제법 위반이다.

(4) 포츠담 선언의 수락에 의해 일본도 간접적으로 수락하고 있는 카이로 선언에서 사용된, 조선 인민의 '노예 상태'라는 용어는 연합국이 전쟁 시에 흥분 상태에 있었기 때문에 사용된 것에 불과하다.

(5) 일본의 36년간의 통치는 조선에 혜택을 주는 것이었다.

이상에 대해 해명을 요구한다. 이것은 과거의 군국주의를 정당화하는 것이다. 일본은 조선을 불법적이고 강제적으로 점령했다. 일본은 폭력과 탐욕으로 조선을 침입한 것이며, 조선은 일본의 첫 희생자이다. 일본이 은혜라고 부르는 것에 의해 조선은 자원이 착취당해 수십만 조선인이 투옥되었고, 어떤 사람들은 옥사했다. 이외에도 기본적인 인권에 반하여 언론, 집회는 억압되었다. 또 일본의 태평양전쟁에도 동원되었다. 이것들은 모두 일본을 위해서만 기여한 것이다.

연합국은 조선 인민이 '노예 상태'에 있었다는 것을 틀림없이 인정했다. 1943년 11월 27일 카이로에서의 회의는 "조선 인민의 노예 상태에 유의하고"라고 말했다. 1945년 포츠담 선언에도 카이로 선언은 인용되어 있다. 이것은 기본적인 원칙이다.

둘째, 일본인의 귀환을 거론하며 미국이 국제법을 위반했다고 말했는데, 카이로 선언은 일본을 점령 지역으로부터 구축(驅逐)한다고 말하고 있다.

셋째, 카이로 선언은 조선을 노예 상태에서 자유롭게 하고 독립시킨다고 말했으며, 일본은 이를 수락한 것이다. 1948년 8월 15일 관련국이 모두 한국을 승인했고 유엔도 인정했다. 일본은 이것도 국제법 위반이라고 할 것인가.

넷째, 일본의 재한 재산은 조선인 착취에 의해서만 축적된 것이다. 법령 33호에 의거해 미군정부가 일본 재산을 처분한 것은 이 사실에 근거했다. 일본은 평화조약의 해당 조항에 의해 연합국 및 중립국에 있던 재산의 처분을 인정하고 있다. 재산의 반환은 몰수가 아니다. 적국에 불법적으로 빼앗긴 재산을 반환한다는 의미로서 연합국에 의해 실시된 조치이다. 미국도 이 점에 대해서는 같은 해석이다. 구보타 대표의 말은 이 기본 원칙에 어긋난다. 만약 구보타 대표의 발언이 잠재의식에 기초해 행해졌다고 한다면, 일본은 조선의 불법적인 지배를 부활시키려 하고 있다고 말할 수밖에 없다.

일본 측이 한일 양국의 기본관계와 연합국의 전후 처리의 합법성에 따라 회의 진행의 적절한 수단을 고려하기를 희망한다."

이에 대해 구보타 대표는 아래와 같이 말했다.

"평등과 상호 신뢰의 정신에 의해 회의가 진행되어야 하는 것에 대해서는 동감한다. 또한 선린우호적이어야 한다는 것도 동감한다. 그런 정신으로 일본 측은 지금까지 협상에 임해왔다. 어떤 문제에 대해서 의견이 대립하는 것은 회의의 성질상 당연하고, 이 경우에도 한쪽의 주장만 모두 통과시키고 다른 한쪽이 모두 양보한다는 것은 국제회의의 성질상 있을 수 없다.

지난 청구권 부회에서 이야기한 것은 다음과 같다.

(가) 한국의 독립에 대해 내가 말한 것은 이러한 독립이 평화조약에 의해 이뤄지는 것이 보통이라는 의미이다. 일본은 평화조약이 전쟁의 최종 조치를 결정한다고 생각하기 때문에, 일본에서 보면 그 이전은 최종적인 것이 아니다.

(나) 조선으로부터의 귀환에 관해서는 이를 국제법 위반이라고 생각하느냐는 한국 측 질문이 있었는데, 나는 그것을 위반이라고도 아니라고도 여기서는 말하지 않겠다고 분명하게 이야기했다.

(다) 재산 문제에 대해서는 관유재산이나 공유재산은 차치하고 사유재산은 존중되는 것이 국제법의 원칙이라고 생각한다. 불행하게도 현재 미군정령 33호와 관련하여 양국의 견해는 대립하고 있다. 일본은 한국의 해석을 취하면 국제법 위반이 된다고 생각하고 있다.

(라) 카이로 선언, 포츠담 선언에 관해서는 일본은 충실하게 이를 이행했다. 이를 수락한 것은 그 법률적 의미를 이행한다는 것이지, 법률적 의미를 갖지 않는 자구에 대해 상대방의 해석을 인정한 것이라고는 생각하지 않는다.

(마) 총독부 통치 문제에 대해서는 나로서는 언급하고 싶지 않았기 때문에 회담이 시작된 이후 지금까지 말한 적이 없었다. 지난주에는 한국 측의 질문이 있었기 때문에 대답하지 않을 수 없었을 뿐이다. 나는 이 교섭에서 이 문제를 논하는 것이 건설적이지 않다고 생각한다. 일본은 종전의 결과 다시 태어났고, 한국은 경사스럽게 독립하여 양국이 새로운 관계에 섰으므로, 과거를 되돌아보고 비건설적인 것을 이야기하는 것은 그만두고 싶다. 내가 말한 것이 파괴적이라고 하지만, 나의 인상으로는 한국 측이 의제에 직접 관련이 없는 내용을 언급하면서 지나치게 의미를 부여하여 문제를 불필요하게 복잡하게 하고 있지 않은가.

김 대표가 발언한 결론은 그다지 의미가 분명하지 않았지만, 가령 김 대표의 말씀이 나에게 해명하라는 의미라면, 이 문제는 해명을 운운할 문제가 아니므로 스스로 해명한다든가 하지 않는다든가 답하지 않겠다."

김 대표는 반복하여 "첫 번째 점에 대해 구보타 대표가 말한 의미가 명료하지 않은데, 당신의 견해에 따르면 평화조약 이전에 한국이 독립한 사실은 국제법 위반인가" 라고 질문했다. 구보타 대표는 "내 입으로는 국제법 위반이라고 말하지 않겠다. 한국의 독립은 일본에서 보면 평화조약에 의해 처음으로 인정된다는 것이다" 라고 대답했다. 그러나 김 대표는 "그러한 답변은 질문에 답하지 않은 것이다. 한국이 독립한 사실은 국제법 위반인가" 라고 묻고 늘어졌다. 구보타 대표는 "나는 종래의 국제법으로 보면 이례적이라고 말한 것뿐이다" 라고 대답했다. 김 대표는 또다시 "'이례적'이란 것은 정확히 말하면 위반인가" 라고 물었고, 구보타 대표는 "위반인지 아닌지에 대해서는 나는 말하지 못하지만, '이례적'인 일이다" 라고 되풀이했다. 김 대표는 "이 교섭은 중요하기 때문에 솔직하게 이야기하고 싶다. 이례란 예외적(exceptional)이라는 의미라 생각하지만, 한국이 독립한 사실은 국제법에 따른 것이 아니라고 말하는 것인가" 라고 추궁했다. 구보타 대표는 "그 점에 대해서는 여러 해석이 있으므로 언급하는 것은 보류하고, 단지 '이례적'이라고 말씀드릴 뿐이다. 나는 이 회담의 진행상 그러한 문제에 답하는 것이 적당하지 않다고 생각한다" 고 말했다.

시모다 조약국장은 법률 해석의 문제이므로 말하겠다고 전제한 후 "일본은 카이로 선언에는 참가하지 않았지만, 카이로 선언을 인용한 포츠담 선언은 일본이 수락하고 항복문서에 서명했다. 강화 발효 이전의 문제에 관해서는 일본은 마치 미성년자가 충분한 법률 행위를 할 수 없는 것처럼 아직 독립하지 않았기 때문에 한국의 독립에 대해서도 최종적으로 승인할 수 없었다. 평화조약에 의해 비로소 승인한 것이고 카이로 선언은 일본과 직접적인 관계가 없다"고 설명했다. 김 대표는 "이 문제는 중요한 문제이기 때문에 이를 위해서는 100번 반복해도 좋다. 일본 측에서 지금 하고 싶지 않다면 내일 해도 좋다. 만약 일본의 진의가 '이례적'이라고 한다면 지난주에 발언한 '흥분 상태' 운운한 주장이라든가 '위반'이라는 단어는 변경된 것인가. 이것을 말한 의도는 무엇인가" 라고 끈질기게 맞섰다. 구보타 대표는 "전에 말한 바와 같이 '이례적'이다. 그 의도가 무엇인지 묻고 있지만, 한국이 질문했기 때문에 어쩔 수 없이 대답했을 뿐이고 타의는 없다. 두 번째 귀환 문제에 대해서는 한국 측이 일본은 이를 국제법 위반이라고 생각하느냐고 질문했는데, 나는 위반이라고도 위반이 아니라고도 말하지 않는다고 대답했다. 네 번째 '전시 상태의 흥분'을 운운한 주장에 대해서는 나도 그렇게 말했다. 지금이라면 연합국은 이런 말은 하지 않았을 것이라고 생각한다. 이어 한국에 대한 이익(benefit)을 운운한 점에 대해서는 나도 그렇게 말했는데, 그것은 한국 측이 마이너스적으로 셈하기 때문에 나로서는 장점도 있었다고 말할 수밖에 없었던 것이다. 그 절반만을 전달해서는 곤란하다"고 말했다.

김 대표는 "부회와 오늘 귀 대표의 발언은 공식적인 언명이냐"고 물었다. 이에 대해 구보타 대표는 "부회에서는 나는 옵서버이지만 개인적인 발언이 아니다. 그러나 정부의 훈령에 기초한 것은 아니다"고 답했다.

이어 김 대표가 이익을 운운한 사항에 대해 다시 질문 공세를 전개해 두세 차례 문답이 있었다. 구보타 대표 및 시모다 국장은 "한국 측이 마이너스적인 면만을 든다면, 일본 측으로서는 전부 나쁜 일만 있었던 것은 아니라고 말할 수밖에 없다"고 말했다. 김 대표는 "중요한 관심 사항(great concern)이다. 일부라고는 하지만 공식적인 것이기 때문에 편언척구(片言隻句)도 분명히 규명해야 한다"고 말했다. 구보타 대표는 "끝이 없기 때문에 이 이야기는 적당히 하면 어떻겠느냐"고 제안했지만, 김 대표는 더욱더 집요하게 "첫 번째 사항이 명확하지 않다"고 우겼다. 이에 따라 시모다 국장은 "평화조약 전에 한국이 독립한 것은 예외적인 것이다. 한국은 1948년에 성립되었지만, 당시 일본은 아직 독립되지 않았는데도 연합국은 일본의 독립까지 기다릴 수 없었던 것이다. 그것은 예외적인 것이지만, 국제 정세에 따른 것으로 생각된다. 그것을 일본은 국제법 위반이라고는 말하지 않는다. 일본이 법적으로 한국의 독립을 승인한 것은 평화조약에 따른 것이다" 라고 설명했다. 그러나 김 대표는 여전히 "'위반'인가"라고 다시 물었고, 시모다 국장은 "그렇게는 생각하지 않는다"고 답변했다. 구보타 대표는 "'이례'이다. 더 이상 말하고 싶지 않다"고 답했다.

이에 대해 김 대표는 "국제회의에서 일방의 발언에 대해 상대방이 해명을 요구했을 때 대답하지 않는 일은 없다"고 강요했다. 결국, 이날 5개 사항 가운데 두 번째 사항 이하 네 가지에 대해서는 모두 답변을 들었기 때문에 다음 회의에서 남은 첫 번째 사항에 관해 최종적으로 답변을 해주기로 했다.

다음 일정에 대해 한국 측은 내일 계속해야 한다고 주장했다. 일본 측은 이 문제가 해결되지 않으면 다른 문제로 나아갈 수 없는 성질의 것이 아니므로 다음 본회의는 정례대로 다음 주 화요일로 개최하고, 그사이에 예정대로 내일은 어업, 모레는 청구권에 관해 부회를 열고 싶다고 말했다. 그러나 한국 측이 이를 수용하지 않아 결국 내일 21일 오전에 다시 본회의를 열고 다른 부회는 순차적으로 일정을 연장하기로 했다.

제4회 본회의

10월 21일 오전 10시45분~11시40분, 외무성 제419호실에서

참석자 〈일본 측〉 (외무성) 구보타 참여, 시모다 조약국장, 스즈키 참사관, 고지마 아시아국 제1과장, 다케우치 아시아국 제2과장, 다카하시 조약국 제1과장, 시게미쓰 조약국 제3과장, 오하타 경제국 제5과장

〈한국 측〉 김용식 주일공사, 임철호 외교위원회 위원, 장경근 외교위원회 위원, 홍진기 법무부 법무국장, 최규하 주일 대표부 총영사, 이상덕 한국은행 외환부장, 이임도 상공부 수산국 어로과장, 장사홍 서기관, 장윤걸 서기관, 한기봉 서기관, 김학완 서기관

〈의사 개요〉

개회 벽두, 구보타 대표는 지난 회의에서 문제가 된 한국 독립의 시기와 관련된 문제에 대해 별지와 같이 일본 측의 견해를 낭독했다.

김 대표는 이에 납득하지 않은 채 "당신은 왜 어제 한국 측이 그런 질문을 했는지를 이해하지 못하고 있다. 한국이 평화조약 성립 전에 독립한 사실이 국제법 위반인지 아닌지 여부에 대해 답변을 바란다" 고 말했다. 구보타 대표는 "그 문제에 대해서는 대답했다. 만일 김 대표의 말처럼 한국 측에 기록이 되어 있으면 방금 읽은 것으로 그것을 대체하고자 한다" 고 답했다. 김 대표가 "한국 측의 기록에는 '국제법 위반'이라고 되어 있지만, 일본 측의 기록도 마찬가지냐" 고 말하자 구보타 대표는 "일본 측의 기록에 의하면 그렇게는 말하지 않지만, 한국 측 기록에 그렇게 되어 있다면 지금 읽은 것으로 바꿔줬으면 한다. 그것이 최종적인 것이다" 라고 반복해서 답했다. 김 대표가 "이것은 발언의 변경인가, 아니면 새로운 해석인가" 라고 질문했다. 구보타 대표는 "당신이 의견의 변경이라고 해석한다고 하면, 그렇게 해도 괜찮다. 지금 읽은 것이 최종적인 것이다" 라고 말했다. 김 대표는 "다시 한 번만 묻고자 한다. 한국 측의 청구권 부회 기록에 따르면 귀 대표는 '만약 일본이 조선을 정복하지 않았으면 조선은 다른 나라에 의해 점령되었을 것이다' 라고 말했는데 진실인가" 라고 다시 물었다. 이에 대해 구보타 대표는 "그것은 당일 참석한 홍진기 위원도 알듯이 개인적인 견해라는 전제하에 말한 것으로, 일본 대표의 발언이 아니다. 또한 정복이라는 단어는 결코 사용하지 않았다. 그리고 그때의 기록은 취하지 말 것을 부탁드렸다" 고 답했다. 이에 대해 김 대표는 "그것은 환언하면 수석대표 자격으로서 말한 것이 아니라는 의미인가. 귀 대표는 현재도 이러한 견해를 갖고 있는가" 라고 질문했다. 구보타 대표는 "개인적으로는 지금도 그렇게 생각하고 있다. 이것은 나의 외교사 연구의 결과 얻은 학문적 견해이다" 라고 답했다. 김 대표가 다시 포츠담 · 카이로 선언에 관련된 발언과 조선 통치의 혜택에 관련된 진술 등을 파고들려는 태도를 보이자, 구보타 대표는 "이런 것들은 모두 한국 측의 질문에 응하여 진술할 수밖에 없었던 것으로, 일본 측이 스

스로 밝힌 것은 하느님께 맹세하지만 하나도 없다. 또한 외교사 연구에 근거한 학문적 견해에 대해 모욕이라는 식으로 생각하는 것은 곡해이다. 게다가 기록하지 말라고 말해두었다. 이것을 천착하는 것은 파괴적이지 않은가"라고 반문했다. 김 대표는 이에 답하지 않은 채 "포츠담·카이로 선언에 대한 귀 대표의 견해와 외교사 연구의 결과라는 의견은 양국 우호관계 수립에 유해하다고 생각하지 않는가"라고 되물었다. 구보타 대표는 "한국 측이 말하기 시작했기 때문에 일본 측으로서도 말하지 않을 수 없었던 것이다. 누가 먼저 말을 꺼냈는지 문제시하지 않은 채 우리 측 발언의 일부만을 분리하여 논할 경우 오해가 생긴다. 일본 측이 먼저 말을 꺼냈을 경우는 유해하지 않더라도 사실은 그렇지 않다"고 대답했다 (이 동안에 한국 측은 빈번하게 사담을 나눴다). 김 대표는 "이 점은 회담 진행에 유해하다. 좀 더 세부사항을 분명히 하고 싶다. 조선 통치가 시혜적이었다고 말했지만, 어떤 종류의 혜택이었는가"라고 질문했다. 구보타 대표는 "그것은 이전에 언급했기 때문에 이를 반복하는 것은 건설적이지 않다"고 대답했다. 김 대표가 "거절하는 것인가"라고 따지자 구보타 대표는 "이전에 언급했다. 거절이 아니다"라고 뿌리쳤다.

여기서 한국 측은 갑자기 강한 태도로 돌변했는데, 장경근 위원은 다음과 같이 한글 성명의 요지를 낭독하고, 김학완 서기관이 이를 통역했다.

"종래의 발언을 조금 보완하여 말씀드리고 싶다. 첫째, 일본이 포츠담 선언을 통해 간접적으로 수락한 카이로 선언에서 사용된 "조선 인민의 노예 상태"를 운운한 문장은 전시의 흥분 상태에 의한 표현으로 일본은 이에 구속되지 않는다고 석명(釋明)하였지만, 일본을 구축(驅逐)하고 재산을 몰수한 연합국의 조치는 조선 인민의 노예 상태에 유의하고 이것을 정상 상태로 복귀시키려는 의미에서 취해진 조치였다. 일본은 이 노예 상태의 부활을 생각하여 독립, 해방, 재산 몰수 등의 처리를 전면적으로 부인했는데, 일본 측의 견해를 듣고 싶다. 둘째, 36년간의 총독 정치를 해독(害毒)만이 아니고 득이 된 면도 있었다고 말했는데, 이것은 일본이 총독 정치에 의해 독립운동에 참여한 한국인을 투옥하고, 언론·집회의 자유를 억압하고, 부당하게 저렴한 가격으로 쌀을 수매한 것에 대해 한국에 배상청구권이 있음에도 불구하고 이를 보류하고 있다는 취지의 한국 측 발언에 이은 귀 대표의 답변이었다. 귀 대표는 나아가 일본이 조선을 정복하지 않았으면, 조선은 다른 나라에게 정복되었을지도 모르고, 그것은 더 비참한 것이었을지도 모른다고 말했다. 귀 대표가 이들 발언을 수정 또는 철회하는 대신, 앞서 말한 설명으로 이를 은폐하려 한 것은 유감이다. 침략의 선구자인 일본인의 재산과, 착취를 위한 조직 정치를 인정하는 것은 침략을 정당화하는 것이며, 이 회담의 정신과 모순된다. 귀 대표의 성의 있는 답변을 바란다."

이에 대해 구보타 대표는 "제1사항에 대해서도 제2사항에 대해서도 이미 답변했던 그대로이다. 또 그중에 '만약 일본이 조선을 정복하지 않았으면' 하고 운운한 말은 일본 대표로서의 발언이 아니다. 하나하나 회답하더라도 대답이 같은 데다 그렇게 하는 것이 회의를 진행하는 이유도 아니므로 앞서 말한 회답으로 양해해달라"고 답했다.

이에 대해 김 대표는 전부터 준비했던 문서에서 재작년부터의 협상 과정을 회고하면서 다음과 같은 성명을 낭독했다.

"주지하는 바와 같이 1951년 10월 21일에도, 1952년 2월 15일에도 한국 측은 모든 현안의 해결과 평화적인 우호관계의 필요성을 역설했다. 이를 여러 차례 반복했고, 올해 4월 15일에도 상호 신뢰를 버리지 않는 한 해결 불가능한 것은 없다고 말했다. 이번에 재개한 회담에도 오쿠무라 차관이 말을 걸어왔을 때 나는 한국으로 날아가 상담하는 것을 10분 이내에 결심했을 정도였다. 10월 6일 회담을 재개한 이후에도 한국 측의 발언은 한마디, 한마디가 진지했다. 모든 현안에 관한 부회를 열고 조기 타결을 제안했다. 이 해결은 두 나라뿐만 아니라 모든 반공 자유국가에게 이익이라고 말했다. 불편한 과거사를 잊고 논의하고 싶다는 한국 측의 의도에 반하여 지난 청구권 부회에서 귀 대표는 더없이 난폭한 발언을 했는데, 그것은 한국 측의 법령 33호의 설명에 대한 귀 대표의 발언이었다. 한국 측은 귀 대표가 그 발언에 대해 재고할 시간을 갖도록 다른 부회를 연기하고 기다리고 있었지만, 어제도 앞서 한 발언을 고수했다. 한국 측은 설명을 요구하면서 일본 측이 성의를 보이길 요망했다. 그런데 귀 대표는 지금도 카이로·포츠담 선언에 대해 앞서 한 발언을 반복했다. 그 이면에 숨은 진의는 과거사를 정당화하는 것이다. 한국 측의 질문에 귀 대표는 어제도 오늘도 답변을 할 수 없었다. 그뿐만 아니라 귀 대표는 개인적인 견해로서 매우 유해한 말도 내뱉었다.

한국 측은 귀 대표의 답변을 받아들일 수 없다. 귀 대표의 발언은 매우 유해한 것이다. 한국 측은 지금도 신속하게 우호관계를 수립하길 희망하고 있지만, 이러한 상황에 이르러서는 귀 대표에게 앞서 언급한 5개 사항에 대해 어제와 오늘의 청구권 부회에서 한 발언을 모두 철회하고, 또 이들 모든 것에 대한 사과를 요구한다. 만약 귀 대표가 그렇게 하지 않는다면 한국 측은 이 회의에 참석하는 것이 불가능하다."

구보타 대표는 다음과 같이 말했다.

"김 대표의 회담 타결에 대한 열의에 동감의 뜻을 표한다. 그 점에 대해서는 한국 측뿐만 아니라 일본도 마찬가지이다. 김 대표는 성명에서 나의 발언에 대해 여러 가지 말했지만, 이미 말한 그대로이다. 이것을 끝없이 토론하는 것은 건설적이지 않다. 개인적인 것에 대해선 더 이상 문제가 없다고 생각한다. 마지막으로 김 대표가 나에게 모든 발언을(김 대표가 "5개 사항에 관해서"라고 참견했다) 철회하고 그 발언이 옳지 않았다고 인정하라고 했는데, 이에 대해 대답하겠지만, 그 전에 한마디 말씀드리고 싶다.

한국 측은 열의를 운운하지만, 회의에서 우리 측의 열정은 차치하고 한국 측이 취하고 있는 행동이 회의의 진행을 저해하고 있다. 작년 1월에는 회담 개최에 앞서 소위 이승만 선언을 행했고, 올해 9월 이후에는 일방적인 강행 조치를 취하고 있다. 소위 이승만 라인에 대한 일본 측의 견해는 이미 말했지만, 일본 측의 연구로는 도저히 수용할 수 없으며, 일본 측의 관점에서 이것은 국제법을 위반한 것으로 부당한 것이다. 이 문제는 국가 간의 대립이므로 평화적인 처리의 관점에서 말하자면, 국제사법재판소 등에 소송을 제기해 무엇이 옳은지 다투는 것이 정당한 방식이라고 생각한다. 그 결과가 나오기 전에 일방적인 조치를 취하는 것에는 반대한다. 이로 인해 일본의 여론도 소란스럽게 되었고, 회의 진행이 현저하게 저해되었다.

한국 측이 요청한 우리 측 발언의 철회와, 이를 잘못했다고 인정하라는 주장과 관련해서 말하면, 우리의 회의는 평등한 국가 간의 국제회의였고, 한 나라의 대표가 타방(他方)의 발언에 대해 견해를 표명하지 않을 수 없는 입장이 되어 당연한 것을 당연하다고 말했음에도 그 발언의 철회를 요구하는 경우는 과문(寡聞)하여 지금까지 들어본 적이 없다. 국제회의에서 혼란이 있는 것은 당연하며, 서로 양보하여 다가서는 것도 당연하다. 그런데 그 발언의 취소를 요구하고 마치 폭언을 한 것처럼 말하는 사례는 그다지 들어본 적이 없다. 일부의 발언만을 거론해 문제로 간주하는 것은 오해를 부를 우려가 있기 때문에 회의록 전부를 공표해서 세계 여론의 비판을 기다리는 식으로 해도 좋다고 생각한다.

우리 측 발언에 대해서는 철회도 하지 않을 것이며, 그 발언이 옳지 않다고 생각하지도 않는다. 만약 우리가 그 주장을 받아들이지 않아 한국 측은 참석할 수 없다고 한다면 우리 측 희망과는 반하는 것이며 아주 유감스러운 일이지만 어쩔 수 없다."

이에 대해 김 대표는 "귀측 발언은 매우 유해하다고 믿으며, 회의의 원활한 진행을 위해 그 철회를 희망했지만 귀 대표는 이를 거절했으므로 우리는 더 이상이 회의에 참석하는 것이 불가능하다"고 답했다. 이로써 재개한 일한교섭은 막이 내렸다.

별지

20일 열린 제3차 본회의에서 김 대표는 대일 평화조약의 최초 효력이 발생하기 전에 한국이 독립국이 된 사실과 관련해 "일본 측 대표는 이것을 국제법 위반이라고 생각하는가" 라는 발언이 있었는데, 이에 대해 다음과 같이 대답하고 싶다.

1. 이 문제는 국제법 위반이라든지 그렇지 않다든지 할 만한 문제가 아니다. 즉, 어떤 국가가 독립한다는 것은, 국제법상의 문제로서 이것을 보는 경우에는 그 국가가 어떠한 기존의 국가로부터 승인을 받는가 하는 문제이다. 사실상 국가의 요소를 구비하고 국제법을 준수할 의사를 갖고 있는 새로운 '국가'에 대해서는 어떤 나라도 자체적인 인정에 의해 이를 승인할 수 있다. 이 경우 새로운 '국가'는 승인 국가와의 관계에서 독립국이 된 것이며, 아직 승인을 하지 않은 나라와의 관계에서는 국제법상 국가로는 인정되지 않는다. 한국이 대일 평화조약의 발효에 수년 앞서 많은 연합국으로부터 국가 승인을 받은 것은 사실이며, 일본 측도 이 사실을 알고 있다. 따라서 일본 측은 이러한 승인이 시기 상조였다고 생각하는 것도 아니고, 하물며 국제법 위반이라고 생각하고 있는 것은 더더욱 아니다.

2. 그러나 이상의 사실은 한국이 일본과의 관계에서 평화조약 발효 전부터 독립국이었음을 의미하는 것은 아니다.

일본은 1945년 9월 2일 항복문서에 조인함에 따라 한국 독립의 방침을 표방한 카이로 선언의 조항을 이행할 것을 약속했다. 항복문서 조인에 이은 연합국의 점령 기간 중에 일본은 국제법상 자체적으로 법률 행위를 하는 자유를 보유하지 않았고, 평화조약의 체결에 의해 비로소 한국 독립에 대한 카이로 선언의 조항이 일본과의 관계에서 이행되었던 것이다.

3. 따라서 일본 측은 많은 연합국과의 관계에서 한국이 대일 평화조약 발효 이전부터 독립국이었다는 사실을 인정하면서, 동시에 일본과의 관계에서는 한국이 1952년 4월 28일부터 독립했다고 생각한다. 또한 한국은 일본으로부터 분리 독립했지만, 그러한 일본에 의한 승인과 제3국에 의한 승인 간에는 몇 년의 기간이 존재했으며, 이런 경우는 이례적으로 이에 따른 현안은 양국 간에 시급히 해결해야 할 과제라고 생각한다.

나중에 구보타 대표는 당시 자신의 발언에 대해 「소견」이라는 제목으로 『세계주보(世界週報)』(시사통신사, 1953년 11월 11일 호)에서 다음과 같이 언급했다.

사진 16 '구보타 망언'의 당사자인 구보타 간이치로 일본 측 수석 대표

10월 20일과 21일 열린 본회의에서 한국 측의 태도는 어떻게든 회담 결렬의 책임을 일본 측에 지게 하려고 서두르는 것처럼 보였다. …… 나는 지금도 내 발언은 필요 최소한도로 당연한 것을 당연하게 말한 것에 불과하다고 생각하고 있다. '발언'이 '실언'은 아니었다고 생각한다. 일본의 일부 평론가들도 내가 불필요한 발언을 해 한국 측을 자극한 것은 서툴렀다고 생각하는 모양이다. 전후 사정을 충분히 모르는 분들에게는 그렇게 보일 수도 있다.

그러나 나는 갑자기 의제와는 관계가 없는 내용을 말하기 시작한 것이 아니었다. 일본 측의 사유재산 청구권과 관련하여 한국 측이 총독부 정치 36년간의 배상을 청구해야 한다는 논리를 운운한 것이 사건의 시작이었다. 이 사실을 앞에 두고 일본 대표로서 취해야 할 태도는 세 가지가 있다고 생각한다. 하나는 가만히 있는 것, 둘째로 그것은 본론과 관계없다며 이야기를 다른 곳으로 돌리는 것, 셋째는 최소로 필요한 우리 측 의견을 말하는 것이다. 첫째는 상대방의 주장을 묵인하는 것이다. 이것은 할 수 없다. 둘째는 사실상 불가능하다. 어떻게 하여 우리가 그러한 태도로 나오더라도 상대는 어디까지나 끈질기게 물고 늘어지므로, 그래서 그 경우에는 누가 일본 대표라고 하더라도 내가 말한 것들을 언급했을 것이라고 생각한다. 그것이 잘못된 것일까.

이와 함께 구보타 대표는 회담상의 발언 내용과 그 전후의 경위에 대해 1953년 10월 27일 참의원 수산위원회에서 스스로 설명한 적이 있다. 또 당시 회담에 참석했던 마에다 도시카즈 사무관(아시아국 제2과 근무)은 당시의 일을 나중에 「일한관계와 나」에서 다음과 같이 회상했다.

옵서버로서 참석했던 구보타 대표가 "완전히 사견이지만"이라고 분명히 전제한 후, 또 "기록하지 말도록"이라고 확인한 후에 발언한 것으로, 말하자면 상대의 유도 심문에 걸려든 것으로 여러 격렬한 대화가 오갔다. 회의 마지막에 그때까지 아무 발언도 하지 않았던 임철호 씨가 "구보타 씨가 오늘 여러 가지 듣기 거북한 말을 했기 때문에 나는 정나미가 떨어진다"고 말했다. 구보타 씨는 "이것은 어디까지나 사견으로 본의(本意)가 아니지만, 당신들이 여러 가지를 언급했으니 이에 대해 나로서도 일본의 조선총독부 통치는 결코 나쁜 면만 있었던 것이 아니었다, 사유재산을 모두 몰수해버리는 경우는 국제법상 이례적인 것이었다는 말까지 하지 않을 수 없었다"고 말했다. 임철호 씨는 "그것은 알겠다. 내가 꼭 말하고 싶은 것은, 일본과 한국이 같은 수준이라고 생각하면 매우 곤란하다. 우리는 아직 독립한 지 얼마 안 된 국가이며, 완전히 동생이다"라고 발언하고 ─ 여기서 분명히 동생이라고 했다 ─ "일본은 형이기 때문에 형이 동생에 대한 배려의 마음을 가지길 갈망한다"고 말하면서, 그날의 응수를 이제 기억에서 지우고 싶다는 느낌의 발언을 했다. 그래서 우리들은 치열한 입씨름이 있었지만, 이것으로 끝났다고 생각했다. 그러나 이에 대해 한국 측은 "그다음 글피에 열기로 한 청구권위원회의 회의 일정을 연기한다"고 말해왔는데, 정작 그날에는 본회의를 열자고 한국 측이 주장해 본회의를 열었다. 여기서 김용식 대표가 영어로 "구보타 씨의 발언은 괘씸하다. 취소하라. 취소하지 않으면 우리는 자리에서 일어날 것이다"라고 발언했다. 이에 대해 구보타 씨는 "나는 완전히 사견이라는 것을 전제했고 기록하지 말 것을 확인한 다음에 발언했다. 게다가 나의 발언 전부를 문제로 삼지 않고 자의적으로 일부분만을 들어 그것을 연결하여 이런 식으로 발언했다고 한다. 그 발언을 취소하라고 해도 나는 납득할 수 없다. 따라서 내 발언을 취소할 수는 없다"고 대답했다. 상대측은 "그럼 어쩔 수 없다"고 자리에서 일어났다. 그래서 회담은 결렬되었다. 당시의 분위기는 뭔가 등골에 전기가 흐르는 듯한 긴박한 것이었다고 기억하고 있다.

회담이 결렬된 10월 21일에 외무성 정보문화국장의 담화 「일한회담에 대해」가 발표됐다.

10월 6일 재개 이후 일한회담은 한국 측의 불합리한 태도로 인해 오늘 지속 불가능한 상태에 빠졌다.

이번 회담은 9월 초부터 국제법을 완전히 무시한 한국 측의 해양 주권 선언에 기초한 이른바 이승만 라인의 강행조치에도 불구하고 일한 양국의 우호관계 유지라는 대국적인 견지에서 우리 측은 회담의 재개를 제의해 성의를 갖고 국면의 타개를 도모하려 했다.

그런데 한국 측은 우리 측의 누차에 걸친 요구에도 불구하고 나포 어선 및 승조원들은 물론이고 나포한 정부 공선(公船)까지 즉시 석방하지 않았을 뿐만 아니라, 우리 측이 인도적 입장에서 엄동을 맞아 억류 선원에게 줄 의류 등의 차입을 신청했는데도 아직 성의 있는 답변을 주지 않았다. 또한 회의 진행 중에도 여전히 우리 측 어선을 계속 나포하여 강압에 의해 회담을 자기에게 유리하게 전개하려고 한 것은 매우 부당한 처사이다.

그럼에도 불구하고 우리 측은 인내에 인내를 거듭하여 회담을 계속해왔고, 어업 문제에 대해서는 일한 양국 어민의 공존공영과 자원 보존의 견지에서 어업에 관한 공동 보존 조치에 대해 구체적인 방안을 제안하는 단계에 있었다.

그러나 한국 측은 청구권 부회에서 의제와 관계없는 문제를 거론하면서, 이에 대한 우리 측의 응답을 고의로 곡해하고, 두 번에 걸친 본회의에서 우리 측 설명도 이해하려하지 않은 채 그 발언을 철회하고 옳지 않았음을 인정하라고 했으며, 이에 응하지 않을 경우에는 회담의 속행을 거부하는 태도로 나왔다.

우리는 우리 측의 설명이 정당하고 충분하다는 입장을 갖고, 그러한 의제 외의 문제에 대해 헛되이 추상적인 논의를 거듭하는 것이 무익하다고 설명함과 동시에, 평등한 국가 간의 회의 과정에서 의견 대립이 있는 것은 당연하고, 한쪽 대표의 발언을 철회하라고 요구하는 것은 그 발언을 봉(封)하는 것과 같으므로 도저히 우리가 수용할 수 없는 바라고 말하면서, 신속하게 건설적으로 회담 진행을 도모할 것을 강조했다. 하지만 한국 측은 끝까지 우리 측 발언을 철회하라고 고집하며 회담의 진행을 거부했다.

이것만 봐도 분명한 것처럼 회담 중 일부 위원회에서 나온 비공식적인 미미한 언사를 고의로 왜곡하여 회담 전반을 일방적으로 파괴한 책임은 한국 측에 있다고 말할 수밖에 없으며, 아주 유감스러울 따름이다.

우리 측으로서는 한국 측이 성의 있는 태도를 보여준다면 언제든지 회담을 통해 양국 간의 현안을 해결할 용의가 있음은 말할 것도 없다.

게다가 22일에는 더욱 길어진 정보문화국장의 담화가 발표됐다.

일한회담은 어제 안타깝게도 좋지 않게 끝나고 말았다. 이것은 한국 측의 예정된 계획 같다.

이 회의는 어떻게 시작되었는가. 9월 6일 이후 한국 측은 일본어선을 모조리 나포하기 시작했다. 지금까지 붙잡힌 어선이 41척, 승조한 일본인은 484명에 이르고 있다. 뿐만 아니라 일본 정부 수산청의 배 1척이 나포되어 있다. 〔공선(公船)의 나포는 경우에 따라서는 개전(開戰)의 원인이 될 수 있을 정도로 중대한 행위라는 것이 국제법 학자 간에 일치된 의견이다.〕

이승만 씨는 작년 1월 일본과 조선 간의 공해 중간에 선을 하나 그어 이를 이승만 라인이라고 불렀다. (얄궂게도 현재 우리는 이것을 '평화선'이라고 부르고 있다). 그리고 이 라인에서 조선까지의 해면을 '한국 수역'으로 칭했다. 어떤 경우에서는 그 라인에서 해안까지의 거리가 약 170해리나 된다.

일본은 일본어선의 무차별적 나포를 막기 위해 일한 어업회담을 제안했다. 이에 대해 한국 측은 어업 문제만을 논의하는 것은 싫다, 일한 간의 다른 여러 문제도 논의하지 않으면 안 된다고 말했다. 이것은 일본어선에 대한 무차별 나포를 계속하면서 일본 측에 압박을 가함으로써 다른 문제에 대해 일본 측의 양보를 강제하려는 의도인 것으로 받아들여졌다. 그러나 일본 측은 반론하지 않고 이에 응했다.

회담의 의제로는 (1) 어업 문제 외에, (2) 일한 국교 수립, (3) 일본에 있는 조선인(약 60만 명)의 지위, (4) 청구권 등 여러 문제가 있다.

청구권 문제는 약간 설명이 필요하다. 즉, 일본 측은 전쟁 전에 한국에 있던 일본의 공유재산은 평화조약에 의해 한국이 이를 취득하는 것을 인정하지만, 일본 국민이 갖고 있던 사유재산, 종전 시 금액으로 약 120억 내지 140억 엔에 해당하는 것에 대해서는 청구권을 갖고 있다고 주장한다(이것이 한국의 전체 재산 가치의 85퍼센트에 상당한다고 말하는 것은 터무니없이 과장된 이야기이다. 또한 양유찬 대사는 일본이 이번 한국전쟁에서 파괴된 재산까지 반환하라고 주장하고 있다고 여러 차례 신문기자에게 말했지만, 일본 측은 물론 그러한 무법한 요구를 한 적이 없다). 이에 대해 한국 측은 일본에 있는 재산 약 90억 내지 120억 엔에 청구권을 갖고 있다고 한다. 이 같은 양측의 주장 사이에서 이를 정치적으로 해결하는 방법으로서 쌍방의 청구권을 상쇄하자는 제안이 있다. 이것은 일본으로서는 사실상 20억 내지 40억 엔을 한국을 위해 포기하는 셈이 된다. 이 방안은 지난해 일한 수석대표 간의 비공식 회담에서 양유찬 한국 대표가 제안한 것이다. 일본 측으로서는 일한 간의 우호관계 수립을 위해 이번에 이 방안을 진지하게 연구하는 데 노력을 아끼지 않고 있음을 밝혔다. 그런데 놀랍게도 일본 측이 이 안건을 고려한다는 사실을 알자마자 한국 대표 양 씨는 그런 제안을 한 적이 없다고 주장하고, 더욱이 일본인은 재한 사유재산에 대해 어떠한 청구권도 인정받지 못한다, 반대로 일본에 있는 한국 재산에 대해서만 한국의 청구권이 있을 수 있다고 강변했다. 이는 실제적으로 일본이 한국에 약 100억 엔을 지불하라는 뜻이 된다.

한국 대표단은 또한 일본이 한국에서 '약탈'했다고 부르는 수천 점의 미술품 목록을 제출하며 그 반환을 청구권의 일부로 했다. 이 목록은 잘 조사해보면 분명히 일본의 여러 박물관에서 조선 미술 골동품 목록을 복사한 것이다. 이 미술품은 물론 정당한 가격으로 보통의 시장에서 구입한 것이며, 그것을 돌려달라는 것은 마치 일본인이 보스턴 박물관의 우키요에(浮世絵)[44]를 반환해달라고 요청하는 것과 마찬가지이다.

한국 대표의 논의는 추상론으로 일관됐다. 말하자면, 한국은 일본이 한국을 36년간(1910~1945년) 점령하고 한국인을 노예로 삼은 과거에 대해 배상을 해야 한다고 요구했다. 이 주장은 일본 대표로부터 일본의 조선 통치는 나쁜 것만이 아니었다는 표현을 유발했다. 그러자 한국은 우리가 '오만'한 태도를 갖는 한 회담을 계속하는 것이 불가능하다면서, 회담 중단을 선언했다. 일본은 한국에 회담의 계속된 진행을 애원하는 지위에는 있지 않다. 한국 정부에 의한 일본어선의 무차별 나포는 여전히 계속되고 있지만 말이다.

한국 측은 이승만 라인이 어업자원 보존을 위해 필요하다고 말한다. 일본의 어선이 물고기를 잡기 때문에 한국 어민들은 충분히 물고기를 잡을 수 없다고 한다. (얄궂은 사실은 한국이 일본에 파는 생선은 작년 통계로 수백만 달러에 이르고 있다. 이것은 분명히 그들이 국내 소비에 필요한 것 이상으로 물고

---

44) 에도(江戸)시대에 성행한 유녀(遊女)나 연극을 다룬 풍속화.

기를 잡고 있다는 가장 확실한 증거이다.)

　일본어선단이 한국에 비해 압도적으로 큰 것은 사실이다. 이것은 일본인의 창조와 근면에 따른 것이고, 이를 가지고 일본인을 비난할 수 없다(일본어선의 어획량은 전쟁 전에 연간 약 450만 톤, 현재는 약 410만 톤이다. 이것은 모두 국내 소비에 충당되고 있다). 그러나 어업자원의 보존은 세계의 다른 수역에서와 마찬가지로 일한 간의 수역에서도 필요하다. 일본 측은 잠정적인 조치로서(즉, 과학적인 데이터를 수집, 이에 기초한 정확한 규제조치가 결정될 때까지) 어선의 둔수(屯數), 어로 방법(예를 들면 집어 등의 광력), 어로 구역에 대해 규제조치를 취할 용의가 있다.

　더 나아가 한국 측에 어선 및 어망을 공급하여 일한 양측 어선단의 불균형을 시정하는 일도 지원하고자 한다. 일본인은 믿는다, 일한 수역에는 일한 양국 어민이 어획하는 데 충분한 물고기가 있다는 사실을. 일본인은 조선인이 여러 자유 국민 중에서 가장 가까운 이웃임을 잘 알고 있다. 일본인은 조선인과 1천 년 이상 교제한 역사를 가지고 있다. 때때로 문제가 발생하기도 했지만, 그 역사는 일본인에게 인내력 있게 도량을 넓게 하라는 교훈을 가르치고 있다. 일본인은 언제나 한국인에게 두 손을 내밀고 있다. 그것을 잡을지 여부는 전적으로 한국 정부의 태도에 달려 있다.

　마에다 사무관은 22일 발표문에 대해 "이것은 당시 오쿠무라 차관이 직접 기안한 것으로, 다케우치 과장이 그 안을 우리에게 보여주었는데, 너무 어조가 강했기 때문에 단어 선택을 좀 더 부드럽게 하는 것이 좋지 않겠냐고 진언했지만, 사태가 더 심각하다는 이유로 결국 그대로 낸 것을 기억하고 있다"고 말했다. (마에다 참사관, 「일한문제와 나」)

　이에 대해 10월 23일 한국 대표단의 대변인은 다음과 같이 성명을 발표했다(원문을 약 3분의 1로 줄였다).

　일본 정부의 성명은 왜곡과 허위에 찬 것이며, 일본은 이를 통해 회담 결렬의 책임을 한국 측에 전가하기 위해 전력을 다했다. 국제회의의 선례에 따르면, 일방이 회담의 골자를 왜곡하여 발표하고 관계 당사자의 공식 확인을 받지 않은 채 회의록을 공표하는 것은 완전히 부적절한 처사이다.

　일본은 한국 전 재산의 85퍼센트 이상을 공공연히 요구하고, 더욱이 한국전쟁 중에 그 재산이 입은 손해까지 배상하라고 요구하고 있다. 이것은 사실상 한국 국민의 재산을 뿌리째 일본에 내놓으라고 요구하는 것이며, 제2차 세계대전 이후 대등한 입장에서 다른 나라의 독립과 존엄을 존중하고 있는 독립국에 농담이라도 이런 식으로 말하면 안 되는 것이다.

　재산청구권 분과위원회에서 나온 구보타 씨의 발언은 과거 조선총독부 시대를 변호하려는 일본의 노력을 드러낸 것이며, 대한민국의 주권을 직접적으로 모욕하는 것이다. 우리는 한국 국민이 당시 조선총독으로부터 받은 이른바 이익에 대한 배상을 고려하여 그 지불을 준비하지 않았던 것일까.

　한국 측은 회담 결렬을 저지하기 위해 진지하게 노력해 일본 측에 두 차례에 걸쳐 진의를 밝힐 것을 반복해서 요청했다. 그런데 구보타 씨는 대일 강화조약 체결 전에 행해진 한국 독립에 관한 문제 이외의 사항에 대해서는 자신의 발언을 확신했다.

일본 외무성은 양유찬 대사가 비공식 회담에서 양국 청구권의 상쇄를 제안한 것처럼 말하고 있지만, 당시 양유찬 대사는 만약 일본의 태도가 성실하다면 한국 측은 배상 문제를 보류할 것을 고려할지도 모른다고 말했을 뿐이다.

1951년 10월 열린 제1차 일한회담 당시 한국 측은 일본 독립 후에 어업분쟁이 발생할 것을 예상하고 이 문제의 조기 해결을 제안했으나, 일본 측은 이 문제를 토의할 준비가 되어 있지 않다고 답했다. 일본은 이른바 어업협정이 체결될 때까지 어획을 자발적으로 삼가겠다고 미국과 약속했다. 한편, 일본은 한국의 제안에 대해서는 아무런 조치를 취하지 않았다. 오히려 일본은 강화조약 발효 후 많은 성명을 발표, 맥아더 라인을 무시하고 다수의 일본어선을 한국 수역에 출어시키겠다는 취지를 전달했다. 한국 측은 양국 간에 어업을 둘러싸고 충돌이 발생하는 것을 방지하기 위해 1952년 1월 18일 어족보호평화수역의 설정에 관한 선언을 발표했다. 그런데 일본 측은 이를 완전히 무시한 채 한국 수역에서 밀어(密漁)를 행했다. 한국 측은 회담에 의한 대화로써 이 문제를 해결하려고 참을성 있게 시도했다. 일본은 1953년 9월 28일 유엔군사령부가 해상 방위수역 실시를 중단한 것에 편승하여 회담 재개가 임박한 것을 무시한 채 수백 척의 어선으로 한국 수역에 대대적인 침범을 도모했다.

일본 정부는 한국에 대한 어선 및 부속품의 수출과 한국의 수산물 수입을 금지했다.

일본은 한국으로부터 약 100만 달러의 수산물을 구입했다고 발표했지만, 한국으로의 수산물 수출이 3,500만 달러에 달했다는 사실은 잊고 있다. 한일 통상협정에 따르면, 일본은 한국으로부터 1,600만 달러를 수입해야 하고, 한국은 일본으로부터 3,200만 달러를 수입해야 한다. 그런데도 1953년 상반기까지 한국은 일본으로부터 4,000만 달러를 수입했고, 일본은 한국에서 할당액의 4분의 1인 400만 달러밖에 수입하지 않았다. 이런 사실에도 불구하고 일본 정부는 공식 발표를 통해 한국에서 김 등의 수입을 금지했다.

일본 정부는 1951년 9월 유엔군총사령관의 지령을 통해 다수의 선박을 한국에 반환할 것을 지시받았다. 그런데도 일본은 이런저런 구실을 내세워 의도적으로 이 문제의 해결을 미루면서 이를 교섭의 수단으로 이용하려 했다.

이른바 재일한국인 거류민의 국적과 처우 문제는 제국주의 일본 정부가 이른바 '성전(聖戰)'인 태평양전쟁의 목적을 달성하기 위해 노동력을 증가시킬 목적으로 강제징용한 무고한 한국인을 둘러싼 문제나 다름없다. 이들은 태평양전쟁이 끝난 후에도 여전히 일본에 체류하고 있는 한국인이기도 하다. 그들은 수년에 걸쳐 사회적 및 경제적으로 차별 대우를 받아왔다. 한국 정부는 이들 한국인의 경제생활에 대한 긴급조치로서 한국은행 도쿄지점을 통해 약 200만 달러를 보내겠다고 일본에 제안했지만, 일본 정부는 이를 거부했다. 더욱이 일본 정부는 한국 정부가 성의 있게 부탁한 즉시 석방의 요청을 무시하고 대략 125명의 한국인을 오무라 수용소에 무기한 억류하고 있다.

우리는 일본의 이런 불성실한 태도가 회담 결렬의 책임을 한국 측에 전가함으로써 한국에 반대하는 여론을 만들어내기 위해 훨씬 이전부터 계획된 의도를 분명히 한 것으로 간주하고 싶다. 한국 대표단이 일본의 내정 문제를 언급할 입장은 아니지만, 한국이 재군비(再軍備) 문제에 이용되는 것은 좋아하지 않는다.

자유세계의 우리 연합국은 일본 정부가 주권 회복 후 불과 1년 반 만에 과거의 군국주의적 제국주의를 의도적으로 변호하기 시작한 사실에 큰 관심을 가질 것이다.

그러나 한국 대표단은 양국 간 일체의 현안을 신속하게 해결하는 길을 열기 위해 일본의 성의를 여전히 기대하고 있다. 모든 문제를 신속하게 해결하기 위한 문은 항상 열려 있다.

구보타 대표는 나중에 당시를 회상하며 다음과 같이 말했다(1970년 1월 31일).

나도 이승만과 같은 반일적인 인물을 상대해서는 도저히 회담이 마무리되지 않는다고 생각했다. 이승만은 독재자이며, 한국 측 대표는 모두 이승만 예찬, 이승만 추종이었다. 가령 일한 간에 회의록을 만드는 양해가 있었는데, 그 안을 만들어보면 한국 측에 이승만은 'President'가 아니라 'Great President'라고 되어 있으므로 이쪽은 승인할 수가 없었다. 그래서 그때는 회의록도 없다.

한국 측 대표는 한국이 일본의 압정(壓政)으로부터 벗어나 독립했다고 말한다. 한국은 이제 온몸을 바쳐 공산주의의 방파제가 되었다. 그래서 한국을 돕는 것은 일본뿐만 아니라 세계의 모든 자유주의 국가의 의무이며 최고의 지상 명령이다. 청구권에 대해서도 종전 후 재한 일본인이 알몸으로 쫓겨난 것이나, 평화조약 발효 이전에 한국이 독립한 것은 모두 당연하며, 한국은 한 단계 높은 곳에 있으므로 일본을 포함한 자유국가들은 모두 봉사하라는 사고방식이었다. 그래서 대등한 교섭이라고는 할 수 없었다.

한국 측 대표인 홍진기 법무국장이 ─ 그는 일본어를 잘하는 점잖은 사람이지만 ─ 그러한 철학을 말하기 시작했을 때는 사실 나도 놀랐다. 이래서야 조금 말이 안 된다고 생각했다.

당시 내가 받아들인 바는 상대가 내 발언을 물고 늘어지면서 논쟁하여 일한회담을 때려 엎으려고 한 것은 아닐까라는 생각이었다. 하지만 잘 생각해보면 일한회담을 열려고 한 것도 저쪽이고, 여름 휴회 후 회담을 재개하자고 한 것도 저쪽이었으니, 이렇게 따져보면 이건 좀 이상하다고 생각했다. 상대측에게는 독특한 철학이 있는 것이므로 내가 한 말이 충격이었을 것이다. 그러한 생각에서 이야기를 계속하면 안 된다고 판단하여 회담을 중단하자고 한 것이 아니겠는가.

일본 측의 외상 혹은 당 수뇌부는 실망한 것으로 알려졌지만, 우리 협상팀도 전혀 열의가 없었다.

제2차 회담 때 나의 휴회 의견에 대해서도 수뇌부는 열의가 없었고, 진상을 연구하여 이것은 안 되니까 그만두라든가, 여기서는 좀 더 참고 가라든가 지시를 한 적도 없었으며, 단지 어떻게든 이야기를 계속하면 좋지 않을까 하는 태도였다.

위쪽에서 적극적으로 아무런 조치도 취해주지 않았기 때문에 나로서는 이 회담을 진행하기가 정말 힘들었다. 사무적으로 한국 측과 논의해도 정리되지 않았다. 예를 들면 청구권 문제를 상쇄한다는 일본 측의 방침이 있었지만, "정말로 마지막에는 1억 달러라도 한국에 준다"고 위에서 언질이라도 줬으면 내가 하기가 쉬웠을 것이다. 하지만 그런 것은 대신(大臣) 레벨에서 대장대신이 정해주는 것이고, 내가 주계국장(主計局長) 등과 이야기해서 결정되는 것은 아니다. 그때 시모다 조약국장은 대표의 1인으로서 진지하게 생각하고 도와주었다.

10월 26일 구보타 대표는 스스로 「일한회담 결렬 선후(善後) 대책」을 기초해 대신에게까지 회람토록 했다.

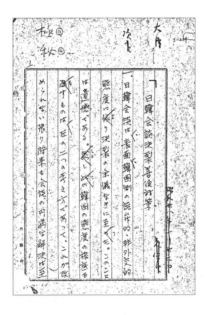

외교문서 원본 10　　구보타 간이치로 일본 측 수석대표가 작성한 「일한회담 결렬 선후(善後) 대책」

일한회담 결렬 선후(善後) 대책 〔극비〕

1953년 10월 26일, 구보타

1. 일한회담은 표면상 한국 측의 궤변적이고 비외교적인 태도에 의해 어쩔 수 없이 결렬되었다. 이것

은 유감스러운 일이다. 그러나 이 같은 한국 측 태도의 근저에 있는 것은 아래 두 가지 개념이며, 이것이 고쳐지지 않는 한 앞으로도 회담의 원만한 해결은 어렵다.

(가) 36년간에 걸친 총독 정치는 한국의 모든 방면에 해악만을 주었다. 일본은 필리핀에 불과 수년 만 있었는데도 거액의 배상을 요구받고 있지 않은가. 조선은 필리핀 이상으로 배상청구권이 있어야 하지 않는가.

(나) 피압박 민족(조선)의 해방과 독립은 제2차 세계대전 후 이전보다 더 높은 국제법의 새로운 원 칙에 의한 것이다. 보다 높은 원칙을 위해 종속적인 사유재산 존중의 원칙도 변경되어 그 결과 일본 의 재한 재산은 사유재산까지 포함하여 일체 몰수된 것이다. 강화조약 이전에 조선의 독립이 인정되 어 조선에서 일본인이 알몸으로 추방된 것도 이 새로운 원칙이 적용된 결과이다.

이러한 사고방식의 결과, 조선인은 제2차 세계대전의 총아로서 마치 일본에 대해 전승국으로서 진사 를 요구해야 한다는 착각을 지금도 갖고 있다. 그들이 이 우쭐해 하는 구름 위의 기분으로부터 국제사 회의 통념과 외교회의 상식을 적용하는 수준까지 내려오지 않는 한, 일한문제의 진정한 해결책은 있 을 수 없다. 이 대전제하에 대책을 생각해본다.

2. 즉시적 대책

(1) 어업

고등어 어기가 끝났지만 앞으로 트롤 및 저인망 어업이 시작되어 내년 4월까지가 그 적기이다. 이 른바 이승만 라인 안으로 완전히 출어가 허용되지 않는다고 한다면, 최고 연간 130억 엔의 손해를 보 게 된다. 영세 어민들이 많이 관련되어 있기 때문에 보상을 생각하지 않으면 안 된다. 다른 종류의 어 업에 배를 전용할 수도 있기 때문에 보상액은 50억 이하일 것이다. 업계와 수산청은 부당한 소위 이 승만 라인을 인정하지 않는다는 입장에서 생각하더라도 출어 강행을 희망한다. 이 경우 당연히 해상 보안청, 보안청 경비대의 보호를 필요로 한다.

이에 반해 해상보안청 및 경비대에서는 피아간에 포격전을 벌이는 경우를 우려하여 외교교섭이나 정치적 해결을 기대하고 있다.

물론, 출어를 강행한 경우에는 피아간의 실력 충돌 우려가 있으므로 신중을 기해야 하지만, 한국의 무법을 앞에 두고 계속 후진하는 것은 그 무법을 실적화(實積化)할 우려가 있다. 따라서 소위 이승만 라인을 일부 돌파하여, 너무 깊게는 들어가지 말고, 집단 출어를 강행하여 이를 호위하는 방안을 강구 해야 한다고 일단 생각한다. 별지에 적시한 바와 같이 수산청 방안에 대해 신중하게 논의해야 할 것 이다.

그러나 이것을 실행하면 무력 충돌이 발생할 수도 있고, 국제 여론 앞에서 일본은 불리하게 되어 결 국 이승만 정권을 강화하는 결과로 이어질 수도 있다. 따라서 이것을 실행에 옮길 경우, 정부는 가장 신중하게 지난번의 이해득실을 고려하고 따져본 후 중대한 결심을 할 필요가 있다.

(2) 한국대표부의 부인(否認)

대표부는 상호적으로 두어야 하기 때문에 여기서 즉시 우리 측 대표부를 서울과 부산(지부)에 둬야 한다고 통보하고, 만약 상대방이 이에 응하지 않을 때는 도쿄의 한국대표부, 오사카와 후쿠오카 지부의 폐쇄를 요구하고 부원의 퇴거를 요구해야 한다.

(3) 미국에의 알선 의뢰

이는 표면에 드러내지 말아야 하고, 또 바로 많은 것을 기대할 수도 없지만, 최대한 수를 써야 한다.

(4) 어업 문제만으로 교섭을 재개하자고 제의하는 것

이것은 업계의 강한 요망이지만, 당분간 전망은 없다.

(5) 정부 각료 혹은 민간 인사의 파견

위에서 말한 한국 측의 심리 상태에 비추어 우리가 진사(陳謝)할 각오를 하거나 일방적인 큰 양보안을 가지고 가지 않는 한 성과를 기대할 수 없다.

(6) 경제적 보복조치

(가) 한국산 생선, 김, 우뭇가사리 등을 사지 않는다, (나) 어망, 중고 어선을 팔지 않는다, (다) 일본 수역에서 한국 선박을 나포하는 것 같은 경우를 생각할 수 있지만, 어느 것도 채택하면 안 된다. 보복은 보복을 낳고, 결국 우리 측 손해가 된다. (한국에 대한 우리 측의 무역은 항상 수출 초과이다) 또한 한국전쟁 부흥 특수에 악영향을 준다.

(7) 재일한인에 대한 압박

강제송환, 생활보호법의 준용(연간 10억 엔) 중지 등을 생각할 수 있지만, 결국 치안에 나쁜 결과를 낳고 효과적이지 않으며, 또 인도적인 입장에서 여론상 일본을 불리한 입장에 빠뜨린다.

(8) 북조선계를 북조선으로 송환

희망자가 북조선으로 돌아갈 수 있도록 실제적인 방책을 생각해야 한다. 남북통일의 가능성이 낮고, 북조선은 상당히 오랫동안 하나의 정치조직으로 남을 것이기 때문에 그 전제하에 상황을 생각해야 한다.

3. 장기적 대책

(1) 여론 환기, 특히 대외 계발에 더욱 주력하여 일본 측 주장의 합리성을 강조할 필요가 있다. 특히 이른바 이승만 라인 문제에 대해서 말이다.

(2) 유엔 혹은 국제사법재판소에의 제소

이른바 이승만 라인, 다케시마(竹島) 문제에 대해서는 제소방침을 정해야 한다. 한국은 동의하지 않겠지만 그래도 좋다. 우리 측 주장에 유리한 선전이 된다.

(3) 실력 강화

모두(冒頭)에서 말한 한국의 우쭐해 하는 태도는 우리에게 실력이 없어서 더욱 조장되고 있다. 원래 사대주의적인 한인은 강한 자에게는 굴복하고 약한 자에게는 횡포를 부린다. 다케시마 문제는 이른바 이승만 라인 문제와 같다. 우리 측의 완전히 정당한 주장은 실력이 뒷받침되어야 하며, 관철할 수 있을 정도의 무력을 갖추어야 마땅하다. 무력이 정치를 지배할 때 나라가 망한다는 것은 명심해야 하지만, 정치의 지배하에 있는 무력은 일국(一國) 국운의 정상적인 신장에 필요하다는 것을 깨달아야 한다.

(4) 이승만 정부의 타도

이승만은 대통령이 된 이후에도 종래의 반일사상을 그대로 갖고 있을 뿐만 아니라 지금은 공개적으로 발표해 자신의 독재정권 유지를 위해 이용하고 있다. 그가 있는 동안은 일한 간의 친선도 결국 구두선으로 끝나고, 또 남북조선의 통일도 있을 수 없다. 미국이 이승만과 같은 자를 비호하는 것은 데모크라시의 딜레마이기도 하다. 미국은 그것을 너무나도 충분히 의식하고 있지만, 그때를 기다리지 않고 우리 측으로서는 이승만 타도를 위한 노력을 개시해야 한다.

IV

일한회담 재개 교섭과 억류자 상호 석방

1. 제3차 일한회담 결렬 후의 조치

(1) 악화하는 일한의 국민감정

제1차 회담 후 중단되어 있던 일한회담은 이승만 대통령 방일 시의 적극적인 성명에 의해 재개되었지만, 제2~3차 회담에서 이 대통령이 기존의 배일적 소신을 버리고 회담을 적극적으로 마무리 지으려 노력한 흔적은 찾아볼 수 없었다.

1953년 8월 14일 자 사와다 렌조(沢田廉三) 주유엔 대사의 공신(公信)은 다음과 같이 보고했다.

> 머피 차관보는 사와다 주유엔 대사에게 다음과 같이 말했다. "이승만이 일본에 관해 여전히 강한 반일 감정을 품고 있는 것은 곤란한 일이다. 이번에 이승만은 덜레스에게 '일본은 지금도 여전히 조선 지배(domination)를 목표로 하고 있어 나의 평생 원수이지만, 미국이 나의 적을 지원하는 것은 가장 바람직하지 않다'고 말했다. 이에 대해 덜레스는 '당신의 선호와는 무관하게 일본은 극동 지역 안정의 열쇠이다. 따라서 일본을 원조하는 미국의 정책은 앞으로도 변함없다는 것을 명심하기 바란다'고 단단히 못을 박아뒀던 것이다." 또한 "이에 관해 본인(머피 차관보)도 지난번에 대만에 가 장제스(蔣介石)와 만났을 때 장제스가 '앞으로 극동의 평화 유지는 일본·한국·대만 3개 정부가 상호안전보장조약을 맺는 것을 근본으로 한다'는 취지를 역설했다. 따라서 나는 이승만의 반일 감정의 실제를 말한 후 이것을 수정하는 것이 선결 문제라고 얘기했다. 장제스는 직접 이승만에게 편지를 보내 설득하도록 노력하겠다고 말했다."

제2차 일한회담이 결렬된 지 5일이 지난 10월 26일, 한국은 군사정전협정에 기초해 판문점에서 고위 정치회담 예비회의를 시작했다. 그러나 이것도 12월 12일에 결렬되었다. 이듬해 1월 베를린에서 4개국 외상 회담의 결의에 따라 4월 25일부터 제네바 회담에서 정치회담이 열렸지만, 6월 15일에 중단됐다.

한국전쟁 휴전에 반대하고 무력 북진을 외치는 이승만 정권은 미국과의 상호방위조약을 맺고 휴전 수락을 조건으로 국군을 60만으로 강화했다. 경제적으로 미국의 원조에 의존했지만, 생산 부흥은 순조롭지 않았고 자립의 길은 멀었다. 한편, 1954년 11월 이승만 대통령은 자신에 한해 "재선해 한 차례 중임할 수 있다"는 제한을 적용하지 않는 조항을 포함한 헌법 개정안을 통과시켜 정권 유지를 도모했다. 민정과 정권에 대한 국민 불만의 배출구로서 대일 반감의 지속과 고양을 유도하고 일본어선의 나포, 강제퇴거자의 인수 거부, 다케시마 점거, 무역 중단 등 대일 강경책을 유지했다. 또한 일본과 북조선 간의 교류가 전해지면서, 대일 감정은 한층 격렬함을 더했다. 제3차 일한 회담 결렬 후 한국의 대일정책은 전후 가장 악화되었고, 한국은 일한교섭을 알선하는 역할을 시도했던 미국에도 반감을 드러내고 있었다. 한국 인사들의 대일 발언의 강도와 집요함을 드러내는 예는 한없이 많지만, 여기서는 1954년 초쯤의 예를 들어보자(1954년 4월, 아시아국 제5과 「한국 정부의 반미·반일 성명 (1)」).

한국은 일본에 관해 지난 반세기 동안 미국에 경고해왔다. 그런데 미국은 10년이 채 지나기도 전에 희생이 컸던 대일 전쟁을 경험했음에도 불구하고 일본의 재무장을 주창하여 제2의 진주만으로 가는 길을 개척하고 있다. (1954년 1월 8일, 한국 공보처 성명)

침략의 위험은 공산주의만이 아니라 일본으로부터도 온다. 한국과 다른 동양의 국가들은 과거에 자신을 침략해왔던 일본이 아직도 침략 정신을 버리지 않고 있다는 사실을 알고 있다. 일본이 한국 재산의 85퍼센트에 대해 자기 소유권을 주장하고 있음에도 불구하고 우리가 아는 바에 따르면 미국은 산파 역할을 맡아 한국에 대한 일본의 주장을 철회하도록 경고하지 않은 채 오히려 재산권의 상쇄를 제의하고 있다. (1954년 1월 30일, 이승만 대통령 담화)

전쟁으로 인해 한국의 국토는 황폐화했고 경제는 파괴되었다. 반면, 일본 경제는 이 전쟁으로 이익을 얻었다. 미국은 공산주의자들이 세계를 위협하고 있기 때문에 일본이 극동에서 강력한 존재가 되기를 바라고 있다. 그러나 위험한 것은 일본이 최근까지 침략 국가였다는 것을 미국이 망각하고 있다는 사실이다. (1954년 2월 10일, 이승만 대통령 담화)

일본은 이전의 대일 협력자를 통해 한국에 대한 경제적 침투를 도모하였고, 이 주구들은 저렴한 일본제 사치품을 전국에 흘려 친일 후보의 선거 자금을 모으고 있다. (1954년 4월 7일, 이승만 대통령 성명)

한국에 대한 일본 측의 감정도 좋다고는 할 수 없었다. 예를 들어 10월 28일 도쿄 지요다(千代田) 구 나카타초(永田町)소학교 강당에서 열린 한국 문제 국민궐기대회 등이 정부에 제출한 결의문에는 "정부는 우유부단한 태도를 떨쳐버리고 국민의 총의에 따라 단호히 다음의 결의를 실행해야 한다. 1) 이승만 라인을 부인하고 다케시마를 지켜라, 2) 어민 어선을 즉시 석방시키고, 그 손해를 배상시켜라, 3) 실력으로써 어민의 어로 작업을 보호해야 한다, 4) 한국에 있는 재외 자산을 즉시 반환시켜라, 5) 만약 일본대표부 설치를 인정하지 않은 경우에는 재일 한국대표부의 폐쇄 및 재류 중인 모든 조선인에 대해 송환 조치를 취해야 한다. 이것을 결의한다"라고 적혀 있었다. 주일 한국대표부에 수교한 결의문에도 "오만불손하게도 일한교섭을 고의로 결렬시킨 한국 대표 등이 일본 국토에 체류하는 것을 허락하지 않는다. 신속하게 모든 재일조선인과 함께 퇴각해야 한다. 이것을 결의한다"라고 적혀 있었고, 이에 대해서는 한국대표부에서 단속을 요청했을 정도였다.

정부 당국자가 한국과 같이 공공연하게 배한(排韓)을 말하는 일은 없었지만, 국회에서는 불법적인 이승만 라인 내에서의 나포에 대해 일본 호위함을 출동시키고, 다케시마 점거에 대한 강행조치를 요구하는 목소리가 나왔다. 그러나 외교 당사자는 악화된 국민감정 속에서도 대한국 관계의 타개를 위해 성과가 불투명한 수수한 노력을 계속하고 있었다.

(2) 어업 문제에 대한 국회 결의와 나포 어선 선원에 대한 차입(差入)

일한어업대책본부는 일한회담이 결렬된 1953년 10월 21일에 성명서를 발표, "전후 처리적인 항목과는 별도로 어업교섭을 단독으로 속행해야 한다. 공해상의 불법적 무력행위는 즉시 중지해야 한다. 어선 포획 사건은 별개의 사건이기 때문에, 이것을 분리하여 조기 해결을 위해 협의해야 한다"고 말했다. 대일본수산회는 이승만 대통령 앞으로 "어업 문제가 지속되는 것에 관해 대통령 각하의 특별한 배려를 기대하고 있다"고 타전했다. 그러나 이에 대한 이 대통령의 전보에는 "협정 성립 전에 어선이 침범을 거듭하면 해결이 더욱 어려워진다. …… 선박은 한국 국내법으로 처리하지만, 선원은 석방이 가능하도록 특별히 노력할 것이기 때문에 일본이 향후 다시 침범하지 않겠다는 약속을 하여 회보하기를 바란다"고 되어 있었다. 일한어업대책본부는 '일한 어업 문제 해결 촉진 국민대회'(1953년 11월 2일, 도쿄에서 3천 명이 모였다), '서일본 어민 총궐기대회'〔11월 14일, 시모노세키(下關)〕를 열었고, 간행물로 「이승만 라인 문제와 일본의 입장」(1953년 10월), 「이승만 라인 문제에 대한 요청」(영문, 1953년 11월)을 내놓으며 여론에 호소했다. 일본 국회는 9월 15일 중의원 수산위원회에서 「한반도 주변의 공해 어업에 관한 건」, 10월 27일 참의원 수산위원회에서 「일한 어업 문제에 관한 건」, 10월 27일 중의원 농림수산위원회에서 「일한 어업 문제에 관한 건」, 11월 3일 중의원 본회의에서 「일한문제 해결 촉진에 관한 건」, 11월 7일 참의원 본회의에서 「일한문제 해결 촉진에 관한 건」을 각각 결의하고, 모두 여야 일치로 국민 여론으로서 공해 자유의 원칙에 입각해 어업 보호, 억류 어선 승조원의 송환, 부재 중 가족의 생활 원호 등을 호소했다.

11월 27일 운수성은 「한국 주변 및 동중국해 방면 공해에서의 나포 사건 대책 강화조치 요강」에서 "현재의 여러 상황을 감안하여 한국 주변 및 동중국해 방면의 공해에 출어하는 일본어선의 조업 질서를 유지한다. 아울러 이러한 어선에 대한 불법 나포 등 사건의 발생을 방지하고 조업의 안전을 유지하기 위해, 지난 9월 이후 증파한 순시선 6척을 향후 어선 출어 상황을 고려하여 현장에 상시 9척까지 증강하는 것을 목표로 총 24척의 순시선을 출동시킨다" 등을 결정했다.

또한 당시 한국에 억류되어 있던 일본어선의 선원은 봄, 여름 복장 그대로인 사람도 있어 겨울이 걱정되었기 때문에 10월 6일 오쿠무라 외무차관은 김용식 공사에게 한국에 억류된 선원의 안부를 확인하고, 의류, 일용품, 약품 등의 차입을 위해 정부 관계자 2~3명과 민간인 관계자 몇 명을 한국에 파견하는 것에 대한 동의를 요구했다. 이에 대해 한국 측은 11월 10일 현재 억류 일본어선이 40척, 승조원 487명(부산 2척 57명, 여수 1척 15명, 목포 37척 415명)이라고 통보해왔다. 이에 기초해 11월 14일 외무성 마에다 사무관, 수산청 요코야마(橫山) 기술관이 일한어업대책본부 3명과 함께 제22반슈마루(播州丸)를 이용해 시모노세키를 출항, 15일 부산에 93인분, 목포에 415인분, 그리고 돌아가는 중에 부산에 들러 다시 26인분의 차입물을 한국 측에 전달한 후 27일 시모노세키에 귀항했다. 제22반슈마루는 부산과 목포 2개 항구의 내부까지 들어갔지만 담당관의 상륙은 허용되지 않았다.

그러나 그 후 후기 (6)에서 언급하는 앨리슨(John Moore Allison) 주일 미국대사의 알선 교섭에 의해 한국 측은 이승만 대통령의 특사 명령이 있었다면서, 상기한 대로 차입한 직후인 11월 17일에 억류 어선 선원 65명을 석방, 11월 19일과 21일에 한국 선박으로 이들을 송환했다. 더욱이 억류 어선 선원 431명이 11월 26일에 한국 해군함정에 의해 나가사키(長崎)로 송환되었고, 1954년 1월에는 49명이 2회에 걸쳐 송환되었다. 이때 한국 공보처는 11월 23일 "일본어선 선원의 평화선 침범은 자신의 본의가 아니라 상사로부터 강제로 선동된 것이었다는 자백을 받았다. 한국 정부는 선원의 침범 책임을 일체 묻지 않고 가능한 신속하게 전원을 석방한다"고 발표했다.

일본 측의 차입은 같은 해 12월 22일 사세보(佐世保)를 출항한 하야토모마루(早鞆丸)로 부산 억류자 29명에 대해 실시되었고, 그 후에도 1954년 12월, 1955년 2월, 6월, 11월, 1956년 3월에 실시되었다.

한국 정부는 1953년 9월 9일 공포된 수산업법에 의거해 수산자원 보호를 위한 여러 규정을 마련했고 일본어선의 나포 및 처벌은 이 법에 따른 것이라고 말했지만, 같은 해 12월 12일 새로운 어업자원보호법을 공포했다. 이 법은 이승만 라인 내측을 어업자원 보호를 위한 '관할수역'으로 지정한다(제1조), 그 수역 내에서 어업을 하려는 자는 주무장관의 허가를 받아야 한다(제2조), 이를 위반한 자는 3년 이하의 징역, 금고 또는 50만 환 이하의 벌금에 처하고 그가 소유 또는 소지하고 있는 어선, 어구, 채포물(採捕物), 양식물과 그 제품을 몰수한다(제3조), 그 범죄 수사에 있어서는 해군함정의 승무 장교, 사병 등 대통령령으로 정해진 공무원이 사법경찰 관리의 직무를 행한다……, 제2조 위반 혐의가 있다고 인정하는 경우에는 단순한 통과 선박도 이를 정지시키고 임검, 수색 등 필요한 처분을 할 수 있다(제4조)고 규정했다. 이 법령이 공포됐다는 사실이 보도되자 일본 정부는 12월 10일 외상이 한국 정부 앞으로 보낸 서한을 통해 "어업자원보호법은 국제법 및 국제관례 위반이며, 한 국가의 국내 법령은 영해 밖에서는 자국민 및 자국 선박에만 적용되는 것으로, 이 수역에서 어업에 종사하는 다른 국가의 지위는 변경할 수 없다"고 지적하고 "일본 측은 어업자원 보존을 위해 과학적 근거를 갖는 어업 규제를 포함한 협정을 체결할 용의가 있다"고 말했다. 이에 대해 1954년 5월 6일 한국 정부는 어업자원보호법 제정에 대한 견해라면서 답변을 해왔고, 이에 대해 일본 정부는 1955년 4월 23일 반박문을 한국 측에 보냈다.

일본 정부는 석방자들의 보고를 청취하고, 나포 어선에 대한 한국 측의 불법적인 취급—이승만 라인 밖에서 나포하여 이승만 라인 내의 위치를 기재한 자인서에 서명을 강요한 것, 동중국해 어장으로 왕복 중이던 일본어선을 나포한 것, 재판에서 관선 변호사도 고용하지 못하고 판결 시 적용 법규로서 「외국인의 출입국에 관한 법률」까지 거론해 이승만 라인을 영해로 간주한 것, 감옥 내의 대우가 조악했다는 것 등—을 나열한 구상서를 1954년 1월 28일 한국 정부에 보내 그 시정을 요구했다.

일본어선의 나포는 그 후에도 계속되어 1954년 2월 20일에는 해상보안청 순시선 사도(さど)가 한국 연안 경비선에 의해 총격을 받은 후 나포되는 사건도 있었다[사도는 일본 측의 항의에 의해 21일 석방, 22일 모지(門司)로 귀환]. 나카가와 도루(中川融) 아시아국장은 1954년 8월 31일 한국 대표부 유태하 참사관에게 일본 측의 나포 어선 반환, 해산물 수출, 어선 수리 등을 위해 농림대신의 한국 파견을 제의했다. 그러나 9월 14일 한국 측은 회담 재개를 통해 이러한 문제를 해결해야 한다면서 농림대신의 방한을 거부했다.

(3) 구보타 발언의 취소 표명

한국 측이 제3차 회담 결렬의 원인으로 제기한 구보타 대표의 발언을 당시 일본 신문에서는 '구보타 발언'이라고 부르는 경우도 있었는데, 다른 한편으로 한국 측에서는 "대한민국의 독립을 말살하려는 중대한 망언"(11월 2일, 변영태 외무부장관의 한미 방위조약 체결 시민대회 발언)으로 간주했다. 한국의 신문은 그 후 '구보타 망언'이라는 과격한 표현을 사용했다. 오카자키 외상은 1953년 10월 30일의 참의원 본회의에서 "구보타 대표는 일반적인 일을 일반적으로 표현했을 뿐이다"고 말했지만, 1954년 4월 5일의 중의원 내각위원회에서는 "상대방의 공식적인 주장은, 예를 들어 구보타 발언을 취소한다면 회담을 재개하는 데 이론이 없다는 식이다. 그래서 구보타 발언이라는 것은 구보타 대표가 공식적인 위원회가 아니라 다른 분과회의에서 개인 자격이라는 전제하에 한 발언이었기 때문에 이것만이 장애물이라고 한다면 정부로서는 적절한 조치를 강구하여 회담을 촉진하고 싶다고 생각한다"고 답했다. 또한 오카자키 외상은 5월 12일 열린 외국인 기자회견에서 "이른바 구보타 발언이 회담 재개에 걸림돌이 되고 있다면 이를 철회할 용의가 있다"고 말했고, 5월 27일 참의원 외무위원회 모임에서는 "구보타 발언이라고 칭하는 것을 …… 취소하는 것에 나는 이의가 없다. 구보타 군은 '이것은 개인적 발언입니다'라고 전제한 후 말했으니 정부의 뜻이 아닌 것이 분명하다"고 답변했다.

한국 국회는 박영출(朴永出) 의원 외 12명이 건의한 아래와 같은 「일한회담에 관한 긴급 건의안」을 1953년 11월 24일 만장일치로 통과시켰다.

1. 한일회담의 결렬을 초래한 일본 정부 수석대표 '구보타'의 오만무례하고 황당무계한 발언과 일본 정부의 이 발언에 대한 지지 성명은 우호선린의 대한민국 외교정책에 절대로 배치한다는 사실을 감안하여, 대한민국 국민은 내외에 이 사실을 천명함과 동시에 일본 정부는 이를 공식적으로 취소할 것.

2. 어업의 보호를 목적으로 하는 이승만 라인의 정당성과 평화선 설정은 국제적 관례임을 일본 정부는 즉시 승인할 것.

3. 재일 한국 동포들에 대한 학대 정책과 비인도적인 처우는 유엔의 원칙과 목적을 위반하는 행동이기 때문에 이를 즉시 철폐할 것.

(4) 주한 일본 정부 대표부 설치 요구

일본 정부는 1953년 10월 22일 한국 정부에 보낸 오카자키 외상 명의의 서한에서 지난해 4월 28일 자 교환공문의 상호주의에 기초해 11월 말까지 서울 및 부산에 대표부 및 그 분실을 설치할 의향이 있다고 밝혔다. 그러나 11월 26일 주일 한국대표부는 답신 서한을 통해 일한관계의 현상에 비추어 볼 때 한국에 일본 정부기관을 설치하기 위한 적절한 조건이 구비되지 않았다고 지적한 후 이여러 조건들을 구비하기 위한 가장 효과적인 방법은 양국 간의 현안에 대해 조속하고 원만하게 해결하는 것이라고 생각한다고 말했다. 이에 대해 일본 측은 12월 1일 다시 외상 명의의 서한을 보내, 일본 측이 일방적 조치로서 대표부의 설치를 연기했던 것은 당시 전쟁 중이던 한국의 사정을 고려했었기 때문이며, 이미 휴전이 성립되어 수도도 서울로 옮겨진 만큼 이를 설치하기 위한 강한 의향을 갖게 되었고, 그 설치가 양국 간의 친선을 증진시키길 것이라고 말하면서 한국 측에 재고를 요구했지만, 한국 측은 이에 대해 아무런 답변도 보내오지 않았다. 앞 장에서 언급한 「일한회담 결렬 선후 대책」에서는 "일본대표부 설치가 거부된 경우에는 주일 한국대표부의 폐쇄를 요구하고 부원의 퇴거를 요구해야 한다"고 했지만, 거기까지는 진행될 수 없었다.

(5) 이승만 라인 문제의 유엔 제소 검토

일본 정부는 제3차 회담 결렬 직후 이승만 라인 문제를 포함한 일한 간의 여러 문제를 유엔에 제소하는 방법에 관해 10월 24일 사와다 주유엔 대사에게 검토할 것을 지시하고, 또 성(省) 내에서도 관련 연구를 진행했다. 당시 일한 양국 모두 유엔 회원국은 아니었지만 유엔헌장 제35조 2항에 따라 비회원국이 제소할 수 있는 경우가 있었다. 그러나 그때 사와다 대사로부터 10월 28일 자로 다음과 같은 견해가 제시되어 유엔 제소안은 실행되지 못했다.

본 대사가 최근 로지, 머피, 로버트슨 등과 회담한 인상에 따르면 미국은 이승만에 대한 개인적인 선호 문제는 차치하고 한반도 정치협상[45]이 정리될 때까지는 어떤 경우에도 한국의 입장을 지지할 수밖에 없는 것 같다. 이 정치협상에 인도가 참여하는 문제에 대해서도 사전에 영국 측과 충분히 서로 논의한 사실이 없었다. 결국 미국은 영미의 반대 입장을 공공연히 잘못 처리한(public misplay) 것을 통탄해 하면서도 한국의 체면은 세워줘야 하는 상황이다. 따라서 일한 분쟁을 갑자기 유엔 회의에 제기할 경우에 소련이 오히려 미국을 궁지에 몰아넣기 위해 우리 측을 지원하는 전략을 취할 수도 있겠지만, 이것은 단지 신문을 떠들썩하게 만들기만 할 것이다. 게다가 이 경우 영미 측은 우리가 자유 진영의 보조를 어지럽히는 구실을 소련에 제공했다고 깊은 원한을 갖게 되어, 결과적으로 우리 측에 대한 지원 등을 도저히 기대할 수 없게 된다. 그동안 한국은 청구권 문제 등을 갖고 대항적으로 역선전을 도모, 논의가 우리에게 유리한 이승만 라인 문제로 국한되지 않도록 해왔다. 이래서는 청구권 문제에 대한 종래 미국의 친한국적 견해만이 아니라 모로코, 튀니지 문제를 집요하게 다시 문제시하고 있는 약소국 측의 치열한 안티 콜로니얼리즘[반(反)식민지주의]의 저류와 맞물려 형세를 낙관할 수 없게 된다. 따라서 지시받은 것처럼 국제 여론에 호소를 하더라도 과연 소기의 효과를 얻을 수 있을지 의문이다. 특히 총회 회기도 임박한 것을 감안하면 사전에 적어도 영미 양국 정부의 충분한 양해하에 그 지지를 확보하고 정부가 이 지역 대사들에게 지령하는 공작을 가다듬지도 않은 채 갑자기 유엔 제소를 시도하는 것은 시의적절하지 않다고 생각한다.

한편, 이승만 라인 문제의 유엔 제소와 관련, 『마이니치신문』 1953년 9월 9일 자에서 도쿄대 법학부 교수 요코타 기사부로(横田喜三郎) 박사는 "공해에 주권이 미친다는 것과 선박을 나포하는 것 2개 사항에 대해 국제법 위반으로 유엔에 심사를 청구하거나 국제사법재판소에 호소를 해야 한다"고 말했다. 또한 교토대 교수 다오카 료이치(田岡良一) 씨도 『아사히신문』 9월 9일 자 논단에서 다케시마, 이승만 라인 문제에 대해 국제사법재판소에 호소해야 한다고 주장하는 등 일본의 지식인 사이에는 그러한 의견이 강했다.

이 문제에 대해 국회에서 질문이 나왔다. 이에 대해 1953년 11월 2일 시모다 다케소(下田武三)

---

45) 휴전협정 제4조 60항(휴전협정 조인 후 3개월 안에 고위 정치회담을 열 것을 건의함)에 기초해 1954년 4월 26일부터 6월 15일까지 유엔 참전국을 비롯한 19개국 외무장관이 스위스 제네바에서 한반도의 평화적 통일 방안을 모색하기 위해 개최한 국제 정치회담.

조약국장은 "국제사법재판소 제소는 양국이 합의해야 한다. 한국이 설령 응할 경우에도 상당히 장기간 미해결 상태가 계속된다. 그렇기 때문에 이승만 라인 문제에 대해 이의를 제기할지 여부를 신중하게 연구하고 있다"고 답했다(중의원 외무위원회). 1955년 7월 15일 나카가와 아시아 국장은 "이승만 라인을 일한 회의와 분리하여 국제사법재판소에 제소할 생각은 없다. 한국이 응하지 않으면 제소하더라도 재판에 회부되지 않는다. 공해상의 수역 관할권을 주장하는 문제는 세계 곳곳에서 벌어지고 있으며, 이승만 라인은 가장 극단적 사례이지만 해결에는 상당한 시간을 요한다. 따라서 외교교섭으로 해결하는 것이 실제적이다"라고 답했다(중의원 외교위원회).

(6) 미국의 알선과 그 좌절

1953년 10월 말 앨리슨 주일 미국대사는 오카자키 외상에게 "미국이 일한회담에 옵서버를 파견하고 알선할 용의가 있다"고 전해왔다. 이후 미일 간에 이에 대한 논의가 진행되었는데, 11월 6일 아라키 에이키치(新木栄吉) 주미 대사에게 보낸 공전에는 다음과 같이 적혀 있었다.

1. 그 후 앨리슨 대사 및 미국 측은 수뇌부와 지속적으로 논의한 결과, 미국은 일한 양국의 요청에 응한다는 명분으로 알선에 나서기로 하고, 현재 일한 양국과 각각 협의 중이다. 따라서 점차 회담 재개의 기운이 돌고 있다.

2. 그 구체적인 절차로는 이른 시일 내에 일한 양국에서 동시에 성명을 발표하는 것이 있는데, 우리 측에서는

(가) 청구권의 상호 포기를 제안한다. **[이하, 원문 약 3행 미공개]**

(나) 일본이 호의(goodwill)의 증거로서 국유인 조선 미술품을 약간 한국에 증여한다.

(다) 어업과 관련, 자원 보존 및 한국 어업의 발달을 돕기 위해 일한 양국이 만족할 만한 조치에 대해 논의한다.

이러한 취지를 밝히고, 한국 측에서는 이와 동시에 억류 중인 일본 어부와 어선의 반환에 관한 성명을 발표하고, 각각 회담 재개를 희망함을 피력한다. 미국 측도 이에 대응함과 동시에, 회담을 알선하고 옵서버를 파견한다는 취지를 성명한다.

3. 미국 측에서는 옵서버로서 주한 대사관 참사관 마일즈, 본드 및 어업 전문가 해링턴을 보좌로서 예정하고 있다.

4. 이상과 같은 시나리오에 대한 한국 측의 의향은 아직 불분명하다.

일본 측은 구보타 발언에 대한 한국 측의 감정을 감안, 회담 재개를 위해서는 이를 완화하는 성

명을 회담 초기에 발표하는 것을 상정하고 있었다. 미국 측은 옵서버로서 주한 미국대사관 참사관 마일즈, 본드 및 해링턴을 예정하고 있었다. 그 후 11월 14일 한국 측은 한·미·일 3국이 성명을 발표하는 안에 반대할 뿐 아니라 일본 측이 재개되는 회담에서 발표할 구보타 발언에 대한 성명의 표현에 만족할 수 없다는 뜻을 전해왔다. 따라서 이에 대해 미일 간에 협의가 진행되어 그것을 수정했다.

한편, [ ]는 11월 8일 일본을 방문한 후 16일부터 일주일 동안 한국을 방문해 한국 측의 어업에 관한 의견을 타진했다. 그리고 다시 일본으로 돌아와 12월 24일까지 체류하면서 일본 측 어업 관계자들과도 회담했다. 12월 14일 주미 아라키 대사의 전문에도 미 국무부 담당관의 말을 인용해 "한국 측이 어업 문제에 대해 대체로 일본 측의 제안을 기초로 교섭을 재개하는 방향으로 기울고 있다. 일한관계 조정에 대해 희망을 가질 수 있게 됐다"는 희망적인 전망이 나왔다.

그 후 1954년 2월 8일에 파슨스(Graham Parsons) 미국대사관 수석참사관이 오쿠무라 차관에게 전달한 최종 문안을 일본 측이 수락했기 때문에 미국의 알선은 성공하는 것처럼 보였다. 그러나 이즈음 한국 측의 태도가 변해 2월 19일 파슨스 대리공사는 오쿠무라 차관에게 "지난번의 성명 방안은 한국 측에서 수용하기 어렵다고 말하고 있기 때문에 일한관계의 타개 전망은 밝지 않다"고 알려왔다.

그 후 1954년 3월 워싱턴에 부임한 이구치 사다오(井口貞夫) 대사와 양유찬 한국대사는 4월 6일과 16일 일한회담 재개에 관한 비공식 회의를 진행했다. 이구치 대사는 1951년 예비회담, 제1차 회담 당시에도 대표였기 때문에 양 대사와는 아는 사이였다. 이구치 대사는 4월 20일 "1953년 10월 16일 구보타 대표의 비공식적이고 즉흥적인 발언(remarks)이 오해를 낳은 것은 유감이다. 그 발언(statement)은 일본 정부의 공식적인 견해를 반영하는 것이 아니므로 철회될(retract) 것이다. 일본 정부는 양국 간 교섭이 신속하게 다시 시작되길 열망하고 있다. 일본 정부는 1951년 9월 8일 발효된 샌프란시스코 평화조약의 규정을 준수할 것을 선언한다"는 취지의 성명을 제시했다. 이어 이구치와 양유찬 두 대사는 회담을 재개하는 방식에 관해 일단 합의했다.

그리하여 주일 한국대표부 김용식 공사는 5월 17일 앨리슨 주일 미국대사를 방문, 일본 측이 사전에 발표할 위와 같은 성명안을 제시하며 미국 측의 알선을 의뢰했다. 앨리슨 대사는 이 성명의 문안을 오카자키 외상에게 제시했다. 이에 대해 일본 측은 재산권 문제에 관한 평화조약 제4조 b항의 해석과 관련해 일본 측이 기존 주장을 철회하고 한국 측의 주장에 동의했다고 오해되어선 곤란하므로 "일한 양국 정부가 양보의 정신에 따라 청구권에 관한 종래의 법이론적인 견해를 함께 고집(insist)하지 않는다"는 양해를 구한 후 이 성명 문안을 수락한다고 미국 측에 통보했다. **[이하, 원문 약 31자 미공개]** 또 한국에서 유래된 정부 소유의 미술품 몇 개를 증여할 용의가 있다는 것도 양해 사항으로서 부언했다.

그러나 한국 측은 이에 동의하지 않았다. 미국 측은 한국 측이 이 양해 사항에 반대하고 있기 때문에 이 조항을 없애고 단지 성명만 발표하는 것으로 일단 회담을 열고 그 회담에 미국 측 중개자를 출석시켜 일본 측이 요구하는 선으로 결정될 수 있도록 노력하는 것이 어떻겠냐고 제안했다. 일본 측은 이에 동의했지만, 이 정도로는 한국 측의 동의를 얻지 못해 미국의 시도는 실패로 끝났다. 1954년 6월 18일 이구치 대사가 보내온 전신에는 앨리슨 전 주일 미국대사가 "이승만 대통령이 동의하지 않은 데다, 미국도 제네바 회의에 쫓기고 있어 열의가 식었기 때문에 회담 재개 분위기는 사그라질 수밖에 없다"고 말했다는 내용이 적혀 있다.

결국 일한문제에 대한 미국의 알선은 실패로 끝났다. 아시아국 제2과에서 정리한 「일한문제에 관한 대미 절충의 경위」(1954년 4월 9일)는 그 마지막 부분에 "다만, 이번 미국의 알선을 통해 기존의 일한관계에서 일본 측의 태도를 의심의 눈으로 바라보고 있던 미국이 일본 측의 태도가 합리적이라는 점을 인식하게 됐고, 다른 한편으로 한국 측의 완강한 태도를 비난하게 된 점은 그나마 수확이었다고 생각한다"고 기록되어 있다.

2. 한국 정부의 오무라 수용자 인수 거부

주일 한국대표부는 1954년 7월 12일 자 구상서를 통해 종전 전부터 일본에 있던 재일한국인으로서 오무라 수용소에 수용 중인 강제퇴거자에 대해 "(가) 일본 측이 이러한 한국인을 구속하고 있는 것은 일한회담 시의 양해에 반함과 동시에 기본적인 인권조차 무시한 조치로 불법이다, (나) 2년 반에 걸쳐 이들을 구속했고, 학대로 인해 2명이 사망했으며, 기타 모든 수용자의 건강 상태가 악화되고 있다"고 지적한 후 그 손해에 대한 보상을 요구하고, 이들의 즉각적인 석방을 요구했다.

7월 14일 김용식 공사는 오쿠무라 외무차관을 방문, 앞서 1952년 5월에 일본 측이 송환했는데도 불구하고 한국 정부가 인수하지 않아 재송환된 125명의 현재 상황에 대한 설명을 요청했다. 오무라 수용소에 수용된 형벌법령위반자는 전후 특정 시기에 한국에 거주한 적이 있다는 취지로 한국 관헌이 발급한 인증서를 본국으로부터 통지받으면 입국관리국이 이를 불법 입국자로 처리해 한국대표부에 통

사진 17　일본 나가사키 현의 오무라 수용소에 수용된 조선인들.

보, 한국으로 되돌려 보내는 절차를 밟았다. 125명에 대해서도 불법 입국을 증명하는 서류를 토대로 1953년 12월(제15차 송환) 이후 거의 매번 소수를 송환, 1954년 7월까지 총 74명을 송환했다. 또 125명 중 3명은 자발적으로 귀국을 희망한다는 취지의 탄원서를 제출했기 때문에 한국대표부에 신고한 후 1953년 7월(제10차) 송환했고, 한국 측은 이를 인수했다. 오쿠무라 외무차관은 이 같은 사정을 설명한 후 한국 정부의 인수를 요구하는 한편, 그 수용이 불법이라는 한국 측 주장을 반박했다.

그러나 7월 15일 자 한국 측 신문에 "일본 측이 한국 측에 이러한 한국인을 인수하도록 하기 위해 문서를 위조했다는 정황이 있다. 또한 일한회담이 타결되기 전까지는 이러한 한국인은 송환하지 않겠다는 양해가 성립되었다는 취지를 교환한 공문이 있다"는 내용 등이 보도됐다(분명히 한국 대표부 쪽에서 흘린 것으로 보인다). 이에 따라 일본 측은 1954년 7월 17일 다음과 같은 정보문화국장의 담화를 발표했다.

오무라 수용소에 수용 중인 강제퇴거 대상 한국인의 석방 요구에 대해

1. 한국 측은 우리가 77명의 한국인을 인수하도록 하기 위해 이에 관한 문서를 위조한 것처럼 강변하고 있지만, 그러한 사실은 없다. 법무성 입국관리국은 소위 125명의 한국인 가운데 자발적으로 귀국을 희망하면서, 사실은 전후 일본에 밀입국했다고 자인한 데다, 한국의 관할 관헌이 발급한 서류에 기초해 본인이 전후 어느 시기에 한국에 거주한 적이 있다는 내용이 담긴 증명서를 본국으로부터 입수한 자가 나왔으므로 이를 종전 후의 밀항자로 분류, 도쿄의 한국대표부에 그 이름을 통보한 후 다른 밀고자와 함께 송환했을 뿐이다.

2. 자국의 법규를 어긴 외국인을 퇴거시키는 것은 어떤 국가에나 당연한 권리이며, 한국 측도 1952년 3월 제7차 송환까지 이를 인정하고 있었다. 그런데 그해 5월 제8차 송환에 이르러 전쟁 전부터 계속 우리 일본에 체류하고 있던 한국인을 전후 밀항자와 구별하여 인수를 거부한 것은 우리 측으로서는 납득할 수 없는 일이다.

3. 이러한 재일한국인의 국적 및 처우 문제는 이전부터 일한회담의 주요 안건 중 하나였지만, 아직도 현안 그대로 해결되지 않았고, 그동안 회담에서 이 문제가 해결될 때까지는 우리 측이 이러한 한국인을 송환하지 않겠다는 양해가 성립된 사실이 없다. 이와 함께 한국 정부는 어떤 사람이 그 국적을 주장하는 한, 확립된 국제 관행이 명하는 바에 따라 이러한 한국인이 어떤 국가의 법규를 위반해 그 나라에서 추방되는 경우는 그들을 인수하는 것이 의무임을 인식해야 한다. 이것은 이런 사람들이 해당 국가에 영주권을 갖고 있는지 여부와는 아무런 상관이 없는 것이다. 더 말할 필요도 없이 강제송환되는 한국인은 일본에서 범죄행위를 저지르는 등 일본의 법규를 어긴 자에 한정되었다. 선의를 가진 한국인은 계속해서 일본에 체류할 수 있으며 그 수는 약 50만 명이다. 또한 일본의 법규를 범한 자 모두가 퇴거 대상이 되는 것이 아니라 그중에서 특히 악질적인 자만이 퇴거 처분에 처해질 것이다.

4. 출입국관리령 제52조에 따라 강제퇴거자를 즉시 본국 밖으로 송환할 수 없는 경우에는 송환이 가능할 때까지 그들을 수용할 수 있는 것으로 되어 있다. 본건의 한국인은 이에 따라 수용되어 있던 자들이며, 그 수용 기간이 장기간에 이르는 것은 완전히 한국 측이 그들을 인수하려 하지 않았기 때문이다. 오쿠무라 차관은 김 공사에게 한국 측이 이러한 한국인(all of them want to go back to Korea)을 인수할 용의가 있다면 일본 측은 즉시 그들을 석방할 용의가 있다는 사실을 명료한 말로써 통고했다.

5. 또한 수감자의 건강 및 처우에 대해서는 우리 측도 항상 최선의 주의를 기울이고 있으며, 적정한 관리를 계속하고 있는 바이다.

한국 측의 요구에 의해 7월 19일에 상기한 77명의 명단을 한국대표부에 수교하자 김용식 공사는 20일 자 외무부장관의 서한을 소지한 채 77명에 대해 자세한 설명을 요구했다. 한국 측은 또 그중 22명은 종래 송부된 송환자 명단에 해당되지 않았으므로 일본 측이 이를 다른 이름으로 고쳐 송환한 것이라고 주장했다. 이에 대해 일본 측은 외상 명의의 서한에서 불법 입국자로 처리해 한국 정부에 통보하고 송환한 것이고 실명이 확인된 8명에 대해서는 이전 성명(姓名)을 조사표의 별칭 입력란에 병기하고 통보했다고 말했다.

그 후 일본 측이 7월 8일 자 구상서를 통해 약 200명의 송환(제33차)을 통보하자, 한국 측은 7월 21일 자 구상서에서 본건을 해결하기 위해 일본 측으로부터 만족스러운 답변을 얻을 수 있었다고 하면서도, 특히 이 200명이 종전 후의 불법 입국자인지 분명히 할 필요가 있다고 주장, 송환 연기를 통보해왔다. 이후 8월 6일, 9일, 10일 3일간에 걸쳐 일본 측은 한국 측에 상기한 역(逆)송환자 125명의 현황, 77명의 송환 상황, 수용소 수감자와 임시 석방의 실정 등에 대해 설명했고, 이후에도 불법 입국자 송환을 교섭했다. 그러나 한국 측은 이에 응하지 않은 채 9월 17일 자 구상서에서는 수용소 처우의 부당성을 언급하면서 장기 수용자의 석방 및 수감자에 가해진 손해배상 청구의 권리 유보를 요구했는데, 일본 측은 10월 19일 이를 반박했다. 불법 입국자 송환이 전국적으로 중단되면서 오무라의 수용자가 증가, 1954년 말(12월 27일)에는 1,558명을 기록했다. 그중에서 중국인과 기타 외국인 총 202명을 제외하면, 한국인 불법 입국자는 930명, 절차 위반자는 426명이었다.

그동안 한국 측은 일본 측이 장기 수용자를 석방하면 불법 입국자를 인수할 수 있다는 뜻을 전해왔다. 12월 27일의 우치다 후지오(內田藤雄) 법무성 입국관리국장과 유태하 참사관 간의 대화에 기초해 1955년 1월 이후 일한 간에 협의가 진행된 결과, 한국 측은 2월 28일에 208명, 3월 29일에 249명, 4월 29일에 250명 등 각각 불법 입국자의 강제송환을 인수했고, 일본 측은 이에 호응해 각각 76명, 80명, 75명의 형벌 법령 위반자를 임시 석방했다.

당시의 사정에 대해 법무성 입국관리국이 작성한 「한국으로의 강제송환에 대해」(1956년 4월 10일)는 다음과 같이 기록하고 있다.

우리는 상기의 형벌법령위반자의 역송환 이후 장래의 수용자 증가를 예측해 오무라 입국자수용소를 확장하고 새롭게 요코하마(橫浜) 입국자수용소 하마마쓰(浜松) 분실을 개설하여 수용 대책을 강화함과 동시에, 형벌법령위반자의 퇴거 기준을 점차 완화해, 같은 해(1954년) 말경에는 상당한 악성 범죄자 내지 상습적 누범자가 아닌 경우에는 이들을 강제퇴거 처분하지 않도록 하여 수용자의 증가를 억제하는 조치를 취하고 있었다. 따라서 "오무라에 수용 중인 형벌법령위반자를 어느 정도 석방하면 밀입국자를 인수할 수도 있다"는 제안이 나왔을 당시에는 퇴거 기준을 완화하기 이전부터 수용되어 있던 장기 수용자 가운데 그 후의 기준에 비추었을 때 당연히 수용하지 않아도 되는 비교적 정상(情狀)이 가벼운 자가 상당히 있었다. 그래서 처분의 공평을 기하는 의미에서, 또 장기 수용에 대한 인도적인 면에서의 비난을 완화한다는 의미에서, 비교적 경미한 범죄(전과도 적고 범죄 내용도 경미한 자나 외국인 등록령 위반 같은 형식범 등) 때문에 장기간 수용되어 있는 자 가운데 확실한 신원 인수인이 있고, 또 갱생 가능성이 있는 자는 임시 석방함으로써 한국 측에 밀입국자를 인수토록 하는 것이 오히려 좋은 아이디어라고 생각했다. 양측이 이전부터 주장해온 원칙론은 서로 언급하지 않을 것, 또 우리가 상기의 이유로 임시 석방해도 좋다고 생각하는 자를 석방한 후에도 한국 측은 밀입국자의 인수를 계속하겠다는 양해에 기초해, 1955년 2월부터 4월에 걸쳐 총 232명의 형벌법령위반자를 임시 석방하고, 총 707명의 밀입국자를 강제송환했다.

그러나 상기의 양해에 근거해 일본 측은 1955년 6월에 다시 33명의 형벌법령위반자를 임시 석방했음에도 불구하고, 한국 측은 후기하는 바와 같이 일본이 북조선과 접근하는 불법행위를 저지르고 있다는 이유로 다시 형벌법령위반자의 전면 석방을 요구하며 밀입국자의 인수를 거부했다. 따라서 한국에 대한 강제송환은 교착상태에 빠졌다. 다만, 강제송환 대상자 중에서 본인의 희망에 의해 출입국관리령이 정하는 '자비 출국'의 형태를 취한 자가 1954년 6월부터 1956년 4월 1일까지 97명을 기록했다.

3. 하토야마 내각의 출범, 다니 대사와 김용식 공사의 회담

1954년 12월 10일 요시다 내각에 이어 하토야마 내각이 출범했다. 하토야마 이치로(鳩山一郎) 총리는 12월 30일 한국의 『동양통신』 기자에게 일한 우호의 필요성을 역설하면서 양국이 서로 적대시하는 것은 적의를 가진 제3자를 이롭게 한다고 말했다. 이 발언은 한국인에게 호감을 준 것으로 전해졌는데, 더욱이 시게미쓰 마모루(重光葵) 외상은 이듬해 1월 22일의 국회 외교연설에서 "한국과의 관계는 신속하게 선처를 요하는 바이며, 여기서 쓸데없이 과거의 경위에 구애받지 말고 대국적인 견지에서……"라고 말해 종래의 요시다 내각에서는 보이지 않았던 한국에 대한 친근한 감정을 피력했다. 또한 2월 2일 하토야마 총리는 동북 지방 유세 중에 자동차 안에서 "일한 국교 조정은 대소련 문제와도 관련되어 시급히 해결해야 하며, 조만간 이승만 대통령과의 회담을 제의할 생각이다"라는 취지를 말했다. 이 보도에 대해 3일 이 대통령은 "하토야마 총리의 한국 방문을 환영한다. 한국이 지금까지 국교 재개를 위한 최소한의 조건으로서 제기해온 것(병합조약의 폐기, 일본으로 가져간 금괴·고문서·예술품의 반환)에 대해 하토야마 총리가 의견을 공개적으로 밝히길 바란다", "회담 재개에 대해 일본 측이 성실성만 보여준다면 한국은 최선을 다할 용의가 있다. 일본 정부에 구보타 발언을 철회할 것, 영토와 재산에 대한 권리를 영원히 포기한다는 의사를 밝힐 것, 우호선린의 정신을 표명하고 국제 자유 진영에 참가한다고 전 세계에 선언할 것을 권고하고 싶다"고 말했다(하지만 차 안에서의 이야기는 하토야마 총리 자신이 이튿날인 3일 "그런 기억이 없다"고 부인한 것으로 보도됐다). 2월 28일 중의원 선거에서 민주당이 압승을 거둔 후 하토야마 총리, 시게미쓰 외상 모두 일한회담 재개에 대한 열정을 말했지만, 그것은 아래에서 설명하는 다니 대사와 김용식 공사의 회담이 순조롭게 진행됐기 때문에 그렇게 보이기도 했다.

1955년 1월 17일 시게미쓰 외상이 김용식 공사를 처음으로 접견했을 때 김 공사가 일한회담 재개를 위한 일본 측 대표의 지명을 희망한 데 대해 시게미쓰 외상은 다니 마사유키(谷正之) 대사를 지명했다. 이에 따라 19일 김 공사는 다니 대사를 내방하여 일한 간의 현안 해결을 위한 비공식 회담을 가질 것을 논의했다.

그 결과 완전 극비리에 양자 간의 비공식 회담이 1월 29일부터 3월 26일까지 일곱 차례에 걸쳐 개최되었다.

제1차 회담(1955년 1월 29일)에서 김 공사는, 예를 들어 미국이 보증을 서는 불가침협정 체결을 시사하면서 구보타 발언과 일한병합조약에 대해 질문했다. 이에 대해 다니 대사는 그것들이 "없는 것이라고 생각하는 데 이의가 없다"는 취지를 언급했다. 재산청구권 문제에 대해 김 공사는 "한국 측은 일본 측에는 청구권이 없다고 생각하고 있기 때문에 일한 청구권의 상쇄는 납득할 수 없다"고 말했고, 다니 대사는 "한국 측의 태도 여하에 따라 우리 측 청구권을 포기해도 좋고, [원문 약 27자 미공개]"라고 말한 후 더욱이 "청구권의 내용에 대해 실질적으로 합의해둔 채 한국 측 몫에 대해서는 숨기고, 일본 측 몫에 대해서만 일방적인 포기를 성명하는 것도 하나의 방법이라고 생각한다"는 취지를 언급했다. 다니 대사는 또 한국에서 유래된 문화재 중에서 국유인 것 일부를 독립기념으로 증정해도 좋다고 생각하고 있음을 밝혔다. 어업 문제에 관해 다니 대사는 "한국 어민을 보호한다는 방침하에 남획을 방지하고 공존공영할 수 있는 방식으로 해결하고 싶다. 현재와 같은 이승만 라인 사태는 수정하고 싶다"고 말했다. 이에 대해 김 공사는 "구체적으로 논의하면 어려운 점은 없을 것이다"라고 말했다. 재일한국인의 처우에 대해 다니 대사가 "남한 사람은 보호하고 북조선인은 점차 처리해 나가고 싶다"고 말하자 김 공사가 동의했고, 단지 추방에 대해서는 "범죄인 인도라는 형태로 공동 조치를 취하고 싶다"고 말했다.

다니 대사는 위와 같은 문제들의 해결을 위해 수호조약을 체결하고 경제, 문화, 항공, 선박 등의 규정을 설정하는 것으로 하고 싶다는 뜻을 언급했다. 이에 대해 김 공사는 찬성의 뜻을 표하면서 "구보타 발언 및 청구권에 대해 성명 형태로 일본 측의 입장을 밝히길 바란다"고 요구했다. 다니 대사는 전자에 대해서는 지장이 없고, 후자에 대해서도 실질적 내용에 관해 양해가 성립되면 생각할 수 있다고 대답했다.

다케시마 문제는 이 회담과는 별도로 논의하기로 합의를 보았다. 마지막으로 다니 대사는 최대한 비공식 회담을 통해 이야기를 결정하고 공식 회의는 최후의 장식 정도로 하고 싶다는 의향을 표명했다.

제2차 회담(2월 1일)에서 김 공사는 불가침조약에 대해 한국, 일본, 미국 3국 공동선언으로 할 것을 제안한 후 청구권 문제에 대해서는 반드시 일본 측이 성명하지 않아도 괜찮지만 한국 측의 청구권 가운데 당연히 돌려주어야 할 것은 돌려주어야 하므로 "주고받는(give and take)" 형태로 할 수는 없다, 그러나 막대한 금액은 아니라고 반복했다.

제3차 회담(2월 4일)에서 다니 대사는 준비한 한·미·일 공동선언안과 다음과 같은 일한수교우호조약 요지를 읽었다. 김 공사는 한국 측도 안을 하나 준비하고 있다고 말했다. 김 공사는 또한 여러 현안 해결의 골자도 조약과 동시에 결정하기를 희망하면서, 더욱이 반환을 요구하고 있는 '금괴'는 일본은행에 있던 지폐 발행의 준비금이었음을 분명히 했다.

일한수교우호조약 요지(2월 4일 안)

전문(前文)

대한민국이 1948년 8월 15일 독립함으로써, 일본은 샌프란시스코 평화조약에 따라 대한민국의 독립을 승인하고, 독립국가로서의 발전과 향상을 충심으로 기원한다. 양국은 선린우호 호혜평등의 정신에 기초해 양국 간에 영구 평화와 공존공영의 관계를 수립하는 것을 희망하며 본 조약을 체결한다.

제1조(영구 평화와 우호)

일한 양국 간에는 영구 평화와 우호가 있어야 한다.

제2조(외교사절, 영사관 파견)

양국은 대사 자격을 갖는 외교사절을 교환하기로 하고, 각각 상대국이 필요로 하는 도시에 영사관을 설치하는 것을 인정키로 한다.

제3조(국적, 처리)

양국 정부는 태평양전쟁 전투가 종료된 날 이전부터 계속해서 일본에 거주하는 한인의 국적 확정 및 그 처우에 대해 신속하게 협정을 체결하기 위해 교섭을 개시하기로 한다.

제4조(재산 및 청구권의 처리)

양국 정부는 샌프란시스코 평화조약 제4조의 규정에 준거해 양국 정부와 국민 간의 재산 및 청구권 처리에 관해 이 규정이 예견하는 특별협정을 체결하기 위해 신속하게 교섭을 개시키로 한다.

제5조(통상, 항해)

1. 양국 정부는 양국 간 무역, 해운 및 기타 통상 관계를 안정적이고 우호적인 기초에 두는 것을 목적으로 하는 조약을 체결하기 위해 신속하게 교섭을 개시키로 한다.

2. 이 조약이 체결될 때까지 양국은 상대국의 국민, 상품 및 선박에 대해 다음의 대우를 제공키로 한다. 그러나 통상조약에 일반적으로 규정되는 차별적 조치로서 국제적으로 예외로 인정되는 것에 대해서는 예외로 한다.

　　가. 자연인의 입국, 여행, 숙박, 거주 및 출국에 대한 최혜국 대우와 자연인 및 법인이 누리는 이익 및 그 직업활동, 상업활동에 관한 내국민 대우.

　　나. 화물의 수출입에 대한 혹은 이와 관련된 관세, 수수료 및 제한된 기타 규정에 관한 최혜국민 대우.

　　다. 해운, 항해 및 수입 화물에 대한 내국민 대우.

3. 양국 정부는 양국 정부 또는 국영 상기업(國營商企業)의 국외에서의 구입 및 매입이 상업적 고려에만 기초한다는 것을 확실히 보장하기로 한다.

제6조(어업)

양국 정부는 양국 국민의 공해에서의 어업상 이익을 보호, 증진하고, 공해에서의 어업자원의 지속적인 생산성을 최대한 유지하기 위해 소요 규정을 수립하는 목적을 갖고 협정을 체결하기 위해 신속하게 교섭을 개시하기로 한다.

제7조(비준 조건)

본 조약은 비준되어야 하며, 비준서 교환일부터 발효되는 것으로 한다.

김용식 공사는 제4차 회담(2월 17일)에서 다니 대사에게 "이승만 대통령은 회담 대강을 승낙하고 그 방향으로 이야기를 진행하라고 지시했다"는 취지를 언급했다. 김 공사는 특히 불가침협정에 대해 이 대통령이 그 중요성을 인정하고 있음을 밝혔다. 다니 대사는 하나의 방안으로서 공동선언안을 수교하고 각종 문제에 대해선 대강의 타협이 이뤄지면 가조인해도 된다는 취지를 말했다. 김 공사도 이에 동의했다. 3국 공동선언안은 2월 8일 다니 대사가 앨리슨 미국대사에게 수교했는데, 2월 21일 앨리슨 대사는 다니 대사에게 "국무부도 그 의견에 이의는 없다. 다만, 형식과 관련해선 선언문(declaration)의 형태가 바람직하다. 오늘 김 공사에게도 같은 취지를 통보할 생각이다"라고 말했다.

제5차 회담(2월 28일)에서 김 공사는 공동선언안의 수정안을 제시했는데, 일본 측도 한국 측의 입장을 헤아리면서 대안을 만들어 제6차 회담(3월 9일) 때 이것을 제시했다.

한·미·일 공동선언안(3월 9일 안)

1. The Three States undertake to settle any international disputes in which they may be involved by peaceful means in such a manner that international peace and security and justice are not endangered and to refrain in their international relations from the threat or use of force against the territorial integrity or political independence of any State, or in any manner inconsistent with the purpose of the United Nations.

(Korean amendment)

······ to refrain ······ from the threat or use of force against the territorial integrity, political independence or economic stability of any State (last phrases deleted)

(Japanese counter-proposal)

······ to refrain ······ from the threat or use of force against the territorial integrity, political independence or economic stability of any State, or in any other manner inconsistent with the purpose of the United Nations.

2. The Three States, recognizing that the elevation of living standards and the promotion of economic progress and social wellbeing in the Far Eastern area are an essential element in securing peace and stability in this area, declare their intention to continue cooperation in the economic, social and cultural fields.

(Korean amendment)

2. The Three States, ······ in this area, declare their intention to respect a sound development of the economic, social and cultural fields of one another.

(Japanese counter-proposal)

2. The Three States, ······ in this area, declare their intention to promote friendly cooperation among them in order to contribute to a sound development in the economic, social and cultural fields of one another.

더욱이 제7차 회담(3월 26일)에서 김 공사는 상기 선언의 문안 중에 양국의 특성을 상호 존중하는 취지를 삽입하고 싶다고 말했다. 그는 또 합의의사록에서 한 국가가 다른 당사국에 의해 공격을 받으면 미국이 원조하는 것을 규정하고 싶다는 희망을 다시 표명했다. 따라서 일본 측은 그 희망에 부응하는 안을 준비하고 있었지만, 다니 대사와 김 대사의 회담은 이것을 마지막으로 중단되었고 더 이상의 발전은 없었다.

다니 대사와 김 공사의 회담이 순조롭게 진전되는 걸 가로막은 원인으로는 다음과 같은 것을 생각할 수 있다. 즉, 하토야마 총리가 3월 9일의 기자회견에서 일한교섭 전망에 대해 "어업권을 해결할 수 있다면, 다른 부분은 조금 양보하고 한국 측의 요구를 들어줘도 좋다"고 말했던 것이 한국 측에서는 "재한 일본 재산에 대한 청구권 주장 포기"라고 보도됐다. 그런데 하토야마 총리는 3월 24일의 중의원 본회의에서 후쿠다 도쿠야스(福田篤泰) 의원의 질문에 대해 "이승만 라인 문제와 관련해 재산청구권을 포기해도 좋다는 것을 말한 기억은 없다"는 취지로 답변했다. 이것이 한국 측의 불신을 샀고 이 말에 대해 한국의 신문은 "국제 신의 배반"이라고 평가했다(『한국일보』 3월 27일 자 사설). 변영태 외무부장관은 "일본의 태도는 구태의연한 몰상식한 태도"(4월 2일)라고 비난했다. 게다가 아래에서 말하는 일본의 북조선 접촉에 대해 한국 정부의 반발이 강했다. 이러한 사정으로 한국 측이 일한회담 재개 준비 교섭을 계속할 의도가 사라진 것으로 보인다.

4. 북조선의 대일 교류 도모와 한국의 반발

(1) 남일 성명과 한국의 대일 경화(硬化)

북조선은 한국전쟁 휴전 후 1954년부터 경제3개년계획에 들어가 소련, 중공, 동유럽 국가로부터 원조를 받으면서 경제 재건을 진행하고 있었다. 그런데 1955년 2월 25일에 남일(南日) 외상이 성명을 발표, 일본과의 국교정상화와 경제·문화 교류를 호소했다. 또한 3월 9일의 최고인민회의는 "일본과의 경제적·문화적 관계의 발전을 환영한다"고 말했다.

하토야마 내각은 출범 이후 대공산권 무역의 확대, 공산국가와의 평화 공존을 주장하면서, 특히 소련과의 국교 조정에 전력을 기울이고 있었다. 그 자세에 대해 한국 측은 당초부터 의심을 표명해왔었는데, 우연히 2월 중순 남일 성명 직전에 일본의 국제무역촉진협의회 대표가 베이징을 방문했을 때 이곳에 주재하던 북조선 측 인사와 팥과 어망의 물물교환으로 약 60만 달러의 상담(商談)을 성립시켰다는 보도가 나왔다. 이에 대해 2월 17일 한국대표부 유태하 참사관은 나카가와 아시아국장을 찾아와 "이것이 사실이라면 일한회담은 불가능하다"고 항의했다. 이와 관련해 일본 측은 이 보도는 일부 업체의 사적인 이야기였으며 정부는 아무런 관계가 없다는 실정을 설명했다.

이후 3월 26일 중의원 예산위원회에서 다나카 도시오(田中稔男) 의원이 남일 성명에 대해 소견을 묻자 하토야마 총리는 "선린우호의 열매를 맺고 싶다고 생각하고 있으며, 북조선 측에서도 뭔가 준비를 하고 있는 것 같기 때문에 곧 그러한 상담(相談)을 할 수 있지 않을까 생각한다"는 취지로 답변했다. 이것은 한국에 큰 충격을 주었다. 변영태 외무부장관은 4월 5일 "일본은 북한 괴뢰를 실질적으로 승인하고자 하고 있다. 북조선과 국교를 여는 어떠한 나라와도 국교를 단절하겠다"고 성명을 발표했다. 이승만 대통령은 12일의 국무회의에서 "일본을 적성 국가로 규정하고 이를 내외에 선포한다"고 말했다고 보도되었다.

더욱이 하타나카 마사하루(畑中正春), 히노 아시헤이(火野葦平), 아베 기미코(安部キ ミ 子) 씨 등이 4월 상순에 뉴델리에서 열린 아시아국가회의에서 귀국하는 도중에 북조선에 들어가 경제·문화 교류, 일본인의 귀국 문제 등에 대해 북조선 정부와 이야기를 주고받았다. 그리고 4월 하순 일본의 이름 없는 사단법인(무역합작공사)과 북조선계 조선인(나중에 북조선이 파견한 스파이집단 중 1명으로 체포되었다) 사이에 북조선 연해에서의 어업 합작에 관한 계약이라고 불린 것이 체결되었는데, 5월 28일 『AP통신』은 이를 마치 일본과 북조선 간의 어업협정인 것처럼 보도했다〔이 건의 경위는 외무성 직원이 무명(無名)으로 집필한 『신와(親和)』 제21호에 실린 「북조선과의 어업협정 체결설과 북조선 지하대표부 사건을 둘러싸고」를 참조〕. 이에 대해 한국의 변영태 외무장관, 갈홍기(葛弘基) 공보실장은 이것을 공산화의 새로운 증거라면서 비난했다(게다가 6월 중순의 한국 신문은 그 협약 전문을 게재하고 이 사건이 "한국에 대한 도전"이라고 보도했다).

한국 정부는 또 5월 23일 타이베이(臺北)에서 개최될 예정이던 아시아민족반공회의에 일본 참가를 강경하게 반대, 이를 연기시켰고, 일본이 만일 한국의 당면한 적인 북조선과 어떤 관계를 갖는다면 현재의 일한관계를 단절한다고 언명했다. 5월 30일 한국에서는 애국단체연합회 주최로 일본의 용공정책 분쇄를 슬로건으로 내세운 국민대회가 전역에서 열렸다.

(2) 한국에 대한 일본 정부의 방침 표명

일본 정부는 한국의 오해를 풀기 위해 하토야마 총리가 6월 17일 김용식 공사에게 "현안을 신속하게 해결함으로써 일한 우호관계를 촉진하기를 희망한다"는 취지를 말했다. 또 22일의 참의원 본회의에서 아베 기미코 의원의 질문에 대해 하토야마 총리는 "우리 일본은 한국과의 국교 조정을 위해 노력하고 있기 때문에 북조선과의 경제·문화 교류는 한국과의 관계에 악영향을 미치는 한 찬성할 수 없다"고 말했고, 시게미쓰 외상은 "현재 한국과 국교를 조정하는 것이 선결이고, 당분간 북조선과 무역·어업 관계를 수립할 생각은 없다"고 말했다. 이시바시 단잔(石橋湛山) 통상상은 "북조선과의 무역에 관한 조치를 취할 의향은 전혀 없다"고 말했으며, 고노 이치로(河野一郎) 농림상도 "북조선 정부와 어업 문제를 교섭하는 것은 생각하고 있지 않다"고 밝혔다.

그러나 북조선 측의 초청 외교에 응하는 형식으로 일본 측에서는 북조선과의 경제·문화 교류를 협의하려는 움직임이 계속되고 있었으므로 다음 절에서 설명하는 8월 17일 한국 정부의 대일 경제 단교의 이유 중 하나로서 일본의 북조선과의 경제 교류가 지적되었다.

10월 20일 북조선을 방문 중이던 후루야 사다오(古屋貞雄) 등 8명의 일본 국회의원단이 북조선 정부 수뇌부와 회담한 결과, 국교정상화, 무역대표부 설치, 문화 교류, 어로 문제 등에 관해 의견이 일치했다는 취지가 전해졌다. 또한 중국을 방문한 실업단(實業團) 가운데 하나인 동공물산(東工物産)이 10월 15일 베이징에서 북조선의 조선무역회사 대표자와 편도 500만 파운드의 물물교환 무역 계약을 맺은 일 등이 보도되기에 이르렀다. 이에 따라 일본 정부는 10월 24일 열린 차관회의에서 북조선과의 무역 등 접촉을 인정하지 않기로 결정하고, 25일 각의에 본건에 대한 차관회의 결과를 보고, 각의의 양해를 얻었다. 당시 이유로서는 다음과 같은 사항이 언급됐다.

한국 정부가 이전부터 우리 일본과 북조선의 관계에 신경을 곤두세우고 있는 가운데 올해 2월 25일 북조선의 남일 외상이 대일 경제·문화 교류를 호소하는 성명을 발표했다. 한국 측은 이후 우리 측 요직에 있는 자의 대북조선 관계에 대한 진술, 일부 일본인의 북조선 방문 후의 동정 등에 아프게 자극받은 결과, 일본이 만약 한국이 당면한 적인 북조선과 어떠한 관계를 갖게 되면 현재 일한관계조차 단절하겠다고 언명하기에 이르는 등 대일 불신을 더욱 높였다. 한국 정부가 8월 18일 대일 경제 단교조치를 취하게 된 원인도 이 점에 있다고 생각된다. 한국 정부는 실제로 일한 국교정상화의 전제조건으로 우리 일본이 북조선과는 아무런 관계도 맺지 않을 것을 들고 있다.

이러한 현상하에서 일본이 북조선과 무역 외 기타 관계를 갖는 것은 일한 양국 관계의 조정을 완전히 불가능하게 하는 것으로 인정된다.

북조선은 중공과는 달리, 이를 승인하는 국가가 소련, 중공 등 공산권 국가만으로(11개국) 한정되어 자유국가들은 물론 중립적인 국가도 북조선을 승인하지 않고 있다. 이에 대해 한국은 유엔의 손으로 만들어지고, 유엔총회에서 한반도의 유일한 합법 정부로서 인정되었으며, 미국, 영국, 프랑스 등 자유 제국은 모두(30개국) 이를 승인하고 있다.

또한 북조선과 무역을 실시하고 원조를 주고 있는 나라는 공산권 국가들에 한정되어 있다.

한편, 일한무역 규모는 1953년도에 일본으로부터의 수출 6,153만 6,000달러, 수입 598만 달러, 1954년도에 수출 3,617만 8,000달러, 수입 680만 4,000달러이다. 또 한국이 미국의 대한국 원조 자금의 사용 면에서 사실상 상당한 발언권을 갖고 있다는 사실을 감안하면, 최근 한국과의 무역이 원활하지 않다고 하더라도 북조선과의 무역을 통해 한국과의 무역을 희생하는 것은 순수하게 경제적 관점에서 보다라도 부득책(不得策)이다. 게다가 본건은 미국과 현재 교섭 중인 대중공 무역의 대공산권수출통제위원회(COCOM)[46] 금지 품목 완화의 문제에도 악영향을 줄 것으로 생각된다.

이상의 사정에 비추어 정부는 북조선과의 무역 외 기타 접촉을 인정하지 않기로 한다.

북조선의 대일 교류 시도는 북조선에 있는 일본인 귀환 문제, 재일조선인의 북조선 귀환 문제를 통해 드러났지만, 이에 대해서는 제6장에서 언급하기로 하고, 여기서는 그때부터 시작된 북조선으로부터의 교육 송금에 대해 개략적으로 살펴보기로 한다.

(3) 재일조선인에 대한 북조선적십자의 송금

1956년 11월 19일 북조선적십자는 재일조선인 자녀의 교육비 및 장학금을 재외조선인구호위원회로부터 재일조선인중앙교육회 앞으로 송금하는 것과 관련해 일본적십자에 지원을 요청했다. 또한 그 외에 오무라에 수용 중인 조선인이나 북조선인 귀국 희망자 48명에게 지원금을 보내는 일에 대해서도 알선을 의뢰했다. 일본적십자가 국제적십자위원회에 그 알선을 의뢰한 결과, 동 위원회는 만약 일본 정부가 찬성한다면 이에 협조하겠다고 답해왔다. 그리하여 일본적십자는 이상의 건에 대해 일본 정부의 견해를 물었다. 외무성은 1956년 11월 29일 관련 부처와 협의하여 "교육비와 장학금은 현행 외환관리법상 송금이 가능하며, 정부는 관계하지 않는다는 입장을 취한다. 북조선 귀환 희망자 48명에 대한 송금과 관련해서도 정부는 이와 같은 입장이다. 오무라에 수용 중인 조선인에 대한 원조 금품의 송부는 억류 어부와의 관계도 있어 대한국 관계상 동의할 수 없다"라는 방침을 결정, 일본적십자사에 전달했다. 12월 29일 일본적십자는 북조선적십자에 일본적십자는 이 송금에 관여할 수 없기 때문에 국제적십자위원회 앞으로 송금할 것을 통보했다.

북조선 정부는 1957년 4월 6일 상기한 교육비 및 장학금으로서 재일조선인교육회로 북조선 화폐 5,000만 엔(영국 화폐로 12만 895파운드, 일본 엔으로 1억 2,109만 9,086엔)을 보내왔다. 이 교육자금은 그 후 매년 북조선 정부의 예산에 계상되어 재일조선인교육회로 송금되었는데, 1957~1960년 매년 두 차례, 1961~1962년 각각 한 차례, 1963~1965년 매년 세 차례 송금되어 1965년 말까지 19회, 총 45억 872만 5,493엔을 보냈다. (그 후에도 송금은 계속되어 1971년 말까지 42회, 총 112억 1,634만 엔 정도에 달했다.)

북조선적십자는 1953년 6월 오무라 수용소의 원호금으로 2,500달러를 일본적십자에 보냈다. 그것은 6월 28일 국제적십자위원회 주일 대표 앵스트(Angst) 씨[이노우에 마스타로(井上益太郎) 일본적십자사 외사부장이 수행]를 통해 오무라 수용자에게 분배되었다.

---

46)　The Coordinating Committee on Multinational Export Control. 1949년 소련과 중국 등 공산권의 서방 첨단 군사기술 접근을 막기 위해 출범한 냉전시대의 대표적 제재기구. 회원국은 북대서양조약기구(NATO) 가맹 16개국 중 아일랜드를 제외한 15개국과 일본, 호주를 합쳐 17개국이다. 소련 붕괴 등 냉전 체제가 종식됨에 따라 자진 해제되었고 1996년 11월부터 바세나르 체제가 공식적으로 출범했다.

5. 나포된 어부의 장기 억류와 일본어선 격침 성명

한국에서는 1954년 12월 23일 내무부 치안국 산하에 해양경찰대가 발족됐다. 당시 한국은 경비대원 658명, 200톤급 초계정 6척을 보유하고 있었는데, 해안 경비 임무가 국방부로부터 내무부로 옮겨져 경비선의 강화에 노력 중이라고 보고되었다. 일본어선의 나포는 활발하게 행해져 1953~1956년이 가장 많았는데, 1953년 47척(585명), 1954년 34척(454명), 1955년 30척(498명), 1956년 19척(235명)이었다(괄호 안은 어선 승조원 수).

일본 정부는 나포 사건이 발생할 때마다 한국 정부에 문서 또는 구두로 항의함과 동시에 선체, 승무원의 반환 석방을 요구하고, 손해배상을 청구하거나 그 권리를 유보해 이러한 불법적인 나포 사건의 재발 방지를 위한 유효적절한 조치를 요구했다.

사진 18   이승만 라인 침범 혐의로 나포되어 부산항에 정박 중인 일본어선들 (출처: 국가기록원)

억류된 일본어선 선원은 형무소에 수용되어 한국 법원에서 어업자원보호법에 의한 판결을 받아 선박, 어구 등은 몰수, 승조원은 반년 내지 1년의 체형에 처해지는 경우가 많았다. 배는 한국 정부의 관리하에 놓여졌다. 승조원은 처음에는 특사 명목으로 비교적 일찍 석방되어 귀국이 인정되었지만, 1954년 7월부터는 특사가 없어져 형을 수료한 자도 계속해서 부산의 외국인수용소[외무부 부산출장소 소관, 1955년 6월 15일 이후에는 내무부(경상남도 경찰국)로 이관됨]에 수용됐다. 이에 대해 한국 외무부의 『외무행정 10년』(1959년 5월 간)은 "1954년 7월 18일 이전에 나포된 685 명은 형기가 만료된 후 석방하여 일본에 송환했지만, 같은 해 7월 19일 이후에는 형기 만료한 자의 일본 송환을 보류하고 부산수용소에 수용하는 조치를 취했다. 이것은 일본 정부가 다수의 재일조선인을 부당하게 억류했기 때문에 어쩔 수 없이 취한 조치였다. 하지만 억류 중인 환자는 국내에서 치료하고 일본에 송환했다. 그 수는 32명"이라고 적고 있다.

이에 대해 1955년 12월 14일 나카가와 아시아국장이 "이미 형을 마친 어부를 억류하여 귀국시키지 않고 있는데 한국 측은 이를 어떻게 설명할 것인가"라고 질문하자 유태하 한국대표부 참사관은 "일본 측이 형을 마친 한국인을 오무라에 수용하고 있기 때문이라는 것이 한국 측의 주장이다"라고 대답했다.

1955년 7월 25일 가도와키 스에미쓰(門脇季光) 외무차관은 한국대표부의 김용식 공사를 초치, 억류 일본인 어부의 처우 개선 및 조기 송환을 강하게 요구했다. 그러나 이 요구에 대한 회답이 나오기 전인 8월 3일부터 9일까지 일주일간에 걸쳐 한국 측은 일본어선 11척(어선 승조원 266명)을 나포했다(억류자는 542명이 된다). 또 같은 달 17일 한국 정부의 갈홍기 공보처장은 "일한관계는 거의 결렬되는 지점에 이르렀고, 한국 정부는 일한 간의 어떠한 교섭도 보류하는 정책을 발표하지 않을 수 없다"는 취지의 성명을 발표했다. 그 성명에 이어 한국 측은 한국인의 일본 왕래 금지, 대일무역의 전면적인 중단을 발표했다.

이 돌발적인 대일 경제 단교조치에 대해 일본 측은 판단하기 어려운 바가 있었기 때문에 가도와키 외무차관은 8월 20일 김 공사의 방문을 요구, 한국 측의 성명 및 대일 경제 단교의 이유, 목적, 내용에 대한 설명을 요구함과 동시에, 일본어선의 대량 나포, 형을 마친 자, 형이 면제된 자를 부산의 외국인수용소에 구치하고 귀국을 인정하지 않는 비인도적 조치에 대해 항의했다.

또한 외무성 정보국은 8월 18일 다음과 같은 보도자료를 발표했다.

한국에 의한 일본어선의 나포 및 억류 선원에 대한 처우 상황에 대해

종전 이래 한국 측에 불법 나포를 당하고 지금도 반환되지 않고 있는 우리 일본어선은 102척에 달한다. 실제로 억류 중인 승조원은 542명에 달하고 있지만, 특히 올해 들어 2월에 6척이 나포 억류된 이후 소강상태를 유지해왔는데도 불구하고, 8월 3일에서 9일까지 일주일 동안 11척(266명)이 나포 억류되었다. 이들은 이른바 어업자원보호법 위반으로 이승만 라인 침범죄를 추궁당해 일방적으로 재판에 회부되어 실형이 부과된 자가 많다. 이들 중에는 미성년자로 면소(免訴)된 자를 비롯해 형기가 만료된 결과 석방되었으면서도 부산의 외국인수용소에 이유 없이 아주 장기간 수용되어 있는 자도 백 수십 명이 되는데 용이하게 송환되지 않고 있는 상황이다. 또한 이들이 한국 관헌으로부터 받고 있는 처우는 다음과 같이 매우 부당하고 비인간적인 것이다.

정부는 억류 어부의 조기 귀국, 한국 측 형무소 및 수용소의 처우 상황 개선에 대해 누차에 걸쳐 한국

측에 요구해왔는데 충분한 효과를 거두지 못한 것은 참으로 유감스럽기 그지없다.

　1. 형무소의 수용시설, 음료와 피복 등의 지급 상황

　　(1) 약 8첩(疊)의 판자를 댄 감방에 21명이 잡거, 감금된 예가 있다.

　　(2) 감방 내에서는 기상 6시, 취침 19시 30분까지 종일 이른바 정좌를 강요하고, 사흘에 한 차례 약 5분간의 야외 집단체조가 허용될 뿐이다.

　　(3) 세안은 이틀에 한 번, 게다가 간수(看守)가 뒤에서 감시하면서 채찍질하고 서두르게 했다.

　　(4) 대여품은 1인당 죄수복 상하 2벌, 면담요 2장, 21명이 있는 감방당 큰 담요 2장으로, 전혀 한기를 막을 수가 없었다.

　　(5) 식음료의 조악함에 따라 설사 환자가 많았는데 급여되는 휴지는 1인당 하루 2장이기 때문에 각자 셔츠, 의류 등을 찢어서 사용했다.

　　(6) 급식은 외국 쌀 2, 콩 2, 보리 6의 혼합식으로 쌀벌레와 자갈이 많이 혼입되어 있었고, 부식은 된장국 1컵 정도로 참조기젓갈 등으로 국물을 내어 오래된 건조야채 등을 건더기로 한 것, 또는 해초가 들어간 소금 국물이었다.

　나중에 억류자의 요청에 의해 국물은 중단되었지만, 부식은 생된장(알루미늄 식기에 어설프게 담아 1컵 정도 나오는 게 21인분이었다) 또는 1인당 3조각의 단무지에 불과했다.

　2. 외국인수용소에서의 대우

　　(1) 침구류는 사물(私物) 외에 담요는 2명에 1장 정도밖에 지급되지 않는다.

　　(2) 배급식은 쌀과 보리가 반반으로, 1인 1회의 양으로 약 밥공기 1그릇, 부식은 건더기가 없는 된장국이나 소금 국물 외에 단무지 또는 배추김치뿐이다.

　　(3) 공동 취사 시 배급은 쌀 3, 보리 7의 비율로 1일 1인당 3합(合)[47], 취사용 장작[소나무 직경 평균 2촌(寸)[48], 길이 3척(尺)[49] 정도]은 21명당 한 끼에 8개이다. 부식은 콩나물이 들어간 된장국뿐이었다. 또 주식(主食)의 배급 상태가 나쁠 때는 하루에 보리 4합[50]뿐이었다.

　　(4) 작년 11월부터 올해 6월까지 억류된 기간 동안 어육류는 고등어 한 마리 한 차례, 명태 한 마리가 세 차례 배급됐을 뿐이었다.

　　(5) 이상과 같은 취급을 당하는 상태이기 때문에 억류자 대다수가 영양실조에 빠져 쇠약해지고 있다. 그러나 치료비는 모두 자기 부담이기 때문에 소지금이 없는 자의 경우에는 진료는 물론 주사 한 번도 맞을 수 없다. 따라서 다른 승조원이 각자의 소지품을 팔아 치료비를 염출해 간호하고 있다.

---

47)　약 450그램.
48)　약 6센티미터.
49)　약 90센티미터.
50)　약 600그램.

(6) 수용소에는 전등이 없어 석유램프를 사용하고 있지만 석유 배급이 적기 때문에 수용자가 돈을 나눠 내어 석유를 구입하고 있다.

(7) 신문, 라디오 등은 전혀 없고, 외부와의 연락이 금지되어 있다. 목욕도 자비 부담으로 감시원이 지켜보는 가운데 이뤄지고 있다.

(8) 오락, 운동 시설은 전혀 없다.

또한 이상과 같은 처지에 대해 조금이라도 도움을 주기 위해 올해 2월과 6월 두 차례에 걸쳐 억류자가 없는 주택 및 관계자로부터 얻은 의류, 식료품, 일용품, 의료품 등을 차입하여 전달했다. 그러나 위문을 위해 정부 직원 및 관계자를 보내고 싶다는 우리 측의 거듭된 요구에도 불구하고 한국 측은 이 요청에 응하지 않았다.

이후에도 한국 측이 계속 일본어선을 나포하는 가운데 1955년 11월 17일 한국의 이형근(李亨根) 연합참모본부장을 비롯해 육해공 참모총장, 해병대사령관은 공동성명서를 발표, "일본어선이 끝까지 이승만 라인을 침범한다면 한국은 이를 포격하고 필요하면 격침할 용의가 있다"(AP통신, 『아사히신문』 11월 17일)고 말했다고 보도되었다. 이 성명은 일본의 여론을 격분시켜 18일 가도와키 차관은 김용식 공사에게 강경하게 항의했다. 21일 이형근 연합참모본부장은 기자회견에서 "이승만 라인을 침범하는 일본어선의 격침조치는 안전 보장을 위한 합법적인 것"이라고 말했다고 보도되었다. 일본의 관련 어업 종사자 사이에서 해상자위대의 출동과 대한국 경제 단교, 재일 한국대표부의 철거 등 강경론이 대두된 가운데 12월 4일부터 6일까지 규슈(九州), 쥬고쿠(中国), 시코쿠(四国) 등 이승만 라인의 피해를 통절하게 보고 있던 지역에서 어민 진정단(陳情團) 약 600명이 도쿄를 방문해 정부에 효과적인 보호를 요구했다. 또한 이 같은 일본의 대한국 강경론은 한국에도 영향을 주어 일본 배격설 등이 요란스럽게 제기되어 부산에서는 12월 1일 평화선 수호를 위한 국민대회가 열리기도 했다.

상기한 한국 측의 격침 성명과 관련, 12월 12일 주미 일본대사의 보고에 따르면 미 국무부 맥클러킨(Robert J. McClurkin) 동북아국장은 "현재 미국은 육군의 채널을 통해 한국 측에 의향을 타진하고 있지만, 이번 포격 성명이 사태를 근본적으로 악화시켰다고는 생각하지 않으며, 미국은 종전의 상태가 그대로 이어지고 있다고 보고 있다. 이번 성명은 이형근 연합참모본부 의장의 정치적 고려에 기인한 측면이 강하고 그 정책이 대통령의 결재를 거쳤는지도 의심스럽다. 적어도 해군은 출동 의향이 없으며 출동할 수 있는 것은 해안경비 감시선 5척에 불과하다"고 말했다.

또한 유태하 한국대표부 참사관은 12월 7일 나카가와 국장에게 "이 성명은 군부 당국자가 이승만 대통령도 모르는 사이에 발표한 것이며, 스나다 시게마사(砂田重政) 방위청장관이 10월 18일 '정부가 정책을 결정하고 자위대의 출동을 요청한다면 언제든지 함대를 출동시킬 것이며, 이길 자신이 있다'고 말한 것(『요미우리신문』 10월 18일, 어민 대표의 진정에 대한 발언)에 대한 대응"이라고 해명했다. 유 참사관은 이어 자신이 한국 정부와 군부를 돌아다니며 얻은 결론은 "일본이 무장 함정으로 어선을 보호하지 않는 한 포격과 격침 등은 있을 수 없는 일이다"라고 말했다. 그는 또 11월 18일 가도와키 차관이 김 공사에게 조회한 사항과 관련해 "'예의 성명은 성명 그대로의 것이다'라는 취지의 회답을 준비하고 있었지만, 그렇게 답변한다면 쌍방이 모두 물러설 수 없게 되기 때문에 답변하지 않기로 했다"고 말했다.

『아사히신문』11월 19일 자는 「한국, 강경 정책의 배경」이라는 제목의 해설 기사에서 한국 측이 격침 성명을 내놓은 원인으로 (가) 일본의 군사적·경제적 재침을 두려워한다, (나) 일본의 용공정책에 반대한다, (다) 외교교섭을 유리하게 하기 위해 일본이 곤란해하는 자료를 만들어두려고 억류 어부를 인질로 삼는다, (라) 스나다 방위청장관의 발언을 자극한다 등을 제기했고, 내정적(內政的) 요소로는 (가) 자유당 정권의 안정을 위해 반대파와 친일파의 대두를 억제한다, (나) 국민의 관심을 경제적 곤란으로부터 일본이라는 적으로 돌려세운다 등을, 대미적인 요소로는 일한 간에 갈등을 일으켜 미국을 곤란하게 하여 미국으로 하여금 한국을 원조하게 한다 등을 지적했다.

그 후 실제로 한국군에 의한 포격 격침 사건은 발생하지 않았지만, 나포 사건은 성명 발표 후인 11월 25일 2척, 12월 4척으로 계속되어, 1955년에 나포된 미귀환 어선 29척, 어선 승조원 484명, 1954년부터 억류된 자를 더하면 12월 말 당시 한국의 형무소와 수용소에 있는 어선 승조원은 691명에 이르렀다.

한편, 1955년 12월 일본 어민에 대한 나포 사건의 재발을 방지하고 나포 선박에 대한 보험으로서 국가가 부담하는 금액 등을 고려하여 이승만 라인 내에 일본어선이 진입하는 것을 금지하는 조치를 고려하면 어떨까 하는 소극적 대응론이 일부 제기되었을 때, 수산청 해양 제2과장은 다음과 같이 설명했다고 기록되어 있다(1955년 12월 8일 아시아국 제5과장 보고).

원래 이승만 라인을 인정하지 않는 것은 우리 일본의 근본 방침이므로 수산청으로서는 도저히 그 출어를 막을 수 없다. 이승만 라인 내의 어획고는 연간 100억 엔을 상회하는데 이를 보상할 전망은 없다. 나포 선박에 대해 국가가 지불하는 보험금액은 연간 약 5억 엔 정도이다.

6. 대일무역 금지조치

전술한 바와 같이 한국 측은 8월 17일 대일무역 금지조치를 취했는데, 당시 갈홍기 공보처장은 성명에서 그 조치의 이유와 관련해 "일본은 한국 재산의 85퍼센트가 자신의 것이라는 주장을 철회하려 하지 않고 있으며, 북조선과 접촉하지 않겠다고 말하면서도 공공연히 평양을 방문하고 통상 문제를 협의하고 있다. 또한 반정부적인 한국인과 민족 반역자, 친일분자를 보호하고 그들에게 경제적인 도움을 주어 2만 달러의 자금과 물자를 한국에 밀수입시켜 차기 선거를 반정부 집단에게 유리하도록 전개하려 하고 있다"고 말했다. 1955년 11월 21일 외무성 정보국의 기사 자료「일한 간의 무역관계에 대해」는 기존 일한무역의 경위와 진상에 대해 다음과 같이 말했다.

  1. 일한무역협정 (생략)
  2. 종래의 실정
  한국의 독립 후 대일무역은 다음과 같이 매년 한국의 수입 초과로 끝났고, 또 수출입액도 무역계획 금액에 훨씬 못 미쳤다.

표 7   일한 간의 무역 2 (1948~1954년)

(단위 1,000달러)

연도	수출	수입	수입 초과
1948년	5,112	17,952	12,840
1949년	3,636	15,984	12,348
1950년	16,113	17,104	991
1951년	7,710	13,739	6,029
1952년	10,625	24,498	13,873
1953년	5,980	61,538	55,556
1954년	6,804	36,178	29,374

주: 1950년도 수출 급증은 쌀 9만 톤(1,294만 4,000달러)의 수출에 의한 것이다.

  이러한 경향은 한국전쟁을 거쳐 더욱 심해져, 전쟁 후 부흥 및 소비 자재의 매입 증가에 따라 수출입은 완전히 균형을 잃어 일방적인 수입 초과가 되었다. 또 1953년 7월분 이후 채무를 지불하지 않았기 때문에 올해 8월 현재 스윙 초과분이 4,536만 2,153달러 80센트에 달해 현재까지 미결제 상태이다.
  3. 대일 수입 제한조치
  이 같은 대일 수입 초과의 원인에 대해 한국 정부는 특히 일본 측이 이전부터 계획한 금액까지 수입하지 않는 것을 지적하면서 일본 측의 '성의 없음'을 비난했지만, 1954년 3월 20일에 이르러 일한무역을 조정하여 수출입의 균형을 유지하기 위해 달러 차관(dollar loan)에 기초한 대외활동처(FOA)[51] 자금에 의한 대일 수입을 일절 금지하고, 대일 수출 달러와 특혜 외화에 의한 수입만을 인정하기로 했다.

FOA 자금은 그 후에 전기한 제한에서 제외되게 되었지만, 달러 차관(대일 수입 자금의 3분의 2, 연간 약 4천만 달러)에 의한 수입이 불허됐기 때문에 대일 수입은 이후 격감 일로를 걸어 한 달 금액으로 환산해 그때까지의 약 6분의 1로 줄어들었다. 연간 수입 총액에서 대일 수입 비중도 1951년 73퍼센트, 1952년 59퍼센트, 1953년 48.6퍼센트였던 것이 1954년에는 46퍼센트가 되었다.

4. 대일무역 금지조치

(1) 한국 정부는 올해 봄 이후 일본과 북조선의 접촉에 매우 신경을 곤두세워 1955년도 무역계획(연간 무역액은 수출입 공히 83만 1,900달러, 이 가운데 대일무역을 총액의 38퍼센트, 3,217만 달러로 했다)을 개정, 대일무역 정책에 전면적인 수정을 가할 것을 고려했는데, 일단 6월 30일 다음과 같은 제한조치를 실시한다고 발표했다.

(가) 특혜 외화에 의한 각종 일용품 및 사치품 등의 대일 수입을 금지한다.

(나) 대일 수입품목 중에서 일본의 대중공 수입품목에 해당하는 것은 원산지 증명서를 필요로 한다.

(다) 대일 수출품목 중에서 일본의 대중공 수출품목에 해당하는 것은 최종 소비지 증명서를 필요로 한다.

(라) 공산권 국가와 거래 관계가 있는 일본 상사의 무역은 모두 금지한다.

(2) 또한 한국 정부는 8월 18일 한국인의 일한 간 왕래를 금지하고 대일무역에 전면적인 금지조치를 취했다.

5. 대일무역 금지조치의 일부 완화

(1) 금지조치에 대한 한국 내 평판은 매우 나빴다. 특히 업계 관계자의 반대는 날마다 높아졌다. 한편, 한국 정부는 대일무역의 공백을 메우기 위해 이전부터 대만, 홍콩을 중심으로 하는 남방(南方) 무역의 개척 가능성을 검토하고 있었지만, 대일무역의 비중 및 무역품목 등을 감안할 때 조속히 전반적인 교체는 불가능하다는 결론에 도달한 모양이다.

(2) 이러한 분위기를 반영하여 한국 정부는 8월 말 일본에서만 소화되는 물자와 불가피하게 연결되는 물자의 수입은 허가제(대통령의 결재를 요한다)로 한다는 취지를 발표했다.

(3)이어 한국 정부는 10월 14일 '대일무역의 과도적인 구제조치'라는 명목으로 다음과 같은 요령에 따라 수출입의 일부 재개를 인정했다.

(가) 대일 수출 — 총액 916만 3,283달러 80센트

8월 18일의 금지조치 이전에 수출 허가를 맡고 통관 절차를 거쳐 선적 등을 완료했지만 출항하

---

51)   Foreign Operation Administration. 미국의 대외 원조 계획을 관장하던 행정기관. 1953년 7월에 상호안전보장처(MSA: Mutual Security Agency)의 후신(後身)으로 발족, 1955년 7월에 폐지되어 국제협력처(ICA: International Cooperation Administration)로 통합되었다.

지 않은 분 및 수출 물자의 대일 매매 계약이 확인된 분

(나) 대일 수입 — 총액 125만 7,949달러 60센트

수입 허가를 받았지만 신용장을 미개설한 분과 이를 개설했지만 일본에서 선적되지 않은 분, 한국에 도착했는데 통관 미결제한 분 등

(다) 이상에 의한 대일 수출 초과 금액 약 590만 5,000달러로는 각종 산업기계 및 부속품 등 16개 품목을 결정해 6개월 이내에 수입한다.

이 완화조치에 대해 한국 무역계에서는 환영의 뜻을 표명하고 있다.

그러나 정부 내에서도 이상 언급한 것 이외에 일한무역의 전면적인 재개의 움직임을 보이고 있는데, 소식통은 올해 안에 재개가 가능할 것으로 보고 있다. 또 앞으로는 주일 한국대표부에서 대일 교역 업무 일체를 취급하게 될 것으로 알려졌다.

(비고)

1956년도(1955년 7월에서 1956년 6월까지) 미국의 대한국 원조 자금 약 6억 3천만 달러 중에서 미 국제협력처(ICA) 소관인 경제원조 및 기술원조 자금은 2억 7,700만 달러라고 한다.

당시의 경제 단교조치에 대해 『한국일보』는 8월 20일 자 사설 「대일 경제 단교는 효과적인가」에서 "일본의 대한국 수출은 수출 총액의 약 100분의 2이며, 대한국 수입은 수입 총액의 1,000분의 5 정도에 불과해 상대에게 고통을 주는 것이 아니다. 한국은 수출산업의 시장을 일본에서 개척해야 한다"면서 이 조치가 한국 업체에 타격을 주고 있다고 지적했다. 재일한국인 신문인 『신세계신문』 9월 26일 자 사설에서는 이 조치가 본국과 왕래함으로써 생활의 활로를 갖고 있던 재일한국인에게 피해가 크다는 점을 지적했다.

7. 일한회담 재개를 위한 교섭의 속개

(1) 나카가와 아시아국장과 유태하 참사관의 회담

1954년 7월 이후 나카가와 아시아국장과 한국대표부 유태하 참사관 사이에 단속적으로 회담 재개 가능성을 타진하는 논의가 진행됐다. 9월 22일, 10월 22일과 29일 회담에서 나카가와 국장은 "이구치 대사와 양유찬 대사 간의 논의 라인에 기초한 성명을 일본 측이 먼저 제시한다. 그 해석은

일한 양국이 자유롭게 한다. 그 위에서 회담을 재개하지만 종래와 같은 딱딱한 공식이 아니라 비공식으로 하고 매우 소규모로 한다. 만약 이상의 형식을 한국 측이 수락할 수 없는 사정이 있으면 제2의 방법으로서 우선 청구권 문제 해결을 위한 실질적 논의를 비공식적으로 극비리에 실시하여, 그것이 어느 정도 전망이 보였을 때, 다시 회담의 재개(성명의 문제)에 대해 연구한다" 이렇게 2개 안을 제시했다.

유 참사관은 이 안을 갖고 돌아가 본국 정부와 협의했으나, 귀임 후인 12월 24일 나카가와 국장에게 "한국 정부는 여전히 구보타 발언 철회와 재한 재산청구권의 포기라는 두 가지 점을 회담 재개의 전제조건으로 하고 있다"고 답변했다.

1955년 1월 21일 나카가와 아시아국장이 집필한 「일한관계의 타개에 관해」는 '일한회담 결렬의 원인', '이른바 청구권 문제', '회담 결렬 후의 경위'를 언급한 후에 '향후 방침'으로서 다음과 같이 말하고 있다.

4. 향후 방침

이상의 경위로 보아 명백해진 것처럼 일한회담이 결렬되고 더욱이 1년 이상 재개되지 못하는 직접적인 원인은 청구권 문제에 대한 법률적 해석의 차이에 집약되어 있다. 한국 측이 기회가 있을 때마다 "일본은 한국 전 재산의 8할 5부의 반환을 요구하고 있다"고 선전하는 것도 여기에 기인하고 있다. 청구권 문제에 대한 일본의 법률적 주장은 원래 제1차 회담에서 상대방의 과당(過當)한 주장을 상쇄, 중화하는 전술로 채용된 것이었지만, 오늘날 이 주장은 한국 측뿐만 아니라 일본의 가장 좋은 이해자이고 알선자인 미국 정부도 납득시킬 수 없으며, 쓸데없이 한국 측의 악선전에 미끼까지 제공하고 있다. 이미 한국 측에서 처분된 구 일본 재산이 반환될 전망은 전혀 없기 때문에 이 법률론도 실익은 없고, 오히려 일본의 진의를 의심하게 하여 일한회담 재개에 지장이 되고 있다. 따라서 일본으로서도 깨끗하게 기존 해석을 수정하는 것이 바람직하다. 즉, 적당한 기회에 외상 담화로써 "일한회담을 재개하여 양국의 제 현안을 해결하고 양국 간에 영원한 화친관계를 수립할 것을 진심으로 희망한다. 이른바 구보타 발언은 정부의 의도를 반영한 것이 아니므로 철회한다. 일본은 샌프란시스코 조약의 규정을 충실히 준수할 것이며, 일본 재산에 대해 재한 미군 당국이 취한 조치를 승인한다"는 취지를 발표하고, 즉시 일한회담을 재개한다. 다만, 그 회담의 형식은 기존과 같이 모가 나고 딱딱해 타협의 여지가 없는 것이 아니라 소수에 의한 비공식 회담을 통해 문제의 타개를 시도하고, 이야기가 대체로 정리된 시점에서 정식 회담을 여는 것이 좋다. 쌍방의 다수가 참석하는 회의에서는 결국 대담한 발언을 할 수 없어 이야기가 전혀 진척되지 않는다는 것이 기존의 사례에서 시험된 바이다. 이러한 형태로 회담을 재개하는 경우, 과연 이야기가 정리될지는 보장할 수 없지만, 상대방도 결코 무리한 말은 하지 않을 것이라고 하니 어느 정도 성공할 가능성도 있지 않을까 하는 생각이 든다. 또 상대방이 이치에 맞지 않는 말을 한 경우에는 이를 널리 국제 여론에 물음으로써 일본의 입장을 유리하게 할 수도 있으므로, 지금처럼 국제적으로 납득시키기가 곤란한 논의로 애쓰는 것보다는 상당히 유리하다.

(2) 미국의 알선

한국이 일본을 용공(容共)국가라고 격렬하게 비난했을 때도 앨리슨 주일 미국대사는 일한 간을 알선하려는 의도를 포기하지 않았다. 6월 27일 레이시(William S. B. Lacy) 주한 미국대사와 만나기 위해 한국을 방문, 29일에 귀임한 앨리슨 대사(동시에 김용식 공사도 본국 정부의 명에 의해 28일 귀국했다)는 한국 체류 중에 레이시 대사와 함께 이승만 대통령과 변영태 외무부장관, 김용식 공사와 회담을 가졌다. 그때도 그는 일한 국교 조정에 대한 일본 측의 입장과 일본이 북조선과 거래할 의도가 없다는 사실을 설명하고 비공식적인 알선 역할을 하려 했다.

하지만 앨리슨 대사는 30일 하토야마 총리와 다니 대사에게 한국에서의 논의에 대해 "이승만 대통령의 사고방식은 참으로 비합리적이다. 그는 일본은 반드시 한국을 빼앗으러 올 것이다, 일본 대학에 5~6천 명의 젊은 조선인이 공부하고 있는데 이들이 미래에 한국을 빼앗는 책략으로 사용될 것이라고 말한다. 이승만 라인에 대한 생각도 변함이 없고, 또 일본은 한국의 전 재산의 85퍼센트를 청구하고 있다는 주장을 반복하고, 구보타 발언을 비난했다"고 보고한 후 "일한 간의 글로벌한 합의는 아직 때가 되지 않았으므로 개별 문제를 해결하여 분위기 완화를 도모할 수밖에 없다"는 견해를 피력했다.

한국 측의 일본어선 포격, 격침 성명 후인 12월 6일 앨리슨 대사는 다니 대사와의 회담에서 "이승만 라인은 절대로 인정할 수 없다. 미국이 알선하여 한국의 영해 또는 이보다 약간 넓은 연안 해역을 일본도 어업할 수 있는 지역으로 정한다. 일본은 어선 대여 등의 원조를 실시한다. 만약 이 안에 한국 측이 응하지 않을 경우에는 미국은 한국을 지원하지 않으며, 한국 측이 포격하지 않도록 보장한다는 취지의 개인 의견을 본국에 제출해놓았다"는 취지를 전달했다. 1955년 12월 7일과 10일에 앨리슨 대사와 다니 대사 간의 회담이 계속됐다. 이어 12일 시게미쓰 외상은 앨리슨 대사와의 회담에서 "일본은 어디까지나 상호 대화에 의한 평화적 해결 방법을 택하고 있다"고 말했다. 이에 대해 앨리슨 대사는 당분간 이승만 라인을 넘는 일본 측 어선 수를 25~30퍼센트 제한하고, 한국 측으로 하여금 포격하지 않겠다는 언명을 하게 하여 사태를 안정화한 후에 본교섭으로 들어가는 방안을 제시했다. 시게미쓰 외상은 그 방안에 찬성을 표함과 동시에 "이승만 라인 문제의 해소 방법에 관해 미국 측에 어떤 제안이 있다면 환영한다. 또한 지금까지 청구권에 대한 미국 측의 조약 해석에 관한 의견은 그다지 명확하지 않다"고 말했다.

그날 주미 일본대사가 보고한 바에 따르면 미 국무부 맥클러킨 동북아국장은 "한국은 회담 재개 조건으로 (가) 구보타 발언의 철회, (나) 청구권의 포기, (다) 일본 측의 무력 불행사 이렇게 3개 사항 이외에, 회담은 어업 문제에 국한하지 않고 현안 모두를 의제로 할 것을 주장하고 있다. 청구권에 대한 일본 내 입장은 이해할 수 있지만, 이승만 라인 안에서의 조업 안전 확보가 청구권 포기의 대가가 될 수 있다는 판단이 가능하다면, 현재의 교착상태가 타개될 가능성이 열린다고 생각한다"고 말했다.

12월 14일 다니 대사는 앨리슨 대사에게 이승만 라인 안에 출어하는 일본어선의 척수를 제한하는 방법을 연구할 필요가 있다, 구보타 발언을 철회하는 데는 이견이 없지만 포격 성명의 위협을 받으면서 그 성명을 내는 것은 문제가 있다, 재산권은 한국 측의 청구권과 대조할 필요가 있다고 지적했다.

주미 일본대사관의 내전(內電)에 따르면, 로버트슨 미 국무부 차관보는 이구치 대사와의 회담에서 "미국은 일한 쌍방의 요구가 있는 경우에 중개 역할을 맡는 데 노력을 아끼지 않지만, 한국 측이 항상 청구권 문제를 들고 나오는 것이 난관이 되고 있기 때문에 이 문제를 해결할 필요가 있다"고 말했다.

(3) 가가와 도요히코에게 서한으로 응수한 이승만

한편, 이 시기에 가가와 도요히코(賀川豊彦)[52] 씨가 일한관계에 관여하여 주목받았다. 가가와 씨는 프린스턴대학 출신으로 이승만 대통령과 동창이며, 두 사람 모두 기독교인이다. 가가와 씨는 『마이니치신문』 1955년 12월 8일 자 기고에서 이승만 대통령 앞으로 보내는 공개서한을 게재했다(영문판은 13일 자에 이를 번역 게재했다). 그 내용은 일한관계는 미영관계 또는 미국과 캐나다 관계처럼 되어야 하고, 구약성서에서 다윗 왕이 구적(仇敵)인 사울 왕을 용서하고 그 아이를 기른 것처럼 대통령이 일본인이 한때 했던 학대와 박해를 용서하고 동양 평화, 세계 평화를 위해 한국과 일본이 영원한 평화를 유지하길 바란다고 호소하는 내용이었다. 이에 대해 12월 20일 이승만 대통령이 가가와 씨에게 보내는 장문의 답신(19일 자)이 한국대표부를 통해 그에게 전달됐다는 사실이 21일 자 『마이니치신문』에 보도됐다. 그 내용은 일본 측의 관대한 정신을 기대하면서 한국은 일한 회담에서 문화재, 정화(正貨) 준비금의 반환, 이승만 라인의 승인 등을 요구했는데 일본 측은 오히려 한국에 대해 청구권이 있다고 주장했다는 점, 한국의 안전을 파괴하기 위해 공산권에 손을 내밀고 있는 점을 비난하는 종래의 강경한 대일 주장 그대로였다. 한편, 가가와 씨가 고문으로 있는 사

---

52) 1888-1960. 일본이 태평양전쟁을 일으키기 전에 노동운동, 농민운동, 무산(無産)정당운동, 생활협동조합 운동으로 성가를 높였다. 일본농민조합 및 '예수단'의 창설자이기도 하다. 기독교에 기초한 박애의 정신을 실천한 '빈민가의 성자'로서 세계적으로도 유명했다.

회담의 스즈키 모사부로(鈴木茂三郎) 위원장은 정부가 한국과의 우호 증진을 위해 가가와 씨가 일할 수 있도록 해야 한다고 말했다. 스즈키 위원장은 1956년 1월 13일 "일한교섭 재개의 실마리를 찾기 위해 대통령이 가가와 씨와의 회견을 희망하고 있지만, 외무성이 도항 허가를 내주길 꺼리고 있는 것 같다"고 말했다.

가가와 씨는 1월 25일 김용식 공사와 회담한 후 26일 시게미쓰 외상과 회견했다. 그는 이어 28일에 하토야마 총리를 방문, "김 공사가 '일본 정부가 ① 구보타 발언을 취소하고, ② 주한 일본인 재산청구권을 포기하는 것에 응한다면 일한회담을 재개할 용의가 있다'는 취지로 말을 했다"는 경위를 전했다. 그 후 가가와 씨는 본인의 중개 역할이 이로써 일단락되었다면서 한국에 가서 이승만 대통령과 만날 생각이 없다고 밝혔다. 2월 7일 유태하 참사관은 나카가와 아시아국장과의 회담에서 "나는 당초 가가와 씨를 내한토록 해 이승만 대통령과 회담시키는 것이 어떨까라고 진지하게 생각했는데, 저렇게 입이 가벼워서는 모두 신문에 그대로 새어 나가므로 안 된다"고 불만을 터뜨렸다.

8. 상호 석방 교섭의 진전

(1) 한국의 상호 석방 제안과 일본 측 제1차 시안

한국 정부가 일본인 어부의 부산 억류와 전전부터 일본에 재류한 조선인 형벌 법령 위반자의 오무라 수용소 수용을 연관 지어 생각하게 된 것은, 제4장 제2절에서 언급한 바와 같이 1954년 7월 오무라 수용자의 석방을 한국 정부가 일본에 요구하기 시작했을 때부터인데, 이후 한국 정부는 형기를 마친 일본인 어부를 외국인수용소에 계속 구치해왔다.

1955년 9월 9일 나카가와 아시아국장과 유태하 참사관의 회담에서 유 참사관은 "한국에 억류 중인 일본인 어부와 관련, 오무라 수용소의 형사범죄자를 일본 측에서 석방하는 것을 조건으로 그 귀국을 허용한다"는 방안을 대통령에게 진언해 승낙을 얻어 연구하고 있다고 밝혔다. 그러나 같은 달 22일 열린 회담에서 유 참사관은 일본인 어부 억류와 오무라 수용자의 석방의 관련성에 대해 본국 정부에서 회훈(回訓)이 있었다는 취지를 전했다. 9월 23일 가도와키 차관과 김용식 공사의 회담 때도 김 공사는 "일본인 어부의 귀국을 위해서는 오무라에 수용 중인 이른바 형사범죄자를 풀어주었으면 한다. 이를 교환 조건이라고는 말하지 않겠지만, 매우 유익할 것이다"라고 주장했다. 김 공사는 이어 10월 3일 "오무라의 형사범죄자를 전면적으로 석방하는 데 일본 측이 응하면 문제가 원만하게 해결된다. 오무라의 한국인과 부산의 일본인 어부의 석방은 동수(同數) 교환과 같은 방식을 취하지는 않는다"고 말했다.

이에 따라 외무성도 억류 어부의 조기 귀환을 도모하기 위해 앞서 한국 측이 요구한 오무라에 수용 중인 한국인 범죄자의 가석방에 대해 10월 3일 법무성, 경찰청과의 의견 조정을 시도했다. 하지만 법무성과 경찰청 측이 범죄자의 가석방은 조리를 세우지 못하고 치안상의 보장도 없다는 이유로 반대하여 결론을 얻지 못했다.

10월 22일 유태하 참사관은 "일본 측이 현재 오무라에 수용 중인 형사범죄자 400명을 모두 석방하고, 대신 향후 사건에 대해, 예를 들어 4범이나 5범인 자는 한국 측에서 인수하는 방법을 제안한다면 어떨까"라는 안을 나카가와 아시아국장에게 제시한 후 본국 정부가 이를 수락하도록 노력하겠다는 취지를 말했다. 일본 측은 이와 같은 한국 측의 의향을 고려해 계속해서 관계 부처 회의를 거듭했지만, 치안 당국은 여전히 위의 두 가지 이유와 함께, "이것이 중요한 선례가 되어 재일한국인에 관한 한 입국관리령의 규정이 일부 실시되지 못하는 꼴이 된다. 한국 측의 속사정을 보더라도 강한 태도로써 양자를 분리해 교섭해야 한다. 한국 측이 약속을 이행할지 불안함이 있다. 한국 측이 다시 다른 문제를 제기해 송환의 수령을 거부할 수 있다" 같은 이유로 강한 반대 의사를 표명했다.

외무성은 억류 어부의 조기 귀국을 실현하기 위해 11월 10일 다음과 같이 「억류자에 관한 대한국 절충 요강의 건」을 작성했다.

본건과 관련해 아래의 요령에 따라 도쿄 주재 한국대표부와 교섭을 실시하고자 한다.

1. 한국 정부는 다음 조치를 취한다.

(1) 1955년 11월 [　]일 현재 한국의 외국인수용소에 수용되어 있는 일본인 어부(주) [　]명을 석방하고 신속하게 송환하고, 향후 수용될 일본인 어부에 대해서도 신속하게 송환한다.

(주) 11월 9일 현재 250여 명으로 추정

(2) 향후 강제퇴거 조치를 받는 재일한인 형사범죄자로서 다음 조건에 해당하는 자를 인수한다.

(가) 전과 3범 이상인 자

(나) 살인죄, 강도죄, 강간죄, 기타 음흉한 폭력사범을 범한 자

(다) 마약 또는 각성제에 관한 죄를 범한 자

(라) 파괴활동, 첩보활동 또는 정치적 및 경제적인 모략활동을 하는 등 일본의 이익 또는 공안을 현저하게 해치는 행위를 행한 자

(마) 불법 입국을 방조한 자

(바) 앞서 (라)에 의해 임시 방면된 자 중에서 다시 죄를 지어 임시 방면이 취소되거나 강제퇴거

조치를 받은 자

(3) 종전 후 불법 입국자 및 종전 후 정규 입국자로서 입국관리령의 규정에 따라 이미 강제퇴거 조치를 받고 있는 자[주] 및 향후 강제퇴거를 받는 자를 인수한다.

(주) 11월 7일 현재 1,285명

(4) 상기 (3)에 해당하는 자로서 이미 강제퇴거를 받은 자는 송환선 1척에 250명씩 월 2회 실시되는 송환으로 인수하고, 향후 강제퇴거를 받을 자는 원칙적으로 송환선 1척에 250명씩 월 1회씩 실시되는 송환으로 인수한다.

2. 일본 정부는 다음의 조치를 취한다.

1955년 11월 [ ]일 현재 입국자수용소에 수용되어 있으며 강제퇴거를 받은 재일한인 형사범죄자 [ ]명을 입국관리령의 규정에 의하여 임시 방면한다. 가방면은 매월 70명씩 한다.

(주) 11월 7일 현재 354명

3. 이 양해는 장래 재일한인의 국적 및 처우, 특히 강제퇴거에 관한 일한 양국 정부 간 협정이 체결될 때까지의 잠정조치이며, 이 협정의 교섭 시에 일한 양국 정부가 해야 하는 주장을 구속하는 것은 아니다.

4. 이 양해의 실시는 일한 양국 정부 간에 장래에 일어날 수 있는, 이 양해의 내용 이외의 문제에 의해 좌우되면 안 된다.

(비고)

(1) 본 양해는 문서로서 외무성과 도쿄 주재 한국대표부 간에 교환한다.

(2) 상기한 바에 의해 임시 방면되는 재일한인 형사범죄자의 갱생, 보호 등에 관한 사후 조치는 관계자에 의해 처리된다.

(2) 하나무라 법무상과 김용식 공사의 회담

그 무렵 김용식 공사는 하나무라 시로(花村四郞) 법무상과 자주 접촉하고 있었는데, 1955년 11월 16일 회담 후에 다음과 같은 합의가 성립되었다는 취지가 일방적으로 신문에 발표됐다.

일본 측은 오무라를 비롯한 수용소에 억류하고 있는 한국인 가운데 종전 전에 일본에 입국한 자 모두를 즉시 일본 내에서 석방한다. 한국 측은 부산에 수용 중인 일본인 어부 가운데 형기가 만료된 자를 모두 즉시 송환한다. 한국 측은 종전 후의 불법 이민자 송환을 승인하고 이를 받아들인다.

하나무라 법무상은 이 보도를 즉시 부정하며 "회담에서는 이 3개 조항에 대한 의견이 일치한 것이 아니라, 단지 김 공사의 요청을 일본 측에서 더 연구하겠다는 취지를 약속한 것에 불과했다"고 해명함과 동시에, 그 취지를 김 공사에게도 전했다.

그러나 김 공사는 이에 대해 이튿날인 17일에 담화를 발표, "이 3개 항목은 12일 열린 하나무라 법무상과 김 공사의 회담에서 하나무라 대신이 제안한 것으로, 나는 본국 정부에 청훈한 후 16일에 이를 수락한다고 응답했다. 대신과도 의견의 일치를 확인했다. 단지 실시 방법에 관한 사무적 절차만이 남아 있다. 본건에 대해서는 전부터 입국관리국 당국과 직접 상의해온 것이기 때문에 법무대신과의 회담도 관례에 반하지 않는다. 일본 측에서 각의에 상정하는 것 같은 절차는 일본 내부의 문제이다"고 말했다.

1955년 11월 17일 한국 연합참모본부의 일본어선 포격·격침 성명으로 일본 내 여론이 뒤숭숭할 때, 12월 6일 일본은 총리, 외상, 대장상, 방위청장관, 농림상, 통상상, 운수상으로 구성된 '일한문제 각료 간담회'를 설치하고 다음과 같은 대한국 처리방침을 결정했다.

(1) 일한관계는 평화적으로 해결하기로 하고, 또한 미국 측의 협력을 요청한다.

(2) 부산수용소에 수용 중인 일본인 어부 구출 문제를 신속하게 해결하기 위해서는 오무라 수용소 문제에도 정치적 고려를 가한다.

(3) 이승만 라인 문제 등을 포함한 일한 간 현안의 전반적인 해결을 도모한다.

(3) 일본 측의 제2차 안 발표

12월 14일 상기한 「억류자에 관한 대한국 처리방침」은 유태하 참사관에게 전해졌지만, 이미 '하나무라 법무상과 김 공사 회담의 결정'이 발표되었기 때문에 그대로 실시하는 것이 곤란해졌다. 따라서 나카가와 아시아국장은 재일한인을 강제퇴거시키는 잠정적인 기준을 미리 결정하지 않고, 단지 그 기준에 관해 신속하게 협의하는 것만을 약속하는 다음과 같은 안을 작성, 12월 26일 유 참사관에게 수교했다. 그리고 법무성은 당초 이에 동의하지 않았지만 어떻게든 설득하고 싶다는 취지를 설명했다.

1. 한국 정부는 1955년 12월 31일 현재 한국의 외국인수용소에 수용되어있는 일본인 어부 [ ]명을 석방하고 신속하게 송환한다.

2. 일본 정부는 1955년 12월 31일 현재 강제퇴거당해 입국자수용소에 수용되어 있는 재일한인 형사범죄자 [ ]명을 입국관리령의 규정에 따라 임시 방면한다. 가방면(假放免)은 매월 70명씩 실시한다.

3. 한국 정부는 종전 후 불법 입국자 및 종전 후 정규 입국자로서 입국관리령의 규정에 따라 이미 강

제퇴거를 받은 자^(주) 및 향후 강제퇴거를 받을 자를 인수한다.

(주) 12월 31일 현재 [ ]명

상기에 언급한 자 가운데 이미 강제퇴거를 받은 자는 송환선 1척에 250명을 월 2회씩 송환하고, 향후 강제퇴거를 받을 자는 원칙적으로 송환선 1척에 250명을 월 1회씩 송환한다.

4. 일한 양국 정부는 종전 전부터 일본에 거주하는 한인을 한국으로 강제퇴거시키는 잠정적인 기준에 관해 신속하게 협의하는 것으로 한다. 이 협의는 늦어도 1956년 2월 말까지 타결하는 것을 목표로 한다.

5. 전항의 협의가 성립될 때까지 한국 정부는 나포 일본어선의 승조원에게, 또 일본 정부는 종전 전부터 일본에 체류하고 있는 한인 형사범죄자로서 형기를 마친 자에게 각각 가능한 한 인도적 취급을 실시하기로 한다.

그러나 이듬해인 1956년 1월 6일 한국 측은 전기한 안이 곤란하다면서 '하나무라 법무상과 김 공사 회담의 결정' 라인을 고수하는 다음과 같은 안을 제시했다.

1. 일본 정부는 일본의 외국인수용소에 수용되어있는 한인 중에서 종전 전부터 일본에 거주하고 있던 자를 즉시 석방한다.

2. 한국 정부는 한국의 외국인수용소에 수용되어 있는 일본인 어부 중에서 형기를 만료한 자를 즉시 송환한다.

3. 한국 정부는 종전 후 일본에 불법 입국한 자 및 정규 입국한 자로서 일본 정부로부터 이미 퇴거 명령을 받은 한국인 송환자를 인수하고, 앞으로도 이에 해당하는 한국인 송환자를 인수한다.

이즈음 주일 한국대표부 내에서 김용식 공사와 유태하 참사관과의 사이가 나빠졌고, 특히 유 참사관은 이승만 대통령으로부터 직접 지시를 받았기 때문에 한국대표부는 이원적 체제가 되었다. 주한 공관도 없는 일본 외무성으로서는 주일 한국대표부의 두 사람을 상대할 수밖에 없어 자주 외교 노선의 혼란을 겪었다.

(4) 시게미쓰 외상과 김용식 공사의 회담, 각료회의 양해안

3월 28일 시게미쓰 외상과 김용식 공사의 회담에서 시게미쓰 외상은 "일한 간의 전반적인 교섭은 초미지급(焦眉之急)인 억류 일본인 어부 송환 문제를 해결하고 나서 하고 싶다"고 말했다. 이에 대해 김 공사는 찬성의 뜻을 표하면서, 이어 한국 측이 받아들일 수 있는 방안은 다음과 같다고 말했다.

(1) 한국 정부는 형기를 만료한 일본인 어부를 석방한다.

(2) 한국 정부는 밀항자(즉, 1945년 이후)를 인수하기로 한다. 또 1945년 이전에 일본에 온 한인 수용자의 처분(즉, 한국으로 돌아갈지 여부)은 자유의사에 맡긴다.

(3) 일본 정부는 1945년 이전부터 일본에 살던 한인으로서 오무라 수용소에 있는 자도 석방한다. 다만, 석방의 실제적인 방법은 한국대표부 측 위원과 일본 측 대표부 위원이 사무적 수준에서 논의하기로 한다.

이 회담 후 시게미쓰 외상은 이러한 한국 측 제안 내용을 감안해 다음과 같은 각의 양해안을 작성했다.

재한 억류 일본인 어부와 오무라에 있는 한인 문제 해결에 관한 건

재한 억류 일본인 어부와 오무라에 있는 한인 문제는 아래와 같은 요령에 따라 이를 해결하는 것으로 한다.

기

1. 한국 정부는 형기를 만료한 일본인 어부를 석방한다.

2. 한국 정부는 밀입국자(종전 이후의 자)를 인수한다.

3. 일본 정부는 종전 이전부터 일본에 거주하는 한인으로 오무라 수용소에 있는 자를 석방한다.

다만, 이들이 일본에 머무를지 귀국할지는 그 자유의사에 맡긴다.

또한 석방의 실제적인 방법에 관해서는 재일 한국대표부 측 위원과 일본 정부 측 위원이 사무적으로 협의, 결정한다.

이 안은 30일 열린 각의에 법무상이 몸이 좋지 않아 참석하지 못했기 때문에 법무상과의 의견 조율을 조건으로 승인되었다. 31일 법무상은 "① 재일한인의 국적이 일본 국적이 아닌 것을 명확하게 할 것, ② 일한 국교 조정 후에는 재일한인 형사범죄자를 인수해야 한다는 취지의 보장을 한국 측이 약속할 것" 두 가지를 조건부로 양해한다는 취지라고 전해왔다. 시게미쓰 외상은 이 가운데 ①을 양해하고, ②는 노력할 것임을 약속했다. 시게미쓰 외상은 4월 2일 김용식 공사와의 회담에서 3월 30일 각의에서 결정된 내용을 영문으로 작성해 김 공사에게 전했다. 또한 다니 대사의 후임으로 사와다 렌조(沢田廉三) 대사를 소개했다.

억류자 상호 석방에 관한 사무적인 회담은 일본 측의 안도 요시미쓰(安藤吉光) 외무성 참사관, 우치다 후지오(内田藤雄) 입국관리국장, 히라가 겐타(平賀健太) 법무성 참사관과 한국 측의 유 참

사관, 최규하 총영사, 신철선(辛徹善) 서기관 사이에서 전개되었다. 한국 측과의 협의에 앞서 일본 측 위원 간에 먼저 견해를 조정했는데, 법무성 측은 여전히 상기한 대로 '미래의 보장'을 확약할 것을 요구하며 양보하지 않았다. 결국, 4월 16일 자민당 외교조사회는 "이 협의에서 향후 한국 정부가 재일한인 형사범죄자를 인수하는 취지의 보장을 약속하도록 노력하여야 한다"는 절충안을 제시했다.

일한 간의 사무적 회담은 4월 20일과 25일에 실시되었는데, 일본 측은 법무성의 강한 의향도 있어 "일한 국교 조정 후에는 전쟁 전부터 체류하고 있는 자라도 형벌법령위반자는 한국 측이 인수한다는 보장을 받고 싶다"고 요구했다. 이에 대해 한국 측은 "그런 문제는 업무 협의의 범위 밖이다"라고 주장, 이를 거부했다. 결국 이 회담은 결렬됐다.

9. 상호 석방 및 일한회담 재개 교섭

(1) 일한관계 타개 방책과 청구권에 관한 미국의 해석

1956년 1월 10일 나카가와 아시아국장은 다음과 같은 「일한관계 타개 방책에 관해」를 집필하였다.

1. 억류 어부를 석방시키려면 한국 측의 제안을 수용하고, 종전 전부터 거주해온 조선인으로 오무라 수용소에 수용 중인 350명을 즉시 석방하는 것 외에 신속한 해결 방법은 없다.

2. 이승만 라인 문제 해결을 위해서 미국 측의 알선을 통해 한국 측의 태도를 타진하는 중이지만, 한국 측은 어업 문제를 독립적으로 논의하는 것을 거부했다. 따라서 한국은 전반적인 일한회담의 일환으로서만 이 문제의 논의에 응할 생각인 것으로 보인다.

3. 전반적인 일한회담을 재개하는 경우에는 샌프란시스코 평화조약 제4조 (b)항 이른바 미군정령 33호에 관한 일본 측의 기존 해석을 변경하고 재한 일본 재산은 이 조항으로 이미 상실된 것으로 생각할 필요가 있다. 이를 위해서는 재외 재산 보상 문제에 대한 정부의 기본적인 태도를 서둘러 결정할 필요가 있다.

4. 이렇게 해석을 변경하는 경우에도 한국 측이 요구하는 것처럼 일본이 사전에 이상의 사실을 진술하는 것은 피하고, 회담 재개 후 회담 과정에서 한국 측의 대일 청구와 대조하면서 이를 점차 명료하게

하는 방법을 취하고 싶다.

1956년 1월 11일 시게미쓰 외상은 앨리슨 주일 미국대사와의 회담에서 일한문제의 진행방식에 대한 일본 측의 생각을 정리한 구술서(oral statement)를 수교했다. 여기서 일본 측은 구보타 발언은 개인적인 견해를 표명한 것이지 공식적인 의견은 아니며, 청구권 문제는 미국 정부의 평화조약 제4조의 해석을 기초로 하는 해결 방법을 생각하고 있고, 또 일본 정부는 한국과의 문제를 평화적 수단인 교섭에 의해 해결할 것을 기대하고 있다고 말했다.

1956년 1월 18일 열린 다니 대사와 앨리슨 대사의 회담에서 앨리슨 대사는 재한 일본 재산의 청구에 관한 미국 측의 견해를 제시하면서, 이를 일본과 상의한 다음에 적절한 기회에 발표하고 싶다고 말했다. 재한 일본 재산의 청구권에 관한 미국 정부의 견해는 앞서 언급했듯이, 1952년 4월 29일 자 주미 한국대사 앞으로 보낸 서한(동일한 취지가 일본 측에도 전해졌다)에도 나와 있지만, 단지 "일본 재산권이 상실된 것은 특별협정 체결 시에 고려되어야 한다"는 것뿐이었다. 이에 대해 앨리슨 대사가 제시한 안은 그 취지를 부연하며 "평화조약의 기초자는 한국의 대일 청구에 관해 그러한 청구권이 이미 일본 자산의 귀속에 의해 어느 정도 만족된 것이 분명하지만, 평화조약에서 규정하기에는 충분한 사실 또는 충분한 법률론의 분석이 결여되어 있었기 때문에 이 문제를 일한 간의 특별협정에 맡긴 것이며, 일한 간의 특별협정 시에는 대일 청구권이 한국의 일본 재산 취득에 의해 얼마나 소멸되고 또한 얼마나 만족된다고 생각할 수 있는지 범위를 결정하는 문제도 포함되어야 한다"고 설명하는 내용이었다.

1월 25일 도쿄 주재 미국대사관의 해클러(Hackler)와 램(Lam) 서기관, 나카가와 국장 간에 상호 석방 및 회담 재개에 관한 협의가 진행되었다. 2월 15일 시게미쓰 외상은 앨리슨 대사에게 수교한 문서에서 "대한국 청구권 문제를 해결하는 데에는 전기한 1월 18일 자 미국 측의 견해가 공정한 해결을 위한 기초가 될 수 있다고 생각한다"는 취지를 말했다. 4월 10일 시게미쓰 외상과 김용식 공사의 회담에서 김 공사는 억류자의 상호 석방 문제에 이어 일한 간의 현안 문제 해결의 진행을 대통령으로부터 허가받았다고 전했고, 이에 시게미쓰 외상도 찬성의 뜻을 표명했다. 5월 30일 나카가와 아시아국장은 유태하 참사관과의 회담에서 조만간 제3차 실무회담을 열어 그 자리에서 한국 측이 일방적으로 "종전 전부터 일본에 거주하는 한국인 가운데 악질적인 자는 앞으로 한국 측이 인수하는 것이 당연하지만, 그 구체적인 기준은 재개 후의 일한회담에서 결정하고 싶다"는 취지를 표명할 것을 제의했고, 유 참사관도 그 안을 추진하려고 생각하는 것 같았다. 그러나 그 후 재일한국거류민단이 주최한 6·25 전쟁 기념대회에서 유 참사관을 탄핵하는 전단이 뿌려진 데다, 7월에는 그의 해임을 요구하는 움직임이 재일한국인 사이에서 거세졌기 때문에 유 참사관의 제안으로 당분간 협의를 진행하지 않게 되었다.

(2) 나카가와 아시아국장과 김용식 공사의 회담

1956년 10월 나카가와 아시아국장은 김용식 공사와 논의를 진행했다. 나카가와 국장은 오로지 시게미쓰 외상과 김 공사의 양해 수준에 따라 논의를 석방 문제에 한정하려 한 반면, 한국 측은 나카가와 국장의 제안을 받는 조건으로 회담 재개 이전에 청구권 철회를 표명하길 요구함과 동시에, ①일한회담 재개 전에 오무라 수용소에 형벌법령위반자를 수용하지 않을 것, ②불법 입국자 중에서 일본에 특별 체류가 허가된 자들 가운데 몇 명(모두 이승만 정권을 반대하는 사람들이다)을 한국 측에 인도하는 안을 제시해왔다.

12월 11일 회의에서 나카가와 국장은 아래와 같은 방안을 제시했다. (또한 상기 ①안은 12월 18일 열린 각의에서 한국의 요구를 받아들이는 것으로 결정됐지만, 그 후 1957년 1월 입국관리국의 요청에 따라 "일한회담을 시작한 지 3개월이 지나도 타결되지 않을 때는 일본 정부가 그 수용을 재개하는 권리를 보유한다"는 취지를 한국 측에 전했다.)

각서

한국에 억류된 일본인 어부와 강제퇴거 처분을 받은 재일한인에 대한 조치에 관한 건

1956년 4월 2일 시게미쓰 외상과 김용식 공사 간의 논의를 구체화하기 위해 양국 정부는 다음과 같이 합의한다.

1. 한국 정부는,

(가) 동국 외국인수용소에 수용 중인 일본인 어부를 본 각서의 발효 후 신속하게 편한 교통수단으로 일본에 송환한다.

(나) 일본 정부에 의해 강제퇴거 처분된 한인 밀입국자의 송환을 신속하게 받아들인다.

(다) 일본 정부에 의해 강제퇴거 처분된 한인 형벌법령위반자로서 스스로의 의사에 따라 귀국을 희망하는 자를 인수한다.

2. 일본 정부는,

(가) 동국 입국자수용소의 한인 형벌법령위반자를 석방한다.

(나) 이 석방자에 대해서는 기간을 정하여 보도(補導)조치를 강구하기로 하고, 대략 3개월간에 걸쳐 석방을 완료하도록 노력한다.

3. 본 각서는 1956년 12월 [ ]일부터 효력이 발생한다.

(부속 양해)

1. 양국 정부는 일한 간의 전면 회담을 가능한 한 조기에 재개하도록 노력한다.

2. 이 회담에서는 일본 정부에 의해 강제퇴거 처분된 한인 형벌법령위반자를 한국 정부에서 인수하

는 구체적인 기준을 협의해 결정하기로 하고, 이 기준에 따라 앞으로 한국 정부는 이들을 받아들이는 것
으로 한다.

　　3. 이 협의가 결정될 때까지 일본 정부는 한인 형벌법령위반자를 강제퇴거시키기 위해 수용소에 수
용하는 일을 최대한 자제하도록 노력한다.

　그러나 김 공사는 이 안에 대해 많은 수정 의견을 제시했다. 12월 24일 회의에서 나카가와 국장
은 "(1) 각서안 1항의 (나)를 '일본 정부에 의한 한인 밀입국자의 송환을 신속하게 받아들인다'라
고 한다, (2) 각서안 1항의 (다)를 삭제하고, (3) 각서안 2항의 (가)를 '동국 입국자수용소에 수용
중인 한인으로 밀입국자 이외의 자를 석방한다'라고 한다, (4) 각서안 2항의 (나)를 '이 석방자 중
에는 생활지도 조치를 강구할 필요가 있는 자도 있기 때문에 대략 3개월간에 걸쳐 석방을 완료하
기로 한다'고 한다, (5) 부속 양해에 '양국 정부는 법규의 근거 없이 상호 상대국의 국민을 체포, 억
류하지 않을 것을 약속한다'를 추가한다"고 수정을 가한 뒤 이것이 나카가와 개인으로서 생각할 수
있는 일본 측의 최종안이라면서 법무성과 협의한 후에 다시 김 공사에게 연락하겠다고 약속했다.
그러나 12월 29일 김 공사는 다음과 같은 수정 의견을 제출했다.

　　(가) 부속 양해 3항의 "자제하도록 노력한다"를 "자제한다"로 고친다.
　　(나) 일한회담의 조기 재개 전망을 첨부한다. 이를 위해 일본 측은 구보타 발언을 철회하고, 재산청구
　　권을 포기한다.
　　(다) 밀입국자 중에서 특별 허가로 체류하는 자는 한국 측이 요청하는 경우 한국으로 인도한다.
　　(라) 귀국하는 한국인에게 돈을 준다.

　이에 대해 나카가와 아시아국장은 "(다)는 주권국가로서의 명예에 관한 것이기 때문에 전혀 문
제가 되지 않는다, (라)는 억류자와 직접적으로 관련이 없다. 일본인과의 형평성 측면에서도 출국
하는 한국인에게만 돈을 주는 것은 이치에 맞지 않는다. 재개 후의 일한회담에서 시간을 갖고 논의
해야 할 성격이다"라고 언급했다. 이어 나카가와 국장은 억류자 이외의 문제까지 확대하는 한국 측
의 불명확한 태도를 지적한 후 앞서 보여준 상호 석방 교섭안에 대한 정식 답변을 요구하면서, 일
본 측의 최종안으로 타결할 의사가 없다면 비공식 교섭을 중단하고 일한 양국의 주장을 공표한 가
운데 교섭을 진행하고 싶다는 생각을 밝혔다.

　이에 대해 1957년 1월 18일 한국 정부는 답변으로서 (가) 억류자의 상호 석방은 앞으로 논의가
마무리될 때까지 일본 측에서 오무라에 새롭게 수용하지 않는다는 선에서 무조건적으로 실시해도
지장이 없다는 것, (나) 이와 동시에 일한 전면 회담 재개에 관해 협의할 것, (다) 이 전제로서 구보
타 발언의 철회와 대한국 청구권의 포기를 거론하고, 특히 일본에 있는 한국 고미술품의 인도를 일

본 측이 고려할 것을 요구했다.

그 결과, 상호 석방을 실시한 뒤 양국 간의 분위기를 개선한 다음에 전체 회의를 시작하고, 전면 회담 재개 후 즉시 회의가 교착상태에 빠지는 것을 방지하기 위해 기본문제에 관해 사전에 최대한 쌍방의 의견을 일치시키도록 노력한다는 기본 원칙에 합의를 보았다.

상호 석방 및 일한 전면 회담 재개를 위한 일한교섭은 전화 협의를 포함해 1956년 10월에 두 차례, 11월에 두 차례 열렸으나, 12월 들어 열 차례, 1957년 1월 다섯 차례, 2월 열한 차례, 3월 세 차례(2일, 5일, 6일), 4월 다섯 차례(3일, 19일, 22일, 26일, 30일) 열렸다. 그사이 1956년 12월 23일에 이시바시 내각이 출범되었다가 이시바시 단잔(石橋湛山) 총리가 건강을 해쳐 불과 2개월 만인 1957년 2월 23일에 내각에서 총사직하고 기시 내각이 탄생했지만〔외상은 기시 노부스케(岸信介) 총리가 겸임〕, 나카가와 국장과 김 공사의 회담은 계속되었다.

2월 21일 나카가와 아시아국장은 모건(Morgan) 주일 미국대사관 참사관과의 회담에서 미국 측이 적절한 시기에 청구권에 대한 미국의 해석을 일한 양국에 다시 제시하는 것과 관련해서도 협의했다.

나카가와 국장은 2월 27일 중의원 외무위원회에서 "조건은 거의 일치한다. 이와 관련해 일한회담을 여는 전제조건에 대한 협의가 진행되고 있다. 순조롭게 진행되면 3월 중에 상호 석방이 실현된다. 오무라 수용소에 있는 사람 가운데 국내 석방자는 종전 전부터 일본에 거주하고 있는 500명으로, 나머지 1,000명 가까운 밀입국자는 한국으로 돌아간다. 일한회담의 국적처우 관련 논의에서 어떠한 악질적 조선인을 향후 한국이 인수할지가 결정될 것이다. 이승만 라인을 침범했다고 붙잡힌 어부는 약 900명으로, 형을 만료한 자는 약 700명이고, 나머지 약 200명은 형기가 끝나면 자동적으로 돌아온다. 일한회담이 끝날 때까지 일본인 어부를 구류하지 않는다는 이야기까지는 어렵다"고 답변했다. 3월 7일 나카가와 국장과 김 공사의 회담에서 논의한 사항은 다음과 같았다(이 양자 회담에서 실질적인 논의는 3월 6일 끝났다).

한국에 억류된 일본인 어부와 강제퇴거 조치를 당한 재일한인에 대한 조치에 관한 합의각서(안)

일한 양국 정부는 아래의 조치를 취하는 것에 의견이 일치했다.

1. 한국 정부는 형기를 만료하고 동국 외국인수용소에 수용되어 있는 일본인 어부를 일본으로 송환하고, 한인 밀입국자의 송환을 받아들인다.

2. 일본 정부는 종전 전부터 일본에 거주하고 있는 한인 중에서 강제퇴거 처분되어 입국자수용소에 수용되어 있는 자를 석방한다.

3. 본 각서는 서명일로부터 효력이 발생한다.

1957년 3월 [ ]일 도쿄에서 본서 2부를 작성했다.

일본국을 위해

대한민국을 위해

(비공개)

부속 양해(안)

일한 간의 전면 회담이 1957년 4월 [ ]일에 재개되고, 이 회담에서 강제퇴거자 인수 기준을 포함한 재일한인 처우 문제가 신속하게 협의 결정된다는 기대하에 이 협의 결정이 이루어질 때까지 일본 정부는 한인 형벌법령위반자를 강제퇴거시키기 위해 수용소에 수용하는 일을 자제한다. 입국자수용소의 재일한인을 석방할 때에는 당분간 피석방자에 대한 생활지도의 필요성을 고려하기로 한다.

(비공개)

합의의사록(안)

1. 일본 대표

각서 1항은 일본이 이른바 평화선을 인정한 것으로 해석되어서는 안 된다.

한국 대표

이 견해의 표명을 주목한다(take note).

2. 한국 대표

재개되는 일한 간의 전면 회담에서 재일한인 처우 문제가 협의될 때 밀입국자 송환 문제에 대해서도 협의하는 것으로 양해한다.

일본 대표

그렇다.

3. 한국 대표

재개되는 일한 간의 전면 회담의 의제는 제1차 내지 제3차 회담에서 논의된 5개 항목이라고 양해한다.

또한 전체 회담에서 논의되는 전기 5개 항목에는 다음과 같은 제 문제가 포함된다고 양해한다.

  (1) 기본 문제에 관해

    a. 1910년 또는 그 이전에 일한 간에 체결된 조약이나 협정이 효력을 갖지 않는다는 사실의 확인에 관한 사항

    b. 주권 존중 및 불간섭에 관한 사항

  (2) 재일한인의 지위 및 대우에 관해

    a. 재일한인의 지위에 관한 사항

    b. 재일한인이 취득한 재산상의 권리에 관한 사항

    c. 귀국하는 한인이 귀국 시 갖고 가는 재산에 관한 사항

일본 대표

그렇다.

4. 일본 대표

1957년 3월 [　]일 자 「일한 청구권 해결과 관련해 대일 평화조약 제4조의 해석에 관한 미합중국 정부의 입장 표명」에 대해서는 한국 정부도 같은 생각이라고 양해한다.

한국 대표

그렇다. 또한 한국 측으로서는 재개되는 회의에서 재산권 문제에 관해 이전 회의에서 제출한 안을 제시하고 토의하고 싶다.

일본 대표

한국 측이 그러한 제안을 하는 경우 이를 토의하는 것에 반대하지 않는다. 또한 이에 대한 일본 측의 생각은 본회의에서 제시한다.

구상서(일본 측)(안)

외무성은 한국대표부에 경의를 표하면서 동 대표부에 다음과 같이 통보하는 영광을 누린다.

1953년 10월 15일 일한회담 청구권 소위원회에서 구보타 대표가 말하고 한국 측 대표가 이에 대해 항의한 발언은 일본 정부의 공식 견해를 반영하는 것이 아니다. 그런 의미에서 일본 정부는 이 발언을 철회한다. 또 청구권 문제에 관해 일본 정부는 1957년 3월 [　]일 자로 미합중국 정부로부터 일한 양국 정부에 제시된 「일한 청구권 해결과 관련해 대일 평화조약 제4조의 해석에 관한 미합중국 정부의 입장 표명」을 기초로 하여 향후 한국 정부와 교섭할 용의가 있다. 이와 함께 1952년 3월 6일 열린 일한회담에서 일본 측이 제시한 주한 일본 재산에 관한 청구권 주장은 철회한다.

구상서(한국 측)(안)

한국대표부는 외무성에 경의를 표하면서 외무성에 다음과 같이 통보하는 영광을 누린다.

외무성은 1957년 3월 [　]일 자 구상서 제[　]호로 한국대표부에 아래와 같이 통보했다.

……

한국 정부는 이러한 일본 정부의 통보를 양해하고, 따라서 양국 간의 현안을 해결하기 위한 회담을 1957년 4월 [　]일부터 도쿄에서 재개하는 것을 제의한다.

구상서(일본 측)(안)

외무성은 한국대표부에 경의를 표하면서 1957년 3월 [　]일 자 동 대표부 구상서 제[　]호를 수령했다는 취지 및 일본 정부는 1957년 4월 [　]일부터 도쿄에서 양국 간의 제 현안을 해결하기 위한 회담을 재개하는 것에 이의가 없다고 답변을 전달하는 영광을 누린다.

〔사안(私案)〕(비공개)

구두 전달 사항(안)

일한회담의 의제와는 별도로, 가능한 한 이른 시기에 일본 정부는 소유하고 있는 한국산 고미술품 중에서 한국에 인도할 수 있는 것을 한국 정부에 전해주기를 희망한다.

공동발표(안)

1957년 3월 [ ]일 기시 외상은 한국대표부 수석 김 공사와 만났다. 당시 기시 외상은 "1953년 10월 15일 일한회담 청구권 소위원회에서 구보타 대표가 말하고 한국 측 대표가 이에 대해 항의한 발언은 일본 정부의 공식 견해를 반영한 것이 아니다. 그런 의미에서 일본 정부는 이 발언을 철회한다. 또 청구권 문제에 관해 일본 정부는 1953년 3월 [ ]일 자로 미합중국 정부가 일한 양국 정부에 제시한 「일한 청구권 해결과 관련해 대일 평화조약 제4조의 해석에 관한 미합중국 정부의 입장 표명」을 기초로 하여 향후 한국 정부와 교섭할 용의가 있다. 이에 따라 1952년 3월 6일 열린 일한회담에서 일본 측이 제시한 재한 일본 재산에 관한 청구권 주장은 철회한다" 는 취지를 김 공사에게 통보했다.

김 공사는 이상의 일본 정부의 통보를 한국 정부가 양해하고, 따라서 양국 간의 현안을 해결하기 위한 회담을 1957년 4월 [ ]일부터 도쿄에서 재개하자고 제의하는 취지를 말했다. 기시 외상은 이 제의에 이의가 없다는 취지로 답했다.

이와 관련, 나카가와 아시아국장은 "일본 측이 종래에 주장해온 점들은 다음과 같지만, 한국 측이 동의하지 않는다"고 적고 있다.

1. 「각서」 본문 1항에서 "형기를 만료하고"를 삭제한다(이에 따라 「합의의사록」 1은 자동적으로 불필요하게 된다).

2. 「합의의사록」 3항에서 '(1) 기본관계에 관해' 이하 부분은 삭제한다(의제는 5개 항목이라는 것만으로 충분하다는 뜻이다).

3. 「합의의사록」 4항은 원안대로 한다.

김 공사는 이를 삭제하고, 별도로 한국 정부가 같은 취지의 성명을 발표, 그 내용을 도쿄에 구상서로써 통보하는 방안을 고집하고 있다. 정부 성명이 나오지 않는 경우는 이 항목의 삽입을 고려한다고 했지만 일본 측은 이 방식에는 반대한다. 또한 '일단'이라는 문구를 넣는다(한국 측이 종래의 안을 '일단' 제시하는 것을 인정한다는 의미이다).

4. 「구두 전달 사항」은 전체를 삭제한다.

특히, 마지막 「구두 전달 사항(안)」의 문화재에 대해서는 한국 측의 요구가 강했지만, 3월 6일

회담에서 나카가와 국장은 문화재보호위원회에서는 "인도할 필요 없다"는 의견이 강하다고 언급했다. 이에 대해 김 공사는 문화재 인도는 제2차 일한회담 이후 일본 측도 인정한 안이라면서 이를 고집함과 동시에, 경우에 따라서는 억류자를 석방할 때가 아니라 이 회담을 열기 전에 받는 것을 고려해도 좋다고 말했다. 김 공사는 3월 9일 기시 총리와의 회견에서 총리에게 문화재의 인도를 특별히 요청했다.

1957년 3월 15일 나카가와 아시아국장은 「일한문제에 관한 건」을 기안한 다음 아래와 같이 기록했다.

그 후 김 공사와는 원칙으로 연일 회담한 결과 수정할 점을 둘러싼 이견이 대부분 명확해져 별다른 진척이 없다. 우리 측으로서는 종래에 주장했던 여러 사항을 여전히 유보하고 있었지만, 상대방이 이를 수용할 가능성이 없고, 또 이를 수용했을 때는 교섭자인 김 공사의 입장이 매우 난처해질 것이다. 나로서는 우리 측 입장은 유보하면서도 김 공사에게서 서로 양보할 수 있는 최대한의 한도를 확인하려 노력했지만, 오늘까지 그 수준은 대체로 별지 초안과 같은 정도로 생각된다. 나의 느낌으로는 자구(字句) 측면에서는 다소 좋지 않은 것도 있지만, 실질적 측면에서는 이 초안에 의해 대국(大局)에 영향은 없다고 판단된다. 또 교섭 상대인 김 공사의 입장을 지나치게 약화시키는 것은 우리 측에도 유리하지 않으니, 이 정도에서 타협해야 한다고 생각된다.

그러나 이에 대해 오노 가쓰미(大野勝巳) 외무차관은 다음과 같은 코멘트를 주기(注記)했다.

합의의사록에서 '(1) 기본 문제에 관해'에 a 사항을 써서 드러내는 것은 동의할 수 없으며, 이 문제는 분과위원회(기본조약위원회)에서 당연히 거론해야 한다는 사실을 상대방도 알고 있을 터이다.

본 의견서에 기록된 여러 사항 중에서 상대측이 여전히 받아들이지 않는 부분은 그대로인데 전면 회담으로 들어갈 수는 없고, 또 청구권의 문제 이외에 '이승만 라인' 문제에 대해서도 해결의 전망이 없는 오늘날, 억류자의 석방 문제에만 잡혀 조인하는 것은 좋지 않는 방책이라고 생각한다.

현재 상황에서 전면 회의를 개최하더라도 회담이 정체 상태에 빠질 것은 거의 확실하며, 그 내외 정국에 미치는 영향 또한 아주 클 것으로 보인다. 청구권 및 '이승만 라인' 문제에 대한 우리 측의 태도를 확실히 정하기 위한 작업 및 결정이 선결 문제라고 생각한다.

4월에 들어서는 나카가와 아시아국장과 김용식 공사의 회담은 19일, 26일, 30일에 열렸는데, 이렇다 할 진전 없이 끝났다. 이는 한국 정부가 5월 16일부로 김 공사를 프랑스 주재 공사로 전출시키고, 김유택(金裕澤) 한국은행 총재(5월 1일부터 주일 한국대표부 고문으로서 일본을 방문 중이었다)를 대표부 수석대사로 임명하고, 5월 20일 유태하 참사관을 공사로 승진시켰기 때문이었다.

나카가와 아시아국장은 김 공사가 전출된 사정이나 일한교섭에 대한 이승만 대통령의 태도에 관해 김 공사의 측근으로 알려진 연(延) 중령〔성만 적혀 있고 이름은 기록되어 있지 않지만, 당시 우치다 후지오(內田藤雄) 입국관리국장, 나카가와 아시아국장과 각각 두 차례씩 회담한 인물이다〕이 5월 13일 그에게 은밀히 말한 것에 대해 자필로 아래와 같이 기록했다.

　　1. 김 공사의 심복인 연 중령은 지난주 연락 문제로 서울로 돌아갔는데, 그저께 일본으로 돌아와 오늘 오후 나카가와를 방문해 아래와 같이 말했다.

　　　　(1) 내가 이번에 귀국했던 이유는 지난번 부임한 김유택 고문의 일본 파견에 대한 배경을 파악하기 위해서였다. 김 고문의 파견은 사실 김 공사에게는 아닌 밤중에 홍두깨였다. 그 배경은 결국 다음과 같다. 김 공사는 올해 두 차례 본국에 들어가 이승만 대통령과도 만나 양해를 얻어 귀 국장과 교섭하고 있었지만, 그동안 유 참사관에게는 전혀 내용을 알려주지 않은 채 그가 방해하는 것을 저지해왔다. 그러나 유 참사관은 점차 신문 등을 통해 그 내용을 감지했고, 특히 재산청구권에 관해 미국의 해석을 기초로 하는 것은 결국 나중에 상호 포기로 타협되는 위험이 있다고 본국에 보고하고, 김 공사의 교섭을 방해하려 했다.

　　　　이승만 대통령으로서도 한국의 체면상 일한회담 재개에 반대할 수는 없었지만, 내심 마음이 내키지 않았기 때문에, 유 참사관의 방해는 상당한 효과를 거뒀다. 또 유 참사관은 야쓰기 가즈오(矢次一夫)[53] 씨, 우에무라(上村) 씨를 통해 이시이 미쓰지로(石井光次郎)[54] 씨에게도 접근해 일본 측이 상당히 양보할 마음이 있다는 보고도 보낸 모양이다.

　　　　한편, 김 공사의 교섭은 순조롭게 진행되어 타협 직전까지 왔기 때문에 이승만 대통령으로서도 타협할지 여부를 고민하게 됐다. 그러다가 결국 이대로 김 공사가 교섭을 계속하고 있으면 한국 측에 불리한 조건으로 타결할 수밖에 없는 처지가 되기 때문에 교섭 지연을 획책하기 위해 김 공사를 전출시키고 다른 사람을 대표부 수석으로 임명하는 방안을 생각해냈다. 당초 대사로 뽑힌 사람은 전 국방부 장관 손원일(孫元一) 씨였지만, 그는 대통령의 사고방식으로는 일한교섭은 타결이 불가능하다고 보고 거절했고 독일대사를 희망했다. 그 결과 전 한국은행 총재였던 김유택 씨로 낙착되었던 것이다.

　　　　(2) 김용식 공사가 4월에 귀국했을 때 대통령은 이번 일이 일단 정리되면 어딘가 외국으로 전출시

---

53)　1899-1983. 일본의 낭인(浪人) 정치가. 1934년 이후 학자, 사회활동가 등을 모아 '국책연구회'를 조직, 전시 국책 입안 활동을 벌였다. 전후에는 공직에서 추방되었지만, 샌프란시스코 강화조약 발효 후인 1953년 국책연구회를 재건했다. 1956년 실업가, 평론가 등을 대표로 하는 형식으로 한국 및 대만의 정재계와의 브로커 역할을 했다. 특히 기시 노부스케 총리의 특사 자격으로 한국과 대만을 방문했다.

54)　1889-1981. 일본의 정치인. 중의원의장, 부총리, 법무대신, 행정관리청장관, 홋카이도 개발청장관, 운수대신, 상공대신을 역임. 1956년 이후 자민당의 중간 파벌인 이시이파의 영수로서 일본 정치 외교에 상당한 영향력을 행사했다. 특히 기시 노부스케 내각에서 부총리를 역임했다.

켜주겠다, 어디를 원하느냐고 물었다. 그래서 김 공사는 프랑스를 희망했다. 현재 아그레망을 요구하고 있다. 발령은 이르면 1개월 후가 될 것이다.

(3) 김유택 고문은 부임 후 유 참사관과 기타자와 나오키치(北沢直吉, 관방부장관) 씨와 함께 두 차례 이시이 씨를 만났다. 이시이 씨와는 대략적인 이야기를 했을 뿐이지만, 교섭 타결을 상당히 희망적으로 관측하고 있는 것 같고, 김용식 공사가 얻을 수 없었던 것을 이 통로로 얻을 수 있지 않을까라고 생각하고 있다(내가 별도로 기타자와 씨로부터 들은 바로는 유 참사관은 기타자와 씨에게 (가) 재산권 문제, (나) 1910년 이전 조약의 효력 문제, (다) 이승만 라인 문제 3개 사항에 관해 대체적인 이야기를 마무리한 후 즉시 억류자를 석방하고 싶다는 뜻을 제안했다고 한다. 또 이승만 라인 문제에 대해서는 당분간 이승만 라인을 인정해주길 바란다, 다만 일본 측의 조업을 완전히 인정하지 않겠다는 것이 아니라 한국 측의 허가를 받아주었으면 좋겠다고 이야기했다고 한다). 이 같은 보고를 받은 이승만 대통령은 드디어 욕심을 내어 이때 일본 측으로부터 짜낼 만큼 짜내자는 생각으로 바뀌었다.

(4) 김용식 공사는 일한문제에 대해서는 자신이 가장 잘 알고 있으며, 이승만 라인 문제를 들고 나오면 이야기를 계속할 수 없다, 이것은 언급하지 말고 억류자 석방을 실시하고, 이 문제는 재개 후의 회담에서 다루자고 하는 것이 자신의 생각이라고 말했다. 김 공사는 현재 김유택 고문의 라인은 반드시 교착상태에 빠지기 때문에 결국 자신의 라인으로 돌아올 것으로 전망하고 있다.

(5) 김용식 공사는 반드시 자기 손으로 현재의 억류자 상호 석방 문제를 해결하고 싶다고 지금도 염원하고 있지만, 이시이 국무대신이 김 고문과 회담하고, 게다가 "김용식 공사와 나카가와 국장의 회담은 교착상태에 빠졌고, 이제는 김유택 고문과 더 높은 수준에서 회담할 필요가 있다. 기시 총리는 일한문제를 스스로 챙기고 있다"고 신문에 보도됐기 때문에 매우 난처한 입장이 되어버렸다. 따라서 내일(14일 화요일) 오후로 예정되어 있는 귀 국장과의 회담도 사정을 고려해 보류하고 싶다고 말하고 있다. 김 공사로서는 가능하면 다시 기시 총리를 뵙고 자신이 외무성과 진행하고 있는 회담이 유일한 정식 회의라는 확인을 받고 싶다고 생각하고 있다. (나카가와는 자신이 김 공사와 진행하고 있는 회담이 유일한 정식 경로임이 틀림없고, 여기서 김 공사가 기시 총리와 회견하면, 여론은 당연히 이야기가 타결될 것으로 기대하기 때문에, 김 공사가 기시 총리와 면담해서 아무런 결정도 나오지 않으면 어색해지므로, 내일 회담은 예정대로 실시하여 직접 김 공사에게 정세 판단을 듣고 싶다고 언급했다.)

2. 정세 판단

이상과 같은 연 중령의 말로 판단컨대, 이승만 대통령은 일시적으로 김용식 공사의 진언을 듣고 종래 김 공사와 나카가와 국장의 회담의 수준에 따라 억류자 상호 석방, 일한회담의 재개를 결의했지만, 그 후에 일본 측의 신문 보도, 유 참사관의 보고 등으로 (가) 재산청구권 문제에 대한 미국 측의 해석을 채택하는 것은 자국에 예상치 못한 불이익을 발생시킬 수 있다는 것, (나) 이승만 라인 문제와 관련해서도 이때 일본 측으로부터 어느 정도 양보를 얻어낼 가능성이 있다는 것을 감안하여, 김 공사의 교섭을 최종적으로 성립시키는 것을 잠시 보류하고, 선수를 교체해 다른 루트를 열어 일본 측으로부터 보다 많은 양보를 얻어야겠다고 생각한 것 같다.

3. 취해야 할 조치

(1) 상대방의 전략은 현재 김 공사와 나카가와 국장의 회담이 자구(字句) 2개를 둘러싸고 교착상태에 빠진 가운데 김 공사를 전출시켜 사실상 종래의 논의를 해소하고 후임자로 하여금 새로운 입장에서 이승만 라인 등의 문제를 제기토록 하려는 데 있다고 생각된다. 이러한 경우 일본 측으로서는 한국 측의 새로운 조건은 도저히 수락할 수 없기 때문에 논의는 교착상태가 될 수밖에 없는데, 그때 일본 정부는 억류된 어부의 가족을 비롯한 이들로부터 교섭을 신속하게 타결하지 않는다고 맹렬하게 비난받게 된다. 이를 약간이라도 회피하기 위해서는 일본 측이 최대한 양보를 했지만 한국 측의 불합리한 태도 변경 때문에 회담이 결렬될 수밖에 없는 사정을 시기(時機)를 놓치지 않고 명료하게 확인할 필요가 있다. 그러려면 다음 회담에서 김 공사에게 문제점이 여전히 종래의 두 가지 사항만인지를 확인하고, 상대방이 이를 인정하면 이 두 가지에 대한 김 공사의 해석은 일본 측의 해석과 실질적으로는 동일한 의미라는 것을 다시 확인한다. 그리고 일본 측은 이 해석을 반드시 의사록에 써야 한다고 고집하지 않고, 지금 구두상의 보증으로 만족한다는 취지를 말하고, 즉시 문서 교환을 재촉하는 것으로 하고 싶다.

(2) 이 경우, 김 공사는 즉시 대답하지 않고 본국에 청훈하겠다는 취지를 언급할 것이고, 결국 한국 정부는 답변을 주지 않은 채 예정대로 김 공사를 경질하고 후임자가 새로운 조건을 제시하도록 할 것이다. 그러나 그때 우리 측은 김 공사와 사실상 타결한 라인의 실시를 다그치고, 한국 측의 불신을 규탄할 수 있다. 또 신문 등 외부에 대해서도 이 정도 선으로 응수할 수 있다.

(3) 이상의 조치와 병행해 이승만 대통령의 오해를 일소하기 위해 이시이 씨가 김유택 고문에게 억류자 석방은 김용식 공사와 외무성 사이의 논의가 일본 정부의 최종 입장이고 자신도 이 방침을 전적으로 지지한다는 취지를 명확하게 전하는 것이 바람직하다. 이승만 대통령은 현재 김 공사, 김 고문 두 루트를 가려 쓰면서, 좋은 조건으로 논의를 진행하려고 생각하고 있는지도 모른다. 그렇다면 우선 김 고문의 라인에서 아무런 새로운 성과가 나오지 않는다는 사실을 명백하게 확인시켜주고, 다른 한편으로 김 공사와의 논의를 유연한 태도로 진행하는 방식이 현명하다고 생각된다.

10. 기시 총리 미국 방문 이전의 교섭

김유택 대사는 부임 후인 5월 20일 기시 총리(겸 외상)에게 인사하는 자리에서 나카가와 국장과 김용식 공사의 회담에서 나온 각서안을 기초로 하여 일한 간에서 아직 논의가 끝나지 않았던 점들을 최대한 빨리 마무리 짓도록 노력하겠다고 말했다. 기시 총리는 5월 20일부터 6월 4일까지 동남아시아 6개국 방문 여행을 떠나고 그동안 나카가와 아시아국장이 외상을 수행하기 때문에 일한 간의 교섭은 오노 차관, 미야케 기지로(三宅喜二郎) 참사관에 의해 추진된다는 점을 한국 측에 전했다. 기시 총리는 또 동남아시아 방문을 마친 후 6월 16일부터 7월 1일까지 미국을 방문할 예정이었는데, 4월 5일 열린 중의원 외무위원회에서 "일한문제는 국민에게 공약했기 때문에, 도미 전에 꼭 해결하고 싶다"고 말했고, 5월 17일 열린 중의원 외무위원회에서도 "도미 이전의 해결"을 언급했다.

오노 외무차관과 김유택 대사 회담은 5월 22일과 6월 8일에 열렸다. 또 안도 요시미쓰(安藤吉光) 참사관(아시아국장대리), 미야케 참사관과 유태하 공사, 최규하 서기관의 회담은 5월 23일, 24일, 29일, 6월 3일, 7일, 10일(5월 24일은 안도 참사관 결석)에 개최됐다. 5월 23일 교섭에서 기존의 나카가와 국장과 김 공사의 회담에서 타결보지 못했던 (가)「각서」본문 1항의 "형기를 만료하고"라는 말을 삭제하라는 일본 측의 주장(삭제하지 않는다면「합의의사록」에 평화선에 대한 일본 측의 입장에 관한 해석을 적을 것), (나)「합의의사록」4항의 "청구권에 대한 미국 정부의 해석에 한국도 같은 의견"이라고 한 부분에 관한 한국 측의 반대 의견 두 가지 외에, (다)「합의의사록」3항의 정식 회담 의제에 5개 항목의 내용을 자세히 나열해야 한다는 한국 측 주장, (라) 고미술품의 인도에 관한 내용을 예비교섭에서의「구두 전달 사항」으로 하는 것은 부적절하다고 하는 일본 측 의견 등에 대해 토론했다. 24일 한국 측은「부속 양해(안)」의 "당분간"이라는 문구를 삭제하기를 희망했다. 이에 대해 29일 일본 측은 (가), (나) 방안을 한국 측이 양보하면 (다), (라) 방안을 양보할 수 있다고 말했다. 논의는 (가), (나) 두 가지에 집중되었다. 이와 관련, 5월 29일 미야케 참사관은 '일본 측으로서의 일한 예비교섭 문제의 중요성'과 관련, 다음과 같이 기록했다,

1.「각서」1항 중에서 "형기를 만료하고"라는 자구와 관련, 우리 측에게 문제의 의사록이 필요한 것은 물론 그것이 이승만 라인과 관련되기 때문이다. 즉, 우리 측은 이승만 라인을 인정하지 않으므로 이승만 라인을 국내법으로 법제화한 한국의 수산자원보호법에 의한 나포, 처벌을 인정하지 않는다는 입장을 취하고 있다. 그런데 양쪽이 합의하는 문장에 "형기"라는 자구가 있으면 이 형벌에 근거해 이승만 라인을 인정했다고 오해 혹은 곡해를 받을 수 있고, 또 적어도 이를 인정한 것이 아닌가라는 의문을 초래할 수 있다. 그렇게 되면 국내에서 논란이 일어날 수 있고, 또 상대가 한국이기 때문에 정식 회담에서 이용당할 우려도 있다. 따라서 이때 이승만 라인에 대한 일본의 입장은 변함이 없다는 사실을 명확히 해두는 것이 필요하다.

2. 청구권 처리에 관한 미국 정부의 해석에 한국 측의 동의를 확보하려는 이유는 우리 측만 이 해석에 동의하고 구보타 발언을 철회하면 상대방은 반드시 정식 회담에서 자기들은 이 해석에 구속되지 않는

다고 할 것이기 때문이다. 그리고 지난 회담에서 상대방이 제시한 대일 청구권을 보면 전부 혹은 적어
도 조선은행이 사서 일본 국내로 보낸 금괴에 대한 청구권으로 3억 달러 정도를 요구할 것이 자명하기
때문에 이를 저지하기 위한 포석으로서 이것이 절대적으로 필요하다.

6월 3일 한국 측은 「각서」 1항 중에서 "형기를 만료하고"라는 문구의 삭제에 찬성하면서도 이와
관련, "일본이 평화선을 인정한 것으로 해석되어서는 안 된다"라는 「합의의사록(안)」을 삭제하는
대신에 "일본이 평화선에 관한 한국의 요청을 존중한다"는 취지의 문서를 회담 시작 전에 제시할
것을 요구했다. 또한 「각서」 2항에서 "퇴거 처분된"이라는 부분을 삭제할 것을 요구했다. 평화선에
대한 한국 측의 요구에 대해 일본 측은 10일 "어업 문제와 관련해서는 한국의 사정을 감안해 일본
측은 어족 자원 보존의 필요성과 한국의 어업 육성 등의 요청도 최대한 고려하여 쌍방의 호양(互
讓) 정신에 기초한 공정하고 합리적인 어업협정에 의해 실제적이고 우호적인 해결을 도모하도록
노력할 생각이다"라는 의견을 제시했다. 이에 대해 한국 측은 제1안으로서 "어업 문제에 관해서는
한국의 현재 상황을 감안해 일본 측은 어족 보존 등의 필요성을 고려하고 향후 쌍방 간에 원만한
어업협정이 체결되는 시기까지 한국 측이 설정한 라인 안에서 어로에 종사하는 것을 자제한다", 제
2안으로서 "어업을 포함해 해양을 둘러싼 제반 문제에 대해 일본 측은 현재의 한반도 사태를 감안
하고 한국의 필요를 고려해 우호적인 해결을 도모할 생각이다"라는 안을 제시했다. 한국 측은 이
승만 라인에 대해 일본 측으로부터 무언가 유리한 언질을 얻으려고 했는데, 5월 21일과 6월 10일
김유택 대사는 이시이 부총리(총리대신 임시대리)에게 이승만 라인은 일본 측이 일단 인정해달라
고 요청했다.

미야케 참사관이 작성한 23일 자 기록은 "오늘 회담을 통해 얻은 인상에 따르면 지금까지 유 공
사는 교섭 경과 및 문안의 내용 등에 관해 김용식 공사로부터 그다지 전달받지 못했기 때문에 문제
점을 잘 파악하지 못했으며, 유 공사는 또한 향후 실제 교섭은 최규하 참사관에게 맡기고 자신은
일본 측의 상류층 사이를 돌아다니면서 정치적으로 우리 측으로부터 최대한 많은 양보를 얻어 그
것을 자신의 공적으로 삼으려고 생각하는 것 같다"고 적고 있다. 6월 10일의 회담에서 유 공사는
"나카가와 국장과 김 공사의 회담은 인정할 수 없다. 내가 말한 것에 대해서는 책임을 지지만, 저렇
게 불쾌한 것은 인정할 수 없다"고 말했고, 교섭은 궤도에 오르지 못했다.

기시 총리는 동남아시아 여행에서 돌아온 후 6월 17일 김유택 대사와의 회담에서 현안의 2개 사
항에 대해 "(1) '형기를 만료하고' 문구를 그대로 두고 의사록에서는 삭제한다, (2) 청구권 문제는
(가) '양쪽 모두 미국의 해석을 취한다. 다만, 이는 상호 포기를 의미하지 않으며 일본 측은 한국의
청구권을 성의를 갖고 토의한다'는 내용을 회의록에 적는다', 혹은 (나) '일본 측은 미국의 해석에
따라 교섭한다'라고 하고 의사록에는 아무것도 쓰지 않는다 이렇게 (가), (나) 가운데 하나로 한다"
는 현저하게 양보한 단안(斷案)을 내렸다.

미야케 참사관과 유태하 공사는 그날 오후 9시부터 이튿날 오전 2시까지 만나 현안의 2개 사항에 대한 각서 문안을 정리했다. 또 12일 열린 기시 총리와 김 대사의 회담에서 김 대사가 '평화선'을 일한회담의 의제로 할 것을 주장하자 기시 총리는 이를 인정했다. 이어 김 대사는 "일본 측은 미국의 해석을 기초로 하여 청구권을 철회한다"는 안을 요청했는데, 이에 대해 기시 총리는 "구상서를 그런 식으로 한다면 의사록에 '한국 측도 미국의 해석을 기초로 하는 것에 동의한다'는 조항을 기록해야 한다"고 말했다. 일본의 『아사히신문』 6월 11일 자는 "상호 석방은 사실상의 타결"이라고, 한국의 『동아일보』도 "예비교섭의 실질적 타결"이라고 각각 보도했다. 기시 총리는 한국에 억류된 어부 가족 모임 서일본 대표 30여 명에게 "억류자 상호 석방은 15일까지 해결할 수 있다고 95퍼센트의 자신감을 갖고 말할 수 있다"고 선언했다.

유태하 공사는 12일 본국으로 돌아가 한국 정부에 타결한 문안을 보고하고 승낙을 요청하는 절차를 밟았다. 그러나 13일 오후 김유택 대사는 오노 외무차관을 방문, 본국 정부의 요청으로 추가로 10개소에 걸친 문안 재수정을 제안해왔다. 이와 관련해 약 10시간에 걸쳐 토의한 끝에 기본선을 무너뜨리지 않는 한도 내에서 일본 측도 수정에 응하기로 했다. 이에 따라 13일 한밤중에 본건 협정에 관련된 문안, 즉 (1) 상호 석방에 관한 각서, (2) 부속 양해(비공개), (3) 우리 측 구상서, (4) 상대측 구상서, (5) 미술품 인도에 대한 구두 전달 사항(비공개), (6) 전체 회담 재개에 관한 각서, (7) 합의의사록(비공식), (8) 공동코뮤니케에 대한 모든 확인을 마쳤다. 김 대사는 이 문안을 본국에 보내 승인을 요청하면서, "기시 총리가 출발하는 16일까지는 어떻게든 문서에 서명하는 단계로 나아가고 싶다"는 취지를 언급했다.

15일 오전에는 외무성, 대장성, 농림성, 문부성, 법무성의 각 차관(법무성은 관방비서과장, 입국관리국 차장) 및 법제국 차장들로 구성된 회의가 열렸다. 여기서 외무성 측이 기존의 경과를 설명했는데, 당시 청구권에 관한 대장성 측의 발언은 매우 엄했다. 대장성의 쇼지 게이지로(正示啓次郎) 이재국장은 「합의의사록」 4항에 대해 "대단한 양보이다. 미국의 청구권 해석을 인정해놓은 상태에서 일본의 것은 포기하고 한국의 것만 인정한다는 내용이다. 이러한 것이 다른 대외 교섭에 어떻게 영향을 주는지, 유사한 문제가 있는지 여부를 듣고 싶다. 국제법 해석상 이것을 인정하는 것은 우리 일본 외교정책의 일관성을 훼손하는 것이 아닌가"라고 발언했다. 이에 대해 나카가와 아시아국장은 "유사한 사례는 없다. 한국과 같이 미군정령 33호가 있는 지역은 없다. 또한 한국 문제는 이렇게 해결할 수밖에 없다. 본심을 이야기하자면 미국의 견해는 '멋진 것이 왔다'는 느낌이다. 이것이 없었으면 못 할지도 모른다. 물론 상호 포기가 아니라고 단언한 것은 조금 아쉽지만 어쩔 수 없다"고 답했다. 다카쓰지 마사미(高辻正己) 법제국장은 "미국의 해석은 청구권의 상호 포기가 아니라고 말할 수 있을지도 모르지만, 그 영향은 아주 중대한 것이다"라고 말했다. 쇼지 이재국장은 또 "미국의 해석은 어쩔 수 없다. 그렇지만 그 정도로 양보한 다음에 또 '상호 포기를 의미하지 않는다'고까지 하면, 아시아 외교는 괜찮은 것인가. 외무성으로서도 양보할 수 있는 한계가 있는 것이 아니냐'고 지적했다. 모리나가 데이치로(森永貞一郎) 대장성 차관은 "일본의 발언으로서 적극적으로 이 견해가 덧붙여져 있다. 상대측의 발언으로 하는 것이 바람직하다"고 언급했다. 이에 대해 나카가와 아시아국장은 "지금 와서는 곤란하다"고 답변했는데, 대장성 차관은 "약점을 이용하려다 당했다. 서두르지 않는 게 좋지 않을까"라고 말했다. 나카가와 아시아국장은 "상대측이 일방적으로 말하는 것은 도저히 수용할 수 없다. 어느 쪽이 말하는지가 문제가 된다면, 어느 쪽이 말해도 차이는 없다"고 대답했다.

15일 밤 한국 측으로부터 추가적인 수정 제안이 있어 그것에 따라 약간의 수정이 이뤄졌다. 6월 16일 외무성은 '한국에 억류된 일본인 어부와 강제퇴거 조치를 당한 재일한인에 대한 조치 및 일한 간의 전면 회담 재개에 관한 일한 양국 정부 간의 협정'에 대한 각의 청의(請議)를 준비했다. 외무성은 그 설명서에서 교섭 경위를 언급한 후 마지막 부분에 다음과 같이 언급했다.

> 여기서 외무성 사무 당국은 나[55]의 재단(裁斷)을 요구했다. 나로서는 우리 측의 기본 입장을 해치는 것 같은 의견을 표시하거나 협정을 체결할 수 없다. 하지만 인도적인 견지에서나 국민감정상 억류 어부의 석방을 가능한 한 신속하게 실현하고 싶다는 생각에 '형을 만료하고'라는 자구는 남겨 두지만, 이로써 우리가 이른바 '평화선'을 인정한 것은 아니라는 점을 구두로 밝혀두는 것으로 타협했다. 또한 청구권 문제에 대해서는 의사록에 한국 측도 미국 정부의 해석과 같은 의견이라는 것을 명기, 상대측의 불법적인 요청에 대한 예방선(豫防線)으로 삼음과 동시에, 다른 한편으로 미국 정부의 해석은 상호 포기를 의미하는 것이 아니며 우리 측은 한국의 청구권 해결을 위해 성의를 갖고 토의한다는 취지를 기재하는 것으로 타협했다. 문화재 인도에 대해서도 국내적으로 여러 가지 어려움이 있지만, 우리 측의 대승적 견해로 호의적인 제스처로서 인도할 수 있는 문화재는 한국에 건네주기로 결심했다. 이 방침에 따라 사무 당국이 다시 절충에 임한 결과, 오늘 각의 청의와 같은 해결(안)에 쌍방 간의 의견 일치를 보기에 이르렀으므로 이에 각의 청의를 하는 바이다.

그러나 16일 오후 김 대사는 오노 외무차관에게 한국 정부는 이 방안의 심의에 약간의 시일을 필요로 하므로 기시 총리가 미국으로 가기 전에 조인하는 것은 불가능하게 됐다는 취지를 전했다.

6월 17일 『마이니치신문』은 관련 해설 기사에서 다음과 같이 말했다.

> 기시 총리는 95퍼센트 확신한다고 했던 도미 전 일한 억류자의 상호 석방을 하네다(羽田) 공항에서 출발하는 약 7시간 전까지 애타게 기다렸지만, 결국 '허탕'을 치고 말았다. 한국과의 교섭은 마지막 1분

---

55) 외상을 겸하고 있던 기시 노부스케 총리를 말함.

까지 알 수 없다는 것이 외무성의 귀중한(?) 경험이었는데, 이번에도 예외는 아니었던 셈이다. 이미 조인에 필요한 모든 서류를 준비하고 시계와 씨름하고 있던 외무성이 새삼스럽게 한국에 대한 불신감을 강하게 느낀 것은 부정할 수 없다.

한국 측은 지난 12일 밤부터 13일 새벽에 걸쳐 미야케 참사관과 유 공사 간에 결정된 방안을 최종안으로서 인정했는데 그 후에 다시 협정안의 수정을 요구했다. 한국 측이 이승만 대통령의 재결을 받기까지 실제로는 '세 가지 최종안'이 만들어진 양상이었다. 일본 측으로서는 그때마다 이것이 최종안이라고 확인해줬는데도 그것이 허탕이 된 형국이었다. 일본 외무성은 "보통의 외교 상식이라면 한 나라의 현지 대사가 동의한 것이 뒤집히는 일은 상상할 수 없는데, 한국만은⋯⋯" 이라면서 상식 무시에 질려 있었다. 그만큼 외무성 내에서는 "이번에는 우리 측도⋯⋯" 라는 대항적인 분위기가 없지 않다.

16일까지 있었던 교섭 경과를 되돌아보면, 기시 총리가 국회에서 종종 "도미 전에 상호 석방을 실현하겠다"고 공약했던 것이 일본의 입장을 불리하게 수동적인 상황으로 만들었다는 사실은 부정할 수 없다. 일반적으로 외교교섭에서 시간을 제한하는 것은 금기시되어 있다. 그러나 정치인 '기시'는 그것을 굳이 실행한 것인데, 실제로 그것을 구실로 한국이 편한 대로 교섭에 휘둘려왔다고 해도 과언이 아니다. 약점이 드러난 일본 측은 총리가 도미하는 16일까지 날마다 내몰리면서 양보를 강요당해왔다. 물론 외무성 내에 양보를 반대하는 강경론도 있었으며, 현재는 기시 총리가 도미 전에 성사시키겠다는 것에 지나치게 집착했다는 비판이 당연히 나오고 있다.

한편, 한국 측의 태도는 여기서 가능한 한 일본 측의 양보를 얻어내어 장래의 본회의에서 유리한 복선을 깔아놓겠다는 것으로 일관했다.

이승만 대통령을 가리켜 '클레임(불만) 명인'이라고 평하는 사람이 있다. 끈질기게 달라붙어 상대가 타결을 지으려 할 때 또 다른 문제를 들고 나와 상황을 복잡하게 하는 전법이다. 따라서 이승만 대통령이 기시 총리의 미국 방문에 때를 맞춰 교섭안을 결재하지 않은 것은 여기서 역시 일본을 한 번 더 몰아붙여 보겠다는 속셈이라고 추측하는 경향이 많다. 이승만 대통령이 도미 전이라는, 말하자면 절호의 타이밍을 일부러 비껴간 이면에는 기시 총리가 아니라 일본에 남을 이시이 부총리와 협상을 체결하겠다는 생각이 있다고 한다. 이 또한 아주 핵심을 찌르는 해석인데, 한국 측에 후하다는 평을 듣고 있는 이시이 부총리의 손에 의해 경사스러운 조인이 이뤄지는 것이 아닐까라고 추측하는 분위기도 확실히 있다. 여하튼 향후 일한교섭과 상호 석방이 이뤄질지, 아니면 허탕이 될지 열쇠는 여전히 이 늙은 대통령의 마음속에 있다.

11. 교섭의 타결

6월 22일 다음과 같은 「억류자 석방에 관한 향후의 대한국 조치(안)」이 외무성 간부회의에서 양해되었다.

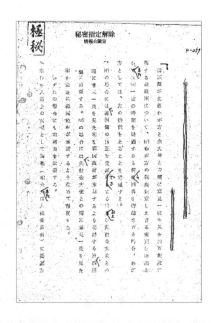

외교문서 원본 11   「억류자 석방에 관한 향후의 대한국 조치(안)」

한국 측이 지난번 우리 측과 김 대사 간에 의견 일치를 본 상호 석방에 관한 최종 방안에 대해, (가) 우리 측이 도저히 동의할 수 없는 변경을 요구하거나, 또는 (나) 일정한 시기가 지나도 아무런 답변을 주지 않을 경우에 우리 측은 다음과 같은 조치를 취할 것을 고려한다.

1. (가)의 경우에는 한국 측의 수정을 수락할 수 없다는 취지 및 지난번 김 대사와 의견 일치를 본 안을 한국 정부가 승인하도록 요청하는 취지를 한국 측에 통보한다. (나)의 경우에는 지난번 김 대사와 의견 일치를 본 안을 신속하게 한국 정부가 승인하도록 재차 독촉한다. 어떤 경우에도 이 사실을 공표한다.

2. 본건을 인도적 문제로서 유엔(총회 또는 인권위원회)에 제소하고, 국제적십자에 알선을 의뢰하는 것을 고려한다. 이 방침은 적절하게 신문에 유출해 한국에 대한 견제를 도모한다.

3. 미국에 알선을 부탁한다.

4. 억류된 어부 가족에 대한 원호조치를 제도화한다.

5. 이승만 라인 부근에서 현재 일본어선의 보호를 맡고 있는 해상보안청 감시선에 무기를 장비한다.

6. 적절한 시기에 상호주의에 기초해 주한 일본대표부 설치를 한국 측에 정식으로 요구한다. 이 요청이 거부되었을 경우에는 주일 한국대표부의 폐쇄 여부를 별도로 연구한다.

6월 20일 유태하 공사가 귀임해 21일 김유택 대사를 통해 이시이 총리 임시대리에게 면회를 신청했다. 이시이 총리 임시대리는 정부의 용건이라면 외무성을 통해야 한다고 말했다. 23일 밤 기타자와 관방부장관과 친구로서 만난 유 공사는 "(가) 문안 중에서 한국인 피수용자에 붙어 있는 '강제퇴거 처분된'이라는 문구를 삭제하고 싶다, (나) 청구권에 관한 미국의 해석은 한국의 청구권과는 무관하다는 것, 또 한국은 이 해석에 전혀 구속되지 않는다는 것을 명시하는 문장을 각각 구상서 및 의사록에 넣고 싶다, (다) 경우에 따라서 한국 측은 형기가 만료되지 않는 어부도 석방해도 된다"면서, 이는 조정환(曺正煥) 외무부장관의 의견에 따른 것으로 이승만 대통령은 "일본 측이 이러한 수정에 응하면 본건 협정을 체결해도 된다"고 말했다는 취지를 언급했다. 유 공사는 또 24일 (가), (나) 및 미술품 인도에 대한 구두 전달안의 수정을 포함해 11개소의 수정 제의를 열거한 서류를 비공식적으로 제시했다.

이 같은 유 공사의 행동은 상기한 『마이니치신문』 6월 17일 자 기사에서 언급된 것처럼 이시이 부총리를 "한국 측에 너그럽다"고 생각해 그렇게 한 것으로 추측되었다. 이튿날 25일 김 대사 및 유 공사는 오노 외무차관에게 상기한 바와 거의 같은 내용을 수정해달라고 제기해왔다. 일본 측은 여기에서 실질적으로 수정하거나 핵심을 건드리는 수정은 응할 수 없다는 태도로 재교섭에 동의하지 않았다. 그러나 기시 총리가 귀국한 후 7월 16일 김 대사는 기시 총리와 후지야마 아이이치로(藤山愛一郎) 외상에게 '자구적인 수정'이라고 생각되는 것만을 대상으로 꼭 사무적으로 절충하고 싶다고 요청했다. 이에 따라 7월 23일 이후 9월까지 이타가키 오사무(板垣修) 아시아국장과 유태하 공사 간에 열 차례에 걸쳐 회담이 열렸다. 한국 측의 수정 요구는 자구적인 것에 그치지 않았고, (가) 협정안에서 '강제퇴거 처분' 등의 문구를 삭제할 것, (나)「일한 청구권 해결에 관한 일본과의 평화조약 제4조의 해석에 대한 미합중국의 견해 표명」은 한국에 대한 일본 측의 청구권 포기만을 구속하고 한국 측의 대일 청구권에 대해선 아무런 구속도 하지 않는다고 회의록 문구를 다시 쓸 것, (다) 한국 고미술품으로 즉시 반환 가능한 것은 즉각 한국 측이 인수하는 것으로 하고, 그 외의 것의 인도에 대해서는 전면 회담에서 대일 청구권의 첫 번째 항목으로서 토의해 해결하도록「구두 전달 사항」을 수정할 것 세 가지를 주장했다. 이러한 사항은 지난번에 합의를 본 초안의 실질적인 내용을 근본적으로 변경하는 것이었으므로 일본 측은 수정에 응하지 않았고, 따라서 새로운 진전은 볼 수 없었다.

11월 하순에는 후지야마 외상과 김 대사 간에 세 차례(11월 20일, 25일, 27일)에 걸쳐 회담이 열렸다. 김 대사는 12월 25일 본국과의 협의를 위해 귀국한 뒤 28일 귀임, 29일 후지야마 외상과 다시 회담하여 마침내 회담이 타결을 보게 됐다. 재산청구권에 관한 수정 요구를 철회하는 대신에 다른 수정 사항을 그대로 수락해달라는 한국 측 제의를 일본 측이 수용했기 때문이다. 그동안 미국 측도 한국 측에 타협을 설득한 모양인데, 11월 14일 주미 아사카이 고이치로(朝海浩一郎) 대사가 보내온 전보를 보면 "국무부 한국 관계 담당관은 13일 우리 직원에게 미국 정부가 주한 한국대사관을 통해 한국 정부에 '재산청구권 문제에 대한 미국 정부의 견해'와 관련해 한국 정부가 동의할 것을 비공식적으로 권장해온 결과, 이승만 대통령이 어떤 결단을 내렸는지는 불분명하지만 그에게 이르기까지의 단계에서는 어느 정도 진전을 보았다고 말했다"고 보고하고 있다.

일본 측은 한국 측의 요청을 수용한 이유와 관련, 12월 30일 각의 청의에 관한 설명에서 "본건 일한 정부간 협정 타결에 이르기까지의 경위"는 "한국 측의 기타 수정 사항을 그대로 수락하는 것은 꼭 문제가 되진 않지만, 이러한 점에 대해 자구적으로 절충안을 제기하는 것은 다시 교섭의 결렬을 의미하는 데다, 더욱이 과거 길게는 3년 이상 타향에서 온갖 고생을 하고 있는 억류 어부와 그 귀국을 기다리는 가족 들의 심정을 헤아려, 이때 정치적 · 인도적 견지에서 약간의 문제가 있더라도 교섭의 연내 타결을 도모해야 한다는 생각에 한국 측의 기타 수정 사항을 수락했다. 그 결과 오늘 각의에 청의한 바와 같은 협정문 안에 대해 양측이 의견 일치를 보기에 이른 것이다"라고 적고 있다. 1958년 1월 6일의 차관회의에서 오노 외무차관은 다음과 같이 설명했다.

한국 측은 재산청구권에 관한 수정 요청에 대해서는 참으로 끝까지 집요했다. 한국 측은 재개되는 전면 회담에서 재산청구권 문제와 관련해 사전에 유리한 지위를 차지하기 위해, 이른바 '미국의 견해 표명'에 의해 자국의 대일 재산청구권이 불리한 구속을 받지 않도록 이러한 미국의 해석을 알맹이가 없는 것으로 만들려 시도했다. 따라서 합의의사록(비공개)에 일본 외상의 발언으로서 "본 대신은 1957년 12월 31일 자「일한 청구권 해결에 관한 일본국과의 평화조약 제4조의 해석에 대한 미합중국의 견해 표명」에 대해서는 대한민국 정부도 이와 같은 의견이라고 양해한다. 또한 본 대신은 이러한 미합중국의 표명이 재산청구권의 상호 포기를 의미하는 것은 아니라고 양해한다"고 되어 있던 마지막 부분을 "본 대신은 이러한 미합중국의 표명이 재산청구권의 상호 포기를 의미하는 것이 아니며, 또 한국의 청구권에 어떠한 의미로도 영향을 미치는 것은 아니다(does not affect the Korean Claims in any way)라고 양해한다", 혹은 "한국의 청구권을 실질적으로 훼손하는 것은 아니다(does not impair the Korean Claims substantially)", 또는 "한국의 청구권을 훼손하는 데 영향을 미치는 것은 아니다(does not affect the Korean Claims prejudicially)" 등으로 수정하려 한 것이다.

1957년 12월 30일 각의 결정은 다음과 같았다.

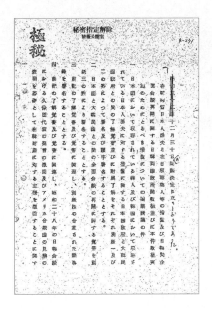

외교문서 원본 12 1957년 12월 30일 일본 각의 결정문

한국에 억류된 일본인 어부와 일본에 수용된 한인에 대한 조치 및 일한 간의 전면 회담 재개에 관한 일한 양국 정부 간의 협정 및 본협정 이행을 위해 취해야 할 조치에 대한 각의 청의의 건

1. 「일본에서 수용되어 있는 한인과 한국에서 수용되어 있는 일본인 어부에 대한 조치에 관한 일본국 정부와 대한민국 정부 간의 양해각서」 및 「부속 양해」를 각각 별지 1 및 2의 안에 따라 서명 및 두문자(頭文字) 서명을 하기로 한다.

2. 「일본국과 대한민국 간의 전면 회담 재개에 관한 각서」를 별지 3의 안에 따라 서명하기로 한다.

3. 상기의 양해각서와 각서와 관련해 별지 4의 「합의의사록」에 서명하기로 한다.

4. 상기의 양해각서와 각서와 관련해 1953년 일한회담에서 구보타 대표가 한 발언을 철회하고 미합중국의 견해 표명을 기초로 하여 재한 재산에 대한 주장을 철회하는 것에 관한 별지 5의 「구상서」를 대한민국 대표부와의 사이에서 교환하기로 한다.

5. 한국 미술품과 관련, 별지 6의 「구두 전달 사항」(영문)을 언급하기로 한다.

6. 「부속 양해」, 「합의의사록」 및 「구두 전달 사항」은 비공개로 한다.

7. 「일본에서 수용되어 있는 한인 및 한국에서 수용되어 있는 일본인 어부에 대한 조치에 관한 일본국 정부와 대한민국 정부 간의 양해각서」, 「일본국과 대한민국 간의 전면 회담 재개에 관한 각서」 및 1953년 일한회담에서 구보타 대표가 한 발언을 철회하고 미국의 견해 표명을 기초로 하여 재한 재산에 대한 주장을 철회하는 것에 관한 교환 「구상서」는 공표하기로 한다.

8. 본건 협정을 조인하면 그것을 실시하기 위해 관계된 각 성에서 각각 아래와 같은 조치를 취하기로

한다.

　(1) 석방되는 한인 전과자에 대한 생활지도를 비롯한 치안 대책

　(2) 일본인 어부의 인수 및 한인 송환을 위한 선박 수배와 기타 조치

　(3) 재개되는 전면 회담 준비

　(4) 이상 각 항에 필요한 예산조치

(별지 중 영문 생략)

별지 1 (임시 번역)

　　일본에서 수용되어 있는 한인 및 한국에서 수용되어 있는 일본인 어부에 대한

　　　조치에 관한 일본국 정부와 대한민국 정부 간의 양해각서

일본국 정부와 대한민국 정부는 다음과 같은 조치를 취할 것을 합의했다.

　일본국 정부는 제2차 세계대전 종료 전부터 일본국에 계속해서 거주하고 있는 한인으로 일본국 입국자수용소에 수용되어 있는 자를 석방한다.

　대한민국 정부는 형을 만료하고 대한민국의 외국인수용소에 수용되어 있는 일본인 어부를 일본국에 송환하고, 또 제2차 세계대전 이후 불법 입국한 한인의 송환을 받아들인다.

　이 양해각서는 서명한 날에 발효된다.

　1957년 12월 31일에 도쿄에서 본서 2부를 작성했다.

　일본국 정부를 위해

　대한민국 정부를 위해

별지 2 (임시 번역) (비공개)

부속 양해

　일본국과 대한민국 간의 전면 회담이 1958년 3월 1일에 재개될 것이고, 또 강제퇴거 조치를 당한 자의 인수를 위한 조치를 포함해 일본국에 거주하는 한인의 처우 문제가 그 회담에서 신속하게 논의되어 해결될 것이라는 기대하에 일본국 정부는 만족스러운 협정이 체결될 때까지 제2차 세계대전의 종료 전부터 일본국에 계속해서 거주하고 있는 한인을 입국자수용소에 억류하기 위해 수용하는 것을 자제한다. 입국자수용소에 수용되어 있는 한인 거주자를 석방할 시에는 당면한 생활지도의 필요성도 고려하기로 한다.

　1957년 12월 31일

별지 3 (임시 번역)

일본국과 대한민국 간의 전면 회담 재개에 관한 각서

일본국 정부와 대한민국 정부는 다음에 제시하는 일시 및 장소에서 일본국과 대한민국 간의 전면 회담을 재개하기로 합의했다.

일시 1958년 3월 1일

장소 도쿄

1957년 12월 31일에 도쿄에서 본서 2부를 작성했다.

일본국 정부를 위해

대한민국 정부를 위해

별지 4 (임시 번역)

합의의사록

1. 일본국 외무대신

본국에 수용되어 있는 한인 및 한국에 수용되어 있는 일본인 어부에 대한 조치에 관한 양해각서의 제1단에 대해 일본국 정부는 각서의 효력이 발생하는 날로부터 1개월 반 이내에 규정된 조치를 완료한다.

대한민국 대표부 대표

상기의 각서 제2단에 관해 대한민국 정부는 각서의 효력이 발생하는 날로부터 1개월 반 이내에 규정된 조치를 완료한다.

2. 대한민국 대표부 대표

본 대표는 일본국에 거주하는 한인의 처우 문제가 재개되는 대한민국과 일본국 간의 전면 회담에서 토의될 때에 불법 입국자의 강제퇴거 문제도 논의의 주제가 될 것이라고 양해한다.

일본국 외무대신

본 대신도 그대로 양해한다.

3. 대한민국 대표부 대표

본 대표는 재개되는 대한민국과 일본국 간의 전면 회담의 의제가 제1회, 제2회 및 제3회 일한회담에서 토의되었던 5개 항목인 것으로 양해한다.

본 대표는 또한 전면 회담에서 논의되는 이 5개 항목은 다음과 같은 문제를 포함한다고 양해한다.

  (1) 기본관계에 대해

    a. 1910년 또는 그 이전에 체결된 조약 및 협정이 효력을 갖지 않는다는 사실의 확인에 관한 사항

    b. 주권 존중과 불간섭

  (2) 한인 거주자의 지위 및 처우에 관해

　　　　a. 일본에 거주하는 한인의 지위

　　　　b. 한인 거주자가 취득한 재산권

　　　　c. 귀국하는 한인이 가져갈 수 있는 재산

　　(3) 어업 및 '평화선'에 대해

　　　　a. '평화선'에 관한 사항

　　　　b. 어업분쟁 방지 및 어업자원의 보존을 위한 조치를 정하는 어업협정 체결에 관한 사항

　일본국 외무대신

　본 대신도 그대로 양해한다.

　4. 대한민국 대표부 대표

　대한민국의 청구권에 관해서는 한국 측이 이전 회담에서 제출한 안에 대한 토의 및 해결을 위해 재개되는 전면 회담에서 이 안을 제출하고 싶다.

　일본국 외무대신

　그 경우에 일본 측은 대한민국의 대일 청구권의 해결을 위해 성의를 갖고 토의하는 데 아무런 이의가 없다.

　일본국 외무대신

　본 대신은 1957년 12월 31일 자 「일한 청구권 해결에 관한 일본국과의 평화조약 제4조의 해석에 대한 미합중국의 견해 표명」에 관해서는 대한민국 정부도 이러한 표명과 같은 의견이라고 양해한다. 또한 본 대신은 이러한 미합중국의 표명이 재산청구권의 상호 포기를 의미하는 것은 아니라고 양해한다.

　대한민국 대표부 대표

　본 대표의 양해도 그대로이다.

　1957년 12월 31일

　일본국 외무대신

　대한민국 대표부 대표

　별지 5 (임시 번역)

구상서(일본 측)

　외무성은 주일 대한민국 대표부에 경의를 표함과 동시에, 동 대표부에 다음과 같이 통보하는 영광을 누린다.

　일본국 정부는 1953년 10월 15일에 구보타 간이치로(久保田貫一郎) 일본 측 수석대표가 행하고 한국 측 대표가 항의한 발언을 철회한다. 또한 일본국 정부는 1957년 12월 31일 자 「일한 청구권 해결에 관한 일본국과의 평화조약 제4조의 해석에 대한 미합중국의 견해 표명」을 기초로 하여 1952년 3월 6일 일본국과 대한민국 간의 회담에서 일본 측 대표가 행한 재한 재산에 대한 청구권 주장을 여기서 철회한다.

1957년 12월 31일

(임시 번역)

구상서(한국 측)

재일 대한민국 대표부는 외무성에 경의를 표함과 동시에, 1957년 12월 31일 자 외무성의 구상서 제 201/A1호를 수령한 것을 확인하는 영광을 누린다.

1957년 12월 31일

별지 6 (비공개)

구두 전달 사항

가급적 이른 시기에 일본국 정부는 현재 소유하고 있는 한국 미술품 가운데 즉시 인도할 수 있는 것을 대한민국에 건네주고 싶고, 기타 한국 미술품의 향후 인도에 관해서는 전면 회담에서 토의 및 처리를 하기로 한다.

또한 12월 31일 오전 10시에 평화조약 제4조의 해석에 관한 미국 정부의 견해를 전한 다음과 같은 주일 미국대사의 구상서가 도쿄와 서울에서 일한 양국 정부 앞으로 발송되었다.

(임시 번역)

미합중국 대사는 일본국 외무대신 각하에게 경의를 표함과 동시에, 일본국과 대한민국 간의 청구권 해결에 관한 일본국과의 평화조약 제4조의 해석에 대해 다음과 같은 미합중국 정부의 견해를 표명해 전달하는 것을 영광스럽게 생각한다.

1952년 4월 29일 한국대사에게 보낸 서한에서 국무부는 일본국과의 평화조약 제4조를 다음과 같이 해석했다.

합중국은 일본국과의 평화조약 제4조 (b)항 및 재한 미군정부의 관계 지령 및 조치에 의해 대한민국의 관할권 내에 있는 재산에 대한 일본국 및 일본 국민의 모든 권리, 권원 및 이익이 처분되었다는 견해를 갖고 있다. 따라서 합중국의 견해에 따르면, 일본국은 이들 자산 또는 이들 자산에 따른 이익에 대한 유효한 권리를 주장할 수 없다. 그러나 일본국이 평화조약 제4조 (b)항에서 유효하다고 인정한 이들 자산의 처리는, 합중국의 견해에 따르면, 평화조약 제4조 (a)항에 규정되어 있는 협정을 고려할 때 직접적인 관계를 갖는다.

합중국 정부는 전기한 견해를 지금도 갖고 있다. 여기서는 이 견해의 배경이 되는 논거 및 평화조약의 해당 조항에 관한 설명이 유익할 것이다. 한반도에 독립국가를 설립하기 위해서는 일본국과의 연결을 완전히 끊는 것이 필요하다고 생각되었기 때문에 미군정부의 관할권 내에 있던 한반도 부분에서의 일본 재산은 소유권이 변경되어 그 후 대한민국으로 이전되었다. 소속 변경 명령 및 이전(移轉) 협정이 의도하는 바는 한국 당국에 전기한 재산을 완전하게 지배토록 하는 데 있었다. 법적 견지에서 말하면, 권원의 소속 변경과 보상 문제의 구별은 가능하고 인정되는 것이지만, 합중국 정부는 일본국의 보상 청구는 이러한 사정하에서 소속 변경 명령, 이전 협정 및 평화조약 제4조 (b)항의 문언, 이유 및 의도와는 상반되는 것이라고 생각한다.

평화조약의 기초자는 일본국 및 일본 국민에 대한 한국 측의 청구권이 문제가 되었을 때, 이 청구가 이미 재한 일본 재산의 소속이 변경되면서 어느 정도 보상된 것은 분명하지만, 평화조약으로 해결하기에는 충분한 사실도, 적용되는 법이론의 충분한 분석도 준비되지 않았다고 생각했다. 따라서 일본국의 다른 옛 영토의 경우와 마찬가지로 평화조약의 기초자는 이들 문제를 오로지 관계국 간의 협정에 맡겼다. 평화조약의 기초자는 제4조 (a)항에 언급된 특별협정에서 관련된 국가가 재한 일본 재산이 이미 소속이 변경되었다는 사실을 감안할 것이라고 생각했다. 그래서 이러한 처리가 특별협정을 고려하면 "직접적인 관계를 갖는다"고 전기한 견해에서 표명했던 것이다. 따라서 일본국과 한국 간의 특별협정은 재한 일본 자산을 한국 정부가 인수한 것으로 인해 어느 정도까지 일본국에 대한 한국 측의 청구권이 소멸되거나 또는 충족되었다고 인정해야 할지 그 결정을 포함하는 내용이 될 것이다.

합중국이 1952년 4월 29일 한국대사에게 보낸 국무부의 서한에 대해 위에서 언급한 해석을 제시한 것은 평화조약의 규정에 대한 합중국의 책임을 고려할 때 적당한 것이었다고 믿는다. 그러나 평화조약에 규정되어 있는 특별협정의 체결에 있어서는 합중국이 재한 일본 재산의 처리가 양 당사국에 의해 확실히 어떻게 감안되어야 할지에 관해 의견을 말하는 것은 적절하다고는 생각할 수 없다. 특별협정은 관련된 양 정부 간의 문제이며, 이러한 결정은 당사국 스스로 또는 그 결정을 하는 양 당사국에 의해 위촉된 기관이 당사국이 제시하는 사실 및 적용되는 법이론을 충분히 검토한 후에만 내릴 수 있는 것이다.

미합중국 대사관

1957년 12월 31일

이러한 '미국의 견해'와 관련, 상기한 1월 6일 열린 차관회의에서는 "'미국의 견해 표명'은 일한 양국 청구권을 상쇄하는 것까지는 명백하게 언급하고 있지 않기 때문에 일본 측으로서는 한국 측의 막대한 요청에 대해서는 미국 견해의 취지를 원용하여 실제적으로 대항할 수 있지만, 한국이 분리국가로서 합리적으로 요청하는 것은 일본이 지불할 필요가 있다"고 설명되었다.

조인식은 12월 31일 정오에 외무성에서 행하기로 합의를 보았지만, 그날 갑자기 한국 측은 본국 정부의 훈령에 따른다는 이유로 조인 연기를 제안해왔다. 한국 측은 이어 그날 저녁에 '미국의 견해'를 양국 정부의 합의가 없는 한 공개하지 않는다는 조건을 일본 측이 수락한다면, 31일 중에 조인하겠다는 취지를 제안해왔다. 이에 대해 일본 측은 국회 등에서 설명할 필요가 있는 경우를 생각하여 이 조건을 "당분간(for the time being) 본 문서를 공표하지 않기로 하고, 향후 어느 한쪽 정부가 이를 필요로 할 때는 일단 협의를 한다"는 취지로 변경할 수 있었다.

조인식은 시바시로가네(芝白金)의 외무대신 관저에서 12월 31일 오후 10시 50분부터 행해졌다. 후지야마 외상과 김유택 대사가 인사를 한 후 양해각서 및 전면 회담 재개에 관한 각서의 서명, 교환 및 구상서 교환을 일괄적으로 수행했다. 이어 부속 양해 가조인 및 합의의사록의 서명을 마치고 구두 전달(영어), 공동코뮤니케를 가조인한 후 건배했다. 서명 시간은 오후 11시 30분이었다.

공동발표문은 다음과 같다

> 1957년 12월 31일에 일본국 후지야마 외무대신과 재일 대한민국 대표부 대표 김유택 대사 간에 열린 회담에서 일본국 정부가 제2차 세계대전 종료 전부터 일본국에 계속해서 거주하고 있는 한인으로 일본국 입국자수용소에 수용하고 있는 자를 석방하는 것과, 한국 정부가 한국의 외국인수용소에 수용하고 있는 일본인 어부를 송환하고 제2차 세계대전 이후의 한인 불법 입국자의 송환을 받아들이는 것에 대해 합의가 이뤄졌다.
>
> 동시에 일본국 정부는 대한민국 정부에 1953년 10월 15일에 구보타 간이치로 일본 측 수석대표가 행한 발언을 철회하고, 1957년 12월 31일 자 미합중국 정부의 견해 표명을 기초로 하여 1952년 3월 6일에 일본국과 대한민국 간의 회담에서 일본 측 대표가 행한 재한 재산에 대한 청구권 주장을 철회한다는 것을 통고했다.
>
> 그 결과, 일본국과 대한민국 간의 전면 회담은 도쿄에서 1958년 3월 1일에 재개하기로 합의되었다.

그날 외무성 정보문화국은 「한국에 억류된 일본인 어부와 입국자수용소에 있는 한인의 상호 석방 등에 관한 협정 성립에 관한 건」 및 이 협정 성립에 대한 후지야마 외상 담화를 각각 발표했다.

이에 따라 1953년 10월 회담 결렬 이후 계속 악화되어온 일한관계는 4년여 만에 겨우 교섭의 궤도에 오르게 되었다. 당시의 교섭을 일본 측에서는 '한국에 억류된 일본인 어부와 일본에 수용된 한인에 대한 조치 및 일한 간의 전면 회담 재개에 관한 일한 양국 정부 간 협정'(각료 청의) 또는 '한국에 억류된 일본인 어부와 입국자수용소에 있는 한인의 상호 석방 등에 관한 협정'(외무성 정보문화국 자료)이라고 불렀다. 이에 대해 당시 한국 측 신문은 '예비교섭'이라고 칭했고, 한국외무부 『외무행정 10년』(1959년 5월 간)은 1957년 4월 이후, 한국 정부 『한일회담 백서』(1965년 3월)는 1957년 초 이후를 '제4차 회담의 예비교섭'이라고 부르고 있다.

한편, 7월 2일 각의는 억류 어선 승조원의 가족 가운데 급여보험 저액자(低額者) 540명, 환자 141명에게 총 1,890만 9,000엔의 위로금을 보내기로 결정했다. 각의는 이어 12월 17일 「한반도 주변 해역에서의 어선의 안전 조업 확보 및 억류 어선 승조원 등에 대한 구호 조치에 대해」를 결정하고, 억류 어선 승조원 및 그 가족을 위한 구제와 관련해 위로금 및 차입품 구입비 보조금 지급 요령을 결정했다. 또 귀환자 전원에게 건강진단을 실시하기로 하고, 억류 중에 걸린 질병에 기인하는 것은 의료급여를 실시하기로 결정했다.

　　상호 석방 교섭은 비공식 회담이었지만, 전후 일한 간의 국교 조정에서 일획을 긋는 교섭이었다. 1957년 1월 1일 이승만 대통령은 그해 정부의 2대 정책으로서 남북통일의 성취를 위한 휴전협정의 폐기와 함께 '대일 관계 개선'을 거론하면서, 대일 문제에서는 최소한 한국에 대한 일본의 청구권 포기를 목표로 한다고 말했다. 또한 6월 13일 기시 총리가 미국을 방문하기 직전 단계에서는 이 대통령이 『UP통신』 기자의 서면 질문에 "일본은 아직 충분한 성의를 보여주지 않고 있다. 일본이 행동으로 그 성의를 실증할 때까지는 일한회담 재개는 무의미하다"면서 상호 석방, 구보타 발언, 한국에 대한 청구권의 철회와 함께 "평화선 존중에 동의해야 한다"고 말했다고 보도되었다. 이러한 것들로 볼 때 이 대통령이 교섭 타결을 어떻게 생각했는지는 알 수 없지만, 타결 직후 한국 측 신문은 "대체로 한국 측의 주장이 관철되었다"(『경향신문』, 1월 1일 사설), "한국 측에서는 이렇다 할 양보는 없고, 일본 측이 이와 같은 조치를 취한 것은 용단(勇斷)에 속한다. 일본 측이 체면을 차리지 않고 이 조치를 행해 한국 측의 체면이 선 것이다"(『동아일보』, 1월 7일 사설)라고 평가했다. 또한 『한국일보』 1958년 1월 8일 자에서 이건호(李建鎬)는 「일한관계의 새로운 전망」이라는 칼럼에서 "이것은 1957년도 한국 외교의 가장 중요한 기록 중 하나이다", "결코 일부에서 논하고 있듯이 '한국 외교의 큰 승리'라고 기뻐할 정도의 것은 아니며, 최종적인 공죄(功罪)의 판단은 정식 회담의 결과를 봐야 한다"라고 말했다.

12. 국제적십자위원회의 권고

　　후술하는 바와 같이(제6장 제3절) 1956년 4월 30일 국제적십자위원회의 윌리엄 H. 미셸과 유진 드 웩 씨는 북조선과 중공을 경유해 일본을 방문한 후(평양 방문은 4월 5일) 5월 9일부터 16일까지 한국을 시찰하고 24일 귀국했다. 그사이 5월 14일에는 부산 외국인수용소를, 19일에는 오무라 입국자수용소를 각각 시찰했다. 이어 국제적십자위원회의 앵스트 씨가 11월 30일에 오무라 입국자수용소를, 12월 13일에 가와사키(川崎) 입국자수용소 하마마쓰(浜松) 분실을 각각 시찰한 후 보고서를 작성했다. 이를 기초로 하여 국제적십자위원회 레오폴드 봐씨에(Léopold Boissier) 위원장은 1957년 2월 26일 시마즈 다다쓰구(島津忠承) 일본적십자 사장 앞으로 서한을 보내, 동 위원회가 아시아에 파견한 특별대표단이 부산, 오무라, 하마마쓰 수용소를 시찰했다면서, 위원회는 수용되어 있는 사람들을 지체 없이 석방해 자유의사에 따라 귀국시킬 것, 일한 정부 당국자가 주권을 비롯한 문제로부터 완전히 분리하여 이를 처리할 것을 권고했다.

　일본적십자는 그해 10월 24일부터 11월 7일까지 뉴델리에서 열린 제19회 국제적십자회의에서 「외국인의 조국 귀국의 자유에 관한 결의안」을 제출하고, 일한 상호 석방에 대해서도 그 해결의 촉진을 도모했다. 그러나 당시 같은 종류의 안이 많이 제기됐기 때문에 이 안을 철회, 일본 측 안이 포함된 「이산가족 재회에 관한 결의」를 통과시켰다.

　일한어업대책본부는 일본적십자 활동을 지원하기 위해 한국에 억류된 어부의 가족 대표 도미타 마쓰코(冨田增子), 시로타니 다에코(城谷妙子) 2명을 뉴델리에 파견했다. 이들은 10월 31일부터 11월 8일까지 국제적십자위원회 간부 및 각국 적십자 대표에게 진정서와 자료를 전달하고 정부 교섭의 교착상태를 적십자 활동을 통해 해결할 것을 진정했다.

　1957년 11월 25일 일본적십자사가 작성한 「뉴델리 제19회 국제회의 보고서」는 '부산 및 오무라, 재일조선인 문제에 대해'에서 다음과 같이 말했다.

　　뉴델리 회의에서 일본적십자사 대표단은 일한회담에 악영향을 미치지 않도록, 그리고 부산에 억류된 일본인 어부가 신속하게 돌아올 수 있도록 최대한 주의를 기울여 행동했는데, 결과적으로 일본적십자사 대표단의 행동은 일한회담을 촉진하는 데 전령 역할을 맡은 것이었다.

　　일본적십자사 대표단은 부산에 억류 중인 일본인 어부의 석방과 귀국을 촉진하기 위해 다음 세 가지 조치를 통해 한국 측을 압박해갔다.

　　(a) 고향으로 귀국하는 자유에 관한 원칙을 국제회의에서 채택하게 한 것.

　　(b) 국제적십자위원회로부터 일한 양국 정부에 대해 동시 석방을 권고하는 각서를 발송하겠다는 약속을 받아낸 것.

　　(c) 일한 양국 적십자 간에 각각 "수용자를 위해 최선을 다한다"는 양해를 확보한 것.

　　이상 세 가지 조치에 대해 한국 측은 "목하 일한 양국 정부 간에 동시 석방을 우선적으로 실시하기 위해 교섭 중이다. 석방은 정부의 권한이기 때문에 현 단계에서는 일한회담에 의한 해결이 가장 적당하다"는 입장으로 응수했다. (단, 한국 정부 대표인 최 총영사는 국제위원회 대표 미셸 씨에게 만약 일한회담이 좌절된 경우에는 국제위원회의 후원하에 일한 양국이 적십자 회담을 할 용의가 있다고 밝혔다).

　　따라서 일본적십자 대표가 취한 상기 세 가지 조치는 일한회담을 방해한 것이 아니라, 오히려 이를 촉진한 것이라고 믿는다. 다만, 방심해선 안 된다. 부산 문제를 해결하기 위해 일본 정부의 요청에 따라 국제위원회의 알선을 요청한 이래 3년간의 경과를 되돌아보면, 일한회담과 국제위원회의 알선이라는 이중(二重) 정책은 지금까지 늘 일한회담이 막힐 때마다 국제위원회가 간섭하게 해 국제위원회의 압박이 가해지면 한국 측은 일한회담을 촉진하는 방향으로 도망치는, 요령부득한 행위를 반복해왔기 때문이다.

　　이러한 한국 측의 요령부득한 정책을 중단시키기 위해서는 부산 문제가 왜 인도적 문제인지를 피아 모두 좀 더 명확하게 인식할 필요가 있다고 생각한다.

일본적십자의 생각으로는 부산 문제가 인도적 문제인 이유는 "형기를 마쳤는데, 일본인 어부가 그 어떠한 책임도 없는 사항에 의해 석방도 귀국도 못 한다"는 점에 있지, "왜 체포되었는가"라는 점(즉, 이승만 라인의 합법성)에 있는 것은 아니다.

이승만 라인 문제는 법률적인 정치 문제이며, 인도적인 문제가 아니다. 이것은 외교교섭으로 해결해야 할 문제이며, 경우에 따라 유엔 또는 국제사법재판소의 문제가 될 수도 있지만, 적십자의 문제는 되지 않는다. 물론 이승만 라인 문제가 해결되지 않으면 일본인 어부에 대한 체포와 처벌은 멈추지 않고 진행될 것이다. 그러나 그렇다고 해서 "이승만 라인 문제가 정리될 때까지는 형기를 만료한 일본인 어부를 석방할 수는 없다"는 논리는 성립되지 않으며, 그러한 구실을 한국 측에 주면 안 된다.

이상은 오무라에 수용 중인 전과자에게도 해당한다. 다시 말하면, 일한 국교 수립을 위한 전제조건에 관한 교섭은(동시 석방에 관한 교섭과 병행하거나 그 이후에 실시해도 상관없지만), 동시 석방 교섭과는 완전히 별개 사항으로 독립적으로 수행되어야 한다. 왜냐하면 양자는 완전히 성격을 달리하는 문제라는 것이 일본적십자의 생각이다.

또한 이상의 조치가 취해진 경우, 재일조선인의 북조선 귀국 문제는 부산과 오무라 문제가 해결된 후에 처리하는 것이 그 순서이다. 이것은 재일조선인의 북조선 귀국을 경시하는 것이 아니다. 인종적인 이유로 차별하지 않고 개인이 당하는 고통의 정도에 따라 구조(救助)의 순서를 정한다는 적십자의 원칙에서 말하면, 부녀자를 포함하고 있는 데다 수용 기간이 오래된 오무라의 수감자 석방이 부산의 수감자 석방보다 우선되어야 한다. 그것을 뒷전으로 하는 이유는 이 문제의 열쇠를 쥐고 있는 한국 측의 양해 또는 묵인을 끌어내기 위한 '편의적 수단'에 불과하다. 실제로 지금 재일조선인의 북조선 귀국을 꺼낸다면 한국 측과의 논의에서 결말을 내는 것은 불가능하다. 이에 반해 동시 석방이 실현되고 오무라의 조선인이 한국으로 귀국하거나 또는 강제퇴거가 이루어진 경우에는 북조선 귀국 희망자만이 남게 될 것이다. 재일조선인의 북조선 귀국 문제는 이때가 되면 그것을 계기로 다시 전개되어갈 것이다. 그리고 이 경우는 한국 정부 대표도 이미 동의하고 있는 '개인의 자유로운 의사에 의한 고향 귀국에 관한 국제 결의'가 실제로 이행되는 단계가 된다.

환언하면, 재일조선인의 귀국 문제는 뒤로 미루게 된다는 뜻이다. 이 점은 반드시 북조선적십자에 양해를 구할 필요가 있기 때문에 그것을 자세히 설명하고 양해를 요청했는데, 북조선 정부 대표 유기춘(柳基春)(북조선적십자 부사장)은 이를 받아들였다.

이때 일본적십자가 노력한 결과 때문인지 국제적십자위원회(사무총장 로제 가로팡)는 12월 3일자로 일한 양국 정부에 상호 석방 귀국에 대해 권고했다.

국제적십자위원회는 일본의 오무라, 하마마쓰 두 수용소에 있는 일부 조선인 억류자와 조선의 부산 수용소에 있는 일본인 억류자의 상황에 관해 수차례에 걸쳐 주의를 환기해왔습니다. 본건에 대해서는 과거에 여러 차례 문서의 왕래가 있었지만, 국제적십자위원회는 1957년 2월 26일 자 각서에서 일본 정부와 한국 정부에 위원회의 견해를 밝히면서 실제적인 제안을 하게 되었습니다.

뉴델리에서 열린 제19회 국제적십자회의에서 국제적십자위원회 대표는 다시 이 문제에 대해 한국과 일본 양국 정부 및 양국의 적십자 대표와 토론할 기회를 가졌습니다. 이 같은 회담과 고향 및 가족으로부터 떨어진 사람들의 상태에 대한 국제적십자회의의 여러 결정에 따라 국제적십자위원회는 이 문제의 검토와 해결을 위해 알선 역할을 수행해야 한다고 생각했습니다. 이 사람들은 어떤 범죄로 인한 재판소의 판결 결과가 아니라, 정치적 성격의 문제에 관한 정부들 간의 협정 체결을 기다리면서 그 자유를 박탈당하고 있음을 강조해야 합니다. 국제적십자위원회로서는 피억류자 자신은 물론이고, 많은 경우에는 그 가장을 오랜 기간 동안 빼앗긴 가족 모두에게 슬픈 영향을 줄 수 있는 이 상황에 대해 심각한 주의를 기울일 수밖에 없습니다.

제19회 국제적십자회의는 전쟁이나 내란을 비롯한 사건의 결과, 고향 또는 가족으로부터 떨어진 사람들의 상태를 다시 검토하여 그 결의 제8항에서 "모든 각국의 적십자사 및 정부에 대해 이러한 여러 사안에 관한 노력을 배가하고, 특히 모든 수단을 강구하여 이들 어른 및 아이들이 자신들의 의지에 따라, 또 어린아이의 경우에는 어디에 거주하든지 상관없이 가장으로서 인정되는 사람의 의사에 따라 그 가족과 재회하는 것을 도와주는 것을 희망"하고 있습니다.

국제적십자위원회는 부산, 오무라 및 하마마쓰 등 여러 수용소의 상황을 면밀히 고려한 결과, 목하 양국 정부 간에 논의되고 있는 정치적 문제들과는 완전히 분리하여 석방 및 귀국을 위한 방안을 관계 제정부에 제출하는 것이 우리들의 의무라고 생각했습니다. 이 방안은 동시에 실시되어야 하는 다음 세 가지 조건을 포함합니다.

(1) 부산에 억류된 일본인 어부는 석방, 귀국시킨다.

(2) 오무라, 하마마쓰 두 수용소에 억류된 조선인 중에서 1945년 8월 15일 이전부터 일본에 살고 있던 자는 일본 영토 내에서 석방한다.

(3) 한국 정부는 오무라, 하마마쓰 두 수용소에 억류 중인 조선인 중에서 일본으로 불법 입국한 뒤 본국으로 돌아가길 희망하고 있는 자의 한국으로의 귀국을 허락한다.

또한 국제적십자위원회는 석방 및 귀국 계획의 관리 및 조정의 책임을 지겠습니다.

저희는 이 제안을 한국 정부에도 말씀드렸으며, 한국 정부가 이에 동의하여 수년이 지나 다시 자유의 몸이 되어 귀국할 수 있는 기회를 기다리고 있는 억류자가 석방되어 고국으로의 귀국이 가능해지길 진심으로 바라고 있습니다. 저희의 제안에 대한 호의적인 관심에 미리 감사드리면서 신속하고 긍정적인 답변을 기대합니다.

12월 15일 한국의 조정환(曺正煥) 외무부장관은 기자회견에서 국제적십자위원회의 석방 권고를 거절한다고 발표했다. 그 이유에 대해 그는 "국제적십자위원회는 이 문제의 복잡성에 대해 약간의 오해를 하고 있다. 이것은 한일 양국의 정치적인 문제와 관련되어 외교적 교섭으로 해결해야 할 것이다. 그 책임은 일본 측에 있다. 일본 측의 인도주의를 무시한 불법 수감이 발단이 되어 현재 한국에 억류된 일본인 어부는 950명, 일본 수용소에 있는 한국인은 1,840명이다. 일본인 어부에 대한 처우는 인도적이지만 오무라 수용소의 처우는 비인도적이라는 것은 국제적십자위원회의 조사에 의해서도 드러나 있다"고 말했다(『동아일보』, 1957년 12월 15일).

일본 정부는 국제적십자위원회의 권고에 대해 일본 측의 입장을 언급하면서 동시에 이 제안을 수락할 용의가 있다는 취지의 회신을 준비해(12월 16일에 아시아국 제1과장 기안) 외무대신의 결재까지 받아두었지만, 그 후에 한국 측과의 교섭이 타결됐기 때문에 이를 발송하지 않았다.

V

제4차 일한회담

1. 상호 석방의 실시

1958년 1월 4일 김유택(金裕澤) 대사의 제의로 일한 상호 석방 실시위원회의 설치가 결정되어, 1월 7일부터 2월 24일까지 아홉 차례에 걸쳐 외무성에서 회의가 열렸다. 일본 측에서는 이타가키 아시아국장, 미야케 참사관, 이세키(伊関) 법무성 입국관리국장, 사카무라(坂村) 수산청 생산부장이, 한국 측에서는 유태하 공사, 최규하 참사관 등이 각각 참석했다.

제1차 회담에서 쌍방은 각각 명단 제출을 약속했다. 한국 측은 대표부 직원을 오무라 수용소에 파견해 상호 석방 시의 송환, 임시 방면 절차에 입회할 것을 요구했고, 일본 측은 이를 허용키로 약속했다. 일본 측은 불법 입국자의 송환 선박에 석방된 일본인 어부를 태울 것을 요구했지만, 한국 측은 일본인 어부를 한국 선박으로 송환하겠다고 거절했다. 한국 측은 또 일본 측이 인도할 문화재 목록을 제시해주길 희망했다. 그날 회의 기록은 "예상대로 한국 측이 어부 송환에 대해 주도권을 쥔 채 우리 측의 의무 이행을 강요하는 상투적인 수단을 사용하고 있기 때문에 향후 회담은 난항이 예상된다"고 적고 있다.

1월 14일 제2차 회담에서 한국 측은 오무라 수용소로부터의 절차상 '임시 방면'이라는 용어에 대해 이의를 제기하고 시정을 요구했다. 또 외국인 등록증명서에도 '임시 방면'이라는 호칭을 붙이지 않기를 희망했다. 1월 20일 제3차 회담에서 일본 측은 외국인 등록증명서에는 "몇 년 몇 월 며칠 통첩에 의한 것"이라고 기록하게 됐다고 통고했다.

1월 27일 열린 제4차 회담에서 쌍방의 석방자 명단이 교환됐다. 일본 측은 오무라 및 하마마쓰 수용소의 불법 입국자 1,259명, 일본 내에 임시 방면된 불법 입국자 2,034명의 명부, 조서, 사진을 수교했다. 이와 함께 인도할 문화재 목록을 전달했다. 한국 측은 '형기를 만료한' 일본인 어선 승조원 922명 및 밀항 밀수로 체포된 일본인 17명의 명단을 일본 측에 수교했다. 한국 측은 문화재 목록을 일본 측이 '증여한다'고 말했던 것을 '반환한다'로 정정할 것을 요구했다. 결국 '인도한다'라는 단어를 사용하게 됐다.

2월 3일 제6차 회담에서 한국 측은 교도(共同)통신사『세계자료』2월 호(1월 15일 발행)에 「재산청구권 문제에 대한 미국 정부의 견해 표명(안)」의 번역문이 게재된 것을 문제시했는데, 일본 측은 이는 정부가 발표한 것이 아니며 교도통신사도 배포처에 회수 및 전재 금지조치를 취했다고 해명했다.

일본 측은 1월 19일부터 2월 11일까지 오무라 입국자수용소에 수용 중인 형벌법령위반자 474명 전원에 대해 임시 방면을 실시하고, 이들에게 법무대신이 6개월간의 특별 체류 허가를 부여했다(기간 만료 시마다 기간 연장이 인정된다). 억류된 일본인 어선 승조원은 2월 1일에 300명이, 오무라에 수용 중인 불법 입국자는 2월 20일에 249명이 각각 송환됐다. 상호 석방 관련 협정에 따르면 이는 협정 체결 후 1개월 반 이내에 실시되어야 하므로 2월 14일까지는 모두 완료될 예정이었지만, 협정 문안대로 진행된 것은 이상과 같이 일본 측이 실시한 국내 석방뿐이었다. 1월 10일 외무대신이 주요 재외공관장에게 보낸 「일한교섭 타결에 관한 건」은 "본건 결정에 대한 구체적 실시 계획에 관해서는 모두 향후 일한 간의 대화에 의해 결정되지만, 이 결정을 내릴 때 (가) 밀입국자 가운데 북조선 귀국 희망자에 대한 조치, (나) 우리 측이 일단 인도해야 하는 문화재 문제 등 여러 난관이 있으며, 한국 측이 어떤 조건을 덧붙일지 알지 못하므로 어부 송환의 구체적인 실현에 대해서는 아직 낙관을 불허하는 상황이라는 점을 양해해주시기 바란다"고 적혀 있는데, 바로 여기서 지적된 2개 사항이 문제가 되었던 것이다.

오무라 수용자 1,259명 가운데 북조선 귀환 희망자는 93명이었다. 이에 대해 한국 측은 그들도 한국으로 송환할 것을 주장한 반면, 일본 측은 북조선 귀환을 원하는 자들을 즉시 한국 측에 인도할 수는 없기 때문에 계속해서 오무라 수용소에 수용하고, 시간을 갖고 본인이 의사를 변경하길 기다렸다가 한국에 인도하는 것으로 하고 싶다는 취지를 제안했다. 그러나 한국 측은 이에 대해서도 불만을 표시하며 반드시 한국으로 송환하라는 취지를 문서로써 약속할 것을 요구했다. 특히 2월 3일 열린 참의원 법무위원회에서 정부 측이 "북조선 귀국 희망자는 한국에 송환하지 않는다"는 취지로 답변하고, 가라사와 도시키(唐沢俊樹) 법무대신이 "예를 들어 극단적으로 말하면, 죽음을 기다리는 듯한 자를 개의치 않고 돌려보내는 것과 같은 비인도적인 일을 할 생각은 절대로 없다"고 답변한 것이 신문에 크게 보도되어 한국 측을 자극했다. 한편, 북조선에서는 남일(南日) 외상이 1월 4일 성명을 발표, "일본 수용소 억류자는 인도주의의 원칙하에 무조건 석방되어야 한다. 그들에게 자유의사에 의한 거주지 선택이 보장되어야 하며, 부당한 정치적 목적에 이용되어선 안 된다"는 1955년 12월 29일 외상 성명의 취지를 거듭 강조했다. 또한 1958년 1월 7일 이병남(李炳南) 조선적십자 중앙위원회 위원장은 일본적십자 사장 및 국제적십자위원회 위원장에게 전보를 보내 상기한 취지와 함께 북조선적십자 대표의 일본 입국에 대한 협력을 요청했다. 그는 이어 18일에는 일본적십자사 앞으로, 22일에는 국제적십자위원회 위원장 앞으로 거듭 타전, 협력을 부탁했다.

북조선을 지지하는 재일조선인도 조총련 조직하에 외무성, 법무성, 입국관리국 및 기타 기관에 지속적으로 항의하면서 북조선적십자 대표의 입국을 요구했다. 1월 21일 일본적십자 사장은 북조선적십자 대표의 일본 입국을 원하지 않다는 회신을 보냈지만, 2월 1일 이병남 조선적십자 중앙위원회 위원장은 일본적십자 사장에게 전보를 보내와 억류자들의 무조건적인 석방 및 거주지 선택의 권리 보장과 북조선적십자 대표의 입국을 거듭 요청했다. 2월 8일 북조선 외무성은 오무라 문제에 대한 성명을 발표, "어로 중에 일본에 표착한 북조선 어민까지 불법으로 수용소에 억류하고 한국으로 강제송환하려 하고 있다"고 언급하는 등 오무라 수용자의 한국 송환에 강하게 반대했다.

일본 측이 제시한 문화재 목록을 보고 한국 측은 그 수량 및 내용에 대해 불만을 표명했다. 게다가 한국 측은 1905년 이후 어떤 수단으로든 한국에서 반출해간 일본 소재의 문화재 목록을 제시하라고 집요하게 요구해왔다. 이에 대해 일본 측은 한국 측에 문화재 반환을 요구할 권리가 있는 것이 아니라 '즉시 인도 가능한' 문화재는 일본 측의 호의적인 제스처로서 증여된다는 것, 또 마치 한국에 반환 청구권이 존재한다고 전제로 하는 것과 같이 그러한 문화재 목록의 작성을, 그것도 전면 회담 재개 전에 요구하는 것은 도저히 이해할 수 없다는 취지를 설명하고, 한국 측이 관련 요구를 철회하도록 설득하는 데 거듭 노력했다.

일본인 어선 선원의 송환은 소정의 기한인 2월 14일이 경과했는데도 이루어지지 않다가 그 후에 일본 측이 계속 독촉해 마침내 2월 28일에 제2진으로 200명이 송환됐다. 그럼에도 불구하고 여전히 422명의 일본인 어선 승조원이 한국에 잔류하고 있었다.

한편, 불법 입국자 송환의 경우에도 한국 측의 신분 확인으로 시간이 걸렸지만, 2월 20일에 249명, 3월 3일에 252명이 송환을 마쳤다. 그 후의 송환에 대해서는 한국 측이 사무적인 협의를 거부했다.

일본 측은 2월 26일과 27일 다시 한국 측에 어선 승조원 송환의 전망에 대한 의견을 표명하라고 요구했지만 아무런 언명도 얻을 수 없었다. 따라서 27일 이타가키 아시아국장은 유태하 공사를 통해 일본 측으로서는 전면 회담 재개 전에 일본인 어부의 송환이 완료되기를 희망하고 있고, 만약 송환이 완료되지 않는 경우에는 전면 회담의 연기도 불가피하다고 생각한다는 취지를 한국대표부에 통보했다.

이에 대해 한국 외무부는 28일 저녁 일본 측을 비난하며 다음과 같은 성명을 발표했다.

한국 정부는 일한회담 재개에 관한 각서 조항을 일본 정부가 왜 전면적으로 무시하는 결정을 했는지 이해하기 어렵다…….

한국 측은 억류한 일본인 어부를 두 차례 송환했고, 현재 부산에 억류 중인 어부를 무기한 구류한다고는 지금까지 한 번도 성명을 낸 적이 없다.

일한회담에 관한 일본 측의 통고를 받았을 때, 제3진의 송환 절차가 진행되고 있었다. 한국 정부는 일본 정부가 1957년 12월 31일 예비교섭을 타결한 이후 세 차례에 걸쳐 협정 조항을 위반한 사실을 지적하게 되어 유감스럽게 생각한다. 즉, 첫 번째는 일본이 이른바 일한 양국의 재산청구권에 관한 미국의 각서를 일방적으로 공표한 것, 두 번째는 일본 내에 억류되어 있는 한국인 약 100명의 석방을 거부한 것, 세 번째는 1958년 3월 1일에 전면 회담을 재개한다는 양해각서의 조항을 위반한 것이다. 이러한 상황 하에서 한국 정부는 정부 대표단의 출발을 연기하기로 결정했다.

그날 외무성은 이에 대한 견해를 발표, "상호 석방 교섭은 1957년 1월 당시 나카가와 아시아국장, 한국 측의 김용식 공사 간에 (1) 상호 석방을 실시해 일한 양국 간의 분위기를 개선한 다음에 전면 회담에 들어갈 것, (2) 전면 회담 재개 후 회담이 바로 교착상태에 빠지는 것을 방지하기 위해 주요 문제에 대해 미리 최대한 의견을 조율해둔다는 기본 원칙에 합의했고, 작년 말에 조인된 일한 간의 협정은 이 기본 원칙에 기초하는 것이다", "우리 측으로서는 협정 발효 후 즉시 억류자의 국내 석방 준비를 진행하여 2월 11일에 모든 석방을 완료했다. 그러나 한국 측은 일본인 어부 가운데 남은 422명의 송환 예정일이나 그 전망조차 언급하지 않은 상태이다", "협정에는 일본 측이 송환하는 한인 밀입국자를 한국 정부가 인수한다는 의무를 규정하고 있지만, 일본 정부가 밀입국자를 강제퇴거하는 것은 국제적으로 인정된 주권을 발동하는 권리이며, 협정상으로도 일본 정부의 의무라고는 되어 있지 않다. 어디로 송환할지는 본인의 의사를 존중하여 결정하는 것이 국제적 십자의 정신 및 세계인권선언의 원칙이다. 또한 일본의 한 잡지가 이른바 「재산청구권에 관한 미국의 해석」 초안을 게재한 일과 관련해서는, 이는 일본 정부가 공표한 것이 아니기 때문에 일본 정부의 책임이 아니다", "일본 정부는 어부의 송환이 완료되면 언제든지 전면 회담 재개에 응할 용의가 있으며, 또 이를 위해 필요한 준비를 갖추고 있다"고 반박했다.

3월 4일 오무라에 수용된 불법 입국자 252명이 한국으로 송환되었다. 13일 후지야마 외상은 김 대사, 유 공사와 회담했는데, 여기서 일본 측은 억류 어선 선원의 석방 완료 후에 회담을 열 것, 그것을 할 수 없는 경우에는 한국 측이 송환 일정을 밝힐 것을 주장했다. 이에 대해 한국 측이 일한회담을 열어 상호 석방 문제도 병행해서 해결할 것을 요구했기 때문에 대화가 성립되지 않았다. 14일 유 공사는 성명을 발표, "일본 측이 북조선 귀국 희망자를 한국으로 송환할 수 없다고 말하는 것은 지난해 말 서명한 협정을 위반하는 행위이다"라고 비난했다.

4월 8일 야마다 히사나리(山田久就) 외무차관과 유 공사 간의 회담에서는 4월 중순에 회담을 재개하기로 의견 일치를 보았다. 이어 9일 야마다 외무차관과 유 공사의 회담에서 양측은 15일에 회담을 재개하고, 이와 병행해 억류된 일본인 어선 승조원의 송환과 불법 입국한 한국인의 인수에 관해 양국 정부 간에 사무적인 회담을 열기로 합의했다.

11일 후지야마 외상과 김유택 대사는 회담 후 다음과 같은 공동성명을 발표했다.

> 일본국 정부와 대한민국 정부는 오는 4월 15일에 전면 회의를 재개하여, 제1차, 제2차 및 제3차 일한 회담 이래 현안이었던 제반 문제를 토의한다. 양국 정부는 또 지난해 12월 31일에 합의한 조항을 이행하기 위해 토의할 목적으로 같은 날에 일한 연락위원회 협의를 재개하기로 동의했다.

유 공사는 15일 이타가키 아시아국장과의 회담에서 "24~25일경까지 제3차 송환을 실시할 예정"이라고 말했다.

그동안의 추이에 대해 『아사히신문』 4월 12일 자는 다음과 같이 추론했다.

후지야마 외상은 결렬 상태에 있던 대화를 궤도에 올리려고 재일 한국대표부의 김유택 대사와 3월 13일 회담했으나 아무런 성과도 얻지 못했다. 이때부터 종래 일한교섭의 무대 뒤에 있던 인물인 야쓰기 가즈오(矢次一夫) 씨, 이시이 부총리, 다나카 관방부장관 등 외무성 이외의 인사와 유 공사 간의 움직임이 활발해져, 기시 총리가 이승만 대통령에게 보내는 생일 축하 친서가 3월 24일 귀국한 유 공사를 통해 전달됐다. 그동안 외상을 포함한 외무성은 완전히 소외되어 있었다. 4월 1일 유 공사의 귀임과 동시에 전면 회담 재개를 목표로 한 무대 밖의 움직임이 전개되었고, 그 결과 선거를 앞두고 외교 현안 해결을 서두르는 기시 총리도 회담 재개를 단행했다. 이러한 비밀 대화가 정식 외교 경로로 전환된 것이 11일 열린 후지야마 외상과 김유택 공사의 회담이었다.

이승만 대통령은 3월 27일 "나는 일본 외교관은 아무도 결코 신뢰하지 않지만, 기시 총리는 일본 내에서 진정으로 교섭할 수 있는 유일한 인물임을 알게 되었다. 기시 총리는 회담을 재개할 준비가 되어 있다고 생각한다"고 말했다고 보도되었다. 이것은 기시 총리의 친서를 보고 난 후의 심경을 토로한 것이지만 그 친서의 내용은 발표되어 있지 않다.

4월 22일 오무라에 수용된 불법 입국자 251명이 한국으로 송환되었고, 26일에 억류된 일본 어부 300명이 송환되었다. 상호 석방 협정에 따라 억류된 나머지 일본 어부 122명의 송환은 5월 18일 이뤄졌고, 다른 한편으로 오무라에 수용된 한국인 불법 입국자는 5월 23일에 251명이 한국으로 송환되었다.

한편, 한국 외무부의 『외무행정 10년』(1959년 5월)은 그동안의 협상 경위를 다음과 같이 적고 있다.

그런데 이 와중에 뜻밖에도 일본 측이 우리 한국에 송환될 자 가운데 약 95명이 북조선으로 갈 것을 희망하고 있다고 언급, 어려운 문제를 하나 제기했다. 이에 대해 한국은 확고한 태도로 임해, 예비교섭에서 합의 서명한 것이기 때문에 그들은 당연히 한국으로 송환되어야 한다고 주장했다.

일본이 과거에 우리 한국으로부터 탈취해간 문화재에 대해서는 일본 정부가 소유하고 있는 이러한 문화재의 전체 목록을 작성해 우리에게 제출할 것을 요구했는데, 일본 측은 먼저 도쿄 국립박물관이 소장한 한국 문화재 106점의 목록을 제출했다. 이것은 우리가 만족할 수 있는 수준이 아니었기 때문에 전체 목록을 제출하라고 거듭 촉구했다.

우리 정부로서는 제4차 일한회담이 합의사항에 의거해 1958년 3월 1일에 열리는 것에 조금도 의문을 품지 않은 채 이를 위한 준비를 착착 진행해왔다. 그러나 일본 측은 일본인 어부 922명 전원의 송환이 마무리되지 않는 한 본 회담 재개에 응할 수 없다고 통보해왔다. 그래서 우리는 즉시 억류자의 석방 및 송환과 한일회담의 재개는 서로 법리상 관련이 없고, 별도로 조인된 합의 문서이며, 억류자 송환이 예정보다 지연된다고 하더라도 제4차 본회담은 예정대로 개최되어야 한다는 입장을 취하고 일본 측 주장의 부당성을 지적했다. 그 후 우리는 일본 측의 이른바 조건부 본회담 재개 제의에는 전면적으로 응할 수 없다면서 본회담의 무조건적인 재개를 강력히 주장했다. 그러나 일본 측의 국회 해산과 이에 따른 선거 등 내부 정치 사정 때문에 일본 측으로서도 더 이상 본회담 재개를 연기할 수 없게 되었고, 마침내 4월 15일부터 본회담을 재개하기로 동의했다.

2. 문화재 106점의 인도

한국 측은 일본에 건너와 있는 한국 문화재의 반환에 대한 희망이 강했다. 그래서 일본 측은 제1차 일한회담 당시부터 한국에 문화재 몇 점을 인도하는 것을 고려해왔다. 이와 관련, 1957년 2월 21일 외무성 아시아국 제1과가 정리한 다음과 같은 조서(調書)가 있다.

한국 문화재에 관해

(1) 한국 측은 1951년 말 열린 일한 예비회담 때부터 일본에 있는 조선 문화재(고서적, 미술 골동품, 고고학 자료)의 이른바 '반환'에 관해 특별한 관심을 보여 왔다. 한국 측은 1952년 제1차 회담 때 청구권에 관한 한국 측 요구 항목의 첫 번째 사항으로 이를 제기했고, 1953년도 제2차 회담 때에는 방대한 재일 문화재 목록을 제시해왔다.

(2) 1952년 회담이 결렬된 후 7~8월에 걸쳐 회담 재개와 관련해 일한 간에 비공식 회담이 열렸다. 그때 일본 측은 일한관계 재개를 위한 복안으로 '교섭 재개에 임하면서 한국 측과 특히 협의해야 할 사항'으로서 "청구권 교섭의 결과를 기다리지 않고, 한국의 국보로 인정되는 것으로 박물관 등에 보존되어 있는 문화재는 가능한 범위 내에서 신속하게 한국에 반환하는 것을 검토한다"고 결정했다.

(3) 1953년 1월 이승만 대통령이 방일하면서 회담을 재개하는 분위기가 조성되었을 때 작성된 「일한 관계 조정에 관한 관계 각료 양해안」에는 "한국 측이 요구하는 문화재의 양도에 대해 고려한다"는 취지의 1개 항목을 두었다.

(4) 1953년도 제2차 회담 때 한국 측 대표는 문화재 목록을 제시함과 동시에 이승만 대통령이 특히 고서적에 애착을 갖고 있다는 내용을 강조하면서 일본 측의 고려를 요구했다. 당시 작성된 청구권 문제 해결안에는 "국가가 소유한 국보 중에서 몇 개를 한국에 양도하는 것"으로 되어 있다.

(5) 1953년 10월 제3차 회담 때 구보타 대표로부터 한국 측에 "국가가 소유한 한국 문화재 중에서 몇 개를 양도하는 것에 대해 정부와 논의해보겠다"는 취지의 적극적인 발언이 있었다.

(6) 1953년 10월 회담이 결렬된 후에 회담 재개를 위해 미국이 알선에 나섰다. 그 결과 11월에 미국과 일본 간에 "일본의 우호정신의 증거로서 국가가 소유한 조선 미술품 몇 개를 한국에 증여할 것"을 포함한 성명을 일한 양국이 동시에 발표하는 방안이 결정되었다.

(7) 또 1954년 5월 오카자키 대신은 앨리슨 대사에게 "정부가 소유 중인 미술품 몇 개를 증여할 용의가 있다"는 양해를 전했다.

(8) 1955년 1월 29일 다니 대사와 김 공사 간의 비공식 회담이 열렸을 때, 다니 대사는 "국가가 소유한 문화재의 일부분을 독립 기념으로서 증정해도 좋다고 생각한다"는 취지를 말했다.

1957년 12월 말 상호 석방 협정의 구두 전달 사항에서 일본 측은 한국 미술품 가운데 즉시 인도가 가능한 것을 한국에 건네주고 그 외 한국 미술품의 인도는 회담을 열어 논의해 처리할 것을 약속했다.

문화재보호위원회는 '즉시 인도 가능한 것'으로서 1918년 조선총독부의 발굴 조사 사업에 의해 경상남도 창녕군 창녕면 교동 고분에서 출토된 금제 귀고리 2점, 잔결(殘缺)이 있는 철제 단도 5점, 잔결이 있는 철기(일괄) 철제 고리 2점, 벽옥제관옥(碧玉製管玉) 1점, 유리구슬 7점, 도제(陶製) 장경(長頸) 단지 2점, 다리가 있는 도제 그릇 2점, 도제 뚜껑 24점, 도제 심완(深盌) 10점, 도제 굽 달린 그릇(高坏) 50점 총106점(잔결이 있는 철기를 1점으로 했을 때)을 충당하기로 했다. 이것들은 조선총독부 박물관에 보관되어 있다가 1938년 9월 5일에 제실(帝室)박물관에 기증되어 그 후에 도쿄 국립박물관으로 이관된 것이다. 이를 한국에 인도하는 일과 관련해 대장성은 「물품의 무상 대여 및 양여(讓與) 등에 관한 법률」 제3조 제3항 '교육, 시험, 연구 및 조사를 위해 필요한 표본용 물품'에 해당하는 것으로 인정하는 데 이의가 없다는 취지를 1월 18일에 외무성에 회답해왔다.

앞 절에서 언급한 바와 같이, 일본 측은 1월 27일 상호 석방 실시위원회 제4차 회의에서 이 목록을 한국 측에 전달했지만, 한국 측은 이에 만족하지 않고 일본에 소재하는 전체 한국 미술품 목록을 제시하라고 집요하게 요구했다. 따라서 일본 측은 이것이 사실상 어부 송환과 관련될 가능성이 크기 때문에 앞으로 추가적으로 문화재를 한국 측에 인도할지 여부는 별도로 결정하기로 했다. 그리고 추가 목록으로서 경상남도 양산군 양산면 북정리 부부총의 출토품으로 1938년 9월 5일 조선총독부의 손을 거쳐 당시 도쿄 국립박물관이 보관하고 있던 489점의 목록을 준비했다.

2월 26일 미야케 참사관은 최규하 참사관의 요구에 호응하는 형식으로 어선 승조원이 석방된 후에 문화재 106점을 인도하겠다고 통보했다.

4월 15일 제4차 일한회담 개막일에 유태하 공사는 4월 24일이나 25일까지 한국에 억류된 일본인 어부의 제3차 송환을 실시하겠다고 약속했다. 이에 따라 그 후 이타가키 아시아국장은 유 공사와의 회담에서 "일본 정부는 4월 15일 일한 전면 회담의 재개를 계기로 향후 일한 우호의 증거로서 한국 정부에 도쿄 국립박물관이 소장하고 있는 별지 목록의 한국 고미술품을 전달하겠다. 이들 문화재는 고대 일한 문화 교류를 나타내는 귀중한 학술 연구 자료이기 때문에 일본 정부는 귀국 정부가 적절한 박물관에 이들을 일괄 전시할 것을 희망한다"는 취지를 말했다. 이어 이타가키 국장은 106점의 문화재 목록을 전달함과 동시에, 양산 부부총 출토품의 목록도 전달했다. 그날의 회담 기록에 따르면, "489점의 한국 문화재 목록을 전달했는데, 유 공사는 마치 당연히 이 목록에 기재된 품목을 인도받을 것처럼 언사를 함부로 했기 때문에 아시아국장이 대갈(大喝)하여 '나는 최대한 노력하겠다고 말했지, 아직 이러한 품목의 전달에 관해 절대로 합의한 것은 아니다. 관계 당국을 설득하는 데 큰 어려움이 있다. 나는 이를 위해 매우 고심하고 있는데, 그렇게 말을 함부로 하는 것은 심히 뜻밖이다'라고 언급했다. 또 아시아국 1과장이 '이 목록에 기재된 품목을 인도할지 여부는 아직 결정되지 않았으므로 그렇게 알아줬으면 좋겠다'는 취지를 반복해서 다짐해뒀다."

문화재 106점의 인도는 한국 측과의 협의에 기초해 이튿날인 16일 오후 4시부터 주일 한국대표부에서 도쿄 국립박물관 데나카(出中) 회계과장 및 야지마(矢島) 고고과장과 한국대표부의 진필식(陳弼植) 서기관 및 황수영(黃壽永) 씨(문교부 직원) 간에 실시되었다. 데나카 과장이 한국 측 책임자 진 서기관으로부터 영수증을 받았다. 이때 인도 행사에 입회한 아시아국 제1과 가쓰타(勝田) 사무관은 보고서에 다음과 같이 적었다.

1. 106점의 미술품은 나무 상자 25개에 담겨 박물관이 제공한 소형 트럭으로 대표부에 옮겨진 다음 대표부 2층 응접실에서 수수(授受)가 행해졌다. 야지마 과장이 먼저 본 미술품의 가치, 일본에 도래된 사정 등에 관해 총괄적인 설명을 했고, 황수영이 두세 가지의 질문 — 가령, 최초의 목록에 따르면 97점으로 되어 있었는데, 새로운 목록에 따르면 106점으로 되어 있다. 그 차이는 무엇인가. 또 목관철금구(木棺鐵金具)가 목록에 없는데(황 씨는 본국에서 지참한 것으로 보이는 다른 목록을 갖고 있었다) 이것은 어떻게 들어왔는가 등 — 이 있었지만, 야지마 과장은 이에 대해 일일이 명쾌한 대답을 했고, 고고학자인 황 씨도 납득했다. 내용물 점검에 들어가자 황 씨는 대표적인 네 상자만을 본 후 이것으로 충분하다고 말했다. 그래서 야지마 과장도 박물관에 "인도가 성공적으로 끝났다"고 전화했는데, 그동안 만사를 황 씨에게 일임했던 진 씨가 아래층에서 협의를 한 듯 "상사도 보고 싶어 하므로 나무 상자 전부를 열고 싶다"고 제안했기 때문에 다시 106점 전부에 대해 목록 및 내용의 대조 작업이 행해졌다. 이때 유 공사가 나타나 유약을 바르지 않고 저열에 구운(素燒) 항아리를 보고 "이런 것은 한국의 야시장에 가면 얼마든지 입수할 수 있다"고 막말을 했다. 그는 또 금제 귀고리를 보면서 "도금한 것이 아닌가"라고 물었다. 이에 대해 야지마 과장이 "순금 제품이다"라고 답하자, 유 공사는 손으로 무게를 가늠하면서 만족스러워하는 모습이었다. 최 참사관은 주로 본국 수송을 위한 포장 방법을 박물관 측에 질문했다.

2. 이상의 점검과 병행하여 영수증에 대한 사인 문제를 둘러싸고 진 씨와 데나카 과장이 설왕설래했는데, 진 씨는 "박물관이 준비한 영수증은 일본어이기 때문에 이것을 영문으로 번역하고 싶다"면서 별

지 1의 영수증을 보여줬다. 데나카 과장은 자구에 문제가 없기 때문에 이를 수령했다.

3. 이상 대략 두 시간을 요한 본건의 수수는 비교적 좋은 분위기에서 진행되었지만, 본 미술품 증여에 대해 한국 측으로부터 감사의 말은 결국 듣지 못했다.

또 한국 측은 돌아갈 때 차량을 제공해줬는데, 현관까지 배웅하러 나온 진 씨는 야지마 과장에게 "더 좋은 미술품을 많이 받을게요"라고 말했다.

이러한 문화재 106점의 인도는 당시 일본 측 신문에는 보도되지 않았지만, 한국 측은 그 이튿날인 4월 17일에 『동양통신』을 통해 18일 자 신문에 이를 보도했다.

『한국일보』는 4월 18일 「문화재 반환으로 드러난 일한 대표 간의 몰상식한 조치: 선인(先人)의 유산 경시는 우리 국민의 경시이다」라는 제목의 사설에서 "문화재 반환을 위해서는 공식적인 절차를 거쳐 협정을 맺고 공동성명을 발표해야 한다. 그다음에 문화재는 양국 대표단의 엄숙한 심사를 거쳐 한국 측에 반환되어야 하며, 그 문화재가 안전하게 한국에 도착하도록 신중하게 처리하는 것이 국제의례상 취해야 할 도리이다. 문화재는 오랜 역사를 거친 선조들의 심혈의 결정(結晶)인데도 불구하고 시정배의 상거래처럼 일본 정부가 2대의 트럭에 싣고 온 것을 유유낙낙 받아들인 우리 대표단의 천려무력(淺慮無力)한 행위도 수긍할 수 없다. 이것은 일본 정부가 회담을 진행하기 전에 한국 정부의 환심을 사려는 얕은 지혜의 외교 전술적 행동이라고 지적하지 않을 수 없다"고 논했다.

106점의 문화재 인도에 관여한 황수영 씨(1960년 당시 동국대학교 불교대학 부교수)는 나중에 한국에서 잡지 『사상계』 1960년 7월 호에 「재일 문화재의 반환 문제」를 집필했다. 여기서 그는 "그때 한국의 국보고분보존회 산하의 '피탈문화재 조사를 위한 소위원회'는 그 목록을 입수한 후 '이 품물(品物)은 미술품이 아니라 고고학 자료이며 그 가치가 많은 것도 아니다. 일본 측이 일방적으로 이렇게 정해 반환한다고 하더라도 쌍방이 문화재의 반환 원칙과 품목에 대해 논의한 후가 아니면 받아들이면 안 된다'는 의견을 문교부에 전했지만, 그것이 고려되지 않은 채 정부 훈령으로 인도받았다"고 말했다. 그는 또 "106점이라는 숫자를 내세우기보다는 한 기(基)의 고분에서 출토된 유물을 일괄해서 처리해야 하는데, 작은 하나하나를 세어 숫자로써 그럴듯하게 보이려 하고 있다. 일본 측의 희망에 따라 내용을 공개하지 않았기 때문에 양국 국민들은 여기에 상당수의 국보급 미술품이 있다고 오해하고 있다. 문화재는 어부와 교환하는 조건이 될 수 없는 것인데, 쌍방이 외교 책략의 도구로 삼았다"고 적었다.

일본 국회에서는 5월 31일 참의원 외무위원회, 6월 20일 중의원 외무위원회, 6월 24일 동 예산위원회, 7월 4일 동 외무위원회에서 이타가키 아시아국장이 질문에 대답하면서 인도 경위를 밝혔다. (외무성은 한국에 인도한 문화재 106점의 품명을 7월 4일 중의원 예산 및 외무위원회 위원장에게 각각 제출했다.)

3. 제4차 일한회담(전기)

(1) 회담의 시작

4월 15일 개막된 제4차 일한회담은 공식적으로 '제4차 일한 전면 회담'으로 불린다. 당초 3월 1일 개막될 예정이었기 때문에 2월 28일에 전 유엔 일본 정부 대표 사와다 렌조(沢田廉三), 특명전권대사 이노우에 고지로(井上孝治郎) 2명이 일본 정부 대표로 임명됐다. 한국 측은 2월 26일 임병직(林炳稷, 전 외무부장관, 유엔대표부 주재 대사)을 수석대표로 하는 대표단 명단을 외무성에 전달해왔다.

4월 15일 회담 개시 당시 쌍방의 대표단 명단은 다음과 같다.

〈일본 측〉

수석대표 사와다 렌조

대표 특명전권대사 이노우에 고지로

대표 법무성 입국관리국장 이세키 유지로(伊関祐二郎)

대표 법무성 민사국장대리 히라가 겐타(平賀健太)

대표 외무심의관 오쿠마 와타루(大隈渉)

대표 외무성 아시아국장 이타가키 오사무(板垣修)

대표 외무참사관 다카노 도키치(高野藤吉)

대표 대장성 이재국장 쇼지 게이지로(正示啓次郎)

대표 농림성 수산청 차장 니시무라 겐지로(西村健次郎)

대표 운수성 해운국장 아와자와 가즈오(粟沢一男)

〈한국 측〉

수석대표 주유엔 대표부 대사 임병직

대표 주일 대표부 대사 김유택

대표 주일 대표부 공사 유태하

대표 전 법무부장관 이호(李澔)

대표 주일 대표부 참사관 최규하

사와다 수석대표는 1953년 3월부터 1955년 8월까지 주유엔 대사, 1956년 12월부터 1957년 3월까지 유엔 제11차 총회의 일본 정부 대표를 역임했고, 한국 측의 임병직 수석대표는 1951년 4월부터 1955년 2월까지 주유엔 대사였다. 임병직은 "일본이 유엔의 옵서버였던 시절 그와 나는 나란히 앉아 있던 친한 사이이며, 일본 정부가 개인적으로 친한 이들로 하여금 회담을 원만하게 타결시키려는 의미에서 사와다 씨를 수석대표로 임명한 것으로 보였다"고 적었다(『임병직 회고록』, 여원사, 1964년 9월). 〔상기한 바와 같이 1956년 4월 2일 시게미쓰 마모루(重光葵) 외상은 김용식(金溶植) 공사와 회담했을 때 다니 대사의 후임으로 사와다 대사를 소개했는데, 그 후 사와다 대사는 유엔총회의 일본 대표로 참석했기 때문에 한국과의 교섭에는 관여하지 않았다.〕

사와다 렌조 씨의 담화(「제4~5차 일한회담의 회고」, 1970년 6월 15일)는 다음과 같이 당시를 회고했다.

> 한국 측 수석대표로 임병직 씨가 나온다는 이야기를 듣고 놀랐다. 좋은 사람이 온다는 생각이 들었다. 그는 일찍이 미국에서 이승만이 독립운동을 했을 때 비서를 맡은 바 있어 이승만 대통령으로부터 신임을 받았다. 외무부장관을 맡았고 그 후로 오랫동안 주유엔 대사로 지내 내가 유엔에 있었을 때 나와도 서로 어깨를 두드리면서 이야기를 나눈 관계였다. 나는 그를 임병직 대령(Col. Ben C. Limb)이라고 부르곤 했다. 여하튼 이 사람이 오면 이야기의 물꼬를 틀 수 있겠다는 느낌이 들었다. 그래서 나는 회담 제1차 본회의의 인사말에서 극동의 일본, 극동의 한국이 아니라 세계의 일본, 세계의 한국으로서 협력하여 손을 맞잡고 올라갈 수 있는 곳까지 올라가지 않겠는가, 서로 유엔에 있었던 것과 같은 각오로 대화하면 이야기하지 못 할 것은 없다고 말하기로 했다. 나는 한때 이승만을 돌봤던 닥터 웰스가 임 씨와의 사이에서 주고받은 편지를 뉴욕의 친구를 통해 본 적이 있었는데, 임 씨가 단지 일본과 한국의 관계라는 것에서 벗어나 넓은 국제관계의 시각을 가진 사람임을 알고 있었으므로 이 같은 내 마음이 임 씨에게 통하리라 생각했다. 임 씨를 회담이 열리는 전날에 하네다(羽田)에서 맞았을 때 이 인사말의 사본을 전했다.

4월 15일의 제1차 본회의 이후 수석대표 간 비공식 회담 3회를 거쳐 제2차 본회의는 4월 22일에 열렸다. 이때 한국 측은 ①기본관계, ②한국의 대일 청구권, ③재일한인의 법적지위, ④어업 문제와 '평화선'의 각 분과위원회와, ②의 산하에 (가) 선박 반환 문제, (나) 한국 문화재 반환 문제, (다) 기타 청구권 3개 분과위원회를 설치하고 싶다고 제안했다. 이에 대해 일본 측은 그 후의 본회의 및 수석대표 간 비공식 회담을 통해 선박을 증여키로 했으므로 청구권에 포함시키면 안 된다는 점, 문화재와 관련해서도 기본위원회나 문화재위원회에서 논의하고 싶다는 의견을 제시했다.

5월 6일 열린 제6차 회의에서 일본 측은 ①기본관계, ②한국 청구권, ③어업 및 '평화선', ④재일한인의 법적지위에 관해 각각 위원회를 설치하고, 한국청구권위원회 산하에 (가) 청구권, (나)

선박 문제를 논의하는 각 분과위원회를 설치할 것을 제안, 이에 한국 측이 동의했다. 그 후 이상의 위원회와 관련해 한국 측은 청구권(선박, 문화재)과 법적지위에 대한 논의를 먼저 시작하고 싶다고 제안했다. 이에 대해 일본 측은 어업 및 '평화선'위원회를 조속히 연다는 양해하에 청구권과 법적지위를 먼저 논의할 것을 제안하고, 한국 측의 양해를 얻었다.

청구권 및 법적지위 위원회의 개최 일시를 결정한 것은 5월 14일 열린 제9차 회의이며, 분과위원회의 제1차 회의는 법적지위와 관련해서는 5월 19일, 청구권과 관련해서는 5월 20일, 선박소위원회는 6월 6일 각각 열렸다. 앞서 언급했듯이 억류된 일본 어부의 제4차 송환은 5월 18일 이뤄졌다. 이로써 상호 석방 협정에 따라 922명이 모두 송환되었고, 회담의 각 위원회는 송환이 마무리된 후 개시된 것이다.

문화재 반환 문제에 관해서는 5월 29일 제3차 청구권위원회 청구권분과위원회에서 논의하기로 결정되었는데, 문화재 관련 제1차 회의는 6월 4일에 열렸다. 어업위원회는 한국 측 대표인 장경근 씨가 일본 측의 거듭되는 독촉에도 불구하고 일본에 오지 않았기 때문에 개최할 수 없는 상태였다. 이에 따라 다른 분과위원회의 심의도 실질적인 궤도에 오르지 못했다. 특히 다음에 언급하는 오무라에 수용 중인 북조선 귀환 희망자 문제를 둘러싸고 회담은 7월에 일시 중단 상태에 빠졌다.

(2) 오무라에 수용 중인 북조선 귀환 희망자의 임시 방면

앞 장에서 언급한 바와 같이 상호 석방 대상이었던 오무라 입국자수용소에 수용된 불법 입국자 중에서 북조선 귀환을 희망하는 93명에 대해 일본 정부는 "본인이 의사를 변경하길 기다려 한국에 송환한다"는 명분을 취하고 있었기 때문에 한국 측도 일단 이를 양해하고 있었다. 오무라 수용소는 북조선 귀환 희망자를 한국 귀환자와 다른 건물에 수용했는데, 6월 20일 오무라 수용소 일반동에 수용된 2명은 북조선 귀환을 신청했는데도 북조선으로 귀환하는 조에 들어갈 수 없다는 이유로 단식 시위에 돌입했다. 북조선 귀환 희망자 64명 또한 26일부터 단식 시위를 시작, 법무대신 및 입국관리국장 앞으로 "즉시 석방하고 자유롭게 귀국시켜라", "귀국 대상 선정의 자유를 달라", "북조선적십자의 일본 입국을 허용하라" 이렇게 3개 항목을 제시한 요청서 제출을 결정하고 단식 시위를 계속했다. 심지어 7월 5일에는 이들 단식 시위자가 링거 주사와 입원을 거부, 사태를 방치할 경우 인명 피해를 볼 상황이 되었다.

정부는 7월 6일 다급히 인명을 구하기 위해 인도적인 견지에서 오무라 수용소에 수용되어 있는 북조선 귀환 희망자 중에서 7월 6일 당시 3년 이상 수용된 자 25명을 임시 방면하는 방침을 결정, 단식을 중지시켰다.

7월 7일 이타가키 아시아국장은 유태하 공사에게 이 가방면 조치를 통보하고 그 이유를 설명했다. 그러나 유 공사는 그날 날짜로 보낸 구상서를 통해 일본 측의 본건 결정이 지난해 12월 31일 합의한 사항과 그 이후 일한 간에 진행한 회의 내용을 위반한다며 항의해왔다. 이에 대해 외무성은 7월 21일 자 구상서에서 과거의 교섭 경위 및 협정문의 해석에 비추어 한국 측의 견해를 반박했다. 동시에 "반년이 지났지만 본인들은 그 의사를 변경할 조짐조차 없었고, 오히려 점점 그 의지를 다지면서 이번과 같은 수단으로 나온 이상, 본건을 일한 양국 정부의 성의와 협력을 통해 완전히 새로운 각도에서 해결해야 할 시기가 도래했다고 생각한다"는 취지를 통보했다.

이후 서울의 다울링(Walter C. Dowling) 주한 미국대사의 알선을 계기로 한국 측은 그 태도를 누그러뜨려 8월 11일 "25명의 임시 방면을 질병 중태의 이유 혹은 부녀자여서 수용을 견디지 못한다는 명목으로 실행한다면 이를 인정한다. 그러나 언젠가는 확실히 한국으로 송환해야 한다"는 타협안을 비망록 형식으로 가져왔다. 일본 측이 이를 거부하자 한국 측은 이튿날인 12일 "만약 일본 측이 서면으로 임시 방면자가 한국이 지정하는 지역 이외에는 송환되지 않도록 지속적으로 감시를 실시하는 취지의 보증을 선다면, 한국 측은 수용자의 임시 방면에 대해 이의를 제기하지 않겠다. 본건은 전체 회담에서 토의, 해결될 때까지 잠정적인 합의로 한다"는 내용의 타협안을 보내왔다. 그 후 8월 18일에 어업 대표와 장경근이 일본에 도착했음에도 불구하고, 한국 측은 만약 일본 측이 한국 측의 타협안에 호의적인 답변을 주지 않으면 어업위원회 개최에 응하지 않겠다는 태도를 취했다. 이 때문에 종래 열리고 있던 다른 위원회도 사실상 중단 상태가 되었다.

『아시아국 중요 현안 처리 월보(月報)』 1958년 7월 호는 「제4차 일한관계」에서 다음과 같이 기록하고 있다.

당초 본건 협상 개시에 앞서 다음과 같은 우리 측의 기본적 태도를 한국이 양해하도록 하는 것이 협상 타결을 위한 전제조건이었다.

a. 우리 측은 이승만 라인을 인정하지 않지만, 어업 문제와 관련해 어족 자원의 보호, 일한 간의 분쟁 방지를 목적으로 하는 건설적이고 합리적인 해결 방안(어업협정안)을 준비하고 있다. 이에 한국 측이 응한다면 선박, 문화재, 청구권 등 제반 문제에 관해서는 정치적인 고려를 할 수 있다는 방침인데, 한국 측은 이 같은 우리 측 입장을 양해할 용의가 있는지 여부.

b. 재일한인 불법 입국자 중 남조선계와 북조선계 사이의 대립과 관련해 우리 측은 한국 측이 이들 한인을 파악하는 것이 선결 문제라는 명분으로, 가령 강제퇴거 시에 한국 측이 싫어하는 한인을 한국에 송환하길 요구하면 이에는 응할 수 없다고 했는데, 이제는 이를 양해하는지 여부.

억류 어부 송환의 수단으로 개시된 이번 회담이 이러한 2개 사항을 둘러싼 피아간의 견해 대립에 의해 완전히 교착상태(deadlock)에 빠지게 된 것은 매우 당연하다. 우리 측으로서는 이제 회담 위기를 타개하기 위해 발본적인 방책을 취할 것인가, 아니면 당면 상황을 주시하면서 한국 측 어업 대표의 일본 방문을 신속하게 실현하는 데 그친 채 문제를 향후로 미룰 것인가 하는 기로에 서 있다.

9월 3일 이타가키 아시아국장은 유 공사에게 '구두 전달 사항'으로서 "일본 정부는 한국인 임시 방면자를 우리 측의 자발적 조치로서 당분간 한국 측의 희망도 고려하면서 취급할 의향이다. 또한 일본 정부는 한국 정부가 송환 지역과 관련해 특별한 요청이 없는 한국인 불법 입국자 송환의 수용을 지체 없이 재개하기 위한 조치를 취할 것을 요청한다"는 취지를 말했다. 하지만 유 공사는 9월 5일 이타가키 아시아국장에게 일본 측 요청에 대해 전면적인 불만을 토로한 후 최소한 "자발적 조치"와 "당분간"이라는 2개 문구의 삭제를 요청했다. 이후 9월 13일 이타가키 아시아국장은 유 공사에게 타협안으로서 '구두 전달 사항'의 형식으로 "일본 정부는 한인 가석방자에 관한 문제를 잠정적 조치로서 한국 측의 희망을 고려하여 취급할 의향이 있다"고 회답했다. 유 공사는 본국 정부와 협의한 후 9월 22일에 야마다 차관을 방문, 이러한 일본 측의 답변을 수락한다는 취지를 통보하는 한편, 회담 재개를 위한 논의를 사와다 대사와 임 대사 양측 수석대표 간에 즉각 실시하기로 의견 일치를 보았다. (그동안 9월 19일 자로 한국대표부 수석인 김유택 대사가 주영국 대사로 전출되어 사임하고, 유 공사가 대표부 수석이 되었다.)

또한 일본 측은 9월 27일에 북조선 귀환 희망자 중에서 7월 6일 당시 3년 이상 장기 수용된 자 25명 전원의 임시 방면을 완료했다.

이에 앞서 7월 2일 조선적십자회 중앙위원회 박기호(朴基浩) 위원장은 오무라의 단식 시위와 관련해, 귀환의 즉시 실현과 조선적십자 대표의 입국을 요청하는 전보를 일본적십자 사장에게 보내왔다. 같은 달 6일 〈평양방송〉은 북조선적십자가 국제적십자위원회에 오무라 수용자 문제 해결을 위한 협력을 요청한 것에 대해 국제적십자위원회가 오무라 수용자의 자유의사에 의한 거주지 선택 권리를 보장하도록 일본적십자에 요청했다는 취지를 5일 북조선적십자에 타전해왔다고 보도했다. 또한 남일 외상은 8일 오무라 수용소의 북조선 귀국 희망자를 임시 방면한 조치를 비난하고 북조선으로의 즉시 귀국, 북조선 대표의 일본 입국을 요구하는 성명을 발표했다.

(3) 회담의 성과

일시 중단 상태에 빠진 회담은 10월 1일에 재개되어 어업 및 '평화선'위원회도 이튿날인 2일에 제1차 회의를 열었다. 일본 측은 그 후 어업위원회의 진행 상황을 고려하면서 다른 위원회(일반 청구권에 관한 소위원회도 12월 1일에 제1차 모임을 가졌다)의 토의를 진행했다.

11월 10일 외무성은 다음과 같은 대한국 교섭방침을 세우고 있었다.

대한국 교섭방침의 결정에 관한 건

1958년 11월 10일, 외무성

1. 우리 측 대표단은 4월 15일 이후 약 반년 동안 예의(銳意) 교섭을 계속해왔지만, 본건 교섭에서 한국 측은 선박, 문화재가 가장 해결하기 쉬운 문제라면서 다른 의제에 선행해 우리 측에 구체적으로 공약토록 하겠다는 작전으로 나오고 있다. 한국 측은 선박 소위원회에서 반환의 근거와 관련해 아직 논의가 진행 중인데도 불구하고 제1차 반환 요구 목록을 제시하면서, 이에 대해 우리 측의 성의 있는 답변이 없는 한 앞으로 토의에 응하지 않겠다는 태도를 보여줬다. 한국 측은 청구권(문화재) 소위원회에서도 우선 1905년 이후 한국에서 반출된 모든 문화재의 반환을 요구하면서 광범위한 제1차 반환 요구 항목을 제출하고, 시급히 우리 측에게 반환할 문화재 목록을 제공하라고 요구해왔다. 이에 대해 우리 측은 아직까지 기본 정책에 대한 결정이 내려지지 않았다는 점, 또한 이 결정은 일한회담 전반과 관련해 내려져야 한다는 점을 언급하며 응수를 거듭하고 있지만, 두 위원회 모두 회의를 개최하면서도 깊이 들어가길 피하는 작전은 이제 교섭 기술적으로 한계점에 달했다.

2. 종래 한국 측은 아래와 같은 목적하에 어업위원회의 설치를 고의로 지연해왔지만, 10월 2일 어업위원회 개최 이후에도 한국 측은 우리 측이 이승만 라인 문제를 토의하지 못하도록 봉쇄하면서 문화재, 선박 문제의 선결(先決)을 서두르는 한편, 교섭이 부진한 책임을 언제든지 일본 측에 전가할 수 있도록 주도권을 잡는 전략으로 나오고 있다고 판단된다.

3. 우리 측은 어업협상의 원만한 진전을 도모한다는 견지에서 '평화선'의 철폐를 정면으로 거론하지 않은 채 구체적인 논의에 들어가는 방법에 대해 행정적인 검토를 거듭해왔다. 그러나 일본 측으로서는 결국 이승만 라인의 철폐를 전제로 하지 않는 한 어떠한 구체안도 세울 수 없는 것이 명백하며, 또 이번 교섭의 우리 측 목적이 이승만 라인의 해소에 의한 일한 어업 문제의 공정한 해결이라는 것, 그리고 상술한 것처럼 교섭에서 나타난 한국 측의 주도권을 봉쇄한다는 의미에서 이때 어업 문제 선결의 교섭 방침을 명확하게 제기할 필요가 있다고 생각한다.

대한국 교섭방침(안)

1. 어업 및 '평화선' 위원회에서 우리 측은 별첨과 같이 어업관할권의 철폐를 전제로 하는 구체안을 제시하고, 상대측의 의향을 명확하게 확인한다.

2. 이 구체안에 대해 한국 측이 이 방안은 어업관할권을 부인하므로 도저히 토론의 기초가 되지 않는다는 취지로 확답할 경우에는, 이번 회담을 더 이상 계속하는 것은 무의미하므로 회담 중단도 어쩔 수 없다고 생각한다.

3. 우리 측 제안에 대해 한국 측이 지연책을 강구하며 명확한 의향을 표시하지 않는 경우에는, 선박 및 문화재 두 위원회에서 우리 측은 어업관할권의 철폐를 전제로 한 어업협정의 원활한 진전이 있으면 두 문제에 대해 구체적인 논의에 들어갈 용의가 있다는 취지를 말하고, 그때까지 두 위원회의 휴회를 제

의한다.

4. 한국 측이 어업관할권의 철폐를 전제로 어업협정 교섭에 들어가는 데 동의하는 경우, 어업협상의 진전을 살펴보면서 선박, 문화재 문제에 어느 정도 구체적인 교섭에 들어가는 것을 고려한다.

5. 어업협정이 원만히 해결될 경우, 선박 및 문화재에 관한 우리 측의 최종 처리방침은 별지와 같다.

6. 재일한인의 북조선 귀국에 대해서는 종래 정부의 기본방침을 견지하면서, 당분간 현상을 유지하기 위해 노력하기로 한다.

(별지)

문화재 및 선박에 대한 최종 방침(안)

1. 문화재

현재 국유로 되어 있는 한국 출처의 문화재 중에서 1905년부터 종전까지의 기간에 한국으로부터 우리 일본으로 반출된 것을 모두 인도한다. 다만, 특정 문화재에 대해서는 우리 측 학술 연구용으로서 그 일부를 우리 일본에 유보해두는 것에 대해 한국 측의 양해를 구한다.

2. 선박

(1) 종전 시 한국 항구에 선적을 갖고 있던 일본어선 중에서 1951년 9월 11일 자 SCAPIN 2168호가 발표된 당시에 우리 일본에 현존한 선박 24척 약 6,000톤을 일본 정부가 수매하거나 혹은 대용 선박을 건조해 한국 측에 인도한다.

(2) 일본어선으로 1952년부터 지금까지 '이승만 라인'을 침범했다는 사유로 한국 측에 나포된 상태로 남아 있는 141척(9,159톤)의 반환에 대해서는 현안으로서 외교교섭에 맡기자는 데 한국 측의 동의를 확보하기로 한다.

3. 일반 청구권

청구권에 관해서는 위원회가 개최되고 있지 않기 때문에 향후 한국 측의 태도를 본 다음에 결정한다.

각 분과위원회는 구체적인 성과라 할 만한 것이 없이 연말을 맞고 있었다. 1958년 12월 3일 아시아국이 준비한 「대한국 교섭방침에 관한 건」은 다음과 같이 기록하고 있었다.

1. 다가오는 어업 및 '평화선' 위원회에서 한국 측이 11월 28일 동 위원회 제5차 회의에서의 일본 측 제안(「일한 어업협정안의 골자」)은 토의의 기초가 될 수 없다고 언명하면서 '평화선'의 존속을 전제로 하여 문제를 토의하자고 주장하는 경우, 이번 전면 회담의 진행은 사실상 무의미하다. 이 경우 회담의 결렬을 피하기 위해 남은 유일한 방도는, 제반 현안의 해결을 보류하고 기본조약 등의 체결에 의해 우선 일한 양국 간의 국교를 정상화하자고 건의하는 것 외에는 생각할 수 없다.

2. 한국 측은 종래의 태도를 감안할 때 이 제안을 수락하지 않을 것이고, 국교정상화의 전제조건으로

서 문화재 및 선박의 반환을 요구할 것으로 생각된다. (또한 북조선 귀국 희망자의 취급 문제와 관련해 그들을 북조선으로 송환하지 않도록 우리 측에 공약을 요구해올지도 모른다.) 그러나 우리 측으로서는 어업 문제 해결에 대한 어떠한 보장도 없는데 비록 일부일지라도 문화재, 선박을 인도하겠다고 결정하는 것은 국내 여론의 동향을 보면 매우 곤란하며 정치적으로도 마이너스가 되는 것이 불가피하다고 생각된다.

3. 전항에서 지적한 바와 같이 한국 측이 국교정상화에 대한 우리 측의 제안을 수락하지 않을 것이 명료하고, 또 우리가 문화재 및 선박을 정상화를 위한 선물로 반환할 수 없는 이상, 어업 문제 해결의 전망이 없는 상태에서 회담을 계속하는 것은 전혀 의의가 없다. 그러나 우리 측에 의해 회담이 결렬되는 형식은 피하기 위해서 이때 회담이 움직일 수 있는 방도를 찾는다는 의도로 회담 휴회를 제의하는 것이 적당하다고 생각된다.

한국 측이 이러한 우리 측의 휴회 제의에 대해 회담 결렬의 책임을 일본 측에 전가하고 우리가 성의가 없다고 힐책하여 회담의 중지를 성명해오는 경우, 우리 측은 정보문화국 발표를 통해 우리 일본이 선린우호의 정신에 입각해 대한국 외교를 실시해 '평화선' 억류 어부, 나포 어선, 다케시마 문제 등 현안에 대해서도 평화 외교를 기조로 한 원만한 해결을 도모하기 위해 합리적인 태도로 일관한 것을 내외에 명확하게 알려줌과 동시에, 별지와 같이 여러 조치를 취해 대처하고 잠시 향후 정세의 추이를 지켜보고자 한다.

한국 측이 회담을 결렬시킬 경우의 대처방침

1. 발표문(별지를 정보문화국이 발표)

2. 어업 문제

1952년 5월 23일의 각의 결정(별첨)을 변경하여 같은 선 내외에서의 보호 출어의 태세를 취한다.

3. 억류 어부의 석방

국제 문제로서 인도적 견지에서 국제적십자에 알선을 의뢰한다.

4. 주일 한국대표부의 취급

　(1) 대표부에 대해서는 당분간 특별한 조치를 취하지 않고 정세의 추이를 보기로 한다.

　(2) 한국 측의 태도에 따라 현재 대표부에나 직원에게 부여된 특권 대우를 정지시킨다. 또한 교체 요원의 입국, 증원은 인정하지 않도록 조치한다.

5. 재일한인의 취급

　(1) 재일한인에 대해서는 특별히 보복조치를 취하지 않기로 한다.

　(2) 북조선 귀국 희망자에 대해서는 종래 일본 정부의 방침에 기초해 귀국을 허용키로 하고, 그 실태에 관해서는 일본적십자가 국제적십자에 의뢰해 국제적십자가 조사를 맡게 한다.

6. 언론 지도

이상 2~5항의 정책에 대해서는 신문 등에 자료를 배포하고 공정한 언론 지도를 도모한다.

그러나 사와다 대사와 임 대사 양측 수석대표 간에는 회담의 진행 방법에 대한 비공식 회담이 계속되었는데(4월 16일부터 12월 18일까지 25회), 12월 19일 열린 비공식 회담에서는 이튿날인 20일부터 자연 휴회에 들어간 뒤 이듬해 1월 26일부터 재일한인의 법적지위위원회를 시작으로 각 위원회의 논의를 재개하기로 합의되었다.

(가) 재일한인의 법적지위위원회

〈일본 측〉 가쓰노 야스스케(勝野康助) 입국관리국장, 히라가 민사국장대리
〈한국 측〉 유태하 주일공사, 최규하 주일참사관

재일한인의 법적지위위원회는 열다섯 차례 열렸다. 10월 20일의 제9차 회의에서 한국 측이 「재일한국인의 국적 및 처우에 관한 협정안」을 제출, 그것을 둘러싼 논의가 이루어졌다. 또한 오무라에 수용된 불법 입국자의 송환 문제도 논의되었다.

(나) 청구권 위원회

〈일본 측〉 쇼지 게이지로(正示啓次郎) 대장성 이재국장
〈한국 측〉 이호 전 법무부장관

청구권 위원회는 세 차례 열린 후 문화재위원회의 설치가 결정되었다. 일반 청구권 소위원회는 세 차례 열려 토의 대상을 논의하는 데 그쳤다.

(다) 선박 소위원회

〈일본 측〉 (주사) 아와자와 운수성 해운국장
            (부주사) 이소다(磯田) 대장성 이재국 차장, 다카노 외무참사관
〈한국 측〉 (주사) 이호 전 법무부장관

선박 소위원회는 6월 6일부터 12월 16일까지 스물네 차례 열렸다. 한국 측은 한국치적선의 반환과 1945년 8월 9일 이후 한국 수역에 소재한 선박의 반환을 의제로 할 것을 제안했다. 이에 대해

일본 측은 ① 한국치적선의 반환, ② 1945년 8월 9일 이후 한국 수역에 있던 일본선박의 반환, ③ 일본이 한국에 대여한 5척의 선박 반환, ④ 한국에 억류된 일본어선의 반환 문제를 논의할 것을 주장했다. 한국 측은 ④의 일본어선이 8척이라고 주장한 데 반해, 일본 측은 제3차 회담까지 귀환하지 않은 8척과 그 후 나포된 141척까지 총 149척이라고 말했다. 이 의제에 대한 논의가 계속되었지만, 10월 14일 열린 제15차 회의에서 141척의 일본어선 반환 요구 문제는 고위급 회담에서의 논의를 기다리기로 하고 "1951년 11월 6일 당시 채택된 것과 같은 의제로 논의에 들어가는 것"으로 겨우 타협되었다.

구체적인 논의에 들어간 후 한국 측은 법률적인 근거와 관련해 일한 간에 견해의 일치를 보지 못하는데도 불구하고 11월 4일의 제18차 회의에서 종전 전에 한국의 항구에 적을 두고 있던 일부 선박의 목록 31척, 7,800톤을 제1차 반환 요구 항목으로서 제시했다. 일본 측은 모든 의제에 대한 토의를 일단 끝낼 것을 제안했다. 반면, 한국 측은 상기 제안에 대해 일본 측의 성의 있는 답변이 없는 한 다른 의제의 토의에 응하지 않겠다는 강한 태도로 나왔다.

(라) 문화재 분과위원회

〈일본 측〉 이타가키 아시아국장
〈한국 측〉 유태하 주일공사, 최규하 주일참사관

문화재 분과위원회는 열두 차례 열렸다. 6월 4일의 제1차 회의에서 한국 측은 1905년 이후 한국에서 일본으로 가져간 한국 문화재의 반환을 요구하면서 일본 측에 한국에 반환하고자 하는 한국 문화재 목록을 제출하라고 말했다. 일본 측은 본건에 대해서는 일본 정부의 기본방침이 결정되지 않았기 때문에 구체적인 토의에 들어갈 수 없다는 취지를 말하며 응수를 계속했다. 한국 측은 10월 25일 열린 제5차 회의에서 「제1차 반환을 청구하는 한국 문화재 항목」으로서 ① 지정문화재(중요 미술품을 포함한다), ② 이른바 조선총독부(조선고적연구회)에 의해 반출된 것, ③ 소위 통감, 총독에 의해 반출된 것, ④ 경상남북도 소재 분묘를 비롯한 유적에서 출토된 것, ⑤ 고려시대 분묘를 비롯한 유적에서 출토된 것을 제출하고, 가능한 것부터 최대한 빨리 인도할 것을 요구했다.

(마) 어업 및 '평화선' 위원회

〈일본 측〉 오쿠마 외무성 심의관, 니시무라 수산청 차장
〈한국 측〉 장경근 전 내무부장관

어업 및 '평화선' 위원회는 10월 2일부터 12월 19일까지 여덟 차례 열렸다. 일본 측은 10월 10일(제2차 회의) 「일한협정 요강」을 제출, 이를 논의의 기초로 삼을 것을 제안했다.

일한협정 요강

(1958년 10월 10일 일본 측 제안)

1. 공해상에 특정수역을 설정해 한 국가가 배타적으로 이를 관할하는 것은 확립된 국제법 및 국제관습상 인정되고 있지 않다는 점을 감안해, 일한 양국은 공통의 이해관계를 갖는 공해에서 어업자원의 지속적인 생산성을 최대한 확보하기 위해 필요한 보존 및 개발 조치를 공동으로 실시한다.

2. 양국은 각각의 정부가 임명한 동수의 위원으로 구성되는 일한 어업공동위원회를 설치, 유지한다. 이 위원회는 어업자원의 보존 및 개발에 필요한 조치를 양국 정부에 권고한다.

이 조치는 과학적 근거에 기초한 것이며, 또 양국에 동일하게 적용되는 것이어야 한다.

3. 상기 위원회의 권고가 이뤄질 때까지의 조치로서 트롤어업 및 기선저인망어업에 대한 조업 금지구역을 설정한다.

4. 양국 어선이 교착해 조업하기 때문에 발생하는 무익한 경쟁 및 분쟁을 방지하기 위한 조치로서 선망어업 및 고등어 낚시어업에 관해 조업구역 및 집어등의 광력을 제한한다.

5. 양국은 위의 3항과 4항의 규칙을 각각 자국민에게 실시하기 위해 필요한, 벌칙을 동반한 법적 조치를 강구한다.

한국 측은 17일 열린 제3차 회의에서 일본 측 요강은 한국의 평화선을 부정하는 것이라면서, 한국 측의 현재 입장은 1953년 7월 17일 제2차 회담에서 제안한 「일한 어업조약 요강」과 같다고 말했다. 이에 대해 일본 측은 11월 28일 열린 제5차 회의에서 다시 다음과 같은 「일한 잠정 어업협정안의 골자」를 제안했다.

일한 잠정 어업협정안의 골자

(1958년 11월 28일 일본 측 제안)

일한 양국은 공통의 이해관계를 갖는 공해에서 어업자원의 지속적인 생산성을 최대한 확보함과 동시에 이 수역에서 조업상의 조정을 도모하기 위해 당분간 공동으로 다음의 조치를 취하기로 한다.

1. 기선저인망어업 및 트롤어업에 대해서는 자원 보존의 견지에서 조업 금지구역을 설정한다.

(1) 기선저인망어업의 금지구역은 다음과 같다. (생략)

(2) 트롤어업의 금지구역은 다음과 같다. (생략)

2. 기선저인망어업 및 트롤어업에 대해서는 조업 조정의 견지에서 조정구역을 설정하고 이 구역 내에서 양국 어선의 조업 척수를 협정한다.

전항의 구역은 다음과 같다. (생략)

3. 선망어업 및 고등어 낚시어업에 대해서는 조업 조정의 견지에서 조정구역을 설정하고 이 구역 내에서 양국 어선의 조업 척수 및 광력 제한에 관해 협정한다.

전항의 구역은 다음과 같다. (생략)

4. 양국은 각각 자국민으로 하여금 협정을 준수토록 하는 책임을 지며, 이에 필요한 국내 조치를 강구하기로 한다.

그림 2 일본 측이 제시한 「일한 잠정 어업협정안」 (1958년 11월 28일) **[원문 미공개]**

한국 외무부의 『외무행정 10년』(1959년 5월)은 제4차 회담 전기(前期)에서의 토의를 다음과 같이 보았다.

회담이 분과위원회 토의에 들어간 후 우리 측은 회담 의제 중에 비교적 쉽게 합의에 도달할 수 있으리라 생각되는 선박 문제와 문화재 반환 문제 등부터 먼저 하나하나 토론해 해결해 나가기로 하고, 회의 진행상 좋은 분위기를 조성해 어려운 문제라고 생각되는 일반 청구권 문제, 어업 및 평화선 문제 등은 서서히 토론, 해결하여 회담 전체를 성공적으로 종결하도록 노력했다.

그러나 일본 측은 회담이 진행 중인데도 불구하고 한일 예비교섭 종료 시에 한일 간에 합의가 성립된 협정을 어기고, 오무라 수용소에 수용되어 있는 자들 중에서 이른바 북송을 희망하는 한인 25명을 한국 정부와의 사전 협의 없이 일방적으로 석방, 회담 진행을 약 3개월간 교착상태에 빠지게 했다. 일본 측은 또 분과위원회의 논의에서도 한일회담이 오로지 어업 문제만을 해결하기 위해 열린 것처럼 회담 의제 중에서 어업 문제에만 관심을 드러낸 반면, 그 외 우리 측의 정당하고 합법적인 청구권 문제 등에 대해서는 이것을 토의, 해결하기 위해 아무런 성의도 보이지 않았다.

그리하여 회담은 개최 이래 8개월간 약 70회 분과위원회 회의를 가졌지만 아무런 성과도 없이 1958년 12월 30일부터 연말 휴회에 들어갔다.

4. 제4차 일한회담(후기)

(1) 한국 측의 준비

전술한 바와 같이 일한 양측은 1959년 1월 26일부터 일한회담 분과위원회를 재개하기로 합의했다. 그러나 1959년 들어 사와다 대표, 야마다 차관, 이타가키 아시아국장과 유태하 공사 간에 비공식 물밑 교섭을 진행한 결과, 위원회에서 개별적으로 문제를 토의하는 것보다 나은 성과를 내기 위해 적당한 시기에 고위급 레벨에서 회담 진행 방법에 대해 논의하는 것을 원칙으로 하자는 데 의견 일치를 보았다. 이와 관련하여 1월 26일 자 『한국일보』는 한국 측의 외교 소식통을 인용, 기시 총리 또는 오노 반보쿠(大野伴睦) 자민당 부총재가 한국을 방문해 한국 정부의 상층부와 회담할 수도 있다고 보도했다. 또한 『임병직 회고록』은 1959년의 휴회 전에 기시 총리가 일한 양국 간에 일본과 소련의 관계와 같이 먼저 주한 일본대표부를 한국에 설치하고 일한 공동선언 또는 교환공문으로 국교를 정상화하는 구상을 갖고 있었기 때문에 고위급 레벨의 회담을 기도했지만, 이승만 대통령은 그럴 필요가 없다는 태도를 표명했다고 기록하고 있다.

당시 일본의 자민당은 주류, 반주류 간의 대립 분쟁으로 당내 인사의 경신과 내각 개조가 실행되어 1월 24일에는 당 총재 공선(公選)이 있었다. 여기서 기시 노부스케(岸信介) 씨가 마쓰무라 겐조(松村謙三) 씨의 도전을 물리치고 다시 총재 지위에 올랐다. 회담 재개가 연기된 것은 이 같은 일본 정치에 유래한다고도 보도되었다.

1월 11일 임병직 씨는 일한회담 수석대표직에 대한 사표를 제출했다. 그 이유는 유태하 대사와의 불화 때문이라고 신문들은 추측해 보도했다. 1월 19일 유 대사가 귀국한 후 한국 정부 내에서 문화재, 선박의 반환 문제와 함께 일본의 어업협정안에 대한 한국 측 대안에 관한 협의가 진행되었고, 이에 따라 1월 21일 일한회담은 2월 16일경 재개된다고 보도되었다. 한국 측의 어업협정안의 구상과 관련, 『AFP통신』은 1월 26일 "일본 측이 이승만 라인을 승인한다는 전제하에 지정 해역에서 일본어선의 조업을 인정한다. 이 경우에도 한국 측이 지정 해역의 어업권 및 일본어선의 감독권을 갖는다. 또한 이승만 라인의 어업자원 조사를 위해 합동위원회를 설치하는 것 등이 검토되었다"고 보도했다. 그날 이승만 대통령은 『AP통신』 기자에게 "일본 측이 양국 간의 해역을 공정하게 분할할 의사가 있다면, 한국 정부는 즉시 이승만 라인을 개정할 용의가 있다. 우선 일본 측이 문화재와 금, 선박 등을 반환하는 것이 필요하다"고 말했다는 기사가 보도됐다. 29일 이승만 대통령과 임병직 수석대표, 조정환 외무부장관, 유태하 공사 등이 협의하여 한국 측의 새로운 제안을 검토했지만, 이후 이승만 대통령의 지시에 의해 이에 대한 수정 작업이 진행된 것으로 알려졌다. 그러나 이 같은 한국 측의 의도와는 별도로 다음 장에서 설명하는 바와 같이 1월 29일 일본 국회에서는 재일 조선인의 북조선 귀환 문제에 대한 후지야마 외상의 발언이 나왔고, 이에 따라 한국 측의 회담에 대한 방침이 일변, 경화되어 회담 재개는 무기한 연기 상태가 되었다.

(2) 북조선 귀환의 결정

재일조선인의 북조선 귀환 문제의 진전과 이에 대한 후지야마 외상의 발언, 그 후 각료회의 승인에 대한 일본 정부에 대한 한국 측의 항의 내용은 다음 장에서 언급하겠다. 다만, 3월 6일과 11일 사와다 대사와 유태하 공사의 비공식 회담, 4월 3일 후지야마 외상과 유태하 공사의 회담에 이어, 4월 7일, 16일, 27일 사와다 대사와 유태하 공사의 회담에서 일본 측은 회담 재개를 강하게 요구했지만, 한국 측은 북조선으로의 귀환을 일한회담에서 토의할 것과, 제네바에서 열리는 북조선 적십자와의 회담을 중단할 것을 강하게 주장했다.

따라서 외무성은 4월 27일 정보문화국장 담화로서 다음과 같은 「일한회담에 대한 우리 측 입장에 관해」를 발표했다.

최근 한국 정부는 일본에 대해 매우 관대한 태도를 취하면서 무조건 일한회담을 재개하자고 제의했음에도 불구하고 일본 측이 이에 대해 성의 있는 반응을 보이지 않은 채 지연을 획책하고 있다는 등 선전활동을 전개하고 있지만, 이는 전혀 사실이 아니다.

그러나 사실은 한국이 조선인의 자유귀환 문제를 이유로 내세워 일한회담을 재개하지 못한다고 통보해왔음에도 불구하고, 우리 측이 회담을 계속하자고 강하게 요구했다는 것이다. 그것은 이 회담을 통해 신속하게 양국의 국교를 정상화하는 것이 모두에게 바람직한 일이며, 누구든지 스스로 자유롭게 선택하는 곳으로 귀환하는 것을 방해해선 안 된다는 일반 원칙을 적용한 우리 일본 내 조치에 따라 회담을 중단할 이유가 없다는 견지에 기초했다. 따라서 우리 측은 이 견지에서 거듭 회담의 재개를 한국 측에 제의했다. 그럼에도 불구하고 한국 측은 일본 측이 귀환 문제에 관한 북조선적십자와의 제네바 회담을 중단하지 않으면 일한회담을 재개할 수 없다는 태도를 취해왔다.

만약 한국 측이 귀환 선택 등 개인의 자유의사에 관한 문제의 처리에 대해 국제적인 기본원칙에 따라 우리 일본 내 절차 문제에 개입하지 않고 무조건 회담을 재개한다면, 우리 측의 기정 방침에도 합치하기 때문에 우리도 이를 반대할 이유는 없다.

또한 한국에 억류되어 있는 일본인 어부의 석방과 같은 인도적 문제는 다른 어떤 문제와 정치적 거래의 대상이 되는 성질의 것이 아니다. 한국 측이 인도적 견지에서 자발적으로 그 석방을 즉시 실행하길 기대한다.

6월 10일 제네바 회담이 타결된 후 11일 야마다 외무차관은 유태하 대사에게 북조선 귀환협정의 취지를 설명했지만, 유 대사는 "한국 측은 이 사태에 대한 대응조치를 취하겠다"는 취지로 응수했다. 그 직후 15일 한국 정부는 대일 통상 단교를 실시했다.

(3) 회담의 시작

7월 30일에 이르러 한국 측은 갑자기 태도를 바꾸었다. 유태하 대사는 후지야마 대신을 내방, (가) 일한관계를 더 이상 방치하는 것은 동북아시아의 안전에 유해하다, (나) 재일조선인 중에서 한국으로 돌아가기를 원하는 자를 인수하는 것은 한국 정부의 일관된 정책이다, (다) 이들 임의 귀국자의 귀국 및 재정착은 일본 정부와의 상호적인 협정 없이는 해결할 수 없는 여러 문제가 있다, (라) 이러한 협정이 체결된다면 한국 정부는 재일조선인 문제를 최종적으로 해결할 용의가 있다고 말하고, "재일조선인 문제도 해결하기 위해 한일 전면 회담의 가급적 신속한 무조건적인 재개"를 제안했다. 그는 또 부산에 억류 중인 일본인 어부의 석방과 오무라 수용소에 있는 불법 입국한 한인의 인수를 한국 측으로서는 아무런 조건을 붙이지 않고 실행하고 싶다고 구두로 언급했다.

이에 대해 8월 1일 야마다 외무차관은 유 대사에게 "일본 정부는 한국 정부가 일한관계의 대국적인 견지에서 제시한 이 제안을 환영한다. 양국 관계 전반의 정상화를 가능한 한 신속하게 실현하고 싶다는 변치 않는 진지한 희망으로 한국 정부의 이러한 제의를 수용해 일한 전면 회담의 무조건적인 조기 재개를 승낙한다. 또한 상기 회담에서 유 대사가 후지야마 대신에게 공식적으로 제의한 상호 송환에 대해 일본 정부는 이것이 일한회담 재개 전에 지장 없이 실행되기를 요청한다"는 취지의 비망록을 수교함과 동시에, "(가) 앞으로 일본어선을 나포하지 않을 것, (나) 향후 '형'을 만료한 어부를 부산수용소에 수용하지 않고 그때마다 즉시 배편으로 송환할 것, (다) 향후 강제퇴거 처분을 받은 밀입국한 한인을 일본 측이 통보한대로 그때마다 즉시 인수할 것, (라) 통상관계를 정상적으로 회복시킬 것"을 구두로 요청했다.

그 후 일본 정부가 북조선 귀환협정에 조인키로 했다고 보도되자 8월 5일 유태하 대사는 야마다 차관에게 협정 체결을 연기해달라고 요구했다. 그러나 6일과 7일 열린 야마다 차관과 유태하 대사의 회담에서 양측은 (가) 8월 12일에 제4차 일한 전면 회담을 재개하기 위해 본회의를 열고, (나) 부산에 억류된 일본인 어부와 오무라 수용소에 수용된 불법 입국한 한인의 상호 송환을 실시하기 위해 12일에 일한 사무 담당자에 의한 연락위원회를 열기로 의견 일치를 보았다.

그리하여 제4차 일한 전면 회담은 8월 12일 외무성에서 8개월 만에 재개됐다. 일본 측 대표는 사와다 수석대표를 필두로 하여 오쿠마 와타루 외무심의관(기본관계위원회 주사), 니시하라 나오카도(西原直廉) 대장성 이재국장, 아사다 시즈오(朝田静夫) 운수성 해운국장, 미야케 기지로(三

宅喜二郞) 외무심의관(이상, 한국 청구권 위원회 주사), 오쿠마 심의관, 니시무라 겐지로 농림성 수산청 차장(이상, 어업 및 '평화선' 위원회 주사), 가쓰노 야스스케(勝野康助) 법무성 입국관리국장, 히라가 겐타 법무성 민사국장(이상, 법적지위위원회 주사) 등으로 구성됐다. 한국 측에서는 수석대표 허정(許政)(전 사회부장관, 전 서울특별시장), 차석대표 유태하 대사를 필두로 하여, 대표로서 장경근 자유당 상임위원회 정책위원장, 이호(李澔) 전 법무부장관, 최규하 공사 외에, 새롭게 법적지위 문제와 관련해 한국 측에서 제1차 회담을 담당했던 유진오(兪鎭午) 고려대 총장이 참가했다.

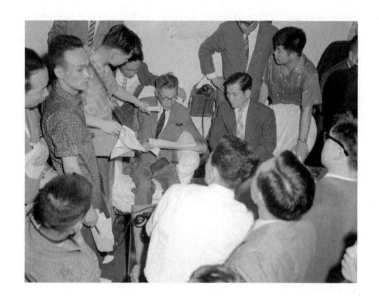

사진 19   제4차 일한회담 한국 측 수석대표 허정이 1959년 8월 기자회견에 임하고 있다. (출처: 국가기록원)

8월 10일 회담 재개에 대비해 사와다 수석대표 주재하에 일본 측의 대책을 논의하기 위해 각 대표(외무성 외에 법무성, 대장성, 운수성, 수산청) 연락회의가 열렸다. 그러나 "상호 송환 없이 본회의를 열고, 이어 각 분과위원회를 연다고 하더라도 이전처럼 아무런 진전도 없을 것이기 때문에 무의미하다"는 의견이 압도적이었고, 특히 법무성과 대장성 대표가 이를 강하게 주장했다. 하지만 외무성 측은 상호 석방 이전에 회담을 먼저 열어 분위기를 좋게 할 것을 언급했다.

회담 개시까지 미국은 일한 간의 알선에 나서 일본 측에는 한국 측의 체면을 최대한 존중하여 양보할 것을 요구하는 한편, 한국 측에는 북조선 귀환을 막는 것은 불가능하다는 것, 억류자 상호 석방을 신속하게 실현할 것, 회담 중 한국 측의 일본어선 나포를 억제할 것 등을 설득해왔다.

8월 14일 맥아더(Douglas MacArthur II) 주일 미국대사와 사와다 수석대표 간의 회담 기록에는 다음과 같이 기술되어 있다.

맥아더 대사: 허정 대표는 나에게 일한 사이에 들어와 도와달라고 부탁했지만, 나는 합리적인 것이라면 해도 괜찮다. 나는 친일적이지는 않지만, 이번 회담에서 좋은 분위기를 만들고, 그것을 원활하게 추진하기 위해 두 가지가 필요하다고 생각하고 있다. 하나는 상호 송환을 서두르는 것, 또 하나는 한국에 귀국하고 싶은 자의 귀환을 서두르는 것(이는 일본 측에도 강조하고 싶다고 생각하는 바이지만)이다. 북조선 귀환을 위한 제1차 선박이 11월에 떠나기 때문에 그 전에 한국 측은 자존심을 갖고 신속하게 한국에 귀국하고 싶어 하는 자를 받아들여야 할 것이다. 한국 측은 이에 대해 보상을 요구하고 있지만, 그것은 일본 측으로서는 북조선과의 관계상 할 수 없는 일이다. 다만, 나는 그들이 한국에 돌아온 다음 생활을 보조한다는 의미에서 주택 건설 등을 위해 돈을 내도록 일본 측에 제안해볼 생각이다. 북조선 귀환에 대해 일본은 국제협정을 맺었고 국제적십자위원회도 이를 승인했으므로 북조선 귀환을 중단하는 것은 국제적인 불신의(不信義)에 해당한다. 일본은 결정한 대로 움직일 것이라고 말해두었다. 일본 측도 후지야마 외상이 지금 내가 이야기한 것을 헤아려 그러한 방향으로 행동하도록 귀 대표가 말해줬으면 좋겠다.

사와다 대표: 한국 정부 당국자가 아직 무역을 재개하지 않겠다고 하거나, 또 이승만 대통령이 오늘 신문에 나와 있는 것과 같은 말을 하기 때문에 곤란하지만…….

맥아더 대사: 그러지 말라고 설득하겠다. 여하튼 한국 측은 열등의식(inferiority complex)이 많기 때문에 일본 측이 그것을 언급하지 않도록 잘 추진하기를 바란다.

제4차 회담에서 후기(後期)에는 1959년 말까지 수석대표 회담 2회, 본회담 4회(8월 12일, 8월 18일, 8월 26일, 9월 8일) 외에, 어업위원회 2회(10월 15일, 10월 23일), 법적지위위원회 6회(8월 31일, 9월 7일, 9월 11일, 9월 26일, 10월 14일, 10월 20일)가 각각 열렸을 뿐이었다. 한국 측은 어업에 대한 새로운 제안을 내놓지 못했으며, 회담의 중점은 법적지위위원회에 모아졌다.

즉, 8월 18일(제2차 본회의) 허정 대표는 "(가) 재개되는 회담에서는 재일한인 문제가 우선적으로 해결되어야 할 것"이라면서, "(나) 재일한인 문제를 해결하기 위해서는 ① 일본에서의 영주 정착을 선택하는 자, ② 한국으로 귀환하는 자, ③ 일본에서 영주 정착하는 것도 바라지 않고 한국에 오는 것도 원하지 않는 자의 문제가 있으며, (다) 법적지위위원회는 상기 3개 문제를 토의하고 해결할 것"을 제안했다. 이어 9월 11일 열린 제3차 본회의에서 한국 측은 "한국 정부는 한국으로의 집단 귀환을 일정 조건하에서 일정 기간 내에 실시할 용의가 있다. 일정한 조건은 일본 측이 적절한 보상금을 지불할 것, 가져갈 재산이나 짐 등을 제한하지 않을 것 등이다"라고 새롭게 제안했다. '일본 측이 지불할 보상금'은 앞서 맥아더 대사가 말한 바처럼 9월 9일 이세키 유지로(伊関佑二郎) 아시아국장이 유태하 대사와의 사적 회담에서 "일본 측으로서는 보상금을 지불하는 듯한 행동은 할 수 없지만, 한국 귀환과 직접 관련되는 형태가 아니라, 가령 주택 건설과 같이 한국, 일본, 미국이 3분의 1씩 돈을 내 간접적으로 귀환자 생활보호에 원조가 되는 사업은 할 수 있다. 그러나 일본은 국교정상화가 된 다음에 돈을 지불할 수 있기 때문에 그때까지는 미국 측에서 일본 몫을 대신 치르는 구상"을 사건을 전제로 말한 것에 기인하는 것이었다. 그 후 10월 14일 일본 측에서 사와다 수석대표, 이세키 아시아국장, 가쓰노 입국관리국장이, 한국 측에서 허정, 유진오, 유태하가 각각 참석한 회담에서 보상금 문제를 논의했다.

(4) 재일한인 귀환 및 처우에 관한 협정안 심의

11월 4일 유태하 대사는 이세키 아시아국장에게 다음과 같은 「재일조선인의 귀환에 관한 공동 성명안」을 수교하고 이에 대한 동의를 요청했다.

태평양전쟁 전투가 종료된 날 및 그 이전부터 일본에 거주하고 있는 한교(韓僑, 이하에서는 재일한교 라고 한다)가 일본에 이주하게 된 배경의 특수성과 그들 대다수가 극빈 상태에 처해 있다는 사실을 감 안하고, 또 그들이 자유롭게 대한민국에 귀환할 수 있도록 특별 조치를 강구할 필요성을 인정하여 대한 민국 정부와 일본국 정부는 구체적인 협정이 체결될 때까지 잠정적으로 다음의 원칙에 대해 합의했다.

1. 일본 정부는

(1) 대한민국에 일정 기간 내에 귀환하는 사람을 위해 일정액의 보상금을 지불한다. 이 금액은 그 들의 귀환 및 재정착을 위해 사용된다.

(2) 재일한교의 귀환을 위해 필요한 시설 및 편익을 공여한다.

(3) 양국 정부에 의해 취해지는 조치에 따라 그들의 전 재산을 자유롭게 반출하고 모든 소유 금액 을 송금할 수 있도록 한다.

2. 대한민국 정부는

(1) 재일한교가 일본에 체류했던 기간 동안의 정치적 관계에 상관없이 그들의 귀환을 받아들인다.

(2) 재일한교가 대한민국에서 재정착하는 데 필요한 조치를 강구한다.

3. 일본에 거주하는 한 재일한교는 대한민국 정부 당국자와의 협의 없이는 강제퇴거의 대상이 되지 않는다. 또한 참정권 및 공무원이 되는 권리를 제외하고는 일본인에게 제공되는 것과 동일한 처우를 받 는다.

이것과 거의 같은 내용의 안이 11월 7일 유진오 대표로부터 가쓰노 입국관리국장에게 수교되어 일한회담 회의가 아니라 비공식 회담에서 이 문제를 둘러싼 토의가 진행됐다. 11월 5일 사와다 대 사와 유태하 공사의 회담, 9일 야마다 차관과 유태하 공사의 회담, 10일 이세키 아시아국장과 유태 하 공사의 회담 및 14일 사와다 대사와 유태하 공사의 회담 등에서 한국 측은 상기 방안에 대한 일본 측의 동의를 요구했다. 특히 10일 열린 이세키 아시아국장과 유태하 공사의 회담에서 유 대사는 "명분은 무엇이든 좋으니, 어쨌든 얼마간의 돈을 지급할 것을 약속해달라"고 말했다. 그는 또 야마다 차관에게 14일까지 답변을 줄 것을 강하게 요구했다. 그 후 논의가 진행되어 12월 28일 당시 다음과 같은 안이 나왔다.

(번역문)

공동코뮤니케(공표)

1959년 12월 [ ]일

제4차 일한 전면 회담에서 양국 정부 대표는 대한민국에서의 재정착을 위한 재일한인의 귀환과, 재일한인이 일본에 잔류하는 동안의 처우에 관한 방침에 대해 원칙적인 의견 일치를 보았다.

한국 측 대표 언명

대한민국 정부는 내년 1월 [ ]일 부산의 일본인 어부 [ ]명의 송환을 실시한다.

일본 측 대표 언명

일본 정부는 내년 1월 [ ]일부터 [ ]일 사이에 오무라에 수용 중인 한인의 한국 송환을 실시한다.

합의의사록 (비공개)

1959년 12월 [ ]일

태평양전쟁의 전투가 종료되기 이전부터 일본에 주거를 가진 한인(이하 재일한인이라고 한다)의 귀환 및 처우에 관한 방침에 대해 제4차 일한 전면 회담에서 양국 정부 대표는 1959년 12월 [ ]일의 회의에서 재일한인의 특수한 지위를 고려하여 다음과 같이 원칙적인 의견 일치를 보았다.

1. 일본국 정부는

(a) 재일한인의 대한민국으로의 집단 귀환을 위해 특정 기간 동안 일본 내에서 소요되는 편의를 공여하고,

(b) 대한민국으로 귀환하는 재일한인의 재산권을 존중하고, 그 재산을 원칙적으로 모두 갖고 돌아가는 것을 허락한다. 그 방법, 시기 등은 추후 양국 정부 간의 협의에 의해 결정한다.

2. 대한민국 정부는

(a) 재일한인의 대한민국으로의 귀환을 재일 기간 동안의 정치적 관계와 무관하게 받아들이고,

(b) 이들 한인이 대한민국에서 재정착하기 위해 필요한 조치를 강구한다.

3. 일본국 정부는 재일한인이 일본국에 잔류하는 동안 참정권과 공무원이 되는 자격을 제외하고 그들의 기득권을 인정한다.

일한 양국 정부는 상기의 방침, 기타 양해 또는 이미 합의된 조건을 기초로 하여 가능한 한 신속하게 상기한 문제 및 이와 관련된 문제에 대해 구체적인 협정을 체결키로 한다.

제4차 일한 전면 회담의 1969년 12월 [   ]일 합의의사록에 관한 부속 양해

유진오 주사: 합의의사록 제1조 (b)항에서 말하는 '시기'는 재산을 갖고 한 번에 돌아가는 것이 아니라 여러 번에 나누어 이를 행한다는 것을 의미한다고 양해한다.

가쓰노 주사 및 히라가 주사: 그렇다.

유진오 주사: 합의의사록 제3조는 실제적 문제로서 재일한인은 일본국에 잔류하는 동안 대체로 현재와 같은 대우를 계속해서 받는 것이라고 양해한다.

가쓰노 주사 및 히라가 주사: 그렇다.

이 문제에 대한 심의의 추이에 대해 북동아시아과는 다음과 같이 기록하고 있다.

그 후 일한 간에 논의한 결과, 공동성명(공표)과 합의의사록(비공개) 2개를 기본으로 하기로 하고, 이 방침에 따라 12월 7일 이후 직접 관련 사항이 있는 각 부처와 회의를 열거나 개별적으로 협의해 일본 측 견해의 통일을 도모했다.

한국 측은 북조선 귀환을 위한 첫 선박이 니가타(新潟)를 출항하는 12월 14일을 본교섭의 데드라인으로 간주했다. 이에 따라 12월 11일경까지 일한 간의 논의도, 우리 측 관계 부처 간의 협의도 사무적으로는 거의 좁혀졌는데, 당시의 주요 문제는 다음과 같았다.

(1) 재일한인으로 일본에 체류하기를 희망하는 자에게 '내국민 대우에 준하는 취급'을 해주는 것에 대해 후생성이 난색을 보였다(주된 이유는 현재 시혜적인 임시 행정조치로서 제공하는 사회보장을 영구화할 우려가 있다는 점). 결국 "참정권 및 공무원이 되는 자격을 제외하고 그들의 기득권을 인정한다"는 것으로 대체로 논의가 정리됐다.

(2) 재일한인으로 일본에 체류하기를 희망하는 자에게 일본 정부가 "영주 허가를 부여하고" "일반 외국인보다 유리한 강제퇴거의 기준을 인정한다"는 것, 그리고 한국 정부가 "이 기준에 의해 강제퇴거를 당한 자의 원활한 수용을 보장한다"는 조항에 대해서는 결국 일한 간에 의견 일치를 보지 못해 모두 빼버리는 것으로 대략 정해졌다.

(3) 재일한인으로 한국으로의 귀환을 희망하는 자가 갖고 돌아가는 재산과 관련해서는 "(이들 재산의) 재산권은 당연히 존중되고" "그렇게 갖고 돌아가는 것 및 소유 금액을 송금하는 것은 가능한 한 유리하게 취급하도록 양국이 협의한다"는 조항에 대장성이 난색을 보였다. 결국, 일본 측으로서는 "그 재산을 원칙적으로 모두 갖고 돌아가는 것을 허락한다. 그 방법, 시기 등은 추후 협의하겠다"는 취지의 안을 제시했지만, 한국 측과 의견이 완전히 일치하지는 않았다.

(4) 상호 송환에 관한 공동성명과 관련해서 우리 측은 오무라에 수용 중인 북조선 귀환 희망자도 한국에 인도하지 않으면 안 된다는 내용 같은 언질을 주지 않도록 노력하고 이 점을 명시하려고 했다. 이에 대해 한국 측은 우리 측의 의도를 일단 양해하면서도 이를 명문화하는 것은 시종 반대했다. 결국 공

동성명의 형식을 포기하고 쌍방이 일방적으로 성명하는 방식을 취하기로 의견 일치를 보았다.

(5) 우리 측은 향후 '형'을 만료하는 어부는 '형'이 만료할 때마다 귀환시키도록 한국 측으로부터 확약을 받으려 했지만, 한국 측은 문서에 의한 이러한 약속에는 응하지 않았다.

그 후 북조선 귀환 문제에 대한 한국 측의 항의 등으로 일한 간의 논의는 일시 중지되었다. 12월 19일 사태가 다소 진정되어 대화를 재개하고 이후 26일까지 추가적으로 자구 수정 등을 계속했지만, 결국 양측의 견해가 전면적으로 최종 일치하는 데에는 이르지 못함에 따라 30일 자로 연내 협상이 중단되었다.

이 교섭이 교착상태에 빠진 것은 아래에서 설명하듯이 '보상금' 문제에 대해 합의점이 도출되지 않았기 때문이다. 『아시아국 중요 현안 처리 월보』 1959년 12월 호의 설명을 기초해 보상금 문제의 추이를 살펴보면, 귀국자에 대한 '보상금' 문제는 미국을 중개자로 하는 3각 방식 이외에 적절한 해결 방식을 찾기가 어려워 보여 맥아더 미국대사가 직접 알선에 나섰다. 일본 측 후지야마 외상은 맥아더 대사에게 "일한 전면 회담에서 여러 현안이 최종적으로 해결되어 양국 간 국교가 정식으로 수립되었을 때 일본 정부는 한국 국민의 복지에 기여할 목적으로 일정 금액을 지출하기 위해 필요한 국내 절차를 밟을 생각이다"라는 취지를 구두로 진술했다. 한편, 미국 측은 일본 측이 한국에 이러한 지원을 할 때까지 그 시간적인 간격을 메우고자 북조선 피난민에게 했던 것과 마찬가지로 일본에서 귀환하는 한국인의 재정착을 돕기 위해 미국의 일반적인 대한국 원조계획의 일환으로서 주택 건설을 하는 데 적당한 금액을 지출할 수밖에 없다는 결론에 도달했다. 또한 이러한 원조는 명분상으로는 직접적으로 한국 귀환과 관련지을 수는 없지만, 실제적인 문제로서 그 금액은 귀환자 수를 고려해 결정하기로 하고, 일본 측의 원조는 한 가구(대략 5명)당 1,500달러, 만약 3,000가구(15,000명)가 돌아가면 약 500만 달러가 소요될 것으로 예측됐다.

12월 8일 후지야마 외상은 이날 각의 후 총리와 대장상 및 관방장관에게 상기의 취지를 설명하고 원칙적인 양해를 구했다. 한편, 맥아더 대사는 이 취지를 유태하 대사에게 전했다. 이에 따라 12월 9일부터 11일까지 일본과 미국 간에, 또 외무성과 대장성 간에 상기한 구두 진술안을 계속 검토했는데, '일본 측이 보상 금액을 언급하는 표현 방법'에 대해서는 대장성이 강하게 반대했고, '미국 측만이 금액을 제시하는 표현 방법'에 대해서는 미국이 동의하지 않아 교섭은 난항을 겪었다.

그 후 우여곡절을 거쳐 미국 측과도 협의를 거듭한 결과, 12월 28일 최종안을 마련했다. 12월 29일 후지야마 외상은 기시 총리와 이 방안에 대해 논의, 결국 총리의 동의를 받아냈다. 다만, 대장상과는 상의하지 않아 총리와 외상의 책임하에 이를 추진하기로 이야기가 정리됐다.

(후지야마 외상이 맥아더 미국대사에게 전한 구두 진술)

일한 전면 회담에서 여러 현안이 최종적으로 해결되어 양국의 국교가 정식적으로 수립된 날에 일본 정부는 한국 국민의 사회 복지에 기여할 목적으로 일정 금액을 지출하기 위해 필요한 국내 절차를 밟을 생각이다.

그 실제 총액은 외무성과 미국대사관과의 논의에서 언급된 금액을 기초로 하여, 일본 정부가 산정하게 될 것이다.

이상은 다음 사항을 전제로 한다.

(1) 현재 이미 '형'을 마치고 부산에 억류되어 있는 모든 일본인 어부 및 1960년 [ ]월 [ ]일까지 '형'을 만료하는 모든 일본인 어부를 한국 정부가 1960년 [ ]월 [ ]일 일본으로 송환할 것.

(2) 그날 이후 '형'을 만료하는 모든 일본인 어부를 각각 '형'이 만료되는 대로 한국 정부가 그때마다 즉시 일본으로 송환할 것.

(맥아더 대사의 질문에 대한 후지야마 외상의 답변)

1. "외무성과 미국대사관과의 논의에서 언급된 금액"은 한인 귀국자의 표준 1가구(5~6명)당 1,500달러가 될 것이다.

2. "한인 귀국자"란 태평양전쟁의 전투 종료 이전부터 일본에서 계속 거주하고 있는 한인으로 대한민국에 귀국하는 자를 말한다.

3. 적용되는 기간은 특정한 2년간으로 한다.

4. 만일 한국 측의 어느 방면 또는 어느 출처에서 본건을 발표하거나 누설하고 시사한 경우에 일본 측은 이를 전면적으로 부인하고, 본건은 백지화된다.

그런데 12월 30일에 이르러 본건에 관해 한미 간에 양해가 엇갈렸음을 알게 되었다. 즉, 한국 측은 국교 수립 후 일본이 일정 금액을 지출할 때까지 미국이 이를 선지급하거나 이와 비슷한 지원을 할 것으로 기대하고 있었지만, 미국 측은 이러한 약속을 하지 않은 채 한국 정부로부터 한인 귀국자의 재정착 계획이 제출되는 경우에 한해 미국의 대한국 원조를 재분배(reallocation)하는 것을 고려할 수 있는 정도라는 태도를 보였다. 따라서 일반적인 문제를 포함해 이번 협상은 타결 직전에 좌절을 겪었고, 연내 타결은 불가능해졌다.

당시의 이세키 아시아국장은 이후(1969년 12월 3일) 『일한교섭의 회고』에서 이 문제에 대해 다음과 같이 말했다.

그 이야기는 뭐라고 할 것도 없다. 유태하가 "보상(compensation)으로 무엇인가 달라"고 말했다. 이야기를 꺼낸 사람은 상대측이다. 그것을 논의한 끝에 그러면 일본·미국·한국 3자 간에 그 비용을 분담하자는 이야기가 나왔고, 거기에 미국도 많은 관심을 보였다. 3자 분담을 거론한 것은 나인지도 모르겠다. 당시 나카가와 북동아시아과장과 주일 미국대사관 글라이스틴(William H. Gleysteen, Jr) 서기관 등도 상당히 깊이 개입해 교섭을 했다. 그러나 끝내 교섭이 실패했을 때, 맥아더 대사는 "이세키가 거짓말을 했다"라든가 어떻다든가 하는 말을 했는가. 그때부터 나는 맥아더 대사와 싸워 그가 재임 중에는 이야기를 한마디도 하지 않았다.

이 이야기는 차관, 대신에게는 말했다고 생각하지만, 대장성에는 말하더라도 어차피 들어주지 않을 것이 뻔했다. 그러나 다른 한쪽에서는 어부를 빨리 돌려보내라는 매우 강한 국내의 요청이 있었다. 그래서 이야기만 정리되면 나머지는 무릅쓰고 강행할 수 있다고 생각했다.

약 500만 달러, 그것밖에 안 되는 금액이니 미리 사전 공작을 하지 않더라도 한국 및 미국과 이야기를 정리한 다음에 대장성과 부딪쳐보려 했다. 대체로 내가 교섭을 진행할 당시에는 별로 사람들과 상의하지 않고 해왔으므로……

그것이 결국 깨진 것은 아무래도 맥아더 대사와 미국 국무부와의 의사소통이 충분하지 않았기 때문이 아닌가 싶다.

또한 이때 교섭과 관련해 한국 측 유진오 대표는 나중에 일본이 취한 재일조선인의 북조선 귀환 정책에 대해 "우리는 성산(成算) 없는 '재일교포의 한국으로의 집단귀국'으로 우리의 체면을 유지할 수밖에 없었다"고 회고했다. (유진오, 「한일관계와 우리의 태도」, 『동아일보』, 1961년 1월 12일)

(5) 억류 어부 문제

1959년 2월 이노우에 마스타로(井上益太郎) 일본적십자 외사부장이 제네바로 부임할 때 후지야마 외상은 부산에 억류되어 있는 일본인 어부(1월 말 당시 153명, 그중에는 '형'을 만료한 자가 96명이며 3년 4개월이나 장기 수용된 자도 있었다)의 석방을 의뢰하는 서한을 레오폴드 봐씨에(Léopold Boissier) 국제적십자위원회 위원장에게 전달했다. 그 후 3월 26일부터 4월 8일까지 억류된 어부의 가족 대표인 이시하라 마쓰코(石原マツコ), 시라사와 쓰기에(白原ツギエ) 2명이 여성 통역자와 함께 제네바를 방문, 봐씨에 위원장 이하 국제적십자위원회 관계자를 만나 억류자의 실정과 가족의 처지를 호소하면서, 조기 석방을 위한 협력을 간청했다.

그 후에도 일본어선의 나포는 계속되었는데, 일본은 사건이 일어날 때마다 한국 정부에 항의하고, 동시에 제네바의 이노우에 대표를 통해 국제적십자위원회에 통보했다.

7월 17일 밤 부산 외국인수용소에 있는 '형'을 마친 일본인 어부 123명이 이 수용소 경비경찰의 조치에 항의해 수용소 문을 부수고 빗속을 약 600미터 행진하는 시위를 벌인 사건이 발생했다. 이튿날인 18일 이세키 아시아국장은 유태하 대사에게 사실관계를 확인한 후 부산수용소의 처우 개선과 억류자 조기 석방을 요구하면서 시위에 참가한 자를 처벌하지 말 것을 요청했다(한국 정부는 시위 참가자에게 징계조치를 취하지는 않았다). 부산에 억류된 어부의 조기 석방과 관련해 오쿠무라 가쓰조(奧村勝藏) 주스위스 대사는 6월 하순 이후 수시로 국제적십자위원회에 협조를 요청해왔는데, 그는 상기 집단 시위 사건과 관련해서도 국제적십자위원회가 한국에 대표를 파견해 부산 수용소의 실정을 조사하고 조기 석방을 추진할 것을 요청했다.

그 후에도 여전히 한국 측은 일본어선의 나포를 계속했기 때문에 8월 고등어 어업 시기를 앞두고 일본 원양선망협회(遠洋旋網協會)는 방탄용 철판으로 장비한 민간 자위(自衛)선박을 이승만 라인 해역에 파견하기로 6월 21일 결정했다. 8월 20일 자위선박 2척〔제2가쓰마루(勝丸), 제3신에이마루(進栄丸)〕은 당국의 주의에 따라 무장하지 않은 채 나가사키(長崎)를 출항, 고토(五島)와 제주도 방면으로 출동했다. 이 자위선박의 출동은 한국 측에 큰 반향을 주었는데, 8월 19일 유태하 대사는 야마다 외무차관을 방문해 설명을 요구했다. 이어 26일 조정환 외무부장관은 "자위선박의 출동은 한국에 대한 버젓한 도발이다"라고 말했다. 또한 서울 소식통을 인용해 한국 측의 일본어선 나포는 자위선박 출동에 대한 보복이라는 보도도 전해졌다.

8월 31일 이세키 아시아국장은 유 대사에게 일한회담이 속행되고 있는 가운데 한국 측이 이승만 라인 해역에서 일본어선을 나포하지 않겠다는 보장을 해주면 일본 측은 민간 자위선박을 출동시키는 것을 삼가겠다는 구상을 설명하고, 한국 측의 자제를 촉구했다. 그 결과 ①부산의 일본인 어부 석방은 향후 1개월 내지 40일 정도 내에 실시할 생각이라는 것, ②일본 측이 자위선박을 보내길 멈추면 한국 측은 어선 나포를 삼갈 것 이렇게 2개 사항에 대한 양해가 성립되었다. 그 뒤 정부 내에서는 관방장관과 외무성, 대장성, 농림성, 운수성 대신으로 구성된 이승만 라인 대책 간담회를 개최, 자위선박의 출동 중지, 민간 선박을 세낸 해상보안청 순시선의 증강, 낚시용 소규모 어선에도 무선기(無線機)를 설치하는 정책 등을 결정했다〔1959년 8월 31일 중의원 외무위원회에서 나라하시 와타루(楢橋渡) 운수대신의 답변, 9월 10일 참의원 내각위원회에서 시나 에쓰사부로(椎名悦三郎) 관방장관의 답변〕.

10월 8일 한국 측의 장경근 대표는 이세키 아시아국장, 다카하시 수산청 차장에게 제주도 근해에 출어 중인 일본어선의 단속을 요구했다. 이에 대해 이세키 국장은 9일 그 취지를 해상보안청 장관에게 전해 조업이 지나치지 않도록 지도를 요청했다. 해상보안청 제7관구 당국은 10월 9일 중앙의 지시에 따라 업자들에게 경계주의보를 발했다. 그 후 12일 유태하 대사는 이세키 아시아국장에게 회담 중에는 이승만 라인 내 조업을 자제할 것을 거듭 요구했다.

5. 제2차 상호 석방 실시와 제4차 회담(후기)의 재개

(1) 한국 쌀 3만 톤 수입안

1959년 10월 12일 유태하 대사는 이세키 아시아국장과의 회담에서 종래 일본 측이 강하게 요구했던 무연탄 5만 톤의 대일 수출과 함께, 한국 쌀 10만 톤을 일본 비료와 교환할 것을 제안했다. 이어 1960년 2월 11일 한국 측은 "일본 측이 한국 쌀 3～5만 톤의 구매를 약속해주면 억류 어부의 석방을 이행하도록 본국 정부를 설득할 생각이다"라는 취지를 언급했다. 그 후 몇 차례(17일, 20일 및 22일)에 걸쳐 열린 이세키 아시아국장과 유태하 대사와의 회담에서는 (가) 3월이 되자마자 상호 송환을 실시한다. 한국 측은 상호 송환을 실시한 후에 '형'을 마친 어부는 그때마다 자동적으로 송환한다는 취지를 비공개 의사록으로써 약속한다, (나) 한국 측은 대일무역을 재개한다, (다) 일본 측은 (가)와 (나)의 조항에 관한 발표 이틀 후, 한국 쌀 3만 톤의 매입을 실시한다는 취지를 발표한다 이렇게 3개 사항에 대해 원칙적으로 의견 일치를 보았다. 그러나 한국 측은 '백미' 수출을 희망한 반면, 식량청(食糧庁)은 저장할 필요가 있다면서 '현미'를 주장했다. 또한 대금 결제 방법에 대해 한국 측은 사실상 비료와의 바터로 LC 결제를 주장한 반면, 대장성은 오픈계정[56]에 의한 결제를 주장하여, 결국 타결에 이르지 못했다.

2월 22일 회담에서 이세키 아시아국장은 "상호 송환을 3월 1일경에 실시한다는 보증을 해주면 일본 측은 3만 톤의 현미를 구매하는 것에 동의한다. 이를 위해 23일 각의에서 공식적으로 결정하고자 한다"고 말했다. 그러나 한국 측은 여전히 현미에 대해 난색을 보였다. 3월 22일 유 대사는 후지야마 외상에게 본국 정부의 훈령이라면서 "(가) 북조선 귀환 문제에 대해 응분의 고려를 요청한다. (나) 재일조선인의 한국 귀환 문제에 관해 계속해서 협의를 진행한다. (다) 일한 무역상의 불균형을 시정하는 것을 일본 정부가 고려해주길 요구한다. 따라서 한국 측은 쌀, 김, 무연탄 등 대일 수출을 희망한다"고 제안했다. 이에 대해 후지야마 외상은 오히려 이때 일한회담을 열어 어업 문제를 신속하게 해결하고 싶다, 상호주의 원칙에 기초해 서울에 일본대표부를 설치하길 희망한다고 말하면서, 이러한 2개 사항을 이승만 대통령에게 전달해주길 요청했다.

---

56)   LC는 Letter of Credit(신용장)의 약어로, LC 결제란 거래은행 간의 중개를 통해 수출입 대금을 결제하는 전통적인 무역 거래방식을 말한다. 이에 반해 오픈계정은 오픈계정 협정에 따라 협정국 상호간에 결제를 위해 설정한 미 달러로 표시되는 특별 결제 계정으로, 무역 당사국 간의 거래를 그때그때 현금으로 결제하지 않고 그 대차관계를 장부에 기록했다가 정기적으로 차감액(差減額)만 처리하는 청산계정이다.

후지야마 외상은 같은 날 각의에서 이상과 같은 유 대사와의 회담 내용을 보고한 후 '상호 송환' 문제의 경위를 설명했다. 이날 각의에서 '후지야마 대신이 발언해주길 바라는 점'으로서 아시아국은 다음과 같은 내용의 서류를 준비하고 있었다.

1. 한국 쌀 3만 톤(백미로 한다)의 매입을 결정하고 싶다.

2. 제58하타마루(幡丸)의 13명을 포함한 '형' 미(未)만료자 47명에 대해서는 '형'이 만료되는 대로 석방하는 것으로 양해를 얻었다. 그러나 이를 문서화하는 것은 오무라에 있는 북조선 귀국 희망자와의 '관계' 때문에 곤란하다.

3. 상기한 '형' 미만료자의 석방 상황을 고려하면서 한국 쌀을 매입할 생각이다. 그러나 이 정책이 외부에 유출됐을 때는 한국 측이 격앙할 것이고, 그로 인해 이번 '상호 송환'이 중지될 우려도 다분하기 때문에 절대로 외부로 누설되지 않도록 조치하기를 바란다.

4. 한국 쌀 매입이 결정되면 한국 측은 지난해 여름부터 중단되었던 무역을 재개할 의향인데, 일한 간의 무역에 상당한 불균형(ICA 관계 3~4천만 달러를 포함한 연간 약 4천 수백만 달러)이 있기 때문에 무역 재개 후에는 이것을 조정하는 방안도 고려하고 싶다.

또한 당일 배포한 설명자료에는 다음과 같은 항목을 적었다.

한국 쌀을 수입하는 문제와 관련해 일본 측은 현미가 아니면 곤란하다는 입장하에 한국 측이 이에 동의하도록 최대한 교섭해왔다. 그러나 한국 측은 현미 제조 설비가 없는 데다, 지난해에 수확된 쌀도 모두 백미로 도정했다는 이유로 현미의 대일 수출은 불가능하다고 주장하고 있다. 외무성은 이 문제에 대해 앞으로도 최선을 다하겠지만, 아무래도 한국 측이 받아들이지 않을 경우에는 이 문제 때문에 억류 어부의 석방을 실시하는 데 방해가 되면 큰일이라는 입장에서 백미 수입을 결정하는 것도 불가피하다고 생각한다. 이 점을 양해 바란다.

참고: 한국 쌀 수입 대금의 결제 방법과 관련, 대장성에서는 오픈계정으로 하고 싶다는 희망이지만, 한국 측에서는 현금 결제를 주장하고 있다. 더욱이 한국 측은 이 가격에 해당하는 비료를 현금 결제로 일본으로부터 수입하겠다고 하는데, 오픈 계정의 대월(貸越) 잔액이 증가하는 결과가 되지 않으므로 양쪽 모두 현금 결제로 했으면 한다.

이때 농림대신은 "한국 쌀 매입과 관련해 보존상 현미를 원하지만, 가격 및 기타 조건을 포함하여 더 검토하고 싶다"는 취지의 의견을 개진했다. 이에 따라 결국 3만 톤을 매입한다는 원칙이 승인되었다. 이 결정에 따라 한국 측으로부터 서둘러 쌀 대표단이 파견되었다. 쌀 3만 톤의 매입에 대해 이세키 아시아국장은 상기한 「일한교섭의 회고」에서 다음과 같이 말하고 있다.

이는 한국 측이 먼저 꺼낸 주장으로, 처음에는 5만 톤이라는 숫자가 나왔는데 그것을 깎아서 3만 톤으로 수정했다. 당시 일본은 전후 비상(備嘗)했던 쌀 불황 시대를 대체로 극복해서 태국, 대만 등으로부터 쌀 수입도 점차 줄이고 있었다. 대만과는 일본의 비료를 구매하는 관계도 있어 대만으로부터 대략 1년에 10만 톤에서 15만 톤의 쌀을 샀다. 그런데 그 1년 정도 전에는 이들 국가와의 구매 약속도 이행하지 않을 때여서, 태국과 버마로부터도 쌀을 사달라고 빈번하게 요청이 들어왔다. 그렇기 때문에 경제적으로 판단해 쌀을 구입한다면 태국, 버마, 대만에서 조금이라도 사는 것이 나은 시기였다. 그러나 나는 한국에서 쌀 3만 톤을 사주면 어부를 석방하겠다는 제안이 경제국의 입장에서 보면 곤란하겠지만, 아시아국의 일한관계 측면에서 보면 정말 좋은 방안이라고 생각하고 아주 열심히 설득했다. 핵심인 농림성의 입장에서는 어부를 데리고 와야 한다는 문제가 있었다. 농림성의 일반적인 방침이라는 측면에서 보면 한국에서 쌀을 사고 싶지 않지만, 어부를 귀환시켜야 하는 것은 지상명령이었기 때문에 농림성은 반대할 수가 없었다. 가장 반대한 것은 외무성 경제국이지 않았을까 생각한다. 그래서 나는 대만 — 태국이나 버마에 대해서는 그렇게 말할 수 없지만 — 은 아시아국이 정치적인 책임을 진다고 말했다. 경제국장 우시바 노부히코(牛場信彦)가 뭔가 불만을 터뜨렸지만, 그와는 사이가 좋아서 "가만히 있어달라"고 했다. 수산청 차장 다카하시 야스히코(高橋泰彦) 씨는 이 의견을 강하게 지지해주었다. 나는 국회 복도에서 슈토 히데오(周東英雄) 농림대신에게 이야기했다. 그는 야마구치 현에서 선출된 국회의원으로 이승만 라인의 어업과 매우 관련이 많았고, 삼고(三高)[57] 선배로 잘 알고 있었기 때문에 그부터 설득해 납득시켰다.

(2) 미국의 알선

1960년 2월 18일 유태하 대사는 맥아더 대사에게 억류자의 상호 송환, 한국 쌀 매입, 무역 재개 등의 문제에 대해 일한 간에 원칙적으로 의견 일치를 보았다고 내보(內報)한 후 (가) 한국 쌀 매입이 한국 측에 최대한 유리한 조건으로 이뤄질 것, (나) 앞서 일본 측이 목록을 제출한 문화재를 인도할 것, (다) 한국 귀환을 촉진하기 위해 일본 측의 자금 지불 시기를 앞당길 것, 이렇게 3개 사항에 대해 미국 측의 알선을 요청했다. 이에 대해 맥아더 대사는 한국 측이 이승만 라인을 철회하거나 청구권을 합리적인 부분에서만 내세우는 것과 같은 태도를 취하고, 또 한국 측이 먼저 어부를 석방하면 알선할 수 있다고 말했다. 맥아더 대사는 또 "(가) 한국 쌀 구매가 합리적인 상업적 조건 (reasonable commercial terms)이라면 일본 측에 조언하겠다, (나) 문화재는 다른 현안과 함께

---

57) 일본제국시대 교토 시(京都市) 일대에 소재했던 '제삼고등학교(第三高等學校)'의 약칭. 도쿄의 제일고등학교〔'일고(一高)'〕에 대응하는 명문고였다. 현재 교토대 종합인간학부 및 오카야마대 의학부의 전신이다.

합리적으로 해결하는 것이 필요하다, (다) 재일한국인의 한국 귀환 지원에 대해서는 일본 어부 석방이 실제로 이뤄지면 반드시 어떠한 진전이 있을 것으로 생각한다"고 말하고, "귀환 문제에 대해 일본 측이 금액, 조건, 시기와 본건을 귀환과 직접 관련시키지 않을 것 같은 제시 조건을 변경하는 일은 도저히 불가능해 보이기 때문에 일본 측의 제 조건을 승낙해야 한다"는 취지로 말한 것으로 알려졌다(2월 20일 글라이스틴 미국대사관 서기관이 미야케 참사관에게 보고).

3월 7일 야마다 차관은 맥아더 대사에게 당면한 일한관계 사태를 다음과 같이 설명하고, 미국 측의 알선을 강하게 요구했다.

(가) 일본 정부는 억류 어부의 송환을 실현하기 위해 어쩔 수 없이 한국 쌀 3만 톤의 매입을 수락했지만, 한국 측은 인질 정책을 이용하여 더 유리한 거래를 하려는 기색이 엿보인다.

(나) 이러한 움직임에 대해 여야 공히 강하게 반대하는 기운이 득세하고 있고, 어업 관련 단체에서도 억류 어부의 운명이 어떻게 되더라도 정부의 강경 정책을 지지하는 분위기가 있다.

(다) 따라서 이때 한국 측의 성의 있는 노력이 보이지 않으면, 일본 정부로서는 더 이상 관련 단체의 자제를 요구할 수 없으며, 사태는 본의 아니게 어떤 강경조치를 취할 수밖에 없는 방향으로 발전할 것이 불가피해 보인다.

이에 대해 맥아더 대사는 즉시 워싱턴에 타전하여 최대한 지원을 요청할 생각이라고 말하면서, 한국 측의 태도에는 오는 3월 15일로 예정된 한국 대통령 선거에 대한 고려도 상당히 영향을 미치고 있다고 생각되므로 이 선거가 끝날 때까지 일본 측도 강경조치를 자제해줄 것을 요청했다.

그 후 사와다 대표도 주일 미국대사관 레온하트(William Leonhart) 공사의 권유로 3월 11일 매카너기(Walter McConaughy) 주한 미국대사와 만난 자리에서 종래의 어부 석방 문제의 경위 및 일본 국회 안팎의 대한국 여론의 격화 등에 대해 설명했다. 또 맥아더 대사는 3월 11일 유태하 대사와 회담을 갖고 상호 송환을 신속히 실시하라고 요구했다.

이어 3월 16일 허터(Christian A. Herter) 미 국무장관은 양유찬 주미 한국대사에게 일한관계 및 한국 대통령 선거와 관련해 미국 정부의 견해를 표명했다. 당시 미 국무부 신문담당관 화이트(Loncoln White)가 발표한 바에 따르면 허터 국무장관은 양 대사에게 한국 정부에 의한 공해에서의 일본인 어선 및 어부 나포, 어선 압수, 어부 처형(處刑)이 일한관계에 중대한 손상을 주고 있다는 점에 대해 미국 정부의 유감의 뜻을 표명하면서, 이러한 행동이 계속될 경우 발생하는 결과에 대해 우려하고 있다고 말했다. 미국 측은 또한 양 대사에게 이 문제에 대한 미국 정부의 견해를 표명한 비망록을 수교했다. 미 국무부는 주한 미국대사에게도 이승만 대통령에게 같은 견해를 전달할 것을 훈령했다. 이상의 미국 측 알선은 한국이 상호 석방을 실시하고 회담 재개를 결정하는 데 영향을 미친 것으로 추정된다.

(3) 일한회담 결렬 시의 대한국 제재조치 준비

북동아시아과는 외무성 내 및 관계 성청(省廳)회의를 열고 2월 4일 「한국에 대한 강경조치로서 상정할 수 있는 수단」을, 3월 10일 「일한회담이 결렬될 경우에 취해야 할 조치(시안)」를 각각 마련했는데, 후자의 개요는 다음과 같다.

외교문서 원본 13   「일한회담이 결렬될 경우에 취해야 할 조치(시안)」 가운데 먹칠이 된 채 공개된 부분

일한회담이 결렬될 경우에 취해야 할 조치(시안)

I. 기본적 태도

일한교섭의 추이 및 국론의 동향을 감안해 부득이하게 일한회담을 중단하고 어떤 강경조치를 취할 수밖에 없는 경우에도, 그러한 조치를 취하는 본래의 목적은 그러한 조치가 종국적으로는 일한 우호관계의 수립에 기여한다는, 이른바 "비 온 뒤에 땅이 굳어진다" 는 계산과 기대하에 실시되어야 한다. 따라서 예상되는 각종 강경조치를 취할 때도 하나의 조치가 연쇄적으로 불가피하게 다른 더 강경한 조치를 유발하지 않도록, 또 양국의 국민감정을 불필요하게 자극하지 않도록 유의하고, 적어도 당초의 방침으로는 조심스럽고 점진적인 조치를 선택해야 한다. **[이하 원문 약 3행 미공개]**

II. 구체적인 조치

1. [원문 약 5행 미공개]

2. 한국인과 재일한인에 대한 조치

(가) 한국인의 임시 입국 허가, 사증 발급, 특례 상륙 허가에 대한 원칙적 중지

(나) 재일한인의 재류 자격 변경 및 재입국 허가에 대한 원칙적 중지, 재류 기간 갱신에 대한 대폭적 제한

3. 국제사법재판소 제소

국제법상 논쟁을 수반하는 국제분쟁이 2개국 간의 교섭에서 해결되지 않을 경우, 이를 국제사법재판소에 제소하는 것이 오늘날 국제사회의 상식이기 때문에 일한회담이 중단된 경우 이승만 라인 문제를 동 재판소에 제소하는 조치는 필요하다고 생각된다.

4. 국제적십자위원회에 알선 의뢰

일한회담이 중단되면 현재 부산에 억류되어 있는 일본인 어부 200여 명의 귀환이 당분간 어렵게 될 것은 필연적이다. 따라서 본건만 다른 문제와 분리하여 인도적인 문제로서 국제적십자위원회에 알선을 의뢰하는 조치를 시급히 취할 필요가 있다.

5. 이승만 라인의 경비 강화 및 어선 보호 조치

(가) 해상보안청에 의한 경비 체제의 양적 증강

[원문 약 11행 미공개]

6. 이승만 라인 문제 내지 억류 어부 문제의 유엔 제소

일한회담 중단 이후 억류 어부 문제 내지 이승만 라인 문제를 유엔에 제기할 경우, 크게 두 가지 형태를 생각할 수 있다.

하나는 이러한 일한 간의 분쟁을 올 가을 유엔총회에 제기하는 것, 다른 하나는 현실적으로 이승만 라인 부근 등에서 무력행사를 포함한 긴박한 사태가 발생할 경우 '그러한 사태의 지속이 국제 평화와 안전의 유지를 위태롭게 할 우려가 있다'고 안전보장이사회에 제기하는 것이다.

7. 통상무역상의 조치

우리 측이 나서서 전면적인 단절조치를 취하는 것은 비록 전체적으로 한국 측이 보다 많은 타격을 받을지라도 피해야 한다. 다만, 과거의 사례를 감안하면, 회담 중단에 따라 한국 측이 단교조치를 취할 공산이 크며, 한국 측이 그러한 태도로 나올 경우에는 일본 측 업계도 어쩔 수 없다고 납득하리라 예상된다.

8. 북조선 무역

최근 북조선 무역을 일정 한도 내에서 인정하라는 업계의 압력이 강하고, 이것은 회담이 중단되면 더욱 강해져 정부도 어느 정도 고려하지 않을 수 없으리라 예상된다.

9. 미국의 알선

미국에 대해서는 회담 중단 및 중단 후의 모든 단계에서 적극적으로 대응하여 우리 측이 부득이하게 강경조치를 취할 수밖에 없는 사정과 향후 정책 등을 알리고, 여기서 미국이 적극적이고 구체적으로 일한 간의 중재에 협력하도록 요청해야 한다.

(4) 제2차 상호 석방의 실시

상기한 바와 같이 한국 측의 제안에 기초해 본회담이 개시된 날에 일한 상호 석방 연락위원회도 열렸다. 그러나 한국 측은 신속한 조치를 취하지 않았다. 1960년 9월 2일 일본 측은 8월 20일 현재 오무라에 수용된 980명의 '불법 입국자 명단'을 한국 측에 전달했다. 5일 한국 측은 7월 30일 현재 부산에 억류된 형기 만료자 122명에 대한 「수용된 일본인 어부 명단」을 일본 측에 전달했다.

그러나 그 후 회담이 정체되면서 상호 송환도 정지 상태에 빠졌다. 다른 한편으로는 여전히 이 승만 라인에서 나포가 계속되었다. 특히 1960년 2월 12일 일본어선 제5야하타마루(八幡丸)가 이

사진 20   오무라 수용소에 수용되어 있던 한국인들이 부산항을 통해 귀환하고 있다. (출처: 국가기록원)

승만 라인 밖에서 한국 선박에 의해 강제적으로 접현(接舷)된 후 어선 승조원 13명이 나포되고 선박이 침몰한 사건은 일본 국민의 반한 감정을 악화시켰다. 국회는 정부의 미온적인 조치를 공격했다. 사회당은 3월 4일 「한국 억류 석방에 관한 결의안」을 채택해 자민당과 민사당 양당에 제의했는데, 이 안은 그 후 민사당이 발표한 「일한문제 타개 결의안」과 일원화되어 자민당을 포함한 3당 공동결의안으로서 중의원 본회의에 상정하자는 움직임으로 표출되었다.

한편, 상기한 한국 쌀 수입이 구체화함에 따라 3월 10일 이세키 국장과 유태하 대사의 비공식 회담에서 유 대사는 다음과 같이 제안해왔다.

(가) '형'을 만료한 일본인 선원과 오무라의 한인 밀입국자의 '상호 석방'을 3월 말까지 실행한다. 이 송환의 사무적인 협의를 위해 일한 사무연락위원회를 연다.

(나) 향후 '형'을 만료할 선원의 자동 송환에 대해서는 추후 논의할 용의가 있지만, 현재 문서로써 이를 약속할 수는 없다.

(다) 한국 쌀의 대일 수출에 관해서는 무역 재개 문제와 관련지어 별도로 협의한다. 다만, 한국 측은 백미 수출을 주장한다.

일한 사무 당국의 연락위원회는 3월 14일과 19일 2회에 걸쳐 열렸는데, 19일 열린 위원회에서 구체안이 결정되었다. 일본 측은 3월 28일 제1선(船)으로 344명, 같은 달 31일 제2선으로 343명의 불법 입국자의 송환을 실시했다. 한편, 한국 측은 3월 30일 부산 출발, 같은 달 31일 시모노세키(下関)에 도착하는 이리(裡里) 호로 일본인 어부 167명을 송환했다.

(5) 회담의 재개

1960년 4월 4일 야마다 외무차관과 유태하 대사 간의 회담에서 양측은 4월 15일에 제4차 일한 전면 회담을 재개하고 각 분과위원회를 18일 이후에 개최하기로 의견 일치를 보았다. 재개되는 회담에 대해 이세키 아시아국장은 "상호 석방이 이뤄진 후에는 회담이 타결될지도 모른다. 한번 진심으로 해보자는 기분이었다. 상호 석방이 끝난 직후 유태하는 일한회담을 성심성의(誠心誠意)로 해보려는 것 같았다. 그는 이승만으로부터 신뢰도 받고 있었고 '내가 어떻게든 정리하겠다'고 말했다. 뭐, 서로 1년 가까이 논쟁해왔으므로 사이도 좋아졌지만, 그때 그는 성실하고 거짓말은 하지 않았다고 생각한다. 그래서 학생혁명이 없었으면, 그때 어느 정도 진전되지 않았을까"(전게 「일한교섭의 회고」)라고 말했다. 이와 관련해 유태하 씨는 『한국일보』 1972년 6월 24일 자 「한국 외교 비화」에서 1960년 3월 26일 이승만 대통령 생일 때 대통령이 유 대사에게 "나는 오래 못 살 것 같다. 미국인은 빨리 한일회담을 정리하라고 독촉하는데, 자유당도 야당도 나는 믿을 수 없다. 내가 살아 있는 동안에 올해 안에 어떻게 해서든 회담을 타결하고 싶다"고 말했다고 전했다. 그래서 유 대사는 도쿄에 귀임한 후 야마다 차관과 이세키 아시아국장에게 "올해는 전력을 다해 회담 타결을 위해 노력하겠다"고 말했다고 적고 있다.

4월 13일 사와다 수석대표 주재로 일한회담 일본 측 대표회의가 열렸을 때 이세키 아시아국장은 "지금까지 열렸던 회담처럼 어업 문제에 관한 한국 측의 태도를 보고 나서 선박, 문화재 등의 문제에 대한 일본 측의 태도를 결정하는 방식으로는 회담의 진전을 기대하기 어렵다. 한국 측도 당면한 국제적·국내적 정세로 판단컨대, 이제 회담을 타결하려는 마음이 상당히 강해졌다고 생각되므로 문화재, 선박 문제에 대해서는 일본 측이 한국 측에 약속하는 한편, 어업 문제에 대해서는 상대방에게 양보하도록 한다. 또한 청구권 문제는 국교 수립 이후로 넘긴다는 기본방침을 갖고 회담에 임하고 싶다. 대체로 다음과 같은 대략의 안에 대해 각의의 양해를 얻어두고, 개별 문제에 대해서는 회담에서 결정한 후 다시 구체적으로 각의 결정을 받아내고 싶다"면서 각 성(省)의 협력을 요청했다. 이에 대해 대장성 측은 "전례를 감안할 때 일본이 일방적으로 양보하는 것은 의구심이 생긴다", 청구권 문제를 국교 수립 이후로 미루고 그 대신에 경제원조를 생각한다는 새로운 방침과 관련해선 "정말 처리해야 할 것은 처리하고 그렇지 않은 것만 남긴다는 방식도 고려해야 한다" 이렇게 두 가지 의견을 표명했다.

일한 전면 회담에 대한 기본방침(각의 양해안)

1960년 4월 12일, 아시아국

I. 일반 방침

(1) 일한 간의 분위기가 호전되고 있는 이때 신속하게 회담 타결을 도모할 것.

(2) 종래의 교섭에서는 한국 측이 어업 문제를 양보하지 않는 한 문화재, 선박을 비롯한 문제에 우리 측은 아무런 공약도 하지 않는다는 방침을 취하고 있었지만, 이번에는 이를 개선하여 어업 문제의 진행과 관계없이 각 문제마다 해결해 나간다.

(주) 각 위원회에서 결정한 사항은 국교 수립과 동시에 효력이 발생한다.

(3) 후술하는 이유 때문에 청구권 문제를 해결하기가 곤란하리라 생각되므로 청구권 이외의 문제에서 의견 일치를 보았을 때 국교를 수립한다. 청구권에 대해서는 조약 중에 이에 관한 1개 조항을 설치한다.

II. 각 문제에 대한 방침

(1) 어업 문제

(가) 이승만 라인에 관한 한국 측의 주장을 철회시킨다.

(나) 한국의 영해(해양법회의의 결정을 고려한다) 밖 일정수역에 어족 보존 및 한국 어업 육성을 위해 잠정 협정으로서 조정 구역을 설정한다.

(2) 재일조선인의 법적지위 및 처우

(가) 샌프란시스코 평화조약 발효와 동시에 일본 국적을 상실했다는 것을 확인한다.

(나) 종전 전부터 계속해서 일본에 거주하는 조선인에 대해서는 영주를 인정한다. 강제퇴거 기준에 대해서는 입국관리령의 규정을 완화하는 것으로 협정한다.

(다) 재산권을 비롯한 처우는 현재대로 한다.

(라) 귀국 시에 그 재산은 원칙적으로 모두 가져가는 것을 허락한다. 다만, 그 방법, 시기 등에 대해서는 추후 양국 정부 간에 협의한다.

(3) 문화재

1905년(통감부 설치) 이후 조선으로부터 옮겨온 문화재 중에서 현재 우리 일본 국유로 존재하는 것(도서 포함)은 원칙적으로 국교정상화 이후 한국 정부에 인도한다.

(4) 선박

치적선은 한국에 인도하기로 한다. 치수선 및 나포 어선 문제는 교섭의 추이에 따라 우리 측의 태도를 결정한다.

(5) 재산청구권 문제

기본적으로 '미국의 해석'에 의해 처리해야 하지만, 그 교섭은 (가) 매우 어렵고 장기화될 것으로 예상된다, (나) 한국과의 사이에서 이 문제를 해결할 경우 북조선과 관련된 문제가 발생한다, (다) 국내적으로는 기존의 재산권자에 대한 보상 문제를 야기한다. 따라서 이번에는 이 문제를 국교정상화 이후로 미룰 수 있도록 노력한다. 그 대신 한국의 경제 및 사회복지에 기여한다는 취지로 국교정상화 후에 한국에 경제원조를 제공한다.

한편, 1월 29일 열린 이세키 국장과 유태하 대사의 회담에서 유 대사는 회담의 타결 방법과 관련, (가) 문화재는 목록을 받은 국유 400점(양산 부부총 출토품)을 반환하고, (나) 선박은 종전 시 한국의 항구에 있던 것을 반환하며, (다) 어업 문제는 어떻게든 조정 타협을 도모해야 하고, (라) 청구권 문제는 정치적 협상으로 해결하는 수밖에 방법이 없다고 말했는데, 이것이 당시 한국 측의 기본방침이었던 것으로 보인다.

제4차 일한회담은 4월 15일 외무성에서 일본 측 사와다 수석대표, 한국 측 유태하 수석대표 대리가 참석한 가운데 본회의를 개최하면서 시작됐다. 그러나 그 3일 후인 4월 19일에 한국에서 학생혁명이 일어나 한국의 정국이 크게 전환되면서 일한회담은 전면적으로 정지 상태가 됐다.

한편, 앞서 한국 정부는 1959년 6월 15일에 대일 수출 금지조치를 취했지만, 그해 연말에 무연탄 등 주요 물자의 수출을 재개했다. 이어 한국 측이 회담 재개를 제의하기 하루 전인 4월 3일 유태하 대사는 대일 수출 제한 폐지를 통보해왔다.

VI

재일조선인의 북조선 귀환 문제와 귀환협정의 체결

1. 한국전쟁 휴전 후

(1) 정부 방침

1953년 7월 한국전쟁 휴전협정이 체결된 후 북조선을 지지하는 재일조선인 가운데 북조선 입국 희망자가 증가, 일본 정부에 반복해서 진정(陳情)을 하고 있었다. 1953년 8월 재일조선통일민주전선의 고성호(高成浩) 외무부장은 오무라 수용소의 수용자 이외에 일반 조선인의 북조선 귀국을 요청했다. 이에 대해 8월 11일 법무성 입국관리국 쓰루오카 센진(鶴岡千仭), 다케노(武野) 총무과장, 외무성의 스즈키 마사카쓰(鈴木政勝) 참사관, 다케우치(竹內) 아시아국 2과장 등은 재일조선인의 북조선 귀국 문제에 대해 협의했다. 당시의 결론은 다음과 같이 기록되었다.

> (1) 이 사항의 취지 자체는 좋다.
> (2) 방법에 문제가 있지만, 검토 가능한 세 가지는 다음과 같다.
> 　(가) 버터필드(Butterfield)[58] 등에 의한 자비(自費)로 중공을 경유하는 길이 실현된다면, 이는 매우 자연스럽고 아무런 문제도 일어나지 않는다. 한국 측도 이에 대해 불평할 이유가 없을 것이다. 다만, 자비 출국인 만큼 다수 귀환은 기대할 수 없다.
> 　(나) 적십자가 송환에 관여한다고 하더라도 어느 정도 정부가 도와주지 않으면 안 된다. 이 경우에는 한국 측의 항의 혹은 방해를 예상하지 않을 수 없다.
> 　(다) 북조선 측에 선박을 제공토록 하거나 일본 정부가 선박을 낼 경우는 더더욱 한국을 자극하게 된다.
> (3) '민전(民戰, 재일조선통일민주전선)'의 후속 움직임도 잘 관찰해서 본건의 향후 처리를 진행한다.
> (4) '민전'이 향후 소란스럽게 재촉해올 경우에 입국관리국 등은 '검토 중'이라고 응수하면서 영국 선박으로 자비 출국하는 것을 비롯한 방법도 있다고 시사한다. 정부가 국비로 본건을 실시하지 않는 이유를 물어오면, 그것은 한국을 자극하게 되기 때문이라고 대답하기로 한다.

실제로 '민전' 측이 대표 10명 정도를 북조선에 파견해 북조선 정부와 여러 가지를 협의하고 돌아오고 싶다고 요청하자 입국관리국은 "당장 출국하는 것은 자유이지만 재입국 형식이 밀항이라

---

58)　선박회사명.

면 단속한다"는 취지로 대응했다. 그러나 쓰루오카 차장의 비공식적 견해로는 만약 3명 정도라면 (향후 북조선과의 연락에 이용한다는 정치적 의도에 의해) 그 인선(人選)에도 어느 정도 관여하면서 재입국을 묵인해도 좋다는 의향이었다.

1953년 8월 '민전' 중앙위원회는 평화 회복을 축하함과 동시에, 각 부현(府県) 거주자 대표들이 재일조선인의 실태를 전하고, 아울러 일본과 북조선 간의 경제·문화 교류를 도모하기 위해 각 도도부현(都道府県) 단체 대표(60명)로 구성된 '조선 휴전 성립 경축 친선 사절단'를 조직해 북조선에 파견키로 결정, 인선을 진행했다. 조국 방문단 구성원들은 같은 해 9월 외무성에 여권 발급을 요청했는데, 이것이 거부되자 각 지방 대표가 각 거주지의 지방 외사부를 상대로 여권을 신청하는 절차를 밟았다.

이 같은 움직임에 대해 같은 해 12월 3일 외무성 사무차관은 "일본국은 조선민주주의인민공화국을 승인하고 있지 않기 때문에 북조선 지역으로의 도항을 인정하는 문서는 발급할 수 없다. 북조선과의 직접 교섭은 일본적십자를 통해 연락할 수밖에 없으므로 직접 일본적십자에 조회하기 바란다. 일본인이 아닌 사람에게 여권 또는 이를 대신하는 증명서를 교부하는 것은 현행법상 불가능하다"고 밝혔다(외무성 사무차관이 나가노 현 지사에게 보낸 「북조선계 조선인에 대한 일시 귀국 증명서 발급 신청 절차의 건」).

이에 대해 '민전'은 "재일조선인 대부분은 1945년 9월 2일 이전부터 일본에 거주권을 갖고 있던 사람들로서 여권을 갖고 전후에 일본에 입국한 외국인이 아니다. 따라서 당연히 일본 정부의 책임 하에 도항에 수반되는 일체의 보장이 이뤄져야 한다"는 견해를 피력했다. 1954년 들어 북조선이 재일조선인 기술자의 입국을 환영한다는 방송을 내보내자, '민전'은 경축 방문단에 기술 관계자를 추가한 후 6월 10일 「조국 방문을 위해 필요한 여권 또는 이를 대신할 증명서의 발급을 요구하는 요망서」를 외무대신에게 제출, 진정했다.

이에 대한 국회 질의에서 정부 당국은 "이 사람들이 만약 북조선에 완전히 돌아간다고 한다면 특별히 선박을 준비해도 상관없다는 생각까지 하고 있었지만, 모두들 돌아오려 한다. 일본 상품을 북조선에서 비싸게 팔고 돌아오게 되면, 나쁘게 생각했을 때 밀출입국 지원이 된다. 또한 일본의 치안과 관련해 '저쪽으로 완전히 돌아가는 귀국 희망자'에게는 어떤 조치를 취해 그들이 돌아가도록 하는 방법을 검토하고자 한다"〔5월 21일 중의원 외무위원회에서 고타키(小滝) 외무성 정무차관, 미우라(三浦) 법무성 정무차관의 답변〕, "북조선계의 귀환을 위해서는 경유지의 수용 문제와 한국의 양해를 얻는 외교교섭을 필요로 한다", "현실적으로 상대측이 수용해준다는 사실을 확인할 필요가 있다"〔11월 5일 참의원 법무위원회 및 11월 13일 중의원 법무위원회 '외국인의 출입국에 관한 소위원회'에서 우치다 후지오(内田藤雄) 입국관리국장의 설명〕고 답했다. 이후에도 북조선으로의 왕래 또는 귀환을 희망하는 재일조선인의 청원이 계속되었지만, 정부 당국은 "북조선 사람들을 일본에서 귀환시키는 것에 대해 한국이 항의하거나 방해할 수 있기 때문에 한국의 의향을 고려하지 않을 수 없다"〔1955년 6월 18일 중의원 법무위원회 고이즈미(小泉) 법무성 정무차관〕, "일본에 있는 북조선계 조선인이 북조선에 돌아가는 것은 허용하지만, 정부가 지원하여 북조선에 배편으로 보낼까 하는 정책의 문제는 현재 적당하지 않다고 판단하고 있다"〔7월 15일 중의원 외무위원회, 나카가와 도루(中川融) 아시아국장〕, "본인이 어딘가 확실한 루트를 통해서 자비 출국하는 것까지 억제할 의도는 없다. 홍콩 정부가 받아들인다면 출국 희망원으로 충분할 것이다. 여권을 갖고 있지 않기 때문에 재입국할 경우 가는 길은 순전한 출국, 돌아오는 길은 새로운 입국으로서 취급한다"〔7월 15일 중의원 외무위원회, 시모마키(下牧) 입국관리국 차장〕, "2월 2일 현재 오무라 수용소에 있는 불법 입국자는 1,212명인데 이 가운데 북조선에 돌아가길 희망하는 자는 50명이며, 수형자 391명 중에는 20명이다. 북조선 귀국 희망자는 북조선에 돌아가게 하고 싶다"〔1956년 2월 3일 중의원 외무위원회, 마키노 료조(牧野良三) 법무상〕라고 밝혔다.

또한 1955년 8월 북조선 건국 10주년 기념식 참석을 위해 북조선에 귀환한 4명이 홍콩 총영사관에 재입국을 신청하자 외무성은 "그들은 재입국이 인정되지 않는 귀국자로 간주되며, 또 북조선과 무역 등 기타 접촉을 인정하지 않는 정부 방침으로 볼 때 재입국은 불허한다"고 지시했다.

(2) 이호연 사건

1953년 9월 21일 상기의 움직임과는 별도로 재일조선통일민주전선(민전) 중앙의장 이호연(李浩然)이 북조선으로의 출국과 재입국 허가를 요청해왔다. 1954년 4월 28일 자 스즈키 입국관리국장이 서명한 서류가 이호연에게 전해졌지만, 같은 해 5월 21일 이호연이 고베를 출항하는 스웨덴 선박으로 출국하려는 것을 입국관리국 당국이 저지하는 사건이 발생했다. '민전' 측은 일본 정부를 비난하면서 출국을 계속해서 요구, 출발 예정 당일에는 2,000명이 배웅하는 데 동원되는 소란이 일어났다. 당시 신문에는 「(일단 출국 허가를) 부여하고 나중에 취소, 이 씨 북조선 출국에 관리국장이 서명」, 「기괴한 출입국 허가증」 같은 제목으로 이 사건이 보도되었다.

이와 관련, 당시 허용방침을 취한 쓰루오카 입국관리국 차장이 작성한 1953년 9월 25일 자 메모에는 다음과 같이 적혀 있다.

이호연 출입국 허가의 건
1. 1953년 9월 21일 민전 중앙의장 이호연〔본명 이건희(李鍵熙)〕는 민전 외무부장 고성호(高成浩)와 함께 쓰루오카를 방문, "우리들은 9월 말에 일본을 떠나 중국과 북조선을 여행하고 11월 말에 일본으로 돌아오고자 하는데 출입국을 꼭 인정받았으면 한다"고 말했다. 당시 이호연의 발언과 이후 여러 차례에 걸쳐 고성호가 쓰루오카에게 담화한 바를 종합하면 다음과 같다.

중공 정부로부터 10월 1일 동 정부가 개최하는 국경절 축전에 참가해달라는 초청을 받아 중공 입국 허가를 얻었으므로 중공의 초청에 호응해 행사에 참여하고 싶다. 그러나 사실 행사 참여는 주요 목적이 아니다. 진정한 목적은 중공에서 발길을 돌려 북조선에 들어가 북조선 정부 요로와 접촉해 다음과 같은 여러 문제의 해결을 촉진하는 데 도움이 되고자 하는 데 있다.

(1) 재일조선인의 자유로운 북조선 귀환 문제(재일 빈곤 조선인의 구제책을 포함)

(2) 오무라 수용소에 수용되어 있는 조선인 중 북조선 귀환 희망자를 북조선이 수용하는 문제

(3) 북조선에 있는 일본인 가운데 귀국을 희망하는 자의 귀국 실현 문제

(4) 재일조선인 학생(고교 및 대학에 재학 중인 자가 약 7~8천명)에 대한 학자금 지원 문제

2. 이호연이라는 인물

이호연은 실제 '민전' 중앙의장이지만, '민전' 내에서는 인텔리 온건파 내지 무난한 유형의 인물이다. 니혼(日本)대학을 졸업하고 한때 문필(소설)로써 출세하고자 한 경력도 있다. 일본에는 1931년 이후 계속해서 20년 동안 거주하고 있다. 범죄 경력은 전무하다.

3. 입국관리국은 다음과 같은 이유에 의거해 이호연의 출입국을 허용하고자 한다.

(1) 상기 1조 (1)항 및 (2)항의 실현은 일본에 이익을 가져올 것으로 생각된다. 이번에 이호연의 출입국을 인정해주면 결국 이호연으로 하여금 이러한 문제의 실현 필요성에 대해 북조선 정부를 설득하는 기회를 주게 된다. 만약 이호연이 북조선 정부를 설득하는 데 성공하면 재일조선인의 자유귀환과 강제퇴거당한 조선인의 북조선 인도라는 두 가지 문제를 실현하는 데 일보를 내딛게 된다. 또한 만약 이호연의 설득 공작이 실패로 끝난다고 하더라도 적어도 이 문제들에 대한 북조선 정부의 의향이 분명히 드러나게 된다. 이는 재일조선인에 대한 우리 측의 정책에도 하나의 유용한 자료가 된다.

(2) [원문 약 48자 미공개]

(3) 한국에 대한 외교 문제 처리라는 관점에서 보더라도 그다지 해악이 없다(외무성의 공식 견해).

(4) 법률적 측면에서 보더라도 현재의 입국관리령을 적용함으로써 그다지 무리 없이 진행할 수 있다.

(5) 여기서 이호연에게 기회를 주게 되면 '민전' 내 온건파 세력을 신장하는 데 일조할 수 있다. 또 이호연에게 은혜를 베풀면 미래의 '민전' 대책에서도 편의를 얻을 수 있게 된다. 외국인 등록과 관련된 지문 채취 실시를 앞둔 요즘, 이 점은 경시할 수 없다.

4. 실시와 관련된 주의 사항 및 실시 방법

(1) 본건 출입국 허용은 '민전' 중앙의장의 자격을 전제로 하는 조치가 아니라 어디까지나 체류 중인 외국인 개인에 대한 조치로 간주한다. 이호연 본인이 출입국할 때에는 송영 행사 등 선전행위를 허용하지 않기로 한다.

(2) 본 허가는 전례(前例)로 삼지 않는다.

(3) 본건 출입국은 한 세트로 간주하지 않고 출국 허가와 입국 허가를 별도의 독립적인 두 가지 조

치로서 간주한다.

(4) 이호연 본인이 출국할 때에는 종래 행해지고 있는 재일화교 귀환 시 사례에 기초해 ① 중공 지구 입역(入域) 허용 및 홍콩 통과 허가에 대해 중공 및 홍콩 정청이 발급한 관련 증서를 제출하게 하고, ② 재일 '민전'이 발급하는 여행 서류에 출국 공항(하네다 예정) 심사관이 출국 증명 도장을 찍고, ③ 외국인 등록증명서를 수거한다.

이호연 본인이 입국할 때에는 ① 중공 당국이 발급한 여행증명서 혹은 베이징 소재 북조선 당국이 발급하는 여권을 제출토록 하고, ② 입국 공항(하네다 예정)에서 임시 상륙을 허용하고, ③ 입국관리령 제12조에 근거해 상륙 특별 허가를 부여한다(본인의 일본 거주 경력이 장기인 점과 범죄 기록이 없다는 점을 참고로 한다), ④ 새로운 입국자로서 새롭게 등록하도록 한다. ⑤이상의 조치를 실시하는 과정에서 외무성, 공안조사청, 형사국, 국가지방경찰(國警), 경시청 등 관계기관으로부터 미리 양해를 얻겠지만, 이호연에게는 본건 허가가 어디까지나 입국관리국의 권한 내에서 인정하는 특별한 편의적 조치라는 점을 강조한다.

이와 관련, 외무성에서는 시모다 조약국장이 1953년 10월 5일 다음과 같은 내용의 서류에 서명했다.

한국 측은 재일조선인이 모두 한국 국민이라고 주장하지만, 마음에 들지 않는 재일조선인을 받아달라는 일본 측의 요구에는 응하려 하지 않는다. 본디 한국 정부의 통제에 복종하지 않는 조선인이 많다는 것은 한국 측에게는 부끄럽고 한심한 일이라 말하지 않을 수 없다. 그럼에도 불구하고 한국 측은 그러한 조선인이 많으며 일본 정부가 애를 먹고 있는 것을 마치 한국 측의 강점인 것처럼 행동해왔다.

따라서 재개할 일한교섭에서는 적절한 시기에 재차 그러한 재일조선인의 수용을 요구하되, 한국 측이 다시 이를 거절하는 경우에는 일본 정부가 언제까지나 그들을 부양할 부담을 감내할 수 없을 뿐만 아니라 이들이 귀환할 곳은 무엇보다 본인의 자유의사에 의한 선택을 존중하는 게 마땅하므로 북조선 귀환을 희망하는 자는 북조선으로 돌아가게 하는 불가피한 사태에 봉착할 가능성도 있다는 취지를 시사하는 것도 한 가지 방책이다. 이렇게 함으로써 비로소 한국 측은 자국의 한심한 입장을 자각하게 되고, 일본 측은 마침내 공세에 나서는 일이 가능하게 될 것이다.

상기 교섭에서의 이용 가치는 차치하더라도, 본건 이호연의 출입국 신청은 우선 외무성이 관여할 수 없다는 명분하에 입국관리국이 순전히 출입국 권한 문제로서 선처하는 것으로 치부하더라도 전혀 지장이 없는 문제라고 생각한다.

이 문서에는 당시 일한회담 대표인 구보타 참여(参与)도 '찬성'이라고 부기(附記)되어 있다.
이 사건의 경위와 관련, 1954년 6월 14일 아시아국 제5과가 정리한 「이호연 출입국 거부 문제에 대해」는 다음과 같이 기록하고 있다.

  1. 지난해 9월 이호연이 베이징 및 북조선에 도항하는 허가를 외무성이 알선해줄 것을 요청했지만, 외무성은 일본과 북조선 간에 국교가 맺어지지 않은 현재 상태에서는 희망하는 바를 충족시킬 수 없다고 답변했다. 그럼에도 불구하고 입국관리국의 쓰루다(鶴田) 전 차장은 재일조선인 빈곤자나 강제퇴거 조치를 받고 있는 자들로서 한국 측이 수용에 응하지 않는 자의 북조선 송환과 관련해 본건의 실현이 약간 도움이 되는 부분이 있다고 판단하는 한편, 일한회담에서 한국 측을 측면에서 견제할 수 있다는 판단 하에 이를 내밀하게 양해한 것으로 보인다. 물론, 이 양해는 별개의 건으로, 재일조선통일민주전선(북조선계 단체, 이하 '민전'으로 약칭)이 허가해달라고 신청한 한국전쟁 휴전 성립 경축 친선사절단 60명의 문제와는 분리해 이호연 개인의 귀국 문제로서 취급된 것이며, 또 그 출국에 한한 양해이며, 더욱이 입국(일본에 돌아옴)의 경우에는 일단 불법 입국으로 처리, 입국관리령에 근거해 체류 허가를 부여하려는 의도였다. 쓰루오카 차장은 이상을 문서로써 외무성 간부회의에서도 제시했는데, 당일 간부회의의 결론은 이에 소극적이었던 것 같다. 더욱이 쓰루오카 차장이 아시아국장 등과 개별적으로 이야기한 결과, 외무성은 반대는 하지 않은 채 상황을 지켜보자는 태도였다.

  2. 그 후 이호연은 이상의 양해에 기초해 홍콩을 경유하는 방법을 시도했는데, 홍콩 정청의 공증(affidavit)을 받는 데 실패했지만 간신히 중공의 입국 허가를 받아 올해 5월 21일 고베발 스웨덴 선박으로 출발하기 위한 제반 준비를 진행했다. 이어 이호연은 5월 10일 신문기자회견을 갖고 극비(極秘)를 전제로 "이호연이 일본 정부로부터 허가증을 받았기 때문에 21일 스웨덴 선박으로 출발한다"는 취지를 발표했다. 『니혼게이자이신문』은 이튿날인 11일 자에 이를 보도했다. 또한 스즈키 입국관리국장은 미국 방문을 앞둔 4월 28일 "이호연은 스웨덴을 포함하여 유럽, 아시아 대륙을 여행할 계획을 갖고 있는 바, 이호연이 일본으로 돌아올 경우에는 그가 장기간 일본에 살았던 사람이기 때문에 그의 입국은 정식으로 허용된다(will be duly permitted)"를 운운하는 취지의 개인적 편지를 이호연에게 전했다〔편지에는 이호연의 사진이 붙어 있었고 입국 관리와 관련된 할인(割印)이 찍혀 있었다〕.

  3. 스즈키 국장은 5월 7일 미국으로 출국하기 전에 미야시타(宮下) 차장에게 "이호연은 홍콩 경유가 불가능하게 되어 직접 상하이에서 중공으로 들어가려 하니 이를 잘 부탁한다"는 말을 남겼다. 미야시타 차장도 눈에 띄지 않는 방법으로 이호연이 출국하는 것을 눈감아 줄 태세였는데 이상과 같은 신문기사가 나왔기 때문에 5월 12일 이호연을 불러 이처럼 공공연하게 진행되면 입국관리국도 곤란하게 된다고 경고한 뒤 꼭 예정대로 출국하고자 한다면 일본이 승인하고 있는 국가, 예를 들어 스웨덴으로부터 공증을 받지 않을 경우 곤란하다는 뜻을 전했다(이호연은 북조선계여서 여권을 갖고 있지 않았으므로 관계국이 그 입국을 승인하는 취지의 보증서가 있으면 그 출국을 인정할 수 있다). 이와 함께 입국관리국은 상기 방침을 고베 입국관리사무소에 훈령, 이호연의 승선을 저지했다.

  이상과 같은 방침을 결정하는 과정에서 미야시타 차장은 스즈키 국장의 입장도 고려하여 상당한 고

심한 것으로 보이는데, 결국 법무성 및 검사국(檢事局) 고위부와 협의한 뒤 승선 저지를 결정했다.

　4. 이상과 같은 입국관리국 측의 조치에 대해 '민전' 측은 스즈키 국장이 보내온 문서가 여권을 대체할 수 없다면 무엇이 필요한지 설명을 요구함과 동시에, 출국 저지에 관한 입국관리국의 책임을 강하게 추궁했지만, 입국관리국 당국은 (가) 이호연이 소지한 문서는 입국관리국이 발급한 공식 서류로서 인정할 수 없다, (나) 입국관리령이 규정하는 여권 또는 이를 대체할 수 있는 공식 서류가 없는 한 이호연의 출국을 인정할 수 없다는 태도로 '민전' 측과 맞섰다. 그러나 '민전' 측이 이에 승복하지 않음으로써 이 문제는 해결되지 않은 채 오늘에 이르고 있다.

2. 북조선에 잔류한 일본인의 귀환과 재일조선인의 귀환

(1) 일본과 북조선의 적십자회담

　1953년 이후 중공에 체류하는 일본인의 귀환이 일본적십자, 일중우호협회, 일중평화연락회 3개 단체와 일본적십자 및 중국의 홍십자회(紅十字會)의 알선으로 진행되었다. 이때 일본에 체류하는 중국인의 귀국 문제가 같은 해 6월 5일 외무성, 후생성, 운수성, 법무성 등 관계 대신의 양해 사항으로서 그 귀환 지원 업무가 일본적십자사에 위탁되어 같은 해 6월 27일부터 실시되었다.

　북조선에 남은 일본인의 귀환에 대해서도 이 방식이 고려되어 1954년 1월 6일 일본적십자는 국제적십자위원회를 통해 북조선적십자(정식 명칭은 '조선민주주의인민공화국 적십자회', 이하 북조선적십자로 약칭)에 북조선에 잔류한 일본인의 안부 정보, 교통 편의 알선, 귀국 지원을 요청했다. 그 요청서는 특히 "만약 귀국(貴國)이 허락한다면, 그 배편을 이용해 일본에 있는 귀국인으로서 귀국(歸國)을 희망하는 사람을 귀국(貴國)으로 돌려보내는 것을 본사는 지원하고자 한다"고 적혀 있었다. 그 결과 2월 9일 국제적십자위원회는 북조선적십자로부터 "북조선에 소수의 일본인이 잔류하고 있다"는 취지의 전보를 받았다고 전해왔다.

　이후 일본적십자는 북조선에 잔류한 일본인을 한국적십자의 도움을 받아 한국을 경유해 귀국시키는 것을 한 가지 방안으로 판단, 1955년 7월 6일 이 같은 취지를 북조선적십자 및 한국적십자에 연락, 요청했다. 이에 대해 한국적십자가 제네바의 국제적십자위원회에 전보를 보내 의견을 구했다는 내용이 7월 11일 일본적십자에 통보되었다. 그러나 그 후 국제적십자위원회는 그 방안을 한국적십자가 받아들이지 않는다는 취지를 알려왔다.

한편, 7월 22일 나카가와 아시아국장은 유태하 참사관에게 "이 건은 순수한 인도적 문제이다. 또 한국 측이 거부하면 북조선에 '직접 관계자를 파견해 협상하라'는 주장이 강하게 제기될 것으로 예상되므로 반드시 한국적십자가 도와줄 수 있도록 한국 정부가 주선해달라"고 요청했다. 이 점에 대해서는 7월 25일 가도와키 스에미쓰(門脇季光) 외무차관이 김용식 공사에게도 거듭해서 요청한 바 있다. 그러나 8월 12일 유 참사관은 아시아국장에게 "한국은 북조선과의 사이에 어떠한 관계도 갖고 싶지 않다는 의미에서 협력을 거부한다"는 취지로 내보(內報)해왔다. 일본적십자가 북조선을 방문하는 정책을 결정하자 9월 24일 가도와키 외무차관은 김 공사에게 "인도적 문제로서 양해해달라"는 취지를 통고했다.

1955년 10월 일본적십자와 북조선적십자 간의 협상이 진행되었다. 북조선 측의 요청에 의해 일본적십자 대표로 일조협회(日朝協會) 회원 1명(일본적십자사 촉탁 자격)을 추가한 대표단이 평양에 가서 회담에 임했다. 이에 대해 그해 12월 23일 한국 정부는 일본 정부에 보낸 구상서를 통해 "일본과 북조선 간의 협정은 한국에 대한 비우호성을 표명하는 것이다. 일본 측이 북조선에 파견하려는 귀환 촉진 대표단의 구성원에는 인도적인 일과는 아무런 관계가 없는, 일본적십자사 이외의 정치활동을 하는 단체(일조협회)가 있다"고 항의했다. 일본 측이 1월 6일 이를 반박하자 한국 측은 1월 17일 '일본 정부가 발행한 여권을 갖고 있다는 점', '일조협회 지도자가 포함됐다는 점' 등을 들어 다시 항의해왔다. 그럼에도 불구하고 일본적십자단은 1956년 1월 20일 도쿄를 출발, 홍콩, 중공을 경유해 북조선에 들어갔다. 일본적십자단은 이어 1월 27일부터 2월 27일까지 평양에서 북조선적십자와 북조선에 체류 중인 일본인의 귀국에 관한 회담을 가졌다.

북조선적십자 측은 재일조선인의 북조선 귀국 문제를 의제로 제안했지만, 일본적십자는 후기하는 바와 같이 이 문제의 해결을 국제적십자위원회의 관여를 통해 해결하는 구상을 추진하고 있었기 때문에 북조선적십자 측의 제안을 권한 밖이라며 거부했다. 이에 따라 회담에서는 일본인의 귀국 문제만 토의되어 2월 27일 공동코뮤니케에서 "양국의 교민 문제에 대해 쌍방은 이 문제의 해결이 인도주의적 양국 적십자 단체의 절실한 관심사로 남아 있다는 것을 확인한다"고 기록되는 데 그쳤다.

평양 회담에서 북조선적십자가 재일조선인의 북조선 귀국 문제의 논의를 요구하고 있다는 보도가 나오자 한국 정부는 2월 9일 구상서를 통해 "재일조선인의 북조선 귀환에 관한 어떠한 논의도 일한관계에 매우 유해하다"고 항의해왔다. 평양 회담의 결과, 4월 19일 일본선박 고지마마루(こじ ま丸)가 북조선에 파견되어 조선인과 결혼한 일본인 부녀자 등 36명이 22일 일본으로 귀국했다.

1955년 12월 15일 아시아국 제5과가 정리한 「북조선 귀환 희망자의 송환 문제 처리방침」은 다음과 같이 일본적십자가 북조선적십자를 상대로 교섭하고 그 실시를 위해 재일본조선인총연합회(조총련)에 협력을 요청하는 방안을 제시하고 있다.

1. 종래 정치적으로 북조선 정부와 어떠한 관계를 가질 경우 한국과의 국교관계를 우선적으로 해결하고자 하는 우리 국책에 반한다는 정치적 고려하에 정부는 재일조선인의 북조선 귀환 문제에 대해서도 (가) 집단적 귀환에 반대한다, (나) 정부는 어떠한 형식으로도 지원하지 않는다, (다) 그러나 인도적 견지에서 귀환을 완전히 중단한다는 입장이 아니므로 한국 측을 자극하지 않는 한도 내에서 자기 비용으로 삼삼오오 출국하는 경우에는 굳이 반대하지 않는다는 입장을 취해왔다.

2. 그런데 북조선 귀환 희망자 대부분은 생활이 곤궁한 자로서 귀환 여비를 스스로 부담할 능력이 없기 때문에 이들의 귀국은 사실상 불가능한 실정이다. 따라서 정부가 지금까지와 같이 1항에 기재한 정치적 입장을 견지한다면 본건의 실현은 매우 곤란한 상황이다.

3. **[원문 약 50여 자 미공개]** 또 이들을 귀국시킴으로써 북조선을 비롯한 공산권의 여러 지역에서 우리 동포의 귀국도 촉진할 수도 있다고 생각할 수 있을 뿐만 아니라, 송환 과정에서는 일본에 체류하는 중국인을 송환하는 경우처럼 일본적십자사로 하여금 이에 대응하도록 한다면, 한국과의 관계에서 예상되는 정치적 마찰도 어느 정도 피할 수 있을 것으로 판단된다. 그렇기 때문에 이제 정부로서는 다소 번거롭다 하더라도 귀환 희망자를 북조선으로 송환하는 것이 대국적으로 유리하다. 따라서 별항(別項) 송환 절차 요강(안)에 의해 송환을 실시하는 것으로 한다.

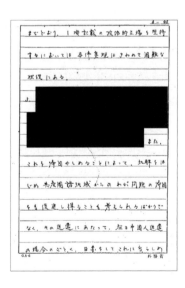

외교문서 원본 14 「북조선 귀환 희망자의 송환 문제 처리방침」 가운데 먹칠된 채 공개된 부분

송환 절차 요강(안)

1. 본건 송환은 일본적십자사의 책임하에 추진하기로 하고 이 점에 대해 관계 각료의 양해를 얻는다.

2. 귀환 희망자의 본국 내 수송(운수성) 및 집결(후생성)에 동반하는 제반 경비는 일본 정부가 부담하기로 하고, 이 점에 대해 관계 각료의 양해를 얻는다.

3. 관계 사무 당국 간에 송환을 위한 구체적 방안을 협의, 작성하기로 하는데, 이 점에 대한 기본적인 방침은 다음과 같다.

(1) 일본적십자사는 북조선적십자사를 상대로 아래의 사항에 대해 협상한다.

(가) 송환 대상자는 생활이 곤궁한 자로 한정한다.

(나) 송환자의 수용 여부와 관련해 북조선 측의 의향을 타진해야 한다.

(다) 송환은 재일본조선인총연합회(조총련)가 제출하는 귀환 희망자 명부에 기초해 실시한다.

(라) 북조선적십자는 일본 측이 지정하는 항구에 송환선을 파견한다(일본 측이 부담한다는 입장은 아니다).

(2) 일본적십자사는 조총련을 상대로 이하 여러 사항에 관해 협조를 요청하는 한편, 각 소요 항목에 대해서는 실시의 정확성을 기하기 위해 문서를 교환한다.

(가) 총련은 생활이 곤궁한 자로서 북조선 귀환을 희망하는 자를 조사해 귀환 희망자 전원의 명단을 작성한 후 일본적십자사에 제출한다.

(나) 상기 명부에 기재된 자 이외의 자가 이 절차에 의해 북조선에 귀환하는 것은 일절 인정하지 않는다.

(다) 최종 송환일을 정하고 그 이후의 송환은 일절 중단하기로 한다.

(라) 유골 송환은 본건과 분리해 별도로 검토한다.

(마) 송환선은 적십자 선박으로 하며, 적십자사 직원을 제외하고 도우미, 감독, 유골 봉지인(捧持人) 등 어떠한 명목으로든 총련과 일조협회 등 기관 대표가 승선해 왕복하는 것을 인정하지 않는다.

4. 외무성은 본건 실시 과정에서 그때마다 이를 주일 한국대표부에 통보한다.

5. 입국관리국은 총련이 발급하는 '귀환증명서'에 출국을 증명하는 도장을 찍는다.

그러나 일본적십자와 외무성은 평양 회담을 위해 출발하기에 앞서 귀환 일본인을 태운 선박에 재일조선인 귀환 희망자를 탑승시키는 방안을 포기한다는 데 의견 일치를 보고 있었다.

이는 재일조선인의 북조선 귀환을 일본과 북조선의 적십자 간 교섭만이 아니라 국제적십자위원회의 관여하에서 해결하겠다는 구상이 1955년 말경 시마즈 다다쓰구(島津忠承) 사장, 이노우에 마스타로(井上益太郎) 외사부장에 의해 추진되고 있었기 때문이다. 1955년 12월 21일 국제적십자위원회 집행부장은 일본적십자에 "한국 측이 이 문제에 간섭하기 때문에 정치적 배려로부터 분리해 인도적으로 처리할 필요가 있다"는 서한을 보내왔다. 이에 따라 일본적십자는 1956년 1월 2일자 북조선적십자에 보낼 서한(안)에서 한국과의 관계가 있으므로 "일본 내에서는 다른 민간단체를 개입시키지 말고 일본 정부와 일본적십자가 국제적십자위원회 대표단과 협력해서 실시한다"는 안을 언급했다. 그러나 이 안은 폐기되어 전문 자체가 발송되지 않았다.

1955년 1월 대표단이 평양으로 출발하기에 앞서 일본적십자는 국제적십자위원회에 "북조선 측이 국제적십자위원회에 접촉하도록 북조선적십자에 권고할 생각"이라고 말했다. 이에 대해 국제적십자위원회는 "그것은 국제위원회가 할 것이므로 북조선적십자에는 말하지 말기를 바란다"고 전해왔다고 한다(1971년 11월 17일 이노우에 외사부장의 모리타 사무관과의 담화).

평양 회담이 열리던 1956년 2월 11일 중의원 외무위원회에서는 "평양 회담에서 재일조선인 문제도 취급해야 한다"는 논의가 있었다. 이때 나카가와 아시아국장은 "일본적십자는 재일조선인의 북조선 귀환을 일본·한국·북조선의 각 적십자가 참가하는 종합적인 협의에 따를 생각이다. 즉, 국제적십자의 주창에 의해 해결되어야 한다고 판단하고 있다"고 설명했다.

(2) 48명의 북조선 귀환

평양 회담의 결과 북조선에 거주하는 일본인을 인수하기 위해 고지마마루가 북조선에 파견되는 것으로 결정되자 재일조선인총연합회는 외무성과 후생성 및 일본적십자사 본사에 중국의 경우와 같은 방법으로 북조선 귀환 희망자를 '고지마'에 승선시키라고 진정하기 시작했다. 그러나 '고지마'의 북조선 파견에 대해서는 일본적십자가 국제적십자위원회를 통해 한국 측으로부터 무승객, 무화물을 조건으로 안도권(安導券)[59]을 부여받은 경위가 있기 때문에 일본적십자 측은 귀환의 안전을 확보하기 위해 승선을 거부했다. 이에 대해 조총련 측은 집요하게 진정 전술을 전개함과 동시에, 귀국 희망자 50여 명은 4월 7일부터 일본적십자사 앞에서 연좌농성을 벌였다. 4월 17일 '고지마'는 출발했지만, 그 후에도 그들은 일본 정부의 지원, 북조선 귀환 시까지의 생활 보장을 요구했다. 특히 조총련은 북조선을 방문한 바 있는 국회의원 등을 통해 관계 당국에 대한 진정활동을 계속 전개했다.

일본적십자는 5월 말 농성 중인 조선인에 대해 자비 출국을 권고하는 한편, 조선적십자회에 이들 조선인 48명을 홍콩을 경유해 귀환시킬 것을 통보함과 동시에, 북조선 정부가 이들을 받아들이는 데 동의하고 중공 정부로부터 통과 비자를 받아낼 것을 요청했다. 일본적십자는 도쿄 소재의 버터필드 기선회사와도 교섭해 동 회사 소속 선편에 이들을 승선시키는 방안을 논의하는 한편, 도쿄의 영국대사관을 통해 홍콩 정청에 통과 비자 발급에 관해 교섭했다. 이에 대해 북조선적십자는 48

---

59) safe-conduct. 교전 중에 적국 또는 제3국의 국민, 선박 혹은 화물이 전쟁 구역을 무사히 통행할 수 있도록 안전을 보장하는 문서. 통행 일시, 경로, 통행자의 표식 등이 합의되어, 안도권에 기록된 조건에 따르는 한 안전 통행이 보장된다.

명을 수용할 용의가 있으며 중공 당국으로부터 통과 비자를 받아냈다는 취지의 회답을 전해왔다. 이로써 48명은 일본적십자의 알선으로 7월 상순에 규슈의 미이케(三池)항을 출항, 상하이로 향하는 버터필드 선박 고난(湖南)호로 중공을 경유해 북조선에 귀환하는 절차를 밟게 되었다.

이에 대해 주일 한국대표부는 6월 중순경부터 외무성에 구두로 이 귀환에 반대한다는 의사를 표시하고, 6월 27일 구상서를 통해 "일본 정부가 한국 정부가 발급하는 도항 문서를 소지하지 않은 조선인에게 출국을 허가하는 것은 국제 관행에 위반될 뿐 아니라 한국에 대해 비우호적이며 한국의 안전에 위협이 되기 때문에 매우 유감스럽다"는 취지를 언급하면서 출국 저지를 위해 적절한 조치를 취할 것을 요청했다. 이어 7월 6일에는 한국대표부 최규하 총영사가, 7일에는 김용식 공사가 각각 "일본 정부가 출국 금지조치를 취하지 않으면 일한관계에 악영향을 미칠 것"이라면서 항의해왔다. 일본 측은 한국 정부에 7월 9일 자 구상서를 통해 "이들 48명은 자유의사에 의해, 또 자비로 선편을 이용해 출국하려 한다. 일본 정부는 외국인의 이 같은 형태의 출국을 막을 수 없다"는 취지를 통고했다.

한국 측은 버터필드 회사와 국제적십자에도 항의했다. 출항 예정 이틀 전인 7월 7일 버터필드 회사는 돌연 일본적십자에 고난호가 항로를 변경, 일본에 들르지 않으며 향후 귀국자의 예약도 당분간 수용할 수 없다고 연락해왔다. 그 후 일본적십자는 소련 선박의 이용 가능성을 놓고 분주하게 움직였지만 이 역시 실패로 끝났다. 귀국 희망자 48명은 귀국 수단을 확보하지 못한 채 오무다(大牟田)에 계속 체류했는데, 이들 중 20명과 새로운 귀국 희망자 3명이 12월 6일 모지(門司)항을 출항하는 노르웨이 선박 '하이리'호로 상하이를 경유해 북조선에 귀국했다(일본적십자의 기록에 기초한 『외무성 사무월보』에 따르면, 이 가운데 1명은 10월 26일 요코하마에서 네덜란드 선박으로 귀국했다). 이에 대해 이튿날인 7일 김 공사가 구두로 외무성에 엄중한 유감을 표명했다. 남은 28명(『외무성 사무월보』에 따르면 이 가운데 1명은 10월에 단독 귀국했다. 적십자사의 기록에 따르면 그 후 귀국 희망자 1명이 추가되어 29명이 되었다)은 20일 모지항을 출발하는 노르웨이 선박 '하이힌'호로 귀국할 예정이었는데, 이를 탐지한 한국 측이 주일 노르웨이 공사관에 항의했다. 이를 계기로 선박회사는 도쿄 한국대표부의 양해를 얻을 때까지는 예약한 조선인에게 승선을 허용하지 않기로 결정하기에 이르렀다.

그 후 이노우에 일본적십자 외사부장의 노력으로 1957년 3월 31일 하카타(博多)를 출발하는 일본어선 편으로 이들을 4월 4일 청진으로 귀환시킬 수 있었다. 이들에게 필요한 출국 허가서는 국제적십자위원회 주일 대표에 의해 국제적십자위원회가 발행한 인증서를 여권으로 대체한 것이었다. 또한 이들 귀국자의 살림살이(家財)는 중국홍십자위원회에 의뢰해 1958년 2월 말 하치만(八幡)을 출항하는 일본 기선을 이용, 텐진(天津)을 경유해 북조선으로 보냈다. 이상 28명의 출국에 대해 한국 정부는 5월 15일 구상서를 통해 항의해왔다.

이후 1957년 11월 일본 정부가 조선인 4명의 북조선 귀국을 허용한 데 대해서도 한국 정부는 11

월 25일 구상서를 통해 중지를 요구했다.

이노우에 일본적십자 외사부장은 상기한 48명의 귀국을 실현하기 위해 상당히 애썼는데, 이것이 성공할 경우 국제적십자위원회의 증명서를 가지고 자비로 출국하거나 외국 선박을 이용하는 방식으로 점차 그 수를 늘려 희망자를 차례차례 송환하고, 최종적으로 다수의 귀환자 송환을 위해 고안마루(興安丸)를 스위스 국적으로 변경하는 방안마저 생각하고 있었다고 한다(1971년 11월 10일 담화). 그러나 한국 측의 간섭이 매우 집요했기 때문에 이 방식에 한계가 있다는 사실을 알게 되었다. 이에 따라 다음 절에서 언급하듯이 마침내 국제적십자위원회의 강력한 개입에 의한 방식에 역량을 집중하게 되었다.

3. 국제적십자위원회의 개입

국제적십자위원회는 1956년 5월 월리엄 미셸, 유진느 드 웨크 이렇게 대표 2명을 친선 사절의 명목으로 북조선·한국·일본에 각각 파견, 각 지역에서 귀환을 희망하는 자의 실정을 상세히 시찰토록 했다. 당시 오무라와 부산 2개 수용소에 대한 시찰에 관해서는 제4장 12절에서 언급했다.

이에 앞서 1952년 5월 12일 한국전쟁의 휴전협상이 진행되고 있는 단계에서 한국 정부는 국제적십자위원회에 북조선에 납치된 한국인에 대한 조사와 그 송환을 요청했다. 이에 대해 국제적십자위원회는 "최선을 다하겠다"고 답변했다. 또한 1954년 7월 26일 한국의 '6·25 동란 피랍인사 가족 모임'은 국제적십자위원회에 대표의 한국 파견을 요청하는 한편, 이들 납치된 사람의 석방 문제를 유엔총회에 제출할 수 있는지 여부를 타진했다. 1955년 11월 16일 제10차 유엔총회 정치위원회에서 임병직(林炳稷) 대표는 한국군 포로와 함께 납치된 민간인을 석방하라고 호소했다. 또한 1957년 1월 7일 제11차 유엔총회 정치위원회에서 양유찬(梁裕燦) 대표는 피랍자 1만 7,500명이 가족과 재회할 수 있도록 조치할 것을 요청했다. 한국적십자는 방한한 미셸, 웨크 등 국제적십자위원회 소속 대표에게도 북조선에 납치된 사람들의 명단을 건네며 "국제적십자위원회가 북조선적십자와 접촉해 피랍자들이 신속하게 귀환할 수 있도록 조치하길 바란다"고 요청했다(한국 외무부, 『외무행정 10년』, 1959년 5월).

당시 국제적십자위원회는 북조선에 억류된 한국인의 한국 귀환과 재일조선인의 북조선 귀환을 교환하는 방안을 생각하고 있었다. 1956년 3월 31일 이노우에 외사부장은 봐씨에 국제적십자위원회 위원장에게 국제적십자위원회가 관여해 재일조선인을 귀국시킬 것을 요청했다. 이에 대해 봐씨에 위원장은 4월 12일 자 서한에서 대표 2명이 극동 지역 여행에서 돌아온 후 제출하는 보고서를 바탕으로 이를 검토할 것이며, 가능하면 관련 적십자사를 제네바에 소집할 용의가 있다고 말했다.

국제적십자위원회는 일본·한국·북조선 적십자사에 각국에 있는 조선인 귀환 희망자를 확인하는 일에 관여하겠다는 방침을 분명히 밝히면서, 이와 관련해 적십자사마다 각 정부의 의향을 타진할 것을 요청했다(일본적십자 앞으로 보내온 각서는 7월 16일 자).

이에 대해 일본적십자는 7월 26일 시마즈 사장의 담화를 발표, "재일조선인의 귀국 문제가 교착 상태에 빠져있는 이때, 국제적십자위원회가 순수한 인도적 견지에서 이 문제를 해결하기 위해 나선 것은 매우 기쁜 뉴스이다. 일본적십자사는 이 같은 움직임에 따라 문제가 시급히 해결되길 기대한다"고 말했다.

일본 정부는 8월 1일 국제적십자위원회가 귀환지를 확인하는 일에 이의가 없다는 취지의 답변을 일본적십자사에 보내왔다. 당시(8월 11일), 효고(兵庫) 현이 재일조선인의 귀국 희망과 관련해 진정이 제기될 경우에는 어떻게 처리해야 할지 조회(照會)하자 외무성 아시아 국장은 다음과 같이 답변했다.

> 1. 정부는 북조선 정부와 어떤 관계를 갖는 것이 한국과의 국교 관계를 우선적으로 해결하고자 하는 우리 국책에 반한다는 정치적 고려하에 본 귀국 문제에 대해서도 어떠한 형식으로든 국가 차원에서 일절 지원하지 않겠지만, 귀국 희망자가 자유의사에 의해, 또 자비로 선편을 이용해 삼삼오오 본국으로부터 출국하는 것은 정부가 이를 저지할 근거가 없으므로 이에 관여하지 않는다는 입장을 취하고 있다.
>
> 2. 따라서 귀 현이 조회한 바와 같이 일본 정부가 북조선으로 가는 귀국선을 마련해줄 생각은 전혀 없다. 또한 「출입국관리령」 제24조를 적용함으로써 생활이 곤궁한 자를 강제 퇴거할 경우에도, 실제로 오무라에 수용된 북조선 귀국 희망자조차 송환할 수 없는 것처럼 그런 방법은 한국 정부를 자극할 것이 충분히 예상되므로 유감스럽지만 이 방법을 취할 생각도 없다.
>
> 3. 이러한 상황을 감안해 일본적십자사는 정부와는 별도로 독자적 입장에서 북조선 귀국 희망자의 요망에 부응해 상기 조건하에서 북조선 귀환 절차 등을 알선해왔는데, 이번에 국제적십자위원회가 주도적으로 일본, 한국 및 북조선의 적십자사에 협력을 요청, 본건의 해결을 도모하게 되었다. 현재 동 위원회는 3개국 적십자사에 제1안으로서 위원회가 직접 귀국을 희망하는 자를 대상으로 그 귀환지를 확인할 것을 제안하고, 아울러 이에 대한 관계 정부의 의향을 조회해줄 것을 요청했다. 따라서 앞으로는 종래와 같은 일본적십자사 단독 알선은 자제하면서 국제적십자위원회의 제안 결과를 기다리게 될 것으로 생각된다. (후략)

국제적십자위원회는 8월 15일 일본·한국·북조선 적십자에 "문제 해결 방법과 관련해 3국 적십자 및 국제적십자위원회 회의를 제네바에서 열어 연구하자"고 제안했다. 일본과 북조선 적십자는 이에 찬성의 뜻을 표했으나, 한국적십자는 "정치적 문제가 관련되어 있다. 해결책은 각국 정부의 임무이다"라는 의견을 표명하며 반대했다. 따라서 문제는 재일조선인의 귀국 문제로 모아지게 되었다.

당시 일본적십자의 질문에 대해 국제적십자위원회는 일본에 사절단을 파견해 재일조선인 한 사람, 한 사람에 대해 북조선 또는 한국에 귀환할지, 아니면 일본에 체류할지 등 의사를 분명히 규명하는 명단을 만들고, 그 명단에 기초해 3개국 적십자에 문제 해결을 도모하는 방안을 고려하고 있다고 답변했다. 이후 일본적십자와 국제적십자 간에 자주 의견 교환이 이뤄졌다. 특히 이노우에 적십자사 외사부장은 1957년 4월 제네바를 방문, 국제적십자위원회의 역할을 비롯해 구체적인 논의를 거듭하는 등 이 문제의 진전에 적극적으로 노력했다. 그 결과에 기초해 1957년 8월 16일 시마즈 일본적십자사 사장은 총리성·외무성·법무성·후생성 장관에게 보낸 서한에서 "북조선 귀환을 국제적십자위원회의 개입에 의해 실시한다는 취지의 결정을 요망"했는데, 이에 대해 9월 20일 자기시 노부스케 외상 임시대리 및 내각총리의 답변은 다음과 같았다.

1. 외무성은 국제적십자위원회가 책임을 지고 재일조선인의 북조선 귀국을 실시하는 것과는 별도로, 만약 일본 정부가 예산조치를 강구하고 편의를 공여해 집단적으로 재일조선인의 북조선 귀국을 실시한다고 가정할 경우, 사전에 본건에 협력한다고는 말하기 어렵더라도 한국 정부로부터 적어도 묵인하는 정도의 의향을 확인하는 것이 본건의 원만한 처리를 위해 필수적이라고 생각한다. 이 같은 조치를 취하지 않은 채 만일 북조선 귀국을 강행한다면, 우선 귀국 선박 자체의 항해상 안전을 어떻게 보장할 것인가 하는 문제가 발생하며, 또한 한국 정부가 대일 보복조치를 취하거나, 다행히도 현재 다소 소강상태를 유지하고 있는 일본어선의 나포를 강화하는 경우에는, 일본인 어부의 억류자 수를 대책 없이 증가시켜 인도적 문제라는 측면에서 북조선 귀국 문제에 버금갈 정도로 중대한 억류 어부의 석방 문제 해결을 현재보다 더 곤란하게 할 것으로 생각된다.

이 같은 사태가 초래되면 널리 인도적 문제에 대해 깊은 관심을 갖고 있는 국제적십자위원회로서도 그야말로 의도치 않은 결과가 될 것으로 보인다. 요컨대, 소기의 목적을 달성하기 위해서는 적절한 시기와 방법을 선택하는 것이 중요하다.

2. 따라서 외무성은 관계 각 기관이 합심하여 본건 계획의 인도적 의미를 설명함으로써 한국 정부를 납득시켜 본 계획을 묵인할 수 있도록 노력해야 한다고 생각한다.

특히 국제적십자는 한국적십자사를 통하거나 또는 직접 본건의 인도적 성격을 강조하여 한국 정부를 설득하는 데 가장 적절한 기관이라고 생각되므로 귀사의 알선에 의해 이 방향으로 한층 더 노력을 기울이길 갈망하는 바이다.

4. 북조선 정부의 적극적 태도와 일본 내 귀환운동의 활성화

재일조선인의 북조선 귀환이 더욱 활발하게 된 것은 북조선 정부가 적극적으로 수용 의사를 표명했기 때문이다. 1958년 9월 8일 김일성 수상은 건국 10주년 경축대회에서 행한 기념 보고에서 "재일동포는 나날이 융성, 발전하는 조선민주주의인민공화국 공민으로서 자신의 조국에 돌아와 국내 동포와 함께 행복한 생활을 영위할 수 있는 당연한 권리를 가지고 있다. 공화국 정부는 재일동포들이 조국에 돌아와 새로운 삶을 살 수 있도록 모든 조건을 보장하는 바이다. 우리는 이것을 우리 민족의 의무라고 생각한다"고 말했다. 이어 9월 16일 남일 외상은 성명에서 "조국에 돌아오고 싶어 하는 그들의 희망이 신속하게 실현되기를 갈망한다. 일본 정부는 귀국을 희망하는 재일조선인을 인도하기 위한 필요한 조치를 즉시 취할 것을 요구한다"고 말했다. 또한 10월 16일 〈평양방송〉은 "공화국 정부는 귀국에 필요한 대책을 세워놓고 있다. 여비 및 운송 방법과 관련, 귀국에 필요한 일체의 경비를 전부 부담하고 배선 준비를 갖추고 있다"는 김일(金一) 부수상의 담화를 전했다. 더욱이 12월 30일 남일 외상은 성명을 발표, "조선민주주의인민공화국은 조국의 품에 돌아오고자 하는 재일조선공민의 소원을 하루빨리 실현시키기 위해 제반 대책을 강구, 그들의 운송 및 여행 경비까지 모두 부담하기로 결정했다"고 밝혔다.

여기서 당시 북조선의 경제 건설에 대해 일별(一瞥)할 필요가 있다. 북조선은 한국전쟁 종전 후 1년간 준비 기간을 거쳐 1954년부터 1956년까지 경제3개년계획을 실시했고, 1957년부터는 경제5개년계획의 실시에 들어갔다. 이 계획은 1956년 4월 조선노동당 제3회 대회에서 발표되었는데, 중공업을 우선시하는 방법이었기 때문에 조선노동당 내부에서 반대가 많았다. 이들 반대파가 숙청된 후 이 계획은 1958년 6월 최고인민회의에서 채택되어 1957년으로 소급해 실시하게 되었다. 북조선은 1958년 8월 농업협동화를 100퍼센트 완료하고, 상공업의 협동화도 1958년 연내에 완료했다. 다른 한편으로 각 부에 하나 이상 지방에서 경영하는 중소 공장과 기업소 건설이 진행되고 있었다. 공업 면에서는 대형 기계 공장에서 트랙터, 트럭, 불도저 등이 제작되기 시작했고, 북조선 전역에서 천리마운동이 전개되어 경제5개년계획의 산업 생산 목표를 1959년 여름까지 달성하기 위한 대규모 생산운동을 펼치고 있었다. 또한 북조선에 주둔하고 있던 중공군 25만 명이 1958년 4월 이후 철수하기 시작해 그해 10월 25일 최종 철수했다. 중공군이 한국전쟁 후 경제 복구에 적극적으로 협력하고 있었던 만큼, 이 노동력의 부족을 보충할 필요성이 강력히 대두되었다. 북조선이 재일조선인의 집단귀국을 호소하게 된 배경에는 경제계획 실시를 위한 인력을 확보하겠다는 의도가 있다고 관측되었다.

이상과 같은 북조선 측의 요청에 따라 재일조선인총연합회는 '집단귀국'을 위한 전 민족적 운동을 전개했다. 총련은 특히 10월 30일을 '전국 귀국 요청일'로 지정, 전국적으로 일제히 일본 정부 기관을 상대로 북조선 귀국선의 입항 허가와 승선하기까지의 제반 조건을 보장할 것을 요구했다. 또한 일조협회를 중심으로 일조무역회, 일본평화위원회, 총평, 일본국제무역촉진협회, 일중우호협회, 국민구원회 등의 단체를 회원으로 하는 '재일조선인 귀국협력회'가 11월 17일 결성되어 그러한 측면에서 운동을 지원했다.

1959년 1월 25일 『아사히신문』은 "1월 24일 조총련은 전국대표자회의를 개최, 이미 11만 2,000명의 귀국 희망자가 있다면서 도도부현(都道府県), 시정촌(市町村)의 총 170개 의회가 귀국 협력을 결의했다고 발표했다. 조총련은 또 3월 초순까지 자민당 국회의원 중 찬성자를 결집해 국회와 내각이 집단귀국을 결정하도록 촉구하는 한편, 4월에는 첫 번째 선박이 출항할 수 있도록 일본인의 서명을 독촉할 것 등을 결정했다"고 보도했다. (참고: 귀국 희망자수는 1월 30일에는 "11만 7,000명이다"라고 보도되었다.)

5. 각의 양해

당시 외무성과 법무성에서도 재일조선인의 북조선 귀환을 일한회담의 추진 여하와 관계없이, 오히려 그 윤곽이 잡히기 전에 결행해야 한다는 의견이 대두되었다. 1958년 11월 3일 가쓰노 야스스케(勝野康助) 입국관리국장은 다음과 같은 의견서를 기초했는데, 기시 총리에게도 회람되었다.

1. 북조선 집단귀국 운동은 북조선 정부의 요청과 조총련의 지도에 의해 점차 달아오르고 있는데, 올해 말 또는 내년 2~3월경까지는 희망자 모집과 목록 작성, 북조선 정부와의 연락 등 제반 준비가 완료되어 한층 더 활발하게 국회, 지방자치단체 등에 압력을 가할 것으로 생각된다. (그 정치적 의도나 방침과는 무관하게 실제 숫자가 얼마나 될지는 현재 예측할 수 없다).

2. 일본 정부가 현재 북조선 귀국 희망자의 귀환을 즉각 인정할 수 없는 것은 오로지 일한회담에 지장을 줄 것을 우려하기 때문이지 다른 고려에 의한 것은 아니다. 즉, 그 동기가 정치적이라고 하더라도 그들이 조금이라도 많이 일본을 떠나는 것은 일본이 원하는 바이며, 인도주의를 간판으로 내세워 희망을 표명하고 있는 이상, 그들의 희망을 실현시킬 수 있도록 조치하는 것이 정당하다고 본다. 후자의 견해는 정부가 이미 반복해서 국회에서 분명히 밝혔던 바이다.

3. 과연 그렇다면 점차 격화할 것으로 예상되는 북조선 귀국운동을 언제까지 일한회담의 진행을 이

유로 막을 수 있을까.

일한회담이 이른 시기에, 예를 들어 늦어도 내년 초 무렵까지 결렬된다면 우리 측은 재량권을 얻을 수 있기 때문에 문제가 간단하다. 만약 일한회담이 순조롭게 진행될 경우에는(또는 단순히 지지부진하게 이어질 경우에도) 일본 정부는 점차 한국 측의 의향을 존중할 수밖에 없게 되어 일한교섭의 지속 또는 타결이라는 이익을 대가로 반복해서 천명해온 인도주의를 포기하는 결심을 하거나, 아니면 타결 막판에 난제의 카드를 내놓는 양자택일의 관계에 빠지게 된다. 일본 정부는 그야말로 궁지에 몰리게 된다고 할 수 있다.

4. 현재 외무성도 법무부도 지난번 오무라 수용소 석방자의 북조선 귀국 문제에 대해 한국 측이 보인 강경한 태도에 겁을 먹어 모두 이 문제의 핵심을 건드리길 회피하고 있다. 즉, 일본 측의 저류에는 "일한회담이 결렬되면 어업 문제가 결렬되는 등 파생적인 문제가 발생하므로 결렬시키고 싶지 않다 ─ 현재의 대립 상황에서는 도저히 일한교섭이 타결될 가능성이 없기 때문에 당분간 상황을 지켜보자"라는 생각이 있다. 이 견해는 결국 책임 회피이며 무위무책(無爲無策)의 방법이라고 할 수 있다.

그렇다면 일한교섭은 이른 기회에 어떻게든 윤곽이 잡힐 것인가. 앞서 말한 바와 같이 귀국 문제는 늦어도 내년 2~3월까지 격화할 정세인데(북조선 정부가 정책을 전환한다면 달라지겠지만), 그때까지 일한교섭을 이유로 내세움으로써 인도주의를 내걸고 육박해오는 귀국 문제의 창끝을 돌릴 수 있을 것인가(이 경우 당연히 외교교섭을 방패 삼아 귀국 문제를 차버릴 수 있다면 이야기는 달라진다).

5. 오무라 수용소 석방자의 북조선 귀국 문제와 관련해선 야마다 차관의 구두 발표에 의해 일종의 타협이 이뤄진 모양새가 됐지만, 일본 측은 결코 원칙을 포기한 것이 아니라 당분간이라는 눈속임 표현으로 상황을 호도하는 데 그쳤다. 이번 문제는 피수용자의 문제가 아니다. 종전 전부터 거주해온 조선인의 귀국 지역 선택의 문제이기 때문에 석방자의 문제보다도 더더욱 일본 측은 이치에 맞는 입장을 취해야 한다. 이 문제를 애매하게 질질 끈다 하더라도 결국은 인도주의를 내세워 궁지에 몰릴 때에는 오무라 수용자를 석방하지 않을 수 없는 어설픈 꼴이 되지 않는다고 보장할 수 없다.

그렇다면 우리 측이 나서서 적당한 때에 단호하게 주도권을 잡아야 하는데, 그 시기는 일한교섭의 전개 여하와 관계없이 대체로 올해 연말까지라고 해야 하지 않을까.

또 이노우에 일본적십자 외사부장은 나중에 『국제시보』 1965년 10월 호「재일조선인의 귀환 문제의 경위」에서 다음과 같이 적었다.

나는 이타가키 오사무(板垣修) 국장에게 "만약 북조선 귀환이 불가피하다면 이를 일한회담 성립 전에 추진할 필요가 있다. 어떻게 되든지 간에 한국은 맹렬하게 반대할 터이지만, 일한회담 이전이라면 아직 국교가 수립된 것은 아니니까 국교 단절은 일어나지 않는다. 이에 반해 일한회담을 먼저 하고 그것이 성립된 후라고 하면 국교 단절이 일어날 수 있기 때문이다. 다시 말하면 북조선 귀환을 실행하지 않으면 일한회담은 할 수 없는 것이 된다"고 설명했다.

　이타가키 국장은 동감의 뜻을 표하고 후지야마 외상을 설득했는데, 이후 외상과 기시 총리 간에 북조선 귀환이 결정되었다. 외무성을 비롯한 각 관청의 사무 당국은 나중에 이 사실을 알고 놀랐다고 한다.

일본적십자사 이사회는 1959년 1월 20일 다음과 같이 결의했다.

　일본적십자사 이사회는 현재 일부 재일조선인이 그 희망에 따라 고국으로 귀환할 수 없는 상태를 우려한다. 거주지 선택 또는 고국 귀환의 자유는 그 사람 개인이 갖는 기본적 인권이므로 1957년 뉴델리에서 열린 제9회 적십자 국제회의 결의 제20항의 정신에 기초해 이 문제가 순수한 인도적 문제로서 정치 문제와 분리되어 신속하게 해결되어야 한다는 점을 다시 확인한다. 따라서 이를 실현하는 방법에서도 정치 문제에 의해 영향을 받지 않도록 최선의 주의가 필요하다는 것을 인정한다. 이를 결의한다.

그날 외무성은 다음과 같은 방침을 세우고 각의 양해안을 준비했다.

재일조선인 중 북조선 귀국 희망자의 처리방침

1959년 1월 20일

　1. 서론

　북조선 귀국 희망자를 북조선에 송환하는 것은 기존의 정부 정책, 즉 "인도주의적 입장에서 개인의 자유의지를 존중, 그들이 원하지 않는 곳에는 송환하지 않는다"는 방침의 이른바 논리적 귀결이다. 동시에 우리 일본 국내 사정의 측면에서 보더라도 이것이 매우 바람직하다는 데에는 의심의 여지가 없다. 이 문제를 처리함에 있어 다음의 세 가지를 고려할 필요가 있다고 생각한다.

　첫째, 정부가 이를 실현하지 못하는 것은, 무엇보다 일한교섭이 북조선 송환 문제에 의해 결렬되지 않을까 우려하기 때문이다. 일한교섭이 어떠한 단계에 있더라도 그러한 우려가 존재하는 것은 부정할 수 없다. 따라서 북조선 송환을 실시하기 위해서는 최악의 사태를 각오해야 한다. (다만, 한국 측이 일한교섭상 핵심과는 거리가 있는 문제로 교섭을 결렬시킴으로써 발생하는 정치적 득실에 대해 구보타 발언 당시보다 더 사려 깊은 태도를 취하게 되었다는 것은 오무라 수용소의 북조선 귀국 희망자의 석방 문제 등을 감안할 때 추정할 수도 있다.)

　둘째, 한국 측이 이 송환 실시에 의해 받을 충격은 이것을 조금씩 나눠 실시할지, 아니면 대량으로 실시할지 여부에 따라 차이가 없을 것으로 관찰되기 때문에, 일본 정부는 오히려 정의와 인도주의의 기치 아래 단호하고도 과감한 조치를 취하는 것이 바람직하다. 만약 조금씩 이것을 실행하면 한국 측뿐만 아니라 북조선 측으로부터도 비판을 받아 사태가 얽히게 된다. 또한 북조선 정부가 계속해서 일본 정부에 요구할 수 있는 모양새가 되기 때문에 오히려 북조선 측의 희망을 정면으로 수용해 그들을 수동적 입장으로 묶어두는 게 상책이라고 생각한다.

셋째, 이 문제는 인도주의적인 입장을 관철하는 것이므로 최대한 정치적 관계를 발생시키지 않도록 배려하는 게 필요하다. 즉, 북조선 정부를 정치적으로 승인하는 듯한 시사, 예를 들면 북조선 국기를 내건 공용 선박의 입항, 북조선 정부와 일본 정부 간의 직접 교섭 같은 상황이 발생하지 않도록 주의하고, '재일조선인 귀국협력회' 등의 국내 단체가 그 본연의 임무인 귀국 촉진을 넘어 송환 실시에 개입할 수 없도록 유의해야 한다.

각의 양해(안)

1959년 1월 22일

1. 북조선 귀국 희망자의 실정 조사, 귀국 희망 의사의 확인, 확인 결과 귀국 의사가 진정(真正)하다고 인정된 자의 북조선 송환 실시를 국제적십자위원회에 위탁한다.

본 조사 및 송환의 실시 요령은 별지와 같다. 위탁 시기는 일한교섭의 진전과 분리해야 하며 가능한 빨리 수행한다.

2. 상기 위탁을 행했을 때는 단지 국제적십자위원회에 대해 진상 조사를 의뢰했다는 취지의 발표를 하는 데 그친다.

3. 송환을 실시하는 경우에도 본 문제는 거주지 선택의 자유라는 국제 통념에 따른 조치로서 한국과 정상적인 국교 관계를 수립하고자 하는 정부의 근본 정책과는 아무런 관계가 없다는 점을 분명히 한다.

4. 상기 위탁을 행하기까지는 국회에서의 질문, 귀국촉진협력회, 총련 등의 진정에 대해 가급적 종래대로 정세의 추이를 보면서 신중하게 검토 중이라는 취지로만 답변하지만, 정세에 따라서는 한 발 나아가 예비조사를 국제적십자위원회에 위탁하는 선으로 연구하고 있다는 취지로 답변하는 것으로 한다.

별지

실시 요령

1. 북조선 송환과 관련해 일본 정부가 국제적십자위원회에 조사 및 실시를 위탁하고, 국제적십자위원회의 관리하에 일본적십자〔지부 및 지부분구(支部分區)를 포함한다〕가 실시한다.

2. 귀국 의사의 확인 방법, 귀국의 구체적 실시 방법, 시기 및 비용 부담에 대해서는 일본적십자가 국제적십자위원회와 협의하여 결정한다.

3. 전항에 의해 일본 정부가 부담하는 경비는 소요되는 예산조치를 취하고, 이를 일본적십자에 대한 보조금으로서 교부한다.

4. 일본 정부는 일본적십자를 통해 국제적십자와 연락하지만, 사무 처리를 위해 외무성, 법무성 등 필

요한 기관을 추가해 연락위원회를 설치한다.

5. 사무 처리를 위해 일본을 방문하는 국제적십자위원회 대표(1~2명)의 여비, 체재비, 사무비용은 일본 정부의 부담으로 한다.

6. 소지금은 종래대로 5,000달러를 한도로 한다.

1월 29일 후지야마 아이이치로(藤山愛一郎) 외상은 중의원에서 "북조선 귀국 문제와 관련해 정부는 영주권 선택의 자유라는 국제 통념에 기초해 이를 처리하고 싶다는 생각하에 지금 그 구체적인 방법을 검토하고 있으며 조만간 그 처리를 결정하고자 한다"고 말하고, 같은 날 참의원에서도 같은 취지로 답변했다. 후지야마 외상은 이어 이튿날인 30일 기자회견에서 "조선인을 귀국시키면 일한 전면 회담에 악영향을 미친다는 우려가 있지만, 나는 귀국 문제로 한국 측에 양보하더라도 일한 전면 회담이 유리하게 전개되어, 예를 들어 한국 측이 이승만 라인의 철폐를 받아들이는 등 호전되리라고는 생각하지 않고 있다. 따라서 일한회담에 끼치는 영향에 관해서는 고려하지 않기로 정부는 결심했다"고 말했다. 후지야마 외상의 이 발언은 아직 내각회의에 의제로 올리지도 않은 상태에서, 더욱이 자민당과 협의하지도 않은 상태에서 나온 것이었다. 2월 1일 자 『아사히신문』은 「고자세로 나온 후지야마 외상, 홀로서기 의욕, 외교 정치에 자신감을 갖고」라는 제목의 기사에서 미일 안보조약 개정을 위한 후지야마의 시안(試案), 중공과 대사급 회담을 열겠다는 구상 등의 발언과 함께 북조선 귀환에 대한 결단을 소개한 뒤 "외상은 일련의 강한 자신감을 표명하면서 '기시가 있기 때문에 후지야마가 있다'는 지금까지의 관계를 전환하려 한다"고 논평했다. 같은 날 『마이니치신문』은 「파문 부르는 북조선 귀국」이라는 제목의 해설기사에서 후지야마 외상이 북조선 귀환을 결심한 것과 관련, "기시 총리와 후지야마 외상의 외교로는 좀 드문 결단 방식"이라고 적었다. 이후 2월 4일 사회당의 아사누마 이네지로(浅沼稲次郎) 서기장은 자민당 후쿠다 다케오(福田赳夫) 간사장에게 북조선 귀환을 신속하게 실현시킬 것을 요청했다. 자민당은 5일 외교조사회를 열어 재일조선인의 북조선 송환에 대한 정부의 정책을 검토한 후 "일한회담을 비롯해 일한관계에 지장을 주지 않도록 정부가 주의를 기울여야 한다"는 조건하에 이를 원칙적으로 양해했다고 보도됐다.

이러한 보도를 접한 한국 측은 강력하게 반발했다. 조정환 외무장관은 1월 31일 "북조선 귀환을 실시하면 심각한 결과를 초래한다"고 발언했다. 때마침 유태하 공사가 귀국 중이어서 최규하 참사관은 1월 21일과 30일 각각 이타가키 아시아국장과, 2월 2일 사와다 대표와 회담했다. 유 공사는 귀임 후인 7일 후지야마 외상, 9일 이타가키 아시아국장과 만나 북조선 귀환에 반대의 뜻을 강하게 밝혔다. 9일 이타가키 아시아 국장과의 회담 기록에는 다음과 같이 적혀있다.

유 공사는 재작년 말의 상호 석방 협정을 위반했다고 주장……, 본건을 일한회담과 별도로 처리하는 것은 승복할 수 없다, 법적지위위원회에서 논의하자고 제안했다. 본관은 "한국 측이 일본 측 의견에 근접하는 듯한 전망이 서면 완전히 다른 이야기가 되지만, 그렇지 않는 한 이것을 공개 석상에서 논의해 명백하게 결판을 짓은 형식으로 하기에는 장차 일한교섭이 계속될 것을 염두에 두고 있는 우리로서는 적당하지 않다고 생각한다"고 말했다. 유 공사는 "외무성은 한일교섭을 원하지 않는 것이 아닌가"라고 언급했다. 이에 대해 이타가키 국장은 "완전히 반대이다. 일본 측은 교섭이 계속되길 간절히 염원하고 있다. 종래의 일한교섭에서는 이승만 라인 문제와 북조선 귀환 문제 이렇게 두 가지 장애가 있었다. 그중에 북조선 귀환 문제가 정치 문제와 분리되어 해결되면 한일교섭은 일시 좌절될 수는 있어도 진정으로 해결될 수 있다고 생각한다"고 말했다. 유 공사는 "아니다. 그 전에 일한교섭이 파탄 난다"고 말했다. 이어 유 공사는 예전에 그랬던 것처럼 매우 흥분해 격렬한 어조로 "일본 정부가 본건을 강행한다면 한국대표부는 철수하지 않을 수 없고 나도 물론 도쿄에 남아 있을 수 없다. 어선 나포를 강화해 부산에 있는 어부와 함께 그들을 영원히 귀환시키지 않을 것이다. 안전한 항해에 대해서는 한국 정부가 가능한 힘을 동원하여 이를 방해할 것이다"라고 언급했다. 이에 맞서 이타가키 국장은 과격한 발언을 나무란 뒤 "그런 일을 하면 한국은 국제적으로 불리하게 될 것"이라고 맞받아쳤다. 유 공사는 약간 기가 죽은 모습을 보였다.

본건을 각의에 상정하기 전날인 2월 12일 오후 6시 후지야마 외상은 유태하 공사를 불렀다. 이때 회의 기록은 다음과 같이 적혀있다.

후지야마 외상: 일전에 알려드렸다시피 북조선 귀환 희망자 문제와 관련해서는 몇 명이 북조선으로 돌아가고 싶어 하는지 모르기 때문에 우선 국제적십자에 조사를 요청한다는 정부 방침을 결정하게 되리라 생각되므로 이 점을 유 공사에게 말씀드리고자 한다. 이것은 거주지 선택의 자유라는 국제 통념에 근거한 것이며 한국에 대한 악의나 비우호적 감정에 기초한 것이 아니다. 일본 측으로서는 어디까지나 일한회담을 계속해서 진행하고 싶다. 그런 입장에서 하는 것이므로 한국 측에서도 이를 인정해줘 우호적 분위기를 저해하지 않도록, 일본 측도 주의하겠지만 한국 측도 주의해주길 바란다.

유 공사: 거주지 선택의 자유라든지 인도주의라고 말하지만, 이 경우는 그렇게는 안 된다고 이전에 말씀을 드렸다. 탁 털어놓고 말해서 한국에서 이렇게까지 강경하게 반대하면서 '반드시 생각을 고쳐달라'고 요청했음에도 불구하고 이를 강행하고자 하는 것은 유감이다. 동시에 외상도 알고 있으리라 생각하지만 그런 것을 강행한다데 우호관계는 있을 수 없다. 우리 측은 단호하게 거절하겠다.

후지야마 외상: 제가 말씀드린 일본 측 진의를 공사가 본국에 전해주길 바란다.

유 공사: 단호히 거절한다. 이것을 전하면 한국 정부뿐만 아니라 국민들로부터 비난을 받는다. 생각을 고쳐주길 바란다. 본인도 여기에 주재하고 있는 이상 교섭을 타결하는 것이 임무인데, 이 일은 반드시 그만두는 것이 양국을 위해 도움이 된다. 마지막으로 외상에게 다시 한 번 재고하길 부탁드린다. 재고할 수 없다고 한다면 어쩔 수 없다. 내일 각의에서 결정하는가.

후지야마 외상: 내일 각의에서 토의하는데 결정 여부는 확실하지 않다.

유 공사: 내가 이것을 묻는 것은 우리 측도 행동을 취해야 하는 사정이 있기 때문이다. 국제 통념이라고 말하지만, 여기에 있는 한국인은 좀 차원이 다르다. 회담이 이루어지고 있는 데다, 재일한인의 처우에 대해선 이야기할 장소가 있다. 문을 꽉 닫지 말고 이야기할 기회를 열어두면 좋겠다.

후지야마 외상: 회담을 망가뜨릴 리가 없다.

유 공사: 우리 측이 생각하고 있는 것과는 다르니까.

후지야마 외상: 공사가 일한관계의 친선을 위해 노력하고 있는 것은 잘 안다.

유 공사: 다른 관계 대신은 어떨지 모르겠으나, 외상 각하가 잘 설명해 곤란한 국면을 구해줬으면 한다. 도저히 될 수 없다고 한다면 단호하게 거절하고 자리에서 일어나는 것 외에는 방법이 없다.

후지야마 외상: 내일 각의에서 이런 방침을 제기하게 됐다는 것만을 말씀드리고 실례했으면 한다. 우호관계를 망가뜨리려는 것이 아니라 국제 통념에 기초해 일을 진행한다는 점을 이해해주기 바란다.

유 공사: 일전에 말씀드린 대로 그 점은 한국 측의 생각과 완전히 상반된다. 단호히 거부하겠다.

이상, 유 공사는 자리에서 일어나 퇴실했다.

이상과 같은 경과를 거쳐 정부는 2월 13일 각의에서 다음 사항을 양해했다.

재일조선인 중 북조선 귀환 희망자 처리에 관한 각료 양해(안)

법무성, 외무성, 후생성

1. 재일조선인의 북조선 귀환 문제는 기본적인 인권에 기초한 거주지 선택의 자유라는 국제 통념에 기초해 처리한다.

2. 귀환 희망자의 귀환 희망 의사 확인과 확인 결과 귀환 의사가 진정하다고 인정된 자의 북조선 귀환 실현에 필요한 중개를 국제적십자위원회에 의뢰한다.

상기 귀환에 관한 제반 사항은 일본적십자사로 하여금 국제적십자위원회와 협의하여 처리토록 한다. 다만, 일본 측에서 배선(配船)은 하지 않는다.

설명서

1. 재일조선인의 북조선 귀환 문제에 관한 근황

(1) 재일조선인총연합회(총련)는 1958년 9월 상순 무렵부터 '집단귀국' 운동을 전개하기 시작, 같은 해 10월 30일에는 이날을 '전국 귀국 요청일'로 정하고 전국에서 일제히 일본 정부기관에 진정을 하는 등 활발한 움직임을 보였다. 특히 올해 들어 '집단귀국' 운동은 특히 치열해지는 경향이다. 총련을 중심으로 한 단체들은 2월 하순부터 3월 하순까지를 1차 '집단귀국' 운동 집약 시기로, 4월 상순 이후를 제2차 '집단귀국' 운동 집약 시기로 보고, 5월 상순에서 하순까지는 귀환을 실현하겠다는 목

표를 내걸고 맹렬한 운동을 전개할 계획이라고 전해진다.

(2) 총련은 현재 약 11만 7,000명의 귀환 희망자가 등록을 완료했다고 말하고 있으며, 북조선으로부터의 귀환선 입항을 허용할 것, 승선할 때까지의 제반 조건을 보장할 것, 북조선적십자 대표의 일본 입국을 허용할 것 등을 일본 정부에 요구하고 있다.

(3) 또한 일조협회가 중심이 되어 일조무역협회, 일본평화위원회, 총평, 일본국제무역촉진협회, 일중우호협회, 국민구원회를 비롯한 기타 단체를 회원으로 하는 '재일조선인 귀국협력회'가 결성되어 측면에서 이 운동을 지지하고 있다.

2. 재일조선인의 북조선 귀환에 대해 한국 정부는 이전부터 강하게 반대 의향을 표명했지만, 이에 대해 정부는 이 사건은 정치 문제와 분리해 기본적 인권에 기초한 거주지 선택의 자유라는 국제 통념에 따라 처리하는 것이 적당하다는 결론에 도달했기 때문에 이에 각의 청의(請議)하는 바이다.

이때 후지야마 외상은 다음과 같은 구두 발언을 했다. 이 문서에는 특히 '비공개', '회수 요(要)'라고 기록되어 있다.

외무대신의 구두 설명(비공개)

관련 조치 및 고려 사항

1. 한국 측에는 본건이 재일조선인의 출국에 관련해 기본적 인권에 기초한 거주지 선택의 자유라는 국제 통념에 따른 처리라는 점을 확인하고, 그렇기 때문에 국제적십자위원회에 필요한 협력을 의뢰한 것이며, 일한 간의 국교정상화를 이루고자 하는 일본 정부의 근본 방침에는 아무런 변화가 없다는 점을 충분히 설명한다.

2. 만약 한국 측이 협상 결렬을 통보해올 경우에는 다음과 같은 조치를 강구하기로 한다.

(1) 부산에 억류 중인 일본인 어부(현재 153명)의 송환에 대해서도 국제적십자위원회에 알선을 의뢰한다.

(2) '이승만 라인' 안팎으로의 출어(出漁)를 원호하는 태세를 강화한다. 또한 정세에 따라 1952년 5월 23일 내린 각의 결정을 재검토하는 것을 고려한다.

(3) 정세에 따라 이승만 라인 문제(억류 어부 문제를 포함한다)의 유엔 제소 방안을 고려한다.

3. 북조선이 본건 처리와 관련해 국제적십자위원회의 협력을 배제하고 북조선 정부 또는 동 적십자사와의 직접 협상으로 추진하는 것을 일본 측에 납득시키려 책략하는 등 정치적으로 이용하고자 하는 경우에는 이를 단호하게 거부하는 태도를 견지한다.

또한 "일본 측에서 배선(配船)하지 않는다"는 조항과 관련, 2월 11일 자 기록은 그 이유로서 "(가) 송환이 아니라는 명목상 이유로, (나) 한국에 대한 정치적 고려를 위해, (다) 항해상 안전 보장이 안 되므로"라는 점을 들었다. 이 기록은 또 앞으로 배선할지도 모른다는 인상을 주는 것도 취할 방법이 아니라면서 "(가) 북조선 측이 이를 빌미로 앞으로 배선을 요구할 우려가 있다, (나) 예견할 수 있는 미래에 한국 측이 안전을 보장해줄 가능성이 없다, 항상 위험이 있다는 점을 각오해야 한다, (다) 배선이 이뤄질 때까지는 승선지에 귀국자를 집결시키지 않기 때문에 그들이 승선지에서 배가 없다고 떠들어낼 일은 없다"는 세 가지 이유를 든 후, 만약 향후에 불가피하게도 일본선박을 제공할 필요가 발생하고, 또 절대 안전을 보장받게 되었을 때는 각의 양해를 변경하면 좋을 것이라고 적고 있다.

상기 기록은 또한 "외무성은 선박의 안전 보장을 확보하는 것도, 안전에 대한 전망을 책임을 지고 제시하는 것도 할 수 없다. 원래 이것은 명목상 일본 정부의 책임 사항이 아니다. 다만, 실제적 문제로서 선박의 안전은 중요한 사항이기 때문에 가장 안전한 수송 방법이 취해질 수 있도록 국제적십자위원회에 조언을 구하고, 또 한국이 철없는 행동에 나서지 않도록 미국에 설득을 부탁하는 것은 가능하다. 송환 단계에서 만일 아무래도 안전한 수송이 불가능할 것으로 예상될 경우에는 북조선 측도 포기할 것이며, 일본 측으로서도 송환 작업을 자제하면 된다"고 적고 있다.

각의 양해를 받은 직후인 2월 13일 오후 2시 야마다 외무차관은 유태하 공사에게 재일조선인의 북조선 귀환 문제에 관한 일본 정부의 입장을 문서로써 설명했다. 그러나 이에 대해 유 공사는 한국 측의 반대 의견을 강하게 피력한 구상서를 제시하면서, 일한회담에는 응하지 않겠다는 것을 본국의 훈령으로서 통고한다고 말했다. 그날 외무성 정보문화국 앞서 야마다 차관이 유 공사에게 전달한 문서의 취지를 다음과 같이 발표했다.

1. 일본 정부는 이전부터 상당수의 재일조선인이 북조선으로 귀환하겠다는 희망을 표명해온 사실을 감안해 이 문제의 처리방침에 대해 신중히 검토해왔다. 그 결과 2월 13일 각의에서 이 문제는 오로지 기본적 인권에 기초한 거주지 선택의 자유라는 국제 통념에 따라 처리해야 한다는 원칙을 확인했고, 우선 첫 단계로 재일조선인의 북조선 귀환 의사 확인 방법 등에 관해 오래전부터 인도적 견지에서 이 문제에 깊은 관심을 표시해온 국제적십자위원회에 중립적인 협력을 요청하기로 결정했다.

2. 이 문제에 대한 일본 정부의 견해는 다음과 같으며, 한국 정부가 냉정한 판단으로 이것을 올바르게 이해하기를 희망한다.

(1) 모든 사람은 기본적인 인권으로서 자국을 포함한 어떤 나라를 떠날 권리와 함께 자국으로 돌아올 권리 및 각국의 경계 안에서 이주와 거주의 자유가 있다는 것은 세계인권선언에도 분명히 밝혀진 원칙이다. 일본 정부의 이번 처리방침은 바로 국제 통념에 따른 것이다.

(2) 일본 정부는 본건을 인도적이며 공정하게 처리하기를 원하기 때문에 국제적십자위원회가 이전부터 제기해온 요청을 수용, 개인의 의사 확인을 엄정하고 중립적인 국제기구인 동 위원회에 의뢰하기로 하고, 이들이 확인한 결과를 존중하고자 한다.

(3) 본건 처리 대상인 북조선 귀환은 개인의 자유의사에 의한 것으로, 일본 정부에 의한 송환이 아니다. 개인이 자유의사에 의해 일본을 떠나 다른 땅에 거주하기로 선택할 경우 그 지역이 어떠한 정치적 신념을 갖는 정권에 의해 지배되고 있다고 하더라도 그 개인의 의사를 존중하는 것이 민주주의 정신이고, 또 그렇게 하더라도 인도주의에 반하는 것이 아니라고 믿는다.

(4) 또한 일본 정부는 개인이 자유의사에 의해 북조선에 귀환하는 것을 막지 않겠다고 말한 것에 불과하기 때문에 이 점은 북조선 정부 승인 따위를 전혀 의미하지 않음은 물론, 한국의 주권을 침해한 것도 아니며, 또 한국 정부에 대한 비우호적 행위를 의도한 것도 아니라고 생각한다.

3. 앞서 말한 바와 같이 본건의 처리는 오로지 기본적 인권 존중의 원칙에 입각한 것이며 정치 문제와는 아무런 관계가 없다. 따라서 우리나라가 한국과의 사이에 여러 현안을 해결하고 양국 간의 국교를 정상화하려는 근본 방침에는 아무런 변함이 없다. 일본 정부는 앞으로도 일한 전면 회담이 신속하고도 원만한 타결을 보기 위해 노력하고 싶으며, 한국 정부가 일본 정부의 진의를 충분히 이해하길 간절히 희망한다.

이에 대해 한국 정부는 일본 측 구상서의 요지와 함께 다음과 같이 한국 측의 대일 구상서의 요지를 국내 신문에 일제히 발표했다.

(1) 공산주의 침략자가 불법 점령하고 있는 북조선 지역에 재일한인을 송치하는 문제와 관련해 한국 정부가 강력히 반대해왔음에도 불구하고 일본이 '인도주의'라는 미명하에 이 계획을 추진하고 있는 데 대해 유감의 뜻을 표한다.

(2) 이른바 집단귀국 운동은 일한 간의 현안 문제 해결에 반대하는 일부 일본인과 북조선 괴뢰에 의해 행해지는, 한일회담 결렬을 목적으로 하는 정치적 책동이다.

(3) 1957년 12월 31일의 한일협정을 무시하고 일본이 교포 북송을 실시할 경우, 한일 전면 회담이 결렬된다는 사실을 알아야 한다.

(4) 일본 정부가 이 계획의 실시를 정식으로 결정할 경우 현재의 한일관계가 극도로 악화할 뿐만 아니라 전체 회담도 결렬될 가능성을 고려하여 이상의 계획을 즉각 포기할 것을 강력히 요청한다.

일본 정부가 이를 무시하고 북송 계획을 추진한다면, 한국 정부는 그 권리와 이익 보호에 필요하다고 인정되는 모든 조치를 취하지 않을 수 없다.

13일 외무성 정보문화국은 기사자료로서 「재일조선인 북조선 귀환 문제의 경위와 본질」을 발표, 상기한 취지를 더욱 자세하게 밝혔다. 이에 대해 한국 정부는 14일 「재일한국인 북조선 강제송환 문제에 대한 자료」를 발표했다.

2월 14일 외상과 후생상은 연명으로 일본적십자사 사장 앞으로 다음과 같이 의뢰했다.

정부는 어제 각의에서 재일조선인의 북조선 귀환 문제에 대해 검토한 결과, 본건은 기본적 인권에 기초한 거주지 선택의 자유라는 국제 통념에 기초해 처리해야 한다는 원칙을 재확인했습니다. 이와 관련, 귀사가 국제적십자위원회에 귀환 희망자의 귀환희망 의사 확인과, 확인 결과 귀환 의사가 진정하다고 인정되는 자의 북조선 귀환의 실현에 필요한 중개를 의뢰함과 동시에, 일본 측이 배선을 하지 않는다는 방침하에 귀환과 관련된 제반 사항의 처리에 관해 국제적십자위원회와 협의해줄 것을 의뢰합니다.

또 본건의 처리와 관련해 정부와 긴밀한 연락을 취하면서 진행할 수 있도록 부탁드립니다.

이에 따라 그날 시마즈 일본적십자 사장은 봐씨에 국제적십자위원회 위원장 앞으로 북조선 귀환에 협력해줄 것을 정식으로 요청했다. 2월 24일 외무성이 각 공관장에게 보낸 공신(公信) 「재일조선인의 북조선 귀환 문제에 관한 건」에는 다음과 같이 기록되었다.

재일조선인의 북조선 귀환 문제에 관한 건

1. 정부가 본건 처리방침을 결정한 타이밍과 관련해 외국에서 여러 억측이 조성되어 질문 등이 있을 것으로 사료되는데, 내부 사정은 함의까지 포함해서 다음과 같다.

(1) 이미 전보(電報)한 본건 경위를 통해 알 수 있듯이, 귀환운동이 치열해져 치안상으로도 조기 처리가 필요한 단계가 되었다. 또 재일조선인은 범죄율이 높고(인구 1,000명당 범죄자는 일본인의 경우 0.5명인 반면, 재일조선인의 경우 3명으로 약 6배), 생활보호 대상자가 1만 9,000세대, 8만 1,000명에 이르고 있기 때문에(이에 필요한 경비 연간 17억 엔 가운데 국고 부담분은 약 13억 5,000만 엔, 지방 부담분은 3억 5,000만 엔), 본인이 희망한다면 귀환시키고 싶다는 목소리가 중앙, 지방의 일반적 여론이 되어 여당 내에서도 압도적이게 되었다.

(2) 북조선 및 국내 좌익계 정당, 제반 단체들은 정부가 한국에 대한 고려 때문에 쉽사리 귀환 허가를 결정하지 못할 것이라고 예상하면서 귀환운동을 전개하였고, 만약 정부가 허가하지 않을 경우 비인도적이라는 명목으로 정부를 흔들어댄다는 정치적 의도를 갖고 있는 것으로 관찰되었다. 또 총련은 만약 정부가 귀환을 인정하지 않을 경우, 그것을 이유로 귀환 희망자에 대한 생활보호의 강화를 정부에 요구할 것으로 예측되었다. 따라서 정부는 이때 귀환을 인정하기로 결정해 그들의 정치적 모략을 봉쇄하고, 만약 실제 귀환자가 소수에 그칠지라도 오히려 이로써 북조선 측의 정치적 의도가 명료하게 폭로된다는 장점도 있다고 판단했다.

(3) 유태하 공사는 1월 19일 이후 귀국하여 본국 정부와 일한회담에 대해 협의 중이었는데, 그동안 우리 측이 가장 관심을 갖고 있는 이승만 라인 문제, 어업 문제에 대해 한국 측이 내놓을 타협안으로 알려진 것은 실질적으로 종래의 한국 측 주장과 다르지 않아서 도저히 우리 측이 수락하기 어려운 것이었다. 유 공사는 2월 5일 귀임했지만, 어업에 대한 제안도 전혀 갖고 오지 않았을 뿐만 아니라, 본건 귀환 문제도 단지 용납할 수 없다고 주장할 뿐이어서 이를 해결하기 위한 어떠한 대안도 없다는 점이

확인되었다.

　(4) 일한회담이 재개된 후 본건을 실시하면 도리어 반발이 크므로 오히려 회담 휴회 중인 단계에서 최대의 장애물을 제거하여 거리낌 없이(clean hand) 향후의 회담 재개에 임하는 것이 적당하다고 생각하는 바이다.

　2. 우리 측 내부 사정은 위에서 언급한 바이지만, 일반에 대한 설명은 아래와 같은 취지에 따라 계발(啓發)하기 바란다.

　거주지 선택의 자유 원칙은 종래 정부가 견지해왔던 바이며, 이번에 처음으로 이 원칙을 채용한 게 아니다. 다만, 기존에는 가끔 소수가 북조선 귀환을 희망했음에 불구하고 한국 측이 일본 정부가 그것을 인정하는 것에 반대하고 있었는데, 일본 정부는 그들이 자비로 스스로 선편을 구해 돌아가는 것은 방해하지 않는다는 태도를 취해왔다. 그러나 많은 경우 적절한 선편이 없어 북조선에 귀환할 수 없었고, 따라서 표면상으로 문제가 되지 않았던 것이다.

　그런데 작년 9월 이후 총련의 집단적 귀국운동에 의한 것이지만, 귀국을 희망해 서명했다고 하는 자가 11만 7,000명(이 가운데 진정으로 자유의사에 기초해 귀국을 희망한 자가 몇 명이나 되는지는 알 수 없지만)이나 된다는 사실이 현실적으로 드러나면서 정부는 조속히 처리방침을 분명히 할 필요를 느끼게 되었다. 우리 국내법상 그들의 출국을 정치적 이유로 저지할 법적 근거가 없는 데다, 이번에는 집단적 운동에 의해 시작된 귀환이기 때문에 개인의 자유의사를 엄정하고도 중립적인 국제적십자위원회의 손에 의해 확인을 받을 필요가 있었고, 또 송환이 아닌 임의 귀환이지만 인원수가 많으므로 국내의 집단 수송이나 승선지 집결 등과 관련해 인도적 견지에서 편의를 제공하는 것도 실질적으로 필요하기 때문에 이번에 종래의 근본 방침을 재확인함과 동시에, 이상과 같은 사항에 대해 결정한 것이다.

　따라서 이 문제는 갑자기 발생된 것이 아니며, 시기적으로 볼 때 오히려 너무 늦게 일어났다고도 말할 수 있다.

　일한회담 재개 후의 전개 양상을 볼 때까지 왜 좀 더 기다리지 않았느냐는 질문에 대해서는 그렇게 하면 본래 인도적 문제인 본건을 일본 스스로가 정치 문제와 결부시켜 공리적으로 처리하는 결과가 되어 우리 측 근본 방침과 모순되기 때문이라고 설명하고자 한다.

　재일조선인의 북조선 귀환에 대한 일본 정부의 결정은 한국 측에 큰 충격을 주었다. 이승만 정권의 국책은 반공과 반일인데, 재일조선인의 북조선 귀환은 이 두 가지를 결합시켰다. 북조선과 적대관계인 한국에 민족을 북조선으로 이동시키는 것은 북조선의 전력을 강화시키는 것이며, 게다가 세계 각지에서 인구가 공산주의권에서 자유 지역권으로 탈출, 이동하는 추세였기 때문에 재일조선인이 한국이 아닌 공산주의권인 북조선으로 돌아가겠다고 선택하는 것은 한국으로선 자존심을 걸고서라도 저지해야 할 바였다. 이승만 대통령은 이듬해인 1960년에 실시되는 대통령 선거에서 네 번째 연임을 겨냥해 1958년 2월 야당 진보당의 조봉암(曺奉巖) 위원장 등 11명을 국가보안법 위

반 혐의로 체포하고 정당 등록을 취소했다(1959년 7
월 31일 조봉암은 사형에 처해졌다). 1958년 12월 24
일 국회에서 민주당 등 야당 의원을 폭력으로 저지하
는 가운데 새로운 국가보안법과 지방자치법 개정안
(지방자치단체장을 임명제로 하는 안) 등을 통과시켰
다. 이 법은 민주주의를 매장하는 세기의 악법으로 한
국의 야당과 언론인, 문화인이 힘을 모아 반대했고,
반대투쟁으로 국회는 완전 마비 상태에 빠졌다. '북
송 반대'는 이 같은 반정부 분위기를 전환하는 데 가
장 좋은 주제였다. 1959년 2월 13일 일본 정부의 결
정에 대해 한국의 여야(자유당, 민주당)는 힘을 모아
대일 비난 성명을 발표하고, 그날 저녁에 각 정당과
무소속 대표는 외무부장관실에 회동, 초당적 입장에
서 정부 정책을 지원하고 재일한인 북송 반대 전국위
원회를 결성키로 결정했다. 그날 서울 시내에서 옥외
집회령이 해제되어 학생, 노동자 등 3만여 명이 참여
한 북송 반대시위가 열렸다. 14일 한국상공회의소는
총회 결의로서 엔화 배척운동을 시작키로 결정했다.
16일 서울운동장에서는 한국애국단체연합회가 주최
한 재일교포 북송 반대 국민총궐기대회가 열려 여야
와 사회 각층의 저명인사를 총망라한 '재일한인 북송
반대 전국위원회'가 발족, 한국전쟁 파병 16개국 정
부와 국제적십자 대표, 유엔 사무총장에게 재일조선
인의 북조선 귀환 반대 메시지를 보냈다. 한국 각지
에서 반대 시위와 집회가 잇달아 전개되어 13일부터
16일 오후 4시까지 전국에서 항의집회 382회, 참가
자 21만 명을 기록했고, 2월 13일부터 3월 5일까지
총 4,315회 열린 집회에 735만 6,897명이 참가한 것
으로 보도됐다(1959년 말 당시 한국 전체 인구는
2,297만 3,992명).

한국 국회는 2월 19일 만장일치로「재일한인 북송
반대에 관한 결의안」을 채택했다. 결의안은 "재일한

사진 21 서울에서 열린 북송 반대시위. (출처: 한국일보)

인을 북조선에 강제송환하려는 일본 정부의 불법, 비인도적 조치와 관련, ① 정부는 적극적인 외교활동을 전개해 신속하게 재일한인 북송을 저지한다, ② 국회는 유엔총회 의장, 사무총장, 참전 16개국 및 국제적십자사에 저지를 요청하는 메시지를 발송한다. 그 방법은 여야 각 3명씩 위원을 뽑아 이들에게 일임한다"고 밝혔다. 특히 이 결의문은 아래와 같이 적고 있었다.

일본 정부의 결정은

(1) 자유 수호를 위해 귀중한 인명의 피해와 거대한 물자의 희생을 무릅쓰고 한국전쟁에 참전한 16개국을 비롯한 자유세계에 대한 배신행위이며, 숭고한 유엔 정신인 인류의 영구 평화와 집단 안전 보장 원칙을 매장하는 동시에, 세계인권선언에 명시된 기본 정신에도 배치되는 행위이다.

(2) 한일 간 과거의 합의와 각서를 통한 약속을 일본이 일방적으로 파기하고 자유국가 국민을 공산주의 측에 넘기는 일에 가담하여 그들의 병력과 노동력을 증강시키는 것을 돕고 그들의 전쟁 능력을 강화시켜 한국을 위협하는 노골적인 도전행위이다.

(3) 북조선만 아니라 중공과 소련의 환심을 사 경제적 이익을 도모하는 한편, 자유세계와 공산주의권에 대한 양면 외교로써 어부지리를 얻으려는 추접스러운 야심은 자유세계의 관용에 대한 배신행위이다.

(4) 공산당의 음모에 가담해 재일한국인 11만 7,000명을 일본에서 추방하려는 계획은 비인도적인 행위이다.

북송 반대와 대일 위기의식의 고양을 통해 이승만 정권이 야당의 정치 공세 물타기를 할 수 있었던 것과 관련, 2월 15일 미국의 『헤럴드 트리뷴 Herald Tribune』은 사설에서 "얼마 전 치안 입법을 둘러싸고 혼란을 거듭했던 한국 국내 정치의 통일이 일본 덕분에 실현되고 있는 것은 그야말로 역설이다"라고 말했다. 일본의 저널리스트는 당시 "기시 정부가 이승만을 구했다"고 말했다.

3월 2일 이범석(李範錫) 한국적십자 청소년부장은 최규하 주일 한국대표부 참사관과 함께 제네바로 향했다. 이어 북송 반대 전국위원회 민간 대표로서 장택상(張澤相) 전 국무총리, 최규남(崔奎南) 전 문교부장관, 유진오(俞鎭午) 고려대 총장이 3월 7일 서울을 출발, 제네바에서 국제적십자위원회 위원과 접촉하여 한국 측의 주장을 호소했다. 다음 절에서 설명하듯이, 국제적십자위원회가 일본 측에 서둘러 개입 의사를 표명하지 않은 이유에는 이러한 한국 측의 움직임이 있었던 것 같다. 3월 23일 국제적십자위원회 봐씨에 위원장은 김용식(金溶植) 공사와의 회담에서 "3개월 내지 1년 이내에는 국제적십자가 그러한 조치를 취하지 않는다"는 취지를 전달했다고 보도되었고, 한국 측 대표는 3월 27일 "우리는 성공했다"면서 귀로에 올랐다.

일본 외무성은 3월 4일 다음과 같은 「북조선 귀환 문제의 향후 추이에 대응하는 우리 측 조치 방침(안)」을 작성했다.

1. 이번 북조선 집단귀환과 관련, 북조선 측이 정치적 압력을 가해올 우려가 있으며, 다른 한편으로 한국 측의 강경한 반대와 일본 측의 의향에 대한 부당한 중상모략 등이 있을 수 있다. 이 틈새에 끼인 우리 측은 어디까지나 공정한 태도에 실증할 수 있는 방식으로 이를 공평하게 처리하는 것이 국내외 관계에서 꼭 필요하다. 따라서 집단적 자유귀환에 대해서는 특별 조치로서 국제적십자위원회의 개입과 협력을 필요로 한다는 의견을 견지한다.

2. 만약 북조선적십자가 국제적십자위원회의 개입을 끝까지 반대하거나 국제적십자위원회가 이번 개입을 즉시 결정하지 않아 문제 해결이 미뤄지는 경우에는 우리 측으로서는 다음의 방침에 따라 조치하기로 한다.

(1) 북조선 측 태도 여하와 관계없이 우리 측이 나서서 집단적 자유귀환 허용 처리를 중지한다는 성명을 발표하는 등 굳이 별도의 조치는 전혀 취하지 않는 것으로 한다.

(2) 집단적 자유귀환과 관련, 국제적십자위원회의 개입을 거치지 않은 채 북조선적십자와 직접 교섭하진 않으며, 또 북조선 측이 일방적으로 배선하고 집단적 귀환을 강행하는 것도 인정하지 않는다.

(3) 향후 북조선 귀환 희망자가 개별적으로 스스로 선편을 마련해 수시로 출국하는 것은 막지 않기로 한다. 다만, 본 조치를 실시하는 과정에서 국제적십자위원회의 개입 문제를 둘러싸고 쓸데없이 분란을 일으키지 않도록 철저히 비밀을 유지하고, 귀환 실시 시기는 제네바 협상의 추이를 주시하면서 신중을 기하기로 한다.

(4) 대외 홍보는 다음과 같은 요령에 의한다.

① 북조선의 태도 여하에 따라 이러한 사태가 발생할 가능성은 우리 측으로선 당초부터 충분히 예상하고 있었다는 태도로 임한다.

② 국제적십자의 개입을 필요로 하는 사정을 계속해서 강조하고, 자유귀환이 실현 불가능해질 경우 그 책임이 완전히 북조선 측에 있는 이유를 분명히 한다.

③ 정부는 자유귀환 허용 원칙을 이번에 일반적으로 확립하겠다는 의식과 필요성을 인정하여 이 같은 태도를 결정한 것이며, 북조선의 태도가 초래하는 결과는 우리 측이 알 수 있는 바가 아니라는 점을 이해시킨다.

그날 다음과 같은 외무성 정보문화국장 담화가 발표되었다.

재일조선인의 자유귀환 문제에 대해

1. 재일조선인의 자유귀환 문제와 관련, 일본 정부가 그들을 북조선 지역에 대량 추방하려 하고 있다는 허구적 선전이 이뤄지고 있는 것은 심히 유감이다.

2. 원래 이 문제는 체류 외국인의 임의 출국 처리에 관한 문제로서 다른 국가에서도 일반적으로 행해지는 일이므로 여기에는 아무런 문제가 없다. 이번 문제의 발단은 재일조선인 가운데 일부가 한반도 북

쪽 지역에 귀환하고 싶다는 희망을 갖고 있다는 신청이 제기된 데 있다. 일본 정부로서는 그들의 귀환 지역이 남북 어느 쪽인지를 불문하고 그 자유의사를 존중해 출국을 방해하지 않는다는 입장을 취한 것으로, 이러한 처리는 다른 외국인의 임의 출국에 대해서도 예외 없이 행해져온 바이다. 재일조선인은, 만약 그들 스스로 희망할 경우 일본 국법에 따라 일본에 머무르는 것도 물론 자유롭다.

3. 다만, 일본 정부는 그들이 자유의사를 표명하는 데 외부의 부당한 압력에 의해 영향을 받는 것을 피하기 위해, 또 일본 정부가 그들을 추방하려 하고 있는 것은 아닌가 하는 의혹이 일지 않도록 하기 위해, 이번의 경우처럼 특별 조치로서 엄격하게 중립적이고 인도적인 국제기관인 국제적십자라는 기관에 그들 자신의 의사 결정을 자유롭게 표명할 수 있는 기회를 제공하기로 했을 뿐이다. 이를 통해 보더라도 일본 정부가 그들을 추방하려는 생각을 갖고 있지 않다는 것이 자명하다.

6. 일본과 북조선의 적십자회담, 귀환협정의 체결

각의 양해를 통한 북조선 귀환 결정에 대해 2월 16일 박기호(朴基浩) 북조선적십자 중앙위원장은 시마즈 일본적십자사 사장 앞으로 보낸 전보에서 일본 정부의 결정을 환영한다는 뜻과 함께 "재일조선인의 수용을 확실히 보장하기 위해 조선민주주의인민공화국 정부는 각의 결정으로써 수용위원회를 조직하고 본 위원회에 재일조선인의 귀향 조기 실현을 위한 구체적인 제반 문제 해결에 임할 것을 위임했다. 이와 관련, 북조선과 일본의 두 적십자사는 그것을 실현하는 데 적극적으로 협력하기 위해 최대한 이른 시기에 사무회담을 갖기를 제안한다. 장소는 평양, 도쿄 또는 다른 지역에서도 개최할 수 있다고 본다"고 통보해왔다. 2월 21일 일본적십자는 이노우에 외사부장을 제네바의 국제적십자위원회에 파견했는데, 국제적십자위원회는 우선 일본적십자사가 조선적십자회와 협상하여 그 합의 결과를 본 후에 태도를 결정하겠다는 견해를 표명했다. 이에 따라 일본적십자사는 조선적십자회와 제네바에서 회담을 여는 방안과 관련해 북조선 측과 전보를 통한 교섭을 2월 25일부터 3월 30일까지 진행했다. 그러나 북조선 측은 "국제적십자위원회의 협력을 배제하려는 의도는 아니지만 재일조선인의 귀국 의사를 '확인'하고 이를 '심사'하는 데에는 반대한다. 조국에 돌아갈 자유는 각 개인의 양도할 수 없는 권리이다. 재일조선인의 귀국에 관한 실무적인 문제를 북조선과 일본 두 적십자사가 협의하기 위해서라면 제네바에 대표를 파견하겠다"는 태도를 보였다.

북조선적십자가 국제적십자위원회의 개입에 반대하는 이유에 대해『노동신문』은 1959년 2월 21일 자 사설에서「귀국하려는 재일동포들에 대한 이른바 선별을 단호히 배격한다」라는 제목으로 다음과 같이 말했다.

과거 우리 공화국에 거주하고 있던 일본인이 귀국했을 때 조선적십자회는 물론 일본적십자사도 당사자가 아닌 어딘가의 제3자를 통해 일본 귀국 희망자의 의사를 확인하려고는 생각하지 않았다. 제2차 세계대전 후 일본인을 포함해 해외에 있던 각국의 수백만 명이 국교의 유무에 관계없이, 그리고 어떠한 '의사' 확인도 거치지 않은 채 본국으로 송환되었다는 것을 모두가 알고 있다. 국제적십자위원회가 인권을 침해하는 이러한 '선별'에 참가하리라고는 생각할 수 없다. 또한 그러한 부당한 일에 가담하는 것에 단호하게 반대한다. 한 나라의 국민이 자신의 조국에 돌아가겠다는 데 무슨 '선별'이 필요하다는 것인가.

3월 14일 가사이 요시스케(葛西嘉資) 일본적십자사 부사장도 제네바로 향했다. 이후 북조선적십자 측이 4월 8일 이일향(李一鄕) 부위원장을 제네바에 파견, 13일부터 회담이 개시되었다. 일본적십자사 측은 가사이 부사장(단장)과 이노우에 외사부장 외에 4월 9일 다카기 부사부로(高木武三郎) 사회부장을 추가 파견하여 대표단을 구성했다. 북조선적십자 측 대표는 이일향 부위원장, 허석신(許錫信), 김중린(金仲麟) 중앙위원회 상무위원이었다. 회담 개최와 토의 내용은 다음과 같았다.

4월 13일 (제1회) 북조선 측은 국제위원회의 참여를 원칙적으로 인정
4월 15일, 17일 (제2~3회) 귀환 신청자 의사 확인
4월 20일 (제4회) 귀환 신청
4월 22일 (제5회) 재일조선인총연합회의 귀환 신청 개입 문제, 의사 확인
4월 24일 (제6회) 국제위원회 참여 문제
4월 27일, 29일 (제7~8회) 귀환 신청 심사 문제
5월 2일 (제9회) 국제위원회 참여 문제
5월 4일, 6일 (제10~11회) 신청과 관련된 불만 처리기구의 설치 문제
5월 8일, 20일, 25일, 6월 1일, 4일, 10일 (제12~17회) 국제위원회의 개입 문제

5월 19일 일본 측은 협정 부속서, 성명, 공동발표문 안을 제출했다. 회담에서 가장 크게 논쟁이 된 점은 '국제위원회의 관리에 의한 일본 국내 귀국 업무'였는데, 북조선 측은 국제위원회를 옵서버로서만 인정하겠다고 주장했다. 5월 들어 일본 측은 귀환협정에 "국제위원회의 감시와 조언하에 운영된다"라는 표현을 고려하고, 또 "일본적십자사는 국제위원회의 조언하에 귀환 희망자 등록기구를 조직한다. 이 등록기구는 국제위원회의 관리(혹은 지도)와 조언하에 운영된다"는 안을 5월 25

일(제14차 회담) 제안했지만, 북조선 측이 수용하지 않음으로써 회담은 결렬 위기에 직면했다.

5월 27일 시마즈 적십자사 사장은 이 위기를 타개하기 위해 자유민주당 본부에서 기시 총리 겸 외상, 사카타 미치타(坂田道太) 후생상, 아카기 무네노리(赤城宗德) 관방장관, 야마다 외무차관, 다나베 시게오(田辺繁雄) 후생차관 등을 방문해 일본 측의 방침에 대해 협의한 후 "지도와 조언은 양보할 수 없지만, 일본 측이 제시하고 북조선 측이 반대해온 귀환 신청에 대한 불만을 처리하는 기관의 설치 같은 사항은 양보해도 좋다"는 훈령을 제네바에 보냈다. 그러나 북조선 측은 '관찰과 조언' 또는 '협력'이라면 수용할 뜻을 피력했다. 이에 따라 5월 31일 총리 관저에서 기시 총리, 후지야마 외상, 사카다 후생상, 아카기 관방장관, 야마다 외무차관, 다나베 후생차관이 참석한 회의에 시마즈 적십자사 사장도 동석해 기본방침을 재확인한 후 '지도'를 삭제하고 '조언'만으로도 괜찮다는 대책을 결정, 제네바에 훈령을 보냈다. 북조선 측 대표도 마침내 이를 인정했다. 결국, 6월 10일(제17차) 회담은 사실상 타결되었다. 6월 11일 외무성은 다음과 같은 기사자료를 발표했다.

제네바에서의 북조선 귀환 교섭의 진전에 대해

1. 북조선 귀환 문제에 대한 우리 측 기본방침은,

　　(1) 재일조선인의 북조선 귀환 여부는 순전히 개인의 자유의사에 의해 결정되어야 한다는 것, 따라서 귀환 신청을 할 수도 하지 않을 수도 있으며, 또 일단 신청을 하면 변경하거나 취소하는 것도 모두 본인의 자유이어야 한다.

　　(2) 이번 북조선 집단귀환 문제를 놓고 여러 특수 사정이 존재한다는 사실을 감안하면, 인도적이며 공정하게 취급되는 것이 절대적으로 필요하기 때문에 귀환 처리기구의 조직과 운영이 인도주의 원칙에 입각해 공정하고 공평한 것임을 보증하기 위해 국제적십자위원회가 필요하고 적절하다고 간주하는 조치를 취할 것을 위원회에 요청한다. 제네바에서 열린 북조선적십자 대표와의 교섭에서 일본적십자사 대표는 시종 이 같은 기본방침을 견지했다.

2. 6월 10일 제네바 회의에서 일본적십자사 대표와 북조선적십자사 대표는 이상과 같은 기본방침에 따라 다음과 같은 중요한 점에서 실질적으로 의견의 일치를 보았다.

　　(1) 북조선 귀환은 개인의 자유의사에 따르는 것을 기본적 조건으로 한다.

　　(2) 등록기구는 일본적십자사 계통으로 조직되고 운영되지만, 그 조직 및 운영이 인도주의 원칙에 맞는 공정하고도 공평한 것임을 보증하기 위해 국제적십자위원회가 필요하고 적절하다고 생각하는 조치를 언제든지 취할 수 있으며, 일본적십자사는 이를 따르기로 한다.

　　(3) 이른바 불만 처리에 관해서는 문서에 특별히 쓰지는 않겠지만, 그것은 당연히 운영의 일환으로서 운영의 다른 부문과 비슷한 방식으로 처리되어야 한다.

　　(4) 불만 신청인과 관련해서는, 불만은 본래 본인 개인의 자유의사의 표명에 관한 것이고, 가령 부모와 자식, 배우자 간의 이해 대립이나 이견이 있더라도 결국은 본인의 자유의사에 의해야 할 것이므

로 신청인은 본인에 한정한다.

(5) 이상의 사항을 포함한 협정안은 국제위원회의 승인을 얻은 후 조인되어 효력을 갖게 된다.

3. 제네바 회담은 이상과 같은 결론에 도달했는데, 국제위원회 대표가 신청 사안에 대해 일일이 모두 심사하거나 선별하는 일—그 일은 실제적으로도 불가능하다—을 하지 않더라도 실질적으로는 그것과 동일하게 개인의 자유의사와 기본적 인권은 완전히 보장되어, 2월 13일의 각의 양해의 취지는 관철되게 된다.

4. 이번 협상에서 일본 측이 그 기본방침을 무너뜨릴 정도의 양보를 했다는 평가가 일부 전해지고 있지만, 이 견해는 옳지 않다. 교섭 과정에서 여러 우여곡절이 있었고, 일본 측으로서도 기본방침에 배치되지 않는 한 어느 정도 실제적인 고려를 한 것은 사실이지만, 6월 10일 회담에서 이뤄진 상기 양해에도 분명히 드러나듯이 일본 측이 주장해온 두 가지 기본적 원칙은 확보되었다고 믿는다.

5. 또한 이번 협상에서 북조선 측은 다음과 같은 여러 가지 사항에서 양보를 하였다.

(1) 북조선 측은 당초 국제적십자위원회가 실질적으로든 형식적으로든 일본적십자사가 실시하는 업무에 관여하는 것에 절대 반대했지만, 이번에 위원회의 개입은 인정하기에 이르렀다.

(2) 북조선 측은 귀국자와 관련해 북조선계인 재일조선인총연합회가 작성한 명부에 따를 것을 요구했지만 이를 철회했다.

(3) 북조선적십자회 대표의 일본 상주 요구를 철회했다.

(4) 북조선 측은 두 적십자 간의 조인에 의해 본협정을 발효시킬 것을 요구했지만, 우선 협정안에 대해 국제적십자위원회의 승인을 얻은 후 이를 체결, 발효하는 데 동의했다.

6월 15일부터 연일 일본과 북조선 두 적십자 대표는 협정 사항의 수정, 삭제 등과 관련된 교섭을 진행, 24일 ① 일본적십자사와 조선민주주의인민공화국 적십자회 간에 재일조선인의 귀환에 관한 협정, ② 관련 부속서(귀환선이 입출항을 할 때 준수해야 할 사항), ③ 공동성명 및 합의의사록 문안의 기초를 마무리 짓고 가조인했다.

이 협정안은 일본적십자가 국제적십자위원회에 의뢰하는 역할에 대한 규정을 포함하고 있었기 때문에 사전에 국제적십자위원회의 승인을 얻은 후에 정식 서명하기로 쌍방은 의견 일치를 보았다. 그런데 북조선 측은 가조인 전후부터 국제적십자위원회의 승인을 기다리지 말고 즉각 서명할 것을 독촉했다. 그러나 일본 측은 기존 방침대로 먼저 국제적십자위원회의 동의를 구하기 위해 가조인 후 즉시 이를 국제적십자위원회에 제출하고 이와 관련해 설명했다.

스위스 주재 오쿠무라 대사도 외무성의 훈령에 따라 동 위원회에서 수시로 일본 측의 입장을 설명하고, 위원회의 승인을 독촉했다. 더욱이 7월 15일 후지무라 외상도 봐씨에 국제적십자위원회 위원장에게 전보를 보내 이를 요청했다. 한편, 7월 5일 현재 외무성 아시아국 북동아시아과는 국제적십자가 불참할 경우를 상정해 다음과 같은 대책안을 세우고 있었다.

북조선 귀환 문제의 추이에 대응하는 우리 측 조치방침(안)

1. 집단적 북조선 귀환과 관련해서는 북조선 측에 의한 각종 정치적 압력, 다른 한편으로 한국 측의 강경한 반대, 일본 측의 의도에 대한 부당한 중상(中傷) 등의 문제가 있는데, 이 틈바구니에 처한 우리 측으로서는 공정성과 중정성(中正性)을 객관적으로 납득시킬 수 있는 방식으로 이를 처리하는 것이 세계와의 관계에서 여전히 필요하다. 따라서 집단적 귀환에 관해서는 특별 조치로서 국제적십자위원회의의 개입과 협력을 필요로 한다는 기정(旣定) 방침을 견지한다.

2. 따라서 만약 국제적십자위원회가 승인을 보류하거나 또는 장기간 결정을 내리지 않는 문제가 장래에 벌어지는 경우에는 향후 국제위원회의 승인이 있을 때까지 이번과 같은 집단적 귀환은 보류한다는 명분을 취하고, 향후 일반적인 북조선 임의 귀환 문제의 처리는 일반 체류 외국인의 임의 개별 출국의 경우와 같은 방식과 절차에 따라 처리한다(정부나 일본적십자사는 그 어떤 특별한 관여도 하지 않는다).

우선 이상의 방침을 분명히 하고 사태의 추이를 본 후 선처(善處)한다.

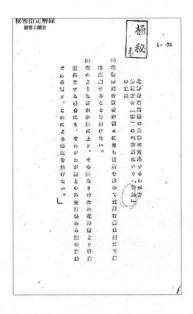

외교문서 원본 15 「북조선 귀환 문제의 추이에 대응하는 우리 측 조치방침(안) 2항 말미에 있는 '선처'의 의미」

북조선 귀환 문제의 추이에 대응하는 우리 측 조치방침(안) 2항 말미에 있는 '선처'의 의미

(1) 북조선 귀환 희망자가 개별적으로 스스로 선편을 정해 자기가 부담한 비용으로 출국하는 것은 막지 않는다.

(2) 이상과 같은 자가 다수가 되어 그 이수를 위해 북조선 측이 특별 배선을 할 경우에도 그것이 우리 나라와 외교관계가 있는 국가의 상선인 한 이에 의한 귀환을 막지 않는다.

북조선적십자 대표단은 7월 7일 "일본 측의 거부로 인해 조인할 수 없다"는 취지로 보도자료를 낸 후 7월 8일 연락원 2명을 남긴 채 귀국했다.

국제적십자위원회는 7월 24일 일본적십자에 보낸 각서에서 동 위원회의 개입을 결정하기 위한 전제로서 다음과 같은 7개 항목의 질문서를 제출했다.

(1) 일본 당국은 재일조선인 가운데 어느 누구도 그 의사에 반하여 송환되는 일이 없다는 취지를 확약하는가.

(2) 모든 조선인에게 이하와 같은 의사를 자유롭게 표현할 기회가 주어진다는 사실을 객관적으로 알리겠는가.

　(가) 조선민주주의인민공화국에 가고 싶다.

　(나) 한국에 가고 싶다.

　(다) 일본에 체류하고 싶다.

(3) 일본 당국은 일본에 체류하는 것을 선택한 조선인의 지위가 어떻게 되는지를 성명하고 재일조선인에게 알릴 용의가 있는가.

이와 관련해 취해지는 조치에 대해 국제적십자위원회는 사전에 통보를 받을 수 있는가.

(4) 일본 당국은 질서 유지에 필요한 모든 조치를 취하고 평온하고 평화적인 분위기 속에서, 특히 일본적십자사의 구내(構內) 및 시설, 그리고 그 인접 지역에서 입회인 없이 각 개인에게 질문하고 그 최종적 결정이 본인의 자유의사의 표명인지 아닌지를 확인할 수 있는가.

(5) 귀국을 신청한 조선인 개인은 승선 구역에 들어가기 전에 그 의사를 변경할 수 있는가. 국제적십자위원회 대표는 입회인 없이 관련 조선인 개인에게 질문하고 최종 결정이 본인의 자유의사의 표명인지 여부를 확인할 수 있는가.

(6) 승선이 이뤄지기 이전에 국제위원회 대표가 일본에 파견되었을 때 조선인 개인은 국제위원회 대표와 이야기를 할 기회를 갖게 되는가. 대표는 언제 어디서든 귀국 신청 여부와 무관하게 조선인 각 개인에게 질문할 수 있는가.

(7) 일본 당국은 국제적십자위원회가 참가를 위해 필요로 하는 기술 및 경비 측면에서 편의를 제공하는가.

이에 대해 일본 측은 7월 27일 이를 긍정하는 회답을 보냈다. 이에 따라 8월 7일 봐씨에 국제적십자위원회 위원장은 시마즈 일본적십자 사장에게 공문을 통해 공식적인 협력을 통보했고, 8월 11

일 다음과 같은 성명에서 이를 공표했다.

1959년 8월 11일, 국제적십자위원회 신문 발표(번역문)

국제적십자위원회는 일본에 거주하는 조선인으로서 스스로 선택한 모국(母國)에 간다는 희망을 표명하는 자를 귀환시키기 위해 일본적십자사에 협력할 용의가 있다. 국제위원회는 1958년 10월 16일 조선민주주의인민공화국 정부가 일본국에 거주하는 조선인으로 북조선 귀국을 희망하는 자를 받아들일 용의가 있고, 또 그들을 수송하기 위해 선편을 보낼 용의가 있다는 취지를 언명한 것을 확인했다. 1959년 2월 13일 일본국 정부는 본건 귀환을 인정하고, 또 국제위원회의 협력하에 이것을 실시하기 위해 일본적십자사에 의뢰하기로 결정했다.

더욱이 지난 6월 24일 제네바에서 일본과 조선민주주의인민공화국의 두 적십자사 사이에 체결된 협정은, 두 적십자사가 누구든지 자신의 주거를 자유롭게 선택할 수 있고, 특히 자국으로 귀환할 수 있다는 원칙에 따른다는 취지에 합의했음을 증명하고 있다.

국제위원회의 관점에서 보면 이 선택의 자유는 재일조선인이 북조선에 귀환하는 것도, 일본에 잔류하는 것도, 또 남한에 귀환하는 것도 가능하다는 사실을 의미한다. 국제위원회는 일본국 정부 및 일본적십자사로부터 선택의 자유가 보장되는 조건 및 일본에 잔류하는 조선인의 지위에 관한 보장을 받았다.

마지막으로 최근 한국 정부 및 한국적십자사는 재일조선인으로서 희망하는 자는 한국으로 귀환하는 것을 인정할 수 있다는 취지를 국제위원회에 통보해왔다. 국제위원회는 본 귀환의 실시에 관해서도 합의가 성립되기를 희망한다.

국제위원회는 향후 어떻게 개입할지를 결정하기 위해 국제위원회의 사절단을 조만간 도쿄에 파견할 예정이다.

이에 따라 1959년 8월 5일 일본적십자는 인도 캘커타에서 협정을 조인하자고 조선적십자회에 제안했고, 8월 6일 조선적십자회 측으로부터 이에 동의한다는 답전을 받았다. 13일 캘커타의 그레이트 이스턴 호텔에서 가사이 일본적십자 부사장과 이일향 조선적십자회 부위원장은 일본어 및 조선어 협정에 각각 조인했다. 그날 외무성 정보문화국장은 「조선으로의 임의 귀환 문제에 대해」라는 제목의 담화를 발표했다.

1. 재일조선인의 임의 귀환 문제와 관련, 일본적십자사 대표는 올해 2월 13일의 각의 양해에 의해 확인된 거주지 선택의 자유 원칙에 기초해 제네바에서 북조선적십자회 측과 회담을 가졌다. 그동안 여러 경위가 있었지만, 지난 6월 협정안에 대해 최종적으로 의견 일치를 보았고, 8월 13일 캘커타에서 두 적십자사 대표 간에 협정이 조인되었다.

이에 앞서 일본 정부 및 일본적십자사는 특히 본 귀환 업무의 공정을 도모하고, 개인의 의사 표명의 자유 보장에 만전을 기하기 위해 국제적으로 공정하고 중정(中正)한 인도주의적 기관으로 인정받고 있는 국제적십자위원회에 협력을 의뢰한바, 8월 11일 동 위원회는 이 의뢰를 수락한다는 결정을 발표하였다.

2. 원래 본건은 기본적 인권에 관한 문제이므로 각 방면의 이해와 협력에 의해 귀환 업무가 공정하고 원활하게 수행되기를 희망하며, 국제적십자위원회가 그것과 관련해 중요한 역할을 맡은 데 대해 심심한 사의를 표명한다.

3. 이 기회에 일본 정부는 재일조선인이 스스로 희망해서 계속 일본에 머물고 싶다고 말한다면 일본국의 법령에 따라 그대로 머물러 있어도 좋으며, 또 한반도에 돌아가고 싶다고 한다면 남북 어느 지역에나 그 의사에 따른 자유 선택에 의해 출국하는 것을 인정한다고 거듭해서 분명히 밝힌다.

외무성은 또 기사자료로서 「북조선 귀환 문제의 본질, 일본 정부의 기본 태도와 처리방침 및 일본적십자와 북조선적십자 간의 제네바 협상 전말에 관한 외무성의 견해」를 발표했는데, 그중에는 다음과 같은 내용이 있었다.

교섭 과정에서 반드시 필요 없을 것 같은 사항은 삭제하거나 표현을 수정하긴 했지만, 우리 측의 기본방침이랄 수 있는 의사 표명의 자유를 객관적으로 보장하는 체제는 확보되어 있다. 그 주된 이유는 다음과 같다.

(1) 귀환 신청은 귀환자 자신의 자유의사에 기초해야 한다는 것이 기본 조건으로서 협정에 규정되어 있다.

(2) 귀환은 귀환자가 일본적십자사가 조직하는 등록기구에 스스로 출두해 신청하지 않으면 안 된다고 규정하고 있다.

(3) 등록기구는 일본적십자사 계통으로 조직, 운영되지만, 일본적십자사는 등록기구의 조직 및 운영이 인도적 원칙에 맞게 공정하고 공평하다는 사실을 보장하기 위해 국제적십자위원회에 동 위원회가 필요하고 적당하다고 생각하는 조치를 취하도록 의뢰하게 되어 있으며, 이 의뢰에 기초해 위원회는 귀환 업무의 적정성을 도모하고 개인의 의사 표현의 자유를 보장하기 위해 효과적인 협력을 제공할 수 있는 체제로 되어 있다.

(4) 승선 직전까지 언제든지 본인이 귀환 의사 변경을 신청할 수 있는 것은 물론, 이밖에 돌아가고 싶지 않다거나 돌아가고 싶다는 본인의 진정한 자유의사와 적극적·소극적 의사 표시, 즉 신청 또는 미신청 간의 차이가 있는 경우에도 언제든지 그 취지를 일본적십자사에 말할 수 있으며, 일본적십자사는 이 의사 표명에 호응해 일을 공정하게 처리하게 되어 있다.

한편, 국제적십자위원회는 …… (성명 내용) 8월 11일 발표했다.

이에 따라 본 귀환 업무의 인도적 측면에 대해 국제위원회가 협력하기로 동의했다는 것이 확인됐다.

그리하여 두 적십자사 간 협정의 기본 원칙에서도, 국제적십자위원회의 협력에서도 올해 2월 13일 각의 양해의 근본 취지가 관철된 셈이다.

협정은 공식적으로 「일본적십자사와 조선민주주의인민공화국 적십자회 간 재일조선인의 귀환에 관한 협정」으로 불렸는데, 그 요지는 다음과 같다.

귀환 희망자는 일본적십자사가 정하는 양식에 기초한 귀환 신청서를 본인 스스로 일본적십자사에 제출하고 필요한 귀환 절차를 밟는다. 귀환 의사의 변경은 승선 전 일정 시간까지 허용된다(제2조).

일본적십자사는 귀환 희망자의 등록기구를 조직한다. 일본적십자사는 국제적십자위원회에 일본적십자사 등록기구의 조직에 대해 조언을 구하고, 그 기구 운영의 적합성 여부를 확인하기 위해 필요한 조언을 제공하도록 의뢰한다(제3조).

귀환자의 인도와 인수는 승선 항구에서 일본과 북조선 두 적십자 대표 간에 행하고, 귀환자 명부와 확인서의 교환으로써 완료된다(제4조).

귀환선은 북조선 측이 배선하고 그 비용을 부담한다. 일본 측은 니가타 항을 귀환자의 승선항으로, 북조선 측은 나진, 청진, 흥남 3개 항구를 하선항으로 각각 지정한다. 귀환 희망자 수는 매회 약 1천 명으로 예정하지만, 귀환 희망자의 증감에 따라 일본 및 북조선 두 적십자의 협의하에 적절하게 변경한다. 제1차 귀환선은 이 협정 발효일로부터 3개월 이내에 출항한다(제5조).

일본적십자사는 집결지까지의 수송비, 식비, 귀환자 1인당 60킬로그램까지의 수화물 운임 및 응급 의료비, 집결지에서 승선까지의 숙박, 식사, 응급 의료 비용 및 수송의 편의를 공여한다. 귀환자는 1인당 일본 엔화 4만 5,000엔까지 영국 파운드 수표로 휴대 가능하며, 여행 휴대품, 이사 화물 및 직업 용구를 갖고 돌아갈 수 있다. 일본 측은 갖고 돌아가는 재산에 관세를 부과하지 않는다. 북조선 측은 승선 후의 수송 및 식사, 숙박 등 일체의 비용을 부담하고, 귀환 후의 주택, 직업, 취학 등 모든 조건을 보장한다(제6조).

귀환선에는 북조선적십자 대표가 승선한다(제7조).

협정의 유효기간은 체결일로부터 1년 3개월로 한다. 다만, 이 기간 중에 귀환사업을 완료할 수 없다고 인정되는 경우에는 협약 기간 종료 3개월 이전에 일본 및 북조선 두 적십자가 협의해 본 계약을 수정하거나 갱신할 수 있다(제9조).

한편, 제네바에서 진행된 일본과 북조선 두 적십자 회담에 대해 한국 정부는 강하게 항의하고 비난 선전을 전개했다. 이와 관련, 맥아더 주일 미국대사는 1959년 5월 2일 후지야마 외상에게, 6월 10일 야마다 외무차관에게, 6월 15일 후지야마 외상에게, 6월 23일 기시 총리에게 각각 반복적으로 경고했다. 그 취지는 "제네바 적십자회담은 북조선의 공산주의적 전술에 조종당하고 있으며, 북조선은 교섭 타결보다는 한일 양국 관계를 이간질하려고 책동하고 있다", "일본 측이 양보에 양보를 거듭해 국제적십자위원회가 직접 감독을 하지 않은 채 조언만을 하는 것은 자유의사에 의한 귀환의 근본 원칙을 위태롭게 하는 것이다", "자유국가들이 베를린을 자유진영에 묶어두기 위해 열심히 노력하는 와중에 일본이 조선인을 공산주의 지역에 보내려고 하는 것에 대해 자유국가들은 불신행위라고 생각한다", "미국은 한국에 대한 설득이 어렵게 되고 극동의 자유국가들에 바람직하지 않은 사태가 발생할 가능성을 우려한다" 등이었다. 이에 대해 일본 측은 "미국은 국제위원회가 승인하지 않도록 공작하고 있는 것으로 관찰된다"(1959년 6월 25일 주미 시모다 대리대사가 주스위스 오쿠무라 대사에게 보낸 전보) 같은 견해까지 갖게 되기에 이르렀다.

이에 따라 7월 3일 후지야마 외상은 아사카이 고이치로(朝海浩一郎) 주미 대사에게 다음과 같은 전보와 함께 허터(Christian A. Herter) 미 국무장관 앞으로 재일조선인의 북조선 귀환에 관한 경위, 취지를 상세히 설명하는 장문의 비망록을 보냈다.

일본 정부도 북조선 귀환 문제에 관한 미국의 입장을 잘 알고 있지만, 쌍방이 갖는 관심의 우선순위에 차이가 있고 미국 정부가 아직 문제의 본질과 우리 측 입장을 충분히 이해하지 못해 여전히 쌍방의 견해에 격차가 존재하는 것은 일미 우호관계를 중시하는 우리 측으로서는 심히 유감이라고 말하지 않을 수 없다. 동시에 만일 국제위원회가 미국의 압력 등에 의해 협정안을 승인하지 않는 경우에는 공산주의 측에 좋은 선전자료가 될 뿐만 아니라, 우리 국내에서도 매우 불균형한 사태가 일어나고, 나아가 양국 관계에 예상치 못하는 악영향을 미칠 우려가 없지 않다. 따라서 여기서 미국 정부의 이해를 얻기 위해 더 최선을 다한다는 취지에서 이 문제의 본질과 중요성, 우리 측 입장과 방침, 제네바 교섭의 경위와 협정안의 실체, 우리 국내 정세 등을 평가 기술해 비망록으로서 …… 별도로 전송한다.

이와 관련해 귀 대사는 이상의 의도를 인식하고, 본 대신이 허터 국무장관에게 보내는 비망록을 시급히 동 장관(휴일, 공휴일 등의 관계로 어쩔 수 없으면 대리인)에게 수교하고, 미국 측이 특히 관심을 보이는 요점에 대해 충분히 설명하기 바란다.

또 본건과 관련해 불행히도 일본과 미국 간에 견해 차이가 있는 것은 유감이지만, 이는 자유국가로서 공통 기반에 선 우방국 간의 차이에 불과하며, 따라서 이것이 공산주의 측에 이용되지 않도록 쌍방이 배려하고 앞으로도 긴밀한 연락을 유지하는 것은 당연하다는 본 대신의 뜻도 아울러 특히 신중하게 미국 측에 설명하기 바란다.

국제적십자위원회는 6일 총회에서 태도를 결정할 예정이기 때문에 가능하면 그 전에 허터 장관에게 본건을 말해두는 것이 바람직하다고 생각되므로, 시급히 조치해주길 바란다. 본건 비망록은 10개 항목으로 구성되어 있으며 영문으로는 12~13쪽이다. (후략) (비망록 생략)

이 건과 관련, 아사카이 대사는 허터 국무장관이 부재중이어서 7월 6일 파슨스 차관보와 회담, 그 취지를 설명한 경위가 있다.

『마이니치신문』1959년 8월 12일 자는 「북조선 귀환: 국제위 개입 배경」〔이시즈카 슌지로(石塚俊二郎) 작성]이라는 제목의 기사에서 다음과 같이 기술했다. 국제적십자위원회가 개입하기까지의 동향이 이처럼 비관적 분위기였다고 보는 것이 타당한지 여부는 차치하고, 이 같은 견해도 있었다는 사실을 알고 있자는 취지에서 관련 기사를 옮겨둔다.

　　사실 북조선을 후원하는 소련, 중공과 반대운동을 벌이는 한국, 게다가 초기 미국이 보인 싸늘한 태도가 맞물리면서 완전히 혼란 상태가 되어 해결 전망이 한순간에 완전히 캄캄해진 적도 있었던 것 같다. 한국은 김용식 주프랑스 대사, 김활란(金活蘭) 한국적십자사 부총재 등 거물들을 속속 제네바에 보내 국제위원회에 위압(威壓)을 가하는 한편, 무력을 사용해서라도 저지하겠다는 강경 성명을 내어 국제위원회를 불안하게 했다.

　　또한 처음부터 내키지 않은 내색이었던 미국이 제네바 교섭에서 일본이 북조선에 후퇴를 거듭했다고 이해하고 일본을 강하게 비판하기 시작했다고 전해지면서 국제위원회는 입을 닫아버렸다. 이러한 움직임은 6월 30일 일본적십자사가 국제위원회에 협정 문서를 제출했을 때 가장 치열했는데, 후지야마 외상도 매일 안보조약 개정 문제로 시달리는 와중에도 이 문제를 뒷전으로 미룬 채 머리를 부여안고 있었다.

　　"국제위원회는 입장상 '아니오'라고 말하지는 않더라도 언제 정해줄지는 모른다"는 비관적인 견해가 정부와 적십자사를 압도해 경우에 따라서는 후지야마 외상, 나아가 기시 내각의 운명도…… 라는 관측마저 나올 정도였다. 외무성은 한국의 맹렬한 반대는 이미 감안하고 있었다고 하더라도 맥아더 주일 미국대사를 통해 비공식적으로 전해진 미국의 의향을 알고는 상당히 동요했던 것 같다. 소식통에 따르면 그 내용은 ① 외교상 공산권에 대한 제네바 교섭은 바람직하지 않다, ② 일한관계 개선을 바라는 미국으로서는 한국에 대한 설득 공작이 어려워진다 등을 골자로 하고 있었다고 한다.

　　미국은 국제적십자위원회에 고액을 기부하는 나라이기도 하다. 미묘한 영향이 각 방면에 미치는 것도 충분히 예상하지 않으면 안 된다. 무척 곤란해진 외무성은 7월 초 후지야마 외상이 직접 허터 미 국무장관에게 "북한 귀환은 물거품이 되고 일한관계도 파탄 난다. 이 위기를 알아달라"고 호소하는 장문의 서한을 보낸다는 아이디어를 떠올려 즉시 이를 아사카이 대사를 통해 전달했다는 비화가 전해지고 있다.

　　"미국의 태도가 관건"이라고 잠꼬대처럼 말하던 당국자가 지켜보는 가운데 이 서한은 그야말로 "적시에 히트를 치는 효과를 내기 시작한" 것으로 알려져 있다. 한 관계자는 "승부는 이때 결정됐다"고까지 말했다.

　　7월 중순에 들어가면서 다울링 주한 미국대사가 연일 이승만 한국 대통령과 만나 일한 우호를 위해 설득 공작을 전개했다는 정보가 들어왔고, 제네바의 4개국 외무장관 회의에 참석했던 허터 장관이 봐써에 국제위원장을 만나 거의 종지부를 찍었던 것으로 알려졌다. 물론 그동안 일본 측에서 이노우에 일본적십자사 외사부장과 오쿠무라 주스위스 대사가 비밀리에 국제위원회와 연락해 설득한 것도 사실이지만, 일본·미국·한국 3국을 둘러싼 분위기의 미묘한 변화 — 긴장 완화 — 를 파악한 국제위원회가 간신히 무거운 엉덩이를 들어올려 7월 23일 임시총회에서 결론을 내어 일본에 내락(內諾)을 통보해왔다는 것이 진상(眞相)이었던 것으로 관측된다.

국제위원회는 인도주의라는 명목이 강한 기관일 수도 있지만, 국가 권력이 노골적으로 부딪치는 지금의 국제관계에서는 좀처럼 움직이기 어렵고, 이런 의미에서 이번 국제위원회의 역할이 타당한 것이었음에도 불구하고, 미국과 한국 등 국가들에 쓸데없는 오해를 낳았다는 사실은 부정할 수 없다.

또한 일본적십자의 당시 외사과장 기우치 리사부로(木內利三郎) 씨는 「북조선 귀환 8년을 되돌아본다」(『적십자 신문』 제314호, 1968년 9월)에서 당시 재일조선인의 진정 양상에 대해 이렇게 회상했다.

그해 2월부터 6월까지 재일조선인의 진정운동은 격렬했다. 요즘처럼 '무슨 무슨 지역 귀국자 집단'이라는 깃발과 어깨띠를 두른 사람들이 적십자사를 방문하는 일은 때로는 번잡하기도 하고 때로는 단순하기도 했지만 연일 이뤄졌고, 이들과 면회하는 우리는 강한 어조의 비난과 공격을 감내해야만 했다.

앞마당에는 빵집과 아이스크림 가게가 진을 쳤다. 조선인들은 각지에서 버스를 타고 일단 본사에 대거 모인 후 여기를 근거지로 하여 외무성, 후생성, 법률성 등 각 성으로 가서 시위에 나선다. 저녁에는 또 일본적십자사에서 종결 보고를 한 후 매우 기세를 떨치면서 해산한다. 뒤에 남는 것은 인간 집단이 당연히 남기는 것이다. 그래도 적십자이다. 물도 먹여주어야 한다. 비가 오면 강당 지붕 아래에 들어가도록 한다. 이런 소동은 …… (중략) …… 캘커타에서 협정 조인이 이뤄지는 기간까지 일본에서는 벌써 계약을 체결하라는 요구운동이 벌어졌다. 시마즈 사장과 오자와 다쓰오(小沢辰男) 귀환 담당 총무(현재 중의원 의원) 등 3명이 본사에 난입한 시위자들을 피해 사장실(현재 부사장실)에 갇혔고, 뒤로 돌아 창문으로 돌을 던지는 사람들에게 오자와 씨가 창문에 올라가 소리를 질러가며 퇴거를 촉구했을 당시의 광경은 지금도 잊을 수 없다. 이것은 6월에 벌어진 일이었다.

제네바에서 일본과 북조선 적십자 간에 실질적인 타결이 이뤄졌다는 보도가 전해진 후 한국 측의 동향을 개관하면, 1959년 6월 12일 북송 반대 전국위원회가 다시 활동을 시작해 데모 집회 참가자들은 6월 12일부터 17일까지 532만 3,000명으로 보도됐다. 15일 한국 정부는 대일 통상 단교 방침을 결정했다. 17일 국회에서는 「재일 한교(韓僑) 북송 반대에 대한 결의안」(일본이 북한 괴뢰 집단과 야합해 재일한인을 공산 노예 지역으로 대량 추방하려는 것은 인도주의를 위반하고, 대한민국의 주권을 침해하고, 세계 자유진영과 적대하는 행위임을 단정한다. 대한민국 국회는 이를 저지하기 위해 국민 정의와 여론에 호소하는 강력하고 적절한 방법을 강구할 것을 결의한다)이 통과된 데 이어 「재외국민 보호 지도를 위한 건의안」(①재일교포 보호 시책 예산에 관한 사항(재일교포 보호 교육비용 2억 환의 긴급 지출, 교포신용조합에 대한 융자 조치의 강구 등), ②시책상 시정을 요하는 사항(외무부와 주일 대표부의 인적 쇄신, 교포 귀국 왕래 제한 완화, 교포에 대한 본국 재산 반입의 권장, 대일무역에서 교포 생산제품의 우선적 구매, 재일한국인 거류민단의 지도 육성책 강구, 교포 학생 지도에 관한 대책 수립)]이 통과됐다. 19일 민간사절로서 김활란 한국적십자사 부총재를 제네바에 파견, 국제적십자위원회에 대한 저지 교섭에 임하도록 했다. 7월에 들어서는 22일 국제적십자위원회와의 교섭을 강화하기 위해 제네바에 한국대표부를 두고 초대 수석대표로 김용식 주프랑스 공사를 임명했다. 또한 같은 달 24일 한국 외무부는 「일본 정부의 재일한국인 추방 계획에 대한 한국의 견해」를 재외공관을 통해 각국에 보내 귀환 저지에 진력했다. 8월에 들어서는 앞 장에서 언급한 것처럼 일한회담을 재개하여 한국으로 귀국하는 이들에 관한 협정을 체결함으로써 북조선에 대항하려 했다.

7. '귀환 안내' 보충 설명과 귀환의 실시

귀환협정 조인 후 일본 측은 관계 성청 연락회의를 통해 연락 조정을 도모하면서, 귀환 희망자의 등록, 송출, 니가타 적십자센터 내의 업무, 귀환 의사 변경자의 처리와 관련된 업무 처리 요강 등을 결정했다. 일본적십자사는 8월 23일 일본을 방문한 마르셀 쥐노(Marcel Junod) 국제적십자위원회 부위원장의 조언 및 정부와의 협의를 통해 '재일조선인 귀환 업무 처리 요령'을 확정, 전국의 시구정촌 사무소에 특설된 일본적십자사 창구에서 9월 21일부터 귀환 신청을 받기 시작해 제1차 선박을 11월 10일 니가타를 출항토록 준비함과 동시에, 귀환 희망자를 위한 전단지 「귀환 안내」를 작성했다.

그러나 9월 3일 「귀환 안내」가 공표되자 재일조선인총연합회는 「귀환 안내」에 ①일본적십자사 창구 및 니가타 적십자센터에서의 귀환 의사 재확인, ②귀환 열차 탑승 후 배웅 금지, ③니가타 적십자센터에서의 면회 및 외출 금지 등 지나치게 부당한 점이 있다고 지적했다. 총련은 이어 관련 조항의 삭제, 수정을 요구하면서 9월 21일 각지에서 시작된 귀환 신청 등록을 보이콧했다. 그동안 귀환 업무에 참가하기 위해 국제적십자위원회 대표(주일 특별대표단으로 불렸다)의 초대 단장 오토 레너 씨가 9월 2일 일본에 입국하고, 다른 대표들도 순차적으로 9월 말까지 일본을 방문, 재일 체류자 5명을 더해 23명의 특별대표가 도쿄, 요코하마, 고베, 히로시마, 후쿠오카, 나고야, 삿포로, 센다이에 각각 분주(分駐)했다.

북조선적십자는 1959년 10월 10일 일본적십자의 귀환 방식에 대해 협정 위반이라고 비난하면서, 「귀환 안내」에서 관련 부분의 철회를 요구해왔다. 이에 대해 일본적십자사는 정부 측과 협의한 후 10월 13일 북조선적십자 앞으로 "11월 11일 니가타 항에 도착할 수 있도록 배선을 희망한다"고 전했다. 일본적십자는 또 10월 15일 일본적십자의 조치는 협정 위반이 아니라고 강조하면서 비난받은 사항에 대한 취지를 반전(返電)했다. 이에 대해 북한적십자는 19일 자로 "재일조선인의 귀국이 인권 유린이나 민족적 모욕, 외부로부터의 강박 없이 지체 없이 진행되길 기대한다. 귀환선은 언제든지 배선할 준비가 되어있다"는 내용의 답신을 보내왔다.

사진 22 북송을 위해 니가타 일본적십자센터에 집결한 재일조선인들이 출국 절차를 밟고 있다.

사진 23 일본 니가타 항에서 이뤄진 재일조선인의 북송 장면

그동안 이와모토 노부유키(岩本信行), 호아시 게이(帆足計), 호즈미 시치로(穗積七郎) 씨 등 귀국협력회 및 일조협회 간부 의원에 의한 알선 및 중재도 이뤄진 가운데 정부 및 일본적십자 측은 10월 26일 '귀환 안내'의 문제점에 대해 「보충 설명」을 하기로 결정했다. 즉, 일본적십자는 실제 운용 면의 처리와 관련해, "①귀환 신청서 접수 시에 이른바 '심사 선별' 등을 하지 않는 것은 물론, 귀환자의 심리에 압력을 미치거나, 그들을 설득하거나, 그들에게 오해를 줄 수 있는 질문은 일절 하지 않는다. ②배웅, 면회, 외출은 가능하지만, 귀환자의 보호 및 질서 유지라는 입장에서 적당히 정한다. ③니가타 적십자센터에서의 의사 확인은 문이 없는 일반적인 방에서 세대별로 귀환 의사의 변경이 없다는 사실을 확인하지만, 오해를 불러일으킬 수 있는 방식은 취하지 않는다"고 「귀환 안내」를 보완했다.

10월 27일 조총련 측도 이를 받아들였다. 다른 한편으로 국제적십자위원회도 10월 30일 자 전보에서 「보충 설명」에 관한 일본적십자의 조회에 대해 "국제적십자위원회는 개인의 존엄과 자유의사를 보장하기 위한 기본 조건으로서 원조를 제공하겠다고 앞서 약속했으며, 그 조건의 범위 내에서 가장 적당한 방법을 일본적십자가 그 책임하에 선택해야 한다"는 취지의 답변을 보내왔다. 이에 따라 귀환 업무는 간신히 궤도에 오르게 됐다.

1959년 10월 29일 미 국무부 대변인은 재일조선인 귀환 문제에 대한 성명을 발표, "재일조선인의 귀국은 자발적인 것으로서 추방이 아니다"고 일본의 입장을 지지하는 견해를 밝혔다.

북조선으로의 귀환 신청 접수는 11월 초부터 급증해 같은 달 상순에 약 5,000명에 달했다. 그동안 일본과 북조선 두 적십자 간에 배선 계획이 결정되었다. 귀환선으로는 북조선 측이 임차한 소련 선박 토보리스크 호와 쿠릴리온 호 2척이 사용되었는데, 최초 귀환은 예정보다 약 1개월 늦은 12월 11일 이들 선박이 입항해 14일 출항함으로써 성사됐다. 이들 선박은 12월 말까지 세 차례 왕복해 2,942명을 북조선으로 귀환시켰다.

그동안 한국 측의 대일 항의는 여전히 계속되었다. 9월 24일 허정(許政) 일한회담 대표는 사와다 대표에게 일본 정부가 「귀환 안내」를 변경하지 말 것을 요구했다. 이어 「보충 설명」이 발표된 후인 11월 5일 유태하 대사는 사와다 대표에게 "10월 30일 국제적십자위원회의 답변은 일본 측의 북조선 귀환 안내의 수정을 전혀 승인(approve)하지 않은 것으로 판단된다"고 이의를 제기함과 동시에, "4일부터 재개된 재일한국인의 북송 신청은 공산주의 단체의 엄격한 통제하에서 등록된 것으로, 국제적십자주의와 그 정신으로부터 일탈하고 있다"는 취지의 성명을 발표했다. 북조선 귀환선이 니가타를 출항하기 3일 전인 12월 11일 유태하 대사가 야마다 차관에게 수교한 구상서는 "북조선 귀환은 일방적인 강제송환이다. 이것은 1957년 12월 31일에 체결한 합의의사록의 공공연한 파괴로서 일한회담에서 의제로 삼고 있는 사항을 일방적으로 처리한 것이다"라고 항의했다. 유 대사는 또 구두로써 북조선 귀환 문제를 국제사법재판소에 회부하는 데 일본 정부가 동의할 것, 그리고 일본 정부가 이에 동의하는 경우에는 중간 조치로서 북조선 귀환을 즉시 중지할 것을 요구하는 한국 정부의 제안을 제시했다(한국 측은 이 같은 내용의 비망록을 14일 이세키 아시아국장에게 전달했다). 이에 대해 12월 18일 야마다 외무차관은 유 대사에게 다음과 같은 취지로 답변했고, 동시에 정보문화국은 그 답변 내용을 공표했다.

다케시마 문제, 이승만 라인 문제와 같은 법률적 문제가 외교교섭에 의해 해결되기 어려운 경우에는, 이러한 문제야말로 그 법적 해결을 국제사법재판소에 구해야 한다. 한국 정부의 제안이 이런 종류의 것이라면 일본 정부로서는 환영하는 바이다.

그런데 북조선 귀환은 본래 개인의 자유 선택에 의한 귀환이고, 어떠한 정부도 침해할 수 없는 기본적 인권과 관련된 인도적 문제이다. 따라서 일본 정부로서는 북조선 귀환 문제는 규정방침대로 오로지 개인의 자유의사에 기초해 처리할 것임을 제4차 일한회담 재개 전부터, 또 동 회담을 통해 시종 명확히 밝혀왔다. 또한 인도적 문제에 대해 국제적으로 최고 권위를 갖고 있는 국제적십자위원회도 이를 승인하고 실제로 그 지도와 지원하에 귀환 업무가 이루어지고 있다는 점, 세계의 다수 국가도 일본국 정부의 처리방침을 지지하고 있다는 점은 본건이 순수한 인도적 문제이며 일본국 정부의 견해 및 처리방침이 옳다는 사실을 객관적으로 증명한다.

이상을 감안하여 일본국 정부는 본건은 국제사법재판소에 회부할 수 없고, 그럴 필요도 없다고 생각한다.

제1차 귀환선 승선을 위해 집결하는 귀환자 열차에 대해 재일한국거류민단이 철길 농성을 전개하는 등 대규모 시위를 벌이고, 한국계에 의한 니가타 일본적십자사 센터 폭파 미수 사건이 있었지만, 엄중한 경계조치로 그 어떤 시도도 좌절되었다.

사진 24 1959년 2월 도쿄에서 거류민단 소속 재일교포들이 북송에 반대하는 시위를 벌이고 있다.

그 후 12월 18일 유태하 대사는 야마다 차관과 이세키 아시아국장에게 제2차 북조선 귀환선의 승선자 명단 중에 오무라 수용소에서 임시 방면된 불법 입국자 421명이 포함되어 있다는 보도의 진위를 따지면서 항의했고, 12월 22일 이에 대한 구상서를 제시했다.

북조선 귀환협정은 후기하는 바와 같이 그 후 일곱 차례 경신되었고, 그 결과 1959년 12월부터 1966년까지 8만 6,780명(조선인 8만 239명, 일본인 6,534명, 중국인 7명)이 귀환했는데(표 8), 그 중에 85퍼센트(7만 5,000명)는 1961년 말까지의 귀환자였다.

표 8   북조선으로의 집단 귀환 (1959년 12월~1966년)

연도	횟수	총 인원	조선인	일본인	중국인
총 인원	144	86,780	80,239	6,534	7
1959년 12월	3	2,942	2,717	225	0
1960년	48	49,036	45,094	3,937	5
1961년	34	22,801	21,027	1,773	1
1962년	16	3,497	3,311	186	0
1963년	12	2,567	2,402	165	0
1964년	8	1,822	1,722	99	1
1965년	11	2,255	2,159	96	0
1966년	12	1,860	1,807	53	0

(주) 법무성, 『법무연감』, 각 연도에 따름.
(주) 재일조선인의 북조선 귀환 문제를 정리해 기술한 것으로 다음과 같은 자료가 있다.
   · 북동아시아과, 「북조선 귀환 문제의 전말」, 외무성 정보문화국, 『국제주보』 제543호, 1959년 8월 18일.
   · 외무성 정보문화국, 「북조선 자유귀환 문제에 대해」, 『세계의 움직임』 특집 10호, 1959년 3월 20일.
   · 일본적십자사, 『재일조선인 북조선 귀환 원조사업 경과 개요(1954년부터 1965년까지)』, 1965년 11월.
   · 기우치 리사부로(木内利三郎), 「북조선 귀환 8년을 되돌아본다」, 『적십자신문』 제314호, 1968년 9월.
   · 후생성, 제10장 「재일조선인의 북조선 귀환 원조」, 『속속(續續), 귀환원호의 기록』, 1963년 3월.
   · 이노우에 마스타로(井上益太郎), 「재일조선인 귀환 문제의 경위」, 『국제시평』 1965년 10월 호; 「재일조선인 귀환 문제: 그 문제점과 전망」, 같은 책 1965년 11월 호.

VII

장면 정권의 성립과 제5차 일한회담

1. 허정(許政) 과도정권

(1) 허정 과도정권의 성립

제4대 대통령, 부통령 선거는 이승만 대통령의 임기 만료일이 1960년 8월 15일임에도 불구하고 5개월 전인 3월 15일에 실시됐는데, 한국 정부는 여기에 행정조직과 경찰의 힘을 최고도로 동원해 자유당 후보의 승리를 도모했다.

2월 15일 민주당 대통령 후보인 조병옥(趙炳玉)이 미국에서 수술을 받은 후 경과가 나빠 급서했기 때문에 대통령 선거에서는 이승만이 독주해 당선, 부통령 선거에서는 자유당 후보 이기붕(李起鵬)이 민주당 후보인 장면(張勉)을 누르고 당선됐다.

이 선거 결과에 대해 야당은 국회에서 "국민주권에 대한 강도행위"라며 선거무효를 선언했고, 각지에서 부정선거에 항의하는 시위가 일어났다. 선거 당일인 3월 15일 경남 마산에서 시민 수천 명이 시위에 참가, 경찰서를 습격했고 이들에게 경찰관이 발포함으로써 17세 소년이 사망한 사건이 벌어졌다. 4월 11일 마산에서 다시 시위가 일어났다. 이것이 계기가 되어 4월 18일 서울에서 고려대 학생들이 궐기, 19일에는 시내 각 대학생, 중고생 2만 명이 국회의사당 앞에 집결, 대통령 관저로 향했다. 학생과 경찰 측 간의 충돌이 온종일 계속되어 학생 측에서 많은 사상자가 나왔다. 서울의 학생 봉기와 함께 부산, 광주, 대전, 대구, 인천, 청주 등에서도 학생시위가 전개되었다.

이 사태에 대해 한국 정부는 19일 오후 1시 서울, 부산, 대구, 광주, 대전에 경비계엄령을 선포하고 그날 저녁에 이를 비상계엄령으로 격상했다[계엄사령관에는 송요찬(宋堯讚) 중장이 임명됐다]. 학생시위는 부정선거를 규탄하는 범위를 넘어 12년간 지속된 이승만 정권의 퇴진을 요망하는 국민의 목소리를 대변했다. 일반 시민이 학생의 궐기를 환영, 옹호하고 신문은 정부를 공격했다. 군은 학생과 시민에게 총기를 겨냥하지 않았다. 주한 미국대사관은 학생시위를 "정상적인 불평"으로 평가한 후 해결책을 기대하고 공명선거를 요구하는 성명을 발표했다. 4월 20일 모든 각료가 사표를 제출했다. 25일 27개 대학교수 약 400명은 대통령을 비롯한 국회의원의 퇴진과 재선거 실시를 요구하며 시위를 벌였다. 이튿날인 26일에는 수십만 시민들이 대통령의 즉각적인 퇴임을 요구하며 대통령 관저로 향했다. 대통령은 계엄사령관과 동행해 학생 대표와 회견, 국민이 원한다면 대통령직을 사임한다, 선거를 다시 한다("헌법 개정을 통한 올바른 의회제도의 수립에 동의한다")는 성명을 발표했다. 이날 민의원은 이 대통령의 즉각적인 사임, 3·15 선거 무효 확인, 내각책임제를 골자로 하는 헌법 개정, 국회 해산, 총선거 실시 등을 결의했다. 27일 이승만 대통령이 사표를 제출했고 28일엔 이기붕 일가가 자살했다. 5월 3일 민의원은 이 대통령의 제3대 대통령 사임과 제4

대 대통령 당선 사퇴를 선포했다. 이로써 1948년 이후 12년 이상 존속한 이승만 정권의 독재는 종말을 맞았다.

3월 15일 마산 사건 이후 전개된 4월 19일과 26일 시위의 결과 한국 전역에서 185명이 숨지고 1,696명이 부상당했다(한국에서는 이를 '4월 혁명'이라고 부른다). 당시의 혁명과 관련, "재일조선인의 북조선 귀환 반대를 위한 대규모 시위는 당초 일본의 자유진영의 배신에 대한 반감 때문에 발생했지만 그 최종 단계에서는 한국 정부가 재일동포를 방치한 무책임에 대한 불신, 분개로 변했다. '북송'을 훨씬 능가하는 부정선거라는 주제가 출현하자 민중은 북송 반대시위 체제를 이승만 정권 타도 데모로 바꿨다"는 견해가 있다[「전후 한국의 대일 논조사(論調史)」, 『자유』 1965년 5월 호, 인접제국연구소(隣接諸國研究所)].

4월 혁명의 소용돌이 속에서 이승만 대통령은 4월 25일 개각을 단행, 외무부장관에 허정(許政), 내무부장관에 이호(李澔), 법무부장관에 권승렬(權承烈)을 각각 임명했다. 4월 27일 허정 외무부장관이 "한일관계의 조속한 정상화를 바란다"고 발언하자 28일 일본 정부는 '일한문제에 대해' 다음과 같은 후지야마 외상의 담화를 발표했다.

> 이번 한국에서 일어난 새로운 사태의 발전에 대해선 일본도 중대한 관심을 갖고 지켜보고 있는 바이다. 다행히 질서와 안정이 신속하게 회복되어 향후 한국이 진정한 자유민주주의 국가로 재건되기를 일본으로서도 충심으로 바란다.
>
> 진작부터 나는 이른 시일 내에 한국과 국교를 정상화하여 우호관계를 맺기를 염원하고 노력해왔는데, 특히 이번 제4차 전면 회담의 한국 측 수석대표였던 허정 씨가 국무원 수석각료로서 국정의 중요 자리를 맡은 후 어제 성명에서 신속하게 일한관계를 개선하고 싶다고 말한 것을 대단히 기쁘게 생각한다. 쌍방이 대국적이고 건설적인 입장에서 신속하게 국교정상화를 실현하도록 최선을 다하길 기대한다. 우리 일본 또한 국교정상화를 위해서 양국의 우호친선관계 증진에 최대한 노력을 다할 생각이다.

29일 주일 한국대표부 유태하 대사가 해임되었고 이재항(李載沆) 참사관이 대표대리로 임명되었다.

5월 3일 이승만 대통령이 사임함으로써 허정 외무부장관은 헌법 규정에 의해(장면 부통령은 4월 23일에 사직) 수석 국무위원으로서 대통령 권한을 계승, 선거 관리 내각을 조직했다. 5월 3일 발표된 새 내각의 기본방침은 "대일관계 정상화를 도모하고, 우선 한국 쌀 수출을 포함해 대일무역을 개선한다"고 밝혔고, 일본인 기자의 입국을 허용할 방침을 발표했다. 5월 4일에는 형(刑)을 마친 일본인 어부 30명을 송환하겠다고 일본 정부에 통보했다(5월 17일 송환).

일본신문협회가 인선한 아사히, 마이니치, 요미우리, 산케이, 닛케이, 도쿄, 니시니혼, 교도통신, 지지통신, NHK 등 15명의 특파원은 16일 일제히 한국 정부로부터 입국비자를 얻었다. 이후 한국

내의 움직임은 일본 특파원에 의해 일본 국민에 직접 보도되게 됐다.

　경제적 측면에서는 ICA 자금에 의한 물자 구매와 관련, 종래에는 관청 수요 물자의 경우는 외자청(外資廳), 민수 물자는 한국은행에 의해 각각 공개 입찰 또는 수시 계약을 통해 수입해왔는데, 이 과정에서 한국 정부가 일본을 차별 대우하는 일이 발생하곤 했다. 그러나 5월 6일 부흥부는 "대일 차별 완전 폐지를 외자청과 한국은행에 지시했다"고 발표했다. 또 5월 11일 한국 정부는 6월 말 부산에 건설 착공할 예정인 출력 10만 킬로와트의 화력발전소(공사비 2,000만 달러) 입찰에 일본 상사의 참여를 인정, 히타치(日立) 제작소 전기 기술자 3명에게 입국 허가를 내주었다.

(2) 맥아더 주일 미국대사와 기시 총리의 회담

　이승만 대통령이 사임하기 하루 전인 5월 2일, 맥아더 주일 미국대사는 당면한 일한문제에 관해 기시 총리와 회담하고 다음과 같은 요지의 대화록을 수교했다.

　1. 허정 내각 출범으로 일한관계가 호전될 기회가 생겼다. 미국 정부는 일한관계에 새로운 시대를 열기 위해 이 기회에 비공식적으로 최대한 노력을 할 생각이다.

　2. 미국 정부가 한국 측에 강하게 요구했던 점은 (가) 일한무역의 전면 재개, (나) 억류된 어부의 석방, (다) 일본어선의 나포 중지였다. 허정 씨는 (가)에 대해서는 이미 같은 취지의 정책을 발표했고, (나)에 대해서는 억류된 어부 가운데 형을 만료한 자의 즉각적인 석방을 승인했다. (다)에 대해서는 일본 측의 협조를 얻고 싶다. 즉, 한국의 나포 자숙 및 억류된 어부의 전원 석방을 조건으로 일한 간의 어업에 관한 합의가 성립될 때까지 잠정적으로 일본 정부가 한반도 해협에서 조업을 자제하는 것이 바람직하다. 일본 정부가 이 같은 의향이라면 미국으로서는 그 취지를 허정 씨에게 전달하겠다.

　3. 일본 보도 관계자의 입국은 아마 허용되겠지만, 일본 외교기관을 상대로 한국 정부가 이를 인정할지 여부는 솔직히 모르겠다. 그래도 나로서는 노력할 생각이다.

　4. 허정 내각이 임시 내각으로서의 제약, 또 국내 문제 처리에 몰두하고 있다는 사실, 과거 일한 양국의 역사적 경위 등으로 미뤄볼 때, 국면 타개의 주도권을 일본 측에서 취하는 것이 매우 중요하다. 이 점과 관련, 기시 총리가 특별히 다음 네 가지를 특별히 검토하길 바란다.

　(1) 기시 총리에 의한 성명문의 발표를 제안한다. 그 내용으로는

　(가) 일한 양국의 현안을 조기에 해결하기 위해 최대한 노력한다.

　(나) 현안이 해결될 즈음에 일본 정부는 한국의 재건(再建)을 지원한다.

　(2) 일한 양국의 우호관계 증진 및 현안 해결을 위해 적절한 시기에 서울 또는 도쿄에서의 기시 총리와 허정 대표 간 회담의 개최를 제안한다.

(3) 북조선 집단귀환 문제에 대해서는 허정 씨 자신과 대다수 한국민이 매우 많은 관심을 갖고 있다. 그러나 그 해결은 일한 양국 간에 가장 어렵고도 결정적인 문제이기 때문에 일본 정부로서는 송환의 속도를 높임으로써 적십자 귀환협정(11월 12일 만기)의 경신을 피하고 그 후에는 개인 차원의 귀환을 인정하는 방식을 제안한다.

(4) 한국산 쌀 3만 톤을 백미(白米)로 구입할 것, 또 본건 교섭의 조기 타결을 위해 일본 정부가 최대한 노력한다는 취지의 성명을 발표할 것을 제안한다.

이에 대해 5월 6일 야마다 외무차관은 맥아더 대사와 회담하고 그 후 다음과 같은 요지를 구두로 맥아더 대사에게 회답했다.

북조선 귀환 문제에 대해서는 귀환 희망자가 많이 존재하는 한 현재의 방식에 의한 귀환은 중지하는 것이 불가능하다. 이 문제에 지장이 없다는 것이 분명해지면 기시 총리가 적절한 기회에 담화를 발표하겠다.

일한 정상 간 직접 회담을 하겠다는 취지에는 찬성이지만, 아직 시기상조이다.

허정 내각이 어업자원 보존을 위한 협정의 교섭에 최선을 다한다면 일본 측은 협정 체결까지 잠정적 조치로서 이승만 라인 해역에서 어떠한 형태의 조업이든 자제하고, 한국 측도 즉시 억류된 어부를 송환하고 일본어선의 나포를 자제하는 방안을 검토하고자 한다.

한국 쌀 수입 문제에 대해서는 현재 전문적으로 검토 중에 있으며 조만간 정리될 것이다.

일한 간의 무역에 대해서는 한국 측이 현행 청산계정상의 잔존 채무의 변제에 성의를 보여준다면, 가능한 한 한국 상품의 수입을 늘리기 위해 노력하겠다. 한국 측은 ICA 자금에 의한 구매, 일본 상사원의 입국, 숙박, 상업 활동 등에서 공정하게 일본을 대우해야 한다.

(3) 한국 쌀 매입 교섭의 타결

제5장에서 설명한 한국 쌀 3만 톤의 대일 수출을 둘러싼 교섭은 4월 혁명 후인 4월 30일 한국 측 사절단이 귀국했기 때문에 중단되었지만, 5월 16일 사절단이 다시 일본을 방문, 도쿄에서 교섭을 재개해 6월 21일 합의에 이르렀다. 24일 외무성에서 스가 겐지(須賀賢二) 식량청장관과 이재항 주일 한국대표부 대표대리가 이에 관한 양해각서에 서명했다. 또 이날 외무성과 한국대표부 간에 결제 방식에 관한 구상서의 교환이 이뤄졌다. 합의의 주요 내용은 다음과 같다.

(1) 3만 톤 가운데 2만 2,500톤은 1959년산 백미, 7,500톤은 1959년산 현미로 한다.

(2) 선적 기간은 올해 9월에 쌀 5,000톤, 10월부터 11월에 백미 1만 7,500톤, 11월부터 12월에 현미 7,500톤으로 한다.

(3) 백미 가격은 FOB 148달러, 현미 가격은 FOB 137달러 50센트로 한다.

(4) 결제 방식은 현금 베이스로 하기로 하고, 한국은 한국 쌀 수출에 대한 보상으로 일본으로부터 같은 금액의 물자를 현금 베이스로 수입한다.

더욱이 한국 쌀 매매 교섭과 병행하여 양국 간 교역량 확대 등에 대해 기탄없는 의견 교환이 이루어졌다.

한국 쌀 매입에 관한 각서에 기초해 제1차 선적이 이뤄지는 기회를 맞아 현지 시찰단(식량청 담당관 2명, 외무성 담당관 1명, 상사 대표 2명, 국제검정기관 대표 2명, 일한무역협회 대표 1명)이 9월 12일 방한, 서울을 비롯해 인천, 군산, 목포, 여수, 부산 등 각 지역을 시찰하고 26일 귀국했다.

(4) 일본어선 나포 문제

허정 수반이 "이승만 라인을 넘어온 일본어선을 나포하거나 총격하지 말고 쫓아내도록 해양경비대에 명령했다"는 취지의 정보가 5월 14일 미국대사관 직원으로부터 일본 외무성에 극비리에 전해졌다. 그 후 『한국일보』가 해양경비대에 전달된 위와 같은 명령의 내용을 보도했는데, 6월 4일 이수영(李壽榮) 외무차관은 이를 부정하는 발언을 했다. 이후 6월 하순부터 7월 중순까지 5척의 일본어선이 나포되어 이승만 시대와 마찬가지로 일한 간에 구상서 교환이 이뤄졌다.

일본 측은 6월 27일 외무성, 해상보안청, 수산청이 연락회의를 갖고, 같은 날 이세키 아시아국장은 이재항 주일 대표부 대표대리에게 나포 사건의 재발 방지를 위해 일한 간에 잠정적인 어업협정을 체결하는 방안에 대해 한국 측의 견해를 타진했다.

7월 7일 한국 측은 일본어선의 대량 출어에 대해 강경하게 항의해왔다. 또 11일 이재항 공사(7월 1일 자로 공사가 되었다)는 이세키 아시아국장에게 북조선 귀환사업 기간 연장 취소를 요청하면서(다음 절 참조), 일본 측이 요청한 잠정 어업협정 체결의 경우 북조선 귀환과 분리하기 곤란하다고 전했다. 일본 측은 7월 12일 다시 3개 성청(省廳)회의를 열어 당면한 나포 방지 대책을 협의, 그 결과에 기초해 해상보안청과 수산청은 14일 관련 업계에 집합을 요구한 후 "해상보안청은 제주도에 근접한 농림어구(農林漁区)[60] 253구, 254구의 경비에 만전을 기할 수 없으므로 일본어선은

---

60) 일본 농림수산성이 경위도별로 30분씩 나눠 각 구분된 어장에 세 자리의 번호를 매긴 것을 의미한다.

당분간 이들 2개 어장에서 조업을 자제할 것"을 요청했다. 하지만 일본어선의 자숙도, 한국 측의 나포 자제도 실효를 거두지 못한 상태였다.

(5) 재일조선인의 북조선 귀환협정 기간 연장

재일조선인의 북조선 귀환 문제와 관련, 1960년 5월 9일 허정 외무장관이 "일본이 일한 간의 국교 회복을 원한다면 재일조선인의 북조선 귀환을 중지해야 하며, 또 이를 중지시키기 위해 미국의 알선을 요청했다"고 말했다고 보도되었지만, 11일에는 그 발언 내용에 "북조선 귀환 중지는 일한 회담 재개를 위한 절대적 조건이 아니라 성공을 위한 조건이다"라는 설명이 덧붙여졌다. 재일조선인의 북조선 귀환은 순조롭게 계속 진행되는 중이었고, 더욱이 아직 많은 귀환 신청자가 남아 있었다. 협정 기간은 1년 3개월이었지만 협정 제9조는 귀환사업을 완료할 수 없다고 인정되는 경우에는 8월 12일 이전에 일본과 북조선 두 적십자가 협의하여 경신할 수 있다고 규정하고 있었다. 정부 각성(各省) 및 일본적십자사는 5월 19일과 6월 23일에 귀환방침에 대해 토론했다. 그러나 기시 총리가 신(新)미일안보조약의 비준서 교환을 마친 6월 23일에 사의를 표명한 데다, 북조선 귀환이 한국에 미치는 영향이 컸으므로 이 문제는 다음 내각(이케다 내각)이 출범한 후에 다시 검토하기로 했다.

북조선의 귀환협정 연장 문제가 일본의 신문 지상에 보도될 때마다 한국 측에 반향을 불러일으켜 6월 24일과 29일 이재항 대표대리가 이세키 아시아국장에게, 7월 7일 이원경(李源京) 참사관이 미야케 심의관에게, 11일 이재항 공사가 이세키 아시아국장에게, 14일 이 공사가 야마다 차관에게 각각 북조선 귀환협정의 중단을 요청했다. 19일 이 공사는 이세키 아시아국장에게 "8월 12일까지 귀환자 전원을 등록시키고 귀환 속도를 앞당겨 11월 12일 현행 협정 만료일까지 귀환 업무를 완료할 것"을 요청했다. 이케다 내각 성립 이튿날인 7월 20일 정부와 일본적십자가 결정한 방침은 "협정은 연장하지만, 귀환 희망자로 하여금 일제히 귀환을 신청하도록 해 그 수를 확정한 후 나중에 다시 기간 연장을 결정한다. 귀환을 빨리 끝내기 위해 일본선박의 사용도 고려한다"는 내용이었다.

7월 21일 일본적십자는 북조선적십자에 "니가타 일본적십자센터에서 귀환협정의 연장, 귀환 업무의 속도를 내는 방법에 대해 협의하고 싶다"고 요청했다. 한편, 이날 이세키 아시아국장은 이 공사에게 북조선 귀환을 최대한 빨리 완료하려는 일본 정부의 의향을 설명했다. 이세키 국장은 이어 한국에 새로운 정권이 성립한 후 한국 측이 가장 관심을 갖고 있는 한국으로의 귀환협정 및 재일한국인의 법적지위 문제, 일본 측이 가장 관심을 갖고 있는 어업 문제 이렇게 두 문제를 서둘러 거론할 것을 희망한다고 말했다. 7월 23일 북조선적십자는 일본적십자에 협정을 수정하지 않고 그대로 연장하자고 제의하고, 8월 7일 이일향(李一鄕) 부회장을 단장으로, 허석신(許錫信) 조선적십자 조직기획부장, 김주영(金珠榮) 동 국제부 차장을 대표로, 수행원 3명, 통신원 2명(『노동신문』, 『조선중앙통신』 각 1명) 총 8명으로 구성된 대표단을 보내겠다고 통보해왔다. 그 후 통신원 자격으로는 입국이 허용되지 않았기 때문에 18일 상기 통신원 2명은 조선적십자회의 출판정보부원이라는 자격으로 변경해 입국을 허락받았다.

이리하여 니가타의 일본과 북조선 적십자회담은 8월 25일부터 시작됐다(다음 장 참조). 7월 25일 김신실(金信實) 한국적십자 사무총장이 가사이 일본적십자사 부사장에게 "한국적십자에서 대표 2명을 보내 재일조선인 문제에 대해 회담하고 싶다"는 취지로 요청했지만, 일본 측은 그 시기를 기다려달라는 거절의 답변을 보냈다.

2. 장면 내각의 성립과 고사카 외상의 방한

한국에서 대통령중심제를 내각책임제로 개정하는 헌법 개정안이 6월 15일 국회를 통과하고, 헌법에 따라 7월 29일 민의원 및 참의원 양원 선거가 행해져 기존의 야당 민주당이 민의원에서는 233석 중 175석을, 참의원에서는 58석 중 31석이라는 압도적 다수의 의석을 차지했다. 8월 12일 윤보선(尹潽善, 전 민주당 최고위원)이 대통령으로 선출되어 8월 16일 장면(전 부통령)이 국무총리에 지명, 추인되었다. 이로써 23일 장면 민주당 새 내각이 발족했다. 한국민은 장면 정권의 출범을 "제2공화국의 탄생"이라고 부르며 축복했다.

장면 총리가 종래에 주한 일본대표부 설치 문제에 호혜정책을 취할 것, 일한 어업협정을 체결할 것, 무역 정상화를 이룰 것 등을 주장해온 만큼, 일본의 조야(朝野)는 정권 출범에 새로운 기대를 갖게 됐다. 8월 19일 이케다 내각이 발족한 날 신임 고사카 젠타로(小坂善太郎) 외상은 「한국의 새 정부 수립에 관해」 다음과 같은 외무대신 담화를 발표했다.

이번에 한국에서는 새로운 헌법 아래 초대 대통령으로 윤보선 씨, 국무총리에 장면 씨가 각각 선임, 지명되었다. 한국이 진정한 자유민주주의 국가로서 재건을 위한 첫걸음을 내디디기에 이른 것은 한국의 가장 가까운 인방(隣邦)으로서 우리 국민은 모두 환영하는 바이며, 그 미래에 큰 기대를 거는 바이다.

나는 일찍이 일한 양국이 하루빨리 국교를 정상화하고 영구적인 선린우호관계를 수립해야 한다고 다짐해왔던 만큼, 한국의 새 정부지도자가 벌써부터 일한관계 개선에 열의 있는 태도를 보인 것에 대해 대단히 기쁘게 생각한다.

　나는 신속하게 일한회담이 재개되어 쌍방이 대국적인 견지에서 상호 이해와 양보의 정신에 따라 흉금을 열고 대화함으로써 하루 속히 국교정상화를 실현하기를 희망함과 동시에, 나 또한 이를 위해 성의를 갖고 최선의 노력을 기울일 생각이다.

　한국의 총선거 결과 민주당의 승리가 보도된 이튿날 7월 31일, 일본의 신문은 "축하를 겸한 고위급 친선사절 파견"(『마이니치신문』), "고사카 외상 구상, 일한 정상화를 위한 적극적인 외교, 서울로 회담을 이동"(『요미우리신문』) 등의 제목으로 기사를 내보냈다. 또한 8월 14일 고사카 외상은 기자회견에서 "각료급 인물을 파견하는 것을 고려하고 있다"고 말했다고 보도되었다. 『아사히신문』 8월 26일 자는 고사카 외상 방한 결정을 다룬 해설기사에서 "외상은 자민당 호리 시게루(保利茂) 총무회장을 동행하도록 하는 것을 고려하고 있는 데 반해 이케다 하야토(池田勇人) 총리는 재계 대표인 이시자카 다이조(石坂泰三)[61] 씨 또는 자민당 대표로 호리 총무회장을 국민사절로서 파견하는 것을 생각하고 있다"고 보도했다.

　또한 8월 25일 외무성 북동아시아과가 기안한 「고사카 외무대신의 방한에 관한 건」(총리의 설명자료)은 '8월 24일 고사카 외무대신이 맥아더 대사와 회담했을 때, 외상이 '방미 전에 자신이 한국에 가는 것은 대미 관계상 좋지 않다는 의견이 일부 있지만, 대사의 솔직한 의견을 알고 싶다'고 묻자 맥아더 대사는 '일한관계의 조정은 미국이 가장 관심을 갖고 있는 바이다. 이것을 타개하기 위해 외상이 방한하는 것은 그야말로 환영하며, 이에 대해 미국 측이 반대할 리가 없다'고 대답했다'고 적고 있다. 마에다 도시카즈(前田利一) 북동아시아과장은 당시를 회상하면서 다음과 같이 말했다〔마에다 도시카즈·스기야마 지마키(杉山千万樹)·와타나베 고지(渡辺幸治), 「장면 정권, 군사정권 시절의 방한」, 1969년 12월 25일〕.

　당시에는 외무성 내에서도, 정당 내에서도 한국에서 일본으로 온다면 어떨지 몰라도 여기에서 한국으로 가는 것은 일종의 굴욕적인 항복(城下の誓)이라는 사고방식이 존재해 외상의 방한을 반대하는 의견이 상당했다. 고사카 외상 자신도 그런 느낌을 피력한 적이 있어 방한이 명확하게 결정되기까지는 다소 시간이 걸린 것으로 기억하고 있다. 한편, 한국을 옹호하는 인사들은 "대국(大國)의 자긍심을 갖고 이쪽에서 간다고 하더라도 굴욕적인 항복이 되는 것은 결코 아니다"라는 의견을 제기했고, 결국 이것이 대세를 이룬 것으로 보인다.

---

61)　1886-1975. 제일생명보험, 도시바 사장을 거쳐 경제단체연합회(경단련) 회장(1956~1968)을 역임했다.

이상의 친선사절 파견에 관한 신문 보도가 한국 측에 전해지자, 윤보선 신임 대통령, 장면 신임 국무총리도 이를 환영한다는 뜻을 표명했다. 8월 20일 이세키 아시아국장은 이재항 주일 한국대표부 공사에게 경축 친선사절로서 외무대신이 방한할 경우 유엔총회에 참석하는 관계로 방한이 9월 7일 이전에 이뤄지는 데 대해 한국 측의 의향을 타진했다. 23일 신임 정일형(鄭一亨) 외무부장관은 일한회담 재개를 위해 외무장관 간의 소규모 정상회담을 제창하면서 고사카 외상의 방한을 환영한다고 말했다. 25일 한국 정부는 국무회의에서 일본 정부의 친선사절이 9월 6일 방문하는 것을 수락한다고 공식 결정하고, 이튿날인 26일 주일 대표부 이 공사를 통해 이 사실을 일본 측에 통보했다.

일본 정부는 9월 6일부터 7일까지 양일간 고사카 외상을 경축사절로서 한국에 파견하기로 공식 결정하고, 이날 저녁 이세키 아시아국장은 이 공사에게 이를 통보했다(본건의 각의 양해는 30일 완료되었다).

이로써 9월 6일부터 7일까지 고사카 외상은 가쓰마타 미노루(勝俣稔) 정무차관, 이세키 아시아국장, 마에다 북동아시아과장을 대동하고 수행기자 23명과 함께 일본항공 특별기 편으로 방한했다. 일본의 한반도 통치의 종료 이후 15년 만에 처음으로 이뤄진 공식 사절의 방한이었다. 6일 정오 고사카 외상은 김포 비행장에 도착, 정 외무장관의 영접을 받은 후 다음과 같은 성명을 발표했다.

이번에 한국에 새로운 정권이 수립된 것을 계기로 저는 일본 정부와 국민을 대표하여 귀국 정부와 국민 여러분께 진심으로 축하의 말씀을 드리기 위해 왔습니다.

한국과 일본은 예부터 경제, 문화 등의 면에서 깊은 관계가 있으며, 일의대수(一衣帶水), 즉 가장 친한 이웃국가로서 손을 잡고 앞으로 나아가야 할 관계라고 믿고 있습니다. 그럼에도 불구하고 불행하게도 양국 관계가 이러한 본연의 모습으로부터 떨어져 있었다는 것은, 저희가 가장 유감으로 생각하는 바입니다.

다행히도 한국의 새로운 지도자분들이 과거에 얽매이지 않고 미래를 향해 나아가자고 말씀해주셔서 우리는 깊은 감명을 받았습니다. 일본은 이에 호응하여 한국 국민의 대일 감정을 충분히 존중하고 공영의 방향으로 나아가고 싶다고 생각하고 있습니다.

오늘 우리는 평화와 자유 애호 국가로서의 확고한 기초 위에 국운을 펼쳐나가려 하고 있습니다. 이 가을에 저는 일한 양국 정부가 흉금을 열고 이야기함으로써 다년간의 현안을 하루빨리 해결하고, 양국 간에 선린우호, 상호 신뢰 관계가 강하게 수립되기를 염원하고 있습니다.

현재 일한 양국 간에는 희망찬 새 역사가 시작되려 하고 있습니다. 이번에 신생 한국을 찾아 일본 국민을 대표하여 축의를 표할 수 있게 된 것에 대해 저는 크게 감격하고 있습니다.

새 정부 성립 직후 바쁘신 와중에도 불구하고 오늘 여러분이 환영해주시는 것에 대해 깊이 감사드립니다.

사진 25   전후 일본 외상으로는 처음으로 한국을 방문한 고사카 젠타로가 1960년 9월 6일 김포공항에서 도착성명을 발표하고 있다. (출처: 국가기록원)

이 성명안은 고사카 외상의 방한을 한국 측이 수락한 8월 25일 외무성 북동아시아과에서 마에다 과장 이하 과원(課員) 6명이 각각 안을 만들고, 이것들을 참고로 해 우야마 아쓰시(宇山厚) 참사관이 별도로 기안한 다음 29일 고사카 외상이 이를 다시 수정한 뒤 이케다 총리가 총리 권한으로 재수정한 것이다. 한 글자, 한 글자 매우 신중을 기한 것으로, 가장 중요한 부분은 과거 일본 통치를 언급한 "본연의 모습으로부터 떨어져 있었다는 것은 저희가 가장 유감으로 생각하는 바입니다"라는 대목이다. 그러나 이 성명은 한국 측에 의해 호평을 받지 못했고, 이듬해인 1961년 5월 자민당 의원단이 방한했을 때 주일 대표부 문철순(文哲淳) 참사관은 "과거에 대한 일본의 반성"을 거론하지 않았다는 점을 지적하며 한국민은 만족하지 못했다고 말했다.

마에다 북동아시아과장은 상기의 기록에서 고사카 외상의 방한 후의 상황에 대해 다음과 같이 말했다.

공항에서 정일형 외무부장관의 영접을 받았다. 아무런 행사도 없이 도착성명을 발표한 후 흰색 오토바이의 인도를 받아 숙소인 반도호텔로 향했다. 길가에서 우리 행렬을 바라보고 있던 한국인들은 욕설과 험담을 내뱉지는 않았으나 환영의 깃발을 내걸지도 않았고, 말하자면 무표정이었다. 단지 서울역 앞에서 전차 정류장에 서 있던 한국의 중년 부인이 자동차 쪽으로 획 돌아보면서 한국말로 무언가 소리치는가 싶더니 무잎 같은 것을 일행에게 내던진 일이 있었다. 다행히 차량에는 맞지 않았다. 이것뿐이었다.

숙소에 도착한 뒤 장면 국무총리를 예방하기 위해 첫 번째 차량에 고사카 외상, 두 번째 차량에 가쓰마타 정무차관과 이세키 국장, 세 번째 차량에 마스다(增田) 대신비서관과 내가 타고 나가려고 할 즈음, 청년행동대와 같은 젊은 사람들이 반도호텔로 몰려들어 "일본인은 돌아가라"고 구호를 외쳤다. 이들은 또 "우리 동포를 북쪽의 노예로 팔아넘기는 일본은 괘씸하다. 즉시 북송을 멈춰라" 라고 쓴 플래카드를 들고 우리 차량을 둘러쌌다. 경비경찰이 이들을 저지하여 외상의 차량과 국장의 차량만 겨우 출발시켰으나, 세 번째 내가 탄 차량은 지나갈 수 없었다. 청년들은 차문 손잡이를 붙들고 유리창을 두드리거나, 펜더에 뛰어들어 올라타기도 했다. 올해는 해거티 사건[62]도 있었기 때문에 나는 순간적으로 '여기서 당황해서는 안 된다. 허둥대서는 안 된다'고 생각하고 모르는 척하면서 조용히 참고 있었다. 외무부에서 보낸 차량의 운전사는 침착했고, 펜더 위에 사람을 태운 채 차를 급하게 움직인 후 갑자기 브레이크를 작동함으로써 청년을 떨어뜨려 겨우 청년들의 울타리를 벗어나 앞서 출발한 두 차량을 따라갔다. 이런 상황이었는데 "마에다 과장이 막대기로 얻어맞았다" 라는 기사가 신문에 나온 것이다. 실제로 막대기로 맞은 것은 아니다. 청년들 중에는 막대기를 갖고 있던 자도 있었지만 대개는 눈꼬리를 추켜올려 안색을 바꾸면서 맨손으로 차를 에워싸고 문을 억지로 열려 하거나 창문을 쾅쾅 두드렸을 뿐이다. 단지 심리적으로는 상당한 압박을 받았다.

장 국무총리를 예방하고 정 외무장관과 회담한 뒤 호텔로 돌아오자 반도호텔 현관에 내걸렸던 일장기를 끌어내리려는 자가 있었다. 나중에 들었지만 당시 여당인 민주당 내에는 신파와 구파가 있고, 장면 총리를 반대하는 파가 장면 총리를 곤란하게 하려는 의도로 청년들을 동원했다고 한다.

사진 26   서울 시민들이 고사카 일본 외상의 방한을 규탄하는 시위를 벌이고 있다. (출처: 국가기록원)

---

62)   미일안전보장조약 개정을 기념해 드와이트 아이젠하워 미 대통령의 방일 일정을 협의하기 위해 1960년 6월 10일 하네다 공항에 도착한 제임스 해거티(james Cambell Hagerty) 백악관 대변인이 공항 주변에서 안보 투쟁시위대에 포위되어 미 해병대의 헬기에 의해 구조된 사건을 말함.

윤보선 대통령을 예방한 후에 이뤄진 장면 국무총리 예방은 예정 시간인 20분을 훨씬 넘겨 50분이나 걸렸다. 장면 총리는 "일한관계를 과거에 얽매이지 말고 적극적으로 대응해 나가는 것이 한국 새 정부의 기본적인 태도이다. 그러나 한국의 국민감정은 과거를 잊을 리가 없다. 일본 측은 재일한국인 대우 문제를 이 같은 국민감정을 고려하는 형태로 해결해주길 바란다. 특히 북조선으로의 귀환을 한국 측이 반대하고 있는 것도 이 국민감정이 있기 때문이다. 일한 양국이 협력해 세계 평화에 기여하기 위해 공산주의와 싸워 나가고 싶다"고 말했다. 이에 대해 고사카 외상은 "공산주의와 싸우기 위한 군사적 협력은 일본 국내법상 곤란하다, 양국이 경제적으로 번영하고 국민생활이 안정되는 것이 공산주의를 억제하는 유력한 방법이다. 이런 의미에서 일본은 한국에 대해 경제협력 및 의료협력을 실시하겠다"고 말했다.

이어 열린 고사카 외상과 정일형 외무장관의 회담에서 한국 측은 일본 측의 경제협력, 문화교류, 의학원조에 환영의 뜻을 피력했고, 일한회담 예비회담을 일본 총선 전인 10월 하순 도쿄에서 개최하기로 의견 일치를 보았다. 고사카 외상은 주한 일본대표부 설치를 요구했지만, 한국 측은 현재 일본 측 대표부를 인정하면 한국 국민에게 국교정상화가 오래 걸린다는 인상을 줄 수 있다면서 한국의 국민감정이 일본대표부 설치를 납득하기에는 다소 시일이 걸릴 것이라고 답했다. 정 장관은 마지막으로 10월 1일 대통령 취임 축하식을 계기로 현재 억류 중인 일본인 선원 40명에 대한 특사를 단행한다면서 이는 이번 고사카 외상의 내한에 대한 선물이라고 말했다. 이리하여 6일 오후 7시 다음과 같은 일한 공동성명이 발표되었다.

고사카 일본 외무대신은 한국의 새로운 정부 수립을 경축하기 위해 1960년 9월 6일부터 7일까지 대한민국 수도 서울을 방문했다.

서울에 체류하는 동안 고사카 외무대신은 대한민국 윤보선 대통령, 장면 국무총리 및 정일형 외무부 장관을 방문했다. 고사카 대신은 대한민국이 민주 혁명을 통해 새로운 정부를 수립한 것에 대해 일본 정부와 국민의 축의를 표명했고, 한국 정부지도자들은 이에 대해 사의(謝意)를 밝혔다.

고사카 대신은 또 일본 국민이 한국민에게 느끼는 우의와 경애의 뜻을 전달하고 향후 일한 친선관계를 수립, 증진하기 위한 일본 정부와 국민의 희망과 결의를 표명했다.

한국 정부지도자들도 일한 우호관계의 중요성을 인식하고 이를 위해 공동으로 노력하는 것이 필요하다는 신념을 피력했다.

양국 외무장관은 평등과 주권 존중의 기초 위에 상호 이해의 정신으로써 양국 사이에 개재된 제반 현안의 해결을 기하고, 또 양국 간 협조의 기초 위에서 새로운 관계를 수립하기 위해 노력하기로 합의했다.

고사카 장관과 정 장관은 이번 고사카 장관의 방한이 양국 간의 이해 증진과 새로운 친선관계 수립을 위한 첫걸음으로서 깊은 의의가 있음을 확인했다.

고사카 외상 일행은 7일 오후 하네다 공항에 귀착했다. 고사카 외상은 공항에서 "이번에 정부 대표로서 15년 만에 한국을 방문했는데, 한국 정부로부터 매우 용의주도한 환영을 받는 가운데 일한 양국 간의 우호친선의 문을 열 수 있었던 것에 기쁨을 금치 못한다"고 말했다.

한편, 상기한 마에다와 와타나베의 회고담에는 다음과 같은 기록이 보인다.

> 공동성명의 자구 수정 과정 중에 외무성에 전보를 쳐야만 해서 한국 외무부에 부탁, 주일 한국대표부에 전보를 보내 외무성의 야나기야(柳谷) 사무관에게 전달했던 적이 있다. 그때 한국 측이 일본어로는 전보를 칠 수 없다고 하여 영어로 쳤다.
>
> 6일 저녁 반도호텔 리셉션 후에 열린 외무부장관 주최 만찬에 나는 통역으로 참가했다. 정일형 외무부장관, 이태용(李泰鎔) 상공부장관, 현석호(玄錫虎) 국무부장관 등이 참석했다. 만찬 석상에서 김에 관한 이야기 등을 일본어로 나누는 걸 보고 역시 대화는 일본어로 되어버리는구나 하는 생각이 들었다.
>
> 그 대화는 단시간에 빨리 끝나버렸고 이재항 공사가 이세키 국장과 나를 불러 곧장 청운각(淸雲閣)으로 갔다. (마에다 회고)

> 낮에 느낀 섬뜩한 긴장과는 정반대로 청운각 연회의 분위기는 상당히 배려 있고 온화했다. 그날 밤은 매우 늦게까지 이어졌지만, 이튿날 아침 일찍 우리가 눈을 떴을 때 이세키 국장은 과거 대동아성(大東亞省) 부하였던 현석호 국무부장관, 한통숙(韓通淑) 참의원 의원(민주당 정책위원회 부의장, 이후 체신부장관이 된다)과 골프장에서 아침식사를 함께하기로 약속해 이미 출타 중이었다. (와타나베 회고)

과거 1953년부터 1956년까지 억류된 일본 어부에게 위문품을 전달하기 위해 외무성 직원이 부산과 목포 항구까지(상륙은 허용되지 않았다) 갔던 출장을 제외하면 이번 방한은 한국 체류가 23시간에 불과했음에도 외무성 직원에게는 전후 첫 한국 출장이었고, 경축 방문이라는 의미 이상으로 그 체험은 한국 사정을 구체적으로 인식하기 위한 일본의 귀중한 첫걸음이었다.

3. 제5차 일한회담에 대한 일본 측 방침

고사카 외상 방한 시 정일형 외무부장관과의 합의에 따라 제5차 일한회담은 10월에 개최하기로 예정되어 있었다. 이에 앞서 일본 측은 이세키 아시아국장을 중심으로 매우 적극적으로 한국에 대한 교섭 방안을 가다듬고 있었다.

　7월 22일 이세키 아시아국장의 지시에 따라 북동아시아과는 다음과 같은「한국 경제기술 협력에 관한 예산조치에 대해」를 기안했다. 이는 청구권을 무상 경제협력이라는 형식으로 처리하는 방안으로서 매년 2,000만 달러, 5년간 총 1억 달러를 무상 경제협력으로 지출하는 것을 골자로 하고 있었다.

한국 경제기술 협력에 관한 예산조치에 대해

　1. 한국에 대한 경제협력의 취지

　조만간 재개될 예정인 일한회담에서 한국 측은 다시 거액의 재산청구권을 제기하고, 여기에 재일한국인의 한국 귀환과 관련된 '보상금' 따위를 지불하라고 주장할 것으로 보인다. 그러나 재산청구권 문제는 (가) 교섭이 매우 어렵고 장기화될 가능성이 높으며, (나) 한국과의 사이에 이 문제를 해결할 경우 북조선과의 사이에도 문제가 발생하며, (다) 국내적으로는 구(舊) 재산권자에 대한 보상 문제를 야기하므로 조속한 해결을 도모하는 것이 부적당하고, 오히려 일종의 '보류'를 해두는 것이 적당하다. 재일한국인의 한국 귀환에 따른 '보상금' 지불 요구에 응해야 할 근거 또한 없다.

　그러나 다른 한편으로 일한회담을 조속히 타결하기 위해서는 한국 측에 어떤 형태로든 경제 협력 혹은 원조를 하는 것이 불가피한데, 우리 일본으로서도 과거에 대한 보상이 아니라 한국의 미래 경제 및 사회복지에 기여한다는 취지라면 이 같은 경제 협력 혹은 원조를 실시하는 의의가 있다고 볼 수 있다(한국에 대한 미국의 경제원조와 더불어 한국 경제가 안정적으로 성장하고 나아가 한국의 정치까지 안정되는 것은 이웃나라 일본으로서도 좋은 일이다. 한국 경제가 안정화 경향을 보이는 것은 재일조선인의 북조선 귀환 희망을 감소시켜 당면 문제인 북조선 송환 업무를 서둘러 종료시키는 효과가 있다).

　위와 같은 사정을 감안할 때 일한회담이 타결되어 일한 간 국교가 정상화한 후(대략 내년 회계연도 이후) 매년 2,000만 달러, 5년간 총 1억 달러를 경제협력을 위한 원조(무상)로서 지출하는 것이 적당하다고 생각된다.

　2. 한국에 대한 무상 경제협력을 위한 예산조치

　현재 우리나라가 실시하고 있는 배상 및 경제협력을 대별하면

　　(1) 무상(無償)인 것〔배상부(賠償部) 소관〕

　　　(가) 버마, 필리핀, 인도네시아, 베트남에 대한 배상

　　　(나) 라오스, 캄보디아에 대한 경제기술 협력(이 두 나라는 대일 배상청구권을 포기했으므로 일본 측은 이에 부응하여 경제기술 협력을 실시하기로 한 것임)

　　(2) 유상(有償)인 것(경제협력부 소관)

　　(우리 일본에서 통상 말하는 경제협력은 여기에 속한다)

　으로 구분될 수 있다.

국교정상화 후 한국에 대해 행하고자 하는 특별 경제협력은 무상의 명목이므로 위의 (1)의 (나)와 유사한 것이 될 것으로 생각된다. 상기 (1)의 배상 및 무상 경제협력을 위한 예산은 모두 배상 등 특별채무 처리 특별회계에 계상되어 있으며, 수익국(受益國)은 계약 당사자로서 물자를 공급받고 역무(役務)에 종사하는 일본 국민에게 일본 정부가 대금을 지불하는 것을 원칙으로 하고 있다.

따라서 향후 조치로서 일한회담에 임하는 일본 측의 기본방침 결정 과정과 내년도 예산 편성 과정에서 대장성 측에 상기 1항의 취지 등을 신중히 설명하고 이재국(理財局) 외채과(배상 등 특별회계 소관과)로 하여금 필요한 조치를 취하도록 설득해야 한다고 생각된다.

3. 한국에 대한 경제협력 사무비용에 대한 예산조치

라오스나 캄보디아의 경제·기술 협력을 위한 사무비용에 준해 외무성이 이를 준비할 필요가 있다(주로 일한 합동위원회를 위한 경비가 될 전망).

이와는 별도로 일본 측 학계, 경제계의 유식자로 구성된 일한 경제협력연구회를 위한 경비, 서울에서의 협의를 위한 외국 출장 여비는 외무성 담당과에 계상할 예정이다.

4. 일반적인 경제협력 및 기술협력을 위한 예산조치

국교정상화에 이르기까지의 기간 중에 대한국 투융자에 의한 경제협력 및 무상 기술협력이 올해 후반 혹은 내년에 필요할지도 모르는데, 그 경우에는 외무성 기술협력 예산과 대장성의 재정 투융자 관계 예산 내지 예비비에 대한 조치가 필요하다.

이 방안은 회람 도중에 "1억 달러는 너무 과하므로 대장성과 국회의 강한 도전을 받아 오히려 실현되기 어려울 것이다. 오히려 실제적으로 총 5,000만 달러 정도가 기껏 도출할 수 있는 한계이지 않을까. 어쨌든 그러한 거액의 무상원조는 한국 측의 청구권을 모두 포기하도록 확정하는 것이 아니라면 우리 일본 내에서는 도저히 지지를 얻지 못할 것이다"라는 코멘트가 첨부되었다. 이에 대해 이세키 아시아국장은 "청구권을 포기한다면, 1억 달러 정도는 고려해야 할 것이다"라고 적었다. 또 시라하타 도모요시(白幡友敬) 경제국 참사관은 "배상 형식이 아니라 경제원조 또는 경제협력의 형태로 거액의 자금을 공여하는 경우에는, 이른바 '맛보기' 방식으로는 실시 단계에서 여러 가지 혼란이 발생할 우려가 있다. 따라서 경제협력이라고 밝힌 이상 상대국과 우리 일본과의 무역관계, 상대방의 자원 개발, 산업 개발 문제, 상대국의 경제 정세 등을 충분히 검토한 후에 구체적인 구상을 세우고 시작하는 것이 절대적으로 필요하다. 또 본건에 대해선 경제국장, 배상부장의 의견을 필요로 한다"라고 주석을 달았다. 이 구상에 대해 이세키 아시아국장은 다음과 같이 말했다. 〔(교섭사 자료 「일한교섭의 회고: 이세키 전 아시아국장에게 듣는다」(듣는 사람, 야나기야 과장, 1969년 12월 3일)〕.

청구권에 대해 모두 모여 다양하게 의논해보았지만, 아무리 해도 청구권 자체는 도저히 정리되지 않는다. 요컨대, 한국 측은 금액 문제이므로 괜찮을 것이다. 그러나 국내, 특히 국회와의 관계에서는 도저히 설명이 되지 않는다. 얼마 전에 베트남 배상을 처리했다고는 하지만, 3,900만 달러라는 적은 금액인데도 완전히 쪼그라들고 말았다. 이를 설명하기 위해 국회에 갈 때 가져간 서류 봉투의 높이가 처음에는 20센티미터 정도였는데, 자료를 달라는 요구가 쇄도해 마지막에는 온갖 자료를 만들어 사무관이 30센티미터 정도 높이의 서류 꾸러미 두 개를 안고 따라오게 되었다.

일한관계에서 저런 일을 당하고는 도저히 감당할 수 없다. 특히 한국의 경우는 야당의 공세가 매우 강할 것이라고 하니 어떻게든 청구권 그 자체가 아니라 다른 무언가로 전환하지 않으면 안 된다는 생각이 그때부터 생겨났다. 처음에는 조금 꺼리는 것을 내놓는 법이다.

국내에서는 "한국이 청구권을 포기한다는 것을 조건으로 한 경제협력"이라고 하면 문제가 없었을지도 모르지만, 다만 금액이 문제였다고 생각한다. 1억 달러라고 쓰여 있지만, 1억 정도로 끝날 것이라고는 누구도 생각하지 않았다. 나는 이 정도로는 도저히 마무리되지 않는다, 처음부터 더 큰 숫자가 있다고 생각했다. 그래서 서서히 숫자를 올려 나가지 않으면 안 된다는 걸 항상 고려했다.

그로부터 1개월 후인 8월 25일 각의 양해안으로서 아시아국에 의해 다음과 같은 「제5차 일한 전면 회담에 관한 기본방침(안)」이 기안되었다.

I. 기본방침을 결정하는 이유

지난 8년간 네 차례에 걸친 일한 전면(全面) 회담의 지금까지의 경위를 감안해 이번 제5차 전면 회담에서는 미리 여러 현안에 대한 우리 측의 기본적인 방침을 결정하고 이를 적절하게 상대측에 보여주면서 절충하지 않으면 회담을 더 이상 실질적으로 진행할 수 없는 단계에 와 있다고 판단된다. 따라서 한국에서 새로운 정권이 성립함에 따라 일한 간의 분위기가 호전되고 있는 지금, 후술하는 방침에 따라 회담에 임해 가능한 빨리 이것을 타결하는 것으로 한다.

II. 일반 정책

(1) 기존 교섭에서는 한국 측이 어업 문제를 양보하지 않는 한 문화재, 선박, 기타 문제에 대해 우리 측도 아무런 약속도 하지 않는다는 방침을 취하고 있었지만, 이번에는 이를 수정해 어업 문제의 진행과 관계없이 각 문제마다 해결해간다. (주: 각 위원회에서 결정한 사항은 국교 수립과 함께 효력이 발생한다.)

(2) 후술하는 이유로 청구권 문제의 해결은 어려울 것으로 생각되므로 청구권 이외의 문제에 대해 의견 일치를 보았을 때 국교를 수립한다. 청구권과 관련해서는 조약 중에 이에 대한 조항을 마련한다.

III. 각 문제에 대한 방침

(1) 어업 문제

(가) 이승만 라인에 관한 한국 측 주장을 철회시킨다.

    (나) 한국의 영해(해양법 회의의 결정을 고려한다) 밖 일정수역에 어족 보존 및 한국 어업 육성을 위해 잠정 협정으로서 조정구역을 설치한다.

(2) 재일조선인의 법적지위 및 처우

    (가) 샌프란시스코 평화조약의 발효와 동시에 일본 국적을 상실한 것을 확인한다.

    (나) 종전 전부터 계속해서 일본에 재류해온 조선인으로 앞으로도 일본에 체류하는 자는 영주를 허가한다. 이들 조선인의 강제퇴거 기준에 대해서는 일반 외국인보다 관대한 실시상의 기준을 마련한다.

    (다) 재산권을 비롯한 기타 처우는 현재대로 한다.

    (라) 귀국하는 자에 대해서는 그 재산을 원칙적으로 모두 갖고 돌아가는 것을 허락한다. 그러나 그 방법, 시기 등은 추후 양국 정부 간에 협의한다.

(3) 문화재

우리 일본이 한반도를 지배하던 기간 중에 한반도로부터 옮겨온 문화재로서 현재 국유로 존재하는 것은 원칙적으로 국교정상화 이후 한국 정부에 인도한다.

(4) 선박

일정 수량의 각종 선박은 국교정상화 후 한국에 인도하기로 한다.

(5) 재산청구권 문제

기본적으로 '미국의 해석'에 의해 처리해야지만, 그 협상이 (가) 매우 어렵고 장기화할 것으로 예상된다, (나) 한국과 이 문제를 해결할 경우 북조선에 대한 문제가 발생한다, (다) 국내적으로는 구 재산권자 보상 문제를 야기한다. 따라서 이번에는 이 문제를 국교정상화 후로 미루도록 노력한다. 교섭 상황에 따라 한국의 경제 및 사회복지에 기여한다는 취지로 국교정상화 후 한국에 대해 경제원조를 하는 것도 고려한다.

이 방안을 중심으로 9월에 2회(12일, 19일), 10월에 1회(14일) 각 성(各省) 협의회를 열어 의견을 들었다. 제3회(10월 14일) 각 성 협의회의 기록에 따르면, 외무성 측은 대략 연내 예비회담을 끝내고 순조롭게 진행된다면 연말연시 휴가 기간 동안에 고위급의 조정을 거친 후 1월 말경부터 본회의로 전환하는 것을 생각하고 있었다. 외무성 측은 또 가장 어려운 문제는 기본관계인데, 한국 정부를 유일한 합법 정부로 인정하면서도 북조선 정부의 존재를 완전히 무시할 수는 없으므로 그 조정을 외무성에서 신중하게 검토하는 중이라고 말했다.

어업 문제에 대해 다카하시 야스히코(高橋泰彦) 수산청 차장은 "일본 측은 1958년 10월 '요강(要綱)'과 그해 11월 '골자(骨子)'를 제안했는데, 상대측은 '이승만 라인을 전제로 하지 않는 제안은 의미가 없다'고만 말하면서 아무런 답변도 주지 않은 상황이다. 상대측이 만약 이승만 라인을 전제로 하지 않으면서 이야기하려는 태도를 취한다면 1958년 우리 측 제안은 충분히 심의할 만한 근거를 포함하고 있으며, 또 그 수정까지 생각할 여지가 있다"고 말했다. 이에 대해 이세키 국장은 "한국 측으로서는 국내 사정도 있어 처음부터 이승만 라인 철폐라고는 말할 수 없지만 비공식 회담에서 '이승만 라인의 논의를 보류하고 1958년 일본 측 방안부터 논의하자'는 식으로 말했다. 따라서 어업위원회를 열어 사무적인 대화를 추진하는 것이 적당할 것이다"라고 말했다.

법적지위 문제에 대해 다카세 지로(高瀨侍郎) 입국관리국장은 "지난해 12월 말 제기된 협정안을 출발선으로 하여 이번에는 대화를 정리한다는 취지로 각 문제에 대한 현재 법무성의 견해를 정리 중이다. 또 외무성의 북조선 처리방침마저 결정되면 법적지위와 관련해서는 극복할 수 없는 장애는 없다고 생각하고 있다"고 말했다.

일반 청구권 문제에 대해 니시하라 나오카도(西原直廉) 대장성 이재국장은 "대장성 입장에서는 청구권 문제의 결말이 나지 않은 상황에서 단지 막연하게 국교가 수립한 후에 무언가 경제원조를 한다는 생각은 전혀 문제되지 않는다. 다만 경제원조는 재원 확보가 곤란하고, 타국과의 형평성 문제가 생긴다"고 발언했다. 요시다(吉田) 이재국 차장은 "청구권 문제를 검토해 미지급 급여 등은 지불해도 좋다고 생각하지만, 이것도 규명해가면 북조선과의 관계와 대만, 중공에 미치는 영향도 고려되어 원활하게는 진행되지 않을 것이고, 결국 청구권 문제를 아예 거론하지 않든지, 아니면 북조선 문제 등도 잘라낸 후에 전면적으로 각오하든지 하나를 선택할 수밖에 없지 않을까 생각한다. 상대측이 미군정령 33호와 관련된 논의를 하는 경우에는 응하지 않겠지만, 만약 문제를 축소해 미지급 급여와 징용노무자 급여 등만을 문제로 제기해준다면 사무적으로는 이야기할 여지가 있다. 그러나 그 경우에도 화폐가치의 변동이라든지 위로금, 위문금 지불 등이 문제로 제기될 터이고, 대만과 중국 산둥(山東) 성 징용노무자에 영향을 미칠 수 있으며, 북조선 관계를 어떻게 처리할지 하는 문제도 생긴다. 결국 일시불로 전부 해결하는 아이디어가 나올지도 모르지만, 그 경우에도 여전히 북조선 문제가 남을 것이다"라고 설명했다.

선박 문제에 대해 가와케(河毛) 해운국 참사관은 "종래의 경위를 보면 일본 측은 미군정령 33호와 SCAPIN 2168 등에 관한 한국 측 주장을 일절 인정할 수 없지만 그러한 법률관계를 적용하지 않은 채 한국 해운 진흥에 기여하기 위해 한국 치적(置籍)선박으로 대체로 쌍방이 확인한 약 5,900톤의 선박을 한국 측에 기증하겠다는 제안을 한 반면, 한국 측은 이에 응하지 않고 있다. 총톤수를 5,900톤 이상으로 늘리게 되면 이는 선박위원회의 문제가 아니라 회담 전체의 타결과 관련지어 결정해야 하는 문제라고 생각한다"고 말했다.

이세키 국장은 "선박 및 문화재는 양측 모두 문제를 잘 파악해 대화가 마무리되어가고 있으므로 굳이 위원회를 열지 않고 정치적인 대화를 통해 회담의 전반적인 타결 단계에서 선박을 6,000톤으로 할까 1만 톤으로 할까, 문화재를 몇 점으로 할까 등을 결정하는 것이 적당하다고 생각한다"고 말했다.

야나기야 과장(당시 북동아시아과 수석사무관)은 이세키 국장과의 회고담에서 다음과 같이 말했다.

각의 양해안 중에 어업 문제와 관련해선 "이승만 라인에 관한 한국 측 주장을 철회시킨다"라고 되어 있고, 그다음에 "한국 영해 밖 일정수역에 어족 보존과 한국 어업 육성을 위한 잠정 협정으로서 조정구역을 설치한다"라고 쓰여 있다. 이것이 전관수역과 그 밖의 조정수역이라는 사고방식의 원래 모습으로, 그 후 이루어진 어업협상에서 시종일관 견지되어 결국 마지막에 이렇게 정리된 것이다.

외무성 조약국 법규과와 아시아국 북동아시아과에서 일한문제 해결의 기본 입장을 분명히 하는 중요한 조정이 이 시기에 진행되었다. 특히「일한교섭에서 일본 정부의 입장에 관한 법률상의 문제점」(1960년 12월 6일)은 한국의 지위, 남북조선 관계, 재산청구권, 국적처우, 어업 및 이승만 라인에 대한 기본적 입장을 밝힌 것으로, 내용의 주요 사항은 다음과 같다. 이로써 이후 국회 답변도 이 견해로 통일되었다.

1. 한국의 지위(남북조선 관계)

(가) 조약의 상대국으로서 한국 정부의 지위는 1948년 유엔결의 195(III)의 내용에 따라 한반도에 성립된 유일한 합법 정부이지만, 그 실효적 지배와 관할은 남한 부분에만 미치는 것으로 간주한다. 동 결의의 해석에는 한국 정부의 관할권을 법적 및 실효적으로 남한에 한정된다는 해석과, 실효적 관할권은 남한에 한정되지만 실효를 수반하지 않는 추상적인 법적 관할권은 관념적으로는 한반도 전역에 이른다는 해석이 있을 수 있지만, 일본 정부로서는 후자의 해석을 취한다.

(나) 평화조약 제2조 (a)항 "일본은 조선의 독립을 승인하고 조선에 대한 모든 권리를 포기한다"의 해석에 관해서는, 조약 당사국 대부분이 유엔 회원국으로서 상기한 1948년 유엔결의를 승인하고 있다는 사실을 고려, "일본은 평화조약 제2조에 따라 조선에 합법적으로 성립한 새로운 국가로서 대한민국을 승인한다"라는 것이 동 조약 당사국의 일반적인 이해라고 생각된다. 그 경우 북조선에 존재하는 조선민주주의인민공화국 정부는 이 지역을 사실상 지배하고 있는 정권으로 해석한다〔단, 1950년 6월 유엔 안보리 결의는 북조선을 사실상 관련 당국(authorities)이라고 부르고 있다〕.

또 대한민국에 대한 우리나라의 법적 승인은 평화조약 발효와 동시에 이뤄진 것으로 해석해야 하지만, 한국 측이 독립 승인의 효과를 평화조약 체결 이전으로 앞당겨야 한다고 주장할 때에는 이를 1948년 8월 15일(미군정부가 군정을 중지하고 한국이 독립을 선언한 날)까지 소급하는 것으로 인정해도 상기 유엔결의의 취지에 반하지 않는 것이므로 무방하다.

(다) 구 대한제국과 대한민국과의 사이에는 법적 계속성, 법적 승계 관계가 전혀 존재하지 않는다는 입장을 취한다.

2. 재산 및 청구권 문제

(가) 재산 및 청구권 문제는 배상과 달리 본디 지역적인 성격의 것이라는 입장에서 처리한다. 또 평화조약 제4조 (a)항에 재산 및 청구권의 처리는 실제 제2조에 규정된 지역에서 시정(施政)을 행하고 있는 당국이 특별협정의 주체가 된다고 규정되어 있으므로, 대한민국 정부는 남한 지역에 대해서는 그러한 기관에 해당하지만, 북조선 지역에 대해서는 실제로 시정을 행하고 있다고 해석할 수 없다. 따라서 평화조약 제4조의 취지로 보아도 한국이 처리할 수 있는 재산청구권의 대상은 남한 부분에 한정될 수밖에 없다.

(나) 군령 제33호의 효력에 관해서는 1957년 12월 31일 자 구상서(비공개)에 언급된 바와 같이 '미국의 견해'(비공개)를 취해, 이 군령에 의해 귀속된 것에 대해서는 일본의 청구권이 없지만, 이 재산이 귀속되었다는 사실은 재산청구권 처리에 있어 고려되어야 한다는 입장을 취한다.

3. 국적처우 문제

(가) 재일조선인이 대한민국 국민임을 확인하는 것과 같은 조약상의 규정은 두지 않는다. 일본이 재일조선인의 한국 국적을 부인하는 등 적극적으로 조약에서 한국 국적을 확인하는 것은 적절하지 않으므로 대한민국 정부에 의해 대한민국 국적을 가졌다는 사실 증명이 이뤄진 개별 한국인에 대해서는 일본 국내에서도 대한민국 국적을 가진 사람으로 취급하는 취지의 절차적인 규정을 두는 것이 타당하다.

또한 일본 정부는 종래 평화조약 제2조 (a)항에 기초해 구 조선 국적을 가진 재일조선인이 평화조약 체결일에 일본 국적을 상실했다는 해석을 취하고 있다.

(나) 처우

재일한국인의 자손에게 영구적으로 영주를 허용하는 것은 앞으로 출생하는 재일한국인 자손을 외국인인 채로 영주시키는 데다 다른 외국인보다 특권적인 지위(한국 측 주장에 따르면 거의 내국민과 같은 대우)를 부여하는 것을 의미하므로, 이는 소수민족에 대한 처우로서는 매우 이례적인 조치라고 말하지 않을 수 없다. 그러나 재일조선인 대부분은 태평양전쟁 종료일 이전에 일본에 와 이후 일본에 생활 기반을 둔 자들이며, 평화조약의 발효에 의해 자신의 의지와는 무관하게 일본 국적을 상실하여 외국인이 되었다는 특수한 사정이 있다는 점을 고려해, 이들에게 외국인으로서의 영주권을 부여하는 것은 반드시 비이성적이라고 말하기는 어려울 것이다.

다만, 그러한 처우가 이례적인 만큼 그러한 특별한 처우를 받는 자의 인적 범위 및 권리의 내용은 당연히 한정적인 것일 수밖에 없다.

(1) 자손을 어느 범위까지 허용할지의 문제에 대해서는 적어도 평화조약 발효 이후에 태어난 자는 포함시키지 않는 것이 그러한 특권을 부여하는 취지에서 보더라도, 또 부모가 일본 국적을 상실해 외국인이 된 시기의 측면에서 보더라도 적절하다.

(2) 일본이 조약상 영주권을 부여하는 의무를 지는 것은 재일한국인으로 제한되어야 하며, 한국에 대해 충성을 맹세하지 않는 북조선계 사람까지 영주권을 부여할 의무를 진다는 것은 명분상

이상하다.

4. 어업 및 이승만 라인 문제

(가) 어업 규제는 일한 공동위원회의 과학적 자원 조사에 기초할 경우에만 이뤄져야 하는데, 자원 조사의 결론이 나올 때까지의 잠정적인 기간에는 이승만 라인의 실질적인 철폐를 전제로 하여 한국 연안의 공해수역에 어업 종류별로 잠정적 성격의 어업 금지구역, 제한구역을 설정한다. 그러나 그러한 금지구역 또는 제한구역에서의 규제 위반에 대한 처벌은 어선이 소속된 국가만이 행할 수 있다는 점을 분명히 밝혀두지 않으면 안 된다.

(나) 육지로부터 12해리까지의 범위에서 연안국의 배타적 어업권을 인정하려는 견해(올해 봄 제2차 해양법 회의에서 제기된 미국·캐나다 공동안의 방침)에 대해 우리 일본은 그 방안이 타결된다는 조건하에 동의했지만, 아직 공식적으로 인정한 적은 없다. 그러므로 한국 측이 이 선에서 타결을 희망하는 경우, 이 선으로 타협을 볼지 여부는 정책적 결정을 기다려야 하는 문제이다.

(다) 이승만 라인을 방어적 성격의 것으로 존속시키겠다는 견해는 해양의 자유에 관한 우리 일본의 기본적인 법적 입장에 배치되고, 제3국과의 관계에서 우리 일본이 기존에 취해왔던 입장을(예를 들어 핵실험 등에 관한) 해칠 우려가 매우 크기 때문에 이를 인정하지 않기로 한다.

이밖에 「제3국에 의한 조선의 승인 형식에 관한 건」(1960년 3월 10일), 「대한민국 승인 시기에 관해」(1961년 2월 14일), 청구권과 관련된 「일한 일반 청구권 문제에 관한 법률적 해석의 건」(1961년 3월 1일), 「이 문제에 관한 약간의 법률적 문제점」(같은 날짜), 재일한국인의 법적지위와 관련된 「재일한국인의 법적지위 문제에 대해」(1960년 10월 20일), 「재일한국인과 유사한 지위를 가진 사람들의 국적처우에 관한 선례」(베르사유 조약 이후 각종 평화조약에서의 처리)(1960년 12월 7일), 이리에 게이시로(入江啓四郎)의 「특수관계 국민의 법적지위」 등의 조서(調書)가 있다. 또한 문화재 인도에 대해서도 재외 공관을 통한 국제적인 선례 조사가 이 무렵에 정리되었다.

4. 유진오 대표의 논고

제5차 회담 한국 측 수석대표 유진오 씨는 『동아일보』 1961년 1월 1일과 2일 자에 「한일관계와 우리의 태도」라는 논고를 게재했다. 이것은 일한회담 시작 이후 처음으로 수석대표가 타결을 위한 적극적인 열의를 공식적으로 표명한 것으로 주목되었다.

(1) 우리나라와 일본과의 사이에 정상적 국교 관계가 없이 지내오기는 해방 때부터 기산(起算)하면 이미 16년째요, 대한민국 정부가 수립된 후만 치더라도 이미 13년째다. 16년이네 13년이네 하면 얼마 안 되는 기간 같기도 하지만, 수삼 일이면 세계를 일주할 수 있고 서울과 도쿄 간 정도는 불과 한 시간 남짓(제트여객기로)밖에 걸리지 않는 거리인 것을 생각하면, 이 기간은 결코 짧은 동안이었다 할 수 없다. 서울에서 에도(도쿄)까지 반년씩이나 걸렸던 임진왜란 시대에도 전란이 끝난 것이 1598년이었는데 1607년, 즉 전란이 끝난 지 9년 후에는 국교가 회복되었다.

만일 일본이 우리의 존립을 말살하려는 공산권 국가군의 일원이라면 이야기는 물론 다르다. 그러나 일본은 자유국가군의 일원이요, 특히 우리의 맹방인 미국과 맹방적인 국가이다. 우리나라와 일본 사이에 지금 당장 맹방관계를 수립한다든가 하는 종류의 일은 여러 모로 따져보아도 지금 안 되는 말이지만, 그렇다고 우리가 언제까지나 서로 불신과 증오를 계속하여 나가야 할 이유는 없다. 양국 간에 개재돼 있는 불신과 증오의 원인이 된 여러 문제를 해결함으로써 이를 제거하도록 노력을 경주하는 것은 당연한 일이라 생각된다.

물론 현재도 이러한 노력을 위하여 모든 조건이 다 성숙되어 있고, 또 우리에게 유리한 것만 있는 것은 아니다. 구한말부터 해방에 이르는 반세기의 장구한 시기에 걸친 우리에 대한 폭학(暴虐)과 수탈과 무자비한 억압은 우리의 가슴에 원혼의 못을 박아놓아서 10년이나 20년 동안에 쉽사리 사라질 것 같지도 않다. 한편, 일본인 중에는 우리에 대한 소위 '우월감'을 가진 사람들이 아직도 적지 않을 것이 상상되며, 또 영리한 일본인 중에는 '중립주의'적 노선을 취함으로써 자유와 공산이 대결하는 판국에서 어부지리를 얻으려는 엄청난 생각을 하는 사람도 없지 않다.

일본공산당과 일본사회당은 공공연하게 한일관계의 개선에 반대하는 태도를 취하고 있다. 그들은 민족으로서 우리에 대한 구악(舊惡)을 씻으려는 노력은 추호도 하지 않고, 도리어 우리를 적대시하고 우리에 대한 증오심을 부채질하기에 여념이 없다. 이 틈바구니를 이용하여 일본인에 온갖 추파(秋波)와 애교를 던지고 있는 것이 북한 괴뢰와 재일 좌익계 한국인이다. 교포 북송 문제가 일어난 이후 소위 '조일(朝日) 친선'을 위하여 그들이 부린 추태의 기록을 더듬어보면 그들은 일본이 과거에 우리에게 저지른 죄과와 일본이 지금도 자본주의 체제를 유지하고 있는 국가라는 것을 까맣게 잊은 것이 아닌지 의심될 정도다.

이러한 환경하에서 한일 간의 불신과 증오의 원인이 되는 제 문제를 해결하기란 지난한 과제라는 것은 말할 필요도 없다. 그토록 어려운 일인 줄 알면서도 우리가 지금 이 일을 추진하고 있는 것은 오늘날 제트기 시대에, 그리고 오늘날과 같이 치열한 자유와 공산의 대결장에서 언제까지나 우리가 국제적 고립을 계속할 수는 없기 때문이다. 일본과의 관계를 개선하는 것은 비단 한일 양국의 이해에만 관련되는 문제가 아니라 한미 간의 유대를 강화하는 길이며, 나아가서는 아시아와 세계 평화에도 기여하는 일이다.

만일 우리가 이 과업에서 실패한다면 대한민국은 언제까지나 자유제국의 무거운 짐으로 남아 있게 될 것이며, 그렇게 되면 그것은 한국의 평화적 통일이 아니라 한국전(韓國戰)의 재판(再版)을 초래할 가능성을 내포하게 될 것이고, 따라서 아시아와 세계의 평화를 유지하는 데 커다란 손실을 가져오게 될 것이다.

(2) 1951년 10월 우리 정부가 아직 피난지 부산에 있고 일본은 아직 연합군 점령하에 있을 때 열린 한일회담은 그동안 이렇다 할 성과를 거두지 못하였다. 성과를 거두기는커녕 양국 관계는 오히려 악화 일로를 밟고 양 국민의 감정은 점점 더 소격(疏隔)되어갔을 뿐이었다. 그 절정에 다다랐던 것이 재작년(1959년) 교포 북송 문제가 터졌던 때였다. 우리나라에서는 정부의 동원 없이 수백만의 시민과 학생이 북송 반대시위 운동에 자발적으로 참가하였으며, 일본에서는 한국에 대한 국민감정이 악화되어 드디어 한국은 소련 다음으로 일본 국민이 증오하는 국가가 되었다(모 일본 기관의 통계).

우리는 일본 정부와 국민으로부터 그들의 과거의 죄과에 대해 백배사죄(百拜謝罪)를 받아도 속이 시원치 않은 판인데 도리어 그들에게 미움을 받는 대상이 되다니 이런 기막히는 일이 어디 있겠는가. 그러나 그것은 사실이었다. 이러한 사태가 빚어진 데에는 우리나라 외교의 졸렬(拙劣)에도 책임이 없지 않으려니와 무엇보다도 대국(大局)의 판단을 그르친 후지야마 외교와 그 틈을 타서 교묘하게 일본 조야(朝野)를 조종한 북한 괴뢰의 책동이 성공한 결과였다고 할 수 있다.

우리 측은 성산(成算) 없는 '재일교포의 집단귀국'으로 우리의 체면을 유지하려 하는 수밖에 없었다.

대일 외교를 타개하기 위해서는 우리 외교정책을 근본적으로 재검토하지 않으면 안 될 단계에 이르렀다. 이러한 때에 4월 혁명이 일어났다. 마침 그 뒤 얼마 안 되어 일본 측에서도 내각이 경질되어 대한 정책을 새로 구상하는 기회를 얻게 됐다.

제5차 일한회담의 예비회담은 이러한 여건하에서 지난해 10월에 열린 것이었다. 그러나 이 예비회담도 그동안에 무슨 '성과'라 할 만한 것은 얻지 못한 것이 사실이다. 2개월간의 예비회담 기간 중에는 일본 측의 총선거가 있어서 실질적으로 별 토의를 하지 못한 기간이 수 주일이나 계속되었으며, 또 2개월이란 기간은 의제로 나온 모든 문제에 관해 양측의 주장을 명백히 내세우는 것만으로도 여유 있는 기간이 아니었다고 할 수도 있다. 그럼에도 불구하고 지금 우리 측 대표단으로서 회담의 앞길에 관해 이전보다도 희망을 갖게 된 것은 두 달 동안 이루어진 예비회담 결과로서 무슨 성과를 거두었기 때문이 아니라 성과를 거둘 수 있는 가능성을 보게 되었기 때문이다.

그것은 다름 아니라 다른 모든 민주국가와 같이 대한민국에 있어서도 모든 일은 국가적 이익과 국민감정을 존중하지 않고는 처리 또는 해결될 수 없음을 일본이 인식하게 된 것으로 나는 믿는다는 말이다. 또 한국의 자유가 확보되지 않고는 일본의 자유도 보장될 수 없음을 일본도 자각하게 된 것으로 나는 믿는다는 말이다.

회담의 앞길에는 아직도 난관과 장해가 허다하게 예상되어 지금 앉아서 그 성패를 예단함은 위험한 일이다. 오직 한일 양국 관계의 개선은 한일 공동의 이익이요, 자유국가 간의 유대와 역량을 강화함으로써 세계 평화의 유지에 기여하는 바이기 때문에 이러한 판단 위에서의 우리에게 있는바 역투를 경주하고 그 피차의 성의를 기대할 뿐이다.

(3) 끝으로 국민 여러분께 바라는 바는 국민 여론의 지지 없이는 대외 정책의 수행은 어려운 일이므로 한일관계의 타개에 있어서도 국민 여러분의 엄정하고도 냉철한 비판 편달과 지지가 있어야 하겠다는 말이다. 국가와 국가와의 관계는 감정이나 개인적 역량, 호언장담(豪言壯談) 등으로 좌우되는 것이 아니라 어디까지나 국가로서의 역량과 역량의 대결이므로 국가로서의 역량을 최대로 발휘하는 방안이 강구되어야 하겠다는 말이다. 양분된 국론을 배경으로 하여 강력한 대외 정책의 수행은 있을 수 없음이 명백하다.

그러나 동시에 나로서는 한일관계가 타개된다 치고, 이에 대해 지나친 기대를 가진다거나 또는 일순이라도 자주적 태도를 망각한다거나 하는 일이 국민들 간에 있어서는 안 된다고 말하고 싶다. 한일관계가 호전되고, 어느 시기에 가서 국교의 정상화가 실현된다고 하더라도 결국 일본은 일본일 뿐 한국이 아니라는 점을 잊어서는 안 될 것이다. 우리가 한일관계를 타개하려고 노력하는 것은 결국 그것이 우리를 위하는 길이기 때문인 것과 마찬가지로 일본이 우리와의 관계를 호전시키려고 노력하는 것은 결국 그것이 일본을 위하는 길이기 때문인 것이다. 이 점을 만일 우리가 소홀히 한다면 우리는 뜻하지 않았던 결과를 초래하는 일이 없으리라 단언할 수 없다. 믿을 것은 항상 자기 자신뿐이라는 것을 우리는 순시(瞬時)도 잊어서는 안 될 것이다.

지금 이 시기는 어떤 의미에 있어서 "洋夷侵犯 非戰卽和 主和賣國"[63]이라고 호통을 치던 대원군의 약 10년간에 걸친 쇄국정책이 종언을 고하고, 병자조약(1876년)으로 일본과 국교를 수교하며 제 외국과의 통상을 개시하던 때에 비할 수 있다. 당시의 수호조약 체결은 일본의 압력에 굴복한 결과였다는 점에서 그 후에 벌어진 여러 가지 역사적 비극의 씨를 내포한 바 있다 하겠지만, 그렇다 하더라도 그 이후 1905년의 포츠머스 조약, 을사조약에 이르기까지 우리 조야가 세계정세의 변천에 눈을 뜨고 민족 자주정신에 철(徹)하였던들 국운을 만회할 길은 얼마든지 있었던 것이요, 저 경술국치를 당하게 되지는 않았을 것이다. 지금 우리가 노력하고 있는 한일관계의 타개는 우리 자신의 의지에 의한 것이므로 병자조약과 동일지담(同日之談)이 아님이 명백하다.

그러나 우리의 자주정신이 박약하여 앞으로 여러 국내 개혁과 국제관계 처리에 졸렬하다면 지금 한일관계가 호전된다 하더라도 그것이 반드시 좋은 결과만을 가져오리라 예상하기 어려울 것이며, 우리의 숙원인 민족 통일도 일장의 꿈이 되고 말 것이다.

지금 나는 젊었을 시절에 구한말 망국사(亡國史)를 읽으며 우리의 조상들이 저지른 과오에 대하여 가슴을 치고 통한(痛憤)하던 일을 생각한다. 세계정세가 시각(時刻)으로 변천하여 세계사의 바퀴가 커다란 선회운동을 일으키고 있는 이때 우리는 이를 응시하고 올바른 진로를 택함으로써 다시는 우리 조상

63) 양이침범 비전즉화 주화매국. 서양의 오랑캐가 침범하는데 싸우지 않는 것은 화친하는 것이요, 화친을 주장하는 것은 나라를 팔아먹는 것이다. 이른바 '척화비'에 나오는 문구이다.

들이 저지른 죄과를 되풀이하는 일이 있어서는 안 될 것이다.

5. 제5차 일한회담

(1) 회담의 시작

9월 27일 새롭게 주일 한국 대표대리로 임명된 엄요섭(嚴堯燮) 공사가 부임, 10월 4일 고사카 외상을 방문했다. 이때 10월 25일부터 일한회담을 개시하기로 양측이 합의했다. 제4차 일한회담의 대표는 다음과 같다.

〈일본 측〉
     수석대표 외무성고문 대사 사와다 렌조(沢田廉三)
     대표 법무성 민사국장 히라가 겐타(平賀健太)
     대표 법무성 입국관리국장 다카세 지로(高瀬侍郎)
     대표 외무성 아시아국장 이세키 유지로(伊関佑二郎)
     대표 외무성 조약국장 나카가와 도루(中川融)
     대표 외무성 참사관 우야마 아쓰시(宇山厚)
     대표 외무성 참사관 우라베 도시오(卜部敏男)
     대표 대장성 이재국장 니시하라 나오카도(西原直廉)
     대표 농림성 수산청 차장 다카하시 야스히코(高橋泰彦)
     대표 운수성 해운국장 아사다 시즈오(朝田静夫)

〈한국 측〉
     수석대표 고려대학교 총장 유진오(兪鎭午)
     대표 주일 대표부 공사 엄요섭(嚴堯燮)
     대표 한국은행 부총재 유창순(劉彰順)
     대표 변호사 김윤근(金潤根)
     대표 외무부 정무국장 윤석헌(尹錫憲)

　　　　대표 외무부 통상국장 진필식(陳弼植)

　　　　대표 주일 대표부 참사관 문철순(文哲淳)

　　　　대표 한국은행 국고부장 이상덕(李相德)

　　　　대표 전 해무청 수산국장 지철근(池鐵根)

　　（주）한국 측『한일회담 백서』는 지철근을 제외하고 이천상(李天祥), 길항진(吉恒鎭)을 거론하고 있다.
　　　　（엄요섭 공사는 1961년 1월 11일 한국에서 가진 기자회견에서 외무부장관의 허가 없이 "한일문제는 정치적으로 일괄 해결하는
　　　　방식이 바람직하다고 느낀다"고 발언한 것이 한국에서 문제가 되어 1월 27일 회담 대표직을 그만둔다고 일본 측에 통지되었는
　　　　데, 3월 21일 공사직에서도 해임되었다）.

　　11월 2일 제2차 본회의에서 이전과 같이 각 위원회의 설치를 결정했다. 이 자리에서 유진오 수석대표는 10월 27일 북조선 귀환협정 1년 연장을 결정한 데 대해(제7절 참조) 한국 정부와 한국 국민이 실망하고 있다는 점을 표명한 후 "분노가 문제를 해결하는 것은 아니므로 인내심을 갖고 이웃나라에 대한 일본 정부의 우의와 성의를 기대하기로 했다"고 말했다. 이로써 어쨌든 기본관계위원회를 제외한 다른 분과위원회가 일제히 열렸다.

(2) 한국 측 방침과 한국 국회의 결의

　　장면 정권은 일한 국교정상화에 대해 비상한 의욕을 표명했다. 1961년 1월 5일에 장면 내각이 발표한 1961년의「신년도 중점 시책」에서는 "일본과의 국교정상화를 감안해 일본으로부터의 투자 또는 차관의 가능성을 검토한다"고 말했다. 이와 관련,『한국일보』1월 6일 자는 "정부는 올해 상반기에 회담을 완결하고 하반기에는 한일 간의 경제협력 체제 수립을 목표로 하고 있다"고 보도했다. 또 1월 14일 민의원 본회의에서 장면 국무총리는「한일 회의에 관한 보고」를 통해 다음과 같이 보고했다.

　　　　일본 정부는 한일문제 처리에 대해 원대한 견지에 입각해 한국의 국내 또는 국방 태세가 굳건해져야만 공산 세력이 일본에 미치는 영향을 방지할 수 있다는 신념으로 성의를 갖고 해결하려는 태도를 보이고 있다.

　　　　법적지위와 관련해서는 자자손손 제한 없이 영주권을 인정해달라는 우리 측의 요구에 대해 일본 측은 다소 주저하고 있지만 머지않아 우리의 요구와 그다지 다르지 않을 정도로 결론을 내려줄 것으로 보인다.

　　　　청구권과 관련해서는 우리의 요청금액과 일본 정부가 생각하는 금액이 상당한 거리가 있지만, 이전에 이 문제는 안건으로 거론하는 것도 거부되어왔는데 지금은 안건으로 올려 이야기하는 정도가 되었다.

문화재와 관련해 일본 정부는 국유 문화재는 문제없이 이를 반환하지만, 사유 문화재는 강제로 거둬들여 한국 정부에 인도하기는 어렵다고 말하고 있다. 다행히 사유 문화재를 대부분 갖고 있는 어느 개인이 "한국 정부에 그것을 반환해도 좋다"고 말하고 있다고 들었다.

선박 문제는 "해방 당시 한국 수역에 있었고 일본이 가져간 배는 전부 반환하라"고 요청하고 있는데, 우리 측에서는 상당히 세세한 척수와 톤수, 소유자 명부를 갖고 협상하고 있다. 일본 측에서는 당시의 배는 노후화되었다고 말하고 있지만, 우리 측은 톤수를 정리해 새로운 선박을 달라고 말하고 있어, 아직 상호 간에 거리가 있다.

평화선 문제는 매우 복잡하고 국제법상 난점도 많아 쉽게 결론을 내기 어렵지만, 일본 측에서도 한국의 주장을 최대한 들으면서, 또 자신들의 체면도 세우고 실리를 챙기는 방향을 모색하고 있는 것으로 보인다. 그러나 어떻게든 결론이 나올 때까지 평화선은 한국이 지키는 것이다. 우리 해양경비대 선박의 수, 속력, 능률, 성능이 불충분한데, 일본 측 어선은 우수한 성능으로 물고기를 잡아 도망치므로 잡을 수 없다.

정권을 담당하는 민주당 내에 신구 양 파의 세력 다툼이 치열했다. 처음에는 신파 중심으로 조각(組閣)됐지만 9월 12일에 구파에 5개 부서 장관 자리를 내주었다. 신파는 종래의 민주당(장면 총재) 이름을 계승한 반면, 구파는 11월 24일에 '신민당'[위원장 김도연(金度演)]을 조직해 대립했다. 이듬해 1월 30일에는 각료 가운데 신민당계 5명이 물러나 민주당만으로 조직됐다. 이러한 정쟁과 맞물려 신민당계로부터 정부의 대일정책에 대한 비판이 강하게 제기됐다. 한편, 10월 27일 일본과 북조선 적십자 간에 재일조선인의 북조선 송환을 1년간 기간을 연장하는 결정이 이뤄지면서 한국의 신문 사설 등에는 기존의 이승만 정권 시대와 같은 대일 경계의 주장이 또다시 강하게 제기됐다. 특히 일본에서 처음으로 한국경제시찰단[단장: 단 이노(團伊能) 씨 이하 23명]이 1월 23일 방한을 계획하고 한국 내에서는 실업인 환영위원회까지 조직되었지만, 한국민 사이에 반대 분위기가 너무나 강해 보였기 때문에 한국 정부는 국내 정세를 이유로 이를 취소할 것을 요청해왔다.

이상과 같은 한국 내의 움직임이 일어난 연말연시 동안(12월 21일부터 연말 휴회에 들어간 후 1월 25일부터 재개되었다) 귀국한 후 일본으로 돌아온 유진오 대표는 1월 27일 열린 비공식 수석대표 회담에서 다음과 같이 말했다.

나는 귀국 후 정부 여당과 야당 사람들과 자주 만났다. 야당 사람들과는 우선 국무총리와 함께 주요 각료, 여야 지도자가 다수 모여 있는 자리에 참석한 것을 포함해, 특히 총리가 원해 귀임(歸任) 직전인 1월 23일 모임을 갖는 등 총 세 차례 만났다. 그 결과 명확하게 말할 수 있는 것은 한일회담을 추진하는 것에 대해서는 단지 1명을 제외하고 여야 모두 좋다고 찬성하고 있었다는 점이다. 다만 신중론 혹은 시기 상조론이라고 할 수 있는 이러한 경계론자도 결국에는 찬성하는 쪽으로 이끌 수 있으리라 생각하고 있다.

각 분과위원회의 진행방식에 대해

(1) 법적지위: 1월 23일 일본 측이 제시한 안을 검토했지만, 솔직히 말씀드려 실망했다. 한국 측은 다음 주 중에 대안을 문서로써 제출할 것이다.

(2) 청구권: 한국이 제시한 대일 청구 요강 8개 항목(실제로는 5개 항목)을 항목별로 일단 논의하고, 만약 그 결과 도저히 안 되겠다는 것이 판명되면 정식 회담에서 정치적으로 절충하는 방법밖에 없을 것이다.

(3) 어업: 귀국 중 어업계 대표를 만났는데, 예전에 생각했던 것보다 훨씬 해결이 어렵다는 사실을 알게 됐다. 한국 어민들에 따르면 한국어선은 노후하고 어구도 열악하며 어업기술도 낮아 많은 어획이 불가능하다. 이승만 라인을 그어 보호하는데도 불구하고 일본어선이 출어하기 때문에 이승만 라인 내의 어획은 줄고 있다. 이것은 어업자원이 감소하고 있다는 증거이다. 따라서 일본어선이 대거 나오게 되면 한국의 어업 능력으로는 대등하게 맞서기 어렵다는 의견이었다. 나는 어업협정에서 지도 원칙을 정하고 어업자원의 지속적인 생산성을 최대한 유지하기 위해 우선 공동위원회를 설치하고, 1년 내지 5년 정도의 기간에 위원회가 실시한 조사 결과에 따라 일본어선의 출어를 허용한다, 그때까지는 일본 배는 출어를 삼간다는 방침으로 일단 실마리를 푸는 게 어떨까 생각하고 있다. (일본 측이 이에 반대하며 협정의 필요성을 언급하자, 유 대표는 매우 곤란하다는 표정으로 지금 단계에서는 말씀드리지 않을 생각이었다고 전제한 후) 나는 예비회담의 최종 단계에서 본국 정부에 일본 측이 '어업협력'을 해주는 것으로 어떻게든 잠정적으로라도 정리하자고 진언할 각오였다. 나로서는 이것을 공적인 입장에서 목숨을 거는 결단으로 실행할 생각이다. 지금 단계에서 이 진언을 하면 관계 방면에 온갖 의심을 사 처음부터 받아들여지지 않을 우려가 있다. 어업계 대표를 만나 이야기했을 때 받은 인상은 현 단계에서는 어업협정안을 제출하는 것조차 문제가 된다는 것이었다.

(4) 문화재: 일본 측은 문화재 위원으로 문부성이나 문화재보호위원회가 참가하지 않은 것 같은데, 나는 이번에 전문가로 황수영(黃壽永) 위원(도쿄대 경제학부 졸업, 고고학자)을 데리고 왔다. 황 위원은 합리적인 사람이기 때문에 위원회 토론과는 별도로 협상해도 좋으므로 문화재보호위원회 관계자와 직접 이야기할 수 있는 기회를 만들어주었으면 한다. 일본 측은 민간이 보유한 문화재는 건네주지 않을 방침으로 보이는데, 이미 자발적으로 반환하겠다고 제안한 분도 있기 때문에 그것 이외에 민간의 것들을 조금만 인도해준다면 이 문제는 잘 해결될 것으로 생각된다. 또한 문화협정과 관련된 건은 경제협력의 건과 마찬가지로 문화 침략이라는 오해를 살 수 있기 때문에 절대로 밖에서 이야기하지 말기 바란다.

(5) 선박: 완결되지 않은 24척의 목록 대조를 진행하고 싶다.

그 후 한국 국회에서 다음과 같은 일한관계에 관한 결의안이 야당인 신민당과 민정구락부 의원〔박준규(朴浚圭) 의원 외 12명〕의 공동제의에 의해 외무위원회에 제출되어 약간의 문구 수정을 거친 후 2월 3일 본회의에서 여당도 찬동해 의결되었다.

> 민의원은 격동하는 국제 정세의 추이에 주목하고, 초당적이며 애국적인 입장에서 행정부에 적극적인 협력을 아끼지 않을 것을 다시 한 번 강조한다.
>
> 대일관계 개선과 수교는 극동에서 자유진영의 결속을 강화한다는 것을 절실히 인식하고 대국적인 견지에서 이에 전적으로 찬성하는 바이다. 그러나 동시에 한일관계는 어디까지나 역사적인 과정과 전망을 통해 민족정기의 앙양, 자주정신의 견지, 호혜평등의 원칙의 관철이라는 전 민족적인 요청과 필요성에 입각해야 한다는 것을 상기하고, 또 우리의 대외 관계가 강대국 간의 능력 균형 정책의 비참한 희생이 되지 않도록 경계하면서 다음과 같이 엄숙히 결의한다.
>
> (1) 복잡다단한 국내외 정세를 감안해 대일 국교는 '제한(制限) 국교'로부터 점진적으로 '전면 국교'로 진전시키지 않으면 안 된다.
>
> (2) 평화선은 국방 및 수산자원의 보존과 어민의 보호를 위해 존중되고 수호되어야 한다.
>
> (3) 정식 국교는 양국 간의 역사적인 중요한 현안 문제의 해결, 그중에서도 특히 일본의 강점에 의한 우리들의 손해와 고통의 청산이 끝난 후에 이뤄진다.
>
> (4) 현행의 통상 이외에 한일 경제협력은 어떤 형태로든 정식으로 국교가 개시된 후 국가 통제하에 우리의 경제발전계획에 맞추어 국내 산업이 침식되지 않는 범위 내에서만 실시되어야 한다.

이 결의는 그 전제로서 일한 국교정상화에 찬성의 뜻을 명시하고 있지만, 회담의 성급한 타결을 저지하면서도 이승만 라인의 유지, 청구권의 우선적인 해결, 일본 측의 경제협력을 정식 국교 후에 개시하는 것을 조건으로 내걸고 있었다. 고사카 외상은 2월 4일 중의원 예산위원회에서 이 결의와 관련, "교섭 전망을 내놓기 곤란하다"고 답변했다. 그 직후인 2월 5일 일본의 신문은 「일한회담에 악영향, 외무성의 우려, 한국의 국교 회복 4원칙」(『요미우리신문』), 「조만간 진의 타진, 한국 민의원의 결의」(『아사히신문』), 「일한회담에 암영(暗影), 외무성의 불만, 소극적인 한국의 태도」(『마이니치신문』), 「일한 예비회담 진전 없어, 외무성 경고도 고려」(『니혼게이자이신문』), 「정부, 여당에 강경 의견: 정세로는 중단도, 한국 민의원의 결의가 자극」(『도쿄신문』) 등을 제목으로 일제히 일한회담 비관론을 보도했다.

이에 대해 이세키 아시아국장은 2월 8일 일본 측 대표회의에서 다음과 같이 말했다.

> 2월 3일 한국 민의원이 대일정책에 대해 매우 강한 느낌의 결의를 내놨기 때문에 지금까지의 한국 측 태도와도 견주어봤다. 그리고 고사카 외상에게 중의원 예산위원회에서 다나카 오리노신(田中織之進, 사민당) 의원이 질문하면 "상당히 강한 태도였다는 것을 보여줄 필요가 있다"고 말해두었다. 또 신문기자들도 오래전부터 비관적인 느낌을 갖고 있었지만, "기사를 쓴다면 일제히 쓰는 것이 좋으니까 잠시 기

다리라" 고 말해왔는데, "이제 써도 좋을 거야" 라고 말했다. 그 결과가 일본 신문에서 강경론으로 나타난 것이다.

(3) 휴회 직후의 회담

① 일본 측 대책

상기한 1월 27일 수석대표 회담 후 일본 측은 1월 31일 자체적으로 대표회의를 열었는데 다음과 같은 발언이 있었다.

이세키 아시아국장: 지난해 일한회담을 시작했을 때의 전제는 한국의 새 정부가 일한회담을 타결 지을 마음가짐이 되어 있고, 그 당연한 전제로서 이승만 라인을 고집하지 않으며 어업 문제를 합리적으로 해결하기로 마음먹었다는 것이었다. 한국 측이 이 같은 태도를 취한다면 일본 측으로서도 청구권 문제 등을 합리적으로 해결하기 위한 논의에 응하겠다는 입장이었다.

한국 정부는 지금도 속으로는 위와 같은 사고방식을 갖고 있다고 생각되지만, 다른 한편으로 현 정부가 불안하다는 것, 한국 여론에 앙금이 남아 있다는 것, 수산업계가 강한 의견을 제시하고 있다는 것 등으로 인해 아무래도 그런 입장을 밀어붙일 수 없는 실정으로 보인다. 한국 측은 한국 정부가 움직이기 좋도록 어떻게든 일본 측에서 법적지위 문제를 자발적으로 정리하든가, 어업기술 협력안을 제시하기를 희망해왔다. 일본 측도 이에 호응해 휴회 중에 법적지위와 어업협력에 대한 의견을 비공식적으로 표명하였고, 한국 측 대표단도 다양하게 노력했던 것 같지만, 결국 아직도 한국 정부가 명확하게 결단을 내리지 못하고 있는 실정이다.

현재 한국 정부는 국회에서 과반수를 차지하고 있지만, 왠지 불안정하고 끊임없이 야당을 의식하고 있다. 설령 정권이 교체되더라도 바로 안정될 리는 없고, 결국 당분간은 불안정한 정권이 지속될 것으로 보아야 할 것이다.

일한회담은 향후 각을 세우게 되어 있기 때문에 당분간 각 위원회를 어떻게든 유지해주길 바란다. 그 사이에 한국 측이 어업협정 체결을 결정해주면 좋겠지만, 1~2개월이 지나도 한국 측의 태도에 변화가 없는 경우에는 다시 한 번 근본적으로 이 입장을 재고할 필요가 있다고 생각한다.

그 시기는 국회 예산 심의 중에는 그다지 문제를 일으키고 싶지 않으므로 3월 중순까지는 어떻게든 이어주길 바라며, 그래도 한국 측이 변하지 않는 경우에는 한국 측에 "속마음을 정해달라. 어업 문제는 어떻게 할 것인가. 어업이 정리되지 않으면 청구권은 나아갈 수 없다" 고 강하게 제안할 생각이다.

이렇게 세게 내쳐서 ① 한국 측이 어업협정을 맺는 것에 동의하면 교섭은 점점 진전될 것이다, ② 어업에 대해 아무것도 약속해줄 수 없다면 휴회에 들어가지 않을 수 없다, ③ 그 중간 형태로 어업에 대해 어떻게든 원칙적인 것만이라도 협정을 맺고, 우선 공동 자원 조사를 실시해 그 결과를 기다렸다가 2~3년 후에 본협정을 체결한다는 생각을 구체화할 공산이 매우 크다. 이것이 이른바 '현안 일부 보류 국교 수립 방식'이다. 유진오 대표는 그 구체적인 형식으로 어업을 제외한 모든 사안을 해결하자고 주장하고 있지만, 나는 "그런 넉살 좋은 것은 안 된다"고 대답했다. 이런 방식으로 정리할 경우에는 일본 측으로서는 청구권을 어느 정도 해결할 수 있는지 신중하게 생각할 필요가 있고, 일반 청구권의 해결은 어업 본협정이 체결될 때까지 잡아두는 것으로 하고 선박과 문화재로 다소 물타기를 하면 어떨까 생각한다.

사와다 수석대표: 내 인상으로는 장 총리, 정 외무부장관, 유 수석대표 등은 모두 지금까지와 달리 신사(gentleman)라는 인상을 받았다. 따라서 어떻게든 이런 사람들이 있을 때에 회담을 마무리 짓고 싶다. 그리고 가령 회담이 결렬되더라도 다음 기회를 위해 지나치게 심한 결렬 방식은 취하고 싶지 않다.

이세키 국장: 고사카 외상으로서는 서울까지 간 마당에 싸우고 헤어질 수는 없는 입장에 있다.

② 한국 국회 결의 후

2월 3일 한국 국회가 결의안을 채택한 후 일본 신문에 일제히 회담 비관론이 제기된 것은 한국 측에 충격을 주었다. 정일형 외무부장관은 "일본이 반대운동을 과대평가하고 있다. 회담의 전도를 비관할 필요가 없다"고 말했다고 보도되었으며, 한국 측 요구에 따라 2월 7일 비공식 수석대표 회담이 개최되어 향후 진행방식에 대해 협의했다.

이 회담에서 이세키 아시아국장은 "한국 측은 민의원 결의에서도 말했듯이 우선 청구권을 마무리 짓고 어업 문제는 보류하겠다는 생각일지도 모르지만, 일본 측으로서는 어업 문제에서 해결을 보지 않으면 청구권에 관한 논의도 진행할 수 없다. 내가 보기에는 이 두 의제에 대해선 양쪽 모두 각각 어려운 문제가 있기 때문에 결국 어업과 관련해서는 원칙만 정하고 청구권과 관련해서는 어느 정도 협의를 진행하는 것만으로 해 두 안건 모두를 보류하고 시간을 갖고 신중하게 해결을 도모하기로 하고, 회담에서는 법적지위, 문화재, 선박 문제를 마무리 짓는 정도에서 국교정상화로 나아가는 것이 정답이지 아닐까 생각한다. 또한 경제협력과 관련해서 한국 측에서는 국교정상화 후에 이를 인정할 수 있다는 의견인 것처럼 보이는데 일본 측도 마찬가지로 생각하고 있다. 경제협력은 정부 간의 무상원조, 민간 자본 제휴 두 가지가 있다고 생각되지만, 일본 측으로서는 둘 다 국교정상화 후에만 실현 가능성이 있다"고 말했다 이후 양측은 의견을 교환한 후 다음과 같이 의견 일치를 보았다.

①예비회담은 3월 20일에 종료하기로 하고, 그때까지 사무적인 절충을 끝낸 후 정식 회담을 개최한다.

②각 위원회와 관련, (가) 법적지위에 관해서는 일본 측 방안에 대한 한국 측의 의견을 신속하게 제시한다. (나) 어업은 이승만 라인을 보류한다는 전제하에 자원론을 둘러싼 토론에 들어간다. (상대측은 이승만 라인 보류만큼은 외부로 새나가지 않도록 가장 엄중하게 유의하길 바란다고 거듭 요청했는데, 우리 측은 이를 수용했다). (다) 청구권과 관련해서는 한국 측 청구권의 근거에 관한 법률 논쟁을 전개할 뿐만 아니라 각 항목에 대해서도 논의한다. 일본 측이 거론할 수 없는 항목은 그 취지를 밝히는 것만으로도 좋으니 각 항목을 언급한다. (라) 문화재에 관해서는 전문가 간에 개인적 의견을 교환한다. (마) 선박에 대해서는 치수선(置水船) 목록을 한국 측이 제출하는 정도로 한다.

이날 협의 내용은 한국 정부의 승인을 얻는 데 시간이 걸렸다. 이에 따라 2월 27일에 이르러 일한 양쪽 모두 합의를 확인하고, 각 분과위원회를 3월 2일부터 재개했다.

이로써 회담은 정식 회담으로 전환되지 않은 채 사무적 절충을 계속하게 됐다. 제5차 회담 개막 이후 5월 16일 한국의 군사 쿠데타에 의해 회담이 중단될 때까지의 경과를 보면 본회의 4회(수석 비공식 회담 14회), 분과위원회의 경우 일반 청구권 13회(비공식 4회), 선박 8회(비공식 1회), 문화재 2회, 어업 3회(비공식 14회), 재일한국인의 법적지위 10회(비공식 11회) 등이었다.

또한 4월 25일 방미 중이던 정일형 외무부장관과 러스크(David Dean Rusk) 미 국무장관과의 공동성명은 "한일관계의 조기 정상화가 양국의 이익이 될 뿐 아니라 아시아 지역의 평화와 안전에 이익이 되는 것을 확인했다"고 밝혀 일한회담 추진에 미국도 적극적인 지지 의사를 표명했다.

(4) 각 분과위원회의 논의

① 어업

〈일본 측〉 주사(主査) 다카하시 수산청 차장, 우야마 외무참사관
〈한국 측〉 김윤근 변호사, 길항진 서남수산회사 대표이사

제1차 회의(11월 9일)에서 일본 측은 다음과 같은 「일한 어업 관계 사항」을 제출, 이를 기초로 하여 토론하고 싶다는 의사를 피력했다.

1. 주요 어업 종류: 기선저예망(汽船底曳網)어업, 트롤어업, 권망(卷網)어업, 고등어 낚시어업
2. 어업 종류별 어업 상황: 주요 어장, 주요 어기(漁期), 어선 척수, 어획량
3. 국내 규제 제도

4. 자원 조사

5. 국내 어류 소비 상황

이에 대해 한국 측은 더 구체적인 내용이 포함된 안을 희망했다. 그래서 일본 측은 제2차 회의 (11월 5일)에서 상기한 관련 사항을 보충하고 의견을 교환하기 위한 자료로서 '질문 사항'을 제시 했다. 그러나 한국 측은 이승만 라인의 현상에 만족하고 있으므로 제안을 하는 쪽은 일본 측이라면 서 일본 측이 요구사항을 보다 구체적으로 표명할 것을 요청한다고 주장했다. 이에 따라 일본 측은 11월 25일 비공식 회담에서 다음과 같은 「일한 어업협정에 관한 일본 측의 생각」을 제출했다.

1. 목적

일한 양국은 공통의 이해관계를 가진 공해에서 어업자원의 지속적인 생산성을 최대한 확보하기 위해 과학적 근거에 따라 필요한 보존 및 개발 조치를 공동으로 행할 것.

2. 공동위원회의 설치

위의 목적을 달성하기 위해 일한 양국은 각각의 정부가 임명하는 동수의 위원으로 구성된 일한 어업 공동위원회를 설치하고 어업자원의 보존 및 개발에 필요한 조치를 양국 정부에 권고할 것.

3. 잠정적인 어업 규제

상기 위원회가 과학적인 근거에 기초한 권고를 행할 때까지 일한 양국은 양국 간의 합의에 따라 아래 의 요령에 따라 잠정적인 어업 규제를 공동으로 수행할 것. 그러나 이 규제조치의 대상이 되는 것은 다 음의 규제지역에서 다음과 같은 어업 종류에 속하는 어업이 행해지는 경우에 한정되며, 공해에서 이루 어지는 그 이외의 어업은 모두 자유롭다는 것을 양해할 것.

(1) 규제 대상이 되는 어업

해당 수역의 어업 규제는 어업 종류별로 행하며, 그 대상은 기선예인망어업, 트롤어업, 권망어업, 고등어 낚시어업 네 종류로 한다.

(2) 규제가 적용되는 지역 및 규제 방법

(가) 기선예인망어업 및 트롤어업과 관련해서는 조업 금지구역 및 조업 제한구역을 설정하고 이 구역 내에서 해당 어업에 종사하는 양국 어선에 각각 조업 및 조업 척수를 제한한다.

(나) 권망어업 및 고등어 낚시어업과 관련해서는 조업 제한구역을 설정하고 이 구역 내에서 해 당 어업에 종사하는 양국 어선에 조업 및 조업 척수의 제한을 둔다.

(3) 규제 준수

일한 양국은 각각 자국민으로 하여금 규제조치를 준수할 수 있도록 협력하며, 규제조치 위반 처벌 은 위반자 또는 어선 소속 국가 당국이 행한다.

4. 협정에 의해 발생하는 분쟁의 해결

협정의 해석 및 적용에 관해 양국 간에 분쟁이 발생할 경우 해결 규정을 설치할 것.

(주) 일한 양국 간의 어업기술 협력은 어업협정의 성립에 따라 상호 입장을 충분히 존중하면서 추진하기로 할 것.

그 후 12월 15일 비공식 수석대표 회담에서 한국 측은 어업협력에 관한 일본 측의 고려사항에 대한 설명을 요청했다. 일본 측은 이를 수용해 1월 10일 다음과 같은 「일한 어업협력에 관한 일본 측의 생각」을 구두로 설명했다.

1. 목적

한국 수산업의 건전한 발전과 한국 수산업의 복지 증진이 한국 국민경제의 발전과 번영에 중요한 의의를 갖고 일한 양국 어업의 공존공영에 필수적임을 유의하면서, 일한 어업협정이 체결된 경우에는 한국 측의 요망을 수용해 상호 입장을 존중하면서 양국 간 어업협력을 적극적으로 추진하기로 할 것.

2. 정부 간 협의

위의 목적을 달성하기 위해 일한 어업협력을 실시함에 있어 일한 양국 정부는 상호 긴밀한 연락을 유지하며, 필요에 따라 수시로 협의하기로 할 것.

3. 어업협력 방식

(1) 일한 어업협력 방식에 관해서는 일반적으로 국가 간에 이루어지고 있는 정부 간 내지 민간 기반의 여러 방식을 참고하면서 일한 어업의 사정도 충분히 감안하여 결정하기로 할 것.

(2) 본 어업협력의 실시에 따라 일한 양국은 어획물 및 그 가공품의 마케팅에 대해서도 상호 입장을 존중하면서 협력하기로 할 것.

그 후 상기한 대로 2월 7일 비공식 수석대표 회담에서 정체 상태에 있던 일한회담 타개를 위해 어업 문제에 대해서는 "이승만 라인을 보류한다는 전제하에 자원론을 둘러싼 토론에 들어간다"는 것에 의견 일치를 보았다. 한국 측은 제5차 비공식 회담(3월 7일)에서 ①대상수역의 한계, ②주요 어족, ③주요 어족 자원량의 표시 방법, ④주요 어구별 어획 강도 내지 어획 성능, ⑤주요 어업의 종류, ⑥주요 어족의 생물학적 자료, ⑦주요 어족별 해황(海況) 요인 7개 항목을 거론, 이후 5월 9일까지 아홉 차례에 걸친 비공식 회담에서 양국 전문가들이 이상의 7개 항목 대해 의견을 교환했다.

② 청구권

〈일본 측〉 (주사) 니시하라 대장성 이재국장, (부주사) 요시다 이재국 차장, 우라베 외무 참사관

〈한국 측〉(주사) 유창순 한국은행 부총재 (주사대리) 이상득 한국은행 국고부장

    제1차 회의(11월 10일)에서 한국 측은 「한국의 대일 청구 요강」(이른바 8개 항목)을 다시 제시한 후 제2차 회의(11월 18일)에서 이에 대해 개괄적으로 설명했다. 이후 토론이 정체되었지만, 2월 27일 합의에 따라 3월 이후 실질적인 논의에 들어가 제5차 회의(3월 8일)에서는 「평화조약 제4조의 해석에 관한 미국 정부의 견해를 전달한 주일 미국대사의 구상서」 및 「1957년 12월 31일 자 일본 외무대신과 대한민국 대표부 대표 사이에 합의된 회의록 중 청구권과 관련된 부분」을 공표하는 데 합의를 보았다. 당초 이 문제는 1957년 12월 31일 일한 간에 부산에 억류 중인 일본인 어부와 오무라 수용소에 수용되어 있던 한국인 밀입국자의 상호 석방 및 일한 전면 회담 재개에 대한 협정이 성립됐을 때 일한 양국은 청구권 문제에 관해서는 이날의 「평화조약 제4조의 해석에 관한 미국 정부의 견해를 전달한 주일 미국대사의 구상서」를 논의의 기초로 삼는 것에 동의하고 일한 간의 협의에 의해 당분간 이를 공표하지 않기로 합의한 바 있다. 그러나 이를 공표하기로 합의함에 따라 3월 9일 외무성 정보문화국은 이 문서의 내용을 공표했다. 이후 5월 10일까지 8회에 걸친 위원회에서 '미국의 해석', '미군정 법령 제33호'에 관한 법률론을 둘러싼 응수가 전개됐고, 한국 측의 대일 청구 요강 8개 항목에 대한 토의가 진행되었다.

③ 선박

〈일본 측〉(주사) 아사다 운수성 해운국장
〈한국 측〉 진필식 외무부 통상국장

    제2차 회의(11월 18일)에서 양측은 기존의 의제 a와 관련해 일본 측이 19척, 한국 측이 상선 22척, 어선 59척의 목록을 각각 제출했다는 점을 확인했다. 이어 각 목록에 대해 조회한 결과, ① 일본 측이 제출한 19척은 양측 모두가 한국 치적(置籍)임을 재확인했고, ② 한국 측이 제출한 어선 59척 중 제1차 회담에서 일본 측이 한국 치적임을 확인한 것이 5척, ③ 향후 문제로 남은 것은 한국 측이 제출한 22척 중 1척이며, ④ 다른 것들은 확인이 곤란했다.

    제3회 회의(12월 2일) 이후 논의를 계속하는 동안 한국 측은 일본 측에 추가 목록 제출을 집요하게 요구했으나 일본 측은 그 요청에 응하지 않았다. 이에 따라 제6회 회의(2월 10일)에서 한국 측은 202척 1만 8,331여 톤의 추가 목록을 제출했다. 이에 대해 일본 측은 제7~8차 회의(3월 10일, 3월 17일)에서 이 가운데 78척은 한국 치적임을 확인했으나 한국에 이미 반환한 것이 17척, 침몰된 것 8척, 등록 말소된 것 3척이라는 조사 결과를 설명했다.

④ 문화재

〈일본 측〉 (주사) 이세키 아시아국장
〈한국 측〉 엄요섭 주일공사, 이천상 변호사

제1차 회의(11월 11일)에서 한국 측은 1905년 이후 한국으로부터 일본으로 반출된 것의 '반환'을 요구했다. 이에 대해 일본 측은 문화재를 의무로서 '반환'할 근거는 없다는 입장을 유지하면서, 이 문제는 정치적으로 결정할 문제라고 주장했다. 한국 측은 다음과 같이 '반환'을 요구하는 문화재 7개 항목의 구체적인 내용을 낭독했다.

1905년 이후 한국에서 일본으로 반출된 한국 문화재 가운데
① 일본 정부가 중요문화재 또는 중요미술품으로 지정한 문화재
② 조선총독부 또는 고적연구회에 의해 반출된 문화재
③ 총감 또는 총독에 의해 반출된 문화재
④ 경상남북도 소재 분묘, 기타 유적에서 발굴된 문화재
⑤ 고려시대 분묘, 기타 유적에서 발굴된 문화재
⑥ 서화, 서적〔고서(古書)를 의미〕 및 지도 원판
⑦ 개인 소유의 문화재

문화재 문제와 관련해서는 제2차 회의(2월 10일)에서 전문가 간 논의를 전개하기로 결정했다.

⑤ 재일한국인의 법적지위

〈일본 측〉 (주사) 다카세 법무성 입국관리국장, 히라가 민사국장
〈한국 측〉 엄요섭 주일공사, 이천상 변호사

제2차 회의(11월 14일)부터 제6차 회의(12월 19일)까지는 영주 허가, 강제퇴거, 한국으로 귀환할 때 가지고 갈 수 있는 재산 등에 대해 토의했다. 1월 10일 비공식 회담에서 일본 측은 다음과 같은 「재일한국인의 법적지위 문제에 관한 협정 및 관련된 합의의사록의 골자」를 제시했다.

1. 영주 허가를 부여하는 범위

(1) 태평양전쟁의 전투가 중지된 날 이전부터 계속해서 일본에 거주한 대한민국인(평화조약 발효일에 태어난 자식까지 포함)에 대해서는 협정상의 영주 허가를 부여한다"는 취지를 협정에 규정한다.

(2) 상기 (1)항에 의해 협정상 영주 허가를 부여받은 자의 자식과 관련해서는 다음과 같은 취지를 합의의사록에서 약속한다.

(I) 그들이 성년이 될 때까지 인도주의에 반해 함부로 부모로부터 떼어내어 일본 국외로 퇴거시키는 것 같은 행위는 하지 않는다.

(II) 성년이 된 후 이들이 계속해서 외국인으로서의 체류를 희망하고 영주 허가를 신청하는 경우 호의적으로 이를 처리한다.

2. 영주 허가 방법

(1) "상기 1조 (1)항 영주 허가 신청은 협정 발효일로부터 5년 이내에 하기로 한다"는 취지를 협정에 규정한다.

(2) "상기 1조 (1)항 영주 허가를 받을 시에는 대한민국 정부가 발급하는 대한민국 국적을 증명하는 문서를 제출하기로 한다"는 취지를 합의의사록에서 약속한다.

3. 강제퇴거

(1) "협정상 영주 허가를 받은 자에 대해서는 일본국 법령상 강제퇴거 사유에 해당하는 경우에도 일본국의 국가 사회질서를 어지럽히는 우려가 큰 자, 또는 일한 양국 간의 친선관계를 유지하는 데 유해한 자들을 제외하고는 강제퇴거를 실시함에 있어 특별히 고려한다"는 취지를 협정에 규정한다.

(2) 상기 (1)항의 구체적인 범위에 대해서는 워킹그룹에서 개별적으로 검토하고 결론을 합의의사록에 남긴다.

이하는 상대측에 제시하지 않은 부분이다.

4. 한국 귀환 시에 휴대할 수 있는 재산 및 송금

(1) "상기 1조 (1)항에 규정된 자가 협정의 효력 발생일로부터 5년 이내에 대한민국에 귀환하는 경우 (i) 그 재산의 휴대 및 자금의 송금과 관련해서는 일본국의 법령이 인정하는 범위 내에서 가능한 한 호의적으로 조치한다, (ii) 재산을 휴대해도 관세 및 기타 과징금을 부과하지 않는다, (iii) 세목(細目)은 별도로 협의하여 정한다"는 취지를 협정에 규정한다.

(2) 상기 (1)항의 세목에 관해서는 워킹그룹에서 검토하고 그 결과를 합의의사록에 남긴다.

5. 교육

"대한민국 정부는 일본국 정부가 영주 허가를 받은 재일한국인 및 그 자식으로서 초중고 교육과정의 공립학교에 입학을 원하는 자에 대해서는 계속해서 현재대로 그 입학을 인정하기를 희망하고, 이에 대해 일본국 정부는 대한민국 정부의 희망을 유의하여 이에 부응하도록 배려한다"는 취지를 합의의사록에서 약속한다.

6. 생활보호

"대한민국 정부는 일본국 정부가 재일한국인에 대해 생활보호에 관한 일본국 법령에 규정된 것과 같은 이익을 계속해서 현재대로 누릴 수 있도록 하기를 희망하고, 이에 대해 일본국 정부는 대한민국 정부의 희망을 유의하여 이에 부응하도록 배려한다"는 취지 및 "일본국 정부는 대한민국 정부가 재일한국인의 생활을 안정시키고 빈곤층을 구제하기 위해 가능한 조치를 취할 것을 희망하고 이에 대해 대한민국 정부는 일본 정부의 희망을 유의하여 이에 부응하도록 배려한다"는 취지를 상호 합의의사록에서 약속한다.

제7차 회의(1월 30일)부터 제10차 회의(4월 27일)까지 이에 대해 한국 측이 의견을 제시했고, 이에 대한 질의가 거듭되었다. 또 비공식 회담도 11월 26일부터 5월 11일까지 11회에 걸쳐 열렸다. 그 결과 구체적으로 다음과 같은 견해 차이를 분명히 확인할 수 있었다.

① 국적 확인 조항: 한국 측은 종전과 마찬가지로 재일조선인이 한국 국적임을 확인하는 조항을 협정에 마련할 것을 요구했지만, 일본 측은 협정의 대상자를 "대한민국 국민"으로 규정하는 것으로도 충분하다고 주장했다.

② 영주 허가: 상기 일본 측 안과 달리 한국 측은 재일한국인의 자손까지 영주 허가를 부여할 것을 요구했다. 영주 허가 신청과 관련해서 일본 측 안은 한국 정부가 발급하는 국적증명서를 요구했는데, 이에 대해 한국 측이 반대했다. 영주 허가 신청 기간을 협정 발효 후 5년간으로 한다는 데에는 양측 모두 동의했다.

③ 강제퇴거: 한국 측은 일본 측 안과 달리 영주권자는 강제퇴거에 관한 일본 법령을 적용하는 데에서 제외할 것을 주장했다.

④ 생활보호: 일본 측은 전전(戰前) 범주에 해당하는 자와 그 자손을 구별하지 않고 영주권자는 생활보호의 측면에서 모두 내국민 대우를 받아야 하고, 그 기간은 "당분간"으로 한정해야 한다고 주장했다.

⑤ 교육: 한국 측은 일본 측 안과 달리 영주권자는 교육에 있어 완전히 내국민 대우를 받아야 하고, 그 대상을 전전 범주 해당자와 그 자손과 구별하여 대우를 다르게 해서는 안 된다고 주장했다.

⑥ 경제활동: 한국 측은 영주권자에게는 경제활동에 있어 내국민 자격을 부여해야 한다고 주장한 반면, 일본 측은 그 주장의 철회를 요구했다.

⑦ 영주 귀환자의 귀환 시 휴대 가능한 재산: 한국 측은 "영주 목적으로 귀환하는 자는 그 전 재산을 반출할 수 있다. 부과금도 부과해서는 안 된다. 금지 품목의 반출 및 판매를 목적으로 하는 반출에 대해서는 수량, 종류 등을 제한하는 것에 이의가 없으나, 귀환 시 갖고 나오는 금액은 가구당 1만 달러까지로 하고 이를 초과하는 금액은 일한 쌍방의 워킹그룹이 정하는 방법에 따라 송금할 수 있도록 한다. 한

국 산업 건설에 제공할 목적의 기계시설 및 자금은 1만 달러를 초과하더라도 그 반출과 송금을 허용해야 한다"고 주장했다.

⑧ 영주 귀환자 중 빈곤자에 대한 자금 제공: 한국 측은 영주 허가자 중 생활보호법 대상자에게 세대당 2,000달러를 지급할 것을 주장했으나, 일본 측은 비공식 회담에서 이 주장의 철회를 요구했다.

(5) 1961년 4월 사건에 대한 대응방침

외무성 북동아시아과가 4월 11일 자로 정리한 「최근 한국 정세와 일한관계」 조서에는 다음과 같은 전망이 언급되었다.

새 정부는 이승만 시대의 오랜 불건전한 정책에 의해 붕괴 위기에 처한 경제 상황을 계승했다. 경제계를 농단(壟斷)하고 있는 구세력은 생산 의욕을 보여주지 않았고, 그 결과 경제의 위미(萎靡) 및 침체가 초래되어 사회불안의 주요 원인이 되었다.

현재 이른바 4월 위기설은 혁명 1주년을 맞아 그동안 국민들이 갖게 된 정치적 실망 및 불만, 경제적·사회적 불안이 농촌의 보릿고개와 맞물려 집중적으로 표면화한 결과인 것으로 보인다.

장면 내각의 당면한 긴급 과제는 4월 위기를 극복하는 것이다. 이를 위해 장면 내각은 금년도 국토건설사업비 대부분을 4~5월 중에 방출해 우선 민심 수습을 도모하고, 이어 5월 중에 민주당 대회를 열어 당내 결속을 다진 후 6월 초에 대폭적인 개조에 의한 강력한 내각의 수립을 단행할 것으로 보인다.

5~6월 이후 한국 정정(政情)을 예측하자면, 정국이 전면적으로 안정되고 정쟁이 사라지는 것은 기대할 수 없지만, 가령 내각이 교체하는 것과 같은 일이 벌어지더라도 장면 정권을 대신할 세력은 역시 마찬가지로 보수 정치세력이 될 것이 확실하다. 그런 의미에서 정책의 방향은 여하간 큰 변화가 없을 것으로 보인다. 그러나 이른바 4월 위기는 위에서 설명한 바와 같이 제반 악재가 집중적으로 표면화한 결과이기 때문에 장면 내각이 이 시기를 극복할 수 있다면 이른바 '불안정 위에 선 안정'을 회복할 가능성도 있다. 이 경우 미국으로부터 시의에 맞는 원조를 받아 국토건설사업이 본궤도에 오르고, 이로써 국민에게 기대감을 안겨주는 데 성공하기만 한다면 점차 국민의 지지를 늘려 장면 내각이 이전부터 품어왔던 내외 시책을 적극적으로 추진할 수 있는 객관적 조건이 점차 조성되어 가는 것도 기대할 수 있지 않을까 예상된다.

상기한 한국의 정세로부터 미뤄 보건대, 4~5월이라는 가장 다난(多難)한 시기를 맞고 있는 장면 내각을 상대로 일한회담 타결방침에 대해 최종 결정을 강요하는 것은 무리라고 생각된다. 설령 한국 측의 양보에 의해 회담이 이 시기에 타결된다고 하더라도, 장면 내각은 이에 대한 여론의 지지를 얻고 국회 비준을 받아낼 수 있을 정도까지는 강력하지 않은 것으로 판단된다.

따라서 현재의 예비회담에서 4월부터 5월 말까지 기간에는 기존에 정한 방향대로 사무적인 수준의 협의를 계속하여 의견 대립이 일어나는 대로 진행할 수 있는 데까지 진행하고, 6월부터 3개월간 여름 휴회에 들어간 후에는 그동안의 논의 경과 내지 최종 단계에 대해 일한 양국 정부가 충분히 검토해 회담 타결을 위한 정치적 결정을 내고, 한국 측의 정세가 일단 진정될 것으로 보이는 9~10월경에는 본회의를 개최해 전기한 결정에 따라 고도의 정치적인 관점에 입각한 절충을 단시간에 시도, 이로써 일한 국교정상화를 이끌어내는 방식이 가장 현실적인 것으로 사료된다.

유진오 수석대표는 나중에 잡지 『시사(時事)』 1961년 11월 호에 게재된 「한일회담을 회고하며」에서 제5차 회담의 진행방식에 대한 한국 측의 입장을 다음과 같이 말했다.

> 한국 측은 기본관계를 제외한 5개 문제 가운데 해결하기 쉬운 재일한국인 법적지위 문제, 문화재, 선박 문제를 해결한 후 일반 청구권 문제를 처리해 국교를 열고, 그 위에서 어업 문제를 논의하자고 주장했지만, 일본 측은 앞의 세 가지 문제를 해결하고 국교를 정상화한 다음에 청구권, 어업 등 두 문제를 처리하고 싶다고 주장하여 대립했다.
>
> 한국 측의 청구권은 8개 항목 가운데 6개 항목까지 토의됐다. 어업과 관련해서는 어업협정을 맺는 경우 기초가 되는 수산자원에 관해 토의해 대략 5월에는 대부분의 토의를 마무리하는 단계에 있었다. 우리 측 방침은 이러한 사무적인 토의를 마치고 예비회담을 중단한 후 시간적 여유를 두고 정치회담을 열어 본회담을 통해 최종 결론을 내자는 것이 있었지만, 결론이 나오는 데 이르지 못한 채 6월 혁명에 의해 회담이 중단되었다.

6. 자유민주당 의원단의 방한
: 이세키 아시아국장과 김용식 외무차관의 회담

상기한 1월 31일 일본 측 회담 대표모임에서 이세키 아시아국장은 "최근 자유민주당 외교조사회에서 '회담 타결이 매우 어렵다'고 이야기했는데, 참석자들 대부분이 '어쨌든 서둘러 국교를 수립하고 경제협력을 통해 한국 경제를 재건해야 한다. 현재 상태로는 북조선에 당하고 만다. 그래서 너무 세세한 것에 구애받지 말고 큰 입장에서 해야 한다'는 의견을 말했다"고 설명했다. 자민당은 일한회담 추진에 매우 적극적이었다. 4월 26일 당내에 이시이 미쓰지로(石井光次郞) 씨를 좌장으로 하는 '일한문제간담회'가 발족됐다. 이 간담회는 중의원인 기시 노부스케(岸信介), 사토 에이사쿠(佐藤栄作), 후지야마 아이이치로(藤山愛一郎), 미키 다케오(三木武夫), 가야 오키노리(賀屋興宣), 후나다 나카(船田中), 노다 우이치(野田卯一), 지바 사부로(千葉三郎), 다나카 가쿠에이(田中角栄) 씨 등 20명, 참의원인 노무라 기치사부로(野村吉三郎), 기무라 도쿠타로(木村篤太郎) 씨 등 4명을 구성원으로 하고 있었다.

사진 27　일본 국회의원들이 1975년 전 총리인 기시 노부스케가 기증한 잉어를 청와대의 연못에 방류하고 있다. (출처: 국가기록원)

5월 6일부터 12일까지 노다 우이치 씨를 단장으로 하고, 다나카 다쓰오(田中龍夫), 다나카 에이이치(田中栄一), 도코나미 도쿠지(床次德二), 다나카 가쿠에이, 후쿠다 하지메(福田一), 가네코 이와조(金子岩三), 다구치 조지로(田口長次郎) 씨 8명으로 구성된 자민당 의원단이 방한했다[이세키 아시아국장도 동행. 외무성 북동아시아과에서 야나기야(柳谷), 호리(堀) 사무관 2명이 수행]. 일행은 6일 서울, 7일 부산을 왕복하고, 8일 이후 서울, 11일 판문점을 시찰했다. 그리고 그동안 윤보선 대통령 이하 한국 측의 요로(要路)와 각 정당 지도부, 경제계 대표는 물론이고, 반일투쟁위원회 인사들과도 회담했다. 또 이케다 총리로부터 받은 초청 친서를 장면 총리에게 전달했고, 장면 총리로부터 이케다 총리에게 보내는 친서를 받았다. 일본 의원단의 방한에 한국 측은 장면 국무총리의 지시에 따라 환영방침을 세웠고, 회견에 응한 각계 지도부는 일관되게 양국의 신속한 국교정상화의 필요성을 강조했다. 그러나 다른 한편으로 한국 측 인사들은 한국이 방대한 군대를 유지하면서 공산주의 측과 맞서고 있기 때문에 일본은 방위비를 그다지 사용하지 않은 채 경제 번영을 누리고 있다는 점, 일본의 경제 번영의 기초는 한국인이 생명을 희생한 한국전쟁 중에 조성되었다는 점, 일본 정부의 북조선 측에 대한 태도의 미적지근함을 역설하면서, 36년간의 지배에 대한 사죄 내지 보상금을 요구하는 목소리를 반복해서 토해냈다.

의원단과 동행한 이세키 아시아국장은 5월 9일 김용식 외무부차관과 일한교섭의 진행방식에 관해 회담했다. 이세키 아시아국장과 김용식 외무부차관의 회담에 대해서는 귀국 후 다음과 같이 보고되었다.

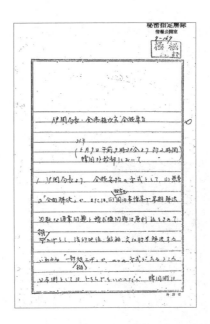

외교문서 원본 16 이세키 국장과 김용식 차관의 회담 요지

이세키 국장과 김용식 차관의 회담 요지

(1961년 5월 9일 오전 9시 30분부터 약 2시간 동안 한국 외무부에서)

1. 이세키 국장은 회담 타결의 방식으로서 (i) 현안의 '전면적 해결' 아니면 (ii) 쌍방의 국내 사정 등으로 조기 해결이 곤란한 어업 문제와 청구권 문제는 원칙 정도만 정한 후 보류하고 법적지위, 선박, 문화재를 해결하는 이른바 '일부 보류' 두 가지 방식이 있는바, 일본 측으로서는 어느 쪽도 좋은데 한국 측은 어떤 것을 원하는지 질문했다. 이에 대해 김 차관은 "전면적 해결을 희망한다"고 답했다.

2. 이어 앞으로의 절차에 대해 의견을 교환한 결과,

(가) 예비회담은 5월 말까지 진행한 후 중단할 것. (이세키 국장은 "6월 상순까지 진행해도 좋다"고 말했지만, 상대측은 "가능한 한 빨리 중단하고 싶다"고 말했다.)

(나) 6~7월에 양측 모두 국내에서 정치적 결정을 내릴 것. (이세키 국장은 이 문제와 관련해 일본 측이 필요로 하는 자료를 요구하면 즉시 건네줄 수 있도록 한국 측에서 담당관을 정해달라고 요청해 뒀다.)

(다) 8월에 (혹은 이보다 이른 시기에) 극비리에 양국 정부 간에 정치적 절충을 도모할 것. (그때 청구권으로서 지불하는 금액과 어업협정의 내용에 대해서도 논의한다.)

(라) 9월에 본회의를 열 것. (본회의는 1개월 정도로 끝내는 것을 목표로 한다.)

이런 점에 대해 의견이 일치했다. 김 차관은 "본회의의 장소는 도쿄, 서울 어디라도 좋다"고 말했다. (김 차관이 위와 같은 일정을 생각하고 있는 주요 이유는 장면 국무총리가 7월 말 방미한 후 귀국하기 때문인 것으로 보였지만, 이와 함께 김 차관 자신이 주영 대사로 부임한 후 일단 인사하고 바로 귀국해 자기가 직접 교섭에 임해보겠다는 마음이 있다는 것처럼 느껴졌고, 장면 총리도 이 같은 생각에 동조하는 말투였다.)

3. 개별 사안의 처리방식에 대해선 다음과 같이 논의했다.

(가) 법적지위

이세키 국장은 "강제퇴거를 완전히 하지 않을 수는 없다. 또 영주권을 앞으로 영원히 주는 것도 문제가 있고, 어느 시점에서 중단할 필요가 있다"고 말했다. 이에 대해 김 차관은 이를 양해하면서 "법적지위는 사무적으로 타협할 수 있다고 생각한다", "도쿄에 일임할 터이니 도쿄에서 이야기를 진행시켜달라"고 말했다.

(나) 선박

이세키 국장은 선박에서는 톤수를 결정하는 것만 문제이며, 일본 측으로서는 "목록에 명확하게 있는 것은 5,000~6,000톤이지만 조금은 더 쳐줄 용의가 있다"고 설명했다.

(다) 문화재

이세키 국장은 "문화재는 한국 측이 권리로서 청구하고 일본 측이 의무로서 반환할 수는 없기 때문에 문화협력의 일환이라는 의미에서 기증하는 형식을 취하고 싶다"고 이야기했는데, 김 차관은 말 없이 들은 후 "단어 선택(wording)의 문제군요"라고 답했다.

(라) 어업

이세키 국장은 "영해를 6마일로 정할지 12마일로 정할지 여부는 한국 측의 문제이지만, 일본 측으로서는 그 외의 공해상의 어업에 대해서도 어느 정도 선을 그을 용의가 있다〔어종은 어법(漁法)에 따라 다른 선이 될지도 모르지만〕. 하지만 한국 측의 일방적인 조치는 절대 승인할 수 없고, 어디까지나 일한 간의 합의에 의해 선을 결정해야 한다. 또 규제조치는 사실상 일본 측만 실시하게 되는 것이지만, 그 규정은 어디까지나 일본 측의 자율 규제로서 일본 측이 단속한다는 것에 중점을 두고 있다"고 설명했다. 이세키 국장은 또 "구체적인 규제조치는 합동위원회의 조사 결과에 기초해 순차적으로 검토(review)해 수정할 필요가 있다"고 말했다. 김 차관은 이 생각에 특별히 이론(異論)을 언급하지 않았다.

이와 함께 이세키 국장은 "어업협정 이야기는 1개월로는 정리될 것 같지 않으므로 8월 이전이라도 대화를 시작하면 어떨까"라고 제의했는데, 김 차관은 "8월로 해달라"라고 답했다. (상대측은 일본이 청구권을 얼마나 지불할지를 먼저 보고 싶어 하는 것으로 생각된다.)

(마) 청구권

이세키 국장은 "일본 측으로서도 어업 문제만 해결한다면 청구권을 해결하는 데 이견이 없다"고 말한 후 ① 확실한 개인 채무와 같은 것은 청구권으로서 해결하고 이른바 일반 청구권은 무상 경제원조로 하든지, 또는 ② 전체를 무상 경제원조로 하든지 두 가지 해결 방법이 있으며, 그 외에 일반 경제원조(그 안에는 정부차관과 민간 기반인 것이 있고, 민간 기반 중에는 순수하게 민간 기반인 것과 정부가 수출입은행을 자금 면에서 지원하는 것이 있다)가 있다고 설명했다.

이에 대해 김 차관은 대체로 일본 측의 생각에 동의하는 듯한 느낌이었지만, 거듭 무상 경제원조는 얼마 정도를 생각하고 있는지 질문했다. 이에 대해 이세키 국장은 "그것은 상부의 정치 절충에 의해 결정되는 것이며, 또 한국 측의 희망도 있는 것이기 때문에 지금 여기에서 뭐라고 말할 수 없다"고 응수했다. 또한 김 차관이 "경제협력으로서 어떤 방법을 생각하고 있는가"라고 질문한 데 대해 이세키 국장은 "한국 측의 개별적 프로젝트(project)를 본 후에 결정되어야 하지만, 다양한 것이 나올 것이다"라고 답했다.

4. 김 차관은 상기한 1~3항의 사항에 대해서는 9일 오후에 국무총리에게 보고하도록 되어 있었기 때문에 이후에 다시 연락하자고 말했다. (김 차관은 "한국 측에서 일한회담에 가장 열심인 분은 국무총리"라고 부언했다.)

(첨부) 이세키 국장의 소견, 생각(5월 15일)

1. 내가 방한 중에 친구들과 접촉한 바에 따르면 한국의 일반 민중은 "일본과 손을 잡는 것 외에는 살길이 없다"는 생각을 갖고 있는 듯하다. 공식적으로 만난 정부 고위 관계자는 반드시 36년간의 지배를 운운하며 이를 강한 어조로 언급하지만, 이것은 야당 측이 당리당략적으로 정부 여당의 방식이 지나치게 친일적이라고 비판하는 것을 사전에 방지하기 위해 국민이 느끼는 정도 이상으로 강한 말투를 사용하는 것이며, 오히려 일반 민중은 과거의 것은 (약간 앙금은 있지만) 아무래도 좋다는 기분이 된 것 같다. 의원단이 상대측 고위 인사와 만났을 때도 처음에는 딱딱한 이야기를 나눴지만, 서로 말하고 싶은 것을 말한 후에는 오히려 시원해져서 크게 의기투합하는 정황이었는데, 이런 것은 이번 방한의 성과라고 할 수 있다.

2. 향후 핵심은 결국 일본 측이 얼마를 지불할지 마음을 정하는 데 달려 있다고 생각된다. 나의 한 가지 시안(試案)으로는 무상 경제원조를 연 5,000만 달러, 5년간 계속해 총 2억 5,000만 달러, 청구권에 기초한 채무 5,000만 달러, 총 3억 달러, 그 외에 유상 경제원조를 위해 연 5,000만 달러의 자금 틀을 준비해, 이것들을 합쳐 연 1억 달러로 하는 정도가 좋지 않을까. 미국의 1년분 원조가 2억 수천만 달러이므로 그것에도 못 미치는 정도로는 꼴사나워서 내놓기가 뭣하다. 결국 이야기가 처음에는 청구권에서 출발하더라도 결과적으로는 한 단계 높은 입장에서 한국 경제의 붕괴를 막기 위해 뒤를 봐준다는 취지에서 한국 경제에 실질적으로 공헌할 수 있는 방안을 생각해야 할 것이다(한국 측은 이를 전부 청구권인 것처럼 생각해 국내에 그렇게 설명해도 상관없다). 자민당도 이런 생각으로 기울고 있다고 생각한다. 이와 관련해 한국 측은 비공식 논의 시에 5억 달러 정도 주었으면 하는 말투였다.

이세키 아시아국장은 나중에 당시의 일을 회상하며 다음과 같이 말했다.

교섭은 그다지 진전되지 않았지만, 자민당 내에는 새로운 정권을 상대로 교섭을 마무리 짓고 싶다는 분위기가 강해졌던 것 같다. 적극적으로 의원단을 파견하자는 식이 됐다. 나에게도 따라와 달라고 말했으므로 함께 갔다.

이것은 시기적으로 볼 때 나도 매우 커다란 실수를 범했다. 3~4월은 춘궁기로 한국민에게는 매우 괴로운 시기다. 그러나 당시는 춘궁기도 일단 벗어난 데다 혁명 뒤처리도 대략 마무리되었을 때였다. 추가 예산을 짜 그 돈을 2개월인가 3개월 만에 모두 써버리고 미국과의 경제원조협정도 체결되어, 드디어 장면 정부는 내정의 안정을 향해 적극적으로 나서려 하고 있었다. '그런대로 난국을 벗어났으니까, 이 즈음에서'라는 기분으로 갔다. 그 전망이 빗나간 셈이다.

김용식과의 회담은 상대측도 성실하게 이야기를 한 매우 기분 좋은 회담이었다. 나는 '한국이 정말 하겠다는 의지가 있다. 이번에는 될지도 모른다'고 생각했다. 내가 이렇게 '할 수 있을까'라고 생각한 것은 앞서 유태하 때에 이어 두 번째다.

당시 민주당 정책위원회 부의장 한통숙(韓通淑, 나중에 체신부장관을 지냄)과 국방부장관 현석호(玄錫虎)는 나의 대동아성(大東亞省) 시절의 부하였다. 그 후 한통숙은 내가 김용식에게 이야기한 것을 장면 총리가 각의에서 보고해 자세하게 들었다면서 "일본 측 안은 얼마인가"라고 나에게 물어 내가 "숫자는 말 못한다"라고 했더니 한통숙은 "5억 달러 준다면"이라고 답했다. 5억 달러라는 것은 그에게서 나온 발언이다. 당시 한국 측 내부에서는 이미 그런 숫자가 나와 있었던 건지도 모른다. 다시 돌아오는 비행기에서 나는 노다 씨, 다나카 가쿠에이 씨와 셋이서 이야기했는데, 내가 "저쪽은 5억 달러라고 했지만, 나는 대략 3억 달러로 생각하고 있다"고 말하자 다나카 가쿠에이 씨가 "그 정도는 당연하지"라고 말했던 것이 기록에 남아 있다. 노다 씨와 다나카 씨가 "그 정도는 좋은 숫자다"라고 말했다. 그 때문에 그 때 이미 3억 달러라는 숫자가 나와 있었다. (전게 「일한교섭의 회고」)

5월 11일 한국은 자민당 의원단의 방한에 대한 답례로서 민주당 5명, 신민당 3명, 민정클럽 1명 등 총 10명으로 구성된 의원단이 방일할 예정이라고 발표했다.

방한 의원단이 귀국한 후 그들의 방문 소감이 5월 13일부터 15일까지 일본의 신문에 보도됐다. 방한 의원단은 5월 15일 원내에서 방한 보고회를 열어, 한국 측의 대일 감정이 누그러져 진심으로 환영을 받았다는 것, 한국 국민의 반공의식이 강하다는 것, 정정(政情)이 소강상태에 들어가 국토부흥 5개년계획을 세우고 있으며 일본의 원조를 기대하고 있다는 것 등 회담에 대한 밝은 전망을 언급했다.

자민당 의원의 방한 후 청구권 문제의 해결방식으로서 한국에 대한 일본의 경제협력(무상 또는 차관) 방안이 외무성 내에서 검토되고 있다는 사실이 신문에 보도되었다. 한편, 한국 정부는 제1차 경제5개년계획안(1962년~1966년)의 수립을 발표했는데, 6월부터 내각에 종합적인 경제심의기구를 설치하고 임시국회를 소집해 5개년계획안을 토의한다는 것, 더욱이 이 안에 일본의 원조차관도 고려되고 있다는 것까지 전해졌다. 또한 5월 14일 『한국일보』는 "장면 국무총리가 7월 20일 방일 예정"이라고 보도했다. 그러나 그 이틀 뒤인 5월 16일 군사 쿠데타가 일어나고 말았다.

7. 북조선 귀환협정의 기간 갱신 협상

니가타에서 열린 북조선 귀환협정의 기간 갱신에 관한 북조선과 일본 두 적십자 간의 회담은 1960년 8월 25일에 시작됐다(제1절 참조). 북조선의 『노동신문』, 『조선중앙통신』의 통신원이면서 북조선적십자 대표단원으로 입국이 허용된 전인철(田仁澈), 육종상(陸鍾相) 2명은 대표단의 구성원이므로 본국으로의 통신만 가능하고 신문 전보는 칠 수 없다는 문제를 둘러싸고 일시적으로 논란이 일어났는데, 9월 2일에 이르러 이들 2명은 "신문기자로서의 활동과 권리는 인정하지 않지만, 회담에 관한 기사를 신속히 본국에 타전할 수 있도록 허용한다"는 사실을 확인해 논란을 잠재웠다.

두 적십자 간의 실질적인 회담은 9월 5일부터 시작됐다. 일본적십자는 "귀환 희망자로 하여금 일정 기일까지 귀환을 신청토록 하여 그 숫자를 파악한 후에 짧은 기간, 적어도 1년 이내에 이들이 귀환할 수 있도록 속도를 높이자는 안"을 제안했다. 일본적십자 측은 또 "귀환 희망 신청 마감일은 이 방안의 실시가 확정된 후 3개월 이내로 하고, 이 기일까지 신청할 수 없는 특별한 사정이 있는 자에 대해서는 특례를 인정한다. 적십자에 의한 귀환 업무 종료 후 귀환을 희망하는 자에게 본인 책임하에 돌아갈 수 있는 길을 열어두는 것과 관련해선 재차 협의한다"는 부대 사항을 달았다.

북조선 측은 귀환 희망자의 일제 등록안에 반대했다. 북조선 측은 수송의 속도를 높이는 일은 현행 협정의 틀 안에서 실행할 수 있다면서, 협정을 수정하지 않고 1년 더 연장하자고 주장했다. 북조선 측은 "일본적십자 측 안은 귀환 작업을 파괴하려는 정치적 의도이다"라는 비난을 되풀이했다.

이에 대해 9월 17일(제8차 회의) 일본적십자는 "현 협정에서 유효기간만 일단 6개월 연장하고, 6개월 후에도 귀환 업무가 끝나지 않는 경우에는 협정의 유효기간을 다시 연장한다. 매번 귀환 인원을 늘리는 것에 대해서는 시급히 협의를 개시한다"는 방안을 제안했다. 그러나 북조선 측은 이를 거부하고 북조선적십자 대표단은 9월 23일 니가타를 출발하는 제39차 귀환선으로 귀국했다. 그 동안 북조선을 지지하는 재일조선인들은 협정을 수정하지 않고 연장하는 방안을 주장하면서 일본적십자 측 안에 항의하는 시위를 일본적십자와 관련 성청(省廳)을 상대로 격렬하게 전개했다. 다수의 지방의회도 협정을 연장해 문제를 조속히 해결할 것을 결의했다. 일본에 와 있던 국제적십자위원회 대표단은 8월 26일 "협정이 연장되면 협력을 계속한다"는 취지의 서한을 일본적십자에 보내왔다.

그 후 북조선적십자 측이 "협정을 1년 더 연장하면 속도를 높이자는 논의에 응할 용의가 있다"
는 취지의 태도를 보이기도 하여, 10월 17일 일본적십자는 협정을 1년 더 연장할 것을 북조선적십
자에 제의했다. 그 결과 10월 27일 두 적십자는 1960년 11월 13일부터 1961년 11월 12일까지 협
정을 1년 더 연장하는 합의서에 서명했다. (한편, 10월 11일 당시 귀환을 신청하고 대기 중인 재일
조선인은 1만 4,912명이었다.)

이어 11월 10일, 11월 17일, 11월 24일에 니가타의 귀환선 내에서 일본적십자 다카기 부사부로
(高木武三郎) 대표(사회부장)와 북조선적십자 김미영(金米榮) 대표 간에 수송 인원을 늘리기 위
한 협의가 진행됐다. 그 결과 양측은 매주 1회 1,200명을 수송하기로 하고, 이를 1961년 3월부터
실시하기로 합의하고, 11월 24일 합의의 취지를 담은 공동코뮈니케를 발표했다.

이상의 교섭에 대해 주일 한국대표부는 10월 27일 자 구상서를 통해 협정의 경신이 일한회담의
진행에 악영향을 미친다면서 그 중단을 요구했다. 28일 엄요섭 공사는 야마다 차관에게 거듭 항의
하는 구상서를 전달했다. 그러나 협정 체결 시처럼 대규모 반대운동은 일어나지 않았다. 일본 측이
북조선적십자 측 안에 타협한 이유에 대해 『아시아국 중요 현안 처리 월보』 1960년 10월 호는 다
음과 같이 기록했다.

① 일반 일본인의 소박한 국민 정서로는 재일조선인이 조선으로 돌아가는 것을 희망하고 있는데 이
를 제한하거나 금지하는 것은 이해하기 힘들다는 분위기가 널리 퍼져 있고, 특히 북조선 측이 일본 측의
주장을 수용할 수 없다는 이유만으로 귀환 업무 전체를 중단하고 종래에 원활하게 진행되어왔던 매주
천 명의 귀환까지 그만두는 것에 대해서는 강한 비판이 대두되어왔다는 것.
② 귀환 업무가 원래 인도주의 원칙으로부터 발족한 것인 만큼, 연장 문제를 거론할 경우 일한관계 또
는 국제적 신용 등 정치적 고려만으로는 충분히 납득되지 않는 아쉬움이 있다는 것.
③ 교섭의 경위를 보더라도 일본적십자사의 최초 제안은 귀환 희망자를 일제히 등록하는 것과 귀환
업무의 속도를 높이는 것 등 두 가지를 내용이었는데, 이번에 북조선 측도 점차 양보할 기색을 보여 속
도를 내기 위한 대화에 응한다는 태도를 보였으므로 지금이 타협을 도모할 적기라는 의견이 압도적이
라는 것.

일본 측은 이상과 같은 사정을 한국 측에도 설명했다.

11월 7일 고사카 외상이 맥아더 주일 미국대사와 회담했을 때 맥아더 대사는 "한국 측에 북조선
귀환협정의 연장과 관련된 일본 측의 입장을 설명하고 건설적으로 대처할 것을 요청했다"면서 "일
본 정부는 우호적 제스처로서 한국 문화재를 돌려주거나, 아니면 그 의향을 표명하는 정도만이라
도 한다면 어떨까"라고 말했다. 이에 대해 고사카 외상은 "문화재 반환은 문화재보호위원회 측과

여러 가지 문제가 있는 것 같아 조속히 실현되기는 어렵지만, 오히려 이때 지난번 한국적십자가 '일본적십자와 회담하기 위해 일본을 방문하고 싶다'고 제안한 것을 미뤄뒀는데 이를 실현시켜 재일조선인의 생활 향상을 도모하기 위한 협의를 진행해보면 어떨까"라고 제의했다. 이에 대해 맥아더 대사는 "그것은 좋은 아이디어 같다"고 말했다.

한편, 1961년 들어 일본의 일부 지역에 인플루엔자가 유행하자 2월 2일 북조선적십자는 일본적십자에 2월 9일 파견 예정인 귀환선의 출항 연기를 통보했다. 당시 니가타의 일본적십자센터에서 귀환선을 기다리던 735명 중에는 인플루엔자 환자가 1명도 없었고, 더욱이 이들 귀환 예정자에게는 모두 예방주사를 접종하고 있었다. 이에 따라 일본적십자사는 이 같은 사정을 설명하면서, 귀환자가 북조선 사람들에게 인플루엔자를 전염시킬 우려는 없으며, 또 센터에 있는 귀환 예정자들은 현재 가재도구를 처분하고 하루라도 빨리 귀국하길 기다리고 있다는 취지를 담아 북조선적십자 측에 귀환선의 파견을 요구했다. 그러나 북조선적십자 측은 이를 수용하지 않았다. 결국, 북조선 귀환은 2개월 중단된 후 4월 14일에 이르러 재개됐다.

8. 유태하 대사의 사임과 장경근 전 내무부장관의 불법 입국

(1) 유태하 대사의 사임

유태하(柳泰夏) 대사는 이승만 대통령 직계 대사로서 대일 외교와 재일한국인 문제의 처리를 맡아왔지만 이승만 몰락 직후인 1960년 4월 29일 사임했다. 이 같은 사실은 4월 30일 주일 한국대표부로부터 공식적으로 외무성에 통보됐다. 그 후 일부 재일한국인이 유 대사에게 폭행을 가하려는 움직임이 있어, 한국대표부의 요청에 따라 외무성은 경시청에 유 대사에 대한 신변 경비를 특별히 요청했다.

6월 29일 법무성은 유태하 씨에 대한 종래의 외교관으로서의 재류 자격을 일반 외국인으로서의 재류 자격(출입국관리령 제4조 1항 16호의 3)으로 변경한 후 법무대신은 그에게 180일간의 체류 허가를 부여했다.

그 후 유태하 씨가 홍콩행을 희망했기 때문에 12월 1일 외무성은 워너 주일 영국대사에게 홍콩 입국 허가 가능성을 타진했는데, 9일 입국이 곤란하다는 답변을 들었다. 12월 22일 우야마 참사관은 주일 미국대사관의 키드 참사관에게 미국 입국비자 발급을 요청했다. 더욱이 법무성은 12월 26

일 유태하 씨에게 출국 준비를 위해 추가적으로 1개월간의 체류 기간 갱신을 허용했다. 12월 29일 주일 한국대표부는 일본 정부에 보낸 구상서를 통해 유 씨 부부에 대한 한국 여권의 효력 상실을 통보함과 동시에, 유 씨 부부가 제3국으로 출국하지 않고 본국으로 귀환할 수 있도록 일본 정부의 협력을 요청했다. 따라서 1961년 1월 4일 키드 참사관은 유태하 씨의 여권이 실효했기 때문에 미국 법령상 입국비자의 발급은 곤란하다는 미국 정부의 의향을 전해왔다.

4월 7일 법무성은 유태하 씨에게 불법 체류자로서 강제퇴거 영장을 교부했지만, 유 씨는 군사 쿠데타가 일어난 후인 6월 24일 한국에서 온 중앙정보부원의 손에 의해 본국으로 연행되었다.

(2) 장경근 전 내무부장관의 불법 입국

장경근(張暻根, 전 한국 내무부장관, 전 일한회담 한국 측 대표) 씨는 1960년 3월 대통령 부정선거 책임자 중 한명으로서 그해 9월 서울지방법원에서 12년 구형을 받았는데 **[원문 약 6자 미공개]** 보석된 후 11월 12일 밤 병원에서 도망쳐 부인 및 비서와 함께 밀항선으로 11월 15일 밤 사가(佐賀) 현 가라쓰(唐津)에 불법 입국했고, 현지에서 경찰에 의해 체포됐다. 장 씨는 당시 한국 국회에서 부정선거 관련 처벌을 위한 특별 입법이 심의되고 있었는데, 이 법이 성립되면 극형에 처해지는 것을 예상해 생명의 위험을 느껴 일본에 불법 입국해왔다면서, 국내의 분위기가 냉각될 때까지 반년 내지 1년간 일본에 망명하고 싶다는 의사를 표시했다.

11월 30일 후쿠오카 지방검찰청은 장경근 씨를 출입국관리령 위반 용의자로서 불구속 상태에서 기소했다. "장경근 씨, 일본에 불법 입국"이라는 기사가 신문에 보도되자 한국 정부는 국외 탈출 사건으로 간주해 중대시했고, 야당은 정부의 책임을 추궁하여 내무부·법무부·외무부 3부 장관의 사직을 요구했다. 이에 따라 장면 내각은 11월 20일 당면한 책임자로서 내무부장관의 경질을 발표했다. 주일 한국대표부는 11월 19일에 외무성에 우선 구두로써 장경근 씨의 신병 인도를 요청한 데 이어 21일 구상서를 통해 일본 정부가 장 씨의 망명 요청을 거부하고 그 신병을 신속하게 한국 측에 인도할 것을 요구함과 동시에, 만약 일본 정부가 이 요구에 상반되는 처리를 한다면 양국 관계 및 일한회담에 악영향을 미칠 것이라는 취지를 통보해왔다.

장경근 씨 일가에 대한 출입국관리령 위반 사건에 대해서는 후쿠오카 지방법원에서 1961년 5월 29일 제1차 공판이 열렸는데, 11월 24일 제2차 공판에서 장 씨에게 금고 10월, 다른 2명에게 금고 8월이 구형됐다. 이 공판에는 외무성 아시아국 북동아시아과에 근무하는 모리타 사무관이 증인으로 출석, 장경근 씨의 국외 탈출 당시 한국의 정정(政情)이나 관계 법령에 대해 증언했다.

9. 일한 교류의 긴밀화

(1) 일본 열풍과 일한 왕래자의 증가

장면 정권하에서 주목되는 일한관계상의 현상은 기존의 배일정책에 대한 반동으로서 일어난 일본 열풍이다. 일본 서적의 수입이 급증했는데, 특히 일본어 서적의 번역이 크게 유행했다. 일본의 베스트셀러 하라다 야스코(原田康子)의 『만가(挽歌)』, 고미카와 준페이(五味川純平)의 『인간의 조건(人間の条件)』, 기쿠다 가즈오(菊田一夫)의 『너의 이름은(君の名は)』, 이시자카 요지로(石坂洋次郎)의 『젊은 사람(若い人)』, 샤 고쿠겐(謝国権)의 『성생활의 지혜(性生活の知恵)』등 한국어 번역본이 한국에서 베스트셀러가 되었다. 또 일본 가요 레코드가 팔리고, 일본어 학원이 곳곳에 열렸다. 그 때문에 다른 한편에서는 일본 문화의 유입을 문제시하는 움직임도 끊임없이 나타났다. 또한 일본 〈NHK〉 국제방송이 1960년 4월 1일부터 매일 밤 10~11시 한반도를 위해 1시간씩 방송을 시작한 것도 한국 내에서의 일본 문화 열풍을 일으켰다.

일한 간의 스포츠와 문화 교류가 활성화하기도 하여 한국인의 일본 입국, 일본인의 한국 입국이 1960년을 계기로 증가했다(표 9). 한편, 한국 정부는 대일 홍보활동을 시작하기 위해 1960년 12월 주일 한국대표부에 홍보관을 설치하기 위한 준비에 착수, 도쿄에 있는 재일본 한국YMCA회관에 사무소를 열었다.

표 9   한국행 여권 발급 건수 (1959~1964년)

연도	발행 건수	연도	발행 건수
1959년	8건	1965년	—
1960년	338건	1966년	22,064건
1961년	865건	1967년	25,321건
1962년	2,566건	1968년	32,430건
1963년	2,966건	1969년	41,968건
1964년	3,406건	1970년	67,472건

주)   『외무성 통계 1965년』은 1~9월 한국 입국자가 6,776명으로 되어 있다.

표 10 한국인의 일본 출입국 2 (1959~1969년)

연도	재입국 허가를 제외함		재일한국인의 재입국	
	입국	출국	입국	출국
1959년	1,037명	1,563명	1,493명	1,527명
1960년	2,258명	2,752명	3,494명	3,965명
1961년	3,207명	3,525명	4,524명	4,143명
1962년	3,445명	3,596명	4,363명	4,504명
1963년	5,451명	5,316명	5,100명	5,365명
1964년	12,352명	11,903명	6,665명	6,776명
1965년	8,299명	8,065명	8,765명	9,046명
1966년	13,505명	12,783명	12,286명	12,686명
1967년	19,645명	18,810명	13,913명	14,319명
1968년	10,912명	19,962명	18,722명	19,049명
1969년	18,868명	18,727명	25,786명	26,436명

주1) 법무성의 『법무통계연보』, 『출입국관리연보』에 따름.
주2) 1959년에는 사할린에서 입국한 161명을 포함함.
주3) 북조선 집단귀환은 제외함.
주4) 1964년에는 도쿄올림픽에 참가한 선수 및 임원, 관광객 5,516명을 포함함.

(2) 일한무역과 오픈계정 잔액 결제에 관한 교환서한의 서명

일한무역도 1960년을 기해 한층 활발해졌다(표 11). 일본 상사원의 왕래가 눈에 띄게 늘었는데, 일한 간 무역의 건전한 운영이 도모되어 1961년 4월 22일 일한 양국이 오픈계정[64] 잔액 등에 관한 교환서한을 서명한 것도 특기할 만하다. 이날 외무성 정보문화국 기사자료에 따르면, 그 경위는 다음과 같았다.

기존 일한 간의 무역은 원칙적으로 1950년 6월 2일 도쿄에서 서명된 일한 금융협정에 따라 일본은행

---

64) open account. 무역 당사국 간의 거래를 그때그때 현금 결제하지 않고 그 대차관계를 장부에 기록했다가 정기적으로 차감액(差減額)만 처리하는 청산계정. 오픈계정 협정에 따라 협정국 상호간에 결제를 위해 설정한 미(美) 달러로 표시된 특별 결제계정.

에 개설된 일한 오픈계정을 통해 결제되었다. 이 오픈계정을 통한 한국으로의 수출은 1960년 ICA 자금에 의한 구매를 포함해 대한국 총 수출액의 약 22퍼센트를 차지하기에 이르렀다. 또 오픈계정상 한국에 대한 일본의 대월(貸越) 순잔액은 한국전쟁 후 급속하게 증가해 1954년에는 4,700만 달러에 달했다. 1955년 이후에는 한국 측이 상기 금융협정 제5조 a항의 규정에도 불구하고 스윙 200만 달러를 제외한 잔액 결제를 이행하지 않았고, 같은 해 2월경부터는 대일 수입권(輸入權) 제도를 실시해 오픈계정에 의한 수출입의 균형을 취하도록 조치했기 때문에 그 이후에는 거의 4,500만 달러 선에 고정되었다.

1961년 2월 10일 한국 정부는 "2월 2일의 단일 환율 설정, 외화(外貨)에 대한 지역 제한의 철폐를 포함한 무역·외환 관리제도의 개혁에 따라 상기한 대일 수입 제한제도를 이날로 철폐했다"고 통보함과 동시에, 2월 1일 현재의 오픈계정 순잔액 약 4,572만 달러는 거치(据置)해두고 그것을 새롭게 초과하는 순잔액에 대해선 현금 결제를 시행하겠다는 취지로 제의를 해왔다.

이에 대해 일본 측은 한국 정부가 올해 1월 말 현재의 오픈계정 순잔액 약 4,572만 달러를 부채로서 재확인함과 동시에, 그 결제에 대해 선처할 것, 또 2월 1일 이후 새롭게 발생한 순잔액의 결제 방법을 구체적으로 명시할 것을 요구하고 교섭을 거듭해왔다. 그러나 그동안 오픈계정을 통한 대한국 수출이 증가하고 다시 채권 누적 조짐이 보였기 때문에 부득이 3월 6일에 오픈계정을 통한 대한국 수출을 표준 외 결제로 지정하고, 한국에 대한 수출을 조정함으로써 채권이 더 이상 누증되지 않도록 조치를 취했다. 이리하여 4월 22일 우시바 노부히코(牛場信彦) 외무성 경제국장과 박창준(朴昌俊) 주일 대한민국대표부 대표대리 간에 다음과 같은 취지의 교환서한에 대한 서명이 이뤄졌다.

가. 한국 정부는 일한 오픈계정의 올해 1월 말일 현재 잔액은 4,572만 9,398달러 8센트임을 확인하고, 조기 결제를 위해 타당하게 고려한다.

나. 한국 정부는 올해 2월 1일 이후 새롭게 발생하는 채무를 매월 확실히 현금으로 결제한다.

다. 양국 정부는 가능한 한 조기에 오픈계정을 폐지하고 현금 결제로 전환할 수 있도록 협의한다.

라. 일본 정부는 한국 상품의 수입 증대를 위해 그 권한 범위 내에서 적당하다고 인정하는 조치를 취한다.

이에 따라 3월 6일 이후 상기한 한국에 대한 조정조치는 철폐되었다.

표 11　일한 간의 무역 3 (1953~1966년)

(단위 1,000달러)

연도	일본 대한국 수출	일본 대한국 수입
1953	106,830	8,567
1954	68,568	8,101
1955	39,495	9,540
1956	63,607	11,122
1957	56,938	12,204
1958	56,694	11,039
1959	62,380	12,046
1960	100,080	18,579
1961	125,876	22,445
1962	138,140	28,004
1963	159,661	26,980
1964	108,841	41,667
1965	180,304	41,315
1966	335,170	71,688

*대장성 통관 통계

표 12 대한국 오픈계정 채권 (1950~1960년)

(단위 1,000달러)

연도	일본으로부터의 수출	일본으로의 수입
1953	106,830	8,567
1954	68,568	8,101
1955	39,495	9,540
1956	63,607	11,122
1957	56,938	12,204
1958	56,694	11,039
1959	62,380	12,046
1960	100,080	18,579
1961	125,876	22,445
1962	138,140	28,004
1963	159,661	26,980
1964	108,841	41,667
1965	180,304	41,315
1966	335,170	71,688

표 13 일한 간의 무역 4 (1956~1960년)

일본은행 외국환 통계 (단위 1,000달러)

연도	수출(일본→한국)				수입(한국→일본)			(A) −(B)
	총액 (A)	통상수출 (그중 오픈계정)	ICA 자금	엔 에스크로	총액 (B)	통상 수입 (그중 오픈계정)	엔 에스크로	
1956	42,895	11,078 (7,395)	30,931	886	8,434	7,415 (〃)	1,019	+ 34,461
1957	54,335	13,958 (10,074)	38,477	1,900	10,863	9,121 (〃)	1,742	+ 43,472
1958	43,043	14,651 (10,436)	27,028	1,364	10,057	8,732 (〃)	1,325	+ 32,986
1959	53,064	14,206 (10,374)	37,241	1,617	11,405	9,755 (〃)	1,650	+ 41,659
1960	69,061	26,993 (15,344)	40,858	1,210	16,020	14,835 (12,728)	1,185	+ 53,041

VIII

군사정권의 성립과 제6차 일한회담

1. 군사정권의 성립

(1) 군사정권의 성립

1961년 5월 16일 새벽, 제1공수특전단, 해병 제1여단, 제6군단 포병부대, 제30사단과 제31사단을 주체로 하는 한국군 일부가 쿠데타를 일으켰다. 오전 3시 서울 시내의 중요 시설을 점거하고 오전 5시에 '군사혁명위원회'[의장 장도영(張都暎) 중장]를 조직하고 행정·입법·사법 3권을 완전히 장악했다. 군사혁명위원회는 "군부가 결기(決起)한 것은 부패하고 무능한 현 정권과 기성 정치인에게 국가와 민족의 운명을 맡길 수 없다고 생각하여 조국의 위기를 극복하기 위한 것이다. 군사위원회는 ①적극적인 반공체제를 확립한다, ②유엔헌장을 준수한다, ③부패와 구악을 일소하고 도의와 정의를 다시 확립하기 위한 청신한 기풍을 일으킨다, ④민생고를 해결하고 자주경제의 재건에 총력을 다한다, ⑤국토 통일을 위해 공산주의와 대결할 수 있는 실력 배양에 전력을 집중한다, ⑥장차 시기가 이르러 환경이 성숙되면, 청신하고 양심적인 정치인에게 이른 기회에 정권을 이양하고 본연의 임무에 복귀한다"는 6개 항목의 공약을 발표했다.

이어 집회 금지, 국외 여행 불허, 출판 보도의 사전 검열, 금융 동결, 5월 15일 당시의 물가 유지 같은 정책을 차례로 발표했으며, 민참 양원 및 지방의회를 해산하고 정당 및 사회단체 활동을 금지

외교문서 원본 17   『日韓国交正常化交渉の記録』의 8장 표지

했다. 이튿날인 17일에는 체포, 구금, 수색을 법원의 영장 없이 할 수 있다고 발표했으며, 행정 12개 도 및 서울특별시에 대령급의 연락관을 임명, 파견했다. 18일 장면(張勉) 국무총리가 출두, 국무회의를 열어 국무위원 총사퇴를 결정하고, 계엄령을 추인했다. 여기서 윤보선(尹潽善) 대통령은 공식적으로 비상계엄령을 선포했다.

19일 '군사혁명위원회'는 '국가재건최고회의'로 개칭됐다. 최고회의는 장도영 의장과 박정희(朴正熙) 부의장을 포함한 위원 30명과 고문 2명으로 구성됐다. 이들은 각각 육군 25명, 해군 3명(1명은 예비역), 해병대 3명(1명은 예비역), 공군 1명의 장교들이었고, 계급별로는 중장 7명, 소장 6명, 준장 8명, 대령 7명, 중령 4명이었다. 국무총리는 장도영 의장이 겸임했다. 국가재건최고회의 아래 계엄사령부와 함께 내각이 설치되어 입법권은 최고회의 스스로가 행사하게 됐다. 윤보선 대통령은 18일 사임을 발표했지만, 20일 유임됐다.

20일 한국대표부 박창준(朴昌俊) 대표대리는 우야마 참사관을 내방, 본국에서 쿠데타 후에 처음으로 정책적인 훈령을 수령했다면서 혁명위원회의 6개 항목의 방침을 제시한 후 "일본 정부도 이 6개 항목의 정책을 이해하고 혁명위원회의 시책 방침에 협력해줬으면 좋겠다"는 취지를 제의해 왔다.

일본 측은 이 제의에 어떻게 대응할지 검토했는데, 한국의 정세는 매우 유동적인 데다 윤 대통령의 사임도 전해져서 새 정권 승인 문제가 발생할 수도 있다는 점 등 사정을 고려하여, 직접 한국 측에 회답하지 않은 채 20일 저녁 다음과 같은 정보문화국장 담화를 발표하고 그 사본을 한국 측에 전달하는 데 그쳤다.

한국의 군부 쿠데타에 대해

한국에서는 5월 16일 군부 쿠데타가 일어나 군사혁명위원회가 조직되어 국가의 모든 권력을 장악하고, 장면 내각은 총사퇴하고 윤보선 대통령도 사임하기에 이르렀다.

한국의 이웃인 일본으로서는 국민 모두 이 정세의 추이에 상당한 관심을 기울이고 있으며, 일본 정부는 사태가 하루빨리 정상화되기를 희망하고 있다.

또한 일한 양국 국민 간에는 사태의 발전과는 별도로, 실제로 평상시 접촉이 계속될 것으로 생각하기 때문에 정부는 쌍방의 국민의 이익을 손상시키지 않도록 적절한 관계의 사무를 처리해갈 생각이다.

군부 쿠데타가 일어난 지 8일 후인 5월 24일 김홍일(金弘壹) 외무부장관은 기자회견에서 "한일회담을 올해 안에 재개하고 싶다"는 취지를 말했다. 그러나 5월 31일 조약국은 다음과 같은 「일한 예비회담 재개의 경우에 발생할 법률적인 문제에 대해」를 작성해 군사정권에 대한 법률적 견해를 제시했다. 그 후 국회에서의 정부 답변은 이 취지로 관철되었다.

1. 한국의 군사정부가 일한회담 재개를 제의했는데, 일본 정부가 예비회담을 재개하는 데 응하는 태도로 나올 경우 야기되는 법률적 문제점으로서 다음과 같은 것을 생각할 수 있다.

(가) 군사정권은 실질적으로 헌법상의 절차를 무시함으로써 성립된 혁명정권인데, 예비회담을 재개하면 이를 사실상 승인하는 것이 되지 않는가.

(나) 1948년 12월 12일의 유엔결의는 한국 정부가 자유선거에 의해 성립된 한반도의 유일한 합법 정부라는 입장을 취하고 있다. 유엔은 이후 여러 결의에서 직간접적으로 이 입장을 확인하고 있는바, 민주주의와 헌법상의 절차에 반해 성립된 군사정권은 위의 결의에 해당하는 정부라고 할 수 없는 것이 아닌가. 그러한 정부를 상대로 교섭하는 것은 상기한 유엔결의의 정신에 반하는 것이 아닌가.

2. 이상의 비판 중에서 (가) '새 정부의 승인 인가'라는 점에 대해서는 다음의 이유로 새 정부 승인 문제는 발생하지 않는다고 설명할 수 있다.

(가) 국가원수인 대통령이 유임되었다. 따라서 정권의 기본적인 변화가 이루어졌다고 할 수 없다. (군사정권이 대통령의 유임을 요구한 것도 승인 문제를 회피하기 위한 것으로 보이며, 군사정부는 관계국에 승인을 요구하는 것과 같은 조치는 취하지 않았다.)

(나) 관련국의 태도에 대해 말하면, 미국은 주한 미국 대리대사가 한국 외무부장관에게 5월 26일자 서한(동 서한에서 미국은 한미 양국 간의 전통적인 우호관계가 지속되는 것으로 믿는다고 언급했다)을 보냄으로써 승인 문제와 무관하게 한국 군사정권이 기존 정부를 승계했다고 인정하고 교섭 의사를 보인 것으로 해석된다.

또한 미국 이외의 자유국가들은 정세의 진전을 지켜보고 있는 모양이지만, 현재 시점에서는 다시 승인을 문제시할 필요가 있는 사태라고는 생각하지 않는 듯하다.

(다) 최근의 예를 보면, 1957년 9월 및 1958년 10월 태국 정변, 1958년 10월 파키스탄 정변, 1958년 9월 버마 정변은 모두 군의 쿠데타에 의한 정권의 변경을 가져왔다. 그러나 원수의 지위는 그대로이며, 따라서 새삼스럽게 타국의 승인을 필요로 하지 않는 것으로 처리되었다.

3. '유엔결의와 관련'된 상기 1항 (나)의 비판에 대한 법률적인 부분은 현상적으로 약간 어려움을 수반하지만, 일단 다음과 같은 설명을 생각해볼 수 있다.

(가) 새로운 군사정권은 대통령의 권한에 기초해 계엄령을 시행해 사실상 헌법의 규정을 정지시킨 것과 같은 결과가 되었지만, 가능한 한 신속하게 문민정치에 복귀하겠다는 의도를 표명함과 동시에, 유엔헌장의 원칙을 지지한다는 것을 명확하게 하고 있으므로 현재의 군사정권은 잠정적인 조치로서 멀지 않은 시기에 헌법에 근거한 정치로 복귀할 것으로 생각된다.

(나) 일반적으로 국가가 비상사태에 대처하기 위해 계엄령을 시행하고 임시헌법의 규정을 중지시킨 경우에도, 그것이 임시 조치인 것이 명확하면 해당 국가의 정체(正體)를 변혁한 것으로는 해석되지 않는다. 따라서 한국에서 현재 의회가 기능을 부활하거나(현 의회는 지난해 7월 선거에 의해 구성되었고, 이 선거는 유엔의 위원회에 의해 관찰되었다), 또는 유엔의 위원회가 관찰하는 선거를 실시한

다면, 새 정부는 상기 유엔결의에 의해 설립된 유일한 합법 정부로서의 성격을 회복한 것이라고 말할 수 있다.

(다) 한국의 사태를 이와 같은 것이라고 생각한다면, 현 단계에서도 일시 중단된 일한 예비회담을 재개해, 향후 민주적인 기초 위에 입각한 정부가 수립되었을 때에 체결할 협정의 준비를 해두는 것은 무리가 없다. 또 예비회담에서 더 나아가 본회의에 들어가는 것도 예상되는바, 이러한 경우에도 현재의 정권과 맺는 협정은 당연히 앞으로 민주적인 기초 위에 성립하는 정부로 계승되는 것이므로 특별히 문제될 것은 없다.

(2) 이케다 총리와 케네디 대통령의 회담에서 논의한 한국 군사정권 문제

1961년 1월 미국에서는 아이젠하워(Dwight Eisenhower)에 이어 케네디(John F. Kennedy)가 대통령에 취임했고, 공화당을 대신해 민주당이 정권을 잡았다.

이케다 총리는 6월 19일 미국으로 출발, 20일부터 23일까지 케네디 대통령과 회담하고 의견을 교환했다.

6월 20일 이케다 총리와 케네디 대통령의 회담에서 한국 문제가 언급됐다. 주미 대사관의 공전(公電)에 따르면 당시 회담 내용은 다음과 같다.

사진 28   케네디 미 대통령과 이케다 일본 총리가 1961년 미일 정상회담을 갖고 있다.

이케다 총리는 "여기서 특히 대통령에게 부탁하고 싶은 것은 한국 문제를 진지하게 생각해주셨으면 하는 것이다. 한국의 사태는 긴급히 처리할 필요가 있다고 생각하며, 방치해두면 한국인의 마음이 평온을 유지할 수 없게 될까 우려된다. 일본으로서는 매우 걱정하고 있지만, 국교도 열려 있지 않아 강구할 수단이 없다. 그래서 미국이 친절하게 한국을 지도하기를 기대하고 있고, 일본도 이에 협조하고 응분의 기여를 하고 싶다는 생각이다. 지난번 쿠데타는 확실히 바람직하지 않은 방법이었지만, 이것을 정상적인 민정(民政)으로 되돌리기 위해서도 민심의 안정을 도모하는 것이 무엇보다도 긴급하다고 생각한다"고 말했다. 대통령은 "일본 정부의 그 마음은 매우 높이 평가한다. 사실은 전 정부에 기대를 걸고 있었다. 군정은 좁은 기초 위에 서 있는 것이며, 그들은 정치 경험도 없고 그들에게 경제 문제를 해결할 능력이 있는지도 의심스럽다. 현재 합헌 정부로 돌아간다는 보장은 없다. 미국은 한국에 많은 돈을 썼지만, 불행히도 성과를 거두지 못했다. 미국으로서는 일한관계의 긴밀화가 매우 바람직하다고 생각하고 있다. 양국 각각의 사정이 있을 것이라고는 이해되지만, 어떻게든 양국 관계가 타개되어 일본이 한국을 도와주길 간절히 바라는 바이다. 여기서 총리의 생각을 듣고 싶은데, 만약 남한이 붕괴되고 공산화되었을 때 일본에 큰 영향을 미친다고 생각하시는가"라고 말했다. 총리는 "일본의 역사가 말하는 것처럼 천 년도 더 전부터 한반도는 일본 자신과 같은 것이며, 만약 남한이 공산화한 경우에는 일본에도 치명적이다. 이번 혁명은 분명히 불법이지만, 당분간은 어쩔 수 없기 때문에 신속하게 사태가 개선되도록 지도해가는 것이 관건이라고 생각한다"고 말했다.

23일의 회담에서 케네디 대통령은 "미국 정부는 군사정권이 신속하게 합헌 정부로 돌아가 일한 관계 타개에 노력하도록 압력을 가해야 한다"고 말했다. 이에 대해 이케다 총리는 "본건은 하루를 다툴 정도로 시급한 문제가 아니기 때문에 차분히 준비하면 좋겠다"고 답했다고 기록되어 있다. 21일 열린 고사카 젠타로(小坂善太郎) 외상과 러스크(David Dean Rusk) 국무장관의 회담에서도 한국 문제가 거론되었다. 22일 발표된 이케다 총리와 케네디 대통령의 공동성명은 "양자는 또한 양국의 한국과의 관계에 대해서도 의견을 교환했다"고 적었다.

6월 30일 귀국한 이케다 총리는 7월 1일 내외 기자회견에서 "한국 문제는 절실한 문제이며, 한국의 새 정부가 안정을 취하기를 희망한다. 훌륭한 민주국가가 될 것을 기대하고, 미일이 일관된 정책을 취할 필요가 있다. 새로운 정권이 대일 국교정상화를 제의해온다면 언제든지 응할 것이다"라고 발언했다. 군사정권의 김홍일 외무부장관은 6월 24일 기자회견에서 이케다 총리와 케네디 대통령의 회담을 언급하며 "공동성명은 한국에 우호적이며, 우리는 이를 환영한다"고 말했다.

『한국일보』6월 23일 자는 이케다 총리와 케네디 대통령의 공동성명을 언급하면서 다음과 같이 말했다.

> 공동성명은 한국 문제에 대해 "의견을 교환했다"고 언급하는 데 그쳤지만, 미국은 우리의 견해를 들을 필요가 있고, 한미 정상회담은 조속히 개최되어야 한다. 그러나 미일 정상회담에서 한일문제가 공공연히 논의된 것은 이번이 처음이라는 점에서 의의가 있다. 한국은 이 회의에서 논의된 일본의 대한국 경제협력에 큰 관심을 갖고 있는데, 일본은 이 문제를 다루는 전제조건으로서 먼저 한일회담의 조기 타결을 원하고 있다. 이를 위해서는 일본이 지불할 것은 지불한다는 것을 구체적으로 성의를 갖고 보여줘야 한다.

(3) 한국 친선사절단의 일본 방문

1961년 7월 3일 장도영 중장을 대신하여 박정희 중장이 국가재건최고회의 의장에 취임했다. 이에 앞서 군사정부는 세계 각국에 친선사절단을 파견하여 군부 쿠데타의 의의 등을 설명하는 계획을 추진하고 있었는데, 이 가운데 동남아시아 그룹의 단장 최덕신(崔德新)(주베트남 대사, 예비역 육군소장), 조남철(趙南喆, 해군 중령), 김준엽(金俊燁, 고려대 교수), 김정훈(金正勳, 외무부 직원) 일행 4명은 7월 4일부터 6일까지 일본을 방문하여 이케다 총리(겸 외무대신), 니시무라 나오미(西村直己) 방위청장관, 시나 에쓰사부로(椎名悦三郎) 통상대신, 마쓰노 쓰루헤이(松野鶴平) 참의원 의장, 하라 겐자부로(原健三郎) 중의원 부의장, 자민당 일한문제간담회 구성원, 일한경제협회 구성원, 다케우치 류지(武内龍次) 외무성 사무차관 등과 회담했다(고사카 외무대신은 유럽 방문 중이었다).

박정희 국가재건최고회의 의장이 이케다 총리에게 보낸 친서는 다음과 같이 적고 있었다 (정보문화국이 '보도자료'로 발표했다).

> 일본 총리 이케다 하야토(池田勇人)
> 각하
> 저는 대한민국과 일본 사이에 존재하는 친목관계를 더욱 증진시키기 위한 목적으로, 최덕신 씨를 저희 특사 자격으로 친선사절로서 각하의 위대한 나라를 방문토록 하게 한 것을 영광으로 생각합니다.
> 최덕신 씨가 제가 그에게 맡긴 중요한 임무, 즉 최근 한국에서의 군사혁명을 설명하고 깊은 이해와 강한 지지를 얻는 것, 또 우리 양국 간의 따뜻한 우의를 더욱 증진시키는 것, 그리고 동시에 유엔에서의 대한민국의 입장에 대해 계속적인 지지를 요청하는 것 같은 임무를 수행할 때, 각하가 그를 기쁘게 받아주실 것을 굳게 믿습니다.
> 따라서 저는 각하가 저의 특사를 호의를 갖고 받아주시고, 또 그가 대한민국을 대표하여 말씀드리는 내용을 신뢰하여 주시길 희망합니다. 저는 각하에 대한 존경의 뜻과 함께 대한민국 정부와 국민이 일본국 정부와 국민에 대해 갖고 있는 우의를 받아주시기를 바랍니다.
> 국가재건최고회의 의장 박정희

최덕신 단장은 일본 측 인사들과의 회견에서 군부 쿠데타의 의의를 설명함과 동시에, 새로운 군사정권은 과거의 어떤 정부보다 일한 국교의 조기 타개를 위해 성의를 갖고 적극적으로 노력하는 결의를 갖고 있다고 강조했다. 또 최 단장은 다케우치 외무차관과의 회담에서 양국이 서로 성의를 보여주는 것이 필요하다면서, 재일조선인의 북조선 송환 중지 및 이승만 라인 내 일본어선의 조업 자제를 요청했다. 이에 대해 다케우치 외무차관은 후술하는(제12절) 7월 13일 한국에 대한 이세키 아시아국장의 답변과 같은 취지로 답한 후 일본 측이 한국의 사정을 잘 인식하기 위해 서울에 일본 대표부를 설치할 필요성을 강조했다. 최덕신 일행은 또한 앞서 고사카 외상의 방한 시에 윤보선 대통령을 예방한 예를 들면서 천황을 알현하기를 희망했다. 그러나 이에 대해 일본 측은 천황을 알현할 수 있는 기준이 정해져 있다면서 이 정도의 친선사절단으로는 전례가 없고 대통령과 천황은 동렬로 논할 수 없다고 말하며 거절했다.

(4) 박정희 의장의 민정 복귀 선언

군사혁명이 일어난 지 2개월 후인 1961년 7월 19일 박정희 의장은 "8월 15일 이전에 민정이관의 시기 등을 발표할 것"이라고 말했다. 이에 대해 27일 러스크 미 국무장관은 "민정 복귀 성명을 환영한다"고 성명했다. 그 후 8월 12일에 이르러 박정희 의장은 "1963년 초부터 정치활동을 허용하고, 같은 해 3월까지 대통령 책임제를 골자로 하는 새 헌법을 제정한다. 같은 해 5월 총선거를 실시하고 같은 해 여름에 문민정부를 수립한다. 지금부터 1962년 말까지를 국내 체제 개혁을 위한 과도적 단계로 한다"는 취지의 성명을 발표했다. 이에 대해 같은 날 외무성은 정보문화국장 담화를 통해 다음과 같이 말했다.

> 박정희 한국 국가재건최고회의 의장 성명에 대해
> 한국의 새 정권이 부정부패를 제거하는 혁명의 제1단계를 끝내고 최근에는 시급한 당면 과제인 민생 안정, 경제 발전을 위한 제반 조치를 추진하면서, 또 오늘 박 의장의 성명에서 민정 복귀에 대한 구체적인 방침을 밝힌 것을 환영함과 동시에, 한국의 사태가 안정되어가고 그 시책이 착실하게 진행되기를 기대한다.

(5) 조서 「한국의 적화(赤化)가 일본에 미칠 영향」

1961년 7월 18일 외무성 북동아시아과는 「한국의 적화가 일본에 미칠 영향」이라는 제목의 조서(調書)를 작성했다. 내용은 "I. 국방상의 영향(1. 자유진영의 손실, 2. 공산진영의 이익, 3. 우리 국방계획의 전면 수정), II. 국내 정치 및 치안상의 영향〔1. 재일조선인 동향, 2. 일본 내 좌익운동의 격화와 중립론, 비무장론의 대두, 3. 해상 밀입국 조선인의 증가, 4. 어업 단체에 의한 용공(容共)의 압력 증가〕, III. 외교상의 영향 (1. 극동에서의 공산권에 대한 자유진영 포위정책의 파탄과 그 영향, 2. 강력한 공산주의 국가의 출현), IV. 경제상 기타 영향 (1. 무역에 미치는 영향, 2. 서일본의 어업에 미치는 영향, 3. 군사비 지출 증대에 따른 민간 수요의 압박), V. 결론"으로 구성되어 있었다.

2. 주한 일본대표부의 설치 요청

주한 일본 정부대표부 설치에 대해서는 7월 5일 다케우치 외무차관이 최덕신 한국 친선사절단 장에게 요청했지만, 7월 21일 이세키 아시아국장은 박창준 대표대리에게 다음과 같은 각서를 수교 했다.

각서

1. 1952년 4월 28일 일본국과 대한민국 간에 교환된 공문에는 "대한민국 정부는 주한 일본 정부 대 표부에 상호주의에 의해 재일 한국대표부에 주어진 것과 동일한 지위와 특권을 인정한다"고 양해하는 취지를 규정하고 있다. 그러나 당시는 한국전쟁 와중이었고, 한국 정부도 부산으로 이전되어 있어 재한 일본대표부 설치는 사실상 어려운 상황에 있었기 때문에 일본 측은 한국 측의 요구를 수용하여 적절한 조건이 마련될 때까지 당분간 재한 일본대표부를 설치하지 않는 데 동의했다.

2. 그 후 휴전이 성립되고 한국 정부도 서울로 복귀했기 때문에 오카자키 외상은 1953년 10월 22일 자 서한에서 김용식(金溶植) 한국대표부 대표에게 같은 해 11월 말까지 서울 및 부산에 대표부와 분실 의 설치를 인정해줄 것을 요청했다. 이에 대해 김용식 대표는 같은 해 11월 25일 오카자키 외상 앞으로 서한을 보내, 한국 정부는 현재 일한관계를 둘러싼 여러 상황을 감안해 한국에 일본대표부를 설치하기 위한 적당한 조건이 아직 구비되지 못했다고 생각한다고 답변했다.

3. 이어 오카자키 외상은 1953년 12월 1일 김용식 대표에게 서한을 보내 다시 종래의 경위를 자세히 설명하고, 한국 정부가 본건을 재고하여 신속하게 동의해줄 것을 요청했지만, 이에 대해서는 한국 정부 로부터 아무런 답변을 받지 못한 채 끝났다.

4. 그 후에도 일본 정부는 기회가 있을 때마다 한국 정부에 재한 일본대표부 설치를 즉시 인정해달라 는 요청을 반복했지만, 한국 측의 동의를 얻지 못한 채 헛되이 세월이 흘렀다.

5. 지난 1960년 4월 한국에서의 정국 전환에 따라 일한관계도 새로운 단계에 들어갔다. 같은 해 9월 고사카 외상은 한국을 방문, 한국 정부의 주요 인사들과 격의 없이 의견을 교환했다. 9월 6일 열린 고사 카 외상과 정일형(鄭一亨) 외무부장관의 회담에서 고사카 외상은 "한국 측은 주일 대표부를 갖고 있는 반면, 일본 측은 이에 대응하는 기관을 갖고 있지 않기 때문에 이 기회에 대표부 설치에 대해 한국 측의 동의를 얻고 싶다. 특히 일한회담이 재개될 때까지 상호 연락을 위해, 또 향후 경제 교류 등과 관련해 많 은 방문이 예상되는 일본인에 대한 지원 등을 위해, 더욱이 국교정상화 이후 일본대사관 설립 준비를 위 해서도 꼭 대표부를 설치하고 싶다"는 강한 희망을 표명했다. 이에 대해 정 장관은 현재 일본대표부를 인정하는 것은 한국 국민들에게 일한 국교정상화가 장기화한다는 인상을 줄 수밖에 없고, 한국 측으로

서는 이번 일한회담은 조속히 타결될 것으로 기대하고 있기 때문에 그 후에 대사 교환을 한꺼번에 하는 것이 일한 양국으로선 현명하다고 답변했다.

6. 그런데 고사카 외상의 방한 이후 거의 1년이 지났는데도 불구하고 국교정상화는 실현되지 않았고, 따라서 재한 일본대표부도 설치되지 않은 상황이다. 일본 정부로서는 향후 한국 측과 제반 교섭을 할 때 한국 국내의 정치·경제 정세를 충분히 파악할 필요성을 통감하고 있으며, 그런 의미에서 한국 정부가 이제 재한 일본대표부의 설치에 즉시 동의할 것을 강력히 요구하는 바이다. 이러한 대표부는 일한 국교 정상화가 신속하게 실현되는 경우에 재한 일본대사관 설치 준비를 위해서도 필요하며, 또 어떤 이유로 국교정상화가 늦어지는 경우에는 재일 한국대표부와 같은 임무를 가진 정부기관으로서 존재 의의를 갖는다고 생각한다. 지난 7월 5일 최덕신 한국 친선사절단 단장과의 회담 시에 다케우치 외무차관이 요청한 것도 이러한 취지였다.

7. 일본 정부는 한국 정부에 위의 일본 측의 요청에 대한 한국 정부의 공식 답변을 이동환(李東煥) 씨의 부임에 앞서, 혹은 늦어도 그의 취임과 동시에 전해줄 것을 희망한다.

이에 대해 8월 2일 이동환 공사는 이세키 아시아국장에게 주한 일본대표부 설치는 "일한 국교의 신속한 정상화가 기대되고 있는 이 시기에 한국 국민에게 그야말로 회담 타결, 국교정상화가 지연되는 듯한 느낌을 준다"는 이유로 거절했다. 그러나 8월 24일 열린 제2차 이세키 아시아국장과 이동환 공사의 회담에서는 당장의 타협으로서 일본 정부 관계관의 한국 출장에 대해서는 한국 측도 반대하지 않기로 양해가 성립되었다. 이 같은 한국 측의 방침은 8월 14일 송요찬(宋堯讚) 내각수반의 기자회견에서도 분명히 표명됐다.

3. 마에다 북동아시아과장의 방한

1961년 7월 중순, 일본 측은 한국 측에 한국 정세 시찰을 위해 마에다 도시카즈(前田利一) 북동 아시아과장을 파견하고 싶다고 요청했다. 이에 대해 7월 말 한국 측은 "환영한다"는 취지로 답했다. 따라서 마에다 과장은 스기야마 지마키(杉山千万樹) 사무관을 대동하여 8월 7일부터 16일까지 방한했다. 서울에 이어 인천, 대구, 부산을 방문했고, 그동안 외무부, 상공부, 경제기획원을 비롯한 각 방면 관계자와 의견을 교환했다. 마에다 과장은 1943년 경성제국대학 법문학부의 출신으로 그 후 조선총독부에서 근무, 종전 후에 외무성에 들어왔다. 성 내에서 한국을 전문으로 커리어를 쌓은 유일한 인물이었다. 마에다 과장의 보고는 당시 일한교섭의 진로를 결정하는 데 중요한 역할을 했는데, 그 보고 및 이후의 회고담(마에다·스기야마·와타나베, 「장면 정권, 군사정권 시절의 방한」)은 다음과 같이 언급하고 있다(회고담의 요지는 당시의 보고에도 기록되어 있다).

군사혁명이 일어난 당시 주한 미국대사는 부재중이었다. 미국으로서는 때마침 이승만 독재정권이 무너지고 장면 정권이 성립한 이후 이를 육성해가려는 시기였으므로 군사혁명에 대한 첫 반응은 매우 차갑고 부정적이라는 의견이 그린(Marshall Green) 대리대사의 이름으로 보도되고 있었다. 그러나 미국이 윤보선 대통령 지지 성명을 냈음에도 불구하고 윤보선의 진퇴가 순조롭지 않은 채 결국 혁명이 기정사실화되었다. 나는 방한 때 당시 미국의 책임자인 그린 대리대사가 혁명을 어떻게 보고 있는지 매우 관심을 가져 그 이야기를 들으러 갔다. 그린 대리대사는 공사 관저에 나와 스기야마 사무관을 점심에 초대해주고 2시간 정도 여러 이야기를 들려주었다.

그는 "군사정권은 성실하고 의욕이 넘친다. 일한 국교정상화 교섭을 할 만한 상대라고 생각한다. 이 기회를 놓치면 언제 할 수 있을지 모르겠다"고 말했다. 말하자면, 우리의 선입견과 달리 그는 군사정권을 높게 평가했다. 그린 대리대사는 "일본에 대한 한국의 감정이 분명히 어려울 수 있지만, 경제적이고 기술적인 면에서 일본이 한국의 국가 건설에 기여할 수 있는 면은 매우 많다고 생각하고, 미국도 그것을 매우 기대하고 있다. 군사정권이 안정되기를 기다려 일한회담을 하는 것이 아니라, 일한회담을 하고 군사정권을 안정시켜 민정이관을 순조롭게 해야 한다"는 취지를 거듭 강조했다.

한국 정부 관계자 내지 일반인 여러 사람들과 만나 그들의 생각을 들었는데, 가장 인상적인 사람은 외무부에 특별보좌관으로 파견된 혁명 주체세력 중 한 사람인 이창희(李昌熙, 중령) 씨였다. 그는 외무부의 한 사무실에 침낭을 가져와 집에도 들어가지 않은 채 지냈는데, "이런 것을 조금이라도 힘들다고 생각해본 적은 없다. 우리는 이런 각오로 국가 건설을 하려고 하는 것이며, 이 점을 인정받아 빨리 국교를 정상화하고 일본으로부터 도움을 받아 우리가 세운 목적의 결실을 맺고 싶다"고 유창한 영어로 반복해 말했다.

(이상 회고담에서 발췌)

한국에 가서 느낀 것은 첫째로 혁명이 일어났다든지 계엄령 아래에 있다든지 하는 분위기를 겉으로는 인식할 수 없었다는 점이다. 들은 바에 따르면 혁명 후 1개월 정도는 긴박하고 침울한 분위기였지만, 6월 중순부터 경제정책이 시행되고 검열이 완화됨에 따라 긴장감도 사라졌다는 것이다. 거리의 행인 등을 보더라도 지난해 9월 고사카 외상이 방한한 당시의 상황과 다르지 않았고, 낮에도 많은 사람들이 오갔고 시장에는 많은 음식을 팔고 있었다.

일반 대중은 큰일이 났다고 생각하면서 잠시 목소리를 죽이고 지켜보고 있지만 사태의 동향에 대해선 판별하지 못하고 있다. 혁명정권을 열광적으로 지지하고 있다고는 도저히 생각되지 않는다. 무관심하게도 보이는 그 태도는 어떤 정권이더라도 최소한의 개인 생활만 지켜준다면 상관없다, 어쨌든 훌륭한 정권 따위는 나올 것 같지 않다는 일종의 체념 또는 국민성이 작동하고 있었던 것 같다. 일부의 견해에 따르면 혁명 후 여러 조치가 완화되고 있는 것은 군사정권이 국민의 지지를 얻으려는 방향으로 움직이고 있다는 사실을 보여주지만, 다른 한편으로는 이에 따라 경제인에 의한 침식이 다시 시작되어 박정희 정권이 망가져가는 것이 아닐까라고 걱정하는 사람도 있다고 한다. 요컨대, 한국은 어떤 정권이 들어서더라도 일조일석에 사태의 근본적인 개선을 기대하기는 어렵다는 인상을 받았다.

경제기획원에도 대학교수들이 참가하고 있는데, 고려대 총장이자 동시에 국민운동 본부장인 유진오(兪鎭午)는 다음과 같이 말했다. "군사혁명에 불만을 갖고 있는 자는 해고된 공무원, 국회의원 및 이들을 둘러싸고 돈벌이를 하고 있던 무리와 경제계 사람들이며, 지식인과 대학 관계자는 국민운동 등에 적극적으로 협조해주고 있다. 혁명 이후 한때는 군의 젊은 친구들이 미국에도 반대하여 카스트로(Castro)화하는 것이 아닐까라는 위험이 있었지만, 6월 중순부터 박정희도 이를 깨닫고 혁명 이후의 통제를 완화하는 방향으로 향했다. (주: 그때쯤부터 학자들이 의견을 말하게 된 것이 아닐까 생각한다). 학자들은 지난해 4월 혁명에도 협정(協定)했지만, 이번 혁명의 결과, 사태가 악화해 파쇼(fascio)화나 공산화하는 것을 막기 위해 군사정권에 협력하고 있는 것이다. 미국은 한국이 공산화할 것 같으면 독립을 취소하고 진주하러 올 수도 있겠지만, 그것은 현재 상황에서는 가정(假定)의 문제이다. 군사정권은 매우 열심히 하고 있다. 이 군사정권의 열정과 일반 국민의 의식 간의 간극을 메우기 위해 학자들이 노력하고 있는 것이며, 민정이관 후에는 정치인이 정치를 하고 학자는 물러설 것이다. 최고회의는 학자들의 의견 구신(具申)을 잘 받아주고 있다.

현지의 일본인 신문기자들은 군사정권의 장래에 비관적이어서 박정희가 언제 당할지 모른다, 앞으로도 다툼이 계속되어 제대로 될 수 없다고 말하면서, 일한관계에서 한국의 논리에 말려들지 않는 것이 좋다고 말했다. (그렇다고 해서 내버려두면 사태가 어떻게 될지에 대해서는 누구도 확실한 것을 말할 수 없었다).

부정 축재 관계자는 군사정권은 아무것도 모르면서 하고 있다는 의견을 말했다. 경제 상황은 매우 불경기이다.

(이상 당시의 보고에서 발췌)

4. 제6차 일한회담의 시작

(1) 김유택 경제기획원장의 일본 방문

7월 11일 박정희 최고회의 의장은 일본 기자단의 질문에 대해 "정부는 한일회담을 신속하게 재개할 수 있는 준비를 추진하고 있다. 현안 사항을 해결한 후에 국교가 정상화되어야 한다. 평화선은 한일 양국 관계수역에서 어업자원을 보존하고 한국 어민의 이익을 보호하는 방향으로 해결될 것이다"라고 말했다. 8월 24일 이동환 공사는 이세키 국장에게 일한회담 재개를 제의했다. 일한 양자 간에 "장소는 도쿄로 하고, 9월 20일 전후에 시작, 명칭은 제6차 회담으로 한다. 즉시 이 회담을 연다. 토의는 올해 5월에 중단된 5차 회담을 그대로 계승한다"는 것이 결정됐다. 한국 측은 회담 재개에 앞서 8월 30일에 김유택 경제기획원장을 일본에 파견했다.

김유택 원장은 한국 측의 요망에 기초해 이시이 미쓰지로(石井光次郎) 일한문제간담회 의장이 초청하는 형식을 취해 엄영달(嚴永達) 외무부 아주(亜州)과장을 대동해 8월 30일 입국했다. 그는 이케다 총리를 비롯하여 고사카 외무대신, 미즈타 미키오(水田三喜男) 대장대신, 사토 에이사쿠(佐藤栄作) 통상대신, 고노 이치로(河野一郎) 농림대신, 후지야마 아이이치로(藤山愛一郎) 경제기획청장관, 미키 다케오(三木武夫) 과학기술청장관, 우에키 고시로(植木庚子郎) 법무대신, 사이토 노보루(斉藤昇) 운수대신, 후지에다 센스케(藤枝泉介) 방위청장관 등 각 대신과 이시이 미쓰지로 좌장 이하 자민당의 일한문제간담회 구성원, 요시다 시게루(吉田茂) 전 총리, 오노 자민당 부총재, 마에오 시게사부로(前尾繁三郎), 아카기 무네노리(赤城宗徳), 다나카 가쿠에이(田中角榮) 자민당 당 3역 및 재계 관계자 등과 잇달아 회담한 후 9월 9일 귀국했다.

김 원장은 9월 1일 고사카 외상과의 제1차 회담에서 "회담 개최 전에 어려운 문제에 대해 어느 정도의 양해를 해두는 것이 나의 방일 목적이다. 한국 측으로서는 현안을 먼저 해결하고 국교를 정상화한 다음에 경제협력을 받고 싶다. 회담의 성공에 관해 일단 전망을 세우기 위해 일본 측은 청구권으로서 지불할 수 있는 총액을 제시하기 바란다"고 말했다. 이에 대해 고사카 외상은 "아직 사무적인 조정이 끝나지 않은 현 단계에서는 구체적인 금액에 대해서는 아무것도 말할 수 없다. 청구권에 대한 한국 측의 생각을 듣고 해결 방법을 결정하고 싶다"고 언급했다. 김 원장은 "대일 청구권 8개 항목을 총계하면 수십억 달러는 받아야 하지만 이번에는 8억 달러만 지불하길 바란다. 8억 달러를 일시불(lump sum)로 받을 수 있다고 정해지면, 그 내역의 이유나 설명은 쌍방의 사무적인 대화로 이룰 수 있다. 일본 측이 청구권으로 만족할 만한 금액을 보여준다면 한국 측은 평화선에 대해 유연한 태도를 취하겠다"고 말했다.

김 원장은 방일 후 일본 측 각 방면과 접촉한 결과, 한국 측이 청구권에 대해 구체적인 숫자를 제시했는데도 일본 측이 반응이 보이지 않아 실망한 모양이었다. 한편, 미국 측은 김 원장이 실망한 채 귀국하게 되면 일한회담에 악영향을 미칠 위험이 있다고 우려하면서, 9월 5일 버거(Samuel D. Berger) 주한 미국대사와 다케우치 류지(武內龍次) 외무차관, 9월 6일 라이샤워(Edwin Oldfather Reischauer) 주일 미국대사와 이케다 총리 및 라이샤워 주일 미국대사와 고사카 외상의 회담에서 "군사정권은 안정되었고, 내년부터 5개년계획을 입안하기 위해서라도 일본에서 받을 수 있는 금액을 알고 싶어 하므로 그렇게 조처해달라"라는 뜻을 표명했다.

9월 7일 고사카 외상과 김 원장의 제2차 회담에서 고사카 외상은 "아침에 이케다 총리와 협의한 바를 토대로 말하면, 청구권에 대해서는 한국 측이 아직 충분한 자료를 제출하지 않았기 때문에 정확한 것은 모르지만, 일본 측이 인정할 수 있는 금액은 극히 소액에 불과하다고 생각한다. 그러나 한국의 경제5개년계획에 협력한다는 관점에서 청구권과 경제협력 두 가지 문제를 같이 해결하고 싶다. 따라서 5개년계획, 특히 외자 도입 계획에 대한 설명을 듣고 싶다"고 말했다. 이에 대해 김 원장은 "5개년계획은 아직 정리되지 않았다"고 대답해 논의는 아무런 결론도 얻을 수 없었다.

(2) 수석대표 및 대표단의 결정

9월 21일 이세키 아시아국장과 이동환 공사의 회담에서 제6차 회담을 10월 10일부터 재개하고, 수석대표의 인선이 그때까지 끝나지 않는 경우에는 우선 대표대리(이세키 국장, 이동환 공사)를 중심으로 회담을 시작하기로 의견 일치를 보았다. 또한 이동환 공사는 "한국 측으로서는 수석대표로 거물을 기용하고 싶은데, 허정(許政) 씨를 생각하고 있다. 허정 씨가 '일본 측이 정계의 거물을 낸다면 수석대표를 맡겠다'고 말하고 있기 때문에 일본 측이 정계의 거물을 수석대표로 임명할 의향이 있는지 알고 싶다"고 말했다.

일본 정부는 10월 4일 일본무역진흥회 이사장 스기 미치스케(杉道助)[65] 씨를 일한회담 수석대표로 기용하기로 내정하고 이세키 아시아국장은 이 같은 취지를 이동환 공사에게 비공식적으로 통보했다. 5일 일본 신문은 "스기 씨의 인사는 6일 각의에서 정식적으로 결정된다"고 보도했다. 일한회담 개시 이래 처음으로 수석대표로 외교관이 아닌 인물이 선정된 것인데, 그 결정을 내리기까지의 사정은 스기 미치스케 추모 간행위원회가 펴낸 『스기 미치스케 추모록』(1965년 12월)에 다음

---

65)   1884-1964. 제2차 세계대전 후 일본 오사카와 간사이 지역의 재계 거물. 조부는 요시다 쇼인(吉田松陰)의 형인 스기 민지(杉民治). 야기 쇼텐(八木商店)의 사장으로서 오사카상공회의소 회장을 23년간에 걸쳐 역임했고, 일본상공회의소 부회장, 신일본방송(현 마이니치방송) 사장, 해외시장조사회[현 일본무역진흥기구(JETRO)] 이사장 등을 맡았다.

과 같이 기록되어 있다.

이케다 총리는 제5차 회담까지의 교착상태를 감안해 널리 각계에서 인선해 수석대표로 거물을 기용
하려는 방침을 세우고 있었다. 정부 일각에서는 한국 측의 요구를 받아들여 거물 정치가를 수석대표로
하자는 의견이 있어, 기시나 이시이를 물망에 올리고 있었다. 그러나 이케다 총리는 정치권 인사를 기용
하기에는 국내의 정치 정세가 미묘하다고 생각해 재계 인사를 기용할 뜻을 굳히고, 몰래 경단련 회장 이
시자카 다이조(石坂泰三), 일상회(日商会)[66] 회장 아다치 다다시(足立正) 등에게 이를 타진하고 있었다.
그리고 한국과 지리적으로 가깝고 역사적, 경제적으로 관계가 깊은 간사이(関西) 재계에서 기용하는 것
이 타당하다면서 외상 고사카 젠타로에게 인선을 맡겼다.

당시 농림대신이었던 고노 이치로(河野一郎)는 일한회담 수석대표에 관심을 갖고 각의가 열리는 날
에 고사카 외상에게 "스기 씨가 가장 좋다고 생각한다"고 추천했다. 고사카 외상은 이 추천에 힘입어 이
케다 총리에게 스기 미치스케를 기용할 것을 진언해 양해를 얻었다. 그리고 즉시 전화로 오사카에 있는
스기에게 수석대표로 취임할 것을 간청했고, 스기는 쾌락(快諾)했다.

스기 미치스케 씨는 요시다 쇼인(吉田松陰)[67]의 조카 아들이다. 1956년 10월 1일 당시 오사카상
공회의소 회장으로 있을 때 일소 국교정상화 교섭의 일본전권단에 고문으로 참여할 것을 요청받은
적이 있었지만, 그는 거절했다. 그 후 1958년 2월 오사카 지사에 출마할 것을 간곡히 요청받았을
때도 거절했다. 스기 씨는 이번 회담의 대표직을 수락한 후 이케다 총리, 오히라 마사요시(大平正
芳) 외상을 만났을 때 "꾀를 부릴 순 없다. 양국 국민이 납득하도록 지성(至誠)으로 협상에 임하겠
다"고 말했다고 전해진다.

한국 측은 회담 타결을 위해서는 고도의 정치력이 필요하다는 생각에 수석대표로 4일 허정 씨를
내정했다고 보도되었는데, 10월 4일 일본 측 수석대표가 임명됐다는 통보를 들은 후 박동진(朴東
鎭) 외무차관은 5일 "한국 정부는 오는 10일로 예정된 제6차 한일회담을 사정에 의해 연기한다"고
발표했다. 이동환 공사는 한국 측의 이 같은 취지를 6일 이세키 아시아국장에게도 통보했다. 그 때
문에 이날 각의에서는 스기 대표의 임명을 결정했을 뿐, 발령은 보류되었다. 이동환 공사는 7일 이
세키 아시아국장에게 "한국 측이 회담 연기조치를 취한 것은 스기 대표의 임명이 한국으로선 뜻밖
의 인사라고 느꼈기 때문인 것 같다"라고 설명했다. 그 이유와 관련, 한국 측은 스기 씨 임명의 경

---

66) 일본상공회의소.
67) 1830-1859. 조슈 번(長州藩)의 무사 출신으로, 에도시대 존왕파(尊王派) 사상가이자 교육자로 메이지유신(明治維新)의 정
     신적 지도자이자 이론가로 통한다. 『유수록(幽囚錄)』이라는 저서를 통해 정한론(征韓論)과 대동아공영론(大東亞共榮論) 등
     을 주장하여 일본의 제국주의 팽창에 큰 영향을 끼쳤다.

위에 대해 "외무관료를 누를 수 없을 것 같은 인물을 굳이 일본 정부가 선택했다. 일본 측이 예전부터 주장해온 재산청구권의 상쇄방침을 밀어붙이기 위해 경제원조와 이해관계가 깊은 재계 대표를 뽑았다"고 추측하고 있다는 보도가 나왔다〔서울 마쓰모토(松本) 특파원,『마이니치신문』, 10월 6일〕.

10월 12일에 이르러 이동환 공사는 이세키 아시아국장에게 한국 측 수석대표가 전 한국은행 총재 배의환(裵義煥) 씨로 결정되었다고 내보하고, 동시에 10월 20일부터 회담을 재개하고 싶다고 말했다. 이어 10월 14일의 이세키 아시아국장과 이동환 공사의 회담에서 10월 20일 제6차 일한회담의 개최가 정식으로 결정됐다. 이에 따라 일본 측은 16일 스기 씨를 정식으로 대표로 발령했다.

일한 양국 대표단은 다음과 같다. 한국 측 대표는 21명이며, 종래의 특정 소수 인사를 대표로 하던 방침을 바꿔 국장 5명, 은행 관계자 3명, 문화재 관계자 3명, 검사 1명 등을 포함한 새롭고 강력한 진용이었다.

〈일본 측〉

　수석대표: 스기 미치스케

　대표 법무성 민사국장 히라가 겐타(平賀健太)

　대표 법무성 입국관리국장 다카세 지로(高瀬侍郎)

　대표 외무성 아시아국장 이세키 유지로(伊関祐二郎)

　대표 외무성 조약국장: 나카가와 도루(中川融)

　대표 외무성 외무대신 관방심의관 우야마 아쓰시(宇山厚)

　대표 외무성 외무참사관 우라베 도시오(卜部敏男)

　대표 대장성 이재국장 미야가와 신이치로(宮川新一郎)

　대표 농림성 수산청 차장 무라타 도요조(村田豊三)

　대표 운수성 해운국장 쓰지 아키오(辻章男)

〈한국 측〉

　수석대표 배의환

　차석대표 주일 대표부 공사 이동환

　고문 최고회의 고문 이한기(李漢基)

　대표 변호사 김윤근(金潤根)

　대표 변호사 이천상(李天祥)

　대표 국립박물관장 김재원(金載元)

　대표 한국은행 부총재 고범준(高範俊)

대표 고려대 교수 이홍직(李弘稙)

대표 동국대 고문 황수영(黃壽永)

대표 수산중앙 고문 지철근(池鐵根)

대표 한국산업은행 이사 홍승희(洪昇熹)

대표 한국은행 참사 이상덕(李相德)

대표 변호사 정태변(鄭泰變)

대표 외무부장관 자문위원 정일영(鄭一永)

대표 주일 대표부 참사관 최영택(崔英澤)

대표 외무부 정무국장 김상진(金祥振)

대표 외무부 통산국장 이규성(李圭星)

대표 재무부 이재국장 박동변(朴東變)

대표 농림부 수산국장 김명년(金命年)

대표 교통부 해운국 윤기선(尹基善)

대표 주일 대표부 참사관 문철순(文哲淳)

대표 서울지검 검사 문인구(文仁龜)

전문위원 경제기획원 비서관 홍윤변(洪允變)

전문위원 수산중앙 자문위원 남상규(南相圭)

전문위원 외무부 정무국 아주과장 엄영달(嚴永達)

전문위원 체신부 환금(換金)저금과장 김낙천(金洛天)

전문위원 교통부 해양과장 신소원(申小元)

전문위원 주일 대표부 이등서기관 김정태(金正泰)

전문위원 주일 대표부 영사 오원용(吳元龍)

전문위원 외무부 정무국 아주과 이등서기관 박상두(朴相斗)

전문위원 중앙수산시험장 해양조사과장 신광윤(辛廣允)

보좌 외무부 정무국 아주과 삼등서기관 이창수(李昌洙)

보좌 외무부 사무관 김태지(金太智)

보좌 주일 대표부 삼등서기관 김성우(金星雨)

보좌 주일 대표부 삼등서기관 송승현(宋升鉉)

보좌 외무부 정무국 아주과 사무관 김정훈(金正勳)

공보관 주일 대표부 촉탁 이규현(李揆現)

(3) 일본 측 방침

8월 29일 일본 측 대표단의 협의 모임에서 이세키 아시아국장은 회담 진행방식에 대해 다음과 같이 말했다.

이케다 총리는 방미 전부터 "상대방의 요청이 있으면 일한회담을 재개해야 한다"는 의견이었고 현재도 같은 뜻을 갖고 계신다. 미국으로서도 한국을 도와줘야 하지만 군사정권이 너무 과격한 태도를 취했기 때문에 군사·경제 양면 모두 현상 유지라는 소극적인 태도를 취하고 있었다. 그러나 7월 말 러스크 성명, 박정희 성명 이후 최근에는 적극적 지원이라는 태도를 표명하는 것으로 변해왔다. 케네디 대통령은 이케다 총리가 방미했을 때 한국이 적화(赤化)되면 일본에 어떤 영향이 있는지에 큰 관심을 보였고 "미국은 국내 여론도 있어 적극적인 수단을 취하기는 어렵다. 오히려 일본이 한국에 원조를 해줬으면 좋겠다"고 말했다. 라이샤워 대사 등도 "일본이 한국을 도와줬으면 좋겠다. 그것을 위해 일한회담을 재개했으면 좋겠다"라는 희망을 누차 표명했고 "군사정권은 제반 시책이 성공하기만 하면 안정을 되찾을 것"이라고 말했다. 우리로서도 군사정권의 안정성이 우려되는 데다 동시에 깊은 관심을 가지고 있던 민정이관이 2년 후로 미뤄져 실망을 했지만, 2년간이나 일한회담 문제를 내버려둘 수는 없다. 한국 측에서는 내일 저녁에 현 정부의 부(副)수반인 김유택 경제기획원장이 방문하는 등 회담 재개에 많은 열정을 보이고 있다. 결국 일본도 미국, 독일, 이탈리아 등 여러 국가와 함께 한국을 도와주지 않으면 한국은 파쇼화하거나 혹은 장기적으로 볼 때 적화(赤化)할 위험이 있다. 회담을 재개했을 경우 국회 등에 이를 설명하는 것은 힘든 일이 되겠지만 현 단계에서 회담을 실시하더라도 급속히 정리될 것이라고는 생각되지 않으며, 빨리 마무리되더라도 내년 정례 국회에 비준을 요구하게 될 것이다. 그때까지 현 정부의 나아갈 방향이 판별될 것이고, 현재 다소 경계하면서도 교섭을 진행하는 것 외에 달리 길은 없다고 생각한다.

10월 17일 일본 측 대표단 협의에서 이세키 아시아국장은 "청구권 문제가 정리된다는 전망이 서면 어업 문제도 정리될 가능성이 있다. 이케다 총리도 청구권을 어느 정도 생각할 필요가 있다고 말하고 있다. 어업에 대해 한국 측은 협정안을 만들고 있는 모양인데, 전문적인 대화가 쉽지는 않을 것이다. 법적지위는 한국 측에서도 '대체로 문제는 없다'고 말하고 있다. 선박과 문화재는 마음을 정하면 되는 문제이다. 더불어 기본관계에서는 한국 정부를 유일한 정통 정부로 처리하지 않을 방침이므로 이 점을 적당한 시기에 한국 측에 납득시킬 필요가 있다. 아무튼 한국 측은 가급적 서두르고 싶다고 말하고 있기 때문에 상황에 따라서 주사(主査)가 나오지 말고, 과장급이나 전문가끼리 수시로 회의를 진행했으면 한다. 청구권과 어업 문제를 토의하게 되면 아무래도 1~2개월은 걸릴 테니 회담을 정리하려면 대략 연내에 정리하지 않으면 안 된다. 그렇지 않으면 회담 타결은 어려울 것이다"라고 말했다.

(4) 회담의 시작

제6차 일한회담 제1차 본회의는 예정대로 10월 20일 외무성에서 개최되었다. 개회인사에서 스기 수석대표는 "일한회담은 지난 10년 동안 여러 차례에 걸쳐 중단과 재개를 반복했지만, 이번 회담을 마지막 회담으로 모든 현안의 원만한 해결을 위해 노력하자고 결의했다"는 취지를 밝혔다. 제2차 회의(10월 26일)에서 양측은 회의 용어, 요약 회의록의 작성, 보도자료, 위원회와 소위원회의 구성 문제 등을 제5차 회담 때와 같은 형식으로 하기로 확인했다.

5. 스기 일한회담 수석대표의 방한

한국 정부는 박정희 의장의 측근으로 군사혁명에서 중추적인 역할을 한 중앙정보부장 김종필(金鍾泌) 씨를 일본에 파견해 이케다 총리와 회담하고 싶다는 취지로 10월 20일 주일 한국대표부를 통해 극비리에 외무성에 제의해왔다. 일본 정부가 이를 수용한다고 통보하자 김종필 부장은 부원석정선(石正善) 씨 등을 대동하고 10월 24일부터 28일까지 일본을 방문했다. 김종필 부장은 25일 이케다 총리와의 회담에서 박정희 의장이 미국을 방문하는 길에 도쿄에서 이케다 총리와 회담을 하고 싶어 한다고 전하고, 러스크 미 국무장관의 방한(11월 4일부터 5일까지) 전에 일본에서 적합한 인사를 총리대리로서 한국에 파견해 박정희 의장과 이케다 총리의 회담의 사전 교섭을 하도록 조치해줄 것을 요청했다. 김 부장은 고사카 외상, 사토 통상상은 물론이고, 기시, 이시이 씨와도 회담한 후 귀국했다.

김종필 중앙정보부장의 제의에 대해 일본 측은 스기 수석대표를 방한시키기로 결정했다. 스기 수석대표는 마에다 북동아시아과장, 와타나베 북동아시아과 사무관을 데리고 11월 2일부터 4일 서울로 갔다. 그리고 박정희 최고회의 의장, 유양수(柳陽洙) 최고회의 외교국방위원장, 김종필 중앙정보부장, 송요찬 내각수반, 최덕신 외무부장관 등과 회담하고, 박정희 의장에게 방미 시에 일본에 들러주면 귀빈으로 대접하고 싶다는 취지가 담긴 이케다 총리의 친서를 수교했다. 스기 대표의 방

사진 29　박정희 국가재건최고회의 의장이 이케다 하야토 일본 총리를 만나고 돌아온 김종필 중앙정보부장으로부터 귀국 보고를 받고 있다. (출처: 한국일보)

한에 대한 한국 측의 반응과 관련, 당시 북동아시아과가 정리한 방한 보고서는 다음과 같이 기록하고 있다.

이번 방문의 목적은 일한회담의 수석대표로서 한국 측 정부지도자에게 경의를 표하고 동시에 이케다 총리를 비롯한 일본 측 정부지도자가 가진 일한회담 타결에 대한 열정을 직접 한국 정부 정상에게 전하는 데 있다. 구체적으로는 박정희 최고회의 의장이 미국을 방문하는 길에 박 의장을 일본에 초대해 당면한 문제인 일한회담 및 향후 일한관계에 대해 흉금을 터놓고 의견을 교환하자는, 박 의장에게 보내는 이케다 총리의 메시지를 전달하는 것이었다. 이에 대해 한국 측은 …… 스기 수석대표가 이번 방한 즈음해서 일한회담 타결을 위한 일본 정부의 구체안, 보다 단적으로는 일본이 청구권 문제의 해결책으로 지불할 용의가 있는 최대한의 금액에 관해 어떤 제안을 할 것이라고 상당히 많이 기대했던 것 같다. 즉, 한국 측은 스기 대표로부터 이케다 총리와 박 의장의 회담에 임하는 일본 측의 구체적인 태도를 듣고 그것에 기초해 '이케다 총리의 박 의장 방일 요청에 응할지 여부'를 검토한다는 입장이었던 것으로 생각된다.

이 같은 한국 측의 예상을 깨고 스기 대표는 자신의 방한 목적과 관련, "일한회담의 구체적 내용에 관해서는 논의할 수 없다. 이케다 총리와 박 의장의 회담을 실현시켜 모두 것을 이 회담에 걸어야 하지 않겠는가"라고 강하게 역설했다. 이에 대해 한국 측은 정도의 차이는 있었지만 당초에는 일본 측의 태도에 불만 혹은 의외라는 의사를 표명했다.

즉, 방한 첫날 최덕신 외무부장관과의 회담에서 …… 최 장관은 스기 대표에게 "일한회담의 타개와 관련해 구체적인 이야기가 있으면 배청(拜聽)하고 싶다"고 말했다. 스기 대표가 "이번 방문은 회담 수석대표의 취임인사를 목적으로 한 것이므로 구체적으로는 아무것도 가져오지 않았다"고 답하자 최 장관은 의외라는 표정을 지어 회담장 분위기가 잠시 어색해질 정도였다. 또한 방한 둘째 날 유양수 최고회의 외교국방위원장을 방문했을 때에도 유 위원장은 "우리 군사정권 지도자들은 일한 양국이 과거를 잊고 새로운 선린관계를 조속히 확립하기를 강력히 희망하고 있다"고 설명하면서도 "일본에 대한 한국의 복잡한 국민감정을 납득시키고 해소시키기 위해선 반드시 청구권 문제를 해결하는 것이 필요하다. 스기 대표가 어느 정도 정리된 것을 가져왔으리라 기대하고 있다"는 취지를 말했다. 이에 대해 스기 대표는 일한회담 진행과 관련해 이케다 총리와 박 의장 간의 이른바 '정상 간' 대화가 매우 중요하다고 말했다.

송요찬 내각수반과의 회담 시에는 이상의 사항이 가장 걸림돌이 됐다. 회담 기록을 적기해둔다.

스기: 일한관계를 타개하기 위해 나는 최고책임자끼리 직접 이야기하는 것이 매우 좋을 것으로 생각한다.

송: 그것은 좋은 생각이지만, 최고 수준의 회의에는 예비적인 양해가 필요하다. 사전에 일정한 선을 양쪽에서 정하지 않으면 최고 수준의 회의를 하더라도 아무런 성과가 없을 것이다.

스기: 일한회담을 오랫동안 해와서 양측 모두 대략적인 것은 알고 있기 때문에 그러한 선은 논의하는 중에 나올 것이다. 만나면 반드시 어떠한 성과가 있을 것이라고 믿는다.

송: (한국어로 번역된 스기 대표의 발언을 듣지 않은 채 바로 한국어로 반박) 나는 스기 씨가 일한회담 수석대표로서 현재 알고 있는 일본 측의 태도에 대해 듣고 싶다.

스기: 회담이 시작한 지 얼마 안 됐고, 말할 수 없다.

송: 전권을 부여받아 내한하면서 아무것도 말할 수 없다면 회담의 장래에 희망을 가질 수 없고 최고 수준의 대화도 기대할 수 없다.

스기: 나는 한국에 인사를 하러 왔을 뿐이다. 그 점과 관련해 조금 이해하는 데 차이가 있다고 생각한다.

송: 한국은 방대한 방위력을 안고 있고, 일본과 자유진영을 위해 방대한 예산 부담을 지고 있다. 다른 한편으로 일본 경제는 번영을 계속하고 있다고 하지만, 그 경제의 기초에는 약점이 있어 한국과 국교정상화를 하지 않으면 경제 번영과 건전한 발전을 기대할 수 없다. 일본의 지도자는 사회당의 말 혹은 국회의 말을 바로 인용하지만, 문제는 정치지도자의 결심 여하이며, 극복하겠다는 결의만으로도 이를 극복할 수 있다. 우리의 국민감정이 중요하다. 36년간에 걸친 일본 식민지 통치의 정신적·물질적 피해를 보상하겠다는 약속이 필요하다.

스기: 사회당의 반대라는 것은 그런 사실이 있다고 지적한 것이다. 그렇기 때문에 어찌 해달라는 것은 아니며, 정부로서 회담에 임한 이상 이것을 이겨낼 자신은 있다. 일본 측으로서는 한국의 국민감정을

충분히 이해하고 있다고 생각하지만, 귀국해서 그 점을 잘 보고하겠다.

(회담은 이상과 같이 결렬되는 형태가 되어 모두 자리에서 일어났다. 스기 대표는 작별할 때 다시)

스기: 최고지도자 간의 회담에 대한 각하의 생각을 꼭 재고하길 바란다.

송: 이케다 총리의 특사로서 수석대표가 내한하면서 구체적인 이야기를 할 수 없다면 현 단계에서 최고 수준의 회담은 의미가 없다고 생각한다. 그 취지를 박 의장에게 건의할 생각이다.

그 후의 경위에 대해서는 마에다 및 와타나베 씨의 회고담(마에다 도시카즈·스기야마 지마키·와타나베 고지, 「장면 정권과 군사정권 시절의 방한」)을 적기해둔다.

마에다: 그래서 스기 씨는 우리 수행원까지 포함해 매우 난처한 입장이 됐다. 나는 실망해서, 이래서는 안 된다, 이런 접대를 받는 것은 괘씸하다고 생각해 스기 씨에게 "돌아가자"고 말했다. 그러나 스기 씨는 "자, 초조해하지 마라"라고 했다. 오히려 스기 씨로부터 위안을 얻고 다시 힘을 내어 그날 점심에 유양수 위원장이 초대한 오찬에 갔다. 그때까지 이름 밖에 몰랐던 혁명 주체세력의 각 상임위원장이 죽 군복 차림으로 줄지어 서 있었다.

와타나베: 아주 젊은 군인들에게서 자기들이 이 나라를 짊어지고 있다는 느낌이 넘쳐나 매우 인상적이었다.

마에다: 그 오찬에서 약간 마음을 추스린 후 오후 2시부터 예정되어 있던 약속대로 박 의장에게 갔다. 박 의장은 걸터앉아 다리를 꼰 채 이야기를 듣고 있었지만, 시종 구두 끝을 떠는 것을 보고, 이 사람은 신경질적인 사람이구나라는 인상을 받았다. 거기서 스기 대표가 이케다 총리의 친서를 읽은 뒤 전해주자, 박 의장은 무미건조하게 응대하며 "초대장을 갖고 와주어 고맙다. 적당한 통로를 통해 이에 답하겠다"고 말했다.

와타나베: 내가 그때 회담에서 느낀 점을 쓴 기록에는 "동석한 마에다 북동아시아과장이 한국어가 능통한 것에 놀라움을 나타내는 등 회담은 우호적인 분위기 속에서 이루어졌다고 할 수 있다. 여기서 박 의장의 방일 가능성은 박 의장의 응답 태도로 짐작해볼 때 다소 커졌지만, 여전히 예측을 불허하는 상황이었다"라고 적혀 있다.

마에다: 그리고 나서 우리가 일단 호텔(조선호텔)로 돌아가자 그날 밤 송요찬 수반이 식사에 초대해 주기로 했던 계획을 중단시키고, 그 대신에 천병규(千炳圭) 재무부장관이 주최하는 연회로 일정이 변경되었으니 거기에 나와달라고 일방적으로 통보해왔다. 그래서 우리는 또다시 화가 나 "그런 것을 받아주면 수치이다, 그런 곳에 나갈 수 있겠는가"라고 말했다. 그러나 스기 씨가 우리를 진정시켰다. 그다음에 예정되었던 대로 김종필 중앙정보부장을 만나기 위해 조선호텔을 떠나려고 했을 때 와타나베 씨가 어디선가 그날 자 석간을 구해왔다. 신문을 보니 1면 머리기사로 송요찬 내각수반이 이미 기자회견에서 "스기 씨의 태도에는 성의가 보이지 않기 때문에 앞으로의 한일교섭에는 어떠한 진전도 기대할 수 없

다. 그러므로 교섭을 하더라도 의미가 없다고 건의하겠다"고 밝혔다는 내용이 크게 보도되어 있었다. 이것은 큰일이라고 생각하고, 중앙정보부에 가는 차 안에서 스기 씨에게 그 기사를 설명했다.

중앙정보부에서 가장 안쪽에 있는 김종필 부장의 방으로 안내를 받았는데, 거기에 이창희(李昌熙)도 나란히 앉아 있었다. 스기 씨가 지금까지의 경위를 말하고 석간 기사를 보여주자 그는 안색을 바꾸더니 이창희에게 이 내용을 조사해보라고 지시했다. 그리고 김종필은 우리에게 "그런 것은 걱정하지 마시라"고 말했다. 김종필이 우리에게 준 느낌은 송요찬의 태도와는 전혀 달라 "어르신 수고하십니다. 허투루 하지 않겠습니다"라는 것이었다.

와타나베: 그때 김종필은 "박 의장이 방일한다고 가정하고 일한 쌍방이 준비할 것이 두 가지 있다. 즉, ① 회담을 타결하는 것을 확인한다. ② 타결하기 위해 쌍방이 구체적인 방법을 생각하고 서로 최대한의 선을 제시한다"라고 말했다. 이에 대해 스기 씨는 "알겠다. 귀국 후 곧바로 총리부터 그 아래까지 다 보고하여 이를 충분히 검토하도록 하겠다"고 대답했다. 김종필은 이에 대해 "박 의장이 이케다 총리의 초청을 받을지 여부는 내일 출발 전까지 답변을 주겠다"고 말했다. (중략)

김종필은 "회담은 시간이 길어지면 길어질수록 어려워진다. 박 의장이 언급한 바와 같이 지금이 관계 타개에 최적의 시기라고 생각한다. 일본의 속담에도 '의를 보고 행하지 않음은 용기가 없음이다'라고 했듯이, 지금이야말로 한일 양국이 노력해야 되지 않겠는가"라고 말했다. 그는 이어 "오늘 밤은 박 의장이 특히 스기 대표를 대접하라고 했기 때문에 한국식으로 대접하고 싶다. 예정되어 있던 재무장관 주최의 만찬은 자연적으로 취소될 것이다"라고 말했다. 그리고 이튿날 4일 최 외무장관과의 회담 때 "11월 11일 박 의장이 방일하기로 결정되었다"는 회답을 들었다. 그때 스기 씨에게서 "내 기분은 오늘처럼 멋지게 맑게 갠 하늘과 같다"라는 명대사가 나왔다. 최 외무장관은 "선물하는 것은 아니지만"이라면서 "억류 어부 전원을 석방하겠다"라고 보너스까지 얹어주었다.

스기 씨가 방한했을 때 받은 인상으로는 송요찬과 김종필의 사이가 좋지 않은 게 아닐까라는 생각이 들었다. 외무부로서는 외교 의전상으로 말하면 장관도 아닌 데다 지명도도 낮은 스기 씨가 외무부장관 정도로도 충분한데 박정희 의장을 만나고 김종필도 만난다는 데 대한 반발이 있었을 것으로 생각된다. 그것은 처음 최 장관의 언사로 나타났고, 이는 곧 송 수반의 언사가 되었다. 그렇지만 김종필이나 박정희를 만나자 좀 더, 이른바 관료의 틀을 넘어서는 판단으로 결단을 내릴 수 있었다. 이와 함께 그때는 도저히 그런 것을 느낄 여유도 없었지만, 스기 씨에 대한 상대측의 태도는 지금 생각하면 너무 노련해, 연기(演技)라고 한다면 연기였을지도 모르겠다. 송 수반을 만났을 때 엄청 우려되는 말로 휘저어 놓고, 김종필과의 만남에서는 마지막으로 별일 없었다는 듯이 바로잡아 주었다. 김종필은 당시 일본 문제에 관해 결재 권한을 갖고 있었기 때문에 이를 외무부에 통보했었는지는 모르겠지만, 김종필과 박정희 사이에서는 이미 이런 결론을 내자고 정해져 있었을 것이다.

청구권 금액의 대요를 결정한 오히라 외상과 김종필 부장의 회담은 그로부터 1년 후이고 그때쯤부터 한국이 본격적인 교섭에 나서면서 일한교섭이 매우 어려운 것이라는 것을 그들도 알게 되었지만, 스기 씨가 방한한 시기에는 일한문제의 해결방식을 단순하게 생각하고 있었던 것으로 생각된다.

11월 4일 한국 외무부는 외무부장관 명의로 다음과 같이 발표했다.

제6차 한일회담 일본 측 수석대표인 스기 미치스케 씨가 일본 총리 이케다 하야토 씨의 특사로서 1961년 11월 2일부터 4일까지 한국을 방문하여 박정희 국가재건최고회의 의장 각하, 송요찬 내각수반 및 외무부장관을 비롯한 정부 요인을 예방하고 회담했다.

스기 수석대표는 박 의장에게 이케다 총리의 친서를 봉정하고, 일본 측 수석대표로 임명된 것에 대한 인사와 함께 한일관계의 정상화를 목표로 하는 일본 정부 및 정부지도자 제씨(諸氏)의 열정과 굳은 결의를 전달했다.

이케다 총리는 전기한 친서에서 한일 양국이 극동의 안전과 자유 세계의 단결을 위해 긴밀하게 제휴해야 한다는 점을 강조하고, 한일문제의 조속한 타결을 위해 박 의장이 케네디 미국 대통령의 초청으로 미국을 방한하는 도중에 이케다 총리의 빈객으로서 일본을 방문하여 흉금을 터놓고 성의 있는 의견 교환을 하는 기회를 갖길 간절히 요청했다. 따라서 대한민국 정부는 이케다 총리의 성의 있는 초청을 기꺼이 수락하기로 결정했다. 박 의장은 11월 11일 특별기로 서울을 출발, 일본을 방문해 이케다 총리와 우호적이고 솔직한 의견 교환을 할 예정이다.

나중에 스기 대표는 한국에 체류했을 때의 인상을 잡지 『재계(財界)』 1962년 12월 호에 「한국에 관해」라는 제목으로 기고했는데, 거기에서 다음과 같이 적었다.

내가 수석대표로 서울에 간 것은 지난해 11월 3일이었다. 나는 어느 날 아침 숙소인 서울에 있는 호텔(전쟁 전의 조선호텔) 방에서 창문 밖을 바라보고 있었다. 서울의 가을 하늘은 내가 알고 있던 전전(戰前) 시절과 마찬가지로 한없이 맑았다. (중략)

바로 그때 소학생으로 보이는 아이들이 서둘러 학교에 가는 모습이 눈에 들어왔다. 그 순간 내 머리에는 등하교용 노란 모자를 쓴 일본의 아이들 모습이 떠올랐다. 나는 왠지 감상적이 되어 이렇게 생각했다. "한국의 이 아이들과 노란 모자를 쓴 일본의 아이들이 성인이 되었을 때에도 여전히 일한 양국 사이가 나빠서는 안 된다. 이 철없는 양국 어린이들을 위해서라도 한시라도 빨리 국교정상화를 서둘러야 한다." 내가 이 일을 맡아서 좋았다고 생각하는 마음은 이때부터 더욱 강해져 흔들린 적이 없다.

6. 박정희 의장의 방일

   스기 대표가 방한한 날 한국으로 돌아간 배의환 일한회담 수석대표는 1961년 11월 6일 도쿄로 귀임했다. 그는 귀임 기자회견에서 "박 의장은 청구권으로 요구하는 한국 측의 숫자를 알고 오기 때문에 이케다 총리와의 회담에서 협조적인 선에 도달한다면 성공이다. 그 숫자는 이케다 총리가 제시해도 좋을 것이다. 회담은 연내에 타결하고 싶다"고 말했다고 보도되었다. 배 대표는 7일 이케다 총리에게 박 의장의 방일 수락 답신을 수교했다. 8일 이케다 총리는 고사카 외상, 이세키 아시아국장, 미야가와 신이치로(宮川新一郎) 대장성 이재국장 등을 불러 청구권 문제의 교섭 경위를 들었고, 9일 자민당 내의 의견을 조율했다. 이어 10일 정부와 자민당의 연락회의에서 현재의 교섭 단계에서는 아직 숫자를 내는 데까지 이르진 못했다는 점을 총리도 인정했고 국교정상화를 위해 대국적인 대화를 하겠다는 취지가 일본 신문에 보도됐다.

사진 30   박정희 국가재건최고회의 의장이 1961년 11월 11일 저녁 일본 총리관저에서 열린 환영 만찬에서 이케다 일본 총리와 환담하고 있다. (출처: 한국일보)

한국 측은 10일 억류된 일본 어부 76명을 석방했다. 또 10일 밤 장면 씨를 포함한 전직 장관과 민주당과 신민당 양당 간부 2명, 용공(容共)학생 25명을 기소유예 또는 불기소 처분했다고 발표했다. 이것들은 박 의장이 일본과 미국 양국을 방문하기 위해 취한 조치라고 신문들은 평가했다.

박정희 의장은 11월 11일 오후 4시 KNA 특별기로 하네다에 도착(공항에 이케다 총리, 고사카 외상, 스기 대표 등이 마중을 나갔다), 이날 저녁에 총리 관저에서 이케다 총리를 예방한 후 총리 주최 만찬에 임했다. 이날 밤은 시로가네(白金) 영빈관에서 1박했다. 박 의장은 이어 12일 오전에 약 2시간에 걸쳐 총리 관저에서 이케다 총리와 회담한 후 이시이와 기시 두 사람이 주최한 오찬모임, 한국대표부 방문, 신문기자회견, 박 의장이 주최한 만찬 등의 행사를 마치고 이날 오후 10시 하네다 출발 NW기로 미국으로 향했다.

이케다 총리와 박 의장 회담은 다음과 같이 기록되어 있다. (회담은 대부분 둘이서만 이뤄졌지만, 한국 측 요청에 따라 외부 통역이 입회했다고 설명되어 있다.)

　1. 먼저 이케다 총리는 "나는 한국 문제에 대해서는 예전부터 관심을 갖고 있었다. 1950년 미국을 방문했을 때 마침 마셜(George Catlett Marshall)[68]의 중국 포기론(미국은 국공 내전으로부터 일절 손을 떼라는 주장)이나 로열(Kenneth Claiborne Royall)[69]의 한국 철병론 등이 제기되고 있었는데, 그런 일을 하면 위험하다"고 말했던 기억이 있다. 그리고 그 직후에 한국전쟁이 발발한 것이다. 올해 6월 방미했을 때 케네디 대통령은 라오스 문제가 걱정이라고 말했는데, 나(이케다)는 라오스도 그럴 만하지만 한국도 충분히 생각해야 한다고 말했다.

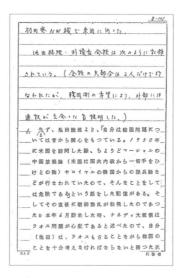

외교문서 원본 18　박정희 의장과 이케다 총리의 회담 요록

이에 대해 박 의장은, 확실히 현재의 정세로는 베트남 등도 위험하다면서 자유국가 그룹은 공동으로 대처해야 한다고 말했다. 이케다 총리는 (NEATO[70] 문제를 감안하여) 우선 경제협력이라는 것을 생각해야 한다고 말했다.

2. 이어 청구권 문제에 대해 박 의장은 청구권으로 인정되는 테두리를 대략이라도 정해달라고 말했다. 이에 대해 이케다 총리는 청구권 문제는 미군정령 33호의 효력 발생 시기(일본 측은 군령 33호의 효력은 1945년 12월 6일 이후에 발생했다고 주장하고 있다)와 지역적 범위의 문제(일본 측은 속지주의에 준거하는 것이라고 주장하고 있다), 또 이른바 미국의 해석에 따른 일종의 상쇄 관념(일본 측은 "고려해야 한다"라는 미국 측의 견해를 존중해야 한다고 주장하고 있다) 등 여러 가지 복잡한 문제가 있다는 사정을 설명했다(박 의장은 이러한 문제를 잘 알고 있지 못한 인상이었다). 박 의장은 "요컨대 법률상 근거가 있는 것은 인정해달라고 말하는 것이다"라고 말했다. 이에 대해 이케다 총리는 "개인의 청구권에 대해서는 일본 수준으로 취급한다는 원칙을 갖고 지불할 용의가 있다"면서 "은급, 귀환자 위로금, 우편저금, 간이보험금 등을 고려하려고 생각하고 있고, 또 소각한 일본은행권에 대해서도 고려하고 있다"고 말했다. 이에 대해 박 의장은 "군인·군속의 유가족에 대해서도 생각해달라"고 말했다. 이케다 총리는 "고려하겠다"고 답했다.

결국 향후 청구권위원회에서 시급하게 사무적인 검토를 하는 것으로 의견 일치를 보았다.

또한 박 의장이 "한반도에서 반출된 지금은(地金銀)에 대해서도 청구권이 있다"고 말하자 이케다 총리는 "그것은 조선은행의 업무로서 일반적인 매매를 한 것이기 때문에 근거가 없다"고 설명했다. 〔오사카에 있는 은(銀)에 대해서도 일본 측으로서는 상술한 법률론에 의해 청구 근거가 없다고 생각한다는 취지를 설명했다.〕

이케다 총리가 "청구권이라고 말하면 아무래도 상쇄(相殺) 사상이 나온다"고 말하자 박 의장은 "청구권이라고 말하지 않고 뭔가 적당한 명의라도 괜찮다"고 답했다.

(덧붙여, 이케다 총리는 "청구권 문제의 해결은 어업 문제와 동시에 해결하는 것을 전제로 하는 것"임을 특히 강조했다.)

3. 이어 경제협력 문제에 들어가, 이케다 총리는 "일본 측이 청구권으로 지불하는 것만으로는 어쨌든 한국의 경제 회복에 불충분하다고 생각한다. 그래서 일본으로서는 무상원조는 바람직스럽지 않기 때문

---

68) 1880-1959. 2차 세계대전 중 미영 합동참모본부의 최고지도자로서 전쟁을 주도했다. 카사블랑카, 테헤란, 얄타, 포츠담 등 주요 국제회담에 참석했으며, 종전 후 H. S. 트루먼 대통령의 특사로서 중국에 부임해 국공(國共) 조정(調停)을 위해 노력했으나 실패, 1947년 귀국했다. 미 국무장관(1947~1949), 국방장관(1950~1951)을 역임했으며, 국무장관 시절인 1947년 6월 5일 하버드대 졸업식에서 유명한 '마셜 플랜'을 제창, 유럽의 전후 복구 및 경제 부흥에 대한 공적이 인정되어 1953년 노벨평화상을 수상했다.

69) 1894-1971. 미 육군성 장관을 역임했으며, 한국전쟁 전인 1948년 주한미군 완전철수론 주장했다.

70) North East Asia Treaty Organization(동북아시아 조약기구).

에 이것을 피하고, 장기저리로 경제원조를 고려하고자 생각한다"고 말했다. 이에 대해 박 의장은 "한국 측도 위신(dignity)의 문제가 있기 때문에 무상원조는 생각하고 있지 않으며, 장기저리로 경제원조를 해주는 것은 괜찮다"고 답한 후 "소비재가 아니라 자본재를 희망한다"고 부언했다. 이케다 총리는 "자본재가 좋을 것이다, 소비재는 국내 생산하는 것이 좋은 방법이다"라고 말했다.

(이상은 기록 그대로, 이하는 발췌해 인용.)

이어 박 의장이 "미국에서 원조한 40억 달러가 전혀 효과를 못 내고 있다"고 말하자 이케다 총리는 전후 미국의 대일 원조 대충자금의 운영 방법 등을 설명했다. 농업 문제에 관해 이케다 총리는 농지개혁의 필요성, 미개간지의 목초 조성 등을 언급한 후 한국의 인구는 재산이라고 말했다. 이에 대해 박 의장은 "빨리 국교를 정상화해 농업 분야에서도 일본의 지도를 받고 싶다"고 말했다. 이케다 총리는 전력 문제도 언급, "20만 킬로와트 정도로는 아무것도 못 한다, 전력 개발을 비롯해 노력하면 남한만으로도 훌륭한 공업국가가 될 것"이라고 말했다. 마지막으로 이케다 총리는 "앞으로 일한회담과 관련해 여러 가지 문제가 발생해 박 의장이 한국 국민과의 관계에서 나(이케다)와 관련해 마음에 걸리는 점이 생기면 비밀리에 연락하기 바란다. 가능한 한 고려해보자"고 말했다. 박 의장은 "조만간 기시 전 총리가 꼭 내한하길 바란다"고 말했다.

회담 후 일한 간의 협의에 따라 한국 측은 박 의장, 일본 측은 고사카 외상이 이케다 총리와 박 의장의 회담에 대해 다음과 같이 발표했다.

일한 간의 문제, 아시아의 문제, 나아가 세계정세 전반에 대해 의견을 교환하고, 대부분의 사항에 대해 합의를 보았다.

현재 진행 중인 일한회담에 대해서는 타결을 위해 앞으로도 계속해서 양쪽 모두 최대의 성의를 갖고 추진하는 데 노력하기로 의견이 일치했다.

현재의 현안 문제 외에도 일한 간 미래의 제반 문제에 대해서도 향후 더욱 격의 없는 의견 교환을 한다는 데 합의했다.

이상은 회담 기록에 따른 것이지만, 이에 대해서 이세키 아시아국장은 야나기야 과장과의 대담에서 다음과 같이 말했다 (전게 「일한교섭의 회고」).

이세키: 나중에 이케다 씨로부터 내가 그 회담 내용을 청취해, 그것을 회담록으로 만들었습니다 ─ "이것으로 좋습니까"라고 물어본 다음 다시 수정된 후 "이것으로 괜찮다"고 했기 때문에 회담록이 된 것이지만 ─ 이케다 씨가 나에게 솔직하게 말했는지 여부는 잘 모르겠습니다. 나중에 이 회담록을 보여줬는데, 이케다 씨는 "허"라고 말하는 듯한 얼굴을 하고 있었습니다. 그 후 여러 이야기를 할 때마다 이

것을 인용하면, 이케다 씨가 가끔 그 내용을 잊어버리고 있기도 했고요. 이 중 가장 문제가 되는 것은 "청구권은 법적 근거가 있는 것에 한정한다"는 이상한 문구가 나왔을 때였습니다.

이런 정상회담은 어떤 의미에서 하나의 진척을 이루기도 했지만, 그다지 잘 모르는 문제를 두 사람이 이야기했기 때문에 뒤죽박죽인 부분이 남았습니다. 이케다 씨는 자신의 생각으로 "아무래도 박정희는 일한문제를 그다지 잘 모르는 것 같다"고 말했었습니다.

야나기야: 그렇습니다. "'미국의 해석에 여러 가지 문제가 있다'고 말하자 박 의장은 무슨 이야기인지 그다지 잘 알고 있지 못한 인상이었다"고 하셨군요. 그리고 무상원조는 별로 바람직하지 않다고 이케다 총리가 말하고 박 의장도 이에 응했고요.

이세키: 그 부분이 항상 그랬었나요? 이케다 씨는 자신에게 편한 부분만 기억하고 있었던가요? 이 문장은 그 후 한국 측 주장에서 보면 이상한 부분이 있군요.

한편, 박 의장은 기자회견에서 질문에 답변하면서, ①이케다 총리와의 회담에 매우 만족하고 있고, ②청구권 문제와 관련해 한국 측은 전쟁 배상을 요구하는 것이 아니라 확고한 법적인 근거에 기초해 청구권을 요구하고 있다, 따라서 이 문제에 대해 일본 측이 얼마나 성의를 보일 것인지가 일한회담 조기 타결의 중요한 요인이다, ③일본 정부가 청구권 문제에 대해 한국 국민이 납득할 수 있을 정도로 성의를 보이면 한국 정부도 평화선 문제를 융통성을 갖고 해결하겠다고 말했다.

전후 일한 양국 정상만의 회담이 열린 것은 이때가 처음이며, 일한 국교정상화 교섭이 끝날 때까지 이때가 처음이자 마지막이었다. 회담 직후 이케다 총리는 측근들에게 "그는 좋은 사람이다"라고 말했다. 박 의장은 이시이와 기시 씨가 주최한 환영회에서 "우리는 젊고, 우리가 하고 있는 것을 일본에서 보면 미숙한 부분도 있을 것이다. 그러나 우리는 메이지(明治)유신의 지사와 같은 마음으로 하고 있다"고 말했다고 한다. 아카기 자민당 총무회장은 "겸손하고 성실하다. 꾸준히 순조롭게 할 것 같다", 사토 통상대신은 "용맹하다기보다는 온후하고 교활함을 모르는 것 같다"고 평가했다고 보도되었다 (『아사히신문』, 11월 13일).

박 의장은 미국에서 11월 25일 귀국했다. 그는 12월 7일의 기자회견에서 일한관계에 대해 다음과 같이 말했다고 보도되었다 (『한국일보』, 12월 7일).

(대일정책)

질문: 일한회담을 개선하기 위해 정부가 취해야 할 당면 정책은 무엇인가.

답변: 최대의 성의와 이해, 그리고 인내심을 갖고 회담을 진행해 나간다는 것이 정부의 방침이다.

(이케다 회담의 내용)

질문: 지난 이케다 총리와의 회담에 이어 제2차 일한 정치회담이 연내에 열린다는 관측이 있는데, 그 전망은 어떤가.

답변: 실무자 회담의 진전 상황에 따라서는 있을 수도 있지만, 연내에는 없을 것으로 생각된다.

질문: 대일 재산청구권과 일한 경제협력을 교환하기 위해 일본 측이 주장하는 장기저리 차관의 실현 가능성은 어떤가.

답변: "청구권과 경제협력을 구별한다"는 한국 정부의 태도에는 변함이 없다. 이케다 총리는 "청구권이라는 명목으로는 일본 국민을 납득시키기 곤란하므로 다른 방법, 예를 들어 장기저리 차관 방식으로 하면 좋을 것 같다"고 말했지만, 나는 경제협력은 청구권 문제를 해결하고 국교가 정상화된 후에 생각할 수 있는 것이라고 답했다.

(일한 수교 시기)

질문: 일본 정부와 여당은 내년 3~4월에 일한 국교가 정상화될 것이라고 전망하고 있는 것 같은데 어떻게 생각하는가.

답변: 어떠한 근거로 내년 3~4월이라고 했는지 모르겠다. 내년 3~4월이 될지 또는 내후년 3~4월이 될지 예상할 수 없다.

또한 그날 한국 외무부 대변인은 일본 측이 이케다 총리와 박정희 의장의 회담 내용을 왜곡 보도했다면서 동 회담의 내용을 발표한 가운데 다음과 같이 말했다.

〔개인 베이스설(說)〕 박 의장은 이케다 총리와의 회담에서 한국 측의 청구권은 배상적인 성격을 띤 것이 아니라 모두가 확실한 법적 근거에 따른 것이라는 점을 분명히 지적함과 동시에, 그 내용에 관해서는 지금, 지은, 우편저금, 피징용자 미수금 및 연금 등을 그 예로 설명했다. 그 예로서 거론된 지금 및 지은의 반환만을 보더라도, 이것이 개인청구권에 속하지 않는다는 사실은 명백하다. 그런데 외신이 전하는 바에 따르면, 이세키 아시아국장은 자민당의 일한문제간담회(11월 14일)와 중의원 외무위원회(12월 4일)에서 마치 한국 측이 지난 이케다 총리와 박 의장의 회담에서 대일 청구권 중에서 개인청구권만을 요구하기로 합의한 듯이 증언을 했다고 한다. 만약 이것이 사실이라고 한다면, 동 회담 내용을 완전히 왜곡 해석한 것이다.

(장기저리 차관 문제) 박 의장은 재산청구권 문제와 경제협력 문제는 어디까지나 별개의 성격을 가진 문제로 당연히 분리되어야 한다고 강조하고, 청구권 문제가 원만하게 해결된 후에, 만약 필요하다면 장기저리 차관 등을 받아들이는 것을 고려할 것이라고 말했다. 이러한 정부의 태도는 앞으로도 견지될 것이다.

그러나 일본 측은 이케다 총리와 박 의장의 회담에서 한국 측이 일본으로부터 무상원조 대신에 장기저리 차관을 요구했다고 전했는데, 이것은 사실에 반한다. (이하 생략)

7. 제6차 일한회담의 추이

제6차 일한회담이 시작된 후 1962년 3월 정치회담이 시작되기까지 본회의를 네 차례 개최한 것을 비롯해, 위원회의 경우 한국청구권위원회 일반 청구권소위원회를 열한 차례, 선박소위원회를 아홉 차례, 문화재 분과위원회를 일곱 차례, 어업 및 '평화선' 위원회를 열여섯 차례, 재일한국인의 법적지위위원회를 네 차례 각각 열었다.

(1) 어업위원회

〈일본 측〉 주사 무라타 수산청 차관, 우야마 외무성 심의관

〈한국 측〉 수석위원 김윤근 변호사(나중에 지철근 대한중앙수산회 고문으로 교체)

이승만 라인 문제를 직접 언급하지 않은 채 제5차 회담 이후 논의되어온 7개 항목에 대한 회의를 계속하여, 12월 20일 제8차 회의에서 일한 양측은 5차 회담 이후 7개 항목에 대한 토의의 기록으로서 다음의 「견해 요록」을 교환했다.

일본 측의 견해 요록

(1) 대상수역의 한계

'양국이 공통의 이해관계를 갖는 어족이 회유(回游)하는 수역', 예를 들어 동중국해, 황해, 일본해[71]로 하되, 자원에 대한 논의에서 대상으로 하는 어족의 종류에 따라서는 다른 수역에도 미치는 것이 있다.

(2) 주요 대상 어족

부어(浮魚)의 경우 전갱이, 고등어 및 정어리, 저어(底魚)는 트롤어업 및 기선저인망어업에 의해 어획되는 주요 어종으로 하고, 모두 양국이 합의하는 것으로 한다.

(3) 주요 대상 어족의 자원량 표시 방법

이 항목의 내용에 대해 한국 측의 설명을 들었지만, 어획량 및 어획 능력만을 단서로 하는 데다 갖고 있는 자료로부터 자원량을 분명히 알 수 없으므로 생물학적 요인과 자연조건 등을 포함하여 과학자 수

---

71)   원문 그대로임.

준에서 검토하는 것이 필요하다고 생각한다. 따라서 '주요 대상 어족의 주요 어업별 어획량과 평균 어획량의 변화'라는 제목으로 논의를 진행해 나가는 것이 타당하다.

(4) 주요 어구별 어획 강도

어획 능력과 관련, 저어의 경우 척수, 톤수, 마력수 및 예망(曳網) 횟수의 경년(經年) 변화로 하고, 선망, 일본조(一本釣)어업, 자망(刺網)에 대해서는 척수, 톤수 및 항해 횟수로 한다.

(5) 주요 대상 어업의 종류와 어기별 어장

원칙적으로 저어에 대해서는 기선저인망어업과 트롤어업, 부어에 대해서는 선망어업과 고등어 낚시어업으로 한다.

(6) 주요 대상 어족의 산란 장소 및 시기, 월동수역 등

(7) 주요 대상 어족별 해황(海況) 요인

(6)항과 (7)항의 2개 항목은 주요 대상 어족을 토의할 때 필요한 경우 그 회유 상황, 해황 등에 대해 수시로 검토하는 것으로 한다.

한국 측의 견해 요록

1. 대상수역의 한계

대상수역은 '북위 25도 이북의 동중국해, 황해, 동해(일본해) 및 일본 태평양 수역'으로 한다.

2. 주요 대상 어족

부어와 저어로 구분하고, 각각의 대상 어족은 다음과 같이 한다.

부어: 고등어, 전갱이, 정어리, 방어, 청어

저어: 도미(참돔, 황돔, 옥돔), 석수어, 동갈민어, 광어, 성대, 달강어, 새우, 상어, 대구, 명태

다만, 양국이 제안한 어족을 기준으로 토의할 필요가 있을 경우 추가 또는 생략하기로 한다.

3. 주요 어족의 자원량 표시 방법

(1) 단위 어구에 따라 일정한 시간에 어획한 평균 어획량으로 표시하는 방법을 채택하고, 저어는 1예망(曳網)당 평균 어획량, 부어는 1항해(航海)당 평균 어획량을 어업별 및 어장별로 연월로 표시하고 어족 자원별로 자원의 동태를 파악하기로 한다.

(2) 경년적(經年的)으로 표시되는 결과가 상기 이외의 요소에 의해 재검토되어야 할 경우에는 쌍방이 협의하여 고려하기로 한다.

4. 주요 어구별 어획 강도

어선의 척수, 톤수, 마력수, 예망 횟수 또는 항해 횟수에 따라 어획 강도를 표시하기로 하되, 어구의 구성, 규모, 재질, 보조 어구 및 조망(操網) 조건 등도 고려하면서 토의한다.

5. 주요 대상 어업의 종류와 어기별 어장

(1) 어업의 종류는 기선저인망, 트롤, 선망(기선건착망), 일본조(一本釣), 타뢰망(打瀨網), 유자망

(流刺網), 안강망(鮟鱇網) 및 연승(延繩) 어업으로 한다.

(2) 어기별 어장은 어족별 자원을 토의할 때 필요한 경우 수시로 개괄적인 자료에 의해 토의하기로 한다.

6. 주요 대상 어족의 산란장 및 시기, 월동수역 등

7. 주요 대상 어족별 해황 요인

6항 및 7항은 5항의 어기별 어장과 마찬가지로 주요 어족 자원을 토론할 때, 필요에 따라 수시로 토의하기로 한다.

1962년 1월 31일의 비공식 회의에서 2월 말까지는 협정 체결에 필요한 범위 내에서 자원론의 토론을 실시하고, 3월 15일까지 협정 초안을 교환할 수 있도록 준비하기로 의견 일치를 보았다.

(2) 일반 청구권 소위원회

〈일본 측〉 주사 미야가와 대장성 이재국장
　　　　　부주사 요시오카 이재국 차장, 우라베 외무참사관
〈한국 측〉 수석위원 김윤근 변호사

대일 청구 8개 항목에 대한 토의가 진행되어 제8차 회의(12월 21일)에서 한국이 요구하는 금액의 전모가 밝혀졌다(표 9).

8개 항목 중 제2항 (1)의 (b) 국채 및 저축채권, (d) 채권, 제3항의 조선은행 본점 진체(振替) 송금은 제5항에 포함시켜 청구하고, 제2항 (2) 일본인 예금 인출액, (3) 보증금이 없는 세출금, (4) 조선총독부 도쿄 사무소 재산, 제3항 (2) 조선 금융기관으로부터의 송금은 토의를 보류하기로 했다. 또 제4항 한국 법인의 재일재산(폐쇄기관·재외회사)은 금액을 명시할 수 없었고, 제7항 과실(果實), 제8항의 지불 방법은 토의를 완료하지 못했다. 또 군인·군속을 포함한 징용자 보상금 요구액은 달러로, 나머지는 일본 엔으로 표시하기로 했다. 총액의 엔 표시 달러 환산에는 지금과 지은의 현물 청구와 함께 종전 당시의 1달러 15엔 안을 채용했다. 한국 측 대표는 소위원회에서 "현재까지 논의를 유보해온 사항 및 '기타'로 표시된 항목은 청구를 완전히 포기하는 것이 아니라 논의를 유보한다는 취지이다. 현재까지 발언의 요지, 숫자, 자료 등에 대해 착오가 있는 경우 언제든지 정정하고 싶다"고 말했다. 하지만 그때까지 한국 측이 금액을 올려 요청한 항목의 집계는 지금과 지은의 총계 1,018억 4,400만 엔(미국 달러에 의한 현물 평가 2억 8,290만 달러), 미국 달러 표시 금액 총 3억 6,400만 달러, 엔화 표시 금액 총 128억 400만 엔(8억 5,360만 달러)으로 총 15억

50만 달러에 달했다. 이 같은 한국 측의 요구에 대해 1월 3일 대장성 이재국이 작성한 「일한회담 청구권 관계의 심의에 대해」는 다음과 같이 말했다.

(1) 한국 측의 청구 사유와 관련해 우리 측이 법적으로 납득하기 어려운 것. 예를 들어 제1항목의 지금과 지은, 제2항목의 재한 우체국의 입체금(立替金), 제3항목의 대체 또는 송금 관련 금원(金員), 제4항목의 재한 폐쇄기관[72] · 재외회사의 일본 내 재산, 제5항목 중 일본 유가증권의 대부분, 군표 등 일본계 통화, 징용 한인의 생존 보상금, 민간 생명보험금 등.

(2) 한국 측의 청구 사유와 관련해 일단 이유가 있다고는 생각할 수 있지만 계수적으로 아직 합의되지 않은 것. 예를 들면, 제2항목의 우편저금, 간이보험, 해외 위체(爲替)저금, 제5항목의 일본 유가증권, 일본계 통화의 대부분, 징용 한인(군인 · 군속을 포함)의 미수금, 미수 은급, 기탁금 등이 있다.

상기 대장성 이재국의 「일한회담 청구권 관계의 심의에 대해」는 또 한국 측이 이른바 남북한 분할 계산에 대해 매우 강한 반대 의사를 표시하고 있다는 점, 종전 시 엔화 표시 청구액을 당시의 군표 환율 1달러당 15엔으로 환산하고 있다는 점을 지적하고, "현재 단계에서 우리 측으로서 적산할 수 있는 금액은 종전 시 가격 18억 4,500만 엔이며, 또 이론적으로나 계수적으로도 고려해야 할 점이 너무 많다"고 말했다.

한편, 청구권위원회에서는 한국 측 청구 제2항의 조선총독부 체신국 관계를 논의하기 위해 임시 소위원회를 11월과 12월에 네 차례 열었다. 일본 측은 「우편저금 등 현재고(現在高) 조서」, 「동 불제고(拂濟高) 조서」, 「조선 간이생명보험 및 우편연금 예금부 예금 조사」를, 한국 측은 「위체저금 및 세입세출금 잔액표」, 우편저금, 진체(振替)예금, 우편환, 보험 · 연금 관련 자료 및 일본인과 한국인 구별, 간이생명보험, 우편연금에 관한 시산(試算) 자료 등 구체적인 여러 자료를 각각 제출하여 논의를 진행했다.

또한 2월 들어 징용자 관계 등 전문위원회가 네 차례 열려, ①폐쇄기관 · 재외회사 관계, ②유가증권 관계, ③미수금 관계, ④징용노무자 관계, ⑤군인 · 군속 관계, ⑥문관(文官) 은급 관계, ⑦귀국 한국인의 기탁금 관계 7개 항목에 대해 계수 조회 및 기타 사실관계 규명 작업이 진행됐다.

일한 양국은 위원회에서 각각 주장의 근거로 하는 자료를 많이 제시했지만, 종전 후 16년의 세월이 경과한 데다 종전 후의 혼란, 미군의 남한 점령, 한국전쟁 등을 거쳤기 때문에 여러 자료들이 산실되었음이 드러났다. 이는 일한 양국 모두 이 시점에서 조사에 한계가 있음을 말해주는 것이었

---

72) 일본을 점령한 GHQ의 지령과 이에 기초한 일본 정부의 '폐쇄기관령'(1947년 3월 10일)에 따라 폐쇄조치된 기업 및 단체를 말함. 조선은행 및 대만은행의 일본 지점 등 1,088개의 단체와 기업이 일제 군국주의와 전시 경제에 부응했다는 명목으로 폐쇄조치되어 1956년 3월까지 1,055개가 청산됐다.

다. 여기서는 조선인 징용노무자, 군인·군속의 숫자를 예로 들어 살펴본다.

전기한 징용자 관계 등 전문위원회에서 한국 측이 주장한 징용노무자, 군인·군속의 수는 490쪽 〈표 15〉와 같다. 한국 측은 그 근거가 되는 자료로서 일본 후생성이 발표한 피징용자 관계 통계, 일본외교학회가 편집한『태평양전쟁 종결론(太平洋戰爭終結論)』, 도야마 시게키(遠山茂樹) 외 2명이 쓴『소화사(昭和史)』, 일본 외무성의『조사월보』제1권 제9호「숫자로 본 재일조선인」, 일본 후생성 원호청의『귀환원호기록(引揚援護記綠)』, 미합중국 전략폭격조사단의 *Far Eastern Economic Review* No.26(1953. 12. 24)에 실린 "Overall Economic Effect", 박재일(朴在一)의「재일조선인에 대한 종합조사연구」, 조선문제연구소의『조선문제연구(朝鮮問題硏究)』제11권 제4호, 이유환(李瑜煥)의『재일한국인 50년사』등을 들었다.

한국의 대일 청구 요강

(1952년 7월 1일)

1. 조선은행을 통해 반출된 지금과 지은의 반환을 청구한다.

이 항목의 청구는 1909년부터 1945년까지 일본이 조선은행을 통해 반출해갔던 금액이다.

2. 1945년 8월 9일 현재 조선총독부 대한 일본 정부의 채무 변제를 청구한다.

이 항목에 포함된 내용의 일부는 다음과 같다.

　(1) 체신국 관계

　　(a) 우편저금, 진체저금, 위체저금 등

　　(b) 국채 및 저축채권 등

　　(c) 조선간이생명보험 및 우편연금 관계

　　(d) 해외 진체저금 및 채권

　　(e) 태평양 미국 육군총사령부 포고 제3호에 따라 동결된 한국 수취금(受取金)

　　(f) 기타

　(2) 1945년 8월 9일 이후 일본인이 한국의 각 은행에서 인출한 예금액

　(3) 조선에서 수입된 국고금 중 보증금이 없는 세출에 따른 한국 수취금 관계

　(4) 조선총독부 도쿄사무소 재산

　(5) 기타

3. 1945년 8월 9일 이후 한국으로부터 이체 또는 송금된 금원의 반환을 청구한다.

이 항목의 일부는 다음 사항을 포함한다.

　(1) 8월 9일 이후 조선은행 본점에서 재일본 도쿄지점으로 이체 또는 송금된 금원

　(2) 8월 9일 이후 재한 금융기관을 통해 일본으로 송금된 금원

　(3) 기타

사진 31   태평양전쟁기 일제에 동원된 여성 근로정신대 (출처: 미 국립문서기록청)

4. 1945년 8월 9일 현재 한국에 본사나 본점 또는 주(主) 사무소를 둔 법인의 재일재산 반환을 청구한다.

이 항목의 일부는 다음 사항을 포함한다.

(1) 연합군최고사령부 폐쇄기관령에 의해 폐쇄 청산된 한국 내 금융기관의 재일지점 재산

(2) SCAPIN 1965호에 따라 폐쇄된 한국 내 본점 보유 법인의 재일재산

(3) 기타

5. 일본국 또는 일본 국민에 대한 한국 법인 또는 한국 자연인의 일본 국채, 공채, 일본은행권, 징용 한인의 미수금, 보상금 및 기타 청구권의 변제를 청구한다.

이 항목의 일부는 다음 사항을 포함한다.

(1) 일본 유가증권

(2) 일본계 통화

(3) 징용 한인 미수금

(4) 전쟁에 의한 징용자의 피해에 대한 보상

(5) 일본 정부에 대한 한국인의 은급 관계 청구 등

(6) 일본인 또는 법인에 대한 한국인의 청구

(7) 기타

6. 일본 정부 또는 일본인(자연인 및 법인)에 대한 한국인(자연인 및 법인)의 권리 행사에 관한 원칙

7. 상기한 제 재산 또는 청구권으로부터 발생한 제 과실(果實)의 반환을 청구한다.

외교문서 원본 19   제6차 회담에서 한국 측이 청구권으로서 요구한 금액 (1961년 12월)

8. 상기한 반환 및 결재는 협정 성립 후 즉시 시작해 늦어도 6개월 이내에 종료할 것.

표 14 제6차 회담에서 한국 측이 청구권으로 요구한 금액 (1961년 12월)

(금액을 명확히 한 것만 기재)

요강	항목 (내역)	금액		
		(100만 엔)	(1만 달러)	(내역) 100만 엔(1만 달러)
	총액		150,050	
	현물 청구 평가	101,844＝	28,290	
	엔 표시 소계	12,804＝	85,360	
	달러 표시 소계		36,400	
1	지금은(현물청구 평가)	101,844＝	28,290	
	지금 249톤 남짓			101,101
	지은 67톤 남짓			743
2	조선총독부 체신국 관계	1,449		
	(a) 우편저금, 진체저금, 우편위체			1,198
	(b) 간이생명보험 및 우편연금			135
	(c) 해외 위체저금 및 채권			70
	(e) 포고 3호 동결금[73]			46
5	한국인의 일본인 및 일본 정부에 대한 청구	11,355	36,400	
	(1) 일본 유가증권			8,735
	(2) 일본계 통화			1,525
	(3) 피징용 한국인 미수금			237
	(4) 피징용자 보상금(군인·군속 포함)		36,400	
	생존자			(18,600)
	사망자			(12,800)
	부상자			(5,000)
	(5) 은급 등			420
	(6) 생명보험 준비금			438

주) 한국 측은 엔 표시액을 달러 환산으로 1달러당 15엔으로 하고 있다.

---

73) 미 육군 태평양군총사령부 포고령 제3호로 인해 동결된 한국인의 수취금을 의미한다.

표 15   한국 측이 제시한 조선인 징용노무자, 군인·군속의 수 (1962년 2월)

항목	총수	군인·군속	노무자
총수	1,032,684	365,000	667,684
생존자	930,081	282,000	648,081
사망자	77,603	65,000	12,603
부상자	25,000	18,000	7,000

표 16   일본 측이 제시한 조선인 군인·군속, 복원(復員) 및 사망 총계표 (1962년 2월)

(1962년 2월, 후생성 원호국)

	신분	총수	복원	사망
총수	군인	116,294	110,116	6,178
	군속	126,047	110,043	16,004
	계	242,341	220,159	22,182
육군	군인	94,978	89,108	5,870
	군속	48,395	45,404	2,991
	계	143,373	134,512	8,861
해군	군인	21,316	21,008	308
	군속	77,652	64,639	13,013
	계	98,968	85,647	13,321

〈표 16〉과 같은 일본 측의 기초적 숫자와 관련해 1962년 1월 30일 아시아국 북동아시아과가 작성한 조서는 다음과 같이 기록하고 있다.

군인·군속

후생성 원호국 복원과(육군 관계) 및 동 업무2과(해군 관계)에 거의 전원에 대한 개인 카드가 존재한다. 이를 토대로 생년월일, 출신 도별, 복원, 사망별로 파악되었다. 최근 후생성으로부터 자료가 제출된 결과, 조선인 군인·군속의 복원, 사망별 인원수〈표 16〉가 거의 최종적으로 확정되었다.

징용노무자

대장성 관리국의 「일본인의 해외활동에 관한 역사적 조사」에서 조선 편 제21장 〈전쟁과 조선 통치〉에 기재된 통계에 따르면, 종전 당시 일본 및 사할린 등에 있던 징용노무자는 36만 5,000명, 1939~1945년 조선총독부가 송출한 조선인 노무자 수는 72만 5,000명이다. 그러나 이 숫자는 자유 모집, 관 알선, 징용 3자를 포함한다는 점, 그리고 종전까지 기간 만료로 귀환한 자, 불량자의 송환, 도망, 전출, 기타를 제외하면 전기한 36만 5,000명의 수치가 타당하다고 인정된다. 현재 본건의 주관기관으로 간주되는 노동성 직업안정국(고용안정과) 보관 자료로는 후생성 근로국에서 발간한 「이입 조선인 노무자 근로 상황 보고」라는 제목의 1944년 3월분이 존재하는데, 여기에는 그때까지의 이입 노무자 수를 39만 2,977명으로 기록하고 있다. 한편, 같은 후생성 자료로 추측되는 1944년(1945년 2월까지) 「조선인 노무자 이입 상황 조사」에 따르면 1944년도의 이입 총수는 25만 4,397명이다. 이를 전기한 노동성 자료와 총합하면, 1945년 2월까지 노무자 이입 총수는 대략 64만 정도가 되고, 같은 해 3월에서 8월 종전까지의 이입자 수를 적당히 추정하면 종전까지의 이입 총수는 65만에서 70만 정도로 추정된다.

위의 이입 총수는 전기한 총독부의 자료인 송출 노무자 수 72만 5,000명과도 큰 차이가 없는 것이다〔송출 총수가 일본의 이입 총수보다 많은 것은 송출 도중에 도망자가 많았던 점, 그리고 일본 이외에 남양(南洋), 사할린 등으로 내보낸 자가 이입자 수에 포함되지 않은 점 등에 기인하는 것으로 보인다〕. 한국 측이 제시한 이입 노무자 66만 7,684명(미국 전략폭격조사단의 「전시 일본의 생활수준과 인력 활용」을 인용한 숫자)도 반드시 부정확한 것이라고는 말할 수 없을 것 같다.

이상과 같이 이입 노무자의 실태 파악은 매우 어려운 상태에 있고, 따라서 징용자 중 사망자 및 부상자 수를 파악하는 것은 실제 문제로서 거의 불가능에 가깝다. 아무래도 그 수치를 산정해야만 할 경우에는 꽤 오차가 큰 추계일 수밖에 없을 것으로 생각된다.

주) 한국의 대일 청구 8개 항목에 대한 논의의 내용에 관해서는 북동아시아과의 「일한회담에서 한국의 대일 청구 8개 항목에 관한 토의의 기록」(1964년 1월 10일)에 일한 쌍방의 자세한 주장과 쌍방이 제출한 여러 자료를 수록하고 있다.

(3) 선박 소위원회

〈일본 측〉 주사 쓰지 운수성 해운국장, 부주사 가메야마(龜山) 해운국 차장, 우라베 외무참사관
〈한국 측〉 이천상 변호사

제5차 회담에 이어 의제 (a) 한국 치적선의 문제에 대해 토의한 후 제3차 회의(11월 13일)에서 한국 측은 358척의 최종적인 추가 목록을 제출했다. 일본 측은 사실관계 조사를 통해 판명된 것에 대해서는 순차적으로 위원회에 보고했다. 제9차 회의(1962년 3월 9일)에서 일본 측은 제1차 회담 이래 한국 측이 제출한 선박 목록 전반에 걸쳐 조사한 최종 결과를 〈표 17〉과 같이 보고했다. 즉, 한국 측이 조사를 요구한 선박 총 672척 7만 6,655톤 가운데 이미 반환된 것 20척 1,106톤, 불명(不明)한 것 459척(3만 7,915톤), 침몰한 것 56척(2만 9,126톤), 한국 치적 사실이 없는 것 10척(3,347톤), 잔치(殘置)한 것 55척(2,884톤) 등으로 현존하는 것은 불과 8척(191톤)이며 이 가운데

1척 70톤은 북조선치적선이었다. 한편, 그동안 주사 간의 비공식 회의가 한 차례, 에노모토(榎本) 운수성 해운국 총무과장과 신소원 교통부 해운국 해양과장 간의 실무자회의가 세 차례 열렸다.

표 17　한국 측 제출 목록에 대한 일본 측의 조사 결과 (1962년 3월)

한국 측 제출 목록		일본 측 조사 결과											
회담		조사 완료 및 중복	반환 완료	침몰	등록 말소 폐선	도난 매각	불법 입국선	잔치	행방불명	실재하지 않음	한국 치적 사실 없음	현존	불명
총계	672척	27	20	56	18	4	2	55	10	3	10	8	459
1차	22척(상선)	—	—	17	1	—	—	—	—	—	2	—	2
	59척(어선)	—	—	21	11	2	—	5	5	2	7	5(1)	1
4차	31척	23	2	—	—	1	—	—	—	—	—	—	5
5차	202척	2	17	13	6	1	2	12	5	1	—	3	140
6차	358척	2	1	5	—	—	—	38	—	—	1	—	311

주)　1차 59척 중 현존 (1)은 북조선치적선임.

(4) 문화재위원회

〈일본 측〉 이세키 아시아국장

〈한국 측〉 이동환 주일공사

제5차 회담 때 한국 측이 1960년 11월 11일에 제출한 문화재에 관한 한국 측 요구 7개 항목에 대해 논의를 계속했다. 일본 측은 재일 한국 관련 문화재가 부당하고 불법적인 수단에 의해 입수됐음을 입증하기 어려운 점, 문화재는 출토 국가에 귀속한다는 국제법적 원칙이 없다는 점을 설명하고, 자발적인 의사로 이를 증여하고 싶다고 주장했다. 1962년 2월 1일 주사 비공식 회담에서 이세키 아시아국장은 "문화재를 반환해야 할 의무는 없지만, 국교정상화가 된 날에는 학술·문화 협력의 일환으로서 국유인 것을 인도하고, 민유(民有)인 것도 한국에 돌려주도록 노력하겠다. 이 방침을 한국 측이 양해해주면 문화재보호위원회[74]에도 협력을 요청하고자 한다"고 말했다.

2월 28일 한국 측은 재차 다음과 같은 「반환 청구 한국 문화재 목록」을 제출했다.

    (1) 조선총독부에 의해 반출된 것

      1. 경남 양산 부부총 출토품

      2. 경주 노서리 215번지 고분 출토품

      3. 경주 황오리 제16호 고분 출토품

      4. 평남 대동군 대동강면 정백리 127호, 227호 고분 출토품

      5. 평남 대동군 대동강면 석암리 201호 고분 출토품

      6. 평남 대동군 대동강면 남정리 116호 고분 출토품

      7. 평남 대동군 대동강면 왕우묘 출토품

    (2) 통감 및 총독 등에 의해 반출된 것

      1. 이토 히로부미(伊藤博文) 고려 도자기

      2. 소네 아라스케(曾禰荒助)[75] 한국 서적

      3. 데라우치 마사타케(寺内正毅)[76] 서적, 서화, 불상

      4. 통감부 장서

      5. 가와이 히로타미(河合弘民)[77] 장서(관부 기록)

    (3) 다음 항목에 속하는 일본 국유의 것

      1. 경상남북도 소재 분묘 및 기타 유적에서 출토한 것

      2. 고려시대 분묘 및 기타 유적에서 출토한 것

      3. 체신 관계 문화재 (주 1)

    (4) 지정 문화재〔오구라 다케노스케(小倉武之助) 소장품 및 기타〕

    (5)

      1. 야쓰이 세이츠(谷井濟一)[78] 소장품

      2. 오구라 다케노스케 소장품

      3. 이치타 지로(市田次郎) 소장품

---

74) 1950년 문부성의 외국(外局)으로서 설치되어 문화재 보호, 활용, 조사 같은 활동을 해온 일본 정부기관. 문화재 문제에 관한 한 문부성으로부터도 독립성을 유지해온 것으로 알려져 있다. 1968년 문부성 문화국과 통합되어 문화청이 됐다.

75) 1849-1910. 죠슈(長州) 번 출신의 정치가로 이토 히로부미에 이은 제2대 한국통감으로서 한국병합을 추진했다.

76) 1852-1919. 죠슈(長州) 번 출신의 군인으로 1910년 육군대신 자격으로 제3대 한국통감을 겸임했다. 이어 1910년 8월 22일 일한병합이 이뤄지고 같은 해 10월 1일 조선총독부가 설치되자 육군대신직을 유지하면서 초대 조선총독이 됐다.

77) 1872-1918. 동양협회전문학교〔현재의 다쿠쇼쿠(拓殖)대〕경성(京城) 분교의 교두(教頭)로서 조선사를 연구한 역사학자.

78) 일본 와가야마(和歌山) 출신으로 메이지 말기부터 다이쇼 시대에 걸쳐 활동한 고고학자. 경주 황남리 등 한반도의 고분을 다수 발굴했다.

4. 석조 미술품 (주 2)

　〔(주) 생략〕

　한편, 문화재 전문가회의의 일환으로 일본 측 마쓰시타 다카아키(松下隆章) 문화재보호위원회 미술공예과장과 한국 측 이홍직(李弘稙) 문화재보존위원회 위원 간에 여섯 차례에 걸쳐 회의가 열렸다. 한국 측은 상기 「반환 청구 한국 문화재 목록」에 올린 오구라 다케노스케가 소장한 금동 보관(寶冠) 등의 컬렉션, 야마구치 현 하기(萩) 시에 있는 석굴암 불감(佛龕) 및 석탑과 불국사 사자, 데라우치 문고가 소장한 조선 서적, 체신 관계 문화재 등에 대해 구체적으로 설명하고 그 반환을 요청했다.

(5) 재일한국인의 법적지위위원회

　〈일본 측〉 주사 다카세 입국관리국장, 히라가 민사국장, 부주사 우스다(臼田) 입국관리국 차장
　〈한국 측〉 이천상 변호사

　위원회는 불과 네 차례밖에 열리지 않았지만, 비공식 회의를 11월 7일 이후 여덟 차례나 열었다. 또한 강제퇴거에 관한 전문가회의가 일본 측 히라쓰카(平塚) 입국관리국 경비과장, 한국 측 문인구(文仁龜) 서울지검 부장검사 간에 네 차례 열렸다. 토론에서 한국 측은 재일한국인의 자자손손까지 영주 허가를 부여할 것을 협정에 규정하자는 종래의 주장을 변경, '재협의 조항'에 의한 해결을 제안했다. 이에 대해 일본 측도 융통성 있는 태도를 취할 여지가 있음을 시사했다. 양측은 또 영주 허가가 부여된 재일한국인에게 강제퇴거를 적용하는 범위에 대해 출입국관리령 제24조 제4호 중에서 '아'(마약범), '자'(1년 이상 형에 처해진 자), '타·파·하'(정부 전복 등 파괴활동을 도모한 자), '갸'(법무대신이 일본의 이익 또는 공안을 해칠 행위를 했다고 인정한 자) 등 각 호를 논의 대상으로 하기로 의견의 일치를 보았다. 제4차 비공식 회의(11월 27일)에서도 처우 면의 생활보호, 교육, 경제활동, 귀환 시 갖고 가는 재산과 관련해 법무성, 대장성, 문부성, 후생성, 통상성 등 각성 관계자가 참석한 가운데 토의했다. 그리하여 1월 26일 주사 비공식 회의에서 양측은 2월 중에 구체적인 문제를 매듭짓고, 3월중에 문안 작성을 고려하면서 논의, 4월에 양측에서 협정문을 제출하기로 합의했다.

　6차 회담은 기존의 회담에 비해 눈에 띈 진전을 보였다. 청구권에 관해서는 한국 측이 요구하는 금액을 밝혔고, 선박에 관해서는 한국 측이 제출한 총 672척에 이르는 한국 치적선에 대한 일본 측의 조사 결과가 제시되었다. 문화재와 관련해서는 한국 측이 반환 청구하는 구체적인 문화재 목록

을 제시했다. 재일한국인의 법적지위와 관련해서는 한국 측이 자자손손 영주 허가를 고집하던 태도를 변경하면서 강제퇴거에 대해서도 논의가 시작됐다. 어업의 경우에는 구체적으로 이승만 라인 문제에 들어가지 못했지만, 3월 15일까지 협정 초안을 교환할 수 있도록 준비하기로 결정되었다.

8. 정치협상과 청구권 문제

(1) 한국 정부, 기시 전 총리의 방한 요청

1. 제6차 회담 개시 전후부터 한국 측은 시종 일한 간의 제 현안, 특히 청구권 문제의 경우 사무적인 협상만으로는 해결하기 매우 어렵기 때문에 회담의 조기 타결을 위해서는 신속하게 고위급 정치회담을 갖고 대국적 견지에서 정치협상을 수행해야 한다는 입장을 취하고 있었다. 한국 측은 12월 말까지 이루어진 사무적 협상에서 자신들이 제시한 대일 청구 8개 항목의 주요 부분에 대한 설명이 일단 마무리되자 정치협상에 관한 입장을 더욱 강화했다.

12월 20일 배의환 수석대표는 이케다 총리를 찾아가 한국 정부의 의향이라면서 "기시 전 총리를 가능하면 내년 초에 한국에 파견해달라"는 취지를 전했다. 이에 대해 이케다 총리는 "기시 씨의 방한에는 이의가 없다. 기시 씨 자신도 반대 의견은 없을 것으로 생각하지만, 시기가 문제인 것 같다"고 답했다.

한국 정부가 기시 전 총리의 방한을 요청한 것에 대해 이세키 아시아국장은 12월 27일 아시아국 이름으로 작성된 조서 「일한회담 이후의 진행 방법에 관한 건」에서, 일한회담은 그야말로 정치협상을 필요로 하는 단계에 있다고 논하면서 기시 전 총리 방한의 필요성을 언급했다.

제6차 일한회담은 지난 10월 20일 열린 제1차 본회의 이후 각 위원회, 소위원회의 공식·비공식 회의 및 전문가회의를 거의 매일처럼 개최하고 토의를 계속해왔다. 12월 22일 열린 제3차 본회의를 끝으로 연내 회의를 마무리했다. 각 현안의 논의 진행 상황 및 향후 전망을 개략하면 다음과 같다.

(1) 재일한국인의 법적지위에 관한 위원회

이 문제는 종래 다른 이슈에 비해 가장 많은 진척을 보여왔고 정치적 결정이 필요한 사안도 아니기 때문에 양측의 입장은 상당히 근접해 있다. 다른 현안의 진행 상황에 따라 위원회 수준에서도 마무리할 수 있는 단계에 이르고 있다.

(2) 한국 청구권 위원회

(가) 선박 소위원회, (나) 문화재 분과위원회. (가), (나) 두 문제의 경우, 일반 청구권, 어업 등에서 타결을 보는 단계에 이르면 쌍방이 모두 만족할 수 있는 어떠한 정치적인 해결책을 이끌어낼 수 있을 것으로 생각된다.

(다) 일반 청구권 소위원회

한국 측의 대일 청구 항목에 대한 대략적인 설명은 끝났다. 약간의 세부 사항에 대해 전문적인 설명을 들을 필요가 있는 점이 남아 있지만, 한국 측 청구의 근거, 내용, 금액 등은 거의 분명해졌고, 이에 대한 우리 측의 생각을 정리할 수 있는 단계에 이르고 있다.

내년에 회담이 재개되면 각 항목에 대한 법률론을 토론하게 되겠지만, 위원회 수준의 토의를 가지고는 그 성질상 지불해야 한다거나 지불할 필요가 없다 같은 논의는 평행선을 달릴 뿐 어떤 합의에 도달할 수 있으리라고는 생각되지 않는다. 따라서 청구권 문제를 해결하기 위한 정치적 절충을 필요로 하는 단계에 있는 것으로 여겨진다.

(3) 어업 및 '평화선' 위원회

이 문제와 관련해서는 제5차 회담 이후 자원론을 둘러싸고 토론할 때 일반 원칙에 대한 논의를 거듭해왔으며, 내년 회담 재개 후에는 자원론에 관한 본론에 들어가기로 되어 있다.

우리 측으로서는 이른바, 이승만 라인을 신속하게 철폐시킬 수 있는 내용으로 어업협정안을 토론하지 않으면 안 되는 단계에 있는바, 상기 자원론은 그 진행방식에 따라서 그다지 장시간을 필요로 하지는 않더라도 이를 중단하고 협정안 토의로 넘어가는 것도 가능하다. 자원론과 병행해 협정안 토의에 들어갈 수도 있지만, 한국 측은 일반 청구권 문제에 관한 일본 측 태도를 견주어보면서 어업협정안의 토의에는 쉽게 응하지 않을 것으로 관측된다. 회담 재개 이후에도 이 태도에 변화가 있을 것으로 기대하기는 어렵다.

2. 따라서 한국 측이 전부터 요구해온 대로, 이때 청구권 문제에 관한 정치적 절충을 시도한다. 큰 틀에 대한 양해가 성립되지 않는 한 내년 1월 16일에 회담이 재개되더라도 각 위원회의 논의는 실질적 진전을 기대할 수 없는 상태에 있는 것으로 판단된다.

3. 한편, 한국 측이 진작부터 기시 전 총리의 방한에 강한 희망을 표명하고 있는 것은 (가) 그가 전 총리의 열력(閱歷)을 갖고 있는 데다 현재 일본 정계에서 총리를 잇는 지위에 있다고 보는 점, (나) 한국 국민 전체가 기시 전 총리를 일본 정부의 소위 친한파 지도자로 간주하고 그가 한국에 대해 각별한 이해와 동정을 갖고 있다는 생각하는 점 두 가지 이유 때문이다. 한국 정부는 청구권 해결을 위한 큰 틀로서 일본 측이 제시할 금액이 어쨌든 한국 국민을 만족시킬 수 없다고 생각하고 있으며, 이러한 금액을 가지고 한국 국민을 설득하기 위해선 기시 전 총리로부터 제시된 것이므로 이를 받아들이지 않을 수 없다는 식의 설명을 하고 싶어 한다. 말하자면 쓴 약을 먹기 쉽게 하는 오블라투[79] 역할을 기시 전 총리가 맡아주었으면 한다고 생각된다.

4. 더욱이 한국 측이 정치협상을 서울에서 갖기 위해 기시 전 총리의 방한을 요구하고 있는 것은 지난 9월 이후 한국 측에서는 김유택 경제기획원장, 김종필 중앙정보부장, 박정희 최고회의의장 등 거물이 잇따라 일본을 방문했는데도 불구하고 일본에서는 고작 스기 일한회담 수석대표가 방한한 데 그친 것을 바로잡으려는 의도도 있는 것으로 보인다.

5. 그러한 한국 측이 기시 전 총리의 방한을 강하게 요구하는데도 불구하고 우리 측에서 만약 이에 응하지 않는다면(한국 측에서는 1월 중순 무렵을 희망하고 있지만, 그 시기가 다소 늦어지더라도 그다지 문제는 없을 것이다), 한국 측은 내년 1월 16일 예정되어있는 회담 재개를 연기하자고 제의할 수도 있으며, 아니면 예정대로 회담이 재개되더라도 상기한 대로 각 위원회에서의 실질적인 진전은 기대하기 어렵기 때문에 회담이 사실상 중단되는 사태를 맞을 것으로 예상된다. 일단 회담이 중단되면 아마도 군사정권하에서 다시 회담을 갖는 것은 거의 기대할 수 없고, 결국 1963년 여름 이후에 새로운 정부가 성립된 후에야 회담이 가능할 것이다.

6. 기시 전 총리가 방한하고 청구권 문제에 대해 정치적 절충을 하는 것과 관련, 우리 일본의 내정상 여러 가지 어려운 문제가 존재한다. 그러나 다른 한편에서 보면 회담 중단과 같은 결과가 된다면 그러한 사태를 예상하지 못한 채 회담을 시작한 책임을 추궁당할 것이고, 이 또한 국내적으로 큰 문제가 될 것으로 생각된다.

7. 위의 제반 사정을 감안하여 외무성은 이때 기시 전 총리가 한국 측의 요구에 따라 가능한 한 빨리 한국에 가서 한국 측 최고지도자와 청구권 문제 해결의 대략에 대해 양해에 도달하는 것이 필요하다고 판단한다.

기시 전 총리의 방한 요청에 대해 『요미우리신문』은 1962년 1월 4일 「올해의 과제, 일한 타개」라는 제목의 기사에서 다음과 같이 말했다.

기시 씨에 대한 한국 측의 평가는 매우 높아 "아시아의 반공 방위를 위해 용기와 열정을 가진 일본에서 유일한 최대 정치인"(이동환 주일 공사의 말)이라고도 말했다. 한국 측은 제6차 회담에 임하면서도 허정 전 국무총리와 기시 씨를 양국 수석대표로 삼을 것을 강하게 희망하고 있었다.

이케다 총리와 그 측근들, 고사카 외상 등은 기시 씨의 방한을 전혀 달갑게 생각하지 않았다. 그 이유는 ① 기시 씨는 소위 자민당 내 친한파 거물로서 한국에 대한 대폭적인 타협주의자인데, 이런 기시 씨에게 대한국 교섭에 대한 큰 권한을 준다면 한국에 유리하고 일본에 불리한 양보를 해버릴 우려가 있다.

---

79) 녹말로 만든 반투명의 얇은 종이 모양의 물건. 맛이 써서 먹기 어려운 가루약이나 끈적거리는 과자 따위를 싸서 먹기 좋게 만드는 데 쓰인다.

② 기시 씨에게는 안보 개정을 둘러싸고 실각한 과거가 있어 아직도 여론적으로나 당내적으로도 평판이 좋지 않은 데다, 특히 일한교섭을 기시 씨 손으로 정리하게 되면 자민당 내 각 파벌의 거당적 협력을 얻기 어렵게 되어 일한교섭에 대한 야당과 여론의 반격을 더욱 자극하게 된다. ③ 기시 씨가 방한할 경우 한국의 대일 청구권 및 경제협력 금액의 큰 틀에 대한 정부의 태도를 결정해야 하는데 미일 하코네(箱根) 회담, 동남아 여행, 내년도 예산 편성 등 중요 문제에 쫓겨온 이케다 총리는 아직 이 문제를 어떻게 처리할지 결심하지 못했다. — 이와 같은 것들을 들 수 있겠다.

이러한 이유보다도 이케다 총리와 그 측근들의 머리를 지배하고 있는 이유는 올해 7월 참의원 선거, 자민당 총재 공선이라는, 이케다 정권의 운명을 결정하는 중대한 문제를 앞두고 국가와 당 내부를 혼란스럽게 할 것 같은 분쟁의 씨앗은 만들고 싶지 않다는 것이다. 따라서 가능하면 일한교섭도 질질 끌어 올 가을 정도까지 지연시키고 싶어 하는데, 그러기 위해서는 초봄에 기시 씨를 방한시키는 것은 너무 속도가 빠르다고 보는 것이다.

이런 정세를 보면서 당사자인 기시 씨 또한 현재 방한을 수락할 심경이 아니다. 그의 생각은 만약 방한한다면 청구권을 얼마로 해결할 것인지, 경제협력의 범위는 얼마인지에 대해 이케다 총리의 속내를 명확하게 듣고 상당한 권한을 갖고 나서 가야 한다는 것이다. 이전에 스기 대표가 방한했을 때와 같이 어떤 구체적 안도 없이 가서 한국 정부지도자의 의향을 타진하고 오는 것은 질색이다. — 이런 기분인 것이다.

연내 귀국했던 배의환 수석대표는 1월 12일 도쿄로 귀임하면서 하네다 공항에서 가진 기자회견에서 "기시 씨의 방한이 가장 좋다고 생각했다. 하지만 일본 측 사정도 있을 것이고, 신문 보도에 따르면 일본은 기시 씨의 방한을 좋게 생각하지 않고 있기 때문에 한국 측으로서는 이케다 총리가 전권을 부여한 사람이라면 누구라도 좋다고 생각한다"고 말했다(『도쿄신문』, 1월 13일).

(2) 라이샤워 미국대사의 요청

라이샤워 미국대사는 1월 5일 이케다 총리를 방문해 약 40분간 회담했다. 회담 요지는 다음과 같다. (일본 측 오히라 관방장관, 이세키 국장, 미국 측 [ ] 서기관 배석)

사진 32 기시 노부스케 전 일본 총리가 1970년 특별기 편으로 한국을 방문하고 있다. (출처: 국가기록원)

라이샤워 대사: 본국 정부의 훈령에 따라 꼭 총리를 직접 만나 이야기를 전하기 위해 방문했다. 서울에서도 버거 대사가 박 의장과 회담하기로 되어 있다. 일한회담은 지금 중요한 결정을 내려야 할 시기인데, 일본으로서는 이 같은 중요한 결정을 하기가 어려운 상황임을 잘 알고 있다. 하지만 이 문제는 뒤로 미뤄지면 그만큼 해결이 어렵다고 생각한다. 박 의장은 매우 진지하게 지금이라도 이 문제를 마무리 지을 준비를 갖추고 일본 측이 결심하기를 기다리고 있다.

총리: 지금 하지 않으면 뒤로 미뤄진다고 말하는 이유는 무엇인가.

라이샤워 대사: 지금 한국 측은 열심이지만, 뒤로 미뤄지면 어떻게 될지 모르겠다.

총리: "어떻게 될지 모르겠다"는 의미는 경제적으로 어떻게 될지 모른다는 것인가, 아니면 군사정권 내부에 문제가 생긴다는 것인가.

라이샤워 대사: 이 점은 훈령에는 없지만, 우리들은 한국이 일본과의 국교를 정상화하여 일본의 경제협력을 받지 않고는 잘해 나갈 수 없다고 생각한다. 다만, 늦어도 언제까지라고 하는 제한 시간은 말할 수 없지만.

총리: 지금이 중요한 결정을 할 시기라고 말하는 것은 알겠지만, 다른 한편으로 미국은 어떻게 할 것인지 알려달라. 미국이 군사적, 경제적으로 이런 지원을 하겠다는 구체적이고 적극적인 계획을 보이고, 일본도 미국과 함께 이렇게 해달라고 한다면, 일본 국내에 설명하기도 쉽다. 한국의 비료 입찰에 일본을 배제해서는 곤란하다. 한국 측은 기시 전 총리의 방한을 희망하고 있는 것 같지만, 나로서는 지금은 방한할 단계가 아니라고 생각한다. 국회 관계의 측면에서 보면 4월쯤이라고 생각하지만.

라이샤워 대사: 4월까지는 한국 측이 도저히 기다릴 수 없을 것이다.

총리: 배 수석대표는 12억 달러라는 숫자를 제시했지만, '아니, 어떻게'라고 생각했다. 청구권으로 지불할 수 있는 금액은 5,000만 달러(이세키 국장에게 확인을 요구하자 이세키 국장은 외무성의 계산으로는 8,000만 달러 정도가 될 것이라고 대답했다) 정도인데, 이것이 한국 경제에 얼마나 도움이 될까. 5개년계획은 어떻게 되고 있는가. (이세키 국장에게 물어보고) 청구권 지불만으로는 한국 측은 만족하지 않을 것이다.

이세키 국장: 이른바 광의의 청구권을 요구하고 있다. 이것은 결국 무상 경제원조가 될 것이다.

총리: 박 의장과의 회담에서 확실히 무상원조는 없다는 것으로 확정되었다.

이세키 국장: 그것은 경제협력으로서는 무상원조가 없다는 의미이고, 이 회담 말미에서도 청구권 문제를 이야기하면서 마지막에 박 의장이 "청구권이라고 하지 말고 뭔가 적당한 명의라도 괜찮다"고 말했다고 기록되어 있는데, 이것이 무상원조를 가리키는 것이라고 양해하고 있다.

총리: 아무래도 이상하다.

이어 잡담에 들어갔다.

총리: 외무성은 어떻게 생각하는가.

이세키 국장: 지금 하지 않으면 한국 측은 일본에 성의가 없다며 화를 낼 것이고, 해결책은 아마도

내년 정도까지 미뤄지지 않을까 생각한다.

라이샤워 대사: 내가 말하고 싶은 것도 완전히 같은 것이다.

오히라 장관: 1962년도 예산이 국회를 통과한 다음이라고 말하는 것도 하나의 생각이지만, 어차피 하지 않으면 안 된다면 '이번에 한다면'이라고도 생각할 수 있다.

총리: 글쎄, 국가 관계도 있어 회담을 이어가는 것을 연구하고 있을 터, 이것이 문제이다.

마지막으로 이케다 총리가 "말씀은 잘 알겠다. 잘 검토하겠으니 미국도 일본에 빨리 정리하라고 말하지 말고, 미국은 어떻게 할 것인지 마음을 정해달라는 의견을 본국 정부에 잘 전해줬으면 좋겠다"고 말한 후 회담을 종료했다.

또한 그날 도쿄 주재 미국대사관 [ ] 서기관은 마에다 북동아시아과장에게 다음과 같은 보충 설명을 했다.

버거 주한 미국대사는 박정희 의장과 지난 2주간 세 차례 회담을 하고 일한관계에 대해 충분히 의견 교환을 했다. 그러나 박 의장의 의견은 "한국 측으로서는 할 만큼 다 했다. 다음은 일본 측 차례다"라는 것이었다. 핵심은 청구권 관계의 구체적인 금액에 대해 일본 측이 제안하고 협의하는 것이다. 대화 상대로는 이케다 총리의 특사라면 기시 전 총리도, 이시이 씨도, 다른 거물이라도 상관없다. 반대로 구체적으로 이야기할 용의가 없다면, 어떤 사람이 와도 의미가 없다. 다시 말해, 이 단계에서 사무적 절충을 계속하는 것은 필요하지 않고 바로 정치적 절충에 들어가 일본 측에서 지불금액을 제시하면 이에 대해 충분히 토의할 용의가 있다는 것이다.

박 의장 자신은 매우 곤란한 입장에 있는 것으로 보인다. 즉, 박 의장은 지금까지 아무런 유보 조건도 붙이지 않은 채 대일회담 조기 타결이라는 대담한 정책을 내놓았다. 하지만 이것이 한국 내에서는 반드시 평가가 좋은 것이 아니다. 만약 회담이 '교착상태'에 빠지면, 박 의장으로서는 자기를 보호하기 위해 당연히 일본을 공격하지 않을 수 없고, 일한 양국 여론은 함께 경화되고, 현재와 같은 회담 타결에 유리한 분위기는 당분간 기대할 수 없을 것이다.

미국으로서도 일본 측에서 청구권에 관한 구체적인 제안이 없는 현재, 한국 측을 회담을 타결하는 방향으로 설득하는 데 힘이 빠질 수밖에 없다. 반대로, 만약 일본 측에서 제안을 한다면 미국으로서는 한국의 대일 청구금액이라는 8억 달러 내지 12억 달러는 불가능하며, 5억 달러 이하 수준으로 강하게 설득할 수 있다. 또 그중 일부만이 청구권 지불 금액이 되어야 한다는 것, 여기에 한국 측이 현재 소극적으로 나오는 어업협정 체결과 관련해서도 어업 문제의 해결 없이 청구권 해결은 있을 수 없다는 것 등 여러 가지 점을 한국 측에 납득시킬 수 있다. 따라서 이러한 의미에서도 일본이 청구권에 관해 제안하기를 기대한다.

(3) 이케다 총리하의 연구회와 청구권 금액에 대한 대장성과 외무성의 시산

이러한 움직임 속에서 1월 9일 오후 2시부터 약 1시간 반 동안 일한회담의 진행방식에 대한 연구회가 열렸다. 오히라 관방장관, 고사카 외상, 이세키 아시아국장, 나카가와 조약국장, 우라베 참사관 등이 참석했다. 외무성 측은 전기한 「일한회담 이후 진행 방법에 관한 건」을 설명한 후 정치적 절충을 시도할 필요성을 강조했다.

이케다 총리는 이 설명을 들은 후 순(純) 청구권의 금액에 관해 사무 당국으로서 최종안을 만들 것을 지시했다. 이에 대해 이세키 아시아국장이 외무성과 대장성 두 성의 숫자를 일치시키기는 어려울 것이라고 말했는데, 총리는 일치하지 않아도 괜찮으므로 양쪽에서 각각의 안을 내라고 말했다. 총리는 또 무상원조는 하지 않지만 장기저리의 차관은 고려할 것을 지시했다. 이케다 총리의 지시에 따라 한국의 대일 청구금액에 대해 대장성과 외무성이 시산한 결과, 1월 10일에 〈표 18〉이 작성됐다. 즉, 대장성 방안 1,600만 달러, 외무성 방안 7,077만 달러이다. 그 시산표와 함께 대장성 이재국, 외무성 아시아국의 명의로 「일한회담 청구권 문제 처리상의 문제점에 대해」를 정리했다.

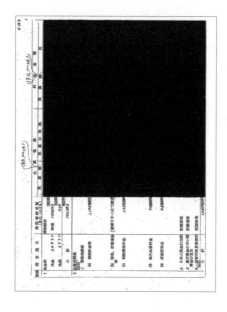

외교문서 원본 20　「한국 측의 대일 청구금액 및 대장성과 외무성의 시산액 (1962년 1월)」 가운데 일본 측 시산액은 전면 비공개됐다.

표 18 한국 측의 대일 청구금액 및 대장성과 외무성의 시산액 (1962년 1월)

(대장성 이재국, 외무성 아시아국)

요강	청구 항목	한국 측 청구액 (단위 100만 엔)	대장성 안 시산액, 시산의 근거	외무성 안 시산액, 주
	지금은 지금 249톤 지은 67톤	현물 청구 시가 100,845 737		
	소계	101,582		
	조선총독부 관계 1. 체신국 관계 　(a) 우편저금 등 　(b) 국채, 저축채권 등 　(c) 조선 간보(簡保) 연금 　(d) 해외 위체저금 　(e) 동결 수취금 2. 일본인 예금 인출액 3. 보증 준비금이 없는 국고금의 지출 4. 조선총독부 도쿄 사무소	1,198 (요강 V조 1항에서 청구) 70 46 46 토의 유보 토의 유보 토의 유보		
	소계	1,449		
	한국으로부터의 송금 반환 1. 조선 본점에서의 이체 송금 2. 일본으로의 송금	(요강 V의 1에서 청구) 토의 유보	[원문, 전면 비공개]	
	소계			
	재일 재산 청구 1. 폐쇄기관, 재외회사의 재일 재산 2. 본래 한국인 주주에 대한 분배	(재일 재산의 범위, 청산 상황, 잔여 재산의 처리방침을 물은 후 한국 측 청구의 내용을 정하되, 한국인 유보분에 대해 강한 관심을 보였다.		
	소계	불명		
	일본인 및 일본 정부에 대한 한국인의 청구 1. 유가증권 〔내역〕 일본 국채 조선식량증권 및 식량증권 일본 저축권 일본 정부 보증 사채 일본 지방채 일본 사채 저축 및 보국(報國) 증권	8,735 7,371 152 19 833 1 262 4		

기타 증권	92	
2. 일본계 통화	1,526	
〔내역〕		
소각한 일본은행권	1,492	
기타 현물 등	34	
3. 한국인 피징용자 미수금	237	
4. 피징용자 보상금	364	
〔내역〕		
생존자 1인당 200달러	186	
사망자 1인당 1,650달러	128	
부상자 1인당 2,000달러	50	
5. 은급 청구 등		
(1) 은급 55,388명	306	
〔내역〕		
연금 35,120명	290	
일시금 20,268명	16	
(2) 귀국 한국인 기탁금		
〔내역〕	114	
통화(通貨)류		
미결제 조선은행권	11	
조련(朝連) 기탁 압수분	49	
6. 생보(生保) 준비금 청구	55	
	438	
소계	11,356 (3억 6,400만 달러)	**[원문, 전면 비공개]**
일본 정부 혹은 일본인에 대한 한국인의 권리 행사에 관한 원칙	일본 정부 및 일본인에 대한 한국인의 권리로서, 요강 I조 및 V조에 포함되지 않은 것은 회담 타결 후에도 개별적으로 행사할 수 있다고 인정할 것. 이 경우, 국교정상화까지는 시효가 진행되지 않는 것으로 한다.	
과실	아직 설명 없음.	
지불 방법	아직 설명 없음.	
합계	엔 채권 12,805백만 엔 (8억 5,360만 달러) 달러 채권 3억 6,400만 달러 현물(지금은) 2억 8,200만 달러	
	합계 15억 달러 (다만, 엔 채권의 달러 평가는 15엔당 1달러로 함)	

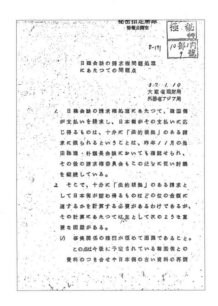

외교문서 원본 21 일한회담 청구권 문제 처리상의 문제점

일한회담 청구권 문제 처리상의 문제점

1962년 1월 10일, 대장성 이재국, 외무성 아시아국

1. 일한회담의 청구권 처리에 있어서 한국 측이 지불을 청구하고 일본 측이 지불에 응할 수 있는 것은 충분히 '법적 근거'가 있는 청구에 한정된다는 것은 지난해 11월 이케다 총리와 박 의장 회담에서도 확인되어 그 후 청구권위원회도 이러한 취지에 따라 토의를 계속하고 있다.

2. 따라서 충분히 '법적 근거'가 있는 청구로서 일본 측이 인정할 수 있는 것은 어느 정도의 금액에 달하는지 계산할 필요가 있는데, 그 계산에서는 주로 다음과 같은 중요한 어려움이 있다.

(1) 사실관계의 확인이 매우 곤란한 것.

이 점은 향후 예정되어 있는 한국 측의 자료 조회와 일본 측의 오래된 자료 재조사 등에 의해 상당히 밝혀질 것으로 기대된다. 하지만 한국전쟁으로 현지 자료가 상당 부분 망실된 사정도 있고, 가령 군인·군속, 징용 노동자의 총 사망자 수, 부상자 수 및 그 정도, 종전 시 상황 등은 추정할 수밖에 없으며, 그 방법 여하에 따라 금액의 증감이 현저하다.

(2) '법적 근거'를 어떠한 점에서 추구해갈 것인가의 문제.

이케다 총리가 박 의장에게 "개인청구권에 대해서는 일본인 수준으로 취급한다는 원칙을 갖고 이를 지불할 용의가 있다"고 말했다. 그러나 일례를 들면, 일본의 은급법에 의하면 수급권자는 일본 국민에 한정되어 있다. 한국인에 대한 연금 지불은 한국인이 평화조약의 발효에 의해 일본 국민의 지위를 상실한 시점에서 중단해야 할 것인가, 아니면 국적에 상관없이 정책적인 배려하에서 종신(혹은 적어도 상당히 장기간) 지불하는 것이 좋은가(국제 선례도 그렇게 취급하는 경우가 많다). 이 부분은 신중한 고려가 필요한데, 법제상의 검토도 포함해 뒤로 미뤄져 있는 실정이다.

(3) 남북한 구별은 지금껏 한국 측이 이를 완전히 무시하고 있고, 또 구분하는 경우에도 어떤 방법이든지 개괄적일 수밖에 없다는 문제.

가령 어떤 청구 항목에 대해 전체 한반도 분의 정확한 숫자가 산출된다고 하더라도 그중에서 한국에 지불해야 할 부분을 정확히 산출하는 것은 지난(至難)하다. 따라서 가령 우편저금에 대해서는 남북한의 인구비례를 기준으로 해서 70퍼센트를 곱하는 등 포괄적인 산출방식을 취하지 않을 수 없다.

(4) 평화조약 제4조에 대한 이른바 '미국의 해석'을 어떻게 적용할 것인가 하는 문제.

일본 측은 종래부터 일관적으로 이 '미국의 해석'에 의해 재한 일본 재산에 대한 청구권 주장이 철회되어야 한다는 사실이 한국 측의 대일 청구권을 처리할 때 고려되어야 한다는 주장을 유지해왔다. 따라서 각 항목마다 금액을 산출할 때 항상 이 점을 염두에 두어야 한다. 그러나 한국 측은 지금껏 이를 일본 측과 다르게 해석했다. 쌍방이 모두 납득할 수 있는 결과를 낳는 것은 매우 어렵다.

3. 충분히 '법적 근거'가 있는 청구로서 일본 측이 인정할 수 있는 것을 계산할 경우 '법적 근거'라는 의미를 엄격하게 또 순수하게 해석한다면(즉, 추정치나 숫자의 개괄적인 적산을 일절 피하고 실정법만을 기준으로 한다면), 그 숫자는 현 단계에서는 물론, 앞으로 사실 확인 작업을 상당히 수행하더라도 상기 2항과 같은 사정에 비추어 매우 소액일 수밖에 없을 것으로 판단된다.

4. 이상을 감안해 앞으로 일한 간의 청구권 처리를 진행할 때 충분히 '법적 근거'가 있는 청구라고 칭하면서 추정치나 정치적 배려를 대폭 반영해 산출한 금액으로써 교섭을 진행할 경우, 장차 국회 등에 설명하기가 매우 곤란해지지 않을까 판단된다. 따라서 당분간은 '법적 근거'가 있는 금액이 한국 측의 요구에 비해 어떻게 소액이 될 수밖에 없는지를 한국 측에 납득시키기 위해서라도 사무적인 논의를 추진할 필요가 있다. 그러나 결국 일본 측으로서는 일한 간 최종적으로 합의할 숫자에 대해 '청구권'이라는 명칭은 피하고 별도의 명칭을 고려하는 방향으로 본건 해결을 도모하는 것이 오히려 현명하지 않을까 사료되는데, 이 점에 대해서는 앞으로 더 신중한 검토를 필요로 한다.

이것은 총리에게 제출되었지만, 그 금액 차이가 커 총리는 이를 대신(大臣) 수준에서 조정하라며 돌려보냈다. 『아사히신문』 1월 14일 자 '8밀리 정국'에는 이 이케다 총리의 지시를 「청구권은 내교(內交)부터」라는 제목으로 다음과 같이 관찰했다.

일한교섭은 잠시 정체된 형세이다. 제6차 일한회담은 정월 휴가를 마치고 드디어 16일부터 열리지만, 정작 한국 측에 지불할 청구권 금액은 일한 정치협상이 열리기 전까지는 정해지지 않는다. 그 정치협상에 임할 때 외무성은 우선 돈에 까다로운 대장성을 상대로 한 '내교(內交)'를 정리하지 않으면 안 되기 때문이다. 외무성과 대장성 두 성 간의 의견 조정은 이케다 총리의 엄한 지시도 있으므로 고사카, 미즈타 두 대신은 이번 주 초부터 "조금은 분발해서……", "아니, 굽힐 순 없지"라며 한국 측은 제쳐두고 거래를 계속할 수밖에 없다.

이런 사태를 초래한 것도 따지고 보면 이케다 총리가 한국 측의 주장대로 지금 당장 정치협상에 나서는 것을 주저했기 때문으로 보인다. 숫자에 강한 총리는 우선 일본 측이 청구권 명의로 지불해도 되는 돈이 얼마나 되는지 지난주에 일단 외무성과 대장성 두 성으로부터 견적서를 받아보았다. 그런데 공히 수천만 달러대이면서도 무려 대장성의 안은 외무성 안의 반값밖에 안 되는 차이가 있었다. 외교교섭의 당사자로서 상대국의 입장도 생각하기 일쑤인 외무성 당국과, 다른 한편으로 절약이 습성인 대장성 당국이 얼씨구나 하고 손뼉을 칠 수 있는 것은 아니지만, 그것을 아는지 모르는지, 총리는 그동안의 조정을 — 이라며 난제를 덮어씌운 것이다.

총리가 외무성과 대장성 두 성에 잠시 일 처리를 맡김으로써 결과적으로(?) 일본 측으로서는 시간을 벌게 된 형국이다. 하지만 일한 타개가 결국은 박정희 정권에 대한 적극적인 지원이라는 '정치적 도박'이었다고 한다면 총리가 신중한 것도 납득이 간다. 혁신세력의 반대는 물론이고, 자민당 내에서조차 일한 타개론에 대해서는 뭉치면서도 조기 해결이 옳은지 그른지 논쟁이 붙으면 가지각색이다.

그 후 외무성은 2월 5일 「한국 청구권의 처리로서 일단 설명이 되는 금액의 사정(査定)」으로서 다음 세 가지 안을 작성했다.

[이하, 원문 3쪽 미공개]

표 19   한국 청구권의 외무성 사정액 (1962년 2월) **[원문 미공개]**

외무성은 2월 15일 자 「한국 측의 대일 청구금액에 대한 대장성 및 외무성에 의한 사정의 차이점에 대해」라는 조서에서 다음과 같이 설명했다.

한국 측 대일 청구금액에 대한 대장성 및 외무성의 사정(査定)은 대장성 측 약 1,000만 달러, 외무성 측 약 1억 달러이지만, 그 차이는 주로 군인, 군속, 피징용자에 대한 위로금 및 은급에 관한 사정액의 차이에 의한 것이고, 그 외 대부분의 항목에서는 두 성의 사정이 일치하고 있다. 또한 대장성 및 외무성 안은 공히 엔화 채무에 대한 화폐가치 변동의 사실을 고려하지 않은 점(한국 측은 1달러당 15엔의 환율을 적용할 것을 주장하고 있다), 본건 청구권 처리는 모두 남조선 분에 한정된다는 원칙을 견지하고 있다는 점에서는 일치하고 있다.

대장성과 외무성 안의 주요한 차이점은 다음 두 가지이다.

첫째, 조선인에 대한 은급 지급 등의 조치를 일본 국적을 상실한 시점까지로 제한할지 아닐지 여부이다. 다시 말하면, 대장성은 조선인 군인·군속·문관(文官)에 대한 은급 지급 같은 조치를 일본 국적의 상실 시점까지, 즉 평화조약 발효 시까지 인정하되, 그 이후에도 인정하는 것은 현재로선 곤란하다는 입장을 취하고 있다. 따라서 대장성은 조선인 문관 은급 지급이 1952년 4월로 중단되며, 또 평화조약 발효 후 실시된 군인 은급(1953년 8월 1일부터 부활) 지급 및 전상병자(戰傷兵者) 유족 등 지원법(1952년 4월 30일 공포)이 조선인 군인·군속의 사망자 및 부상자에게는 적용되지 않는다고 보았다. 이에 반해 외무성은 국제 선례 및 조리에 기초해볼 때 일본 국적을 상실했음에도 불구하고 일본인에 준해 조선인에게 현행 은급법(군인 은급을 포함함) 및 지원법을 적용, 해당자 전원이 실권(失權)할 때까지의 지급분을 일시에 지불한다는 입장을 갖고 있다.

둘째, 제2차 세계대전 중 내지(內地)에 집단 이입(移入)된 징용노무자 및 복원(復員) 군인·군속에게 어떤 수당을 지급할지 여부이다. 다시 말하면, 대장성 측 안은 실정법상 이들에게 어떤 조치를 취하는 것이 곤란하다는 입장을 취하고 있는 데 반해, 외무성 측 안은 오히라 관방장관의 시사도 있어 종전 시 현재의 이입 노무자 및 복원 군인·군속에게 귀환자 급부금(給付金)에 준해 위로금을 지급하는 것으로 하고 있다.

이외의 차이점은 유가증권 지불액, 귀국 조선인 노무자의 미수금, 귀국 조선인 기탁금 세 항목인데, 금액의 측면에서나 기본적인 사고방식에서도 큰 차이가 있는 것은 아니다. (이하 생략)

(4) 일한 수석대표 간의 합의

연말의 휴회가 끝난 1월 16일에 열린 일한회담 제4차 본회의에서 배의환 수석대표는 "이제 대국적인 견지에서 정치적인 해결책을 고구(考究)할 소지가 생겼다고 생각하므로, 한국 측으로서는 이러한 관점에 입각한 일본 측의 태도 표명을 기대한다. 1962년은 양국 국교정상화 실현이라는 뜻깊은 해가 되길 바란다"고 말했다. 이튿날인 17일 열린 수석대표 비공식 회담에서 양국 대표의 합의사항으로서 다음과 같은 4개 사안에 대해 의견의 일치를 보았다.

① 정치적 절충은 중의원에서 예산 심의가 끝난 직후 시작한다(그 시기는 늦어도 3월 초순으로 예정될 것이다). 양국 수뇌부가 승낙하는 대로 쌍방이 이를 확인한다.

② 정치적 절충은 시작 후 약 1개월 정도 안에 타결하도록 양쪽 모두 노력한다.

③ 협정 조인은 5월 중에는 실현하도록 노력한다.

④ 각 위원회의 사무교섭은 ①항이 확인되는 대로 계속해서 한다.

그 후 위의 ①항에 대한 양국 수뇌부의 승낙이 있었으므로 25일 수석대표 비공식 회담에서 상기 합의사항(영문)에 가서명했다.

(5) 아시아국의 청구권 문제 해결 구상

외무성은 1962년 1월 16일 아시아국장 이름으로 「일한회담의 향후 진행방식에 대해」를, 2월 7일에는 아시아국의 이름으로 「일한 청구권 교섭의 향후 진행방식에 대해」 두 가지 조서(調書)를 각각 만들었다. 이는 당시 이세키 아시아국장을 중심으로 고안된 청구권 문제 해결 구상이 제시된 것이다.

일한회담의 향후 진행방식에 대해

1962년 1월 16일, 아시아국장

1. 총리가 일본 측이 청구권으로서 지불해야 할 금액에 대해 외무성, 대장성 두 성의 의견을 조율한 후 통일안을 만들 것을 명했지만, 현 단계에서 이러한 조율을 하는 것은 거의 불가능하다.

그러므로 이렇게 외무성, 대장성 두 성의 의견 조율조차 거의 불가능한 문제에 대해, 가령 두 성 간의 의견 조정이 이뤄졌다고 가정하더라도 이것을 가지고 정치협상에서 한국 측을 설득하는 것은 불가능에 가깝다. 즉, 일본 측이 이론적 근거가 있는 청구권은 이것뿐이라고 한국 측에 설명하더라도 한국 측은 청구권이라는 명목은 상관없다, 어쨌든 총액으로 얼마를 받을 수 있는지 정해달라, 총액이 결정된 후에 쌍방 사무 당국 간에 법적 근거와 명칭을 어떻게 할 것인지 등을 충분히 협의하여 결정하면 된다고 대답할 것이 확실하다.

이런 사정을 감안하여, 정치교섭에서는 총액만 결정하는 것으로 하고 싶다. 총액의 내역 가운데 어느 정도를 청구권으로서 처리됐다고 취급할 것인지, 잔여 부분은 어떻게 부를 것인지, 아니면 청구권이라는 명칭은 피할 것인지 등에 대해서는 일본 측이 신중하게 검토할 필요가 있다. 특히 "법적 근거가 있는 청구권"이라는 명칭이 될 경우, 한국전쟁 등으로 자료가 망실되어 산정 시에 금액을 대충 추정할 수밖에 없다는 점, 남북한을 구분할 필요가 있다는 점, 이른바 미군정령 33호에 수반되는 국내 보상 문제를 유발할 가능성이 있다는 점 등을 고려해야 하며, 청구권으로서 지불하는 금액의 산정은 매우 신중하게 실시할 필요가 있다. 따라서 먼저 총액을 결정하고 그다음에 명칭을 정하고, 근거를 찾고, 구분하는 등의 작업을 하는 것이 적당하며, 총액만 정해지면 이 문제는 외무성, 대장성 두 성 간의 조정도, 일한 간의 조정도 가능할 것으로 생각된다.

2. 정치적 절충의 시기와 관련, 최근 한국 측은 그 태도를 어느 정도 누그러뜨리고 있으므로 한국 측에 1962년도 예산안이 중의원에 통과된 직후에 정치적 절충을 시작하고 싶다고 말하면 상대방 측도 이

정도의 기간은 기다릴 용의가 있을 것으로 생각된다. 그러나 더 이상 기다리라고 요구하는 것은 무리이며, 정치교섭 개시 시기에 대해서는 이번에 분명하게 약속할 필요가 있다고 생각한다. 또한 그때 절대로 이 사실이 외부에 누설되지 않도록 한국 측에 충분히 주의를 줄 필요가 있다.

3. 대장성 내부에서도 청구권 금액을 사무적으로 파악하는 것은 곤란하기 때문에 오히려 먼저 총액을 결정하는 것이 좋다는 의견이 있지만, 어느 경우에나 대장성 당국은 청구권위원회에서 일본 측이 청구권으로서 이론적으로 근거가 있다고 인정해 지불할 수 있는 금액은 매우 적다는 취지를 충분히 설명할 필요가 있다. 그렇게 하는 것이 정치적 절충을 유리하게 이끌 수 있다는 생각인데, 이를 위해서는 2개월 정도는 필요하다고 생각되므로 그런 면에서도 정치교섭의 개시 시기는 상기 2항과 같이 2월 말 정도를 목표로 하는 것이 타당하다고 판단된다.

4. 외부(특히 일본 국내)에 대한 설명 방법에 관해서는 정치적 절충은 가능한 한 서둘러 시작하고 싶지만 우선 외무성, 대장성 두 성의 의견을 조정할 필요가 있고, 이를 위해서는 청구권위원회에서 지금 약간 사무적인 토론을 하고 한국 측에 자료 등의 제공을 요구하고, 이렇게 하여 두 성 간에 조정이 이뤄지는 대로 정치교섭에 들어가고 싶다고 설명하는 것이 좋을 듯하다. 정치적 절충은 대충 언제부터 시작될 전망이냐는 질문이 나올 경우에는 상기한 의견 조율을 위해선 당분간은 시간이 걸릴 것이라고 설명하는 편이 좋을 듯하다.

5. 또한 정치적 절충에 임함에 있어 우리 측이 사전에 생각해둘 계획으로서 명칭 여하를 불문하고 상대방에게 지불하는 금액 1억 달러, 장기저리의 경제협력 2억 달러 선에서 출발하여 전자 1.5억 달러 내지 2억 달러, 후자 2억 달러를 최종선으로 하는 것이 적당하다고 사료된다.

6. 정치적 절충이 시작된 경우에도 단번에 해결될 거라고는 생각되지 않으며, 처음에는 이쪽에서 방한하고 다음은 상대측이 방일하고 다시 우리 측이 방한하는 등 상당한 시일을 필요로 한다. 또한 그동안 미국이 한국을 설득하는 등의 일이 예상되지만, 양쪽 모두 교섭이 난행을 거듭한 후에 간신히 타결됐다는 형태를 취하는 것이 국내적으로 도움이 될 것이다.

정치적 절충의 타결 시기는 4월 중순 무렵이 적당할 것 같으며, 회담 전체의 타결과 조인 시기는 국회 종료 후 5월 중순 무렵이 좋지 않을까 생각한다.

일한 청구권 교섭의 향후 진행방식에 대해

1962년 2월 7일, 아시아국

1. 일한회담에서 한국의 대일 청구권 처리와 관련해 일본 측이 그 지불에 응할 수 있는 금액은 충분히 법적 근거가 있는 청구권에 한정된다는 사실은 지난해 11월 이케다 총리와 박정희 의장의 회담에서도 확인된 바 있다. 그런데 지금까지 계속되어온 청구권위원회나 전문가회의의 토의 및 일본 측 관계기관에 의한 자료의 검토에 의하면, 주로 다음과 같은 여러 사정에 의해 일본 측이 충분히 법적 근거가 있는 청구로서 인정할 수 있는 금액은 극히 소액에 불과한 것으로 판단하기에 이르렀다. (1월 10일 총리에게

제출한 대장성 시산금액 중 피징용자에 대한 보상금을 포함하지 않는 숫자 1,000만 달러조차 정확한 법
적 근거 및 소요 증빙서류를 갖춘 것이라고 말하기 어렵다.)

(가) 사실관계 확인이 매우 곤란한 것.

종전 후 수십 년의 시일이 경과한 데다 한국전쟁으로 현지 자료의 상당 부분이 망실된 사실도 있어,
청구권의 중요한 부분을 차지하는 군인·군속, 징용노무자의 총수, 사망자 수, 부상자 수 등의 정확한
파악은 불가능에 가깝다. 만약 법적 근거가 있는 청구권으로서 이들에 대한 연금 등을 지불하기 위해
서는 확실한 증거 서류를 갖출 필요가 있다.

(나) 관련 법규가 한국의 독립을 전제로 하지 않는다는 것. 예를 들면, 우리 일본의 은급법은 은급
수급자의 일본 국적 상실을 은급권의 소멸 사유로 간주하고 있으므로 실정법상 일단 한국인에 대한
은급 지불은 이들 한국인이 평화조약의 발효에 의해 일본 국민으로서의 지위를 상실한 시점에 중단
된다고 해석할 수 있지만, 이러한 해석에 따르면 지불금액은 근소한 것이 된다. 한편, 이 은급법은 한
국의 독립이라는 사실을 전혀 예상하지 않은 법률이므로 국제적 선례를 감안하면 한국인에게 일본인
수준의 은급을 지불한다는 사고방식에도 근거가 있다고 생각된다.

(다) 본건 처리에 있어서는 대상을 남한 지역에 관한 청구권에만 한정한다는 명분을 견지할 필요가
있고, 남북한의 구분은 개괄적일 수밖에 없음. 가령, 어떤 청구 항목에 대해 전 한반도의 정확한 숫자
가 파악되었다고 하더라도, 그중 한국에 지불해야 할 부분의 산출에 있어서는, 가령 우편저금에 대해
서는 남북한의 현재의 인구비례를 기준으로 해서 70퍼센트를 곱하고, 징용노무자에 대해서는 대부분
이 남한 출신이라는 사실에 착목해 95퍼센트를 곱하는 등 개괄적인 산출방식을 취할 수밖에 없는데,
이로써 산출되는 금액이 충분히 법적 근거가 있는 숫자인지 여부는 의문이다.

(라) 평화조약 제4조에 대한 이른바 '미국의 해석'을 어떻게 적용할지의 문제. 가령 충분히 법적 근
거가 있는 숫자가 산출되었다고 하더라도 일본 측은 이전부터 일관되게 이 '미국의 해석'에 의해 재
한 일본 재산에 대한 청구권 주장을 철회한 사실이 한국 측의 대일 청구권 처리에 있어서 고려되어야
한다고 주장해왔기 때문에 어떤 점에서 이것이 고려되었는지에 대한 설명이 필요하다. (다른 한편으
로 이 같은 설명이 가능하게 되더라도 표현을 어떻게 하느냐에 따라서는 구 재한 자산의 보상 요구를
불필요하게 자극할 우려도 있다.)

(마) 또한 한국 측은 청구권으로서 일본 측으로부터 지불받은 금액을 관련된 개인에게 전달하는 대
신에 일괄적으로 정부자금으로서 경제 발전, 사회복지 같은 목적으로 사용하는 것을 고려하고 있는
모양이다. 하지만 일본 측의 입장에서 보면 청구권의 지불인 이상, 이것이 확실하게 개인의 손에 전해
져야 함을 요청할 수밖에 없으며, 그동안 조율의 문제도 발생한다.

2. 위와 같이 충분히 법적 근거가 있는 청구로서 소요 증빙서류를 갖춘 금액이 극히 소액이라는 점은
사실이지만, 다른 한편으로 충분한 증빙자료가 없다고 하더라도 상당히 많은 한국인 군인·군속, 징용
노무자가 존재했었다는 것은 틀림없는 사실이다. 또 그들에게 적어도 일본인 수준의 은급 등을 지급해

야 한다는 것은 조리(條理)의 측면에서나 국제적 선례의 측면에서도 당연한 것이라고 생각된다. 단지 문제는 이를 충분히 법적 근거가 있는 청구라고 부를 만큼 사실상 혹은 실정법상의 근거가 결여되어 있다는 점이다.

3. 이상의 사정을 감안하여 향후 일한 청구권 문제에 관한 정치적 절충에서는 '총액' 결정을 위한 계산의 기초로서 한국 측의 대일 청구 항목 가운데 일본 측이 일단 적절한 청구라고 설명할 수 있는 숫자를 사용한다. 그러나 일한 간에 합의해야 할 '총액'에 대해서는 '청구권'이라는 명칭을 피하는 것이 적당하다고 생각된다. '청구권'이라는 명칭으로 해결했을 경우 정부가 국회 등에 강력한 법적 근거가 있는 청구를 산출해 제시하기가 매우 어렵기 때문이다. 그러나 한국 측과 합의한 '총액'은 이른바 '주먹구구'가 아니라 조리와 국제적 선례를 가미해 산출한 한국의 대일 청구로서 타당하다고 인정되는 금액에 상당하는 것이라고 설명하는 방법도 가능하다고 생각된다.

4. 위의 취지에 기초하여 정치적 절충에서 경제협력의 문제를 포함한 본건의 전반적인 해결을 도모할 경우에는 다음과 같은 방침에 따라 교섭하는 것이 적당하다고 판단된다.

(1) 아래와 같은 시나리오로 일한 간의 합의가 성립되도록 최대한 한국 측을 설득한다.

(a) 한국 정부는 한국 정부 또는 한국 국민이 평화조약 제4조 (a)항 및 (b)항의 규정에 기초해 일본국 또는 일본 국민에 대해 갖고 있는 또는 가져야 하는 모든 청구권을 포기한다.

(b) 일본 정부는 한국 정부의 대일 청구권 포기의 사실을 고려하여(그리고 일한 국교정상화를 축하하고 한국과의 우호관계 증진을 염원해 한국의 민생 안정과 경제 발전에 기여하기 위해),

(I) 무상 경제원조 1억 달러

(II) 장기저리의 경제원조 2억 달러를 공여한다.

(2) 한국 측이 "대일 청구권을 포기한다"고 명언하는 것을 끝까지 수용하지 않을 경우에는 다음의 시나리오를 고려한다.

(a) 일본 정부는 일한 국교정상화를 축하하고 한국과의 우호관계 증진을 염원해 한국의 민생 안정과 경제발전에 기여하기 위해,

(I) 무상 경제원조 1억 달러

(II) 장기저리의 유상 경제원조 2억 달러를 공여한다.

(b) 한국 정부는 일본 정부에 의한 (a)의 공여를 수락하고, 이로써 한국 정부 또는 한국 국민이 평화조약 제4조 (a)항 및 (b)항의 규정에 의해 일본국 또는 일본 국민에 대해 갖고 있는 또는 가져야 하는 모든 청구권은 완전히, 최종적으로 해결된 것을 확인한다.

〔(b) 한국 정부는 일본 정부에 의한 (a)의 공여를 수락하고, 이로써 평화조약 제4조 (a)항 및 (b)항과 관련해 일한 간에 존재하는 모든 문제가 해결되었음을 확인한다.〕

주) '무상 경제원조'의 성격으로서, 한국의 대일 청구권의 포기 또는 해결의 전별(餞別)로서의 증여라는 설명과, 포기 또는 해결된 청구권에 일단 상당하는 금액의 지불이라는 설명을 생각할 수 있다.

(3) 교섭 과정에서 적당하다고 인정될 때에는 다음 두 가지를 양보하는 것을 고려한다.

(a) 장기저리의 경제원조는 관련 협정의 비준 후에야 공여할 수 있는 것임을 감안해, 조인(이와 동시에 국교정상화 예정)에서 비준까지의 갭을 메우기 위해 긴급 경제협력으로서 5,000만 달러까지 한국에 대한 연불(延拂)을 인정한다는 취지의 행정협정을 체결하고, 이를 국교정상화와 동시에 실시한다. (상황에 따라서는 행정협정 체결까지 가지 않고 "정치협상이 타결되면 지금까지 거의 인정되지 않았던 한국에 대한 연불 신청의 허가를 용이하게 한다"는 취지를 구두로 언급하는 정도로 그치는 것이 적절할지도 모른다.)

(b) 일본의 회수불능채권 4,573만 달러를 향후 일한무역의 확대, 발전을 희구한다는 취지에서 일본 정부가 포기한다.

(4) 또 위와 같은 전반적 해결에 의해 선박 문제(한국 치적선의 반환 요구)도 일괄 해결된 것으로 하도록 노력하고, 이것이 확인되면 나포된 일본어선의 반환 청구를 일본 정부가 포기하는 것을 고려한다.

한국의 김종필 중앙정보부장은 1962년 2월 3일 한국을 출발해 태국, 말레이시아, 남베트남, 필리핀 등 여러 국가를 친선 방문하고 돌아가는 길에 19일 일본을 방문한다고 전해졌고, 이 최고 실력자의 방일은 "다가올 정치적 절충에 대한 사전 공작"이라고 보도됐다. 김 부장 방일 4일 전인 2월 15일, 이케다 총리 주재하에 일한회담의 향후 진행방식에 대한 회의가 열렸다. 외무성에서는 다케우치 차관, 이세키 아시아국장, 나카가와 조약국장, 가이 후미히코(甲斐文比古) 경제협력부장, 우라베 참사관이, 대장성에서는 이시하라 가네오(石原周夫) 차관, 미야가와 이재국장이, 내각조사실에서는 후루야 도루(古屋亨) 실장이 각각 참석했다. 우선 외무성 측은 전기한 「일한 청구권 교섭의 향후 진행방식에 대해」를 설명했다.

이케다 총리는 청구권으로서 설명이 되는 금액으로 대장성과 외무성이 낸 두 안의 중간 정도의 숫자를 희망했다. 이케다 총리는 또 청구권을 경제협력으로 전환하는 방안에 대해 적극적인 찬성의 뜻을 나타내지 않았고, 어디까지나 납득할 수 있는 청구권 금액의 숫자를 명확하게 할 것을 요구했다. 이케다 총리가 타결을 서두르는 자세를 취하지 않은 것은 일본사회당이 1월 5일에 발표한 국회 정책방침에서 일한회담에 대해 "반민주적인 군사정권과의 부당한 협상으로, 남북한 통일에 역행하고 NEATO로 이어질 것"이라면서 반대운동을 전개할 것을 결정한 데 이어 2월 15일 일한회담 반대운동을 3~4월에 고조시킬 방침을 공식 표방한 데다 국민들 중에도 군사정권이 민정이관을 하기 전에 협상을 마무리 짓는 것을 우려하는 분위기가 있다는 것 등을 감안했기 때문으로 보인다.

(6) 이케다 총리와 김종필 중앙정보부장의 회담

이케다 총리와 김종필 중앙정보부장의 회담은 2월 21일 오전 10시부터 한 시간 반에 걸쳐 총리 관저에서 열렸다〔배석자는 일본 측 오히라 관방장관, 스기 수석대표, 이세키 아시아국장, 이토(伊藤) 비서관, 한국 측 석정선 중앙정보부 제2국장, 배의환 대사, 최영택 참사관〕. 이 회담에서 양측은 일한 간의 정치적 절충을 시작하기로 결정했지만, 회담 기록에는 당시 일한 양국 지도부가 정치적 절충에 대해 가진 대조적인 생각이 드러나 있다.

김종필: 그래도 정치적 절충은 예정대로 실시될 것으로 기대하고 있는데, 어떤가.

이케다: 정치적 절충이라는 말은 이치에 맞지 않게 일을 정하는 것과 같은 나쁜 느낌이 있다. 여러 가지 어려운 문제가 얽혀 있는 점도 있지만, 3월이 되면 논의에 응할 용의가 있다. 그것을 위해 누가 나올 것인가. 우리로서는 정치적 절충의 사전 준비는 도쿄에서 하는 게 좋지 않을까 생각한다.

김종필: 사무교섭에서는 결말이 나지 않기 때문에 책임자들 간에 대승적 입장에 서서 정치적 절충을 하고 싶다. 일본 국내에 어려움이 있는 것은 알지만, 그렇다고 해서 기다리고 있으면 계속해서 어려운 문제가 나오는 것이 아닐까.

이케다: 한국에는 의회가 없지만, 일본에는 국회가 있다는 차이가 있다. 정치적으로 정했다는 것이 되면, 그 근거를 밝히라고 할 것이다. 그런데 실제적 문제로서는 증빙서류가 없는 것이 많다. 내가 들은 바로는 우편저금은 어느 정도 서류가 모인 것 같지만, 징용노무자는 살아 있는지 죽었는지도 모르고, 또 한국 측은 받은 돈을 본인에게 전달해줄지 여부도 확실히 밝히지 않았다. 게다가 은급과 관련해서는 평화조약 발효 후에는 어떻게 할 것인가라는 문제도 있다. 지난해 11월 이케다 총리와 박 의장의 회담에서 "청구권은 법적 근거가 있는 것에 한한다"는 것이 확인되었지만, 실제적 문제에 들어가면 무엇이 법적 근거가 있는지를 결정하는 것이 매우 어렵다.

김종필: 나는 동남아시아를 돌아보고 나서, 현재 국제 정세하에서는 한 나라만으로는 제대로 갈 수 없다는 사실을 절실하게 느꼈다. 미국이 거액의 돈을 각국에 사용하고 있는 것도 그 때문이며, 아시아에서는 일본이 미국과 같은 입장에 있다고 생각한다. 일본 국민은 이런 점을 이해하지 않을까. 따라서 일한문제에 대해서도 일일이 세세한 것은 말하지 말고, 긴 안목으로 한국의 미래를 생각하고 큰 입장에서 고려하기 바란다. 이런 의미에서 각하가 결심하길 간절히 바란다.

이케다: 그것에는 단계가 있다. 일본에는 세계관을 달리하는 사람들이 있고, 이들을 힘으로 밀어붙일 수는 없기 때문에 가능한 한 모두를 설득해 나가고 싶다.

김종필: 민주주의를 따르는 것은 좋은 일이지만, 결국 사회당을 비롯한 이들은 죽지 않는 한 생각을 바꾸지 않을 것이다.

이케다: 사회당을 비롯한 사람들의 생각을 바꾸는 것이 아니라, 그들을 포기시킨다고나 할까, 엉뚱한 반대를 하지 못하도록 하고 싶다고 생각하는 것이다.

김종필: 포기할 때까지라고 말하지만, 현재의 긴박한 국제 정세를 생각하면 그렇게 오랫동안 기다릴 수 없지 않은가. 이에야스(家康) 방식이 아니라 노부나가(信長) 방식으로 했으면 좋겠다.

이케다: 나는 역시 이에야스 방식이 좋다고 생각한다.

김종필: 동남아시아를 돌아보면서, 한 나라의 경제가 부흥하면 국민의 생활수준도 높아져 공산 침략에 견딜 수 있게 되지만, 이것은 시간이 걸리고 그동안 공산주의는 기다려주지 않을 것이라고 느꼈다.

이케다: "울 때까지 기다린다"는 것은 무위(無爲)하며 팔짱을 끼고 있다는 게 아니다. 빨리 울도록 손쓸 일을 생각하고 있는 것이다.

나는 1962년 공화당이 민주당에 대승한 직후 뉴욕에 가서 재무장관을 지낸 스나이더(John Wesley Snyder) 씨를 만났는데 그때 스나이더 씨는 "선거에서 이기고 새로운 공화당원들이 많이 나왔지만 그들이 아무래도 투쟁심이 지나치게 강한 것은 아닌지 걱정이다"라고 했다. 이 이야기를 듣고 일본에 돌아와 보니 일본에서는 경찰관직무집행법(警職法) 문제가 제기되고 있었다. 그래서 나는 기시 총리(당시)에게 결코 무리하게 밀어붙이지 말라고 말했다. 나는 관용과 인내가 중요하다고 생각하고 있다.

김종필: 정치적 절충의 시기는 언제가 될까.

이케다: 이른 시기가 좋다고 생각하는데, 회담을 할 수 있는 정세를 만든 다음이지 않으면 안 된다. 그러나 회담을 미루려는 것이 아니다. 무리가 없는 형태로 하고 싶다고 생각하므로 방법이 문제라고 생각한다. 그래서 도쿄에서 스기, 배의환 두 수석대표 간에 회담을 하는 것으로 하고, 서울에 거물이 가지 않는 방식은 어떨까 생각하고 있다.

김종필: 스기 수석대표와 배 수석대표의 합의에 의하면 3월 10일까지 정치교섭을 하는 것으로 양해하고 있다. 정치교섭이 질질 연장되어서는 곤란하다.

이케다: 예산이 중의원을 통과하면 국가 심의는 산을 넘은 것이므로 논의를 시작할 수 있다. 다만, 그것은 3월 10일경에 시작한다는 의미로, 그때 결론을 낸다는 것은 아니다. 그런데 회담은 어떤 형태로 하게 되어 있는가.

최영택 참사관: 정계의 거물 누군가가 사무 당국을 데리고 서울에 와주는 것으로 되어 있다.

이케다: 꼭 서울에서 할 필요가 있는가.

김종필: 꼭 서울이라는 것도 아니다. 요컨대 편한 마음으로 할 생각이다. 따라서 형식, 방법을 고집하지 않을 생각이다.

오히라 장관: 한국은 서울이 좋다고 생각하는가.

김종필: 그렇다. 일본에서 거물이 온다는 것으로써 한국 국민은 일본 측이 성의가 있다고 생각하게 할 수 있다.

오히라: 그럼 그 방향으로 생각해보자.

김종필: 박 의장은 정치적 절충에 매우 큰 희망을 걸고 있다.

최영택: 두 수석대표의 합의는 박 의장에게 보고했고, 박 의장도 이를 읽고 잘 알고 있다.

이케다: 내가 생각하고 있는 것은 회담 전체를 잘 마무리 짓기 위해서는 어떻게 하면 가장 좋을까라는 것이다.

김종필: 두 수석대표 간 합의에 있는 정치적 절충을 시작한다는 사실을 재확인해줄 수 있는가.

이케다: 그 점은 좋다. 다만, 거물이 서울에 가는 것은 문제가 아닌가 싶다. 스기, 배의환 두 수석대표 간에 정치적 절충을 할 수는 없는 것인가. 그리고 좀 더 문제를 마무른 다음에 거물이 나가게 하고 싶다. 현재 사무적 수준의 교섭은 평행선을 걷고 있고, 너무 사무적이다. 그래서 두 수석대표가 정치적으로 절충해주는 방법을 생각하는 것이다.

김종필: 각하의 결심 여하로 무엇이든 할 수 있다고 생각한다. 이번에 결심할 수 없는가.

이케다: 할 수는 있지만, 국내의 반응을 생각하고 있다.

김종필: 일본의 신문 논조는 최근에 90도 정도 바뀌어 회담을 하기가 매우 쉬워지지 않았는가. 시간을 연장하면 계속해서 선거라든지 어떤 일이 일어나지 않겠는가.

이케다: 정치적 절충에 들어가는 것은 좋다. 그러나 그 방법이 문제라고 말하고 있는 것이다.

김종필: 방법이 확실히 문제이다. 가는 사람이 거물이라면 정치적 절충이 되고, 그렇지 않으면 사무적 협상이 된다. 그 점은 괜찮다.

이케다: 나로서는 처음에는 도쿄가 좋다고 생각한다. 그리고 논의할 문제를 청구권으로만 제한하지는 않았으면 싶다.

김종필: 한국 측으로서는 청구권이라는 명칭에는 반드시 집착하지 않는다.

이케다: 예를 들면, 일한 양국 국민이 앞으로 친해지기 위한 돈으로서 지불한다는 것은 어떤가.

김종필: 그렇게 해서는 한국민이 납득하지 않을 것으로 생각한다. 단적으로 말하자면, 과거청산으로서 반환한다는 식의 표현이라면 좋겠지만.

이케다: 그렇게 되면 일본이 한국에 두고 온 재산을 어떻게 할 것인가라는 문제가 생긴다. 어쨌든 내가 생각하고 있는 것은 현재의 사무 협상과는 다른, 마무리 짓기 위한 교섭을 하자는 것이다. 이것을 정치적 절충이라고 부른다면 좋지 않을까. 물론 마지막에는 이른바 거물 간에 정치적으로 절충할 필요도 있겠지만.

김종필: 언제까지 마무리 지을 생각인가.

이케다: 이르면 좋지만, 결국 참의원 의원 선거 전 정도가 되지 않을까.

최영택: 합의에는 "5월 중에 마무리 짓도록 노력한다"고 되어 있다.

김종필: 이번에 정치적 절충을 시작하면 일본 측은 청구권의 틀을 확정하는가.

이케다: 틀을 확정하기 전에 결정해야 할 문제가 있다. 즉, 각 항목마다 지불할지 지불하지 말지를 순서대로 정리해가는 것이 좋을 것이다.

배의환 대사: 스기 씨와 내가 정치적 절충을 하더라도 그러한 문제를 정리할 수는 없다. 나는 지시를 받아 움직이고 있고, 그러한 문제는 나에게 지령을 내리는 사람이 하지 않으면 해결할 수 없다.

김종필: 일본이 동남아시아 각국에 배상을 지불했을 때는 일일이 계산해 금액을 내지는 않았을 것이다. 우리는 이번 정치적 절충에서 일본 측이 틀을 제시해줄 것이라고 생각했다. 구도만 만들면 세목은 빨리 정해질 것으로 판단된다. 일본 측에 정말로 마무리 지을 생각이 있다면, 이 정도는 필요하다고 생각한다. 이번에는 어떻게 해서든 틀을 제시해줄 것을 부탁한다.

이케다: 지금 당장 거물이 나가서 이야기가 정리되지 않으면 나중에 회담이 끊길 우려가 있다. 게다가 스기 씨는 거물이다. 재계에서는 최고 지위의 사람이고, 정계에서도 큰 힘이 있다.

김종필: 한국 측에서 거물이 와달라는 것은 거물이 오면 틀이 결정된다는 의미에서 말하고 있는 것이다.

이케다: 마지막에는 그렇게 할 생각이다.

김종필: 마지막은 이케다 총리와 박 의장 간에 결정해주었으면 어떨까 생각하고 있다.

스기 수석대표: 거기까지 이르는 과정으로서 애벌빨래로 해보자는 것이 총리의 생각인 것 같다.

이케다: 배 수석대표가 상당한 지령을 내리도록 해줄 수 없는가. 우리 측은 스기 씨가 괜찮다고 생각한다. 만약 스기 수석대표와 배 수석대표 사이에서 결정되지 않으면, 한국 측에서 직접 나에게 한국의 희망 금액을 제시하기 바란다. 그렇게 하면 내가 생각해보겠다.

김종필: 한국 측으로서도 결심을 정한 것은 아니다. 그렇기 때문에 말하고자 한다면 말할 수도 있겠지만, 그것을 말하는 상대가 누구인지가 문제이다. 그리고 일본 측에서 아무것도 틀이 정해져 있지 않은 단계에서는 한국 측으로서도 말할 수 있는 단계가 아니다. 나는 회담은 최종 단계에 접어들었다고 생각한다. 그러한 전제하에 양국의 외무장관이 왕래하면서 교섭하는 것은 어떠한가. 고사카 대신을 서울에 보내주지 않겠는가.

이케다: 고사카 대신은 국회 관계로 4월 10일경까지 나갈 수 없다. 한국 쪽에서 누군가 도쿄에 보내주지 않겠는가.

김종필: 그때는 일본 측이 틀을 제시해줄 수 있는가.

이케다: 좋다. 내 결정은 정해져 있다.

김종필: 그럼, 다음과 같이 양해해도 괜찮은가.

   (1) 3월 10일에 정치적 절충을 시작한다.

   (2) 이 정치적 절충은 현재 두 수석대표 이외의 사람이 실시한다.

   (3) 이 절충에서는 청구권의 틀을 비롯한 기타 문제를 거론한다.

   (4) 장소는 도쿄로 한다.

   (5) 회담을 5월 말까지 타결시키도록 노력한다.

이케다: 좋다. 나는 교섭을 반드시 마무리 지을 생각이다.

(7) 재한 일본 재산 등에 대한 조사

1955년 7월 아시아국 제1과가 작성한 「일본의 재외 재산 상황」에서는 조선에 남는 일본 재산의 추정액을 1945년 가격으로 국유 재산 192억 6,500만 엔, 법인 재산 521억 825만 4,000엔(재외재산조사위원회 자료), 개인 재산 192억 474만 엔(1945년 대장성령 95호 「재외 재산 등의 보고에 관한 대장성령」에 따른 보고의 집계), 총 905억 7,799만 4,000엔으로 파악했다.

다만, 개인 재산의 경우에는 이와는 별도로 한반도 귀환자 중 지식인들에 의해 조직된 '재조선 일본 개인 재산 조사위원회'가 조사한 결과, 251억 1,155만 3,000엔으로 산정되었다. 1961년 3월 발표된 「평화조약 제4조에 대한 미국 정부의 견해」와 관련해 3월 1일과 3월 10일 중의원 외무위원회에서 재한 일본 재산에 대한 질의가 나오자, 외무성은 "1945년 8월 현재 재한 일본 재산 목록과 1948년 9월 11일에 한미 재산협정에 의해 주한미군으로부터 한국 정부에 인도된 재산 목록의 송부를 미국 정부에 요청한바, 1961년 11월에 이 두 가지 자료를 얻었다"고 말했다. 전자, 즉 연합국 군총사령부 민간재산관리국 재외재산과의 「1945년 8월 15일 현재 일본의 재외 재산 추계」에서 한국의 집계는 다음과 같다.

표 20   조선에 남은 일본 재산 (1945년 8월 당시)

	총액	남조선	북조선
총액	5,246,495,036	2,275,535,422	2,970,959,614
국유(国有)	998,226,680	449,202,006	549,024,674
법인 소유	3,544,068,356	1,333,393,416	2,210,674,940
개인 소유	704,200,000	492,940,000	211,260,000

다만, 이 자료도 정확한 것이라고 말하기 어렵기 때문에 정부는 그 금액을 공표하는 것을 피했다. 그 후 국회에서 재한 일본 재산의 금액에 대해 반복해서 질문을 받았지만 정부는 그 금액을 밝힐 것을 회피하고 있었다(1962년 3월 7일, 중의원 외무위원회에서의 이세키 아시아국장의 답변, 같은 해 8월 27일 참의원 예산위원회의에서의 나카가와 조약국장의 답변, 1963년 8월 20일 중의원 예산위원회에서의 다나카 대장상의 답변, 1965년 11월 19일 참의원 본회의에서의 사토 총리와 시나 외상의 답변).

또한 아시아국 북동아시아과는 미국, 영국, 프랑스, 이탈리아, 파키스탄, 베트남, 캄보디아, 필

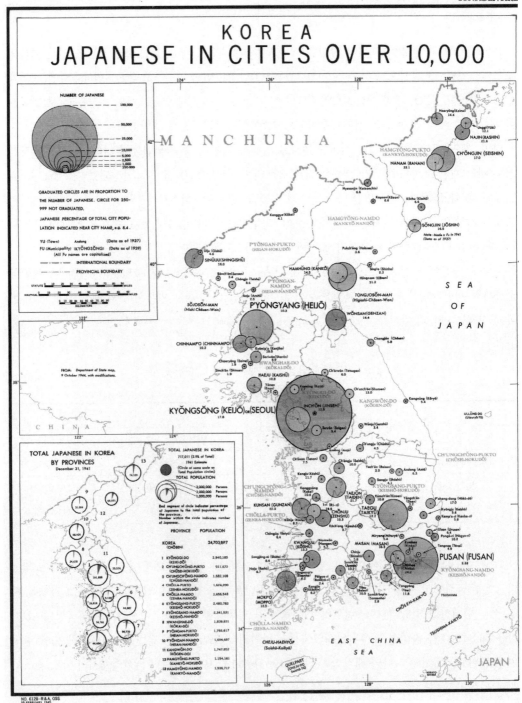

사진 33   1945년 2월 당시 한반도에 거주했던 일본인 현황 (출처: 미 국립문서기록청)

리핀, 호주의 재외 공관에 조회하여 자료를 모아 1962년 2월 21일 「영토 분리에 따른 각국의 은급제도 조사」를 작성했다.

9. 고사카 외상과 최덕신 외무부장관의 회담

(1) 일본 측 기본방침

1962년 2월 21일의 이케다 총리와 김종필 중앙정보부장의 회담에서 합의를 본 일한 간의 정치협상과 관련, 양측은 3월 5일 이세키 아시아국장과 최영택 참사관 간의 회담에서 "3월 12일부터 도쿄에서 양국 외무장관 간에 회담을 실시한다"는 사항에 의견 일치를 보았다. 3월 7일 일본 측이 결정한 「일한 간 정치 절충에 임하는 일본 측의 기본방침」은 다음과 같았다.

   1. 어업 문제

   어업 문제는 사무적 협상에서 최근의 자원론 논의를 일단 종료하되, 3월 20일경부터 어업협정의 논의에 들어가는 것으로 되어 있으므로 현 단계에서는 구체적인 문제는 바로 정치협상의 대상이 되지 않는다. 따라서 이번에는 (가) 일본 측은 어업 문제와 청구권 문제가 동시에 해결되어야 한다고 생각하고 있다는 점, (나) 일본 측은 합리적인 어업협정의 체결에 따라 한국 측의 일방적인 선언에 의한 '이승만라인'은 당연히 해소해야 한다고 생각하고 있다는 점 두 가지를 강조한다.

   2. 법적지위 문제

   법적지위 문제는 어떠한 범위의 재일한국인에게 영주권을 부여할 것인가가 문제의 초점이 되고 있다. 따라서 정치협상에서 이 문제를 논의하는 것으로 한다(단, 법적지위 문제를 거론하는 것은 정치협상에서 후술하는 3항의 청구권 문제만을 논의한다는 비난을 피하기 위한 정치적 고려에 의한 것이며, 이 문제만을 조속히 결론 내린다는 의도가 아니다).

   3. 청구권 문제

    (1) 일반 청구권

     (가) 우선 한국 측이 청구한 '8개 항목'과 관련해 종래의 사무적 협상에서 논의해온 주요 사항, 즉, 군령 33호 및 소위 '미국의 해석' 등을 둘러싼 법률론, 증거서류의 유무, 남북한의 문제, 환율 문제 등을 충분히 논의한다(이것들에 관해 충분히 토의함으로써 금액이나 명칭에 대한 우리 측 주

장으로 한국 측을 설득시키기 쉬워질 것으로 생각한다).

(나) 청구권 문제는 (i) 사실관계의 확인이 매우 어렵다는 점, (ii) 관련 법규가 한국의 독립을 전제로 하고 있지 않다는 점, (iii) 전체 한반도 분의 청구권에서 남한 분만을 계산하는 방식은 개괄적일 수밖에 없다는 점, (iv) 어떠한 형태로든 '미국의 해석'을 적용할 필요가 있다는 점 같은 사정이 있기 때문에, 법적 근거가 있는 청구권의 지불이라는 원칙을 관철하는 한 지불할 수 있는 금액은 극히 소액일 수밖에 없다, 따라서 이러한 사정을 먼저 한국 측에 충분히 납득시킨 다음에 일본 측으로서는 충분한 증명자료가 없거나 실정법상의 근거가 박약한 것이라도 조리나 국제관례에 비추어 타당하다고 인정되는 부분은 그것까지 가미해서 해결할 용의가 있다고 설명하고, (i) 가능하면 한국 측으로 하여금 청구권을 포기하게 하고 이로써 일본 측이 일정한 금액을 증여하는 방식, (ii) [한국 측이 (i)에 응하지 않을 경우] 일본 측이 일정한 금액을 증여하고, 이로써 한국 측은 청구권이 완전히, 최종적으로 해결됐다고 확인하는 방식 가운데 어느 하나로 매듭짓는 것으로 한다.

(다) 이어 각 항목마다 상기 (나)의 사고방식에 기초해 일본 측의 기본적인 견해를 밝히고, 이와 함께 총액에 대한 우리 측 숫자를 제시한다[상대측이 요구하면 적산(積算)의 경위도 일단은 설명하지만, 상세한 적립의 방법 등은 가급적 언급하지 않기로 한다. 또 의견 교환의 결과 총액이 약간 증감할 수도 있다]. 총액으로서 제시할 숫자는 외무성의 A안(총액 약 1억 달러, 별첨 참조)을 사용하기로 한다.

외무성의 A안을 사용하는 이유는 이 방안이 일본의 국회와 국민에게 설명할 수 있는 합리적인 근거를 가진 최고의 안이고 더 이상의 것은 국내적으로 설명이 되지 않는 안이기 때문이다. [상기 (나)와 같이 청구권이라는 명칭을 피해 본건을 해결하는 경우에도 지불하는 금액에는 어떠한 합리적인 근거가 필요하다.] 따라서 처음부터 이와 같은 안을 내고 한국 측에 더 이상은 양보하려고 해도 양보할 수 없다는 취지를 강하게 설명한다. 한국 측이 이에 응하지 않으면 언제까지나 기다리겠다는 방침하에 교섭을 진행하는 것이 상책이라고 판단된다(외무성 A안보다 적은 금액을 제시하는 것도 가능하기는 하지만, 이 경우에는 더 이상 양보할 수 없는 숫자라는 강한 태도를 취할 수 없고, 그런 의미에서 설득력이 부족하다. 반면, 군사정권의 성격을 감안해 적은 금액에서 출발해 순차적으로 이를 인상하는 교섭 방법은 적당하다고 생각한다. 또 이케다 총리도 TV 대담 등에서 외무성 A안과 같은 사고방식으로 본건을 해결할 의향임을 이미 표명했다).

또한 협상의 마지막 단계에서 비장의 카드로 대한국 회수불능채권 4,573만 달러의 말소라는 방법이 있지만, 이것은 협상의 최종 단계까지 유보하고 언급하지 않는 것으로 한다.

(라) 한국 측이 지불 방법과 관련해 질문해올 경우에는 증여분, 유상 경제협력분 모두 일본의 생산재에 의한 것이라는 방침을 밝히고, 모두 합쳐서 대충 연간 5,000만 달러 정도를 한도로 하고 싶다고 설명한다.

(2) 선박

치적선박 등에 관한 법률론을 전개하더라도 쌍방의 주장이 평행선을 걸을 것이 분명하다. 한편, 나포 일본어선의 반환 문제도 있다는 사실을 지적하고 선박 문제는 양자의 상쇄(相殺)에 의해 해결하도록 한국 측을 설득해야 할 것이다. 최종 단계에서는 해당 톤수 선박을 상기 (1)항 일반 청구권 해결의 일환으로 증여하는 것을 고려한다.

(3) 문화재

나중에 거론하기로 한다.

4. 경제협력 문제

장기저리(상환기간 20년, 그중 거치 5년, 금리 4퍼센트, 수출입은행 및 기금의 공동 융자)의 경제협력 2억 달러를 최종안으로 하고, 일단 1.5억 달러부터 이야기를 꺼내기로 한다. 대상 프로젝트로서는 현재 한국 정부가 최우선적으로 거론하고 있는 (i) 발전, (ii) 교통, 통신, 항만, (iii) 광산, (iv) 시멘트, 비료, (v) 석유 정제 가운데 적당한 것을 선택하기로 한다.

5. 다케시마 문제

본건은 일한회담의 의제는 아니지만, 정부 협상에서는 우리 측의 국제사법재판소 제소 제의에 한국 측이 응소(應訴)하도록 최대한 설득하기 위해 노력한다.

외교문서 원본 22　　「일한 간 정치 절충에 임하는 일본 측의 기본방침」 가운데 독도와 관련해 비공개된 부분

[이하 원문 2쪽 미공개]

> **표 21**   한국 청구권의 사정액 (1962년 3월) **[원문 미공개]**

(2) 회담의 추이

최덕신(崔德新) 외무부장관은 1962년 3월 10일 일본을 방문했다. 문철순(文哲淳) 외무부 정무 국장, 엄영달(嚴永達) 아주과장 김명년(金命年) 농림부 수산국장 등이 수행했다. 최 장관은 공항 에서 성명서로써 국교정상화에 대한 열정을 피력한 후 신문기자의 질문에 대해 "대일 청구권 문제 에 대한 구체안을 갖고 있으며 일본 측도 구체안을 갖고 있다고 믿는다"고 답했다. 그날 한국의『동 양통신』 도쿄특파원은 "일부 일본 소식통은 최 장관이 5~6억 달러의 청구안을 제출할 거라고 추 정하고 있고, 한국의 최소 요구 금액은 3~4억 달러가 될지도 모른다고 말했다"고 보도했다. 그 후 13일 자『한국일보』는 12일 도쿄특파원이 쓴 기사에서 "한국 측은 청구권 2억 달러, 무상 공여 3억 달러, 국교정상화 이후 유상 공여 3억 달러를 최종 양보선으로 한다. 반면, 일본 측은 청구권 1억 달러, 무상공여 2억 달러, 그 후 유상공여 2억 달러 안으로 나올 가능성이 있다"고 보도했다.

양국 외무장관 회담은 3월 12일에서 17일 외무성 대신접견실에서 5회에 걸쳐 열렸다. 3월 12일 개회에 앞서 고사카 외상은 "제6차 회담에서는 …… 사무적 절충은 크게 진척되었는데, 특히 청구 권 문제 및 재일한국인의 법적지위 문제에 대해서는 사무교섭을 일단락 짓기에 이르렀다. 오늘 각 하를 모시고 정치적 관점에서 이러한 여러 문제의 해결을 촉진하게 되었다"고 매우 적극적인 태도 를 표명했다. 고사카 외상은 또 "당면한 현안은 '평화선'을 철폐하고 어업협정을 체결하는 문제, 재 일한국인의 법적지위와 청구권 문제이며, 이 외에 다케시마와 주한 일본대표부의 설치 문제도 동 시에 원만한 해결을 바란다"고 말했다. 이에 대해 최 외무장관은 "이번 외무장관 회담이 지난 10년 간 한일 간의 논의에 종지부를 찍을 결정적인 최종 회담이 되기를 바란다"고 말했다.

회담 의제와 관련, '평화선'을 철폐하고 어업협정을 체결하는 문제, 재일한국인의 법적지위 문 제 및 청구권 문제를 다루기로 의견의 일치를 보았지만, 일본 측은 다케시마 문제를 국제사법재판 소에 제소할 것과 재한 일본 정부 대표부를 설치할 것을 제기했다. 다케시마 문제를 국제사법재판 소에 제소하는 문제와 관련해서는 1962년 2월 20일 중의원 예산위원회에서 고사카 외상이 "국교 회복 시에는 당연히 한국 측은 응소해야 한다. 이는 회담 타결의 조건 중 하나이다"라고 말한 바 있 는데, 이 같은 강한 희망이 회담에서 한 발언에도 반영되었다. 그러나 최 장관은 다케시마와 대표 부 설치 문제에 대해 강하게 반발했다.

이어 일반 청구권 문제의 토의에 들어갔다. 고사카 외상은「일한 간의 청구권 문제에 관한 발언 요지」를 낭독한 후 청구권 문제의 원칙적인 문제에 대한 입장을 표명했다. 즉, 평화조약 제4조의 규정 및 이와 관련된 미국의 해석에 대한 견해를 밝히고, 종전 시에 한국에 거액의 일본 재산이 있었다는 것, 한국에는 평화조약 제14조에 기초한 배상청구권이 없다는 것, 청구를 위해선 법률관계와 사실관계를 입증할 필요가 있다는 것, 기존 채권은 엔화로 표시되므로 한국 측이 1달러당 15엔으로 환산하자고 하는 제안은 승복하기 어렵다는 것을 분명히 했다. 이어 고사카 외상은 이상과 같은 이유로 한국 측의 요청 항목 중에서 법적 근거가 있다고 인정되는 금액은 적고, 게다가 '미국의 해석'을 고려하면 그 금액은 더욱 적어질 것이라고 설명했다. 이에 대해 최 장관은 본회의에 임하는 일본 측의 태도가 실무자 회담과 아무런 차이가 없다면서, 특히 한국 청구권이 북조선에 미치지 못한다는 일본 측의 견해에 대해 불만을 표명했다.

최 장관은 13일에 이케다 총리를 방문했다. 제1차 회담에서 일본 측은 다케시마, 일본대표부의 문제를 제기했다. 이에 대해 최 장관은 청구권의 법률론도 실무자회의와 같은 진행방식이었다면서, "내일부터 열리는 회담에서는 진정한 정치협상으로 하여 일본 측이 구체적인 금액을 보여달라"고 말했다. 이에 대해 이케다 총리는 "금액을 제시하기 위한 전제로서 기초적인 개념을 설명하는 것은 당연한 일이다. 일본 측으로서는 이번 회담의 성공을 기대하고 있기 때문에 한국 측에서도 인내와 관용의 정신을 가져달라"고 말했다.

제2차 회담(14일)에서 한국 측은 남북한 문제에 대해 반박한 후 "전날 고사카 외상의 발언 요지는 지난 3월 9일 열린 재산청구권위원회에서 일본 측 수석위원이 한국 측 수석위원에게 전달한 서면 내용과 실질적으로 동일한 것으로, 실무자회의에서 낸 것을 외무장관 회담에 가져온 것"이라고 비난했다. 한국 측은 다케시마 문제에 대해서도 제 1차 회담의 논점을 반복했다.

그 결과, 국면의 타개를 도모하기 위해 일본 측의 스기 대표, 이세키 아시아국장, 한국 측의 배 대표, 문 국장 간에 다음 회의의 진행방식에 대한 논의가 진행됐다. 여기서 한국 측은 "다음 회담에서 청구권에 관련된 일본 측 금액을 꼭 제시해달라"고 말했다. 이에 대해 일본 측은 "금액을 제시하는 것은 상호적이어야 문제가 되지 않는다"고 응수했다.

제3차 회담(15일)에서는 일반 청구권 문제의 해결방식에 대한 의견이 교환되었다. 한국 측은 청구권, 무상원조, 경제협력 세 가지 기둥을 생각하고 있다고 말했다. 이에 대해 일본 측은 "'청구권'이라고 하면 소액이 될 수밖에 없으므로 청구권과 무상원조를 합친 것과 경제협력 두 가지 기둥을 생각하고 있다"고 말했다. 이에 대해 한국 측은 "청구권 대신에 크레디트(신용)를 받고 돌아갈 수는 없다"고 말했지만, 청구권과 무상원조가 합쳐진 것의 명칭에 대해 쌍방이 검토하는 데 동의했다. 또 한국 측은 앞서 김유택 경제기획원장이 주장한 청구권 금액 8억 달러는 줄일 용의가 있다고 말했다.

제4차 회담(16일)에서는 재일한국인의 법적지위 문제에서 영주 허가의 범위, 강제퇴거, 교육, 투자 문제 및 국적 확인과 북조선계 조선인 문제에 대해 의견을 교환했다. 이어 한국 측은 "다음 정치교섭을 4월 중에 서울에서 하고 싶다"는 취지를 피력했으나, 일본 측은 국회가 종료되기 전에는 불가능하며 서울 개최의 전제조건으로 일본대표부 설치를 주장, 결국 의견 일치를 보지 못했다.

제5차 회담에서 양측은 어업 문제와 관련, 어업협정을 맺기 위한 실무자회의를 촉진하자는 데 의견의 일치를 보았다. 이어 문화재 문제와 관련, 한국 측은 유네스코 아시아지역회의에서 채택된 결의안을 제시하고, 역사적 문화재를 원래 위치로 반환할 것을 요구했다. 이에 대해 일본 측은 이 문제를 해결하는 방법에 대해서는 양측 주사(主査) 간에 원칙적인 양해가 되어 있다고 말했다.

선박 문제에 대해 의견을 교환한 후 한국 측은 "일본 측이 정치회담을 시작하면서 청구권의 금 액을 제시할 것이라는 배 대표의 보고가 있었다. 쌍방 금액의 차이를 꼭 알고 싶다"고 금액의 제시 를 강하게 요구했다. 이에 대해 일본 측은 "일한 간의 기본적인 생각이 너무 다르다는 것이 밝혀졌 기 때문에 지금 단계에서 금액을 제시하는 것은 오히려 역효과를 초래하게 된다"고 응수했다. 당 시 양측의 공방 양상은 다음과 같이 기록되어 있다.

그래서 최 장관은 "우리는 여기에 오기 전에 배 수석대표의 보고를 통해 '일본 측은 청구권의 금액을 제시하겠다고 약속했다'라는 취지를 들었기 때문에 그 준비를 해왔다. 일본 측도 그 준비를 하고 있는 것이라고 믿고 방문했다. 그런데 지금 이야기를 듣고 나는 배 대사가 착오해 보고했는지, 아니면 대사의 보고는 옳았지만 그 후에 변경된 것인지 그것을 분명히 해두고 싶다"고 말했다. 고사카 대신은 "물론 배 대사의 보고가 옳았지만, 나는 그 후 여러 가지 생각도 해봤고, 또 며칠간 최 장관과 논의를 거듭한 결과, 지금 정도 상호 이해하는 수준으로는 금액을 발표하면 안 된다, 만일 금액을 제시하더라도 향후 회담의 진전에 도움이 되지 않는다고 생각하게 됐다"고 말했다. 이에 대해 배 수석대표는 "정치회담 개최에 이른 경위는 스기 수석대표, 이세키 국장도 잘 아는 바와 같다. 또 한국 측이 지금까지 얼마나 양보해왔는 지도 알고 있을 것이다. 금액을 제시하는 것은 한국민들뿐 아니라 일본 국민들도 기대하고 바라던 것이라고 생각한다. 내가 아는 바로는 최 장관은 본국을 출국하기에 앞서 청구권 금액 제시에 대한 훈령을 받았고, 또 최 장관이 귀국하면 정부, 국민에게 이 점에 대해 보고해야 할 필요도 있다. 정치회담이 이대로 끝나는 것은 아니겠지만, 다음 교섭에서 하루라도 빨리 국교정상화의 합의에 도달하기 위해서는 오늘 이 자리에서 금액을 제시할 필요가 매우 크다고 생각한다"고 말했다. 이에 대해 고사카 대신은 "방금 배 대표는 금액의 차이를 확인하는 것이 중요하다고 말했지만, 나는 기본적인 것에 대한 사고방식의 격차가 너무 큰 상태로는 좀처럼 그것이 합의에 도달하기 어렵다고 보고 있다. 최 장관과 실제로 만난 후 나는 이 느낌이 더욱 깊어질 수밖에 없었다. 국교를 정상화하기 위해서 현재의 단계에서는 숫자를 내는 것보다도 그 뒤에 있는 사고방식에 대한 이해를 심화하는 것이 더 중요하다. 신문 등도 숫자가 얼마일지 큰 기대를 하고 있는 것 같지만, 이 단계에서 아주 엇갈린 숫자를 제시하면 오히려 서로 어색하게 될 것이 아닌가. 기본적인 사고방식이 조정되면 자연히 숫자도 나온다. 이것이 오히려 첩경이 아닌가 하는 느낌이다"라고 말했다. (여기서 최 장관은 한국어로 "이제 돌아가야 하지 않을까. 여기에 있을 필요가 없다"고 배 수석대표에게 말했지만, 통역되지 않았다.)

최 장관은 "나는 귀국한 후 '일본은 숫자를 제시하겠다고 약속했으므로 한국 측은 그것을 믿고 일본 측에 제시할 금액을 준비해 도쿄로 왔다. 시간을 내어 서로 이야기를 했지만 일본 측이 약속을 지켜주지 않았기 때문에 얻은 것은 아무것도 없었다'고 한국민에게 보고하고 사죄해야 할 입장에 있다"고 언급했다. 고사카 대신은 "그렇게 말하지 않는 것이 좋지 않을까. 진정으로 이 문제를 해결하기 위해서는 지금은 숫자를 제시하는 단계가 아니라고 생각해야 하는 것이 아닌가" 라고 응수했다. 이에 대해 최 장관은 "나는 일본 측이 그 숫자를 제시한다고 했기 때문에 방문했다. 이렇게 되어 참으로 유감스럽다. 고사카 대신도 좀 다른 분들과 상담해볼 수 없는가. 한국 측은 최대한 인내심을 계속 발휘해왔다. 지금 여기서 양국 간에 분위기가 악화되는 것은 매우 좋지 않다고 생각한다"고 반복해서 말했다. 이에 대해 고사카 대신은 "나는 그렇게 생각하지 않는다. 앞으로 더욱 서로를 이해하도록 노력해 숫자를 제시할 수 있도록 하고 싶다는 말씀을 드리고 싶다. 약속이 틀렸다는 단순한 이야기가 아니다. 서로 외무장관으로서 책임을 가지고 일을 정리하려는 것이기 때문에 단순히 생각하면 곤란하다"고 반박했다.

배 수석대표가 다시 참견하여 "일본 측은 금액을 내놓겠다고 약속했고 일한 양국 국민도 그렇게 될 것으로 생각하고 있는데, 아무것도 내놓지 않았다는 것은 한일회담 분위기가 악화됐다는 인상을 줄 것이다. 고사카 대신의 취지도 알겠지만, 한국 측으로서는 어느 정도 금액이 다른지 그 차이를 서로 잘 알고 있는 것이 좋다고 생각한다. 이대로는 회담이 결렬됐다고 생각될 수밖에 없다"고 말했다. 고사카 대신은 거듭해 "상호 이해 없이 숫자를 제시하면, 한국 측에서는 일본이 한국을 바보 취급을 하고 있다고 생각할 수도 있다"고 말했다.

문 국장은 "아무것도 할 수 없었다는 것은 아무래도 편치 않다"고 말했다. 이에 대해 스기 수석대표는 "아니다. 여러 가지 대화는 했지만, 이야기의 기초가 달랐던 부분이 크다고 생각한다"고 답했다. 최 장관은 오해를 풀기 위해 솔직히 제언한다고 전제한 후 "금액을 서로 제시하자는 한국 측의 요구에 일본이 따라준다면 아주 좋다. 만약 그렇지 않으면 내가 말한 것과 같은 나쁜 결과가 될 것이다. 쌍방이 사전에 준비했던 숫자를 정부지도자의 참고자료로 하겠다는 의미에서 제시하는 것으로 하고 싶다. 숫자를 제시했다는 사실은 외부에 발표할 수도 있겠지만, 금액 자체는 절대 비밀로 한다는 것으로 이 문제를 해결하고 싶다. 개인적인 감정으로는 일본 측이 약속을 불이행하더라도 그대로 돌아갈 수 있지만, 외무장관이라는 직책은 국민을 대표해 최대한 책임을 져야 하므로 지금까지 이 문제를 논의해온 것이다" 라고 말했다. 스기 수석대표는 "약속을 어겼다고 말하지만, 일본 측으로서는 그렇게 생각하지 않는다. 여러 면에서 기초가 엇갈리고 있을 뿐이다. 예를 들면, 경제협력에 대해서도 두 가지 기둥으로 할지, 세 가지 기둥으로 할지 쌍방의 생각이 달랐다. 따라서 사고방식이 조율될 때까지 숫자는 잠시 보류하고 싶다"고 반박했다. 고사카 대신도 "서로 이야기가 너무 다르기 때문에 숫자를 제시할 분위기가 되지 않았다는 것이다" 라고 반복했다.

〔여기서 회담 진행에 대해 쌍방이 협의한 결과, 회담을 일시 정지하기로 하고, 한국 측을 남겨둔 채 일본 측은 대신실(大臣室)로 물러났다.〕

휴게 시간(12시 57분부터 1시 5분까지) 종료 후, 숫자의 제출 방법, 특히 그 사실을 외부에는 절대로 발표하지 않는 것에 관해 협의했다. 한국 측도 정부에 보고만 하고 외부에는 일절 공개하지 않는다는 것을 확인했다. 이어 일본 측에서 스기 수석대표, 이세키 국장, 한국 측에서 배 수석대표, 문 국장이 별실로 가서 서로 숫자를 제시했다.

이렇게 정치교섭은 끝났고, 17일 오후 6시 일한 공동성명이 다음과 같이 발표되었다.

일한 공동성명

최덕신 대한민국 외무부장관과 고사카 젠타로 일본국 외무대신은 1962년 3월 12일부터 17일까지 도쿄에서 일한 전면 회담의 의제인 제 현안의 해결을 촉진하기 위해 정치회담을 가졌다. 두 대신의 회의에는 제6차 일한회담의 쌍방 수석대표 및 양국 정부의 관계관이 배석했다.

회담은 우호적이고 진지한 분위기 속에서 진행됐다. 두 대신은 기탄없는 의견 교환을 하고 쌍방의 입장에 대한 이해를 깊게 하여 일한 양국 간의 현안의 원만하고 합리적인 해결의 기초가 구축된 것을 확인했다.

두 대신은 다음 회담을 가능한 한 빨리 열기로 의견의 일치를 보았다. 동 회담에 관한 구체적인 사항에 대해서는 추후 협의하여 발표하기로 했다.

(3) 회담에 대한 평가

회담 이틀째인 3월 13일 스기 수석대표, 이세키 아시아국장, 배의환 수석대표, 문철순 국장, 최영택 참사관 간에 열린 회담에서 한국 측은 "다케시마나 주한 일본대표부 문제를 제기한 것은 뜻밖이며, 청구권 문제의 총론을 말해서는 곤란하다"고 말했다 이에 대해 일본 측은 "다케시마와 주한 대표부 문제는 물론 일한회담의 의제가 아니지만, 전체적인 이야기를 청구권으로 가져가는 것을 전제로 하여 언급했기 때문에 한국 측도 너무 정면으로 반박하지 말고, 김종필 부장이 보여준 것처럼 가볍게 받아들이는 태도를 취했으면 좋겠다. 청구권의 총론을 말한 것도, 그것부터 이야기를 시작하지 않으면 그 시작을 못 하기 때문에 꼭 필요한 과정으로서 말한 것이다"라고 답했다고 기록되어 있다.

3월 16일 최덕신 외무부장관은 15일에 일본을 방문한 해리먼(William Averell Harriman) 미 국무부 차관보에게 "일본 측은 ①종래 회담의 의제가 아니었던 다케시마 문제를 제기했다, ②청구권 문제에 관해 (가) 일본 측은 사무적인 접근을 시도했다, (나) 한국이 유엔에 의해 인정받은 한반도의 유일한 합법 정부임에도 불구하고 북조선의 청구권을 제외한다고 주장했다, (다) 증거론을 강력히 주장하고 있다. (라) 기존의 청구권, 무상원조, 유상원조라는 세 가지 틀에서 청구권 처리, 유상원조라는 두 가지 틀의 선으로 후퇴했다. 게다가 청구권 처리 때문에 금액은 극히 소액이 되었고 그 부족분은 신용공여로 메우려고 한다"고 불만을 털어놓으면서도, 한국 측으로서는 어업 문제를 국제적 선례와 자원 보호를 기초로 하여 쌍방이 수용할 수 있는 어업협정에 의해 해결할 용의가 있다고 말했다고 한다(3월 19일 [　] 미국대사관 서기관과 마에다 북동아시아과장의 담화).

　　전후 최초로 이루어진 일한 외무장관의 정치적 절충은 기대에 반하는 결과가 되었다.

　　『아사히신문』 3월 18일 자는 해설기사에서 "정치적 절충이라는 이름값에 걸맞은 절충도 하지 못했고, 쌍방의 주장은 회담 전과 평행선인 채 이후의 교섭을 언제 어디서 어떤 형태로 진행할지조차 정하지 않고 헤어졌다. 초점인 청구권 문제는 금액을 외무장관 간에 제시하지도 못할 정도로 의견차가 컸으며 다른 문제도 거의 막힌 상태이다"라고 언급했다. 『요미우리신문』 3월 18일 자 해설기사는 "한국 측은 청구권의 숫자에서 8억 달러 대 5,000만 달러라는 차이를 서로 5억 달러 전후까지 다가가서 그 차이를 1억 달러 전후까지 줄여놓고 4~5월 조인이라는 계획을 전망하려고 생각했던 것 같다. 이에 대해 이케다 총리, 고사카 외상 등은 가리오아(GARIOA)[80] 및 태국 특별 엔[81] 2개 협정이 중의원 외무위원회를 통과하기 전까지는 일한회담은 가만히 두고 싶었다. 그래서 첫 회담에서도 법이론을 언급해 …… 4월 이후 제2차 정치회담으로 넘기려는 작전이었다. 한국 측은 이 법이론에서 북조선에 대한 한국 주권론을 들고 나와 역습했다……"라는 견해를 피력했다. 고사카 외상은 "양측의 사고방식에는 근본적으로 너무나 큰 차이가 있다. 그러나 이것도 국교정상화의 과정이라고 생각한다. 한국 측은 4월에 서울에서 정치회담을 열자고 요구했지만, 서울에 일본대표부의 설치가 인정되지 않는 이상, 일단 거절한다고 말했다. 다케시마 문제도 꺼냈지만 결론이 나오지 않았다"고 적었다. 최덕신 외교부장관은 『도쿄신문』(3월 19일)과의 인터뷰에서 "반드시 좋지 않은 결과로 끝났다고는 생각하지 않고, 미래를 위한 토대를 구축할 수 있었다고 생각한다. 대일 청구권

---

80)　Government Appropriation for Relief in Occupied Area(점령지역 구제 정부자금). 제2차 세계대전 종료 후 미국이 점령지인 일본과 서독에 대해 육군성의 군사 예산으로 지출한 원조자금. 예외적으로 한국에도 배당되었다. 이 자금은 1947~1951년 식량, 비료, 석유, 의약품 등 생필품의 긴급 수입이라는 형식으로 일본에 공여됐으며, 일본은 국내에서 제공 물자를 전매 환금해 향후의 변제에 대비했다. 약 20억 달러에 달했던 대일 가리오아 원조자금은 1962년 미일 간의 변제협정에 의해 약 5억 달러로 삭감됐다.

81)　일본과 태국의 특별 엔 협정. 1955년 7월 9일 체결되어 1962년 1월 31일 개정된 일본과 태국 간의 협정으로, 제2차 세계대전에 대한 사실상의 배상협정의 성격을 띠고 있다. 태국은 제2차 세계대전 때 일본과 공수동맹조약을 체결, 일본군의 주둔을 인정했다. 다만, 태국은 일본 패전 후 일본과의 조약 등이 군사적 강제에 의한 것이라며 무효를 주장, 연합국의 승인을 받았다. 당초 일본과 태국의 공수동맹조약에 기초해 태국에 주둔한 구 일본군은 군비 조달을 위해 태국으로부터 바트화를 받았고, 이에 상당하는 일본 엔을 일본은행의 '태국 특별계정'에 적립해 나중에 정산하기로 했는데, 일본이 항복할 때에는 일본 측의 15억 엔이 차입 초과된 상태였다. 전후 태국은 일본은행의 특별계정에 기초한 배상으로 일본에 1,300억 엔을 청구했지만, 1955년 7월 약 54억 엔의 영국 파운드화에 의한 5년간 연불과 96억 엔의 차관공여에 합의했다. 그러나 태국 국내에서 이에 대한 불만이 속출, 태국은 96억 엔의 차관을 사실상의 배상으로서 무상공여로 전환할 것을 요구했다. 이에 따라 1962년 일본 측은 태국 측의 요구에 호응하는 형태로 8년간의 무상공여를 골자로 하는 새로운 협정을 체결했다.

은 일본이 주장하는 법적 근거에 의지해야 할 성질은 아니며, 또 무상공여나 유상의 경제원조를 추가한 일괄 지불방식에는 찬성할 수 없다. 평화선은 국교정상화와 동시에 철폐되어 국방선으로 남지만 일본이 우려할 필요는 없다. 다케시마 문제는 국교정상화 후에 일본의 주장에 응수할 용의는 있지만, 국제사법재판소 제소에 응할 생각은 없다. 일본대표부의 서울 설치 문제는 국교정상화 후 대사관을 설치하면 된다. 서로 성의를 갖고 대화를 하면 8~9월쯤에 타결할 수 있다"고 말하고, "仇者快, 親者痛(원수가 기뻐하고 친구가 아파한다)"는 격언을 강조했다.

6월 7일 한국의 국가재건최고회의는 「혁명 1년간의 총비판(總批判)」을 발표했는데, 그중에서 일한 외교에 대해 "일본 측의 교활함과 표리부동에 의해 지난 10년간 해결을 보지 못했던 것을 혁명정부가 너무 쉽게 낙관적인 태도를 취해 일본 측의 간계에 속았다는 외교 실책의 비난까지 받게 되었다. 대일 외교의 실책은 일본의 무의식에도 있지만, 주일 한국대표부의 정세 판단의 빈약함, 사전 정보 분석의 결함에 있는 만큼, 대표부의 기구 및 인적 보강조치가 없었던 것도 원인이다"라고 말했다. 이는 주로 당시 정치회담 실패에 대한 반성이라고 간주되었다.

정치회담 개최에 적극적이었던 미국 측의 회담에 대한 견해를 보면, 버거 주한 미국대사는 "일한관계 타결에 대한 분위기를 후퇴시킨 것은 부정할 수 없다. 미국은 한국 측이 보복적인 태도로 나서는 것을 우려하지만, 일한 간의 문이 닫히지 않도록 노력하겠다. 다만, 최 장관의 일본 방문은 일본 측의 속내를 살피는 것이 주목적이다. 최 장관이(현 군사정권에서 비주류는 아니더라도 주류가 아닌 사실로부터) 어떤 실질적인 양보를 할 권한을 갖고 있었다고 생각하는 것은 비논리적이다. 이러한 양보는 당연히 서울에서 해야 하는 것이다. 한국의 여론은 여전히 타결을 강하게 바라고 있고, 박 정권은 조기 타결을 약속했다. 따라서 이번 교섭을 실패라고 공표하는 것은 이 정권의 정책 실패를 암묵적으로 인정하는 꼴이 된다. 그렇기 때문에 적어도 한국민 일반에게는 최 장관의 방일이 반드시 실패가 아니라 약간의 수확이 있었다는 인상을 주어야 한다. 이것이 한국 측 신문 논조에서 보이는 의외의 평온함이 이를 반증하고 있다"고 말했다고 전했다(3월 19일 [ ] 미국대사관 서기관과의 담화).

4월 21일 라이샤워 주일 미국대사는 고사카 외상과의 회담에서 "미국은 이번 회담의 결과 일한관계가 후퇴한 것에 대해 실망했다. 나는 일본 측이 제시한 7,000만 달러는 너무 비현실적인 숫자이며, 수억 달러는 내지 않으면 해결되지 않는다고 생각한다. 한국인은 민감하다. 심리학의 문제이다"라고 말했다.

이세키 아시아국장의 「일한교섭의 회고」 (마에다 북동아시아과장, 야나기야 북동아시아과 수석사무관 동석)에는 다음과 같은 기록되어 있다.

이세키: 내가 관여한 3년 반 동안의 교섭을 통틀어 가장 불쾌했던 때는 그때이다. 아무것도 이루어지지 않았고 오히려 역행해버렸기 때문이다. 내가 가장 한심한 남자라고 생각했던 자는 최덕신이다. 이

정도로 한심하고 불쾌하고 뻣뻣해서 사리분별 못 하는 놈은 교섭 중에 없었다. 상대측도 실망했을지 모르겠지만, 그는 우리가 봐도 사무적으로 정한 것보다 한 걸음 후퇴한 선에서 말했다. 문화재 문제도 그랬다. 내가 "문화재위원회에서 사무적으로 이야기를 정리하고 있는 부분을 정치교섭이라고 하더라도 외무부장관이 와서 그것보다 한 걸음 물러선 의견을 내놓는 건 어떻게 된 일이냐"고 불평한 것을 기억한다.

이케다 씨가 정치교섭에 그다지 열의가 없었으므로 상대측도 의지를 잃어 무심코 외무장관 회담이라는 것이 되어버린 셈이다. 상대측은 기시 씨나 다른 누군가가 오면 김종필이 나설 생각이었던 것이 아닐까. 그러나 그만큼 낮은 수준이 될 것이라고는 우리도 생각하지 못했다. 조금은 진전이 있을 것이라고 생각했는데 오히려 역행해버렸다.

야나기야: 그때였던가. 별실에서 이세키 국장이 문철순을 만나 "청구권 금액을 당신부터 먼저 말해라, 당신이 먼저 말하지 않으면 안 된다"고 말했다. 그래서 서로 종이에 쓴 다음에 하나, 둘, 셋 하고 동시에 전달하기로 했다. 그 전에 분명히 1억 달러라는 숫자가 국장의 머릿속에 있었더라도, 회담 분위기 때문에 조금 수량을 속이자고 하면서 7,000을 써냈는데, 상대방은 딱 10배인 7억으로 썼다는……

주) 전기 회담(17일) 기사 참조.

마에다: 여하튼 나도 그때는 옆에 앉아서 불쾌했다고나 할까, 사무적으로 괴로웠다. 그럼에도 불구하고 무엇인가 이야기가 좀 더 진행되지 않을까 생각했는데, 어떻게 꼼짝달싹 못하는 상황이 되어버려……. 머리숱이 적은 두 사람 모두 머리가 시뻘겋게 되어 보기에 민망했다. 저런 파탄은 그때뿐이었다.

이세키: 저쪽은 싸움을 걸기 위해 온 것 같았다.

야나기야: 그날 밤 문철순 등과 같이 아카사카(赤坂)에서 술을 마시면서 서로 의기투합을 했다. 상대측도 최덕신에 대해 많은 불만을 토로했다.

10. 윤보선 대통령의 사임

군사정권은 정부의 각 기관과 국영 기업체의 수장에 이르기까지 모두 혁명의 주체가 된 군인이 장악하는 한편, 구 정치인의 정치활동을 금지하고 기존 정당 인사를 '특정범죄 처벌에 관한 임시조치법' 위반 혐의로 구속 또는 연금하고 있었다. 그러나 1962년 3월 16일 '정치활동정화법'을 제정, 반민주행위자 공민권 제한법에 의해 공민권이 제한된 자, 구 정권하의 인사 및 각 정당 간부,

제5대 국회의원 등의 정치활동을 1968년 8월 15일까지 제한하기로 하되, 적격 심판을 받은 자에 한해 정치활동을 허용하였다. 이 법의 해당자로 인정된 자는 당시 4,369명이었다.

군사정권 수립 이후에도 대통령의 지위에 머물렀던 윤보선 씨는 3월 22일 "이미 혁명계획의 기초가 구축되고 질서가 안정되었다. 정치활동정화법과 같은 입법은 국민의 단결과 인심을 어지럽히지 않을까 우려한다. 나는 작년 혁명 이후 적절한 기회에 사임하려고 생각했었다"면서 대통령직을 사임했다. 이 사임은 24일 국가재건최고회의에서 가결되었고, 박정희 최고회의 의장이 대통령 권한을 대행하게 되었다.

고사카 외상은 23일 각의에서 본건에 대해 박정희 정권의 법적 계속성에 변화가 없으며 연속성이 변치 않는다고 보고해 양해를 얻었다. 3월 22일 조약국 법규과는 조서 「윤 대통령의 사임으로 인한 문제점」에서 다음과 같이 적었다. 당시 국회(3월 22일 참의원 예산위원회, 3월 24일 중의원 외무위원회)에서 야당은 "윤 대통령이 대통령을 사임했기 때문에 박 정권은 비합법 정권이 된 것은 아닌가"라는 강한 비판이 제기되었는데, 조약국의 견해는 이러한 논란에 대한 정부 답변의 골자를 이루는 것이었다.

윤 대통령의 사임으로 인한 문제점

윤보선 대통령의 사임 결과 발생할 것으로 예측되는 법적 문제점은 다음과 같다.

(1) 한국 헌법 체제상의 설명

(가) 국가재건비상조치법 제11조에 의하면 "대통령이 궐위 또는 사고로 인해 직무를 수행할 수 없을 때에는 국가재건최고회의 의장, 부의장, 내각 수반의 순서로 그 권한을 대행한다"고 되어 있다. 따라서 윤 대통령의 자발적인 사임의 경우 헌법상 대통령의 권한은 모두 비상조치법에 따라 적법하게 최고회의 의장에게 넘어가게 되는 것이므로, 이는 그 어떤 새로운 정체의 변경을 의미하는 것이 아니다(따라서 승인 문제는 야기되지 않는다).

(나) 후임 대통령 선출 문제는 최고회의가 필요하다고 판단할 경우, 비상조치법 제9조(국회의 권한은 최고회의가 행한다)에 의해 처리하는 것도 일단 가능하다고 생각되지만, 이 점에 대해서는 오로지 최고회의에 의한 이 법의 해석과 동 회의의 의사에 의존하는 것으로서, 한국의 국내 문제라는 입장에서 내용에 개입하지 않는 것이 무난하다고 생각한다.

(2) 종래의 정부 견해와의 관련

(가) 박정희 정권의 법적 계속성에 관한 종래의 정부 견해는 "군사혁명의 과정을 통해 원수인 대통령이 유임되었고, 혁명에 따른 제반 조치는 헌법 체제상 대통령에 부여된 비상사태하의 권한을 근거로 이루어졌다는 형식을 취했다"는 입장에서, 전 정권과 신 정권 간에 법적 계속성이 있다는 설명을 하고 있다.

이 입장은 전 정권으로부터 신 정권으로의 정권 수수(授受) 과정이 헌법 체제의 틀 내에서 합법적으로 실현되었다는 설명이 된다. 따라서 그러한 수수가 이뤄진 후 대통령이 자발적인 의사에 따라 사임하고 그 권한이 적법하게 최고회의 의장에게 넘어가는 것은 이른바 군사혁명 시의 정권 수수가 헌법 체제의 틀 내에서 진행되었다고 하는 입장을 전혀 침해하는 것이 아니다(1958년 파키스탄 정변의 경우에도 미르자 대통령은 계엄령을 시행, 아유브 칸을 수상으로 임명해 일체의 권한을 이양한 후 사임했다.).

　〔또한 그러한 법적 계속성은 위에서 언급한 바와 같이 이른바 군사혁명의 여러 조치가 헌법체제의 틀 내에서 진행되어, 비상조치법이 헌법을 폐지하지 않은 채 이를 일부 정지하는 잠정적인 비상 입법(동법 제24조)이라는 것을 전제로 하고 있다. 따라서 만약 헌법 자체를 폐지하여 헌법체제를 파괴하는 사태가 생기면 그 문제는 별도이다.〕

　(나) 1948년의 유엔결의와 관련된 정부 견해는 "현 정부가 2년 후 문민정부 복귀를 약속"하고 있는 것을 근거로, "유엔결의에 명시된 합법 정부인 전 정권과 유엔결의의 요건에 합치되는 것으로 간주되는 문민정부 사이를 잇는 임시정권"이라고 설명하고 있는바, 윤 대통령의 사임을 이유로 언급된 정치활동정화법 제정에 대한 불만과 관련해 이것은 박정희 정권의 문민정부 복귀에 대한 정책의 부정이라는 비난을 받을 우려가 있다. 이에 대해서는 다음과 같이 응수하는 것이 적당하다고 생각한다.

　정치활동정화법 제정 과정에서 박 의장은 "이 법률은 혁명 공약 제6항의 실천에 불과하다"는 취지를 말했는데, 동 제6항은 1961년 5월 16일 자 군사혁명위원회 성명에서 "혁명의 목표를 달성하게 되면, 청신하고 양심적인 정치인에게 언제라도 정권을 이양"한다는 내용의 공약을 가리키는 것으로 해석된다. 또 1963년 문민정부 복귀를 약속한 같은 해 8월 12일 자 박 의장의 성명은 이 "혁명 공약을 실천"하는 것임을 분명히 하고 있다. 이와 같은 경위를 보더라도 오히려 이는 현 정권이 2년 후 문민정부 복귀를 적극적이고 성실하게 준비하고 있다는 증거라고 해석된다.

11. 정치협상 이후

(1) 일한회담의 진행방식

　1962년 4월 8일 이케다 총리는 교토의 후쿠치(福地) 산에서 가진 기자회견에서 "일한 양국의 주장이 너무 동떨어져 있어 정치회담에 들어갈 단계가 아니다"라고 말했다고 보도되었다. 이에 대해 한국 외무부는 "지난 1월 25일 스기 대표와 배 대표 간에 합의한 '3월 초에 제1차 정치회담을 열어 5월에 가조인한다'는 합의에 반한다"고 비난했다. 이에 대해 11일 이세키 아시아국장은 기자회견에서 "상기의 합의는 일한 쌍방이 노력하는 목표이다. 일본 측이 제2차 정치회담에 응할 수 없는 것은 한국 측이 대일 청구권과 관련해 얼토당토않은 숫자를 내고 있기 때문이다"라고 말했다.

4월 24일 김종필 중앙정보부장은 서울에서 열린 외국인 기자회견에서 "한국 정부는 국교정상화를 7월 일본 참의원 선거가 끝날 때까지 기다리겠다"는 취지를 밝혔다.

4월 25일 아시아국장 명의로 다음과 같은 「일한회담의 향후 진행방식에 대해」가 작성됐다.

1. 일한회담은 지난 3월 중순 이루어진 1차 정치적 절충 이후 주로 청구권 문제를 둘러싸고 교착상태에 있다.

현재 양국의 생각을 요약하면, (가) 청구권 문제에 대해 한국 측은 청구권 그 자체든지 무상원조든지 상관없지만, 어쨌든 상당액을 지불할 것을 요구하고 있다. 이에 대해 일본 측은 법적 근거를 인정할 수 있는 청구권은 하나로 하고, 무상원조를 포함하지 않으며, 또 한국 측이 원하는 큰 금액은 도저히 지불할 수 없다고 주장하고 있다.

(나) 향후의 진행방식과 관련해 한국 측은 제2차 정치적 절충을 조속히 서울에서 개최할 것을 희망하고 있다. 이에 대해 일본 측은 양국의 기본적인 사고방식이 크게 다른 상황에서 바로 제2차 정치적 절충을 갖더라도 제1차 정치적 절충과 같은 결과로 끝날 것이 분명하므로 문제 해결의 방법이 아니라 쌍방의 사고방식을 조정하는 것이 선결 과제라고 주장하고 있다.

2. 한국 측에서는 한때 일본 측이 성의를 보이지 않는다는 이유로 회담을 중단하는 조치를 취하지 않겠느냐는 신문 보도가 나오기도 했지만, 결국 최근에 이르러 일본의 국내 사정도 이해할 수 있다면서,

(가) 일본 참의원 선거까지는 참을성 있게 기다리겠다, (나) 그동안 스기 대표와 배 대표의 회담을 수시로 열어 어느 정도 교섭을 계속하고 싶다, (다) 서로 상대방의 국민감정을 자극하는 발언은 하지 않도록 주의하여 더 이상 분위기가 악화되지 않도록 하고 싶다는 태도를 표명하고 있다.

3. 문제의 중심인 청구권과 관련해 한국 측은 최근 다소 양보할 기미를 보였다. 제1차 정치적 절충 시에는 '장기저리의 경제협력'에 대해 전혀 흥미가 없다는 태도를 취했지만, 얼마 전 이세키 국장을 찾은 최영택 참사관은 '청구권', '무상원조' '장기저리의 경제협력' 세 가지로 이 문제를 해결하면 어떨까고 말해 '장기저리의 경제협력'에 관심을 보이기에 이르렀다.

한국 측이 생각하고 있는 '청구권'과 '무상원조'의 합계액이 최종적으로 얼마인지는 불분명하지만, 어쨌든 일본 측이 '청구권' 그 자체로서 지불할 수 있는 금액(아무리 부풀려도 1억 달러 안팎) 사이에 상당한 차이가 있는 것은 분명하며, 이러한 차이를 어떻게 조정할 것인지가 문제 해결의 근본이라고 생각된다.

(중략, 제9장 제1절 게재자료: 7월 20일 「일한회담의 청구권 문제 교섭의 향후 진행방식에 대해」 중에서 3~4항의 내용과 동일함.)

5. 상기한 4항의 방식을 한국 측에 납득시키기 위한 협의는 외무성과 한국대표부 간에 비공개로 실무적 수준에서 행하는 것으로 하고 싶다. 만약 한국 측이 이 방식을 수락한 경우에는 참의원 선거 후 가급적 빠른 시기에 제2차 정치회의를 개최해 이 방식에 따라 구체적인 금액(무상원조 및 장기저리의 경제협력)을 교섭하는 것으로 하고 싶다.

6. 또 한국 측이 동의한다면 이번에 신속하게 우라베 참사관을 단장으로 하여 3~4명으로 구성되는 외무성 직원을 서울에 장기 출장을 보내 주재시키고 싶다. 본건이 실현되었을 경우에는 (1) 이전부터의 현안인 주한 일본대표부 설치 문제 해결의 계기가 되고, (2) 한국의 정치 · 경제 사정 파악이 훨씬 용이해지고 지속적으로 될 뿐만 아니라, (3) 비밀리에 우라베 참사관으로 하여금 상기한 4항의 방식에 관해 김종필 중앙정보부장 등 한국 정부지도자에게 충분히 설명해 납득시킬 수 있도록 공작할 수 있다.

(단, 여론에는 우라베 참사관 일행은 주로 상기 (2)항의 임무를 갖는 것이며, 이와 함께 청구권에 관한 양측의 견해 차이가 너무 크기 때문에 일본 측의 생각을 적절하게 한국 측에 설명토록 하겠지만 정치교섭은 일절 하지 않는다고 설명한다.)

(본건은 한국 측이 동의할 때까지 일체 외부에 유출되지 않도록 주의해주기 바란다).

이어 5월 14일 이세키 아시아국장과 배 대사의 회담에서 배 대사는 귀국한 후 본국 정부 수반과 협의한 결과라면서 "한국 정부는 7월 참의원 선거가 끝날 때까지는 제2차 정치협상의 개최를 요구하지 않는다"는 입장을 설명했다. 결국, 다음 정치협상이 열릴 때까지는 필요한 경우에 외무성과 주일 한국대표부 간에 청구권의 처리방식 등에 대한 사전 정지 작업 등을 협의하기로 의견을 모았다.

(2) 우라베 참사관의 한국 장기 출장 계획의 좌절

상기한 「일한회담의 향후 진행방식에 대해」에서 제시된 우라베 참사관의 한국 장기 출장 건은 그 후에 비공식적으로 한국 측에 전해졌다. 5월 14일 이세키 아시아국장과 배 대사의 회담에서 한국 측은 "원칙적으로 반대하지 않는다"고 답하면서 우라베 참사관이 전신(電信) 코드를 반입하는 것에 대해서도 양해했다. 따라서 우라베 참사관과 고하타 아키테루(木幡彰輝) 전신관, 호리 다이조(堀泰三) 사무관 2명을 5월 하순부터 약 2개월의 일정으로 한국에 파견하는 방침하에 준비를 시작했다. 그러나 18일 배 대사는 "본국 정부가 우라베 참사관의 내한에 난색을 보였다"고 통보해왔다. 우라베 참사관의 한국 주재와 관련해 5월 20일 일본 측 신문이 기사를 내보냈다. 같은 날 『마이니치신문』은 「한국, 참사관을 서울에 상주시키는 데 원칙적으로 동의」, 「초대(初代)로 우라베 씨를 내정」, 「공사 자격으로 일한회담 해결도 전망」이라는 제목으로 보도한 서울특파원의 기사에서, "외무성은 우라베 참사관이 3명 정도의 사무관을 데려가게 하려 하지만, 이 경우 그를 대사(大使)

로 처우하면 '일본대표부가 설치된 것'이 되므로 한국 측을 자극하게 된다. 하지만 김 부장 등 한국 정치권 상층부와 끊임없이 관계를 유지해 쌍방의 사정을 논의하기 위해선 높은 처우를 부여할 필요도 있으므로 공사(公使) 칭호를 제공할 방침이다. 한국 측이 공식적으로 수락하면 우라베 공사는 이달 중에 서울로 부임한다. 우라베 씨는 한때 난제였던 필리핀 배상에서 인내심을 발휘해 그 기초 교섭을 마무리 지은 아시아 외교의 베테랑이다. 외무성은 우라베 공사가 내정되면 8월로 예정되어 있는 일한회담도 어느 정도 해결의 전망이 보이지 아닐까 기대하고 있다"고 말했다.

한국 측 신문에도 이 내용은 크게 보도되었다. 특히 20일 자『조선일보』는 이것이 사실상 주한 일본대표부 개설인 것처럼 해설했다. 그런 이유 때문인지 한국 정부에서는 반대 의견이 더 거세졌다. 20일 최영택 참사관은 이세키 아시아국장에게 "이 사건은 당분간 실현 곤란하다"고 전했다. 서울에서도 국가재건최고회의 유양수(柳陽洙) 외무국방위원장이 "참사관의 주재를 생각할 수 있는 단계가 아니다"고 말했다고 보도됐다.

23일의 이세키 아시아국장과 배 대사의 회담에서 이세키 아시아국장은 "우라베 참사관의 방한 목적은 일한회담의 사전 정지 작업을 하고 회담의 조기 타결을 하기 위한 조치이기 때문에 거듭 본국 정부에 선처해줄 것을 전해달라"고 제의했지만, 결국 실현되지 않았다.

(3) 일본어선의 나포

1961년에 일본어선은 14척이 한국 측에 나포되었지만, 형기 만료자는 송환되었다. 특히 1962년 2월 5일 5명이 송환되면서 한국에 억류된 어부는 남지 않게 됐다. 더욱이 12월 중순부터 3개월간은 나포가 실시되지 않았다. 이 시기에 외무성은 이전부터 한국이 열망했던 한국 쌀 수입 문제와 관련해 관계 방면과 교섭했다. 그 결과 4월 30일에 4만 톤(현미 1만 8,000톤, 정미 2만 2,000톤)의 한국 쌀 수입 협상이 타결, 조인되었다.

일한 외무장관 간의 정치협상이 실패한 후 2주일 넘게 지난 4월 3일, 한국 정부는 법률 제1048호로 '해양경찰대 설치법'을 공포했다(5월 1일 시행). 동 법률 제1조는 "어업자원보호법에 의한 관할수역 내의 범죄 수사 및 기타 해상에서의 경찰에 관한 사무를 관장하기 위해 내무부장관 소속하에 해양경찰대를 설치한다"고 규정했다. 기존의 해양경비대가 해양경찰대로서 5월 1일 발족했고, 이 부대 소속 경비정이 이승만 라인 해역에서 활발하게 활동하기 시작했다.

한국 측은 정치협상이 끝난 지 3일 후인 1962년 3월 20일, 그해 처음으로 일본어선 1척을 나포했고, 이후 5월 들어 한 달에 5척을 잇따라 나포했다. 일본 측은 그때마다 항의를 계속했다. 일한 어업협의회가 펴낸『일한 어업대책 운동사』는 "이 나포의 특징은 종래와는 다르게 어선 나포 현장을 일본의 순시선이 잡을 수 없었다는 데 있으며, 그만큼 한국 경비정의 나포가 교묘해졌다는 것이다. 한국 경비정 4척은 신식 레이더를 장비하고, 일본의 순시선이 섬 그림자 등에 의해 방해를 받아 충분히 그 행동을 포착할 수 없다는 맹점을 이용해 갑자기 일본어선을 습격하는 전법을 취해왔다"고 적고 있다. 일본에서는 어업 관계자의 진정이 잇따르고, 국회에서도 질문이 제기됐다. 이에 따라 5월 23일 이세키 아시아국장은 배 대사와의 회담에서 나포 어선의 석방을 요구하면서 동시에 "한국 쌀 수입 협상이 타결된 직후에 또다시 나포 사건이 발생했으므로 앞으로 한국으로부터 쌀을 사는 것이 매우 어렵게 될 것"이라고 말했다. 이세키 국장은 또 올해 한국 김 1억 장의 수입 할당에도 악영향이 있을지도 모른다고 경고했다.

북동아시아과는 5월 31일 자로「한국에 대한 견제조치 및 강경조치로서 상정할 수 있는 수단」(시안)을 작성했다. 이것은 이승만 정권 말기인 1960년 2월에 작성된 조서「한국에 대한 강경조치로서 상정할 수 있는 수단」을 개정한 것이다. 이 조서는 주일 한국대표부에 대한 조치, 한국인 입국에 대한 조치, 통상상의 조치, 이승만 라인의 보안 강화조치, 어업 문제 해결조치 등 상정할 수 있는 수단을 열거하고 있는데, 그 시작 부분에서는 다음과 같이 말했다.

최근 한국 정부는 다시 이승만 라인 수역에서 우리 일본어선을 나포하는 행동을 취하고 있는데, 우리 측 국내 여론도 어업 관계자를 중심으로 점차 경화할 징조를 보이고 있다. 단순히 이전과 같이 구두, 서면으로 항의를 하더라도 실효성이 부족하기 때문에 이번에는 다음과 같은 견제조치를 정세의 진전에 따라 취하는 것이 적당하다고 판단된다.

또한 본건의 견제조치는 한국 측에 의한 우리 일본어선 나포를 방지하고 억류 어선들의 송환을 강력히 촉구하는 데 목적이 있다. 그 실시는 타이밍을 포함해 매우 신중한 검토를 요하는 것은 물론이지만, 사태의 추이에 따라 보다 강한 조치를 취할 필요가 생길 경우도 상정되기 때문에 한국에 대한 강경조치로서 상정할 수 있는 수단도 열거했다.

6월 6일 스기 수석대표와 배 수석대표 간의 비공식 회담에서 일본 측은 일본어선의 나포, 우라베 참사관의 방한 거부, 하네다 공항 입국허가증 단축 문제〔5월 2일 입국관리국이 하네다 공항을 통과하는 한국인에 대한 단기 입국허가증의 발급을 24시간을 한도로 하는 조치를 취한 것에 대해 (일반 외국인은 72시간 범위이며, 미수교국 외국인은 24시간으로 하고 있었다) 한국 측은 한국에 대한 일본 측의 강경조치라면서 이를 비난, 항의했다〕등으로 최근 악화한 일한 간의 분위기를 개선하기 위해 먼저 한국 측이 일본어선의 나포를 중지할 것을 요구했다.

12. 재일조선인 북조선 귀환협정의 연장

군사정권이 성립된 후인 1961년 6월 27일, 주일 한국대표부 문철순 참사관은 우야마 참사관을 방문해 정부 훈령이라면서 ① 재일조선인의 북조선 귀환 중지를 희망하고, ② 일본어선의 이승만 라인 수역으로의 출어 억제를 요청했다. 문 참사관은 또 군사정권이 성립된 이후에도 이 두 가지는 기존 방침을 유지한다고 강조했다. 이에 대해 이세키 아시아국장은 7월 13일 박창준(朴昌俊) 한국 대표부 대표대리에게 이승만 라인 문제에 대한 종래 일본 정부의 견해를 전달함과 동시에, "북조선 귀환 문제는 자유의사로 북조선으로 돌아가는 것을 희망하는 자가 많으면 인도적 견지에서 이를 적십자의 손으로 귀환시키는 것이 일본 정부의 일관된 기본방침이다. 따라서 희망자가 있는 한, 귀환 업무를 중단할 생각은 없다"는 취지로 말했다.

7월 28일 북조선적십자는 일본적십자에 "귀환 업무가 협정 기한 내에 완료될 수 없을 것이 분명하기 때문에 협정 기간을 1년 더 연장하자"고 제안해왔다. 일본적십자 및 관계 각 성이 협의한 후 일본적십자는 이 협정을 1년간 더 연장하는 데 반대하지 않는다는 취지를 7월 31일 북조선 측에 통보했다. 그러나 당시 관계 각 성의 협의에서는 북조선 측이 귀환 업무의 지연을 도모하는 것을 방지하기 위해 ① 귀환선 1척당 배정 인원을 늘릴 것, ② 지역별 할당방식에 융통성을 발휘할 것, ③ 미신청자의 신청을 촉진할 것, ④ 신청기한 말소자(신청 후 6개월 정도가 지났는데도 귀환을 연장하고 있는 자)는 귀환 권리를 잃게 된다고 선전할 것 등의 방안이 강구됐고, 가장 늦어진 경우에도 1962년 11월까지는 남은 업무 정리를 포함한 모든 귀환 업무를 종결하는 조치를 취하기로 결정되었다.

그리하여 7월 31일 일본적십자 사장은 담화에서 "최근의 상황으로 판단하면 귀환 업무가 이미 막바지 단계를 넘어가고 있다. 협약은 1년 연장했지만, 그 기간 내라도 상황에 따라 업무를 종결할 수 있으리라 생각되므로 내년에 협정을 더 연장하는 것은 생각할 수 없다. 귀환을 원하는 분들은 최대한 빨리 절차를 밟을 것을 권한다"고 말했다.

8월 2일 신임 이동환 한국대표부 공사는 이세키 아시아국장에게 재일조선인의 북조선 귀환협정의 연장에 대해 유감을 표명하고 항의해왔다. 그런데 그 직후 북조선적십자가 귀환선을 수리하기 위해 9월 셋째 주부터 10월 첫째 주까지 귀환 중지를 요청, 귀환 업무가 중단되었다. 그해 여름부터 다시 매주 한 차례 귀환시켰지만 귀환자 수가 줄어들었다〔종래 매달 네 차례, 한번에 1,000명 전후였던 인원이 7월 네 차례(878명, 763명, 659명, 424명), 8월 세 차례(737명, 861명, 507명), 9월 두 차례(492명, 672명), 10월 네 차례(493명, 693명, 299명, 430명), 11월 네 차례(351명, 228명, 96명, 141명), 12월 세 차례(32명, 122명, 124명)로 축소됐다〕. 이에 따라 종래 매번 귀환선 2

척을 파견했던 것이 11월 중순의 제81차 귀환부터는 매번 선박 1척으로 각각 줄어들었다. 1961년 12월 15일 제85차 귀환을 위해 니가타에 온 조선적십자사 대표는 "귀환선을 한 달에 한 번 보내는 걸로 하고 싶다"고 제의해왔다. 일본적십자사는 귀환을 신청하고도 아직 귀환하지 못한 자들의 귀환 희망 시기 등을 조사했다. 그 결과 1962년 1월 18일 니가타에서 다카기 부사부로(高木武三郎) 일본적십자사 사회부장과 조선적십자회 대표 간에 "1월은 한 차례, 2~4월은 각 두 차례 귀환을 실시하고 5월 이후에는 일단 두 차례를 예정하지만 실정에 따라 필요한 경우에는 다시 제안한다"는 합의점이 도출되어, 이후 이 같은 속도로 귀환이 추진되었다.

귀환 인원의 감소는 1962년 들어 점점 확연해져 1962년 1월 87명, 2월 141명, 3월 283명, 4월 578명, 5월 272명, 6월 615명 등을 기록했다.

그런데 6월 22일 북조선적십자는 일본적십자에 현재의 협정을 1년 더 연장할 것을 제안해왔다. 이와 관련해 일본적십자사와 정부 당국이 협의한 결과, 7월 6일 각의에서는 1952년 2월 13일의 각의 양해를 변경하는 다음과 같은 각의 양해가 결정됐다. 또 이와 관련해 후생대신의 발언 요지가 발표됐다.

재일조선인 중 북조선 귀환 희망자의 처리에 관한 각의 양해

1962년 7월 6일 법무성, 외무성, 후생성

'일본적십자사와 조선민주주의인민공화국 적십자회 간의 재일조선인의 귀환에 관한 협정'은 1959년 8월에 성립된 후 두 차례에 걸쳐 유효기간이 연장되어 왔지만, 최근의 귀환 실정에 비추어 현 협정의 유효기간이 만료되는 올해 11월 12일 이후의 귀환 희망자의 처리에 대해서는 별도로 일본과 북조선 두 적십자사 간에 적십자 원칙에 따라 결정되는 방안으로 처리하는 것으로 양해한다.

그리고 각의 양해에 대한 설명서는 "그런데 귀환 업무의 최근 실정을 보면, 지난해 여름 무렵을 경계로 귀환자 수가 격감하여(첫해에는 5만 명 이상이 귀환한 반면, 올해 1~6월 귀환자는 총 2,000명이 안 됨), 앞으로도 귀환자가 극히 소수에 그칠 것으로 예상된다. 또 현행 귀환협정은 북조선으로 귀환하기 위한 적절한 방법이 없어 귀환 기회를 기다려왔던 자에게 신속한 귀환의 기회를 주는 것을 목적으로 하고 있었지만, 이러한 이들은 이 협정 체결 이후 지금까지 거의 대부분 귀환했다. 그리고 향후 귀환할 자 대부분은 최근에 이르러 귀환 의사를 갖게 됐거나 향후 새롭게 귀환 의사를 갖게 될 사람들이다. 이러한 의미에서 현재의 사태는 현행 협정을 전제로 하고 있던 매주 한 차례 1,000명이라는 대량의 귀환 모습과는 근본적으로 그 성격을 달리하고 있다. 이러한 상황을 감안해 현행 협정의 기한 만료 후에는 일본적십자사가 적십자 본래의 원칙에 따라 귀환 희망자에 대한 소요를 원호하고, 또 그들의 귀환이 원활하게 운영되기 위해 필요한 사항에 대해 북조선적십자와 새로운 사태에 맞는 새로운 협정을 맺는 것이 가장 적당하다고 생각되기 때문에 본 각의 양해를 심의

하는 바이다"라고 적었다. 또 이날「재일조선인 중 북조선 귀환 희망자의 처리에 관한 각의 양해」에 대한 후생대신의 발언 요지는 "현행 재일조선인 귀환협정이 종료된 후 새로운 협정에 기초해 일본적십자사가 실시하는 북조선 귀환사업에 대해 정부는 일본적십자사에 필요한 재정 지원을 하기로 한다"고 밝혔다.

일본적십자사는 이 각의 양해에 기초해 관계 각 성과 협의하여 새로운 협정안을 작성했다. 이어 일본적십자사 이노우에 외사부장 및 다카기 사회부장은 7월 19일 북조선적십자 귀환선 승선 대표로서 니가타에 도착한 김주영(金珠栄) 국제부 부부장 등과 니가타에서 회담, 현행 협정 제5조의 "귀환 희망자가 매회 집결하는 기일의 간격을 7일 전후로 하고, 매번 인원을 약 1,000명으로 예정한다"는 문구를 "귀환 희망자의 집결은 월 1회 약 200명으로 예정한다"로 수정했다. 일본적십자 측은 또 제9조를 "협정의 유효기간을 1년으로 하고 기간 만료 3개월 전에 당사자 어느 쪽도 다른 의사 표시를 하지 않는 경우에는 1년 더 연장되고, 그 후에도 순차적으로 같은 방식으로 1년씩 연장된다"는 문구로 수정할 것을 제안했다. 그러나 북조선 측은 현행 협정의 무수정 1년 연장을 주장하며 양보하지 않았고, 일본적십자 측의 제안을 본국에 보고하겠다고 약속하는 데 그쳤다. 그 후 일본에 콜레라가 발생했다는 이유로 8월과 9월 귀환선이 오지 않았기 때문에 교섭이 중단되었지만, 10월 2일 제98차 귀환선으로 도착한 북조선적십자 대표와 교섭이 재개됐다.

10월 13일 일본적십자는 관계 성청(省廳)과 협의한 후 "제9조는 수정하지 않는다. 제5조를 '귀환 희망자의 집결은 월 1회 약 200명으로 예정한다. 그러나 귀환 희망자 수의 증감에 따라 양측 적십자 간의 협의에 의해 이를 적절히 변경하기로 한다'로 수정한다"는 방침을 세우고, 18일 다시 북조선 측과의 교섭에 임했다. 그러나 이 제안에 대해 북조선 측은 "귀환자 수의 기준 변경은 제5조 3항의 단서에 의해 가능하다. 일본적십자사의 수정 제안은 일한회담에 미치는 영향을 고려해 현행 협정을 파기하고, 집단귀국을 중단시키려는 일본 정부 당국의 의도를 반영한 것"이라고 반박하면서 무수정 연장을 주장했다. 결국, 교섭은 타결에 이르지 못했다.

그동안 재일조선인총연합회를 중심으로 한 조선인 및 일조(日朝)협회·귀국협력회 등은 무수정 연장운동을 전개, 진정(陳情)과 항의를 격렬하게 펼쳤다. 일본적십자는 10월 30일 관계 성청(省廳) 협의회에서 "협정 기간 만료일(11월 12일)을 며칠 앞둔 상황에서 견해의 불일치를 이유로 향후 귀국을 희망할 수도 있는 재일조선인에게 불안감을 주는 것을 방지하기 위해 일본적십자사는 귀환의 세목에 관한 협의를 동시에 진행하는 것에 합의한다는 것을 조건으로 협정을 갱신한다"는 안에 대해 정부의 양해를 얻었다. 이에 따라 11월 8일 일본적십자의 이노우에 외사부장, 다카기 사회부장과 조선적십자의 김주영 대표는 "협정을 그대로 1년 연장하고" "배선은 월 1회 내지 2회로 하고, 매월 귀환자 수를 약 200명으로 예정한다"는 내용을 골자로 한 2개 합의서에 서명했다.

이상의 일본과 북조선의 귀환협정 연장 교섭과 관련해 한국적십자 총재는 1962년 6월 29일 일본적십자 사장에게 "북조선 귀환은 강제 추방이다"라고 항의하는 서한을 보내왔다. 이에 대해 일본적십자 사장은 7월 9일 거주지 선택의 자유를 강조한 답변 서한을 보냈다.

그 후 귀환협정은 1963부터 1965년까지 1년마다 전보(電報)의 왕복만으로 무수정 연장이 결정되었다. 1964년에는 2월에는 인플루엔자로 인해, 6~8월에는 6월 16일에 니가타에서 대지진이 발생했기 때문에 귀환이 각각 중지됐다. 1965년에는 인플루엔자로 인해 2월에 휴항(休航)한 것을 제외하고는 대체로 매월 한 차례 귀환선의 내항이 이뤄졌다.

북조선 귀환 총인원은 〈표 22〉와 같다. 협정 체결 후 1959년 12월부터 1961년까지 약 7만 5,000명이 귀환했지만 이후 격감했다. 격감 이유로는 원래 재일조선인 중에 북조선 출신이 매우 적었다는 점을 우선 지적할 수 있겠다. 그러나 당시 북조선에서 생활물자의 부족이 심해지고, 게다가 7개년계획의 실시를 강행하고 있다는 실태가 점차 드러나면서 재일조선인들이 북조선은 선전되는 것과 같은 천국이 아니라는 판단을 하게 된 것, 다른 한편으로 일본의 경제 성장이 계속되어 생활이 안정된 것 등도 재일조선인으로 하여금 북조선행을 단념시킨 큰 이유로 지적되었다.

표 22   재일조선인의 북조선 집단 귀환 (1959년 12월~1966년)[82]

---

82) 〈표 8〉 '북조선으로의 집단 귀환 (1959년 12월~1966년)'과 동일한 내용의 표이므로 생략했음.

IX

일한회담 예비교섭:
청구권 처리 대강의 결정과 어업 문제 등의 진전

1. 일한회담의 진행 방법에 대한 간부회의

1962년 7월 1일 참의원 선거가 있었다. 이어 14일 자민당 총재 공선에서 이케다 총재가 재선되었다. 18일 이케다 내각 개편에서 오히라 마사요시(大平正芳)가 외상에 취임했다.

7월 24일 오후 7시 30분부터 약 1시간 반 동안 도쿄 시로가네(白金)의 관저에서 오히라 외상은 스기 수석대표, 다케다 외무차관, 유카와 관방장관, 나카가와 조약국장, 이세키 아시아국장 등을 불러 향후 일한회담의 진행방식을 논의했다. 그 자리에서 다음과 같은 「일한회담의 향후 진행방식에 관한 기본방침(안)」 및 「일한회담에서의 청구권 문제 교섭의 향후 진행방식에 대해」가 배포되었다.

이 회의의 기록은 다음과 같다.

이세키: "새로운 내각이 출범하면"이라는 설명으로 오늘까지 한국 측을 기다리게 했기 때문에 더 이상 회담의 재개를 연장하면 한국 측은 "일본 측에 성의가 없다"고 회담을 중단할 가능성이 있다. 또 회담이 내년까지 미뤄져 민정이관이 가까워지면 양국의 국내에서 "회담은 민정이관까지 기다려야 하는데 왜 서두르는가"라는 목소리가 나올 것이다. 더욱이 내년도 통상국회에 조약 협정안을 낼 수 없게 되면 가을 임시국회에 내게 된다. 그렇게 되면 한국 측에도 국회가 성립되어 다른 어려움이 생길 것이다. 따라서 서둘러 방침을 정해 예비교섭에 들어가 이를 8월 중에 마친 다음, 9월 중에는 정치적 절충을 마무리 지어 10월부터 12월까지 어업 문제 등을 마무리 지을 필요가 있다.

일본 측이 이 방식을 제시할 경우, 한국 측은 "총액으로 얼마를 받을 수 있는가"라고 질문할 것이다. 이에 대해서는 "총액만 만족한다면 이 방식을 받아들이겠는가"라고 되물어보고, 한국 측이 이에 수긍할 경우에만 숫자를 제시하는 식으로 하고 싶다. 한국 측이 이 방식을 받아들일 가능성은 반반이라고 생각한다.

총액과 관련해 한국 측은 1(청구권)+2(무상원조)+2 혹은 3(유상원조)으로 총 5 내지 6(억 달러)을 생각하고 있는 것 같다. 이것과 일본 측의 2+2 안의 조정은 최고위급 수준의 절충을 기다릴 수밖에 없다.

스기: 도대체 총리는 서둘러 마무리 지을 생각이 있는가. 아니면 그렇게 서두르지 않을 생각인가.

오히라: 그 어느 것도 아니다. 뭔가 거리가 있다는 느낌을 갖고 있는 것 같다. 그러나 더 이상 연장해야 할 사정은 없다. 예비교섭을 시작해 결정이 나지 않아 정치협상에 이르지 못한다고 한다면 손을 떼도 괜찮지만.

스기: 총리나 외상도 '이번에야말로 정말 타결시키자' 하는 마음을 갖기 바란다.

오히라: 물론이다.

차관: 각의나 당에서 이를 설명하면 내용이 신문에 누설된다.

스기: 당내, 내각 내의 의견 일치가 필요하다. 그런 다음에 총리와 외상에게 맡겨주면 내용이 유출될 걱정도 없을 것이다.

오히라: 나도 그렇게 생각한다. 왜 '무상원조'라고 하는가.

이세키: '청구권'으로는 아무리 후하게 사정(査定)하더라도 1억에 그치지만, 타결 짓기 위해서는 2억까지 내지 않으면 안 된다는 의견이 현재 상식으로 되어 있다. 그래서 금액을 늘리기 위해 한국 측에 '청구권'을 포기시키고 일본 측에서 '무상원조'를 준다는 구상이 생긴 것이다.

오히라: 이케다 총리와 박정희 의장의 회담에서는 법적 근거가 있는 청구로 한정한다고 합의된 것이 아닌가.

이세키: 한국 측의 해석으로는 '무상원조'라는 사고방식이 남아 있다는 이야기이다.

오히라: 남북한 문제는 어떻게 처리하는가.

나카가와: '청구권'이라면 남한만이라고 말할 필요가 있지만, '무상원조'라면 지역을 따질 필요가 없다.

이세키: '청구권'의 해결이라고 하면, 한국 측의 요구를 재한 일본 재산에 의해 깎았다는 '미국의 해석'과 관련해 국내 보상 문제가 발생할 우려가 있다.

오히라: 일본 정부에 대한 일본인의 청구가 나올 것 같은 해결은 곤란하다. 이와 무관하게 해둘 필요가 있다. 자고 있는 아이를 깨우면 큰일이다.

나카가와: '미국의 해석'에 따라 평화조약으로 소급해 일본 재산 처리의 효력이 인정되기 때문에 국내 보상 문제와는 분리되어 있다. 따라서 일반적인 재외 자산 보상 이상으로는 문제가 되지 않고 끝날 것 같다.

오히라: 지금까지의 외교사 가운데 이와 같은 사례가 있는가.

나카가와: 사유재산을 몰수하는 사례는 거의 없고, 제2차 세계대전 이후 일어난 새로운 현상이다.

오히라: 위자료를 지불한 사례가 있는가.

나카가와: 새로운 독립국에 위자료를 건네준 사례는 없지만, 영국 식민지가 독립할 때 영국이 경제 원조를 한 사례는 있다. (생략)

오히라: 일한문제에 대한 미국의 태도는 어떤가.

이세키: 서둘러 정리해주었으면 한다. 일본은 너무 인색하다. 미국은 일한관계가 개선되면, 한국에 원조를 하기도 쉬워진다. 일본이 보상하게 되었다고 해서 미국이 원조를 줄일 생각은 추호도 없다고 말하고 싶다.

스기: 요컨대 예비교섭을 빨리 시작할 필요가 있다.

오히라: 알았다. 이제 더 이상 연장할 수는 없다. 조속히 총리와 상담해 각오를 정하자.

마에다 북동아시아과장은 「일한문제와 나」에서 그날의 소감을 다음과 같이 말했다.

내 느낌상 그때까지는 하나의 시안이었던 방안을 새 내각의 새로운 대신이 명확하게 그 방침으로 본인이 하겠다고 말했다. 그리고 서둘러 예비교섭을 한다는 다소 성급한 일정(time table)으로 이 방침이 정해졌다. 그런 의미에서 7월 24일 열린 회의는 매우 중요한 자리였다고 생각한다. 그 전까지 나는 그런 생각이 과연 외무성 방침으로 깔끔한 뒷받침(pressing)을 받을 수 있을지, 혹은 그것을 실현하기 위해 대신 스스로 앞장을 서겠다고 말할지 여부에 자신이 없었지만, 대신이 이 방안으로 하자고 함으로써 하나의 단계가 명확하게 설정됐다는 느낌을 받았다.

이세키 아시아국장의 「일한교섭의 회고」(1969년 12월 3일)는 다음과 같이 기록하고 있다.

이때쯤 가장 많이 받은 느낌은 이케다 씨가 하자고 생각을 했다가도 망설이곤 했다는 점이다. 내가 얘기하면 할 마음이 생긴다. 다른 인색한 사람의 이야기를 들으면 머뭇거리게 된다. 이케다 씨는 스스로 '하지 않으면 안 된다'는 마음도 있지만, 국내 여론으로 보면 '아직 너무 이르다'거나 '금액이 너무 크다'고 생각해 상당히 고민하지 않았을까 싶다. 외무성과 대장성 사이에서 협공을 당해 이케다 씨가 저쪽 편을 들다가도 이쪽 편을 들고 …… 오히라 씨가 되고 나서는 오히라 씨에게 말해두면 총리에게까지 가지 않아도 괜찮았다. 아주 편해졌다. 그렇다. 그때까지 나는 총리에게 가서 여러 가지 이야기를 하곤 했지만, 오히라 씨가 된 후에는 대신에게만 말해도 괜찮았다.

당일 배포된 자료는 다음과 같다.

일한회담의 향후 진행방식에 관한 기본방침(안)

1962년 7월 20일 아시아국

1. 기본방침

(1) 제6차 일한회담은 현재 사실상 중단 상태에 있다. 회담의 여러 현안에 관한 사무적 수준의 논의는 대체로 지난 3월 중순까지 일정한 단계에 도달했고, 그 이상의 진척은 특히 청구권 문제에 관해 정치회담에서 넓고 높은 안목에서 금액 및 처리방식에 대해 합의를 볼 수 없는 한 이를 해결하기 어려운 사정이다.

(2) 한국 측은 3월 고사카 외상과 최 장관 간의 제1차 정치협상이 소기의 성과를 얻지 못했기 때문에 즉시 4월에 서울에서 제2차 정치협상을 열 것을 강력히 희망했다. 그 후 한국 측은 점차 일본 측이 이에 응할 수 없는 사정이라는 것을 이해하게 되었고, 일본 측의 새로운 내각 성립 후에 가급적 신속하게 우선 사무적 수준에서 사고방식의 조정을 진행한 다음에 제2차 정치협상을 열어야 한다는 우리

측의 견해에 근접하기에 이르렀다.

(3) 제1차 정치협상의 경험에 비추어볼 때, 제2차 협상이 성과를 거두기 위해서는 상기의 사전 조정이 충분히 이뤄지는 것이 매우 중요하다. 반면, 이 기회를 놓치면 현 군부정권과의 사이에서 일한회담이 타결될 가능성은 완전히 사라지며, 회담 재개는 한국의 민정이관 완료 후, 빨라도 내년 가을 이후까지는 기대할 수 없게 된다. 뿐만 아니라 최악의 경우, 한국 측에 의한 일본어선의 대량 나포라는 사태도 예상되므로 향후의 방법 및 절차를 결정할 시에는 특히 신중한 배려가 필요하다. 따라서 먼저 도쿄에서 스기 수석대표와 배 수석대표 간의 비공식 회의를 계속해 아래 2조와 같은 제 현안의 해결 방침에 따라 양측이 충분한 양해에 도달하도록 노력한다. 또 유효하다고 인정되는 경우에는 서울에서도 서로 협의를 진행해 8월 초부터 약 1개월간 이 같은 사전 조율 작업을 완료하도록 노력하기로 한다(단, 이 과정에서 논의가 난항을 겪을 것으로 예상되는데, 그러한 경우에는 미국이 한국 측에 융통성 있는 태도를 취하도록 설득하는 방법도 고려한다).

(4) 상기 (3)항의 조정이 순조롭게 진척되고 고위 정치회담의 기운이 성숙해졌다고 판단되는 경우, 제2차 정치협상을 서울에서 개최해 상기 (3)항에 의해 조정된 기본 라인에 따른 원칙적인 합의를 확인하고, 아울러 각 위원회 논의 재개에 대해 합의하는 것으로 한다.

(5) 이에 기초해 각 위원회의 논의에서는 조약 협정 등을 마무리하고, 늦어도 연내에 그 전면적 타결을 도모하기로 한다.

2. 각 문제에 대한 방침

(1) 기본관계

샌프란시스코 평화조약의 발효 이전까지 일한 국교를 수립한다는 목표를 갖고 교섭을 진행했던 제1차 일한회담에서는 일한 간의 새로운 관계를 천명하기 위한 기본조약의 체결이 적절하다고 생각해 이를 위한 토론도 상당히 진척시킨 경위가 있다. 그러나 그 후 10여 년이 경과하여 일한 간에 이미 준(準)국교관계가 존속하고 있는 오늘날, 적극적으로 새로운 기본조약을 체결할 의의는 거의 없다. 반면 기본조약을 기초하게 되면 한국 정부의 관할권이 미치는 범위에 대해 일한 양국 모두 새삼스럽게 종래의 입장을 주장할 수밖에 없으며, 그 결과 아무런 실익이 따르지 않는 논의의 응수를 거듭하게 되는 일이 불가피하다. 그렇기 때문에 이 점을 한국 측에 설명해 기본조약은 체결하지 않기로 하고 「국교정상화에 관한 공동선언」(가칭)과 같은 것으로 묶어두는 한편, 별도로 필요한 경우 대사 교환에 관한 교환공문을 수교하는 것으로 한다.

(2) 일반 청구권 문제

(i) 한국 측에 대해 일본 측이 '청구권'으로서 지불할 수 있는 것은 한국 측의 모든 청구권 가운데 일본국 및 일본 국민에 대한 남한 지역 및 남한 지역 주민의 청구이자, 또한 사실관계 및 법률관계가 명백하게 입증되는 경우로 한정된다. 또 그 지불의 구체적인 금액을 결정할 때는 평화조약 제4조에 대한 이른바 '미국의 해석'을 고려할 필요가 있다. 결국 그 금액은 극히 소액에 그칠 수밖

에 없음을 설명한다.

(ii) 따라서 상기 (i)항에 나온 일본 측의 원칙적인 입장을 따르고 사실관계 및 법률관계의 입증이 곤란한 것에 대해서도 일본 측에 지불 책임이 있다는 한국 측 주장과의 조정을 도모한다는 견지에서 '청구액'이라는 명칭을 피하고 '무상 경제원조' 또는 '증여'라는 형식으로 이 문제의 대국적인 해결을 도모한다.

(iii) (ii)항과 동시에 일한 경제협력에 대해서도 서로 논의를 해 (ii)항을 보완하는 의미에서 '장기저리의 유상 경제원조' 방안에 대해 한국 측의 이해를 구한다.

(iv) 한국 측은 지금까지 공식적으로는 어디까지나 '청구권' 해결을 요구한다는 태도를 취하고 있지만, 비공식적으로는 반드시 명칭에 고집하지 않고 일본 측의 지불 총액이 문제라는 의향을 표명하고 있다. 따라서 향후 논의에서는 상기 (ii)항과 (iii)항의 우리 측 구상에 대해 한국 측의 동조를 요구하면서 '무상 경제원조' 또는 '증여'로서 2억 달러, '장기저리의 유상 경제원조'로서 2억 달러를 최종선으로 한다는 방침하에 적절한 숫자를 제시해가는 것으로 한다.

(v) 청구권 문제 해결의 최종 단계에서는 한국에 대한 일본의 회수불능채권 4,573만 달러의 처리 문제도 고려하기로 한다.

(vi) 선박 문제를 일반 청구권 문제의 일환으로 해결하는 문제에 대해서는 후기 (5)항과 같다.

(vii) 또한 한국 측이 중시하는 청구권 문제의 해결은 일본 측이 중시하는 어업 문제의 해결과 동시에 이루어야 한다는 우리 측의 기본 태도를 수시로 한국 측에 명확하게 전해줄 필요가 있다.

(3) 어업 문제

(i) 자원 보존 및 양국 어업의 공존공영을 목적으로 한 일한 어업협정의 체결에 의해 '이승만 라인'을 사실상 철폐하는 것에 대해 한국 측의 확약을 요구한다.

(ii) 일본 측이 제시해야 할 어업협정안은 "일본국 정부는 한국 정부가 그 영해에 접속하는 공해 수역에 거안(距岸) 12해리 범위 내에서 어업수역을 설정하고, 어업에 관해 영해에서와 같은 권리를 행사하는 것에 반대하지 않는다"는 이른바 '제네바 방식'을 골자로 한다[또한 12해리를 한국 측 어업수역을 설정할 시에는 그 기선(基線)에 직접기선을 잡는 것을 인정한다].

(iii) 한국 측은 12해리를 어업수역으로 설정하는 것만으로는 만족하지 않으리라 생각되므로, 일한회담 전체의 진전 상황도 고려하면서 교섭의 최종 단계에서 12해리가 되는 한국 측 어업수역 바깥 쪽 공해의 어업에 대해 일본 측의 기본적인 법률적 입장을 해치지 않는 한도 내에서 어느 정도의 조업 금지구역을 설정하는 식으로 타협을 도모하는 것을 고려한다.

(iv) 또한 한국 측이 상기한 취지의 어업협정에 동의하도록 하기 위해 도움이 된다고 인정되는 경우에는 일한 경제협력의 일환으로서 어업협력 내지 제휴도 병행적으로 논의하기로 한다.

(4) 재일한국인의 법적지위 문제

이 문제에 대해서는 이미 쌍방의 견해가 거의 나와 있다. 문제의 초점은 협정상의 영주권 부여 범위에 있다. 향후 교섭에서는 회담 전체의 진전 상황도 고려하면서 최종적으로는 다음과 같은 선에서 타결을 도모하기로 한다.

(i) 영주권 부여 범위에 대해서는

(a) 종전 전부터 계속해서 체류하는 한국인 및 그 자손으로서 협정 발효 시까지 출생한 자에게는 영주권을 부여한다.

(b) (a)에 의해 영주권을 취득한 자의 자식으로 협정 발효 후 일정 기간 내(예를 들어 10년)에 출생한 자에게 영주권을 부여한다.

(c) (a)와 (b)에 따라 영주권을 취득한 자에게는 일본의 국가 질서를 어지럽힐 우려가 있는 자를 제외하고 강제퇴거에 관한 일본국의 법령을 적용하지 않는다.

(d) 협정 발효 후 일정 기간(예를 들어 10년) 후에 태어날 자손에 대한 영주권 부여 문제는 일한 간에 협의하여 그 처리를 결정한다.

(ii) 처우에 대해서는

(a) 생활보호와 관련, 협정 발효 시까지 태어난 재일한국인으로서 협정상의 영주 허가를 취득한 자 및 그와 생계를 같이하는 미성년 자녀에게 당분간 이를 제공하는 것으로 한다.

(b) 교육과 관련, 재일한국인으로 협정상의 영주 허가를 취득한 자 및 그 자손에게 공립 소학교와 중학교 입학을 인정하는 것으로 한다.

(iii) 귀환 시 갖고 돌아갈 재산과 관련, 재일한국인으로서 협정 발효 후 일정 기간(예를 들어 5년) 동안 영주 목적으로 한국에 귀환하는 자에 대해서는 그 소유하는 모든 재산 및 자금을 원칙적으로 자유롭게 반출 내지 송금하는 것을 인정한다(단, 빈곤층이 귀환할 시 보조금 지급에 관한 한국 측의 요구는 철회시킨다).

(iv) 재일한국인의 국적 확인 조항은 한국 정부의 관할권 범위의 문제에 직접적으로 저촉하게 되어 일본 측으로서는 응할 수 없기 때문에 한국 측으로 하여금 철회토록 한다.

(5) 선박 문제

(i) 한국 치적선 및 치수선(置水船)에 관한 일한 양국의 법률적 주장에 큰 차이가 있고, 또 사실 관계에 대한 양측의 인식이 현저히 다르기 때문에 사무적인 논의를 계속하더라도 더 이상 접점을 모색하기 곤란하다고 판단된다. 따라서 상기 (2)항의 일반 청구권 해결방식인 '무상원조' 또는 '증여'의 일환으로서 이 문제도 한 번에 해결하도록 한국 측을 설득하는 것으로 한다[구체적으로 '무상원조' 또는 '증여' 중 얼마가 선박에 해당하는지는 명시하지 않고 그 선택은 한국 측에 맡기는 방식과 '무상원조' 또는 '증여'의 내수(內數)로 처리하는 방식, 예를 들면 선박 1만 톤이라고 명기하는 방식을 생각할 수 있지만, 후기 (i)항과 관련해서는 전자가 바람직하다].

(ii) 한국 측이 (i)항의 방식으로 한국 치적선 및 치수선 문제가 완전히 해결된 것을 확인한 경우에는 일본 측은 나포 일본어선의 반환 청구를 포기하기로 한다(이에 따른 국내 보상 문제는 별도

로 조치가 필요하다).

(6) 문화재 문제

(i) 일본 측으로서는 의무로서 한국 측에 문화재를 반환해야 할 국제법상의 근거는 없지만, 문화재에 대한 한국민의 감정이나 재한 문화재 대부분이 한국전쟁에 의해 망실됐다는 사실 등을 고려하고, 국교정상화를 경축하는 일본 국민의 마음을 표명하기 위해 어느 정도의 국유 문화재를 자발적으로 기부함으로써 이 문제를 원만하게 해결하고 싶다는 일본 측의 기본 태도를 한국 측에 설명하고 납득시킨다.

(ii) (i)항을 실현하는 구체적 방안으로는 「일본과 한국 간의 문화협력에 관한 의정서」(가칭)에 의해 양국 간의 문화 교류 촉진을 결정하고, 그 조항 가운데 하나로서 어느 정도의 국유 문화재의 기증을 약속한다는 방식이 가장 적절하다고 생각한다.

일한회담에서의 청구권 문제 교섭의 향후 진행방식에 대해

1962년 7월 20일, 아시아국

1. 한국의 대일 청구권 처리와 관련해 일본이 그 지불에 응할 수 있는 금액은 충분히 법적 근거가 있는 청구권에 한정된다는 것이 종래 일본 측이 견지해온 태도이다. 그런데 올해 3월까지 계속된 청구권위원회 및 전문가회의의 토의, 그리고 일본 측 관계기관에 의한 자료의 검토 결과에 따르면 주로 다음과 같은 여러 사정에 의해 일본 측이 충분히 법적 근거가 있는 청구로서 인정할 수 있는 금액은 극히 소액에 불과한 것으로 판명되었다.

(가) 사실관계의 확인이 매우 곤란한 점. 종전 후 수십 년의 시일이 경과한 데다 한국전쟁으로 현지 자료의 상당 부분이 망실된 사실도 있어 청구권의 중요 부분을 차지하는 군인·군속, 징용노무자의 총수, 사망자 수, 부상자 수의 정확한 파악은 거의 불가능하지만, 만약 법적 근거가 있는 청구권으로서 이들에 대한 은급 등을 지불하기 위해서는 확실한 증거 서류를 갖추고 있는 것이 필요하다.

(나) 관련 법규가 한국의 독립을 전제로 하고 있지 않다는 점. 가령, 일단 우리 일본의 은급법은 은급 수급자의 일본 국적 상실을 은급권의 소멸 사유로 하고 있으므로 한국인에 대한 은급 지불은 이들 한국인이 평화조약 발효로 인해 일본 국민의 지위를 상실한 시점에 중단한다는 것이 실정법상 해석으로서 가능한데, 이러한 해석에 기초하면 지불액은 근소한 액수에 그친다. 한편, 이 은급법은 조선의 독립이라는 사실을 전혀 예상하지 못한 법률이므로 국제 선례를 감안해 한국인에게 일본인 수준의 은급 지불을 행한다는 사고방식에도 근거가 있다고 생각된다.

(다) 본건 처리의 대상을 남한 지역에 대한 청구권만으로 제한한다는 명분을 견지할 필요가 있는데, 남북조선의 구별은 개괄적일 수밖에 없다는 점. 만약 어떤 청구 항목에 대해 전 한반도의 정확한 숫자가 파악되었다고 하더라도 그중에서 한국에 지불해야 할 부분을 산출할 때에는, 가령 우편저금에 대해서는 남북조선의 현재의 인구비례를 기준으로 하여 70퍼센트를 곱한 것과 같이 개괄적인 산

출방식을 채택할 수밖에 없고, 이를 충분히 법적 근거가 있는 숫자라고 말할 수 있을지 의문이다.

(라) 평화조약 제4조에 관한 소위 '미국의 해석'을 어떻게 적용할 것인지의 문제. 가령 충분히 법적 근거가 있는 숫자를 산출하더라도 일본 측은 종래 일관해서 이 '미국의 해석'에 의해 재한 일본 재산에 대한 청구권 주장의 철회 사실이 한국 측의 대일 청구권 처리에 있어서 고려되어야 한다고 주장해 왔다. 따라서 어떤 점에서 이것이 고려되었는지에 대한 설명이 필요하다.

(마) 한국 측은 청구권으로서 일본 측으로부터 지불받은 금액을 관련 개인에게 전해주는 대신에 일괄적으로 정부자금으로서 경제 발전, 사회복지 같은 목적으로 사용하는 것을 고려하고 있는 모양이다. 그러나 일본 측의 입장에서 말하면 청구권의 지불인 이상 이것을 확실히 개인의 손에 건네줄 것을 요청하지 않을 수 없다.

2. 한국 측은 현재도 공식적으로는 일본 측에 거액의 '청구권'을 지불할 것을 요구한다는 태도를 취하고 있지만, 비공식적으로는 상기 1항의 취지에 대한 일본 측 설명을 어느 정도 이해한 것 같고, 충분히 법적 근거가 있는 '청구권'에 '무상원조'를 더한 두 가지(혹은 여기에 '유상원조'를 더한 세 가지) 방식에 관심을 보여, '청구권'과 '무상원조'를 합친 총액이 얼마인지에 관심을 갖게 되었다.

한국 측은 '청구권'에 '무상원조'를 더한 방식을 취함으로써 청구권으로 지불할 수 있는 금액은 극히 소액에 불과하다는 일본 측의 입장과, 일본은 한국에 대해 상당한 고액을 지불할 의무가 있다는 한국 측 주장의 조정을 도모할 수 있다고 생각하고 있는 모양이다.

그러나 가령 일본 측이 이와 같은 방식을 수용한 경우에 '무상원조'는 경제협력의 한 방법이라기보다는 '청구권'의 변장(變裝) 내지 위장이 된다. 이 경우에는 청구권으로 지불할 수 없는 것을 '무상원조'라는 개념을 도입하여 지불한다는 것이 너무나 명료하게 되어 국민으로부터 납득을 얻어내기 어렵고 국회에 설명하기도 매우 어려울 것으로 생각된다. 그렇다고 '무상원조'의 개념을 도입하지 않은 채 어디까지나 '청구권'으로 해결하려 한다면, 비록 최대한 조리와 국제 선례를 가미해 부풀린다 하더라도 1억 달러가 한도이고, 이것으로는 한국 측의 희망 총액과 너무 격차가 있어 회담을 타결하는 것이 거의 불가능하다고 판단된다.

3. 이상과 같은 교착상태를 타개할 수 있는 유일한 방법은 아래 4항의 A안 또는 B안과 같이, 한국 측은 '청구권'을 '포기한다' 내지 '주장하지 않는다'고 하고, 일본 측은 이에 따라 일정 금액을 '무상원조'로 공여하는 방식이다.

일본 측으로서는 이 방식에 의하면 '청구권'이라는 개념에 제약을 받지 않으며, 금액도 정치적 배려로 결정할 수 있게 되어 한국 측 요구액과의 타협을 도모할 수 있다. 또한 국내나 국회 등에 설명할 때도 넓은 안목에서 밀어붙일 수 있다고 생각된다(국회에 대한 설명에서는 일한 우호관계 확립의 대국적 의의를 강조하면서 한국 측의 당초 요구액과의 비교, 동남아 국가에 대한 배상 지불의 사례, 한국에 대한 미국의 원조 실적, 일한 국교정상화에 따른 일본의 경제적 이익 등을 지적하면서, 한국 측 당초 요구액에 대한 일본 측의 사정(査定) 내용은 일절 언급하지 않는 것이 현명하다고 생각된다).

한편, 한국 측에는 명목에 고집하지 않는 결과로서 상당액의 공여를 받을 수 있다는 실익을 설명하고, 더욱이 한국의 국내용으로는, 요컨대 청구권의 해결로서 이만큼 일본 측이 인정하게 했다고 설명하더라도 괜찮다고 말하면서, 이 방식에 의한 청구권 문제의 대국적 해결의 구상을 수락하도록 노력하는 것으로 한다.

4. 구체적인 방식은 다음과 같다(모두 교환공문에 의한다. 또한 '무상원조'를 보완한다는 취지에서 '유상원조'에 대해서도 동시에 결정하는 것이 적당하다고 생각된다).

(A안)

(1) 한국 정부는 일한 양국의 국교정상화에 즈음해 양국 간의 영원한 우정을 기원하고, 한국 정부 또는 한국 국민이 평화조약 제4조의 규정에 따라 일본국 또는 일본 국민에 대해 소유한, 또는 소유해야 할 모든 청구권을 포기한다.

(2) 일본 정부는 한국 정부의 대일 청구권 포기 사실을 고려하고, 한국과 일본은 국교정상화를 기념하고 양국 간의 영원한 우정을 기원하면서, 민생 안정과 경제 발전에 기여하기 위해 아래와 같이 경제협력을 하기로 한다.

(i) 무료 경제원조 ○억 달러

(ii) 장기저리의 유상 경제원조 ○억 달러

(B안)

(1) 일본 정부는 일한 국교정상화를 기념하고 양국 간 우호친선을 기원하면서, 민생 안정과 경제 발전에 기여하기 위해 다음과 같이 경제협력을 하기로 한다.

(i) 무료 경제원조 ○억 달러

(ii) 장기저리의 유상 경제원조 ○억 달러

(2) 한국 정부는 일본 정부에 의한 (1)항의 공여를 수락함과 동시에, 한국 정부 또는 한국 국민이 평화조약 제4조의 규정에 따라 일본국 또는 일본 국민에 대해 소유한 또는 소유해야 할 모든 청구권을 향후 주장하지 않을 것을 확인한다(마지막 부분의 표현으로는 "모든 청구권은 완전히 또 최종적으로 해결된 것을 확인한다" 또는 "일한 사이에 존재하는 일체의 문제가 해결된 것을 확인한다"고 하는 것도 검토할 만하다).

(참고)

외국에 대한 일본의 배상 지불방식

1. 버마(1955년 4월 16일 발효)

a. 무상 지급 2억 달러(10년간 균등)

    b. 경제협력 5,000만 달러(10년간 균등)

주) 버마 측은 일본과 버마의 평화조약 제5조의 재검토 조항을 근거로 증액 요구 중

2. 필리핀(1956년 7월 23일 발효)

    a. 무상 지급 5.5억 달러(20년간)(첫 10년간은 각 2,500만 달러, 다음 10년간은 각 3,000만 달러)

    b. 경제협력 2.5억 달러(기한 없음)

3. 인도네시아(1958년 4월 15일 발효)

    a. 무상 지급 4억 달러

회수불능채권 포기 1억 7,691만 달러 남짓, 무상 지급 2억 2,308만 달러(12년, 그중 11년간은 각 2,000만 달러, 마지막 해는 308만 달러)

    b. 경제협력 4억 달러(기한 없음)

4. 라오스(1959년 1월 23일 발효)

배상청구권 포기를 고려해 10억 엔 상당을 무상 증여(2년간 지급)

5. 캄보디아 (1959년 7월 6일 발효)

배상청구권 포기를 고려해 15억 엔 상당을 무상 증여(3년간 지급)

6. 베트남 (1960년 1월 12일 발효)

    a. 무상 지급 3,900만 달러(5년간)

    b. 경제협력 750만 달러(3년간)

상기한 회의가 끝난 이틀 뒤인 7월 26일 자 외무성의 「일한회담의 진행방식에 관한 건」은 다음과 같이 기록하고 있다.

따라서 일본에 새 내각이 성립된 이 시기에 일본 정부의 기본방침을 확정해 신속히 한국 측과의 협의에 들어가, 한국 측이 후기하는 일본 측 생각에 동의하면 늦어도 올해 말까지 회담을 타결시키는 것으로 하고 싶다. 연말까지 회담이 타결되지 못할 경우에는 현 군사정권을 상대로 한 회담은 거의 불가능하게 되며, 회담 재개는 한국의 민정이관 후 빨라도 내년 가을, 아마도 내후년 이후가 될 수밖에 없을 것으로 판단된다.

현재 일한회담의 정체 상태를 타개할 방법은 청구권 문제에 관한 쌍방의 대립을 푸는 것이다.

이때 생각할 수 있는 유일한 실제적인 해결 방법은 한국 측이 '청구권'을 포기하거나 주장하지 않는 대신 일본 측이 상당액을 '무상원조'로 공여하는 방식이다.

이 기본방침을 결정한 경우에는 8월 중 도쿄에서 스기 수석대표와 배 수석대표 간에 예비교섭에 들어가고, 또 효과적이라고 인정되는 경우에는 서울에서도 서로 협의를 해 약 1개월간에 이러한 사전 조정 작업을 완료한 후 9월 말이나 10월 초쯤 서울에서 제2차 정치협상을 개최하는 것이 적당하다고 판단

된다.

제2차 정치협상에서 청구권 문제에 대해 원칙적인 합의가 성립된 경우에는 즉시 각 위원회 회의를 재개, 어업협정 체결을 위한 논의를 비롯해 재일한국인의 법적지위, 선박, 문화재 등의 문제에 대해서도 소요의 협의를 진행해 늦어도 연내에 조약 협정 등을 마무리 짓고 회담의 전반적인 타결을 도모하고자 한다.

(일한 국교정상화는 이러한 조약 협정의 비준 완료 후 실현된다.)

2. 일한 전면 회담 예비교섭 개시와 미국 측의 관심

(1) 예비교섭의 시작

한국에서 7월 10일에 내각 개편이 있었다. 박정희 의장이 겸임했던 내각 수반에 김현철(金顯哲) 경제기획원장이 승격됐고 기획원장에는 김유택(金裕澤) 전 원장이 복귀했다. 7월 22일 한국 정부는 제1차 경제5개년계획안을 발표, 자립 경제의 기초를 세우겠다는 의도를 제시했다. 청구권 문제의 해결에 의해 일본에서 얻을 자금이 이 5개년계획에 사용되는 만큼, 일본 외무성도 그 계획 내용을 즉시 번역했다. 상기한 간부회의가 열린 지 이틀째인 7월 26일, 스기 수석대표와 배 수석대표의 비공식 회담이 열렸다. 일본 측은 "현재 일본 측은 정부 정상 간에 회담에 임할 일본 측의 기본방침을 검토 중이지만, 그것이 결정되는 대로 도쿄에서 예비교섭을 시작하고 싶다"고 언급, 한국 측의 양해를 구했다. 한국 측은 향후 교섭에 기여하기 위해 지금까지의 각 위원회에서 일치한 점, 불일치한 점을 정리하는 작업을 수행하고 싶다고 제의했다. 이에 따라 7월 30일부터 9월 7일까지 열한 차례에 걸쳐 아시아국 북동아시아과와 주일 한국대표부 간에 관련 작업이 진행됐다.

8월 20일 예비교섭과 관련해 스기 미치스케 일본 정부 대표에게 다음과 같은 훈령이 내려졌다.

1962년 8월 하순부터 도쿄에서 개최될 제6차 일한 전면 회담 예비교섭에서 귀 대표는 일한 양국의 미래를 바라보고 오랫동안에 걸쳐 우호친선관계의 기초를 확립하는 관점에서 일한문제를 처리해야 한다는 기본 정신을 명심하고, 아래 방침에 따라 일본의 주장을 관철할 수 있도록 노력하기 바란다.

기

1. 이 예비교섭은 8월 하순부터 도쿄에서 일본 측의 귀 대표, 한국 측 배의환(裵義煥) 수석대표 간에

시작하는 것으로 하지만, 상황에 따라 그대로 교섭 장소를 서울로 옮길 수도 있다는 것을 고려한다.

2. 이 예비교섭은 대략 10월 말까지는 정치적 절충을 마무리 짓는 것을 목표로 추진한다.

3. 이 예비교섭에서 다루는 문제는 청구권과 어업 2개 현안을 비롯해 재일한국인의 법적지위, 선박, 문화재의 각 현안으로 한다. 그러나 우선 청구권 문제를 중심으로 하고 기타 안건은 필요에 따라 수시로 이를 거론하기로 한다.

4. 청구권 문제의 해결과 관련해서는,

(1) 그 방식으로서 한국 측은 청구권을 포기하거나 주장하지 않는 것으로 하고, 일본 측은 '청구권'이라는 명칭을 피해 일한 양국 국교정상화를 기념하여 한국의 민생 안정과 경제 발전에 기여하기 위한 경제협력을 실시한다는 취지에서 무상원조 및 유상원조(장기저리)를 공여하는 것으로 하고,

(2) 이 방식에 한국이 동의하면, 그 금액으로서 무상원조는 1.5억 달러를 한도로 하고, 유상원조는 1.5억 달러를 한도로 하는 것으로 한다.

또한 이러한 원조의 지불 방법이나 기한, 유상원조의 조건 등에 관한 자세한 내용은 교섭의 진전에 따라 별도로 검토하기로 한다.

5. 청구권 문제의 해결은 어업 문제의 해결과 동시에 해야 한다는 우리 측의 기본방침을 견지하기로 한다.

6. 협상의 진전 상황 등에 관한 발표 내용은 한국 측과 미리 협의한 바에 따라 외무성 아시아국장으로 하여금 적절히 이를 실시토록 하기로 한다.

'부(付)'

다케시마 문제는 일한회담의 의제가 아니지만, 한국 측으로 하여금 국교정상화까지는 이를 국제사법재판소에 제소하는 것에 응하게 하도록 노력해야 한다.

일한 예비교섭은 8월 21일부터 일본 측 스기 수석대표, 이세키 아시아국장, 한국 측 배의환 수석대표, 최영택 주일 한국대표부 참사관(기록원, 일본 측 야나기야 사무관, 한국 측 김정태(金正泰) 서기관, 나중에 박상두(朴相斗) 서기관으로 교체) 간에 열렸다. 이는 회담이 일반적인 사무적 절충으로 좀처럼 진행되지 않았기 때문에 이세키 아시아국장의 구상에 의해 상기한 소규모 비공식 형식으로 열리게 된 것이다. 예비교섭은 제13차 회의(10월 30일)에서 이세키 아시아국장의 후임인 우시로쿠 도라오(後宮虎郞) 아시아국장이, 제33차 회의(1963년 4월 4일)에서 최영택 참사관을 대신해 이규성(李圭星) 참사관이 참석하는 등 약간의 참석자 변동이 있었지만, 1964년 2월 6일까지 통산 예순다섯 차례 개최되었다. 예비교섭은 우선 청구권 문제의 토의로부터 시작되었지만, 제6차 회의(9월 13일)에서 예비교섭의 하부기관으로 어업 관계 회의 및 법적지위 관계 회의를 설치하기로 했고, 1964년 3월까지 전자는 쉰두 차례, 후자는 마흔두 차례 각각 열렸다. 다음 절에서 언급하는 바와 같이 그동안 오히라 외상과 김종필 중앙정보부장이 합의점을 도출했다. 1963년 2월 이후

에는 경제협력(또는 청구권) 관계 회의가 아홉 차례, 문화재 관계 회의가 여섯 차례 열렸다.

(2) 청구권 문제 토의

예비교섭에서 양측은 우선 청구권의 처리방식과 금액에 대한 논의에 집중했다. 제1차 회의(8월 21일)에서 일본 측은 상기한 방침에 기초해 청구권이라는 명칭을 쓰지 말고 무상원조라는 명칭 하나로 해결할 것, 여기에 더불어 유상원조 안을 생각하고 있다고 말했다. 이에 대해 한국 측은 청구권을 '포기한다' 또는 '주장하지 않는다'는 입장에는 도저히 응할 수 없으며, 청구권과 무상원조 두 가지로 해결하고 싶다고 주장했다.

제2차 회의(8월 24일)에서 일본 측은 무상원조 1.5억 달러, 장기저리의 유상원조 상당액을 생각하고 있다고 말했다. 이에 대해 한국 측은 순청구권 3억 달러, 무상원조 3억 달러를 제시했다. 제3차 회의(8월 29일)에서 한국 측은 "일본 측이 명목으로서는 '한국 측이 요구하는 청구권을 해결하기 위한 목적으로 순변제와 무상원조를 포함하여 이만큼의 금액을 지불한다'는 취지를 말하고, 한국 측은 '이만큼의 금액을 수령하기 때문에 청구권은 해결했다'고 대답하고 싶다"고 주장했다. 일본 측은 '청구권'을 넣으면 명확하게 증거 서류가 마련되는 것에 한정할 수밖에 없다고 반박했다. 또 한국 측은 일본 측이 1.5억 달러에서 금액을 올리지 않으면 한국 측은 6억 달러에서 내릴 수 없다고 말했다. 8월 31일 아시아국장 명의로 작성된 「일한 청구권 문제의 해결 방법에 대해」는 예비교섭과는 별도로 8월 30일에 열린 비공식 회담에 대한 논의를 다음과 같이 기록하고 있다.

1. 8월 30일 아시아국장은 최영택 주일 한국대표부 참사관과 비공식적으로 회담을 갖고, 현재 한국 측이 받은 훈령의 최하한선 숫자를 물어봤다. 최 참사관은 순청구권과 무상원조의 총액 3.5억 달러라고 대답했는데, 더 엄격하게 추궁한 결과, 향후 논의의 진전에 따라 본국 정부는 3억 달러까지 내릴 수 있을지도 모른다고 대답했다. 그는 또 어떤 경우에도 무상분과 거의 동액의 장기저리 유상원조를 기대하고 있다고 부언했다.

상기한 한국 측의 숫자는 예전에 버거 주한 미국대사와 라이샤워 미국대사 등 주일 미국대사관 관계자가 미국 측이 청구권 문제의 최종 해결금액으로 적당하다고 생각하는 숫자로서 제안한 것과 완전히 부합한다. 이 점을 감안하면 상기 숫자는 한국 측의 생각을 솔직하게 나타낸 것으로 판단할 수 있다.

2. 향후 우리 측이 더 제시해야 숫자로는 다음 세 가지 안을 생각할 수 있다.

제1안 무상원조 2억 달러, 유상원조 2억 달러

제2안 무상원조 2.5억 달러, 유상원조 2억 달러

제3안 무상원조 3억 달러, 유상원조 2억 달러

3. 향후 교섭에서는 상기한 세 안을 대체로 다음과 같은 순서로 사용하기로 한다.

(1) 예비교섭에서 한국 측이(현재 6억 달러에서) 4억 달러까지 금액을 내리는 것을 확인한 경우에는 우리 측은 제1안을 제시한다.

(2) 예비교섭에서 한국 측이 3.5억 달러까지 금액을 내리는 것을 확인한 경우에는 우리 측은 제2안을 제시한다. 이 제2안의 제시함으로써 예비교섭은 종료하기로 한다. 그 시기는 오히라 외상의 미국 방문 출발일인 9월 15일까지를 목표로 한다.

(3) 오히라 외상의 귀국(10월 7일) 후 정치협상을 열고 제3안으로 최종적으로 타결한다.

4. 또한 상기 방법에 의해 청구권 문제를 해결할 때는 다음 두 가지를 명확하게 하기로 한다.

(1) 한국에 대한 일본의 회수불능채권 약 4,570만 달러는 무상원조의 내수(內數)인 점(예를 들면, 무상원조 2.5억 달러의 경우는 그중에서 4,570만 달러를 말소하기 때문에 실제 지급액은 2억 달러가 조금 넘는다).

(2) 선박 문제(한국 측의 한국 치적선 및 치수선 반환 청구와 일본 측의 나포 일본어선 반환 요구의 문제)도 일본의 무상원조 결정에 의해 병행해서 해결된 것이라는 점을 확인한다.

그러나 제6차 회의(9월 13일)에서 배 대사는 "한국 측이 받은 훈령은 한국 측이 1억 달러를 내린다면, 일본 측도 절반인 0.5억 달러를 올려달라는 내용이다"라면서 "비공식적으로 묻겠다. 한국 측이 공식적으로 5억 달러라고 하면, 일본 측은 얼마로 할 것인가"라고 물었다. 이에 대해 이세키 아시아국장은 "1.7억 달러라고 말씀드리겠다. 이는 외무장관 회담 당시의 0.7억 달러에 1억 달러를 더한 숫자이다"라고 대답했다.

이튿날인 9월 14일 박정희 의장은 경상북도 문경의 시멘트공장을 시찰했을 때 일한협상에 대해 "타산(打算)보다는 국제 정세의 고려가 필요하다. 한국과 일본의 위정자는 어느 정도는 국민의 비난을 각오하지 않으면 안 된다. 아무리 유리한 조건으로 성립된 회담도 양국의 모든 국민을 만족시키기는 어렵다"고 말했다고 보도됐다.

예비교섭의 논의 내용은 공개되지 않았지만, 「일본 측, 숫자를 준비」, 「총액으로 타결을 도모한다」, 「청구권, 차관, 무상원조를 포함해 총액은 약 3억 달러」, 「3억 달러는 수용할 수 없다: 한국 정부 고위 관계자가 언급」, 「무상, 차관을 반반(半半)」, 「총리 재단(裁斷)으로 외무성 안을 민다」, 「양측 주장에 격차, 한국 측 안 5~6억 달러인가」, 「한국 약 6억 달러 제안, 청구권에서 차관을 제외」, 「청구권에서 양보, 무상 공여의 방향으로」, 「금액에서 진전 없음」, 「무상 공여로 증액인가」 등의 제목으로 8월부터 9월까지 일본의 여러 신문이 이를 보도했다. 한국 측 신문에도 여러 가지가 보도됐다. 『한국일보』 9월 29일 자는 일본이 청구권으로 3억 달러를 제시할 가능성을 보도했다. 러스크 미 국무장관이 오히라 외상에게 3억 달러 내외를 기대했다는 보도도 나왔다. 또 최덕신(崔德新) 외무부장관이 "3억 달러 선을 받아들이긴 힘들지만, 회담의 진전에 따라 3억에서 3억 5,000만 달러로 타결할 가능성도 있다"고 말한 보도가 나왔는데, 이튿날인 10월 1일에는 이를 부인했다는 담화가 발표됐다.

(3) 미국의 관심과 요청

미국 정부는 예비교섭 개시에 매우 적극적인 관심을 보이면서, 일본 측과도 회담하며 진언(進言)을 시도했다.

7월 31일 라이샤워 주일 미국대사는 에머슨(John K. Kenneth Emmerson) 공사와 함께 오히라 외상을 방문, 일한회담의 타결을 요청했다. 그는 "만약 앞으로 몇 달 동안(next few months) 해결할 수 없으면 향후 수년간 해결할 수 없을 것이다. 이 몇 달이 마지막 기회이다"라면서 "한국 측에 교섭의 유연성이 있다고 생각하지만, 그들은 그것을 우리에게 보여주길 싫어한다(hate to show us)"라고 말했다.

8월 24일 라이샤워 대사가 다케우치 외무차관을 방문했을 당시의 회담 요지에는 다음과 같이 기록되어 있다.

> 라이샤워 대사는 서울 미국대사관의 보고를 인용해 (1) 21일 열린 예비교섭 첫날에 일본 측이 제시한 제안에 대한 최고회의의 반응은 매우 부정적이었고, 일부는 분개(indignant)했다, (2) 한국 측의 생각은 (i) 청구권(claim), (ii) 중립적인 형태(neutral form), (iii) 경제협력(economic cooperation) 세 가지로 나뉘어 있는 것 같다, (i)은 자료(document)가 있는 것, (ii)는 자료(document)는 없지만 청구권(claim)의 일종인 것으로 생각하고 있는 것 같다, (3) 그 시기로는 2주 후에 고위급 토론으로 나아가고 싶은 것 같다[이 경우 한국 측은 김종필 또는 김동하(金東河)를 보낼 생각인 것 같다]라고 설명했다. (덧붙여 오늘 제2차 회의에서 일본 측이 제시할 금액을 물었다. 라이샤워 대사는 "그렇게 해서는 물고기가 미끼를 물지 않고 도망칠 우려가 크다"고 말했다).

8월 23일 케네디 대통령은 이케다 총리 앞으로 서한을 보냈다. 그중에서 일한문제와 관련한 내용은 다음과 같이 언급됐다.

> I need not recite the many reasons why a just and amicable settlement between Japan and Korea is of such importance to both countries, be the United States and to the free world. I need only say that I am sure we share a common desire to achieve this goal. Many obstacles lie before you, but I am convinced that you will do everything in your power to bring about a settlement. I look forward

to the achievement, under your wise guidance, of an agreement on which we can look back in years
to come as an act of great statesmanship and the beginning of a new era for the people of Japan,
Korea and all the great Pacific basin.

이에 대해 이케다 총리는 8월 31일 자 답변에서 회담 타결에 대한 굳은 결의를 전달함과 동시에 "회담의 원만한 타결을 위해 케네디 대통령이 측면에서 노력할 것이 있으면 이를 진심으로 환영한다"고 말했다.

9월 5일 파티 석상에서 라이샤워 대사는 다케우치 차관에게 서울에 있는 버거 미국대사로부터 연락을 받았다면서 다음과 같은 세 가지를 언급했다.

(1) 한국 측은 무상 3억 달러, 유상 2억 달러라면 타결을 결정할 것이 확실하다.

(2) 다양한 정세를 토대로 판단하건대, 일본 측이 최대한 빨리 2.5억 달러까지 늘리는 것이 이때 가장 중요한 점이라고 생각된다. 거기까지 가면 나머지는 자연적으로 결정될 것이다.

(3) 한국 측이 걱정하는 또 다른 사항은 일본 측이 이를 지불할 때 달러 등 현금으로 지불하리라고는 예상하지 않지만, 만약 그 대신에 소비물자를 강요한다면 아주 곤란하며, 한국 측은 반드시 경제 건설에 필요한 자재로 받고 싶다고 생각하고 있다(이 점에 대해 다케우치 차관은 일본 측은 물론 건축 자재 등의 제공을 생각하고 있고, 오히려 한국 측에서 "일부를 소비물자로 갖고 싶다"고 말하지 않을까 생각했었다고 설명했다).

유엔총회 참석을 위해 미국을 방문한 오히라 외상은 1962년 9월 15일 러스크 미 국무장관과 회담했다. 여기서 오히라 외상은 "이번에는 한국 측도 열성적이다. 일본 측도 양국 국교정상화를 기하고 있다"고 열의를 표명했다. 이어 오히라 외상은 "일본이 한국에 거액의 금액을 지불하게 되는데, 그 용도에 대해 주문할 수 있는 입장은 아니지만 한국에 많은 원조를 하고 있는 미국은 한국의 재건을 어떻게 생각하는가"라고 질문했다. 이에 대해 러스크 국무장관은 "미국은 일한관계 개선을 중시하고 있다"면서 "문제의 핵심은 무상공여 금액이라고 생각하는데, 내가 한국으로부터 의뢰를 받은 건 아니지만, 3억 달러면 해결 가능하다고 생각한다"고 말했다. 그는 이어 한국에 대한 지불금을 유용하게 사용하는 것에 관한 오히라 외상의 언급과 관련, "한국의 현 정권은 종래보다 현명하게 자금을 사용할 수 있다고 생각하지만 향후 미일 양국이 협의하는 것도 하나의 안이라고 생각한다"고 말했다.

9월 28일부터 10월 6일까지 한국으로 출장 간 우시로쿠 심의관은 한국 체류 중에 버거 주한 미국대사와 회담했다. 그때 버거 대사는 "군사정권은 일본의 잔량(殘量) 재산 문제는 이와 관련이 없는 것으로 생각하고 과거 일본의 물적 공헌이나 압정(壓政)도 모두 잊은 채 오로지 국민에게 설명할 수 있는 금액을 생각한다. 그 금액이 무상으로 3억 달러 이하로는 만족하지 못할 것만은 확실하다. 일본으로부터의 지불을 현금으로 받는 것은 시대에 맞지 않다고 인식하고 자본재와 용역으로 받을 것을 생각하고 있다. 연간 지불액은 한국 측도 연구하고 있으며 자본재와 용역에 의한 공여의 경우 연간 5,000만 달러 이상은 소화 불가능이라고 생각한다"고 말했다. 이러한 미국의 요청에 대해 오히라 외상은 이후(1970년 2월 10일) 「일한교섭의 회고」에서 다음과 같이 말했다.

> 미국은 대일정책, 대아시아정책의 일환으로 일한관계의 정상화를 강력히 희망하고 있었던 것이 사실이며, 미일 간의 접촉이 있을 때마다 그것을 간절히 희망한다고 우리에게 표명했었다.
> 러스크 씨는 일한교섭의 경과에 관심을 갖고 있는 것 같았다. 러스크 씨와의 회담에서 나는 일단 통지는 해두었지만, "일본 정부가 매우 주저하는(reluctant) 것"에 불만이 있는 게 분명해 보였다. 그러나 그것 때문에 우리가 어떻게 해서든 일한 국교정상화에 대해 노력해야 한다는 입장에는 저항감이 들었다.

3. 오히라 외상과 김종필 중앙정보부장의 회담

(1) 제1차 회담(1962년 10월 20일)

김종필 중앙정보부장은 미국으로 가는 도중인 1962년 10월 21일 일본에서 열리는 MRA[83] 대회에 참석하기 위해 20일 일본을 방문했다. 그때 박정희 의장으로부터 이케다 총리에게 다음과 같은 편지가 전달됐다.

(본문 한국어)
친애하는 이케다 총리 각하
저는 한국의 중앙정보부장 김종필 대령이 미국 방문 시에 잠시 일본에 들를 기회에 각하에게 제 진심 어린 인사를 전하도록 부탁했습니다.

---

83)   Moral Re-Armament. 도덕 재무장. 1930년대 미국의 루터파 목사 부크맨(F. Buchman)이 제창한, 도덕에 의한 세계적인 정신 개조 운동.

저는 극동의 안녕 평화와 자유진영의 단결이라는 견지에서 일한 양국의 국교정상화가 시급히 이뤄져야 한다는 요망이 증대해짐에 따라 양국 간 현안 해결을 위한 기운이 조성되고 있는 것을 보고 기쁘게 생각합니다.

저로서는 이런 좋은 분위기를 현재 진행 중인 국교정상화 회담을 상호 만족할 수 있도록 타결하기 위해 최대한 활용하는 것이 우리의 의무라고 생각합니다.

이러한 견지에서 저는 김 부장이 각하 및 각하를 보좌하는 분들과 양국의 관심사가 되어 있는 제반 문제를 기탄없이 진지하게 논의할 기회를 얻는 것과, 일본 체류기간은 짧지만 상기 목표 달성에 큰 효과를 거둘 것을 희망해 마지않습니다.

마지막으로 각하의 건강과 행복을 기원합니다.

1962년 10월 19일

대통령 권한대행 국가재건최고회의 의장 박정희

일본국 총리 이케다 하야토 각하

김 부장의 방일을 계기로 10월 20일 오후 4시 5분부터 2시간 반 동안 오히라 외상과 외무대신 접견실에서 양자 간의 회담이 열렸다.

오히라 외상은 나중에 「일한교섭의 회고」에서 김종필 씨와의 회담에 대해 다음과 같이 말했다.

사진 34 김종필 중앙정보부장과 오히라 마사요시 일본 외상이 1962년 10월20일 일본 외무성에서 한일 청구권 교섭의 큰 틀을 확정 짓기 위한 회담에 임하고 있다. (출처: 한국일보)

김종필 중앙정보부장은 "외무부장관도 아닌데 왜 내가 나서야 하는지 야당 측 등이 상당한 비판을 제기했다. 대일 교섭을 할 때 상대측이 누구를 내세울 것인지는 상대측의 자유이다. 대통령의 명령을 받아 대일 교섭을 수행하는 이상 '당신은 외무부장관이 아니다'라고 말하는 것은 잘못된 일이다. 그런 사람과는 성심성의껏 만나도 상관없다고 생각한다"고 말했다.

김종필 씨에 대한 인상은 당시 37~38세의 젊은 나이로 일본어를 잘하고 똑똑한 데다 게다가 가장 중요한 용기를 갖고 있는 사람이었다는 것이다. 나에게 한국에 대한 교섭은 외무성이 담당하는 많은 일 가운데 하나로 때때로 상대를 하는 정도였는데, 한국에 대일 교섭은 한국 정부의 명운을 건 큰 쟁점(issue)이었다고 생각된다. 그래서 이 문제의 대처 방법에 우리 쪽이 10분의 1이었다고 한다면 저쪽은 10분의 9의 무게를 가지고 있었을 것이다.

게다가 당시 학생들이 일한회담 반대로 들고 일어났고, 잘못하면 정치생명뿐만 아니라 생리적 생명까지 걸려 있었다. 그렇게 불속의 밤을 줍는 듯한 위험한 입장에 있었는데도, 김종필 씨의 태도는 침착하고 훌륭했다. 사념(邪念)을 버리고 상대방의 입장, 자기 나라의 입장을 생각하여 공정하고 상식적인 해결책을 모색하고 있는 태도를 나는 보았다.

당시의 회담 요지는 다음과 같이 기록되어 있다.

(1) 김 부장은 "회담에 대한 일본 측 생각은 도대체 무엇인가"라고 질문했다. 이에 대해 오히라 대신은 "우선 청구권 문제와 관련해서는 과거의 역사 등에 기초해 세밀하게 청구권 내용을 논의하는 것은 의미가 없다. 한국의 독립 축하금을 구 종주국이 새로운 독립국가의 경제자립을 위해 협력한다는 의미에서 제공하겠다고 제안한 데 대해 한국 측은 아직 비공식적으로 좋다(yes)든지 싫다(no)든지 하는 답변을 않고 있다. 그러나 우리로서는 이 문제가 협상의 성패를 결정하는 하나의 고비라고 생각하고 있다"고 말했다.

이에 대해 김 부장은 "구체적인 표현은 추후 협의하기로 하지만, 기본적으로 일본 측의 생각에 지장이 없을 것이라고 생각한다"고 대답한 후 "금액에 대해서는 어떤가"라고 반문했다.

대신은 "축하금의 특성상 '이 밑으로는 절대로 받아들일 수 없다'는 최소 금액은 있을 수 없다고 생각하지만, 솔직히 말해 미국 측이 3억 달러라는 숫자를 제시하고 있는데, 이에 대한 한국 측의 의향은 어떤가. 일본은 이미 각국에 10억 달러에 달하는 배상을 안고 있고, 연간 8,000만 달러를 지불하고 있다. 또한 필리핀에 대한 연간 지급액은 2,500만 달러이기 때문에 이를 크게 상회할 것 같은 금액일 경우 다른 국가에서 배상 재검토를 요구할 우려가 있다. 따라서 나로서는 최대한 3억 달러라는 희망에 가깝게 가기 위해 노력하고 있지만, 국민감정과 연간 지급액을 고려할 필요가 있기 때문에 일본 정부로서는 구체적 숫자를 아직 결정하지 못하고 있다. 나는 청구권 금액은, 이른바 교섭 전체를 달마 그림에 비유하면 마지막에 그 눈을 그려 넣는 것과 같은 성질의 것이라고 이해하고 있다. 따라서 우선 예비교섭에서 청구권 이외의 모든 현안을 정리해가는 것이 선결 과제라고 생각하고 있다"고 말했다.

김 부장은 "한국 측은 당초의 18억 달러에서 6억 달러까지 금액을 낮추는 데 매우 힘이 들었다. 군사정권이 아니었으면 이것은 불가능했을 것이다. 더 이상 금액을 낮추는 것은 너무 어렵다"고 답했다. 이에 대해 대신은 "미국 측은 3억 달러라고 하고 있으므로 이 숫자에 대해서는 이미 한미 간에 상담을 완료한 것이 아닌가"라고 물었다. 김 부장은 "미국이 3억 달러로 낮추라고 주장하고 있는 것은 사실이지만, 한국은 이에 동의할 수 없다"고 말했다. 김 부장은 또 "무상공여 3억에 알파를 더해 경제협력기금이라도 활용해서 가능한 한 6억이라는 숫자에 다가서는 것이 가능하지 않을까" 하고 타진해왔다.

이에 대해 대신은 "그렇다면 경제협력기금에서 장기저리의 자금을 융통해 전체 숫자가 커지면, 무상공여 금액은 3억 이하가 되어도 상관없다는 뜻으로 이해해도 되는가"라고 질문했다. 김 부장은 "그것은 곤란하다"고 대답한 후 이와 관련해 "오픈계정의 대월액은 어떤가"라고 질문했다. 대신은 "한국은 1월에 이 차월액(借越額)을 지불한다는 취지를 말하지 않았는가"라고 응수했다. 김 부장은 "이것은 정부의 공식 견해가 아니다"라고 답했다.

결국, "청구권에 관해서는 상호의 주장이 여전히 약간의 차이가 있지만, 향후 더욱 성의를 갖고 양측의 입장을 고려하면서 타개를 도모한다(그동안 숙제로 한다는 뜻). 기타 현안과 관련해서는 예비교섭에서 속도를 올려 횟수를 거듭할수록 실효가 올라갈 수 있도록 한다"는 것을 양해했다. 또 그날 회담에 관한 신문 보도자료 내용은 이 양해의 취지와 함께, 오히라 외상과 김 부장 간에 기탄없는 의견 교환이 이뤄져 상호 유익했다는 취지를 언급하는 데 그치기로 했다.

(첨부: 또한, 경제협력기금에 의한 융자와 관련, 대신은 "일본 측은 한때 1억 5,000만 달러의 무상공여에 1억 5,000만 달러의 장기저리 차관을 생각한 적도 있었지만, 한국 측이 관심을 보이지 않았다"는 점을 지적하고, "사물의 이치라는 관점에서 보더라도, 또 일본 국내에 3억이라는 숫자가 널리 알려져 있고 그 결과 발생한 국민 여론의 관점에서 보더라도 차관 이야기는 무상공여 문제와 분리하는 것이 적당하다"고 주장했다. 이에 대해 김 부장은 "한국 측으로서는 표면상 숫자를 6억 달러로 끌어올리기 위한 수단으로서도 차관 문제를 생각하고 있다"고 답했다.)

(2) 어업 문제와 관련, 대신은 "이승만 라인과 같은 일방적인 제한은 철폐하고 과학적인 조사를 바탕으로 협정을 맺어야 한다"는 취지를 표명했다. 이에 대해 김 부장은 "한국 측은 국방상의 경계 태세를 엄중하게 유지해야 하기 때문에 어업과는 상관없는 방위적인 의미를 가진 라인을 유지하고 싶다. 어선은 별도로 체결하게 될 어업협정에 따라 조업할 것이기 때문에 나포 같은 걱정은 없다"는 취지를 언급했다. 대신은 "이 문제는 자세히 기술적인 관점에서 검토할 필요가 있다"는 취지를 말해두었다.

(3) 다케시마와 관련, 오히라 대신은 "일본 측의 국제사법재판소 제소에 대해 한국 측이 응소하기로 약속하는 것이 절대적으로 필요하다"고 강조했다. 이에 대해 김 부장이 이 문제를 그다지 중시하지 않는 모습으로, 애초에 그런 문제는 방치해도 지장이 없다는 것 같은 말투로 말했기 때문에 대신은 거듭해 응소의 필요성을 주장했다. 김 부장은 명시적으로는 승낙 의사를 표명하지 않았다(절대적으로 부정하는 태도도 아니었다).

(4) (i) 교섭 전반의 문제로서 김 부장은 "한국의 현 정권은 마치 영국의 처칠 총리가 제2차 세계대전

을 완수한 후 총선에 패배하여 야당으로 내려갔던 것처럼, 장기적인 현안인 한일교섭을 완수하는 것 자체를 최고의 목표로 삼고 있다. 이로써 현 정권의 선거공작 내지 정권의 보강공작에 이용하겠다는 식의 고려는 없다. 나를 비롯해 교섭에 목숨을 걸고 종사하고 있을 뿐이다"라는 취지를 강조한 후 "이케다 총리는 본 교섭에 열의가 있는가"라고 질문했다. 이에 대해 오히라 대신은 "총리는 재한 재산의 몰수 같은 부분도 있어 청구권 문제 등에는 미온적인 태도를 취한 것이 사실이지만, 대국적 견지에서 일한 국교를 정상화할 필요성은 진지하게 생각하고 있다. 따라서 이번 교섭에 강한 열의를 갖고 있다"고 답했다.

또 대신은 "나는 일한교섭은 이미 고비를 넘었다고 생각하고 있다. 그것은 한국 측에서도 청구권 지불방식 및 금액을 양보해오고 있는 데다, 일본 측의 교섭 타결에 대한 여론도 굳어지고 있기 때문이다. 남은 것은 어떻게 교섭 전반을 마무리 지을 것인가 하는 문제이다"라는 취지를 말했다.

이에 대해 김 부장이 이 교섭의 마무리를 위해 고위급 정치회담을 열 것을 시사했지만, 대신은 "우선 예비교섭에서 현안을 매듭지을 필요가 있다"는 취지를 강조했다. 김 부장은 "현안을 매듭짓고 해결 방안을 내놓아도 청구권의 금액이 어떻게 정해지는지에 따라 해결안의 내용도 달라지는 것이 아닌가"라는 취지를 언급했다.

(ii) 조인(調印) 시기와 관련, 대신은 "조약의 기안 작업(drafting)에 필요한 시간을 고려하고 박 의장의 대통령 취임 후의 시기를 선택하여, 조인 시기는 봄(4월경)으로 한다"는 것을 시사했다. 김 부장도 이에 대해 반대하지 않는 취지로 답했다. 또 국회의 승인 시기에 관해 대신은 "예산안의 심의, 지방선거 등의 관계도 있어 6월 중 또는 늦으면 7월쯤이 될 것"이라고 말했다.

(iii) 김 부장은 미국에서 귀국하는 길에 다시 대신과 회담하고 싶다고 말했다.

당시 오히라 외상은 청구권 문제에 대해 다음과 같은 취지를 역설했다(전게 「일한교섭의 회고」).

내가 말한 것도 극히 상식적인 것이다. 한국도 3,000만 국민을 안고 있고, 일본이 싫다고 해서 다른 곳에 이사를 갈 수도 없다. 나도 한국과 매일 얼굴을 마주 대하는 것이 싫다고 하더라도, 1억 국민이 어딘가에 가려고 하더라도 어디에도 갈 수가 없다. 우리 세대뿐만 아니라 우리의 후손이 미래 유구(悠久)에 걸쳐 그런 것이 아닐까.

그러나 인간이 처음 사귈 때는 뭔가 표식이 필요하다. 당신은 독립을 달성하고 어려움 속에서 나라를 세웠기 때문에 이에 대해 경의를 표한다. 일본은 아무래도 전후 어려운 시기의 수습을 마치고 경제도 약진했다. 이것은, 귀국을 비롯한 각국의 협력과 이해가 있었기에 무역도 늘리게 되었으므로, 역시 우리 쪽에서 한번 인사를 하고 싶다.

당신 나라의 독립 달성을 축하하게 해주지 않겠는가. 이것은 청구에 대한 구상권과 같은 의미가 아니라, 독립에 대한 진심 어린 축의라는 의미이다. 이것으로 당신 국가의 경제가 좋아질 거라는 거창한 이야기는 아니다. 나라를 좋게 할지 여부는 각 국민의 노력에 달려 있다. 축의는 서로 우정의 표시로서 우리가 흔쾌히 줄 수 있는 것이다. 당신도 아무런 의무감(obligation)을 느끼지 말고 솔직하게 받아주길 바란다고 강조했다.

(2) 이케다 총리와 김종필 중앙정보부장의 회담

10월 22일 오후 4시부터 김종필 중앙정보부장은 이케다 총리와 총리 관저에서 회담했다. 일본 측에서는 구로가네 야스미(黑金泰美) 관방장관과 우시로쿠 외무성 심의관, 한국 측에서는 배의환 대사와 최영택 참사관이 배석했다. 회담 요지는 다음과 같다.

1. 회담의 전체적 방향과 관련, 김 부장은 "회담의 진행방식 등에 대해 총리와 외상 간에 약간의 불일치가 있는 것과 같이 느껴지는데 어떤가"라고 질문했다(김 부장은 예비교섭에서 제반 현안을 순차적으로 해결해 나간다는 우리 측 제안에 대해 답답하다는 인상을 갖고 있는 것처럼 느껴졌다).

총리는 자신과 외상 간에 회담 진행방식에 대한 견해 차이는 전혀 없고, 우선 예비교섭에서 제반 현안을 매듭지을 필요성을 강조했다. 총리는 이어 "나는 원래 일한 국교정상화를 조기에 달성해야 한다는 의견이며, 이는 지난번 미국을 방문했을 때 케네디 대통령, 맨스필드(Michael Joseph Mansfield) 의원, 스나이더 전 재무장관 등에게도 내가 강조했을 정도이다. 일한 양국의 인구가 총 1억 2,000여 만이라는 점을 고려할 때 양국이 협력하면 거의 EEC[84]와 동등한 규모의 경제단위로 발전할 가능성을 갖고 있다는 것이 나의 지론이다. 또 일본에는 "서울 친척을 이웃사람과 바꾸지 마라"라는 속담도 있다. 이웃끼리 먼저 친해질 필요가 있다. 중국의 원교근공(遠交近攻)은 안 된다. 다만, 나로서는 안보 소동[85]의 재현은 절대로 피하고 싶다. 현재 국내에 약 3분의 1이 일한 국교정상화 반대론자들이다. 또 최근에 탄광 문제의 중대화를 계기로 지난날 싸우고 헤어졌던 사회당과 공산당 양당이 일한문제와 탄광 문제를 합쳐서 공동전선을 형성하려는 상황이다. 이것을 감안하여, 일한회담 촉진 분위기를 순차적으로 돋우어 마침내 이러한 반대론자를 압도하는 형세로 끌고 갈 필요가 있다. 그것을 위해 총리 본인이 나서서 회담 촉진의 깃발을 흔드는 것은 오히려 역효과를 내지 않을까 우려된다. 다른 한편으로 현안이 되어 있는 버마 배상 문제도 12월에는 결론을 내릴 필요가 있으므로, 나로서는 협정 조인은 국회에서 예산을 통과시킨 후인 4월쯤에, 국회에서의 협정 승인은 지방선거가 종료한 후인 6월쯤에 하는 것이 적당하지 않을까

---

84) European Economic Community. 유럽 경제공동체.
85) 1959년부터 1960년에 걸쳐 일본에서 전개된 미일안전보장조약(미일안보조약) 반대투쟁. 조약이 여당인 자민당에 의해 강행 처리되자 비준에 반대하는 야당 세력만이 아니라 노동자, 학생, 시민 등이 시위에 대거 가세했다. 자민당 등 정권 측은 '안보 소동'으로, 야당을 포함한 시민운동 측은 '안보 투쟁'으로 각각 부른다. 일본 사상 최대의 반정부, 반미 정치투쟁으로 기록된 1960년 안보 투쟁 과정에서 기시 노부스케 내각은 미일안보조약을 국회에서 강행 처리한 직후 총사퇴했다.

생각한다. 그 사이에 한국 측에서는 김 부장, 일본 측에서는 스기 대표 등 적당한 인사들이 서로 일한 양
국을 방문함으로써 회담 촉진 분위기를 유지해 나갈 필요가 있다"고 말했다. 총리는 또 "제발 현재 고조
되고 있는 분위기를 반전시키는 일이 없도록 조심할 필요가 있다"고 강조했다.

김 부장이 회담 촉진에 일조하기 위해 오노 부총재를 조기에 방한시켜달라는 희망을 피력하자, 총리
는 전술한 협상 전반의 진행 속도 및 시기상 신중할 필요가 있다고 말했다.

김 부장은 총리가 제시한 예정표대로는 진행이 너무 늦어 한국 측으로서는 "숨이 차 참을 수 없다"는
취지를 언급했다. 총리는 "나도 때를 놓치지 않고 타결을 유도하기 위해서는 연말까지 실질적으로 타
결에 도달할 필요가 있다고 생각하고 있다. 단지 상기와 같은 국내 정세 관계상 제스처로서의 조인 등
공식적인 절차는 내년 봄이 좋을 것이다"라고 언급했다(이에 대해 김 부장은 안도하고 만족하는 표정
이었다).

2. 청구권 문제

이케다 총리는 한반도에 있는 일본인의 공유·사유 재산을 모두 몰수한 미군정령 33호가 국제 선례
에도 없는 부조리한 것임을 강조했다. 총리는 그러나 "과거의 것을 말하지 않고 독립 축의로서 원조를
하기 때문에 한국 측도 시원스럽게 받아들이는 형태로 하고 싶다. 원래 이 돈은 주판알을 튀길 문제가
아니라 기분의 문제이다. 또 아무리 많이 받더라도 효과적으로 사용할 수 없는 경우에는 아무런 의미가
없다"는 취지를 언급했다. 김 부장은 구체적인 금액의 명시를 고집했다. 이에 대해 총리는 "나로서는 원
래 법적 근거가 있는 것에 한정한다는 생각이므로 아무리 후하게 계산해도 1억 5,000만 달러가 고작이
다"라고 언급했다. 이에 대해 김 부장은 "50억 달러 수출국인 일본이 1억 5,000만 달러라는 것은 금액
이 너무 적다"고 말했다. 이에 대해 총리는 "일본의 외환은 표면상 17억 달러 남짓 준비했지만, 수입 유
전스(usance) 등 채무를 빼면 넷(net)으로 3~4억 달러에 지나지 않기 때문에 1억 5,000만 달러도 방대
하다"고 답했다. 김 부장이 "1억 5,000만 달러는 최대한 짜낸 최후의 숫자인가"라고 재차 질문하자, 총
리는 "나로서는 이것이 적절한 숫자라고 생각하고 있는데, 여기에는 외무대신의 생각도 있고, 국내외 여
론의 귀추도 고려할 필요가 있기 때문에 이것이 절대적으로 마지막 숫자라는 것은 아니다"라는 취지로
답했다.

김 부장은 "정부 간 장기저리의 차관을 얻을 수는 없는가"라고 타진했다. 이에 대해 총리는 "이것이
야말로 가장 적절한 지원방식이다. 그냥 받은 돈은 어쨌든 낭비하기 쉽다. 빚을 내어 나라를 풍성하게
한 다음에 그 빚을 갚을 때의 기쁨을 알아야 한다. 다만, 일본에는 수출입은행이 있기 때문에 정부 간 차
관이라기보다는 수은에 의한 융자의 형태가 될 것이다"라고 말했다. 총리는 그 금액에 대해서는 적당한
계획이라도 있으면 "많으면 많을수록 좋다(多多益益)"고 말했다(또 총리는 "독립에 대한 축의금으로 차
관을 준 국제 선례는 있지만, 무상공여를 한 예는 알제리 이외에는 없다고 생각한다"고 언급했다).

3. 어업 문제(어선 나포 포함)

총리가 이승만 라인은 철폐해야 한다고 언급한 데 대해 김 부장은 이승만 라인은 방어선의 의미도 있

다고 말했다. 총리는 일한 간에는 상호 방위 문제가 없다는 취지를 지적했고, 이에 대해 김 부장은 이 방위 라인은 당연히 일한 간을 목적으로 한 것이 아니라고 답했다.

4. 다케시마 문제

김 부장이 "이 문제는 국교정상화 후까지 방치해둔 후에 천천히 해결하면 좋을 것이다"라는 의견을 말하자, 총리는 "일본 측으로서는 국교정상화 시 본건을 국제사법재판소에 상정하는 취지의 합의가 성립되는 것이 절대적으로 필요하다"는 입장을 강조했다. 총리는 또 제3자의 판단에 맡기는 방식은 서로 체면을 유지하기 위해서라면서 태국, 캄보디아 간의 국경분쟁을 국제사법재판소에 맡긴 선례를 인용해 언급했다. 김 부장은 두 차례에 걸쳐 농담 반 진담 반으로 문제의 화근을 없애기 위해 이 섬을 폭파해버리자고 말했지만, 총리는 이것은 감정적으로 적당하지 않으므로 국제재판이 최선의 방법이라는 취지를 반복해서 언급한 후 "판결은 언제가 되어도 괜찮다"고 시사했다.

5. 무역계정의 채무 결제와 연불(延拂) 수출

김 부장은 오픈계정의 대월분 4,572만 달러 정도를 3년에 걸쳐 지불하는 대신에 그 대가로 9,000만 달러에 이르는 자본재의 연불 수입을 인정해주는 제안에 대한 총리의 생각을 타진했다. 이에 대해 총리는 이 제안은 원칙적으로 흥미로운 안이라고 생각하고 있다면서, 대장성 사무 당국에는 약간의 이론이 있다고 들었지만 본인이 대장성 사무 당국에 적극적으로 연구하도록 지시하겠다는 취지로 답했다.

6. 마지막으로 김 부장은 총리의 솔직한 의견 표명에 감사를 표한 후 미국에서 돌아오는 길에 다시 만나고 싶다고 말했다. 그러나 총리는 그 무렵에는 마침 외국 여행 중이기 때문에 오히라 대신과 만날 것을 권했다. 총리는 또 그때는 일한회담 촉진파의 정객만이 아니라 신중파(愼重派) 인사들도 만나는 것이 적당하고 그 인선은 오히라 대신과 상담했으면 좋겠다고 언급했다.

이케다 총리가 박 의장 앞으로 보낼 다음과 같은 서한이 11월 3일 자로 작성되어, 나중에 김종필 부장이 미국을 방문한 후 일본을 들렀을 때 전달됐다.

배계(拜啓)

각하가 저에게 보내온 10월 19일 자의 정중한 서한을 감사히 배견했습니다.

각하가 그 서한을 맡긴 김종필 중앙정보부장은 저와 오히라 외상이 각각 만나 일한문제에 대해 솔직하고 기탄없는 의견 교환을 나눴습니다. 저는 이 논의를 통해 일한 양국의 입장이 서로 잘 이해되었다고 확신했고, 이 관점에서 김 부장의 일본 방문이 매우 의미가 있었다고 생각합니다.

각하는 그 서한에서 현재 일한회담의 조기 타결을 위한 기운이 증대하고 있다고 지적했습니다. 저로서도 현재 이러한 기운이 지금까지의 어떤 시기보다 높아지고 있음을 진심으로 기쁘게 생각하고, 일한 간의 현안이 일한 두 국민이 납득할 만한 합리적이고 현실적인 사고방식에서 해결되어 하루빨리 양국 간 국교정상화가 실현될 수 있도록 앞으로도 최선의 노력을 기울여 나갈 생각입니다.

저는 11월 4일 유럽 국가 방문 여행을 위해 출국하므로 미리 이 편지를 작성해 11월 10일쯤 미국에서 돌아오는 길에 일본을 다시 방문하는 것으로 알고 있는 김종필 부장에게 전달하겠습니다.

각하가 향후 더욱 건승하고 국무에 정진하길 빕니다.

경구(敬具)

1962년 11월 3일 도쿄에서

내각총리대신 이케다 하야토

박정희 의장 각하

(3) 제2차 회담(11월 12일)

김종필 부장은 22일 밤 미국으로 가 미국 요인들과 회담한 후 돌아오는 길에 11월 10일 일본을 다시 방문했다. 김 부장은 12일 오후 3시 10분부터 3시간 반에 걸쳐 외무대신 접견실에서 오히라 외상과 제2차 회담을 가졌다. 먼저 오히라 외상이 준비한 다음과 같은 비공식 발언용 메모(토킹 페이퍼)를 김 부장에게 전달하고 토의를 진행했다.

토킹 페이퍼

1. 일반 청구권 문제

(1) 금액

(2) 방식

국교정상화에 관한 협정 중에 아래와 같은 취지의 조항을 둠으로써 해결하기를 제안한다.

제1항: 일본국은 일한 국교정상화를 축하하고 양국 간 우호친선을 기원하며, 한국의 민생 안정과 경제 발전에 기여하기 위해 ○억 달러와 동일한 엔의 가치를 가지는 일본인의 역무 및 일본의 자본재를 공여하기로 한다.

제2항: 양 체약국은 평화조약 제4조에 기초한 일본국 또는 일본 국민에 대한 한국 또는 한국 국민의 모든 청구권이 완전히 그리고 최종적으로 해결된 것을 확인한다.

2. 어업 문제

일본 측에서는 구체적인 협정안을 완성하고 있고 언제든지 제출할 용의가 있기 때문에 한국 측에서도 즉시 구체적인 협정안을 작성, 제출하기 바란다.

(일본 측은 일본과 제3국과의 어업 관계에 나쁜 선례가 되거나 악영향을 미치는 방식을 채택할 수 없지만, 그러한 우려가 없는 한도 내에서는 가능한 한 한국 측의 입장도 존중할 용의가 있다.)

3. 재일한국인의 법적지위 문제

(청구권 문제의 토의가 마무리 단계에 들어가고, 또 어업 문제에 관해 양측에서 구체적인 협정안이 제출되어 논의가 본격화한 단계에서는) 일본 측은 법적지위 협정의 논의를 더욱 촉진해 논의가 마무리되면 다른 협정에 앞서 본 협정의 가조인을 실시할 용의가 있다.

4. 선박 문제와 문화재 문제

(1) 선박 문제

일한 양국의 법적 주장에 거리가 있고, 또 사실관계의 확인도 매우 어렵기 때문에 정치적 해결을 도모하는 것이 적당하다고 생각한다.

(2) 문화재 문제

일본 측으로서는 문화재를 출토 국가에 반환해야 한다는 국제법상의 원칙이나 관례가 없고, 따라서 일본에 있는 한국 문화재를 '반환'할 의무는 없다고 생각하고 있다. 그러나 권리, 의무라는 관계를 떠나 양국 간 문화 교류 촉진의 일환으로서 일부 국유 문화재의 '증여'를 고려할 용의가 있다.

5. 다케시마 문제

이러한 종류의 법률적 분쟁은 국제사법재판소의 공정한 판단에 의해 해결하는 것이 가장 적당할 뿐만 아니라, 국교정상화 교섭 시에 쌍방이 체면을 유지하면서 곤란한 문제를 일시 유보하는 효과도 있으므로, 한국 측도 "국교정상화 후에 본건의 국제사법재판소 제소에 응한다"는 것만은 우선 꼭 약속해주길 바란다(제소 및 응소는 국교정상화 후가 된다).

영토 분쟁 등에 관한 이러한 재판의 선례(별지 참조)에서도 명백한 바와 같이 제소에서 판결까지 적어도 2년 이상이 걸리므로 다케시마에 관한 판결이 내려지는 것도 국교정상화 후 상당한 기간이 경과한 후가 될 것이므로 당장 쌍방의 국민감정을 자극할 우려는 없다는 사실을 양해해주길 바란다.

당시 회담 기록은 다음과 같다.

회담 모두에서 대신은 미리 준비한 토킹 페이퍼를 제시한 후 다음과 같은 개요의 논의를 진행했다.

1. 청구권 문제

(1) 방식

한국 측 안으로서 "한일 간의 청구권 문제를 해결하고 한일 간의 경제협력을 증진하기 위해 다음의 조치를 취하기로 한다……"라는 제안이 있었다. 예비교섭에서 이에 대한 논의를 진행하기로 했다.

(2) 금액

(한국 측 제안은 진지한 것이라고는 인정할 수 있지만, 본건에 관해서는 아직 양측 간에 상당한 거리가 있으므로 일한 양국은 각각 총리와 의장의 지시를 기다리기로 하되, 그때까지는 대신 및 김 부장 둘만의 숙제로 하고 쌍방의 대표에게도 내용을 밝히지 않기로 약속했다).

2. 법적지위

법적지위에 관한 협정의 내용으로서, 한국 측은 (가) 재류 한국인의 특수한 배경적 사정을 감안하여 일반 제3국인에 비해 특수한 지위와 대우를 부여할 것, (나) 사상 및 기타 이유에 의해 협정에서 배제되지 않도록 할 것 이렇게 두 가지 조건을 확보해달라는 취지를 말했다.

3. 선박 문제

김 부장은 선박과 관련해 일한 양국이 인도를 요구하는 톤수를 비교해 한국 측이 받아야 할 것이 있다는 전제하에 그 받을 분량 중 적어도 일부를 새로 만든 선박으로 공여해달라는 취지를 말했다. 이에 대해 대신은 그 요청은 부당하다고 반박했다.

4. 어업 문제

한국 측은 신속하게 협정안을 제출하겠다는 취지를 약속하고, 체결될 협정의 내용에 대해 다음과 같은 희망을 표명했다.

(1) 어업협정은 일단 관련 어족에 관한 조사 및 토의가 완료될 때까지의 잠정적 협정이라는 명분을 취할 것.

(2) 연안국의 특수 권익과 어업에 관한 국제법상의 최신 동향을 존중할 것.

(3) 일본이 제3국과 체결한 어업협정의 선례를 고려할 것.

(4) 일한 간의 특수성을 기초로 하여 일한 간에 실질적인 공평(公平)을 확보할 것.

(5) 평화선을 국방선으로 인정할 것.

이 가운데 (4)항까지의 항목에 대해서는 전문가로 하여금 검토토록 할 것을 약속함과 동시에, 국방선의 문제는 어업과는 관련이 없다는 취지로 일단 반박했다.

5. 다케시마

김 부장은 "본건을 국제사법재판소에 제출하는 경우는, 가령 2~3년 후라고 하더라도 승패 구별이 분명한 판결이 나오게 되어 적당하지 않고, 오히려 제3국(김 부장은 미국을 염두에 두고 있는 듯했다)의 조정에 맡기는 것을 희망한다. 그렇게 함으로써 이 제3국이 일한관계를 고려하면서 조정의 시기 및 내용을 탄력적으로 결정할 수 있을 것"이라고 말했다.

본건도 예비교섭에서 검토하기로 했다.

6. 기본조약의 형식

김 부장은 기본조약에 관해 다음 2개 항목을 분명히 할 것을 희망했다.

(1) 일한 간 과거의 사태를 청산한다는 점.

(2) 한국 정부가 유일한 합법 정권이라는 것을 전제로 하여 우호관계를 맺는다는 점.

이에 대해 대신은 기본조약의 적용 지역으로는 대한민국이 실제로 지배하는 영역으로 할 것을 시사했다. 이에 대해 상대측은 향후 지배할 수 있는 지역에 대해서도 언급할 것을 희망했다.

7. 교섭의 향후 진행방식

요컨대, 청구권 금액 문제 이외의 사항은 모두 예비교섭에서 교섭을 촉진하고, 연내에 모든 문제의 대강에 대해 합의에 도달하는 것을 목표로 하게 되었다.

당시 회담에 대해 오히라 외상은 상기한 「일한교섭의 회고」에서 다음과 같이 말했다.

김종필 씨와의 제2차 회의에서 결론은 나왔지만, 그때 이케다 총리는 마침 유럽 방문 중이었기 때문에 나 혼자 결정하기가 어려웠다. 그는 미국에서 귀국하는 길에 도쿄에 들렀기 때문에 돌아가서 대통령과 이야기를 하고 그 결과에 따라 내용을 바꾸는 경우도 있을 수 있다며 서로 이야기를 나눴다.

금액에서는 내가 무상 2.5억 달러, 상대측은 3.5억 달러로 1억 달러의 차이가 있었다. 내가 제안한 내용은 "이케다 총리가 돌아오면 나는 이것을 3억 달러로 하기 위해 노력하겠다. 당신은 돌아가서 박 대통령에게 3억 달러로 되지 않겠냐고 협의하기 바란다. 서로 3억 달러라는 선을 노력하기 위한 목표로서 생각해보자"는 것이 첫 번째 핵심이었다.

두 번째 핵심은 공여기간은 10년을 기준으로 하자는 것이다. 그때 나는 조금 교섭이 서툴러 "일본의 재정이 허용하면 '앞당길 수 있다'는 점을 고려하겠다"고 말했다.

세 번째 핵심과 관련해서는 알파로 1억 달러 이상의 민간 차원의 공여를 더해달라고 그가 강하게 주장했다. 나는 "민간 차원의 경제협력은 천정부지 아닌가. 앞으로 얼마나 낼 수 있는지 모르기 때문에 1억 달러라든지 하는 금액을 제한할 필요는 없다. '이 외에 앞으로 상당 정도의 민간 경제협력을 기대할 수 있다'고 하는 것이 좋지 않을까"라고 말했다. 그런데 상대측은 내부 사정으로 모두 합쳐 6억 달러라는 선을 얻어내지 않으면 안 되는 입장이었던 것 같았고, 이를 위해 그는 집요하게 애썼다. 그래서 나는 기간이 정해지지 않았으므로 "생각해보니 뭐 괜찮다"라고 말하면서도 "이런 말을 하는 것은 바보짓이다"라는 말을 덧붙였다.

네 번째 핵심과 관련해서는 "이것은 내가 쓸데없는 말을 하는 것 같은데 기분 나빠하지 말아달라"고 전제한 후에 다음과 같이 말했다. 일본은 전후 미국에서 식량이나 약품, 의류 등 경제원조를 받았다. 전후 역대 정부는 매년 그 원조물자의 매각대금을 무역의 차액 결제에 사용했다. 그때 조셉 닷지(Joseph Dodge)[86]가 와서 "이것은 안 된다. 해당 연도의 세입으로 옮겨 넣지 말고 대충자금(counterpart fund)[87] 특별회계(special account)를 작성하라"라고 지시했다. 균형예산(balanced budget)을 편성한 셈이다. 따라서 1949~1950년, 공전의 중세(重稅) 지옥에서 국민들은 허덕였다. 그러나 이것이 인플레이션의 종

---

86) 1890-1964. 자동차 판매원 출신으로 나중에 디트로이트은행 총재가 됨. 1945년부터 미국 정부 대표 자격으로 제2차 세계대전 후 서독의 인플레이션 문제에 관여함. 1949년 2월부터 일본에서 '닷지 라인(Dodge Line)'으로 알려진 경제정책을 입안, 권고했다. '닷지 라인'은 일본 경제의 자립과 안정을 위해 실시된 재정 금융 긴축 정책으로, 인플레이션 및 국내 소비 억제와 수출 진흥이 주축을 이뤘다.

87) 미카에리 시킨(見返り資金). 한국어로는 대충자금(對充資金)에 해당한다. 외부에서 들어온 원조물자를 매각해 발생한 자금.

식에는 도움이 됐다. 조셉 닷지의 통찰력과 실행력에 경의를 표한다. 그때는 이케다 대장상이 호흡을 맞춰 무지막지하게 '닷지 라인'을 강행했다. 그래서 이 대충자금이 알파로 더해져 일본 경제에 주어졌고, 그것이 결국에는 개발은행이 되고 수출입은행이 되고, 또 기타 정부의 출자, 재정 투융자 펀드가 되고, 그것이 순환(revolve)해서 일본 경제가 이만큼 약진을 이루는 기초가 세워졌다. 나는 이 과정을 김 부장에게 잘 이야기해주고 싶다. 우리 쪽은 축의금으로 주는 것이므로, 이것을 당신들이 삶아 먹든 구워 먹든 버리든 상관하지 않는다. 그에 대해 불평은 없다. 그러나 이것을 특별회계로 해서 5억 달러라는 돈을 굴려 나가면 한국 경제에 큰 행복이 오는 것이 아닌가 싶기 때문에 일본에 이런 사례가 있다는 것만은 당신이 잘 알아줬으면 한다. 내가 말한 것은 여기까지다.

이에 대해 그는 "이것은 별로 공적으로는 말할 수 없을지도 모르지만, 한국이 안전하기 때문에 일본이 안전한 것 아닌가. 그렇기 때문에 우리 쪽에 대한 기부금(contribution)은 상당히 과감하게 내더라도 당연하지 않은가"라는 의미의 말을 반복해서 했다. 이에 대해 나는 "그런 말 하지 마라. 그런 분위기는 한국 측에도 왕성하게 있고 일본 국내에도 있다고 생각한다. 그러나 한국의 안전이 일본의 안보(security)에 매우 필수적(vital)이라는 사실은 누구나 상식적으로 알지만, 가장 근본적인 것은 일본을 위해 당신들이 민주주의, 자유주의를 선택한 것이 아니라 한국민 스스로의 명예 있는 생존을 위해 선택한 만큼, 우리들은 어떠한 괴로움이 있더라도 이 체제를 지키겠다는 의지가 중요하지 않을까 생각한다. 이런 것은 나와 당신 사이의 대화에서는 괜찮겠지만, 다른 분들에게 그런 말은 하지 말길 바란다"라고 그에게 주의해뒀다. 그 후에 김 부장은 그것에 대해 그다지 말하지 않았다.

그는 "더 내셔도 손해는 없다"고 거듭 주장했지만, 엄청나게 큰 금액을 불러 아무리 설득해도 요지부동하는 꽉 막힌 태도는 아니었다.

당시 오히라 외상은 메모지에 다음과 같이 적었다.

오히라 외상의 필기 메모 내용

1. 무상,

한국은 3.5억 달러(O·A[88]를 포함함)

일본은 2.5억 달러(O·A를 포함함)

이것을 양측이 3억 달러(O·A를 포함함)를 10년(다만 앞당기는 것은 가능함) 안에 주는 것으로 양측 최고 정상에 건의한다.

2. 유상,

---

88) 오픈계정(open account)을 의미함.

한국은 (해외경제협력기금) 2.5억 달러(3할 이하, 7년 거치, 20~30년)

일본은 1억 달러(3.5할, 5년 거치, 20년)

이것을 양측이 2억 달러(3.5할, 7년 거치, 20년)로 양측 최고 정상에 건의한다(10년, 다만 앞당기는 것은 가능함)

3. 수출입은행에 대해서 한국은 별개로 취급하는 것을 희망

〔일본은 1억 달러 이상의 프로젝트부터 신장(伸張)할 수 있다.〕

이것을 양자가 합의하고, 국교정상화 이전이라고 하더라도 바로 협력하도록 추진하는 것을 양국 정상에 건의한다.

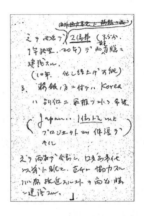

외교문서 원본 23   오히라 외상이 적은 메모

일한회담 타결 당시 북동아시아과장이던 구로다 미즈오(黒田瑞夫) 씨의 「내가 관련된 일한교섭의 역사」는 다음과 같이 말하고 있다.

나는 1965년 가을에 오히라 전 외무대신을 방문해 이 양해각서를 받고 싶다고 말했다. 오히라 대신은 그 자리에서 자신의 지갑에 접어 넣고 있던 메모를 나에게 내주었다. 대신은 이것을 계속 가지고 다녔던 것이다. 이 종잇조각은 현재 북동아시아과에 보관되어 있다.

외무성 북동아시아과에 보관된 이 메모는 그 후 누구에게도 공개되지 않았다.

그해 12월 오노 자민당 부총재와 함께 방한한 이세키 대사는 그 내용을 한국 측으로부터 확인했다면서, 12월 14일 보고서에서 "청구권의 '금액'에 관한 제2차 오히라 외상과 김 부장의 회담 내용이 명확해졌다. 즉, (i) 무상공여는 3억 달러, 기간 10년, (ii) 차관은 2억 달러, 10년간 공여, 금리

3.5퍼센트, 7년 거치, 그 후 13년간 변제, (iii) 그 외에 단순한 민간 차원의 신용공여 1억 달러 이상(이것은 청구권에 관한 논의가 마무리되는 대로 즉시 실행한다)이라는 내용을 노력하기 위한 목표로 하고, 상호 메모를 교환한 것이 실상이다"고 말했다.

오히라 외상이 갖고 있던 메모는 오히라 씨 본인의 것으로 김 부장과 교환한 메모는 아니었다. 1963년 2월 2일 중의원 예산위원회에서 그 합의 문서 내지 메모에 관한 질문이 나오자 오히라 외상은 "나와 김 씨 사이에 합의 문서는 없다", "메모랜덤도 교환한 기억이 없다", "우리끼리의 대화를 상대측이 어떻게 메모했는지는 나도 모른다"고 대답했다. 이후 오히라 외상은 다나카 가쿠에이(田中角栄) 대장상의 양해를 얻었다.

이와 관련, 오히라 외상은 "나는 외무대신실에서 대장대신실로 전화를 걸어 '이런 것으로 하려 생각하는데, 대장성 사무 당국이 여러 가지를 말하고 있지만 눌러주게'라고 말했다. 다나카 씨는 '알겠다'고 간단히 동의해주었다. 거기서 대장대신이 일일이 따지면서 잘라대고 수정하려 하는 등 불평을 들었다면 감당할 수 없었는데, 다나카 씨의 용단은 대단하다고 생각했다"고 말했다(전게 「일한교섭의 회고」). 이세키 아시아국장은 오히라 외상이 총리의 승낙 없이 그 숫자를 낸 것에 대해 "대담하게" "작정을 했다"고 평했다(전게 「일한교섭의 회고」).

(4) 오히라 외상과 김 부장의 합의사항에 대한 이케다 총리의 태도

오히라 외상이 김종필 부장과의 합의에 대해 이케다 총리의 양해를 구한 것은 1962년 11월 28일이었는데, 바로 양해를 얻진 못했다. 오히라 외상은 이튿날인 11월 29일 김종필 부장에게 그 이유를 적은 다음의 서한을 보냈다.

근계

지난번에는 두 차례에 걸쳐 귀하와 친하게 만날 기회를 갖고, 일한 양국 관계의 미래를 전망하면서 격의 없는 의견 교환을 할 수 있었던 것을 영광스럽고 기쁘게 생각하고 있습니다.

저는 지난번 귀하와 제가 청구권 문제의 '마지막 목표'로서 합의한 안과 관련해 그 후의 일본 국내의 심리 상황을 보고하고 양해를 얻고자 합니다.

귀하의 귀국 직후에는 다나카 대장상과, 지난 28일에는 이케다 총리와 각각 협의한 결과, 두 대신 모두 귀하와 제가 고심한 바를 충분히 알겠다면서 대체적인 규모에 대해서는 특별히 이견이 없지만 (1) 대한국 채권(4,573만 달러) 처리 방법, (2) 한국에 대한 경제협력 방법 등과 관련된 재정 처리 및 제3국과의 관계 등을 감안한 고구(考究)를 더해 귀하와 협의하고 싶다고 했습니다.

본건과 관련해서는 제가 방미한 후 12월 8일에 귀국해 서둘러 우리 측 안을 작성하고 귀하에게 내시

(內示)하여 협의하는 것으로 했으면 합니다.

또 다른 현안에 대해서는 예비교섭 자리에서 논의를 촉진시키고 싶습니다. 이것도 아울러 양해를 얻고 싶습니다.

마지막으로 귀하의 건승과 발전을 빕니다.

경구

11월 29일

오히라 마사요시(大平正芳)

김종필 부장 각하 옥안하(玉案下)

전기한 구로다 북동아시아과장의 「내가 관련된 일한교섭의 역사」는 "이케다 총리는 오히라 외상과 김 부장이 양해한 합의의 선을 승인하는 데 상당히 저항을 보여, 오히라 대신은 총리를 설득하기 위해 고심했다고 한다"고 말하면서, 야스카와 다케시(安川壯) 총무참사관의 「일한교섭에 관한 이케다 총리와 오히라 대신의 관계에 대한 추억」(1969년 7월, 재필리핀 대사 당시의 수기)를 게기(揭記)했다.

오히라 대신과 김종필 부장의 회담 이전인 것은 확실하지만, 분명한 시기는 기억이 나지 않는다. 당시 한국에 대한 무상원조는 1.5억 달러를 한도로 한다는 것이 일본 측의 기본 입장이었다고 기억하고 있다. 무슨 목적이었는지는 잊어버렸지만, 당시 총리 관저에서 이케다 총리와 오히라 대신 이하 외무성의 간부회의가 있어, 나(당시 관방총무참사관)도 동석했다.

그 자리에서 오히라 대신이 "무상원조에 대해서는 일본 측이 좀 더 탄력적인 태도를 취해야 한다"는 의견을 말하자, 이케다 총리는 즉각 좋지 않은 표정을 지으며 "그런 일은 안 된다"고 답했다. 이에 대해 오히라 대신은 "화내지 말아달라. 그런 말을 하면 나도 협상 못 하겠다"고 응수했었던 것이 지금도 강하게 인상에 남아 있다.

이것도 확실한 시기는 기억나지 않지만, 오히라 대신과 김종필 부장이 회담을 한 이후인 것은 확실하다. 오히라 대신과 김 부장의 회담 결과에 대해 오히라 대신이 이케다 총리의 승인을 얻기 위해 아주 고생했던 사례로서 다음과 같은 경험이 떠오른다.

어느 날 급하게 볼일이 있어 국회의 대신실에 오히라 대신을 만나러 갔는데, 대신 혼자서 넓은 대신실 한쪽에 있는 전화기로 이케다 총리와 의논을 하는 중이었다. 통화 내용이 오히라 대신과 김 부장의 회담 건이었던 것은 확실했지만, 나는 조심스럽게 밖으로 나왔다. 전화가 끝날 때까지 옆의 비서관실에서 30분 정도 기다렸던 것을 기억하고 있다.

오히라 대신은 내각 개조로 이임하기 전날 대신실에서 나에게 외무대신은 어떤 자격을 가져야 하는지 자신의 경험에 비추어 여러 다양한 감상을 말했던 적이 있었다. 그중에서 외무대신과 총리대신의 관계는 문제가 있으면 언제든지 전화로 직접 이야기를 할 수 있어야 한다는 말이 상기의 일과 관련해서 떠오른다.

오히라 외상 자신은 이 일에 대해 "게다가 이번에는 이케다 총리가 돌아왔다. 그는 재정 전문가로 커왔기 때문에 다나카 씨보다 상대하기가 벅차다. 그래서 이케다 총리에게 조심스럽게 회담 내용을 보고했는데 느낌이 안 좋았다. '너는 정말 무른 녀석이다', '뭐야, 그딴 짓' 하고 잔뜩 야단을 맞았다. 그래서 온갖 수단과 방법으로 '이 정도가 싼 것입니다. 나중에 가면 더 비싸질 것입니다. 이쯤에서 타협합시다'라고 자꾸 재촉했다. 기본적인 틀은 분명히 인정해줬지만, 금리, 상환기한, 회수불능채권의 처리 등 일부분에 대해선 주의를 환기했으므로 '그것은 고려해서 처리하겠습니다'라고 했다. 이케다 씨는 '잘했다'고 칭찬해주지 않았고, 시종 기분이 안 좋았지만, 결국은 마지못해 해줬다"고 말했다.

오히라 외상과 김종필 중앙정보부장의 제2차 회담이 끝나고 열린 첫 번째 일한 예비교섭(제15차, 11월 16일)에서 일한 양측은 청구권 문제 해결방식의 대강 내용과 관련해서는 이케다 총리와 박 대통령의 재단(裁斷)을 기다리는 금액 이외의 사항만 예비교섭에서 논의하기로 결정했다. 이 예비교섭에서 양측은 11월 16일, 22일, 28일, 12월 4일, 18일, 21일, 26일 일곱 차례에 걸쳐 오히라 외상과 김 부장의 합의사항에 대한 논의를 진행했다.

4. 오노 자민당 부총재의 방한과 청구권 처리 대강의 결정

김종필 중앙정보부장은 일본을 방문했을 때인 1962년 10월 22일 하코네(箱根)에서 휴양 중이던 오노 반보쿠(大野伴睦) 자민당 부총재를 찾아 회담했다. 김 부장은 이때 오노 부총재의 방한을 요청했다. 이어 김 부장은 두 번째 일본 방문 시인 11월 12일 오노 부총재가 자민당의 당역원(黨役員), 실력자들과 함께 환영 만찬을 연 자리에서 오노 부총재에게 12월 상순에 한국을 방문해줄 것을 다시 요청했다. 이 요청을 받은 오노 부총재는 개인 자격으로 자민당 의원 10명[후나다 나카(船田中), 나카무라 고하치(中村幸八), 하야카와 다카시(早川崇), 아라후네 세이주로(荒船清十郎), 사쿠라우치 요시오(桜内義雄), 하타 부시로(羽田武嗣郎), 나가타 료이치(永田亮一), 니카이도 스스무(二階堂進), 후쿠다 도쿠야스(福田篤泰), 기타자와 나오키치(北沢直吉) 등. 당시 신문은 이들을 "자민당 내 8개 파벌의 대표"라고 평했다]과 함께 12월 10일부터 13일까지 한국을 방문했다. 이

때 외무성 측에서는 이세키 유지로 주네덜란드 대사가 동행했다. 오노 부총재는 이케다 총리가 박 의장에게 보내는 다음과 같은 친서를 가져갔다.

배계, 건장하시고 다단(多端)한 국무에 정려(精勵)하시니 충심으로 경의를 표합니다.

돌이켜 보면 1년여 전 시작된 제6차 일한회담은 일한 국교정상화에 대한 양국 정부 당국자 및 국민의 희망을 반영하여 이제 전면적 타결의 분위기가 크게 높아져 있습니다. 이에 대해 저는 진심으로 기쁘게 생각하는 바입니다.

이번에 일본 정계의 장로이며, 현재 자유민주당 부총재인 오노 반보쿠 씨가 귀국의 초청을 받아 자유 민주당 국회의원 10명을 데리고 귀국을 방문하게 되었습니다. 오노 씨는 저의 오래된 지인이며, 그가 일 한 우호친선 관계 수립에 강한 열의를 갖고 있는 것은 저도 잘 알고 있습니다. 그가 이 기회에 한국을 방 문하고, 각하를 비롯한 귀국 조야 분들과 양국의 미래에 관해 기탄없이 의견을 나누는 것은 단순히 지금 의 회담 타결 분위기 양성에 기여하는 데 그치지 않고, 향후 오랜 세월에 걸칠 양국 관계에 매우 뜻 깊은 것이라고 확신하는 바입니다. 오노 씨가 귀국에서 체재하는 것은 매우 단기간이지만 잘 접견하시고, 이 에 관해 흉금을 터놓고 이야기해주시길 부탁드립니다.

마지막으로 각하의 건장과 번영을 진심으로 기원합니다. 경구.

1962년 12월 7일 도쿄에서

내각총리대신 이케다 하야토

박정희 의장 각하

사진 35   김종필 중앙정보부장이 1962년 12월 한국을 방문한 오노 반보쿠 일본 자민당 부총재(오른쪽)를 맞이하고 있다. (출처: 국가기록원)

오노 부총재는 서울에서 김 중앙정보부장, 박 의장 이하 요직에 있는 인물들과 환담했다. 그는 12일 판문점을 시찰한 후 "야생의 사슴이 뛰어다니는 판문점의 겨울은 따뜻하다(野鹿跳ぶ板門店の冬ぬくし)"라는 하이쿠(俳句)를 읊었다. 한국 방문 중에 이세키 대사는 한국 측에 비공식적으로 다음과 같은 비공식 발언용 메모(토킹 페이퍼)를 전달했다.

일한회담도 점차 막판에 가까워져, 특히 청구권 문제는 거의 해결의 전망이 보이게 된 이 기회에 회담의 중요한 문제에 대한 일본 측의 기본적인 개념을 여기서 분명히 밝히고 싶다.

이 안을 통해 종래의 한국 측 주장도 충분히 반영시키고, 또 일본 측이 양보할 것은 충분히 모두 양보했으므로, 일본 측으로서는 이를 기초로 하여 해당 문제들을 일괄적으로 해결하고 싶다고 생각하며, 한국 측의 동의를 얻고 싶다.

I. 청구권 문제

(1) 무상공여 및 차관 금액, 지불 조건과 관련해서는 앞서 오히라 대신이 김 부장에 보낸 서한 내용의 선에서 이제 최종적인 해결에 근접하고 있다.

(2) 청구권 문제를 처리하는 '명목'에 관해서는 제2차 오히라 대신과 김 부장의 회담에서 제시된 쌍방의 안을 기초로 하여 행해진 최근의 예비교섭의 경위를 감안하여 별지에 기재한 「청구권 해결 및 경제협력에 관한 협정 요강(안)」을 제시한다. 이 요강안은 한국 측의 주장도 충분히 반영하고 있다고 확신하기 때문에 우리 측의 국내 사정을 고려하여 이 안에 의해 '명목' 문제를 해결하는 것으로 하고 싶다.

(3) 선박 문제와 관련해 한국 측은 한국치적선 및 1945년 8월 9일 또는 이날 이후 한국 수역에 소재한 선박의 반환을 청구하고 있다. 하지만 일본 측은 이미 일반 청구권 문제 토의 시에 밝혔던 군령 33호라는 몰수 법규의 기본적 성격을 감안해 이러한 선박을 반환하는 국제법상의 의무가 없다는 결론에 도달했다. 따라서 이번에 방대한 무상·유상 경제협력이 한국에 제공되는 것도 감안하여, 한국의 대일 일반 청구권 문제를 해결하는 협정에 선박 문제도 포함한다는 취지를 규정함으로써 선박 문제를 최종적으로 해결하기로 하는 방안이 가장 적당하다고 생각한다. 한편, '이승만 라인' 수역에서 한국 측에 나포되어 아직 귀환하지 못한 일본어선은 백 수십 척, 1만 톤 이상에 달하며 그 손해는 방대한 규모이다. 일본 측은 이 나포 어선에 대한 정당한 반환청구권을 보유하고 있지만, 한국 측 입장이나 감정을 고려하고 한국 측이 한국의 대일 선박 청구 문제 해결에 관한 상기 일본 측 제안에 동의하는 것을 조건으로, 나포 일본어선에 대한 반환 청구를 향후 주장하지 않겠다는 것을 약속할 용의가 있다.

(4) 문화재 문제와 관련, 일본 측은 이전부터 명확히 해온 대로 문화재를 반환할 국제법상의 의무는 없다고 생각한다. 하지만 한국 측의 마음도 이해할 수 있으므로 권리와 의무라는 관계를 떠나 양국 간 문화학술상 협력 촉진의 일환으로 일부 국유 문화재를 증여함으로써 이 문제의 해결을 도모하

고 싶다.

II. 어업 문제

(1) 일본 측은 일한 간의 제반 현안 중 어업 문제의 해결에 가장 큰 관심을 갖고 있으며, 이 문제가 일본 국민이 납득할 만한 합리적인 형태로 해결되지 않는 한, 일한회담을 타결하는 것은 불가능하다고 본다. 그런데 어업 문제 토의는 다른 현안 토의에 비해 많이 늦어지고 있는 것이 현실이므로, 한국 측도 앞으로 이 문제에 대한 토의를 촉진하는 데 특히 중점을 둘 것을 희망한다.

(2) 12월 5일 예비교섭 어업관계 회의에서 일본 측이 제시한 일본 측 어업협정안은 그때 동시에 서면으로써 제출한 「설명」에서 상세하게 언급한 바와 같이 제네바 방식이나 최근의 국제조약 등을 기초로 하면서도, 다른 한편으로 가능한 한 한국 어업의 이익도 고려하기 위해 노력한 소산이다. 특히 일본 측이 국제법상의 입장에서 최대한의 양보를 하고 단행한 것이 일본 측 협정안에 담긴 연안국의 어업 전관수역이다. 한국에 공해상의 어업 전관수역을 인정하는 것은 어업 분야에서는 널리 세계에서 활약하고 있는 일본에 엄청난 희생을 의미한다. 또 한국과의 경제협력 추진을 약속하고 있는 일본이 다른 한편으로 한국 어민을 파국으로 몰고 가는 것 같은 생각은 없다는 점이 분명하고, 그렇기 때문에 이 같은 희생을 감수하기로 했지만, 만약 그래도 불안하다고 한다면 어업에 관한 협력도 충분히 상담할 용의가 있는 바이다. 한국 측은 이상의 내용을 충분히 이해한 후, 일본 측 협정안을 신중하게 검토하기 바란다.

(3) 이에 반해 한국 측이 제시한 한국 측 어업협정안은 실질적으로는 '이승만 라인'을 거의 그대로 존속시키기 위해 제안하고 있는 것과 같으므로 일본 측이 도저히 고려할 수 없다는 사실은 한국 측도 쉽게 이해할 것으로 생각한다.

일본 측으로서는 청구권 문제에서 의견 차가 좁혀지고 일한회담의 타결 전망이 보이기 시작한 이 시기에 한국 측이 어떤 의도를 가지고 그러한 내용의 안을 제시하게 되었는지 매우 이해하기 어려운 바이다. 그동안 일본 측은 청구권 문제에서 일본 측이 양보하면 한국 측도 어업 문제에서 융통성 있는 태도를 취한다는 한국 측의 약속을 여러 차례 신뢰하여 청구권 문제 해결을 위해 최대한의 노력과 양보를 다해왔다. 이번에는 한국 측에서 이 같은 일본 측의 노력에 호응하여 일본 측 제안을 기초로 하여 어업 문제를 합리적으로 해결하는 데 노력할 것을 강하게 요청한다.

(4) 제2차 오히라 대신과 김 부장의 회담에서 김 부장은 어업협정의 내용에 담을 항목으로 다섯 가지를 들었는데, 그중 제1사항에서 제4사항까지의 내용에 대해서는 12월 5일 일본 측 어업협정안을 제시했을 때 서면으로써 제출한 「설명」에 자세히 언급한 대로, 일본 측이 한국 측 입장도 가능한 한 고려한 후 작성한 것이 이번 일본 측 어업협정안이므로 이 안에 따라 한국 측 입장도 충분히 충족될 것으로 확신한다. 김 부장이 거론한 제5사항, 즉 '이승만 라인'을 국방선(國防線)으로 인정하는 것과 관련해 일본 측은 이 같은 국방선은 오로지 북조선과 중공을 대상으로 하는 것이며, 우호국인 일본과는 무관한 것으로 양해하고 있다. 그러나 만약 이 라인이 일본에도 어떠한 영향이 있는 성격의 것이

라면 일본 측은 용인할 수 없다는 점을 분명히 밝혀두고 싶다.

Ⅲ. 다케시마 문제

제2차 오히라 대신과 김 부장의 회담에서 김 부장이 제시한 제3국의 조정(調停)에 맡긴다는 생각은 본건의 원만한 해결을 위해 한국 측이 양보하려는 노력의 표현이라고 일본 측도 평가한다. 그러나 다른 한편으로 조정에 맡긴다는 말만으로는 조정이 언제고 성립되지 않은 채 현상이 계속될 우려가 있다는 일본 국민의 불안을 해소할 수 없기 때문에 **[이하, 원문 약 50여 자 미공개]** 이 문제를 국제사법재판소에 부탁(付託)하는 것이 가장 적당하다고 생각한다.

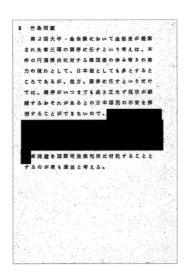

외교문서 원본 24   독도 문제와 관련된 내용을 공개하지 않은 일본의 외교문서

별지

일본국과 대한민국 간의 청구권 해결 및 경제협력에 관한 협정 요강(발췌) (안)

(전문)

일본국 정부와 대한민국 정부는 샌프란시스코에서 서명된 일본국과의 평화조약 제4조 (a)항에 규정된 청구권 문제를 최종적으로 해결하기를 희망하고, 또 일본국 정부가 대한민국의 경제 개발·발전에 기여하는 것을 희망하며 다음과 같이 협정했다.

(제1)

일본국은 …… 미합중국 달러와 동일한 엔의 가치를 갖는 일본국의 생산물 및 일본인의 역무를 이 협정의 효력 발생일로부터 …… 년의 기간 내에 무상 경제협력으로서 대한민국에 공여하기로 한다.

(제2)

일본국은 …… 미합중국 달러와 동일한 엔의 액수까지의 대여(貸與)를 이 협정의 효력 발생일로부터 …… 년의 기간 내에 유상 경제협력으로서 대한민국에 공여하기로 한다.

(제3)

일본국과 대한민국은 이 협정의 체결에 의해 샌프란시스코에서 서명된 일본국과의 평화조약 제4조의 문제가 최종적으로 해결되었다는 것을 인정한다.

주) 협정문 작성 단계에서는 상기 각 항목 외에 공여방식의 세목 규정 및 비준조항 등을 포함한 법률기술상의 소요사항을 추가하게 된다.

이세키 대사는 귀국 후 보고에서 다음과 같이 말했다.

오히라 대신과 김 부장의 양해에 대해 이케다 총리가 재단을 유보했기 때문에 한국 측은 크게 실망했다. 이번 방한 중에도 상대측은 시종 이 양해대로 결정해달라고 요청했다. 이에 대해 오노 씨는 가슴을 두드리면서 "나는 남자다. 귀국하면 반드시 총리의 승낙을 얻겠다"고 답했다. 다른 조건에 대한 한국 측의 반응은,

(1) 다케시마 문제와 관련, 김 부장은 "1년 정도 조정에 맡겨보고, 해결되지 않는 경우에는 ICJ[89]를 포함하여 다른 적당한 조치를 취한다는 것으로 하면 어떨까"라고 말했다.

(2) 어업 문제와 관련, 한국 측은 청구권이 정리되면 제2차 안을 내겠다고 말했다.

(3) 회수불능채권과 관련, 한국 측은 변제를 위한 자금은 준비하고 있지만 국내 건설을 위한 외화가 귀중하기 때문에 오히려 일본 측의 무상공여액에서 이를 빼는 것이 편하다고 말했다.

(4) 문화재 문제와 관련, 진필식 정무국장은 토킹 페이퍼에 제시된 일본 측 안은 불가능하며, 1957년 12월 31일에 이뤄진 양해를 기초로 하여 논의하고 싶다고 언급했다. 이에 대해 이세키 대사는 이세키 대사와 이홍직(李弘稙) 대표의 양해를 지적한 후 "외무부는 딱딱해서 상대가 될 수 없으므로 중앙정보부와 이야기하겠다"고 힐책해뒀다.

상대측은 또 "회답을 갖고 온 경우에는 그에 대한 선물로서 나포된 어부 석방을 비롯해 대표부 설치까지는 인정할 수 없지만, 연락원의 장기 출장 체재에는 반대하지 않는다는 취지를 분명히 밝힐 예정이었다"고 말했다.

이세키 대사는 상기한 「일한교섭의 회고」에서 한국을 방문했을 때의 일화를 언급했다.

---

89) International Court of Justice. 국제사법재판소.

서울에서는 오노 씨와 김종필 부장 둘이서만 회담을 했다. 그래서 오노 씨가 책임을 지고 이를 총리가 받아들이게 한다고 말한 것이다. 그날 밤 용산의 안가에서는 박정희, 김종필, 오노 씨를 비롯해 나까지 4명이 밤을 새워 술을 마셨다. 오노 씨는 혈압도 높고 이런 자리에서 마시고 쓰러지면 곤란하기 때문에 일찍 들어간다고 해 먼저 침실에서 쉬게 했다. 내일 아침까지 여기에 있겠다고 하여, 나는 박정희와 김종필 2명을 상대로 마셨다. 두 사람이 술이 강해 많이 마시게 되어버렸고, 나는 제정신을 잃었다. 아침에 보니 나는 거기서 자고 있었다. 재미있었다.

오노 부총재는 귀국 다음 날인 1962년 12월 14일 이케다 총리와 회담하고, 오히라 외상과 김 부장의 합의사항에 대해 신속하게 결정 내릴 것을 요청했다. 17일 오히라 외상은 이케다 총리와 회담하여 청구권 문제 처리의 대강에 대해 승낙을 얻었다. 18일 오히라 외상은 신문기자회견에서 "내가 방미 전에 총리가 지시한 경제협력 등의 문제에 대해 외무성의 결론을 보고했고, 대강에 대해 승낙을 얻었다. 큰 맥락에서 이제 총리와 논의할 것은 없다. 나머지는 내가 책임을 지고 협상을 추진하겠다"고 말했다(『니혼게이자이신문』, 12월 8일).

예비교섭 제19차 회의(12월 18일) 석상에서 오히라 외상이 김종필 부장에게 보내는 다음과 같은 서한이 스기 대표를 통해 배 대표에게 전달되었고, 동시에 우시로쿠 아시아국장은 그 내용을 구두로 설명했다.

배계

예전부터 번거롭게 걱정시켰던 청구권 문제의 처리와 관련해 미국에서 귀국한 후 이케다 총리 및 다나카 대장대신과 협의한 결과, 이번에 별지에 기재한 것과 같은 제안을 하게 되었습니다. 저로서는 청구권 문제가 일한교섭 전반을 타개하기 위한 열쇠라고 보는 한국 측의 입장과 심정을 염두에 두면서 귀하와 협의한 기본선을 관철하기 위해 최선을 다했습니다.

그리고 귀하와의 협의에서 매듭짓지 않았던 대한국 채권의 처리와 함께, 유상 경제협정과 관련, 해외 경제협력기금은 제도상 비상업적 프로젝트에 대한 금액으로 제한되어 있으므로 수출입은행도 함께 이용하지 않을 수 없다는 의견을 제안하기로 결정했습니다.

귀하께서 일본 측의 사정을 감안해주시고 청구권 처리의 명목 문제와 선박 문제 처리에 대한 우리 측의 최근 제안을 비롯해 모두 일괄적으로 동의해주시면 감사하겠습니다. 또한 청구권 문제 외에도 어업, 다케시마를 포함한 다른 현안에 대해서도 이 기회에 한국 측에서 더욱 융통성 있는 태도로 예비교섭을 진행하여, 이로써 일한 양국이 수락할 수 있는 합리적인 타협안을 조속히 작성할 수 있도록 귀국 대표에게 지시해주기를 함께 부탁드립니다.

아시는 바와 같이 저로서는 이 청구권 문제와 함께 다른 모든 현안에 관한 타결안이 성립된 후에 협상 전반의 최종 타결에 대해 일본 정부가 확정적인 의사 결정을 하는 절차를 밟고 싶다는 생각입니다.

귀하의 건승과 발전을 기원하고, 지난번 귀국을 방문한 오노 반보쿠 씨와 그 일행에 대한 진심 어린 극진한 접대에 심심한 사의를 표합니다.

경구

1962년 12월 18일

외무대신 오히라 마사요시

김종필 부장 각하

별지

1. 무상 경제협력

총 3억 달러로 하고, 매년 3,000만 달러씩 10년간에 걸쳐 생산물 및 용역으로 무상공여한다. 다만, 재정 사정에 따라서는 쌍방 합의에 의해 이를 앞당겨 실시할 수 있다.

2. 대한국 채권(4,573만 달러)의 상환

한국 측은 이 금액을 3년간에 걸쳐 균등상환한다.

한국 측이 이 지불에 의해 그만큼 대외 기대자금이 부족해질 경우, 이 기간 동안 우리 측에서 장기저리 차관(후기 3)을 조기 실행하는 것을 고려한다.

3. 유상 경제협력(정부가 관여하는 부분)

유상 경제협력으로 총 2억 달러의 장기저리 차관을 10년간에 걸쳐 공여한다. 그중 1억 달러는 해외경제협력기금에서, 다른 1억 달러는 수출입은행에 의해 지출하는 것으로 하고, 각각 현행 규정에 의한 가장 유리한 조건으로 공여한다.

4. 순수 민간 차관

민간 베이스에 의한 적당한 프로젝트를 대상으로 하고, 금액, 조건 등은 모두 민간의 협의 결과에 맡기지만, 계약이 성립된 것은 일본 정부가 일한 국교정상화 이전에도 실시가 가능하도록 조치한다.

제20차(12월 21일) 예비교섭에서 한국 측은 오노 씨가 한국을 방문했을 때에 이세키 대사가 한국 측에 제시한 토킹 페이퍼에 대한 의견을 제시했다. 제21차 회의(12월 26일)에서 일본 측은 「청구권 처리에 관한 일본 측 제안」을 제출했고, 여기서 우시로쿠 아시아국장은 "이 내용은 대장성 등의 강한 반대에도 이들을 설득하여 이케다 총리, 오히라 외상, 다나카 대장상 간에 결단을 내린 것이다. 세목에 대해서는 추후 협의를 필요로 하는 부분도 있지만, 대강에서는 이른바 오히라 외상과 김 부장의 양해와 실질적으로 다르지 않다. 따라서 박 의장이 내일 기자회견에서 청구권 문제는 오히라 외상과 김 부장의 양해대로 정해졌다고 말하기에는 충분하다고 생각한다"고 말했다. 이튿날인 12월 27일 오히라 외상은 김종필 부장 앞으로 다음과 같은 세 번째 서한을 보냈다.

배계

청구권 문제의 처리에 관해서는 26일 열린 제21차 예비교섭 회의에서 스기 대표가 배 대표에게 일본 측의 최종 제안을 제시했으므로 이를 보았을 것으로 알고 있습니다. 이 제안은 이케다 총리와 다나카 대장대신과도 거듭 신중하게 협의하여 만든 제안으로, 반드시 귀하가 만족할 것으로 확신하고 있습니다. 따라서 이때 청구권의 명목과 형식 문제에 대해서도 일본 측이 전부터 제안해온 선에서 타결에 도달할 수 있도록 수고스럽겠지만 특별한 고려를 부탁드리고자 합니다.

지난 18일 자로 귀하께 보낸 서한에도 썼지만, 일본 측은 이번 회담에서는 청구권 문제, 어업 문제를 비롯한 모든 현안이 동시에 일괄적으로 원만하게 해결되어야 한다는 입장을 견지하고 있습니다. 그런 의미에서 지난번 오노 부총재를 동행한 이세키 대사가 한국 측에 수교한 일본 측 제안은 일괄 불가분의 제안(package proposal)을 구성하고 있습니다. 이 점에 대해서는 26일 청구권 처리에 관한 일본 측의 최종안을 제시할 때 다시 스기 대표가 확인한 바 있습니다.

이와 관련해 이번에 한국 측에서 어업 문제, 다케시마 문제를 비롯한 기타 중요한 현안에 대해 건설적이고 현실적인 관점에서 합리적인 타결을 달성할 수 있도록 각별한 노력을 보여주길 강력히 기대하고 있습니다.

희망찬 새해를 맞아 귀하가 한층 건승하고 정무에 정려하길 간절히 기도합니다.

경구

1962년 12월 27일

외무대신 오히라 마사요시

김종필 부장 각하

이하는 26일 예비교섭에서의 「청구권 처리에 관한 일본 측 제안」과 같은 내용을 적시한 것이다.

1. 무상 경제협력

총액은 3억 달러로 하고, 매년 3,000만 달러씩 10년간에 걸쳐 생산물 및 용역으로 무상공여한다. 다만, 재정 사정에 따라서는 쌍방 합의에 의해 이를 앞당겨 실시할 수 있다.

2. 대한국 채권(4,573만 달러)의 상환

(1) 한국 측은 이 금액을 3년간에 걸쳐 균등상환한다.

(2) 다만, 한국 측이 외화 사정이나 내부 자금 사정 등을 위해 희망하는 경우에는 매년 한국 측의 요청에 의해 해당 연도 일본의 무상공여액에서 해당하는 채무 상환금액만큼 감액함으로써 한국 측이 이 채무를 지불한 것으로 간주하기로 한다.

(3) (1)항 내지 (2)항의 조치 결과, 해당 연도의 한국 측 대외 기대자금이 부족하고, 이 때문에 한국의 경제5개년계획 수행에 지장을 줄 경우에는 일본 측의 유상 경제협력(후기 3)을 조기 집행하는 것

을 고려한다.

3. 유상 경제협력(정부가 관여하는 부분)

유상 경제협력으로서 해외경제협력기금에서 총액 2억 달러의 장기저리 차관을 10년간에 걸쳐 공여한다. 본건 차관의 조건은 연리 3.5퍼센트, 상환기간은 20년 이내로 한다.

4. 커머셜 베이스에 의한 통상적 차관(정부가 직접 관여하지 않는 부분)

프로젝트의 종류, 금액, 금융기관(수출입은행 및 기타 민간 금융기관), 조건 등은 모두 민간의 통상적 상담(商談)에 맡기고, 따라서 특히 차관 총액의 상한을 결정하지는 않지만, 일본 정부는 이러한 차관에 관해서는 일한 국교정상화 이전에도 실시할 수 있도록 조치한다.

보충 설명

1. 제2항(대한국 채권의 상환)의 취지는 명분상으로는 한국 측에 공여할 것은 충분히 공여하는 한편, 한국 측에서 돌려받을 것은 정식으로 돌려달라고 한다는 방침을 관철하면서, 실제로는 (2)항을 발동해 한국 측의 요청에 의해(일본 측의 새로운 동의를 필요로 하지 않은 채) 일본의 무상공여액을 감액함으로써 이를 한국 측의 채무 지불로 간주한다(따라서 한국 측이 달러 현금을 지불할 필요가 없다)고 되어 있다. 게다가 (3)항에서 해당 연도의 무상공여액 감액분을 보충하는 조치도 함께 제기하고 있기 때문에 이상을 전체적으로 보면 실질적으로는 한국 측이 오히라 외상과 김 부장의 회담의 내용으로서 양해하고 있는 채권 말소와 같은 결과가 된다.

2. 제3항(유상 경제협력)에서 "상환기간은 20년 이내로 한다"고 말한 것은 해외경제협력기금 업무 방법에 이와 같은 규정이 있는 것을 인용한 것이다. 일본 정부는 구체적인 상환기한은 오히라 외상과 김 부장의 회담 취지에 따라 20년 정도를 염두에 두고 있다.

3. 제3항에서 거치기간을 언급하지 않은 이유는 세목에 대해서는 향후 논의에 의해 순차적으로 결정해가는 것이 적당하다고 생각했기 때문이다. 그러나 일본 정부로서는 오히라 외상과 김 부장의 회담의 선에 따라 일단 7년 정도를 염두에 두고 있다.

(참고로 첨언하면, 지금까지 해외경제협력기금에 의해 융자받은 구체적인 사례로 수에즈 운하 준설 공사 자금의 경우 금리 6.5퍼센트, 6.5개월 거치, 이후 2년 반 동안 분할상환, 볼리비아 구리광산 탐사 조사비의 경우 금리 6.5퍼센트, 1년 거치, 이후 4년간 분할상환이었다.)

4. 제4항(커머셜 베이스에 의한 통상적 차관)에서 총액을 명시하지 않은 이유는 이러한 종류의 신용 공여는 그 특성상 미리 총액을 정부 간에 결정하는 것이 조리에 맞지 않기 때문이다. 그러나 만약 한국 측이 국내 대책상 어떤 구체적인 금액을 언급될 필요가 있다면, 예를 들면 1억 달러 이상이라는 표현을 사용해도 상관없다.

5. 제4항에서 "금융기관(수출입은행 및 기타 민간금융기관)"이라고 말한 취지는 커머셜 베이스에 의한 통상적 신용공여는 개별 프로젝트마다 수출입은행과 시중 은행의 협조 융자에 의해 실시되는 것이

우리 일본의 현재 방식이므로 그 사실을 기록했을 뿐이다.

박정희 의장이 기자회견에서 "청구권 문제에 대해 원칙적으로 합의를 봤다"고 발언한 것은 12월 27일이었다. 그러나 그 후에도 대한국 채권 4,573만 달러의 상환 방법, 유상 상환기간 20년 중에 거치 7년이 들어가는지 아닌지 여부, 그리고 민간 차관금액을 비롯한 3개 사항은 문제점으로서 일한 간에 계속 논의되었다.

이듬해인 1963년 1월 23일 열린 예비교섭 제23차 회의에서 김종필 전 중앙정보부장이 오히라 외상에게 보내는 다음과 같은 서한이 배 대표를 통해 스기 대표에게 수교되었다. 당시 김종필은 민주공화당 의장이었지만, "서한의 내용은 개인의 생각이 아니라 박 의장이나 외무부장관과 협의한 것"이라고 한국 측은 설명했다.

근계

작년 11월 29일, 12월 18일, 12월 27일 자로 세 차례에 걸쳐 보내준 귀하의 서한을 고맙게 받았습니다. 귀하가 한일회담의 원만한 타결을 위해 노력을 아끼지 않는다는 데 심심한 경의를 표하는 바입니다.

귀하의 서한에 언급된 예비교섭 제21차 회의 석상에서 스기 수석대표가 제시한 청구권 문제 해결을 위한 금액 및 지불 조건 등에 관한 제안을 박 최고회의 의장을 비롯한 정부 내의 관계관과 신중하게 검토한 결과, 이 제안이 대체로 작년 11월 12일 귀하와 제가 협의한 선에 따라 고려된 것이겠지만, 좀 더 자세한 사항을 구체화해야 한다는 결론에 도달했습니다.

즉, 청산계정의 채무 상환 문제, 정부 대 정부차관의 조건, 그리고 수출입은행으로부터의 차관 등에 관해서는 우리가 이해하는 것과 차이가 있는 것 같습니다. 따라서 향후 예비교섭 회의 자리에서도 자세하게 토론하도록 하겠지만, 우선 다음과 같이 우리의 견해를 피력하고 귀하의 각별한 고려와 진력을 부탁드리는 바입니다.

첫째, 청산계정의 채무 상환에 관해서는 건설적인 제안을 해주셨지만, 우리가 이해하는 바로는 이 상환기간을 무상공여액 3억 달러의 지불기간과 동일하게 하여 매년 제공액에서 균등하게 공제토록 하는 것이 타당하다고 생각합니다. 둘째, 정부 대 정부차관에 대해서는 거치기간 7년 후 20년간 상환하는 상환 조건을 명백하게 해야 한다고 생각합니다. 셋째, 수출입은행의 차관은 "가장 유리한 조건으로 1억 달러 이상"이라는 표현으로 그 하한을 정해야 한다고 생각합니다. 이 외에 청구권의 명목 문제, 어업 문제, 법적지위 문제, 선박 문제, 문화재 문제, 그리고 기본관계 문제 등 여러 현안에 관해서는 작년 12월 21일에 개최된 제20차 예비회담에서 우리 측의 배 수석이 설명을 드렸지만, 청구권 문제가 양국의 상호 이해와 양보의 정신으로 이만큼 진전을 보이고 있으므로, 다른 현안도 같은 정신에서 절충하면 반드시 해결의 서광이 보일 것으로 확신하고 있습니다. 새해에는 현안들이 모두 원만하게 해결되어 양국의 국교가 정상화하기를 희망하고, 이를 위해 양국이 최선의 노력을 경주할 것을 바라 마지않습니다.

새해를 맞아 진심으로 귀하의 건승을 빕니다.

서기 1963년 1월 21일

김종필

오히라 마사요시 외무대신 각하

1963년 1월 29일 중의원 예산위원회에서 오히라 외상은 합의사항의 대요를 설명하고 오히라 외상과 김 부장의 합의 사항과 예비교섭의 관계와 관련, "김 씨와 나의 회담은 측면적으로 예비교섭을 지원하고 협력하겠다는 입장이며, 그동안 우리 사이에서 도달한 이해는 전적으로 예비교섭으로 옮겨 예비교섭의 장에서 대략 합의하기로 했다"고 답변했다.

2월 2일 다음과 같은 문서가 국회에 제출됐다.

일한 예비교섭에서 두 수석대표 간에 현재까지 대강(大綱)에 대해
의견 일치를 본 청구권 문제의 해결방식

1963년 1월 30일, 외무성

1. (가) 무상 경제협력은 총액 3억 달러로 매년 3,000만 달러씩 10년간에 걸쳐 일본국의 생산물 및 일본인의 용역으로 공여한다. 다만, 우리 일본의 재정 사정에 따라서 쌍방 합의에 의해 이를 조기 실시할 수 있다.

(나) 장기저리 차관은 2억 달러로 하고, 10년간에 걸쳐 해외경제협력기금으로 공여한다. 그 조건은 연이율 3.5퍼센트, 상환기간 20년 정도, 그중 거치기간은 7년 정도로 한다.

(다) 이 외에 상당액의 통상적인 민간 신용공여가 기대된다.

2. 상기한 무상·유상 경제협력의 공여를 수반하는 결과로서, 평화조약 제4조에 기초한 청구권 문제도 동시에 최종적으로 해결하여 이제 존재하지 않는다는 사실을 일한 간에 확인한다.

(또한 상기 사항 외에 한국 측은 무역상의 채무 4,573만 달러를 일정 기간 내에 상환하는 것이 양해되어 있다).

5. 격동의 한국 정국과 외무성 직원의 출장 체류

1963년 여름 민정이관을 약속한 군사정권은 1962년 10월에 기초(起草)한 헌법 개정안을 그해

12월 17일 국민투표에 부쳤다. 그 결과, 유권자 총수 1,241여만 명 중 투표자 1,058여만 명(투표율 85.3퍼센트), 이 가운데 833여만 명(투표 총수의 78.8퍼센트)이 찬성하여 투표수의 과반수를 차지, 헌법 개정안이 통과되었다. 헌법 개정안은 소정의 절차를 거친 후 12월 26일 공포되었다. 이튿날인 27일 박정희 의장은 "3군 참모총장과 해병대사령관을 제외하여 최고위원 전원이 모두 군복을 벗고 민정에 참여한다. 대통령 선거는 내년 4월 초순, 국회의원 선거는 5월 하순, 정권 이양은 8월 중순에 실시한다"고 언명했다. 12월 31일 정당과 사회단체의 정치활동 금지가 해제됐고, 이듬해 1월 16일에 '국회의원선거법', '선거관리위원회법'이 각각 공포되었다.

1963년 1월 5일에 예비역으로 전역한 김종필 중앙정보부장을 중심으로 군사혁명의 이념을 계승하는 '민주공화당' 결성이 추진되었다. 2월 2일의 창당준비위원회에서 박정희 의장을 대통령 후보로 한다는 방침이 발표됐다. 민주공화당은 2월 26일 창당대회를 열고 총재로 정구영(鄭求瑛)을 선임했다.

야당 측에서는 1월 3일 윤보선(尹潽善), 김병로(金炳魯) 등 구 신민당을 중심으로 '민정당' 결성이 추진됐다. 다른 한편에서 구 민주당은 박순천(朴順天), 노진설(盧鎭卨)을 대표위원으로 하여 2월 1일 창당준비대회를 열었다. 이들 야당은 입을 모아 군사정권의 실정과 공약에 반대하고 군사정권의 민정 참여를 공격했다.

이러한 움직임 속에서 민주공화당 내에서도 민정 참여에 대한 반대 의견이 속출했다. 1963년 1월 8일 송요찬(宋堯讚) 전 내각수반은 "민정 참여는 혁명 공약 위반"이라며 반대했다. 1월 16일 유원식(柳原植) 전 최고위원은 "민주공화당은 김종필 중심의 파벌이다"라고 공격했다. 1월 21일 김동하(金東河) 최고위원도 김종필의 당 운영방식에 반대하는 의사를 표명했다. 이처럼 반주류파의 공세가 격화하자 김종필은 2월 20일 모든 공직에서 물러나고 25일 박 의장의 특사 자격으로 일본, 동남아, 유럽 여행을 떠났다.

야당의 공격과 혁명 주체세력의 내분, 한국 경제 사정의 악화 등으로 박 의장도 민정 참여를 포기하는 방침을 정했다. 그는 2월 18일 "다음에 수립될 정부가 혁명 과업의 계승을 약속하고, 군사혁명의 정당성을 인정하여 정치적 보복을 하지 않고, 한일문제에 초당파적으로 협력한다는 등의 조건을 수락한다면, 나는 민정에 참여하지 않겠다. 정치활동정화법에 따라 정치활동이 금지되어 있는 자는 특수한 경우를 제외하고 전면적으로 해제한다"고 발표했다. 이어 27일에 시민 외에 정당 대표와 정치인이 참석한 가운데 시국 수습 방안 수락 선서식이 거행되었다. 이에 따라 2,322명이 정치활동정화법의 구속에서 해제되었고, 이들 해제자를 맞이한 야당의 각 당은 더욱 활기를 띠었다.

3월 11일과 13일 중앙정보부는 김동하(金東河), 박임항(朴林恒, 전 건설부장관), 박창암(朴蒼巖, 전 혁명검찰부장) 등에 의한 쿠데타 계획이 있었다면서 30명을 체포했다. 이어 3월 15일 이 체포에 반대하는 현역 장교 및 하사관 80명이 시위를 벌였다.

3월 16일에 이르러 박정희 의장은 정국(政局)이 혁명 이전의 무질서 상태에 있기 때문에 군정을 4년 연장하는 것이 필요하다면서, 2월 28일의 민정이양 성명을 취소하고 '비상사태 수습을 위한 임시조치법'을 공포, 모든 정치활동을 금지했다. 이에 대해 야당 지도자는 군사정권의 공약 위반을 일제히 비난했다. 또 미 국무부는 3월 25일 군정 연장에 반대하고 민정이관을 희망한다는 성명을 발표했다.

4월 8일 박 의장은 군정 연장안을 보류, '비상사태 수습을 위한 임시조치법'을 폐지하고 정치활동을 다시 인정했다.

이리하여 정부 여당인 민주공화당 외에 민정당(윤보선), 신정당(허정), 민우당 〔안호상(安浩相)〕, 자유민주당〔소선규(蘇宣奎)〕, 민주당(박순천) 등이 〔민정당·신정당·민우당은 나중에 '국민의 당'〔대표위원 김병로, 허정, 이범석(李範奭)〕으로 통합〕 정치활동을 전개했다. 야당 각 계파 간에는 다가올 대통령 및 국회의원 선거를 목표로 각 당의 연합 혹은 통합 공작이 진행되었다. 그러나 결국 야당 단일 대선 후보 문제를 놓고 윤보선과 허정이 타협하지 못하면서 야당 연합은 실패로 끝났다. 한편, 박정희 국가재건최고회의 의장은 8월 30일 현역에서 은퇴하고 민주공화당에 입당, 대통령 후보 지명을 수락했다.

격동하는 한국의 정국 움직임을 두고 일본 국내에서는 일한회담 반대, 사태 정관론(靜觀論)도 있었지만, 자민당은 일한회담 타결에 적극적인 태도를 취했다. 이에 앞서 1962년 10월 23일 자민당 내에서는 일한문제PR위원회가 기타자와 나오키치(北沢直吉) 의원을 위원장으로 하여 발족되었다. 이 위원회는 이케다 총리의 지시에 따라 일한교섭에 대해 국민 각층을 상대로 홍보활동을 전개, '제2의 안보 사태' 회피를 의도했다고 보도되었다(『도쿄신문』, 11월 21일). 이 위원회는 11월 20일 운영위원회를 열고 「일한 국교정상화의 필요성에 관한 통일 견해」 안을 발표했다. 이 안은 ① 일한 국교정상화의 필요성, ② 일한교섭 조기 타결의 필요성, ③ 제반 현안의 개요, ④ 반대론에 대한 반박 이렇게 4절로 구성되었다. 위원회는 이를 토대로 적극적인 PR활동을 전개했다. 이 PR 요강에 대해 12월 16일 일본사회당이 반대하는 논문을 발표하자 위원회 측은 12월 21일 이를 반박하는 논고를 발표하기도 했다. 외무성은 1962년 11월 7일 관방총무참사관이 쓴 「일한 국교정상화 PR 관련 자민당과의 조정에 관한 건」에서 다음과 같이 말했다.

일한회담의 수행에 수반된 국내 PR에 관해서는 향후 자민당 측과 더욱 긴밀한 연락을 유지해야 할 필요가 있는데, 당 측에서는 이에 대한 체제가 충분히 정비되어 있지 않고, PR의 기본방침에 대해 반드시 의사가 통일되어 있다고도 생각되지 않는다〔마에오 시게사부로(前尾繁三郎) 간사장 스스로도 은근히 이를 인정하고 있다〕.

종래 외무성은 당 측에 일한관계에 관한 자료를 수시로 제공해왔지만, 향후 PR을 유효하게 하기 위해서는 단순히 자료 제공에 그치지 않고 PR의 기본방침, PR 내용, 시기 등에 대해 충분히 서로의 의사를 통일하는 것이 중요하다고 판단된다.

일한 국교정상화에 관한 국내 PR방침(안) (생략)

2월 20일 김종필의 정계 은퇴 소식을 접한 오히라 외상은 다음과 같은 담화를 발표했다.

한국은 국가의 통일을 지키면서 내외에 공약한 민정이관 업무를 수행해 나가는 과정에서 여러 가지 어려움에 직면하고 있으며, 김종필 씨의 공화당 준비위원장 사임, 공화당 탈당이라는 것도 그 파문 가운데 하나일 것이다. 일본 정부는 이런 어려움을 극복하고 한국이 확고한 민정의 기반을 마련하기를 바라고 있다. 한국이 이러한 상태에 있기 때문에 일한교섭을 중지 또는 중단하라는 의견도 있지만, 일본 정부는 일한 국교정상화라는 역사적 과제에 대한 열정과 자세를 바꿀 생각이 없다. 일한교섭은 현재 어업 문제를 둘러싸고 논의하고 있는데, 우리 측은 이미 상대측에 제안했으므로 상대측이 합리적이고 현실적으로 반응하기를 기대하고 있는 상태이다. 김종필 씨는 나이가 젊고 앞날이 창창한 뛰어난 인재라고 생각하지만, 정계를 떠난 것은 아쉽다.

국회에서는 한국 정국의 격동을 이유로 회담을 취소하라는 야당의 주장이 강하게 제기됐다. 그러나 이케다 총리는 "한국이 정상화를 위해 열의 있고 합리적인 태도를 갖고 임하고 있는 만큼, 우리가 한국의 정치에 관심을 가지면서 신의와 성실을 다해 교섭을 계속하는 것은 외교의 핵심에 해당하는 책임이다"라고 말했다(2월 26일 중의원 본회의). 오히라 외상은 "일한 간의 현안은 한국의 정정(政情) 여하와 무관하다. 현재 예비교섭의 장이 있고, 상대방이 대화를 하자는 태도를 취하고 있는 만큼 이를 받아들여 논의에 임하는 것이 우리의 임무이다"(2월 28일 참의원 외무위원회), "민정이관을 향한 도정의 진통, 고통이며, 그 진폭이나 속도가 예상보다 더 빠른 느낌이 든다", "어떤 정권이든지 그들이 퇴진하는 순간까지 최대의 경의로써 관계를 갖는 것이다. 중단 또는 중지의 마음은 추호도 없다"(3월 20일 중의원 외무위원회)라고 답변했다.

앞서 단기 체류를 인정받지 못했던 우라베 참사관은 농림성, 통상성 직원들과 함께 그해 9월 30일부터 10월 7일까지 한국을 방문했다. 9월 28일부터 10월 6일에는 아시아국장에 취임할 예정이던 우시로쿠 심의관이 방한했고, 11월 7일부터 13일에는 나카가와 외무성 조약국장, 히라가 법무성 민사국장, 오가와 세이시로(小川清四郎) 법무성 입국관리국장, 이나마스 시게루(稲益繁) 대장성 이재국장, 다치바나 다케오(橘武夫) 수산청 차장 등 당시 일한회담 대표들이 방한했다. 이처럼 일한교섭 담당자들이 한국민에 대한 친정(親情)과 한국의 실정을 깊이 인식하게 된 것은 그 후 회담의 진전에도 크게 도움이 되었다.

1963년에 들어 2월 21일 열린 예비교섭 제28차 회의에서 스기 대표는 격동하는 한국의 실정을 제대로 인식하기 위해 외무성 직원 2~3명이 서울에 주재할 수 있도록 해달라고 요구했다. 이에 대해 배 대표는 외무성 직원의 장기 주재나 암호 사용은 어렵지만, 약간의 간격을 두고 2~3주간 단기 출장의 반복이라면 실현 가능성이 있다고 말했다. 예비교섭 제31차 회의(3월 22일)에서 배 대표는 당시 출장 중이던 "마에다 북동아시아과장의 귀국 전에 다음 출장자의 비자 신청을 요청하길 바라며, 그러면 계속해서 체류할 수 있을 것으로 생각된다. 그러나 이것이 신문에 나오지 않도록 주의해달라"고 말했다.

마에다 북동아시아과장은 1963년 1월 11일부터 16일 한국에 출장을 간 데 이어 3월 8일부터 30일 다른 외무성 직원 2명과 함께 다시 한국을 방문했는데, 그 뒤를 이어 외무성 직원 2~3명이 1~3개월간 출장을 가는 릴레이 방식이 계속되었다.

그동안 1963년 4월 3일부터 12일까지는 오기소 모토오(小木曽本雄) 조약과장, 4월 22일부터 26일까지는 야스카와 다케시(安川壯) 관방총무참사관, 5월 6일부터 10일까지는 우라베 참사관, 5월 21일부터 25일까지는 우야마 아쓰시(宇山厚) 배상부장, 6월 20일부터 28일까지는 하리야 마사유키(針谷正之) 문화사업부장, 7월 17일부터 26일까지는 이케가미 쓰토무(池上努) 법무성 참사관, 8월 22일일부터 9월 25일, 그리고 11월 21일부터 12월 23일까지는 마에다 북동아시아과장, 10월 30일부터 11월 6일까지는 이토(伊藤) 경제국 아시아과장 등의 단기 출장이 이어졌다.

외무성의 서울 출장 직원은 을지로1가의 반도호텔 917호(나중에 918호실을 추가)를 사무실로 이용했다. 5월에 우라베 참사관이 출장 갔을 때 한국 외무부 황호을(黃鎬乙) 아주국장에게 체재자들이 암호 전보를 사용할 수 있도록 요청했다. 5월 우야마 배상부장이 출장 갔을 시에는 타자기를 가져갔고, 6월 하리야 문화사업부장이 출장 갔을 시에는 금고를 반입했다. 8월 5일부터는 한국인 여자 사무원 1명[고영와(高榮瓦)]이 근무하게 되었다. 외무성 전신과 직원들도 8월 6일부터 출장, 체류하게 되면서 암호화 전보도 칠 수 있게 됐다. 외무성 직원의 출장 목적은 정정(政情) 시찰로 간주되었는데, 한국 측 민관과 접촉하고 지방을 시찰한 후 귀국, 출장 보고서를 제출했다. 출장 직원은 또 한국인과 결혼한 일본인 부녀자의 귀국 상담, 한국을 방문하는 국회의원 등의 송영(送迎), 서울에서 열리는 국제회의에 참석하는 일본 대표들이 머무는 동안의 대응 같은 임무도 맡았다.

1963년 3월 8일 외무성 관방총무참사관은 「주한 대표부의 설치에 대해」라는 제목으로 다음과 같은 문건을 정리하고, 서울의 일본 정부 재외사무소 설치도 검토했다.

주한 대표부의 설치에 대해

1963년 3월 8일, 관방총무참사관

1. 한국에 공식 대사관을 설치할 때까지 잠정적으로 이른바 대표부를 설치하기 위해서는 다음 세 가지 방법을 생각할 수 있다.

    (가) '일본 정부 재외사무소 설치법'에 따른 일본 정부 재외사무소의 설치

    (나) '외무성 설치법' 및 '재외공관의 명칭 및 위치를 정하는 법률'의 개정에 따른 대표부의 설치(이

경우 '재외 공관에 근무하는 외무 공무원의 급여에 관한 법률' 개정도 필요).

　　(다) 장기 출장에 의한 사실상의 대표부 개설

이상의 (나)와 (다)는 여러 사정으로 적당하다고는 인정할 수 없으므로 (가)에 의한 재외사무소 설치에 대해 검토한 결과는 다음과 같다.

　2. 서울의 일본 정부 재외사무소 설치

　　(1) 일본 정부 재외사무소 설치법(1950년 법률 제105호)은 현재도 유효하며, 동 법에 따라 '서울의 일본 정부 재외사무소'를 설치할 수 있다.

　　(2) 일본어 정식 명칭으로는 '대표부'라고 할 수 없고, 법으로 정해진 바와 같이 '일본 정부 재외사무소'라고 할 수밖에 없지만, 외국어로는 'mission'이라고 하는 것도 가능하다〔마닐라의 일본 정부 재외사무소는 'Japanese Mission in the Philippines (Manila)'라고 칭했다〕. (이하 생략)

6. 예비교섭의 추이

(1) 어업 문제

① '어업교섭의 향후 진행방식' 결정

일한 간의 어업 문제 해결방식으로 한국 측이 이승만 라인을 주장한 데 대해 일본 측은 영해 3해리 안을 전제로 하면서 '공해상 조업의 자유', '어업자원 보호' 논리를 전개하고 있었지만 1960년 봄 제네바에서 열린 제2회 해양법 회의에서의 미국과 캐나다 방식 등을 고려해 국면 전환을 시도했다.

이 방안은 앞서 언급한 이승만 정권 말기인 1960년 4월 12일 자 「일한 전면 회담에 관한 기본방침」에서도 이미 "III. 각 문제에 대한 방침 (1) 어업 문제 (가) 이승만 라인에 관한 한국 측 주장은 철회시킨다. (나) 한국의 영해(해양법 회의의 결정을 고려) 밖의 일정한 수역에 어족 보존 및 한국 어업 육성을 위해 잠정 협정으로서 조정구역을 마련한다"고 기록되어 있다. 같은 달 13일 일한 전면 회담의 기본방침에 관한 외무성 및 각 성 대표 간의 협의회의 기록에 따르면, 무라타 도요조(村田豊三) 어정(漁政)부장은 어업 문제 토의의 진행방식과 관련, "한국은 영해를 결정하는 데 해안에서 매우 먼 거리의 도서를 잇는 직선기선[90]을 생각하고 있는 것 같지만, 그렇게 되면 어업 문제의

교섭이 어려워질 것"이라는 취지를 말했다. 이에 대해 이세키 국장은 "해양법 회의의 조약안에서
는 그런 기선의 설정은 인정하지 않은 것 같지만, 어쨌든 시기적으로는 해양법 회의의 결과를 본
다음에 논의를 진행하고 싶다"고 답했다.

이승만 정권이 무너진 후 장면(張勉) 정권 시대인 1960년 8월 25일 자 「제5차 일한 전면 회담에
관한 기본방침(안)」에서도 어업 문제는 4월 12일 자 안과 같은 것이 기록되어 있다. 제5차 일한회
담의 개최를 앞둔 1960년 10월 6일 일본 측 어업위원회의 제1차 협의회에서 수산청의 나카무라(中
村) 해양2과장은 "수산청 내부에서는 해양법 회의의 경위도 있으므로 영해 6마일, 어업 전관수역
6마일의 선을 기초로 협정안을 생각하자는 의견도 유력하지만, 만약 한국 측이 12마일설(說)에 동
의한다면 다소 수정을 가해서라도 그 선으로 가고 싶다"고 말했다.

10월 16일과 17일 하코네의 유모토(箱根湯本)에서 외무성, 수산청 관계자에 의한 제2차 협의회
가 열렸을 때는 일본 측이 해양법 회의에서의 미국과 캐나다 안을 기초로 한 협정안을 제안하는 것
은 결국 한국 측이 이 안의 이점과 제4차 회담 제안의 이점 모두를 요구하는 결과를 초래할 우려가
있고, 다른 한편으로 바깥쪽 6마일의 일본 측 실적이 인정될 가능성이 적어지며, 그 결과 한반도 동
해안 동쪽의 저인망어업은 사실상 출어가 불가능해진다는 점도 고려해, 최소한 교섭의 초기 단계
에서는 삼가는 것이 좋다는 결론을 내렸다. 이에 따라 그해 12월 6일 조약국 법규과 「일한교섭에
서의 일본 정부의 입장에 관한 법률상의 문제」는 다음과 같이 설명했다.

4. 어업 및 이승만 라인 문제

(가) 공해 어업은 본래 자유이며, 이에 대한 국제적 규제는 어업의 지속적인 생산성을 최대한 유지
하기 위해 자원 보존의 필요성이 과학적으로 입증되는 경우에만 실시한다는 것이 우리 일본이 개개
의 어업조약 및 해양법 회의에서 취해온 기본 입장이므로, 명목상으로는 이 입장을 변경할 수 없다.
따라서 어업 규제는 일한 공동위원회의 과학적 자원 조사를 기초할 때만 인정되어야 한다. 다만, 자원
조사의 결론이 나올 때까지의 잠정적인 기간은 이승만 라인의 실질적인 철폐를 전제로 하여, 한국 연
안의 공해수역에 어업 종류별로 잠정적 성격의 어업 금지구역, 제한구역을 설치하기로 한다. 잠정적
기간 및 구체적인 규제구역의 범위는 정책적 요소를 고려하여 결정되어야 하는 문제이다. 다만, 이 같
은 금지구역 또는 제한구역에서의 위반 처벌은 어선의 소속 국가만이 행할 수 있다는 점을 분명히 밝
혀야 한다.

(나) 거안(距岸) 12해리까지의 범위에서 연안국의 배타적 어업권을 인정하려는 사고방식(올봄 제
2차 해양법 회의에서 나온 미국과 캐나다 공동안의 라인)에 대해 우리나라는 그 안으로 타협될 수 있

---

90) straight base line. 영해의 폭을 측정하는 직선으로 된 기선. 연안선의 굴곡이 심하고 연안 근거리에 연하여 섬이 있는 곳
에서는 적당한 제(諸) 점을 직선으로 연결한 선으로부터 영해의 폭을 측정할 수 있다.

다는 조건하에 찬성한 적이 있지만, 아직 공식적으로 인정한 적은 없다. 그러나 한국 측이 그 라인에서 타결을 희망하는 경우에 이를 단행할지 여부는 정책적 결정을 기다려야 하는 문제이다.

(다) 이승만 라인을 방어적 성격의 것으로서 존속시키겠다는 사고방식은 해양의 자유에 관한 우리나라의 기본적인 법적 입장에 배치되고, 제3국과의 관계에서 일본이 종래 취해온 입장을(예를 들어 핵실험 등에 관해) 해칠 우려가 매우 크므로 이를 인정하지 않기로 한다.

1961년 6월 1일 자 조약국 법규과는 「일한 어업협정 체결에 따른 법률적 문제점[미정고(未定稿)]」을 작성했다. 이 논문은 그 후 어업 문제 해결을 추진하는 데 큰 역할을 했다.

일한 어업협정 체결에 따른 법률적 문제점(미정고) (1962년 6월 1일)

1. 협정 체결의 기본방침

종래 일한회담에서 우리 측은 영해의 폭이 3해리라는 것을 전제로, 공해(公海) 어업 자유라는 원칙적 입장에서 공해의 일방적 관할권 행사(이른바 '이승만 라인')의 무조건 철폐를 요구함과 동시에, 과학적 근거에 기초하여 공해수역에서도 어업자원 보존조치를 취할 필요가 인정되면 그 범위 내에서 규제조치를 합의할 용의가 있다는 태도를 취하여, 제4차 회담에서는 공해상에서의 조업 금지구역, 제한구역 설정을 포함한 안을 제시했다.

그러나 1960년 제네바 제2차 해양법 회의를 계기로, 동 회의에서 근소한 차이로 채택되지 못한 미국과 캐나다 안을 기초로 하는 방식(소위 제네바 방식)에 의해 국제적 어업분쟁을 해결하려는 움직임이 강해지기에 이르렀다. 이 움직임은 한편으로는 영국, 캐나다의 주도로 영해 및 어업수역에 관한 일반적인 다자 조약 체결을 제안하고, 다른 한편으로는 종래 근린국 간의 어업 문제 해결을 강요당하고 있던 영국을 중심으로 한 북유럽의 여러 국가 간의 양자 간 어업협정 체결이라는 2개 방향으로 구체화하고 있다.

〔주. 제네바 방식의 기초가 되는 미국과 캐나다 안은 (1) 영해 폭을 거안 6해리, (2) 연안국의 배타적 어업수역을 거안 12해리까지로 하되, (3) 다만, 이 어업수역에서 과거 5년간 조업 실적이 있는 비(非)연안국의 어업을 향후 10년간 계속 인정하는 것을 주요한 내용으로 하고 있다.〕

이러한 최근의 국제적 추세를 감안할 때, 일본이 일한 어업교섭에서 영해 3해리를 당연한 전제로 간주하면서 타협을 위해 공해상에서 자원론적 명분하에 조업을 금지하고 제한구역을 순차적으로 확대하는 것과 같이 양보를 하는 것은 가까운 장래에 제네바 방식에 기초한 다자 간 조약이 성립, (또는 이 방식에 기초한 양자 간 어업협정이 일반적 현상이 되어) 우리 일본도 어업수역 방식을 인정하지 않을 수 없게 될 경우에 그만큼 잃을 것이 크다는 것을 의미한다고 생각된다. 따라서 특히 제2차 해양법 회의에서 우리 일본이 미국과 캐나다 안을 지지한 경위도 고려하여, 이번 일한 어업교섭에서 우리 측이 제시한 제안을 모두 철회(withdraw)하고, 우리 측 기본방침을 이 제네바 방식의 선에 두기로 결정하는 것이 타당하다고 판단된다.

(생략)

　　(1) 기선 설정방식 (생략)

　　(2) 공해수역에서의 어업 규제의 가능성 (생략)

　　(3) 분쟁 해결에 관한 규정 (생략)

　　(4) 기타 기술적 문제점 (생략)

　　1961년 7월 4일 이상의 조서를 토대로 조약국과 아시아국은 회의를 가졌다. 그 자리에서 우야마 참사관은 "한국 측에는 이미 1958년 안을 취소하겠다고 전달했고, 정치적 고려하에 한국 측에 양보한, 이론적 뒷받침이 곤란한 내용이 상층부에서 결정되어버릴 가능성도 크기 때문에 6＋6 방안[91]과 같은 깔끔한 내용이 바람직하다"고 말했다. 여기서 앞으로 검토해야 할 문제점으로서는 ① 기선 설정 방법은 무엇인가, ②6＋6 외에 어업 규제구역을 설정하지 않은 채 단순히 공해 어업협정의 규정만을 원용할 것인가, ③6＋6 외에 설정하는 어업 규제는 (가) 과학적 조사와 평등을 적용한 순수한 어업자원의 보존을 위한 안으로 할 것인가, (나) 명목은 자원 보존으로 하더라도 실질적으로는 한국 측의 이익에 양보하는 어업 조정적인 의미를 갖는 안으로 할 것인가, (다) 자원 보존이라는 명목에 해당되지 않는 형태로 어업 조정을 해야 하는가, ④6＋6 안의 제안 시기는 언제인가 등이 논의됐지만, 당시 조약국은 6＋6까지는 생각하더라도 그 외의 어업 규제구역을 설정하는 데는 적극적이지 않았다. 이 회의에 출석한 야나기야 북동아시아과 수석사무관은 "조약국에는 상당한 신중론이 있었다. 내가 회의에서 '12해리를 전제로 하고, 그 외에(어업 규제구역을 설정한다)'라고 말을 꺼냈다가 당시 도고 후미히코(東鄕文彦) 조약국 참사관에게서 '아직 6＋6도 정해져 있지 않은데 그 외의 것을 말하다니 무슨 소리냐'라고 몹시 꾸지람을 들은 적이 있다"고 말했다〔「일한교섭의 회고: 이세키 전 아시아국장에게 듣는다」(듣는 사람, 야나기야 과장)〕.

　　1962년 3월 고사카 외상과 최덕신 장관의 정치협상을 앞두고 외무성은 1월 12일 북동아시아과의 「일한회담 어업 문제에 대한 한 가지 고안(考案)(미정고)」, 2월 24일 조약국 법규과의 「일한 어업협정 최종안의 골자」, 2월 27일 「일한 어업공동위원회의 대상수역」, 3월 1일 「일한 어업협정 당초 방안의 골자」(토의자료) 등의 자료를 만들었다. 이후 성내 회의를 거듭한 후 1962년 3월 8일에 아래와 같은 「일한회담에서의 어업교섭의 향후 진행 방법에 대해(안)」가 작성되었다.

　　1. 일한회담 어업위원회에서는 1월 31일 열린 양측 주사 간 비공식 회의에서 (1) 2월 말까지 협정 체결에 필요한 범위 내의 자원론을 논의하고, (2) 3월 15일까지 양측 모두 협정 문안을 교환할 수 있도록

---

91)　영해 폭을 6해리로 하되, 추가적으로 6해리까지를 배타적 어업수역으로 책정하는 안으로, 당시 미국과 캐나다 등이 1960년 제네바에서 열린 제2차 국제 해양법 회의에서 제안했다.

준비를 완료한다는 양해가 성립되었다.

이 자원론을 둘러싼 토론은 예정보다 다소 오래 걸려 3월 5일 일단락됐지만, 본 위원회의 향후 의사(議事)가 상기 양해사항에 따라 진행된다면 3월 중순 또는 늦어도 하순에는 일본 측의 협정안을 제시할 필요가 있다. 또 일본 측이 당초 어떤 안을 제시하는지 하는 문제와는 별도로 일한 간 어업 문제를 어떤 선에서 해결할 것인지 이번에 일본 측의 기본 태도를 결정해둘 필요가 있다.

2. 한국 측이 종래 '이승만 라인'의 유지에 열심이었던 이유는 어업자원을 보호하는 것 외에 한국 측이 우선적으로 어업권을 갖는 구역을 확보하기 위해서였다고 생각된다. 따라서 한국 측이 수용하기 쉬운 어업협정안으로는 어떠한 형태로든 한국 측이 우선적으로 어업권을 갖는 구역을 인정하는 것이 적당하다고 생각된다.

한편, 어업 문제에서는 일한 간에 성립된 원칙이 제3국과 일본 간의 어업 문제의 조정에 큰 영향을 줄 우려가 있고, 또 예전부터 우리 일본이 취해온 공해 자유의 원칙에 기초한 어업 규제의 개념에서 보면 자원 배분과 같은 사고방식을 도입할 법률적 여지는 매우 적다고 생각된다.

그러나 최근 영해 기선으로부터 12해리 범위 내 수역에서의 어업에 관해 다른 공해상의 수역과는 별개의 성격을 인정한다는 사고방식이 국제적으로 점차 받아들여지는 경향이 있으며(주 참조), 이 같은 사고방식을 일한 간에 채용하는 것을 단행하더라도 국제법상 우리나라의 일반적 입장을 그다지 해치지는 않을 것으로 생각된다.

주) (1) 영국이 최근 노르웨이, 아이슬란드와 체결한 어업협정은 기선으로부터 6해리까지의 범위에서 연안국에 자유롭게 어업 규제를 실시토록 하고, 그 외측에 다시 6해리의 수역을 설정, 여기에서는 기한을 정해 비연안국에 의한 어획을 인정하고 있다. (2) 이에 앞서 영해의 폭을 확정하는 국제적 노력의 결과로서 1960년 봄에 열린 영해 폭에 관한 제네바 해양법 회의에서 미국과 캐나다 안이 근소한 차이로 실패했지만, 이 안은 영해 폭 6해리와 그 외측에 다시 6해리의 배타적 어업수역을 연안국에 인정하고 있고, 이 배타적 어업수역에서는 과거 5년간 조업 실적이 있는 비연안국은 10년간 어획을 계속할 수 있다고 규정하고 있다. (3) 제네바 회의에서 미국과 캐나다 안은 성립하지 못했지만, 그 후 영국이나 캐나다를 중심으로 이 안에 따라 영해 폭과 어업수역을 다자간 조약으로 확정, 해양법의 안정화를 도모함과 동시에, 아울러 이 안이 제시한 것 이상으로 연안국의 권한이 공해상으로 확장하는 것을 미연에 방지하려는 시도가 이루어지고 있다(그 후 미국 내에서 해군이 이 안에 대해 소극적인 태도를 보이는 등 이 같은 시도는 다소 주춤하고 있는 것 같다).

3. 지금 영해 기선에서 12해리 범위 내에서 한국에 어업관할권을 인정한다면, 한국은 그 수역에서의 어업을 한국민에게 독점토록 할 것이고 그 범위에서 우선적으로 어업권을 원하는 한국 측의 욕구를 만족시킬 수 있을 것으로 생각된다. 이런 점을 고려하면 일한 간의 어업협정을 이 같은 사고방식을 기초로 하여 정리하는 것이 적합하다고 생각된다. 또 12해리의 한국 측 배타적 어업수역 설정 시에는 그 기선에 직선기선을 취하는 것을 인정하고, 그 설정 방법에 대해 합의해두는 것을 생각할 수 있다[이 설정 방법의 경우 저조선(低潮線)[92]에서 12해리를 측정하는 것보다 배타적 어업수역이 넓어진다].

4. 12해리의 배타적 어업수역의 바깥쪽 공해상의 어업은 일한 어업공동위원회를 설치해 그 결론에

---

92)   '낮은 조류의 선'이란 뜻으로 가장 낮은 수위의 조류가 형성하는 해안선을 말한다. 최저 간조선 혹은 최저 조위선이라고도 한다. 이는 영토와 영해를 구분하는 기준이 되며 저조선이 기선인 까닭에 간석지가 영토에 포함된다. 영해의 폭은 자연적인 연안의 저조선으로부터 측정하는 것이 원칙인데 이를 '통상기선(normal base line)'이라고 한다.

의해 필요한 경우에는 일한 양국이 공동 보존조치를 취하는 것을 생각할 수 있다.

5. 그러나 이상만을 가지고는 한국 측이 만족하지 않을 가능성이 적지 않다. 따라서 교섭의 최종 단계에서는 일한회담 전체의 진전 상황도 고려하면서 12해리의 배타적 어업수역의 외측 공해상의 어업에 대해 일본 측의 기본적인 법률적 입장을 해치지 않는 한도 내에서 한국 측의 욕구를 어느 정도 만족시키는 방책을 다시 검토할 필요가 생길 것으로 보인다.

3월 9일 이상의 「일한회담에서의 어업교섭의 향후 진행 방법에 대해(안)」를 기초로 외무성과 수산청 간에 다음과 같은 토의가 전개됐다.

무라타 도요조(村田豊三) 수산청 차장은 "'진행방식'은 제4항목까지는 받아들일 수 있는 것이지만, 제5항목에서 그 외측에 추가적으로 규제가 미치는 것은 문제"라고 말했다. 이에 대해 외무성 측은 "제5항목은 12해리의 안으로는 도저히 타결할 수 없을 때에 나올 문제를 염두에 두고 써놓은 것이다"라고 설명했다. 또 야나기야 사무관은 "그 경우 12해리의 외측은 내측과는 성격이 다르다. 관할권이 12해리 이상으로 확대하는 것을 방지함과 동시에, 12해리 외측에서 규제를 실시하는 경우는 형식상으로는 평등하고, 실질적으로는 한국 측에 유리하게 되는 조치를 취할 것이다"라고 말했다. 수산청 측은 "제5항목에 이르기 전에 기선의 설정 방법을 결정해야 하고, 가능하면 선을 움직여 12해리 외측에는 규제가 미치지 않도록 하는 것이 국내적으로 훨씬 수용하기 쉬워진다"는 의견을 말했다.

수산청 측은 "농림대신에게까지 올려 이 '진행방식'의 내용을 검토하고 싶고, 이 경우 제5항목을 포함시켜두면 상사의 머리에는 그 내용이 당연한 것으로 남아 어떤 계기로 누설되면 곤란하므로, 이 제5항목은 삭제한 다음에 대신과 상의하고 싶다. 다른 한편으로 그 내용은 내용 외의 합의로서 우리가 양해해두고 싶다"고 말했다(본건 회의 내용을 우야마 심의관이 이세키 국장에게 보고했을 때 국장은 반드시 제5항목을 포함시켜 대신에게까지 이를 통과시켜야 한다는 의견을 언급했다. 우야마 심의관은 무라타 차장에 그 취지를 전달했고 그는 그것의 검토를 약속했다).

무라타 차장은 "12해리의 안에 따라 어업 문제 해결의 최종안을 고려하더라도, 당초의 안으로서는 1958년에 제시한 안을 고집하고 싶다. 그 이유는 왜 저런 안에서 이런 안으로 생각이 바뀌었는지를 설명해야 하기 때문이다"라고 말했다. 이에 대해 외무성 측은 "이번에 다시 1958년 안을 제안하면 그것을 철회하기가 어려워져 나중에 12해리의 안으로 이행하려 할 때 두 가지 안을 합친 것이 되어버릴 우려가 있다. 또 법률적으로도 한국 측이 지난번 안은 받아들여지지 않을 것이라고 응답한 경위가 있으므로 이를 철회하고 새로운 안을 제안하는 것도 그리 나쁘지 않다"고 설명했다. 결국, 1958년 안은 버리기로 하되, 당초의 안을 어떤 것으로 할지는 다시 검토하기로 했다.

더욱이 기록에 따르면 3월 13일의 외무성 및 수산청 회의에서 수산청은 다음과 같이 수산청 내의 동향을 설명했다.

　　무라타 차장이 '진행방식'의 선을 고노 농림대신에게 말했더니, 처음에 대신은 이전에 일본 측만이 일방적으로 제안을 했을 뿐 한국 측은 제안하지 않았으므로 오히려 한국 측에 제안을 요구해야 하며, 일본 측이 수정해서 새로운 안을 낼 필요는 없다는 의견이었다. 하지만 무라타 차장이 계속 설명하자, 대신은 몇 해리로 할지는 판단할 수 없지만 어쨌든 제안을 하도록 외무성과 수산청 간에 문제를 매듭짓고 준비하라고 마지못해 승낙했다.

　그동안 3월 10일 조약국 법규과는「한국 측이 한국 주변 수역의 어업에 대해 자제(abstention) 방식의 적용을 주장할 경우의 반론에 관해」를, 3월 16일 수산청은「일한조약의 문제점」같은 조서를 각각 작성했다. 그러나 그 후에 외상과 최덕신 장관의 정치협상이 실패로 끝났기 때문에 준비한 어업교섭의 진행방식은 교섭에서 표면화하지 못했다.

　1962년 7월 24일 오히라 외상의 취임 직후 간부회의에 제출한「일한회담의 향후 진행방식에 관한 기본방침(안)」에는 상기한 바와 같이 어업 문제는 제네바 방식을 골자로 하는 어업협정안을 제시하고, 더욱이 그 외측에 어느 정도의 조업 금지구역 또는 조업 제한구역의 설정을 고려하면서 어업협력안도 병행적으로 논의한다는 내용을 담았다.

　예비교섭이 시작되어 9월 13일 그 하부에 어업위원회를 두기로 결정되자, 9월 18일 외무성과 수산청의 간에 회의를 열었다. 당시 회의 보고서는 다음과 같이 기록하고 있다.

　　나카가와 국장은 "한국 측이 제네바 방식만으로는 만족하지 않고, 결국 외측에 혹이 생길 것"이라고 발언했다. 이에 대해 무라타 차장은 "6+6 중에서 외측의 6해리에 대한 일본 측의 일정 기간 조업에 대해 손대중한다면 모르지만, 12해리의 외측에 혹을 붙이는 것은 절대 용서 못 한다"고 강조했다. 무라타 차장은 또 "12해리 외측의 혹보다 한국에 정말 필요한 것은 어업협력이며, 수산청은 어업시설을 돌봐준다거나 어획물을 사주기로 하는 안을 군이 반대하지는 않는다. 협상이 교착상태에 빠질 경우 현재 수입하고 있는 어획물을 수입하지 않겠다는 마지막 수단이 있다"고 말했다.

　〔위에서 언급된 '혹'과 관련해 이세키 아시아국장의 전게「일한교섭의 회고」중에서 야나기야 사무관은 "당시 이것을 풍경(風鈴)이라고 불렀다"고 말했다.〕

　그 후 9월 26일 수산청과의 토의를 거쳐 9월 27일에「일한 어업협정 요강안」이 작성됐다. 그 요지는 12월 5일 일본 측이 제출한「어업협정에 담겨야 할 규제조치의 주요 내용」에 포함되었고, 협정의 유효기간은 10년으로 했다. 여기에는 12해리 외측의 '혹—풍경'의 항목은 기록되어 있지 않다.

9월 28일 외무성(북동아시아과, 조약과)은 한국 해역에서의 직선기선의 설정 방법에 관한 회의를 열고 해상보안청에 그 필요성과 취지를 설명했다. 이어 10월 7일 외무성, 수산청, 해상보안청 3자에 의해 직선기선을 설정하는 작업모임이 열렸다.

② 1962년 12월 5일 일한 양측의 제안

예비교섭에서 어업 관계회의는 1962년 10월 5일부터 열렸다. 일본 측에서는 우라베 외무성 참사관, 다치바나 수산청 차장[1963년 5월 23일 와다(和田) 차장으로 교체]이, 한국 측에서는 지철근(池鐵根) 수산중앙회 고문[1963년 2월 22일 최세황(崔世璜) 변호사로 교체]이 주사로서 참석했다. 일한 양측은 제5차 회의(12월 5일)에서 구체적인 안을 각각 제출했다.

일본 측은 여기서 처음으로 1960년 4월 이후 계속 갖고 있었던 제네바 방식에 의한 구상의 일단을 보여주었다. 즉, 일본 측은 "종래 일본 측이 제시한 어업협정안에 대해 한국 측이 의견 차가 너무 커 논의의 기초가 마련되지 않는다고 언급했기 때문에 이를 모두 백지화하겠다. 최근 국제에서 하나의 사고방식이 나타나고 있는데, 이는 1960년의 제2차 제네바 해양법 회의에서의 위원회 단계에서 미국과 캐나다에 의해 제안되어 통과된 방식으로 '(i) 영해 폭은 최대 6해리, (ii) 연안국의 배타적 어업수역은 최대한 12해리, (iii) (ii)항의 어업수역에서 과거 5년간 조업 실적이 있는 국가는 10년간 어업을 계속할 수 있다'는 것을 내용으로 한다. 이 방식에 대해선 일한 양국이 찬성한 경위가 있는 데다 일한관계와 유사한 어업 관계를 가진 영국과 북유럽 국가 간의 국제 어업분쟁을 해결하는 데 이 방식을 따른 사례가 있다. 따라서 일한 양국의 주장을 조정하기 위해 이 방식에 의한 해결책이라면 일본 측도 고려할 수 있다"고 언급했다. 일본 측은 이어 다음과 같은 「어업협정에 담겨야 할 규제조치의 주요 사항」을 제출했다.

> (1) 일본 정부는 대한민국 정부가 관할하는 영해에 접속하는 공해수역에 연안의 저조선으로부터 측정하여 12해리 범위 내에서 어업수역을 설정하고, 어업에 관해 영해에서와 같은 권리를 행사하는 것을 승인한다.
>
> (2) 대한민국 정부는 제1항에서 규정하는 어업수역에서 일본국 선박이 지금까지 계속적으로 어업 실적을 쌓아온 사실을 고려하여, 어업협정 발효일로부터 10년간 일본국 선박이 제1항에서 규정하는 어업수역 중 외측 6해리의 수역에서 어업협정의 부속서를 통해 제시한 규정 범위 내에서 어업에 종사하는 것을 인정한다.
>
> (3) 한국 측 어업수역 가운데 제2항에 의해 일본국 선박이 어업에 종사하는 것이 인정된 구역에서는 어업에 종사하는 양 당사국의 선박이 그 기국(旗國)의 관리 및 관할에만 따르는 것으로 한다.

(4) 두 체약국은 어업협정에 의해 합의된 제한 또는 규제에 따르는 경우를 제외하고, 체약국의 국민 또는 선박의 비(非)해상에서의 어업활동이 그 소속된 체약국에 의해 부과되는 것 이외의 어떠한 제한 또는 규제도 받지 않다는 국제법상의 원칙을 확인한다.

(5) 일본국 정부는 그 관할하는 영해에 접속된 공해수역에 제1항에서 규정하는 것과 동일한 조건으로 어업수역을 설정할 권리를 갖는다.

(6) 두 체약국은 과학자가 양국이 공통의 이해관계를 갖는 어업자원의 지속적인 생산성을 최대한 확보하기 위해 필요한 과학적 연구를 수행할 수 있도록 조처한다.

(7) 어업협정의 해결 및 적용에 관해 발생할 수 있는 모든 분쟁은 양측 체약국의 합의에 기초해 다른 평화적 방법에 의한 해결을 도모할 수 없는 경우, 어느 한쪽 분쟁 당사국의 요청에 의해 국제사법재판소에 결정을 위해 회부하는 것으로 한다.

이에 대해 한국 측이 제시한 어업 규제에 관한 안은 다음과 같다.

1. 규제 목적

(가) 어업자원의 지속적인 생산성을 최대한 유지하기 위한 자원 보존

(나) 연안 어민의 권익 보호

(다) 어업상 분쟁을 미연에 방지

2. 규제 방법

(가) 조약상 수역 내에서는 어업자원의 보존상 국제관례에 따라 어획량, 어기, 어구, 어법, 길이 제한 등의 일반적인 방법을 실시한다.

(나) 동 수역 내에 공동 규제구역과 관할구역을 설치한다.

(a) 공동 규제구역

이 지역 내에서는 양국이 공동으로 규제조치를 취한다.

그 규제 대상 어업 및 규제 내용은 다음과 같다.

규제 대상 어업

기선저인망어업, 트롤어업, 기선건착망어업(선망어업), 고등어 낚시어업, 기타 양국이 합의한 어업

규제 내용

· 기선저인망어업과 트롤어업(어선의 규모, 척수, 어획량, 어법, 어기 등을 제한)

· 기선건착망어업 및 고등어 낚시어업〔어선의 규모, 척수, 어획량, 어구(어군탐지기, 어망 및 광력의 제한)〕

· 특정 어종에 대한 길이 제한

· 기타 필요한 사항

(b) 규제구역

공동 규제구역

다음의 각 점을 순서대로 연결하고 최종점과 기점이 연결되는 선(線) 내의 구역 (생략)

관할구역

관할구역의 범위는 아래 표시점을 순서대로 연결하는 선 내의 구역이다. 이 수역은 어업자원을
보호하는 목적에 국한된 것이며, 우리 측이 주장하는 국방상 또는 해저자원에 관한 평화선(이승만
라인)에는 아무런 변동이 없다. (생략)

이 안은 양국 간의 어업협정이 성립되지 않는 한, 어업 관할수역에 관한 종래 한국 측의 주장에 영
향을 주지 않는다.

한국 측이 공동 규제구역, 관할구역으로 표시한 위도와 경도를 지도상에
서 연결하면 다음과 같이 표시됐다.

이러한 한국 측 안에 대한 일본 측의 평가는 다음과 같았다.

그림 3   한국 측이 제시한 '어
업 규제안' (1962년 12월 5일)

(1) 현재의 이승만 라인 수역을 대부분 그대로 한국 측 관할수역으로 하여
이 수역에서 한국 측이 단독으로 어로활동을 하고 자원 보존조치를 강구하는
것으로 하고, (2) 한반도 동쪽의 이승만 라인 내 일부 수역과 서쪽의 이승만 라
인에 걸친 좁은 수역 2개(따라서 이 수역은 일부 이승만 라인 밖까지 미친다)
를 공동 규제수역으로 하여 공동 규제수역 내에서는 일한 양국이 공동으로 규

제조치를 강구하는 것으로 하고 있다. 이번 한국 측 안은 일본 측이 가장 관심을 갖는 한반도 남해안에
는 아무런 배려도 하지 않았을 뿐만 아니라, 전체적으로는 이승만 라인의 현황을 실질적으로 존속시키
는 것을 목적으로 하고 있다. 따라서 도저히 성실한 제안으로 향후 협상의 기초가 될 수 있는 것이라고
는 생각할 수 없다.(당시 미국 방문 중인 오히라 외상에게 보내는 전문)

이상과 같은 취지에서 12월 6일 우시로쿠 아시아국장은 한국대표부 최영택 참사관을 초치, "12
월 5일의 한국 측 제안은 청구권 문제가 마무리되고 있는 현 단계의 제안으로서는 매우 상식을 벗
어난 놀라운 것"이라고 말했다. 이에 대해 최 참사관은 "나로서도 그 안으로 정리될 것이라고는 생
각하지 않으며, 청구권 문제가 최종적 타결에 이르지 않은 현재, 제안할 수 있는 교섭상의 제1차 안
이므로 그다지 중요시하지 말아달라. 어쨌든, 최종 단계에서는 한국 측은 국제 여론에 부끄럽지 않
도록 일본 측이 납득할 수 있는 안을 제시할 용의가 있다"고 말했다. 일본 측은 또 예비교섭 제6차
회의(12월 7일)에서 "지난번 한국 측 안을 번역해보니 너무나도 성의 없는 내용에 충격을 받아 총

리에게 보고하는 것도 주저됐고, 신문에도 일절 발표하지 않기로 했다"고 말했다.

그 후 일한 양측은 양측이 제시한 안에 대해 논의를 계속했다. 1963년 2월 말부터 4월까지 열린 제14~20회 회의에서는 관계수역에서의 어업의 실태와 자원에 대한 설명이 있었고, 이어 일본 측이 한국에 제공할 기술협력 문제가 논의되었다.

1963년 6월 3일부터는 다치바나 차장에서 교체된 와다 수산청 차장과 김명년(金命年) 농림부 수산국장 간에 비공식적인 전문적 검토가 진행됐다.

③ 1963년 7월 5일 한국 측 안

한국 측은 어업위원회 제28차 회의(7월 5일)에서 지난해 12월 5일의 안을 수정한 다음과 같은 규제수역을 포함한 안을 제시했다(문안 생략). 여기서 처음으로 전관수역 외측에 공동 규제수역을 설정하는 안이 성립했다. (〈그림 4〉 참조)

그림 4 한국 측이 제시한 '어업 규제안' (1963년 7월 5일)

최규하 대사는 상기 안을 제시하기에 앞서 7월 4일 우시로쿠 아시아국장과의 비공식 회담에서 "이 안은 한국 측이 처음으로 이승만 라인의 실질적인 철폐를 제안한다는 의미에서 역사적인 의의가 있지만, 처음부터 대폭적으로 양보할 수 없기 때문에 일본 측에 실망을 줄 수 있다고 생각하므로 미리 알고 있길 바란다. 한국 측으로서도 이번에는 반드시 협상을 마무리 지을 생각이기 때문에 협상 과정을 통해 순차적으로 양보하는 형식을 취해 한국 국내의 동조를 얻으면서 타결에 이르고 싶다"고 언급했다.

이 제안에 대해 가와카미 겐조(川上健三) 조사관은 「일한 어업교섭의 회고」에서 "한국 측의 생각이 조금 가까이 다가와서 1963년 7월 5일에 이른바 40마일 제안을 해왔다. 이 선은 이승만 라인과 거의 같은 해역을 유지하려는 생각이라고도 말할 수 있지만, 처음으로 이승만 라인 자체에 집착하지 않는 선이 나온 셈이다. 그래서 12마일과 40마일의 차이를 어떻게 할 것인가가 제6차 회담 후반의 초점이 되었다"고 말했다.

7월 11일 열린 어업위원회의 주사 비공식 회의에서 한국 측 최세황(崔世璜) 주사는 훈령에 기초하지 않은 사견이라면서 "①12해리에 알파를 더하는 구상이라면 7월 하순에 일본을 방문할 김용식 외무부장관도 납득할 것으로 생각한다. ②12해리 전관수역 내의 외측 6해리에 대한 입어권(入漁權)은 절대 인정할 수 없다. ③기선으로는 직선기선을 채용한다. ④한국 남동부, 남부 및 제주도 남부에 12해리선과 7월 5일 자 한국 측 안의 40해리선 사이에 공동 규제구역을 설치한다"고 말했다.

④ 어업협력 문제

1963년 5월 21일 어업관계 일한 주사 비공식 회의에서 한국 측은 어업협력 문제의 논의를 요구했다. 이에 따라 일본 측은 5월 30일, 6월 7일 열린 어업위원회 제23~24차 회의에서 어업협력에 대해 설명했다. 6월 28일 열린 같은 비공식 회의에서 한국 측은 '어로 협정'과 '어업협력 협정' 두 가지 해결안을 생각하고 있다고 발언했다. 7월 4일 최규하 대사는 우시로쿠 국장과의 회담에서 "청구권 문제 해결에 관한 합의 가운데 1억 달러 이상의 통상적인 신용공여의 범위 내에서 일정 금액을 어업협력을 위해 명확하게 규정하는 것이 한국 어민에 대한 입장상 꼭 필요하다. 또 그 조건은 한국과 프랑스 및 이탈리아 간의 어업차관 조건보다 조금이라도 유리한 것이어야 한다"고 말했다. 7월 12일 열린 어업위원회 제30차 회의에서는 한국 측이 처음으로 구체적으로 총액 1억 7,840만 달러 상당의 어업협력안을 제시했다.

(가) 일본국 정부는 한국이 어선, 어구, 어선 건조 재료 등의 구매, 어선 건조시설 및 어획물 가공시설의 건설 등에 충당하는 1억 달러 이상의 미국 달러와 동등한 엔의 무상공여 또는 장기저리의 정부차관을 대한민국 정부에 제공한다.

(나) 양국 정부는 양국 국민의 어업상의 협력이 이뤄지는 것을 용이하게 하고 촉진시키기 위해 가능한 모든 조치를 취한다.

(다) 일본국 정부는 한국 수산교육의 발전을 위해 필요한 시설을 제공하고 한국에 어업기술자 양성소를 설치, 한국이 요청하는 분야의 기술자를 파견하고 한국 정부가 파견하는 연수생을 일본의 적절한 시설에서 교육 훈련한다.

(라) 일본국 정부는 한국 수산물을 수입할 때 어떠한 금지 또는 제한 조치를 취하지 않기로 하고, 일한 양국은 양국 간의 수산물 교역이 증가하도록 필요한 모든 조치를 취한다.

(마) 일본국 정부는 일본에서 건조한 어선 및 어선 건조 재료를 한국에 수출할 때 어떠한 금지 또는 제한 조치를 취하지 않기로 한다.

(바) 구체적인 내용

  (i) 대형·중형 어선의 건조와 도입

  (ii) 노후 어선의 보수

  (iii) 디젤엔진 도입

  (iv) 디젤엔진의 수리 및 제조 공장

  (v) 합성섬유로프제조공장

  (vi) 어업 무선(無線)(육상과 어선), 어항 및 기타 어업시설

  (vii) 어업지도선 도입

(viii) 시험 조사 및 관측선

(ix) 수산물제조가공시설

(x) 수산시험소의 시설 확충

　(제1~10항 합계 약 1억 7,500만 달러)

(xi) 수산교육연구시설

(xii) 수산기술센터시설

(xiii) 연수생 훈련 및 기술자 초청

　(제1~13항 합계 약 1억 7,840만 달러)

이어 7월 16일에 한국 측이 제출한 어업협력안 명세서는 다음과 같다.

표 23　　한국 측이 제시한 '어업협력안' (1963년 7월 16일)

I. 무상 공여	21,730,000 달러 (1) 수산시험장 시설 확충 400,000달러 (2) 수산 교육 및 연구 시설 2,600,000달러 (3) 수산기술센터시설 750,000달러 (4) 연수생 훈련 및 기술자 초청 420,000달러 (5) 어선 보수자재 13,000,000달러 (6) 조사시험선 4,560,000달러
II. 무상공여 또는 정부 간 장기저리 차관 연리 3.5퍼센트 거치기간 7년 상환기간 20년	39,671,000 달러 (1) 어업지도선 5,246,000달러 (2) 디젤기관 1,875,000달러 (3) 어업 무선 및 어항 시설 32,550,000달러
III. 민간 장기저리 차관 연리 4퍼센트 거치기간 5년 상환기간 15년	116,976,000 달러 (1) 어선 건조 및 도입 101,250,000달러 (2) 어선 보수자재 7,076,000달러 (3) 디젤기관제작공장시설 5,000,000달러 (4) 합성섬유로프공장시설 550,000달러 (5) 제조가공시설 3,1000,000달러 총계 178,377,000달러

⑤ 7월 19일 제시한 '일본 측 입장'

후술하는 오히라 외상과 김용식 외무장관의 회담(1963년 7월 26일, 30일)을 앞두고 열린 어업 위원회 제32차 회의(7월 19일)에서 일본 측은 다음과 같은 「어업 문제에 관한 일본 측 입장」을 제 시했다.

어업 문제에 관한 일본 측 입장

(1963년 7월 19일 일본 측 제출)

A. 어업협정의 문제

1. 기선 및 'Outer Six(외측 6해리)'에 대해

(가) 12해리 전관수역을 측정하는 기선(基線)은 저조선(低潮線)을 원칙으로 한다. 다만, 한반도 서해안과 남해안의 경우 해안선의 굴곡이 심하므로 해안을 따라 근거리에 일련의 도서가 있는 해 안은 국제적 통념과 국제적 선례에 부합했다고 인정되는 합리적인 범위 내에서 직선기선의 채용 을 인정한다(아울러 일본 측은 일한회담의 진행방식에 대한 기본 입장에서 북조선 측 연안에 관 해서는 일한 어업협정에 아무런 규정도 둘 수 없다).

(나) 직선기선이 일본 측에서 합리적이라고 생각할 수 있는 범위 내로 설정되는 것을 한국 측이 동의하는 조건하에서 외측 6해리에서의 입어권을 끝까지 주장하지는 않는다.

2. 12해리 전관수역 외측에서의 일본어선의 조업 규제

(가) 일본에서 현재 대신 또는 지사의 허가 사항으로 되어 있는 트롤, 저인망 및 선망 어업은 물 론, 기타 다른 어업 종류를 포함해 한반도 인근의 해역에 출어하는 일본어선은 각 어업 종류별 총 수에 국내 규제조치를 취한다.

(나) 특정수역에 한정된 공동 규제조치(동 수역 내에서 조업 척수 및 조업 가능 어선의 톤수 등 을 제한하는 조치)는 어업자원의 공동 조사 결과로서 일본 측이 납득하는 결론이 나오지 않는 한 일본 측으로서는 고려할 용의가 전혀 없다. 다만, 한 가지 예외를 생각한다면, 한국 측에서 그 존 재 이유에 대해 납득할 수 있는 설명을 한다는 것을 조건으로 하여, 한국 연안에서 한국이 현재 실 시하고 있는 트롤 및 기선저인망 어업 금지구역 중에서 동경 128도 동쪽의 트롤어업 금지구역을 제외하고, 이를 일한 간에 평등하게 적용되는 경우 채용하는 것을 고려할 용의가 있다.

3. 공동위원회

설치에 동의한다. 임무 등에 대해서는 더 협의한다.

B. 어업협력의 문제

1. 한국 측이 제안한 어업협력의 종류에 대해 이의는 없다. 다만, 그 실시와 관련, 어업협력은 작년 말 대략 합의를 본 무상·유상의 경제협력(커머셜 베이스에 의한 통상적 차관을 포함)의 범위 내에서

실시되는 것이 당연하며, 그 틀 밖을 고려할 여지는 전혀 없다.

2. 한국으로의 어선 수출 허가에 관해서는 한국 측의 요구에 가능한 한 부응하도록 고려한다.

3. 한국 수산물의 수입과 관련해서는 일본 어민에게 악영향이 없는 한, 수입량을 현재보다 증가시키는 것을 호의적으로 고려한다.

C. 상기 각 항목의 내용은 서로 관련이 있으며, 특정 항목만을 들어 단독적으로 결정될 수 없다는 것을 만약을 위해 확인해둔다.

이상과 같은 견해를 제시하면서 일본 측은 "한국 측이 전관수역 40해리를 고집한다면, 외무장관 회담의 성공은 기대할 수 없다"고 언급했다. 일본 측은 또 12해리 외측에서의 규제 방법에 대해 물어봤지만 구체적인 설명은 듣지 못했다.

제34차 회의(7월 24일)에서 한국 측 최세황 대표는 "김용식 외무부장관으로 하여금 전관수역 12해리에 동의하도록 하기 위해서는 일본 측이 기선의 설정 방법, 공동 규제, 자율 규제 및 어업협력 방법 등에 대해 한국 측에 유리한 것을 제시해야 한다"고 강조했다.

7월 22일과 24일 와다 차장과 김명년 대표 간에 진행된 비공식 회의에서는 직선기선과 관련, 제주도 및 대흑산도(大黒山島)와 한반도를 포함한 기선을 설정해야 한다는 한국 측의 주장과, 이들 섬은 한반도와 분리해 따로 다루어야 한다는 일본 측 주장이 대립했다. 어업 문제는 기본적으로 이러한 큰 문제와 관련된 토의를 충분히 정리하지 못한 채 오히라 외상과 김용식 외무장관의 회담을 맞이했다.

(2) 재일한국인의 법적지위 문제

① 논의의 진전

예비교섭의 법적지위 관련 회의는 일본 측 오가와 입국관리국장, 히라가 민사국장, 한국 측 이천상(李天祥) 변호사 간에 1962년 10월 5일부터 1963년 7월 3일까지 서른다섯 차례에 걸쳐 열렸다. 1962년 7월 말부터 9월 초까지 진행된 회의에서 드러난 양측 주장의 일치점, 불일치점에 대한 정리 및 확인 작업이 10월 16일에 마무리되었고, 이를 기초로 하여 영주권과 강제퇴거 문제를 중심으로 논의가 진행되었다. 일본 측은 제7차 회의(1962년 11월 30일)에서 영주권 및 강제퇴거에 대한 견해를 피력한 데 이어 제13차 회의(12월 19일)에서는 강제퇴거에 대한 견해를 문서로써 제시했다. 이에 대해 한국 측도 제9차 회의(12월 7일)에서 영주권 및 강제퇴거에 관한 견해를 문서로 제시했다. 이로써 양측의 견해 차이가 구체적으로 드러났다.

1963년에 들어와 강제퇴거 문제를 둘러싼 논의는 상당히 진전됐다. 제32차 회의(1963년 6월 11일) 및 제33차 회의(6월 19일)에서는 논의 결과의 정리·확인 작업이 실시됐는데, 1963년 7월 당시 쌍방의 견해를 비교해보면 다음과 같다.

(i) 영주권

영주권 허가의 범위와 관련, 종전 전부터 계속해서 일본에 거주하는 한국인에게는 협정상의 영주 허가를 부여하는 것에 대해선 일한 간에 의견 일치를 보았다. 그러나 그 자손에 대한 영주권 허가에 대해 일본 측은 협정 발효 시까지 출생한 자로 할 것을 주장한 데 반해 한국 측은 협정 발효 후 5년까지 출생한 자로 하자고 맞섰다.

협정 영주권자 자녀의 경우 성인이 될 때까지의 기간은 협정 영주권자인 부모와 같은 취급을 하고, 성인이 되어 귀화를 희망하는 경우 귀화 조건을 최대한 완화한다. 또 소행이 불량하지 않는 한 국내법상의 영주 허가를 부여하기로 합의했다.

영주 허가 신청기간은 협정 발효 후 5년으로 하기로 합의했다. 일본 측은 신청서에 한국 정부가 발급하는 국적증명서의 첨부를 요구한 반면, 한국 측은 본인이 제출한 신청서만으로 영주 허가를 부여할 것을 주장했다.

(ii) 전후 입국자

전후에 입국해 이미 오랫동안 일본에 거주하고 있는 자에게는 부속 문서에 완화된 조건으로 국내법상의 영주 허가를 부여한다는 취지를 약속하기로 의견 일치를 보았다.

(iii) 국적 확인 조항

한국 측은 이 조항의 삽입을 주장하는 반면, 일본 측은 이에 반대했다.

(iv) 강제퇴거

파괴활동을 행한 자와 관련, 일본 측은 "집행유예를 제외하고 금고 이상의 형에 처해진 자"로 할 것을 주장한 반면, 한국 측은 2년 이상의 형에 처해진 자로 한정할 것을 주장했다.

'흉악범'은 7년 이상의 형에 처해진 자로 합의했다.

마약범과 관련, 일본 측이 "영리범(榮利犯)으로 2년 이상의 형에 처해진 자, 또는 3회 이상 형에 처해진 자"로 할 것을 주장한 데 반해 한국 측은 본국에 청훈(請訓) 중이다. 일본 외교상의 이익을 해친 자와 관련, 일본 측은 강제퇴거 시에 사전에 통보하기로 했으나, 한국 측은 그 사실을 인정하는 과정에서 양국이 협의할 것을 주장했다.

기타 협정 발효 전에 범죄를 범하거나 형이 확정되어 협정 발효 후 교도소에서 출소하는 자의 강제퇴거는 어떻게 할 것인지, 또 이미 강제퇴거 사유에 해당하는 자가 영주 허가를 신청한 경우의 경과조치를 정할 필요가 있다는 점에 대해서는 의견 일치를 보았다.

(v) 처우

교육: 재일한국인의 자손은 일본인 자녀와 동등하게 의무교육을 받고, 상급학교 진학 시에 일본

인과 동등한 기회를 부여하는 것에 대해 원칙적으로 합의, 그러나 협정 영주권자 자녀의 의무교육 문제에 대한 합의를 어떤 형태로 할 것인가에 대해선 의견이 일치하지 않았다. 한국 측은 재일한국인이 사립학교를 설립한 경우, 그것이 일본의 법률에 규정된 일정한 기준에 도달한 경우에는 정규 학교로서 인가해줄 것을 주장했으나, 일본 측은 이에 반대했다.

사회보장: 한국 측은 재일한국인 생활 곤궁자에게 일본인과 동등한 생활보호를 실시할 것을 주장했다. 이에 대해 일본 측은 당분간 이를 부여한다고 말했는데, 한국 측은 "당분간"이 "매우 짧은 기간을 의미하는 것은 아니다"라는 단서를 붙이는 조건으로 동의했다. 한국 측은 국민건강보험 등 생활보호 이외의 사회보장도 재일한국인에게 적용할 것을 주장했다. 일본 측은 이것들은 보험료를 징수하는 강제 가입 보험이므로 재일한국인에 적용하는 것이 적당하지 않다고 반대했다.

반출 재산: 소유 재산은 원칙적으로 모두 반출할 수 있지만, 금지제품(禁止制品) 및 상품 거래의 대상이 되는 것의 반출은 허용하지 않기로 합의했다. 귀국 시 소지할 수 있는 현금과 관련, 일본 측은 5,000달러까지로 할 것을 주장한 반면, 한국 측은 1만 달러까지로 하고 이를 초과하는 금액은 수시로 송금할 수 있도록 할 것을 주장했다. 한국 측이 빈곤자가 귀환할 경우 보조금을 지급할 것을 주장했지만 일본 측은 이에 반대했다.

한국 측은 영주 허가를 부여하는 범위를 협정 발효 후 20년까지로 하고 그 후에 "재협의 사항에 의한 해결"을 주장했지만, 제33차 회의(6월 19일)에서 이를 철회하고 협정 발효 후 5년간(영주 허가 신청기간 중) 출생한 자로 수정함으로써 일본 측 주장과 매우 가까워졌다. 종래 일본 측은 평화 조약 발효(1952년)까지를 주장했고 한국 측은 협정 발효 후 20년(1963년 발효를 예정하고 있었으므로 1983년)까지를 주장했었는데, 이 "협정 발효 후 5년"은 그 중간에서 타협한 구상이라고 한다. 또 강제퇴거 문제가 진전된 것은 1963년 3월 한국 측 대표로 임명된 이경호(李坰鎬) 법무국장 덕분이다. 그는 변호사 출신으로 매우 정의로운 사람이었는데, "외국에 살면서 그 나라에 폐를 끼친 자국민을 거둔다는 것은 독립국가로서 당연한 의무이고, 체면 문제이기도 하다"면서 국사범, 흉악범, 마약범 세 종류 범죄자에 대해서는 강제퇴거에 응한다는 태도를 보였다고 한다[이케가미 쓰토무(池上務, 입국관리국 검사)의 「일한회담에서의 법적지위 문제의 교섭」].

② 영주권 부여 특별 입법안과 귀화 특별 입법안

재일한국인의 법적지위 협정을 둘러싼 논의가 진행되는 가운데 일본 측 대표 히라가 민사국장은 재일조선인의 특수성을 감안해 한국 국적의 확인 절차를 밟지 않은 채 특별 입법으로 전쟁 전부터 계속해서 거주하는 재일조선인에게 일률적으로 영주권을 주어야 한다고 주장했다. 외무성이 귀화에 대한 특별 입법안을 고려하고 있었다는 점도 주목된다.

히라가 민사국장은 1963년 1월 11일 재일한국인의 법적지위 문제에 관한 법무성, 외무성 4국장 〔히라가 민사국장, 다카세 입국관리국장대리·도미타(富田) 차장, 우시로쿠 아시아국장, 나카가와 조약국장〕 회의에서 상기한 바와 같이 주장했다. 그 내용은 1963년 2월 8일 법무성 민사국이 성의 (省議)자료로서 작성한 「재일조선인의 처우방침 등에 대한 요지」에 다음과 같이 정리되어 있다.

재일조선인의 처우방침 등에 대한 요지(성의자료)

(1963년 2월 8일, 민사국)

1. 종전 전부터 계속해서 국내에 거주하는 조선인(재일조선인)에게 입국관리령의 적용 같은 부분에서 일반 외국인과는 다르게 특별한 대우를 해주는 것은 재일조선인이 평화조약의 발효에 의해 국적을 잃었다는 특별한 상황에 근거한다. 이 특별한 사정은 모든 재일조선인에 공통적인 현상인 만큼, 이 특별한 처우도 재일조선인 모두에게 평등하게 주어져야 하는 것이다. 만약 이 처우에 차별을 두고자 한다면, 남북의 대립 항쟁을 국내에도 파급시키거나 강화시킬 위험이 있고, 국내 치안의 관점에서도 그러한 차별은 피하는 것이 지당하다.

2. 일본이 재일조선인에게 특별한 대우를 부여하는 것은 상기한 재일조선인의 특수 사정에 의한 도의적 요청에 의거한 것이며, 이 처우는 본래 이 점에 대한 한국 정부의 요구 유무와 관계없이 일본 정부의 재량으로 결정할 수 있는 것이다. 한국 정부와 이 점에 대해 협정을 체결하는 것은 강제퇴거 같은 조치를 원활히 실시하기 위해서는 한국 정부의 협력을 필요로 하고, 또 앞으로 한국 정부와의 우호관계를 촉진하는 데 있어서 관련 협정을 체결하는 것이 유리하다는 판단에 기초한 것이다. 한편, 한국 정부는 재일조선인 전체에게 대인(對人) 주권을 갖는다고 주장하고 있는데, 이는 한국 정부 수립의 취지로 보면 당연한 것이고 일본국이 이를 부정할 근거는 없다. 따라서 한국 정부와의 협정에서 재일조선인에 대한 특별한 처우를 결정함에 있어서도, 이 특별한 처우의 부여 대상자는 모든 재일조선인이라는 전제에 서야 하는 것이다. 한국 정부와의 협정이기 때문에 협정의 적용 대상자는 한국민뿐이라고 주장하는 것은 잘못은 아니지만, 이로 인해 즉시 재일조선인에게 어떠한 방법에 의한 한국 국적의 증명을 요구해야 한다는 것은 아니다. 그러한 국적 증명의 요구는 재일조선인의 현실에 비추어볼 때, 이들을 남북 두 가지로 구분하는 결과가 되어, 쓸데없는 혼란을 초래하는 원인이 된다.

3. (1) 재일조선인의 처우에 관한 협정에서는 이 협정이 재일조선인 전체를 대상으로 한다는 취지가 가능한 한 정치적으로 중립적인 용어로 표현될 필요가 있고, 또 그것으로써 충분하다. 따라서 한국 측이 제안한 국적 확인 조항은 그 취지는 잘못이 아니더라도 불필요하고, 또 정치적인 느낌이 강하여 그러한 조항은 설치하지 않는 것이 좋다. 한편, 일본 측 제안에 있는 그러한 '대한민국 국민'이라는 용어는 이론적으로는 맞지만, 재일조선인 전체를 표현하는 것으로는 부적당하다.

(2) 특별한 처우를 부여하는 전제로서 재일조선인에게 한국 정부가 발급하는 국적증명서를 첨부해 일정 기간 내에 일본 정부에 신청토록 하는 조치는 필요가 없고, 적절하지도 않다. 협정에서도, 또 향

후 제정되는 국내법에서도 재일조선인이라는 자격을 가진 자에 대해서는 이러이러한 처우를 해준다는 취지를 선언하면 충분하다. 재일조선인의 자격 여부는 강제퇴거, 공립학교 입학, 생활보호의 공여 같은 조치를 실시할 때 개별적으로 심사하면 충분하다. 이 경우에도 한국 정부가 발급한 국적증명서만이 유일한 인증 수단은 아니며, 또 이것만으로는 증거자료로서 불충분하다.

그러나 법무성 내에서도 입국관리국 측은 상기한 의견과는 대조적으로, 영주권은 한국 국적을 밝힌 자에게만 부여해야 한다는 견해를 피력했다. 이 견해와 관련, 1월 31일 자 회의 자료의 보충 설명으로서 입국관리국이 작성한 「일한교섭과 재일조선인의 취급에 대해」는 다음과 같이 기록하고 있다.

일한교섭과 재일조선인의 취급에 대해

(1963년 1월 31일, 회의자료의 보충 설명, 입국관리국)

1. 일한교섭은 재일 대한민국 국민을 적용 대상으로 하여 교섭을 거듭해왔다. 한국 정부는 재일조선인(Korean resident in Japan)이 전부 대한민국 국민임을 확인해달라는 취지로 시종 요구하고 있지만, 우리 측은 제2차 회담 이후 이를 계속 거부해왔다. 이는 한국의 지배권이 미치지 않는 38도 이북의 한반도에도 하나의 권한(authority)이 존재한다는 것, 현재는 물론 일한교섭 타결 후에도 대한민국의 보호 내지는 기반 아래에 들어가기를 원하지 않는 일부 조선인이 존재한다는 것을 인정하지 않을 수 없는 객관적 정세의 인식 위에 서 있기 때문이다. 그리고 한반도에서 남북 대립이 고정화하는 현상 및 장래를 고려할 때 일본 정부로서는 당분간 이 같은 태도를 무너뜨릴 수는 없다고 생각된다. 따라서 일한협정의 적용 대상은 재일 대한민국 국민이며, 재일조선인 모두에게 효과를 미치는 것은 협정의 특성상 불가능하다. 이것을 대한민국 국민 이외에 한반도에 국적을 가진 자에게 균점(均霑)토록 할지 여부는 협정의 효과 자체의 문제가 아니라, 협정의 성립을 계기로 이를 국내 입법상 어떻게 고려해야 하는가 하는 정치적 배려의 문제이다(외국인의 체류에 관한 사항은 우리 일본의 자유재량에 의해 결정할 수 있다).

전쟁 전부터 계속해서 일본에 체재하는 조선인에게 일반 외국인과 다른 대우를 부여하는 이유는 그들이 평화조약 발효로 인해 그 의사에 기초하지 않은 채 일본 국적을 상실하여 외국인이 되었기 때문이며, 그 점만을 생각하면 남북조선을 다르게 취급할 이유는 없다고 하겠다. 그러나 한국은 자유진영에 속하고 일본과 친선관계를 유지 강화하려는 관계에 있고, 재일 한국 국민도 귀화 같은 방법에 의해 장래에 일본 사회에 동화될 가능성이 많다. 그런 만큼 협정 영주의 대상 내용에 대해서도 특별히 고려하고 있는 것이다. 만약 이것이 우리 일본과 정치체제를 달리하는 국가였다면 협정의 내용은 더욱 엄격한 것이 되었을 것으로 보인다. 북조선계 재일조선인은 매사에 일본 정부의 정책을 비방, 간섭하여 이른바 멀리하고 싶은 외국인이며, 장래 동화의 가능성도 매우 의심스럽고, 국내 치안상 암적 존재가 될 우려까지 있다. 따라서 외국인의 체류 관리의 관점에서 말하자면, 현 단계에서 일체를 일률적으로 평등하게 취급하겠다고 명언하는 것은 주저하지 않을 수 없으며, 당분간 그 추이를 보고 그들의 처우를 결정할 수밖에 없다.

물론, 전쟁 전부터 계속해서 체류해왔으며 그 의사에 기초하지 않은 채 일본 국적을 잃었다는 사실에 대해서는 충분히 고려해야 하지만, 실제로 한국과 38도 이북의 권한(authority)이 양존(兩存)하는 사실, 그리고 일본에 그 양측을 지지하는 사람들이 존재한다는 현실을 인정할 수밖에 없는 이상, 그 국가 또는 권한(authority)의 정치적 경향을 재류 관리상 고려하는 것은 어쩔 수 없는 일이다. 따라서 당면한 처리 방법으로 일한협정에 따른 처우는 전쟁 전부터 계속해서 일본에 재류하는 대한민국 국민 및 그 자식으로 평화조약 내지 협정 발효 시까지 태어난 사람에게만 적용되는 것으로 하고, 동시에 그 밖의 한반도에 국적을 갖고 있는 사람들에게는 협정 영주자의 처리와 병행하면서 '실질적으로' 차별 대우가 되지 않는 방향으로 검토하겠다고 말해두는 것이 가장 현명하다고 생각한다. 따라서 협정에는 적용 대상을 '대한민국 국민'으로 명기할 필요가 있다.

협정 영주자의 취급과 관련해서는 특별 입법을 해야 한다고 생각되지만, 그 밖의 조선인에 대해서는 당분간 종래와 같은 취급을 계속하는 것으로 하고, 법률 126호 제3조 제6항을 "다만, 대한민국 국민을 제외한다"라고 개정하면 좋지 않을까.

국제사법(私法)상 본국법(本國法) 적용 문제는 순수하게 법률적으로 해결되어야 하는 것으로, 한국 국민의 체류상 처우 문제와 혼동해서는 안 된다.

2. 한국 국민과 그 밖의 조선인을 어떻게 구별할 것인가.

국적의 결정은 보통 본국 정부가 정하는 바에 따라야 하지만, 분열 국가의 재외국민은 반드시 본국 정부의 의사만으로는 결정하기 어려울 것으로 보인다. 국제법상 두 개의 국가로 승인된 경우에도 재외국민에게는 어느 것을 선택할지 선택의 자유가 존재하는 것이 아닐까. 조선, 독일, 베트남 같은 경우, 하나의 국가에 두 개의 정부라고 인정할지, 두 개의 국가로 인정할지, 나아가 국적을 결정하는 데 곤란한 문제가 있겠지만 정식으로 국교 관계를 가졌는지 여부는 차치하고 현실적으로 두 개의 권한(authority)의 존재를 인정하는 이상, 국내법상 그 법률의 목적에 따라 무엇을 국가 또는 국적으로서 처리해 나갈지를 생각하면 되는 것이 아닌가.

협정 영주자를 처리할 때 재일조선인 중 한국의 구성원으로서 한국의 보호 내지는 속박 아래 들어가는 것을 희망하는 자, 이른바 충성 의무를 맹세한 자와 이들을 국민으로서 보호하고 이들에게 국민의 의무를 요구하려고 하는 한국의 의사에 의해 한국 국적을 가진 자로서 취급할지 여부를 결정해가면 된다. 또 그동안의 유대를 증명하기 위해 협정 영주를 신청할 때 한국 정부의 국적증명서를 첨부토록 하거나 또는 이를 대체할 국적 확인 방법을 고려하면 좋지 않을까 생각한다.

그 밖의 조선인에 대해서는 재류 관리상 특별히 국적을 결정할 필요는 없으며, 한반도에 적을 둔 외국인으로서 처우하면 된다. 강제퇴거는 국교가 없기 때문에 억지로 인수를 요구할 수는 없지만, 입국관리령 제53조 제2항의 운용으로 이를 충분히 처리할 수 있을 것이다.

이상의 논의와 관련, 히라가 민사국장은 "정치적, 정책적으로는 한국계와 북조선계를 구분하지만, 법적으로는 일시동인(一視同仁)[93]으로 해두는 것이 남북한 대립을 일본 국내로 가지고 들어오지 않고 이를 격화시키지 않으므로 좋지 않은가. 나는 민사국장이 된 후 이것을 강력히 주장하고, 법무성에서도 몇 번이나 성의 회의를 열어 이 주제를 놓고 토론했다. 그리고 마침내 가야 오키노리(賀屋興宣) 대신 앞에서 당시 오가와 입국관리국장과 내가 각각 의견을 말하고, 가야 대신이 결국 입국관리국의 입장을 택하는 것으로 되었다"고 말했다(「일한회담에서의 법적지위 교섭의 회고: 히라가 전 법무성 민사국장에게 듣는다」). 당시 법적지위의 대표 보좌역이었던 쓰루타 다케시(鶴田剛) 사무관은 「법적지위 협상에 대한 소감」에서 다음과 같이 말했다.

히라가 민사국장이 주장한 이론을 자기들은 '일시동인설'이라고 부르고 있었다. 이 일시동인설도 여러 번 검토해보았지만, 역시 재일조선인 60만 명 모두에게 그런 조치를 취하는 것은 일한협정의 영향을 재일조선인 전체에 미치게 하겠다는 것이며, '한국 정부는 한반도 전체를 지배하는 정부가 아니다'라는 생각과는 모순된다. 예컨대, 이론적으로는 어디까지나 백지 부분, 즉 북조선 부분 등을 남기지 않으면 이상하다는 점에서 어려움이 있었다. 이 점에 대해서는 히라가 국장도 협정과 법률은 다른 것이라고 말했지만, 역시 그 특별법은 일한협정에 기초할 수밖에 없으므로 무리라는 것이다. 또 일한협정은 영주권이라는 권리를 부여하는 측면만이 아니라, 일반 외국인에게 적용되는 것보다 훨씬 제한될지도 모르지만 한국 측에 강제되거라는 인수 의무를 부과하는 측면도 포함하고 있기 때문에 히라가 국장의 일시동인설은 형편이 좋지 않다는 결과에 도달했다. 그러나 히라가 국장은 이에 마지못해 동의했지만 기회 있을 때마다 꽤 오랜 시간에 걸쳐 일시동인설을 반복했다.

귀화에 대해서는 협정에서 언급하지 않았으므로 회의에서도 논의할 일은 많지 않았다. 히라가 민사국장은 상기한 회고에서 "귀화 문제를 협정에 포함시키자는 협의는 전혀 하지 않았지만, 비공식적으로는 가능한 한 귀화를 고려해달라는 이야기가 있었고, 그것은 일본 측에서 충분히 고려한다고 했다. 표면적으로는 상대측도 강하게 말할 수 없지 않았겠는가"라고 말했다.

1962년 10월 3일 외무성은 「귀화에 의한 재일조선인의 동화정책에 대해」라는 안을 기초하여 사무차관까지 결재를 받았다. 이 안은 일한회담이 타결되는 것을 계기로 나온, 협정과는 별도인 특별입법으로 법률 제126-2-6 해당자(전쟁 전부터 계속해서 재류하는 자 및 그 자식으로 평화조약 발효 이전에 출생한 자)에게 일정 기간 내에 귀화할 수 있는 길을 터줘 재일조선인 문제의 근본적 해결 방안을 도모하고 있었다. 그러나 이 안은 법무성 측의 찬동을 얻지 못한 채 사장됐다.

---

93)   신분이나 국적에 관계없이 모든 사람에게 평등하게 인애(仁愛)를 베풂.

외교문서 원본 25 「귀화에 의한 재일조선인의 동화정책에 대해」

귀화에 의한 재일조선인의 동화정책에 대해

1962년 10월 3일, 외무성

1. 일한회담 '재일한국인의 법적지위에 관한 협정'의 체결에 임하면서 일본 측은 한국 측이 강하게 주장해왔지만, 협정 발효 시까지 출생한 재일한국인에게 영주권을 부여하고(영주권 주요 내용은 특별한 경우를 제외하고 강제퇴거하지 않는 것, 교육이나 사회보장 같은 분야에서 일본인에 준하는 대우를 해주는 것 등이다), 또 이 협정 발효 후에 출생할 자손에게도 일정 기간 영주권 또는 이에 준하는 형태의 체류 보장을 실시함으로써, 자자손손에게 영주권을 부여해야 한다는 한국 측의 주장과 타협을 도모할 방침이다.

2. 그러나 그러한 해결은 문제를 미래로 미루는 것이므로 아래의 3항과 같이 여러 고려를 추가하여, 일한회담을 타결하는 기회를 맞아 일한 간의 협정과는 별개로 법률 126-2-6 해당자(샌프란시스코 평화조약 발효에 의해 일본 국적을 상실한 자, 그 대부분은 재일조선인이며, 그 외 재일 구(舊) 대만 국적자가 약간 있다)에게는 '특별 입법'을 통해 일정 기간(예를 들어 5년) 내에, 특히 악질적인 자를 제외하고 희망자에게만 일본으로 귀화시킬 수 있는 길을 여는 것이 지당하다고 생각한다.

3. (1) 영주권 부여로는 문제가 근본적으로 해결되지 않는다. 이 경우에 그들은 여전히 외국인으로서 일본에 체류하게 되어, 그들로서도 취업, 결혼, 경제활동 같은 면에서 일본인에 비해 불이익을 많이 받게 되고, 다른 한편으로 일본으로서도 이러한 외국인 집단이 언제까지나 외국인인 채로 일본에 재류하면서 외국 정부의 외교 보호권 아래 있는 것은 일본에 지금까지 존재하지 않았던 소수민족을 떠

안게 되는 꼴이 되니, 그 존재는 국내적으로나 한국과의 관계에 있어서나 향후 복잡하고 곤란한 문제를 제기할 것이다.

(2) 현행 국적법의 운용에 따르는 것만으로는 도저히 목적을 달성할 수 없다. 최근 재일조선인 귀화자 수는 2,000~3,000명이지만 인구의 자연 증가는 약 8,000명에 달하므로 이 상태로 보면 그들의 인구는 오히려 증가하게 된다. 이러한 사태에 대처하기 위해서는 현행 국적법의 확대 해석은 어렵고 부적당하며, 오히려 특별한 사정이 있는 자를 대상으로 한 특별법 제정이 이치에 맞는 조치라고 생각한다.

(3) 보통 국가 분리 내지 식민지 독립 시에는 국적 선택이 인정되지만, 재일한국인의 경우 당시 일한 간의 특수한 사정에 의해 이를 시행하지 않았기 때문에 일한회담의 타결 시기에 이를 대신하는 특별 조치를 취하는 것은 충분히 근거가 있다.

(4) 재일조선인 약 60만 명의 실정을 보면, 이미 그 3분의 2가 일본에서 출생해 2세, 3세가 됨에 따라 언어, 풍습 등이 현저하게 일본인화됐고, 그들 중 압도적인 대부분이 향후 일본 사회에서 성장하고 생활해 나갈 운명에 있다는 것은 엄연한 사실이다.

(5) 일본 국민의 현재 정서로는 다수의 재일조선인을 일본에 귀화시키는 것을 좋아하지 않을 테지만, 우리는 오히려 이러한 인종적 편견을 적극적으로 제거하기 위해 노력해야 한다. 또 그들 중 상당수가 빈곤하고, 범죄율도 높은 것이 사실이지만, 이들은 현재 차별 대우를 받는 경우가 적지 않은 것으로 추측된다. 최근의 통계에 따르면, 그들의 범죄율이나 사회보장 대상 비율은 점차 일본인의 평균에 근접하고 있다.

(6) 일한 간의 '법적지위 협정'의 대상자는 재일한국인이지만, 귀화에 있어서는 모든 재일조선인 (및 재일 구 대만 국적자)을 대상으로 하는 것이 적당하고, 이로써 일본 국내에서 남북한 지원자의 대립 항쟁을 점차 제한하는 효과도 기대할 수 있다.

(3) 문화재 문제

예비교섭 제20차 회의(1962년 12월 21일)에서 한국 측이 제출한 「한일회담의 중요 문제에 관한 한국 측의 기본적 생각」은 문화재 문제와 관련, "명목의 측면에서 '반환'과 '기증'으로 다시 대립하고 있지만, 이 문제는 1957년 12월 31일 자 '구술서(oral statement)'의 표현, 즉 '인도(turn over)'의 명목으로 국가와 공공기관 및 개인이 점유하고 있는 중요한 문화재를 반환하는 것으로 해결할 수 있으리라 생각한다"고 말했다. 이에 대해 다음 제21차 회의(1962년 12월 26일)에서 일본 측은 문화재를 '반환'해야 하는 국제법상 의무는 없지만, 양국 간 문화 교류 촉진의 일환으로 어느 정도는 국유 문화재의 증여를 고려하고 있다면서, 그 구체적인 형식으로 다음과 같은 「일한 간의 문화협력에 관한 의정서 요강(안)」을 제출했다.

일본국 정부와 대한민국 정부 간의 문화협력에 관한 의정서 요강(안)

　(전문)

　일본국 정부와 대한민국 정부는 일한 간의 문화에 대한 전통적인 깊은 관계를 감안해, 상호 간의 문화 교류 및 우호관계를 앞으로 더욱 발전시킬 것을 희망하며 다음과 같이 합의했다.

　(제1)

　일본국 정부와 대한민국 정부는 양국 국민 간의 문화 교류를 긴밀하게 하기 위한 협정을 체결하려는 목적으로 신속하게 교섭을 개시하는 데 동의한다.

　(제2)

　일본국 정부는 대한민국 학술 및 문화의 발전과 연구에 기여하기 위해 대한민국 정부가 그 역사적 문화재에 대해 갖고 있는 깊은 관심을 고려하여, 이 의정서가 발효된 후 가능한 한 조속히 부속서에 열거한 일본국 정부 소유의 문화재를 대한민국 정부에 기증하기로 한다.

　(제3)

　일본국 정부와 대한민국 정부는 각각 자국의 미술관, 박물관, 도서관 등 자료편집시설이 보유하는 문화재를 타방의 국민에게 연구토록 하는 기회를 주기 위해 가능한 편의를 제공한다.

　이에 대해 예비교섭 제23차 회의(1963년 1월 23일)에서 한국 측은 "국교정상화 이후에 양국의 문화협력을 증진하고자 하는 정신에는 원칙적으로 찬성하지만, 이 문제는 한일 간 현안 문제 중 하나인 문화재 문제의 해결과 관련지을 성질의 것이 아니라고 생각한다. 문화재 문제의 해결은 '인도(turn over)'라는 표현으로 국가, 공공기관 및 개인이 점유하고 있는 중요 문화재를 반환하는 것이 양측의 입장을 동시에 살리는 해결방식이라고 생각한다"고 말했다. 이에 따라 1963년 2월 13일부터 4월 3일까지 여섯 차례에 걸쳐 문화재 관계 전문가회의가 열렸다. 일본 측 하리야 마사유키(針谷正之) 외무성 참사관, 한국 측 이홍직(李弘稙) 문화재보호위원회 위원은 제6차 회담에서 한국 측이 1962년 2월 28일에 제출한 「반환 청구하는 한국 문화재 목록」을 중심으로 전문적인 설명을 교환했다.

(4) 선박 문제

　1962년 12월 중순에 방한한 이세키 대사가 한국 측에 제시한 토킹 페이퍼는 "일반 청구권 문제를 해결하는 협정에 선박 문제도 포함한다는 취지를 규정함으로써 본건을 최종적으로 해결하고 싶다"면서 일본 측의 이러한 제안에 동의하는 것을 조건으로 향후 나포 일본어선에 대한 반환 청구를 주장하지 않는다고 약속하겠다는 취지를 전했다. 이에 대해 한국 측은 예비교섭 제20차 회의(12월 21일)에서 제시한 「한일회담의 중요 문제에 관한 한국 측의 기본적 생각」에서 선박 문제는 일반 청구권 문제와는 별도로 해결해야 한다는 기존 주장을 되풀이하면서 "새롭게 건조한 선박을 응분의 톤수에 달하게 제공하길 요구한다. 나포 일본어선에 대한 일본 측의 반환청구권은 인정하지 않지만, 일본 정부의 입장과 선박 문제 해결 촉진을 위한 특별한 고려로서 일본 측이 신조선(新造船)을 제공할 경우 정치적 고려를 할 수 있다고 생각한다"고 말했다. 이후 양측 간에 이 같은 주장이 반복되었다. 한국 측은 선박 문제에 대한 위원회의 설치를 희망했으나 일본 측의 반대로 종전대로 하게 되었다.

7. 오히라 외상과 김용식 외무장관의 회담

(1) 최규하 대사의 일본 방문과 회담 준비

군사정권은 연내 민정이관을 단행할 방침을 결정함과 동시에, 민정이관 이전에 일한교섭의 타결을 도모하고 있었다. 1963년 6월 7일 박정희 대통령은 "일한교섭의 연내 타결을 희망한다"고 말했고, 6월 10일 김현철 내각수반은 "일한문제를 총선 전에 해결하기 위해 최선을 다하겠다"고 말했다.

6월 27일 최규하 대사가 일한교섭을 촉진하기 위해 일본에 특파되었다. 그는 오히라 외상과의 회담에서 "올 가을까지 대강에 관해 타결하고 그 후 기안 작업에 들어가, 연말까지 서명하는 순서로 하고 싶다. 김용식 외무부장관은 미국을 방문해 7월 16일에서 17일경 러스크 국무장관과 회담한 후 21일이나 22일쯤에 일본을 방문하는데, 그때 2~3일 체류하면서 대신과 회담하고 싶다"고 말했다. 이에 대해 오히라 외상은 "반대하지 않는다"고 답했다.

이에 앞서 김용식 외무부장관은 5월 21일 한국에 출장 중이던 우야마 배상부장에게 "오히라 외상이 동의한다면 내가 오히라 대신을 직접 만나 어업 문제 해결의 대강에 대해 논의하고, 한일 양국 외무장관이 공동 제안으로써 각국 정부에 진언하는 것이 좋다고 생각하고 있다. 이 취지를 오히라 외상에게 전해달라"라고 말했다(우야마 배상부장, 「중앙정보부장 김재춘(金在春) 및 외무부장관 김용식과의 회담 기록」). 그러나 이와 관련, 배의환 대사는 6월 18일 우시로쿠 아시아국장에게

"청구권의 고비를 김종필 부장과 오히라 외상의 회담으로 돌파한 것처럼 어업교섭의 고비를 외무장관 회담으로 돌파하겠다는 생각과 관련해, 내가 보기에는 김 외무부장관은 정치인이 아니라 관료이고, 매우 조심스럽게 각 방면의 일을 걱정하는 사람이므로 대담한 교섭은 할 수 없을 것으로 생각된다. 오히려 현재 최고회의 외무국방위원장 김희덕(金熙德) 씨가 이 역할에는 적당하다"고 말했다.

최규하 대사는 그 후 우시로쿠 아시아국장과 7월 1일, 2일, 4일, 16일에 회담하고 일한 외무장관 회담을 준비했다. 7월 4일 열린 회담에서 최 대사는 "도쿄에서 외무장관 회담을 연 후에 남아 있는 문제를 예비교섭 등으로 조정하고, 8월 중순부터 각 전문위원회를 일제히 재개하여 9월까지 각 문제를 요강 정도는 정리한다. 그 후 1개월 반 내지 2개월에 걸쳐 기안 작업(drafting)을 하고 서명하는 것으로 하고 싶다. 한국 측은 12월 26일 민정이관 전에 비준을 끝내고 싶다. 일본 측의 비준은 그것보다 늦어도 괜찮다"고 말했다.

일본 측은 오히라 외상과 김용식 외무장관의 회담을 앞두고 다음과 같은 두 가지 문서를 정리해 두었다.

일한회담에 대해

1963년 6월 27일

1. 다가오는 김용식 외무부장관과 그 준비 작업을 맡은 최규하 대사가 일본을 방문함으로써, 한국 측은 드디어 일한교섭 타결을 위한 막바지 태세에 들어갈 각오를 한 것으로 보인다. 한국의 현 정권은 국내외 정세가 반드시 유리하지 않은 현재, 최소한 일한교섭 타결(적어도 대폭적인 진척과 이에 따른 외교관계의 재개)을 현 정부의 공적으로 하여 올 가을 선거에 임하려는 것 같다.

2. 한편, 현재 예비교섭은 느리지만 꾸준한(slow but steady) 진척을 보여, (가) 청구권 문제에 있어서는 종래 미해결이었던 회수불능채권의 상환기한과 유상공여의 거치기간에 대해 상대방 측은 대부분 우리 측 안에 근접해올 기미를 보였고, (나) 어업에서는 상대방 측이 12해리 원칙을 받아들인 후 여기에 예외적인 협정을 체결하는 데까지 양보할 의향을 보였으며, (다) 법적지위에 있어서는 거의 협정 초안 작성 단계에 들어갈 수 있게 됐다. 따라서 향후 우리 측으로서는 외교교섭에서의 정상적인 속도로 주고받을(give and take) 만한 용의가 있다면, 비교적 쉽고[청구권과 관련해 무상 3억 달러, 유상 2억 달러로 합의했을 때에 비해 훨씬 적은 노력(勞力)으로] 자연스럽게 교섭 타결로 나아가게 할 가능성도 있는 것으로 판단된다.

[이처럼 자연적으로 타결되는 과정에 방해 요인으로 작용할 수 있는 것은 성어기(盛漁期)에 들어가 우리 측 어선에 대한 나포가 격화해 교섭의 분위기와 속도가 느슨해져 시한을 넘길 가능성과, 교섭의 최종 단계에서 현재 논의상 일부러 유보하고 있는 북조선 처리 문제가 표면화하고 이것이 한국을 감정적으로 격화시켜 교섭이 중단될 가능성이다. 그러나 그러한 경우에는 조약 체결에 의하지 않고 이른바 누

적 방식(주로 경제적 측면, 상황에 따라서는 어떤 외교적 조치를 동반한다)을 취할 수밖에 없다.]

한편, 국내적으로 일한교섭 가운데 가장 비판을 받은 청구권 문제에 관해서는 이미 이번 국회에서 이른바 책임을 완전히 뒤집어쓰웠으므로 향후 조약 성립 후 이 사항에 대한 반대는 재탕에 불과할 뿐이다. 더욱이 어업협정 등에 대해서는 우리 측에 이로운 측면에서 국민에게 제시할 수 있는 점도 있다.

3. 이러한 점을 종합적으로 감안하면, 만약 이번 최 대사와 김 장관의 일본 방문을 계기로 상대측이 정치력 있고(statesmanlike) 합리적인(reasonable) 타개책을 갖고 임해온다면, 우리 측은 이에 응하여 현 교섭의 조기 촉진, 타결을 위해 노력하고, 이로써 이번에 일본 2000년 이래 외교 문제로서 전후 10년 동안 교섭해온 일한회담의 종국(終局)을 도모하는 것이 정부의 책무라고 생각된다.

일한회담 각 현안의 토의 진행 상황

1963년 7월 9일, 아시아국

1. 어업 문제

일본 측은 어업 전관수역 12해리 방안을 제안했다(작년 12월 이후).

한국 측은 이번(7월 5일)에 어업 전관수역을 40해리까지로 하고, 그 외측에 상당히 광범위한 공동 규제수역을 마련하자고 제안했다(지난해 12월에는 현재의 이승만 라인을 거의 그대로 남겨놓겠다는 제안을 했다).

그러나 한국 측도 결국은 어업 전관수역 12해리의 원칙에는 동의하면서 그 외측에 한국 측에 유리한 어떤 규제수역을 설정한다는 안까지 양보하는 것을 생각하고 있다고 관측된다.

따라서 향후 어업교섭의 초점은 첫째, 한국 측이 어업 전관수역 12해리의 원칙에 명시적으로 동의한 후 12해리 외측의 규제조치(이른바 알파)에 대해 일한 쌍방이 타결할 수 있는 해결책을 찾아내는 데에 달려 있다(이 경우 한국 측이 일본 측만 일방적으로 자제하길 고집한다면 타협의 여지는 거의 없지만, 공동 규제의 개념을 기초로 하는 것이라면 비록 사실상 제한 효과가 일본 측에 강하게 미치는 측면이 있다고 하더라도 공동 규제구역의 넓이가 지나치게 크지 않는 한 일본 측으로서도 타협에 응하는 것을 고려할 수 있다고 생각한다).

두 번째로 한국 측은 어업협정 건과 병행하여 어업협력의 이야기를 구체적으로 진행해 한국 영세 어민의 현안을 제거하면서, 규제구역에 대한 대화를 원활히 진행하고 싶다고 강하게 희망하고 있다. 따라서 일본 측으로서도 한국에 대한 경제협력의 일환으로 어업협력 면에서 특별한 제스처적인 조치를 고려할 필요가 있다.

2. 청구권 문제

(1) 일반 청구권 문제

지난해 말 큰 틀에서 합의한 것과 관련해 (가) 장기저리 차관의 상환기한, (나) 무역상 채권의 상환 방법 두 가지 사안에 대해선 아직도 일한 간에 의견 차이가 있다. 그러나 최근 한국 측은 (나)에 대해서는 무상 경제협력을 앞당겨 실시할 가능성을 일본 측이 재확인해준다면 (가)에 대해 일본 측 주장대로 상환기한을 20년으로 하는 것에 동의할 수 있다는 취지를 시사한바, 시의(時宜)에 따라 무상 협력을 앞당길 가능성은 이미 지난해 가을에 원칙적으로 합의되었기 때문에 그 구체적인 방법, 정도 등에 대한 합의만을 남겨놓고 있다.

(2) 선박 문제

한국 측은 한국 치적선(약 7만 6,000톤에 이른다) 및 치수선의 반환을 청구하고 있지만, 이에 대해 일본 측은 이러한 선박을 반환하는 국제법상의 의무는 없다고 주장하고 있다. 특히 지난해 말 일반 청구권 문제의 해결책으로서 한국에 대해 거액의 무상·유상 경제협력을 제공하기로 한 것을 감안하면 더 이상 일반 청구권 문제의 틀 밖에서 선박 문제에 관해 어떠한 공여를 할 필요는 없다는 입장이다.

그러나 한국 측은 여전히 선박 문제는 별도로 해결해야 한다면서, 약간의 톤수에 달하는 신조선을 인도해주길 요구하고 있다(앞으로 한국 측이 이러한 주장을 바꾸지 않을 경우에는 일본 측도 이승만 라인 수역에서 나포되고 귀환하지 못한 일본어선 백 수십 척 1만 톤 이상에 대한 반환 청구를 언제든지 주장하지 않을 수 없다는 취지를 강조하기로 하되, 최종적으로는 어떤 형식으로 둘을 상쇄시켜 이 문제를 해결하는 것이 적합하다고 생각한다. 그러나 이 경우 나포된 일본어선에 대한 보상조치도 강구할 필요가 있다).

(3) 문화재 문제

한국 측은 공유(公有)·사유(私有)의 한국계 문화재 다수를 반환하라고 요구하고 있는데, 일본 측으로서는 문화재를 반환할 국제법상의 의무는 없지만 권리와 의무의 관계를 떠나 양국 간 문화 교류 촉진의 일환으로 일부 국유 문화재를 증여할 것을 고려한다고 밝혔다. 일본 측은 또 본건을 실시하는 구체적인 형식으로 '일한 문화협력에 관한 의정서 안'을 제안했다. 최근 한국 측도 점차 우리 측 생각을 이해하는 모습을 보여주기 시작했다(현재 증여 품목과 관련해서는 한국 측이 강하게 희망하고 있는 도쿄박물관, 궁내청 등이 소장한 한국 출토 문화재를 중심으로 구체적인 목록을 검토 중이다. 다른 현안이 정리되는 단계에서 본건은 거의 이상적인 선에서 타결할 수 있을 전망이다).

3. 재일한국인의 법적지위 문제

(1) 본건의 초점인 영주권 부여 범위에 관해 최근 양측의 주장이 대폭적으로 가까워지고 있다. 한국 측은 자손의 체류 보장에 관해 일본 측이 귀화 문제를 포함해 충분히 고려한다는 것을 조건으로 "협정 발효 후 20년 이내에 한 출생신고에 대해 영주권을 부여하고, 그 이후의 처리는 그때 협의한다"는 기존 주장을 철회했다.

(2) 따라서 본건은 머지않아 조문 작성 작업에 들어갈 수 있을 것으로 전망된다. 조문 작성 시에 문제가 될 수 있는 유일한 점은 국적 확인 조항〔"재일한인(Korean residents in Japan)은 한국 국민이다"라는 취지를 확인하는 조항에서 한국 측은 이 조항의 삽입을 강력히 희망하고 있지만, 일본 측은 북조선계 조선인과의 관계를 고려하여 이에 반대하고 있다〕인데, 이 문제는 결국 이하 4항의 기본관

계 문제와 관련지어 해결을 도모하게 될 것이다.

4. 기본관계 문제

기본관계와 관련해서는 영토 조항 등에서 일한 간에 원칙적인 입장 차이가 있는 '북조선을 어떻게 표현할 것인가'라는 미묘하고도 어려운 문제에 당면할 수밖에 없으므로, 종래의 교섭에서는 본건에 깊이 들어가지 않은 채, 말하자면 이 문제는 보류하고 다른 구체적인 문제를 계속 논의해왔다.

이 같은 경위를 감안해 본건은 교섭의 최종 단계에서 국교정상화에 관한 공동선언과 같은 방식으로 국교 수교, 대사 교환 등 최소한 필요한 내용만 합의하기로 하는 것이 적당하다.

5. 다케시마 문제

일본 측은 한국 측의 희망을 고려하여 지난해 12월 **[원문 약 50여 자 미공개]** 이 문제를 국제사법재판소에 회부하는 제안을 했다. 이에 대해 한국 측은 다케시마가 한국 영토인 것이 명백하기 때문에 제3국에 의한 조정 이상의 해결에는 동의할 수 없다는 입장이다.

또 최근에 이르러 한국 측은 국제사법재판소 회부에 동의할 수 없는 이유에 대해 **[원문 약 60여 자 미공개]** 결국, 본건은 일한회담의 최종 단계에서 다른 모든 현안에 대한 타결이 이뤄진 후에 교섭 전반의 성공 여부를 이 한 점에 집중시켜, 고도의 정치적 판단에 근거한 해결책을 강구할 것 외에 다른 길은 없을 것이다(그때 일본 측은 기존 국회 답변과의 관계를 감안해, 국제사법재판소 제소에 대한 명확한 합의를 끝까지 조건으로 할지 여부도 포함해 다시 대응방침을 신중하게 재검토해볼 필요가 있다고 생각된다).

(2) 한국 내의 대일 저자세 비난과 평화선 사수 주장

1963년 들어 한국에서 여러 정당이 활동을 시작한 후 야당은 정부에 대한 공격의 주요 논점으로 일한회담, 특히 어업 문제의 대일 양보를 비난, 공격했다.

5월 1일 윤보선, 허정을 포함한 재야 정치지도자 13명이 연명으로 발표한 공동성명은 "오히라 외상과 김 장관의 합의가 불투명하므로 즉시 내용을 공개하라", "독도, 평화선은 국방의 측면에서나 경제적으로나 한국에 필수적이므로 가볍게 취급해서는 안 된다", "군사정권은 회담을 중단하고 민간 정부 수립을 기다려야 한다"고 말했다. 6월 20일 민정당은 어업교섭에서 한국의 저자세를 비난한 성명서를 발표했다. 7월 4일에 상기한 재야 정치지도자 13명은 다시 공동성명을 발표, "평화선 고수, 민정이관 이전의 회담 중단"을 요구했다. 한국 측이 전관수역 40해리 안을 제의했다는 보도가 나오자 민정당, 신정당, 민주당 세 야당은 7월 8일 일제히 반대성명을 발표했다. 민주당은 한국 정부의 대일 저자세를 "굴욕적인 강화도조약 체결 전야를 떠올리게 한다"고까지 말했다(주: 강화도 조약은 1876년 2월에 일본과 조선이 강화도에서 맺은 조약. 일본 측 전권은 군함을 이끌고 교섭에 임해 한국을 개국시켰다. 이 조약의 내용은 미국의 페리가 일본을 개국시켰을 당시의 불평등 조약 방식을 조선에 그대로 강요했다고 평가되었다).

이러한 비난에 대해 7월 9일 김현철 내각수반은 "전관수역 40해리는 어업상의 선이며, 평화선은 국방선으로 남는다"고 언명했다.

7월 19일 부산의 수산업자들은 어업자원 보호, 어민수호대회를 열어 전관수역 40해리 안에 반대하고 평화선 확보를 결의했다.

7월 22일 민정당, 신정당, 민주당, 민우당, 정민당 5개 야당의 대표가 한일문제공동투쟁위원회를 구성했다. 위원회는 23일 평화선 사수를 결의하고, 군사정권의 대일 저자세와 비밀 외교 규탄을 위한 국민적 운동의 전개를 결정했다. 위원회는 이어 25일(일한 외무장관 회담이 열리기 전날) 도쿄에 있던 김 외무부장관에게 평화선 사수를 포함한 결의를 타전했다.

(3) 외무장관 회담

김용식 외무부장관은 7월 16일 러스크 미 국무부장관과의 회담에서 다음과 같이 말했다고 보도됐다.

> 어업교섭에서 한국은 제2차 안과 추가적인 어업협력안을 제시했는데, 전관수역 40해리 안은 연안의 영세 어민을 보호하기 위한 것이므로 만약 이를 대신하는 합리적인 어민 보호 육성책이 마련되면 이것만 고집하지 않는다. 또 내 판단으로는 일본 측도 반드시 12해리 안만 고집하지 않는 것으로 생각되므로 타협의 여지는 충분히 있다.
>
> 현재 한일 양국 모두 조기 타결에 대한 열의가 높아지고 있어 이 기회를 놓치면 해결은 1965년 이후가 될 우려가 있다. 미국은 한일관계의 타개에 보다 적극적인 역할을 해야 한다. (『마이니치신문』, 7월 17일)

김 외무부장관은 7월 25일 일본을 방문한 후 26일 오후와 30일 오후 두 차례에 걸쳐 오히라 외상과 회담했다[일본 측 시마 시게노부(島重信) 사무차관, 우시로쿠 아시아국장, 한국 측 최규하 대사, 배의환 대사 동석]. 김 장관은 또 29일 자민당 부총재 오노 반보쿠를 비롯한 다른 간부와의 회식, 30일 이케다 총리와의 회담 등의 일정을 소화한 후 31일 귀국했다. 오히라 외상과 김용식 외무장관의 회담 요지를 보면 다음과 같다.

7월 26일 제1차 회담

김 장관은 회담의 연내 타결을 희망한다면서, 이를 위해 "8월 중에 전문위원회의 작업 능률을 올려 9

월 중에 요강을 정리, 10월 중에 기안 작업(drafting)을 하고, 11월 중 또는 12월 초에 조인에 들어갈 필요가 있다. 현재로선 어업 문제의 논의가 늦어지는 게 걱정이다"라는 취지로 말했다.

화제의 중심은 어업 문제였다. 오히라 대신은 12해리 전관구역 문제는 일한 쌍방이 지켜야 할 규칙이며, 어업협력을 고려할 용의가 있지만 그 자금은 앞서 정리한 경제협력 3억, 2억 달러의 테두리 밖에서 처리하기는 어렵고, 이러한 협력은 일반적인 커머셜 베이스의 수출입은행을 이용해야 한다고 말했다. 이에 대해 김 장관은 홍보(PR)상 꼭 일정 금액을 보장해주는 것이 중요하다면서, 일본과 필리핀의 배상협정에서처럼 '배상에 따른 경제협력'에 관한 부속 교환공문과 같은 협정을 체결함으로써 뭔가 정부 기반의 협정 형식으로 길을 열어주었으면 한다고 강조했다. 그는 또 어업에 관한 기술협력, 어선, 어구의 수출 허가, 김 같은 해산물의 수입 완화도 요청했다.

이어 김 장관은 "한국 측으로서는 40해리 라인은 유연하게 생각할 용의가 있으므로 기준선과 관련해선 직선기선을 채택했으면 한다"고 했다. 일본 측은 "국제조약에서는 저조선이 원칙이고 직선기선은 예외라고 알고 있다. 한국 연안의 남쪽과 서쪽 해안에서는 직선기선을 예외적으로 고려하지만, 그 경우에도 한국 측 안과 같이 제주도를 기선 안에 포함시키는 것은 불합리하다. 일본 측의 전통적인 어장을 상실하는 결과가 된다"는 취지로 말했다.

김 장관은 "전관 어업 구역 바깥에 자원 보존을 위해, 특히 이승만 라인 철폐 후에 일본어선의 쇄도를 막기 위해서라도 연안국인 한국에 보존조치를 맡겨야 한다"는 취지를 주장했다. 이에 대해 일본 측은 "공동 규제의 내용이 불평등하게 된다"고 반박했다. 한국 측은 "12해리 외측에서도 어떤 라인을 생각했으면 좋겠다"고 시사했다.

마지막으로 청구권 문제 가운데 미해결 상태인 두 가지 문제와 관련해 한국 측은 "유상공여의 상환 기한을 20년(거치기간 7년을 포함)으로 하는 것에 동의할 테니 회수불능채권 상환으로 인한 구멍을 메우는 조치로서 무상공여를 앞당기는(연평균 실수령액이 2,550만 달러가 되도록 한다) 방안으로 해결하고 싶다"는 취지로 제안을 했다. 이에 대해 일본 측은 "본건은 어업 문제에서 해결 전망이 보일 때까지 현안으로 놔둘 것"을 제의, 상대측도 이에 동의했다.

7월 30일 제2차 회담

어업차관 문제에 대해 오히라 대신은 "일본 측 재무당국은 한국 측의 변제 능력이 불안하므로 인도네시아 등에 대해 적용한 배상 담보 차관 아이디어를 모방해 지난번에 결정한 무상공여를 담보로 회수불능채권의 회수를 충당하는 것을 조건으로 내세우고 있다"는 취지를 말했다. 오히라 대신은 또 한국 측의 질문에 대해 수출입은행의 성격 등을 설명한 후 "차관금액은 대장성과 협의 중인데, 상당액을 제공할 용의가 있지만 구체적으로는 예비회담의 장에서 논의될 것"이라고 말했다. 이어 공동 규제 문제와 관련, 어획량의 규제를 둘러싸고 논란이 벌어졌다. 일본 측은 한국 측이 먼저 전관수역 12해리의 원칙을 명시할 것을 요구했지만, 한국 측이 그에 대해 아무런 구체적인 발언이 없었으므로 일본 측은 논의를 진행할 수 없다고 말했다. 한국 측이 "자율 규제에 의한 척수 제한 방식을 고려해달라고 요청한 것에 대해 일본 측 수산 당국은 절대 반대했는데, 다른 규제조치안과 함께 전문위원회에서 검토했으면 한다"고 답했다.

일본 측의 전관수역 12해리 원칙 명시 요청에 대한 한국 측의 거부 양상과 관련, 우시로쿠 아시아국장이 정리한 회담 기록에는 다음과 같이 적혀 있다.

우리 측은 12해리의 원칙을 우선 명시적으로 결정할 것을 요구하면서, 상대측이 국내 사정 등으로 이 안을 지금 바로 발표하는 것이 곤란하다면 양측 교섭 당사자 간에 양해를 한 후 발표는 별도로 생각하면 어떻겠냐고 제안했다. 우리 측은 또 상대측의 완강한 회피를 감안, "그렇다면 12해리라는 것을 암묵적으로 전제하고 다음 논의로 넘어가면 어떨까"라고 제의했는데, 상대측은 "현재 단계에서는 암묵적인 전제조차도 곤란하다"고 답했다.

이 점에 관해 상대측이 내놓은 유일하게 다소 적극적인 발언은 향후 협상 여하에 따라 40해리의 선을 "탄력적으로 생각한다"는 것이었다. 이에 대해 우리 측은 "단지 탄력적이라고만 말하고 12해리라고 단적으로 언급하지 않았다가는 가령 40과 12 중간을 평균해서 잡는다는 제안도 나올 수 있으므로 일본 측으로서는 불안하다. 대체로 이 문제에 대해 한국 측은 어업협력이나 공동 규제조치 등 받는(take) 것만 제안하고, 우리가 원하는 것을 전혀 주려(give) 하지 않는다. 이래서는 한국 측에 휘둘려 교섭하고 있다는 비난을 반복해서 듣게 된다"는 취지로 말했다. 이에 대해 상대측은 "이것들은 서로 관련되어 있고 일괄적으로 해결해야 할 것이기 때문에 한국이 자신에게 유리한 점만을 얻고 도망갈 수 없다"면서 안심하고 논의를 진행하자고 말했다[이 즈음 황호을(黃鎬乙) 국장은 외무부장관만의 회담으로 진행할 것을 시사했지만, 양측 입장이 너무 동떨어져 있는 상황에서는 위험하기 때문에 이 제안을 채택하지는 않았다].

오히라 대신은 "어쨌든 12해리의 문제는 문명국가의 명예를 걸고 준수해야 하는 규칙이므로 한국 측도 결국 이에 응할 것임을 당연히 믿고(take it for granted) 진행하자"는 취지로 언급했다.

그리하여 다음과 같은 공동코뮤니케를 발표하게 됐다. 다만, 코뮤니케 문안의 심의 과정에서 한국 측은 일본 측 원안 제1항에서 "국제 선례에 따른 합리적인 어업협정"이라고 국제 선례를 언급한 것은 한국인에게 12해리를 연상시키기 때문에 삭제해달라고 요청했다. 이에 대해 일본 측은 "합리적인"이라는 단어가 12해리 원칙을 암시하는(imply) 것으로 보고 한국 측의 요구를 수용했다. 또 "양국 어민의 이익에 부합하는"이라는 문구를 삽입하여 한국 내에서의 홍보(PR) 효과를 기대했다. 제2항에서 한국 측은 규제조치의 목적으로서 처음에는 우리 측 원안의 어업자원 보존 외에 "양국의 어업 능력의 격차"를 조정하는 취지를 삽입하려 했지만, 결국 어업자원 보존만을 언급하는 데 동의하게 됐다.

공동코뮤니케

1963년 7월 30일

일한 양국은 양국 어민의 이익에 부합하는 합리적인 어업협정을 체결함으로써 일한 간의 어업 문제를 조기에 원활하게 해결하기로 동의했다.

한국 측은 관계수역에서 어업자원의 보존을 위해 적절한 규제조치를 강구할 필요성을 주장했다. 일본 측은 이 조치가 양국에 공평하게 적용되고, 또 실시 가능하다는 전제하에 이를 채택할 용의가 있다는 취지로 답했다.

또한 일본 측은 한국 측의 요청에 부응해 한국 수산업 발전을 위해 어업협력을 할 용의가 있음을 밝히고, 이를 위해 향후 더 구체적인 협의를 계속하게 되었다.

오히라 대신과 김 장관은 이번 회담이 양측의 의사소통을 원활히 하는 데 매우 유익했음을 인정하고, 앞으로 더욱 어업 문제의 조기 타결을 도모하고, 아울러 교섭 전반의 최종적 타결을 촉진하기로 의견을 모았다.

이케다 총리는 박정희 의장 앞으로 보내는 다음과 같은 서한을 김용식 외무부장관에게 맡겼다.

배계

더욱더 건강하고 바쁘게 국무에 정진하고 계시는 모습을 보고, 참으로 경하해 마지않습니다.

각하가 배의환 대표에게 맡긴 서한을 읽고, 일한 국교정상화에 대한 각하의 부동의 신념과 진지한 마음에 저는 깊은 경의를 표합니다.

자유진영에 속한 이웃과의 우호친선관계를 중시하는 우리 일본으로서는 가장 가까운 이웃나라 한국과 하루빨리 국교를 정상화하는 것이 지극히 자연스럽고 중요한 일이며, 이러한 인식 아래 저도 종래 그 실현을 위해 최선의 노력을 기울이고 있습니다.

다행히 일한회담은 양국 대표의 열성적인 토의에 의해 해결을 향해 한 걸음 한 걸음 꾸준히 전진하고 있습니다. 특히 이번에 구미 국가 순방의 귀로에 도쿄에 들른 김용식 외무부장관과 오히라 외상 간에 열린 회담은 상호 이해의 증진과 교섭 전반의 진행에 큰 성과를 올렸다는 보고를 들었습니다.

이와 같이 일한 양국의 책임자가 정성을 다하고 심혼을 기울여 논의를 하면, 일한 간 국교정상화가 머지않아 실현될 것으로 확신하고 있습니다.

끝으로 각하의 건강과 귀국의 번영을 진심으로 기원합니다.

경구

1963년 7월 29일

내각총리대신 이케다 하야토

대한민국 대통령 권한대행 국가재건최고회의 의장 박정희 각하

상기한 서한은 7월 4일 자로 박 의장이 이케다 총리에게 보낸 다음과 같은 서한에 대한 답신이었다.

이케다 총리에게 보낸 박 의장의 서한(임시 번역)

배계

배의환 대사의 귀임에 즈음해 서한으로써 최근 한일회담의 바람직한 발전 모습에 대한 저의 기쁨을 전하고 싶습니다.

저는 배 대사로부터 양국 간의 현안에 관한 일본 정부 사무 당국과 한국 대표단 간에 도쿄에서 행해지고 있는 솔직한 의견 교환이 한일회담의 조기 타결을 향해 더 나은 분위기를 조성하는 데 도움이 되고 있다는 이야기를 들어 매우 기쁩니다.

지난해 흉작과 올해 태풍 및 홍수에 의한 피해로 한국의 식량 사정이 악화되어 우호국가로부터 곡물을 수입해야만 했습니다. 이와 관련해, 저는 일본 정부가 일본적십자를 통해 곡물을 제공하겠다는 호의를 보여준 것에 대해 감사의 뜻을 표하고자 합니다. 저는 이것이 반드시 한일 양국 간의 상호 이해와 신뢰를 강화할 것이라고 믿는 바입니다.

현재 진행되고 있는 한일회담이 한일 양국의 공동 번영을 위해서만 아니라, 더 넓은 관점에서 아시아의 평화와 모든 자유국가 간의 보다 강력한 단결을 위해서도 조기에 타결되어야 한다는 것이 저의 확고한 신념입니다. 이 목표를 향한 저의 진지한 노력이 각하의 계속된 호의적인 배려에 의해 보답되어가길 믿습니다.

충심(衷心)으로 인사와 존경을 담아

경구

1963년 7월 4일

박정희 대통령 권한대행

이케다 총리 각하

(4) 외무장관 회담의 성과

7월 31일 김용식 외무부장관은 우야마 배상부장에게 다음과 같이 말했다.

1. 어업 문제와 관련해 나는 국제법의 원칙에 따라 논의를 정리할 마음이라는 것을 좀 더 명확하게 구체적으로 이야기하고 싶었다. 우시로쿠 아시아국장이 "12해리의 원칙으로 한다는 사실을 공표하지 않으면 안 된다"는 취지를 말한 것은 당연한 일이고, 우리가 실망을 주게 되어 유감이다. 하지만 오히라 씨

가 "이 단계에서 거기까지 매듭짓지 않더라도 차차 그 점이 명백해지면 된다"고 말해주었으므로 내가 말하려던 것을 두 사람이 충분히 이해해줬다고 생각하고 있다.

2. 내가 처음에 생각했던 것을 말할 수 없었던 까닭은 오로지 한국 내정에 대한 고려 때문이었다. 내가 이 회담을 위해 한국에서 직접 도쿄에 왔었더라면 좋았겠지만, 어쨌든 한국을 떠난 지 1개월 정도 되는 데다, 박 의장과도 다시 한 번 충분히 이야기한 다음이 아니었고, 한국의 국내 사정에 대해 충분한 확신이 없었던 점도 있어, 100퍼센트 과감히 말할 수 없는 기분이었음을 이해해주기 바란다. 나로서는 그 내용을 공동성명에 담은 것만 가지고도 귀국 후 바로 각 방면에서 다양한 비난과 공격을 받을 것이다. 그러나 박 의장이 나를 지지해줄 것임은 틀림없다.

3. 나로서는 내가 도쿄에 도착할 때까지 공동 규제의 구체적 조치에 대해 대강만이라도 논의가 진행되기를 원했다. 그렇게 했더라면, 12해리라고 말하더라도 그 밖에서는 이렇게 해서 어족 자원을 보호할 수 있고, 일본의 어선이 무제한으로 어획하는 것이 아님을 한국 국민에게 설명할 수 있다. 그리고 그것과 어업협력을 합쳐 한국 어민을 위해서도 '12해리의 협정'이 큰 손실이 아닌, 큰 이익이 된다고 설득할 수 있었을 것이다. 하지만 집어등의 광력, 톤수, 어구 세 가지 종류를 공동 규제로 한다는 원칙적인 이야기만으로는 불충분했다. 좀 더 구체적으로 말해볼까도 생각했지만, 나에게는 전문적 지식이 부족했고 거기까지는 결단하지 못했다.

4. 향후 8월 20일경까지 그런 점을 최대한 논의한 후 누군가 거물에게 한국을 방문해달라고 해서 8월 중에는 대강의 논의를 타결 짓고 싶다.

5. 이번 방일 중에 오히라 대신은 물론, 이케다 총리, 요시다 전 총리도 성의 넘치는 이야기를 해줘 감동했다. 총리는 "나도 오히라 씨도 일한문제의 타결에 대해서는 얼마든지 비난받을 생각이다"라고 말했고, 요시다 씨는 "당신(김 장관)이 말하는 것은 내가 생각하고 있는 것과 똑같다. 제대로 해주길 바란다"고 격려해줬다.

31일 김용식 장관, 최규하 대사 등은 하네다 공항에 배웅하러 나온 우시로쿠 아시아국장에게 "어제 한국 측의 발언은 충분하지 않았고 일본 측의 기대에 반한 것 같다. 다음 달 하순쯤 한국에 대사급의 대표를 파견한다면 회담을 정리하고 싶다"고 말했다. 이에 대해 우시로쿠 아시아국장은 "어제 회담에는 실망했다. 이대로는 서울에서 회담을 열어도 무의미하다. 한국 측에서 각오를 하고 수용할 태세를 만들지 않으면 안 된다"고 말했다. 이에 대해 한국 측은 향후 1~2주 안에 박 의장 등 각계 지도자와 협의한 후 한국 측 안을 결정하겠다고 말했다.

나중에(8월 12일) 배 대사가 우시로쿠 아시아국장에게 "지난번 김 장관과 오히라 대신의 회담은 타결 기회가 충분히 있었음에도 불구하고, 박 의장의 용기가 부족해 저런 결과에 그친 것은 유감스럽다"고 말한 것을 보면, 외무장관 회담 중 중요 사항에 대한 청훈에 박 의장이 결단을 내리지 못했던 것이 주요 원인이었던 것 같다. 그 후 12월 19일 황호을 아주국장은 대통령 취임식 특파대사 수행원으로 방한한 우시로쿠 아시아국장에게 "그때는 협박장이 쇄도했기 때문에 12해리를 공약하는(commit) 시기를 놓쳤다. 그 후 한국 국내 각 방면에서 어업의 문제점을 숙지하게 되어 오히려 양보하기 어려워졌다"고 말했다.

　김용식 외무부장관은 7월 31일 귀국 후 김포공항에서 "한일회담은 8월 안에 대체로 타결하는 것이 가능하다", "전관수역 문제는 타결하지 못했지만, 어업위원회를 통해 협상을 계속해 8월 중에 대사급 이상의 인사가 서울 아니면 도쿄에서 타결을 위한 회담을 연다", "어선, 어구를 도입하기 위한 어업차관은 청구권의 범위와는 별도로 상당한 금액을 획득할 수 있을 것 같다", "전관수역 40해리 안의 대안은 어업협력 교섭이 어느 정도 진행한 다음에 생각할 수 있는 문제"라고 말했다고 보도되었다. 한편, 외무장관 회담이 예상했던 성과를 얻지 못했던 것에 대해 일본 측 신문은 "김 외무부장관은 교섭 상황에 따라 12해리를 인정할 권리를 박 의장한테 받지 못했었다", "야당의 치열한 비판에 노출되어, 대통령 선거, 국회의원 선거를 앞두고 국내 여론의 동향에 신경을 써야 했다" 이렇게 두 가지를 입을 모아 지적했다.

8. 외무장관 회담 후 어업 문제와 법적지위 문제의 토의

(1) 어업 문제

① 한국 측 태도

　오히라 대신과 김용식 외무장관의 회담은 충분한 성과를 얻지 못했다고 하더라도, 어업 문제 토의를 통해 "한국 측이 전관수역 12해리 안을 인정하는 것이 전제"라는 것을 분명히 했고, 상호 어업 규제조치의 문제점을 매듭짓지 않으면 어업 문제의 대강에 대한 타결도 어렵다는 것이 한층 더 명확해졌다는 점은 큰 수확이었다. 7월 31일 박정희 의장은 외무장관 회담을 마치고 귀국한 김 외무부장관에게 "국제적 관례를 도외시한 국교는 있을 수 없으므로 국제적 관례를 가능한 한 지키면서 한국 어민의 실질적 권익 보호를 위해 최선의 외교적 노력을 다할 것"을 지시했다. 이후락(李厚洛) 홍보실장은 "이 지시는 대일 어업 교섭에서 12해리 선으로 후퇴하는 것인가"라는 신문기자의 질문에 대해 "반드시 그렇지는 않다"고 말했다고 보도되었다(『한국일보』, 8월 1일). 또 김현철 국무총리는 8월 5일 기자회견에서 "40해리 전관수역을 고수하는 것에는 변함이 없지만, 40해리의 일부 수역에서 일본 측과 공동으로 어업을 하는 방향을 생각하고 있다"고 말했다(『한국일보』, 8월 6일). 이러한 보도는 한국 정부의 지도부가 어업교섭에서 새로운 전개를 도모하고 있는 것으로 해석됐다.

8월 12일 김용식 외무부장관은 부산의 수산업체, 어민 대표 200명과 간담회를 갖고 한국 정부의 입장과 주장을 설명했다. 그는 또 17일 서울에서 정당, 학회, 언론계, 일반 시민 26명과 가진 간담회에 일한회담 관계자 5명과 함께 참석, 반대 여론의 완화를 시도했다. 그러나 그 후에도 야당은 시국 강연회에서 평화선 철폐 반대론을 강하게 언급했다.

어업위원회는 9월 들어 트롤·저인망 어업 금지구역, 그물코 제한, 선망 및 고등어 낚시어업의 광력 제한, 어선 규모, 어기 같은 문제를 검토하는 일에 착수했다. 9월 23일 최세황 대표는 우라베 대표와의 비공식 회담에서 "박정희 의장의 의향은 한국 어민의 생활이 보장된다면 전관수역을 12해리로 해도 좋다는 것이지만, 한국 측으로서는 10월 15일 열리는 대통령 선거를 앞두고 12해리를 공식적으로 인정할 수는 없다. 교섭을 진행하면서 12해리를 전제로 하여 무엇을 할 수 있는지 전문가들 간에 검토하고 싶다"고 말했다.

이에 따라 제51차 예비교섭(10월 4일)에서 스기 수석대표는 "일본 측은 한국 측의 입장을 고려해 전관수역 12해리 원칙이 타결될 것이라는 전제하에 그 이외의 문제에 대한 토론을 하는 것에 동의한다. 만일 한국 측이 이 원칙에 동의하지 않는 경우에는 어업 문제 토의에서 일본 측이 표명하는 의견이나 제안은 모두 백지화할 것임을 분명히 밝힌다"는 취지로 발언하고, 이를 서면으로 전달했다.

② 와다 사안과 김명년 사안

10월 들어 와다 마사아키(和田正明) 대표와 김명년 대표의 비공식 회의에서 그물코, 광력, 어선 규모, 어기, 금지구역, 단속, 공동위원회 구성 등에 대한 구체적인 검토가 거듭됐다. 이를 기초로 10월 22일 열린 와다 대표와 김명년 대표의 비공식 회담에서 12해리 전관수역 외측의 규제 문제에 관한 와다 사안이 제시되었다.

그림 5 '와다 사안'의 규제구역 (1963년 10월 22일)

와다 사안에 대한 설명

· A, B, D 구역

트롤, 저인망, 선망 및 고등어 1본조 이렇게 4종 어업에 대해 그물코, 광력, 어선 규모, 금어기, 척수를 정한다. 조업 척수는 양국 모두 대략

현 상태를 유지하는 정도.

· B구역

일본 측은 상기 4종 어업 외에는 자율 규제의 형식으로 척수를 제한한다.

· C구역

일본 측도 직선기선에 의한 12해리 전관수역을 설정한다. 대형 4종 어업에 관련해 일본 측이 어선의 규모에 대한 한국 측 제안을 수락한다면, 한국어선도 소형 어선은 자율 규제를 실시하고, 대형 4종 어업은 하지 않기를 희망한다.

· E지역

트롤 저인망을 일한 양국 모두 하지 않는다.

· 동경 128도 동쪽에서는 50톤 이상, 동경 128도 서쪽에서는 50톤 이하의 트롤·저인망 어업을 하지 않는다.

· 선망어업의 경우 향후 10년 정도 12해리 전관수역 중에서 외측 6해리에서는 조업하는 것을 인정한다.

그 후 이 안에 대한 검토를 계속해 11월에 들어 일한 양측은 조업 척수를 논의했다. 이어 11월 29일 한국 측은 김명년 사안을 제시했다.

그림 6 '김명년 사안'의 규제구역 (1963년 11월 29일)

김명년 사안에 대한 설명

· A, D구역

일본 측의 기선저인망어업(이하 트롤어업 포함) 및 유자망(流刺網)어업은 당분간 출어하지 않는다.

· B1구역

일본 측의 기선저인망·유자망 어업은 당분간 출어하지 않는다. 다른 어업 종류는 출어 척수를 자발적으로 제한한다.

· C1구역

한국 측의 기선저인망·유자망 어업은 당분간 출어하지 않는다. 다른 어업 종류는 출어 척수를 자발적으로 제한한다.

· B2구역

B2 구역에서는 한국 측만 조업한다. C2 지역은 일본 측만이 조업한다.

· E구역

일한 모두 기선저인망·트롤 어업은 12월부터 2월까지 척수를 제한한다.

· A, B1, D구역

일본 측의 기선저인망어업 및 고등어 1본조 어업은 조업을 규제한다.

· 협정수역 내에서는 한국과 일본 모두 전갱이, 고등어를 대상으로 하는 봉수망(棒受網)어업은 하지 않는다.

· 한국 근해의 포경어업 자원의 효과적인 관리에 일본 측은 자발적으로 협력한다.

· 한일 모두 현행 기선저인망 및 트롤 어업 금지구역을 준수한다.

· 동경 128도 동쪽에서는 한일 모두 30톤 미만 및 50톤 이상의 기선저인망 및 트롤 어업의 조업을 금지한다. 동경 128도 서쪽에서는 한일 모두 50톤 미만의 기선저인망 및 트롤 어업의 조업을 금지한다.

제58차 예비교섭(11월 28일)에서 한국 측은 12월 10일쯤에 다시 오히라 외상과 김용식 외무장관의 회담을 열어 가능하면 연내에 어업 문제의 대강에 합의, 이듬해 2월경 전면적인 조인에 들어가고 싶다고까지 언급했다. 그러나 이에 대해 일본 측은 김명년 제안을 한국 측의 후퇴라고 평가했다. 당시 교섭 상황에 대해 유엔에 있는 마쓰이 아키라(松井明) 대사에게 보낸 전신은 다음과 같이 기록하고 있다.

그런데 11월 29일 열린 어업 전문가회의에서 한국 측은 종래의 비공식적 대화에서 보여준 탄력성이 있는 태도에서 일변했다. 지난 7월 5일 한국 측이 제안한 40해리 어업 전관수역 안과 비교하면 실질적으로 바뀌지 않았고, 지난 7월 본 대신과 김 장관의 회담 후 코뮤니케에도 반하는 대안을 제시했다. 따라서 한국 측이 평소 희망해온 어업협력에 대해 일본 측은 적극적인 태도를 표명하지 않고 있다. 한국 측은 현재 제시할 수 있는 어업 규제안은 이 정도라고 해명했다. 이에 대해 일본 측은 이제 와서 한국 측이 이처럼 후퇴한 대안을 내놓으면 지금까지 전문가회의의 노력은 거의 헛일이 되는 것이다. 이것으로는 비록 외무장관 회담을 열어도 도저히 성과를 거둘 수 있다고는 생각하지 않는다고 반박했다.

그러나 와다 마사아키(和田正明) 「일한 어업교섭의 경과와 문제점」(『국제문제』 1965년 5월 호) 대표는 당시 어업교섭 정황을 다음과 같이 기록하고 있다.

같은 해 10월(22일) 일본 측은 공동 규제수역 안과 함께, 선박의 크기, 그물코, 집어등 광력에 대해 공동으로 규제할 것을 제안했다(참조: 와다 사안). 한국 측은 이 제안을 높이 평가하고, 같은 해 11월(29일)에 이 안을 원칙적으로 승인한 형식으로 제2차 한국 측 안을 제시했다(참조: 김명년 사안). 이때 일한 어업협정안은 처음으로 실질적 내용을 형성할 수 있었다.

그 후의 논의에서는 다음 두 가지에 초점이 맞춰졌다. 첫째로는 12해리 선을 측정하는 기선이 저조선기선인가 아니면 직선기선인가를 둘러싼 논란이었고, 둘째로는 공동 규제수역에서의 어획량 규제를 강조하는 한국에 대해 당초에는 집어등 광력, 그물코, 선박의 크기 외에는 규제는 필요 없다고 주장했던 일본이 이후 한국의 입장을 고려해 주장을 완화, 출어 척수 제한 방식이라면 응할 수 있다는 입장을 취했는데, 이에 따라 여기에 동조하면서도 출어 척수를 극단적으로 제한하려는 한국 측과 현상 유지를 주장하는 일본 측과의 대립이었다.

와다 및 김명년 안이 제출된 시점에서 일한 어업 담당관은 상호 어업의 실제를 시찰했다. 이와 관련, 가와카미 겐조는 「일한 어업교섭의 회고」에서 다음과 같이 기록하고 있다.

　　와다 사안을 제출한 후 1963년 11월 12일부터 19일까지 와다 부장, 사루타(猿田) 기관(技官, 수산청 해양제2과)과 내가 한국 어업의 실제를 시찰하기 위해 한국을 방문, 서울, 경주, 포항, 구룡포, 부산, 충무, 여수, 인천을 시찰했다. 이때 나도 그랬지만, 와다 부장도 상당히 강한 인상을 받았다. 한국의 산이 벌거숭이가 된 것처럼, 한국의 연안에서는 근해의 물고기가 남획되고 있었다. 부산의 어업센터 시장에 나온 어획된 물고기를 보면 크기가 아주 작았다. 가까운 곳에서는 그런 물고기밖에 잡을 수 없었다. 인천에 가서도 어시장을 둘러봤는데, 인천 연안에서 잡은 갈치 또한 아주 작았다. 연안에 있는 물고기를 다 잡아버린 것이다. 아무래도 먼 바다로 나가야 하지만 영세 어민은 그럴 만한 선박이 충분히 없다. 어업협정이 체결되어 우수한 일본어선이 한국의 연안 가까이까지 대거 밀려오게 되면 한국어선은 대항할 수 없고, 일본어선에 점령당한다는 불안감이 매우 강하다. 이런 실정을 알고, 와다 부장은 한국 측이 요구하는 것도 당연하다는 생각을 상당히 한 것 같았다.

　　12월 1일부터 8일에는 어업위원회의 한국 측 대표 일행〔최세황, 김명년, 이강우(李康遇), 신광윤(辛廣允)〕이 와다 부장의 안내로 기타큐슈(北九州) 및 야마구치(山口) 현의 수산 사정을 시찰했다. 그때 수산청 요코오(橫尾) 어업조정과장, 혼다(本多) 기관(어업조정과)과 함께 나도 동행했다. 이 시찰은 한국 측이 일본 어업에 대해 올바른 인식을 갖게 하는 데 매우 큰 성과가 있었지만, 나에게도 일한 어업의 실태를 비교해 생각하게 하는 좋은 여행이었다.

가와카미 씨는 또한 「일한 어업교섭의 회고」에서 한국 측의 김명년 대표에 대해 "김명년 씨는 부산의 수산고등학교 출신이다. 이 학교는 일본의 시모노세키(下関) 수산대학교와 자매학교로 교수 교류도 있어 일본 측의 수산 사정도 잘 파악하고 있었다. 인품도 좋았다. 상대가 김명년 씨였다는 것은 마지막 단계에서 이야기를 정리하는 데 좋았다고 생각한다. 그에게는 무엇을 이야기하더라도 상대측에 이상한 이야기를 전달하는 일이 없는 사람이었다. 나도 그와 털어놓고 이야기했다"고 기록했다.

1964년 1월 14일의 와다 대표와 김명년 대표의 비공식 회의에서 한국 측은 기본방침으로서 한국 연안의 자원 보호, 한국 어민의 이익 보호, 한국 어업 근대화라는 세 가지 원칙에 따라 회담을 조기에 합리적으로 타결할 방침이라면서, 일한 어업 발전 단계의 격차를 고려해 연안 어민 보호를 위해 충분한 조치를 취하는 한편, 종래의 일본 측 어업 실적을 유지한다는 방침에도 변함없다고 언급했다.

③ 어업협력 문제

제50차 예비교섭(1963년 9월 26일)에서 한국 측은 우선 7월 12일 제출한 어업협력안을 더 자세하게 적은 협력안을 제시했다. 1억 7,837만 7,000달러라는 금액은 변하지 않았다. 협력안의 내역은 무상공여 2,697만 6,000달러, 무상공여 또는 정부 간 장기저리(조건은 7월 12일 안과 같음) 3,442만 5,000달러, 민간 장기저리 차관(조건은 7월 12일 안과 같음) 1억 1,697만 6,000달러였다. 이에 대해 일본 측은 연수생 수용, 전문가 파견, 기술센터 설치 같은 어업기술 협력은 일본이 이미 많은 국가에서 실시하고 있는 '콜롬보 계획(Colombo Plan)'[94] 틀 내에서 실시할 수 있다는 점, 또 "어업협력을 위해 행하는 상업상의 후불 신용공여는 1962년 말에 일한 양국이 대략적으로 합의를 본 무상공여를 담보로 하고, 협정 발효 후 3년간 매년 1,000만 달러 총액 3,000만 달러를 한도로 한다"는 안을 제시했다. 이후 1964년 2월 14일 김현철 특사가 이케다 총리를 방문했을 때, 이케다 총리는 3,000만 달러를 5,000만 달러까지 증액해도 좋다고 말했다.

④ 어업 6자 회담

와다 대표와 김명년 대표의 비공식 회의에서 규제 문제를 둘러싼 논의가 진척되지 않았기 때문에 일본 측 우시로쿠 아시아국장, 우라베 및 와다 대표, 한국 측 최세황, 김명년, 이규성(참사관) 대표 이렇게 6명에 의한 '6자 회담'이 1963년 2월 3일부터 3월 7일까지 열 차례에 걸쳐 열렸다. 이 6자 회담에서는 제반 규제의 문제, 특히 직선기선 문제에서 제주도를 포함시킬지 여부가 논란의 중심이 되었다.

1964년 1월 하순, 최규하(전 주일공사)는 일한문제 담당 대사 자격으로 일본에 와 회담의 촉진

---

94) 콜롬보 계획은 1950년 1월 스리랑카 콜롬보에서 열린 영연방 외무장관회의를 계기로 같은 해 7월 설립된 개발도상국 원조를 위한 국제기구로서 주로 기술협력을 통한 아시아 태평양 지역의 경제·사회 개발을 촉진하고 그 생활수준을 향상시키는 것을 목표로 했다. 정식 명칭은 '아시아 및 태평양의 공동적 경제사회 개발을 위한 콜롬보 계획'. 일본은 1954년 말에 이 기구에 가입한 후 1955년부터 연수생의 수용, 전문가 파견 등 정부 기반의 기술협력을 시작했다. 일반적으로 일본에서는 콜롬보 계획의 참여를 일본식 ODA(정부개발원조)의 원조, 혹은 일본이 피원조국에서 원조국으로 전환한 출발점으로 평가하고 있다.

을 도모했다. 2월 중순에는 김현철 전 총리가 대통령 특사 자격으로 일본을 방문, 13일 오히라 외상, 14일 이케다 총리와 각각 회담하고, 연내 국교정상화를 위해 회담을 촉진하고자 하는 희망을 피력했다. 일본 측에서는 2월 14일 자민당 4역 회의에서 "국교정상화를 이번 국회에서 비준한다"는 방침을 결정했고, 한국 정부는 2월 22일부터 23일까지 민주공화당 대표와의 연락회의에서 "5월 체결, 6월 말까지 국회 비준"을 목표로 내걸었다. 이는 일본에서 7월에 자유민주당 총재 선거와 그에 따른 내각 개조가 있고 10월에 들어가면 올림픽 도쿄 대회가 열리기 때문에 타결이 7월 이후로 연기되면 비준이 계속 지연될 전망이었기 때문이었다.

(2) 재일한국인의 법적지위 문제

1964년 1월 29일 법적지위위원회 제48차 회의에서 일본 측은 토의용 자료로써 영주권, 강제퇴거에 관한 부분만 협정안을 제출했다. 이후 검토를 거쳐 일본 측은 3월 6일 제52차 회의에서 1월 29일 안을 수정한 다음과 같은 자료를 제시했다.

(토론용 자료, 1964년 3월 6일)
일본국에 재류하는 특정 대한민국 국민의 법적지위에 관한 협정(안)

일본국 및 대한민국은 일본에 재류하는 특정 대한민국 국민에게 특정 사항에 대해 일본에 체류하는 다른 외국인과 다른 법적지위가 부여되는 것이 바람직하다고 인정하므로 다음과 같이 협정했다.

제1조

다음에 열거하는 자로서 제2조의 영주 허가를 받은 자는 일본에 영주할 수 있다.

　(1) 1945년 9월 2일 이전부터 계속해서 일본국에 체류하고 있는 대한민국 국민

　(2) (1)항에 규정된 자의 직계비속인 대한민국 국민으로서, 1945년 9월 3일 이후 이 협정의 효력 발생일로부터 5년의 기간이 경과하는 날까지 일본국에서 태어나고 이후 계속해서 일본에 재류하는 자

제2조

　1. 제1조에 열거한 자로서 일본에서 영주하려는 자는 일본국 정부가 정하는 절차에 따라 이 협정의 효력 발생일로부터 5년 이내에 일본국 정부에 영주 허가를 신청하고 그 허가를 받아야 한다. 상기한 신청 및 허가에 대해서는 수수료는 징수되지 않는다.

　2. 제1조 (2)항에 규정된 자로서, 이 협정의 발효일로부터 4년 11개월이 경과한 날 이후에 태어난 자에 대해서는 제1항의 규정과 무관하게 영주 허가 신청기한을 출생일로부터 30일 이내로 한다.

제3조

제2조의 규정에 따라 영주 허가를 받은 자는 그 자가 이 협정의 효력 발생일 이후 다음에 열거하는 사

항 중 어느 하나에 해당하게 된 경우를 제외하고 일본국으로부터 강제퇴거당하지 않는다.

(1) 내란죄, 외환(外患)죄, 소요(騷擾)죄를 범함으로써 금고 이상의 형에 처해진 자[집행유예 선고를 받은 자와 내란 및 소요에 부화(附和)수행함으로써 형에 처해진 자는 제외].

(2) 영리를 목적으로 마약류 단속에 관한 일본국의 법령을 위반해 무기 또는 2년 이상의 징역 또는 금고에 처해진 자(집행유예 선고를 받은 자는 제외). 그리고 마약류 단속에 관한 일본국의 법령을 위반해 이 협정의 발효일 이전에 처해진 형을 포함해 세 차례 이상 형에 처해진 자

(3) (1)항과 (2)항에 규정된 자를 제외하고, 무기 또는 7년을 초과하는 징역 또는 금고에 처해진 자

(4) 일본국의 외교상의 중대한 이익을 해치는 행위를 한 자

제4조

1. 제2조의 규정에 따라 영주 허가를 받은 자의 자식으로서, 일본국에서 태어나고 또 대한민국 국민인 자는 일본국 정부가 정한 절차에 따르는 것을 조건으로 성년에 도달할 때까지 계속해서 일본국에 재류할 수 있다. 그리고 제3조에 규정된 사항 중 어느 하나에 해당하게 된 경우를 제외하고 일본국에서 강제퇴거당하지 않는다.

2. 제1조의 규정에 따라 일본에 재류하는 자가 성년에 도달한 날로부터 30일 이내에 영주 허가를 신청했을 때에는 그자의 소행이 선량하고, 또한 일본국 헌법 또는 그 아래에 성립된 정부를 폭력으로 파괴하는 것을 기획 혹은 주장하거나, 이를 기획 혹은 주장하는 정당 및 기타 단체를 결성 혹은 이것에 가입한 적이 없는 한 영주가 허가되며, 빈곤 또는 질병을 사유로 일본국으로부터 강제퇴거되지 않는다.

부속 문서의 골자(안)

아래의 취지를 합의의사록에 기록하기로 한다.

1. 협정 영주권자 및 협정 체류자의 체류 및 출입국에 관한 일반 국내법의 적용

협정 제1조 및 제4조 (2)항에 따라 일본국에 영주하는 자 및 제4조 (1)항에 따라 일본국에 체류하는 자에 대한 일본국에서의 체류 및 출입국에 관한 절차는 협정이 정하는 바 또는 협정에 기초해 별도로 정해진 바를 제외하고는, 일반적으로 모든 외국인에게 동일하게 적용되는 일본국의 법령이 정하는 바에 따른다.

2. 영주 허가의 방법

대한민국 정부는 협정 제2조의 규정에 따라 영주 허가를 신청하는 자가 해당 사항을 신청할 시에 대한민국의 국적을 보유하고 있음을 증명하는 서류를 제출하거나 또는 대한민국 정부에 의해 국적 증명이 이뤄진다는 것을 일본국 정부가 요구한다는 사실을 인정하고, 이에 협조한다.

3. 강제퇴거

(1) 일본국 정부는 협정 제3조 (2)항 또는 (3)항에 해당하는 자를 강제퇴거시킬 경우 사안의 성질,

그 자의 가족 구성 등을 감안해 인도적 고려를 한다.

　(2) 일본국 정부는 협정 제3조 (4)항에 해당하는 자를 강제퇴거시킬 경우 그 송환 예정일로부터 30일 전까지 그 취지를 대한민국 정부에 통보한다.

4. 협정 영주권자의 자식

일본국 정부는 협정 제4조 (2)항에 따라 영주를 허가받은 자를 강제퇴거시킬 경우 사안의 성질, 그 자의 가족 구성 등을 감안해 인도적 고려를 한다.

9. 박정희 정권의 성립

(1) 박정희 정권의 성립

1963년 8월 14일 한국 정부는 "대통령 선거를 10월 15일, 국회의원 선거를 11월 26일에 각각 실시한다"고 밝혔다. 9월 15일 대통령 후보 등록 마감일까지 박정희(민주공화당), 윤보선(민정당), 허정(국민의 당), 송요찬(자유민주당), 변영태〔卞榮泰, 정민회(正民會)〕, 오재영〔吳在泳, 추풍회(秋風會)〕, 장이석〔張履奭, 신흥당(新興黨)〕이 입후보했다. 민주공화당이 조직과 자금의 힘으로 쾌조의 선거운동을 추진한 반면, 야당은 후보를 1명으로 단일화하는 데 실패, 후보가 난립했다. 그러나 10월 2일에 허정, 10월 7일에 송요찬이 사퇴한 후 종반전에 들어서면서 박정희 대 윤보선의 결전 양상을 보였다. 대통령 선거의 결과, 투표율 85퍼센트, 박정희 470만 2,640표, 윤보선 454만 6,614표로 약 15만 표 차이로 박정희 후보가 대통령에 당선됐다.

이어 투표율 72.1퍼센트를 기록한 11월 26일 국회의원 선거의 결과, 총 175명 가운데 민주공화당이 110명의 당선자를 배출, 민정당 41명, 민주당 13명, 자유민주당 9명, 국민의 당 2명 등 야당을 압도했다. 민주공화당은 총수의 약 3분의 2를 차지했다. 앞서 해외에 나와 있던 김종필은 10월 23일 귀국해 국회의원에 당선되어, 12월 1일 민주공화당 의장에 지명됐다.

12월 12일 최두선(崔斗善) 내각이 출범했다. 이어 17일 제6대 국회가 열려 새로운 헌법이 발효되었다. 박정희가 제5대 대통령에 취임함으로써 2월 7개월 만에 민정이 실시되게 됐다.

(2) 오노 특파대사 방한 시의 교섭

1963년 12월 17일 서울에서 열린 박정희 대통령 취임식에 일본 측은 특파대사로서 자유민주당 부총재 오노 반보쿠 및 일한회담 수석대표 스기 미치스케, 고문으로서 중의원 의원 도쿠야스 지쓰조(德安実蔵) 및 나카가와 이치로(中川一郎), 수행원으로서 외무성 아시아국장 우시로쿠 도라오(後宮虎郎), 외무성 북동아시아과장 마에다 도시카즈(前田利一), 외무사무관 모리타 요시오(森田芳夫)로 구성된 대표단을 보냈다.

대표단이 방한 중이던 12월 18일 열린 오노 특사와 박정희 대통령의 회담에서 한국 측은 전관수역을 12해리로 하는 것에 명확한 동의를 표명하지 않은 채 오히려 일중 민간 어업협정이 60해리 수역을 인정하고 있다고 곡해해 일본 측의 12해리 주장을 비판했다. 한국 측은 또 원양어업을 위한 차관을 어업협력에 포함시킬 것을 희망하면서 어업협력 1억 달러를 타진해왔다. 다케시마 문제와 관련해 한국 측이 유보를 주장한 데 대해서는 오노 특사가 이 문제를 협상의 마지막 단계까지 남겨 국제사법재판소에 회부한 후 판결을 5~6년 뒤로 연장하면 유보와 같아진다고 말했는데, 한국 측도 우리의 주장을 이해했다. 한국 측은 또 1964년 1월 20일쯤 서울에서 정치회담을 개최하기를 희망했다.

오노 특사가 정일권(丁一權) 외무부장관, 김종필 의장과 회담했을 때 한국 측은 전관수역과 관련, 12해리를 전제로 말했다. 또 일본 측이 직선기선은 제주도를 포함시킬 수 없다고 주장한데 대해 한국 측도 이를 이해한다는 입장을 피력했다. 정일권 장관은 어업협력금액과 관련, 7,000만 달러로 타결 짓자고 말했다고 보고됐다.

12월 19일 우시로쿠 아시아국장과 황호을 아시아국장의 회담에서 한국 측은 김명년 사안은 교섭의 결과에 따라 달라질 수 있는 것이므로 수정안을 제시해줄 것을 일본 측에 요청했다. 와다 대표와 김명년 대표의 비공식 회의를 서울에서 열자는 일본 측 제안에 한국 측도 찬성했다. 그러나 와다 대표와 김명년 대표의 비공식 회의의 서울 개최는 그 후 한국 측이 반대 의향을 표명해 기존대로 도쿄에서 계속 열리게 되었다.

이에 앞서 『아사히신문』 12월 12일 자 「기자석」 칼럼은 "대통령 취임식에 참석하기 위해 오노 자민당 부총재가 1년 16일 만에 한국을 방문한다. 박 대통령 권한대행과는 서로 '부모와 자식'이라고 자인할 정도로 친한 사이라면서, '아들의 화려한 무대를 볼 수 있는 것은 무엇보다 기쁘다'며 벌써부터 대단한 의욕으로 충만해 있었다……"고 적었다. 이에 대해 한국의 『동아일보』는 12월 17일 자 1면 대통령 취임 행사를 보도한 기사 바로 밑에 「횡설수설」 칼럼을 배치해 "박 대통령 권한대행과는 부모와 자식 사이라고 자인하는 관계"라는 『아사히신문』의 기사를 인용, "한 나라의 원수에 대한 외교적 의례로서 허용할 수 없고 한국민에 대한 모욕"이라고 평했다. 한국의 여러 신문에는 이것과 함께, 오노 특파대사가 "한국에는 원양어업은 불필요하다"고 발언했다고 보도됐다("한국의 대일 요구 어업협력 중에 원양어업 어선 건조비가 포함되어 있는 것은 말이 안 된다"고 말했던 것이 와전됐다고 한다). 한국 언론은 이 같은 오노 특사의 언급을 거론하며 일제히 오노 특사와 한국 정부를 공격했다. 국민의 당은 오노 추방론까지 제기했다. 19일 오노 특사는 한국을 떠나기 전에 가진 기자회견에서 "부모와 자식이라는 말은 최대의 애정 표현이다"라고 말했다. 이에 대해『동아일보』는 12월 20일 자 같은 칼럼에서 다시 비난 기사를 게재했다. 또한 야당은 연말부터 열린 한국 국회에서 정부의 대일 저자세를 비난하면서 오노 특사의 말을 공격 재료로 이용했다.

X

재개된 제6차 회담

1. 일한 어업 장관 회담 개최와 제6차 회담의 재개

(1) 최규하 대사, 김현철 특사의 일본 방문

1964년 1월 10일 박정희 대통령은 연두교서에서 "한일회담의 조속한 타결을 위한 초당파 외교를 추진한다. 어업 문제는 한국 연안의 어업자원 보호 및 한국 어민의 권익 보호와 어업기술 근대화의 방향으로 노력하겠다"고 말했다.

1월 29일 미일 무역경제 합동위원회를 마치고 한국을 방문한 러스크 미 국무장관은 박 대통령과 회담한 후 발표한 공동성명에서 "일한회담의 신속한 타결은 일한 양국뿐 아니라 모든 자유세계의 이익에 공헌한다는 데 합의했다"면서 "한국에 대한 미국 군사경제 원조의 근본 정책은 일한 국교정상화에 의해 영향을 받지 않는다"고 말했다.

1월 25일 최규하 대사가 일본을 방문, 2월 1일 우시로쿠 도라오(後宮虎郎) 아시아국장과 회담했다. 이 자리에서 최 대사는 어업 문제의 전망이 보이는 대로 예비교섭을 정식 회담으로 전환해 각 위원회를 개최하고 싶다"는 취지로 말했지만, 우시로쿠 국장은 "어업교섭의 전망이 서지 않기 때문에 정식 회담 개최에 대해 협의할 수 없다"고 거부했다. 또 2월 19일 최규하 대사는 우시로쿠 아시아국장에게 "한국 국내에서는 한국 측이 기본관계 등의 중요한 사항을 보류하고 오로지 어업에서만 양보하고 있다는 비난이 있으므로 국내 홍보를 위해서라도 우선 정식 회담을 갖고, 어업 문제 이외의 문제도 병행적으로 심의하고 싶다"고 주장했다. 이에 대해 우시로쿠 국장은 "이번에는 일본 측이 중점을 두는 어업 문제를 먼저 해결한 후에 다른 현안에 들어가야 한다는 것이 일본 내 분위기이다. 어업 문제의 대강조차 정리되지 않은 채 회담을 전반적으로 공식 재개할 수는 없다"고 반박했다.

2월 13일 김현철 특사가 일본을 방문했다. 김 특사는 그날 오히라 외상과의 회담에서 오히라 외상과 정일권 외무장관의 회담을 열어 대강에 대해 합의를 도모하고, 어업 문제와 관련해서는 2월 하순 장관급 회담에서 12해리 전관수역의 수용 선언, 직선 기선의 설정 방법, 어업협력 세 가지 문제를 결정하고, 이어 3월 1일부터 본회담을 열어 조문 기안 작업을 진행, 4월 중순이나 하순에 서명에 들어가고 싶다고 말했다.

더욱이 2월 14일 김현철 특사는 이케다 총리와의 회담에서도 장관급 정치회담에 의한 타개를 희망했다. 그 후 일단 귀국한 최규하 대사는 2월 28일 다시 일본을 방문해 2월 29일 오히라 외상을 방문, 농림수산장관에 의한 어업 고위 회담 및 기타 현안에 대한 최고 수준의 고위 회담을 열고, 동시에 예비회담을 정식 회담으로 전환하는 방안을 언급했다. 최 대사는 이어 그것이 무리라면 3월

10일쯤 어업 고위급 회담을 시작하고 며칠 뒤에 예비회담을 정식 회담으로 전환시킨 다음 다른 여러 현안에 대한 토의에 들어가는 방안을 제시했다. 이에 따라 3월 2일 시마 외무차관과 최규하 대사의 회담을 거쳐 3월 4일 오히라 외상과 최규하 대사의 회담에서 어업에 관한 각료 회담을 3월 10일부터, 정식 회담을 3월 12일부터 개최한다는 데 합의를 보았다. 이에 앞서 2월 23일 한국 정부는 여당인 민주공화당과의 연락회의에서 "한일조약을 5월에 체결하고 6월 말까지 비준한다"는 것을 결정했다고 보도됐다.

(2) 제1차 일한 어업 장관 회담

이리하여 1964년 3월 10일 일한 어업 장관 회담이 도쿄 지요다 구(千代田区) 산반초(三番町) 농림성 분실에서 일본 측 아카기 무네노리(赤城宗德) 농림상, 한국 측 원용석(元容奭) 농림부장관 간에 개최됐다. 회담 의제는 ① 전관수역 및 이를 계측하는 기선에 대해, ② 규제 해역 및 규제조치에 대해, ③ 어업협력에 대해, ④ 공동위원회에 대해(단속 및 재판 관할권 문제 등), ⑤ 협정 실시에 관한 분쟁 처리에 대해 이렇게 다섯 가지로 결정됐다. 제3차(21일) 이후에는 원칙적으로 두 장관만 하는 회담이 4월 12일까지 열두 차례 열렸다(기록요원으로 한국 측 이규성 참사관, 일본 측 와다 어정부장이 참석). 그동안 의제에 따라 일본 측에서 사타케 히로시(佐竹浩) 이재국 차장, 무라이 시치로(村井七郎) 재무조사관(환율국 담당), 한국 측에서 김명년 대표 등이 회담에 참석한 적도 있었다. 또 이 회담을 지원하기 위해 와다 대표와 김명년 대표 간의 회담이 열 차례, 어업협력 전문가 회의가 두 차례 각각 열렸다. 북동아시아과가 4월 7일 자로 정리한 「일한 어업 장관 회담의 내용에 대해」는 다음과 같이 기록하고 있다.

의사(議事) 내용에 대해서는 일한 쌍방이 각각 회의록을 작성하고, 이를 확정하기 전에 상호 교환해 검토한 후 각각 상대측 의사록의 내용에 대해 이견이 없음을 승인했다. 농림장관 회담의 주요 내용은 다음과 같다.

1. 전관수역의 폭과 관련, 한국 측은 명시적으로 12해리라고 약속하지 않았지만 국제 통념은 존중하겠다고 말했다. 또 전관수역의 폭을 전제로 하는 사실 문제를 검토함에 있어서는 12해리를 전제로 논의했다.

2. 전관수역 기선의 내용과 관련해서는 아래의 네 가지 사항을 제외하고 합의했다.

(가) 제주도 부근과 관련, 일본 측은 이 섬을 분리한 직선기선을, 한국 측은 이것을 포함한 직선기선을 각각 주장하여 대립했지만, 다른 한편으로 이 갈등을 해결하기 위해 '아카기 시안'을 기초로 한 검토도 이뤄졌다. 이 시안은 제주도와 본토 사이의 수역에 대해 직선기선을 설정하지 말고, 저조선에

의해 설정된 12해리 수역의 외측에 동서쪽으로 생긴 오목한 부분에서 동경 127도의 경선 서쪽 및 동경 12도의 경선 동쪽 구역에 대해서는 당분간 일본어선이 출어하지 않기로 약속한 것이다. 이에 대해 한국 측은 비록 이 안에 의한 경우일지라도 동쪽의 선은 동경 127도 13분의 선으로 해야 한다고 주장했다. 일본 측은 동경 127도 7분이면 고려할 수 있다고 주장했는데, 일한 간에 그 차이가 6분으로 축소되었다.

(나) 대흑산(大黑山), 소흑산(小黑山) 군도와 관련, 일본 측은 이들을 분리한 직선기선을, 한국 측은 이들을 포함한 직선기선을 주장하며 대립했다. 그러나 별도로, 가령 분리하기로 결정한 경우를 가정한다는 전제하에서 기선에 관해 협의를 한 결과, 이 선에 대해서는 의견 일치를 봤다.

(다) 동남해안〔간여암(干汝岩)에서 홍도(鴻島) 사이〕의 일부 기선과 관련해서는 타결 방향에 대한 의견이 교착상태에 빠졌는데, 제주도 기선 문제를 해결하는 방법과 관련이 있기 때문에 최종 결론이 나오지 않았다.

(라) 서해안에서 한국 측은 북조선 연안까지 직선기선을 주장하고 있는 반면, 일본 측은 북조선 연안은 일한 어업협상의 대상이 아니라고 주장하고 있다.

3. A 및 D 구역에서의 공동 규제조치의 규제 척수에 대해서는 일한 양국이 구체적인 숫자를 제시했다. 우선 1단계로서 A 구역의 척수만 협의되었지만, 아직 양측 주장의 간극이 크다.

또 한국 측은 당초 일본어선만을 대상으로 한 규제안을 제시했는데, 일본 측은 공동 규제조치이므로 일한 양국을 규제하는 명분을 취해야 한다고 반박했다. 이에 대해 한국 측도 양국의 출어 척수에 대해 협의하기로 합의했다.

4. B 구역의 성격에 대해 일한 간에 생각의 차이가 있다. 즉, 4대 어업 종류를 제외하고는 일본 측만의 자율 규제인 것에 대해서는 일한 양국의 의견이 일치하고 있지만, 4대 어업 종류에 대해서는 일본 측에만 적용되는 협정상의 규제를 주장하는 한국 측과, 공동 규제로 일한 양국이 규제되거나 혹은 일본 측만이 자율적으로 규제되거나 둘 중에 하나로 하자는 일본 측의 주장이 대립하고 있다.

또 자율 규제라는 것과 관련해서도 일본 측은 그 규제 내용을 공동위원회에 통보하고 필요한 경우에는 공동위원회가 참고 의견을 제시하는 데 그쳐야 한다고 주장했다. 이에 대해 한국 측은 내용을 사전에 공동위원회에 통보하고 이에 대한 상대측의 참고 의견을 존중해 공동위원회에서 조정 또는 확인할 수 있게 해야 한다고 주장하고 있다.

5. 어업협력 문제에 대해 일본 측은 그 공여방식이 청구권 문제 해결을 위한 경제협력의 제3항목인 "민간 기업에 의한 상업상의 신용공여"라고 주장한 반면, 한국 측은 1억 1,400만 달러의 차관을 요구하면서 그 방식은 정부 기반인 것도 민간 기반인 것도 좋지만 실시가 확실하고 저금리여야 한다고 주장하고 있다.

이에 대해 일본 측은 민간 신용공여라는 전제는 절대로 무너지지 않는다고 강조하고, 이 틀 안이라면 그 실시를 촉진하기 위해 다양한 협의에 응할 용의가 있다고 응수하고 있다. 금액에 대해서는 일본 측이 상기 제3항목인 민간 신용공여의 일부이며, 또 어업 문제가 일괄 해결되는 것을 조건으로 7,000만 달러를 제시하고 있다. 이에 대해 한국 측은 어업협력의 금액은 별도의 틀이어야 한다고 주장하고 있다. 이에 따라 어업협력의 방식과 금액에 대해서는 결론이 나와 있지 않다.

6. 이외에 공동위원회, 단속 및 재판 관할권, 협정 실시에 관한 분쟁 처리에 대해서도 논의했지만, 어업협정의 실질적 내용이 확정되지 않는 한 이러한 문제를 매듭짓는 의미가 없고, 따라서 양측의 입장을 확인하는 데 그쳤다.

또 일본 측은 나포 어선의 손해배상에 대해서도 청구권을 주장했다.

당시 기선에 관한 토의와 관련, 와다 마사아키(和田正明) 수산청 차장은 정보문화국의 『최근의 국제 정보와 외교 안건: 제3회 도도부현(都道府県)에 대한 설명회 기록 (1) – 타결된 일한회담』(특집 1965년 5월 출간)의 「어업 문제」에서 다음과 같이 말했다.

그래서 여러 가지 논의를 한 결과, ① 부산 부근의 1.5미터 쌀바위에서 북쪽 해안은 모두 저조선으로 측정한다, ② 1.5미터 쌀바위에서 거문도까지는 직선기선을 긋는다, ③ 서해안은 인천 부근까지 직선기선을 설정한다는 데 접점이 모아졌다. 그러나 한국 측은 제주도 및 흑산군도를 직선기선으로 연결하고 싶다고 말했고, 일본 측은 이들 섬은 그런 직선기선을 그을 수 있는 가까운 거리의 섬이 아니므로 저조선에 따라야 한다고 주장, 대립했다. 한마디로 말하면, 당시 한국 측 생각으로는 가장 먼 곳을 모두 직선기선으로 연결시켜 최대한 넓은 전관수역을 잡으려고 했고, 일본 측은 가능한 한 저조선에 따르려 했기 때문에 양측 주장이 대립된 것이다.

그것을 어떻게든 타협하기 위해 제출한 것이 이른바 '아카기 시안'이다. 제주도와 한반도 본토 간을 저조선으로 설정해가면 삼각형의 공해(公海) 부분이 형성된다. 이 수역은 특히 전갱이, 고등어 등의 좋은 어장이기 때문에 그것을 둘로 나누어 일부를 일본어선이 출어할 수 있는 수역으로 남겨두고, 나머지 부분을 당분간 잠정적으로 한국의 어업수역과 같은 방법으로 이용하면 좋지 않을까라는 제안이었다.

이날 일한 어업 장관 회담의 의의에 대해 우시로쿠 아시아국장은 「일한교섭에 관한 약간의 회상」에서 다음과 같이 말했다.

어업 문제에서 농림장관 회담 방식을 취하는 작전에 나선 것은 확실히 성공했다. 원래 일본에서는 소련과의 어업교섭이든, 미국·캐나다와의 어업교섭이든, 혹은 포경협상이든, 어업 문제에 대해 농림성 관계자가 공식적으로 교섭을 담당하는 관례가 있었다. 그리고 사실, 기술적 성격이 강하고 업계의 이해관계가 복잡하게 얽힌 어업 문제에서는 농림성으로 하여금 직접 정리의 책임을 지게 하는 것이 효율적으로 교섭이 진행되게 하는 이점이 있었다.

아카기 농림상과 원 농림부장관의 회담은 도중에 한국 국내에서 발발한 치열한 학생시위로 인해 중단되었지만, 어쨌든 한국 측이 기존의 이승만 라인의 주장을 철회하고 12해리 전관수역을 원칙적으로 수용한다는 의사를 표명했다는 점에서 역사적인 회담이었다. 또 제주도 주변의 직선기선 설정 방법에 대해서도 대폭적인 접근이 이뤄져 차이점을 매우 작은 정도까지 줄일 수 있었다. 다만, 한국 국내 정세상, 이승만 라인 대신에 12해리 전관수역을 인정했다는 것을 공개적으로 발표할 수는 없었기 때문에 양측에서 각각 회담 의사록을 조정했다. 한국 측 의사록에서는 12해리를 언급하지 않고 일본 측 의사록에만 12해리를 규정하기로 하고, 또 쌍방이 서로 상대방의 회의록을 확인하면서도 그 내용에 대해 문제 제기를 하지 않겠다고 양해했다. 이는 이 회담에서 한국 측이 어쨌든 12해리를 암묵적으로 승인했음을 나타내는 것이다. 이는 지난해 여름 김용식 외무부장관이 일본을 방문해 이틀간의 회담 후에 발표된 코뮤니케에서 12해리에 대해서는 언급하지 않은 채 우리 측이 제안한 "국제관례에 따른 어업수역"이라는 문구마저도 채용하는 것을 위험시하여, 결국 "합리적인 어업수역을 설정한다"는 애매모호한 표현으로 낙착되었던 것을 감안하면, 아카기 농림상과 원 농림부장관의 회담의 업적은 매우 높게 평가되어야 할 것이다.

(3) 재개된 제6차 일한 전면 회담

기존의 예비교섭은 1964년 2월 6일 제65차 회의를 마지막으로 막을 내렸고, 2년 만인 3월 12일에 제6차 회담 본회의가 열렸다. 그 자리에서 스기 수석대표는 "현재 진행 중인 어업 장관 회담의 과정을 큰 관심을 갖고 주목하고 있다", "이 각료 회담이 소기의 성과를 충분히 거둔다면, 이는 일본 측이 가장 관심을 가지고 있는 어업 문제의 타결을 의미하는 것이다. 그 후에는 해결되지 않은 채 남아 있는 다른 문제의 논의도 매우 진척되고, 나아가 조문 작성 작업도 순차적으로 시작할 수 있을 것으로 알고 있다"고 말했다.

재개된 제6차 회담 당시의 일한 전면 회담 대표 명단은 다음과 같다.

〈일본 측〉
　　수석대표 스기 미치스케(杉道助)
　　부대표 외무성 조약국장 나카가와 도루(中川融)
　　대표 법무성 민사국장 히라가 겐타(平賀健太)
　　대표 법무성 입국관리국장 오가와 세이시로(小川淸四郎)
　　대표 외무성 아시아국장 우시로쿠 도라오(後宮虎郎)
　　대표 외무성 아시아국 배상부장 우라베 도시오(卜部敏男)

대표 외무성 아시아국 참사관 히로세 다쓰오(広瀬達夫)

대표 외무성정보문화국 참사관 하리야 마사유키(針谷正之)

대표 대장성 이재국장 요시오카 에이치(吉岡英一)

대표 농림성 수산청 어정부장 와다 마사아키(和田正明)

〈한국 측〉

수석대표 배의환(裵義煥)

대표 변호사 최세황(崔世璜)

대표 전 재무부차관 김정렴(金正濂)

대표 외무부 아주국장 황호을(黃鎬乙)

대표 주일 대표부 참사관 이규성(李圭星)

대표 법무부 법무국장 이동호(李東鎬)

대표 한국은행 이사 이상덕(李相德)

대표 농림부 기감(技監) 김명년(金命年)

대표 문화재보존위원회 위원 이홍직(李弘稙)

대표 문화재보존위원회 위원 황수영(黃壽永)

대표 변호사 문인구(文仁龜)

일한회담 재개 일주일 후인 3월 19일 오히라 외상은 민의원·참의원 양원 본회의에서 '일한회담에 관한 보고'를 통해 예비교섭을 본회의로 전환해 현안 토의를 진행하고 있음을 밝혔다. 한국 측에서도 최두선(崔斗善) 국무총리가 3월 24일 국회에서 '일한회담에 관한 정부 보고'를 했다. 오히라 외상은 보고에서 문제별로 토의의 진전 상황을 설명하고 일한교섭 반대론에 대한 정부의 견해를 언급했다. 최두선 총리는 보고에서 1951년 예비회담 이후 제6차 회담 재개에 이르기까지의 경위를 언급한 후 문제별로 한국 측의 주장을 밝혔다.

3월 20일 김종필(金鍾泌) 민주공화당 의장은 대통령 특사 자격으로 대만, 베트남을 방문한 후 돌아오는 길에 일본을 방문, 23일에 오히라 외상, 아카기 농림상, 24일에 이케다 총리와 각각 만나 회담 촉진을 도모했다. 23일 오히라 외상과의 회담에서 김종필 의장은 "한국 측으로서는 3월 말까지 어업 문제의 대강에 대해 합의하고, 4월 초에 정일권 외무부장관이 제네바에서 유엔무역개발회의에 참석한 후 돌아오는 길에 일본에서 일한 외무장관 회담을 열어 타결 전망을 확인하고 싶다. 그동안 문안의 정리 등을 실시하여 4월 20일쯤 조인하자"는 일정을 말했다.

그러나 재개된 제6차 회담의 개시를 전후로 하여 한국에서 야당과 학생들의 반대운동이 치열해지면서 어업 장관 회담이 중단되었고, 본회담도 계속할 수 없게 되었다. 본회담은 한 차례만 열렸고, 기타 어업 관련 회담은 상기한 바와 같았다. 그 외에 기본관계 두 차례(4월 23일, 5월 8일), 재일한국인의 법적지위 세 차례(4월 22일, 5월 6일, 5월 14일), 문화재 한 차례(3월 21일)가 각각 열렸을 뿐이었다.

기본관계위원회[일본 측 히로세 아시아국 참사관, 한국 측 이민용(李玟容) 주일 대표부 일등서기관]의 경우, 기본관계 협정과 관련해 한국 측은 조약의 형식을, 일본 측은 공동선언 형식을 각각 주장한 후 다음 위원회에서 쌍방이 요강을 서로 제시하자는 약속을 한 단계에서 끝났다.

재일한국인의 법적지위위원회(일본 측 오가와 법무성 입국관리국장, 한국 측 이동호 법무부 법무국장)에서는 4월 22일 한국 측이 앞서 일본 측이 제시한 협정안의 대안으로서 다음과 같은 협정(안) 및 합의의사록(안)을 제시, 이에 대한 논의가 전개됐다.

이 한국 측 안에 대해 5월 7일 비공식 수석대표 회담에서 나카가와 조약국장은 "첫째, 영주권 부여 범위와 관련해 한국 측 안은 사실상 자자손손 이를 인정하는 것과 같다. 둘째, 강제퇴거 사유에서 종래 합의를 본 지점보다 크게 후퇴했다. 셋째, 전후 입국자 문제를 법적지위 협정의 일환으로 결정하자는 제안은 수락할 수 없다"고 지적했다.

일본에 거주하는 대한민국 국민의 법적지위 및 처우에 관한 협정(안)

1964년 4월 22일

(전문은 추후 제시)

제1조

본 협정에서 "일본국에 거주하는 대한민국 국민"이라 함은 대한민국 국적법이 규정하는 요건에 해당하는 자를 말한다.

제2조

다음 규정하는 대한민국 국민은 본 협정이 규정하는 바에 따라 일본에 영주할 수 있다.

1. 태평양전쟁의 전투가 종결된 날 이전부터 일본에 계속해서 거주하는 자.

2. 본 협정 제1항에 규정된 자의 직계비속으로 태평양전쟁의 전투가 종결된 다음 날부터 본 협정에 의한 영주권 신청기간이 종료된 날까지 태어나 일본에 계속해서 거주하는 자.

제3조

1. 제2조의 규정에 해당하는 자로서 일본에 영주하고자 하는 자는 본 협정의 효력 발생일로부터 5년 이내에 양국 정부가 합의하는 절차에 따라 일본국 정부에 영주 신청서를 제출해야 한다.

2. 본 조의 규정에 따라 일본국 정부에 영주 신청서를 제출함에 있어 어떠한 수수료도 부과되지 않는다.

3. 제2조 제2항에 규정된 자로서 본 협정의 효력 발생일로부터 4년 10개월이 경과한 날 이후에 태어난 자에 대해서는 본 조 제1항의 규정과 무관하게 영주 신청서 제출기간을 출생일로부터 6개월 이

내로 한다.

제4조

1. 본 협정에 따라 일본국에 영주하는 자는 본 협정의 효력 발생일 이후의 행위에 의해 다음 각 호에 규정하는 사유에 해당하는 자가 된 경우를 제외하고는, 어떠한 경우에도 일본국으로부터 강제퇴거를 당하지 않는다.

(1) 내란죄 또는 외환죄를 범하여, 2년 이상의 금고형 또는 징역형을 받은 자. 다만, 집행유예의 선고를 받은 자 및 내란에 부화(附和)수행함으로써 형을 받은 자는 제외한다.

(2) 영리를 목적으로 마약류 단속에 관한 일본국 법령을 위반하여 3년 이상의 금고형 또는 징역형을 받은 자, 또는 마약류 단속에 관한 일본국 법령을 위반하여 2회 이상 형에 처해진 자로서 다시 3년 이상의 금고형 또는 징역형을 받은 자. 다만, 집행유예 선고를 받은 자는 제외한다.

(3) 흉악한 범죄에 의해 10년 이상의 금고형 또는 징역형을 받은 자.

(4) 국교에 관한 죄를 범하여, 2년 이상의 금고형 또는 징역형을 받은 자. 다만, 집행유예 선고를 받은 자는 제외한다.

2. 미성년자일 때의 행동에 의해 본 조 제1항의 각 호에 규정된 사유에 해당하는 자가 된 경우에는 일본으로부터 강제퇴거를 당하지 않는다.

제5조

1. 본 협정 제2조에 의해 일본에 영주하는 자의 직계비속은 성년이 될 때까지 계속해서 일본에 거주할 수 있다.

2. 본 조 제1항의 자가 성년이 된 후 1년 이내에 일본의 영주 허가를 신청하는 경우에는 제4조 제1항에 규정된 사유가 없는 한 그 자의 영주는 허가된다.

3. 본 조 제2항의 규정에 의해 영주가 허가된 자의 강제퇴거에 관해서는 제4조의 규정에 준한다.

(처우에 관한 조항은 추후 제시)

합의의사록(안)

1. (계속 거주의 정의) 협정 제2조의 "일본에 계속해서 거주하고 있는 자"는 '일본에 생활의 근거를 가지고 있는 사람'을 의미한다.

2. (영주권 신청자의 국적증명서) 협정 제3조에 따라 영주 신청서를 제출한 자 중에서 그 국적이 분명하지 않은 자에 한해 대한민국 정부는 그 자의 국적이 입증되도록 협력한다.

3. (강제퇴거의 인도적 처리) 일본국 정부는 협정 제4조 제1항에 규정된 사유에 해당하는 자라는 이유로 퇴거를 강제하려는 경우에는 그 자의 가족 구성을 감안해 인도적으로 고려한다.

4. (협정상 영주권자 자손의 일본 국적 취득) 협정 제5조 제1항의 자가 성년이 된 후 일본 국적 취득을 희망하고 신청하는 경우 일본국 정부는 이를 허가하기로 한다.

5. (전후 입국자의 처우)

(1) 태평양전쟁의 전투가 종결된 다음 날 이후에 일본에 입국해 일본국 정부로부터 체류 허가를 받은 자 중에 일본국에 상당 기간 거주한 자에 대해서는 일본 국내법에 의한 영주를 허가하는 것으로 한다.

(2) (1)항에 규정된 자 중에서 일본국에서의 거주기간이 상당 기간에 도달하지 않는 자에 대해서는 미래에도 체류할 수 있는 자격을 계속해서 인정하기로 한다.

(3) 태평양전쟁의 전투가 종결된 다음 날 이후에 일본국에 입국해 일본국 정부로부터 체류 허가는 받지 않았지만 이 협정 발효일까지 2년 이상 거주한 자에 대해서는 그 거주 실적을 참작하여 체류를 허가하도록 한다.

6. (이산가족의 재회) 일본국 정부는 본 협정 제2조에 규정된 영주권자의 직계존비속 또는 배우자로서 일본 국외에 거주하는 자에 대해서는 일본국에서의 거주를 허용하는 것으로 한다.

(처우 조항의 합의의사록은 추후 제시)

한편, 문화재 소위원회(일본 측 하리야 정보문화국 참사관, 한국 측 이홍직 문화재보존위원회 위원)에서 일본 측은 문화재에 대한 정책을 설명한 반면, 한국 측은 한국의 반환 요구 목록에 대한 일본 측 목록 제출과 그에 대한 실질적인 논의를 요구했다. 그러나 일본 측은 어업 회담이 진전되지 않으면 문화재에 대해서도 논의를 진척시킬 수 없다고 말했다.

2. 회담의 정돈(停頓)

(1) 한국의 정정(政情)

일한 어업 장관 회담이 열리기 전날인 1964년 3월 9일 한국에서는 윤보선(尹潽善), 박순천(朴順天), 김도연(金度演), 장택상(張澤相) 등 야당 영수를 비롯한 정당, 사회단체, 종교단체 대표 등 약 300명이 회합, '대일 굴욕외교 반대 범국민투쟁위원회'를 결성했다. 이 위원회는 일한회담의 즉각적인 중단과 일본에 반성을 요구하는 '구국선언문'을 발표하고, 일한회담 해결을 위한 야당 측 안의 수용을 요구하는 대정부 경고문을 채택했다. 이들은 3월 15일부터 지방 유세를 시작, 특히 부산, 마산, 충무, 광주, 목포, 여수 등 어업 문제에 관심이 많은 지역에서는 많은 청중이 모였다. 이들은 또 21일에는 서울에서 강연회를 열었는데 회의 종료 후에는 청중들의 시위가 전개됐다. 민주공화당도 이에 대항해 21일 부산에서 일한회담 추진을 위한 강연회를 열었다.

한편, 학생들의 동향도 심상찮았다. 3월 24일 서울대학교 문리대 학생 700여 명은 결의하여 이케다 총리와 이완용(李完用, 한국병합 당시의 한국 수상)의 인형을 불로 태운 후 "일한회담을 즉시 중단하라. 평화선을 침범한 일본어선을 격침하라. 한국에 와 있는 일본 독점 자본가의 앞잡이를 추방하라. 미국은 일한회담에 관여하지 마라" 같은 플래카드를 들고 행진했다. 여기에 다른 대학 학생들과 고등학생들도 가세, 약 5,000명이 넘는 학생들이 국회의사당 앞과 중앙청사 앞에서 농성에 들어갔다. 학생시위는 지방으로도 확산, 26일에는 전국 15개 도시의 대학교와 고등학교 남녀 학생 등 약 7만 명이 참가했다고 보도되었다. 4년 전 학생혁명 이후 다시 대규모 시위가 된 것이다. 특히 서울에서는 일본 영화 포스터를 불태우고 서울의 반도호텔 앞에서 일본인 상사원의 퇴거를 외치는 움직임이 나타났다.

그날 박정희 대통령은 특별담화를 발표, "나와 정부는 학생 못지않게, 단지 국가와 민족을 위해 추호의 사심도 없이 회담에 임하고 있다는 것을 나와 정권의 생명을 걸고 역사 앞에 맹세한다. 회담에 만약 흑막이 있으면 관련자는 역적으로 처단할 것을 약속한다. 대학생들의 우국충정과 주장을 명심하고, 우리의 주장을 관철하기 위해 노력하도록 대표단에 훈령했다"고 언급하고, 학생들의 요구사항을 수용해 일본을 방문 중인 김종필 민주공화당 의장을 본국으로 소환했다.

한국의 제40회 임시국회(1964년 1월 23일부터 2월 21일까지)에서 야당은 김 부장과 오히라 외상 간 메모의 백지화, 평화선 고수, 국교정상화에 의한 한국의 일본 시장화 등에 대해 질문 공세를 전개했는데, 제41회 임시국회(3월 23일부터 4월 21일까지)에서는 대일 굴욕외교 반대 범국민투쟁위원회의 활동과 학생시위가 격화함에 따라 25일 야당 의원은 원내에도 투쟁위원회를 결성, "만약 굴욕적인 자세로 일한회담이 타결될 경우 의원직을 사퇴하겠다"는 서명운동을 펼쳤다. 더욱이 야당 의원들의 요구가 강했기 때문에 그 요구를 수정한 형식으로 3월 27일 본회의 외무위원회에서는 「한일회담에 관한 건의안」이, 31일 본회의 내무위원회에서는 「해양 경비 강화를 위한 건의안」이 각각 통과됐다. 전자의 결의안 내용은 다음과 같다.

(전략) …… 따라서 정부는 우리 국민의 의사를 충분히 반영하는 거국적 입장에서 신중하게 회담에 임해야 하며, 이를 위해 국민의 의사를 대표하는 국회는 한일회담의 중요한 문제에 대한 기본 원칙을 수립하고 이를 정부에 건의한다.

이는 대일 문제의 명실상부한 초당적 외교의 결실을 보는 것을 목적으로 하며, 한일관계 정상화를 위한 회담에 대해 다음과 같이 정부에 건의한다.

한일회담에 대한 원칙

제1, 기본관계

(가) 선린호혜평등의 원칙에 입각해 한일 양국 간의 비정상적인 과거 관계를 청산하고 우호관계를 수립하며 양국의 공동 번영과 자유진영과의 유대 강화를 실현하도록 한다.

(나) 일본이 대한민국과 강압적으로 체결한 조약은 일한 양국 간 불행한 역사의 흔적이므로, 문화 국민으로서 민주주의 원칙을 신봉하는 오늘날, 일본의 침략성을 노정한 이 모든 조약은 무효임을 확인하도록 한다.

제2, 청구권 관계 및 교역 관계

(가) 일본 통치 36년간 받은 우리 민족의 피해와 고통은 금액으로는 도저히 표현할 수없는 막대한 것이지만, 불행한 과거의 침략행위에 대해 반성하고 자유 우방국으로서의 성의를 다하길 일본에 촉구하고, 최대의 청구권을 일시에 지불하도록 하거나, 그렇지 않으면 그 지불기간을 최대한 단축할 수 있도록 한다.

(나) 오늘날 일본 경제의 발전과 안정은 막대한 한국의 인명과 재산을 희생한 한국전쟁을 계기로 이뤄진 특수 경기의 결과이고, 또 반공의 보루로서 한국 국민의 노력에 의해 일본 국민은 직접적으로 위협으로부터 벗어나 있기 때문에 일본의 성의 있는 대한국 경제협력이 수반되어야 한다.

특히 호혜주의의 원칙하에서 한국에 대한 일본의 부당한 수입 제한조치 등 차별적인 무역 거래를 지양하도록 함과 동시에 한국의 관세 특혜조치에 따른 교역 증대에 의해 상호 번영을 기할 수 있도록 한다.

(다) 정부는 한일 간의 국교가 정상화한 후에 청구권 및 어업협력의 시행은 국가를 위해 건설적으로 사용될 수 있도록 계획 관리하는 초당적 기구를 설치하도록 한다.

제3, 평화선 및 어업 문제

(가) 평화선을 수호하고 연안국으로의 관할권 행사를 충분히 고려하여 우리 어민의 권익 및 어족을 보호하고, 어업의 지속적인 생산성을 최대한 확보할 수 있도록 한다.

(나) 무장한 일본 경비정이 자국 어선을 보호한다는 명목으로 우리 해안 근처까지 배회하고 있는 것은 상호 존중과 호혜 평등의 원칙하에 우호적으로 진행하는 회담 정신을 파괴 혹은 위협하는 것으로, 그러한 비우호적인 분위기가 계속되는 한 회담을 즉시 중단하도록 한다.

한편, 정부는 한일 국교정상화 여부와 무관하게 계속해서 평화선 경비를 철저히 강화하도록 한다.

제4, 재일교포의 법적지위 문제

재일한국인이 일본에 정착하게 된 특수한 역사적 배경을 고려하여 이에 대한 영주권 부여 및 경제적·사회적 지위가 보장되는 합리적인 대우가 확보되어야 한다.

제5, 한일 국교정상화는 한일관계에서 하나의 새로운 전환점이 된다. 정부는 우리 국민이 한일 국교 정상화 후에 전개되는 모든 사태에 대해 민족적 긍지를 갖고 임할 수 있도록 국민감정을 선도하고 정신을 무장하는 장기 대책을 수립한다.

후자의 결의는 다음과 같다.

해양 경비 강화를 위한 건의안(내무위원회)

외국 어선과 기타 무장 선박의 평화선 침범을 철저하게 봉쇄하기 위해 관계 국가에 대해 필요한 외교적 조치를 취함과 동시에, 해양경찰대의 장비를 서둘러 정비 강화하고, 그 밖의 필요한 비상대책을 수립하여, 실력으로써 외국 선박의 평화선 불법 침범을 봉쇄할 수 있는 강력한 조치를 신속하게 강구한다.

4월 1일 김동성(金東成) 공보부장관은 "정부는 한일조약 조기 체결 계획을 취소했다"는 내용을 발표했다.

정일권 외무부장관은 유럽에서 돌아오는 길에 4월 3일 방일, 4일 오히라 외상, 5일 이케다 총리와 각각 회담하고 교섭 타결을 위한 한국 정부의 열의를 전했다. 한국 측은 그러나 구체적으로 타결을 위해 적극적으로 나아갈 수 없었고, 일한 어업 장관 회담의 한국 측 대표인 원용석 농림부장관도 4월 9일 귀국했다.

한국의 학생시위는 한때 평온해진 것처럼 보였지만, 학생혁명기념일인 4월 19일 전후부터 며칠 동안 다시 서울 시내를 달구었다. 이에 대해 한국 정부는 방침을 변경해 시위에 대해 강경한 태도로 임함과 동시에, 학생들에게 일한회담에 대해 적극적으로 홍보하여 사태 수습을 도모했다.

5월 11일 최두선 내각을 대신해 정일권 내각이 성립되었다. 정 총리, 장기영(張基榮) 부총리도 일한 국교정상화를 적극적으로 추진한다는 방침을 밝혀, 정일권 내각은 일한회담 조기 타결 강행을 위한 '돌격 내각'이라고 불렸다.

5월 22일 학생시위는 재발했고, 학생들은 일한회담의 중단 외에 악덕 재벌, 부정부패의 원흉 처벌, 정치범 석방 등을 요구했다. 그 후 시위는 박정희 정권의 타도를 요구하는 움직임으로 변모해 갔다. 특히 6월 3일 열린 서울 시위는 참여 학생이 1만 명을 넘어선 데다, 시민도 일부 참여했다. 시위대는 서울 중심부를 메우고 경찰 측 바리케이드를 차례로 돌파해 중앙청사의 구내까지 진입했다. 경찰 파출소가 학생들에게 점거되고, 대통령 관저로 향하는 사람을 군대가 검거하는 상황이 벌어졌다. 그리하여 그날 밤 8시 비상계엄령이 서울시에 공포되어 2개 사단 병력이 출동, 요소를 경비했다. 계엄령이 공포된 지 이틀 후 김종필 씨는 민주공화당 의장직을 사임, 6월 18일 해외여행을 떠났다. 이에 따라 일한회담은 완전히 정돈(停頓) 상태가 됐다. 계엄령이 해제된 것은 7월 29일이며, 대학의 개교는 8월 17일이었다.

박 대통령은 6월 26일 국회에서 발표한 시국 수습을 위한 교서에서 "한일문제에 대해 초당적으로, 여야 일체로 추진하겠다"고 말했다. 이동원(李東元) 외무부장관(7월 25일 취임)은 민주당 정

사진 36   1964년 6월 서울에서 대학생과 시민들이 '굴욕적인' 한일회담에 반대하는 시위를 벌이자 군이 출동해 저지하고 있다. (출처: 한국일보)

권 이후 기능 정지 상태에 빠져 있던 외교자문위원회를 9월 9일에 부활시켜, 자문위원에 유진오(兪鎭午, 고려대학교 총장), 신태환(申泰煥, 서울대학교 총장), 김활란(金活蘭, 이화여자대학교 이사장), 김갑수(金甲洙, 전 대법관), 엄요섭(嚴堯燮, 국제사정연구소장), 홍종인(洪鍾仁, 한국신문연구소장), 김용완(金容完, 한국경제인협회장) 등 저명인사를 위원으로 위촉했다. 외교자문위원회는 9월 24일 첫 모임을 가졌다. 또 3년간 일한회담 수석대표를 역임한 주일 대표부 배의환 대사를 아르헨티나 대사로 전출시키고, 후임에 김동조(金東祚) 무역진흥공사 사장(전 외무차관)을 임명했다.

이효상(李孝祥) 국회의장은 10월 말 야당의 협력을 구하기 위해 국회에 일한문제 타개와 남북통일 문제, 경제, 외교 등을 포괄하는 협의체를 각계 인사를 망라해 만들 것을 제안했다. 또 11월 중순 이동원 외무부장관, 김동조 주일대사는 윤보선 민정당 대표최고위원, 박순천 민주당 총재, 김도연 자민당 대표최고위원을 찾아가 초당적 협력을 요청했다. 그러나 야당 측은 현 정부와 공동 책임을 지는 것을 거부했고, 협력에 응하지 않았다(9월 17일 민주당과 국민의 당이 합당해 민주당이 되었고, 11월 25일에는 민정당과 자유민주당이 합당해 민정당을 결성했다).

(2) 수석대표 비공식 회의

제6차 회담은 또다시 중단 상태가 됐지만, 그동안 수석대표 비공식 회의는 계속되었다(1964년 3월 26일부터 11월 5일까지, 21회). 6월 24일 제9차 수석대표 비공식 회의에서 배 대사는 "현재 시점에서 일본 측에서도 자민당의 총재 선거가 있고, 한국 국내도 행정이나 치안 면에서 안정을 찾고 있지만 계엄령을 해제할 경우에 어떤 움직임이 있는지 확인해야 하므로 지금 즉시 어업 장관 회담 등을 개최하기는 어렵다. 따라서 적당한 시기까지 스기 대표와 배 대표의 회담을 계속해가면서 무역 같은 경제 문제를 논의하고 싶다"고 말했다. 이에 따라 수석대표 비공식 회의는 그 취지하에 계속되어 마치 제6차 회담 재개 전의 예비교섭과 같은 역할을 했다. 이 회담에서는 처음에는 어업 장관 회담과 재일한국인의 법적지위 문제 등에 대한 논의가 진행됐지만, 그 후 한국 정정(政情)에 대한 설명, 나포 어선 문제를 비롯해, 한국에 PVC 플랜트 등을 건설하기 위한 연불(延拂), 냉동 운반 선박의 한국 수출 허가, 김 수입액 증가 희망, 보세 가공, 비료 매입 같은 무역·경제 문제, 한국 국비 유학생의 수용 요구 등이 교섭에서 화제가 되었다.

(3) 미국 정부의 회담 추진

그동안 미국 정부는 적극적으로 일한회담을 타결시키려는 열의를 보이고 있었다. 신임 브라운 (Winthrop G. Brown) 주한 미국대사는 1964년 8월 17일 이동원 외무부장관과 회담한 후 공동성명에서 "미국은 일한 양국 간의 현안이 조기에 타결되도록 가능한 한 지원한다", "일한 국교정상화 후 미국은 한국에 대한 경제·군사 원조를 계속 강화하겠다"고 언급했다. 10월 1일 방한한 번디 (William P. Bundy) 미 국무부 극동문제 담당 차관보는 10월 3일 이동원 외무부장관과 회담한 후 공동성명에서 "일한 양국의 국교정상화가 아시아의 평화에 중요한 공헌을 한다는 점에 합의하고, 또 이 문제에 관한 한국의 여론이 초당적 입장에 입각한 국가 이익을 인식하게 되기를 희망한다", "국교정상화 교섭이 조속한 시일 내에 재개할 수 있기를 희망한다", "번디 씨는 일한문제의 성공적인 타결을 위해 미국이 적절한 방법으로 지원할 용의가 있다고 이미 표명한 것을 재확인했다"고 말했다. 일본 측에 대해서는, 도허티(Edward W. Doherty) 주한 미국공사와 에머슨 주일 미국공사는 5월 27일 우시로쿠 아시아국장을 방문, 회담이 진전될 수 있는 환경을 만들기 위해 일본 측이 오히라 외상과 김종필 부장의 양해에서 나온 무상공여 또는 정부 간 장기저리 차관 제공을 시작하고, 한국에 대한 수입 제한조치를 완화하거나 유학생을 유치할 때 배려하는 등의 조치가 필요하다고 말했다.

또 9월 26일 에머슨 공사는 오다 다키오(黃田多喜夫) 외무차관에게 토킹 페이퍼를 수교했다. 토킹 페이퍼는 한국 내의 대일 감정을 개선하는 것이 일한회담을 타결 방향으로 이끌기 위해 필요하다고 전제한 후, 한국에서 일한 국교정상화를 당파적 문제가 아닌 전국민적인 목표로 만들 것, 한국 정부는 일본과의 경제 교류를 통해 얻는 이익을 국민에게 홍보할 것, 청구권에 의해 얻는 자금이 부정하게 사용되지 않음을 야당에 보장하는 방법을 강구할 것, 회담 타결 전후에 일본 측은 과거에 대한 유감의 뜻을 표명할 것, 일본어선의 나포를 막기 위해 일한 양국이 절도를 지키고 도발을 피할 것, 서울에 일본 정부기관을 설치하기 위해 노력할 것, 요시다 전 총리의 방한을 고려할 것, 회담 타결 전에 일한 경제관계를 확대할 것 등을 열거하고 있었다.

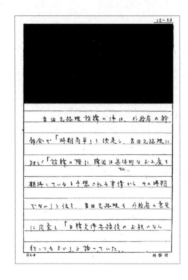

외교문서 원본 26　　요시다 시게루 전 총리와 관련해 공개되지 않은 부분

　　미국 정부가 일본 정부에 특히 열심히 요구한 것은 이 토킹 페이퍼에도 적혀 있는 요시다 전 총리의 한국 방문이다. 이것은 1963년 중공에 대한 일본 정부의 연불수출[95] 결정과 저우훙칭(周鴻慶) 사건[96]으로 일본과 대만의 관계가 악화됐을 때, 1963년 12월 요시다 전 총리가 대만을 방문해

---

95)　deferred payment export. 수출대금의 지불을 일정 기간 연기해주는 결제 조건을 인정하는 수출방식.
96)　1963년 9월 당시 도쿄에서 개최 중이던 세계유압기견본시장 참관을 위해 방일한 중화인민공화국 대표단의 통역원 저우훙칭(周鴻慶)이 귀국 직전인 10월 7일 대만 망명을 위해 호텔을 나섰으나 택시 운전사의 실수로 소련대사관으로 진입, 일본 측이 주 씨를 불법 잔류 용의자로서 구류한 사건. 사건 발생 후 일본 정부는 중화인민공화국 측과도 접촉, 주 씨를 대륙으로 송환했다. 이를 계기로 당시 일본과 대만은 일시 긴장 국면을 연출했다.

대일 감정의 호전에 기여한 역할을 높이 평가한 것이었다. 8월 21일 에머슨 주일 미국공사는 우시로쿠 아시아국장에게 "이동원 외무부장관이 브라운 주한 미국대사에게 요청했다"면서 요시다 전 총리의 방한을 요청했다. 이어 8월 27일에는 라이샤워 주일 미국대사가 시나 에쓰사부로(椎名悦三郎) 외상에게 이 건을 다시 요청했고, 9월 15일 바네트(Robert Barnette) 국무부 차관보대리도 방한 후 일본에 들러 우시로쿠 아시아국장에게 역시 요시다 전 총리의 방한을 요청했다.

미국 측은 "한국 정부 주요 인사들은 우선 요시다 전 총리가 한국을 방문해 일본의 한국 지배에 대해 사죄하는 취지를 밝힌다면, 그 후에 한국 측은 외무부장관을 단장으로 하는 대표단을 일본에 보내 장관급 수준에서 전면 회담을 재개, 단번에 타결을 도모할 것이다. 장관급 회담 개최 며칠 전에 어업교섭을 재개해 대강의 합의에 도달한 후, 상기한 장관급 전체 회의로 전환하는 구상을 갖고 있다"고 말했다. 요시다 전 총리에게 한국에 대한 사죄 역할을 기대한 것이었다.

[이하, 원문 약 4행 미공개]

요시다 전 총리 방한의 건은 외무성 간부회의에서 '시기상조'로 결정되었다. 이에 따라 요시다 전 총리에게는 "방한 시 한국은 구체적인 선물을 기대하고 있는 것으로 예상되는 상황인데, 아직 그 시기가 아니다"라고 전했다. 요시다 전 총리도 외무성의 의견에 동의하여 "일한교섭 타결 후 축하하는 목적이라면 갈 수 있다"고 말했다.

(4) 일한회담 이후의 진행방식에 대한 개정안

이케다 총리는 7월 10일 세 번째로 자민당 총재직에 선임되어 18일 제3차 이케다 내각을 조직했다. 외무대신에는 시나 에쓰사부로 씨가 취임했다. 7월 13일 우시로쿠 아시아국장 주재하에 「향후 일한회담의 진행방식에 대해(개정안)」가 작성됐다. 이것은 불안정한 한국의 정치에 의해 일한회담이 교착상태에 빠진 시점에서 일본 측이 한국에 취할 자세를 점검한 것이며, 또 새로운 외상에게 향후 회담의 진행 방법에 대한 확인을 요구한 것이었다. 그 내용을 요약하면 다음과 같다.

1. 회담 경위와 우리 측 대처방침
(중략)
정부는 이전부터 일한회담의 처리 방법에 대해 매우 전통적인(orthodox) 방침을 취하면서, 상기한 제 현안을 동시에 일괄 해결한 후 국교를 정상화한다는 태도를 견지해왔다. 1962년 말 청구권 문제 해결에 대한 대략의 합의가 성립된 후에는, 특히 우리 측이 가장 중시하는 어업 문제가 일본 측이 만족할 수 있는 해결을 보지 못하면 회담의 전반적인 타결도 있을 수 없다는 입장을 한국 측이 철저하게 인식하도록 노력해왔다. 즉, 청구권 문제 해결을 위한 협정도 어업 문제를 비롯한 다른 현안이 해결될 때까지 기다려 관련 협정과 동시에 조인한다는 자세를 취해왔다. 다시 말해, 현안을 일괄적으로 동시에 해결함으로써 양국 간 국교를 정상화하고, 그 후에 비로소 무상 3억 달러, 유상 2억 달러의 경제협력도 공여된다는 방침을 견지해온 바이다.

이상과 같은 회담의 경위 및 우리 측 대처 방침은 한국 측의 기본적인 태도가 지금까지 과거청산에 중점을 두면서 미래의 우호협력관계를 발전시키기 위해 우선 청구권 문제에 대한 일본 측의 성의 표시를 강력히 요구해왔다는 사실, 우리 측이 회담 타결의 결과 직접 받을 수 있는 몫은 현안 중 어업 문제 해결에 의한 안전조업의 확보뿐이고 나머지는 모두 부담만 된다는 안건의 내용을 감안하더라도 사실상 어쩔 수 없었다고 말할 수밖에 없다.

2. 회담에 임하는 우리 측 자세

정부는 이전부터 국내외에 한국이 일본과는 역사적, 지리적으로 매우 깊은 관계가 있고, 같은 자유진영에 속하는 가장 가까운 이웃 나라이므로 한국과 신속하게 국교정상화를 도모하는 것이 당연하다는 견지에서 회담을 적극적으로 추진한다는 기본자세를 밝혀 오늘에 이르렀다. 그럼에도 불구하고 기존의 양국 관계가 조정되지 못한 것은 주로 한국 측 사정에 의한 것이다. 일한회담의 조기 타결은 각 내각이 일관되게 주요 외교방침으로 표방해온, 이른바 전후 일본 외교의 '대표적인 간판'이었다고 볼 수 있다.

3. 청구권 문제와 어업 문제의 성과

(1) 청구권 문제 (생략)

(2) 어업 문제

이상과 같이 어업 문제를 내용적으로 보면, 아직 양측 주장이 대립하고 있는 점이 많지만, 어업 장관 회담을 통해 일본 측은 이러한 대립의 접점에 대해 어느 정도 심증을 얻을 수 있었기 때문에 회담이 재개된 후 논의의 진전 여하에 따라 일거에 대강의 타결에 이르는 것도 반드시 불가능하지는 않다고 전망할 수 있을 만한 기초가 마련됐다고 생각한다.

4. 향후 해결이 필요한 문제점

회담의 제 현안을 일괄적으로 동시에 해결하기 위해선 각 안건에 대해 다시 논의해야 하는 다음과 같은 문제점이 남아 있다. 한국 측의 기존 협상 태도로 볼 때 모든 것이 해결되기까지는 전도요원(前途遙遠)하다는 느낌이 든다고밖에 할 수 없다.

(1) 기본관계

(가) 한국 정부의 관할권을 어떻게 표현할 것인가(북조선을 어떻게 인식할 것인가)

(나) 형식을 어떻게 할 것인가(기본 조약으로 할 것인가, 공동선언 정도로 할 것인가)

(다) 일한 간 해저 전선 분할 문제

(2) 청구권 및 경제협력

(가) 장기저리 차관(2억 달러)의 상환기한

(나) 대한국 채권(약 4,573만 달러)의 상환 방법

(다) '명목' 문제("경제협력을 공여한 결과, 청구권 문제는 소멸된다"는 표현을 취하는 문제)

(라) 무상·유상의 경제협력의 실시 세칙

(3) 선박

(가) 한국 치적선 등의 반환 청구(한국 측)

(나) 나포 일본어선의 반환 청구(일본 측)

(4) 문화재

(가) 문화협정의 체결

(나) 한국에서 출토된 재일 문화재를 한국에 증여하는 범위

(5) 어업

(가) 어업 전관수역(12해리)과 기선의 설정 방법

(나) 어업 전관수역 외의 공동 규제조치

(다) 관할권과 단속

(라) 공동위원회의 조직과 권한

(마) 어업협력[한국 해산물(김 포함)의 수입 확대 문제 및 어선 등의 한국 수출 문제 포함]

(6) 재일한국인의 법적지위

(가) 영주권 부여 범위

(나) '국적 확인 조항'의 처리(북조선계 재일조선인의 문제)

(다) 영주권자의 강제퇴거 범위

(라) 영주권자의 처우

(마) 영주귀국자가 반출할 수 있는 재산

(7) 다케시마 문제

5. 회담 타결을 어렵게 하는 한국 측의 사정

일한회담이 궁극적으로 정리되어가고 있는데도 불구하고, 한국 측은 이전부터 일한 간 종합 국력의 차이와 과거의 역사로 인한 한국민 일반의 대일 감정을 감안해 대등한 양보가 이뤄지는 내용으로는 수용하기 어렵고, 일본 측이 대국적 견지에서 더 큰 양보를 해주어야 타결 가능성이 있다는 주장을 거듭해왔다. 최근에도 한국 정부 소식통은(정일권 총리가 외무부장관 시절에 이케다 총리에게 한 이야기) 이 점과 관련, 일본 측이 현안에 대해 '7'을 양보하고 '3'을 취하는 것으로 만족해주지 않는다면 일한회담을 조기에 타결하는 것은 어렵다는 의견을 표명한 바 있다.

그러나 기존의 경위, 특히 최근에 학생시위가 발생한 이후 한국 여론의 동향을 관찰하면, 설령 일한회담이 '7' 대 '3' 수준으로 타결되는 데까지 진행되어왔다고 하더라도, 한국 일반 여론은 아직 이 정도의 거래조차 승인할 정도로 충분히 성숙되어 있지 않다. 즉, '36년간의 원한'은 고작 20년으로는 충분히 진정되지 않았음을 보여주고 있다.

그렇다고 '8' 대 '2' 또는 '9' 대 '1'의 거래로는 일본 측에서도 국회나 여론의 지지를 얻을 수 없기 때문에 기껏 '7' 대 '3'의 비율 정도밖에 될 수 없다. 일본 유력지의 논설이나 평론가의 논평이 일한 정상화를 찬성하는 경우에도 예외 없이 이른바 대국론에 근거한 안이한 타결을 경계하면서, 이치에 맞는 신중한 교섭이 중요하다고 강조했음을 상기해야 한다.

그래서 문제는 다소 국내의 반발을 억제하더라도 일한회담 타결까지 가져갈 수 있는 만큼 기초가 확립된, 정치력이 있는 정권의 성립을 한국 측에 기대할 수 있는지 여부이다.

현시점에서 한국에 어느 정도 강력한 정권이 안정적으로 출현할 것이라고 구체적으로 예상하기에는 아직 한국 내 정세가 너무 유동적이다. 하지만 여기서 간과할 수 없는 것은 첫째, 한국의 일반 시민이 결국 이번 학생시위에 합류하지 않았다는 것과, 당초 일한회담을 반대했음에도 불구하고 그 후의 시위에서는 이것이 완전히 자취를 감춘 것, 둘째, 계엄령 선포 이후 한국에서는 일종의 반성 분위기가 확산되고 있으며 국민들이 사태 수습을 위한 여야 협조를 강하게 요망하고 있다는 것, 셋째, '새로운 악(新惡)'의 화신으로 간주되던 김종필의 하야와 외유를 계기로 일한회담 반대를 포함한 박정희 정권에 대한 공격 분위기가 그 격렬함을 갑자기 상실해가고 있다는 것 등이다. 일한회담의 타결은 지금까지 한국 정부로서는 국민 앞에 제시할 수 있는 장래의 전망이라는 관점에서 말하자면 유일한 것이었기 때문에 시국 수습 과정에서 아무래도 한국 측이 일한회담을 타결해야 한다는 자각이 다시 힘을 얻게 되는 것은 전혀 기대할 수 없는 바가 아니라고 생각된다. 일본 측으로서는 이 같은 한국 국내 정치의 성장을 시간을 갖고 기다릴 수 밖에 없다.

6. '현안을 일괄적으로 해결한 후 국교정상화'하는 방식의 문제점

앞서 말했듯이, 향후 논의해야 하는 현안의 개수, 그 성격, 내용으로 보아 전면 타결까지는 상당한 시간과 정력을 소비해야 할 전망이다. 다른 한편으로는 상기한 한국의 정정이나 국민감정을 보더라도 지금까지 협상 타결을 저해해온 요인에 급격한 변화를 기대할 수도 없이 앞으로 당분간 이 상태가 계속될 것으로 보인다면, 종래 일본 정부가 취해온 '현안을 일괄적으로 동시에 해결한 후 국교정상화'하는 전통적인(orthodox), 이른바 전부를 얻거나 아니면 아무것도 얻지 않는(all or nothing) 정책만으로는 당면한 국교정상화라는 본래의 목적 달성은 실제 문제로서 오히려 어렵다고 말할 수밖에 없다.

따라서 향후 일한관계에 대한 대처 방법으로 종래와 같은 협상을 병행하면서도, 이것과 모순되거나 이를 저해하지 않는 중간적 조치(modus vivendi)도 가미할 필요가 있다.

7. 한 걸음씩 국교정상화하는 방식

여기서 일한 간에 한 걸음씩 혹은 '탑 쌓기식'으로 국교정상화하는 방식의 타당성, 현실성을 생각해야 한다. 그 방법으로 ① 일단 주한 일본대표부의 설치를 목표로 하고(우리 측이 대사관 설치도 단행할 수 있지만, 상대측이 이를 수용할 준비가 되어 있지 않다), ② 한국 측이 요청한 대로 일반 무역에서 한국 상품의 수입을 확대하며, ③ 일반 상업 베이스의 민간 차관공여와 관련, 국교정상화가 되지 않았다는 것을 이유로 일괄적으로 소극적인 태도를 취하지 않고 개별 안건의 장점, 조건의 적부 등을 구체적으로

검토한 후 일본 측이 취할 수 있는 범위 내에서 실시해가는 방침으로 임하는 것이 좋지 않을까 생각된다. 마침 최근 한국 측도 회담의 진전 여하와는 상관없이 일반적인 무역이나 경제협력에서 사태를 개선하는 것이 더 급선무이고, 오히려 이것이 향후 회담의 원활한 진행과 타결에 긍정적인 영향을 미친다는 취지의 견해를 제시하고 있으며, 이른바 일한 국교의 '부분적 정상화' 구상도 일부에서 검토하고 있는 모양인 것 같다.

상기와 같은 태도는 회담 현안을 해결하기 위한 노력을 당분간 자제한다는 것이 아니다. 또한 현재와 같은 형식의 일한교섭의 중단, 탑 쌓기 방식으로의 전환을 정면에서 제기하는 것은 한국과의 관계는 물론, 국내 정치상으로도 상책이 아니다.

심지어 이는 일본 측이 회담 촉진을 위해 초조해하고 있는 것 같은 인상을 한국 측에 줄 위험도 있다. 요점은 일한교섭에 대한 그러한 과장된(over) 자세나 홍보를 시정하고, "(도전을) 받고 응한다"는 정상적인 자세로 돌아가야 한다는 것이다. 이때 '일한회담' 이전에 '일한관계'라는 것이 엄존하고, 일본은 이웃나라로서 이를 최대한 우호적으로 유지해가야 한다는 기본 인식에 입각해, 꾸준히 구체적인 개별 안건을 적극적으로 처리해가는 쪽에 더 중점을 두어야 할 것이다. 이것은 일한회담 촉진을 위한 첩경이기도 하다.

8. 회담의 진행방식

현재의 한국 정정이 일단 진정되면 한국 측은 형식적이라도 좋으니 '일한회담'을 재개해달라고 요구할 것으로 생각된다. 그러나 일한회담의 실질적 진전을 도모할 수 있기 위해서는 우선 어업 문제에 대해 3월부터 4월까지 열었던 어업 장관 회담의 토의 내용을 토대로 고위급 정치교섭을 재개, 해결책의 큰 틀에 대한 합의에 도달하는 것이 선결이다. 이러한 교섭은 쌍방이 마음만 먹으면 타결하는 데까지 그다지 시간이 걸리는 문제가 아니라고 생각된다.

그러나 만일 한국 측이 유연성 있는 태도를 취할 수 있는 태세를 갖추지 않았음에도 불구하고 형식적으로 어업교섭을 재개한다면, 이는 논의해야 할 내용이 없다는 점에서 무의미할 뿐만 아니라, 지금까지의 경험에 비추어보더라도 역효과를 낳을 우려가 있다. 즉, 회담을 개최했다는 형식에 의해 한국 측은 일한회담을 하고 있다는 자기만족에 빠지고, 회담 타결을 이끌어내기 위해서 무엇을 해야 하는지 생각하는 진지함(seriousness)을 잊어버리며, 그것에 기초한 결단을 하지 않은 채 오직 우리 측에 상기한 '7' 대 '3' 이상의 양보를 기대하기만 하는 태도를 취해, 결과적으로 보면 회담 타결을 지연시킬 것이다.

9. 북조선과의 관계

종래 정부는 일본과 북조선과의 접촉이 과거 일한관계에 영향을 미쳤다는 점을 감안해, 개별 사안에 대해 매우 신중하게 검토해야 한다는 방침을 견지해왔다. 무역은 사실상 자유롭게 되어 있지만, 인적 교류 문제에 대해서는 여전히 엄격하고도 제한적인 태도를 유지하고 있고, 일본인의 북조선 여행, 북조선으로부터의 일본 입국은 극히 소수의 예외를 제외하고는 인정하지 않고 있다. 재일조선인의 이른바 자유 왕래 문제에 대해서는 일절 이를 허가하지 않는다는 입장으로 오늘에 이르고 있다. 북조선과의 관계에 임하는 그러한 우리 정부의 기존 입장은 어디까지나 한국과의 국교정상화 실현을 우선시하여 이에 악영향을 미치지 않는 범위 내에서 북조선 관계의 개별 안건에 대해 예외적으로 완화조치를 취하는 데 그치고, 중요한 정치적 결정은 모두 한국과의 국교정상화 이후로 유보하려 노력하는 것이었다.

　그러나 최근 일한회담의 타결이 일단 가까운 장래에 기대하기 어렵다는 점에서, 다른 한편으로 북조선과 일본의 무역이 점차 확대되고 있는 현실적 요청도 있어 상기한 바와 같은 정부의 기본방침을 수정하라고 요구하는 목소리가 점점 강해지고 있다. 정부도 지금까지와 같은 상태가 자연스러운 것이라고는 생각하지 않으며, 무역 관계자의 입국에 대해서는 전향적인 자세로 검토한다는 취지를 국회 등에 이미 약속했다. 한편, 올림픽 개최 시기가 임박함에 따라 북조선으로부터의 일본 입국자 수는 필연적으로 증가할 것으로 예상된다. 일한회담이 순조롭게 진전되는 등 제반 분위기가 고양되는 시기라면 북조선과의 인적 교류 문제에 관한 정부 정책의 변경은 사소한 것일지라도 한국 측의 강한 반발을 초래할 우려가 있다. 그러나 현재는 회담이 사실상 중단 상태에 있는 시기인 만큼, 그 영향은 과거에 비해 그렇게 크지 않다고 전망할 수도 있으므로, 현재의 객관적 정세는 일본이 지금까지 북조선에 보였던 태도를 수정하기에 유리한 방향에 있다고 할 수 있다. 그렇다고 북조선에 대한 기본 개념을 수정하고 인적 교류 등 모든 면에서 기존의 한계를 일거에 철폐할 시기는 물론 아니다. 그렇기 때문에 결국 구체적으로 무역 관계자를 포함한 북조선 입국자에 대해 어느 정도 이를 완화할 것인가, 일본에서 북조선을 방문할 경우 어느 범위까지 여권을 발급할 것인가, 또 재일조선인이 북조선을 방문할 경우 어디까지 재입국을 허가할 것인가 같은 구체적인 문제들을 그 실시 시기를 포함해 종합적인 관점에서 추가적으로 검토하고, 각각 대처방침의 원칙에 대해 관련 성청(省廳)의 양해를 구해야 할 것으로 생각된다.

7월 22일 열린 이케다 총리에 대한 외교 안건 브리핑에서는 한국과 관련, 상기한「향후 일한회담의 진행방식에 대해(개정안)」와 아래에서 인용하는「한국에 대한 당면한 경제협력 문제(안)」가 설명되었다. 이에 대한 이케다 총리의 지시는 다음과 같이 기록되어 있다.

　일한회담의 향후 진행 방법과 관련, 총리는 "회담 타결, 국교정상화의 실현에 노력한다는 기치를 내리지 않고, 단지 이것과 병행해 일상적으로(routine) 할 수 있는 일은 가능한 범위 내에서 실시해간다. 국교가 정상화되지 않았다는 이유로 일률적으로 소극적인 태도를 취하지 않고, 회담의 진전 여하와 무관하게 이웃나라로서 협력의 손을 내미는 일이라면 이해할 수 있다. 그러한 기본적인 사고방식이라면 괜찮다"라고 그 느낌을 말했다.

　총리는 또 대표부 설치 문제에 대해서는 "한국에 대한 경제협력 문제가 일단락됐을 경우 우리 측 주한 대표부의 존재가 양국에 유용하지 않을까라는 식의 형태를 한국 측에 제시해야(present) 한다"는 취지로 지시를 내렸다.

　북조선과의 인적 왕래 문제와 관련, 총리는 친한국적이었다. 총리는 "경제적으로 북조선이 우위에 있는 현재, 일본이 북조선에 그 정도로 도움을 줄 필요는 없다"는 의견을 제시하고, 북조선 무역 관계자의 일본 입국은 최소한 올림픽이 끝날 때까지는 인정하지 않도록 하라는 지시를 내렸다. 총리는 또한 똑같이 정경분리라고 하더라도 북조선과 중공을 동렬에서 논의할 필요는 없으며, 북조선에는 중공보다 더 엄격한 조치를 취해야 한다는 방향을 제시했다.

(5) 한국에 대한 긴급 원조

일본 정부는 상기한 「향후 일한회담의 진행방식에 대해(개정판)」에 기초해 한국에 대한 경제협력의 실시를 강구했다. 당시 한국 측이 일본 정부에 요청한 경제협력 사항은 다음과 같았다.

> 경제협력 문제에 관한 한국 측 요망사항의 요점
> 1. 식량과 소비물자는 일단 충분하다.
> 2. 무역상의 수출입 불균형 시정 및 원조(aid)보다 무역(trade)이라는 사고방식에 입각해 일본 측이 한국으로부터 수입을 제한하고 있는 품목(수산물, 축산물, 광산물 등)의 수입을 자유화하고, 관세가 높은 것〔김 및 결정질 흑연(鱗状黒鉛)〕은 인하해주기 바란다.
> 3. 한국으로의 어선, 어구의 수출 금지를 해제해주기 바란다.
> 4. 한국의 유휴 공장시설(주로 중소기업)을 가동해 수출 증진을 도모하기 위해 원자재 및 기계의 보수용 자재를 장기저리(easy term)로 연불수출을 해주기 바란다.
> 또 올해 상반기에 외화 예산을 과다 사용했으므로 후반기에 지원하지 않으면 안 되는 광업 및 전기 부문의 장비에 대해 연불수출을 해주기 바란다.
> 5. 더불어 기술력이 열세이므로 기술협력을 위한 인건비 등을 조달하기 위한 신용공여도 생각해주기 바란다(제4항 및 제5항 총액 5,700만 달러, 그중에서 기술협력분 200만 달러, 외화 예산 부족 보전분 1,600만 달러)
> 6. 또한 가능한 한 유휴 시설을 활용한 결과 생산되는 제품에 의해 변제를 행하는 것도 생각해주기 바란다.
> 7. 보세가공무역을 하기 위해 환율 비적용 수출(無為替輸出)을 인정하고, 수출이 금지된 일부 보세가공 원료〔양식기(洋食器) 반제품〕의 수출을 인정해주기 바란다. 또 가공제품의 일본 수출 시 관세를 낮춰주기 바란다.
> 8. 플랜트 3건(PVC 공장, 시멘트 공장, 폴리아크릴 공장)의 연불수출을 인정해주기 바란다.

이에 대해 7월 11일 외무성은 다음과 같은 방안을 마련했다.

당면한 한국의 경제협력 문제(안)

1964년 7월 11일, 외무성

1. 한국에서는 최근 경제 상황이 악화하여, 특히 5월 3일 실시된 대미 달러 환율의 절하 후에는 수입 원재료의 앙등과 함께 의도적인 물가 상승이 겹쳤다. 또 수입 원자재의 부족에 따른 공장 조업도의 저하가 두드러지고, 일반 생활이 악화하고 있다. 최근 한국 정치가 유동적인 상황이기도 하지만 근본적으로는 경제 상황 악화에 의한 사회불안이 있는 것으로 보인다.

일본 측은 이와 같은 한국의 경제적 어려움을 강 건너 불 보듯 할 수는 없으므로 우선 어떠한 기여를 할 것인지 내부적으로 검토해왔다. 한편, 한국 측도 요망사항을 타진해왔는데, 그 내용은 별지와 같다.

(일본 측은 본건 경제협력 문제를 참고로 고려해달라는 한국 측 요청을 청취하는 데 그쳤지만, 이를 기초로 해서 한국 측과 '거래'한다고는 생각하지 않으며 일본 측이 할 수 있는 것은 한다는 태도로 임하고 있다.)

2. 이 한국 측 요망사항에 대해 일본 측이 검토한 결과, 이 문제를 우선 다음과 같은 방침에 따라 처리하고자 한다.

(1) 원자재 연불수출 범위의 설정

(가) 한국 국내의 유휴 공장시설을 가동시켜 수출 촉진과 고용 확대를 도모하고, 이로써 경제 안정의 기반을 다지기 위한 도움으로서, 일본 정부는 한국 조달청에 원자재 수출을 위해 미화 2,000만 달러의 연불 범위를 설정한다.

(나) 연불 대상이 되는 원자재의 내용은 한국 측과 협의해 결정하지만, 유휴 공장시설 가동을 위한 원재료, 부품, 시설의 보수, 수리용 자재를 중심으로 한다.

(다) 일한 양국 정부 간의 교환공문에 의거해 일본 측 수출업자는 한국 조달청과의 사이에 수출입 계약을 맺고, 한국 조달청은 일본 측 수출업자에게 한국은행의 L/C[97] 또는 L/G[98]를 발급한다.

(라) 지불 조건은 3년 거치, 2년 반 분할지불, 총 5년 반, 금리는 본건의 성격을 감안해 가능한 한 저리로 한다.

(마) 본건 신용공여는 청구권 문제와 전혀 관계가 없다는 명분을 취한다.

(2) 한국으로부터의 농수산물 수입 제한 완화

(가) 현재 연간 100만 다발로 제한되어 있는 김 수입에 대해 올해는 추가적으로 200만 다발을 할당해 총 300만 다발을 수입한다.

---

97) Letter of Credit(신용장).

98) Letter of Guarantee(수입화물선취보증서). 지정된 항구에 선적서류가 도착하기 전에 수입품이 도착해 물품 인수가 이뤄지지 못할 때 수입상은 나중에 선적서류를 제출할 것을 약속하고 거래은행으로부터 받은 보증을 통해 선박회사로부터 물품을 인도받는 것이 가능한데, L/G는 이러한 상황이 발생한 경우 수입상이 거래은행의 보증을 받아 선박회사에 내는 증명서를 말한다.

(나) 외화 할당 품목의 대상으로 되어 있는 어패류에 대해 올해 이미 외화 할당이 이뤄진 100만 달러 외에 추가로 200만 달러를 할당해, 총 300만 달러로 한다.

(다) 엽연초(葉煙草)를 구매하고자 노력한다.

(주)

(1) 플랜트 3건의 연불수출 및 어선의 수출을 허가하면 일본이 경쟁자로서 한국의 공업력 증대를 방해하려 한다는 일반적인 시의심(猜疑心)을 완화하는 정치적 효과가 적지 않지만, 이러한 안건을 실시한다고 바로 한국 경제에 실질적인 효과를 줄 것이라고는 생각되지 않는다. 또 현재 한국 측이 주장하고 있는 조건에도 문제가 있으므로 본건과는 분리시켜 일반 상업 베이스의 연불수출 문제로서 별도로 계속 검토한다.

또 어선의 수출은 일본 어업의 입장에서 볼 때 경쟁의 문제 외에도 이승만 라인 부근에서 일본어선이 나포될 가능성이 있는 동안에는 쉽게 유연성을 발휘할 수 없다는 난점이 있다. 다만, 어선 건조 자재는 본건 연불수출 원자재에 포함시키는 것을 생각한다.

(2) 보세가공에 관해서도 별도로 계속 검토한다.

(3) 시의에 따라, 또 적당한 방식에 따라, 수산물과 농산물의 수입 완화에 대해서는 우리 측 어선의 나포 상황에 따라 검토하는 권리를 유보하는 방안을 고려한다.

7월 22일 이케다 총리는 상기 안건에 대한 브리핑에 대해 다음과 같은 의견을 제시했다고 기록되어 있다.

총리는 당면한 한국의 경제협력 문제는 전체적으로 외무성 측 안으로 진행해도 된다는 입장을 제시했지만, 특히 지시된 사항은 다음과 같다.

(1) 연불수출 범위의 설정에 관한 지불 조건에서 3년 거치는 너무 길어 2년으로 해야 한다. 더불어 할부기간을 길게 해 총 5년 반 내지 6년으로 하는 것은 괜찮다.

(2) 한국 상품의 수입 제한 완화와 관련해 단순히 김, 어패류, 엽연초로 품목을 제한하지 말고 가능한 한 다양성(variety)을 갖도록 품목을 확대한다. 수입 범위를 확대할 때는 금액 면보다 품목의 다양성에 중점을 두고, 홍보 위주로 생각할 필요가 있다. 예를 들면, 엽연초를 시험적으로 수입하기 시작하는 것은 당연한 것으로 하고, 그 외에 쌀, 무연탄, 가축도(금액에는 한도가 있을진 모르지만) 수입 증대가 실현되도록 진지하게 생각해주기 바란다(본건에 대한 논의가 진전되어 '고위급 수입회의'를 설치하는 문제를 검토하도록 지시가 내려졌다.)

(3) 한국으로 어선을 수출하는 문제는 당장 금지조치를 완화해야 한다고 생각할 필요는 없고, 계속해서 기존의 정책을 유지해도 좋다.

외무성 측 안의 연불수출에 대해서는 대장성이, 원자재의 수입 촉진에 대해서는 농림성이 각각 반대했기 때문에 난항을 겪었지만, 2,000만 달러의 긴급 원조에 대해서는 8월 18일 이케다 총리의 재단(裁斷)으로 금리 5.75퍼센트, 1년 거치를 포함한 3년 지불안이 확정되었다. 그러나 그 후 한국 측의 강한 요망에 의해 1년 거치를 포함한 5년 지불로 수정, 9월 22일 각의에서 다음과 같이 각의 양해를 얻었다.

한국에 대한 긴급 지원과 관련된 각의 결정(안)

1964년 9월 11일, 외무성

정부는 한국의 긴급사태를 맞아 원재료 등의 수입에 필요한 특별한 지원을 아래와 같이 한국 측에 제공한다. 본건은 이른바 오히라 외상과 김종필 부장의 양해와는 관계없는 것이며, 또 이번 한 번으로 한정된 것이다.

기

1. 금액 등: 금액은 2,000만 달러, 금리 5.75퍼센트, 1년 거치 포함 5년 지불
2. 대상 품목: 한국 측으로 하여금 원하는 품목을 제출토록 하며, 한국 측이 필요로 하는 원자재 및 기계부품을 중심으로 한다.

10월 말 한국 측은 한국에 대한 2,000만 달러의 경제원조를 수락한다고 통보해왔다. 이에 따라 원조공여의 세부 내용에 대한 교섭이 11월 2일부터 외무성의 니시야마 아키라(西山昭) 경제협력국장과 이철승(李喆承) 한국 상공부 차관보 간에 시작되어, 12월 11일 교환공문을 교환함으로써 최종 결정됐다. 어선의 수출과 1차 생산품의 수입 증대에 관해서는 배의환 대사가 7월 24일 아카기 농림대신의 대신 유임을 축하하기 위해 방문했을 때 양측 간에 아래와 같이 논의됐다고 당시 의사록은 전하고 있다.

(1) 참치 어선의 수출 문제의 경우, 일본 업자와의 경쟁관계가 벌어지는 문제이므로 한국뿐만 아니라 다른 외국에서도 모두 이를 확인하고 있다. 일한 간의 여러 문제를 감안해 한국에만 참치 어선을 수출할 수는 없다. 그러나 유엔 특별기금에 의한 어업 훈련선의 한국 수출은 인정하기로 했다.

(2) 김 수입 범위의 확대 문제와 관련해서는 이전부터 한국산 김 수입을 반대해온 생산자를 설득해 마침내 1억 장의 추가 수입을 인정하기로 했던 것이라 더 이상은 곤란하다. 앞으로 수입을 허용하게 되면 국내 재고를 압박할 수밖에 없다.

(3) 오징어의 경우 5만 피컬(picul)의 재고가 있다. 더욱이 어패류의 외국 할당 확대와 관련해선(배 대사는 오징어의 외국 할당을 130만 달러 이상 추가할 것을 희망했다), 올해 4월 이후 이미 70만 달러어치를 한국에서 매입했다(예년에는 30~40만 달러어치였다). 이에 대해 홋카이도 어민이나 국회의원 등으로부터 거센 비난을 받고 있다. 더 이상은 곤란하다.

(4) 방어(魴魚)의 할당 확대 요청과 관련해서는(배 대사는 방어에 대해서도 130만 달러의 추가 할당을 희망했다), 방어는 겨울에 수요가 있기 때문에 가을의 상황을 보지 않은 채 현시점에서는 살 수 있는지 없는지를 말할 수 없다(예년에는 40만~50만 달러의 방어를 구매했다).

(5) 돼지 수입 확대에 대해선 최근 겨우 일본 내 재고를 소화했기 때문에 한국에서 이를 수입할 수는 없다(배 대사는 향후 일본의 국내 수급 관계로 인해 외국에서 돼지를 살 수 있게 되었을 경우에는 한국

에서 수입해주었으면 한다고 희망했다).

　(6) 한국 쌀 14,000톤의 수입과 관련해서는 일본 측은 매수할 용의가 있으므로 외교 경로를 통해 강력히 희망해오면 이에 응할 수 있다.

(6) 일본어선의 나포

　그동안 여전히 일본어선이 이승만 라인 해역에서 한국 경비정에 의해 추적당하거나 나포되는 사건이 발생하고 있었다. 1964년 1년간 나포 어선 9척, 어부 99명 외에 한국 경비정의 접촉에 의한 침몰 1척을 기록했고, 특히 5월 13일에는 해상보안청 소속 순시선 지쿠고(ちくご)가 한국 측에 임시 연행되는 사건도 있었다. 더욱이 9월 들어 한국 측 신문은 일본어선의 이승만 라인 침범을 크게 보도하면서 정부의 대일 저자세를 공격했다.

　1964년 9월 한국 국회의 외무위원회는 국정감사를 통해 그해 1월에서 9월까지 "평화선을 침범한 일본어선은 2,853척임에도 불구하고, 나포한 것은 8척에 지나지 않고, 게다가 그중 4척이나 석방했다"면서 '평화선 침범 어선'에 대한 적절한 조치를 취할 것을 한국 정부에 요구했다. 이를 반영해 9월 18일 양찬우(楊燦宇) 내무부장관은 "평화선을 침범한 일본어선은 모두 나포하겠다"고 언명했다.

　한편, 9월 10일 열린 일한회담 수석대표 비공식 회의에서 배 대사는 "한국 정부의 조사에 따르면, 지난해 8월 중에 한국 부근에 들어온 일본어선은 총 258척이었지만 올해 8월에는 1,124척으로 급증했다. 게다가 종래에는 평화선으로부터 10~20해리까지 들어오던 것이 최근에는 연안으로부터 50해리까지 들어오고 있다. 어업 장관 회담에서 일본 측이 제안한 '아카기 라인' 안까지 다수의 어선이 들어와 조업하고 있다. 이에 앞서 한국 국회의장이 현지에 가서 일본어선의 조업 상황을 시찰하고 정부에 경고했다. 당연히 이것은 신문에 보도되었고, 한국 정부로서는 매우 어려운 입장에 처해 있다"고 언급했다. 이어 9월 17일 열린 수석대표 비공식 회의에서 배 대사는 "8월 31일부터 9월 18일 사이에 제주도 부근에서 40척, 거문도 부근에서 50척, 우도 부근에서 85척 총 175척의 일본어선을 퇴거시켰지만, 현재와 같은 일본어선의 조업 상황이 계속되면 한국 정부는 어쩔 수 없이 이들을 나포해야 한다"면서 회담 타결까지는 불법 조업을 자제할 것을 요청했다. 이에 대해 10월 1일 수석대표 비공식 회의에서 우시로쿠 아시아국장은 "일본어선이 너무 들어가 있다고 하더라도 면허(license) 수는 작년과 동일하고 실정은 아무런 변화도 없다. 갑자기 8월부터 단속을 강화하기 시작한 것은 국내 정치적인 이유가 있거나, 아니면 실적을 올려 어업교섭을 유리하게 하려는 것 아니냐"고 질문했다. 이와 함께 우시로쿠 아시아국장은 "만약 전자라면, 국민감정을 자극하지 않는 방법으로, 예를 들면 일본 측은 한국 연안 12해리 이내는 출어하지 않도록 행정지도를 하고,

한국 측은 12해리 외에서는 나포하지 않도록 행정지도를 하는 방식을 취해보는 것도 하나의 방법이라고 생각한다"고 말했다.

위와 같이 연안 12해리 이내에 어로를 자제하는 구상은 전기한 바네트 미 국무부 차관보대리가 9월 15일 우시로쿠 아시아국장에게 "한국 정부 주요 인사들은 12해리도 관할수역 바깥이라면 나포하지 않는다는 것을 공개적으로 약속할 수는 없지만, 일본 측이 12해리 관할수역에 들어가지 않는다는 태도를 일방적으로 취한다면, 한국 측도 일방적인 방침으로서 그 수역 바깥에서 일본어선을 나포하지 않을 생각을 갖고 있다"고 말한 적도 있기 때문에 제기된 것이었는데, 이 안은 한국 측에는 이승만 라인의 주장과 모순되는 만큼 한국 측이 그에 상응하는 대가를 얻지 않으면 쉽게 응하지 않을 것으로 관측되고 있었다.

11월 4일 일본의 어업 관계자들은 도쿄에서 '한반도 해역 안전조업 확보 어민 총궐기대회'를 개최, 일본 정부에 기존의 고식적인 무사안일주의를 중단하고 의연한 태도로 일본 어업의 안전을 확보할 것을 요구했다. 또 10월 10일 열린 자민당의 수산부회, 외교부회, 국방부회 및 외교조사회, 일한문제간담회 합동회의는 「한반도 주변 해역의 안전조업 확보에 대해」라는 제목의 건의서를 통해 정부에 해결책 강구를 촉구했다. 이 건의서에는 "일본 어업의 자위(自衛)를 위한 국가의 책임을 분명히 하고, 해상자위대의 경비를 고려하는 등의 조치로써"라는 문구도 있었다.

XI

제7차 회담의 시작과 기본관계조약안 가조인

1. 제7차 일한회담의 시작

(1) 신임 김동조 대사의 제의

1964년 10월 22일 신임 김동조(金東祚) 주일 대사는 시나 에쓰사부로(椎名悦三郎) 외상을 방문, 정식 회담의 재개를 희망한다면서, 당분간 일한 양국의 "신경을 곤두세우는" 여러 문제(한국에 대한 2,000만 달러의 상품 원조 문제, 한국으로의 어선 수출 해금 문제, 한국 상품의 수입 확대 문제, 주한 일본상사에 대한 과세 문제 등)를 해결하고 '정지작업'을 할 필요가 있다고 말했다. 그는 또 이를 위해 시나 외상에게 11월 15일부터 20일까지 방한해줄 것을 요청했다. 이에 대해 시나 외상은 회담의 진행방식과 관련, 어업 문제 우선의 원칙을 지적한 후 "실제로 일본어선의 나포가 계속될 것 같으면 외무성이 국내 관련 성청(省廳)을 주도하는 데도 어려움이 있을 뿐만 아니라 여당 내부에서조차 공격을 받는다. 아카기 농림상도 한국의 수산물 수입과 한국으로의 어선 수출 문제는 우선 어업회담을 열고 나포 문제와 함께 해결해야 한다는 의견이다"라는 취지로 말했다. 이에 대해 김 대사는 "한국의 국내 정세 측면에서 말하면 표면적으로는 현안과의 병행 토의라는 형식을 취하고 실질적으로는 어업 문제를 우선적으로 다룰 수도 있을 것"이라고 말했다.

한국 측의 시나 외상의 방한 요청과 관련, 10월 27일 북동아시아과가 작성한 「일한문제에 대한 한국 측의 희망과 이에 대한 일본 측의 방침(안)」은 다음과 같이 기록하고 있다.

외상 방한의 경우, 시기상으로는 최근 일본 국내 정치의 추이, 외상의 유엔총회 참석 등으로 인해 올해 안에는 사실상 불가능하다. 또 그 후에 방한할 경우에도 '정지작업'을 하기 위한 것으로는 현저하게 균형을 잃게 되므로 바람직하지 않다. 따라서 관련 현안과 분리한다는 명분을 견지하면서 사전에 이를 상대측에 충분히 양해시킬 필요가 있다. 그렇지 않으면 '선물'에 대한 상대측의 기대를 배신하게 되어 역효과가 날 위험이 있다. 우리 측의 속사정을 감안하면, 현재의 일반적인 국민감정도 있으니, 나포된 일본어선 3척을 돌려주고 억류 어부 16명을 석방시키는 것은 최소한도의 전제조건이 될 것이다.

일본 측은 제반 문제의 해결('정지작업')은 일한 간의 일상적인 안건으로서 일한 국교정상화 교섭과는 별도로 분리해 처리해야 한다고 생각하는바, 만약 한국 측이 이들 문제의 해결을 국교정상화 교섭 재개를 위한 전제조건으로 내세우려 고집한다면(이 점에 대해선 추가적으로 한국 측 의견을 타진할 필요가 있음) 회담 재개가 지연될 것이다.

일본 측으로서는 최근 국내에 관련된 정세로 볼 때 나포된 일본 어부가 석방되기 전에 회담을 재개하기는 사실상 어려울 것 같다.

　일한회담이 재개될 경우에는 이미 마련된 기본방침대로 어업 우선의 원칙을 견지하고, 최소한 어업 문제의 대강에 대해 우리 측이 수용 가능한 내용을 확보하는 것을 당면 목표로 한다. 따라서 한국 측으로 하여금 먼저 어업 관련 장관 회담의 '재개' 방식에 동의하도록 해야 한다.

　다만, 한국 측이 한국 국내 정세를 고려해 형식적으로라도 다른 현안의 토의도 함께할 것을 고집하는 경우, 종전의 선례도 있는 데다 기술적 요소가 많고 상대측의 관심도 큰 법적지위 문제 소위원회의 재개를 고려하기로 한다.

　시나 외상의 방한, 회담 재개, '정지작업'의 건은 10월 29일, 11월 5일 스기 수석대표와 김동조 수석대표의 비공식 회담에서도 논의되었다.

　1964년 11월 9일 사토 에이사쿠(佐藤栄作) 내각이 성립되고 시나 외상은 유임됐다. 11월 12일 김동조 대사는 시나 외상을 방문, 앞선 회담 시의 문제에 대해 다시 요청했다. 그는 외상 방한은 내년 상반기도 괜찮다면서, 일한회담의 재개 시기는 외상 방한과 동시에 발표하고 싶다고 말했다. 김 대사는 또한 내년에 서울에서 개최될 예정인 동남아 8개국 외상회의에 일본의 참가를 희망했다. 이 같은 한국 측 제의에 대해 11월 14일 우시바 심의관, 우시로쿠 아시아국장과 김동조 대표, 이규성(李圭星) 참사관이 참석한 회담에서 일본 측은 문서로써 답변을 했는데, 그것을 요약하면 다음과 같다.

　1. '정지 작업'

　(1) 2,000만 달러 차관에 대한 교환공문 서명 직후 한국 측은 4척의 억류 어선 및 선원을 석방하는 것을 양해한다.

　(2) 한국 경비정에 의한 단속이 최근 매우 엄해졌기 때문에 일본어선의 공해상 어획량은 평년 대비 60퍼센트에 그쳐 도산에 처한 선주도 나타나고 있는 상황이다. 따라서 정부, 여당에서도 후술하는 여러 항목을 실시하기에 앞서 일본어선의 이러한 조업 상태가 개선되어야 한다는 주장이 있다.

　(3) 방어 수입은 50만 달러 이상의 외부 할당을 내정하고, 오징어 등 수산물의 외부 할당도 (2)항과 관련지어 고려하면서 검토할 용의가 있다.

　(4) 어선 11척의 수출 허가 및 김 51만 다발 추가 수입은 희망에 부응할 수 없다.

　(5) 플랜트 연불 2건 추가는 불가하다.

　(6) 재한 일본상사 과세 문제가 조기에 원만하게 해결되도록 배려하길 희망한다.

　(7) 향후 회담이 매듭지어질 때 한국 국내에서 일한회담 반대의 움직임이 표면화하지 않도록 더욱 국내 홍보에 노력할 것을 희망한다.

2. 일한회담 재개 문제

어업 문제의 토의가 바로 실질적인 진전을 볼 것이라는 전망이 선다면, 재개 시기는 연내라도 괜찮다. 만약 한국 측이 우선 대표 수준의 회담부터 시작하고 싶어 한다면, 한국 측 대표도 기존과는 달리 대폭적인 재량권을 부여받는다는 것을 전제로 하여 이에 응할 용의가 있다. 한국 측이 희망한 법적지위 문제의 논의 재개 요구에 응할 용의가 있다. 그러나 이것은 일본 측의 어업 우선 해결방침을 수정하는 것이 아니다. 또한 법적지위 논의에서 한국 측이 올봄까지 양국 대표 간에 비공식적으로 의견 일치를 본 선에서 후퇴하지 않는다고 양해하는 것을 전제로 한다.

3. 시나 외상의 방한 문제

선물을 기대하면 곤란하지만, 순수한 친선 방문이라면 응할 용의가 있다.

4. 동남아시아 외무장관회의

현재 계획된 동남아시아 외무장관회의는, 첫째, 참가국이 아시아 국가 중 특정한 성격의 국가에만 한정되어 있어 회의에 참여하는 국가와 하지 않는 국가의 관계에서 오히려 좋지 않은 감정이나 악감정을 야기할 위험성이 있다. 둘째, 회의의 목적 내지 의제가 모호하고 구체적인 성과가 부족한 결과로 끝날 것이라 생각되기 때문에 회의에 참가할 의향은 없다.

(주: 동남아시아 외무장관회의는 아시아의 정치·경제·문화협력을 논의하기 위해 한국 정부가 1965년 4월 서울에서 개최할 것을 제안한 것으로, 중화민국, 필리핀, 남베트남, 태국, 말레이시아, 호주, 뉴질랜드 등 7개국에 초청장이 보내졌다. 일본의 불참은 상기한 두 가지 이유 외에 일본 국내에서 이것이 NEATO의 구체화라는 무용의 비판을 초래할 수 있고, 개최지가 서울이기 때문에 일한회담 반대 운동을 불필요하게 자극할 가능성을 고려했기 때문이다.)

사토 내각 성립 초기인 11월 21일 열린 제47회 임시국회에서 시나 외상은 시정연설에서 "연내라도 어업 문제를 중심으로 현안 토의를 재개할 생각이다. 또 제반 현안의 절충과 분리해 내가 스스로 한국을 방문하는 것이 조금이라도 양국 간의 상호 이해와 우호 증진에 기여할 수 있다면, 가능한 한 빨리 적절한 기회를 선택해 실현하고 싶다"고 말했다.

이어 11월 25일 시나 외상과 김동조 대사와의 회담에서 한국 측은 석방 대상인 어선 3척, 선원 16명의 명단을 통고했다. 일한회담 재개 문제에 대해서는 ① 회담은 제7차 일한 전면 회담으로 부른다, ② 12월 3일에 본회의를 연다, ③ 12월 7일부터 어업, 법적지위, 기본관계 3개 위원회를 연다 등을 합의했다. 시나 외상의 방한 문제와 관련, 김 대사는 이동원(李東元) 외무부장관이 시나 외상에게 보낸 11월 23일 자 초청장을 수교한 후 내년 2월 중순이 되면 이동원 외무부장관이 유엔의 한국문제 토의에 참석하기 위해 미국에 가기 때문에 늦어도 그 전까지 방문해줄 것을 요청했다. 이에 대해 시나 외상은 2월 중순까지 방문하겠다고 답했다. '정지작업'과 관련, 김 대사는 모든 안건을 연내에 정리하고 싶다는 희망을 피력했다.

(2) 제7차 일한회담의 시작

이리하여 12월 3일 제7차 회담이 시작되었다. 일한 쌍방의 대표는 다음과 같다.

〈일본 측〉

수석대표 스기 미치스케(杉道助)

차석대표 외무성 외무심의관 우시바 노부히코(牛場信彦)

대표 법무성 민사국장 히라가 겐타(平賀健太)

대표 법무성 입국관리국장 야기 마사오(八木正男)

대표 외무성 아시아국장 우시로쿠 도라오(後宮虎郞)

대표 외무성 경제협력국장 니시야마 아키라(西山昭)

대표 외무성 조약국장 후지사키 마사토(藤崎万里)

대표 외무성 정보문화국 문화사업부장 하리야 마사유키(針谷正之)

대표 외무성 아시아국 참사관 히로세 다쓰오(広瀬達夫)

대표 대장성 이재국장 요시오카 에이치(吉岡英一)

대표 문부성 문화재보호위원회 사무총장 미야지 시게루(宮地茂)

대표 농림성 수산청 차장 와다 마사아키(和田正明)

〈한국 측〉

수석대표 주일 대표부 대표 김동조

대표 주일 대표부 공사 방희(方熙)

대표 외무부 기획관리실장 문철순(文哲淳)

대표 주일 대표부 참사관 이규성

대표 외무부 아주국장 연하구(延河龜)

대표 법무부 법무국장 이경호(李坰鎬)

대표 농림부 수산국장 이봉래(李鳳來)

대표 농림부 국립수산진흥원 원장 김명년(金命年)

(다음은 이듬해 4월의 문화재위원회 개최 시에 추가된 대표)

대표 국립박물관장 김재원(金載元)

대표 고려대학교 교수(문화재보호위원) 이홍직(李弘稙)

대표 동국대학교 교수 (문화재보호위원) 황수영(黃壽永)

　　대표 문교부 문화재관리국장 하갑청(河甲淸)

　　스기 수석대표의 병환으로 수석대표대리로서 참석한 우시바 외무심의관은 인사에서 "특히 일본 측은 최대의 관심사이자 회담의 조기 타결의 성패를 좌우한다고 해도 과언이 아닌 어업 문제 토의가 실질적인 진전을 거둘 것을 간절히 희망한다", "이 제7차 회담이야말로 진정한 결실을 맺도록 하기 위해 일본 측 대표는 모두 새롭게 열정을 쏟겠다. 무엇보다 쓸데없이 타결 속도에만 연연하는 것은 대국적으로 오히려 역효과라는 생각이다. 일한 양국의 미래에 응어리를 남기지 않도록 진정으로 공정하고 합리적인 타결이 될 수 있도록 서로 충분하게 협력하기를 바란다"고 언급했다. 김동조 수석대표는 "특히 1951년 10월 국교정상화를 위한 한일교섭 이후 직간접적으로 회담 진행에 종사할 기회를 가졌고, 교섭의 추이에 대해 남다른 관심을 가져왔다", "한국 정부와 나는 현안에 대해 공정하고 합리적인 해결을 신속하고 원만하게 성취함으로써 과거의 불행한 역사에 기인하는 감정을 털어버리고 상호 이해와 융화에 따른 지속적인 우호관계를 수립하고자 하는 굳은 신념과 의욕을 갖고 이번 회담에 임하고 있다. 일본 정부와 귀 대표단도 한국 측에 못지않은 정성과 아량을 갖고 임함으로써 하루 속히 우리의 공동 목표를 달성할 수 있기를 염원한다"고 말했다. 이어 다음 주부터 어업, 법적지위, 기본관계 3개 위원회를 열기로 결정했다.

　　12월 11일부터 16일까지 우시바 심의관(일한회담 차석대표)은 한국을 방문, 서울 외에도 부산, 인천, 판문점 등을 돌아본 후 13일 정일권(丁一權) 총리와 회담했다. 정일권 총리는 내년 1월 방미할 기회에 샌프란시스코 또는 호놀룰루에서 사토 총리와 회담하고 싶다는 희망을 말했다. 우시바 심의관은 귀국 후 "한국의 정치 정세가 이전보다 훨씬 안정되고 경제 사정도 올해는 식량 생산이 좋았다는 것을 강조하였는데, 내가 받은 느낌도 매우 밝았다. 올림픽 등도 계기가 되어 일본에 대한 엄한 인식이 상당히 변했고, 특히 중국의 핵 실험은 한국민에게 큰 충격을 준 것 같았다. 이것들은 일한회담을 촉진하는 요소가 되지 않을까라고 이해할 수도 있을 것 같다"고 말했다고 보도됐다(『아사히신문』, 12월 17일).

　　12월 21일 북동아시아과는 다음과 같은 조서를 작성했다. 이것은 시나 외상의 방한 준비에 해당하지만, 동시에 제7차 회담에 대한 방침이었다고 할 수 있다.

　　　　　　　일한 정상 간 회담에서 분명히 해야 할 일본 측의 입장(시안)

　　　　　　　　　　　　　　　　　　　　　　　1964년 12월 21일, 북동아시아과

　1. 기본적인 문제

　　(1) 한국 정부의 성격

　　　일본 측은 일한회담에 임하는 기본 입장으로서, 한국 정부는 1948년 유엔결의에서 말하는 의미에서 한반도에 성립된 유일한 합법 정부이지만 그 실효적 지배 및 관할권한은 현재 북조선에는 미치지 않는다는 사실을 전제로 하고 있다. 따라서 이 입장과 형식적, 실질적으로 모순되는 협정을 만들 수는 없다.

(주: 한국 측은 구체적인 문제 처리를 위한 대화에서는 그 실효적 지배 및 관할이 북조선에는 미치지 않았다는 사실을 전제로 한 논의에는 응하고 있지만, 원칙적인 입장, 예를 들어 한국 측 기본관계조약안에서는 한국 정부가 한반도의 유일한 합법 정부임을 일본 측이 무조건 확인할 것을 요구하고 있다.)

(2) 현안의 일괄 처리

일본 측은 어업, 청구권을 비롯한 일한 간의 모든 현안을 일괄 해결한다는 방침을 유지한다. 이 일괄 해결 중에는 다케시마 문제[후기한 3조 (5)항 참조]를 포함한다.

(주: 한국 측은 어업 문제에서 일본 측과 대폭적으로 타협할 경우 국내 각 방면에서 강한 반대가 제기되거나 일한 간의 모든 협정의 비준이 불가능하게 될 가능성도 있다면서, 어업협정은 당분간 유보하거나 잠정적 협정에 그치게 한 다음 청구권 등 한국 측이 '얻을 것'만으로 협정을 정리하고 국교정상화를 실현하고 싶다는 마음도 있는 것으로 보인다. 그러나 이렇게 해서는 일본 측으로서는 모두 '내주는 것'일 뿐만 아니라, 이 기회를 놓쳐서는 일한 간의 어업 문제를 우리 측이 만족할 수 있는 형태로 해결할 시기가 무제한적으로 미뤄질 가능성이 크다.)

2. 어업 문제

(1) 전관수역

일본 측으로서는 한국 측이 일방적으로 관할권을 갖는 것은 12해리 전관수역에 한정되며 그 외부 수역에서는 형식적으로나 실질적으로도 일방적인 관할권을 인정하는 것은 국제법 및 국제관행의 원칙상 받아들일 수 없다.

(주: 한국 측은 주로 국내 여론을 고려해 이승만 라인을 어떤 명목으로든 남겨두고 싶다는 생각을 여전히 버리지 않고 있다. 또 12해리 바깥의 이승만 라인 수역에서의 일본어선의 조업에 대해 한국 정부가 허가를 하는 방식을 취하고 싶어 하는 것으로 전해진다.)

(2) 제주도 주변 직선기선의 설정 방법

일본 측은 국제법상의 입장, 특히 외국과의 어업 문제의 처리에 대한 영향을 감안해 제주도와 본토를 일체화해 직선기선을 긋는 것을 인정할 수 없다. 그러나 제주도를 본토와 분리해 직선을 긋는다면, 이 해역에 대한 한국 측의 깊은 관심을 최대한 고려할 용의는 있다.

(주: 한국 측은 정치협상을 통해 한국 측의 주장을 일본 측에 관철시키기 위해 종래 여러 차례 공작해왔지만, 이 점은 단순히 일한 간의 문제가 아니라 일본이 외국과 맺는 어업관계에 중대한 영향을 미치는 원칙 문제이다.)

(3) 공동 규제수역의 척수 조정

일본 측은 전관수역 외측의 공해에서 조업을 규제하는 자원론상의 필요성을 인정하고 있지 않지만, 한국 측의 입장도 고려해 일본어선의 조업 실적이 충분히 존중, 확보되는 한도 내에서, 또 일한 양국이 형식적으로도 실질적으로도 평등한 규정에 따른다는 원칙에 기초해 공동 규제조치에 대해 합의를 도모할 용의가 있다.

(주: 한국 측은 12해리 전관수역 밖의 이승만 라인 수역에 대해 연안국(한국)이 우선적으로 어업권을 갖는다는 사상을 버리지 않았고, 정치협상에서 우선 일본 측이 이 사상을 수락토록 하고, 그다음에 한국 측에 매우 유리한 구체적인 척수를 결정하겠다고 생각

하는 것으로 보인다. 한편, 이 수역의 특정 어업자원이 고갈될 위험이 있는 것은 일단 사실인 듯하며, 다른 제3국과의 어업협정과는 거리를 둔 탄력적 고려를 요할 가능성도 없지 않다는 점을 검토해둘 필요가 있다.)

(4) 어업협력

일본 측은 어업협력의 경우 "민간 기업에 의한 상업상의 신용공여"(이른바 오히라 외상과 김 부장의 양해 제3항목)라는 전제를 무너뜨릴 수 없다. 하지만 그 전제에 기초하는 한, 한국 영세 어민의 발전을 위해 가장 효과적인 협력방식에 대해 다양한 협의에 응할 용의가 있다.

(주: 한국 측은 특별히 유리한 조건의 포괄적인 신용공여(이른바 오히라 외상과 김 부장의 양해 제2항목에 가까운 것)를 원하고 있지만, 만약 이것을 인정하면 청구권 문제 해결을 위한 소위 오히라 외상과 김 부장의 양해를 사실상 증액하는 결과가 된다. 그러나 한국 혹은 인도네시아 긴급 원조의 전례를 따라 조건은 일단 표준을 제시하는 것 정도로 연구해둘 필요가 있다.)

3. 기타 문제

(1) 청구권 문제의 해결방식

청구권 문제는 이른바 오히라 외상과 김 부장의 양해에 따라 무상공여 3억 달러, 장기저리 차관 2억 달러(그리고 상당액의 통상적인 민간 신용공여)의 공여에 의해 일한 간의 청구권 문제가 완전히 해결됐음을 모두가 확인하는 방식으로 최종적으로 해결하는 것으로 한다. 이와 관련된 미해결 2개 사항은 (가) 장기저리 차관의 상환은 거치기간 7년을 포함해 20년, (나) 한국의 채권(약 4,573만 달러) 상환 방법은 10년간 균등이라는 선에서 타협을 도모한다.

〔주: 미해결 2개 사항에 대해 한국 측은 (가)는 27년, (나)는 10년 균등을, 일본 측은 (가)는 20년, (나)는 3년 이내를 각각 주장하고 있다. 그러나 (나)를 3년 이내로 하는 경우에도 무상공여의 조기 집행을 약속했기 때문에 실질적으로는 10년 균등과 차이가 없다. 따라서 이번에 상기한 선에서 매듭짓는 것이 타당하다.〕

(2) 선박 및 문화재 문제

일본 측으로서는 상기한 (1)항의 방식에 의한 청구권 문제의 해결으로 당연히 선박 및 문화재 문제도 해결됐다는 입장이다. 따라서 이와 별도로 상당량의 선박 제공을 요구하는 한국 측의 입장을 인정할 수 없다. 다만, 문화재는 그 특수한 성격과 한국의 국민감정을 감안해 일한 문화협력의 일환으로 국유의 한국 출토 문화재를 상당수 증여(또는 '인도')하는 방안을 고려한다.

(주: 한국 측은 일본 측이 과거 회담에서 일정량의 선박 제공을 제안한 사실에 아직도 집착하고 있지만, 일본 측은 3억, 2억이라는 거액의 제공에 동의한 현시점에서 이에 부가해 선박을 제공하는 것에는 도저히 응할 수 없다는 입장이다. 문화재에 대해서는 한국 측은 '반환', 일본 측은 '증여'를 주장하고 있지만, 궁극적으로는 '인도'로 타협할 수밖에 없을 것으로 생각된다.)

(3) 나포 일본어선의 반환 문제

일본 측은 이승만 라인을 부당한 것으로 본다는 입장에서 본건을 당연한 요구라고 생각하고 있다. 일한회담의 모든 현안이 타당하게 해결될 수 있는 경우에는 향후 본건을 청구하지 않겠다는 취지를 약속할 용의가 있다.

〔주: '이승만 라인'의 설정(1952년 1월 18일) 이후 나포된 미귀환 어선은 174척, 이에 따른 손해액은 어떤 계산에 의하면 2,000만

달러 이상이다. 또 본건 청구를 포기한 경우에는 국내 보상조치를 강구할 필요가 있다.]

(4) 재일한국인의 법적지위 문제

문제의 초점인 영주권 부여 범위와 관련, 일본 측은 올해 3월 제시한 타협안("협정 발효 후 5년 이내에 태어난 자"까지 부여) 이상으로는 양보할 수 없다. 다만, 이 점이 합의된다고 하면 재일한국인의 사정을 충분히 고려해 그 후에 태어날 자손의 지위에 대해서도 충분히 고려할 용의가 있다.

(주: 한국 측은 이전부터 자자손손까지 영주권이 부여되어야 한다고 주장했고, 올해 4월의 제안도 "자식은 부모에 준한다"는 규정에 따라 동일한 목표를 겨냥하고 있다. 일본 측은 자손을 냉대하거나 추방할 생각은 추호도 없지만, 명분상 일본 국내에 특수한 영주권을 갖는 소수민족이 무기한 존재하는 것은 바람직하지 않고, 오히려 완전히 일본화한 2세, 3세는 점차 일본에 귀화시킴으로써 크게 포용해가야 한다고 생각하고 있다.)

(5) 다케시마 문제

일본 측은 일한 국교정상화 실현 시 다케시마 문제가 해결되지 않은 채 남아 있는 것은 국민감정상 도저히 인정할 수 없으므로, 최소한 이 문제의 해결을 위한 명확한 목표를 제시해줘야 한다는 입장에서 본건을 최종적으로는 ICJ에 회부하는 것을 양국 간에 합의하라고 제안하고 있는 것이다.

(주: 한국 측은 본건이 일한회담의 의제가 아니라고 주장하면서, 제3국에 의한 조정이라는 방법이 일본 측 사정을 최대한 고려한 타협안이라고 말하고 있지만, 제3국에 의한 조정만으로는 강제력이 없고 일방적인 다케시마 점거라는 사태가 무기한으로 계속될 우려가 매우 크다고 본다. 한편, 한국 측은 유엔에도 ICJ에도 가입하지 않고 있다는 점, ICJ에는 공산권 대표도 있다는 점, 북조선이 재판상 이해관계인으로서 참가할 권리를 인정받을 가능성이 있다는 점 등에 의해 ICJ 회부하는 안에는 응하지 않을 가능성 높고 [원문 약 3행 미공개])

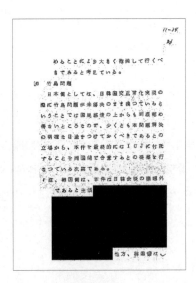

외교문서 원본 27　독도 문제에 관한 한국 측의 입장이 먹칠된 채 공개된 일본 외교문서

새해 들어 박정희 대통령은 1월 16일 연두교서에서 "한일 국교정상화는 올해 안에 한국의 권익

을 최대한 보장하는 방향으로 결판을 내겠다"고 말해 한국 정부로서의 적극적인 자세를 보였다. 한편, 사토 총리는 1월 25일 제48회 국회 시정연설에서 "대국적인 견지에서 다년간에 걸친 교섭을 조기에 타결시키는 데 최선의 노력을 경주할 결의에 차 있다"고 밝혔다.

한편, 스기 미치스케 씨는 1961년 10월 이후 노구를 이끌고 일한회담 수석대표로서의 중책을 완수하고 있었지만, **[원문 약 10자 미공개]** 12월 14일 숨졌다. 시나 외상은 12월 16일 닛신보(日清紡) 회장 사쿠라다 다케시(桜田武) 씨에게 그 후임을 요청했지만, 사쿠라다 씨는 고사했다. 이어 미쓰비시(三菱)전기 고문 다카스기 신이치(高杉晋一) 씨에게 요청, 1965년 1월 6일 다카스키 씨로부터 수락 통보를 받았다.

연말에 휴회 중이었던 일한회담은 1965년 1월 18일 재개되었다. 그날 제3차 본회의에서 다카스기 수석대표는 신임인사를 했다. 향후 본회의 외에 수석대표 회담을 매주 열기로 했다.

그러나 이에 앞서 1월 7일 다카스기 대표가 정부대표 취임인사를 위해 가진 외무성 기자회견에서 "일본이 20년 더 한국을 지배했었더라면 한국은 더 잘되었을 것이다" 등을 발언했다는 기사가 1월 10일 자 『아카하타(赤旗)』[99]와 1월 19일 자 한국의 『동아일보』, 『경향신문』, 『서울신문』에 실렸다. 특히 『동아일보』에는 「다카스기 수석대표 중대 실언, 국교정상화 노력에 어두운 그림자, 한국 지배를 20년 더 계속했으면」, 「사과라는 것은 타당한 말이 아니다」 같은 제목으로 상세히 보도했다. 이 사건은 제2의 구보타 발언으로 한국의 정치권에서도 문제시되었다.

1월 20일 열린 제1차 수석대표 회담에서 다카스기 대표는 이 기사와 관련해 해명하고 한국 측의 양해를 얻었다.

부기(附記)

박정희 대통령이 1964년 12월 6일부터 15일까지 독일을 방문했을 때 뤼브케(Karl Heinrich Lubke) 대통령과 에르하르트(Ludwig Erhard) 총리는 공히 일한 양국이 빨리 국교를 정상화해야 한다고 말했다. 특히 뤼브케 대통령은 과거를 잊고 미래를 생각하는 전후 독불관계를 예로 들면서 열심히 설득했다고 한다(12월 12일, 주 독일대사관 전신 보고). 이와 관련, 당시 구로다 미즈오(黒田瑞夫) 북동아시아과장이 기술한 바에 따르면, 호겐 신사쿠(法眼晋作) 구아(歐亞)국장은 주일 독일대사를 초치해 이 같은 설득을 의뢰한 바 있다. 그러나 박 대통령은 뤼브케 대통령에게 "독일과 프랑스는 서로 때리거나 맞은 관계이기 때문에 합의가 가능했다. 이에 비해 한국은 일본에 일방적으로 맞았을 뿐이므로 일본과 화해하는 것이 어렵다"고 대답했다고 한다(『내가 관련된 일한교섭의 역사』). 박 대통령은 2월 방한한 시나 외상에게 일한관계는 독일과 프랑스의 관계와는 달리 어렵

---

99)   일본공산당 기관지.

다면서, 뤼브케 대통령에게 한국이 일방적으로 맞았을 뿐이라는 이야기를 했다고 말했다(우시로 쿠 아시아국장의 「시나 외상 방한 시 제반 회담의 문제별 요지」).

(3) 기본관계조약안의 토의

기본관계위원회는 1964년 12월 8일부터 1965년 2월 15일까지 열세 차례에 걸쳐 열렸다. 대표는 일본 측 히로세 아시아국 참사관, 한국 측 문철순 외무부 기획관리실장, 연하구(延河龜) 외무부 아주국장이었다. 1964년 12월 10일(제2차) 쌍방은 다음과 같은 요강안을 각각 제출했다.

일한 기본관계에 관한 합의 요강안(일본 측)

1. 명칭

일한 기본관계에 관한 합의는 '공동선언'이라는 명칭을 사용한다.

2. 전문

(가) 일한 양국 전권단 간의 교섭이 진행됐다는 것을 언급하고, (나) 전권명을 기록하고, (다) 외교관계 설정에 대한 의견 일치가 있었다는 것을 언급하며, (라) "…… 이 교섭의 결과, 다음 합의가 성립했다" 라고 끝을 맺는다.

3. 본문

(1) 샌프란시스코 평화조약 제2조 (a)항의 규정 및 유엔결의 195(III)의 취지를 확인할 것.

(2) 외교관계 설정에 앞서 해결 또는 처리하는 것이 바람직하다고 인정되는 제반 현안이 관련 제 협정에 의해 해결 또는 처리됐음을 확인할 것.

(3) 본 선언 및 전기한 제 협정을 적용할 경우에는 대한민국 정부의 유효한 지배 및 관할권이 현실적으로 한반도의 북쪽 부분에는 미치지 못한다는 사실이 고려되어야 할 것.

(4) 양국 간에 외교 및 영사 관계를 설정할 것.

(5) 양국은 상호 관계에 있어 유엔헌장의 원칙을 준수할 것.

(6) 통상·항해 관계

(7) 분쟁 처리(ICJ에 위탁)

(8) 비준 조항

(임시 번역)

기본관계에 관한 한국 측 입장 요강(안)

1. 형식: 조약으로 한다.

2. 명칭: '대한민국과 일본국 간의 기본조약'으로 한다.

3. 전문: 특히(inter alia) 아래의 사항을 규정한다.

  (1) 한일 양국 관계의 과거청산과 상호 주권 존중을 기반으로 한 새로운 관계의 수립

  (2) 양국 간의 항구적 평화를 공고히 하고 지속적인 선린우호관계의 유지

  (3) 양국의 공동 복지의 향상

  (4) 아시아와 세계의 평화 및 안전을 유지하는 데 기여

  (5) 대한민국 정부가 한국에서의 유일한 합법 정부라는 사실의 확인

4. 본문 조항: 특히(inter alia) 아래의 사항을 규정한다.

  (1) 한국과 일본국 간에 1910년 8월 22일 및 그 이전에 체결된 모든 조약 또는 협정이 무효라는 사실의 확인

  (2) 외교 및 영사 관계의 수립

      가. 대사관 외교사절의 교환

      나. 영사관의 설치

  (3) 양국 간의 무역, 해운 및 기타 통상 관계를 안정적이고 우호적인 기초 위에 두기 위한 조약 또는 협정의 체결

  (4) 민간 항공운수에 관한 조약 또는 협정의 체결

  (5) 양국 간 제반 현안, 즉 한국 청구권 문제, 재일한인의 법적지위 및 처우 문제, 그리고 어업 및 평화선 문제에 관한 별도 협정의 원칙

  (6) 양국 영토를 연결하는 해저전선의 균등 분할

5. 최종 조항: 특히(inter alia) 아래의 사항을 규정한다.

  (1) 비준 절차

  (2) 용어

      가. 한국어, 일본어, 영어 3개 국어로 작성

      나. 해석상의 분규 시 영문에 따른다.

  12월 16일 사무적 수준에서 요강안의 문제점을 정리했을 때 쌍방은 다음과 같이 언급했다.

  명칭과 관련, 한국 측은 "한국 국내 사정의 측면에서 봤을 때 일본 측 안은 받아들일 수 없다"〔이에 대해서는 나중에 "1910년 병합조약이 강압적으로 체결된 점을 감안해 그것을 무효라고 선언하기 위해서는 '조약'의 체재(體裁)를 필요로 한다는 것이 국민감정이다"라고 설명했다〕고 주장했다. 이에 대해 일본 측은 "기본적 합의는 제반 현안의 해결을 확인하는 것이므로 조약의 형식을 필요로 하지 않는다"고 맞섰다.

  한국 측 안의 전문에 대해 일본 측은 "(1)항의 과거청산은 본문 (1)항과도 관련되어 인정하기

어렵다. (5)항의 유엔결의 195(III)와 관할권의 범위 측면에서 문제가 많다"고 말했다.

일본 측 안 본문과 관련, 한국 측은 본문 (1)항에 대해 "평화조약에서 독립이 확인된다는 것은 기이하게 느껴진다", (3)항에 대해 "주권을 일부 부정한 것으로 연결되기 때문에 인정하기 어렵다", (7)항에 대해 "ICJ의 강제 관할권을 수락하는 것은 전례가 없고, 현재 검토 중"이라고 말했다. 한국 측 안과 관련해 일본 측은 (1)항에 대해 "대한제국은 국제법상의 주체로서는 이미 소멸했을 뿐만 아니라, 조약은 이미 실시된 데다 존재하지도 않기 때문에 존치시킬 필요가 없다", (5)항에 대해선 "해결의 확인이라면 원칙을 강조할 필요는 없다"고 답했다.

1965년 1월 26일(제7차 회의)에 이르러 양측은 다음과 같은 기본관계에 관한 합의 초안을 각각 제시했다.

대한민국과 일본국 간의 _____(일본 측 안)

1965년 1월 26일

일본국 정부와 대한민국 정부는 상호 양국의 선린관계를 희망한다는 사실을 고려하고, 양국의 공통의 복지를 증진시키기를 희망하며, 양국 간 외교관계의 설정이 국제 평화와 안전의 유지에 기여하는 것을 인정하고, 일본국이 1951년 9월 8일에 샌프란시스코에서 서명된 일본국과의 평화조약 제2조 (a)항에 의해 조선의 독립을 승인한 사실을 고려하며, 유엔총회가 1948년 12월 12일에 조선의 독립 문제에 대해 결의 195(III)을 채택한 것을 상기해 _____를 체결하기로 결정하고, 이에 그 전권위원을 다음과 같이 임명했다.

일본국 정부 _____

_____

대한민국 정부 _____

_____

이들 전권위원은 상호 그 전권위임장을 제시하고, 그것이 양호 타당하다고 인정한 후 다음의 여러 조항에 합의했다.

제1조

일본국 및 대한민국은 양국 간의 외교관계 개설에 앞서 해결 또는 처리되는 것이 바람직하다고 인정된 제반 현안이 오늘 서명된, 다음에 열거하는 관계 제 협정에 의해 해결 또는 처리되었음을 확인한다.

_____

_____

_____

_____

_____

제2조

대한민국과 일본국 간의 외교 및 영사 관계가 개설된다. 양국은 대사의 자격을 갖는 외교사절을 지체하지 않고 교환한다. 또 양국은 양국 정부에 의해 합의된 장소에 영사관을 설치한다.

제3조

(a) 일본국 및 대한민국은 상호 관계에서 유엔헌장 제2조의 원칙을 지침(指針)으로 하기로 한다.

(b) 일본국 및 대한민국은 유엔헌장의 원칙에 따라 협력하기로 하고, 특히 경제 분야의 우호적 협력에 의해 그 공통의 복지를 증진시키기로 한다.

제4조

(a) 일본국 및 대한민국은 그 무역, 해운 및 기타 통상의 관계를 안정되고 우호적인 관계의 기초 위에 두기 위해 조약 또는 협정을 체결하는 교섭을 가능한 한 조속히 시작하기로 한다.

(b) 해당하는 조약 또는 협정이 체결될 때까지 _____

제5조

일본국 및 대한한국은 민간 항공운수에 관한 협정을 체결하기 위해 교섭을 가능한 한 조속히 시작하기로 한다.

제6조

이 _____의 해석 또는 적용에서 발생하는 분쟁은 우선 교섭을 통해 해결하는 것으로 하고, 교섭 개시 시기부터 6개월의 기간 내에 해결되지 못할 때는 체결국 가운데 어느 한쪽의 요청에 의해 국제사법재판소에 결정을 위탁하는 것으로 한다.

제7조

이 _____는 비준되어야 한다. 비준서는 제1조에 규정된 관계 제 협정에서 비준을 요하는 것의 비준서가 모두 교체된 후, 가능한 한 조속히 [ ]으로 교환한다. 이 _____는 비준서가 교환된 날에 발효한다.

제8조

이 _____는 일본어, 한국어, 영어에 의한 것으로 한다. 해석에 차이가 있을 경우에는 영어의 본문에 따른다.

이상의 증거로서, 아래 이름의 전권위원은 이 _____에 서명했다.

196[ ]년 [ ]월 [ ]일 [ ]에서 본서 2통을 작성했다.

일본국 정부를 위해

_____

대한민국 정부를 위해

_____

(1965년 1월 26일 한국 측이 제시한 것)

TRANSLATION

DRAFT BASIC TREATY

BETWEEN THE REPUBLIC OF KOREA AND JAPAN

The Republic of Korea and Japan,

Considering the need of liquidating their past relations and their mutual desire for good neighborliness and for the normalization and maintenance of their relations on the basis of the principle of mutual respect of sovereignty;

Recognizing the significance of their close cooperation for the promotion of their mutual welfare and common interests and for the maintenance of peace and security in Asia and in other parts of the world;

Believing that a fair and equitable settlement of their outstanding problems will greatly contribute towards the establishment of a sound foundation of their future relations;

Have therefore determined to conclude a Basic Treaty and have accordingly appointed as their Plenipotentiaries,

The Republic of Korea:

Japan:

Who, having exchanged their full powers found in good and due form, have agreed upon the following articles:

Article I

There shall be perpetual peace and everlasting amity between the High Contracting Parties as well as between their respective Peoples.

Article II

It is confirmed that the Government of the Republic of Korea is the only lawful government in Korea.

Article III

It is confirmed that all treaties or agreements concluded between the Empire of Korea and the Empire of Japan on or before August 22, 1910 are null and void.

Article IV

The High Contracting Parties shall establish diplomatic and consular relations.

Article V

The High Contracting Parties shall endeavor to conclude, as soon as possible, a treaty or agreement to place their trading, maritime and other commercial relations on a stable and friendly basis.

Article VI

The High Contracting Parties shall endeavor to conclude, as soon as possible, an agreement relating to civil air transport.

Article VII

(Provisions concerning the Legal Status and Treatment of the Korea Resident in Japan.)

Article VIII

(Provisions concerning the Korea Claims in general)

Article IX

(Provisions concerning the fisheries)

Article X

(Provisions concerning the Korea Claims on Vessels)

Article XI

(Provisions concerning the Korea Claims on Art Objects)

Article XII

Submarine cables connecting the Republic of Korea and Japan shall be equally divided, Korea retaining the Korea terminal and adjoining half of the cable, and Japan the remainder of the cable and connecting terminal facilities.

Article XIII

The present Treaty shall be ratified and instrument of ratification shall be exchanged at as _____ soon as possible.

It shall enter into force on the date of exchange of ratification.

IN WITNESS WHEREOF, the respective Plenipotentiaries have signed the present Treaty and have affixed thereto their seals.

DONE in duplicate at _____ on this _____ day of _____ of the year _____ in this Korean, Japanese, and English languages, each being equally authentic. In case of any divergence of interpretation, the English text shall prevail.

FOR THE REPUBLIC OF KOREA;

FOR JAPAN

일본 측은 1월 29일(제8차 회의) 1월 26일 자 안의 영어 번역문을, 2월 5일(제9차 회의)에 제2차 일본 측 안을, 2월 8일(제10차 회의)에 제2차 안의 영어 번역문을 각각 제시했다. 한국 측은 2월 8일 제2차 안을 제시했다. 일본 측은 2월 10일(제11차 회의) 수정안의 영어 번역문을 제시했고, 이어 2월 11일(제12차 회의)에 통상에 관한 경과 규정을, 2월 15일(제13차 회의)에 「구조약 무효와 한국 정부의 유일한 합법성에 관한 항의 대안」 및 「임시 통상협정에 관한 양해안」의 영어 번역문을 각각 제시, 수교하고 토의했다. 그동안 수석대표 회담에서도 기본조약안에 대해 논의했다. 결국 명칭은 2월 12일 수석대표 회담에서 「기본관계조약」으로 결정되었다. 2월 16일 시점에서 문제점은 ① 전문의 "recalling"이라는 구절, ② 한국 정부의 합법성 여부, ③ 구조약 무효에 관한 표현, ④ 통상항해 조항 및 해저전선에 관한 양해사항 네 가지 사안으로 좁혀졌다.

CONFIDENTIAL 2

Pending provisions:
1) Recalling paragraph
2) Article II
3) Article III

DRAFT

Treaty on Basic Relations between Japan and the Republic of Korea

1965. 2. 16.

Japan and the Republic of Korea,

Considering the historical background of relationship between their peoples and their mutual desire for good neighborliness and for the normalization of their relations on the basis of the principle of mutual respect of sovereignty;

Recognizing the importance of their close cooperation in conformity with the principles of the Charter of the United Nations to the promotion of their mutual welfare and common interests and to the maintenance of international peace and security;

Recalling the relevant provisions of the Treaty of peace with Japan signed at the city of San Francisco on September 8, 1951 and the Resolution 195 (III) adopted by the United Nations General Assembly on December 12, 1948;

Have resolved to conclude the present Treaty on Basic Relations and have accordingly appointed as their Plenipotentiaries,

The Government of Japan:

The Government of the Republic of Korea:

Who, having communicated to each other their full powers found to be in good and due from, have agreed upon the following articles:

Article I

Diplomatic and consular relations shall be established between the High Contracting Parties. The High Contracting Parties shall exchange diplomatic envoys with the Ambassadorial rank without delay. The High Contracting Parties well also establish consulates at locations to be agreed upon by the two Governments.

Article II

It is confirmed that all treaties or agreements concluded between the Empire of Japan and the Empire of Korea on or before August 22, 1910 have become null and void (have no effect)

Article III

It is confirmed that the Government of the Republic of Korea is the only such lawful Government in Korea as is specified in the Resolution 195 (III) of the United Nations General Assembly.

Article IV

(a) The High Contracting Parties will be guided by the Principles of the Charter of the United Nations in their mutual relations.

(b) The High Contracting Parties will cooperate in conformity with the principles of Charter of the United Nations in prompting their mutual welfare and common interests.

Article V

The High Contracting Parties will enter into negotiations for the conclusion of treaties or agreements at the earliest practicable date to place their treading, maritime and other commercial relations on a stable and friendly basis.

Article VI

The High Contracting Parties will enter into negotiations at the earliest practicable date for the conclusion of an agreement relating to civil air transport.

Article VII

The present Treaty shall be ratified. The instruments of ratification shall be exchanged at ⋯⋯ as soon as possible. The present Treaty shall enter into force as from the date on which the instruments of ratification are exchanged.

IN WITNESS WHEREOF, the respective Plenipotentiaries have signed the present Treaty and have affixed thereto their seals.

DONE in duplicate at ……, this …… day of …… of the year one thousand nine hundred sixty …… in Japanese, Korean, and English languages, each text being equally authentic. In case of any divergence of interpretation, the English text shall prevail.

For Japan:

For the Republic of Korea:

미정고(未定稿)

1965년 2월 16일

일본국과 대한민국 간의 기본관계에 관한 조약(안)

일본국과 대한민국은 양 국민 간의 역사적 배경과 선린관계, 주권 상호 존중의 원칙에 기초해 양국 관계의 정상화를 상호 희망한다는 사실을 고려하고, 양국 공통의 복지와 공동의 이익 증진을 위해, 또 국제 평화와 안전의 유지를 위해 양국이 유엔헌장의 원칙에 입각해 긴밀히 협력하는 것이 중요하다는 사실을 인정하고, 1951년 9월 8일에 샌프란시스코에서 서명된 일본국과의 평화조약의 관계 규정 및 1948년 12월 12일에 유엔총회에서 채택된 결의 195(III)를 상기하며, 이 기본관계에 관한 조약을 체결하기로 결정하고, 이에 그 전권위원을 다음과 같이 임명했다.

일본국 정부

대한민국 정부

이들 전권위원은 서로 그 전권위임장을 제시하여 그것이 양호 타당하다고 인정한 후 다음의 조항에 협정했다.

제1조

양 체결국 간에 외교 및 영사 관계가 개설된다.

양 체결국은 대사의 자격을 갖는 외교사절을 지체 없이 교환하기로 한다. 또 양 체결국은 양국 정부에 의해 합의되는 장소에 영사관을 설치한다.

제2조

1910년 8월 22일 이전에 대일본제국과 대한제국 간에 체결된 모든 조약 및 협정은 무효가 된 것(효력을 갖지 않는 것)을 확인한다.

제3조

대한민국 정부가 유엔총회 결의 195(III)에 명기되어 있는 것처럼 조선에 있는 합법적인 정부로서 유일하다는 것을 확인한다.

제4조

(a) 양 체결국은 상호 관계에서 유엔헌장의 원칙을 지침으로 하기로 한다.

(b) 양 체결국은 그 공통의 복지 및 공동의 이익을 증진함에 있어 유엔헌장의 원칙에 합당하게 협

력하기로 한다.

제5조

양 체결국은 무역, 해운 및 기타 통상의 관계를 안정되고 우호적인 기초 위에 두기 위해 조약 또는 협정을 체결하는 교섭을 가능한 한 조속히 시작하기로 한다.

제6조

양 체결국은 민간 항공운수에 관한 협정을 체결하기 위해 교섭을 가능한 한 신속히 시작하기로 한다.

제7조

이 조약은 비준되어야 한다. 비준서는 가능한 한 조속히 [ ]에서 교환한다. 이 조약은 비준서가 교환된 날부터 효력이 발생한다.

이상의 증거로서 아래 이름의 전권위원은 이 조약에 서명 날인했다.

196[ ]년 [ ]월 [ ]일 [ ]에서 동등하게 정본인 한국어, 일본어, 영어로 본서 2통을 작성했다. 해석에 차이가 있을 경우에는 영어본에 따른다.

일본국을 위해

대한민국을 위해

(안)

1965. 2. 16.

[ ]년 [ ]월 [ ]일에 서명된 기본관계에 관한 조약 초안에 관해 다음과 같이 양해한다.

(가) 양국 정부의 대표자는 이 조약 제5조와 관련해 동 조약의 발효부터 통상항해에 관한 조약 또는 협정의 체결 사이에 적용될 잠정적 협정(현재 사실상 적용되고 있는 '무역협정', '금융협정' 및 '잠정 해운협정'의 개폐에 관한 조치를 포함함)에 동의하기 위해 기본관계위원회에서 계속 협의하기로 한다.

(나) 양국 정부의 대표자는 해저전선 문제와 관련해 일본국과의 평화조약 제4조 (c)항의 원칙을 확인하기 위한 협정에 동의하기 위해 기본관계위원회에서 계속해서 협의하기로 한다.

[ ]년 [ ]월 [ ]일

(4) 고노(河野) 라인에 의한 물밑 교섭

일한 간에는 외무 관계자들에 의한 협상과는 별도로 1964년 말부터 1965년 1월에 고노 이치로(河野一郎) 국무대신의 의향을 받들어 우노 소스케(宇野宗佑) 의원이 한국을 방문, 정일권 총리와 회담했다. 그 후 도쿄에서 김종필 씨의 형인 김종락(金鍾珞, 한일은행 상무) 씨를 통해 한국 측과 접촉, 일한회담의 각 문제의 대강에 대한 논의가 진행되었다.

우노[자유민주당 내에서는 고노(河野)파, 동 청년부장, 자유아시아국회의원연맹 창시자 중 1명] 씨는 한국 측으로부터 방한 초청을 받았을 때 고노 국무대신이 일한교섭에 대해 사토 총리에게 협력하는 열의(熱意)를 보이고 있다는 말을 들었다. 우노 씨는 11월 27일부터 12월 1일까지 방한했다. 정일권 총리는 우노 씨를 만나 "고노 대신이 12월 중순에 방한해 사토 총리와 정일권 총리의 회담을 제기해달라"라고 부탁했다. 우노 씨는 귀국 후 고노 대신에게 그 취지를 전했는데, 고노 대신은 한국 측으로부터 공식 초청장이 오면 한국을 방문할 의향이 있음을 피력했다. 우노 씨는 이를 정 총리에게 전했다. 그 결과, 12월 16일 김종락 씨가 일본에 와서 초청장을 준비하지 않은 채 고노 대신의 방한을 요청했다.

그 후 고노 대신은 방한하지 않은 채 도쿄에서 결론을 내겠다는 태도를 결정, 이를 상대측에게도 전달함과 동시에 사토 총리의 양해를 얻었다. 이와 관련, 우노 씨는 "고노 씨는 한국 측이 어떤 이야기를 꺼낼지 사전에 알려주지 않으면 방한할 수 없다는 태도를 보였다. 이에 대해 한국 측은 자기 속생각만 보일 수는 없다면서 일본 측의 제안을 먼저 알고 싶다는 취지로 김종락 씨를 사자(使者)로서 일본에 파견했다"고 설명했다.

이리하여 우노 씨는 외무성 측으로부터 대한국 방침에 대한 설명을 듣고, 1월 10일부터 12일까지 방한, 10일 밤에 정 총리, 최영택(崔英澤), 김종락 씨와, 또 12일에는 이들 3명 외에 외무부차관과 회합해 각종 현안에 대한 일본 측의 입장을 설명했다.

1월 12일 김종락 씨가 일본에 와서 고노 대신을 만나 우노 씨가 설명한 일본 측의 생각에 대한 한국 측의 견해를 전했다. 이 같은 우노 씨에 의한 교섭을 김동조 대사는 좋게 생각하지 않았다. 김 대사는 귀국해 박 대통령과 정 국무총리가 "나(김동조)를 소홀히 하고 일본 측과 이야기를 진행하고 있다"는 데 분개했다. 이에 정 총리가 중재에 나서 김 대사에게 "대표는 대표로서 노력해주고, 우리도 우리 나름대로 노력한다. 단지 훈령이 나오면 그대로 따라야 한다"고 말하는 것으로 중재했다는 이야기가 김종락 씨로부터 전해졌다.

그동안 정 국무총리로부터 기본관계 등에 대해 일본 측 안에 양해하겠다는 뜻이 전해졌다. 이에 고노 대신은 "정 총리의 사인을 받은 서류를 입수하고 나머지는 외무대신과 농림대신에게 양보한다"고 말했다. 당시 우노 씨는 향후 전망에 대해 "1월 15일경에 호시지마 니로(星島二郎)[100] 씨를 고노 씨의 특사로 방한시키고, 정 총리와 우노 씨의 회담을 마무리한다. 그 후 1월 20일부터 30일 사이에 정 총리가 일본을 방문해 사토 총리와 회담을 하고, 시나 대신이 방한할 때 대강에 대한 합의의 가조인을 하는 순서를 한국 측은 생각하고 있다. 어쨌든 한국 측은 일한회담의 대강을 한국의 학교가 쉴 때 결정해버리고 싶다는 의향이다"라고 설명했다. 사토 총리도 방미 전에 고노 대신에

---

100) 1887-1980. 변호사 출신의 정치가. 중의원 의원 및 중의원 의장 역임.

게 "일한문제는 내가 부재중이더라도 처리해달라"고 말했고, 세토야마 미쓰오(瀬戸山三男) 부간
사장에게는 "방한 의원단은 적당히 인선해달라"고 말했다고 한다.

그러나 그동안 이 교섭은 무산된 것 같다. 그 이유에 대해서는 한국 측이 호시지마 씨가 고노 씨
정도의 실력자가 아니기 때문에 내키지 않아 했다는 관측이 있다. 〔북동아시아과에서 영국대사관
으로 전근 간 야나기야 서기관이 2월 2일 구로다 북동아시아과장에게 보낸 편지에는 1월 31일 영
국에 체류 중이던 기시 전 총리에게 일한교섭에 대해 브리핑했을 당시의 일을 기록한 부분이 있다.
기시 전 총리는 "고노 씨는 자신이 표면에 나서면 이권과 관련되어 있는 것처럼 이야기될 수 있고,
오노 반보쿠(大野伴睦) 씨의 경우와 같이 [   ]가 표면에 나올 우려가 있기 때문에 뒤쪽에 남았다.
아직 호시지마 씨는 고노 씨만큼 자신의 책임하에 상당한 이야기를 할 수 없기 때문에 한국 측은
당초의 의도에서 벗어난 것 같다"고 평가했다고 한다〕. 이 교섭이 중간에 흐지부지해진 최대의 이
유는 김동조 대사에 의한 정규 외교 통로를 통한 협상이 시나 외상의 방한까지 순조롭게 추진되었
기 때문이라고 생각된다.

우노 씨는 이 교섭 과정에서 1월 6일 우시로쿠 아시아국장, 1월 13일 히로세 아시아국 참사관,
1월 14일 구로다 북동아시아과장, 1월 21일 우시로쿠 아시아국장, 1월 26일 시나 외상에게 각각
보고했다. 외무성에서도 그 교섭 내용에 대한 기록을 작성, 그때 제시된 일본 측 안과 한국 측의 문
안도 남아 있다.

구로다 북동아시아과장은 고노 라인에 의한 물밑 교섭에 대해 다음과 같이 기록했다(『내가 관련
된 일한교섭의 역사』).

그것이 성공하면 정부 간 교섭 타결에 도움이 되겠지만, 그러한 사적 합의가 어떤 식으로 정식 교섭
의 장으로 옮겨질 수 있을지는 가늠할 수 없다. 당사자의 진정한 목적도 알 수 없다. 나도 우노 의원이
몇 차례 불러 이 교섭에서 사용되는 각서 원안의 작성을 도와줬다. 이 각서 원안은 일한교섭의 각 안건
에 대해 우리 측 입장(position)을 간단히 조목(條目)별로 쓴 것이다. 아시아국에서 작성한 원안은 우리
측이 당시 취하고 있던 입장에서 실제로 단 한 발자국도 나가지 않는 것으로(일부는 작은 합의를 내뱉
은 것도 있었지만), 외무성 내는 물론이고 대장성, 농림성에도 연락해 사무적인 수준에서 양해를 받아낸
문안이다. 어업 문제는 와다 수산청 차관이 직접 우노 의원에게 브리핑했다. 와다 차장은 고노 대신으
로부터도 직접 지시를 받았다고 했다.

이처럼 지극히 사무적인 문장을 고노 대신, 우노 의원이 얼마나 손질했는지 모르겠지만(손질이 된 것
은 사실이다), 대체로 깔끔한 교섭이었다고 추측된다. 우노 의원은 회의 때마다 대신 밑에서 일하는 우
리에게 연락했다. 고노 대신의 전문 분야인 어업 부분이 당연히 가장 중요한 지위를 차지했고 가장 민
감하게 다뤄졌다. 다만, 사토 총리의 승인을 받아 하고 있다고 이야기는 했지만, 고노 대신이 사토 총리
에게 덤벙거리는 정치인들이 흔히 하는 것처럼 예의를 표한 것에 불과했다고 추측된다.

우노 의원은 상대방에게 아시아국에서 만든 원안에 추가적으로 손을 댄 각서를 제시하고, 아마도 구두로 이 점은 확실하다든지, 타협의 여지가 있다든지, 구체적인 제안을 한 것 같다. 이 각서 및 제안에 대해 상대측은 좋다(yes)거나 싫다(no)는 반응을 보였고, 더불어 반대 제안을 내기도 했다고 한다. 물론 어디까지가 정일권 총리의 의견이고 어디부터가 김종락 씨의 의견인지는 모른다. 정 총리가 다른 한국 정부지도부와 얼마나 이 교섭의 내용에 대해 이야기하고 있었는지도 모른다. 단지 김종필 씨도 관계하고 있었으리라고 추측된다.

한국에서는 관료제(bureaucracy)가 약하고 정치적 수준에서만 일이 정해지며, 일반적으로 한국 정치인은 일본에서도 고위 정치인 — 그들이 말하는 '거물' — 과 대화를 하면 그다음은 잘될 것이라는 오해를 하고 있기 때문에 고노 대신과 같은 '거물'과의 교섭은 중시하고 있었을 것이 틀림없다.

이 교섭과 관련, 『일한교섭의 회고: 시나 전 외상, 우시로쿠 대사에게 듣는다(듣는 사람: 야나기야 과장)』는 다음과 같이 기록하고 있다.

우시로쿠: 고노 씨는 우노 소스케 씨를 자신의 대리인으로 이용했다. 우노 씨는 매우 충직한 사람이었는데, 농림성 당국과도 자주 연락해 말도 안 되는 수치 등은 내놓지 않았다. 대신(시나 외무대신)에게 "고노 씨가 이런 라인으로 오고 있는데 어떻게 처리할까요?"라고 물으니, "그들은 성실한 사람들이니까 적당히 이용하면 좋다"는 답을 들은 기억이 난다. 한국 측은 고노 씨가 부드럽다는 고정관념을 갖고 있어 고노 라인으로 가면 정부의 정규 통로나 아카기 라인을 무너뜨릴 수 있다고 생각했다. 하지만 그 부드럽다고 생각했던 고노 라인조차 정규 통로에서 하고 있는 교섭과 다르지 않은 선이 나왔고, 결국 정규 통로에 의존할 수밖에 없다고 마음을 다잡게 했다는 의미에서 고노 라인의 공적이 크다고 생각한다.

고노 라인의 교섭 외에도 이면 교섭이 있었던 것 같다. 아래의 좌담회에서는 다음과 같은 이야기가 나왔다. 그러나 외무성에는 그에 대한 기록이 없다.

시나: 고노 라인은 매우 성실하게 협력했다. 모든 성과를 이쪽으로 가져왔고, 나중에는 떨어져 나가버렸다. 고노 라인 이외의 사람들은 처음부터 이쪽에서는 만나지 않았는데, 그들의 이야기를 듣고 바로 잊지 않으면 일이 꼬여버리기 일쑤였기 때문이다.

우시로쿠: 또 하나는 스즈키 젠코(鈴木善幸)[101] 라인이라는 것이 있었다. 내가 수산청과 후생성 출신이어서 일단 관심을 갖고 지켜보았다. 스즈키 라인은 제주도라는 곳에 선을 설정하면 매우 부드러운 선

---

101) 1911-2004. 1947-1990년 중의원 의원. 우정(郵政)대신, 관방장관, 후생대신, 농림대신 등을 거쳐 수상(1980년 7월-1982년 11월)을 역임.

이 나온다고 했는데, 이 이야기가 한국 측 귀에 들어가 버렸고, 상대측은 일본이 마지막에는 여기까지 양보하지 않을까 하고 말하는 등 매우 열심히 회담에 임했다. 이것이 오히려 그때 교섭의 저해요인이 된 것 같다는 생각이 든다.

그 후 고노 라인의 물밑 협상에 대해서는 일본 국회에서도 질문이 나왔다. 이에 대해 사토 총리는 "나를 돕는 입장에서 협력해주는 것은 좋은 일이라고 생각한다", 시나 외상은 "절대로 방침이 이중으로 나오는 방법은 쓰고 있지 않다"(2월 8일 중의원 예산위원회), 고노 국무대신은 "사토 총리와 상담을 한 적이 있긴 하지만, 최종 라운드는 외무대신과 농림대신이 하는 것이라고 생각하고 있다. 김종락 씨를 만난 적이 있지만, 내가 안을 내어 정 총리에게 연락한 적은 없다"고 각각 답변했다(3월 15일 참의원 예산위원회). 또 이동원 외무부장관이 미국 방문 길에 일본에 들러 3월 11일 사토 총리와 회담했을 때, 이 장관은 "고노 라인이 있기 때문에 어업교섭에 혼란을 빚고 있다"고 말했다. 이에 대해 사토 총리는 "고노 대신은 나의 양해를 얻어 측면에서 지원하고 있다"고 답했다. 이 장관은 "한국 측은 고노 라인은 이미 역할을 끝냈다고 보고 있고, 측면에서 하는 이야기가 정규 통로에 영향을 준다고는 생각하지 않는다"고 말했다.

또한 이날 이동원 장관은 시나 외상과의 회담에서 고노 라인을 언급하며 "김동조 대사가 최근 김종락과 고노 라인의 교섭에 관한 서류를 보았는데, 정 총리의 이름은 있었지만 서명도 수신처도 없었기 때문에 나에게 전보를 쳐 이에 관해 물어봤다. 나는 전혀 모르는 일이기 때문에 정 총리에게 물어봤는데, 정 총리는 '외무부, 농림부 두 장관과 의논하지 않고 내가 비밀리에 연락하는 일은 절대 없다'고 말했다. 박 대통령에게도 물어봤더니, 그는 '은행의 평이사로 이사장도 될 수 없는 놈이 그런 이야기를 할 리가 없다'고 말했다. 이 건과 관련해 [ ]가 나에게 '고노 대신을 만나주었으면 한다'고 했기 때문에 겨우 수수께끼가 풀렸다. 나는 [ ]에게 만약 그런 비밀 협상이 있다면 나는 고노 대신을 만날 필요가 없다고 말했다"고 전했다.

(5) 마에다 조사관의 서울 주재

마에다 도시카즈(前田利一) 북동아시아과장은 1965년 1월, 외무대신관방조사관으로 전출되었는데[후임은 구로다 미즈오(黒田瑞夫) 과장], 이 기회에 한국에 장기 주재를 요청했다. 마에다 씨는 다행히 한국 측에도 양해를 얻어 참사관 자격으로 방한하게 되었다. 마에다 씨를 파견하면서 시나 외상은 1월 27일 자로 이동원 외무부장관에게 보내는 다음과 같은 서한을 갖고 가도록 했는데, 서한은 시나 외상의 방한 인사와 함께 마에다 참사관에 대한 소개를 담고 있었다.

시나 외상이 이동원 장관에게 보낸 서한

(마에다 참사관 지참)

(일본어 본문, 한국어 번역본 첨부)

배계

나날이 건승하심을 경하드립니다.

이번에 마에다 도시카즈 참사관을 서울에 파견하기로 했습니다. 이 기회에 귀 장관에게 인사말과 함께 동 참사관을 소개하기 위해 이 서한을 보내는 것을 진심으로 기쁘게 생각합니다.

저는 귀 장관 각하의 간독(懇篤)한 초대에 따라 조만간 귀국을 방문하게 되었습니다. 그때 귀국의 사정을 깊이 접하고 동시에 귀 장관을 비롯한 귀국 정상들을 만나 우리가 공통으로 관심을 갖고 있는 제반 문제에 대해 간담할 수 있기를 진심으로 기대하고 있습니다.

일한회담은 현재 진지하게 진행되고 있습니다만, 저는 이번 회담이 신속하게 타결되기를 진심으로 희망하고 있습니다. 김동조 대사로부터 귀 장관도 같은 마음을 갖고 있다는 이야기를 들어 매우 기뻤습니다.

마에다 참사관은 진지한 인품과 뛰어난 능력을 갖고 있을 뿐만 아니라, 귀국과의 우호관계 증진을 위해 헌신적인 열정을 갖고 다년간 노력을 계속해온 외교관입니다. 저는 마에다 참사관을 깊게 신뢰하고 있으므로 귀 장관이 마에다 참사관을 제 개인적인 대표로 간주해 처우해준다면 다행으로 여기겠습니다.

끝으로 귀 장관의 건승을 빕니다.

경구

1965년 1월 27일

시나 에쓰사브로(椎名悦三郎)

이동원 각하

『마이니치신문』은 1월 29일 자 칼럼 「당대의 인물(ときの人)」에서 마에다 조사관을 다음과 같이 평가했다.

아홉 차례나 방한한, 부내에서 으뜸가는 한국통인 이 사람을 외무성이 오늘 다시 한국에 파견하는 것은 상당히 장기적인 목적이 있음을 의미한다. 다만, 이는 동시에 한국 측이 일한회담만 타결되면 언제든지 서울에 대사관 개설을 인정할 것이므로 일본 외교관의 잠정적인 장기 체류를 보류해달라고 요청한 일에 대해서도 충분히 배려한 것이다. 서울에서 대사관 참사관의 자격을 둘러싼 교섭이 마무리되었으므로 진짜 대사관이 설립될 때까지 끈덕지게 '개인 외교'를 계속해줬으면 한다.

2. 시나 외상의 한국 방문

(1) 방한 전의 한국 정정(政情)

일한 양국 정부는 1965년 2월 9일 시나 외상이 1965년 2월 17일부터 20일까지 한국을 방문한 다고 동시에 발표했다. 방한 전 한국의 정정과 관련해, 모리타 요시오 사무관(북동아시아과 근무, 1964년 9월부터 서울 출장, 2월 [ ]일 귀국)은 2월 9일 자 보고서에서 다음과 같이 기록하고 있다.

한국의 학교는 1~2월이 겨울방학이며 학기는 3월부터 시작된다. 2월 하순에 입학금이나 수업료를 납부하기 위해 학생들이 등교한다. 한국의 국회 개회도 2월 25일로 예정되어 있다. 외상의 방한 일정이 2월 20일 이전으로 잡힌 것은 학생들이 등교하거나 국회가 개회 중인 시기가 아니어서 적절하다.

한국 신문에는 시나 외상이 방한하면 일한회담에 대한 제1차 외무장관 회담이 열린다고 보도되었다. [ ]가 모리타에게 "한국인들 일반은 외무대신과 같이 대단한 분들의 방한을 환영하지만, 빈손으로는 오지 않을 것이라는 기대를 갖고 있다"고 말했는데, 이것이 일반인들이 받은 느낌이라고 할 수 있다. 그렇다고 외상 방한을 앞두고 친선 분위기가 달아오를 것이라고는 생각할 수 없다.

2월 3일 자 『경향신문』 사설은 일한 국교정상화의 전제조건으로 일본이 과거를 사죄하고 한국과 친화 협력하겠다고 성실하게 결의하는 것 두 가지가 필요하다고 말했다. 일본 외상이 방한하는 기회를 맞아 한국에 사과해야 한다고 생각하는 사람은 여전히 있다. 지난해 12월 한국 정부 관계자의 정보에 따르면 학생들은 외상의 숙소를 포위, 시위를 하고 외상이 일본의 과거를 사과토록 하는 기획을 하고 있다고 한다.

"통일 문제와 일한회담 문제는 여야를 초월해 국민의 일치된 태세로 해결해야 한다. 그럼에도 불구하고 일한회담에서 정부가 야당과 국민의 협력을 요구하지 않은 채 단독적으로 수행하는" 태도를 취한 것에 대해 비난하는 목소리를 많이 들었다. 1월 중순 이동원 외무부장관, 김동조 주일 대사가 윤보선 민정당 대표최고위원, 박순천 민주당 총재를 찾아가 협력을 요청했지만, 야당 측은 현재 정부의 타결안에 공동 책임을 지는 것을 거부했다.

회담에 대한 야당의 태도는 국회에서 1월 28일 윤보선 민정당 대표최고위원 및 1월 29일 박순천 민주당 총재의 이름으로 발표된 정책 기조연설에도 드러나 있다. 그 요지는 민주당은 김 부장과 오히라 외상의 메모 백지화와 초당 외교를 제창하는 데 그쳤으나, 민정당은 ① 김 부장과 오히라 외상의 메모 백지화, ② 어업 문제, 다케시마 문제를 포함한 현안의 일괄 타결, ③ 평화선 보장, ④ 무역 불균형의 시정, ⑤ 청구권은 현금으로 지불 등을 내용으로 하는 방안을 제시했다. 양당이 모두 김부장과 오히라 외상의 메모 백지화를 주장한 것은 정통적인 외교 통로를 통하지 않은 데다 더욱이 배후에서 뒷거래가 있었다는 소문이 났고 이로 인해 학생시위가 일어났기 때문에 우선 그 백지화를 주장한 것이다. 민정당이 다케시마가 한국의 영토이고 이승만 라인까지가 한국의 영해라고 주장하고, 일본의 경제 침략을 막기 위해 청구권의 현금 지불안을 내놓았다는 의도를 드러낸 것이다. 이는 현재 한국민의 국민감정을 배경으로 한 것이며 현 정부의 안과 상당한 거리가 있다.

현재 야당인 민정당과 민주당 양당은 원래 같은 정당(4월 혁명 이후의 민주당)에 뿌리를 두고 있고 사상과 정책의 차이도 없는데, 지금 상태로는 만년 야당이 될 우려가 있으므로 올봄 '현 정권에 의한 일한회담 반대'를 공동 목표로 하여 합당을 예정하고 있다.

(2) 방한까지의 경위: 특히 사죄 문제

우시로쿠 대사가 쓴 『일한교섭에 관한 약간의 회상』은 다음과 같이 기록하고 있다.

지난해 가을 무렵부터 한국 측에서 요시다 전 총리가 방한해 그때 과거 일본의 한국 통치에 대한 사죄의 뜻을 표명하는 것으로 일한교섭의 촉진을 도모하자는 논의가 조금씩 이뤄지고 있다는 이야기를 듣게 되었고, 미국 측(예를 들어 브라운 주한 대사)에서도 이 아이디어를 지원하려는 움직임이 있는 것으로 관측되었다. (중략)

그러나 일본 측에서는 종래 국회 등에서 대한국 사죄 문제가 논의됐을 때조차 정부 측은 일한 간의 관계는 과거에 얽매이지 않고 긍정적인 태도로 임하겠다는 방침으로 과거를 사죄한다는 의도를 공식적으로 표명하는 것을 피해왔다.

작년 가을, 미국의 번디 미 국무부차관이 일본을 방문해 가유(霞友)회관에서 외무 당국과 협의모임을 가졌을 때도 상대측이 이 아이디어를 시사했으므로 우리 측은 그것을 강하게 배격하면서 "앞서 고사카 외상이 방한한 사례도 있으므로 외상이 방한하는 것은 적당한 기회를 봐서 겨우 생각할 수 있을 것이다"라고 말한 경위가 있다.

이러한 귀띔에 의한 것인지는 불투명하지만, 제3차 이케다 내각이 성립된 후 한국 측에서 김 대사를 통해 시나 장관의 방한을 요청했다. (중략)

사토 내각이 성립되자 한국 측은 더욱 강하게 시나 장관의 방한을 요청해왔다. 마침내 외상은 2월 국회에서 기회를 보고 방한한다는 취지로 답변하기에 이르렀다. 그러나 그때 이것은 이른바 '사죄사절' 같은 성질을 갖는 것이 아님은 물론, 어떠한 구체적인 외교 안건을 협상하는 것도 아니고, 다만 지난해 오히라 대신이 국부를 방문했을 때처럼 단순한 친선여행임을 밝히고, 한국 측도 그것으로 충분하다고 확인한 경위가 있다.

그런데 외상이 출발하기 며칠 전부터 한국 측에서는 외상 방한 시에 어떤 식으로든 과거의 한국 통치에 대한 사죄의 뜻을 표명해주었으면 하는 취지의 의사를 표시해왔다. 그러나 이것은 전술한 바와 같이 시나 방한의 목적에 대한 상호 양해와 다른 것이기 때문에 이쪽에서는 전혀 문제시하지 않았다.

이에 대해 한국 측이 그 경위를 살펴본 내용으로 이동원 전 외무부장관이 쓴 「시나 일본 외상이 방한했을 때의 이야기」(한국 민간외교센터의 기관지 『민간외교』 1965년 1월 호)가 있다. 내용에 상당한 오해나 잘못도 있지만 원문대로 번역한다.

한일관계의 조속한 정상화를 바라고 있던 미국은 브라운 주한 대사를 통해 "일본에 가서 교섭하라"라고 한국에 요청한 적이 있었다. 그러나 그때까지의 한일회담은 한국 측에서 일방적으로 일본에 가서 진행하는 식이었고, 군사혁명 이후에도 한국의 외무부장관, 대통령 특사, 사절단 등이 일본으로 간 반면, 일본 측에서는 한국에 온 적이 없다. 이는 국민들이 '굴욕외교'라고 비판했던 원인 중 하나가 되었다.

나는 정계의 파벌 다툼이 심한 일본에서 비밀 협상을 하는 것은 효율적이지 않다고 생각하고, 정상적인 외교 경로를 통해 회담을 진행시키는 방향으로 노력했다. 그리고 한일관계는 외교 문제인 동시에 국민감정의 문제이기 때문에 일본 외상이 공식적으로 한국을 방문해 우선 우리 국민에게 과거 일본의 식민통치를 사죄한 다음에 본회의를 시작해야 한다고 주장했다. 이에 대해 일본 측은 미국을 통해 "국내 정치 사정상 외상이 직접 한국에 갈 수는 없고, 하물며 사죄하는 것은 언어도단이다"라고 전해왔다. 나는 미국의 외교 경로를 통해 "일본이 외상을 한국에 보낼 정도의 성의도 없고, 과거의 잘못을 사죄할 정도의 아량과 용기도 없다면, 그런 일본과 새로운 관계를 맺을 필요가 없다"고 계속해서 주장했다. 그 후 약 3개월 동안 서로 여러 가지 이야기를 나눴는데, 결국 일본 외상이 내한하게 되어 그것을 일본 외무성이 발표했다. 그러나 일본 측은 내한 시에 한국 국민에게 과거를 사죄할 수 없다는 태도를 취했다.

이에 대해 나는 일본 외상이 출발하기 하루 전에 미국을 통해 "사죄할 수 없다면 일본 외상이 내한할 필요는 없다"고 전했다. 나중에 일본 측으로부터 들은 이야기이지만, 일본 외무성은 이 전언을 듣고 매우 당황했다고 한다. 한국 방문을 취소하자니 이미 공표했기 때문에 어려움이 있었고, 한국에 가자니 한국 측에서는 사죄하라고 주장하고 있고, 사죄를 하면 일본 내에서 국회와 국민에게 새로운 문제가 발생하는 상황이 됐다. 일본 내에서 중요한 위치를 차지하고 있는 여론은 방한을 취소하라고 했다. 그러나 시나 외상은 결단을 내리고 한국을 방문했다.

(3) 방한 시 현안 처리방침

2월 9일 우시로쿠 아시아국장은 시나 외상의 방한에 대비해 아래와 같은 문서를 작성했다.

당면한 일한 간 제반 현안의 처리방식에 관한 건

아시아국, 1965년 2월 9일

시나 외상의 방한을 즈음해 향후 일한회담의 진행방식과 관련해 현재 교섭 중인 각 의제 중에서 사무적으로는 타개하기 어려운 몇몇 문제를 어떠한 수준의 논의로써 해결을 기할 것인지에 대해 대체로 전망을 세워둘 필요가 있다. 또한 일한교섭의 정식 의제가 아닌 몇몇 중요 현안에 대해서도 처리 복안을 정해둘 필요가 있는데, 대체로 다음의 구상에 따르기로 한다.

기

I. 일한회담의 의제에 관한 것

1. 기본조약 관련

본건은 사무적 수준의 교섭에서 대체로 마무리되어 있지만, (1) "한국 정부를 조선의 유일한 합법정권으로 인정한다고 명기해달라" 라는 취지의 한국 측 요구를 우리 측의 "일한조약은 남조선에 한한다" 라는 기본 입장과 어떻게 조화시켜 표현하는가 하는 문제가 남아 있고, 경우에 따라서는 병합 관련 조약의 효력을 규정하는 방식에 감정적인 요소가 결부되어 사무적으로는 마지막까지 정리하지 못할 가능성도 많다.

그러나 이것은 모두 실리가 관련되지 않는 이념상의 문제 — 따라서 표현의 문제이므로 외상의 방한을 맞아 적어도 이 두 가지 점은 마지막 타결에 도달해 기본조약 전체 문안에 대해 가조인을 끝내고, 이로써 외상이 방한한 데 대한 간단한 선물 내지 수확의 역할을 완수하는 것을 목표로 한다.

2. 청구권 관련

(1) 현재 남아 있는 최대의 난제는 구 조선치적선 등에 대한 상대측의 청구권을 포기시키는 문제인데, 적어도 우리 측이 이승만 라인 수역에서 나포된 어선을 반환 내지 보상하라고 요구하는 대한국 청구권을 포기하지 않는 한 상대측이 이에 동의할 리 없다. 후자의 문제는 일본 내에서도 재외 재산 일반의 처리방침과 보상 문제 등을 유발하기 때문에 사전에 총리의 결재를 받아 우리 측의 생각을 정해둘 필요가 있다. 따라서 한국에 대한 본건의 교섭은 일한 양국의 총리 회담 등에서 논의되어야 할 의제이며, 적어도 이번 외상 방한 시에는 다루지 않는 것으로 한다.

(2) 한편, 김 부장과 오히라 외상의 양해 가운데 2억 달러의 차관 상환기간(20년인가 27년인가 라는 점)과 회수불능채권의 상환 방법에 대해서는 일한 양국의 생각이 근접해 있고, 우리 측 관계 성청(省廳)의 의도도 거의 정해져 있으므로 외상 방한 시 최종 타결하기로 한다.

3. 어업 관련

남아 있는 중요한 항목은 (가) 제주도 주변의 기선, (나) 공동 규제수역에서의 일본 측 출어 척수, (다) 어업협력 이렇게 세 가지로, (가)와 (나)는 현재 상호 관련되어 있으므로 타협적으로 교섭되고 있지만, 위원회 차원에서는 최종 타결에 도달할 수 없는 중요한 문제인데도 외무장관 회담과 총리 회담에 의제로 올리기에는 기술적 부분이 너무 많다. 그렇기 때문에 우리 쪽 농림성 측의 희망과, 아카기 농림상과 원 농림부장관의 회담 이후의 경위도 있으므로 본건은 후술하는 어업 장관 회담에서 최종 타결에 도달하는 것이 적당하다고 생각한다. (다)의 어업협력 내용은 차관방식을 기존의 우리 측 방침대로 단순한 민간 차관 1개로 좁히는 것이 어려우리라 예견되는바, 그렇게 단행할 경우에는 대장성 당국이 반대할 것은 물론, 기존의 국회 답변의 경위를 보더라도 정부로서는 정치적 결단이 필요하다. 따라서 총리 회담 수준의 회의가 적당하며, 아직 사무적인 수준의 논의도 마무리되어 있지 않기 때문에 적어도 이번 외무장관 회담에서는 다룰 수 없다.

4. 법적지위 문제

"북조선계를 포함한 모든 재일조선인을 대한민국 국민으로 인정해야 한다"는 취지의 한국 측 주장은 이번 회담에 대한 우리 측의 기본방침과 정면충돌하기 때문에 받아들일 수 없다. 한국 측의 기본입장도 있으므로 위원회 차원에서는 타결할 수 없을 것이다. 다만, 아직 사무적인 수준의 논의도 마무리되어 있지 않기 때문에 이번 외상 방한 시에 타결을 서두를 필요는 없다.

'영주권 부여 범위'도 나중에 상기한 문제와 같은 범주에 속하는 중요한 안건이 될 가능성이 있다. 현재 사무적인 수준의 교섭에서는 다소 타개 조짐이 보이지 않지만 당분간 사무적 협상의 추이를 지켜보기로 한다.

5. 다케시마 문제

논란의 여지없이 총리 회담의 문제이다. 단지 상대측이 국제사법재판소 위탁을 강경하게 반대하는 것을 감안해 그 밖의 방법 중에서 최종적·결정적 해결 방법이라고 말할 수 있는 방식도 연구해둘 필요가 있다.

II. 일한회담 의제 외의 것

1. 어업 장관 회담

상기 I조 4항 어업 부분에서 말했듯이, 결국 어업과 관련해서는 다시 한 번 어업 장관 회담을 열 필요가 있고, 이번 외상 방한 시에 어업 장관 회담의 개최를 공식적으로 합의하고 공동성명에 이런 문구를 삽입시키는 방안을 고려한다.

2. 서울 재외사무소 개설

도쿄에 있는 상대측의 한국대표부에 대응해 서울에 우리 측 재외사무소를 여는 것은 평화조약 발효 당시 교환공문에서 상대측이 약속한 내용이다. 어떤 현안도 해결되지 않은 가운데 재외사무소를 여는 것은 청구권의 책임 회피 같은 문제를 유발하는 일이 아니며, 일괄 해결이나 국교정상화 원칙에도 어긋나는 것이 아니다. 따라서 외상 방한 시에 상기 I조 1항에 나온 기본조약 관계에 대해 사실상 합의가 성립한 경우에는 본건을 동의토록 해야 한다.

3. 무역회의 개최

상대측은 일한 간 무역 불균형 개선에 매우 많은 관심을 쏟아왔고, 우리 측 어선과 어구의 한국으로의 수출 금지에 대해 매우 신경질적인데, 심지어 얼마 전에는 정 총리가 사토 총리에게 이를 직접 호소한 적도 있었다.

또한 상대측 야당도 무역 불균형 개선을 일한회담의 전제로 하는 등 이 문제에 대한 상대측의 관심은 초당적이다.

따라서 외상 방한 시에 각 품목을 자세히 논의할 수 없는 것은 당연하지만, 상대측이 희망하는 고위급 레벨(상대측은 각료 기반이라고 말하지만 반드시 그것에 집착할 필요는 없다) 무역회담 개최를 동의해주는 것은 외상의 '선물'이 될 수 있다.

한편, 앞서 한국 측이 강하게 요구했던 강제(鋼製) 어선 11척〔종래에는 목조 고선(古船, 원칙적으로 선령 5년 이상)만 수출이 허용되었다〕의 수출 건은 시나 외상 출발 전에 일한교섭을 촉진시킨다는 관점에서 추진되었다. 이와 관련해 농림성(수산청)과 통산성이 의견을 조정해 2월 9일 각의 양해를 얻어, 2월 10일 수석대표 회담(제4차)에서 한국 측에 이 내용을 정식으로 통보했다.

(4) 일본 국회의 방한 반대

시나 외상의 방한과 관련, 일본사회당은 일한교섭이 한반도의 남북통일을 방해한다고 주장하면서, 특히 한국이 베트남에 파병하는 시기에, 더욱이 국회 개회 중에 시나 외상이 한국을 방문하는 것은 곤란하다고 강하게 반대했다. 사회당은 중참 양원에서 시나 방한 저지를 위해 질문 공세를 펼치는 한편, 2월 9일 하시모토 도미사부로(橋本登美三郎) 관방장관에게 방한 반대를 요청하고, 16일 밤 중앙집행위원회를 열어 시나 외상의 불신임 결의안을 중의원에 제출하기로 결정, 즉시 관련 절차를 밟았다(이 안은 2월 23일 중의원 본회의에서 부결되었다). 2월 16일 중의원 예산위원회에서 시나 외상은 "방한 목적은 친선에 중점을 두고 있지만, 회담 문제에 대해 논의할 수 있으면 좋고, 할 수 없어도 어쩔 수 없다는 생각으로 간다"고 설명했다. 도카노 사토코(戸叶里子) 의원의 "가조인도 있을 수 있는가"라는 질문에 대해 시나 외상은 "이는 상대방이 있는 문제이며, 상대방이 결론을 내리고 싶어 하는 것도 있다. 양측의 의견이 일치하는 한 연기할 필요는 없다. 그럴 수 있다고 생각한다"라고 답했다. 더욱이 기본관계조약안의 경우, 상기한 기본관계위원회에서 문제점 4개만을 남겨놓고 가조인할 수 있는 태세에 있었다.

(5) 도착성명 준비

「일한교섭의 회고: 시나 전 외상, 우시로쿠 대사에게 듣는다」는 다음과 같이 기록하고 있다.

우시로쿠: 당시 서울에 주재하고 있던 마에다 도시카즈 군이 아주 심각한 전보를 쳐왔는데, 외상이 도착해서 뭔가 사죄의 뜻을 밝히지 않으면 오더라도 역효과라는 내용이었다. 상대측 신문에는 36년간의 잘못을 말해달라고 하고 있었지만, 어쨌든 김동조는 "외상이 와주기만 하면 괜찮으니 진사(陳謝) 같은 것은 요구하지 않겠습니다"라고 했기 때문에 외상이 방한하게 됐다. 그런데 서서히 출발일이 다가오자 한국 측은 뭔가 사죄하는 것 같은 문구를 말해달라고 해온 것이다. 나는 그때 매우 고집스럽게 그렇다면 약속과 다르다면서, "유감스럽게도 불행한 시기도 있었습니다만"이라는 문구로 시작하는 글을 인쇄하고 신문에도, 가스미(霞) 클럽[102]의 사람들에게도 배부해버렸다. 출발 전에 먼저 그 인쇄물을 가스미 클럽에 나눠주고 있었는데, [ ] 이하 기자들이 나에게 몰려와 이런 것은 전혀 의미가 없다고 말하는 게 아닌가. 그래서 나도 급히 어떤 문구가 좋을까 고민하며 대신실로 가서 반성한다는 말을 이렇게 저렇게 넣자고 말했는데, 외상은 "유감스럽게도"라는 간접적인 표현을 쓰지 말고 "유감입니다"라고 긍정적으로 말하고, "여기에 조금 더 덧붙이자"고 했다. 그래서 외상 스스로 "깊이 반성하고 있습니다"라고 집어넣은 것이다. 그리고 이를 다시 인쇄해 나눠줬다.

시나: 국회에 자주 불려갔던 때였지만, 그날따라 어떤 이유로 국회 일정이 쭉 비었기 때문에 대신실로 돌아와서 아시아국장과 함께 그동안 계속 생각했던 좋은 문구가 어디 없을까 둘이서 고민하다가 그 문구를 추가하기로 한 것이다. 국회가 바빠서 옆으로 새는 일이 있었다면 잊고 있었을지도 모른다. 어쨌든 뭔가 신경이 쓰였다.

마에다 참사관은 「일한문제와 나」에서 당시(서울 주재 시)를 회상하며 다음과 같이 말했다.

한국 외무부를 포함해 여러 사람의 의견을 들어보면, 시나 외상이 방한 시에 뭔가 한국인의 마음에 호소하는 것 같은, 과거를 반성한다는 말을 하길 원한다는 데 의견이 일치했다. 만약 이런 말을 하지 않는다면, 시나 외상의 방한은 의미가 없을 뿐만 아니라 오히려 역효과가 나 한국인의 마음에 응어리가 남기 때문에 나는 뭔가 그런 기분을 언급해주길 바랐는데, 그런 의미에서 도착성명이 가장 좋다고 도쿄에 전보를 쳤다. 시나 외상이 오기 전날 본 성에서 보내온 전보는 그런 말을 할 생각은 없고, 이렇게 정해졌으므로 한국어 번역본을 준비하라는 내용이었다. "아, 역시 안 되는 것인가. 그러면 이번에 외상이 오더라도 좋은 결과는 나오지 않겠다"라는, 일종의 자포자기에 가까운 어두운 심정이었다. 그런데 그날 늦은 밤 본 성에서 보내온 전보를 보고 도착성명 문안이 바뀌어 "깊이 반성한다"는 문구가 들어가게 됐다는 사실을 알았다. 나는 아주 기분 좋게 번역문을 다시 썼다.

당시 북동아시아과장 구로다 미즈오 씨는 「내가 관련된 일한교섭의 역사」에서 "사무 당국이 만

---

102) 가스미가세키(霞が関). 도쿄의 지명으로 일본의 행정기관 청사가 밀집되어 있다. 일본의 정치, 행정을 상징하는 곳으로 통한다.

든 문안을 우시로쿠 국장이 시나 대신에게 갖고 갔더니 대신은 이 문안에 '깊이'와 같은 보다 진지한 표현을 추가해 직접 이를 수정한 경위가 있다. 우시로쿠 국장이 대신실에서 돌아와 '대신이 국내 정치적 견지에서 주저하지 않을까 걱정했는데 이렇게 되었다'고 싱글벙글 웃으면서 말하는 모습을 지금도 생생히 기억한다"고 회상했다. 그리하여 도착성명은 다음과 같이 결정되었다.

시나 외상의 서울 도착 시 성명

이동원 장관 각하, 한국 국민 여러분, 오늘 정중한 마중을 나와 주셔서 진심으로 감사합니다.

이번에 이 외무부장관의 초대를 받아 귀국의 땅을 밟게 된 것을 진심으로 기쁘게 생각합니다.

저는 평소부터 귀국의 아름다운 풍토를 접하고, 귀국의 살아 있는 국가 건설의 모습을 보길 염원해왔습니다. 지금 그 소망이 실현되어 진심으로 감동하고 있습니다.

저는 이 기회에 박정희 대통령 각하 및 정일권 국무총리 각하께 인사를 드리고, 이 외무부장관 각하를 비롯한 귀국의 지도자 분들과 양국이 공통으로 관심을 갖는 문제에 대해 무릎을 맞대고 이야기 나누기를 기대하고 있습니다.

일한 양국은 옛날부터 일의대수(一衣帶水)인 이웃나라로서 인적 교류를 하는 것은 물론 문화적으로나 경제적으로도 깊은 관계가 있었습니다. 양국 간의 오랜 역사 속에서 불행한 기간이 있었던 것은 참으로 유감스러운 일이며 깊이 반성하는 바입니다.

그러나 올해야말로 이 수천 년에 이르는 역사적인 관계를 배경으로 하여 긍정적인 자세로 양국 간에 영구적인 선린우호관계를 구축하고, 이를 통해 양국이 서로 번영해가는 새로운 역사의 출발점을 만들 수 있다고, 이는 우리 모두 희망하는 바라고 믿고 있습니다.

저의 이번 귀국 방문이 양국의 친선의 목적에 기여하고, 특히 우리의 공통의 염원인 일한 국교정상화의 조기 실현에 일조하기를 기원하면서 인사를 드립니다.

이러한 도착성명과 관련해 이동원 외무부장관은 앞서 인용한 글에서 다음과 같이 말했다.

나중에 알게 된 일이지만, 도착성명은 시나 외상이 자기 손으로 직접 작성한 것으로, 외무성의 부하가 이를 막으려 했지만 대신은 "이 성명에 대한 모든 책임은 내가 지겠다. 잘못된 과거 관계를 사죄할 수 없는 일본이라면 새로운 관계를 맺을 수 없다는 한국 측 이야기는 일리가 있다. 내가 한국의 외무부장관이었더라도 그것과 똑같은 입장을 취했을 것이다"라고 말했다고 한다.

(6) 방한 일정

시나 외상은 2월 17일 오전 11시 30분 하네다 출발의 일본항공 비행기로 방한했다. 주요 수행원은 다음과 같다.

우시로쿠 외무성 아시아국장, 가토 다다오(加藤匡夫) 외무성 경제차장, 아카자와 쇼이치(赤沢璋一) 통상산업성 통상국 경제협력부장, 구로다 외무성 아시아국 북동아시아과장, 나카에 요스케(中江要介) 외무성 조약국 법규과장, 이와세(岩瀬)·오모리(大森) 외무대신 비서관. 여기에 14명의 기자단까지 동행했다.

출국일 아침 하네다 공항에는 전국학생연합(전학련)과 사회당계의 방한 반대시위대가 몰려와 경시청 기동대와 충돌, 약 100명 이상의 부상자가 발생한 것으로 보도되었다. 오후 1시 반 서울 김포 도착, 의장병 열병 후 이동원 외무부장관의 환영사에 답하여 도착성명 발표, 오후 3시 반부터 정부중앙청사에서 이 외무부장관, 정일권 총리, 장기영(張基榮) 부총리를 방문, 오후 6시부터 7시 반까지 이 외무부장관 부부가 주최한 리셉션에 참석한 후 오후 8시부터 이 외무부장관이 주최한 만찬에 참석했다.

18일 오전 9시 반 국군 묘지를 참배하고 화환 봉정, 10시 이효상(李孝祥) 국회의장 예방, 그 후에 청와대에 박정희 대통령을 예방하고 정오부터 박 대통령이 주최한 오찬에 참석, 오후 2시부터 제1차 외무장관 회담을 가졌다.

19일 오전 9시 제2차 외무장관 회담을 하고, 그 후 헬기로 휴전선 부근의 한국 제6군사령부를 방

사진 37 　박정희 대통령이 방한한 시나 에쓰사부로 일본 외상을 맞이하고 있다. (출처: 한국일보)

문, 부근 시찰 후 판문점을 시찰했다. 오후 6시부터 7시 반까지는 시나 외상이 주최한 리셉션, 오후 8시부터는 시나 외상이 주최한 만찬에 참석했다.

20일 오전 정일권 총리와 회담하고, 제3차 외무장관 회담을 가졌다. 정오에는 국무총리 관저에서 정 국무총리가 주최한 오찬에 참석, 오후 2시 외무부에서 양국 외무장관 입회하에 우시로쿠 아시아국장과 연하구 아주국장이 기본조약안에 가조인했다. 오후 2시 25분 일한 양국 기자회견을 갖고, 오후 3시 반 노스웨스트 항공기로 김포 출발, 5시 20분 하네다에 귀착했다.

그동안 18일에 우시로쿠 아시아국장과 연 아주국장 간에 기본관계조약안을 둘러싼 논의가 전개됐다. 또 18일과 20일에 가토 경제차장, 아카자와 통산성 경제협력부장과 문철순 외무부 차관, 전상진(全祥振) 외무부 통상국장 간에 경제 문제에 대한 회담이 열렸다.

시나 외상이 공항에 도착했을 때는 의장대 사열이 있었고, 판문점 방문 시에는 예포가 발사되었다. 그러나 공항에서의 영예례(榮譽禮) 과정에서 연주될 예정이었던 기미가요가 착륙 직전에 다른 노래로 바뀐 것은 기미가요를 연주하는 것은 아직 시기상조라고 한국 정부가 판단했기 때문으로 관측되었다.

3. 일한 외무장관 회담과 기본관계조약안 가조인

(1) 기본관계조약 문안의 결정과 가조인

2월 18일 오후 2시에서 6시까지 열린 제1회 외무장관 회담에서 기본조약과 관련해 현안이 된 것은 ① 구조약의 무효화(null and void), ② 남한을 유일한 합법 정부(only lawful government)로 보는 문제, ③ 통상항해조약이 성립될 때까지의 잠정조치, ④ 전문에서 대일 평화조약과 유엔결의를 인용한 부분 4개 사항이었다. 이와 관련해 한국과 일본은 6자 회담(일본 측: 우시로쿠 아시아국장, 구로다 북동아시아과장, 나카에 법규과장, 한국 측: 연 아주국장, 김 동북아주과장, 오 조약과장)을 3시간 정도 열어 문제점을 압축했다.

그 결과와 관련, 서울에서 다음과 같은 극비의 암호 전보가 외무성에 전송되었다(19일 0시 5분).

1. 기본관계조약안에 관해 세 시간에 걸쳐 회담한 결과는 다음과 같다.
   (1) 제3조와 관련해 상대측은 'such……'라는 수식 방식(특히 only와 lawful 사이가 such로 끊기

외교문서 원본 28   일본 측 대표단이 외무성에 보낸 암호 전보의 일부

는 점, 더욱이 'such only lawful government'는 유일한 합법 정부가 그 외에도 있는 듯이 들리기 때문에)은 절대로 곤란하다고 말했으므로, 'the only lawful government in Korea'(여기에는 'within the meaning of UN resolution'이라는 제약이 붙어 있는데, 일본 측도 이 문구에는 일단 합의한 경위가 있다)와 유엔결의를 연결하는 표현('in the meaning of' 등은 절대 인정할 수 없으므로)으로 모가 나지 않는 문구를 검토했는데, 결국 다음 4개의 표현 중 하나를 각각 윗선과 상의한 다음에 선택하기로 했다.

(A) as declared in

(B) as defined[이 표현에 대해 상대측은 당초 난색을 표했지만 (2)항으로 응수하자 불만이 들어갔다]

(C) as stipulated in

(D) as specified

(이상 어느 것도 such를 동반하지 않음)

(2) 제2조와 관련, 상대측은 "'are null and void' 이외에 어떠한 표현도 국민감정상 절대로 수락하지 못하므로 다른 선택의 여지가 없다. 또 이 표현에 관한 합의의사록 등의 작성은 국회 비준이 불가능하기 때문에 동의할 수 없다. 일본 측이 이 표현에 동의한다면 제3안에서는 'as defined'를, 또 전문의 'recalling paragraph'는 일본 측 원안대로 받아들이는 것을 고려할 수 있다"고 말했다. 한때 본 조항의 논의가 중단되었지만, 최종 단계에서 우리 측에 딱 맞는 시안으로서 'are already null and

void'를, 상대측이 'are hereby null and void'를 제안하고, 각각 다음 회담까지 윗선과 상의, 검토하기로 했다[상대측은 전문 내용과 관련해서도 (가) 유엔결의를 언급하지 않는다, (나) 유엔결의 부분을 염두에 둔다(bearing in mind)고 하고 별항으로 둔다, (다) 평화조약과 유엔결의를 각각 that 절(that clause)로서 사실만을 기술한다, (라) 일본 측 안대로 네 가지의 선택으로 이해하고 있다고 주장, 우리 측과 엇갈렸다].

    (3) 통상항해 조항에 관한 양해에 대해서는 (가) '기본관계위원회에서'라고 하지 말고, 또 무역회의와도 관련짓지 말며, (나) '현행 3개 협정의 개폐 등 기타 합의되어야 할 필요사항'에 관해 검토한다는 선에서 다시 기안 작업(redraft)을 하게 되었다.

    (4) 해저전선에 관한 양해에 대해서는 '제4조 c항에 관한 사항에 대한 협정'에 대해 동의하기 위해 '기본관계위원회'가 아닌 다른 적절한 회의에서 협의한다는 선에서 다시 기안 작업(redraft)을 하게 되었다.

    2. 이상과 관련해 19일 낮까지 반드시 기안이 도착하도록 아무쪼록(각 안에 우선순위를 붙여서) 회전(回電)해주기 바란다.

이어 초극비(超極祕)로서 다음과 같은 전보를 발송했다.

    시나 대신 발신
    1. 18일 오후 3시간 정도 회담한 결과, 앞서 전보로 보낸 안을 청훈하게 되었다. 청훈 내용에 대해서는 기술적으로는 여러 가지 불만사항이 이것저것 있을 것으로 알지만, (가) 기본관계조약에 대해서는 다년간에 걸쳐 교섭했고, 쌍방의 의견이 이미 모두 나왔다는 것을 오늘 회담에서도 통감했다, (나) 박 대통령을 비롯한 한국 정부 정상의 태도를 접하고, 또 현지 분위기를 직접 관찰해봤는데, 이번 타결을 보류하더라도 향후 교섭에서 청훈한 안 이상의 유리한 안이 만들어질 것이라고는 예상되지 않을 뿐만 아니라, 이번 방한도 오히려 일한관계상 역효과를 불러 양국 간 분위기를 악화시킬 뿐이라는 점을 감안해, 이번에 청훈 내용의 수준으로 이 조약 교섭의 타결을 도모하는 것이 상책이라고 생각되므로 총리에게 대국적인 견지에서 재결을 요청하는 바이다.

    2. 이와 관련해 본 대신이 서울을 출발하기 전에 본 조약이 가조인되기를 희망하며, 필요한 절차를 진행해주기를 부탁한다.

당시 회담 기록은 기본조약안 제2조와 관련해 다음과 같은 논의가 진행되었다고 기술하고 있다.

    연 아주국장은 " 'are null and void'가 아니면 국민감정이 허락하지 않는다. 이 표현은 선택의 여지가 없다(no choice). 그러나 한국 정부는 '무효화(null and void)라는 표현으로 과거에 국제법상 존재했던 체제를 전부 백지화해버린다든가, 새롭게 손해 배상을 청구한다든가, 그런 것은 전혀 생각하지 않고 있다"고 말했다. 이에 대해 우시로쿠 국장이 "그렇다면 그런 내용을 별도의 문서에 써준다면 생각해 볼 수도 있다"고 제안했지만, 연 국장은 "그런 문서를 만들면, 국회 비준을 얻기가 불가능하기 때문에 곤란하다"고 말했다.

당시의 마쓰나가 노부오(松永信雄) 조약과장은 나중에 다음과 같이 말했다.

　　당시 주일 한국대표부 이규성 공사가 매일 외무성에 왔었지만, 그는 "이것은 한국 측의 주의(主義)상 나온 내용이며, 이 문구가 있기 때문에 뭔가 법률적인 문제가 생긴다든가, 혹은 이것이 무효이었기 때문에 '저렇게 해달라, 이렇게 해달라'라는 청구가 제기되는 것 같은 일이 생긴다면 일본으로서도 진지하게 생각해야 하지만 그런 일은 일어날 리가 없지 않느냐"라고 열렬히 토로했다. (「일한교섭의 회고: 조약과의 입장에서」)

제3조와 관련, 'already'라는 어휘를 넣은 것에 대해 우시로쿠 아시아국장은 「일한교섭에 관한 약간의 회상」에서 다음과 같이 말했다.

　　3시간여에 걸쳐 일한 양국에서 여러 가지 표현을 생각했지만 결국 일치하지 않았고, 오늘은 여기까지라면서 일어나려 했을 때 우리 측에서 'already'라는 문구를 'null and void' 앞에 삽입하는 방안을 가볍게 시사했는데, 상대측이 이것은 고려의 여지가 있다고 해서 다시 자리에 앉았다. 결국 이 단어 덕분에 이 조약이 성립된 경위가 있다. 이 구절은 서울로 출발하기 전에 조약국장이 "어쨌든 한때는 병합조약이 유효했음을 보여줄 수 있는 뉘앙스가 담긴 것이 필요하다. 그런 의미에서 'already'라면 마지막 단계에서는 수용할 수 있다"고 말해 허가를 얻은 문장이었지만, 설마 한국 측이 이 구절에 따라올 줄은 몰랐다. 그러나 이 상태로는 교섭이 결렬될 사태였기 때문에 한국 측도 이 안에 동의한 것이 아닌가 생각된다.

상기한 전보를 받고 외무성은 19일 아침 후지사키 마사토(藤崎万里) 조약국장실에서 회의를 열었다. 당시의 사정에 대해 마쓰나가 조약과장은 「일한교섭의 회고」에서 다음과 같이 말했다.

　　이 네 가지 안은 모두 수락할 수 없기 때문에 'in the sense of'로 하자는 취지로 회전(回電)했다. 그 회의에서 후지사키 조약국장이 주장한 내용은 유엔결의안은 일본도 가맹국으로서, 또 세계의 추세를 배경으로 해서 지원한 것이므로 이를 인용하는 것은 좋지만, 거기에 알파가 덧붙여지는 것은 절대 피하고 싶다는 마음이 기본이었다. 알파란 무엇인가 하면, 한국이 주장하고 있는 북조선에 대한 관할권을 일본

정부가 합법화하거나 그것을 지지하는 듯한 뉘앙스가 나오는 문장이다. (중략)

'as specified'는 이를 형용사적인 사용법으로 볼 것인지, 부사적인 사용법으로 볼 것인지 두 가지 이해 방법이 있다. 어떻게 이해하느냐에 따라 조문의 해석이 달라지고 만다. 'In the sense of'로 해두면, 유엔결의가 나오지 않았음이 분명히 객관적으로 보인다. 조약국장은 "'as specified'로는 국회 심의 때 충분히 방어할 수 있을지 의문이다"라고 말했다. 우시바 심의관은 "납득할 수 없는 채 조약을 체결해버리면 나중에 문제가 되기 때문이다"라고 말했다. 차관과도 논의하고, 또 차관이나 우시바 심의관이 관방장관에게 연락해 총리의 승인을 받아, 다시 한 번 해보자고 서울에 훈령 전보를 친 것이다.

당시 서울에 보낸 전문(電文)은 다음과 같다(19일 12시 39분 발송).

1. 제2조 'are hereby null and void'는 영문으로서 그야말로 해석이 곤란해지기 때문에 'are already null and void'로 하도록 상대방을 설득하기 바란다. 다만, 이에 대해 상대측이 끝까지 반대할 경우에는 'hereby'라고 하는 것도 어쩔 수 없다.

2. 제3조의 첫 부분과 관련해 귀 전보에서 제시한 네 가지 안은 모두 수락할 수 없으므로 'in the sense of'('such' 없이)로 타결하도록 협상하기 바란다.

이상, 사토 총리도 양해했다. 또 각의 절차상 타결했을 경우 가조인의 날짜 및 성명과 함께 급히 이 조약안을 회전해주기 바란다.

이상의 훈령을 받은 서울의 사정에 대해 구로다 동북아시아 과장은 다음과 같이 기술했다.

재교섭 훈령을 받은 후 시나 대신이 주재하는 회의가 열렸다. 우시로쿠 국장, 가토 경제차장 등은 입을 모아 "이 표현으로 우리 측에 불리한 것은 없다"는 점을 대신에게 설명했다. 그러나 우리들은 이것으로는 이번 방한에서 기본관계조약을 매듭지을 수 없다는 비관적인 기분을 지울 수 없었다.

하지만 시나 대신은 한국 측이 다시 협상에 응할 의사가 없는 것을 확인한 후, 그날 늦은 밤과 이튿날 아침에 정력적으로 외무차관, 관방장관, 가와시마 쇼지로(川島正次郎) 부총재 등 정부, 당 지도부와 논의하고 마지막으로 총리에게 전화해 설득, 상술한 문구로 교섭을 타결 짓는 것에 대해 양해를 얻었다.

오모리 비서관의 말에 의하면, 시나 대신은 늦은 밤에 브랜디 잔을 기울이면서 "훈화(訓話)는 나라를 멸망시킨다"고 말했다고 한다. 덧붙여 이때 도쿄로 거는 국제전화는 평상시 서울에서 거는 국제전화와 달리 정말 잘 걸렸는데, 한국 측도 이런 면에서 협조한 것 같다. 또 아마 도청(tapping)도 있었을 것이므로 시나 대신의 노력을 한국 측이 매우 높게 평가했으리라 생각된다.

또 시나 외상 및 우시로쿠 아시아국장은 회고담에서 다음과 같이 말했다.

시나: 그날 밤 반도호텔에서 리셉션이 있었다. 그때 이 두 가지 점을 이쪽에서 수용해버리면 이 문구는 결정될 것이라고 생각했다.

우시로쿠: 그래서 "이미"라는 단어는 낮에 열린 회담에서 정해졌으므로, 밤이 되어 정리되지 않은 문제는 "유엔결의에 규정된 바와 같이"라는 문구를 어떻게 적을까라는 것이었다. 우리 측은 유엔결의에 규정되어 있다는 것을 직접적으로 매우 강하게 연결시키려고 했고, 상대측은 이를 최대한 분리된 표현으로 하자는 입장이었다. 결국 청운각(青雲閣)에서 2차 모임을 열고 모두 마구 마시고 춤추고 있을 때, 대신과 나, 이동원 장관이 별도로 방에서 이 문제를 논의했다. 그때 박정희 대통령은 진해에 해군 시찰을 가 있었다. 이 장관은 진해에 장거리 전화를 걸면서 우리 측과 얘기하고 있었던 것인데…….

시나: "이미"를 삽입했으니, 그렇다면 좋지 않은가. 여기에 유엔결의도 인용하겠다고 이야기했으므로 금상첨화이지 않은가. 한국이 한반도 전체가 모두 자기 것이라고 보는 해석은, 한국은 어떻게 쓰더라도 이렇게 해석하지 않으면 받아들일 수 없기 때문에, 이제 말싸움이 아니라 기본적인 각오의 문제가 되었다. 뭐, 이 정도면 좋은 게 아닌가라고 생각했다. 그리고 별실로 들어가 "우리 측은 이것으로 기본조약은 괜찮다. 각 방면의 양해를 얻을 수 있다. 그렇기 때문에 당신 쪽이 빨리 정리해라"라고 이동원을 몰아붙였다. 그러자 그는 "대통령이 진해에 가 있다"고 말했다. "진해든 어디든 좋으니 오늘밤에 양해를 구해라"라고 말했다. 그랬더니 "군함에 있다"는 것이었다. "군함이라도 상관없지 않은가. 무선전화가 있을 것이다. 어쨌든 지금 하지 않으면 내일 시간을 맞추지 못한다. 그러면 협상을 체결하지 못한 채 그대로 돌아가야 되고, 나중에 어떤 일이 일어날지 모른다"고 했다. "아무래도 박 대통령, 정 총리가 승인하지 않는다면 다른 이야기가 되지만, 연락이 안 된다고 말하는 것은 말도 안 되니 얼른 양해를 구해달라"라고 다그쳤다. 그때부터 시작됐다. 상대측은 자고 있었을지도 모르지만 그를 깨워서 "좋다"라는 답을 얻어냈다. "좋다"라는 말을 듣고, 그때부터 술을 상당히 많이 마셨다. 이튿날 아침 잠옷 바람으로 각 방면에 전화를 걸었다. 총리는 "그래서 국회 대책은 설까"라고 물었다. 내가 "국회는 괜찮다. 이것은 내가 책임 진다"고 말했더니, "그렇다면 그것으로 좋다"는 입장이 되었다. 이로써 하나의 계기를 만든 셈이었다.

우시로쿠: 그때 한국 측은 진해에 장거리 전화를 걸어 대통령의 허락을 받아냈는데, 한국 측으로서는 이 라인이 마지막 시도라는 각오로 열심히 했다. 우리 측도 이것이라면 국회에도 변명할 수 있을 것이라고 했고, 대신은 국제전화로 영어로 'as specified……'라고 큰 소리로 이야기했었다.

시나: 그랬던가.

우시로쿠: 그때 경제 관계로 와 있던 가토 다다오 군(주: 경제국 차장)은 영국 유학생 출신으로 영어 감각이 있었는데, 그가 "specified에 as가 들어가나 들어가지 않나 똑같습니다. 이제 이것은 버리세요"라고 말했다.

시나: 총리, 부총재, 간사장에게 전화를 걸었다. 오다 다키오(黄田多喜夫) 외무차관에게는 앞서 19일 새벽에 전화를 걸었다.

마에다 참사관의 「일한문제와 나」에는 다음과 같이 적혀 있다.

시나 외상은 서울 체류 중에 밤에 서울에서 도쿄로 전화할 것이 예상되었다. 그 무렵 일본과의 국제전화는 낮의 일정한 시간에만 이용이 가능했기 때문에 전신관(電信官)에게 사전에 국제전화국에 인사해두라고 시켜놓았다. 역시 외상은 19일 밤늦게 도쿄에 전화를 걸어 오다 차관을 찾게 되었는데, 국제전화국에서 바로 연결해줬다. 그때 시나 외상은 기본조약의 문제점을 설명하고, "제3조의 '분명히 제시되어 있는 대로'라는 대목은 한국 측이 주장하는 것처럼 'as specified in the Resolutio……'이라고 할 수밖에 없다고 생각한다. 이것으로 할 테니 내일 각의에 맞출 수 있도록 해달라. 내가 내일 아침 몇 시에 관방장관, 총리, 간사장, 부총재 순으로 전화를 걸겠다. 차관은 이 취지를 각각에게 연락해 수배하라"고 적확하게 절차를 지시했다. 나는 옆에서 통화하는 걸 듣고 있었는데 그 지시는 참으로 훌륭하다고 생각했다. 이튿날 아침, 전화국은 부탁해놓은 시각에 1분의 차질도 없이 도쿄로 순차적으로 전화를 연결해주었다. 시나 외상은 전날 밤 오다 차관에게 말한 것 이상으로 제대로 정리된 말투에 박력까지 있었고, 옆에서 보고 있던 내가 더 감명을 받았다. 동시에 한국의 국제전화국은 서비스를 잘해 줬다고 생각한다. 물론 그들은 중앙정보부의 지시를 받은 것이며, 통화 내용도 듣고 있었겠지만, 순조롭게 도쿄에 전화가 걸리고 연락이 잘되어 정말 기분이 가벼워졌다.

이에 따라 외무성은 20일 오전 8시 반에 우시바 심의관 사무실에서 성내 회의를 열고〔후지사키 조약국장, 사토 히후미(佐藤日史)·히로세 다쓰오(広瀬達夫) 양 참사관, 마쓰나가 조약과장 참석〕, 'as specified' 안의 수락을 결정했다. 그 취지로 오다 차관을 통해 다나카 가쿠에이 외무대신 임시대리, 그리고 사토 총리에게 승낙을 구하고 재가를 얻었다. 오전 9시경 히로세 아시아국 참사관이 서울의 아시아국장에게 가조인해도 괜찮다고 전화 연락을 했다. 한편, 조약국은 다음과 같은 각의 양해안을 기안해 돌아다니면서 각 대신의 서명을 받아 12시 15분에 필요한 결재를 모두 받았다. 조약안의 일본어 번역문은 국회에 제출해야 했으므로 법제국의 예비심사를 받았다.

조조(條條)제250호

1965년 2월 20일

내각총리대신 사토 에이사쿠(佐藤栄作) 귀하

외무대신 임시대리 국무대신 다나카 가쿠에이(田中角栄)

일본국과 대한민국 간의 기본관계에 관한 조약의 가조인에 대해

일본국과 대한민국 간의 기본관계에 관한 조약의 가조인과 관련, 별지안에 대해 각의 양해를 구한다.

일본국과 대한민국 간의 기본관계에 관한 조약의 가조인에 관한 각료 양해(안)

일본국과 대한민국 간의 기본관계에 관한 조약과 관련, 별지의 문안에 가조인하는 것으로 한다.

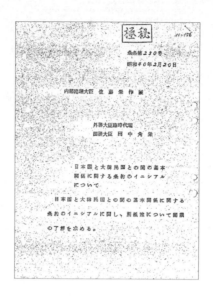

외교문서 원본 29　일본 측이 각의 결재를 받기 위해 작성한 기본관계 조약안

(임시 번역)

일본국과 대한민국과의 기본관계에 관한 조약(안)

일본국 및 대한민국은,

양국 국민 간 관계의 역사적 배경과 선린관계 및 주권 상호 존중의 원칙에 입각한 양국 관계의 정상화에 대한 상호의 희망을 고려하고,

양국의 상호 복지 및 공통 이익의 증진을 위해, 또 국제 평화 및 안전의 유지를 위해, 양국이 유엔헌장의 원칙에 합당하게 긴밀히 협력하는 것이 중요하다는 것을 인정하고,

1951년 9월 8일에 샌프란시스코에서 서명된 일본국과의 평화조약의 관계 규정 및 1948년 12월 12일에 유엔총회에서 채택된 결의 제195호(III)를 상기하고,

이 기본관계에 관한 조약을 체결하기로 결정하고, 따라서 그 전권위원을 다음과 같이 임명했다.

일본국

대한민국

이들 전권위원은 상호 그 전권위임장을 제시하고, 그것이 양호 타당하다고 인정받은 후, 다음 제 조항을 협정했다.

Draft   11-158

TREATY ON BASIC RELATIONS BETWEEN JAPAN AND
THE REPUBLIC OF KOREA

Japan and the Republic of Korea,

Considering the historical background of relation-
ship between their peoples and their mutual desire for
good neighborliness and for the normalization of their
relations on the basis of the principle of mutual
respect for sovereignty;

Recognizing the importance of their close coopera-
tion in conformity with the principles of the Charter
of the United Nations to the promotion of their mutual
welfare and common interests and to the maintenance of
international peace and security; and

Recalling the relevant provisions of the Treaty of
Peace with Japan signed at the city of San Francisco on
September 8, 1951 and the Resolution 195(III) adopted

- 2 -   11-159

by the United Nations General Assembly on December 12,
1948;

Have resolved to conclude the present Treaty on
Basic Relations and have accordingly appointed as their
Plenipotentiaries,

Japan:

The Republic of Korea:

Who, having communicated to each other their full
powers found to be in good and due form, have agreed
upon the following articles:

Article I

Diplomatic and consular relations shall be es-
tablished between the High Contracting Parties. The
High Contracting Parties shall exchange diplomatic envoys
with the Ambassadorial rank without delay. The High Con-
tracting Parties will also establish consulates at loca-
tions to be agreed upon by the two Governments.

- 3 -   11-160

Article II

It is confirmed that all treaties or agreements
concluded between the Empire of Japan and the Empire of
Korea on or before August 22, 1910 are already null and
void.

Article III

It is confirmed that the Government of the Republic
of Korea is the only lawful Government in Korea as
specified in the Resolution 195(III) of the United
Nations General Assembly.

Article IV

(a) The High Contracting Parties will be guided
by the principles of the Charter of the United Nations
in their mutual relations.

(b) The High Contracting Parties will cooperate
in conformity with the principles of the Charter of
the United Nations in promoting their mutual welfare
and common interests.

Article V

The High Contracting Parties will enter into
negotiations at the earliest practicable date for the
conclusion of treaties or agreements to place their
trading, maritime and other commercial relations on a
stable and friendly basis.

Article VI

The High Contracting Parties will enter into
negotiations at the earliest practicable date for the con-
clusion of an agreement relating to civil air transport.

Article VII

The present Treaty shall be ratified. The instru-
ments of ratification shall be exchanged at ....
as soon as possible. The present Treaty shall enter into
force as from the date on which the instruments of
ratification are exchanged.

IN WITNESS WHEREOF, the respective Plenipotentiaries
have signed the present Treaty and have affixed thereto
their seals.

DONE in duplicate at ...., this ....
day of .... of the year one thousand nine hundred
sixty .... in the Japanese, Korean, and English
languages, each text being equally authentic. In case
of any divergence of interpretation, the English text
shall prevail.

FOR JAPAN:

FOR THE REPUBLIC OF KOREA:

제1조

양 체약국 간에 외교 및 영사 관계가 개설된다. 양 체약국은 대사의 자격을 가진 외교사절을 지체 없이 교환하기로 한다. 또한 양 체약국은 양국 정부에 의해 합의되는 장소에 영사관을 설치한다.

제2조

1910년 8월 22일 이전에 대일본제국과 대한제국 간에 체결된 모든 조약 및 협정은 이미 무효임을 확인한다.

제3조

대한민국 정부는 유엔총회의 결의 제195호(Ⅲ)에서 분명히 제시되어 있는 바와 같이 조선에 있는 유일한 합법 정부임을 확인한다.

제4조

(a) 양 체약국은 상호 관계에서 유엔헌장의 원칙을 지침으로 하는 것으로 한다.

(b) 양 체약국은 그 상호의 복지 및 공통 이익을 증진하는 데 있어 유엔헌장의 원칙에 합당하게 협력해야 한다.

제5조

양 체약국은 그 무역, 해운 및 기타 통상의 관계를 안정되고, 또 우호적인 기초 위에 두기 위해 조약 또는 협정을 체결하기 위한 협상을 실행 가능한 한 신속히 개시하기로 한다.

제6조

양 체약국은 민간 항공운수에 관한 협정을 체결하기 위해 협상을 실행 가능한 한 신속히 개시하기로 한다.

제7조

이 조약은 비준되어야 한다. 비준서는 가능한 한 신속히 [　]에서 교환되어야 한다. 이 조약은 비준서가 교환된 날로부터 효력을 발생한다.

이상의 증거로서 각각의 전권위원은 본 조약에 서명 조인했다.

196[　]년 [　]월 [　]일에 [　]에서 동등하게 정문인 일본어, 한국어 및 영어로 본서 2통을 작성했다. 해석에 차이가 있을 경우에는 영어본에 따른다.

일본국을 위해

대한민국을 위해

일한 기본관계조약안의 요강

일한 양국은 양국 국민 간 관계의 역사적 배경과 선린관계 및 양국 간 관계 정상화를 서로 희망하는 것을 고려하고, 양국 공통의 복지와 공동의 이익 증진을 위해, 또 국제 평화 및 안전 유지를 위해 양국이 유엔헌장의 원칙에 합당하게 긴밀히 협력하는 것이 중요함을 인정하고, 샌프란시스코 평화조약의 관계 규정 및 1948년 12월 12일 유엔총회 결의 제195호(Ⅲ)를 상기하고, 이 기본관계조약을 체결하기로 결정했다.

1. 양국 간에 외교 및 영사 관계가 수립된다. 양국은 대사의 자격을 가진 외교사절을 지체 없이 교환하며, 또 양국 정부에 의해 합의되는 장소에 영사관을 설치한다.

2. 1910년 8월 22일 이전에 대일본제국과 대한제국 간에 체결된 조약 및 협정은 이미 무효임을 확인한다.

3. 한국 정부는 유엔총회 결의 제195호(Ⅲ)에 제시되어 있는 것과 같은 조선의 유일한 합법적 정부임을 확인한다.

4. 양국은 상호 관계에서 유엔헌장의 원칙을 지침으로 하고, 그 공통의 복지와 공동의 이익을 증진함에 있어 유엔헌장의 원칙에 합당하게 협력한다.

5. 양국은 무역, 해운 및 기타 통상 관계를 안정되고 우호적인 기초 위에 두기 위해 조약 또는 협정을 체결하는 교섭을 실행 가능한 한 신속히 개시한다.

6. 양국은 민간 항공운수에 관한 협정을 체결하는 협상을 실행 가능한 한 신속히 개시한다.

7. 조약은 비준되어야 한다. 비준서는 가능한 한 신속히 교환되는 것으로 하고, 이 조약은 비준서가 교환된 날로부터 효력을 발생한다.

일한 기본관계조약안의 가조인에 대한 설명자료

일한교섭은 지난해 12월 제7차 일한 전면 회담을 재개한 이후 기본관계, 법적지위 및 어업 문제를 주요 의제로 하여 협상을 거듭해온바, 기본관계에 대해서는 '기본관계에 관한 조약'을 체결하는 데 거의 합의에 도달했다. 이번 시나 대신의 방한 시에 행해진 회담에 의해 그 영문본에 관해 교섭의 타결을 봤기 때문에 서울에서 우리 측의 우시로쿠 외무성 아시아국장과 한국 측 대표가 20일 이 조약 영문본에 가조인을 하고자 한다.

또한 본 조약에 정식 서명을 하게 될 경우에는 다시 각의에 청의(請議)할 생각이다.

서울에서는 오후 2시 한국 외무부에서 양국 외무장관 입회하에 우시로쿠 아시아국장과 연하구 아주국장이 기본조약안에 가조인했다.

이에 앞서 기본조약에 가조인을 위해 2월 20일 오후 1시 50분 시나 외상과 이동원 장관이 장관실에서 모였을 때, 우시로쿠 아시아국장은 이번 방문 중에 ①통상조약이 체결될 때까지의 임시조치(interim measures)와 ②해저전선 두 건에 대해서는 일한 본회의와 구분해 별도의 일상적인 경로로 논의하는 취지의 합의의사록을 작성하려 했다. 그러나 시간적으로 기안 작업(drafting)을 할 여유가 없었기 때문에 우시로쿠 국장은 가능한 한 서둘러 도쿄에서 상기 취지의 문서를 작성하는 것으로 이번에는 여기서 구두로 양해하고 싶다고 발언했다. 김동조 대사는 이를 승낙하고, 이 점에 대해 실질적인 합의가 되어 있기 때문에 여기서 회의록 문구만이라도 논의하고 싶다고 언급했다. 결국 나카에 요스케(中江要介) 법규과장이 문구를 기안(draft)한 후 한국 측과 논의하는 것으로 되었다.

논의의 결과는 다음과 같았다.

1965년 2월 20일 기본관계에 관한 조약 초안에 대한 가조인 시 다음과 같이 양해되었다.

(가) 양국 정부의 대표자는 적당하다고 인정되는 회의에서, 사실상 적용키로 하고 1952년 4월 28일에 합의되어 현재 적용되고 있는 '무역협정', '금융협정', '잠정 해운협정' 및 기타 필요한 사항에 대해 검토하기로 한다.

(나) 양국 정부의 대표자는 해저전선 문제와 관련해 일본국과의 평화조약 제4조 (c)항에 관한 협정에 동의하기 위해 적당하다고 인정되는 회의에서 계속해서 협의하는 것으로 한다.

(주) 상기 문구는 2월 20일 오 조약과장과 협의, 상대측 상사의 승낙을 얻은 취지를 공항에서 확인을 받았다.

한편, 상기한 외무성의 재훈령에 대해 구로다 미즈오 씨는 아래와 같이 평했다.

사진 43　1965년 2월 20일 서울의 한국 외무부에서 양국 외무장관이 지켜보는 가운데 연하구 한국 외무부 아주국장(왼쪽에서 두 번째)과 우시로쿠 일본 외무성 아시아국장(왼쪽에서 세 번째)이 가조인한 한일 기본조약안을 교환하고 있다. (출처: 국가기록원)

본 성으로서는 북조선에 대한 정책과 관련해 자유재량(free hand)을 가져야 한다는 정책론에 입각해 재교섭의 훈령을 발한 것이다. 하지만 외무대신 자신이 출장을 가서 교섭에 임해 일정한 선에서 교섭을 타결 지을 것을 결단하고 그 확인을 요구해온 경우, 관련되는 다른 성(省)이 반대하거나 총리대신 등 정치적인 수준에서 반대하지 않는 한, 이에 대해 재교섭 훈령을 내는 것은 상당한 근거가 있는 경우 외에는 이상하다는 느낌이 든다. 통상적인 전권(全權)이나 정부대표와 외무대신은 다르다(당시 외무대신 임시대리가 누구였는지 잊었지만, 임시대리가 반대한 것이 아니라 사무적인 수준의 반대였던 것 같다). 그리고 (가)의 표현에서 한국 정부의 합법성(lawfulness)이 유엔결의로 인정된(qualify) 것은 설명할 수 있었다. 한국 정부가 조선의 유일한 합법 정부(lawful government)임을 표현하는 것이라면 유엔결의를 원용할 필요가 없기 때문이다.

시나 대신은 이 사례에서 볼 수 있듯이, 정부 내에서 일한교섭의 진행을 저해하는 요인이 발생하면 매우 적극적으로 과단성 있게, 게다가 유효하게 행동했다. 상공차관까지 이른 경험이 많은 관리 출신으로서 정부 내의 반대를 어떻게 억제할지 정말 잘 알고 있기 때문으로 보였다. 일한교섭 때 외무대신으로서 시나 대신이 있었던 것은 행운이었다.

(2) 기타 문제

2월 22일 우시로쿠 아시아국장에 의해 정리된 기본관계조약안 이외의 「시나 외상 방한 시 제반 회담의 문제별 요지」를 적기하면 다음과 같다.

1. 재외사무소 설치 문제
가조인의 전망이 보인 19일 새벽 비공식 회담에서 시나 외상이 이 문제를 제기하자 김동조 대사는 "호의적으로 검토하겠다"고 답했다. 이어 20일 시나 외상은 정 총리(이 외무부장관, 김 대사 동석)에게 재외사무소 직원들의 수와 위치는 그대로 현상을 유지하고 간판만 걸어줬으면 좋겠다고 말했다. 이에 대해 정 총리는 "한일 기본조약안의 가조인과 동시에 실시되면 기본조약과 뒷거래를 하고 있다는 비난을 받는다. 또 5월경에는 정식으로 서명할 수 있을 것으로 생각되기 때문에 좀 더 기다려줬으면 한다"고 언급했다. 동석한 이동원 외무부장관, 김동조 대사도 "한일 기본조약안의 가조인에 대한 국내 반응을 살펴본 다음에 긍정적으로 검토하고 싶다"고 말했다.

이 문제와 관련해 우시로쿠 아시아국장은 연하구 아주국장에게 당분간 파우치[103]만이라도 보낼 수 있

---

103) 외교상의 기밀문서나 자료 따위를 운반하는 데에 쓰는 특수한 외교 행낭.

도록 해달라고 요청했다. 이에 대해 연 국장은 이를 "호의적으로 생각하고 싶다"고 답했다. 또 우시로 쿠 국장은 김 대사에게 "마에다 참사관의 부인이 서울로 갈 수 있도록 조처해달라"고 했는데, 김 대사는 "내 책임하에 해결하겠다"고 말했다.

2. 8개국 외무장관회의 문제

본건 회의에 일본을 초청하고 싶다는 한국의 열의는 예상보다 강했다. 제1차 외무장관 회담에서 일반 국제 정세에 관한 의사를 교환했을 때 이동원 장관은 이 문제를 제기했지만, 시나 외상은 이를 흘려 들었다. 제2차 외무장관 회담 시 이 장관은 본건 회의의 성공 여부는 일본의 태도에 달려 있으므로 꼭 참석해달라고 거듭 부탁했다. 이에 대해 시나 외상은 일본 국회에서의 답변 양상을 설명함과 동시에, 김 대사의 강한 요청에 따라 일본은 방콕에서 열리는 대사급 예비회의에 겨우 출석하게 됐는데, 일본이 본건 회의에 참석하는 것은 국내적으로 일한회담에 악영향을 미칠 것이라고 말했다. 이에 대해 이동원 장관은 일본이 참여할 수 있는 조건을 알려달라고 말했다. 시나 외상은 한국 측의 요구를 도쿄에 가서 전하겠다고 약속했다. 시나 외상은 서울의 기자회견에서는 "한국 측의 요구를 검토하겠다"고 답변했고, 도쿄의 기자회견에서는 "아무것도 약속하지(commit) 않았다"고 답했다.

3. 청구권 문제

정일권 총리를 예방했을 때, 정 총리는 "한국 국민은 오히라 외상과 김 부장의 양해에 대해 좋지 않은 인상을 갖고 있기 때문에 소위 '3-2-1' 중 '1'을 '2.5'로 하는 등 오히라 외상과 김 부장의 양해 이상으로 되었다고 선전할 수 있는 방법을 생각해달라. 프로젝트를 하나하나 쌓아가면 바로 1억 이상이 되기 때문에 사전에 '2.5'이상의 프로젝트에 대해 승인을 얻을 수 없을까"라고 말했다. 이에 대해 시나 외상은 검토하겠다고 답했다. 제2차 외무장관 회담 때도 이동원 장관은 상기 희망을 반복했다.

문화재 문제에 관해 문철순 외무부차관은 소위원회를 열어 이 문제의 심의를 계속하고 싶다면서, 사유 문화재도 기부라는 형식으로 반환할 수 있고, 약간의 것은 사유라도 꼭 돌려달라고 언급했다.

선박 문제와 관련해서는 일본 측이 이 문제는 오히라 외상과 김 부장의 양해에 의해 해결된 것이라고 기존 입장을 되풀이하면서, 결국은 정치적 해결을 도모하지 않을 수 없다고 말했다. 한국 측은 이에 동의하고, 그 해결책으로서 신조선을 조금이라도 줬으면 좋겠다는 취지를 언급했다.

4. 어업 문제

어업차관과 관련해 한국 측은 순수한 민간 차관의 조건보다 조금이라도 더 좋은 것으로 해달라는 주장을 반복했다. 어업 문제를 양국 어업 장관 회담으로 채우기에는 일한 양국 모두 이론이 없었다. 어업 장관 회담을 도쿄에서 열 것인지 서울에서 열 것인지를 놓고 한국 측은 서울을 주장하며 양보하지 않았지만, 마지막에는 농림상이 하루라도 좋으니 한 번 방한해달라고 요구했다. 이동원 장관은 어업협정 체결 전에도 일본어선이 한국 연안 12해리 이내에 들어오지 말아달라고 말했다.

5. 경제 문제

일한 무역회담과 관련, 이를 어업 장관 회담 이후에 개최하기로 합의했다. 한국 측은 각료 베이스로 하는 것을 고집하지 않았다.

　　6. 이동원 외무부장관의 방일

　　시나 외상은 이 장관을 일본으로 초청하고 그 시기로 대략 3월 상순쯤을 시사했다. 한국 측은 시나 외상을 거의 국빈과 같이 대접했지만, 일본은 제도상 외무부장관을 국빈 대우할 수 없다. 이 점은 한국 측에도 시사했지만, 일본의 제도를 어떻게 해야 한다고 생각하는 듯했다. 바듯하게 어느 정도 정중하게 대우할 수 있는지 검토할 필요가 있다.

　　이 장관의 방일 예정인 3월 상순에는 아직 어업 장관 회담의 결론도 나오지 않을 것으로 생각되기 때문에 재일한국인의 법적지위 협정 요강안에 가조인할 수 있는 절차를 생각하고 싶다.

　　또 제1차 외무장관 회담에서 김동조 대사는 향후 일한회담의 일정 계획을 다음과 같이 생각한다면서, 일본 측이 검토하길 희망했다.

　　"① 수일 내에 기본관계조약은 가조인된다. ② 2월 말까지 어업 장관 회담을 통해 어업 문제의 대강에 대한 합의에 도달한다(가조인까지 가면 이상적이다). ③ 3월 초 이 장관의 방일을 맞아 어업조약에 가조인하고(서명까지 가면 이상적이지만, 이것은 무리인 것 같다), 동시에 기본조약에 본서명을 한다. 이 단계에서 일본의 주한 대표부의 설치를 인정한다. ④ 기본조약을 조기에 비준하고 국교정상화를 도모한다."

(3) 일한 공동코뮤니케

　2월 20일 발표된 일한 공동코뮤니케는 다음과 같다.

일한 공동코뮤니케

1965년 2월 20일

　　시나 에쓰사브로 일본국 외무대신은 이동원 대한민국 외무부장관의 초청으로 1965년 2월 17일부터 20일까지 대한민국을 방문했다. 양국 외상은 그동안 세 차례에 걸쳐 우호적인 분위기 속에서 회담을 가졌다. 시나 외무대신은 이 외에 박정희 대통령을 알현하고, 이효상 국회의장, 정일권 국무총리 및 장기영 부총리 겸 경제기획원장관을 예방했다.

　　시나 외무대신과 이 외무부장관은 현재의 국제 정세 및 현재 진행 중인 일한 전면 회담, 기타 양국이 공통의 관심을 갖고 있는 여러 문제에 대해 의견을 교환했다. 양국 외상은 아시아를 비롯한 세계 기타 지역의 모든 사람들을 위해 정의와 자유, 번영에 기초한 평화를 유지하는 것이 양국의 공동 목표이며, 일한 전면 회담의 타결은 일한 양국에 현저한 이익이 될 뿐만 아니라 자유세계 전체를 위한 것이 된다는 점을 재확인했다.

이 외무부장관은 과거 어느 기간에 양국 국민 간에 불행한 관계가 있었기 때문에 발생한 한국민의 대일 감정에 대해 설명했다. 시나 외무대신은 이 외무부장관의 발언에 유의하고, 이와 같은 과거의 관계는 유감이며 깊이 반성하고 있다고 말했다. 시나 외무대신은 일한회담을 성실하게 추진해 양국 간에 새로운 우호관계를 수립해 나가는 것이야말로 정의와 평등, 상호 존중에 기초한 양 자유국민의 번영을 가져오는 것이라는 강력한 신념을 보여줬다.

양국 외상은 일한 전면 회담의 최근 경과를 검토했다. 양국 외상은 정당하고 공정한 기초에서 회담을 신속히 타결시키기 위해 최대한의 노력을 기울인다는 굳은 결의를 표명했다.

양국 외상은 일본국과 대한민국 간의 기본관계에 관한 조약안에 오늘 가조인이 된 것에 만족을 표명했다. 양국 외상은 이것이 양국 간의 다른 현안을 완전히 해결하기 위한 중요한 첫걸음(一步)이 될 거라는 데 의견이 일치했다.

양국 외상은 재일한국인의 법적지위 및 대우에 관해 현재 진행 중인 토의가 결실을 맺어 재일한국인이 평화롭고 행복하며, 안정된 생활을 보내기를 희망했다. 양국 외상은 또한 이 문제의 원활한 해결이 일한 양국 국민간의 우호 증진을 위한 중요한 다리가 될 것이라고 인정했다.

양국 외상은 양국 간의 어업 문제를 합리적으로 해결하는 것이 바람직하다고 강조하면서, 이 해결이 양국 어민의 이익에 부합하는 것이 될 것이라고 말했다. 양국 외상은 이 문제의 합리적인 해결을 모색하기 위해 양국의 어업 장관 회담이 가능한 한 빨리 개최되기를 희망했다.

양국 외상은 양국 간에 건강하고 상호 이익이 되는 무역관계를 유지하는 것이 매우 중요하다는 점을 재확인하고, 양국 정부가 보다 균형 잡힌 기초 위에서 상호 간의 무역을 확대하기 위해 긴밀히 협력해야 한다는 데 의견이 일치했다.

이를 염두에 두고, 양국 외무장관은 양국의 수출 증강의 가능성 문제를 포함한 양국 간의 무역관계를 논의하기 위해 가능한 한 빠른 기회에 회의를 열기로 의견을 모았다.

시나 외무대신은 이 외무부장관에게 일본을 방문하도록 초청했다. 이 외무부장관은 이 초대를 기꺼이 수락하고 최대한 빨리 방일하고 싶다는 희망을 밝혔다.

양국 외상은 이 회담이 매우 보람됐으며, 양국 간의 현안 및 기타 공통적으로 관심을 갖고 있는 여러 문제에 대해 상호 이해를 깊게 했다는 데 의견이 일치했다. 양국 외상은 또한 이 외무부장관이 일본을 방문했을 때 열리는 회담에서 논의를 계속하기로 의견을 모았다.

4. 방한에 대한 한국 측의 반향

(1) 도착성명

　방한 시 시나 외상의 동정은 한국의 신문에 자세히 보도되었고, 또 동행 기자단에 의해 일본의 여러 신문에도 보도됐다. 전술한 바와 같이 그 내용을 퇴고했던 도착성명은 한국의 신문에「불행한 과거를 깊이 반성」이란 큰 제목으로 보도됐다(『한국일보』, 『서울신문』, 『동아일보』).『한국일보』는 18일 '정국왕래'란에 "고사카(小坂) 전 외상의 방한 성명과 비교하면, 확실히 과거에 대한 사죄의 색깔이 진하다는 것이 정치권의 솔직한 평가"라고 적었다.『조선일보』는 18일 자 기사에서 "외무부 당국자는 이 표현은 외교관으로서는 최대한의 것이라고 말했고, 민주공화당 대변인은 반성한다는 것은 미안하다는 것보다 차원이 높은 것이 아닌가라고 말했다"고 전했다.
　이에 대해 우시로쿠 대사의「일한교섭에 관한 약간의 회상」은 다음과 같이 적고 있다.

　　한국 공항에서의 이 도착성명(landing statement)은 우리 예상보다 한국 측에 강한 인상을 준 것 같고, 공항에서 먼저 예방한 이동원 외무부장관은 모든 회담에서 이 표현이 좋았다고 말했다. 또 그날 밤 외교단을 초청한 리셉션에서도 미국대사를 비롯한 수 명의 주한 대사가 이 도착성명이 정치적인 설득력이 있었다(statesmanlike)고 칭찬했다. 한국 측의 신문 논조도 획기적으로 좋아진 실정이다. 이번에 일한 제 협정이 체결된 뒤 열린 리셉션 자리에서 한국 외무부장(전 동북아주 과장)에게 "이번 일한 교류의 결정적인 요인이 된 것은 시나 외상의 방한과 기본조약의 가조인이었다"고 생각한다는 취지를 말했는데, 상대측은 "아니다. 시나 외상의 방한이라는 일반적인 이유가 아니라 그의 도착성명 중에서 반성이라는 한 단어가 모든 것을 결정했다"고 말했다. 이는 이 반성이라는 말이 어떻게 한국인의 심리에 강한 작용을 했는지를 나타내는 것이며, 그러한 외교 문제, 특히 일한 외교 문제에 대한 한국 측의 감정적인 접근 방식은 앞으로도 유의할 필요가 있다고 생각한다.

　앞서 인용한 구로다 미즈오 씨의 회고 기록에는 다음과 같이 적혀 있다.

　　이 발언이 협상의 촉진에 직접 기여했다고는 생각되지 않지만, 이와 같은 발언이 있었기에 일한교섭을 추진하는 데 좋은 분위기를 만들어졌음은 말할 것도 없다.
　　한편, 이 사건은 세 가지 측면에서 주목해야 한다. 첫째, 마에다 참사관 등이 서울에 장기 출장을 감으로써, 또 정치인, 신문기자 등 방한하는 사람이 많아짐으로써 한국 측의 마음이 우리 정부 지도층에 잘 전해지게 된 것이다.

1950년대 우리 측 교섭 당사자는 이 같은 한국 측의 기분은 이해할 수 없었다고 생각한다.

둘째, 시나 외상의 체면이나 개별적인 감정에 고집하지 않고 실질(實質)을 고려한 외교 스타일이 단적으로 나타난 것이다.

셋째, 일본 국내에서 이 발언에 대해 어떠한 나쁜 비판도 받지 않았다는 점이다. 그렇게 생각하면, 식민지 시대에 대한 이러한 발언이 일본 정부의 대표에 의해 공식적으로 이뤄지는 것이 너무 늦지 않았나 하는 의구심이 들지만, 이승만 시대에는 사실상 그것이 어려웠다고 생각한다.

이 '반성'과 관련, 나중에(1965년 8월 10일) 한국 국회에서의 일한조약 제 협정 비준 동의안 심사 특별위원회에서 문덕주(文德周) 외무부차관은 "외교문서의 관례상, 반성은 일종의 사죄의 뜻을 표시하는 내용이 된다. 일본이 제2차 세계대전 후 외무대신의 입을 통해, 또 공식 문서를 통해 반성이라는 표현 또는 문자를 사용한 것은 이번이 처음이다. 일본이 1945년 9월 2일 미주리 호 함상에서 조인한 연합국에 대한 항복문서에도 반성이라는 말은 없었다"고 답변했다.

(2) 기타

2월 17일 박정희 대통령은 지방 시찰차 방문한 전주에서 "3월 중에 한일회담의 대강을 타결하고, 5월 중에 국교를 정상화하고 싶다"는 취지를 표명했는데, 20일 기본조약안의 가조인에는 매우 만족한다는 뜻을 밝혔다.

한편, 야당 측의 반대운동도 본격화했다. 윤보선 민정당 대표최고위원은 16일 회담의 조기 타결에는 찬성 입장을 취하면서도, 오히라 외상과 김 부장의 메모, 농림상과 원 농림부장관의 어업 장관 회담 내용의 백지화, 평화선의 수호, 무역 균형이 이루어지지 않는 한 회담을 저지하겠다고 언명했다. 또 오히라 외상과 김 부장의 메모 백지화를 주장한 민주당과 더불어, 대일 굴욕외교 반대 투쟁위원회는 19일 서울시청 앞에서 '일한회담 조기 타결 반대 강연회'를 강행하고자 했다. 이를 위해 윤보선 민정당 대표최고위원, 박순천 민주당 대표최고위원을 비롯한 200여 명의 당원이 국회에서 시청 앞까지 행진했지만, 경찰에 의해 해산됐다. 그 후 민정당 본부 앞에서 일한회담 저자세 반대 강연이 열렸다. 17일 시나 외상이 탑승한 승용차를 수행하는 차에 계란을 투척한 사람, 시나 외상 방한 반대 전단을 배포한 사람, 플래카드를 소지하고 시위하려는 사람 등이 보였다. 18일 오후 대학생들은 파고다공원에서 '이토 히로부미(伊藤博文) 망령 토벌 학생대회'를 열었는데, 경찰에 의해 해산되었다.

20일 민주공화당은 일한 기본조약안의 가조인을 전면적으로 환영하는 성명을 발표했다. 반면,

민정당과 민주 양당은 오히라 외상과 김 부장의 메모 백지화, 평화선 수호에 대한 보장이 없다는 점을 지적했다. 또 '대일 굴욕외교 반대투쟁위원회'는 "가조인은 매국적 거래이다"라는 성명을 발표했다.

시나 외상 방한에 대해 『동아일보』는 2월 17일 자 사설에서 "지금도 일한회담에 대해 국민이 납득할 수없는 점이 있는데, 정부가 정상화를 성급히 행하려는 것은 오히려 불행한 결과가 될 것이다"라고 언급했다. 『경향신문』도 같은 날짜 사설에서 회담 반대론은 북조선이나 일본사회당과는 근본적으로 취지가 다르다고 설명하고 "일한 간의 타결보다 여야 간 타결이 우선이다. 정부는 일본과의 협상을 서두르는 것보다 국민의 이해를 얻기 위해 노력하라"라고 요구했다. 준(準)여당계 신문인 『한국일보』는 2월 21일 일한 기본조약의 가조인과 관련, "일본의 양보에 의해 대체로 납득할 수 있는 선에서 타결됐다. 이것은 과거청산과 새로운 출발의 신호를 의미한다"고 평가했다. 『동아일보』는 2월 22일 자 사설에 "한국 정부의 관할권은 한반도 전역에 미치며, 을사조약, 병합조약은 무효임을 확인했으므로 일본의 침략이 불법이었다는 것도 확인했다고 해석된다. 향후 조약 해석을 한국 측에 일치시키고 일본 측에 이의를 제기하지 않도록 하지 않는 한, 조약에 대한 불안을 느낄 수밖에 없다"고 언급했다. 『조선일보』는 2월 23일 자 사설에서 가조인에 의해 조기 타결의 기운이 높아졌음을 지적하면서도 "기본조약문의 표현을 두고서도 이번과 같은 심각한 정치협상이 필요했던 것을 생각하면 착잡한 이해관계가 얽힌 일한회담은 지금부터가 가장 중요한 단계"라고 평했다.

또 시나 외상의 방한을 기해 『동아일보』는 2월 13일에서 18일 「한일 제7장」이라는 제목으로 각 방면의 의견을 게재했다. 『경향신문』은 17일부터 6회에 걸쳐 "일본은 대답해라"라는 제목으로 6명의 비판 논문을 실었다. 『한국일보』는 16일 홍종인(洪鍾仁)의 칼럼 「일본은 무엇을 돌려주려 하는 것인가」를 게재했다. 『조선일보』는 18일 「한일협상 문제점 7장: 문제는 남아 있다」라는 제목으로 7명의 논고를 게재했다. 한국의 각 신문은 일제히 회담에 대한 냉엄한 여론을 소개하면서 굴욕외교 반대 범국민투쟁위원회의 움직임을 크게 보도했다.

5. 일한 양국 외무장관의 국회 보고

2월 22일 기본관계조약안은 일본어 번역과 함께 일본 국회에 제출됐다. 2월 24일 중의원 외무위원회에서 시나 외상은 다음과 같이 보고했다.

1. 본 대신이 출발 전에 예산위원회에서 말씀드린 대로 저의 이번 한국 방문은 친선을 목적으로 한 것이었습니다. 즉, 일한 간의 개별 현안의 해결을 위한 것이 아니라 일한관계 전반의 우호친선의 증진을 목적으로 한 것이었습니다.

2. 저는 이동원 외무부장관과 세 차례에 걸쳐 매우 우호적인 분위기 속에서 회담을 가졌습니다. 우리는 일한 양국 간의 현안에 대해 격의 없는 의견을 교환했을 뿐만 아니라, 양국이 공통의 관심을 가지고 있는 국제적인 제반 문제들도 충분히 논의했습니다. 그 외에도 박 대통령을 비롯하여 이 국회의장, 정일권 국무총리 및 장 부총리도 예방하고 간담했습니다. 저는 이로써 한국 정부 지도부의 생각을 잘 이해하게 되었고, 또 한국 측은 일본 정부의 생각을 잘 이해하게 되었다고 생각합니다. 특히, 저는 한국 정부 지도부가 일한 우호에 대한 열정이 매우 강한 것에 깊게 감명했습니다.

3. 제가 체류하는 중에 기본관계조약안이 가조인된 것은 일한 간의 우호적인 분위기를 증진시키는 데 대단히 시의적절한 것이었습니다. 이 조약안은 십 수 년에 걸친 일한교섭에서 처음으로 가조인된 조약안이라는 의미에서, 향후 일한 간 현안을 전면 해결하는 데 중요한 첫걸음이라고 생각합니다. 기본관계조약 교섭의 타결에 의해 우리는 다른 제반 현안의 신속한 해결을 위해 더욱 노력을 계속하는 용기를 다지게 되었습니다.

4. 저는 또 양국 간에 건전하고 상호 이익이 있는 무역관계를 유지하는 문제에 대해서도 논의했습니다. 일한 간의 건전한 무역 확대는 단지 경제적 의미뿐만 아니라 일한 양국 국민 간 우호신뢰관계를 증진시킨다는 의미에서 매우 바람직하기 때문에 양국은 이를 위해 앞으로 더욱 노력을 기울이기로 했습니다.

5. 저는 이번 방문을 통해 한국 국민의 마음에 직접 접할 수 되어 한국민이 과거 일한 간의 관계에 대해 어떤 감정을 갖고 있는지를 몸소 알게 되었습니다. 이런 감정을 일본에 대한 우호의 마음으로 발전시키기 위해서라도 우리는 성의를 갖고 일한교섭을 타결시켜 일본 국민의 진정한 우호 감정을 한국민의 가슴에 전달하는 길을 여는 것이 현재 우리의 사명임을 통감할 따름입니다.

6. 대체로 이번 방문은 매우 뜻깊은 것이었습니다. 양국 정부 지도부의 인적 교류는 상호 이해를 위해서도, 또 양국의 친선을 도모하기 위해서도 매우 의미가 있고 필요하다는 사실을 절감했습니다. 향후 정부와 국민도 각 분야에서 양국 간의 인적 교류를 증진시켜 나가고 싶습니다.

이상 간단하지만 방한 소감을 보고했습니다.

2월 26일 이동원 외무부장관은 한국 국회에서 '한일회담의 진행 상황'에 대해 다음과 같이 보고했다.

앞서 서울에서 열린 한일 외무장관 회담을 중심으로 한 한일회담의 진행 상황에 대하여 보고하겠습니다.

2월 17일에 일본의 외무대신인 시나 씨가 한국에 와 3박 4일 체류했습니다. 그동안 시나 외상과 한국의 외무부장관인 저 사이에는 지난 10여 년간 해결하지 못했던 한일문제의 해결에 대한 의견 교환이 있었습니다. 특히 기본관계를 맺는 기본조약의 문제가 중요한 과제였습니다.

기본관계에서 일본의 시나 외상과 제가 협상한 결과, 세 가지 문제에서 의견 대립이 있었습니다.

첫째, 대한민국은 한반도에서 유일한 합법 정부라는 점에서 일본 측은 견해를 달리하고 있었습니다.

둘째, 1910년 및 그 이전에 체결된 모든 조약은 그 당시부터 무효이며, 처음부터 무효라는 것을 우리는 주장했고, 일본에서는 가조인을 한 그날부터 무효라는 방향으로 의견이 대립했습니다.

셋째, 대한민국의 관할권에 대해 일본 측은 38도선 이남, 즉 휴전선 이남에 국한된 것이라고 주장했고, 우리는 그렇지 않다는 방향으로 의견을 고수했습니다.

이렇게 기본조약을 둘러싼 의견 대립으로 3일간 계속된 외무장관 회담에서 매일 공식, 비공식적으로 10시간 이상 회의를 거듭했습니다. 그 결과, 마지막 날(시나 대신이 출발하는 날) 이른 아침에 제가 의견을 종합하는 방향으로 결론을 내렸습니다. 즉, 유엔의 결의문을 통해 대한민국은 한반도의 유일한 합법 정부라는 것에 의견의 일치를 보았습니다.

또 1910년 및 그 이전에 체결된 모든 조약은 이미 무효라는 점에서 의견이 일치했고, 대한민국의 행정관할권은 38도선 이남으로 제한된다는 내용은 조약문에서 삭제하게 되었습니다.

다음으로 공동성명 문제에서는 일본과 우리 정부 대표 간에 대략 의견이 정리되었지만, 두 가지 점에서 마지막까지 의견이 정리되지 않았고, 마침내 일본 외무대신 시나 씨의 직접 명령과 자신이 책임을 진다는 발언에 의해 이 문제가 정리되었습니다.

첫째, 우리는 지난 반세기 동안 한일 간의 모든 불행한 문제는 역사적인 문제이며, 이에 대한 일본 정부의 공식적인 사과를 역사적인 문서인 공동성명서에서 적시해달라고 주장했습니다. 일본 측에서는 이미 비행장에서 외무대신의 연설을 통해 사죄한 내용이고, 제2차 세계대전 이후 일본 정부의 공식 대표인 외무대신이 공식 연설문을 통해 과거 일본 정부의 역사에 대해 사죄한 것은 처음임에도 불구하고, 또다시 공동성명서라는 역사적 문서로 일본에 사죄하라는 것에 끝까지 난색을 표했습니다.

또 두 번째 문제로서, 특히 한국 측이 강경하게 주장해 합의를 봤습니다만, 한일 간 무역 불균형의 시정, 즉 무역 균형의 원칙에 입각한 내용을 구체화하기 위해 무역 관련 장관급 회의를 열어야 한다는 점을 성명서에 규정하자고 했습니다.

일본 측은 무역 균형의 원칙에 합의하는 문제는 자신들이 일본에 돌아가서 각의에서 합의를 보지 않으면 안 되는 내용이며, 일본 국회에도 어느 정도 상의해야 하는 것이지, 서울의 이 자리에서 이러한 큰 문제를 양국 외상이 원칙적으로 합의를 보았다고 명백하게 말해버리는 것은 입장이 곤란하다고 끝까지 주장했습니다. 하지만 출발하는 날 새벽에 기본조약 문제에 대해 시나 외상과 제가 합의를 본 후, 시나 외상이 우시로쿠 아시아국장을 직접 불러 제가 있던 곳에서 명령했습니다. 즉, "지금 커다란 기본적인 문제가 해결됐다. 나머지는 내가 봐도 매우 작은 문제이다. 특히 무역 불균형은 향후 시정하지 않으면 안 되는 것이다. 당연히 그야말로 일본이 한국에 주어야 하는 문제이므로 내가 돌아가서 모든 정치적 책임을 진다. 따라서 당신은 한국 정부의 희망대로 공동성명서에 이 문구를 넣어달라" 라고 명령했습니다.

이상과 같이 공동성명서에서, 또 조약문에서 원칙적인 합의를 본 후, 그날 출발 직전인 2시에 중앙청에서 기본조약에 가조인을 했습니다. 만약 의원 여러분이 희망해서 비공개 회의를 열어주시면 더 구체적으로 상세하게 그 회의 내용, 특히 그 이면까지 말씀드리도록 하겠습니다.

XII

청구권·법적지위·어업 문제 합의사항 가조인

1. 한국 측의 조인 계획

　1965년 2월 24일의 수석대표 회담(제6차)에서 김동조(金東祚) 대사는 "3월 초에 재일한국인의 법적지위 협정안에 가조인을 한다. 한일 어업 장관 회담은 3월 3일부터 열고 2~3일 내지 일주일 안에 어업 문제를 처리하고, 3월 말에서 4월 초에 어업 문제를 가조인한다. 3월 말에 기본관계조약과 법적지위 협정에 조인, 4월 중에 다른 안건도 체결, 비준하고, 5월 1일에 대사를 교환하고 싶다"는 일정 계획안을 제시했다. 그날 이동원 외무부장관이 미국 방문 후 3월 20일경 일본을 방문한다는 사실도 알려졌다.

　2월 25일 김동조 대사는 사토 총리를 찾아가 정일권(丁一權) 총리의 친서(기본관계조약안의 가조인을 기뻐하며 하루빨리 국교를 정상화하고 싶다는 내용)를 전달했다. 3월 7일의 수석대표 회담(제7차)에서 김 대사는 "이 외무부장관 방일 시에 기본관계조약의 체결과 법적지위 등을 가조인하고, 그 대가로 서울에 일본대표부를 개설해줄 용의가 있다"고 말했다. 이에 대해 일본 측은 "일괄 체결이라는 명분이기 때문에 기본조약을 분리할 수 없다"고 응수했다.

　3월 11일 방미하는 길에 일본을 들른 이동원 외무부장관은 사토 총리를 예방하고 박정희 대통령의 친서(청구권, 법적지위, 어업 3개 문제가 이동원 장관의 공식 방일 기간 중에 해결되기를 희망한다는 취지)를 전달했다. 이 장관은 또 이날 시나 외상과의 회담에서 "어업협정의 대강에 대해 가조인을 할 수 있으면 기본관계조약의 조인을 공식 방문 중에 실시하고 싶다"고 말했다. 그러나 일본 측은 일괄 서명이라는 방침상 정식 서명은 어렵다고 응수했다.

2. 제2차 어업 장관 회담

(1) 어업위원회의 토의

　　〈일본 측〉 대표 히로세 외무성 아시아참사관, 와다 수산청 차장
　　〈한국 측〉 대표 이규성 주일 대표부 참사관, 이봉래(李鳳來) 농림부 수산국장, 김명년(金命年) 수산청 진흥원장

앞서 어업위원회는 1964년 12월 7일부터 17일까지 다섯 차례 회의가 개최되어 규제수역, 어업 수역의 기선, 어업협력 같은 문제에 대해 양측 주장의 차이를 확인했다. 어업협력에 대해서는 일본 측이 규제수역, 기선 문제의 대강에 합의한 후에 어업협력에 대한 논의를 진행하고자 한 반면, 한국 측은 3개 문제가 세 가지 기둥이 되어 있다고 주장했다. 이어 1965년 1월 21일부터 2월 13일까지 네 차례의 위원회, 1월 25일부터 3월 3까지 열두 차례의 전문가회의가 열렸다. 1월 26일 일본 측은 일한 어업 공동 규제해역의 일본 측 규제안을 제시하고, 그중에서 이서(以西) 저인망, 이동(以東) 저인망, 선망, 고등어 낚시, 각종 연안 어업 5개 어업 분야에서의 각각의 실적(實積) 선박 수, 어선 규모, 규제 척수, 그물코, 광력, 금어기간 및 기타 사항에 대한 구체적인 규제 내용을 설명했다.

일한 어업 공동 규제해역의 일본 측 규제안

1. 일본 측 규제 내용

    (1) 이서(以西) 저인망어업

규제사항	규제 내용	비고
실적 선박 수	796척	
어선 규모	저인망 50톤 이상 200톤 이하 트롤 200톤 이상 550톤 이하	
규제 척수	11월~4월 370척 (A해역 270척, B해역 100척) 5월, 8월~10월 200척 (A해역 100척, B해역 100척)	
그물코	54mm 이상 [해중에서의 내경(內徑)]	합의 완료
금어기간	6~7월	합의 완료
기타	동경 128도선 이서에 맞추는 것은 승낙한다.	

(주)
1. 어선 규모의 총톤수를 계산할 때는 선내 승무원의 거주구 개선을 위해 증가하는 톤수(이른바 보너스 톤수)를 제외하고 계산한다(이하 전체 어업에 해당한다).
2. 양국 모두 현재 금지구역은 존중한다(이하, 이동 저인망어업, 선망어업에도 해당한다).

(2) 이동(以東) 저인망어업

규제사항	규제 내용	비고
실적 선박 수	232척	
어선 규모	30톤 이상 50톤 이하	합의 완료
규제 척수	190척 (B해역 140척, C해역 50척)	
그물코	33mm 이상 (해중에서의 내경)	
금어기간	6~7월	합의 완료
기타	동경 128도선 이서에 맞추는 것은 양해한다. 단, 북위 33도 9분 15초 선의 이남 해역에는 저인망어업(트롤 포함)은 양국 모두 출어하지 않기로 한다.	

(3) 선망어업

규제사항	규제 내용	비고
실적 선박 수	162통(統)	
어선 규모	망선(網船) 40톤 이상 100톤 이하	
규제 척수	150통 (A해역 망선 60톤 이상 70통, B해역 망선 40톤 이상 110통, D해역 망선 60톤 이상 40통)	
그물코	34mm 이상 〔전갱이, 고등어를 어획 대상으로 하는 것으로, 신망(身網) 부분의 해중에서의 내경. 멸치를 어획의 대상으로 하는 것에 대해서는 별도로 협의.〕	합의 완료
광력	등선(燈船) 2척 각 10kW 이하 등선(燈船) 1척 7.5kW 이하 계 27.5kW 이하	합의 완료
금어기간	없음 일본 측은 현재 매월 보름달이 뜨는 밤을 기준으로 연속 3일 밤을 어로 휴무일로 하고 있다.	합의 완료
기타	일본에는 현재 어선 규모 100톤 이상의 망선이 1척 있는데, 이에 대해서는 잠정적으로 고려할 것.	합의 완료

(4) 고등어 낚시어업

규제사항	규제 내용	비고
실적 선박 수	약 500척	
어선 규모	25톤 이상 100톤 이하	합의 완료
규제 척수	A해역 90척, B해역 330척	
광력	10㎾ 이하	합의 완료
금어기간	없음	
기타	현재는 농림대신의 허가 어업이 아니지만 협정 성립 후에 농림대신의 허가 어업으로 하는 것은 문제없다.	

(5) 각종 연안어업

규제사항	규제 내용	비고
실적 선박 수	약 2,500척	
규제 척수	1,900척	
기타	1. 일본 측의 자율 규제로 한다. 2. 이들 어업은 주로 주낙어업, 예인망어업, 일본망 (一本網)어업, 자망어업, 돌봉(突棒)어업, 만새기 어업으로 현재 지사 허가 어업이거나 자유 어업이다. 3. 협정상의 규제로서 허가제로 하는 것은 실질적으로 곤란하므로 단체 등이 일정 틀 내에서 출어 조정을 실시한다. 4. A해역 및 D해역에는 출어하더라도 극히 소수이다.	

이에 대해 2월 1일 어업위원회에서 한국 측은 다음과 같은 공동 규제수역의 규제안을 제시했다.

2. 일본 측 규제 내용

(가) 이서 저인망어업

어선 규모: 저인망 50톤 이상 150톤 이하

트롤 100톤 이상 550톤 이하

규제 척수: 11~1월 최대 160척

2~5월, 8~10월 최대 60척

그물코: 54㎜ 이상(해중에서의 내경)

금어기간: 6~7월

(주 1) 이서, 이동의 경계는 동경 128도선으로 한다.

(주 2) 트롤 1척은 저인망 1통과 대치할 수 있는 것으로 한다.

(나) 이동 저인망어업

어선 규모: 30톤 이상 50톤 이하

규제 척수: B해역 최대 15척, D해역 인정하기 어렵다

그물코: 37㎜ 이상(해중에서의 내경)

금어기간: 6~7월

(다) 선망어업

어선 규모: 망선 60톤 이상 100톤 이하

규제 척수: 최대 45통(A해역, B해역, D해역을 통해서)

조업기간: 4~11월

그물코: 신망(身網) 부분 34㎜ 이상(단, 이것은 전갱이, 고등어를 대상으로 하는 그물코이며, 정어리, 멸치에 대한 그물코는 별도로 결정한다.)

광력: 집어선 2척 각 10㎾ 이하

집어선 1척 7.5㎾ 이하

총 27.5㎾ 이하

금어기간: 없음

(주 1) 일본 측 100톤 이상의 망선 1척은 한국 측의 이서(以西)에서의 30~50톤의 저인망어선 출어를 인정하는 것과의 균형으로 인정한다.

(라) 고등어 일본조(一本釣)

어선 규모: 30톤 이상 150톤 이하

규제 척수: 일본 측이 자료 제출을 하지 않는 한 허용할 수 없다.

(자료를 제출하면 검토할 용의가 있다.)

광력: 10㎾ 이하

(마) 각종 연안어업

규제 척수: B해역 최대 900척

(주 1) 일본 측의 엄격한 자율 규제로 한다. 규제 내용은 공동위원회에 통보하고, 어업별 척수는 상대측의 의견을 존중하여 결정한다.
(주 2) A해역과 D해역에서도 같은 자율 규제의 원칙을 적용한다.

(바) 기타

(i) 규제 척수는 모두 일본 측 규제 척수이다.

(ii) 양국의 금지구역을 포함해 모두 기존의 조치를 서로 존중한다.

(iii) 북위 33도 9분 15초 선 이남 해역에 일한 양국 모두 저인망어업(트롤 포함)을 출어시키지

않는 것에 대해선 양해한다. 대신, 제주도 동쪽에서 동경 128도선 및 북위 33도 30분선으로 둘러 싸인 해역을 일한 쌍방의 저인망 금어구역으로 설정하고 싶다.

(iv) 한국의 남해 지구의 저인망 조업은 한국의 현행법에 따르는 것으로 하고 싶다.

(v) 어선 규모와 관련, 1총톤수[104] 계산으로 이른바 보너스 톤수를 공제하는 것에는 원칙적으로 동의하지만, 자세한 것은 실무자 검토를 기다리고 싶다.

(vi) 규제구역 내에서 이루어지는 4대 어업 종류에 대해 양국은 모두 각 정부의 행정조치에 의해 출어 척수를 확인할 수 있는 방법으로 이를 보장해야 한다.

(vii) A해역에서 일본 측의 저인망 및 선망의 규제 척수에 관한 한국 측 제안은 어업 장관 회담에서 한국 측이 정치적 양보를 한 결과이며, 동 해역에서 한국 측이 실질적 공평을 기대하는 권리를 유보한다.

이상의 일한 양측 안을 둘러싸고 논의를 계속한 후 영일만(迎日灣), 울산만(蔚山灣)의 기선의 설정 방법이나 협정 위반에 대한 단속과 관할권 공동위원회에 관해 토의했다.

2월 3일 수석대표 회담(제3차)에서 어업위원회의 진전을 도모하기 위해 일본 측 히로세, 와다 대표, 한국 측 이규성, 이봉래 대표 간의 4자 회담을 열기로 했다. 4자 회담은 2월 26일까지 다섯 차례 열렸다. 2월 26일 4자 회담에서 한국 측은 다음과 같이 약 1억 1,500만 달러에 달하는 어업협력을 요구하는 안을 제시했다.

일한 어업협력 사업(내역)

(1965년 2월 26일, 어업 4자 회담에서 한국 측이 제시)

1. 어선 건조 및 보수 자재 도입 7,312만 900달러

(1) 근해어선 건조 자재 4,462만 900달러

대형 및 중형 저인망, 건착망, 연승, 포경, 선어 운반선 등 현유(現有) 중고 선박 582척의 대체

(2) 연안어선 건조 자재 450만 달러

주로 15톤 이하의 연승, 자망, 일본조 어선 10,000톤

(3) 연안어선 보수 자재 500만 달러

주로 삼재(杉材), 경재(硬材) 및 철판

---

104) gross tonnage. 總噸數. 선박 크기를 나타내는 지표로서 선박의 통계에도 사용되고 있다. 과거에는 선박의 전 용적에서 이중저구간(二重底區間)과 상갑판 위에 있는 조타실, 기관실 등을 공제한 용적을 100ft³(2.83m³)당 1톤으로 기준해 표시했다. 그러나 현재는 계측 방법을 세계적으로 통일한 국제톤수협약에 따라 전 용적의 크기에 따라 계수를 곱해 구하는 국제 총톤수 개념이 적용되고 있다.

(4) 기타 어선 건조 차재(次材) 1,900만 달러

2. 어선용 기관 및 시설 도입 2,456만 달러

(1) 소형 무동력 어선의 동력화를 위해 ……

(2) 노후 기관(연소실)의 교체를 위해 ……

기관 총 288,000마력분 1,800만 달러

도입비용

(3) 어로용 시설(개선) 도입 656만 달러

주로 어탐(魚探), 방탐(方探), 무전기, 라다(RADA)[105], 퀸치(quench) 등

3. 어획물 처리 저장시설 739만 9,300달러

주로 어로 및 민간의 제빙기, 냉장, 냉동, 가공 시설 (36개소)

4. 어업 관계 기재 제작시설 도입 1,000만 달러

(1) 선박용 디젤 기관 관계 시설 ……

(2) 어로 기계 관련 시설 …… 소계 500만 달러

(3) 어로 및 로프 자재시설 500만 달러

이상 총 1억 1,508만 200달러

(2) 제2차 일한 어업 장관 회담의 추이와 합의사항

1965년 3월 2일 차균희(車均禧) 농림부장관이 방일, 3월 3일부터 24일까지 아카기 농림대신과 제2차 일한 어업 장관 회담을 열 차례 열었다. 일본 측은 다카스기 수석대표, 우시바 심의관, 우시로쿠 아시아국장, 히로세 참사관, 와다 수산청 차장, 한국 측은 김동조 수석대표, 이규성 공사, 이봉래 수산국장, 김명년 수산진흥원장이 참석했지만, 열 차례의 회담 가운데 3월 9일(제5회), 3월 10일(제6회)은 거의 대부분, 3월 16일(제8회)는 후반, 3월 24일(제10회)는 전부 아카기 농림상과 차 농림장관에 의해서만 회담이 진행됐다. 또 그동안 어업위원회도 세 차례 열려, 어업 장관 회담에서 회부된 사항에 대해 토의했다.

일한 양측은 3월 3일 어업 장관 회담에서 의제로서 ①어업 기선에 관련된 문제, ②어업자원 보호를 위한 규제조치에 관한 문제, ③어업협력에 관한 문제, ④기타 문제를 결정했다.

3월 6일(제4회) 회의에서는 ①공동 규제수역에서의 일본 측의 기준 어획량, ②고등어 일본조

---

105) 다중 통신 방법 중 하나. 시간 축을 이용해 비교적 소수의 주파수로 다수의 회선을 확보한다.

어업 가운데 50톤 미만 어선의 자율 규제에 대해 일부 조건부로 합의가 이뤄졌다. 3월 12일(제7회) 회의에서는 공동 규제수역에서 기국주의[106]를 적용키로 원칙적으로 합의했다. 제주도의 기선 문제는 다음에 설명하는 것과 같이 처음부터 난항을 겪었다. 이동원 외무부장관 방일 이튿날인 3월 24일(제10회) 회의에서 민간 베이스에 의한 어업자금 총액 9,000만 달러의 공여를 일본 측의 공동 규제구역 출어 척수의 결정과 함께 묶어 겨우 타결을 보았다.

　　3월 24일 아카기 농림상과 차 농림장관의 회담에서 전반에 걸쳐 대략적으로 합의한 후 3월 29일까지 어업위원회를 여섯 차례 열어 이 합의를 문서화하는 작업에 들어갔다. 3월 25일 일본 측에서, 이어 3월 26일 한국 측에서 각각 제1차 안을 각서 형태로 제시했지만, 상당한 이해 차이가 있다는 것이 판명되어 사무적인 수준에서 그 차이를 조정하기 위한 노력을 계속했다. 그러나 일본 측의 출어허가증 발급 수, 공해 자유의 원칙을 조약 본문에 기재하는 것을 비롯한 문제가 해결되지 않았다. 이 문제에 대해 4월 1일 아카기 농림상과 차 농림장관이 회담을 열었지만 정리되지 못했다. 그날 우시바 심의관과 김동조 대사가 중심이 되어 상기 문제를 둘러싸고 4월 2일 새벽 5시경까지 밤을 새워 격렬한 논의를 전개했다. 이와 관련, 우시바 심의관은 "하나의 문제 때문에 꽉 막혀버리면, 짜고 한 것은 아니지만 김동조 대사와 내가 '이 문제는 보류하고 다른 문제로 들어가자'고 하고 다른 문제로 전환하면서 어떻게든 이야기를 연결했고, 아침까지 계속해서 결국 대충 정리했다. 허가증을 주는 어선 수를 몇 척으로 할지 정하는 문제를 논의할 때는 한국 측이 일본 측 안에 반대하여 격분했고, 일본 측 대표 와다 군은 너무 화가 나서 돌아가겠다며 사라져버린 일도 있었다. 그때 김동조 대사는 마지막으로 '이렇게 합시다'라고 숫자를 적었다. 그 숫자는 일본 측 안에 가까운 것이었다. 이로써 논의가 정리되었다"고 말했다.

　　그 후 4월 2일의 합의사항 작성 회의와 연일 철야 협상을 거듭해 합의 내용을 수정 보완한 끝에 4월 3일 후기하는 바와 같이 「일한 간 어업 문제에 관한 합의사항」에 대해 일한 대표 간에 가조인을 하게 되었다.

(3) 기선 문제

　　1964년의 어업 장관 회담과 제7차 회담에 들어간 이후의 어업위원회에서 종래 정해지지 않았던 제주도 부근의 기선과 흑산군도 부근, 영일만, 울산만, 기선 및 어업수역의 표현 방법에 대해 토의

---

106) 旗國主義. 공해상의 선박이나 항공기는 국적(國籍)을 가진 국가의 배타적 관할권에 속한다는 국제법상의 원칙. 선박이나 항공기는 국적을 가진 국가의 국기를 게양하도록 하고, 그 기국법(旗國法)에 따라 선박이나 항공기에 대한 관할권을 결정하는 원칙을 말한다. 기국주의는 법의 효력에 대한 속지주의(屬地主義)의 특수한 경우라고 할 수 있다.

했다. 특히 제주도 주변의 기선 설정 방법을 둘러싼 교섭은 상당히 난항을 겪었다. 그 논의의 추이에 대해 외무성(북동아시아과)의 회담 기록은 다음과 같이 말하고 있다.

3월 4일(제2회) 아카기 농림상은 "한반도는 한반도에서 저조선으로써 기선을 긋고, 제주도는 제주도에서 저조선을 갖고 기선을 그어, 그 결과 생기는 잘록한 공해 부분에는 일본어선이 출어하지 않는다는 안이다. 이로써 일본 측 입장도 인정되고, 한국 측 주장으로 보더라도 한국 어업수역이 제주도를 둘러싼 형태로 구성된다"는 취지로 말했다.

3월 6일(제4회) 차 농림부장관은 아카기 안의 정신을 수용한 제안이라고 전제한 후 제주도 동쪽에 대해서는 거문도와 우도(牛島)를 연결하고, 제주도 서쪽은 차귀도(遮歸島)와 간기〔間岐, 맹골군도(孟骨群島)〕를 연결해, 이들 선과 더불어 기존에 기선으로 결정된 선으로부터 12마일 거리를 외연으로 하여 한국 연안의 모든 해역에 걸쳐 한국 어업수역을 마련해, 이것을 그림으로 나타내는 방안을 제안했다.

이에 대해 아카기 농림상은 지금까지 제주도 부근을 제외하고 기선을 결정했는데, 이를 백지화하고 다시 전체 해역에 대한 한국 어업수역을 그림으로 그리는 방법을 취하는 것은 수용할 수 없다며 반대 의사를 표명했다.

3월 9일(제5회) 한국 측은 기존의 한국 측 주장인 거문도, 우도 동기(同岐, 맹골군도), 차귀도를 연결하는 선의 외부 12해리를 한국 어업수역으로 하는 방안을 수정해 좀 더 일본 측에 양보할 수 있으나, 이 양보 때문에 생기는 공해 부분에 대해서는 실질적으로 일본어선이 출어하지 않는 것으로 하고 싶다고 말했다. 그러나 일본 측은 이를 거부하고 기존의 일본 측 안(아카기 시안) 이상은 양보할 수 없다고 응수했다.

3월 10일(제6회) 차 농림부장관은 제주도 동서쪽에서 사선을 그어 한국 어업수역을 획정하는 안을 수정, 제주도 동쪽에 대해서는 동경 127도 13분의 선(제주도 동쪽 우도에서 12마일 선의 접선) 서쪽을, 제주도 서쪽에 대해서는 동경 125도 54.6분의 선(제주도 서쪽 차귀도에서 12마일 선의 접선) 동쪽을 한국 어업수역으로 한다는 시안을 제시했다. 이에 대해 아카기 농림상은 제주도 부근은 직선기선을 긋지 말고 저조선으로 기선을 삼되, 동경 127도 10분 서쪽, 동경 126도 동쪽의 공해 부분에는 일본어선이 당분간 자율적으로 출어하지 않기로 하는 안을 무너뜨릴 수 없다고 응수했다.

3월 7일(제8회), 동경 127도 13분 이서, 동경 125도 54.6분 이동을 한국 어업수역으로 한다는 한국 측 차균희 시안에 대해 아카기 농림상이 다양한 타협안을 제시했지만 차 농림부장관은 자신의 시안을 고집하며 양보하지 않았다. 마지막으로 아카기 농림상은 일본 측 최종안으로서 제주도 서쪽에 대해서는 동경 126도의 선이 제주도 부근의 저조선에서 측정한 12마일의 선과 교차하는 가운뎃점과, 동경 125도 54.6분의 선이 제주도 부근의 저조선에서 측정한 12마일의 선과 교차하는 북쪽 점을 연결한 직선까지 한국 측이 양보하면, 일본 측은 제주도 동쪽에 대해서 동경 127도 13분까지 양보할 용의가 있다고 말했다.

3월 24일(제10회), 다음과 같은 2개 선을 일본어선의 금어선(禁漁線)으로 하기로 합의했다. (다만, 명목상의 문제로서, 제주도 부근의 기선은 합의된 직선기선에 의한 경우 이외에는 저조선으로 하고, 다음과 같은 2개 선으로 구분되는 제주도와 한국 본토 사이의 한국 어업수역 이외의 부분에는 일본어선은 당분간 자율적으로 출어하지 않는다는 일본 측 주장과, 2개 선을 제주도와 한국 본토 사이의 한국 어업수역의 외연선으로 한다는 한국 측 주장 간의 대립은 계속되었다).

① 동경 127도 13분의 선(단, 이 선은 원래 제주도 동쪽 우도 동쪽 끝에서 12마일의 선과의 접선으로서 제시된 것으로, 이를 정확히 측정하면 동경 127도 12분 32초가 된다).

② 동경 126도와 제주도 서쪽의 차귀도에서 12마일의 선과 접선과의 사이를 이분하는 선에서 1분 서쪽의 선이 제주도 서쪽의 저조선에서 12마일의 선과 교차하는 북쪽의 지점(A) 및 상기 접선에서 1분 동쪽의 선이 한국 본토 쪽 기선에서 12마일의 선과 교차하는 지점(B)의 두 점을 연결하는 선.

〔부기(附記)〕

3월 10일 회담에 대한 수산청 측 기록에 따르면, 10일 밤 시나 외상의 주최로 열린 이동원 외무부장관 환영연회장에서 차균희 농림부장관은 "NHK 뉴스에 나의 사안(私案)이 방송되어 유감이다. 이 안을 취소하니 양해해줬으면 좋겠다. 향후의 처리는 일본 측에서 제안이 있었던 것으로 해달라"라고 말했다. 이에 대해 아카기 대신은 취소하는 것을 양해했다. 이에 대해 구로다 북동아시아과장은 「일한교섭을 둘러싼 제반 정세」(3월 15일)에서 "차 장관이 갖고 온 훈령은 사무적인 내용이었지만 폭이 넓었던 것 같다. 3월 10일 오후에 차 장관이 제안하고 그날 밤 철회한 제주도 주변 어업선(線)에 대한 안은 그가 가져온 훈령에서 최후의 수준이었으리라고 추측된다. 이 안이 철회된 것은 훈령의 범위 이상의 성과를 내기를 희망한 김 대사가 압력을 가한 결과라고 볼 수 있다"고 말했다.

마지막 교섭 단계에서의 일본 정부의 정책 결정과 관련, 일본 신문에는 다음과 같은 기사가 게재했다.

어업 문제를 둘러싼 일한 어업 장관 회담은 마지막으로 초점이 되었던 제주도 서쪽의 일본어선 입어 금지선의 설정 방법을 놓고 양측의 주장이 엇갈린 채 타결 직전에서 답보 상태가 되었지만, 일본 측은 20일 사토 총리와 아카기 농림상, 아카기 농림상과 시나 외상이 각각 회담을 갖고 최고위급 방침을 협의했다. 그 결과, ① 국제 관행과 국익을 무시한 타협은 하지 않는다, ② 금어선 문제는 어업협력자금도 고려해 일괄적으로 결정한다는 태도로 더욱 강력하게 절충한다는 방침을 세우고, 이날 아카기 농림상이 이 내용을 차균희 한국 농림부장관에게 전했다. 한국 측은 이 같은 일본 측의 태도에 대해 불만을 표명한 후 이 안을 추가적으로 검토하고 싶다고 말했다. 이에 따라 제10회 어업 장관 회담은 22일 또는 그 이후로 연기됐다.(『요미우리신문』, 3월 21일)

한국 정부는 21일 외무부의 연하구 아주국장을 일본에 파견해 제주도 주변의 기선과 어업협력자금 두 문제에 대한 한국 측의 최종 훈령을 가져가도록 했다.(『교도통신』, 3월 20일)

사토 총리는 22일 오전 9시 30분부터 원내에서 시나 외상, 아카기 농림상, 다나카 대장장과 '4상(相) 회담'을 갖고, 최종 단계에 진입한 일한 어업교섭에 임하는 일본 측의 교섭방침을 협의했다. 그 결과, (1) 제주도 서쪽 수역의 금어선 문제에 대해서는 국제법상 충분히 설명할 수 있는 것이 되어야 한다는 일본 측 안의 주장을 더욱 강하게 밀어붙인다. (2) 한국에 대한 어업협력자금은 이른바 '오히라 외상과 김 부장의 양해'에서 나온 민간 경제협력에 포함되지만, 한국 영세 어민에 대해서는 최대한 유리한 조건을 고려한다는 방침을 결정했다.(『아사히신문』, 3월 22일)

23일 오후 아카기 농림상과 차균희 한국 농림부장관과의 비공식 회담에서 논쟁이 되고 있는 제주도 서쪽 수역의 금어선 문제에 대해 양측은 새로운 '타협선'을 토대로 접근했다. 이에 따라 어업교섭은 갑작스럽게 타결 전망이 밝아졌다. 그러나 한국 측이 금어선 문제와 관련해 한국에 대한 어업협력자금 문제를 일본 측이 양보하라고 요구하고 있기 때문에 아카기 농림상은 이날 밤 사토 총리, 시나 외상, 다나카 대장상, 고노 국무상과 대한국 협력에 대해 논의했다. 그 결과, (1) 협력자금의 총액은 9,000만 달러로 한다, (2) 한국 영세 어민에 대해서는 민간 베이스로 연리 5퍼센트 전후의 자금을 공여해도 된다는 입장을 결정했다. 아카기 농상은 이 결론을 갖고 24일 오전 9시부터 열리는 제10회 어업 장관 회담에 임한다.(『아사히신문』, 3월 24일)

어업교섭의 결과에 대해 와다 수산청 차장은 그의 저서 『일한어업의 새로운 출범(日韓漁業の新発足)』(1965년 7월 간)에서 다음과 같이 말했다.

제주도 주변에서 저조선으로부터 12마일의 범위를 넘는데도 잠정적이라는 전제하에서 전관수역에 준하는 수역을 인정한 것은 그야말로 처음부터 타협의 산물일 뿐이다.
한국 측은 '차귀도와 간기도(間嶼島)' 및 '우도와 거문도'에 직선기선을 긋고, 그 외측에 12마일의 전관수역을 설정하는 입장을 강하게 주장했다. 이 사고방식에 따르면, 첫째로 직선기선은 본토의 지근거리에 있는 섬에 설정한다는 원칙에 반하고, 둘째로 일본어선의 어장이 크게 줄어들고, 셋째로 제주도와 반도 사이는 물론 상기한 두 기선의 내부는 내수가 되어 그것이 영향을 미치는 바가 매우 크다.
일본 측은 물론 어디까지나 저조선으로부터 12마일의 범위를 전관수역으로 해야 한다고 주장했다.

이 사고방식에 따르면, 첫째는 원칙을 위반하지 않게 되고, 둘째로 어장 축소를 최소화할 수 있고, 셋째 제주도와 본토 사이도 내수가 되지 않는다.

이 두 가지 대립을 해결하기 위해 대국적인 입장에서 저조선으로부터 12마일의 선으로 생기는 공해 가운데 복잡하게 뒤얽힌 부분을 깔끔하게 일직선으로 구분하여 한국의 전관수역으로 처리함으로써 양 국의 입장을 조율한 셈이다. 회담의 마지막 단계에서 이 직선을 어디로 그을지를 놓고 장시간이 소요된 것은, 일본 측은 저조선기선이며 직선기선이 아닌 것이 명백한 범위로 묶어두려 했고, 한국 측은 가급적 넓게 잠정적인 전관수역을 잡으려 했기 때문이다. 양국 모두 이러한 성격의 타협안으로 양국의 기본 입 장을 조정하려 한 사고방식은 이미 1964년 3월 아카기 농림상과 원 농림부장관의 회담 이래의 결정적 인 방향이었다고 할 수 있다. 이 안이 '잠정적'인 한, 일소 어업교섭에서의 오호츠크 해의 잠정적 금어조 치와 궤를 같이하고 있다고 할 수 있다.

이렇게 하여 〈그림 8〉과 같이 어업에 관한 수역선을 확정할 수 있었다.

이에 대해 와다 수산청 차장은 상기 저서에서 다음과 같이 설명했다[1항의 (가), (나), (다), (라) 는 '합의사항 내용'의 표시].

1항의 (가)는 본문이 어업수역의 범위와 그 성격을 나타내고, 단서로써 예외로 인정하는 직선기선은 양국의 협의에 의해 결정하는 것이 필요함을 보여준다. 한국이 별도(別圖)의 어업수역을 향후 확대하기 위해서는 직선기선을 새롭게 설정하거나 협의 결정된 직선기선을 수정할 수밖에 없지만, 그러기 위해 서는 일본의 동의를 필요로 하고, 일본이 직선기선을 사용하려 할 때는 한국의 동의를 요한다. 따라서 별도의 어업수역의 변경은 자의적으로 할 수 없다는 점에서 안정된 수역이다.

1항의 (나)는 이 수역의 성격을 배후에서 언급한 것으로, (가)의 본문과 더불어 이 수역의 배타성을 부 각하고 있다.

1항의 (다)는 쓰시마(対馬) 북서부에서 양국 어업수역이 중복되는 부분을 분할하기 위한 기술적 규 정이다.

1항의 (라)는 상기한 제주도 주변에서 잠정적으로 한국의 어업수역에 포함되게 될 수역을, 공해와 구 분하는 선을 나타낸 규정이다. 동쪽의 수역은 가늘고 길게 삼각형으로 깊이 파인 것이며, 서쪽은 다각형 으로 깊이 파인 수역이다. 복잡한 모양인 수역은 도면에서는 보이지만 해상에서는 눈에 보이지 않기 때 문에 불필요한 분쟁을 피하기 위해 하나의 직선으로 분명히 그어 단순화한 것이다.

그림 7　아카기 농림상과 원 농림부장관의 어업 장관 회담 종료 시 양국의 주장(아카기 시안) (1964년 3월)

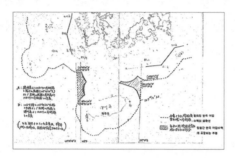

그림 8　아카기 농림상과 차 농림부장관이 어업 장관 회담에서 합 의한 내용 (1965년 4월)

그림 9　한국 측 전관수역을 나타내는 선

와다 마사아키(和田正明) 수산청 차장, 「어업 문제」, 외무성 정보문화국, 『최근의 국제 정세와 외교 안건: 제3회 도도부현에 대한 '설명회의 기록' (1)』(특집 1965년 5월 출간)

(4) 어업자원 보호를 위한 규제조치

이에 관한 교섭에 대해 와다 수산청 차장은 "공동 규제수역에서의 어획량 규제를 강조하는 한국에 당초 집어등의 광력, 그물코, 선박의 크기 이외에 규제는 필요 없다고 주장했던 일본도 그 후에 한국의 입장을 고려하고 주장을 완화해 출어 척수 제한방식이라면 따를 수 있다는 입장을 취했다. 제7차 회담 재개 후에 출어 척수를 조정하는 지표(Maerkmal)로서 어획량을 조정하는 방식, 즉, 어획 할당제는 아니지만, 연간 출어 척수는 어기에 따라 높낮이가 있기 때문에 그 높낮이를 출어자의 자유의지에만 맡기지 말고 연간 어획량이 현저하게 확대되지 않고 현상 유지될 수 있도록 행정적 조정을 가미하는 방식을 일본 측이 제안함으로써 해결 전망을 보이기 시작했다. 아카기 농림상과 차 농림부장관의 회담에서도 대체로 일본 측의 기본입장, 즉 현상을 유지하는 선에서 타결을 보았다"고 그 추이를 설명했다(전게 『국제 문제』 1965년 5월 호 게재 논문).

또 한국 측은 규제수역 내에서 일본어선이 잡을 수 있는 물고기의 총량을 정해둘 것을 강경하게 주장했다. 이에 대해 일본 측은 "일본에서는 고래, 연어, 송어 같은 자원에 대해서는 과학적인 조사가 진행되어, 어떤 하천의 어업자원에는 어느 정도 보호조치를 하면 고갈되지 않는다는 사실을 안다. 고래, 물개 같은 경우도 마찬가지이다. 하지만 한반도 해역의 물고기는 매우 다양해 어디서 태어나 어디로 회유해오는지 반드시 분명하지 않고 규제구역 밖에서 잡은 물고기와 그 안에서 잡은 물고기가 전혀 구별이 되지 않으므로 어획량으로 제한하는 것은 거의 불가능하다"고 주장했다.

이와 함께, 일본 측은 ①연안의 방방곡곡에서 매일같이 출입하는 소규모 어선에 대해서는 관계하는 지방자치체와 협의해 자주적으로 그 조업 척수를 조정할 수 있도록 호의적으로 고려한다, ② 그 이외에 이 해역에서 이루어지는 큰 배의 조업에 대해서는 이미 농림대신의 허가 사항으로 되어 있으므로 향후 1척이라도 척수를 증가시키지 않을 것을 약속할 수 있다고 한국 측을 설득했다.

한국 측도 일단은 일본 측 안에 동의했다. 한국 측은 그러나 마지막 단계에서, 예를 들어 연간 300척으로 제한하면 협정상으로는 1년 365일 매일 300척이 이 해역에서 조업할 수 있게 되어 어획량이 크게 늘어나므로 어떠한 기준을 마련해달라고 강하게 요구해왔다. 그래서 협정에서는 척수를 정하지만 어획량에 대해서도 일단의 기준을 만들어 연간 어획량이 그것을 넘을 경우에는 일본 정부가 출어 척수를 약간 억제하는 행정지도를 하는 것으로 결론이 났다.

또한 농림대신 허가 어업에 대해서는 "어선은 이미 제출한 허가증 외에 공동 규제수역에 들어가기 위한 승인증(承認證)을 소지하고, 선박의 잘 보이는 장소에 표지판을 붙이게 되어 있다"고 설명했다(전게 "어업 문제", 외무성 정보문화국, 「최근의 국제 정세와 외교 안건」).

3월 6일(제4회) 회담에서 어획량과 관련, 3대 어업(이서 저인망, 이동 저인망, 선망)만을 대상으로 하고 15만 톤을 기준으로 10퍼센트의 추가 허용량(allowance)을 부여하기로 합의를 보았다.

3월 9일 일본 측은 아래와 같은 「어획량에 대한 일본 측 생각」을 제시했다.

> 1. 일본의 제도는 이제까지 척수에 따른 허가로서 규제를 실시해왔으며, 공동 규제구역에 출어하는 어선에 대해서는 척수에 의한 규제가 아니면 단속의 실효를 기하기 어렵다.
> 2. 일소 간의 어업협정에서 어획량을 정하고 있는 까닭은 소련이 충취(沖取)어업[107]을 하지 않아 척수 제한을 할 수 없기 때문이다. 또 연어, 송어와 같은 일정한 어종이 대상이 되기 때문이며, 잡다한 수많은 어종을 대상으로 양국이 충취어업을 하는 경우에는 척수를 제한하는 것이 단속에 가장 효과적이다.
> 3. 관계 수역에서는 지금까지 과학적 근거에 기초한 자원 자료가 부족한 만큼, 어획량의 규제는 타당하지 않다.
> 4. 예상 어획량은 규제 대상이 아니다. 현실적인 어획량이 이를 크게 오르내릴 경우에는 척수를 조정하는 경우의 기준에 그쳐야 한다.

그동안의 교섭에 대해 우시로쿠 아시아국장은 다음과 같이 평가했다(「일한교섭에 관한 약간의 회상」).

> 공동 규제구역에 출어하는 일본어선의 척수 문제도 아카기 대신이 스스로 연필을 잡고 회담장에서 종래 일본이 제안했던 척수의 절반 가까이까지 깎을 정도로 대담한 양보를 시도했다.
> 또 우리 측의 당초 입장은 공동 규제구역의 어업 규제는 척수 제한에 따라야 하며 어획량 제한으로 하는 것은 불가능하기 때문에 적당하지 않다고 거듭해서 주장해왔다〔전술한 김용식(金溶植) 외무부장관 방일 시의 공동코뮤니케에서 "실행 가능한" 규제조치라는 문구를 사용한 것은 어획량 제한 등은 실시 불가능함을 암시(imply)한 것이다〕. 그런데 한국 측은 일소 연어·송어 협정의 사례에 따라 어획량에 의해 직접 일본 측의 어업활동을 규제할 것을 주장하고 있었다. 하지만 아카기 대신은 결국 척수를 제한하는 것이 표준이라는 의미에서, 즉 어획량 자체를 직접 제한의 대상으로 하는 것이 아니라 척수를 제한하는 경우의 기준으로서 숫자라는 주석(註釋) 내지 제한을 붙여 15만 톤에 1만 5,000톤의 허용량(allowance)을 인정하는 것을 교섭 초기에 승인했다.
> 이러한 아카기 대신의 양보는 외무성이 앞에 나서서 교섭했더라면 국내 어업 업계의 반향을 고려하는 농림성과의 내부 협상에 시간을 빼앗겨 최소한 1개월을 투자하지 않으면 일본 측 내부에서 의사 통일을 기할 수 없었던 문제이지 않았을까 생각된다.
> 하지만 다른 한편으로는 종래 어획량 제한은 없다고 일관되게 주장했으면서도 마지막에는 그 주장을

---

107) 근해어업.

번복해, 가령 일정한 주석을 달긴 했지만 16만 5,000톤이라는 숫자를 내놓았다. 게다가 이 어획량을 초과하는 경우에는 어기(漁期) 중이라도 이를 적절히 억제하기 위한 행정조치를 취한다고까지 약속함으로써 조금이나마 어획량 제한의 성격을 도입했다. 이는 나중에 우리 측의 교섭을 어렵게 한 원인이 되었고, 우리 측으로서는 교섭방침에 일관성이 부족했다는 비난을 피할 수 없게 됐다. 이 점과 관련, 한국 측 수산 당국으로서도 일본 측이 최초의 안을 고집했더라면 교섭을 보다 원활하게 진행시킬 수 있었을 것이다. 어중간한 어획량 제한의 아이디어를 도입함으로써, 오히려 교섭을 혼미하게 했다는 취지는 내부에서도 이야기된 바 있다.

(5) 어업협력

3월 5일 한국 측은 다음과 같이 제안해왔다. 앞서 2월 6일 제안 요지에 금리, 상환 조건을 부여한 데다 일본 정부에 무역 및 기술 협력을 요청한 것이었다.

한국 어업협력에 관한 한국 측 제안

1965년 3월 5일

1. 일본국은 어업협력을 위해 1억 달러 이상에 해당하는 어업에 관한 차관을 실효적인 사용이 보장되는 방식으로, 또 다음과 같은 조건으로 3년의 기간 내에 대한민국에 제공한다.

금리: 연 4.5 퍼센트, 상환 조건: 2년 거치 후 8년간 상환

2. 이 차관 자금은 일본국의 어선(100톤 미만도 포함) 및 동 부분품과 부속품, 보수 자재, 어업, 양식 및 가공 시설, 기타 수산업 발전에 필요한 시설 및 자재 등 생산물과 일본인 용역을 구매하는 데 사용한다.

3. 일본국 정부는 어업 문제를 조기에 원만하게 타결하기 위해 다음과 같은 조치를 즉시 취하는 것으로 한다.

(1) 신조(新造) 어선 및 어업 자재 등에 대한 한국으로의 수출 금지조치를 철폐한다.

(2) 한국 수산물의 수입 금지 또는 제한 조치를 해제 또는 완화한다.

(가) 수산물 수입 할당량(quota)을 증액해 실질적으로 수입 제한을 자유화와 동일한 내용의 것으로 조치한다.

(나) 김 수입 제한을 자유화한다. (1965년 5억 장)

(다) 수산물 수입 관세를 인하한다.

4. 기술협력

콜롬보 플랜과 같은 무상원조 형식으로 후진적인 한국 수산업의 발전에 적극적으로 협력한다.

이에 대해 3월 24일, 어업협력 금액으로 9,000만 달러를 민간 베이스로 공여하기로 합의를 봤다. 일본 측은 그중 4,000만 달러를 금리 5퍼센트, 5,000만 달러를 금리 5.75퍼센트로 할 것을 시사했는데, 이에 대해 한국 측은 5,000만 달러분에 금리 5.5퍼센트로 할 것을 주장했다. 이것은 후술하는 경위를 거쳐 금리 5.75퍼센트로 결정됐다.

(6) 기타

(가) 이승만 라인 철폐 문제와 관련, 한국 측이 어업수역과 공동 규제수역에 관한 규정이 있으면 좋겠다고 제안하자, 일본 측은 3월 9일(제5회) 다음과 같은 「이승만 라인의 철폐에 대해」를 제시하고 설명했다.

협정(부속서를 포함함)에 포함되어야 할 사항

(1) 어업수역이 확정될 것.

(2) 공동 규제수역이 확정될 것.

(3) 공동 규제수역의 규제조치(출어 척수를 포함)가 양국에 동일하게 적용될 것.

(4) 공동 규제수역 내의 단속 및 재판 관할권은 각 기국에 속한다는 점을 명시할 것.

또 공동 규제수역과 이승만 라인 사이를 자원 조사수역으로 하는 것에는 반대한다. 자원 조사를 수행하는 수역은 공동위원회에서 필요에 따라 결정하면 된다고 생각한다.

또 3월 12일 제7회 회의에서 아카기 농림상이 어업수역 외부에서는 나포를 하지 않는다는 조건의 확인을 요청하자 차 장관은 "지금 발표되면 곤란하지만 문제는 없다고 생각한다"고 말했다. 이규성 대표도 "어업수역만이 연안국의 일방적 관할권에 복종하며, 어업협정이 한국 국내법에 우선한다는 것으로 모두 양해할 수 있는 것 아닌가"라고 말했다. 한편, 3월 26일 중의원 외무위원회에서 아카기 농림상은 "이승만 라인은 국제법상 불법이고 부당하므로 그것을 인정하지 않는다는 내용을 협정에 쓰는 것은 이상하다. 나는 합의의사록에서 그 부분을 확인하고 싶다"고 말했다.

(나) 어업 단속 및 재판 관할권과 관련, 일본 측은 3월 9일(제5회) 아래의 자료를 제시했다.

어업 단속 및 재판 관할권에 대해

1. 권한 소속 구분

(1) 어업수역

어업수역(12해리) 내의 어업에 관한 단속 및 재판 관할권은 그 어업수역에 속하는 체약국이 갖는다〔다만, 외측 6해리(outer six)에 들어가 어로활동을 할 경우 어선이 소속된 체약국의 단속 및 재판 관할권에 복종하게 된다〕.

(2) 공동 규제수역

공동 규제수역 내의 어업에 관한 단속 및 재판 관할권은 어선이 소속된 체약국이 갖는다.

(3) 현행 국내 금지구역

어업수역(12해리) 바깥 구역에 있는 현행 국내 금지구역 내에서의 어업에 관한 단속 및 재판 관할권은 어선이 소속된 체약국이 갖는다.

2. 또한 어업협정에서 운용상 분쟁이 가장 일어나기 쉬운 부분은 어업수역(12해리)을 침범했는지 여부에 관한 것이라고 생각된다. 따라서 미래의 분쟁을 원활하게 해결하기 위해 이 같은 사실 문제를 인정하기 위한 절차를 어떠한 형태로든 미리 합의해둘 필요가 있다.

(이하 생략)

결국 어업 단속에 대해서는 원칙적으로 기국주의로 하는 것으로 결정되었다.

(다) 공동 규제구역 바깥에 조사수역을 설정하는 것에 대해서는 3월 12일(제7회) 공동위원회에서 장소를 결정하기로 합의를 보았다.

(라) 공동 이용권의 포기〔한국 측 영해 외부에서 12해리를 제외한 영해의 바깥 영역(outer zone)의 공동 이용권을 일본 측이 포기한 것〕와 관련해, 아카기 농림상은 3월 26일 중의원 외무위원회에서 다음과 같이 설명했다.

어업수역은 어업에 관해 일방적인 관할권을 행사할 수 있는 수역이다. 어업협정에서 그 수역의 외측 6해리(outer six)에 출어할 수 있는 것을 인정한 선례는 있지만, 그것은 출어 실적이 있고 연안국이 그 실적을 인정해 입어를 승낙한 경우에 출어할 수 있는 성격의 것이다. 이번 일한교섭에서는 이 같은 국제 선례를 참고로 하여 일본의 출어 실적이 있다는 점을 강조하면서 외측 6해리(outer six)의 출어를 수락하도록 교섭했지만 한국 측이 이를 반대했다. 이번 교섭에서는 이승만 라인의 실질적인 철폐와 기존의 조업 실적의 확보에 주안을 뒀다. 이 두 가지 사항에 대해서는 거의 일본의 주장을 관철시킬 수 있었기 때문에 외측 6해리(outer six)의 출어와 관련된 사항은 한국 측의 주장을 인정하기로 했다.

한편, (마) 나포 일본어선의 손해배상과 관련해 3월 16일(제8회) 일본 측은 "한국 측에 의해 불법적으로 부당하게 나포된 일본어선의 손해액은 몰수된 선박의 선체를 비롯해, 귀환된 선박일지라도 어획물, 어구, 휴업 보상, 도산 등으로 피해액이 약 66억 엔에 달하며, 이자를 셈하여 넣으면 약 그 2배가 된다"는 취지를 언급했다. 이에 대해 한국 측은 "이 문제를 어업 장관 회담에서 토론하는 것은 회담 타결 분위기를 역행시키는 것이다. 따라서 이 문제의 처리는 수석대표 회담에서 결정했으면 한다"고 언급, 일본 측도 이를 인정했다. 그러나 이 문제는 3월 17일 수석대표 회담에서 논의되었지만 진전을 보지 못했고, 후술한 바와 같이 외무장관 회담에서 그 타결을 보았다.

(7) 합의사항에 대한 비판

어업 문제의 합의사항 전반에 대해 와다 수산청 차장은 "일본 측은 이승만 라인의 실질적인 철폐와 조업 실적의 확보에 끝까지 조리를 세웠다. 즉, ①우선, 한국이 일방적으로 설정한 이승만 라인은 최근 국제 선례를 감안해 12해리 안으로 몰아넣는 데 성공했다. ②다음으로 그 외부의 해역은 공해이지만, 한국 측의 불안을 고려해 띠 모양의 공동 규제수역을 설정, 그 내부에서는 일본과 한국 둘 다 척수, 어획량, 그물코, 광력, 선박의 크기에서 동일한 규제를 받는 것을 분명히 확인했다. ③공동 규제구역에서의 단속의 경우, 여러 국제 어업조약의 선례를 보면 공동 단속방식을 취하고 있지만, 일한 간에서는 일본선박은 일본만이 단속을 하는 '기국주의'를 끝까지 밀어붙였다"고 평가했다(전게 '어업 문제', 외무성 정보문화국, 「최근의 국제 정세와 외교 안건」).

와다 차장은 또 "한국 측의 입장에서 봤을 때도 일본은 큰 양보를 했다. 국제 선례인 외측 6해리(outer six)의 입어(入漁)제도를 부정하고 한국 어민의 독점적인 어장을 확보한 것, 출어 척수와 그 조정의 지표(maerkmal)로 어획량을 정함으로써 한국 어민의 본질적인 불안을 해소하는 발판을 만든 것, 9,000만 달러에 달하는 어업협력자금을 유효하게 활용해 어업 장비의 개선과 발전을 위한 방책을 얻은 것 등이 그 주요한 것이다"라고 평가했다(전게『국제 문제』1965년 5월 호 게재 논문).

『아사히신문』 3월 24일 자는 「대략 타결된 일한교섭 해설」에서 다음과 같이 말했다.

> 어업 장관 회담의 진전을 어렵게 한 주요 원인은 차 장관이 이 회담의 첫머리에서 제주도 주변의 금어선 문제와 관련, 이 섬을 둘러싼 넓은 부채꼴 모양의 금어수역안을 제안한 것이었다.

> 한국 측이 이 같은 새로운 제안을 한 배경에는 아카기 농림상과 원 농림부장관의 회담 결과에 대해 '무원칙한 양보'라는, 지난해 이래 계속된 한국 여론의 비난을 고려해 다시 어업교섭에서 반격하려 했던 차 장관의 의도가 있었다.

> 한국 측의 새로운 제안이 일본 어업에 대한 한국 어민의 강한 불안을 배경으로 하고 있었던 것처럼, 일본 측에서도 이 제안에 대해 서일본 지역 어민들이 강한 반대 목소리를 내기 시작했고, 그것이 어업 장관 회담의 진전을 어렵게 했다고 할 수 있다.

한국 측도 의외로 강경한 일본 측의 태도에 당황했고 교섭 도중에 다시 아카기 시안의 취지에 따라 수직(垂直) 금어선이라는 타협안을 내기에 이르렀다.

그러나 일본 측의 태도는 여전히 강경했다. 교섭은 한때 한국 측 타협안으로 정리되는 것처럼 보였지만 일본 측이 다시 밀어붙여 결국 아카기 시안과 한국 측 타협안의 중간선까지 한국 측이 양보할 수밖에 없었다.

한국은 공동 규제수역에의 출어 어선 수에서 일본 측 안을 수용했고 금어선에서도 크게 양보할 수밖에 없었다면서 교섭단 사이에 비통하다는 분위기가 강했던 것으로 알려졌다. 그러나 일본 측도 제주도 주변의 어장을 상당히 잃었고, 또 공동 규제수역에서의 어획량을 15만 톤의 선으로 억제함으로써 한국 측에 양보했다고 평가되는 등 일본 측 또한 교섭의 성과에 반드시 만족하지는 않았다.

3. 재일한국인의 법적지위 문제

〈일본 측〉 대표 히라가 법무성 민사국장, 야기 법무성 입국관리국장
〈한국 측〉 대표 방희(方熙) 주일 대표부 공사, 연하구(延河龜) 외무부 아주국장

법적지위위원회 회의는 1964년 12월 7일부터 1965년 3월 23일까지 스물세 차례 열렸다. 더욱이 한국 측은 재일한국거류민단장인 권일(權逸) 씨를 법적지위 문제를 담당하는 한국 측 대표단 고문으로 임명했다. 한국 측은 그 이유에 대해 "민단을 회유하기 위해 필요하다"고 일본 측에 설명했다. 권일 씨는 12월 4일 제2차 법적지위위원회 회의부터 참석했다. 이를 계기로 회담에 대한 재일한국거류민단의 발언권이 강해졌다고 할 수 있다.

12월 17일 제5차 회의에서 한국 측은 전쟁 전부터 거주한 자 가운데 전후 일시 귀국한 후 재입국한 자에게 영주권을, 순수한 전후 입국자 가운데 10년 이상 체류한 자에게 출입국관리령상의 영주 허가를 내주고, 또 영주권자의 배우자에게 입국과 재류를 인정한다는 내용을 합의 문서에 넣을 것을 요청했다. 한국 측이 재일한국인의 국적 확인사항을 협정에 규정하고 재일한국인 60만 명에게 포괄적으로 영주권을 부여할 것을 요청한 것은 거류민단의 주장을 반영한 것으로 관측되었다. 거류민단은 3월 3일 시나 외상, 다카스기 일한회담 대표, 김동조 주일대사에게 다음과 같은 「재일한국인의 법적지위 및 처우 문제에 관한 요구사항」을 제출했다.

I. 영주권 문제

'부여 범위'

  1. 협정상의 영주권

      (가) 샌프란시스코 평화조약 발효일 이전부터 계속 거주하고 있는 자.

      (나) 상기 조약 발효일 이후에 입국한 자 중에서 종전 이전의 생활 실적을 갖고 있으면서 전쟁의 원인〔소개(疏開), 징병, 징용 등〕으로 인해 일시적으로 일본을 출국한 자 또는 생활의 본거지를 일본에 두고 일시적으로 본국에 귀국한 자.

  2. 현행법상의 영주권

  샌프란시스코 평화조약 발효일 이후에 입국한 자 중에서 거주 목적으로 특별 재류 허가를 받아 계속 거주하고 있는 자.

  3. 재류 허가를 취득하지 못한 자

  아직까지 재류 허가를 취득하지 못한 자에게도 그 거주 실적에 따라 전술한 1항과 2항 각 항목에 따른 행정조치를 강구할 것.

  4. 자손의 영주권

  자손에게는 부모와 같은 영주권을 계승시킬 것.

'부대(附帶) 문제'

  1. 이산가족 및 배우자에 관한 문제는 인도적 견지에서 해결되어야 한다. 재회하는 이산가족(직계가족에 한함) 중에서 초청받은 세대주와 새로 입국하는 배우자(남녀의 성별 불문)는 초청받은 배우자와 동일한 영주권을 부여할 것.

  2. 당연한 영주권의 효력으로서, 본국 여행 시 일본 재입국은 무조건 즉시 허용되어야 하며, 외국 여행 시 출입국은 일본 국민과 동일하게 처리되어야 한다.

II. 강제퇴거 문제

  1. 파괴활동에 관한 범죄로는 내란, 외환에 관한 죄에 한정한다.

  2. '외교상의 이익 저해행위'와 같은 추상적인 항목은 절대로 용납할 수 없다.

  3. 흉악범은 10년 이상의 실형을 받은 자로 마약범에 대해서는 일한 협정 발효일 이후에 3범 이상을 범한 자로 한다.

III. 처우 문제

  1. 재산권 및 직업권

      (가) 참정권 또는 공무원 취임권을 제외하고 일본 국민과 완전히 동등한 대우를 향유할 수 있도록 할 것.

      (나) 특히 영업권의 보호는 재일한국인의 사회적·경제적 기반이 전반적으로 취약한 점을 고려해 허가, 금융이나 과세 등에 차별이 없도록 조치할 것.

2. 사회보장 문제

의료 또는 보험, 기타 모든 사회보장 전반에 걸쳐 일본인과 동일하게 처우할 것.

3. 교육 문제

(가) 의무교육 과정은 일본 국민과 동등하게 취급하는 것은 물론, 고등학교, 대학 진학 등에서도 기회를 균등하게 할 것.

(나) 재일한국 계열의 각 학교는 일본 학교교육법 제1조에 해당하는 학교로서 허가되기를 희망하지만, 이것이 불가능할 경우에는 일본 정부가 부여하는 동등한 자격을 인정할 것.

IV. 재산 반출 문제

1. 귀국자에 대한 재산의 반출은 현금의 금액과 동산의 전부를 한 번에 반출할 수 있도록 한다.

2. 본인의 희망에 따라 분할 반출도 상관없다.

V. 국적 확인 문제

재일한국인은 모두 한국 국민이라는 원칙을 확인한다.

특별 요망사항

(1) 과거의 경제사범 및 입국관리령 사범에게는 협정의 조인 발효와 동시에 은전적(恩典的) 조치를 강구할 것.

(2) 재일한국인이 일본 사회와 교포 사회에서 이중생활을 영위하는 실정을 고려해 경제생활의 건전성 향상을 촉진하는 의미에서, 한인 사회에서 공공적 성격을 갖는 각 기관에 대한 기부금에는 특히 면세 조치를 강구할 것.

(3) 협정 체결 후 적절한 시기에 일한 양국 정부 혹은 재일한국인 측과의 공동 출자에 의해, 재일한국인을 대상으로 하는 시중 은행 설립을 허가할 것.

(4) 입국관리령 개정 시에는 재류 외국인 중 최다수를 차지하는 한국인 측 의견을 충분히 참작할 것.

일한 양측은 1월 21일 제6차 회의에서 회담 운영 방법에 대해 토론하고, 강제퇴거, 처우, 영주권 문제의 순서로 논의하기로 결정했다. 양측은 2월 5일 제10차 회의에서 처우에 대한 각각의 안을 교환했다. 2월 15일 북동아시아과는 「법적지위 문제의 현황」을 다음과 같이 정리했다.

법적지위 문제의 현황

1965년 2월 15일

1. 협정 영주권 부여의 범위

협정 발효 5년 후까지(영주 허가 신청 절차 기간까지) 태어난 자로 하기로 합의.

2. 협정 영주권자의 강제퇴거

다음과 같이 합의에 도달했다.

(1) 내란, 외환에 관한 죄에 의해 금고 이상의 형에 처해진 자(집행유예와 부화수행한 자는 제외).
— 〔합의〕

(2) 마약범 — 〔합의〕

(i) 영리 목적에 의한 범죄로 3년 이상의 형에 처해진 자.

(ii) 협정 발효 시 3회 이상 형에 처해진 자 또는 협정 발효 전 3회 이상 형에 처해진 자로서 협정 발효 후 2회 이상 형에 처해진 자(상습범).

(3) 7년 이상의 형에 처해진 자. — 〔합의〕

(4) "외국의 원수, 외교사절 또는 그 공관에 대한 범죄행위를 비롯해 국교에 관한 죄에 의해 금고 이상의 형에 처해진 자"라는 일본 측 안에 대해 한국 측은 그 후 "……로 일본국의 외교상 중대한 이익을 해한 자"라는 문구를 부가할 것을 주장했다.

3. 협정 영주권자의 자손

(1) 일본 측은 협정 영주권자의 '자식'에 대해 성년이 될 때까지 부모와 같은 조건으로 재류를 인정하고, 성년이 되어 영주 허가를 신청할 때는 국내법상의 영주 허가보다 다소 완화된 조건(허가 조건, 퇴거 사유와 관련해)을 부여한다는 취지를 주장했다.

(2) 한국 측은 '자식'을 '직계비속'으로 할 것을 주장했다. 다만, 성년이 된 후 영주 허가를 취득한 경우 그 퇴거 사유와 관련해 일본 측이 말하는 빈곤, 질병 외에 그다지 중요하지 않은 몇 가지의 적용을 제외해주면, "협정 영주권자에 준하다"라는 점은 고집하지 않겠다고 말했다.

4. 처우

(1) 사회활동, 경제활동

한국 측은 광업권 등 권리 자체의 성질상 자국민에만 인정되는 권리를 제외하고 내국민 대우를 주장, 일본 측은 이를 인정하지 않고 있다.

(2) 교육

한국 측은 ① 의무교육의 균등과, ② 한국인학교 졸업생의 상급학교 진학 자격을 인정할 것을 주장했다. 일본 측은 ①에 대해선 원칙적으로 동의, ②에 대해선 반대하고 있다.

(3) 사회보장

한국 측은 ① 생활보호를 당분간 계속해서 부여할 것과 ② 기타 사회보장에 대해서도 내국민 대우를 주장했다. 일본 측은 ①에 대해서는 원칙적으로 동의했으나, ②는 인정하지 않고 있다.

(4) 반출 재산

첫 송금액과 관련, 세대당 5,000달러(일본 측)와 1만 달러(한국 측)로 의견이 엇갈리고 있다.

5. 국적 확인 조건

한국 측은 재일조선인 모두가 대한민국 국민이라는 취지의 규정을 협정에 삽입할 것을 주장했다(다만, 표현은 부드러워졌다). 일본 측은 이에 강력히 반대했다.

또 이와 관련해 영주 허가 신청 절차(국적증명서)의 문제가 있다.

2월 24일 수석대표 회담에서 김동조 대사는 다음과 같이 제안했다.

1. 전쟁 전부터 계속해서 체류하고 있는 한국인 및 그 직계비속에게 영주권을 부여하는 것으로 한다.

2. 협정 발효 5년 후까지 태어난 자의 강제퇴거 사유와 처우에 관한 규정을 마련한다.

3. 그 후에 태어난 자의 강제퇴거와 처우는 성년이 될 때까지 부모와 같이 취급한다.

4. 성년이 된 후의 강제퇴거와 처우에 대해서는 25년 이상 지난 후의 문제이기 때문에 이는 보류하고 계속 논의하기로 한다. 그러나 일반 외국인보다 좋은 대우가 주어진다는 원칙이 강조되어야 한다.

한국 측은 3월 1일 제15차 회의에서 협정 전문(前文) 문안을, 3월 4일 제16차 회의에서 협정 전문(全門)에 대한 안을 각각 제시했다.

일본국에 거주하는 대한민국 국민의 법적지위 및 처우에 관한 협정(안)

1965년 3월 4일

대한민국과 일본국은 태평양전쟁의 전투가 종결한 날 이전부터 일본국에 거주하는 대한민국 국민이 일본에 거주하게 된 역사적 배경의 특수성을 고려하여 그들과 그들의 자손에 특별한 법적지위 및 처우를 부여하고, 일본국의 안주를 보장하는 것이 일한 양국 국민 간의 우호 증진에 기여한다는 것을 인정하며, 다음과 같이 협정했다.

제1조

일본국 정부는 1945년 8월 15일 이전부터 일본국에 계속해서 거주하는 대한민국 국민 및 그 직계비속에게 일본국에서의 영주권을 부여한다.

제2조

1. 제1조에 규정된 자로서, 일본국에 영주하고자 하는 자는 양국 정부가 합의하는 절차에 따라 본 협정의 효력이 발생한 날로부터 5년 이내에 일본국 정부에 영주 신청서를 제출해야 한다.

2. 본 협정 제1조에 규정된 자로서 본 협정의 효력이 발생한 날로부터 4년 10개월을 경과한 날 이후에 출생하는 자는 본 조 제1항의 규정에도 불구하고 영주 신청서 제출기간을 출생일로부터 6개월 이내로 한다.

3. 본 조의 규정에 의해 일본국 정부에 영주 신청서를 제출함에 있어서는 어떠한 수수료도 징수되지 않는다.

제3조

1. 본 협정 제1조 및 제2조의 규정에 의해 일본국에 영주하는 대한민국 국민으로 1945년 8월 15일 이전부터 일본국에 계속해서 거주하는 자 및 1945년 8월 16일 이후 본 협정의 효력 발생일로부터 5년의 기간이 경과하는 날까지 출생하는 그 직계비속(이하 '제3조 제1항에 규정된 자'라고 한다)은 본 협정의 효력이 발생한 날 이후의 행위에 의해 다음에 규정하는 사유 중 하나에 해당하는 자가 된 경우를 제외하고는 어떠한 경우에도 일본국으로부터 강제퇴거를 당하지 않는다.

(1) 내란에 관한 죄 또는 외환에 관한 죄를 범해 금고 이상의 형을 받은 자. 다만, 집행유예의 선고를 받은 자 및 내란에 부화수행한 것으로 인해 형을 받은 자는 제외한다.

(2) 영리를 목적으로 마약류 단속에 관한 일본국의 법령을 위반하여 3년 이상의 금고형 또는 징역형을 받은 자. 또는 마약류 단속에 관한 일본국의 법령을 위반하여 협정 발효 후 3회 이상 형을 받은 자 또는 본 협정 발효 전에 마약류 단속에 관한 일본국의 법령을 위반하여 3회 이상 형에 처해진 자로서 본 협정 발효 후 2회 이상 형을 받은 자.

다만, 집행유예 선고를 받은 자는 제외한다.

(3) (1)과 (2)에 규정된 자를 제외하고 7년 이상의 금고 또는 징역의 형을 받은 자.

(4) 외국의 원수, 외교사절 또는 그 공관에 대한 범죄행위 또는 국교에 관한 죄에 의해 금고 이상의 형을 받은 자로서 일본국의 외교상의 중대한 이익을 저해한 자로 인정되는 자. 다만, 집행유예 선고를 받은 자는 제외한다.

2. 미성년 시의 행위로 인해 본 조 제1항 각 호에 규정된 사유에 해당하는 자가 된 경우는 일본에서 강제퇴거를 당하지 않는다.

제4조

1. 본 협정 '제3조 제1항에 규정된 자'는 권리 자체의 성질상 일본 국민에게만 허용되는 권리를 제외하고 일본 국민과 동등한 대우를 받는다.

2. (1) 본 협정 '제3조 제1항에 규정된 자'는 일본 국민과 동등하게 의무교육을 받을 수 있다.

(2) 본 항 (1)의 규정에 의해 의무교육을 받은 자가 상급학교에 진학할 때는 일본 국민과 동등한 기회가 부여된다.

(3) 본 협정 '제3조 제1항에 규정된 자'가 설립한 사립학교가 대한민국 정부의 지정을 받은 경우, 그 학교 수료자에 대해서는 일본국 정부의 상급학교 진학에서 외국의 동급 학교 수료자와 동등한 자격을 인정하기로 한다.

3. (1) 본 협정 '제3조 제1항에 규정된 자'는 생활보호와 관련해 일본 국민과 동등한 사회보장 혜택을 받을 수 있다.

(2) 본 협정 '제3조 제1항에 규정된 자'는 생활보호에 관한 일본국 법령의 적용을 당분간 계속 받을 수 있다.

4. (1) 본 협정 '제3조 제1항에 규정된 자'가 대한민국에 영주할 목적으로 귀국할 때는 그 재산을

무과세로 반출할 수 있다.

　(2) 본 항 (1)에 규정된 귀국자의 재산 반출, 송금 절차 및 방법에 관해서는 별도로 양국 정부가
협의해 정한다.

제5조

　1. 본 협정 제1조에 규정된 자로서 본 협정의 효력 발생일로부터 5년의 기간이 경과한 날 이후에 출
생하는 자는 성년이 될 때까지 이 협정 '제3조 제1항에 규정된 자'와 동등한 대우를 받는다.

　2. 본 조 제1항에 규정된 자의 성년 후의 강제퇴거 사유 및 처우에 관해서는 일반 외국인보다 유리
한 대우를 부여하도록 양국 정부가 본 협정 발효 후 계속 협의해 결정하기로 한다.

　그 후 강제퇴거 방안에 대해 토의한 후 3월 17일 제20차 회의에서 일본 측은 다음과 같은 협정
안을 제시했다.

　　　　일본국에 재류하는 대한민국 국민의 대우에 관한 일본국과 대한민국 간의 협정(안)

　　　　　　　　　　　　　　　　　　　　　　　　　　　　　　　　　　(1965년 3월 17일)

　일본국 및 대한민국은 일본국에 재류하는 일정한 대한민국 국민이 어떤 사항에 대해 일본국에 재류
하는 제3국의 국민과 다른 대우를 부여받게 되는 것이 양국 간 및 양국 국민 간의 우호관계 증진에 기여
한다는 것을 고려하고, 이에 다음과 같이 협정했다.

제1조

　1. 일본국 정부는 다음에 열거하는 자가 이 협정의 효력 발생일로부터 5년 이내에 이 협정의 실시
를 위해 동 정부가 정한 절차에 따라 영주를 신청을 했을 때는 일본국에서 영주하는 것을 허가한다.

　(a) 대한민국 국민으로 1945년 9월 2일 이전부터 신청 시까지 계속해서 일본국에 재류하고 있
는 자.

　(b) (a)에 규정된 자의 직계비속인 대한민국 국민으로 1945년 9월 3일 이후 이 협정의 효력 발
생일로부터 5년 이내에 일본국에서 태어나 그 후 신청 시까지 계속해서 일본국에 재류하고 있는
자.

　2. 1항 (b)에 규정된 자 중에서 이 협정의 효력 발생일로부터 4년 11개월이 경과한 날 이후에 태어
난 자에 대해서는 1항의 규정에도 불구하고 전기한 신청기간을 출생일로부터 30일 이내로 한다.

　3. 일본국 정부는 1항의 규정에 따라 영주하는 것을 허가받은 자의 자식으로, 이 협정의 효력 발생
일로부터 5년을 경과한 날 이후에 일본국에서 태어난 대한민국 국민인 자가 그 출생일로부터 30일 이
내에 이 협정의 실시를 위해 동 정부가 정한 절차에 따라 영주를 신청했을 때는 만 20년에 이를 때까
지 계속해서 일본에 재류하는 것을 허가한다.

　4. 전술한 신청 및 허가에 대해서는 수수료가 징수되지 않는다.

제2조

1. 제1조 1항의 규정에 따라 영주하게 된 자 및 동 조 3항에 따라 체류하는 것을 허가받은 자는 이 협정의 효력 발생일 이후 다음에 열거하는 자가 된 경우를 제외하고 일본국에서 강제퇴거를 당하지 않는다.

(a) 일본국에서 내란에 관한 죄 또는 외환에 관한 죄를 범함으로써 금고 이상의 형에 처해진 자 (집행유예 선고를 받은 자 및 내란에 부화수행한 것으로 인해 형에 처해진 자는 제외).

(b) 일본국에서 국교에 관한 죄를 범해 금고 이상의 형에 처해진 자 및 외국의 원수, 외교사절 또는 외교사절단의 공관에 대한 범죄행위로 인해 금고 이상의 형에 처해지고 일본국 외교상의 중대한 이익을 저해한 자.

(c) 영리를 목적으로 마약류 단속에 관한 일본국의 법령을 위반하여 무기 또는 3년 이상의 징역이나 금고에 처해진 자(집행유예 선고를 받은 자는 제외). 그리고 마약류 단속에 관한 일본국의 법령을 위반하여 본 협정의 효력 발생일 이후 3회(다만, 이 협정의 발효일 이전에 3회 이상 형에 처해진 자에 대해서는 2회) 이상 형에 처해진 자.

(d) 일본국의 법령을 위반하여 무기 또는 7년을 초과하는 징역이나 금고 형에 처해진 자.

제3조

일본국 정부와 대한민국 정부는 제1조 1항의 규정에 의해 영주하는 것을 허가받은 자의 일본국에서의 교육 및 생활보호에 관한 사항 및 제1조 1항에 의해 영주하는 것을 허가 받았거나 또는 영주를 위해 신청을 할 자격을 가진 자로서 일본국에서 영주할 의사를 포기하고 대한민국에 귀화하는 자가 귀국 시 휴대하는 재산 및 그 귀국자가 일본국에서 소유한 자금의 대한민국으로의 송금에 관한 사항에 관해서는 타당한 고려를 하는 것으로 한다.

제4조

이 협정에 기초해 영주 또는 재류하는 것을 허가받은 대한민국 국민은 이 협정이 정하는 사항 이외의 사항에 대해서는 모든 외국인에게 동일하게 적용되는 일본국의 법령을 적용받는다는 것을 확인한다.

제5조

1. 이 협정은 비준되어야 한다. 비준서는 가능한 한 신속히 [　]으로 교환되어야 한다. 이 협정은 비준서가 교환된 날로부터 30일이 경과한 날에 발효한다.

2. 이 협정은 이 협정에 의해 이익을 향유하는 자가 없을 때에 수료(修了)한다.

이상의 증거로서 하명(下名)은 이 협정에 서명했다.

196[　]년 [　]월 [　]일에 [　]에서 동등하게 정문인 일본어, 한국어 및 영어로 본서 2부를 작성했다. 해석에 차이가 있을 경우에는 영어의 정문에 따른다.

일본국에 재류하는 대한민국 국민의 대우에 관한 일본국과 대한민국 간의 협정에 관한 합의 회의록

(1965년 3월 17일)

일본국 정부와 대한민국 정부의 각 대표는 오늘 서명된 일본국에 재류하는 대한민국 국민의 대우에 관한 대한민국과 일본국 간 협정의 교섭에서 도달한 다음의 양해를 기록한다.

제1조에 관해,

제1조의 규정에 기초해 영주를 신청하는 자가 그 신청 시에 대한민국 국적을 보유하고 있다는 사실을 증명하는 문서를 제출할 수 없는 경우에는 대한민국 정부가 그 자가 대한민국 국적을 보유하고 있다는 사실을 확인하는 문서가 이를 대체하는 것으로 간주한다.

제2조에 관해,

1. 제2조 1항 (b)에서 말하는 "외교사절단의 공관"이란 소유자의 여하를 불문하고, 외교사절단을 위해 사용되고 있는 건물 또는 그 일부 및 이에 부속된 토지(외교사절단 단장의 주택을 포함함)를 말한다.

2. 일본국 정부는 제2조 1항 (c) 또는 (d)에서 언급된 자를 일본국으로부터 강제퇴거하려는 경우에는 그 자의 가족 구성을 비롯한 사정에 비추어 인도적 고려를 한다.

(일본 측 서한)

(1965년 3월 17일)

서한으로 말씀 올립니다. 본 [   ]는 오늘 서명된 일본국에 재류하는 대한민국 국민의 대우에 관한 일본국과 대한민국 간의 협정 제3조와 관련, 일본국 정부가 실행 가능한 한 다음의 것을 위해 필요한 조치를 취할 것을 각하에게 통보하는 영광을 누립니다.

1. 제1조의 규정에 따라 영주하는 것을 허가받은 자가 일본국의 공립 소학교 또는 중학교에 입학을 희망하는 경우에는 그 등록을 인정할 것.

2. 제1조의 규정에 따라 영주하는 것을 허가받은 자가 일본국 국민이 받고 있는 생활보호와 같은 생활보호를 당분간 받을 수 있게 할 것.

3. 제1조 1항에서 언급된 자로서 일본국에서 영주할 의사를 포기하고 대한민국에 귀국하는 자에게는

(a) 그 소유하는 휴대품, 이삿짐 및 직업용구를 갖고 가도록 할 것.

(b) 그 소유하는 자금을 법령에 따라 한 세대당 180만 엔까지에 한하여 가져가도록 하고(대한민국으로의 송금을 포함함), 180만 엔을 넘는 금액은 대한민국에 송금하도록 할 것.

본 [   ]는 이상을 추진함에 있어 각하께 경의를 표합니다.

196[   ]년 [   ]월 [   ]일

(한국 측 서한)

서한으로 말씀 올립니다. 본 [   ]는 오늘 서명된 일본국에 재류하는 대한민국 국민의 대우에 관한 일본국과 대한민국 간의 협정 제3조에 관한 오늘 자 각하의 서한을 접수한 것을 확인하는 영광을 누립니다.

(일본 측 서한)

본 [   ]는 또한 대한민국 정부가 일본국에 재류하는 대한민국 국민의 생활을 안정시키고 빈곤층을 구제하기 위해, 일본국 정부의 요청에 응해 가능한 한 동 정부에 협력하기 위한 조치를 일본국 정부와 함께 검토할 용의가 있다는 것을 각하에게 통보하는 영광을 누립니다.

본 [   ]는 이상을 추진함에 있어 각하께 경의를 표합니다.

이상의 안과 관련해 3월 17일 조약국은 다음과 같은 보고서를 작성, 협정의 존속기간이 75년에 달한다고 기록하였다.

이른바 법적지위 협정의 존속기간에 대해

1965년 3월 17일, 조약국

우리 측 제안(3월 17일 제시)의 협정 존속기간은 일부에서 말하는 것과 같이 25년에 그치지 않고, 다음 예시와 같은 경우에는 75년에 달하는 것이 된다. 즉,

① 제1조 1항 (a)에 따르면, 1945년 9월 2일 이전부터 일본에 재류하는 자는 협정상의 영주 허가를 부여받는바, 1945년 9월 2일에 출생한 자(현재 19세)를 보면 그 수명을 60년으로 가정했을 때 협정은 그 자에 대해 2005년까지 효력을 존속하게 된다.

② 제1조 1항 (b)에 따르면 협정 발효 후 5년 이내에 출생한 자에게도 협정상의 영주 허가가 주어지는바, 협정이 올해 안에 발효되는 경우 그 5년 후인 1970년에 출생하는 자를 살펴보면 그 수명을 60년으로 가정했을 때 협정은 그 자에 대해 2030년까지 효력을 존속하게 된다.

③ 제1조 3항에 따르면 협정 영주자(상기의 ① 또는 ②에 해당되는 자)의 자식으로 협정 발효 후 5년 후에 출생한 자는 20세가 될 때까지 일본에서의 재류가 인정되는바, ②에 해당하는 자가 50세(2020년)에 자식을 낳는다면 그 자식이 20세가 되는 2040년까지 협정은 그 효력을 존속하게 된다.

또한 일본 측의 협정안 작성 과정에서 3월 11일 다음과 같은 귀화에 관한 안이 작성됐다. 이것은 이른바 손자(협정 제1조 2항에서 정하고 있는 5년 경과 후에 태어난 자)에게는 영주를 부여할 방침이 아니었기 때문에 태어나서 성인 몫을 하게 될 때까지는 '영주'권이 주어지지 않은 채 일본국에 있을 수 있지만 성인이 되면 귀화를 고려토록 하자는 내용이었는데, 이 귀화안은 일한 간에

본격적인 논의가 되지 않은 상태에서 사장됐다.

귀화와 관련해 제1조 3항과 4항 사이에 들어갈 문안

(1965년 3월 11일)

4. 일본국 정부는 3항의 규정에 따라 체류하는 것을 허가받은 자가 만 20년에 도달한 날로부터 30일 이내에 일본국의 법령에 따라 귀화 허가 신청을 한 경우에는 그 허가를 타당하게 고려한다.

3월 16일 북동아시아과의 「한국 외무부장관 방일 당시 내지 그 전에 해결이 필요한 중요 문제의 처리방침에 대해」는 '재일한국인의 법적지위'와 관련해 다음의 사항을 현안으로 간주했다.

(가) 강제퇴거 사유에 대해서는 거의 합의에 이르긴 했는데, (나) 일본 측은 협정 발효 후 5년 이내에 출생한 자식까지 영주권을 부여하는 것에는 동의하고 있지만(그 자식이 20세가 될 때까지 부모와 같이 재류하는 것을 인정한다), 한국 측은 재일한국인의 자자손손에 이르기까지 협정상의 강한 영주권을 인정해야 한다고 주장하고 있다. 또 (다) 영주권을 부여받은 자의 처우에 관한 여러 문제(교육, 사회보장, 반출 재산)에 대한 교섭은 마무리되지 않았다. (라) 재일한국인을 인증하는 절차에 대해서도 구체적인 교섭이 진행되지 않고 있다.

이 중에서 적어도 영주권자 자손의 처우 문제(협정 발효 후 25년 이후에 출생한 자의 처우 문제)와 대한민국 국민으로 인정하는 문제는 양국 외상 간에 결정을 보게 될 것이다. 그때의 우리 측 최종 타협안은 다음과 같다.

(1) 영주권자 자손의 처우 문제

일단, 자자손손 영주권을 부여한다는 명분을 취하면서, 이러한 자가 성년이 된 후에 부여받는 처우의 구체적인 내용은 나중에 적절한 시기에 관련 정세에 비추어 결정하는 것으로 당분간 유보한다.

(2) 대한민국 국민으로 인정하는 문제

한국 측 관헌에 의한 어떠한 국적 인정 절차가 필요하다는 명분은 양보할 수 없지만, 구체적인 절차로서 한국 관헌이 영주 지원서에 도장을 찍어주거나 국적을 부인하는 것 같은 간이 방식을 고려해 본다.

4. 이동원 외무부장관의 방일과 일한 외무장관 회담 개최

이동원 외무부장관은 전술한 바와 같이 미국 방문 길에 3월 10일 일본에 들러 11일 사토 총리, 시나 외상과 회담하고 일한 무역회담에 참석한 후 미국으로 향했다. 그는 방미 중인 3월 17일 러스크 미 국무장관과 회담했다. 당시 공동성명은 일한교섭과 관련, "이동원 외무부장관과 러스크 장관은 최근에 있었던 일한 국교정상화 회담의 진전에 관해 의견을 교환했다. 러스크 장관은 일한 양국 간의 기본관계조약 가조인이 수년 동안 미뤄져 왔던 일한회담의 신속한 타결에 중요한 계기를 제공했다는 점을 지적했다. 러스크 장관은 일한 양국의 국교정상화가 한국의 안보와 경제 발전을 위해 군사 및 경제 원조를 공여하는 미국의 대한국 기본정책에는 아무런 영향도 미치지 않는다는 점을 다시 확인했다"고 말했다.

방미 일정을 마치고 이동원 외무부장관은 3월 23일 오후 6시 일본을 방문했다. 수행원은 김영준 (金榮俊) 경제기획원 차관보, 연하구 외무부 아주국장, 전상진(全祥振) 외무부 통상국장, 이경호 (李坰鎬) 법무부 법무국장, 김우근(金禹根) 상공부 상역국장, 이봉래 농림부 수산국장, 오재희(吳 在熙) 외무부 조약과장, 양달승(梁達承) 비서관(대통령비서실), 이병호(李炳豪) 외무부장관 비서 관이었다. 하네다 공항에서 의장대 사열을 받고 정부 귀빈으로서는 처음으로 한국 국가의 연주를 들었다. 그는 도착성명에서 "저는 이번에 귀국을 방문하게 된 기회에 천황 폐하를 알현하고, 사토 총리대신 각하, 후나다 중의원 의장 각하 및 시게무네 참의원 의장 각하를 예방합니다. 또 시나 외 무대신 각하를 비롯해 귀국의 지도자 여러분과 한일 양 국민이 당면한 역사적 과업을 수행함에 있 어 미해결 문제로 남아 있는 여러 문제에 대해 솔직한 의견을 교환하고 싶습니다. 또 이 기회에 지 금까지 오랫동안 해결하지 못했던 일한회담이 타결되어", "…… 시나 외무대신 각하가 한국을 방 문하셨을 때 말씀하신 것처럼, 올해야말로 국교정상화가 실현되고, 올해를 새로운 '영광의 해'로서 양국 역사에 기록할 수 있기를 바라고 있습니다"라고 말했다.

이튿날 24일 그는 후나다 중의원 의장, 시게무네 참의원 의장, 사토 총리를 예방했다. 이때 사토 총리는 박 대통령을 정식으로 초대하고 싶다는 뜻을 전했다.

시나 외상과 이동원 외무장관의 회담은 24일부터 시작됐다. 24일 회담에서 시나 외상은 "어업 협상이 크게 진전했기 때문에 회담 전망이 밝아졌다. 어업의 가조인이 끝나면 회담 최대의 고비를 넘어 내리막에 들어선다. 법적지위는 장관이 일본에 체류하는 동안 대강을 합의하고 청구권도 대 강만 논의하면 나머지 자세한 이야기를 사무적으로 진행하면 된다. 이 3개 안건의 조문을 완성하 는 데에는 1개월 이상이 걸릴 것이다"라고 말했다. 이에 대해 동석한 김동조 대사는 "각 안건의 대 강은 장관이 일본에 있는 동안 합의하고, 4월 말까지 본조인으로 들어가고 싶다. 그것이 만약 늦어지더라도 5월 17일 박정희 대통령이 도미하기 전에는 꼭 본조인을 끝내고 싶다"고 말했다. 시나 외상은 3개 안건의 문안이 결정될 때쯤에 정치적 관점에서 다케시마 문제를 해결한다는 목표를 세우고 그다음에 일괄 체결하고 싶다고 말했다.

이동원 장관의 방일 공식 일정은 3월 27일까지 4박 5일이 예정되어 있었지만, 이 장관은 4월 3일까지 체류를 연기, 그동안 외무장관 회담을 거듭했다. 일한 무역회의는 예정대로 3월 27일에 종료했다. 또 후술하는 바와 같이 재일한국인의 법적지위 문제, 청구권과 경제협력 문제에 대해 대강의 합의를 보았고, 어업 문제는 합의와 함께 4월 3일 가조인할 수 있었다.

당시 이 장관의 일본 체류 연기에 대해 우시로쿠 아시아국장은 「일한교섭의 회고」에서 다음과 같이 말했다.

그 사람은 젊었고, 공무원 출신이 아닌 아마추어로서의 힘이라는 것이 있다는 느낌이 들었다. 그때도 4일간 정부 빈객으로 왔으므로 관료 출신인 김 대사는 절차에 민감해 4일 만에 정리하자고 나를 설득했다. 김 대사는 "나는 장관에게 돌아갈 것을 권하고 있다. 정부 빈객으로 왔으면서 약속 기간이 지났는데도 질질 앉아 있는 것은 매우 보기가 좋지 않기 때문이다. 일단 돌아가자고 말씀드리고 있지만, 장관이 내 말을 듣지 않는다"고 말했다. 그때 이 장관이 아마추어로서 절차든 뭐든 무시하면서 계속 머물러 있었던 것은 정치인으로서의 감이랄까, 아마추어로서의 힘이라고 생각했다.

상기 좌담회에서 야나기야 서기관은 다음과 같이 말했다.

우리는 당시를 '연좌 데모'라고 불렀는데, 이동원 장관은 하루씩 연장하여 결국 4월 3일까지 머물러 가조인까지 이르렀다.

당시 이동원 장관은 숙소인 영빈관에서의 일정이 연장되었기 때문에 다른 호텔로 이동했는데, 시나 외상이 신문기자가 눈치채지 못하게 혼자서 만나러 갔던 일도 있었다. 특히 그때 우리가 보더라도 이 장관은 비상한 결의를 갖고 있었는데, 이 장관은 귀국하면 해고될지도 모르고 어떤 조치를 당할지 모르지만 올바른 일은 한다고 자주 말했다.

26일 오후 4시부터 약 40분간 이 장관은 천황을 배알(拜謁)했다. 배알 시 통역을 한 마에다 조사관의 보고서가 있지만, 그것과는 별도로 마에다 참사관의 「일한관계와 나」는 다음과 같이 말하고 있다.

1965년 3월 하순 이동원 외무부장관의 일본 방문 시, 나는 서울에서 호출되어 3월 22일부터 4월 13일까지 도쿄에 머물렀다. 3월 26일 이동원 외무부장관이 김동조 대사를 대동해 천황을 배알했을 때, 천황의 말씀에 대해 이동원 장관이 처음에는 한국어로 말해 그것을 내가 통역했다. 그 후 이동원 장관은 일본어로 이야기했다. 우시로쿠 전 국장도 회상기에서 "이동원 씨는 아마추어로서의 힘 — 이른바 관료였다면 할 수 없는 일에 정치인으로서 그 힘을 발휘했다" 운운했는데, 당시 천황 폐하에 대한 말투가 매우 그다운 특색을 보였다. **[이하, 원문 약 100여 자 미공개]**

당시의 배알은 예정 시간을 상당히 넘길 정도로 부드럽게 진행됐다.

한국의 외무부장관이 천황 폐하를 배알하는 것은 그때까지는 생각할 수조차 없었던 일인 만큼 외무성도 배알을 신중하게 결정 내렸는데, 실제로는 폐하가 목소리를 내면서 웃을 정도로 좋은 분위기 속에서 배알이 이뤄진 것을 보고, 나는 지금이야말로 일한관계가 하나의 커다란 전환기에 와 있다, 말하자면 힘든 고비를 넘겼다고 느꼈다.[108]

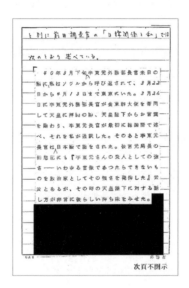

외교문서 원본 30   이동원 외무부장관과 일본 천황의 대화 내용 등은 먹칠이 된 채 공개되지 않았다.

---

108) 이와 관련한 이동원 씨 본인의 회고는 李東元 著, 崔雲祥 訳, 『韓日条約締結秘話: ある二人の外交官の運命的出会い』(東京: PHP研究所, 1997年) pp. 122-123을 참조할 것.

5. 재일한국인의 법적지위 문제에 대한 합의

외무장관 회담의 산하에 '재일한국인의 법적지위에 관한 전문가회의'가 설치되어 3월 24일부터 4월 1일까지 회의가 여섯 차례 열렸다. 전문가회의에는 일본 측에서 우시로쿠 아시아국장, 니이야 마사오(新谷正夫) 법무성 민사국장, 야기 마사오(八木正男) 법무성 입국관리국장, 한국 측에서는 방의 공사, 연하구 외무부 아주국장, 이경호 법무부 법무국장이 각각 참석했다.

상기한 바와 같이 일한 양국이 각각 협정문을 제시했었지만, 법적지위 문제에서 논의의 초점은 영주권의 범위, 특히 한국 측이 요청한 '자자손손'을 일본 측이 어디까지 막을 것인가로 모아졌다.

3월 24일 제1차 외무장관 회담 후 열린 전문가회의에서 일본 측은 영주권을 부여받은 자식이 성년이 된 후와 그 직계비속에게는 인도적인 대우를 한다는 취지에서 다음과 같은 서한안(書翰案)을 제시했다.

협정 체류자가 성년이 된 후 및 자손의 취급에 대한 서한안

(1965년 3월 23일)

(일본 측 서한) (안)

서한으로써 말씀 올립니다. 본 [   ]는 오늘 서명된 일본국에 재류하는 대한민국 국민의 대우에 관한 일본국과 대한민국 간의 협정과 관련해 일본국 정부가 오늘 다음과 같은 성명을 한 것을 각하에게 통보하는 영광을 누립니다.

"일본에 체류하는 대한민국 국민의 대우에 관한 일본국과 대한민국 간의 협정 제1조 3항의 규정에 따라 일본국에 체류하게 된 자 및 그 직계비속에 대해서는 일본국 정부로서 동 협정의 정신을 충분히 존중해 인도적인 취급을 하고 이들이 일본국의 사회와 조화하는 안정적인 생활을 영위할 수 있도록 호의적인 고려를 해야 하는 것은 당연하다."

본 [   ]는 이상을 추진함에 있어 각하께 거듭 경의를 표합니다.

1965년 [   ]월 [   ]일

(한국 측 서한) (안)

서한으로써 말씀 올립니다. 본 [   ]는 오늘부의 다음과 같은 각하의 서한을 수령했음을 확인하는 영광을 누립니다.

(일본 측 서한)

본 [　]는 이상을 추진함에 있어 각하께 거듭 경의를 표합니다.

1965년 [　]월 [　]일

　3월 25일 제2회 전문가회의에서 한국 측은 상기한 서한안에 반대의 뜻을 피력했다. 이어 한국 측은 3월 26일 제3회 외무장관 회담에서 여전히 영주권을 자자손손까지 보증하길 강하게 요청했다. 이에 대해 일본 측은 재협상 조항을 마련하는 방법으로 수습을 도모한다는 원칙을 정하고, 3월 26일 오후 2시 다음과 같은 최종 타협안 골자를 한국 측에 제시했다.

(최종 타협안 골자)

(1965년 3월 26일)

　1. 다음에 제시하는 대한민국 국민의 영주 신청을 허가하기로 한다.

　(a) 종전 이전부터 계속해서 일본국에 재류하는 자.

　(b) (a)의 직계비속으로 종전 이후 협정 발효 5년 이내에 일본국에서 출생해 계속해서 재류하는 자.

　2. 1항에 의해 영주를 허가받은 자의 직계비속으로 협정 발효 5년 후부터 20년 이내에 일본국에서 출생한 자에 대해 성년이 될 때까지 재류 신청을 허가하고 그 재류 기간 중에 강제퇴거를 비롯한 대우와 관련해 1항에 의해 영주를 허가받은 자와 동일한 취급을 한다. 그 자가 성년에 된 경우에는 소행이 선량하고, 파괴활동에 관련된 일이 없는 한 영주 신청을 허가하고, 그 후에는 빈곤, 질병 등을 사유로 하여 일본에서 강제퇴거를 시키지 않는다.

　3. 일본국 정부는 1항에 의해 영주를 허가받은 자의 직계비속으로 협정 발효 후 25년 이후에 일본국에서 출생한 자의 재류에 대해서는 대한민국 정부의 요청이 있으면 협의에 응할 용의가 있다. 이 협의는 협정 발효 후 24년부터 1년 사이에 행해지는 것으로 하고, 이 경우에는 이 협정의 기초가 된 정신과 목적을 존중함과 동시에, 이 협정의 실시 결과를 비롯한 제반 정세를 고려한다.

　4. 협정은 효력을 25년간 존속하는 것으로 하고, 그 후에는 제1조에 따라 영주를 허가받은 자가 사망할 때까지 존속된다.

　5. 강제퇴거 조치를 받은 자의 인수와 관련, 대한민국 정부는 일본국 정부의 요청에 부응해 협력한다.

(합의의사록 요지)

1965년 3월 26일

일본국 대표

　빈곤, 질병 등은 입국관리령 제24조 4호 (다), (라), (마), (차) 및 (파)에 제시된 사항이라는 것으로 양해하고, (가), (나) 및 (사)에 대해서는 적용의 문제가 발생하지 않는다는 것을 말씀드린다.

대한민국 대표

그대로 양해한다.

3월 26일 제4회 외무장관 회담은 오후 10시 30분부터 27일 오전 2시 50분까지 진행됐다. 그동안 상호 검토를 위해 휴회, 재회를 세 차례 실시한 가운데 오로지 영주권 범위에 대한 논의를 계속했다. 그리고 마침내 영주권 범위에 새롭게 (c)항을 마련해 "(a) 및 (b)의 자식으로 협정 발효 5년 이후에 일본에서 출생한 자"를 추가하는 안에 합의를 봤다. 이에 따라 외무성은 3월 27일 자 합의 사항의 가조인과 관련해 각의 양해를 구하기 위해 다음과 같이 기안했다.

조조(条条) 제418호

1965년 3월 27일

내각총리대신 사토 에이사쿠(佐藤栄作) 귀하

외무대신 시나 에쓰사부로(椎名悦三郎)

재일한국인의 대우 문제에 관해 합의된 사항의 가조인에 대해

재일한국인의 대우 문제에 관해 합의된 사항의 가조인과 관련해 별지 안에 관한 각의의 양해를 구한다.

재일한국인의 대우 문제에 관해 합의된 사항의 가조인에 관한 각의 양해(안)

재일한국인의 대우 문제에 관해 합의된 사항과 관련, 별지의 문안(공표하지 않음)에 가조인하는 것으로 한다.

(합의된 사항)

공표하지 않음

1965년 3월 28일 도쿄에서 시나 외무대신과 이동원 외무부장관 사이에 다음의 사항이 합의됐다.

1. 다음에 제시하는 대한민국 국민의 영주 신청을 허가하기로 한다.

(a) 종전 이전부터 계속해서 일본국에 거주하는 자.

(b) (a)의 직계비속으로서 종전 이후 협정 발효 5년 이내에 일본국에서 출생하여 계속해서 거주하는 자.

(c) (a)와 (b)의 자식으로 협정 발효 5년 이후에 일본국에서 출생한 자.

2. 일본국 정부는 1항에 의해 영주를 허가받은 자의 직계비속으로 일본국에서 출생한 자의 거주에 대해서는 대한민국 정부의 요청이 있으면 협정 발효 후 25년을 경과할 때까지 협의할 용의가 있다. 이 협의에서는 이 협정의 기초가 된 정신과 목적을 존중하기로 한다.

3. 1항에 의해 영주를 허가받은 자의 강제퇴거 사유(협정 발효 이후의 행위에 의한 것)

(a) 일본국에서 내란에 관한 죄 또는 외환에 관한 죄를 범함으로써 금고 이상의 형에 처해진 자(집

행유예 선고를 받은 자 및 내란에 부화수행함으로써 형에 처해진 자는 제외).

　(b) 일본국에서 국교에 관한 죄를 범함으로써 금고 이상의 형에 처해진 자 및 외국의 원수, 외교사절 또는 그 공관에 대한 범죄행위로 인해 금고 이상의 형에 처해져, 일본국의 외교상의 중대한 이익을 해한 자

　(c) 영리를 목적으로 마약류 단속에 관한 일본국의 법령을 위반하여 무기 또는 3년 이상의 징역 또는 금고에 처해진 자(집행유예 선고를 받은 자는 제외). 그리고 마약류의 단속에 관한 일본국의 법령을 위반하여 본 협정의 효력이 발생한 날 이후 3회(단, 이 협정의 효력 발생일 이전에 3회 이상 형에 처해진 자에 대해서는 2회) 이상 형에 처해진 자.

　(d) 일본국의 법령을 위반하여 무기 또는 7년을 초과하는 징역 또는 금고에 처해진 자.

4. 강제퇴거 조치를 받은 자의 인수와 관련, 대한민국 정부는 일본국 정부의 요청에 부응해 협력한다.

5. 협정에 포함된 기타 대우에 관한 사항은 계속해서 논의한다.

　　　　재일한국인의 대우 문제에 관해 합의된 사항의 가조인에 관한 설명자료

1. 일한교섭 안건 중 하나인 재일한국인의 대우 문제는 지난해 12월 제7차 일한 전면 회담 재개 이후 기본관계조약, 어업, 무역 등의 문제와 함께 교섭을 거듭해왔다. 올해 2월 기본관계조약이 가조인된 데 이어, 이번 이동원 한국 외무부장관 방일 시에 열린 양국 정부 간의 논의에 의해 영주자의 범위 및 강제퇴거 사유의 문제가 실질적으로 합의됐다. 따라서 내일 28일, 재일한국인의 대우 문제에 관한 일한교섭 양국 정부 대표인 우리 측 야기 법무성 입국관리국장과 한국 측 이경호 법무부 법무국장이 합의사항에 대해 가조인을 하고자 한다.

2. 또한 이 합의사항을 비롯해 재일한국인의 대우 문제에 관한 일한 간의 협정에 포함되는 사항에 대한 협정 교섭은 앞으로 계속해서 도쿄에서 한국 측과 진행될 예정이다.

이후의 교섭 추이에 대해 법적지위 문제 담당의 쓰루타 다케시(鶴田剛) 사무관(북동아시아과)은 다음과 같이 기술했다.

법적지위가 가조인되는 단계에 이르렀다는 사실은 일한 양측을 고무시켰다. 이 장관도 공식 방문 일정을 연기하는 이례적인 결정을 내렸으며, 청구권이나 어업 등에 대해서도 차례로 연일 밤을 새우며 격렬한 논의를 계속했다.

그동안 법적지위와 관련해 당초 처우에 대해서는 단지 "계속 논의한다"는 내용이었지만, 다른 제반 현안의 토의를 진행하는 과정에서 시간적 여유도 생겼고, 또 한국 측이 처우에 관한 사항이 아무것도 정해지지 않았다는 인상을 주면 민단 등으로부터 공격을 받을 우려가 있다면서, 어떻게든 그 내용을 좀 더 구체적으로 쓰고 싶다고 강력히 희망했다.

이에 따라 3월 29일 한국 측은 다음과 같은 안을 제시해왔다.

5. 영주권자에 대한 기타 대우

일본국 정부는 1항에 의해 영주를 허가받은 자의 일본국에서의 교육 및 사회보장에 관해서는 일본 국민에 준하는 취급을 하기로 하고, 또 그 자가 일본국에 영주하는 것을 그만두고 대한민국으로 귀국할 경우(영주 신청 자격을 가진 자도 동일)에는 그 자의 모든 재산을 과세 없이 반출할 수 있는 것으로 한다.

6. 전후 입국자에 대한 대우

일본국 정부는 전후 일본국에 입국해 일정 기간 일본국에 거주한 실적을 가진 대한민국 국민의 영주 신청을 허가하기로 한다.

7. 이산가족의 동거

일본국 정부는 1항에 의해 영주를 허가받은 자의 직계비속 또는 직계비속의 배우자로서 일본국 외에 거주하는 자가 일본국에서 거주를 희망하는 경우, 그들의 일본국 입국 및 거주를 허가하기로 한다.

이에 대해 30일 일본 측은 다음과 같은 '합의사항 추가안'을 제시했다.

1. 일본국 정부 및 대한민국 정부는 협정에 의해 영주를 허가받은 자의 교육 및 생활보장에 관한 사항 및 이들(영주 신청을 할 자격을 가진 자를 포함함)이 일본국에서 영주할 의사를 포기하고 대한민국으로 귀국하는 경우의 재산의 반출 및 그 자금의 송금에 관한 사항에 대해서는 적절한 고려를 하기로 한다.

2. 1항에 관해,

(1) 일본국 정부는 가능한 한 다음의 것을 위해 필요한 조치를 취할 것임을 대한민국 정부에 서한으로 통보하기로 한다.

(a) 일본국의 공립 소학교 또는 중학교에 입학을 희망하는 경우에는 그 입학을 인정받는 것 및 중학교를 졸업한 자가 일본 국민과 같은 조건으로 상급학교 입학을 인정받는 것.

(b) 생활보호를 당분간 종래대로 받을 수 있는 것.

(c) 그가 소유하는 휴대품, 이삿짐 및 직업용구를 갖고 가는 것, 또 그가 소유하는 자금을 법령에 따라 한 세대당 180만 엔까지 갖고 가고(송금을 포함함), 180만 엔을 초과하는 금액은 대한민국에 송금하는 것.

(2) 대한민국 정부는 재일한국인의 생활을 안정시키고, 또 빈곤층을 구제하기 위해 일본국 정부의 요청에 부응해 가능한 한 동 정부에 협력하기 위한 조치를 일본국 정부와 함께 검토할 용의가 있다는 것을 일본국 정부에 서한으로 통보하기로 한다.

(3) 협정에 의해 영주를 허가받은 자는 이미 합의된 사항 및 1항과 2항의 사항을 제외하고, 모든 외국인에게 동일하게 적용되는 일본국 법령의 적용을 받는다는 것을 확인한다.

더욱이 3월 30일 밤에 열린 외무장관 회담에서 이동원 외무부장관은 (가) 영주권자에 대한 사회보장의 약속, (나) 전후 입국자로서 거주 기간 10년 이상인 자에 대한 영주권 부여, (다) 이산가족의 재회 보장을 최소한 공동코뮤니케에라도 넣어줄 것을 요청했다. 이어 31일 한국 측은 다시 다음과 같은 안을 제시했다.

처우 문제 합의사항에 대한 한국 측 안

1. 일본국 정부는 협정에 의해 영주를 허가받은 자의 교육 및 사회보장에 관한 사항에 대해서는 그들이 안정된 생활을 영위할 수 있도록 필요한 조치를 하기로 하고, 또 그들이(영주 신청 자격을 가진 자를 포함함) 일본국에서 영주할 의사를 포기하고 대한민국으로 귀국하는 경우의 재산 반출 및 그 자금의 송금에 관한 사항에 대해서는 적절한 고려를 하는 것으로 한다.

2. 1항에 관해,

(1) 일본국 정부는 다음의 것을 위해 필요한 조치를 취할 것을 합의의사록에 규정하기로 한다.

(a) 일본국의 공립 소학교 또는 중학교에 입학을 희망하는 경우에는 그 입학을 인정받는 것 및 중학교를 졸업한 자가 일본 국민과 같은 조건으로 상급학교 입학을 인정받는 것.

(b) 생활보호를 당분간 종래대로 받을 수 있는 것.

(c) 국민건강보험법, 국민연금법, 공영주택법, 주택금융공고법(住宅金融公庫法), 국민금융공고법, 중소기업금융공고법, 모자복지법 등이 규정하는 사회보장을 받을 수 있도록 하는 것.

(d) 그가 소유하는 휴대품, 이삿짐 및 직업용구를 갖고 가는 것 및 그가 소유하는 자금을 법령에 따라 한 세대당 미화 1만 달러까지 갖고 가고(송금 포함), 미화 1만 달러를 초과하는 금액은 대한민국에 송금할 것.

이외의 재산 반출 및 송금 방법은 계속 논의하기로 한다.

상기한 쓰루타 사무관의 기술에는 다음과 같이 기록되어 있다.

3월 31일, 4월 1일 이틀에 걸쳐 가조인해야 할 추가 합의사항의 문안에 관한 토의가 집중적으로 이뤄졌고, 특히 사회보장 관계와 관련해 일본 측이 타당한 고려를 할 것인지가 가장 큰 쟁점이 되었다. 한국 측은 3월 31일 김동조 대사가 제안한 문서에서 그 2항 (3)에 몇 가지 사회보장 관련 사항을 열거하고 있었는데, 일본 측은 "생활보호는 좋지만 그 외에는 적을 수 없다"고 맞섰다. 그러자 한국 측은 "국민건강보험을 넣어주면 어느 정도 양보할 용의가 있다"고 제안했다. 결국 일본 측도 생활보호만으로 한국 측을 물러서게 하는 것은 무리라는 판단 아래 오랫동안 논의한 끝에 사회보장 체계 중에는 외국인에게도 일률적으로 적용되고 있는 측면이 있음을 염두에 두면서 "생활보호 등"이라는 표현을 제안했다. 이에 대해 한국 측도 응했기 때문에 이 선에서 추가 합의사항이 정리됐다.

(부기)

당시 후생성이 제출한「국민건강보험의 외국인 적용 상황」(1964년 4월 1일 현재)에 따르면, 국민건강보험을 조선인에게 적용하고 있는 시정촌(市町村)은 1,764개로, 6,678세대, 피보험자 27,104명이었다.

또 영주권 범위에 손자까지 추가한 것에 대해 야기 마사오(八木正男) 법무성 입국관리국장은「재일한국인의 대우 문제에 대해」(『국제 문제』 1965년 5월 호)에서 아래와 같이 설명했다.

(c)〔상기한 (a)와 (b)에 해당하는 자의 자식으로 일한협정 발효 후 5년이 경과한 후에 일본에서 태어난 자〕의 부류에 속하는 자에게 영주가 인정된 점에 대해 가조인 후 일본의 모든 신문이 비판했는데, 일본 정부가 한국의 무리한 요구를 못 이겨 양보했다는 비난이 각 방면에 제기된 것으로 추측된다. 확실히 이 항목에 해당하는 한국인이 세상에 태어나는 것은, 가령 일한협정이 올해 안에 발효되더라도 1970년, 쇼와 45년 말경이라는 것이다. 그런 부류의 마지막 사람이라는 것은 협정 발효 후 5년째 마지막 날에 태어난 한국인을 부모로 하는 사람이기 때문에 쉽게 말하면, 가령 1970년 말경에 태어난 남자가 성인이 되어 결혼한 후 몇 년이 지나 생식 능력을 잃을 즈음, 예를 들어 쇼와 100년(서기 2025년) 무렵에 태어나는 자라는 것이 된다. 21세기에 태어나는 자에게 영주권을 부여하는 문제를 지금 시점에서 약속한다는 것은 복잡하게 국제관계가 변전하는 현대에서는 그야말로 까무러칠 만한 일이다. 실제로 일한병합이 불과 30여 년밖에 지속하지 못했던 것을 생각하면 이 항목에 대한 비판이 강한 것은 당연할지도 모른다.

게다가 이 항목조차 한국 정부 및 재일한국거류민단 측에서 강한 불만의 대상이 되고 있는데, 민단 관계자 중에는 단순히 이 항목에 대한 불만으로 협정에 반대하는 목소리를 내는 사람도 있는 형편이다. 환언하면, 재일조선인의 일본 거주에 대한 격렬한 집착은 종전부터 이어진 이른바 '자자손손'에 대한 영주권 획득운동으로 뿌리 깊게 주창되었다. 반면, 일본이 직접 책임을 느끼는 조선인은 종전 당시까지 일본에 재류하고 있던 자뿐이라고 하는 일본 측의 감정과는 그야말로 180도 거리가 있었다.

명분이라는 것은 아무것에나 붙는다. 다만, 협정을 체결하기 위해서라면, 비록 180도 차이가 나더라도 어떻게든 타협할 수밖에 없다. 일본 측이 마지막에 이 항목을 인정한 것은 주로 (가)에 해당하는 사람들이 동일한 가정에서 생활을 함께하고 있는 부모와 자식이라는 점을 감안해 인도적 배려에서 취한 양보였다. 만약 이것을 퇴각(退却)이라고 평가하는 사람이 있다면, 우리는 인도주의를 위해 행한, 불명예가 아닌 퇴각이라고 자인하자.

요강안은 이어 상기 (a), (b) 및 (c)의 후손으로 향후 일본에서 태어나는 자들이 일본에 재류하는 경우의 조건 등에 대해서는 일한협정 발효 후 25년의 기간 동안 양국 정부 간에 논의를 계속하는 것으로 결정했다. 이것은 한편으로는 앞서 언급한 바와 같이 먼 미래에 발생할 수 있는 문제에 대한 구체적인 방안을 지금 시점에서 결정하는 것의 필요성을 충분히 납득할 수 없다는 점과, 다른 한편으로는 (c)의 해당자에게 자식이 생기기 시작할 시기가 대체로 협정 발효 후 25년쯤에 해당한다는 구체적인 사태에 입각해 정해진 것이다. 이때쯤에 양국의 협상 당사자가 되는 사람들은 대체로 태평양전쟁, 또는 일본인이었던 옛날의 조선인 등에 대해 직접적인 추억이나 선입견을 갖고 있지 않은 사람들일 것이며, 협상의 대상이 되는 재일한국인도 이미 2세나 3세가 되면 한국어도 모르고 일본 이외의 생활도 거의 경험해본 적이 없는 사람들일 것이다. 또한 일본에 귀화해버리는 사람들도 많을 수 있으니, 그런 사정을 배경으로 진행되는 협상은 의외로 간명직절(簡明直截)한 결론을 낼 수 있을지도 모른다고 생각된다.

후지사키 마사토(藤崎万里) 조약국장은 나중에 「일한 제 조약에서 결착을 보지 못하고 있는 두 문제에 대해」에서 영주권에 관한 합의에 이르기까지의 경위에서 조약국장으로서 신념을 갖고 주장했던 사항들에 대해 상당히 자세히 말했다. 그중에서 후지사키 국장의 주장의 취지를 나타내는 다음 부분을 적기한다.

일본 측은 당초 자식 정도까지는 특별히 고려해도 괜찮은 것이 아닐까라고 생각했지만, 거류민단의 공세도 있고 한국 측의 태도가 강경했기 때문에 일본 측 내부에서도 점점 한국 측 주장대로 자자손손에 이르기까지 영주권을 인정해도 좋지 않을까라는 의견이 대세를 점하게 됐다. 그리고 그 이유는

(1) 어차피 60만 명의 한국인을 강제로 국외로 퇴거시키는 것은 실제적인 문제로서 불가능한 일이고,

(2) 그들 대부분은 현재 한국 국적을 유지하기를 희망하고 있지만, 일본 정부로서도 이들에 대해 전면적으로 일본 국적을 줄 생각이 없다고 한다면, 이들이 한국인인 채 자자손손에 이르기까지 일본에 영주할 것을 인정해주더라도 사실 어쩔 수 없는 것을 인정해주는 것일 뿐이므로 상관없다는 사고방식이었다.

그러나 나는 "한 나라에 거주하는 외국인에 대한 처리는 본래 그가 거주하고 있는 국가의 주권에 속하는 것이므로 이에 대해 그 외국인의 본국과 협정한다는 것은 주권에 대한 중대한 제약이며, 가볍게 취급할 수 없는 문제이다. 또한 사실상 어쩔 수 없다는 것과 조약상의 권리로서 그것을 인정하는 것은 별개의 문제이다. 장래에 세상이 어떤 식으로 변하는 것도 아니므로 영원한 권리라고 조약상 인정하는 것에는 절대로 반대한다"고 물러서지 않았다.

26일 밤 양국 외무장관과 관계자들이 늦게까지 남아 회담을 열었다. 내가 이 회담만 특별히 참여하게 된 것은, 앞서 언급했듯이 내가 가장 강경론자로 찍혀 있었기 때문이다.

일본 측이 종전 전부터 일본에 있던 한국인의 손자까지 영주를 인정하는 안을 냈을 때, 그 생각의 출발점은 종전 전부터 있었던 한국인 분들에게 특별한 대우를 해드리자는 것이며, 본인만 해주기는 그렇기 때문에 그 자식도 인정하자는 것이 됐는데, 이제 그 손자까지 인정하자는 이야기가 되고 있다.

"현재의 일본 정부가 설령 도덕적 원칙에 따른다(morally) 하더라도, 100년 후의 일본 정부를 묶어두

는 것과 같은 일을 말할 순 없고(주: 손자까지 계산을 길게 잡으면 그 정도가 된다), 겨우 30년 후, 40년 후 정도의 일까지는 할 수 있다"고 말했다.

어느 정도 이야기가 마무리된 단계에서 일본 측에서 상당한 시간을 들여 협의한 다음에 25년으로 유효기간을 한정하는 안을 한국 측에 제시했다. 이 안에 대해 연 아태국장, 이어 이 법무국장이 바로 "협정의 유효기간을 왜 줄였는가. 이것으로는 민단이 받아들이지 않는다"고 말했기 때문에 내가 "본질론으로 되돌아가 미안하지만, 원래 한 나라에 체류하는 외국인의 지위는 그 나라의 국내 사항이다. 현재는 국교정상화를 위한 현안 일괄 해결이라는 큰 목적을 위해 한국 정부와 이 문제를 놓고 협정하려 하고 있지만, 일본으로서 재류 한국인의 처리에 대해 영원히 한국 정부와 협의해야 한다는 조항은 절대로 곤란하다. 왜 25년이라는 숫자를 냈는지에 대해서는 조약과장으로 하여금 설명토록 하겠지만, 본질론은 지금 내가 말한 것이다"라고 말했다. 이어 마쓰나가 조약과장이 25년의 의미와 관련, 협의가 필요한 사람이 태어나는 것이 빨라도 그 무렵이 된다는 의미라고 설명했다.

6. 청구권과 경제협력 문제의 합의

(1) 청구권과 경제협력 문제의 처리방침

북동아시아과의 「한국 외무장관 방일 시 내지 그 전에 해결할 필요가 있는 중요 문제의 처리방침에 대해」(3월 16일)는 청구권 문제와 관련해 다음과 같이 기록하고 있다.

3. 청구권 문제 관계
청구권과 관련, 남아 있는 주요 쟁점과 최종 타협안은 다음과 같다.
(가) 이승만 라인 부근에서 나포된 일본어선에 대한 우리 측의 청구권(업계의 계산으로는 약 72억 엔).
한국 측은 국내법상 합법적인 행위로 나포한 것이라는 주장을 견지하고 있으므로 보상 요구에 절대 응하지 않을 것이 명백하다. 따라서 이번에 후술하는 (나) 조선치적선 등에 대한 한국 측 요구와 상쇄하여 청구권을 포기하는 안을 생각할 수 있다.
그러나 상기 안은 국내 보상을 동반하기 때문에 대장성 측이 강하게 반대하고 있다. 오히려 이 문제는 일한교섭이 성립된 후로 보류해두는 안을 선택하고 싶다. 이 안은 국내 보상을 동반하지 않는다는 이점도 있지만, 나포된 자는 반영구적으로 아무런 구제를 받을 수 없는 결과가 된다. 또 종래 국회 답변의 취지(현안 일괄 해결을 포함함)와도 다른 결과가 된다.

이 두 가지 안 중에 어느 것인지 결정할 필요가 있다.

(나) 종전 시에 한국에 적을 둔 일본선박 및 한국 수역에 있던 일본선박에 대한 한국 측의 청구.

이미 청구권 일반의 해결책으로 무상 3억 달러, 유상 2억 달러의 경제협력을 공여하기로 한 만큼, 더 이상 선박을 위한 특별한 청구는 인정할 수 없다는 우리의 기본방침을 강하게 밀어붙일 것이다. 특히 상기한 바와 같이 나포 선박에 대한 청구권을 포기한다고 하면 더더욱 그렇다[다만, 한국 측이 지난번 외상 방한 때부터 상징적인(symbolical) 의미에서 신조선을 약간 얻고 싶다는 희망을 다시 제기하고 있다].

(다) SCAP의 지령에 의해 한국전쟁을 위해 일본이 대여한 선박에 대한 일본 측 청구권.

상기 (나)와 함께 우리 측에서 포기한다.

(라) [원문 약 4행 미공개]

(3) 김 부장과 오히라 외상의 양해에 관한 자세한 내용에 대해서는 다음과 같은 문제가 남아 있다.

(가) 유상 차관 2억 달러의 상환기간은 20년인가, 27년인가.

(나) 오픈계정의 잔액 4,500만 달러의 상환기간은 언제까지인가.

(다) 민간 경제협력금액을 천정부지로 주장할 것이 아니라 (3)억 달러로 명시할 것을 요구한 문제.

이 가운데 (가)와 (나)에 대해서는 사무적인 수준의 교섭으로 타결에 도달할 수 있다.

(다)에서 민간 차관의 총규모를 설정하는 방법에 대해서는 현재로서는 좋은 프로젝트가 있으면 민간 경제협력이 증가하므로 프로젝트의 구체적 안을 내놓으면 건별로(case by case) 연구하겠다는 것을 한국 측에 시사한 단계인데, 가급적 이 선에서 관철하는 것으로 한다. 그러나 상대측이 그렇다 하더라도 어떠한 형식의 제스처(gesture)를 원할 경우에는 최종적인 타결안으로서 한국 측이 제시하는 구체적인 프로젝트 목록을 작성해(list up) 그렇게 예상되는 총액이 3억 달러 정도에 도달하는 것을 제시함과 동시에, 필리핀과의 경제협력에 대한 교환공문을 모방해 일본 정부가 아무런 책임을 지지 않는 민간 협력의 형태로 추진하는 것을 협정 본문과 분리된 별도의 가벼운 형식의 문서로 언급하는 것을 생각한다.

외무장관 회담을 앞두고 3월 20일과 22일에 일본 측 외무성 야나기야 서기관, 한국 측 주일 대표부 최광수(崔侊洙) 정무과장이 중심이 되어 청구권 문제에 대해 양측의 주장을 정리한 결과 다음과 같은 차이점이 드러났다.

청구권 문제에 관한 일본 측의 입장

항목	일본 측 입장
I. 이른바 오히라 외상과 김 부장의 양해 성격	이른바 오히라 외상과 김 부장의 양해는 일본이 한국의 경제 개발, 발전에 기여하는 것을 희망해 무상 또는 유상의 경제협력을 공여하기로 하고, 그에 수반되는 효과로서 샌프란시스코 평화조약 제4조 (a)항에 규정된 한국 측의 대일 청구권은 완전히 또 최종적으로 소멸하게 된다는 것이다.
II. 경제협력의 공여 　(1) 무상협력 　　(i) 금액 　　(ii) 공여기간 　　(iii) 조기 실시 　(2) 유상협력 　　(i) 금액 　　(ii) 공여기간 　　(iii) 조건 　　(iv) 조기 실시 　(3) 통상적 차관 　　(i) 금액 　　(ii) 조건 　　(iii) 실시 시기 　　주(注)	 총액 3억 달러 10년간(매년 3,000만 달러씩) ① 재정 사정에 의해, 또 양국 합의에 의해 조기 실시 ② 조기 실시분을 포함한 매년 공여금액의 최고한도는 2,550만 달러 총액 2억 달러 10년간 ① 금리 3.5퍼센트 ② 상환기간 7년 정도의 거치를 포함해 20년 부실채권 상환조치의 결과, 당해 연도의 한국의 대외 기대자금이 부족하게 되어 5개년계획 수행에 지장이 생길 경우를 고려한다. 단, 무상을 앞당기는 경우는 고려할 수 없다. 통상적 차관의 성격상, 총액은 명시하지 않는다. 단, 한국 측이 국내에서 '1억 달러 이상'이라고 설명하는 것은 상관없다. ① 정부는 관여하지 않음 ② 융자 조건은 민간의 상담에 의해 결정 국교정상화 전에도 가능한 조치 　상기 외의 특별 경제협력은 공여할 수 없다.
II. 부실 채권 　(1) 상환기간 　(2) 지불 방법	 3년간 균분 ① 현금 결제 ② 한국 외화 사정, 내자(內資) 사정에 의해, 또 한국 측의 요청에 의해 당해 연도 무상공여 금액에서 감액해 지불로 간주할 수 있다.
IV. 청구권 해결의 내용 　(A) 한국 측 재산 및 청구권 　(B) 일본 측 재산 및 청구권	 1. 평화조약 제4조 (a)항의 범위 내에서 해결 2. 선박에 관해서는 한국 측에 청구권 없음 어쨌든 오히라 외상과 김 부장의 양해에 의해 해결 3. 문화재에 관해서는 한국 측에 청구권이 없음 단, 권리나 의무의 문제를 떠나 문화협력의 일환으로서 약간의 국유 문화재 증여를 고려 1. 평화조약 제4조 (b)항의 범위 내에서 해결 2. 국유 대여 선박에 관해서는 일본 측에 반환청구권이 있음 3. 나포 어선에 관해서는 일본 측에 청구권이 있음
V. 명목 문제	① 무상 또는 유상 공여는 '경제협력으로서' 한다는 점을 명기 ② 청구권 문제의 해결은 별도의 조항으로 규정

청구권 문제에 관한 한국 측의 입장

항목	일본 측 입장
I. 김 부장과 오히라 외상의 회담 성격	이른바 김 부장과 오히라 외상의 양해는 한국이 일본에 대해 갖고 있는 일반 청구권을 해결하기 위한 대강을 말하는 것이다. 이에 수반되는 효과로서 평화조약 제4조 (a)항 및 (b)항에 규정된 한국 측의 대일 청구권은 완전히 또 최종적으로 해결되는 것이다(일반 청구권과 관련된 부분에 한함).
II. 대일 일반 청구권의 해결 방법의 대강 　(1) 무상공여 　　(i) 금액 　　(ii) 제공기간 　(2) 장기저리 정부차관 　　(i) 금액 　　(ii) 제공기간 　　(iii) 조건 　(3) 산업차관 　　(i) 금액 　　(ii) 조건	 총액 3억 달러 10년, 단, 6년까지 단축 가능 총액 2억 달러 10년, 단, 6년까지 단축 가능 ① 금리: 3.5퍼센트 ② 상환기간: 7년 거치 후 20년 1억 달러 이상이라고 협정에 명기 ① 정부 관여 ② 수출입은행에 의한 가장 유리한 조건
II. 청산계정상 미청산금의 해결 　(i) 해결 원칙 　(ii) 해결 방법	 무상공여를 포함한 차감 해결 무상 3억 달러의 제공기간에 걸쳐 균등차감, 단, 일본 측 입장에 의해 3년간의 균등차감을 행하는 경우에는 무상 제공의 한국 측 실질 수령금액이 매년 최저 2,550만 달러가 되어야 한다.
IV. 청구권 해결의 효과	① 평화조약 제4조 (a)항 및 (b)항에 규정된 청구권 문제가 완전히 또 최종적으로 해결된다(일반 청구권에 관한 부분에 한함). ② 선박 문제(일한 양국이 주장하는 선박청구권을 말함)는 일반 청구권 문제와 관련이 없다. ③ 문화재 문제는 일반 청구권 문제와 관련이 없다.
V. 명목 문제	① '청구권 문제를 해결하고 경제협력을 증진시키기 위한 것'으로 한다. ② 청구권 해결 문제는 경제협력 제공과 동일 조문에 규정한다.

[이하, 원문 2쪽 미공개]

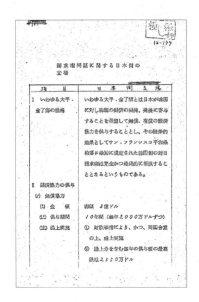

외교문서 원본 31   청구권 문제에 관한 일본 측의 입장

　이 차이점은 정리되지 않은 채 외무장관 회담이 개시됐는데, 3월 24일(제1회) 회담에서 한국 측은 다음과 같은 안을 제시했다.

청구권 문제 해결에 관한 합의사항

(임시 번역)

1. 대한민국의 대일 청구권 문제를 해결하고 양국 간의 경제협력을 증진하기 위해, 일본국은

    (1) 무상 3억 달러

    (2) 정부차관 2억 달러

    (3) 상업차관 (　)억 달러

    (4) 어업협력차관 9,000만 달러를 대한민국에 제공한다.

2. 제공 내용

    (1) 무상

    　a) 제공기간은 10년으로 하고, 양국 간 합의에 의해 6년까지 단축할 수 있다.

    　b) 양국 간 청산계정상의 미청산금은 무상 3억 달러에서 차감해 해결하기로 하되, 한국의 실질적 수취금액이 매년 2,550만 달러 이상이 되어야 한다.

    (2) 정부차관

    　a) 제공기간은 10년으로 하되, 양국 간 합의에 의해 6년까지 단축할 수 있다.

b) 차관의 이자는 연 3.5퍼센트, 상환은 7년 거치 후 20년간 균등상환하는 것으로 한다.

(3) 상업차관

일본 정부의 관여 아래 수출입은행에 의한 가장 유리한 조건으로 제공되어야 한다.

(4) 어업협력차관

(양국 어업 장관 회담에서 합의된 바에 따름).

3. 일한 양국 간의 문화재 문제를 해결하고 문화협력을 증진하기 위해 일본국은 양국이 합의하는 품목의 한국 문화재를 대한민국에 인도하기로 한다.

4. 일한 양국 간 선박 문제를 해결하기 위해 일본국은 양국이 합의하는 척수 및 톤수의 신조선을 대한민국에 무상 제공하기로 한다.

5. 이상에 의해 대한민국과 일본국 간의 청구권은 완전히 또 최종적으로 해결된 것으로 한다.

(2) 대장성의 의견 제시와 논의의 진척

① 대장성의 제의

대장성 측은 양국의 출발점이 동떨어져 있으므로 이동원 장관이 일본에 체류하는 중에는 합의 도달 등에는 응할 수 없고 향후 꾸준히 교섭을 쌓아 나갈 수밖에 없다면서, 외무장관 회담 이틀째인 25일 다음과 같은 「향후 진행방식」이라는 방침을 외무성에 전해 왔다.

[이하, 원문 12쪽 미공개]

② 외상 시안(試案)과 대장성의 입장

합의된 사항(안)

(1965년 3월, 도쿄에서)

시나 외무대신과 이동원 외무부장관 간에 다음 사항이 합의됐다.

1. 무상 경제협력

(1) 금액 총액 3억 달러

(2) 기간 10년 균등. 단, 재정 사정에 따라서는 쌍방 합의하에 앞당겨 실시할 수 있다.

2. 유상 경제협력

(1) 금액 2억 달러

(2) 기간 10년

(3) 조건

(i) 금리 3.5 퍼센트

(ii) 상환기간 7년의 거치기간을 포함한 20년

3. 통상적 민간 차관

(1) 성격: 민간 계약에 기초해 일본국의 관계 법령에 따라 공여된다. 이 차관은 국교정상화 전후와 관계없이 공여되는 것으로 한다.

(2) 금액: 일반적인 민간 차관의 성격상 차관 총액의 최저한도, 최고한도 둘 다 규정하지 않는다는 명분이지만, 일본 측으로서는 결과적으로 3억 달러 이상에 달하게 한다는 의견에는 이의가 없다. 이 금액은 어업협력을 위한 민간 차관 합의금액 9,000만 달러 및 해운협력을 위한 민간 차관 합의금액 3,000만 달러를 포함한다.

4. 한국에 대한 무역상의 채권(4,573만 달러)

(1) 상환기간: 10년 균분. 금리 없음.

(2) 상환 방법: 현금 결제를 원칙으로 하되, 한국 측이 외환 사정이나 내자 사정으로 인해 희망하는 경우에는 매년 한국의 요청에 따라 당해 연도 일본으로부터 받은 무상공여 금액의 감액에 의해 지불했다고 간주하는 것으로 한다.

5. 청구권의 해결

관련 협정 체결 시에 존재하는 일한 양국 및 양 국민의 재산과 양국 및 양국 국민 간의 청구권에 관한 문제는 샌프란시스코 평화조약 제4조에 규정된 것을 포함하여 완전히 또 최종적으로 해결된 것이 된다.

다만, 일한 양국 및 양국 국민의 재산권 및 양국 국민 간의 채권채무 관계로서 종전 후 통상적인 거래, 계약 등에 의해 발생한 관계에 기초하는 것은 영향을 받지 않는다.

6. 문화재 문제를 해결하고 일한 문화협력을 추진하기 위해 일본이 국유 문화재 약간을 인도한다.

외무성이 이상과 같은 합의사항 시안을 대장성에 보내고 한국 측과의 교섭에 대장성 측도 참가하도록 요구한 것은 27일 저녁 이후였다. 그 후의 협상 추이에 대한 대장성의 입장을 상기한 아쓰미 겐지(渥美謙二) 씨의 설명을 통해 적기해본다.

그때(27일 저녁)는 이재국과 국제금융국의 국장, 차장은 퇴근한 후였으므로 관계 과장이 모여 전달된 서류를 보기 시작했는데, "빨리 와달라"는 전화 독촉이 있어 나도 다급히 영빈관으로 갔다.

초안에는 경제협력에 대한 문제와 청구권 문제가 쓰여 있었는데, 너무나도 갑작스럽게 연락이 왔기 때문에 대장성 측은 청구권 부분은 전면적으로 유보, 경제협력 부분은 몇 년으로 한다든지 부실채권의 이자를 포기하겠다든지 하는 질문에는 갑자기 답을 요구해도 답할 수가 없으므로, 여하튼 "오라 해서 왔다"고 말하는 식이었다.

영빈관에서 외무성 인사들과 만나봐도 그들은 교섭의 양상을 전혀 모르고 있었다. 어쨌든 이튿날 새벽까지 대기실에서 기다렸다. 새벽부터 약 한 시간 정도 우시바 심의관과 김동조 대사가 각각 좌장이 되어 갑자기 청구권 문제에 대해 논의를 펼쳤는데, 시간이 없어 중간에 중단되었다(이 장관은 일본 체류 일정을 연기했다). 이 교섭에서 특히 문제가 된 점은 "회수불능채권의 이자를 취하지 않는다"는 조항과 "무상 경제협력을 쌍방 합의에 의해 앞당겨 실시한다"는 조항 두 가지였다. 새벽에 영빈관에서 열린 교섭은 양측에서 가조인 안이 될 문장과 같은 내용을 중도까지 검토하고…… 3월 28일 오후 ― 일요일이었다 ― 아카사카(赤坂) 프린스호텔에서 우시바 심의관, 사타케(佐竹) 이재국장, 무라이(村井) 국제금융차장, 한국 측에서는 김 대사 등이 모두 모여 여러 가지 논의를 정리했다.

당시의 교섭 상황을 당시 북동아시아과장 구로다 미즈오(黑田瑞夫) 씨는 다음과 같이 평가했다.

청구권 교섭에 대해서는 오히라 외상과 김 부장의 양해가 되어 있었으므로 논의는 민간 신용공여(상업차관) 금액의 수정 및 민간 신용공여에 포함되는 어업협력과 선박 수출을 위한 저리 민간 신용공여에 집중되었다.

대장성 사무 당국은 이전처럼 강경한 태도로 매우 비타협적인 교섭을 진행했다. 대장성의 외교교섭 스타일은 주로 재정 절약의 관점에 서서 적법 여부를 기준으로 철저하게 자기 주장을 고집하고, 사무적인 수준에서의 타협은 거의 하지 않으면서, 정치적 결단에 의해 양보를 강요당할 때도 가능한 한 반격을 하는 것이다. 한국 측도 그런 태도를 보이곤 했는데, 이미 받아들인 수준을 상회하는 조건을 나중에 다시 꺼내기도 했다. 시나 대신은 한국 측의 요구를 동정적으로 들어주고(본질적인 재검토가 아니었던 것도 있다) 직접 나서서 정부 지도부가 이를 수락하도록 손을 써두었다.

③ 3월 29일 당시의 합의사항 안

이리하여 3월 29일 당시 청구권에 관한 일한 간의 교섭에서 다음 밑줄을 그은 부분은 일단 합의를 보게 되었다. 그러나 민간 신용공여는 일한 양국의 교섭 당사자 간에 의견의 일치를 보지 못했다. 일본 정부가 이를 결정한 것은 30일의 각료 4자 회담에서였다.

(표제)

일한 간의 청구권 문제 해결 및 경제협력에 관한 합의사항

(1965. 3. 도쿄에서)

시나 외무대신과 이 외무부장관 간에 다음 사항이 합의됐다.

1. 무상공여(생산물 및 용역)

총 3억 달러, 10년 균등공여, 다만 재정 사정에 따라서는 양국 정부의 합의하에 앞당겨 실시할 수 있다.

2. 장기저리 차관(경제협력기금에 의함)

2억 달러, 10년 균등공여, 금리는 연3.5퍼센트, 상환기간은 7년의 거치기간을 포함한 20년.

다만, 재정 및 자금 사정에 따라서는 쌍방의 합의하에 상환기간을 연장할 수 있다.

3. (한국 측 안)

통상적 상업차관(상업 베이스에 의해 양국 관계 법령에 의해 실시한다).

(1) 차관의 총액은 3억 달러 이상.

(2) 어업협력차관 9,000만 달러 및 선박해운차관 3,000만 달러는 상기 (1)항에 포함되고, 또 일본 정부는 관계 법령의 범위 내에서 호의적인 고려를 한다.

3. (일본 측 안)

민간 신용공여[상업 베이스에 의해 일본국 국민(법인을 포함)이 이행하는 통상적인 민간 신용공여].

(1) 민간 신용공여 총액은 사안의 특성상 결정하기 어렵지만, 결과적으로는 3억 달러 이상에 달할 것으로 기대된다.

(2) 어업협력을 위한 민간 신용공여로서 기대되는 9,000만 달러 및 선박 수출을 위한 민간 신용공여로서 기대되는 3,000만 달러는 상기 (1)항에 포함하되, 관계 법령의 범위 내에서 용이하게 집행되도록 한다.

4. 일한 오픈계정 잔액과 관련해 확인된 대한국 채권(약 4,573만 달러)

(1) 10년 균분지불. (한국 측 안) 금리 없음.

(2) 매년 한국의 요청에 의해 일본 측의 새로운 동의를 필요로 하지 않은 채 당해 연도 일본으로부터 받은 무상공여에서 감액함으로써 이를 현금 지불로 간주하기로 한다.

5. 청구권의 해결

관련 협정의 성립 시에 존재하는 일한 양국 및 양국 국민의 재산과 양국 및 양국 국민 간의 청구권에 관한 문제는 샌프란시스코 평화조약 제4조에 규정된 것을 포함하여 완전히 또 최종적으로 해결된 것이 된다.

다만, 일한 양국 및 양국 국민의 재산권, 그리고 양국 및 양국 국민 간의 채권채무 관계로서 종전 후 통상적인 거래, 계약 등으로 발생한 관계에 의거하는 것은 영향을 받지 않는다.

6. (한국 측 안)

일한 간의 문화재 문제를 해결하고 문화협력을 증진하기 위해 일본국은 품목 기타에 관해 쌍방 협의 후 한국 문화재를 대한민국에 인도한다.

6. (일본 측 안)

일한 간의 문화재 문제의 해결을 고려하고 일한 문화협력을 증진한다는 의미를 포함해서, 품목을 비롯한 기타 사항을 협의한 다음에 일본국으로부터 한국 문화재를 인도한다.

청구권 문제의 합의사항 전문에 대해 최종 합의를 본 것은 3월 31일이었다.

외무장관 회담에서 청구권의 주요 문제가 어떻게 해결되었는지에 대해선 다음에 언급하겠다.

(3) 선박 문제: 조선치적선과 나포된 일본어선

외무장관 회담 첫날인 3월 24일 시나 외상은 "오히라 외상과 김 부장의 양해에서 나온 무상 또는 유상의 경제협력 공여에 의해 한국의 대일 청구권은 선박, 문화재를 포함하여 완전히 소멸한다고 생각하고 있다"고 말했다. 이에 대해 한국 측은 "오히라 외상과 김 부장의 양해는 한국 국내에서 뒤에 뭔가 있다는 의혹을 불러일으키고 있다. 한국 정부가 이 양해는 예쁜 아가씨이고 창녀는 아니라고 설명하고 있지만, 이제 와서 선박, 문화재가 들어 있었다고 말하면, 창녀는커녕 성병까지 있었다고 국민계정(計定)이 격발(激發)한다"고 반박했다. 김동조 대사는 결국 일본 측이 정치적 제스처로서 수만 톤의 선박을 제공하는 해결방식을 제안했다.

3월 27일 제4회 외무장관 회담에서 시나 외상은 전기한 합의 시안을 제시함과 동시에, 선박 문제와 관련해 그 안의 구체적인 기록은 쓰지 않은 채 한국 측의 선박 청구권과 일본 측의 나포 어선 청구권을 상쇄하는 해결 방법을 제시했다. 시나 외상은 이어 "이것은 나만의 시안이며, 한국 측이 관심이 없다면 백지화하겠지만, 이 시안에 찬성한다면 내가 총리나 대장대신과 논의할 용의가 있다"고 설명했다. 이 안에 대해 한국 측은 관심을 보이면서도 치적선과 나포 어선의 상쇄 해결 방안을 표면적으로 드러내지 않길 희망했다. 이와 함께 한국 측은 앞서 김 대사가 말했던 새로운 선박을 요구하는 주장을 철회하고 선박 청구권 포기와 관련해 국내에 설명하기 위해 금리 5퍼센트의 조선(造船)차관 3,000만 달러의 공여를 요구했다. 결국, 이 문제는 30일의 외무장관 회담에서 후기하는 민간 차관 3억 달러의 틀 내에서 금리 5.5퍼센트, 3,000만 달러로 타결을 보았다.

(4) 유상 차관의 상환기간

한국 측은 장기저리 차관의 상환기간을 27년(7년 거치, 20년 상환)으로 하는 안을 고집했지만, 27일 외무장관 회담(제6회)에서 시나 외상은 대장성이 반대하기 때문에 이를 27년으로 하는 것은 불가능하다고 전했다. 이에 대해 한국 측은 ①변제기간은 20년으로 하되, 단서를 달아 "합의에 따라 기간을 연장할 수 있다"고 할 것, ②후술하는 통상적 민간 차관을 "5억 달러 이상"으로 함으로써 해결할 것을 제안했다.

이에 대해 시나 외상은 한국 측의 요구를 ①, ②가운데 한 가지로 좁힐 것을 요청했다. 이에 대해 한국 측은 전자 ①의 안을 요구했다. 당시 상황에 대해 우시로쿠 아시아국장은「일한교섭에 관한 약간의 회상」에서 다음과 같이 말했다.

> 그러나 대장성 당국이 이 점(20년 상환기간을 연장한다)에 대해 매우 강경한 입장을 갖고 있다는 사실을 사전에 알고 있었기 때문에 시나 외상은 비록 전술한 민간 차관의 틀에 대해서는 인심을 쓸 수 있더라도 이 점에 대해서는 인심을 쓰지 못한다는 취지를 강경하게 주장했다. 그러나 한국 측이 읍소했기 때문에 회담 휴식 시간이나 한밤중에 대장대신에게 전화를 걸어 무리하게 밀어붙인 결과, 한국 측의 이 새로운 제안에 대한 대신의 승인을 획득했다(시나 대신은 이때 이것이 마지막 양보라면서 자신을 "남자답게 살게 해달라"고 하며 이를 수용해줄 것을 부탁했다). 즉시, 이 안을 한국 측에 제시했다. 그런데 이 장관은 일본 측이 민간 차관의 틀 문제보다 어렵다고 말했던 차관 상환기한을 양보한 것을 역이용해 차관 기간에 대한 일본 측의 양보를 주머니에 넣음과 동시에, 민간 차관의 틀을 5억 달러 이상으로 할 것을 제안하기에 이르렀다. 이것은 대장대신과 대신끼리 '남자답게 살게 할지 여부'를 따진 결과, 마지막 양보로서 차관 기간의 연장을 억지로 획득한 경위를 통해 보더라도 대장성에 대해 상당한 불신행위가 될 뿐만 아니라, 일한교섭 전반의 규칙으로 봐도 이러한 득롱망촉(得隴望蜀)과 같은 요청은 도리가 아니므로 거부해야 한다고 강하게 진언해, 한국 측으로 하여금 이 제안을 접게 한 경위가 있다.

(5) 민간 차관과 어업협력

외무장관 회담 첫째 날인 24일 한국 측은 오히라 외상과 김 부장의 양해에 나온 "민간 신용공여 1억 달러 이상"을 어업협력차관 9,000만 달러를 포함해 5억 달러로 바꿀 것을 요구했다. 이에 대해 26일(제3회) 회담에서 시나 외상은 "1억 달러 이상"을 늘리기 위해서는 앞서 합의를 본 어업협력 9,000만 달러 외에 5개년계획 같은 프로젝트의 해당 금액을 열거해 이것들을 민간 베이스로 지원하는 방식을 제안했다. 이 문제에 대한 대장성 측의 주장은 상기한 아쓰미 겐지(渥美謙二) 씨의 기록에 다음과 같이 적혀 있다.

> 민간 협력이라고 하더라도 일본 정부가 관여해 일본국이 제공한 것이 아니면 의미가 없다. 특히 어업협력이나 선박차관과 관련해 이미 외무대신 수준에서 틀이나 조건이 "일본으로부터 제의(offer)가 있었

다"고 주장하는 한국 측에 대해 대장성은 민간 차관의 틀을 결정하거나 그 조건을 정부가 약속하는 것은 있을 수 없는 일이다, 그래서 '1억 달러 이상'이라는 조건은 단지 기대한다는 것뿐이므로 이를 '3억 달러'로 변경하는 행위는 의미가 없으며, 이에 대해 유리한 조건에서 어떻게든지 하겠다는 약속은 도저히 할 수 없다고 했다.

그 후에 어업 문제 해결을 위한 어업협력 문제가 국내에서 검토되었다. 대장성이 나포 어선의 포기는 국가 책임이 발생하는 커다란 정치 문제이고, 기존의 국회 답변에서도 종종 "그런 일은 발생하지 않게 하겠다"고 강하게 말했기 때문에 나포 어선 문제를 포기해서는 곤란했다. 그래서 이미 각료 베이스에서 단행했다고 한다면 어쩔 수 없다고 하더라도, 어업협력을 특별히 민간 차관으로 돌린다고 정부가 구체적으로 약속할 수는 없다고 주장하고, 이를 대장대신에게도 이야기했다.

이 문제의 해결 양상에 대해 「일한교섭의 회고: 시나 전 외상, 우시로쿠 대사에게 듣는다(듣는 사람: 야나기야 과장)」은 다음과 같이 말했다.

야나기야: 이것은 원래 오히라 외상과 김 부장의 회담에서 나온 청구권과 경제협력의 해결방식으로서, 이른바 '3-2-1'이라는 것이 결정되어, 민간 신용공여는 '1억 달러 이상'으로 하기로 했다. 그런데 이후 한국 측은 국내 사정상 최소한 두 자리, 10억이라는 숫자를 듣지 못하면 안 된다고 했다. 무상 3억과 장기저리 2억으로 5억, 추가적으로 5억이 모자라므로 이 장관은 민간 신용공여를 '5억 달러 이상'으로 해달라고 시나 외상에게 직접 말했던 것이다.

시나: 우리 측에서 보면 대단한 실질적인 수확으로 연결된다고는 생각하지 않았지만, 저런 것을 말하면 돌아가서 한국 국회에서 보고하는 방법이 매우 달라지는 듯했다.

야나기야: 그래서 우리 측에서는 오히라 외상과 김 부장의 양해에 나온 '1억 달러 이상'과 한국 측이 말하는 '5억 달러 이상'의 중간인 '3억 달러 이상'으로 하자는 걸로 이야기가 됐다. 그러나 대장성은 민간 신용공여는 '1억 달러 이상' 이외에는 말할 수 없다고 맞섰고, 이에 대해 대신 이하 우리는 '1억 달러 이상'이라는 것은 '3억 달러 이상'이라는 것과 동일하지 않은가라고 주장했다. 그 표현을 놓고 끝까지 옥신각신한 셈이다.

시나: 바로 그것이다. 이를 대장성은 도대체 양해하지 않았다. 역시 양해하지 않는 이유가 있었다. 국내 외화(外貨) 사정으로…….

야나기야: 여기에 있는 문서에는 사토 총리, 시나 외무대신, 다나카 대장대신, 아카기 농림대신까지 4명의 서명이 있다. "3월 30일 오후, 원내 총리대신실에서"라고 적혀 있다.

시나: 아무래도 다나카(대신)는 빠지려 했다. 그의 의견을 눌러보려 했는데 우리 말을 듣지 않았다. 알겠다, 그렇다면 어쩔 수 없다. 메모를 만들어 제출한다는 기색은 보이지 않은 채 "이것은 어떤가"라고 보여주니 그도 좋다고 했다. 그래서 그렇다면 여기에 사인하라고 했다.

우시로쿠: 총리 관저의 회의에 참석하기 전에 대신은 어수선한 문서가 아니라 조목별로 쓴 메모를 만들고 도장을 찍어오라고 했는데, 그래서 급히 당신(야나기야)에게 이것을 작성토록 했던 것이다.

야나기야: 그때 분명히 대신은 이 메모에 먼저 대신 3명이 사인했지만, 총리에게도 "사인해주세요"라고 말해 윗부분에 총리도 사인했다고 이야기했다……

시나: 그렇다.

우시로쿠: 그때 시나 대신이 대신 4명으로부터 사인을 받지 못했더라면 관료 기반으로는 도저히 정리되지 않았을 것이다. 나는 그것이 가능했기 때문에 이 교섭의 고비를 넘겼다고 생각했다. 사실 외교교섭이라는 것은 국내 관청과의 협상이 절반 이상이므로.

야나기야: 이와 관련해, 마지막 조문을 만들 때 한국 측은 민간 신용공여에 관한 합의도 협정에 넣어달라고 자꾸 요구했다. 그러나 일본 측은 이것은 어디까지나 민간 신용공여 문제이므로 정부가 내는 돈의 문제와는 다르다고 주장했고, 결국 다른 서한이 된 경위가 있다. 또 다른 하나로는 어업협력자금이 있는데, 이는 어업협정을 만들 때 상대측을 안심시키기 위해 아카기 대신이 여러 가지 애써 준 것이다. 여기(페이퍼)에 분명히 다나카 대신이 추가했을 것으로 생각되지만, 우리 측은 "몇 퍼센트라고 한다"고 말하고 싶었는데, 조금 말이 심하다 싶어 "몇 퍼센트 정도를 목표로 한다"는 문구가 각료들 간의 논의에서 들어갔고, 결국 이렇게 결정된 것이라고 생각하고 있다.

시나: 이것 역시 버틴 사람은 사타케(이재국장)이다. 이렇게 결정한 후에도 다나카에게 가서 불평을 했다고 들었다. 우리 쪽에도 왔다는 이야기를 들었다. 그래서 상대하지 말라고 했다.

우시로쿠: 그는 국회 엘리베이터 안에서까지 대신에게 고시랑고시랑 말을 했다.

청구권에 관한 문제점

1. 민간으로부터 받는 신용공여는 3억 달러 이상이 기대된다.
2. 다음을 양해한 후 문안을 적당하게 작성한다.

기

어업협력 자금 9,000만 달러 중에서 영세 어민을 위한 4,000만 달러는 금리 5퍼센트 정도를 기준으로 한다.

(주) 어업자금 중 5,000만 달러는 5.75퍼센트, 선박자금 3,000만 달러는 5.5퍼센트 정도를 기준으로 한다.

3. 부실채권의 금리 약 180억 엔은 징수하지 않는다.

당시 북동아시아과장 구로다 미즈오 씨가 쓴 「내가 관련된 일한교섭의 역사」에는 청구권 교섭에 대해 다음과 같이 기록하고 있다.

국회에서 열린 관계 각료회의에서 돌아오자마자 "사인을 모두 받았다"면서 사토 총리 이하 관계 대

외교문서 원본 32　「청구권에 관한 문제점」. 사토 총리, 시나 외상 등이 서명한 흔적이 남아 있다.

신의 사인이 들어간 메모를 펼쳤다. 이 보증서(우리는 그 복사본을 만들었다)가 있었기 때문에 민간 신용공여 재검토와 관련해 대장성 사무 당국의 반대 내지 반격은 완전히 사라졌다. 모든 것이 이것에 의해 너무 명확하게 결정되었기 때문이다. 이것이 관계 대신회의에서 결정된 직후, 바싹 다가와 있던 사타케 이재국장이 다나카 대장대신에게 "이것으로는 곤란합니다"라고 반대했는데, 다나카 대신은 "일한교섭과 같은 큰 교섭은 이렇게 하지 않으면 정리되지 않는다. 어쩔 수 없다, 어쩔 수 없다"고 대답했다고 한다.

시나 대신과 다나카 대신의 호흡은 참으로 잘 맞는 것처럼 보였다.

또 전게한 우시로쿠 아시아국장의 수기는 어업차관 문제와 관련된 시나 외상의 교섭 양상을 다음과 같이 기록했다.

결국 어업교섭 전반이 정리되는 단계에서 아카기 대신은 다나카 대신에게 일단 양해를 구하고 어업협력의 일부에 대해 5퍼센트의 금리를 한국 측에 제시했다. 그런데 실제 회담에서 대장성 사무 당국은 반격으로 전환, 절대로 금리, 특히 5퍼센트라는 금리는 제시할 수 없다고 주장했다. 하지만 마지막에는 총리, 대장대신, 외무대신, 농림대신의 관계 각료회의에 의해 (중략) ─ 이 같은 해결책을 기록한 메모에 관계 각료의 사인을 받아 사무 당국을 제압하는 무기로 삼음과 동시에, 한국 측에도 특히 이 장관과 단둘이 하는 회담에서 관계 각료로부터 서명을 받은 이 양해안을 제시하면서, 앞서 언급한 조건이나 표현에 대해서는 "더 이상 관계 성(省)을 누를 수 없으므로 이 점은 한국 측이 양보해달라"고 설득했고, 한국 측도 결국 이에 동의했다.

한편, 부실채권의 상환 문제에 대해서도 대장성은 상기한 바와 같이 금리를 가산할 것을 주장했지만, 사실상 한국 측이 이에 응할 가능성이 없었으므로 전술한 관계 각료회의 시에 각료 베이스에서 금리를 포기하기로 합의를 봤다.

(6) 청구권 8개 항목의 해소

일한 양측 간에 거의 합의에 도달했던 「청구권 문제 해결 및 경제협력에 관한 합의사항 안」에는 '청구권의 해결'과 관련해 "관계 협정의 성립 시에 존재하는 일한 양국 및 양국 국민의 재산, 그리고 양국 및 양국 국민 간의 청구권에 관한 문제는 샌프란시스코 평화조약 제4조에 규정된 것을 포함하여 완전히 또 최종적으로 해결된 것이 된다. 다만……"이라고 되어 있었지만, **[원문 약 3행 미공개]** 아쓰미 겐지의 「일한회담의 청구권 문제에 대해」에는 다음과 같이 기록되어 있다.

청구권 문제의 합의사항 초안의 문장에서 전혀 언급되지 않았던 것이 청구권 관련 사항이었다. 이것은 "완전히 또 최종적으로 해결된 것이 된다. 다만……"이라고 되어 있었지만 매우 추상적인 표현이어서 어떤 것인지 알 수가 없었다. 가조인을 위한 것이라 "표현상의 문장은 어쩔 수 없다"고 평가되었지만, **[원문 약 3행 미공개]** 그러나 이른바 한국 측이 요구하는 8개 항목이 모두 없어진다고 하면, 8개 항목의 제5항에 "……기타 청구권의 변제를 청구한다"고 되어 있어, **[원문 약 3행 미공개]**

청구권 소멸의 항목과 관련해 가조인 문장 작성의 최종 단계에서 우시로쿠 아시아국장이 김 대사와 이런저런 이야기를 나눴는데, 기존 교섭에서 우리 측이 "청구권 조항에 대해서는 나중에 수정해야 한다"고 말했을 때 상대측이 이에 동의했음에도 불구하고(주. 3월 28일 오후 아카사카 프린스호텔에서 우시바 심의관, 사타케 이재국장 등과 김동조 대사 등의 회담에서 청구권은 구체적으로 권리와 의무 관계이므로 표현에 충분히 주의해야 하기 때문에 일단 문안으로서 놔두고 추후 논의하기로 했다), 상대측은 시나 대신이 제안한 문장을 한 글자도 바꿀 수는 없다고 주장했다. **[원문 약 7행 미공개]** 강하게 주장했기 때문에 중간에서 우시로쿠 국장이 상당히 난처해진 것 같았다. 우연히 그때 상대측은 "나포한 일본어선에 대한 일본 측의 청구권이 없다는 조항을 추가하고 싶다. 이를 적어도 합의의사록에는 넣어달라"고 말했다. 그래서 상대측 요구대로 그렇게 넣는다면 우리 측은 이와 함께 8개 항목의 포기를 상대측에게 써달라고 해야 하지 않을까, 그래서 한국 측 청구권이 모두 소멸되도록 하자고 나는 우시로쿠 국장에게 제안했다.

우시로쿠 아시아국장의 수기 「일한교섭에 관한 약간의 회상」에는 다음과 같이 언급되어 있다.

　　한국 측은 일한교섭 초기부터 한국 측 대일 청구권의 내용으로 이른바 8개 항목을 내걸고 범위가 확실치 않은 방대한 요구를 해왔다. 따라서 청구권 문제 일체를 해결함에 있어서는 **[원문 약 5행 미공개]**, 그래서 이 장관의 귀국을 하루 앞두고(주. 4월 2일 밤) 송별회의 석상에 있던 김 대사를 별실로 불러 상기 8개 항목 해소에 관해 한 통의 문서를 교환하자고 원칙적인 양해를 얻었고, 이를 기반으로 해 작성한 합의사항의 초안을 한국대표부에 전달했다(밤 10시경). 그런데 그 후 우리 측이 자주 독촉했음에도 불구하고 한국 측이 대안을 내놓지 않은 채 오전 6시 30분이 됐다〔상대측 '청년장교'의 압력에 의해 청구권 포기의 범위를 약속(commit)하는 일을 피하려고 한 것이었다〕.

　　어쨌든 상대측은 이대로 8개 항목에 관한 문서는 모르는 척하면서 청구권 문제에 관한 합의서에 가서명하려는, '마감시간 넘기기 전략'으로 나오고 있는 것으로 의심되었다. 이래서는 장차 청구권 문제를 해결하는 데 매우 위험할 뿐만 아니라, 대장성 당국은 절대로 각의 결정에 도장을 찍을 수 없을 것이었다. 사실 대장성 당국은 이 문제에 대한 한국 측의 문서를 받았는지 30분마다 외무성 측에 독촉해오는 상황이었다. 따라서 아시아국장이 외무대신에게 전화로 지시를 받아, 만약 한국 측이 이 문서에 응하지 않을 경우 합의사항의 가조인을 연기해야 한다는 취지를 김 대사를 불러 전달했다. 그리하여 합의사항 가조인을 위해 외무성을 방문한 이동원 장관 일행을 별실로 불러 대신이 이 취지를 강하게 요구했다.

　　그 결과, 가조인 행사를 30분 이상 연기하고, 김 대사를 창구로 하여 우리 측과 문서를 조정하여 간신히 가조인 직전에 8개 항목의 해소에 관한 합의사항을 타결했다. 하지만 타이핑은 시간에 맞출 수 없었기 때문에 별도로 시급히 초안을 조정한 후 일행이 출발하기 전에 가조인을 교환하기로 결정했다. 신문기자들에게는 합의사항의 서명이 늦은 까닭은 텍스트가 잘못 인쇄돼서 조정하려는 것이라고 설명했다.

당시의 마쓰나가 조약과장의 담론 「일한교섭의 회고: 조약과의 입장에서」는 당시 상황을 다음과 같이 말하고 있다.

　　4월 3일 이 장관 일행이 합의사항 가조인을 위해 외무성을 방문했을 때, 내가 다시 대신실에서 초안을 만들어 조약국장에게 전화로 상담하고 양해를 받아 그것을 가지고 갔다. 대신실에 이동원 장관과 김동조 대사가 있었는데, 내가 만든 안을 보고 "자, 이것으로 할까요"라는 이야기가 나왔다. 그때 시나 대신이 이 장관이 지켜보는 가운데 나에게 "이것은 이렇게 정리되지 않으면 곤란해"라고 말했다. 나는 "대장성과의 약속이 있기 때문에 더 이상의 안은 저로서는 생각할 수 없습니다"라고 말했다. 시나 대신은 이 장관에게 "일단 이것으로 양해해주시기 바랍니다"라고 말했다. 상대측이 "그럼, 이것으로 합시다"라고 했기 때문에 서둘러 타이핑을 해서 가조인을 받으려고 했다. 그런데 모두 하네다 공항으로 가버린 상태였다. 나는 후쿠다(福田) 군(조약과 근무 사무관)에게 그 문서를 전달하면서 "이것만은 꼭 가조인을 받지 못하면 곤란하다. 무조건 받아 오라"고 엄명했다. 후쿠다 군이 비행장에 도착했는데, 전송 나온 사람이 많아 난처해진 것 같다. 상대측은 도망치려는 마음이었던 것 같았지만, 우시로쿠 아시아국장은 연 아주국장을 팬 아메리카(Pan-America) 항공의 창고와 같은 승무원 대기실로 안내해 "이것은 조금 전에 외무장관 간에 논의가 된 것이기 때문에 가조인해달라" 라고 말해, 마침내 둘이서 가조인했다.

아쓰미 겐지 씨는 상기의 기술에 이어 "청구권에 대해서는 공표하지 않은 이 합의의사록이 유일한 보루인데, 하마터면 한국 측이 도망가 이를 놓칠 뻔했다. 이로써 우리 측은 나중에 협정 작성을 위한 라운드에 들어갈 때 상대측의 사적 청구권까지 지울 수 있는 발판을 담보했다는 생각을 하게 됐다"고 적었다.

또 전게한 우시로쿠 아시아국장의 수기에는 하네다에서 가조인할 때에 다음과 같은 사항을 기록하고 있다.

이승만 라인에서 나포된 선박의 청구권 포기 시기와 관련해 김 대사가 우리 측과 상의하지 않은 채 원고(原稿)를 입수해 "일본 측이 포기해야 할 나포 선박 청구권의 범위는 조약 발효 시까지 나포된 선박에 미치는" 것이라고 되어 있다고 말했다. 즉, 이번 각서가 가조인된 후부터 조약이 발효될 때까지의 기간 중에는 이론적으로 한국 측이 어떻게 일본선박을 나포하더라도 일본 측은 이에 대해 아무런 청구권을 행사할 수 없다는 표현으로 되어 있었다. 따라서 우리 측이 정식으로 문서를 작성할 때에는 원안대로 이번 합의사항이 가조인될 때까지 나포된 선박으로 제한하도록 고쳐 놓았다. 가조인을 할 때 연 국장은 "이 점이 원고와 달라졌네요" 라고 질문했고, 우리 측은 "원고의 취지가 틀렸기 때문에 이 문서에는 당연한 것이 기입되어 있다" 는 취지로 응수했다. 상대측은 더 이상 추궁하지 않고 가조인을 양해했다. 이 문제는 이것으로 일단 정리되었다.

7. 청구권과 경제협력, 법적지위, 어업 문제에 대한 합의사항의 가조인

(1) 합의사항의 가조인

1965년 4월 3일 아침 각 합의사항의 각의 양해를 마친 후, 9시 30분부터 외무성에서 일한 양국 외무장관의 입회하에 「재일한국인의 대우 문제에 관한 합의사항」, 「일한 간의 청구권 문제 해결 및 경제협력에 관한 합의사항」을, 전자는 야기 마사오(八木正男) 법무성 입국관리국장과 이형호(李炯鎬) 법무부 법무국장, 후자는 우시로쿠 아시아국장과 연하구 외무부 아주 국장 간에 각각 가조인을 했다. 상기 가조인을 마친 후 「일한 간 어업 문제에 관한 합의사항」의 가조인을 이날 오전 9시 45분부터 지요다구 삼반초(千代田区三番町) 농림성 분실에서 아카기와 차균희 양국 농림장관의 입회하에 와다 수산청 차장과 김명년 수산진흥원장 간에 실시되었다.

가조인된 문서는 아래에 첨부하는 일본어본과 한국어본이지만, 이 가운데 청구권 8개 항목의 해소를 담은 합의의사록은 상기한 바와 같이 하네다 공항에서 가조인이 실시되었다. 또 「어업 문제에 관한 합의사항」 한국어 번역의 정식 문안이 가조인 시간에 맞춰 나오지 못했기 때문에 김명년 원장이 아래의 서한(한국어)을 와다 차장에게 제출, 한국어 임시 문안에 대한 가조인이 실시되었다. 그 후 4월 22일의 어업위원회(제20차 회의)가 끝난 후 와다와 김명년 두 대표 간에 공식적인 한국어 문안에 대한 가조인이 이뤄졌다. 4월 3일 가조인된 한국어 임시 문안은 김명년 서한과 함께 일한 양국의 담당관 입회하에서 소각됐다.

　(한국 측 김명년 대표가 일본 측 와다 대표 앞으로 보낸 서한)

　배계

　나는 오늘 열리는 「일한 간의 어업 문제에 관한 합의사항」의 가조인을 언급하면서, 여기에 사용되는 한국어 문안은 일본어로 된 정식 문안을 한국어로 번역한 것이며, 한국어로 된 정식 문안은 수일 중에 전기한 일본어로 된 정식 문안을 기초로 하여 일본 측과 협의해 작성하게 된다는 것을 말씀드립니다.

경구

　1965년 4월 3일

　김명년

　(공표하지 않음)

일한 간의 청구권 문제 해결 및 경제협력에 관한 합의사항(안)

1965년 4월 3일 도쿄에서

시나 에쓰사부로 외무대신과 이동원 외무부장관 간에 다음 사항이 합의됐다.

1. 무상공여(생산물 및 용역)

총 3억 달러, 10년간 균등공여, 다만 재정 사정에 따라서는 양국 정부 합의로 앞당겨 실시할 수 있다.

2. 장기저리 차관 (경제협력기금에 의한다)

총 2억 달러, 10년간 균등공여, 금리는 연 3.5퍼센트, 상환기간은 7년 거치기간을 포함한 20년.

다만, 재정 및 자금 사정에 따라서는 쌍방 합의로 상환기간을 연장할 수 있다.

3. 민간 신용공여(상업 베이스에 의한 통상적인 민간 신용공여)

(1) 민간 신용공여 총액은 3억 달러 이상에 달할 것으로 기대된다.

(2) 어업협력을 위한 민간 신용공여 9,000만 달러와 선박 수출을 위한 민간 신용공여 3,000만 달러는 상기 (1)에 포함되어 있고, 또 관계 법령의 범위 내에서 용이화(容易化)하도록 한다.

4. 일한 오픈계정 잔액으로 확인된 대한국 채권(약 4,573만 달러)

(1) 10년간 균분지불, 금리 없음.

(2) 매년도 한국의 요청에 의해 일본 측의 새로운 동의를 필요로 하지 않은 채 당해 연도 일본으로부터 받은 무상공여를 감액함으로써 이를 현금 지불로 간주한다.

5. 청구권의 해결

관계 협정의 성립 시에 존재하는 일한 양국 및 양국 국민의 재산, 그리고 양국 및 양국 국민 간의 청구권에 관한 문제는 샌프란시스코 평화조약 제4조에 규정된 것을 포함하여 완전히 또 최종적으로 해결된 것이 된다.

다만, 일한 양국 및 양국 국민의 재산권, 그리고 양국 및 양국 국민 간의 채권채무 관계로서 종전 후 통상적인 거래, 계약 등으로부터 발생한 관계에 의거하는 것은 영향을 받지 않는다.

6. 일한 간의 문화재 문제 해결 및 문화협력 증진을 위해 품목 등에 대해 협의한 다음 일본국이 한국에 한국 문화재를 인도한다.

(공표하지 않음)

합의의사록

1965년 4월 3일 도쿄에서

오늘 가조인된 일한 간의 청구권 문제 해결 및 경제협력에 관한 합의사항(이하 '합의사항'이라고 한다)의 교섭에서 다음의 양해가 확인되었다.

1. 합의사항 5항에서 완전히 또 최종적으로 해결된 것으로 되는 일한 양국 및 양국 국민의 재산, 그리고 양국 및 양국 국민 간의 청구권에 관한 문제에는 일한회담에서 한국 측이 제출한 '한국의 대일 청구권 요강'(소위 8개 항목)의 범위에 속하는 모든 청구권이 포함되어 있다. 따라서 관계 협정의 발효에 의해 동 대일 청구 요강에 관해서는 어떠한 주장도 할 수 없게 된다는 점을 확인한다.

2. 합의사항 5항에서 완전히 또 최종적으로 해결된 것으로 되는 전기의 재산 및 청구권에 관한 문제에는 현재까지 대한민국이 일본어선을 나포함으로써 발생한 모든 청구권이 포함되어 있으며, 관계 협정의 발효에 의해 그 모든 권리는 더 이상 대한민국 정부에 주장할 수 없게 된다는 점을 확인한다.

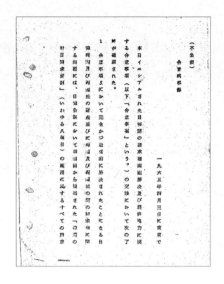

외교문서 원본 33   청구권 협정을 통해 "완전히 또 최종적으로 해결된 것"으로 한다는 한국의 대일 청구권의 구체적인 내용을 명시한 합의의사록 원본

(공표하지 않음)

배계

오늘 가조인을 완료한 일한 간의 청구권 해결 및 경제협력에 관한 시나 외무대신과 이 외무부장관과의 합의사항 제3항 (2)와 관련해 다음과 같이 말씀을 드립니다.

이번에 시나 외무대신과 이 외무부장관 간에 양해된 대로 선박 수출을 위해 기대되는 민간 신용공여 3,000만 달러에 대해서는 금리 5.5 퍼센트 정도를 목표로 합니다.

경구

1965년 4월 3일

외무성 아시아국장 우시로쿠 도라오(後宮虎郎)

외무부 아주 국장 연하구 귀하

(공표하지 않음)

합의된 사항

1965년 4월 3일 도쿄에서

시나 외무대신과 이 외무부장관 간에 다음 사항이 합의됐다.

1. 다음에 열거하는 대한민국 국민의 영주 신청을 허가하는 것으로 한다.

　(a) 종전 이전부터 계속해서 일본국에 거주하는 자

　(b) (a)의 직계비속으로서 종전 이후 협정 발효 5년 이내에 일본국에서 출생하여 계속해서 거주하

는 자

　(c) (a)와 (b)의 자식으로 협정 발효 5년 이후에 일본국에서 출생한 자

　2. 일본국 정부는 1항에 의해 영주를 허가받은 자의 직계비속으로서 일본국에서 출생한 자의 거주에 대해서는 대한민국 정부의 요청이 있으면 협정 발효 후 25년이 경과할 때까지는 협의할 용의가 있다. 이 협의에 있어서는 이 협정의 기초가 되고 있는 정신과 목적을 존중하기로 한다.

　3. 1항에 의해 영주를 허가받은 자의 강제퇴거 사유(협정 발효 이후의 행위에 의한 것)

　(a) 일본국에서 내란에 관한 죄 또는 외환에 관한 죄를 범함으로써 금고 이상의 형에 처해진 자(집행유예 선고를 받은 자 및 내란에 부화수행함으로써 형에 처해진 자는 제외한다).

　(b) 일본국에서 국교에 관한 죄를 범함으로써 금고 이상의 형에 처해진 자 및 외국의 원수, 외교사절 또는 그 공관에 대한 범죄행위에 의해 금고 이상의 형에 처해져, 일본국의 외교상 중대한 이익을 해한 자

　(c) 영리를 목적으로 마약류 단속에 관한 일본국의 법령을 위반하여 무기 또는 3년 이상의 징역 또는 금고에 처해진 자(집행유예 선고를 받은 자는 제외한다). 또 마약류 단속에 관한 일본국의 법령을 위반하여 본 협정의 효력이 발생한 날 이후 세 차례(다만, 이 협정의 발효일 이전에 세 차례 이상 형에 처해진 자에 대해서는 두 차례) 이상 형에 처해진 자

　(d) 일본국의 법령을 위반하여 무기 또는 7년을 초과하는 징역 또는 금고에 처해진 자

　4. 강제퇴거 조치를 받은 자의 인수에 관해 대한민국 정부는 일본국 정부의 요청에 부응해 협력한다.

　5. 협정에 포함된 기타 대우에 대한 사항은 계속해서 논의한다.

(공표하지 않음)

추가 합의된 사항

1965년 4월 3일 도쿄에서

　1965년 4월 3일 가조인된 합의된 사항 5항에 의한 시나 외무대신과 이 외무부장관 간의 토의과정에서 다음 사항이 합의됐다.

　1. 협정에 의해 영주를 허가받은 자의 일본국에서의 교육 및 생활보호 등에 관한 사항 및 협정에 의해 영주를 허가받은 자(영주 신청을 할 자격을 가진 자를 포함한다)로서 일본국에 영주할 의사를 포기하고 대한민국에 귀국하는 자가 귀국 시 갖고 가는 재산과 그 자가 일본국에서 소유한 자금의 대한민국으로의 송금에 관한 사항에 대해서는 타당하게 고려하기로 한다.

　2. 또한 이상에 관해서는 가능한 한 조속히, 늦어도 협정이 성립될 때까지는 합의에 도달하도록 계속해서 토의한다.

(공표하지 않음)

배계

오늘 가조인된 재일한국인의 대우와 관련해 시나 외무대신과 이 외무부장관 간에 합의된 사항 2항에 관해 다음과 같이 알립니다.

일본국 정부는 재일한국인의 대우에 관한 협정이 체결된 때에는 전기한 합의사항 2항의 규정을 내용으로 하는 이 협정의 조항에 기초해, 대한민국 정부로부터 협의하고 싶다는 요청이 있으면 협의하는 것에 동의하도록 법적으로 약속(commit)합니다.

경구

1965년 4월 3일

법무성 입국관리국장 야기 마사오(八木正男)

법무부 법무국장 이형호 귀하

[극비] (공표하지 않음)

일한 간의 어업 문제에 관한 합의사항(안)

1965년 4월 3일 도쿄에서

일본국 농림대신 아카기 무네노리(赤城宗德)와 대한민국 농림부장관 차균희는 일한 간의 어업 문제에 관한 협상과 관련해 다음과 같은 양해에 도달했다.

1. 어업에 관한 수역에 대해

　(가) 양국은 각각 자국의 해안 기선으로부터 측정하여 12마일까지의 수역을 자국이 어업에 관해 배타적 관할권을 행사하는 수역으로 설정하는 권리가 있다는 점을 상호 인정한다. 다만, 이 어업에 관한 수역의 설정에 있어 직선기선을 사용하는 경우에는 그 직선기선을 타방 국가의 정부와 협의하여 결정하기로 한다.

　(나) 양국 정부는 일방의 국가가 자국의 어업에 관한 수역에서 타방 국가의 어선이 어업에 종사하는 것을 배제하는 것에 상호 이의를 제기하지 않는다.

　(다) 양국의 어업에 관한 수역이 중복되는 부분에 대해서는 그 부분의 최대 폭을 나타내는 직선을 이등분하는 점과 양국의 어업에 관한 수역이 중복되는 부분이 끝나는 2개의 점을 각각 연결하는 직선으로 양분한다.

　(라) (가)의 단서에 의해 대한민국이 결정하는 이 국가의 어업에 관한 수역의 직선기선은 다음과 같다(교환서한).

　　(i) 장기갑(長鬐岬) 및 달만갑(達萬岬)을 연결하는 직선에 의한 만구(灣口)의 폐쇄선

　　(ii) 화암추(花岩湫) 및 범월갑(凡月岬)을 연결하는 직선에 의한 만구의 폐쇄선

　　(iii) 1.5m 바위, 생도(生島), 홍도(鴻島), 간여암(干汝岩), 상백도(上白島)와 거문도(巨文島)를

순차적으로 연결하는 직선기선

(iv) 소령도(小鈴島), 서격열비도(西格列飛島), 어청도(於靑島), 직도(稷島), 상왕등도(上旺嶝島) 및 횡도〔橫島, 안마군도(鞍馬群島)〕를 순차적으로 연결하는 직선기선

(마) 양국 정부는 잠정적 조치로서 (가)에 의해 설정되는 어업에 관한 수역을 긋는 선과 다음의 각 각 선에 의해 둘러싸는 수역은 당분간 대한민국의 어업에 관한 수역에 포함된다는 점을 확인한다(교환서한).

(i) 북위 33도 48분 15초와 동경 127도 21분과의 교점, 북위 33도 47분 30초와 동경 127도 13분과의 교점, 우도(牛島)의 직선 방향 동쪽 12마일의 점을 순차적으로 연결하는 직선

(ii) 북위 33도 56분 25초와 동경 125도 55분 30초와의 교점, 북위 33도 24분 20초와 동경 127도 56분 20초와의 교점을 연결하는 직선

(바) 일본국 정부(대한민국 정부)는 그 감시선에 의한 대한민국(일본국) 어선의 어업에 관한 수역 침범 사실 확인과 어선 및 승조원의 처리와 관련, 국제 통념에 따라 공정 타당하게 처리할 용의가 있다(일방적 성명).

2. 공동 규제수역(대한민국 어업에 관한 수역은 제외)의 범위

(가) 북위 37도 30분 이북의 동경 124도의 경선

(나) 다음 각 점을 순차적으로 연결한 선

(i) 북위 37도 30분과 동경 124도와의 교점

(ii) 북위 36도 45분과 동경 124도 30분과의 교점

(iii) 북위 33도 30분과 동경 124도 30분과의 교점

(iv) 북위 32도 30분과 동경 126도와의 교점

(v) 북위 32도 30분과 동경 127도와의 교점

(vi) 양국의 어업에 관한 수역이 중복되는 부분이 끝나는 남단의 점

(다) 양국의 어업에 관한 수역이 중복되는 부분에서 최대의 폭을 나타내는 직선을 이등분하는 점과 양국의 어업에 관한 수역의 중복이 끝나는 2개 점을 각각 연결하는 직선

(라) 다음 각 점을 순차적으로 연결한 선

(i) 양국의 어업에 관한 수역이 중복되는 부분이 끝날 북단의 점

(ii) 북위 35도 30분과 동경 130도와의 교점

(iii) 북위 37도 30분과 동경 131도 10분과의 교점

(iv) 우암령(牛巖嶺)의 정상

3. 공동 규제수역 내에서의 잠정적 어업 규제조치의 내용에 관해

(가) 양국 정부는 공동 규제수역에서는 어업자원의 지속적인 생산성을 최대한 확보하기 위해 필요한 보존조치가 충분한 과학적 조사를 바탕으로 실시될 때까지는 저인망, 선망 및 60톤 이상의 어선에

의한 고등어 낚시어업에 대해 잠정적 어업 규제조치를 실시한다(톤은 총톤수에 의한 것으로 하고, 선내 거주 공간 개선을 위한 허용 톤수를 뺀 톤수를 표시한다).

(나) 잠정적 어업 규제조치는 양국에 각각 적용되는 것으로 하고, 그 내용은 다음과 같다.

(i) 최고 출어 척수 또는 통(統)수〔공동 규제수역 내의 조업을 위해 인증서(감찰)를 소지하고 표지를 부착하며, 동시에 동 수역 내에 출어하는 어선의 척수 또는 통수의 최고한도를 말한다〕

i. 50톤 미만의 어선에 의한 저인망어업에 대해서는 115척〔다만, 일본국 정부는 공동 규제수역에서 대한민국 경상북도와 경상남도의 경계선과 해안선의 교점, 북위 35도 30분과 동경 130도와의 교점을 연결하는 직선 이북의 일본해(동해) 수역에서는 동시에 조업하는 일본국의 저인망 어선이 25척을 상회하지 않도록 한다는 것, 또 11월 1일부터 이듬해 4월 30일까지의 기간 이외에는 조업을 하지 않도록 한다는 것, 수심 300미터보다 얕은 부분에서는 조업을 하지 않도록 한다는 것, 그리고 새우의 혼획(混獲)을 항해마다 총 어획량의 20퍼센트를 초과하지 않는 범위 내에서 조정한다는 것을 확인한다(일방적 성명)〕

ii. 50톤 이상의 어선에 의한 저인망어업에 대해서는,

가. 11월 1일부터 이듬해 4월 30일까지는 250척

나. 5월 1일부터 10월 31일까지는 100척

iii. 40톤 이상의 망선(網船)에 의한 선망어업에 대해서는,

가. 1월 16일부터 5월 15일까지는 60통

나. 5월 16일부터 이듬해 1월 15일까지는 120통

iv. 60톤 이상의 어선에 의한 고등어 낚시어업에 대해서는 15척

다만, 조업기간은 6월 1일부터 12월 31일까지로 하고, 조업구역은 대한민국 경상북도와 경상남도의 경계선과 해안선의 교점, 북위 35도 30분과 동경 130도와의 교점을 연결하는 직선 이남, 제주도 서쪽에서는 북위 33도 30분 이남의 수역으로 한다.

v. 일본국 어선과 대한민국의 어선이 어획 능력의 격차가 있는 동안, 대한민국의 출어 척수 또는 통수는 양국 정부 간의 협의에 의해 이 협정의 최고 출어 척수 또는 통수를 기준으로 그 격차를 고려하여 조정된다.

(ii) 어선 규모

i. 저인망어업 중에서,

가. 트롤어업 이외에는 30톤 이상 170톤 이하

나. 트롤어업은 100톤 이상 550톤 이하

다만, 50톤 이상의 어선에 의한 저인망어업〔대한민국이 일본해(동해)에서 인정하고 있는 60톤 미만의 새우 저인망어업은 제외한다〕, 동경 128도 이동(以東)수역에서는 하지 않기로 한다.

ii. 선망어업은 망선 40톤 이상 100톤 이하

다만, 이 양해 시에 일본국에 현존하는 100톤 이상의 선망선박 1척은 예외로서 인정된다.

iii. 60톤 이상의 어선에 의한 고등어 낚시어업은 100톤 이하

(iii) 그물코[해중(海中)에서의 내경으로 한다]

i. 50톤 미만의 어선에 의한 저인망어업은 33㎜ 이상

ii. 50톤 이상의 어선에 의한 저인망어업은 54㎜ 이상

iii. 선망어업은 30㎜ 이상

[전갱이 또는 고등어를 대상으로 하는 신망(身網)의 주요 부분은 그물코로 한다]

(iv) 광력

i. 선망어업은 1통 당 10㎾ 이하의 등선(燈船) 2척 및 7.5㎾ 이하의 등선 1척으로 하고, 총 27.5㎾ 이하

ii. 60톤 이상의 어선에 의한 고등어 낚시어업은 10㎾ 이하

(v) 증명서[감찰(鑑札)] 및 표식

i. 공동 규제수역에 출어하는 어선은 각각의 정부가 발급하는 인증서(감찰)를 소지하고, 표식을 부착해야 한다.

ii. 인증서(감찰) 및 표식의 총수는 잠정적 어업 규제조치 대상인 어업별로 해당 어업에 대한 최고 출어 척수와 동수로 한다.

다만, 어업의 실태를 감안해, 50톤 이상의 저인망어업은 그 최고 출어 척수의 15퍼센트까지, 50톤 미만의 저인망어업은 그 최고 출어 척수의 20퍼센트까지 각각 확대 발급하는 것에 합의한다.

iii. 인증서(감찰) 및 표식은 항구 내를 제외하고 해상에서 하나의 어선에서 다른 어선으로 인도되는 일이 없도록 양국 정부는 행정지도를 하는 것으로 한다(합의의사록).

iv. 인증서(감찰) 및 표식은 향후 계속 협의하여 정한다.

v. 일방 국가의 정부는 자국의 출어 어선의 정오(正午) 위치 보고를 기초로 어업별 출어 상황을 월별로 집계하여 매년 적어도 네 차례 타방 국가의 정부에 통보한다(합의의사록).

4. 연간 총 어획 기준량에 관해

공동 규제수역에서의 저인망, 선망 및 60톤 이상의 어선에 의한 고등어 낚시어업에 의한 연간 총 어획 기준량은 15만 톤(상하 10퍼센트의 변동이 있을 수 있다)으로 한다. 또한 일본에 이 15만 톤의 내역은 50톤 미만의 어선에 의한 저인망어업은 1만 톤, 50톤 이상의 어선에 의한 저인망어업은 3만 톤, 그리고 선망어업과 60톤 이상의 어선에 의한 고등어 낚시어업은 11만 톤이라는 것, 더욱이 총 어획 기준량은 최고 출어 척수 또는 통수에 의거해 조업을 규제하는 데 있어서 지표가 되는 수량이라는 것을 확인한다. 이와 함께 어느 국가도 공동 규제수역에서의 저인망, 선망 및 60톤 이상의 어선에 의한 고등어 낚시

어업에 의한 연간 총 어획량이 25만 톤을 초과한다고 인정할 경우에는 어기 중이라도 연간 총 어획량을 16만 5,000톤 이하로 제한하기 위해 출어 척수 또는 통수를 억제하도록 행정지도를 한다(합의의사록).

각국의 정부는 자국의 출어 어선에 의한 공동 규제수역 내에서의 어획량을 보고하고, 어획 항구에서의 조사를 통해 어획량을 월별로 집계하며, 그 결과를 매년 적어도 네 차례 상대국 정부에 통보한다(합의의사록).

5. 단속 및 재판 관할권에 대하여

(가) 어업에 관한 수역 외측에서의 단속(정선 및 임검을 포함) 및 관할권은 어선이 속한 국가만이 행사한다.

(나) 어느 국가의 정부나 그 국민 및 어선이 잠정적 어업 규제조치를 성실히 준수할 것을 보장하기 위해 적절한 지도 및 감독을 실시하고, 위반에 대한 적절한 벌칙을 포함해 국내 조치를 실시한다.

(다) 일방 국가의 감시선은 타방 국가의 어선이 실제로 잠정적 어업 규제조치를 명백하게 위반하고 있다고 믿을 만한 상당한 이유가 있는 사실을 발견했을 때에는 즉시 이를 그 어선이 속한 국가의 감시선에 통보해야 한다. 이 타방 국가의 정부는 해당 어선을 단속하고 이에 대한 관할권을 행사함에 있어 그 통보를 존중하기로 하고, 그 결과 취한 조치를 해당 일방 국가의 정부에 통보한다(합의의사록).

(라) 일방 국가의 정부는 타방 국가 정부의 요청이 있는 경우, 잠정적 어업 규제조치와 관련해 자국 내에서 단속의 실시 상황을 시찰하는 데 필요한 편의를, 이를 위해 특별히 권한을 부여받은 타방 국가의 정부 공무원에게 가능한 한 부여한다(합의의사록).

6. 연안어업에 종사하는 어선의 자율 규제에 관해

(가) 양국 정부는 각각 다음과 같은 취지로 일방적 성명을 한다.

(i) 일본국 정부의 성명

"잠정적 어업 규제조치의 적용 대상이 되지 않는 종류의 어업에 종사하는 일본국의 어선으로 공동 규제수역 내에서 동시에 연안어업에 종사하는 선박의 척수는 1,700척을 상회할 수 없다는 것, 이들 일본국 어선 중에서 60톤 미만 25톤 이상의 고등어 낚시어업 어선의 조업기간은 6월 1일부터 12월 31일까지로 하고, 그 조업구역은 공동 규제수역 중에서 대한민국 경상북도와 경상남도의 경계선, 해안선과의 교점과 북위 35도 30분과 동경 130도와의 교점을 연결하는 직선의 이남, 제주도 서쪽에서는 북위 33도 30분 이남의 수역으로 하고, 또 그 척수는 175척을 상회할 수 없다는 것."

(ii) 대한민국 정부의 성명

"잠정적 어업 규제조치의 적용 대상이 되지 않는 종류의 어업에 종사하는 대한민국의 어선으로 공동 규제수역 내에 출어하는 선박 중에서 60톤 미만 25톤 이상의 고등어 낚시어업 어선의 조업기간은 6월 1일부터 12월 31일까지로 하고, 그 조업구역은 공동 규제수역 내에서 대한민국 경상북도와 경상남도의 경계선, 해안선의 교점과 북위 35도 30분과 동경 130도와의 교점을 연결하는 직선의 이남, 제주도 서쪽에서는 북위 33도 30분 이남의 수역으로 한다."

(나) 양국 정부는 연안어업의 조업 실태에 관해 정보를 교환하고, 어장 질서를 유지하기 위해 필요한 경우 협의를 한다(합의의사록).

7. 공동 규제수역 내에 출어하는 양국의 포경어업에 종사하는 어선의 자율 규제에 관해

양국 정부는 공동 규제수역 내의 고래 자원의 상태에 깊은 관심을 가지고 있으므로 동 수역 내에서 소형 포경어업의 조업 척수를 현재 이상으로 증가시키거나, 이러한 어업을 위한 노력을 현재 이상으로 증가시키지 말고, 대형 포경선은 앞으로도 현재 수준 이상 출어하지 않는다는 것을 보증하는 의도의 취지로 각각 일방적으로 성명을 낸다.

8. 국내 어업 금지수역 등의 상호 존중에 관해

(가) 대한민국 정부가 현재 설정하고 있는 저인망 및 트롤 어업에 대한 어업 금지수역과, 일본국 정부가 현재 설정하고 있는 저인망 및 선망 어업에 대한 어업 금지수역, 그리고 저인망어업에 대한 동경 128도, 동경 128도 30분, 북위 33도 9분 15초 및 북위 25도의 각선으로 둘러싸인 수역에서는 양국 정부가 각각 상대국의 수역에서 해당 어업에 자국의 어선이 종사하지 않도록 하기 위해 필요한 조치를 취한다(합의의사록).

(나) 대한민국 정부가 전기한 대한민국 어업 금지수역 내 황해(서해) 부분에서 대한민국의 50톤 미만 선박의 저인망어업 및 동 수역 내 일본해(동해) 부분에서 대한민국의 새우 저인망어업에 대해 실시하고 있는 제도는 예외적으로 인정된다(합의의사록).

(다) 일방 국가의 감시선이 (가)에서 언급한 그 국가의 수역에서 타방 국가의 어선이 조업하고 있는 것을 발견한 경우에는 그 사실에 대해 해당 어선의 주의를 환기함과 동시에, 신속하게 그 취지를 타방 국가의 감시선에 통보해야 한다. 해당 타방 국가의 정부는 해당 어선을 단속하고 이에 대한 관할권을 행사함에 있어서는 그 통보를 존중하기로 하고, 그 결과 취한 조치를 해당 일방 국가의 정부에 통보한다(합의의사록).

9. 공동 자원 조사수역에 관해

공동 규제수역 외부에 공동 자원 조사수역이 설정된다. 그 수역의 범위 및 동 수역 내에서 실시되는 조사에 대해서는 어업공동위원회가 행하는 권고에 기초해, 양국 정부의 협의하에 결정된다(어업공동위원회가 공동 규제수역 내에서 행하는 자원 조사에 대해서는 계속해서 논의해 결정한다).

10. 어업공동위원회의 구성 및 임무 등에 대해서는 계속해서 논의해 결정한다.

11. 협정의 해석 및 적용에 관한 분쟁에 대해서는 계속해서 논의해 결정한다.

12. 양국 어선 간에 조업의 안전 및 질서를 유지하기 위해 필요한 조치에 대해서는 계속해서 논의해 결정한다.

13. 어업협정 전문(前文)의 요지에 관해

어업협정 전문의 요지는 다음과 같이 하고, 전문에 포함되어야 하는 기타 사항은 계속해서 논의해 결

정한다.

(가) 양국이 공통으로 관심을 가지고 있는 수역에서 어업자원의 지속적인 생산성이 최대한 유지되는 것을 희망한다.

(나) 전기한 자원 보존 및 합리적 개발과 그 발전을 도모하는 것이 양국의 이익에 도움이 된다는 것을 확신한다.

(다) 공해 자유의 원칙이 이 협정에 특별한 규정이 있는 경우를 제외하고는 존중돼야 한다는 것을 확인한다.

(라) 양국의 지리적 근접성 및 양국 어업의 교착으로 인해 발생할 수 있는 분쟁의 원인을 제거하는 것이 바람직하다는 것을 인정한다.

(마) 양국 어업의 발전을 위해 서로 협력하는 것을 희망한다.

14. 무해 통항에 관해

영해 및 어업에 관한 수역에서의 무해 통항(어선은 어구를 격납한 경우에 한한다)은 국제 법규에 따라야 한다는 것을 확인한다(합의의사록).

15. 어업협력에 관해

양국 정부는 양국의 어업 발전과 향상을 위한 기술 및 경제 분야에서 가능한 한 서로 밀접하게 협력하기로 한다. 이 협력에는 다음의 것을 포함한다.

(가) 어업에 관한 정보 및 기술을 교환하는 것

(나) 어업 전문가 및 기술자를 교류시키는 것(교환서한)

(공표하지 않음)

배계

오늘 가조인을 마친 일한 간의 어업 문제에 관한 합의와 청구권 문제의 해결 및 경제협력에 관한 합의 제3항 (2)에 관해 다음과 같이 말씀드립니다.

이전부터 귀 장관과 저 사이에 합의되어 있던 대로, 어업협력을 위해 기대되는 민간 신용공여 9,000만 달러 중에서 영세 어민을 위한 4,000만 달러는 금리 5퍼센트 정도를 목표로 하고, 나머지 5,000만 달러는 금리 5.75퍼센트 정도를 목표로 합니다.

경구

1965년 4월 3일

일본국 농림대신

대한민국 농림부장관 차균희 각하

4월 3일 합의사항에 대한 가조인을 마친 후 이동원 외무부장관은 차균희 농림부장관, 김동조 대사와 함께 사토 총리에게 귀국 인사를 했다. 이때 사토 총리는 박정희 대통령에게 보내는 친서를 이 장관에게 수교했다. 한국 측에서는 "매국 장관", 일본 측에서는 "양보 장관"이라는 평가가 생겼다는 등 농담을 주고받았다. 차 장관은 "아카기 대신의 건강에는 놀랄 만한 점이 있다. 한국에는 크렘린(赤城) 대 탱크(車)의 싸움은 한결같이 크렘린의 승리로 끝났다는 비판이 있다"고 농담을 던졌다. 이동원 장관은 "이번에 정리된 이야기의 내용에 대해 한쪽의 생각 표명이 상대방 국민을 자극하는 일이 없도록, 특히 평화선 문제에 대해 배려하기 바란다. 당분간 가만히 놔두기만 하면 바로 잊고 조용해지는 것이 대중의 심리이다"라고 언급했다. 차 장관은 이를 보충해 "일본 측은 일정한 출어 척수, 어획량과 안전조업을 확보했다는 것으로 좋은 일이 아닐까. 여하튼 평화선이 철폐되어버렸다는 것을 명확하게 드러내지 않도록 배려하길 바란다"고 말했다. 이 장관은 또 "나는 방금 전의 기자회견에서도 '어업협정과 평화선 존속은 별개의 문제이다'라고 대답해두었다. 평화선은 실질적으로는 없어져 버렸지만, 그 사실이 굳이 전해지지 않도록 일본 측이 확실히 배려해달라. 어쨌든 당분간 그렇게 해주면 좋을 것이다"라고 반복해 말했다.

그날 사토 총리는 담화를 발표, "가조인을 끝낸 것은 참으로 기쁜 일이다. 일한 양 국민 다수의 강한 열망을 배경으로 양국 정부의 꾸준한 노력의 축적이 교섭의 조기 타결을 위한 기운이 되어, 이번에 중요한 진전을 가져온 것이라고 믿는다"고 언급했다. 시나 외상은 다음과 같은 담화를 발표했다.

한국과의 국교정상화에 대해서는 이전부터 밤낮없이 계속해서 협상을 해왔습니다만, 어업 문제, 청구권 및 경제협력, 재일한국인의 대우 세 가지 문제와 관련해 최근 일한 양국 정부의 의견이 일치했으므로 오늘 각각의 합의사항에 대해 가조인이 행해졌습니다. 참으로 경사스럽기 이를 데 없습니다.

일한교섭은 아시다시피 여러 가지 어려운 문제가 있었기 때문에 14년이라는 오랜 기간에 걸쳐 지지부진하게 진척되지 않았지만, 이번에 마침내 그 난관을 극복했습니다. 이것은 일한 양국이 대국적 견지에 서서, 또 서로 양보하는 정신을 가지고 교섭에 임한 것은 물론, 그 배후에는 일한 선린협력을 갈망하는 양 국민의 강력한 지원이 있었기 때문이라고 생각합니다.

이로써 최대한 신속하게 조약을 체결해 일한 양국 간의 상호 이해와 존중에 기초한 새로운 역사의 한 페이지를 열 수 있기를 충심으로 희망합니다.

또 아래와 같은 두 개의 공동코뮤니케가 발표되었다.

공동코뮤니케

1965년 4월 3일

이동원 대한민국 외무부장관은 시나 에쓰사부로 일본국 외무대신의 초청으로 1965년 3월 23일부터

4월 3일까지 일본국을 방문했다. 양국 외상은 매우 우호적인 분위기 속에서 회담을 가졌다. 이 외무부 장관은 일본 천황 폐하를 배알하고, 또 사토 에이사쿠 총리, 후나다 나카(船田中) 중의원 의장 및 시게무네 유조(重宗雄三) 참의원 의장을 예방했다.

시나 외무대신과 이 외무부장관은 올해 2월 시나 외무대신이 대한민국을 방문했을 때 가졌던 회담에 이어, 현재의 국제 정세, 현재 진행 중인 일한회담과 양국이 함께 관심을 갖는 문제들에 대해 기탄없이 의견을 교환했다.

양국 외상은 일한회담의 최근 진전 상황을 주의 깊게 검토하고, 회담을 성공적으로 타결시킴으로써 가능한 한 조속히 일한 국교정상화를 실현하는 것은 단순히 양국에 큰 이익일 뿐만 아니라 자유세계 전체에도 매우 의의 깊은 것임을 재확인했다.

양국 외상은 청구권 문제 및 경제협력에 대해 이루어져 왔던 토의를 재검토하고, 이 문제를 둘러싸고 존재했던 의견 차이를 해소하기 위해 노력했다. 양국 외상은 그 결과, 본건에 관해 합의된 사항이 오늘 가조인된 것에 대해 만족의 뜻을 나타냈다. 양국 외상은 이 합의사항에 따라 최대한 빨리 이 문제가 만족스럽게 해결되도록 논의를 시작하자는 데 의견이 일치했다.

그 목적을 이루기 위해 양국 외상은 일한 전면 회담의 청구권 및 경제협력 위원회가 가능한 한 빨리 개최되어야 한다는 데 의견이 일치했다.

양국 외상은 재일한국인의 대우 문제에 관해 합의된 사항이 오늘 가조인된 기회에, 이 합의된 사항에 따라 양국 간 협정이 성립하고, 재일한국인이 평화롭고 행복하며, 또 안정된 생활을 영위해가기를 거듭 희망했다. 양국 외상은 또 이 문제의 해결이 양국 국민의 우호관계를 촉진하는 데 크게 기여할 것으로 기대했다.

이와 관련해, 이동원 장관은 재일한국인의 이산가족 문제를 언급하고, 또 전후 일본에 입국해 체재하고 있는 한국민에게 인도적인 대우가 주어지기를 희망했다.

양국 외상은 일한 간의 어업 문제에 관한 합의사항에 오늘 가조인이 행해진 것을 명심하고, 오랫동안 어려운 교섭 끝에 이처럼 의미 있는 성과를 올린 아카기 무네노리 농림대신과 차균희 농림부장관에게 심심한 경의와 감사의 뜻을 표명했다.

양국 외상은 장기간 현안이었던 어업 문제가 해결됨으로써 양국의 관련 어민들이 큰 이익을 얻고, 향후 서로 번영의 길을 걷기를 충심으로 희망했다.

양국 외상은 회담이 결실 있는 성과를 거둔 것에 깊은 만족의 뜻을 표명했다. 양국 외상은 이번 장관 회담을 통해 한층 강화된 일한회담 조기 타결의 기운이 계속 유지되고, 양국 정부의 꾸준한 노력에 의해, 또 양국 국민의 영원한 우호관계를 확립한다는 대국적인 견지에 기초한 상호 이해와 협력의 정신으로, 매우 가까운 장래에 모든 현안이 성공적으로 해결될 것을 진심으로 희망했다.

　　1965년 4월 3일

공동코뮤니케

1. 아카기 무네노리 일본국 농림대신과 차균회 대한민국 농림부장관은 1965년 3월 3일부터 4월 3일까지 일련의 회담을 갖고, 일한 양국 간에 현안이었던 어업 문제를 대국적 견지에서 원만하게 해결하기 위해 우호적인 분위기 속에 솔직하게 의견을 교환했다.

2. 양국 농림상은 회담에서 양국 어업의 현황 및 실태를 고려하여 어업에 관한 수역, 어업자원 보호를 위한 규제조치 및 어업협력 등 일한 간의 어업 문제에 대해 논의를 거듭했다.

그 결과, 일한간의 어업 문제에 관한 합의사항이 오늘 가조인되었다.

3. 양국 농림상은 양국의 어업이 함께 발전하고 번영하도록 서로 긴밀하게 협력하는 것이 양국 상호 이익에 부합한다는 것을 인정하고, 일본 측이 실시하는 민간 경제협력의 일환으로서 어업협력을 위해 9,000만 달러의 금액에 달하는 민간 신용공여가 실시되길 기대된다는 것을 확인했다.

4. 차 장관은 일본국 정부가 대한민국으로의 어선 및 어구 수출에 대해 가하고 있는 제반 금지 및 제한 조치를 즉각 철회하고, 김을 비롯한 다양한 한국 수산물 수입을 늘리는 조치를 취할 것을 요청했다. 이에 대해 아카기 장관은 양국 간 국교정상화와 관련해 어선의 한국 수출을 해금하는 것을 고려하고, 또 앞으로도 가능한 한 한국 수산물 수입의 확대를 도모하여, 이로써 양국 간 무역 균형에 기여하고 싶다고 말했다.

5. 양국 농림상은 일한 양국 간의 어업에 관한 현안을 해결하려고 했던 회담의 성과에 대해 만족의 뜻을 표명하고, 전기한 합의사항에 따라 일한 어업협정이 가능한 한 빨리 체결되기를 강력히 희망했다.

(2) 일한 양국의 국회 보고

① 일본의 국회 보고

4월 7일 시나 외상은 중의원 외무위원회에서 다음과 같은 「일한교섭에 대한 중간보고」를 행하였다.

일한회담의 최근 진전 상황에 대해 보고하겠습니다.

1. 이동원 외무부장관과 차균회 농림부장관의 방일에 의해 일한회담은 크게 진척해, 4월 3일 어업 문제, 청구권 및 경제협력 문제, 재일한국인의 대우 문제 3대 현안에 대해 각각의 합의사항에 가조인을 하게 되었습니다.

2. 우선 어업 문제에 대해서는 양국이 납득이 가는 선에서 어업에 관한 수역, 어족자원 보호를 위한 잠정적 어업 규제조치와 어업협력 등 제반 문제에 대해 대강의 합의에 도달, 그 결과 일한 간의 어업 문

제에 관한 합의사항이 가조인되었습니다.

어업에 관한 수역은 제주도 부근의 일부 수역을 제외하고는 최근의 국제적 동향에 따라 연안의 기선으로부터 측정해 12마일까지의 범위로 합의할 수 있었다는 것, 또 공동 규제수역의 출어 척수 및 어획량에 대해서도 일본의 어업 실적이 거의 확보된 것은 우리 일본으로서 만족할 만한 일입니다.

더욱이 그 이상으로 이번 합의에 의해 한국 측은 공해 자유의 원칙 및 공해에서의 단속, 재판 관할권의 기국주의 원칙을 인정했습니다. 그 결과, 우리 일본이 지난 수십 년간 요구해온 이승만 라인의 철폐와, 일본어선의 안전조업을 확보하게 되었으며, 이는 실로 획기적인 의의를 가진 것입니다.

3. 다음으로 청구권 및 경제협력 문제에 대해서는 1962년에 열린 오히라 외상과 김 부장의 회담에 기초해 그 대강의 양해가 되어 있었지만, 이번 외무장관 회담에서 제반 정세의 진전을 감안해 세목에 관한 논의를 진행한 결과, 이번 합의사항이 만들어졌습니다.

이로써 일한 간의 청구권 문제는 통상적인 거래에 의해 발생한 것을 제외하고는 일체 해결된 것입니다. 나포 어선 문제는 제반 현안이 일괄 해결된다는 전망이 섰기 때문에 이번에 대국적 견지에서 청구권 문제의 일환으로서 해결하기로 했습니다. 청구권 및 경제협력 문제의 해결은 단지 과거의 청구권 문제를 최종적으로 해결한다는 소극적인 면에 그치지 않고, 호혜평등의 정신에 따라 한국 경제의 발전을 위해 도움을 주고, 이로써 한국의 민생 안정을 도모해, 일한 양국이 경제면에서 긴밀한 협력관계의 토대를 만든다는 적극적인 의미를 가진 것입니다.

4. 재일한국인의 대우 문제와 관련해서는 영주 허가의 범위, 강제퇴거 사유 및 처우에 대해 대강의 합의에 도달했습니다. 재일한국인의 처리는 일본의 긴 미래에 걸친 사회질서의 문제와 관련된 중요한 문제이기 때문에 우리는 특히 신중하게 교섭에 임했습니다. 영주 허가의 범위에 대해서는 재일한국인의 특수한 역사적 배경을 감안해 자자손손까지 영주권이 인정되어야 한다고 한국 측이 강하게 주장했기 때문에 교섭은 난항을 겪었습니다만, 결국 종전 이전부터 계속해서 일본에 거주하는 자, 그 직계비속으로 협정 발효 후 5년간의 과도기간이 끝날 때까지 일본에서 출생한 자, 또 이들의 자식으로 일본에서 출생하는 자에게 영주 허가를 부여하고, 그 후의 것에 관해서는 25년 이내에 다시 협의하기로 합의가 성립됐습니다. 또 강제퇴거는 내란, 외환, 국교에 관한 죄, 무기 또는 7년 이상의 징역 금고라는 중죄, 마약 상습 등을 범한 자는 강제퇴거할 수 있다는 것에 합의했습니다. 처우 문제에 관해서도 교육 및 생활보호 등에 대해 적절한 고려를 하는 기본 원칙을 확인했습니다. 이상을 전체로서 보면, 선량한 재일한국인이 일본에서 평화롭고 안정된 생활을 영위하는 것을 보장하고 싶다는 양국 관계자의 희망은 충분히 달성된 것이라고 생각합니다.

5. 앞으로 가능한 한 빨리 이번 가조인이 행해진 세 가지 합의 대강을 조문화(條文化)함과 동시에, 다케시마 문제 등 남은 현안의 해결을 도모할 생각입니다.

6. 역사적·지리적으로, 또 문화적·경제적으로 가장 밀접한 관계에 있는 일한 양국이 국교를 정상화하고, 이로써 영원한 선린협력관계를 수립하는 것은 대단히 당연한 일이며 매우 자연스러운 일입니다.

가장 가까운 이웃나라와 사이좋게 지낼 수 없다면 평화외교는 결코 추진할 수 없습니다. 일본 여론이 일한 국교정상화 교섭을 지지하고 있는 까닭도 여기에 있다고 생각합니다.

그런데 일부에서 한국과의 국교정상화는 조선의 분열을 영구화하고 통일을 저해하는 것이라는 주장이 있습니다. 그러나 조선의 통일 방식을 살펴보면, 한국은 유엔의 감시하에 전(全) 조선 자유선거에 기초해 단일 정부를 만든다는 이른바 유엔 방식을 시종 일관해서 지지하고 있는 반면에, 북조선 측은 조선의 통일 문제에 유엔이 개입하는 것에 반대하는 입장을 유지하고 있고, 이것이 통일이 쉽게 실현되지 않는 원인이 되고 있다는 것은 주지의 사실입니다. 북조선이 유엔의 권위와 권한을 인정하고 유엔 방식에 의한 통일에 찬성하기만 한다면 조선의 통일은 실현 가능한 것입니다. 따라서 일한 국교정상화는 남북조선의 통일을 방해하는 것이 아닙니다. 우리는 말할 것도 없이 조선의 통일이 하루빨리 실현되기를 기도하고 있습니다만, 이것은 바로 유엔의 장에서 순수하게 평화적인 동기에 의해 달성되어야 한다고 생각합니다.

일한교섭은 또한 호혜평등의 원칙에 입각한 선린우호관계를 일한 양국 간에 확립한다는 관점에서 이뤄지고 있는 것으로, 양국의 평화와 번영을 의도하는 것 외에 다른 뜻은 없습니다.

한국 정부는 현재 산업화의 기반 조성, 국민경제의 체질 개선을 통한 자립적 발전을 목표로 5개년계획을 추진하고 있으며, 미국을 비롯해 독일, 이탈리아, 프랑스 등의 국가들이 한국의 노력을 지지하고 이에 제반 협력의 손을 내밀고 있습니다. 이러한 시기에 이웃나라인 일본이 한국의 국민 생활의 향상, 번영을 가져오도록 하는 국제적 공동 사업의 일익을 분담하고, 가능한 한 기여하고 공헌하려는 것은 너무나 당연한 책무라고 생각합니다.

우리 일본에서는 이번 교섭에서 우리 측이 커다란 양보를 했다는 비판이 일부 있는 것 같지만, 결코 그런 일은 없습니다. 한편, 한국 측에서는 이번 교섭 결과에 전혀 만족할 수 없다는 비판이 있습니다. 14년간에 걸친 이 어려운 교섭을 마무리 짓기 위해서는 상호 양보할 수밖에 없다는 것은 말할 나위도 없습니다. 이번 성과는 쌍방이 서로 양보의 정신에 의해, 대국적 견지에서 서로 국민의 납득이 가는 선에서 합의를 도모했음을 입증하는 것이며, 그런 의미에서 일한 양국 간에 새로운 우호관계가 형성됐다는 사실을 입증하는 것이라고 확신합니다.

일한교섭은 여러 가지 우여곡절을 거친 후 이번에 드디어 3대 현안에 대해 합의가 성립된 것입니다만, 이것은 아시아의 평화와 안정을 추구하는 우리 일본 외교의 기본 자세에 근거한 것이며, 우리는 이와 같은 적극적인 외교를 앞으로도 추진해 나갈 각오라는 것을, 여기서 다시 밝히고 싶습니다.

② 한국의 국회 보고

한국 측에서는 4월 13일 국회에서 이동원 외무부장관이 청구권, 법적지위의 합의사항 가조인 및 제1차 일한 무역회담에 대해 다음과 같이 보고했다.

　　3개 현안에 대한 양국 외무부장관 및 농림부장관 간의 합의사항은 4월 3일 양국 실무자 간에서 가조
인되어, 그 내용은 의원님들께 배포한 자료에 상세히 기록되어 있습니다. 이 중에서 청구권 문제와 법적
지위 문제의 중요한 점은 제가 설명하고, 어업 문제는 농림부장관이 설명할 것입니다.

　　청구권 문제는 알려진 대로 1962년 말에 그 대강에 합의를 보았지만, 몇 가지 중요한 문제점을 가지
고 대립하고 있었고 합의 내용도 불투명한 점이 있었기 때문에 이번 교섭에서는 이를 해결하기 위한 정
치적 절충을 하게 되었습니다.

　　먼저 무상공여 3억 달러에 관해서는 10년간 균등공여하는 것 말고도 재정 사정에 따라 연간 공여금
액이나 전체 공여기간을 앞당기도록 하여, 우리가 가능한 한 빠른 시일 내에 이를 받아내어 계획 사업을
적시에 효율적으로 수행할 수 있도록 했습니다.

　　2억 달러의 장기저리 정부차관은 지금까지 거치기간과 상환기간을 포함해 20년으로 할지, 27년으로
할지를 두고 양국의 의견이 대립했습니다. 하지만 이번에 재정 또는 자금 사정에 따라 상환기간을 연장
할 수 있다는 내용의 단서를 넣어, 실질적으로는 7년 거치 후 20년 상환과 같은 방법을 가능하게 한 점
이 또 하나의 성과라고 할 수 있습니다.

　　다음으로 상업차관에 관해서는 1억 달러 이상에 달할 것이라는 양해를 이번에 "3억 달러 이상"이라
고 명기함과 동시에, 9,000만 달러의 어업협력자금과 3,000만 달러의 선박도입자금을 보다 유리한 조
건으로 확보했습니다. 선박자금의 신용 획득도 또 하나의 성과입니다.

　　대일 청산계정상의 미결제 잔액(대한국 부실 채권)은 우리 측이 "10년간 무상공여로 균등분할해 변
제한다"는 입장을 취했는데, 이에 대해 일본 측은 "3년간에 걸쳐 분할상환하거나 10년간에 걸쳐 상환
할 경우 이자를 지불할 것"을 요구하여 심각한 대립을 보여왔습니다. 그런데 이번 정치협상의 결과, 10
년 균등분할하고 무상공여에서 공제하기로 합의하고 금리도 지불하지 않는다는, 우리 측에 유리한 방
향으로 합의에 도달한 것입니다.

　　다음으로 1962년 말 청구권 문제의 대강을 해결할 때에는 일본 측이 한국 측의 문화재청구권은 소멸
됐다는 입장을 취하고 있었지만, 문화재 문제가 우리 국민감정에 차지하는 비중을 고려해 제가 교섭을
거듭한 결과, 우리의 문화재청구권은 존재하고 있고 "양국이 협의하는 품목의 문화재를 받는다"는 것
에 합의를 보았습니다.

　　끝으로 청구권 문제와 관련해 일본 측은 지금까지 평화선에서 나포된 일본어선과 어부에 대한 보상
으로 약 4,000만 달러의 청구를 제기한 적이 있었습니다만, 일본 정부가 그러한 주장을 공식적으로 철
회하고 그것을 서면으로 보장받는 데 성공했습니다.

　　법적지위 문제에서 기본이 되는 재일한국인의 영주권을 인정하는 범위에 대해 우리 측은 지금까지
자자손손까지 영주권을 주어야 한다고 주장했습니다. 그러나 일본 측은 향후 수백 년에 걸쳐 일본 국내

에 영원히 소수민족 문제를 남겨두는 것은 국내적으로 도저히 불가능하다면서 우리 측 입장에 반대했고, 동시에 가능한 한 종전 이전에 일본에 입국한 자와 그 직계비속으로서 협정 발효 후 5년 이내에 출생한 자에게만 영주권을 줄 수 있다는 입장을 고수하고 고집해왔습니다. 이에 대해서는 일본 측과 오랫동안 열심히 교섭을 한 끝에, 영주권 부여 범위를 넓혀 종전 이전에 입국한 자 및 그 직계비속으로서 협정 발효 후 5년 이내에 출생한 자, 그리고 그 자식에게 협정에 의한 영주권을 자동적으로 부여하기로 합의, 실질적으로 자식과 손자의 세대에 이르기까지 협정상의 영주권을 약속받아 약 백 년 이상의 보장을 확보했고, 그 후에 대해서는 다시 계속해서 협정하기로 했습니다. 이로써 자자손손이라는 실질적인 입장을 관철시킨 것입니다. 영주권의 부여 범위와 관련해 이러한 결정을 내린 데 대해 재일동포들은 그 어느 때보다 이를 지지하고 성명서나 편지를 통해 감사를 표했으며, 정부로서도 감격스러웠습니다. 다음으로 영주권자의 강제퇴거 사유에 대해서는 내란죄와 외환죄 같은 최소한 4개 항목으로 제한하고, 이것도 협정 발효 후의 행위에 국한했습니다.

마지막으로 영주권자의 처우에 관해서는 시간적인 여유가 충분하지 않았기 때문에 구체적인 내용까지 합의를 볼 수 없었지만, 교육 및 생활보호 등에 관한 사항과 재산 반출의 원칙에 합의하고, 이 문제는 향후 협정의 정신을 기초로 계속해서 토의해 결정하기로 했습니다.

이어 한일 무역회담의 경위와 결과를 간략하게 설명합니다.

그 후 정부는 수출입에서 가장 중요한 비중을 차지하고 있는 한일무역 관계에서 무역 불균형 상태를 타파하고 대일 수출을 증가시키기 위해 노력해왔는데, 지난해부터 일본의 수입 제한조치에 의해 제한을 받고 있는 농산물, 수산물, 광산물 등 1차 생산품의 대일 수출 확대를 목표로 일본 정부와 협상을 계속해, 1964년도에는 상당한 수출 증대를 보았습니다. 이번에는 우리 측의 제의로, 지난 2월에 시나 외상이 방한 시에 한 합의에 따라 도쿄에서 저와 시나 외상이 주재하는 한일 무역회담을 갖고 약 2주간 회의를 거듭한 결과를 공동코뮤니케와 합의의사록에 구체적으로 문서화했습니다.

그 성과는 첫째, 한일 간 최초의 각료급 무역회담이라는 점에서 향후 한일무역의 건전한 발전을 위한 길을 열었다는 데 큰 의의가 있습니다. 둘째, 이 회담을 통해 현재와 같은 한일무역 역조 상태가 영구화하면 양국 간 무역의 건전한 발전은 기할 수 없다는 점을 일본 측에 강하게 인식시키고, 일본으로부터 무역 불균형의 시정에 의한 균형 확대 원칙에 대한 동의를 얻어냈습니다. 셋째, 일본은 무역 불균형 시정의 첫 단계로서 우선 1965년도 한국의 1차 생산품에 대한 할당을 1964년도의 실적을 상회하도록 하겠다고 약속하고, 그중에서 주요 품목인 김 250만 다발 내지 500만 다발, 오징어는 6만 피클(60㎏), 무연탄은 30만 톤을 매입한다는 약속을 했습니다. 넷째로, 보세가공 수출 및 기타 수출 가능성에 대해서는 일본과 협조할 수 있는 기초를 만들고, 원자재를 무상 수출하는 방침을 세워 개발 수출을 위한 조사단 파견, 기술협력 등을 하기로 했습니다.

이러한 성과를 바탕으로 하여 앞으로 더욱 구체적으로 논의하기 위해 제2차 무역회담을 올해 중 서울에서 열 예정입니다.

이어 차균희 농림부장관이 어업 문제의 합의사항 가조인에 대해 다음과 같이 보고했다.

　이번에 저는 일본에 가서 일본의 농림상과 향후 한일 간의 어업협정을 맺는 데 주요 문제가 될 수 있는 점을 협의하고 합의를 보았습니다. 그 내용을 요약하면, 의제는 세 가지로 나눌 수 있습니다. 하나는 기선 문제, 즉 우리 한국 어민만이 독점적으로 어업을 할 수 있는 수역, 이 외에 한일 양국의 어민이 일정한 규제하에 어획할 수 있는 공동 규제수역, 마지막으로 공동 규제수역의 외부에 설정한 공동 조사수역으로 향후 과학적인 조사를 진행해 그 결과에 따라 규제를 추가하는 수역이 있는데, 이와 관련해 이러한 수역을 어떻게 구분할까 하는 기선 문제가 있습니다. 두 번째로 공동 규제수역 내에서 양국 간에 어떤 규제를 할 것인가라는 문제, 그리고 세 번째로 양국 간의 향후 어업협력 문제가 주요 의제가 되었습니다. 이 어업협력 문제는 외무부장관이 언급한 경제협력 및 무역회담과도 관련된 것으로, 일본이 한국의 어업을 발전시키기 위해 기술적·경제적·물질적 협력을 하는 문제와 한국의 수산물을 일본이 더 많이 수입하는 문제, 또 한국이 필요로 하는 어선 또는 어구를 일본이 무제한으로 수출하는 문제가 포함되어 있습니다.

　첫 번째의 문제인 기선 문제와 관련해서는, 국제관례상 가장 넓은 폭으로서 인정되고 있는 어업의 전관수역은 현재 12마일로 되어 있고, 원칙적으로 저조선을 기선으로 해서 12마일을 긋는 것이 국제관례가 되어 있습니다. 그러나 해안의 굴곡이 심하고 인접 근해에 섬이 많은 경우에는 12마일의 선을 설정하는 것이 복잡하고, 또 섬을 일일이 분리하는 것도 복잡하기 때문에 해안의 굴곡이 가장 크게 돌출된 점과 인근의 섬을 연결하는 직선기선이 국제관례로 되어 있습니다. 따라서 해안의 굴곡이 심하지 않은 동해안에서는 저조선으로 기선을 긋는 데 이론이 없지만, 울산만이나 영일만 등에서는 반드시 저조선만 고집할 것이 아니라, 국제관례상 만의 넓이와 깊이 등에 따라 만의 입구를 연결하는 기선을 그을 수 있도록 되어 있습니다.

　그러나 남해안이나 서해안에서는 해안의 굴곡이 심하고 섬도 많기 때문에 가능한 한 외곽 해안의 굴곡이 돌출된 점을 연결해서 국제법상 허용되는 외부까지 선을 늘려서 최대한 넓은 수역을 우리의 전관수역으로 한다는 것이 우리의 생각입니다.

　그런데 이와 같은 선을 연결해 직선기선을 설정하는 데도 국제법상 한계가 있습니다. 이 한도는 섬과 섬이 서로 어느 정도 연결되어 있지 않으면 안 되고, 또 육지와 매우 가까운 거리에 있고 그 직선기선이 본토의 지형 방향에 따른 것이 아니면 안 된다는 등 몇 가지 원칙입니다.

　이 원칙에 의해 남해안에 기선을 그으면, 제주도와 본토를 분리해 12마일의 선을 긋는 것밖에 방법이 없다는 결론이 나옵니다. 그래서 우리는 제주도가 수천 년간에 걸쳐 우리나라의 영토이고, 본토와 제주도 사이의 수역은 내수라고 간주할 수 있으며, 국제관례에 따라 이들을 분리해 외국 선박이 깊숙이 들어오는 일은 곤란하기 때문에 제주도는 본토와 연결하는 기선에 포함해야 한다는 것이 우리의 주장이었습니다.

한편, 일본은 국제관례와 국제법의 원칙을 주장하면서, 제주도와 본토는 별도로 12마일의 기선을 설정해야 한다고 주장했습니다. 지금까지 일본은 세계의 국가들과 협정을 체결할 때, 어업 전관수역으로 12마일을 인정한 사례가 없습니다. 그래서 기선 문제는 한국과의 문제로만 그치지 않을 테고, 일본은 전 세계를 대상으로 어업하고 있기 때문에 이것이 선례가 되어서는 곤란하다는 이유로 이 원칙을 강경하게 끝까지 주장했던 것입니다.

그래서 이 문제는 정돈(停頓) 상태에 있었는데, 지난해 어업 장관 회담 때 일본 측이 타결 방안으로 내놓은 것이 이른바 '아카기 시안'입니다. 이 시안은 원칙적으로는 일본의 주장을 바꿀 수 없지만 한국의 주장도 있고 일본의 선박이 깊숙이 들어가면 어업 분쟁이 발생할 가능성도 있기 때문에 한국의 어업이 발전할 수 있는 3년 동안은 일본이 자제해 들어오지 않겠다고 제안한 것입니다. 그것은 동경 127도 7분과 동경 126도의 선입니다. 그러나 일본은 어디까지나 본토와 제주도를 분리하고 국제관례의 원칙에 기초해 전관수역을 설정하는 주장을 견지하면서도 3년 동안만 이를 자제한다는 입장이었습니다. 이 방안에 대해 우리는 도저히 받아들일 수 없다, 제주도를 포함한 부채꼴처럼 펼쳐지는 직선을 주장했지만, 이는 타결되지 못했습니다.

그 후의 교섭에서 일본은 동쪽에 관해서는 한국의 잠정적인 안에 합의했는데, 서쪽의 기선 문제는 일본 측이 본토(반도) 측에서 1분, 제주도 쪽에서 1분 45초 들어갈 것을 주장해 그 안으로 잠정적 합의를 한 것입니다. 이것으로 처음에 우리가 주장한 선에 비해 약 5분의 4에 가까운 수역을 점하게 되었습니다. 이러한 전관수역을 우리가 확보한 이점은 앞으로 장비를 정비하고 어선을 개조해 새로운 어선을 건조하고 실력을 키울 때까지는 우리의 전관수역이 가능한 한 넓어야 한다는 점과, 또 그 수역은 고등어의 좋은 어장이기 때문에 확보해야 한다는 점에서 마지막까지 강경하게 애썼기 때문이었습니다.

그 결과, 동쪽으로는 고등어 어장의 약 4분의 3이 우리 전관수역에 포함되게 되었습니다. 한국으로서는 12마일의 원칙에 합의는 했지만, 제주도 양측의 특수 수역에서는 일본 측이 주장한 국제관례를 따르지 않은 채 기선 문제를 앞으로 더 협상하기로 하고, 우선 최대한의 어장을 확보하는 방향으로 전관수역을 12마일 이상으로 확정시키는 안에 타결한 것이며, 전관수역은 대체로 흑산도와 제주도를 둘러싼 수역으로 되어 있습니다. 인천에서는 65마일, 군산에서는 45마일, 목포에서는 70마일, 통영에서는 38마일, 진도에서는 50마일 각각 떨어진 전방 해상에 직선을 그었습니다.

다음으로 공동 규제와 관련해 어업협정을 체결하는 제1의 목적은 관계 수역의 자원을 조사하고 과학적인 자료에 의해 어로를 규제하여 양국이 이 수역에서 영구적으로 물고기를 잡기 위한 조치를 실시한다는 것이 대전제입니다. 그래서 공동 규제는 과학적으로 우리가 조사하고 확실한 근거를 얻을 때까지 우선 출발점으로서 현재 일본이 잡고 있는 어획량을 현재의 선에서 동결시켜, 거기서부터 출발하자는 것이 회담을 추진하는 자세였습니다.

그런데 일본은 이전에 물고기를 얼마나 잡고 있었을까요? 1953년에 23만 톤을 어획했다고 한 차례 발표했지만, 일본 측은 한일 어업회담이 시작된 후에는 이를 일절 비밀로 부쳐 공개하지 않습니다. 지금까지의 어업회담에서 일본은 항상 얼마나 물고기를 잡고 있는지 그 양을 명시하지 않은 채 얼마의 선박이 그 수역에 나오고 있고 그 만큼의 선박이 출어하지 않으면 안 된다는 이른바 척수만을 주장해왔습니다. 이 척수만으로는 얼마나 물고기를 잡고 있는지 확실히 알 수 없습니다. 또 어족자원을 보호하기 위해서는 선박이 몇 척 나와 있는지가 문제가 아닙니다. 물고기를 얼마나 잡을지 그 양을 규정하지 않는 한, 어업협정의 본취지인 어족자원 보호라는 목적은 달성할 수 없습니다. 일본 측이 톤수를 제시하지 않는 한, 또 톤수를 규제하지 않는 한, 우리는 회담을 할 수 없다고 주장했습니다. 일본은 지금까지 이에 응하지 않았는데, 이번에는 그 양을 제출했습니다. 앞서 우리로서는 과거에 23만 톤 잡았으므로 적어도 현재는 30만 톤은 잡고 있을 것으로 추정하고 있었습니다만, 일본 측이 낸 숫자는 30만 내지 35만 톤이었습니다.

그러나 우리로서는 일본에서 얻은 모든 자료를 토대로 우리 입장에 유리한 이론을 전개하여 처음에는 일본 측의 어획량은 13만 톤 정도로 해야 한다고 주장했습니다. 이에 대해 일본은 17만 톤을 주장했고, 마지막으로 토론한 결과 15만 톤으로 양국은 최종 합의를 보았습니다. 일본에서는 15만 톤에 도달하면 어기 중이라도 출어를 억제하고 어떠한 경우에도 그것에 10퍼센트 더한 숫자가 되지 않도록 확약을 받아내어 이번 협정에 그 내용을 넣었습니다. 이렇게 어획량으로 규제하는 것은 가장 진보적인 규제 방식입니다.

현재 일본은 소련과의 사이에 연어와 송어를 규제하고 있는데(이것은 규제하기 쉬운 것입니다), 여기에서는 이러한 특정 물고기 이외에는 일본이 자유롭게 잡고 있습니다. 그런데 한국과의 사이에서는 다양한 어종을 포함한 잡다한 물고기를 잡고 있는데, 그 양을 결정하기는 일본으로서는 이번이 처음이고, 일본 내에서도 상당히 문제가 되었습니다만, 우리로서는 일본 측이 톤수를 밝히지 않는 것은 어족자원을 보호한다고 말만 할뿐 성의가 없다고 주장했고, 결국 톤수로 협정에 합의하도록 한 것입니다. 이 톤수가 규제되는 이상, 척수는 봐주더라도 큰 차이가 없다는 판단에서 처음에 우리가 주장했던 것보다 일본 선박이 조금 들어가게 되었습니다. 이는 일본이 앞서 주장한 선박 수를 절반으로 줄인 것입니다. 일본이 처음에 주장했던 척수도 일본의 농림대신이 현재 허가하고 있는 동 수역 척수의 약 3분의 1 또는 4분의 1밖에 되지 않는 숫자입니다. 이것은 우리가 일본이 실제로 평화선 안에서 잡고 있는 것으로 추정했던 양보다 적어도 많지는 않습니다. 어획량을 15만 톤으로 억제시킨 것은 어업협정의 큰 수확이라고 저는 생각합니다. 그런데 15만 톤으로 결정해놓아도 이 15만 톤의 양을 어떻게 알 수 있는가라는 걱정도 있으리라 생각합니다.

그러나 일본의 어업 통계, 어업 행정은 상당히 발전해 있고, 일본은 한국 수역에서만 물고기를 잡고 있는 것이 아니라, 현재 세계적으로 650만 내지 670만 톤의 물고기를 잡아들이고 있습니다. 일본이 각국과 어업협정을 맺고 그 협정에 따라 어획량을 규제하는 경우에는 일본 측의 통계를 신뢰하고 그 통보에 의해 규제를 처리하게 되어 있고, 소련과 일본의 관계에서도 그러한 내용은 마찬가지입니다. 그런데도 일본을 믿을 수 있는지 의문이 나올 것으로 생각됩니다. 하지만 일본의 통계에 대해 몇 가지 예를 들고, 또 이번에 이를 확인하기 위해 합의된 내용을 일부 말씀드리면 다소 이해할 수 있을 것이라고 생각합니다.

첫째, 한국의 수역뿐 아니라 농림대신의 허가를 받아 전 세계에 나와 있는 일본 선박은 매일 정오 정부가 지정한 어항의 무선국에 선박의 위치와 24시간 전에 잡은 물고기의 어획량을 보고해야 되고, 그 선박은 반드시 지정 항구에서 물고기를 공판장을 통해 판매하게 되어 있기 때문에 공판장에는 선박마다 기록이 남게 됩니다. 따라서 그렇게 기록됨과 동시에, 이 수역으로 나오는 선박은 양국 간에 협의한 표식과 감찰을 갖고 있습니다.

이 때문에 감찰을 갖고 나온 선박은 그 수역에서 물고기를 잡은 것으로 인정되고, 그 선박이 돌아와 다른 선박에 감찰을 인수할 때까지 그 선박의 어획량은 공동 수역에서 어로한 것으로 기록됩니다. 이와 같은 조사 방법에 의해 정직한 어획량이 기록되어 정부에 보고되고, 이것이 집약되어 우리 정부에 통보되는 것입니다.

우리 정부는 이렇게 지정된 일본의 어항에 언제든지 가서 어항의 판매 상황이나 기록을 보고 청취할 수 있습니다. 일본과 다른 나라 사이의 사례도 있어, 이 같은 방법으로 15만 톤이라는 양은 대략 체크할 수 있을 것으로 생각됩니다.

이상과 같은 내용으로, 일본은 15만 톤 이상은 잡지 않도록 규제하고, 현재의 실적에 그치는 동시에 그동안 우리나라의 어업을 발전시켜 최소한 동등한 실력에 서둘러 도달하는 방향으로 시간적 여유를 벌 수 있게 되었습니다.

다음으로 어업협력 문제는 약 9,000만 달러에 해당하는 차관을 받지만, 약 4,000만 달러는 5퍼센트의 이자로 2년 거치, 약 8년간 상환합니다. 나머지 5,000만 달러는 5.75퍼센트의 이자로 일반 상업차관의 예와 같이 받게 되어 있습니다.

또한 일본에서 금지하고 있는 어선의 수출은 가조인이 끝나면 해제하기로 되어 있고, 한국의 김은 올해 우리가 대일 수출용으로 준비한 약 300만 다발을 일본이 전량 인수하고, 500만 다발까지 산다는 약속을 얻었습니다. 앞으로도 김을 더 사는 방향으로 일본의 제도를 개선한다는 방침입니다. 이 외에도 오징어를 전량 매입하고, 기타 수산물을 더 많이 늘리는 방향으로 무역회담에서 계속 논의하기로 되었습니다.

(3) 내외의 반대운동

① 일본

상기한 합의사항의 가조인에 대해 4월 3일 일본사회당은 아래와 같은 성명을 발표했다.

일한 양국 정부는 미국의 아시아 전략의 필요에 의해 일한 양국 국민의 이익을 희생시켜 회담의 타결을 강행했다.

일한 기본조약은 북조선의 존재를 완전히 무시하고 있으며, 일본과 전체 조선과의 제반 현안의 합리적 해결을 불가능하게 하는 것이다. 법적지위 문제는 재일한국인을 계속해서 차별하고, 재일조선인에게 한국 국적을 강요하고 있다. 청구권 문제를 무상 3억 달러, 유상 2억 달러, 경제협력 3억 달러로 증액한 것은 일반 한국 국민의 생활 향상과는 무관하며, 달러 위기에 허덕이는 미국의 대한국 원조를 떠맡은 것이다.

어업교섭도 일한 양국의 영세 어민을 희생시켜 독점자본에 봉사하고 정치적 타결을 도모했다. 이승만 라인은 해소되더라도 군사적 국방 라인은 여전히 계속되며, 앞으로 군사적 이유로 다시 어민을 압박할 우려가 있다.

같은 날 일본공산당 중앙위원회는 간부 성명에서 "한국, 일본, 대만의 반공 군사동맹을 완성하고, 일본 독점자본의 남조선 진출과 남조선으로의 일본 자위대 파병, 일한 공동 방위체제의 길을 열고, 아시아 침략을 강화하려는 미 제국주의의 요구에 따른 전쟁과 침략의 음모이다"라고 말했다.

1964년 12월 21일부터 1965년 6월 1일까지 제48차 국회에서는 상기한 바와 같이 기본조약안이나 합의사항의 가조인에 대한 보고가 있었고, 이에 대한 질의가 반복되었다. 특히 어업 문제는 제2차 어업 장관 회담이 국회 회기 중에 열리기도 하여, 교섭 내용과 관련해서도 중간 단계에서 신문 보도를 바탕으로 이승만 라인의 철폐, 외측 6해리(outer six)에 들어갈 수 있는 권한, 나포 어선의 손해 배상 등에 대한 질의가 나왔다.

한편, 한국 정부가 발행한 『한일회담 백서』가 일찌감치 번역되어 야당의 손에 넘어갔고, 일본의 신문에도 소개되었다. 이에 따라 한국 정부의 해석과 일본 정부의 해석 차이를 따지는 질문 공세가 펼쳐졌다. 또한 야당은 한국 측이 요구한 대일 8개 항목의 내용에 대한 자료의 제출을 요구하고, 정부가 이에 응하지 않자 8개 항목을 처음부터 1개씩 거론하면서 정부의 견해를 요구하는 작전을 전개했다.

당시 사회당, 공산당의 지도하에 국회 밖에서 전개된 일한조약 반대투쟁에 대해 내각관방 내각 조사실의 「일한조약 체결을 둘러싼 내외의 동향」(1966년 7월)은 다음과 같이 기록하고 있다.

일한조약 반대투쟁이 국내 혁신진영 내부에서 정식으로 중요한 투쟁 과제로서 조직된 것은 1964년 12월 3일의 제7차 회담 시작 이후였다.

국내 혁신진영은 제6차 회담이 휴회에 들어간 그해 4월부터, 말하자면 휴지 상태에 있던 반대투쟁을 부활시켜 제7차 회담이 계속된 1965년을 '일한문제 결전의 해'로 규정하고 활발한 반대투쟁에 들어갔다. 그해 6월 22일 정식 서명을 하기까지 '일한회담 반대'를 '베트남 반전(反戰)'과 '원자력 잠수함 기항 저지'와 연관시켜 투쟁을 전개한 것이었다. 그러나 이 시기의 일한회담 반대투쟁의 추이를 개괄하면, 사회당 계열, 일본노동조합총평의회(총평) 계열, 일본공산당 계열 모두 일한문제보다 오히려 원자력 잠수함 기항에 이은 베트남전쟁에 대한 투쟁을 주요 목표로 했다는 관점이 있고, 수차례 대중행동을 전개했지만 그다지 활기를 보이지 않았다.

『요미우리신문』 4월 4일 자 「일한 가조인과 향후 정국」(기자 좌담회)은 다음과 같이 분석하였다.

　―사회당은 안보조약 때와 같은 반대투쟁을 재현한다고 말하고 있지만.

　C:　안보 때와 같은 비등은 없을 것이다. 안보의 경우, 야당은 "전쟁 위험이 있다"고 홍보를 하고 이것이 국민의 관심을 불러일으킨 것이었지만, 이번에는 이런 측면이 적다.

　G:　사회당은 안보투쟁 정도로 분위기가 고조되지 않는다는 주장에 대해 '일한문제'도 국회 비준 때까지는 안보투쟁 수준으로 몰고 가겠다고 말하고 있다. 그러나 사회당 의원 중에도 안보투쟁 수준의 분위기 고조에 대해선 의문을 갖고 있는 사람이 있다. 총평이 일한회담 저지를 위해 10만 명 동원을 호소했지만, 4,000명밖에 모이지 않았던 사례도 있다.

　D:　외무위원회 등의 심의를 보면, 14년이나 교섭했기 때문에 야당의 질문 자료가 모두 나와 버렸다. 안보투쟁 때는 심의도 단기간에 압축해 어딘가 미심쩍다는 이야기까지 나왔지만, 일한문제와 관련해서는 야당이 그때마다 이를 정부를 흔드는 재료로 삼았기 때문에 국회 비준 과정에서도 새로운 질문은 나오지 않을 것으로 생각된다. 이 점도 사토 총리에겐 행운이다.

　―자민당 내에서는 어떻게 보고 있는가.

　C:　일소 국교 회복 때는 요시다(吉田)계의 반발이 있었지만, 이번에는 그것이 없다. 당내에서 다소 비판적인 AA연구회[109]도 개개인을 만나보면 반드시 그렇지 않다.

　H:　마쓰무라 겐조(松村謙三)[110] 씨 같은 반대론자도 일한문제를 서두르면 중국과의 국교 회복을 지연시키게 된다고 말하는 것이지, 일한교섭 자체를 반대하지는 않는다.

　A:　안보투쟁 때와의 차이는 안보투쟁 때는 자민당 내의 기시(岸)파가 비판적인 역할을 했다는 것과 기시 정권의 말기였다는 것이다. 지금은 사토에 대한 반대가 별로 없고, 내각도 새롭다. 또 일소 어업교섭 때 이케다(池田) 씨 등 반(反)하토야마(鳩山) 세력은 시국 간담회를 열어 백 수십 명을 모았다. 그런데 이번 경우에는 반(反)사토의 필두로 불리는 고노(河野) 씨가 가장 먼저 추진 역할로 돌아섰다. 고노 씨에게 이를 부탁한 사토 총리도 똑똑하다고 할 수 있는데, 반대 세력이 추진파로 돌아선 셈이다.

---

109)　자민당 내 '아시아·아프리카 문제연구회'를 의미함. 동 연구회 내에 조선문제소위원회가 있었다.
110)　1983-1971. 자민당 소속 국회의원으로 일중 관계의 개선을 주장해왔다.

② 북조선, 소련, 중공

북조선은 앞서 기본관계조약안의 가조인 후인 2월 25일에 외무성 성명을 통해 "한일 간의 어떤 합의도 인정할 수 없고 무효이다"라고 말했는데, 이번 합의사항 가조인에 대해서도 4월 5일 외무성 대변인 성명을 통해 "어떤 협정도 인정하지 않는다. 이러한 문제는 조선 통일정부 수립 후에 해결해야 한다"고 주장했다. 3월 28일에는 참가자가 15만 명이라고 보도된 일한회담 반대 평양시 군중대회를 열었다. 또 신문은 사설과 논설에서 연일 회담 반대 주장을 펼침과 동시에 남조선의 반대 시위를 격려했다.

4월 3일 〈모스크바방송〉은 "일본이 미국의 베트남 침략에 끌려 들어가 서울, 사이공의 반동정권과 일체가 된 것으로, 아시아 국민에 대한 위신을 잃었다"고 보도했다. 〈베이징방송〉은 "일한회담은 미국이 극동에서 일본을 주력으로 한 동북아시아 군사동맹을 만들어 아시아에서 침략과 전쟁 정책을 수행하려는 중요한 절차로서 미국의 지시대로 진행되어왔다. 사토 정부도 일한회담을 통해 조선반도를 다시 침략하고 대동아공영권의 꿈을 다시 욕심내고 있다"고 보도했다.

③ 한국

한국에서는 1965년 2월 19일부터 3월 26일까지 열린 제48차 임시국회에서 야당이 기본조약안의 영토관할권, 구조약 폐기 시기 및 이승만 라인의 폐기 등에 대해, 특히 일본 측 해석과의 차이를 따지는 질문 공세를 전개했다. 야당 측은 3월 5일 「한일회담 중단 결의안」을 제출하고 대표단 소환을 요구했지만, 이것은 회기 중에 처리되지 못하고 다음 국회로 미뤄졌다. 3월 30일 야당은 이동원 외무부장관의 즉각적인 귀국을 요구하는 성명을 발표했다.

4월 12일부터 5월 8일까지 열린 제49차 임시국회에서도 야당 측은 상기한 이동원 외무부장관, 차균희 농림부장관의 보고가 있은 후 이에 대한 질의로서, 특히 이승만 라인의 존폐, 기국주의, 오히라 외상과 김 부장의 양해에 따라 협정의 대강이 만들어진 점 등에 대해 비난했다.

일한회담 반대는 국회 외부에서 매우 활발한 활동 양상을 보였다. 야당 의원과 언론, 문화인을 망라한 '대일 굴욕외교 반대 투쟁위원회'는 3월 하순부터 일한회담 성토 강연회를 서울과 지방에서 연일 열었다. 강연회에 참석한 청중은 3월 20일 서울 3만, 27일 부산 2만, 28일 마산 1만, 광주 2만, 4월 1일 대구 2만, 4월 17일 서울 4만 5,000명이었다고 보도됐다. 중소도시에서도 수천의 청중이 모였다. 이 같은 움직임에 호응하여 4월 7일 서울에서 대학생 대표들에 의해 '평화선 사수 학생연합 투쟁위원회'가 발족, 학교별로 '한일회담 반대 성토모임'이나 반대시위가 일어났다. 대일 굴욕외교 반대 투쟁위원회와 학생들에 의한 시위 과정에서 일장기 화형식이 3월 27일 부산, 3월 30

일 서울, 4월 14일 부산, 4월 20일 서울(학생), 5월 18일 서울에서 각각 열렸다.

4월 15일 야당과 대일 굴욕외교 반대 투쟁위원회는 14일 내한한 제3차 일한 경제사절단(단장인 도코 도시오〔土光敏夫, 이시카와지마하리마(石川島播磨) 중공업 사장〕 씨를 포함한 38명)의 즉각 귀국을 요구했다.

이에 맞서 한국 정부는 3월 20일 일한교섭의 경위와 내용을 국민에게 알리고 정부의 자세를 보여주기 위해 『한일회담 백서』를 발행했다. 또 4월 3일부터 11일까지 여당 민주공화당은 4개 반으로 나누어 각지에서 강연회를 열고 일한 국교정상화의 필요성을 선전했다. 4월 14일 한국 정부는 언론 대표를 불러 회담에 대해 브리핑을 했다.

4월 1일 문교부는 회담 반대시위 학생 대표를 엄중 처분한다고 발표하는 한편, 4월 8일 서울의 각 대학생 대표 60여 명과 지도교수 10명을 불러 일한회담의 합의사항 가조인에 이르기까지의 경위를 설명했다. 그러나 학생들의 반대시위가 연일 계속되었기 때문에 문교부는 16일 일한회담 반대시위에 의해 정상적인 수업이 어려운 서울 시내의 고등학교, 대학교는 학교장 재량에 따라 17일부터 월말까지 휴교하라고 지시했다. 4월 16일 서울에서 7,000명 규모의 시위가 전개되어 이 과정에서 동국대 학생 1명이 사망했다. 17일 대일 굴욕외교 반대 투쟁위원회가 주최한 일한회담 반대 서울시민 궐기대회가 4만 명이 참석한 가운데 열렸다. 위원회는 "민족의 생명선, 평화선을 사수하라" 같은 내용을 결의했다. 그 후 5,000여 명의 시위대가 경찰과 충돌, 임시 파출소를 점거하기도 했다. 이에 따라 한국 국방부는 19일 향후 일한회담 반대시위가 전국에 파급 격화하여 경찰력으로 막을 수 없는 경우에 군대를 동원해 진압하기로 하고 육해공 3군 참모총장에게 그 취지를 통지했다. 4월 19일 서울시 경찰국장은 "앞으로 대일 굴욕외교 반대 투쟁위원회가 관계하는 집회를 일체 허용하지 않는다"고 발표했다. 20일 정부 여당 합동회의는 17일 서울에서 열린 야당의 시위는 정부 전복을 목적으로 한 폭동으로 간주하고, 대일 굴욕외교 반대 투쟁위원회는 불법 단체라고 규정했다.

일한조약 체결 반대를 주요 목표로 한 야당 민정당과 민주당은 통합을 추진해 5월 8일 '민중당'을 결성, 중앙선거관리위원회에 등록했다. 당시 국회 의석 분포는 민주공화당 110명에 야당 측 62명, 무소속 3명이었다〔대표최고위원은 6월 14일 전당대회에서 박순천(朴順天) 여사로 정해졌다〕. 민중당은 창당 시에 "박정희 정권의 대일 매국외교를 즉각 중지시키고 가조인된 한일 간의 협정을 백지화할 것" 등을 결의했다.

한편, 신문은 사설이나 논설에서 합의사항에 대한 경계와 반대론을 전개했다. "3억 달러로 평화선, 독도를 팔았다", "어장의 80퍼센트를 팔았다", "사실상 사라진 평화선, 빼앗긴 황금어장", "평화선 포기는 영토 포기, 주권 포기", "박 정권은 일본의 경제 침략 앞잡이", "현 정권하의 한일 국교정상화는 한국의 식민지화를 부른다" 등 강렬한 표현이 민중의 관심을 모았다. 한편, 4월 말 내한한 그린(Marshall Green) 미 국무부 극동 담당 부차관보는 야당 간부와도 접촉해 회담의 조기 타결을 바라는 미국의 입장을 설명했다. 당시 '대일 굴욕외교 반대 투쟁위원회'의 윤보선(尹潽善) 씨는 "야당은 한일 국교정상화에 반대하는 것이 아니라, 박정희 정권이 추진하는 한일회담이 한국에 불리하기 때문에 반대한다"고 말했다고 보도됐다.

8. 제1차 일한 무역회담

2월 시나 외상의 방한 시에 발표된 일한 공동코뮤니케에 기초해 제1회 일한 무역회담이 3월 11일부터 27일까지 도쿄에서 열렸다.

양측의 주요 대표는 다음과 같았다.

〈일본 측 대표〉

외무대신 시나 에쓰사부로, 외무심의관 우시바 노부히코(牛場信彦), 외무성 경제국장 나카야마 요시히로(中山賀博), 외무성 경제국차장 가토 다다오(加藤匡夫), 대장성 국제금융국장 와타나베 마코토(渡辺誠), 대장성 대신관방재무조사관 무라이 시치로(村井七郎), 수산청 차장 와다 마사아키(和田正明), 농림성 농림경제국 참사관 모리모토 오사무(森本修), 통산성 통상국장 야마모토 시게노부(山本重信), 통산성통상국차장 이마무라 노보루(今村昇), 통산성 통상국 참사관 호리 신스케(堀新助) 등

〈한국 측 대표〉

외무부장관 이동원, 주일 한국대표부 대표 김동조, 주일 한국대표부 공사 이규성, 외무부 통상국장 전상진, 외무부 아주국장 연하구, 상공부 상역국장 김우근(金禹根), 농림부 수산국장 이봉래, 한국은행 이사 김봉은(金奉殷) 등

일한 무역회의의 성격 및 그 성과에 대해 경제국 동아시아과가 작성한 조서를 적기하면 다음과 같다.

일한 무역회의에 대해

1. 일한무역은 해마다 증가 추세에 있지만, 지금까지는 우리 측의 대폭적인 수출 초과를 보이고 있다. 이 때문에 한국 측은 기회가 있을 때마다 1차 생산품을 중심으로 한 한국 상품의 매입 확대 혹은 신규 매

입을 강하게 요구하고 있다. 이러한 움직임의 일환으로 한국 측은 시나 외상의 방한 시에 발표될 일한 공동코뮤니케에서 이 같은 내용을 주창하고 싶다고 제안해왔다.

2. 한국 측은 무역회담에서 성과를 올림으로써 회담 촉진을 측면에서 지원하려는 의도인 것으로 보인다.

3. 이에 대해 우리 측은, 특히 한국 측이 중시하는 일본의 한국 상품 매입 확대 문제는 일본의 수요, 경쟁 상품의 존재 및 일한회담, 그중에서도 어업교섭의 진행 등과 관련이 있고, 가령 각료급 무역회의와 같은 것을 연다고 하더라도 반드시 한국 측의 기대를 충족시키는 성과를 내지 못하는 경우, 역효과가 나는 일도 생각할 수 있기 때문에 여러 가지를 신중하게 검토했다. 그러나 우리 측은 결국 어떤 수준의 회의인지는 확답을 주지 않은 채 한국 측의 제안을 수용했다. 그러나 우리 측은 전술한 판단에 기초해 회의가 한국의 1차 생산품 매입 문제에만 집중되지 않고, 특히 한국 측의 대외 수출력 일반의 강화라는 관점에서 넓게 일한 간 경제협력 긴밀화에 대해 토의하는 것이 바람직하다는 방침하에 시나 외상 방한 시에 이 문제를 한국 측과 협의했다.

4. 그 결과, 2월 20일 발표된 일한 공동코뮤니케에는 "가능한 한 이른 기회에 무역회의를 열기로 의견이 일치했다"는 취지가 표명됐다.

5. 이어 한국 측은 이동원 외무부장관이 방미하는 길에 일본을 방문해 3월 11일 본건 회의를 개최하고 싶다고 제의했고, 이에 우리 측이 응했다. 회의는 양국 외무장관의 임석하에 개최하기로 하고, 회의 의제는 다음과 같이 채택했다.

(1) 일한 간 무역의 리뷰

(2) 한국 1차 생산품의 수입 확대 문제

(3) 보세가공무역 문제

(4) 한국 상품 개발 수출 문제

(5) 현행 3개 협정(무역, 금융, 해운)의 개폐 문제

(6) 기타 양국 무역 확대에 관한 제반 문제

6. 회의는 17일까지는 비공식 회의로서 예비적인 의견 교환이 이뤄졌다. 이어 상대측 관련 국장 등의 일본 방문을 기다려 회의는 18일부터 시작됐다.

7. 의사는 예상대로 일본의 한국 1차 생산품의 수입 확대 문제를 놓고 난항을 겪었다. 그들의 주장, 양해 등 논의의 주요 내용은 「일한 무역회의에 관한 합의의사록」(공표하지 않음, 극비)으로 정리되었지만, 그 대략은 별첨한 바와 같다.

8. 회의는 방미 후 일본을 공식 방문한 이 장관을 맞이해 3월 27일 다시 양국 외무장관의 임석하에 폐막식을 갖고, 상기한 합의의사록에 가조인(일본 측 우시바 외무심의관, 한국 측 김 주일 대표부 대표)을 함과 동시에 「일한 무역회의에 관한 공동코뮤니케」(합의의사록 중 공표 가능한 부분을 단순화한 것을 주요 내용으로 함)를 발표했다.

9. 또 한국 측 제안에 의해 상기한 공동코뮤니케에도 적시된 바와 같이 올해 중에 서울에서 다시 양국 간 무역회의를 개최하기로 합의했다.

별첨

「일한 무역회의에 관한 합의의사록」 요지

1. 일한 양국 간 무역의 리뷰

한국 측은 현재 일한무역의 불균형(unbalance)에 불만을 표명하고, 우리나라가 1차 생산품이 대부분을 차지하는 한국 상품의 수입을 확대할 것을 희망했다. 이에 대해 우리 측은 1차 생산품에 대한 제한 및 장벽은 국내 영세 농어민과 중소기업 보호를 위해 어쩔 수 없는 조치라는 점, 또 양국의 무역 불균형 시정 문제는 장기적인 시야에서 우리나라가 보세가공 무역이나 개발 수출 등에 협력해 한국의 수출 능력 증대를 도모할 필요가 있다는 점을 강조했다.

2. 한국 1차 생산품의 수입 확대 문제

(가) 김: 즉시 자유화는 어렵지만, 수입 증가가 국내 생산자에게 악영향을 주지 않도록 조치한 후 1965년도부터 2억 내지 5억 장 사이에서 할당을 하고, 또 가능한 한 이른 기회에 관세 인하를 실현하도록 노력한다.

(나) 어개류(魚介類): 전갱이, 고등어를 제외한 어개류(단, 마른 오징어는 별도로 취급한다)에 대해서는 우선 1965년도에 전년도를 상회하는 할당을 하고, 오징어는 조만간 약 6만 피클을 할당한다. 전갱이, 고등어는 자유화가 불가능하며, 할당에 대해서도 당분간 거의 불가능하지만 향후 일본의 수급 상황이 허용된다면 할당량을 다시 검토한다. 또 어류의 수입 담보율 인하와 관련해 다음 번 담보율 조정 시에 이를 충분히 고려한다.

(다) 무연탄: 1965년도 30만 톤 수입을 목표로 한다.

3. 보세가공무역 문제

일본 측은 국내 중소기업 대책과 관련해 상당한 어려움이 있지만, 원칙적으로 최대한 협력한다.

4. 한국 상품개발 수출 문제

몰리브덴(molybdän)광, 연광(鉛鑛), 아연광, 동광(銅鑛), 철광석 등 자원 개발의 가능성을 조사하기 위해 조사단 파견을 고려한다. 기술 교류를 촉진한다.

5. 현행 3개 협정의 개폐 문제

현행의 무역, 금융 및 잠정 해운의 3개 협정을 개폐(改廢)하기 위해 향후 지속적으로 교섭한다.

6. 기타 양국 무역 확대에 관한 제반 문제

(가) 양국의 실업인의 입국 체재를 원활히 하도록 상호 고려한다.

(나) 일본의 한국으로의 어선 수출은 관련 제반 협정에 대한 가조인이 마무리되는 대로 수출 금지를 해제한다.

(다) 일본 측은, 밀무역의 근절은 양국의 이익에 부합하는 것이라고 양해하고, 국제적으로 밀무역이라고 인정되는 것에 대해 양국은 이것의 근절을 위해 최대한 협력할 것을 약속한다.

XIII

조문 작성 교섭과 일한조약 제 협정의 조인

XIII

1. 조문 작성 교섭의 진전

합의사항에 대해 가서명을 마친 후 일한 양측은 아래 제2~5절에서 후술하듯이 조문 작성 협상에 들어갔다. 당시 구로다 북동아시아과장은 격주로 전체 작업의 진전 상황을 「일한회담의 진행 상황」으로 정리해 보고했다.

(1) 체결 날짜를 정한 회담

당시 한국에서는 일한회담 타결 반대운동이 크게 달아오르고 있었다. 이에 대해 구로다 북동아시아과장은 다음과 같이 관찰했다.

1964년 봄 아카기 농림상과 원 농림부장관의 회담은 조금만 나아가면 타결될 수 있었던 지점에서 한국의 학생데모 때문에 중도에 좌절되었다. 교섭이 길어지면 1965년의 교섭도 같은 운명이 될 수 있다. 야당은 당수인 윤보선을 필두로 몸을 던지는 반대운동을 펼치고 있었다. 학생들의 반대운동도 점차 달아오르고 있었다.

교섭 타결의 기운이 크게 달아오른 이때 반드시 단번에 타결해야지, 그렇지 않으면 무슨 일이 또 일어날지 알 수 없다는 분위기가 일한 양국의 교섭 지도자 사이에 공유되고 있었다. 외교교섭의 성패는 타이밍 여하에 달려 있다는 것을 이때만큼 통감한 적은 없다.

1965년 4~6월 한국에서 학생시위가 만연하게 되자 이것이 한국 정치, 특히 일한교섭을 추진하는 한국 정부의 능력에 어떤 영향을 주고 있는지 평가를 해야만 하는 상황이 되었다. 한국의 학생시위는 이승만 정권을 전복시킨 이후 한국 정치를 움직이는 커다란 요인이었다. 윤보선을 비롯한 야당의 반대는 기성 정치인의 의견으로서 한국 국민에게는 그다지 호소력이 없어 두려워하지 않는 것으로 알려져 있다. 이에 반해 학생들의 반대는 한국 여론에서 동정적으로 여겨졌다.

5월이 되자 서울의 마에다(前田) 참사관이 학생데모의 진전 상황과 관련해 상당한 정도의 경고성 전보를 보내왔다. 교섭을 중지할 수는 없지만, 만약 한국의 학생데모가 일한교섭에 중대한 영향을 미칠 수 있는 상황이라면 정치적 수준에서 사전에 보고해 마음을 다잡아두지 않으면 안 된다.

그래서 미국대사관에 부탁해 당시 학생데모가 한국 정국에 미치는 영향에 대한 판단을 서울의 미국

대사관에 물어보라고 했다. 결과는 낙관적이었다. 그것만으로는 불안했기 때문에 [ ] 영국대사관을 비롯해 한두 개의 제3국 대사관에도 판단을 요구한 결과, 모든 대사관으로부터 그해의 학생시위는 한국 정부가 통제할 것이라는 평가를 들었고, 이를 기초로 외무성이 판단했던 것을 기억한다. 그해 학생데모는 결국 이 판단대로 대단한 것이 되지 않은 채 마무리되었지만, 그것은 한국 정부가 전년도 경험을 토대로 학생과 시민이 데모에 합류할 경우 심각한 시위가 될 것을 인식해 사전에 각 대학 캠퍼스 주변에서 학생시위를 봉쇄한 점, 예년에 학생시위가 발생한 배후에는 대학에 학생시위를 선동하는 자가 있었다고 판단해 대학 측에 압력을 가하도록 한 점 등이 효과를 냈다고 한다. 학생시위를 진압할 수 있었던 것은 역시 군인정권이었기 때문이라고 생각한다.

한국 정부는 국내의 회담 반대운동이 격렬해진 와중에도 조속히 타결을 보겠다는 태도를 견지했다.

4월 12일 박정희 대통령은 "5월 중에 한일조약을 정식 서명한다"고 말했는데, 당초 목표는 5월 중순 박 대통령 방미 때까지 서명하는 것이었다. 합의사항 가조인 후 제7차 회담의 전체 회의는 열리지 않았지만, 그 대신에 수석대표 회의가 4월에 네 차례, 5월에 세 차례 열렸다. 수석대표 회의를 통해 김동조 대사는 매번 적극적인 서명 목표를 제시했다.

가조인을 마친 후 열린 첫 수석대표 회담(4월 7일 제10차 회의)에서 김동조 대사는 "5월 10일까지 본서명을 하는 것을 목표로 노력하겠다"고 말했고, 4월 13일 제12차 회의에서는 "5월 초에 모든 안건을 처리하고 서명을 위해 도쿄에 전권단을 파견하겠다"고 밝혔다. 4월 21일 제13차 회의에서 김동조 대사는 라이샤워 대사의 요청도 있으므로 일단 5월 15일을 타결 시한으로 하자고 제안했다. 한국 측은 4월 28일 제14차 회의에서는 "한국 측은 이미 본국에서 주요 위치에 있는 22명을 도쿄로 오게 해 대표 관저에 조립식 주택을 만들어 수용하고 있다"고까지 말하며 타결에의 열의를 보였다.

이 단계에서 일본 측은 매우 신중했다. 에머슨 주일 미국공사가 찾아와 박 대통령의 방미까지 일한조약의 제 협정 체결을 요청하자 우시로쿠 아시아국장은 미해결 안건을 나열해 설명한 뒤 물리적으로 불가능하다는 뜻을 피력했다고 한다(「일한교섭의 회고: 시나 외상, 우시로쿠 대사에게 듣는다」). 사무 당국으로서도 일한 간의 다방면에 걸친 문제에 대한 조문을 타결하고, 법제국과의 협상을 거친 후 그 번역문을 상대측과 비교 검토하는 등, 서명에 이르기까지의 방대한 작업량을 1~2개월에 끝낼 수 없다는 것을 과거의 경험을 통해 알고 있었다.

박 대통령은 1965년 5월 17일부터 27일까지 존슨(Lyndon Baines Johnson) 대통령의 초청을 받아 국빈 자격으로 미국을 방문했다. 18일 존슨 대통령과의 회담 후 발표된 공동성명은 베트남 전쟁에 대한 한미 양국의 긴밀한 협력, 한국에 대한 미국의 1억 5,000만 달러 차관공여 등을 언급한 후 일한교섭에 대해 "박 대통령은 이미 가조인되어 조약 형식으로 기초 중인 일한 간의 국교정상화 교섭을 검토했다. 존슨 대통령은 그 성과를 환영, 찬성의 뜻을 표하고 일한 간의 합의가 완결되면 두 당사국의 상호 이익이 증진되고 아시아 자유국가를 강화하게 될 것으로 기대된다고 말했다. 존슨 대통령은 한국에 대한 군사경제 원조는 일한 국교정상화 이후에도 계속한다고 말했다"고 밝혔다. 박 대통령의 방미와 이 성명은 한국 내의 반대론을 억제하기 위한 것으로 관찰되었다.

5월 말이 되자 일본 측 수뇌부도 교섭을 타결하겠다는 결의를 다졌다. 이는 시나 외상의 의도였다고 한다. 5월 27일 수석대표 회담 제17차 회의에서 우시로쿠 아시아 국장은 "알제리에서 열리는 제2회 AA 회의[111]에 6월 22일 시나 외상, 우시바 심의관이 참석한다. 게다가 7월 4일에는 참의원 선거가 있어 각료들이 바빠지기 때문에 6월 20일경까지 교섭에서 실질적인 타결을 보는 것이 바람직하다"고 발언했다. 이에 대해 김 대사는 "6월 10일경까지 위원회 수준의 토의를 마무리 짓고, 미해결사항은 수석대표 회의 또는 그 이상 수준의 정치협상에 맡기지 않으면 6월 20일경까지 마무리 짓기는 불가능할 것"이라고 말했다.

5월 25일 당시 시점에서 북동아시아과가 작성한 「일한교섭 타결방침(안)」은 다음과 같다.

일한교섭 타결방침(안)

1965년 5월 25일, 북동아시아과

1. 기본방침

6월 10일을 목표로 사무적 절충을 마무리 짓도록 한다. 그 직후(6월 11일경) 이동원 외무부장관의 방일을 요청해 정치적 절충을 시도, 어업과 법적지위, 청구권·경제협력 등 각 협정의 사무적 교섭에서 접점을 찾지 못한 약간의 부분과 문화재에 관한 교섭을 마무리 짓는다. 동시에 다케시마 문제도 해결한다. 이 협상은 일주일 이내에 마무리 짓도록 노력하겠지만, 늦어도 외상의 제2회 AA 회의 출발(6월 22일) 전까지 협상을 타결하도록 한다.

이 기본방침에 대해 총리 결재를 받아 한국 측에 제의한다.

2. 각 문제의 사무적 절충 절차

(1) 어업과 관련, 합의사항을 기초로 순수하게 이를 보완하는 데 그친다는 취지를 한국 측에 확인시키고 어느 정도 이를 보완할 수 있는지 외무성이 방침을 정한 후 수산청에 이를 제시, 의견을 조정해 5월 29일 무렵까지 상대측과 절충을 벌인다.

(2) 법적지위는 다른 문제의 교섭 진행 상황과 관계없이 신속하게 2~3개의 미타결 사항을 남겨두고 문안을 확정하도록 교섭을 추진한다.

(3) 청구권 및 경제협력은 늦어도 5월 말까지 우리 측이 전반적인 안을 제출하고 교섭을 진행한다.

---

111) Asian-African Conference(아시아-아프리카 회의).

(4) 문화재의 경우, 상기 기본적인 교섭방침이 확립되는 대로 신속하게 우리 측 안을 낸다.

(5) 다케시마의 경우, 정치적 절충 이전에는 교섭은 진행하지만 정치적 절충의 의제가 될 것임을 분명히 밝혀둔다(외무성은 본건의 해결방침을 신속하게 결정할 필요가 있음).

(6) 기본관계조약의 한국어 안을 조속히 제출할 것을 요구한다.

이후 5월 31일 이동원 외무부장관은 "알제리에서 열리는 AA 회의에 참석하기 전에 한일조약을 체결하고 싶다"고 말했다(당시 알제리 회의에는 한국 정부 대표도 참석할 예정이었다).

사토 총리는 6월 3일 개각을 단행했다. 유임된 시나 외상은 첫 각의 후의 기자회견에서 "AA 회의에 출발하기 전 일한조약 체결"을 언급했다. 이는 6월 9일 관계 각료회의[사토 총리, 시나 외무대신, 사카타 에이치(坂田英一)농림대신, 나카무라 운수대신]에서 확인됐다고 보도됐다. 일한 양측은 서명 일주일 전인 6월 15일 시나 외상과 김동조 대사의 회담에서 6월 22일에 모든 안건에 대해 일괄적으로 조인한다는 것을 분명하게 결정했다.

15일 각의 전에 사토 총리는 시나 외상, 후쿠다 다케오(福田赳夫) 대장상, 사카타 농림상에게 22일 이전에 사실상 타결을 도모하도록 현안 해결을 위한 협력을 지시했다고 보도됐다. 또 18일 각의 후에 사토 총리, 시나 외상, 후쿠다 대장상, 스즈키 젠코(鈴木善幸) 후생상, 이시이 미쓰지로(石井光次郎) 법무상, 나카무라 우메키치(中村梅吉) 문부상, 사카타 농림상, 나카무라 도라타(中村寅太) 운수상, 나가야마 다다노리(永山忠則) 자치상 등이 참석한 일한회담 관계 각료회의에서 일본 측의 최종적 의견이 조율되었다고 보도됐다.

한편, 한국 측은 18일 박 대통령의 주재하에 열린 회의에서 이동원 외무부장관을 수석전권 자격으로 일본에 파견하는 것을 결정했다. 이 외무장관은 20일 정부 및 민주공화당 합동회의[정 총리 이하 장관 전원, 민주공화당 당무위원 전원, 정책위원회 정부(正副)위원장 등이 참석]에서 도쿄로부터 보고받은 협정 내용을 설명하고, 22일 일괄 체결하는 데 동의를 얻었다. '6월 22일 조인'이 회담 막판에 일한 양국 대표단의 공통 화두가 된 것에 관해 우시로쿠 대사는 수기 「일한교섭에 관한 약간의 회상」에서 다음과 같이 적었다.

외상이 6월 22일까지 서명하라는 지상명령을 내렸다. 그러나 사무 당국이 속으로 생각한 계산으로는 비록 22일까지 실질적으로 모든 교섭이 타결된다 하더라도 보통 법제국이 텍스트를 심의하는 데 열흘이 필요하기 때문에 외상이 알제리에서 귀국하고 미국으로 출발하기 전 이틀간 일본에 체류하는 동안 조인식을 가지면 된다는 관측이 있었다.

하지만 외상과 한국 측이 집요하게 추진 의사를 피력한 결과, 교섭에서 양쪽 모두 허둥지둥 양보할 것은 양보했다. 법제국도 심사관을 임시 증원하고, 조문이 타결되는 대로 교섭과 병행해 심사를 진행하는 신속함을 보였다. 결국, 체결 예정 한 시간 전에 모든 텍스트 인쇄를 완료할 수 있었는데, 이는 참으로

"하면 된다"는 좋은 사례인 동시에 "아마추어는 무섭다"는 통례이기도 했다.

　　19일 알제리에 정변이 발발, 22일 외상의 알제리 출발이 불투명해지자 한국 측은 22일 체결에 구애받지 않으면서 더욱이 시간을 갖고 교섭을 유리하게 이끌려 하는 듯한 분위기를 연출했다. 따라서 이 같은 달콤한 기대를 서둘러 봉쇄하기 위해 21일 제1회 시나 외상과 이 장관의 회담 벽두에 시나 외상이 이 장관에게 "22일 알제리 출발과 관계없이 서명은 22일에 마무리한다는 기본방침하에 진행하고 싶다"는 취지를 설명, 우리 측의 협상 완결에 대한 부동의 자세를 표명하는 데 성공했다.

(2) 합숙 교섭

　　이상과 같이 시한을 정해놓은 교섭을 위해 양국 대표단이 같은 호텔에 합숙해 회담을 가졌다. 어업은 6월 5일에서 8일 하코네(箱根)관광호텔, 청구권은 6월 11일에서 14일 뉴오타니호텔, 그리고 마무리는 6월 15일에서 21일 힐튼호텔에서 양측 대표단이 숙박하면서 밤낮을 가리지 않고 교섭을 계속했다. 이로써 서명 예정일에 맞추는 성과를 올렸다. 마쓰나가 노부오(松永信雄) 조약과장은 "서명 날짜를 정해 행한 합숙 교섭, 막판 벼랑 끝 교섭은 유례가 없다. 대개 조약 교섭에서 사무적으로 작업을 하지 않을 수 없어 철야를 한 적은 있지만, 교섭 자체가 연일 새벽까지 이어진다는 것은 유례가 없다고 생각한다"고 말했다. 야마구치(山口) 조약과 사무관은 "한국인과 일본인은 역시 동질적인 면이 있어 함께 특공대 정신으로 새벽까지 간다는 교섭 형태가 취해졌는데, 서양인을 상대로 했다면 이쪽이 그런 방식을 제안해도 불가능했을 것"이라고 말했다. 야마구치 사무관은 또 힐튼호텔의 회담과 관련, "외무성의 상하 관계자 외에 대장성·통산성 등의 관계자가 테이블에 동석하거나 같은 방에서 옆에 대기하는 체제로 진행되어 교섭 운용에 애로가 있는 측면이 있는 반면, 문제가 생기면 바로 그 자리에서 상담할 수 있어 그런 의미에서는 좋았다. 한밤중에 관련 국장 등이 퇴근해버리면 갑자기 연락할 수도 없는데, 관계자를 모두 불러 모아놓고 즉결로 하나씩 처리하니 교섭에 진척이 있었다"고 평가했다(「일한교섭의 회고: 조약과의 입장에서」).

　　우시로쿠 아시아국장은 밤샘 협상에 대해 다음과 같이 말했다.

　　　　이 방식은 외무대신의 제안을 토대로 했지만 이 같은 이례적인 교섭의 경우는 확실히 효과적이었다. 특히 처음부터 교섭에 소극적인 기색을 보였던 관계 성청(省廳)의 수행원들을 합숙 태세에 돌입시킴으로써 교섭 자체에 애착을 갖게 하고 외무성 측과 협력해야 한다는 분위기로 유도하는 효과가 있었던 것은 충분히 인정되는 바이다.

　　　　이 합숙 교섭에서 외무성의 젊은 직원들은 며칠 밤 계속된 밤샘 교섭에도 조금도 나약함을 보이지 않았다. 교섭 중간중간에는 브리지 카드게임를 하면서 졸음을 깨웠고, 상대측의 대안이 나와 회담이 재개되면 "칼을 허리에 꽂을 겨를도 없이 손에 쥔" 듯한 자세로 회의장에 나가는 모습에 각 성청(省廳)에서 파견된 교섭위원들은 하나같이 경악했다. 이로써 외무성의 전통과 근성을 보여줄 수 있었는데, 이는 남모를 자부심을 느끼게 했다. 또한 합숙 교섭을 하면 자정 무렵에는 양측 모두 힘을 내어 양보하지 않아 타결되지 않다가 동이 틀 즈음이 되어서야 타결에 이르기 일쑤였는데, 이는 예산 교섭과 다르지 않았다. '청년 장교'들이 테이블을 사이에 두고 협상하는 가운데 옆 소파에서는 양측 간부들이 교섭의 격화를 막는 조정위원회 역할을 다하기 위해 위스키를 마셔가며 함께 애썼다. 그중에는 환성을 지르듯이 소파에서 자는 자도 있었을 정도로, 정말로 상식적으로 존재하기 어려운 외교교섭이었다.

6월 22일 조인 직전 사토 총리와의 회담에서 이동원 외무부장관은 "연일 철야로 일해도 이튿날 아무 일 없다는 듯이 태연하게 나타나므로 일본 측 대표단은 교섭 상대로서는 아주 다루기 어렵다"고 말했다.

하코네의 밤샘 교섭을 구로다 북동아시아과장은 다음과 같이 관찰했다.

> 밤샘 교섭 혹은 심야 교섭은 대부분 한국 측이 원인을 제공해 철야나 심야가 되곤 했다. 예를 들면 밤 8시에 모이자고 하면 실제로는 11시 반 무렵이 되어서야 한국 측은 준비가 되었다면서 나타난다. 그동안 우리 측은 멍하니 기다리는 경우가 많았다.
>
> 밤샘 교섭이라는 것은 한국 외교의 스타일 같다. 그러한 이유 가운데 하나는 한국인은 논쟁을 매우 좋아하고 비타협적이므로 부서 내 의견 조정에 시간이 걸린다는 점이었다. 우리 측과 교섭을 할 수 있게 되었을 때는 이미 한밤중이다. 수면 부족으로 교섭 중에 크게 코를 골며 자는 자가 있는가 하면, 자기들끼리 고함을 지르는 자, 상대측에 소리를 지르는 자가 있었는데, 거의 외교교섭처럼 보이지 않았다.

당시 합숙비용은 하코네 교섭 때 약 68만 6,000엔, 뉴오타니호텔과 힐튼호텔은 합계 약 430만 엔으로 총 약 500만 엔이었다.

(3) 우시바 심의관과 김동조 대사

이상과 같이 시한을 못 박은 교섭에서 일본 측 차석대표인 우시바 심의관은 숙련된 외교 감각과 강력한 리더십을 발휘하여 외무성과 각 성의 의견을 사무적으로 조정하는 데 진력했고, 한국 측 수석대표인 김동조 대사도 박 대통령의 신임하에 강한 추진력을 발휘하는 등 우시바 심의관과 김동조 대사가 일체가 되어 회담 타결을 위해 매진한 것도 당시 회담의 큰 특징이었다. 이에 대해 우시바 심의관은 다음과 같이 말했다.

김동조 대사와 나는 수시로 만났다. 무슨 일이 있으면 그는 나에게 갖고 왔다. 그동안 그와 나는 이른
바 말하지 않는 사이에 같은 목적으로 일하는 입장이 되었다. 이는 외교교섭이라고 하더라도 이례적이
며, 이 점은 일한 국교정상화 교섭의 최종 단계에서 나타난 하나의 특징이었는지도 모른다. 어쨌든 사무
적으로는 일한 간에 매우 대립하는 점이 많았고 정치적으로도 기본적인 입장이 달랐지만, 정리 역할을
맡은 그와 나는 말하자면 공통의 지반에 서서 일을 어떻게든 성사시키기 위해 서로 협력했다. 사무적인
교섭에서는 일본 측과 한국 측 대표단이 테이블의 양쪽에 앉고 나와 김동조 대사는 상석에 나란히 앉아
서로 사무적인 논의를 계속하도록 했고, 결국 두 사람 사이에서 어떻게든 정리하고 가자는, 어느덧 그러
한 모양새로 논의를 정리하는 경우가 많아졌다. 이는 어느 쪽이 그렇게 하자고 한 것이 아니고 자연스
럽게 그렇게 되어버렸다.

이 같은 양자 회담의 추진 양상에 대해서는 제3절 「청구권 및 경제협력 문제」 (1)의 ④교섭 형
식'에 구체적으로 기록되어 있다. 또 구마야(熊谷) 조약과 사무관은 하코네 회담에서의 교섭 양상
을 "친권자 또는 후견인처럼 우시바 심의관, 우시로쿠 아시아국장, 김동조 대사가 줄지어 서 있고,
그들의 감독하에 히로세(広瀬) 참사관과 이규성 공사, 마쓰나가 과장과 김정태(金正泰) 참사관, 오
재희(吳在熙) 주일 대표부 정무과장, 최광수(崔侊洙) 동북아주과장 등이 교섭을 했다. 이런 방식
은 유례가 없는 것 아닌가"라고 말했다(「일한교섭의 회고: 조약과의 입장에서」).

김 대사의 강력한 추진력과 그 수완은 우시로쿠 아시아국장, 후지사키 조약국장, 구로다 북동아
시아과장, 미카나기 기요나오(御巫清尚) 경제협력국 국제협력과장의 수기에도 한결같이 기록되어
있다.

『한국일보』 6월 2일 자에 따르면, 한국 측은 6월 1일 정일권(丁一權) 총리 주재하에 일한회담 관
계자 회의를 열어 김동조 대사에게 준(準)정치협상의 권한을 부여하고, 6월 18일까지 현안의 조문
화 작업을 추진하도록 지시했다. 김 대사에게 과감하게 수완을 발휘하도록 조치했던 것이다.

(4) 법제국 심의

법제국은 조약의 제반 협정 체결 일정에 적극적으로 협력해주었다. 마쓰나가 조약과장은 "법제
국의 심의는 이례적이었다. 보통은 실무적인 수준에서 조약안에 대해 심의하고 문제가 있으면 법
제차장, 장관까지 올라가는데, 일한 간의 경우는 그렇게 하면 늦어지므로 나는 조약국장의 명을 받
아 먼저 법제국 장관에게 가 그곳에서 법제국의 모든 부장을 불러 모으고 일한교섭의 내용과 조약
안의 대강을 설명한 다음 '일반적인 심사 과정을 거치면 시한에 맞추지 못하므로 법제국의 특별한
처리를 부탁드린다'고 말했다. 이때 법제국 장관, 차장이 아라이(荒井) 제3부장에 대폭적으로 권한

을 이양해주었다. 법제국은 제3부장이 조약, 협정, 부속 문서를 모두 심의할 수는 없었기 때문에 법적지위는 사나다(眞田) 제2부장, 어업은 다나카(田中) 제4부장과 같이 법제국 내부에서 나누고, 아라이 제3부장이 총괄을 맡는 방식으로 진행했다. 기본조약안의 경우 신문에도 발표하고 국회에 제출했기 때문에 가조인된 단계에서 예비 심사를 받은 것도 이례적이었다"고 말했다.

2. 어업 문제

(1) 한국 내 어업 문제 합의 반대운동

합의사항 가조인 후 한국에서의 일한회담 반대운동은 더욱 활발해졌는데, 반대의 최대 이유로 꼽혔던 것이 어업 문제였다. 지도상 평화선 안에 한국의 판도에 바짝 가깝게 그어진 전관수역 선은 일본 측에 민족의 해역을 빼앗겼다는 느낌을 줬고 이는 소박한 한국의 국민감정에 강하게 호소하는 부분이었다.

한국이 평화선을 사실상 포기한 것은 천추의 한(恨)이며, 만고의 통분(痛憤)이다. 우리에게 유불리한 선을 훌쩍 넘은 충격적인 주권 포기 행위라고 말하지 않을 수 없다. 평화선은 갑자기 모습이 사라졌고 이를 우수한 어선·어구·기술을 가진 일본 어민에게 내줬다. 평화선이 엄존하는 경우에도 일본어선은 대거 우리 근해를 침범해왔으므로 평화선이 철폐되면 안하무인인 일본어민이 어떤 사태를 전개할지 상상하기 어렵지 않다. (『경향신문』, 4월 5일 자 사설)

합의 내용을 보면, 어업 문제만큼 함부로 취급된 것은 없다. 실리는 대부분 일본 측이 차지해 명분조차 세울 수 없다. 일본은 이 협정의 결과 연간 2,300만 달러의 어획 실적을 갖는 평화선 수역에서 안전한 조업을 보장받을 수 있게 된 반면, 한국 측이 그 대가로 얻은 것은 전관수역의 확정과 9,000만 달러의 어업차관, 3,000만 달러의 어선도입차관만이라는 느낌이 든다. (『조선일보』, 4월 6일 자 해설)

14년간 지켜온 평화선은 사실상 소멸됐다. 연간 어획량은 3분의 1로 줄고, 제주 어장은 겨우 6분의 1을 확보, 국제관례보다 크게 후퇴했다. (『동아일보』, 4월 5일, 6일, 8일 해설)

여기에 신문의 관련 기사 제목으로, 또 반대운동의 슬로건으로 제시된 "3억 달러로 평화선과 독도를 팔아 넘겼다," "어장의 80퍼센트를 팔았다," "사실상 사라진 평화선, 빼앗긴 황금어장," "평화선 포기는 영토 포기, 주권 포기" 등 강렬한 표현이 민중의 관심을 모았다.

당시 한국 신문은 일본어선이 집단적으로 이승만 라인 수역에 들어와 남획하고 있다고 보도했는데, 4월 6일 밤 전남 흑산도 부근의 홍도에 200여 척(한국 신문 보도)의 일본어선이 진입, 그중 1척이 한국어선(충남호)에 추돌, 대파시킨 사건이 일어났다. 9일 외무부 훈령에 의거해 김 대사는 일본 정부에 이를 항의했다. 이에 대해 한국의 야당은 이 사건을 일한교섭에서 한국 정부가 했던 양보와 결부시켜 "정부 당국이 평화선을 판 증거"(박한상(朴漢相) 민정당 대변인)라면서, "정부는 가서명된 합의사항의 폐기를 선언하라"(박영록(朴永祿) 민주당 대변인)라고 정부를 공격했다. 여당인 민주공화당도 "인도적으로 용납할 수 없는 행위"(김동환(金東煥) 원내총무)라고 비난하는 담화를 발표했다.

야당과 '대일 굴욕외교 반대 투쟁위원회'는 4월 9일부터 일한회담 반대 유세 연설을 시작했다. 이 위원회의 윤보선 의장은 10일 "매국적인 한일협정의 가조인을 백지화하고, 침입한 일본어선을 나포해 법에 따라 처단하라"고 말했다. 각 신문에도 "평화선을 침범한 일본어선을 나포하라"라고 주장하는 논설이 게재되었다. 12일 한국의 원양어업조합, 남해안기선저인망어업조합, 기선건착망어업조합 3개 수산단체는 각각 어민 대표자 회의를 열어 어업구역의 재획정과 기국주의의 지양을 요구하는 건의서를 정부에 제출했다. 15일 이들 대표는 상경해 협정 내용의 수정을 요구했다. 4월 13일에는 여당인 민주공화당조차 "기국주의의 채택은 일본의 불법 어로와 남획을 충분히 방지하지 못할 것"이라고 비난하며 기국주의의 채택을 보완하라고 요구하는 대정부 건의서를 제출했다. 4월 17일 치안국은 한국의 전관수역을 침범하는 일본어선을 나포하라고 해안경비대에 지시했다.

한편, 서울의 대학생들 사이에서는 4월 7일 '평화선 사수 학생연합 투쟁위원회'가 발족, 활발한 움직임을 보이기 시작했다. 결국, 16일 서울의 대학교와 고등학교에 휴교조치가 내려졌고, 앞에서 언급한 바대로 대일 굴욕외교 반대 투쟁위원회의 주요 움직임에 대해서도 억제조치가 취해졌다.

합의사항이 가조인된 후인 4월 7일 열린 첫 수석대표 회담(제11회)에서 김동조 대사는 어업과 관련, "기국주의가 본국에서 문제가 되고 있기 때문에 일본 측에서 평화선 철폐를 표면화해 말하지 않기를 바란다. 한국 정부는 서서히 민중을 가르칠 생각인데, 그것을 뒤에서 돕기 위해 9,000만 달러 어업협력의 효과적인 실시가 요구된다"고 말했다. 4월 13일 수석대표 회담(제12회)에서 이규성 공사는 "어업 합의사항과 관련된 한국민의 불만은 일본의 신문이 전하는 것보다 훨씬 강하기 때문에 공동위원회나 분쟁 처리 등 미해결 부분은 가급적 한국 측 안에 가까운 선에서 해결할 것"을 요망했다. 또 4월 21일 수석대표 회담(제13회)에서 김 대사는 평화선 안에 일본어선이 대거 침입하고 있는데, 이 같은 사태가 개선되지 않을 경우에는 한국 정부로선 단호한 조치를 취하겠다는 취지의 훈령을 받았다고 발언했다.

(2) 수산청 통지와 관방장관 담화

4월 8일 수산청장관은 도도부현 지사에게 다음과 같이 통지하고 일본어선의 자제를 촉구했다.

40수산 제2205호
1965년 4월 8일

지사님께
수산청장관

일한어업 문제에 관한 합의사항의 가조인에 대해

1952년 2월에 시작되어 7차에 걸쳐 진행되어온 일한 어업교섭은 지난 4월 3일 양국 간에 별첨한 「일한 간의 어업 문제에 관한 합의사항」(이하 「합의사항」으로 약기)대로 가조인이 이뤄졌다. 향후 이 가조인된 합의사항에 기초해 본협정의 조문 작성에 들어가게 되지만, 본협정의 조인, 국회 승인, 비준 절차가 완료되어 일한 어업협정이 정식으로 발효될 때까지는 추가로 수개월을 요하는 상황이다.

따라서 이 기간 동안 관련 해역에서 일본 어업의 조업 실태 여부는 협정의 정식 발효의 성패에 미묘하게 관련될 것으로 생각되는바, 더욱이 일한 국교정상화에서 차지하는 어업 문제의 중요성도 감안해, 가조인된 합의사항의 취지에 입각한 우리 일본의 어업 출어체제를 조속히 정비할 필요가 있다.

이를 위해 관련 해역에 출어하는 어선에 관계하는 도도부현의 주무과장 회의를 별지와 같이 개최하고, 우선 귀 현(단체) 관계자를 지도하는 과정에서 유의할 사항은 다음과 같으므로 양지하길 바란다.

기(記)

1. 어업수역에 관한 사항(「합의사항」 1)

「합의사항」 1항에 따라 설정된 어업수역은 해당 수역을 설정하는 연안국이 독점적으로 어업에 관한 관할권(단속 및 재판 관할권)을 행사하게 되어 우리 어선의 출어가 배제되게 된다. 따라서 수산청은 인근 한국 측 어업수역(별지 지도 참조)에서 일본어선의 조업을 금지하는 것을 내용으로 하는 고시의 제정 또는 개정을 실시할 예정이며, 고시가 실시되기 전에도 한국 측 어업수역에서 일본어선이 조업하지 않도록 지도하길 바란다.

2. 출어 척수 조정에 관한 사항〔「합의사항」 3항의 (나)의 (i) 및 6항〕

합의사항에 따라 공동규제 규제수역(「합의사항」 2항)에 출어하는 어선에 대해서는 각종 규제가 가해지는데, 그중 가장 문제가 되는 사항은 조업 척수라고 생각된다.

따라서 협정이 정식 발효된 후의 출어 척수 조정 문제를 고려할 경우, 현재 관련 해역에 출어한 실적이 없는 어선은 이때 종래와 같이 출어를 대기하는 것이 바람직하고, 가조인의 안도감으로 인한 무질서한 출어는 공연히 혼란을 초래하는 결과가 된다는 점을 고려해 현상(現狀) 이상의 출어는 최대한 제어하도록 지도해야 한다.

또 고등어 낚시어업은 최근 몇 년간 실제로 출어 실적이 없었던 것도 있지만, 본격적인 출어는 협정의 정식 발효 후에 하는 것이 타당하다고 생각한다.

3. 국내 어업 금지구역에 관한 사항(「합의사항」 8항)

일한 양국이 각각 국내 법령에 따라 어업의 조업을 금지 내지 제한하고 있는 구역에 대해서는 상호 존중한다는 취지의 합의가 이뤄졌다. 이 합의에 의거해 우리 일본은 한국이 설정하고 있는 저인(底引) 및 트롤 금지구역(별지 지도 참조)에서 일본의 해당 어업에 종사하는 어선의 조업을 금지하는 것을 내용으로 하는 고시의 개정을 조만간 행할 예정인데, 고시가 실시되기 전에도 해당 일본어선이 이 구역에 들어가지 않도록 지도하길 바란다.

이어 4월 13일과 14일 수산청은 일한 간 어업 문제와 관련, 규슈 현을 비롯해 관계된 22개 도도부현 수산과장회의를 열어 협정 발효까지의 지도체제를 지시하고, 특히 공동 규제수역 내의 출어 척수는 과거 2~3년의 실적 수준으로 제한해 한국 측을 자극하지 말 것을 요청했다.

또 4월 10일 정오 정부는 지난 6일 밤 한국 대흑산도 부근에서 일본어선이 한국어선에 추돌한 사고와 관련, 다음과 같이 하시모토 도미사부로(橋本 登美三郎) 관방장관의 담화를 발표했다.

이 사건은 가조인 후인 지난 6일 밤 한국 서해안 대흑산 군도 주변 해역에서 연안으로부터 12해리 떨어진 공해에서 발생한 것으로 알려져 있지만, 정부는 즉각 그 사실에 대한 조사에 들어가 그 결과에 따라 성의를 갖고 처리할 생각이다.

협정이 정식 발효될 때까지 관련 해역에서의 일본 어선의 조업 여부는 협정의 성패에 미묘한 영향을 줄 것으로 생각되고, 일한 국교정상화에서 차지하는 어업 문제의 중요성도 감안해 정부로서는 관련 업계의 자숙을 간절히 희망하는 바이다.

(3) 어업 문제 논의의 시작과 일본 측 안의 제시

합의사항 가조인 이후 어업위원회 회의는 〈일본 측〉 히로세 아시아국 참사관, 와다 수산청차장〔5월 7일 이후 마지막 2회는 와다 수산청차장 결석, 6월 4일 이시다 아키라(石田朗) 수산청차장 임명〕, 〈한국 측〉 이규성 주일 대표부 참사관, 김명년(金命年) 국립수산진흥원장 간에 4월 15일부터 5월 20일까지 일곱 차례 열렸다. 여기에 어업위원회 전문가회의가 공히 일한 대표 보좌관들이 참석한 가운데 4월 28일부터 5월 31일까지 여섯 차례 열렸다. 이어 어업 4자 회담이 〈일본 측〉 히로세 아시아국 참사관, 와다 수산청차장 [2회째는 야스후쿠 가즈오(安福数夫) 어업조정과장과 교체], 〈한국 측〉 이규성 주일 대표부 참사관, 김명년 국립수산진흥원장 간에 5월 13일부터 17일까지 두 차례 열려 합의사항의 조문 작성 교섭을 전개했다.

4월 15일 위원회에서는 향후 회담의 진행방식을 논의함과 동시에, 아직 합의를 보지 않은 문제로서 분쟁 처리, 공동위원회, 적용 범위, 유효기간, 표지(標識) 등 잠정적 어업 규제조치 실시의 세목, 조업 질서 유지를 위한 협정, 긴급 피난 등이 있음을 확인했다.

4월 22일 위원회에서 일본 측은 다음과 같은 협정 및 관련 문서안을 제시한 뒤 협정 및 관련 문서의 목차 1~4번은 국회 승인을 요청하는 것, 5번부터는 법률사항이 아니므로 국회 승인이 필요 없고, 8~11번은 '합의사항'으로서 일방적인 성명으로 합의된 것이므로 서명 시에 일한 양국이 각각 성명을 발표하는 것이라고 설명했다.

일본국과 대한민국 간의 어업에 관한 협정 및 관련 문서

(1965년 4월 22일)

1. 일본국과 대한민국 간의 어업에 관한 협정
2. 부속서
3. 교환공문 제1호(직선기선에 관한 것)
4. 교환공문 제2호(제주도 부근의 어업수역에 관한 것)
5. 합의의사록
6. 영해의 범위에 관한 교환공문
7. 어업협력에 관한 교환공문
8. 일본국 외무대신의 성명
9. 대한민국 외무부장관의 성명
10. 일본국 농림대신의 성명
11. 대한민국 농림부장관의 성명

일본국과 대한민국 간의 어업에 관한 협정(안)

일본국 및 대한민국은 양국이 공통의 관심을 갖고 있는 어업자원의 지속적인 생산성이 최대한 유지될 것을 희망하고, 전기한 자원 보존 및 그 합리적 개발을 도모하는 것이 양국의 이익에 도움이 됨을 확신하며, 공해 자유의 원칙이 협정에 특별한 규정이 있는 경우를 제외하고는 존중되어야 함을 확인하고, 양국의 지리적 근접성과 양국 어업이 교차함으로써 발생할 수 있는 분쟁의 원인을 제거하는 것이 바람직함을 인정하고, 양국의 어업발전을 위해 서로 협력하기를 희망하면서, 다음과 같이 합의했다.

제1조

이 협정을 적용함에 있어,

(a) '어선'이란 수산동물의 채포(採捕)를 위해 종사하는 장비가 있는 선박으로서 상업적 목적을 갖고 이 같은 활동에 종사하는 것을 말한다.

(b) '일본국 어선' 및 '대한민국 어선'이란 각각 일본국 또는 대한민국에서 정당한 절차에 따라 등록된 어선을 가리킨다.

(c) '마일'은 해리를 가리키며, 위도 1도를 60해리로 계산한다.

(d) 어선의 규모와 관련해 표시되는 톤수는 총톤수에 의해 표시된 톤수로부터 선내 거주구역 개선을 위한 허용 톤수를 뺀 톤수를 가리킨다.

제2조

1. 양 체약국은 각각의 체약국이 자국의 해안기선으로부터 측정하여 12마일까지의 수역을 자국이 어업에 관해 배타적 관할권을 행사하는 수역(이하, '어업수역'으로 칭함)으로 설정할 권리가 있음을 상호 인정한다. 이 기선은 저조선(低潮線) 또는 직선기선에 의한 것으로 하고, 일방의 체약국이 직선기선을 사용하고자 하는 경우에는 그 직선기선을 타방의 체약국과 협의하여 결정해야 한다.

2. 양 체약국은 일방 체약국이 자국의 어업수역에서 타방 체약국의 어선이 어업에 종사하는 것을 배제하는 것과 관련, 상호 이의를 제기하지 않는다.

3. 각 체약국은 제1항에 의해 양 체약국이 어업수역으로 설정할 수 있는 수역이 중복되는 부분에 대해서는 그 부분의 최대 폭을 나타내는 직선을 이등분하는 점과 중복되는 부분이 끝나는 두 점을 각각 잇는 직선의 바깥쪽 수역을 자국의 어업수역으로 설정할 수 없다.

제3조

양 체약국은 다음의 각 선에 의해 둘러싸인 공해 가운데 어떤 체약국의 어업수역도 아닌 부분을 제4조에서 말하는 조치가 실시되는 수역(이하 '공동 규제수역'으로 칭함)으로 설정한다.

(a) 북위 37도 30분과 동경 124도의 교점

(b) 다음의 내용을 순차적으로 연결하는 선

(i) 북위 37도 30분과 동경 124도의 교점

(ii) 북위 36도 45분과 동경 124도 30분의 교점

(iii) 북위 33도 30분과 동경 124도 30분의 교점

(iv) 북위 32도 30분과 동경 126도의 교점

(v) 북위 32도 30분과 동경 127도의 교점

(vi) 북위 34도 35분과 동경 129도 2분의 교점

(vii) 북위 34도 45분과 동경 129도 8분의 교점

(viii) 북위 34도 50분과 동경 129도 13분의 교점

    (ix) 북위 35도 30분과 동경 130도의 교점

    (x) 북위 37도 30분과 동경 131도 10분의 교점

    (xi) 우암령(牛岩嶺) 정상

제4조

양 체약국은 공동 규제수역에서는 어업자원의 지속적인 생산성을 최대한 확보하기 위해 필요하고, 또 양 체약국에 평등하게 적용되는 보존조치가 충분한 과학적 조사에 근거해 실시될 때까지 저인망어업, 권망어업 및 60톤 이상의 어선에 의한 고등어 낚시어업에 대해 이 협정의 불가분의 일부를 구성하는 부속서에 열거된 잠정적 어업 규제조치를 실시한다.

제5조

    1. 어업수역 외측에서의 어느 일방 체약국의 어선 및 그 선상(船上)에 있는 사람에 대한 단속의 권리(정선 및 임검 권리 포함한다) 및 관할권은 그 어선이 속하는 체약국만이 행사한다.

    2. 모든 체약국은 그 국민 및 어선이 잠정적 어업 규제조치를 성실히 준수하도록 하기 위해 적절한 지도와 감독을 실시하고, 위반에 대한 적절한 처벌을 포함해 국내 조치를 실시한다.

제6조

공동 규제수역 외측에 양 체약국이 자원조사를 수행하는 수역(이하, '공동 자원 조사수역'으로 부른다)이 설정된다. 공동 자원 조사수역의 위치와 범위 및 동 수역에서 행해지는 조사에 관해서는 제7조에 규정된 일한어업공동위원회가 행할 권고에 따라 양 체약국 간의 협의에 의해 결정된다.

제7조

    1. 양 체약국은 일한어업공동위원회(이하, '위원회'로 칭함)를 설치한다.

    2. 위원회는 2개의 별개 위원부(委員部)로 구성되고, 각 국가별 위원부는 각각의 체약국이 임명하는 3명의 위원으로 구성된다.

    3. 위원회의 모든 결정은 국가별 위원부 간의 합의에 의해서만 이뤄지는 것으로 한다.

    4. 위원회는 그 회의 운영에 관한 규칙을 결정하고, 필요한 경우 이를 수정할 수 있다.

    5. 위원회는 적어도 매년 1회 도쿄와 서울에서 번갈아 회합하기로 하고, 그 외에 일방의 국가별 위원부의 요청이 있을 경우 합의된 일자에 합의된 장소에서 회합할 수 있다. 제1회 회의의 일자 및 장소는 양 체약국의 합의로 결정한다.

제8조

위원회는 다음의 임무를 수행한다.

    (a) 양 체약국이 공통의 관심을 갖는 어업자원의 연구를 위해 행하는 과학적 조사에 대해, 그리고 그 조사 및 연구 결과를 바탕으로 취해야 하는 공동 규제수역에서의 규제조치와 관련해 양 체약국에 권고하는 일.

    (b) 공동 자원 조사수역의 위치와 범위에 관해 필요에 따라 양 체약국에 권고하는 일.

(c) 양 체약국 어선 간의 조업의 안전을 도모하기 위해 필요한 조치에 대해 검토하거나, 필요에 따라 전문가로 구성되는 하부 기구를 설치해 이와 관련해 검토하는 일과 그 결과에 따라 취해야 할 조치를 양 체약국에 권고하는 일.

(d) 기타 협정의 실시에 따른 기술적인 제 문제에 대해 검토하고 필요하다고 인정될 경우에는 취해야 할 조치를 양 체약국에 권고하는 일.

제9조

이 협정의 해석 및 적용을 둘러싸고 발생할 수 있는 모든 분쟁은 우선 협상에 의해 해결을 도모하며, 일방 체약국에 의한 협상 제의일로부터 6개월 이내에 해결할 수 없을 경우에는 어느 일방의 체약국의 요청에 의해 국제사법재판소에 결정을 위해 회부하기로 한다.

제10조

1. 이 협정은 비준되지 않으면 안 된다. 비준서는 가능한 한 빨리 [ ]으로 교환하기로 한다.

2. 이 협정은 비준서가 교환된 날부터 효력이 발생한다. 이 협정은 10년간 효력을 갖게 되며, 이후 이 협정은 3항이 정하는 바에 따라 종료될 때까지 효력이 존속된다.

3. 어느 일방 체약국이나 타방 체약국에 1년간 예고함으로써 최초 10년의 기간 만료 시 또는 이후 언제든지 이 협정을 종료시킬 수 있다.

이상의 증거로서 아래 서명자는 이 협정에 서명했다.

1965년 [ ]월 [ ]일 [ ]에서 동등하게 정본인 한국어 및 일본어, 영어로 본서 2부를 작성했다. 해석에 차이가 있을 경우에는 영어본에 따른다.

일본을 위해

대한민국을 위해

부속서

양 체약국은 잠정적 어업 규제조치로서 다음과 같이 합의한다.

(a) 각 체약국의 최고 출어 척수 또는 최고 출어 통수(統數, 양 체약국 각각에 대해 공동 규제수역에 동시에 출어하는 그 체약국 어선의 척수 또는 통수의 최고한도를 말함)은 다음과 같다.

(i) 50톤 미만의 어선에 의한 저인망어업은 115척

(ii) 50톤 이상의 어선에 의한 저인망어업은

i) 11월 1일부터 익년 4월 30일까지는 270척

ii) 5월 1일부터 10월 31일까지는 100척

(iii) 선망어업은

i) 1월 16일부터 5월 15일까지는 60통

ii) 5월 16일부터 익년 1월 15일까지는 120통

(iv) 60톤 이상의 어선에 의한 고등어 낚시어업은 15척

다만, 조업기간은 6월 1일부터 12월 31일까지로 하고, 조업구역은 대한민국 경상북도와 경상남도의 경계선과 해안선의 교점, 북위 35도 30분과 동경 130도의 교점을 잇는 직선 이남(단, 제주도 서쪽에서는 북위 33도 30분 이남)의 수역으로 한다.

다만, 일본국 어선과 대한민국 어선이 어획 능력에 격차가 있는 동안, 대한민국의 출어 척수 또는 출어 통수는 양 체약국 정부 간의 협의에 의해 이 협정의 최고 출어 척수 또는 최고 출어 통수를 기준으로 해 그 격차를 고려해 조정된다.

(b) 어선의 규모는 다음과 같다.

(i) 저인망어업 중

i) 트롤어업 이외의 것에 대해서는 30톤 이상 170톤 이하

ii) 트롤어업은 100톤 이상 550톤 이하

다만, 50톤 이상의 어선에 의한 저인망어업(대한민국이 일본해에서 인정하고 있는 60톤 미만 새우 저인망어업은 제외함)은 동경 128도 이동(以東) 수역에서는 하지 않기로 한다.

(ii) 선망어업은 망선(網船) 40톤 이상 100톤 이하

다만, 이 협정의 발효일에 일본국에 현존하는 100톤 이상의 선망어업에 종사하는 망선 1척은 예외로서 인정된다.

(iii) 60톤 이상의 어선에 의한 고등어 낚시어업의 경우는 100톤 이하

(c) 망목[網目, 그물코: 해중에서의 내경(內徑)을 기준으로 한다]은 다음과 같이 규정한다.

(i) 50톤 미만의 어선에 의한 저인망어업은 33㎜ 이상

(ii) 50톤 이상의 어선에 저인망어업은 54㎜ 이상

(iii) 선망어업은 30㎜ 이상

[전갱이 또는 고등어를 대상으로 하는 신망(身網)의 주요 부분의 그물코를 기준으로 한다]

(d) 집어등(集魚燈)에 사용하는 발전기의 총 설비용량은 다음과 같이 규정한다.

(i) 선망어업은 1통당 10㎾ 이하의 등선(灯船) 2척 및 7.5㎾ 이하의 등선 1척으로 하여 총 27.5㎾ 이하

(ii) 60톤 이상의 어선에 의해 고등어 낚시어업은 10㎾ 이하

(e) 증명서 및 표지는 다음과 같이 한다.

(i) (a)에서 말하는 양 체결국의 어선[권망어업에 종사하는 어선은 망선(網船)]은 각 체약국이 발급하는 증명서를 소지하고, 표지를 붙여야 한다. 이 증명서는 합법적 근거에 기초해 해당 체결국에 등록된 어선에 대해서만 발급되는 것으로 한다.

(ii) 증명서의 총수는 잠정적 어업 규제조치의 대상이 되는 어업별로 해당 어업에 관한 최고 출어 척수 또는 최고 출어 통수와 같은 수로 한다. 다만, 양 체결국은 어업의 실태를 감안해 50톤 이

상의 저인망어업의 경우에는 최고 출어 척수의 15퍼센트까지, 50톤 미만의 저인망어업의 경우에는 최고 출어 척수의 20퍼센트까지 그 총수를 늘릴 수 있다.

교환공문 제1호

(한국 측 서한) (안)

서한으로써 말씀 올립니다. 본 [   ]는 금일 서명된 대한민국과 일본국 간의 어업에 관한 협정 제2조 1항의 규정과 관련해 대한민국 정부가 대한민국의 어업수역 설정에 있어 다음과 같이 직선기선을 사용하는 것이 양국 정부의 양해사항임을 확인하는 바입니다.

(i) 장기갑(長鬐岬) 및 달만갑(達萬岬)의 맨 끝을 연결하는 직선에 의한 만구(湾口)의 폐쇄선

(ii) 화암추(花岩湫) 및 범월갑(凡月岬) 각각의 맨 끝을 연결하는 직선에 의한 만구의 폐쇄선

(iii) 1.5m 바위, 생도(生島), 홍도(鴻島), 간여암(干汝岩), 상백도(上白島) 및 거문도(巨文島) 각각의 남단을 순차적으로 잇는 직선

(iv) 소령도(小鈴島), 서격렬비도(西格列飛島), 어청도(於靑島), 직도(稷島), 상왕서도(上旺嶼島) 및 횡도〔橫島, 안마군도(鞍馬群島)〕 각각의 서단을 순차적으로 잇는 직선

본 [   ]는 이 서한 및 상기의 양해를 일본국 정부를 대신해 확인하는 각하의 답신을 협정 발효일에 효력이 발생하는 양국 정부의 합의를 구성하는 것으로 간주할 것을 제안하는 영광을 누립니다.

본 [   ]는 이상과 같이 말씀 올림과 동시에 각하께 경의를 표하는 바입니다.

1965년 [   ]월 [   ]일

(일본 측 서한)(안)

서한으로써 말씀 올립니다. 본 [   ]는 금일 각하의 다음과 같은 서한을 수령했음을 확인하는 바입니다.

(한국 측 서한)

본 [   ]는 상기의 양해사항을 일본국 정부를 대신해 확인하고, 각하의 서한 및 이 답신을 협정 발효일에 효력이 발생하는 양국 정부 간 합의를 구성하는 것으로 간주 하는 데 동의함을 각하에게 통보하는 바입니다.

본 [   ]는 이상과 같이 말씀을 올림과 동시에 각하께 경의를 표합니다.

1965년 [   ]월 [   ]일

교환공문 제2호

(한국 측 서한)(안)

서한으로써 말씀 올립니다. 본 [ ]는 금일 서명된 대한민국과 일본국 간의 어업에 관한 협정과 관련해 동 협정 제2조 1항에 기초한 대한민국의 어업수역 설정에 있어 잠정적 조치로서 그 어업수역을 긋는 선과 다음과 같은 각각의 선에 의해 둘러싸인 수역을 당분간 대한민국의 어업수역에 포함시키기로 한다는 것을 대한민국 정부를 대신해 제안하는 바입니다.

(i) 북위 33도 48분 15초와 동경 127도 21분의 교점, 북위 33도 47분 30초와 동경 127도 13분의 교점 및 우도(牛島)로부터 정동(正東) 12마일의 점을 순차적으로 연결하는 직선

(ii) 북위 33도 56분 25초와 동경 125도 15분 30초의 교점, 그리고 북위 33도 24분 20초와 동경 125도 56분 20초의 교점을 연결하는 직선

본 [ ]는 일본국 정부가 상기의 제안에 동의하는 경우, 이 서한 및 그 취지를 확인하는 각하의 서한을 양국 정부 간 합의를 구성하는 것으로 간주할 것을 제안하는 바입니다.

본 [ ]는 이상을 말씀 올림과 동시에 각하께 거듭 경의를 표합니다.

1965년 [ ]월 [ ]일

(일본 측 서한)(안)

서한으로써 말씀 올립니다. 본 [ ]는 금일부로 각하의 다음과 같은 서한을 수령했음을 확인하는 영광을 누립니다.

(한국 측 서한)

본 [ ]는 일본국 정부가 상기의 제안에 동의한다는 것과 각하의 서한과 이 답신을 대한민국과 일본국 간의 어업에 관한 협정의 발효일에 효력이 발생하는 양국 정부 간 합의를 구성하는 것으로 간주하는 데 동의함을 각하에게 통보하는 영광을 누립니다.

본 [ ]는 이상과 같이 말씀 올림과 동시에 각하께 거듭 경의를 표합니다.

1965년 [ ]월 [ ]일

일본국과 대한민국간의 어업에 관한 협정에 대한 합의의사록(안)

일본국 정부 대표 및 대한민국 정부 대표는 오늘 서명한 대한민국과 일본국 간의 어업에 관한 협정의 교섭에서 도달한 다음의 양해사항을 기록한다.

I. 잠정적 어업 규제조치와 관련해,

1. 양국 정부는 증명서 및 표지가 항내(港內)의 경우를 제외하고 해상에서 한 어선으로부터 다른 어

선에 넘겨지는 일이 없도록 지도하기로 한다.

2. 양국 정부는 자국의 출어 어선의 정오(正午) 위치 보고에 기초해 어업별 출어 상황을 월별로 집계하여 매년 적어도 4회 상대국 정부에 통보한다.

3. 일방 국가의 감시선(監視船) 선상에 있는 그 국가 정부의 정당하게 권한을 가진 공무원은 상대국 어선이 실제로 잠정적 어업 규제조치를 명백하게 위반하고 있다고 믿을 만한 상당한 이유가 있다는 사실을 발견했을 때는 즉시 이를 그 어선이 속한 국가의 감시선 선상에 있는 국가 정부의 정당하게 권한을 가진 공무원에게 통보할 수 있다. 해당 상대국의 정부는 해당 어선의 단속 및 위반에 대해 조치함에 있어 그 통보를 존중하기로 하고, 그 결과 취한 조치를 통보해온 국가의 정부에 통보한다.

4. 어느 국가의 정부나 상대국 정부의 요청이 있는 경우 잠정적 어업 규제조치에 관해 자국 내에서의 육상 단속의 실시 상황을 시찰하도록 하기 위한 편의를, 이를 위해 정당하게 권한을 부여받은 상대국 정부의 공무원에 대해 가능한 한 제공한다.

5. 공동 규제수역 내에서의 저인망어업, 권망어업 및 60톤 이상의 어선에 의한 고등어 낚시어업을 통한 연간 총 어획 기준량은 15만 톤(상하 10퍼센트의 변동이 있을 수 있다)으로 한다. 일본국에 대한 이 25만 톤의 내역은 50톤 미만의 어선에 의한 저인망어업은 1만 톤, 50톤 이상의 어선에 의한 저인망어업은 3만 톤, 권망어업과 60톤 이상의 어선에 의한 고등어 낚시어업은 11만 톤으로 한다. 연간 총 어획 기준량은 최고 출어 척수 또는 최고 출어 통수에 따라 조업을 규제하기 위해 지표가 되는 수량이라고 간주하고, 어느 국가의 정부나 공동 규제수역 내에서의 저인망어업, 권망어업 및 60톤 이상의 어선에 의한 고등어 낚시어업의 조업 과정에서 해당 연도의 연간 총 어획량이 15만 톤을 초과한다고 인정하는 경우에는 그해의 연간 총 어획량을 16만 5000톤 이하로 억제하기 위해 필요한 정도로 그해의 출어를 자제하도록 지도해야 한다.

6. 어느 국가의 정부나 자국의 출어 어선에 의한 공동 규제수역 내에서의 어획량 보고 및 어획 항구 조사를 통해 어획량을 월별로 집계하고 그 결과를 매년 적어도 4회에 걸쳐 상대국 정부에 통보해야 한다.

II. 국내 어업 금지수역 같은 상호 작용 존중과 관련하여

어느 국가의 정부나 각각 상대국의 다음과 같은 수역에서 해당 어업에 자국 어선이 조업하는 것을 자제하도록 지도한다.

(a) 대한민국 정부가 현재 설정하고 있는 저인망어업 및 트롤어업의 어업 금지수역(이 수역의 황해 부분에서 행해지는 대한민국의 50톤 미만 저인망어업에 대해, 또 동 수역의 일본해 부분에서 행해지는 대한민국의 새우 저인망어업에 대해 대한민국 정부가 현재 실시 중인 제도는 예외적으로 인정된다).

(b) 일본국 정부가 현재 설정하고 있는 저인망어업 및 권망어업의 어업 금지수역과, 저인망어업에 대한 동경 128도, 동경 128도 30분, 북위 33도 9분 15초 및 북위 25도의 각 선으로 둘러싸인 수역.

일방 국가의 감시선 선상에 있는 그 국가 정부의 정당하게 권한을 가진 공무원이 상기한 그 국가의 수역에서 상대국 어선이 조업에 종사하고 있는 것을 발견했을 때에는 그 사실에 대해 해당 어선에 주의를 환기함과 동시에, 즉시 이를 그 어선이 속한 국가의 감시선 선상에 있는 국가 정부의 정당하게 권한을 갖고 있는 공무원에게 통보해야 한다. 해당 상대국의 정부는 그 통보를 존중하기로 하고, 그 결과 취한 조치를 그 통보를 한 국가의 정부에 통보한다.

III. 양국 정부는 연안어업(60톤 미만의 어선에 의한 어업으로, 저인망어업 및 권망어업을 제외한 것을 말한다)의 조업 실태에 대한 정보를 교환하고, 어업 질서를 유지하기 위해 필요한 경우 상호 협의한다.

IV. 영해 및 어업수역에서의 무해통항(어선은 어구를 격납한 경우에 한한다)은 국제 법규에 따른다는 사실을 확인한다.

영해의 범위에 대한 입장 유보에 관한 교환공문 (안)

(일본 측 서한)(안)

서한으로써 말씀 올립니다. 본 [ ]는 금일 서명된 일본국과 대한민국 간의 어업협정과 관련해 이 협정의 어떠한 규정도 영해의 범위에 관한 일본국의 입장에 어떠한 영향도 미치지 않는다는 일본국 정부의 양해를 일본국 정부를 대신해 각하에게 통보하는 영광을 누립니다.

본 [ ]는 이상과 같이 말씀 올리며, 각하께 거듭 경의를 표합니다.

1965년 [ ]월 [ ]일

(한국 측 서한)(안)

서한으로써 말씀 올립니다. 본 [ ]는 금일부의 각하의 다음과 같은 서한을 수령했음을 확인하는 영광을 누립니다.

(일본 측 서한)

본 [ ]는 전기한 서한에 언급된 것을 기억하는 영광을 누립니다.

본 [ ]는 이상을 말씀드림과 동시에 각하께 거듭 경의를 표합니다.

1965년 [ ]월 [ ]일

어업협력에 관한 교환공문 (안)

(한국 측 서한)(안)

서한으로써 말씀 올립니다. 본 [ ]는 일본국과 대한민국 간의 어업에 관한 협정을 서명함에 있어 양국 정부가 양국의 어업 발전과 향상을 도모하기 위해 기술적 및 경제적으로 가능한 한 서로 긴밀히 협력하기로 하고, 이 협력에는 어업에 관한 정보와 기술의 교환 및 어업 전문가와 기술자의 교류를 포함한다는 것을 대한민국 정부를 대신해 각하께 제안하는 영광을 누립니다.

본 [ ]는 각하가 일본국 정부를 대신해 이 제안에 동의해주시길 기대합니다.

본 [ ]는 이상과 같이 말씀 올리면서 각하께 거듭 경의를 표합니다.

1965년 [ ]월 [ ]일

(일본 측 서한)(안)

서한으로써 말씀 올립니다. 본 [ ]는 금일 자에 각하의 다음과 같은 서한을 수령했음을 확인하는 영광을 누립니다.

(한국 측 서한)

본 [ ]는 전기한 서한에 언급된 각하의 제안에 대해 일본국 정부를 대신해 동의를 표하는 영광을 누립니다.

본 [ ]는 이상과 같이 말씀 올리면서 각하께 거듭 경의를 표합니다.

1965년 [ ]월 [ ]일

일본국과 대한민국 간의 어업에 관한 협정의 서명 시에 행하는 일본국 외무대신의 성명 (안)

본 대신은 오늘 일본국과 대한민국 간의 어업에 관한 협정에 서명함에 있어 일본국 정부가 동 협정이 발효해 일본국의 어업수역이 설정된 경우에는 대한민국 어선의 동 수역 침범 사실의 확인과 어선 및 승조원의 취급과 관련해 국제 통념에 따라 공정 타당하게 처리할 방침이므로 이에 성명한다.

일본국과 대한민국 간의 어업에 관한 협정의 서명 시에 행하는 대한민국 외무부장관의 성명 (안)

본 장관은 오늘 일본국과 대한민국 간의 어업에 관한 협정에 서명함에 있어 대한민국 정부가 동 협정이 발효해 대한민국의 어업수역이 설정된 경우에는 일본국 어선의 동 수역 침범 사실의 확인과 어선 및 승조원의 취급과 관련해 국제 통념에 따라 공정 타당하게 처리할 방침이므로 이에 성명한다.

일본국과 대한민국 간의 어업에 관한 협정의 서명 시에 행하는 일본국 농림대신의 성명 (안)

본 대신은 오늘 서명된 일본국과 대한민국 간의 어업에 관한 협정이 발효하게 되면 일본국과 대한민국의 공동 규제수역에서 잠정적 어업 규제조치가 실시되는 것과 관련해 일본국 정부가 다음의 조치를 취할 방침이므로 이에 성명한다.

1. 공동 규제수역 중 대한민국 경상북도와 경상남도의 경계선과 해안선의 교점과, 북위 35도 30분과 동경 130도의 교점을 연결하는 직선 이북의 일본해 수역에서는 일본국의 저인망어업에 종사하는 50톤 미만의 어선이 동시에 26척 이상 조업하지 않도록, 또 그러한 어선이 11월 1일부터 이듬해 4월 30일까지 이외의 기간에 조업하지 않도록, 그리고 수심 300m보다 얕은 부분에서는 조업하지 않도록 지도한다. 동 정부는 또한 이러한 어선에 의한 새우 혼획(混獲)이 항해마다 총 어획량의 20퍼센트 범위 내로 제한되도록 지도한다.

2. 공동 규제수역 내에서 포경업 및 잠정적 어업 규제조치의 적용 대상이 되는 종류 이외의 어업에 종사하는 일본국의 어선은 그 규모가 60톤 미만이 되도록, 또 조업하는 척수가 1,700척을 상회하지 않도록 지도하고, 그리고 이들 일본국 어선 가운데 고등어 낚시어선은 그 규모를 25톤 이상이 되도록 하는 한편, 그 조업기간을 6월 1일부터 12월 31일까지, 그리고 그 조업구역을 공동 규제수역 중 대한민국 경상북도와 경상남도의 경계선과 해안선의 교점과, 북위 35도 30분과 동경 130도와의 교점을 연결하는 직선 이남(단, 제주도 서쪽에서는 북위 33도 30분 이남) 수역으로 하도록 지도하며, 또 동시에 조업하는 척수가 175척을 상회하지 않도록 지도한다.

3. 일본국 정부는 공동 규제수역의 고래 자원의 상태에 깊은 관심을 갖고 있기 때문에 동 수역 내에서 소형 포경업(100톤 미만의 어선에 의한 것)의 조업 척수 및 그 어획 능력이 현재 이상으로 증가되지 않도록, 또 대형 포경업(100톤 이상의 어선에 의한 것)의 조업 척수가 현재 수준 이상으로 증가되지 않도록 지도한다.

일본국과 대한민국 간의 어업에 관한 협정의 서명 시에 행하는 대한민국 농림부장관의 성명(안)

본 장관은 오늘 서명된 일본국과 대한민국간의 어업에 관한 협정이 발효하게 되면 일본국과 대한민국의 공동 규제수역 안에서 잠정적 어업 규제조치가 실시되는 것과 관련해 대한민국 정부가 다음의 조치를 취할 방침이므로 이에 성명한다.

1. 공동 규제수역 내에서는 잠정적 어업 규제조치의 대상이 되지 않는 종류의 고등어 낚시어업에 종사하는 대한민국의 어선은 그 규모를 25톤 이상이 되도록 하고, 그 조업기간을 6월 1일부터 12월 31일까지, 그리고 그 조업구역을 대한민국 경상북도와 경상남도의 경계선과 해안선의 교점과, 북위 35도 30분과 동경 130도와의 교점을 연결하는 직선 이남(단, 제주도 서쪽에서는 북위 33도 30분 이남) 수역으로 하도록 지도한다.

2. 대한민국 정부는 공동 규제수역의 고래 자원의 상태에 깊은 관심을 갖고 있기 때문에 동 수역 내

에서 소형 포경업(100톤 미만의 어선에 의한 것)의 조업 척수 및 그 어획 능력이 현재 이상으로 증가되지 않도록, 또 대형 포경업(100톤 이상의 어선에 의한 것)의 조업 척수를 현재 수준 이상으로 증가하지 않도록 지도한다.

(4) 한국 측의 제안과 일본 측의 반박

이에 대해 한국 측은 4월 27일에 「한일어업공동위원회 규약안」을, 4월 28일에 「분쟁 해결안」을 각각 제시하는 한편, 5월 4일 「잠정 협정 및 관련 문서안」에 이어 5월 6일 「어선의 조업 안전과 질서 유지에 관한 규제안」을 각각 제시했다.

규약(임시 번역)

1965년 4월 27일

1. 양 체약국은 이 협정의 목적을 달성하기 위해 한일어업공동위원회(이하 '위원회'로 약칭)를 설치하고 유지한다.

2. 위원회는 2개의 국가별 위원부와 상설 사무국으로 구성되며, 각 국가별 위원부는 각 체약국 정부가 임명하는 3명의 위원으로 구성된다.

3. 위원회의 모든 결의, 권고 및 기타 결정은 국가별 위원부 간의 합의에 의해 행한다.

4. 위원회는 그 운영에 관한 규제 및 기타 필요한 사항을 결정하고 이를 수정할 수 있다.

5. 위원회는 매년 적어도 1회 회의하고, 또 그 외에 일방의 국가별 위원부의 요청에 의해 개최된다. 제1차 회의의 날짜와 장소는 양 체약국 간의 합의에 의해 결정한다.

6. 위원회는 제1차 회의에서 의장과 사무총장을 상기 국가별 위원부에서 선정한다.

의장 및 사무총장의 임기를 1년으로 한다. 의장 및 사무총장을 국가별로 매년 교대한다.

7. 위원회의 공용어는 한국어, 일본어 및 영어로 한다.

제안 및 자료는 어느 공용어로나 제출할 수 있다.

8. 체약국은 자국의 국가별 위원부 비용을 결정, 지불한다.

위원부 공동 경비는 위원회가 권고, 양 체약국이 승인하는 형식 및 할당에 의해 체약국이 부담하는 분담금으로 위원회가 지불한다.

9. 위원회는 공동 경비를 위한 자금 지출의 권한을 갖는다. 위원회는 그 임무를 수행하기 위해 필요한 인원을 고용하고 필요한 편의를 얻을 수 있다.

규약

위원회의 임무와 권한은 다음과 같다.

1. 공동 규제수역 및 공동 자원 조사수역에서의 어업자원 보존에 필요한 과학적 조사를 공동으로 실시하고, 그 결과에 따라 취해야 할 공동 규제조치를 결정해 양 체약국에 권고한다. 이를 위해 필요한 경우에는 전문가로 구성된 하부 기구를 설치할 수 있다.

2. 실제로 실시되고 있는 잠정적 어업 규제조치가 합리적인지 매년 검토하고 필요에 따라 부속서에 규정된 잠정적 어업 규제조치를 개정한다.

3. 실제 실시되고 있는 양국 어선의 조업 안전과 질서 유지에 관한 조치를 검토하고 그 결과 취해야 할 조치를 양 체약국에 권고한다. 이를 위해 필요한 경우에는 전문가로 구성된 하부 기구를 설치할 수 있다.

4. 본 협정의 규정 및 위원회가 권고하고 양 체약국이 수락한 조치가 유효하게 시행되고 있는지를 확인하기 위해 수시로 필요한 조치를 취할 수 있다.

5. 위원회는 본 협정의 규정의 효과적인 실시를 확보하기 위해 필요하다고 인정되는 조치를 관계 체약국에 권고할 수 있다. 이를 위해 위원회는 관계 체약국에 대해 협정 규정의 실시에 관한 자료, 기록 및 기타 정보의 제출을 요청할 수 있으며, 관계 체약국은 즉시 이에 응해야 한다.

6. 위원회의 요청에 따라 양 체약국이 제공하는 자료, 통계, 기록을 편집하고 연구한다.

7. 본 협정의 위반에 따른 동등한 형(刑)의 세목 제정에 관해 심의, 결정하고, 양 체약국에 권고한다.

8. 기타 협정 실시에 수반되는 기술적 제반 문제를 검토하고, 필요하다고 인정하는 경우 취해야 할 조치에 관해 양국 정부에 권고한다.

9. 위원회의 사업, 조사 및 인정 사실에 대한 보고를 적절한 권고와 함께 매년 양 체약국에 제출하고, 적절하다고 인정되는 경우 언제든지 본 협정의 목적과 관련된 사항에 관해 양 체약국에 통고한다.

10. 기타 본 협정에 규정된 임무 및 권한을 수행하거나 행사한다.

분쟁 해결(임시 번역)

1965년 4월 28일

규약

본 협정의 해결 및 적용에 관한 양 체약국 간의 분쟁은 외교교섭을 통해 해결하기로 한다.

대한민국과 일본국 간의 어업자원의 보존 및 어업협력에 관한 잠정 협정(안) (임시 번역)

1965년 5월 4일

대한민국과 일본국은 양국이 공통의 관심을 갖고 있는 수역에서 어업자원의 지속적인 생산성을 최대한 확보하고, 이러한 자원의 보존 및 합리적인 개발과 발전을 도모하는 것이 인류 공통의 이익과 양 체약국의 이익에 일치한다고 확신하고, 1951년 9월 8일 샌프란시스코에서 서명된 일본국과의 평화조약 제9조 및 제21조에 어로의 규제 또는 제한, 어업의 보존 및 발전을 규정하는 협정을 체결하도록 규정되어 있다는 사실을 제기하고, 연안국이 자국의 인접 해역의 어업자원의 보존 및 개발, 발전에 관해 특별한 이해관계를 갖고 있음을 인정하고, 공해 자유의 원칙이 본 협정에 특별한 규정이 있는 경우를 제외하고 존중되지 않으면 안 된다는 점을 확인하고, 양 체약국의 지리적 근접성 및 양국 어업의 교차에 의해 발생할 수 있는 분쟁의 원인을 제거하는 것이 요망된다는 점을 인정하고, 양 체약국의 어업의 발전과 향상을 위해 상호 긴밀히 협력하기를 희망하면서, 양국이 공통의 관심을 갖고 있는 수역에서의 어업자원에 대한 과학적 조사의 결과를 고려한 규제조치가 시행될 때까지 잠정적 규제조치를 취할 필요가 있다는 결론에 도달해 다음과 같이 합의했다.

제1조

1. 각 체약국은 자국의 해안 기선으로부터 측정해 12마일에 이르는 수역을 자국이 어업에 관해 배타적 관할권을 행사하는 수역(이하 '독점 어업수역'이라고 한다)으로서 선포할 권리를 갖는다.

2. 일방의 체약국은 자국의 어선이 타방 체약국의 독점 어업수역에서 어업에 종사하는 것을 배제될 수 있는 것에 대해 이의를 제기하지 않는다.

3. 양 체약국의 독점 어업수역이 중복되는 부분에 대해서는 그 부분의 최대의 폭을 나타내는 직선을 2등분하는 점과 양 체약국의 독점 어업수역이 중복되는 부분이 끝나는 2개의 점을 각각 연결하는 직선으로 양분한다.

제2조

본 협정의 어떠한 규정도 영해의 범위 및 연안국 어업관할권에 관한 체약국의 주장에 불리한 영향을 주는(주장을 해치는) 것으로 간주되지 않는다.

제3조

본 협정이 적용되는 수역(이하 '협정수역'으로 칭함)은 동해, 서해 및 북위 30도 이북의 동중국해(영해 및 독점 어업수역은 제외함)로 한다.

제4조

1. 양 체약국은 양국이 공통의 관심을 갖고 있는 수역에서 어업자원의 지속적인 생산성을 최대한 확보하기 위해 필요한 보존조치가 충분한 과학적 조사에 기초해 실시될 때까지 이 협정 제5조에 규정된 공동 규제수역에서 저인망, 선망 및 60톤 이상의 어선에 의한 고등어 낚시어업에 대해 본 협정의 부속서 (1)에 규정된 잠정적 어업 규제조치를 실시한다.

2. 본 협정의 부속서 (1)과 (2)는 본 협정의 불가분의 일부를 이룬다. 모든 경우에서 '협정'이라고 말할 때는 부속서를 포함하는 것으로 양해된다.

3. 부속서의 내용은 본 협정 제7조에 규정된 한일어업공동위원회의 결정에 의해 개정 또는 보충될 수 있다.

제5조

1. 협정수역 내에 공동 규제수역을 설정한다.

2. 공동 규제수역은 다음과 같은 선에 의해 둘러싸인 수역에서 양 체약국의 영해 및 독점 어업수역을 제외한 수역으로 한다.

(a) 북위 37도 30분 이북의 동경 124도의 경선(經線)

(b) 다음의 각 점을 순차적으로 연결하는 선

(1) 북위 37도 30분과 동경 124도의 교점

(2) 북위 36도 45분과 동경 124도 30분의 교점

(3) 북위 33도 30분과 동경 124도 30분의 교점

(4) 북위 32도 30분과 동경 126도의 교점

(5) 북위 32도 30분과 동경 127도의 교점

(6) 양국의 독점 어업수역이 중복되는 부분이 끝나는 남단의 점

(c) 양국의 독점 어업수역이 중복되는 부분의 최대 폭을 나타내는 직선을 2등분하는 점과 양국의 독점 어업수역이 중복되는 부분이 끝나는 점을 각각 연결한 직선

(d) 다음의 각 점을 순차적으로 연결하는 선

(1) 양국의 독점 어업수역이 중복되는 부분이 끝나는 북단의 점

(2) 북위 35도 30분과 동경 130도의 교점

(3) 북위 37도 30분과 동경 131도 10분의 교점

(4) 우암령(牛岩嶺) 정상

제6조

1. 협정수역 내에서 공동 규제수역 외측에 공동 자원 조사수역을 설정한다.

2. 공동 자원 조사수역의 범위 및 동 수역 내에서 행해지는 조사의 내용은 본 협정 제7조에 규정된 한일어업공동위원회가 양 체약국에 행하는 권고에 입각해 결정된다.

제7조

1. 양 체약국은 본 협정의 목적을 달성하기 위해 한일어업공동위원회(이하 '위원회'로 약칭)를 설치하고 유지한다.

2. 위원회는 2개의 국가별 위원부와 상설 사무국으로 구성되고, 각 국가별 위원부는 각 체약국 정부가 임명하는 3명의 위원으로 구성된다.

3. 위원회의 모든 결의, 권고 및 기타 결정은 국가별 위원부 간의 합의에 의해 행한다.

4. 위원회는 그 운영에 관한 규제 및 기타 필요한 사항을 결정하고 이를 수정할 수 있다.

5. 위원회는 매년 적어도 1회 회합하고, 또 기타 일방의 국가별 위원부의 요청에 따라 개최된다. 제1회 회의 날짜 및 장소는 양 체약국 간 합의에 의해 결정한다.

6. 위원회는 제1회 회의에서 의장과 사무총장을 다른 국가별 위원부로부터 선정한다. 의장과 사무총장의 임기는 1년으로 한다. 의장과 사무총장은 국가별로 매년 교체하기로 한다.

7. 위원회의 공용어는 한국어, 일본어 및 영어로 한다. 제안 및 자료는 어느 공용어로나 제출할 수 있다.

8. 체약국은 자국의 국가별 위원부의 비용을 결정하고 지불한다. 위원회의 공동 경비는 위원회가 권고한 양 체약국이 승인하는 형식 및 할당에 의해 체약국이 부담하는 분담금으로 위원회가 지불한다.

9. 위원회는 공동 경비에 대한 자금의 지불 권한을 갖는다. 위원회는 그 임무를 수행하기 위해 필요한 인력을 고용하고 필요한 편의를 취득할 수 있다.

제8조

위원회의 임무와 권한은 다음과 같다.

1. 공동 규제수역 및 공동 자원 조사수역에서의 어업자원 보존에 필요한 과학적 공동 조사를 실시하고, 그 결과에 따라 취하지 않으면 안 되는 공동 규제조치를 결정하고, 양 체약국에 권고한다. 이를 위해 필요한 경우 전문가로 구성된 하부 기구를 설치할 수 있다.

2. 실제로 실시되고 있는 잠정적 어업 규제조치가 타당한지 여부를 매년 검토하고, 필요에 따라 부속서에 규정된 잠정적 어업 규제조치를 개정한다.

3. 실제로 실시되고 있는 양국 어선의 조업 안전과 질서 유지에 관한 조치를 검토하고 그 결과에 따라 취해야 할 조치를 양 체약국에 권고한다. 이를 위해 필요한 경우 전문가로 구성된 하부 기구를 설치할 수 있다.

4. 본 협정의 규정과 위원회가 권고하고 양 체약국이 수락한 조치가 유효하게 시행되고 있는지 여부를 확인하기 위해 수시로 필요한 조치를 취할 수 있다.

5. 위원회는 본 협정의 규정을 효과적으로 실시하기 위해 필요하다고 인정되는 조치를 관계 체약국에게 권고할 수 있다. 이를 위해 위원회는 동 관계 체약국에 협정의 규정의 실시와 관련된 자료, 기록 및 기타 정보의 제출을 요청할 수 있고, 동 관계 체약국은 지체 없이 이에 응해야 한다.

6. 위원회의 요청에 따라 양 체약국이 제공하는 자료, 통계, 기록을 편집하고 연구한다.

7. 본 협정의 위반에 대한 동등한 형(刑)의 세목 제정에 관해 심의 결정하고, 양 체약국에 권고한다.

8. 기타 협정의 실시에 따른 기술적 문제들을 검토하고 필요하다고 인정되는 경우 취해야 할 조치에 관해 양국 정부에 권고한다.

9. 위원회의 사업, 조사 및 인정 사실에 대한 보고를 적절한 권고와 함께 매년 양 체약국에 제출하고, 또 적당하다고 인정하는 경우에는 언제든지 본 협정의 목적과 관련된 사항에 관해 양 체약국에 통보한다.

10. 기타 본 협정에 규정된 임무 또는 권한을 수행하거나 행사한다.

제9조

1. 양 체약국은 양국의 어업 발전과 향상을 도모하기 위해 기술 및 경제 분야에서 가능한 한 서로 밀접하게 협력하기로 한다. 이러한 협력에는 다음 사항이 포함된다.

(a) 어업에 관한 정보 및 기술의 상호 교환

(b) 어업 전문가와 기술자의 상호 교류

2. 양 체약국은 가능한 한 양국 간 어업 능력의 격차를 단시일 내에 제거하기 위해 실효적인 어업협력을 촉진한다.

제10조

1. 양 체약국은 각각 그 국민 및 어선이 이 협정을 성실히 준수하는 것을 보장하기 위해 적절한 지도와 감독을 실시, 벌칙을 포함한 국내 조치를 실시한다.

2. 양 체약국은 각각 그 국민 및 어선에 의한 독점 어업수역 외측에서의 본 협정 위반을 단속, 재판하기 위해 필요 적절한 조치를 취한다.

3. 일방 체약국에서 권한을 갖는 관헌은 타방 체약국의 어선이 실제로 본 협정에 분명히 위반하고 있다고 믿을 만한 상당한 이유가 있는 사실을 발견했을 때에는 즉시 이를 그 어선이 속하는 해당 타방 당사국의 권한 있는 관헌에 통보할 수 있다. 이러한 통보를 받은 타방 체약국은 해당 어선의 단속 및 이에 대한 관할권의 행사에 있어서 그 통보를 존중하고, 그 결과 취한 조치를 일방 체약국에 통보한다.

제11조

본 협정 부속서 (1)에 규정된 감찰(鑑札)을 소지하지 않거나 또는 표지를 부착하지 않고 공동 규제수역에서 조업하는 어선이 발견된 경우, 양 체약국의 감시선은 해당 어선을 정박시켜 본 협정의 위반 사실을 확인할 수 있으며, 해당 어선이 타방 체약국에 속하는 경우에는 이를 타방 체약국에 인도한다.

제12조

어느 일방의 체약국은 본 협정의 단속에 관한 규정이 실효적으로 시행되고 있지 않다고 인정하는 경우 이 협정 발효 후 1년이 경과한 후 즉시 타방 체약국에 협의를 요구할 수 있으며, 타방 당사국은 이에 응해야 한다. 다만, 협의가 요청된 날부터 6개월 이내에 합의에 도달할 수 없는 경우에는 합의가 성립될 때까지 양 체약국은 양국 국민 및 어선에 의한 본 협정의 위반에 대한 단속을 함께 실시한다.

제13조

양국 어선의 조업 안전과 질서 유지에 관한 사항은 부속서 (2)에서 규정하는 바에 따른다.

제 14 조

본 협정의 해석 및 적용에 관한 양 체약국 간의 분쟁은 외교교섭을 통해 해결한다.

제15조

본 협정의 개정에 관한 일방 체약국의 요청이 있는 경우는 타방 체약국은 이를 위한 협의에 응하기로 한다.

제16조

1. 본 협정은 비준되지 않으면 안 된다. 비준서는 신속하게 [   ]으로 교환된다.

본 협정은 비준서가 교환된 날부터 효력이 발생한다.

2. 본 협정은 효력 발생일로부터 3년간 유효하며, 이후 본 조 제3항이 정하는 바에 따라 종결할 때까지 효력이 존속한다.

3. 어느 체약국이나 타방 체약국에 6개월 전에 사전 통보를 함으로써 최초 3년의 기간이 만료될 때 또는 그 이후 언제든지 이 협정을 종결시킬 수 있다.

이상의 증거로서 아래 서명자는 정당하게 권한을 위임받아 본 협정에 서명했다.

1965년 [   ]월 [   ]일 동등하게 정본인 한국어, 일본어 및 영어로 본서 2통을 작성했다.

해석상의 차이가 있는 경우 영어 정본에 따른다.

대한민국을 위해

일본을 위해

부속서(1)(안)

1. 최고 출어 척수 또는 통수〔공동 규제수역 내에서의 조업을 위해 감찰(鑑札)을 소지하거나 표지를 부착하고 동 수역에서 출어하는 어선의 척수 또는 통수의 최고한도를 말한다〕는 다음과 같다.

(가) 50톤 미만의 어선에 의한 저인망어업은 115척

(나) 50톤 이상의 어선에 의한 저인망어업은

　　(1) 11월 1일부터 이듬해 4월 30일까지는 270척

　　(2) 5월 1일부터 10월 31일까지는 100척

　　다만, 본 항의 대수는 저인망어선을 기준으로 한 것이며, 트롤어선 1척은 저인망어선 2척으로 환산된다.

(다) 40톤 이상의 망선(網船)에 의한 그물어업은

　　(1) 1월 16일부터 5월 15일까지는 60통

　　(2) 5월 16일부터 1월 15 일까지는 120통

(라) 60톤 이상의 어선에 의한 고등어 낚시어업은 15척

다만, 조업기간은 6월 1일부터 12월 31일까지로 하고, 조업구역은 대한민국 경상북도와 경상남도의 경계선과 해안선과의 교점과, 북위 35도 30분 동경 130도의 교점을 연결하는 직선 이남, 제주도 서쪽에서는 북위 33도 30분 이남 수역으로 한다.

(마) 대한민국 어선과 일본국 어선이 어획 능력의 격차가 있는 동안에는 대한민국의 출어 척수 또는 통수는 양국 정부 간 협의에 의해 본 협정의 최고 출어 척수 또는 통수를 기준으로 그 격차를 고려

해 조정된다.

2. 어선 규모는 다음과 같다.

(가) 저인망어업 가운데

(1) 트롤어업 이외의 것은 30톤 이상 170톤 이하

(2) 트롤어업은 100톤 이상 550톤 이하

다만, 50톤 이상의 어선에 의한 저인망어업(대한민국이 동해에서 인정하고 있는 60톤 미만의 새우 저인망어업은 제외함)은 동경 128도 이동 수역에서는 행하지 않기로 한다.

(나) 권망어업은 망선 40톤 이상 100톤 이하

(다) 60톤 이상의 어선에 의한 고등어 낚시어업은 100톤 이하

3. 망목(網目, 해중의 내경을 기준으로 한다)은 다음과 같다.

(가) 50톤 미만의 어선에 의한 저인망어업은 33㎜ 이상

(나) 50톤 이상의 어선에 의한 저인망어업은 54㎜ 이상

(다) 권망어업은 30㎜ 이상

〔전갱이 또는 고등어를 대상으로 하는 신망(身網)의 주요 부분의 망목을 기준으로 한다〕

4. 광력(光力) 기준은 다음과 같다.

(가) 선망어업은 1통 당 10㎾ 이하의 등선(灯船) 2척 및 7.5㎾ 이하의 등선 1척으로 하고, 총 27.5 ㎾ 이하

(나) 60톤 이상의 어선에 의한 고등어 낚시어업은 10㎾ 이하

5. 감찰 및 표지는 다음과 같다.

(가) 공동 규제수역에 출어하는 어선은 양 체약국의 정부가 각각 발급한 감찰을 소지하고, 표지를 부착해야 한다.

(나) (감찰 및 표지의 양식 및 규격은 양 당사국 간 합의에 의해 결정한다.)

(다) 감찰 및 표지의 총수는 잠정적 어업 규제조치의 대상이 되는 어업별로 해당 어업에 관한 최고 출어 척수 및 통수와 동수로 한다.

6. 정의

(가) (어선에 대한 정의)

(나) 〔어업에 관한 정의: 통(統)의 정의를 포함〕

(다) (마일의 정의)

(라) (어선 규모의 톤에 대한 정의)

(마) (기타 필요한 정의)

부속서(2)(안)

(양국 어선 간의 조업 안전과 질서 유지에 관한 사항)

대한민국과 일본국 간의 어업자원의 보존 및 어업협력에 관한 잠정 협정에 대한 합의의사록(안)

대한민국 전권 대표와 일본국 전권 대표는 오늘 서명된 대한민국과 일본국 간의 어업자원의 보존 및 어업협력에 관한 잠정 협정에 대해 다음과 같이 합의했다.

1. 연간 총 어획 기준량

(가) 공동 규제수역 내에서의 저인망어업, 선망어업 및 60톤 이상의 어선에 의한 고등어 낚시어업에 의한 연간 총 어획 기준량은 15만 톤(상하 10퍼센트의 변동이 있을 수 있다)으로 하고, 일본국의 경우 이 15만 톤의 내역은 50톤 미만의 어선에 의한 저인망어업 1만 톤, 50톤 이상의 어선에 의한 저인망어업 3만 톤, 선망어업과 60톤 이상의 어선에 의한 고등어 낚시어업 11만 톤으로 하기로 한다. 연간 총 어획 기준량은 최고 출어 척수 또는 통수에 의해 조업을 규제함에 있어 지표가 되는 수량이다.

(나) 공동 규제수역 내에서의 저인망어업, 선망어업 및 60톤 이상의 어선에 의한 고등어 낚시어업에 의한 연간 총 어획량이 15만 톤을 초과할 것이라고 인정되는 경우에는 어기 중에도 연간 총 어획량을 16만 5000톤 이하로 억제하기 위해 출어 척수 또는 통수를 억제하도록 행정지도를 행한다.

(다) 일방 체약국의 정부는 자국의 출어 어선에 의한 공동 규제수역 내에서의 어획량 보고 및 어획 항구 조사를 통해 어업별 어획량을 월별로 집계하여 그 결과를 다음 달 초에 다른 체약국의 정부에 통보한다.

(라) 감찰 및 표지를 소지하고 이를 부착한 어선의 어획물은 공동 규제수역에서 어획된 것으로 간주된다.

(마) 어획물의 양륙은 양 체약국의 정부가 합의, 지정된 항구에서만 실시한다.

(바) 일방 체약국의 권한 있는 공무원은 어획물의 양륙 상황을 수시로 시찰, 어획량을 확인할 수 있고, 타방 체약국은 이를 위해 가능한 한 모든 편의를 제공한다.

2. 최고 출어 척수 및 톤수에 관해

(가) 각 체약국 정부는 공동 규제의 대상이 되는 어업별로 특정한 서식에 의해 연간 출어 예상 어선 명부를 일련번호를 붙여 해당 연도 전에 타방 체약국 정부에 통보한다. 이러한 서식에는 일련번호, 어업의 종류, 선명, 어선 규모, 소유자의 주소 및 성명 등이 포함된다.

(나) 각 체약국은 공동 규제수역의 어업별 조업구역별로 특별히 지정된 감시선이 이 조업구역에 출어하는 어업별 어선의 상황을 각 출어 기지로부터 보고를 받아 확인하기로 하고, 동 어선의 표지판 번호 및 상기 (a)에 언급된 일련번호를 매일 일정한 시간에 타방 체약국의 특별히 지정된 감시선에 무전으로 통보하기로 한다. 이 같은 감시선 간의 무전 교신에 대해서는 별도로 합의해 정한다.

(다) 일본국은 공동 규제수역 중 대한민국 경상북도와 경상남도의 경계선과 해안선의 교점과, 북위 35도 30분 동경 130도의 교점을 연결하는 직선 이북 동해 수역에서는 동시에 조업할 수 있는 일본국

의 저인망어선이 25척을 상회하지 않도록 하고, 11월 1일부터 이듬해 4월 30일까지의 기간 이외에서는 조업하지 않도록 하며, 수심이 300m보다 얕은 부분에서는 조업하지 않도록 함과 동시에, 새우 혼획을 항해마다 총 어획량의 20퍼센트를 초과하지 않는 범위 내로 억제하도록 한다.

(라) 본 협정 성립 시에 일본국에 현존하는 100톤 이상의 선망어선 1척은 본 협정 부속서(1) 2항 (a)에 대한 예외로서 조업이 인정된다.

3. 감찰 및 표지에 관해

(가) 감찰 및 표지의 총수는 어업의 실태를 감안해, 50톤 이상의 저인망어업은 그 최고 출어 척수 15퍼센트까지, 50톤 미만의 저인망어업은 그 최고 출어 척수 20퍼센트까지 각각 늘려 발급할 수 있다.

(나) 감찰 및 표지는 항구 내의 경우를 제외하고 해상에서 [　]의 어선으로부터 다른 어선으로 인도되지 않도록 양 체약국은 행정지도하기로 한다.

(다) 감찰 및 표지는 각 체약국 책임하에 발행되고, 특별히 지정된 기관에서 배포되는 것으로 한다.

(라) 상기 (다)에서 말하는 특별히 지정된 기관은 감찰 및 표지의 배포 상황을 명확히 파악할 수 있는 대장을 비치해야 한다.

(마) 공동 규제수역에서 규제 대상이 되는 어업별 어획량이 연간 총 어획 기준량(상하 10퍼센트의 변동이 있을 수 있다)에 도달하면, 즉시 감찰 및 표지를 회수해 필요한 조치를 취하지 않으면 안 된다.

4. 연안어업의 자율 규제에 관해

(가) 잠정적 어업 규제조치의 적용 대상이 되지 않는 종류의 어업에 종사하는 양 체약국의 어선으로 공동 규제수역에 출어하는 것 중 60톤 미만의 고등어 낚시어선의 조업기간은 6월 1일부터 12월 31일까지, 그 조업구역은 공동 규제수역에서 대한민국의 경상북도와 경상남도의 경계선과 해안선의 교점 및 북위 35도 30분 동경 130도와의 교점을 연결하는 직선 이남, 제주도 서쪽에서는 북위 33도 30분 이남 수역으로 하고, 일본국 어선의 척수는 175척을 초과하지 않기로 한다.

(나) 잠정적 어업 규제조치의 적용 대상이 되지 않는 종류의 어업에 종사하는 일본국 어선으로 공동 규제수역에 출어하는 척수는 1,700척을 상회하지 않기로 하고, 동 조업구역은 동해에서는 북위 35도 이남과 서해에서는 동경 126도 이동 수역으로 한다.

(다) 상기 (나)에서 말하는 1,700척의 어업별 어선 규모 및 척수는 본 협정 체약 당시의 현상을 유지하는 것으로 하고, 그중 낚시어업 및 자망어업, 예승(曳繩)어업 및 연승(延繩)어업에 종사하는 어선의 규모는 5톤 미만의 것으로 하고, 그 척수는 각각 다음과 같이 한다.

　　(1) 낚시어업　척

　　(2) 자망어업　척

　　(3) 예승어업　척

　　(4) 연승어업　척

다만, 연승어업에 종사하는 어선의 일부는 5톤을 초과할 수 있는 것으로 한다.

(라) 양 체약국 정부는 연안어업의 조업 실태와 관련된 정보를 교환하고 어장 질서를 유지하기 위해 필요한 경우 협의한다.

5. 국내 어업 금지수역 등의 상호 존중에 관해

(가) 양 체약국은 각각 타방 체약국의 다음과 같은 국내 어업 금지수역에서 자국 어선이 해당 어업에 종사하지 않도록 하기 위해 필요한 조치를 취한다.

(1) 대한민국 정부가 현재 설정 중인 저인망어업 및 트롤어업에 대한 어업 금지수역

(2) 일본국 정부가 현재 설정 중인 저인망어업 및 선망어업에 대한 어업 금지수역 및 저인망어업에 대한 동경 128도, 동경 128도 30분, 북위 33도 9분 15초와 북위 25도의 각 선으로 둘러싸인 수역

(나) 대한민국이 상기 (가)항 (1)의 어업 금지수역 가운데 서해 부분에서 행해지는 대한민국의 50톤 미만의 저인망어업 및 동 수역의 동해 부분에서 행해지는 대한민국의 새우 저인망어업에 대해 실시 중인 제도는 예외적으로 인정된다.

(다) 일방 체약국의 감시선은 자국의 국내 어업 금지수역에서 타방 체약국의 어선이 조업하고 있는 것을 발견한 경우 그 사실에 대해 해당 어선에 주의를 환기함과 동시에 신속하게 그 취지를 타방 체약국의 감시선에 통부할 수 있다. 타방 체약국은 당해 어선의 단속 및 이에 대한 재판 관할권을 행사함에 있어 그 통보를 존중하며 그 결과 취한 조치를 해당 일방 체약국에 통보한다.

6. 협정 시행 및 단속 상황의 시찰에 관해

일방 체약국은 타방 체약국의 요청이 있는 경우에는 자국 내에서 본 협정의 시행 및 단속의 실시 상황을 시찰하기 위한 편의를, 이를 위해 특별히 권한을 부여받은 타방 국가의 관헌에 가능한 한 부여하도록 한다.

7. 어선의 협정 규정 위반 사항의 확인 방안에 관해

(협정에 위반한 어선에 대한 위반 사실 확인 방도는 계속 협의하여 결정한다.)

대한민국과 일본국 간의 어업자원의 보존 및 어업협력에 관한 잠정 협정의 서명 시에 행하는 대한민국 외무부장관의 성명(안)

본 장관은 오늘 대한민국과 일본국 간의 어업자원의 보존 및 어업협력에 관한 잠정 협정의 서명에 즈음하여 동 협정이 발효해 대한민국이 독점 어업수역을 선포할 때는 대한민국 정부가 대한민국의 감시선에 의한 일본국 어선의 독점 어업수역 침범 사실의 확인과 어선 및 선원의 처리와 관련해 국제 통념에 따라 공정 타당하게 처리할 용의가 있음을 성명한다.

일본국과 대한민국 간의 어업자원의 보존 및 어업협력에 관한

잠정 협정의 서명 시에 행하는 일본국 외무대신의 성명 (안)

본 대신은 오늘 일본국과 대한민국 간의 어업자원의 보존 및 어업협력에 관한 잠정 협정의 서명에 즈음하여 동 협정이 발효해 일본이 독점 어업수역을 선포할 때는 일본국 정부는 일본국의 감시선에 의한 대한민국 어선의 독점 어업수역 침범 사실의 확인과 어선 및 선원의 처리와 관련해 국제 통념에 따라 공정 타당하게 처리할 용의가 있음을 성명한다.

대한민국과 일본국 간의 어업자원의 보존 및 어업협력에 관한

잠정 협정의 서명 시에 행하는 대한민국 외무부장관의 성명(안)

본 장관은 오늘 대한민국과 일본국 간의 어업자원의 보존 및 어업협력에 관한 잠정 협정의 서명에 즈음하여, 동 협정이 발효되면 대한민국의 영해 및 대한민국의 독점 어업수역이 선포된 경우, 동 수역에서의 무해 통항(어선은 어구를 격납한 경우에 한한다)은 국제 법규에 따른다는 점을 성명한다.

일본국과 대한민국 간의 어업자원의 보존 및 어업협력에 관한

잠정 협정의 서명 시에 행하는 일본국 외무대신의 성명 (안)

본 대신은 오늘 일본국과 대한민국 간의 어업자원의 보존 및 어업협력에 관한 잠정 협정의 서명에 즈음하여, 동 협정이 발효되면 일본국의 영해와 일본의 독점 어업수역이 선포된 경우, 동 수역에서의 무해 통항(어선은 어구를 격납한 경우에 한한다)은 국제 법규에 따른다는 점을 성명한다.

대한민국과 일본국 간의 어업자원의 보존 및 어업협력에 관한

잠정 협정의 서명 시에 행하는 대한민국 농림부장관의 성명 (안)

본 장관은 오늘 대한민국과 일본국 간의 어업자원의 보존 및 어업협력에 관한 잠정 협정의 서명에 즈음하여, 대한민국 정부는 협정에 규정된 공동 규제수역의 고래 자원의 상태에 깊은 관심을 갖고 있기 때문에 동 수역 내에서 소형 포경어업의 조업 척수를 현재 이상으로 증가시키거나 그 어획 능력을 현재 이상으로 증가시키지 않고, 또 대형 포경선은 앞으로도 현재 수준 이상으로 출어시키지 않는 것을 확보한다는 데 성명한다.

일본국과 대한민국 간의 어업자원의 보존 및 어업협력에 관한

잠정 협정의 서명 시에 행하는 일본국 농림대신의 성명 (안)

본 대신은 오늘 일본국과 대한민국 간의 어업자원의 보존 및 어업협력에 관한 잠정 협정의 서명에 즈음하여, 일본국 정부는 협정에 규정된 공동 규제수역의 고래 자원의 상태에 깊은 관심을 갖고 있기 때문에 동 수역 내에서 소형 포경어업의 조업 척수를 현재 이상으로 증가시키거나 그 어획 능력을 현재 이상

으로 증가시키지 않고, 또 대형 포경선은 앞으로도 현재 수준 이상으로 줄어시키지 않는 것을 확보한다는 데 성명한다.

(한국 측 서한)(안)

저는 오늘 서명된 대한민국과 일본국 간의 어업자원의 보존 및 어업협력에 관한 잠정 협정 제1조와 관련해 대한민국 정부가 대한민국의 독점 어업수역을 선포할 때 다음의 직선기선을 사용할 것을 언명하는 영광을 누립니다.

1. 장기갑(長鬐岬) 및 달만갑(達萬岬)을 연결하는 직선에 의한 만구(灣口)의 폐쇄선
2. 화암추(花岩湫) 및 범월갑(凡月岬)을 연결하는 직선에 의한 만구의 폐쇄선
3. 1.5m 바위, 생도(生島), 홍도(鴻島), 간여암(干汝岩), 상백도(上白島) 및 거문도(巨文島)를 순차적으로 잇는 직선기선
4. 소령도(小鈴島), 서격렬비도(西格列飛島), 어청도(於靑島), 직도(稷島), 상왕서도(上旺嶼島) 및 횡도(橫島, 안마군도(鞍馬群島)를 순차적으로 잇는 직선기선

저는 각하가 상기한 직선기선의 사용과 관련해 일본 정부가 이의를 제기하지 않을 것을 일본 정부를 대신해 확인해주기를 바랍니다.

저는 이 기회에 각하께 경의를 표합니다.

(일본 측 서한)(안)

저는 오늘 각하의 다음과 같은 서한을 수령했음을 확인하는 영광을 누립니다.

(일본 측 서한)

저는 대한민국 정부가 대한민국의 독점 어업수역을 선포함에 있어 각하의 서한에 언급된 직선기선을 사용하는 것과 관련해 일본국 정부가 이의를 제기하지 않을 것임을 일본국 정부를 대신해 확인합니다.

저는 이 기회에 각하께 경의를 표합니다.

(한국 측 서한)(안)

저는 오늘 서명된 대한민국과 일본국 간의 어업자원의 보존 및 어업협력에 관한 잠정 협정 제1조와 관련해 대한민국 정부가 대한민국의 독점수역을 선포하는 데 있어서 잠정적 조치로서 대한민국의 독점 어업수역을 구획하는 선과 다음의 각 선에 의해 둘러싸이는 수역을 당분간 대한민국의 독점 어업수역에 포함되는 것으로 한다는 것을 대한민국 정부를 대신해 제기하는 영광을 누립니다.

1. 북위 33도 48분 15초와 동경 127도 21분의 교점, 북위 33도 47분 30초와 동경 127도 13분의 교점 및 우도의 정동향 12마일 지점을 순차적으로 연결하는 직선

2. 북위 33도 56분 25초와 동경 125도 55분 30초의 교점과 북위 33도 24분 20초, 동경 125도 56분 20초의 교점을 연결하는 직선

저는 일본국 정부가 상기의 제안에 동의할 경우 본 서한 및 그 취지를 확인하는 각하의 답신이 대한민국 정부와 일본국 정부 간의 합의를 구성하는 것으로 하기를 제안합니다.

저는 이 기회에 각하께 경의를 표합니다.

(일본 측 서한)(안)

저는 오늘 자 각하의 다음과 같은 서한을 접수한 것을 확인하는 영광을 누립니다.

(일본 측 서한)

저는 일본국 정부가 상기 제안에 동의한다는 것과 각하의 서한 및 이 답신을 일본국 정부와 대한민국 정부 간의 합의를 구성하는 것으로 하는 데 동의한다는 사실을 각하께 통보합니다.

저는 이 기회에 각하께 경의를 표합니다.

어업협력차관에 관한 교환서한 요강안

1. 정부의 지급 보증을 필요로 하지 않는 민간 신용 제공으로 한다.

2. 제공 총액은 9,000만 달러이다. 제공 기간은 3년으로 한다. 다만, 제1년도에는 4,000만 달러, 제2년도에는 3,000만 달러, 제3년도에는 2,000만 달러로 한다.

3. 금리는 총액 중 4,000만 달러는 연리 5퍼센트, 나머지 5,000만 달러는 연리 5.75퍼센트로 한다. 상환기간은 거치기간 3년 후 7년간 균등상환하는 것으로 하고, 계약금은 없는 것으로 한다.

4. 일본국 정부는 이 같은 민간 신용 제공을 촉진한다.

5. 구매는 한국 정부가 지정하는 기관(예: 수산업공동조합 등)이 일괄 구매한다.

6. 상환은 현물(수산물)로도 가능하다.

7. 구매 대상 품목의 대강 및 구매 계획

8. 한일어업협력위원회의 설치, 쌍방의 수석위원은 양국의 농림부장관으로 한다.

9. 자금은 어업협정의 발효 이전에도 사용할 수 있다.

어선의 조업 안전과 질서 유지에 관한 규정(안)

1965년 5월 6일

한일 양국 어선 간의 해상 조업의 안전과 정상적인 질서를 유지하기 위해 양국 어선은 특히 다음의 규정을 준수하는 한편, 국제 항행에 관한 일반 관례에 따르기로 한다.

I. 어선 출어 표지 및 게시

1. 양국 어선은 뱃머리 양쪽에 선명(船名) 또는 선호(船號)를, 선미에는 근거 지명, 선명을 각각 명기해야 한다.

2. 공동 규제수역에 출어하는 어선은 검은 천에 흰색 문자로 표시한 깃발을 게양해야 한다.

    (1) 국기 규격은 가로 1m, 세로 1.5m로 한다.

    (2) 흰색 문자로는 국적을 표시하는 기호와 어선의 종류를 표시하는 기호를 표시하고, 그다음에 어업별 일련번호를 표시한다. 다만, 문자의 크기는 가로 20㎝, 세로 20㎝로 한다.

    (3) 깃발 게양 위치는 선교(船橋) 위 2m 이상의 높이로 하고, 보이도록 게양해야 한다.

3. 출어 어선의 표지판은 흑색 판에 흰색으로 상기 2항에 규정한 기호 및 번호를 기재하고, 표지판의 규격은 가로 0.5m, 세로 1.5m로 해 선교 위 전면에 부착해야 한다.

4. 선교 윗면에 항공기가 식별할 수 있는 표지를 붙이되, 그 표지의 규격은 상기 제2항에 규정된 기호 및 번호의 한 글자 크기가 사방으로 30㎝ 이상이 되도록 해야 한다.

5. 야간의 경우 양국 어선의 식별 번호는 한국어선은 장광(長光) 2회, 일본어선은 단광(短光) 3회를 선교 위에서 점멸하지 않으면 안 된다.

6. 어떠한 경우에도 상기 제2~5항의 출어 깃발, 표지 및 야간 표지등이 명백하게 인지될 수 있도록 유의해야 한다.

II. 항해 및 조업에 관한 준수 사항

1. 양국 어선은 조업 중인 어선을 발견할 경우 해당 어선의 어법(漁法)을 감안해 그 진로를 피하고, 해당 어선의 조업에 지장을 주지 않도록 하는 것은 물론, 매우 주의하여 당해 어선의 어구에도 피해를 미치지 않도록 항해해야 한다.

2. 양국 어선은 조업 중인 어선의 뱃머리 정면 전방에서 투묘(投錨), 투망을 할 수 없으며, 또 해당 어선의 조업을 방해하는 행위를 해서도 안 된다.

3. 양국 어선은 상기 각 항의 규정 외에 어선 사이의 충돌, 어구의 얽힘을 피하기 위해 항해 또는 어로 중인 당직의 감시와 관습상의 예방조치를 게을리해서는 안 된다.

4. 상기 각 항 이외에 기선저인망어선에서는 다음 사항을 부가한다.

    (1) 양국 어선은 예망 중에 전방으로 예망하고 있는 어선을 추월해 그 선수 정전방에서 예망(曳網)해서는 안 된다.

    (2) 예망 중인 어선은 정후방 1,000m를 그 어구(漁具)의 연신구(延伸區)로 간주, 다른 어선은 이 범위 내에서 투묘, 투망, 예망 같은 행위를 해서는 안 된다.

    (3) 2통(1통이란 1통의 그물로 조업하는 기선 2척을 말한다)이 병항(並航)해서 예망할 경우에는 상호간 300m 이상 간격을 유지해야 한다.

    (4) 어선이 비교적 집중될 때는 양국 어선은 다음 제4항이 규정하는 피항(避航)의 경우를 제외하고 예망 방향을 일정하게 유지해야 하며, 또 3통 이상이 병항해서 예망함으로써 다른 어선의 조

업을 방해해서는 안 된다.

5. 선망어업에서 조업을 목적으로 집어선(集魚船) 등이 집어를 할 때는 다른 집어선 등은 해당 집어선 등으로부터 1,000m 이상 접근해 집어 작업을 해서는 안 된다.

다만, 망선에 소속된 집어선 사이에서는 적용되지 않는다.

III. 어선의 조업 표지

일반 연안어업에 종사하는 어선의 조업 안전과 질서 유지를 위해 이들 어선의 조업 표지를 다음과 같이 정한다.

1. 어선이 조업 중인 경우 주간에는 뱃머리의 잘 보이는 곳에 바구니 1개를 매달아, 1개의 흑색 원추 모양 형상물의 정점을 위로 하여 게시함으로써 해당 어선 어구의 연신 방향을 표시하고, 그 어구의 끝 위치를 깃발로 표시한다. 야간에는 잘 보이는 곳에 흰색 등 1개(다만, 어구가 500m 이상 연장되는 경우에는 흰색 등 3개를 삼각형으로 한다)를 점등하고, 이 흰색 등의 높이로부터 1.83m 이하의 위치에서 3.05m 떨어진 곳에 또 하나의 흰색 등을 점등함으로써 해당 어선의 어구의 연신 방향을 지시하고, 그 어구의 끝 위치를 부등(浮燈)으로 표시한다.

2. 양국 어선은 전항의 조업 표지를 붙인 안강망(鮟鱇網)어선, 유자망(流刺網)어선 및 연승(延繩)어선의 조업과 관련해 특히 주의해야 하며, 이 중 안강망과 유자망은 보통 상태에서 그 어구의 연신장(延伸張)이 각각 1,000m와 2,000m임을 명심해야 한다.

3. 조업 중 어구가 암초를 비롯한 장애물에 걸린 경우 주간에는 바구니를 내려 선박 정면에 지름 0.61m 이상의 검은 공 1개를 게시해야 하며, 야간에는 정박등(碇泊燈)으로 흰색 등 1개를 점등한다.

IV. 어선 피항 및 신호와 관련해

1. 예망 중인 기선이 정면으로 마주한 경우 상호 거리가 500m 이상인 지점에서 각각 오른쪽으로 방향을 바꾸어야 한다.

그러나 거의 정면 방향인 경우에는 500m 이상의 거리에서 상호 진로를 피하기 쉬운 방향으로 피하고 동시에 기적 신호를 내야 한다.

2. 2통의 기선이 서로 진로를 횡단하는 경우에는 상대 선박을 우현(右舷)에서 보는 쪽에 있는 기선은 상호 거리가 500m 이상의 거리에서 잠시 예망을 중지하거나 오른쪽으로 진로를 바꾸어 상대 선박이 통과한 후 500m 이상이 될 때까지 정지하지 않으면 안 된다.

3. 예망 중인 기선은 양망(揚網) 중인 기선의 거리가 500m 이상 되는 곳에서 예망 진로를 바꿔 피항(避航)해야 한다. 예망 중인 기선은 투묘 중인 기선의 후방을 통과하는 것으로 하고, 부득이 그 앞으로 항해할 경우에는 1,000m 이상의 거리를 유지해야 한다.

4. 예망 중인 어선은 그 전방에서 어구를 상실해 수색 중인 어선을 발견했을 때는 적절하게 진로를 바꿔 수색 어선에 편의를 제공해야 한다.

5. 예망 중에 그 전방에서 고장(로프가 절단되거나 어구가 걸린 경우 등)으로 양망 중인 기선을 발

견한 경우에는 예방 진로를 바꿔 이를 피함과 동시에 해당 어선의 신호에 주의하여 상호 어구가 서로 얽히지 않도록 행동해야 한다.

V. 어선의 피해 보상

(양국 어선의 해상 사고에 따른 피해 보상에 관한 사항을 규정함.)

일본 측은 한국 측 협정안을 검토한 결과, 합의사항으로부터 벗어난 점이 많다고 판단했다. 이에 따라 5월 8일 우시바 심의관은 이규성 주일 대표부 공사의 내방을 요구, 아래와 같은 서류를 전달했다. 이에 대해 이 공사는 한국 측 안에 지난 4월 3일 가조인된 '합의사항'으로부터 후퇴하거나 혹은 그 이상의 것이 부가된 점이 있음을 인정하면서도, 한국 국내 대책상, 특히 ①어획 기준량을 확인하는 방법을 좀 더 명확하게 규정하고 싶다, ②적어도 표지를 부착하지 않은 선박이 공동 규제수역에 들어가 있는 경우 정선(停船) 등을 인정해달라면서, 이들 두 가지 사항에 대해 일본 측의 재검토를 요청했다.

한국 측 어업협정안에 대해

1965년 5월 8일

지난 5월 4일 이 공사가 제시한 「대한민국과 일본국 간의 어업자원의 보존 및 어업협력에 관한 잠정 협정(안)」과 관련, 이 안은 지난 4월 3일 가조인된 「일한 간의 어업 문제에 관한 합의사항」에서 현저하게 벗어나 있으므로 이 안을 향후 협상의 기초로 삼는 것은 도저히 불가능하다.

합의사항에 반하는 사항을 예로 든다면, 그중에서도 다음과 같다.

(1) 어업수역에 관해

(가) 어업수역 설정의 성격과 관련, 교섭 과정에서 일본 측은 이 수역이 협정에 의해서만 설정될 수 있다는 입장을 취한 반면, 한국 측은 동 수역은 우선 일방의 국가가 일방적으로 설정하고 이에 대해 상대국이 이의를 제기하지 않는 것을 협정상 약속하기로 한다는 입장을 취했다. 그렇기 때문에 그 타협으로서 합의사항은 "양국은 …… 설정할 권리가 있음을 상호 인정한다"는 취지의 것으로 하기로 했다. 하지만 한국 측 안 제1조 등에서는 이를 "각 체약국은 …… 수역으로 선포할 권리를 갖는다"고 되어 있다. 이는 상기 합의사항의 입장을 무시하는 것이다. 또 어업수역은 양국 간 합의에 의해 설정되는 것이기 때문에 양국 사이의 문제인데, 동 수역의 명칭으로 '독점 어업수역'이라는 용어를 사용하는 것은 국제 선례를 보더라도 받아들일 수 없다.

(나) 합의사항에서는 직선기선을 사용하는 경우 그 직선기선은 타방 국가의 정부와 협의하여 결정해야 하는 것으로 되어 있는데, 한국 측 안의 협정안 제1조에는 기선과 관련해 이 같은 규정이 없으며, 더욱이 교환서한 안에서도 마치 연안국이 이 기선을 일방적으로 결정할 수 있고 상대국이 이에 이의를 제기하지 않기로 한 것은 (가)의 어업수역 설정에 관한 일한 양국 간 인식의 타협점인 합의사항을

무시하는 것이다.

(2) 어업수역 외측에서의 단속과 관련해

이와 관련해 합의사항은 "어업에 관한 수역 외측에서의 단속(정박 및 임검 포함) 및 재판 관할권은 어선이 속한 국가만이 행사한다"고 명기하기로 되어 있음에도 불구하고, 한국 측 안 제10조 제2항에서는 이렇게 명기하고 있지 않다. 또 한국 측 협정안 제11조, 제12조, 합의의사록안 제1항 (바), 동 제7항 등에서는 이에 반하는 입장을 취하고 있다.

(3) 임시 어업 규제조치의 실시와 관련해 한국 측 안의 합의의사록안 제1항 (다)의 후단, (라), (마), (바), 제2항 (가), (나), 제3항 (다), (라), (마)에서 합의사항의 범위를 넘는 내용을 규정하고 있다.

(4) 합의사항에 포함된 특정 사항의 규정 형식과 관련해

예를 들면, 일본 측의 저인망 조업에 대한 한국 측 안의 합의의사록 제2항 (다), (라), 감찰 및 표지 총수의 증가 발급에 관한 한국 측 안의 합의의사록 제3항 (가), 연안어업의 자율 규제에 관한 한국 측 안의 합의의사록 제4항, 어업협력에 관한 한국 측 안의 협정안 제9조 제1항 등에서 합의사항에 합의된 형식과 다른 형식으로 규정이 마련되어 실질적 내용 변경이 시도되고 있다.

(5) 연안어업의 자율 규제와 관련해

한국 측 안의 합의의사록 제4항 (나)의 후단 및 (다)에서 교섭의 경위에 비추어 분명히 합의사항에 모순되는 새로운 제안이 행해지고 있다.

(6) 어업협력의 취급과 관련해

한국 측 안에서는 협정을 어업 문제와 어업협력을 일원화한 협정으로 하고 있지만, 합의사항에 따르면 어업협력은 어업협정과는 별개의 문제로 합의된 것이다.

(7) 협정의 성격과 관련

한국 측 안에서는 협정을 잠정 협정으로 하고 있지만, 이는 합의사항의 입장에 반하는 것이다.

(5) 한국 측, 합의사항 보완 요구

수석대표 제15차 회의(5월 12일)에서 김 대사(5월 6일 일시 귀국, 10일 귀임)는 "본국에서 어업 문제에 대한 불만이 많아 교섭 책임자가 야당은 물론 여당이나 각료에게도 교섭의 경위를 터놓고 설명할 수 없는 실정이다. 한국 내에서는 어획 기준량과 관련해 합의사항의 문구를 최대한 유리하게 해석, '참고자료로서가 아니라, 더 명확한 것으로 약정해야 한다'는 의견이 강하며, 또 단속 문제와 관련해선 명백하게 협정을 위반하고 있는 일본어선을 발견하고도 일본 측에 무전 연락만 하는 것 말고는 손쓸 수 없다는 점이 이상하다는 주장이 강하다. 이에 반해 공해 자유의 원칙과 12해리 전관수역에 대해선 반대의 목소리를 그다지 듣지 못했다. 나는 지난번에 한국 측 안에 따라 교

섭하는 것이 매우 무리라는 것을 진언하기 위해 귀국했지만, 본국의 분위기는 나의 의견을 도저히 관철시킬 수 없는 실정이었다. 따라서 앞으로의 어업위원회에서는 우선 공동위원회나 분쟁 처리 등 미해결사항에 대한 토의를 진행하고, 이후 조문 작성 작업에 들어가 그때 한국 측 안에서 합의사항으로부터 후퇴된 부분은 보류하고, 기타 여러 가지 점은 합의사항을 중심으로 정리해, 마지막에 정치적으로 고려하는 문제는 수석대표 회의 또는 더 높은 레벨의 회의에 맡기는 것이 어떨까 생각한다. 또 어업 이외의 제반 안건을 각각 점차적으로 진행해 나가고 싶다"고 말했다.

이에 대해 우시바 심의관은 "합의사항을 근본적으로 변경시키는 듯한 일은 도저히 할 수 없다"고 말했고, 히로세 참사관도 "일본 측 안은 충실히 합의사항을 기반으로 한 것이기 때문에 세세한 표현의 문제는 논의하더라도 기본적으로는 이 안을 기초로 조문을 정리해야 한다. 그렇게 하면 한국 측의 입장을 조금이라도 반영하기 위해 보완을 고려할지 여부를 생각할 여지가 있을지도 모르겠다"고 말했다. 이에 대해 김 대사는 "나로서도 일본이 한국 측 안을 그대로 수용할 것이라고는 생각하지 않지만, 조금 전에 말한 국내 사정 때문에, 현재 한국 정부의 입장은 한국 측 안을 기초로 협상하는 수밖에 없다는 이야기이다. 한국 측이 주장하는 것은, 말하자면 나무 기둥으로 결정된 것을 철 기둥으로 바꾸자는 것인데, 이를 위해 무리하더라도 어떻게든 나무 기둥에 페인트를 칠하고 철 기둥으로 보이게 하는 방법은 없는 것일까. 이렇게 해서 어떻게든 국내에 설명할 방법을 찾으면 나는 다시 본국으로 돌아가 정식 조인을 할 것인지 말 것인지 여부의 최종 재단(裁斷)을 촉구하겠다는 각오이다"라고 말했다.

그 후 5월 13일과 17일, 일본 측에서 히로세 참사관, 야스후쿠 수산청 어업조정과장, 한국 측에서 이규성 참사관, 김명년 대표가 참석한 4자 회담이 열렸다. 13일 회의에서 히로세 참사관은 교섭은 '합의사항'에 준거해 진행되어야 하고, 이를 보완해 나가는 과정에서 한국 측의 희망이 있으면 일한 간에 검토할 수 있다고 말했다. 이에 대해 이규성 공사는 "한국 측 안은 공식적으로 철회할 수는 없지만, 한국 측으로서는 이를 기반으로 하지 않는 경우에는 교섭할 수 없다고 주장하고 있지 않으며, 일본 측이 제출한 '문서'로써 일단 마침표가 찍혔다고 봐도 좋다고 생각한다"고 말했다.

5월 17일 회담에서 이규성 공사가 합의사항의 보완사항에 대해 구체적으로 구두 설명했다(그 내용은 27일 수석대표 회담에서 다음과 같은 서면으로 제출됐다).

어업협정 문안에 대해

1. 기선

직선기선을 일방 체약국이 결정한다는 부분에서는 국제 관행의 내용을 기술하는 대신에 국제 관행을 존중한다는 일반적인 원칙만을 규정하는 것이 적당하다고 생각한다.

2. 단속

(가) 무감찰 무표지의 경우 및 어업 금지구역 침범 어선이 감시선으로부터의 어로작업 중지 및 금

지구역 해산 경고에도 불구하고 연이어 침범행위를 할 경우, 또는 타방 국가의 감시선에 그러한 침범 사실을 통보했음에도 불구하고 상당한 시간이 경과할 때까지 이 타방 국가의 감시선이 나타나지 않을 경우에는 일방 국가의 감시선에 인도하는 것으로 한다.

(나) 양 체약국은 단속에 관한 협정 규정의 개정과 관련해 언제든지 협의할 수 있는 것으로 한다. 다만, 이 문제는 협정 개정 일반으로서 처리하는 것도 가능하다고 생각한다.

(다) 협정의 보다 효과적인 실시를 위해 양 체약국은 긴밀하게 협력한다는 정신과 원칙을 규정하고, 이를 위해 양 체약국은 각각 자국의 감시선에 타방 국가의 공무원이 승선(해상 시찰을 의미한다)할 수 있도록 하고, 양 체약국의 감시선이 공동으로 순찰할 수 있도록 양국 감시 당국이 조치를 취하기로 한다.

3. 어업량

(가) 어획량의 통보는 (원칙적으로) 매월 행하는 것으로 한다.

(나) 양륙 항구를 지정하고, 또 양륙 항구의 상황 시찰에 가능한 한 편의를 제공하기로 한다.

(다) 어획량에 관한 행정지도의 내용을 구체적으로 예시하는 것으로 한다. 어업별 어획 기준량을 초과한다고 인정될 때는 해당 어업에 종사하는 어선의 감찰 및 표지 회수조치를 취한다.

(라) 감찰, 표지 선박의 어획물은 공동 규제수역에서의 어획물로 간주한다(단, 그 취지는 어획량 확인 방도를 강구하는 데 있다).

4. 공동 규제수역으로의 출어

(가) 출어 척수 통보는 (원칙적으로) 매월 행한다.

(나) 일방 국가의 요청이 있는 경우에는 타방 국가에 특정일의 어업별 출어 상황을 일방 국가에 통보한다.

(다) 감찰 및 표지의 발급 기장(基帳)을 구비, 타방 국가의 공무원이 이를 시찰할 수 있도록 한다.

5. 연안어업

(가) 규제수역에서 연안어업에 종사하는 일본어선에 대해서는 어업별로 그 규모 및 조업 척수 내역을 표시하지 않으면 안 되며, 이렇게 표시된 현재의 어선 규모 및 조업 척수는 그대로 유지한다는 점이 규정되어야 한다. 이는 일본 측이 연안어업을 "60톤 미만의 어선에 의존하는 어업으로, 저인망어업 및 선망어업을 제외하는 것을 말한다"고 정의하려 하기 때문에 필요하다.

(나) 연안어업에 종사하는 어선의 주요 조업수역을 표시해둘 필요가 있다. 협상 과정에서 논의된 조업수역을 이러한 수역으로 표시하면 좋을 것이다.

5월 22일 한국 측이 요청한 보완사항과 관련해 아시아국은 「일한 어업교섭 대처방침(안)」을 작성했는데, 이 안에는 다음과 같은 내용이 있다.

그러나 이 제안도 어떤 경우에는 일방 국가의 감시선이 타방 국가의 어선을 정박시킬 수 있는 등 공해에서의 기국주의(旗國主義)에 반하는 규정을 요구하고 있다는 점, 직선기선 사용 시 상대국과의 협의 규정을 빠뜨리고 있다는 점, 어획량을 직접 규제 대상으로 하고 공동 규제수역 내에 출어한 어선이 갖고 돌아온 어획물은 모두 공동 규제수역에서 어획된 것으로 간주하고 있다는 점을 비롯해 '합의사항'의 실질을 근본적으로 뒤집는 내용을 담고 있어 여전히 '합의사항'을 보완할 만한 제안이라고 볼 수 없다.

이 같은 단계에서 일본 측이 상기한 5월 17일 한국 측의 제안 내용에 끼어들어, 이것이 '합의사항'을 보완하는 것인지, '합의사항'의 실질적 내용을 변경하는 것인지 그 여부를 따지는 형태로 한국 측과 교섭을 진행하면, 한국 측의 페이스에 말려들게 되고, 어업 장관 회담에 이르기까지 진력을 다한 토론을 되풀이만 할 뿐, 아무런 성과도 올리지 못하는 결과가 될 것으로 생각된다.

따라서 일본 측은 향후 협상의 진행 방법으로, 한국 측이 순수하게 '합의사항'을 보완하는 사항만을 제시하고 '합의사항'에 따라 충실하게 작성되어 있는 4월 22일 자 일본 측 안에 기초해 조문 작성 작업의 형태로 교섭을 진행하기로 동의하지 않는 한, 향후 논의에는 응하기 어렵다는 취지를 한국 측에 제시하는 것으로 하고자 한다.

5월 24일 김동조 대사는 우시바 심의관을 내방, "5월 4일 한국 측 어업협정안은 제시하지 말았어야 했다. 그건 없었던 것으로 생각해달라. 다만, 본국 정부와의 관계도 있으므로 철회할 수는 없다. 앞으로는 5월 17일에 이 공사가 구두로 한 제안을 바탕으로 논의를 진행시키고 싶다"고 말했다. 제17회 수석대표 회담(5월 27일)에서는 어업협상과 관련해 조속히 조문 작성 작업에 들어가서 그 과정에서 한국 측이 각 조마다 보완 희망사항을 제시하여 논의를 진행한다는 방침이 정해졌다. 그러나 한국 측은 이 공사가 제안한 보완 희망사항을 상기의 문서로 제시함과 동시에, 여전히 조문 작성 작업과 병행해 한국 측 보완 제안을 검토할 것을 주장했다.

한편, 그동안 합의되지 않은 실질 문제와 관련하여, 각 위원회 혹은 전문가 그룹 회의에서 안전 조업 문제, 공동위원회 문제 등에 대해 상당히 심도 있는 의견 교환이 이루어졌다. 5월 20일 한국 측은 앞서 제시한 한국 측 안의 제7조, 제8조(어업공동위원회 안)에 대한 수정안을 다음과 같이 제출했다.

1965년 5월 20일, 한국 측이 제시

(임시 번역)

제7조

1. 양 체약국은 이 협정의 목적을 달성하기 위해 한일어업공동위원회(이하 '위원회'로 칭한다)를 설치하고 유지한다.

2. 위원회는 2개의 국가별 위원부로 구성되며, 국가별 위원부는 각 체약국 정부가 임명하는 3인의 위

원으로 구성된다.

3. 위원회의 모든 결의, 권고 및 기타 결정은 국가별 위원부 간의 합의에 의해 이뤄진다.

4. 위원회는 그 회의의 운영에 관한 규정을 마련하고 필요시 이를 개정할 수 있다.

5. 위원회는 매년 적어도 1회 회합하며, 그 외에도 일방의 국가별 위원부의 요청에 의해 회합할 수 있다. 제1회 회의의 날짜 및 장소는 양 체약국 간 합의에 의해 정한다.

6. 위원회는 제1차 회의에서 의장 및 부의장을 서로 다른 국가별 위원부로부터 선정한다. 의장 및 부의장의 임기는 1년으로 한다. 국가별 위원부로부터의 의장 및 부의장은 매년 각 체약국이 이들 지위를 돌아가며 대표하는 형식으로 선정하기로 한다.

7. 위원회 산하에 상설 사무국이 설치된다. 위원회는 의장의 추천에 따라 사무총장을 임명한다. 사무총장의 임기는 1년으로 한다.

8. 위원회의 공식 언어는 한국어, 일본어 및 영어로 한다. 제안 및 자료는 어느 공용어로나 제출할 수 있다.

9. 체약국은 자국의 국가별 위원부 비용을 결정하고 지불한다. 위원회의 공동 경비는 위원회가 권고하고 양 체약국이 승인하는 형식 및 할당에 의해 체약국이 부담하는 분담금에 의해 위원회가 지불한다.

10. 위원회는 공동 경비에 대한 자금 지출의 권한을 갖는다. 위원회는 그 임무를 수행하기 위해 필요한 인력을 고용하고 필요한 편의를 취득할 수 있다.

제8조

위원회의 임무와 권한은 다음과 같다.

1. 양 체약국이 공통의 관심을 갖는 수역에서 자원을 연구하기 위한 과학적 조사에 관해, 또 그 조사 및 연구의 결과에 따라 취할 규제조치에 관해 양 체약국에 권고한다.

2. 공동 자원 조사수역의 범위에 관해 양 체약국에 권고한다.

3. 잠정적 어업 규제조치가 타당한지 여부를 검토하고 필요에 따라 부속서에 규정된 잠정적 어업 규제조치를 개정한다.

4. 양국 어선 간의 조업 안전과 질서에 관한 규정이 타당한지 여부를 검토, 그 결과에 따라 취할 조치를 결정하고 이를 양 체약국에 권고한다.

5. 본 협정의 규정과 위원회가 권고하고 양 체약국이 수락한 조치가 유효하게 시행되고 있는지를 확인하기 위해 수시로 필요한 조치를 취할 수 있다.

6. 위원회의 요청에 의해 양 체약국이 제공하는 자료, 통계, 기록을 편집하고 연구한다.

7. 본 협정 위반에 대한 동등한 형(刑)의 세목 제정과 관련해 심의 결정하고 양 체약국에 권고한다.

8. 위원회의 사업, 조사 및 인정 사실에 대한 보고를 적당한 권고와 함께 매년 양 체약국에 제출하고, 또 적절하다고 인정되는 경우에는 언제든지 본 협정의 목적과 관련된 사항에 관하여 양 체약국에 통고한다.

9. 기타 협정 실시에 수반되는 기술적 제반 문제를 검토하고, 필요하다고 인정되는 경우에는 취할 조치에 관해 양국 정부에 권고한다. 필요에 따라 전문가에 의해 구성되는 하부 기구를 설치할 수 있다.

(6) 하코네 어업회담

① 회담 개최까지

이 회담이 개최되기까지의 경위를 우시로쿠 아시아국장의 「일한교섭에 관한 약간의 회상」은 다음과 같이 기술하고 있다.

　　하코네 회담 개최 이전의 교섭 포지션은 다음과 같았다.
　　(가) 즉, 아카기 농림상과 차 농림부장관의 회담 때 이뤄진 가조인된 합의사항을 그대로 조문으로 작성하는 작업, (나) 어업에 관한 공동위원회의 문제, 분쟁 중재 조항, 안전조업 문제 등 아카기 농림상과 차 농림부장관의 회담에서 미해결로 남겨진 사항을 결정하는 작업(이른바 미해결사항), (다) 가조인이 완료된 합의사항을 보완하는 작업(보완사항)이 남아 있었다. 그러나 전술한 바와 같이 한국 측은 아카기 농림상과 차 농림부장관의 회담을 한국 측의 교섭 실패로 간주, 이후 회담에서 어떻게든 이것을 뒤집으려 했는데, 특히 직선기선 설정 방법에 관한 표현상의 문제, 기국주의를 특정한 경우에 수정해 정선권(停船權)을 인정하는 문제 등을 규정함으로써, 한국 측이 이승만 라인은 아직 부분적으로 살아 있다고 선전할 수 있는 방안을 기도했다. 이렇게 되면 무엇을 위해 합의사항에 가조인했는지 모르게 되고, 결국 한국 측의 뒤집기 안과 합의사항 두 가지를 기초로 해 재교섭하는 결과가 되므로 한국 측의 이런 페이스에 말려들지 않는 것이 절대적으로 필요했다. 우리 수산 당국은 특히 이 점에 대해 신경을 곤두세웠다.
　　시나 대신도 "여기서 조금이라도 하얀 이를 보여서는 안 된다"고 지시했다. 그 결과, 일단 교섭을 중단한 뒤 대신에게 김 대사를 불러들여 장관에게 보내는 메시지를 전달하고 교섭을 궤도에 올려놓는 방안을 시도했다. 즉, 이 메시지는 향후 어업협상에서는 우선 가조인이 완료된 사항을 조약문 형태로 초안 작업을 할 것, 이어 미해결사항에 대해 협의 결정할 것, 그다음에 "합의사항과 모순되지 않는다는 조건 하에" 이를 보완하는 사항에 대한 교섭은 거절해서는 안 된다는 취지를 강조하고 있었다. 김 대사는 원칙적으로 이 생각에 이의가 없음을 분명히 했기 때문에(나중에 이 장관도 김 대사를 통해 이 같은 취지를 전해왔다) 마침내 이 같은 그라운드 규칙에 의해 어업교섭을 재개하기로 했다.

시나 외상이 김동조 대사를 초치한 것은 6월 2일이며, 이때 시나 외상이 이동원 장관에게 보낸 서한은 다음과 같다.

배계(拜啓)

귀 장관 각하가 퇴원하여 조만간 완쾌할 것이라는 소식을 접하게 되어 이렇게 서둘러 축사를 보내고자 합니다.

편지를 올리게 된 것은 최근 일한교섭의 진행 상황에 대한 저의 기분을 직접 귀 장관 각하에게 전해야겠다는 생각 때문입니다.

저는 현재 긴박한 국제 정세에 비추어 일한교섭을 하루빨리 타결해야 한다고 생각하고 이를 위해 미력을 다하고 있습니다. 또 사토 총리대신을 비롯한 일본 정부 지도부는 비상한 열의를 갖고 회담의 추진을 도모하고 있는 바입니다.

재일한국인의 법적지위 문제에 대한 논의는 대체로 순조롭게 진행되고 있다고 생각합니다. 청구권 및 경제협력에 관해서는 문제가 복잡다기한 만큼 예정보다 상당히 늦어지고 있습니다만, 일본 측 안은 지난달 말 제출되었으므로 향후 교섭이 크게 진전될 것으로 예상합니다.

그런데 최근의 어업교섭 진행 상황은 유감스럽게도 만족할 만한 것이 없습니다. 솔직히 말씀드려 귀국 측이 어업에 관한 합의사항을 실질적으로 변경하는 적지 않은 제안을 하고 이와 관련된 교섭을 할 것을 요구했기 때문에 우리는 당황했습니다. 합의사항의 각 내용에 대해서는 쌍방이 모두 충분히 만족스럽지 않은 점이 적지 않음은 당연합니다만, 이 합의사항은 각하께서도 아시다시피 어려운 협상의 결과로써 태어난 상호 타협의 산물입니다. 따라서 그러한 협상의 경위를 무시하고 가조인된 합의사항의 변경, 특히 한국 측이 당초 주장한 대로의 복귀를 요구하는 것은 어업 문제를 다시 교섭하자는 것이 되어 교섭 타결이 크게 늦어지는 결과로 이어지리라 생각합니다.

저는 우선 어업의 합의사항에 따라 문안을 만드는 작업을 즉시 진행하고, 이어 이에 모순되지 않는 한도 내에서 귀국 측이 희망하는 보완사항에 대해 논의하는 것이 교섭을 조기에 타결하기 위한 가장 합리적이고 실질적인 길이라고 믿고 있습니다. 저는 각하가 저의 기분을 이해하고, 리더십을 발휘해 협상을 궤도에 올려놓길 진심으로 기대하고 있습니다.

현재처럼 어업에 대한 협상이 교섭에서 벗어난 상태가 계속되어 일한교섭 전반의 분위기와 속도에 악영향을 미칠까 우려됩니다. 물론 저로서도 교섭을 촉진시킬 수 있도록 최선을 다할 각오입니다.

또한 다케시마 문제에 대해 일본 측은 지금까지 반복해서 밝힌 바와 같이 일한교섭의 최종 타결까지는 적어도 그 해결을 위한 목표만이라도 세워둘 필요가 있다고 생각하므로 이 점을 양지해주십시오.

마지막으로 귀 장관 각하가 건강을 보살펴 하루 속히 완쾌하시길 기원합니다.

경구(敬具)

1965년 6월 1일

일본국 외무대신

대한민국 외무부장관 이동원 각하

하코네 회담 개최에 대해 히로세 참사관은 「일한 어업 문제의 최종 단계 교섭에 대해」 좌담회에서 다음과 같이 말했다.

　　4월 3일 가조인한 후 한국 측의 반격이 강해졌는데, 특히 농림성이 힘들었다. 와다 차장이 가조인 후에 나오지 않았기 때문에 나와 이규성만 협상한 적도 있다. 이 와중에 농림성의 지도부가 완전히 바뀌어버려 4자 회담이라든지 여러 가지 일을 했지만 모양새가 나지 않았고 그다지 성과가 나오지 않았기 때문에 6월 2일에 김 대사를 불러 시나 대신이 이 외무부장관에게 보내는 어업교섭 타결을 위한 한국 측의 협력을 요청하는 메시지를 전달했다. 이 메시지의 내용을 대신의 명령으로 내가 김 대사에게 설명했다. 그때 김 대사는 알겠다고 말했다. 대신이 "하코네에서라도 하는 게 어떤가"라고 묻자 김 대사는 "좋다"고 대답했다. 당시 나는 "그래서는 안 된다, 가조인으로 정해진 것은 일절 바꾸지 않는다고 한다면 하코네에서 하더라도 좋겠지만"이라면서 버텼다. 이튿날인가, 시나 대신이 김 대사를 부른 식사 자리에서 나에게 "당신, 더 이상 불평하지 마라", 우시로쿠 국장에게도 "더 이상 반대해도 안 된다"고 말했다. 따라서 더 이상 어쩔 수 없었으므로 그대로 가자는 것이 되어 하코네 회담이 잡혀버렸다.

우시로쿠 국장은 「일한교섭의 회고」에서 다음과 같이 말했다.

　　나는 호텔 따위에 합숙하게 되면 아무래도 점점 이쪽이 양보를 강요당하는 것 같은 분위기가 되고, 아침부터 저녁까지 한국 측과 코를 맞대고 있어야 하니 견딜 수 없다, 그런 것은 싫다고 생각했다. 그런데 김동조 대사가 시나 대신의 취임 축하 연회를 아카사카에서 열어줬을 때 "호텔에 틀어 박혀 세게 해보자"라고 말한 것이다. 나는 "여하간 그것은 안 된다. 무엇보다 서류를 갖고 가는 일이 큰일이다"라며 어떻게든 저지하려 했다. 하지만 대신은 "그거 좋은 생각이다, 그렇게 하자"면서 김 대사와 악수했다. 나도 저쪽의 대표 앞에서 그렇게 말하면 안 된다고 말할 수 없게 되어버려 하코네 회담을 하게 되었다.

하코네에서는 본회의 외에 다양한 소위원회와 작업 모임이 개최됐다. 여기에 일한 양국 모두 각각 부내 협의를 열었기 때문에 밤새 논의가 계속되었다.
　　회담의 대요(大要)는 다음과 같았다.

② 회담 개요

하코네 어업회담은 6월 5일부터 8일까지 하코네관광호텔에서 개최됐다. 일본 측에서는 우시바 심의관, 우시로쿠 아시아국장, 히로세 참사관, 이시다 수산청차관, 구로다 북동아시아과장, 마쓰나가 조약과장, 야스후쿠 어업조정과장, 모리사와 해양제2과장, 가와카미 조사관 등이, 한국 측에서 는 김동조 대사, 이규성 공사, 김명년 국립수산진흥원장, 김정태(金正泰) 부이사관, 오재희(吳在 熙) 주일 대표부 정무과장, 배동환(裵東煥) 어업과장, 신광윤(辛廣允) 수산진흥원 자원조사과장 등 이 참석했다.

6월 5일 오후 전체 회의에서 회담의 진행 방법으로 2개 분과회를 설치, 한편에서는 '합의사항' 의 조문화 작업을 수행하고, 다른 한편에서는 '미해결사항'에 관한 토론을 진행하기로 결정됐다. '미해결사항'과 관련해서는 공동위원회의 구성 및 임무, 안전조업, 해난 구조, 긴급 피난, 분쟁 처 리 조항, 협정수역, 표지 증명서 등에 대해 5일 저녁부터 6일 저녁까지 여러 차례 토의하고 쌍방의 입장을 구두 또는 문서로 제시했다. 그러나 어느 항목도 합의에 이르지 못했다. 더욱이 한국 측은 미해결사항으로서 어업협력자금(9,000만 달러)의 실시 절차 문제를 제시했다.

한편, '합의사항'의 조문화 작업도 병행해서 이뤄졌다. 5일 오후 전체 회의에서 한국 측이 '합의 사항'을 그대로 문안화한 형태로 다시 한국 측 안을 제시함으로써, 4월 22일 자 일본 측 안과 함께 제1차 대조 작업을 6일 밤까지 마쳤다.

이어 6일 밤부터 조문화를 위한 제2차 대조 작업에 들어갔는데, 이 시점에서 한국 측은 일본 측 의 '합의사항' 수정 요구 가운데 ①14개 항목은 '합의사항'대로 하지 않으면 안 된다, ②3개 항목 은 '합의사항'을 변경하고 싶다, ③보완사항 10개 항목을 요구하겠다는 입장을 밝혔다.

7일 오전에는 히로세 참사관과 이규성 대표를 중심으로 하는 전체 회의가 열려 상기 ①, ②에 대 한 한국 측의 설명을 듣고 미해결사항을 확인했다.

7일 오후 한국 측은 '보완사항'에 대해 설명했다. 이어 이날 오후 4시경부터는 '미해결사항'을 포 함해 제2차 조문화 작업을 위한 회의가 시작되었다. 이 회의는 8일 오전 7시경까지 계속되어 조문 화를 거의 완료했다. 8일 오후 우시로쿠 아시아국장과 이규성 대표를 중심으로 한 최종 회의에서 미합의사항(아래)을 확인했다.

③ 미합의사항과 보완사항

ㄱ. 하코네 회담에서의 미합의사항은 다음과 같았다.
    (ㄱ) 본협정
        ㉠ 명칭
        일본 측은 "일본국과 대한민국 간의 어업에 관한 협정"을, 한국 측은 "대한민국과 일본 국 간의 어업자원의 보존 및 어업협력에 관한 잠정 협정"을 각각 주장했는데, 이후 한국 측 이 양보해 결국 '(잠정) 협정'의 '잠정'을 넣을지 여부로 논점이 좁혀졌다.

ⓛ 직선기선의 사용에 관한 단서

한국 측은 '합의사항'에 있는 "일방 국가가 직선기선을 사용하고자 하는 경우에는 타방 국가와 협의해 결정한다"는 문안은 국제관례 그 자체이므로 협정 본문에 규정할 필요가 없다고 주장, 본질적으로 이것이 필요하다고 주장한 일본 측과 대립했다. 이후 한국 측은 타협안을 제시했지만, 일본 측은 '합의사항'대로 내용을 규정할 것을 주장했다.

ⓒ 공동 규제수역 범위의 주서(柱書)

일본 측 안은 "양 체약국은 다음의 각선에 의해 둘러싸인 공해 가운데 어느 체약국의 어업수역도 아닌 부분을 공동 규제수역으로 설정한다"로 되어 있는 반면, 한국 측 안은 "공동 규제수역이 설정되는 범위는 다음의 각선에 의해 둘러싸인 수역이다. 다만, 대한민국의 어업에 관한 수역은 제외한다"로 되어 있어 상호 대립했다. 일본 측은 "양 체약국은 다음의 각선에 의해 둘러싸인 수역(영해는 제외)을 공동 규제수역으로 설정한다. 다만, 대한민국의 어업에 관한 수역은 제외한다"라는 타협안을 제시했지만, 합의를 보지 못했다.

ⓓ 분쟁 해결 조항

일본 측은 국제사법재판소에 회부하는 방안 대신에 중재재판소 방안을 제안했다. 한국 측은 중재위원회 방안을 제시했다. 일본 측은 한국 측 안에 최소한 제2단계에서는 제3국에 중재위원 임명을 의뢰하는 등의 방법을 열어두는 타협안을 제시했지만, 합의를 보지 못했다.

ⓔ 협정의 유효기간

한국 측은 유효기간 3년, 예고기간 6개월을 갖고, 그 3년이 끝난 후에는 언제든지 폐기할 수 있는 것으로 하자고 주장한 반면, 일본 측은 각각 10년과 1년을 주장했다.

(ㄴ) 부속서

고등어 낚시어업의 조업구역에 대해(후술함).

(ㄷ) 「직선기선에 관한 교환 공문」

이에 대해 일한 양측이 수정안을 내놓았지만 합의를 보지 못했다(후술함).

(ㄹ) 「합의의사록」

'단속 및 재판 관할권' 부분(2개소)

자국 어선의 잠정적 어업 규제 위반 및 어업 금지수역 위반에 대한 "단속 및 재판 관할권의 행사에 있어" 상대국의 통보를 존중하는 것에 대해 일본 측은 정부 간에 행하는 합의로 재판권까지 구속할 수 없다는 명분하에 전자는 "단속 및 위반에 대한 조치에 있어"라고 하고 후자는 삭제할 것을 주장했다. 이에 대해 한국 측은 '합의사항'대로 할 것을 주장했다. 일본 측은 "단속 및 관할권(jurisdiction)의 행사에 있어"라고 할 것을 제안했으나 한국 측은 동의하지 않았다.

(ㅁ) 일방적 성명

"감시선에 의한" 공정 타당한 처리의 부분(후술함).

(ㅂ) 어업협력자금

ㄴ. 한국 측이 요구한 보완사항은 다음과 같았다.

(ㄱ) 연안어업과 관련해

㉠ 연안어업에 종사하는 일본어선의 현상을 유지하는 것과 관련해 일방적 성명을 행한다.

㉡ 연안어업에 종사하는 일본어선의 주요 조업수역에 대해 일방적 성명을 행한다.

(ㄴ) 합동 순찰

양 체약국의 감시선은 잠정적 어업 규제조치의 위반에 대한 단속을 효과적으로 실시하기 위해 합동 순찰을 실시한다. 합동 순찰 실시 세목은 별도로 협의해 결정하기로 한다.

(ㄷ) 옵서버 승선

일방 체약국 정부는 타방 체약국 정부의 요청이 있는 경우에는 자국 감시선에 의한 단속 상황을 시찰하기 위해 타방 체약국 정부의 공무원이 자국의 감시선에 승선할 수 있도록 한다.

(ㄹ) 어획량의 양륙 상황

일방 체약국의 권한 있는 공무원은 타방 체약국에서의 어획물의 양륙 상황을 수시로 시찰, 어획량을 확인할 수 있고, 타방 체결국은 이를 위해 가능한 모든 편의를 제공한다.

(ㅁ) 특정일의 출어 상황 통보

일방 체약국의 감시선은 타방 체약국의 감시선의 요청이 있는 경우에는 특정일의 자국 어선의 어업별 출어 상황을 타방 체약국의 감시선에 통보한다.

본 항에 따른 요청 및 통보는 양국의 지정된 감시선 간에 실시하기로 한다.

(ㅂ) 감찰 및 표지의 발급 상황

각 체약국 정부는 감찰 및 표지의 발급 기록을 유지한다.

일방 체약국의 권한 있는 공무원은 타방 체약국의 해당 기록을 언제든지 시찰할 수 있고, 타방 당사국은 해당 공무원의 시찰에 대해 가능한 모든 편의를 제공한다.

(ㅅ) 감찰 및 표지의 회수

잠정적 어업 규제조치의 적용 대상이 되는 어업별 어획량이 해당 어업에 관한 연간 어획 기준량에 도달한 경우에는 해당 어업에 종사하는 어선의 감찰 및 표지는 관련 체약국 정부에 의해 즉시 회수되어야 한다.

(ㅇ) 어획물의 양륙 지정 항구

잠정적 어업 규제조치의 적용 대상이 되는 어업에 종사하는 양 체약국 어선이 공동 규제수역에서 잡은 어획물은 각각의 정부에 의해 지정된 항구에만 양륙된다.

(ㅈ) 무표지 선박의 정선

표지를 부착하지 않은 채 공동 규제수역 내에서 조업하는 어선이 발견된 경우에는 어느 체약국의 감시선이나 그 어선을 정지시켜 관련 사실을 확인할 수 있다.

(ㅊ) 어업 금지수역에서의 정선

일방 체약국의 감시선은 자국의 어업 금지수역 내에서 조업하는 타방 체약국의 어선에 대해 다음에 규정된 경우에 한해 이를 정선시켜 관련 사실을 확인할 수 있다.

㉠ 일방 체약국의 감시선에 의한 주의 환기에도 불구하고 해당 어선이 조업을 계속하는 경우

㉡ 일방 체약국의 감시선에 의한 통보에도 불구하고 타방 체약국의 감시선이 상당한 시간이 경과할 때까지 현장에 나타나지 않는 경우

④ 회담 분위기

외무성에서 어업 문제를 전문적으로 담당한 가와카미 조사관은 1971년 5월 15일 「일한 어업협상의 회고」에서 "하코네 회담을 하지 않았으면 여전히 일한 어업협정은 이루지 못했을 수도 있다"고 말했다. 마쓰나가 조약과장도 "그건 추억이 있는 역사적인 회의였고, 밤샘 교섭을 무작정 계속해 이루어냈다. 어업은 나중에 다시 난항을 겪게 되지만, 커다란 부분은 하코네에서 정해졌다"(「일한교섭의 회고: 조약과의 입장에서」)고 말해 하코네 회담의 역할을 높이 평가했다.

그러나 회담의 진행은 매우 거칠었다. 「일한교섭의 회고: 조약과의 입장에서」에서 조약과의 구마야 사무관과 마쓰나가 조약과장은 다음과 같이 말했다.

구마야: 막상 하코네 회담이 시작되자 한국 측은 합의사항을 완전히 무시하고 계속해서 새로운 요구를 해왔다. 일본 측이 합의사항이 출발점이라는 취지로 반박하면, 이번에는 반대로 한국 측은 합의사항의 규정대로 '마침표(.)'나 '쉼표(,)'도 그대로 둔 채 협정안 등에서 재편성해야 한다는 태도를 취해 일본 측의 기술적인 수정 요구를 전혀 받아들이지 않았다. 그렇게 됨으로써 처음에 양자 간에 입씨름을 계속한 뒤 상대측은 일본 측이 기술적·조약적 핵심부터 내놔라, 합의사항의 수정을 도모하려 한다면 한국 측에도 수정을 요구할 권리가 있다면서 실질적 사항에 걸친 보정(補正) 방안을 열 가지 정도 제출해 왔다.

마쓰나가: 어떤 곳에는 '양 체결국', 어떤 곳에는 '양국 정부'로 각각 다른 표현이 나오므로 같은 표현으로 바꾸자고 하면, 그것조차 상대측은 반대했다. 위원회 등에서 겨우 말을 붙여 본회의에 가면, 또 다시 최초의 원안을 꺼내오기도 했다. 그 한국 일류들이 하는 짓거리에 대해선 정말 입이 다물어지지 않았다.

구마야: 가장 옥신각신한 것은 협정 부속서의 고등어 낚시어업의 조업구역 부분이었었다. 어느 교점(경상북도와 경상남도의 경계선과 해안선의 교점)과 그다음의 교점(북위 35도 30분, 동경 130도의 교점), 이를 연결하는 직선이라는 것은 선분(線分)인가, 아니면 두 교점을 잇는 직선 전부를 말하는가를 따지는 내용이었다. 한국 측은 교점과 교점의 선분이라고 했다.

4월에 가조인된 합의문서에서는 "······ 직선 이남, 제주도 서쪽에서는 ······로 한다"고 되어 있으므로, 한국 같은 해석을 하면 제주도 동쪽 수역이 빠져버린다. 그래서 일본 측은 이 교점을 연결하는 것이 아니라, 두 점을 지나는 직선이라는 점을 분명히 하기 위해 "다만, 제주도 서쪽에서는 ······"과 같은 단서를 달려 했다. 그런데 한국 측이 합의사항에서 한 글자도 수정해서는 안 된다고 하니 일본 측 수산청 사람들이 크게 화를 냈고, 우시바 심의관이 매우 화를 낸 것도 이 때문이었던 것 같다.

마쓰나가: 그랬다.

구마야: 합의사항을 한 글자도 정정하지 못한다고 한국이 버티고 있는 와중에 특히 실질적으로 관계가 있던 문제가 바로 이것이었다. 한국 측은 실제로는 일본이 말하는 취지가 옳다는 것을 알면서도 말을 수정하는 것은 맹렬히 반대했다. 히로세 참사관이 자리를 박차고 나갔다고 기록에도 나오지만, 그때가 절정이었다. 히로세 참사관은 정말로 퇴장해버렸다. 지금까지 상대측과 물밑 교섭을 해서 어느 정도 결정된 것, 우리 수산청과 한국 측 수산청 간의 대화로 결정된 것을 본회의에서 확인하기 위한 과정이었다고 생각했는데, 본회의에서 한국 측이 그대로 하지 않았기 때문에 그는 우리 수산청 측의 입장을 지지했고, "약속이 다르다"는 이야기가 나오자 "하코네의 산에서 내려가겠다"고 자리에서 일어나 자기 방에 틀어박혀 나오지 않았다.

히로세 참사관, 야스후쿠 어업조정과장은 「일한 어업 문제의 최종 단계의 교섭에 대해」 좌담회에서 다음과 같이 말했다.

히로세: 고등어 낚시어업의 조업구역과 관련해 제주도 동쪽 지역이 빠질 가능성이 있으므로 그렇게 되지 않도록 표현의 수정을 일본 측이 제안했다. 그런데 한국 측은 일절 양보할 수 없다고 했다. 그래도 우리 측은 한 발짝도 물러서지 않고 당연히 이 수역은 고등어 낚시어업수역에 들어가는 것이라고 말했다. 이에 대해 상대측은 "아니, 그것에 대해선 아무것도 말할 수 없다"고 했다.

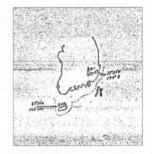

그림 10 고등어 낚시어업의 조업구역을 나타내는 선

야스후쿠: 이 문제를 놓고 나는 김명년과 일대일로 3시간이나 토론했다. 아마 7일 오전 4시경이었다고 생각한다.

히로세: 나는 화가 나 방을 뛰쳐나갔다. 우시바 씨, 우시로쿠 씨가 사과하라고 한 것은 이때였는데, 이 일로 회의도 몇 시간 중단됐다.

이는 그야말로 한국 측의 희롱이었다. 경우에 따라서는 우리를 흔들어 보려는 생각이었음이 틀림없었다. 가장 큰 반격 중 하나였다. 일본 측이 '보완사항'을 수용하도록 하기 위해 그런 것까지 찾아내 버티고 있었으므로 우리 측은 매우 화가 났다. 그러나 한국 측은 제주도 동쪽 고등어 낚시어업 어장이 제외되면 일본 측이 받아들일 리가 절대로 없다는 사실을 잘 알고 있었기 때문에 하코네 회담이 끝난 다음 날에 논의도 하지 않은 채 이를 받아들여 최종적으로 협정 부속서1 (d)항에 "직선 이남(다만, 제주도 서쪽에서는 북위 33도 30분 이남)"이라고 괄호 속에 단서 조항을 붙였다.

또한 마쓰나가 조약과장은 다음과 같이 말했다.

나도 한국과의 짜증 나는 교섭에서 몇 번이나 회의를 포기할까 고민했는지 모른다. 그때도 분위기가 나빠져 우시바 심의관이 나왔고, 양측 모두 냉각시간을 갖고 새로운 안을 내놓기로 한 다음 휴식을 취했다. 그런데 휴식 후 한국 측은 다름 아닌, 하코네 회담 이전 교섭에서 한국 측이 내놨던 안을 그대로 제출해왔다. 그래서 이대로 내버려두면 수산청도 아시아국도 점점 화가 나 큰일이 벌어질 것으로 예상돼 즉시 우시바 심의관이 있는 곳으로 달려가 "서둘러 한국 측에 불평을 말하지 않으면 수습이 안 된다"고 말했다. 우시바 심의관이 나서서 김 대사와 의견을 교환하고 다시 휴식을 취한 뒤 교섭을 재개하는 장면이 펼쳐졌다.

하코네에서 펼쳐진 또 다른 장면으로, 나는 우시바 심의관에게 "한국 측 태도가 아주 불량하기 때문에 하코네 회담을 그만두고 도쿄에서 교섭을 재개하면 어떻겠느냐"라고 건의했는데, 우시바 심의관은 일언지하에 "나는 시나 대신으로부터 교섭의 마무리를 엄명받았기 때문에 마무리되지 않는 한 하산하지 않으며, 당신도 내려오지 못 할 것이다"라고 말했고, 그래서 나는 "그렇다면 수석대표 간의 교섭에서 한국 측도 좀 더 진지한 안을 내도록 이야기해달라"라고 말한 기억이 있다. 그것을 정리한 것은 완전히 우시바 심의관의 노력이었다.

하코네에서 나는 내부로부터도 상당한 도전을 받았다. 직선기선 문제에 대해 수산청은 "이런 짓을 하면 우리 입장이 사라진다"면서 새벽 3~4시 무렵에 내 방으로 관계자들을 보내왔다. 한번은 구마야 씨와 하마모토(浜本) 씨가 찾아와 "과장은 그런 말을 했다지만 자신들은 절대 반대한다"고 말했다. 나는 사실 하코네에 가기 전에 후지사키 조약국장에게 "도저히 마무리되지 않을 경우에는 이 선까지 내려가겠다"고 말하고 직선기선 문제에 대해서도 제1안, 제2안, 제3안을 준비했다. 그리고 후지사키 국장에게 "마지막에는 제3안으로 갈 테니 양해해주길 바란다"라고 말했는데 후지사키 국장은 나에게 "그것은 맡기겠다"고 답했다. 그렇기 때문에 나는 "자네들이 말하는 바는 알겠지만 내 책임하에 처리하겠다. 자네들에게는 절대로 책임을 지우지 않을 테니 걱정하지 마라"라고 말했다. 이 말을 듣고 그들도 돌아갔다. 결국 그때는 내가 가지고 있던 제2안 정도로 논의가 진행됐는데 막판이 되면 다시 한 번 한국 측의 자존심을 세워줘도 좋다고 생각했다(주: 직선기선 문제는 협정 본문 및 교환 공문과 관련되어 결국 힐튼호텔에서 결정되었다).

그러나 그렇게 했기 때문에 도중에 김동조 대사가 한국 측의 '청년장교'라고 불리던 반대파를 충분히 압박해줬다. 진짜 막판에는 한국 측에서 "마쓰나가 과장이 이렇게 말하고 있으니 이제 괜찮지 않은가"라고 말하기도 했다.

그 무렵 김동조 대사는 "마쓰나가 과장을 한국 외무부 조약과장으로 삼고 싶다"고 우시바 심의관에게 말했다는 이야기가 전해지고 있다.

우시로쿠 아시아국장은 「일한교섭에 관한 약간의 회상」에서 다음과 같이 말했다.

하코네 회담이 열리자 상대방은 새로운 전술로 나왔다. 한국 측은 조약안으로서 합의사항을 그대로 조문화한 문안을 제출함과 동시에 일본 측이 논리상 또는 조약문 작성 기술상 당연히 필요하다면서 제기한 문장 수정 사항조차도 거부하고, 마침표와 쉼표조차도 변경하지 않겠다고 주장하기에 이르렀다. 따라서 심한 경우에는 고등어 낚시어장에서 (중략) 또는 어업 전관수역 내에서 잡힌 일본어선을 국제적 통념에 따라 인도적으로 취급한다는 취지의 일방적 선언 방안에 대해서도 이미 이뤄진 양해의 내용(인도적 취급은 단순히 해상에서 한국 측 감시정이 일본어선을 취급하는 것만이 아니라 한국의 항구에 견인한 후 선체, 어민을 취급하는 것도 포함하고 있다)을 그대로 정확하게 조문화하기 위해 쉼표를 하나 추가하는 것조차 거부할 정도였다.

이런 것은 우리 측, 특히 수산청 측을 매우 자극해 협상 분위기를 엉망으로 만들었는데, 더욱이 한국 측은 일본 측의 합의사항 존중 합의를 역이용해 자기들도 합의사항의 마침표, 쉼표조차 변경하는 것을 인정하지 않고 있다고 주장하면서, 일본 측이 '기술적인' 필요에 따라 제안하는 수정에 편승해 "일본이 당초 합의사항으로부터 벗어나 수정을 요구한다면 한국 측도 수정을 요구할 권리가 있다"면서 10개 항목 이상에 걸친 '실질적인' 수정 요구를 제출하기에 이르렀다. 그중에는 과거 하코네 회의 이전에 문제가 된 정선권(停船權)과 직선기선 설정 등에 관한 규정 방법 등이 되풀이되어 있었고, 결국 하코네 회담 개최 전 내지 시나 외상의 이동원 장관에 대한 서한 송부 이전 상황으로 되돌아갔다.

⑤ 보완사항 처리에 관해

한국 측이 요구한 보완사항과 관련해 우시로쿠 아시아국장의 「일한교섭에 관한 약간의 회상」은 다음과 같이 적고 있다.

이대로 교섭을 진행하면 쓸데없이 상대방의 페이스에 말려들어 최선의 경우라고 해도, 말하자면 일본 측의 주장(실제로 쌍방이 합의한 사항)과 한국 측의 새로운 요구를 더해 둘로 나눈 것처럼 철저하지 않은 교섭 결과가 될 위험이 예상되었다. 그래서 일단 회담을 중단하고 새벽 2시께 김 대사와 우시바 심의관, 아시아국장이 회담한 결과, 우선 합의사항과 분명하게 모순되는 정선 등의 요구는 받아들일 수 없음을 분명히 한 후, 어쨌든 합의사항에 따라 조문 작성 작업에 착수하는 데 동의를 이끌어냈다. 한국 측은 이른바 보완사항에 대한 동시 합의가 없는 한 합의사항의 조문화만으로는 본국의 승인을 얻을 수 없다는 취지를 강하게 주장했다. 사실상 어떤 형태와 정도로든 상대측의 이른바 보완사항을 인정하지 않는 한 한국 측이 어업교섭을 타결할 수 없는 실정임을 파악할 수 있었다.

그런데 공교롭게도 우리 측은 농림상, 농림관, 수산청장관, 동 차장이 얼마 전에 한 차례 경질된 직후여서 이런 문제에 대해 현장에서 즉시 답을 할 수 없는 처지였다. 그래서 외무성은 귀경 후에 이러한 보완사항 가운데 합의사항과 정면으로 충돌하지 않는 부분은 책임을 지고 농림성 당국을 설득한다는 보장을 외무성 당국의 권한하에서 부여했고, 이로써 합의사항 및 미결사항의 조문화 작업에 들어갈 수 있었다.

상기 보완사항은 10개 항목으로 구성되어 있었는데, 그중 정선에 관한 2개 항목은 현지에서는 절대로 수용할 수 없다는 취지를 강조해 이를 취소시켰지만, 우리 감시선에 상대측 옵서버가 승선하는 문제와 이른바 공동 경비 문제는 어떻게든 승인해줄 필요가 있었다. 상대측도 이 2개 사항에 대해선 가장 중점을 두고 있는 것으로 관측됐다.

외무성은 어업교섭과 관련해 종래 충분할 정도 이상으로 우리 농림성 당국의 말을 존중하고 그 기반 위에서 교섭을 진행해왔으나, 교섭 전반의 성패를 결정하는 이 단계에서는 다른 사항과 관련해 대장성, 법무성 등에 약간 양보를 하도록 한 것처럼 농림성에도 약간의 양보를 얻어낼 필요가 있었다.

그리하여 이 보완사항이야말로 양보해야 할 급소라고 할 수 있었는데, 총리 결재를 받더라도 외무성 안을 밀어붙일 필요가 있다고 보았다.

(7) 보완사항에 대한 일본 측 안

하코네 회담을 마친 이튿날인 6월 9일 한국 측이 요구하는 보완사항 8개 항목에 대해 외무성 아시아국은 다음과 같은 안을 작성했다.

(1) 연안어업과 관련해

부속서 제[ ]항과 관련, 일본국(농림성 수산청)은 대한민국(농림부)의 요청이 있을 경우 연안어업에 종사하는 일본국 어선 및 그 조업수역의 현황에 대해 정보를 제공할 용의가 있다

(2) 합동 순찰

양 체약국 정부의 감시선은 잠정적 어업 규제조치가 원만하고 효과적으로 실시되는 데 공헌하기 위

해 필요한 경우 협의한 후 공동으로 또는 긴밀하게 연락하여 순찰할 수 있다.

(3) 옵서버 승선

어느 국가의 정부나 상대국 정부의 요청이 있는 경우에는 상대국 정부의 공무원이 잠정적 어업 규제조치에 따라 단속 상황을 시찰할 목적으로 자국의 감시선에 승선하는 것을 협의해 인정할 수 있다.

(4) 어획물의 양륙 상황

일방 국가의 정부는 타방 국가의 정부가 요청할 경우 잠정적 어업 규제조치에 따라 자국 내에서 이루어지는 단속 실시 상황을 시찰하기 위한 편의를, 이를 위해 특히 권한을 부여받은 타방 국가의 정부 공무원에게 가능한 한 부여한다. 또 그 시찰 시 어획물의 양륙 상황을 시찰하기 위한 편의도 가능한 한 제공한다〔합의의사록 제5항 (라)에 추가〕.

(5) 특정일의 출어 상황 통보

합의의사록 제[ ]항과 관련해 어떤 국가의 정부나 상대국의 정부의 요청이 있을 경우 자국 어선의 출어 상황에 대한 일정한 월별 집계를 최대한 빨리 상대국 정부에 통보하도록 노력한다.

〔별안(別案)〕

합의의사록 제[ ]항과 관련해 양국 정부는 특정일에 어선이 밀집하는 수역에 대해 양국의 감시선 간에 필요에 따라 긴밀한 정보 교환이 이뤄지도록 한다.

(6) 증명서 및 표지의 발급 상황

일본국(농림성 수산청)은 대한민국(농림부)의 권한을 부여받은 공무원에게 증명서 및 표지의 발급 상황에 대해 필요한 정보(자료 포함)를 제공한다는 의향이다.

(대안)

합의의사록 제[ ]항에서 말하는 단속 실시 상황의 시찰 중에는 증명서 및 표지의 발급 상황과 관련된 정보의 제공을 포함하는 취지를 명기하도록 이 조항을 수정한다.

(7) 증명서 및 표지 회수

합의의사록 제[ ]항에서 말하는 행정지도의 결과로서 인증서와 표지가 사실상 회수될 수도 있다.

(8) 어획물의 양륙 지정 항구

각 국가의 정부는 잠정적 어업 규제조치의 적용 대상이 되는 어업에 종사하는 자국 어선의 공동 규제 수역에서의 어획물이 양륙되는 지정 항구를 상대국 정부에 통보한다.

이상의 아시아국 안은 작성되기 전에는 관계 부처가 속내를 드러낸 가운데 최대한 양보할 수 있는 선에서 타진되어 성산이 있는 것이었지만, 실제로 관계 부처 사무 당국에 제시되었을 때는 농림성 당국이 강하게 반발했다고 한다. 따라서 6월 9일 오후 시나 외무대신, 사카타 농림대신, 나카무라 운수대신이 사토 총리 주재하에 일한회담 전반의 진행방식을 협의했을 때 하코네 회담의 성과보고와 함께 상기 외무성 안을 제기했지만 결론에 도달하지 못했다. 6월 15일 수산청이 외무성에 제시한「한국이 요청한 이른바 보완 요청사항에 대한 생각」은 다음과 같았다.

    1. 직선기선 및 공정 타당한 처리에 관한 합의사항 서명 시의 양해가 지켜지지 않으면 보완사항에 대한 심의에 들어갈 수 없다.

    2. 합의사항 혹은 미해결사항 외에 추가되는 것이 있다면, 그것은 일한 양국에 상호적이고, 합의사항의 선에 따라 일한 양국 모두에게 진전을 의미하는 것이어야 한다.

    3. 구체적인 보완사항의 처리는 다음의 원칙에 기초한다.

    (1) 내정 간섭의 우려가 있는 것은 인정할 수 없다.

    (2) 합의 성립 시에 이미 논의가 완료된 것은 원칙적으로 채택하지 않는다.

    (3) 이미 합의한 협정 또는 부속서의 조항에 포함되어 있는 것은 반드시 새롭게 조항을 추가할 필요는 없다고 생각한다.

    4. 각 항목에 대한 의견

    (1) 연안어업의 현상 유지 및 조업수역에 관한 일방적 성명

    연안어업은 자율 규제이며, 정부가 의무적으로 해야 하는 것은 아니기 때문에 현상 유지 및 조업수역의 한계에 대해 약속할 수 없다. 어선 현황 및 조업수역의 현황에 대한 정보 제공이라면, 합의의사록 제5항에 따라 상호 제공하는 것으로 해도 무난할 것이다.

    (2) 감시선의 합동 순찰

    (3) 옵서버의 감시선 승선

    공동 규제수역의 단속은 공동 단속이 아닌 기국주의에 기초하고 있다. 그 명분으로 볼 때 합동 순찰 및 상호 승선은 거론할 수 없다. 단속 상황 시찰은 육상으로 한정하고 해상 시찰을 행하지 않는 것은 합의사항의 서명에 이르는 과정에서 이미 논의가 완료되었다.

    (4) 양륙 상황 시찰과 어획량 확인

    어획량 확인은 내정 간섭이므로 인정할 수 없다. 양륙 상황 시찰은 합의의사록 제3항 (b)에 의해 가능하다고 생각되지만, 필요하다면 그 문장에 약간의 검토를 보태도 좋다.

    (5) 특정일의 출어 상황 통보

    최소한 연간 4회 통보하기로 합의를 보았다. 어떤 특정일에 요청에 의해 통보 의무를 진다고 하면 바쁠 때는 대처할 수 없다. 감시선 간에 어선이 밀집하는 수역에서 상호 정보 교환을 긴밀히 한다는 취지라면 사실 문제로서 이행할 수도 있다. 또한 어떤 형태로든 이러한 감시선 간의 연락 협력에 관해 기록해두는 방안을 검토할 수 있다.

    (6) 증명서 발급 기록 보존 및 열람

    열람은 내정 간섭으로 인정할 수 없다. 증명서 발급 상황에 대한 정보 제공은 단속 실시 상황에서 편의 제공의 일환으로 당연히 할 수 있는 것으로 생각한다.

(7) 증명서 및 표지의 회수

기준량은 지표로 간주해야 하며, 억제를 위한 행정지도를 하기로 합의를 보았다. 행정지도의 내용은 탄력적이며, 특정 방법을 반드시 취한다고 약속할 수는 없다.

(8) 어획물의 양륙 지정 항구

일한 양국 모두 국내법으로 양륙 항구를 지정하는 것으로 되어 있기 때문에 내용적으로는 반대하지 않지만, 협정 또는 부속 문서에 넣을 필요는 인정되지 않는다.

외무성은 이상의 수산청 안과 외무성 안을 비교한 후 수산청과 외무성 간에 일치하는 것부터 한국 측에 제안하고 회담을 진행했다.

(8) 힐튼호텔 협상 이후

하코네 어업회담에서의 미합의 9개 사항 및 보완사항 8개 항목의 해결을 위해 일한 양측은 6월 15일부터 힐튼호텔에서 교섭에 들어갔다. 결국 힐튼호텔 교섭에서는 협정 등 관련 문서 가운데 2개를 제외한 나머지를 모두 합의, 협정문 작성 작업이 크게 진척되었다. 미합의사항 가운데 어업협력 문제는 청구권 문제에 관한 경제협력위원회에서의 논의로 옮겨졌는데, 그 외에 특히 타결이 어려웠던 부분은 직선기선에 대한 표현 및 협정의 유효기간이며, 보완사항 중에는 연안어업 및 옵서버의 승선 문제였다.

직선기선에 대한 표현은 어업협정 문서 작성 과정에서 가장 논쟁이 된 사안이었다. 이에 대해 우시로쿠 아시아국장의 「일한교섭에 관한 약간의 회상」은 다음과 같이 말하고 있다.

협정 성문(成文), 부속 교환공문의 한국 측 서한 및 일본 측 서한 3개 문서의 기안 작업(drafting) 과정에서는 어느 한쪽 주장에 중점을 두면서도 조금씩 뉘앙스가 다른 표현을 이용함으로써, 결국 이 세 가지 문서 전체가 양측 주장을 반씩 나눈 것 같은 결과를 도출했다.

즉, 어업수역의 경우, 우선 협정 본문의 문안은 1965년 3월에 가조인된 요강의 문구를 그대로 이용해 제1조 전단에서 "…… 설정할 권리를 갖는다"는 문장으로 한국의 체면을 세워주면서, 여기에 이어지는 마지막 문장으로 권리를 갖는다는 것을 "상호 인정한다"고 말했다. 이로써 어업수역은 쌍무적 합의에 의해 설정된다는 원칙이 규정된 것으로 해석되었다.

이어 직선기선의 경우에는 역시 제1조의 후단에서 (연안국이) "결정하기로 한다"는 한국 측 주장을 담은 마무리 동사를 사용하고, 또 "합의에 따라" 등 우리 측이 희망하는 문구를 삼가면서도 "협의한 후"라는 단서 조항을 삽입하여 사전 협의의 명분을 세웠다.

또 부속 교환공문의 한국 측 서한 전단에서는 "다음의 직선기선을 결정한다……" 라고 강하게 한국 측 주장에 기초한 표현과 "의향이다" 라는 미연형(未然形)을 이용하여 일본 측의 체면을 세운 표현을 절충해 사용하고, 후단에서 "일본국 정부는 이의가 없음이 …… 확인되면" 이라고 말해 마치 사후 협의가 있는 듯한 뉘앙스를 내고 있다.

그리고 이로써 "협의가 완료된 것으로 간주한다"고 해 사전 협의 및 사후 협의 여부를 안개의 저편으로 모호하게 흘려보내고 있다.

한편, 우리 측 답신 서한은 "상기의 직선기선을 결정하는 것에 대해 일본국 정부는 이의가 없다" 라고 단언해 협의나 합의를 명확하게 언급하지 않으면서 한국 측 체면을 충분히 세워주고 있다. 그리하여 대체로 협정 본문에서는 일본 측의 명분을 세우고, 교환공문에서는 한국 측의 얼굴을 세워주는 결과가 되었는데, 이 부분은 마쓰나가 조약과장과 이 참사관, 김정태(金正泰) 참사관이 하코네 회담에서 연출한 누골(鏤骨)의 작품이었다.

옵서버의 승선 문제에 대해선 수산청이 반대했다. 수산청은 오히려 한국 측이 희망하는 연안어업의 현황 통보에 대한 일방적 선언을 어떤 형식으로든 양보하더라도 옵서버 건은 양보할 수 없다는 태도였는데, 6월 18일 관계 각료회의가 열린 자리에서 사카타 농림상은 옵서버 건을 양보하는 것을 승낙했다.

그리하여 힐튼호텔에서 합의를 보지 않은 것은 협정기간과 연안어업에 관한 2개 사항이 되었다. 이는 6월 21일과 22일의 일한 외무장관 회담 때까지 타결이 미뤄졌다. 6월 21일과 22일 시나 외상과 이동원 외무장관의 회담 기록에는 다음과 같이 적혀 있다.

6월 21일 자 회담 기록

대신은 어업협상에서 연안어업에 관한 보완사항 문제에 대해 일본 측 안(별첨 1)을 제시한 뒤 표현을 꼭 이대로 하지 않으면 곤란하다고 말했다. 이에 대해 한국 측은 본건은 차 농림부장관의 강한 의향이 있으므로 박 대통령이 차 장관의 얼굴을 세우기 위해 반드시 한국 측 주장을 관철하라고 지시한 것이라고 말했다. 시나 외상이 협정의 유효기간은 농림성의 강한 의지가 있으므로 반드시 6년으로 해달라고 말하자, 김동조 대사는 이제 막 대선이 다가온다고 말하면서도 검토를 약속했다.

별첨 1

잠정적 어업 규제조치의 적용 대상이 되지 않는 연안어업에 종사하는 일본국의 어선으로 공동 규제 수역 내에 출어하는 것은 대부분 영세한 경영 규모이며, 그 조업구역도 이러한 어선의 출어 능력의 실체로 볼 때 동 수역 내에서는 주로 대마도 북방부터 제주도 북서쪽까지이며, 이러한 실체는 해당 어업의 실정으로 볼 때 향후 크게 변동하지 않을 것으로 생각된다.

6월 22일 자 회의 기록

시나 외상은 어업교섭에서의 '연안어업에 관한 일본 측의 성명' 문제에 대해서는 지난 21일 제1차 회담에서 제시한 라인으로 농림대신의 양해를 얻었기 때문에 이를 수용하길 바란다고 말했다. 한국 측도 이에 동의했다.

이 가운데 협정의 유효기간과 관련, '일한 어업 문제의 최종 단계의 교섭에 대해' 좌담회에서 히로세 참사관은 아래와 같이 말했다.

일본 측은 10년으로 하면 물론 좋다고 생각했지만, 사실은 처음부터 10년은 어렵다고 생각했다. 한국 측은 양측 주장의 차이가 크고 하코네 회담에서 결정하기는 어려울 것이므로 마지막 단계로 이를 미루고자 했다. 결국 결정하지 않은 채 끝난 것 같다. 농림성은 10년을 강력히 주장했지만, 마지막 날 밤에 연안어업을 수용하는 대신에 6년을 확보했다. 한국 측이 5년은 절대로 안 된다고 해서 예고 1년을 넣어 형식적으로는 5년, 실질적으로는 6년으로 정리되었다.

연안어업에 관해서는 상기 좌담회에서 히로세 참사관, 야나기야 서기관, 야스후쿠 과장은 다음과 같이 말했다.

히로세: 제7차 회담만 보더라도 어업 장관 회담 이전부터 연안어업은 어업협정의 규제 대상에서 제외하기로 일단 양해했지만, 한국 측은 상당한 우려 의식을 가지고 있었다. 당시 수산청 측은 실태를 설명하며 그다지 변동이 없을 것이라고 한국 측을 안심시키려 노력해왔다. 그러나 마지막 하코네에서 한국 측은 일방적 성명으로라도 좋으니까 "안심할 만한 것을 한 장 내놓으라"고 했다.

야나기야: 연안어업에 관한 종래의 회담 경위는 기록에도 나오지만, 규제 대상으로 되어 있지 않은데다 다른 고등어 낚시나 저인망과는 다르다고 말하고 있었다. 그러나 한국 측은 어업협상이 타결되면 수천 척의 일본 소형 어선이 구름처럼 몰려들어 한국 영해 밖에서는 이들 어선이 새까맣게 조업하는 것이 아니냐는 이야기를 자주 했다.

야스후쿠: 한국 측은 현상 유지로 제어해달라는 것으로, 경과적으로는 현재의 척수를 규모별, 톤수별로 전부 숫자로 내달라는 요청이 매우 강했다. 하코네에서 이시다 차장이 김명년으로부터 뭔가 문서 하나를 빼앗겨 도쿄에 전화했다가 니와 마사지로(丹羽雅次郎) 장관으로부터 크게 야단맞은 일이 있다. 나는 마지막 단계까지 숫자를 내는 것에 반대했다. 1965년 1월 또는 2월경에 어업 장관 회담의 사전 교섭 단계에서 숫자를 제시해 설명했지만, 그것은 1~2년 전의 실태였고, 이전의 숫자가 이렇다고 하면 다음 단계에서는 더 커진다는 문제가 있으며, 또 규제 대상으로 삼지 않은 어업이기도 해서 그것을 숫자로 다시 복습해달라고 하는 것은 매우 위험한 일이다. 마지막으로 완성된 토의 기록에서 일본 측 발언 (c)

의 문법도 히로세 씨의 지혜를 빌려 모두 비꼬고 비꼬아 쓴 것으로, 마지막 힐튼호텔 단계에서 우리 면전에 대고 한국 측 내부에서 아무런 의미가 없는 게 아닌가, 이런 것을 받아 어떻게 하자는 것인가 하고 김 대사와 김명년 간에 격론이 벌어진 경위도 있다. 비공식 로비 등에서도 김명년이 뭔가 문장을 하나 달라고 반복해 요청해왔다. 연안어업이라는 개념과 관련해 한국 측은 5톤 미만이라든지, 10톤 미만이라든지 아주 적은 규모를 말하면서 20톤은 너무 크다는 태도였다. 저쪽이 두려워했던 것은 역시 고등어 낚시였던 것 같다. 고등어 낚시는 예전에 제주도 주변에서 매우 문제가 컸던 어업이다.

야스후쿠: 6월 21일 시나 외상과 이동원 외무장관의 회담 때는 숫자를 내놓으라는 이야기가 아직 있었을지도 모른다. 외무대신과 농림대신이 만난 것은 6월 22일 아침으로, 그날 새벽 나는 농림대신 자택에 갔다. 9시나 9시 반에 산반초(三番町)에서 두 대신이 만날 때까지 아직 척수(隻數) 문제가 논란이 되고 있었다. 수산청장관이 "한국 측이 척수를 내놓으라고 말하고 있다. 내놓아도 좋다고 생각하는데 어떻게 보는가" 라고 말해 내가 "아니 절대로 반대한다, 실상은 이렇지 않나?" 라고 답했다. 고등어 낚시 어업은 중단되어 있었다가 또다시 커지고 있었는데, 척수 현황이라면서 숫자를 내면 금방 알아챌 것이고, 그것을 내놓으면 저쪽이 이건 무엇이냐고 따질 것도 알고 있었다, 우리는 연안어업으로 처리하려 하고 있으므로 도저히 숫자를 내놓을 수 없다, 역시 추상적인 문장 이상은 없다고 나는 대신에게 말했다. 거기에서 농림성은 어떻다고 하는 결론은 나지 않았다. 그 후 외무대신과 농림대신이 일대일로 만나 양해를 얻는 데는 5분도 걸리지 않았다. 내가 제시한 종래의 교섭 자세로 간다는 것으로 결론이 났다.

히로세: 사무적으로 이규성, 김명년 등과 교섭해 문장을 정리한 것이 21일 새벽인데, 그것을 농림대신에게는 아직 설명하지 않았다. 21일 아침 내가 시나 대신에게 설명한 후 제1회 시나 외상과 이동원 외무장관의 회담에서 시나 대신이 농림대신에게 양해를 얻지도 않은 채 더 이상은 물러설 수 없다면서 이 장관에게 이 안을 내놓았다. 그때 이 장관은 여전히 척수라든가 뭐라든가 대답을 하지 않았다. 22일 아침에 우리 측 농림대신을 포함해 최종적인 결론이 나왔고, 이어 대신이 최종적으로 안을 내자 이 장관이 물러섰다.

3. 청구권 및 경제협력 문제

〈일본 측〉 니시야마(西山) 경제협력국장, 사토 히후미(佐藤日史) 외무성 심의관, 사타케(佐竹) 대장성 이재국장[6월 21일 이후 나카오 히로유키(中尾博之) 이재국장], 와타나베(渡辺) 국제금융 국장[5월 25일 이후 스즈키(鈴木) 국제금융국장], 와타나베(渡辺) 통산성 무역진흥국장

〈한국 측〉 이규성(李圭星) 주일 대표부 공사, 김영준(金榮俊) 경제기획원 차관보, 전상진(全祥振) 외무부 통상국장, 이상덕(李相德) 한국은행 이사

(1) 경제협력 문제

① 5월 말까지의 토의

합의사항으로서 가조인된 청구권 및 경제협력 사항과 관련해 청구권 및 경제협력 위원회의 소위원회가 열린 것은 4월 20일이었다. 제2차 회의(4월 21일)에서 한국 측은 아래의 「청구권 및 경제협력에 관한 생각」을 설명했다(나중에 문서로 제출).

(임시 번역)
4월 21일 청구권 및 경제협력위원회 제2차 회의에서의 한국 측 대표의 발언 요지,
1965년 4월 22일 한국대표부가 문서로 제출한 것, 북동아시아과
청구권 및 경제협력 문제에 관한 합의문서로는 기본적인 협정으로서 '대한민국과 일본국 간의 청구권 해결 및 경제협력에 관한 협정'을 체결하고, 별도의 문서로서 동 협정의 실시 세목에 관한 교환공문, 민간 신용공여 실시 절차(이른바 3억 달러 이상에 관한 부분)에 관한 교환공문, 협정에 관한 합의의사록을 작성하기로 한다. 그 외에 일한 청산계정상 확인된 대일 채무(대한국 채권)에 관한 교환공문을 작성하기로 한다.
기본적인 협정을 비롯한 각종 합의문서에 포함된 사항에 대한 한국 측의 입장은 다음과 같다.
1. 기본 협정의 전문에는 양국 간의 청구권 문제를 해결하고 경제협력 증진을 희망한다는 취지를 기술하기로 한다.
2. 기본 협정에 이른바 이동원 외무장관과 시나 외상의 합의사항 가운데 제1항, 제2항, 제3항 및 제5항을 규정하기로 한다.
3. 무상 공여 3억 달러의 공여 및 실시 방법
(가) 일본이 공여하는 생산물 및 역무(役務) 중 생산물은 자본재 및 원재료로 한다.
(나) 한국 정부는 매년도 개시에 앞서 부속서에 열거한 사업의 여러 부문 중에서 선택되는 생산물 및 용역을 조달하기 위한 실시계획을 결정해 일본 정부에 통보한다. 다만, 일본 정부가 이에 이의를 제기할 때에는 합동위원회의 권고에 따라 처리한다.
(다) 한국 정부(조달청)가 당사자가 되어 일본 국민 또는 법인과 직접 구매계약을 체결한다.
(라) 구매계약(변경 포함)은 기본 협정 및 동 부속서의 규정에 부합하여야 하며, 당해 연도 실시계

획 시행을 위한 것이어야 한다.

(마) 한국 정부는 구매계약서 사본을 일본 정부에 송부한다. 일본 정부가 당해 계약에 이의가 있는 경우에는 계약서 사본 접수일로부터 14일 이내에 그 사실을 한국 정부에 통보해야 한다. 한국 정부는 일본 정부의 이의가 타당하다고 인정되는 경우에는 계약을 수정할 것이며, 일본 정부와 조정을 할 수 없는 경우에는 공동위원회의 권고에 따라 처리한다.

(바) 사실상 구매계약을 체결 할 수 없는 사항은 양국 정부 간 합의에 의해 구매계약 없이 공여할 수 있는 것으로 한다.

(사) 일본 정부는 한국 정부의 구매계약에 따라 지불해야하는 대금(구매계약 없이 제공되는 경우에는 그 비용을 충당하기 위한 것을 포함)을 지불함으로써 지급과 관련되는 생산물 및 역무를 한국에 제공한 것으로 간주한다.

4. 장기저리 차관의 공여 및 실시 방법

(가) 무상공여의 공여 및 실시 방식 가운데 중 (가), (나), (다), (라), (마), (사)에 기술된 것은 장기저리 차관의 경우에도 동일하다.

(나) 한국 정부는 실시계획에 따라 생산물 및 역무를 조달하기 위해 차관 계약을 일본 정부(경제협력기금)와 체결한다.

5. 부속서에는 무상공여 및 장기저리 차관에 의해 실시하는 산업 부문을 일괄하여 표시한다.

6. 청구권 및 경제협력 협정의 시행을 위해 한국 정부의 사절단을 일본에 설치하기로 하고, 동 사절단에 대한 대우는 일본이 타국과 체결한 배상 협정에 의해 설치된 배상 사절단의 경우와 같은 것으로 한다.

7. 협정 실시상 양국 정부의 의견 조정을 목적으로 하는 협의기관으로서 합동위원회를 설치한다.

8. 구매계약에 관한 분쟁 또는 이와 관련하여 발생하는 분쟁은 향후 양국 정부의 합의에 의해 설립되는 상사중재위원회에 해결을 회부하기로 하고, 구매계약에는 그 취지의 규정이 포함되어야 한다.

9. 장기저리 차관의 상환

(가) 연 1회 일괄 상환으로 하고, 상환은 현물 및 통상적인 방법에 의한 것으로 한다.

(나) 원리금 지급의 기산일은 최종 선적일로 한다.

10. 민간 신용공여

(가) 일본 정부는 민간 신용공여를 용이하게 하고 이를 촉진하기로 한다.

(나) 민간 신용공여의 진행 상황을 양국 정부가 수시로 검토하기로 한다.

(다) 상환은 현물 및 통상적 방법에 의한다.

11. 은행의 지정 및 지불 문제

(가) 거래 은행은 한국은행 일본 지점을 포함한 복수의 은행으로 한다.

(나) 지불 의무의 이행 시기는 일본 정부가 수권(授權) 은행에 납입한 날로 한다.

(다) 지불 이행 한도액 산정 환율은 일본이 은행에 지불한 날의 IMF 평가에 따른다.

12. 일본국 법인의 정의

일본국 법인은 종전 후 계속해서 일본에 거주하는 대한민국 국민이 지배하는 법인을 포함하는 것으로 한다.

13. 협정의 해석에 관한 분쟁의 해결

일차적으로 외교 경로를 통해 해결하기로 하고, 이를 통해 해결되지 않은 경우 중재에 회부하기로 한다.

이에 대해 제3회 회의(4월 30일)에서 일본 측은 이상의 한국 측의 생각에 대해 다음과 같이 질문했다.

일본 측 질문 사항

1965년 4월 30일

1. 무상 3억 달러, 유상 2억 달러의 사용 계획

　(1) 사용 계획 전반의 개요

　　(i) 장기 개발계획과의 관련

　　(ii) 무상 및 유상 각각의 사용상의 기본방침

(사용 대상의 주요 차이는 무엇인가, 무상과 유상을 조합해 동일한 대상에 사용할 수 있는데, 그렇다고 하면 그 구조는 어떠한가)

　(2) 개별적인 문제점

　　(i) 예상되는 특정 대상 프로젝트

　　(ii) 원재료가 차지하는 비중 및 구체적인 품목, 그리고 그것이 한국 경제에서 차지하는 역할

　　(iii) 프로젝트의 [　]를 원재료 매각에 의해 만들어내는 현지 통화로 조달할 가능성

2. 한국 측 수용 체제

　(1) 조달청과 사절단의 관계

　(2) 공공 부문 및 민간 부문 최종 사용자와 조달청과의 관계

　(3) 구매계약 당사자를 조달청 하나로 좁히는 이유

(사업 주체와 구매계약자가 다르면 여러 가지 문제가 생길 위험이 있음)

　(4) 유상 2억 달러의 대출 계약을 체결하는 한국 측 당사자 및 그 서명자가 한국을 대표해 채무부담자가 될 수 있는 헌법 및 국내법상의 근거

제4회 회의(5월 7일)에서 한국 측은 다음과 같은 「무상공여와 장기저리 차관의 구매 및 지불 절차 도해(圖解)」를 제시했다.

(안) 무상공여와 장기저리 차관의 자본재 (Project) 구매 및 지불 절차

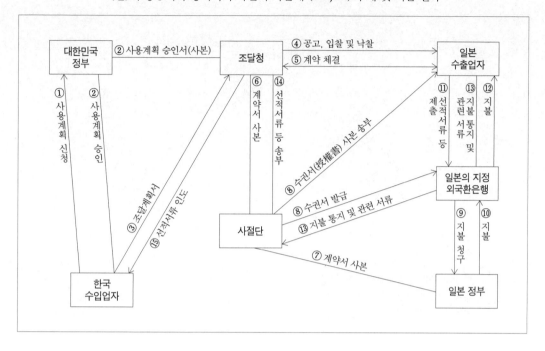

장기저리 차관 계약 및 구매 절차

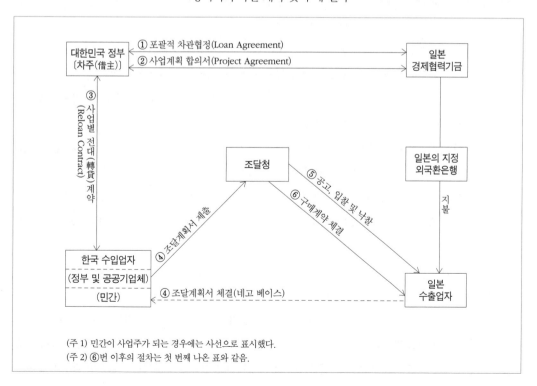

(주 1) 민간이 사업주가 되는 경우에는 사선으로 표시했다.
(주 2) ⑥번 이후의 절차는 첫 번째 나온 표와 같음.

무상공여에 의한 원자재(Non-Project) 구매 및 지불 절차

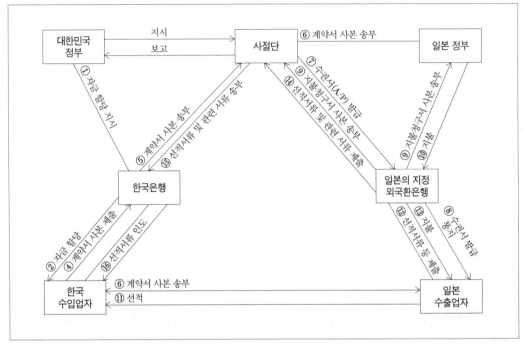

제5회 회의(5월 11일)에서 일본 측은 다음과 같은 「일한 경제협력의 합의방식 및 실시 방법에 관한 한국 측 안에 대한 답변」을 제시하고 설명했다.

일한 경제협력의 합의방식 및 실시 방법에 관한 한국 측 안에 대한 답변

1965년 5월 10일, 경제협력국

1. 취지는 좋지만 구체적인 표현은 추후 검토하고 싶다.

2. 시나 외상과 이동원 외무부장관의 메모 제3항(3억 달러 이상의 민간 신용공여)을 기본 협정에 포함시키는 것은 이런 종류의 민간 신용공여의 성격상 전혀 문제가 되지 않는다(이는 오히라 외상과 김 부장의 회담 이래 일본 측이 시종 명확히 해온 바이다). 이 메모의 기타 항목의 내용을 포함시키는 것에는 반대하지 않지만, 구체적인 표현 방법은 합의사항대로가 아니라 당연히 더 구체적으로 다듬어야(elaborate) 한다.

3. (가) 일본 측은 원칙적으로 자본재를 공여하는 것을 생각하고 있지만, 한국 측의 사정을 잘 고려해 최대한 탄력적으로 실시할 용의가 있다.

(나) 한국 측 안은 불가하다. '양국 정부의 협의에 의해' 실시계획을 결정하는 것으로 한다.

(다) 계약 체결 권한을 가진 사절단을 도쿄에 설치하고 도쿄에서 계약을 하는 것이 편리하다고 생각한다. 계약을 한번 맺은 후에도 일본 정부로부터 여러 가지 수정을 부탁하는 경우가 많으리라 예상

되므로 그런 경우 매번 도쿄와 서울을 왕복하는 것은 절차적으로 매우 번잡하다고 생각된다.

(라) 계약은 협정 및 부속 문서의 규정 및 당해 연도 실시계획에 부합되지 않으면 안 되는 것으로 하고 싶다.

(마) 한국 측 안은 전혀 불가하다. 일본 정부가 계약 본서를 승인한 후에 계약이 발효하는 것으로 한다.

(바) 한국 측은 어떤 대상에 대해 이런 방식을 염두에 두고 있는가.

(사) 이의는 없다.

4. (가) 유상 경제협력은 프로젝트에 대해서만 행하는 것으로 하고 싶다. 제3항의 (나), (다), (라), (마), (사)에 대해서도 유상 경제협력은 해외경제협력기금과의 대여 계약에 기초해 행할 것이므로 무상 경제협력의 경우와는 다른 점이 많다. 따라서 더 검토한 후에 말씀드리겠다.

(나) 대출 계약을 한국 정부와 해외경제협력기금 간에 구체적으로 어떤 양상으로 체결할 것인지 대해서는 현재 검토 중이다.

5. 향후 10년 동안은 경제협력의 대상이 다양하게 변동할 가능성이 있다. 따라서 기본 협정의 부속(附屬)으로 할 경우에는 장래에 변경이 필요해졌을 때 유연성을 잃게 될 수 있으므로 부속서를 기본 협정에 붙이는 것은 반대한다. 한국 측이 강하게 희망하는 경우에는 대상 부문 정도는 교환공문에 반영하는 것을 생각할 수 있지만, 이 경우에도 무상 및 유상의 대상 부문은 분리할 필요가 있다.

6. 상기 제3항의 (다)와 같다.

7. 구체적인 구성, 기능 등은 향후 논의 결과를 기다리기로 하고, 설치 원칙에는 이의가 없다.

8. 일본의 국제상사중재협회를 이용하는 것으로 했으면 한다.

9. (가) 연 2회 상환으로 해야 한다. 현물 상환은 인정되지 않는다.

(나) 한국 측 안은 불가하다. 인도, 파키스탄 차관과 같이 대출 계약일을 기산일로 하는 확정기일의 확정액 지불로 한다.

10. 민간 신용공여는 상기 제2항과 같이 협정에 규정하지 않는다.

11. (가) 한국은행 일본 지점을 포함한 것은 전례도 없고 인정할 수도 없다.

(나) 무상에 대한 규정인 것으로 이해되지만 이의는 없다.

(다) 이것도 무상의 규정으로 이해되지만, 산정을 위한 환율은 지불일이 아니라 계약 승인일, 또 계약에 의하지 않는 경우에는 양국 정부가 그 취지를 합의한 날의 IMF 평가로 한다.

12. 다른 국가와의 관계도 있기 때문에 인정할 수 없다. 일본인이 실질적으로 지배하는 일본 법인으로만 한다.

13. 협정 문안을 검토할 때 살펴보고 싶다.

그동안 일본 측은 경제협력국에서 협정문의 초안을 만들고 이를 조약국에서 검토한 후 이를 관계 각성과의 회의에 부치는 등 매일 관련 작업을 해왔다. 일본 측은 한국 측과의 자세한 토의는 일본 측 안을 제시한 후 이를 기초로 진행한다는 방침하에 가급적이면 구체적인 논의에 들어가지 않은 채 시종 일반론을 응수하는 것으로 일관했다.

② 일본 측 안 제시

제7회 회의(5월 31일)에서 일본 측은 협정, 의정서, 교환공문, 합의의사록 등 총 7개의 아래와 같은 문서를 제출했다. 첫 번째는 일반 협정, 두 번째와 세 번째는 무상공여, 네 번째는 무상공여 및 회수불능채권, 다섯 번째는 유상공여, 여섯 번째는 경제협력공동위원회, 일곱 번째는 청구권 소멸사항에 관한 것이다.

재산 및 청구권에 관한 문제의 해결 및 경제협력에 관한 일본국과 대한민국 간의 협정 및 관련 문서
　　1. 재산 및 청구권에 관한 문제의 해결 및 경제협력에 관한 일본국과 대한민국 간의 협정
　　2. 일본국과 대한민국 간의 무상 경제협력의 실시에 관한 협정
　　3. 일본국과 대한민국과의 무상 경제협력의 실시에 관한 협정의 실시 세목에 관한 교환공문
　　4. 재산 및 청구권에 관한 문제의 해결 및 경제협력에 관한 일본국과 대한민국 간의 협정 제1조 1항 (a) 및 제2항의 규정 실시에 관한 교환공문
　　5. 재산 및 청구권에 관한 문제의 해결 및 경제협력에 관한 일본국과 대한민국 간의 협정 제1조 제1항 (b)의 규정 실시에 관한 교환공문
　　6. 일한 경제협력공동위원회에 관한 교환공문
　　7. 재산 및 청구권에 관한 문제의 해결 및 경제협력에 관한 일본국과 대한민국 간의 협정 제2조 관한 교환공문

재산 및 청구권에 관한 문제의 해결 및 경제협력에 관한 일본국과 대한민국 간의 협정(안)

(1965년 5월 31일)

일본국 및 대한민국은 양국 간 제반 현안이 해결되고 외교관계가 설정되어야 함을 고려하고, 일본국이 대한민국의 경제 및 사회 발전에 기여하기 위해 협력하는 것과 관련해 협정을 맺는 것을 희망하고, 양국 및 양국 국민의 재산과 양국 및 양국 국민 간의 청구권에 관한 모든 문제를 완전하고 최종적으로 해결하는 것을 희망하며, 다음과 같이 합의했다.

　제1조

　1. 일본국은 대한민국의 경제 및 사회 발전에 기여하기 위한 경제협력으로 동 국가에 대해

(a) 현재 1,080억 엔(108,000,000,000엔)으로 환산되는 3억 미국 달러(300,000,000달러)와 동일한 엔의 가치를 갖는 일본국의 생산물 및 일본인의 역무를 본 협정의 효력 발생일로부터 10년의 기간에 걸쳐 무상으로 공여하기로 한다. 매년 이루어지는 생산물 및 역무의 공여는 현재 108억 엔(10,800,000,000엔)으로 환산되는 3,000만 미국 달러(30,000,000달러)와 동일한 엔의 액수를 한도로 하며, 한 해의 공여가 이 액수에 미달할 때는 그 잔액이 그 해 이후의 공여액에 가산되는 것으로 한다. 다만, 매년 이루어지는 공여 한도액은 일본국의 재정 사정이 허락하는 경우 양 체약국 정부의 합의에 의해 증액될 수 있다.

(b) 현재 720억 엔(72,000,000,000엔)으로 환산되는 2억 미국 달러(200,000,000달러)와 동일한 엔의 액수까지 장기저리 차관으로서 양 체약국 정부가 합의하는 사업의 실시에 필요한 일본국의 생산물 및 일본인 역무가 대한민국에 의한 조달에 충당되는 것을 이 협정의 효력 발생일로부터 10년의 기간 동안 실시하기로 한다. 이 차관은 일본의 해외경제협력기금에 의해 대한민국 정부에 행해지는 것으로 하고, 일본국 정부는 동 기금이 이 대여를 매년 균등하게 이행하는 데 필요로 하는 자금을 확보하기 위해 필요한 조치를 취하기로 한다.

2. (a) 대한민국은 양 체약국 간 청산계정의 잔액으로 1961년 4월 20일 교환공문에 의해 양 체약국 정부 간에 확인된 일본국의 채권 4,572만 9,398 미국 달러 8센트(45,729,398.08 달러)를 이 협정의 발효일로부터 10년의 기간 내에 다음과 같이 무이자로 상환하기로 한다.

제1회부터 제9회까지의 매년 분할지불액은 457만 3,000 미국 달러(4,573,000달러)이다.

제10회의 분할지불액은 457만 2,398 미국 달러 8센트(4,572,398.08달러)이다.

(b) (a)의 매년 분할지불금과 관련해 대한민국의 요청이 있을 경우에는 그 요청된 금액에 상당하는 제1항 (a)의 규정에 의한 생산물 및 역무의 공여 및 (a)의 규정에 의한 분할지불금의 지불이 행해진 것으로 간주하고, 이로써 제1항 (a)에 의한 생산물 및 역무의 공여 금액 및 그 해의 공여 한도액은 제1항 (a)의 규정과 관계없이 그 금액만 감액되는 것으로 한다.

3. 양 체약국 정부는 본 조의 규정의 실시에 관한 양 정부 간의 협의기관으로서 양 정부의 대표자로 구성되는 일한 경제협력합동위원회를 설치한다.

4. 양 체약국 정부는 본 조의 규정 실시를 위하여 필요한 약정을 체결해야 한다.

제2조

1. 어느 일방 체약국이나 자국 및 그 국민(법인 포함)의 재산, 권리 및 이익으로서 본 협정의 서명일에 타방 체약국의 관할하에 있는 것에 대해 타방 체약국이 이미 취했거나 또는 향후 취할 수 있는 모든 조치의 효력을 승인하고, 또 이날 이전에 발생한 사유에 기초하는 타방 체약국 및 그 국민에 대한 자국 및 그 국민의 모든 청구권을 포기한다.

2. 제1항의 규정은 다음의 것에는 적용하지 않는다. 다만, 이 협정의 서명일까지 각각의 체약국이 취한 특별 조치의 대상이 된 것에 대해서는 예외로 한다.

(a) 일방 체약국의 국민으로서 1945년 9월 2일 이전부터 이 협정의 서명일까지 계속해서 타방 체약국에 거주하는 자의 재산, 권리 및 이익

(b) 양국 및 양국 국민 간의 무역 재개 후 통상적인 접촉의 결과로서 제1항의 재산, 권리 및 이익에 해당하게 된 것

제3조

이 협정과 이에 기초해 체결되는 협정의 해석 및 적용에 관해 발생할 수 있는 있는 모든 분쟁은 우선 협상으로 해결을 도모하되, 일방 체약국에 의한 협상 신청일로부터 6개월 이내에 해결되지 않는 경우에는 어느 일방 체약국의 요청에 따라 국제사법재판소에 결정을 위해 회부되는 것으로 한다.

제4조

1. 이 협정은 비준되어야 한다. 비준서는 가능한 한 조속히 [ ]으로 교환되어야 한다.

2. 이 협정은 비준서가 교환된 날부터 효력이 발생한다.

이상의 증거로서 아래 기명자는 이 협정에 서명했다.

1965년 [ ]월 [ ]일 도쿄에서 일본어, 한국어 및 영어로 본서 2부를 작성했다. 해석에 차이가 있는 경우에는 영어본에 따른다.

일본국을 위해

대한민국을 위해

일본국과 대한민국 간의 무상 경제협력의 실시에 관한 협정(안)

(1965년 5월 31일)

일본국 및 대한민국은 1965년 [ ]월 [ ]일 도쿄에서 서명된 재산 및 청구권에 관한 문제의 해결 및 경제협력에 관한 일본국과 대한민국 간의 협정(이하 '기본 협정'으로 칭한다) 제1조 제1항 (a) 규정의 실시에 관한 협정을 체결하기를 희망하며 다음과 같이 합의했다.

제1조

일본국이 기본 협정 제1조 제1항 (a)의 규정에 근거해 경제협력으로서 대한민국에 무상으로 공여하는 일본국의 생산물 및 일본인의 역무는 대한민국의 경제 및 사회 발전에 기여하는 것이어야 한다.

제2조

양국 정부는 일본국이 공여하는 생산물 및 용역을 정하는 연도 실시계획(이하 '실시계획'으로 약칭)을 협의에 의해 결정하기로 한다.

제3조

1. 일본국이 공여하는 생산물은 자본재로 한다. 다만, 대한민국 정부의 요청이 있는 경우에는 양 정부 간의 합의에 의해 자본재 이외의 생산물을 공여할 수 있다.

2. 일본국의 생산물 및 일본인의 역무 제공은 일본국과 대한민국 간의 통상적인 무역이 저해되지 않

도록, 또 외환의 추가 부담이 일본국에 부과되지 않도록 실시되어야 한다.

3. 일본국이 공여하는 생산물 및 역무는 일본 내에서 영리 목적으로 사용되어서는 안 된다.

4. 생산물 및 역무의 공여는 기본 협정 및 이 협정에 정하는 경우를 제외하고는 통상적인 상업, 무역 및 역무의 거래에 적용되는 일본국의 관계 법령이 정하는 것 이외의 제한이나 규제를 받지 않는 것으로 한다.

제4조

1. 제6조 제1항의 사절단은 생산물 및 역무의 공여가 이루어지도록 대한민국 정부를 대신하여 일본 국민 또는 그 지배하는 일본국의 법인과 직접 계약을 체결하기로 한다.

2. 제1항의 계약(변경 포함)은, (i) 기본 협정 제1조 제1항 (a) 및 이 협정의 규정, (ii) 양 정부가 기본 협정 제1조 제1항 (a) 및 이 협정의 실시를 위해 행하는 계약 규정과 (iii) 적용되는 실시계획에 부합해야 하고, 또 일본국 정부의 승인을 얻어야 한다. 이 항에 정하는 바에 따라 승인을 얻은 계약은 이하 '승인 계약'이라고 칭한다.

3. 모든 승인계약은 그 계약으로부터 또는 이와 관련해 발생하는 분쟁이 일방 계약 당사자의 요청에 의해 양 정부 간에 이뤄지는 약정에 따라 상사중재위원회에 해결을 위해 회부되는 취지의 규정을 포함해야 한다. 양 정부는 정당하게 이뤄진 모든 중재 판정을 최종적인 것으로 간주하고, 또 집행할 수 있도록 필요한 조치를 취해야 한다.

4. 제1항의 규정에도 불구하고 생산물 및 역무의 공여는 계약에 의한 것이 적당하지 않다고 인정되는 경우에는 계약 없이 양 정부 간의 합의에 따라 행할 수 있다.

제5조

1. 일본국 정부는 제6조의 사절단이 승인계약에 의해 부과되는 채무 및 전조(前條) 4항의 규정에 의한 생산물 및 역무의 공여 비용으로 충당하기 위한 지불을 제8조의 규정에 근거해 정해진 절차에 따라 실시하기로 한다. 이 지불은 일본 엔으로 행한다.

2. 일본국은 제1항의 규정에 따른 엔에 의한 지불을 행함으로써, 또 그 지불을 행했을 때에는 그 지불에 관한 생산물 및 역무를 기본 협정 제1조 제1항 (a)의 규정에 따라 대한민국에 이를 공여한 것으로 간주한다.

제6조

1. 대한민국 정부는 기본 협정 제1조 제1항 (a) 및 이 협정의 실시(승인계약의 체결 및 이행을 포함)을 임무로 하는 동 정부의 유일한 전관(專管)기관으로서 대한민국 정부의 사절단(이 협정에서의 '사절 단'을 의미함)을 도쿄에 설치한다.

2. 사절단 사무소의 구내 및 기록은 불가침(不可侵)한 것으로 한다. 사절단은 암호를 사용할 수 있다. 사절단에 속하고, 또 직접 그 임무의 수행을 위해 사용되는 부동산은 부동산 취득세 및 재산세가 면제된다. 사절단의 임무 수행에 의해 생기는 사절단의 소득은 일본국의 과세로부터 면제된다. 사절단이 공용

(公用)을 위해 수입하는 재산은 관세 및 기타 수입에 관한 또는 수입과 관련하여 부과되는 과징금이 면제된다.

3. 대한민국 국민인 사절단의 장(長) 및 사절단의 고위 인사 2명에게는 국제법과 국제 관습에 따라 일반적으로 인정되는 외교상의 특권 및 면제가 부여된다.

4. 대한민국 국민으로, 또 통상 일본 국내에 거주하지 않는 사절단의 다른 직원은 자신의 직무 수행과 관련해 받는 보수가 일본국의 과세로부터 면제되며, 또 일본국의 법령이 정하는 바에 따라 자신의 재산은 관세 및 기타 수입에 관한 혹은 수입과 관련되어 부과되는 과징금으로부터 면제된다.

5. 승인계약에 의해 또는 이와 관련해 발생하는 분쟁이 중재에 의해 해결되지 않았을 때, 또는 해당 중재 판단이 이행되지 않은 경우, 그 문제는 최후의 해결 수단으로서 일본국의 관할 재판소에 제기할 수 있다. 이 경우 필요한 소송 절차상의 목적에 한해 사절단의 법무부장직에 있는 자는 고소 또는 고소될 수 있는 것으로 하고, 이를 위해 사절단의 자기 사무소에서 소장 및 기타 소송 서류의 송달을 받을 수 있는 것으로 한다. 다만, 소송 비용 담보를 제공하는 의무가 면제된다. 사절단은 제2항과 제3항이 정하는 바에 따라 불가침 및 면제를 부여받지만, 전기한 경우에는 관할재판소가 행한 최종 재판을 사절단을 구속하는 것으로서 수락해야 한다.

6. 최종 재판의 집행에 있어서 사절단에 소속되고 또 그 임무의 수행을 위해 사용되는 토지 및 건물과 그 안에 있는 동산은 어떠한 경우에도 강제 집행을 받지 아니한다.

제7조

1. 양 정부는 생산물과 행해진 역무의 공여가 원활하고 효과적으로 이루어지도록 필요한 조치를 취한다.

2. 대한민국은 일본국이 생산물 및 역무를 공여할 수 있도록 하기 위해 이용할 수 있는 현지의 노무, 자재 및 설비를 제공하기로 한다.

3. 생산물 또는 역무의 공여와 관련하여 대한민국 내에서 필요로 하는 일본 국민은 그 작업 수행을 위해 대한민국 입국, 동 국가로부터의 출국 및 동 국가의 체류에 필요한 편의를 부여받는다.

4. 일본국의 국민 및 법인은 생산물 또는 역무의 공여와 관련해 발생하는 소득은 대한민국의 과세로부터 면제된다.

5. 일본국에 의해 공여되는 생산물은 대한민국의 영역으로부터 재수출되어서는 안 된다.

6. 어느 일방 국가의 정부도 일본국에 의해 공여되는 생산물의 운송 및 보험과 관련해 공정하고 자유로운 경쟁을 방해할 수 있는 타방 국가의 국민 및 법인에 대한 차별적 조치를 직접 또는 간접적으로 취하지 않기로 한다.

7. 이 조의 규정은 기본 협정 제1조 제1항 (b)에 규정된 차관에 의한 생산물 및 역무의 조달에서도 적용되어야 한다.

제8조

이 협정의 실시에 관한 절차 및 기타 세목은 양 정부 간의 협의에 의해 합의하기로 한다.

제9조

1. 이 협정은 비준되어야 한다. 비준서는 가능한 한 조속히 [ ]으로 교환되어야 한다.

2. 이 협정은 비준서가 교환된 날부터 효력이 발생한다.

이상의 증거로 아래 서명자는 이 협정에 서명했다.

1965년 [ ]월 [ ]일에 도쿄에서 일본어, 한국어 및 영어로 본서 2통을 작성했다. 해석에 차이가 있는 경우에는 영어본에 따른다.

일본을 위해

대한민국을 위해

일본국과 대한민국 간의 무상 경제협력의 실시에 관한 협정의 실시 세목에 관한 교환공문 (안)

(1965년 5월 31일)

(일본 측 서한)

서한으로써 말씀 올립니다. 본 [ ]는 오늘 서명된 일본국과 대한민국 간의 무상 경제협력의 실시에 관한 협정(이하 '협정'으로 약칭)에 대해 언급하는 영광을 누립니다. 일본국 정부는 양국 정부가 협정 제18조의 규정에 따라 다음과 같이 합의할 것을 제안합니다.

I. 실시계획

1. 협정 제2조의 연도 실시계획(이하 '실시계획'이라고 한다)은 양국 정부가 그 시작 시기와 종료 시기를 합의하는 연도에 대해 결정하는 것으로 한다.

2. 실시계획안은 양국 정부가 실시계획이 적용되는 각 연도의 시작에 앞서 합의할 수 있도록 적절한 시간적 여유를 갖고 대한민국 정부에 의해 제출되는 것으로 한다. 다만, 제1년도 실시계획에 대해서는 예외로 한다.

3. 실시계획은 당해 연도 중에 대한민국에 의한 조달이 예정되어 있는 일본국의 생산물 및 일본인의 역무를 제시하는 것으로 한다.

4. 실시계획에 제시된 생산물 및 역무에 관한 계약의 견적 금액은 총계가 당해 연도의 지불 가능 금액을 타당한 범위 이상으로 초과해서는 안 된다.

5. 실시계획은 어느 일방 정부의 요청에 따라, 또 타방 정부가 불가피하다고 인정하는 경우에 한해 양 정부 간의 합의에 따라 수정될 수 있다.

II. 계약 및 승인계약

1. 협정 제4조 제1항의 계약(이하 '계약'으로 칭한다)은 일본 엔으로 상업 조건에 의해 체결되는 것으로 한다.

2. 협정 제4조 제1항에 언급된 일본 국민이 지배하는 일본국 법인(이하 '일본국 법인'으로 칭한다)

은 (a) 일본국 법률에 기초해 설립되고 (b) 그 주식 또는 지분의 과반을 일본 국민이 소유 또는 지배하고, 또 (c) 업무 집행에 관한 법인의 의사를 결정하는 기관의 구성원과, 법인을 대표하는 임원은 각각 과반수가 일본 국민이어야 한다.

   3. 협정 제4조 제2항의 승인계약(이하 '승인계약'으로 칭한다)의 실시에 관한 책임은 협정 제6조 제1항의 사절단(이하 '사절단'으로 칭한다) 및 협정 제4조 제1항의 일본 국민 또는 일본국 법인으로 승인계약 당사자만이 지는 것으로 한다.

   4. 승인계약으로서 수송, 보험 또는 검사와 같은 부수적인 역무의 공여를 필요로 하고, 또 이를 위한 지불이 협정에 따라 이루어지게 되는 것은 모두 이들 역무가 일본 국민 또는 일본국 법인에 의해 수행되어야 한다는 취지의 규정을 포함하지 않으면 안 된다.

   5. 협정 제4조 제3항의 상사중재위원회란 일본국의 국제상사중재협회를 가리킨다.

III. 지불

   1. 일본국 정부는 일본국 법률에 기초해 외국환 공인 은행으로서 허가를 받아, 일본 국민에 의해 지배되는 일본국 은행 중에서 협정의 실시에 관한 업무를 행하는 은행을 지정한다.

   2. 사절단은 제1항의 일본국 정부가 지정한 은행과 약정해 자기 명의로 특별계정을 개설, 그 은행에 일본국 정부로부터의 지불 수령 등을 위임하고, 또 일본국 정부에 그 약정 내용을 통보해야 한다. 특별계정은 이자를 부여하지 않기로 한다.

   3. 사절단은 승인계약의 규정에 따라 지불 의무가 발생하는 기일 전에 충분한 여유를 갖고 지불 금액, 제2항의 은행 중 지불이 행해지는 은행(이하 '은행'으로 칭한다)의 이름 및 사절단이 관계 계약자에게 지불해야 하는 기일을 기재한 지불 청구서를 일본국 정부에 송부하여야 한다.

   4. 일본국 정부는 지불 청구서를 수령하면 사절단이 관계 계약서에 따라 지불을 행해야 하는 기일 전에 은행에 청구금액을 지불하기로 한다.

   5. 일본국 정부는 또 협정 제4조 제4항의 규정에 따라 양 정부가 합의하는 공여에 관한 지불을 제4항에 정해진 것과 동일한 방법으로 실시하기로 한다.

   6. 제4항와 제5항의 규정에 따라 일본국 정부가 지불하는 금액은 특별계정의 대변에 기입(貸記)하기로 하되, 다른 어떠한 자금도 특별계정의 대변에 기입하지 않는다. 특별계정은 제3항과 제5항의 목적으로만 대변 기입하기로 한다.

   7. 사절단이 특별계정에 대변 기입된 자금의 전부 또는 일부를 승인계약의 해지 등 기타 이유로 인출하지 않은 경우에는 미지불금은 양 정부 간의 합의에 따라 제3항과 제5항의 목적을 위한 지불에 충당되도록 한다.

   8. 특별계정으로부터 지불된 금액의 전부 또는 일부가 사절단에 반환된 경우에 그 반환된 금액은 제6항의 규정과 관계없이 특별계정에 대변 기입하기로 한다. 그 반환된 금액은 양 정부 간의 합의에 따라 제3항과 제5항의 목적을 위한 지불에 충당되어야 한다.

9. 협정 제5조 제2항 규정을 적용함에 있어 "지불을 행할 때"란 지불이 일본국 정부에 의해 은행에 행해진 때를 말한다.

10. 일본국이 협정 제5조 제2항의 규정에 따라 대한민국에 공여한 것으로 간주되는 생산물 및 역무의 액수 결정에 있어서는 일본 엔으로 지불된 금액으로부터 환산되는 미국 달러의 등가액이 계산의 기초가 되는 것으로 한다. 전기한 환산에 사용되는 환율은 일본국 정부가 공식적으로 결정하고 국제통화기금이 동의한 미국 달러에 대한 일본 엔의 평가에서 다음에 언급하는 날을 적용하기로 한다.

(a) 승인계약에 관한 지불의 경우에는 일본국 정부가 해당 계약을 승인한 날.

(b) 기타의 경우에는 각 경우마다 양 정부 간에 합의한 날. 다만, 합의한 날이 없는 경우에는 일본국 정부가 지급 청구서를 접수한 날로 한다.

IV. 사절단

대한민국 정부는 계약 체결 및 승인계약의 실시와 관련해 사절단을 위해, 또 이를 대신해 행동하는 권한을 부여받은 사절단의 장(長), 법무부장 및 기타 직원의 이름을 일본국 정부에 수시로 통보하기로 하고, 일본국 정부는 그 이름을 일본국의 관보에 공시하기로 한다. 상기 사절단의 장 및 법무부장 및 기타 직원의 권한은 일본국의 관보에 별도로 공시될 때까지는 계속해서 유지되는 것으로 간주된다.

본 [　]는 또한 이 서한 및 상기 제안에 대해 귀국 정부의 수락을 확인하는 각하의 답신이 일본국과 대한민국 간의 무상 경제협력의 실시에 관한 협정 제18조의 규정에 기초하는 협정의 실시에 관한 세목에 관한 양 정부 간의 합의를 구성하는 것으로 간주하기를, 동 협정의 기타 절차 세목은 양 정부 당국 간에 합의한다는 양해하에 제안하는 영광을 누립니다.

본 [　]은 이상을 말씀 올리면서 각하께 경의를 표합니다.

재산 및 청구권에 관한 문제의 해결 및 경제협력에 관한 일본국과 대한민국 간의 협정
제1조 제1항 (a) 및 제2항의 규정의 실시에 관한 교환공문(안)

(1965년 5월 31일)

(일본 측 서한)

서한으로써 말씀 올립니다. 본 [　]는 오늘 서명된 재산 및 청구권에 관한 문제의 해결 및 경제협력에 관한 일본국과 대한민국 간의 협정(이하 '협정'으로 약칭) 제1조 제1항 (a) 및 제2항의 실시와 관련해 양국 정부가 다음과 합의할 것을 제안하는 영광을 누립니다.

1. (a) 협정 제1조 제1항 (a)에서 말하는 무상 경제협력은 한 해의 공여가 전년의 공여 한도에 미달한 경우 양 정부는 공여 잔액을 확인하고 그 잔액의 가산(加算)에 대해 협의하기로 한다.

(b) (a)의 한 해 공여가 그해의 공여 한도 액수와, 그 전년까지의 공여 잔액 가운데 (a)의 규정에 의해 그해의 공여액에 가산된 액수와의 합계액에 미달하는 경우에도 (a)의 규정을 적용하기로 한다.

2. 협정 제1조 제2항 (a)에서 말하는 일본국의 채권인 금액의 상환과 관련해 대한민국은 제1회 분할

지불을 협정의 효력 발생일에 시행하며, 제2회 이후의 분할지불은 이듬해 이후 제1회 지불기일과 동일한 날까지 실시하기로 한다.

3. 협정 제1조 제2항 (b)에 기초한 대한민국 정부의 요청은 일본국의 재정상 관행을 고려해 제2항에서 말하는 지불기일이 속하는 일본의 회계연도(매년 4월 1일부터 이듬해 3월 31일까지)가 시작되는 역년(歷年)의 전년 10월 1일까지 해당 지불기일에 지불되어야 하는 지불금에 대해 행하는 것으로 한다. 다만, 제1회(및 제2회)의 지불과 관련되는 그 요청은 협정의 발생일에 행해지는 것으로 한다.

4. 대한민국의 요청은 협정 제1조 제2항 (a)에서 말하는 매년 분할지불금의 전액 또는 일부에 대해 행할 수 있다.

5. 대한민국의 요청이 제3항에서 말하는 기일까지 이루어지지 않고, 또 분할지불의 전액 또는 일부의 지불이 제2항에서 말하는 지불기일까지 이뤄지지 않은 경우에는 제3항의 규정에도 불구하고 그 분할지불금의 전액 또는 일부에 대해 협정 제1조 제2항 (b)에 따른 대한민국의 요청이 있었던 것으로 간주하기로 한다.

본 [　]는 또한 이 서한 및 상기 제안에 대한 귀국 정부의 수락을 확인하는 각하의 답신이 협정 제1조 제1항 (a) 및 제2항의 규정의 실시에 관한 일본국 정부와 대한민국 정부 간의 합의를 구성하는 것으로 간주하는 것을 제안하는 영광을 누립니다.

본 [　]는 이상 말씀 올리면서 각하께 경의를 표합니다.

재산 및 청구권에 관한 문제의 해결 및 경제협력에 관한 일본국과 대한민국 간의 협정
제1조 제1항 (b) 규정의 실시에 관한 교환공문(안)

(1965년 5월 31일)

(일본 측 서한)

서한으로써 말씀 올립니다. 본 [　]는 오늘 서명된 재산 및 청구권에 관한 문제의 해결 및 경제협력에 관한 일본국과 대한민국 간의 협정(이하 '협정'으로 약칭) 제1조 제1항 (b) 규정의 실시와 관련해 양국 정부가 다음과 같이 합의할 것을 제안하는 영광을 누립니다.

1. 협정 제1조 제1항 (b)에서 말하는 차관은 대한민국 정부와 해외경제협력기금 간에 체결하게 되는 기본 차관 계약 및 사업별 차관 계약에 기초해 행해진다.

2. 양 정부는 제1항에서 말하는 기본 차관 계약 및 사업별 차관 계약이 다음 각 항을 기초로 하는 조건을 포함하도록 배려하기로 한다.

(a) 차관의 실행은 합리적인 정도로 매년 균등하게 배분해 행해진다.

(b) 원금의 상환기간은 각 사업별 차관 계약의 효력 발생일로부터 기산하여 7년의 거치기간에 20년으로 하고, 금리는 연 3.15퍼센트로 한다.

(c) 원금의 상환은 27회 계속되는 균등 반년(半年) 분할지불로 하고, 이자의 지불은 원금의 수시 미

상환 잔액에 대해 반년마다 행해진다.

(d) 원금 상환 및 이자의 지불은 일본국의 외환 공인은행에 대한 미국 달러의 매각에 의해 취득되는 일본 엔으로 행해진다.

(e) 차관의 실행, 원금 상환 및 이자 지불에 관해 징수될 수 있는 은행의 수수료 및 경비는 대한민국 정부 또는 대한민국의 수입자(輸入者)가 부담한다.

3. 해외경제협력기금은 차관 및 그로부터 발생하는 이자에 대해 또는 그와 관련하여 부과되는 대한민국의 조세 및 기타 과징금으로부터 면제된다.

4. 양 정부는 일본국의 재정 사정 및 해외경제협력기금의 자금 사정이 허락하는 경우에는 합의에 따라 제2항 (b)에서 말하는 상환기간이 연장되도록 배려하기로 한다.

5. 양 정부는 차관의 대상으로 해외경제협력기금에 의해 선정된 사업에 대해 합의하기 위해 매년 협의한다.

본 [   ]는 또한 이 서한 및 상기 제안에 대해 귀국 정부의 수락을 확인하는 각하의 답신이 협정 제1조 제1항 (b) 규정의 실시에 관한 일본국 정부와 대한민국 정부 간의 합의를 구성하는 것으로 간주하는 것을 제안하는 영광을 누립니다.

본 [   ]는 이상을 말씀드리며 각하께 경의를 표합니다.

일한 경제협력합동위원회에 관한 교환공문(안)

(1965년 5월 31일)

(일본 측 서한)

서한으로써 말씀 올립니다. 본 [   ]는 오늘 서명 된 재산 및 청구권에 관한 문제의 해결 및 경제협력에 관한 일본국과 대한민국 간의 협정(이하 '협정'으로 약칭) 제1조 제3항에 규정된 일한 경제협력합동위원회에 관해 양국 정부가 다음과 합의할 것을 제안합니다.

1. 일한 경제협력합동위원회는 도쿄에 설치한다.

2. 일한 경제협력합동위원회는 양국 정부가 각각 임명하는 대표 1명 및 대표대리 약간 명으로 구성된다.

3. 일한 경제협력합동위원회는 일반의 정부 대표의 요청에 의해 회합하기로 한다.

4. 일한 경제협력합동위원회는 다음 사항에 관해 협의하는 것을 임무로 한다.

(a) 일본국과 대한민국 간의 무상 경제협력의 실시에 관한 협정에 따른 실시계획의 결정 및 수정, 계약의 승인 및 지불에 관한 절차

(b) (a)에 언급된 실시계획의 결정 및 수정

(c) 협정 제1조 제1항 (b)에서 말하는 사업의 결정

(d) (a)에 언급된 계약 승인

(e) 협정 제1조 제1항의 규정의 실시 상황 검토(수시로 공여 및 차관의 실시 총액을 산정하는 것을 포함함).

(f) 협정 제1조 제2항에 따른 대한민국에 의한 분할지불금의 상환

(g) 협정 제1조 제1항에 따른 경제협력이 양국 간 경제관계의 증진에 기여하기 위한 조치

(h) 협정 및 그 이행을 위한 약정의 실시에 관한 기타 사항으로 양국 정부가 합의에 의해 일한 경제협력합동위원회에 회부한 것.

본 [ ]는 또한 이 서한 및 상기 제안에 대해 귀국 정부의 수락을 확인하는 각하의 답신이 협정 제1조 제3항에 규정된 일한 경제협력합동위원회에 관한 일본국 정부와 대한민국 정부 간의 합의를 구성하는 것으로 간주한다고 제안하는 영광을 누립니다.

본 [ ]는 이상을 말씀 올리며 각하께 경의를 표합니다.

재산 및 청구권에 관한 문제의 해결 및 경제협력에 관한 일본국과 대한민국 간의 협정
제2조에 관한 교환공문(안)

(1965년 5월 31일)

(일본 측 서한)

서한으로써 말씀 올립니다. 본 [ ]는 오늘 서명된 재산 및 청구권에 관한 문제의 해결 및 경제협력에 관한 일본국과 대한민국 간의 협정 제2조와 관련, 양국 정부 간에 다음의 양해가 있음을 확인하는 영광을 누립니다.

1. 전기한 협정 제2조의 규정에 따라 일한회담에서 한국 측이 1952년 2월 20일 제출한 「한국의 대일 청구권 요강」(이후 수정 및 보완된 것을 포함함)의 범위에 속하는 모든 재산, 권리 및 이익과 청구권에 관해서는 어떠한 주장도 할 수 없는 것이 된다.

2. 동 협정 제2조의 규정에 따라 동 협정의 서명일까지 대한민국에 의한 일본어선의 나포로 발생한 일본국의 대한민국에 대한 모든 청구권에 관해서는 어떠한 주장도 할 수 없는 것이 된다.

본 [ ]는 이상을 말씀 올리면서 거듭 각하께 경의를 표합니다.

1965년 [ ]월 [ ]일

(한국 측 서한)

서한으로써 말씀 올립니다. 본 [ ]는 오늘 자 각하의 다음 서한을 수령했음을 확인하는 영광을 누립니다.

(일본 측 서한)

본 [ ]는 또한 상기의 양해를 대한민국 정부를 대신하여 확인하는 영광을 누립니다.

본 [　]는 이상을 말씀드리며 거듭 각하께 경의를 표합니다.
1965년 [　]월 [　]일

마쓰나가 조약과장은 이 같은 협정 등 문서안을 작성함에 있어 "일본은 지금까지 버마, 필리핀 등과 이미 경제협력 실시에 관한 협정을 체결했는데 이 경험이 매우 도움이 됐다"고 말했다 (「일한 교섭의 회고: 조약과의 입장에서」). 또 이 문제를 담당했던 야나기야 서기관은 다음과 같이 말했다.

당시 일본 정부 내부에서도 관계 각 성, 특히 대장성과 외무성의 사고방식에는 많은 점에서 차이가 있어 한국 측과 구체적으로 교섭에 들어가기 위해서는 먼저 일본 측 내부의 생각을 정리하고 신속하게 일본 측 안을 확정해 한국 측에 제시할 필요가 있었다. 외무성은 이런 견지에서 아시아국, 조약국, 경제협력국 간에 협의해 각 문제마다 외무성 시안(試案)을 정해 4월 중순 이후 매주 두세 차례에 걸쳐 관계 각 성의 과장, 사무관 수준의 회의를 개최했다. 이들 성간(省間) 회의에 임하면서 외무성이 가장 고심했던 부분은 한국 측에 제시할 일본 측 안의 내용을 가능한 한 한국 측이 수용하기 쉽도록 해두는 것이었다. 원래 무상 3억, 유상 2억의 경제협력이라는 해결방식 자체도 일본 측은 주로 미래를 향한 경제협력이라고 생각한 반면, 한국 측은 주로 과거에 대한 보상으로 간주하는 등 정치적 타협의 산물이다. 그런데 특히 대장성 사무 당국의 경우에는 3억, 2억이라는 해결방식은 외무성이 독주한 것을 무리하게 추인하게 되었다는 감정이 강해 개별 조항의 검토에서는 은혜적(恩惠的)인 경제협력이라는 입장을 엄수하는 내용으로 할 것을 강경하게 주장했다. 이에 대해 외무성 측은 본건 교섭에 대한 종래의 경위를 재차 설명하면서 일본 측 안의 내용을 조금이라도 완화 내지 탄력적으로 만들기 위해 노력하는 한편, 도저히 이 단계에서는 각 성 간의 합의가 안 되는 부분은 당분간은 완결된 안을 내놓더라도 한국 측의 반발 수준을 본 후 어쨌든 일본 측 안을 완화, 수정하기 위해 각 성에 사전 양해를 구하려고 최대한 노력했다(일본 측 안을 제출한 후 교섭 석상에 각 성의 담당관을 가능한 한 많이 불러낸 것도 한국 측의 생각을 각 성 담당자에게 직접 체감하도록 하려는 의도에서였다).

6월 1일부터 4일까지 네 차례에 걸쳐 청구권 및 경제협력위원회 경제협력분과회의가 〈일본 측〉 오카다(岡田) 경제협력국 경제협력과장, 미카나기 기요히사(御巫淸尙) 경제협력국 배상조정과장, 〈한국 측〉 정순근(鄭淳根) 외무부 통상국 경제협력과장, 정재덕(鄭在德) 경제기획원 경제기획국 물동계획과장 간에 열려 일본 측이 제시한 협정안 및 관련 문서 중 경제협력 사항에 대한 질의응답을 가졌다. 당시 미카나기 경제협력국 배상과장의 메모에 의하면 분과회의 이후인 6월 5일 오전에 일본 측 각 성 협의회가, 오후에는 미카나기 과장과 정순근 과장의 회담이 열렸다. 또 6월 7일 오전 경제협력 소위원회, 6월 8일 오전 일본 측 각 성 협의회(국장급), 오후 각 성 협의회(과장급), 6월 9일 오후 각 성 협의회(과장급) 등 연일 토의가 이어졌다. 미카나기 과장의 「일한회담에서의 청구권, 경제협력 협정에 관한 교섭」은 다음과 같이 당시 상황을 기록하고 있다.

일본 측이 문안을 제출한 뒤 6월 11일까지 세목에 대해 다양한 협의를 진행했다. 한국 측 정순근 외무부 경제협력과장과 일본 측 나는 의견이 다른 점을 정리했는데, 여기에 김 조약과장이 참석한 적도 있었다. 그래서 단순히 표현의 차이라고 인정되는 종류의 것은 기초(起草)분과회를 만들어 거기서 논의하는 방법도 시도해보았는데, 단순히 표현의 차이만 있는 문제는 거의 없었기 때문에 기초분과회는 한두 차례로 종료하고, 또다시 당초의 소위원회로 돌아와 논의를 계속했다. 그동안 김영준(金栄俊) 대표와 니시야마(西山) 경제협력국장이 논의하거나 정 과장과 내가 이야기하는 등 노력했으나 의견 조율은 쉽지 않았다.

③ 한국 측 안 제시

6월 8일 저녁 김영준 차관보가 니시야마 경제협력국장에게 한국 측 안을 제시했다(공식적으로는 6월 11일 회의에서 제시). 첫 번째가 일반 협정, 두 번째, 세 번째, 네 번째가 무상공여, 다섯 번째가 유상공여, 여섯 번째가 민간 신용공여, 일곱 번째가 경제협력합동위원회, 여덟 번째가 회수불능채권에 관한 것이다. 일본 측 문서의 구성과 큰 차이는 민간 신용공여를 협정에 넣어 이를 교환공문으로 작성한 점과, 청구권 소멸사항은 협정의 규정으로만 그치고 별도로 교환공문을 만들지 않은 점이다.

대한민국과 일본국 간의 청구권 문제 해결 및 경제협력에 관한 협정 및 관련 문서

(1965. 6. 10.)

1. 대한민국과 일본국 간의 청구권 문제 해결 및 경제협력에 관한 협정

2. 대한민국과 일본국 간의 청구권 문제 해결 및 경제협력에 관한 협정 제1조 (a)의 실시에 대한 의정서

3. 대한민국과 일본국 간의 청구권 문제 해결 및 경제협력에 관한 협정 제1조 (a)의 실시에 대한 의정서의 실시 세목과 관련된 교환공문

4. 대한민국과 일본국 간의 청구권 문제 해결 및 경제협력에 관한 협정 제1조 (a)의 실시에 대한 의정서 제2조의 생산물과 관련된 교환공문

5. 대한민국과 일본국 간의 청구권 문제 해결 및 경제협력에 관한 협정 제1조 (b) 규정의 실시에 대한 교환공문

6. 대한민국과 일본국 간의 청구권 문제 해결 및 경제협력에 관한 협정 제1조 (c)의 실시에 대한 교환공문

7. 대한민국과 일본국 간의 청구권 문제 해결 및 경제협력에 관한 협정 제3조 규정의 실시에 대한 교환공문

8. 대한민국과 일본국 간의 청산계정 잔액 처리에 대한 의정서

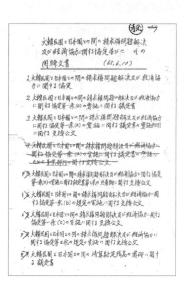

외교문서 원본 34   한국 측이 1965년 6월 8일 최종적으로 제출한 청구권 협정안

1. 대한민국과 일본국 간의 청구권 문제 해결 및 경제협력에 관한 협정(안)

(임시 번역) (1965. 6. 10.)

대한민국과 일본국은 양 체약국 및 양 체약국 국민의 재산과 양 체약국 및 양 체약국 국민 간의 청구권에 관한 문제를 해결하기를 희망하고, 양 체약국 간의 경제협력을 증진하기를 희망하며 다음과 같이 합의했다.

제1조

일본국은 대한민국에 대해

(a) 현재 1,080억 엔(108,000,000,000엔)으로 환산되는 3억 미국 달러(300,000,000달러)와 동일한 엔의 가치를 갖는 일본국의 생산물 및 일본인의 역무를 이 협정의 효력 발생일로부터 10년의 기간에 걸쳐 무상으로 공여하기로 한다.

매년 생산물 및 역무의 공여는 현재 108억 엔(10,800,000,000엔)으로 환산되는 3,000만 미국 달러(30,000,000달러)와 동일한 엔의 액수를 한도로 하고, 한 해의 공여가 이 액수에 미달할 때에는 그 잔액은 다음 연도의 공여액에 가산되는 것으로 한다. 다만, 각 연도의 공여 한도액은 양 체약국의 재정

사정에 따라서 양 체약국 정부의 합의에 의해 매년 공여 한도액을 증액하거나 전기 공여기간을 단축할 수 있다.

(b) 현재 720억 엔(72,000,000,000엔)으로 환산되는 2억 미국 달러(200,000,000달러)와 동일한 엔의 액수의 장기저리 차관으로 대한민국 정부가 요청하는 사업의 실시에 필요한 일본국의 생산물 및 일본인 역무를 대한민국에 의한 조달에 충당하는 것을 이 협정의 효력 발생일로부터 10년의 기간 동안 실시한다. 이 차관은 일본국의 해외경제협력기금을 통해 이뤄지는 것으로 하고, 금리는 연 3.5퍼센트, 상환기간은 거치기간 7년을 포함하여 20년으로 한다. 다만, 양 체약국의 재정 사정 및 자금 사정에 따라서는 양 체약국 정부의 합의에 의해 상환기간을 연장할 수 있다.

일본국 정부는 동 기금이 차관을 매년 균등하게 이행하기 위해 필요한 자금을 확보할 수 있도록 필요한 조치를 취한다.

(c) (1) 일본국은 총 3억 미국 달러 이상에 이를 것으로 기대되는 상업 베이스에 의한 일반 민간 신용이 일본국 국민(법인을 포함)에 의해 대한민국 정부 또는 국민(법인을 포함)에 공여하는 것을 별도로 정하는 바에 따라 용이하도록 하고 촉진한다.

(2) 어업협력을 위한 신용공여 9,000만 미국 달러(90,000,000 달러)와 선박 도입을 위한 신용공여 3,000만 미국 달러(30,000,000 달러)는 전기한 (1)의 액수에 포함되며, 별도로 정하는 바에 따라 실시한다.

(d) 양 체약국 정부는 본 조의 규정의 실시를 위해 필요한 약정을 체결하기로 한다.

제2조

1. 이 협정을 체결함으로써 이 협정의 서명일에 존재하는 양 체약국 및 양 체약국 국민의 재산과 양 체약국 및 양 체약국 국민 간의 청구권에 관한 문제는 1951년 9월 8일 샌프란시스코에서 서명된 일본국과의 평화조약 제4조에 규정된 것을 포함하여 완전히 그리고 최종적으로 해결된 것이 된다.

2. 제1항의 규정은 다음에 영향을 미치지 않는다.

(a) 일방 체약국의 국민으로서 1945년 8월 15일 이전부터 이 협정의 서명일까지 계속해서 타방 체약국에 거주하는 자의 재산 및 청구권(단, 이 협정의 서명일까지 각각의 체약국이 취한 특별 조치의 대상이 된 것에 대해서는 적용되지 않는다).

(b) 양 체약국 및 양 체약국 국민의 재산권과 양 체약국 및 양 체약국 국민 간의 채권채무 관계로, 1945년 8월 15일 이후에 통상적인 접촉에 의해 발생한 관계에 기초한 것.

제3조

양 체약국 정부는 이 협정의 실시에 관한 사항과 관련해 권고할 권한을 갖는 양 체약국 정부 간의 협의기관으로서 양 정부의 대표자로 구성되는 합동위원회를 설치한다.

제4조

이 협정과 이에 기초해 체결되는 약정의 해석 및 적용에 관해 발생할 수 있는 모든 분쟁은 외교교섭에 의해 해결하기로 한다.

제5조

(a) 이 협약은 비준되어야 한다. 비준서는 가능한 한 조속히 [ ]으로 교환되어야 한다.

(b) 본 협정은 비준서가 교환된 날부터 효력이 발생한다.

이상의 증거로서 아래 서명자는 이 협정에 서명했다.

1965년 [ ]월 [ ]일에 도쿄에서 한국어, 일본어 및 영어로 본서 2통을 작성했다. 한국어, 일본어 및 영어본은 동등한 효력을 가지며 해석에 차이가 있는 경우에는 영어본에 따른다.

대한민국을 위해

일본을 위해

2. 대한민국과 일본국 간의 청구권 문제 해결 및 경제협력에 관한 협정
제1조 제1항 (a)의 실시에 대한 의정서(안)

(임시 번역) (1965. 6. 10.)

대한민국과 일본국은 1965년 [ ]월 [ ]일 도쿄에서 서명된 대한민국과 일본국 간의 청구권 문제 해결 및 경제협력에 관한 협정(이하 '협정'으로 약칭) 제2조 (a) 규정의 실시에 관한 의정서를 체결하기를 희망하고, 다음과 같이 합의했다.

제1조

일본국이 협정 제1조 (a)의 규정에 따라 대한민국에 무상으로 공여하는 일본국의 생산물 및 일본인의 역무는 대한민국 정부가 요청하는 것이 아니면 안 된다.

제2조

대한민국 정부는 매년 일본국이 공여하는 생산물 및 역무를 정하는 연도 실시계획(이하 '실시계획'으로 약칭)을 작성한다.

양 체약국 정부는 이를 협의에 의해 결정키로 한다.

제3조

1. 일본국이 공여하는 생산물은 자본재, 원자재 및 기타의 것으로 한다.

2. 일본국의 생산물 및 일본인의 역무 공여는 특수한 외환상의 추가 부담이 일본에 부과되지 않도록 실시되어야 한다.

제4조

1. 대한민국 정부 또는 그 위임을 받은 자는 생산물 및 역무의 구매를 위해 일본국 국민 또는 그 법인과 직접 계약을 체결해야 한다.

2. 제1항의 계약(그 변경도 포함함)은 (i) 협정 제1조 (a) 및 이 의정서의 규정, (ii) 양국 정부가 협정 제1조 (a) 및 이 의정서의 이행을 위해 행하는 약정의 규정, 그리고 (iii) 당시 적용되는 실시계획에 부합

하는 것이 아니면 안 된다. 이들 계약은 전기한 기준에 부합하는지 여부에 대한 인증을 얻기 위해 일본국 정부 또는 그 위임을 받은 기관에 송부되어야 한다. 이 인증은 원칙적으로 14일 이내에 이루어지는 것으로 한다. 정해진 기간 내에 인증을 얻지 못한 경우 그 계약은 협정 제3조의 합동위원회에 회부되어 합동위원회의 권고에 따라 처리되는 것으로 한다. 그 권고는 합동위원회가 그 계약을 수령한 후 30일 이내에 행해지는 것으로 한다. 이 항에서 정하는 바에 따라 인증을 얻은 계약은 구매계약이라고 칭한다(이하 '계약'으로 약칭).

3. 모든 계약은 이 계약으로부터 또는 이와 관련하여 발생하는 분쟁은 별도로 정하는 약정에 의해 해결되어야 한다.

제5조

1. 일본국 정부는 대한민국 정부 또는 그 위임을 받은 자가 계약에 의해 부담하는 채무에 충당하기 위한 지불을 제7조의 규정에 기초해 정하는 절차에 따라 실시한다. 이 지불은 일본 엔으로 실시하기로 한다.

2. 일본국은 제1항의 규정에 기초해 엔에 의한 지불을 행함으로써, 또 그 지불을 행한 때에 그 지불을 위해 소요된 생산물 및 역무를 협정 제1조 (a)의 규정에 따라 대한민국에 공여한 것으로 간주할 수 있다.

제6조

1. 양 체약국 정부는 생산물 및 역무의 공여가 원활하고 효과적으로 이뤄지도록 필요한 조치를 취하기로 한다.

2. 생산물 또는 역무의 공여와 관련하여 대한민국이 요청하는 일본 국민은 그 작업의 수행을 위해 대한민국에 입국, 동 국가로부터의 출국 및 동 국가의 체재에 필요한 편의를 부여받는 것으로 한다.

3. 일본국의 국민 및 법인은 생산물 또는 역무의 공여로부터 발생하는 소득과 관련해 대한민국의 과세로부터 면제된다.

4. 이 조의 규정은 협정 제1조 (b)에 규정된 차관에 의한 생산물 및 역무의 조달에 대해서도 적용되는 것으로 한다.

제7조

이 의정서의 이행에 관한 절차 및 기타 세목은 양 체약국 정부 간의 협의에 의해 합의하기로 한다.

제8조

1. 이 의정서는 비준되어야 한다. 비준서는 가능한 한 조속히 [ ]으로 교환되어야 한다.

2. 이 의정서는 비준서가 교환된 날부터 효력이 발생한다.

이상의 증거로서 아래 서명자는 이 의정서에 서명했다.

1965년 [ ]월 [ ]일 도쿄에서 동등한 효력을 갖는 한국어, 일본어 및 영어로 본서 2통을 작성했다. 해석에 차이가 있는 경우에는 영어본에 따른다.

대한민국을 위해

일본을 위해

3. 대한민국과 일본국 간의 청구권 문제 해결 및 경제협력에 관한 협정
제1조 (a)의 실시에 대한 의정서의 실시 세목과 관련된 교환공문(안)

(임시 번역) (1965. 6. 10.)

(한국 측 서한)

서한으로써 말씀 올립니다. 본 [   ]는 오늘 서명된 대한민국과 일본국 간의 청구권 문제 해결 및 경제협력에 관한 제1조 (a)의 실시에 관한 의정서(이하 '의정서'로 약칭)에 대해 언급하는 영광을 누립니다. 대한민국 정부는 양국 정부가 의정서 제7조의 규정에 따라 다음과 같이 합의할 것을 제안합니다.

I. 실시계획

　1. 의정서 제2조의 연도 실시계획(이하 '실시계획'으로 약칭)은 양국 정부가 그 시작 시기와 종료 시기를 합의하는 연도에 대해 결정하는 것으로 한다.

　2. 대한민국 정부는 실시계획이 적용되는 각 연도의 시작에 앞서 협의를 위해 일본국 정부에 실시계획을 제시하기로 한다. 제1연도 실시계획은 의정서의 효력 발생일로부터 60일 이내에 확정하는 것으로 하고, 이후 각 연도의 실시계획은 당해 연도가 시작되기 1개월 전에 확정하기로 한다.

　3. 실시계획은 당해 연도 중에 대한민국에 의한 조달이 예정되는 일본국의 생산물 및 일본인의 역무를 제시하기로 한다.

　4. 실시계획에 제시된 생산물 및 역무에 관한 계약의 견적 금액은 총계가 당해 연도의 실제 지불이 그 연도의 지불 한도액에 도달하도록 고려해서 결정하는 것으로 한다.

　5. 실시계획은 대한민국 정부의 요청에 따라 양국 정부 간의 합의에 따라 수정할 수 있다.

II. 구매 및 계약

　1. 의정서 제4조 제1항 규정의 적용상 (a) 연도 실시계획에 따라 행해지는 사업에 직접 사용되는 자본재 및 용역의 구매는 대한민국 정부의 기관(조달청)에 의해 대한민국 서울에서 계약되고, 인증을 얻기 위해 그 절차를 대한민국 정부가 취하는 것으로 한다. (b) 자본재 이외의 생산물은 대한민국 정부 또는 그 위임을 받은 대한민국 국민 및 법인과 일본국 국민 및 법인 간에 직접 계약이 체결되어 일본국 정부 또는 그 위임을 받은 기관의 인증을 받아야 한다. (c) 계약은 일본 엔으로 일반 무역의 절차에 따라 체결되어야 한다.

　2. 의정서 제4조 제2항의 계약 이행에 관한 책임은 그 계약의 당사자만이 지는 것으로 한다.

III. 지불

　1. 대한민국 정부는 일본국의 법률에 따라 외국환 공인 은행으로서 인가받은 은행 가운데 협정의 실시에 관한 업무를 하는 은행을 지정한다.

　2. 대한민국 정부 또는 그 위임을 받은 기관은 제1항에 규정된 지정 은행과 약정, 대한민국 정부의 명의로 특별계정을 개설하고, 그 은행에 일본국 정부로부터의 지불의 수령 등을 위임하고, 또 일본국 정부에 대해 그 약정 내용을 통보하기로 한다. 특별계정은 이자를 부여하지 않기로 한다.

3. 대한민국 정부 또는 그 위임을 받은 기관은 계약에 따라 제1항의 지정 은행에 일본국 정부에 대한 지불 청구 등의 내용을 포함한 수권서(授權書)를 발급한다. 이 수권을 받은 지정 은행은 지불 의무가 발생하는 기일 전에 충분한 여유를 갖고 지불 금액 및 지불을 행해야 하는 기일을 기재한 지불 청구서를 일본국 정부에 송부해야 한다.

4. 일본국 정부는 지불 청구권을 수령한 경우 대한민국 정부 또는 그 위임을 받은 기관이 관계 계약자에게 지불해야 하는 기일 전에 은행에 청구 금액을 지불한다.

5. 제4항의 규정에 따라 일본국 정부가 지불하는 금액은 특별계정의 대변에 기입(貸記)하기로 하고, 다른 어떠한 자금도 특별계정의 대변에 기입되지 말아야 한다. 특별계정은 제3항의 목적에만 차변 기입(借記)을 행하는 것으로 한다.

6. 대한민국 정부 또는 그 위임을 받은 기관이 특별계정에 대변 기입된 자금의 전부 또는 일부를 계약 해지 및 기타 이유에 의해 인출하지 않은 경우에는 지불금액은 제3항의 목적을 위한 지불에 충당되는 것으로 한다.

7. 특별계정으로부터 지불된 금액의 전부 또는 일부가 대한민국 정부 또는 그 위임을 받은 기관에 반환된 경우, 그 반환된 금액은 제5항의 규정에도 불구하고 특별계정에 대변 기입하기로 한다. 그 반환된 금액은 제3항의 목적을 위한 지불에 충당되는 것으로 한다.

8. 의정서 제5조 제2항의 규정상 "지불을 행한 때" 란 지불이 일본국 정부에 의해 은행에 대해 행해진 때를 말한다.

9. 일본국 정부가 의정서 제5조 제2항의 규정에 따라 대한민국에 공여한 것으로 간주되는 생산물 및 용역의 금액 결정에 있어서는 일본 엔으로 지불된 금액으로부터 환산되는 미국 달러의 등가 금액이 계산의 기초가 되는 것으로 한다. 전기의 환산에 사용되는 환율은 일본국 정부가 공식적으로 결정하고 국제통화기금이 동의한 미국 달러에 대한 일본 엔의 평가에 의해 일본국 정부가 당해 계약에 따라 지불 금액을 은행에 지불을 행한 날에 적용되는 것으로 한다.

본 [　]는 또한 이 서한 및 전기 제안에 대한 귀국 정부의 지지를 확인하는 각하의 답신을 의정서 제7조의 규정에 의거한 동 의정서의 이행에 관한 세목과 관련된 양 정부 간의 합의를 구성하는 것으로 간주한다는 것을, 동 의정서의 기타 절차 세목은 양 정부 당국 간에 합의한다는 양해하에 제안하는 영광을 누립니다.

본 [　]는 이상을 말씀드리며 각하께 경의를 표합니다.

4. 대한민국과 일본국 간의 청구권 문제 해결 및 경제협력에 관한 협정
제1조 (a)의 실시에 대한 의정서 제3조의 생산물과 관련된 교환공문(안)

(임시 번역) (1965. 6. 10.)

(대한민국 측 서한)

본 전권위원은 오늘 서명된 대한민국과 일본국 간의 청구권 문제 해결 및 경제협력에 관한 협정 제1조 (a)의 실시에 관한 의정서 제3조 규정에 관해 양국 정부는 다음의 합의에 이른 것을 확인하는 영광을 누립니다.

의정서 제3조 규정에 따라 일본국이 대한민국에 대해 공여하는 자본재 이외의 생산물의 공여에 배분되는 총액은 최소한 1억 5,000만 미국 달러(150,000,000달러) 이상에 달하는 것으로 한다.

본 [   ]는 또한 이 서한 및 전기의 제안에 대한 귀국 정부의 지지를 확인하는 각하의 답신을, 동 의정서의 발효일에 효력을 발하는 양국 정부 간의 합의를 구성하는 것으로 간주한다고 제안하는 영광을 누립니다.

5. 대한민국과 일본국 간의 청구권 문제 해결 및 경제협력에 관한 협정
제1조 (b)의 실시에 대한 교환공문(안)

(임시 번역) (1965. 6. 10.)

서한으로써 말씀 올립니다. 본 [   ]는 오늘 서명된 대한민국과 일본국 간의 청구권 문제 해결 및 경제협력에 관한 협정(이하 '협정'으로 약칭) 제1조 (b) 규정의 실시에 관해 양국 정부가 다음과 같이 합의할 것을 제안하는 영광을 누립니다.

1. 협정 제1조 (b)에서 정하는 차관은 대한민국 정부와 일본국 정부를 위한 해외경제협력기금 간에 체결되는 기본 차관 계약 및 사업별 사업계획 합의서에 기초해 행해진다.

2. 제1항에서 말하는 차관 계약 및 사업별 사업계획 합의서는 협정 제1조 (b)에 규정된 조건에 기초해 다음의 각 항을 포함하기로 한다.

   (a) 실제로 지불하는 금액은 합리적인 정도로 매년 균등하게 배분이 이루어지도록 한다. 이를 위해 양국 정부는 차관의 대상으로 대한민국 정부가 제시하는 연도 실시계획을 매년 협의하여 결정한다.

   (b) 원금의 상환기간은 사업별 사업계획 합의서에 따라 해외경제협력기금이 차관의 지불을 행한 날부터 기산한다.

   (c) 원금의 상환은 14회 계속된 균등분할지불에 의해 행해지고, 이자 지불은 해외경제협력기금이 차관의 지불을 행한 날부터 기산하여 당시 원금의 상환 잔액에 대해 반년마다 행해진다.

   (d) 원금 상환 및 이자 지불은 미국 달러 또는 국제통화기금이 인정하는 미국 달러에 대한 일본 엔의 평가에 의한 등가액의 일본 엔으로 행한다.

3. 해외경제협력기금은 차관 및 그로부터 생기는 이자에 대해 부과되는 대한민국의 조세 및 기타 과징금으로부터 면제된다.

본 [   ]는 또한 이 서한 및 상기 제안에 대한 귀국 정부의 수락을 확인하는 각하의 답신을, 협정 제1조 (b)의 규정의 실시에 관한 대한민국 정부와 일본국 간의 합의를 구성하는 것으로 간주한다고 제안하는 영광을 누립니다.

본 [　]는 이상을 말씀 올리며 각하께 경의를 표합니다」

6. 대한민국과 일본국 간의 청구권 문제 해결과 경제협력에 관한 협정
제1조 (c)의 실시에 대한 교환공문(안)

(임시 번역) (1965. 6. 10.)

각하

본인은 오늘 서명된 대한민국과 일본국 간의 청구권 문제의 해결과 경제협력에 관한 협정(이하 '협정')에 대해 언급하게 되어 영광으로 생각합니다.

대한민국 정부는 양국 정부가 동 협정 제1조 (c)에 규정된 민간 신용공여에 관해 다음과 같이 합의할 것을 제안합니다.

1. 양국 정부는 3억 미국 달러(300,000,000달러) 이상이 될 것으로 기대되는 민간 신용공여를 양국 관계 법령의 범위 내에서 용이하게 하고 촉진하기로 한다.

2. 대한민국 정부는 매년 계약의 대상이 될 수 있는 투자 부문과 사업계획을 결정하고, 또 그러한 민간 신용을 희망하는 대한민국 국민(법인 포함)의 자격 기준을 결정하기로 한다.

3. 양국 정부는 이 협정의 원활한 운영을 위해 민간 신용공여를 위한 계약의 체결 및 이행 상황을 수시로 공동으로 검토하기로 한다.

4. 협정 제1조 (c)의 규정을 위해 체결되는 계약에 의해 실시되는 원금 상환 및 이자 지불은 현물 및 일반적인 방법에 의한 것으로 하고, 일본국이 공여하는 민간 신용 가운데 가장 유리한 조건으로 계약 당사자가 합의하는 바에 따라 실시하기로 한다.

5. 협정 제1조 (c)의 (2)에서 규정한 어업협력을 위한 9,000만 미국 달러(90,000,000달러)는 다음과 같은 조건으로 공여되는 것으로 한다.

(a) 영세 어민을 위한 4,000만 미국 달러(40,000,000달러)는 금리 연 5퍼센트, 잔액 5,000만 미국 달러(50,000,000달러)는 금리 연 5.75퍼센트.

(b) 원금의 상환은 거치기간 3년 후 7년간에 걸쳐 균등분할지불로 행해지고 착수금은 없는 것으로 한다.

(c) 구매는 대한민국 정부가 지정하는 기관이 일괄 구매하기로 한다.

6. 협정 제1조 (c)의 (2)에 규정된 선박 도입을 위한 3,000만 미국 달러(30,000,000달러)는 다음과 같은 조건으로 공여되는 것으로 한다.

(a) 금리는 연 5.5퍼센트 정도로 하기로 한다.

(b) 원금의 상환은 거치기간을 포함해 10년 이상으로 하기로 하고, 착수금은 없는 것으로 한다.

본인은 또 이 서한 및 상기 제안이 귀국 정부에 의해 수락을 확인하는 답신을 협정 제1조 (c)의 민간 신용공여를 위한 실시에 관한 양국 정부 간 합의를 구성하는 것으로 간주한다고 제안하게 되어 영광으로 생각하는 바입니다.

이 기회에 각하께 경의를 표합니다.

1965년 [　]월 [　]일

7. 대한민국과 일본국 간의 청구권 문제 해결 및 경제협력에 관한 협정
제3조 규정의 실시에 대한 교환공문(안)

(임시 번역) (1965. 6. 10.)

(한국 측 서한)

서한으로써 말씀 올립니다. 본 [　]는 오늘 서명된 대한민국과 일본국 간의 청구권 문제 해결 및 경제협력에 관한 협정(이하 '협정') 제3조에 규정된 양국 정부 대표로 구성된 합동위원회 위원회(이하 '위원회')에 관해 양국 정부가 다음과 같이 합의할 것을 제안합니다.

1. 위원회는 도쿄에 설치한다.

2. 위원회는 양국 정부가 각각 임명하는 대표 1명 및 대표대리 약간 명으로 구성된다.

3. 위원회는 일방의 정부 대표의 요청에 따라 회합한다.

4. 위원회는 다음의 사항에 관해 권고를 위해 협의하는 것을 임무로 한다.

　(a) 연도 실시계획과 관련된 문제

　(b) 계약, 계약의 인증 및 지불 절차 문제

　(c) 협정 제1조의 규정의 실시 상황 검토(수시로 공여 및 차관의 실시 총액 산정을 포함)

　(d) 양국 정부의 합의에 따라 위원회에 회부되는 기타 사항

본 [　]는 또한 이 서한 및 전기 제안에 대한 귀국 정부에 의한 수락을 확인하는 각하의 답신을, 협정 제3조에서 정하는 양국 정부대표로 구성되는 합동위원회에 일본국 정부와 대한민국 정부 간의 합의를 구성하는 것으로 간주한다고 제안하는 영광을 누립니다.

본 [　]은 이상을 말씀 올리면서 각하께 경의를 표합니다.

8. 대한민국과 일본국 간의 청산계정 잔액의 처리에 관한 의정서(안)

(임시 번역) (1965. 6. 10.)

제1조

대한민국과 일본국 간의 청산계정의 잔액으로 1961년 4월 22일 교환공문에 의해 양국 정부 간에 확인된 일본국의 채권 4,572만 9,398 미국 달러 8센트(45,729,398.08달러)를 의정서 효력 발생일로부터 10년의 기간 내에 다음과 같이 무이자로 상환하기로 한다.

제1회부터 제9회까지 매년 분할지불액, 매년 457만 3,000 미국 달러(4,573,000달러).

제10회의 분할지불액 457만 2,398 미국 달러 8센트(4,572,398.08달러).

제2조

전조에 규정된 매년 분할지불금은 대한민국의 요청이 있는 경우, 매년 일본국이 대한민국과 일본국 간의 청구권 문제의 해결과 경제협력에 관한 협정(이하 '협정'으로 약칭) 제1조의 (a)에 따라 공여되는 금액의 감액에 의한 변제로 간주하기로 한다.

제3조

대한민국 정부는 제1회 분할지불의 변제를 협정 제1조 (a)의 규정에 따라 제1년도의 무상공여가 실제로 시작되는 날 이후에 신속하게 이뤄지는 것으로 하고, 제2회 이후의 분할지불 변제는 이듬해 이후의 제1회 지불기일과 같은 날까지 이뤄져야 하는 것으로 한다.

제4조

전기 제2조에 따른 대한민국 정부의 요청은 일본국의 재정상의 관행을 고려하여 제3조에서 말하는 지불기일이 속하는 일본국의 회계연도(매년 4월 1일부터 이듬해 3월 31일까지)가 시작되는 역년의 전년 10월 1일까지로, 해당 지불 기일에 지불될 지불금에 대해 행해져야 한다. 다만, 제1회 지불에 대한 요청은 제1년도의 무상공여가 실행되는 날에 행해지는 것으로 한다.

제5조

대한민국의 요청은 매년 분할지불금의 금액 또는 일부에 대해 행할 수 있다. 다만, 협정 제1조 (a)의 규정에 따라 공여 기간이 단축된 경우에는 대한민국 정부는 이를 고려하여 분할지불금에 대한 요청을 행하기로 한다.

제6조

대한민국 정부의 요청이 제4조에서 말하는 기일까지 이루어지지 않고, 또 분할지불금의 전액 또는 일부의 지불이 제3조에서 말하는 지불 기일까지 이뤄지지 않은 경우에는 전기한 규정에도 불구하고 대한민국 정부의 요청이 있었던 것으로 간주하기로 한다.

이 의정서는 비준되어야 한다.

비준서는 가능한 한 조속히 [ ]으로 교환되어야한다.

이 협정은 비준서가 교환된 날부터 효력이 발생한다.

이상의 증거로 아래 서명자는 이 의정서에 서명했다.

1965년 [ ]월 [ ]일에 도쿄에서 한국어, 일본어 및 영어로 본서 2통을 작성했다. 해석에 차이가 있는 경우에는 영어본에 따른다.

대한민국을 위해

일본을 위해

이상에서 살펴본 '청구권 문제 해결 및 경제협력에 관한 협정'과 관련해 일한 양측 안이 일치하지 않은 사항은 다음과 같다.

일본 측 안(검토를 요함: 불일치점)	한국 측 안(차이점만 언급)
재산 및 청구권에 관한 문제 해결과 경제협력에 관한 일본국과 대한민국 간의 협정	대한민국과 일본국 간의 청구권 문제 해결 및 경제협력에 관한 협정
(전문) 생략	
제1조	
1. 일본국은 대한민국의 경제 및 사회 발전에 기여하기 위한 경제협력으로서 동 국가에 대해	일본국은 대한민국에 대해
(a) 현재 1080억 엔(108,000,000,000엔)으로 환산되는 3억 미국 달러(300,000,000달러)와 동일한 엔의 가치를 갖는 일본국의 생산물 및 일본인의 역무를 본 협정의 효력 발생일로부터 10년의 기간에 걸쳐 무상으로 공여하기로 한다. 매년 이루어지는 생산물 및 역무의 공여는 현재 108억 엔(10,800,000,000엔)으로 환산되는 3,000만 미국 달러(30,000,000달러)와 동일한 엔의 액수를 한도로 하며, 한 해의 공여가 이 액수에 미달할 때에는 그 잔액이 그해 이후의 공여액에 가산되는 것으로 한다. 다만, 매년 이루어지는 공여 한도액은 일본의 재정 사정이 허락하는 경우 양 체약국 정부의 합의에 의해 증액될 수 있다.	(매년도) (매년도) (매년도) (매년도)제
(b) 현재 720억 엔(72,000,000,000엔)으로 환산되는 2억 미국 달러(200,000,000달러)와 동일한 엔의 액수까지 장기저리 차관으로서 대한민국 정부가 요청하고 또 제4항의 규정에 기초해 실시되는 약정에 따라 결정되는 사업의 실시에 필요한 일본국의 생산물 및 일본인 역무의 대한민국에 의한 조달에 충당되는 것을 이 협정의 효력 발생일로부터 10년의 기간 동안 실시하기로 한다. 이 차관은 일본의 해외경제협력기금에 의해 행해지는 것으로 하고, *일본국 정부는 이 기금이 이 차관을 매년 균등하게 이행될 수 있도록 필요한 자금을 확보하기 위해 필요한 조치를 취하기로 한다.	제3항의 *금리는 연 3.5퍼센트, 상환기간은 거치기간 7년을 포함해 20년으로 한다. 다만, 양 체약국 정부의 재정 사정 및 자금사정에 따라서는 양 체약국 정부의 합의에 의해 상환기간을 연장할 수 있다.
2. (청산계정의 잔액 처리) 생략	(c) 일본국 정부는
3. 양 체약국 정부는 이 조의 규정의 실시에 관한 사항에 대해 권고하는 권한을 갖는 양 정부의 대표자로 구성된 합동위원회를 설치한다.	(민간 신용공여) 생략 2 3
4. 양 체약국 정부는 이 조의 규정의 실시를 위해 필요한 약정을 체결하기로 한다.	
제2조　생략	
제3조　생략	
제4조　생략	
제5조　생략	
이상의 증거로서 아래 기명자는 이 협정에 서명했다. 1965년 [ ]월 [ ]일 도쿄에서 동일하게 정본인 일본어, 한국어 및 영어로 본서 2통을 작성했다. 해석에 차이가 있는 경우에는 영어본에 따른다.	
일본국을 위해	
대한민국을 위해	

경제협력 문제를 둘러싼 정부 간 논의는 6월 11일부터 니시야마 경제협력국장, 이규성 공사 이하 양측 대표가 참석한 가운데 뉴오타니호텔 16층 회의실에서 열렸다. 야나기야 서기관의 일지에는 이후의 논의 상황을 다음과 같이 기록하고 있다.

6월 11일 (금) 한국 측이 5월 31일 자 일본 측 안에 대한 대안을 제시했다. 본협정, 교환공문 등에 대해 축조(逐條) 토의를 계속하는 가운데 두 차례 정도 격론이 있었지만, 결국 이튿날 자정 30분까지 토론을 계속해 상당한 진척을 보았다.

6월 12일 (토) 오전 10시부터 어제에 이어 뉴오타니호텔에서 경제협력 논의를 계속해 오후부터는 조문기초위원회, 니시야마 국장과 이 공사의 비공식 회담, 우시바 심의관과 김 대사의 회담 등이 잇따라 열렸다.

6월 14일 (월) 오후 2시부터 뉴오타니호텔에서 각 성 협의회가 열렸다. 오후 3시 30분부터 청구권 및 경제협력위원회를 열고 이와 병행하여 수시로 니시야마 국장과 이 공사의 회담, 아카자와 쇼이치(赤沢璋一) 통산성 경제협력부장, 무라이 시치로(村井七郎) 대장성 국제금융국 조사관과 김영준 경제기획원 차관보의 회담 등을 잇달아 열어 문제점을 좁히는 작업을 계속했다. 여러 차례 파란도 있었지만, 이튿날 오전 3시까지 한국 측도 크게 양보했으므로 협정은 '90퍼센트 정도' 정리됐다.

6월 15일 (화) 저녁부터 힐튼호텔에서 경제협력 문제에 관해 각 레벨에서 집중적으로 논의했다. 전날까지 정리되지 않았던 크고 작은 열댓 가지 점을 둘러싸고 상위 그룹, 소그룹, 기안작업위원회 등으로 나뉘어 격렬한 토론을 계속했다. 이튿날 오전 6시까지 일한 양국 모두 청훈(請訓)을 필요로 하는 두세 가지에 대한 조정을 남기고 대부분 타결했다.

6월 16일 (수) 저녁부터 힐튼호텔에서 경제협력과 관련해 마지막 남은 두 가지, 즉 ① 3억 달러 이상의 민간 신용공여에 관한 교환공문의 표현 방법, ② 본협정 전문 및 동 제1조 주서(柱書)의 표현 방법에 대해 쌍방이 양보하여 실질적인 타결을 보았다.

④ 교섭 형식

미카나기 과장의 「일한회담에서의 청구권 및 경제협력 협정에 관한 협상」에는 당시 논의 방법에 대해 다음과 같이 기록되어 있다.

1965년 4월 이후 체결까지의 경제협력 교섭은 우선 김 대사와 우시바 심의관, 니시야마 국장과 이규성 공사, 김영준 경제기획원 차관보라는 회담의 수준이 일단 정해져 있었고, 그 아래에 일본 측은 나와 마쓰나가 조약과장, 야나기야 서기관, 한국 측은 정순근 외무부 경제협력과장, 정재덕 경제기획원 물동

계획과장(이후 그해 4월까지 주일 한국사절단 기획부장), 김동휘(金東輝) 외무부 조약과장이라는 3단계 수준에서 교섭이 전개됐다.

가장 공식적인 회담 방식은 니시야마 국장과 이 공사의 회담에 양쪽 모두 수행원이 나오는 형태였는데, 이 회담에는 각 성의 관계자까지 출석하는 등 체면도 있어 양쪽 모두 매우 굳은 태도를 취하는 경우가 많았다. 여기에서 조정할 수 없는 문제는 김 대사가 나서서 니시야마 국장과 이 공사의 회담에 참석하거나, 별도로 우시바 심의관과 김 대사의 회담에서 하나하나 정리하는 형태로 조정해 나갔다.

내가 1965년 6월 10일에 만든 조서(調書)에 따르면, 당시만 하더라도 협정서, 의정서, 합의의사록 등에서 의견이 대립하는 것이 60여 항목 있었다. 이를 니시야마 국장이나 대신 레벨에 설명하면, "가능한한 빨리 차이점을 좁혔으면 좋겠다"는 지시가 내려오고, 결국 그때부터 우시바 심의관과 김 대사의 회담에서 의견의 대립점을 하나하나 검토해 이것은 이렇게 하라는 지시가 3단계인 우리 수준으로 내려와 거기서 문장의 표현을 다듬어 정리해가는 모양새가 되어갔다.

⑤ 관련 문서 구성의 변화

교섭 과정에서 일본 측이 제출한 합의문서 전체의 구성이 바뀌어 무상공여 실시 협정은 본협정과 불가분인 제1의정서가 되고, 본협정에서 청산계정 관련 규정을 빼내어 이 청산계정 규정을 제2의정서로 하게 되었다. 또 3억 달러의 민간 신용공여가 가조인된 합의사항의 한 구절을 이루고 있었으므로 한국 측 안에서는 이것을 협정 제3조에 넣어두었지만 일본 측은 이것은 정부차관과는 전혀 성질이 다른 민간 신용공여의 기대금액이라고 주장하며 교환공문으로 하자고 했다. 이에 따라 일본 측은 다음과 같은 안을 6월 14일 제출했다. 이에 대해 한국 측도 협정 제3조를 빼내어 협정 제3조의 실시에 관한 교환공문으로 바꿔 다음과 같은 「1965년 4월 3일 이동원 대한민국 외무부장관과 시나 에쓰사부로 일본국 외무대신 간의 합의사항에 관한 교환공문 (안)」을 6월 14일 제시, 이 두 가지가 논의의 자료가 되었다.

(일본 측 안)

상업적 민간 신용공여에 관한 교환공문 (안)

1965년 6월 14일

(일본 측 서한)

서한으로써 말씀 올립니다. 본 [   ]는 일본국 국민이 대한민국 정부 또는 국민에게 행하는 상업적 민간 신용공여에 관해 양국 정부 대표 간에 도달한 다음의 양해를 확인하는 영광을 누립니다.

1. 3억 미국 달러(300,000,000달러)의 금액을 초과하는 상업적 일반 민간 신용공여가 일본국 국민에

의해 체결되는 적당한 계약에 기초해 대한민국 정부 또는 국민에게 행해지는 것이 기대된다.

2. 1항의 공여에는 9,000만 미국 달러(90,000,000달러)의 금액에 달할 것으로 기대되는 어업협력을 위한 민간 신용공여 및 3,000만 미국 달러(30,000,000달러) 금액에 달할 것으로 기대되는 선박 수출을 위한 민간 신용공여가 포함된다. 이러한 어업협력을 위한 민간 신용공여 및 선박 수출을 위한 민간 신용공여는 관계 법령의 범위 내에서 용이하게 이뤄지도록 한다.

본 [　]는 이상을 말씀드리면서 각하께 경의를 표합니다.

1965년 [　]월 [　]일

(한국 측 서한)(안)

서한으로써 말씀 올립니다. 본 [　]는 오늘 자 각하의 다음과 같은 서한을 수령했음을 확인하게 되어 영광입니다.

(일본 측 서한)

본 [　]는 또한 각하의 서한에 언급된 양해를 확인하는 영광을 누립니다.

본 [　]는 이상을 말씀드리면서 각하께 경의를 표합니다.

1965년 [　]월 [　]일

(한국 측 안)

1965년 4월 3일 이동원 대한민국 외무부장관과 시나 에쓰사부로 일본국 외무대신 간의

합의사항 제3항에 관한 교환공문(안)

(임시 번역)

본 [　]는 1965년 4월 3일 이동원 대한민국 외무부장관과 시나 에쓰사부로 일본국 외무대신 간의 양국 간의 청구권 문제 해결 및 경제협력에 관한 합의사항 제3항의 민간 신용공여 관해 양국 정부가 다음과 같이 합의할 것을 제안하는 영광을 누립니다.

1. 일본국 정부는 3억 미국 달러(300,000,000달러) 이상에 이를 것으로 기대되는 상업 베이스의 일반 민간신용(이하 '신용'으로 약칭)이 일본 국민(법인 포함)에 의해 대한민국 정부 또는 대한민국 국민(법인을 포함)에게 이뤄지는 것을 관계 법령의 범위 내에서 용이하게 하고, 또 촉진하기로 한다.

2. 제1항의 신용공여는 일본국에 의해 제3국으로 공여되어 또는 공여되는 동종의 신용공여의 조건 중 가장 유리한 조건에 따라 행해지는 것으로 한다.

3. 어업협력을 위한 9,000만 미국 달러(90,000,000달러)의 신용공여 및 대한민국 정부 또는 대한민국 국민(법인 포함)에 의한 선박 도입을 위한 3,000만 미국 달러(30,000,000달러)는 전기한 제1항의 금액에 포함되며, 별도로 정하는 절차에 따라 일본국 정부가 특별히 배려하기로 한다.

　본 [ ]는 또한 이 서한 및 전기한 제안의 귀국 정부의 수락을 확인하는 각하의 답신을 대한민국과 일본국 간의 1965년 4월 3일 청구권 문제 해결 및 경제협력에 관한 합의사항 제3항의 신용공여의 실시에 관한 양국 정부 간 합의를 구성하는 것으로 간주한다고 제안하는 영광을 누립니다.

　본 [ ]는 이상을 말씀 올리면서 각하께 경의를 표합니다.

　1965년 [ ]월 [ ]일

　이와 함께 경제협력에 관한 '합의된 의사록'이 두 가지가 되었다. 이와 관련해 미카나기 배상조정과장의 「일한회담에서 청구권 및 경제협력 협정에 관한 교섭」은 다음과 같이 기록하고 있다.

　이것은 우시바 심의관, 김 대사와 각각의 사무 당국이 함께 논의했을 때 대장성 및 통산성의 담당관이 "이런 점은 공개해서는 곤란하다"고 못 박았기 때문에 공표할 것과 공표해서는 안 되는 것으로 정리해 첫 번째 쪽은 공표해도 좋은 것, 두 번째 쪽은 공표하지 않을 것으로 나누고, 그렇게 대략 이야기가 매듭지어졌다. 그런데 마침내 발표하는 단계가 되자 두 번째 쪽까지 한국 측이 공표해놓고 "이미 나와 버렸기 때문에 어쩔 수 없다"라는 식이 되었다.

⑥ 커다란 문제점

　조문화 과정에서의 문제점과 관련해 미카나기 과장은 앞서 인용한 「일한회담에서 청구권 및 경제협력 협정에 관한 교섭」에서 다음과 같이 네 가지 점을 들었다(이하, 기술의 요약).

　(가) '청구권 해결'과 '경제협력'의 관계

　하나의 조약에 두 가지 취지를 함께 써넣는다는 것에 대해선 일한 양측 모두 이의가 없었지만, 한국 측은 "청구권을 해결한다는 것이므로 그 대가로 경제협력이 주어진다"라는 생각을 드러내려 한 반면, 일본 측은 "한편으로는 청구권을 해결하고, 다른 한편으로는 한국의 향후 경제 발전을 위해 일본이 경제협력을 하는 것이지 배상이라는 생각은 없다"는 취지를 표현하고자 했기 때문에 협정 제1조 및 전문(前文)의 표현이 어려운 문제가 되었다.

　결국 최종적으로 협정 제1조 제1항에 (a), (b)를 만들고, (a)에서 무상공여, (b)에서 유상공여, 그 (a), (b)와 전혀 다른 단락에서 "전기한 공여 및 차관은 대한민국의 경제 발전에 도움이 되는 것이어야 한다"고 말함으로써 일본 측 희망에 부응하고, 또 전문에 "청구권 문제를 해결하기를 희망하고", "양국 간 경제협력을 증진하기를 희망하고"라는 문장 두 가지를 나열, 이 순서로 기술함으로써 한국 측 요망에 부응하는 것으로 해결했는데, 이 문장이 만들어질 때까지는 상당히 곤란한 대화 과정이 있었다.

제1항의 마지막에 넣은 (a), (b)를 포함하는 "전기한 공여 및 차관은 ……" 이라는 두 줄 문장을 당초 일본 측은 제1항의 주서(柱書)로 넣고 싶어 했는데, 한국 측이 찬성하지 않았기 때문에 이것도 우시바 심의관과 김 대사의 회담으로 넘어가서 해결한 것이었다.

(나) 민간 차관에 대한 표현

기존의 필리핀 배상, 인도네시아 배상에서는 민간 차관과 관련해 "양국 정부가 그 차관을 용이하게 하고 촉진한다"는 표현을 사용하고 있다. 한국의 민간 차관은 그것들과 조금 달라 어디까지나 민간 차관이라는 뉘앙스를 내기 위해 "용이하게 하고 촉진한다"는 표현은 사용하고 싶지 않았지만, 결국은 한국의 희망에 따라 그 표현을 취했다. 교환공문에서 어업차관과 선박차관은 그 라인에 맞추면 "호의적 배려"라는 표현을 쓸 수밖에 없어 그것과 균형을 맞춘 후 상업상 민간 신용공여 3억 달러에 대해서도 "용이하게 되고 촉진된다"라고 쓰게 된 것이다.

(다) 경제협력기금과의 관계

일본 측은 "경제협력기금은 법률에 의해 설립된 독립기관이기 때문에 정부가 경제협력기금에 명령을 내릴 수는 없다. 그러나 실질적으로는 경제협력기금과 한국 정부 간의 차관 약속과 양 정부 간의 약속, 이 둘을 동시에 체결함으로써 내용을 규정할 수는 있지만, 정부 간 약속에서는 이런 것이 될 거라는 정도의 표현밖에 쓸 수 없다"고 말했는데, 한국 측은 "정부기관이기 때문에 정부가 명령하는 것은 당연하다"는 사고방식이었기 때문에 이 점에 대해서도 좀처럼 양해를 구하기 어려웠다.

또 한 가지 문제가 된 것은 한국인이 생산재의 공여에 관여할 수 있는지 여부를 둘러싼 문제였다. 일본 측은 '일본국의 생산물 및 일본인의 역무'라는 것이 명분이므로 한국인이 그 안에 들어올 수는 없다는 생각이었지만, 일본에 있는 한국인이 만든 회사에서 생산한 것이 그 안에 들어가는지 여부가 매우 미묘한 문제가 되었다.

경제협력기금 관계를 서명하기 전 단계에서 지금 말한 한 가지 점만 분명히 정해지지 않았다. 이것은 우시바 심의관과 김 대사의 회담 전달방식이 쌍방에서 달랐기 때문이었다. 결국 우리 측은 우시바 심의관에게, 한국 측은 김 대사에게 각각 전화해 이 부분의 문장을 확인했는데, 한국 측이 말하는 대로 하게 되어버려 "일본 국민이 지배하는"이라는 문구가 빠지게 됐다. 결국 해석상으로는 한국인이 갖고 있는 회사도 경우에 따라 들어올 수 있게 되었다.

(라) 프로젝트의 현지 통화(通貨) 문제

무상 3억 달러 가운데 자본재 이외의 것, 즉 소비물자 같은 것을 1억 5,000만 달러 정도 넣어 프로젝트 원조라는 형태로 가는 데 있어 현지 통화분(分)을 보게 되었는데, 교섭 초기부터 이때 필요한 현지 통화, 즉 무상공여에서 갖고 오는 자본재 이외의 것을 처분한 대응자금으로 볼 수 있는 것이 어느 정도이고, 그 부족한 부분을 한국 측에서는 어떻게 생각하고 있는지가 문제가 됐다.

결국 한국 측은 여기에 상당히 협력해주었다. 대략 이 정도 현지 통화가 필요한데, 그중 이 정도 부분은 1억 5,000만 달러로 커버할 수 있다, 남은 부분은 예를 들어 오픈계정에 있는 일본 측 회수불능채권을 차감함으로써 가능해진다는 것이다.

그때 처음 알게 됐지만, 한국은 오픈계정의 지불 불능분과 관련해 일본에 지불하기 위한 현지 통화를 이미 준비해놓고 있었다. 그러나 그것은 외화(外貨)가 되지 않았기 때문에 일본에 지불할 수 없었고, 은행에 현지 통화의 계좌에 모아두고 있던 상태였다. 따라서 오픈계정의 부실채권을 10년간에 걸쳐 공제해가면 그렇게 공제된 만큼 현지 통화를 풀 수 있는 것이다. 그것을 또한 경제개발 계정으로 옮겨놓으면 그 부분이 프로젝트 원조의 현지 통화로 사용될 수 있었다.

한편, '청구권 해결과 경제협력 관계'에 대해 우시로쿠 아시아국장의 「일한교섭에 관한 약간의 회고」는 다음과 같이 적고 있다.

일본 측이 청구권 문제와 경제협력을 격리시키려 한 이유는 청구권 해결 없이 결제를 위해 경제협력을 제공했다는 식으로 직접 두 가지가 목적론으로 연결되는 경우에는 청구권의 누적금액이 얼마였는지, 그에 비해 제공한 경제협력이 너무 많은지 너무 적은지 같은 논란을 유발하고, 국회 답변에서도 매우 어려운 입장에 처해질 것이기 때문이었다. 따라서 스기 대표와 배 대표의 회담 때 쌍방 간의 협의를 계속한 결과, 관련된 협정의 제목에 청구권 문제의 해결과 경제협력을 병기하고, 또 전문에서도 "청구권 '문제'를 해결하길 '희망'하고 경제협력을 하길 '희망'하고"라는 취지의 문장을 넣는다 하더라도, 우리 측은 조약 본문(operative part)에서는 3억 및 2억의 경제협력을 제공하는 것만을 명기하고 청구권은 언급하지 않는 방식을 주장했다. 한국 측은 제목 및 전문은 전기한 안으로 하는 데 대체로 이의가 없었지만, 오히려 관련 방식은 한국 측의 아이디어에 편승한 측면도 있다고 말할 수 있다. 즉, 과거 최규하 대사는 한국으로서는 충분히 일본 측의 입장을 고려해 청구권의 '변제'라는 제목을 포기하고 청구권에 관한 '문제의 해결'이라는 표현을 사용했고, 또 본문에서도 쌍방 모두 경제협력과 청구권을 언급하지 않음으로써 충분히 일본 측의 입장에 다가설 생각이라는 취지로 말한 경위가 있다[약 2년 전에 이 안을 들었을 때 이로써 '각목론(各目論)'은 대략 해결됐다는 인상을 받았다]. 그러나 일본 측(특히 조약국)은 본문에서는 경제협력만이라도 언급하는 방식을 강하게 주장하고 있었다.

금번 교섭에서 상대방은 역시 협정 본문에 경제협력만 언급하는 것에는 강한 반대 입장을 유지했다. 반면, 우리 측은 우선 청구권 문제 해결을 위해 연결된 개별 사업 계약이 진정으로 한국의 경제 발전에 기여하는지 여부를 체크할 필요가 있기 때문에 일본이 제공하는 공여가 경제협력의 성격을 갖는다는 것을 어떤 형태로든 규정하고 싶다는 강한 희망이 있었다.

일본 측에서 국내 조정이 곤란한 상태에서 조문이 협상 과정에서 수정된 점이 있었는데, 이에 대해 야나기야 서기관은 아래의 사례를 지적하였다.

① 6월 22일 최종적으로 조인된 제1의정서 제1조는 "…… 실시계획은 한국 정부에 의해 작성되어 양국 정부 간의 협의에 의해 결정된다"는 형태로 되었다. 당초 5월 31일 일본 측 안은 "양국 정부는 실시계획을 협의에 의해 결정한다"고 되어 있었다. 하지만 한국 측이 과거의 보상으로서 당연히 받는다는 관점에서 보면 이것이 매우 불만족스러우리라는 점이 충분히 예견되었으므로 이후 교섭에서 한국 측이 1차적인 이니셔티브를 갖도록 수정했다.

② 제2의정서 제2조 제1항에서는 "일본국이 공여하는 생산물은 자본재 및 양국 정부가 합의하는 기타 생산물로 한다"고 되었는데, 5월 31일의 일본 측 안은 "…… 자본재로 한다. 다만, 한국 정부의 요청이 있는 경우 양 정부 간의 합의에 따라 자본재 이외의 생산물을 공여할 수 있다"라고 되어 있었다. 이것은 공여의 대부분을 자본재로 하고 싶다는 통산성의 요청으로 나온 것이지만, 그때까지의 한국 측의 주장을 고려하면 이것으로 만족하리라고는 예상할 수 없었으므로 교섭 과정에서 양보방침을 정했다.

③ 제1의정서 제3조 제2항은 "(한국 사절단 등이 일본 국민 또는 그 지배하는 일본국 법인과 체결하는 계약은) …… 인증을 받기 위해 일본국 정부에 송부된다……"고 되었다. 이것은 배상협정의 인증 조건에 해당하는 것이지만, 당초 5월 31일 일본 측 안은 "(계약은) 일본국 정부의 승인을 얻지 않으면 안 된다……"고 되어 있었다. 이 점과 관련해 대장성은 본건은 배상이 아니므로 일본 정부가 전가의 보도로서의 승인권을 보유해야 한다고 특히 강하게 주장했다. 그러나 이것으로는 한국 측이 수용하지 않을 것이 거의 분명했기 때문에 최종적으로는 대장성으로부터 배상협정에 준해 인증방식까지 양보한다는 양해를 얻은 후 교섭 과정에서 타협해 타결시켰다.

한편, 경제협력기금과 한국 정부 간의 차관 계약에 대해서는 힐튼호텔에서 가키쓰보 세이고(柿坪精吾) 경제협력기금 이사와 한국 측 대표 김영준 씨가 회담했는데, 이 교섭은 정부 간에 이미 상당히 논의를 진척시킨 상태였기 때문에 부드럽게 진행됐다.

(2) 청구권의 소멸사항 문제

① 관계 부처와의 협의

4월 12일부터 16일까지 외무성은 관계 각 성이 참석하는 검토회의를 개최했다. 이 회의 결과에 기초해 4월 17일 조약국은 「청구권(재산 포함) 문제 해결 협정 기본방침안」을 작성, 성내 및 대장성과 법무성 2개 성, 법제국과 검토를 계속했다.

4월 20일 청구권 및 경제협력 위원회 제1차 회의에서 이규성 공사는 "한국 측은 청구권 문제는 양국이 각각 국내 문제로 해결하면 된다고 생각한다"고 말했다. 이에 대해 사토 심의관은 "양국이 국내에서 어떻게 처우할 것인지가 확실하지 않으면 조약에 어떻게 표현할지 결정하기 어렵다. 다만 실시는 각각의 국내법으로 행하도록 하자"고 말했다. 사타케 히로시(佐竹浩) 대장성 이재국장은 "청구권 소멸과 경제협력은 일체 불가분의 관계이며, 전자가 명확하지 않으면 후자가 움직이는 방식으로는 갈 수 없다. 전자는 국민의 권리 득충(得衷)의 문제이므로 충분히 씻어 완전히 지울 필요가 있다"고 말했다.

이후 청구권 및 경제협력 위원회 제2회(4월 21일)부터 제6회(5월 15일) 회의에서는 경제협력에 대한 토의가 진행되었지만, 청구권 관계는 국내에서의 검토가 계속되고 있어 논의되지 않았다.

외무성은 4월 28일 자로 기본방침안과 협정안을 작성, 총리부〔은급(恩給)국 심의실〕, 대장성(이재국 외채과), 법무성(민사국 제4과), 우정성(저금국 간이보험국), 수산청(총무과), 후생성(원호국), 노동성(국제노동과), 문부성(저작권과)에 배포했다. 이들의 의견을 바탕으로 협정안을 수정 보완해 5월 1일과 4일 법제국이 이를 심의하고, 이후에는 법제국, 대장성〔외채과, 주계(主計)국 법규과〕, 법무성(민사국 제4과)에 의견을 구한 후 5월 7일 우시바 심의관 주재하의 성내 회의의 검토를 거쳐 다음과 같은 일본 측 원안을 작성했다.

(1965년 5월 7일)

제2조(안)

1. 양 체약국은 이 협정의 서명일에 양 체약국 및 그 국민 간에 존재하는 모든 재산, 권리 및 이익과 청구권에 관한 문제가 완전히 그리고 최종적으로 해결되었다고 간주하기로 합의한다.

2. 어느 일방 체약국이나 타방 체약국의 유효한 지배하에 있는 영역에서 시정 당국이 그 관할하에 있는 해당 일방 체약국 및 그 국민의 재산, 권리 및 이익에 대해 이 협정의 서명일까지 취한 조치의 효력을 승인하고, 그 조치의 대상이 된 재산, 권리 및 이익에 대한 모든 청구권을 포기한다.

3. 이 조의 어떠한 규정도 1945년 9월 2일 이후 이 협정의 서명일까지 성립된 계약 및 기타 법률관계에 의해 취득된 재산, 권리 및 이익과 청구권에 영향을 미치는 것으로 해석되어서는 안 된다.

(합의의사록에서 확인할 사항)

 (1) 청구권 8개 항목의 소멸

 (2) 나포 어선의 청구권 소멸

5월 1일 현재 조약국이 작성한 기본방침은 다음과 같다.

일한 재산 및 청구권 문제 해결 협정의 기본방침(안)

조약국, 1965년 5월 1일

I. 해결 대상이 되는 재산 및 청구권의 범위

(가) 지역적 범위

1. 한국 측에 대해서는 한국이 유효한 지배 및 관할권을 미치고 있는 휴전선 이남 지역(이른바 삼각지대를 포함)에 있는 것만을 대상으로 한다.

2. 일본 측에 대해서는 지역적 범위를 한정할 필요는 없다.

3. 북조선 지역에 있는 것은 대상 외로 하고, 이 지역 관계에서 일본과 북조선 쌍방의 재산 및 청구권 문제는 백지(白紙)인 채 남는 것이 된다.

(나) 인적 범위

1. 한국 측에 대해서는 한국 국민으로 하고, 다만 1945년 9월 2일 이전부터 계속해서 일본에 거주하는 자는 제외한다.

2. 일본 측에 대해서는 일본 국민으로 하고, 다만 1945년 9월 2일 이전부터 계속해서 한국에 거주하는 자는 제외한다.

(다) 시간적 범위

협정 서명 시(탈법적인 권리 변동의 여지를 줄이기 위해 협정 발효 시라고 하지 않는다)에 존재하는 재산 및 청구권을 협정 서명 시를 기해 처리하는 것으로 한다. 다만, 1945년 9월 2일 후의 거래, 계약 등 통상적인 사적(私的) 법률관계에 의해 발생한 것은 제외한다.

II. 해결 청구권의 처리

(가) 해결 대상이 되는 재산 및 청구권은 협정 자체에 의해 처리하는 것으로 하고, 새로운 입법에 의해 처리하는 것으로는 하지 않는다는 방침을 취하기로 한다(절차 법령은 별도).

(나) 그러나 조선인의 재산 및 청구권의 국내 처리에 대해서는 협정을 적용함에 있어 남북한 사람의 구별이 불가능하기 때문에 북조선 관련 분(分)에 대해서는 협정이 이행될 때까지 대부분 실제적 조치를 보류하게 되는 결과, 그때까지의 권리 변동은 방지할 수 없다(우편저금 등 가능한 것은 지불을 억제하는 것을 원칙적으로 통달(通達)하지만, 은행 예금 등은 인출 청구권 소멸의 효과로서 은행이 해당 예금을 정리할 수 있는 데 그치고 인출 요청 거부를 은행에 의무화할 수는 없다).

(다) 처리하게 되는 청구권을 표창(表彰)하는 주식, 통화, 유가증권 등 한국에 있는 것은 명분상 처리될 것이기 때문에 대한민국 정부에 이것들의 수집 및 인도와 관련해 협력을 요청하기로 한다(현물 제시에 의해 권리 행사가 가능한 것과 관련, 유효성을 확보하기는 곤란할 것이다).

(라) 처리하게 되는 재산 및 청구권의 지역적·시간적 범위는 원칙적으로 일한 양국에 동일하다.

III. 해결 청구권의 귀속

실제적인 처리로서는 국가가 채무자로 되어 있는 것을 제외하고 개개의 사적인 관계에 근거하는 것의 경우 시효에 의한 권리 소멸이라는 형식이 되는 것이 많다고 생각된다.

IV. 총독부 소관의 간이보험 등

총독부 소관의 간이보험, 공탁사무, 지방채 등에 대한 한국인의 청구권을 일본에는 청구할 수 없게 된다.

[원문 약 4행 미공개]

V. 해저전선의 처리

　(가) 협정상은 평화조약 제4조 (c)의 규정을 확인하는 데 그치는 것으로 한다.

　(나) 평화조약은 해당 해저전선이 조약 발효에 의해 분할된다는 원칙을 확립한 것이라고 해석한다.

VI. 평화조약 제4조 (b)의 확인

평화조약 제4조 (b)를 확인할 필요는 없다는 입장을 취하지만, 한국 측이 강하게 희망할 때는 재확인하는 취지의 규정을 둔다.

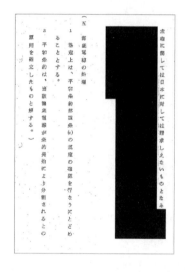

외교문서 원본 35　일본 외무성이 1965년 5월1일 작성한 「일한 재산 및 청구권 문제 해결 협정의 기본방침(안)」 가운데 총독부 소관의 간이보험 등에 관한 부분은 먹칠이 된 채 공개됐다.

　한편 5월 1일의 법제국 심의에는 법제국 장관이 참석했다. 이에 대해 사토 심의관은 다음과 같이 말했다(좌담회 '일한회담의 청구권 및 경제협력 협정 제2조에 관한 교섭').

　　법제국이 일한조약과 관련해 심의할 때(5월 1일) 법제국 장관이 나온 것은 이 제2조의 심의 때뿐이다. 그 이유는 첫째, 제2조와 관련해 국내 입법이 필요할 가능성이 있고 둘째, 이와 관련된 성(省)이 많았기 때문이다. 자기들 생각으로는 국내 입법이 필요하게 되면, 법제국이 원국(原局)이 되지 않으면 안된다. 거기에는 처음부터 법제국을 끌고 들어와 놓고 마지막에는 떠넘기려는 생각이 있었다. 이쪽은 단한 번에(once for all) 청구권을 모두 깨뜨리겠다고 생각하고 있었으므로 누락이 있어서는 안 된다, 권리가 있는 것은 일본의 국법(國法)상 권리이기 때문에 일본의 법률을 잘 알고 있는 법제국 같은 곳이 아니면 모른다는 의미도 있었다.

[이하, 원문 3쪽 미공개]

② 제2조 일본 측 안의 추이

이후 대장성, 외무성 조약국에서도 검토를 거듭한 후 법제국과 함께 심의에 들어가 5월 24일에 만들어진 제2조 안은 다음과 같다.

(1965년 5월 24일)

제2조(안)

1. 어느 일방 체약국도 자국 및 그 국민(법인 포함)의 재산, 권리 및 이익으로서 타방 체약국의 관할하에 있었거나 이 협정의 서명일에 존재한 것에 대해 타방의 체약국이 각각 이미 취했거나 또는 향후 취할 수 있는 조치의 효력을 승인한다.

2. 전항의 규정은 다음의 것에는 적용되지 않는다. 다만, 이 협정의 서명일까지 각각의 체약국이 취한 조치의 대상이 된 재산, 권리 및 이익은 전항의 규정에 따르지 않는다.

   a. 일방 체약국의 국민으로 1945년 9월 2일 이전부터 이 협정의 서명일까지 계속해서 타방 체약국에 거주하는 자의 재산, 권리 및 이익

   b. 같은 해 9월 2일 이후에 양국 및 양국 국민간의 통상적 접촉의 과정에서 전항의 규정에 해당하게 된 재산, 권리 및 이익

3. 어느 일방 체약국도 이 협정의 서명일 이전에 발생한 사유에 따라 타방 체약국 및 그 국민에 대한 자국 및 그 국민의 모든 청구권을 포기한다.

사토 히후미(佐藤日史) 심의관은 "여기서 처분권에 대한 사고방식이 이른바 '이쪽은 불평하지 않는다'는 사고방식으로 바뀌고 있다. 계기가 된 것은 아무래도 19일 법제국 심의였던 것 같다"고 말했다.

5월 24일 자 안을 바탕으로 각 성 관계관 회의를 열어 문안의 가부(可否)와 개별 입법에 대한 각 부처의 의견을 추가해 보정했다. 이것이 앞서 말한 경제협력 관련 절(節)에서 언급한 바 있는 5월 31일 한국 측에 제시한 협정안 제2조가 된 것이다. 그날 마쓰나가 조약과장은 제2조에 대해 다음과 같이 설명했다.

제2조는 청구권 문제의 복잡성을 감안할 때 합의사항 문구 그대로는 협정문이 될 수 없기 때문에 입법 기술적 관점에서 국제법, 국내법의 요청을 살펴보고, 또 한국 측의 입장도 호의적으로 고려해 짜낸 규정이다. 재한 일본 재산에 관해서는 군령 33호 및 한미협정으로 처리가 완료되었지만, 일본에 있는 한국의 재산, 청구권에 대해서는 향후 처리할 필요가 있다.

이 조치 중에는 개인이 자신의 권리에 기초해 상대국 정부 또는 법원에 소송을 제기한 경우 창구에서 거부하는 것도 포함된다. "관할하에 있다"는 말을 넣은 것은 관할하에 없는 것은 처리할 수 없다는 당연한 사실을 염두에 둔 것으로, 평화조약의 선례에 따라, 또 한국의 입장을 고려해 한반도 북쪽 부분에 대해서는 한국의 지배가 미치지 않는다는 표현을 피한 것이다. 나포 어선의 손해배상 청구권을 포기하는 것에 대해서는 관련된 교환공문, 아래에 기술하는 (나)에서 언급하고 있다.

제2항 (a)는 합의사항에는 없는 점이지만, 재일한국인의 대우 문제가 일한회담에서 하나의 현안이라는 점을 감안해 일본 사회에서 분리할 수 없는 지위를 차지하고 있는 재일한국인을 제외하는 것이 적당하다는 사실을 고려한 규정이다.

제2항 (b)의 "무역 재개 후"라는 것은 합의사항대로 "종전 후"라고 할 경우 평화조약 발효 이전의 것이 전부 제외되어 의외의 파급이 발생하므로 이를 한정하는 시점을 더욱 거슬러 올라가게 하려는 것을 목적으로 한 규정이다. 무역 재개의 구체적인 시점에 대해서는 현재 조사 중이다.

제2항의 단서는 청구권 문제의 해결이라는 본래의 목적으로 볼 때 필요하다.

그 후 6월 2일과 3일 청구권 분과위원회가 〈일본 측〉 사토 외무성 심의관, 〈한국 측〉 전상진(全祥振) 외무부 통상국장 간에 열렸고, 일본 측 안에 대해 한국 측이 질문했다.

또 5월 28일 수산청에 청구권 협정과 나포 어선에 대한 배상 청구권 포기와 관련된 다음의 문서를 보냈다.

일한 청구권 협정 제2조(안)과 나포 어선 문제

1965년 5월 28일, 조약국

1. 나포 어선과 관련, 일본국은 국제법상의 한국의 불법행위에 대한 배상청구권을 제2조 제3항에 의해 포기하게 된다(이것이 불법행위를 합법화하는 것이 아님은 물론이다).

2. 제2조 제1항은 실체적 권리에 대한 규정이다. 나포 어선과 관한 실체적 권리로서 선주의 반환청구권, 손해배상 청구권 등이 인정되는지 여부는 한국 측 법률이 정하는 바에 따르게 되기 때문에 만일 선주가 한국 정부에 대해 청구를 제기했을 때 한국 정부가 국내법상 합법적으로 이 어선을 처분 완료로 간주, 이를 거부하더라도 일본국은 항의할 수 없게 된다.

3. 요컨대, 일한협정은 양국 간의 권리·의무 관계를 규정한 것이기 때문에 나포 어선의 손해에 대해 국내적으로 어떠한 조치를 취할 것인지에 대해서는 협정의 해석의 문제로서 거론할 수 있는 것이 아니

라고 생각한다.

③ 한국 측 안 제시

6월 10일 한국 측은 다음과 같이 제2조 안을 제시했다.

한국 측이 제시한 제2조(안)

1. 이 협정 체결에 의해 이 협정의 서명일에 존재하는 양 체결국 및 양 체약국 국민의 재산과 양 체약국 및 양 체약국 국민 간의 청구권에 관한 문제는 1951년 9월 8일 샌프란시스코에서 서명된 일본국과의 평화조약 제4조에 규정된 것을 포함하여 완전히 그리고 최종적으로 해결되는 것이 된다.

2. 제1항의 규정은 다음의 것에 영향을 미치지 않는다.

(a) 일방 체약국의 국민으로 1945년 8월 15일 이전부터 이 협정의 서명일까지 계속해서 타방 체약국에 거주하는 자의 재산 및 청구권(다만, 이 협정의 서명일까지 각각의 체약국이 취한 특별 조치의 대상이 된 것에 대해서는 그러하지 않다).

(b) 양 체약국 및 양 체약국 국민의 재산과 양 체약국 및 양 체약국 국민 간의 채권채무 관계로서, 1945년 8월 15일 이후에 통상적인 접촉에 의해 발생한 관계에 기초하는 것.

이에 대해 6월 11일 일본 측은 한국 측 안이 조약문으로서의 법률적 명확성을 결여하고 있다는 점을 지적한 코멘트를 전달했다.

④ 뉴오타니호텔, 힐튼호텔에서의 토의

6월 11일부터 14일까지 뉴오타니호텔에서 경제협력 문제를 토의할 때 청구권에 대해서도 위원회가 네 차례 열렸다. 사토 심의관은 전기한 좌담회 '일한회담의 청구권 및 경제협력 협정 제2조에 관한 교섭'에서 다음과 같이 말했다.

상대측은 전상진 대표, 김정태(金正泰), 우리 측은 내가 주관했는데 대체로 싸움만 했던 것 같다는 생각이 든다. 나는 그 사이를 헤집어 전 대표와 만나 식사를 함께하면서 우리 측 생각을 전했다.

한국 측이 시종 말하고 있던 것은 일본 측 안은 숲으로 도망친 개를 죽이기 위해 숲을 모두 태워버리려는 생각이다, 그렇게 하지 말고 개를 끌어내어 죽이면 되는 것 아니냐는 것 같은 이야기였다. 이 개를 둘러싼 논의를 많이 했다.

15일 밤부터는 힐튼호텔로 옮겼다.

한국 측이 양보할 기미를 보이지 않았으므로 14일부터 17일까지 일본 측은 열심히 타협안을 만들었다. 그래서 시안이 속속 나왔다. 그동안 나는 전 대표와 마주보고 가자는 생각으로 자주 접촉해 일본 측 시안을 그에게 보여줬다. 한국 측이 주장하는 것처럼 "최종적으로 해결된 것을 합의한다"는 내용을 먼저 내놓고, 깨뜨리는 부분을 3개항 갖고 가자는 말도 이때 했다.

한국 측 안은 밤늦게 새벽 2~3시경, 즉 18일 아침에 나왔다. 그 한국 측 안을 보면 우리 측의 개 죽이기 사고방식이 3억으로 나오고 있으므로 이 정도면 됐다고 생각했다. 이것을 받아들이고 그 자리에서 그 안을 바탕으로 전 대표와 잘못된 곳을 함께 고쳐 나갔다.

그다음은 합의의사록을 둘러싼 승부였다.

또한 제3조(중재 조항)는 어업 쪽으로 중재 조항이 나올 것 같았기 때문에 그렇다면 그대로 그것을 취해버리기로 하고 제3조는 마지막까지 손을 대지 않은 채 어업협정에서 결정한 것을 그대로 담았다. 17일부터 19일에는 내가 법제국에 가서 "뭐, 이 정도에서 정리한다"고 말했는데 장관이 "이 정도라면 잘 정리됐군"이라고 말했던 것을 기억한다.

(일본 측 안)

1965년 6월 17일

제2조 (안)

1. 양 체약국은 양 체약국 및 그 국민(법인 포함)의 재산, 권리 및 이익과 양 체약국 및 그 국민 간의 청구권에 관한 문제가 1951년 9월 8일 샌프란시스코에서 서명된 일본국과의 평화조약 제4조 (a)에 규정된 것을 포함하여 완전히 그리고 최종적으로 해결되었음을 여기에 선언한다.

2. 이 조의 규정은 다음의 것(이 협정의 서명일까지 각각의 체약국이 취한 특별 대상이 된 것은 제외한다)에는 영향을 미치지 않는다.

(a) 일방 체약국의 국민으로 1945년 8월 15일부터 본협정의 서명일까지 타방 체약국에 거주한 적이 있는 자의 재산, 권리 및 이익

(b) 일방 체약국 및 그 국민의 재산, 권리 및 이익으로서 1945년 8월 15일 이후 통상적인 접촉 과정에서 취득되거나 또는 타방 체약국의 관할하에 들어간 것

3. 제2항의 규정에 따른다는 것을 조건으로, 일방 체약국 및 그 국민의 재산, 권리 및 이익으로서 본협정의 서명일에 타방 체약국의 관할하에 있는 것에 대한 조치와 일방 체약국 및 그 국민의 타방 체약국 및 그 국민에 대한 모든 청구권으로서 이날 이전에 발생한 사유에 근거한 것에 관해서는 어떠한 주장도

할 수 없는 것으로 한다.

합의의사록(안) (청구권 조항 관련)

(1965년 6월 17일)

제2조 제2항에 관해

1. '특별 조치'란 일본국에 대해서는 제2차 세계대전 종결의 결과로서 발생한 사태에 대처해 1945년 8월 15일 이후 일본국에서 취한 전후 처리를 위한 모든 조치(1951년 9월 8일 샌프란시스코에서 서명된 일본국과의 평화조약 제4조에 따른 특별 협정을 고려하여 취해진 조치를 포함)를 말한다.

2. '거주'란 외국인 등록을 하고 계속해서 1년 이상 거주한 자를 말한다.

(한국 측 안)

(1965년 6월 17일)

제2조(안)

1. 양 체약국은 이 협정의 체결에 의해 양 체약국 및 그 국민(법인 포함)의 재산, 권리 및 이익과 양 체약국 및 그 국민 간의 청구권에 관한 문제가 1951년 9월 8일 샌프란시스코에서 서명된 일본국과의 평화조약 제4조에 규정된 것을 포함해 완전히 그리고 최종적으로 해결되었음을 확인한다.

2. 이 조의 규정은 다음의 것(이 협정의 서명일까지 각각의 체약국이 취한 특별 조치의 대상이 된 것은 제외한다)에는 영향을 미치지 않는다.

(a) 대한민국 국민으로 1945년 8월 15일부터 본 협정의 서명일까지 일본국에 거주하고 있는 자 또는 거주한 적이 있는 자의 재산, 권리 및 이익과 일본국 및 그 국민에 대한 청구권

(b) 일방 체약국 및 그 국민의 재산, 권리 및 이익으로서 1945년 8월 15일 이후 통상적인 접촉 과정에서 취득된 것으로 타방 체약국의 관할하에 있게 된 것

(c) 일방 체약국 및 그 국민의 타방 체약국 및 그 국민에 대한 청구권으로서 1945년 8월 15일 이후 통상적인 접촉에 의해 발생한 관계에 의거한 것

3. 제2항의 규정에 따를 것을 조건으로, 일방 체약국 및 그 국민의 재산, 권리 및 이익으로서 본협정의 서명일에 타방 체약국에 있는 것으로 특별 조치의 대상이 된 것에 대한 조치와 일방 체약국 및 그 국민의 타방 체약국 및 그 국민에 대한 모든 청구권으로서 이날 이전에 발생한 사유에 근거한 것에 대해서는 어떠한 주장도 할 수 없는 것으로 한다.

합의의사록(안)

제2조에 관해

'특별 조치'란 일본국에 대해서는 제2차 세계대전 종결의 결과로서 발생한 사태에 대처하여 1945년

8월 15일 이후 일본국에서 취해진 전후 처리를 위한 모든 조치(1951년 9월 8일 샌프란시스코에서 서명된 일본국과의 평화조약 제4조에 따른 특별협정을 고려하여 취해진 조치를 포함)를 말한다.

(교환공문)(안)

(1965년 6월 17일, 한국 측이 제안한 것)

(한국 측 서한)

서한으로써 삼가 말씀 올립니다. 본 [ ]는 오늘 서명된 대한민국과 일본국 간의 청구권 문제 해결 및 경제협력에 관한 협정 제2조와 관련해 일본국 및 그 국민의 청구권으로서 전기한 협정 체결에 의해 소멸하게 되는 것에는 오늘까지 대한민국에 의한 일본어선의 나포와 관련된 모든 청구권이 포함됨을 일본국을 대신해 각하가 확인하는 것을 제안하는 영광을 누립니다.

본 [ ]는 이상을 말씀드리면서 각하께 경의를 표합니다.

1965년 [ ]월 [ ]일

(일본 측 서한)

서한으로써 삼가 말씀 올립니다. 본 [ ]는 이 날짜 각하의 다음과 같은 서한을 수령했음을 확인하는 영광을 누립니다.

– 한국 측 서한 –

본 [ ]는 또한 상기 각하의 서한의 내용을 일본국 정부를 대신해 확인하는 영광을 누립니다.

본 [ ]는 …….

(교환공문)(안) 〔극비〕

(일본 측 서한)

서한으로써 삼가 말씀 올립니다. 본 [ ]는 오늘 서명된 대한민국과 일본국 간의 청구권 문제 해결 및 경제협력에 관한 협정 제2조와 관련해 대한민국 및 국민의 청구권으로서 전기의 협정 체결에 의해 소멸하게 되는 것에는 일한회담에서 한국 측으로부터 1952년 2월 20일에 제출된 '한국의 대일 청구 요강'(이후 수정 및 보충된 것을 포함)의 범위에 속하는 모든 청구권이 포함됨을 일본국을 대신해 각하가 확인하는 것을 제안하는 영광을 누립니다.

본 [ ]는 이상을 …….

1965년 [ ]월 [ ]일

(한국 측 서한)

서한으로써 삼가 말씀 올립니다. 본 [ ]는 오늘 자 각하의 다음과 같은 서한을 수령했음을 확인하는 영광을 누립니다.

- 일본 측 서한 -

본 [   ]는 또한 상기 각하의 서한의 내용을 일본국 정부를 대신해 확인하는 영광을 누립니다.

본 [   ]는 …….

그 후 문제가 된 것은 제2항 "이 조의 규정은 다음의 것에 영향을 미치지 않는다" (a)의 일본에 있었던 적이 있는 한국인의 재산, 권리, 이익, 또 (b)의 무역, 즉 "통상적인 접촉 과정"에 의한 재산, 권리, 이익을 언제부터 할 것인지 연월을 둘러싼 논의와, "귀환하는 한국인의 재일 부동산의 권리에 관해"라는 표현의 문제였다. 전자와 관련해 6월 18일 우시바 심의관은 시나 외무대신에게 다음과 같이 설명했다.

재산 및 청구권 문제 해결 조항(제2조)에 대해

(1965년 6월 18일)

1. 일본 측 안의 기본 개념은 오히라 외상과 김 부장의 합의 이후 양국 간의 양해에 따라 일본으로부터 한국이 분리 독립함으로써 처리할 필요가 발생한, 이른바 전후 처리의 성격을 갖는 일한 양국 간 재산 및 청구권 문제가 최종적으로 해결되게 된다는 데 있다. 따라서 종전 후 일단 끊어진 양국 간 관계가 정상화해 양국 및 양 국민 간의 통상적인 접촉이 시작된 시점 이후 일본에 거주한 적이 있는 한국인(전쟁 전부터 계속해서 거주하는 자는 물론 포함됨)의 재산, 권리, 이익이나, 이 시점 이후에 한국인이 취득하게 된 재산, 권리, 이익은 영향을 받지 않지만, 그 외에 예를 들면 종전 후 일본을 떠난 채 돌아오지 않은 한국인이 일본에 남기고 간 재산, 권리, 이익은 상기 처리의 일환으로 최종적으로 처분되는 것이 당연하다는 입장이다.

2. 이러한 기준이 되는 시점과 관련, 일본 측은 종전 후 일본으로부터 떠난 조선인의 경우 실질적으로 귀환을 완료한 것으로 간주하고, 또 양국 간에 새로운 통상적인 접촉이 시작된 것으로 간주되는 1947년 8월 15일(일한 간 민간 무역이 재개된 날)이 타당하다고 주장하고 있다. 이에 대해 한국 측은 일한 분리는 관념상 1945년 8월 15일에 발생했다는 입장에서 이날 이후 한국인이 갖고 있던 재산, 권리, 이익은 이번 처리의 대상 외라고 주장, 대립하고 있다.

3. 한국 측 주장은 오히라 외상과 김 부장의 합의 이후 양국의 이해에 반하는 것이며, 이른바 '청구권 8개 항목'이 포함되어 소멸하게 된 한국 측 청구의 일부를 소생시키게 될 뿐만 아니라, 전기한 바와 같이 양국 간 관계가 정상화하기 이전의 문제가 처리되지 않은 채 남는 결과가 되므로 일본 측은 원칙적으로나 실질적으로나 이를 인정할 수 없다.

이 교섭에 대해 우시로쿠 아시아국장의「일한교섭에 관한 약간의 회상」은 다음과 같이 말하고 있다.

단지 소멸할 권리·의무 관계의 예외로서 구제해야 할 권리·의무의 범위, 특히 재일한국인 혹은 현재는 일본에 거주하고 있지 않지만 본협정 서명 전에 일본에 거주한 적이 있는 한국인의 권리·의무 관계를 가능한 한 대폭적으로 구제하려고 시도했다. (중략)

우리 측 원안(原案)에서는 종전 이전부터 현재까지 계속해서 일본에 거주하고 있는 한국인 및 종전 후 어지러워졌지만 일단 안정되어 정상적인 상황이 된 이후("무역 재개 후"라는 표현을 이용했다) 일한 양국 간의 정상적인 접촉에 의해 발생한 권리·의무 관계에만 영향을 받지 않도록 하는 안으로 되어 있었는데, 상대측은 이론적으로 생각할 수 있는 모든 경우를 염두에 두고 이를 구제하려고 했다(실질적으로 이에 해당하는 경우가 있는지 여부는 분명하지 않으며, 오히려 실제적 피해는 전혀 없다는 것이 상식적인 견해였다). 결국 1947년 8월 15일부터 본협정의 서명일까지 일본에 "거주한 적이 있는" 자와 "1945년 8월 15일 이후 통상적인 접촉 과정에서" 취득된 재산 등은 구제된다는 것으로 넓어졌다.

후자에 대해 사토 심의관은 다음과 같이 말했다.

20일 아침께 합의의사록 안과 관련해 전상진 대표는 "전후 귀국한 자라고 하더라도 한국인으로서 일본에 부동산을 갖고 있는 자의 권리가 그대로 빼앗겨버리는 것은 뭐라고 하든 국내에 설명하기 어렵기 때문에 그런 것을 고려한다고 말하는 서한이 필요하다"고 버텼다. 당시 상대측은 내부적으로 젊은이들의 반란이 벌어지고 있었다. 어쩔 수 없었기 때문에 우시바 심의관과 김동조 대표의 교섭으로 이관해 우시바 심의관실에 나가까지 들어가 3명이 논의했다. (중략) 내가 이것(대장성 수정안)을 이동원 장관 환영식이 열린 신키라쿠(新喜楽)에 갖고 가 거기서 전 대표와 교섭했는데, 여기에 수시로 우시바 심의관과 이규성 대표도 끼어들어 여러 가지를 토의한 결과, 막판에 그 자리에서 대장성 제2안을 약간 고치는 수준으로 정할 수 있었다. 그때는 한국 측은 청훈(請訓)해보겠다, 일본 측은 더 이상 절대로 양보할 수 없다고 말하고 헤어졌지만, 이튿날인 21일 아침 이것으로 좋다(OK)고 말해왔다.

이와 관련해 조인식 당일 아침인 22일 오전 11시 20분부터 진행된 시나 외무대신과 이동원 외무부장관의 제2회 회담의 기록은 "이 장관은 청구권 소멸 조항(제2조)과 관련된 합의의사록과 관련해 '구 재일한국인의 부동산 처리'에 대한 표현 문제는 대통령과 직접 전화 연락을 취한 결과, 일본 측의 최종안대로 하기로 했다고 말했다"고 적고 있다. 이에 대해 전기한 아쓰미 겐지(渥美謙二) 외채과장의 「일한회담에서 청구권 문제에 대해」는 "그때까지는 '1947년 8월 15일'이 실체적으로 귀환이 끝난 날이므로 어쩔 수 없지 않을까라는 생각에서 대체로 그 선에서 진행되고 있던 단계였는데, 갑자기 이것을 문제시해온 것을 보면, 추측컨대 부동산과 관련해 현재 일본에 있는 한국인과 당시의 소유자 사이에 매매가 이뤄져 사실상 현재 있는 사람에게 그것이 귀속되는 것과 같은 관계의 실체적인 문제가 있었고, 재일한국인이 이를 문제화해서 한국 측 대표에 압력을 가한 것이라고 생각한다. 이 항과 관련해 나중에 문제가 생기진 않았다"라고 적었다.

4. 재일한국인의 법적지위 문제

〈일본 측〉오와다 와타루(大和田涉) 외무성 조약국 참사관, 야기 마사오(八木正男) 법무성 입국관리
　　　　국장, 니야 마사오(新谷正夫) 법무성 민사국장, 후쿠다(福田) 문부성 중등교육국장, 우시마
　　　　루(牛丸) 후생성 사회국장[6월 11일 이후 이마무라(今村) 사회국장]
〈한국 측〉방희(方熙) 공사, 이경호(李坰鎬) 법무부 법무국장

(1) 일한 양국 협정안 제시

　　합의사항 가조인 후 처음으로 열린 제24회 회의(4월 16일)에서는 향후 논의의 진행 방법에 대
해 토의했다. 이어 ①처우에 관한 실질적 토의와 조문 작성 토의를 병행하여 추진한다, ②조문 작
성에 관한 토의는 소위원회를 열어 행하는 것으로 의견 일치를 보았다. 그 후 제28회 회의(4월 30
일)까지 처우 문제와 관련된 국민건강보험, 교육, 사회보장, 귀환 시 휴대 가능한 재산 등에 관한
논의가 계속되었다. 이 기간 중에 외무성 조약국은 4월 9일에 협정의 제1차 시안을 만들어 법무성,
문부성, 후생성, 대장성과 검토를 거듭한 후 수정안을 작성했다. 이 안은 5월 4일의 법적지위위원
회 제29회 회의에서 한국 측에 제시됐다.

　　　　　　　　일본에 거주하는 대한민국 국민의 대우에 관한 일본국과 대한민국 간의 협정(안)

　　　　　　　　　　　　　　　　　　　　　　　　　　　　　　　　　　　　　1965년 5월 4일

　　일본국 및 대한민국은 오랜 동안 일본에 거주하고 있는 대한민국 국민이 일본국 사회와 밀접한 관계
를 갖게 된 점을 감안해, 이들 대한민국 국민이 일본국 사회와 조화롭고 안정된 생활을 할 수 있도록 하
는 것이 양국 간 및 양국민 간 우호관계 증진에 기여한다는 것을 믿으면서, 다음과 같이 합의했다.

　　제1조

　　1. 일본국 정부는 다음에 언급된 자가 협정의 실시를 위해 일본국 정부가 정하는 절차에 따라 본협정
의 효력 발생일로부터 5년 이내에 영주 허가 신청을 한 경우 일본국에서 영주하는 것을 허용한다.

(a) 대한민국 국민으로 1945년 9월 2일부터 신청 시까지 계속해서 일본에 거주하고 있는 자

(b) 대한민국 국민으로서 (a)에 규정된 자의 직계비속으로서 1945년 9월 3일 이후 이 협정의 효력 발생일로부터 5년 이내에 일본국에서 출생해 이후 신청 시까지 계속해서 일본국에 거주하고 있는 자

2. 일본국 정부는 대한민국 국민으로서 제1항의 규정에 따라 일본국에서 영주하는 것을 허가받은 자의 자식으로 이 협정의 발효일부터 5년 이내에 일본국에서 출생한 자가 이 협정의 실시를 위해 일본국 정부가 정하는 절차에 따라 그 출생일로부터 30일 이내에 영주 허가의 신청을 한 경우 일본국에서 영주하는 것을 허용한다.

3. 전기의 신청 및 허가에 수수료는 징수되지 않는다.

제2조

1. 일본국 정부는 대한민국 국민으로 제1조의 규정에 따라 일본국에서 영주하는 것을 허가받은 자의 직계비속으로서 일본국에서 출생한 자의 일본국 거주와 관련해 대한민국 정부의 요청이 있을 경우 이 협정의 효력 발생일로부터 25년이 경과할 때까지는 협의할 용의가 있다.

2. 제1항의 협의에서는 이 협정의 기초가 되고 있는 정신 및 목적이 존중되어야 한다.

제3조

1. 제1조의 규정에 따라 일본국에 영주하는 것을 허가받은 대한민국 국민은 이 협정의 발효일 이후의 행위에 따라 다음에 제시하는 자가 된 경우를 제외하고 일본국으로부터 강제퇴거당하지 않는다.

(a) 일본국에서 내란에 관한 죄 또는 외환에 관한 죄에 의해 금고 이상의 형에 처해진 자(집행유예의 선고를 받은 자 및 내란을 부화수행(附和隨行)함으로써 형에 처해진 자는 제외)

(b) 일본국에서 국교에 관한 죄에 의해 금고 이상의 형에 처해진 자 및 외국의 원수, 외교사절 또는 공관에 대한 범죄행위로 금고 이상의 형에 처해져 일본국에 외교상의 중대한 이익을 해친 자

(c) 영리를 목적으로 마약류 단속에 관한 일본국 법령의 규정을 위반하여 무기 또는 3년 이상의 징역 혹은 금고에 처해진 자(집행유예를 선고받은 자는 제외) 및 마약류 단속에 관한 일본국 법령의 규정을 위반해 이 협정의 효력 발생일 이후 3회(다만, 이 협정의 효력 발생일 이전 행위에 의해 3회 이상 형에 처해진 자에 대해서는 2회) 이상 형에 처해진 자

(d) 일본국의 법령을 위반하여 무기 또는 7년을 초과하는 징역 또는 금고에 처해진 자

대한민국 정부는 제1항의 규정에 따라 일본국으로부터 강제퇴거당한 자에 대해 일본국 정부의 권한 있는 당국의 요청에 응해 그 자의 인수에 협력하기로 한다.

제4조

일본국 정부는 다음 사항에 대해 타당하게 고려하기로 한다.

(a) 제1조의 규정에 따라 일본국에서의 영주를 허가받은 대한민국 국민에 대한 일본국에서의 교육 및 생활보호 등에 관한 사항

(b) 제1조의 규정에 따라 일본국에서의 영주를 허가받은 대한민국 국민(동조의 규정에 따라 영주

허가를 신청할 자격을 갖고 있는 자를 포함한다)으로 일본국에 영주할 의사를 포기하고 대한민국에 귀국하는 자에 의한 귀국 시의 재산 휴대에 관한 사항과 이들이 일본국에서 소유한 자금의 대한민국으로의 송금에 관한 사항

제5조

제1조의 규정에 따라 일본국에서의 영주 허가를 받은 대한민국 국민은 출입국, 거주를 포함한 모든 사항에 관해 이 협정에서 특별히 규정된 경우를 제외하고는 모든 외국인에게 동일하게 적용되는 일본국 법령의 적용을 받는 것을 확인한다.

제6조

이 협정은 비준되어야 한다. 비준서는 가능한 한 조속히 [ ]으로 교환되어야 한다. 이 협정은 비준서 교환일로부터 30일이 경과한 날에 발효된다.

이상의 증거로서 아래 서명자는 이 협정에 서명했다.

1965년 [ ]월 [ ]일 [ ]에서 동일하게 정본인 한국어, 일본어 및 영어로 본서 2통을 작성했다. 해석에 차이가 있을 경우에는 영어본에 따른다.

일본국에 거주하는 대한민국 국민의 대우에 관한
일본국과 대한민국 간의 협정에 대해 합의된 회의록

제1조에 관해,

일본국 대표는 이 협정의 실시를 위해 일본국 정부가 정하는 절차에 다음 사항이 포함되게 된다는 취지를 표명했다.

　(a) 동 조의 규정에 따라 영주 허가를 신청하는 자가 대한민국 국적을 갖고 있다는 것을 증명할 만한 문서를 스스로 제출할 수 없는 경우에는 대한민국 정부의 권한 있는 당국이 일본국 정부의 권한 있는 당국의 조회에 응해 그 자가 대한민국 국적을 보유하고 있는지 확인하기 위해 발급하는 문서를 이에 대신하는 것으로 간주할 것.

　(b) 동 조 제1항 (b)에 언급된 자로서 이 협정의 발효일로부터 4년 11개월 후에 출생한 자에 대해서는 동 조 제1항에도 불구하고 신청 권한을 그 출생일로부터 30일까지로 한다.

대한민국 대표는 (a)에서 말하는 문서를 발급할 용의가 있다는 취지를 표명했다.

제3조에 관해,

1. 일본국 대표 및 대한민국 대표는 동 조 제1항 (b)에서 말하는 "그 공관"이란 소유자의 여하를 불문하고, 대사관 또는 공사관으로 사용되고 있는 건물 또는 그 일부 및 이에 부속된 토지(외교사절의 주거지 등을 포함한다)를 말한다는 데 의견이 일치했다.

2. 일본국 대표는 일본국 정부가 제3조 제1항 (c) 또는 (d)에 규정된 자를 일본으로부터 강제퇴거시키려는 경우에는 인도적 견지에서 그 자의 가족 구성 및 기타 사정을 고려하겠다는 취지를 표명했다.

이에 대해 제31회 회의(5월 11일)에서 한국 측은 다음과 같은 협정안을 제시했다.

(임시 번역)

일본국에 거주하는 대한민국 국민의 법적지위 및 대우에 관한 대한민국과 일본국 간의 협정(안)

1965. 5. 11.

대한민국과 일본국은 다년간 일본국에 거주하고 있는 대한민국 국민이 일본국과 특수 관계를 갖게 된 것을 고려하여, 그들과 그들의 자손에게 일본국에 체류하는 제3국 국민과 다른 대우를 부여하고 안정된 생활을 영위할 수 있도록 하는 것이 양국 간 및 양국민 간 우호관계 증진에 기여한다는 것을 인정하고, 다음과 같이 합의했다.

제1조

1. 일본국 정부는 다음에 규정하는 대한민국 국민이 이 협정의 실시를 위해 정하는 절차에 따라 일본국 정부에 영주를 신청하는 경우 그들의 일본국 영주를 허가하기로 한다.

(a) 1945년 종전일 이전부터 계속해서 일본국에 거주하는 자

(b) (a)의 직계비속으로 1945년 종전일 이튿날 이후 이 협정의 효력 발생일로부터 5년이 경과하는 날까지 일본국에서 출생해 계속해서 일본국에 거주하는 자

(c) (a) 또는 (b)의 자식으로 이 협정의 효력 발생일로부터 5년이 경과한 날 이후에 일본국에서 출생하는 자

2. 본 조 제1항이 정하는 자의 영주 신청기간은 다음과 같이 정한다.

(a) 본 조 제1항의 규정 (a)와 (b)가 정하는 자는 이 협정의 효력 발생일로부터 5년 이내에 일본국 정부에 영주를 신청하여야 한다.

(b) 본 조 제1항 (b)가 정하는 자로 이 협정의 효력 발생일로부터 4년 9개월을 경과하는 날 이후에 출생하는 자에 대해서는 본 항 (a)의 규정에도 불구하고 영주 신청기간을 그 출생일로부터 3개월 이내로 한다.

(c) 본 조 제1항 (c)에 규정된 자의 영주 신청기간은 출생일로부터 3개월 이내로 한다.

3. 본 조 제항이 정하는 영주 신청 또는 그 허가에 있어서는 어떠한 명목의 수수료도 부과되지 않는다.

4. 일본국 정부는 본 조 제1항의 규정에 의해 영주를 허가받은 자의 직계비속으로 일본국에서 출생한 자의 거주에 관해서는 대한민국 정부의 요청이 있을 경우 이 협정의 효력 발생일로부터 25년이 경과할 때까지 협의한다. 이 협의에서는 본 협정의 기초가 되고 있는 정신과 목적을 존중하기로 한다.

제2조

제1조의 규정에 의해 일본국에서의 영주를 허가받은 자는 이 협정의 효력 발생일 이후의 행위에 의해 다음 정하는 사유 중 하나에 해당하는 자가 되는 경우를 제외하고는 일본국으로부터 강제퇴거당하지 않는다.

(a) 일본국에서 내란에 관한 죄 또는 외환에 관한 죄를 범해 금고 이상의 형에 처해진 자(집행유예 선고를 받은 자 및 내란에 부화수행해 형에 처해진 자는 제외)

(b) 일본국에서 국교에 관한 죄를 범해 금고 이상의 형에 처해진 자 또는 외국 원수, 외교사절 혹은 그 공관에 대한 범죄행위로 금고 이상의 형에 처해져 일본국에 외교상의 중대한 이익을 해친 자

(c) 영리를 목적으로 마약류 단속에 관한 일본국의 법령을 위반하여 무기 또는 3년 이상의 징역 또는 금고에 처해진 자(집행유예 선고를 받은 자는 제외) 또는 마약류 단속에 관한 일본국의 법령을 위반하여 이 협정의 효력 발생일 이후 3회(다만, 이 협정의 효력 발생일 이전에 3회 이상 형에 처해진 자에 대해서는 2회) 이상 형에 처해진 자

(d) 일본국의 법령을 위반하여 무기 또는 7년 이상의 징역 또는 금고에 처해진 자

제3조

1. 제1조의 규정에 의해 일본국에서의 영주를 허가받은 자는 일본국 정부로부터 어떠한 경우에도, 어느 제3국의 국민에게 부여되는 대우보다 호의적인 대우를 받는다.

2. 제1조의 규정에 의해 일본국에서의 영주가 허가된 자는 일본국에서 교육, 생활보호 및 국민건강보험 등에 관한 사항에 대해 일본국 정부는 타당하게 고려한다.

3. 제1조의 규정에 의해 일본에서의 영주가 허가된 자(영주 허가의 신청기간 중에는 영주를 신청할 자격이 있는 자를 포함한다)로 일본국에 영주할 의사를 포기하고 대한민국에 귀국하는 자가 귀국할 때에 휴대하는 재산과 그 자가 일본국에서 소유한 자금의 대한민국에의 송금에 관한 사항에 대해 일본국 정부는 타당하게 고려한다.

제4조

이 협정은 비준되어야 한다.

비준서는 가능한 한 조속히 [ ]으로 교환하기로 한다. 이 협정은 비준서가 교환된 날부터 30일이 경과한 날부터 효력이 발생한다.

이상의 증거로 정당한 위임을 받은 아래 대표자는 이 협정에 서명했다.

196[ ]년 [ ]월 [ ]일 [ ]에서 동일하게 정본인 한국어, 일본어 및 영어로 본서 2통을 작성했다. 해석에 차이가 있는 경우는 영어 정본에 따른다.

일본국에 거주하는 대한민국 국민의 법적지위 및 대우에 관한
대한민국과 일본국 간의 협정에 대한 합의의사록(안)

대한민국 정부 대표 및 일본국 정부 대표는 오늘 서명된 일본국에 거주하는 대한민국 국민의 법적지위 및 대우에 관한 대한민국과 일본국 간의 교섭 과정에서 도달한 다음의 양해를 기록한다.

제1조에 관해

1. 제1조 제2항 (a)와 (b)에서 말하는 "계속해서 일본에 거주하는 자"는 일본국에 생활 기반을 갖고

있는 자를 말한다.

2. 제1조 (b)에서 말하는 "(a)의 직계비속" 또는 (c)에서 말하는 "(a의 자식)"에는 1945년 종전일 이전부터 계속해서 일본국에 거주하고 있던 자로 영주 신청 시 이전에 사망 또는 실종된 자의 직계비속 또는 자식을 포함한다.

3. 일본국 정부는 제1조 제2항의 (b) 및 (c)에 규정된 자로서 일본국 이외의 지역에서 출생한 자가 제1조 제2항의 규정에 의해 일본국에서 영주를 신청하는 경우 그 자의 출생 당시의 사정 등을 감안하여 이를 허용하기로 한다.

4. 대한민국 정부는 제1조의 규정에 의해 영주 신청을 하는 자 가운데 국적이 불분명한 자에 한하여 그 국적이 증명되도록 협력한다.

제2조에 관해

1. 제2조의 규정은 영주권 신청기간 중에는 제1조의 규정에 의해 영주를 신청한 자 또는 영주를 신청할 자격 및 의사를 가진 자에게도 적용하기로 한다.

2. 제2조 제1항 (b)에서 말하는 "그 공관"이란 소유자 여하를 불문하고 대사관 또는 공사관으로 사용되는 건물 또는 그 일부 및 이에 부속되는 토지[외교사절단의 장(長)이 주거하는 곳을 포함한다]를 일컫는다.

3. 일본국 정부는 제2조에 규정된 사유에 해당하는 자라는 이유로 일본국으로부터 강제퇴거시키려할 경우 그 자의 가족 구성을 감안해 인도적으로 고려한다.

제3조에 관해

1. 제3조 제2항에 관해

(a) 제1조의 규정에 의해 일본국 영주가 허가된 자는 일본 국민과 동등하게 일본국의 의무교육을 받을 수 있고, 상급학교에 진학할 경우 일본 국민과 균등한 기회를 부여받는다.

(b) 제1조의 규정에 의해 일본국 영주가 허가된 자는 생활보호에 관한 일본국 법령의 적용을 일본 국민과 동등하게 당분간 계속해서 받을 수 있다.

(c) 일본국 정부는 제1조의 규정에 의해 일본국 영주가 허가된 자에 대해 국민건강보험에 관한 일본국 법령이 일본 국민과 동등하게 적용되도록 필요한 조치를 취하기로 한다.

2. 제3조 제3항에 관해

(재산 반출 및 자금 송금에 관한 사항은 추후에 규정함)

협정의 실시와 관련,

협정의 원활한 실시를 위해 필요한 사항에 관한 양국 정부 간의 협의기관으로서 공동위원회를 설치하기로 한다. 공동위원회의 구성, 협의 절차 등 위원회의 운영에 필요한 사항은 별도로 정하기로 한다.

교환서한(1)

한국 측 서한(안)

저는 일본국에 거주하는 대한민국 국민의 법적지위 및 대우에 관한 대한민국과 일본국 간의 협정에 서명하면서 대한민국 정부를 대신해 각하께 다음과 같이 제안하는 영광을 누립니다.

1. 일본국 정부는 1945년 종전일 이튿날 이후에 일본국에 입국, 일본국 정부로부터 체류 허가를 받은 대한민국 국민 가운데 일본국에 상당 기간 거주한 자에 대해서는 일본국의 법령에 의한 영주를 허가하기로 한다.

2. 일본국 정부는 제1항에 규정된 자 가운데 일본국에서의 거주 기간이 상당 기간에 미달하는 자에 대해서는 앞으로도 일본국에 계속해서 체류할 수 있는 자격을 인정하기로 한다.

3. 일본국 정부는 협정 제1조의 규정에 의해 일본국에서의 영주가 허가된 자와 그 직계비속 또는 배우자로서 일본국 이외의 지역에 거주하는 자가 일본국에서 재회해 거주할 수 있도록 인도적인 조치를 취하기로 한다.

저는 각하가 일본국 정부를 대신해 이 제안에 동의해주시길 바랍니다.

저는 이와 함께 각하께 경의를 표합니다.

일본 측 서한(안)

저는 1965년 [　]월 [　]일 자의 각하의 다음과 같은 서한을 수령했음을 확인하는 영광을 누립니다.

(한국 측 서한)

저는 전기한 서한에 언급된 각하의 제안에 대해 일본국 정부를 대신해 동의하는 영광을 누립니다.

저는 이와 함께 각하께 경의를 표합니다.

교환서한(2) (비공개)

한국 측 서한(안)

저는 오늘 서명된 일본국에 거주하는 대한민국 국민의 법적지위 및 대우에 관한 대한민국과 일본국 간의 협정과 관련해 대한민국 정부는 이 협정 제2조에 규정된 사유에 해당하는 자로서 퇴거 명령조치를 받은 자의 인수와 관련, 일본국 정부의 요청에 따라 협력할 것임을 대한민국 정부를 대신하여 각하께 통보하는 영광을 누립니다.

저는 이와 함께 각하께 경의를 표합니다.

일본 측 서한(안)

저는 오늘 각하의 다음과 같은 서한을 수령했음을 확인하는 영광을 누립니다.

(한국 측 서한)

저는 전기한 서한에서 진술된 바를 기록해두는 영광을 누립니다.

저는 이와 함께 각하께 경의를 표합니다.

이후 일본 측은 제33회 회의(5월 18일)에서 협정의 제목, 전문, 제3조(강제퇴거)에 관한 수정안을 제시하고, 제36회 회의(5월 28일)에서는 추가로 협정 제1조, 제2조, 협정 제1조에 관한 부속 문서에 규정되어야 할 사항에 대한 수정안을 제시해 한국 측과 논의를 계속했다.

(2) 김동조 대사가 제기한 다섯 가지 문제점에 대한 토의

6월 1일(제37회) 한국 측은 김동조 대사로부터 쌍방이 대립하는 다음과 같은 점에 대해 재검토하라는 지시가 있었다고 전제한 뒤, ① "계속해서 거주하는 자"(일본 측 안 제1조)의 정의 문제, ② 국적증명서의 첨부(일본 측 안 제1조) 문제, ③ 재협상 조항과 관련되는 "협의할 용의가 있다"(일본 측 안 제2조)는 문장에서 "용의가 있다"를 삭제하는 문제, ④ "협정 영주자로 강제퇴거 명령을 받은 자의 인수 조항"(일본 측 안 제3조) 문제, ⑤ 이산가족, 전후 입국자 등의 문제를 제기했다.

6월 3일 조약국은 다섯 가지 점에 대해 쌍방의 주장을 다음과 같이 정리했다.

한국이 제기한 주요 문제점	쌍방의 주장	
	한국 측	일본 측
① "계속해서 거주하는 자"의 정의에 대해 (일본 측 안 제1조)	전시 중의 징용, 전후 혼란기의 일시 귀국 등에 의한 재일 한국인의 일시 출국을 인정하기로 하고, 이를 "생활의 본거지"로 해석해야 한다.	"계속해서 일본국에 거주"라는 명분이 필요하다. 다만, 정식으로 재입국 절차에 따른 일시 출국자는 상관없다.
② '국적 증명'에 대해 (일본 측 안 제1조)	여권, 재외한국인등록증은 물론, 본인의 국적 주장 그 자체만으로도 원칙적으로는 충분하다. 불분명한 때에만 한국 측이 협력하는 일이 있을 수 있다.	본인 스스로 증명 문서를 제시하는 것이 원칙이다. 본인이 할 수 없을 경우에 한해 한국 정부에 조회해 이를 동 정부가 증명한다.
③ "용의가 있다"는 구절과 관련해 (일본 측 안 제1조)	삭제	존치
④ '협정 영주자로 강제퇴거명령을 받은 자의 인수 조항'에 대해 (일본 측 안 제3조)	비공개 서한 (일본 측이 이를 협정 본문에서 제외하는 데 동의하면, 공개되는 합의의사록으로 하는 것도 가능)	협정 본문
⑤ '이산가족'에 대해	영주자의 직계비속 및 비족(卑族)을 불러들이는 것을 인정해야 한다.	협정 밖의 문제이다.

담당자의 기술 등에 따르면 상기에 지적된 다섯 가지 문제는 다음과 같다.

① 계속해서 거주하고 있는 자의 범위

다쓰미 노부오(辰巳信夫) 법무성 입국관리국 참사관은 「재일한국인의 법적지위 협정 및 출입국관리 특별법에 대해」에서 다음과 같이 말했다.

협정 제1조 제1항 (a)의 "계속해서 일본국에 거주하고 있는 자"와 관련해 일본 측은 영해(領海)에서 한 발자국, 1초라도 나온 경우에는 "계속해서"가 아니라고 해석한 반면, 한국 측은 생활의 본거지가 일본에 있는 한 계속해서 거주하고 있다고 해석하는 것이 합리적이라고 주장했다.

1952년 외무성 법률 제126호(포츠담 선언의 수락과 동반된 명령에 관한 건에 기초한 외무성 관계 제명령의 조치에 관한 법률)가 성립, 그 제2조 제6항에 있는 "1945년 9월 2일 이전부터 이 법률 시행일까지 계속해서 본방(本邦)에 재류하는 자"라는 문장에서 "계속해서"는 일본의 영해에서 한 발자국, 1초라도 나와선 안 된다는 의미라는 해석이 법률 시행 시부터 14~15년간 엄연히 존재해왔고, 그것이 입국 관리 행정의 기초였다.

교섭 과정에서 일본 측이 "'생활의 본거지가 일본에 있다'라는 한국 측 주장을 받아들일 수 없다"고 말하자, 한국 측은 "이런 종류의 사람도 계속해서 거주하고 있는 자로 간주해줄 수 없는가"라면서 4월 21일 수석대표 회담에서 약 스무 종류의 사람들을 제시했다.

이 스무 종류에 대해서는 이경호(李坰鎬) 대표가 서류가 아닌 구두로 전달했지만, 다음과 같은 경우가 제기되었다고 기록되어 있다.

(가) 1945년 9월 2일부터 평화조약 발효 시까지 출입국관리권을 갖고 있던 연합군최고사령관의 재입국 허가를 받아 출입한 자(이에 대해 일본 측은 당연히 인정한다고 말했다)

(나) 복원(復員) 군인

(다) 전범으로 스가모(巣鴨)[112] 등에 수용되었다가 석방된 자

(라) 사할린(樺太) 등으로부터 철수한 자

(마) 만주 등으로부터 종전 후 일본인 남편과 함께 일본에 돌아온 한국인 아내

(바) 일본 선원법에 따라 선원수첩을 가지고 왕래하던 중에 평화조약 발효에 의해 소지하던 선원수첩

---

112) 스가모 구치소(교도소). 특히 제2차 세계대전 후 GHQ에 의해 접수되어 극동국제군사재판의 피고인들인 전쟁범죄자들이 수용되었다. 판결 이후에는 도조 히데키 등 7명의 전범에 대한 사형이 집행된 것으로 알려져 있다. 대일 강화조약 발효 시점에 스가모 교도소에는 927명의 전범이 구금되어 있었는데, 그중 조선인 29명과 대만인 1명이 포함되어 있었다.

이 무효가 된 자

    (사) 협정 영주를 취득한 한국인의 아내가 된 일본인으로 일본 국적으로부터 이탈한 자

    (아) 전전부터 계속해서 일본에 있던 부모가 북한에 귀환한 뒤 일본에 남아 있는 자식

    (자) 한국전쟁 때 한국에 간 의용군

이들에 대해 사례별로 처리할 수밖에 없는 경우도 있으리라는 점을 감안하면 일일이 결정하는 것이 매우 어렵기 때문에 결국 양측이 논의한 후 후 합의의사록 제1조 관련 2항 및 토의 기록의 일본 측 발언 (a) 두 가지 선에서 처리키로 한 것이다.

한 가지는 합의의사록 제1조와 관련해, [   ]의 제2항에서 "동 조 제1항 (b)의 적용상 '(a)에 해당하는 자'에게는 1945년 8월 15일 이전부터 사망 때까지 계속해서 일본국에 거주한 대한민국 국민을 포함하기로 한다"고 되어 있다. 이는 전전부터 계속해서 거주하고 있던 사람이 일본에서 사망한 경우 그 자식에게 영주 자격이 없다고 하기에는 가혹하므로 부모가 신청 시까지 살아있는 것으로 간주하는 것이다. 이것은 사망 시까지이므로 북조선 귀환 등으로 인해 일단 일본으로부터 출국한 자는 포함되지 않다는 것을 이면적으로 말하고 있다.

복원(復員) 군인, 사할린 귀환 같은 두 가지 문제에 대해서는 토의 기록에서의 일본 측 대표의 발언 (a)에서 규정했다. 즉, "일본국 정부는 협정 제1조 제1항 (a)의 적용에 있어서는 병역 또는 징용에 의해 일본국으로부터 벗어날 때부터 복원 계획에 따라 귀환할 때까지 일본국에 계속해서 거주하고 있던 것으로 취급할 방침이다"라고 밝혀 이것밖에 인정하지 않는다. 여기서 "일본국으로부터 벗어날 때부터"라고 말하고 있는 그 일본국이란 4개의 섬으로 구성된 일본 내지(內地)이다.

② 국적증명서의 첨부

법적지위 문제를 담당한 쓰루타 다케시(鶴田剛) 북동아시아과 수석사무관은 「재일한국인의 법적지위에 관한 교섭에 대한 소감」에서 다음과 같이 말하고 있다.

일한교섭 자체를 두고 사회당을 중심으로 한 야당이 국회에서 매우 심하게 공격했다. 외무성은 한국 정부의 유효한 지배와 관할이 미치고 있는 것은 남반부에 한정된다고 간주하고, 재일조선인에 대해서도 그 전부가 대한민국 국민이라는 취지의 규정을 협정에 넣는 일은 절대 받아들일 수 없다는 것을 법적지위 문제 처리의 기본 태도로 삼았다.

한국 측은 마지막 단계에서 국적증명서의 첨부를 넣지 말아달라고 말해왔다. 법적지위 협정이 성립했는데도 재일조선인의 절반 이상, 즉 30만 명 이상이 동 협정에 따라 대한민국 국민으로서 영주권 신청을 하지 않는다면 한국 정부의 위신이 서지 않을 테고, 또 가능한 한 영주권을 신청하는 사람의 수를 늘려 민단계 세력을 조장(助長)하고 총련계 세력을 약화하려는 의도였다. 따라서 마지막 단계에서 한국 측은 가급적 신청 절차를 간소화해 영주를 신청하기 쉽도록 해야겠다고 생각하게 되었다. 그러나 일본 측은 국적증명서 첨부 원칙이 어떻게든 관철되지 않으면 협정의 국회 통과가 불안하게 된다는 판단하에 마지막까지 이를 양보하지 않았다.

그러나 한국 측이 "가능한 한 신청자에게 부담을 주지 않도록 해달라"라고 한 주장을 감안해 일본 측이 원칙을 관철하면서도 한국 측 주장까지 수용한 결과 타협한 것이 결국 조인된 협정 부속의 합의의사록 '제1조에 관해' 제1항이다. 즉, 여기에는 여권 혹은 이를 대체하는 증명서의 제시를 원칙으로 하면서도 그 뒤에 "또는 대한민국 국적을 갖고 있다는 취지의 진술서를 제출해야 한다"고 규정하고 있다. 이를 반영해 한국 정부는 일본 정부가 국적에 관해 "문서로 조회한 경우에는 서면으로 답변하기로 한다"고 말했다. 국적증명서가 없는 자에 대해 일본 측이 대한민국 국민인지 여부를 한국 정부에 조회하면 한국 측은 문서를 통해 그것을 답변하는 형태가 된 것이다.

합의문서상으로는 이것뿐이지만, 실제로 당시 논의에서 일본 측은 영주권 신청 시 재일한국인은 어차피 여권을 거의 갖고 있지 않을 테고 국적증명서도 제시하지 않을 것이므로 신청자 목록을 작성해 한국대사관에 잇달아 회부한다, 한국 측은 그 목록에 이들이 한국인이라고 쓰고 도장을 찍어 돌려주면 된다는 것으로, 일본 측의 원칙을 관철하면서도 한국 측이 희망한 국적증명서 절차 간소화를 잘 조화시킨 결과이다.

③ "용의가 있다"는 구절과 관련해

후지사키 조약국장은 「일한 제 조약으로 결착을 보지 못하고 있는 두 문제에 대해」에서 다음과 같이 말했다.

3월 27일 (토) 오후 중의원 외무위원회 회의에 참석했는데, 그 회의장에 조약과의 구마타니(熊谷) 사무관이 "한국 측이 협의 조항 부분에서 '경과할 때까지는 협의할 용의가 있다'고 된 것을 '……까지 협의를 진행한다'로 고쳐주길 바란다고 말했다"고 전해왔는데, 즉시 거절하도록 지시하고, 나중에 외상에게 보고한 우시로쿠 아시아국장에게도 이를 이야기해 양해를 얻었다.

(주: 거절하는 과정에서는 이미 각의 결정이 취해졌으므로 불가하다는 이유를 들게 했다.)

한국 측은 "경과할 때까지는"이라는 구절에 대해서는 비교적 분명하게 포기했지만, "용의가 있다"는 부분은 협상 마지막까지 몇 번이나 "동의한다"로 해달라고 버텼다. 왜 그렇게 이 말에 집착했는지, 일본 정부가 잘난 척하며 들어줄 것으로 생각했는지, 이걸로는 확실한 약속이 되지 않는다고 생각했는지 이 부분은 알지 못한다. 담당인 오와다 와타루(大和田渉) 참사관이 한국 측으로부터 재촉당하고 있다는 이야기는 간혹 듣고 있었지만, "뭐, 끝까지 양보하지 말고 잡아두자"라고 말해왔다. 서명도 다가왔으므로 뭔가 거래수단으로 삼아 양보해주었다. 서명 후 이경호 법무국장은 농담으로 "그 점으로 인해 난처했습니다. 기념으로 다른 곳에 한국 정부 측에 용의가 있다는 것을 넣게 되었어요"라고 말했다.

이 "용의가 있다"는 부분은 마지막에 양보해서 "하는 것에 동의한다"로 되었다. 한국 측이 기념으로 넣었다는 것은 토의 기록의 마지막에 "한국 정부는 …… 검토할 용의가 있다"는 부분이라고 생각된다.

④ '협정 영주자로 강제퇴거 명령을 받은 자의 인수 조항'에 대해

결국 일본 측은 협정 본문에서 이 사항을 끌어내려 합의의사록 제3조와 관련되는 제3항에 넣었다. 또 전기한 다쓰미 참사관의 기술은 "한국은 이만큼의 조항으로 해달라고 했지만, 일본 측이 강력하게 주장해 협정 성립 후에는 협정 영주자 이외에 일반 강제퇴거 해당자의 인수에 대해서도 협력한다는 것을 토의 기록에서 한국 측 대표 (a)에 써넣었다"고 적고 있다.

⑤ 전후 입국자

4월 3일 발표된 공동코뮤니케 중에 한국 측의 일방적 요망사항으로서 기록되었지만, 그 후 4월 13일 제12회 수석대표 회담에서 "전후 입국자와 이산가족 문제에 대해서는 민단을 납득시킬 만한 내용이 있는 결정을 해달라", "전후에 귀국했지만, 생활이 되지 않아 다시 일본으로 돌아와 외국인 등록에서 누락된, 안타까운 경우를 구제해주길 바란다"는 요망이 있었다. 이어 5월 11일에 제시된 한국 측 안은 교환공문에서 전후 입국자로 체류 허가를 받은 자로서 상당 기간 일본에 거주한 자에게 영주를 허가하도록 규정했다. 이에 대해 5월 12일 우시바 심의관 주재하에 우시로쿠 아시아국장, 야기 입국관리국장, 니야 민사국장이 참여한 가운데 입국관리국이 기안한 「전후 입국자와 이산가족의 취급에 관한 문제」를 논의하고 이 문제에 대한 태도를 다음과 같이 결정했다.

한국 측 제안과 관련해 전후 입국자의 영주 허가 및 협정 영주자의 해외 가족에 대한 입국 및 체류 허가 건에 대해서는 그 사안으로 볼 때 가조인에서 합의된 사항의 범위를 벗어난 것인 데다 국가가 임의로 행사할 수 있는 권능에 속하는 것임에 비추어 향후 교섭에서는 협정 본문 내지 합의의사록에서 협정하는 것은 물론, 교환 문서 등에 의해 협정하는 것도 거부하기로 한다. 다만, 한국 측이 민단과의 관계 때문에 끝까지 본 제안을 철회할 수 없고 이로 인해 이 점에 대해 어떤 해결책을 찾을 수 없어 협정 전체의 파국을 부르는 사태가 유발될 우려가 있는 경우에는 최종 단계의 정치협상에서 법무대신(또는 외무대신) 담화의 형식으로 "종전 이후 평화조약 발효 시기까지 입국해 재류를 허가받아 현재까지 계속해서 체류하고 있는 한국인에 대해서는 그 자의 종래의 재류 상황에 따라 협정 발효 후에도 계속해서 안정된 생활을 보낼 수 있도록, 그 재류 자격, 재류기간에 대해 적절하게 고려할 용의가 있다. 또 이른바 협정 영주를 허가받은 자의 가족이 동거를 목적으로 한 입국은 그 자의 재류 상황이 양호하고, 또 인도적 견지에서 그 입국이 진실로 어쩔 수 없다고 인정되는 경우에는 적절하게 고려할 생각이다"라는 취지의 일방적 성명을 발표함으로써 해결하고자 한다.

결국, 이 문제는 당시의 방침대로 법무대신의 일방적 성명으로 처리할 수 있었다.

한편, 한국 측은 5월 25일 제35회 회의에서 영주 허가를 신청할 자격이 있는 자가 강제퇴거되는 경우에 협정의 강제퇴거 사유가 아니라 입국관리령 24조로 처리되어서는 곤란하므로 그 간극을 구제하는 무언가 경과 규정을 뒀으면 하는 희망을 피력했다. 이에 대해 일본 측 대표는 제37회 회의(6월 1일)에서 구두로 설명하고, 제38회 회의(6월 4일)에서 다음과 같은 설명자료를 한국 측에 제시했다.

설명자료

(1965년 6월 4일)

본협정 발효 후 재일조선인 일반의 강제퇴거 문제는 본협정에 따라 영주를 허가받은 자를 제외하고, 재일 외국인 일반과 마찬가지로 입국관리령 제24조에 의해 규율되게 되는 바, 해당 강제퇴거 절차가 진행 중인 상황에 해당자에 의해 협정에 따른 영주 허가 신청이 이뤄지고 있는 경우에는(강제퇴거 수속이 진행 중인 자가 본건을 신청하는 것도 막지 않는다) 해당 신청이 유효하다는 것이 판명되면 허가된다는 점을 고려, 전기 강제퇴거에 의한 강제 송환의 실시 여부는 해당 신청의 유효성 여하의 판정을 기다린 후 결정하게 된다.

한편, 신청의 유효성이 부인된 자나 영주 신청을 하지 않는 자 등 협정 영주자가 아닌 것으로 판명된 자에 대해서는 일반 외국인과 마찬가지로 입국관리령의 규정에 따라 강제퇴거 수속을 진행하게 되며, 한국 정부는 일본국의 법령에 따라 강제퇴거 조치를 받고 대한민국에 송환되는 자를 인수해야 한다.

(3) 협정 명칭과 전문(前文)

이상의 문제점을 둘러싼 토의가 진행되어 협정문 가운데 처우 문제를 제외하고 대부분 타결을 본 것은 제40회 회의(6월 15일)에서 일본 측의 새로운 제안에 의해서였다. 여기서 일본 측이 제시한 협정의 명칭('법적지위 및 대우')과 전문 제1조부터 제3조까지의 협정안 가운데 한국 측은 명칭과 전문에 대해 동의하고 제1조, 제3조에 대해서는 조건부로 양해했다. 협정의 명칭과 전문에 대해서는 다음과 같은 논점이 있었다.

협정의 명칭과 관련, 일본 측은 3월 17일 자 및 5월 4일 자 안에서 공히 "법적지위"라고 하지 않고 "일본에 거주하는 대한민국 국민의 대우에 관한 협정"이라고 했다. 그것은 '법적지위'라는 용어는 개념이 매우 넓은 데다, 이 협정의 내용은 '대우'가 가장 적당하다는 이유에서였다. 원래 본 협정의 명칭은 예비회담 초기에는 "재일한인의 국적 및 처우에 관한 일한 협정"안이었는데, 1964년 3월 6일 일본 측이 제시한 협정안은 "일본국에 체류하는 특정한 대한민국 국민의 법적지위에 관한 협정"으로 되어 있었다.

한국 측은 종래에 '법률상 지위'로 표현하고 있던 것을 '대우'로 변경한 것과 관련해 한국 국민에게 한국 측이 매우 양보했다는 인상을 줄 수 있는 데다, 수십만 국민의 운명을 일본 측에 맡기는 만큼 '법적지위'라고 해달라고 계속해서 주장했다. 일본 측도 결국 6월 15일 수정안에 '법적지위 및 대우'로 수정했고, 한국 측도 이를 수락했다.

또한 협정 전문에서 한국 측은 "일본국에 거주하게 된 역사적 배경의 특수성을 고려하여"(3월 4일 자 안), "일본국과 특수 관계를 갖게 된 것을 고려하여"(5월 11일 자 안)라고 적고 있었다. 그러나 '특수성'은 '특수 부락'이라는 인상을 주므로 정치적으로도 바람직하지 않다고 판단, 일본 측은 '밀접한 관계'라고 말했다. 그러나 한국 측의 강한 주장으로 마지막에는 "일본국 사회와 특별한 관계를 갖게 된"이라고 변경했다. 또 일본 측 안의 "일본국 사회질서하에서"라는 말에 대해 니야 민사국장은 "일본이 재일한국인을 일반 외국인과 다르게 대우하는 만큼, 준법정신을 지켜주지 않으면 곤란하다. 전문이 구체적인 권리와 의무를 발생하게 하는 것은 아니더라도 2조의 규정을 보면 '이 협정의 기초가 되고 있는 정신과 목적'이라고 되어 있다. 다른 한편으로 '특별한 관계'를 말하고자 한다면, 한편으로 '사회질서하에서'라는 구절은 도저히 양보할 수 없다"고 말해 그 주장을 관철했다.

(4) 처우 문제에 관한 토의

5월 11일 한국 측이 제시한 협정안은 영주를 허가받은 자의 경우 의무교육을 일본 국민과 동등하게 받고, 상급학교 진학에서도 일본 국민과 균등한 기회가 부여되며, 생활보호는 당분간 일본 국민과 동등하게 받을 뿐만 아니라, 국민건강보험은 일본 국민과 동등하게 적용되도록 조치할 것을 명시했다.

이 점에 대한 논의가 진행되었다. 교육과 관련, 6월 9일 문부성은 "영주를 허가받은 자가 일본의 공공 소학교 또는 중학교에 입학하기를 희망하는 경우에는 그 입학이 인정되도록 필요한 조치를 취하고, 일본의 중학교를 졸업한 경우에는 일본국의 법령에 따라 상급학교 입학 자격을 인정한다"는 취지의 안을 내놓았다. 또 국민건강보험과 관련해 6월 9일 후생성은 시정촌(市町村) 및 특별구에 대해 실행 가능한 한 필요한 조치를 취하도록 권장한다는 안을 내놓았다. 이렇게 대장성, 문부성, 후생성의 안을 담아 처우 일반, 교육, 생활보호, 귀환 시 휴대 가능한 재산에 대한 입장을 하나로 정리한 합의의사록 안이 정해졌다.

6월 15일 이후 회의장을 힐튼호텔로 옮겨 6월 18일까지 처우 문제에 대해 문부성, 후생성, 대장성이 통상관계별로 토의를 연일 진행했다. 6월 15일에는 교육 관련 사항에 대해 합의를 보았다. 이어 16일과 17일 귀환 시 갖고 갈 수 있는 재산, 송금 문제에 대해 토의했다. 17일 일본 측은 귀국 시에 갖고 돌아갈 수 있는 현금을 1만 달러로 하는 데 동의했다. 이어 일본 측은 18일에는 국민건강보험 문제와 관련해 일률적 적용에 동의한다고 회답했다. 생활보호와 귀환 시 휴대 가능한 금액 문제와 관련해 다쓰미 참사관은 다음과 같이 기술했다.

합의의사록 제4조와 관련된 제2항의 생활보호는 후생성이 열심히 노력해서 '당분간'이라는 단어를 집어넣었다. 또 토의 기록에서 한국 측 대표 (c)는 "한국 정부는 일본국에 거주하는 한국민의 생활을 안정시키고, 또 빈곤층을 구제하기 위해 일본국 정부의 요청에 따라 가능한 한 동 정부에 협력하기 위한 조치를 동 정부와 함께 검토할 용의가 있다"고 말해 자국민의 생활이 곤란해질 경우 제1차적인 책임은 본국에 있음을 천명하도록 했다. 이처럼 재일한국민의 생활 안정, 빈곤층 구제는 한국이 책임을 진다고 밝힌 것은 후생성〔당시 대신은 스즈키 젠코(鈴木善幸) 씨〕이 노력한 결과이다. 일본 측은 국민건강보험은 싫다고 말해왔지만 도망갈 수 없었기 때문에 생활보호로써 한방에 답하고자 했다. 이경호 씨는 토의 기록에서 한국 측 대표 (c)를 쓰는 것을 피하려 했지만 일본 측은 "그런 비겁한 짓은 허용할 수 없다"고 주장해 집어넣게 했다.

합의의사록 제4조와 관련된 4항 (ii)의 귀국 시 1만 달러까지 갖고 갈 수 있다는 조항은 **[원문 20여 자 미공개]** 당시 대장성 대신의 고시(告示)로 일본에 영주하고 있는 외국인이 영주 귀국하는 경우 갖고 갈 수 있는 금액을 5,000달러까지로 정해놓았는데, 한국 측은 한국인의 경우 1만 달러로 할 것을 요구한 것이다. **[원문 50여 자 미공개]** 한국에 대해 "일본은 외화 사정이 좋지 않기 때문에 5,000달러가 한계이다. 그러나 다름 아닌 한국이므로 1만 달러로 하자"라고 말해 합의의사록에 넣었다. 국회 비준이 끝난 지 얼마 후 다른 외국인도 1만 달러가 되었다. 따라서 협정 영주 제1호가 나온 무렵에는 영주 외국인의 귀국 시 휴대 가능한 금액은 모두 1만 달러까지가 된 셈이다.

18일 밤 문안 수정을 위한 막판 조율이 진행되었다. 일한 양국이 협정안 전체에 대해 타결을 본 것은 19일 오후 3시였다.

5. 문화재 문제

(1) 인도 문화재 품목에 관한 관계 관청 간 협의

문화재의 경우에는 인도할 문화재 품목에 대한 교섭과, 협정 및 기타 조문화 교섭으로 나눌 수 있다

전자와 관련, 한국 측은 제1차 회담 이래 반환을 요구하는 품목을 제시했고, 제6차 회담에서는 1962년 2월 28일 「반환 청구 한국 문화재 목록」을 재차 제시하고 이와 관련해 역사 전문가가 직접 설명에 나섰다. 이에 대해 일본 측은 "문화 교류의 일환으로, 일정 정도의 국유 문화재를 기증하겠다"는 의사를 표명한 후 1962년 12월 26일 예비교섭 제21회 회의에서 「일한 간의 문화적 협력에 관한 의정서 요강안」을 제시하였다. 이 요강안은 "이 의정서가 발효된 후 가능한 한 조속히 부속서에 열거된 일본국 정부 소유의 문화재를 대한민국 정부에 기증하기로 한다"고 밝히고 있었으나, 구체적으로 어떤 품목을 넘기겠다는 의사 표시는 전혀 하지 않고 있었다.

같은 해 12월 24일 자로 북동아시아과는 「한국 문화재의 현황 등에 관한 조서」를 작성, 출토 지역으로 남북한을 구분하고, 국유인지 민유인지로 나눠 현황 등에 대한 조사 결과를 정리했다.

한편, 한국 측의 요청 품목에 대해서는 1963년 7월 12일 자로 우정대신 관방장(官房長)이 외무대신 관방장에게 보낸 공신(公信)을 통해 체신 관련 문화재(체신박물관 소장)를 한국 측에 증여하기로 원칙적인 동의를 표시했다. 또 한국 측이 요구하는 궁내청 서릉부(書陵部) 소장 통감부 장서 11부 90책과 소네 아라스케(曽禰荒助) 헌상본 152부 762책에 대해서는 1964년 3월 11일 니시하

라(西原) 궁내청 서릉부장은 방문한 하리가이 마사유키(針谷正之) 문화사업부장에게 구두로 **[원문 약 3행 미공개]**또 기증 서적은 외무성 비용으로 마이크로필름을 만든다"고 말했다. 궁내청은 이후 3월 19일 **[원문 약 3행 미공개]**을 불러 동 도서에 대해 학술적 조사를 실시했다.

한국 측이 요구해온 품목 가운데 도쿄 국립박물관이 소장한 것에 대해서는 도쿄 국립박물관이 문화재보호위원회 사무국 앞으로 제출한 명부가 있었는데, 그것은 1963년 6월 문화재보호위원회 사무국의 마쓰시타 다카아키(松下隆章) 미술공예과장으로부터 하리가이 문화사업부장에게 전달됐다.

[이하, 원문 약 8행 미공개]

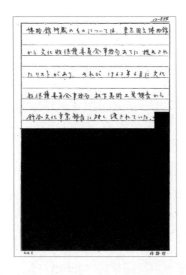

외교문서 원본 36   문화재 문제와 관련해 먹칠이 된 채 공개된 일본 외교문서

이와 함께 「반환 청구 한국 문화재 목록」에 있는 야마구치(山口) 시의 데라우치(寺內) 문고의 서적에 대해서는 1963년 5월 24일 마에다 북동아시아과장이 출장 조사해 그 목록을 입수했다〔이와 관련, 1964년 4월 7일 마에다 북동아시아과장은 상경 중이던 하시모토 마사유키(橋本正之) 야마구치 현 지사와 회담했는데, 하시모토 지사는 그 증여에 최대한 협력하겠다고 답변했다. 이후 외무성은 1965년 4월 5일부터 8일 다가와(田川) 문학박사를 모리타 사무관과 함께 야마구치 현에 출장을 보내 데라우치 문고에 대한 학술 조사를 실시, 「오호(桜圃) 데라우치 문고 조선본 조사 보고」를 작성했다. 한편, 같은 해 3월 25일 와다(和田) 야마구치 현 부지사는 외무성을 내방, 하리가이 문화사업부장과 회담했다. 이때 하리가이 문화사업부장이 데라우치 문고 가운데 현이 보유하는 것

의 일부를 증여하는 데에 대한 협력을 요청했고, 같은 날 밤 하시모토는 이를 허락한다고 전화로 답변했다는 취지가 전해지고 있다].

1963년 7월 23일 외무성은 다음과 같은 인도 품목 1차 시안을 작성했다.

[이하, 원문 이하 3쪽 미공개]

도쿄 국립박물관이 소장한 것에 대한 인도 품목과 관련해 1964년 2월 6일 문화재보호위원회 사무국, 도쿄 박물관, 외무성 측 간에 회의가 열렸다. 이때 외무성은 인도 품목의 제시가 다른 회담의 진행방식과 관련 있다는 사정을 설명한 후 "제출하는 안은 최종안에 가까운 것을 준비하고 그 안이 합리적이라는 점에 대해 정부의 상층부에도 잘 이해시키는 노력이 필요할 것이다. **[이하, 원문 약 9행 미공개]**

이어 문화재보호위원회 사무국 측이 다시 C 안에 대해 설명한 후 "한국 측 청구 목록 중 (1) 조선총독부에 의해 반출된 것 3. 경주 황오리 제16호분 출토품, (2) 총감 및 총독 등에 의해 반출된 것 1. 이토 히로부미의 고려 도자기 103점 중 85점, (3) 일본 국유인 것 1. 경상남북도 소재 분묘 및 기타 유적에서 출토된 것 280점 중 160점 2. 고려시대 분묘 및 기타 유적에서 출토된 것 184점 중 80점, (5) 개인 소유의 것 4. 석조 미술품 (가) 석조 다라보살좌상(多羅菩薩坐像), (나) 사자(獅子), 이와 함께 (1) 1. 양산 부부총 출토품의 경우는 이전에 한국 측에 그 목록을 전달했지만, 고대 고고학 연구를 위해 중요한 자료이며, 한국에 유사한 것이 있으므로 관계자는 절대로 건네주지 않길 바란다"고 부언 설명했다.

1964년 3월 24일 하리가니 문화사업부장이 미야지 시게루(宮地繁) 문화재보호위원회 사무국장을 방문했을 때 미야지 국장은 다음과 같이 말했다.

현지 개최 중인 중요문화재 지정을 위한 연례위원회의 석상에서 [ ]가 1958년 4월에 106점의 문화재를 한국에 인도한 것을 비난했다. 문화재보호위원 중에서도 호소카와(細川), 야시로(矢代) 2명은 문화재를 한국에 증여하는 것에 강하게 반대하고 있으며, 내가(미야지) 일한회담 대표로 발령 난 것도 힐난했다. 예를 들면, 이토 공(公)이 헌상한 고려 도자기 중에서 일본 측이 몇 가지를 선택해 증여하는 방식은 좋지만, 만약 한국 측이 품목을 지정해 그 반환을 요구한다면, 문화재보호위원회로서는 그 청구에 절대로 응할 수 없다. 사견이지만, 한국 측 요구의 초점은 양산 부부총 출토품과 이토 공의 도자기라고 생각된다. 그러나 한국 측이 이를 구체적으로 지정하여 요구하게 된다면, 절대로 응할 수 없다.

1965년 3월 6일 외무성과 문화재보호위원회 사무국, 도쿄 국립박물관, 궁내청과의 연석회의에서는 다음과 같은 인도 품목에 대한 외무성 시안이 제시되었다. 이와 함께 외무성은 한국 측과의 회담 방식을 4회로 끝내기로 하고, 처음에는 인사 및 자유 회담을 하고, 두 번째에서는 일본 측 안을 제시, 세 번째에서 일본 측 안에 대한 한국 측의 수정 희망을 듣고, 마지막 네 번째 회담에서 타결한다는 구상이라고 말했다.

[극비] 일한 문화협력의 일환으로 한국 측에 증여하는 것을 고려해야 할 품목 (외무성 시안)

(도쿄 국립박물관 소장) 1965년 3월 6일

1962년 2월 28일 한국 측이 제출한 「반환 청구 한국 문화재 목록」 가운데 도쿄 국립박물관 소장은 다음의 것을 선정해 증여한다.

(아래 항목번호는 동 목록에 따른다)

(1) 조선총독부에 의해 반출된 것

　1. 경남 양산 부부총 출토품 전체

　3. 경주 황오리 제16호분 출토품 전체

(2) 통감 및 총독 등에 의해 반출된 것

　1. 이토 히로부미의 고려 도자기 약 100점

(3) 일본 국유(國有)의 다음 항목에 속하는 것

　1. 경상남북도 소재 분묘 및 기타 유적에서 출토된 것 대부분

　2. 고려시대 분묘 및 기타 유적에서 출토된 것 대부분

(4)

　4. 석조 미술품

　　(가) 석조 다라보살좌상

　　(나) 사자

부기(附記): 도쿄 박물관 이외에 있는 국유의 고고품

(5) 지정 문화재

금착수렵문양동통(金錯狩猟文様銅筒)(도쿄예술대학)

3월 12일 외무성과 문화재보호위원회 간의 협의에서 문화재보호위원회는 다음의 인도 품목안을 제출했다.

일한 문화협력의 일환으로 한국 측에 증여하는 것을 고려해야 할 품목(안)

－ 도쿄 국립박물관 소장품 －

1965년 3월 12일

문화재보호위원회 사무국

아래 항목번호는 1962년 2월 28일 한국 측이 제출한 「반환 청구 한국 문화재 목록」에 따름.

	점수(点数)	증여 점수
(1)조선총독부에 의해 반출된 것 　1. 경남 양산 부부총 출토품 　2. 경주 노서리 215번지 고분 출토품 　3. 경주 황오리 제16호분 출토품	 3	 3
(2)통감 및 총독 등에 의해 반출된 것 　1. 이토 히로부미의 고려 도자기	 103	 90
(3)일본 국유(國有)의 다음 항목에 속하는 것 　1. 경상남북도 소재 분묘 및 기타 유적에서 출토된 것 　2. 고려시대 분묘 및 기타 유적에서 출토된 것	 279 182	 200 100
(4)석조미술품 　(가)석조 다라보살좌상 　(나)사자	 1 2	 1 2

그날의 기록에 따르면 미야지 문화재보호위원회 사무국장은 다음과 같이 말했다.

　　문화재보호위원회 사무국으로서는 외무성과 줄다리기를 하고 싶지 않았으므로 인도 가능한 최대한의 목록을 내놨다. 목록 가운데 (2)와 (3)의 증여 점수는 두루뭉술한 숫자로 1~2점의 여유가 없는 것은 아니다. 목록은 문화재보호위원회 가와하라 슌사쿠(河原春作) 위원장과 내가 책임을 지는 것으로, 다른 위원에게는 설명하지 않았다. 만약 이 목록 이상을 증여하게 되면 나는 사임할 수밖에 없다.

　　한국 측 요구 품목 가운데 양산 부부총 출토품을 내놓지 않는 이유는 (가) 일본에서의 학술 연구상 이런 종류의 것이 없다, (나) 부부총 출토품 가운데 일본에 온 것은 그 3분의 1이며, 나머지 3분의 2는 한국에 있다. 또 한국에는 이런 종류의 고분 출토품이 많다, (다) 1958년 4월에 한국 측에 양산 부부총 489점의 목록을 전달해버렸지만, 당시 이 목록은 외무성에 전달했을 뿐 문화재보호위원회가 이를 반환할 수 있다고 외무성에 전달한 것이 아니다. 그럼에도 불구하고 외무성이 독자적으로 합점(合点)해서 한국에 건네준 것 같다.

이에 대해 하리가이 문화사업부장은 "당시 관계자에게 물어보니 '인도된 106점 외에는 양산 부부총의 것만 전달한다는 식이 될 것이라는 의미에서 목록을 전달했고, 달리 영향을 미치지 않는다는 취지였다'고 한다. 이번에는 다른 것을 건네주게 됐으므로 사정이 바뀌었다"고 말했다고 한다.

(2) 합의사항 가조인 후의 문화재 토론

1965년 4월 3일 가조인된 「일한 간 청구권 문제 해결 및 경제협력에 관한 합의사항」의 제6항은 "일한 간의 문화재 문제 해결 및 문화협력 증진을 위해 품목 등에 대해 협의한 다음 일본국이 한국에 한국 문화재를 인도한다"고 밝혀 일본 측은 문화재 인도를 거듭 약속했다.

4월 7일 수석대표 제11차 회의에서 김동조 대사는 "문화재위원회는 인도 품목 목록에 대한 검토를 시작해주기 바란다. 문화재 인도는 비준 전에 상당 부분을 건네주길 바란다"고 말했다. 이에 대해 우시바 심의관은 "국유 문화재는 문화협력 협정의 비준이 선행돼야 한다"고 응수했다.

제7차 회담의 문화재위원회는 4월 24일이 되어 처음으로 제1회 회의가 열렸다.

〈일본 측〉 하리가니 문화사업부장, 미야지 문화재보호위원회 사무국장
〈한국 측〉 방희(方熙) 주일 대표부 공사, 이홍직(李弘稙) 고려대 교수, 황수영(黃壽永) 동국대 교수

한국 측은 1962년 2월 28일 제시한 청구 품목에 대해서는 개정 의견을 제출할 의사가 없다는 입장을 표명했다.

제2회 회의(4월 28일)에서 일본 측은 다음 회의에서 인도 문화재 품목안을 제출하겠다고 약속하면서, 문화재 인도 후 한국 측의 전시 보관에 대한 방침을 물었다. 이에 대해 한국 측은 "원칙적으로 고고품은 국립박물관에, 서적은 국립박물관 또는 서울대학교 도서관에 보관한다. 그 전에 일반에 공개하는 전시회를 열고 싶다"고 말했다.

5월 17일 문화재 전문가회의가 〈일본 측〉 히라마(平間) 문화재보호위원회 사무국차장, 마쓰시타(松下) 문화재보호위원회 미술공예과장 〈한국 측〉 이홍직 고려대 교수, 황수영 동국대 교수가 참여한 가운데 열렸다. 이때 일본 측은 인도 문화재 목록과 관련, 동양관(東洋館) 건설 계획도 있으므로 이와 관련해 검토할 필요가 있다고 지적한 후 한국 측이 제출한 도쿄 박물관 소장 목록은 전전(戰前)의 대장을 기초로 했기 때문에 목록을 지금의 명칭으로 고치는 작업을 하고 있다는 등 사정을 설명했다. 한국 측은 인도 품목은 양보다 질을, 기와나 토기보다 금속제품을 희망하며, 또 오구라(小倉)가 소장한 것을 원한다고 말했다. 한국 측은 또한 데라우치 문고의 서적, 야쓰이 세이츠(谷井濟一) 씨의 소장품, 이치다 지로(市田次郎) 씨 소장품, 경주 석굴암의 석불, 석탑, 다보탑의 사자 등에 대한 조사 결과를 요구했다. 5월 21일 김동조 대사는 아이치 기이치(愛知揆一) 문부상과 회견, 일본 측이 한국에 인도할 문화재의 목록을 빨리 제시하도록, 또 그 내용이 한국인에게 실망을 주지 않도록 해달라고 요청했다.

(3) 인도 품목에 대한 일본 측 안 발표

제3회 회의(6월 11일)에서 하리가니 문화사업부장은 문화재 인도에 대해 다음과 같이 발언하고, 아래와 같은 발언 요지 및 인도 품목을 담은 「일한 간 문화협력에 관한 의정서 부속서」를 한국 측에 전달했다.

제7차 일한회담 문화재위원회 제3회 회의에서 하리가니 대표의 발언 요지

1965년 6월 11일

1. 오늘 제출한 인도 품목에 관한 일본 측 안은 한국 측이 1962년 2월 28일 제출한 「한국 측 청구 문화재 목록」 및 동 목록에 대한 한국 측의 설명을 충분히 고려하고, 더욱이 지난번 이동원 외무장관이 일본을 방문했을 때 가조인된 일한 문화재 문제에 관한 합의사항의 취지에 기초해 일본 측 관계기관 간에 신중히 검토한 결과로서, 일본 측이 한국 측의 요청에 응할 수 있는 최대한의 품목을 제시하는 바이다.

이와 관련해 한국 측도 일본 측의 이 같은 성의를 충분히 참작하여 다년간 현안이었던 문화재 문제를 이로써 타결하는 데 동의하기를 희망한다.

2. 일본 측이 한국에 인도를 고려할 수 있는 것은 종래 반복해서 설명했듯이 일본 국유로, 또 대한민국 정부의 시정하에 있는 지역에서 유래한 것에 한한다는 것이 일본 측의 기본 입장임을 한국 측도 잘 알고 있으리라 생각한다. 일본 측은 오늘 일본 측 안을 작성함에 있어서도 이 기본 입장에 입각해 한국 측 목록의 품목을 검토했으며, 또 일한 상호 간의 학술 연구 추진이라는 견지라든지 한국에 현존하는 같은 종류의 품목 등을 고려하고, 더욱이 일한 문화협력 증진이라는 장기적인 관점도 감안하여 고려 도기, 출토품, 석조 미술품, 도서 및 체신과 관련된 각 품목에 대해 각각 한국 측 희망한 바의 과반수를 인도하기로 한 것이다.

3. 일본 측이 인도하는 한국 문화재와 관련해 한국 측이 혹시라도 일본의 국민감정에 악영향을 미칠 우려가 있을 만한 일은 벌이지 않도록 해주길 강력히 희망한다. 한국 측은 일한 문화협력 관계의 발전에 도움이 되도록 적절한 방법으로 보존 및 전시를 하길 기대한다(덧붙여서, 일본 측은 한국과 관련 있는 미술 및 고고학 자료를 현재 국립박물관에 건축 중인 동양관에 보관, 전시할 예정이다). 이상의 점에 대해서는 한국 측과 추가적으로 상의한 후 어떠한 형태로든 문서로써 기록해두고 싶다.

일본 측은 인도 품목으로서 도자기(이토 히로부미의 고려 도자기 103점 중 72점), 고고자료〔1괄(括), 1연(連)을 1점으로 하여 291점〕, 석조 미술품 3점, 도서 163부 852책(통감부 장서 11부 90책, 소네 아라스케 헌상본 152부 762책), 체신 관계 품목 35점에 대해 구체적으로 품명을 제시했다. 고고 자료와 체신 관계 품목으로는 북조선 지역 출토품을 제외하였고, 또 모두 국유의 것이었다.

앞서 일본 측은 4월 28일 한국 측에 다음 번 문화재위원회에서 한국 측 문화재 반환 요구안에 대한 일본 측의 품목안을 제시하겠다고 약속했지만, 그로부터 40여 일이 지나 회담이 끝나는 11일 전에 품목안을 제출했다. 그 무렵 어업 문제는 하코네 회담을 마쳤고, 다른 여러 문제와 함께 조문화를 서두르고 있었다. 말하자면 회담의 마지막 단계를 남긴 시기에 제출된 셈인데, 이와 관련해 우시로쿠 아시아국장은 「일한교섭에 관한 약간의 회상」에서 다음과 같이 말했다.

> 문화재의 경우 인도되는 양이 많을수록 한국 측이 기뻐하는 게 당연했지만, 다른 경제교섭과는 달리 바나나를 싸구려로 파는 것처럼 한 걸음씩 양보하는 방식은 양국 간의 감정상으로도 바람직하지 않았고, 오히려 곰곰이 연구한 후의 목록을 최종안으로 제출함으로써 즉결적으로 이야기를 정리하는 방식이 효과적이라고 생각했기 때문에 **[원문 약 5행 미공개]** 신속하게 논의를 정리할 수 있었던 것은 협상 기술상으로도 효과적이었다고 생각된다.

(4) 한국 측의 불만

한국 측은 이 목록을 갖고 돌아가 검토한 결과, 납득할 수 없다면서 이튿날인 6월 12일 김동조 대사는 우시바 심의관에게, 또 방희 공사, 이홍직 대표는 우시로쿠 아시아국장에게 각각 일본 측의 인도 목록에 대한 불만을 토로하고 항의했다. 김 대사는 ① 양산 부부총 출토품, 경주 노서리 215번지 고분 출토품, 경주 황오리 제16호 고분 출토품, 이토 히로부미가 반출한 고려 도기 전부 외에, ② 오구라 다케노스케(小倉武之助) 씨 소장품, ③ 일본으로 반출된 고전적(古典籍)인 마이크로필름 등의 인도를 요구했다. 김 대사는 이어 주한 일본대사가 임명되어 한국 대통령에게 신임장을 봉정(奉呈)할 때 문화재 인도식 내지 전시회 개막식의 테이프를 끊어달라고 말했다.

방희 공사 및 이홍직 대표는 상기한 김 대사의 요구 사항 외에 평안남도 대동부 대동강면에서 발굴한 출토품과 이치다 지로 및 야쓰이 세이츠 소장품, 석조 미술품, 석굴암 불상 석탑, 다보탑 돌사자, 데라우치 마사타케(寺内正毅) 전적, 서화, 불상도 요구했다. 이들은 또한 "① 조선총독부에 의해 반출된 것, 특히 앞서 일본 측이 인도를 약속한 양산 부부총 출토품을 제외한 것은 문화재 일체를 받을 수 없는 것과 같다. 경상도에서 출토되거나 고려시대 분묘에서 출토된 것은 출토 경위 등이 불명확하고 학술적 가치가 낮다, ② 동양관에 진열한다는 것을 이유로 내세우는 것은 납득되지 않는다, ③ 일본에는 훌륭한 고려 도자기가 많이 남아 있으므로 이토 히로부미의 고려 도기는 모두 돌려주길 원한다, ④ 의정서에 '사유(私有)인 것도 정부가 간섭해 내놓도록 노력한다'는 취지를 기록하고, 그것을 적용하여 목록에 사유(私有)의 것도 넣어달라"고 말했다.

6월 15일 문화재위원회 제4회 회의에서 방 대표는 문화재 문제에 대한 한국 측의 의견을 다음과 같이 말했다.

문화재위원회 제4회 회의에서의 방희 대표의 발언 요지

1. 지난 6월 11일 열린 문화재위원회 제3회 회의에서 일본 측이 인도 품목에 관한 안을 제출한 것은 너무 늦었다는 느낌이 있지만, 다년간의 교섭을 타결 짓는 계기를 만든 것이라고 생각한다.

그러나 일본 측 안에 기재된 인도 품목에 당연히 포함되어야 하고, 또 지금까지 한국 측이 요구해온 주요 품목이 빠져 있는 것은 아주 유감으로 생각하며, 이 점에 대해 일본 측의 재검토를 강력히 희망하는 바이다.

또한 일본 측이 목록에 관해 구체적으로 설명하기로 했지만, 각 품목의 실물을 우리 측 대표는 확인하고 싶다. 따라서 일본 측은 즉시 필요한 조치를 취하기를 희망한다.

2. 일본 측은 인도를 고려할 수 있는 것에 대한 견해를 밝혔지만, 그 견해 가운데 특히 "대한민국 정부의 시정하에 있는 지역에서 유래한 것에 한한다"라는 입장은 뜻밖의 대목이고, 이는 어떠한 경우에도 받아들일 수 없음을 분명히 하고 싶다. 이와 관련, 일본 측이 인도 문화재 품목에 대해 재검토하는 과정에서 이 점을 특히 고려할 것을 강력히 희망하는 바이다.

3. 한국 측은 문화재가 국가 민족의 유산이라는 기본적인 전제하에서 이번 회담의 토의에 임해왔다. 따라서 일본이 인도하는 한국 문화재를 한국 측은 정중하게 취급함은 물론, 적당한 방법으로 보존 및 전시하고 이를 통해 한일 양국 간의 문화관계의 발전에 기여하고 싶다는 생각이다. 한국 측은 이 같은 의향이 충분히 실현되기 위해서라도 일본 측이 인도 품목에 대해 재고하길 촉구하는 것이다. 또 인도 후 한국 내 취급과 관련해 어떤 방식으로든 문서에 기록해두고 싶다는 점에 대해서는 한국 측의 의향이 위에서 언급한 바 그대로이기 때문에 필요하지 않다고 생각한다.

6월 16일 문화재위원회 제5회 회의에서 일본 측은 인도 목록에 대해 설명하면서, 한국에는 있고 일본에는 없는 것을 최소한도로 남겼다는 점, 특히 개관이 임박한 동양관에 한국에서 유래한 우수한 것을 넣은 결과, 이 같은 목록이 됐다고 말했다. 이에 대해 이홍직 대표는 우시로쿠 아시아국장에게 말한 것과 같은 전기의 요구를 반복했는데, 특히 양산 부부총 출토품의 인도, 이토 히로부미의 고려 도자기 가운데 남은 전부의 인도 등을 강조하고, 동양관 설치와 관련시킨 것에 대해 강하게 불만을 토로했다.

(5) 힐튼호텔 협상: 품목의 결정

6월 17일 힐튼호텔에서 철야로(제1회는 18일 오전 0~2시, 제2회는 오전 3~4시, 6시 5분~7시

10분, 오전 7시 50분~8시 10분 네 차례) 문화재 인도 품목에 대한 교섭이 진행되었다. 여기서 한국 측은 강한 요구를 반복했는데, 특히 오전 4시 회의가 중단될 때는 양산 부부총에 대해 매우 감정적으로 집착했다. 일본 측은 우시로쿠 아시아국장이 출석해 새로운 전개를 도모했다. 그 결과 경주 노서리, 황오리 출토품 전부, 이토 히로부미 도자기는 일본 측에 6점을 남긴 후 총 97점을, 경상남북도 소재 분묘 및 기타 유적에서 출토된 것은 6점을 일본 측에 남긴 후 나머지 전부를, 고려시대 분묘 및 기타 유적에서 출토된 것은 4점을 남긴 후 나머지 전부를 한국 측에 건네주게 되었으며, 그 대신에 부부총 출토품은 일본 측에 남게 되었다. 또한 일본 측은 한국 측이 요구했던, 일본이 소장한 한국 전적(典籍)의 마이크로필름을 넘겨주는 것을 고려하겠다는 취지를 전했다.

일본 측 전문위원 마쓰시타 다카아키(松下隆章) 씨〔문화재 감사관(鑑査官)〕는 당시 협상에 대해 다음과 같이 말했다(「힐튼호텔에서의 일한회담 문화재 문제에 대한 교섭 메모」).

처음에 한국 측은 일본 측이 제시한 인도 품목에 대해 다양한 의견을 제시했는데, 그중에도 특히 양산 부부총에서 출토된 일괄 유물이 들어 있지 않은 점을 지적하며 강하게 비난했다. 이에 대해 마쓰시타는 부부총 일괄 유물은 일본에 있는 한국 분묘 출토 가운데 유일한 일괄 유물로, 내용적으로도 우리 일본과 한국의 밀접한 관계를 보여주는 좋은 예이며, 또 한국에는 이를 능가하는 일괄 유물이 많이 있음을 지적한 후 만약 한국 측이 어디까지나 이에 집착한다면 오늘 교섭은 중단할 수밖에 없다는 취지를 피력했다.

동석한 한국 측 방희 대표는 양산 부부총 문제는 일단 뒤로 돌리고 일본 측이 제시한 인도 품목을 중심으로 이야기를 진행하자고 제안하곤 했다. 이홍직, 황수영 두 사람도 부득이 양해했지만, 마쓰시타는 방 공사의 발언 중에 암암리에 일본 측이 다른 품목에서 조금 더 양보한다면 한국 측은 부부총을 단념해도 좋다는 뜻이 있음을 알아챘다.

이 교섭이 끝난 후 마쓰시타는 미야지 문화재보호위원회 사무국장, 히라마 동 차장과 저녁식사를 함께했다. 이때 마쓰시타가 상기한 견해를 미야지 국장에 전했는데, 미야지 국장은 "부부총 일괄 유물을 분할해 인도함으로써 이 교섭을 해결하는 수밖에 없다"는 취지를 밝혔다. 이에 대해 마쓰시타는 거듭 "도쿄 국립박물관은 특히 부부총의 인도는 설령 분할 인도라도 피하고 싶다. 이를 위해 다른 분야에서 약간 양보하는 것은 어쩔 수 없다"는 강한 희망이 있다고 말했고, 미야지 국장도 일단 양해했다.

이후 이홍직, 황수영 두 사람과 마쓰시타는 한국 측이 제출한 반환 청구 품목 가운데 일본 측이 제시한 인도 품목에 포함되지 않은 것에 대한 한국 측의 요구를 들으면서, 인도할 수 있는 것에 대해서는 품목을 추가하는 작업을 시작했다. 또 이 같은 사태를 미리 고려하여 이전부터 도쿄 국립박물관과 협의해 추가 순위를 정해두었다.

히라마(平間) 차장이 동석할 때도 있었는데, 그는 추가 품목에 대해서는 이 자리에서 결정할 수 없으므로 일시 중단하고 일본 측 대표의 의견을 들어야겠다고 말했다. 이에 대해 이홍직, 황수영 두 사람은 정색했고, 이후 협상은 일시 중단, 한국 대표가 호텔로 철수하는 모양새가 되었다.

마쓰시타는 "지금까지의 경과로 볼 때 한국 측은 회담을 중단하려는 강한 의지가 없으며, 이러한 철수는 일종의 제스처이다. 부부총 일괄 유물을 인도하지 않더라도 상대측은 양해할 것"이라는 전망을 피력한 후 하리가니 대표에게 회담 재개를 요청했다.

회담이 재개된 후에는 다시 이홍직, 황수영 두 사람과 마쓰시타의 품목 교섭을 둘러싼 줄다리기가 계속되었다. 최종적으로 마쓰시타가 부부총을 인도할 수 없다는 취지의 결의를 표명하고 이홍직, 황수영 두 사람과 악수한 것은 이튿날인 18일 새벽이었다.

되돌아보면, 1958년 4월에 일본 측이 양산총 일괄 유물 489점의 목록을 한국 측에 전달한 것은 비록 그 단계에서 반드시 그것이 인도를 약속한다는 뜻이 없었다고 하더라도 최종적으로 이를 거부한 것은 교섭 종결 시에 한국 측을 크게 자극한 것이 당연한 일이다. 다만, 우리 일본에 한국 연구에는 둘도 없는 이 유물이 이러한 정치협상의 희생양이 되어 분할되거나 혹은 한국에 인도되어 우리 학계에 큰 타격을 주는 결과가 되지 않았던 것은 나에게 유일한 위안이다. 이 점에 대해서는 방 공사의 노력이 가장 컸다고 할 수 있다.

(비고)

(가) 우리 일본에 있는 한국 분묘의 출토품으로 학술 조사에 의한 일괄 유물은 앞서 한국에 인도된 106점과 부부총 출토품(489)만이며, 오구라 컬렉션 등에 뛰어난 유물이 있지만 이것은 학술 조사의 결과도 아니고 일괄 유물도 아니다.

[이하, 원문 1쪽 미공개]

하리가니 문화사업부장은 「일한회담에서의 문화재 문제에 대한 소감」에서 다음과 같이 말했다.

일한회담에서 문화재 문제의 가장 어려운 부분은 주로 양산 부부총 출토품 문제를 둘러싼 것이었다. 이 문제의 해결은 어쩌면 고차원의 정치적 협상에 의존할 수밖에 없지 않을까 우려하기도 했다.

그런데 6월 18일 아침 한국 측이 이 출토품의 요구를 단념했기 때문에 문화재 문제가 해결되었는데, 이것은 다음의 사정에 의한 것이라고 나는 추측하고 있다.

(가) 17일 밤중까지 문화재 이외의 다른 문제는 대략 타결 목표에 도달한 가운데 문화재 문제의 해결만이 길어지는 것을 방 공사는 걱정했다. 이에 따라 방 공사는 대국적 입장에서 이홍직, 황수영 두 대표를 강하게 설득했다.

(나) 이홍직 대표는 원래 역사학자로서 개인적으로는 출토품보다는 서적에 관심이 많았고, 우리 측이 일본에 전래된 조선 서적의 마이크로필름을 기증하겠다고 제시한 데 마음이 끌렸다.

(다) 18일 새벽 회담에 특별히 우시로쿠 아시아국장이 참석, 지금까지의 경직된 회담 분위기에 새로

운 공기를 불어넣었고 기분을 전환시켰다.

이때의 교섭과 관련해 우시로쿠 아시아국장의 「일한교섭에 관한 약간의 회상」에는 다음과 같은 기록이 있다.

교섭은 한때 정체 상태에 빠졌다. 문화재 사무 당국자는 마지막에는 부부총 유물에 대해 총리 지시가 없는 한 인도에 응할 수 없다고 주장하기에 이르렀다. 그래서 본건에 관한 한 총리를 성가시게 하더라도 문부성 당국을 억제하는 것 외에는 다른 방법이 없는 것은 아닐까 생각했던 시기도 있었다. 또 외무성 당국은 일한 간의 지리적 접근성으로 볼 때 진정으로 고고학에 관심 있는 자는 한국에 가서 유물을 보면 충분한 것이지, 이것을 일본에 놔두자고 고집하는 것은 교섭 전반의 균형의 입장에서 보더라도 불합리하다는 생각이었다. 그러나 우리 측 문부성 당국은 비록 다른 품목은 상당히 반출되더라도 이 부부총 발굴품은 구하겠다는 생각을 갖고 있었다[문부성 당국은 해군 군축에 관한 워싱턴 회의의 예를 들며 다른 것은 희생시키더라도 '무쓰(陸奧)'를 구한 것과 같이 교섭하고 싶다고까지 주장했다[113]]. 한편, 한국 측은 의식적인지 무의식적인지와는 별개로, 이 무덤 유물을 가지고 일본 측을 뒤흔듦으로써 예상 이상으로 많은 다른 문화재를 인도받을 수 있게 되었으므로, 결국 협상 성립 전날 아침에 이르러 그 수준에서 협상을 타결할 수 있게 됐다.

(6) 협정안 토의

6월 15일 오전 외무성 문화사업부장실에서 하리가니 문화사업부장은 방 공사에게 다음과 같은 「문화협력에 관한 일본국과 대한민국 간의 협정」안을 전달했다.

문화협력에 관한 일본국과 대한민국 간의 협정(안)

일본국 정부와 대한민국 정부는 양국 간 문화에 관한 전통적인 깊은 관계를 감안해, 상호 간의 문화교류 및 우호관계를 앞으로 더욱 발전시키기를 희망하며 다음과 같이 합의했다.

제1조

---

113) 1921년 11월부터 1922년 2월까지 미 워싱턴에서 열린 '워싱턴 회의'의 일환으로 해군군축조약이 체결되어 미국, 영국, 일본, 프랑스, 이탈리아의 전함, 항공모함 등의 보유 제한이 결정됐다. 이 과정에서 완성되지 않은 군함은 폐함(廢艦) 조치할 것이 결정됐는데, 일본의 전함 '무쓰'도 이 목록에 포함됐다. 그러나 일본 측은 '무쓰'가 이미 완성되었다고 끝까지 주장, 폐함을 모면했다. 사실, '무쓰'는 당초 1921년 10월 24일 완성을 목표로 했으나, 실제로는 일부 미완성인 채 해군에 인도됐다. 당시 16인치 포를 탑재한 전함은 세계적으로 '무쓰'를 포함해 7척에 불과했다.

양 체약국 정부는 문화, 학술, 과학, 기술, 예술, 교육 및 스포츠 분야에서 양 체약국의 국민 간의 양호하고 효과적인 협력을 유지하기 위해 최대한의 편의를 상호 제공하기로 한다.

제2조

일본국 정부는 대한민국의 학술 발전 및 문화 연구에 기여하기 위해, 또 대한민국 국민이 동 국의 역사적 문화재에 대해 갖고 있는 깊은 관심을 고려하여 대한민국 정부에 부속서에서 제시한 일본국 정부 소유의 문화재를 가능한 한 신속하게 인도하기로 한다.

제3조

각 체약국 정부는 자국의 영역에서 타방 국가의 국민에게 미술관, 박물관, 도서관 및 기타 자료 편집 시설의 이용에 대해 가능한 한 편의를 제공한다.

제4조

1. 이 협정은 비준되어야 한다. 비준서는 가능한 한 조속히 [   ]으로 교환되어야 한다.

2. 이 협정은 비준서가 교환된 날부터 효력이 발생한다.

이상의 증거로서 아래 서명자는이 협정에 서명했다.

196[   ]년 [   ]월 [   ]일 도쿄에서 한국어 및 일본어로 본서 2통을 작성했다.

일본 정부를 위해

대한민국 정부를 위해

상기한 협정안의 제1조는 1962년 12월 일본 측 요강안의 생각을 수정, 이란과의 문화협정 제1조를 모방한 것이었다. 이를 기안한 조약과 입장에서는 어차피 한국과는 문화재 인도 협정과는 별도로 새롭게 문화협정을 체결하기는 좀처럼 불가능하다고 보고 배려했기 때문이었다. 이에 대해 한국 측은 그날 오후 문화재위원회 제4회 회의에서 다음과 같은 「대한민국과 일본국 간의 문화재 문제 해결 및 문화협력에 관한 의정서 요강안」(한국어 및 일본어 번역문)을 일본 측에 전달했다.

대한민국과 일본국 간의 문화재 문제 해결 및 문화협력에 관한 의정서 요강(안)

대한민국과 일본국은 양국 간 문화에 관한 역사적 관계를 고려하고, 대한민국이 그 역사적 문화재에 대해 갖고 있는 깊은 관심을 고려하고, 양국 간 학술 및 문화의 발전과 연구에 기여할 것을 희망하며 다음과 같이 합의했다.

(제1항)

대한민국 정부와 일본국 정부는 양국 간의 문화 관계를 증진시키기 위한 방법을 가능한 한 신속하게 협의하기로 한다.

(제2항)

일본국 정부는 이 의정서 발효 후 6개월 이내에 부속서에서 언급된 대한민국의 문화재를 대한민국 정부에 인도하기로 한다. 이를 위해 양국 정부는 지체 없이 인도 절차 등에 관해 협의하기로 한다.

(제3항)

대한민국 정부와 일본국 정부는 각각 자국의 미술관, 박물관, 도서관을 비롯한 기타 학술 및 문화에 관한 시설이 보유하는 문화재에 대해 타방국의 국민에게 연구할 기회를 제공하기 위해 가능한 한 편의를 제공하기로 한다.

(제4항)

이상의 회의에서 일본 측은 인도되는 문화재를 적절한 방법으로 보존하고 전시하기를 희망하고 이에 관한 합의의사록, 토의 기록, 왕복서한 세 가지 안(모두 공표하지 않음)을 준비하고, 한국 측에 구두로 그 취지를 설명했다. 그것은 궁내청 소장의 고서(소네 아라스케본, 통감부본)를 한국에 인도하는 것과 관련해 궁내청이 "만약 인도하는 문화재를 한국 측이 약탈품의 반환이라고 한국민에게 선전하게 되면 황실에 죄송한 일이 되므로 한국 측에 인도한 후의 처리 방법에 대한 보증이 없으면 인도할 수 없다"는 입장을 밝혔기 때문이다.

그 후 일본 측은 15일 한국 측 안의 의정서 요강을 수정하고 제4조를 붙여 「일본국과 대한민국 간의 문화협정(안)」을 작성, 17일 밤 힐튼호텔에서 하리가니 문화사업부장이 방 공사에게 제시했다. 한국 측이 몇 가지 의견을 제시했는데, 특히 협정의 제목을 「문화재 및 문화협력에 관한 협정」으로 할 것을 강하게 희망했기 때문에 그 의견에 따라 제목을 바꿨다. 한국 측은 또 15일 일본 측이 구두로 요구한 바 있는 인도 문화재의 보존과 전시와 관련해 「문화재 및 문화협력에 관한 대한민국과 일본국 간의 협정에 대한 합의의사록」 안을 제시했다. 이에 따라 이와 관련된 논의가 있었다. 이후 한국 측이 합의의사록은 느낌이 너무 강하므로 왕복서한으로 하는 방안을 제안하고 비공개로 할 것을 희망했기 때문에 그렇게 개안되었다.

(7) 사유 문화재 인도에 관한 의사록

한국 측 대표는 끝까지 사유 문화재의 인도를 강하게 주장했다. 한국 측은 사유 문화재에 대한 국민의 관심이 강하고, 그 인도에 대해 전혀 언급하지 않은 채 서명하면 대표로서 매우 곤란한 입장에 처한다고 언급하면서 18일 다음과 같은 안을 제시했다.

문화재 및 문화협력에 관한 대한민국과 일본국 간의 협정에 대해 합의된 의사록(안)

대한민국 정부 대표 및 일본국 정부 대표는 오늘 서명된 문화재 및 문화협력에 관한 대한민국과 일본국 간의 협정과 관련해 다음의 양해에 도달했다.

일본국 정부는 일본 국민의 사유하고 있는 한국 문화재가 대한민국 측에 기증되도록 적극적인 지도를 실시하고, 특히 다음의 문화재가 우선적으로 포함되도록 한다.

    1. [　]

    2. [　]

    3. [　]

    4. [　]

이 문제를 둘러싸고 일한 양측은 힐튼호텔에서 토의했다. 그러나 일본 측은 한국 측 안이 사유 문화재를 한국에 기증하라고 일본 정부가 적극적으로 지도하길 강하게 요구하고 있다는 점에서 납득할 수 없었다. 일본 측은 18일 저녁에 그것을 수정한 다음과 같은 일본 측 안을 제시했다.

문화재 및 문화협력에 관한 대한민국과 일본국 간의 협정에 관한 회의록(안)

대한민국 측 대표는 일본 국민 사유의 한국에서 유래한 문화재가 대한민국 측에 기증되는(기증되도록 일본국 정부가 가능한 한 알선하는) 것을 희망한다고 말했다.

일본 측 대표는 이들 일본 국민이 자신이 소유한 문화재를 자발적으로 한국 측에 기증하는 것은 일한 양국 간 문화협력 증진에 기여하는 것(으로서 환영할 일)이기 때문에 정부로서는 이를 권장하는 것이라고 말했다.

(주) 괄호 부분은 6월 19일 문화재보호위원회 측의 의견에 따라 삭제했다.

이 안을 둘러싼 한국 측과의 절충과 관련, 마쓰나가 조약과장은 다음과 같이 말했다(「일한교섭의 회고: 조약과의 입장에서」).

문화재 협정의 합의의사록에서 사유 문화재를 한국에 기증하는 것은 "정부로서 이것을 권장하는 바이다"라고 하는 것으로 되었지만, 이 '권장'이라는 단어는 지금까지의 조약이나 협정에서 사용된 사례가 없다. 당시 교섭의 경위는 다음과 같다. 6월 18일 밤 힐튼호텔에서 한국 측 대표인 방희 공사와 김정태 참사관에게 "사유재산권은 전시체제하에 있는 한국에서는 일본의 경우보다 제약이 있겠지만, 일본의 헌법하에서는 사유재산에 대한 권리는 강하게 보호되고 있고 침해되지 않는다. 사유재산은 자연보호적으로 발생하는 권리라는 관념이 원래 그 기초가 되기 때문으로, 일본 정부가 여기에 이러저런 조치를 취하는 것은 헌법상 불가능하다. 그런 것을 한국 측은 인식하고 있는가"라고 말했다. 이에 대해 한국 측은 "그것은 잘 알고 있다"고 답했다. 나는 "그럼, 여기에서 말하고 있는 '권장하는 바이다'라는 구절은 일본 정부로서는 '좋을 대로 생각하시라'라는 입장을 취할 뿐이지, 이에 따라 어떤 조치를 취하는 일은 없으며, 또 취할 수도 없다"고 설명했다. 한국 측은 "그래도 괜찮다. 한국 측도 '한국 측은 기증되는 것을 희망한다'고 말하고 있지, 그것을 꼭 받지 않으면 안 된다고 요구하고 있는 것은 아니다. 일본 측의 설명은 법률적으로는 옳다고 생각하지만, 여기서는 단지 한국 측이 그러한 희망을 표명하고, 일본 측도 '그런 것이 되면 그것은 좋을 것이다'라고 하면 괜찮다'고 말했다. 따라서 이런 문장이 되었다.

19일 하리가니 문화사업부장은 미야지 문화재보호위원회 사무국장과 전화로 상의했다. 그때 미야지 대표는 '권장'이라는 단어를 넣는 것에 반대했다. 이에 대해 하리가니 부장은 이것은 외교적 수사(rhetoric)로 '괜찮다'는 의미라는 것, 또 '개인이 자발적으로 행한다는 것은 아니다'라고 설명하고, 약간의 수정 의견을 추가해 양해를 얻었다. 미야지 국장은 20일 가와하라 문화재보호위원회 위원장에게 하리가니 부장의 상기 제안을 설명했는데, 가와하라 위원장은 '권장한다'라는 문구에 거부감을 표하면서도 "이 의사록을 붙여야만 정리가 된다면 어쩔 수 없을 것이다"고 말했다.

(8) 마이크로필름 기증

하리가니 문화사업부장이 이홍직 대표에게 약속한 한국에서 유래한 도서의 마이크로필름과 관련, 6월 18일 밤 [   ]의 협력을 얻어 궁내청 서릉부 및 내각문고에 있는 서적 243부 2,319책을 선정, 밤새 명부를 만들어 19일 새벽 이홍직 대표에게 전달했다. 19일 아침 하리가니 문화사업부장은 궁내청 서릉부장, 내각문고장을 찾아가 마이크로필름 작성에 협력해줄 것을 요청, 양해를 얻었다. 이홍직 대표는 당초 협정 부속서에서 인도 문화재 목록의 마지막에 "다음에 언급하는 것의 마이크로필름"이라고 하고 마이크로필름으로 만든 서적명을 열거하기를 희망했는데, 한국 측 내부에서 마이크로필름은 문화재의 사진이며 문화재 그 자체가 아니라는 주장이 제기되어 결국 마이크로필름은 협정과는 별도로 일본 측이 증여하게 되었다. 이에 대해 6월 25일 방희 공사와 하리가니 문화사업부장은 7월 9일 상호 서한을 교환, 일본 측은 가능한 한 조속히 그 실현을 위해 노력하겠다고 약속했다.

6. 한국어 번역과의 대조

(1) 영문 텍스트의 포기

일한조약 제 협정 가운데 기본관계조약만이 영어 번역문을 기초로 토의해 타결을 보았고, 그 일본어 번역본, 한국어 번역본을 작성한 다음 조약의 마지막 문장에서 "동등하게 정본인 한국어, 일본어, 영어로 본서를 작성했고", "해석에 차이가 있을 경우에는 영어본에 따른다"고 규정했다. 그러나 다른 협정에는 "동등하게 정본인 한국어 및 일본어"라고 적으면서도 영어본은 만들지 않은 상태였다.

이와 관련, 조문 작성 교섭에 들어간 단계인 1965년 4월 7일 수석대표 회담 제11회 회의에서 김동조 대사는 "영어 텍스트를 기초로 논의하고 싶다"고 요청했다. 이에 대해 일본 측은 "실무적 언어는 일단 일본어로 하고, 수시로 영역하자"고 제안, 한국 측의 동의를 얻었다. 또 4월 13일 수석대표 회담 제12회 회의에서 김동조 대사는 "한국은 외국어로 협정을 만들 때는 반드시 영문을 붙이는 관례가 있다. 일한조약 제 협정에도 영문 텍스트가 필요하기 때문에 실제 작업은 일한 양측안으로 진행해 정리되는 것부터 영문화를 진행하고 싶다"고 제안했다. 우시바 심의관은 "가능 여부를 떠나 노력하자"고 대답했다.

그러나 조문 작성 교섭에 시간이 소요된 데다 서명이 6월 22일로 정해졌기 때문에 영문 작성보다 체결 시간을 지키는 것이 우선이라는 생각이 지배적이게 되어 6월 15일 시나 외상과 김 대사와의 회담에서 "영문 텍스트 작성은 포기한다"는 데 의견 일치를 보았다. 이에 대해 야나기야 서기관은 「일한조약 조인 전의 교섭에 대해」에서 다음과 같이 말하고 있다.

일한조약의 텍스트를 어떤 언어로 할지에 대해 한국 측은 일찌감치 '침략자의 언어'인 일본어 사용을 거절, 따라서 양 당사국의 용어를 사용한다는 원칙을 취할 수 없다면서 영어를 사용할 것을 주장하고 있었다. 그러나 제5차 회담 이후 실제 교섭은 주로 일본어 문안에 기초해 이뤄지고 있었다. 이를 한국어로 번역하는 일은 비교적 간단하지만, 양측이 합의할 수 있는 영어 번역문의 작성은 매우 곤란하다는 것을 알고 있었다[예를 들면 '무상(無償)'의 영역으로 한국 측은 'grant'를 주장한 반면, 일본어는 'non-repayable'을 주장한 것과 같다]. 다만, 일본 측이 영어 사용을 포기하자고 지나치게 빨리 제안하면 한국 측이 이에 반발할 것이 분명했기 때문에 타결 직전까지 이 문제를 언급하지 않은 채 조인 일주일 전에야 시간적으로 불가능하다고 지적하면서 제안했고, 한국 측도 아무런 저항 없이 이에 동의한 경위가 있다.

이와 관련해 마쓰나가 조약과장은 「일한교섭의 회고: 조약과의 입장에서」에서 다음과 같이 말했다.

조약국이 전통적으로 취해온 입장은 다음 두 가지 가운데 하나였다. 첫째, 상대측 언어를 사용하는 경우는 이쪽도 일본어로 조약문을 만든다. 이 경우 해석 용어를 결정하지 않으면 향후 분쟁이 생길 우려가 있으므로 제3의 해석 용어로 조약문을 만든다. 둘째, 처음부터 제3국어인 영어나 프랑스어로 조약문을 만든다. 명분상으로 이야기하면 일한조약의 경우 전혀 영어를 사용하지 않아도 무방하다. 다만, 그것만으로 하면 분쟁이 터졌을 때 곤란한 사태가 발생할지도 모른다는 점을 조약국은 관념적으로 인식하고 있었다.

다만, 조약을 맺은 후 조약의 이행 적용에 관해 분쟁이 발생한 사례는 종래에 매우 드물었고, 향후 일한조약의 실시 과정에서 큰 분쟁이 일어날 우려는 그다지 없다는 느낌을 협의함으로써 꽤 강하게 가지고 있었다"고 말했다.

(2) 법적지위 협정 대조 시의 논쟁

일한조약 제 협정의 대부분은 19일 새벽까지 타결을 보았고, 일한 양국어의 대조는 19일 밤부터 행해졌다. 그때 일본 측 책임자는 마에다 참사관(서울에서 17일 귀환해 교섭의 진전을 돕고 있었다), 한국 측은 김정태 참사관이었다. 대조 작업을 시작하기에 앞서 김정태 참사관은 "일한조약은 후세에 남는 소중한 조약이므로 용어의 문제를 매우 중시하고 있다", "이것은 일본어가 기초가 되어 그것을 한국어로 고친 것이 아니다. 같은 내용이라 하더라도 일본어 표현과 한국어는 자연히 다른 것이 있다. 일본어가 이렇게 쓰여 있으므로 한국어도 이러하지 않으면 안 된다는 논의에는 응할 수 없다"는 취지를 강조했다.

대조 작업은 19일 밤 8시경부터 시작되어 재일한국인의 법적지위 협정, 기본관계조약, 어업협정, 청구권 및 경제협력 협정, 문화재 및 문화 협정, 분쟁 해결의 교환공문의 순으로 진행되었다. 분쟁 해결의 교환공문을 제외하고는 20일 오전 중에 마칠 수 있었는데, 그 방법은 먼저 한국어 안을 일본 측의 한국어 담당관이 일본어로 번역하고, 그 문제의 담당관이 한 단어씩 확인해가는 방식이었다. 다만, 기본관계조약의 경우 이미 영어 정문(正文)이 만들어졌기 때문에 일본 측이 한국 측 텍스트를 일일이 점검했을 뿐만 아니라, 한국 측도 일본어 텍스트를 점검했다.

일한 양국은 대조 작업의 첫 대상인 재일한국인의 법적지위 협정 제1조에서 날카롭게 의견이 충돌했다. 당시의 정경에 대해 좌담회 「일한조약 제 협정의 한국어 번역에 대해」에서 마에다 참사관, 쓰루타 사무관은 다음과 같이 말하고 있다.

마에다: 영주(永住)를 許可されている(허가되고 있는)" 이라고 한 문제의 부분이 한국어로는 "hogatoen(허가된, 許可された)" 이라는 형태로 된 것이 발견됐다. "hogatoen" 이라는 것은 '허가되었다(許可された)'는 뜻이며, '허가되고 있다'는 뉘앙스가 나오지 않는다. "許可されている"는 허가받고 있는 상태를 의미한다. "許可された" 라는 것은 과거 어느 시점에서 허가된 적이 있다 하더라도, 현재도 허가된 상태에 있는지 여부를 명확하게 하지 않는 이상, "許可されている" 와는 실체적으로 의미가 다르다. "許可されている" 라는 의미가 되기 위해서는 "hogatoego innun(허가되고 있는)" 이나 "hogatoeo innun(허가되어 있는)" 이라든지 그러한 좋은 쪽이 되어야만 하는 게 아닌가라고 주장했다. 논의에서 양측은 서로 하고 싶은 말만 했다. 상대편도 양보하지 않았고 이쪽도 완강하게 양보하지 않았기 때문에 어떻게 옴짝달싹할 수 없는 분위기에 빠졌다. 시간은 벌써 11시를 꽤 지나지 않았을까. 이때 마쓰나가 조약과장이 진행 상황을 볼 겸 독려차 들어왔다. 마쓰나가 과장은 작업이 시작된 지 시간이 꽤 지났는데도 아직 1조냐며 놀라움을 표시함과 동시에, 이런 상태에서는 조인 예정일인 22일까지 해내지 못할 것이라고 매우 우려하면서 "언어 문제를 둘러싼 형식적인 논의는 그다지 하지 마라" 라고 말했다. 이에 대해 나는 "이것은 형식적인 논의가 아니라 실체적 의미가 달라지기 때문에 양보할 수 없는 것이다"고 응수했다. 이를 듣고 있던 김정태 참사관은 안색이 변했고, 점점 분위기가 험악해졌다.

쓰루타: 그때 특히 상대방이 강조한 것은 "이 조약은 한국에는 1,000년 후까지 남는 조약이다. 따라서 조문의 문장 자체도 격조 높은 것이 아니면 안 된다. 'hogatoego innun'이라는 말은 한국어로서 잘못되지 않았을지 모르지만 매우 격조가 낮은 문장이다" 라고 운운했다는 점이었다. 실컷 논쟁했음에도 그 자리에서는 합의점이 나오지 않아 일단 중단했다.

마에다: 휴식 시간 중에 우시바 심의관이 김동조 대사에게 찾아가 수습 방안을 모색했다. 내가 휴식 시간에 일본 측 대기실에 돌아와 보니 우시바 심의관은 "도대체 당신들은 왜 지시도 하지 않은 일을 하고 있나. 적당히 해라. 시간에 맞추지 못하는 것은 아닌가" 라고 기합을 넣었다. 그때 "뭔가를 위한 논의로 지연 전략을 펴고 있는 것이 아니라, 실체가 달라지므로 양보할 수 없다. 영어로 고쳐도 이렇게 되는 데다, "許可されている" 와 "許可された"는 다르기 때문에 열심히 하고 있다. 격조는 낮을지도 모르지만, 그런 표현이 있으므로 그런 식으로 하라고 말하는 것이다" 라고 대답했다. 우시바 심의관은 "그러면 어쩔 수 없지. 하지만 중요하지 않은 곳은 적당한 선에서 그만둬라. '아'라고 하든 '어'라고 하든 괜찮다" 라고 말했다. 결과적으로는 그것이 우리 측으로서는 좋은 경험이 되고 결심을 하게 된 계기도 되어 이후 어업과 청구권, 문화재에 대한 대조 작업에서는 이때처럼 심각한 문제를 일으킨 적이 없었던 것으로 기억한다.

마쓰나가 조약과장은 그때를 회상하면서 "그 후에 김정태 참사관, 최광수(崔佲洙), 오재희(吳在熙) 과장이 종적을 감춰버렸다. 한국 측은 시간 만료로 몰아 자기들 안을 그대로 통과시키려 했던 것 같다. 그래서 나는 힐튼호텔의 방을 두들겨 사람들을 깨우며 다녔던 것을 기억한다. 마지막으로 최광수 과장을 붙잡고 '이걸로 합의점을 못 찾으면 조인식에 맞추지 못한다. 나는 조약과장의 권한으로 예정된 각의 절차를 모두 중지할 생각인데 이래도 좋은가'라고 강요한 적이 있다. 그랬더니 그는 '김동조 대사에게 이야기해야만 한다', '상부에 보고하지 않으면 결정할 수 없다'라고 대답했다. 나는 '김 대사에게 같이 가자'라며 최 과장과 함께 김 대사에게 향했다. 대사는 '어쩔 수 없다. 일본 측이 말하는 대로 하자'고 말했는데, 결국 이렇게 밀고 나간 셈이다"라고 말했다(「일한교섭의 회고: 조약과의 입장에서」).

그 후 번역상 문제가 된 점에 대해서는 「일한조약 제 협정의 한국어 번역에 대해」에서 각각 협정을 조회한 한국어 담당관이 지적하고 있으므로 여기서 재론하지 않겠지만, 전반적으로 번역문 조회의 성과에 대해 마에다 참사관은 다음과 같이 말했다.

이제 와서 생각해보면, 협정의 한국어 번역에서 이렇게 해야만 했었다는 점이 몇 가지 있다. 당시 우시바 심의관이 "실질적인 의미에서 영향이 없으면 조금만 눈을 감고 상대측이 하는 말을 들어라. 자국어로 쓰여 있는 것이므로 지나치게 세세한 것을 전색(詮索)하지 마라"라고 말한 적도 있다. 우리 측은 '이상하다', '이상하다'고 생각하면서도 마감 시간에 맞추기 위해선 어쩔 수 없이 눈을 질끈 감고 저항하지 않은 곳이 몇 가지 생겨버렸다.

(3) 기본관계조약 번역문을 둘러싼 이론(異論)의 처리

"협정 문서는 일본어가 정해지면 한국어는 자동적으로 정해진다고 봐도 좋았고, 일본어 문장에서 승부가 나버리기 때문에 우리는 매우 편하게 됐다"(마쓰나가 조약과장, 「일한교섭의 회고: 조약과의 입장에서」). 반면, 우시로쿠 아시아국장이 지적한 것처럼 "일한 쌍방이 구성이나 자구 등에서 거의 동일하면서도 미묘한 차이가 있기 때문에 일한 쌍방이 텍스트 용어의 조정으로 논란을 부른 경우가 많았다"(「일한교섭에 관한 약간의 회상」).

이와 관련해 가장 문제가 된 것은 기본관계조약이었다. 그 제2조는 "이미(もはや) 무효임을 확인한다"라고 되어 있었는데, 여기서 'もはや'를 한국 측은 'imi(이미)'라고 번역한 뒤 'もはや'라는 단어는 막연하여 분명하지 않으므로 'すでに'를 사용하길 희망했다. 또 제3조에서 "대한민국 정부는 유엔총회결의 195호(Ⅲ)에 분명히 제시되고 있는 대로(示されているとおりの) 한반도의 유일한 합법 정부임을 확인한다"고 된 부분에 대해 한국 측은 '명시된 바와 같이(明示されたところのように)'라는 부사어구로 하기를, 일본 측은 '示されているとおりの(가리키고 있는 대로의)'라는 형용어구로 하기를 주장해 끝까지 논쟁이 이어져 합의점이 도출되지 않았다. 결국, 영어 텍스트가 있으므로 한국 측은 한국 측 주장대로 부사어구를 그대로 두고, 일본 측은 형용어구로 하는 것으로 타협하게 되었다.

이 번역문에 대해서는 6월 22일 조인일 아침 시나 외상과 이동원 외무장관 회담 기록은 다음과 같이 기록하고 있다.

> 기본관계조약의 번역 문제에 관해서는 이날(22일) 아침 김동조 대사와 우시로쿠 아시아국장 간의 협의대로 각각 상대측의 영어 번역문을 인정하는 것이 아니라는 유보(留保)하에 상대방의 문구에 불평하지 않기로 서로 약속했다. 이때 한국 측은 이 유보를 보통의 종이라도 좋으니 문서에 쓴 형태로 남겨두고 싶다고 말했다. 그러나 이에 대해 일본 측은 이 유보는 외무장관 회담 석상에서의 구두상 유보(oral reservation)로 충분하고, 또 서명식 등 공식 석상에서는 반복하지 않기로 양해가 되어 있다고 말하며 이를 거론하지 않았다.

7. 최후의 정치회담

조문 작성 교섭의 최종 단계에서 조인식 전날(6월 21일 오전)과 당일(6월 22일 오전)에 두 차례에 걸쳐 일한 외무장관 회담이 외무성 접견실에서 열렸다. 배석자는 두 차례 모두 일본 측 우시바 심의관, 우시로쿠 아시아국장, 한국 측 김동조 대사, 연하구 아주국장이었다.

우선, 22일 서명을 상호 확인한 후, 조문 작성 협상에서 미해결사항이었던 어업교섭에서의 연안어업에 대한 보완사항과 협정의 유효기간을 합의했다(21일). 이어 청구권 소멸 조항(제2조)과 관련된 합의의사록의 '전전(戰前)에 일본에 있던 한국인의 부동산 취급'에 대한 표현 문제, 어업교섭에서의 '연안어업에 대한 일본 측의 성명' 문제에 관해 최종적으로 합의했다(22일). 또 전기한 바와 같이 기본관계조약의 번역에 관한 양해를 체결하고(21일), 다케시마 문제와 관련해 다음 장에서 설명하는 바와 같이 최종적인 토의를 하고, 사토 총리와 이동원 장관의 회담에서는 결론만 내리도록 남겨두었다. 이와 함께 조인과 동시에 일본이 요구한 일본 정부 재외사무소 설치 문제(후술함)나 한국 측이 요구한 주일 한국대표부 직원 수 제한 해제 문제를 토의했다. 이밖에 일본 측은 어업협정 체결 후 발효 시까지 양국 간 어업관계를 협정 내용에 따라 규제하는 것과 관련, 일본 측은 이미 국내적으로 지도하고 있다고 강조하면서 한국 측도 이에 상응하는 조치를 취할 것을 요청했다. 또한 재한 일본상사 과세 문제, 무역협정을 비롯한 신속한 교섭 개시 문제, 울산 비료공장 연불 수출 허가 문제 등도 화제가 됐다. 한국 측은 조인과 동시에 주일 한국대표부 직원 수 제한을 해제할 것, 법적지위 문제와 관련해 북조선계를 차별 대우할 것, 한국학교 3개교 인가 문제에 대해 공동성명에서라도 "신중히 고려한다"는 전향적 자세를 보일 것을 요청했다.

또 일한조약 협정이 조인되기 직전인 6월 22일 오후 4시 15분부터 총리대신 관저에서 사토 총리와 이동원 외무부장관의 회담이 약 20분간 열렸다(하시모토 관방장관, 우시로쿠 아시아국장, 김동조 대사, 연하구 아주국장 배석). 여기에서 다케시마 문제에 대한 처리와 관련해 최종적인 결정을 봄으로써 양국 간 국교정상화 교섭에서 미해결된 조항에 대해 모두 타결을 보게 되었다.

8. 일한조약 제 협정의 조인

(1) 전권위원 임명과 서명 등의 결정

일한조약 제 협정의 조인을 앞둔 6월 19일 각의에서는 기본관계조약 서명의 전권위원으로서 시나 외무대신, 다카스기 일한회담 대표를 결정하고, 이어 22일 각의에서는 기본관계조약, 기타 문서의 서명 또는 가조인을 진행함과 동시에 서신 교환을 하는 것에 대해 각의 결정을 행했다. 전권위임장에 관한 각의 결정은 다음과 같다.

일본국과 대한민국 간의 기본관계에 관한 조약에 서명하는 전권위원에 교부하는
전권위임장에 관한 각의 결정(안)
일본국과 대한민국간의 기본관계에 관한 조약에 서명하는 우리 일본 전권위원에게 교부하는 전권위임장과 관련해 일본국 헌법 제17조의 규정에 따라 천황의 인증을 받기로 한다.
일본국 천황[어명(御名)]은 이 글을 보는 각위에게 선시(宣示)한다.
일본국 정부는 일본국과 대한민국 간의 기본관계에 관한 조약을 체결하기 위한 일본국 전권위원으로 외무대신 시나 에쓰사부로와 일한 전면 회담 일본 정부 대표 다카스기 신이치를 임명하고, 대한민국의 전권위원과 회동하고 상의하며, 이 상의에 의해 작성되는 모든 문서에 대해 일본국 정부를 위해 서명 날인하는 전권을 부여한다. 이들 문서는 비준을 위해 일본국 정부에 제출해야 한다.
여기서 일본국 헌법의 규정에 따라 이를 인증하고 그 증거로서 친히 이름을 서(署)하고 옥새를 검(鈐)한다.
1965년 [   ]월 [   ]일

(어명) 어새(御璽)

내각총리대신 (서명) 관인

외무대신 (서명) 관인

일본국과 대한민국 간의 기본관계에 관한 조약에 서명하는 전권위원에 교부하는

전권위임장에 관한 설명자료

　일본국과 대한민국 간의 국교정상화 및 현안 해결을 위한 교섭이 1952년 이래 진행되어온바, 최근 양국 간의 기본관계에 관한 조약 및 제 현안의 해결을 위한 제 합의문서에 관해 타결을 보았기 때문에 전기한 기본관계에 관한 조약에 대한 서명을 위해 외무대신 시나 에쓰사부로와 일한 전면 회담 일본 정부 대표 다카스기 신이치에게 전권위임장을 교부하기로 하고, 동 전권위임장에 천황의 인증을 받고자 한다.

6월 22일 다카스기 전권에게 다음과 같은 문서가 전달됐다.

　본 대신은 일한 전면 회담 일본 정부 대표 다카스기 신이치가 일본국과 대한민국 간의 어업에 관한 협정, 재산 및 청구권에 관한 문제의 해결 및 경제협력에 관한 일본국과 대한민국 간의 협정, 일본국에 거주하는 대한민국 국민의 법적지위 및 대우에 관한 일본국과 대한민국 간의 협정, 문화재 및 문화협력에 관한 일본국과 대한민국 간의 협정을 체결하기 위해 대한민국 정부의 대표자와 회동하고 상의하며, 또한 이 상의에 의해 작성되는 모든 문서에 일본국 정부를 위해 서명하는 권한을 부여하게 된 것을 여기에 증명한다.

　1965년 6월 22일

　일본국 외무대신 시나 에쓰사부로 (자필 서명 관인)

조약 및 기타 문서의 서명 등에 관한 각의 결정은 다음과 같다.

일본국과 대한민국 간의 국교정상화와 현안 해결을 위한 협상의 결과 작성된

일본국과 대한민국간의 기본관계에 관한 조약 및 기타 문서의 서명 등에 대한 각의 결정

　일본국과 대한민국 간의 국교정상화와 현안 해결을 위한 협상의 결과 작성된 다음의 제 문서와 관련, 별지의 안으로 서명 또는 가서명하고 대한민국 정부와 서한을 교환하기로 한다.

　1. 기본관계

　　(1) 일본국과 대한민국 간의 기본관계에 관한 조약 (별지 1) (서명)

　　(2) 일한 양국 간 분쟁의 평화적 처리에 관한 교환공문 (별지 2)

2. 어업

(1) 일본국과 대한민국 간의 어업에 관한 협정 (별지1) (서명)

(2) 직선기선에 관한 교환공문 (별지 2)

(3) 한국의 어업수역에 관한 교환공문 (별지 3)

(4) 일본국과 대한민국 간의 어업에 관한 협정에 대한 합의된 의사록 (별지 4) (가조인)

(5) 표지에 관한 교환공문 (별지 5)

(6) 어업협력에 관한 교환공문 (별지 6)

(7) 일본국 아시아국장과 대한민국 아주국장 간의 왕복서한 (별지 7)

3. 청구권 및 경제협력

(1) 재산 및 청구권에 관한 문제의 해결 및 경제협력에 관한 일본국과 대한민국 간의 협정 (별지 1) (서명)

(2) 제1의정서 (별지 2) (서명)

(3) 제2의정서 (별지 3) (서명)

(4) 제1의정서의 실시 세목에 관한 교환공문 (별지 4)

(5) 재산 및 청구권에 관한 문제의 해결 및 경제협력에 관한 일본국과 대한민국 간의 협정 제1조 제1항 (b)의 규정의 실시에 관한 교환공문 (별지 5)

(6) 재산 및 청구권에 관한 문제의 해결 및 경제협력에 관한 일본국과 대한민국 간의 협정 제1조 제2항의 합동위원회에 관한 교환공문 (별지 6)

(7) 재산 및 청구권에 관한 문제의 해결 및 경제협력에 관한 일본국과 대한민국 간의 협정에 대한 합의된 의사록 (별지 7) (가조인)

(8) 상업상 민간 신용공여에 관한 교환공문 (별지 8)

4. 재일한국인의 법적지위 및 대우

(1) 일본국에 거주하는 대한민국 국민의 법적지위 및 대우에 관한 일본국과 대한민국 간의 협정 (별지 1) (서명)

(2) 일본국에 거주하는 대한민국 국민의 법적지위 및 대우에 관한 일본국과 대한민국 간의 협정에 대한 합의된 의사록 (별지 2) (가조인)

5. 문화재 및 문화협력

(1) 문화재 및 문화협력에 관한 일본국과 대한민국 간의 협정 (별지 1) (서명)

(2) 문화재 및 문화협력에 관한 일본국과 대한민국 간의 협정에 대한 합의된 의사록 (별지 2) (가조인)

(2) 일한조약 제 협정의 조인

일한조약 제 협정의 조인식은 6월 22일 오후 5시부터 총리 관저에서 열렸다. 식장 한가운데에 위치한 양국 국기는 꽃으로 장식되었고, 정면 테이블에 금병풍을 배경으로 일한 전권위원 4명이 앉고 좌우 테이블에 쌍방의 대표(한국 측은 수행원을 포함)가 마주보고 앉았다(오른쪽 그림을 참조). 총리 이하 각료를 비롯한 일한 대표단의 수행원과 관계자를 포함해 115명이 참석했다.

6월 22일 일한 제 협정 조인식의 테이블 배치도

전권위임장을 제시한 후 조약 및 협정의 서명, 공문 교환이 행해졌다. 이어 시나 외무대신과 이동원 외무부장관이 악수를 나눈 후 각각 인사말을 했다. 국가(애국가에 이어 '기미가요'가 나왔다) 취주 후 총리의 제의로 샴페인으로 건배하고 식을 마쳤다.

시나 외무대신, 다카스기 대표, 이동원 외무부장관, 김동조 대사 4명의 전권은 기본관계조약(한국어, 일본어, 영어 3개 국어), 어업협정(이하, 일한 양국어로만 작성), 청구권 및 경제협력 협정, 동 협정 제1의정서, 동 협정 제2의정서, 재일한국인의 법적지위 협정, 문화재 및 문화협정의 1조약·4협정·2의정서 총 7건에 대해 서명했다. 이어 시나 외무대신과 이동원 외무부장관은 교환공문 9건(어업 4건, 청구권 및 경제협력 4건, 분쟁 해결 1건)에 서명하고, 합의의사록 5건(어업 1건, 청구권 및 경제협력 2건, 재일한국인의 법적지위 1건, 문화재 1건)에 가조인했다. 토론 기록 2건은 어업의 경우 히로세 참사관, 이규성 공사가, 법적지위는 야기 입국관리국장, 이형호 법무국장이 가조인했다. 왕복서한 2건은 어업에 대해선 우시로쿠 아시아국장과 연하구 아주국장이, 문화재에 대해선 하리가니 문화사업부장과 방회 공사가 각각 서명해 교환했다. 또한 이날 경제협력기금에 의한 유상 2억 달러의 차관 계약에는 야나기다 세지로(柳田誠二郞) 해외경제협력기금 총재와 김영준 경제기획원 차관보가 각각 서명했다.

조인식에서 시나 외무대신과 이동원 외무부장관의 인사말은 다음과 같았다〔시나 외무대신의 인사말은 마에다 참사관이, 이동원 외무부장관의 인사말은 권태웅(權泰雄) 서기관이 각각 통역했다〕.

시나 외무대신의 인사말
일한회담의 전면적 타결에 즈음해 대한민국 전권위원 이동원 외무부장관 각하, 김동조 대사 각하와

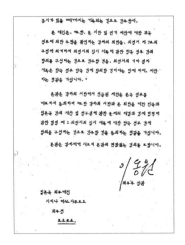

외교문서 원본 37　1965년 6월 22일 조인된 청구권 협정과 관련된 한국어 문서에 이동원 외무부장관이 서명한 흔적이 확인된다.

함께 사토 총리대신 각하 및 여러분이 임석한 가운데 기본관계조약 기타 관계 협정의 서명을 여기에서 차질 없이 마무리 짓게 된 것에 대해 저는 충심으로 기뻐하는 바입니다.

돌이켜보면 긴 여정이었습니다. 1951년 10월에 시작된 일한 예비회담부터 세어보면 14년 가까이, 1952년 2월 1차 전체회의로부터 세어도 13년 반에 걸쳐 양국 관계자의 흔들림 없는 노력이 지속적으로 계속됐음에도 불구하고 교섭이 쉽게 타결을 보지 않는 것은 이 회담이 얼마나 어려운 것이었는지를 여실히 입증하고 있습니다. 그런 의미에서는 길고 긴 노력의 결실로서 오늘 이 역사적인 조인식에 임할 수 있는 것은 우리에게 행운이 찾아온 것이라고 말할 수 있습니다. 저는 이 기회에 지금까지 10여 년에 걸친 교섭의 각 시기에 여러 현안 해결을 위한 노력을 하나하나 인내력을 갖고 쌓아온 일한 양국의 수많은 선배, 동료에게 심심한 경의와 감사의 뜻을 표하고자 합니다.

유사 이래, 특히 1천여 년 전 우리 조상이 당신들의 조상으로부터 높은 문화를 받아들인 이후 두 민족이 지리적·사적으로, 또 경제적·사회적으로 끊으려 해도 끊을 수 없는 깊은 인연을 맺어왔다는 것은 새삼스럽게 반복해서 말씀드릴 일도 없습니다. 이런 사정을 생각할 때, 최근 불행한 시기가 있었던 것은 진심으로 유감이며, 저는 일한관계가 새로운 시대에 진입하는 이날을 맞아 다시금 제 기분을 말씀드리고, 양식 있는 일본 국민 모두와 함께 이 같은 기분으로 성의를 갖고 양국 국민 간의 화해 협력 관계의 증진을 위해 노력하겠다는 결의를 강조하고 싶습니다.

또한 저는 일한 양국 국민의 압도적 대다수가 일한 국교의 신속한 정상화를 한결같이 원해왔다고 확신하고 있습니다. 이번에 일한회담이 타결하게 된 것은 박 대통령 각하, 사토 총리대신 각하를 비롯해 양국 지도자의 정치력 및 양국 교섭 당사자의 진지한 노력의 성과임이 당연하지만, 저는 그 배후에 교섭 타결에 대한 양국 국민의 강한 희망이 있었기에 모든 어려움을 극복하고 드디어 오늘을 맞이할 수 있었

사진 39   1965년 6월 22일 일본 도쿄의 총리 관저에서 열린 한일조약 제 협정 조인식에서 이동원 외무장관이 시나 에쓰사부로 일본 외상과 관련 문서를 교환하고 있다. (출처: 국가기록원)

사진 40   1965년 6월 22일 일본 도쿄의 총리 관저에서 열린 한일조약 제 협정 조인식에서 이동원 외무장관이 사토 에이사쿠 일본 총리(오른쪽)와 환담하고 있다. 왼쪽은 김동조 주일대사. (출처: 국가기록원)

다고 믿어 의심하지 않습니다. 그리고 양국 국민의 우호친선관계의 긴밀화와 더불어 양국 관계는 향후 발전의 일로(一路)를 걸어, 상호 인접한 국가를 이루는 사이좋은 우방으로서, 상호 손잡고 아시아 나아가 세계의 평화, 인류의 복지에 맘껏 공헌할 수 있다고 확신하는 바입니다.

기념하지 않을 수 없는 이날, 한국의 아름다운 산하에 초여름의 기운이 넘쳐흘러, 지난 2월 제가 찾아 뵈었을 때는 아직 겨울이었던 서울의 거리도 분장을 새롭게 하고 남산의 녹음은 우거지고 한강 물은 더욱 맑아졌을 것입니다. 저는 오늘 우리가 주고받은 단단한 약속이 양국 국민이 향후 더욱 번영하는 데 크게 도움이 되는 역사적 사건이 될 것을 확신합니다. 이렇게 생각하면, 저는 여러분도 그렇다고 생각합니다만, 헤아릴 수 없는 감격에 휩싸이게 됩니다.

일한 국교 사상 획기적인 의의를 가진 조인식을 맞아 양국 국민의 무한한 번영을 기원하며, 제 인사를 마칩니다.

이동원 외무부장관의 인사말

시나 외무대신 각하, 사토 총리대신 각하를 비롯한 귀빈 여러분, 오늘 저희는 한일 양국 관계에서 진정으로 의의 깊은 날을 맞이하게 되었습니다. 한일 양국은 이번 조인을 계기로 불행했던 과거를 청산하고, 수십 년간 계속된 비정상적인 상태로부터 호혜평등의 입장에서 협력해 나갈 수 있는 첫걸음을 내디디게 된 것입니다.

그동안 오늘에 이르기까지 양국은 가시밭길을 걸어왔습니다. 지리적으로 가장 인접해 있을 뿐만 아니라, 오랜 옛날부터 밀접한 관계가 있던 양국이 과거 반세기에 걸친 불행한 관계를 청산하고, 여기서 새로운 국교를 정상화하고 상호 협력할 것을 약속한 오늘을 맞이하기까지 참으로 많은 노력과 인내가 필요했다는 것은 한일교섭의 경과를 되돌아봐도 분명합니다.

과거의 관계에서 유래하는 현안을 타결하고 새로운 관계를 맺는 것이 양국의 사명이라고 생각합니다만, 양국을 둘러싼 국제 정세가 대국적(大局的) 입장에서 조속히 국교를 정상화할 필요를 낳았다고 생각합니다. 양국의 국교정상화는 실로 양국 국민과 함께 자유세계가 원하는 바입니다.

여기에 양국의 밝은 미래를 위한 약속이 있습니다만, 향후 양국 간에 더욱 긴밀하고 돈독한 관계를 심화하기 위해서는 양국은 선린국가로서 기존보다 더 많은 정성과 노력을 경주할 필요가 있다고 생각합니다. 오늘 뜻깊은 이 자리에서 양국의 미래에 더욱더 번영과 복지가 있을 것을 기원함과 동시에, 아시아 나아가서는 세계 평화에 공헌할 것으로 믿어 의심치 않습니다.

이 회담이 타결되기까지는 과거 14년이라는 긴 세월에 걸친 협상이 필요했다는 것을 되돌아보면, 정말로 감개무량합니다. 그동안 직간접적으로 수많은 사람들이 한일교섭에 나서 수많은 노력을 기울였습니다만, 특히 최종 단계에서 양국의 교섭 당사자가 밤낮으로 기울인 노력이 여기서 결실을 맺게 되었다고 믿습니다. 이 기회에 한일 양국 대표단 여러분의 노력에 심심한 감사의 뜻을 표하는 바입니다.

또 어업협정과 관련해 일본국 외무대신의 성명, 한국 외무부장관의 성명, 일본국 농림대신의 성명, 한국 농림부장관의 성명이, 재일한국인의 법적지위 협정과 관련해 일본국 법무대신의 성명이 각각 발표되었고, 이것들은 구상서에 의해 상대국 정부에 통보됐다. 이와 함께 이날 법무성 입국관리국장의 담화, 문부성 초등중등교육국장의 담화가 각각 발표되어 이것은 구로다 북동아시아과장으로부터 대한민국 대표부 오재희 서기관에게 송부되었다. 우시로쿠 아시아국장의 수기는 조인식이 열리는 동안 "한국 대표 중 수 명은 끊임없이 눈물을 흘려 그들의 감회의 정도가 느껴졌다"고 적고 있다. 식이 끝나고 일한 대표들은 악수하면서 과거의 협상에서의 격투(激鬪)를 감개무량하게 회상했다.

1951년 10월 예비회담이 시작된 후 이날까지 13년 8개월, 일한 양국의 담당자들에겐 길고 긴 투쟁의 세월이었다. 13여 년은 초등학교에 입학한 아이가 대학 4학년이 되는 긴 세월이다. 그동안 열린 회의는 회담 개최 기간의 본회의, 위원회, 기타 소회의를 합하면 950회에 이른다. 또한 일한 양측 인사의 방한과 방일 시의 회담, 회담 중단 기간 중의 상호 석방이나 기타 일한회담과는 다른 회합을 합치면 560회나 된다.

이날 발표된 사토 총리의 담화는 다음과 같다.

오늘 일한 국교정상화를 위한 제 조약이 조인되어 참으로 기쁘다. 이 교섭은 14년의 긴 세월 동안 이어졌지만, 일한 양 국민의 강력한 지원과 이해 아래 양국 정부의 끊임없는 노력으로 역사적인 이날을 맞이할 수 있었다.

나는 이 기회를 빌려 박 대통령을 비롯한 대한민국 정부 수뇌 및 교섭 당사자의 열정과 노력에 다시 한 번 깊은 경의를 표한다. 오랜 상호 관계의 역사를 가진 일의대수(一衣帶水) 관계에 있는 일한 양국이 각각의 입장을 존중하면서 선린우호의 길을 걷는 것은 매우 당연한 일이며, 이를 통해 양국의 번영과 아시아의 평화 안정이 한층 증진될 것을 확신한다.

이는 상호 이해의 정신을 가지면 어떤 이웃국가와의 관계도 우호적으로 조정할 수 있다는 하나의 모범을 세계에 과시했다고 생각한다.

정부는 향후 조약의 비준 절차를 신속하게 진행, 국민의 협력을 얻어 대한민국과의 선린우호관계를 강력하게 추진할 생각이다.

이날도 일한조약 반대시위가 벌어졌다. 6월 23일 자『요미우리신문』은 일본에서의 움직임과 관련, "일한조약에 반대하는 학생, 노동자들의 집회와 시위가 도쿄를 비롯한 오사카, 교토 등 전국 46곳에서 총 2만 9,000명(경찰청 조사)이 모인 가운데 펼쳐졌다. 도쿄에서는 3개의 시위대 총 1만 6,000명(경찰청 조사)이 속속 도심에 몰려 그중에서도 전학련, 반일공계(反日共係) 학생들은 히비야 공원에서 경찰과 충돌, 투석과 격렬한 몸싸움 끝에 경찰, 시위대 양측에서 100여 명의 부상자를 냈다. 경시청은 경찰 3,000명을 출동시켜 조인식장인 총리 관저와 외무성 주변에 대한 경계 태세를 보였는데, 히비야 공원에서의 난투 소동과 시위 과정에서 총 19명을 검거했고, 고베 등 각지에서 총 6명을 검거했다"고 전했다.『요미우리신문』은 또 서울 특파원발 기사를 통해 "일한 정식 조인을 '굴욕외교, 매국외교'라며 반대하는 한국의 학생시위는 전날에 이어 22일에도 서울을 비롯해 부산, 대구 등 전국에서 벌어졌다. 서울에서는 고려대, 연세대, 건국대, 동국대 등 12개 대학 3개 고등학교 학생 총 7천여 명이 각각 학내에서 집회를 연후 대부분이 교문을 나와 시위를 벌였다. 하지만 모두 대기 중이던 경찰에 의해 저지되고 일부는 경찰의 최루탄에 맞서 투석으로 응수하는 등 격렬한 시위를 벌였다. 이 소란에서 학생 600여 명이 경찰에 연행되었고, 학생, 경찰 양측에서 수십 명의 부상자가 나왔다"고 전했다.

6월 24일 오전 9시 30분부터 20분간 시나 외무대신과 이동원 외무부장관의 제3회 회담이 열렸다. 그 결과 다음과 같은 공동성명이 발표되었다. 이동원 외무부장관은 그날 귀국했다.

공동성명

1965년 6월 24일

일본국과 대한민국의 전권위원은 1965년 6월 20일 오후 5시 도쿄에서 「일본국과 대한민국 간의 기본관계에 관한 조약」, 「재산 및 청구권 문제의 해결 및 경제협력에 관한 일본국과 대한민국 간의 협정」, 「일본국과 대한민국 간의 어업에 관한 협정」, 「일본국에 거주하는 대한민국 국민의 법적지위 및 대우에 관한 일본국과 대한민국 간의 협정」, 「문화재 및 문화협력에 관한 일본국과 대한민국 간의 협정」 및 관련 문서에 대한 서명을 완료했다.

이 서명은 일본국의 전권위원 시나 에쓰사부로 외무대신 및 다카스기 신이치 일한 전면 회담 일본 정부 대표와 대한민국 전권위원 이동원 외무부장관 및 김동조 대한민국 특명전권대사 간에 행해졌다.

이 외무부장관은 이번 서명을 위해 6월 20일부터 24일까지 일본국을 방문, 그 기간 중에 시나 외무대신과 매우 우호적인 분위기 속에서 회담을 가졌다.

양국 외무장관은 다년간의 협상이 마침내 전면적으로 타결되어 이들 조약 및 협정이 서명된 것에 대해 깊은 기쁨과 만족을 표명했다. 양국 외무장관은 또한 그동안의 협상에서 이번의 성과를 이끌어내기 위하여 헌신적인 노력을 기울인 양국 정부의 모든 대표와 협상 관계자에게 깊은 경의와 감사의 뜻을 표명했다.

양국 외무장관은 일한 양국의 역사적 관계에 비추어 이번 제 현안의 해결 및 관계 문서의 서명은 양국 관계에서 획기적인 의미를 가진다는 점을 강조하고, 이를 통해 양국이 새로운 관계의 수립을 향해 첫걸음을 내디딘 것을 인정했다.

양국 외무장관은 이번에 서명된 조약 및 협정이 가능한 한 조속히 비준되기를 희망하고, 양국의 상호 이익을 증진하는 한 이번에 서명된 문서에 포함되지 않은 사항과 관련해서도 양국 정부가 상호 이해와 협조의 정신으로 논의해야 한다는 확신을 피력했다. 이 외무부장관은 재일한국인 자녀의 학교교육과 관계된 제반 문제에 대해 설명했다. 이에 대해 시나 외무대신은 현행 법령에 비추어 어떠한 것이 가능한지 계속해서 긍정적으로 검토하고 싶다고 말했다.

양국 외무장관은 가장 가까운 이웃나라인 일한 양국이 정의와 평등, 상호 존중의 원칙하에 긴밀하고 영구적인 우호관계를 증진하고 발전시켜, 양국의 상호 번영을 도모하겠다는 신념을 피력했다. 양국 외무장관은 이는 아시아, 나아가 세계의 평화와 자유세계의 번영에도 기여하는 것임을 인정했다.

(3) 조인 후 반향

6월 22일 한국의 정일권 총리는 "일한조약 제 협정의 체결은 양국의 과거를 청산하고, 평등과 호혜를 기반으로 한 새로운 역사적 출발의 계기가 될 것"이라는 취지의 담화를 발표했다. 6월 23일 박정희 대통령은 일한조약 제 협정 체결에 관한 특별담화에서 다음과 같이 말했다.

우리는 지금 바로 한일 간의 공동 이익과 공동 안전, 공동 번영을 모색하는 새로운 시대에 돌입한 것입니다. 양국은 단지 지리적으로 가깝다든지, 역사적으로 깊은 관계에 있었다든지 하는 이유에서만이 아니라 같은 극동의 자유국가로서 공동 운명의 길을 걷고 있습니다.

저는 우리 국민 중에 일한교섭 결과가 굴욕적이고 저자세라고, 또는 군사적, 경제국 침략을 자초하는 것이라고 비난을 하는 사람들이 있으며, 심지어는 매국적이라고 극언까지 하는 사람도 있음을 알고 있습니다. 그러나 만일 그들의 주장이 정말 우리가 다시 일본의 침략을 받는 것은 아닌지 걱정하고 경제적으로 예속되는 것을 두려워하는 데서 나온 것이라면, 저는 그들에게 반문하고 싶습니다. 왜 그렇게 자신이 없고, 피해의식과 열등의식에 사로잡혀, 일본이라고 하면 무조건 두려워하느냐고 말입니다. 일본인들과 대항하면 언젠가는 우리가 지고 만다는 열등의식으로부터 우리는 헤어나지 않으면 안 됩니다.

하나의 민족국가가 새롭게 부흥할 때에는 반드시 민족 전체가 넘치는 자신감과 용기, 긍지를 갖고 있어야 하며, 적극성과 진취성이 넘쳐나야만 합니다.

열등의식과는 반대로 국교가 정상화되면 당장 우리가 큰 이득을 얻는다는 천박한 생각도 우리에게는 절대 금물입니다. 따라서 한마디로 말해 일한 국교정상화가 앞으로 우리에게 좋은 결과를 불러일으킬지 불행한 결과를 초래하는지 그 열쇠는 우리의 주체의식이 어느 정도 건재한지, 또 우리의 자세가 얼마나 올바르고 우리의 각오가 얼마나 굳건한지에 달려 있습니다.

저는 이 기회에 일본 국민에게 한마디 밝혀두고 싶은 것이 있습니다. 과거 일본이 저지른 죄가 오늘날 일본 국민, 또는 요즘 세대의 사람들에게 모든 책임이 있다고는 생각하지 않습니다. 하지만 정식 서명이 행해진 이 순간에 침통한 표정과 착잡한 심정으로 과거의 구원(舊怨)을 억지로 억제하고 다시 손을 잡는 한국 국민의 기분을 단순히 간과하거나 결코 허술하게 생각해서는 안 될 것입니다. 앞으로 우리 양국 국민이 진정한 선린으로 우방이 될 수 있는지 여부는 금후에 달려 있습니다. 이번에 체결된 협정 문서의 조문 자체가 문제가 아니라, 앞으로 한국과 한국 국민에 대한 당신들의 자세와 성의 여부가 문제입니다. 우리가 그것을 주시하고 있다는 점을 잊지 말아주셨으면 합니다. 일본은 역시 믿을 수 없는 국민이라는 대일 불신감이 우리 국민의 가슴속에서 솟아나기 시작하면, 이번에 체결된 모든 협정은 아무런 의미도 가질 수 없습니다.

한국 정부는 7월 5일 홍보자료로서 『대한민국과 일본국 간의 조약 및 협정의 해설』을 발간했다. 이어 7월 6일 한국 정부가 후원하는 일한교섭 보고 강연회가 서울에서 열려 "기본조약이란 무엇인가"(연하구 외무부 아주국장), "반환되는 우리의 문화재"(이홍직 고려대 교수), "법적지위 협정과 교포의 미래"(이형호 법무부 법무국장), "청구권 자금"(김영준 경제기획원 기획차관보), "어업협정과 한국 수산업의 전도(前途)"(김명년 농림부 수산국장) 등에 대한 설명 강연이 있었다(이들 강연의 요지는 『서울신문』 7월 8일, 7월 10일, 7월 13일 자에 게재되었고, 같은 해 7월에 북동아시아과가 자료로서 번역, 출간했다). 한국 정부의 조약 비준을 위한 노력과 야당 등의 반대운동은 다음 장에서 개술(槪述)하겠다.

조인식 날(22일) 한국의 신문 사설을 보면, 『동아일보』는 「조인과 국민의 심정」이라는 제목으로 "예상된 것처럼 불행한 시작이 불만인 협상 끝에 마무리되었다. 평화선은 기국주의로 대체되었고, 법적지위는 그때그때 일본 정부의 온정에 의존하고, 청구권에 이르러서는 그 이름조차 발견할 수 없다. 우리 측이 희망하는 동북아 군사동맹은 일본이 꿈에도 생각하지 않고 있다는 것이 이미 밝혀졌다. 기국주의나 경제원조의 운영 과정에서는 일본 측의 발언권이 절대적인 것이 될까 걱정된다"고 주장했다. 『조선일보』는 23일 「잊을 수 없는 반세기의 원한」이라는 제목으로 "'화해의 을사조약'으로 할 것인지, '치욕의 을사조약'으로 할 것인지는 조약문서 자체에 있는 것이 아니라, 조약을 받아들이는 국민의 민족의식의 건재 여부에 달려 있다. 마음에 든든한 것은 한일회담 반대를 위해 궐기한 젊은 학생들의 건전한 민족의식이며, 이것이 상실되지 않는 한 조금도 일본을 두려워할 필요는 없다"고 말했다. 『한국일보』는 23일 「한일협정 체결과 국가적 시련」이라는 제목으로 "60년 만에 되찾은 일본과의 국교정상화를 눈앞에 두고 일본에 말해두고 싶은 것이 있다. 첫째, 미래의 한일관계는 일본이 한국에 행동으로 그 죄업을 보상하는 것이 그 출발의 전제이지 않으면 안 된다는 점이다. 둘째, 일본은 한국의 국민감정은 이성에 의해 억제되고 있지만, 미지의 폭발성을 갖고 있다는 것을 알아야 한다는 점이다"라고 밝혔다.

한편, 일한조약 체결에 대해 러스크 미 국무장관은 23일 성명을 발표, "미국은 일한 양국이 매우 건설적이고 중요한 조치를 취하는 취지의 결정을 한 데에 만족하고 있다. 이것은 양국 간 상호 이익을 가져올 뿐만 아니라, 아시아의 자유국가들의 강화에 기여할 것으로 믿는다"고 말했다. 영국과 독일 외무부 대변인도 환영의 담화를 발표했다. 이에 대해 북조선의 정부 성명을 비롯한 소련과 중공의 신문, 방송은 일한회담의 타결은 조선의 분할을 영구화하고 미 제국주의가 행하는 아시아 정책의 일환이라고 일제히 비난했다.

9. 서울에 개설된 일본 정부 재외사무소

6월 21일 시나 외상과 이동원 외무장관의 회담에서 시나 외상은 "서울에 일본 정부의 재외사무소를 개설하는 것과 관련해 이를 이번 공동성명에서 발표하고 싶다"고 말했다. 이에 대해, 이동원 외무부장관은 "한국의 국민감정도 있으므로 신중하게, 그러나 호의적으로 청훈(請訓)하겠다"고 대답했다. 이튿날인 6월 22일 제2회 외무장관 회담에서 이동원 외무부장관은 "조인 후 서울에 일본의 재외사무소를 설치하는 데 동의하지만, 이를 공동성명에서 발표하는 것은 자제했으면 좋겠다. 재외사무소 설치를 위한 교환공문의 필요성 등에 대해서는 사무적으로 검토하겠다"고 말했다. 이에 대해 일본 측은 "평화조약 발효 시의 재외사무소 상호 설치에 관한 교환공문이 살아 있기 때문에 새롭게 교환공문을 교환할 필요는 없다고 생각하지만, 추가적으로 연구하겠다"는 취지를 언급했다.

당시 논의에 기초해 일본 정부는 6월 22일 자로 한국 정부 앞으로 일본 정부 재외사무소를 서울에 설치하는 내용의 구상서를 보냈다(실제 송부 일자는 한국 측과 절충한 결과 지연됐다). 일본은 정령 제220호로서 일본 정부 재외사무실 증치(增置)령을 공포하고, 당일 관보(官報) 호외에 다음과 같이 게재했다.

정령 제202호

1965년 6월 22일 공포

일본 정부 재외사무실 증치령

내각은 일본 정부 재외사무소 설치법(쇼와 25년 법률 제105호) 제2조 제2항의 규정에 따라 이 법령을 제정한다.

다음의 표에 제시한 일본 정부 재외사무소를 증치한다.

부칙

이 정령은 공포한 날부터 시행한다.

이때 마에다 외무대신 관방조사관(官房調査官)(서울에 장기 출장 중이었지만, 전기한 바와 같이 조인 전 협상 지원을 위해 귀국했다), 미타니 시즈오(夫三谷靜) 아시아국 조사관(1965년 2월 이후 서울에 출장 체재)이 22일 자로 참사관으로 임명되어, 서울에 개설된 일본 정부 재외사무소의 근무를 명받았다. 그리하여 서울에 외무성 직원이 릴레이식으로 출장하는 시기가 끝나고 정식으로 임명된 외무성 직원이 주재하는 단계에 들어갔다. 하지만 국내에서 일한회담 반대운동이 강했기 때문에 한국 측이 동사무소의 정식 개설 승인을 한국 국회에서 일한조약 제 협정의 비준이 이루어진 후로 연기했고, 이에 대해 일본 측은 계속 독촉을 해왔다. 이어 9월 8일 한국 정부의 국무회의가 겨우 원칙적인 양해를 제공했다. 이후 9월 11일 한국 신문에는 다음과 같이 보도되었다.

정부는 비준서 교환 전에 일본의 주한 재외사무소를 설치하도록 8일 국무회의에서 '원칙적인 승인'을 했다. 이 같은 정부의 결정은 일본 정부에 통보되었다. 일본 정부의 준비가 끝나면 외교 특권을 가진 일본의 주한 재외사무소가 설치되어 비준서 교환 시까지 일본 정부의 외교관계 업무를 수행한다. 일본 정부는 정식 서명 후 한국의 주일 대표부와 같은 재외사무소의 설치를 강력하게 요구해왔지만, 정부는 한일협정 반대를 비롯한 국내 사정을 이유로 이를 보류해왔다. 이번 정부의 '원칙적 승인'은 국교정상화를 앞두고 대일 청구권 도입 준비 등 그 업무가 크게 증가함에 따라, 현재 일본 외무성 파견관의 신분과 조건으로는 그 업무를 수행할 수 없는 점을 고려하여 취한 조치이다.

이에 따라 9월 20일 한국 정부는 다음과 같은 내용의 구상서(한국어)를 일본 정부에 보내왔다. "대한민국 정부는 1965년 6월 22일 자 외무성 구상서에 의해 제기된 일본 정부의 사무소가 일한 양국 간의 외교관계가 수립되어 주한 일본대사관이 설치될 때까지 임시로 동 대사관 설치 준비 등을 위해 설치된다는 양해 하에 동사무소 설치에 동의한다." 이 구상서(한국어)에 첨부된 영어 번역문은 '서울에 있는 일본 정부 재외사무소'를 'the Japanese Government Agency in Seoul'이라고 번역했다. 이 같은 한국 측의 통보를 받은 날, 9월 20일 자로 마에다 참사관이 공식적으로 서울에 일본 정부 재외사무소장으로 명받았다.

또 재외사무소 처우상의 제반 문제에 대해서는 9월 28일 최광수 동북아주과장으로부터 재외사무소 앞으로 다음과 같은 통보가 전해졌다.

1. 귀 사무소의 위상 및 동 소원의 대우 문제는 1952년 4월의 교환공문에 따른 형태로, 또 주일 대표부가 사실상 종합적인(comprehensive) 외교활동을 허용받고 있다는 점, 그리고 귀 사무소의 실제 활동에 지장을 주지 않는다는 점을 고려하여 결정, 상사의 결재를 거쳤으므로 다음과 같이 통보한다.
(1) 국기는 국교정상화까지 게양하지 않는 것으로 한다.
(2) 간판은 당분간 내걸지 않기로 하지만 국내 사정이 변해 한일 중 하나가 적당한 시기가 왔다고 인정하는 경우에는 협의한다.
(3) 자동차 번호판은 당분간 현재대로 하지만, 가능한 빨리 관용차(official car)로서 적당한 것으로 전환한다(간판 정도의 문제로 연기되지는 않을 것이다).
(4) 사무소 소원(所員) 수를 제한할 의향은 없으며, 1~2명의 증원은 문제가 안 되지만 일거에 급하게 되어서는 곤란하다.

(5) 비자 업무는 국교정상화까지는 기존대로 주일 대표부를 통해 모두 행하기로 한다. 영사 업무도 당분간은 기존 정도로 하는 것을 양해한다.

(6) 외교단 리스트에 등재하지만(11월 말 발행 예정), 첨부된(annex) 것으로 한다.

(7) 신분증은 서울에 있는 일본 정부 사무소원 증명서와 같은 특별한 것을 4~5일 내에 발급한다. 발급과 동시에 관계 정부기관에 일반 외국 영사관 관원과 같은 대우를 제공하도록 외무부가 지시한다[이로써 (가) 공용 및 소원 사용물품의 수입 관세 및 검사 면제, (나) 야간 통행증 및 공항 램프버스, (다) 전화 증설, (라) 외화 계좌 등 제 문제는 스스로 해결한다].

(8) 귀 사무소의 외무부 부내 및 기타 정부기관과의 교섭은 모두 외무부 아주국을 창구로 하길 바란다.

(9) 한국 정부와의 통신(correspondence)은 국교정상화까지는 가급적 기존대로 구두 형식의 것을 기대한다(구두에 한정하는 것은 아니지만 국내 사정으로 가능하면 눈에 띄지 않도록 하길 바란다).

(10) 귀 사무소 개설과 관련, 외무성이 현지 외교국에 통지하는 것은 곤란하다(일본 측이 통보하는 것을 안 된다고는 말할 수는 없지만 국내 사정, 사무소의 성격 등을 고려하여 비공식적인 형식으로 하길 희망한다).

2. 귀 사무소 소장의 임명과 관련, 주일 대표부를 통해 정식으로 통보하길 바란다.

서울에 있는 일본 정부 재외사무소는 국교가 재개되고 대사관이 개설된 날 다음의 정령에 의해 폐지되었다. 6월 22일 당시 서울에 있는 외무성 출장직원은 4명이었고, 12월 18일 대사관 개설 당시 재외사무소 근무자는 6명이었다.

정령 제371호

1965년 12월 16일 공포

일본 정부 재외사무소 증치령을 폐지하는 정령

내각은 일본 정부 재외사무소 설치법(1950년 법률 제105호) 제2조 제3항의 규정에 따라 이 정령을 제정한다.

일본 정부 재외사무소 증치령(1965년 정령 제220호)은 폐지한다.

부칙)

이 정령은 일본국과 대한민국간의 기본관계에 관한 조약의 효력 발생일부터 시행한다.

XIV

일한조약 제 협정의 비준과 국교정상화

1. 한국 국회의 비준

(1) 일한조약 제 협정 비준에 관한 동의안 및 제안 설명

일한 제 협정을 조인한 후 박정희 대통령은 6월 25일, 7월 2일 양일간 정구영(鄭求瑛) 민주공화당 의장, 정일권 국무총리, 김종필 의원 등과 비준 국회 대책을 검토했다. 박 대통령은 정구영 공화당의장을 비롯한 당무위원 전원과 국무총리, 외무부·내무부·공보부·문교부·법무부·농림부 각부 장관이 참석한 당정 합동회의에서 제51회 국회(7월 12일~8월 10일)에서 일한조약 비준을 강행한다는 방침을 확인했다.

1965년 7월 12일 한국 정부는 아래와 같은 일한조약 제 협정의 비준에 관한 국회 동의안을 제51회 국회에 제출했다.

1965년 6월 22일 일본 도쿄에서 서명된 대한민국과 일본국 간의
조약과 제 협정 및 그 부속 문서의 비준에 관한 국회 동의안

① 국회의 동의 대상 조약 및 협정과 그 부속 문서

(가) 기본관계에 관한 조약

(나) 일본국에 거주하는 대한민국 국민의 법적지위와 대우에 관한 협정

(다) 어업에 관한 협정 및

(1) 부속서

(2) 합의의사록

(3) 직선기선 사용의 협의에 관한 교환공문

(4) 제주도 양측의 어업에 관한 수역에 관한 교환공문

(라) 재산 및 청구권에 관한 문제의 해결과 경제협력에 관한 협정 및

(1) 제1의정서

(2) 제2의정서

(3) 제1의정서의 실시 세목에 관한 교환공문

(4) 협정안 1조 1항 (6)의 규정의 실시에 관한 교환공문

(5) 차관 계약〔(4)항 실시를 위한 기본 계약〕

(6) 상업적 민간 신용 제공에 관한 교환공문

(7) 합의의사록(I)

(8) 합의의사록(II)

(마) 문화재 및 문화협력에 관한 협정 이행 부속서

(바) 분쟁 해결에 관한 교환공문

② 제안 이유

(가) 정부는 한일 양국 간에 개재하는 현안 문제를 해결하기 위해 1951년 10월 이후 한일 전면 회담을 통해 일본 정부와 외교교섭을 진행해왔다. 이 교섭에서 정부의 기본 목적은 일본의 강제 점령에 의한 바람직하지 않은 과거를 청산, 주권의 상호 존중과 호혜 평등에 입각해 국교를 정상화하려는 것이며, 나아가 자유진영의 결속을 강화함으로써 아시아의 안전과 세계 평화에 기여하고자 하는 것이었다.

(나) 한일 전면 회담의 주요 의제는 기본관계, 재산 및 청구권, 재일한인의 법적지위와 처우, 어업 및 문화재 같은 제 문제인바, 정부는 이 같은 제반 현안을 정의와 형평의 원칙에 따라 해결함으로써 우리 국가와 국민의 최대의 권익을 확보하고자 최선의 노력을 경주해왔다. 각 현안 문제의 성격과 기본적인 문제점은 다음과 같다.

(1) 기본관계

일본의 36년간에 걸친 한국의 강제 점거는 제2차 세계대전에서의 일본의 패전으로 종결되고 우리 한국은 주권을 회복했다. 한편, 일본은 패전 후 연합군의 점령하에 있었지만, 1952년 4월 28일 샌프란시스코 대일 평화조약의 발효에 의해 독립을 회복했다.

따라서 양국 간에는 일본의 한국 불법 점거로 인해 발생한 현안 문제를 해결하고, 일본의 과거 한국 점령이 불법이었음을 확인하는 동시에, 더욱이 우리 정부가 한반도에서의 유일한 합법 정부임을 확인시켜 북한과의 관계에서 있을 수 있는 모든 외교적 관계를 봉쇄함으로써 자유민주주의에 대한 신봉(信奉)을 함께하고, 이웃나라로서 주권의 상호 존중과 호혜평등에 입각한 국교를 수립할 필요가 생긴 것이다.

(2) 재일한국인의 법적지위

현재 일본에는 제2차 세계대전 종결 이전에 일본 정부에 의한 징병, 징용 같은 강제 징발 또는 기타 사정으로 일본으로 건너가 계속해서 생활의 토대를 일본에 두고 있는 우리 한국 국민 또는 그 자손이 약 60만에 달하고 있다. 정부는 이들이 일본에서 법적지위를 보장받고 안주하도록 하기 위해 일반 외국인보다 유리한 특수 지위를 확보하고, 또 이에 상응하는 유리한 대우, 즉 일본의 교육, 생활보호 및 국민건강보험 같은 사회보장의 이익을 확보하려는 것이다.

1952년 4월 28일 샌프란시스코 대일 평화조약의 발효에 앞서 일본어선의 어로 제한구역이었던 맥아더 라인의 철폐를 예상하고, 또 동 조약 제9조에 따라 우리 한국과 일본 간의 어업에 관한 조약을 체결해야 한다는 일본의 의무가 발생한 후, 우리 정부는 어업협정 체결을 제의함으로써 발달된 장비와 기술을 겸비한 일본어선의 어업자원 남획을 억제하고 어족을 보호해 우리 어민의 안정되고 지속적인 어로를 보장하길 도모했지만, 일본은 이에 응하지 않았다. 따라서 일본어선의 남획을 방지하고 어족을 보호해야 한다는 목적에서, 정부는 우리 한국 주변 해역에 평화선을 선포한 바 있다.

평화선 선포는 한일 간의 어업협정이 체결되지 않은 한도 내에서의 규제조치로서, 그 후 회담에서는 이 해역에서 어업자원의 지속적인 생산성을 최대한 확보하고, 또 장비와 기술이 일본에 비해 뒤떨어져 있는 우리 어민의 이익을 최대한 확보한다는 대원칙 아래 조약에 의해 일본어선의 남획을 효과적으로 실효성 있게 저지하는 방책을 우리 한국 이익의 극한점에서 규제한 것이다.

이에 따라 평화선 선포가 목적으로 한 정책적인 면을 본 협정에 구현한 것이다.

(4) 재산 및 청구권

제2차 세계대전에서의 일본의 패전으로 인해 우리 한국은 일본에 대해 각종 재산 및 청구권을 가지기에 이르렀다.

이 같은 우리의 청구권은 샌프란시스코 평화조약 제4조의 규정에 의해서도 확인된 바 있다.

(단, 우리 한국은 샌프란시스코 평화조약 제14조에 규정된 대일 배상권의 혜택은 받지 못했다.)

따라서 정부는 이 같은 대일 청구권을 우리 이익을 최대한 확보하면서 우리 한국의 경제 재건과 발전을 달성하는 데 활용하려고 한 것이다.

대일 청구권 해결 교섭에서 가장 문제가 된 점은 일본의 보상금을 도입하는 방법과 절차에 관한 것이었지만, 우리 경제 발전에 가장 효과적으로 사용할 수 있도록 하기 위해 일본의 간섭을 배제하고 우리 정부가 자체적으로 시행할 수 있는 방책을 세우는 것에 최대의 노력을 경주하고, 이를 협정에 반영시킨 것이다.

(5) 문화재

문화재 문제는 과거 일본이 한국을 강제로 지배하기 시작한 1905년(을사보호조약이 체결된 해) 이후 한국에서 불법적으로 부당하게 반출한 우리 문화재를 현물로 반환하도록 요구한 것이다.

문화재에 관한 협정 부속서에 열거된 것과 같은 문화재를 이번에 반환받게 되어 있다.

(다) 상기한 바와 같은 현안 문제를 둘러싸고 한일 전면 회담은 1951년 10월에 시작되어 이후 만 13년 반 동안 일곱 차례에 걸쳐 회담을 거듭해왔다.

그동안 여러 우여곡절이 있었지만, 1957년 12월 31일에 회담의 의제, 일본의 이른바 대한국 청구권의 철회 등에 관해 문서 합의가 있었고, 1965년 2월 20일에는 기본관계에 관한 조약의 가조인이 서울에서 있었고, 같은 해 4월 3일에는 청구권, 법적지위 및 어업 등의 현안에 관해 양국의 외무부장관과 농림부장관 간에 대강의 합의가 이루어졌다.

바로 이어 열린 양국 대표 간의 회담에서는 '합의사항'을 기초로 하여 조약문안 작성 작업이 진행되어, 6월 22일에는 (1) 기본관계에 관한 조약 (2) 일본국에 거주하는 대한민국 국민의 법적지위와 대우에 관한 협정 및 그 부속 문서 (3) 어업에 관한 협정 및 그 부속 문서 (4) 재산 및 청구권에 관한 문제의 해결과 경제협력에 관한 협정 및 그 부속 문서 (5) 문화재 및 문화협력에 관한 협정 및 그 부속 문서 등이 한일 양국의 전권위원 간에 일본 도쿄에서 정식으로 서명됐다.

③ 주요 골자

전항의 제안 이유에서 설명한 입장에 기초하여 다음과 같은 각 조약이 체결되었다. 각 조약의 내용을 보면,

(가) 기본관계에 관한 조약

외교 및 영사관계 수립, 합방조약과 그 이전의 모든 조약 및 협정의 무효 확인, 대한민국 정부의 한반도에서의 유일한 합법성 확인, 무역·통상·해운 협정 체결 원칙 등을 규정하고 있고, 비준서 교환을 통해 발효하게 된다,

(나) 재일 교포의 법적지위 및 대우에 관한 협정

교포에 대한 영주권 부여, 사회보장제도의 혜택 부여, 귀국 시 재산 반출권 인정 등을 규정하고, 비준서 교환 30일 후에 발효한다.

(다) 어업에 관한 협정

전관수역과 공동 규제수역의 설정, 잠정적 어업 규제조치의 실시, 단속 및 재판 관할권, 공동 자원 조사구역의 설치, 공동위원회와 상설 사무국의 설치 운영, 분쟁 해결 등을 규정하고 있으며, 비준서 교환을 통해 발효, 발효기간은 5년으로 하고 있다.

(라) 청구권 및 경제협력에 관한 협정

무상 3억 달러와 장기저리 차관 2억 달러의 제공, 모든 청구권의 해결 확인, 제공되는 생산물의 내용, 구매 기관 및 방법, 계약에 관한 분쟁의 해결 방법, 사절단, 실시계획, 민간 신용 제공과 이에 수반되는 차관 계약, 청산계정 잔액의 처리 등을 규정하고, 비준서 교환일에 발효한다.

(마) 문화재에 관한 협정

문화협력의 일반 원칙, 문화재의 인도, 문화재의 보관 및 연구 등을 위한 시설의 상호 이용 등을 규정하고, 비준서 교환일에 발효한다.

④ 참고사항

(가) 국회 동의안 심의를 위한 참고자료로서 다음과 같은 부속 문서를 별첨한다.

(1) 대한민국 국민의 법적지위와 대우에 관한 협정에 대한 합의의사록과 토의 기록

(2) 어업에 관한 협정에 대한 어업협력에 관한 교환공문, 표지에 관한 교환공문, 외무부장관의 일방적 성명, 농림부장관의 일방적 성명, 조업의 안전과 질서 유지에 관한 외무부 아주국장 간의 왕복서한 및 토의 기록

(3) 재산 및 청구권에 관한 문제의 해결과 경제협력에 관한 협정에 대한 합동위원회에 관한 교환공문

(4) 문화재 및 문화협력에 관한 협정에 대한 합의의사록 및 문화재 인수에 관한 양국 대표 간의

왕복서한

(5) 법적지위와 대우에 관한 협정 조인 시 일본국 법무대신의 성명문과 동 법무성 입국관리국장의 담화문

(2) 심의 경과

7월 14일 국회 본회의가 여야 의원 간의 난투극 속에서 여당 측의 강행으로 1분간 개회되었다. 이때 장경순(張坰淳) 부의장은 7월 12일 정부로부터 제출된 상기 동의서가 국회에 제출되었다는 점과 이를 외무위원회에 회부했다는 것을 말하고 산회했다(베트남 지원 국군 부대 증파에 관한 동의안도 동시에 제출되어 국방위원회에 회부됐다).

외무위원회는 7월 15일 이 안을 받아 7월 16일 위원회에 상정했다(야당 의원 불참). 그간의 경과를 『합동연감』 1966년판은 다음과 같이 기록하고 있다.

사진 41 한일조약의 국회 비준에 앞서 한국의 정부 및 여당은 전국을 순회하며 한일회담 대국민설명회를 열었다. (출처: 국가기록원)

여야 협상이 결렬되자 공화당은 7월 14일 밤 8시 40분쯤 소속 의원 거의 전원을 동원, 의장 단상과 통로에 바리케이드를 쌓았다. 야당 의원들이 이효상(李孝祥) 의장의 등단을 방해하고 있는 동안, 장경순 부의장으로 하여금 비준 동의안을 불과 2분간 본회의에 보고하도록 발의했다. 이때 야당 의원들은 단상에 날아 올라가 약 20분간 여야 간에 집단 난투극을 연출했다. 민중당의 박찬(朴燦), 방일홍(方一弘) 서민호(徐玟濠), 김상흠(金相欽), 김재광(金在光) 의원 등이 가벼운 부상을 당했다. 야당은 기습적인 강행 체결이므로 무효라고 주장, 19일 비준 동의안 반려 결의안을 제출했다.

이에 따라 민중당 의원들은 15일 의원총회를 열어 의원직 사전 사퇴서를 받을 것을 결의했다. 그러나 사퇴 신청서 제출 시기에 즉각 총사퇴하자는 강경파와 저지 투쟁이 실패했을 때 신청서를 제출하자는 온건파가 대립했는데, 박순천(朴順天) 대표최고위원에게 일임하기로 했다.

이후 야당이 국회 심의 보이콧을 계속했기 때문에 20일 박정희 대통령은 박순천 민중당 대표위원과 회담, 제51회 임시국회는 21일로 폐회하기로 하고 제52회 임시국회를 열어 이 안과 베트남

파병안을 상정하기로 했다.

제52회 국회는 7월 29일에 개회했다. 외무위원회는 이날 「한일조약 및 제 협정 비준동의안 심사 특별위원회 설치에 관한 결의안」〔구성원 수 28명, 그중 공화당 17명, 민중당 10명, 무소속 1명, 위원장은 민관식(閔寬植)〕을 가결하고, 30일 운영위원회가 이를 원안대로 통과시켜 31일 그것이 본회의에 보고되어 심사특별위원회 위원이 선임됐다.

동 위원회는 7월 31일부터 8월 11일까지 열 차례 열렸다. 이 가운데 제2회 위원회에서는 위원장, 간사 선임, 전문위원 파견 요청 건이 논의되었고, 제3회 위원회에서는 한일조약 비준 동의안 환송 동의안을 둘러싼 논의가 진행됐다(이 안은 부결됨). 제4회 위원회에서는 심사 안건이 없었다. 제6회 위원회에서는 위원회 운영에 관한 건이 논의되었다. 따라서 실제로 조약 제 협정에 대한 논의가 이루어 것은 8월 5일, 8일, 9일, 10일, 11일에 불과했다. 11일 심야에 열린 위원회에서 조시형(趙始衡) 위원(민주공화당)이 "질의를 종결, 토론을 생략하고 비준 동의를 정부 원안대로 일괄 통과시키는 데 동의합니다"라고 동의하자마자 이 동의안은 소란한 와중에 거수 표결로(찬성 16표) 통과됐다.

표결을 강행할 때 야당 의원 10여 명은 "기습 강행 사회(司會)"를 외치면서 일제히 항의, 테이블을 박차고 사회석으로 달려들었지만, 사회석을 지키던 민주공화당 의원들에게 저지당했다. 회장은 일순 아수라장으로 변했다. 8월 12일 민중당은 의원 총회를 열어 총사퇴를 결의하고 미리 받아둔 61명의 의원 사퇴서를 이효상 국회의장에게 제출했다.

본회의에서는 8월 13일 야당이 불참한 가운데 민주공화당 의원 110명, 무소속 2명이 참석해 본 안이 상정되었다. 민관식 한일협정 비준동의안 심사특별위원장이 심사 경과 및 결과 보고를 하고, 이어 이동원 외무부장관이 제안 설명을 했다. 8월 14일 이 안에 대한 심의가 이뤄진 후 이 안은 재석의원 111명 가운데 찬성 110표, 기권 1표로 가결됐다. 따라서 이 안에 대한 실질적인 논의가 진행된 것은 심사특별위원회에서 5일, 본회의에서 1일 총 6일이었다.

앞서 제52회 국회에서 김동환(金東煥) 외무위원회 위원장은 8월 14일 심의 경위를 보고했는데, 그때 다음과 같이 말했다.

7월 14일 야당은 정부의 보고 자체를 접수하지 않는다는 태도를 보였고, 우리는 정부 제출 안건인 만큼 법에 기초해 처리하려고 하여 충돌하는 불상사까지 일어났다.

국회의원 간 및 여야 간의 근본적인 견해 차이로 인해 국회의 정상적인 운영을 기할 수 없었다. 따라서 그동안 양당 영수회담을 통해 헌정 질서를 지키고자 하는 중대한 문제에 대해 협의하고 합의를 보았다. 제51회 국회를 마치고 제52회 국회를 7월 29일에 소집, 개회했다. (중략) 야당의 제의에 따라 본회의에서 만장일치로 특별위원회를 구성했지만, 야당의 사정에 의해 며칠 공전했다. 민관식 특별위원회

위원장은 야당 측과 접촉해 야당 측이 진지한 토론을 한다면 시간제한 없이 연장한다고까지 제안했지만, 야당은 이를 거부했다.

야당 의원이 없는 본회의에서 우리만으로 이런 중대한 문제를 처리하기에 이른 것은 유감이지만, 민주공화당으로서는 국제적인 여건과 우리 한국의 입지 조건으로 볼 때 시간을 지연시키더라도 더 이상 유리한 내용으로 협정을 체결할 수 있다고는 판단할 수 없으며, 그 행동의 옳고 그름은 후세의 국민과 역사가의 비판을 기다릴 수밖에 없다.

한편, 일한조약 제 협정의 국회 심의 중에 비준 반대를 주장하는 민중당 내 강경파의 리더 격인 윤보선, 서민호, 김도연, 정일형 등 의원 8명이 탈당 신고서를 제출, 8월 13일부터 9월 2일까지 이들 의원의 자격상실이 국회에 보고됐다. 이에 따라 9월 제53회 정기국회(1965년 9월 1일부터 12월 29일까지) 개회 시 재적 의원은 민주공화당 110명, 민중당 53명, 무소속 4명이었다. 9월 초 여야 접촉 시에 민중당 내 온건파가 국회 복귀에 반대하지 않는다는 의향을 표명함에 따라 9월 13일 국회 본회의에서는 민중당 의원 53명의 의원직 사퇴서 수리 건은 부결, 환송됐다. 10월 들어 민중당 의원도 국회에 출석했다.

10월 12일 민중당은 일한협정 비준 재심 결의안을 국회에 제출했다. 운영위원회에서는 14일 제안자인 서범석(徐範錫) 의원이 제안 이유를 설명했다. 서 의원은 "비준심사특별위원회가 표결 시에 공화당 소속 16명이 전원 찬성했다고 보고했지만, 실제로는 4명 외에는 손을 들지 않았기 때문에 불법이며 잘못된 결의"라면서 이를 특별위원회에 반송하고 다시 심사해야 한다고 주장했다. 이에 대해 운영위원회는 민관식 특별위원장의 증언을 듣기로 했지만, 민 의원은 "특별위원회가 해체되었기 때문에 공적인 증언을 할 수 없다"고 증언을 거부했다. 이에 따라 비준 재심 결의안은 일주일간의 공전 끝에 폐기됐다.

(3) 제안 이유 설명

8월 13일 제52회 국회에서 이동원 외무부장관이 행한 「한일조약 비준 동의안 제안 이유 설명」은 다음과 같다.

그 후 정부의 한일문제 처리에 대해 항상 애국적인 견지에서 걱정해주고, 또 도움을 주거나 때때로 경고해준 야당 의원들이 출석하지 않은 채 오늘 제안 설명을 하는 것은 매우 유감스럽게 생각합니다. 제가 교섭 과정에서 견지해온 정부의 기본 입장과 교섭의 경위를 밝히고, 각 문서의 내용을 설명하게 된 것을 영광으로 생각합니다.

오랜 교섭을 거쳐 조인되고 비준 동의를 요청하게 된 조약과 제 협정은 우리 민족으로서 참기 어려운 아픈 과거를 청산하고, 이 토대 위에서 주권 상호 존중과 호혜평등의 원칙에 입각해 한일 양국 간의 국교를 새롭게 개설하려는 데 그 목적이 있습니다. 이러한 의미에서 이것은 실로 우리 민족 역사에서 중요한 의의를 갖는 것입니다.

한일회담은 1951년에 시작된 이래 일곱 차례에 걸쳐 회담을 거듭해 14년 가까이 걸린 것으로, 20세기 외교사상 양국 간의 교섭으로서는 유례가 없는 장기간의 교섭 결과 타결된 것입니다. 그동안 역대 정부도 회담 타결의 필요성에 대해서는 한마음으로 인정하고 교섭을 진행해왔으며, 역대 정부의 회담 타결을 위한 그러한 노력을 현 정부가 이어받아 마무리를 짓게 됐습니다.

이처럼 오랜 시일에 걸쳐 교섭을 진행해오는 동안 국제적 정국의 큰 흐름은, 특히 최근에 이르러 자유민주주의를 신봉하는 국가 간의 결속을 더욱 촉진하고 있고, 이러한 견지에서 한일 간 국교를 정상화하는 것이 우리의 번영과 아시아의 안전을 위해 필요했던 것입니다.

정부는 한일회담을 추진함에 있어 이러한 국제 정세의 움직임에 대응하면서도, 우리 국가와 국민의 권익을 최대한 확보하기 위해 쉼 없는 노력을 해왔습니다. 이러한 긴 교섭에서 정부가 취해온 기본 입장은 일본으로 하여금 과거의 침략적인 근성을 버리게 하고, 과거의 일을 유감스러운 일이라고 생각하게 하고, 불행했던 역사를 청산하고, 우리 민족정신을 높이고, 우리의 모든 권익을 최대한 확보함과 동시에, 공정공평과 호혜평등에 입각한 새로운 관계를 맺지 않으면 안 된다는 것이었습니다.

정부는 우리 국민이 갖고 있는 일본에 대한 감정과, 회담에서 무엇을 어떻게 우리 국민이 바라고 있는지를 항상 인식함과 동시에, 역사를 통해 얻은 과거 일본과 맺었던 관계의 체험을 충분히 염두에 두고 교섭을 해왔습니다.

한일 양국 간 국교정상화는 특정인의 이익을 위한 것이 아닙니다. 국가와 전 국민의 이익을 확보하려는 것입니다. 정부는 어디까지나 전 국민적인 기초 위에서 국민 이익의 추구를 목표로 협상을 해왔으며, 이러한 국가 이익에 부합하는 한, 국민의 어느 계층이든 그 주장과 요망을 받아들이고, 이를 최대한 반영, 관철하는 데 최선의 노력을 다했습니다.

지금까지의 교섭 내용에 대해서는 정부가 그때마다 의원들에게 상세히 보고하고 의원 여러분의 요구를 성실히 수용해 이를 반영시키려고 최선의 노력을 기울여왔습니다. 이번에 체결된 제반 합의문서는 여러분이 지적한 많은 점을 보완해서 타결한 것이라고 믿습니다.

저는 의원 여러분이 한일 양국 간의 잘못된 역사가 언젠가는 청산되고, 그 기초 위에서 새로운 역사를 수립해야 한다는 객관적인 필연성을 가장 잘 이해하리라 믿고 있습니다. 이 조약과 협정은 국가 민족의 먼 앞날을 내다보는 대국적인 견지에서 심의할 것이라고 믿습니다.

정부가 비준 동의를 요청하기 위해 국회에 제출한 한일조약 및 협정은 기본관계에 관한 조약, 일본에 거주하는 대한민국 국민의 법적지위 및 대우에 관한 협정, 어업에 관한 협정, 재산 및 청구권 문제의 해결과 경제협력에 관한 협정, 문화재 및 문화협력에 관한 협정과 이들 조약 및 협정의 부속 문서입니다.

먼저 기본관계에 관한 조약에 대해 설명하겠습니다. 기본관계조약은 양국 간 관계를 규정하는 기본적인 합의문서로서 양국 간 불행했던 과거를 청산하고 새로운 미래 관계를 수립하고자 하는 데 그 목적이 있습니다. 정부는 우리 한국이 일본과 국교를 개설함에 있어 무엇보다도 먼저 일본이 과거의 행동을 유감스러운 일이라고 생각하고, 우리 국민이 용인할 수 있는 내용에 따라 협정이 타결되어야 한다는 기본적인 입장을 명확히 하고 이를 견지한 것이며, 이러한 우리의 주장이 관철됨으로써 이 조약이 조인된 것입니다.

기본관계조약에서는 먼저 합의문서의 명칭과 형식을 어떻게 할 것인지를 논의했는데, 일본은 처음에는 단순한 미래의 관계만을 규정하는 공동선언을 주장했지만, 우리는 치욕적인 구한말의 여러 조약을 무효로 해서 과거를 청산하고 양국의 기본적인 새로운 관계를 규율하는 문서인 만큼 '기본조약'으로 해야 한다는 주장을 시종일관 강력하게 주장, 결국 우리의 입장을 관철시켰으며, 특히 조약 내용의 핵심인 구조약 무효 확인 조항에 의해 반세기 가까이 뼈에 사무친 불행한 역사를 청산했습니다.

다시 말하면, 과거 대한민국과 일본국 간에 맺어진 모든 치욕적인 조약은 민족의 정기가 살아 있는 한 당연히 무효로 하지 않으면 안 된다는 민족적 요구를 주장, 관철하는 한편, 대한민국 정부가 한반도에서 유일한 합법 정부임을 일본으로 하여금 명확하게 확인시킴으로써 우리의 국제적 위상을 한층 더 선양했을 뿐만 아니라, 일본의 외교에서 양면(兩面) 정책의 가능성을 봉쇄하도록 한 것입니다. 이로써 양국은 불행했던 과거를 청산한 토대 위에서 서로 주권을 존중하고 호혜평등의 원칙에 따라 공동의 번영을 추구하는 새로운 역사의 첫걸음을 내딛는 길을 만들었습니다.

다음으로 재일한국인의 법적지위와 대우에 관한 협정에 대해 설명하겠습니다.

현재 일본에 거주하고 있는 60만에 달하는 재일한국인은 그 대부분이 일본의 전쟁 기간 중에 강제로 징병 또는 징용으로 끌려가 태평양전쟁 종결 후 그대로 일본에 정착하게 되었다는 역사적 배경의 특수성을 감안해 일반 외국인보다 유리한 법적지위와 대우가 그들에게 주어지게 하는 것이 이 협정의 근본적인 정신과 목적입니다. 이 협정의 가장 핵심적인 문제는 우리 재일한국인이 일본에서 안심하고 살 수 있는 권리가 보장되게 하고 다른 외국인보다 좋은 대우를 받게 하는 일입니다. 이 협정에 의해 해방 전에 일본에 건너가 거주하게 된 사람과 그 후손이 일본에서 영주권을 가질 수 있게 되었을 뿐만 아니라, 이러한 영주권을 가진 사람의 자녀에게도 부모와 같이 영주권을 보장하고, 이로써 재일한국인이 원하는 한 일본에 안주할 수 있는 권리를 갖게 됐습니다.

또한 법적지위 협정은 재일한국인의 자녀가 차별 없이 동일한 교육을 받을 수 있도록 하는 동시에, 일반 외국인에게는 적용되지 않는 각종 사회보장제도, 예를 들면 건강보험, 생활보호법 같은 혜택을 받을 수 있는 권익을 확보했습니다.

다음으로 어업협정에 대해 설명하겠습니다. 정부는 어업회담에서 무엇보다도 우리 어민의 이익을 최대한 보장해줄 것을 주장하고, 우리가 평화선을 선포하게 된 목적과 취지를 견지하면서 우리 근해의 어족자원을 보존하고, 우리 어민이 계속해서 어업을 발전시킬 수 있는 방안을 마련하고, 그것을 관철했습니다.

이러한 교섭의 결과, 어업협정에서 우리는 국제법의 일반 원칙과 국제관례가 허용하는 최선의 내용을 확보한 것입니다.

어업협정에서는 우선 우리 어민만이 조업할 수 있는 독점수역을 확보했고, 또 동 수역에서 우리의 독점적인 관할권 행사를 확보했습니다. 또한 이 협정에서는 우리 어민의 안정적인 어로를 보장하고, 일본 어선에 의한 남획과 자원의 고갈을 방지하기 위해 어업을 제한하는 규제조치가 적용되는 공동 규제수역을 우리의 독점적인 관할수역 외측에 설정했습니다. 이에 따라 이 수역에서 일본어선은 어업협정에 규정된 내용에 따라 어로를 제한해야 하는 의무를 지게 되었습니다. 이 규제조치를 위반하는 어선에 대해서는 이를 효과적으로 단속할 수 있는 필요한 규정을 뒀을 뿐만 아니라, 한일 양국 감시선의 공동 순찰과 상호 승선 등을 통해 단속의 실효성을 더욱 확실히 하는 데 만전을 기하도록 했습니다.

이외에도 공동 조사수역을 설정해 어족자원 보존을 위해 필요하다면 언제든지 유효한 규제를 부과하는 것과 같은 규정을 둬서 더욱 효과적이고 강력한 어업 규제를 행하기로 했습니다.

이상의 어업 규제와 병행해, 현재와 같이 격심한 한일 양국 간의 어업 격차가 시정되지 않고서는 우리 어업의 발전은 기대할 수 없는 현실을 직시하고, 우리의 어업을 재정비하고 발전시키기 위해 필요한 자원을 어업협력차관으로 유리한 조건에서 받을 수 있도록 했습니다.

이러한 어업협정의 체결로 우리는 일본어선이 과거처럼 우리 근해에 침입, 남획하는 것을 사전에 방지하고 자원 보호에 대한 협정상의 의무를 부과해 어업자원의 효과적인 보존을 기함과 동시에, 우리 어업이 가장 단시일 내에 후진성을 탈피하고 강력한 어업 세력으로 약진할 수 있는 기반을 마련, 실질적으로 우리 어민의 새로운 길을 확보했다고 믿고 있습니다.

다음으로 재산 및 청구권 문제의 해결과 경제협력에 관한 협정에 대해 설명하겠습니다.

우리가 일본에 청구해온 것은 일본 정부 혹은 일본인이 우리 정부 또는 우리 국민에게 진 채무를 청산토록 하기 위해서였습니다. 이에 대한 교섭은 1차 회담 이후 우리 대일 청구권의 범위와 내용에 대해 중점적으로 토의한 결과, 8개 항목에 걸친 우리 측 청구 항목이 제시되었지만, 사실관계의 확인, 산정 방법, 증명 문제 등으로 각 청구 항목을 하나하나 따져 청산하는 것은 법률적으로도, 또 실질적으로도 불가능한 상태였습니다. 이 같은 사정하에서 우리 측 청구권을 최대한도로 관철시키는 방법으로서 일괄 해결을 보기에 이른 것입니다. 그 결과 일본은 우리 측에 무상 3억 달러, 장기저리 차관 2억 달러를 제공하기로 한 것이며, 또 3억 달러 이상의 민간 신용을 제공하게 되었습니다. 이 청구권 협정으로 받게 되는 자금은 우리 한국 경제 발전에 필요하다는 우리의 판단에 의해 우리가 원하는 것을 우리가 원하는 방식으로 받아 사용할 수 있도록 하고, 우리가 주장해온 조건으로 타결했습니다. 즉, 대일 청구권을 받아들일 때에 우선 정부가 필요로 하는 물자를 선택해서 도입 계획을 결정, 이를 일본 정부에 통보하고, 일본 정부는 그 계획에 따라 우리 측이 매입하는 데 필요한 조치를 취하도록 한 것입니다.

무상 3억 달러의 청구권 사용 방도에서는 달리 유례가 없는 1억 5,000만 달러에 달하는 거액의 원자재 상품을 도입해 국내 경제개발에 다각적인 사용 효과를 올릴 수 있도록 했을 뿐만 아니라, 정상적인 무역 거래로 전용하는 걸 가능케 해 귀중한 외화 수급에도 유용하게 활용할 수 있는 길을 만들었습니다.

또 이 청구권을 편의에 맞게 효율적으로 사용할 수 있도록 하기 위해 조달청이 구매 절차에 관한 모든 결정을 할 수 있게 했고, 이렇게 대일 청구권을 도입함에 있어 우리의 주도적 권리를 확보함으로써 한국 경제 발전에 유익하게 활용할 수 있도록 조치했습니다.

다음, 문화재 및 문화협력에 관한 협정에 대해 설명하겠습니다.

이 협정은 과거 일본이 한국을 강제로 침략 지배한 이래 일본이 우리 한국에서 불법 부당하게 반출해 간 우리의 귀중한 문화재를 현물로 돌려받는 것을 목적으로 하고 있습니다.

우리 조상이 남긴 문화재는 민족의 전통과 정신을 분명히 하는 지표가 되는 것이기 때문에 이 귀중한 문화재를 되찾는 것은 문화민족으로서 우리의 의무라고 할 수 있습니다. 이번 협정에 의해 우리는 일본이 가져간 귀중한 문화재, 특히 그중에서도 과거 일본 통감부 및 총독부가 수탈한 것을 전부 우리 손에 돌려받음으로써 우리 민족문화를 오래도록 보존함과 동시에 학술적 연구에 기여할 수 있도록 했습니다.

다음으로 독도 문제에 대해 말씀드립니다. 독도는 우리 한국의 엄연한 영토이며, 영유권 시비의 여지가 없습니다.

일본은 이것이 일본의 영토라고 주장하고, 영유권에 관한 시비를 국제재판을 통해 결정하려는 강경한 태도를 10여 년간 계속해왔습니다. 이번 회담 타결 시에도 일본은 이 문제를 해결하려는 태도를 보였지만, 정부는 독도는 우리의 영토이기 때문에 국교정상화할 수 없을 뿐 아니라, 이 문제로 일본과 논의할 여지가 없음을 분명히 밝히고, 우리의 입장을 최종적으로 관철시켰습니다.

이상 말씀드린 바와 같이, 지금 정부가 국회에 비준 동의를 요청하는 조약 및 협정 내용이 우리의 자주적인 자부심과 민족적인 정신을 바르게 살리고 우리 민족의 이익을 최대한으로 얻어낸 것인지 여부는 의원 여러분이 국내외 제반 정세와 협정 자체의 내용의 조리(條理)에 따라 냉철하고 엄격하게 판단해 주실 것으로 믿습니다.

다만 한 가지 말씀드리고 싶은 것은 이 합의문서는 장기적인 외교교섭 끝에 이루어진 상대적인 산물이라는 사실입니다. 따라서 정부는 이 합의문서의 내용이 우리의 주장을 하나 남기지 않고 모두 망라해 반영시켰다고 자부하지는 않습니다. 그러나 앞에서도 언급했듯이, 우리의 기본 입장에 따라 정부는 최대한의 노력을 경주하고 최선의 결과를 얻었다고 확신했기 때문에 서명한 것입니다.

이것에 관해서는 본 동의안의 심의를 위해 국회에서 특별히 설치한 한일 간 조약과 제 협정 동의안 심사특별위원회에서도 각 조약 및 협정 내용을 자세히 설명했고, 이 특별위원회에서 "동의를 요청한 제 조약과 협정은 현재 국내외 제반 정세를 감안해 한일 간의 국교정상화가 시급히 요구되는 이때에 그 내용이 충실하고 우리 한국의 국리민복(國利民福)을 최대한 도모한 것"이라고 심사의 결론을 내주신 것에 대해 교섭을 담당해온 정부로서는 의원 여러분에게 심심한 사의를 표하는 바입니다.

처참했던 한일 간의 과거사만을 생각하면, 일본과의 어떠한 관계도 바라지 않는 것이 당연한 감정입니다. 그러나 격동을 거듭하고 있는 우리 주변의 제반 정세의 움직임을 고려하면, 과거의 감정에 얽매이지 않고 거시적인 눈으로 먼 미래를 내다보고 우리 국가 민족의 자주적 발전과 번영을 추구하지 않으면 안 됩니다.

이러한 의미에서 역대 정부가 과거를 청산하고 양국 간 국교를 호혜평등의 원칙에 따라 새로운 맺기 위한 한일회담을 부단히 추진해온 것은 결코 우연한 일이 아닙니다.

지금 정부는 존경하는 의원 여러분이 현명하게 심의하고 판단해주시길 바랍니다.

의원 여러분은 조약과 제 협정의 정신과 내용을 충분히 이해하고 심의하여 한일 간 여러 합의문서의 비준에 동의해주시길 정부로서 존경하는 의원 여러분에게 간절히 바랍니다.

(4) 정부의 답변

한국 국회에서의 일한조약 제 협정 비준 시의 논의, 특히 정부의 답변 내용의 요지는 교섭사 자료 18 「한국 국회에서의 일한관계 사항 (下)」에 문제별로 정리했지만, 주목할 만한 정부의 답변 요지를 문제별로 적기하면 다음과 같다.

① 기본관계조약

○ 모든 과거의 관계를 청산하는 것이 국교정상화의 전제 조건이 된다는 독특한 조건이 붙어 있기 때문에 '평화조약(교전국 간의 전쟁 종결을 의미)'이나 '우호조약(향후 2개국 간의 우호를 의미)'이라는 이름을 피하고 '기본조약'이라고 이름 붙였다.

○ 제2조의 "무효화(null and void)"는 "당초로 소급해 무효이다"라는 의미를 강하게 표시한 법률 용어이며, "이미(already)"는 무효 시점에 아무런 영향을 미치지 않는다.

○ 기본관계조약의 체결에 의해 일본이 한국 정부의 유일한 합법성을 확인한 이상, 일본은 향후 북조선과 외교 영사관계 수립 및 대표부 교환을 할 수 없고, 조약을 폐기하지 않는 한 북조선과 어떠한 법적인 관계도 맺을 수 없다.

○ 기본관계조약에 사죄의 말을 넣진 않았지만, 시나 외상 방한 시의 성명 및 그 후의 공동성명에 "반성"이라는 용어가 있다. "반성"은 외교문서의 관례상 사과의 뜻을 나타낸다. 일본이 제2차 세계대전 후 외무대신의 입을 통해, 또 외교문서를 통해 "반성"이라는 표현을 사용한 것은 이번이 처음이다.

② 어업협정

○ 이승만 라인의 설정은 영해를 선포한 것이 아니라 주권 선언을 위해 선포한 것으로, 그 목적은 (1) 국방, (2) 수산자원의 보존, (3) 대륙붕 자원의 확보에 있다. 이 가운데 수산자원의 보존이 협정으로 규제되었지만, 그 밖의 목적을 가진 이승만 라인은 건재하며, 또 어업자원보호법도 살아 있다.

○ 이승만 라인 선언 이후 미국, 일본, 중국, 영국으로부터 그것은 인정할 수 없다는 항의가 있었다. 그때 정부는 "이승만 라인은 주권선이 아니다. 영해의 확장이 아니다"라고 답변했다.

○ 한국에서는 영해를 결정하지 않았다. 일한협정 성립 후 영해가 선포된다고 생각한다.

○ 생물학적 규제, 어선의 척수 규제, 어획량 규제 세 가지를 정한 어업협정은 세계에서 이 협정뿐이다.

○ 향후 자원 조사가 정확해짐에 따라 어획량이 변한다는 것, 일본의 어획량이 세분화되어 있어 기존의 실적보다 훨씬 적은 양으로 정했다는 것, 모든 어종의 양을 정한 것은 세계에 유례없는 엄격한 것이다.

○ 한국 어민의 95퍼센트 이상이 전관수역에서 어업을 하고 있다.

○ 황금어장 제주도 주변은 그 4분의 3 이상을 한국이 전관수역으로서 확보할 수 있었다.

○ 독도에는 전관수역이 있다. 북조선에도 있긴 하지만, 실질적으로 관할할 수 있는지 여부는 별개의 문제이다.

○ 일본은 공동 규제수역에서 연간 30~35만 톤의 어획량을 가지고 있었지만, 협정에서는 그것을 15만 톤으로 눌렀다.

○ 일본의 어업은 향후 점차 쇠퇴하고 한국의 어업은 발전하고 있기 때문에 일본은 몇 년 후 자국 어민 보호를 위해 일본 연안에 공동 규제수역 설정을 희망한다고 제안해올 것이다.

○ 공동조사수역에서는 조기의 동면 장소를 조사해 이를 향후 공동 규제수역에 포함시킬 것이다. 다음으로 일본 연안에서 산란하고 동중국해에서 동면하는 전갱이, 고등어, 민어, 도미, 붉은 대구, 대하 등을 보호하기 위해 이들이 산란, 동면, 유영하는 모든 수역을 공동 조사수역으로 정해 조사한다.

○ 기국주의를 보완하기 위해 상호 단속의 이점과 국가별 단속의 장점을 절충해 합동 순찰과 공동 승선을 행하게 되었다.

○ 일본은 세계의 많은 국가와 어업협정을 체결, 연간 600만 톤의 어획을 올리고 있어 일본 정부가 어업협정을 고의로 위반한 증후는 없다. 일본에서 협정 위반 선박은 어선 허가가 취소된다. 1톤당 수십만 엔의 프리미엄이 붙어 있는 어선 허가가 취소되는 것은 일본 어민에게 치명적인 처벌이다.

③ 청구권 및 경제협력 협정

○ 김종필 부장과 오히라 외상의 회담은 김종필에게 원수(元首)가 신임하는 권한을 보장, 위임해 교섭하도록 한 것으로 정상적인 경로를 통한 외교이다.

○ 청구권 교섭에서 8개 항목에 대해 논쟁했지만, 한국 측에서 공식적으로 금액을 제시한 적은 없다. "무상 3억 달러, 유상 2억 달러, 민간 차관 3억 달러 이상"은 정치적 협상의 결과이다.

○ 일본 측에서 1,500만 달러, 2,000만 달러, 3,000만 달러, 5,000만 달러 안이 나와, 최덕신 외무부장관과 고사카 외상의 회담에서 7,000만 달러 선까지 나아갔다.

○ 일본이 버마, 필리핀, 인도네시아, 베트남, 캄보디아와 맺은 협정과 비교해 한국과의 협정은 (1) 원자재 도입이 가능하다, (2) 사업계획은 한국이 주도할 수 있다, (3) 추가적으로 일본에 외환이 부담되지 않도록 "통상적인 무역을 저해하지 않도록"이라는 조건이 붙었는데, 한국의 경우 "현저히 저해되지 않도록"이라고 되어 있다, (4) 이상 5개 협정에서는 일본이 구매 시 입찰 공고를 내지만, 한국과의 협정에서는 사절단이 하는 등 한국에 유리하다.

○ 무상 제공(한국어 번역은 "제공"으로 되어 있다)은 무상공여와 달리 한국의 청구에 대해 일본이 지불한 것이며, 청구권이 아니라 배상과 성격이 같다.

○ 포츠담 선언 및 평화조약을 기초로 하기에 실물 배상이 되어 현금을 받진 않았지만, 4,500여만 달러의 대일 오픈계정 잔액을 없앴다는 것, 1억 5,000만 달러의 원자재를 받았다는 것은 사실상 현금으로 받은 것과 같다.

○ 청구권으로 도입되는 것은 공개되는 여야 공동관리위원회를 최종 의결기관으로 하므로 정치가 개입할 우려는 없다.

○ 한국이 사업계획을 세운 다음 필요한 목록을 일본에 보여줘 공급 확인을 요구하는 방법이며, 또 차관으로 도입되는 물자도 한국의 여러 법률을 적용하기 때문에 일본의 상품 시장화를 방지할 수 있다.

○ 원자재 1억 5,000만 달러의 도입은 사실상 일본의 통상무역을 저해하는 것이므로 협정은 "현저히 저해되지 않도록"이라고 되어 있다.

○ "상업적 민간 차관 3억 달러 이상"에서 일본 측은 "일본인 또는 일본 법인"으로 되어 있으므로 재일한국인이 지배하는 일본 법인도 여기에 속할 수 있다.

④ 재일한국인의 법적지위 협정

○ 협정에는 호혜평등의 원칙에 입각한 조문은 하나도 없다. 일반 외국인과 동등한 대우를 부여

하는 기본 원칙 위에 한국인에게 특별한 대우를 부여한다고 규정되어 있다.

○ 유엔헌장의 정신에 따르는 것은 기본조약 협정에서 나왔으므로 이 협정에는 특별히 넣지 않았다.

○ 영주권자의 범위를 일본은 당초 "평화조약 시까지 출생한 자의 자식"으로 한정했지만, 한국 측 주장에 밀려 결국 협정 발효 후 5년의 신청기간 내에 태어난 자의 자식으로 되었다.

○ 재일한국인은 대부분 이 협정에 만족하고 있다.

○ 협정 발효 후 1년 이내에 재일한국인이 대다수가 신청했고, 부득이하게 신청하지 못한 자도 그 이듬해에는 신청했으므로 5년은 긴 신청기간이다.

○ 조총련계도 헌법상으로는 한국 국적을 가지므로 영주권을 받고 싶은 자는 신청할 수 있다. 신청 과정에서 조총련계는 국적증명서 대신에 진술서를 제출토록 하고 관대한 태도로 포섭한다.

○ 강제퇴거당한 마약범은 형기 "3년 이상"으로 되어 있지만, 향후 일본이 법을 개정해 단기형을 3년 이상으로 하는 경우에는 한국과 협의하기로 되어 있고, 만약 일본 측이 일방적으로 법을 개정해 강제퇴거시킨다면 우리는 그 마약범을 수용하지 않아도 된다.

○ 재일한국인 징병(徵兵)설은 일한회담을 반대하는 조총련계 사람들의 루머이다.

⑤ 문화재 및 문화 협정

○ 문화재는 불법 부당하게 반출된 것을 되찾았다는 데 의의가 있다.

○ "인도"라는 단어는 전후(戰後)의 이념으로 볼 때 적절한 용어로 "반환"이라는 개념과 큰 차이가 없다.

○ "기증하는 것을 권장한다"는 문장에서 "권장"은 협력의 개념을 포함한다.

⑥ 독도 문제

○ 독도는 한국령이며, 한국 측은 이러한 입장이 관철되지 않는다면 조약 제 협정에 조인하지 않겠다고 했다. 일본이 이 입장을 인정하고 자기의 주장을 포기했기 때문에 정식으로 협정이 조인되었다.

○ 분쟁 해결에 관한 교환공문에는 독도를 포함하지 않으며, 이에 대해 시나 외상, 사토 총리는 양해하고 있다. 만약 사토 정권이 다른 정권이 되어 이 교환공문에 트집을 잡더라도 교환공문에는 그 절차로서 양국 정부의 "합의"를 요하고, 또 "조정에 의한다"고 나오며, 더욱이 "해결한다"가 아

니라 "해결을 도모한다"라고 되어 있기 때문에 이 문제가 흔들릴 걱정은 없다.

2. 한국에서의 비준 반대운동

야당인 민중당은 6월 22일 성명에서 매국적인 조인을 철회하고 정부가 국민에게 사과하라고 요구했다. 이어 23일 의원 총회에서는 일한조약의 비준 저지의 첫 단계 투쟁으로 의원 57명이 24시간 단식 투쟁에 돌입하기로 결의했다. 7월 5일 서울에서 열린 대일 굴욕외교 반대 투쟁위원회 주최의 성토대회(청중 1만 5,000명)에서는 박순천, 장택상 등 야당 지도부가 연설했다. 성토대회는 ① 매국적 조인은 무효, ② 정부의 반민족적 탄압 즉각 중단, ③ 비준 저지를 위한 철저한 투쟁을 내용으로 하는 결의문을 채택했다. 야당 측은 7월 9일과 10일 전국 8개 주요 도시에서도 같은 양식의 성토대회를 열고, 7월 12일 국회 개회를 앞두고 전국적으로 반대 분위기의 고조에 진력했다.

민중당은 상기한 바와 같이 의원 8명의 자격 상실자가 발생한 후 9월 들어 국회에 복귀해 원내에서 반대운동을 계속했다. 한편, 민중당을 탈당한 강경파, 조국수호협의회, '대일 굴욕외교 반대 투쟁위원회', 민주클럽, 구 자유당계 우파 혁신계 등은 9월 상순 이후 신당 창당을 추진, 1966년 3월 말에 신한당(총재 윤보선)이라는 이름으로 창당하기에 이르렀다.

한편, 학교의 휴교나 조기 여름방학 조치를 취했음에도 불구하고 비준 반대 학생데모는 소규모였지만 계속되어 7월 5일에는 일본 제품 불매운동으로 확대됐다. 7월 들어 서울에서는 기독교 목사 100여 명과 신자들이 모여 조약 반대 구국기도회와 반대 집회를 열었다. 여기에 한국문인협회 및 역사학회, 서울대 교수단(356명), 예비역 장군(11명), 대한변호사협회가 비준 반대 성명서를 발표했다. 이에 대해 일한조약 찬성을 표명하는 단체의 성명서도 한국의 신문에 잇따라 발표됐다.

7월 31일 일한조약 반대 예비역 장성, 종교인, 교수, 문화인 들이 중심이 되어 조국수호국민협의회를 결성, 8월 11일 대일 굴욕외교 반대 투쟁위원회와 합동회의를 열어 원외 일한조약 반대 세력의 단일화를 도모했다. 비준 동의서가 국회를 통과한 8월 14일 조국 수호 국민협의회는 일한협정 비준 반대 비상 국민대회를 개최했다. 장택상, 박병권(朴炳權), 함석헌(咸錫憲), 박원빈(朴圓彬), 서민호, 김도연, 변영태 등 각계 인사 500여 명이 참여한 가운데 비준 무효 선언문을 채택했다. 조국 수호 국민협의회는 그 후에도 정부 반대, 비준 반대 성명을 발표하곤 했다.

8월 12일 내무부장관은 이 비준 반대 단체를 불법 단체로 간주, 집회 불허방침을 피력하고, 종교인들의 시위를 엄중하게 단속하겠다고 경고했다.

사진 42　대학생을 중심으로 한 한일조약 비준 반대시위대가 1965년 7월 서울 광화문 일대에서 경찰과 대치하고 있다. (출처: 국가기록원)

　한편, 학생들은 8월 14일 '한일협정 비준 반대 대학연합회'라는 이름으로 '매국문서 무효 선언식'을 개최, 협정 폐기를 위한 극한투쟁의 전개를 선언했다. 그날 이후 학생시위가 연발했다. 8월 21일의 여름방학 종료 후 비준 반대시위가 격렬하게 계속되어 23일에는 서울 시내 9개 대학 8,000명, 24일에는 20개교 약 1만 2,000명, 25일에는 18개교 약 1만 명, 26일에는 7개 대학 2개 고교 약 1만 명이 시위에 참가했다고 보도되었다.

　24일 이후 시위 진압을 위해 경찰기동대 외에 수도경비사령부 소속 부대도 출동했다. 25일 박정희 대통령은 장문의 특별담화를 발표, 강경 대응방침을 피력했다. 26일 서울 지역 일대에 위수령이 발동되고 야전군 제6사단 일부 병력이 서울 시내에 진입했다. 29일 서울지방검찰청은 27일 「국군장병에 보내는 호소문」을 발표한 김홍일(金弘壹) 중장, 김재춘(金在春) 소장 등 예비역 장군 4명을 출판물에 의한 명예훼손 혐의로 체포했다.

　8월 27일 문교부는 서울 시내 각 대학 당국에 시위 배후 학생을 처벌하도록 지시함과 동시에 시위 사태 수습 실패의 책임을 물어 윤천주(尹天柱) 문교부장관을 해임하고 신태환(申泰煥) 서울대 총장을 파면했다.

　정부는 교육령 시행령 중 일부를 개정해 정상적인 수업이 불가능한 학교에 문교부가 휴교를 명할 수 있도록 하고, 문교부의 지시에 태도를 결정하길 보류한 고려대와 연세대 2개 대학교에 대해 9월 14일 직권으로써 무기 휴교조치를 취했다. 그 후 데모와 관련된 교수의 징계가 학교 측의 책임 하에 자율적으로 행해졌다(처분 교수 21명, 대학생 160명). 이에 따라 9월 20일 문교부는 고려대와 연세대 2개 대학에 대한 휴업령을 해제했다. 이어 25일 김성은(金聖恩) 국방부장관은 위수령을 해제했다. 결국, 일한조약 비준 반대운동의 대세는 박정희 정권의 의지와 힘 앞에 진압되는 결과가 되었다.

3. 일본 국회의 비준

(1) 국회 동의를 요구한 조약 협정 등과 법률안

일한조약 관계 문서로서 국회의 승인 대상이 된 것은 다음과 같다.

- 일본국과 대한민국 간의 기본관계에 관한 조약 및 동 영문
- 대한민국과 일본국 간의 어업에 관한 협정
- 한국의 어업에 관한 수역의 직선기선에 관한 교환공문
- 한국의 어업에 관한 수역에 관한 교환공문
- 재산 및 청구권에 관한 문제의 해결 및 경제협력에 관한 일본국과 대한민국 간의 협정
- 제1의정서
- 제2의정서
- 일본국에 거주하는 대한민국 국민의 법적지위 및 대우에 관한 대한민국과 일본국 간의 협정
- 문화재 및 문화협력에 관한 일본국과 대한민국 간의 협정
- 분쟁 해결에 관한 교환공문
- 대한민국과 일본국 간의 어업에 관한 협정의 실시에 따른 동 협정 제1조 제1항의 어업에 관한 수역 설정에 관한 법률안
- 재산 및 청구권에 관한 문제의 해결 및 경제협력에 관한 일본국과 대한민국 간의 협정 제2조의 실시에 따른 대한민국 등의 재산권에 대한 조치에 관한 법률안
- 일본에 거주하는 대한민국 국민의 법적지위 및 대우에 관한 대한민국과 일본국 간의 협정의 실시에 따른 출입국 관리 특별법안

이상의 국회 승인 요청 안건은 10월 4일 차관회의, 10월 5일 각의를 거쳐 10월 5일 정부로부터

국회에 제출됐다.

어업에 관한 2개 교환공문과 분쟁 해결에 관한 교환공문을 국회 승인 대상으로 한 이유에 대해 조약국은 다음과 같은 견해를 「의문의답(擬問擬答)」에 적었다.

　1. 한국의 어업에 관한 수역의 직선기선에 관한 교환공문

　어업협정 제1조는 어업수역을 설정함에 있어서 직선기선을 사용하는 경우 양국 간에 협의해야 한다고 규정하고 있지만, 직선기선은 어업수역의 범위를 결정할 때 기선이 되는 것이고, 한국의 어업수역 범위는 직접적으로 우리 국민의 권리, 이익에 영향을 미치는 문제이기 때문에 승인 대상으로 한 것이다.

　2. 한국의 어업에 관한 수역에 관한 교환공문

　제주도 부근에서 잠정적 조치로서 저조선에 의해 측정한 12해리의 수역을 넘는 일정한 수역을 당분간 한국의 어업수역에 포함시키기로 합의했다는 것이며, 어업협정 제1조에서 정하는 어업수역 설정 원칙의 특례를 이루는 것이기 때문에 승인 대상으로 한 것이다.

　3. 분쟁 해결에 관한 교환공문

　분쟁의 처리에 대한 원칙적인 방식을 합의한 것에 지나지 않으므로 법률적인 관점에서는 외교관계의 처리로서 행정부 권한으로 행할 수 있는 내용의 것이지만, 이 경우는 특히 다케시마에 관한 일한 간 분쟁의 해결을 염두에 두고 체결된 것이기 때문에 그 정치적 중요성에 비추어 국회의 승인을 요구하도록 한 것이다.

(2) 심의 경과

중의원 상임위원회 조사실 『입법과 조사』 제12호(1966년 2월)에 소재한 「제50회 (임시)국회를 돌아보며」에서 '일한조약 등의 심의'를 초기(抄記)하면 다음과 같다.

① 중의원에서의 경과

제50회 국회 소집일인 10월 5일, 정부는 일한 간의 '기본관계조약', '어업협정(2개 교환공문 포함)', '청구권 및 경제협력 협정', '재일한국인의 법적지위 및 대우 협정', '문화재 및 문화협력 협정', '분쟁 해결에 관한 교환공문' 6건을 '일본국과 대한민국 간의 기본관계에 관한 조약 등의 체결에 관해 승인을 요청하는 건' 1건으로 하고, 어업, 청구권, 법적지위 관계에 관한 3개 법안과 함께 중의원에 제출했다.

당초 정부 여당이 국회의 관심을 일한조약의 비준 승인에 둔 데 대해 사회당은 이를 저지할 방

침을 분명히 한 만큼, 처음부터 회기(會期) 결정을 둘러싸고 대립 국면이 전개됐다. 이어 정부 연설, 대표 질문의 일정, 일한 안건의 위원회 회부 방법, 또 조약 협정의 일괄 승인방식의 시비 등을 둘러싸고 논의가 길어져, 일한조약 등에 관한 특별위원회(주: 공식적 명칭은 '일본국과 대한민국 간의 조약 및 협정 등에 관한 특별위원회'이다)는 10월 19일에야 설치됐다. 이어 본회의에서의 취지 설명이 21일, 특별위원회에서의 제안 이유 설명이 25일 열렸다.

특별위원회에서는 우선 사회당이 일괄 승인방식에 강하게 반대하면서 분할 채택의 확약을 요구했다. 그런데 거꾸로 "연일 심의를 행한다"는 여당 위원의 동기가 통과되자 분규하는 장면이 연출됐다. 그러나 27일부터 심의는 일단 궤도에 올라 조약의 성격과 정부 해석의 불일치를 비롯해 협정의 내용을 둘러싸고 치열한 논쟁이 전개됐다. 그동안 자민당이 야당의 청문회 개최 요구를 거부하고 참고인 의견 청취를 결정한 것, 요청 자료 취급을 둘러싸고 여야가 대립한 것 등으로 인해 심의 중단 사태가 벌어지기도 했다. 자민당이 추천한 참고인 3명의 의견을 청취한 지 이틀 뒤인 11월 6일, 위원회 개회와 함께 여당 위원에 의한 질의 중단 동의가 동시에 제출되어 혼란과 분노의 목소리가 회의장을 압도하는 가운데 조약 및 관련 3개 법안이 승인, 가결되었다.

그러나 이 표결을 무효라고 주장하는 야당 측은 질의 중단 이전의 상태로 되돌릴 것을 강력히 요구했다. 의장의 중재에 의한 3당 간사장과 서기장의 회담도 결렬되어 결국 11월 9일 이른바 의장 직권으로 본회의가 개회되기에 이르렀다. 본회의 모두에 자민당은 '발언 시간제한 동의'를 제출했는데 이에 대해 사회당은 필리버스터로 대항, 그 후에도 "합법적으로 철저한 전술"이라는 태도로 동의와 필리버스터가 되풀이되었고, 장기간 철야 국회가 펼쳐졌다. 여기에 외상, 농림상, 대장상에 대한 불신임 결의안이 잇달아 제출되어 모두 부결되는 진통을 겪었다. 이어 법무상 불신임 결의안이 상정되었는데, 회기가 연장된 11월 12일 새벽녘 개회와 동시에 이례적인 의장 발의에 의해 불신임안 의제를 뒤로 미룬 채 돌연 일한관계 안건을 즉시 표결에 부쳤다. 결국 일한관계 안건은 승인, 가결되어 참의원에 송부되는 절차가 마무리됐다.

② 참의원에서의 경과

참의원에서 사회당은 조약 승인 안건과 관련 법률안을 각 위원회에 분할 회부할 것을 주장, 특별위원회에 일괄 회부하자고 주장하는 자민당과 의견 대립을 연출했다. 게다가 중의원의 사태는 참의원에도 파급되었기 때문에 각 파벌 간에 논의가 이뤄지지 않은 채 11월 13일 본회의가 열려 자민당과 민사당만 참석한 가운데 조약 승인 안건과 관련 3개 법안 심사를 위해 위원 40명으로 구성된 '일한조약 등에 관한 특별위원회' 설치가 의결됐다. 그 후 위원의 지명이 이뤄지지 않은 채 19일 본회의에서 취지 설명이 진행됐다. 이에 대해 자민당, 사회당, 공명당과 민사당이 질의를 했다.

이어 20일 위원 임명 및 안건을 특별위원회에 회부하기로 결정하고 첫 번째 위원회가 열렸다. 22일 위원회에서 제안 이유 및 보충 설명이 있었고, 24일부터 질의에 들어가 11월 29일 오사카와 후쿠오카에서 이른바 지방 공청회가 열렸다. 2월 4일 위원회에서는 질의를 중단하고 즉시 채택하자는 동의가 제기됐고, 이어 조약 승인 안건 및 3개 법률안을 승인, 통과시켜야 한다는 결정이 내려졌다.

특별위원회에서 질의가 중단되고 청취 불가능한 와중에 기습적으로 표결이 강행되어 바로 의장에게 보고서를 제출하는 절차가 진행된 데 대해 야당 각 파는 무효를 주장하고 거칠게 항의했다. 야당 측은 신속하게 위원회를 재개하고 질의를 계속하도록 자민당과 의장에게 요구했다. 이에 대해 자민당은 어디까지나 표결이 유효하다고 주장하며 양보하지 않았다. 한편, 의장은 표결이 유효하다고 인정하면서도, 여야 간의 격심한 대립을 해소하고 사태를 수습하기 위해 본회의 심의 절차 등에 관한 타협안을 제시하고 중재에 노력했다. 그러나 어디까지나 위원회의 질의 재개를 요구하는 야당 측과는 논의가 불가능한 상태였기 때문에 12월 8일 이른바 의장 직권으로 본회의가 개회되기에 이르렀다.

본회의 모두에서 사회당은 '마쓰시로(松代) 지진[114]에 관한 정부 보고를 요구하는 동기(動機)'를 제출했지만 부결됐다. 이어 자민당에 의해 '일한 안건을 일괄 의제로 하는 동기'가 제출되어 가결되었다. 이후 잇따른 동의와 우보(牛步) 전술로 철야 심의가 이어졌다. 사회당은 우선 데라오 유타카(寺尾豊) 특별위원장 문책 결의안을 비롯한 의장 불신임 결의안, 부의장 불신임 결의안을 제출했다. 모두 부결되었지만, 사회당은 장시간에 걸친 취지 설명과 질의, 토론을 전개해 정부 여당의 의회 운영을 격렬하게 비난, 공격했다.

사진 43 1965년 12월 일본 참의원에서 집권 자민당이 한일조약에 대한 동의 절차를 강행하자 야당 의원들이 연단으로 몰려가 몸싸움을 벌이고 있다. 당시 일본의 혁신 계열은 '굴욕외교, 대일 저자세 외교'를 주장하며 한일조약 체결에 반대했던 한국 내의 분위기와는 달리 주로 냉전적 관점에서 북한을 제외하고 한국과 단독으로 수교하는 데 대해 반대한다는 입장을 취했다.

사회당은 또 체결 시에는 철저하게 우보 전술을 취했고, 발언 시간제한 등을 둘러싸고 연단에서 싸우는 장면을 연출하기도 했다. 구사바 류엔(草葉隆圓) 특별위원장대리가 관련 안건에 관한 보고에 들어간 것은 4일째인 12월 11일 새벽 2시가 지나서부터였다.

위원장 보고 후 질의에 들어갔고, 질의 중단의 동의가 통과된 후 토론을 했다. 이 과정에서 공명당은 본건의 심의가 무효라는 주장을 관철한다는 견지에서 위원장 보고 단계에서부터 원내 교섭 관련자만 남기고 퇴장, 토론에 참석하지 않았다.

이렇게 토론을 마치고 표결에 들어가기에 앞서 자민당, 민주당 이외의 각 회파(會派)는 각각 상

---

114) 1965년 8월 3일부터 약 5년 6개월 동안 나가노 현 하니시나(埴科) 군 마쓰시로(松代) 마치(町)에서 계속된 장기 군발(群発) 지진.

기한 토론에서 피력한 이유로 전원 퇴장했다. 표결은 우선 조약 승인 안건, 이어 관련 3개 법안을 일괄해서 각각 기명투표로 이뤄졌고, 모두 만장일치로 승인 가결되었다. 12월 11일 오전 10시 14분이었다.

이날 참의원 의장은 사토 총리에게 다음과 같은 문서를 보냈다.

일본국과 대한민국 간의 기본관계에 관한 조약 등의 체결에 관한 승인을 요청하는 건
이상은 국회에서 승인을 의결했다.
따라서 국회 법안 65조에 따라 송부한다.
1965년 12월 11일

참의원 의장 시게무네 유조(重宗雄三)

내각총리대신 사토 에이사쿠(佐藤栄作) 전(殿)

참의원 사무총장 미야사카 사다타카(宮坂完孝)

이어 12월 14일 하시모토 관방장관은 안건이 국회 승인을 얻었다는 취지를 다음과 같이 외무성에 전했다.

내각외 제192호
1965년 12월 14일

외무대신 시나 에쓰사부로(椎名悦三郎) 전

내각 관방장관 하시모토 도미사부로(橋本登美三郎)

일본국과 대한민국 간의 기본관계에 관한 조약 등의 체결과 관련해
승인을 요청한 건의 의결 통지에 관해〔의명(依命) 통지〕

1965년 10월 2일 조조(条条) 제1180호로써 청의(請議)한 표기 안건을 1965년 10월 5일(제50회) 국회에 제출한바, 같은 해 12월 11일 승인하는 것을 의결했다는 취지로 별지와 같이 통지가 왔습니다.

조약, 법안의 심의 경과
(제50회 국회 1965년 10월 5일 소집, 12월 13일 폐회)

건명	국회 제출 날짜	선의(先議)	중의원					참의원				
			본회의 취지 설명 날짜	일한특별위원회			본회의 가결 날짜	본회의 취지 설명 날짜	일한특별위원회			본회의 가결 날짜
				위원회 부기(付記) 날짜	제안 이유 설명 날짜	가결 날짜			위원회 부기(付記) 날짜	제안 이유 설명 날짜	가결 날짜	
일본국과 대한민국 간의 기본조약에 관한 조약 등의 체결에 대해 승인을 요청하는 건	10월 5일	중의원	10월 21일	10월 19일	10월 25일	11월 6일	11월 12일	11월 19일	11월 20일	11월 22일	12월 4일	12월 11일
(1) 한국과의 어업협정 실시에 따른 동 협정 제1조 1항의 어업에 관한 수역의 설정에 관한 법률안 (2) 한국과의 청구권 및 경제협력 협정 제2조의 실시에 따른 대한민국 등의 재산권에 대한 조치에 관한 법률안 (3) 재일한국인의 법적 지위 협정의 실시에 따른 출입국 관리 특별법안	10월 5일	중의원	10월 21일	10월 21일	10월 25일	11월 6일	11월 12일	11월 19일	11월 20일	11월 22일	12월 4일	12월 11일

(3) 제안 취지 설명

제50회 국회 1965년 10월 21일 중의원 본회의,

　　　동　　11월 19일 참의원 본회의

시나 외무대신

지난 6월 22일에 도쿄에서 서명한 일본국과 대한민국 간의 기본관계에 관한 조약 등의 체결과 관련해 승인을 요청하는 건과 재산 및 청구권에 관한 문제의 해결 및 경제협력에 관한 일본국과 대한민국 간의 협정 제2조의 실시에 따른 대한민국 등의 재산권에 대한 조치에 관한 법률안의 취지를 설명하겠습니다.

우리 일본과 인접 관계에 있는 한국과의 제반 문제를 해결하고 양국 및 양국 국민 간에 안정된 우호 관계를 수립하는 것은 평화조약에 의해 우리 일본이 국제사회에 복귀한 이래 우리나라의 중요한 외교상의 과제였으며, 정부는 한국과의 국교를 정상화하는 데 있어 제반 현안을 일괄적으로 해결한다는 기본방침에 따라 14년에 걸쳐 어려운 교섭을 거듭해왔습니다. 그 결과, 지난번 간신히 기본관계, 어업, 청구권 및 경제협력, 재일한국인의 법적지위 및 대우, 문화재 및 문화협력, 분쟁 해결 등 각각에 대한 조약과 관련된 제반 문서에 대해 한국 정부와의 사이에 완전한 합의에 도달, 지난 6월 22일에 도쿄에서 서명을 하게 된 것입니다.

지금 이들 제 조약에 관해 그 주요 사항을 설명하면 다음과 같습니다.

첫째, 기본관계에 관한 조약은 선린관계 및 주권 평등의 원칙에 기초해 양국 간에 정상적인 국교관계를 수립하는 것을 목적으로 하는 조약입니다. 따라서 이 조약은 양국 간에 외교관계 및 영사관계를 수립하기로 정하고, 병합조약 및 그 이전의 모든 조약은 이미 무효이며 한국 정부가 유엔 제2차 총회 결의안 195호에 분명히 나와 있는 대로 조선의 유일한 합법 정부임을 확인하고, 양국 간 관계에서 유엔헌장의 원칙을 지침으로 할 것 등 양국 간 국교를 정상화하는 데 기본적인 사항에 대해 규정하고 있습니다.

둘째, 어업에 관한 협정은 어업자원의 지속적인 생산성을 최대한 유지 및 보존하고, 합리적인 발전을 도모하며, 양국 간 어업 분쟁의 원인을 제거해 서로 협력하는 것을 목적으로 하는 협정입니다. 이 협정은 공해 자유의 원칙을 확인하고, 각 국가에 어업수역을 설정하는 권리가 있음을 인정하고, 그 외측에서의 단속 및 재판 관할권은 어선이 속한 국가만이 수행하며 공동 규제수역을 설정해 잠정적 공동 규제조치를 취한다는 것을 정하는 등 양국 간 어업관계에 대해 규정하고 있습니다.

셋째, 재산 및 청구권의 해결과 경제협력에 관한 협정은 양국 간 재산청구권 문제를 해결하고, 또 양국 간 경제협력을 증진하는 것을 목적으로 하는 협정입니다. 이 협정은 양국 및 그 국민의 재산, 권리 및 이익과 그 국민 간의 청구권에 관한 문제가 완전히 그리고 최종적으로 해결했다고 결정함과 동시에, 한국에 대한 3억 달러 상당의 생산물 및 용역의 무상 제공 및 2억 달러에 달하는 해외경제협력기금에 의한 엔 차관공여를 통한 경제협력에 대해 규정하고 있습니다.

넷째, 일본국에 거주하는 대한민국 국민의 법적지위 및 대우에 관한 협정은 우리 일본 사회와 특별한 관계를 가진 대한민국 국민을 일본국의 사회질서 아래 안정된 생활을 영위할 수 있도록 함으로써 양국 간 및 양국 국민 간 우호관계 증진에 기여하는 것을 목적으로 하는 협정입니다. 이 협정은 이들 한국인 및 그 일정한 직계비속에게 신청에 기초한 영주 허가를 부여하는 것과 이들에 대한 강제퇴거 사유 및 교육, 생활보호, 국민건강보험 같은 대우에 관해 규정하고 있습니다.

다섯째, 문화재 및 문화협력에 관한 협정은 문화면에서 양국의 학술 및 문화의 발전과 연구에 기여하는 것을 목적으로 하는 협정입니다. 또 일정한 문화재를 한국 정부에 인도하는 것 등도 규정하고 있습니다.

여섯째, 분쟁 해결에 관한 교환공문은 양국 간의 모든 분쟁을 별도의 합의가 있는 경우를 제외하고 외교상의 경로를 통해 해결한다는 것, 또 그것을 할 수 없는 경우에는 조정에 의해 해결을 도모하기로 한다는 것을 정하고 있습니다.

이상 개관했습니다만, 이미 누차에 걸쳐 국회 본회의 및 위원회의 질의 등을 통해 설명한 바와 같이, 이들 제 조약에 의해 장기간 양국 간 국교정상화의 걸림돌로 작용해온 이들 제반 문제가 일괄 해결되게 되었고, 이렇게 해서 양국 간에 오랫동안 기다렸던 이웃나라끼리의 선린관계가 주권 평등의 원칙에 입각해 수립되게 된 것입니다. 이들 제 조약의 기초 위에서 양국 간의 우호관계가 증진한다는 것은 단순히 양국 및 양국 국민의 이익이 될 뿐만 아니라, 나아가 아시아의 평화와 번영에 기여하는 바가 적지 않을 것으로 믿습니다.

다음으로 대한민국 등의 재산권에 대한 조치를 다룬 법률안의 취지를 설명하겠습니다.

앞서 설명한 재산 및 청구권에 관한 문제의 해결 및 경제협력에 관한 협정은 제2조에서 일한 양국 간의 재산 및 청구권에 관한 문제가 완전히 그리고 최종적으로 해결됐음을 확인하고, 일본국에 있는 한국과 한국민의 재산권에 대해 취해진 조치와 관련해 한국은 어떠한 주장도 할 수 없다고 규정하고 있습니다. 이 규정상 이들 재산권에 대해 구체적으로 어떤 국내적 조치를 취할지는 우리나라가 결정하는 바에 맡겨졌으며, 이 협정이 발효함에 따라 이들 재산권에 대해 취할 조치를 정해야 하므로 이 법률안을 작성했습니다.

이 법률안은 3항 및 부칙으로 이루어져 있으며, 그 내용은 협정 제2조 제3항에 해당하는 재산, 권리 및 이익에 대해 규정하는 것입니다.

우선 제1항에서는 한국 및 한국민의 일본국 및 일본 국민에 대한 채권과 일본국 또는 일본 국민이 갖고 있는 것 또는 채권을 목적으로 하는 담보권을 소멸시키는 것에 관해 규정하고 있습니다. 제2항에서는 일본국 또는 일본 국민이 보관하고 있는 한국과 한국민의 것에 대해 그 귀속을 정하고, 제3항에서는 증권화한 권리로서 제1항 및 제2항의 적용을 받지 않는 것에 대해 한국과 한국민은 그 권리에 기초한 주장을 할 수 없다는 취지를 규정하고 있습니다. 또 부칙에서는 이 법률안의 시행일을 협정 발효일로 하고 있습니다.

이상이, 일본국과 대한민국 간의 기본관계에 관한 조약 등의 체결에 관해 승인을 요청하는 건 및 대한민국 등의 재산권에 대한 조치를 다룬 법률안의 취지입니다.

일본에 거주하는 대한민국 국민의 법적지위 및 대우에 관한

일본국과 대한민국 간의 협정의 실시에 따른 출입국관리 특별 법안에 대한 취지 설명

이시이 법무대신

(생략)

일본국과 대한민국 간의 어업에 관한 협정의 실시에 따른

동 협정 제1조 제1항의 어업에 관한 수역 설정을 다룬 법률안에 대한 설명

사카타 농림대신

(생략)

(4) 정부의 답변

일본 국회에서 일한조약 제 협정의 비준 시에 논의된 내용은 외무성 조약국 조약과의 「일한조약 국회 심의 요지」(1966년 7월 편집)에 나와 있지만, 그중에서 주목해야 할 정부 답변 요지를 적기하면 다음과 같다.

① 기본관계조약

○ 휴전선 이북에 사실상 정권이 있음을 염두에 두면서 제반 협정을 맺고 있다. 따라서 북조선에 관해서는 전혀 언급하지 않았다. 분열 국가의 경우, 일방의 국가를 승인한 국가는 타방과 외교 관계를 수립하지 않는다. 이것이 오늘날까지의 외교 관례이다. 이번 협약 체결도 북조선과는 전혀 이야기를 하지 않았으므로 백지(白紙) 상태이고, 사실적인 문제로서 이를 처리해 사건별로 간다.

○ 제2조에 의해 무효가 되는 시점과 관련해……

일한병합조약은 대한민국이 독립한 1948년 8월 15일에 실효(失效)했고, 병합 이전의 제 조약, 협정은 각각 유효기간의 만료에 의해 또는 병합까지 존속해온 것은 병합 시에 실효했다.

○ 무효(null and void)라는 문구를 사용함으로써 구체적으로 어떠한 권리의무 관계도 변동시킬 의향이 없다는 것을 상대측의 교섭 당사자가 확언했다. 이것은 정치적, 국내 정치적, 감정적인 의미이다. 이미(already)라는 단어를 삽입함으로써 일시적으로 유효했던 시기가 있었다는 우리 측 입장을 표명했다.

○ 유엔결의 195호(Ⅲ)는 유엔의 결의이며, 일본은 회원국으로서 이를 존중한다. 이를 인용해 한국 정부의 성격을 밝혔다.

○ 대한민국을 승인한 날은 평화조약 발효일이며, 묵시적 승인으로서 이루어졌다. 구체적으로는 그날에 재일 한국대표부 설치를 인정하는 구상서를 교환했다.

○ 제3조는 기본관계조약의 적용 범위를 정한 것은 아니고, 대한민국 정부의 기본적 성격을 밝힌 것에 지나지 않는다. 제3조가 있기 때문에 일본이 북조선과의 국교를 앞으로도 절대로 맺지 못하도록 이를 봉쇄한 것이라는 해석은 잘못됐다. 제3조는 상대국인 한국이 어떤 국가인가라는 성격

을 기술하고 있는 것에 지나지 않는다.

② 어업협정

○ 이승만 라인을 일본이 인정한 적은 한 차례도 없다. 어업협정에서 전관수역 외측은 공해에 속하고, 여기에 공해 자유의 원칙이 적용된다. 공동 규제수역의 관할권은 어선이 속한 국가만이 갖는다고 결정했기 때문에 더 이상 이승만 라인은 존재할 여지가 없다.

○ 이승만 라인은 국제법상 인정된 것은 아니다. 6년이 경과해 어업협정이 무(無)협약 상태가 되는 경우가 있더라도 기본조약 및 기타 협정은 유효하며, 어업만이 무협약이 되어 이승만 라인이 부활하는 것은 도저히 생각할 수 없다. 전문에서도 공해 자유의 원칙을 확인하고 있다.

○ 한국 측이 북조선 연안에 대해 전관수역을 설정한 경우, 일본은 인정하지 않는다. 실질적으로 배타적 관할권을 행사할 수 있는 지역 밖에 전관수역을 그을 순 없다.

○ 어업 관계에서 안전조업을 지도하는 사례는 많다. 분쟁이 되고 있는 다케시마 주변에서는 그다지 조업하지 않도록 하는 행정을 당분간 계속하고 싶다.

○ 외측 6해리(outer six)의 입회권 문제와 관련, 일본은 과거에 실적을 갖고 있고 또 국제적인 선례도 있지만, 이승만 라인의 실질적 철폐와 일본 어업의 실적 확보도 있는 데다 일면 한국의 영세 어업도 감안해 대국적으로 주장하지 않기로 했다.

○ 한국 정부는 지금까지 공식적으로 영해는 몇 해리라고 성명한 적은 없다. 영토, 영해 내에서 법령을 침범한 것에 대한 처벌 단속을 위해 공해까지는 추적할 수 있지만, 어업수역에는 그러한 규정이 설치되어 있지 않으므로 영해를 침범하지 않는 한 추적권이 공해에 이르는 것은 아니다.

○ 한국 어업이 어업협력에 의해 발전을 거듭해 거꾸로 일본 어업을 압박할지 모른다는 우려가 있다. 일본으로서는 어장의 현대화, 합리화를 계속적으로 진행하고 구조 개선 사업도 하여 새로운 어장을 개척할 필요가 있다.

③ 청구권 및 경제협력 협정

○ 경제협력금액은 일본의 재정 능력, 한국의 경제개발계획, 전후 각국으로부터 독립한 국가에 종주국이 거액의 경제원조를 주고 있는 점을 고려해 3억 달러와 2억 달러로 결정했다. 경제협력은 단순한 경제협력으로, 배상과는 아무런 관계가 없다. 경제협력과 청구권과의 관계는 심의 경위를 따져 말하자면 관련이 있지만, 거기에 법률상의 인과관계는 아무것도 없다.

○ 평화조약 제4조 (b)항의 문제는 해결되었지만, (a)항의 일부, 즉 북조선 부분은 이른바 남아 있는 문제이다. 군령 33호가 적용된 것은 미군의 점령구역에 한정되기 때문에 북조선 부분에 대해서는 일본의 재산청구권이 그대로 법률상으로 남아 있다.

○ 38도선 이북 휴전선 이남의 삼각지대의 경우, 서쪽 부분에 대해선 군령 33호가 적용될 수 있었지만 그 후 한국의 관할구역 내에는 없었으므로 이번 협정에서는 관련성이 없어졌다. 동쪽 지역은 북조선 측 당국이 헌법 규정에 의해 몰수한 후 그것이 휴전협정으로 다시 한국 관할로 들어갔지만, 한국은 적산(敵産)으로서 몰수조치를 취했다. 따라서 협정의 제2조 제1항의 실체적인 재산, 권리, 이익은 여기에 아무것도 남아 있지 않다.

○ 평화조약 제4조 (b)항의 것은 모두 평화조약에서 처리가 완료됐다. 따라서 일한 간에 새롭게 처리할 필요가 없었다.

○ 일본 정부는 종전 당시 조선에 있던 재외 재산에 대한 확실한 자료를 갖고 있지 않았다. 한국 정부도, 북조선 당국도 전후 일절 이 문제에 대해서는 공표하지 않았으므로 우리는 권위 있는 평가를 할 수 없다.

○ 나포 어선의 보상 문제는 결국 청구를 하지 않게 되어, 지급금으로 40억, 저리자금 및 저리장기로 10억에서 50억 엔을 승조원 및 선주에게 손해를 보상한다. 앞서 이전에 특수보험 등에 의해 총 15억 4,300만 엔 정도를 지급했다.

○ 3억 달러 이상을 기대한다고 되어 있는 교환공문은 기한의 제약이 없다. 거슬러 올라가 3억 달러 이상의 신용공여에 포함시킬 수 있는 부분은 10월 말 현재 정부가 수출 승인을 해준 9건 총 계약 금액 7,100만 달러 정도이다.

○ 민간 협력 3억 달러의 반환 보증 의무는 정부에 없다.

④ 재일한국인의 법적지위

○ 영주권 취득자와 영주권이 없는 자 간의 대우의 차이는 강제퇴거를 시킬 경우 일반 재일조선인은 출입국관리령 24조에 따르지만, 영주권을 인정받은 한국인은 3조에 규정된 네 가지 경우에 한한다는 데 있다. 그 이외의 일반적인 처우는 거의 차이가 없다. 다만, 일본이 처우에 대해 적절히 고려를 하겠다는 약속을 하고 있는데, 다른 조선인은 단순히 일본 정부의 일방적인 행위에 의해 같은 대우를 받을 수 있다는 정도만의 차이이다.

○ 외국인등록법상 조선인의 특수한 지위로 인해 조선인이 국적을 사용할 수 없었던 시대에 등록제도가 실시되었다. 따라서 국적을 사용하는 대신에 조선이라는 용어를 사용해 일단 일본에 거주하고 있는 특수한 지위에 있는 조선인임을 나타냈다. 현시점에서는 조선에서 한국으로 고쳐 쓰

는 것을 인정해온 경과, 이것이 오랫동안 유지되어온 사실, 또 한국이 실질적으로 국적과 같은 작용을 해온 경위 등을 감안해, 그 기재(記載)는 한국 국적을 갖는 것이라고 간주하고, 한국은 국적으로서 취급하는 반면, 조선은 국적이 아니라는 입장을 취하고 있다.

○ 영주권자 직계비속의 거주에 관한 정부 간 협의를 25년까지로 한 것은 25년 후가 되면 직계비속으로 규정되지 않는 그룹에서 첫 번째 사람이 태어나는 시기를 맞이하기 때문이다.

⑤ 문화재 및 문화 협정

○ 문화재 협정은 국가가 소유하고 있는 것만을 대상으로 하고, 민간의 것에 대해서는 협정에서 약속을 하지 않았다.

⑥ 다케시마 문제

○ 우리들 간에는 다케시마 문제는 분쟁 문제이고, 이 교환공문에 의해 해결될 것에 대해서는 명료한 합의를 보고 이 문서가 작성되었다.

4. 비준서 교환식

12월 11일 일한조약 제 협정이 참의원을 통과되고, 3일 뒤인 12월 14일 각의는 "일한 기본관계조약과 4개 협정을 정식으로 비준하고, 이들 비준서에 천황 인증을 요청한다"는 것을 결정했다. 그 결정안과 이유는 다음과 같다.

일본국과 대한민국 간의 기본관계에 관한 조약 등의 비준에 대한 각의 결정
일본국과 대한민국 간의 기본관계에 관한 조약, 일본국과 대한민국 간의 어업에 관한 협정, 재산 및 청구권에 관한 문제의 해결 및 경제협력에 관한 일본국과 대한민국 간의 협정, 일본국에 거주하는 대한민국 국민의 법적지위 및 대우에 관한 일본국과 대한민국 간의 협정, 문화재 및 문화협력에 관한 일본국

과 대한민국 간의 협정을 비준하고, 이들 조약 및 협정의 비준서에 대해 일본국 헌법 제7조의 규정에 기초해 천황의 인증을 요청하기로 한다.

(비준문) (기본관계조약의 경우)

일본국 천황(어명)은 이 글을 보는 각위에게 선시(宣示)한다.

일본국 정부는 일본국 전권위원이 대한민국 전권위원과 함께 1965년 6월 22일 도쿄에서 서명한 일본국과 대한민국 간의 기본관계에 관한 조약을 열람 점검하고, 이를 비준한다.

여기에 일본국 헌법의 규정에 따라 이를 인증하고 그 증거로서 친히 이름을 적고 어새(御璽)를 찍는다.

1965년 12월 [　]일

(어명) 어새

내각총리대신 (서명) 관인

외무대신 (서명) 관인

일본국과 대한민국 간의 기본관계에 관한 조약 등의 비준에 관한 설명자료

일본국과 대한민국 간의 기본관계에 관한 조약, 일본국과 대한민국 간의 어업에 관한 협정, 재산 및 청구권에 관한 문제의 해결 및 경제협력에 관한 일본국과 대한민국 간의 협정, 일본국에 거주하는 대한민국 국민의 법적지위 및 대우에 관한 일본국과 대한민국 간의 협정, 문화재 및 문화협력에 관한 일본국과 대한민국 간의 협정은 각각 1965년 6월 22일 도쿄에서 서명되어, 1965년 12월 11일 그 체결에 대한 국회의 승인을 얻었다.

이 조약 및 협정의 각각 제7조, 제10조, 제4조, 제6조, 제4조는 이들 조약 및 협정이 비준을 필요로 하고 비준서가 서울에서 교환된다는 것 및 이들 조약 및 협정이 비준서가 교환된 날부터 효력을 발한다(다만, 법적지위 및 대우에 관한 협정만은 비준서 교환일 후 30일 후에 발효한다)는 것을 규정하고 있다.

대한민국에서는 이미 이들 조약 및 협정의 비준을 받기 위한 국내 절차를 완료했다. 따라서 이들 조약 및 협정을 비준하고, 그 비준서에 대해 일본국 헌법 제7조의 규정에 기초해 천황의 인증을 요청하고자 한다.

한국 측 비준서에는 다음과 같이 기록되었다.

비준서(한국어본을 일본어로 번역)

대한민국 대통령 박정희는 이 문서를 보는 모든 사람에게 선서한다.

대한민국과 일본국 간의 기본관계조약이 1965년 6월 22일 도쿄에서 양국의 전권위원 간에 서명되었고, 동 조약의 원문은 다음과 같다.

(기본관계조약문)

대한민국 국회는 1965년 8월 14일, 제52회 국회 제12차 본회의의 의결로 전기 조약의 비준에 동의 했기 때문에 대한민국 대통령 박정희는 동 조약을 열람 검토하고, 동 조약의 각 조항과 구절을 비준 확 인한다.

이상의 증거로서, 나는 이 비준서에 서명하고, 여기에 대한민국 국새를 날인한다.

1965년 12월 17일 서울에서

대한민국 대통령 박정희
국무총리 정일권
외무부장관 이동원

일한조약 제 협정의 비준서 교환식은 12월 18일 서울에서 열렸다. 일본 측의 비준서 교환 사절 단은 시나 외무대신 외에 특파대사로서 사카타 농림대신, 다카스기 일한회담 대표, 특파대사 고문 으로서 중의원 의원 마에오 시게사부로(前尾繁三郎) 씨를 단장으로 하고 안도 가쿠(安藤覚), 하세 가와 시로(長谷川四郎) 씨, 참의원 의원 구사바 류엔(草葉隆円), 오타니 도노스케(大谷藤之助) 씨, 수행원으로 우시바 외무심의관, 우시로쿠 아시아국장, 요시다 심의관, 오구치 농림대신 관방장, 마 에다 참사관, 마쓰나가 조약과장, 이와세 외무대신 비서관, 고지마 농림대신 비서관 등으로 구성됐 다. 한국 측 대표단은 수석인 이동원 외무부장관을 비롯해, 대표로서 차균희 농림부장관, 김동조 주일대사가, 고문으로 김동환 국회 외무분과위원장, 단원으로 이경호 법무부 차관, 김영준 경제기 획원 기획담당 차관보, 연하구 외무부 아주국장, 전상진 외무부 통상국장, 김명년 농림부 수산국 장, 이상덕 한국은행 감사, 이홍직 고려대 교수, 황수영 동국대 교수, 김동휘 외무부 조약과장 등으 로 구성됐다.

일본 측의 비준서 교환 사절단은 12월 17일 11시 30분 특별기 편으로 22명의 동행 기자단과 함 께 하네다를 출발, 오후 1시 40분 외무부장관 등 기타 관계자의 영접을 받는 가운데 김포에 도착했 다. 그날 이동원 외무부장관, 정일권 국무총리, 이효상 국회의장을 예방했다.

이튿날인 18일 오전 10시 30분부터 비준서 교환식이 중앙청 3층 제1회의실에서 열렸다. 한국 측 총리 이하 각료 및 대표단이 임석한 후 양국 국가의 취주하에 일본 측 사절단이 착석했다.

양국 외무부장관은 5개의 조약 비준서를 확인하고 교환한 다음 사전에 한국 측이 준비한 각 비 준 조서(한국 측에서는 의정서라고 부른다)에 만년필로 서명했다. 서명 후 이동원 외무부장관, 시 나 외상이 각각 인사말을 했다. 이어 샴페인으로 축배를 들었고, 인사를 교환한 후 주악이 들리는 가운데 퇴장했다.

비준서 교환조서는 다음과 같은 서식이었다.

비준서 교환조서(기본관계조약의 경우)

아래 이름이 나오는 일본 외무대신 시나 에쓰사부로 및 대한민국 외무부장관 이동원은 각자의 정부에 의해 정당하게 위임을 받아 1965년 6월 22일에 도쿄에서 서명된 일본국과 대한민국 간의 기본관계에 관한 조약에 대한 각 정부의 비준서를 교환하기 위해 회동했다.

전기한 조약의 비준서는 상호 점검되어 타당하다고 인정되었으므로 그 교환이 오늘 이뤄졌다.

이상의 증거로서, 아래의 서명자는 이 비준서 교환조서에 서명했다.

1965년 12월 18일 서울에서 한국어 및 일본어로 본서 2통을 작성했다.

일본국을 위해

대한민국을 위해

당일 이동원 외무부장관과 시나 외상은 다음과 같이 인사말을 했다.

이동원 외무부장관의 인사말

지금, 시나 외무대신 각하와 저는 각각의 국가를 대표해 한일 간 기본관계조약 기타 제반 협정의 비준서를 교환했습니다.

이로써 양국은 불행한 과거의 관계에서 유래하는 모든 문제를 해결하고, 일체의 과거를 청산하고, 새롭고 밝은 미래를 위해 우호관계를 개척하고 증진하는 그 첫걸음을 걷기 시작했습니다. 이로써 극동에서 자유민주주의를 신봉하는 이웃 두 국가가 처음으로 정상적이고 긴밀한 관계를 맺는 기초를 만들고, 나아가 자유진영의 결속을 강화하는 데 커다란 기여를 하게 되었습니다.

양국 국민과 정부의 오랜 인내와 노력이 결실을 맺어 양국 관계가 정상화한 오늘, 지난 수십 년 동안 일어난 일들을 돌이켜보면 우리로서는 당연히 깊은 감회가 있습니다만, 지난날을 청산하는 모든 조건이 성숙된 이 자리에서 우리들은 새롭고 그리고 영광스러운 미래를 위해 용기 있는 결단을 내렸습니다.

앞으로 양국은 호혜평등의 원칙에 따라 공동의 이익과 번영을 위해 최선을 다해야 합니다. 또 지금부터 발효되는 양국 간 조약 및 제 협정이 신의와 성실의 원칙에 따라 실시될 때 비로소 양국은 진정한 우방으로서 손을 맞잡고 우리들의 자손에게 영광스러운 미래를 안겨주게 될 것입니다.

이 역사적인 순간에서 한일 양국의 미래를 위해, 이날이 정말 뜻깊은 날로서 영원히 기억될 수 있도록 간절히 기도하는 바입니다.

시나 외상의 인사말

지금, 정 국무총리 각하와 여러분이 임석한 가운데 대한민국 수석대표 이동원 외무부장관 각하 간에 기본관계조약 기타 관계 협정의 비준서 교환을 차질 없이 끝내게 되어 충심으로 기쁘기 그지없습니다.

가장 가까운 이웃나라로서 역사적·지리적으로 깊은 관계를 가진 일한 양국이 정식 국교를 갖지 않

사진 44 1965년 12월18일 서울의 중앙청 3층 제1회의실에서 한일조약 제 협정의 비준서 교환식이 열리고 있다. (출처: 국가기록원)

왔던 부자연스러운 시대는 끝났고, 양국은 이제 본연의 모습으로 돌아와 호혜평등의 원칙에 입각한 선린우호관계를 수립하게 되었습니다. 일한 양국은 이제 새로운 시대를 맞이했습니다. 오늘 저희가 주고받은 단단한 약속이 양국 국민의 영구적인 우호의 인연의 시작이 될 것을 저는 굳게 믿고 있습니다. 저는 일본 측 사절단 여러분과 함께, 일본국 정부 및 일본 국민을 대신해 우리나라가 오늘 효력을 발생하는 일한 간의 제 조약을 성의를 갖고 실시하고, 이로써 양국 국민의 우호 협력 관계의 증진을 위해 노력할 것이라는 결의를 선포하고자 합니다.

현재 국제 정치에서 아시아의 비중은 급속히 높아지고 있으며, 일한 양국이 서로 아시아의 일원으로서 완수해야 할 임무는 매우 중요해지고 있습니다. 마음과 마음을 서로 맺고 있던 일한 양국 국민이 앞으로 성실한 조약 협정의 준수라는 기초 위에서 단계적으로 협력하여 훌륭한 우호의 전당을 구축해가는 것이 아시아의 평화와 번영을 추진하고, 나아가 세계의 평화, 인류의 복지에 크게 기여하게 될 것으로 확신합니다.

우리 앞에는 이제 새롭고 영광스러운 역사의 문이 열려 있습니다. 지금 우리가 옷깃을 여미고 과거를 돌아보고, 더욱 희망찬 일한 양국의 미래를 향한다고 생각하면, 저는 더할 나위 없는 감동을 느낍니다.

일한 국교 사상 획기적인 의의를 갖는 오늘 이 좋은 날에, 양국 국민의 오랜 평화와 번영을 기원하며, 인사를 마치겠습니다.

비준서 교환식을 마치고 일본 측 대표 3명과 고문 5명은 박정희 대통령을 예방하고 정일권 국무총리가 주최한 오찬에 참석했다. 그날 오후 시나 외상과 이동원 외무부장관은 외무장관 회담을 갖고, 문화재의 인도, 어업협정에 관한 상호 승선, 감시선 간에 출어 상황을 연락하는 방법에 대한 약정, 해저전선, 분쟁 해결에 관한 교환공문의 발효일(다음 장 참조), 영사관 설치 문제에 대해 논의한 후 다음과 같은 공동성명을 발표했다.

시나 에쓰사부로 일본국 외무대신과 이동원 대한민국 외무부장관은 오늘 오전 10시 30분에 서울에서 정일권 국무총리의 임석하에 일본국과 대한민국 간의 기본관계에 관한 조약 및 4개 협정 비준서를 교환했다.

시나 외무대신, 사카타 농림대신과 다카스기 특파대사 이하 일본 정부의 일한 제 조약 비준서 교환 사절단 일행은 1965년 12월 17일 한국을 방문한 후 박정희 대통령을 알현하고 기타 대한민국 정부 지도자를 예방했다.

이 방문 기간 중에 시나 외무대신과 이 외무부장관은 양국 간 국교정상화 후 첫 외무장관 회담을 가졌다.

양국 외무장관은 수십 년간의 긴 세월에 걸쳐 양국 국민과 정부가 인내하고 노력한 결실로서 마침내 양국 관계의 정상화가 실현된 것에 대해 기쁨과 만족을 표명했다.

양국 외무장관은 양국 간 새로운 관계 수립의 중요성을 재확인하고, 그 기초 위에서 양국의 공동 번영과 발전을 위해 모든 노력을 다한다는 결심과 각오를 서로 확인했다.

양국 외무장관은 이 기회에 앞으로 양국이 당면하는 여러 문제를 비롯해 아시아와 세계 정세 전반에 대해 광범위하게 의견을 교환하고, 양국 간의 이번 성과와 앞으로의 양국의 번영 발전이 단순히 양국뿐만 아니라 나아가 자유세계의 결속 강화 및 국제 평화와 안전의 유지에 크게 기여한다는 점을 인정했다.

양국 외무장관은 향후 양국 간 우호친선 관계가 점차 더욱 강화될 것을 확신하고 양국이 서로 제휴하여 공통의 번영과 아시아, 나아가 세계의 평화와 번영을 위해 긴밀히 협력하겠다는 결의를 밝혔다.

비준서 교환식이 열린 중앙청 제1회의실은 일찍이 일본 시정(施政) 시대에 조선총독부의 중요 시정에 관한 회의가 열린 곳이며, 더욱이 1945년 9월 9일 아베 노부유키(阿部信行) 조선총독, 고즈키 요시오(上月良夫) 제17방면군사령관, 야마구치 기사부로(山口儀三郎) 진해경비부 사령관과 조선주둔 미군사령관 하지(John Reed Hodge) 중장, 킨케이드(Thomas Kinkade) 미 해군대장

간에 항복문서를 체결했던 장소였다. 그로부터 20여 년 후, 지금 여기서 일한 양국 국기가 장식되고 일한 양국 국가가 취주되는 가운데 양국의 국교정상화의 행보가 시작된 것이다.

18일 사토 총리와 정일권 총리는 축전을 교환했다. 또 하시모토 관방장관은 담화를 발표, "가장 가까운 이웃이며 역사적·문화적으로도 깊은 관계를 가진 일한 양국은 이제 호혜평등의 원칙에 입각한 선린우호의 새로운 시대를 구축하는 첫걸음을 함께 내디디려 하고 있다. 정부는 국민의 협력 하에 이 조약을 성실히 이행하고 상호 이해와 신뢰를 바탕으로 하는 새로운 일한관계를 구축하는 결의를 다지고 있다"고 말했다. 박정희 대통령은 그날 특별담화에서 "한국과 일본은 지금 새로운

사진 45 박정희 대통령이 1965년 12월 18일 정일권 총리(왼쪽에서 세 번째), 이동원 외무부장관(오른쪽에서 네 번째), 김동조 주일 대사(오른쪽에서 두 번째)가 지켜보는 가운데 한일조약 제 협정의 비준서에 서명하고 있다. (출처: 한국일보)

아시아의 역사를 창조하는 행보를 밟기 시작했다", "앞으로 양국은 서로 믿고 돕는 순수한 우방으로서 나아가지 않으면 안 된다", "한일 양국 간의 진정한 국교정상화의 열쇠는 일본 국 정부와 국민의 우호에 가득 찬 선린의식에 입각한 한일 양국의 상호 협력과 반공 태세의 강화에 있다", "과거에 있었던 60만 재일 교포들이 큰 고통을 감내한 것은 본국 정부에 책임

이 있다. 만일 일시적인 과실에 의해 조총련계에 가담한 동포들이 본국 정부의 보호 아래로 다시 돌아온다면, 정부는 최대한 따뜻한 마음으로 그들을 맞이하고 오류를 비난하지 않을 것이다. 또 일본에 밀입국하려다 억류되어 조국의 훌륭한 국민이 될 수 없었던 동포에게도 전죄(前非)를 불문하고 밝은 생활을 할 수 있도록 보장하겠다"고 말했다.

비준서 교환일에 대일 굴욕외교 반대 투쟁위원회 회원 40여 명은 비준서 교환에 반대하여 가두시위를 했는데, 100여 명의 기동경찰대에 의해 저지되어 해산됐다. 또 일부 학생단체가 비준서 교환 반대 성명을 발표한 것 외에는 눈에 띄는 반대운동도 없었다. 서울시경이 특별경계령을 내린 것과는 대조적으로 서울시는 매우 평온했다.

한국 정부는 비준서 교환식 종료 직후 어업협정시행령 등 일한조약에 따른 27개의 관계 법령을 공포해 같은 날짜에 발효시키는 동시에, 어업 전관수역을 선포했다.

이와 함께 17일 홍보부는 종래 금지해온 일본 영화 수입을 질적으로 우수한 것에 한정해 허용한다는 방침을 밝혔다. 또 권오병(權五柄) 문교부장관은 "일본어 강습소 설치를 허가하고, 대학에 일본어학과의 설치를 인정한다"고 말했다.

5. 일한조약 제 협정의 공포

12월 18일 『관보』 호외에 조약으로서 기본관계조약, 어업협정 및 관계 문서, 청구권 및 경제협력 협정, 재일한국인의 법적지위 협정, 문화재 및 문화협력 협정, 분쟁 해결에 관한 교환공문을 게시하고, 이상의 조약 제 협정 및 「분쟁 해결에 관한 교환공문」의 효력 발생 건을 고시(告示) 게시했다. 또 기본관계조약 제4조, 어업협정 제10조, 청구권 및 경제협력 협정, 문화재 및 문화협력 협정은 각각 제4조의 규정에 따라 비준서 교환일로부터 효력이 발생하고, 재일한국인의 법적지위 협정은 제6조의 규정에 따라 비준서 교환일로부터 30일째 되는 날에 발효하며, 또 분쟁 해결에 관한 교환공문은 기본관계조약 등의 비준서가 교환됨에 따라 발효하게 된다는 것이 게시됐다. 이와 함께 국회를 통과한 관련 법률은 앞서 17일 자 『관보』에 게시됐다.

한국 측은 12월 18일 발행된 『호외(號外)』에 조약 등을 게시하면서 서문에 다음과 같이 적었다.

조약

1. 1965년 6월 22일 제55회 국무회의 의결을 거쳐 1965년 6월 22일 도쿄에서 서명되고, 1965년 8월 14일 제52회 국회 제12회 본회의에서 국회의 비준 동의를 얻어 1965년 12월 18일 비준서를 교환하고, 1965년 12월 18일 자로 발효된 '대한민국과 일본국 간의 조약 및 제 협정'을 이에 공포한다.

2. 다만, 대한민국과 일본국 간의 일본국에 거주하는 대한민국 국민의 법적지위와 대우에 관한 협정은 1965년 12월 18일부터 30일 후에 발효하게 된다는 것을 아울러 공포한다.

대통령 박정희(인)

1965년 12월 18일

국무총리 정일권
외무부장관 이동원

『호외』는 이어 '조약'으로서 기본관계조약, 재일한국인의 법적지위 협정·동 합의의사록, 어업협정·동 합의의사록·동 협정 관계의 교환공문 4개, 청구권 및 경제협력 협정·동 합의의사록 2개·동 협정 관계 교환공문 4개, 제1의정서와 제2의정서, 문화재 및 문화협력 협정·동 합의의사록, 분쟁 해결에 관한 교환공문, 일한무역을 위한 금융협정 종료에 관한 교환서한을 게시했다.

6. 주한 일본대사관, 주일 한국대사관의 개설

서울에 있는 일본 정부 재외사무소는 12월 18일 주한 일본대사관으로서 새롭게 발족, 반도호텔 9층에 시나 외무대신이 '일본대사관'이라고 붓글씨로 쓴 종이 문패가 붙여졌다(이 글씨는 나중에 나무 간판에 새겨졌다). 18일 자로 요시다 겐조(吉田健三) 대신관방심의관이 주한 일본대사관 공사로 발령받았다. 그날 재일 한국대표부도 대한민국 대사관으로 변경됐다. 요시다 공사는 초대 주한 대사가 착임할 때까지 임시대리대사직을 수행하게 되었다. 한국 측은 방희(方熙) 공사가 초대 주일 대사가 부임할 때까지 임시대리대사직을 수행했다.

또 이날 영사관 설치에 관한 문서의 교환이 이뤄져 일본 측은 부산에, 한국 측은 삿포로, 센다이, 요코하마, 나고야, 오사카, 고베, 후쿠오카와 시모노세키에 각각 영사관을 설치하게 되었다(오사카, 후쿠오카, 삿포로는 총영사관).

18일 간바라 도미히코(神原富比古) 정보문화국 참사관이 부산 영사관 영사로 발령됐다. 부산 영사관은 1966년 4월 26일 총영사관으로 승격, 간바라 영사는 총영사 발령을 받았다.

1905년 11월 17일 일한 간에 조인된 일한협약으로 한국에 대한 통감정치가 시작되고 한국의 외교권은 일본이 대행하게 되어 주한 일본공사관이 폐지되었는데, 그로부터 61년이 지나 일한 양국 간 외교관계가 다시 열린 것이었다. 「일한 61년 만의 악수」, 「일한 신시대 시작」이라는 당시 일본 신문의 기사 제목은 이를 대변했다.

1966년 1월 7일 일한 양국은 일본의 주한 대사 기무라 시로시치(木村四郎七), 한국의 주일 대사 김동조 씨에게 각각 아그레망(agrément)[115]을 부여한다고 발표했다.

초대 주한 대사로 내정되어 있던 이세키 유지로 주네덜란드 대사의 임명이 변경된 경위에 대해서는 우시로쿠 아시아국장 「일한교섭에 관한 약간의 회상」의 '추보(追補)'에 자세히 설명되어 있다. 또 우시로쿠 국장의 회상 기록에는 김동조 대사가 결정되기까지의 사정에 대해서도 적혀 있다.

1월 14일 김동조 대사는 천황에게, 3월 16일 기무라 대사는 박 대통령에게 각각 신임장을 봉정(捧呈)했다. 김동조 대사 및 기무라 대사의 신임장은 다음과 같다.

---

115) 파견국이 특정 인물을 외교사절(대사, 공사, 대리대사 등)로 파견하기 위해 사전에 얻는 상대국의 동의.

(한국어문의 임시 번역)

박정희 대한민국 대통령

위대하고 친애하는 일본 천황 히로히토(裕仁) 폐하, 저는 대한민국의 저명한 국민인 김동조 씨를 일본국 주재 대한민국 특명 전권대사 자격으로 폐하의 곁에 주재하도록 하고자 합니다.

김 대사는 우리 한일 양국 간의 공동 이익 관계를 충분히 이해하고, 또 우리 정부가 양국 간에 현존하는 친밀한 우의를 더욱 돈독히 하고자 하는 진실된 염원을 잘 알고 있습니다.

저는 그의 품격과 역량을 충분히 알고 있기 때문에, 그가 한일 양국의 이익과 번영을 증진시키기 위해 끊임없이 노력할 것으로 믿고 있으며, 따라서 폐하께서도 만족하실 것으로 믿습니다. 폐하께서 그를 흔쾌히 맞아주시고, 또 그가 대한민국을 대표하여 말씀 올리는 것을 전적으로 신임해주시길 바랍니다.

그를 통해 폐하의 건강과 귀국의 번영을 기원하며, 신의 은혜가 항상 폐하에게 넘치기를 기원합니다.

1966년 1월 11일 서울에서

대통령 박정희

부서(副署)

국무총리 정일권

외무부장관 이동원

일본국 천황 히로히토

대한민국 대통령 박정희 각하

각하

일본국 정부는 일본국과 대한민국 간의 우호친선관계를 확보하고자 기무라 시로시치를 일본국의 특명 전권대사로 임명해 귀 대통령 아래에 주재시키고자 합니다.

이에 일본국 헌법의 규정에 따라 본 서로써 이를 인증합니다.

기무라 시로시치는 인격이 고결하고, 직무에 충실하고 재간이 있으며, 능히 그 대임을 완수하여 각하의 신의(信倚)에 부응할 것입니다. 이 사람이 일본국의 이름으로 각하에게 묻는 바에 대해서는 전폭적인 빙신(憑信)을 받을 수 있기를 바랍니다.

이 기회에 각하의 경복(慶福)과 귀국의 융성을 기도합니다.

1966년 2월 25일 도쿄 황궁에서

어명 (어새)

내각총리대신 사토 에이사쿠(공인)

외무대신 시나 에쓰사부로(공인)

주한 일본대사관은 1966년 2월 1일부터 비자 업무를 시작했다.

7. 제2차 일한 무역회의와 일한 금융협정의 종료

비준서 교환식이 서울에서 열리는 기회에 12월 15일부터 18일까지 제2차 일한 무역회의가 열렸다. 일본 측 대표는 우시바 외무심의관, 와타나베(渡辺) 통산성 통상국장, 가토(加藤) 외무성 경제국 차장, 이시다(石田) 수산청 차장, 호소미(細見) 대장성 관세국 재무조사관, 이와시타(岩下) 농림성 농림경제국 참사관 등 관계 성청의 과장 9명이었다. 한국 측 대표단은 이철승(李喆承) 상공부 상공차관보, 전상진(全祥振) 외무부 통상국장, 연하구 외무부 아주국장, 백경복(白慶福) 재무부 세관국장, 김명년 농림부 수산국장, 김우근(金禹根) 상공부 상역국장 등 관계 부처 담당과장 13명이었다. 이 회의는 성과로서 12월 18일 다음과 같은 공동코뮤니케를 발표했다.

1. 제2차 일한무역회의는 1965년 3월 27일의 1차 회의에 관한 공동코뮤니케에 따라 같은 해 12월 15일부터 18일까지 서울에서 열렸다. 폐회식에는 일본국 시나 외무대신과 대한민국 이동원 외무부장관이 참석했다.

2. 회의는 양국 관계 정부기관의 대표 간에 시종 매우 우호적인 분위기 속에서 진행됐다. 일본 측에서는 우시바 외무심의관 이하 관계 각 성의 간부가, 한국 측에서는 이철승 상공부 차관보 이하 관계 각 부의 간부 다수가 참석했다.

3. 양국 대표는 일한 국교정상화를 맞이해 향후 양국 간의 우호관계를 증진하기 위해 긴밀한 경제관계를 신속하게 수립해야 한다는 데 합의했다. 이를 위해 양국 대표는 현재 노정된 양국 간 무역 불균형 문제에 대해서는 최대한 시정하기 위해 긴밀히 협력하는 것을 약속함과 동시에, 장기적으로는 무역 규모 확대의 과정에서 해결을 도모해가야 한다는 것을 확인했다.

4. 한국 측 대표는 일본 측에 김을 비롯한 한국 1차 산품의 수입 자유화, 관세 인하 혹은 할당 확대 등을 강하게 요구했다. 이에 대해 일본 측은 한국이 요청한 이들 조치를 일거에 실현하는 것은 곤란하지만, 한국의 요구를 고려해 점차 해결을 도모할 수 있도록 최대한 노력을 기울인다는 취지를 약속했다. 김 문제에 대해서는 내년 3월부터 4월에 걸쳐 양국 간에 논의하기로 합의했다.

5. 양국 대표는 보세가공 수출이 1차 산품의 수출과 함께 한국의 수출 증대에 중요한 의의를 갖는다는 것을 확인했다. 양국 대표는 향후 보세가공 수출의 증가를 위해 정부와 민간 업체 간의 긴밀한 연락을 포함해 향후 최대한 협력하기로 합의했다.

6. 시나 외무대신 및 이 외무부장관은 1950년 6월 2일에 서명된 무역을 위한 금융협정의 폐지에 관한 서한을 무역회의 마지막 날인 12월 28일에 교환했다. 양국 정부 대표는 이날 새로운 무역협정에 가조인하고, 더욱이 새로운 해운협정에 대해서도 향후 논의를 계속하기로 합의했다.

7. 양국 대표는 무역을 목적으로 하는 양국 국민의 왕래, 상대국에서의 체재 등이 가능한 한 원활하게 이루어지도록 양국 정부가 고려하기로 합의했다.

8. 마지막으로 양국 대표는 1966년 3월부터 4월 사이에 도쿄에서 제3회 일한 무역회의를 개최하기로 합의했다.

제2차 무역회의의 폐회식 석상에서 양국 외무장관은 1950년 6월 2일에 서명한 오픈계정 방식의 일한 금융협정을 종료하고, 앞으로는 현금 결제로 한다는 취지의 공문을 교환했다. 이 교환공문의 내용과 관련해 18일 외무성 정보문화국은 다음과 같이 발표했다.

(1) 금융협정은 1966년 3월 19일에 종료한다.

(2) 상기 종료일 이후 양국 정부는 일한 청산계정을 통하는 결제를 수반하는 새로운 거래를 인정하지 않는다.

(3) 협정 종료일 전에 청산계정을 통해 결제를 인정받은 거래는 1966년 9월 15일까지 동 계정을 통해 결제할 수 있다.

(4) 양국 정부는 1966년 9월 15일 직후에 청산계정의 최종 잔액을 확인한다.

(5) 상기한 잔액 가운데 청구권 및 경제협력 협정 제2의정서에 따라 결제되는 금액을 상회하는 부분의 결제는 1966년 11월 14일까지 미 달러로 이뤄진다.

(6) 청산계정의 결제에 관한 기술적 세목에 대해서는 일본은행과 한국은행 간에 결정하기로 한다.

(7) 협정 종료일 이후의 양국 간 모든 지불〔단, 전기한 (3)항의 결제는 제외한다〕은 미 달러 또는 양국 정부가 합의하는 기타 교환 가능한 통화로 이뤄진다.

8. 일한 농림장관 회담과 일한 어업인 간 협정

비준서 교환식에 사카타 농림상이 참석한 기회에 12월 18일과 19일 양일간 차균회 농림부장관 간에 일한 농림부장관 회담이 열렸다. 회담 종료 후 다음과 같은 공동코뮤니케가 발표됐다.

1. 차균회 대한민국 농림부장관과 사카타 에이치 일본 농림대신은 1965년 12월 18일과 19일 이틀간 서울에서 회담을 갖고 어업 및 농림축산업에 관한 양국 간 협력을 긴밀히 하고 이를 촉진시키기 위해 우

호적인 분위기 속에서 솔직한 의견 교환을 했다.

2. 양국 농림장관은 양국 어업의 공존공영을 도모하기 위해 긴밀한 협력관계를 수립하는 데 노력하기로 의견의 일치를 보았다. 이를 위해 가능한 한 조속히 양국 실무자회의를 도쿄에서 개최, 어업에 관한 정보와 기술의 교환, 어업 전문가와 기술자의 교류 및 어민훈련센터 설치 등에 대해 구체적으로 논의하기로 합의했다.

3. 양국 농림장관은 양국 간의 어업에 관한 협정이 이번에 발효한 것에 대해 만족의 뜻을 표하고, 동 협정의 원활한 운영을 위한 어업공동위원회를 조속히 출범시키기로 합의를 보았다. 이를 위해 내년 초에 어업공동위원회의 구성 및 운영 절차에 대한 협의를 갖기로 합의했다.

4. 양국 농림장관은 한국의 농림축산업의 건전한 발전이 궁극적으로는 양국의 공동 이익 증진에 기여한다는 것을 인정했다. 이를 위해 가능한 한 이른 시기에 양국 실무자회의를 도쿄에서 개최, 정보 및 기술 교환, 전문가 및 기술자 교류, 훈련센터 설치, 우량 종묘 및 종축(種畜)의 교환 등에 대해 구체적으로 논의하기로 합의했다.

5. 양국 농림장관은 농림, 축산, 수산물의 무역 증진에 대해 의견을 교환했다.

한국 측은 김을 비롯한 1차 산품의 수입 자유화 내지 할당의 확대, 관세 인하를 강력히 요청했다. 이에 대해 일본 측은 이들 1차 산품의 무역 촉진을 도모하기 위해서는 양국의 산업 실태를 배려하고, 관세 인하 검토 등 기타 적절한 조치를 강구하도록 노력하겠다고 밝혔다.

6. 양국 농림장관은 양국의 어업 및 농림축산업 분야에서의 협력의 중요성을 감안해, 앞으로 매년 정기적으로 회담하는 것이 바람직하다는 데 의견의 일치를 보았다.

일한 어업협정과 관련해 외무성 아시아국장과 한국 외무부 아주국장 간에 교환된 왕복서한의 취지에 따라 양국 어선 간의 조업 안전과 질서 유지에 관한 민간 협정을 체결하기 위해 일한 양국의 민간단체인 대일본수산회와 수산업협동조합 중앙회 간에 1965년 11월 29일부터 도쿄에서 3일간의 예비교섭에 이어 서울에서 12월 6일부터 본회의가 열렸다. 교섭은 12월 17일 타결되어 일본 측 대표단장인 대일본수산회의 나카베 겐키치(中部謙吉) 회장과 한국 측 대표단장 수산업협동조합 중앙회의 김재식(金在植) 회장 간에 '일본국 대일본수산회와 대한민국 수산업협동조합중앙회 간의 양국 어선 간 조업 안전과 질서 유지에 관한 민간 협정'이 조인되었다. 이 민간 협정은 이튿날인 18일 어업협정의 효력 발생과 함께 효력을 발하게 됐다.

9. 그 후 조약 협정의 실시

1965년 12월 18일 이후의 일한관계는 종래와는 차원이 다른 단계로 진입했다. 외교 면에서의 제휴, 경제와 문화의 교류가 매우 활발해졌고, 상호 여행객도 증가했다. 무역량도 늘어 회의가 자주 열렸는데, 여기서는 조약 협정의 실시에 따른 주요 사항을 추기(抽記)하는 데 그친다.

기본관계조약에 규정된 일한 항공협정 체결 교섭은 1966년 8월 서울, 같은 해 10월 도쿄에서의 예비교섭을 거쳐, 1967년 5월 16일 일한 항공협정과 합의의사록이 서명되어 8월 말에 발효되었다. 그 결과, 일본항공은 종래의 도쿄와 서울 외에도 부산과 후쿠오카, 오사카와 서울 노선을 개설했고, 대한항공은 기존의 서울과 오사카, 부산과 후쿠오카에 더해 서울과 도쿄 노선을 신설했다.

조세협정은 1967년 6월 이후 교섭을 거듭해 1970년 3월에 도쿄에서 서명되었다.

해운협정 체결을 위해 1967년 1월 서울에서, 7월 도쿄에서, 1968년 11월 서울에서 해운 관계자 회담을 거듭한 끝에 1969년 10월 해운협정안 검토를 위한 실무그룹 1차 회의가 열렸다.

일한 무역회담은 그 후 매년 도쿄와 서울에서 번갈아 열려 양국 간 무역 발전, 특히 불균형 시정 등의 해결 촉진에 노력했다.

1966년 9월 8일부터 10일까지 일한 경제각료 간담회가 서울에서 열렸고, 1967년부터는 일한 정기 각료회의가 매년 도쿄와 서울에서 교대로 열렸다.

일한 어업협정에 기초해 1966년 2월 25일 일한 어업공동위원회가 설치되었다. 이어, 1966년 10월 18일 '어업 감시선의 활동'에 관해 일한 간에 공문이 교환되어, 1966년 11월 제1회 연계 순찰과 시찰 승선이 이뤄졌다. 1967년 4월 28일 '공동 자원 조사수역의 범위', '어업자원의 과학적 조사' 관련 공문이 일한 간에 교환되었다. 나포 사건이 빈발했던 과거 이승만 라인의 해역은 평화로운 바다가 되어, 1966년 이후 한국 측에 일본어선이 나포된 사건은 1966년 3월 제53가이요마루(海洋丸), 같은 해 10월 호에이마루(宝永丸) 2척뿐이었다.

청구권 및 경제협력 협정에 기초한 한국 측에 대한 일본 측의 공여는 1966년 4월 20일 일한 경제협력합동위원회에서 합의를 본 제1차년도 실시계획에서는 무상 4,780만 달러, 유상 4,580만 달러가 계상되었는데, 실제 지불 금액은 협정 연도 한도액인 무상 3,000만 달러, 유상 2,000만 달러를 넘지 않도록 양국이 유의하게 되었다. 그 후 매년 실시 계획에 따라 공여가 이뤄져 일본으로부터의 다른 경제협력이나 기술협력과 함께 한국의 경제5개년계획 이행에 크게 기여했다.

재일한국인의 법적지위 협정은 1966년 1월 17일 발효되어 재일한국인의 영주권 신청 접수가 시작되었다. 협정의 효과적인 운용을 도모하기 위해 1968년 11월 양국 실무자회의, 1969년 8월 일한 법무장관 회담, 1970년 10월 일한 법무차관 회담이 도쿄에서 열렸다. 협정에 따른 영주권 신청

기간은 5년으로 1971년 1월 16일에 종료되었는데, 이날까지 신청자는 35만 1,955명을 기록했다.

문화재 및 문화 협정에 따라 동 협정 부속서에 규정된 문화재 1,324점이 1966년 5월 27일 서울로 공수되어 28일 서울 국립중앙박물관에서 한국 측에 정식으로 인도됐다. 또 문화재 및 문화 협정 체결 후 방희 공사, 하리가이 문화사업부장 간에 체결된 왕복서한에 기초한 서적 243부 2,319 책(일본에 있는 한국에서 유래한 것, 궁내청 서릉부 및 내각문고가 소장한 것)의 마이크로필름도 이때 한국 측에 기증됐다.

사진 46   한일 문화재 협정에 의거해 1966년 일본으로부터 돌려받은 문화재를 한국 측 관계자들이 점검하고 있다. (출처: 국가기록원)

한편, 일한 간 해저전선의 문제는 1965년 2월 20일 기본관계조약 초안이 가조인됐을 당시 우시로쿠 아시아국장, 연 아주국장 간의 합의에 따라 계속 협의하기로 되어 있었다. 그러나 ①평화조약 제4조 c항에 기초해 일한 간에 2등분하는 시점(일본 측은 1952년 4월 28일, 한국 측은 1945년 8월 15일) 및 분할 지점(일본 측은 쓰시마와 한국의 2등분 점, 한국 측은 후쿠오카와 한국의 2등분 점)에 대해 양측의 의견이 엇갈렸고, ②종전 후 미군이 사용하는 사이 가격에 대한 채권채무관계가 맞물려 일한 간 대화만으로는 해결하기 어렵게 되었으며, ③게다가 재사용할 가능성이 거의 없다는 점 등으로 인해 체결 시까지 적극적인 논의가 이뤄지지 않았다. 1965년 12월 7일 일본 측은 이 문제의 해결을 위해 교환공문 방안을 한국 측에 제시하고 비준서 교환 시 서울에서 시나 외상과 이동원 외무장관의 회담에서 해저전선 문제를 서둘러 해결하고 싶다는 취지를 피력했지만, 논의가 진행되지 않아 미결 상태로 남게 되었다.

10. 일한조약 제 협정 영문 번역 텍스트의 유엔 제출

일한조약 제 협정은 유엔헌장 제102조 제1항의 규정에 따라 영문 혹은 프랑스어 번역문 텍스트를 첨부해 유엔 사무국에 등록해야 했다. 따라서 일본 측은 1966년 8월 조약 제 협정(의정서, 합의 의사록, 교환공문, 왕복서한, 토의 기록을 포함)의 영문 번역을 완료, 10월 말까지 관련 사무국에 등록하기로 예정하고 있었다. 그런데 9월 들어 한국 측은 일한 간에 합의한 것으로 하고 싶다고 요청해왔다. 이에 따라 일본 측의 영문 번역 텍스트를 한국 측에 보냈다. 이후 일한 간에 영문 번역의 방식을 둘러싸고 의견이 대립하는 부분이 남아 조정이 되지 않았다. 따라서 일본 측은 1966년 12월 15일 자로 우선 정문(正文)의 유엔 등록을 마치고, 영어 번역문은 1967년 4월 3일 자로 등록했다. 또 유엔 사무국의 요청을 수용해 일본 측은 일한 간에 이견이 있는 부분 84곳에 밑줄을 그은 텍스트를 1967년 6월 1일 제출했다. 한편, 한국 정부는 영문 텍스트를 6월 하순에 유엔에 제출했다.

XV

다케시마 문제

1. 종전 후 일본 정부의 조치

다케시마(竹島)는 1905년 2월 22일 자로 시마네(島根) 현에 편입되어 동 현의 오치(穩地) 군 고카무라(五箇村)에 속한다. 오키(隱岐) 섬 서북쪽 약 86해리, 한국 울릉도 동남쪽 약 50해리에 위치하고 있으며, 북위 37도 9분 30초, 동경 131도 55분 지점에 있다. 동도(東島)와 서도(西島)로 불리는 두 섬 주변에 수십 개의 암초가 있다. 이 두 섬과 주요 암초를 합친 총 면적은 6만 9,990평(시마네 현 실측도에 따름)으로 보고되고 있다.

제2차 세계대전 후인 1946년 1월 29일 SCAPIN 제677호「일본으로부터 약간의 외곽 지역을 정치적·행정적으로 분리하는 것에 대한 각서」는 일본의 행정권을 정지해야 할 특정 지역으로 울릉도, 제주도와 함께 다케시마를 포함했다. 이어 같은 해 6월 22일 SCAPIN 제1033호「일본의 어업 및 포경 허가구역에 관한 각서」(이른바 맥아더 라인 설정에 관한 각서)에서 다케시마는 조업 허가구역 외부에 위치, 일본의 선박과 국민은 이 섬 주변 12마일(이후 1949년 9월 19일 자 총사령부 각서에 의해 3마일로 변경됨) 이내에 접근하거나 또는 이 섬과 접촉하는 것이 금지되었다. 그러나 이 두 지령은 일본 영토에 대한 최종 결정과는 무관하다고 말하고 있다. 따라서 맥아더 라인이 철폐되고 대일 평화조약이 발효된 후 행정권이 정지된 총사령부의 지령은 필연적으로 효력을 잃었으므로 시마네 현은 1952년 5월 16일 현 규정 제29호로써「시마네 현 해면(海面) 어업 조정 규정」(1951년 8월 29일, 현 규정 제88호) 일부를 개정, 강치 어업을 지사의 허가어업으로 조정했다. 당시 농림대신에게 보낸 신청서에는 그 이유를 강치 어업지역이 다케시마 부근이라고 기술하고 있다.

이후 1952년 7월 26일 미일안전보장조약의 실시를 위해 설립된 미일 합동위원회가 다케시마를 미군의 폭격 훈련구역으로 지정했기 때문에 외무성도 이날 자로 그 취지를 공시했다. 이듬해인 1953년 3월 19일 미일 합동위원회가 다케시마를 연습장 구역에서 제외하자 외무성은 5월 14일 그 취지를 공고했고, 시마네 현은 같은 해 6월 19일 다케시마 해역 공동어업권을 오키 어업협동조합연합회에 부여하고, 또 이날 자로 다케시마에서의 강치 어업을 [ ] 등 2명에게 허가했다. 또 같은 해 6월에는 수산 전문가를 다케시마에 파견해 조사케 했다. 1954년 2월 26일 [ ] 등 2명에게 다케시마의 인광(燐鑛) 채굴권을 허가했다. 그러나 실제 채굴은 이뤄지지 않았다. 어업의 경우 1954년 5월 3일 해상보안청 순시선이 다케시마를 향해 출항하자 오키 섬의 어업협동조합원들이 미역 2,000관(貫), 전복과 소라 약 100관을 채취했다는 기록이 있다.

제2차 세계대전 종료 후 한국 측의 다케시마(한국 측은 '독도'라고 칭했다)에서의 어로, 영토로서의 관심, 또 평화조약안에 한국의 다케시마 영유 명기를 요구한 것 등에 관해서는 제1장 제2부와 제3부에서 서술한 바 있다.

2. 대책 요강의 결정과 일본 관헌의 상륙

1952년 1월 18일 한국 정부가 이승만 라인 내에 다케시마를 포함시키자 같은 달 28일 일본 정부는 이승만 라인 선언에 대해 항의함과 동시에, 다케시마에 대한 한국의 영유권을 인정하지 않는다는 취지의 구상서를 보냈는데, 이로써 일한 간에 이 섬의 영유를 둘러싼 분쟁이 시작되었다. 1953년 5월 28일 시마네 현의 수산 시험 선박 시마네마루(島根丸)가 쓰시마 난류의 개발 조사를 위해 다케시마로 향했는데, 이때 한국인 어부 30여 명이 상륙해 있는 것을 발견했다. 한국인의 다케시마 상륙은 법적으로는 일본의 영유권에 대한 침해이자, 출입국관리령 및 어업관계법령 위반 행위에 해당하므로 외무성 주관하에 1953년 6월(2일, 5일, 9일) 관계 성청(省廳)이 대책을 협의한 결과, 다음과 같은 다케시마 문제 대책 요강이 결정되었다.

[원문 약 2쪽 미공개]

사진 47 한국전쟁 직후인 1953년 10월 독도를 찾은 한국산악회 울릉도·독도 조사단이 앞서 1년여 전에 일본 측이 박아놓은 일본식 행정구역 표시 나무말뚝을 뽑아내고 한국령을 알리는 표지석과 태극기를 게양해놓은 장면.

이렇게 해서 시마네마루가 확인한 사실에 근거해 영해 침범에 대해 1953년 6월 22일 자 구상서로써 한국 정부에 항의하는 한편, 같은 해 6월 27일 순시선 오키(おき) 및 구즈류(くずりゅう) 2척이 다케시마 주변에 대해 순찰 경계를 실시, 섬에 들어온 한국인 어부 6명에 대한 퇴거를 권고했다. 또 당일 시마네 현청은 "시마네 현 오치 군 고카무라 다케시마"라고 적힌 푯대와 무단 채취를 금지한다는 취지의 표찰을, 해상보안청은 출입 금지 표찰을 각각 다케시마에 세웠다. 이후 해상보안청 순시선이 다케시마로 향했는데, 한국 측이 이 표찰을 철거하고 있었으므로 1953년 8월 7일 일본 측이 표찰을 다시 설치했다. 이후 한국 측이 이를 두 차례 철거하고 일본 측이 1953년 10월 6일과 23일 재설치했다.

한국 국회는 1953년 7월 7일 「일본 관헌의 다케시마 불법 점거에 관한 건의안」을 통과시키고, 경상북도 의회에서도 같은 취지를 정부에 보내는 건의안을 결의했다. 후술하는 바와 같이 일본 정부가 한국 측에 항의해왔음에도 불구하고 한국 어민은 계속해서 다케시마에서 어로행위를 했다.

3. 해상보안청 선박의 다케시마 순시

    1954년 8월 23일 한국 공무원이 다케시마에 주재하고 있음이 확인되고, 또 순시선 '오키'에 총격이 가해지는 사건도 발생했다. 이에 따라 관계 성청과 협의한 결과, 같은 해 9월 9일 이후 양측의 실력 행사로 인한 충돌은 피해야 한다는 방침에 기초해 해상보안청은 영유권 주장을 위한 외교 교섭용 자료 수집을 목적으로 다케시마의 실태를 파악하기 위한 해상 순찰을 실시하게 됐다. 그 후 1960년 9월 관계 성청과 협의한 결과, 순시선의 다케시마 순시는 연 1회 정도 하기로 했다. 해상보안청 순시선의 다케시마 순시는 1953년 6월 27일부터 1965년 말까지는 1953년 16회, 1954년 14회, 1955년 5회, 1956년 2회였고, 1957~1959년 각 3회, 1960년, 1961년, 1962년, 1964년, 1965년 각 1회 등 총 51회에 이르렀는데, 그동안 총격 및 포격이 세 차례, 상륙 아홉 차례, 사진 촬영 스물한 차례가 이뤄졌다.

    해상보안청은 다케시마를 순시할 때마다 「다케시마 현황 조사에 대해」라는 보고서를 외무성에 보내왔다. 해상보안청이 보내온 1965년 10월 「제50회 임시국회 예상 질의 답변 자료」의 2장(다케시마 관계)은 "해상보안청 순시선의 다케시마 순시 상황"이라는 제목하에 51회에 이른 다케시마 순시에 관해 차수, 연월일, 사용 선박, 접근 거리, 사진, 일본 측 실시 사항, 한국 측 시설 등 상황 동향, 외교조치, 비고 등으로 구분해 기록하고 있는데, 그 요점을 정리하면 다음과 같다.

해상보안청 순시선의 다케시마 순시

차수	순시 날짜	사용	거리 선박	사진	기록 사항	외무성 항의 날짜
1	1953월 6월 27일	오키 구즈류	상륙		푯대 설치, 섬을 방문한 한국인 6명에게 퇴거 권고	
2	7월 2일	나가라	상륙		맑은 물이 용출되는 곳 발견	
3	7월 9일	오키	100m	촬영		
4	7월 12일	헤쿠라	700m		일본 측 설치 푯대 철거 완료, 한국 어선 3척, 한국인 약 40명(이 중 경찰관 7명)이 섬을 방문 중이며, 한국 경찰관이 '헤쿠라'에 승선해 요청, '헤쿠라'는 섬을 떠나면서 수십 발 총격을 받음	7월 13일 8월 8일 8월 31일
5	8월 3일	헤쿠라	상륙			
6	8월 7일	헤쿠라	상륙	촬영	푯대 설치	

차수	순시 날짜	사용	거리 선박	사진	기록 사항	외무성 항의 날짜
7	8월 21일	나가라	상륙			
8	8월 31일	헤쿠라	3해리			
9	9월 3일	오키	1해리			9월 3일
10	10월 6일	헤쿠라 나가라		상륙	일본 측 설치 푯대 철거, 푯대 설치	
11	10월 13일	헤쿠라	3해리			
12	10월 17일	나가라	300m	촬영	일본 측 설치 푯대 철거, 동도에 깃대 2개, 서도 부근의 작은 섬에 측량대 1개 있음	
13	10월 23일	나가라 노시로	상륙	촬영	푯대 설치, 한국 측의 표석 및 깃대를 철거	
14	11월 15일	나가라	200m			
15	12월 6일	헤쿠라	5해리			
16	12월 19일	헤쿠라	3해리	촬영		
17	1954월 1월 7일	나가라	200m			
18	1월 16일	오키	상륙			
19	1월 27일	헤쿠라 나가라	200m			
20	2월 28일	헤쿠라	3해리			
21	1954년 3월 28일	헤쿠라	3해리			
22	4월 24일	헤쿠라	3해리			
23	5월 3일	쓰가루	상륙	촬영	일본어선 미역 어로작업	
24	5월 23일	쓰가루	1km	촬영	일본 측 설치 푯대 철거 완료, 한국 어민 조업 중	6월 14일
25	6월 16일	쓰가루	1km	촬영	한국 어민이 발동기선 2척, 전마선 2척으로 조업 중	
26	7월 8일	헤쿠라	3해리		발동기선, 전마선 각 1척 계류	
27	7월 28일	구즈류	보트 접근	촬영	서도에 천막을 치고 한국 경비원 6명이 작업 중, 서도 북측 바위에 "7월 25일 대한민국의······ 화성호 해경대"라는 문자가 있음	8월 27일
28	8월 23일	오키	700m	촬영	'오키'를 향해 총격 발사, 탄수 약 400발, 오키 1탄 피탄, 동도 맨 끝부분에 높이 6m의 등대 설치, 한국 국기 계양 중	8월 26일 8월 27일
29	10월 2일	오키 나가라	1.5해리	촬영	동도 정상에 높이 약 10m의 무선안테나 2개 신설, 동도 끝 부분에 대포 설치, 경비원 7명,	10월 21일

차수	순시 날짜	사용	거리 선박	사진	기록 사항	외무성 항의 날짜
30	11월 21일	쓰가루 헤쿠라	4.5해리		오두막 형식의 건물 2동 있음, '헤쿠라'로부터 약 1해리에 포탄 5발 낙하, 무선안테나 부근에 14~15명 있음	11월 30일
31	1955년 2월 2일	쓰가루 헤쿠라	4.5해리		동도 정상에 무선안테나 2개, 평탄한 부분에 포대(砲臺) 1기 있음	
32	4월 26일	쓰가루	5해리		동도 북동쪽 산허리에 숙사 단층 건물 2동, 북쪽 돌출부에 홍백색 등대 1기(높이 6m 불빛 없음) 있음	
33	7월 19일	헤쿠라	4해리		등대 점등 중, 백색 4각형 각면에 "ROK"라고 가로로 써 있음, 등대 부근에 경비원 5명 있음	8월 16일 8월 24일
34	9월 23일	쓰가루	4해리		등대 내 백광(白光) 3초마다 1섬광(閃光)	
35	12월 28일	쓰가루	5해리		등대 소등 중	
36	1956년 4월 8일	헤쿠라	6해리		숙사 시인(視認)	
37	11월 8일	헤쿠라	2.5해리	촬영	등대 부근에 경비원 5~6명	
38	1957년 4월 9일	쓰가루	3.2해리		등대 부근에 1명	5월 8일
39	8월 11일	오키	4.4해리		등대 소등 중, 그 부근에 2명	12월 25일
40	10월 20일	쓰가루	3.6해리		등대 부근에 2명	12월 25일
41	1958년 1월 19일	쓰가루	2해리		등대 부근에 3명	
42	5월 7일	헤쿠라	1해리	촬영	등대 소등 중, 등대 부근에 2명	10월 6일
43	9월 10일	헤쿠라	1해리	촬영	등대 점등 중, 부근에 5명	10월 6일
44	1959년 1월 28일	헤쿠라	400m	촬영	숙사 시인(視認), 등대 소등 중, 등대 부근에 5명	
45	6월 19일	헤쿠라	500m	촬영	등대 점등 중, 부근에 6명, 전마선 2척, 해녀 6~7명	
46	9월 15일	헤쿠라	보트 접근	촬영	경비원 6명 시인(視認), 그중 2명은 자동소총	9월 23일
47	1960년 12월 8일	헤쿠라	1.3해리	촬영	동도에 이미 설치된 병사(兵舍)의 지붕 개수 (改修), 헛간 건물로 보임, 굴뚝 신설, 등대 점등 중	12월 22일
48	1960년 12월 8일	헤쿠라	1km		등대 점등 중, 비무장원 9명, 그중 1명은 '헤쿠라'를 쌍안경으로 감시	12월 25일
49	1962년 12월 22일	오키	1.5해리	촬영	동도 남동측 해명상에 콘크리트제 선착장 같은 설비 확인, 등대 점등 중(6초에 1섬광), 비무장원 3명, 그중 1명은 '오키'를 쌍안경으로 감시	1963년 2월 5일
50	1964년 1월 31일	헤쿠라	1.8해리	촬영	등대, 병사 사이에 40mm 기관포 1문, 산포	3월 3일

차수	순시 날짜	사용	거리 선박	사진	기록 사항	외무성 항의 날짜
50					(山砲) 1문 신설, 병사(兵舍) 동쪽에 경비원 1명, 등대 점등 중	
51	1965년 2월 13일	오키	1해리	촬영	서도에는 시설 없음, 동도에 무선 안테나 3개, 병사에서 연기가 남, 헛간 4동, 전마선 1척, 경비원 6~7명	4월 10일

제12차(1953년 10월) 순시에 외무성 조약국 제1과 가와카미 겐조(川上健三) 사무관, 제25차(54년 6월) 순시에 아시아국 제5과 마에다 도시카즈(前田利一) 사무관, 제49차(62년 12월) 순시에 북동아시아과 호리 다이조(堀泰三) 사무관이 각각 동승했다. 마에다 사무관은 당시 상황을 나중에 다음과 같이 회상했다(「일한문제와 나」).

> 그 당시는 한국 측이 발포할지도 모르던 시기였다. 시마네 현 사카이(堺) 항을 밤늦게 출발한 후 아침 무렵 아무것도 보이지 않는 지평선에 두둥실 다케시마가 다가왔다. 경비정 보트를 이용해 동도에 최대한 접근했는데, 바위집과 같은 구멍 속에서 사람이 나왔으므로 서둘러 물러나 멀리서 섬을 둘러보았다. 이어 한국말로 "여기는 일본의 영토이다. 당신들은 불법 체류자이므로 즉시 퇴거하라. 퇴거하지 않으면 체포할 것이다"라고 확성기를 통해 10회 정도 통고했다. 며칠 뒤 도쿄에 돌아간 뒤 한국에서 온 신문을 보니 「다케시마에 괴선박 출현」이라는 제목으로 "일본 순시선이 와 섬을 일순하면서 확성기로 무슨 말인지 모르는 고함을 지르며 동쪽으로 돌아갔다"고 쓰여 있었다.

4. 한국 관헌의 다케시마 점거와 일본 정부의 방침

다음 절에서 기술하듯이 일본 정부는 한국 정부에 다케시마가 일본 영유라는 주장을 반복해서 언급하고, 그 취지를 내외에 주지시키기 위해 노력했다. 그러나 1954년 6월 이후 다케시마는 한국 측 관헌에 완전히 점거되기에 이른다. 즉, 1954년 6월 17일 한국 내무부는 다케시마에 해안경비선을 파견하겠다고 발표했고, 7월 29일에는 그 대신에 경비대를 상주시킨다고 발표했다. 이어 8월 23일 다케시마 순시에 나선 해상보안청 순시선 '오키'는 다케시마 경비대로부터 총격을 받았다. 같은 해 8월 10일 한국 정부는 다케시마에 등대를 설치했고, 이를 한국에 주재한 미국, 영국, 프랑스, 중국 등 각국 외교 대표에 통보했다. 이후 10월에는 대포와 무선 안테나를 설치한 것이 확인됐다. 한국 측은 "대한민국 경상북도 울릉부 독도"라고 새긴 비석을 세웠고, 서도 북서쪽에 있는 작은 섬의 암초에는 흰색 페인트로 커다랗게 한글로 "대한민국 독도"라고 적었다. 1954년 9월 15일에는 한국 정부가 독도에 대한 국민의 관심을 높이기 위한 목적으로 다케시마를 도안한 3종의 우표를 발행했다.

한국 측의 다케시마 점거는 일본 신문에도 크게 보도되었고, 일본 국회에서도 그 대책이 논의되곤 했다. 국회의 강경론에 대해 시모다(下田) 조약국장은 "다케시마에 다른 국민이 와서 어로행위를 하는 것은 불법 입국이며, 단속은 경찰이 취할 조치이다. 외교교섭으로는 해결되지 않으므로 실력 행사로써 위협해 다케시마를 일본령으로 인정케 하는 것은 헌법 제9조에 의해 금지되어 있다"(1953년 8월 5일, 중의원 외무위원회). 야마다(山田) 방위청 방위국장은 "다케시마 점거는 한국 경찰에 의한 짓으로 보인다. 이것은 군대가 아니다. 무력을 통한 진입이 아니라 불법 입국으로 보는 것이 타당하다. 방어 행동을 하기보다는 경찰이 조치해야 하며, 외교적 방법을 모색하는 것이 옳다. 경찰의 조치는 해상보안청에서 고려하고 있다"(1954년 9월 8일, 참의원 외무위원회)고 답변했다. 또 미일안보조약과 관련해 그 적용을 요구하는 논의에 대해 오카자키 가쓰오(岡崎勝男) 외상은 "미일안보조약에서는 일본이 침략을 목적으로 행동하는 것을 고려하고 있으므로 문제가 되지 않는다. 일본을 침략하는 것과 섬에 대한 영토 분쟁은 각각 다른 문제이다"(1954년 9월 14일, 중의원 외무위원회). 후나다 나카(船田中) 방위청장관은 "다케시마가 점령되더라도 일본 구역 내에서의 적대행위에 대한 위협이라고 바로 규정할 수 없기 때문에 지금 즉시 미일 행정협정 제24조의 규정을 적용하거나 발동하는 것을 기대하는 사태는 생각할 수 없다"(1955년 12월 14일, 참의원 예산위원회)고 답변하는 등 어디까지나 외교적 수단에 의한 해결을 도모하고 있음을 강조했다.

따라서 일본 측이 가장 우선적으로 취한 조치는 한국 정부에 다케시마의 영유를 주장하고 항의하는 구상서를 반복해서 보내는 일이고, 두 번째 조치는 다케시마 문제를 국제사법재판소에 제소하여 해결하는 방안을 한국 측에 제시한 것이었다.

5. 다케시마 영유를 둘러싼 일한 간 구상서의 왕복

다케시마 영유 문제와 관련해 일본 정부가 1952년 1월 28일부터 1965년 말까지 한국 정부에 송부한 구상서는 총 서른세 차례(이밖에 구두 항의 1회)에 이르렀다. 이에 대해 한국 정부가 일본 정부에 보낸 구상서는 스물여섯 차례였다. 구상서의 요지와 연표를 정리하면 다음과 같다.

한일 간 구상서 연표

연월일	일본 측	한국 측
1952.1.28	이승만 라인 선언(같은 해 1월 18일)에 대해 항의함과 동시에, 이 라인에 포함된 다케시마에 대한 한국의 영유권을 부인	
2.12		1월 28일 자 일본 측 항의에 대한 반론
4.25	한국 측에 의한 다케시마 영유권 주장에 대한 반박	
1953.6.22	시마네 현의 시마네마루(島根丸)에 의해 한국인 어민 약 30명이 부근에서 어로활동을 하고 있는 것을 발견(동연 5월 28일), 영토 침범을 항의	
6.26		일본 측 구상서에 대한 반박
7.13	다케시마 영유에 관한 일본 정부의 견해(일본 측 제1회)	
7.13	해상보안청 순시선이 한국 관헌의 보호하에 한국 어민이 어로활동 중인 것을 발견, 또 총격을 받은 것(같은 해 7월 12일)에 대한 항의	
8.4		일본국 선박의 영해 침범 및 일본국 관헌의 표식 건립(같은 해 6월 28일)에 대한 항의
8.8	7월 13일 자 구상서를 인용, 다케시마에 관한 일반적 항의	
8.22		일본국 선박의 영해 침범(같은 해 7월 12일)에 대한 항의
8.31	7월 13일 자 구상서를 인용, 공선(公船) 총격에 대한 재항의	
9.9		다케시마 영유에 관한 한국 정부의 견해(한국 측 제1회)
9.26		일본국 선박의 영해침범, 영토침범(같은 해 9월 17일)에 대한 항의
10.3	9월 9일 자 한국 측 구상서에 대해 일본 정부의 견해를 상세히 통보하겠다고 예고	
1954.2.10	다케시마 영유에 관한 일본 정부의 견해(일본 측 제2회)	
6.14	일본국 선박에 의한 영해 침범(같은 해 5월 23일)에 대한 항의	일본국 선박의 영해 침범, 영토 침범(같은 해 5월 23일)에 대한 항의
8.26	해상보안청 순시선을 향한 총격(같은 해 8월 23일)에 대한 항의	
8.27	한국 측의 불법 어로(같은 해 6월 16일), 한국 국기의 불법 게양(같은 해 7월 28일), 등대 건립(같은 해 8월 23일) 등에 대한 항의	

연월일	일본 측	한국 측
8.30		일본국 선박의 불법 침입(같은 해 8월 23일)에 대한 항의
9.1		8월 27일 자 일본 측 구상서에 대한 반론
9.15		다케시마에 등대 설치 (같은 해 8월 10일) 통고
9.24	한국에 의한 등대 설치 항의	
9.25	다케시마 문제의 국제사법제판소 회부를 제의	다케시마 영유에 관한 한국 정부의 견해(한국 측 제2회)
10.21	한국 측에 의한 대포의 설정, 가옥, 무선안테나의 신축을 확인(같은 해 10월 2일), 항의	
10.28		한국 정부, 다케시마 문제의 국제사법재판소 회부를 거부
11.29	한국 정부에 의한 다케시마 우표 발행에 대한 항의	
11.30	해상보안청 순시선에 대한 불법 발포(같은 해 11월 21일)에 대한 항의	
12.13		한국 관헌에 의한 다케시마 점거의 합법성 및 다케시마 우표 발행에 관한 반론
12.30		일본국 선박의 불법 침입(같은 해 11월 21일)에 대한 항의
1955.8.8		새로운 등대 설치를 통보
8.16	해상보안청 순시선이 등대, 가옥, 창고의 존재를 확인, 항의	
8.24	등대 통보에 대해 인정할 수 없다고 항의	
8.31		등대 등 기타 건조물 부설의 권리를 주장, 일본국 선박의 불법 침범(같은 해 7월 26일)을 항의
1956.9.20	다케시마 영유에 관한 일본 정부의 견해(일본 측 제3회)	
1957.5.8	해상보안청 순시선에 의한 한국 관헌의 상주, 건조물의 확인(같은 해 4월 9일), 항의	
6.4		5월 8일 자 일본 측 구상서를 반박
12.25	해상보안청 순시선에 의한 등대, 무선안테나, 한국 관헌의 상주를 확인(같은 해 8월 11일 및 같은 해 10월 20일), 항의	
1958.10.6	해상보안청 순시선에 의한 한국 관민의 거주, 등대, 가옥의 존재 확인(같은 해 5월 7일 및 같은 해 9월 10일), 항의	
1959.1.7		다케시마 영유에 관한 한국 정부의 견해(한국 측 제3회)

연월일	일본 측	한국 측
9.18		일본국 선박의 불법침범(같은 해 9월 15일)에 대한 항의
9.23	해상보안청 순시선에 의한 한국 관헌의 상주를 확인(같은 해 9월 15일), 즉시 퇴거 요구 및 항의	
1960.12.22	해상보안청 순시선이 한국 관헌이 여전히 주재하고 있음을 확인(같은 해 12월 8일), 즉시 퇴거 요구 및 항의	
1961.1.5		1960년 12월 22일 자 일본 측 구상서를 반박
12.25	해상보안청 순시선이 한국 관헌이 여전히 주재하고 있음을 확인(같은 해 12월 3일), 즉시 퇴거 요구 및 항의	
12.27		12월 25일 자 일본 측 구상서를 반박
1962.2.10	한국 아마추어 무선 연락원의 다케시마 불법 상륙 및 불법 무선통신활동에 대한 항의	
2.26	한국의 독도개발협회가 독도개발5개년계획을 작성했다는 보도에 대해 구두로 항의	
7.13	즉시 퇴거 요구 항의 구상서 및 「다케시마에 관한 1959년 1월 7일자 한국 정부의 견해에 대한 일본국 정부의 견해」를 수교	
1963.2.5	해상보안청 순시선이 한국 관헌이 여전히 주재하고 있음을 확인(1962년 12월 22일), 즉시 퇴거 요구 및 항의	
2.25		2월 5일 자 일본 측 구상서를 반박
1964.3.3	해상보안청 순시선이 한국 관헌이 여전히 주재하고 있음을 확인(같은 해 1월 31일), 즉시 퇴거 요구 및 항의	
3.18		3월 3일 자 일본 측 구상서를 반박
11.2		외무성이 작성한 「오늘의 일본(今日の 日本)」이 다케시마를 일본 영토로 밝힌 데 대한 항의 구상서
11.12	11월 2일 자 한국 측 구상서를 반박	
1965.4.10	해상보안청 순시선이 한국 관헌이 여전히 주재하고 있음을 확인(같은 해 12월 3일), 즉시 퇴거 요구 및 항의	
5.6		4월 10일 자 일본 측 구상서를 반박
12.17		다케시마 영유에 관한 1962년 7월 13일 자 일본 측 구상서를 반박

표 24   다케시마 문제와 관련해 일본이 한국에 보낸 구상서 수 (1952년 1월~1965년 12월)

내용의 주요 사항	연도														
	총수	1952	1953	1954	1955	1956	1957	1958	1959	1960	1961	1962	1963	1964	1965
총수	33	2	7	9	2	1	2	1	1	1	1	2	1	2	1
일본 영유의 근거를 기술한 견해	4		1	1		1						1			
국제사법제판소 회부를 제의	1			1											
다케시마 우표 발행에 대한 항의	1			1											
등대 설치 통보에 대한 항의	2			1	1										
총격 포격에 대한 항의	4		2	2											
영해 침범, 불법 어로, 시설 설치, 관헌 상주에 대한 항의	13		1	2	1		2	1	1	1	1		1	1	1
불법 무선통신활동에 대한 항의	1											1			
외무성이 작성한 「오늘의 일본」에 대한 한국 측 항의를 반박	1													1	
기타 한국령 영유권 부인	6	2	3	1											

6. 다케시마 영유에 관한 일한 양국의 견해

(1) 일한 간의 응수와 일본 측의 다케시마 연구

이상의 구상서 중에는 일한 양국이 다케시마 영유의 근거에 대해 역사적·국제법적으로 상술한 견해를 상호 응수한 것들이 포함돼 있다. 우선 일본 측이 1953년 7월 13일 자로 구상서를 송부하고, 이에 대해 한국 측이 그해 9월 9일 반론을 가해왔다. 이어 일본 측이 그 이듬해 2월 10일 한국 측의 견해를 반박하자, 한국 측은 그해 9월 25일 반박 구상서를 보내왔다. 이에 대해 1956년 9월 20일 일본 측이 다시 반론을 가하자 한국 측은 1959년 1월 7일 재반박해왔고, 이에 대해 1962년 7월 13일 일본 측이 다시 반박했다. 이러한 네 차례의 일본 측 견해에 대해 한국 측은 1965년 12월 17일(일한 국교정상화 하루 전) 아무런 학문적 견해도 언급하지 않은 채 "과거 수차례에 걸쳐 이미 논란의 여지가 없다는 것이 분명해진 바와 같이 독도는 대한민국 영토의 불가분의 일부이며, 대한민국의 합법적인 영토 관할권이 행사되는 곳이다. 독도 영유권에 대한 일본 정부의 어떤 주장도 전혀 고려의 대상이 될 수 없다"고만 밝혔다.

다케시마 영유를 주장하는 일본 정부의 견해는 역사학 및 국제법학적 연구를 바탕으로 정리한 것으로, 외무성 조약국은 1953년 10월부터 1954년 1월까지 다케시마 문제에 식견이 있는 학자를 모아 연구회를 개최하여 연구 성과와 학문적 의견을 청취함과 동시에, 연구 결과를 임시로 출판하거나 혹은 타이핑 인쇄하는 등 한국 정부에 보낼 구상서의 내용에 충실을 기했다. 또 일부 학자를 시마네 현과 돗토리(鳥取) 현에 보내 다케시마에 관한 자료를 수집케 했다. 이들 학자의 연구자료로서 외무성이 임시 출판 혹은 타이핑 인쇄해 만든 출판물은 다음과 같다.

가. 국제법

· 요코다 기사부로(横田喜三郎, 도쿄대 교수), 「다케시마의 영유에 관한 국제법 이론(竹島の領有に関する国際法論)」, 1953년 11월.

· 오히라 젠고(大平善梧, 히토쓰바시대 교수), 「맥아더 라인에 대해(マックアーサー ラインに就いて)」, 1953년 11월.

· 에노모토 시게하루(榎本重治), 「점령군사령관 지령, 평화조약 행정협정, 일한의정서 및 일한협약과 다케시마의 관계(占領軍司令官指令、平和条約行政協定並びに日韓議定書及び日韓協約と竹島との関係)」, 1953년 11월.

· 다카노 유이치(高野雄一, 도쿄대 조교수), 「선점에 관한 베를린·콩고 회의(1885년), 일반 의정서(34·35조) 및 앙스티튜 선언안(1888년, 로잔) 및 새로운 제안(1908년, 플로랑스): 특히 선점에 관한 통보의 문제〔先占に関するベルリン·コンゴー会議(1885年) 一般議定書(34·35条) 及びアンステイテュー宣言案(1888年, ローザンヌ) 並びに新提案(1908年, フローレンス): とくに先占に関する通告の問題〕」, 1953년 11월.

· 데라사와 하지메(寺沢一, 도쿄대 조교수), 「선점의 주요 학설: 특히 다케시마 문제서 중요한 것으로 보이는 '선점의 요건'에 대한 학설(先占に関する主な諸学説ーとくに竹島問題に関し重要と思われる『先占の要件』についての学説ー)」, 1953년 11월.

· 미나가와 다케시(皆川洸, 고베외국어대 교수), 「다케시마 문제에 관한 소견(竹島問題に関する所見)」, 1953년 12월.

_____, 「다케시마 문제에 대해(竹島問題について)」, 1959년 10월.

나. 역사·지리학

· 다가와 고조(田川孝三, 동양문고), 「조선 정부의 울릉도 관할에 대해(朝鮮政府の鬱陵島管轄について)」, 1953년 11월.

_____, 「문헌에 명시된 한국 영토의 동쪽 끝(文献に明記された韓国領土の東極)」, 1953년 11월.

_____, 「다케시마 도해 금지와 마쓰시마(竹島渡海禁制と松島)」, 1953년 11월.

_____, 「'독도'라는 섬 이름에 대해(『独島』なる島名について)」, 1953년 11월.

_____, 「'우산도'에 대해(『于山島』について)」, 1953년 12월.

_____, 「'우산도 및 울릉도라는 이름에 대해(于山島と鬱陵島名について)」, 1954년 12월.

_____, 「삼봉도에 대해(三峯島について)」, 1954년 12월.

· 스에마쓰 야스카즈(末松保和, 학습원대 교수)·나카무라 히데다카(中村学孝, 나고야대 교수), 「울릉도는 어떻게 불리고 쓰였나(鬱陵島はいかに呼ばれまた書かれているか)」, 1953년 11월.

· 나카무라 히로시(中村拓, 요코하마의대 교수), 「지도에 나타난 '다케시마'에 대해(地図に現われた『竹島』について)」, 1953년 11월.

· 나카무라 히데다카(中村学孝), 「에도 막부의 '마쓰시마'와 '다케시마' 도항 허가(江戸幕府の『松島』『竹島』渡航認可)」, 1953년.

· 다가와 고조, 「다케시마 영유에 관한 역사적 고증(竹島領有に関する歴史的考証)」, 1960년 3월.

· 아이바 기요시(相場清) 옮김, 최남선(崔南善) 지음, 『울릉도와 독도: 한일교섭사의 한 측면(鬱陵島と独島ー韓日交渉史の一側面)』, 1954년.

이들 학자와 협의하거나 그 학설을 정리해 일본 정부의 다케시마 영유에 관한 견해를 작성한 것은 조약국 제1과의 가와카미 겐조(川上健三) 사무관이었다. 가와카미 사무관은 교토대 사학과(지리) 출신으로 종전 직후부터 외무성에서 일본 주변 섬의 역사지리학적 연구에 전념하고 있었다. 한국이 이승만 라인을 선포했을 때 이를 반박한 일본 측 구상서에서 최초로 다케시마 문제가 제기된 것은 가와카미 씨의 주장에 근거한 것이다(또한 북방 영토에 대한 일본의 영유권 주장의 근거도 가와카미 씨의 연구에 기초한 바가 많았다).

1953년 8월 외무성 조약국은 가와카미 사무관이 집필한 『다케시마의 영유』(A5판, 84쪽)를 간행했다. 가와카미 사무관은 나중에 『다케시마의 역사지리학적 연구』[A5판 304쪽, 1966년 8월 고콘쇼인(古今書院)에서 간행]를 정리하여 교토대에서 문학박사 학위를 받았다.

한편, 한국 측도 학자들에게 협력을 요청하고 연구 결과를 인용한 것으로 추정된다. 한국 측 학자의 연구는 전술한 최남선의 『울릉도와 독도』 외에 대한공론사가 간행한 『독도』(1965년 11월)가 있고, 『독도』에는 역사학자 신석호(申奭鎬)의 「독도의 내력」, 이병도(李丙燾)의 「독도의 명칭에 관한 사적 고찰」, 이선근(李瑄根)의 「울릉도 및 독도 탐험 소고: 근세사를 중심으로」, 최남선의 「독도는 엄연한 한국 영토」, 유홍렬(柳洪烈)의 「독도는 울릉도의 속도(屬島)」, 국제법학자 박관숙(朴觀淑)의 「독도의 법적지위: 국제법상의 견해」, 박경래(朴庚來)의 「독도 영유권의 사(史)적·법(法)적 연구」, 박대동(朴大鍊)의 「독도는 한국 영토」, 언어학자 이숭녕(李崇寧)의 「내가 본 독도: 현지답사기」를 비롯한 논고가 실려 있다.

다케시마 영유 문제를 둘러싼 일한 쌍방의 구상서에 첨부된 역사적·국제법적 견해(일본 측 4회, 한국 측 3회)의 본문은 다음과 같다.

(2) 일본 정부(제1회)

다케시마에 관한 일본 정부의 견해

1953년 7월 13일

　　1. 본건에 대해 논술함에 있어 우선 옛날에 다케시마 또는 이소다케시마(磯竹島)로 불려왔던 섬은 울릉도이고, 오늘날의 다케시마는 마쓰시마(松島)로 알려져 왔다는 사실을 상기할 필요가 있다.

　　이 점은 에도(江戸)시대의 일본 측 문헌, 고지도에 의해 입증할 수 있을 뿐만 아니라, 울릉도를 다케시마 또는 이소다케시마라고 칭했던 것은 한국 측의 문헌에 의해서도 명백히 드러난다. 그 대표적인 문헌으로서 만력(萬曆)[116] 42년(1614년) 7월 이수광(李晬光)이 편찬한 『지봉유설(芝峰類說)』 2권 지리부에 "요즘 왜인들이 점거하고 있는 죽도(竹島), 혹자는 기죽(磯竹)이라고 하는 것은 울릉도이다"(近聞倭奴占拠竹島、或謂磯竹、即蔚陵島也)라고 언급된 것을 꼽을 수 있다. 또 겐로쿠(元禄)[117] 7년(1694년) 9월 조선국 예조참판이 쓰시마 번주(藩主) 소쓰시마노카미(宗対馬守)에게 보낸 서계(書契)에서도 "그러나 우리 일본 백성이 어채(漁採)하던 땅은 본시 울릉도로서, 대나무가 생산되기 때문에 더러 죽도(竹島)라고도 하였는데, 곧 하나의 섬을 두 가지 이름으로 부른 셈이다. 하나의 섬을 두 가지 이름으로 부른 상황은 단지 우리 일본 서적에만 기록된 것이 아니라 귀주(貴州) 사람들 또한 모두 알고 있는 바이다"(雖然我氓漁採之地, 本是鬱陵島, 而以其産竹, 或稱竹島, 此乃一島而二名也。一島二名之状, 非徒我國書籍之所記, 貴州人亦皆知之)라고 나와 있다.

　　그런데 시볼드(Philipp Franz Von Siebold)[118]가 1840년에 간행한 일본 지도에서 실수로 울릉도를 마쓰시마라고 했기 때문에 이후 유럽의 여러 지도에서 울릉도를 마쓰시마라고 부르게 되었다. 이것이 우리 일본에도 전해져 울릉도가 마쓰시마가 됨과 동시에, 예전에 마쓰시마로 불렸던 작은 섬은 다케시마라는 이름을 얻게 되었다.

　　2. 겐로쿠 6년(1693년) 이후 일본과 조선 양국 간에 분쟁이 발생, 막부의 명에 의해 일본인의 출어를 금지했던 다케시마라는 섬은 앞서 말한 울릉도가 다케시마 또는 이소다케시마로 불렸던 당시의 일이지

---

116) 중국 명대의 원호(元號, 1573년~1620년 7월). 제14대 황제 신종의 재위 중에 사용되어 신종은 만력제로 불린다.
117) 일본이 사용한 원호 중 하나로 1688년부터 1703년까지의 기간을 가리킨다.
118) 1796-1866. 독일의 의사, 생물학자. 1823년부터 1828년까지 나가사키의 네델란드 상관(商館)에서 의사로 근무하며 당시 서양의학의 최신 정보를 일본에 전하고 일본의 생물학, 민속학, 지리학 자료를 수집해 책을 출간했다.

오늘날의 다케시마가 아니다. 또 메이지(明治) 14년(1881년) 조선국의 항의에 의해 일본 정부가 고기잡이와 벌목을 위해 건너가는 것을 금지한 섬도 울릉도였으며, 오늘날의 다케시마가 아니다.

3. 이와 같이 일한 양국 간에 분쟁이 있었던 것은 모두 울릉도와 관련된 것이지 오늘날의 다케시마가 아니다.

4. 한편, 지금의 다케시마는 오랫동안 마쓰시마라는 이름으로 우리나라에 알려졌고, 그 세력 범위의 일부로서 간주되었다는 것은 문헌과 고지도 등을 통해 보더라도 명백하다.

5. 이상의 역사적 사실은 차치하더라도 다케시마가 일본 영토라는 것은 국제법상으로 보더라도 의문의 여지가 없다.

근대 국제법의 통념에 따르면, 무릇 한 국가가 영토권을 확립하기 위해서는 영토로 만들겠다는 국가 의사(意思)와 이에 대한 효과적 경영을 동반하는 것이 필요하다. 이를 다케시마에 적용해보면, 일본 정부는 일한병합에 앞서 이미 메이지 38년(1905년) 2월 22일 자 시마네 현 고시 제40호로써 이 섬을 시마네 현 소속 오키 도사(島司) 소관으로 편입함과 동시에, 나카이 요자부로(中井養三郎)라는 일본 국민이 일본 정부의 정식 허가를 얻어 이 섬에 어로용 집을 짓고 인부들을 옮겨 강치 어업 경영에 착수한 이후 지난 전쟁 발발 직전까지 일본 국민에 의해 효과적으로 경영이 이뤄져왔다.

그동안 외국으로부터 이 섬의 일본 귀속에 대해 문제가 제기됐던 적은 없다.

6. 종전 후 연합국군총사령부는 일본 정부에 1946년 1월 29일 자 각서 SCAPIN 제677호를 통해 일본 정부가 다케시마에 정치적 또는 행정적 권력을 행사하는 것과 행사하려 시도하는 것을 중단하라고 지시했다. 그러나 이 각서는 다케시마를 일본의 영역에서 제외한 것이 아니다. 즉, 이 각서 제6항은 "이 지령의 각 조항은 모두 포츠담 선언 제8조에 있는 작은 도서(島嶼)에 대한 최종적 결정에 관한 연합국 측의 정책을 가리키는 것으로 해석해서는 안 된다"고 전제함으로써, 이 각서가 결코 다케시마를 일본 영토에서 제외하는 것이 아니라는 점을 밝히고 있다.

이상의 해석은 이른바 맥아더 라인의 설정에 관해서도 명확하게 되어 있다. 즉, 연합국군총사령부가 일본 정부에 보낸 1946년 6월 22일 자 각서 SCAPIN 제1033호「일본의 어업 및 포경업 허가구역에 관한 건」은 제3항 (b)에서 "일본의 선박 및 선원은 북위 37도 15분 동경 131도 53분에 위치한 다케시마로부터 12해리 이내에 접근해서는 안 되며, 또 이 섬과 어떠한 접촉도 허용되지 않는다"고 밝혀, 다케시마를 허가구역, 즉 맥아더 라인 밖에 두고 있지만, 이 각서의 다섯 번째 항은 "이 허가는 해당 구역 혹은 그 밖의 어떤 구역에 관해서도 국가 통치권적 국경선 또는 어업권에 대한 최종 결정에 관한 연합국의 정책 표명이 아니다" 라고 전제, 이 각서가 다케시마에 대한 일본의 통치권을 부정하는 것이 결코 아니라는 점을 분명히 하고 있다.

그 후 쇼와(昭和) 27년(1952년) 대일 강화조약의 발효에 앞서 같은 해 4월 25일 자로 일본 정부에 보낸 각서에 의해 일본의 어업 및 포경업 허가구역에 관한 모든 제한, 즉 이른바 맥아더 라인이 철폐되었다는 것은 주지하는 바와 같다.

7. 더욱이 쇼와 26년(1951년) 9월 8일 조인되어 쇼와 27년(1952년) 4월 28일에 발효된 일본과의 평화조약은 그 제1장 제2조에서 "일본은 조선의 독립을 승인하고" 라고 규정하고 있는데, 여기에 규정된 "조선의 독립을 승인하고" 라는 말은 일한병합 전의 조선이 일본으로부터 분리 독립하는 것을 일본이 인정했음을 말하는 것으로, 일한병합 전에 일본 영토였던 영토를 새로 독립한 조선에 할양한다는 의미는 전혀 포함되어 있지 않다. 한편, 다케시마는 앞서 말한 바와 같이 이미 일한병합 이전에 시마네 현의 행정 관할하에 있었고, 병합 후에도 동 현의 관할하에 있었으며, 조선총독부의 관할하에 놓였던 적은 없었다. 따라서 이 섬이 순전히 일본 영토의 일부라는 사실은 논란의 여지가 없다.

게다가 같은 조 (a)항에서 제주도, 거문도 및 울릉도 3개 섬을 특별히 열거한 것은 이상과 같이 일본에서 분리 독립한 조선에는 이들 3개 도서가 포함된다는 취지를 확실히 하기 위한 것이며, 따라서 다케시마는 평화조약 제2조 (a)항의 명백한 규정으로 말하더라도 분명히 일본의 영토라는 데에는 어떠한 의문의 여지도 없다.

이상의 해석은 당연한 것으로서 평화조약의 주요 당사국인 미국에서도 인정받고 있다. 즉, 쇼와 27년(1952년) 2월 28일 조인된 '일본국과 미합중국 간의 안전보장조약 제3조에 기초한 행정협정'에 따라 양국 합동위원회의 대표자 간에 체결된 쇼와 27년(1952년) 7월 26일 자 시설구역협정에서도 다케시마는 일본 영토라는 것을 전제로 하여 미군의 연습장으로 지정한 것이다. 그 후 쇼와 28년(1953년) 3월 19일 미일 합동위원회 분과위원회에서 다케시마를 연습장 구역에서 삭제하기로 결정한 것도 다케시마가 일본 영토라는 사실에 근거한 것에 다름 아니다.

(3) 한국 정부(제1회)

1953년 7월 13일 자 일본 정부의 견해에 대한 한국 정부의 견해

1953년 9월 9일

1. 독도('竹島')에 관한 1953년 7월 13일 자 일본국 정부의 견해 제4항은 "한편, 지금의 다케시마는 오랫동안 마쓰시마라는 이름으로 우리 일본에 알려졌고, 그 세력 범위의 일부로 간주되어왔다는 것은 문헌과 고지도 등을 통해 보더라도 명백하다"고 언급하고 있다. 또 동 견해의 제5항에서는 "이상의 역사적 사실은 차치하더라도……" 라고 말하고 있다.

그러나 일본 정부가 언급한 이른바 역사적 사실은 독도의 영유권과는 아무런 관계도 없다. 이 사실은 단순히 울릉도 및 독도 두 섬의 명칭에 관한 것에 불과하다.

일본의 주장과는 정반대로 독도(일본은 현재 '竹島'라고 부르고 있다)의 영유권과 관련해 한국 측이 발견한 이 두 섬에 관한 올바른 역사적 사실은 독도가 조선의 세력 범위의 불가분의 일부라는 것을 명확하게 설명하는 내용이었다. 다음은 조선의 오래된 문헌과 사서에 나타난 몇몇 역사적 사실이다.

a. 조선에서의 울릉도 및 독도의 명칭과 관련해 울릉도는 우릉(羽陵), 무릉(武陵), 울릉도(蔚陵島) 등으로 불린 반면, 독도는 우산(于山) 혹은 삼봉도(三峰島)라고 불렸다. 또 독도는 다음과 같은 배경에 의해 '독도'라는 현재의 명칭을 갖게 됐다.

조선의 경상도 방언에 따르면, 'Dok'은 돌 또는 바위를 의미한다. 'Dokdo'는 돌 또는 바위 섬을 의미한다. '이도(離島)'를 의미하는 현재의 'Dokdo'라는 발음은 (돌 또는 바위 섬이라는) 'Dokdo'의 발음과 부합하는 것이다. 따라서 이 섬은 매우 적절하게 그리고 상징적으로 조선인에 의해 'Dokdo' 라고 불러지기에 이르렀다. 왜냐하면 'Dokdo'는 정말 암석이 많은 섬이기 때문이다.

b. 『세종실록』(조선 시대 세종 임금이 편찬한 가장 권위 있는 조선의 사서 중 하나)의 울진(蔚珍) 현의 조(條)에는 "우산과 무릉은 본 현의 정동 쪽 바다에 있다. 이들 두 섬의 거리는 그다지 멀지 않아 맑은 날에는 두 섬을 서로 볼 수 있다"고 언급하고 있다.

c. 독도는, 조선 초기부터 삼봉도(三峰島)라고 불렸다. 조선에서 매우 유명한 문헌 중 하나인 『동국여지승람』에 따르면, 서기 1476년 김자주(金自周)를 장으로 하는 현재의 독도 조선조사단이 삼봉도에 도항해 당시 조선 정부에 "우리가 정박한 섬에서 동쪽을 바라보면 7리(里) 혹은 8리 거리(조선의 10리는 일본의 1리와 같고, 이는 4km에 상당한다)에 세 개의 바위 봉우리를 발견할 수 있었다. …… 우리는 이 섬의 도면을 그려 귀환했다"는 취지로 보고를 한 바 있다. 이 사실은 조선인이 삼봉도(현재의 독도)에, 이 섬을 조사할 목적으로 간 적이 있었음을 분명히 보여주는 것이다.

d. 『숙종실록』(조선 숙종 임금이 편찬한 조선의 사서 중 하나)에 따르면 1696년 안용복(安龍福)을 포함한 조선 국민이 울릉도 및 독도에 간 적이 있는데, 이들은 이 두 섬이 조선에 속한다고 선언하고, 이 섬에 접근하지 말 것을 일본 선박에 강하게 경고했다. 이로써 이 조선인은 조선 영토의 불가분의 일부인 울릉도 및 독도 수역을 일본 국민이 침범하지 않도록 지켰던 것이다.

e. 1906년 울릉도의 정장(鄭長) 심홍택(沈興澤)이 조선 정부에 제출한 공식 보고서에는 "이 군(郡)에 속한 섬인 독도……"라고 쓰인 구절이 있다.

이상, 그 일부만을 약술한 이러한 역사적 사실로부터 판단컨대, 1910년 일본의 강제적인 조선 점령이 있기까지 독도가 울릉도의 통치를 맡고 있던 조선의 관리에 의해 지배되어왔음은 전혀 논의의 여지가 없는 사실이다.

따라서 독도의 발견에 공헌한 조선은 자연적 및 평화적으로 진정한 점유권을 부여받았고, 울릉도에 속한 섬으로서 독도에 대한 조선의 주권을 취득하기 위해 계속해서 이 섬을 관리 통치했다.

2. 일본 정부의 견해 제5항에는 "근대 국제법의 통념에 따르면, 무릇 한 국가가 영토권을 확립하기 위해서는 영토로 만들겠다는 국가의 의사와 이에 대한 효과적 경영을 동반하는 것이 필요하다"고 적혀 있다. 독도의 경우 상술한 바와 같이 조선인에 의해 발견 및 점유되었고, 또 이를 조선 영토의 일부로서 소유하겠다는 목적을 갖고 대대로 조선 정부 당국에 의해 매우 유효하게 경영되어왔다.

3. 한편, 지리적 측면에서 말하자면, 울릉도에서 독도까지는 불과 49해리인데, 독도에서 시마네 현의

오키(隱岐) 섬까지는 86해리이다. 독도는 맑은 날에는 울릉도에서 육안으로도 볼 수 있다. 조선이 지속적으로 또 효과적으로 독도를 경영한 것도 이 섬에서 울릉도까지의 거리가 비교적 가까운 것을 전제 조건으로 한 것이었다. 이에 대해 일본은 결코 이것을 향유할 입장이 아니다.

4. 일본 정부는 1910년의 강제적인 조선 점령에 앞서 이른바 국제법의 '점유' 이론에 따라 일본 정부가 이 섬을 시마네 현에 속하는 오키 섬 도사(島司)의 관할하에 두고 이 섬을 경영했다고 주장하고 있다. 그러나 '점유(占有)'와 관련해 매우 중요한 조건 중 하나는 점유의 대상인 육지 혹은 섬이 무주(無主)의 것이어야 한다는 점이다. 위에서 설명한 바와 같이 독도는 이 섬이 시마네 현의 관할하에 이른바 배치(配置)되기 이전에는 결코 무주의 섬이 아니었다. 그 배치는 1905년 불법적으로, 또 분명히 국제법을 위반해 이뤄진 것이다.

청일전쟁 후 약 10년이 지난 후 일본은 조선에 대해 각각 1904년 2월과 1904년 8월 22일에 이른바 한일의정서와 한일협약을 강요했다. 한국은 이 두 가지를 무효라고 주장하는 것이다. 따라서 일본은 강제로 "한국 정부에 일본 외교고문의 근무를 보증"하도록 했으므로, 일본은 "전략적인 관점에서 필요하면 조선 영토의 어떠한 부분도 점령하는 것"이 가능해졌다.

(주: 한일협약 및 동 의정서의 핵심 조항은 다음과 같다.
1) 한일협약 제2항
한국 정부는 일본 정부가 추천하는 외국인 1명을 외교고문으로서 외부로부터 고빙(雇聘)해 외교에 관한 중요 업무는 그 의견을 들은 후 시행해야 한다.
The Korean Government shall engage as diplomatic advisor to the Department of Foreign Affairs a foreigner recommended by the Japanese Government, and all important matters concerning foreign relations shall be dealt with after his counsel being taken.
2) 한일의정서 제4조 제2항
대일본제국 정부는 전 항의 목적을 달성하기 위해 군사 전략상 필요한 지점을 임기(臨機) 수용할 수 있다.
The Imperial Government of Japan may, for the attainment of the abovementioned object, occupy, when the circumstances require it, such places as may be necessary from strategical points of view.)

현재 일본 정부는 1905년 시마네 현청 고시 제40호가 나온 이후 "외국으로부터 이 섬의 일본 귀속에 대해 문제가 된 적이 없다"고 지적했다. 그러나 이 고시는 불난 집에서 도둑질을 하는 것과 같은 짓으로, 이미 장기간에 걸쳐 확립된 이 섬에 대한 조선의 주권을 무시하고 비밀리에 이뤄진 것이다. 따라서 한국 정부는 이와 관련된 통보가 일본국 정부에 의해 정상적인 외교 절차를 통해 직접 당시의 조선 정부에 합법적으로 행해졌다고는 인정할 수 없다. 또 일본의 지방 관청 하나에 의해 이뤄진 단순한 고시는 이 섬에 대한 조선의 주권에 전혀 영향을 미치지 못한다.

일본 정부는 나카이 요자부로라는 일본 국민이 이 섬에 어사(漁舍)를 두고 인부를 고용해 강치 어업에 종사했다고 말하고 있는데, 이는 아마 일본이 이 섬에 대해 유효한 경영을 했다는 증거를 보여주기 위해 제기한 내용일 것이다. 그러나 1923년 7월에 발행된 『시마네 현사(県史)』 제5장에 따르면 앞서 언급한 나카이도 독도가 명확히 조선 영토 중 일부라고 믿고 있었다. 이 책 제5장 제1절에 따르면 나카이는 이 섬이 조선 영토 중 일부라고 믿고 있었기 때문에 1904년 도쿄에 가 일본 농상무성에 이 섬에 관해 설명하고, 같은 해 9월 25일 농상무성에 당시 조선 정부로부터 이 섬을 임대하는 허가를 얻어 달라고 요청했다.

1904년 11월 일본 군함 '쓰시마(對馬)'는 "울릉도 주민 다수가 여름마다 이 섬에 상륙해 오두막을 세우고 이 섬 부근에서 어업활동에 종사하고 있다"는 취지의 보고를 일본 정부에 보냈다.

나카이와 일본 군함 쓰시마의 예를 참고한다면, 독도가 조선에 의해 소유되어 조선인에 의해 효과적으로 경영되어왔다는 것은 누가 보더라도 명백한 사실인 셈이다.

1907년 이후 일본 정부는 같은 해 7월에 강압적으로 체결한 이른바 신(新)한일협약에 따라 조선의 내정에 공공연히 간섭했다. 한국은 이 협약도 무효라고 주장하고 있다. 여하간 "통감이 추천한 이하라 후미카즈(庵原文一)를 포함한 일본 국민은 조선의 어업을 조사했는데", 이 '조사(調査)'는 일본인에 의해 편찬되었음에도 불구하고 독도는 여기서 조선에 속한 섬으로서 언급되었다.

유명한 일본학자인 히바타 셋코(樋畑雪湖) 씨는 1930년『역사와 지리(歷史と地理)』 제55권 제6호에 '일본해 다케시마(竹島)를 둘러싼 일본과 조선의 관계'에 관해 썼다. 그 기술의 한 구절은 "현재 조선의 강원도에 속하는 다케시마와 울릉도는 조선 영토의 동쪽 경계로서 일본해에 있다"고 적혀 있다.

상기한 사실과 조선과 일본 쌍방의 역사상의 증거를 통해 판단컨대, 시마네 현청의 이른바 고시에도 불구하고 당시 조선이 1910년 일본에 의해 강제로 점령될 때까지 계속해서 이 섬의 영토 소유권을 행사했다는 것은 아주 명백하다. 왜냐하면 그때까지 이 섬에 대한 조선의 영유권을 소멸하는 것과 관련되는 어떠한 법적 사실도 없었기 때문이다.

5. 1945년 이후 독도의 현상에 관한 사정에 대해서는 두루 알려져 분명하지만, 한국 정부는 현재 그때 이후 이 섬에 대한 한국의 평화적이고 지속적인 주권의 표시와 관련된 사실을 지적하는 것 이상으로 자세한 설명을 덧붙일 필요를 느끼지 못한다.

6. 일본 정부는 1946년 1월 29일 자 SCAPIN 제677호를 거론하고 이 각서에 "이 지령에 담긴 조항은 모두 포츠담 선언 제2조[119]에 있는 작은 도서의 소유권에 대한 최종적 결정에 관한 연합국 측의 정책으로 해석해서는 안 된다"고 언급된 구절을 지적했다. 이 각서의 의미에 대한 일본의 주장과 관련, 한국 정부는 옛 적국 영토의 전후 처리에 관한 연합국의 기본 정책에 대해 일본이 매우 피상적인 견해를 갖고 있다고 주장하지 않을 수 없다.

한국 정부로서는 다시금 상기한 SCAPIN 제677호가 작은 도서들을 일본의 영토로부터 분명하게 배제했다는 점, 또 일본과의 평화조약이 일본의 영토 문제와 관련되는 한 이 SCAPIN 조항과 모순되는 어떠한 조항도 규정하고 있지 않다는 점을 일본 정부에 상기시키고자 한다. 한편, 평화조약은 이 문제에 대한 연합군최고사령관의 처리에 대해 어떠한 실질적인 변화를 가하지 않은 채 확인한 것이라고 양해할 수 있다.

---

119) 제8조의 오기로 보여진다.

7. 1952년 4월 28일 발효된 일본과의 평화조약 제1장 제2항을 언급하면서 일본 정부는 "독도('竹島')는 이미 일한병합 이전에 시마네 현의 행정 관할하에 있었고 병합 후에도 동 현 관할하에 놓여 조선총독부의 관할이 아니었다"고 말했다. 이와 관련해 한국 정부는 상기 제4항에서 상세히 설명했듯이 '다케시마'가 합법적으로 시마네 현의 관할하에 있었다고 인정할 수 없다. 더욱이 이와 관련해 일본 정부가 인식하기를 한국 정부가 희망하는 바는 일본의 강제적인 조선 점령이 이뤄지는 시기에도 독도는 울릉도에 부속된 섬으로 간주되어 울릉도 어민에 의해 관리되었다는 사실이다. 1933년 일본국 해군성이 편찬한『조선연안수로조사(朝鮮沿岸水路の調査)』제3권「조선 동해안」도 상술한 사실이 진실임을 증명하고 있다. 상기한 평화조약 제1장 제2조 (a)항과 관련해 일본 정부는 이 항에서 독도가 제주도, 거문도 및 울릉도처럼 조선의 영토 중 일부로 명기되지 않았다고 말하고 있다. 그러나 이들 3개 섬을 열거한 것은 결코 조선 연안에 있는 그 밖의 수백 개 섬을 조선의 영유에서 배제하고자 하는 의도가 아니다. 만약 이 문제에 대한 일본의 해석을 따른다면 이 3개 섬 이외의 조선의 서쪽과 남쪽 연안에 있는 수백 개의 도서는 조선에 속하지 않고 일본에 속하게 될 것이다. 만약 일본이 이 같은 논리로써 "독도('竹島')가 일본 영토 중 일부이다"라고 진정으로 주장한다면, 일본 정부는 제주도와 거문도, 울릉도 3개 섬을 제외한 조선 연안에 있는 모든 섬에 대해 영유권을 주장하려는 것인가.

8. 일본 정부는 독도에 관한 견해의 마지막 부분에서 "……독도('竹島')는 미군의 연습장으로 지정되었다"는 것, "……1953년 3월 19일, 미일합동위원회 분과위원회에서 독도('竹島')를 연습장 구역으로부터 삭제하기로 결정했다"는 것, 또 이러한 조치가 "'독도('竹島')가 일본 영토의 일부임을 전제로 해서" 이뤄졌다고 생각한다고 언급했다.

그러나 이러한 전제는 일본 정부의 단독적인 해석만을 기조로 한 것이다. 거꾸로 일본국 정부는 미 공군사령관이 한국 정부의 항의를 받아 1953년 2월 27일에 미 공군 지정 연습장 지역에서 독도가 제외되게 되었다고 한국 정부에 공식 통보한 사실을 인식해야 한다.

9. 결론적으로, 그 역사적 및 지리적 배경에 비추어, 또 육지의 영유권에 관해 일반적으로 인정되는 국제법의 관념을 감안해, 독도는 논쟁의 여지없이 한국 영토 중 일부라는 것이 한국 정부의 견해이다.

1953년 9월 9일 도쿄에서

(4) 일본 정부(제2회)

1953년 9월 9일 자 한국 정부의 견해에 대한 일본 정부의 견해

1954년 2월 10일

1. 일본국 정부는 본건에 관한 한국 정부의 견해에 대해 신중하게 검토했다. 일본국 정부는 한국 측이 그 주장을 각종 자료에 근거해 입증하려 시도한 점을 환영한다. 일한 양국이 각각의 입장에 서서 이

문제를 허심탄회하게 검토한다면 그 결론은 자연스럽게 명백해질 것이다.

2. 그러나 한국 측이 주장의 근거로서 거론한 바는 유감스럽게도 위에서 말한 입장에 철저했다고는 말할 수 없다. 문헌이나 사실 인용이 부정확할 뿐 아니라 이에 대한 해석도 오역이 많아 한국 측 주장을 뒷받침하는 것이 못 된다. 그 주요한 점을 들자면 아래와 같다.

(1) 한국 측은 옛날부터 다케시마가 한국에서 인지되어왔던 근거로서 『세종실록』에 나온 우산도, 『동국여지승람』에 언급된 섬으로 김자주가 조사한 삼봉도라는 곳이 모두 오늘날의 다케시마라고 주장하고 있다.

그러나 이들 문헌에 나오는 삼봉도와 우산도가 오늘날의 다케시마라는 것은 논증하고 있지 않다. 뿐만 아니라 『동국여지승람』에 나온다는 김자주와 관련된 기사(記事)는 사실은 『성종실록』의 오기(誤記)이다.

여러 가지 면에서 우리는 한국의 문헌상으로는 삼봉도나 우산도를 울릉도와 다름없게 보고 있다는 사실을 지적할 수 있다.

실제로 한국 측에서 인용한 상기 『세종실록』의 우산, 무릉에 관한 기사에서도 이 기사에 이어 "신라시대에는 우산국을 울릉도라고도 칭했다"(新羅時称于山国一云鬱陵島)라는 구절이 있다. 『동국여지승람』의 우산도 및 울릉도에 관한 기사에서도 "일설에는 우산과 울릉이 본래 같은 섬이다"(一説于山鬱陵本一島)라고 나와 있다. 또 『문헌촬록(文獻撮錄)』[120]의 경우는 다음과 같이 말해 삼봉도, 우산도, 울릉도가 모두 동일한 섬이라는 것을 매우 명료하게 설명하고 있다.

"울릉도는 울진의 정동 쪽 바다에 있다. 일기가 청명하면 섬의 산봉우리와 험한 연맥을 뚜렷이 볼 수 있다. 섬의 토지가 비옥하다. 거기에서 대죽(大竹)이 산출되므로 그 섬을 죽도라고 하고, 삼봉이 있으므로 삼봉도라고도 한다. 우산, 우릉, 울릉, 기죽 등은 와전된 것이다."(鬱陵島在蔚珍正東海之中, 清明則峰頭山根歷々可見, 地広土肥, 以其産竹故謂竹島, 以有三峰故謂三峰島, 至於于山, 羽陵, 蔚尉, 武陵, 磯竹皆音訛而然也).

더구나 한국 측은 다케시마가 '독도'라는 이름으로 한국인 사이에 알려져 있었다고도 주장하고 있지만, 한국의 고문헌, 고지도를 보더라도 이에 관한 사례는 발견할 수 없다.

(2) 한국 측은 『숙종실록』에 따르면 1696년(겐로쿠 9년) 안용복 등이 울릉도와 독도(竹島)에 가서 "이 두 섬이 조선에 속한다고 선언하고 이 섬에 접근하지 말 것을 일본 어선에 강하게 경고했다"고 말하고, 더욱이 이로써 "이 조선인은 조선의 세력 범위의 불가분의 일부인 울릉도 및 독도 수역을 일본 국민이 침범하지 않도록 지켰다"고 말했다. 그러나 『숙종실록』의 상기 기사는 귀국 후 비변사로부터 취조를 받았을 당시 그의 공술(供述)에 의한 것이며, 그 내용에는 허위가 많았다. 그는 울릉도에서 일

---

120) 조선 헌종 때 정승을 지낸 정원용(鄭元容, 1783-1873)의 저서.

본어선을 만나 울릉도와 독도에 근접하지 말 것을 경고했다고 말하고 있지만, 그해 일본 어민은 그를 불법 출국 혐의로 체포했고, 유형에 처했다는 것이다. 이 사실에 비추어 보더라도 안용복 사건에 대한 한국 측의 주장이 근거가 없다는 점이 양해될 것이다.

(3) 한국 측은 다케시마가 조선에 의해 소유되어 효과적으로 경영되었다는 증거라면서 (a) 1906년 울릉도 군수 심흥택이 "이 군에 속한 섬인 독도……" 라고 보고하고 있다, (b) 나카이 요자부로는 다케시마를 조선의 영토 중 일부라고 믿어 일본 농상무성에 당시 조선 정부로부터 이 섬을 빌리도록 허가해줄 것을 신청했다, (c) 히바타 셋코는 자신의 논문에서 다케시마가 조선 영토 중 가장 동쪽에 있다고 말했다, (d) 『조선연안수로지』는 다케시마를 울릉도의 부속 섬으로 간주하고 있다, (e) 1904년 11월 군함 쓰시마가 울릉도 주민들이 다케시마에서 어업에 종사하고 있다고 보고하고 있다, (f) 일본 국민이 조사한 조선 어업의 '조사'에서 다케시마는 조선에 속한 섬이라고 언급하고 있다 같은 이유를 들고 있다. 그러나 이상의 것은 모두 문헌이나 사실의 인용이 부정확하고 한국 측 주장의 근거가 되지 못한다.

(a)에 관해서는 올바른 원문이 제시되지 않았기 때문에 의견을 말할 수는 없다. 그렇긴 하지만 그해 3월 시마네 현 사무관 간다 요시타로(神田由太郎)를 비롯한 40여 명이 그 전년에 시마네 현에 편입되었던 다케시마를 실지 조사한 뒤 돌아오는 뱃길에 울릉도에 기항, 군수 심흥택과 면회했다. 그때 간다는 다케시마에서 잡은 강치 한 마리를 군수에게 보냈는데, 군수는 먼 길을 온 것에 고마워했고 선물에 대해서도 감사의 말을 전했다. 만약 군수가 당시 다케시마를 울릉도에 속한 섬으로 취급하고 있었다면 당연히 이 같은 대접을 하지는 않았을 것이다.

(b)와 관련해 한국 측은 1923년〔다이쇼(大正) 12년〕 6월에 발행된(한국 측은 7월이라고 말했다) 시마네 현 교육위원회가 편찬한 『시마네 현지(島根県誌)』를 인용한 것으로 보이지만, 이 책에 따르면 나카이는 다케시마의 "영토 편입 및 민간 대여(貸下) 청원을 내무성, 외무성, 농상무성 3성에 제출했고, 3성은 시마네 현청의 의견을 들어 각의에서 영토 편입을 결정했다." 한국 측이 지적하듯이 당시 조선 정부로부터 이 섬을 빌리는 허가를 얻도록 일본 농상무성에 신청했다고는 쓰여 있지 않다. 물론 이 책에는 나카이가 다케시마를 "조선 영토라고 생각해 상경하여 농상무성에 설명하고, 동 정부에 임대 청원을 할 수 있도록 해달라"라고 한 구절이 있다. 그러나 나카이가 오키 도청(島廳)에 제출한 다케시마에 관한 설명에 따르면, 나카이는 일찍이 오늘날의 다케시마를 일본이 인지해 경영하고 있었다는 것을 믿고 있었으며, 따라서 상기한 "조선 영토라고 생각하고"라고 운운한 언급은 편자(編者)의 오해에 의한 것이라고 말할 수 있다.

(c)와 관련, 이 논문이 발표된 1930년(쇼와 5년)에는 다케시마가 시마네 현에 소속되어 있었고, 조선의 강원도 관할하에 있지 않았기 때문에 분명히 필자의 실수이다. 이 오류를 범한 것은 이 논문이 인용한 문헌 취급을 통해서도 알 수 있듯이 필자가 옛날부터 다케시마로 불린 것은 울릉도이고 오늘날의 다케시마가 아니라는 인식을 갖고 있지 않았다는 데 기인하고 있다.

　(d)와 관련, 원래 『수로지』는 사용자의 편의를 위해 편찬되는 것이며, 섬의 귀속과는 관계가 없다. 다케시마는 울릉도 부근을 항행할 때 관심을 갖게 되곤 하는 섬이므로 이를 울릉도 항목에 병기한 것에 불과하다. 동시에 다케시마는 오키 열도 부근을 항행하는 경우에도 관계가 있으므로 『본주연안수로지(本州沿岸水路誌)』 제2권 제2편 혼슈(本州) 북서부 연안 남서부의 항목에도 다케시마를 "오키 열도 및 다케시마"로 올렸던 것이며, 수로부(水路部)가 다케시마를 울릉도의 부속 섬으로 취급하고 있지는 않았다는 사실은 분명하다.

　(e)와 관련, 『조선연안수로지』에 따르면, 군함 쓰시마가 보고한 것은 다케시마의 "동쪽 섬에 어부가 쓰는 갈대 거적 오두막이 있고 풍랑이 심하기 때문에 파괴될 수도 있다"라는 한 구절뿐이다. 한국 측이 인용하고 있는 울릉도 주민 다수가 매년 다케시마에 상륙하여 그 부근에서 어업에 종사하고 있다는 언급은 『수로지』의 편집자가 전해들은 바에 기초해 적은 훗날의 다케시마 사정이고, 군함 쓰시마의 보고가 아니다. 게다가 원문에는 "울릉도로부터 도래한 자"라고 되어 있어 한국 측의 지적처럼 "울릉도 주민"이라고는 쓰여 있지 않았다. 상기한 기사는 나중에 울릉도를 근거로 전복, 미역 등을 채취하기 위해 다케시마에 간 일본인 및 그들에게 고용된 조선인을 가리키는 것으로 생각된다.

　(f)와 관련해서는 서명(書名)이 명시되어 있지 않지만, 아마 융희(隆熙) 4년(메이지 43년, 1910년) 5월에 발행된 『한국수산지(韓國水産誌)』를 가리키는 것으로 생각된다. 그러나 한반도 동부 어업에 대해 기록한 이 책의 제2집에는 '독도'라는 명칭의 섬은 없고, '죽도'라는 섬은 모두 그 위치상 문제의 다케시마와는 별개의 것이다.

　(4) 한국 측은 1904년(메이지 37년) 2월 23일 일한의정서와 8월 22일 일한협약에 의해 일본이 "한국 정부에 수 명의 일본인 외교고문 근무를 보장"하게 하고, "전략적 관점에서 필요하면 조선 영토의 어떠한 부분도 점령할 수 있었다"고 말했다.

　그러나 전자의 "일본인 외교고문"을 운운한 경우, 일한협약 제2항에 따르면 "한국 정부는 일본 정부가 추천하는 외국인 1명을 외교고문으로서 외부에서 고용하고"라고 되어 있으며, 실제로 고용된 사람도 미국인 스티븐슨(Durham White Stevens)[121]이었다. 또 후자의 경우, 그 인용이 정확하지 않을 뿐만 아니라 이 규정은 원래 러일전쟁 때 한국의 영토 보전을 목적으로 필요에 따라 군사 전략상 필요한 지점을 일시적으로 사용하도록 정한 것에 불과하므로 다케시마의 영토 편입조치와는 아무런 관계가 없다.

　(5) 한국 측은 평화조약의 영토 조항이 1946년(쇼와 21년) 1월 29일 자 SCAPIN 제677호에 기초한 연합군최고사령관의 행정권 정지조치에 대해 실질적으로 변화를 가하지 않은 채 확인한 것이라고 주장하고 있다.

---

121) 1851~1908. 미국 외교관 출신으로 나중에 일본 정부에 고용되어 1905년 한일협정 체결 후 대한제국의 외교고문으로 활동했다. 1908년 3월 23일 장인환과 전명운에 의해 미국 샌프란시스코의 페리 부두에서 처단됐다.

그러나 이미 1951년(쇼와 26년) 12월 5일 자 총사령부 각서에 의거해 상기 SCAPIN에 따라 일본 정부의 행정권이 정지되어 있던 난세이(南西) 제도(諸島) 가운데 북위 30도와 29도 사이의 섬들이 일본 정부 행정 관할하로 반환되었고, 1953년(쇼와 28년) 12월 아마미(奄美) 군도의 행정권도 일본 측에 반환됐다.

더욱이 나머지 난세이 제도 및 소우후(嬬婦) 바위의 남방 제도, 그 앞바다의 도리시마(鳥島), 미나미토리시마(南鳥島)에 대해서도 일본에 주권이 남아 있다는 것이 분명히 드러났다. 마찬가지로 상기 SCAPIN에 의해 행정권이 정지된 하보마이(歯舞) 군도도 일본이 평화조약에 기초해 권리, 권한 및 청구권을 포기해야만 했던 지시마(千島) 열도[122] 속에는 포함되지 않는다는 견해가 샌프란시스코 회의에서 덜레스 미국 전권대사에 의해 제시되었다.

이상의 사실은 실제적인 조치의 측면에서 보더라도 총사령부 각서와 평화조약 간에는 상호 관계가 없음을 분명히 보여주고 있다.

3. 다음으로 근대 국제법상 영토 취득의 요건으로 꼽히는 것은 (1) 국가로서의 영유 의사, (2) 그 의사의 공시(公示), (3)적당한 지배 권력의 확립이다. 그러나 개국 이전의 일본에는 국제법이 적용되지 않았다. 따라서 당시에는 일본의 영토로 생각해 실제로 일본의 영토로서 취급하고, 다른 나라가 그것을 빼앗으려 하지 않는다면 그것으로써 일본의 영토로 영유하는 데는 충분하다고 인정됐다.

다케시마는 옛날 마쓰시마라는 이름으로 일본인에게 알려져 그것이 일본 영토의 일부라고 생각되었고, 또 일본인에 의해 항해상 혹은 어업에 이용되고 있었다. 특히 도쿠가와(徳川) 3대 장군인 이에미쓰(家光) 시대에는 막부가 요나고(米子)의 상공인 오야(大谷)와 무라카와(村川) 두 집안에 다케시마의 지배를 허용했고, 울릉도에 도항할 때는 항상 이 섬이 중계 기지로 이용되었음은 물론, 이 섬에서 어로행위가 이뤄졌다. 이와 관련된 문헌으로는 간분(寬文) 7년(1667년) 이즈모(出雲) 번사(藩士) 사이토(斎藤) 모(某)가 편찬한『은주시청합기(隠州視聴合紀)』, 엔포(延宝) 9년〔텐와(天和) 원년, 1681년〕의 오야 구에몬가쓰노부(大谷九右衛門勝信)의 수기(手記), 간포(寬保) 원년(1741년)에 오야 구에몬가쓰후사(大谷九右衛門勝房)가 나가사키(長崎) 관청(奉行所)에 보낸 구상서, 호레키(宝暦) 연간(1751~1765년)의 기타구니(北国通蕃)가 지은『죽도도설(竹島図説)』, 교와(享和) 원년(1801년)에 야다 다카마사(矢田高当)가 지은『장생죽도기(長生竹島記)』등 매우 많은 자료가 있다. 지도로서는 교호(享保) 연중(1720년대)의 돗토리(鳥取) 번주(藩主) 이케다(池田) 집안(家)이 소장해온『죽도도(竹島図)』, 안에이(安永) 4년(1775년) 나가쿠보 세키스이(長久保赤水)의『일본여지로정전도(日本輿地路程全図)』등을 비롯해 에도시대 중기 이후의 고지도에는 그 사례가 아주 많다. 특히 이케다 집안이 예전부터 소장해온『죽도도(竹島図)』는 막부의 명령에 의거해 바르게 고쳐 제출된 지도의 사본(控)으로 공적 성격을 띤 것이었

---

122) 쿠릴 열도.

으며, 그 내용도 오늘날의 다케시마에 대해 당시 매우 정확한 지리적 지식을 갖고 있었다는 사실을 전하고 있다.

이에 반해 이번에 한국 측이 거론한 바에 따른다고 하더라도 한국에서 다케시마를 오래전부터 인지하고 이를 이용해왔다는 점은 확인할 수 없다. 역사적 사실의 관점에서 보더라도 조선 초기부터 오랫동안 울릉도에 대해 '공도시책(空島施策)'이 취해졌기 때문에 상식적으로도 이 섬보다 더 훨씬 먼 바다에 있는 고도(孤島)와 같은 다케시마까지 한국 측 경영의 손이 뻗어 있었다고는 생각할 수 없다.

이상과 같이 다케시마는 오래전부터 일본인에게 알려져 일본 영토의 일부로 간주되어 일본인에 의해 이용되어온 반면, 한국 측에는 이러한 사실이 없는 데다, 한국과의 사이에 이 섬을 둘러싸고 영토권을 다툰 적도 없기 때문에 예로부터 일본의 영토로 인정되어왔다.

4. 근대 국제법에서 요구되는 영토의 취득 요건과 관련해서는 메이지 38년(1905년) 1월 28일 다케시마의 영토 편입에 관한 각의 결정에 의해 국가의 영유 의사 확인이 이뤄지고, 이어 메이지 38년(1905년) 2월 22일 시마네 현 고시(告示)에 의해 국가의 영유 의사가 공시되었다. 이 지방청에 의한 고시는 당시 일본이 (영토를) 선점할 때 관행으로 행하던 고시 방법이며, 국제법상의 공시 요건을 충족하고 있다.

이밖에 정식으로 영유가 성립되기 위해서는 적절한 지배 권력의 확립이 필요한데, 이는 메이지 38년(1905년) 8월 시마네 현 지사 마쓰나가 다케요시(松永武吉)가, 이듬해 3월에는 시마네 현 제3부장 간다 요시타로(神田由太郎)를 비롯한 일행 40여 명이 다케시마를 실지 조사했으며, 또 38년 5월 17일에는 오키 도사(島司)의 상신에 의해 다케시마의 면적이 관유지(官有地)로서 토지대장에 게재됐다.

한편, 다케시마의 강치 어업은 1905년 4월 14일 시마네 현령 18호로써 '어업 단속 규정'을 개정해 허가제로 변경되어 같은 해 6월 5일에 나카이 등 4명은 정식 면허를 발급받았다. 그 후 이 사업은 성하기도 쇠하기도 했지만, 쇼와 16년(1941년) 전쟁에 의해 중단될 때까지 사업이 계속되었고, 면허를 받은 자로부터 매년 토지 사용료가 국고에 납입되었다. 그동안 몇 차례에 걸쳐 다케시마의 어업과 관련한 규제는 개정되었다.

쇼와 15년(1940년) 8월 17일, 다케시마는 마이즈루(舞鶴) 진수부(鎮守府)[123]의 해군 재산으로 계승되었으나, 이 해군 용지(海軍用地)는 당시 강치 어업권을 갖고 있던 야하타 조시로(八幡長四郎)에게 그 사용이 허용되었다. 당시 진수부 사령장관(司令長官)은 이 섬을 사용할 때의 주의사항을 쓴 명령서를 교부했다.

이상의 사실은 일본이 다케시마에 대해 지속적으로 지배권을 행사해왔음을 의미한다. 이로써 근대 국제법의 관점에서 보더라도 일본의 다케시마 영유 요건은 완전히 구비되어 있다고 말할 수 있다.

5. 한국 측은 최근에 와서야 다케시마의 영유를 문제시하고 있는데, 메이지 38년(1905년) 다케시마

---

123) 일본 교토의 마이즈루 시에 있었던 구 일본 해군의 진수부. 일반적으로 마이친(舞鎮)으로 불렸다. 진수부는 구 일본 해군이 일정 해역을 나눠 관할하기 위해 설치한 사령부에 해당한다.

의 시마네 현 편입 전후에 다케시마를 한국령으로 생각하지 않았다는 것은 다음의 사실로써 확인된다.

(1) 광무(光武) 5년(메이지 34년=1901년)에 간행된 현채(玄采)의 『대한지지(大韓地誌)』(광무 9년에 두 권의 책으로 재간행됨)는 한국 영토의 동쪽 한계를 동경 130도 35분으로 적고 있고, 여기에 다케시마는 포함되지 않았다. 저자는 학부(學部)[124] 직원이며, 이 책에 학부 편집국장의 서문이 실린 것으로 보아 당시 권위를 가진 자로 보인다.

(2) 민국(民國) 4년(다이쇼 4년=1915년)에 간행된 태백광노(太白狂奴)[125]의 『한국통사(韓國痛史)』도 한국 영토의 동쪽 한계를 동경 130도 50분으로 적고 있으며, 여기에도 역시 다케시마는 포함되지 않았다. 이 책은 일본의 조선 통치에 반대해 독립을 기도, 상하이로 망명한 사람이 편찬한 것인데, 다케시마에 대해 관심이 있다면 당연히 이 점이 거론됐어야 할 것이다.

6. 요컨대, 한국 측의 설명에 따르더라도, 우리의 조사에 의하더라도 한국 측이 오랫동안 다케시마를 영유하고 이를 유효하게 경영하고 있었다는 것을 증명하는 증거는 발견되지 않는다. 이에 반해, 역사적인 사실의 관점에서 보더라도, 또 국제법상의 영토 취득 요건의 시점에서 보더라도 다케시마의 일본 영유는 의문의 여지가 없다.

(5) 한국 정부(제2회)

1954년 2월 10일 자 일본 정부의 견해에 대한 한국 정부의 견해

1954년 9월 25일

I. 대한민국 정부는 이 건에 대한 일본 정부의 견해를 주도면밀히 검토해왔다. 그러나 일본 정부가 역사적인 사실로서 각종 문헌 및 도서에서 인용하고 있는 것은 모두 부정확했다. 또 이 같은 견해가 국제법상으로도 독도 영유의 조건을 충족했다고 말하는 일본 정부의 주장은 역시 전혀 근거가 없다. 대한민국 정부는 다음과 같이 역사적 사실을 열거하여 일본 정부가 취하고 있는 견해를 반박하고자 한다.

1. 일본국 정부는 대한민국 정부가 고문서에 따르면 우산도가 독도(이른바 '竹島')의 별칭이었다고 주장하는 근거를 충분히 제시하지 못했다고 비난했다. 이 증거는 이미 일본 측에 제출되어 있다. 대한민국 정부는 일본국 정부가 제기한 의견이 허심탄회한 해석이라기보다는 오히려 독선적, 비논리적 주장에 기초하고 있다는 점에 의심의 여지가 없음을 되풀이해서 말하고 싶지 않다.

반복해서 지적하건대, 고문서에서 우산도로 칭해지고 있던 것이 현재의 독도(독도를 일본은 '竹島'라고 부르고 있다)라는 점에는 의심의 여지가 없다. 따라서 우산도, 삼봉도 및 울릉도가 모두 동일

---

124) 당시 대한제국의 교육부.
125) 사학자 박은식(朴殷植)의 필명.

한 섬의 명칭이었다는 일본 측의 주장은 근거가 없다고 말하지 않을 수 없다.

우산도와 울릉도가 두 개의 다른 도서라는 것은 논할 여지도 없다. 그러나 오해를 없애고 명확하게 하기 위해 다음과 같이 『세종실록』과 『신증동국여지승람(新增東国輿地勝覽)』 두 책을 인용해 여기에 소개하고자 한다.

> "우산 및 무릉의 두 섬은 본 현(縣) 정동 방향의 바다에 있고, 두 섬의 거리는 떨어진 정도가 멀지 않아 맑은 하늘에는 서로 망견(望見)할 수 있다. (『세종실록지리지(世宗實錄地理志)』)

> "우산도와 울릉도는 …… 이 두 섬은 본 군(郡)의 정동방의 바다에 위치한다……."(『신증동국여지승람』)

위에서 인용한 것처럼 우산도와 무릉(울릉도) 두 섬은 울진(蔚珍) 현의 정동방 해상에 위치하는 별개의 섬이다. 또 이 두 섬은 서로 떨어져 있지만, 그 거리는 그다지 멀지 않아 맑은 때에는 서로 바라볼 수 있다는 주석이 붙어 있다. 위의 설명에서 알 수 있듯이, 우산과 울릉도 두 섬은 결코 동일한 섬이 아니라 분명히 두 개의 서로 다른 섬이다. 일본 정부는 이 사실을 인정하려 하지 않는다. 그뿐인가. 일본 정부는 이 사실을 부인하기 위해 『세종실록』과 『신증동국여지승람』에 있는 문구를 맹목적으로 인용했다. 즉, "신라시대에는 우산국을 울릉도라고도 했다"거나 "우산도와 울릉이 본래 동일한 섬이었다는 이야기도 있었다"는 것이다.

이 두 인용문에 명료하게 기술되어 있듯이, 전자에서 '우산국(于山國)'이라는 이름은 신라시대의 '우산국'을 가리키는 것이지 '우산도(于山島)'를 가리킨 것이 아니다(『신증동국여지승람』은 우산도가 울릉도와 함께 '우산국'의 일부였음을 시사하고 있다). 후자는 애매한 '옛날이야기'나 다름없다. 따라서 이러한 인용이 우산도, 울릉도가 『세종실록』과 『신증동국여지승람』이 편찬된 당시에 확인되었던 두 개의 다른 섬의 이름이었다는 사실에 영향을 주는 일은 결코 있어서는 안 될 것이다. 지리적 연구가 아직 초기 단계에 있었을 무렵에는 동일한 장소가 두 개 혹은 그 이상의 명칭으로 불리고 나중에 훗날 그 명칭이 구별되는 사례가 얼마든지 있다.

가령 일본인 학자 다보하시 기요시(田保橋潔)[126]의 송도(松島, 마쓰시마) 및 죽도(竹島, 다케시마) 연구가 그 예가 될 수 있다. 이 사람의 설에 따르면, 지리학이 아직 초기 단계에 있던 메이지시대 초기에 울릉도에 '송도'와 '죽도'라는 두 명칭이 주어졌다고 한다. 그리고 이 명칭은 나중에 각각 울릉도

---

126) 1897-1945. 일본의 외교사학자로 조선총독부의 조선사편수회 소속으로 『조선사(朝鮮史)』 제8편을 편찬했다. 주요 저서로 『近代日鮮関係史の研究』가 있다.

와 독도(竹島, 다케시마)를 가리키는 것으로 사용되었다. 동시에 울릉도를 가리키는 데 사용되고 있던 '죽도'라는 명칭은 독도(울릉도의 부속 도서)의 명칭이 되었다.

우산도와 울릉도가 두 개의 다른 섬이라는 것을 확인하는 『문헌촬록』과 『신증동국여지승람』에 나타나있는 사실을 고의로 무시하고, 더욱이 권위도 없는 이야기만을 인용하거나, 우산국을 마음대로 우산도라고 간주하는 일본 정부의 태도는, 이 정부가 그 주권을 뒷받침한다는 본래의 목적에 도움을 주기는커녕, 이 문제를 공정한 태도로 연구하려는 의사를 갖고 있지 않다는 점을 분명히 보여주는 것이다.

일본 정부는 우산도, 삼봉도 및 울릉도 3개 섬이 동일한 섬임을 증명하기 위해 『문헌촬록』이라는 책의 한 구절을 인용하고 있다. 그러나 『문헌촬록』 자체가 조선 왕조 말기에 쓰인 개인적 논문에 불과하다. 이 책은 역사적·지리적 사실과 그 추이를 탐구하기 위한 문헌으로서는 『세종실록』과 같은 가치를 갖고 있지 않다. 이 자료에 근거를 두고 일본 정부가 이끌어낸 결론은 단지 견강부회한 설명에 불과하다.

2. 『숙종실록』에 기록된 안용복 건에 대해 일본국 정부는 "『숙종실록』 속의 상기 기사는 안용복이 귀국 후 한국 비변사에서 조사를 받을 때 진술한 것으로 그 내용에는 허위가 많다"고 주장하고 있다. 그러나 실제로 이 책은 안용복에 관한 사건을 기술하고 있지, 단순한 진술이나 만든 이야기가 아니다. 이 건에 관한 의문의 여지를 없애기 위해 대한민국 정부는 다시 다음과 같이 설명하고자 한다.

『숙종실록』 제33권의 숙종 22년 9월 술인부(戌寅部)는 다음과 같이 명료하게 말하고 있다.

> 비변사(당시의 특별 국무회의)는 안용복 등에게 질문했다. …… 앞서 기술한 섬(울릉도)에 도착한 …… 다수의 일본선박이 이 섬(울릉도) 부근에 정박하고 있는 것에 놀라 선원들이 외쳤다. "울릉도는 본래 우리 영토이다. 어떻게 일본 놈들이 감히 우리나라에 와 그런 침략 행위를 저지르는가." 그들은 일본선박의 뱃머리에 다가가 이렇게 질타했다. 일본인은 이에 대해 답하기를, "우리들은 원래 송도에 가는 중이며, 고기잡이를 할 때 우연히 이곳에 왔으나 지금 돌아가려던 참이다." 한국인은 "송도의 별칭은 우산도이고, 이 또한 우리 영토이다. 어떻게 감히 거기에 간다는 말이냐"고 말했다. 이튿날 아침 한국인이 우산도에 갔다가 일본인이 거기에서 물고기를 요리하고 있는 것을 보았다. 한국인은 요리 냄비를 파괴하고 격노했다. 일본인은 겨우 짐을 싸 돛을 올리고 떠났다…….

『증보문헌비고(增補文獻備考)』 제31권에는 울진과 울릉도에 관한 부분이 있는데 다음과 같이 말하고 있다.

이 섬은 울진 현의 정동방 해상에 위치한다. 성종 2년 삼봉도라는 별칭을 전한 자가 있었다. 따라서 박종원(朴宗元)이라는 자가 섬을 조사하기 위해 파견되었다. 그러나 폭풍우를 만나 이 섬에 도착하지 못하고 돌아갔다. 일행 가운데 몇 명은 울릉도에서 하룻밤을 보냈다. 그들은 큰 대나무와 물고기만 갖고 돌아와 이 섬에는 아무도 없었다고 보고했다(『여지지(輿地志)』에는 울릉과 우산은 모두 우산국의 영토이며, 또 우산에 대해 일본인이 송도라고 부르고 있다고 말하고 있다). 동래(東萊)의 안용복은 일본어를 능숙하게 했다. …… 또 울릉도까지 사흘 밤낮으로 항해했다. 그때 그는 한 척의 일본 배가 동쪽에서 항행해오는 것을 보고, 동료들에게 일본인을 묶으라고 신호를 보냈다. 그러나 동료는 두려워한 나머지 그렇게 하지 않았다. 안용복은 혼자서 용감하게도 일본인을 질타하고 한국 영토를 침범한 이유를 물어봤다. 일본인은 사실은 송도에 가는 길인데 지금 떠나려던 참이라고 대답했다. 안용복은 그들을 쫓아내며 분연히 말했다. "송도는 우산도이다. 너희들은 우산도가 이미 우리 영토임을 들어본 적이 없는가." 이렇게 말하고 그가 요리하던 냄비를 마구 부셔버렸기 때문에 일본인 일동은 매우 겁을 먹고 도망갔다.

당시 안용복과 그 일행은 울릉도에서 일본인을 발견했을 때 일본인의 한국 영토 침범을 나무란 후 일본인에게 송도라는 이름으로 알려진 섬이 실은 한국의 우산도라고 말하고, 그들을 우산도(독도 혹은 송도)까지 쫓아가 강제퇴거를 시켰던 것이다. 안용복 등에 관해 말한다면, 그들은 숙종 19년, 서기 1693년에 울릉도에 출어했을 때, 다시 말해 이 사건이 일어나기 3년 전에 이 섬에 불법 입국한 일본인에게 잡혀 강제로 납치되었지만, 같은 해 말에 돌아왔다. 그때 이후 울릉도(일본인이 죽도라고 부르고 있다) 주변 어업을 둘러싼 한일 양국 간의 분쟁은 3년간 이어졌지만, 숙종 22년(서기 1696년) 2월에 이르러 당시 일본 정부는 울릉도(죽도)와, 이 섬에서 불과 49해리 거리에 있고 시마네 현 오키 섬에서 약 86해리 떨어진 해상에 있는 울릉도의 속도(屬島, 독도)에 대한 한국의 영유권을 재확인하고, 이후 일본인이 고기잡이를 위해 이 지역에 출입하는 것을 금지했다. 그러나 이 지역에 대한 일본 국민의 침범은 그치지 않았고, 따라서 위의 안용복 등이 숙종 22년 가을, 이 섬에 불법으로 건너온 일본인 어부를 추적할 필요가 생겼다. 그들은 일본인에게 '송도'라고 불리고 있는 섬이 한국의 '우산도(독도)'임을 알리고, 이 지역으로부터 강제퇴거를 시킨 것이다. 이때 안용복 외 10명의 한국인은 일본어선을 추적, 오키 섬을 경유해 호키노쿠니(伯耆国)[127]까지 이르러, 오키 도사(島司)가 일본인에게 한국령인 울릉과 우산 두 섬의 침범을 허가한 것을 비난하고 이 문제에 대해 당시 에도(江戸)에 있던 관백(関白, 쇼군)에게 서한을 보내겠다고 공언했다.

위와 같은 일련의 사건이 있은 후 당시 일본 정부는 예로부터 우산국의 영토로서 한국에 속해 있던

---

127) 현재 돗토리(鳥取) 현의 서반부에 있던 옛날 일본의 지방행정 구분(구니, 国) 중 하나.

울릉도와 우산도(일본인은 '송도'라고 부르고 있었다)에 대한 한국의 영유권을 굳게 확인했다. 그리고 이후 한국 정부는 3년 간격으로 수토관(搜討官)을 이곳에 파견하여 일본인의 침범 유무를 조사하는 것이 관례가 되었다. 이 사건으로부터 140년 후인 헌종 3년(일본의 덴포 8년, 서기 1837년) 일본 정부는 한국의 영유권을 존중한다는 약속을 준수해 '한국의 죽도(울릉도)'와 밀무역에 종사했던 이와미쿠니(石見国) 하마다한(浜田藩)의 하치에몬(八右衛門)을 처형했다.

위에서 열거한 것과 같은 것은 논의의 여지가 없는 역사적 사실임을 감안할 때, 『숙종실록』에 적힌 안용복에 관한 사실을 무시하고, 이 사실을 아무런 실질적인 근거도 없는 단순한 허구의 지어진 이야기라고 말하는 일본 정부의 태도는 역사적 문서의 가치를 의도적으로 무시하려는 시도로 간주할 수밖에 없다.

한국 정부가 안용복을 유형에 처한 것은 오로지 그가 국법을 어기고 원양(遠洋)에서 어업에 종사했기 때문이다. 또 그의 유배는 영토에 대한 주권의 문제와는 아무런 관계도 없다. 뿐만 아니라 당초 안용복에게는 사형 선고가 내려졌음에도 나중에 울릉도와 우산도에 대한 한국의 영유권을 일본에 확인시켰다는 공적(功績)이 고려되어 추방으로 감형되었다는 점은 주목할 만하다.

다음의 사실은 일본이 '죽도(竹島)'라고 부르고 있는 섬이 일본의 주권하에 없었다는 사실을 일본이 공식적으로 승인한 적이 있다는 증빙으로서 인용할 수 있을 것이다.

에도 막부가 개부(開府)하던 즈음에 호키노쿠니의 어민이 '죽도(竹島)' 방면에 출항하는 허가를 요구했다. 겐나(元和) 4년(서기 1618년) 에도 막부는 호키노쿠니의 고쿠슈(国守)[128] 마쓰다이라 신타로(松平新太郎)를 통해 일본 어민에게 '주인(朱印)'을 수여했다. 이 '주인'을 가진 자만이 매년 '죽도' 방면으로 출어가 허용된 것이다. 일본사에서 '주인'이 외국 무역 허가를 받은 선박의 선원에게 막부가 흔히 발급하던 신분증이라는 것은 명백한 사실이다. 이 사실만을 보아도 당시 각 계층의 일본인들이 '죽도(竹島)'가 한국의 주권 아래에 있었음을 충분히 인지하고 있었다는 것을 알 수 있다.

3. 일본국 정부는 한국에 속하는 독도가 한국인에 의해 지배되고 있었다는 사실에 관한 대한민국 정부의 견해를 반박하면서, 한국 정부의 고문서 인용이 잘못되었고 그 제시한 사실 증거가 불충분하다는 듯이 말하고 있다. 그러나 일본 측의 반박은 아래의 이유에 의해 사실무근이다.

a. 독도가 울릉도의 속도라는 울릉도 군수 심흥택의 보고와 관련, 일본 정부는 이에 대해 아무런 논평도 하지 않은 채 한국 측이 명확한 출처를 밝히지 않았다고만 말했다. 그러나 이 보고의 원문은 현재 대한민국 정부가 공문서 기록으로 보관하고 있다.

대한민국 정부는 1953년 9월 9일 자 대한민국 정부의 견해에서 지적했듯이 독도가 울릉도 군수의 행정 관리하에 있었다는 것을 다시 한 번 말해두고자 한다.

---

128) 과거 일본에서 지방행정 단위인 구니(国)의 행정관으로서 중앙에서 파견된 고쿠시(国司)를 보좌하는 계급 중 하나.

한편, 1906년 3월 간다 일행의 울릉도 방문과 관련해 일본국 정부는 일본인들이 군수 심흥택에게 강치 한 마리를 주었다고 했지만, 그런 사실은 없다. 따라서 "군수가 간다를 그런 식으로 대접하지는 않았을 것"이라고 운운하는 일본 정부의 주장은 단지 지어낸 이야기에 불과하다.

이와 관련해 대한민국 정부는 일본제국이 한국에 강제를 가함으로써 대한민국이 무효라고 주장하는 관계 조약 및 협정을 빌미로 당시 한국 영토에 불법으로 입국해 조사할 수 있었다는 것을 일본 정부에 상기시키고자 한다.

더욱이 일본국 정부는 일본제국이 1904년 2월 한국에 이른바 한일의정서를 강제한 사실, 또 간다 일행의 울릉도 방문 한 달 전인 1906년 2월에 일본이 조선에 통감부를 설치했다는 사실을 상기해야 한다.

b. 『시마네 현지(島根縣誌)』에 기록된 나카이 요자부로의 건에 관해 일본 정부는 "이 책에는 대한민국 정부가 지적한 것처럼 나카이가 한국 정부로부터 이 섬을 임대하는 허가를 얻도록 농상무성에 신청했다고는 쓰여 있지 않다"고 말했다. 이어 "나카이는 독도를 한국 영토라고 판단, 상경해 농상무성에 이를 설명하고 정부에 이 섬의 대여를 청원하는 허가를 농상무성으로부터 얻으려고 기도했다"라는 구절은 분명히 있다고 말했다.

그렇다면 대한민국 정부의 주장과 일본국 정부의 주장과는 실질적으로 어떤 차이가 있는가. 발견할 수 있는 유일한 차이는 "신청했다(청원했다)"라는 단어와 농상무성에 "설명해 이 사람에게 …… 허용하도록 기도했다"라는 말의 차이뿐이다. 나카이가 한국 정부로부터 이 섬의 대여를 성사시키기 위해 도쿄에 간 것은 명백하다. 왜냐하면 그는 독도가 한국 영토라고 믿고 있었기 때문이다. 또 나카이가 오키 도청(島廳)에 제출한 죽도에 관한 설명과 관련해 일본국 정부는 "앞서 인용한 기사는 편자의 오해에 근거한 것이라고 말할 수 있다"고 말했다.

이에 대해 일본국 정부는 인용문이 완전히 저자의 오해에 기초한 것이라고 말했다. 그러나 대한민국 정부는 일본에 불리한 인용문의 전체가 저자 또는 편자의 오해의 소산이라는 일본국 정부의 주장을 이해하려니 무척 곤혹스러운 입장이다.

즉, 나카이가 한국 정부로부터 이 섬을 대여하자는 운동을 시작한(또는 시작하려고 했던) 것은 1904년(시마네 현청이 한국의 독도를 시마네 현의 일부로 편입했다고 말하는 시기로부터 1년 전)이다. 이 사실은 일본인이 독도를 한국령의 일부로 믿고 있었다는 것을 잘 보여주고 있고, 이 섬이 실제 한국에 속해 있던 것 또한 확실했다. 이것만으로도 독도가 처음부터 한국 영토의 일부임을 증명하는 데 충분할 것이다.

c. 히바타 셋코가 "일본해에 있는 죽도와 울릉도는 한국 영토의 동쪽 경계이다……"라고 말한 논문에 대해 일본국 정부는 "필자의 오류는 …… 사실을 몰랐다는 것에 기인한다"고 말했다. 그러나 저자는 이 섬에 관한 지식을 기초로 독도가 분명히 한국 영토의 일부라고 기술했다. 일본인 학자인 저자는 독도가 시마네 현의 관할로 편입됐다고 주장하던 시기로부터 25년이나 경과한 시점

에서조차 독도를 한국 영토의 일부로 간주한 것이다.

　d. 일본 해군성이 발행한 『수로지』에 대해 일본국 정부는 "수로지는 사용자의 편의를 위해 편찬되는 것으로 섬의 귀속과는 관계가 없다"고 주장하고 있다. 더욱이 일본국 정부는 "죽도(竹島)는 울릉도 부근을 항해할 경우에 관계가 있으므로 울릉도 항목에 병기한 것에 불과하다, 동시에 죽도(竹島)는 오키 열도 부근을 항행하는 경우에도 관계가 있는 섬이므로 『본주연안수로지』 제2권 제2편 혼슈(本州) 북서부 해안 남서부 항목에서도 독도를 '오키 열도 및 독도'로 싣고 있는 것"이며, 또 "수로지가 죽도(竹島)를 울릉도의 부속 섬으로 취급하지 않았다"고 말했다.

　더욱이 독도에 관한 기사의 구체성과 중요성의 관점에서 1933년에 발행된 『조선연안수로지』와 일본 『본주연안수로지』를 비교해보면, 전자는 제3권 '조선 동해안의 울릉도와 독도' 부분에서 독도의 위치, 지형 및 산물과 같은 문제에 대해 자세히 설명했음에도 불구하고, 후자의 제2권 '일본 연안의 오키 섬 및 독도' 부분에서는 이 섬의 이름만 언급했을 뿐이다(독도가 원래 일본 영토의 일부라면 그 위치, 지형 및 산물은 일본 『본주연안수로지』에 상세하게 언급되었을 터이다). 이는 독도가 울릉도의 부속 섬이며, 지리적 관점에서 보더라도 이 섬이 후자의 행정 관할하에 놓이는 것이 가장 합리적이기 때문이다. 이 같은 사실로부터 판단컨대 수로부가 이 섬을 한국 영토의 일부로 취급한 것은 명백하다.

　e. 『조선연안수로지』 중에 나오는 일본 군함 '쓰시마'의 보고와 관련되는 독도를 다룬 기사에 대해 일본국 정부는 이 기사 일부분은 이 군함의 보고에 기초한 것이지만 다른 부분은 수로지의 편집자가 전해들은 말로 후반에 덧붙인 것이라고 주장하고 있다. 그러나 대한민국 정부는 이 기사를 그런 것이라고 분석하는 이유를 거의 찾을 수 없다. 위와 같은 분석이 설령 이루어지는 경우에라도 대한민국 정부는 그 기사가 날조된 것이 아니라 편찬자가 믿을 만한 자료를 바탕으로 쓴 것이라고 간주할 수밖에 없다. 생각건대 수로지는 일본 해군성이 편찬한 공식적인 것이기 때문이다. 검토를 위해 수로지 기사의 한 구절을 인용한다.

　…… 섬에는 집을 지을 만한 장소는 거의 찾을 수 없었다. 일본 군함 '쓰시마'가 1904년 11월 섬을 현지 조사했을 때, 작은 섬의 동쪽에 이엉으로 지붕을 인 오두막이 있었다. 그러나 이것들은 풍랑에 의해 심하게 파괴되어 있었다. 또 어떠한 때에는 울릉도에서 강치잡이를 위해 매년 여름 이 섬에 도래하는 사람이 수십 명에 달했다. 그 자들은 섬에서 열흘간 살기 위해 임시 오두막을 그때마다 지었다. (『조선연안수로지』 제3권 「울릉도 및 독도」)

　이 기사의 문맥을 통해 알 수 있는 것은 일본 군함이 발견한 그 오두막이 분명히 울릉도 섬사람들이 여름철 어업을 위해 지은 오두막이었다는 것이다. 그러므로 이 섬이 울릉도 주민에 의해 지속적으로 사용되고 있었다는 것은 매우 확실하다. 또 대한민국 정부는 "앞서 기사에 나오는 울릉도에서 도래한 자는 일본인 및 일본인에 고용된 한국인이다" 라는 일본 정부의 해석을 사실무근으로 간주한다.

4. 일본국 정부는 제1차 한일협약의 제2항이 "한국 정부는 일본 정부가 추천하는 외국인 1명을 외교고문으로서 외부에서 고용하고" 라고 규정하고 있다는 것에만 주목하면서 "실제로 고용된 사람은 미국인 스티븐슨이었다" 고 주장하고 있다. 그러나 사실을 보면 역사가 증명하듯이 일본제국은 한국으로부터 외교권을 박탈하기 위해 실질적으로 일본의 앞잡이였던 스티븐슨을 외교고문으로 고용하라고 한국에 강제했다.

현재 일본국 정부는 일본의 한국 침략에 책임이 있는 것은 일본 제국주의자가 아니라 스티븐슨이라는 미국인이었다라고 말하는 듯한 인상을 주는 주장을 펴고 있다. 일본국 정부는 문제의 조항은 일본이 "원래 러일전쟁 때 한국의 영토 보전을 목적으로 필요에 따라 군사 전략상 필요한 지점을 임시로 사용하도록 정한 것에 불과하다" 고 주장하고 있다. 일본 정부의 이 주장은 전혀 납득할 수 없다. 왜냐하면 일본 정부는 이 규정에 대한 자기 나름의 해석에서 "일시적" 이라는 단어를 사용하고 있지만, 일본제국 정부는 침략 계획을 항구적이고 기본적인 입장으로서 실시했다. 이것이야말로 대한민국이 두 협약에 대해 무효라고 주장하는 이유 중 하나이다.

5. 대한민국 정부가 "평화조약의 영토 조항은 1941년 1월 29일 자 SCAPIN 제677호에 기초한 연합군최고사령관의 일본 통치 혹은 행정권 정지조치에 실질적인 변화를 가하지 않은 채 확인한 것이다" 라고 주장한 것을 언급하며, 일본국 정부는 전기한 SCAPIN에 따라 일본 정부의 행정권이 정지되어 있던 난세이 제도의 북위 30도와 29도 사이에 있는 섬들이 1951년 12월 5일 자 총사령부 각서에 의해 일본 정부의 행정 관할로 복귀했다고 주장하고 있다. 즉, 일본국 정부는 연합군최고사령관 혹은 미국 정부가 1951년 9월 일본과의 평화조약 조인 후에 일본의 행정 관할이 중지되어 있던 구 영토의 일부를 일본에 반환하기 위해 취한 약간의 조치를 열거한 것이다. 그러나 1951년 12월 5일 자 연합군최고사령관 각서 혹은 미국 정부에 의해 일본 정부의 행정 관할로 회복됐다고 일본 정부가 주장하는 이들 섬들은 미합중국을 유일한 행정권자로 지정한 유엔의 신탁통치 아래에 있던 섬들이다.

이미 일본국 정부에 지적한 대로 SCAPIN 제677호에도, 일본과의 평화조약에도 대한민국 정부의 독도에 대한 정당한 영유권 주장에 모순되는 조항은 존재하지 않는다.

또 상기한 평화조약 제1장 제2조 (a)항과 관련, 3개의 큰 섬을 예기(例記)한 것은 의도적으로 독도를 한국 영토에서 제외하기 위해서가 아니라는 견해를 대한민국 정부는 가지고 있다. 더욱이 그것은 평화조약에 의해 독도가 울릉도의 부속 섬으로서 울릉도 본도(本島)와 함께 한국 영토로 확인되었음을 의미하는 것으로 해석된다.

일본 정부가 "도쿠가와 3대 장군인 이에미쓰 시대에는 막부가 요나고의 상공인 오야와 무라카와 두 집안(兩家)에 다케시마(竹島)의 지배를 허용했고, 울릉도에 도항할 때는 이 섬이 중계 기지로 이용되었다," 더욱이 "일본인도 독도와 그 주변에서 어업에 종사했다" 고 주장한 데 대해 대한민국 정부는 이의(異義)를 갖고 있다. 위에서 두 집안에 허용된 것은 울릉도(당시 일본에서는 죽도라는 이름으로 알려져 있었다) 방면의 원양에 출어하는 것으로, 일본국 정부가 주장하는 '독도 지배'가 허용된 것은 아니라고 지적할 수밖에 없다. 이 문제에 대해 대한민국 정부는 전 항의 2번에서 상세히 언급했기 때문에 되풀이할 필요가 있다고 생각하지 않는다.

일본국 정부는 독도 영유에 관한 증거 문헌으로 『은주시청합기(隱州視聽合紀)』(오키노쿠니에 관한 견문 기록, 1667년)와 오야 구에몬가쓰노부(大谷九右衛門勝信)의 수기(1681년)를 들고 있으나, 대한민국 정부는 이 문헌은 일본의 울릉도 지역 침략 시대(1614년부터 1697년까지)에 작성된 것이므로 증거로서는 무효라고 간주한다. 이와 관련해 대한민국 정부는 일본 국민의 울릉도 방면 출어를 금지한다는 일본 측의 결정이 1697년에 한국 정부에 통보된 사실을 지적해둔다.

일본국 정부는 약간의 고지도를 인용해 독도가 중계 기항지로 사용되었고 당시 사람들이 이 섬에 대한 정확한 지리적 지식을 갖고 있었다고 주장하고 있다. 그러나 대한민국 정부는 일본국 정부의 이 같은 주장이 독도 영유권 문제와는 아무런 상관이 없다는 견해를 갖고 있다. 지도의 가치에 대해서는 원인(原因)을 입수할 수 없으므로 한국 정부의 견해를 피력할 방법이 없다.

앞 절에서 언급했듯이 울릉도에 대한 이른바 '공도정책'은 울릉도와 그 부속 섬인 독도에 대한 영유권의 포기를 의미하는 것이 아니다. 그렇기 때문에 대한민국 정부는 "조선 정부 당국이 조선 초기부터 오랫동안 울릉도에 대해 '공도시책'을 취해온 사실에 비추어 울릉도보다 훨씬 더 먼 외로운 섬(獨島)과 같은 다케시마(竹島)에 한국 측이 행정적으로든 다른 형태로든 경영의 손이 뻗어 있었다고 생각할 이유가 없다"는 일본 정부의 주장을 수용할 수 없다. 한국이 조선 세조 이후 북쪽 변경의 섬에 '4군(四郡)에 대한 비개척(非開拓) 정책'을 취하고 있었던 점에 비추어볼 때 이른바 '공도정책'이 영토에 대한 행정권의 포기를 의미하는 것이 아님은 분명하다. 일본국 정부는 이른바 '공도정책'에 대해 논하고 있지만, 3년마다 울릉도 및 독도 지역에 한국 수토관이 파견되어왔다는 사실을 상기해야 한다.

II. 일본국 정부는 근대 국제법에 따른 영토 취득의 요건으로 다음 세 가지를 제기했다.

(1) 영토를 취득하려고 하는 국가의 의사

(2) 국가 의사의 공시 및

(3) 적당한 지배 권력의 확립

그러나 "근대 국제법으로 보더라도 일본의 다케시마(竹島) 영유의 요건은 완전히 구비되어 있다"는 일본국 정부의 견해를 다음과 같이 반박할 수 있다.

1. 일본국 정부는 1905년 1월 28일 각의에서 독도를 일본국 영토의 일부로서 취득하려는 의사를 갖고 독도의 일본 영토 편입에 관한 결정이 이루어졌다고 지적하면서, 일본국 정부가 점유 조건 중 하나, 즉 "국가가 영토를 취득하려는 의사"라는 조건을 만족시켰다고 주장하고 있다. 그러나 이전의 여러 절에서 반복해 지적했듯이, 독도(松島)는 한국 영토의 일부였으며 결코 국제법에 의한 점유의 대

상이 될 수 없다. 따라서 의심할 여지 없이 한국 영토의 일부인 독도가 주인 없는 섬이었다는 가정에 기초해 일본국 정부가 그 논의를 전개한 것은 전혀 의미가 없다. 또 1905년 1월 28일 일본의 각의에 서 이뤄진 한국의 독도에 관한 결정이라고 부르는 것은 완전히 당시 일본제국의 침략적인 의도에 의 한 정책의 결과라고 결론짓지 않으면 안 된다.

2. 두 번째 조건과 관련해 대한민국 정부는 일본이 "점유에 관한 국제법에 따라 국가 의사의 공시 라는 요건"을 충족시켰다는 일본국 정부의 논의의 타당성을 인정할 수 없다. 이른바 시마네 현 고시 는 그야말로 비밀리에 진행되었기 때문에 외국은 물론 일본의 일반 국민조차도 이것을 몰랐다. 그러 므로 그것을 한 국가 의사의 공시라고 결코 간주할 수 없다. 일본이 주인 없는 섬이 아니라 한국 영토 의 일부인 독도를 일본 영토의 일부로 추가하는 것은 전혀 불가능한 일이다.

3. 마지막으로 이른바 적당한 영토 지배 권력의 확립 사항에 대해 일본국 정부는 일본 관헌에 의해 다케시마(竹島) 현장 조사가 이뤄지고, 다케시마(竹島) 수역의 강치 어업에 허가제가 채택됐다고 말 하고 있다. 그러나 특히 1904년부터 일본제국은 조선 전토를 강제 점령할 목적으로 조사 등의 명목 으로 공공연히 한국 침략을 획책했다. 이른바 조사 및 강치 어업은 일본 침략행위 중 하나에 지나지 않으며, 따라서 국제법상의 "영토 지배권의 계속적 행사"와는 관련이 없다.

한국은 1945년 8월 9일 해방된 이후 완전히 독립하기에 이르렀다. 그 후 미군 정부 지배 시대에 한 국은 상기의 섬을 일본에 할양한 적이 없으며, 따라서 독도는 한국 영토의 불가분의 일부로서 대한민 국에 의해 유지되어왔다.

III. 일본국 정부는 한국의 책 두 권을 언급하면서 한국이 마치 이른바 1905년 다케시마(竹島)의 시마 네 현 편입 전후에 다케시마를 한국 영토로 생각하고 있지 않았던 것처럼 말하고 있다. 그러나 이 주장 은 여기에서 다음과 같이 반박된다.

일본국 정부는 『대한지지(大韓地誌)』〔현채(玄采)〕와 『한국통사(韓國痛史)』〔박은식(朴殷植)〕를 언 급하며 이 두 책의 저자가 독도에 관심이 있으면 독도를 당연히 다뤘을 것이라고 말했다. 그러나 이들 두 명이 독도에 대해 논하지 않은 이유는 한국을 개론하기 위한 책에 고도(孤島)의 이름을 삽입할 필요 를 느끼지 않았기 때문이고, 오히려 이 두 책의 목적은 따로 있었기 때문이다. 이에 대해 대한민국 정부 는 일본 문부성이 학교용으로 인가한 현대의 각종 지도가 독도를 일본 영토의 일부로서 취급하고 있지 않다는 점, 그리고 전국교육도서주식회사가 1952년 6월 10일에 발행한 여섯 번째 표준 세계지도에는 '다케시마' 대신에 한자인 '竹島'의 발음기호로서 로마자로 "CHUKDO", 가나(仮名)[129]로 "チュクドー" 라고만 쓰여 있다는 점에 일본국 정부에 주의를 촉구한다. 이처럼 이 섬의 명칭은 한국어식 발음으로 되 어 있는데, 이것은 위의 지도의 머리말에서 특별히 지적되고 있는 바와 같이 이 섬에 대한 한국의 주권

---

129) 한자의 일부를 빌려 그 음훈(音訓)을 이용해 만들어낸 일본의 표음문자.

이 승인되었음을 의미한다.

　한편, 독도가 울릉도의 속도(屬島)라는 것은 독도의 이른바 시마네 현 편입 당시의 문서에도 오롯이 기록되어 있다. 이와 관련해 『한국신지리(韓國新地理)』를 쓴 일본의 학자 다부치 도모히코(田淵友彦) 씨는 다음과 같이 명료하게 말했다. 이 책(『제국백과전서(帝国百科全書)』 제134편, 1906년 발행, 제2판)의 308쪽과 이 책에 첨부된 「한국전도」에는 '竹島(리앙코 섬)'가 한국에 속한다고 말하고 있다. 이 사실은 일본이 이 섬을 한국 영토의 일부로 간주하고 있었음을 보여준다. 다부치 씨는 당시 독도의 영유권에 관해 실제적인 진실을 기재한 것이다.

　또 일본 해군성이 편찬한 『조선연안수로지』(451쪽부터 452쪽까지, 메이지 10년, 개정 제2판)는 "한국인은 '독도'라는 글자를 사용하는데 일본인 어부는 이를 '리앙코 섬'이라고 부르고 있다"고 말했다. 이 사실만으로도 한국인은 '독도(돌 섬)'라는 매우 적절한 이름을 사용한 반면, 일본인은 '리앙코트 암초'라는 외래 명칭밖에 사용하지 않았음을 일본국 정부(해군성)가 인정하고 있었다는 것이 명백하다. 이 섬에 대한 역사적이고도 현실적인 배경으로 판단한 결과, 대한민국 정부는 "독도가 예로부터 일본국 영토의 일부였다"는 일본국 정부의 결론이 근거가 없다고 믿는 바이다.

　『국사사전(国史辞典)』(제1권 662쪽 ヲ항 16~17행 참조)에는 현재의 '竹島'라는 이름이 울릉도의 1개 속도(屬島)라는 호칭으로서 사용되기에 이르렀고, 그 외국명 '리앙코트' 등 ……이라는 주석을 달고 있다. 이처럼 일본인이 일반적으로 '리앙코 섬'이라고 부르고 있던 '竹島'가 울릉도의 부속 섬이라는 사실은 이 사전에 의해 확인된 것이다.

　IV. 요컨대 상기한 바와 같이 일본국 정부가 이른바 역사적 사실에 기초를 두고 독도에 대해 말한 것은 독도가 한국 영토의 불가분의 일부라는 확고한 사실에 영향을 주지 않는다. 독도에 대한 한국의 영유권 주장은 앞서 누차에 걸쳐 언급했듯이 지리적이고 역사적일 뿐 아니라 법률적으로도 정당하고 적절하다는 것이 분명하다. 따라서 대한민국 정부는 모순과 억측에 찬 '1954년 2월 10일 자 일본 외무성 구상서 亜1제11호를 통해 전해진 독도(竹島) 영유권에 관한 일본 정부의 견해'를 승인할 수 없다.

　마지막으로 한국 정부는 독도가 한국 영토의 불가분의 일부라는 점에는 어떠한 의심도 없음을 재천명하고자 한다.

1954년 9월 25일 도쿄

(6) 일본 정부(제3회)

1954년 9월 25일 자 한국 정부의 견해에 대한 일본 정부의 견해

1956년 9월 20일

　1. 일본국 정부는 본건에 관한 대한민국 정부의 견해를 신중하게 검토했다. 이 대한민국 정부의 견해

는 대부분 1953년 9월 9일 자 대한민국 정부의 견해를 되풀이한 것으로서, 다케시마 영유 주장을 입증하기 위해 인용하고 있는 문헌과 역사적 사실의 취급에 있어서도, 또 이에 대한 해석에서도 공정성을 결하고 있기 때문에 일본국 정부는 대한민국 정부에 의한 다케시마 영유를 증명하는 근거를 전혀 발견할 수 없었다.

일본국 정부는 다음과 같이 본건에 관한 대한민국 정부의 견해를 반박하고, 다케시마가 명백한 일본 영토라는 사실을 설명하고자 한다.

2. 원래 다케시마 영유의 정당성을 결정하기 위해 필요한 가장 기본적인 문제는 일한 양국 중 어느 쪽이 다케시마에 대해 예로부터 정확한 지식을 갖고 그곳을 영토의 일부로 생각하며 실제로 경영해왔는지, 특히 어느 정부가 다케시마에 대해 국제법적으로 요구되는 영토 취득 요건을 충족해왔는지를 분명히 하는 데 있다고 생각한다.

3. (1) 우선 다케시마에 관한 지식에 대해 말하면, 한국 측은 『세종실록지리지』와 『신증동국여지승람』을 인용해 우산도 및 무릉(울릉도)의 두 섬이 울진 현(縣)의 정동향 해상에 위치하는 별개의 섬이 분명하고, 따라서 고문서에 우산도라고 적혀 있는 것이 현재의 다케시마라는 데는 의문의 여지가 없다고 말하고 있다.

그리고 우리 측이 상기한 『세종실록지리지』의 전게 기사에 이어 "신라시대 우산국이라는 것은 울릉도라고도 불린다"(新羅時称于山國, 一云欝陵島)라는 구절이 있고, 또 『신증동국여지승람』에도 "일설에 우산과 울릉은 본래 같은 섬"(一説于山欝陵本一島)이라는 구절이 있다고 지적한 데 대해 한국 측에서는 전자는 신라시대의 '우산국'을 가리키는 것으로 우산도를 가리키는 것이 아니라고 하고, 후자는 모호한 '이야기'에 불과하다고 말했다. 따라서 일본 측의 이러한 인용은 우산도, 울릉도라는 명칭이 『세종실록』과 『신증동국여지승람』의 편찬 당시 확인된 별개의 섬 두 개의 이름이었다는 사실에 결코 영향을 미칠 수 없다고 한국 측은 단정하고 있다.

그러나 한국 측과 같이 하나의 문헌의 한 구절만을 주목해 자기 편리한 대로 해석을 내리는 것은 적당하지 않다.

이 문제를 제대로 이해하기 위해서는 위에서 말한 두 문헌뿐만 아니라, 우산도, 울릉도에 대해 기술하고 있는 동종의 고문헌을 널리 비교, 대조하여 그간의 추이를 검토하는 것이 필요하다.

즉, 우선 조선 최고(最古)의 사서로 알려진 『삼국사기(三國史記)』를 보면, 우산국은 울릉도라고 되어 있다. 이 같은 『삼국사기』의 입장은 『고려사지리지(高麗史地理誌)』에서도 답습되어 울릉도는 원래 신라시대 우산국이었던 섬이라고 되어 있으며, 다만 그 기술의 마지막 부분에서 우산과 무릉(울릉도)의 양도설(兩島説)에 대해 의문을 남기고 있다. 또 이 지리지와 거의 비슷한 시기에 간행된 『세종실록지리지』는 우산과 무릉의 이도설(二島説)을 취하고 있지만, 그 주석에서는 이 두 섬이 울릉도이며, 신라시대의 우산국이라고 말하고 있다.

이후에 나온 문헌은 『신증동국여지승람』이나 『증보문헌비고(增補 文獻備考)』 등과 같이 이도설을 취하면서도 일도이명(一島二名)에 대해 의문을 남긴 경우, 『지봉유설(芝峯類説)』이나 『문헌촬록』과 같이 일도이명설을 고집하는 경우 등 다양한데, 후세에 이르기까지 우산과 울릉 두 섬의 관계는 확신을 갖고 기술되어 있지 않다.

특히 주목해야 할 부분은 이도설을 취하는 경우에도 전문(全文)이 울릉도에 대한 설명으로 채워지고 우산도에 대해서는 아무런 구체적인 설명을 하고 있지 않다는 점이다.

이는 이러한 여러 문헌의 편자가 문제의 섬에 관해 현장의 견문을 기초로 한 명확한 지식을 갖고 있지 않았고, 더구나 이에 대한 인식은 후대에 이르기까지 새로운 발전이 없었다는 것을 시사한다고 말할 수 있다.

이상과 같은 우산과 울릉 두 섬에 관한 지식의 혼란은 단지 위에서 언급한 여러 문헌에서만이 아니라 『고려사지리지』, 『세종실록지리지』 등이 편찬되었던 시대의 가장 권위 있는 사서(史書)인 『태종실록』, 『세종실록』 등에 나오는 우산도, 울릉도〔무릉(武陵), 무릉(茂陵) 등〕에 관한 기사를 정밀하게 살펴봐도 같은 것이 판명되며, 한국 측이 말하듯이 『세종실록』과 『신증동국여지승람』이 편찬되었을 당시에 우산도, 울릉도라는 명칭이 확인된 별개의 섬 두 개의 이름이었다고는 주장하기 어렵다.

어쨌든, 우산도와 울릉도가 별개의 섬이라는 점에 대해 많은 의문이 생기는 이상, 이른바 우산도가 오늘의 다케시마에 해당한다고 단정하기는 어려운 것이다. 또 설령 그것이 별개의 섬이었다고 치더라도 위에서 언급한 여러 문헌의 설명은 모두 울릉도 한 섬에 관한 것이며, 우산도에 대한 구체적인 기술은 없기 때문에 그것이 오늘날의 다케시마라는 것을 적극적으로 입증할 수는 없다. 우연히 『세종실록』 권 33의 태종 17년(1417년) 2월 임술(壬戌) 조(條)에 우산도와 관련, 이 섬에서 대죽(大竹)과 물소가죽 등 기타 천산물이 나오고 86명이 거주하고 있었다는 기사가 있지만, 여기서 말하는 우산도가 오늘날의 다케시마에 해당하지 않는다는 것은 명백하다. 하나의 작은 바위섬인 오늘날의 다케시마는 사람이 상주하기에 적합하지 않으며 해산물 이외에 생산되는 것이 없기 때문이다.

(2) 한국 측이 오늘날의 다케시마를 인지하고 있었다고는 입증할 수 없는 반면, 우리 일본에서 울릉도는 그 옛날 이미 1004년경 "우루마의 섬"으로 알려졌고(『권기(權記)』), 1379년부터 일본인이 울릉도에 도항한 사실이 전해지고 있다(『고려사』). 그리하여 이 섬이 조선 초기에 완전히 공도화(空島化)하고 조선국 정부에 의해 사실상 주권이 포기되자 일본인의 왕래도 더욱 늘어나 분로쿠 에키(文禄役)[130](1593년) 후 약 100년에 걸쳐 완전히 일본인의 어채지(漁採地)가 되기에 이른 것이다. 특히 겐나(元和) 4년(1618년)에는 호키노쿠니 요나고의 해운업자 오야 진키치(大谷甚吉)와 무라카와 이치베(村川市兵衛) 등이 번주 마쓰다이라 신타로를 통해 막부로부터 울릉도(당시에는 다케시마라고 칭했다) 도해(渡海) 면허를 받아 그 경영에 종사했다.

---

130) 임진왜란.

이때 울릉도를 왔다 갔다 하면서 선박이 잠시 머물거나 강치와 전복 등 어류를 채집하는 지역으로 이용하던 곳이 당시 마쓰시마(松島)라는 이름으로 불리던 오늘날의 다케시마이며, 이에 대해 오야, 무라카와 두 집안이 울릉도와 마찬가지로 막부로부터 도해 면허를 받게 된 것은 메이레키(明曆) 2년(1656년) 혹은 그 이전이었다[오야 구에몬(大谷九右衛門) 편, 『죽도도해유래기발서공(竹島渡海由来記拔書控)』].

이 마쓰시마에 대해서는 이 섬이 오키 섬의 서북쪽에 위치, 오키에서 다케시마(당시의 울릉도)에 도항하는 도중에 있는 섬으로 초목이 없는 바위섬이며, 염천(炎天)에도 용수(用水)가 없고, 동서 두 개의 섬으로 이루어져 있다는 등의 내용을 기록한 고문헌, 예를 들어 간분 7년(1667년)의 사이토(斉藤) 편, 『은주시청합기(隱州視聽合紀)』, 엔포 9년(텐와 원년, 1681년)의 오야 구에몬가쓰노부(大谷九右衛門勝信)의 청서(請書) 등이 많이 있다는 점을 통해 보더라도 마쓰시마가 오늘날의 다케시마에 해당하는 것은 분명하다.

특히, 교호(享保) 9년(1724년)에 막부의 명령에 의해 호키(伯耆)의 이케다한(池田藩)이 조진(調進)한 마쓰시마, 다케시마 지도는 마쓰시마(즉, 오늘날의 다케시마)를 좁은 물길을 사이에 두고 동서로 마주하는 두 개의 섬과 이를 둘러싼 수 개의 암초로 그려놓고 있는데, 이는 극히 정확하게 이 섬을 표현한 것으로 당시 일본인이 다케시마(당시의 마쓰시마)를 숙지하고 있었음을 시사하는 결정적 증거이다.

요컨대 한국 측은 오랫동안 오늘날의 다케시마를 인지하고 있었다고 입증하는 아무런 근거도 제시할 수 없는 데 반해, 일본 측은 최소한 1600년 후기에는 이를 숙지하고 있었다는 사실은 위에서 언급한 여러 문헌, 지도 등을 보더라도, 또 당시 일본 어민의 행동 실록(實錄)을 통해 생각하더라도 명백한 사실이라고 해야 한다.

(1) 다케시마에 대한 한국 측의 지견(知見)이 위에서 설명한대로 명확하지 않은 이상, 이 섬을 한국 측이 자기네 영토라고 생각하고 있었는지 여부는 이미 논외이다.

또 한국 측은 『숙종실록』 권30에 기재된 안용복의 기사를 사실(史實)에 비추어 비판하거나 고려하지 않은 채 인용, 그가 울릉도 및 독도(다케시마) 수역을 일본 어민의 침범으로부터 지켰다고 말하고 있지만, 이는 안용복이 귀국 후 비변사에 대해 일방적으로 진술한 것에 지나지 않는다. 이것을 일본 측에 상세하게 남아 있는 안용복 도래에 관한 기록과 비교, 대조해보면 그의 진술은 허위가 많다. 자신의 행동을 스스로 거창하게 윤색하기 위해 사실이 아닌 것을 거짓으로 만들었음이 명백하다. 뿐만 아니라 그가 어떠한 언동을 했다고 하더라도 사인(私人)인 그의 언동은 한국이 다케시마 영유를 주장하는 근거로 삼는 데 아무런 도움이 안 된다.

(2) 한편, 일본 측으로서는 울릉도가 조선 초기 이후 완전히 공도화(空島化)해 조선국 정부에 의해 사실상 주권이 포기되자, 일본인이 이 섬에 왕래하는 수가 늘었고, 특히 겐나 4년(1618년) 막부가 오야, 무라카와 두 집안에 다케시마(울릉도) 도해 면허를 부여한 이후에는 두 집안이 이 섬에서 독점적

으로 어업을 하게 되었으므로 두 집안은 물론 일반인도 다케시마(울릉도)를 막부로부터 그들이 하사받은 것으로 생각하기에 이르렀다.

앞서 언급한 『은주시청합기』(1667년)도 마쓰시마(지금의 다케시마) 및 다케시마(울릉도)로써 일본 북서부의 경계라고 보고 있었다. 교호 9년(1724년)의 오야, 무라카와 두 집안이 마쓰다이라 호키노카미(伯耆守)에게 보낸 다케시마에 관한 7개조의 답변서에 따르면, 겐로쿠 5년(1692년)에 일본 어민들이 울릉도 등에서 조선인 어민과 조우했을 때 일본 측은 "이 섬은 본래 일본의 땅으로 주인님 대대로 영지로 하사받아 매년 도해(渡海)했던 섬인데, 어떻게 당신들이 오게 됐는가"라고 물었다고 기록되어 있다.

또 엔포 9년(텐와 원년, 1681년) 오야 구에몬가쓰노부가 막부 순검사(巡檢使)의 질문에 대해 답한 청서(請書)에서도 "다이유인(大猷院)[131] 님 시대 50년 전 아베 시로고로(阿部四郎五郎)[132] 님의 중개로 '다케시마(竹島)'를 배령(拜領)한 이래 오늘날 보시는 바처럼 어려움이 있었지만 봉존(奉存)하고 있습니다"라고 나와 있다.

한국 측은 겐나 4년(1618년) 막부가 오야, 무라카와 두 집안에 부여한 다케시마(울릉도) 도해 면허를 주인장(朱印狀)[133]으로 간주, "붉은 도장이 막부가 해외무역 허가를 받은 선박의 선원에게 일반적으로 발급하던 신분증이라는 것은 일본사에서 명백한 사실이다. 이 사실은 당시 모든 계층의 일본인이 다케시마가 한국의 주권하에 있었음을 충분히 알고 있었다는 것을 보여준다"고 말하고, 또 "두 집안에 허용된 것은 울릉도 방면의 원양에 출어하는 것으로, 일본 정부가 주장하는 '다케시마 지배'가 허가된 것이 아니었다고 지적하지 않을 수 없다"고 주장했다.

그러나 막부가 오야, 무라카와 두 집안에 부여한 것은 주인장이 아니다. 그것은 다케시마(울릉도)에 대한 도해 면허라는 것으로, 두 집안은 이 면허에 의거해 쇼군케(將軍家)의 문장(紋章)인 아오이 문장(葵の紋)[134]을 드러낸 깃발을 세우고 다케시마(울릉도)로 항해해 전복, 강치 등을 채집하거나 벌목하는 일 등에 종사했다. 특히 전복은 다케시마 전복이라고 불렸는데 쇼군케(將軍家)를 비롯한 가쿠로(閣老)[135]에 늘 헌상해왔다. 말하자면 두 집안은 이 섬에 대한 독점적 경영을 허가받은 셈이었다.

다케시마(울릉도)에 대해서는 이미 이 같은 상황이었던 만큼, 도항 도중이었던 메이레키 2년(1656년) 또는 그 이전에 역시 막부로부터 도해 면허를 받았던 마쓰시마(현재의 다케시마)를 사람들이 일본 영토라고 생각하고 있었던 것은 말할 여지도 없다. 게다가 마쓰시마(현재의 다케시마)의 경우는 겐로쿠 9년(1696년) 막부의 다케시마(울릉도) 도해 금지조치와 관계가 없으므로 이후에도 이 생각은

---

131) 에도 막부 3대 쇼군이었던 도쿠가와 이에미쓰(德川家光).
132) 본명은 아베 마사유키(阿倍正之, 1584-1651). 에도시대의 무사.
133) 붉은 도장이 찍힌 명령문서. 일본 전국시대로부터 에도시대에 걸쳐 발급되었다.
134) 도쿠가와(德川) 가문의 해바라기 문장(紋章).
135) 에도막부시대 쇼군에 직속되어 정무를 관장하던 최고책임자.

변하지 않았다. 예를 들어 『죽도도설(竹島図説)』(1751~1763년)에는 오키노쿠니 마쓰시마(隱岐国松島)라고 쓰여 있다. 또 『장생죽도기(長生竹島記)』(1801년)는 마쓰시마(현재의 다케시마)를 두고 "이 나라 서해의 경계이다(本朝西海のはて也)"라고 적고 있다. 이는 막부의 다케시마(울릉도) 도해 금지 이전에 편찬 저술된 『은주시청합기』(1667년)가 다케시마(울릉도) 및 마쓰시마(현재의 다케시마)를 일본 서북부의 경계로 간주하고 있던 것과 비교하면, 흥미로운 것이다.

5. (1) 상술한 바와 같이 한국 측이 오래전부터 오늘날의 다케시마를 인지하고 있었다는 확증이 없는 만큼, 이 섬을 경영하고 있었다는 증거도 없는 것이 당연하다.

한국 측은 "한국이 조선 세조 이후 북쪽 경계지역의 4군에 비개척(非開拓) 정책을 취한 점을 감안해 이른바 공도정책이 영토에 대한 행정권의 포기를 의미하지는 않는 것이 분명하다. 일본국 정부에 대해 논하건대, 3년마다 울릉도 및 독도(다케시마) 지역에 한국 수토관이 파견되어왔다는 것을 상기해야 한다"고 말했지만, 한국의 순검사(巡檢使)가 울릉도에 정기적으로 파견된 것은 일본 측에서 다케시마(울릉도) 도해 금지조치를 취한 이후의 일이다. 그때까지는 때때로 동시에 도피한 본국 국민의 송환을 실시한 적이 있었지만 이는 초기에 불과하며, 거의 300년에 걸쳐 울릉도는 조선 정부에 의해 포기되었다. 이는 겐나 4년(1618년)에 막부로부터 다케시마(울릉도)의 도해 면허를 받은 오야, 무라카와 두 집안이 겐로쿠 5년(1692년)까지 한 번도 한국 본토 사람과 만나지 않은 채 다케시마(울릉도)를 경영할 수 있었던 것을 보아도 명백하다. 또 『숙종실록』이 숙종 19년에 울릉도를 "300년간 버려져 비어 있던 땅"(三百年空棄之地)이라고 불렀다고 기록하고 있는 것은 당시 조선의 정책 결정자들 자신도 울릉도를 공기(空棄)의 땅으로 간주하고 있었음을 반증하는 것이다.

일본 측에서 다케시마(울릉도) 도해를 금지한 후 조선 정부는 숙종 23년(1697년) 울릉도에 정기적으로 순검(巡檢)을 행하게 되었지만, 이는 '공도정책'을 유지하기 위해서였다. 조선 정부는 사람들의 입주를 허락하지 않은 것은 물론, 어떠한 경영도 하지 않았다. 이 금지는 이후에도 오랫동안 계속되었다. 이 금지가 수정되어 사람들의 정착을 도모하게 된 것은 겨우 이태왕(李太王)[136] 21년, 즉 메이지 17년(1884년) 때이다. 게다가 그 후에도 정착을 권장하는 정책은 그다지 효과를 보지 못했다.

울릉도 경영에 관한 이상과 같은 점을 잘 이해한다면, 하물며 이 섬보다 훨씬 동쪽 먼 바다에 위치하고 사람이 상주할 수 없는 작은 바위섬인 오늘날의 다케시마(당시 마쓰시마)까지 한국 측의 경영의 손이 뻗어 있었다고는 도저히 생각할 수 없다.

더욱이 한국 측에서는 위에서 상술한대로 "3년마다 울릉도와 독도(다케시마) 지역에 한국 수토관(搜討官)이 파견되었다"고 말하고 있지만, 수토관의 파견은 전기한 바와 같이 일본 측에서 다케시마(울릉도) 도해 금지조치를 취한 이후의 일이며, 게다가 이는 울릉도만을 대상으로 하고 있고, 오늘날

---

136) 구한말 순종 재위 시에 태상왕(太上王)인 고종을 부르던 호칭.

의 다케시마(한국 측이 말하는 독도)까지 미쳤다는 아무런 증거가 없다. 『숙종실록』과 이후의 『영조실록(英祖實錄)』, 『정조실록(正祖實錄)』 등 여기저기에 흩어져 나타나는 수토관의 보고는 모두 울릉도에만 한정된 것이고, 오늘날의 다케시마 같은 섬을 언급하고 있는 것은 일절 찾아 볼 수 없다.

(2) 이에 반해 일본 측에서는 다케시마(울릉도)로 도해하는 도중에 마쓰시마(현재의 다케시마)에 들러 이를 기항지로 이용함과 동시에, 그곳에서 어업을 행했다는 내용이 많은 문헌에 실려 있다. 예를 들어 엔포 9년, 즉 덴와 원년(1681년)의 오야 구에몬가쓰노부의 청서(請書)에는 "……작은 섬(마쓰시마)에서 바다사슴과 어유(魚油)를 약간 바친다"라고 되어 있고, 겐로쿠 8년(1695년) 12월 26일 이케다 가문이 로쥬(老中)[137] 아베 다다아키(阿部忠秋)에게 제출한 답변서에는 "풍랑을 만나 '다케시마(竹島)'에 도착했던 그해에도 도해(渡海)한바 이국인(異國人) 다수가 보였고, 돌아오는 길에 '마쓰시마(松島)'에 들러 전복(鮑)을 조금 취했다"고 되어 있다. 또 겐로쿠 9년(1696년) 정월 23일 자 마쓰다이라 호키노카미의 기록(覺)에도 "'마쓰시마(松島)'로 고기를 잡으러 가기 위해 '다케시마(竹島)'에 들러 고기를 잡았다. 다른 곳에서 고기를 잡으러 오는 것은 알지 못하지만, 이즈모쿠니(出雲国)와 오키쿠니(隠岐国) 사람은 같은 배에 탔다"고 적혀 있고, 『장생죽도기(長生竹島記)』(1801년)에는 이와미쿠니(石見国) 하마다한(浜田藩) 가이센도이야 아이즈야(廻船問屋会津屋) 하치에몬(八右衛門)의 다케시마(울릉도) 밀무역 사건이 발각되어, 하치에몬이 책형(磔刑)에 처해졌으나 이에 연루된 하마다 번의 가로(家老)[138] 오카다 다노모(岡田頼母)의 하인 하시모토 효자에몬(橋本三兵衛門)에 대해 울릉도로의 도해(渡海)를 마쓰시마 도해로써 처리하는 방법이 있었다는 것이 사건 판결문 중에 진술되어 있다.

이것은 다케시마(울릉도) 도해 금지 이후에도 마쓰시마(현재의 다케시마) 도항이 아무런 문제가 없었다는 것을 가리키고 있다.

6. 이상과 같이 오늘의 다케시마는 마쓰시마라는 이름으로 예로부터 일본인에게 알려져 일본 영토의 일부로서 간주되고 일본인에 의해 이용되어왔지만, 일본에서는 메이지 38년(1905년) 1월 28일 각의 결정 및 같은 해 2월 22일 시마네 현 고시를 거쳐서야 이 섬을 정식으로 시마네 현에 편입시키는 조치를 취했다.

이와 관련, 한국 측은 "독도(다케시마)는 한국 영토의 일부이며, 결코 국제법에 의한 점유의 대상이 될 수 없다. 따라서 의심할 여지 없이 한국 영토의 일부인 독도(다케시마)가 주인 없는 섬이었다는 가정에 근거하여 일본 정부가 그 논의를 전개한 것은 전혀 의미가 없다"고 말하고 있지만, 다케시마가 한때 한국령의 일부였다는 증거가 아무것도 없다는 것이 위에서 말한 바와 같이 명백하다.

실제로 오키 도민(島民)이 다케시마에서 메이지 20년(1887년) 무렵부터 강치를 잡고 전복을 채취해

---

137) 에도막부시대 쇼군 직속으로 정무를 담당하던 최고책임자.
138) 에도막부시대 다이묘(大名) 가운데 으뜸가는 가신(家臣)으로 정무를 총괄하던 직책.

메이지 36년(1903년)부터는 이를 본격적으로 실시하게 되었는데, 그때도 한국에서 섬을 점거하거나 이에 대한 행정권을 미친 사실이 없으며 이 섬에서의 일본 어민의 활동에 항의를 해온 적도 없다.

더욱이 한국 측은 "이른바 시마네 현 고시는 매우 비밀리에 이뤄졌기 때문에 외국은 물론 일본의 일반 국민조차도 이를 알지 못했다. 그러므로 이는 결코 한 나라의 의사의 공시(公示)라고 볼 수 없다"고 말했다. 그러나 다케시마의 시마네 현 편입에 관한 시마네 현 고시는 "매우 비밀리에 이뤄진" 것이 아니라 각의 결정에 의거해 시마네 현 지사가 발표한 것이었고, 편입의 국내적 형식 여하와 관계 없이 거기에 표명된 것은 의심할 여지 없이 일본의 국가 의사의 표명이다. 뿐만 아니라 이 형식은 당시 일본이 영토를 취득할 때 관행으로 취해온 고시 방법이며, 다케시마 편입 시에 특별히 채택한 조치가 아니다.

이 공시와 관련해 외국에 통보하는 문제가 있다. 이 점에 대해 대부분의 학자들은 이것을 영토 취득의 절대적인 요건으로 한다는 국제법의 원칙은 현재 존재하지 않는 것으로 보고 있다. 또 1928년 팔마스 섬 사건[139] 및 1931년 클리퍼튼 섬 사건[140]의 중재에서도 외국에 대한 통보는 필요 없다는 취지의 판결이 내려졌으며, 미국 구아노(Guano) 섬 선점의 경우도 외국에 통보하지는 않은 사례이다.

이밖에 한국 측에서는 일본 측이 제기한 다케시마 지배 사실에 대해 "이른바 조사(調査) 및 강치 어업은 일본의 침략행위 중 하나에 지나지 않으며, 따라서 국제법상의 '영토 지배 권력의 계속적인 행사'와는 관련이 없다"고 말했지만, 다케시마가 한국 영토가 아닌 이상 이는 비논리적인 주장에 불과하다.

또한 한국 측에서는 다케시마를 한국이 유효하게 경영한 증거를 적극적으로 제시할 수 없었기 때문에 일본 측의 문헌을 인용해 다케시마가 시마네 현에 편입되기 전후에 한국 영토의 일부였던 것처럼 주장하려 노력했지만, 이는 그 영유에 대한 직접적 증거가 될 수 없을 뿐 아니라 이러한 문헌의 인용은 자기에게 유리하게 자의적으로 해석한 것 혹은 현재의 다케시마와 울릉도를 혼동한 것으로, 방증자료로서는 아무런 가치도 없다.

7. 이상 언급한 바에 근거해 생각하건대, 다케시마가 어떤 의미에서든 일본의 영토라는 사실은 의심의 여지가 없다. 따라서 더 이상 한국 측이 제기하는 구구절절한 사례에 대해 일일이 반박할 필요가 없다고 생각하지만, 그래도 여기서 다케시마의 영유와 한국 측이 다케시마가 한국령인 가장 유력한 이유 중 하나로 제기한 1946년(쇼와 21년) 1월 29일 자 연합국군총사령부 각서 SCAPIN 제677호(일본으로

---

139) Island of Palmas Case. 필리핀 민다나오 섬의 성 오거스틴 곶과 네덜란드령 동인도(당시)의 북쪽에 있는 나누사 군도의 중간에 위치한 팔마스 섬(별칭 미앙가스 섬)의 영유권을 놓고 미국과 네덜란드가 1906년부터 다툰 영토분쟁으로, 최종적으로 1928년 상설중재재판소(Permanent Court of Arbitration)에서 네덜란드 영토라는 판결이 내려졌다. 상설중재재판소는 1899년 제1회 헤이그 평화회의서 설립된 상설 국제중재법정이다.

140) Clipperton Island Case. 클리퍼튼 섬은 멕시코의 마카풀코에서 남서쪽으로 107.8킬로미터 떨어진 작은 무인도인데, 1858년 프랑스가 자국의 주권을 선포한 뒤 1897년 멕시코가 이 섬에 국기를 게양하면서 분쟁이 발생했다. 1931년 국제재판에서 멕시코는 1836년 스페인 해군이 프랑스보다 먼저 이 섬을 발견했고 멕시코가 이를 승계했다고 주장했다. 하지만 국제재판소는 스페인에 의한 발견이 증명되지 않았고 이후 멕시코의 주권 행사도 분명치 않다고 지적했다. 반면 프랑스는 1858년 영유권을 주장하면서 하와이에 있는 프랑스 영사관을 통해 지역신문에 그 사실을 공표했다는 점 등을 근거로 프랑스의 영유권을 인정했다.

부터 약간의 외곽 지역을 정치적·행정적으로 분리하는 것에 대한 각서)와의 관계 및 다케시마 영유와 대일 평화조약과의 관계에 대해서만 간단히 설명하고자 한다.

(1) 앞서 한국 측은 1946년 1월 29일 자 SCAPIN 제677호에 의해 다케시마가 일본의 영역에서 분명하게 배제됐다고 주장했다. 이에 대해 우리 측은 상기 각서는 일본 정부가 다케시마에 정치적 혹은 행정적 권력을 행사하는 것 및 행사하려는 것을 정지시킨 것에 불과하며, 이 각서는 다케시마를 일본 영토에서 제외하는 것이 아니라는 점을 강조했다. 특히 이 각서 제6항에는 "이 지령의 조항은 모두 포츠담 선언 제8조[141]에 있는 작은 섬들의 최종적 결정에 관한 연합군 측의 정책을 나타내는 것으로 해석해서는 안 된다"고 규정, 상기의 취지를 분명히 밝히고 있다는 점을 지적했다.

그럼에도 불구하고 한국 측은 여전히 상기 SCAPIN 제677호가 작은 도서를 일본 영토로부터 명백하게 배제했다는 입장을 고집하면서 평화조약이 이 문제에 대한 연합군최고사령관의 조치에 아무런 실질적인 변화를 가하지 않은 채 이를 확인한 것으로 이해할 수 있다고 주장했다.

그러나 연합군최고사령관에게 주어진 권능은 점령 관리의 목적을 달성하기 위한 행동의 범위 내로 제한되고, 그 기간도 점령 관리 기간에 한정되는 것이므로 점령 목적 달성을 위해 피점령국의 영토권의 행사에 어떠한 제한을 가하는 취지의 명령을 내리더라도 그것은 일본에 대한 점령 관리가 행해졌던 기간만이지, 각서 제6항에 있는 대로 일본 영토의 최종 결정과는 아무런 관계가 없다. 상기 각서에 의해 다케시마가 일본 영토에서 제외되었다는 한국 측의 견해는 분명히 잘못된 것이다.

더욱이 평화조약이 SCAPIN 제677호에 기초한 연합군최고사령관의 조치에 실질적인 변화를 가하지 않은 채 이를 확인했다는 한국 측의 주장은 근거가 없다. 상기 각서에 의해 일본 정부의 정치적 또는 행정적 권력 행사가 중단되었던 여러 작은 섬 가운데 북위 30도에서 29도 사이의 난세이 제도는 평화조약이 발효되기 이전에 이미 일본 정부에 반환되어 평화조약 제3조에 규정된 북위 29도 이남의 난세이 제도, 소후이와(孀婦岩) 남쪽 제도와 먼 바다의 도리시마 및 미나미토리 섬에 '잔존 주권'이 있는 것으로 밝혀졌고, 특히 난세이 제도의 아마미(奄美) 군도는 그 후 일본 정부에 행정 관할권이 반환되었다. 또 하보마이(歯舞) 군도도 일본이 평화조약에 기초해 권리, 권한 및 청구권을 포기해야만 하는 지시마 열도 안에는 포함되지 않았다는 것이 샌프란시스코 회의에서 덜레스 미국 전권에 의해 분명히 확인되었다.

이 같은 점이 일본 측에 의해 지적되자 그 후 한국 측은 일본 정부의 행정 관할로 반환된 이러한 제도는 "미국을 유일한 시정권자로 지정한 유엔의 신탁통치하에 있었을 뿐이고", "SCAPIN 제677호 및 평화조약 어디에도 다케시마에 대한 한국 정부의 정당한 영유권 주장과 모순되는 조항은 하나도 존재하지 않는다"고 주장했다.

---

141) 제8조 "카이로 선언의 조항은 이행되어야 하며, 또 일본국의 주권은 혼슈(本州), 홋카이도(北海道), 규슈(九州), 시코쿠(四国)와 우리들이 결정하는 여러 작은 섬으로 한정되어야 한다."

그러나 일본 정부의 행정 관할에 반환된 제도가 유엔 신탁통치 아래에 있었다는 한국 측의 견해도 분명히 잘못된 것이다. 북위 29도와 30도 사이의 난세이 제도도, 아마미 군도도 유엔의 신탁통치 아래 놓인 적이 없다. 전자는 일본 정부에 반환될 때까지 연합군최고사령관이 관리했고, 후자는 평화조약 제3조의 뒷부분에 명시된 규정에 따라 미국이 행정 및 입법, 사법상의 권력을 행사한 것에 지나지 않는다.

(2) 일본과의 평화조약과 다케시마의 영유와의 관계에 대해 한국 측에서는 "평화조약에 의해 다케시마가 울릉도의 속도로서 울릉 본도(本島)와 함께 한국 영토로 승인된 것으로 해석된다"라고 말했지만, 이러한 한국 측의 해석은 평화조약의 조문을 통해 볼 때 도출될 수 없는 주장이다. 오히려 평화조약 제2조의 "일본은 조선의 독립을 승인하고"라는 규정은 앞서 일본 측이 지적했듯이 일한병합 이전의 조선이 일본으로부터 분리 독립한 것을 일본이 인정한다고 말하는 것이지, 일한병합 전에 일본 영토였던 영토를 새롭게 독립한 조선에 할양한다는 의미는 전혀 포함되어 있지 않다. 한편, 다케시마는 일한병합 이전에 시마네 현의 행정 관할하에 있었고 병합 후에도 동 현의 관할하에 놓여 있었다. 따라서 일한병합 이전에 다케시마가 한국 영토였다는 법적 근거가 제시되지 않는 이상, 평화조약 제2조에 관한 한국 측의 해석은 성립할 수 없다.

8. 요컨대, 한국 측에는 오래전부터 다케시마가 한국 영토였다는 아무런 증거도 없는 것은 물론이고, 근대 국제법상 영토 취득 요건인 국가로서의 영유 의사, 그 의사의 공시, 적당한 지배 권력의 확립과 관련해 아무런 조치도 취하지 않았다. 이에 반해 일본 측은 일찍부터 다케시마에 대해 정확한 지식을 갖고 이를 영토의 일부로 생각하고 실제로 이를 경영해왔다. 더욱이 다케시마의 시마네 현 편입과 관련해 취한 일련의 조치 및 이후의 경영을 통해 보면 근대 국제법상으로도 일본은 다케시마의 일본 영유에 대한 요건을 완전하게 구비하게 된 것이다.

따라서 일본 정부는 1954년 9월 25일 자 주일 한국대표부의 구상서에서 제시된 다케시마 영유권에 관한 한국 정부의 견해에는 전혀 동의할 수 없다.

(7) 한국 정부(제3회)

1956년 9월 20 일자 독도에 관한 일본 정부의 견해를 반박하는 대한민국 정부의 견해

1959년 1월 7일

1. 대한민국 정부는 독도와 관련해 일본국 정부의 견해를 신중하게 검토했다. 대한민국 정부는 일본국 정부의 견해가 인용한 문헌과 역사적 사실에 대한 인식이 오히려 공정성을 결여할 뿐 아니라 그 견해가 명백하게 부당한 이론의 분식(粉飾)으로 위장되었다는 점에 대해 유감스럽게 생각한다. 따라서 대한민국 정부는 일본국 정부가 독도 영유에 관한 대한민국 정부의 견해를 부인하는 어떠한 근거도 제시하

지 못했다고 다시 천명하지 않을 수 없다.

이에 대한민국 정부는 본건에 관한 1956년 9월 20일 자 일본국 정부의 견해를 반박하는 동시에, 독도 영유에 관한 대한민국 정부의 견해가 명백하게 공정하다는 사실을 설명하고자 한다.

2. (1) 대한민국 정부는 한국이 이미 이씨 조선 초기부터 우산도와 울릉도가 각각의 별칭을 가진 두 개의 섬이라는 것을 인지해왔고 그 우산도는 독도(일본에서 말하는 이른바 현재의 다케시마)와 동일 하다는 점을 정확한 자료에 근거해 주장해왔다. 이에 대해 일본국 정부는 한국 측이 제시한 이씨 조 선 초기 관찬(官撰) 기록인 『세종실록지리지』가 "우산과 무릉 두 섬이 현의 정동쪽 바다에 있다"(于 山武陵二島在県正東海中)고 말하고, 역시 당시의 관찬 기록인 『신증동국여지승람』이 "우산도와 울 릉도 …… 두 섬이 현의 정동쪽 바다에 있다"(于山島鬱陵島 …… 二島在県正東海中)고 말한 두 섬의 인지에 대한 명확한 기사를 부인하기 위해 본문에 각각 덧붙인 주석, 즉 "신라 때에는 우산국을 한때 울릉도라 불렀다"(新羅時称于山国一云鬱陵島)는 구절과 "일설에는 우산 울릉은 본래 같은 섬"(一説 于山鬱陵本一島)이라는 구절을 들어 우산과 울릉이 동일한 섬이라고 견강부회(牽強附會)했으나, 한 국 측은 이미 도명(島名, 울릉)과 국명(國名, 우산)이 나타내는 개념의 외연을 혼동하는 데서 비롯된 일본 측의 오해를 지적했다. 더욱이 "일설(一說)"을 운운한 주석은 본문의 기록 사실을 부인할 수 없 다는 것을 천명하는 바이다.

우리는 지리적 지식이 발달하지 않았던 시대에는 한 섬에 두 이름이 혼용되었으나 정확한 지식의 획득과 함께 두 섬이 두 이름으로 분리되어 불리게 된 경위를 설명하고, 특히 일본 스스로가 '메이지' 초기에도 울릉도라는 섬을 '마쓰시마'와 '다케시마'라는 두 이름으로 혼용해 불렀고 그 후에 울릉도 와 독도(일본에서 현재 부르는 이른바 다케시마)를 따로 부르게 되었다는 사실을 일본인 학자의 학구 적 논증까지 받아 제시했다.

또한 일본 측은 『문헌촬록』의 기사까지 인용해 우산과 울릉이 동일한 섬을 가리킨다는 잘못된 주 장을 보강하려 한 반면, 한국 측은 그 기록은 이씨 조선 말엽에 일개 사인(私人)이 쓴 수필에 불과하므 로 이씨 조선 초기의 역사지리에 관한 근거가 될 만한 문헌적 가치를 전혀 갖고 있지 않다는 점을 지 적했다.

(2) 이 같이 정당하고도 공정한 한국 측의 견해에 대해 일본 측은 다시 반박하는 견해를 제시하였 지만, 이는 종래의 견강부회했던 견해를 반복한 것에 불과하다. 따라서 일본 측은 여전히 그 인용 문 건의 문의(文意)와 역사적 사실을 곡해하고 있다고 말하지 않을 수 없다.

즉, 일본 측은 『삼국사기』에 기록된 "우산국 …… 혹은 그 이름이 울릉도"(于山國 …… 或名鬱陵 島)라는 구절을 거론하고 『고려사지리지(高麗史地理志)』에도 이런 내용이 답습되었다고 말하면서, 또 위에서 설명한대로 『세종실록지리지』에 "우산과 무릉 두 섬이 현의 정동쪽 바다에 있다"(于山武 陵二島在県正東海中)는 본문 기사에 첨부된 "신라 때에는 우산국을 한때 울릉도라 불렀다"(新羅時 称于山国一云鬱陵島)라는 구절을 거론하면서 우산과 울릉이 동일한 섬을 지칭한 것이라고 억단(臆

斷)했다. 하지만 이것은 어떤 문헌의 한 구절을 자기에게 유리하게 인용, 해석함으로써 그 진실을 모두 은폐하려는 일본 측의 잘못된 편견에서 도출된 결론에 불과하다.

왜냐하면 우산국을 울릉도라고 하거나 혹은 울릉도를 우산국으로 불렀다손 치더라도 울릉도 부근의 주인 없는 작은 섬이 우산국에 포함되지 않았다는 사실을 말해주는 것은 아니다. 특히 일본 측은 『세종실록지리지』에 나온 한 주기(注記)를 인용해 우산과 무릉 두 섬을 울릉도라고 불렀다고 견강부회하고 있지만, 본문에서 "우산과 무릉 두 섬이 현의 정동쪽 바다에 있다"(于山武陵二島在縣正東海中), "두 섬이 서로 거리가 멀지 아니하여, 날씨가 맑으면 가히 바라볼 수 있다"(二島相去不遠風日淸明即可望見)라고 밝혔듯이 각각의 별칭을 가진 두 섬을 명백하게 인지한 사실에 대해서는 추호의 의문도 있을 수 없다.

이처럼 명백하게 시인하지 않을 수 없는 사실이 있음에도 불구하고 일본 측은 한국 측이 증거로서 제시한 문헌이 당시 한국 정부에 의한 관찬 기록이라는 점을 조금도 고려하지 않은 채 한국 측이 제기한 우산도와 울릉도가 별도의 섬이라는 것에 대해 여러 의문이 있는 것처럼 막무가내로 주장하기 위해 이 문제와 관련해 어떠한 문헌적인 가치도 인정받지 못하는 한 개인의 수필에 불과한 『지봉유설(芝峰類説)』과 『문헌촬록』의 기사를 다시 거론했다. 이에 대해 한국 측은 더 이상 해명해야 할 필요조차 느끼지 못하는 바이다.

일본 측은 또 『증보문헌비고(增補文献備考)』에서는 이도설(二島說)을 취하면서도, 이 또한 한 개 섬, 두 이름이라는 의문을 남기고 있다고 했는데, 실제로는 『증보문헌비고』에도 "于山島鬱陵島一作蔚一作芋一作羽一作武二島一即芋山"라고 적혀 있다. 이것을 설명하자면, 우산도와 울릉도, 그중 울릉의 울(鬱) 자를 蔚 혹은 芋, 羽 또는 武로도 쓰고 있지만, 사실상 우산과 울릉은 두 섬으로 하면 그중 하나인 우산(于山)은 즉, 우산(芋山)이라는 것이다. 다시 말해 울릉의 상자(上字)가 우산의 상자와 혼용되고 있지만, 우산과 울릉은 두 개의 섬이라고 말한 것이다. 이에 대해 이 문헌에서도 우산과 울릉이 두 개의 섬으로 확인되고 있다는 것은 명백하다. 일본 측은 당시 우산도가 오늘날 독도에 해당한다고 단정해서는 곤란하다고 억측하고 있지만, 『증보문헌비고』의 「여지지(與地志)」를 인용하면, "울릉도와 우산도는 모두 우산국 땅이다. 우산도는 왜인들이 말하는 송도(松島)이다"(鬱陵于山皆于山國地, 于山則倭所謂松島也)고 명기한 기사는 일본국 정부의 곡해를 일소하기에 충분하다고 말할 수 있다. 즉, 우산국이라고 부르던 곳은 울릉과 우산 두 섬을 포함해 지칭한 것으로, 그중 우산도는 일본의 이른바 '마쓰시마(松島)'(일본이 오늘날 말하는 다케시마), 즉 독도를 가리키는 것이 분명하다. 이 같은 기술이 사인(私人)의 수필 기록이라든지 전문(傳聞) 기록이 아니라 한 나라의 관찬 지리지에 수록되었다는 것은 재론의 여지 없이 바로 그 자체가 국가적인 인식을 웅변하는 것으로, 따라서 독도가 분명히 국가 영토의 일부로서 간주되었다는 사실을 입증한다.

(3) 우산도가 오늘날 독도라는 이름이 된 것은 단지 한국 측의 기록에서도 분명할 뿐만 아니라 일본 측의 기록(松島의 뜻)에서도 적확하다는 점을 잊어서는 안 된다. 즉, 1876년에서 1878년(메이지 9

년에서 메이지 11년)에 일부 일본 어민이 이른바 '마쓰시마(松島)' 개척원(開拓願)을 제출했을 때 당시 일본 정부는 어찌할 바를 몰라 조야(朝野)의 학자에 위탁해 '마쓰시마(松島)' 문제에 대한 의견을 물었고, 외무성 공신(公信)국장 다나베 다이치(田辺太一)는 "'마쓰시마(松島, 독도)'는 우리 일본인이 지은 이름(命名)이지만, 사실은 조선 울릉도에 속하는 우산이다. 지금 이유 없이 사람을 보내 순시하는 것은 타인의 보물에 욕심을 내는 것이다. 하물며 이는 인접 지역과의 경계를 침범해 넘어가는 것과 유사하므로 안 된다"라고 말해 이른바 개척을 불허한다는 결론을 내렸다. 이로써 독도의 명칭 및 소속과 관련된 문제는 한국 측의 해명을 들을 필요조차 없이 이미 메이지시대의 일본 관리에 의해 명쾌하게 표명되었다는 것을 알 수 있다.

또 일본 측은 자기주장을 강화하기 위해 『은주시청합기』를 인용하고 있지만, 그 인용은 상당한 오독(誤讀)에 기인하고 있으므로 다시 그 원문을 정독할 필요가 있다. 이 책은 제목이 말하듯이 인슈(은주, 隱州) 군 오키(隱岐) 섬에 관한 기사로, 인슈가 주요 대상이며 일본의 건지(乾地, 서북한계)라고 말하고 있다. 그 원문을 인용하면 다음과 같다.

> "은주는 왼쪽으로 북쪽 바다 가운데 있다. 때문에 말하기를 은기 섬이라고 한다. 서북쪽으로 1박2일을 가면 '마쓰시마(松島)'가 있다. 또 이곳에서 다시 1일을 가면 '다케시마(竹島)'가 있다. 이 두 섬은 사람이 살지 않는다. 거기서 고려를 볼 수 있는데 마치 운주에서 은주를 바라보는 듯하다. 그러므로 일본의 서북쪽은 이 주(州)까지를 그 경계로 삼는다." (隱州在北海中 故云 隱岐島…接…戌亥間行二日一夜有松島 又一日程有竹嶋 此二島無人之地 見高麗 如自雲州 望隱州 然則 日本之乾地以此州為限矣)

여기서 이른바 '마쓰시마(松島)'는 바로 독도를, 독도는 울릉도를 말하는 것으로, 이 두 섬에서 고려(高麗, 한국) 본토를 멀리서 바라보는 거리가 정확하게 운주(雲州)[142]로부터 인슈를 바라보는 것과 같으므로, 즉, 일본의 서북부는 이 지역(인슈)까지로 그 경계를 정한 것이다. 이를 일본 측이 오독해 앞서 말한 두 섬이 "일본 서북부의 한계"라고 말한 것은 커다란 잘못이다.

『은주시청합기』의 기사야말로 정당한 견해라고 간주해야만 할 것이다.

3. (1) 이상과 같이 명명백백한 사실을 일본 정부는 고의로 은폐해 이를 부인한 채 일본인이 일찍이 울릉도까지 도항했다는 점, 일본인이 17세기 무렵 막부로부터 울릉도 도항 면허를 받았다는 점과 그 도항 과정에서 독도가 그들의 고기잡이 지역으로 이용되었다는 점, 17세기 후반에 이르러 독도에 대한 도해 면허를 막부로부터 받게 되었다는 점을 강조하고 있다. 그러나 이러한 인증(引證)은 일본 정

---

142) 현재의 시마네(島根) 현.

부가 독도 영유에 대한 권리를 주장하는 데 아무런 도움도 되지 않는다.

사실 일본인은 삼국시대부터, 특히 고려 왕조 말기에 이르러 한국의 연안 각지와 내륙에까지 깊숙이 출몰 입관(入冠)해 한국의 인민과 재산을 노략질한 사실을 상기하고, 더욱이 일본인의 침입과 노략을 위한 도해(渡海)가 단순히 울릉도 일대에만 그친 것이 아니었다는 사실을 허심탄회하게 상기해 인정한다면, 일본 정부는 이 문제에 대한 자신의 주장이 근본적으로 잘못된 입장이라는 것을 솔직히 시인할 수밖에 없을 것이다. 당시 일본인이 한국 연안 각지를 침략함으로써 그 침략 지구에 관한 '지리를 숙지'했다고 한다면, 이로써 한국 연안 각지의 영유권을 주장할 수 있다는 것인지 우리는 질문하고 싶다.

(2) 한국 측이 유력한 자료 중 하나로서 안용복의 영웅적인 활동에 관한 역사적 사실을 제시했음에도 불구하고 일본국 정부가 이를 고의로 부정하고자 한 것은 결국 이를 자기주장에 불리하게 작용하는 하나의 장애 요인으로 생각한 것에 다름 아니다. 안용복의 도일 담판 사건은 우리의 수많은 관민 기록에 나타나는 유명한 사실이며, 이것이 당시 일본 정부에 큰 충격을 주었고, 이로써 일본 측이 이 방면으로 자국민의 출어를 금지한 것은 속일 수 없는 자명한 사실이다.

이에 대해 일본 측은 출어 금지 후에도 '마쓰시마(松島)' 도항은 문제가 없었다는 문헌을 인용했지만, 앞서 누차에 걸쳐 말한 대로 이것은 일종의 침략행위에 불과하다. 일본인이 이러한 침략행위를 위한 기항지 내지 정박지로 인간의 상주가 불가능한 작은 바위섬인 독도를 이용했다고 주장하고 이로써 이 섬에 대한 경영을 운운하는 것은 참으로 정궤(正軌)를 벗어난 논리 전개라고 말하지 않을 수 없다. 또 당시 일본의 이른바 '다케시마'와 '마쓰시마'가 지금의 울릉, 독도 가운데 무엇을 지칭하는지는 분별하기 어렵다. 다시 말해 '다케시마'와 '마쓰시마'라는 이름이 대략적으로 서로 뒤섞여 쓰여 두 이름 모두 울릉도, 독도를 혼칭(混稱)했기 때문에 일본 측의 기록은 어느 것을 독도로, 어느 것을 울릉도로 지칭했는지 실로 구분하기 어렵다. 이러한 명칭의 혼란은 무엇보다 당시 일본인이 두 섬에 대한 명확한 지리적 지식을 갖고 있지 않았음을 증명하는 것이며, 이러한 지리적 지식의 결함은 결국 이것이 일본의 관할권 밖에 속해 있었음을 말한다. 요컨대, 이미 신라 지증왕 당시 우산국이 신라에 귀속된 사실, 또 그 우산국은 이씨 조선 초기에 이르러 분명히 울릉, 우산도 두 섬을 포함하는 것으로 인식되어 관찬 지리지를 비롯한 기타 공사(公私) 기록에 수록되었고, 따라서 울릉도의 부속 도서인 우산도, 즉 독도도 영역의 일부로서 간주되었다는 사실에는 추호의 의문도 가질 여지가 없다.

4. (1) 상술한 바와 같이 독도가 한국 영토의 일부분이라는 역사적 사실을 공박하기 위한 충분한 증거를 갖고 있지 않은 일본 정부는 소위 시마네 현 고시라는 일방적 조치를 들어 국제법상의 영토 취득 요건이 충족된 것처럼 표방하는 기존의 태도를 이번에도 여전히 되풀이했다. 그러나 이러한 일본 측의 견해는 한국 측의 독도 영유권에 대한 주장에 아무런 영향을 미칠 수 없을 뿐 아니라 일고의 가치조차 없다는 것을 분명히 해두고자 한다.

일본 측은 이른바 1905년 1월 28일 일본 각의 결정과 그해 2월 20일 시마네 현 고시를 거쳐 독도를 공식적으로 시마네 현에 편입했다고 주장한다. 그러나 이러한 일본의 국내 조치는 독도가 가까운 옛날부터 일본의 영토였다는 일본 정부의 집요한 주장에 조금도 도움이 안 되는 것은 물론, 오히려 적어도 1905년 당시까지 일본이 독도를 그 영토의 일부로 생각하지 않았다는, 하나의 유력한 반증을 제시하는 것이다. 왜냐하면 일본 측이 정말로 독도의 영유권을 확립하고 있었다면 그 당시에 새삼스럽게 이를 일본의 영토로 편입해야 할 필요가 어디 있었겠는가. 일본국 정부의 이 같은 행동은 그 당시 일본이 한국을 침략하고 궁극적으로 병합하기 위한 전초 공작으로서, 가장 먼저 독도에 대한 그들의 침략행위를 합리화하는 하나의 구실로서, 마치 주인 없는 물건을 선점하는 것과 같은 국내적인 조치를 취한 것에 불과하다.

일본 측의 논리에 따르면, 독도가 시마네 현에 '공식적으로' 편입될 때까지는 독도가 일본의 어떤 현에도 속하지 않는, 비공식적으로 일본 영토였다는 결론이 도출되는데, 이것이야말로 황당무계한 궤변에 불과하다. 이와는 반대로 독도는 역사상으로도 지리적으로도 한국 영토인 울릉도와 불가분의 관계를 가진, 즉 공동 운명체적 관계를 맺어왔으며, 절대로 주인 없는 물건이 아니었음을 상기해야 한다. 따라서 이른바 시마네 현 고시라는 일본의 일방적인 국내 조치로써는 국제법적 효과가 발생하지 않는다.

(2) 또 일본 측은 한국 측이 '독도의 시마네 현 편입'에 관한 시마네 현 고시가 "극히 비밀리에 진행되었다"고 지적한 데 대해 이를 부인하면서 "각의 결정에 따라 시마네 현 지사에 의해 발포(發布)"되었으므로 비밀리에 편입된 것이 아니라 공개적으로 편입되었다고 주장하고 있다. 그렇다면 '독도 편입'은 외국에는 물론이고, 일본의 일반 국민에게도 알려지지 않았는데 어떻게 이것이 비밀리에 이뤄지지 않았다고 말할 수 있는가. 외국의 사례는 제쳐두더라도 일본의 문부성이 일본인 학교 교과서용으로 인가한 현대 지도가 독도를 일본 영토의 일부분으로 결코 취급하지 않았고, 일본전국교육도서주식회사가 1952년 6월 10일에 발간한 표준 세계지도 제6판에도 한자 '竹島'를 한국어 발음(죽도)으로 표현한 사실은 이른바 시마네 현 고시라는 것이 비밀리에 행해진 것이 아니라는 일본 측의 주장을 뒤집는 유력한 방증이 될 것이다.

(3) 이 같은 이른바 시마네 현 고시에 의한 '일본의 국가 의사 표명'이라는 것이 당시 일본이 영토 취득 시에 관행처럼 행해온 고시 방법이라든지, 또는 독도 편입 시에 특별히 취한 조치라고 말했지만, 이 같은 편입의 국내법적 형식은 우리에겐 아무런 관계도 없으며 국제 관행에도 존재하지 않는다. 어떠한 국제적인 선례에서도 타국의 영토를 한 지방청의 고시로써 비밀리에 편입한 실례를 우리는 들어본 적이 없다. 일본 측은 자기의 주장을 정당화하려고 몇 가지 국제적인 선례를 들었지만, 클리퍼튼 섬 사건에서는 엄연히 하와이 정부에 대한 통보가 있었고, 하와이에서 발행되는 『폴리네시아』 신문에 영문으로 클리퍼튼 섬에 대한 프랑스 주권의 수립을 공고했다. 이는 일본국이 은밀히 행한 '영토 취득 관행'과는 하늘과 땅만큼 차이가 있는 것이다. 또 1928년 팔마스 섬 사건에 대한 중재 재판에서는 외국에 대한 통항(通航)이 다른 공식적인 행위와 마찬가지로 팔마스 섬에 대한 네덜란드의 행위를

정당화하는 조건이 되는 것을 인정하고 있으며, 절대로 "통보가 필요 없다"고는 하지 않았다. 단지 팔마스 섬과 같이 주민이 살고 있는 지역에서는 은밀한 주권 행사라는 것은 불가능하다는 전제하에 아프리카 대륙의 토지 선점에서 보는 듯한 통보 의무가 발생하지 않는다고 판정한 것이다. 더욱이 일본 측이 구아노 섬의 선점과 관련해 예로 들은 1880년 미국 대법원의 판결[존스 대(對) 미국 사건]을 보더라도 문제의 섬이 명백하게 주인 없는 지역이라는 확증이 선 다음에 비로소 그 섬의 미국 편입이 결정된 것으로, 이 같은 사정하에 외국에 통보하지 않았던 것이다. 또 이 사건은 순수한 국내적인 사건으로 외국과의 분쟁을 야기한 적이 없다.

이처럼 상기한 어떤 국제적 사건도 일본의 황당무계한 독도 점유론을 합리화하는 아무런 방증이 될 수 없다는 점을 지적하고자 한다. 자기에게 유리한 사건처럼 보이는 국제적인 사건인데도 불구하고, 전후 사정과 조건이 완전히 다른 독도 문제에 대해 그 단편적인 부분을 함부로 원용하려고 하는 일본 측의 태도는 오히려 국제법에 대한 이해의 부족을 드러내는 것 외에 어떠한 도움도 되지 않는다고 생각한다. 우리는 (오히려) 1888년 '국제법협회'의 선언이 선점에 관련된 요건으로서 은밀한 고시가 아니라 외국에 대한 통보를 요구하고 있다는 데 일본 측에 주의를 환기하고자 한다.

5. 다음으로 대일 평화조약 제2조에 관해 논술하면, 제2조의 해석에 관한 우리의 견해는 일본국이 한국의 독도를 승인하고 한국 고유의 영토 모두를 대한민국에 반환한다는 것을 연합국에 엄숙하게 약속하는 동시에, 대한민국은 권리로서 제2조의 이익을 주장할 수 있다고 본다. 이 영토 반환 요구는 한국 고유의 영토에 국한하는 것으로, 일본 고유의 영토에 대해 요구하는 것은 물론 아니다. 그럼에도 불구하고 일본 측이 독도가 일본 고유의 영토인 것처럼 주장하고 평화조약을 왜곡하는 까닭은 오직 1905년 문제의 시마네 현 고시에 의한 이른바 독도 편입이 1910년 한일병합 이전에 성취되었다고 하는 점에 있다. 그러나 이러한 편입의 법적 효과는 선점의 요건을 구비하지 못했기 때문에 무효일 뿐만 아니라, 실제로 청일전쟁 이후 일본 제국주의의 일련의 침략행위의 일환이었다는 의미에서 그 편입조치는 단호히 용인할 수 없는 것이다.

독도는 한일병합 이전에, 정확하게 말한다면 1905년 선점에 의해서가 아니라 일본의 강탈적인 방법에 의해 한 지방자치단체의 고시로써 이른바 편입이 이루어졌다고 누차에 걸쳐 언급한 바이다. 이것이 과연 합법적이었는가.

1895년 청국과의 전쟁에서 승리한 일본은 1904년 러시아와 전쟁을 개시, 제국주의적 팽창 정책을 감행했고, 독도 편입 전년인 1904년 8월 22일에는 소위 한일협약을 강요하고 사실상 한국의 실권(實權)을 장악했다. 따라서 당시 한국은 형식상 독립을 유지하고 있었지만, 사실상 일본의 지배하에 있었다. 사실상 일본은 한국을 완전히 병합하기 위한 예비 공작으로서 국제사회에서 한국의 발언권을 봉쇄하기 위해 한일협약의 제2항에 따라 스티븐슨을 매수, 파견하여 그로 하여금 한국 외교의 실권을 장악하도록 했던 것이다. 일본의 주구(走狗)인 외교고문이 이처럼 한국의 외교를 장악하고 있던 당시의 독도 편입에 대해 "외국에서 문제가 된 적이 없다"며 마치 한국이 독도 편입을 인정한 것이 증명되었다고 말할 수 있는가. 이에 대한 답은 부정적일 수밖에 없다. (왜냐하면) 당시 정세에서는 일본의 독도 병합에 대해 한국 정부가 논의하는 객관적인 가능성이 완전히 결여되어 있었고, 이러한 정세는 바로 일본 측이 조작했기 때문이다. 따라서 우리는 한일병합 이전이라고 하더라도 이러한 정치 정세하에서 취해진 일본의 조치는 도저히 인정할 수 없다.

6. 마지막으로 우리는 독도 문제 해결의 중요한 열쇠가 되고 있는 연합국의 일본 영토 처리방침과 그 기본 정신에 대해 언급하고자 한다. 연합국의 일본 영토 처리는 카이로 선언부터 대일 평화조약에 이르는 일련의 국제 문서에 의거했다.

1943년 11월 27일 카이로 선언에서 미국, 영국, 중국 3대 강대국은 한국 인민의 노예 상태에 유의하여 적절한 경로를 거쳐 한국을 자유 독립국가로 한다는 결의를 갖는다고 규정한 후, 더욱이 "3개 연합국의 목적은 1914년 제1차 세계대전 개시 이후에 일본이 약탈 또는 점령한 모든 태평양 제도(諸島)를 일본으로부터 박탈하고 …… 일본이 청나라에서 훔친 모든 지역을 중화민국(中華民国)으로 반환한다"고 말했다. 또 "일본은 폭력과 강제에 의해 약탈한 다른 모든 지역에서 구축(驅逐)된다"고 규정했다. 이 카이로 선언은 일본의 포츠담 선언 수락과 동시에 이 선언의 제8항에 의해 일본을 엄격하게 구속하는 국제 문서였다. 이러한 연합국의 일본 영토 처리에 관한 기본방침이 일본 영토를 청일전쟁 이전의 상태로 환원하고자 하는 것이라는 점이 분명하다면, 1905년 일본이 한국 정부에 외교고문뿐만 아니라 재정고문 및 경무고문까지 파견해둔 상황에서 일개 지방자치단체의 고시로써 독도를 편입한 것은 바로 "폭력과 강제에 의해 약취(略取)" 한 것에 해당함이 명백하므로 일본은 당연히 이러한 지역에서 구축되어야 한다.

더욱이 독도는 SCAPIN 제677호에 의해 비(非)인접 도서로서 인접하는 여러 작은 섬과는 명백히 구분되었다. 일본 항복 후 1947년 6월 19일 자 연합국의 기본 정책은 일본 영토 인접 도서에만 국한된 것으로, 일본으로부터의 독도 분리는 이로써 확정됐다. 따라서 대일 평화조약에 독도를 일본에 편입한다는 적극적인 규정이 없는 한, 일본에서 분리가 확정된 독도의 지위에는 아무런 변동도 있을 수 없다. 이처럼 독도에 대한 정책적 처리는 포츠담 선언에서부터 「일본 항복 후 기본 정책」에 이르는 일련의 문서에 기초해 통일적으로 이해하지 않으면 안 된다. 이 같은 이해 없이 SCAPIN 제677호 제6항만으로 전체를 왜곡하려는 일본 측의 태도는 부당하다. 특히 유념해야 할 점은 한국은 대일 평화조약에 앞서 이미 1948년 8월에 독립을 달성한 이래 독도에 대한 관리와 통치를 회복했고 그러한 상황하에서 대일 평화조약의 당사국으로서 정식으로 승인을 받았다는 사실이다. 이 사실은 독도가 한국 영토임을 더욱 분명하게 해준다.

독도는 연합군최고사령관이 관리하는 주변의 작은 섬도 아니고, 또 한국 독립 후 미국의 입법권 및 사법권 행사로써 유보되는 지역도 아니다. 특히 독도에 관한 일본의 이른바 '잔존 주권'이 성립된 적은 없다.

7. 이상 여러 권위 있는 문헌과 역사적 사실이 입증하는 바와 같이 독도는 부인할 수 없는 법이론에

비추어볼 때 역사적으로나 지리적으로 대한민국의 엄연한 영토 일부분이다. 그럼에도 불구하고 일본국 정부가 불법으로 독도의 영유권을 주장하는 것은 그 진실된 의도가 어디에 있는지 의심하지 않을 수 없다.

대한민국 정부는 일본 측의 이 같은 주장이 아무런 정당한 근거도 가질 수 없다는 것을 지적하고자 한다. 한국은 옛날부터 독도를 인지해왔고, 울릉도의 불가분의 부속 도서로서 명백히 그 영역의 일부로 간주해왔다. 또 대한민국의 주권 확립과 함께 그 관할권을 회복한 독도의 지위에는 아무런 변화도 없었다. 따라서 대한민국 정부는 1956년 9월 20일 자 일본 외무성 구상서 첨부 문서에 표명된 일본국 정부의 견해를 추호도 용인할 수 없다. 독도는 대한민국 영토의 불가분의 일부임을 다시금 선언하는 바이다.

(8) 일본 정부(제4회)

다케시마에 관한 1959년 1월 7일 자 한국 정부의 견해에 대한 일본국 정부의 견해

1962년 7월 13일

(1) 일본국 정부는 다케시마가 옛날부터 일본 고유의 영토라는 것을 이전부터 분명히 해왔지만, 이 입장을 여기서 다시 강조하는 바이다.

(2) 원래 국제법상 어느 지역이 옛날부터 한 국가의 고유 영토인지 아닌지를 결정할 때는 그 국가가 문제의 지역을 어떻게 실효적으로 지배, 경영해왔는지가 가장 결정적인 요소가 된다.

일본은 옛날부터 다케시마에 대한 정확한 지식을 갖고 이곳을 우리 영토로서 실효적으로 지배, 경영해왔다. 일본국 정부는 종래의 견해를 통해 반복해서 많은 구체적인 증거를 들어 이를 입증해왔음에도 불구하고, 한국 정부는 그 사실을 충분히 인식하지 않고 잘못된 주장을 고집하고 있다. 따라서 다시 한번 일본이 어떻게 옛날부터 실효적으로 다케시마를 지배, 경영해왔는지 그 사실을 정리해 다음과 같이 기술한다.

또 후기 (6)에서 상술하듯이 메이지시대 초까지 일본에서는 지금의 다케시마를 '마쓰시마(松島)'로, 울릉도를 '다케시마(竹島)'로 불러왔다.

일본의 다케시마 경영은 우리나라가 울릉도를 경영하고 있을 때로 거슬러 올라간다. 울릉도는 1004년경 일본인에게 '우루마의 섬'으로 알려져 14세기 후반에는 일본인이 울릉도로 도항했다는 기록이 있다. 이씨 조선 초기에 조선 정부가 공도 정책을 취해 그 경영을 포기한 후 이 섬에 건너와 사는 일본인이 많아졌다. 16세기 말부터 약 100년간 울릉도는 일본의 어류 채취지가 되었다. 특히 마이코(米子)의 상인 오야 진키치(大谷甚吉)와 무라카와 이치베(村川市兵衛)는 겐나 4년(1618년)에 정식으로 막부로부터 울릉도 도해 허가를 받아 경영에 종사했다. 다케시마에는 울릉도 왕복 도중에 기항했던 것이다. 간분 7년(1667년) 이즈모 번사 사이토 모(某) 씨가 편찬한 『은주시청합기』는 오키의 어부들이 실제로 본 기록

을 채록한 것인데, 그 권1에는 "오키 섬에서 …… 북서 방향으로 1박 2일 가면 마쓰시마(지금의 다케시마)가 있고 또 하루 정도 가면 다케시마(지금의 울릉도)가 있는데, 이 두 섬은 사람이 살지 않는 땅……"이라고 기록하고 있다. 1656년 혹은 그 이전에 오야(大谷) 가문은 막부로부터 다케시마도 배령(拜領)해 고기잡이를 포함해 이를 독점적으로 운영하는 면허를 얻었다. 이와 관련해 오야 진기치의 3대 후손인 오야 구에몬가쓰노부(大谷九右衛門勝信)가 엔포 9년(덴와 원년, 1681년) 5월 13일에 작성한 신청서에는 다음과 같은 기술이 있다.

"겐유인[厳有院, 도쿠가와 이에쓰나(徳川家綱)[143]] 님의 시대, 다케시마(지금의 울릉도)로 가는 길에 배 둘레 20정(町)만 한 작은 섬이 있다. 이것은 초목이 없는 바위섬이다. 25년 전에 아베 시로고로(阿部四郎五郎) 님의 중개로 막부로부터 배령하고 배로 건너갔다. 이 작은 섬에도 강치 기름을 조금 취했다. 오키 섬 뒤편의 후쿠우라(福浦)에서 작은 섬까지 해상 60리 남짓 된다."

이 작은 섬은 말할 필요도 없이 지금의 '다케시마'이다. 즉, 오야 가문은 막부로부터 다케시마에 도항해 고기잡이를 할 수 있는 면허를 얻었고 막부의 공인하에 다케시마를 경영했던 것이다. 겐로쿠 8년 (1695년) 12월 26일 이케다 가문이 로쥬(老中) 아베 다다아키(阿部忠秋)에게 제출한 답변서는 그해 울릉도로부터 돌아오는 길에 "마쓰시마(지금의 다케시마)에서 전복을 조금 땄다"고 기록되어 있다. 또 겐로쿠 9년(1696년) 1월 23일 자 마쓰다이라 호키노카미(松平伯耆守)의 비망록은 "마쓰시마(지금의 다케시마)는 다케시마(지금의 울릉도)에 향하는 도중에 있으므로 그곳에 들러 고기잡이를 했다. 이즈모 (出雲)나 오키 지역 사람이 요나고 사람들과 같은 배로 향했다. 후쿠우라에서 마쓰시마(지금의 다케시마)까지 80리, 마쓰시마(지금의 다케시마)에서 다케시마(지금의 울릉도)까지 40리"라고 적고 있다.

겐로쿠 9년(1696년) 1월 도쿠가와 막부는 울릉도의 경영을 포기하기로 결정했지만, 오늘날의 다케시마는 도항이 금지되지 않은 채 여전히 일본 영토로 생각되었다.

18세기 중반에 저술된 기타조노 쓰우안(北園通菴)의 『죽도도설(竹島図説)』은 "오키노쿠니 마쓰시마(지금의 다케시마)의 서쪽 섬에서부터 바닷길로 약 40리 정도 북쪽에 섬이 하나 있는데, 그 이름이 다케시마(지금의 울릉도)라고 한다"고 했다. 특히 여기에는 "오키노쿠니 마쓰시마(隠岐の国松島)"라고 기록하고 있고 마쓰시마의 서쪽 섬이라고 적고 있는 것으로 보아 마쓰시마(지금의 다케시마)가 동서 두 섬으로 이루어져 있다는 것을 당시 잘 알고 있었음이 명백히 드러난다. 야다 다카마사(矢田高当)의 『장생죽도기(長生竹島記)』(1801년)에는 마쓰시마에 대해 구체적으로 기록한 후 "염천(炎天) 시에는 용수

---

143) 에도막부의 제4대 쇼군.

(用水)가 없다. 다케시마(지금의 울릉도)로 도해할 때 다케시마마루(竹島丸)가 왕복하면 반드시 이 섬에 기항했다. …… 일본의 서해 끝이다"라고 말하고 있다.

또 지금 남아 있는 지도에 관해 살펴보면, 호키(伯耆)의 이케다한(池田藩)이 교호 9년(1724년)에 막부의 명령에 의해 조진(調進)한 마쓰시마와 다케시마의 그림은 마쓰시마(지금의 다케시마)를 좁은 물길을 사이에 두고 동서로 마주하는 두 개의 섬과 이를 둘러싼 몇 개의 암초로써 나타냈다. 이 그림은 또 동도의 수도(水道) 쪽 바닷가에 "선박 기항장(船寄場)"이라고 적고 오두막을 그려 넣는 등 일본인의 다케시마 경영과 그 인식의 정확도를 나타내고 있다. 나가쿠보 세키스이(長久保赤水)의 『일본여지로정전도(日本興地路程全図)』(안에이 4년, 1775년), 곤도 모리시게(近藤守重)의 『변요분계도고(辺要分界図考)』 〔분카(文化) 원년 1804년〕을 비롯해 에도 시대 중기 이후 많은 일본 지도에는 오키와 조선과의 사이에 두 섬을 그려 오키에 가까운 쪽을 '마쓰시마'로, 조선에 가까운 것을 '다케시마'라고 표시했는데, 이는 그 위치로 볼 때 지금의 다케시마와 울릉도이다.

덴포 8년(1837년) 하마다 번의 가이센도이야 아이즈야(廻船問屋会津屋)의 하치에몬(八右衛門)이 밀무역을 하다 발각되어 사형에 처해진 사건이 있었다. 이 밀무역은 다케시마(지금의 울릉도)와의 사이에 행해진 것으로 되어 있는데, 이 사건의 판결문 중에 하시모토 효자에몬(橋本三兵衛門)이 아이즈야 하치에몬에게 "가까운 마쓰시마(지금의 다케시마)에 도해하는 명목으로 다케시마(지금의 울릉도)에 건너가는 방법이 있다"고 말했다고 기록되어 있다. 이는 다케시마(지금의 울릉도)로의 도항은 금지되었지만, 마쓰시마(지금의 다케시마)로의 도항은 아무런 문제가 없었음을 보여준다.

또 후기 (7)과 같은 메이지 초년(1877~1878년)에도 당시 일본 외무성의 수뇌부는 다케시마가 일본 영토라는 것에 대해 명확한 인식을 가지고 있었다.

이상과 같은 역사적 근거를 배경으로 하여 메이지 38년(1905년) 1월 28일 각의 결정 및 같은 해 2월 22일 시마네 현 고시를 거쳐 일본 정부는 다케시마를 시마네 현에 편입하는 조치를 취한 것이다.

(3) 한국 정부는 조선의 고문헌에 한반도 동쪽 해상에 울릉도와 우산도라는 두 섬이 존재한다는 것이 기술되어 있고 그 우산도는 현재의 다케시마라고 주장함으로써 일본에 의한 다케시마의 인지 및 경영에 앞서 조선 측에서 다케시마를 인지하고 있었다고 강변하려 한다. 그러나 일본국 정부가 지금껏 지적한 바와 같이 조선의 고문헌을 객관적으로 검토하면 거기에는 조선 측이 이처럼 다케시마를 인지하고 있었다는 증거는 하나도 발견할 수 없다.

즉, 일본국 정부가 「1956년 9월 20일 자 견해」에서 지적했듯이, 조선의 고문헌에는 울릉도와 우산도의 두 이름이 별도의 두 섬을 가리키는 것인지, 또는 한 섬을 가리키는지에 대해 두 가지 설이 있다. 이도설(二島說)을 취한 고문헌에서도 1도(島) 2명(名)의 의심을 남겨뒀을 뿐만 아니라 모든 글이 울릉도에 대한 설명으로 일관되어 우산도는 단순히 섬 이름으로 거론됐을 뿐으로 아무런 구체적인 설명이 이뤄지지 않았다. 이것은 이도설을 취한 고문헌의 편자가 우산도라는 섬 이름을 거론할 때 현장에 대한 명확한 지식을 갖고 있지 않았음을 증명하며, 우산도가 오늘의 다케시마임을 입증할 수는 없다.

또 한국 정부는 『증보문헌비고』의 「여지지」에 등장하는 "울릉도와 우산도는 모두 우산국 땅이다. 우산도는 왜인들이 말하는 송도(松島)이다"(鬱陵、于山皆于山国、于山則、倭所謂松島也)라는 기사를 인용, 우산도가 다케시마를 지칭하는 것을 실증하고자 시도했지만, 이 기술은 일본 측에서 '마쓰시마'로 명명해 경영하고 있던 섬(지금의 다케시마)이 있다는 것을 알게 되어 고문헌에 나타난 우산도를 그 마쓰시마라고 맞춘 것에 지나지 않으므로, 『고려사지리지』, 『세종실록지리지』, 『신증동국여지승람』에 기록된 우산도가 현재의 다케시마라는 입증자료로는 도저히 될 수가 없다.

하물며 일본국 정부가 「1956년 9월 20일 자 견해」에서 언급한 바와 같이, 이씨 조선 태종 17년 2월 김인우(金麟雨)의 보고에 나오는 '우산도'는 대죽, 생고구마(生芋), 솜(綿子) 등을 생산하고 15호 86명의 주민이 거주하는 섬으로 기록되어 있으므로 분명히 울릉도를 가리킨다.

또한 한국 측이 울릉도와 우산도가 별개의 섬이라는 자기주장의 근거로서 인용한 『신증동국여지승람』 그 첫머리에 게재된 '팔도총도(八道總圖)' 및 권44의 '강원도' 지도에는 우산도가 울릉도와 조선 본토의 중간에 크게 그려져 있는데, 여기에 적힌 "우산도"는 전혀 실재하지 않는 섬이다.

이처럼 일본의 다케시마 인지와 경영에 앞서 조선 측이 섬을 인지하고 있었다는 증거는 조선의 고문헌 중에는 전혀 존재하지 않으며, 더욱이 다케시마에 대한 실효적 경영을 한 흔적은 더더욱 찾아볼 수 없다.

(4) 일본국 정부가 역사적 자료를 열거해 다케시마 경영 사실을 증명한 반면, 한국 정부는 「1959년 1월 7일 자 견해」에서 이것을 "일본인의 침략과 노략을 위한 도해(渡海)"라고 규정하고 "지리를 숙지"하고 있었던 것도 침략을 위한 것이므로 영유권을 주장할 수 없다고 말했다. 한국 정부가 이렇게 주장하기 위해서는 일본의 다케시마에 대한 실효적 경영 이전에 조선이 섬을 실효적으로 경영하고 있었다는 것을 입증해야 하지만, 앞서 언급했듯이 이것을 증명하는 것은 하나도 없기 때문에, 어쨌든 이 주장은 전혀 근거가 없는 것이다.

(5) 한국 정부는 또 「1959년 1월 7일 자 견해」에서도 안용복의 공술(供述)을 근거로 다케시마의 한국령을 입증하고자 했지만, 이 사건에 대한 『숙종실록』과 『증보문헌비고』의 기술은 나라에서 금지하는 죄를 짓고 해외에 나간 범인이 귀국 후 조사를 받았을 때의 공술이며, 일본 측에 존재하는 안용복 도래에 관한 방대하고도 상세한 기록에 비추어 그 내용을 객관적으로 검토하면 그 진술이 허위로 채워졌다는 것은 이미 일본국 정부의 「1956년 9월 20일 자 견해」를 통해 지적했던 바이다.

한국 측의 기록에 나오는 안용복의 진술에 의하면, 안용복은 오키에서 호키로 갈 때 "울릉자산양도감세장(鬱陵子山兩島監稅將)"으로 칭해졌다고 되어 있는데[『증보문헌비고』에는 "울릉감세관(鬱陵監稅官)"으로 칭해졌다고 적혀 있다], 조선에 이러한 관직명은 없었으며, 그는 조선 정부로부터 아무런 위임도 받지 않았다.

또한 『숙종실록』에 따르면 안용복은 최초에 일본에 왔을 때(겐로쿠 6년, 1693년)에 "울릉과 자산(子山) 등의 섬을 조선 땅의 경계로 정한다"는 서계(書契)를 에도막부로부터 얻었으나, 쓰시마(対馬) 번주가 그 서계를 박탈했기 때문에 두 번째로 일본에 왔을 때(겐로쿠 9년, 1696년)에는 이 일과 기타 불법행위를 에도막부에 호소하려 했고, 그러자 일본 측은 당혹해하면서 우선 조선의 국경을 넘어간 일본인 15명〔울릉도에서 안용복을 체포했던 오야 가문의 일꾼(手代) 등〕을 처벌했다고 말하지만, 사실은 이 공술과 완전히 다르다.

울릉도 고기잡이는 오야와 무라카와 두 집안이 막부로부터 승인을 받아 오랫동안 계속되어왔는데, 조선인이 고기를 잡으러 오니 일본인들은 겐로쿠 6년 조선인 출어(出漁)의 산 증인으로 안용복 등을 잡아 일본에 데려왔다. 막부는 안용복을 조선에 송환함과 동시에 대마도 번주 소요시쓰구(宗義倫)로 하여금 조선인의 울릉도 출어 금지를 조선 측과 협상하도록 한 것이다. 따라서 막부가 울릉도를 조선령으로 한 서계(書契)를 그에게 줬다는 것은 있을 수 없는 일이다. 또 우리는 그를 체포한 적도 처벌한 적도 없다. 따라서 안용복은 비변사의 심문에 대한 진술에서 자신의 행동을 웅장하게 윤색하고 있다. 겐로쿠 6년 안용복이 일본에 끌려와 조선으로 송환될 때까지 울릉도 문제는 일본과 조선 사이에 큰 외교 문제가 되었다. 이 시기에 일본을 방문한 안용복은 울릉도를 둘러싼 이 움직임을 알고 있었으므로 자기에게 유리하게 창작한 내용을 비변사에 공술했던 것이다.

이상 언급한 것처럼 안용복의 공술은 거짓으로 가득 차 있어 신빙성이 부족하다. 어쨌든 일본국 정부가 「1956년 9월 20일 자 견해」에서 언급한 바와 같이 한 개인으로서 그의 언동은 한국이 다케시마 영유를 주장하는 근거로 제기하는 데 아무런 도움이 되지 않는다.

또 한국 정부는 "안용복의 도일 담판 사건이 당시 일본국 정부에 커다란 충격을 주고 이로써 일본이 이 방면으로 자국민의 출어를 금지했다"고 말하고 있지만, 이는 시기적으로 볼 때 분명히 잘못되었다. 즉, 안용복이 다시 도일해서 호키에 도착한 것은 겐로쿠 9년 6월 초이고, 요나고의 오야 및 무라카와 두 집안이 울릉도 도해 금지를 쓰시마 번주 및 호키 번주에 통지한 것은 이보다 앞선 겐로쿠 9년 1월 28일이다.

(6) 한국 정부는 「1959년 1월 7일 자 견해」에서 일본의 문헌 가운데 마쓰시마와 다케시마의 이름이 혼용되어 어느 것이 울릉도와 다케시마를 지칭하는지 알 수 없다면서 일본의 다케시마에 대한 지식에 의문을 제기하고자 했다.

마쓰시마와 다케시마 두 섬의 변천에 대해서는 이미 「1953년 7월 13일 자 일본국 정부의 견해」에서 설명되었지만, 이를 다시 말하자면 일본에서는 메이지시대 초기까지 일관되게 울릉도를 '다케시마'로, 오늘날의 다케시마를 '마쓰시마'로 부르고 있었다. 그 후 어느 시기에 있었던 명칭의 혼란은 하기하는 바와 같이 울릉도에 대한 유럽인의 측정 오류에 기인한다. 즉, 그 경위를 보면 1787년 프랑스의 갈로 드 라 페루즈(Galaup de La Pérouse)가 울릉도에 이르러 이것을 '다줄레(Dagelet)' 섬이라고 명명했고, 1797년 영국의 윌리엄 로버트 브로턴(William Robert Broughton)이 같은 울릉도에 대해 '아르고너트(Argonaute)' 섬이라는 이름을 부여했다. 그런데 브로턴이 이 섬의 경위도를 잘못 측정했기 때문에 이후 유럽의 지도에 울릉도가 '다줄레(Dagelet)', '아르고너트(Argonaute)'라는 두 섬으로서 기재되었다.

1840년 시볼드가 일본 지도를 만들 때 다케시마(지금의 울릉도), 마쓰시마(지금의 다케시마)라고 적혀 있는 기존의 일본 지도에 실수로 다케시마를 '아르고너트(Argonaute)' 섬으로, 마쓰시마를 '다줄레(Dagelet)' 섬으로 적었다.

이후 브로턴의 측정은 부정확한 것으로 판명되어 유럽 지도에서 '아르고너트(Argonaute)' 섬이 말소되었는데, 울릉도는 '다줄레(Dagelet) 섬(마쓰시마)으로만 기록되어 유럽 지도에서는 기존에 '다케시마'로 불려왔던 울릉도가 '마쓰시마'가 된 것이다.

이렇게 유럽의 측정 오류로 인한 다케시마, 마쓰시마 두 섬의 명칭 혼란을 피하기 위해 1905년 2월 기존의 '마쓰시마'가 시마네 현에 편입되었을 때 '다케시마'로 정식 명명된 것이다.

(7) 메이지 9년부터 11년까지 블라디보스토크로 향하던 선상에서 지금의 울릉도를 바라보던 자가 이를 '마쓰시마'라고 하면서 개척(開拓)하고 싶다는 희망원을 일본국 정부에 제출했다. 한국 정부는 「1959년 1월 7일 자 견해」에서 이 개척원(開拓願) 심의에 즈음해 외무성 다나베 공신(公信)국장이 "'마쓰시마(독도)'는 우리 일본인이 지은 이름(命名)이지만, 사실은 조선 울릉도에 속하는 우산이다……"라고 하면서 개척을 불허하는 결론을 내렸다고 주장하고 있지만, 한국 정부의 이 주장은 단지 자기주장을 유리하게 하기 위해 왜곡해서 기록 중 한 구절만을 인용한 것에 불과하다.

당시 외무성은 마쓰시마 섬의 개척 신청서 제출과 관련해 이 같은 섬이 과연 어떤 섬을 가리키는지 명확히 하기 위해 시찰할 필요가 있는지 여부를 검토한 것이다.

그때 다나베 공신국장은 "마쓰시마가 우산도라는 이야기가 있지만"이라고 전제하면서 이러한 가설에 대해 논했을 뿐이다.

한국 정부 견해에서 첫 번째 오류는 이 인용문을 다나베 국장의 설명이라고 말한 것이며, 두 번째 오류는 이 가설에서 거론한 마쓰시마를 독도로, 지금의 다케시마를 가리켰다고 곡해하고 있는 것이다. 여기에서 말하는 마쓰시마는 현재의 다케시마를 말하는 것이 아니라, 개척원이 제출된 가운데 실체가 명확하지 않은 마쓰시마를 의미하는 것이다. 다나베 국장은 이 마쓰시마가 울릉도에 속하는 우산도라고 말한 적이 있지만[이 경우 우산도라는 이름은 조선 측의 고문헌을 보고 거론한 것이며, 그것이 지금의 다케시마를 가리키지 않는다는 것은 상기 (3)항에서 상세히 기술한 바 있다], 만약 정말로 그렇다고 한다면 개척해서는 안 된다고 말한 것에 불과하다.

또 이 논의에서 와타나베(渡辺) 기록국장은 "이른바 마쓰시마로 불리는 것, 이를 다케시마(지금의 울릉도)라고 하면 그에 속하고, 만약 다케시마(지금의 울릉도) 이외에 있는 마쓰시마라면 우리에 속하지 않을 수 없는데 …… 그 마쓰시마 '데라세' 섬과 같은 것은 원래 다케시마, 즉 울릉도라고 했고, 우리의 마쓰시마와 같은 것은 서양 이름으로 '호르넷 로크스(Hornet Rocks)'와 같이 된다고 하겠지만 …… 호르넷 로크스가 우리 일본에 속하는 것은 각국의 지도에 다 그렇게 되어 있다," "과거 막부가 한 그대로 따르기보다 …… 다케시마(지금의 울릉도)로서 …… 조선에 양도한다고 하더라도 마쓰시마(지금의 다케시마)가 다케시마(지금의 울릉도)보다 우리에게 가까이 있다면 일본에 속하고, 조선 또한 이론(異論)

이 없을 터"라고 말해, 만약 시찰의 결과 이 마쓰시마가 울릉도와 별개라면 이나바(因幡)[144], 오키, 이와미 등에 귀속시키지 않을 수 없다는 견해를 피력하였다.

메이지 13년 9월 군함 '아마기(天城)'가 출동해 실제로 이 섬을 측량한 결과, 문제의 마쓰시마는 울릉도 그 자체였으며, 울릉도 부속 섬에 죽서(竹嶼)가 있다는 사실이 명확해졌다.

이처럼 마쓰시마 개척 신청에 대한 심의에서 분명히 밝혀진 것은 메이지 초기에도 일본국 정부가 다케시마를 일본 고유의 영토로 인식하고 그 전제하에서 논의를 했다는 것이다.

(8) 한국 정부는 일본이 시마네 현 고시에 의해 다케시마를 시마네 현에 편입한 것이 1905년까지는 일본이 다케시마를 그 영토의 일부로 생각하지 않았다는 유력한 증거라고 제시하고 있다. 그러나 기존의 일본 측 견해 및 이번 견해에서 말한 바와 같이 다케시마가 옛날부터 일본 영토인 것은 분명하고, 상기 (6)항에서도 언급했듯이, 시마네 현 고시에 앞선 그 20여 년 전에 문제가 된 이른바 '마쓰시마 개척원' 심사에 임한 외무성의 주요 인사들은 다케시마가 일본 영토에 속하고 조선 측도 이론이 없을 것임을 분명히 했다.

각의 결정에 이은 시마네 현 고시는 일본이 근대국가로서 다케시마를 영유할 의사를 재확인하고, 이를 일본의 근대 행정 구분 속에 편입해 이를 공시한 것으로서, 이 같은 일련의 사실은 다케시마에 대한 실효적인 점유 및 경영에 의한 주권 행사를 나타내는 것이나 다름 아니다.

상기한 바와 같이 시마네 현 고시는 각의 결정에 따라 시마네 현 지사에 의해 발표된 것이었고, 관련 절차는 당시 일본이 채용하고 있던 통상적인 편입 방법에 의한 것이며, 다케시마에 대해 특별히 취한 조치가 아니다.

한국 측은 시마네 현 고시가 비밀리에 행해지고 다케시마 편입을 일본의 일반 국민조차도 몰랐다고 주장하고 있지만, 이는 사실에 완전히 반하는 놀라운 주장이다. 실제로 시마네 현 고시는 1905년 2월 22일 자 시마네 현 『현보(県報)』에 게재됐다. 예를 들어 같은 해 2월 24일 자 『산인(山陰)신문』 제5912호는 상기 고시가 게재된 사실 및 그 내용을 보도하고 있다.

또 한국 정부는 관련된 일본 국내의 고시는 외국에 통보하지 않았으므로 국제법상 아무런 효과도 없다고 단언했다. 그러나 국제법상으로는 조약상 특별한 의무를 지는 경우(예를 들면 콩고 지역에 관한 1885년 베를린 의정서)를 제외하면, 일반적으로 영토 취득을 타국에 통보하는 것은 의무로 되어 있지 않다.

이 학설에 관해 살펴보면, 예를 들어 오펜하임(Lautherpacht Oppenheim, *International Law* I, 제8판, 559쪽)도, 구겐하임(Paul Guggenheim, *Traité de Droit International Public*, Tome I, 441쪽)도 다른 국가에 대한 통보를 영토 취득의 조건으로 삼지는 않았다.

---

144) 과거 일본의 구니 이름(國名) 중 하나로, 현재 돗토리 현 동부에 상당한다.

판례에 관해서는 이미 일본국 정부가 지적한 대로, 1928년 팔마스 섬 사건에서 콩고에 관한 1885년 베를린 의정서 규정이 적용되지 않았기 때문에 네덜란드 정부가 다른 나라에 통보할 의무는 존재하지 않았다(An obligation for Netherlands to notify to other Power …… did not exist)고 판결되었고, 1931년 클리퍼튼 섬 사건 판결에서도 프랑스가 영토 취득을 타국에 통보하지 않은 점과 관련해 1885년 베를린 의정서에 규정되어 있는 것과 같은 신고 의무는 이 경우에는 적용되지 않았다. 어떠한 경우에도 영토 취득 행위에 공시성(公示性)이 주어지면 충분하다고 판결한 것이며, 이 두 판결 모두 영토 취득 요건으로 외국 정부에의 통보를 의무로 하지 않았다.

한국 정부는 또 국제법협회의 1888년 선언이 외국에의 고시가 필요하다고 했다고 말하고 있지만, 이 협회는 같은 해 회의를 열지 않았다.

따라서 이는 1888년 국제법학회의 선언으로 생각되는데, 이 선언에서도 외국에 대한 통보를 필요 요건으로 하지 않고, "La notification de la prise de possession se fait, soit par la publication dans la forme qui, dans chaque Etat, est en usage pour la notification des actes officiels, soit par la voie diplomatique"라고 말해 각국의 관행과 같은 형식에 의한 공표라도 좋다는 의견을 밝히고 있다.

이상과 같이 무주지 선점에 대한 학설과 선례가 외국 정부에 대한 통보를 의무화하지 않다고 한다면, 이미 옛날부터 일본이 이를 인식하고 유효적으로 경영해온 지역, 게다가 다른 나라와 다툰 적이 없는 지역에 대해서는 더욱이 통보 의무가 없는 것으로 볼 수밖에 없다.

더욱이 다케시마의 경우에는 시마네 현에 의해 고시가 발표되었고, 이 고시는 바로 상기한 학설 또는 판례가 말하는 공시(notoriety) 또는 공표(publication)에 해당하는 것이나 다름 아니다.

한국 정부가 일본의 행정기관에 의한 고시가 갖는 이 같은 명백한 성격에 대해서는 눈을 가린 채 단순히 외국에 통보가 이뤄지지 않은 것만 가지고 다케시마의 시마네 현 편입조치의 비밀성을 운운하는 것은 참으로 근거 없는 행동이다.

또 한국 정부는 「1959년 1월 7일 자 견해」에서 시마네 현 고시에 의한 다케시마 편입이 "청일전쟁 이후 일본 제국주의의 일련의 침략행위의 일환이었다"고 말하고, 또 1904년 일한협약에 의한 외교고문의 임명이 다케시마 편입의 유효성과 관계가 있는 것처럼 말하고 있지만, 한국이 시마네 현 고시 이전부터 다케시마를 유효하게 경영하고 있었다는 것이 입증되지 않는 한 그러한 주장은 전혀 근거가 없다. 이 섬의 편입이 침략행위인 것처럼 말하는 것은 주권국가에 대한 중대한 비난으로 한국이 최고도의 확실성을 갖고 이를 입증하지 않으면 안 된다. 한국이 완전히 사실에 반하는 독단으로 이렇게 비난하는 것은 절대로 용납할 수 없다.

(9) 게다가 한국 정부는 「1959년 1월 7일 자 견해」에서 전후 연합국에 의한 일본 영토 처리방침과 관련, 이것이 다케시마 문제 해결의 중요한 열쇠라고 말하면서 카이로 선언과 연합국 군총사령부 각서 SCAPIN 677호 등에 의해 다케시마의 일본 분리가 확정됐다고 주장했다.

그러나 일본국 정부가 「1956년 9월 20일 자 견해」에서 언급한 바와 같이 전후 일본의 영토 처리는 샌프란시스코 평화조약이 체결되고서야 이뤄진 것이다. 평화조약은 일한병합 이전의 조선이 일본으로부터 분리, 독립하는 것을 인정한 것이지만, 일한병합 전부터 일본의 영토였던 영토를 독립한 한국에 새롭게 이양한다는 의미는 전혀 포함하지 않는다.

한국 정부는 다케시마가 카이로 선언에서 말하는 "폭력과 탐욕에 의해 약취(略取)한" 지역이라고 주장하고 있지만, 일본국 정부가 기존의 견해를 통해 반복해서 언급한 것처럼 다케시마는 옛날부터 일본 및 일본 국민이 평화리에, 또 공공연히 이를 영유하고 유효하게 경영해온 곳이며, 어떠한 외국과도 이를 둘러싸고 다툰 적이 없는 지역이기 때문에 어떤 의미에서도 이것이 한국으로부터 일본이 약취한 것이 아님은 명백하다.

한국 정부는 SCAPIN 677호 및 1947년 6월 19 일자 「일본 항복 후의 기본 정책」에 기초해 다케시마의 일본 분리가 확정됐다고 주장하고 있지만, 일본국 정부가 이미 지적했던 대로 SCAPIN 677호는 포츠담 선언 제8조를 특별히 인용해 이 지령이 일본의 여러 작은 섬에 대해 연합국이 내린 최종적 결정이 아님을 밝히고 있으며, 1947년 대일 기본 정책은 "항복 후 일본국에 관한 일반적 성명(聲明)"이고, 어떤 것도 다케시마의 귀속을 구체적으로 확정한 것이 아니다.

또 SCAPIN 677호 그 자체를 보더라도 다케시마는 분명히 조선과는 별개의 대상으로서 조선과는 별개의 항목에 규정되어 있으며, 평화조약이 SCAPIN 677호에 따라 행정 분리된 울릉도 및 제주도, 다케시마 3개 섬 가운데 울릉도 및 제주도 2개 섬에 관해서는 일본의 포기를 규정한 반면 다케시마에 대해서는 아무런 규정을 두고 있지 않은 사실은, 다케시마는 일본이 그 독립을 승인한 '조선' 혹은 일본국이 권리 및 권원, 청구권을 포기한 '조선' 속에는 포함되지 않는다는 것을 나타낸다.

한편, 이상의 정부 견해를 나타내는 제1~2회 구상서는 일한 양국 모두 상대국 측에 전달하는 동시에 그 전문을 공표했지만, 제3회 이후부터는 일한 양국 모두 공표하지 않았다.

7. 국제사법재판소 제소안의 제시

1953년 8월 외무성 아시아국 제2과가 기안한 「다케시마 문제 처리방침」에는 **[이하, 원문 약 8행 미공개]**
국제사법재판소에 제소한 사례〔덴마크, 노르웨이 간의 동(東)그린란드 섬 사건〕 등을 들어 검토했는데, "위와 같이 실행함에 있어서는 한국의 대응 태도와 국제 정세를 충분히 검토한 후 적절한 시기를 선택하는 것이 필요하다"고 적고 있다. 또 1954년 6월 3일 다케시마 문제에 관한 관계 성청(省廳) 회의에서 외무성 측은 "국제사법재판소 제소도 생각할 수 있지만, 제소하기 위해서는 한국 측의 합의가 필요하다"고 발언했는데, 같은 해 9월 8일 참의원 외무위원회에서 아키야마(秋山) 외무성 정무차관은 "국제사법재판소 제소는 미결정"이라고 답변했다.

1954년 9월 24일 일본 정부는 각의에서 다케시마 문제를 국제사법재판소에 제소하는 방침을 결정했다. 익일인 25일 오쿠무라 가쓰조(奧村勝藏) 외무차관은 김용식(金溶植) 주일 공사를 초치, 다케시마 문제를 국제사법재판소에 제소하는 것에 관해 한국 정부의 동의를 구하는 구상서를 전달하면서 다음과 같이 말했다.

1. 일본국 정부는 다케시마가 일본 영토의 불가분의 일부임을 확인하고, 이를 한국 영토화하려는 대한민국 정부의 주장에 대해 누차에 걸친 공문, 특히 1954년 2월 10일 자 외무성 구상서 아2제15호로써 반박했다. 그러나 대한민국 정부는 일본국 정부의 견해를 완전히 무시했다. 뿐만 아니라 일본국 정부의 거듭되는 이의 제기와 엄중한 항의에도 불구하고 대한민국 관민(官民)에 의한 다케시마 침범과 섬 주변 일본 영해 내의 어로행위, 이 섬에서의 대한민국 영토 표지 및 등대 설치 등 불법행위가 반복되고, 더욱이 최근 이 섬에 대한 현황 조사를 위해 파견된 일본 순시선이 이 섬으로부터 갑자기 총격을 받아 손해를 입기에 이르렀다.

2. 본건은 국제법의 기본 원칙에 저촉되는 영토권 분쟁이기 때문에 유일하고도 공정한 해결방식은 본건 분쟁을 국제 재판에 회부, 판결을 얻는 것이라고 생각한다. 일본국 정부는 분쟁의 평화적 해결을 갈망하면서 본건 분쟁을 일본국 정부와 대한민국 정부의 합의하에 국제사법재판소에 회부하는 것을 이에 제의한다.

3. 일본국 정부는 대한민국 정부가 이 분쟁의 최종적 해결을 가장 공정하고 권위 있는 기관, 즉 국제사법재판소에 위임하는 것에 동의해야 함을 확신하고, 하루 속히 성의 있는 답변이 오길 기대한다.
일본국 정부는 여기서 국제사법재판소가 내리는 어떠한 판결도 성실하게 따를 것임을 맹세한다.

4. 재판소의 판결이 있을 때까지 양국 정부는 더 이상 분규를 일으키지 않도록 하기 위해 모든 수단을 취하는 것이 가장 바람직하다고 생각된다. 따라서 외무성은 일본국 정부가 다케시마 및 그 주변에서 곤란한 사건이 발생하는 것을 방지하기 위한 공동의 잠정적 조치에 대해 대한민국 정부와 협의할 용의가 있음을 주일 대표부에 통보한다.
외무성은 주일 대한민국 대표부가 상기한 여러 제안을 대한민국 정부에 전달하고 그 제안에 대한 한국 정부의 견해를 외무성에 통보해줄 것을 요청한다.

이 구상서와 함께 외무성 정보문화국장 담화를 발표하고, 이날 일본 측이 다케시마를 일본령으로 주장하는 상기 두 번째 견해를 상세히 기록한 구상서를 전달하고, 그 내용을 발표했다.

이에 대해 한국 정부가 9월 28일 유엔 제소를 거부했다는 보도가 있었는데, 10월 28일 김용식 공사는 오쿠무라 차관 앞으로 다케시마 문제를 국제사법재판소에 제소하는 것을 거부한다는 구상서를 전달했다. 한국 측은 구상서에서 다음과 같이 말했다.

　1. 한국 정부가 지금까지 많은 기회를 빌려 분명히 밝혔듯이 독도는 태고 이래 한국 영토이며, 현재도 그렇다. 그러므로 한국 정부는 독도에 대해 영유권이 있다는 일본의 주장이 일체 근거가 없을 뿐만 아니라 부정(不正)하다고 반박해왔다. (중략)

　2. 이 분쟁을 국제사법재판소에 제소하자는 일본 정부의 제안은 법률 논쟁을 통해 다시 허위 주장을 펼치자는 의도된 기획이나 다름없다. 한국은 독도에 대해 처음부터 영유권을 갖고 있으므로 국제사법재판소에 이 권리의 확인을 요구할 이유가 없다. 실재(實在)할 리가 없는 의사적(擬似的) 영유권 논쟁을 일으키고 있는 것은 일본이다. 일본은 독도 문제를 국제사법재판소에 제소하자고 제안함으로써 이른바 독도 영유권 논쟁에서 일시적으로라도 한국과 대등한 입장에 섬으로써 존재하지도 않는 가상적인 영유권 주장을 일본을 위해 조성해 독도에 대한 한국의 완전하고도 의심의 여지가 없는 영유권에 대해 양보를 얻어내려 하고 있다.

　3. 더욱이 일본 정부에 환기하고 싶은 것은 한국이 일본제국의 침략으로 40여 년간 주권을 빼앗겼다는 것이다. 일본 정부도 알고 있듯이 침략은 점진적으로 행해져 1910년 마침내 한국 전역이 일본에 합병되면서 정점에 달했다. 사실상 일본은 1904년 이른바 한일의정서와 제1차 한일협정을 한국에 강요하면서 한국을 지배하는 강권을 잡은 것이다. 시마네 현청이 독도를 그 관할에 편입했다고 말하는 것은 이들 협정이 체결된 지 1년 후이고 독도는 일본의 침략에 의해 희생된 최초의 한국 영토였다. 이제 독도에 대한 일본 정부의 불합리하고 집요한 영유권 주장을 접하면서 한국민은 일본이 동일한 침략의 길을 다시 걷고 있는 것이 아닌가 하는 심각한 의문을 갖게 됐다.

　4. 한국민에게 독도는 단순한 동해의 작은 섬이 아니라 한국 주권의 상징이다. 한국민은 독도를 지키고, 이로써 한국의 주권의 불가침성을 지키겠다는 결의이다. 따라서 한국 정부는 독도에 대한 한국의 주권이 일시적으로라도, 또 국제사법재판소에서도 문제시되는 것을 허용할 수 없다.

　5. 그렇기 때문에 대한민국 정부는 독도 문제를 국제사법재판소에 제소하자는 일본 정부의 제안을 거부한다. 하지만 독도가 한국 영토의 불가분의 일부임을 일본 정부가 납득할 때까지 언제라도 한국 정부는 일본 정부가 독도에 대해 품는 어떠한 질문에도 답변할 용의가 있다.

　(주: 원문은 영문. 이 번역문은 재일한국인이 발행해온 『KP통신』의 1954년 10월 29일 자 기사에 기초했다.)

한국 정부가 국제사법재판소 제소에 찬성하지 않은 진정한 이유에 대해 이후 1965년 5월 13일 외무성 북동아시아과가 작성한 조서(調書) 「다케시마 문제의 국제사법재판소 회부와 한국의 입장」은 다음과 같이 다섯 가지 점을 거론하며 추측했다. **[원문 이하 약 20행 미공개]**

일본 정부가 한국 측에 다케시마 문제의 국제사법재판소 제소와 관련된 구상서를 보내기 바로 전날인 9월 24일 외무성은 미국주재 이구치 사다오(井口貞夫) 대사에게 전문(電文)을 보내 다케시마 문제에 대한 미국 정부의 견해를 물었다. 전문은 "대일 평화조약 초안의 기안자인 미국 정부와 기타 연합국 정부도 일본으로 하여금 다케시마에 대한 영토권을 포기하도록 하는 것을 고려한 적이 없고, 동 조약 체결 교섭의 어떠한 단계에서도 영토 포기 문제가 다루어진 사실이 없다고 추정되는데, 어떠한 견해를 갖고 있는가. 대일 평화조약 제2조 (a)항에서 도서(島嶼)를 열거한 취지는 연혁(沿革)의 측면에서, 또 한반도로부터의 거리의 측면에서 볼 때 일본과 조선 어느 쪽에 속하는지 의혹을 일으킬 여지가 있다고 평화조약 기초자가 인정한 도서에 한해 그 지위를 명백하게 한 것으로 해석되는데, 어떠한가"라고 질의했다. 이에 대한 10월 2일 자 이구치 대사가 보낸 답전(答電)은 다음과 같다.

1. 국무부 법률 전문가 일부는 평화조약에서는 다케시마의 지위에 대해 명시하고 있지 않기 때문에 1905년 일한병합 당시 상태에 따라 귀속 결정이 내려져야 한다는 의견을 제시했다. 그러나 조약 초안을 작성한 관계자를 포함하여 대부분의 관계자는 평화조약은 카이로 선언의 원칙에 따라 기초되어 일본으로부터 분리해야 하는 도서를 명기한 것이며, 조약 해석론에 따르면 이 섬은 일본에 귀속해야 한다는 견해를 갖고 있었다.
   [이하, 원문 약 20행 미공개]

한국 측으로부터 국제사법재판소 제의 거부의 답변을 받은 후, **[원문 약 5행 미공개]** 그것에 대해 이구치 대사를 통해 미국 측의 견해를 알아보도록 했다. 그러나 이에 대해 이구치 대사는 11월 17일 자 답전에서 **[이하, 원문 2쪽 미공개]**.

1955년 1월 29일 다니 마사유키(谷正之) 대사와 김용식 공사의 회담에서 일한 양국은 일한문제 전체의 분위기를 개선하자는 입장에서 다케시마 문제가 다른 현안 해결에 악영향을 미치지 않도록 이 문제를 일한회담과는 별도로 논의하기로 합의했다.

한국 측은 국제사법재판소 회부를 거부했지만 일본 정부는 평화적 해결 정책을 버리지 않았다. 한국에서 군사정권이 집권하고 제6차 일한회담이 시작된 후 국회에서 고사카 젠타로(小坂善太郎) 외상은 "일한관계가 개선되면 평화적 방법으로, 제3자 즉 국제사법재판소에서 공정하게 심판하는 것이 문제 해결의 이치라고 생각한다. 한국도 양국 간에 분쟁이 있었던 문제에 대해서는 국제사법재판소의 판정을 받는 것으로 합의하는 방안을 당연히 고려하리라 생각한다"(1961년 12월 4일 중의원 외무위원회), "국교정상화를 위해서는 다케시마 문제가 해결되지 않으면 안 된다. 회담과 병행하여 다케시마 문제를 어떻게든 해결하고 싶다. 이것이 끝난 뒤에야 국교가 정상화될 것으로 보인다. 다케시마 문제를 해결하지 않은 상태에서 국교정상화는 없다"(1962년 4월 27일 중의원 외무위원회)고 답변했다. 1962년 3월 일한 외무장관 회담에서 고사카 외상은 국제사법재판소 회부를 제안했지만, 최 외무장관은 다케시마는 한국 영토이므로 이 문제를 제기하는 것은 정치협상의 진전에 지장을 초래한다면서 반대했다.

8. 분쟁 해결을 위한 교환공문의 타결

(1) 해결방식의 모색

1962년 9월 3일 예비협상에서 외무성 이세키 유지로(伊関祐二郎) 아시아국장은 "일한 국교정상화와 동시에(또는 정상화 후 즉시) 다케시마 문제를 국제사법재판소에 제소하는 것을 한국 측이 약속해주면 좋겠다. 일본 국회에서 항상 문제가 되고 있는 이상, 일한 간의 관계 조약 심의 때 다케시마 문제와 관련된 이야기도 포함되어 있다고 설명할 필요가 있다"고 말했다. 그러나 이에 대해 배의환 대사는 "다케시마 문제는 일한회담의 현안이 아니므로 현안이 정리되어 국교가 정상화한 후에 다루자"고 주장했다.

그해 11월 12일 제2회 오히라 외상과 김종필 부장의 회담에서 일본 측이 제시한 문서 중에는 "'국교정상화 후에 본건에 대한 국제사법재판소의 제소에 응한다'는 것만은 꼭 사전에 약속해주길 바란다[제소 및 응소(應召)는 국교정상화 후에 한다]. 또 영토 분쟁 등과 관련된 이 같은 종류의 재판의 선례(이하 주 참조)를 보더라도 명백한 것처럼 제소에서 판결까지 적어도 2년 이상이 소요되므로 다케시마에 대한 판결이 내려지는 것도 국교정상화 후 상당 기간 경과 후가 되어 당장 쌍방의 국민감정을 자극할 우려는 없다는 사실을 이해해주길 바란다"고 말했다.

> (주) 영토 문제에 관한 국제사법재판소(ICJ)의 판결에 소요되는 기간에 대해
> (가) 멘키 에클레오 제도(諸島) 사건 (영국과 프랑스 간)
>   (양국 간 특별 합의서 작성 1950년 12월 29일)
>   특별 합의서에 의한 ICJ 회부 1951년 12월 6일
>   구두 변론 시작 1953년 9월 17일
>   판결 1953년 11월 17일
>   회부로부터 판결에 이르기까지 기간: 1년 11개월

(나) 벨기에와 네덜란드 간의 영토 분쟁 사건

　(양국 간의 특별 합의서 작성 1957년 3월 7일)

　특별 합의서에 의한 ICJ 회부 1957년 11월 27일

　구두 변론 시작 1959년 4월 27일

　판결 1959년 6월 20일

　회부로부터 판결에 이르기까지 기간: 1년 7개월

(다) 온두라스와 니카라과 간의 영토 분쟁 사건

　양국 간의 조약 규정에 의한 ICJ 회부 1958년 7월 1일

　구두 변론 시작 1960년 9월 15일

　판결 1960년 11월 18일

　회부로부터 판결에 이르기까지 기간: 2년 5개월

(라) 프라 비한 사원에 관한 분쟁 사건 (캄보디아와 태국 간)

　강제 관할권 수락 선언하에 캄보디아 측에 의한 ICJ 회부 1959 년10월 6일

　태국 측 ICJ 관할권에 대한 이의 제출에 의한 실질 심의의 중단 1961년 5월 23일~1961년 5월 26일

　구두 변론 시작 1962년 3월 1일

　판결 1962년 6월 15일

　캄보디아 측에 의한 회부로부터 판결에 이르기까지 기간: 2년 8개월

　(ICJ 관할권 확정으로부터 판결에 이르기까지 기간: 1년 1개월)

이에 대해 김종필 부장은 "제3국(미국을 염두에 두고 있는 듯했다)의 조정에 맡길 것을 희망한다. 제3국이 한일관계를 고려하면서 조정의 시기 및 내용을 유연하게 처리할 수 있을 것"이라고 말했다.

그 후 일본 측은 12월 중순에 한국 측에 제시한 문건을 통해 양국의 주장을 절충한 타협안으로서, ①국교정상화 후, 가령 1년간, 일한 쌍방이 합의하는 조정기구에 의한 조정에 회부하고, 이로써 문제가 해결되지 않는 경우 ②이 문제를 국제사법재판소에 회부할 것을 제안한 데 대해 12월 21일 한국 측은 예비교섭 제20차 회의에서 "제3국에 의한 거중조정(mediation) 이외에는 적당한 방법을 생각할 수 없다"고 주장했다.

1963년 2월 12일 오히라 외상은 국회에서 "다케시마 문제 해결이 국교정상화의 전제 조건이라는 것은 견지한다. 국제사법재판소에 제소하고 응소하면 2~3년은 걸리지만, 적어도 해결방식만은 나중에 문제가 발생하지 않도록 하고 싶다"(참의원 외무위원회)고 말했다. 또 1963년 1월 9일 오노 반보쿠(大野伴睦) 자민당 부총재는 "다케시마 일한 공유론"을 언급해(『아사히신문』, 1월 10

일) 논란을 불러일으켰고, 11일 한국 정부의 이후락(李厚洛) 공보실장은 이를 부인하는 담화를 발표했다.

그 후 일한회담의 제반 문제의 해결이 진전되어 1965년 3월 일한 외무장관 회담에서 어업, 청구권, 재일한국인의 법적지위 문제를 둘러싼 협의가 최종 단계에 진입한 가운데 3월 24일 사토 총리는 이동원 외무장관과의 회담에서 "다케시마 문제는 현재 완전히 정하지는 않더라도 어떠한 방향으로 처리할지만이라도 명확히 하면 좋겠다고 생각한다"고 말했다. 이어 같은 날 시나 외상은 이 외무부장관에게 "세 가지 안건(주: 어업, 법적지위, 청구권 문제)의 문안이 확정된 시점에서 정치적 관점에 서서 다케시마 문제 해결의 방향을 정해 그 위에서 모든 것을 일괄 체결하고 싶다"고 말했다. 4월 3일 합의사항에 사인한 후 사토 총리는 이동원 외무부장관에게 "일한 간에 이야기할 게 남은 것은 다케시마 문제뿐이다. 이것은 국교전상화 전에 해결 방향을 정하고 싶다"고 말했다. 이후 4월 13일 열린 수석대표 회담에서 김동조 대표는 "향후 최대 난관은 다케시마 문제이다. 일본 측의 국제사법재판소 회부는 물론, 김종필 방안인 거중조정조차 한국에서는 받아들일 수 없다"고 말했다. 그러나 김동조는 6월 5일부터 8일까지 하코네(箱根)에서 열린 어업회담 당시 외무성의 우시바 심의관과 우시로쿠 아시아국장에게 "다케시마 문제의 금기사항 중 하나는 다케시마라는 자구를 조약상에 드러내는 것, 다른 하나는 이 문제를 국제사법재판소에 제소하는 것이다"라고 말했다. 이에 대해 우시로쿠 아시아 국장은 「일한교섭에 관한 약간의 회상」에서 **[원문 약 6행 미공개]**라고 적고 있다. 그러던 중 6월 17일과 18일경 연하구(延河龜) 아주국장이 우시로쿠 아시아국장을 방문, "다케시마에 대한 김 대사의 의견은 본국의 분위기를 잘 몰라 어설프게 나온 것으로, '두 가지 금기'로도 불충분하며 더욱 딱딱한 것이 된다"고 말했다. 또 6월 15일 브라운 주한 미국대사가 박정희 대통령과 만났을 때 박 대통령은 **[이하, 원문 약 2쪽 미공개]**

(2) 일본 측 의정서 안, 한국 측 교환공문 안 제시

힐튼호텔에서 열렸던 일한조약의 제반 협정안의 조문화 교섭이 막판에 들어가 서명을 5일 앞둔 1965년 6월 17일, 다케시마 문제 해결을 위한 조문화 교섭이 우시바 심의관과 우시로쿠 아시아국장, 김동조 대사와 연하구 아주국장 간에 모색되었다. 6월 17일 우시바 심의관이 아래와 같은 「분쟁 해결에 관한 의정서」 안을 김 대사에게 제시하자 김 대사는 첫인상으로서 다케시마를 특기(特記)한 것, 중재 결정에 구속력을 부여한 것에 반대한다는 뜻을 표명했다.

일본국과 대한민국 간의 분쟁 해결에 관한 의정서 (안)

6월 17일

일본국과 대한민국은 양국 간의 모든 분쟁이 유엔헌장의 원칙에 따라 평화적인 수단에 의해 국제 평화와 안전 및 정의를 위험하게 하지 않도록 해결되길 희망하면서 다음과 같이 합의했다.

제1조

두 체약국 간의 모든 분쟁은 오늘 서명한 모든 조약이나 협정의 해석 또는 실시에 관한 분쟁 및 다케시마에 대한 주권에 관한 분쟁을 포함하여 우선적으로 외교상의 경로를 통해 해결을 도모하기로 한다.

제2조

1. 제1조의 규정에 따라 해결할 수 없는 분쟁은 다른 평화적인 방법에 의한 해결이 두 체약국 정부 간에 합의되지 않는 한, 제3조의 규정에 따라 구성되는 중재위원회 결정에 이를 회부하는 것으로 한다.

2. 중재위원회는 두 체결국 정부가 분쟁 회부에 관해 체결한 바 있는 중재 계약에서 별단의 합의를 한 경우를 제외하면, 국제법의 원칙과 적용 가능한 조약 규정에 따라 회부된 분쟁에 관해 결정을 내리기로 한다.

제3조

1. 중재위원회는 3명의 중재위원으로 구성된다.

2. 각 체약국의 정부는 어느 일방 체약국 정부가 다른 체약국 정부로부터 분쟁의 중재 회부를 요청하는 공문을 접수한 날부터 30일 이내에 각 1명의 중재위원을 지명한다.

3. 제3의 중재위원은 2항의 규정에 따라 임명된 2명의 중재위원이 2항에서 정하는 기간 후 30일 내에 합의에 따라 행하는 선정에 기초거나, 또는 같은 기간 내에 그 2명의 중재위원의 합의에 의해 선정된 제3국 정부가 행하는 지명에 기초하기로 하고, 제3의 중재위원이 중재위원회 위원장의 직무를 수행한다. 다만, 제3의 중재위원은 두 체약국 중 하나의 국민이어서는 안 된다.

4. 어느 일방의 체약국 정부가 해당 기간 내에 중재위원을 임명하지 않을 때 또는 제3의 중재위원 혹은 제3국의 선정에 대해 해당 기간 내에 합의가 성립하지 않았을 때, 중재위원회는 각 체약국 정부가 해당 기간 후 30일 이내에 각각 선정하는 제3국 정부가 지명하는 각 1명의 중재위원과, 이들 제3국 정부가 협의하여 선정하는 다른 제3국 정부가 지명하는 제3의 중재위원으로 구성되는 것으로 한다.

제4조

1. 중재위원회의 결정은 모든 중재위원의 다수결에 의해 행해지는 것으로 한다.

2. 양 체약국 정부는 이 조의 규정에 기초한 중재위원회의 결정에 복종하기로 한다.

제5조

(최종 사항)

(합의의사록)

제3조 4항에서 말하는 "각각 선정하는 제3국" 및 "이 제3국 정부가 협의하여 선정하는 다른 제3국"

은 일본국 및 대한민국 쌍방과 외교관계가 있는 국가 중에서 선택하는 것으로 한다.

그날 한국 측도 다음과 같은 교환공문 안을 제시했다. 여기에는 다케시마가 명기되지 않은 채 "기본관계조약 제4조를 언급해"라는 구절이 보이며, 양국 간의 분쟁이 외교상의 경로로써 해결할 수 없을 경우에는 양국이 합의하는 제3국의 중재에 의해 해결을 도모한다는 취지였다.

(임시 번역)

(교환공문) (안)

(한국 측 서한)

서한으로써 말씀 올립니다. 본 [　]는 오늘 서명된 대한민국과 일본국 간의 기본관계에 관한 조약 제4조를 언급하고, 양국 정부대표 간에 이뤄진 다음의 양해를 확인하는 영광을 누립니다.

양국 정부는 별도 규정이 있는 경우를 제외하고 양국 간의 분쟁으로 인해 외교상의 경로를 통해 해결할 수 없는 것은 양국 정부가 합의하는 제3국에 의한 중재에 의해 해결을 도모하는 것으로 합니다.

본 [　]은 각하가 일본 정부를 대신하여 상기의 양해를 확인하기를 바랍니다.

(일본 측 서한)

서한으로써 말씀 올립니다. 본 [　]는 오늘 자 각하의 다음 서한을 수령했다는 것을 확인하는 영광을 누립니다.

(한국 측 서한)

본 [　]는 또한 상기의 양해를 일본국 정부를 대신해 확인하는 영광을 누립니다.

본 [　]는 이상을 말씀 올리면서 여기서 반복해 각하를 향해 경의를 표합니다.

(3) 일본 측, 교환공문 안 제시

6월 18일 일본 측은 외교 경로를 통해 해결할 수 없는 경우에는 중재위원회에 회부하는 취지의 교환공문 방안을 한국 측에 제시했다. 일본 측은 당초 의정서 방식을 주장했으나 여기서 교환공문 안으로 변경했다. 그 이유는 당초 의정서에는 어업 및 기타 모든 조약 협정 속에 중재사항을 함께 규정한다는 구상이었지만, 분쟁 해결이 다케시마 문제에 한정되어 내용이 간단해지는 데다, 한국 측 안도 교환공문이었기 때문에 이에 응하는 형태가 된 것이다. 그러나 이 중재위원회 안에 대한 한국 측의 반응은 기록에 없다.

일한 양국 간의 분쟁 해결에 관한 교환공문 (안)

(6. 18.)

(일본 측 서한)

서한으로써 말씀 올립니다. 본 [ ]는 오늘 서명된 일본국과 대한민국 간의 기본관계에 관한 조약 제 4조 (a)항의 규정을 언급하고, 양국 정부 대표 간에 도달한 다음의 양해를 확인하는 영광을 누립니다.

1. 양국 간의 모든 분쟁은 우선 외교상의 경로를 통해 해결한다.

2. 제1항의 규정에 의해 해결할 수 없는 분쟁은 어느 한 국가의 정부가 다른 국가의 정부로부터 분쟁의 중재를 요청하는 공문을 접수한 날부터 30일 이내에 각 국가의 정부가 임명하는 각 1명의 중재위원과, 이렇게 선정된 2명의 중재위원이 이 기간 후 30일 내에 합의한 제3의 중재위원, 또는 같은 기간에 그 2명의 중재위원이 합의한 제3국 정부가 지명하는 제3의 중재위원 이렇게 3명의 중재위원으로 구성되는 중재위원회에 결정을 위해 회부하기로 한다. 다만, 제3의 중재위원은 양국 중 하나의 국민이어서는 안 된다.

3. 어느 일방 국가의 정부가 해당 기간 내에 중재위원을 임명하지 않았을 때, 또는 제3의 중재위원이나 제3국에 대해 해당 기간 내에 합의되지 않았을 때, 중재위원회는 양국 정부가 각각 30일 내에 선정한 제3국 정부가 지명하는 각 1명의 중재위원과, 그 제3국 정부가 협의에 의해 결정한 다른 제3국 정부가 지명하는 제3의 중재위원으로 구성되는 것으로 한다.

4. 양국 정부는 이 조의 규정에 의거한 중재위원회의 결정에 복종하기로 한다.

5. 제3항에서 말하는 양국 정부 각각이 선정한 제3국 및 그 제3국 정부가 협의에 의해 결정한 다른 제3국은 일본국 및 대한민국 쌍방과 외교관계가 있는 국가 중에서 선택하는 것으로 한다.

본 [ ]는 각하가 상기의 양해를 대한민국 정부를 대신해 확인하기를 희망합니다.

본 [ ]는 이상을 말씀 올리면서 여기서 각하를 향해 경의를 표합니다.

(한국 측 서한 생략)

(일본 측 서한 생략)

(4) 일본 측, 제2차 교환공문 안 제시

우시로쿠 아시아국장의 「일한교섭에 관한 약간의 회상」에는 다음과 같은 기술이 있다.

이동원 장관이 일본을 방문한 날(1965년 6월 20일) 밤, 외상이 주관한 이 장관 초청 연회가 끝난 후 이루어진 김동조 대사와의 비공식 회담에서 아시아국장이 순전히 개인적 견해라고 전제한 후 "양국 간의 분쟁 가운데 외교교섭에 의해 해결되지 않는 경우는 양국이 합의하는 중재에 회부하는 취지를 규정하는 데 그치는" 방식의 안에 대해 설명했고, 김 대사가 흥미를 표명하며 이를 기록하고 본국에 훈령을 요청하겠다고 약속한 경위가 있다. 이때 우리 측은 전술한 바와 같이 단순한 조정(調停)이라고 하면 'good office', 'mediation', 'conciliation' 등 여러 가지가 있는 데다, 말레이시아 분쟁에서의 도쿄회담 과 같이 단순히 '자리 임대 외교(貸座敷外交)'[145]로 끝날 가능성도 있으므로 이것만으로는 불충분하다 고 강조했는데, 김 대사도 이에 수긍한 경위가 있다. 또한 상기한 개인 견해에 대해서는 이튿날 아침 호 텔로 찾아온 외상에게도 설명하고 승낙을 얻어놓았다.

이때 김 대사가 메모하고 청훈하겠다고 약속한 안은 다음과 같으며 괄호 안의 구절은 그것을 후 지사키 마사토(藤崎万里) 조약국장이 수정한 것이다. 이것이 약간 수정되어 이튿날 21일 일본 측 안으로서 제시되었다. 이 안은 17일의 한국 측 안과도 비슷한데, '제3국에 의한 조정'을 '합의하는 절차에 따라 중재에 회부하는 방안'으로 바꾼 점이 큰 차이였다.

교환공문 안(案)

(일본 측 서한)

양국 간의 모든 분쟁은 별도 규정이 있는 경우를 제외하고(별단의 합의가 있는 경우를 제외하고) 우 선 외교상의 경로를 통해 해결하는 것으로 하고, 이를 통해 해결할 수 없는 것은 양국 정부가 합의하는 중재 절차에 의해 해결을 도모하는(절차에 따라 중재에 회부하여 해결하는) 것으로 한다.

(5) 일한 외무장관 회담(제1회)

1965년 6월 21일 시나 외상과 이동원 외무장관의 제1차 회담 기록에 따르면 다케시마 문제에 대 한 논의는 다음과 같이 기술되어 있다.

일본 측은 다케시마 문제 해결에 대한 일본 측의 최종안(별첨)을 제시했다. 이 장관은 박 대통령이 다 케시마 문제를 일한회담 의제에서 제외하도록 지시함과 동시에, 본건은 한국 정부의 안정과 운명과 관 련되는 중대한 문제이며, 만약 한국 측이 수락 가능한 해결책이 없다면 일한회담을 중단해도 좋다고까 지 말했다고 전했다. 이에 대해 외상은 일본 측으로서는 다케시마를 포함하는 일괄 해결책이 지상 명령

---

145) 1950년대 후반부터 1960년대에 걸쳐 인도네시아와 말레이시아 간의 국경 분쟁 등을 해결하기 위해 일본이 관련국 회의를 도쿄에서 개최한 것을 일컫는다. 당시 일본은 말레이시아 연방 구성 문제 등에 다각도로 개입하려 했으나 결국 협상장만을 빌려주는 '자리 임대 외교'에 그쳤다는 평가가 있다.

이라고 말했다. 이어 이 장관은 일본 측으로서도 섬 자체의 가치에 실리(實利)가 있지는 않을 터이니 어떻게든 서로 국회에 설명할 수 있는 방식을 찾고 싶다, 어쨌든 '다케시마' 문제로 특기(特記)하는 것은 무척 곤란하다고 답했다. 우시바 심의관은 본건이 일본 측에 국내적으로 매우 민감한 문제라고 했고, 김 대사는 본건을 일한 간의 전반적인 외교관계를 앞으로 어떻게 할 것인지 일반적인 범위 내에서 검토하자고 말했다. 마지막으로 이 장관은 자신이 본건에 대해서는 아무런 권한이 없기 때문에 하루 여유를 주기를 원한다고 이야기했다.

기본관계에 관한 조약 부속 교환공문 (안)

양국 간의 모든 분쟁은 우선 외교상의 경로를 통해 해결하기로 하고, 이로써 해결할 수 없는 것은 별단의 합의가 있는 경우를 제외하고, 양국 정부가 합의하는 절차에 따라 중재에 회부함으로써 해결하기로 한다. 이 절차에 관한 합의는 일방의 정부가 해당 분쟁을 중재에 회부할 것을 제안한 날부터 60일 이내에 행해지는 것으로 한다.

(6) 우시바 심의관과 김동조 대사의 회담

우시로쿠 아시아국장의 「일한교섭에 관한 약간의 회상」에는 다음과 같이 적혀 있다.

6월 21일 밤 김 대사 및 연 아주국장, 우시바 심의관 및 우시로쿠 아시아국장 간에 본건에 대한 논의가 있었다. 한국 측은 "중재"는 절대로 수용할 수 없고 겨우 "조정"이라는 입장이었고, 더욱이 일한 간에 현존하는 분쟁은 제외한 채 일한 간에 "향후 발생하는" 분쟁에 대해서만 분쟁 해결 절차를 규정하는 방식을 채택하고 다케시마 문제를 제외할 수 있는 의미의 문안을 제안해왔다. 이것은 우리 측에서는 도저히 수용할 수 없고, 적어도 중립적인 표현을 취해 "일한 간의 분쟁"이라고 해야 한다고 주장했지만, 한국 측은 일한 간에 "발생하는" 분쟁이라는 표현을 고집했다. 이 다툼은 결국 이튿날 시나 외상과 이동원 외무장관의 회담으로까지 격상되었다. (또 이날 심야에 조약국장은 전화 연락을 통해 최악의 경우는 "중재"라는 단어가 사라지고 "조정"만으로 그치더라도 일한 간에 "발생하는" 분쟁이라는 표현을 사용하는 것은 강하게 반대한다는 취지의 의사 표시가 있었다.)

이 점과 관련해 후지사키 조약국장의 「일한 제 조약으로 결착을 보지 못하고 있는 두 문제에 대해」에는 다음과 같이 적혀 있다.

"발생하는"을 넣기보다는 "중재"에서 "조정"으로 양보하는 쪽을 선택한 이유로서 내가 메모해 둔 바

는 다음과 같다. [이하, 원문 약 4행 및 1쪽 미공개]

21일 밤 한국 측이 제시했다는 문안은 남아 있지 않다. 다만, 조약과가 "6월 22일 우시바 심의관과 김동조 대사의 회담에서 합의한 것"이라고 기록한 다음과 같은 교환공문 안이 남아 있을 뿐이다. 이것은 합의가 아니라, 일본 측이 안을 제시하고 한국 측이 이 가운데 "양국 간의 분쟁"을 "양국 간에 발생하는 분쟁"으로 수정하고 "조정 또는 중재"를 "조정"으로 고친 안을 제시한 것으로 생각된다.

기본관계에 관한 조약 부속 교환공문(안)

양국 간의 분쟁은 우선 외교상의 경로를 통해 해결하기로 하고, 이로써 해결할 수 없는 것은 별도의 합의가 있는 경우를 제외하고 양국 정부가 합의하는 절차에 따라 조정 또는 중재에 의해 해결하는 것으로 한다.

(7) 일한 외무장관 회담(제2회)

6월 22일 오전 제2차 회담 기록에서 다케시마 문제에 대한 논의 내용은 다음과 같다. 이때 한국 측은 기존의 「기본관계에 관한 조약 부속 교환공문」이라는 명칭을 「한일 양국의 분쟁을 평화적으로 처리하기 위한 교환공문」으로 바꾸자고 제안해왔다. 원래 다케시마 문제를 기본관계조약과 연결하는 발상은 다케시마 이외의 분쟁 해결 조항도 정리해 기본관계조약에 첨부한다는 생각에서였다. 그러나 도중에 어업협정의 분쟁 조항(제9조)이 성립된 데다, 이 같은 것을 청구권 및 경제협력협정(제3조)에도 넣는 것이 합의되었으므로 분쟁 조항의 규정을 기본관계조약과 관련짓는 것은 의미가 없어졌다. 따라서 그것과 분리해서 독립적인 교환공문이 된 것이다.

다케시마 문제와 관련해 이동원 장관은 박정희 대통령과 전화 연락한 결과라면서 분쟁 해결에 관한 교환공문의 문구를 "양국 간에 발생하는 분쟁"으로 하고, 이 문구 중에서 "중재"라는 단어를 삭제해달라고 강하게 주장했다. 후자에 대해 일본 측은 "중재"라는 단어를 삭제하는 대안으로 "양국이 합의하는 절차에 따라"라는 문구를 넣는 안을 제시했다. 그러나 한국 측은 이것이 "조정 또는 중재"라고 한 원안보다 더 나쁜(비밀리에 "중재"에 대한 약속이 있었는지 의심스럽다) 것이라면서, "양국 간에 발생하는 분쟁"이라는 문구를 수용하면 "중재"라는 단어는 남겨둘 수 있다는 듯한 뉘앙스의 발언을 했다. 이에 대해 일본 측은 "발생하는"을 뺀 "양국 간 분쟁"이라는 표현 이외에는 생각할 수 없다면서 이 경우 "중재"라는 단어를 삭제하고 "조정"이라는 단어만으로 하는 것도 불가피하다고 말했다.

결국, 이 마지막 제안을 잠정적인(tentative) 결론으로 하고, 어쨌든 이 문제를 총리 레벨까지 올리게 되었다. 그러나 김동조 대사는 총리 레벨로의 격상은 한국의 국내 정치를 고려한 쇼이고, 이 시안대로 결정해도 어쩔 수 없다는 취지를 시사했다.

(8) 사토 총리와 이동원 외무부장관의 회담

6월 22일 오후 4시 15분부터 20분간 진행된 사토 총리와 이동원 장관의 회담 기록에는 다케시마 문제 논의에 대해 다음과 같이 기록되어 있다. 이때 외무성 당국은 조인(調印)을 위한 교환공문으로 "양국 간에 발생하는 분쟁"이라는 문구와 "양국 간 분쟁"이라는 문구 두 가지 안을 준비하고 있었다.

이 장관은 다케시마 문제를 언급했다. "이에 대한 일본 측의 입장도 이해는 하지만 한국은 특별한 국내 사정도 있다. 이것은 다이너마이트와 같은 것으로, 한국의 야당과 대중은 일본의 야당과는 비교가 되지 않을 만큼 위협적이기 때문에 다케시마 문제는 정부의 사명(死命)과도 관련된다는 것을 이해해주기 바란다. 지금까지 일본 측 제안은 원안에 비해 상당히 양보한 것이지만, '두 나라 사이에 발생하는 분쟁'과 같이 '발생하는'이라는 단어를 삽입하길 원한다. 지금까지 외무성 당국과의 교섭이 이 한 가지를 남겨놓고 타결되었기 때문에 이 시점에서 총리의 마지막 결단으로 '발생하는'이라는 단어를 넣어주길 바란다."

이에 대해 사토 총리는 "다케시마 문제는 일본 측에도 매우 큰 문제이며, 지금까지 나온 일본 측의 제안조차 내 예상 이상으로 양보했기 때문에 나로서는 불만이지만, 대국적인 견지에서 이것을 승인하기로 했다는 실정(實情)이므로 더 이상의 양보는 불가능하다"고 말한 뒤 동석한 우시로쿠 아시아국장을 바라보며 의견을 조정했다. 우시로쿠 국장은 "'발생하는'이라는 단어를 삽입하면 미래의 분쟁에 한정되어 다케시마 문제는 제외된다는 것이 분명해지므로 일본 측으로서는 곤란하다. 이미 '양국 간의 분쟁'이라는 형식으로 명시적으로 다케시마를 언급하지 않는 형태까지 양보했으므로 현존 문제도 포함되도록 해석이 되는 안을 수용하길 바란다. 이 안은 사실 오늘 아침 외무장관 회담에서 30분간이나 휴식을 취한 끝에 정리해 외상이 최종안으로 제시한 것이다. 이러한 점을 고려하여 총리로서 정치적 결정을 내리길 바란다"고 말했다. 이를 참고해 총리는 일본 측 안이 마지노선이라면서 수락할 것을 강하게 촉구했다.

이에 대해 이 장관은 "그렇다면 어쩔 수 없다. 일본 측의 최종안을 수용하고 싶지만 한 가지 부탁이 있다"고 전제한 후 "한국 측 대표단이 귀국한 후 본 양해에는 다케시마가 포함되지 않는다는 취지를 공표하는 일이 있어도 일본 측에서는 공식적으로 즉각 반박하지 말아주길 바라며(우리의 생명과 관련되어 있다), 다만 일본에서 나중에 국회에서 다케시마를 포함하는 취지의 답변을 자제해달라고 부탁할 생각은 없다"고 말했다. 이에 대해 총리는 알겠다고 대답했다.

이렇게 다케시마 문제 해결을 위한 분쟁 해결에 관한 교환공문은 일한조약의 제 협정 조인식(오후 5시 시작) 25분 전에 확정되었다. 6월 17일부터 22일까지 분쟁 해결에 관련된 일한 양국의 제안 요지를 보면 다음과 같다.

분쟁 해결에 대한 일한 양국의 제안 양상

날짜	일본 측	한국 측
6월 17일	의정서 안 다케시마 기타 분쟁, 중재위원회에 의함	교환공문 안 양국 안의 분쟁, 합의하는 제3국의 조정
6월 18일	교환공문 안 양국 간의 분쟁, 중재위원회에 의함	
6월 20일	교환공문 안 양국 간의 모든 분쟁, 합의하는 중재에 회부함	
6월 21일	교환공문 안(시나 외상과 이동원 외무장관의 회담에서) 상동	
6월 21일 밤	교환공문 안 양국 간의 분쟁, 합의하는 절차로 조정 또는 중재	교환공문 안 양국 간에 발생하는 분쟁, 합의하는 절차로 조정
6월 22일	교환공문 양국 간의 분쟁, 합의하는 절차로 조정	

(9) 그 후

1965년 8월 한국의 일한조약 제 협정 비준 국회에서 이동원 외무장관은 다케시마 문제와 분쟁 해결에 관한 교환공문에 대해 다음과 같이 답변했다.

분쟁 해결에 대한 교환공문 교환이 있었는데 여기에는 독도 문제가 포함되어 있지 않다는 것을 시나 외상, 사토 총리가 양해하고 있다. (8월 9일 특별위원회)

독도는 어디까지나 우리 것이며, 독도의 영유권은 우리에게 속한다. 물론 독도는 과거 한일 간 의안의 대상이 되지 않았지만, 한일 간 약간의 분쟁의 대상이 되었던 것은 사실이다.

이번에 일본에 갔을 때에도 일본 외상은 독도 문제에 대해 어떤 해결 방안을 취할 것인지 나에게 물은 적이 있다. 이에 대해 나는 한일회담의 현안 문제를 해결하고 서명하기 위해 일본에 온 것인데, 한일회담 현안도 아니고 문제의 대상도 되지 않는 우리 영토 문제를 당신과 논의하기 위해 일본에 온 것이 아니기 때문에 만약 당신이 그런 입장을 고집하는 경우에는 짐을 정리해 귀국하겠다고 말하자 일본 외상은 그 이야기를 중단했다.

일본 총리 관저에서 조인식 40분 전까지 ─ 한일 대표, 100여 명의 외국인 기자들이 2층에서 대기하고 있을 때 ─ 사토 총리와 나는 이 문제에 대해 어느 정도 토론했다. 사토 총리가 독도 문제 ─ 일본인은 독도라고는 부르지 않고 다케시마라고 부르고 있지만 ─ 를 두고 "어제 참의원 선거 연설에서 이번에 이 문제를 해결하지 않는 한 한일회담은 타결되지 않는다고 약속했기 때문에 자신의 체면을 세워달라"고 말했다. 나는 사토 총리에게 이에 대해서는 명확하게 말했다. 우리가 한일회담을 타결해 서명하려는 지금, 가장 큰 이유는 향후 한일관계가 친선관계가 되기 위해서인데, 만약 독도 문제가 이번 한일회담에서 언급되었다는 사실을 한국민이 알면 이것은 우리 국민감정을 도발하는 다이너마이트의 역할을 한다, 그렇다면 무엇을 위해 한일회담을 조인하는지 모르겠다, 그러므로 만약 이에 대해 일본의 입장을 폐기하고 우리의 입장을 인정하지 않는 한, 나로서는 한일회담에 조인할 수 없다는 매우 강경한 입장을 피력한 결과, 우리의 입장을 인정받아 한일회담 체결이 행해졌다. (8월 14일 본회의)

어떤 시기, 어떤 국가를 불문하고 어떤 우호국가 간에 체결된 조약이라 하더라도 때로는 분쟁이 발생하며, 국제 외교 관례상 어느 중요한 조약을 체결할 때 분쟁 해결에 관한 강구책으로서 교환문서를 교환하는 사례는 많다. 이번에 우리도 분쟁 해결에 관한 문서를 교환했지만, 이것은 독도를 포함하지 않으며, 한일회담과 관련된 모든 현안 문제에 대해 만약 분쟁이 발생했을 경우 그 해결방식을 나타낸 것이다. 만약 일본인이, 만일 사토 정권이 아니라 다른 정부가 독도 문제에 트집을 잡아 문제가 되었을 때, 이 교환공문에 의해 어떤 결과가 될 것인지 국민들은 걱정을 하리라 생각한다. 이 교환공문에 따르면 양국 정부가 합의하지 않으면 모든 문제가 해결되지 않는다. 절차가 없는 것은 아니지만, "조정"에 의한다고 되어 있고, "해결한다"라고 법적으로 규정하지 않은 채 "도모한다"라고 되어 있다. 독도 문제는 분쟁 해결에 관한 교환공문과 관계가 없지만, 만약 이와 관계가 있다고 우려되더라도 독도는 영원히 우리의 것으로 영유권을 행사할 수 있도록 모든 법적 여건을 갖추고 있다. (8월 10일 특별위원회)

한편, 분쟁 해결에 관한 교환공문에는 그 효력 발생일에 대해 아무런 규정을 두고 있지 않았지만, 이를 공포할 때 그 시한을 고시할 필요가 있었다. 이와 관련해 일본 측은 기본관계조약 기타 제반 협정의 비준서 교환일에 이 교환공문도 발효한다는 견해를 갖고 이에 대해 한국 측과 어떤 합의를 할 필요가 있다고 생각했다. 1965년 12월 비준서 교환을 위해 서울을 방문한 시나 외상은 이동원 외무장관과의 회담에서 일본 측 국내 절차로서 12월 18일 자로 이 교환공문을 발효시키는 취지를 기록한 이날 자의 『관보(官報)』를 구상서에 첨부해 한국 측에 송부하고 한국 측이 이를 확인 또는 수리해주는 방안을 내놓았다.

이후 한국 측은 12월 18일 자 『관보』 호외에 전술한 바와 같이 "1965년 12월 18일 비준서를 교환하고 1965년 12월 18일 자로 발효된 대한민국과 일본국 간의 조약 및 제반 협정을 이에 공포한다"고 밝힌 후 조약과 제 협정 등을 열거했는데, 그 안에 분쟁 해결에 관한 교환공문을 포함시켰다. 이로써 발효일에 관해 한국 측과 협의하는 문제는 해결되었다.

XVI

일한회담과 북조선

1. 대일 평화조약과 북조선

북조선은 정부 수립기인 1948년 9월 10일에 발표한 「정강(政綱)」에서 일본 제국주의 통치 잔재의 일소, 일본 제국주의 시대 법률의 무효, 일본 식민지 경제체제의 일소를 주장함과 동시에, "공화국 정부는 일본을 제국주의적 침략 국가로 재생시키는 것은 우리 민족의 독립을 위협하는 것이므로 일본을 다시 제국주의 침략 국가로 재생시키려 기도하는 제국주의 국가를 모두 우리 민족의 적으로 간주한다. 공화국 정부는 일본을 비군국화하고 민주화하도록 한 포츠담 회의의 결정을 실천할 것을 요구하는 바이다"라고 말했다. 이것이 북조선 정부의 대일정책의 기본이었다.

1951년 들어 미국의 덜레스 특사에 의해 대일 평화조약 초안 작성이 적극적으로 진행되는 가운데 소련은 소련, 중공, 미국과 영국 4개국 외상회의에 의한 초안 작성방식을 주장했다. 이에 대해 미국은 반대하는 한편, 중공은 소련에 동조하겠다는 방침을 분명히 했다. 당시 소련과 중공은 철통 같은 단결을 자랑했다. 북조선은 1950년 6월에 발발한 한국전쟁 시기에 소련으로부터는 항공기, 무기, 탄약 등을, 중공으로부터는 100만으로 알려진 인민군의 원조를 받고 있던 때였다. 북조선 각지에서는 각종 단체가 소련 측 제안 지지, 미국의 대일 단독 강화 반대집회를 열어 성명을 발표했다. 이 성명들은 한결같이 미국에 대해 항의하고 소련 측 제안을 지지하는 메시지를 채택하고 있었다.

1951년 6월 7일 소련이 대일 평화조약의 미국 초안에 대해 상기 4개국 회의 개최를 요구한 데 대해 미국은 같은 달 19일 소련의 제안을 거부하는 각서를 수교했다. 이에 대해 6월 26일 북조선의 박헌영(朴憲永) 외상은 비신스키(Andrei Yanuarievich Vyshinsky) 소련 외상에게 보낸 각서를 통해 북조선 정부는 소련 정부의 제안을 지지함과 동시에 북조선 정부의 대일 강화회의 참가를 요청했다. 이후 북조선은 미국의 대일 평화조약 초안 반대와 북조선의 대일 강화회의 참가를 주장하는 운동을 전국적으로 전개했다. 이를 배경으로 8월 31일 박헌영 외상은 담화에서 "소련 외상에게 보낸 각서 안에 대일 강화에 관한 북조선 정부의 요구를 명시했다. 조선인은 과거 40년간 일본 제국주의 세력과 투쟁하고 많은 희생자를 냈다. 강제 징용, 징병에 의한 인명 손상, 재산 강탈 같은 피해가 막심했다. 정부는 이러한 인적·물적 손해에 대한 정당한 배상을 요구한다. 중국이 참가하지 않는 대일 강화는 무효이며, 또 조선이 참가하지 않는 강화는 무효이다"라고 말했다.

9월 8일 샌프란시스코에서 대일 평화조약이 체결된 후 박헌영 외상은 15일 잇달아 대일 평화조약 반대 성명을 발표했다.

북조선은 대일 강화조약에 중공, 북조선의 참가를 요구하면서, 미국 주도의 단독 강화는 미 제국주의가 아시아에서 새로운 침략을 실현하기 위해 대일 단독 강화를 강제로 실현시켜 미일안보조약에 의해 일본을 군사 기지화하고, 일본을 재무장해 아시아 침략의 선봉으로 삼으려는 것이라고 해설했다.

이 주장은 이후 일한회담에 대해서도 같은 견해로서 일관되게 피력되었다. 제1~2차 일한회담 당시에는 북조선 관계 자료가 적어 자세한 내용은 모르겠으나, 제3차 일한회담 재개 시에는〈조선중앙방송〉(1953년 10월 14일) "이승만 라인 분쟁은 무엇을 획책하고 있는가", 『조선중앙통신』(1953년 10월 17일) "미국은 재일 조선 동포를 이승만에게 넘겨주려 하고 있다", 제3차 회담 결렬 후인 11월 2일에는 『조선중앙통신』 "일한회담은 무엇을 획책하고 있는가", 1954년 10월 22일 『조선중앙통신』 "일한회담 재개설과 미국의 음모" 같은 북조선 측 주장이 확인된다.

2. 일본과의 국교 수립을 요구한 외상 성명

한국전쟁의 휴전이 성립된(1953년 7월 27일) 후 1년 반이 지난 1955년 2월, 북조선은 일본에 국교정상화를 요구하는 움직임을 보였다. 1954년 10월 12일 소련과 중공은 일본과의 관계에 대한 공동선언에서 평화 공존의 이념에 서서 "일본의 완전한 독립", "일본과의 관계 정상화를 희망, 정치·경제 관계의 수립" 방침을 표명하고 있었다. 1954년 12월 요시다 시게루(吉田茂) 내각이 퇴진한 후 하토야마 이치로(鳩山一郎) 내각이 성립되어 1955년 2월부터 일본과 소련 간에 국교 재개 협상이 진행되자 북조선은 이에 보조를 맞추려는 듯 1955년 2월 25일 남일(南日) 외상 성명을 통해 다음과 같이 말했다.

조선민주주의인민공화국 인민은 피점령국의 지위에 놓여 있는 일본 인민에게 깊은 연민을 표명하는 동시에, 외국의 종속에서 벗어나 각자의 평화적 경제와 민주적 문화를 발전시키고, 독립적인 대외 정책을 수립하고, 소비에트사회주의공화국, 중화인민공화국 및 기타 아시아 인접 국가와의 정상적인 관계를 발전시키기 위해 노력하고 있는 일본 인민에게 열렬한 지지와 성원을 보낸다.

조선 인민은 과거 조선을 점령하고 그것을 발판으로 아시아를 제패한 일본 제국주의자들의 침략적인 행동에 반대하여 투쟁했고, 현재도 일본을 재무장시키고 일본의 군국주의를 부활시킴으로써 일본을 아시아 침략의 책원지(策源地)로 전환시켜 일본 인민을 새로운 군사적 모험에 이용하려는 미국 정부의 전쟁 정책에 반대하고 있다. 그러나 이러한 침략적인 행동과 전쟁 정책에 반대하고 아시아의 강고한 평화와 인민 간의 친선관계 유지를 염원하는 조선 인민과 일본 인민은 항상 우호적인 관계를 유지해왔다.

조선민주주의인민공화국 정부는 다른 사회제도를 가진 모든 국가와 평화적으로 공존할 수 있는 원칙에서 출발해 우리나라와 우호적인 관계를 가지려는 일체의 국가와 정상적인 관계를 수립할 용의가 있으며, 우선 상호 이익에 부합하는 무역관계와 문화적 연계를 설립할 것을 희망한다.

일본이 조선민주주의인민공화국과 위에서 언급한 제반 관계를 수립하는 것은 조일 양국 인민의 절실한 이해관계에 부합할 뿐 아니라 극동의 평화 유지와 국제 긴장 상태에 크게 기여할 것이다.

조선민주주의인민공화국 정부는 일본 총리 하토야마 씨가 우리 공화국과 경제 관계를 개선하고 회담할 용의를 표명한 최근 발언에 긍정적으로 답하고자 한다. 따라서 일본 정부와 무역, 문화 관계 및 기타 조일관계의 수립, 발전에 관한 문제를 구체적으로 토의할 용의가 있다.

이어 『노동신문』은 2월 26일 자 사설 「조일관계 정상화의 가능성이 성숙하고 있다」를 게재했다. 또 김광(金光) 무역부상은 3월 3일 「조일 무역관계 설정을 위해 준비한다」, 정률(鄭律) 문화선전부상은 3월 5일 「조일 문화 교류 촉진」이라는 제목의 담화를 각각 발표했다. 3월 9일 최고인민회의 제9차 회의에서 남일 외상은 "일본 인민과의 접근을 촉진시켜 경제적·문화적 관계가 성공적으로 수립, 발전되는 것을 환영할 것이다"라고 말했다.

남일 외상 성명과 관련해 하토야마 총리가 1955년 3월 26일 중의원 예산위원회에서 "북조선과도 선린우호의 결실을 맺고 싶다"고 답변한 것이 한국 정부에 불쾌감을 주었고, 일본 정부가 다시 북조선과의 경제·문화 교류에 적극적인 의사가 없다는 것을 국회에서 선언한 경위에 대해서는 제4장 제4절에서 언급한 바 있다. 일본 정부는 소련과는 우호관계 수립을 추진할 수 있었으나, 분단국가 한반도에서는 한국과의 국교정상화를 우선적으로 노력해야만 했던 것이다. 한국전쟁 휴전 후 1953년 11월 북조선을 방문한 일본인인 오야마 이쿠오(大山郁夫)[146] 부부 외 2명이 소련에서 귀국하는 길에 중공을 경유해 평양을 방문한 것을 필두로, 학자, 문화인, 신문기자, 국회의원, 기타 일조협회 관계자들이 2~3명 혹은 10여 명씩 소규모로 계속해서 중공을 경유해 북조선에 초청되어 입국, 환대를 받았다. 특히 1955년 이후 무역이나 문화 교류와 관련해 북조선을 방문한 일본인과 북조선 측 간에 합의나 공동성명이 행해졌다. 그중에서도 1955년 10월 후루야 사다오(古屋貞雄)[147] 와 호아시 게이(帆足計)[148] 씨를 단장으로 하는 일본 국회의원단이 두 차례에 걸쳐 최고인민회의 상임위원회 대표와 낸 공동성명, 다나베 미노루(田辺稔) 일소무역회 전무이사와 조선국제무역촉진위원회 상무 간의 일조 무역 촉진을 둘러싼 문제에 대한 협의, 일본의 도코붓산(東工物産) 주식회사와 조선무역회사 간의 상품 교역에 관한 협정, 같은 해 12월 북조선을 방문한 일본 노동대표단

---

146) 1880-1955. 와세다대 교수(정치학) 출신의 정치가(참의원 역임).
147) 1899-1976. 농민운동가 출신의 정치인(중의원 3회, 사회당).
148) 1905-1989. 전전(戰前)에는 상공성 관료, 전후에는 정치인(중의원 7회, 사회당). 특히 1952년 3월 공인으로서는 전후 처음으로 소련에 입국, 국제경제회의에 출석했다. 돌아오는 길에 저우언라이(周恩來)의 초청으로 베이징을 방문, 중국국제무역촉진위원회(CCPIT)와 제1차 중일 민간 무역협정을 체결했다.

〔단장, 아사이(浅井) 총평 정보선전부장〕과 조선직업총동맹 간의 노동관계에 관한 합의, 극단 하이유자(俳優座, 대표 센다 고레야(千田是也)〕와 조선국립극장 간의 우호 교류에 관한 합의 등은 일조관계 정상화를 위한 북조선 정부와 일본 인민의 노력이라고 북조선 측이 평가한 것이었다.

1956년 4월 23일부터 29일까지 열린 조선노동당 제3차 대회에서 김일성 위원장은 중앙위원회 사업 총괄 보고에서 "미 제국주의 군대에 점령되어 있는 일본에서도 미 제국주의자와 일본의 군사 재벌의 반동적인 모략에 반대하고 일본의 자주독립과 평화, 민주를 위한 인민들의 투쟁이 나날이 높아져 소련, 중국 및 우리나라와의 친선적인 외교관계 수립을 위한 일본 인민의 진정한 노력과 요구가 한층 높아지고 있다"고 평가했다. 이어 이 대회에서 남일 외상은 4월 25일 토론에서 "우리는 인접국인 일본과의 관계 개선을 위해 적지 않은 노력을 해왔고, 지금도 노력하고 있다"고 말했다.

3. 상호 석방 및 일한회담 재개 교섭에 대해

제4장에서 언급한 한국과의 상호 석방 및 회담 재개 교섭이 진전되고 있는 동안, 북조선 정부는 재일조선인이 자국민(公民, 공민)이라는 입장에서 적극적으로 관여, 오무라 수용소 수용자의 무조건적인 석방과 거주지 선택의 자유를 강조했다. 1955년 10월 15일 북조선 외무성 대변인은 "오무라 수용소에 억류 중인 조선공민을 즉시 석방할 것을 요구한다. 남조선에 억류된 일본 어부와의 교환은 부당하다"는 담화를 발표했다. 또 같은 해 12월 29일 남일 외상은 "재일조선공민 문제와 관련해 공화국 대표를 일본에 파견할 용의가 있다"는 성명을 발표했다. 이 시기 북조선 정부는 일본에 우호 정책을 추진할 의향을 갖고 1957년 9월 20일 최고인민회의 제2기 제1차 회의에서 김일성 수상은 "일본과의 정상적인 관계를 세우기 위해 노력해야 한다. 이것은 우리 양국 인민에게 서로 도움이 될 뿐만 아니라 아시아의 평화 증진에 기여하게 될 것이다"라고 연설했다. 같은 해 12월 5일 조선노동당 중앙위원회 총회에서도 김일성 위원장은 보고 중에 "조선 인민은 일본 인민과의 친선관계를 세우기를 바라며 일본에서 일어나는 모든 민주적인 운동을 지지하고 일본과의 정상적인 관계를 설정하기 위해 노력할 것이다. 일본 군국주의의 부활에 반대하고 일본을 민주화하는 것은 극동의 평화 증진을 위해 중요한 의의를 갖는다"라고 친선을 강조했다.

1957년 12월 31일 일한 간에 상호 석방 교섭이 타결되어 일한회담 재개가 발표되자, 1958년 1월 4일 남일 외상은 항의 성명을 발표했는데 그 가운데 다음과 같이 말했다.

조선민주주의인민공화국 정부는 이미 1955년 10월 15일 자 외무성 대변인 담화와 1955년 12월 29일 자 나의 성명을 통해 일본의 수용소에 억류된 조선공민이 인도주의적 원칙에서 무조건 즉시 석방되어야 하고 그들에게는 자유의사에 의한 거주지 선택이 보장되어야 한다는 입장을 천명하고, 그들을 부당한 정치적 목적으로 이용해서는 안 된다는 것을 일본 정부에 몇 번이나 강조한 바 있다. 그러나 일본 정부는 우리의 거듭된 정당한 주장에도 불구하고 이번에 오무라 수용소와 하마마쓰(浜松) 수용소에 억류된 조선공민을 강제 송환함으로써 인도주의 원칙을 위반하고 그들을 자신의 부당한 정치적 목적을 위해 계속해서 이용하려 획책하고 있다.

조선민주주의인민공화국 정부는 재외 국민의 민족적 및 민주주의적 권리를 철저히 옹호하는 것을 우리의 신성한 의무라고 간주하고 있다. 우리는 과거에도 주장했지만, 오늘도 여전히 일본 정부가 일본의 수용소에 억류된 모든 조선공민을 무조건 즉시 석방하고 그들에게 자유의사에 의한 거주지 선택의 권리를 보장할 것을 요구한다. 또한 일본은 국내에 잔류하는 조선공민에게는 생활의 안착을 포함해 국제법에서 공인된 외국인으로서의 제반 권리를 반드시 보장해야 할 의무가 있다고 생각한다.

조선민주주의인민공화국 정부는 석방된 조선공민이 완전한 자유의사에 따라 귀국을 실현할 수 있도록 하기 위해 우리 측 대표를 일본에 파견할 필요가 있다고 인정하고, 이에 대한 모든 편의를 제공해줄 것을 일본 정부에 요구한다.

조선민주주의인민공화국 정부는 남조선 당국이 전체 조선 인민을 대표할 수 없는 이상, 일본 정부가 그들과 '대일 재산청구권 문제', '재일조선인의 국적 문제'를 포함한 전체 조선 인민의 이익과 관련된 제반 문제에 대해 일방적인 회담을 하고 조치를 강구한다면, 그것은 완전히 부당한 것이기 때문에 인정하지 않을 것이다.

만약 우리의 정당한 요구에도 불구하고 억류된 조선공민을 남조선에 강제 송환하고 전체 조선 인민의 이익을 위협하는 문제들을 남조선 당국과 일방적으로 해결한다면, 그로부터 초래되는 모든 결과에 대해 일본 정부는 전적인 책임을 져야 한다.

1958년 4월 15일 제4차 일한회담이 도쿄에서 재개되자 『노동신문』은 4월 16일 자에 "미국의 사주에 의해 열린 한일회담은 조일 양국 인민의 의사와 이익에 반한다"는 논설을 게재, 미국이 동북아시아 동맹을 꾸며내기 위해 광분하여 일한회담을 열게 된 것, 일본의 기시 정부가 일본인 어부의 전원 송환을 기다리지 않은 채 회담을 재개하기에 이른 것은 미국의 압력에 굴복한 결과이며, 회담에서 북조선 정부를 무시하고 미국의 조선 침략 도구인 이승만 정권과 대일 청구권이나 재일조선인의 국적 문제 등을 논의하는 것은 완전히 무효라고 말했다.

4. 일한회담의 진전과 대일 태도의 경직화

1960년 4월 이승만 정권이 무너지고 장면(張勉) 내각이 탄생한 후 고사카 외상이 1960년 9월에 방한한 것에 대해 북조선 측은 당시 가끔씩 조선대외문화연락협회의 초청으로 북조선을 방문했던 일조협회 사절단과의 공동성명(9월 7일)을 통해 "고사카 외상의 방한은 조선 통일을 방해하고, 동북아시아 동맹의 조작을 위한 미 제국주의의 음모와 관련된다"고 비난했다. 그 후 『노동신문』과 『민주조선』의 논설은 제5차 일한회담을 "이케다 정부와 장면 일파와의 악질적인 공모"라고 공격했다.

1961년 5월 한국에서 군사정권이 집권하고 제6차 일한회담이 시작된 후 북조선의 대일 태도는 더욱 강경해졌다. 1961년 7월 북조선은 소련 및 중공과 '우호 협력 상호 원조 조약'을 체결했는데, 김일성 수상은 동 조약 조인일인 7월 6일 모스크바의 크렘린 궁에서 행한 연설에서 "미 제국주의자들은 일본 제국주의자를 재무장시켜 아시아 침략 전쟁의 돌격대로 만들려 하고 있으며, 미국의 전쟁 상인들에 의해 자극받은 일본의 반동(反動) 그룹은 이미 남조선과 아시아의 다른 지역에 대한 침략 기도를 노골적으로 드러내고 있다"고 말했다. 또 소련과의 조약 체결 시 공동성명(7월 10일)에서는 "1960년 체결된 미일 간의 침략 조약이 극동 정세를 더욱 첨예화했다고 판단한다"고 밝혔고, 중공과의 조약 체결 시 공동성명(7월 15일)에서는 "서독과 일본의 군국주의는 서쪽과 동쪽에서 두 개의 위험한 전쟁 진원지를 형성하고 있다"고 말했다.

그해 9월에 열린 조선노동당 제4회 대회에서 김일성 위원장은 '중앙위원회 활동 보고'를 통해 국제관계에 대해 다음과 같이 말하면서 일본 정부를 강하게 비난했다.

조선 인민은 일본 제국주의가 다시 머리를 들고 공공연히 아시아 침략의 야망을 드러내고 있는 것을 묵인할 수 없다. 특히 일본 군국주의자들은 미 제국주의의 후원으로 남조선에 대한 경제적 침략을 획책하는 한편, 남조선을 끌어들여 침략적인 군사동맹을 맺으려고 획책하고 있다. 우리 조선 인민은 남조선에 대한 일본 군국주의의 재침 음모와 그것을 적극적으로 부추기는 미 제국주의자의 범죄행위를 단호히 규탄한다. 일본 군국주의의 재무장은 단호히 저지되어야 하며, 미 제국주의와 일본 군국주의 세력 사이에 맺어진 미일 군사조약은 즉시 폐기되어야 한다.

일본은 지리적으로 우리와 가까운 거리에 있는 나라이다. 조일 양국 관계를 정상화하는 것은 양국 인민 모두에게 유리한 것이다. 그러나 우리 공화국 정부의 진지한 노력에도 불구하고 우리나라와 일본 사이에는 지금도 정상적인 관계가 수립되어 있지 않다. 일본 정부는 우리나라에 매우 비우호적인 정책을 취하고 있다. 일본 정부의 이러한 정책은 아시아의 평화와 안전에 유해하며, 일본 인민의 이익과 염원에도 완전히 상반되는 것이다. 일본 정부는 우리나라에 대한 적대적인 태도를 버리고 반드시 조일 양국 인민의 이익에 부합하는 현실적인 입장에 서야 한다.

그해 11월 중순 박정희 최고회의 의장이 방미 길에 일본을 들러 이케다 총리와 회담한 것에 대해 『노동신문』과 『민주조선』은 "미 제국주의의 조작에 의한 매국 행각", "무너지기 직전인 미 제국주의의 식민지 통치에 부활한 일본 군국주의까지 끌어들이려고 하는 음모의 일환"이라고 단정한 논설을 게재했다.

1962년 들어 고사카 외상과 최덕신 외무장관 회담을 앞두고 북조선에서는 2월부터 3월에 걸쳐 '일본 군국주의의 남조선 재침략 반대 군중대회'가 각지에서 열렸다. 또 신문 사설이나 각 단체의 위원장 담화에서는 "한일회담을 분쇄하자"는 주장이 제기되었고, 재외 북조선 대사는 각 체류국에서 기자회견을 열어 일본 군국주의의 남조선 침략을 규탄한다고 언명했다.

그해 8월 일한회담은 중단되었지만, '예비교섭' 형식으로 논의가 계속되어 10월 20일, 11월 12일에 오히라 외상과 김종필 중앙정보부장 간에 청구권 문제 해결의 대강(大綱)이 논의되었다. 이에 대해서는 10월에 다시 북조선 각지에서 일한회담 반대 군중대회가 열렸다. 그해 12월 오노 자민당 부총재 방한 등을 통해 오히라 외상과 김종필 중앙정보부장이 합의했다고 알려지자 12월 13일 북조선 정부는 성명을 발표, 다음과 같이 말했다.

오늘날 조선에는 전체 조선 인민의 진정한 이익을 대표하는 조선민주주의인민공화국이 엄연히 존재하고 있다. 만약 일본 정부가 조일 양국 간에 관계하는 문제들을 진정으로 공명정대하게 조일 양국 인민의 이익에 모두 부합하도록 해결하려 한다면, 그것은 당연히 조선이 통일된 후 이 문제를 해결하도록 하는 것이 원칙이다. 만약 일본 정부가 현재 시기에 문제를 성실하게 해결하길 원한다면, 당연히 조선민주주의인민공화국 정부와 남조선 당국을 포함한 3자 회담의 방법을 선택하는 것이 다소나마 정당할 것이다.

조선민주주의인민공화국 정부는 국제법에 의해 공인된 원칙과 국제관례에 비추어 일본 제국주의 침략자가 조선 인민에게 끼친 모든 피해에 대해 일본 당국에 배상을 요구할 당연한 권리를 보유하고 있으며, 일본 당국은 이것을 배상해야 할 법적 의무가 있다고 판단한다. 일본 정부는 지금 '한일회담'에서 남조선 군사 파시스트 일당과 비밀 거래를 통해 단 수억 달러를 제공함으로써 이를 처리하려고 획책하고 있다. 이것은 언어도단이다. 약 반세기 동안의 약탈과 파괴에 대한 책임을 굳이 이러한 방법으로 피할 수 있겠는가.

공화국의 국적을 가진 재일조선공민 문제는 직접 조선민주주의인민공화국과 관련되는 문제이다. 일본 정부는 조선민주주의인민공화국 공민 문제를 이른바 '한일회담'에서 남조선 사기꾼들과 논의할 아무런 법적, 도의적 권한도 없다.

일본 정부는 '어업협정 문제' 등 조선과 관련이 있는 다른 여러 문제도 조선민주주의인민공화국의 참가 없이는 무엇 하나 일방적으로 해결할 수 없다는 것을 깊이 명심해야 한다.

일한회담에 관한 북조선 정부의 성명은 이때가 처음인데, 그중에서도 일본과의 관계에서 조선 문제의 해결은 통일까지 기다려야 한다는 것, 현재 시기에 한국을 포함한 3자 회담 방법을 언급하고 있는 것이 주목되었다. 이에 대한 일본 정부의 견해는 국회에서 "일본, 한국, 북조선과의 3자 회담은 명분상으로도 실제적으로도 성립하지 않는다"(1963년 2월 14일 참의원 예산위원회, 오히라 외상의 답변), "2개의 조선이 본래 있어야 할 모습이 아니라고 생각하므로 3자 회담을 할 생각이 없다. 일한회담을 방해하려는 것으로 의심되는 점이 있다"(1964년 3월 12일, 참의원 외무위원회, 이케다 총리의 답변) 등으로 표명되었다.

1964년 3월 일한 어업 장관 회담을 통해 현안인 어업 문제 토의가 진척되었다. 김종필 민주공화당 의장이 일본을 방문해 일본 정부의 각 방면과 접촉하는 등 '회담 타결 임박'이라는 보도가 나왔다. 이때 한국에서는 대일 굴욕외교 반대 전국투쟁위원회가 결성되어 활동을 전개했다. 서울을 중심으로 격렬한 학생데모가 일어나 일단 진압된 것처럼 보였지만 5월 말부터 6월 초에 걸쳐 재연되어 시민도 참가하는 대규모 데모로 확대, 6월 3일 서울에 계엄령이 내려지기에 이르렀다. 그동안 북조선의 신문은 연일 한국의 반대운동을 대대적으로 상세히 보도하고 이를 격려하는 한편, 평양을 비롯한 각 도시, 각 직장이나 학교에서도 일한회담 책동 규탄 군중집회가 열렸다. 조선민주법률가협회는 「조선에 대한 일본 제국주의의 범죄행위에 대해」라는 장문의 비난 성명을 발표했다(3월 20일). 최고인민회의 제3기 제3차 회의(1964년 3월 26일부터 28일까지)에서는 「한일회담을 분쇄하고 조국의 평화통일을 촉진하는 것에 대해」를 의안 중 하나로 상정, 27일 박성철(朴成哲) 외상의 보고를 청취한 후 남조선 인민, 여러 정당, 사회단체 인사, 국회의원에게 보내는 호소문을 채택했다. 이 호소문은 미 제국주의의 조종에 의한 일본의 재침략 책동과 남조선 현 지배자의 매국 책동을 저지, 파탄시키고 민족의 주체적인 힘에 의한 남북통일로 전진해야 함을 역설했다. 6월 초 한국의 일한회담 반대시위가 박 정권 타도를 기치로 내걸자 북조선은 군중대회에서, 또 신문의 논설에서 일한회담 반대보다도 '박 정권 타도를 주장하는 남조선의 청년 학생과 시민의 투쟁에 대한 지지'를 강하게 표명했다.

5. 기본조약안의 가조인 및 조약 제 협정 조인에 대해

1965년 2월 시나 외상이 방한해 일한 기본관계조약안의 가조인을 할 움직임을 보이자 2월 15일 북조선의 조국통일민주주의전선 중앙위원회는 조국평화통일위원회 위원회와 합동회의를 열어 "한일회담을 분쇄하라"는 남조선 인민들에게 보내는 호소문을 채택, 일한회담을 분쇄하고 조국통일을 위한 반미 구국 투쟁에 나설 것을 호소했다. 2월 20일 기본관계조약안의 가조인이 이뤄지자 북조선 각지에서 일한회담 반대 군중대회가 열렸다. 25일 북조선 외무성은 성명에서 "이것은 오늘날 일본 군국주의 세력이 합법적으로 남조선에 재침략할 수 있는 문을 활짝 열어주는 것을 의미한다", "지금 남조선은 실질적으로 일본 제국주의의 식민지로 다시 전락하고 미 제국주의와 일본 제국주의의 이중(二重) 식민지로 전락하는 위험에 노출되었다. 남조선이 미 제국주의의 이중의 지배하에 놓이게 되면, 조선의 분열은 더욱 고정화되어 평화적 통일은 지연될 것이다", "이번 기본관계조약 가조인은 존슨과 사토 간 비밀 협정의 일환이다. 이 조약의 가조인은 미 제국주의가 오래 전부터 획책해온 침략적인 동북아시아 군사동맹의 결성이 이제 결정적인 완성의 단계에 진입했다고 말할 수 있다", "기본관계조약은 본질적으로 을사보호조약 및 한일합병조약과 다르지 않은 극악한 매국 문서이다", "조선민주주의인민공화국은 일본 정부가 박정희 일당과의 '한일회담'에서 전체 조선 인민의 이익을 위협하는 문제에 대해 어떤 합의를 하더라도 이를 인정하지 않으며 무효라고 선언할 것이고, 조선에 통일된 인민의 정부가 수립된 후 당연히 이 문제를 다시 거론하고 심의하게 될 것임을 거듭 엄숙하게 성명한다"고 말했다.

3월 들어 도쿄에서 열린 일한 외무장관 회담에서 청구권, 어업, 법적지위 문제에 관한 논의가 진행되고 있을 때 북조선에서는 3월 28일 일한회담 반대 참가자가 15만 명이라고 선전된 평양시 군중대회를 비롯해 각지 각 직장에서 항의 집회와 시위가 계속되었다. 4월 3일 일한 간의 합의사항에 대한 가조인이 행해지자 4월 5일 북조선 외무성은 대변인 성명에서 "조선민주주의인민공화국 정부는 박정희 정권과 일본 사이에 체결된 어떠한 협정도 무효라고 판정할 것이다. 청구권 협정에 의해 과거 일본 제국주의가 조선에서 행한 야만적인 식민지 약탈 지배의 결과에 대한 조선 인민의 막대한 배상 청구권을 몇 달러를 받아 사복(私腹)을 채우면서 상쇄해버리려 하고 있다. '어업협정'에 의해 남조선의 어장을 일본 군국주의에 넘겨줘 버려 남조선 백만 어민의 생활이 위협당하고 있다. 법적지위 협정에 의해 일본 당국은 재일조선공민에 대한 민족적 차별과 정치적 박해, 심지어는 강제 추방을 쥐락펴락해 그 생활권을 박탈할 수 있는 권리가 규정되었을 뿐만 아니라, 일본 제국주의가 패주 당시 조선으로부터 가지고 간 수많은 선박에 대한 청구권도 포기했다. 우리의 신성한 영토인 독도까지 일본 제국주의에 양도하려 하고 있다"고 비난했다.

5월 20일부터 23일까지 최고인민회의 제3기 제4차 회의에서는 「전 민족이 단결하여 범죄적인 한일회담을 분쇄하는 것에 대해」라는 의안이 상정되어 21일 박성철 외상이 이에 관해 보고한 후 23일 이 결의안이 만장일치로 채택됐다. 결의안은 △ 북조선이 대일 청구권을 보유하고 그 권리를 행사한다, △ 영토(독도)와 어장 침범을 불허한다, △ 재일동포는 조선민주주의인민공화국 공민이며, 그 정당한 권리를 침범할 수 없음을 거듭 밝힌 후 "지금 조선 민족 앞에 제기되고 있는 최대의 과제는 분단된 조국을 하루빨리 통일하는 것이다. 전 민족적인 구국 통일전선을 결성하고 매국적인 한일회담을 분쇄하고 미 제국주의 침략자를 몰아내고 조국의 자주적 통일을 실현하기 위한 거족적 투쟁에 나서야 한다"고 강조했다.

6월 들어 힐튼호텔에서 조문화 교섭이 진행되었다. 이에 대해 6월 18일 북조선 정부는 「한일회담의 범죄적인 내막에 대해서」라는 제목이 달린 장문의 각서를 발표했다. 또 한일조약의 제 협정이 조인된 다음 날 6월 23일 북조선의 조선평화옹호 전국민족위원회 등 11개 사회단체가 "조인된 조약 제 협정은 일체 무효"라는 취지의 공동성명을 발표하고, 같은 날 정부 성명에서는 "청구권 경제협력 협정에서 일본 정부는 '경제협력'이라는 딱지를 붙여 배상의 의무에서 벗어났을 뿐만 아니라 '구원자'의 가면을 쓰고 남조선에 다시 들어가 팽창정책을 실현할 수 있는 토대를 구축했다", "조선민주주의인민공화국 정부는 대일 배상청구권을 보유하고 있다는 것을 일본 정부에 거듭 경고한다. 일본 정부는 어업 협정의 조인을 통해 조선의 전통적인 어장을 독점하고 대대적으로 수산자원을 약탈하고 남조선 해역에서 공공연한 해적행위가 가능하도록 합법화했다. 박정희 일당은 남조선 백만 영세 어민의 생명선(生命線)인 광대한 수역의 어장을 약간의 '어업차관'을 받는 대가로 일본 제국주의에 팔아넘겼을 뿐만 아니라 남조선 해역으로 일본의 무장 선박과 항공기의 자유 출입을 보장함으로써 그 수역을 일본 제국주의의 아시아 침략을 위한 군사 목적의 실현에 힘을 보태려 하고 있다", "어업 문제는 조선 인민의 자주권에 속하는 문제이므로 '한일회담'과 같은 매국적 거래의 장에서는 토론될 수 없다", "독도는 누구도 침범할 수 없는 조선 인민의 고유한 신성한 영토이다. 일본 정부는 법적지위 협정에서 재일조선공민을 포함한 재일동포에 대한 민족적 차별과 정치적 학대를 강화하고 제 마음대로 추방, 탄압하려고 책동하고 있다. 이 협정에 '대우'라는 문구를 삽입한 것은 일본 군국주의자의 교활한 기만 술책이다. 박정희 일당은 '한국 국적'을 강요해 괴뢰 정권의 '국내법'을 적용시켜 남조선 괴뢰군 징집의 원천으로 삼으려 하고 있다. 이것은 재일조선공민을 사분오열시키려는 행동이다. 일본 정부가 재일조선공민을 보호해야 할 책임에서 벗어나게 되는 것은 그들을 박정희 일당에 떠넘기려는 비열한 책동이다", "박정희 일당은 이러한 제 조약과 협정에서 일본 제국주의와의 결탁을 합법화해 일본 군국주의의 남조선 재침략과 일본을 중심으로 하는 동북아 군사동맹기구를 획책하려는 미 제국주의의 침략 정책 실현을 위한 기초를 구축했다"고 말했다. 북조선은 17일 일한조약 분쇄를 위한 일본 인민의 투쟁을 지지하는 평양시 군중대회를 열었다.

8월 13일 한국 국회에서 일한조약 제 협정의 비준 동의안이 강행 통과되자『노동신문』은 사설에서 "매국적인 한일조약은 전적으로 무효"라고 주장했다. 11월 12일 일본 중의원에서 일한조약 제 협정 비준 동의안이 통과되자 북조선은 11월 16일 정부 성명을 발표, "미 제국주의는 한일조약을 체결시킨 후, 지난 8월에는 남조선의 박정희 일당에게 남조선 인민들의 치열한 반대투쟁을 야수적으로 탄압하도록 하는 한편, 괴뢰 국회에서 강도처럼 이 조약을 통과시켜 이번 일본 국회에서도 비슷한 수법으로 한일조약을 파쇼적으로 통과시켰다", "부활한 일본 군국주의는 이로써 미 제국주의를 방패 삼아 남조선을 다시 침략하여 하루라도 빨리 해외 팽창의 길에 나서기 위해 국회에서 충분히 논의도 하기 전에 사기와 부정의 방법으로 한일조약을 강행 통과시키는 폭거를 아무런 거리낌 없이 저질렀다", "지금 일본 인민은 한일조약을 분쇄하기 위한 투쟁을 완강하게 대규모로 전개하고 있다", "조선 인민은 한일조약을 분쇄하기 위해 일본 인민이 벌이는 정의의 투쟁에 전적인 지지와 굳은 연대를 표명한다. 한일조약은 무효이며 조선 인민은 그것을 인정하지 않는다는 것을 거듭 엄숙히 성명한다. 조선 인민은 일본 인민과 굳게 단결하여 침략적인 한일조약에 반대하는 투쟁을 계속해서 끈질기게 펼칠 것이다"라고 말했다.

12월 18일 서울에서 한일조약 비준서가 교환되기 전날인 12월 17일 조국통일민주주의전선 중앙위원회는 남조선 인민들에게 보내는 호소문을 발표, "범죄적인 한일조약을 매장하고 남북 합병과 교류 실현을 위해 싸워 나가기 위해 일체의 애국적 민주세력을 결집해 전 민족적인 반미 반일 구국 통일전선을 결성하자"고 강조했다. 북조선은 12월 19일 일한조약 규탄 평양시 군중대회가 열렸다.

북조선은 12월 21일 정부 성명에서 일한조약의 무효 취지를 거듭 표명, "조선 인민은 일본 정부에 배상청구권을 비롯한 제반 권리를 계속 보유하며 향후 언제든지 이 당연한 권리를 행사할 것"이라면서 "조선민주주의인민공화국 정부와 조선 인민은 일본 인민을 포함한 전 세계의 평화 애호 인민들과 굳게 단결하여 침략적인 한일조약을 분쇄하고 미 제국주의를 방패 삼아 아시아 침략의 길에 나선 일본 군국주의자들의 책동을 파탄시키고 미 제국주의를 남조선에서 몰아내고 조국의 자주적 평화통일을 실현하기 위해 끝까지 단호히 싸울 것"이라고 주장했다.

일한회담의 진행과 직접 관련되는 북조선 측의 성명에 대해 살펴보면 다음과 같다. 정부 성명은 1962년 12월 13일(일한 간에 청구권 문제 해결의 대강이 결정된 후), 1965년 6월 23일(일한조약 제 협정이 체결된 후), 같은 해 11월 16일(일한조약 제 협정의 비준 동의안이 중의원을 통과한 후), 같은 해 12월 21일(일한조약 제 협정 비준을 교환한 후) 이렇게 네 차례였으며, 외상 성명은 1955년 2월 25일(일본과의 국교 수립을 요구), 1958년 1월 4일(일한 상호 석방 및 회담 재개 타결 후) 두 차례, 외무성 성명은 1965년 2월 25일(일한 기본관계조약 안이 가조인된 후), 외무성 대변인 성명은 1965년 4월 5일(일한 간에 청구권, 어업, 법적지위의 합의사항이 가조인된 후) 한 차례였다. 일한회담에 대한 북조선 측의 성명을 요약하면, 일한조약 제 협정은 통일 이후에 체결되어야 하고, 한국과 맺어진 것은 일체 무효라는 주장으로 일관되어 있다. 북조선은 또 "한일조약은 미 제국주의의 책동하에 행해져 그 타결은 일본 군국주의의 조선 재침략의 개시이므로, 남북통일을 추진하고 항미 구국 투쟁을 전개함으로써 회담을 분쇄해 조약 제 협정을 파기해야 한다"는 점을 강조했다.

북조선 측은 청구권에 대해서는 막대한 배상청구권이 남아 있다고 주장하고, 어업은 이승만 라인이라는 호칭을 취하고 있지는 않지만 광대한 어업 해역을 민족의 기득 권익이라고 간주, 외교교섭에 맡겨서는 안 된다고 강조했다. 또 독도(다케시마)도 조선 영토라고 말했다. 선박 청구권은 포기해서는 안 된다고 주장했다. 재일조선인에 대한 한국 국적의 강요는 민족의 분열을 획책하는 것으로 결정된 처우는 생활권을 박탈하는 것이라고 말했다.

이 기간은 중소 간 분쟁이 격렬해지고, 북조선에 대한 중소 양국의 경제원조가 저조했다. 따라서 북조선이 1961년부터 시작한 경제7개년계획은 부진을 면치 못했다. 그러나 다른 한편으로 북조선은 1962년 12월 이후 전체 인민의 무장 강화, 전 국토의 요새화를 강조하면서 국방 강화에 힘을 쏟고 있었다. 북조선이 일한 국교정상화 교섭을 미국의 아시아 침략의 일환으로 간주, 일본의 남조선 재침략 책동으로 선전한 것은 북조선 국민의 위기의식 고양을 위해 이용된 측면도 다분히 있었다고 할 수 있다.

6. 특히 재일조선인 문제에 대해

일한회담의 의제는 기본관계, 청구권, 어업, 선박, 재일한국인의 법적지위, 문화재 등으로 나눌 수 있는데 이 가운데 북조선 정부는 재일조선인 문제에 대해 매우 적극적으로 관여하는 태도를 보였다. 재외 조선인이 다수 거주하는 지역은 일본 외에 중공 125만 남짓(1957년), 소련 31만 남짓(1959년)이다. 북조선 정부가 중공과 소련에 거주하는 조선인에 대한 정책을 발표한 적은 없는데, 이는 중소에 거주하는 재외 주민은 각각 중국과 소련 국적에 편입되었다는 측면 때문이었다. 북조선 정부는 그러나 재일조선인에 대해서는 이를 조선민주주의인민공화국 공민으로 간주해 간섭, 보호하려는 태도를 계속 취했다. 여기에는 제2차 세계대전 종료 후 약 60만 명의 재일조선인 가운데 처음부터 북조선을 지지하는 세력이 상당했다는 점에 그 원인이 있었다고 할 수 있다.

즉, 종전 후 재일조선인 전체의 조직화를 기도한 재일본조선인연맹(1945년 10월 15일 결성)은 일본공산당과 직접 연결되어 조직 내에서 좌파의 발언이 강했고, 북조선 지지를 분명히 밝히고 있었다. 이후 이들은 일본의 사회질서를 어지럽히는 행동을 많이 했기 때문에 1949년 9월 8일 재일본조선인연맹, 재일본조선민주청년동맹, 재일본조선민주여성동맹 등이 법무성에 의해 '반민주주의적 폭력주의 단체'로 규정되어 단체 규제 법령의 적용에 의해 해산 명령을 받아 그 간부의 추방, 재산 몰수가 행해졌다.

한국전쟁 발발 후 북조선을 지원한 재일조선인은 1950년 7월 반미투쟁의 행동대로서 조국방위위원회를 조직했고, 1951년 1월 대중 조직으로서 재일조선인 민주민족전선을 결성, 이전의 조선인연맹 계통 세력의 재통합을 도모했다. 이후 1955년 5월 재일조선인 민주민족전선을 해체하고 재일본조선인총연합회(총련)로서 재생했지만 여전히 그 세력은 한국을 지지하는 재일본 대한민국거류민단을 압도했다.

한국전쟁의 종전이 가까워진 1953년 2월 19일 북조선의 조국통일민주주의전선은 제25차 중앙위원회에서 재일동포를 향한 호소문을 채택, "재일동포의 투쟁은 조국 해방 전쟁의 일환"이라고 강조하면서 "조선민주주의인민공화국 국적을 지켜라", "공화국 공민의 이름을 끝까지 지키고 싸워라"라고 말했다. 1954년 8월 30일 남일 외상은 성명에서 "재일조선인의 정당한 권리 보호는 조선민주주의인민공화국 정부의 확고부동한 정책"이라고 밝히면서 조선인에 대한 일본 정부의 정책을 비난했다.

한국전쟁 휴전 후 북조선 정부는 재일조선인의 북조선 귀환에 열의를 보여 일본과 조선의 두 적십자 간에 교섭을 개시하는 데 성공, 1959년 8월에 귀환협정이 체결되어 같은 해 12월부터 귀환이 실시되기 시작했다는 것은 전술한 대로이다. 1963년 10월 9일 북조선 정부는 국적법을 공포했는데, 그 제3조에는 "외국에 거주하는 조선민주주의인민공화국 공민은 자기의 조국─조선민주주의인민공화국에 자유롭게 왕래할 수 있다"고 밝혔다. 북조선은 이후 재일조선인의 북조선 자유왕래 운동을 진행했다.

한편, 1957년 4월 이후 북조선 정부는 재일조선인 자녀 교육 지원 비용, 장학금을 재일조선인총연합회 산하 재일본조선인교육회에 송금하기 시작했다. 이후 북조선은 매년 정부 예산에 이를 계상하여 대일 송금을 계속해 재일조선인 가운데 북조선을 지지하는 청소년을 육성하기 위해 노력했다.

또 북조선을 지지하는 재일조선인총연합회 간부에 대해 북조선 정부는 1960년 이후 10여 차례에 걸쳐 국가 훈장과 공로메달을 보내고 그들과 북조선 정부의 직접적 관계를 도모했다.

북조선의 신문 논설 등은 재일조선인에 대해 끊임없이 보도하고 그들의 권익 옹호를 강조했다. 북조선은 일한 간의 상호 석방 교섭이 성립되었을 때에는 앞서 언급한 외상 성명으로 이를 비난했다. 이후 1965년 6월 9일 외무성 성명은 "일본 정부는 재일조선공민에 대한 살상, 폭행, 테러 등을 계속해서 저지르고 있다"고 주장했다. 10월 25일 외무성 성명에서는 "일본 정부가 재일본조선인총연합회 등에 대한 파괴활동과 재일조선공민에 대한 살상, 폭행을 한층 강화하고 있다"고 거듭 비난했다. 또 일본 국회가 외국인 등록의 국적란에 '조선' 국적을 인정하지 않고 '한국'을 '조선'으로 변경할 수 없다는 입장을 취하자 11월 5일 북조선 외무성은 성명을 발표, "국제법의 규범 및 기본 인권을 짓밟는 것으로 조선민주주의인민공화국에 대한 용서하기 어려운 도전"이라면서 일본 정부를 공격했다.

일한조약 제 협정

(1965년 6월 22일 서명)

(1) 일본국과 대한민국 간의 기본관계에 관한 조약

일본국과 대한민국은 양 국민 관계의 역사적 배경과 선린관계와 주권 상호 존중의 원칙에 입각한 양국 관계의 정상화에 대한 상호 희망을 고려하며, 양국의 상호 복지와 공통 이익을 증진하고 국제 평화와 안전을 유지하는 데 있어서 양국이 국제연합 헌장의 원칙에 합당하게 긴밀히 협력함이 중요하다는 것을 인정하며, 또한 1951년 9월 8일 샌프란시스코 시에서 서명된 일본국과의 평화조약의 관계 규정과 1948년 12월 12일 국제연합 총회에서 채택된 결의 195(III)호를 상기하며, 본 기본관계에 관한 조약을 체결하기로 결정하여, 이에 다음과 같이 양국의 전권위원을 임명하였다.

일본국
일본국 외무대신 시나 에쓰사부로
           다카스기 신이치
대한민국
대한민국 외무부장관   이동원
대한민국 특명 전권대사   김동조

이들 전권위원은 그들의 전권위임장을 상호 제시하고, 그것이 양호 타당하다고 인정한 후 다음의 제 조항에 합의하였다.

제1조

양 체약 당사국 간에 외교 및 영사 관계를 수립한다. 양 체약 당사국은 대사급 외교사절을 지체 없이 교환한다. 양 체약 당사국은 또한 양국 정부에 의하여 합의되는 장소에 영사관을 설치한다.

제2조

1910년 8월 22일 및 그 이전에 대일본제국과 대한제국 간에 체결된 모든 조약 및 협정이 이미 무효임을 확인한다.

제3조

대한민국 정부가 국제연합 총회 결의 195(III)호에 명시된 바와 같이 한반도에 있어서의 유일한 합법 정부임을 확인한다.

제4조

(가) 양 체약 당사국은 양국 상호 간의 관계에 있어서 국제연합 헌장의 원칙을 지침으로 한다.

(나) 양 체약 당사국은 양국의 상호의 복지와 공동의 이익을 증진함에 있어서 국제연합 헌장의 원칙에

합당하게 협력한다.

제5조

양 체약 당사국은 양국의 무역, 해운 및 기타 통상상의 관계를 안정되고 우호적인 기초 위에 두기 위하여 조약 또는 협정을 체결하기 위한 교섭을 실행 가능한 한 조속히 시작한다.

제6조

양 체약 당사국은 민간 항공 운수에 관한 협정을 체결하기 위하여 실행 가능한 한 조속히 교섭을 시작한다.

제7조

본 조약은 비준되어야 한다. 비준서는 가능한 한 조속히 서울에서 [   ]에서 교환하기로 한다. 이 조약은 비준서가 교환된 날부터 효력이 발생한다.

이상의 증거로서 각 전권위원은 본 조약에 서명 날인하였다.

1965년 6월 22일 도쿄에서 동등하게 정본인 일본어, 한국어 및 영어로 본서 2통을 작성하였다. 해석에 상위가 있을 경우에는 영어본에 따른다.

일본국을 위하여   대한민국을 위하여

椎名悦三郎   李東元

高杉晋一   金東祚

———

(1-1) Treaty on Basic Relations between Japan and the Republic of Korea

Japan and the Republic of Korea,

Considering the historical background of relationship between their peoples and their mutual desire for good neighborliness and for the normalization of their relations on the basis of the principle of mutual respect of sovereignty;

Recognizing the importance of their close cooperation in conformity with the principles of the Charter of the United Nations to the promotion of their mutual welfare and common interests and to the maintenance of international peace and security' and

Recalling the relevant provisions of the Treaty of Peace with Japan signed at the city of San Francisco on September 8, 1951 and the Resolution 195(III) adopted by the United Nations General Assembly on December 12, 1968;

Have resolved to conclude the present Treaty on Basic Relations and have accordingly appointed as their Plenipotentiaries,

Japan:

Etsusaburo Shiina, Minister for Foreign Affairs of Japan

Shinichi Takasugi

The Republic of Korea:

Tong Won Lee, Minister of Foreign Affairs of the Republic of Korea

Dong Jo Kim, Ambassador Extraordinary and Plenipotentiary of the Republic of Korea

Who, having communicated to each other their full powers found in good and due form, have agreed upon the following articles:

Article I

Diplomatic and consular relations shall be established between the High Contracting Parties. The High Contracting Parties shall exchange diplomatic envoys with the Ambassadorial rank without delay. The High Contracting Parties will also establish consulates at locations to be agreed upon by the two Governments.

Article II

It is confirmed that all treaties or agreements concluded between the Empire of Japan and the Empire of Korea on or before August 22, 1910 are already null and void.

Article III

It is confirmed that the Government of the Republic of Korea is the only lawful government in Korea as specified in the Resolution 195(III) of the United Nations General Assembly.

Article IV

(a) The High Contracting Parties will be guided by the principles of the Charter of the United Nations in their mutual relations.

(b) The High Contracting Parties will cooperate in conformity with the principles of the Charter of the United Nations in promoting their mutual welfare and common interests.

Article V

The High Contracting Parties will enter into negotiations at the earliest practicable date for the conclusion of treaties or agreements to place their trading, maritime and other commercial relations on a stable and friendly basis.

Article VI

The High Contracting Parties will enter into negotiations at the earliest practicable date for the conclusion of an agreement relating to civil air transport.

Article VII

The present Treaty shall be ratified. The instruments of ratification shall be exchanged at Seoul as soon as possible. The present Treaty shall enter into force as from the date on which the instruments of ratification are exchanged.

IN WITNESS WHEREOF, the respective Plenipotentiaries have signed the present Treaty and have affixed thereto their seals.

DONE in duplicate at Tokyo, this twenty-second day of June of the year one thousand nine hundred and sixty-five in the Japanese, Korean, and English languages, each text being equally authentic. In case of any divergence of interpretation, the English text shall prevail.

FOR JAPAN:

    Etsusaburo Shiina

    Shinichi Takasugi

FOR THE REPUBLIC OF KOREA:

    Tong Won Lee

    Dong Jo Kim

---

(2) 일본국과 대한민국 간의 재산 및 청구권에 관한 문제의 해결과 경제협력에 관한 협정

일본국과 대한민국은 양국 및 양국 국민의 재산과 양국 및 양국 국민 간의 청구권에 관한 문제를 해결하길 희망하고, 양국 간의 경제협력을 증진하길 희망하여, 다음과 같이 합의하였다.

제1조

1. 일본국은 대한민국에 대하여,

(a) 현재 1,080억 일본 엔(108,000,000,000엔)으로 환산되는 3억 미합중국 달러($300,000,000)와 동등한 일본 엔의 가치를 가지는 일본국의 생산물 및 일본인의 용역을 본 협정의 효력 발생일로부터 10년의 기간에 걸쳐 무상으로 공여한다. 매년 이루어지는 생산물 및 용역의 공여는 현재 108억 일본 엔(10,800,000,000엔)으로 환산되는 3,000만 미합중국 달러($30,000,000)와 동등한 일본 엔의 액수를 한도로 하고 한 해의 공여가 본 액수에 미달되었을 때에 그 잔액은 그해 이후의 공여액에 가산된다. 단, 매년 공여 한도액은 양 체약국 정부의 합의에 의하여 증액될 수 있다.

(b) 현재 720억 일본 엔(72,000,000,000원)으로 환산되는 2억 미합중국 달러($200,000,000)와 동등한 일본 엔의 액수에 달하기까지 장기저리 차관으로서 대한민국 정부가 요청하고 또한 제3항의 규정에 근거하여 체결될 약정에 의하여 결정되는 사업의 실시에 필요한 일본국의 생산물 및 일본인의 용역을 대한민국이 조달하는 데 있어 충당될 차관을 본 협정의 효력 발생일로부터 10년의 기간에 걸쳐 행한다. 본 차관은 일본국의 해외경제협력기금에 의하여 행해지는 것으로 하고, 일본국 정부는 동 기금이 본 차관을 매년 균등하게 이행하는 데 필요한 자금을 확보할 수 있도록 필요한 조치를 취한다. 전기 제공 및 차관은 대한민국의 경제 발전에 유익한 것이 아니면 안 된다.

2. 양 체약국 정부는 본 조의 규정의 실시에 관한 사항에 대하여 권고를 행할 권한을 가지는 양 정부 간의 협의기관으로서 양 정부의 대표자로 구성된 합동위원회를 설치한다.

3. 양 체약국 정부는 본 조의 규정의 실시를 위하여 필요한 약정을 체결한다.

제2조

1. 양 체약국은 양 체약국 및 그 국민(법인을 포함함)의 재산, 권리 및 이익과 양 체약국 및 그 국민 간의 청구권에 관한 문제가 1951년 9월 8일 샌프란시스코 시에서 서명된 일본국과의 평화조약 제4조 (a)항에 규정된 것을 포함하여 완전히 그리고 최종적으로 해결됐음을 확인한다.

2. 본 조의 규정은 다음의 것(본 협정의 서명일까지 각기 체약국이 취한 특별 조치의 대상이 된 것은 제외한다)에 영향을 미치지 않는다.

(a) 일방 체약국의 국민으로서 1947년 8월 15일부터 본 협정의 서명일까지 타방 체약국에 거주한 일이 있는 사람의 재산, 권리 및 이익

(b) 일방 체약국 및 그 국민의 재산, 권리 및 이익으로서 1945년 8월 15일 이후 통상의 접촉의 과정에서 취득되었거나 또는 타방 체약국의 관할하에 들어오게 된 것

3. 제2항의 규정에 따르는 것을 조건으로 하여 일방 체약국 및 그 국민의 재산, 권리 및 이익으로서 본 협정의 서명일에 타방 체약국의 관할하에 있는 것에 대한 조치와 일방 체약국 및 그 국민의 타방 체약국 및 그 국민에 대한 모든 청구권으로서 동 일자 이전에 발생한 사유에 기인하는 것에 관하여는 어떠한 주장도 할 수 없는 것으로 한다.

제3조

1. 본 협정의 해석 및 실시에 관한 양 체약국간의 분쟁은 우선 외교상의 경로를 통하여 해결한다.

2. 제1항의 규정에 의하여 해결할 수 없는 분쟁은 어느 일방 체약국의 정부가 타방 체약국의 정부로부터 분쟁의 중재를 요청하는 공한을 접수한 날부터 30일의 기간 내에 각 체약국 정부가 임명하는 1인의 중재위원과 이와 같이 선정된 2인의 중재위원이 당해 기간 후 30일 내에 합의하는 제3의 중재위원 또는 당해 기간 내에 이들 2인의 중재위원이 합의하는 제3국의 정부가 지명하는 제3의 중재위원과 3인의 중재위원으로 구성되는 중재위원회에 결정을 위하여 회부한다. 단, 제3의 중재위원은 양 체약국 중 어느 편의 국민이어서는 안 된다.

3. 어느 일방 체약국의 정부가 당해 기간 내에 중재위원을 임명하지 아니하였을 때, 또는 제3의 중재위원 또는 제3국에 대하여 당해 기간 내에 합의하지 못하였을 때에는 양 체약국 정부가 각각 30일의 기간 내에 선정하는 국가의 정부가 지명하는 각 1인의 중재위원과 이들 정부가 협의에 의하여 결정하는 제3국의 정부가 지명하는 제3의 중재위원으로 중재위원회를 구성한다.

4. 양 체약국 정부는 본 조의 규정에 의거한 중재위원회의 결정에 복종한다.

제4조

본 협정은 비준되어야 한다. 비준서는 가능한 한 조속히 서울에서 교환한다. 본 협정은 비준서가 교환된 날부터 효력이 발생한다.

이상의 증거로서, 하기 대표는 각자의 정부로부터 정당한 위임을 받아 본 협정에 서명하였다.

1965년 6월 22일 도쿄에서 동등하게 정본인 한국어 및 일본어로 본서 2통을 작성하였다.

일본국을 위하여   대한민국을 위하여

椎名悦三郎   李東元

高杉晋一   金東祚

―――――

(2-1) 제1의정서

일본국과 대한민국 간의 재산 및 청구권에 관한 문제의 해결과 경제협력에 관한 협정(이하 '협정'이라 함)에 서명함에 있어서 하기(下記) 대표는 각자의 정부로부터 위임을 받아, 협정 제1조 제1항 (a)의 규정의 실시에 관해 협정의 불가분의 일부로 인정되는 다음의 규정에 합의하였다.

제1조

일본국이 제공하는 생산물 및 용역을 정하는 연도 실시계획(이하 '실시계획'이라 함)은 대한민국 정부에 의해 작성되고 양 체약국 정부 간의 협의에 의해 결정된다.

제2조

1. 일본국이 공여하는 생산물은 자본재 및 양국 정부가 합의하는 기타 생산물로 한다.

2. 일본국의 생산물 및 일본인의 용역 공여는 일본국과 대한민국 간의 통상의 무역이 현저히 저해되지 않도록 하며 또한 외국환의 추가 부담이 일본국에 과해지지 않도록 실시한다.

제3조

1. 제5조 제1항의 사절단 또는 대한민국 정부의 인가를 받은 자는 실시계획에 따라 생산물 및 용역을 취득하기 위해 일본 국민 또는 그가 지배하는 일본국의 법인과 직접 계약을 체결한다.

2. 제1항의 계약(그 변경을 포함함)은 (1) 협정 제1조 제1항 (a) 및 본 의정서의 규정 (2) 양 정부가 협정 제1조 제1항 (a) 및 본 의정서의 실시를 위해 행하는 약정의 규정 및 (3) 당시에 적용되는 실시계획에 합치되어야 한다. 이러한 계약은 전기 기준에 합치되는 것인지 여부를 인증받기 위해 일본국 정부에 송부된다. 이 인증은 원칙적으로 14일 이내에 행해진다. 소정의 기간 내에 인증을 받지 못할 때에 그 계약은 협정 제1조 제2항의 합동위원회에 회부되어 합동위원회의 권고에 따라 처리된다. 동 권고는 합동위원회가 동 계약을 접수한 후 30일 이내에 행한다. 본 항에서 정하는 바에 따라 인증을 받은 계약은 이하 '계약'이라 한다.

3. 모든 계약은 그 계약으로부터 또는 계약과 관련해 야기되는 분쟁은 일방 계약 당사자의 요청의 의해 양 정부 간에 행해질 약정에 따라 상사중재위원회에 해결을 위해 회부된다는 취지의 규정을 포함해야 한다. 양 정부는 정당하게 이뤄진 모든 중재 판단을 최종적인 것으로 하고 또한 이것이 집행될 수 있도록 필요한 조치를 취한다.

4. 제1항의 규정에도 불구하고, 생산물 및 용역의 제공이 계약에 의거해 실행될 수 없다고 인정될 경우에는 양 정부 간의 합의에 따라 계약 없이 실행할 수 있다.

제4조

1. 일본국 정부는 제5조 제1항의 사절단 또는 대한민국 정부의 인가를 받은 자가 계약에 의해 지는 채무와 전(前) 조 제4항의 규정에 의한 생산물 및 용역 공여의 비용에 충당하기 위한 지불을 제7조의 규정에 의거해 정하는 절차에 따라 행한다. 이 지불은 일본 엔으로 한다.

2. 일본국은 제1항의 규정에 의거한 지불을 함으로써 그 지불을 행한 때에 그 지불이 된 생산물 및 용역을 협정 제1조 제1항 (a)의 규정에 따라 대한민국에 공여한 것으로 간주한다.

제5조

1. 대한민국 정부는 동 정부의 사절단(이하 '사절단'이라 함)을 일본국 내에 설치한다.

2. 사절단은 협정 제1조 제1항 (a) 및 본 의정서의 실시를 임무로 하며, 그 임무에는 다음의 사항이 포

함된다.

(a) 대한민국 정부가 작성한 실시계획을 일본국 정부에 제출

(b) 대한민국 정부를 위한 계약의 체결 및 실시

(c) (b)의 계약 및 대한민국 정부의 인가를 받은 자가 체결하는 계약의 인증을 받기 위해 일본국 정부에 이를 송부

3. 사절단이 임무를 효과적으로 수행하기 위해 필요하며, 또한 오로지 그 목적을 위해 사용되는 사절단의 일본국 사무소는 도쿄 및 양 정부 간에 합의하는 기타 장소에 설치할 수 있다.

4. 사절단 사무소의 구내(構內) 및 기록은 불가침으로 한다. 사절단은 암호를 사용할 수 있다. 사절단에 속하며 또한 직접 그 임무 수행을 위해 사용되는 부동산은 부동산 취득세 및 고정 자산세가 면제된다. 사절단의 임무 수행으로 발생하는 사절단의 소득은 일본국에서 과세가 면제된다. 사절단이 공적 목적으로 수입하는 재산은 관세 및 기타 수입에 대해 또는 수입과 관련하여 부과되는 과징금이 면제된다.

5. 사절단은 타 외국 사절단에 통상적으로 부여되는 행정상의 원조로서 사절단이 임무를 효과적으로 수행하기 위해 필요로 하는 것을 일본국 정부로부터 부여받는다.

6. 대한민국의 국민인 사절단의 장, 사절단의 상급 직원 2명 및 제3항의 규정에 따라 설치되는 사무소의 장은 국제법 및 국제 관습에 따라 일반적으로 인정되는 외교상의 특권 및 면제를 받는다. 사절단이 임무를 효과적으로 수행하기 위해 필요하다고 인정될 때에는 전기한 상급 직원의 수가 양국 정부 간의 합의에 따라 증가할 수 있다.

7. 대한민국의 국민으로서 통상 일본국 내에 거주하고 있지 않은 사절단의 기타 직원은 일본국에서는 자신의 직무 수행상 받는 보수에 대한 과세가 면제되며 또한 일본국의 법령이 정하는 바에 따라 본인이 직접 이용하는 재산에 한해 관세, 기타 수입에 대해 또는 수입과 관련해 부과되는 과징금이 면제된다.

8. 계약 또는 이와 관련해 야기되는 분쟁이 중재에 의한 해결을 보지 못한 때, 또는 동 중재 판단이 이행되지 않은 때에는 최후의 해결수단으로서 그 문제를 계약자의 관할 재판소에 제기할 수 있다. 이 경우에 필요한 소송 절차상의 목적을 위해서만 사절단의 법무부장직에 있는 자가 제2항 (b)의 계약에 관해 제소하거나 또는 응소될 수 있으며, 이를 위해 사절단의 자기 사무소에서 소장 및 기타 소송 서류의 송달을 접수할 수 있다. 단, 소송비용의 담보 제공 의무가 면제된다. 사절단은 제4항 및 제6항이 정하는 바에 따라 불가침 및 면제가 부여되나, 전기의 경우에는 관할 재판소가 행한 최종의 재판이 사절단을 구속하는 것을 수락한다.

9. 최종의 재판을 집행하는 데 있어 사절단에 속하며 또한 그 임무 수행을 위해 사용되는 토지 및 건물과 그 안에 있는 동산은 어떠한 경우에도 강제 집행을 받지 않는다.

제6조

1. 양 정부는 생산물 및 용역의 제공이 원활하고 효과적으로 행해지도록 하기 위해서 필요한 조치를 취한다.

2. 생산물 또는 용역의 제공과 관련해 대한민국 내에 있을 필요가 있는 일본 국민은 그 작업 수행을 위해 대한민국에의 입국, 동국으로부터의 출국 및 동국의 체재에 필요한 편의가 부여된다.

3. 일본국의 국민 및 법인은 생산물 또는 용역의 제공으로부터 발생하는 소득에 대해 대한민국에서 과세가 면제된다.

4. 일본국이 제공하는 생산물은 대한민국의 영역에서 재수출되어서는 안 된다.

5. 어느 일방 체약국의 정부도 일본국이 제공하는 생산물의 수송 및 보험에 관해 공정하고도 자유로운 경쟁을 방해하는 타방 체약국의 국민 및 법인에 대한 차별적 조치를 직접 또는 간접적으로 취하기 않는다.

6. 본 조의 규정은 협정 제1조 제1항 (b)에 정하는 차관에 의한 생산물 및 용역의 조달에 대해서도 적용된다.

제7조

본 의정서의 실시에 관한 절차 및 기타 세목은 양 정부 간의 협의에 의해 합의한다.

이상의 증거로서, 하기 대표는 본 의정서에 서명하였다.

1965년 6월 22일 도쿄에서 동등하게 정본인 일본어 및 한국어로 본서 2통을 작성하였다.

일본국을 위하여   대한민국을 위하여

椎名悦三郎   李東元

高杉晋一   金東祚

————

(2-2) 제2의정서

일본국과 대한민국 간의 재산 및 청구권에 관한 문제의 해결과 경제협력에 관한 협정(이하 '협정'이라고 함)에 서명함에 있어서, 하기의 대표는 각자의 정부로부터 정당한 위임을 받고, 또한 협정의 불가분의 일부로 인정되는 다음의 규정에 합의하였다.

제1조

대한민국은 일본국과 대한민국 간의 청산계정의 잔액으로서 1961년 4월 22일 자 교환공문에 의하여 양 체약국 정부 간에 확인되어 있는 일본국의 채권인 4,572만 9,399 미합중국 달러 8센트($45,729,398.08)를 협정의 효력 발생일로부터 10년의 기간 내에 다음과 같이 분할하여 변제한다. 이 경우에 있어서는 무이자로 한다.

제1회부터 제9회까지 연부불의 액 ― 매년 4,573 미합중국 달러($4,573,000)

제10회 연부불의 액 ― 457만 2,398 미합중국 달러 8센트($4,572,398.08)

제2조

전 조에서 매년 내는 연부불금에 대해 대한민국의 요청이 있을 경우에는 그 요청이 있는 금액에 상당한 협정 제1조 제1항 (a)의 규정에 의한 생산물 및 용역의 제공과 전 조의 규정에 의한 부불금의 지불이 된 것으로 간주하고 이에 의해 협정 제1조 제1항 (a)의 규정에 의한 생산물 및 용역의 제공액 및 그 해외 제공 한도액은 동 조 제1항 (a)의 규정에도 불구하고 그 금액만큼 감액된다.

제3조

제1조에서 언급한 일본국 채권액의 변제와 관련해 대한민국은 제1회 연부불을 협정의 효력 발생일에 행하는 것으로 하고, 제2회 이후의 연부불을 매년 제1회 지불 일자와 동일한 일자까지 행한다.

제4조

제2조에 의한 대한민국 정부의 요청은 일본국의 재정상 관행을 고려하여 전 조의 규정에 의한 지불 일자가 속하는 일본국의 회계연도가 시작되는 해의 전년 10월 1일까지 당해 지불 일자에 지불해야 할 부불금에 대해 행해진다. 단, 제1회 지불(및 본문의 규정에 의할 수 없을 경우에는 제2회 지불)에 대한 요청은 협정의 효력 발생일에 행해진다.

제5조

대한민국의 요청은 제1조에서 언급한 매년의 부불금의 전부 또는 일부에 대해 행할 수 있다.

제6조

대한민국의 요청이 제4조의 규정에 의한 일자까지 행해지지 않고, 또한 부불금의 전부 또는 일부의 지불이 제3조의 규정에 의한 지불 일자까지 행해지지 않았을 경우에는 그 부불금의 전부 또는 일부에 대해 제2조에 따라 대한민국의 요청이 있었던 것으로 간주한다.

이상의 증거로서 하기 대표는 본 의정서에 서명하였다.

1965년 6월 22일 도쿄에서 동등하게 정본인 일본어 및 한국어로 본서 2통을 작성하였다.

일본국을 위하여 　　　　　대한민국을 위하여

椎名悦三郎 　　　　　　　李東元

高杉晋一 　　　　　　　　金東祚

(2-3) 제1의정서의 실시 세목에 관한 교환공문

(일본 측 서한)

서한으로써 말씀드립니다. 본 대신은 금일 서명된 일본국과 대한민국 간의 재산 및 청구권에 관한 문제의 해결과 경제협력에 관한 협정(이하 '협정'이라 함)의 제1의정서(이하 '의정서'라 함)에 대해 언급하는 영광을 누립니다. 일본국 정부는 양국 정부가 의정서 제7조 규정에 의거해 다음과 같이 합의할 것을 제의합니다.

I. 실시계획

1. 의정서 제1조의 연도 실시계획(이하 '실시계획'이라 함)은 양 정부가 그 시기 및 종기(終期)를 합의하는 연도에 대해 결정할 수 있다.

2. 실시계획의 결정은 원칙적으로 다음과 같이 행해진다.

(a) 제1년도를 제외한 각 연도의 실시계획은 그 적용되는 연도의 개시에 앞서 결정된다. 당해 연도의 실시계획은 그 연도의 개시에 앞서 적어도 60일 전에 협의를 위해 일본국 정부에 제출된다.

(b) 제1년도의 실시계획은 협정 효력 발생일로부터 60일 이내에 결정된다. 이를 위해 당해 연도의 실시계획은 가능한 한 조속히 일본국 정부에 제출된다.

3. 실시계획에는 당해 연도 중에 대한민국에 의한 조달이 예정되는 일본국의 생산물 및 일본인의 용역을 열거한다.

4. 실시계획은 양 정부 간의 합의에 의해 수정될 수 있다.

II. 계약

1. 의정서 제3조 제1항의 계약은 일본 엔으로 통상적인 상업상의 절차에 따라 체결된다.

2. 의정서 제3조 제2항의 계약(이하 '계약'이라 함)의 실시에 관한 책임은 의정서 제5조 제1항의 사절단(이하 '사절단'이라 함) 또는 대한민국 정부의 인가를 받은 자 및 의정서 제3조 제1항의 일본국 국민 또는 일본국의 법인으로서, 계약의 당사자인 자만이 진다.

3. 제3조 제3항의 적용상 상사중재위원회는 계약의 어느 일방 당사자가 중재에의 회부를 요청한 경우 타방 당사자가 거주하는 국가에 있는 상사중재기관을 말한다.

III. 지불

1. 대한민국 정부는 일본국의 법률에 의거하여 외국환 공인 은행으로 인가되었으며 또한 일본 국민에 의해 지배되는 일본국의 은행 중에서 의정서 실시에 관한 업무를 행할 은행을 지정한다.

2. 사절단 또는 대한민국 정부의 위임을 받은 기관(이하 '기관'이라 함)은 제1항에 규정하는 지정 은행과 약정을 하여 대한민국 정부의 명의로 특별계정을 개설하고 그러한 은행에 일본국 정부로부터의 지불 수령 등을 수권하고 또한 일본국 정부에 대해 그 약정의 내용을 통고한다. 특별계정은 무이자로 한다.

3. 사절단 또는 기관은 계약의 규정에 의거하여 지불 의무가 발생한 일자 이전에 충분한 여유를 두고,

지불 금액, 제2항의 지정 은행 중 지불이 행해져야 할 은행(이하 '은행'이라 함)의 명칭 및 사절단 또는 기관이 관계 계약자에게 지불을 행해야 할 일자를 기재한 지불 청구서를 일본국 정부에 송부한다.

4. 일본국 정부는 지불 청구서를 수령했을 경우 사절단 또는 기관이 관계 계약자에 지불을 행해야 할 일자 전에 은행에 청구금액을 지불한다.

5. 일본국 정부는 또한 의정서 제3조 제4항의 규정의 의해 양 정부가 합의하는 제공에 관한 지불을 제4항에 정하는 바와 같은 방법으로 행한다.

6. 제4항 및 제5항의 규정에 의거하여 일본국 정부가 지불하는 금액은 특별계정에 대기하는 것으로 하고 기타의 어떠한 자금도 특별계정에 대기되지 않는다. 특별계정은 제3항 및 제5항의 목적만을 위해 차기(借記)한다.

7. 사절단 또는 기관이 특별계정에 대기된 자금의 전부 또는 일부를 계약의 해제 등 기타에 의해 인출하지 않았을 경우, 미불 금액은 양 정부 간의 협의에 의해 제3항 및 제5항의 목적을 위한 지불에 충당된다.

8. 특별계정으로부터 지불된 금액의 전부 또는 일부가 사절단 또는 그 기관에 반환되었을 경우에 그 반환된 금액은 제6항의 규정에도 불구하고 특별계정에 대기한다. 그 반환된 금액은 양 정부 간의 협의에 따라 제3항 및 제5항의 목적을 위한 지불에 충당된다.

9. 의정서 제4조 제2항의 규정의 적용상 "지불을 행한 때"라 함은 지불이 일본국 정부에 의해 은행에 대해 행해진 때를 말한다.

10. 일본국이 의정서 제4조 제2항의 규정에 따라 대한민국에 제공한 것으로 간주되는 생산물 및 용역의 액수를 결정함에 있어서는 일본 엔으로 지불된 금액으로부터 환산되는 미합중국 달러의 등가액이 계산의 기초가 된다. 전기의 환산에 적용되는 외환율은 일본국 정부가 정식으로 결정하고 또한 국제통화기금이 동의한 미합중국 달러에 대한 일본 엔의 평가로서 다음에 열거하는 일자에 적용되는 것으로 한다.

(a) 계약에 관한 지불의 경우에는 일본국 정부가 당해 계약을 인증한 일자

(b) 기타의 경우는 각 경우에 있어서 양 정부가 합의하는 일자

단, 합의한 일자가 없을 경우에는 일본국 정부가 지불 청구서를 수령한 일자로 한다.

IV. 사절단

대한민국 정부는 계약에 관해 사절단을 대표하여 행동하는 권한이 부여된 사절단의 장 및 기타 직원의 성명을 일본국 정부에 수시로 통고하고, 일본국 정부는 그 성명을 일본국의 관보에 공시한다. 전기한 사절단의 장 및 기타 직원의 권한은 일본국의 관보로 별도의 공시가 있을 때까지는 계속되는 것으로 간주한다.

본 대신은 또한 본 서한 및 전기 전안에 대한 귀국 정부에 의한 수락을 확인하는 각하의 회한을, 의정서 제7조 규정에 의거해 의정서의 실시 세목에 관한 양국 정부 간의 합의를 구성하는 것으로 간주할 것을, 의정서의 기타 절차 세목은 양국 정부 당국 간에 합의할 것이라는 양해하에 제안하는 영광을 누립니다.

본 대신은 이상과 같이 말씀드리면서 거듭 각하께 경의를 표합니다.

1965년 6월 22일 도쿄에서

일본국 외무대신 시나 에쓰사부로

대한민국 외무부장관 이동원 각하

(한국 측 서한)

서한으로써 말씀드립니다. 본 장관은 금일 자 각하의 다음과 같은 서한을 수령했음을 확인하는 영광을 누립니다.

(일본 측 서한)

본 장관은 각하의 서한에서 언급된 제안에 대해 본국 정부를 대신해 동의하며, 또한 각하의 서한 및 그 답신을 재산 및 청구권에 관한 문제의 해결 및 경제협력에 관한 대한민국과 일본국 간의 협정의 제1의정서 실시에 관한 세목에 관한 양국 정부 간의 합의를 구성하는 것으로 간주하는 데 동의하는 영광을 누립니다.

본 장관은 이상을 말씀드리면서 여기서 거듭 각하께 경의를 표합니다.

1965년 6월 22일

외무부장관 이동원

일본국 외무대신 시나 에쓰사부로 각하

────────

(2-4) 청구권 및 경제협력 협정 제1조 제1항 (b) 규정의 실시에 관한 교환공문

(일본 측 서한)

본 대신은 금일 서명된 일본국과 대한민국 간의 재산 및 청구권에 관한 문제의 해결과 경제협력에 관한 협정(이하 '협정'이라 함) 제1조 제1항 (b) 규정의 실시에 관해, 양국 정부가 다음과 같이 합의할 것을 제안하는 영광을 누립니다.

1. 협정 제1조 제1항 (b)에서 정하는 차관은 대한민국 정부와 해외경제협력기금 간에 체결되는 차관 계약 및 사업별 사업계획 합의서에 의거해 행해진다.

2. 양 정부는 제1항에서 언급한 차관 계약 및 사업계획 합의서에는 다음의 제 조건이 포함되는 것임을 양해한다.

(a) 차관의 이행은 합리적인 정도로 매년 균등하게 배분하여 행한다.

(b) 원금의 상환기간은 각각의 사업계획 합의서의 효력 발생일로부터 6개월 후에 시작되는 7년의 거

치기간을 포함한 20년의 기간으로 하고 금리는 연 3.5퍼센트로 한다.

(c) 원금의 상환은 14회 계속된 균등 연부불로 행하며 이자의 지불은 차관이 이행된 일자 이후에 원금에서 그때그때 미상환된 잔액에 대해 반년마다 행한다.

(d) 차관액은 일본 엔으로 대출된 금액으로 환산되는 미합중국 달러의 등가액을 기초로 하여 계산하며 그 환산에서 사용되는 외환율은 일본국 정부가 정식으로 결정하고 또한 국제통화기금이 동의한 미합중국 달러에 대한 일본 엔의 평가로서 각각의 사업계획 합의서의 효력 발생일에 적용되어 있는 것으로 한다.

(e) 원금의 상환 및 이자의 지불은 교환 가능한 일본 엔으로 행한다.

3. 양국의 재정 사정 및 해외경제협력기금의 자금 사정에 따라서는 합의에 의해 제2항 (b)에서 언급한 상환기간이 연장될 수 있다.

4. 해외경제협력기금은 차관 및 동 차관으로부터 발생되는 이자에 대해 또는 그와 관련하여 부과되는 대한민국의 조세, 기타의 과징금이 면제된다.

5. 양 정부는 대한민국 정부가 제시하는 차관의 대상이 되는 사업 및 그 연도 실시계획을 결정하기 위해 매년 협의한다.

본 대신은 또한 본 서한 및 전기 제안에 대한 귀국 정부에 의한 수락을 확인하는 각하의 회한을 협정 제1조 제1항 (b) 규정의 실시에 관한 일본국 정부와 대한민국 정부 간의 합의를 구성하는 것으로 간주할 것을 제안하는 영광을 누립니다.

본 대신은 이상을 말씀드리면서 여기서 거듭 각하께 경의를 표합니다.

1965년 6월 22일 도쿄에서

일본국 외무대신 시나 에쓰사부로

대한민국 외무부장관 이동원 각하

(한국 측 서한)

서한으로써 말씀드립니다. 본 장관은 금일 자 각하의 다음과 같은 서한을 수령했음을 확인하는 영광을 누립니다.

(일본 측 서한)

본 장관은 각하의 서한에서 언급된 제안에 대해 본국 정부를 대신해 동의하며, 또한 각하의 서한 및 그 답신을 재산 및 청구권에 관한 문제의 해결 및 경제협력에 관한 대한민국과 일본국 간의 협정 제1조 제1항 (b) 규정의 실시에 관한 양국 정부 간의 합의를 구성하는 것으로 간주하는 데 동의합니다.

본 장관은 이상을 말씀드리면서 여기서 거듭 각하께 경의를 표합니다.

1965년 6월 22일

외무부장관 이동원

일본국 외무대신 시나 에쓰사부로 각하

────────

(2-5) 1965년 6월 22일 자로 일본국과 대한민국 양 정부 간에 체결된
'일본국과 대한민국 간의 재산 및 청구권에 관한 문제의 해결과 경제협력에 관한 협정'
제1조 제1항 (b)와 그 부속 문서에 규정한 차관에 대한
대한민국 정부(이하 '차주'라 함)와 해외경제협력기금(이하 '기금'이라 함) 간의
1965년 6월 22일 자 차관 계약

(차관금액) 제1조

(1) '기금'은 '차주(借主)'에 대하여 이 차관 계약 및 이에 부수되는 약정(이하 '차관 계약'이라 함)의 조건에 의거하여 현재 720억 일본 엔(¥72,000,000,000)으로 환산되는 2억 미합중국 달러(US $200,000,000)에 동등한 일본 엔의 액수에 달하기까지의 차관을 표제 협정의 효력 발생일로부터 10년의 기간 내에 이행할 것을 약정한다. 단, 대출의 누계액이 이 한도에 달하였을 때에는 신규 대출은 행하지 아니한다.

(2) '차관 계약'에 의거한 대출은 합리적인 정도로 매년 균등히 배분하여 행하여지는 것으로 한다.

(3) 제1항에 규정하는 일본 원화 대출액에 대한 아메리카 합중국 달러 상당액의 산정은 일본국 정부가 정식으로 결정하고, 또한 국제통화기금이 동의한 일본 엔의 미합중국 달러에 대한 평가로서, 제3조에 규정되는 각 사업계획 합의서의 서명일에 적용되고 있는 것에 의하는 것으로 한다.

(차관금의 용도) 제2조

'차주'는 이 차관금을 일본 국민 또는 일본의 법인인 공급자(이하 '공급자'라 함)와 대한민국의 수입자(이하 '수입자'라 함) 간에 체결되는 구매 계약(이하 '구매 계약'이라 함)에 따라 다음 조항에 규정되는 사업계획의 달성을 위하여 필요로 하는 일본국의 생산물 및 일본인의 용역의 구입을 위하여 사용하는 것으로 한다.

(사업계획 합의서) 제3조

(1) '차주'는 차관이 행해질 사업계획의 실시계획을 제출하여 당해 사업계획이 경제적 및 기술적으로 실시 가능하다는 것과 해외경제협력기금법에 의거한 차관의 대상으로서 적당하다는 것에 대하여 '기금'의 동의를 얻는 것으로 한다.

(2) 전 항의 사업계획에 대하여 '차주'와 '기금'이 합의한 경우에는 '차주'와 '기금'은 일본국 도쿄에서

사업별로 사업계획 합의서(양식 별첨 1)에 서명하는 것으로 한다.

('구매 계약'의 인증) 제4조

(1) '공급자'와 '수입자' 간에 이 차관을 받는 데 적당한 '구매 계약'이 체결될 때마다 '차주'는 '기금'에 대하여 당해 계약서의 확인필 사본 및 '기금'이 필요로 하는 서류를 제출하여, '기금'의 인증을 얻는 것으로 한다.

(2) 전 항에 의하여 인증된 '구매 계약'의 내용에 변경이 생기는 경우에는 '차주'는 사전에 서면으로 '기금'에 통지하는 것으로 한다.

단, 당해 계약의 내용에 중대한 변경이 생기는 경우에는 '기금'의 동의를 필요로 한다.

(대출 방법) 제5조

(1) '차주'는 '구매 계약'의 인증 통지를 수령하는 대로 '기금'에 취소 불능 지불 수권서(양식 별첨 2)를 발급하고 동시에 '공급자'에 그 사본을 송부하는 것으로 한다. '기금'은 인증을 한 후 '차주'에 이를 수령하였다는 통지를 한다.

(2) 전 항에 규정된 지불 수권서에 의하여 '차주'는 '기금'에 대하여 당해 수권서에 기재된 금액의 한도 내에서 당해 수권서에 기재되는 지불 조건에 따라 '공급자'가 제출하는 수령서 및 당해 수권서에 기재되는 기타 서류의 교환으로 '공급자'에게 자금을 교부하고 당해 금액을 '기금'에 개설되는 '차주' 명의 계정에 차기할 것을 수권하는 것으로 한다.

단, '차주'가 '공급자'의 서면에 의한 동의서를 첨부하여 '공급자'에 대한 지불의 보류를 '기금'에 서면으로 요청하였을 때에는 '기금'은 그 지불을 보류하는 것으로 한다.

(3) '차주'는 '기금'이 지불 수권서에 따라 '공급자'에게 자금을 지불하였을 때마다 '기금'으로부터 '차관 계약'에 의거한 대출을 수령한 것으로 한다.

(4) '기금'은 '차관 계약'에 의거한 대출을 실행할 때마다 '차주'에 대하여 대출 실행 통지서(양식 별첨 3) 2통을 송부하는 것으로 한다.

'차주'는 그중 1통에 수령의 표시를 하여 '기금'에 반송하는 것으로 한다.

(원금 상환의 방법) 제6조

(1) '차관 계약'에 의거한 차관 원금은 각 사업계획 합의서 서명일의 6개월 후 일자로부터 기산하여 7년의 거치기간 만료일을 제1회 부불일로 하는 14회 계속된 균등 연부불로서 상환되는 것으로 한다.

단, 각 회의 부불액을 계산할 때 생기는 10만 일본 엔(￥100,000)의 단수 금액은 제1회의 부불액에 가산하여 각 회의 부불액을 결정하는 것으로 한다.

(2) '차주'가 사업계획 합의서의 차관 한도액까지 차입하지 아니하였을 경우에는 차관 한도액과 실제 대출액의 차액은 최종 부불액으로부터 차인하는 것으로 한다. 그래도 잔액이 있을 때는 상환기한의 역순으로 차인하는 것으로 한다.

(3) '차주'는 '기금'이 승낙하였을 경우에는 앞당겨서 차관금을 상환할 수 있다.

(4) 양국 정부 간의 합의가 있었을 때는 '차주'와 '기금'은 상환기간을 연장하는 것에 대하여 협의하는 것으로 한다.

(이자 및 그 지불 방법) 제7조

(1) '차주'는 '차관 계약'에 의거하여 교부된 각 사업마다 차관 원금의 수시(隨時) 잔액에 대하여 연 3.5퍼센트의 비율로 계산된 이자를 본 조 제3항에 규정된 이자 지불일마다 지불하는 것으로 한다.

(2) 이자의 계산 기간은 사업계획 합의서의 서명일을 시기(始期)로 하는 6개월간 및 그에 계속되는 6개월마다로 한다.

(3) 이자 지불일은 각 사업에 대한 대출이 실행 중일 때는 이자 계산 기간 종기의 익일로부터 1개월 후의 날짜로 하고 당해 사업에 대한 대출이 실행 완료된 후에는 이자 계산 기간 종기의 익일로 한다.

또한 각 사업과 관련된 제1회 이자 지불은 '기금'에 의한 당해 사업에 대한 대출이 실행된 후에 행하여지는 것으로 한다.

(4) 이자를 계산할 때 그 기간이 6개월에 미달할 경우에는 1년 365일의 일수를 기준으로 한 계산법에 의한다. 그 기간이 6개월 단위로 단수가 없는 경우에는 1년을 기준으로 하여 계산한다.

(원리금의 지불 장소와 지불 통화) 제8조

만약 '차관 계약'에 의한 차관의 원금, 이자가 있을 경우, 기타 제 비용의 지불 장소는 일본국 도쿄도(都) 지요다(區)에 있는 '기금' 사무소로 하고 그 지불 통화는 교환 가능한 일본 엔으로 한다.

('기금'의 구제수단) 제9조

다음의 각 호의 1항에 해당하는 경우, '기금'은 '차주'에 대하여 서면에 의한 통지로서, 그 사업계획에 대한 대출을 정지하거나 또는 중지할 수 있으며, 혹은 기한의 이익을 상실하게 할 수 있다.

(a) '차주'가 '차관 계약'의 조항을 위반한 경우

(b) '구매 계약'의 파기 또는 제3조에 규정되는 사업의 완성이나 수행이 불가능하게 되거나 혹은 현저하게 곤란하게 되는 사태가 발생하였을 경우

(기간 후의 지불) 제10조

'차주'가 제6조 및 제7조에서 정한 차관 원금 및 이자를 각각의 지불 기한까지 지불하지 아니하였을 경우, '차주'는 '기금'에 지불을 요하는 금액에 대하여 당해 기일로부터 그 실제 지불일의 전일까지 연 5.5퍼센트의 비율로 계산된 연체 이자를 지불하는 것으로 한다.

(권리 불행사) 제11조

'기금'에 의한, '차관 계약'에 의거한 권리의 불행사, 또는 지연은 당해 권리를 포기하는 효과를 발생케 하지 않으며, 또한 그 권리 중 어느 하나의 행사 또는 부분적인 행사는 당해 권리의 그 밖의 행사 또는 장래의 행사, 혹은 기타 권리의 행사를 방해하는 것이 아니다.

('차주'의 의무 불면책) 제12조

'구매 계약'의 실시상 발생하는 '클레임' 및 분쟁은 당사자 간에서 해결하는 것으로 한다. 그러한 '클레

임' 및 분쟁은 본 차관에 관련된 '차주'의 의무를 하등 면책하는 것이 아니다.

(비용의 부담) 제13조

(1) '차주'는 '차관 계약'의 작성과 '차관 계약'에 의거한 차관금 채권의 관리에 관한 '기금'의 통상적인 사무 경비 이외의 비용을 '기금'의 청구에 의하여 지불한다.

(2) 만약 차관의 실행, 원금의 상환 및 이자의 지불과 관련해 징수될 수 있는 은행의 수수료 및 경비가 있는 경우, 이는 '차주' 또는 '수입자'에 의하여 부담된다.

(중재) 제14조

(1) '차관 계약'으로부터 발생하는 모든 양 당사자 간의 분쟁, 논의, 일방의 당사자가 타방에 거는 '클레임' 등 양 당사자 간 의견이 상이(이하 '분쟁'이라 함)할 때는 '차주', '기금' 및 양국 정부로서 구성되며, 일본국 도쿄에서 개최되는 위원회에서 협의하여 해결하도록 노력하는 것으로 한다.

(2) (a) 전 항의 위원회가 일방의 당사자로부터 개최 요청이 있음에도 불구하고 그 후 60일 이내에 실제로 개최되지 아니하였을 때, 또는 (b) 전기 기간 내에 개최되었음에도 불구하고 최초의 회합일로부터 90일 이내에 합의에 달하지 못하였을 때, 또는 (c) 전 항의 위원회에서 합의에 달하였음에도 불구하고 당해 합의를 의무자가 그 후 60일 이내에 이행하지 아니하였을 때에는 '차주' 또는 '기금'은 '차주'와 '기금' 간에 따로 협정되는 중재 규칙의 정하는 바에 따라 '분쟁' 및 상기 (c)의 경우 의무자에 대한 이행의 청구를 중재 재판소에 의한 중재에 회부될 수 있는 것으로 한다.

(3) '차관 계약'의 양 당사자는 전 항의 위원회에 관한 중재 규칙의 모든 조항을 승낙하고 이 규칙이 '차관 계약'과 일체를 이루는 것을 확인한다.

(위임장 및 서명감) 제15조

(1) '차주'는 '기금'에 다음의 서류를 제출하는 것으로 한다.

(a) '차관 계약'을 작성, 서명하는 권한을 특정의 관직에 있는 자에 부여한 취지의 위임장

(b) 전 호의 특정 관직에 있는 자의 서명감으로서 대한민국 정부의 외무부장관이 인증한 것

(2) 전 항의 서류에 기재된 사항에 변경이 생긴 경우, '차주'는 조속히 서면으로 '기금'에 통지하고, 신임자에 대한 위임장 및 그 사람의 서명감을 제출하는 것으로 한다.

(법률 의견서) 제16조

'차주'는 '기금'에 다음 사항을 내용으로 하는 대한민국 정부의 법무부장관이 작성하는 법률 의견서를 제출하는 것으로 한다.

(a) '차주'는 대한민국의 법률에 의거하여 합법적으로 '기금'으로부터 차관을 받을 수가 있다는 것

(b) 대한민국 정부의 경제기획원장관은 대한민국의 행정 조직법상 대한민국 정부를 대표하여 '차관 계약'의 당사자가 된다는 것

(c) '차주'가 '차관 계약'의 조항에 따라 부담한 채무는 유효하고 또한 구속력이 있는 대한민국의 채무가 된다는 것

(차관 계약의 발효) 제17조

(1) 이 차관 계약이 발효하려면 다음의 조건을 필요로 한다.

   (a) 일본국과 대한민국의 양 국회에서 표제 협정의 비준이 행하여지고 비준서의 교환이 완료되어 있을 것

   (b) 대한민국의 국회에서 이 차관 계약에 관한 의결이 행하여지고, 대한민국 정부로부터 그러한 취지의 통지가 '기금'에 송달되어 있을 것

   (c) '기금'이 제 15조 제 1항 (a)에 규정하는 위임장, 제15조 제1항 (b)에 규정하는 서명감 및 제16조에 규정하는 법률 의견서를 수령하고 이러한 것에 만족하며 그 취지가 '차주'에게 통지되어 있을 것

(2) 이 차관 계약은 전 항 (a), (b), 및 (c)의 모든 조건이 갖추어진 날에 발효하는 것으로 한다.

(준거법) 제18조

'차관 계약'의 효력 및 해석은 이 차관 계약 서명지의 법령에 따른다.

(잡칙) 제19조

(1) '차관 계약'에 의거하여 양 당사자에게 필요로 하는 통지는 다음의 주소에 서면으로 송달되었을 때에 이것이 정당히 행하여진 것으로 간주한다.

   '차주'   대한민국 서울특별시 경제기획원 장관

   '기금'   日本国 東京都 千代田区 内幸町 二丁目 22番地 飯野Building 海外経済協力基金 総裁

주소 또는 명칭에 변경이 생겼을 때는 양 당사자는 각기 상대방에게 서면으로 통지하는 것으로 한다.

(2) '차주'는 '기금'이 차관금의 관리상 특히 필요로 하는 사업계획의 실행 및 운영 상황에 대한 보고를 '기금'에 제출하는 것으로 한다.

(3) '구매 계약'에 정하는 사유로 인하여 '차주'가 '공급자'에게 어떠한 금전 채권을 취득하게 되었을 경우, '차주'는 이에 의한 채권의 행사에 대하여 '기금'과 협의하는 것으로 한다.

(4) '차관 계약'에 의하여 산출된 이자(연체 이자 포함)에 대하여 1 일본 엔(¥1) 단위 미만의 단수가 생겼을 때에는 이를 절사한다.

(5) 각 조의 표제는 참조의 편의상 열거된 것이며 이 계약 증서의 일부가 되는 것은 아니다.

이 계약을 확증하기 위하여 '차주' 및 '기금'은 각각 정당하게 권한이 부여된 대표자에 의하여 두서의 일자에 일본국 도쿄에서 동등하게 정본인 한국어, 일본어 및 영어로 된 증서 각 2통을 작성해 서명하고 각각 1통씩을 교환하였다.

해석의 상이가 있을 때에는 영어 증서에 의한 것으로 한다.

대한민국 정부를 위하여   일본국 해외경제협력기금을 위하여

경제기획원 기획 차관보   총재

金榮俊   柳田誠二郎

————————

(2-6) 청구권 및 경제협력 협정 제1조 제2항에서 규정한 합동위원회에 관한 교환공문

(한국 측 서한)

1965년 6월 22일, 도쿄에서

각하,

본관은 금일 서명된 대한민국과 일본국 간의 재산 및 청구권에 관한 문제의 해결과 경제협력에 관한 협정(이하 '협정'이라 함) 제1조 제2항에서 정하는 합동위원회에 관해 양국 정부가 다음과 같이 합의할 것을 제안합니다.

1. 합동위원회는 도쿄에 설치한다.

2. 합동위원회는 양 정부가 각각 임명하는 대표 1명 및 대표대리 수 명으로 구성된다.

3. 합동위원회는 일방 정부 대표의 요청에 의해 회합한다.

4. 합동위원회는 다음의 사항에 관한 권고를 위해 협의를 행하는 것을 임무로 한다.

   (a) 제1의정서에 의거한 연도 실시계획, 계약의 인증 및 지불에 관한 절차

   (b) (a)에서 언급한 연도 실시계획에 관한 문제

   (c) 협정 제1조 제1항 (b) 규정의 실시에 관한 교환공문 제5항에서 언급한 사업 및 그 연도 실시계획에 관한 문제

   (d) (a)에서 언급한 계약의 인증

   (e) 협정 제1조 제1항 규정의 실시 상황의 검토(수시 제공 및 차관의 이행 총액 산정을 포함함)

   (f) 협정 제1조 규정의 실시에 관한 기타 사항으로서 양 정부가 합의에 의해 이를 합동위원회에 회부하는 것

본관은 또한 본 서한 및 전기 제안에 대한 귀국 정부에 의한 수락을 확인하는 각하의 회한을 협정 제1조 제2항에서 정하는 합동위원회에 관한 대한민국 정부와 일본국 정부 간의 합의를 구성하는 것으로 간주할 것을 제안하는 영광을 가집니다.

본관은 이 기회에 각하에 대해 경의를 표합니다.

외무부장관 이동원

일본국 외무대신 시나 에쓰사부로 각하

(일본 측 서한)

서한으로써 말씀드립니다. 본 대신은 금일 자 각하의 다음과 같은 서한을 수령했음을 확인하는 영광을 누립니다.

(한국 측 서한)

본 대신은 각하의 서한에서 언급된 제안에 대해 본국 정부를 대신해 동의하며, 또한 각하의 서한 및 그 답신을 재산 및 청구권에 관한 문제의 해결 및 경제협력에 관한 일본국과 대한민국 간의 협정 제1조 제2항의 합동위원회에 관한 양국 정부 간의 합의를 구성하는 것으로 간주하는 데 동의합니다.

본 대신은 이상을 말씀드리면서 여기서 거듭 각하께 경의를 표합니다.

1965년 6월 22일

일본국 외무대신 시나 에쓰사부로

대한민국 외무부장관 이동원 각하

————

(2-7) 일본국과 대한민국 간의 재산 및 청구권에 관한 문제의 해결과
경제협력에 관한 협정에 대한 합의의사록(I)

일본국 정부 대표와 대한민국 정부 대표는 금일 서명된 일본국과 대한민국 간의 재산 및 청구권에 관한 문제의 해결과 경제협력에 관한 협정(이하 '협정'이라 함) 및 관련 문서에 관해 다음의 양해에 도달하였다.

1. 협정 제1조 제1항에 관해,

일본국이 제공하는 생산물 및 용역은 일본국 내에서 영리 목적을 위해 사용되지 않는다는 데 의견의 일치를 보았다.

2. 협정 제2조에 관해,

(a) "재산, 권리 및 이익"이라 함은 법률상의 근거에 의거해 재산적 가치가 인정되는 모든 종류의 실체적 권리를 말하는 것으로 양해되었다.

(b) "특별 조치"라 함은 일본국에 관해서는 제2차 세계대전 전투 상태의 종결 결과로 발생한 사태에 대처하여 1945년 8월 15일 이후 일본국에서 취해진 전후 처리를 위한 모든 조치(1951년 9월 8일 샌프란시스코에서 서명된 일본국과의 평화조약 제4조 (a)의 규정에 의거하는 특별협정을 고려하여 취해진 조치를 포함함)를 말하는 것으로 양해되었다.

(c) "거주한"이라 함은 동 조 제2항 (a)에 기재한 기간 내 어떠한 시점까지만 그 국가에 계속하여 1

년 이상 거주한 것을 말하는 것으로 양해되었다.

(d) "통상의 접촉"에는 제2차 세계대전 전투 상태의 종결 결과, 일방국의 국민으로서 타방국으로부터 귀환한 자(지점 폐쇄를 행한 법인을 포함함)의 귀환 시까지의 사이에 타방국의 국민과의 거래 등 종전 후에 발생한 특수한 상태하에서의 접촉이 포함되지 않는 것으로 양해되었다.

(e) 동 조 제3항에 의해 취해질 조치는 동 조 제1항에서 말하는 양국 및 그 국민의 재산, 권리 및 이익과 양국 및 그 국민 간의 청구권에 관한 문제를 해결하기 위해 취해질 각국의 국내 조치를 말하는 것으로 의견의 일치를 보았다.

(f) 한국 측 대표는 제2차 세계대전 전투 상태의 종결 후 1947년 8월 15일 전에 귀국한 대한민국 국민이 일본국 내에 소유하는 부동산에 대해 신중한 고려가 베풀어질 수 있도록 희망을 표명하고, 일본 측 대표는 이에 대해 신중히 검토한다는 취지의 답변을 했다.

(g) 동 조 제1항에서 말하는 완전히 그리고 최종적으로 해결된 것으로 되는 양국 및 그 국민의 재산, 권리 및 이익과 양국 및 그 국민 간의 청구권에 관한 문제에는 일한회담에서 한국 측으로부터 제출된 '한국의 대일 청구 요강'(소위 8개 항목)의 범위에 속하는 모든 청구가 포함되어 있고, 따라서 동 대일 청구 요강에 관해서는 어떠한 주장도 할 수 없게 됨을 확인했다.

(h) 동 조 제1항에서 말하는 완전히 그리고 최종적으로 해결된 것으로 되는 양국 및 그 국민의 재산, 권리 및 이익과 양국 및 그 국민 간의 청구권에 관한 문제에는 본 협정의 서명일까지 대한민국에 의한 일본어선의 나포로부터 발생한 모든 청구권이 포함되어 있고, 따라서 그러한 모든 청구권은 대한민국 정부에 주장할 수 없게 됨을 확인했다.

3. 협정 제3조에 관해,

동 조 3항에서 말하는 양 정부가 각각 선정하는 국가 및 이들 국가의 정부가 협의에 의해 결정하는 제3국은 일본국 및 대한민국 양국과 외교관계가 있는 국가 중에서 선정한다는 데 의견의 일치를 보았다.

4. 제1의정서 제2조 제1항에 관해,

(a) 대한민국 대표는 협정 제1조 제1항의 규정에 의거한 제공 또는 차관에 의해 행해지는 사업의 수행상 필요하다고 예상되는 대한민국의 국내 자금 확보를 위해 대한민국은 일본국 정부가 1억 5천만 미합중국 달러($150,000,000)와 동등한 일본 엔의 액수를 초과하는 자본재 이외의 생산물을 제공할 것을 기대한다는 취지를 진술하였고, 일본국 대표는 이에 대해 고려할 용의가 있다는 취지의 답변을 했다.

(b) 일본국이 제공하는 생산물은 무기 및 탄약을 포함하지 않는다는 데 의견의 일치를 보았다.

5. 제1의정서 제2조 제2항에 관해,

외국환의 추가 부담이 일본국에 과해지는 경우라 함은 당해 생산물을 제공하기 위해 1) 특히 높은 외화 부담이 필요해지는 경우 및 2) 동등한 품질의 일본국 생산물에 의해 대치할 수 있는 수입품 또는 독립적인 기능을 갖는 수입 기계 부품의 구입에 있어서 외화 부담이 필요해지는 경우를 말한다는 데 의견의 일치를 보았다.

6. 제1의정서 제3조에 관해,

(a) 동 조 제1항에 대해 대한민국 대표는 계약의 체결이 일본국 내에서 행해진다는 것 및 이 계약의 체결이라 함은 서명을 의미하며, 서명에 이르기까지의 입찰, 공고 및 기타 행위에 대해서는 대한민국 정부(조달청)가 행하는 경우에는 원칙적으로 대한민국에서, 기타의 경우에는 일본국 또는 대한민국에서 이러한 행위가 행해진다는 것을 양해한다고 진술했고, 일본국 대표는 이에 대해 이의가 없다는 취지의 답변을 했다.

(b) 동 조 제2항의 계약으로서 수송, 보험 또는 검사와 같은 부수적인 용역의 제공을 필요로 하고, 또한 이를 위한 지불이 제1의정서에 따라 행해지기로 되어 있는 것은 모두 그러한 용역이 일본 국민 또는 일본국의 법인에 의해 행해져야 한다는 취지의 규정이 포함되어야 한다는 것이 양해되었다.

7. 제1의정서 제6조 제4항에 관해,

일본국에 의해 제공된 생산물이 가공(단순한 조립 가공 또는 이와 같은 정도의 가공은 제외함) 또는 양 정부 간에 합의될 기타의 처리가 가해진 후 대한민국의 영역으로부터 수출되었을 경우에는 동 조 제4항의 규정은 적용되지 않는다는 데 의견의 일치를 보았다.

8. 협정 제1조 제1항 (b) 규정의 실시에 관한 교환공문에 관해

(a) 동 교환공문 제2항 (b)의 사업계획 합의서의 효력 발생일이라 함은 사업계획 합의서에 별도의 규정이 있을 경우를 제외하고, 각각의 사업계획 합의서의 서명일을 의미한다는 것이 양해되었다.

(b) 동 교환공문 제2항 (c)의 차관 이행일이라 함은 일본 측의 수출자와 대한민국 측의 수입자 간에 체결되는 계약이 정하는 바에 따라 해외경제협력기금이 대한민국 정부를 위해 일본 측 수출자에게 지불을 행하고, 동 기금에 개설되는 대한민국 정부의 계정에 차기하는 일자임이 확인되었다.

1965년 6월 22일, 도쿄에서

B.S.
T.W.L.

———

(2-8) 일본국과 대한민국 간의 재산 및 청구권에 관한 문제의 해결과
경제협력에 관한 협정에 대한 합의의사록(II)

일본국 정부 대표와 대한민국 정부 대표는 금일 서명된 대한민국과 일본국 간의 재산 및 청구권에 관한 문제의 해결과 경제협력에 관한 협정(이하 '협정'이라 함) 및 관련 문서에 관해 다음의 양해에 도달했다.

1. 협정 제1조에 관하여,

동 조 제1항 (a)의 단서 규정에 의하여 매년 제공 한도액이 증액되는 경우, 그 증액은 매년 제공되는 한도액이 제2의정서 제1조에서 정하는 당해 연도의 연부불의 액수 이하로 되지 않는 범위 내에서, 최종 년도 제공 한도액으로부터 순차적으로 앞당겨 행하여진다는 것이 양해되었다.

2. 제1의정서 제6조에 관하여,

동 조 제5항 규정의 적용에 대하여 양국 정부가 양국의 수송 및 보험 실정을 고려하여 합동위원회에서 협의한다는 것이 양해되었다.

3. 제1의정서의 실시 세목에 관한 교환공문에 관하여,

계약으로부터 또는 이와 관련하여 발생하는 분쟁은 당해 계약의 일방 당사자가 거주하는 국가에 상사중재기관이 설립되어 있지 아니한 때에는 동 교환공문 II 제3항의 규정에도 불구하고 타방 당사자가 거주하는 국가에 있는 상사중재기관에 회부된다는 것이 양해되었다.

1965년 6월 22일, 도쿄에서

———————

(2-9) 상업상 민간 신용공여에 관한 교환공문

(일본 측 서한)

서한으로써 말씀드립니다. 본 대신은 일본국 국민이 대한민국 정부 또는 국민에 대해 행하는 상업상의 민간 신용 제공에 관해 양국 정부의 대표자 간에 도달한 다음의 양해를 확인하는 영광을 누립니다.

1. 3억 미합중국 달러($300,000,000)의 액수를 초과하는 상업상의 기초에 의거한 통상의 민간 신용이 일본국 국민에 의해 체결되는 적당한 계약에 의거해 대한민국 정부 또는 국민에 대해 행해질 것으로 기대되며, 이러한 신용 제공은 관계법령의 범위 내에서 용이하게 되고 또한 촉진된다.

2. 제1항의 제공에는 9천만 미합중국 달러($90,000,000)의 액수에 달할 것으로 기대되는 어업협력을 위한 민간 신용 제공 및 3천만 미합중국 달러($30,000,000)의 액수에 달할 것이 기대되는 선박 수출을 위한 민간 신용 제공이 포함되며, 일본국 정부에 의한 이러한 신용 제공의 승인에 있어서는 가능한 한 호의적으로 배려되는 것으로 한다.

본 대신은 또한 본 서한 및 전기의 양해를 확인하는 각하의 회한을 양 정부 간의 합의를 구성하는 것으로 간주할 것을 제안하는 영광을 누립니다.

본 대신은 이상을 말씀드리면서 여기서 거듭 각하께 경의를 표합니다.

1965년 6월 22일

일본국 외무대신 시나 에쓰사부로

대한민국 외무부장관 이동원 각하

(한국 측 서한)

서한으로써 말씀드립니다. 본 장관은 금일자 각하의 다음과 같은 서한을 수령했음을 확인하는 영광을 누립니다.

(일본 측 서한)

본 장관은 또한 전기한 양해를 확인하고, 각하의 서한 및 본 회한을 양 정부 간의 합의를 구성하는 것으로 간주하는 데 동의하는 영광을 누립니다.

본 장관은 이상을 말씀드리면서 여기서 거듭 각하께 경의를 표합니다.

1965년 6월 22일, 도쿄에서

외무부장관 이동원

일본국 외무대신 시나 에쓰사부로 각하

———

(3) 일본국에 거주하는 대한민국 국민의 법적지위와 대우에 관한 일본국과 대한민국 간의 협정

일본국과 대한민국은 다년간 일본국에 거주하고 있는 대한민국 국민이 일본국의 사회와 특별한 관계를 가지게 되었음을 고려하고, 이들 대한민국 국민이 일본국의 사회질서하에서 안정된 생활을 영위할 수 있게 하는 것이 양국 간 및 양국 국민 간의 우호관계 증진에 기여함을 인정하여 다음과 같이 합의하였다.

제1조

1. 일본국 정부는 다음 중 어느 하나에 해당하는 대한민국 국민이 본 협정의 실시를 위하여 일본국 정부가 정하는 절차에 따라 본 협정의 효력 발생일로부터 5년 이내에 영주 허가의 신청을 하였을 때에는 일본국에서의 영주를 허가한다.

    (a) 1945년 8월 15일 이전부터 신청 시까지 계속하여 일본국에 거주하고 있는 자

    (b) (a)에 해당하는 자의 직계비속으로서 1945년 8월 16일 이후 본 협정의 효력 발생일로부터 5년

이내에 일본국에서 출생하고, 그 후 신청 시까지 계속하여 일본국에 거주하고 있는 자

2. 일본국 정부는 제1항의 규정에 의거하여 일본국에서의 영주가 허가되어 있는 자의 자녀로서 본 협정의 효력 발생일로부터 5년이 경과한 후에 일본국에서 출생한 대한민국 국민이 본 협정의 실시를 위하여 일본국 정부가 정하는 절차에 따라 그의 출생일로부터 60일 이내에 영주 허가의 신청을 하였을 때에는 일본국에서의 영주를 허가한다.

3. 제1항 (b)에 해당하는 자로서 본 협정의 효력 발생일로부터 4년 10개월이 경과한 후에 출생하는 자의 영주 허가 신청기한은 제1항의 규정에도 불구하고 그의 출생일로부터 60일 이내로 한다.

4. 전기의 신청 및 허가에 대하여는 수수료는 징수되지 아니한다.

제2조

1. 일본국 정부는 제1조의 규정에 의거하여 일본국에서의 영주가 허가되어 있는 자의 직계비속으로서 일본국에서 출생한 대한민국 국민의 일본국에서의 거주에 관하여는 대한민국 정부의 요청이 있으면, 본 협정의 효력 발생일로부터 25년이 경과할 때까지는 협의를 행함에 동의한다.

2. 제1항의 협의에 있어서 본 협정의 기초가 되고 있는 정신과 목적을 존중한다.

제3조

제1조의 규정에 의거하여 일본국에서 영주가 허가되어 있는 대한민국 국민은 본 협정의 효력 발생일 이후의 행위에 의하여 다음 중 어느 하나에 해당되는 경우를 제외하고는 일본국으로부터 강제퇴거를 당하지 않는다.

(a) 일본국에서 내란에 관한 죄 또는 외환에 관한 죄로 인하여 금고 이상의 형에 처한 자(집행유예의 언도를 받은 자 및 내란에 부화수행한 것으로 인하여 형에 처하여진 자는 제외한다)

(b) 일본국에서 국교에 관한 죄로 인하여 금고 이상의 형에 처하여진 자, 또는 외국의 원수, 외교사절 또는 그 공관에 대한 범죄행위로 인하여 금고 이상의 형에 처하고 일본국의 외교상의 중대한 이익을 해한 자

(c) 영리의 목적으로 마약류의 취체(取締)에 관한 일본국의 법령에 위반하여 무기 또는 3년 이상의 징역 또는 금고에 처한 자(집행유예의 언도를 받은 자는 제외한다), 또는 마약류의 취체(取締)에 관한 일본국의 법령에 위반하여 3회(단, 본 협정의 효력 발생일 전의 행위에 의하여 3회 이상 형에 처하여진 자에 대하여는 2회) 이상 형에 처한 자

(d) 일본국의 법령에 위반하여 무기 또는 7년을 초과하는 징역 또는 금고에 처한 자

제4조

일본국 정부는 다음에 열거한 사항에 관하여 타당한 고려를 하는 것으로 한다.

(a) 제1조의 규정에 의거하여 일본국에서 영주가 허가되어 있는 대한민국 국민에 대한 일본국에 있어서의 교육, 생활보호 및 국민건강보험에 관한 사항

(b) 제1조의 규정에 의거하여 일본국에서 영주가 허가되어 있는 대한민국 국민(동 조의 규정에 따

라 영주 허가의 신청을 할 자격을 가지고 있는 자를 포함함)이 일본국에서 영주할 의사를 포기하고 대한민국으로 귀국하는 경우 재산의 휴행(携行) 및 대한민국으로의 자금 송금에 관한 사항

第5조

제1조의 규정에 의거하여 일본국에서의 영주가 허가되어 있는 대한민국 국민은 출입국 및 거주를 포함하는 모든 사항에 관하여 본 협정에서 특별히 정하는 경우를 제외하고 모든 외국인에게 동등하게 적용되는 일본국의 법령의 적용을 받는 것이 확인된다.

第6조

본 협정은 비준되어야 한다. 비준서는 가능한 한 조속히 서울에서 교환한다. 본 협정은 비준서가 교환된 날부터 30일 후에 효력이 발생한다.

이상의 증거로서, 하기 대표는 각자의 정부로부터 정당한 위임을 받아 본 협정에 서명하였다.
1965년 6월 22일 도쿄에서 동등히 정본인 한국어 및 일본어로 본서 2통을 작성하였다.

일본국을 위하여　　　　　　　대한민국을 위하여

椎名悦三郎　　　　　　　　　　李東元

高杉晋一　　　　　　　　　　　金東祚

―――――

(3-1) 일본국에 거주하는 대한민국 국민의 법적지위와 대우에 관한 일본국과 대한민국 간의 협정에 대한 합의의사록

일본국 정부대표 및 대한민국 정부대표는 금일 서명된 일본국과 대한민국 간의 일본국에 거주하는 대한민국 국민의 법적지위와 대우에 관한 협정에 관해 다음과 같은 양해에 도달하였다.

제1조에 관해,

1. 동 조 제1항 또는 제2항의 규정에 의거해 영주 허가의 신청을 하는 자가 대한민국 국적을 가지고 있음을 증명하기 위해

　　(ⅰ) 신청을 하는 자는 여권 또는 이에 대신하는 증명서를 제시하든지 또는 대한민국의 국적을 가지고 있다는 내용의 진술서를 제출하는 것으로 한다.

　　(ⅱ) 대한민국 정부의 권한 있는 당국은 일본국 정부의 권한 있는 당국이 문서로 조회할 경우에는

문서로 회답하는 것으로 한다.

2. 동 조 제1항 (b)의 적용상 "(a)에 해당하는 자"에는 1945년 8월 15일 이전부터 사망 시까지 계속하여 일본국에 거주하고 있었던 대한민국 국민을 포함하는 것으로 한다.

제3조에 관해,

1. 동 조 (b)의 적용상 "그 공관"이라 함은 소유자의 여하를 불문하고 대사관 또는 공사관으로 사용되고 있는 건물 또는 그 일부 및 이에 부속하는 토지(외교사절의 주거지 등을 포함함)를 말한다.

2. 일본국 정부는 동 조 (c) 또는 (d)에 해당하는 자를 일본국으로부터 강제퇴거시키고자 할 경우에는 인도적 경지에서 그 자의 가족 구성 및 기타 사정에 대해 고려를 한다.

3. 대한민국 정부는 동 조의 규정에 의해 일본국으로부터 강제퇴거당하게 된 자에 대해 일본국 정부의 요청에 따라 그 자의 인수에 대해 협력한다.

4. 일본국 정부는 협정 제1조의 규정에 의거해 영주 허가의 신청을 할 자격을 갖고 있는 자에 관해서는 그 자의 영주가 허가되는 경우에는 협정 제3조 (a) 내지 (d)에 해당하는 경우를 제외하고 일본국으로부터 강제퇴거당하지 아니함에 비추어 그 자에 대해 강제퇴거 수속이 개시된 경우에 있어서

(i) 그 자가 영주 허가의 신청을 하고 있을 때에는 그 허가 여부가 결정될 때까지의 기간 또는

(ii) 그 자가 영주 허가의 신청을 하고 있지 아니할 때에는 그 신청을 하는지, 안 하는지를 확인하고 신청을 하였을 때에는 그 허가 여부가 결정될 때까지의 기간

그 자의 강제송환을 자제할 방침이다.

제4조에 관해,

1. 일본국 정부는 법령에 따라 협정 제1조의 규정에 의거해 일본국에서의 영주가 허가되어 있는 대한민국 국민이 일본국의 공립 소학교 또는 중학교에 입학을 희망하는 경우에는 그 입학이 인정되도록 필요하다고 인정하는 조치를 취하고 또한 일본국의 중학교를 졸업한 경우에는 일본국의 상급학교에 입학하는 자격을 인정한다.

2. 일본국 정부는 협정 제1조의 규정에 의거해 일본국에서의 영주가 허가되어 있는 대한민국 국민에 대한 생활보호는 당분간 종전과 같이한다.

3. 일본국 정부는 협정 제1조의 규정에 의거해 일본국에서의 영주가 허가되어 있는 대한민국 국민을 국민건강보험의 피보험자로 하기 위해 필요하다고 인정하는 조치를 취한다.

4. 일본국 정부는 협정 제1조의 규정에 의거해 일본국에서의 영주가 허가되어 있는 대한민국 국민(영주 허가의 신청을 할 자격을 갖고 있는 자를 포함함)이 일본국에서 영주할 의사를 포기하고 대한민국으로 귀국하는 경우에는 원칙적으로 그 자가 소유하는 모든 재산 및 자금을 휴행 또는 송금하는 것을 인정한다. 이를 위해

(i) 일본국 정부는 그 자가 소유하는 재산의 휴행에 관해서는 법령의 범위 내에서 그 휴대품, 이삿짐 및 직업용구의 휴행을 인정하고 그 외에 수출의 승인에 있어서도 가능한 한 고려를 한다.

(ii) 일본국 정부는 그 자가 소유하는 자금의 휴행 또는 송금에 관해서는 귀국 시에 법령의 범위 내에서 한 세대당 1만 미합중국 달러까지, 또한 이를 초과하는 부분에 대해서는 실정에 따라 휴행 또는 송금하는 것을 인정하기로 한다.

1965년 6월 22일, 도쿄에서

B.S.

T.W.L.

———————

(3-2) 토의 기록

재일한국인의 법적지위와 대우에 관한 협정의 체결을 위한 교섭에 있어서 일한 양측으로부터 각각 다음의 발언이 행해졌다.

일본 측 대표

(a) 일본국 정부는 협정 제1조 1항 (a)의 적용에 있어서는 병역 또는 징용에 의해 일본국에서 떠난 때부터 복원 계획에 따라 귀환할 때까지의 기간을 일본국에 계속하여 거주하고 있었던 것으로 취급할 방침이다.

(b) 협정 제1조의 규정에 의거하여 영주 허가의 신청을 하는 자가 제출 또는 제시하는 것에는 다음의 것이 포함되는 것으로 한다.

(i) 영주 허가 신청서

(ii) 사진

(iii) 가족관계 및 일본국에서의 거주 경력에 관한 진술서

(iv) 외국인등록증명서

(c) 협정에 대한 합의의사록 중 협정 제4조에 관한 부분의 제1항에서 말하는 "필요하다고 인정하는 조치"라 함은 문부성이 현행 법령에 의거해 행하는 지도, 조언 및 권고를 말한다.

(d) 협정에 대한 합의의사록 중 협정 제4조에 관한 부분의 제3항에서 말하는 "필요하다고 인정하는 조치"에는 후생성령의 개정이 포함된다. 그러나 그와 같은 조치를 취하기 위해서는 상당한 준비 기간이 필요하므로 일본국 정부는 협정의 효력 발생일로부터 1년이 경과한 날이 속하는 회계연도의 다음 회계연도 첫날부터 그들이 국민건강보험의 피보험자가 되도록 한다.

(e) 외국인의 재산 취득에 관한 정령에 의거한 고시에서 동 정령의 적용이 제 외국으로서 대한민국을 지정하고 있는바, 일본국 정부는 협정의 효력 발생에 있어서 이를 삭제할 의도는 없다.

(f) 일본국 정부는 협정 제1조의 규정에 의거해 일본국에서의 영주가 허가되어 있는 대한민국 국민이 출국하고자 하는 경우에 재입국 허가의 신청을 하였을 때에는 법령의 범위 내에서 가능한 한 호의적으로 취급할 방침이다.

한국 측 대표

(a) 협정의 효력 발생 후에는 출입국관리에 관한 일본국 법령의 규정에 의거해 일본국으로부터 강제퇴거당하게 되는 대한민국 국민의 인수에 대해 대한민국 정부는 일본국 정부에 협력할 방침이다.

(b) 대한민국 정부는 협정에 대한 합의의사록 중 제4조에 관한 부분의 제3항에서 말하는 "필요하다고 인정하는 조치"가 취해지기 위해서는 상당한 준비기간이 필요함을 인정하는 바이며 그와 같은 조치가 가능한 한 조속히 취해지기를 기대한다.

(c) 대한민국 정부는 일본국에 거주하는 대한민국 국민의 생활을 안정시키고 또한 빈곤자를 구제하기 위해 일본국 정부의 요청에 의해 가능한 한 동 정부에 협력하기 위한 조치를 동 정부와 더불어 검토할 용의가 있다.

M.Y.

K. H. L.

———

(3-3) 재일한국인의 법적지위와 대우에 관한 협정의 서명에 즈음해 행해진 일본국 정부의 성명

(법무대신의 성명)

(1965년 6월 22일)

일한협정의 조인에 즈음해 전후 입국자의 취급에 관해 다음과 같이 성명한다.

종전 이전부터 일본국에 재류하고 있던 대한민국 국민이더라도 종전 후 평화조약 발효까지의 기간에 일시 한국에 귀국한 적이 있는 자는 '일본국에 거주하는 대한민국 국민의 법적지위 및 대우에 관한 협정' 제1조의 대상이 되지 않지만, 이들에 대해서는 현재까지 이미 상당히 장기간 일본에 생활의 근거를 쌓아온 사정을 고려하여, 협정 발효 후에는 우리나라에서의 재류를 안정화하기 위해 호의적으로 취급하기로 하고, 본 대신이 특별히 재류를 허가하고, 더욱이 신청이 있는 경우에는 그 재류 상황 등을 감안해 가능한 입국관리령에 의한 영주권 허용방침을 취하기로 했다.

이상에 따라 전단(前段)에 해당하지 않는 대한민국 국민인 전후 입국자에 대해서도 평화조약 발효일 이전부터 일본국에 체류하고 있었던 것이 확증될 경우에는 정상을 참작해 이에 준하는 조치를 강구하고자 한다.

(법무성 입국관리국장 담화)

1965년 6월 22일

이번에 조인된 법적지위 협정이 발효한 후에는 이 협정에 기초해 영주가 허용된 사람들의 친척이 재회하기 위해 일본 방문 등을 희망하는 경우, 그 입국 허가를 최대한 호의적으로 배려할 생각이다.

(문부성 초등중등교육국장 담화)

1965년 6월 22일

문부성은 종래에도 한국인 자녀의 일본 소학교와 중학교 입학을 인정하고, 더욱이 중학교를 졸업한 자에 대해서는 상급학교 입학 자격을 인정해왔는데, 이번 협정은 이 방침을 확인한 것이다.

협정이 발효된 후에는 영주 허가를 받은 한국인 자녀가 일본 학교에 입학할 때는 가능한 한 편의를 도모함과 동시에, 교육상으로도 가능한 한 호의적으로 취급해, 일한 양 국민의 상호 이해를 깊게 하고 일한 양국 친선의 기초를 교육에서 배양하도록 하고자 한다.

———

(4) 일본국과 대한민국 간의 어업에 관한 협정

일본국 및 대한민국은 양국이 공통의 관심을 갖는 어업자원의 지속적인 생산성이 최대한 유지되길 희망하고, 전기한 자원의 보존 및 그 합리적 개발과 발전을 도모함이 양국의 이익에 도움이 됨을 확신하고, 공해 자유의 원칙이 본 협정에 특별한 규정이 있는 경우를 제외하고는 존중되어야 한다는 것을 확인하고, 양국의 지리적 근접성과 양국 어업상의 교착으로부터 발생할 수 있는 분쟁의 원인을 제거하는 것이 요망됨을 인정하고, 양국 어업의 발전을 위하여 상호 협력할 것을 희망하여, 다음과 같이 합의하였다.

제1조

1. 양 체약국은 각 체약국이 자국의 연안의 기선부터 측정하여 12해리까지의 수역을 자국이 어업에 관하여 배타적 관할권을 행사하는 수역(이하, '어업에 관한 수역'이라 함)으로서 설정하는 권리를 가짐을 상호 인정한다. 단, 일방 체약국이 이 어업에 관한 수역의 설정에 있어서 직선기선을 사용하는 경우에는 그

직선기선은 타방 체약국과 협의하여 결정한다.

2. 양 체약국은 일방 체약국이 자국의 어업에 관한 수역에서 타방 체약국의 어선이 어업에 종사하는 것을 배제하는 데 상호 이의를 제기하지 아니한다.

3. 양 체약국의 어업에 관한 수역이 중복하는 부분에 대하여는 그 부분의 최대의 폭을 나타내는 직선을 2등분하는 점과 그 중복하는 부분이 끝나는 두 점을 각각 연결하는 직선에 의하여 양분한다.

제2조

양 체약국은 다음 각선으로 둘러싸이는 수역(영해 및 대한민국의 어업에 관한 수역을 제외함)을 공동 규제수역으로 설정한다.

(a) 북위 37도 30분과 동경 124도의 경선

(b) 다음 각 점을 차례로 연결하는 선

(i) 북위 37도 30분과 동경 124도의 교점

(ii) 북위 36도 45분과 동경 124도 30분의 교점

(iii) 북위 33도 30분과 동경 124도 30분의 교점

(iv) 북위 32도 30분과 동경 126도의 교점

(v) 북위 32도 30분과 동경 127도의 교점

(vi) 북위 34도 35분과 동경 129도 2분 50초의 교점

(vii) 북위 34도 45분과 동경 129도 8분의 교점

(viii) 북위 34도 50분과 동경 129도 14분의 교점

(ix) 북위 35도 30분과 동경 130도의 교점

(x) 북위 37도 30분과 동경 131도 10분의 교점

(xi) 우암령 고정

제3조

양 체약국은 공동 규제수역에서 어업자원의 지속적인 생산성을 최대한 확보하기 위하여 필요한 보존조치가 충분한 과학적 조사에 의거하여 실시될 때까지 저인망어업, 선망어업 및 60톤 이상의 어선에 의한 고등어 낚시어업에 대하여 본 협정의 불가분의 일부를 이루는 부속서에 규정한 잠정적 어업 규제조치를 실시한다. ('톤'이라 함은 총톤수에 의한 것으로 하며, 선내 거주구 개선을 위한 허용 톤수를 감한 톤수에 의하여 표시함)

제4조

1. 어업에 관한 수역의 외측에서의 단속(정선 및 임검을 포함함) 및 재판 관할권은 어선이 속하는 체약국만이 행하며, 또한 행사한다.

2. 어느 체약국이나 그 국민 및 어선이 잠정적 어업 규제조치를 성실하게 준수하도록 하는 것을 확보하기 위하여 적절한 지도 및 감독을 행하며, 위반에 대한 적당한 벌칙을 포함하는 국내 조치를 실시한다.

제5조

공동 규제수역 외측에 공동 자원 조사수역이 설정된다. 그 수역의 범위 및 동 수역 안에서 행해지는 조사는 제6조에 규정되는 어업공동위원회가 행할 권고에 의거하여, 양 체약국 간의 협의에 따라 결정된다.

제6조

1. 양 체약국은 본 협정의 목적을 달성하기 위하여 일한어업공동위원회(이하 '위원회'라고 함)를 유지한다.

2. 위원회는 두 개의 국별 위원부로 구성되며 각 국별 위원부는 각 체약국 정부가 임명하는 3명의 위원으로 구성한다.

3. 위원회의 모든 결의, 권고 및 기타의 결정은 국별 위원부 간의 합의에 의해서만 행한다.

4. 위원회는 그 회의의 운영에 관한 규칙을 결정하고 필요한 경우 이를 수정할 수 있다.

5. 위원회는 적어도 매년 1회 회합하고, 또 그 외에 일방의 국별 위원부의 요청에 의하여 회합할 수 있다. 제1회 회의의 일자 및 장소는 양 체약국 간의 합의로 결정한다.

6. 위원회는 제1회 회의에서 의장 및 부의장을 상이한 국별 위원부에서 선정한다. 의장 및 부의장의 임기는 1년으로 한다. 국별 위원부로부터의 의장 및 부의장의 선정은 매년 각 체약국이 그 지위에 순번으로 대표되도록 한다.

7. 위원회 밑에 그 사무를 수행하기 위한 상설 사무국이 설치된다.

8. 위원회의 공용어는 일본어 및 한국어로 한다. 제안 및 자료는 어느 공용어로도 제출할 수 있으며, 또한 필요에 따라 영어로도 제출할 수 있다.

9. 위원회가 공동의 경비를 필요하다고 인정할 때에는 위원회가 권고하고 또한 양 체약국이 승인한 형식 및 비율에 따라 양 체약국이 부담하는 분담금에 의하여 위원회가 지불한다.

10. 위원회는 공동 경비를 위한 자금의 지출을 위임할 수 있다.

제7조

1. 위원회는 다음 임무를 수행한다.

(a) 양 체약국이 공통의 관심을 갖는 수역에서의 어업자원의 연구를 위하여 행하는 과학적 조사에 대하여, 또한 그 조사와 연구의 결과에 의거하여 취할 공동 규제수역 안에서의 규제조치에 대하여 양 체약국에 권고한다.

(b) 공동 자원 조사수역의 범위에 대하여 양 체약국에 권고한다.

(c) 필요에 따라 잠정적 어업 규제조치에 관한 사항을 검토하고, 또한 그 결과에 의거하여 취할 조치(당해 규제조치의 수정을 포함함)를 양 체약국에 권고한다.

(d) 양 체약국 어선 간의 조업의 안전과 질서에 관한 필요한 사항 및 해상에서의 양 체약국 어선 간의 사고에 대한 일반적인 취급방침에 대하여 검토하고 또한 그 결과에 의거하여 취할 조치에 대하여 양 체약국에 권고한다.

(e) 위원회의 요청에 의하여 양 체약국이 제공하여야 할 자료, 통계 및 기록을 편집하고 연구한다.

(f) 본 협정의 위반에 관한 동등한 형의 세목 제정에 대하여 심의하고 또한 이를 양 체약국에 권고한다.

(g) 매년 위원회의 사업 보고를 양 체약국에 제출한다.

(h) 이 외에 본 협정의 실시에 따르는 기술적인 제 문제에 대하여 검토하고 또한 필요하다고 인정할 때에는 취해야 할 조치를 양 체약국에 권고한다.

2. 위원회는 그 임무를 수행하기 위하여 필요에 따라 전문가로 구성되는 하부 기구를 설치할 수 있다.

3. 양 체약국 정부는 제1항의 규정에 의거하여 행하여진 위원회의 권고를 가능한 한 존중한다.

제8조

1. 양 체약국은 각각 자국의 국민 및 어선이 항행에 관한 국제 관행을 준수하도록 하기 위하여, 양 체약국 어선 간의 조업의 안전을 도모하고 그 정상적인 질서를 유지하기 위하여, 또한 해상에서 양 체약국 어선 간 사고가 났을 때 원활하고 신속한 해결을 도모하기 위하여 적절하다고 인정하는 조치를 취한다.

2. 제1항에 열거한 목적을 위해 양 체약국의 관계 당국은 가능한 한 상호 밀접하게 연락하고 협력한다.

제9조

1. 본 협정의 해석 및 실시에 관한 양 체약국 간의 분쟁은 우선 외교상의 경로를 통하여 해결한다.

2. 제1항의 규정에 의하여 해결할 수 없었던 분쟁은 어느 일방 체약국의 정부가 타방 체약국의 정부로부터 분쟁의 중재를 요청하는 공한을 접수한 날부터 30일의 기간 내에 각 체약국 정부가 임명하는 1인의 중재위원과 이와 같이 선정된 2인의 중재위원이 당해 기간 후 30일의 기간 내에 합의하는 제3의 중재위원 또는 당해 기간 내에 이들 2인의 중재위원이 합의하는 제3국의 정부가 지명하는 제3의 중재위원과의 3인의 중재위원으로 구성되는 중재위원회에 결정을 위하여 회부한다. 단, 제3의 중재위원은 양 체약국 중 한 쪽의 국민이어서는 안 된다.

3. 어느 일방 체약국의 정부가 당해 기간 내에 중재위원을 임명하지 아니하였을 때, 또는 제3의 중재위원 또는 제3국에 대하여 당해 기간 내에 합의하지 못하였을 때에는 중재위원회는 양 체약국 정부가 각각 30일의 기간 내에 선정하는 국가의 정부가 지명하는 각 1인의 중재위원과 이들 정부가 협의에 의하여 결정하는 제3국의 정부가 지명하는 제3의 중재위원으로 구성한다.

4. 양 체약국 정부는 본 조의 규정에 의거한 중재위원회의 결정에 따른다.

제10조

1. 본 협정은 비준되어야 한다. 비준서는 가능한 한 조속히 서울에서 교환한다. 본 협정은 비준서가 교환된 날부터 효력이 발생한다.

2. 본 협정은 5년간 효력을 가지며, 그 후에는 어느 일방 체약국이 타방 체약국에 본 협정을 종결시킬 의사를 통고하는 날부터 1년간 효력을 가진다.

이상의 증거로서, 하기 대표는 각자의 정부로부터 정당한 위임을 받아 본 협정에 서명하였다.

1965년 6월 22일 도쿄에서 동등하게 정본인 일본어, 한국어 및 영어로 본서 2통을 작성하였다.

　　　　　일본국을 위하여　　　　　　　대한민국을 위하여

　　　　　椎名悦三郎　　　　　　　　　李東元

　　　　　高杉晋一　　　　　　　　　　金東祚

――――――

(4-1) 부속서

본 협정 제3조에 규정된 잠정적 어업 규제조치는 양 체약국에 각각 적용되며, 그 내용은 다음과 같다.

1. 최고 출어 척수 또는 최고 출어 통수(공동 규제수역에 안에서의 조업을 위하여 감찰을 소지하고 또한 표지를 부착하고, 동시에 동 수역 안에 출어하고 있는 어선의 척수 또는 통수의 최고한도를 말함)는 다음과 같다.

　(a) 50톤 미만의 어선에 의한 저인망어업은 115척

　(b) 50톤 이상의 어선에 의한 저인망어업은

　　i) 11월 1일부터 익년 4월 30일까지의 기간에는 270척

　　ii) 5월 1일부터 10월 31일까지의 기간에는 100척

　(c) 선망어업은

　　i) 1월 16일부터 5월 15일까지의 기간에는 60통

　　ii) 5월 16일부터 익년 1월 15일까지의 기간에는 120통

　(d) 60톤 이상의 어선에 의한 고등어 낚시어업은 15척

단, 조업기간은 6월 1일부터 12월 31일까지로 하며, 조업구역은 대한민국의 경상북도와 경상남도의 경계선과 해안선과의 교점과 북위 35도 30분과 동경 130도의 교점을 잇는 직선 이남(단, 제주도 서측은 북위 33도 30분 이남)의 수역으로 한다.

　(e) 일본국 어선과 대한민국 어선의 어획 능력에 격차가 있는 동안, 대한민국의 출어 척수 또는 통수는 양 체약국 정부 간의 협의에 따라 본 협정의 최고 출어 척수 또는 최고 통수를 기준으로 하고 그 격차를 고려하여 조정한다.

2. 어선 규모

　(a) 저인망어업 중에서

  i) 트롤어업 이외의 것은 30톤 이상 170톤 이하

  ii) 트롤어업은 100톤 이상 550톤 이하

단, 50톤 이상의 어선에 의한 저인망어업(대한민국이 동해에서 인정하고 있는 60톤 미만의 새우 저인망어업은 제외함)은 동경 128도 이동의 수역에서는 행하지 않는다.

  (b) 선망어업은 망선 40톤 이상 100톤 이하

단, 본 협정의 서명일에 일본국에 현존하는 100톤 이상의 선망 망선 1척은 당분간 예외로 인정한다.

  (c) 60톤 이상의 어선에 의한 고등어 낚시어업은 100톤 이하

3. 망목(해중에서의 내경으로 함)

  (a) 50톤 미만의 어선에 의한 저인망어업은 33mm 이상

  (b) 50톤 이상의 어선에 저인망어업은 54mm 이상

  (c) 선망어업 중 전갱이 또는 고등어를 대상으로 하는 어망의 선망 주요 부분은 30mm 이상

4. 집어등의 광력(발전기의 총 설비 용량)

  (a) 선망어업에 대하여는 1통당 10㎾ 이하의 등선 2척 및 7.5㎾ 이하의 등선 1척으로 총 27.5㎾ 이하

  (b) 60톤 이상의 어선에 의한 고등어 낚시어업은 10㎾ 이하

5. 감찰 및 표지

  (a) 공동 규제수역 안에 출어하는 어선은 각 정부가 발급하는 감찰을 소지하고 또한 표지를 부착하여야 한다. 단, 선망어업에 종사하는 어선 중 망선 이외의 어선은 감찰을 소지할 필요가 없으며, 또한 망선은 정표지, 망선 이외의 어선은 정표지에 부합하는 부표지를 각각 부착하여야 한다.

  (b) 감찰 및 표지의 총수(저인망어업 및 고등어 낚시어업에 종사하는 어선은 각 어선에 부착하는 2매의 표지를 하나로 계산하고, 선망어업에 종사하는 어선은 망선에 부착하는 2매의 정표지를 하나로 계산함)는 잠정적 어업 규제조치의 대상이 되는 어업별로 당해 어업에 관한 최고 출어 척수 및 통수와 동수로 한다. 단, 어업의 실태에 비추어 50톤 이상의 어선에 의한 저인망어업은 그 최고 출어 척수의 15퍼센트까지, 50톤 미만의 어선에 의한 저인망어업은 그 최고 출어 척수의 20퍼센트까지 각각 증가 발급할 수 있다.

  (c) 표지의 양식 및 부착 장소는 양 체약국 정부 간의 협의에 의하여 정한다.

———

(4-2) 한국의 어업에 관한 수역의 직선기선에 대한 교환공문

(한국 측 서한)

1965년 6월 22일, 도쿄에서

각하,

본관은 금일 서명된 대한민국과 일본국 간의 어업에 관한 협정을 언급하여, 대한민국 정부가 대한민국의 어업에 관한 수역의 설정에 관하여 다음의 직선기선을 결정할 의향임을 언명하는 영광을 가집니다.

(1) 장기갑 및 달만갑 각각의 돌단을 연결하는 직선에 의한 만구의 폐쇄선

(2) 화암추 및 범월갑 각각의 돌단을 연결하는 직선에 의한 만구의 폐쇄선

(3) 1.5m 암(岩), 생도, 홍도, 간여암, 상백도 및 거문도의 각각의 남단을 차례로 연결하는 직선

(4) 소령도, 서격렬비도, 어청도, 직도, 상왕동도 및 횡도(안마군도)의 각각의 서단을 차례로 연결하는 직선

본관은 각하가 일본국 정부를 대신하여 전기의 직선기선의 결정을 일본국 정부가 확인하면 대한민국 정부는 이 문제에 대하여 일본국 정부와의 협의가 종료한 것으로 간주할 것을 언명하는 영광을 가집니다.

각하에게 새로이 본관의 변함없는 경의를 표하는 바입니다.

외무부장관 이동원

(일본 측 서한)

서한으로써 말씀 올립니다. 본 대신은 금 일자 각하의 다음과 같은 서한을 수령했음을 확인하는 영광을 누립니다.

(한국 측 서한)

본 대신은 대한민국 정부가 어업에 관한 수역의 인정에 관해 전기한 직선기선을 결정한 데 대해 일본국 정부로서 이의가 없다는 것을 말씀드리는 영광을 가집니다.

본 대신은 이상과 같이 말씀 올림과 동시에 여기서 각하께 경의를 표합니다.

1965년 6월 22일

일본국 외무대신 시나 에쓰사부로

대한민국 외무부장관 이동원 각하

———

(4-3) 한국의 어업에 관한 수역에 대한 교환공문

(한국 측 서한)

1965년 6월 22일, 도쿄에서

각하,

본관은 금일 서명된 대한민국과 일본국 간의 어업에 관한 협정을 언급하여, 양국 정부 대표 간에 도달된 다음의 양해를 확인하는 영광을 가집니다.

잠정적 조치로서, 대한민국이 설정하는 어업에 관한 수역을 구획하는 선과 다음 각 선에 의하여 둘러싸이는 수역이 당분간 대한민국의 어업에 관한 수역에 포함된다.

(1) 북위 33도 48분 15초와 동경 127도 21분의 교점, 북위 33도 47분 30초와 동경 127도 13분의 교점 및 우도의 진동 12해리 지점을 차례로 연결하는 직선

(2) 북위 33도 56분 25초와 동경 125도 15분 30초의 교점과, 북위 33도 24분 20초와 동경 125도 56분 20초의 교점을 연결하는 직선

위의 양해를 일본국 정부를 대신하여 확인하는 각하의 회한(回翰)을 접수하면 대한민국 정부는 본 서한과 각하의 회한이 상기 협정의 발효 일자에 효력이 발생하는 양국 정부 간의 합의를 구성하는 것으로 간주할 것입니다.

각하에게 새로이 본관의 변함없는 경의를 표하는 바입니다.

외무부장관 이동원

(일본 측 서한)

서한으로써 말씀 올립니다. 본 대신은 금일 자의 각하의 다음과 같은 서한을 수령했음을 확인하는 영광을 누립니다.

(한국 측 서한)

본 대신은 대한민국 정부가 대한민국의 어업에 관한 수역의 설정에 관해 전기한 직선기선을 결정한 것에 대해 일본국 정부로서 이의가 없다는 것을 말씀드리는 영광을 누립니다.

본 대신은 이상과 같이 말씀 올리면서, 여기서 거듭 각하께 경의를 표합니다.

1965년 6월 22일

일본국 외무대신 시나 에쓰사부로

대한민국 외무부장관 이동원 각하

———

(4-4) 일본국과 대한민국 간의 어업에 관한 협정에 대한 합의의사록

일본국 정부 대표 및 대한민국 정부 대표는 금일 서명된 일본국과 대한민국 간의 어업에 관한 협정에 관하여 다음 양해에 도달하였다.

1. 감찰 및 표지에 관하여

　(a) 양국 정부는 감찰 및 표지가 항구 안에서의 경우를 제외하고는 해상에서 어느 어선으로부터 다른 어선에 인도되는 일이 없도록 행정지도를 한다.

　(b) 일방국의 정부는 자국 출어 어선의 정오 위치 보고에 의거하여 어업별 출어 상황을 월별로 집계하여 매년 적어도 4회 타방국의 정부에 통보한다.

2. 연간 총 어획 기준량에 관하여

　(a) 공동 규제수역 안에서의 저인망어업, 선망어업 및 60톤 이상의 어선에 의한 고등어 낚시어업에 의한 연간 총 어획 기준량은 15만 톤(상하 10퍼센트의 변동이 있을 수 있음)으로 하고, 일본국은 이 15만 톤의 내역에서 50톤 미만의 어선에 의한 저인망어업은 1만 톤, 50톤 이상의 어선에 의한 저인망어업은 3만 톤 및 선망어업과 60톤 이상의 어선에 의한 고등어 낚시어업은 11만 톤으로 한다. 연간 총 어획 기준량은 최고 출어 척수 또는 통수에 의하여 조업을 규제함에 있어서 지표가 되는 수량으로 한다. 어느 국가의 정부나 공동 규제수역 안에서의 저인망어업, 선망어업 및 60톤 이상의 어선에 의한 고등어 낚시어업에 의한 연간 총 어획량이 15만 톤을 초과하리라고 인정하는 경우에는 어기 중이라도 연간 총 어획량을 16만 5천 톤 이하로 그치게 하기 위하여 출어 척수 또는 통수를 억제하도록 행정지도를 한다.

　(b) 어느 국가의 정부나 잠정적 어업 규제조치의 적용의 대상이 되는 어업에 종사하는 자국의 어선이 공동 규제수역 안에서 어획한 어획물을 양륙하여야 할 항구를 지정한다.

　(c) 어느 국가의 정부나 자국 출어 어선에 의한 공동 규제수역 안에서의 어획량 보고 및 양륙항에서의 조사를 통하여 어획량을 월별로 집계하여 그 결과를 매년 적어도 4회 타방국 정부에 통보한다.

　(d) 어느 국가의 정부나 타방국 정부의 공무원이 제3항 (c)의 시찰을 행함에 있어서 당해 타방국 정부의 요청이 있을 때에는 그 공무원이 잠정적 어업 규제조치의 적용 대상이 되고 있는 자국의 어선에 의한 어획물의 양륙 상황을 시찰하는 데 편의를 가능한 한 제공하고 또한 어획량 보고 및 집계의 상황에 대하여 가능한 한 설명이 행해지도록 한다.

3. 잠정적 어업 규제조치에 관한 단속 및 위반에 관하여

　(a) 일방국의 감시선상에 있는 권한 있는 공무원이 타방국의 어선이 현재 잠정적 어업 규제조치를 분명히 위반하고 있다고 믿을 만한 상당한 이유가 있는 사실을 발견하였을 때에는 곧 이를 그 어선이 속하는 국가의 감시선상에 있는 권한 있는 공무원에게 통보할 수 있다. 당해 타방국 정부는 당해 어선의 단속 및 이에 대한 관할권을 행사함에 있어서 그 통보를 존중하며, 그 결과 취하여진 조치를 당해 일방국 정부에 통보한다.

(b) 양국의 감시선은 잠정적 어업 규제조치에 관하여 각각 자국 어선에 대한 단속을 실시함에 있어서 이를 원만하고 효과적으로 행하기 위하여 필요에 따라, 사전에 양국의 관계 당국 간에서 협의되는 바에 따라 상호 제휴하여 순시하고, 또한 긴밀한 연락을 유지할 수 있다.

(c) 어느 국가의 정부나 타방국 정부의 요청이 있을 때에는 잠정적 어업 규제조치에 관한 자국 안에서의 단속의 실시 상황을 시찰할 수 있도록, 이를 위하여 특히 권한을 부여받은 타방국 정부의 공무원에게 가능한 한 편의를 제공한다.

(d) 어느 국가의 정부나 타방국 정부의 요청이 있고 또한 이것이 적당하다고 인정할 때에는 잠정적 어업 규제조치에 따라 자국 어선에 대한 단속을 실시함에 있어서 그 실정을 시찰하게 하기 위하여 당해 타방국 정부의 공무원을 오로지 어업의 단속에 종사하는 자국의 감시선에 승선시키기 위한 편의를 상호 가능한 한 제공한다.

4. 일한어업공동위원회에 관하여

일한어업공동위원회는 상설 사무국의 사무국장을 매년 정기 연차회의의 폐회 전에 익년의 정기 연차회의가 개최될 체약국의 국별 위원부의 위원 중에서 선임한다. 사무국장의 임기는 1년으로 한다. 사무국장은 자국의 관계 당국의 보좌를 받으며, 또한 필요에 따라 자국에 주재하는 타방 체약국의 권한 있는 공무원의 원조를 받아 위원회의 회의 개최 준비를 포함한 기타 필요한 사무국의 사무를 수행한다.

5. 중재위원회에 관하여

협정 제9조 제3항에서 규정한 양국 정부가 각각 선정하는 국가 및 이들 국가의 정부가 협의에 의하여 결정하는 제3국은 대한민국 및 일본국의 양국과 외교관계가 있는 국가 중에서 선정한다.

6. 감시선 간 출어 상황의 정보 제공에 관하여

일방국의 감시선은 공동 규제수역 안에서 어선의 출어 상황에 대하여 필요하다고 인정할 때에는 타방국 감시선에 필요한 정보를 제공하도록 요청할 수 있으며 당해 타방국 감시선은 가능한 한 이에 응한다.

7. 연안어업에 관하여

양국 정부는 연안어업(저인망어업, 선망어업 및 60톤 이상의 어선에 의한 고등어 낚시어업은 제외함)의 조업 실태에 관하여 정보를 교환하고, 어장 질서를 유지하기 위하여 필요할 때에는 상호 협의한다.

8. 국내 어업 금지수역 등의 상호 존중에 관하여

(a) 일본국 정부가 현재 설정하고 있는 저인망어업 및 선망어업에 관한 어업 금지수역과 저인망어업에 관한 동경 129도, 동경 128도 30분, 북위 33도 9분 15초 및 북위 25도의 각선으로 둘러싸인 수역과 대한민국 정부가 현재 설정하고 있는 저인망어업 및 트롤어업에 관한 어업 금지수역에 관하여 양국 정부가 각각 상대국의 수역에서 당해 어업에 자국 어선이 종사하지 않도록 하기 위하여 필요한 조치를 취한다.

(b) 대한민국 정부가 전기한 대한민국의 어업 금지수역 안의 황해 부분에서, 대한민국의 50톤 미만의 어선에 의한 저인망어업 및 동 수역 안의 동해 부분에서 대한민국의 새우 저인망어업에 관하여 실시

하고 있는 제도는 예외적으로 인정된다.

(c) 일방국의 감시선상에 있는 권한 있는 공무원이 (a)에서 열거한 동 국의 수역에서 타방국의 어선이 조업하고 있음을 발견했을 경우, 그 사실에 관하여 당해 어선에 주의를 환기하고 또한 조속히 이를 당해 타방국의 감시선상에 있는 권한 있는 공무원에게 통보할 수 있다. 당해 타방국 정부는 당해 어선의 단속 및 이에 대한 관할권을 행사함에 있어서 그 통보를 존중하며, 그 결과 취해진 조치를 당해 일방국 정부에 통보한다.

9. 무해통항에 관하여

영해 및 어업에 관한 수역에서의 무해통항(어선은 어구를 격납한 경우에 한함)은 국제 법규에 따르는 것임을 확인한다.

10. 해난구조 및 긴급피난에 관하여

양국 정부는 양국의 어선의 해난구조 및 긴급피난에 대하여 가능한 한 조속히 약정한다. 그 약정이 양국 정부 간에 이루어지기 전에도 양국 정부는 양국 어선의 해난구조 및 긴급피난에 대하여 국제 관행에 따라 가능한 한 적절한 구조 및 보호를 한다.

1965년 6월 22일, 도쿄에서

E.S.

T.W.L

————

(4-5) 어업협정 부속서에서 규정한 표지에 관한 교환공문

(일본 측 서한)

서한으로써 말씀 올립니다. 본 대신은 일본국과 대한민국 간의 어업에 관한 협정의 부속서에 규정된 표지의 양식 및 부착 장소와 관련, 양국 정부의 대표 간에 다음과 같은 양해에 도달했음을 확인하는 영광을 누립니다.

1. 표지에는 어선의 국적을 표시하는 약자 및 어업 종류와 근거지 항을 식별할 수 있는 번호를 부여하고, 그 양식은 별지와 같이 한다.

2. 표지에는 야간에도 전기의 약자 및 번호를 식별할 수 있는 도료를 칠한다.

3. 모든 표지에는 각 정부의 발급 증인을 날인한다.

4. 표지의 부착 장소는 선교 양측 위의 보이기 쉬운 곳으로 한다.

전기한 양해를 대한민국 정부를 대신하여 확인하는 각하의 답신을 접수하면 일본국 정부는 본 서한과

각하의 회한이 상기 협정 발효 일자에 효력이 발생하는 양국 정부 간의 합의를 구성하는 것으로 간주할 것입니다.

본 대신은 이상을 말씀 올리면서, 여기서 거듭 각하께 경의를 표합니다.

1965년 6월 22일

일본국 외무대신 시나 에쓰사부로

대한민국 외무부장관 이동원 각하

(한국 측 서한)

서한으로써 말씀 올립니다. 본 장관은 금일 자의 각하의 다음과 같은 서한을 수령했음을 확인하는 영광을 누립니다.

(일본 측 서한)

본 장관은 전기한 양해가 대한민국 정부의 양해이기도 하다는 것, 그리고 일본국 정부가 각하의 서한 및 이 답신을 전기한 협정의 효력 발생일에 효력을 발하는 양국 정부 간의 합의를 구성하는 것이라고 간주하는 것을 확인하는 영광을 누립니다.

본 장관은 이상을 말씀드리면서, 각하께 경의를 표합니다.

1965년 6월 22일

대한민국 외무부장관 이동원

일본국 외무대신 시나 에쓰사부로 각하

(한국 측 서한)

1965년 6월 22일, 도쿄에서

각하,

본관은 금일 자의 각하와 다음과 같은 서한을 접수한 것을 확인하는 영광을 가집니다.

본관은 일본국과 대한민국 간의 어업에 관한 협정의 부속서에 규정된 표지의 양식 및 부착 장소에 대하여 양국 정부 대표 간에 도달된 다음 양해를 확인하는 영광을 가집니다.

1. 표지에는 어선의 국적을 표시하는 약자 및 어업 종류와 근거지 항을 식별할 수 있는 번호를 부여하고, 그 양식은 별지와 같이 한다.

2. 표지에는 야간에도 전기의 약자 및 번호를 식별할 수 있는 도료를 칠한다.

3. 모든 표지에는 각 정부의 발급 증인을 날인한다.

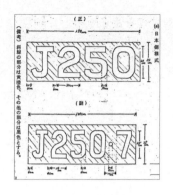
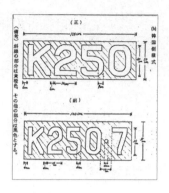

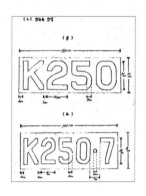
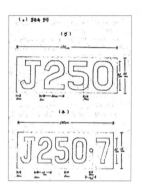

4. 표지의 부착 장소는 선교 양측 위의 보이기 쉬운 곳으로 한다.

위의 양해를 대한민국 정부를 대신하여 확인하는 각하의 회한을 접수하면 일본국 정부는 본 서한과 각하의 회한이 상기 협정 발효일자에 효력이 발생하는 양국 정부 간의 합의를 구성하는 것으로 간주할 것입니다.

본관은 위의 양해가 대한민국 정부의 양해이며 또한 대한민국 정부는 이 회한과 각하의 서한이 상기 협정의 발효 일자에 효력이 발생하는 양국 정부 간의 합의를 구성하는 것으로 간주할 것임을 확인하는 영광을 가집니다.

각하에게 새로이 본관의 변함없는 경의를 표하는 바입니다.

외무부장관 이동원

일본국 외무대신 시나 에쓰사부로 각하

————

(4-6) 어업협력에 관한 교환공문

(한국 측 서한)

1965년 6월 22일, 도쿄에서

각하,

　본관은 금일 서명된 대한민국과 일본국 간의 어업에 관한 협정에 언급하여, 양국 정부 대표 간에 도달된 다음 양해를 확인하는 영광을 가집니다.

　　양국 정부는 양국 어업의 발전과 향상을 도모하기 위하여 기술 및 경제 분야에서 가능한 한 상호 밀접하게 협력한다.

　　이 협력에는 다음을 포함한다.

　　(1) 어업게 관한 정보 및 기술의 교환

　　(2) 어업 전문가 및 기술자의 교류

　위의 양해를 일본국 정부를 대신하여 확인하는 각하의 회한을 접수하면 대한민국 정부는 본 서한과 각하의 회한이 상기 협정 발효 일자에 효력이 발생하는 양국 정부 간의 합의를 구성하는 것으로 간주할 것입니다.

　각하에게 새로이 본관의 변함없는 경의를 표하는 바입니다.

외무부 장관 이동원

일본국 외무대신 시나 에쓰사부로 각하

(일본 측 서한)

　서한으로써 말씀 올립니다. 본 대신은 금 일자의 각하의 다음과 같은 서한을 수령했음을 확인하는 영광을 누립니다.

(한국 측 서한)

　본 대신은 전기한 양해가 일본국 정부의 양해이기도 하다는 것, 그리고 일본국 정부가 각하의 서한 및 이 답신을 전기한 협정의 효력 발생일에 효력을 발하는 양국 정부 간의 합의를 구성하는 것이라고 간주하는 것을 확인하는 영광을 누립니다.

　본 대신은 이상과 같이 말씀 올림과 동시에 여기서 각하께 경의를 표합니다.

　1965년 6월 22일

일본국 외무대신 시나 에쓰사부로

대한민국 외무부장관 이동원 각하

―――――

(4-7) 안전조업에 관한 왕복서한

(일본국 외무성 아시아국장이 한국 외무부 아주국장에게 보낸 서한)

본관은 금일 일본국과 대한민국 간의 어업에 관한 협정이 서명될 때 즈음하여, 일본국 수산 당국이 일한 양국의 어선 간의 조업의 안전을 도모하고, 그 정상적인 질서를 유지하기 위해, 또 해상에서의 양국의 어선 간 사고가 났을 때 원활하고 신속한 해결을 도모하는 목적에 기여하기 위해, 양국의 민간 관계 단체 간에 별지에 거론하는 항목을 포함한 협정이 가능한 한 조속히 행해지도록 일본국의 민간 단체를 지도할 의향임을 말씀드립니다.

외무성 아시아국장 우시로쿠 도라오

외무부 아주국장 연하구 전

(별지)

어업 안전 및 질서 유지에 관한 사항

1. 표지 및 신호

(1) 어로 작업 중인 어선이 그 사실을 나타내는 표지

(2) 어선의 어로 중 발생한 사고를 나타내는 표지

(3) 어선의 야간 투묘(投錨) 및 정박을 나타내는 표지

(4) 어선의 야간 식별 신호 및 침로 기적 신호

2. 조업 중 부재 사항

(1) 전방에서 어로 작업 중인 어선의 조업을 준수하는 원칙

(2) 어로 작업 중인 어구의 연신(延伸) 구역을 존중하는 원칙

(3) 복수 어로체의 병항(竝航) 조업에 관한 원칙

(4) 폭주(輻輳)하는 어장에서의 조업 원칙(선망어업에서는 등선의 조업 간격을 포함함)

3. 피항(避航)에 관한 사항

(1) 어로 작업 중인 어선의 우선(優先) 원칙

(2) 어로 작업 중인 어선 상호 간 피항에 관한 원칙

(3) 어로 작업 중 사고(어구 상실, 로프 절단 등)를 당한 어선 우선의 원칙

4. 투묘 및 정박에 관한 주의사항

5. 해난 구조에 관한 사항

6. 어선 및 어구의 피해 보상에 관한 사항

(한국 측 서한)

1965년 6월 22일, 도쿄에서

본관은 금일 대한민국과 일본국 간의 어업에 관한 협정이 서명됨에 즈음하여, 대한민국의 수산 당국은 한일 양국 어선 간의 조업 안전을 도모하고 정상적인 질서를 유지하기 위하여, 또한 해상에서의 양국 어선 간 사고가 났을 때 원활하고 신속한 해결을 도모할 목적에 기여하기 위하여, 양국의 민간 관계 단체 간에서 별지에 열거한 항목을 포함한 약정이 가능한 한 조속히 이뤄지도록 대한민국의 민단 관계 단체를 지도할 의향임을 언명하는 바입니다.

아주국장 연하구

일본국 외무성 아시아국장 우시로쿠 도라오 전(殿)

(별지 생략)

————

(4-8) 토의 기록

일한 어업협정의 체결을 위한 교섭에 있어서 일한 양측으로부터 각각 다음과 같은 발언이 있었다.

일본 측 대표

(a) 협정에 대한 합의의사록 제2항 (a)에서 말하는 "출어 척수 또는 통수를 억제하도록 행정지도를 한다"에서 행정지도에는 감찰 및 표지 발급 수가 조정되도록 지도하는 것이 포함된다.

(b) 협정에 대한 합의의사록 제3항 (c)에서 말하는 자국 내에서의 단속 실시 상황의 시찰에는 감찰 및 표지의 발급 상황에 대한 설명을 행하는 것도 포함된다.

(c) 잠정적 어업 규제조치의 적용 대상이 되지 않는 연안어업에 종사하는 일본국 어선으로서 공동 규제수역 안에 출어하는 것은 대부분 영세한 경영 규모의 것이며, 그 조업구역도 이러한 어선의 출어 능력의 실태로 보아 동 수역 안에서는 주로 대마도 북방으로부터 제주도 서북방까지이며, 이러한 실태는 당해 어업의 실정으로 보아 금후 크게 변동하지 않으리라고 생각한다.

한국 측 대표

(a) 협정에 대한 합의의사록 제2항 (a)에서 말하는 "출어 척수 또는 통수를 억제하도록 행정지도를 한다"에서 행정지도에는 감찰 및 표지 발급 수의 조정이 행해지도록 지도하는 것이 포함된다.

(b) 협정에 대한 합의의사록 제3항 (c)에서 말하는 자국 내에서의 단속 실시 상황의 시찰에는 감찰 및 표지의 발급 상황에 대한 설명을 행하는 것도 포함된다.

T.H

＿＿＿＿＿

(4-9) 일한 어업협정 서명 시에 행해진 양국 정부의 성명

(일본국 외무대신의 성명)

1965년 6월 22일

　일본국 정부는 일본국과 대한민국 간의 어업에 관한 협정이 효력을 발효해 일본국의 어업에 관한 수역이 설정된 때에는 일본국 감시선에 의한 대한민국 어선의 동 수역 침범 사실의 확인과 그 어선 및 승조원의 취급과 관련해 국제 통념에 따라 공정 타당하게 처리할 방침이므로 이에 성명한다.

(한국 외무부장관의 성명)

　대한민국 정부는 대한민국과 일본국 간의 어업에 관한 협정이 효력을 발효해 일본국의 어업에 관한 수역이 설정된 때에는 대한민국 감시선에 의한 일본국 어선의 동 수역 침범 사실의 확인과 그 어선 및 승조원의 취급과 관련해 국제 통념에 따라 공정 타당하게 처리할 용의가 있으므로 이에 성명한다.

(일본국 농림대신의 성명)

　본 대신은 오늘 서명된 일본국과 대한민국 간의 어업에 관한 협정이 효력을 발할 때에 일본국과 대한민국의 공동 규제수역에서 잠정적 어업 규제조치가 실시되게 된다는 것과 관련해 일본국 정부가 다음과 같은 조치를 취할 방침이므로 여기에 성명한다.

　1. 공동 규제수역 가운데 대한민국 경상북도와 경상남도의 경계선과 해안선의 교점, 북위 35도 30분과 동경 130도의 교점을 연결하는 직선 이북의 일본해 수역에서는 동시에 조업할 수 있는 일본국의 저인망 어선은 25척을 상회할 수 없도록, 또 그러한 어선이 11월 1일부터 이듬해 4월 30일까지 이외의 기간에 조업하지 않도록, 그리고 수심 300m보다 얕은 부분에서는 조업하지 않도록 지도한다. 동 정부는 또한 그러한 어선에 의한 새우 혼획을 매 항해 총 어획량의 20퍼센트 범위 내에 그칠 수 있도록 지도한다.

　2. 잠정적 어업 규제조치의 적용 대상이 되지 않는 종류의 어업에 종사하는 일본국의 어선으로 공동 규제수역 내에서 동시에 연안어업에 종사하는 것의 척수는 1,700척을 상회하지 않도록 지도한다. 또한 그러한 일본국 어선 가운데 60톤 미만 25톤 이상의 고등어 낚시어선의 조업기간은 6월 1일부터 12월 31일까지로 하고, 그 조업구역은 공동 규제수역 가운데 대한민국 경상북도와 경상남도의 경계선과 해안선의 교점, 북위 35도 30분과 동경 130도와의 교점을 연결하는 직선 이남(다만, 제주도 서쪽에서는 북위 33도 30분 이남) 수역으로 하고, 또한 그 척수는 175척을 상회할 수 없도록 지도한다.

3. 일본국 정부는 공동 규제수역의 고래 자원의 상태에 깊은 관심을 갖고 있으므로 동 수역 내에서 소형 포경업의 조업 척수 및 그 어획 노력을 현재 이상으로 증대시키지 않도록, 또 대형 포경업(100톤 이상의 어선에 의한 것)의 조업 척수를 현재 수준 이상으로 증대시키지 않도록 지도한다.

(한국 농림부장관의 성명)

본 장관은 오늘 서명된 대한민국과 일본국 간의 어업에 관한 협정이 효력을 발할 때에 대한민국과 일본국과의 공동 규제수역 내에서 잠정적 어업 규제조치가 실시되게 되는 것과 관련해 대한민국 정부가 다음과 같은 조치를 취할 방침이므로 여기에 성명한다.

1. 잠정적 어업 규제조치의 적용 대상이 되지 않는 종류의 어업에 종사하는 대한민국 어선으로 공동 규제수역에 출어하는 것 가운데 60톤 미만 25톤 이상의 고등어 낚시 어선의 조업기간은 6월 1일부터 12월 31일까지로 하고, 그 조업구역은 공동 규제수역 가운데 대한민국 경상북도와 경상남도의 경계선과 해안선의 교점, 북위 35도 30분과 동경 130도와의 교점을 연결하는 직선 이남(단, 제주도 서쪽에서는 북위 33도 30분 이남) 수역으로 하도록 지도한다.

2. 대한민국 정부는 공동 규제수역의 고래 자원의 상태에 깊은 관심을 갖고 있으므로 동 수역 내에서 소형 포경업의 조업 척수 및 그 어획 노력을 현재 이상으로 증대시키지 않도록, 또 대형 포경업(100톤 이상의 어선에 의한 것)의 조업 척수를 현재 수준 이상으로 증대시키지 않도록 지도한다.

———

(5) 일본국과 대한민국 간의 문화재 및 문화협력에 관한 협정

일본국과 대한민국, 양국 문화의 역사적인 관계에 비추어 양국의 학술 및 문화의 발전과 연구에 기여하길 희망하며, 다음과 같이 합의하였다.

제1조

일본국 정부와 대한민국 정부는 양국 국민간의 문화 관계를 증진시키기 위하여 가능한 한 협력한다.

제2조

일본국 정부는 부속서에 열거한 문화재를 양국 정부 간에 합의되는 절차에 따라 본 협정 효력 발생 후 6개월 이내에 대한민국 정부에 인도한다.

제3조

일본국 정부와 대한민국 정부는 각각 자국의 미술관, 박물관, 도서관 및 기타 학술 문화에 관한 시설이 보유하는 문화재에 타방국의 국민에게 연구의 기회를 부여하기 위하여 가능한 한 편의를 제공한다.

제4조

본 협정은 비준되어야 한다. 비준서는 가능한 한 조속히 서울에서 교환한다. 본 협정은 비준서가 교환된 날부터 효력이 발생한다.

이상의 증거로서 하기 대표는 각자의 정부로부터 정당한 위임을 받아 본 협정에 서명하였다.

1965년 6월 22일 도쿄에서 동등히 정본인 한국어 및 일본어로 본서 2통을 작성하였다.

일본국을 위하여   대한민국을 위하여

椎名悦三郎   李東元

高杉晋一   金東祚

(5-1) 부속서

I. 陶磁器, 考古資料 및 石造美術品

1.

(品名)	(数)
(1) 白磁托及盞	1組
(2) 白磁小碗	1
(3) 青白磁盒子	1
(4) 白磁盒子	1
(5) 白磁劃花文盌	1
(6) 白磁劃花文碗	1
(7) 青白磁劃花文盂	1
(8) 白磁劃花蓮花文盂	1
(9) 青白磁劃花文盂	1
(10) 青白磁劃花文唾壺	1
(11) 青白磁劃花文盤	5
(12) 白磁草花浮文壺	1

(13)	青白磁印花文盒子	1
(14)	青磁托子	1
(15)	青磁托子	1
(16)	青磁盃	1
(17)	青磁盃	1
(18)	青磁盃	1
(19)	青磁碗	1
(20)	青磁碗	1
(21)	青磁碗	1
(22)	青磁碗	1
(23)	青磁碗	1
(24)	青磁碗	1
(25)	青磁鉢	1
(26)	青磁鉢	1
(27)	青磁鉢	1
(28)	青磁壺	1
(29)	青磁鉢	1
(30)	青磁鉢	1
(31)	青磁鉢	1
(32)	青磁劃花鳳凰文鉢	1
(33)	青磁瓶	1
(34)	青磁盒子	1
(35)	青磁劃花蓮文鉢	1
(36)	青磁劃花草花文鉢	1
(37)	青磁雕花蓮瓣文鉢	1
(38)	青磁劃花蓮文水注	1
(39)	青磁劃花草花文瓶	1
(40)	青磁劃花文盒子	1
(41)	青磁劃花盒子蓋	1
(42)	青磁雕花唐草文碗	1
(43)	青磁繡花唐草文碗	1
(44)	青磁繡花唐草文碗	1

(45)　青磁唐草文碗　　　　　　　　1

(46)　青磁劃花文碗　　　　　　　　1

(47)　青磁繡花牡丹文鉢　　　　　　1

(48)　青磁雕花牡丹文鉢　　　　　　1

(49)　青磁唐草文鉢　　　　　　　　1

(50)　青磁雕花蓮辨文鉢　　　　　　1

(51)　青磁繡花牡丹文鉢　　　　　　1

(52)　青磁繡花唐草文鉢　　　　　　1

(53)　青磁繡花草花文鉢　　　　　　1

(54)　青磁繡花文皿　　　　　　　　1

(55)　青磁蓮辨文水注　　　　　　　1

(56)　青磁盃及托子　　　　　　　1組

(57)　青磁盃及托子　　　　　　　1組

(58)　青磁象嵌文盌　　　　　　　　1

(59)　青磁象嵌雲鳳文鉢　　　　　　1

(60)　青磁象嵌雲鳳文鉢　　　　　　1

(61)　青磁象嵌雲鶴文鉢　　　　　　1

(62)　青磁象嵌菊唐草文鉢　　　　　1

(63)　青磁象嵌菊花文鉢　　　　　　1

(64)　青磁象嵌花卉文鉢　　　　　　1

(65)　青磁象嵌龜甲文鉢　　　　　　1

(66)　青磁象嵌花丸文鉢　　　　　　1

(67)　青磁象嵌菊唐草文鉢　　　　　1

(68)　青磁象嵌菊唐草文鉢　　　　　1

(69)　青磁象嵌唐草文鉢　　　　　　1

(70)　青磁象嵌菊丸文鉢　　　　　　1

(71)　青磁象嵌菊丸文鉢　　　　　　1

(72)　青磁象嵌菊丸文鉢　　　　　　1

(73)　青磁象嵌菊丸文鉢　　　　　　1

(74)　青磁象嵌花鳥文鉢　　　　　　1

(75)　青磁象嵌菊花文皿　　　　　　1

(76)　青磁象嵌雲鶴文瓶　　　　　　1

(77)	青磁蘆菊文瓶	1
(78)	青磁象嵌花文瓶	1
(79)	青磁象嵌花卉文小瓶	1
(80)	青磁象嵌花卉小瓶	1
(81)	青磁象嵌菊文小瓶	1
(82)	青磁象嵌双鳥文盒子	1
(83)	青磁象嵌草花文盒子	1
(84)	青磁象嵌花文盒子	1
(85)	青磁象嵌唐草文盒子	1
(86)	青磁象嵌菊花文盒子	1
(87)	青磁象嵌菊文盒子	1
(88)	青磁皿	1
(89)	青磁皿	1
(90)	白磁繡花竜文壺	1
	(合計)	97

2.

	(品名)	(数)
(1)	金製太環式耳飾	1隻
(2)	金製頸飾	1連
(3)	玉製頸飾	1連
(4)	金製指輪	2
(5)	銀製指輪	2
(6)	金製釧	1対
(7)	銀製釧	1対
(8)	金製太環式耳飾	1対
(9)	玉製頸飾	1連
(10)	金製太環式耳飾	1対
(11)	金製頸飾	1連
(12)	金製耳飾	3
(13)	金環	3
(14)	太環	1
(15)	金銅製杏葉	2

(16)	銀製帶金具	4
(17)	金銅製柄頭	1
(18)	金銅製雲珠残欠	2
(19)	水晶算盤玉	1
(20)	瑠璃小玉	7連
(21)	瑪瑙切小玉	9
(22)	瑪瑙小玉	3
(23)	陶製盌	19
(24)	陶製壺	50
(25)	陶製横瓮	3
(26)	陶製壎	7
(27)	陶製竈具	1括
(28)	陶製蓋	3
(29)	陶製台	5
(30)	陶製異形土器	8
(31)	陶製馬残欠及馬頭部	3
(32)	異形陶俑	1
(33)	陶製骨壺	8
(34)	環頭大刀	5
(35)	金銅製鐶	17
(36)	金銅金具	3
(37)	鉄製杏葉	4
(38)	陶製脚付鉢	1
(39)	金環	1
(40)	銅環	1
(41)	水晶製勾玉	1
(42)	硬玉製勾玉	2
(43)	水晶製管玉	1
(44)	碧玉製管玉	2
(45)	銅製馬鐸	1
(46)	銅製鈴	1
(47)	梵字銘文字瓦	1

(48)	施釉塼	5
(49)	鬼瓦(石仏寺)	1
(50)	土造仏座像(慶州発掘)	1
(51)	青銅器残欠(在銘)	1括
(52)	銅製柄頭	1
(53)	金銅製帯金具	1具
(54)	銅製帯金具	3
(55)	銀製垂飾具	1
(56)	銅製鐎斗残片	3
(57)	水晶勾玉	1
(58)	硬玉勾玉	1
(59)	硬玉丸玉	1
(60)	陶製片耳付大盌	1
(61)	陶製脚付盤	1
(62)	緑釉骨壺	1
(63)	緑釉托及盞	1組
(64)	銅造釈迦如来立像(善山出土)	1軀
(65)	銅造鍍金菩薩立像(新羅)	1軀
(66)	銀製簪	1
(67)	鉄製簪	1
(68)	帯金具	8
(69)	金銅製鈴	33
(70)	木造金箔阿弥陀如来像	1軀
(71)	石棺	3
(72)	木棺金具	1
(73)	高麗鏡	50
(74)	舎利容器(金銅製)	1
(75)	経箱(銅製)	1
(76)	唐草毛彫守入(銀製)	2
(77)	経筒様器残欠(金銅製)	1
(78)	銀腕輪(金象嵌)	1
(79)	銅製水瓶	1

(80) 響銅製鋺(在銘)   1

(81) 銅製壺(三耳雷渦帯文)   1

(82) 小刀鞘(銀製)   1

(83) 石塔舎利装置遺物(慶尚北道聞慶郡鳳棲里所在)   1括

(84) 扇・錘(金銅製七宝文透彫)   1

3.

(品名)	(数)
(1) 石造多羅菩薩像	1軀
(2) 石造獅子	2

II. 図書

(書名)	(編著者)	(刊写年次)	(冊数)
(1) 愚伏先生文集	鄭経世	道光24版	10
(2) 四溟堂大師集	釈惟政	順治9版補刻	1
(3) 白沙先生集	李恒福	雍正4版	15
(4) 楓皐集	金祖淳	咸豊4木活	8
(5) 農叟随聞録	李聞政	同治写	3
(6) 金忠壮公遺事	正祖命編	嘉慶元版	2
(7) 梁大司馬実記	正祖命編	嘉慶4版	5
(8) 萬機要覧	李万運	道光写	11
(9) 月沙先生集	李廷亀	康熙59版	22
(10) 璿源系譜紀略	李太王熙命編	光緒9版	8
(11) 辛壬紀年提要	具駿遠	同治写	5
(12) 畏斉存守録	宋呉猟	同治写	2
(13) 読書雑抄		光緒写	4
(14) 廿一種秘書(有欠)	清, 汪士漢等	咸豊6写	8
(15) 精選古事黄眉	明, 鄧百拙	咸豊写	5
(16) 山堂肆考	明, 彭大翼・張幼学編	同治写	50
(17) 四部書	許筠	咸豊写	4
(18) 註釈白眉故事	明, 許以忠	道光写	5
(19) 間情録	朴永世	光緒9写	3

(20)	錦溪筆談	徐有英	同治3写	2
(21)	陶菴三官記	李縡	道光写	1
(22)	景徳伝燈録	宋, 釈道原	同治写	10
(23)	金剛経石註	清, 石成金註	同治写	1
(24)	六祖大師法宝壇経	唐, 法海	咸豊10写	1
(25)	宙衡	李縡	光緒写	10
(26)	易学啓蒙要解	世祖命編	乾隆写	4
(27)	経筵問答	南溟学	嘉慶写	1
(28)	三書輯疑	権尚夏	同治写	2
(29)	四書正文(孟子欠)		康煕写	1
(30)	詩伝正文	正祖命編	嘉慶写	3

III. 遞信関係品目

	(品名)	(数)
(1)	湖南電報分局標札1	
(2)	電報司標札	1
(3)	永登浦電話支所標札	1
(4)	洪州郵遞司標札	1
(5)	遞伝夫帽前章額	1
(6)	郵電線路図本	1
(7)	郵便集配人制帽	1
(8)	草鞋	3
(9)	銭函	1
(10)	郵遞司郵遞集配遞送人人名掲示札	1
(11)	永登浦郵遞司用諸印	2
(12)	雑印	9
(13)	安東郵遞司使用郵便日付印	1
(14)	全州郵遞司使用郵便日付印	1
(15)	晋州郵遞司使用郵便日付印	1
(16)	南原郵遞司使用郵便日付印	1
(17)	洪州郵遞司使用郵便日付印	1
(18)	旗	2

(19) 電信送符 (韓国電報司創設時代諺文用)　　1

(20) 永登浦郵便電報電話支司罫版　　4

———————

(5-2) 일본국과 대한민국 간의 문화재와 문화협력에 관한 협정에 대한 합의의사록

　한국 측 대표는 일본 국민의 사유로서 한국에 연유하는 문화재가 한국 측에 기증되도록 희망한다는 뜻을 말했다.

　일본 측 대표는 일본 국민이 소유하는 이러한 문화재를 자발적으로 한국 측에 기증하면 일한 양국 간의 문화협력의 증진에 기여하게 될 것이므로, 정부로서는 이를 권장할 것이라고 말했다.

　1965년 6월 22일, 도쿄에서

E.S.

T.W.L.

———————

(6) 분쟁 해결에 관한 교환공문

(한국 측 서한)

　서한으로써 말씀드립니다. 본 장관은 양국 정부의 대표 간에 도달된 다음의 양해를 확인하는 영광을 누립니다.

　양국 정부는 별도의 합의가 있는 경우를 제외하고는 양국 간의 분쟁은 우선 외교상의 경로를 통해 해결하는 것으로 하고 이에 의해 해결할 수 없을 경우에는 양국 정부가 합의하는 절차에 따라 조정에 의해 해결을 도모한다.

　본 장관은 또한 각하가 전기의 양해를 일본국 정부를 대신해 확인할 것을 희망하는 영광을 누립니다.

　이상을 말씀드리면서 본 장관은 여기서 거듭 각하께 경의를 표합니다.

1965년 6월 22일

외무부장관 이동원

일본국 외무대신 시나 에쓰사부로 각하

(일본 측 서한)

　서한으로써 말씀드립니다. 본 대신은 금일 자 각하의 다음과 같은 서한을 수령했음을 확인하는 영광을 누립니다.

(한국 측 서한)

　본 대신은 또한 전기한 양해를 일본국 정부를 대신해 확인하는 영광을 누립니다. 이상을 말씀드리면서 본 대신은 여기서 거듭 각하께 경의를 표합니다.

　1965년 6월 22일

일본국 외무대신 시나 에쓰사부로

　대한민국 외무부장관 이동원 각하

인 명

편역자
이동준(李東俊)

경북 안동에서 태어났다. 서울대 국문과를 졸업하고 일본 도호쿠대 대학원법학연구과에서 한반도 문제를 중심으로 한 동아시아 국제관계를 전공했다(법학 박사). 이에 앞서 10여 년간 『한국일보』 기자로 일했다. 현재 일본 기타큐슈대 국제관계학과 부교수로 재직 중이다(한반도 담당). 주요 저서로 『未完の平和: 米中和解と朝鮮問題の變容, 1969-1975年』(2010년, 제24회 오히라 마사요시 기념상 및 제8회 아시아태평양 연구상 수상), 『미완의 해방: 전후 한일관계의 기원과 전개』(2013년, 공편저), 『歷史としての日韓國交正常化: 東アジア冷戰編』(2011년, 공저), 『戰後日本の賠償問題と東アジア地域再編: 請求權と歷史認識問題の起源』(2013년, 공저), 『日韓國交正常化問題資料』(2010년~, 공편저) 등이 있다.